БЫЛОЕ
И
ДУМЫ

往　事　与　随　想

БЫЛОЕ И ДУМЫ ⌛ А.И.ГЕРЦЕН

上

〔俄〕亚历山大·伊万诺维奇·赫尔岑　著
巴金　臧仲伦　译

人民文学出版社
PEOPLE'S LITERATURE PUBLISHING HOUSE

据 Александр Иванович Герцен. «Собрание сочинений в 30 томах». Том 8, Том 9, Том 10, Том 11 (Москва, Издательство Акдемии наук СССР, 1956-1957)译。

图书在版编目(CIP)数据

往事与随想:上中下/(俄罗斯)赫尔岑著;巴金,臧仲伦译.—北京:人民文学出版社,2024
ISBN 978-7-02-018556-6

Ⅰ.①往… Ⅱ.①赫…②巴…③臧… Ⅲ.①回忆录-俄罗斯-现代 Ⅳ.①I512.55

中国国家版本馆 CIP 数据核字(2024)第 055262 号

责任编辑 杜 丽
装帧设计 刘 静
责任印制 苏文强

出版发行 人民文学出版社
社 址 北京市朝内大街 166 号
邮政编码 100705

印 刷 北京盛通印刷股份有限公司
经 销 全国新华书店等

字 数 1479 千字
开 本 890 毫米×1290 毫米 1/32
印 张 59.125 插页 9
印 数 1—5000
版 次 2024 年 4 月北京第 1 版
印 次 2024 年 4 月第 1 次印刷

书 号 978-7-02-018556-6
定 价 338.00 元(全三册)

亚历山大·伊万诺维奇·赫尔岑

(1812—1870)

作家，思想家，革命家，学者，政论家，俄国自由出版发行业的创始人，毕生致力于探索社会主义的理想世界，曾在欧洲创办《北极星》杂志和《钟声》报，对托尔斯泰的平民观产生重要影响。列宁称赞他是“举起伟大旗帜反对沙皇专制的第一人”，“为俄国革命的准备发挥了巨大作用”。作为一位文学家，赫尔岑以独特的文体著称，代表作有《谁之罪？》《偷东西的喜鹊》以及集日记、书信、散文、随笔、政论杂感于一体的巨型回忆录《往事与随想》。

巴金

(1904—2005)

中国现代作家、翻译家、编辑家。
原名李尧棠，字芾甘，1904 年出生于四川成都。主要作品有《灭亡》《家》《春》《秋》《爱情的三部曲》《憩园》《寒夜》《随想录》等。译作有《我的自传》《父与子》《处女地》《快乐王子集》等。曾任文化生活出版社总编辑、《收获》杂志主编、中国作家协会主席、全国政协副主席等职。其著译结集为《巴金全集》《巴金译文全集》。

臧仲伦

(1931—2014)

文学翻译家，北京大学教授。1955 年毕业于北京大学俄罗斯语言文学系，1957 年毕业于北京大学俄语系研究生班。著有翻译通史专著《中国翻译史话》。译作有《驿站长》《双重人格》《克莱采奏鸣曲》《暴风雪》《舞会之后》《大雷雨》《白痴》《罪与罚》《被侮辱与被损害的人》《死屋手记》《卡拉马佐夫兄弟》等。

БЫЛОЕ И ДУМЫ

ИСКАНДЕРА

ЧАСТЬ ПЕРВАЯ

(1812—1838)

ЛОНДОНЪ

ВОЛЬНАЯ РУССКАЯ ТИПОГРАФІЯ

5, THORNHILL PLACE, CALEDONIAN ROAD, N.

1861.

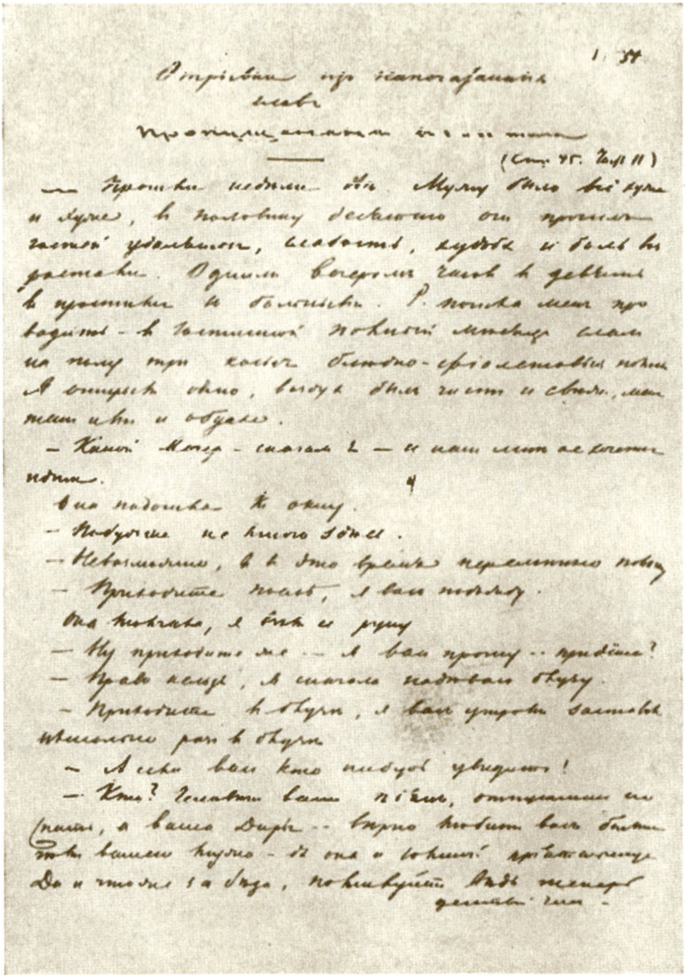

[illegible]

(Стр. 45. [illegible])

[illegible]

— [illegible] — и нам [illegible] не хочется [illegible].

Она подошла к окну.

— Подумайте [illegible].

— Невозможно, [illegible] в это время [illegible].

[illegible]

— Ну приходите же — я вас прошу — придёте?

[illegible]

— А если вас кто нибудь увидит!

[illegible]

目　录

第二卷　监狱与流放（1834—1838）

第三卷　克利亚兹玛河上的弗拉基米尔(1838—1839)

第四卷　莫斯科、彼得堡和诺夫哥罗德(1840—1847)

第五卷　巴黎——意大利——巴黎(1847—1852)

家庭的戏剧

俄罗斯的影子

第六卷 英国(1852—1864)

第七卷　私人俄文印刷所和《钟声》

第八卷　断片(1865—1868)

附　录

亚历山大·伊万诺维奇·赫尔岑(1812—1870)

作 者 序

许多朋友劝我出版《往事与随想》的全本，这并不困难，至少头两卷是这样。但是他们说，在《北极星》①上面发表的片段是零碎的，它们不统一，偶然地断断续续，时而提前叙说，时而移后描述。我觉得的确是如此，不过我无法改正。作一点增补，把各个篇章按年代顺序编纂起来，并不是难事；然而 d'un jet〔法语：马上，一下子〕要把全书回炉重写，我不想这样做。

《往事与随想》并不是连贯地写成的；某些篇章之间相隔好几年。因此书中处处都留下写作时期的时代色彩和各种情绪的痕迹，——我不想抹掉它。

这与其说是*笔记*②，不如说是*自白*，围绕着它，和它有关的都是从*往事*里抓出来的片段回忆，在*随想*里留下来的思绪点滴。然而把这些外屋、顶楼、厢房合并在一起，*它也是统一的*，③至少我是这样看法。

这些笔记并不是初次的试作。我在二十五岁左右，就动手写过类似回忆录的东西。事情是这样的：我从维亚特卡④给转移到弗拉基米尔⑤，感到十分寂寞。在靠近莫斯科的地方待下来使我感到苦恼，感到

---

① 《北极星》：一八五五年到一八六二年和一八六九年作者（同尼·奥加略夫合作）在伦敦出版和在俄国国内秘密传播的定期刊物。

② 加着重号文字在原著中是斜体，以下不再标注。——编者注

③ 这就是说：把不同时期写成的篇章编在一起，就好像把东一间、西一间先后搭起来的屋子合并在一起那样，它们也是连贯的，统一的。

④ 维亚特卡：俄国城市，现在改称基洛夫，作者曾流放在那里。

⑤ 弗拉基米尔：俄国城市，距莫斯科一百多公里，作者曾流放在那里。

屈辱;我落到了这样一种境地:就像坐在最后一个驿站里得不到马的人那样。

事实上这差不多是"行将结束的青年时代的最纯洁、最严肃的时期"。[1] 那个时候我虽然寂寞,却心里开朗而幸福,好像小孩们在节日或者生日的前夕感到寂寞一样。每天都有写着小字的书信[2]到来;我为它们感到骄傲,感到幸福,它们帮助我成长。然而别离折磨我,我不知道该做什么来更快地度过这无限长的时光——充其量不过四个月[3]……我听从了对我的劝告,开始在空闲时候写下我关于克鲁季次的回忆,关于维亚特卡的回忆。我写满了三本笔记本……这以后,过去的事便淹没在现实的世界里了。

一八四〇年别林斯基读了它们,他喜欢它们,他把两本笔记本刊登在《祖国纪事》[4]上(第一本和第三本);其余的一本倘使没有给当作引火材料烧掉的话,现在一定弃置在我们莫斯科住宅里的什么地方。

十五年过去了[5],"我住在伦敦樱草山附近一个偏僻地方,遥远、浓雾和我自己的心愿把我同全世界隔绝。

"在伦敦我没有一个亲近的人。有一些人,我尊敬他们,他们也尊敬我,可是没有一个亲近的人。一切来来去去的人,同我交往的人都在从事一种共同的利益、全人类的事业,至少是全民族的事业;我和他们的交谊可以说是没有私人感情的。——岁月过去了,没有谈过一句我想谈的话。

---

① 见《监狱与流放》。

② 小字的书信:指作者的未婚妻娜·亚·查哈林娜的信。

③ 指一八三八年一月二日(作者到弗拉基米尔的日期)到五月初。五月九日作者同查哈林娜在弗拉基米尔结婚。(本书中的日期为俄历。在十九世纪,俄历日期比公历日期早十二天。)

④ 《祖国纪事》:学术、文学和政治性的刊物,一八三九年在彼得堡创刊,当时文学界一些优秀代表人物(包括刊物的思想领导者维·别林斯基在内)都在上面发表文章,《一个年轻人的笔记》发表在《祖国纪事》一八四〇年第十二期和一八四一年第八期上。

⑤ 一八五四年五月写的《监狱与流放》的引言。——作者原注

“……然而那个时候我刚刚在一连串可怕的事件、不幸和错误①之后开始清醒,恢复元气。我最近几年的生活事迹越来越清楚地浮现在我的眼前,我怀着恐怖地发现除我以外没有一个人知道它,真相会随着我的死亡而消灭。

“我决心写下来;可是一个回忆唤起了几百个别的回忆;一切旧的、半遗忘了的都复活了:少年时期的梦想,年轻人的希望,青年时期的大胆,监狱与流放——这些并不曾在心灵中留下半点痛苦的早年的不幸,像春雷一样一下子过去了,这一声霹雳使年轻的生命焕发青春而且更加坚强了。”②

这一次我写作不是为了赢得时间——我用不着匆忙。

我开始写这部新作品的时候,完全不记得《一个年轻人的笔记》的存在了,有一天我在 British Museum〔英语:大英博物馆〕里翻阅俄国杂志,偶然看见了它们。我找人把它们抄下来,并且重读了一遍。它们激发起来的感情是奇怪的:我非常明显地看到在这十五年中间我竟然这么衰老了,这使我开始大为震惊。那个时候我还是以人生和幸福为儿戏,好像幸福就没有止境似的。《一个年轻人的笔记》的调子差异太大了,因此我不能从那里取用任何东西;它们属于青年时期,它们应当保存本来面目。它们的早晨的亮光不适宜于我的黄昏的工作。它们里面有许多真实,但也有许多玩世不恭;此外它们那里还留着海涅③的明显的痕迹,我在维亚特卡曾经入迷地阅读海涅的作品。在《往事与随想》里面看得见生活的痕迹,此外就不会看到任何其他的痕迹。

我的写作进行得很慢……要使某一种往事经过沉淀变成明晰的

① 不幸和错误:作者在这里指他在一八四八年法国革命失败以后的经历和他的家庭所遭到的一连串极大的不幸,其中包括一八五一年秋他的母亲和幼子乘船遇难以及一八五二年五月二日他的妻子病故的事。

② 以上四段见《监狱与流放》。

③ 亨利希·海涅(1797—1856):德国诗人。

思想——尽管它不能给人安慰，它是忧郁的，却为理智所谅解——这需要花许多时间。倘使做不到这一点，纵然会有真诚，却不可能有真实！

几次的尝试都没有成功，——我便把它们抛弃了。后来在今年夏天我向一个青年时期的朋友①重读我最后的稿本，这个时候我才自己认出了熟悉的面目，我便停下来……我的作品完成了！

很可能我对它的评价过高，很可能这些刚刚显露出来的轮廓里只是为我一个人埋藏了许多东西；可能我读的时候理会到的比我写在纸上的多得多；这里叙述的事情唤起了我的一幕幕的梦景，它好像是难认的字，只有我才有开启它的钥匙。可能只有我一个人听见精灵怎样在字里行间跳动……可能是这样，但这部书并不因此就对我减少价值。对我来说，它多年来一直代替了人们和我失去的东西。如今到了我和它也得告别的时候了。

凡是属于个人的东西都会很快地消失，对于这种消逝只好顺从。这不是绝望，不是衰老，不是凄凉，也不是淡漠；这是白发的青春，恢复健康的一种形态，或者更恰当地说，就是恢复健康的过程。人只能用这个方法忍受某些创伤。

一个修道士，不管他的年纪多大，在他身上总是老年同青年合在一起。他用埋葬属于个人的一切这个办法恢复了青春。他从而感到了轻松，心胸开阔……有时过分开阔……的确，在毫无个性的共性、众多的历史事件和像浮云一样地飘浮在它们之上的未来的形象中间，人有时感到空虚、孤独。但这又怎样呢？人们想保存一切：要蔷薇，也要雪；他们希望在一串串熟了的葡萄旁边开放着五月的鲜花！修道士在苦闷的时刻靠着祈祷得到解脱。我们并不祈祷，我们从事写作，写作就是我们的祷告。也许，二者的结果是一样的，不过现在我们谈论的不是这个。

---

① 指尼·米·沙青（1814—1873），俄国诗人、翻译家，作者的大学同学，赫尔岑-奥加略夫小组的成员。沙青一八六〇年出国，在伦敦见到作者。

不错，在生活里有爱好重复的韵律、爱好反复的曲调的；谁不知道老年多么近似童年？仔细看看，就不难发现在生命全盛时期的两头，连同它那用鲜花编成的花冠和用荆棘做成的荆棘冠[①]，连同它的摇篮和棺材，类似的时代常常重复，而主要点又是如此相像。青年时期还不曾有过的事物，它已经丧失了；青年时期毫无个人考虑所幻想的事物，也同样没有个人考虑地从乌云和霞辉里现出来更加光辉，更加宁静。

……当我想到我们两人[②]现在快到五十岁，站在俄国自由语言的第一架印刷机[③]前面，我觉得我们在麻雀山上少年时期的格留特里[④]不是在三十三年前，而是至多——三年！

生活……许许多多生命、不同国家的人民、革命、极其亲爱的人们都在麻雀山和樱草山之间出现、变换、消失了；它们的痕迹几乎已经给事件的无情的旋风扫掉了。四周的一切全改变了：太晤士河代替了莫斯科河在流动，身旁都是外国人……我们再也没有返回祖国的路了……只有两个孩子（一个十三岁，另一个十四岁）[⑤]的梦想完整地保存了下来。

让《往事与随想》算清个人生活的账，而且作为个人生活的总目吧。剩下来的思想就用到事业上去；余下来的力量就投到斗争中去。

---

① 荆棘冠："当下彼拉多将耶稣鞭打了。兵丁用荆棘编作冠冕，戴在他头上……"这是耶稣被钉死在十字架上之前所受的戏弄。（见《新约全书·约翰福音》第十九章第一节，圣书公会官话译本。）

② 指尼·奥加略夫和作者。

③ 一八五三年作者在伦敦创办了"自由俄语印刷所"。

④ 格留特里：根据传说瑞士的乌里、施维次和翁特尔瓦尔登三州的代表于一三〇七年在乌里州的格留特里草原上宣誓结盟，争取祖国的自由，奠定了成立瑞士独立国家的基础。作者拿这个传说中的宣誓结盟来和他同奥加略夫在莫斯科麻雀山上的宣誓结盟相比。麻雀山现已改名列宁山，在莫斯科市内，位于莫斯科河高耸的右岸。关于作者同奥加略夫宣誓结盟的事情，可参看本书第一卷第四章。（1999 年后恢复麻雀山一名。——编者注）

⑤ 指尼·奥加略夫（当时十三岁）和作者（当时十四岁）。

我们的同盟仍然如此……
我们又一次走上忧郁的路，
不倦地宣扬真理啊，——
由它去吧，让梦想和人们在我们身旁过去！①

赫尔岑

① 见奥加略夫的诗《给伊斯康大》，这是那首诗的最后几行，其中头一行漏掉一个词：“傲慢的”。

第一卷

育儿室* 和大学(1812—1834)

巴金 译

往昔的回忆使我们激动
我们重新踏上旧日的路,
一切过去日子的感情
又逐渐活在我们的心里;
使我们再次心紧的是
曾经熟悉的震颤;
为了回忆中的忧伤
真想吐出一声长叹。

——尼・奥加略夫(《幽默》)**

* 此处“育儿室”代指“童年”。——编者注

** 《幽默》:尼・奥加略夫的一首长诗,这里引的诗句见原诗第二篇。

第 一 章

我的保姆和 La grande armée〔法语：伟大的军队〕①——莫斯科大火——我的父亲见拿破仑——伊洛瓦依斯基将军——同法国战俘一起旅行——爱国主义——卡·卡洛——共同管理产业——分产——枢密官

“韦拉·阿尔塔莫诺夫娜，喂，再给我讲一回法国人到莫斯科的事情吧。”我老是这样说，一边在小床上伸着懒腰，用绗过的被子裹住身子，我的小床四周都缝上了布，免得我摔出来。

“咳！这有什么可讲的呢，您已经听过那么多回了，况且现在是睡觉的时候了；您还是明天早点儿起来好。”老妈妈照例这样回答，其实她很愿意再讲她所喜爱的故事，就像我很愿意再听那样。

“您就讲一点儿吧，您怎么知道的呀，它怎么开头的呀？”

“就是这么开头的。您知道您的爸爸是怎样的人——他总是拖拖拉拉的；他收拾行李，收拾行李，总算收拾好了！人人都说：‘该动身了，还等什么呢？城里头人差不多走光了。’可是不，他跟巴威尔·伊凡诺维奇②商量来商量去：大家一块儿怎么走，起初是这一位没有准备好，然后又是那一位没有准备好。后来我们都收拾好了，马车也准备好

① 伟大的军队：指拿破仑一世的军队。

② 戈洛赫瓦斯托夫，我父亲的小的姐姐的丈夫。——作者原注〔按照俄国习惯，把别人的名字和父名（或译“父称”是由父亲名字派生出来的）连在一起叫，算是客气的称呼，单称姓就不客气了。〕

БЫЛОЕ И ДУМЫ

ИСКАНДЕРА

ЧАСТЬ ПЕРВАЯ

(1812—1838)

ЛОНДОНЪ

ВОЛЬНАЯ РУССКАЯ ТИПОГРАФІЯ

5, THORNHILL PLACE, CALEDONIAN ROAD, N.

1861.

1861 年伦敦版《往事与随想》第一卷扉页

了；老爷们坐下来吃早饭，突然我们的厨师脸色十分惨白，跑进饭厅里来报告：‘敌人进了德拉果米洛夫门了。’我们大家心都紧了，叫了一声：‘啊，上帝保佑吧！’全都惊慌起来；我们正在忙乱、唉声叹气的时候，看见街上跑过一队龙骑兵来，他们戴着这样一种头盔，脑袋后面还拖着一条马尾巴。城门全关上了，您那位爸爸这下可交了‘好运’了，还有您同他一块儿；您的奶妈达丽雅那个时候正抱着您喂奶，——您是那么娇嫩、柔弱。”

我骄傲地笑了笑，我高兴自己也参加了战争。

“起初，就是说头几天，我们还可以勉勉强强地过下去，只有两三个兵进来，用手比划着要点儿酒喝；我们照规矩给他们每人一杯，他们就走了，还举手敬个礼。可是您知道后来起了火，火越来越大，这个时候就出现了混乱、抢劫和各种各样的灾难。我们当时住在公爵夫人①家的厢房里，房子烧起来了；巴威尔·伊凡诺维奇说：‘到我家里去吧，我的房子是砖造的，在院子的深处，墙又结实。’我们就去了，主人、仆人一块儿，这时候就不分彼此了；我们走进特威尔大道，连两边的树也烧起来了。我们终于走到戈洛赫瓦斯托夫的宅子，它正在燃烧，每个窗口都冒出火来。巴威尔·伊凡诺维奇吓呆了，他不能相信自己的眼睛。您知道，房子后面有一座大花园，我们就到那儿去，以为那儿安全。我们垂头丧气地坐在长凳上，突然出现了一群喝醉了的兵。一个兵扑到巴威尔·伊凡诺维奇的身上，要脱掉他那件旅行皮袍；老头子不给，兵就拔出短剑砍他的脸，他脸上那块伤疤一直保留到他在世的最后一天；其他的兵就来对付我们，有一个兵把您从奶妈的怀里抢走，解开您的包布，想在里面找到什么钞票或者钻石；这个强盗看见什么都没有，就故意把包布撕碎，扔了。他们刚刚走开，我们又闯了大祸。您还记得我们那个给送去当兵的普拉东吗？他很爱喝酒，这天他喝得醉醺醺的，腰间挂上一把军刀，就这样到处逛荡。

---

① 公爵夫人：指安娜·包利索夫娜·美谢尔斯卡雅（1738—1827），作者父亲的姨母。

罗斯托普钦伯爵①在敌人进城的前一天，把军械库里的各种武器全拿出来分发了；因此他弄到了一把军刀。快到晚上，他看见一个龙骑兵骑着马进了院子；马房旁边也有一匹马立在那儿，龙骑兵要把它牵走，可是普拉东拚命跑到他跟前，抓住缰绳，说：'马是我们的，我不给你。'龙骑兵掏出手枪来吓唬他，不过看得出枪里并没有子弹；老爷亲眼看见，对他大声说：'你不用管马，这跟你不相干。'一点儿也没有用！普拉东拔出军刀，朝他的脑袋上砍下去，龙骑兵的身子摇晃了两下，普拉东砍了又砍。我们想：好吧，这下我们的死期到了，等到他的伙伴看见了他，我们就完了。然而这个普拉东看见龙骑兵倒了下来，就抓住他的双足拖到一个石灰坑旁边，可怜的人，尽管他还活着，就给扔进坑里去了。他的马站在那儿，不跑开，只是拿蹄子顿着地，好像它懂得似的；我们家的人把它关在马房里；它一定给烧死在那儿了。我们大家都连忙跑出了院子，火越来越厉害了。我们十分疲劳，又没有吃一点儿东西，进了一所完好的房子，就连忙找地方休息。还不到一个小时，就听见我们家的人在街上大叫：'出来，出来，火，火！'我马上拉下一块弹子台上的绿呢把您裹起来，抵挡夜里的寒气；我们就这样走到特威尔广场，法国人正在那里救火，因为他们的官长住在总督府里；我们干脆坐在街上，哨兵到处走来走去，还有一些是骑在马上的。您在大声叫，拚命哭，奶妈没有奶，没有一个人有一小块面包。当时娜达丽雅·康斯坦丁诺夫娜②跟我们在一块儿，您知道，她是个胆子很大的姑娘，她看见有些兵在一个角落里吃东西，就抱起您径直到他们那儿去，指给他们看，又说：'给小孩，忙热③'；起初他们板起脸看她，说'阿列，阿列'④，可是她骂起他们来，——她说，你们

① 费多尔·瓦西里叶维奇·罗斯托普钦伯爵（1763—1826）：一八一二至一八一四年莫斯科的陆军总督。

② 娜达丽雅·康斯坦丁诺夫娜（"柯斯千卡"）：作者的第一个保姆。

③ 忙热〔法语：吃〕，用俄国腔讲法国话。

④ 阿列〔法语：去〕，用俄国腔讲法国话。

这些该死的，这样那样的；那些兵一点儿也不懂，可是他们哈哈大笑，拿了水泡过的面包给您吃，另外还给了她一点儿面包皮。大清早来了一个军官，把所有的男人全带走了，您那爸爸也在里头（只留下女人和受了伤的巴威尔·伊凡诺维奇），军官带了他们去扑灭附近房屋的火。我们就这样一直待到晚上；我们坐着，光知道哭。天黑了，老爷回来了，还有一个军官跟他一块儿……”

让我来替换老妈妈把她的故事讲下去。我的父亲完成了他这个消防队长的任务以后，在基督受难修道院碰到了一连意大利骑兵；他就去找他们的长官，用意大利语把他一家的情况对他讲了。意大利人听见 la sua dolce favella〔意语：亲切的乡音〕，便答应去报告特列维兹公爵[1]，他决定先派一名哨兵保护我们，防止再发生像在戈洛赫瓦斯托夫的园子里发生过的那种野蛮的事件。他派一个军官带着命令送我的父亲回去。军官听说我们一伙人两天没有吃一点儿东西，就把大家带到一家已经给人打开进去过的商店里去；高级茶叶和近东的咖啡，还有很多的海枣、干无花果、杏仁都扔了一地；我们的仆人把自己的衣服口袋装得满满的，甜食是很够的了。哨兵显得非常有用：一群一群的兵过来围着这些安顿在特威尔广场一个角上露宿的不幸的女人和仆人找麻烦，一共十来次，可是听到哨兵的命令，他们马上走开了。

莫尔季叶[2]还记得他在巴黎认识我的父亲，并且向拿破仑报告了；拿破仑下令要我的父亲第二天早晨去见他。我的父亲穿着打猎时候穿的钉铜钮扣的蓝色旧上衣、脏的衬衫和几天不曾刷过的长筒靴子，没有戴假发，也没有刮脸，他素来讲究礼貌、严格遵守礼节，可是他就这样地应召到克里姆林宫的金銮殿去见法国皇帝了。

他们的谈话，我后来听见人转述过多次，在范男爵和米哈依洛夫斯

---

① 爱德华·莫尔季叶·特列维兹公爵（1768—1835）：法国资产阶级大革命时期和拿破仑一世时期的军人，元帅，参加过一八一二年的侵俄战争。

② 莫尔季叶：即特列维兹公爵，拿破仑当时任命的“莫斯科总督”。

基-达尼列夫斯基的历史书①中都有相当正确的记载。

拿破仑起先讲了些通常的空话、不连贯的句子和简短的意见(三十五年来人们一直认为这些话有深刻的意义,到后来才明白它们大都是十分无聊的废话),然后他责骂罗斯托普钦放火,说这是汪达尔人的野蛮行为②,他还是讲他的老话,说他热爱和平的信念是不可抵抗的,认为他进行战争是对付英国、而不是对付俄国的,他又自己吹嘘说,他派了守卫去保护育婴堂和乌斯片斯基大教堂,他还埋怨亚历山大,说是让坏人包围了,他〔拿破仑〕的和平的意图皇帝并不知道。

我的父亲说,和平的建议还是由胜利者提出来好些。

"我已经做过我所能做的了;我给库图佐夫③去过信,他不肯进行任何谈判,也不把我的建议报告皇上。他们要打仗,这不是我的错——就让他们打仗吧。"

在这幕喜剧结束以后,我的父亲要求他签发一张离开莫斯科的通行证。

"我下了命令不准发给任何人通行证。您为什么要走?您害怕什么呢?我下了命令开放市场。"

这个时候法国皇帝看来忘记了除了开放的市场以外,也不妨有一所避风雨的房屋,而且在特威尔广场上敌军士兵中间的生活也不是挺愉快的。

我的父亲向他说明了这一点;拿破仑想了想,忽然问道:

"您愿意把我的一封信送到皇帝那儿吗?要是您答应,我就下命

---

① 历史书:指范男爵的《一八一二年手稿》(一八二七年巴黎版)和米哈依洛夫斯基-达尼列夫斯基的《一八一二年卫国战争记》(一八三九年彼得堡版)。范男爵的全名是弗朗索瓦·范(1778—1837),法国历史学家、拿破仑的副官。亚·伊·米哈依洛夫斯基-达尼列夫斯基(1790—1848):俄国将军、军事历史家。

② 野蛮行为:原文是"вандализм",这个词来源于古代日耳曼部族汪达尔人,它的意义是:肆无忌惮地破坏文化与物质财富的行为。

③ 米·伊·果列尼雪夫-库图佐夫(1745—1813):俄国元帅,一八一二年卫国战争中担任俄国军队的总指挥。

令发给您带您全家离开的通行证。”

“我接受陛下的建议，”我的父亲对他说，“不过我很难保证送到。”

“您可以保证您要尽一切力量把信亲自送去吗？”

“Je m’engage sur mon honneur, Sire.〔法语：陛下，我拿我的名誉担保。〕”

“这就够了。我会差人去找您。您还需要什么吗？”

“我在这儿的时候，我一家人要一个住处，别的什么也不要。”

“特列维兹公爵会尽力去办的。”

莫尔季叶果然在总督府里拨了一间屋子给我们，并且下令供给我们吃的东西；他的总管甚至把酒也送来了。就这样地过了几天，一天清早四点钟，莫尔季叶派了一个副官来找我的父亲，要他到克里姆林宫去。

在这些天里大火蔓延达到了可怕的规模：炽热的空气里烟雾弥漫，热得叫人受不了。拿破仑穿好了衣服，在屋子里走来走去，样子很焦急，很烦躁，他开始感觉到他那烧焦了的荣冠不久就要冻坏，在这里不像在埃及那样，可以轻易脱身了。作战的计划是荒谬的，除了拿破仑以外，奈伊、拿尔旁纳、伯尔季叶①和普通的军官们——大家都知道；他对于一切的反对意见，总是用这个神秘莫测的字眼“莫斯科”来回答；在莫斯科连他也懂了。

我的父亲进去以后，拿破仑拿起放在桌子上的一封密封的信交给他，向他鞠躬答礼，说：“我信任您的保证。”信封上写着：“A mon frère l’Empereur Alexandre.〔法语：致我的兄弟亚历山大皇帝。〕”

发给我父亲的通行证至今还完整地保存着；通行证是由特列维兹公爵签字，而且由莫斯科的警察总监勒赛卜斯②副署的。有几个外人

① 米歇尔·奈伊（1769—1815）：法国元帅、拿破仑的一个亲信；路易·德·拿尔旁纳-那拉伯爵（1755—1813）：法国政治活动家和外交官，一八一〇至一八一二年拿破仑的副官；亚历山大·伯尔季叶（1753—1815）：法国元帅，一八一二至一八一四年拿破仑的参谋长。

② 让·巴·巴·勒赛卜斯男爵（1766—1834）：法国外交家，一八一二年由拿破仑任命为“莫斯科警察总监”。

听说我们有通行证，便到我们这里来，央求我父亲让他们冒充仆人或者亲戚把他们带走。给受伤的老人①、我的母亲②和奶妈准备了一辆敞篷马车；其余的人步行。几个枪骑兵③把我们护送到俄军的后卫，到了看得见那个地点的时候，他们就祝我们一路平安，打起马走了。一分钟以后一队哥萨克骑兵围住这一伙古怪的外来的人，把他们带到后卫的司令部去。这里的指挥官是文曾盖罗杰和伊洛瓦依斯基第四④。

文曾盖罗杰知道送信的事，就对我的父亲说，马上派两名龙骑兵送他到彼得堡去见皇上。

“您的那些人怎么安顿？”哥萨克将军伊洛瓦依斯基问道，“不能待在这儿；这儿不是在炮火的射程以外，而且随时都可能发生严重的事情。”

我的父亲要求，倘使办得到的话，把我们送到他的雅罗斯拉夫的庄园去，不过他附带地说了一句，他身上连一个戈比也没有。

“我们以后算帐，”伊洛瓦依斯基说，“您不用耽心，我保证把他们送走。”

我的父亲就由信使车通过当时用柴把垫的大路送走了。伊洛瓦依斯基弄到了一辆老式大马车把我们送到最近的城市，同行的还有一队由哥萨克骑兵押送的法国俘虏；他还供给我们到达雅罗斯拉夫的驿马费，总之，在战争时期的忙乱和紧张中他已经尽力做了一切了。

这就是我在俄国的头一次旅行；我的第二次旅行⑤中没有法国枪

---

① 指巴·伊·戈洛赫瓦斯托夫。

② 指德国女人亨利特·哈格（1795—1851，在俄国改名为路易莎·伊凡诺夫娜），一八一一年十六岁时同作者的父亲伊凡·阿克谢叶维奇·雅科甫列夫（1767—1846）在德国斯图加特结婚。他们回到俄国后没有做过合法的登记，因此他们的孩子被当成私生子，不可以姓父亲的姓。雅科甫列夫就给儿子取了“赫尔岑”这个德国字做姓。“赫尔岑”是德文的“心”字，他父亲就常用这个字称他母亲。

③ 枪骑兵：指拿长矛的轻骑兵。

④ 费·费·文曾盖罗杰（1770—1818）：俄国少将；伊·德·伊洛瓦依斯基第四（1767—1827）：俄国将军。

⑤ 第二次旅行：指一八三五年作者动身去流放地彼尔姆和维亚特卡的“旅行”。（见本书第二卷第十三章。）

骑兵，没有乌拉尔哥萨克骑兵和战俘——我是一个人，还有一个喝得醉醺醺的宪兵坐在我旁边。

我的父亲给直接带去见阿拉克切叶夫[①]，就软禁在他的公馆里。伯爵[②]要那封信，我的父亲说，自己保证过要亲自送到；伯爵答应向皇上报告，第二天他用书面通知我的父亲，说皇上命令他拿了信立刻送去。他还写了一张收到原信的收条（收条保存下来了）。我的父亲给拘留在阿拉克切叶夫的公馆里大约有一个月；不准他会见任何人；只有谢·谢·希什科夫[③]奉皇上的命令来看过他，向他打听关于大火、敌人进入莫斯科和他同拿破仑见面的详细情况；他是到彼得堡来的头一个亲眼看见那一切的人。最后阿拉克切叶夫通知我的父亲，皇帝下令释放他，说鉴于他当时处在急迫的情况下向敌人领取通行证，情有可原，对他不予追究。释放他的时候，阿拉克切叶夫吩咐他马上离开彼得堡，不许同任何人见面，只同意他跟他的哥哥[④]告别。

我的父亲傍晚才赶到雅罗斯拉夫省的一个小小村子，在一家农民的小木房里找到了我们（这个村子里并没有主人的宅子），我睡在窗下一张长板凳上，窗关不紧，雪穿过窗缝飘了进来，盖满了长板凳的一部分，而且还堆在窗框上面，不融化。

大家都很惊惶不安，尤其是我的母亲。在我的父亲到来前几天，有天早晨村长同几个家仆慌慌忙忙地跑进了她住的木头房子，打着手势向她说明什么事情，要求她跟着他们出去。我的母亲那个时候俄国话一句也不会说；她只懂得他们在讲巴威尔·伊凡诺维奇的事情；她想不出这是怎么一回事；她想大概是他们把他杀死了，不然就是他们要杀死

---

① 阿·安·阿拉克切叶夫（1769—1834）：伯爵、陆军大臣，十八世纪末、十九世纪初俄国的反动政治活动家，保罗一世和亚历山大一世统治时期中最有势力的人。

② 伯爵：即阿拉克切叶夫。

③ 谢·谢·希什科夫：应该是亚·谢·希什科夫（1754—1841），他当时经常在亚历山大一世的身边，一八一二至一八一四年担任国务秘书，一八二四至一八二八年担任教育大臣。

④ 哥哥：指作者的伯父彼·阿·雅科甫列夫（1760—1813），军事委员会委员。

他，然后杀她。她把我抱在怀里，吓得半死，浑身发抖，跟着村长走了出去。戈洛赫瓦斯托夫住在另外一间木头房子里：他们进去了；老人的确躺在桌子旁边死了，他当时正坐在那里打算刮脸，突然中风，一下子就结束了他的生命。

我母亲的处境是可以想象到的（她那个时候只有十七岁）：她住在一间给烟熏黑了的小小木房里，生活在这些留着长胡子、穿着不挂面子的大皮袍、讲着完全不懂的语言的"半开化的"人中间；而且这一切都发生在一八一二年那个可怕的冬季十一月里。她的唯一的依靠就是戈洛赫瓦斯托夫；他死了以后她白天黑夜都哭。可是这些"野蛮人"却真心十分可怜她，对她表示非常亲切，表示他们独特的浑厚的好心；村长还几次差他的儿子到城里去买葡萄干、蜜糖饼干、苹果和小面包圈给她送来。

十五年后村长还活着，有时上莫斯科来，头发雪白而且秃了顶；我的母亲经常招待他喝茶，同他回忆一八一二年冬天的情况，说她当初怎样害怕他，谈他们彼此言语不通，怎样共同料理巴威尔·伊凡诺维奇的丧事。老头子还是像过去那样叫我的母亲做尤里扎·伊凡诺夫娜，不叫路易莎，他还讲我当时不怕他的长胡子，愿意让他抱我。

我们从雅罗斯拉夫省搬到特威尔省，末了，在一年以后我们又搬回莫斯科。那个时候我父亲的哥哥①从瑞典回来了，他做过驻维斯特法利亚②的公使，后来带着某种使命去见过伯尔纳多特③；他同我们一起住在一所大房子里。

我还模糊地记得大火的痕迹，这些痕迹一直保留到二十年代的初期：没有窗框、没有屋顶的烧毁了的大房子，塌了的墙，围在篱笆里面的废墟，上面堆着的炉子和烟囱的残余。

---

① 父亲的哥哥：指作者的另一个伯父列·阿·雅科甫列夫（1764—1839），枢密官和外交家。枢密官就是枢密院的成员，由沙皇任命或批准。

② 维斯特法利亚：原是普鲁士来因河东岸的一省。一八〇七年拿破仑一世把他的兄弟杰罗姆·波拿巴封为维斯特法利亚国王，首都是卡塞耳。

③ 让·巴·茹·伯尔纳多特（1763—1844）：法国元帅。一八一〇年被选为瑞典王位的继承者，一八一八至一八四四年在位，称为卡尔十四世。

莫斯科大火，波罗丁诺战役[①]、别列津纳河战斗[②]、占领巴黎，这些故事都是我的摇篮曲，我的儿童故事，我的《伊里亚特》和《奥德赛》[③]。我的母亲和我们的仆人们、我的父亲和韦拉·阿尔塔莫诺夫娜，他们不断地回想到那些时间隔得那么近、事情就在他们身边发生、而又来得那么突然的可怕的日子。这以后，从前方回来的将军和军官们开始大批回到莫斯科。我父亲过去在伊兹玛依洛夫斯基团的老同事现在是这场刚刚结束的流血战争的英雄，他们经常到我们家来。他们在讲述自己的劳累和经历的时候，感到在休息。这的确是彼得堡时期的最光辉的时刻；感觉到自己的力量这样一种意识产生了新的生命；工作和操心好像都给推到明天，推到平日，现在人们要在胜利的欢乐中陶醉。

在这里我听到的关于战争的事情比从韦拉·阿尔塔莫诺夫娜的口里听到的多得多。我非常喜欢米洛拉多维奇伯爵[④]讲的故事；他讲得十分生动，做出活龙活现的摹仿、比划，还常常出声大笑，我不止一次在他的笑声中在他背后的长沙发上睡着了。

不用说，在这种环境里我就成了一个极端的爱国主义者，我还准备将来到军队里去。然而狭隘的民族感情从来不会产生好的结果；在我身上就发生了下面一个事故。在那些到我们家里来的客人中间，有一位甘索纳伯爵[⑤]，是法国侨民，又是俄国军队的中将。他是个极端的保

---

① 波罗丁诺战役：波罗丁诺村在莫斯科以西一一〇公里，这次战役是一八一二年卫国战争中最大的一次，库图佐夫指挥的俄军使拿破仑率领的法军蒙受重大损失后向莫斯科撤退。

② 别列津纳河战斗：别列津纳河是第聂伯河的右支流，一八一二年由莫斯科退却的拿破仑的残军在渡过别列津纳河时被全部歼灭。

③ 《伊里亚特》和《奥德赛》：《伊里亚特》是古希腊叙事长诗，据称与《奥德赛》同为诗人荷马所作。《伊里亚特》是描写特洛伊战争的叙事诗；长诗《奥德赛》则叙述奥德赛在特洛伊战争结束后返回故乡、途中漂泊、历险的情况。

④ 米·安·米洛拉多维奇伯爵（1771—1825）：俄国将军，参加过苏沃洛夫的远征军和抗击拿破仑的卫国战争。一八一八年起任彼得堡总督。

⑤ 甘索纳是一个拥护波旁王朝的法国贵族，法国资产阶级革命时期中一七九二年波旁王朝被推翻后，他逃到俄国。他后来在俄国军队中服务，还参加了一八一二年的抗法卫国战争，为了实现波旁王朝复辟这个反动目的。

皇党，参加过那个著名的节日，在那一天国王的爪牙们把国民的帽徽践踏在脚下，玛丽·安多瓦纳特举起酒杯祝革命垮台。① 甘索纳伯爵是个瘦长的白发老人，不过生得端正，他是雅致和礼貌的典范。在巴黎给他留得有一个贵族爵位，他已经到那里去庆祝过路易十八②的登位了，这次是回俄国来出售他的产业。该我倒楣的是，这位所有俄国军队中最有礼貌的将军在我面前谈起了战争。

"那么您一定是在打我们吧?"我极其天真地问道。

"Non, mon petit, non, j'étais dans l'armée russe."〔法语：不是，小朋友，不是，我是在俄国军队里。〕

"怎么?"我说，"您一个法国人，参加我们的军队？不会有这样的事！"

我的父亲严厉地瞪了我一眼，用别的话支开了。伯爵勇敢地弥补了这件事情；他对我的父亲说，"他喜欢这种爱国主义的感情"。可是我的父亲不喜欢这种感情，他在伯爵走了以后就把我痛骂了一顿。"你冒失地乱讲你自己不懂、而且你也没法懂的事情，闯了这个祸；伯爵由于对自己的国王忠心才来替我们的皇帝效劳。"的确我不懂这个。

* * *

我的父亲在国外住了十二年，他的哥哥更久一些；他们打算仿照外国方式安排他们的生活，同时又不增加开支，而且还要保持俄国式的舒适。他们的生活却始终不曾安排好——也许是由于他们不善于安排吧，不然就是因为在他们的身上俄国地主的本性胜过了他们的外国习

---

① 指一七八九年十月一日在凡尔赛举行的盛大宴会。关于这次的宴会，法国历史学家阿·马迪厄在他的《法国革命史》中有这样的记载："十月一日近卫军在宫内歌剧院大厅举行盛大宴会，欢迎佛兰德旅团。国王和抱着太子的王后也来应酬宾客。……宾客听了音乐乘着酒兴，发出狂热的喝彩声，把国民的帽徽抛在地上践踏，而戴起了国王的白徽和王后的黑徽。"玛丽·安多瓦纳特是路易十六的王后。

② 路易十八：即路易十六的兄弟，拿破仑一世下台后，他登上了王位，做了十年国王(1814—1824)，死后由查理十世继承王位。从一八一四年他即位起，到一八三〇年查理十世下台逃到英国止，称为波旁王朝的复辟时期。

惯。他们的产业是共同管理的,田地是合在一起的,宅子的底层住满了大群的家仆,因此产生混乱的一切条件都有了。

有两个保姆照料我——一个俄国人,一个德国人;韦拉·阿尔塔莫诺夫娜和普罗沃太太都是很和善的女人,不过我看见她们整天编结长袜子,不停地彼此挖苦,也感到厌烦,只要有机会我就跑到枢密官(做过公使的那位伯父)住的那一半宅子里去,找我的唯一的朋友——他的听差卡洛。

我很少遇见过比卡洛更善良、更温和、更宽厚的人。他离开了所有自己的人,孤零零地待在俄国,俄国话也讲得很不好,他对我却有一种类似女人的感情。我整小时、整小时地待在他的屋子里,麻烦他,打扰他,顽皮淘气——他都带着好心的微笑忍受下去了;他还用硬纸板给我剪出各种各样好玩的东西,用木头给我做出各式各样的小玩意儿(我为这个多么喜欢他!)。晚上他常常从图书室里给我拿些图画书到楼上来——赫麦林和帕拉斯的旅行记①,还有一本厚厚的书《图画世界》②我非常喜欢,我看来看去,看到后来连那硬皮封面也经受不住了。卡洛接连一两小时指点我看同样一些图画,而且翻来覆去把同样的解说讲了千百遍。

在我的生日和我的命名日③到来之前,卡洛就要把自己关在房里;从他的房里传出来铁锤和别的工具的声音;他常常迈着急匆匆的足步经过走廊,有时候他拿了一个小小的胶水锅,有时候还拿进去用纸包着的什么东西,但每次进出他都把门锁上。可以想象到我多么想知道他

---

① 旅行记:这是十八世纪两个博物学家在俄国边境地带进行考察后写的旅行记,由俄国科学院分别出版。萨·果·赫麦林(1744—1774)是德国博物学家约·格·赫麦林(1709—1755)的侄子,他也是彼得堡科学院的院士,叔侄二人都出版过旅行记。彼·西·帕拉斯(1741—1811)是俄国籍德国博物学家,一七六七年起担任彼得堡科学院院士,他到过乌拉尔、吉尔基斯草原和西伯利亚部分地区进行考察。

② 《图画世界》:一七七三年在彼得堡出版的一种带图的儿童读物,以后重版多次,到一八一七年为止。

③ 命名日:和本人同名的圣徒的纪念日。

在准备什么;我差了家仆的小孩们去打听,可是卡洛十分小心。有一次我们发现楼梯上有个小窟窿,可以直接看到他的房间里面,不过它对我们也没有用处;只看得见窗户的上部和腓特烈二世①的肖像,像上有一根大鼻子,有一颗大宝星,还有一种消瘦的兀鹰的样子。到了那个日期的前两天,响声停止了,房门打开了——屋子里的一切都和平时一样,只是地上有一点金纸和花纸的切边;我的脸涨红了,我受到好奇心的折磨,可是卡洛带着不自然的严肃表情,完全不提那件微妙的事。

我痛苦地一直熬到那个重大的节日,大清早五点钟我已经醒了,就在想卡洛准备的东西了;八点他本人出现了,打着白领结,穿着白背心,套上深蓝色燕尾服——双手空空的。"他准备的东西什么时候拿出来呢?是不是他弄坏了呢?"时间过去了,寻常的礼物送来了,叶丽莎威塔·阿列克谢叶夫娜·戈洛赫瓦斯托娃②的听差已经来了,他送来用餐巾包好的贵重玩具,枢密官也已经给我带来很好玩的东西,可是对那个猜想不到的礼物的焦急等待妨碍了我的快乐。

午饭后或者用茶后,保姆好像无意地突然告诉我:

"您到下面去一会儿,有一个人找您。"

我想:"现在是了。"就双手按住楼梯扶手滑到下面去。通大厅的几扇门带着响声一下子打开了,奏起了音乐,绘着我的名字缩写花字的彩灯亮起来了,家仆的小孩们打扮成土耳其人给我送来糖果,然后就是木偶戏或者室内焰火。卡洛满头大汗,一个人忙来忙去,完全由他亲自动手。他的高兴并不亚于我。

有什么礼物可以同这样的喜庆相比呢?——我从来没有喜欢过什么东西,在我任何年岁,所有权和贪得心的结节③都不曾在我身上发达

---

① 腓特烈二世:即腓特烈大帝(1712—1786),普鲁士国王。

② 叶丽莎威塔·阿列克谢叶夫娜·戈洛赫瓦斯托娃(1763—1822):作者的姑母,巴·伊·戈洛赫瓦斯托夫的妻子。

③ 根据当时流行的所谓骨相学的说法,人的才能由颅骨上的结节决定,作者经常讽刺这种反动说法,因此在这里使用了"结节"这个词。

过——现在我正受着悬念折磨的时候，一下子出现了许多蜡烛、薄金片和火药的气味！只缺少一样——同伴，我整个儿童时代都是在孤寂中度过的，①所以我在这方面并没有给惯坏。

我的父亲还有一个哥哥，比他和枢密官都要大些，②他们同这个哥哥之间有着公开的争执；不过大家的田地还是合在一起，由他们共同管理，也就是说共同糟蹋。三个人的共同管理在争吵的情况下所造成的混乱是十分令人愤慨的。两个弟弟千方百计反对哥哥，哥哥也是一样地反对他们。村长们和农民们简直不知道该怎么办：一位老爷要大车，另一位要干草，第三位要柴火，每个人都发命令，每个人都派去自己的代理人。哥哥派了一个村长——不到一个月两个弟弟找了一桩没有道理的事情做借口把他撤了职，另外派了一个哥哥不承认的村长。在这种情形下面闲言闲语、搬弄是非、暗探、得宠的人全都出现了，平日得不到公道、也得不到保护的贫苦农民在这一切底下，在各方面作牛作马，担负着加倍的劳役，而且为老爷们那些任性要求所造成的混乱现象出力卖命。

弟兄间的争执产生了第一个使他们自己感到震惊的结果，这就是

---

① 除了我以外，我的父亲还有一个比我大十岁的儿子。我很喜欢他，可是他不能够做我的同伴。从十二岁到三十岁这一段时期，他是在外科医生的手术刀下面度过的。他以极大的勇气忍受了一连串的痛苦，这些痛苦使他的整个生活变成了接连不断的手术，但是经过了这些痛苦的手术之后，医生们竟然宣告他的病是无法治好的。他的健康给损害了；环境和性情促成了他的生活的完全毁灭。我那些叙述他孤寂、忧郁的生存的文字已经被我删去了；在没有得到他的同意的时候，我不想发表它们。——作者原注

作者的这个哥哥的全名是：叶戈尔·伊凡诺维奇·赫尔岑（1803—1882），比作者大九岁。

② 他们原来是四弟兄：彼得，就是本书第三章中提到的"柯尔切瓦的'表姐'"的外祖父；亚历山大，就是这里讲的哥哥，据说陀思妥耶夫斯基在长篇小说《卡拉玛卓夫兄弟》中用他做模特儿塑造了费多尔·巴甫洛维奇这个人物；列夫，在本书中经常被称为"枢密官"；伊凡，就是赫尔岑的父亲。姐妹中一个是叶丽莎威塔·阿列克谢叶夫娜·戈洛赫瓦斯托娃，还有一个是玛利雅·阿列克谢叶夫娜·霍万斯卡雅。雅科甫列夫家族是俄罗斯最老、最高的贵族之一。——英译者加尔纳特夫人注

他们同杰维叶伯爵家①的官司打输了，尽管是他们这一边有理。他们的利益虽然是一致的，可是他们从来无法达成协议采取共同的行动；这种情况当然有利于对方。他们除了失去一份大的很好的田产以外，枢密院②还判决三兄弟每人支付诉讼费和赔偿损失费三万纸卢布③。这个教训开了他们的眼睛，他们决定分产。预备谈判进行了大约一年；全部产业分成相当平均的三份，谁得哪一份，由抽签决定。枢密官和我的父亲去拜访了他们几年没有见面的哥哥，为了进行谈判和得到和解；然后就传出来这样的消息：他要到我们家来完成这件事情。这位哥哥来的消息在我们家里散布了恐怖和不安的情绪。

这是一个独特怪诞的人物，这种人只有在独特怪诞的俄国生活中才能够存在。他是一个很有天赋的人，可是他一辈子尽做荒唐事，而且经常荒唐到犯罪的地步。他受过很好的法国式教育，读书多，——却整天荒淫和游手好闲，一直到死为止。他起初也是在伊兹玛依洛夫斯基团里服役，担任波将金④手下副官一类的职务，后来又在某使馆供职，回到彼得堡以后被任命为东正教事务管理局总监察长。不论是外交方面或是僧侣方面的环境都不能够驯服他那不肯就范的个性。他同高级僧正们的争吵使他丢掉了这个职位；在总督府举行的一次正式宴会上他想打或者打了一位先生一记耳光，因此给驱逐出彼得堡。他就到他的坦包夫省的田庄上去；在那里农民们因为他凶暴残忍和欺侮妇女的行为差一点儿杀死他；他的马车夫和他的马救了他的命。

这以后他就在莫斯科住下来。他的亲戚、朋友都不跟他来往，他一个人孤零零地住在特威尔大道上他那所大公馆里面，干着压迫他的家

---

① 杰维叶伯爵家：雅科甫列夫家的亲戚。

② 枢密院：帝俄的枢密院是最高的政权机关，有权监督司法、财政和行政。在十九世纪前半期，“执政的”枢密院已变成最高司法机关。

③ 纸卢布：十八世纪中期在俄国发行的钞票，它的价值时涨时落，到过一个纸卢布只换二十五个银戈比的时候。

④ 格·亚·波将金（1739—1791）：公爵、元帅、俄国的国务活动家和外交家、女皇叶卡捷琳娜二世的宠臣。

仆、压榨他的农民的勾当。他有一个收藏丰富的图书室，又有一个完整的收容农奴姑娘的“后宫”，这两处他都上了锁。他什么事也不做，私下虚荣心又很强，有时甚至到了幼稚的程度，他为了解闷买了许多用不着的东西，打了一连串更不必要的官司，而且不达目的不肯罢休。他为了一只阿马地小提琴①，打了三十年的官司才打赢了。他特别费了大力打赢了另一场官司，得到两院公馆中间一堵公墙，他占有这堵墙一点儿用处也没有。他已经退休了，在报纸上读到他的老同事们晋级受勋的消息，他就花钱把颁发给他们的勋章买来，陈列在桌子上，作为悲伤的提示：这些和那些勋章他本来也可以得到！

他的兄弟和姐妹们都害怕他，不跟他来往；我们的仆人宁可走一大段路绕过他的公馆，免得遇到他，他们看见他的时候脸色都吓白了；女人们害怕他无耻的追逐，家仆们到教堂去做祷告，求保佑他们不要落到他的手里。

要到我们家里来的就是这个可怕的人。从清早起整个宅子都异常地惊动起来了；我虽然出生在他的公馆里（我的父亲从外国回来就住这所公馆里），可是我从未见过这个神话性的“哥哥—仇人”；我很想看见他，同时我又害怕——我不知道为什么，可是我很害怕。

在他来以前两小时光景，我父亲的最大的外甥②，两个至友和一个和善的、虚胖的办理法律事务的官员来了。大家坐在那里默默地等候他；管事忽然进来，用一种不像是他自己的声音报告：

“兄长驾到。”

“请。”枢密官带着看得出来的激动说。我的父亲闻了一撮鼻烟，外甥整整领结，官员呛了起来，大声咳嗽。本来命令我到楼上去，可是我浑身发抖，待在隔壁屋子里。

---

① 意大利克雷莫纳城阿马地家族制造的一种小提琴。

② 外甥：指德·巴·戈洛赫瓦斯托夫（1796—1849），作者的表兄，巴威尔·伊凡诺维奇的儿子，一八三一年起任莫斯科教育区的副督学，一八四七至一八四九年任督学。

“兄长”慢慢地、尊严地朝前走来，枢密官和我的父亲走去迎接他。他双手把一幅圣像捧在胸前（就像人们在结婚和丧葬仪式上那样），用拖长的声音（略略带了一点鼻音）对他的兄弟们讲了下面的话：

“先父在临终前用这幅圣像祝福我，委托我和亡兄彼得代替他做你们的父亲并且照顾你们……要是先父知道你们反对哥哥的行为……”

“好啦，mon cher frère〔法语：亲爱的哥哥〕，”我的父亲用他那经过考虑的冷静的声音说，“您执行先父的遗志执行得很好。最好还是把这些对您、对我们都是痛苦的回忆丢开吧。”

“怎么？什么？”笃信上帝的兄长吼道，“你们邀请我来，就是为了这个……”他把圣像扔在地上，银制的像饰叮当地响了起来。这个时候枢密官的吼声更加可怕。我慌忙地跑上楼去，正好看见官员和外甥躲到阳台上去，他们惊惶失措的样子并不比我好一些。

究竟发生了什么事情，而且是怎样发生的，我讲不出来；那些吓坏了的仆人都躲在角落里，没有一个人知道出了什么事，不论是枢密官或者我的父亲都没有在我面前讲过这个场面。吵闹渐渐地平息了，分产决定下来了，是在当天，或者是在另外一天——我记不得了。

我的父亲分到了瓦西里叶夫斯柯耶①，这是在莫斯科附近鲁兹基县的一个大的田庄。第二年我们在那里度过了整个夏天；这个时候枢密官在阿尔巴特给自己买了一所房子；我们回到莫斯科就单独住在我们那座空空荡荡、死气沉沉的大公馆里面。这以后不久我的父亲也在老马房街买了一所房子。

首先是枢密官，其次是卡洛，他们一去，我们家里活跃的因素也就消失了。只有他〔枢密官〕一个人阻止了我父亲忧郁、多疑的性格的发展，现在它完全没有阻拦了。新房子很阴郁，叫人联想到监狱或者病院；下层楼是按照有柱子支持的拱顶式修建的，厚厚墙壁上开着的窗户就像要塞的炮眼一样；房子四周有一个大得没有用处的院子。

---

① 瓦西里叶夫斯柯耶：作者父亲在莫斯科河岸上的庄园，离莫斯科市七十公里。

说实在话，使我感到奇怪的倒是枢密官能够同我的父亲在同一所宅子里住了那么久，而不是他们的分居。我很少见到像他们那样完全相反的两个人。

枢密官是一个性情和善、喜欢娱乐的人；他一生都是在灯烛辉煌的世界里，在官场、外交和宫廷服务的世界里度过的，他想不到另外还有一个更严肃的世界——尽管他同从一七八九年到一八一五年中间的一切重大事件不仅有接触而且有密切关系。沃龙佐夫伯爵①派他去见过格伦维尔勋爵②，打听波拿巴将军③离开埃及军队以后有什么打算。他在巴黎参加过拿破仑的加冕典礼。一八一一年拿破仑下令把他扣留在卡塞耳④，他当时在那里担任驻"在杰利米亚王的宫廷"⑤的公使，我的父亲在烦恼的时候常常这样说。总之，近年来发生的一切重大事情他都参加过，只是参加的方式奇特，不合常规。

他虽然是伊兹玛依洛夫斯基团禁卫军的大尉，却给派到伦敦的使馆里供职。保罗⑥在名册上看到这个，下令要他立刻回到彼得堡。这个军人—外交官就搭第一班船动身，去向沙皇报到。

"你愿意待在伦敦吗？"保罗用他那嘶哑的声音问道。

"要是陛下恩准的话。"这个当时在使馆工作的大尉回答道。

"马上回去，不要浪费工夫。"保罗声音嘶哑地说，他果然动身走

---

① 谢·罗·沃龙佐夫伯爵（1744—1832）：俄国外交家，一七八四年起任驻英大使多年。

② 威廉·格伦维尔勋爵（1759—1834）：英国外交大臣（一七九一年起）和首相，反对法国的资产阶级革命和以后的拿破仑一世的帝国。

③ 波拿巴将军：拿破仑·波拿巴，也就是后来的拿破仑一世。

④ 卡塞耳：维斯特法利亚的首都，现在德国中部。

⑤ 杰利米亚王：指杰罗姆·波拿巴（1784—1860），从一八〇七至一八一三年维斯特法利亚的国王。"在杰利米亚王的宫廷"是一句俗话，和"在玛土撒拉的日子"差不多。——英译者注

"杰利米亚王"是给杰罗姆起的讽刺的绰号。玛土撒拉是《旧约·创世记》中一个长命的人，诺亚时代的族长。

⑥ 保罗：保罗一世（1754—1801），俄国皇帝，即所谓疯狂的沙皇，彼得三世和叶卡捷琳娜二世的儿子，一七九六年即位，一八〇一年被密谋分子刺杀。

了,连那些住在莫斯科的亲戚,他也不去看他们。

在外交问题靠刺刀和霰弹来解决的时候,他做了公使,他在维也纳会议①(这个所有外交官的光辉节日)的时候结束了他的外交官的前程。他回到俄国,被任命为莫斯科宫内最高侍从②,虽然在莫斯科并没有宫廷。他不懂法律,也不懂俄国的诉讼程序,他却进了枢密院,担任监护院③的委员,又担任玛利医院的院长,还是亚历山大学院院长,他处理他的工作很热心,很严格,而且很诚实,其实这种热心是不必要的,这种严格是有害的,这种诚实是没有人注意的。

他从来不肯待在家里。一天中间他要跑乏两套拉车的壮马:每套四匹,早晨一套,午饭后一套。除了去枢密院(他从未忘记到那里去)和监护院(他一个星期去两次)以外,除了去医院和学院以外,他很难得错过一场法国戏,而且每星期到英国俱乐部④去三次。他从来不曾有过无聊的时候,他经常很忙,而且有事情消遣;他总是有地方去,他的生活就像安装在好的弹簧上,在一个卷宗和文牍的世界里轻轻巧巧地滚过去。

而且,他一直到七十五岁都是像年轻人一样地健壮,他参加一切大的舞会和午宴,出席所有的庆祝大会和年会,不论是农业方面的,或者是医学方面的,不论是承保火险公司的,或者是博物学家协会的。……此外,也许正是因为这些,他在老年还保存了一点好心肠和一些热情。

跟活泼爱动、难得待在家里的枢密官相比,再没有像我的父亲那样鲜明的对照了:他很难得走出院子,他讨厌官场,老是不高兴,不满意。我们也有八匹马(都是很坏的),可是我们的马房就像劣马的收容所一

---

① 维也纳会议:一八一四年九月到一八一五年六月,欧洲各强国联盟结束了对拿破仑的战争以后,在奥地利首都维也纳召开的会议。在会议上各战胜国之间订立了条约,恢复和加强各旧王朝封建反动势力与所谓"合法"政权,把欧洲地图进行了重新分割。一八一五年九月的反动的"神圣同盟"宣言是这个会议的决议的补充。

② 最高侍从:宫内的荣誉称号。

③ 监护院:在沙皇俄国,管理照顾寡妇、孤儿和私生子一类人的组织的机关。

④ 英国俱乐部:当时莫斯科贵族的俱乐部。

样；我的父亲养着它们，一半是为了面子，一半是为了让那两个马车夫和那两个御者①除了去取《莫斯科新闻》②和搞斗鸡戏（这种斗鸡戏他们在马车棚和邻家院子中间的空地上搞得很成功）之外，还有一点事情做。

我的父亲差不多完全没有工作过；他在一位虔诚的、笃信宗教的姨母③家中由一个法国家庭教师教他念书，在十六岁时进伊兹玛依洛夫斯基团当中士，一直服役到保罗即位的时候，他就退伍了，军衔是禁卫军大尉；一八〇一年他出国，游历了一些国家，在国外待到一八一一年。他同我的母亲一起在我出生前三个月回来了，在莫斯科大火以后，他在特威尔省的田庄上住了一年，然后搬回莫斯科住下来，他尽可能地把生活安排得孤寂和枯燥。可是他哥哥的活泼爱动的性情阻止了他。

枢密官搬走以后，我们家里的一切越来越显得阴郁了。墙壁、家具、仆人——一切都现出不高兴和愁眉苦脸的样子；不用说，其中最不高兴的就是我的父亲本人。那种不自然的清静、仆人们的低声耳语和小心的脚步声——这些叫人联想到的并不是殷勤、注意，而是压抑和恐惧。屋子里的一切都是静止不动的，同样一些书放在同样一些地方，书里面夹着同样一些书签、标记，五六年中间没有人动过一下。在我父亲的寝室和书房里，一连几年没有开过窗，也没有移动过家具。他到乡下去的时候，也把他的房门钥匙放在口袋里带走了，不让人趁他不在家时想起冲洗地板或者擦洗墙壁。

---

① 御者：指纵列驾马时、骑在前导马上的马夫，通常是小孩。

② 《莫斯科新闻》：一七五六年由莫斯科大学创办的报纸。

③ 姨母：指安娜·美谢尔斯卡雅公爵夫人（1738—1827），作者祖母娜·包·雅科甫列娃（1734—1781）的妹妹。

第二章

保姆们的议论和将军们的闲谈——不明不白的身份——俄国百科全书派——寂寞无聊——女仆房和门房——两个德国人——功课和阅读——教义问答和福音书

十岁以前我一直没有感觉到我的身份有什么古怪、特别的地方；我住在我父亲的家里，我在他住的那一半宅子里应当规规矩矩，在我母亲住的另一半宅子里我可以任意吵嚷胡闹，在我看来这都是很自然、很简单的事情。枢密官溺爱我，给我玩具，卡洛抱我，韦拉·阿尔塔莫诺夫娜给我穿衣服，管我睡觉，给我洗澡，普罗沃太太带我出去散步，跟我讲德国话；一切都按照常规进行，然而我开始思索起来了。

偶尔听到的几句话、别人随意的闲谈开始引起了我的注意。普罗沃老太太和所有的仆人都十分爱我的母亲，然而他们都害怕、而且一点也不喜欢我的父亲。我的父母之间有时候发生的夫妻争吵常常成为普罗沃太太和韦拉·阿尔塔莫诺夫娜议论的题目，她们两个总是站在我母亲的一边。

我母亲确实忍受了许多不愉快的事情。她是一个非常善良的女人，却缺乏坚强的意志，她完全给踩在我父亲的足下，就像一般性格软弱的人那样，她只能在一些无关重要的细小事情上拚命地反对一阵。然而不幸的是在这些细小事情上偏偏差不多全是我的父亲对，结果总是他胜利。

“要是我真的处在太太的地位，”譬如普罗沃太太就常常这样说，“我就干脆回到斯图加特去；她在这儿得到什么快乐——只有发脾气和不痛快，而且沉闷得要死。”

“那还用说，”韦拉·阿尔塔莫诺夫娜补充说，“不过她的手足都给这个绑住了，”她用她的编织袜子的织针指着我，“她带着他——到哪儿去呢？怎么办呢？要是丢他一个人在这儿，照我们这儿这样过下去，那么连旁人看来也会觉得可怜！”

一般地说来，儿童的领悟力比人们所想象的要高，一件事打动了他们，他们不久就会让别的事情分了心，把那件事暂时忘记，可是他们后来又会接连不断地回到那件事上面，如果那是一件神秘的或者可怕的事，就更是这样，他们带着异常的耐心和灵敏继续打听下去，一直探听出真相为止。

我一旦留神起来，不到几个星期的工夫，就弄清楚了我父亲当初认识我母亲的详细情形，也知道了我母亲怎样打定主意离开她父母的家，怎样躲藏在枢密官在卡塞耳的俄国使馆里面，又怎样女扮男装跨过国境；我从来没有向任何人问过一句话，就打听出了这一切。

这些发现的头一个后果就是我跟我父亲疏远起来——由于我讲过的他同我母亲之间的那些争吵。我以前也见过他们的争吵，不过我觉得这是寻常的事情；家里所有的人（连枢密官也在内）都害怕我的父亲，他指摘所有的人，这种事我已经习惯了，并不觉得奇怪。现在我开始有不同的看法了，我想到这一切中间有一部分是由于我的缘故才忍受下去，这种思想有时候在我那儿童的明朗的想象上面投下了沉重的乌云。

从这个时候起在我的脑子里生了根的第二个思想，就是我比一般的小孩更少依赖父亲。我喜欢自己想象出来的这种独立。

又过了两三年，有一天晚上两个我父亲团里的老同事，奥连堡省总督彼·基·艾森①和前比萨拉比亚总督、一位在波罗丁诺打掉了一只腿的将军阿·尼·巴赫美捷夫②来看我的父亲。他们坐在客厅里，我

---

① 彼得·基利洛维奇·艾森（1772—1844）：俄国少将，后来做过彼得堡的总督。

② 阿列克谢·尼古拉叶维奇·巴赫美捷夫（1774—1841）：俄国将军，一八一六至一八二〇年任比萨拉比亚总督，后来在几个省里担任省长职务。

的房间就在客厅的隔壁。我父亲在谈话中间告诉他们他同尤苏波夫公爵①谈过给我安排职务的事。

“再不能耽搁了，”他补充说，“你们知道，他必须工作一个长时期才能够混到一官半职。”

“老兄，您又何必叫他当抄写员呢，”艾森好意地说，“把这件事交给我办，我要让他进乌拉尔哥萨克骑兵队，提升他当军官，这是主要的，然后再听其自然，像我们大家一样，步步高升。”

我父亲不同意，他说他现在不再喜欢军事方面的事情，他希望将来给我弄到一个职位，到某个气候暖和的国家的使馆里工作，他也可以在那里度过他的晚年。

巴赫美捷夫一直很少讲话，这时拄着双拐站了起来，说：

“我看您应当多多考虑彼得·基利洛维奇的劝告。您不愿意把他放到奥连堡，那就把他放在这儿吧。我和您是老朋友，我习惯于跟您坦率地讲话：您安排他做文职工作、上大学，对您的年轻人没有好处，会使他对社会无用。他很明显地处在一种不明不白身份的地位，只有军役才可以给他的前程开路，改善他的地位。不等他升到连指挥官，所有危险的思想都会消失了。军纪是个大学堂，以后的事就取决于他了。您说他有才能，难道就只有蠢材才服军役吗？那么您和我、我们又怎样呢，所有我们这号人又怎样呢？您还可以提出一个反对的理由，就是他必须服役一个比较长的时期才会升到军官，然而正是在这方面我们可以给您帮忙。”

这一番对话和普罗沃太太同韦拉·阿尔塔莫诺夫娜的谈话有同样大的效力。当时我已经十三岁了。② 这样的教训翻来覆去，从各方面思索分析，经过多少个星期、多少个月孤独中的考虑，它们终于结出了

---

① 尼古拉·包里索维奇·尤苏波夫公爵（1750—1831）：俄国大官僚、大地主，叶卡捷琳娜二世、保罗一世和亚历山大一世时代的显贵，克里姆林宫部的主任。

② 这大概是笔误，因为这番谈话发生在一八二〇年，作者当时只有八岁。

果实。这番对话产生的结果就是:在这以前我和所有的男孩子一样想望着军役和军服,而且知道我父亲想要我担任文职,我几乎要哭出来,但是现在我对军役的热心突然冷下来了,我对军官服上面的肩章和穗带、军裤上面的颜色镶条的喜爱虽然不是一下子而是逐渐地完全根除了。不过我那逐渐消失的对军服的热情又爆发过一次。我们的一个亲戚①在莫斯科一所寄宿中学校念书,有时候到我们家来过节日,后来他参加了杨堡枪骑兵团。一八二五年他来莫斯科,是个贵族候补军官,在我们家住了几天。我看见他一身的细带子和细绳子,还挂了一把军刀,一顶四只角的高筒军帽戴得略有一点歪,用一根细带子拴在下巴底下,这个时候我的心跳得非常厉害。他只有十七岁,而且个子不高。第二天早晨我穿上他的军服,挂上他的军刀,戴上他的军帽,照着镜子看。我的天,我穿上这件镶红边的蓝色短军服多好看!还有帽穗、帽上的绒球和子弹带……我平时在家里穿的厚毛短上衣和黄色中国棉布裤怎么能跟它们相比呢?

我的亲戚的到来动摇了将军们谈话的效力,但是不久环境又使我而且是永远地厌弃军服了。

我对自己的"不明不白的身份"进行了反复思考以后,心里的结论跟我听见两个保姆的闲谈后所推断出来的结果差不多。我觉得自己更不依赖这个我对它毫无所知的社会了,我觉得实际上我是被抛弃,只能依靠自己的力量了,我还带着一点孩子气的高傲这样想:我要做给阿列克谢·尼古拉叶维奇②和他的同事们看,我是个什么样的人。

虽是这样,然而也可以想象到我在父亲家那种古怪的修道院生活里日子过得多么痛苦,多么单调。既没有鼓励,也没有消遣;我父亲溺爱我到十岁,现在他几乎总是对我不满意;我没有同伴,教师们来了又走了,我送走了他们,就偷偷地跑到院子里去同家仆的小孩们一起玩,

---

① 一个亲戚:指阿列克谢·彼得洛维奇·库钦(1808—1839年以后),枪骑兵军官,作者的外甥(作者堂姐娜·彼·库钦娜的儿子)。

② 这是巴赫美捷夫的名字和父名。

这件事本来是严格禁止的。其余的时间里我就在那些白天不开窗、晚上灯光不亮的又大又暗的屋子里走来走去，什么事也不做，不管碰到什么东西就拿起来读。

门房①和女仆房是给我唯一极大快乐的地方。在那里我感到毫无拘束，我参加他们的争论，袒护一方，反对另一方，同我的朋友们一起商谈他们的事情，提出我的意见，知道他们的一切秘密，这些门房里的秘密我从来没有在客厅里泄漏过一句。

在这个题目上我不能不停留一下。其实我完全不想避开离题的情节和插曲，——任何谈话都是这样进行的，生活本身也是这样。

儿童一般都喜欢仆人；父母却禁止他们同仆人接近，特别是在俄国；孩子们并不听父母的话，因为客厅里很无聊，而女仆房里却热闹。在这种场合和在其他千百种场合一样，父母就不知道他们在做些什么了。我绝不能够想象我们的门房比我们的"茶室"或"休息室"对孩子们更有害。在门房里孩子们学到一些粗话和坏习气，这是真的；可是在客厅里他们学到粗暴的思想和恶劣的感情。

命令孩子们跟他们经常接触的人疏远，这个命令本身就是不道德的。

我们中间经常有人谈起仆人特别是农奴的极端的道德败坏。的确他们并不是品行端正的模范，他们精神上的堕落表现在他们过分忍受一切，他们极少愤怒，极少反抗。可是问题不在这里。我希望知道的是，——在俄国什么阶层比他们腐化少一些？是贵族呢还是官吏？也许是教士吧？

你们为什么笑呢？

也许只有农民们才有某些权利……②

---

① 门房：男仆们住的房间。

② 这一句的原意大概是："只有农民们才有权笑。"英译文作"也许只有农民们有权说他们不同。"

贵族和家仆之间的差别是很小的。① 我不喜欢那些怀着恶意的宣传家对群众的假意奉承（尤其是在一八四八年的灾难②以后），可是我更加痛恨贵族们对人民的诬蔑。俄国的大地主们把仆人和奴隶描绘成淫荡的野兽，他们蒙住了别人的眼睛，也窒息了他们自己的良心。我们很少比下层阶级好，可是我们却把自己表现得更温和，我们会更巧妙地掩饰我们的利己心和情欲；我们的欲望容易得到满足，我们平时又不用抑制它们，因此它们并不显得十分粗野，而且也不十分显眼；干脆地说，我们阔些，吃得饱些，因此我们也更会挑剔。阿勒马维华伯爵向塞维勒的理发师举出他要求他的仆人所应有的品德，那个时候费加罗叹口气说："照你们对仆人要求的品德，大人，您见过多少主人配当仆役的？"③

一般地说，俄国人的道德堕落并不深，与其说是深，倒不如说是更野蛮，更淫猥，更吵闹，更粗鲁，更乱，更无耻。教士关在家里，同商人们一起大吃大喝。贵族们当着人喝得大醉，毫无顾忌地拚命打牌，打他们的仆人，调戏他们的女仆，对自己的事情处理得很坏，处理家庭生活更坏。官员们也是一样，不过做得更肮脏些，再加上在上级跟前卑躬屈节，还偷点小东西。说到偷盗，贵族的确少犯偷盗罪，他们公开地把别人的东西据为己有，而且只要碰到机构，他们绝不松手。

这一切可爱的弱点在那些十四级以外的公务员④身上，在那些不依存于沙皇而依存于地主的贵族的身上就表现得更加粗鲁。但是作为一个阶层他们比别的阶层又坏在哪里呢——我却不知道。

---

① 原文下面还有半句："就像他们的名称之间的差别那样。"（英译者没有译出。）因为"贵族"的原文是"дворянин"（德沃利雅宁），家仆（或译"家奴"）的原文是"дворовый"（德沃罗维依），念起来，声音相差不太大。

② 灾难：指一八四八年法国资产阶级政府镇压巴黎工人六月革命的事。

③ 这句话见法国剧作家奥·博马舍（1732—1799）所作四幕喜剧《塞维勒的理发师》第一幕第二场。（引用吴达元的译文。）

④ 彼得大帝一七二二年规定俄国文官官阶为十四级，十四级以外就不是政府的文职官员，因此英译者把"那些十四级以外的公务员"译作"那些在私人的和非政府的机构中工作的人"。

我回顾过去，不仅把我们家和枢密官家的家仆、而且也把二十五年来和我们有密切往来的两三家人家的仆人的事情仔细地回想了一番，我想不起他们的行为中有什么特别不道德的坏事。也许有人说，小偷小摸……不过在这件事情上，概念被地位完全搅乱了，因此很难下断语：人—财产[①]对自己的同类是不用讲礼貌的，那么他们对待老爷的财物就不必客气了。倘使我们把那些亲信、得宠的男女仆人、老爷的情妇、进谗挑拨的人除外，那就更公平了；然而首先他们这些人都是例外——这些马房里的克来英米赫尔[②]们，这些管地窖的卞肯多尔夫[③]们，这些穿粗布衣服的彼列库西希娜[④]们，这些赤足的庞帕杜尔[⑤]们；况且，他们的行为比所有其他的人都好些，他们只是在夜里才喝个痛快，又不把他们的衣服押在酒馆里面。

其余人的天真朴直的放荡也没有超出喝一杯烧酒和一瓶啤酒、愉快的聊天和抽一袋烟、不请假擅自外出、互相争吵有时吵到打起架来、对有些要他们做出不近人情的和不可能的事情的主人耍点欺骗的花招等等的范围。不用说，一方面由于他们缺少任何教育，另一方面由于处在奴隶地位，缺少农民的憨直，他们的性格里就增加了不少古怪的、畸形的东西，然而他们像美国的黑人那样，有一半的孩子气：一点小事情就会使他们高兴，一点小事情也会使他们伤心；他们的欲望也很有限，这些欲望与其说是不道德的，倒不如说是天真的、合乎人情的。

烧酒和茶、小酒馆和小饭馆——这是俄国仆人两种经常的嗜好；为了它们的缘故他偷盗，为了它们的缘故他贫穷，为了它们的缘故他忍受

---

① 这是说，他们是人，却又被当作主人的财产。

② 彼·安·克来英米赫尔（1793—1869）：俄国反动政治家、尼古拉一世时期的交通大臣、尼古拉的亲信。

③ 亚·赫·卞肯多尔夫伯爵（1783—1844）：尼古拉一世军警专政制度的一个反动头子，一八二六年起任宪兵司令和第三厅厅长。

④ 玛·沙·彼列库西希娜（1739—1824）：女皇叶卡捷琳娜二世的宫内女官和宠信。

⑤ 让·安·庞帕杜尔（1721—1764）：法国侯爵夫人、国王路易十五的情妇。以上四种人都是专制君主宠爱信任的人物。

迫害和惩罚，扔下家里人让他们无衣无食。像马修神甫那样从他那陶醉于戒酒主义①的高度去谴责酗酒，坐在茶桌旁边，想不通为什么仆人要到小饭馆去喝茶，不肯在家里喝，尽管在家里喝便宜些，再没有比这个更轻易的事情了。

烧酒使人麻醉，使人能够忘掉自己，让人感到虚假的快乐，给人刺激；倘使一个人的智力发展较差而生活又更狭隘、空虚，那么这种麻醉和刺激就会使他更加感到愉快。一个仆人给注定永远待在门房里，处在永久的贫困中，当奴隶，让人买来卖去，他怎能不喝酒呢？他能够喝的时候，他就喝得很多，因为他不能每天喝酒；十五年前森科夫斯基②在《读者文库》③中就讲到这个了。在意大利和法国南部并没有酒鬼，因为那里有很多酒。关于英国工人疯狂的酗酒，这样的解释也适用。这些人在对付饥饿和贫穷的毫无出路的和力量悬殊的斗争中给毁掉了；不管他们怎样艰苦地挣扎，他们到处都碰到铅皮的屋顶④和无情的回击，把他们扔回到社会生活的阴暗的底层去，判决他们从事没有目的的终身劳役，这种劳役把他们在身心两方面都折磨得不成样子。一个人当了六天的杠杆、齿轮、弹簧、螺丝钉，到星期六晚上他粗野地挣脱了工厂劳动的苦役，在半个小时里面就喝醉了，尤其是因为他已经筋疲力尽，支持不了多久。道德家们还是去喝自己的 Irish〔英语：爱尔兰的〕或者 Scotch whisky〔英语：苏格兰的威士忌酒〕、一声不响为好，否则他们那种惨无人道的慈善事业会给他们招来可怕的反应。

在小饭馆里喝茶对仆人来说有着不同的意义。在家里喝茶在他看

---

① 西奥巴德·马修神甫（1790—1856）：爱尔兰天主教神甫，一八三三年组织戒酒会，宣传戒酒，有“戒酒的使徒”之称。“陶醉于戒酒主义”是作者讽刺马修神甫活动的用语。

② 约瑟夫·伊凡诺维奇·森科夫斯基（1800—1858）：原籍波兰，记者、反动的批评家和作家，他用的笔名是布拉姆别乌斯男爵。

③ 《读者文库》：森科夫斯基编辑的一种“文学、科学、艺术、工业、新闻和时装杂志”，在彼得堡出版，销行很广，由十九世纪三十到四十年代中大的出版家兼书商斯米尔津（1795—1857）发行。

④ 这里可能指工厂厂房。英译文作“一面压迫的高墙”。

来不像是喝茶；在家里什么都使他记起他是个仆人；在家里他是住在龌龊的下房里面，他得自己生茶炊①；在家里他用的是断了把的茶杯，而且每时每刻老爷都会打铃叫他去。在小饭馆里他是个自由的人，他是一位顾客，人们为他铺好桌布，为他点起灯；茶房为他端着托盘跑来跑去；茶杯发亮，茶壶闪光，他发命令，有人照他的话办，他很高兴，还愉快地叫一份压紧的黑鱼子或者露馅的馅饼来佐茶。

在这一切里面幼稚的天真朴直更多于道德堕落。印象总是很快就控制了他们，但是并不在他们心上生根；他们经常为一些偶然的事情、微小的欲望、毫不足道的小目的操心或者更可以说是分心。对一切怪异事物的幼稚信仰使一个成年男人变成了胆小鬼，这同样的幼稚信仰在最痛苦的时刻又给了他安慰。我见过两三个我父亲的仆人的死亡，我很感到惊奇：只有在这里才能谈到生命结束时的那种纯朴的心安理得；他们的良心清白，没有犯过大罪，万一有点什么，也已经在忏悔的时候同“好神甫”一起结束了。

儿童和仆人互相喜欢的感情就建立在他们之间的这种近似上面。小孩们痛恨成年人的贵族统治和那种垂青的、俯就的态度，因为他们聪明而且明白在成年人的眼里他们是小孩，而在仆人的眼里他们是人。因此他们不高兴同客人打纸牌、玩罗托②，倒更喜欢同女仆们玩这些。客人同他们玩这些是为了他们，由于迁就的原因，让让他们，作弄他们，只要不想玩，就放下它们走开了；女仆们玩这些，不仅是为了小孩，也同样为了自己；这样就使游戏本身有趣味了。

仆人们特别喜欢小孩，这并不是奴性的忠心，这是弱者和普通人的互相喜爱。

古时候在地主和家仆之间常有一种宗法的、世袭的爱，这样的爱在

---

① 茶炊：即“沙莫瓦尔”，俄国特有的一种铜制茶具，上面煮开水（泡茶用），下面生火，中间有一根烟囱。

② 罗托：一种游戏，从袋中取出有号码的牌子，放在本人手里纸板上相同的号码上，谁先摆满了纸板上的号码，谁就得胜。

土耳其现在还存在着。今天在俄国，再也没有忠于自己主人的家族和种族的忠心耿耿的仆人了。这是可以理解的。地主并不相信自己的权力是正当的，也不认为在可怕的最后审判日①里他要对自己的仆人负责，他只是用他的权力来为他自己谋利益。仆人也不相信自己应当处于从属地位，他忍受暴力压制，并不认为这是上帝的惩罚、这是考验，——仅仅是因为他没有办法保护自己；俗话说得好：弱不敌强。

我还在年轻的时候就知道两三个那种奴隶制狂热拥护者的样本，八十高龄的地主们经常惋惜地谈起他们，讲他们小心勤劳的工作，讲他们耿耿的忠心，可是这些地主们就忘记讲自己的父辈和他们本人用了什么来酬劳仆人们的这种自我牺牲。

在枢密官的某一个田庄上有一个衰弱的老人安德烈依·斯捷潘诺夫，他赋闲在家，就是说靠人养活。

枢密官和我父亲在禁卫军中服役的时候，他当过他们的随从，他是一个善良、诚实、滴酒不沾的人，根据他们自己的说法，他只要看少爷们的眼睛，就猜得出他们要什么，我以为这并不是容易的事。以后他在莫斯科近郊管理田地。一八一二年的战争开始，交通就完全切断了，他后来孤零零地待在那儿，没有钱，守着烧得精光的村子的瓦砾堆，为了不至于饿死，他卖了一点木料。枢密官回到俄国后，着手整顿自己的田产，知道了木料的事情。作为惩罚，枢密官撤销了他的职务，把他赶走了。老头子拖着一家人到处寄食。我们经常到安德烈依·斯捷潘诺夫住的那个村子去住一天、两天。那个衰颓的老人得了瘫痪症，每次都支着拐杖来向我父亲问好，同我父亲谈话。

他谈话时那种忠诚和温顺的样子，他的愁苦的面容和他的秃顶两边灰黄色的发绺使我深受感动。

“老爷，听我说，”他有一回说道，“您哥哥又得到一枚勋章。尊敬

① 最后审判日：根据耶稣教传说，这是上帝举行最后大审判、给所有恶人以永久惩罚的日子。

的老爷,我上了年纪了,不久就要把灵魂交还给上帝了,可是天主不赐给我恩惠,让我看见您哥哥佩戴勋章,在我去世以前连一次也不给我看见他系上绶带、戴上全部的勋章!”

我望着这个老人:他的脸上现出非常孩子气的真诚表情,他那伛偻的身子,他那痛得变了样的面孔,他那黯然无光的眼睛和有气无力的声音——这一切都取得人们的信任;他不是在撒谎,他不是在奉承,他真的想望在死去之前看见那个为了他卖掉一点木料十五年来一直不肯宽恕他的人佩戴着“绶带和勋章”。这是一个圣人,还是一个疯子?是啊,也许只有疯子才做得到圣人吧?

新的一代人没有这种偶像崇拜,要是偶尔还有农奴不要自由,那不过是由于懒惰和物质上的考虑。这无疑地是更加堕落,不过这说明是接近结束了;倘使他们希望看见老爷的脖子上挂着什么东西,那一定不会是弗拉基米尔绶带①。

我在这里顺便讲一点我们的仆人一般的情况。

不论是枢密官,或者我父亲,他们都不曾特别压迫家仆,就是说,他们不曾在肉体上虐待他们。枢密官脾气暴躁,不耐烦,因此常常粗暴,不讲道理,然而他很少同家仆们接触,他很少注意过他们,他同他们几乎是彼此不认识。我的父亲却拿他那些任性的要求去折磨他们,不论是一瞥眼光、一句话、一个动作,他都不放过,老是不停地教训人;对俄国人来说,这常常比打骂更坏。

在我们家体罚差不多已经不用了,有两三回枢密官和我父亲使用了“警察所”的卑劣手段②,这太不寻常了,因而所有的家仆都在谈论这件事,整整谈了几个月;而且这都是由于重大的过错引起的。

更常见的是家仆给送去当兵;这种惩罚是所有的年轻人都害怕的;

---

① 弗拉基米尔绶带:指悬挂弗拉基米尔勋章的绶带。作者这句话的意思是:他们希望看见老爷脖子上挂的不是绶带,而是绞索一类的东西。

② 指帝俄大城市中每个警察区里的警察所,当时根据农奴的主人(地主)的要求,农奴在警察所里受到鞭打的刑罚。

他们虽然无亲无故,可是他们还是宁愿当家奴,觉得比作二十年苦工好些。这些可怕的场面给我留下很深的印象……地主找来了两个警察兵,他们偷偷地、突如其来地和出其不意地抓住了那个指定的人;通常村长就在这个时候宣布老爷昨天晚上下了命令要把他送到征兵处去,本人忍住眼泪,装出不在乎的神气,妇女们却哭了起来,所有的人都送礼物给他,我也送给他我能够拿出来的东西,那大概是一个二十戈比的钱,一条围巾之类。

我还记得我父亲因为某一个村长把他收到的代役金[1]花光了,下令剃掉他的胡子。我一点也不明白这算什么惩罚,可是这个六十岁老人的面容使我大吃一惊;他放声大哭,鞠躬到地,要求给他免去这个耻辱,他愿意退赔全部代役金,此外再缴纳一百卢布的罚款。

枢密官同我们住在一起的时候,全家的仆人一共有三十个男的和差不多同样数目的女的;然而结了婚的女人不做任何事,她们料理自己的家务;听候使唤的只有五六个女仆和洗衣女人,她们从来不上楼。此外,还得加上男孩和女孩,他们正在养成当差的习惯,就是说,养成游手好闲、懒惰、撒谎、喝酒的习惯。

为了说明那个时候俄国生活的特点,我想,讲几句关于家仆生活费的话,也不是多余的。起初,每个家仆每月只得到五个纸卢布的伙食费,后来增加到六个。女人每月少一个卢布,小孩从十岁起拿成人的一半。仆人组织了"公会"[2],他们并不抱怨收入不够,这说明当时吃的东西的确非常便宜。最高的工资是每年一百个纸卢布,另一些人只拿到这个数目的一半,有些人一年只拿到三十卢布。十八岁以下的男孩没有工资。除了工资以外,对仆人还发给衣服、大衣、衬衫、床单、被子、毛巾、帆布床垫;不拿工资的男孩可以得到使他们精神和肉体干净的费

---

① 代役金:农奴向地主缴纳的代替劳役的钱。

② "公会":原文是"артелъ",或译"组合"。这里指的是当时俄国农民中间,有一些人为了某种共同经济利益,或者为了从事一种共同的劳动组织起来的团体。这是一种为了在劳动或消费上合作互利的自由组织。

用，那就是洗澡费和斋戒祈祷①费。把一切都算在内，一个仆人每年只花费大约三百纸卢布；要是再加上吃药、看病，还有偶尔从村子里运来的储存的食物，就是连这些费用都算上，也没有超过三百五十卢布。这同巴黎或者伦敦的仆人相比只值他们的四分之一。

俄国大地主通常还要计算奴隶制度的保险费，这就是由地主供养奴隶的妻子儿女，而且奴隶本人老年时候还可以在村子里某个地方得到一点点面包过日子。当然，这是应当算进去的；然而由于对体罚的恐惧、奴隶地位的不可能改变、供养的标准非常低等等——这种保险费就大大地减低了。

我看够了奴隶地位这种可怕的意识怎样摧残、怎样毒害着家仆们的生存，它怎样压迫、麻痹他们的心灵。农民，特别是缴纳代役金的农民，较少感觉到人身的不自由；他们多多少少可以不相信自己完全处在奴隶地位。可是那些从早到晚坐在门房里龌龊的长木板箱上面或者端着盘子站在饭桌旁边的家仆们，他们却没有疑惑的余地。

不用说，也有一些人，他们住在门房里就像鱼在水里一样，他们的心灵从来不曾觉醒，他们对自己的生活方式已经有了嗜好，履行他们的职务时也感到津津有味。

关于这类人，我们家有一个非常有趣的例子，就是我们的老听差巴卡依。这个人有大力士一般的体格、高高的身材、相貌堂堂，带着一副深思远虑的神态，他活得很久，他始终认为听差的地位是极其重要的。

这个可敬的老人经常发脾气，不然就是喝醉了，或者同时又发脾气又喝醉。他总是把他的职责看得高，而且给它加上一种庄严的重要性；他做出特别的声音和响动掀起马车的踏蹬，像开枪一样砰的一声关上车门。他绷着脸、笔直地站在马车后面的足蹬上，每一次车轮越过辙窝发生颠簸的时候，他就发出他那低沉的、不高兴的声音对马车夫吆喝：

---

① 斋戒祈祷：指耶稣复活节（三月二十一日或这天以后，月圆以后第一个星期天）前的斋戒祈祷。

“稳一些！”并不管辙窝已经在后面五步远了。

他除了跟车出去以外，还有一个重要职务（这个职务是他自愿担任的），就是教家仆的男孩们学习贵族的仆人礼节。他清醒的时候，倒没有什么问题，可是他喝了酒，脑子糊涂起来，他就挑剔、苛求、专制、横暴到了叫人不能相信的程度。我有时候出来替我的朋友们打抱不平，然而我的威信对巴卡依的那种罗马人严厉的性格影响不大；他会给我打开通客厅的门，说：

“这儿没有您待的地方，请出去，不然我就把您抱出去。”

他从来不放过任何责骂那些男孩的机会，不管是一个动作也好，一句话也好，他不但骂，而且经常拳打，或者“挖油”，那就是用他的大拇指和小指头巧妙地、熟练地像弹簧一样地弹他们的脑袋。

后来他把男孩们都赶了出去，只剩下他一个人的时候，他就虐待他那个唯一的朋友麦克佩斯、一条大的纽芬兰种公狗，这条狗是他养的，他喜欢的，他给它刷毛，他细心地照料它。他在屋子里单独地坐了两三分钟，就到院子里去唤着麦克佩斯跟他一起坐到长木板箱上；他就对狗谈起话来：

“笨蛋，暖和的屋子你不待，你干吗坐在院子里挨冻？真是个畜生！你瞪着眼干吗——嗯？你没有话回答我吗？”

他说了这些话，经常接着就是一记耳光。麦克佩斯有时候也会对它的恩人做出要咬的样子；那个时候巴卡依就会无情地、毫不让步地痛骂它。

“可不是，你喂狗吧——喂来喂去，还是一条狗；它向你呲牙咧嘴，也不想想你是谁。……要是没有我，跳蚤早就把它吃掉了！”

他的朋友的忘恩负义使他感到委屈，他气愤地闻了一撮鼻烟，把留在手指头的一点点烟扔到麦克佩斯的鼻子上去；狗就打起喷嚏来，很狼狈地用爪子从眼睛上刷掉鼻子上的鼻烟，十分不高兴地离开了长木板箱跑去抓门；巴卡依骂了一声：“坏蛋！”就给它开了门，一足踢了它出去。通常在这个时候男孩们就回来了，于是他又弹起他们的脑袋来。

在麦克佩斯之前我们有一条猎狗叫做别尔塔;这条母狗病得厉害,巴卡依带着它睡在他的褥子上,照料它两三个星期。有一天大清早我到了门房里。巴卡依想对我讲什么话,可是他的声音变了,一滴大的泪珠滚下脸颊来,——狗死了。这是又一件事实可以供研究人心的人参考。我绝不以为他恨那些男孩;这是由于他那冷酷性格,这种性格给酒加强了,而且不知不觉地受了门房里气氛的影响。

可是除了这些奴隶制爱好者以外,还有多少不幸的人和毫无指望的受苦受难人的愁容经常悲惨地闪现在我的记忆里。

枢密官有一个厨子,他有特殊的才能,勤劳而头脑清醒,他在工作上一帆风顺。枢密官亲自设法让他到御厨房去学习,那里有一位著名的法国厨师。他在御厨房学成出来以后,在英国俱乐部工作,积了钱,结了婚,过着老爷一样的生活;然而奴隶身份的绳索使他夜里也睡不安稳,他的地位使他很不开心。

在伊威尔圣母大教堂做完祈祷以后,阿列克谢鼓起勇气去见枢密官,要求准许他缴纳五千纸卢布,赎回他的自由。枢密官一向以他的厨子自豪,就像他以他的画家自豪那样,因此他不肯收钱,他对厨子说在主人死后,不用花钱便可以得到自由。

对厨子来说,这真是一个晴天霹雳;他心里不痛快,变瘦了,头发也灰白了,而且……他是一个俄国人,就喝起酒来。他不好好地干活,英国俱乐部把他辞退了。他给介绍到特鲁别茨卡雅公爵夫人家里工作,公爵夫人吝啬得要命,老是同他斤斤计较。有一回她过分地委屈了阿列克谢,他平素喜欢表现自己的口才,就做出他那庄严的神气,带着他的鼻音说:

"您的光辉的身体里有一个多么阴暗的灵魂!"

公爵夫人气坏了,赶走了厨子,而且像一般俄国贵妇人那样,给枢密官写了一封抱怨的信。枢密官本来不必理睬,可是他为了顾全绅士的礼貌,就把厨子叫了来痛骂一顿,命令他到公爵夫人那里去求她饶恕。

厨子并没有到公爵夫人那里去,他到小酒馆去了。一年中间他把什么都花光了:从他积蓄起来作赎金的那笔款子到他的最后一条围裙。他的妻子同他一起挣扎着,挣扎着,以后她也走了,到什么地方作保姆去了。我们好久没有听到他的消息。后来警察把阿列克谢带来了,穿得破破烂烂,像个野人似的;他们在街上找到他,他没有住处,从一个小酒馆出来,又去另一个小酒馆,就这样地流浪着。警察要求主人收容他。枢密官也难过,也许还感到惭愧;他收容了他,对他相当和善,给了他一间屋子。阿列克谢继续喝酒,他喝醉了就吵吵闹闹,以为自己在做诗;他的确不缺少某种杂乱的幻想。我们当时在瓦西里叶夫斯柯耶村。枢密官不知道该怎样对待厨子,就把他送到我们这里来,以为我的父亲可以劝好他。可是这个人已经完全毁掉了。在他的身上我看到农奴心上那种日积月累的对主人的愤怒和仇恨:他讲起话来就咬牙切齿,脸上带着表情,这种表情特别在厨子身上可能是危险的。他在我面前讲话毫无顾忌;他喜欢我,他常常亲切地拍拍我的肩膀,说:

"一棵烂树的好枝子。"

枢密官死后,我父亲立刻给他自由;这太迟了,这不过是把他甩开罢了;他就这样地完了。

除了他,我还不能不回想起农奴制度的另一个受害者。枢密官还有一个三十五岁上下的家仆,在他身边担任办事员一类的职务。我父亲的大哥①(死于一八一三年)本来打算创办一所乡村医院,在他还是小孩的时候就把他送到一位有名的医生那里让他学点医术。那位医生还替他请求得到在内外科医学院听讲的许可;这个年轻人有才能,他学会了拉丁文和德文,也会治一点病。他二十五岁的时候爱上了一个军官的女儿,隐瞒着自己的身份同她结了婚。欺骗不能够长久继续下去,在他的主人去世以后,他的妻子惊恐地知道了他们原来是农奴。他的新主人枢密官一点没有歧视他们,他甚至喜欢年轻的托洛恰诺夫,可是他同他妻子一直不断地吵架;她不能原谅他欺骗她的行为,她终于同另

---

① 父亲的大哥:指作者的大伯父,即彼·阿·雅科甫列夫。

一个男人跑掉了。托洛恰诺夫一定很爱她，他从这个时候起就陷入一种接近精神失常的悒郁，整夜整夜地喝酒，自己的钱光了，就花主人的钱；他看出来没有办法应付下去的时候，就在一八二一年十二月三十一日服毒自杀。

枢密官那天不在家；托洛恰诺夫来看我父亲，当着我的面对我父亲说他来向他告别，请他转告枢密官，缺少的钱都是他花掉的。

“你喝醉了，”我父亲说，“你去吧，好好地睡一觉。”

“我马上就要去长睡了，”医生说，“我只是求您不要记住我的坏处。”

托洛恰诺夫的泰然自若的表情使我父亲感到吃惊，我父亲注意地望着他，问道：

“你怎么啦，你在说胡话吗？”

“没有什么，老爷，我不过喝了一小杯砒霜。”

找来了医生，找来了警察，给他服催吐剂，给他喝牛奶。……他开始要呕吐的时候，他极力忍住，他说：

“待着，待在那儿，我吞下你，并不是为了要吐出来。”

后来毒性发作得更加厉害的时候，我听见他的呻唤和痛苦的叫声，他反复地嚷：

“烧！烧！火！”

有人劝他请一个教士来，他不肯，他对卡洛说，人死后不可能再有生命，他很懂解剖学。夜里十二点钟光景，他用德国话问那个一等军医，几点钟了，然后他说：“现在是新年了，祝贺您。”——就死了。

早晨我跑到那间当作浴室用的小小侧屋里去，——托洛恰诺夫停在那里；他的身体躺在桌子上，还是他临死时那个样子：穿着燕尾服，没有打领带，胸口敞开；他的面貌完全变了样，而且已经变黑了。这是我见到的头一具死尸；我走开了，差一点晕倒。我在新年里得到的礼物，那些玩具和图画并没有使我高兴；脸变黑了的托洛恰诺夫在我的眼前晃来晃去，我一直听见他的声音：“烧！火！”

我只再讲一件事情来结束这个悲痛的题目：门房的确没有在我身上留下坏的影响。正相反，在我的早年它就培养了我对一切奴隶制度和一切专制的制止不了的憎恨。我还是小孩的时候，韦拉·阿尔塔莫诺夫娜因为我淘气狠狠地刺我一下，就说："等着吧——您长大起来，就会跟别的老爷一样。"我觉得这是一个很大的侮辱。老妈妈可以满意了：至少我并没有跟别的老爷一样。

除了门房和女仆房以外，我还有一个消遣的地方，在那里我至少不会遇到干扰。我喜欢看书就像我不喜欢上课那样。我非常喜欢没有系统地看书，这种爱好一般说来，是对于认真研究的一个重要障碍。譬如，我当时和后来都很讨厌语言的理论研究，可是我很快就学会对这些语言的大致理解和勉强讲话，而且停留在这个阶段上，因为用来看书这就够了。

我父亲和枢密官两人当时共有一个相当丰富的图书室，收藏着不少上个世纪的法文书。书堆在楼下一间没有人住的潮湿的屋子里。钥匙在卡洛那里。我可以在这个文学仓库里随意翻来翻去，我看书看得很痛快。我父亲认为我这样做有两个好处：第一，我学法文会学得更快，其次是，我有事情做，这就是说，我会安安静静地坐着，而且在自己的房间里。我并不让他看见所有我看的书，也不把书放在桌子上，——有些书给藏在衣橱里面。

我看什么书呢？不用说是长篇小说和喜剧。我看了五十册法国《戏剧节目》①和俄国《戏剧》②；每一卷有三个或者四个剧本。除了法国长篇小说，我母亲还有拉封登③的小说和科采布④的喜剧，——我也把它们看了两三遍。我不能说长篇小说对我有多大的影响；虽然我也

---

① 《戏剧节目》：指《法国戏剧节目》，六十八卷，法文原版，一八二三至一八二九年出版。

② 《戏剧》：指《俄国戏剧》，或《全俄戏剧创作全集》，四十三卷，一七八六至一七九四年出版。

③ 奥·拉封登（1756—1831）：德国感伤主义的小说家。

④ 奥·科采布（1761—1819）：德国反动作家。

像所有的男孩那样，对书中一切暧昧的或者有点欠妥当的场面都不肯放过，但是它们并不使我特别感到兴趣。给我的影响大得多的一个剧本是《费加罗的婚姻》①——这个戏我爱得神魂颠倒，反复看了二十遍，不过我看的是《戏剧》中的俄文译本。我爱上了薛侣班和伯爵夫人②，而且我自己就是薛侣班；我看书的时候我的心好像停止跳动了，而且我感到一种新的感觉，自己却完全没有意识到。那个侍从武士改扮女装的场面多么令人陶醉，我真想把谁的丝带藏在我的怀里，偷偷地吻它。事实上在我那样的年岁，我完全没有同女性交际过。

我只记得偶尔在星期天巴〔赫美捷夫〕的两个在女子寄宿中学校念书的女儿来我们家作客。小的一个只有十六岁，长得非常漂亮。她走进房里来我就局促不安，从来不敢对她讲话，只是暗中不断地看她那双非常好看的深色眼睛，看她那一头深色的鬈发。我从来不曾向人提过这件事，这一点最初的恋爱气息没有让任何人看出来就过去了，连她本人也不曾觉察到。

好些年以后我同她见面，我的心还是跳得厉害，我记得我十二岁的时候多么爱慕她的美丽。

我忘记说，《维特》③和《费加罗的婚姻》同样地打动我的心；这本小说有一半我看不懂，就连忙翻过去，急于想看那个可怕的收场④，它叫我哭得像一个疯人似的。一八三九年《维特》又偶然落到我的手里来了；当时我在弗拉基米尔；我告诉我的妻子⑤，我还是小孩的时候就

---

① 《费加罗的婚姻》：又名《狂欢的一日》，法国剧作家博马舍创作的五幕喜剧，是《塞维勒的理发师》的续篇，后来由奥国音乐家沃·阿·莫扎特(1756—1791)改编为歌剧。

② 伯爵夫人和薛侣班都是《费加罗的婚姻》中的人物。伯爵夫人就是阿勒马维华伯爵的妻子，薛侣班是他的侍从武士。薛侣班拿了伯爵夫人的丝带藏在身上。在第四幕中薛侣班打扮作女孩子。

③ 《维特》：即德国诗人和作家歌德的中篇小说《青年维特的痛苦》(有郭沫若的中译本《少年维特之烦恼》)。

④ 指小说结尾维特的自杀和他的绝命书。

⑤ 一八三八年五月作者在弗拉基米尔同他的堂妹娜·亚·查哈林娜结婚。

为这本小说哭过，我把书中最后的几封信读给她听。……我读到那个地方，我的眼泪又夺眶而出，我不得不停了下来。

在我十四岁以前，我不能说我父亲特别限制我的自由，可是我们家的整个气氛使一个活泼的男孩感到受压制。对我的身体健康固执地和不必要地关心而同时对我精神上的需要却丝毫不注意，这是非常讨厌的。提防着感冒，提防着不消化的食物，有一点儿伤风咳嗽，就很紧张。冬天我一连几个星期待在家里，到了准许我出门的时候，又得穿上暖和的高统靴，裹上围巾之类的东西。在家里火炉经常热得叫人受不了。要不是我从我母亲那里继承了钢铁般的健壮身体，这一切就会使我成为瘦弱的、娇生惯养的孩子。我母亲丝毫没有我父亲的那种偏见，在她住的那一半宅子里，她允许我做在我父亲的那一半宅子里禁止做的任何事情。

在没有竞赛、没有鼓励、没有称赞的情况下，我的教育收效很差；没有系统，又没有监督，我做功课很不起劲，我还以为靠记忆力和生动灵活的想象就可以代替用功。不用说，对家庭教师们也同样没有人过问；薪金谈妥以后，只要他们按时上班，坐完这一段时间，——他们可以一连教几年，不必向任何人报告他们教学的成绩。

我当时的教育上一个最古怪的插曲就是聘请法国演员达勒斯来教我朗诵课。

“现在没有人注意这个了，”我父亲对我说，“然而我哥哥亚历山大①——他一连六个月每天晚上跟奥弗列纳②一块儿读 le récit de Théramène〔法语：特拉美纳的故事〕③，可是总不能达到奥弗列纳所想望的那样完美。”

---

① 亚历山大：作者的伯父，娜·亚·查哈林娜的父亲，也就是本书第一章里提到的“兄长”。参见第 17 页注②。

② 奥弗列纳：原名让·利瓦尔（1720—1806），法国演员，一七八五年移居俄国。

③ 见法国剧作家让·巴·拉辛（1639—1699）创作的五幕悲剧（诗剧）《费德尔》第五幕第六场特拉美纳同雅典王特塞的对话。

所以我就开始学习朗诵了。

“那怎么样，monsieur Dalès〔法语：达勒斯先生〕，”我父亲有一次问他道，“我想您可以教他上点跳舞课吧？”

达勒斯是一个六十开外的胖老头子，他做出完全了解自己长处、也完全了解谦虚礼貌的样子回答说他“不能判断自己的才能，不过自己经常给 au Grand Opéra〔法语：大歌剧院的〕芭蕾舞出主意。”

“我就是这样想的，”我父亲说，他把他那开着的鼻烟壶递给达勒斯，他对俄国的或者德国的家庭教师从来没有这样做过，“我很想您能够 le dégourdir un peu〔法语：使他活跃些〕，在朗诵以后，稍微跳跳舞。”

“Monsieur le comte peut disposer de moi.〔法语：伯爵先生可以调度我。〕”

我父亲非常喜欢巴黎，开始回忆起一八一〇年歌剧院的休息室、乔治①的青年时期和玛尔斯②的晚年来，他还问起咖啡馆和戏院的情况。

现在请设想一下我那间小小的屋子，一个凄凉的冬天晚上，窗户冻上了，水沿着绳子从窗上流下来，桌子上有两支脂油蜡烛，我们两个人 tête-a-tête〔法语：对坐谈心〕。达勒斯在舞台上讲话还是相当自然的，可是在教课中他却认为朗诵的时候不宜于自然。他读拉辛的剧本用唱歌一般的腔调，而且在每一行诗停顿的时候来一个分开，就像英国人在后脑勺梳的分头那样，因此每行诗看起来都像一根折断了的手杖。

同时他挥舞着手，好像一个掉在水里而又不会游泳的人那样。每一行诗他都叫我重读几遍，并且他总是摇头。

“不对，完全不对！Attention！〔法语：注意！〕‘Je crains Dieu, cher Abner〔法语：我害怕上帝，亲爱的阿布奈尔〕，’③”于是来一个分开，这个时候他闭上眼睛，微微摇着头，用他的手轻轻地推开波浪，接着念下去，

---

① 乔治：本名玛格丽特·约瑟芬·文美尔（1787—1867），法国女演员，擅长表演古典悲剧。

② 玛尔斯：本名安娜·布杰（1779—1847），法国女演员，擅长表演法国喜剧作家莫里哀（1622—1673）的喜剧。

③ 见拉辛的五幕悲剧《阿黛莉》，这是该剧第一幕第一场中大僧正约德对阿布奈尔讲的话，达勒斯把一行诗“分开”了。

“et n’ai point d’autre crainte.〔法语：别的什么我都不怕。〕”①

随后，这个“除了上帝，什么也不怕的”小老头儿看了看表，合上书，推了一把椅子到我面前：这就是我的舞伴。

在这种情况下面，我从来不会跳舞，这是不足为奇的。

这样的教课并没有继续多久，大约两个星期以后就很悲惨地停止了。

我同枢密官一起去看法国戏；序曲已经奏过了一遍、两遍——幕还是没有升起；前座的观众想表示懂得他们的巴黎规矩，就像巴黎的后座观众那样叫嚷起来了。一位导演走到幕前面来，向右面鞠一个躬，向左面鞠一个躬，又向正前面鞠一个躬，说：

“我们请求观众们原谅；我们遭到了可怕的不幸事故：我们的同事达勒斯，”导演的声音的确让眼泪打断了，——“在他的屋子里由于煤气中毒逝世了。”

俄国炉子的煤烟就用这样残暴的手段给我免除了朗诵、独白和同我那个有着四只脚的红木女舞伴的单人跳舞了。

在我十二岁的时候，照料我的事就从女人的手移到男人的手里了。大约在那个时候，我父亲两次请了德国人来照管我，可是这两次尝试都不成功。

照管小孩的德国人——不是家庭教师，也不是照看小孩的老家人；这是一种完全特殊的职业。他不教小孩念书，也不给他们穿衣服，可是他监督别人教小孩念书、给小孩穿衣服，他关心小孩的健康，带小孩出去散步，对小孩谈什么废话都行，只要是讲德国话。要是家里有一个家庭教师，德国人就听他的话；要是有一个带小孩的老家人，他就得听德国人的话。那些持证签到的教师常常由于意外的原因迟到和由于他们自己无法控制的情况早退，就要讨好德国人，他尽管一窍不通，却也开

---

① 见拉辛的五幕悲剧《阿黛莉》，这是该剧第一幕第一场中大僧正约德对阿布奈尔讲的话，达勒斯把一行诗“分开”了。

始把自己看成一个有学问的人了。女家庭教师使用德国人替她们买东西、办各种各样的事,可是只有在她们找不到别的崇拜者或者她们实在生得难看的场合,她们才允许他向她们献殷勤。十四岁的学生瞒着父母到德国人的屋子里抽烟,他容忍了这种事情,因为他不得不想尽方法留在这个家里。的确,大半在这个时候,照管小孩的德国人会受到主人感谢,收到主人赠送的表,然后给辞退了;要是他不耐烦带着小孩逛街,和因为小孩伤风感冒或者弄脏衣服受到申斥,那么,照管小孩的德国人就变成了单纯的德国人,开一个小店卖给他从前的学生琥珀烟嘴、花露水、雪茄烟,还替他们办其他秘密的事情。①

第一个照管我的德国人是西里西亚②人,姓约基席;据我看,根据他这个姓就有充分理由不该找他来。他个子高高,是一个秃头,他有一个特点,就是极不爱干净;他经常吹嘘他的农业知识,我想我父亲正是因为这个缘故找他来的。我非常厌恶地看待这个西里西亚的巨人,只有一件事我容忍了他,那就是我们到杰维奇草地和普列斯年斯基水池散步的时候,他经常对我讲一些猥亵的故事,这些故事我都在门房里重复讲过了。他至多待了一年;他在村子里干了什么丑事,园丁要用大镰刀杀死他,我父亲便叫他滚蛋了。

在他之后来了一个布伦瑞克-沃尔芬比特尔③的大兵(也许是逃兵),他名叫费多尔·卡尔洛维奇,他的特点是写得一笔好字和过分的愚蠢。他先前已经在两家人家照管过小孩,有了一点经验,就是说,有家庭教师的气派;而且他讲法国话总是把重音念错。④

---

① 在《一个年轻人的笔记》中讲到的风琴手和音乐教师伊·艾克只是教音乐课,没有什么影响。——作者原注

伊凡·伊凡诺维奇·艾克(1758—1827):他在作者少年时期当过作者的音乐教师。《一个年轻人的笔记》是作者早年的著作。

② 西里西亚:在东欧,当时是普鲁士的一省。

③ 布伦瑞克:在德国中部。布伦瑞克公国的公爵住在沃尔芬比特尔。一八〇七至一八一三年布伦瑞克公国曾合并到维斯特法利亚。

④ 英国人说法国话比德国人还差,但英国人只是歪曲了语言,德国人使它变成下流的东西。——作者原注

我对他毫不尊敬，我使他在这里的每时每刻都过得不愉快，特别是在我相信不管我怎样花费力气，也无法使他懂得数学上的小数和比例的运算法则以后。一般地说男孩的心里有很多无情的甚至残忍的东西；我恶狠狠地拿比例的问题来折磨这个可怜的沃尔芬比特尔的猎兵；我对这件事很感兴趣，虽然我平时很少有机会同我父亲谈论这种事情，这次却扬扬得意地对他讲述了费多尔·卡尔洛维奇的愚蠢。

费多尔·卡尔洛维奇还向我吹嘘他有一件新的燕尾服，深蓝色的，有金钮扣，我的确看见他有一次出去参加什么人的婚礼，穿了一件燕尾服，这件衣服他穿起来显得宽大，不过有金钮扣。那个伺候他的男孩告诉我说，这件衣服是他向一个在化妆品店当店员的朋友借来的。我毫无同情地逼着这个可怜人，要他讲：蓝色燕尾服在哪里？——我总是这样逼他。

"您家里蛾子很多，我把它寄放在一个相识的裁缝那儿，让他保管。"

"这个裁缝住在哪儿？"

"您要知道干吗？"

"为什么不告诉我？"

"您不用管别人的事情。"

"好啦，就算这样吧，可是过一个星期就是我的命名日，——您就让我高兴吧，请您在那一天从裁缝那儿把燕尾服拿回来。"

"不，我不拿，您不配，因为您'伊姆彼尔季年特'①。"

我用手指指着吓唬他。

费多尔·卡尔洛维奇最后一次的碰壁，就是他有一回在我的法国教师布肖的面前吹嘘他当过兵，参加过滑铁卢②的会战，还说德国人狠狠地揍了法国人。布肖只是看着他，带着吓人的样子闻了一撮鼻烟，使

① 费多尔用德国口音讲了一个法国字"impertinent"，意思是：顽固，没有礼貌。

② 滑铁卢：比利时的一个村子，在首都布鲁塞尔以南，一八一五年六月十八日拿破仑军队在滑铁卢会战中被英荷联军和普鲁士军队打败，受到了致命的打击。

得这个打败了拿破仑的人感到有些狼狈。布肖生气地拄着那根多瘢节的手杖走了，以后讲到他从来不提他的姓名，只说“le soldat de Vilain-ton〔法语：惠兰吞的兵〕”①。当时我并不知道这个双关俏皮话是从贝朗瑞②那里来的，我非常喜欢布肖的巧思。

末了这个布吕赫尔③的战友同我的父亲大吵了一场，离开了我们家；这以后我父亲就不再拿德国人来折磨我了。

我们这位布伦瑞克-沃尔芬比特尔的大兵还没有撤退的时候，他有一个朋友也担任“德国人”的职务，我有时就去看他所照管的那些男孩，和他们一起到远处游逛；他走了以后，又剩下我孤零零一个人了——我感到无聊，想摆脱孤寂，可是找不到方法。我不能够改变我父亲的意志，倘使不是在这以后不久一种新的精神的活动和两次的会晤挽救了我（我在下一章里讲到它们），我也许就会在这样的生活中给毁掉了。我相信我父亲一点也不会想到他强迫我过着一种什么样的生活，否则他不会拒绝我那些最天真的愿望，不会不答应我那些最自然的要求了。

有时候他也允许我同枢密官一起去看法国戏，这对我来说是很高的享受；我非常爱看演戏，不过这种娱乐带给我的乐趣同痛苦一样多。枢密官带着我赶到戏园子老是在戏演了一半的时候，而且晚上总是有人邀请他，不等戏散场他就把我拖走了。戏园子在阿尔巴特门、阿普拉克辛的公馆，我们住在老马房街，就是说隔得很近，可是我父亲绝不许我离开枢密官一个人回家。

---

① 这是一句双关俏皮话，表面上是说“惠灵吞的兵”，照法语读音把“惠灵吞”这个姓读成“惠兰吞”，“惠兰吞”的意思是“下流人”。阿·惠灵吞（1769—1852），英国的公爵，滑铁卢会战中他是英荷联军的指挥官，一八二八至一八三〇年任英国首相。

② 比尔·让·德·贝朗瑞（1780—1857）：法国诗人。他在《一个姑娘的诉苦》一诗中讽刺地把“惠灵吞”称为“惠兰吞”。

③ 盖·勒·布吕赫尔（1742—1819）：普鲁士的元帅，参加了反对拿破仑的战争和滑铁卢的会战。

在我十五岁的光景，我父亲按照上大学的需要，聘请了一个教士[1]来给我上神学课。我拿到《教义问答》[2]，是在读过伏尔泰[3]以后。没有一个地方像俄国这样宗教在教育事业上起的作用是那么微小，这不用说是很大的幸运。担任神学课的教士通常只拿一半的薪金，倘使这个教士还教拉丁文，那么他的薪金就比教《教义问答》多。

我父亲把宗教看作一个有教养的人所不可缺少的东西；他经常说应当毫无异议地相信圣经，因为在这个领域里理性是没有用的，自作聪明只会把问题弄糊涂；他又说应当遵守自己在其中诞生的那个宗教的仪式，不过也不要过分虔敬，对老太婆来说过分虔敬是可以的，对男人就有失体统了。他自己信教吗？据我猜想，他有一点点相信，这是由于习惯，由于礼貌，出于他想保护自己以防万一。然而他自己从不遵守教会的戒律，他拿身体不好作为借口。他几乎从不接待教士，至多就是把教士请来在一间没有人的客厅里唱唱圣诗，然后就在那里送他五个卢布的钞票打发他走了。冬天他借口说教士和教堂执事随身带来大量的寒气，使他老是感冒。在乡下他却到礼拜堂去，也在家接待教士，但这并非出于敬畏上帝，倒不如说是出于世俗的、实际方面的考虑。

我母亲是一个路德派[4]教徒，因此她比一般的信教又高了些；她每个月总有一两个星期天坐车到她的礼拜堂去，或者照巴卡依顽固的说法："到她的基尔黑[5]去。"我在家无事可做，便同她一起去了。在那里我学会了摹仿德国的新教牧师，摹仿他们的朗诵和长篇空话像得不得了，——这个本领我成年以后仍然保留着。

---

① 教士：指瓦·瓦·包戈列波夫，作者少年时期的宗教课程的教师。

② 《教义问答》：指根据莫斯科总主教费拉列特的《东方希腊——俄罗斯教会基督教教义问答》编辑的教义问答课本，全名是《基督教教义入门或圣徒略传与教义问答浅说》。

③ 弗·马·伏尔泰（1694—1778）：法国作家和哲学家，资产阶级的启蒙学者。

④ 路德派：基督教新教的一派，创始人是德国宗教改革的社会活动家马丁·路德（1483—1540）。

⑤ 基尔黑〔德语：礼拜堂〕，巴卡依用俄国口音讲德语，讲成了这样。

每年我父亲都命令我斋戒祈祷。我害怕作忏悔，而且总的说来，礼拜堂的 mise en scène〔法语：演出〕使我惊奇，使我畏惧；我怀着真正的恐惧走去受圣餐；可是我并不把这个叫做宗教的感情，这种恐惧是由一切不可了解的、神秘的事物来的，特别是在这种事物给加上了重大、庄严的意义的时候；念咒和算命对我也有这样的作用。我在复活节的晨祷以后开斋，吃过了染红的蛋、过节的甜奶渣糕和圆柱形甜面包，这一整年我就不再想到宗教了。

然而我经常读福音书①，也喜欢读，读的是斯拉夫文本和路德翻译的德文本。我读的时候没有得到任何的指导，也不是完全了解，可是对我读的那些内容我却感觉到一种真正的、深切的敬意。在我很年轻的时候，我常常醉心于伏尔泰主义②，喜欢讽刺和嘲笑，但是我不记得什么时候我拿起福音书来有过冷淡的感觉；我一生都是这样；我在任何年岁，在不同的情况下面，重新阅读福音书，每一次它的内容都给我的心灵带来和平与宁静。

那个教士给我上课的时候，他惊奇地看出我不单是对福音书有一般的知识，而且我还可以一字不差地引用原文；他说："可是主上帝虽然开了他的智慧，却还没有打开他的心。"我这位神学教师耸了耸肩膀，对我的"两面性"感到惊讶，不过他倒满意我，以为我可以通过捷尔诺夫斯基③的考试了。

不久另一种宗教就占据了我的心灵。

---

① 福音书：即《新约全书》中《马太福音》《马可福音》《路加福音》和《约翰福音》四篇。

② 伏尔泰主义：这个字眼是根据"伏尔泰"这个姓来的，十八世纪后半期和十九世纪初期对进步的特别是反宗教的社会政治思潮和观点所用的称呼。

③ 彼·玛·捷尔诺夫斯基神甫（1798—1874）：一八二七年起任莫斯科大学神学教授。

第三章

亚历山大一世逝世和十二月十四日——精神的觉醒——恐怖主义者布肖——柯尔切瓦的“表姐”

一个冬天的早晨,[①]枢密官不知为什么不是按照他往常来的时间到了我们家里;他带着焦急的神情,匆匆忙忙地走进我父亲的书房,就锁上房门,做个手势叫我待在客厅里面。

幸而我不用花费多长的时间绞尽脑汁去猜想究竟是怎么一回事。门房的门开了一点,一张一半藏在制服皮外套的狼皮里的红脸小声招呼我;这是枢密官的听差。我连忙跑到门那里。

“您没有听见吗?”他问。

“什么事?”

“皇上在塔甘罗格[②]逝世了。”

这个消息使我震惊;我以前从未想到他会死去;我是在对亚历山大怀着大的敬意的环境中长大的,我忧郁地回想起我不久以前在莫斯科看见他的情景。我们出去散步,在特威尔门外面遇见他,他静静地骑在马上,和两三个将军同行,他是在霍登广场参加了检阅仪式以后回来的。[③]

---

① 指一八二五年十一月二十八日。

② 塔甘罗格:俄国的一个城市,亚速海的港口。亚历山大一世一八二五年十一月十九日死在塔甘罗格。

③ 作者遇见亚历山大一世,是在一八二三年八月,作者当时十一岁。亚历山大一世在霍登广场检阅的日期是八月三十日。

他的面貌和蔼，有一张温和的圆圆脸，带着疲倦和忧郁的表情。等他到了同我们并排的时候，我脱下帽子，举起来；他含笑向我点点头。这和尼古拉比起来有多么大的差别，尼古拉始终像是一个剪了发的、稍微秃顶的、留小胡子的米杜萨①！不论是在街上，在宫里，同他的儿女和大臣们在一起，同侍从和女官们在一起，他总是不停地试验他的眼光有没有响尾蛇的性能——使血管里的血凝结起来。② 倘使亚历山大外貌的温和是假装的，那么这种伪善也比赤裸裸的横暴无耻的专制好些。

……当一些模糊的思想在我的头脑里浮动的时候，当新皇康斯坦丁的画像在商店发售的时候，当宣誓效忠的通知发出、善良的人们争先宣誓的时候，皇太子③退位的消息散布开了。枢密官的那个听差对政治新闻非常感兴趣，而且他有搜集它们的好地方——所有枢密官们的门房和政府机关（他从早到晚都要骑马到那里去，因为他不像马那样

---

① 米杜萨：希腊神话中三个蛇发女怪（“戈尔贡”）中的一个；谁要是看到她的眼睛，马上就变成石头。

② 流传过这样的故事：有一次尼古拉在他自己的家里，当着两三个秘密警察的头子、两三个御前女官和侍从将军，试着用他那米杜萨的眼光看他的女儿玛利雅·尼古拉叶夫娜。她像她的父亲，她的眼光的确和他那可怕的眼光一样。女儿勇敢地对抗父亲的注视。他的脸发白，他的脸颊哆嗦起来，眼睛变得更加凶恶；女儿也用同样的眼光回答他。所有在场的人都变了脸色，浑身发抖；御前女官和侍从将军们让这种像拜伦在《唐·璜》中所描写的同类相食的、沙皇的斗眼吓得连气也不敢出。尼古拉站了起来，——他觉得镰刀碰到石头上了。——作者原注

《唐·璜》：英国诗人乔治·戈登·拜伦（1788—1824）的讽刺长诗，共十六曲。作者在这里指的是第四曲中的第四十四首：（引用旧译文，略有改动。）

她望着他，他望着她；真奇怪
他们的脸多么相似！脸色也一样；
又安详，又蛮横，那又大又黑的眼睛里
互相射出的火焰不大有变动；
…………
她父亲的血就在她父亲的面前沸腾，
并且证明她确实不愧为他的女儿。

③ 皇太子：即康斯坦丁·巴甫洛维奇大公爵，保罗一世的第二个儿子；亚历山大一世没有儿子，立他的兄弟康斯坦丁做皇太子，亚历山大突然逝世后，康斯坦丁宣布退位，由他们的兄弟尼古拉继承皇位。

得到午饭后换班的优待)，随后还是他告诉我在彼得堡发生了暴动，在加列尔纳雅街“开了炮”。

第二天晚上宪兵队将军柯马罗夫斯基伯爵①到我们家来；他讲起圣伊萨克广场②上的讨伐，讲起禁卫骑兵队的进攻，讲起米洛拉多维奇伯爵的死③。

随后就是逮捕；“某某人被捕了”，“某某人给抓起来了”，“某某人给从乡下带出来了”；受惊的父母为他们的孩子吓得发抖。天给阴郁的乌云遮住了。

在亚历山大统治时期中政治迫害是不常见的；固然普希金④因为自己写的诗被他流放，艺术院的会议秘书拉勃津因为建议选举马车夫伊里亚·巴依科夫做院士，也遭到流放；⑤不过有系统的迫害当时还没

---

① 叶·费·柯马罗夫斯基伯爵(1769—1843)：俄国将军，一八一六至一八二八年任内卫军的司令官。

② 圣伊萨克广场：彼得堡伊萨克大教堂前面的广场。

③ 米·安·米洛拉多维奇伯爵，参看第13页注④。他在一八二五年十二月十四日被十二月党起义军人杀死。

④ 亚·普希金(1799—1837)：俄国诗人。

⑤ 当时艺术院院长提名阿拉克切叶夫为名誉院士。拉勃津问，伯爵对艺术有过什么贡献？院长无话可说，就答道，阿拉克切叶夫是“离皇上最近的人”。秘书便说：“要是这个理由站得住的话，我就推荐马车夫伊里亚·巴依科夫，他不单是离皇上近，他还坐在皇上前面。”拉勃津是一个神秘主义者和《郇山通报》的出版者；亚历山大本人也是这一类的神秘主义者，但是在戈里曾的部撤销以后，他把他从前的“基督和灵魂的师兄弟”交给阿拉克切叶夫处理。拉勃津给流放到辛比尔斯克去了。——作者原注

亚·费·拉勃津(1766—1825)：作家，彼得堡艺术院的会议秘书，一八一八年起任副院长。

《郇山通报》：犹太复国主义的报纸。

亚·尼·戈里曾公爵(1773—1844)：宗教事务和教育部的大臣，这个部是在一八一七年建立的，由于阿拉克切叶夫和修士大司祭(诺夫哥罗德尤利修道院的)福季依的阴谋破坏，戈里曾所主持的宗教事务和教育部在一八二四年被撤销了。拥护戈里曾的“圣经会”会员，也受到福季依派的迫害，本来“圣经会”是得到亚历山大一世的赞助的。

辛比尔斯克：伏尔加河岸一个城市，列宁出生的地方，现已改名乌里扬诺夫斯克。

有。秘密警察也没有发展成为专制独裁的宪兵队，还只是由德-山格连①管辖的一个厅，山格连是个老伏尔泰派，爱说俏皮话，又多嘴，而且是茹伊②一类的幽默家。在尼古拉的统治下面，连德-山格连本人也受到了警察的监视，他被人当作自由派，其实他还是像往常那样，并没有变；单单从这一件事就可以看出两个朝代的不同了。

尼古拉在他即位以前完全不出名；在亚历山大统治时期，他没有什么作用，也没有人注意他。现在大家都迫不及待地到处打听他的事情；只有禁卫军军官才能够答复这些问题；他们憎恨他的冷酷无情、他那繁琐的拘泥细节、他那爱记仇的天性。最初传遍全城的故事里面有一个就充分证实了禁卫军军官们的看法。据说在某一次操练的时候，大公爵忘乎所以，居然要抓一个军官的衣领。军官回答他说："殿下，我的佩刀在手里。"尼古拉没有说什么，就退了回去，可是他没有忘记这个回答。在十二月十四日以后，他两次问起，这个军官有没有牵连在里面。幸而军官并没有牵连在里面。③

---

① 雅·伊·德-山格连（1776—1864）：亚历山大一世的亲信，一八一二至一八一六年间俄国秘密警察的头子。

② 维克多·茹伊（1764—1846）：法国作家和政治活动家。

③ 倘使我没有记错的话，这个军官就是沙莫依洛夫伯爵，他退了伍，安静地住在莫斯科。尼古拉在戏园里认出了他，认为他的衣服相当讲究、新奇，于是陛下表示了圣意：应当在舞台上把这种服装讽刺一下。戏园经理和爱国者扎戈斯金指派某一个演员在一出轻松喜剧里扮演沙莫依洛夫。这个消息传遍了全城。戏演完的时候，沙莫依洛夫本人走进经理的包厢，要求同扮演他的演员讲几句话。经理有些耽心，可是他又怕闹出事情，便把那个丑角叫了来。"您扮演我演得很好，"伯爵对他说，"不过要完全像我，您还缺少一样东西，就是我经常戴的这个钻石；请允许我把它交给您：下次您再给指派来扮演我的时候，就可以戴上它。"这以后沙莫依洛夫又从容地回到自己的座位上去。这个平淡无味的玩笑和宣布恰达叶夫发疯以及皇上的其他恶作剧一样愚蠢地结束了。——作者原注

尼·亚·沙莫依洛夫伯爵（1800—1842）：亚历山大一世的侍从武官。

米·尼·扎戈斯金（1789—1852）：俄国作家，一八三一至一八四二年间莫斯科国家剧院的经理。

彼·雅·恰达叶夫（1794—1856）：俄国哲学家，普希金和十二月党人的朋友，《哲学书简》的作者，由于他在一八三六年发表的一封《书简》，根据尼古拉一世的指示宣布他发了疯。

社会的舆论显著地改变了;迅速的道德堕落可悲地证明在俄国贵族中间个人尊严的意识多么不发达。没有人(除了女人)敢于表示同情,敢于替那些昨天还同他们握过手、可是夜里就给逮捕的亲戚、朋友说一句好话。相反,倒出现了野蛮的狂热拥护奴隶制的人,有的是由于卑鄙,有的却不是出于私心,这就更坏。

只有女人不曾参预这种抛弃亲近的人的可耻行为。……只有女人单独地站在十字架跟前,而且在血迹斑斑的断头机前面出现了——首先是吕西·德木南①,那个革命的娥菲利雅②,徘徊在刀斧的旁边,等候哪一天轮到她;然后是乔治·桑③,她把同情和友谊的手伸到断头台,伸给狂热的青年阿里包④。

那些给判处苦役的流放人的妻子⑤被剥夺了一切公民权利,抛弃了财富和社会地位,动身到西伯利亚东部去,一辈子忍受那里的可怕的气候,和当地警察的更加可怕的压迫。姐妹们没有权利到她们的哥哥或者兄弟那里去,她们就退出宫廷,过着隐居生活,许多人离开了俄国;几乎所有妇女的心里都保留着对那些受害者的热爱;然而这种爱在男人中间是不存在的,在他们的心里爱给恐惧吃掉了,没有一个人敢提起

---

① 吕西·德木南(1771—1794):法国资产阶级革命的政治活动家加米·德木南的妻子。加米(1760—1794)是山岳党的成员,国民议会议员,后来他公开反对进一步革命,和丹东派站在一起,一七九四年四月被革命法庭判处死刑。在他上断头台的时候,吕西呼吁群众起来造反,因此被捕,八天后也死在断头机上。

② 革命的娥菲利雅:指吕西·德木南。娥菲利雅是英国诗人和剧作家威廉·莎士比亚(1564—1616)的五幕悲剧《哈姆雷特》中的“美人”,丹麦王国御前大臣普隆涅斯的女人。

③ 乔治·桑(1804—1876):法国女作家。

④ 路易·阿里包(1810—1836):法国青年,因暗杀法国国王路易·非力浦未遂罪被处死刑。

⑤ 她们里面有特鲁别茨卡雅、沃尔康斯卡雅、穆拉维叶娃等人。十二月党人罗真男爵的《回忆录》中说:“叶·伊·特鲁别茨卡雅……她是我们十二月党人的妻子里面……第一个动身去西伯利亚的。”诗人尼·亚·涅克拉索夫(1821—1878)后来写了歌颂特鲁别茨卡雅和沃尔康斯卡雅的英雄事迹的长诗《俄罗斯女人》。特鲁别茨卡雅,参看第57页注②。

那些不幸的人。

我讲起这个题目，就不能不谈到一个这样的英雄故事，这个故事很少有人知道。①

在老式的伊瓦谢夫②的家里有一个年轻的法国家庭女教师③。伊瓦谢夫唯一的儿子打算同她结婚。这就使他所有的亲族急得发狂；吵闹、眼泪、哀求都来了。这个法国姑娘没有一个像切尔诺夫那样的哥哥，切尔诺夫为了妹妹的缘故在决斗中杀死了诺沃西尔采夫，自己也因伤重死去。④ 她听从劝告离开了彼得堡，他也被劝告暂时放弃了自己的打算。伊瓦谢夫是一个相当活跃的密谋分子；他被判处终身苦役。他的亲族们并没有能打消这种 mésalliance〔法语：门第不相当的婚姻〕。这位年轻姑娘在巴黎听到这个可怕的消息，她就动身去彼得堡，要求许可她到伊尔库次克省去找她的未婚夫伊瓦谢夫。卞肯多尔夫想说服她打消这种犯罪的意图；他没有办到，便向尼古拉报告了。尼古拉叫人向她解释明白那些不肯离弃被流放去做苦工的丈夫的妇女的地位，他还附带说，他并不阻止她去，不过她应当知道，要是那些由于对丈夫忠实而到西伯利亚去的妻子可以享受某种宽大的待遇，她也毫无权利享受，因为她心甘情愿去同犯人结婚。

她和尼古拉两人都遵守了诺言：她去了西伯利亚——他一点也不肯改善她的艰苦处境。

---

① 关于这个故事的细节，奥·克·布拉诺娃的《十二月党人的爱情》（一九二五年莫斯科版）中有记载，这本书的作者参考了瓦西里·彼·伊瓦谢夫的家庭档案。

② 彼·尼·伊瓦谢夫（1767—1838）：俄国少将，辛比尔斯克的地主。他的独子瓦·彼·伊瓦谢夫（1797—1840）被捕判刑前是骑兵大尉。

③ 家庭女教师：即加米拉·勒·唐狄（1808—1839），伊瓦谢夫家法国家庭女教师的女儿。

④ 指弗·德·诺沃西尔采夫（1800—1825，亚历山大一世的侍从武官）和康·巴·切尔诺夫（1803—1825，陆军少尉）的决斗。贵族军官诺沃西尔采夫同没有钱的非贵族的将军切尔诺夫的女儿有了婚约，后来由于家庭的压力，背信毁约。未婚妻的哥哥康·巴·切尔诺夫为了维护妹妹的名誉，挑起了决斗。决斗发生在一八二五年九月十日，两人都受重伤，几天以后死去。（康·巴·切尔诺夫还是十二月党人秘密结社的成员。）

沙皇严厉而公正。[①]

要塞监狱里并不知道她得到了许可，这个不幸的姑娘好不容易到达那里，却不得不住在一个小小的居民点，等候监狱当局向彼得堡请示，这个居民点里面住着各种各样刑满的犯人，她毫无办法打听到伊瓦谢夫的消息，也没法让他知道她的情况。

她渐渐地和她的新邻居相熟起来。其中有一个流放的强盗；他在监狱里劳动，她把自己的经历对他讲了。第二天强盗带给她伊瓦谢夫的一张字条。过一天他又向她表示愿意替她和伊瓦谢夫传递书信。他从早到晚都得在监狱里劳动；到了夜间他拿了伊瓦谢夫的信，不顾大风雪，不顾他自己的疲倦，总是带着信回来，第二天天刚亮他又动身去上工。[②]

最后许可证到了，他们结了婚。过了几年，苦役改为永久流放。他们的处境稍微好了些，可是他们已经是筋疲力尽了；妻子由于她所遭受到的一切沉重压力，首先倒了下来。她枯萎了，就像一朵南国的鲜花必然在西伯利亚的雪地上枯萎那样。伊瓦谢夫并没有比她多活了好久，

---

① 见亚·普希金的诗《沙皇尼基达》。——英译者注

② 那些同伊瓦谢夫家相熟的人后来对我说，他们怀疑这个强盗的故事。他们还说，孩子们的回来和兄弟的同情这些事我既然都讲了，那么就不应该不提到伊瓦谢夫妹妹们的高尚行为。我从雅赛科娃那里听到这件事的详细情况，她去西伯利亚探望过她的哥哥（伊瓦谢夫）。然而是不是她对我讲过强盗的故事，我记不起来了。是不是人们把伊瓦谢娃和特鲁别茨卡雅公爵夫人的事情混为一谈了？特鲁别茨卡雅公爵夫人曾经通过一个不相识的分离派教徒把信和钱带给奥包连斯基公爵。伊瓦谢夫的信是不是保存下来了？我们认为我们有看到它们的权利。——作者原注

叶·彼·雅赛科娃（1805—1848）：伊瓦谢夫的妹妹，作者的远亲。

叶·伊·特鲁别茨卡雅公爵夫人：十二月党人谢·彼·特鲁别茨科依公爵的妻子，到了西伯利亚以后，一八五四年死在那里。

分离派教徒：十七世纪中叶，一部分俄罗斯东正教教徒反对当时莫斯科总主教尼康所实行的教会改革，因此受到迫害，从东正教分离出来，他们保持着旧的信仰、仪式和习惯，后来被称为“分离派”或“旧信仰者”。他们反对官方教会，因此一直受到沙皇政府的迫害。作者所关心的伊瓦谢夫的信在一九二五年出版的《十二月党人的爱情》（伊瓦谢夫的外孙女布拉诺娃著）中发表了。

叶·彼·奥包连斯基公爵（1796—1865）：十二月党人。

他正是在她死后一年死去，其实那个时候①他已经离开人世了；他的书信（它们叫第三厅②也感到惊讶）中就有一种无限忧伤、虔诚痴狂和阴郁诗意的痕迹；其实在她死后他就没有活下去，他不过是缓慢地、庄严地死去。

这个“传记”并没有因为他们的死亡而结束。伊瓦谢夫的父亲在儿子遭到流放以后，把产业改传给非正式的儿子③，要求他不要忘记那个不幸的哥哥，并且要帮助哥哥。伊瓦谢夫夫妇留下了两个孩子，两个没有姓氏的小孩④，两个未来的世袭兵⑤，西伯利亚移民流刑犯——没有依靠，没有权利，没有父母。伊瓦谢夫的兄弟请求尼古拉许可他抚养这两个小孩；尼古拉批准了。几年以后他冒险再一次提出申请：把他们的父亲的姓氏还给他们；这一次他居然也成功了。

关于暴动和审讯的传说以及在莫斯科的恐怖给我留下了很深的印象；一个新的世界出现了，它越来越成为我的整个精神生活的中心；我不知道这件事是怎样发生的，不过我虽然并不理解它的全部意义，或者只有一点很模糊的概念，但是我觉得我并不站在霰弹和胜利、监牢和镣铐的一边。伯斯捷尔和他的同志们的处死⑥彻底地唤醒了我心灵里的孩子的梦。

所有的人都期待着减轻那些被判刑的人的刑罚——加冕的仪式⑦

---

① 英译文改为“那个时候之前”，意思就是：他的妻子死去以后，他的心已经死了。

② 第三厅：当时的秘密警察机关。

③ 指瓦·彼·伊瓦谢夫的外祖父妥尔斯太的私生子安·叶·戈洛文斯基，实际上是伊瓦谢夫的舅父，他同伊瓦谢夫兄妹一起由伊瓦谢夫的母亲抚养成人。

④ 判处苦役的犯人所生的儿女是没有姓氏的。

⑤ 世袭兵：十九世纪上半期，俄国兵的儿子生下来要在军事机关登记，以后得受训入伍。

⑥ 巴威尔·伊凡诺维奇·伯斯捷尔（1793—1826）是著名的十二月党人，俄军上校，南方军队的领袖，主张推翻专制政体，建立共和制度，因叛徒告密在起义前夕被捕，后来和其他四个十二月党革命领袖在一八二六年七月十三日同时被处绞刑，那四个人是谢·伊·穆拉维约夫-阿波斯多尔（1796—1826），米·巴·别斯土热夫-廖明（1803年生），彼·格·卡霍夫斯基（1797—1826）和诗人康·费·雷列耶夫（1795—1826）。

⑦ 历代的沙皇都要从涅瓦河畔的首都彼得堡到莫斯科来接受加冕。

就要举行了。连我的父亲,不管他平日小心谨慎和容易怀疑,他也说,死刑不会执行,说这一切做法只是为了吓唬人们。然而他和所有其他的人一样,太不了解这个年轻的君主。尼古拉离开了彼得堡,没有到莫斯科,在彼得罗夫宫停下来了。① ……莫斯科的居民在《莫斯科新闻》上读到七月十四日的可怕的消息时②,几乎不相信自己的眼睛。

俄国人民已经不习惯死刑了;在米洛维奇③(不是叶卡捷琳娜二世④、而是他被处了死刑)之后,在普加乔夫⑤和他的同伴之后,就不曾有过死刑;固然,人们给鞭打致死,兵士们受夹笞刑⑥(这是违法的)一直到死,但是 de jure〔拉丁语:法律上的〕死刑是不存在的。⑦ 有过这样的传说:在保罗〔一世〕统治时期,顿河哥萨克发动了局部的暴动,有两

---

① 彼得罗夫宫在彼得堡到莫斯科的公路上,一七七五至一七八二年修建,有古俄罗斯的建筑风格。尼古拉在彼得罗夫宫停下来,不到莫斯科,这是一八二六年七月二十一日的事。

② 五个十二月党人的死刑执行日期是一八二六年七月十三日。以后《莫斯科新闻》刊登了关于处死他们的政府公告。

③ 瓦·雅·米洛维奇(1740—1764):陆军少尉,企图发动政变,把关在席吕谢尔堡要塞中的俄国皇位合法继承者伊凡六世·安东诺维奇(1740—1764)放出来,拥护他登位,失败后,被女皇叶卡捷琳娜二世下令斩首。伊凡六世出生后只有八个星期,就让人抱着登上皇位,由当时德国反动集团头子艾·约·比伦(1690—1772)担任摄政,独揽实权,同年十一月比伦被禁卫军推翻,伊凡六世就给监禁起来,最后几年给关在席吕谢尔堡要塞里。米洛维奇救他未成,他被卫兵杀害。

④ 叶卡捷琳娜二世(1729—1796):一七六二至一七九六年间的俄国统治者,由于禁卫军发动宫廷政变,推翻了她的丈夫彼得三世,她才做了女皇。她加强了农奴制度,扩大了贵族特权,镇压了普加乔夫领导的农民起义。

⑤ 叶·伊·普加乔夫(约1742—1775):顿河的哥萨克,一七七三至一七七五年俄国最大一次农民起义的领导人,失败后,一七七五年一月十日在莫斯科被处死刑。

⑥ 夹笞刑:叫犯罪人走在两排人当中受鞭打。

⑦ 根据叶丽莎威塔·彼得罗夫娜女皇一七五四年九月三十日的诏令,对要判决死刑的犯人,把他们的死刑一律改为苦役劳动、打烙印等等刑罚。叶卡捷琳娜二世一七七五年四月六日颁发诏令承认一七五四年诏令有效,不过认为这个诏令并不适用于像米洛维奇、普加乔夫那样的叛国罪犯。一八二三年俄国国务会议计划编制法典,提出死刑的问题,少数人认为一七五四年诏令主张对一切罪犯都废除死刑,叛国罪犯也包括在内;多数人则认为一七五四年诏令只适用于一般罪犯,对叛国罪根据叶卡捷琳娜二世的旨意采用死刑,并不违法。尼古拉一世后来就利用这个解释判处五位十二月党领袖的死刑。

个军官牵连在里面。保罗〔一世〕下令军事法庭审讯他们,并且授予赫特曼[①]或将军以处理的全权。法庭判决他们死刑,然而没有人敢批准这个判决;赫特曼向皇上呈报。保罗说:"他们全是女人,他们想把死刑推在我身上,很感谢。"他把死刑减为苦役。

尼古拉又把死刑放进我们的刑法里面,起初还是不合法地,可是后来就写进法典中去了。[②]

可怕的消息传来的第二天,在克里姆林宫里举行了一次祷告式。[③]尼古拉在庆祝了死刑执行以后,凯旋地进入莫斯科了。[④] 这个时候我才第一次看见他;他骑着马走在一辆马车的旁边,马车里坐的是皇太后和年轻的皇后。尼古拉长得漂亮,可是他的漂亮使人不寒而栗;再没有一张脸能够比他的脸更不留情地暴露出一个人的性格了。迅速向后倾斜的前额、充分发达而使颅骨受到影响的下颔表示出坚强的意志和贫弱的智力,表示出残忍多于敏感。然而主要的是眼睛,没有丝毫的温暖,没有一点仁慈,冰冷冷的眼睛。我不相信他曾经热烈地恋爱过任何

---

① 赫特曼:乌克兰一六五四至一七六四年间的执政,查波罗什哥萨克公选的首领。

② 一八三二年公布的法典中把死刑固定下来了。

③ 在莫斯科举行了一次祷告式,来庆祝尼古拉镇压了五个人的胜利。费拉列特总主教在克里姆林宫里为这次的谋杀感谢上帝。皇族全体参加了仪式,靠近他们站的是枢密官们、大臣们,四周围了密密的一大圈禁卫军,他们摘了军帽跪在那里,也在祷告;炮声在克里姆林宫的高处响了起来。

从来没有用过像这样隆重的仪式来庆祝绞刑架的;尼古拉明白胜利的重要性!

我参加了祷告式,我当时只有十四岁,隐没在人丛中,就在那里,在那个被血淋淋的仪式玷污了的圣坛前面,我发誓要替那些被处死刑的人报仇,要跟这个皇位、跟这个圣坛、跟这些大炮战斗到底。我并没有报了仇;禁卫军和皇位、圣坛和大炮——一切都依然存在;可是三十年以后我仍然站在这面旗帜下,从来没有离开过。(《北极星》,一八五五年)——作者原注

德·瓦·米·费拉列特(1782—1867):从一八二六年起担任莫斯科总主教。

《北极星》参看"作者序"第1页注①,到一八六九年为止,共出版八期。刊物的封面上印着伯斯捷尔、雷列耶夫等五个被处绞刑的十二月党领袖的半身像。

作者在这里引用了他在《北极星》上发表的文章《给我们的人》里面的三段话。(《北极星》,一八五五年,第一册。)

④ 祷告式在七月十九日举行;尼古拉是七月二十五日到莫斯科的,他并没有参加祷告式。

一个女人，像保罗〔一世〕爱安娜·洛普希娜①那样，像亚历山大〔一世〕爱自己妻子以外的一切女人那样；他不过是“对她们略施恩泽”罢了。

在梵蒂冈②有一个新的美术陈列室③，大概就是庇护七世④陈列大量在罗马及其附近出土的雕像、半身像和小雕像的地方。罗马衰亡的全部历史就反映在这些眉毛、前额、嘴唇上；从奥古斯都的女儿⑤到坡拍亚⑥，这些罗马贵妇人居然变成了娼妓，而且娼妓的典型占着优势，保存下来了；男性的典型（可以说，以安提诺乌斯⑦和赫尔马弗罗狄图斯⑧为最高代表）分成了两类：一类是，肉体的和道德的堕落，让放荡和贪吃、流血和世界上一切坏事玷污了的相貌，前额很低，面目猥琐，像高等娼妓赫里奥加巴路斯⑨那样，或者两颊塌陷，像加尔巴⑩那样；这后一种类型在那不勒斯国王⑪身上出色地再现了出来。……然而还有另

---

① 安娜·洛普希娜（1777—1805）：保罗一世的情妇，莫斯科警察头子洛普兴的女儿，加加陵公爵的妻子。

② 梵蒂冈：罗马教皇宫殿所在地，在罗马城西北角，一九二九年意大利政府同教皇庇护十一世签订条约，承认梵蒂冈主权属于教皇。

③ 指教皇庇护七世在一八一七至一八二二年修建的“新臂陈列室”（Braccio Nuovo）。

④ 庇护七世（1742—1823）：一八〇〇至一八二三年的罗马教皇。

⑤ 指尤里亚（公元前39—公元14），第一个罗马皇帝奥古斯都·卡·屋大维的独养女儿，因为品行不端，被她的父亲逐出罗马。

⑥ 坡拍亚·沙比娜（死于65年）：她先是罗马皇帝奥托（由兵士拥立为皇帝，在位只有三个月）的情妇，后来做他的妻子，然后是罗马皇帝尼罗的情妇，最后做了尼罗的妻子。

⑦ 安提诺乌斯：罗马皇帝哈德利安宠爱的美丽的青年，一三〇年淹死在尼罗河里。

⑧ 赫尔马弗罗狄图斯：希腊神话中赫尔米斯（兼司学艺、商业、辩论等等的神）与阿弗罗狄特（爱与美的女神）的儿子。他有一天在沙尔玛西斯泉水中洗澡，泉水的宁芙（半人半神的少女）爱上了他，不顾他的拒绝，紧紧搂住他，终于和他成了一体。古代美术中表现赫尔马弗罗狄图斯的作品不少。

⑨ 赫里奥加巴路斯：即艾那加巴路斯，二一八至二二二年的罗马皇帝，道德败坏，荒淫无耻，还是一个性欲倒错的人，自己装作女人，同他喜欢的一个解放了的奴隶“结婚”。

⑩ 塞·苏·加尔巴（公元前5—公元69）：他在尼罗死后做了六个多月的罗马皇帝，被杀害。

⑪ 那不勒斯国王：指斐迪南二世（1810—1859）。维也纳会议上分割意大利时，建立了两西西里王国，以那不勒斯为首都，让波旁王室的斐迪南一世（斐迪南二世的父亲）做国王。斐迪南二世在一八三〇年即位，同他的父亲一样背叛了自己的实行改革的诺言，残酷镇压人民，一八四八年炮轰起义的西西里城市，因此得到“炮弹国王”的绰号。

一类——这是军事长官的典型，在这种典型的身上，一切公民的东西，一切人的东西都死灭了，只剩下一个统治欲；智力有限，完全没有心肝——这是些爱权力的僧侣，在他们的面貌上看得出力量和严峻的意志。那样由叛乱的兵士临时拥上皇位的禁卫军和军队的皇帝就是这样。在这一类典型中我找到许多脑袋，它们很像还没有留小胡子时候的尼古拉。我明白为了守护在疯狂中逐渐死去的事物需要这些阴森的、顽固的卫兵，然而对于正在成长的、年轻的事物这些卫兵有什么用处呢？

尽管政治的梦想日夜占据着我的心思，可是我的思想并没有显出特殊的洞察力；我的思想非常混乱，我竟然真的认为彼得堡起义①的目的有一个就是：拥戴皇太子②登位，一方面把他的权力加以限制。由此我把这个怪人整整崇拜了一年。他在当时比尼古拉得人心；我不知道为什么缘故群众（他从未作过有益于群众的事）和兵士（他只做过损害兵士的事）都喜欢他。我记得十分清楚，在加冕典礼上他在脸色苍白的尼古拉身旁走着，他皱着他那淡黄色的浓眉，拱着背，把两个肩头耸到耳边，他穿了一身带黄色领子的立陶宛禁卫军制服。他作主婚人把俄国嫁给尼古拉以后，就动身继续摆弄华沙③去了。一直到一八三〇年十一月二十九日④，才听见他的消息。

这位人物并不好看，在梵蒂冈里也找不到这种典型。要是我没有见过撒丁国王⑤，我就会把这个典型叫做加特契纳⑥型了。

---

① 彼得堡起义：即十二月党人的起义。

② 皇太子：指康斯坦丁大公爵。

③ 华沙：波兰的首都，康斯坦丁是波兰的“总督”。

④ 一八三〇至一八三一年波兰起义开始的日期。那天起义者冲进总督府高呼“处死暴君！”康斯坦丁已经躲了起来，没有给找到。

⑤ 撒丁国王：指国王卡洛·阿尔伯托（1798—1849），他在一八四八至一八四九年的抗奥战争中战败，让位给儿子维克多·艾曼努埃尔二世，流亡国外，死在葡萄牙的俄伯尔多。撒丁王国是一七二〇至一八六一年存在于意大利的国家（包括皮蒙特和撒丁岛）。一八六一年宣布成立意大利王国，由维克多·艾曼努埃尔为意大利国王，意大利的统一完成。

⑥ 加特契纳：离首都彼得堡四十几公里的城市，有皇宫庭园的建筑群和陈列珍贵物品与图书的宫殿。过去沙皇的夏宫在这里。

不用说，现在孤寂比以前更使我感到痛苦了，我急于想把我的思想和梦想告诉人，急于想检验它们，听见它们得到别人的赞同；我认为做一个“预谋犯罪的人”①是值得十分自豪的事，因此我不能闭口不谈它，同时也不能随意乱谈。

我第一个挑中的就是我的俄语教师。

伊·叶·普罗托波波夫的脑子里装满了不明确的、慷慨大度的自由主义，这种自由主义等到一个人头发开始花白，等到一个人结了婚、有了工作就常常会消失，不过它也能使一个人高尚。伊凡·叶符多基莫维奇很受感动，他离开的时候，同我拥抱，一面说：“但愿这些感情在您身上成熟并且巩固下来。”他的同情对我是很大的安慰。这以后他开始给我带来一些用小字抄写、磨得很破烂的诗抄本，有普希金的《自由颂》、《短剑》，雷列耶夫的《沉思》②，我偷偷地把它们抄了下来……（现在，我把它们公开地印出来了！）③

不用说，我的阅读范围也改变了。政治领先，主要的是——革命史④，这以前我只是从普罗沃太太讲的故事里知道了一点点。我在地下室的藏书室里发现了一本保王党人写的九十年代⑤的历史。这本书偏见太深，连我这个十四岁的小孩也不相信它。我偶尔听见老布肖说革命时期他在巴黎，我很想向他打听；可是布肖是一个严厉的、整天愁眉苦脸的人，有一根大鼻子，戴一副眼镜；他从来不同我作多余的谈话，他做动词变位，口授习题，责骂我，然后拄着他那根多瘢节的粗手杖

① 作者的意思大概是，他同情十二月党人的起义，曾发誓要替那些被处死刑的人报仇，要同沙皇战斗到底。

② 《沉思》：十二月党的诗人雷列耶夫在一八二一至一八二三年间写的纪念俄国历史人物和事件的诗集，一八二五年出版。

③ 普希金的《自由颂》作于一八一七年，《短剑》作于一八二一年。在一八五六年出版的《北极星》第二册中，作者发表了他的《往事与随想》的第一卷，同时也刊出了普希金的诗《自由颂》、《乡村》、《给西伯利亚的问候》、《给恰达叶夫》和雷列耶夫的诗《公民》，以及一些其他的诗。

④ 革命史：指法国革命史。

⑤ 九十年代：指十八世纪九十年代法国资产阶级大革命的时期。

走了。

“他们为什么处死路易十六?”我在上课的时候问他道。

老人望着我,皱着他的一只灰白色眉毛,扬起另一只,他把眼镜推到额上,好像是脸甲①一样,掏出一块大的蓝色手帕,擦了擦鼻子,庄严地说:

“Parce qu'il a été traître à la patrie.〔法语:因为他是祖国的叛徒。〕”

“倘使您是一个审判官,您会在判决书上签字吗?”

“用双手签。”

这一课抵得上所有的动词虚拟式;对我来说已经够了;很明显,国王被处死是罪有应得。

老布肖不喜欢我,认为我没有头脑而且顽皮,因为我不肯好好做功课,他常常说:“您不会有出息的,”可是他发觉我同情他的 régicides〔法语:杀国王的〕思想以后,他对我和善起来,不再生气了,对我的错误也肯原谅,常常给我讲九三年②的一些故事,讲他怎样在“那些淫荡的人和狡猾的人”得势的时候,③离开了法国。他还是像从前那样庄严地、不带笑容地结束他的讲课,不过现在他宽大地说:

“我的确以为您不会有出息,不过您那高尚的感情会挽救您。”

除了我的教师的这种鼓励和同情,不久又增加了一种更亲切的同情,它对我有更大的影响。

我父亲的大哥的外孙女④住在特威尔省一个小城⑤里。我在很小

---

① 脸甲:指过去头盔的脸甲。

② 九三年:指一七九三年,这年一月二十一日法国国王路易十六被处死在断头台上。

③ 指一七九四年七月二十七日的反革命“热月政变”。

④ 外孙女:即本章小标题中的“柯尔切瓦的‘表姐’”,实际上是作者的外甥女塔季雅娜·彼得罗夫娜·库钦娜(1810—1889)。她是阿·彼·库钦的妹妹,后来同瓦季姆·瓦·巴谢克结婚。作者在本书中又称她为“柯尔切瓦的外甥女”。她也是作家,写过一部《远年回忆》(一八七二年出版)。一八五九至一八六一年她在国外见到作者,《往事与随想》第一卷早已发表了。

⑤ 小城:指柯尔切瓦,伏尔加河岸上一个小城市。

的时候就认识她，可是我们彼此很少见面；她每年一次跟她的姨母①到莫斯科来过圣诞节或者谢肉节。然而我们还是成了朋友。她比我大五岁，②但是她生得瘦小，面貌很年轻，看起来年纪同我的一样。我喜欢她特别因为她头一个把我当大人看待，这就是说，她并不动辄表示惊讶，说我长高了，她也不问我在学什么，学得好不好，是不是想到军队里去，到哪一个团去。她同我谈话，就像一般人相互交谈一样；不过她还没有丢掉一般少女对待比她们稍微年轻一点的男孩子所喜欢使用的那种权威性的教导口气。

我们中间书信来往，从一八二四年起更加频繁，可是书信——这又少不了纸笔，又少不了上面有墨水点和用削笔刀刻出图画的课桌；我很想看见她，同她谈我的新思想——因此可以想象到我听说表姐③二月（一八二六年）来，要到我们家作客，住几个月，我是多么高兴。我在我的桌子上划出一直到她来的那天的全部日期，然后把过去了的日子一天天地抹掉，有时故意忘记三天，为了可以有一下子多抹掉几天的快乐，然而时间还是过得非常慢；后来预定的日期过去了，又改订了新的日期，这个日期又过去了，事情常常是这样。

有一天晚上我同我的教师伊凡·叶符多基莫维奇坐在我的课室里，伊凡·叶符多基莫维奇像往常那样读一句就喝一口起泡沫的克瓦斯④，他正在讲“六音步诗”，用可怕的声音和手势在韵脚上砍断格涅季奇⑤翻译的《伊里亚特》的每一行诗，——院子里的雪突然嘎扎嘎扎地响起来，不像是城里雪橇碾过的声音，拴住的铃铛还发出一点点叮当声，院子里有人在讲话。……我涨红了脸，再没有心思去想给砍碎了的

---

① 姨母：指作者的堂姐叶丽莎威塔·彼得罗夫娜·雅科甫列娃（嫁斯玛兰）。

② 这大概是作者的笔误，塔·库钦娜比作者年长两岁。

③ 表姐：指塔·彼·库钦娜，其实是作者的外甥女，下同。

④ 克瓦斯：一种用面包或水果发酵制的清凉饮料。

⑤ 尼·伊·格涅季奇（1784—1833）：俄国诗人和翻译工作者，他按照古希腊诗的六音步格翻译的荷马的史诗《伊里亚特》在一八二九年出版。

"俾勒乌斯的儿子阿溪里斯"的愤怒了;①我连忙跑进前厅,我那位从特威尔省来的表姐全身裹着皮袄、披肩和头巾,头上戴一顶风帽,足上穿一双毛茸茸的白色高统靴,脸冻得通红,也许还是高兴得发红,扑到我身上来同我接吻。

人们回忆他们的童年,回忆当时的悲欢,经常露出一点宽大的笑容,仿佛他们要学《聪明误》里的索菲亚·巴甫洛夫娜那样装腔作势,说"幼稚!"②好像他们后来变得更好了,感觉更强、更深了。小孩过了两三年就瞧不起自己过去的玩具——让他们去吧,他们想成为大人,他们长得很快,也变得很快,他们从自己穿的短上衣和用的课本的篇幅上也看出了这一点;然而成年人好像也会明白:"小孩儿时候"再加上刚刚进入青年时期的两三年是生活中最充足的、最优美的、最属于我们的部分,也几乎是最重要的部分:它不知不觉地决定整个的未来。

一个人一步不停地迅速朝前走去,不在中途停留,也不考虑什么的时候,他没有走到悬崖,也不曾摔伤脖子的时候,他总以为他的生活还在前面,他看不起过去,也不会重视现在。然而在春天的花朵被经验摧残、夏日的热情给经验冷却了的时候,在他懂得他的生活虽然还在继续,其实已经完结的时候,那么他对那些欢乐的、温暖的、美好的童年回忆就会有不同的看法了。

大自然会使用经常不断的诡计和巧妙的节约办法,它把青春给人,可是它又把长成的人据为己有;它拖住他走,把他缠在社会关系和家庭关系的网里面,这些关系的四分之三都是不由他的意志决定的;当然他也使自己的行为带有他个人的性质,可是他属于他自己的却要少得多;

① 《伊里亚特》的第一句便是"女神啊,请唱俾勒乌斯的儿子阿溪里斯的愤怒……"这里说"砍碎了的愤怒",意思是:家庭教师伊凡·叶符多基莫维奇把一行诗砍成了几段。阿溪里斯是传说中古希腊的英雄。

② 见《聪明误》第一幕第七场。《聪明误》是俄国作家亚·谢·格里包耶陀夫(1795—1829)的诗体喜剧。索菲亚·巴甫洛夫娜是剧中的女主角,是贵族法穆索夫的女儿。

他个性中抒情的成分减弱了，因此感情和欢乐也减弱了——除了智慧和意志以外，一切都减弱了。

表姐的生活并不是在玫瑰花丛中度过的。她童年时期就失去了母亲①。父亲②是一个不可救药的赌徒，像所有嗜赌成性的人那样，他十次输光了，又十次赢回来，然而最后还是完全破产。他把他的财产的les beaux restes〔法语：剩余〕用来办了一个养马场，他把他的全部思想和激情都花在那上面。他的儿子③，枪骑兵的候补军官，表姐唯一的哥哥，一个心肠很好的年轻人，也走上了毁灭的捷径；他只有十九岁就成了比他父亲还要厉害的赌徒。

那位父亲在五十岁的时候，毫无必要地同一位以前在斯莫尔尼修道院④念过书的老小姐⑤结了婚。这样一种完全的、完备的彼得堡贵族女子中学学生的典型，我从来没有机会遇见过。她是最优秀的学生里面的一个，后来就担任了修道院里的级任女教师；她是一个瘦瘦的女人，淡黄色头发，高度近视，她的外貌上就带了一种教诲人、教训人的气味。她一点也不愚蠢，她在口头上很会表现那种冷漠的热诚，她讲话喜欢用一些关于品德和忠诚的陈词滥调，对地理和历史年表她都记得很熟，她讲法国话正确到令人讨厌的程度，她内心隐藏着一种和耶稣会⑥教徒虚伪的谦虚相似的自尊心。除了“围着黄披肩的学究”⑦的这些共同的特点之外，她还有纯粹涅夫斯基⑧或者斯莫尔尼的学生的特征。

---

① 母亲：指娜·彼·库钦娜（雅科甫列娃），作者的堂姐，一八二二年逝世。

② 父亲：指彼·伊·库钦。

③ 儿子：指阿·彼·库钦，作者在第二章里曾提到他。

④ 斯莫尔尼修道院：在彼得堡斯莫尔尼宫近旁，一九一七年前俄国贵族女子学院就设在这里。十月革命时期斯莫尔尼宫是革命的大本营，列宁曾在这里领导十月武装起义。

⑤ 老小姐：指叶·米·屠希涅娃，“表姐”的后母。

⑥ 耶稣会：由西班牙人伊·洛耀拉在一五三四年创立，过去曾是天主教反对宗教改革的重要工具，后来又是教皇用来反对社会进步力量的一种主要工具。

⑦ 引自普希金的诗体小说《叶甫盖尼·奥涅金》第三章第二十八节第三行。

⑧ 涅夫斯基：指亚历山大·涅夫斯基修道院。

她讲起她们共同的母亲(玛利雅·费多罗夫娜皇后①)来视察的时候,就会抬起眼睛望天,眼里充满着泪水,她单恋着亚历山大皇帝,我记得她不是在脖子上挂着一个小金盒就是在手上戴着一个戒指,上面刻了一句从叶丽莎威塔女皇②的书信里摘录下来的话:“Il a repris son sourire de bienveillance!〔法语:他的嘴上又露出了好意的笑容!〕”

读者们可以设想这个和谐的trio〔意语:三重唱或者三重奏〕:父亲,他是一个赌徒,非常喜欢马,喜欢茨冈人③,喜欢热闹,喜欢大宴会,喜欢赛跑马、赛走马;女儿,她是在完全独立自由的情况中教育大的,习惯了在家里随意行动;那位有学问的小姐,她突然从一个年纪较大的级任老师变成了年轻的妻子。不用说,她不喜欢她的继女,不用说,她的继女也不喜欢她;一般地说,在三十五岁的女人和十七岁的姑娘之间要有深厚的友情,只有在那个女人自我牺牲、下定决心不结婚的时候。

对于继女同继母之间那种常见的敌视,我并不感到惊奇,这是自然的,也是合乎道德的。一个新的人给安置在母亲的位置上,这引起了儿女们的反感。对他们来说,第二次结婚就是第二次葬礼。儿女们的爱明显地表现在这种感情上,它悄悄地对孤儿们说:“你父亲的妻子绝不是你的母亲。”基督教最初也明白第二次结婚是跟它所阐明的婚姻的概念和它所宣扬的灵魂不死的概念相冲突的;然而教会继续不断向世俗让步,它就花言巧语,应付生活的无情逻辑,哄骗单纯的孩子的心,孩子的心实际上反对这种把父亲的伴侣当作自己母亲的由宗教认可的自相矛盾。

对那个女人来说,她在教堂行了婚礼出来,就遇到一个现成的家庭和儿女,她处在一种为难的境地;她跟他们毫不相干,但是她必须装出

---

① 费多罗夫娜皇后:指沙皇保罗一世的妻子(1759—1828)。

② 叶丽莎威塔·彼得罗夫娜(1709—1761):俄国女皇,彼得一世的女儿。

③ 茨冈人:或称吉普赛人,原出生于印度,后散居在土耳其、俄、匈、西、英等国,以占卜、卖艺、补锅为生的流浪民族。

她不可能有的感情，她必须说服自己，也让旁人相信：别人的儿女对于她是和她亲生的儿女一样地宝贝。

因此在她们的互相不喜欢这件事情上，我绝不责备那位从修道院来的小姐，也不怪表姐，不过我明白这个不习惯服从别人的年轻姑娘，多么急着要冲出牢笼离开父亲的家，到任何地方去。父亲渐渐地老了，越来越听他那个有学问的妻子的话。她的哥哥枪骑兵又闹得越来越不像话，总之，家中的生活是痛苦的，末了，她说服了继母让她到我们家来住几个月，甚至住到一年。

表姐来到以后第二天，她就把我的整个作业安排（除了上课外）推翻了；她独断地规定了我们共同阅读的钟点，她劝我不要读小说，介绍我读赛居尔的《世界史》①和《安纳哈尔西斯的游记》②。她根据她的禁欲主义的观点反对我那个偷偷地用纸卷着烟草抽的强烈嗜好（当时还没有纸烟）；一般说，她喜欢向我宣讲道德，虽然我并不照她的话办，至少我是心平气和地听她讲下去。幸而她并不坚持，她忘了自己的规定，她同我一起不读什么考古的长篇小说，却读确凯③的中篇故事，她还偷偷地差小孩出去买东西，冬天买荞麦饼和素油的豌豆羹，夏天买醋栗和茶藨子。

我认为表姐给我的影响是很好的；一股暖流跟着她流进了我这个幽居的少年时期，它温暖了，也许还保全了我那些刚刚发展起来的感情，这种感情本来很可能被我父亲的嘲讽完全毁掉。我学会了殷勤，学会了因为一句话伤心，学会了关心别人，学会了爱；我学会了谈自己的

---

① 《世界史》：法国外交官和作家路易·菲·赛居尔伯爵（1753—1830）的著作《世界史简编，古代和现代（供青年阅读）》，法文，共四十四卷，一八一七年开始出版。

② 《安纳哈尔西斯的游记》：指法国作家和考古学家让·巴尔太勒米神甫（1716—1795）的著作《青年安纳哈尔西斯漫游希腊记》，法文，一至八卷，一七九〇年，第三版。

③ 约翰·亨·确凯（1771—1848）：德国作家，他写过一些关于瑞士生活的中短篇故事（五卷）和历史小说，以及宗教著作，一直流行到十九世纪中期。他在作品中强调宗教感情，不宣传东正教信仰，曾因此受到攻击。

感情。她支持我的政治抱负，预言我会有不寻常的前途和荣誉，我怀着儿童的虚荣心相信了她的话：我是——未来的"布鲁都斯或者法布利基乌斯"①。

她只对我一个人倾吐她的秘密，她偷偷地爱上了一个披黑色披肩、穿黑色短上衣的亚历山大骠骑兵团②的军官；这的确是秘密，因为连骠骑兵本人（他指挥一个骑兵连）从来没有想到一个十八岁少女的心为他燃起了多么纯洁的火花。我不知道我是不是羡慕他的好运——大概是有一点，——不过她挑选我做她的心腹，我感到自豪，并且（按照维特③的方式）认为这是一种悲剧的爱情，会有一个离不了自杀、服毒和匕首的伟大结局；我甚至想去找他，向他谈出一切。

表姐从柯尔切瓦带来了羽毛球；其中的一个球上插了一根别针，除了这个球外，她从来不玩别的球，每逢这个球落到我的或者任何别人的手里，她总要拿了过去，说是她已经玩惯了这个球。Espièglerie〔法语：恶作剧〕这个魔鬼经常引诱我做坏事情，它怂恿我掉换了别针，就是说，把别针改插到另一个球上。我的恶作剧完全成功：表姐经常拿那个插了别针的球。一两个星期以后，我告诉了她；她变了脸色，眼里满是泪水，走进她的屋子里去了。我吓坏了，很难过，等了大约半个小时，就去找她；她的房门锁上了，我求她开门，表姐不让我进去，说是她生病，说我不是她的朋友，只是一个没有心肝的小孩。我给她写了一张字条，求她宽恕我；在喝茶的时间以后我们和好了，我吻她的手，她拥抱了我，马上就对我说明了这件事情的十分重要性。一年前骠骑兵在他们家吃午饭，午饭后同她一起打羽毛球，——他打的这个球给做上了记号。我受到了良心的谴责，我明白我做了一件

① 从诗人达威多夫（1784—1839）的诗体小册子《现代歌曲》中引来。玛尔库斯·尤·布鲁都斯（公元前85？—前42）是古罗马政治家，他领导了暗杀朱·恺撒的阴谋，杀死了恺撒。加·法·路西卢斯·法布利基乌斯（死在公元前二八二年以后）是古罗马将军和政治家，曾任执政官，以诚实著名。

② 亚历山大骠骑兵团：穿着匈牙利样式军服的轻骑兵团。

③ 维特：歌德小说的主人公，因爱情自杀。参见第42页注③。

真正缺德的事情。

表姐一直住到十月。她的父亲差人来接她回去，答应让她明年到我们的瓦西里叶夫斯柯耶庄子来。我们怀着恐惧等待着分别，于是在一个秋天的日子里，一辆轻便四轮马车来接她了。她的女仆把一些柳条筐和硬纸盒搬进车子里，我们家的仆人拿整整一个星期在路上吃的各种食品把车子塞得满满的，然后挤在大门口送别。我们紧紧地拥抱，——她哭，我也哭，马车开到了街上，转进巷子里（旁边就是那个卖荞麦饼和豌豆羹的地方），不见了；我走过院子——它显得这样冷，这样讨厌；我上楼到自己的房间——那里也显得空，显得冷。我坐下来做伊凡·叶符多基莫维奇教的功课，可是我一直在想：马车现在在什么地方，它是不是已经出了城门？

我的唯一的安慰是——明年六月我们一块儿在瓦西里叶夫斯柯耶！

对我说来乡下是复苏的时期，我非常喜欢乡村生活。树林、田野和自由自在——这一切对我这个在砖墙里面长大的娇生惯养的人是多么新鲜（我从来不敢不得到许可、不要听差陪同就找个借口走出大门）……

“我们今年是不是要去瓦西里叶夫斯柯耶？”从春天开始我就很关心这个问题。我父亲每年都在说，这一年他要早去，他想看见树木长叶子，可是他从来没有能够在七月以前动身。有两年他耽搁得太久，我们就索性不去了。他每个冬天都写信到乡下去，吩咐把房子准备好、房间烧暖和，这种做法多半出于策略上的考虑，并不是认真的打算，——目的是让村长和乡干事害怕他随时到来，因此会更小心地办事。

看来我们就要动身了。我父亲对枢密官说他很想在乡下休息休息，田庄上的事情也需要他照料，可是几个星期又过去了。

希望又渐渐地多起来了，需要的食品开始送出去了：糖、茶叶、各种谷物、酒——接着又是停顿，最后给村长发去了命令，要他在某一天派多少匹农民的马来，——这样看来，我们要动身了，真的要动身了！

我当时并没有想到，在地里劳动最紧张的季节损失四五天的工夫，对农民是多大的负担，我只是万分高兴，急急忙忙地收拾我的书和练习本。马已经牵来了，我听见它们在院子里大声咀嚼和喷响鼻子，心里很满意，我对马车夫忙来忙去，对仆人们争论谁坐哪一辆车，谁的行李放在哪一辆车上，很感兴趣。在仆人的房间里灯火点到天亮，大家都在打包装袋，把大小口袋到处拖来拖去，穿好上路的衣服。（一共才走八十多里①路！）我父亲的随从的脾气最大，他认为打包装袋十分重要，恶狠狠地把别人装好的东西全扔了出来，苦恼地拉自己的头发，简直叫人不能接近他。

我父亲第二天也绝不早一些起床，我看他起得比平日更晚，他像往常那样慢慢地喝咖啡，最后到了十一点钟，他才吩咐套车。六匹马拉的轿式马车里有四个座位，它后面还跟着三辆（有时是四辆）别的车子：一辆四轮马车，一辆轻便四轮马车，一辆带篷大车（或者换上两部农家大车）；这些车子里面装满了家仆和他们的东西；虽然运送行李的车队已经先期出发，可是车子里还是塞得满满的，没有一个人可以坐得舒服。

我们半路上在一个大的村子彼尔胡希柯沃②停下来吃午饭、喂马，这个村子的名字在拿破仑的通报上也出现过。这个村子属于我在前面讲起分家时提到的那个“兄长”的儿子③。没有人照管的地主宅子立在大路上，四周都是平平的、凄凉的田地；可是我在城里给憋得透不过气来，看到了这个满是尘土的旷野，也非常喜欢。宅子里翘起来的地板和楼梯摇摇晃晃，脚步和声音听起来都很刺耳，墙壁就像受了惊似的发出了回声。从旧主人的珍品收藏室搬来的老式家具在这种流放生活中度

---

① 原文是维尔斯塔，即俄里，一个维尔斯塔等于1.06公里，下同。

② 彼尔胡希柯沃村：在马查依斯科依公路上（白俄罗斯铁路上，离莫斯科三十三公里），拿破仑在信上曾提到它（一八一二年九月十二日）。

③ “兄长”的儿子：指阿列克谢·亚·雅科甫列夫（1795—1868）：作者的堂兄，即本书第一卷第六章里的“化学家”。

过它们的残年;我怀着好奇心从一间屋子走到另一间屋子,上楼下楼,后来走进了厨房。我们的男厨子带着不高兴和讽刺的表情正在那里准备一顿快速的旅途午餐。庄园管理人照例坐在厨房里,他是一个头上长了瘤的白发老人;厨子对他批评起炉灶来;庄园管理人听厨子讲着,偶尔简单地回答一句:“也许,是这样。”他闷闷不乐地看着这一切骚扰,心里在想:“什么时候鬼才把他们带走?”

午饭开出来了,用的一套特制的英国餐具,是用洋铁或者别的什么材料做的,我们就是 ad hoc〔拉丁语:为了这个〕买来的。这个时候马也套好了;在门厅和门廊里聚集了一群喜欢迎送的人,他们是靠面包和乡间干净空气度过余生的听差和三十年前还是很好看的侍女的老太婆,——所有这些地主家的蝗虫,自己并没有过失,但是他们却像真的蝗虫一样,吃光了农民的劳动果实。一些浅黄色头发的小孩同他们一起来;小孩们光着脚,一身泥土,老是朝前乱闯,那些老太婆总是把他们朝后拖。小孩们喜欢大喊大叫,老太婆们就大声呵斥他们;她们从来不肯放过我,每年都在惊讶我怎么长得这样快。我父亲对这些人讲了几句话;有几个人走上前来要亲他的手,他从来不把手伸给他们,其他的人鞠躬,——我们就动身了。

离戈里曾公爵[①]的维亚兹玛庄园几里路的光景,瓦西里叶夫斯柯耶的村长骑着马在树林边上迎接我们,把我们引进了乡下土路。在村子里,一条长的菩提树荫路通到主人的宅子,在宅子前面来迎接我们的有教士、教士的妻子、教堂的下级职员们、家仆们、几个农民,还有那个傻瓜普龙卡,只有他一个人表现出人的尊严这种感情,不肯揭下他那顶油污的帽子,他只是站在稍远一点的地方,微笑着,要是城里来的什么人想挨近他,他转身就跑。

我很少看见比瓦西里叶夫斯柯耶风景更优美的地方。对于熟悉昆

---

① 德·瓦·戈里曾(1771—1844):莫斯科总督(1820—1843),维亚兹玛庄园的主人,以专制、独断出名。

采沃和尤苏波夫的阿尔汉盖尔斯柯耶或者洛普兴在沙文修道院对面的庄园①的人，只要告诉他们，瓦西里叶夫斯柯耶是同一条莫斯科河河岸的延长部分，离那个沙文修道院三十里，就够了。在有慢坡的河岸上——有村庄、教堂和主人的老宅。在另一面——有山、有一个小村庄，我父亲还在那里修建了一所新宅。从这里可以看到周围十五里的景色；微微翻腾的麦浪无边无际；各种各样的庄园和有白色教堂的村庄到处都看得见；五颜六色的树林形成了一个半圆形的框子，莫斯科河像一根浅蓝色丝带在它中间穿过。大清早我在楼上我的房间里打开窗，我眺望，我倾听，我呼吸。

然而我怀念那所砖砌的老宅，也许是因为我头一次下乡住在那里的缘故；我非常喜欢那条通到宅子跟前的阴凉的林阴路和旁边那个荒芜了的花园；房子倒塌了，从门廊的一个裂缝里长出来一棵纤细、苗条的白桦树。左边沿着河岸有一条柳树的荫路，路外面是一片芦苇和白沙，它们倾斜下去与河水相接；我在十一岁、十二岁的时候，常常在这沙滩上，在这芦苇丛中整整地玩一个早晨。那个伛偻的老园丁差不多经常坐在宅子前面，蒸馏薄荷水、煮果子，偷偷地请我吃各种蔬菜。园子里有许多乌鸦；树顶上尽是它们的窝，它们经常绕着窝盘旋，呱呱地叫着；有时候，特别是在傍晚，它们几百只一齐飞起来，竞赛着哪一只叫得更响；有时候，一只乌鸦急急忙忙地在树丛中飞来飞去，然后全静了下来。……快到黑夜的时候，远处什么地方有一只猫头鹰一会儿像小孩似的哭着，一会儿发出一阵大笑。……我害怕这种古怪的哭声，然而我还是走去听它们。

我们每年或者至少每隔一年到瓦西里叶夫斯柯耶去。我去的时候，总是在靠阳台的墙上量过我的身高，作个记号，根据这个来检查我究竟长了多少。然而在乡下我不仅能够测量我身体的长度，而且这种

① 昆采沃、阿尔汉盖尔斯柯耶、沙文修道院对面的庄园：它们都是在莫斯科河高高的岸上的莫斯科近郊地主庄园。

和同样事物定期接触的情况明显地向我指出我内心发展的变化。我带去的书不同了,使我感兴趣的事物也不同了。一八二三年我完全是一个小孩,我带的是小人书,而且连这些小人书我也不读,我对于在我房间近旁小贮藏室里做窝的兔子和松鼠倒更感兴趣。我的主要娱乐中有一样是:我父亲许可每天晚上放一次鹰炮①,这件事不用说叫全体家仆都忙起来,连五十岁的头发花白的老人也同我一样地开心。一八二七年我带的书是普卢塔克②和席勒③的著作;我经常大清早出去,走到树林里,走进密林里,尽可能走得远些,我躺在树下,大声读着剧中对白,把这里当作波希米亚树林④;然而我对我得到一个家仆小孩的帮助在一条小溪上修筑的堤坝也很感兴趣,我每天要跑去察看十来次,并且随时进行修补。在一八二九年和一八三〇年我写了论席勒的《瓦伦斯坦》的哲学论文⑤,——至于我从前的娱乐,只有鹰炮一样我还是十分喜欢。

然而除了放炮外,还有一样娱乐我对它的热爱始终未变,那就是——乡村夜景;现在和那个时候一样,这样的夜晚对我依然是虔诚、宁静和诗的时刻。我生活中最近一些明净的时刻里有一次使我记起过去乡村的夜晚。太阳庄严地、光辉地渐渐下落到一个火海里,溶化了。……浓浓的紫红色一下子变成了深蓝的幽暗,什么都给蒙上了一层烟霭,在意大利黄昏来得快。我们骑着骡子;从弗拉斯卡提到罗马,⑥我们要经过一个小村庄;有些地方已有灯光闪烁,万物都很幽静,

---

① 鹰炮:过去使用的老式小口径炮。

② 普卢塔克(约46—约120):古罗马教育家和作家,他的著作,论述希腊罗马名人的《传记集》在西方史学上占重要地位。

③ 约·弗·席勒(1759—1805):德国诗人。

④ 波希米亚树林:席勒的五幕剧《强盗》中:"强盗们"藏身的地方。

⑤ 作者的这篇文章并未保存下来。《瓦伦斯坦》是席勒的三部曲(剧本)。第一部:《瓦伦斯坦的阵营》(十一场);第二部:《皮柯乐米尼父子》(五幕);第三部:《瓦伦斯坦的死》(五幕)。

⑥ 作者指的是他们夫妇一八四七年末到一八四八年初在意大利的旅行。弗拉斯卡提在罗马省,是一个避暑的地方,有古罗马时代的遗迹。

骡蹄声音清脆地踏在石头上，新鲜的而且有点潮湿的风从亚平宁山吹过来。我们走出了村子，看见一尊小小的圣母像立在一个壁龛里，面前点着一盏灯；农家姑娘收工回来，头上还包着白头帕，她们跪在像前唱起了祷告诗，一些过路的吹木笛讨饭的山地牧民①也同她们一起唱着。我的心给深深地打动了，我很受感动。我们互相望着……骑着骡子慢慢地到osteria〔意语：客栈〕去，马车在那里等候我们。我们回家的路上，我谈起瓦西里叶夫斯柯耶的夜晚。可是我谈些什么呢？

园里的树静悄悄地立着，
村子的围篱蜿蜒地竖在山中，
成群的牛羊没精打采地
慢慢走在回家的路上。

《幽默》②

……牧人把他的长鞭子抽得响，吹起他那支桦树皮做的笛子；牛羊的叫声，回来的畜群的哞哞声、咩咩声和过桥的杂沓声，狗边叫边追赶一只失散的羊，这只羊足步有些呆板地跑着；随后从地里回来的农家姑娘的歌声越来越近了——可是小路向右转了弯，歌声又远去了。大门轧吱地响了一声，男孩、女孩从房子里跑了出来，迎接他们的牛羊；劳动结束了。孩子们在街上、在河边玩，他们的声音清脆地荡漾在河面上和晚霞中；空气里掺和着禾捆烤干房的焦味；露水开始在田地上渐渐地铺起来，像烟一样；风吹过树林发出一种声音，仿佛树叶给煮沸了；远处的闪电颤抖着，用一种快要消失的、闪烁的浅蓝色光照亮了四周，——这个时候，韦拉·阿尔塔莫诺夫娜与其说是生气，不如说是爱唠叨，她在菩提树下找到我，就说：

“怎么到处都找不见您？茶早准备好，大家都坐好了，我可是找您呀，找您呀，找得腿都乏了，在我这个年纪我实在跑不动；您为什么像这

① 山地牧民：指意大利南部阿布鲁戚的善吹木笛的山地牧民。
② 见尼·普·奥加略夫的长诗《幽默》的第二部分。

样躺在潮湿的草上面呢？……您明天会伤风的，一定会。”

“好，够啦，够啦，”我边笑边对这个老太婆说，“我不会伤风的，茶我也不想喝，不过您给我偷点好的奶油来，要最上面的。”

“真是的，瞧您那个样，真叫人没法生您的气。……什么好吃的东西！我不等您要，早就给您把奶油准备好了。您瞧这闪电……好！对庄稼有好处。”

我一边跳着，一边轻轻地打口哨，走回家去。

一八三二年以后，我们就没有再到瓦西里叶夫斯柯耶去。在我流放期间我父亲把它卖了。① 一八四三年我们住在莫斯科近郊的另一个庄园②，在兹威尼戈罗德县，离瓦西里叶夫斯柯耶二十来里。我忍不住要去看看我们的故居。我们又坐车经过那条乡下土路；熟悉的松林和长满榛树的山出现在眼前，然后是过河的浅滩——这个浅滩二十年前带给我很大的快乐，——流水的飞溅声，小石子的嘎吱声，马车夫的吆喝，马的挣扎……于是到了村里，到了教士的房屋，过去教士经常坐在小长凳上，穿一件棕褐色的教士内长衣，他朴实、善良，红头发，经常淌汗，老是在咀嚼什么东西，他一直有打呃的毛病；我们到了办事处，乡干事瓦西里·叶皮法诺夫正在写报告书，他从来没有清醒过，蜷伏在纸上，捏住笔杆的紧底下，把中指紧紧地弯起来顶住它。教士死了，瓦西里·叶皮法诺夫还在另一个村子里记帐、写报告，并且拚命喝酒。我们在村长家停留了一会，只见到他的妻子，原来丈夫在地里。

这十年中间在这里出现了一些陌生的东西；我们山上的房子没有了，换上了一所新的宅子，它旁边还修建了一座新的花园。我们经过教堂和墓园回来的时候，我们遇见一个很难看的怪物，几乎是四肢爬着慢慢地往前走；它向我指点着什么，我走上前去：原来是一个驼背的、瘫痪的、半疯狂的老太婆，靠人周济度日，在前任教士的菜园里干点活；她当

---

① 一八三五年卖给作者的表兄尼古拉·巴甫洛维奇·戈洛赫瓦斯托夫（1800—1846）。

② 即波克罗夫斯柯耶-扎谢基诺村，离莫斯科五十二公里。

时已经七十光景，可是死偏偏躲开她。她认出了我，流着泪，摇摇头，反复地说：

“啊呀，你也老多了，我只有从你走路的样子才认出你来——可是我——我已经——啊——啊呀——还是不谈吧！”

我们坐车回去的时候，我远远地望见村长在地里，还是我们从前的那个村长；他起初没有认出我来，可是我们车子走过以后，他好像忽然想了起来，脱下帽子，深深地鞠躬。我们又走了一阵，我回过头去：村长格里高里·戈尔斯基仍然站在原处，望着我们的背影；他那在麦田中间鞠躬的长着大胡子的高高的身形友好地给我们送别，把我们送出已经到了别人手里的瓦西里叶夫斯柯耶。

第四章　尼克和麻雀山

那么你写吧，写下来，在这个地方（在麻雀山）我们的（就是说我的和你的）生活的故事是怎样发展起来的。

——摘自一八三三年的信①

在我上面讲到的〔表姐来的〕②时候的前三年，我们有一天在莫斯科河畔卢日尼基（就是在麻雀山的另一面）散步。我们就在河边遇见了我们认识的一个法国家庭教师，身上只穿了一件衬衫，他吓得不得了，大声叫着："他落水了！他落水了！"可是不等到我们这位朋友脱掉衬衫或者穿上裤子，一个乌拉尔哥萨克就从麻雀山跑了下来，跳进河里不见了，过了一分钟他又出现了，带出来一个奄奄一息的人，这个人的脑袋和胳膊好像悬挂在风里的衣服一样，摆来摆去。他把这个人放在岸上，说道："他还没有缓过气来，得摇摇他。"

周围的人凑了五十个卢布送给哥萨克。哥萨克并不推辞，很老实地说："做这种事情拿钱是罪过，而且可以说，毫不费力，你们瞧这个人，像一只猫。"他又说："不过话又说回来，我们是穷人，伸手要钱，我们是不要的；可是既然有人给了钱，为什么不拿呢？真正十分感谢。"他拿手帕包好了钱，又上山放马去了。我父亲问到了他的姓名，第二天，便给艾森写了信去，讲起这件事情，艾森提升他做军士。过了几个

---

① 指一八三三年六月七日尼·奥加略夫给作者的信，但不是照录原信。

② 括弧里的字是英译者加的。

月这个哥萨克来看我们，他带来一个麻脸、秃顶的德国人，德国人身上洒了香水，头上还戴着卷曲的浅黄色的假发，他来替哥萨克向我们道谢，——这就是落水的人。从此他经常到我们家来。

卡尔·伊凡诺维奇·仲伦倍格当时担任两个放荡子弟的德语家庭教师刚刚结束，他离开他们，便到一个辛比尔斯克地主的家里，从那里他又到了我父亲的一位远亲①的家中。仲伦倍格照顾一个男孩的健康，并且教他学习德语标准发音，仲伦倍格称呼这个男孩做尼克，我很喜欢他，他有一种善良的、温和的、喜欢梦想的气质；他和我平常遇见的别的男孩不同；然而我们却成了要好朋友。他沉默寡言，喜欢沉思；我爱玩、好动，不过我也不敢打扰他。

在我那特威尔省的表姐回柯尔切瓦的前后，尼克的祖母死了（他在幼年时期就失去了母亲）。他们家里乱得不得了，仲伦倍格无事可做，他也帮忙张罗，做出疲于奔命的样子；那天一早他带了尼克来，要求让尼克在我们家待完这一天。尼克又伤心，又害怕；大概他很爱他的祖母。后来他是这样富于诗意地记起她：

　　现在在夜晚时间
霞光照着长长的路，
我记得在我们家中
我们仍旧遵守古老的风俗，
每个星期日的前夕
白发庄严的教士到我们这里，
还有那些助祭执事们同他一起
跪在神像面前祈祷。

　　白发老太太，我的祖母，
站在那里，靠着扶手椅，

① 远亲：指普·包·奥加略夫（1777—1838），尼·普·奥加略夫的父亲。

拨动着她的念珠，
她埋下头低声祷告。
房门口一群熟悉的仆人
在把那祝告聆听，
他们鞠躬到地，
要求赐给他们长生不死。

　　这个时候有一抹晚霞
映在玻璃窗上……
从香炉里冒出的一缕青烟
在大厅中飘散。

　　这里是一片深沉的肃静，
只听见教堂执事诵经的声音，
一种模糊的渴望
压在我的心上。
我感到莫名的忧伤，
掺杂着孩子的幻想，
不知为了什么，我心里充满了
我自己也讲不出来的渴望。

《幽默》①

……我们稍微坐了一会儿，我便提议读席勒的作品。我很惊奇我们的兴趣完全一样；他记住的东西比我记得的多，而且正是我最喜欢的那些地方；我们放下了书，可以这样说，互相试探我们之间的同感。

---

① 这里的诗还是从奥加略夫的《幽默》的第二部分引来的。中间删去了四行半，用虚点来表示。

从袖子里藏着匕首“要把城市从暴君手中解放出来”的米罗斯①，从在吉斯那黑特附近的狭窄山路上等待总督的威廉·退尔②，过渡到十二月十四日和尼古拉〔一世〕是容易的。这些思想和这种对比对尼克说来并不是陌生的。普希金和雷列耶夫的没有发表的诗他也熟悉；他和我偶尔遇到的那些头脑空虚的男孩有显著的区别。

这以前不多久，我散步到普列斯年斯基水池，脑子里装满了布肖的恐怖主义，我向一个和我同岁的同伴说明处死路易十六是正确的行动。

“就算是这样吧，”年轻的奥公爵说，“不过您知道他是涂过圣油的君主啊！”

我怜悯地看了看他，不再喜欢他，以后就再也没有去找过他了。

我和尼克之间就没有这种障壁，他的心跳得同我的一样，他也离开了阴森的保守派的海岸；我们只有更加同心协力撑得离岸更远，我们几乎是从第一天起就下定决心要为扶持康斯坦丁皇太子竭尽全力！

在这以前我们很少长谈过，卡尔·伊凡诺维奇就像秋天的苍蝇那样打扰我们，而且我们每次谈话都因为有他在场受到妨碍；他什么也不懂，却什么都要管、要批评，拉直尼克的衬衫的领子，连忙回家，总之，非常令人讨厌。过了一个月，我们两天不见面或者不通信就受不了；我由于容易冲动的天性越来越离不开尼克了，他也静静地、深深地爱着我。

我们的友谊从一开始就带着严肃的性质。我不记得在我们中间顽皮、恶作剧占重要地位的事情，特别是我们两个单独在一起的时候。当

① 米罗斯：公元前一世纪左右罗马作家希吉鲁斯歌颂忠实友谊的故事中的反暴君的希腊英雄。他被判死刑，要求回家三天办理妹妹出嫁的事，这期间由友人赛里龙提乌斯入狱为他担保。他办好私事回原地，路上遇到困难，到达时间稍微迟了些，他的朋友快要被钉到十字架上了，但是他并未超过期限。国王知道这个情况，就下令释放了这两个朋友。这个故事收在希吉鲁斯的《故事集》中。席勒根据这个故事写了他的叙事诗《担保》，不过主人公的名字改用另一同类传说中一对友人的名字：达蒙和皮提亚斯（席勒只写出达蒙一个人的名字）。这里引用的一行诗是从原诗第一节中引来的。

② 威廉·退尔：瑞士山民中的勇士，自由射手。这里指席勒五幕诗剧《威廉·退尔》第四幕第三场的开始，在这一场中威廉·退尔用箭射死了总督。

然，我们不会安静地坐在一个地方，我们的年纪到底还小，我们喜欢打闹、逗笑，戏弄仲伦倍格，在院子里弯弓射箭；不过在这一切的基础上有一种和玩乐朋友关系完全不同的东西。除了我们的同样年纪，除了我们的“化学的”亲合力之外，我们还是由共同的信仰结合在一起的。世界上没有任何事物像激昂慷慨的全人类利益那样，使一个人的少年时期纯洁、高尚，保护它不受腐蚀。我们尊重自己身上的我们的未来，我们认为彼此都是命中注定的优秀的人。

我和尼克常常走到城外，我们有两个心爱的地方——麻雀山、德拉果米洛夫门外的田野。他总是在早晨六七点钟同仲伦倍格一起来找我，倘使我还在睡，他就朝我的窗扔沙子和小石子。我醒过来，微微笑着，连忙出去见他。

这种早晨的散步是固执的卡尔·伊凡诺维奇规定的。

在奥加略夫所受的地主-宗法式教育中，仲伦倍格扮演着比伦①的角色。他来了以后原来带孩子的老家人②的影响消除了；这位门房里的寡头虽然不满意，却不得不勉强忍住，因为知道那个该死的德国人和老爷同桌吃饭，奈何他不得。仲伦倍格急剧地改变了原先的秩序，老家人知道那个德国鬼子把少爷**本人**带到店里去买现成的靴子，他竟然流了眼泪。仲伦倍格的改革和彼得一世的改革一样，特点是甚至在最和平的事情上也带了一种军事的性质。这并不是根据卡尔·伊凡诺维奇的瘦削的肩上佩戴过肩章或者带穗肩章来论断的。德国人生来是这样：要是他达不到一个语言学家或者神学者的不修边幅和 sans-gêne〔法语：随便、不拘小节〕，那么即使他是个文职人员，他也还是有军人的气味。由于这个，卡尔·伊凡诺维奇喜欢窄小的衣服，扣紧钮扣，并且显出腰身来，由于这个，他严格遵守他自己的规矩，要是他规定早晨六点起身，他就在五点五十九分叫尼克起来，再迟也不超过六点零一分，

---

① 比伦：安娜·伊凡诺夫娜女皇的宠臣，她在位期间，实际的统治者是艾·比伦。参看第59页注③。

② 老家人：指伊·米·布拉托夫，在尼·奥加略夫幼年时期照管他的老仆人。

就同尼克出去呼吸新鲜空气。

卡尔·伊凡诺维奇几乎淹死在山脚下的麻雀山,不久就成了我们的“圣山”。

有一天午饭后我父亲说要坐车到城外去。奥加略夫在我们家,我父亲就约他和仲伦倍格同去。这次出游简直是受罪。我们坐在有四个座位的轿车里走了一个小时或者更多一些,才到了城门口,这辆车子虽是“约兴①制造”的,但在十五年的平稳使用中也不免变旧,变得不成样子,而且依旧比一尊攻城炮重。四匹拉车的马大小不同,毛色不一,它们闲得发胖变懒了,跑了一刻钟就浑身出汗冒气;马车夫阿符杰得到命令,不准出现这种情况,他只好让它们慢步走。不管天气怎样热,窗始终关着;除了这一切,还有我父亲连续不断、叫人受不了的监视和卡尔·伊凡诺维奇的手脚忙乱而又叫人厌烦的监视,——但是为了我们两个能在一起,我们心甘情愿地忍受下来了。

在卢日尼基我们坐小船过莫斯科河,正好停在哥萨克上次从水里拉出卡尔·伊凡诺维奇的地方。我父亲像平日那样拱着背,愁眉苦脸地走着;卡尔·伊凡诺维奇在他旁边用细碎步子走,一面同他谈些闲言闲语和无聊废话。我们走在他们的前头,越走越远,跑上了麻雀山,跑到维特别尔格②的教堂埋置基石的地方。

我们喘不过气来,脸通红,站在那里擦汗。太阳在往下沉,圆屋顶闪闪地发光,城市铺展在山下一望无际的地面上,清新的微风迎面吹来,我们站着,站着,互相依靠着,突然间我们拥抱起来,我们当着整个莫斯科发誓,要为我们所选定的斗争献出我们的生命。③

---

① 约兴:当时在莫斯科和彼得堡著名的马车制造商。

② 亚·拉·维特别尔格(1787—1855):俄国建筑师和画家。他设计过纪念一八一二年卫国战争胜利的宏伟教堂,准备建筑在麻雀山上。他担任教堂的建筑师和修建委员会主任。他后来受到官僚们的阴谋陷害,被判罪,流放到维亚特卡(1835—1840),在那里同作者结交,参看本书第二卷第十六章。

③ 作者和奥加略夫在麻雀山上宣誓的最可信的日期是一八二七年,参看涅奇基娜的《奥加略夫的〈我的自白〉》。

这一件事，别的人可能认为是十分不自然，十分做作的，可是我在二十六年以后想起它，还感动得流泪；它是极其真诚的，我们的整个一生就可以为它作证。然而在这个地方作的一切誓言都会得到同样的命运；亚历山大〔一世〕在这里埋置那座教堂的第一块基石的时候，他也是真诚的，[①]这块基石正如约瑟二世[②]在为新俄罗斯[③]某一个城市奠基的时候所说（虽然当时说得不对）会成为最后的一块基石。

我们并不知道我们所反对的敌人的全部力量，然而我们进行了战斗。那个力量使我们受到很大的损害，可是它并没有完全打败我们，不管它怎样打击我们，我们并没有投降。从它那里得到的伤疤都是光荣的。雅各的扭伤的大腿窝就是他夜里同神摔跤的记号。[④]

从那一天起麻雀山就成了我们朝拜的地方，我们一年要去一两次，而且总是单独去。在这个地方，五年以后奥加略夫胆怯地、不好意思地问我是不是相信他有写诗的才能，这以后在一八三三年他又从他的乡下写信来，说："我离开了，我很忧郁，从来没有过这样的忧郁。完全是为了麻雀山。长时期来我隐藏起我的喜悦；不好意思或者别的什么我自己也不知道的原因阻止我把它倾吐出来，然而在麻雀山上这种喜悦并不曾让孤独压了下去。你同我分享了这种喜悦，这些时刻是我永远不会忘记的，它们就像过去幸福的回忆一样，在我的旅途中伴随着我，虽然一路上我见到的只是树林；一切都是这么深蓝，深蓝，而我的心上却是一片黑暗，黑暗。"[⑤]

"你写吧，写下来，"他收尾写道，"在这个地方（在麻雀山）我们的

---

① 一八一七年十月十二日在麻雀山为维特别尔格设计的教堂举行奠基典礼。"皇帝陛下埋置了第一块基石。"（见同年十月二十六日的《圣彼得堡新闻》。）

② 约瑟二世（1741—1790）：所谓"日耳曼民族神圣罗马帝国"皇帝（1765—1780）；匈牙利国王（1780—1790）。他在一七八〇年曾到俄国访问过叶卡捷琳娜二世。

③ 新俄罗斯：帝俄十八、十九世纪对欧俄南部黑海北岸和亚速海岸一带地区的总名称。

④ 雅各同天使摔跤，天使胜不过他，就将他的大腿窝摸了一把，扭伤了。这个故事出于《旧约全书·创世记》第三十二章。

⑤ 引用尼·奥加略夫一八三三年六月七日来信里的话。

（就是说我的和你的）生活的故事是怎样发展起来的。”①

又过了五年，我远离麻雀山，可是麻雀山的普罗米修斯②——亚·拉·维特别尔格阴郁地、忧伤地站在我的身边。一八四二年我最后回到莫斯科，我再去访问麻雀山，我又立在那个埋置基石的地方，眺望同样的远景，也是两个人——不过却不是同尼克了。③

从一八二七年起我们就没有分开过。每次我回忆起那个时期，不论是单独的或者共同的回忆，他和他那带孩子气的面貌以及他对我的友爱总是占着最显著的地位。在他身上很早就显出来一种少数人所具有的天赋，对他这究竟是祸还是福，我不知道，不过这却使他和一般人不同。奥加略夫那个时候（1827—1828）的一幅大的油画像挂在他父亲的宅子里一直挂了好些年。后来我常常站在画像前长久地注视他。在画上他穿着翻领的衬衫；画家出色地绘出了他那浓密的栗色头发，他脸部不规则的线条构成的少年时期尚未定型的美和他那稍微带黑的肤色；画布上还可以看出显示着睿智的沉思；他的灰色的大眼睛闪露出一种无意识的忧郁和极端的温和，这对眼睛暗示着一个伟大心灵未来的成长；他后来果然长成了这样。这幅画像本来是送给我的，却让一个陌生的女人④拿走了——也许她会见到这几行文字，她会把它给我送来吧。

我不知道人们为什么给初恋的回忆以某种专利，而忽视了青年友情的回忆。初恋的芬芳在于它忘记了性别，在于它是热烈的友情。另一方面，青年间的友情有着爱情的全部热情，和爱情的一切特点：同样不好意思地害怕用言语谈到自己的感情，同样不信任自己，同样无条件

---

① 这一段话不是照录原信。

② 普罗米修斯：希腊神话中的盗火者，他偷了大神宙斯禁止给人间的神火赐给了人类，因此被罚锁在高加索高山上，让饿鹰啄食他的肚肠，后来被希腊英雄赫拉克勒斯所救。

③ 这一次作者是和他的妻子娜达丽雅·亚历山德洛夫娜·赫尔岑同去的。

④ 陌生的女人：指叶·瓦·沙里阿斯·德·屠尔涅米尔伯爵夫人（1815—1892），作家，笔名叶甫盖尼雅·屠尔，尼·奥加略夫的友人。原画下落不明。

的忠诚，同样离别时的万分痛苦，同样完全独占的妒忌的欲望。

我早已爱着尼克，而且热烈地爱他，可是我下不了决心称他做"朋友"，他在昆采沃过夏天的时候，我写给他的信中末尾说："我是不是您的朋友，我还不知道。"他先在信里用"你"称呼我，并且经常按照卡拉姆辛的方式称我做他的阿加统①，我也根据席勒称他做我的拉法依尔②。

您要笑，就请笑吧，只是请温和地、好心地笑，就像想到您自己十五岁时候那样地微微一笑。或者还不如思索这个问题："难道盛年的我竟是这样？"③而且，倘使您有过青春（单单是年轻过，这是不够的），那就要感谢您的命运，倘使那个时候您还有一个朋友，那就要加倍地感谢。

那个时期的语言我们现在看来显得不自然而且带书卷气了，我们已经不习惯它那种动摇不定的热情，它那不和谐的兴奋（这种兴奋又会突然转为缠绵的温情或者小孩般的大笑）。一个三十岁的男人要像有名的"Bettina will schlafen〔德语：贝丁娜要睡觉〕④"那样，就荒谬可笑了，然而在当时，这种少年的语言，这种 jargon de la puberté〔法语：成年人的行话〕，这种心理声音的变化是十分真诚坦率的，连书卷气的腔调，对于理论上有知识而实际上无知的年龄来说，也是很自然的。

席勒仍然是我们喜爱的。⑤ 他的剧本中的人物在我们的眼里都是活着的人；我们分析他们，爱他们，恨他们，不是把他们当作诗的创作，

---

① 尼·米·卡拉姆辛（1766—1826）：俄国历史学家和感伤主义作家，阿加统是他创造的人物，见他的《我的阿加统墓前的花》。

② 见 *Philosophische Briefe*〔德语：《哲学书信》〕。——作者原注

拉法依尔：这是席勒的《哲学书信》中两个通信人之一。

③ 这一句诗是从普希金的诗体小说《叶甫盖尼·奥涅金》里引来的，见原书《奥涅金的旅行（断章）》。

④ 贝丁娜·冯·阿尔宁姆（1788—1859）：德国作家，她的著作中有一本是《歌德同一个孩子的通信》，是她同歌德的通信集，里面有一封她在一八〇八年七月二十六日写给歌德的信，收尾有这样的话："我倦了，亲爱的歌德，我得睡了。"

⑤ 席勒的诗对我的影响并没有消失；几个月以前我向我的儿子朗读《瓦伦斯坦》，这是一部巨著！凡是丧失了对席勒的爱好的人，他不是变老了，就是成了学究，或是变得冷酷，或是忘记了自己。不过对那些在十七岁时候就非常清楚自己缺点的早熟的 altkluge Burschen〔德语：小老头儿〕该怎么说呢？——作者原注

而是当作活人。而且我们在他们身上看到了我们自己。我写信给尼克，有点耽心他太喜欢费艾斯科①，而在"每个"费艾斯科的背后就站着他的威利纳②。我的理想人物是卡尔·穆尔③，可是不久就改变了，换上了波查侯爵④。我设想了一百种不同的方式，我怎样对尼古拉⑤讲话，他以后怎样把我送到矿山或者处死。奇怪的是，所有我们这些幻想的收场都是西伯利亚或者死刑，几乎没有胜利的结局。难道这是俄国人的想象方式？不然就是彼得堡用它的五座绞架和苦役劳动在年轻一代身上产生的效果？

就这样，奥加略夫，我同你手拉手，我们一起走进了生活！我们无畏地、自豪地前进，我们慷慨地响应每一个号召，我们真诚地为了每一次的热情献出自己的一切。我们挑选的并不是一条容易走的路，可是我们从来没有离开过它；我们负了伤，受到损害，我们仍然前进，也没有人追过我们。我走到了……不是到了目的地，而是到了下山路开始的地点，我不知不觉地伸出手来找你的手，让我们一起走下去，让我握住你的手，带着忧郁的微笑说："再没有别的了！"

在我烦闷无聊的空闲时候（这是我生活中那些事故判定我忍受的），我在自己身上找不到力量，也找不到朝气来从事新的工作，我就写下我们的回忆。许多把我们非常紧密地连结在一起的东西都凝聚在这些篇幅里面了。我把它们献给你。对你说来，它们有双重的意义，——还有墓碑的意义，在这些碑上我们会遇见熟悉的姓名。⑥

……现在想起来难道不奇怪，要是仲伦倍格会游泳，或者要是他当

① 费艾斯科：席勒的早期作品五幕悲剧《热那亚费艾斯科的密谋》中的主人公，费艾斯科伯爵是策划这个反对多利亚朝暴虐统治者的密谋的年轻领袖。

② 威利纳：《费艾斯科的密谋》中的一个人物，密谋的参加者，最后他把费艾斯科推到海里淹死，因为费艾斯科执政以后也成了暴君。

③ 卡尔·穆尔：席勒的五幕剧《强盗》中的主人公，穆尔伯爵的长子，"强盗"的头子。

④ 波查侯爵：席勒的五幕悲剧《唐卡洛斯》中的马尔他骑士。

⑤ 尼古拉：指沙皇尼古拉一世。

⑥ 写于一八五三年。——作者原注

作者的母亲在一八五一年遇难，他的妻子一八五二年病故。

时淹死在莫斯科河里，或者要是救起他的不是一个乌拉尔哥萨克轻骑兵，而是阿普谢龙斯基步兵团的兵士，那么我就不会遇见尼克，或者后来才遇到他，而且情况一定不同，我们不会在我们老宅的那间屋子里偷偷地抽着雪茄，深入彼此的生活，互相汲取对方的力量。

他并没有忘记它——我们的“老宅”。①

老宅，老朋友！我来探访，
终于见到你一片荒凉，
我又回忆起过去的时日，
我忧郁地向你凝望。

眼前这院子久无人扫，
井已崩塌，井水腐败，
往日悄悄私语的枝上绿叶
枯黄地朽烂在潮湿的土壤。

房屋衰败，荒芜，
灰泥散落在四处，
灰色浓云在天空移动，
见到这里的情景也忍不住哀哭。

我走了进去。屋子没有改变，
牢骚满腹的老人经常坐在这里埋怨，
我们不喜欢他那些谈话，
他的冷酷无情的语言使我们烦厌。

---

① 伊·阿·雅科甫列夫的宅子在莫斯科勃·符拉西叶夫斯基巷，作者一八二四至一八三〇年在这里居住。宅子并未保存下来。

啊，就是这间小屋，从前在这个地方，
我们的心灵融合在一起，
许多光辉的思想在这里产生，
在这间小屋，在早已流逝的年光。

一颗小星的微光射进窗里，
墙壁上留着我们的字迹：
青春之火在我们心灵中燃烧，
我们当时亲手写下这些字句。

这间屋子里曾经产生
幸福的往事，欢乐的友情，
如今蜘蛛网悬挂在角上，
这里只有荒凉，死气沉沉。

我突然感到恐怖，我颤栗，
我好像来到了墓地，
我呼唤我死去的亲人，
却没有一个死者苏醒。①

① 见尼·彼·奥加略夫的诗《老宅》。

第五章

家庭生活的细节——俄国的十八世纪的人——我们家里的一天——客人和 habitués〔法语：常来的人〕——仲伦倍格——随从和其他的人

我们家里那种难以忍受的寂寞无聊一年比一年更厉害了。要不是我进大学的时间已经逼近，要不是新的友谊，要不是我对政治的强烈兴趣，要不是我的生性活泼，那么我就会离家出走，不然就会死亡。

我父亲很少有高兴的时候，他总是对所有的人都不满意。他是一个非常聪明的人，有很敏锐的观察力，看得很多，听得很多，也记得很多；他是一个 accompli〔法语：道地的、完美的〕上流社会的人，他可以做到非常亲切有礼貌，又使人发生兴趣，然而他不肯这样做，却越来越厉害地变得喜怒无常，跟人们疏远了。

很难说究竟是什么东西把这么多的苦恼和愤怒带进了他的血里面。热情奔放的时期，大不幸的时期，错误和挫折的时期，在他的生活里完全不曾有过这些。我始终不能完全明白那种他心灵里充满的毒辣的挖苦和忿恨、他那种多疑的孤僻和那种一直在折磨他的烦恼是从什么地方来的。难道他还有什么从来没有告诉人的回忆让他带进了坟墓，不然这只是像十八世纪和俄罗斯生活这样两种完全对立的东西得到那个大大助长了喜怒无常脾气的第三者（地主的闲散）的帮助结合起来所产生的结果？

上个世纪[①]在西方，特别是在法国，产生了一批出色的人，他们具有摄政时期[②]的一切弱点和斯巴达与罗马的一切优点。这种浮布拉斯[③]和列古路斯[④]的结合体——把革命的门大打开，首先冲了进去，争先恐后地赶到断头机的“窗口”。我们这个时代不会再产生这种一贯的、刚强的人物；刚相反，上个世纪到处在召唤他们，即使是并不需要他们的地方，即使是他们在那里只能发展为怪人的地方。在俄国受到这种强大的西方潮流影响的人不会成为历史的人物，却成了一些古怪的人。他们在本国是外国人，在别国也是外国人，他们是懒散的旁观者，在俄国人看来他们是让西方的偏见败坏了，在西方人看来，他们又是让俄国的习惯毁了，他们是一种聪明的多余人，他们完全沉溺在矫揉造作的生活里、肉欲的快乐中和叫人受不了的利己主义里面。

这一类人中间在莫斯科占首要地位的就是在智慧和财富两方面都极显要的俄国大贵族和欧洲的grand seigneur〔法语：显贵〕，鞑靼公爵尼·包·尤苏波夫。在他周围聚集了一大批头发白了的喜欢向妇女献殷勤的人和esprits forts〔法语：自由思想者〕，所有的玛沙尔斯基[⑤]们、山契[⑥]们，以及tutti quanti〔意语：一切其他的人〕。他们全是有相当修养的、文化程度相当高的人；他们无事可做，就拚命去享乐，娇纵自己，爱护自己，温厚地宽恕自己的一切罪孽，他们夸大自己讲究饮食的行为，说是

---

① 上个世纪：指十八世纪。

② 摄政时期：指一七一五至一七二三年路易十五未成年时由奥尔良王室的非力浦摄政的时期。

③ 浮布拉斯：法国资产阶级大革命期间国民议会的议员（右派）卢威·德·古弗内（1760—1797）在革命前写的《骑士浮布拉斯冒险记》的主人公。

④ 马·阿·列古路斯（约前299—前250）：罗马的英雄、政治家，曾任执政官。他打败过迦太基的舰队，后来又大败迦太基的陆军。迦太基后来得到斯巴达人的援助，他因此在公元前二五五年战败被俘。公元前二五〇年迦太基派人到罗马议和，要他同去，约定议和不成，他仍要回到迦太基。到了罗马，他劝元老院主战，他自己仍回迦太基作俘虏，被处死。

⑤ 彼·格·玛沙尔斯基（1771—1839）：俄国政治家米·斯彼兰斯基（亚历山大一世的国务大臣）的亲密朋友。

⑥ 亚·里·山契（1769—1838）：俄国中将，伯爵，做过基辅省长（1811）。

柏拉图式的感情①,同时又把他们对女人的爱情缩小地说成一种老饕的贪馋。

这个上了年纪的怀疑派和享乐主义者尤苏波夫是伏尔泰和博马舍的朋友,又是狄德罗②和卡斯提③的友人,他的确有艺术的欣赏力。要证实这一点,只消到阿尔汉盖尔斯柯耶去看看他收藏的美术品就行了,当然是说,要是他的继承人还没有把那些美术品一点儿一点儿地卖出去的话。他是在八十岁时在大理石的、画上的和活着的美人中间豪华地死去的。在他的莫斯科郊区的住宅里普希金同他交谈过,还寄给他一首优美的诗信④,贡扎加⑤在那里作过画,尤苏波夫把自己的戏院专供贡扎加使用。

我父亲由于他所受的教育,由于他在禁卫军里服过役,由于他的生活和社会关系,是属于这个圈子的;不过他的性情和他的健康都不允许他到七十岁还过着轻浮荒唐的生活,于是他走到了另一个极端。他想过一种孤独的生活,可是他却把生活安排得死气沉沉,无聊乏味,尤其因为他想安排得专为他自己,结果更是无聊乏味。他那坚强的意志变成了固执的任性,他那无处使用的精力败坏了他的性格,使他变得更不合群了。

他上学念书的时候,欧洲文明在俄国还是很新的东西,因此上学念书就等于尽量消除俄罗斯的气味。他毕生写法文比写俄文更流畅、更准确。他 à la lettre〔法语:真正地〕不曾读过一本俄文书,连俄文圣经也

---

① 指精神恋爱。

② 德·狄德罗(1713—1784):法国唯物主义哲学家和作家,百科全书的创办者和编辑人。

③ 基·卡斯提(1724—1803):意大利诗人,一七七八年曾访问俄国,后来写过一首讽刺叶卡捷琳娜二世宫廷的讽刺诗。

④ 诗信:指普希金的诗《致某显贵》(1830)。

⑤ 彼·戈·贡扎加(1751—1831):意大利画家、舞台装置家和布景画家,十八世纪九十年代初移居俄国,创作了很多舞台布景,其中有一些仍然保存在阿尔汉盖尔斯柯耶庄园。庄园的戏院修建于一八一八年。庄园现已改为博物馆。

没有读。不过别种文字的圣经他也没有读过；他知道人们经常谈论的圣经中的事情，一般都是听来的或者是从摘句中看到的，他也不想知道得更多些。他的确佩服杰尔查文①和克雷洛夫②：因为杰尔查文写过一首诗悼念他的舅父美谢尔斯基公爵③，克雷洛夫在尼·尼·巴赫美捷夫④的决斗中同他一起充当助手。我父亲有一次拿起了卡拉姆辛的《俄国史》，他听说亚历山大皇帝读过它，可是他不久就把它丢开，轻视地说："全是伊齐亚斯拉维奇家族⑤和奥尔戈维奇家族⑥，怎么能叫人感到兴趣呢？"

他毫无隐瞒地、毫不掩饰地瞧不起人——而且是所有的人。他在任何情况下都不信任别人，我不记得他向什么人提过重要的请求。他自己也从不为别人做什么事情。他同外人交往中只要求一件事——遵守礼节；les apparences，les convenances〔法语：外貌，礼节〕构成他的全部道德的信条。他可以宽恕许多事情，或者说得恰当些，放任许多事情，但是任何违反规矩和礼节的行为都会使他愤怒失常，这个时候他就完全不能容忍了，连一点点宽大和怜悯也没有了。我一直暗中愤恨他这些不公正的行为，到后来我才了解了他：他先就认定每个人都可能做一切坏事，倘使没有做，或者是因为没有这个需要，或者是因为没有得到机会；他把违反规矩看作对私人的侮辱，对他本人的无礼，或者看成"市侩的教育"，他认为这种"教育"使人同一切人类社会隔绝。

他常说："人心莫测，谁知道什么人的心里有什么东西？我自己的事情多得很，管不了别人的事，更顾不上去判断、批评别人的心思；不过

---

① 加·罗·杰尔查文（1743—1816）：叶卡捷琳娜二世时期的俄国桂冠诗人。

② 伊·安·克雷洛夫（1769—1844）：俄国著名的寓言诗的作者。

③ 亚·伊·美谢尔斯基公爵（1730—1779）：俄国的显贵，作者祖母的弟兄。参见第219页注④。

④ 尼·尼·巴赫美捷夫（约1770—约1830）：阿·尼·巴赫美捷夫（1774—1841）的哥哥，一七九八至一八〇三年任奥连堡省省长。

⑤ 伊齐亚斯拉维奇家族：古俄罗斯公爵世系。

⑥ 奥尔戈维奇家族：十二、十三世纪古罗斯的几个公爵，奥列格·斯维雅托斯拉维奇的后代。

我不能和一个不懂礼貌的人待在同一间屋子里面，他侮辱了我，触犯了我；说不定，他可能是世界上最善良的人，因此天堂里也有接待他的地方，可是我不需要他。生活里最重要的是 esprit de conduite〔法语：品行的原则；有礼貌〕，它比最高的智慧、比一切学识都重要。随处都能从容应付，绝不往前乱闯、多管闲事，对什么人都表示最大的礼貌，对任何人都不过分亲密。”

我父亲不喜欢任何 abandon〔法语：没有节制，随便〕，不喜欢任何直爽，他把这一切都称为“过分亲密”，就像他把一切感情都称为“多愁善感”那样。他一直把自己装扮成一个看不起这一切琐碎小事的人；为什么缘故，有什么目的呢？他把心贡献给什么最高的利益呢？——我不知道。这个傲慢的老人毫不掩饰地瞧不起人，而且非常了解人，他究竟为了谁才扮演这个冷酷无情的裁判官的角色呢？——为了那个女人①（虽然她有时候会反抗他，但是她的意志终于让他毁掉了）；为了那个病人②（病人经常在外科医生手术刀下面过日子）；为了那个男孩③（孩子的活泼好动被他培养成了倔强）；为了那十来个听差（他从来不把他们当作人看待）！

他在这上面花了多大的力气、耐心，多大的倔强，不管他上了年纪，又有病，他还是非常忠实地扮演他那个角色。的确，人心莫测。

后来我被捕的时候，再后我被流放出去的时候，我看见老人心里流露出更多的爱，甚至更多的温情，比我所料想的多得多。我从没有为了这个感谢过他，因为我不知道他会怎样看待我的感谢。

不用说，他并不幸福：他总是小心提防着，对什么人也不满意，他看见他所引起的全家人的敌意，心里也痛苦；他一到场就看见人们收起脸上的笑容，咽下未讲完的话；他带着嘲笑、带着烦恼地讲起这件事情，然而他一点也不让步，他还是十分顽固地走他的路。冷酷的、刻薄的和极

---

① 女人：指作者的母亲路·伊·哈格。

② 病人：指作者的异母哥哥叶·伊·赫尔岑。

③ 男孩：指作者。

端轻视的嘲讽，这些都是他使用得非常巧妙的武器，他用这种武器来对付我们，也同样对付仆人。人在少年时期可以忍受许多事情，就是忍受不了挖苦，事实上我在被捕入狱之前就跟我父亲疏远了，而且同男女仆人联在一起对他进行了小小的战斗。

除此以外，他还使自己相信他患了重病，不断地进行治疗；除了家庭医生以外，他还请了两三个大夫来给他看病，并且每年至少有三次会诊。来访的客人看见他那不高兴的脸色，又只听见他诉苦说身体如何坏，而实际上他的身体并不是那样，因此就不常来了。他为了这件事很生气，可是他没有责备过任何一个人，但也没有邀请过谁。宅子里非常寂寞无聊，特别是在漫长的冬天晚上，——一整套门对门的直通房间里只点了两盏灯；老人脚上穿一双呢子的或羔毛的长筒靴（类似毡靴的一种），头上戴一顶天鹅绒帽子，身上穿一件白羊羔皮的皮袄，他躬着腰，两手交叉在背后，不停地走来走去，一句话也不说，两三条棕毛狗跟在他后面。

随着忧郁症的发展他对一些微不足道的东西的小心节省也越来越厉害了。他管理他的产业管得很不好，对他自己，对农民都很不好。村长们和他的 missi dominici〔拉丁语：“主人派来的人”或“主人的助手们”〕抢劫了老爷和农民；另一方面，凡是有目共睹的东西都受到加倍的监视；蜡烛节省了，用酸的克里米亚葡萄酒代替薄的 vin de Graves〔法语：格拉弗葡萄酒〕①，可是就在这个时候一个村子的整个树林给砍伐了，在另外一个村庄里，他买下的燕麦却是他自己的。他养了一批享受特权的贼。他派到莫斯科去征收代役金的那个农人，也就是他每年夏天派到乡下去查看村长、菜园、树林、地里劳动的那个人，十年以后在莫斯科买了一院房子。我从小就恨这个没有公事包的“大臣”；有一次他当着我的面在院子里打一个老农民，我气得揪住他的胡子，差一点昏了过去。从那个时候起我看到他就不能不感到厌恶，一直到一八四五年他死去为止。

① 法国格拉弗地方出产的白葡萄酒。

我几次问我的父亲：

“希昆从哪儿弄来钱买房子？”

“就看出戒酒的好处，”老人回答我说，“他一滴酒也不进口。”

每年将到谢肉节①的时候，奔萨省的农民②就从凯连斯克送来实物代役租。破旧的大车队在路上走了两个星期，满载着猪肉、乳猪、鹅、鸡、谷物、黑麦、蛋、黄油，最后还有粗麻布。凯连斯克农民的到来是所有家仆的一个节日，他们简直抢劫了农民，每一步都要克扣，而其实他们毫无权利这样做。马车夫向农民索取井水费，不付钱就不许农民的马喝水。女仆们要农民付房屋的取暖费；农民还得向门房的权贵们进贡，给这位送一头乳猪和一条毛巾，给那位送一只鹅和黄油。农民们待在主人家院子里的这段时期中，仆人一直在举行盛大的宴会，做肉杂拌汤，烤小猪，门房里经常充满洋葱、烧焦的脂油和刚刚喝光的白酒的气味。到了最后两天，巴卡依干脆不到门房去了，也不穿好衣服，披着一件旧号衣外套，不穿背心，也不穿短上衣，坐在厨房的过道里。尼基塔·安德烈叶维奇明显地瘦了些，脸黑了些，也老了些。我父亲相当平静地容忍了这一切，他知道这是不可避免的，也是阻止不了的。

我父亲收到这些冻起来的家禽以后——这里最奇怪的是：这种做法每年照样重复一次——总是叫了厨子斯皮利东来，差他到家禽市场和斯摩棱斯克市场去打听市价。厨子回来报告他编造的价钱，比市价少一半多。我父亲说他是个傻瓜，就叫人把希昆或者斯列卜希金找来。斯列卜希金在伊林斯基门那里开了一家水果店。这两个人都说厨子报的价钱太低了，他们又去打听，带回的价钱要高一些。最后，斯列卜希金表示愿意把蛋、乳猪、黄油、黑麦——所有这些全拿去，“免得给您老爷增加麻烦”。我不用说，他出的价比厨子报的价稍微高一点。我父亲同意了。斯列卜希金为了表示庆贺，给我父亲送来橙子和蜜糖饼干，

---

① 谢肉节：大斋前的一星期。

② 奔萨省的农民：指作者父亲在奔萨省凯连斯克县阿尔汉盖尔斯柯耶村的农奴。

还送给厨子两百纸卢布。

这个斯列卜希金很得我父亲的欢心，常常向我父亲借钱，他在这方面有独到之处，因为他充分研究了老人的性格。

譬如，他向我父亲借了五百卢布，期限两个月，在到期的前一天他就来到门房，带来一个复活节吃的圆柱形大甜面包，用大盘子盛着，五百卢布就放在面包上面。我父亲收了钱，斯列卜希金深深地鞠了一个躬，要求吻主人的手，这个我父亲从来就没有同意。可是过了两三天斯列卜希金又来了，他要借一千五百卢布。我父亲把钱借给他，斯列卜希金到期又来还钱；我父亲还拿他做一个榜样；可是一个星期以后，他又来借更大的数目，就这样他每年可以有额外的五千卢布作他的营业的周转金，只消付两三个圆柱形大甜面包、几磅无花果和希腊胡桃、一百个橙子和克里米亚的苹果这样微小的利息就行了。

最后我谈一下在诺沃谢里耶几百亩①建筑木材失去的事情。我记得在四十年代中米·费·奥尔洛夫②受安娜·阿列克谢叶夫娜伯爵夫人③的委托，为她的孩子们买一份田产，来接洽购买特威尔省的产业，这份田产是枢密官传给我父亲的。价钱谈妥了，事情好像也定下来了。奥尔洛夫去看了地，以后写信给我父亲说，在地图上他指给他看过有一个树林，可是这个树林根本不存在。

"真是个聪明人，"我父亲说，"他参加了密谋，写过一本 des finanses〔法语：论财政的〕书④，可是一到办正经事，就看得出他是个没有头脑的人。这些内克⑤！好吧，我就请格里高里·伊凡诺维奇⑥去一趟；他

---

① 即结夏吉纳，俄亩，一亩等于1.09公顷，下同。

② 米·费·奥尔洛夫(1788—1842)：十二月党人，俄国少将，参加过一八一二年的卫国战争。

③ 安娜·阿列克谢叶夫娜·奥尔洛娃-切斯敏斯卡雅(1785—1848)：富有的伯爵夫人，接近亚历山大一世和尼古拉一世的宫廷的人物。她是米·费·奥尔洛夫的堂姐。

④ 指奥尔洛夫的著作《公债论》。

⑤ 雅克·内克(1732—1804)：或译奈开尔，法国财政家，路易十六政府的财政大臣。

⑥ 格·伊·克留恰列夫：在莫斯科替作者父亲管理银钱事务的职员。

不是密谋分子，他却是一个可靠的人，懂得怎样办事情。”

格里高里·伊凡诺维奇去了诺沃谢里耶，带回来的消息是没有树林，只有类似树林的布景，这样无论是从主人的宅子里看，还是从大路上看，砍伐树林的迹象都看不出来。枢密官分到这份地产以后，他至少到诺沃谢里耶去过五次，可是这个秘密一点也不曾被他发现。

为了让人们对我们的生活有一个完整的概念，我现在描述一下我们家从早到晚一天的生活；那样的单调正是最致人死命的一种东西，我们的生活就像一座英国钟那样调准了不慌不忙地、准确地、大声地提醒着每一秒钟的时间。

早晨九点多钟，那个坐在寝室隔壁房间里的随从通知韦拉·阿尔塔莫诺夫娜（我以前的保姆）：老爷起来了。她就去准备咖啡，我父亲照例是一个人在书房里喝咖啡。宅子里的一切都现出另外一种样子，仆人们开始打扫房间，至少也作出在做事情的姿态。在这时以前门房是空的，现在人满了，连那条纽芬兰种大狗麦克佩斯①也坐在火炉跟前，不眨眼地望着火。

老人喝咖啡的时候，就看《莫斯科新闻》和 *Journal de St. Pétersbourg*〔法语：《圣彼得堡日报》②〕；我不妨说，他还吩咐过要把报纸烤热，免得纸张潮湿使他的手受寒，还有我父亲看政治新闻要看法文，他觉得俄文讲不清楚。有一个时期他还从什么地方弄来一份汉堡的报纸，可是他受不了德国人排印报纸用的德国字体，他经常指给我看法文印刷字体和德文印刷字体的差别，说这些古怪的有小尾巴的哥特字体对视力有害。以后他订了一份 *Journal de Francfort*〔法语：《法兰克福日报》③〕，不过最后他就只看本国的报纸了。

---

① 麦克佩斯（俄文读作：马克别特）：英国剧作家威·莎士比亚（1564—1616）的五幕名剧《麦克佩斯》中的人物，苏格兰军中大将，他谋杀了国王，篡夺了王位。

② 《圣彼得堡日报》：一八一三年起在彼得堡出版的法文日报，俄国政府的报纸。

③ 《法兰克福日报》：一八三四年在法兰克福（来因河岸）创刊的法文报纸，是拥护君主制度的。

他看完报纸以后觉察到卡尔·伊凡诺维奇·仲伦倍格已经在他的房里了。在尼克十五岁的时候,卡尔·伊凡诺维奇开了一家小店,可是他既没有货,也没有顾客,他把自己积攒起来的一点钱在这个赚钱的生意上面花光了,换到一个“勒佛尔①商人”的荣誉的称号,关了店停了业。他当时四十多岁,他在这种愉快的年纪,就过着无忧无虑的小鸟或者十四岁男孩的生活,这就是说他不知道明天睡在什么地方,吃什么东西。他依靠着我父亲对他有一点好感;我们现在就看这是怎么一回事情。

一八三〇年我父亲买了我们宅子旁边另一所更大、更好而且有花园的房子;这所房子以前属于罗斯托普钦娜伯爵夫人,她就是有名的费多尔·瓦西里叶维奇②的妻子。我们住进了新宅子。这以后他又买了第三所房子,这是完全用不着的,不过它是在新宅的隔壁。两所房子都空着,他也不把它们出租,因为害怕火灾(房子是保了险的),又怕房客吵闹;而且房屋也不给修理,就让它们走上必然损坏的路。无家可归的卡尔·伊凡诺维奇得到许可住在这样的一所房子里,条件是:晚上十点以后不许开大门(条件容易遵守,因为大门从来不关);他自己买柴火,不得取用我们家里的储存(事实上他向我们的马车夫买柴火);作为我父亲的负责特殊事务的秘书,那就是每天早晨去见我父亲,问他有什么吩咐,午饭的时候又去见他,晚上再去,倘使没有人同我父亲在一起,他就向他讲一些新闻故事,闲聊一阵。

卡尔·伊凡诺维奇的职务虽然看起来十分简单,可是我父亲很会在这里面加进很多难咽下的苦味,因此我这个可怜的“勒佛尔商人”,他虽然已经习惯了一个没有家、没有脑筋、身材瘦小、一脸麻子的德国

---

① 勒佛尔(列威尔):即塔林,爱沙尼亚(现在苏联的一个加盟共和国)的首都,沙俄时代称为列威尔,这是一个工商业很发达的波罗的海重要港口。“勒佛尔商人”:外国商人不愿参加俄国商业公会或者不让参加,就自称为某个波罗的海城市的商人,或某外国商人。(爱沙尼亚于一九九一年恢复独立。)

② 费多尔·瓦西里叶维奇:即费·瓦·罗斯托普钦伯爵:一八一二至一八一四年任莫斯科总督和总司令。他的妻子名叫叶卡捷琳娜·彼得罗夫娜(1775—1859)。

人所能遇到的一切灾难，却也不是经常忍受得了。每隔两年或者一年半，卡尔·伊凡诺维奇感觉到受的侮辱太大了，就宣布“这是完全不能忍受的”，收拾起行李，买来或者交换来各种完好性颇为可疑、质量也有问题的小东西，动身到高加索去了。恶运总是无情地跟踪着他。有一次他那匹劣马（他在梯弗里斯和烈杜特-卡列都是骑他自己的马）在离顿河哥萨克地区不远的地方倒下了；另一次他的货物被人偷去了一半；不然就是他的两轮轻便马车翻了，法国香水洒在厄尔布鲁士峰①脚下破车轮上，没有人惋惜；再不然他就丢失了什么东西，要是他已经没有什么东西可以丢失的话，他就会丢掉自己的护照。过了十个月左右卡尔·伊凡诺维奇人老了些，脸上皱纹多了些，穷了些，牙齿和头发都少了些，他照例恭顺地来见我父亲，带来波斯的杀跳蚤臭虫的药粉、褪了色的丝绸和起锈的契尔克斯短刀，他又会住在空房子里面，接受同样的条件：履行同样的义务，并且用他自己的柴火生炉子。

我父亲看到卡尔·伊凡诺维奇，马上就对他进行小规模的军事行动。卡尔·伊凡诺维奇问起我父亲的健康，老人鞠一个躬表示感谢，然后想了一下，就问道，例如说：

“您在哪儿买的发蜡？”

我在这里应当说，卡尔·伊凡诺维奇这个最丑陋的人却是一个非常喜欢向妇女献殷勤的人，平日以洛夫莱斯②自居，很讲究穿衣服，还戴上卷曲的金黄色假发。不用说，这一切我父亲早已知道、而且有过评价了。

“在铁匠桥③布依斯那儿。”卡尔·伊凡诺维奇吞吞吐吐地答道，有点感觉到话中带刺了，他把一只腿架在另一只腿上，好像准备自卫似的。

---

① 厄尔布鲁士峰：大高加索山的最高峰。

② 洛夫莱斯：英国小说家散·理查孙（1689—1761）的长篇小说《克拉利莎·哈尔洛》中的男主人公，一个有钱的所谓“风流少年”。

③ 铁匠桥：即库兹涅茨桥，这是高级法国商店所在的地区。

“这种气味叫做什么？”

“Nachtviole〔德语：夜紫萝兰①〕。”卡尔·伊凡诺维奇答道。

“您受了骗了，violette〔法语：紫萝兰〕是淡淡的清香，c'est un parfum〔法语：这是一种香〕，然而您那种气味太浓，叫人厌恶，他们给尸体涂油防腐就用这东西。我的神经非常脆弱，我受不了它；叫人给我拿花露水来。”

卡尔·伊凡诺维奇亲自跑去拿花露水瓶。

“啊，不，您还是叫别人来，否则您再靠近一些，我就会更不行，我就要昏过去了。”

卡尔·伊凡诺维奇本来期望他的发蜡在女仆房里会起作用，现在十分伤心了。

房间里洒过花露水以后，我父亲又想出一些差使：买法国鼻烟、英国泻盐，看登报出售的马车（他绝不会买它）。卡尔·伊凡诺维奇愉快地连连鞠躬，心里很高兴可以抽身走了，便告辞出去，等到午饭时候再来。

卡尔·伊凡诺维奇走后，厨子来了；不管他买了什么，定了什么，我父亲总是认为太贵。

“唔——唔，多么贵啊！为什么，是没有货运来吗？”

“老爷，正是这样，”厨子答道，“路很坏。”

“好吧，你听我说，路修好以前，我们就少买一点。”

这以后他就在他的写字台前坐下来给村子里下命令、写书面答复、算帐，在这中间他还要教训我，还要看医生，而主要的是跟他的随从争吵。这个人是我们全家的第一个受难者。他是小个子，活泼敏感，性子急，脾气暴躁，好像他是特地生来逗恼我父亲、引起我父亲的训斥似的。他们两人中间每天重复出现的那些场面可以填满任何一出喜剧，然而这一切全是十分认真的。我父亲非常明白自己很需要这个人，也常常

---

① 夜紫萝兰：一种香花草。

容忍他的一些粗鲁的答话，可是一直在想法教育他，虽然这种努力继续进行了三十五年，而且始终没有收效。而在随从这方面，倘使他没有自己的解闷的办法，他也受不了这种生活；他经常在午饭时间里带一点醉态。我父亲看到了这种情况，但也只限于绕弯抹角地暗示，例如，劝他拿一点黑面包跟盐一起嚼着，免得给人闻到伏特加的气味。尼基塔·安德烈叶维奇有一个习惯，每逢他喝了酒，他上菜的时候总要把两脚并齐做出一种特别的姿势。我父亲只要看到这个，就马上想出了什么差使差他出去，例如差他去打听"理发师安东是不是搬了家"，同时又用法国话对我说：

"我知道他并没有迁移；不过这个人喝醉了，他会失手摔了汤碗，打碎它，把汤泼在桌布上，吓坏我；让他出去呼吸一下新鲜空气，le grand air〔法语：新鲜空气〕对他有好处。"

随从碰到这种花招照例要回答几句；不过要是他当面找不到答话，他就走出去，一路上小声自言自语。那个时候老爷就用同样平静的声音唤他回来，问他对他讲些什么。

"我并没有向您请示过一句。"

"那么你到底对谁讲话呢？除了我跟你以外，这间屋子里再没有一个人，隔壁屋子里也没有人。"

"对我自己讲。"

"这太危险了，疯狂就是这样开头的。"

随从很生气地走到寝室隔壁他那间屋子里去；他在那里看《莫斯科新闻》，给准备出售的假发编头发。很可能为了平息自己的怒气，他就拚命闻鼻烟；不知道是他的鼻烟太厉害，还是他的鼻神经太脆弱，接下来几乎总是一连打六七个喷嚏。

老爷拉铃唤他。随从扔下手里的一把头发，走进房去。

"你在打喷嚏吗？"

"老爷，是我。"

"我想给你祝福。"——他做了一个手势叫随从走开。

在谢肉节的最后一天，按照古老的风俗，全体仆人晚上都要来请求主人的宽恕：在这种庄严的场合，我父亲通常总是由随从陪着，走进大客厅里面。他装出认不得某一些人的样子。

“站在角上的那位可敬的老人是谁？”他问随从道。

“马车夫达尼洛。”随从一板一眼地答道，他知道这全是在演戏。

“啊哟，你瞧，他变得多厉害啊！我真的相信人老得这样快，全是由于喝酒；他现在在干什么？”

“他搬柴进来生炉子。”

老人做出痛苦难熬的样子。

“你怎么三十岁还没有学会讲话？……搬，他怎样搬柴呢？柴是抱进来的，不是搬进来的。好吧，达尼洛，感谢上帝，主又让我再见到你一次。我宽恕你这一年中间的一切罪过，宽恕你大量耗费燕麦、还有不把马洗刷干净的事情，也要请你宽恕我。趁你有气力的时候，还是去搬柴吧，可是现在四旬斋到了，你少喝一点酒，在我们这样的年纪喝酒是有害的，而且还是一件罪过。”

他就是照这个样子把全体检阅了一番。

我们经常在三点到四点之间吃午饭。午饭的时间很长，而且非常乏味。斯皮利东是一个很好的厨子；然而一方面由于我父亲的节省，另一方面由于他本人的节省，就使得午饭相当菲薄了，虽说上菜的道数还是不少。我父亲身边有一个红色瓦盆，他把各种喂狗的东西都放在这里面；此外他还用自己的叉子喂狗，仆人们非常厌恶他的这个举动，因此后来我也深感厌恶了。为什么呢？我也说不清……

到我们家来的客人向来很少，来吃饭的更少。在来客中间我记得有一个人，他到我们家吃饭有时候会使我父亲脸上的皱纹平下来，这就是尼·尼·巴赫美捷夫。他是那位同姓的瘸腿将军的哥哥，他本人也是将军，不过早已退伍了，我父亲和他还是同在伊兹玛依洛夫斯基团里服役的时候做朋友的。在叶卡捷琳娜〔二世〕的时代，他们两个人一起吃喝玩乐，在保罗〔一世〕的时代，两个人一起受到了军法审判：巴赫美捷夫因为同什么人决斗,我父亲因为充当他的助手;后来一个人到国外游历去了,另一个人到乌法当省长。他们之间并没有相似的地方。巴赫美捷夫是一个结实、健康、漂亮的老人,喜欢吃得好,还爱喝一点酒,喜欢愉快的聊天和别的许多事情。他吹嘘他年轻时候一连吃过一百只烤馅饼,他将近六十岁的时候还可以吃一打泡在油里的荞麦饼不闹肚子;我不止一次地看见他的这些成绩。

巴赫美捷夫对我父亲有一点点影响,或者至少对他有一些约束力。每逢巴赫美捷夫看到我父亲的情绪过分不好的时候,他就戴上帽子,军人那样地碰一下鞋跟,说:

"再见,——你今天生病,人也傻了;我本来想待下来吃午饭,可是我吃饭的时候看不得生气的面孔! Gehorsamer Diener!〔德语:忠实的仆人!〕……"

我父亲对我解释道:

"Impressario!〔意语:原来的意思是,剧院经理、舞台监督、音乐会等的主持人。这里的意思是'精力旺盛的人'〕尼·尼还是多么精力充沛!感谢上帝,一个健康的人,他不可能了解像我们这一类受罪的约伯①;现在是零下二十度的严寒,他坐雪橇……从波克罗夫卡……跑到这儿来,一点也不在乎……而我每天早晨感谢造物主,总算让我活着醒来,让我还在呼吸。啊……啊……啊呀!俗话说得好:饱汉不知饿汉饥。"

这是我父亲所能表示的最大的宽容了。

有时候我们家也举行家庭宴会,枢密官、戈洛赫瓦斯托夫家的人和其他的人参加,这种宴会并不是为了开心举行的,也不是平白无故的,这是从经济和交际方面仔细考虑的结果。因此二月二十日在列夫·卡坦斯基节,也就是枢密官的命名日,就在我们家举行午宴庆祝,而在六月二十四日我父亲的命名日,也就是伊凡节,宴会就在枢密官的家中举

① 约伯:乌斯地人约伯受上帝考验,遇到一切灾难,极其痛苦,却并不改变信仰,见《旧约·约伯记》。

行，这种安排除了树立一个弟兄友爱的道德榜样外，还免掉各人在自己家里举行规模更大的宴会。

然后还有各种habitués〔法语：常来的人〕；卡尔·伊凡诺维奇·仲伦倍格ex officio〔拉丁语：因为职务有关〕来了，他刚刚在午饭之前在家里灌了一杯伏特加和吃了一点儿勒佛尔的鳁鱼①，现在连一小杯用果料特别泡制的伏特加也不肯喝；有时候我最后一个法国教师也来了，他是个很吝啬的老头子，满脸横肉，喜欢挑拨是非，讲别人坏话。Monsieur Thirié〔法语：狄利埃先生〕经常弄错，不是把啤酒，却把葡萄酒斟到他的杯子里，一边道歉一边喝光了酒，因此我父亲终于对他说：

"Vin de Graves〔法语：格拉弗葡萄酒〕在您右面，您不要再弄错了。"——狄利埃捏了一大撮鼻烟胡乱塞进他那掉向一边的大鼻子，把鼻烟洒在他的盆子里面了。

在这些常来的人中间有一个非常可笑的人。他是个秃头的小老头，经常穿一件又窄又短的燕尾服，还有一件背心，他的背心收尾的地方正是现时背心开头的地方，他还拿了一根细小的手杖——他的整个外貌表现了二十年以前的那段时期，在一八三〇年表现的是一八一〇年，在一八四〇年表现的是一八二〇年。德米特利·伊凡诺维奇·皮美诺夫，五等文官的官阶，谢烈美捷夫斯基养老院②的一个负责人，而且还从事文学工作。他天分有限，他是被卡拉姆辛的感伤的词句，被玛尔蒙特尔③和玛利沃④的作品教养出来的，皮美诺夫可以在沙里科夫⑤和符·巴纳叶夫⑥两人之间做个二兄弟。这密密一排可敬的人中间的

---

① 勒佛尔的鳁鱼：亦称鲱鱼，即沙丁鱼，制罐头食品的优良原料。

② 谢烈美捷夫斯基养老院：枢密官尼·彼·谢烈美捷夫斯基伯爵（1751—1809）在莫斯科开办的收容老、弱、病、残的慈善机关。

③ 让·弗·玛尔蒙特尔（1723—1799）：法国作家，写过《道德故事》及其他短篇小说。

④ 彼·玛利沃（1688—1763）：法国剧作家和小说家。

⑤ 彼·伊·沙里科夫公爵（1768—1852）：俄国感伤主义的诗人。

⑥ 符·伊·巴纳叶夫（1792—1859）：俄国诗人，感伤主义田园诗的作者。

伏尔泰就是亚历山大〔一世〕时期的秘密警察头子雅科甫·德-山格连①;他们中间有希望的年轻人是皮敏·阿拉波夫②。他们都和那个共同的族长伊凡·伊凡诺维奇·德米特利叶夫③有密切关系;他没有竞争的对手,不过有一个瓦西里·利沃维奇·普希金④。皮美诺夫每星期二都到"上帝"德米特利叶夫那里去,在他的花园街的住宅里讨论文体的美,讨论今天新语言的堕落。德米特利·伊凡诺维奇自己就擅长在祖国文学不平坦的园地中搞花样;他起初出版了一本《拉罗席富科公爵的思想》⑤,后来他又出了一本《关于女性美和女性魅力》⑥的论文。这本论文我十六岁以后就没有再翻过,我只记得书中那些长段的比较就像普卢塔克拿他的英雄们作比较那样⑦——浅黄色头发的女人同黑头发女人的比较。"虽然浅黄色头发的女人是这样,这样和这样,而黑头发的女人却是这样,这样和这样……"皮美诺夫的主要特点并不在于他出版过几本从来没有人读的书,而是这样一个事实:他笑起来,就不能停止,一直笑下去,连呛带咳,轰然大笑中还夹着一阵阵闷雷似的笑声。他自己也知道这个毛病,因此,要是他预感到有什么可笑的事情要发生,他就逐渐采取预防的措施:掏出手帕,看表,扣好燕尾服的钮扣,拿两只手蒙住脸,到了紧要关头,他就站起来,脸朝墙壁,顶住墙,痛苦地过了半个小时或者更多一些时间;然后他由于这样的发作弄得精疲力竭,满面通红地坐下来,揩着秃头上的汗珠,不过在以后一段长

---

① 雅科甫·德-山格连:他是一个老伏尔泰派,参看第54页注①。

② 皮·尼·阿拉波夫(1796—1861):俄国显贵,又是剧作家,还写过一部《俄国戏剧编年史》。

③ 伊·伊·德米特利叶夫(1760—1837):俄国诗人,寓言作家,他以青年文学家的保护者自居,一八一〇年任司法大臣。

④ 瓦·利·普希金(1767—1830):俄国诗人,亚历山大·普希金的伯父。

⑤ 原书全名《拉罗席富科公爵弗朗索瓦六世的思想、名言和道德感想录》。拉罗席富科(1613—1680):法国作家和道德家。

⑥ 这本《关于女性美和女性魅力》的论文是皮美诺夫从法文译出的,一八一八年出版。

⑦ 指普卢塔克在他的名人《传记集》中收入的《特赛乌斯同罗木鲁斯的比较》等十八段"比较"。

时间里，还会重新发作。

不用说，我父亲一点也不尊重他，他温和、善良、不灵活，是一个文学家，又是穷人——因此，没有任何值得重视的条件；我父亲充分了解他那种带痉挛性的笑癖，正因为这个缘故我父亲努力使他发笑，笑得屋子里所有别的人都受到他的影响，跟着他不自然地笑起来。于是这个愚弄人的罪魁祸首却微带笑容望着我们大家，仿佛一个人在欣赏一群小狗吵闹似的。

我父亲有时候把这个不幸的女性美和女性魅力的欣赏者作弄得很厉害。

“上校工程师某某。”仆人进来通报说。

“请，”我父亲说，然后向皮美诺夫补充了一句：“德米特利·伊凡诺维奇，他来了，您要当心啊：他有一种不幸的抽筋病，他说话的时候总是结结巴巴讲得很古怪，好像他有慢性打呃病似的。”接着他就逼真地摹仿上校说话的动作，“我知道您是个爱笑的人，请您节制一下。”

这就够了。工程师讲到第二句话，皮美诺夫就掏出手帕来，用手掩住嘴，最后就跳了起来。

工程师惊诧地望着他，可是我父亲十分镇静地对我说：

“德米特利·伊凡诺维奇怎么了？Il est malade〔法语：他有病〕，这是抽筋；叫人赶快给他拿一杯冷水来，还有花露水。”

在这种场合皮美诺夫就会拿起他的帽子，大声笑着，一直笑到阿尔巴特门，才在十字路口停下来，身子靠在灯柱上。

一连几年他都是每隔一个星期日到我们家来吃午饭，无论他按时来也好，不按时来也好，只要他有一次不到，我父亲就会生气，就会欺侮他。然而善良的皮美诺夫还是照常来，并且从红门步行到老马房街，一直到他死都是这样，而且一点也不可笑。这个孤寂的单身老人病了一个长时期，躺在床上睁着垂死的眼睛看见他的女管家拿走了他所有的东西、衣服，甚至他床上的被单，丢下他，完全没有人照料。

然而我们午饭时候真正的 souffre-douleur〔法语：出气筒〕是各种各

样的老太婆，她们都是玛·阿·霍万斯卡雅公爵夫人（我父亲的姐姐）[①]的穷苦的、没有一定住处的寄食者。为了换换环境，同时她们也想打听我们家里有些什么情况，主人们是不是经常吵嘴，厨子是不是跟老婆打架，老爷是不是知道巴拉希卡或者乌里雅沙要生孩子等等，——她们有时候在节日里来待一个整天。应当注意到，这些寡妇在四五十年前还没有结婚的时候，就依靠美谢尔斯卡雅公爵小姐[②]和公爵夫人家生活，从那个时候起就认识我父亲；从她们年轻时候的依赖别人到老年的生活不定，这中间她们还花去二十年左右的时间跟丈夫吵架，不让他们多喝酒，在他们瘫痪了的时候照料他们，一直到把他们送到墓地。有的还跟着一个驻防军军官带着一大群孩子在比萨拉比亚[③]一个地方一个地方地搬来搬去，另一些人年复一年地跟丈夫打官司，所有这些生活经验都在她们身上留下了衙门和县城的痕迹，对世上有权有势者的畏惧，自卑感，有点愚蠢的残忍。

我父亲同她们之间出现过一些奇怪的场面。

“你这是为什么，安娜·雅基莫夫娜，生病吗，你什么也不吃？”我父亲这样问道。

这个克列敏楚格[④]的什么管理人的寡妇，身上老是有很浓的膏药气味、面容憔悴、衰老的可怜的老太婆，身子缩成一团，带着恭恭敬敬的眼光和手势回答道：

“原谅我，我的爷，伊凡·阿列克谢叶维奇，对，老爷，我真不好意思，老爷，是这样，老爷，这是我的老规矩，老爷，哈，哈，哈，现在是圣母升天节的斋期。”

“啊，多无聊！你太信教了！老太太，亵渎上帝的并不是进嘴的东

---

① 霍万斯卡雅公爵夫人（1755—1847）：作者的姑母，作者后来的妻子娜·亚·查哈林娜就是在她的家里教养成人的。参看本书第三卷。

② 美谢尔斯卡雅公爵小姐：作者父亲的阿姨。

③ 比萨拉比亚：在沙俄西南部，与罗马尼亚接壤，第一次世界大战后改属罗马尼亚，第二次世界大战后划归苏联。

④ 克列敏楚格：乌克兰第聂伯河上一个工业城市。

西，而是从嘴里出来的东西；你吃这个或者吃那个——结果都是一样；现在说到从嘴里出来的，——你必须注意……你对旁人的议论。得啦，在这种日子你最好还是在家里吃饭，不然我们这儿再来一个土耳其人——他要吃抓饭①，我又不是在开 à la carte〔法语：点菜〕的小饭馆②。”

老太婆吓坏了，她本来还想要一点面粉和谷物，现在只好拚命喝克瓦斯、吃酸菜，做出吃得很多的样子。

然而值得注意的是，她或者她们中间任何别一个只要在斋期开始吃点荤食，我父亲（他从来不吃素食）就会悲伤地摇摇头说：

“我看，安娜·雅基莫夫娜，你不值得在你这一生的最后几年里改变祖宗的规矩。我有罪过，我吃荤，因为我多病；可是你，上帝保佑，你一辈子都持斋，忽然，在这样的年纪……你给他们作出什么样的榜样。”

他一面指着仆人们。这个可怜的老太婆又只好拚命喝克瓦斯、吃酸菜了。

这些场面使我十分气愤；有时候我居然敢于出来打抱不平，向他提醒他以前发表过的跟这相反的意见。那个时候我父亲就会欠欠身子，拿着帽缨揭下头上那顶天鹅绒小帽，举在空中，感谢我给他上了一课，请求原谅他善忘；然后对老太婆说：

“真是个可怕的时代！无怪乎你在斋期中吃荤，因为孩子们居然教训起父母来了！谁知道我们将来怎么样？想起来很可怕！幸而你我都不会看到。”

午饭后我父亲睡下来休息一个半小时。家仆们立刻散去，有的到啤酒店，有的去小饭馆。七点喝茶；有时候有人来，枢密官比任何人来的次数多；这是我们大家休息的时候。枢密官经常给我们带来各种消

① 抓饭：中亚细亚、伊朗和我国新疆等地杂有碎羊肉、加上葡萄干的羊油炒的大米饭。

② 小饭馆：这里用的是一个带俄国腔的德国字“Herberge”（小客栈）。

息，并且兴奋地讲述它们。我父亲听着这些消息，故意做出并不注意的样子：他哥哥相信他会放声大笑的时候，他却露出严肃的面容，要是他哥哥讲了什么惊人的事情，他就再三追问，好像他没有听见似的。

枢密官要是反对他弟弟的意见或者有另外意见的时候（不过这种事情很少发生），情况就完全不同了；有时候遇到我父亲的情绪特别不好，他并不反驳。在这种悲喜剧的场面中，最滑稽的是枢密官的真正的急躁和我父亲勉强的、装出来的冷静。

“好吧，你今天不舒服。”枢密官不耐烦地说，拿起帽子，冲了出去。

有一次他在气愤中打不开门，使劲地用足踢它，一面说：“该死的门！”我父亲不慌不忙地走过去，朝相反的方面打开了门，声音很低地说：

“这扇门是尽了职的，它是朝那面开的，您却要它朝这面开，而且跟它生气。”

在这里我不妨说明一下，枢密官比我父亲大两岁，他用“你”称我父亲，而我父亲因为是弟弟便称他作“您”。

枢密官走了以后，我父亲就到他的寝室里去，他每天都要问大门关好没有，得到了肯定的回答，他还表示有点不相信，不过也不去检查了。然后就开始了一长串盥洗、热敷、服药的“例行公事”；他的随从在他床前一张小桌子上准备了一个完整的各样东西的仓库：药瓶、通宵燃着的小灯、小盒子。老人照例要看一小时的书：布利昂纳①的书、《圣海伦岛回忆录》②和其他一般的《笔记》；于是夜幕落了下来。

我一八三四年离开家的时候，家里是这样的情况，一八四〇年我看见家里的情况还是这样，一直到一八四六年他逝世的时候，情况都是

---

① 路易·安·福·德·布利昂纳（1769—1834）：法国政治活动家，做过拿破仑一世的私人秘书。后来效忠于路易十八。他是《回忆拿破仑》（1829）的作者。

② 《圣海伦岛回忆录》：它的作者是拉斯-卡兹（1766—1842）。拉斯-卡兹是拿破仑的亲信，拿破仑流放到圣海伦岛时他同行，他还记录过拿破仑口述的部分回忆。这本《回忆录》出版于一八二三年。

这样。

我三十岁从流放地回来，才明白我父亲对许多事情的看法都不错，才明白不幸他对人的了解深刻到十分瞧不起人的地步。然而错并不在我，他即使在阐明真实的道理，也是用了一种叫年轻人憎恶的方法。他长期生活在堕落的人的圈子里面，心也变冷了，他对所有的人都 en garde〔法语：提防着〕，他那冷淡无情的心并不要求和解，因此他对世界上一切人始终保持着敌对的态度。

我在一八三九年看到他衰弱而且真的有病，在一八四二年看到他病得更厉害了。枢密官死了，他的寂寞空虚也更扩大了，连他的随从也换了一个人；可是他本人还是那个样子，只有他的体力不行了：还是那样的心怀不满，还是那样的记忆力强，他还是用细小事情使大家苦恼，仲伦倍格也没有改变，他也还是像从前那样借住在旧宅里，照常执行职务。

只有在那个时候我才看清楚他这种生活的凄凉；我怀着悲痛的心考虑这种与人世隔绝的孤寂生存的悲凉的意义，他就这样在这块枯燥无味、坚硬不毛、到处石头的荒地上凋残下去，这块荒地是他给自己创造出来的，可是他又无力改变它；他知道这个，他看见死一天天地靠近，他克服着病弱和衰老，顽强地竭力支撑着自己。我非常可怜老人，可是我毫无办法——他是很难接近的。

……我有时悄悄地走过他的书房，他坐在又硬又不舒适的很深的扶手椅上，他养的那些狗围着他，他孤零零一个人同我的三岁的儿子在玩。仿佛老人一看见孩子，他的捏紧的手和僵化的神经都松弛了，他的垂死的手挨到摇篮的时候，他也脱离他长期以来一直摆脱不了的连续的紧张、斗争和烦恼而得到休息了。

第六章

克里姆林宫部——莫斯科大学——化学家——我们——马洛夫事件——霍乱——费拉列特——孙古罗夫案——瓦·巴谢克——列索夫斯基将军

啊，自由的、欢欣的梦想
和无限期望的岁月！
如今没有苦恼的笑声，宴会的喧哗在什么地方？
充满希望的劳动在什么地方？

——《幽默》①

我父亲不顾瘸腿将军②的不吉祥的预言，还是找到尼·包·尤苏波夫公爵在克里姆林宫部③给我派了一个职务。我在一份呈文上签了字，事情就完了；以后我再也没有听见人讲起这个职务，只有在三年以后尤苏波夫差了宫廷建筑师来通知，我已经得到初级军官官衔，这个建筑师老是喜欢大叫大嚷，好像站在五层楼的屋架上向底层的工人发号施令似的。我顺便提一下，这种古怪的事情其实并无用处，因为我考上学士以后，一下子就有了那种就职所得到的功名，——为了这两三年的资历不值得花费许多力气。同时这个虚职几乎还妨碍我投考大学。大

① 引自《幽默》的第一部分。

② 瘸腿将军：指阿·尼·巴赫美捷夫，参看第25页注②。

③ 克里姆林宫部：这个机构是在一八一二年莫斯科大火以后设立的，经管克里姆林宫的修理工作，克里姆林宫的总管就是尼·包·尤苏波夫。

学校务会认为我是克里姆林宫部办公厅的官员,不发给我准考证。

当时曾经为在政府机关工作的人员开办了一种饭后的专门讲习班,仅限于准备参加所谓“委员会考试”①,并取得投考资格。一切有钱的懒汉、什么都不懂的贵族地主的少爷、一切不愿意到军队里服役并且急于获得八等文官头衔的人都去参加“委员会考试”;类似某种转让给老教授们的金矿,他们 privatissime〔拉丁语:最私下地〕教这些学生,每一课收二十个卢布。

要在这种学问的考狄纳叉口②上开始我这一生,很不符合我的思想。我坚决地对我父亲说,要是他找不到别的办法,我就辞去我的职务。

我父亲很生气,他说我这样任性会妨碍他替我猎取功名,他又责骂那些家庭教师把这种荒唐的想法塞进了我的脑子,然而他看见这一切对我都不发生作用,就决定去找尤苏波夫。

尤苏波夫一半照大贵族、一半照鞑靼人的方式,一瞬眼的工夫就把事情解决了。他把秘书叫来,吩咐他给我写一张准假三年的假条。秘书再三犹豫,后来带着一半恐怖地报告他,凡是假期在四个月以上的假条,没有皇上的批准,就不能签发。

“老弟,胡扯,”公爵对他说,“有什么为难呢?好吧——假条要是不能签发,你就写我派他去深造——让他上大学听课。”

秘书照他的吩咐写了,第二天我就坐在数理系教室的阶梯形讲堂里了。③

---

① “委员会考试”:帝俄时期,从一八〇九年到一八三四年,凡是希望取得八等文官官衔而又未受过高等教育的官员,可以通过俄国各种大学特别委员会的考试(考试分数理、文学、法律各科,委员会由少数大学教授和讲师组成),对考试合格的人颁发一份证书,说明他对某一科的知识经过考试合格。当时为准备参加考试的人开办了夜校(晚间讲习班)。

② 考狄纳叉口:意大利南部卡普亚附近山中一个隘口,古罗马执政官威士利乌斯等三人率领军队通过这里,被桑尼特人(意大利中部的古民族)打败,全军覆没。

③ 作者在一八二九年八月十九日呈请克里姆林宫部批准他进大学深造,同年十月十四日得到批准,入学听讲。

莫斯科大学和沙皇村中学在俄国教育史上和最近两代人的生活中起了巨大的作用。

莫斯科大学同莫斯科这个城市一起在一八一二年以后变得重要了；彼得大帝取消了莫斯科的沙皇首都的地位，而拿破仑大帝（一小半是有意的，一大半是无意的）又把它提升为俄罗斯人民的首都。人民听见莫斯科陷落到敌人手里的消息感到极大的痛苦，因而领会到他们同这个城市的血肉相连的关系。从此这个城市开始了一个新的时代。莫斯科城内的大学也越来越成为俄国教育的中心。大学的发展所必需的一切条件，如历史的意义、地理的位置和沙皇不在这里等等，都齐备了。

彼得堡在保罗〔一世〕死后思想界非常活跃的活动在十二月十四日①阴郁地结束了。尼古拉带着五座绞刑架，带着苦役②、兵役和穿浅蓝色制服的卞肯多尔夫③上了台。

一切都后退了，血涌上了心头，在外表上活动消沉了，暗中它却澎湃汹涌。莫斯科大学坚定地屹立着，在一片暗雾中轮廓分明地出现在最前列。沙皇从波列查叶夫④事件以来就仇恨它。他派了《卡路查夜话》⑤的少将亚·皮萨列夫做督学，命令学生穿制服，命令学生佩军刀，后来又禁止学生佩军刀；因为波列查叶夫写的诗就罚他去当兵，给送去当兵的还有柯斯捷涅茨基⑥和他的朋友们，由于他们写了文章；因为克

---

① 指尼古拉一世一八二五年镇压十二月党人起义的事件。

② 五座绞刑架：指五位十二月党起义领导人被处绞刑的事实。苦役：指其余的十二月党人被流放到西伯利亚矿坑等处服苦役的事实。

③ 卞肯多尔夫：参看第 30 页注③。秘密警察穿浅蓝色制服，系白色肩带和腰带。

④ 亚·伊·波列查叶夫（1804—1838）：俄国诗人。关于他的事情，本书第七章后面的补遗（即第一卷补遗）《亚·波列查叶夫》中有详细的叙述。

⑤ 《卡路查夜话》：亚·皮萨列夫在一八二五年编辑出版的两本名家作品选集。

⑥ 雅·伊·柯斯捷涅茨基（1811—1885）：莫斯科大学学生，参加了孙古罗夫小组，被判决流放到高加索当兵，一八三九年提升为军官。三年后定居在乡间。尼·彼·孙古罗夫，参看第 162 页注①。

利次基弟兄①损坏了半身像②就消灭他们,因为圣西门主义③就把我们④流放出去,然后又任命谢尔盖·米哈依洛维奇·戈里曾公爵⑤做督学,后来就不再管这个“邪恶的苗床”,诚心诚意地劝告那些在贵族中学和贵族法学院毕业的青年不要进莫斯科大学了。

戈里曾是一个古怪的人,他很早就看不惯因教授生病停课的现象,认为这是没有秩序;他以为应当按次序由名单上的下一个人代替他讲课,这样有时候就轮着捷尔诺夫斯基神甫去讲授妇女病的临床学,产科医生利赫捷尔⑥去讲〔圣母玛利雅的〕纯洁受胎了。

然而不管这个,失了宠的大学的影响却还是一天天地增大;俄国年轻的力量从各个方面,从各个阶层流到这里来,仿佛流进一个总的贮水池一样;在大学的教室里他们肃清了他们在家庭里得到的那些迷信、成见,达到了一个共同的水平,结成了弟兄般的朋友,然后又分散到俄国各地去,到俄国各阶层中去。

一直到一八四八年我国大学的体制都是纯粹民主的。除了农奴,

---

① 克利次基弟兄:弟兄三人,即彼得·伊凡诺维奇(1806—1855年以后)、米哈依尔·伊凡诺维奇(1809—1836)和瓦西里·伊凡诺维奇(1810—1831)。彼得是文职人员,米哈依尔和瓦西里都是莫斯科大学学生。他们因参加秘密结社,在一八二七年被捕。彼得过了六年的流放生活,以后又服兵役,一八五五年回到莫斯科;米哈依尔关在索洛威茨基修道院的监狱中,一八三四年被送到高加索当兵,后来在那里被杀害;瓦西里关在席吕谢尔堡要塞监狱中,病死在那里。

② 损坏半身像是士官生祖包夫的“罪状”,(“他和别的同学砍坏皇帝陛下的半身像,并胆敢出言诽谤:‘我们要这样砍掉祖国的暴君,砍掉所有俄罗斯的沙皇。’”)他因此在一八二六年被送往疯人院。彼得·克利次基等人的罪状是“对皇帝陛下的肖像进行诽谤”,其中有一个路希尼科夫“居然敢于刺穿先皇陛下肖像上的眼睛”。作者误把“半身像”事件和“肖像”事件混淆起来了。

③ 圣西门主义:指法国空想社会主义者亨利·克·圣西门(1760—1825)的学说。

④ 这里的“我们”,指尼·奥加略夫和作者。

⑤ 谢·米·戈里曾(1774—1859):即大戈里曾,一八三〇至一八三五年莫斯科教育区的督学(一个教育区往往包括几个省,督学是这个教育区内各学校的实际最高领导人);一八三四年兼任奥加略夫、赫尔岑等人被捕后成立的第二次侦讯委员会的主任。

⑥ 维·米·利赫捷尔(1799—1864):医生,一八二七至一八五一年莫斯科大学产科学教授。

除了被所属农村公社开除出来的农民，只要通过了入学考试，每个人都可以进大学。尼古拉却破坏了这一切；他对招收学生加以限制，增加了自费生的学费，而且只允许给贫穷的贵族以免费待遇。这一切都属于一连串的糊涂措施，这些措施将来要随着俄国车轮上那个煞车的毁灭一起消失，——还要和护照法①，和宗教排他的法令②等等同时消失。③

各种各样的年轻人从上、下、南、北来到这里，很快地就融合成一个

---

① 护照法：这里指尼古拉一世一八四四年发出的限制签发出国护照的命令。根据这个命令，从这一年三月十五日起，出国护照专门由内务部签发，请领护照的人必须年满二十五岁；申请出国治病的人除了得到警察方面的许可外，还要缴呈医生的诊断书等等。

② 这里指尼古拉一世遵奉正统的东正教、压制其他宗教信仰的措施：如强迫实行教会合并，镇压旧教派，强迫伏尔加、乌拉尔、高加索、西伯利亚等地民族信奉东正教等等。

③ 顺便说一下，这里还有"永志不忘的"尼古拉的一项慈父般的措施。孤儿院和社会救济厅是叶卡捷琳娜〔二世〕在位时期的一样最好的纪念物。用贷款银行从资金周转中获得的利息的一部分来开办医院、养老院和孤儿院这种想法本身就是很聪明的。

这些机构成立了，押款银行和救济厅发了财，孤儿院和慈善机关在官吏盗窃成风所能容许的范围内兴旺起来了。孤儿院收容的小孩一部分留在院内，另一部分就交给乡下女人抚养；农民抚养的那一部分做农民，留院的一部分就在院内受教育。这部分人中天分最好的给选拔出来继续进修中学课程，天分较差的就学手艺或者进工艺学校。对待女孩也是这样：有的学做针线活，有的学做照料小孩的保姆，最有才能的就做女教员或者家庭教师。这一切本来进行得很好。可是尼古拉对这种机构也横加摧残。据说皇后有一次在她一个亲信的家里见到他小孩的家庭教师，皇后同她谈了话，对她很满意，问她在什么地方受的教育；她答道，她是"孤儿院的寄宿学生"。大家都以为皇后会感谢当局做了这件好事。然而皇后不是这样——她反而因此考虑到：让弃儿受到这样的教育是多么不体面的事情。

几个月以后尼古拉把孤儿院高级班迁到尉官学校去，这就是说不许弃儿到高级班学习，由尉官们的小孩代替他们。他还想出了更彻底的办法，他不准外省的这类机构收容新生的婴儿。关于这个聪明措施的最好的注解可参看司法大臣报告中的"杀婴罪"一栏。——作者原注

根据女皇叶卡捷琳娜二世的命令，一七六三年在莫斯科、一七七〇年在彼得堡开办了孤儿院。

根据尼古拉一世一八三七年的命令，孤儿院的教学班改设在尉官孤儿学校内。

根据尼古拉一世一八二八年的命令，除彼得堡和莫斯科两大城市外，俄国其他城市不得设立孤儿院。

紧密团结友爱的集体。在我们中间社会地位的差别并没有像我们在英国学校和兵营里所遇到的那种侮辱性的影响;(英国的大学不在我所说的之列,它们是专为贵族和有钱人办的。)倘使有一个学生打算在我们当中吹嘘他的贵族身份或者他的财富,他就会遭到大家的排斥,成为同学们的笑柄。

学生中间存在着的一些表面的差别(这种差别并不深)是由别的原因产生的。例如在花园对面的医科就不像其他科系那样同我们关系密切;而且医科学生大多数是宗教学校学生和德国人。① 德国人有点不愿意同别人接近,并且充满了西方小市民的习气。那些不幸的宗教学校学生所受的一切教育,他们的一切思想都和我们的完全不同;我们讲的不是共同的语言:他们是在修道院专制的压迫下成长起来的,是在修辞班和神学班上磨炼出来的,因此他们羡慕我们不受拘束;而我们却看不惯他们那种基督教的恭顺。②

虽然我对数学并没有高的天分,也并不太喜欢数学,可是我进了数理系。我曾经和尼克一起跟着一个教师③学数学,我们喜欢听他讲笑话讲故事;这个教师虽然很有趣,他却未必能培养我们对他那门学问的爱好。他的数学知识就到圆锥曲线为止,这就是说只限于中学生准备投考大学所必需的知识;他是一位真正的明哲之士,从来不曾好奇地去看看"大学程度"的数学。在这方面值得特别注意的是他只读一本书,而且反复地读了十年左右——这是一本弗朗凯尔的教科书④;他生性

---

① 按照当时规定,投考医科,必须懂拉丁语。在俄国工作的外国人(主要是医生、药剂师、外语教员)的子弟纷纷报考。当时鉴于军队中缺乏医生,政府决定增加大学医科和医学专科学校中学生的名额,招收懂拉丁语的宗教学校学生。宗教学校每年都要保送一批医科官费生上大学。

② 在这方面后来有了大的进步。我最近听到的关于神学院和甚至关于宗教学校的一些事情证实了这个。我用不着说,这个进步并不是由于教会当局,却应当归功于学生们的精神。——作者原注

③ 教师:指伊·费·沃尔科夫,中学教员。

④ 教科书:指路易·弗朗凯尔(1773—1849)的著作《纯粹数学完全教程》(一八一九年莫斯科版)。

爱节制，不喜欢奢侈浪费，他的阅读从未超过某些篇页。

我挑选数理系，因为在这个系里讲授自然科学，而在当时我对自然科学有强烈的爱好。

一种相当奇特的接触引起了我对这些课程的兴趣。

在我讲过的一八二二年①有名的分家之后，“兄长”就搬到彼得堡住了下来。我们很久没有听到他的消息，后来突然听说他结了婚。当时他已经过了六十，而且我们都知道他除了一个成年的儿子以外，还有别的儿女。他就同他的长子的母亲正式结婚；“新娘”也已经过了五十。他通过这次结婚就像老早人们讲的那样，使他的儿子“合法化”。为什么不是使他所有的儿女都“合法化”呢？倘使我们不知道他这样做的主要目的，那就很难回答这个为什么了；他有一个愿望就是不让他的兄弟继承他的遗产；他使儿子“合法化”，就完全达到了这个目的。在著名的一八二四年彼得堡水灾期间，这个老人坐在马车里给泡了，受了寒，睡下来了，一八二五年初就死了。

关于这个儿子有一些古怪的传说，说他是个孤僻的人，不同别人来往，老是一个人坐在家里研究化学，一辈子的工夫都用来看显微镜，吃饭的时候也在看书，很不喜欢同女人交际，可以用《聪明误》里面的话来讲他：

——他是化学家，他是植物学家，
他看见女人就逃，甚至躲开了我。
他就是费奥多尔公爵，我们的外甥。②

他的叔父们把他们对他父亲的怨恨都发泄在他身上，讲起他的时候就只称他“化学家”，他们使用这个字眼带着谴责的意义，暗示化学根本不是正派人干的事情。

父亲去世以前把儿子折磨得很厉害，他不仅用年老父亲厚颜无耻

① 实际上这次分家发生在一八二一年。

② 见《聪明误》第三幕第二十一场，公爵夫人讲的话。

的淫乐表演来侮辱儿子，而且真的妒忌儿子，耽心儿子在他的“后宫”夺他的爱。化学家有一次服用了鸦片剂企图结束这种卑贱的生活；同他一起从事化学研究的朋友偶然地救了他。父亲给吓坏了，去世前就开始对儿子温和一点了。

化学家在父亲死后就把那些不幸的女奴①全放了，又把他父亲向农民征收的过重的代役金减少一半，豁免欠缴的尾数，免费地把免役收据②交给农民，而他父亲却是把家仆送去当兵以后，将免役收据卖给农民。

大约一年半以后他到了莫斯科。我很想见他；一方面由于他对待农民的态度，另一方面由于他的叔父们对他那种不公平的仇视，我喜欢他。

一天早晨有一个戴金丝眼镜的小个子来拜访我的父亲，他有一根大鼻子，头发半秃，手指上带着化学试剂烧伤的痕迹。我父亲冷淡地接待他，话里带刺；侄儿照样地对待，并不比我父亲差一点；他们较量了一番之后，就做出毫不在乎的神气，谈起一些不相干的事，分别的时候都是彬彬有礼，可是暗中都心怀怨毒，互相仇恨。我父亲看出来这个侄儿是他的一个决不让步的对手。

他们以后也从没有亲近起来。化学家很少到他的叔父家里去。他最后一次来看我父亲是在枢密官去世以后，他来向我父亲借三万卢布买地。我父亲不借；化学家生了气，他伸手揉揉鼻子，带笑说：“不会担风险的，我的田产是祖传的；我借钱来改善它。我没有小孩，我们是彼此的继承人。”七十五岁的老人永远不宽恕侄儿这种狂妄的举动。

我有时去看望化学家。他的生活方式非常特殊。在特威尔大道上他那座大房子里，他只占用一间很小的屋子，还有一间他用来作实验

① 女奴：作者在这里用了这样一个词“одалиски”，原意指旧日东方皇宫中的宫女、女奴、姬妾等。

② 免役收据：当时缴纳一定的款项由国家雇人当兵，这种收据的持有者就可以免服兵役。

室。他的老母亲住在走廊另一头的一间小屋子里面;其余的房间全空着,完全保留着他父亲动身去彼得堡时候的那个样子。发黑的枝形大烛台,不寻常的家具,各种各样的古董,据说是彼得一世在阿姆斯特丹①买来的挂钟,据说是从斯坦尼斯拉夫·列欣斯基②王室传下来的扶手椅,没有画的画框,一些翻过来面朝墙壁的画,——这一切都随随便便地放着,堆满了三间没有生火、没有点灯的大客厅。仆人们在门房里平常就弹托尔班琴③、抽烟(从前在这里他们连吐气和祷告也不敢)。一个男仆点起一支蜡烛送我走过这个"古物陈列馆",每次都提醒我不要脱掉我的大衣,因为客厅里太冷。那些带角的和奇奇怪怪的东西上面盖着很厚的灰尘,它们在精巧的大镜面上映出来,并且跟随着蜡烛在镜子里移动,包装时留下的干草同剪剩的纸头和绳子一起原封不动地到处躺着。

最后我们走到一扇挂着毯子的门前,进门去便是一间热得可怕的书房。化学家穿了一件弄脏了的松鼠皮镶里的长工作衫,足不出门地坐在书房里,四周都是书本、小玻璃瓶、蒸馏瓶、坩锅和别的仪器。书房里现在是谢瓦里耶④的显微镜占统治的地位,在这里老是有氯气的臭味,可是就在这里几年前还干着可怕的、令人发指的事情——还有,我就是在这个房间里诞生的。我父亲从国外回来,同他哥哥吵架之前,在哥哥的宅子里住了几个月。而且我的妻子⑤也是在这所宅子里出世的(那是一八一七年的事)。化学家在两年后卖掉了他的宅子,后来我又有机会到这所宅子参加斯威尔别耶夫⑥家的晚会,在这里辩论泛斯拉

---

① 阿姆斯特丹:荷兰的工商业大城市。

② 斯·列欣斯基(1677—1766):一七〇四年到一七〇九年间的波兰国王,他的女儿是法国国王路易十五的王后,他后来长住法国,在那里以奢华出名。

③ 托尔班琴:从前波兰、乌克兰等地人们喜爱的一种双颈拨弦乐器。

④ 查·路·谢瓦里耶(1804—1859):法国物理学家和光学家。

⑤ 即娜·亚·查哈林娜,是作者伯父的私生女儿。

⑥ 德·尼·斯威尔别耶夫(1799—1876):莫斯科贵族,当时"斯拉夫派"和"西欧派"的代表人物常常到他的家里参加晚会,进行辩论。

夫主义，生霍米雅科甫①的气（霍米雅科甫对任何事情却从不发怒）。房间都翻修过了，不过大门、门厅、楼梯、门房——都没有动，那间小书房也保留了下来。

化学家的家务更加简单，特别是在他母亲到莫斯科近郊去度夏的时候，她把厨子也带去了。每天四点钟他的随从拿着咖啡壶进来，把少量的浓汤倒进壶里，就利用化学炉把它烧热，同那里的各种有毒的药品放在一起。以后随从又在小饭馆里买了半只松鸡和面包送来——他的午饭就只有这些。午饭后随从把咖啡壶洗干净，让它去执行它本来的职务。晚上随从又进来把长沙发上一大堆书搬开，把那张他父亲遗留下来的虎皮拿走，然后铺上床单，放好枕头和被子，书房很容易就变成了寝室，就像它变成厨房和饭厅那样。

在我们刚刚认识的时期，化学家看出来我读书认真，就劝我丢开“空洞的”文学研究和“毫无用处的、危险的”政治学习，去研究自然科学。他给我看居维叶的关于地质激变的演讲②和德·冈多勒③的《植物形态学》。他看见它们在我身上起了作用，便建议我使用他那完备的藏书、仪器和植物标本，他甚至亲自指导我学习。他在他这个方面很能引起别人的兴趣，他非常博学，而且聪明，甚至和蔼可亲；但也无法引他超出猴子的范围；从石头到猩猩他全感兴趣，可是在这个范围以外，他就不想掉进去了，特别是哲学，他认为这是废话。他不是保守派，也不是落后的人，他只是不相信人，这就是说，他相信利己主义是一切行动的唯一的原因，他还认为利己主义只有由于一些人的丧失理智和另一些人的愚昧无知而受到制约。

他的唯物论④当时引起了我的反感。我们父亲那一辈的浅薄的、

---

① 阿·斯·霍米雅科甫（1804—1860）：斯拉夫派运动的理论家、哲学家和诗人。

② 乔治·居维叶（1769—1832）：法国动物学家。原书的全名是《关于地球表面的激变和这些激变在动物界中产生的变化的演讲》。

③ 奥·德·冈多勒（1778—1841）：瑞士植物学家。

④ 指十八世纪自然科学的唯物论，“化学家”的哲学思想是在它的影响下形成的。

胆小的半伏尔泰主义完全不像化学家的唯物论。他的见解是沉着的、一贯的、全面的。他使我想起拉郎德[①]对拿破仑的有名的回答。波拿巴[②]对他说："康德[③]接受关于上帝的假设。"天文学家反驳道："Sire〔法语：陛下〕，我做研究的时候，从来不需要使用这种假设。"

化学家的无神论超出了神学的范围。他认为若弗鲁阿·圣伊奈尔[④]是一个神秘主义者，奥肯[⑤]不过是一个堕落的人。他就像我父亲阖上卡拉姆辛的《历史》[⑥]的时候那样，带着同样的轻视阖上自然哲学家们的著作。他说："他们自己发明出来第一原因，精神的力量，随后又惊奇他们怎么找不到它们，也不能够理解它们。"这是在另一个时代和另一种教育的条件下我父亲的翻版。

他对于一切人生问题的见解是更加乏味的。他认为人和兽一样，对善恶是不负责任的；这全是体质、环境和一般神经系统构造的事情，据他说神经系统所能给的东西比人们期待于它的少得多。他不喜欢家庭生活，谈到结婚就感到恐怖，坦率地承认他活了三十岁没有爱过一个女人。然而在这个冷漠的人身上也还保留着一小股暖流；这从他对待老母的态度上看得出来；他们一起在他父亲的手里受过多大的折磨，灾难把他们紧紧地结合在一起；他令人感动地尽力使她的寂寞多病的老年得到安静和照顾。

除了化学理论以外，他从来没有宣传他的理论；它们都是偶尔吐露出来，不然就是我引出来的。他甚至不愿意回答我那些带浪漫主义的和哲学上的反驳；他的答复都是简短的，他回答的时候面带笑容，而且态度温和，好像一只大的老猛犬同小狗玩一样，猛犬让小狗逗弄它，它

---

① 约瑟夫·拉郎德（1732—1807）：法国天文学家和数学家。

② 波拿巴：指拿破仑一世（拿破仑·波拿巴）。

③ 伊·康德（1724—1804）：德国古典唯心主义哲学家。

④ 艾·若·圣伊奈尔（1772—1844）：法国动物学家和解剖学家。他发展了在环境的影响下物种变异的学说。

⑤ 洛·奥肯（1779—1851）：德国自然哲学家、博物学家、唯心主义者。

⑥ 《历史》：指卡拉姆辛的《俄国史》。

只消用它的脚爪轻轻一拍就把小狗赶走了。然而正是这个使我最生气，我不厌烦地 à la charge〔法语：对（他的）袭击〕进行报复，可是我从没有赢得一寸地盘。后来，就是在十二年以后，我多次回忆起化学家，也多次回忆起我父亲对他的评论；不用说，我同他持反对意见的一切事情中有四分之三都是他对的。不过我也并不错。有一些真理（我们已经谈过了）就像政治权利那样，在没有到一定年龄的人，是得不到的。

化学家的影响使我挑选了数理系；也许我进医科更好，不过我起初随便学到一点微积分的知识然后完全忘记，这也没有什么大害处。①

没有自然科学，现代人就没有生路。没有这种适合健康的食物，没有这种通过事实对思想的严格训练，没有这种同我们周围生活的密切接触，又不甘心承认生活的独立性，——在灵魂深处必然保留着修道院修士的潜修室，那里面隐藏着神秘主义的种子，它可能发起愚暗的水淹没了全部理智。

我还没有念完大学课程，化学家就到彼得堡去了，一直到我从维亚特卡回来才再看见他。我结婚以后过了几个月，半秘密地到莫斯科近郊的庄园里住了几天，我父亲当时住在那儿。这次旅行②的目的是实现同我父亲的完全和解，他因为我的婚姻还在生我的气。

我中途在彼尔胡希柯沃停留，在那个地方我们从前不知停留过多少次；化学家在那里等我去，他甚至准备了午饭和两瓶香槟酒。这四五年中间他一点也没有改变，只是稍微老了一些。午饭以前他一本正经地问我：

“请您坦白地对我说，您觉得家庭生活、结婚怎么样？有什么好处，或者好处不多？”

我笑了起来。

“您倒真勇敢，”他继续说，“您使我惊奇；在正常的条件下面，人绝

---

① 作者毕业考试时，应用数学得了“三”分。当时实行五级记分制，最高成绩是“四”分，最低“〇”分。

② 指作者同他的妻子一八三八年七、八月到波克罗夫斯柯耶的旅行。

不敢走这样可怕的一步。有人给我提说过两三起很好的婚事，然而我想到一个女人住进我的房间来当家作主，一切都要按照她的意见重新整顿，说不定还要禁止我抽烟，”（他抽一种劣等烟草）“会吵吵闹闹，搞得乱七八糟，那个时候，我就会狼狈不堪，倒宁愿在孤单中死去。”

吃过午饭以后我问他：

“您说，我留在您这儿过夜呢，还是继续赶到波克罗夫斯柯耶去？”

“您在我这儿住不成问题，”他答道，“不过，替您着想，还是继续往前走好，十点钟光景您就可以到您爸爸那儿。您当然知道，他还在生您的气；我说，晚上睡觉前老年人的神经通常都松弛下来、萎缩不振，他今天接待您大概比明天好得多；您早晨去，就会看到他作好了战斗的准备。”

“哈，哈，哈，我认出我的生理学和唯物论的教师来了，”我说，衷心愉快地大笑起来，“您的高见使我记起过去那些幸福的日子，我当时经常像歌德的瓦格纳①那样到您那儿去，拿我的唯心论去折磨您，而且不是没有愤怒地听着您那些冷酷的言论。”

“您从那个时候起有了充分的生活经验，足以知道，”他答道，也笑了，“人的一切行动只不过是由他的神经和化学成分来决定的。”

后来我们不知道为什么彼此不来往了；大概两个人都有错。……然而在一八四六年他给我写了一封信来。我当时因为发表《谁之罪？》②的第一卷开始出了名。化学家在信里对我说，他看见我把自己的才能耗费在空洞无聊的事情上他感到难过。“我因为您的《论自然研究的信》③同您言归于好了；在那些信里我理解了（在人的心智所能理解的范围内）德国哲学——那么您为什么不继续从事严肃认真的工

---

① 瓦格纳：老博士浮士德的忠实弟子，见歌德的诗体悲剧《浮士德》。

② 《谁之罪？》：作者的长篇小说，一八四六至一八四七年在《祖国纪事》和《现代人》上面发表，在文学界中获得广大的声誉。

③ 《论自然研究的信》：作者在一八四五至一八四六年在《祖国纪事》上面发表的哲学论文。

作却写起故事来了?”我写了几行友好的词句回答他——从此我们的来往就完全断了。

要是化学家亲眼看到这些文字,我请求他在神经松弛、躺在床上预备睡觉的时候读它们,我相信他会原谅我这种友好的饶舌,尤其因为我对他始终保持着恳切的、良好的纪念。

这样我在老家的隐居生活终于结束了。我是au large〔法语:无拘无束〕了;现在不再是我们小屋子里的孤寂了,不再是悄悄的、半躲藏的同奥加略夫单独的见面了——我周围有一个一共是七百人的热闹家庭。我在这里两个星期里面就习惯了,比在我生下来就住在那里面的老家还更习惯。

然而老家一直不肯放松我,甚至在大学里还用听差的形式表现出来,我父亲派了一个听差来陪伴我,尤其是在我步行的时候。整个学期里面我都在设法摆脱这个“保镖”,好不容易正式办到了。我说“正式”,因为担负这个任务的我的随从彼得·费多罗维奇很快就明白,第一,我不喜欢有人陪伴,第二,他有比数理系门房愉快得多的各种娱乐地方,在这里他唯一的消遣就是同两个守卫聊天,和他们互敬鼻烟,有时自己闻闻鼻烟。

派一个“保镖”给我是为了什么目的呢?难道从年轻时候起一醉就是几天的彼得能够阻止我做任何事情吗?我猜想我父亲并没有想到这上面,不过为了使自己心安起见,他采取了措施,措施虽然没有效,但究竟是措施,这就像某些人那样,他们虽然并不相信宗教,可是也在做斋戒祈祷。这是我们旧式地主教育的一部分。七岁前我在家上楼梯(楼梯稍微有点陡),都得有人拉住我的手,这是一个规矩;十一岁前都是韦拉·阿尔塔莫诺夫娜在盆子里给我洗澡;因此我进大学的时候派一个仆人跟着我,二十一岁前不许我在十点半以后回家,这也是很合乎逻辑的。我在流放期间才实际上享受到自由、随意行动;倘使我不被流放,这种办法会一直推行到二十五岁……甚至到三十五岁。

和大多数在孤寂中长大的活泼的男孩一样,我那么真心诚意、那么感情冲动地拥抱每一个人，带着狂热的粗心大意进行宣传，毫不掩饰地爱每一个人，这样就不可能不会在差不多和我同样年纪的同学中间唤起热烈的响应（我当时十七岁）。

所谓明智的准则——对所有的人都彬彬有礼，同谁也不亲近，对任何人都不相信，同我们进大学时候带去的形影不离的思想——认为我们的梦想要在这里实现、认为我们要在这里撒下种子、奠定联合的基础的思想一样，都有助于我们的互相接近。我们相信会有密密的一排人从这个教室出去，跟着伯斯捷尔和雷列耶夫的脚步前进，我们就在他们中间。

我们年级里都是些优秀的青年。正是在这个时候我们中间研究理论的兴趣越来越显著了。学究式的死记和贵族式的懒惰同样地在消失，可是还没有由德国的功利主义来代替，德国的功利主义用科学来丰富人的心智，就像人们为了增加收成在地里施厩肥那样。相当多的学生不再把科学看作取得八等文官官衔所必需的枯燥乏味的捷径了。在我们中间现在发生的问题完全同官衔、品级表不相干了。

另一方面科学的兴趣还来不及蜕化为空谈理论；科学并没有使我们脱离对周围苦难生活的干预。对周围痛苦的这种同情以不寻常的方式提高了学生们的公民道德。我们和我们的同学在课堂上公开地议论我们想到的任何事情；禁诗的手抄稿从一个人传给另一个人，我们阅读禁书，还加以评论，然而我不记得教室里有过一桩告密的事，也没有发现过一个叛徒。有过一些胆小的青年，他们躲开，不敢接近，——可是他并没有讲出什么。①

有一个糊涂的小青年被他的母亲问起马洛夫事件②，她用树条吓唬他，他对她讲出了一些。这位心疼儿子的母亲是一个贵族，又是公爵夫人，她连忙赶到校长那里把儿子告密的话都讲了，作为他悔过的证

---

① 那个时候并没有在课堂上执行像我的〔听差〕彼得·费多罗维奇所执行的那种任务的学监和副学监。——作者原注

② 马洛夫事件：发生在一八三一年三月十六日。

据。我们知道了这件事情,大家都责难他,使他无法在学校里待到学业结束。

这个事件(由于它我也受到了禁闭)是值得在这里讲一讲的。

马洛夫是一个愚蠢的、粗鲁的、没有学问的政治系教授。学生瞧不起他,嘲笑他。①

“你们系里有多少教授?”有一次督学在政治系教室里问一个学生道。

“不算马洛夫九个。”②学生答道。

就是这个不能和其他九个并列、必须除外的教授,他对待学生越来越粗暴了;学生们也下了决心要把他赶出教室。他们经过商议之后派了两个代表到我们系里来邀请我带着支援力量去协助。我马上鼓动大家去参加反对马洛夫的战斗,还有几个人同我一起去了;我们走进政治系教室的时候,马洛夫正在那里,他看见了我们。

所有学生的脸上都露出同样耽心的表情:生怕他在这一天不再作任何粗暴的评语。这种耽心马上就过去了。挤满了人的教室里很不安静,发出一种低沉的、压抑住的嘈杂声。马洛夫说了一句不满意的话;人们开始用脚在地板上摩擦。

“你们就像马一样,用脚来表示你们的思想。”马洛夫说,他大概以为马是用跑步、快步思想的,——这样一来一场风暴就起来了;吹哨声,嘘声,喊叫声:“叫他滚,叫他滚! Pereat!〔拉丁语:叫他完蛋!〕”马洛夫的脸色十分苍白,他拚命想制止吵闹,可是没有办法;学生们跳到长凳上面。马洛夫静悄悄地走下了讲台,他缩着脑袋,朝门口走去;教室里的学生跟着他,把他送出大学的院子直到街上,在他背后把他的胶皮套鞋扔了出去。后一个情节很重要,因为到了街上这件事情就有了一种完全不同的性质;然而世界上哪里有十七八岁的年轻人会考虑到这个?

① 学生憎恶马洛夫,不仅因为他粗暴,他还是专制制度的辩护士,他在讲课中赞扬农奴制度。

② 这是一句双关俏皮话,马洛夫这个姓本来含有“少”和“小”的意思。

大学校务会害怕得不得了，说服督学私下了结这个事件，因此就得把肇事的人，或者随便几个什么人关起来。这个办法相当聪明。否则很容易发生这样的事情：皇上派一个侍从武官①来调查，他想得到一枚十字勋章，就会把这件事说成是结党密谋、暴动、叛乱，建议把所有的罪人都送去服苦役，而皇上又会恩赦把刑罚减为服兵役。皇上看见了罪人受罚、正气伸张，便开恩批准学生们的要求，辞退了教授。我们只把马洛夫赶到学校门口，他〔尼古拉〕却把他赶出了大学。对于尼古拉，总是 vae victis〔拉丁语：打败的人倒楣〕；然而这一回我们倒没有理由埋怨他。

这样，事情就紧张起来了；第二天午饭以后，办公室派了一个门警，一个头发花白的老头子来找我（他真心实意 à la lettre〔法语：按照字义〕认为学生给他的酒钱是用来买伏特加喝的，因此他始终保持着不太清醒倒更接近醉醺醺的状态）。他从制服大衣翻卷的袖口里面拿出来“教长”②的字条：命令我晚上七点钟去见他。门警去了以后，又来了一个脸色苍白的吓坏了的学生，一个波罗的海东岸的男爵③，他也接到同样的请帖，他是我带去的不幸的受害者中间的一个。他把我抱怨了一通，然后问我他应当讲些什么话。

“拚命撒谎，什么都不承认，只承认有过吵闹和您在教室里这两件事。”我回答他说。

“然而校长会问，我为什么不在我们的教室却在政治系教室呢？”

“怎么为什么呢？难道您不知道罗季昂·盖依曼④没有来上课，您不愿意浪费时间，所以去听别人的课吗？”

“他不会相信。”

“那是他的事情。”

---

① 侍从武官：直属沙皇、办理特殊重要公务的武官。

② 门警把校长说成了“教长”。

③ 波罗的海东岸的男爵：俄国籍日耳曼人的贵族。

④ 罗·格·盖依曼（1802—1865）：一八三三年起任莫斯科大学化学教授。

我们一起走进大学院子里的时候，我看看我的男爵，他那胖胖的小脸蛋十分苍白，总之，他心情很坏。

“听我说，”我说道，“您可以相信，校长不会先跟您谈话，而是先跟我谈；所以您就照我的意思用不同的话讲一遍，事实上您并没有做过什么特别的事情。只是您不要忘记一件事：由于在教室里吵闹，和因为撒谎，您至多不过给关进禁闭室；然而要是您当着我的面胡扯，把别人牵连进去，我就要告诉同学们，我们就不会让您安宁。”

男爵答应了，他忠实地遵守了诺言。

当时的校长是德维古勃斯基①，他是太古时代的，更正确地说是大火以前的，也就是一八一二年以前的教授中的遗老和典型。他们现在已经绝迹了；一般地说，奥包连斯基公爵②监督的时期结束，莫斯科大学的家长制时期也跟着结束了。在那个时候政府并不过问大学的事，不管教授上课不上课，学生到不到，不管学生来去不穿 à l'instar〔法语：按照〕轻骑兵军官制服式样的制服礼服，却穿了各种奇形怪状的衣服，而且戴着很小的制帽，几乎连他们的女孩般的头发也压不住。教授分为暗中互相憎恨的两个营垒或者两个阶层：一个全是德国人，另一个则是由非德国人组成的。德国人中间包括像洛德尔、费谢尔、希尔德勃兰特和盖依姆本人③那样脾气好、有学问的人，他们有这样共同的特点：对俄文一无所知，也不想知道它；对学生漠不关心；崇拜西方；墨守成规；毫无节制地抽雪茄烟；拥有大量十字勋章，而且经常佩戴它们。而非德国人这方面，除了俄国话外，其他（活的）语言一种也不懂，他们奉

---

① 伊·阿·德维古勃斯基（1771—1839）：俄国博物学家、教授，一八二六至一八三三年任莫斯科大学校长。

② 安·彼·奥包连斯基公爵（1769—1852）：一八一七至一八二五年莫斯科教育区的督学。他担任督学的那段时期中莫斯科大学就是在他的统治之下。

③ 克·伊·洛德尔（1753—1832）：医生、解剖学者、御医，一八一八至一八三一年间任莫斯科大学教授。格·伊·费谢尔·冯·巴尔德海姆（1771—1853）：一八〇四至一八三五年间任莫斯科大学动物学教授。费·安·希尔德勃兰特（1773—1845）：一八〇四至一八三九年间任莫斯科大学外科学教授。伊·安·盖依姆（1758—1821）：历史、地理、统计学教授，一八〇八至一八一八年间任莫斯科大学校长。

行狭隘的爱国主义，像宗教学校学生那样顽固，而且除了美尔兹里雅科甫①外，都受到不好的待遇，他们并不是毫无节制地抽雪茄烟，却都是毫无节制地喝酒。德国人大多数都是从哥庭根②来的，而非德国人却是教士的儿子。

德维古勃斯基属于非德国人。他的相貌极其尊严，有一个宗教学校毕业的学生来拿表格，居然走到他跟前请求他给他祝福，并且经常称他为“校长神甫”。同时他又非常像一只脖子上挂着安娜勋章③的猫头鹰，另一个受过更多世俗教育的学生给他绘了一幅这样的肖像。他有时到我们教室里，或者同系主任楚马科夫④，或者同柯捷里尼茨基⑤一起来，柯捷里尼茨基负责管理一个上面挂着“Materia Medica”〔拉丁语：医疗用品〕的牌子的橱，不知什么缘故这个橱一直放在数学教室里面；他或者同列依斯⑥一起来，列依斯是从德国聘请来的，因为他的叔父⑦是一个很好的化学家，他读法文的时候把“cordon de coton”〔法语：灯芯〕读成“bâton de coton”〔法语：棉棍〕，把“poison”〔法语：毒药〕读成“poisson”〔法语：鱼〕，他读“闪电”这个词的发音非常古怪，使得好些人都以为他在咒骂人，——我们睁大两只眼睛望着他们，好像在看出土文物，好像在看阿文塞拉赫⑧的末代，另一个时代的代表人物，这个时代与其说是同我们接近，不如说同特列季雅科甫斯基⑨和柯斯特

---

① 阿·费·美尔兹里雅科甫（1778—1830）：俄国诗人、评论家、翻译家，一八〇七年起任莫斯科大学俄国文学教授。

② 哥庭根：德国工业城市，过去有著名的大学和藏书丰富的图书馆等。

③ 二级安娜勋章，是挂在脖子上的。

④ 费·伊·楚马科夫（1782—1837）：莫斯科大学数学教授，一八二七至一八三一年间任数理系主任。

⑤ 瓦·米·柯捷里尼茨基（1770—1844）：莫斯科大学教授和医科主任。

⑥ 费·费·列依斯（1778—1852）：一八〇四至一八三二年间任莫斯科大学化学教授。

⑦ 指奥·克·列依斯，德国化学家，德国符腾堡、提宾根大学教授。

⑧ 阿文塞拉赫：在西班牙格拉纳达的摩尔人家族，法国作家弗·沙多勃利昂（1768—1848）根据这个家族在格拉纳达的悲剧命运的传说，创作了他的浪漫小说《阿文塞拉赫末代的冒险记》。

⑨ 瓦·基·特列季雅科甫斯基（1703—1769）：俄国诗人、文学理论家，翻译过不少作品。

罗夫[1]更接近；他们那个时代，人们还在读赫拉斯科夫[2]和克尼雅日宁[3]；那个时代，脾气好的季里捷依教授[4]养了两条狗：一条老是叫个不停，另一条却从来不叫，他因此很恰当地给它们起了两个名字，一条叫“小多嘴”，另一条叫“小谨慎”。[5]

然而德维古勃斯基完全不是脾气好的教授；他接见我们的时候非常严厉、粗暴；我拚命拉长地瞎扯了一通，而且没有礼貌，男爵跟着又重复了一遍。德维古勃斯基生了气，叫我们第二天早晨到校务会去，在那里他们审问了我们半个小时，给我们定了罪，判了刑，然后把判决书送给戈里曾公爵批准。

我刚刚来得及在教室里向同学们表演了五、六回大学评议会的审讯和判决的情景，在讲课开始的时候，学监（他是俄国军队的少校，又是法国舞蹈教师）突然带着一个军士来了，手里拿着将我逮捕押送禁闭室的公文。一部分学生送我出去，院子里已经聚集了一群年轻人；看来我并不是头一个被捕的；我们经过的时候，他们全挥动制帽，挥手；大学的卫兵赶他们向后退，然而学生们不肯走。

在当作禁闭室的肮脏的地下室里，我见到两个被捕的同学：阿拉彼托夫和奥尔洛夫；安德烈·奥包连斯基公爵和罗旬盖依姆给关在另一个房间里面，因为马洛夫事件受处罚的一共是六个人。[6] 命令只给我们面包和水。校长差人送了汤来，我们拒绝了，我们做得好。天刚刚黑，学校里没有别人的时候，同学们就给我们送来干酪、野味、雪茄烟、

---

① 叶·伊·柯斯特罗夫（1750—1796）：俄国诗人，翻译家，译过《伊里亚特》等作品。

② 米·马·赫拉斯科夫（1733—1807）：俄国作家，诗人，剧作家。

③ 雅·包·克尼雅日宁（1742—1791）：俄国诗人，剧作家。

④ 菲·亨·季里捷依（1723—1781）：莫斯科大学第一任法学教授（从1756年起）。

⑤ “小多嘴”和“小谨慎”（“巴瓦尔卡雅”和“普鲁坚卡雅”）：两个名字都是从法国话来的。“小多嘴”来自法语“bavard”（多嘴的）；“小谨慎”来自法语“prudent”（小心谨慎的）。

⑥ 除了这里提到的四个人再加上作者以外，还有一个学生巴·巴·卡敏斯基（1812—1870）。伊·巴·阿拉彼托夫（1811—1887）；安·亚·奥包连斯基（1814—1851年以后）；罗旬盖依姆（1820—1887）的名字叫米哈依尔。

葡萄酒和烈性的甜酒。看守我们的卫兵生了气，抱怨起来，不过他收了二十戈比的铜币以后，就把吃的东西拿进来了。过了半夜，他更松了些，放了几个人进来探望我们。所以我们就这样地过日子：夜晚吃喝，白天睡觉。

有一回司法大臣的兄弟、副督学潘宁①按照他那禁卫骑兵队的习惯，忽然想起晚上来巡视大学地下室里面的国家监狱。我们刚刚点燃一支蜡烛放在椅子下面，免得外面看见亮光，正要开始我们半夜的早餐，突然听见有人敲外面的门，——并不是平常那种轻轻要求卫兵开门的敲门声，不是那种并非怕人听不见倒是怕人听见的敲门声；不，这是权威的、命令的敲门声。卫兵发呆了；我们把酒瓶和同学们藏在小贮藏室里面，吹灭了蜡烛，连忙躺在我们的铺位上。潘宁进来了。

“看来你们在抽烟吧？”他说，屋子里烟雾弥漫，我们几乎看不清楚他和那个打着灯笼的学监。“他们从哪儿弄来的火，是你拿给他们的吗？”

卫兵发誓说，他没有给我们火。我们回答说，我们自己带了火绒来。学监答应把火绒没收、雪茄烟全部拿走，潘宁就出去了，他并没有注意到屋子里制帽的数目比脑袋多一倍。

星期六晚上学监来通知，我和我们中间另一个同学可以回家，可是其余的同学还得待到下星期一。我觉得这个建议是对我的侮辱，我便问学监，我是不是可以待下来；他向后退了一步，他带着威严而又优雅的表情，就像芭蕾舞剧中沙皇和英雄们用舞蹈表示愤怒的那种神气，说了一句：“那您就待下吧。”便走了。我最后这个愚蠢的举动比整个事件给我招来家里更多的责难。

因此，我最初不在父母家中睡觉的夜晚都是在禁闭室里度过的。以后不多久我又尝到了另一种监狱的滋味，那一次却不是待八天，而是

---

① 亚·尼·潘宁（1791—1850）：俄国执行特殊任务的官员，一八三〇至一八三三年在戈里曾的莫斯科教育区督学处办理重要公务。一八三四年任哈尔科夫大学副督学。

待了九个月，出狱后不是回家而是去流放地。然而那是后来的事情。

从这个时候起我在教室里享有很高的声誉。我入学的时候被认为是个好学生；马洛夫事件之后我成了像果戈理①的著名的太太那样的"各个方面都好的"同学了。

在这一切事情当中，我们能学到什么吗，我们还能够学会什么吗？我认为："能够。"教课比在四十年代还差一些，它的范围也更窄一些。②可是话又说回来，大学职责并非对学生进行任何知识部门的全面训练；它的任务是培养人 à même〔法语：使他有可能〕独立自主地继续学习、研究；它的任务是提出问题，并且教会人发问。像米·格·巴甫洛夫③那样的教授就的确是这样做的，另一方面，像卡切诺夫斯基④那样的教授也这样做。然而在教室里年轻人之间的接触，思想和学习心得的交流，对学生们的发展来说比讲课和教授的作用更大。……莫斯科大学是尽了自己的职责的；那些用讲课促进了莱蒙托夫、别林斯基、伊·屠格涅夫、卡威林和皮罗果夫⑤的发展的教授可以安心地打波士顿⑥，更可以安心地在地下长眠了。

然而他们中间也有一些十分希奇古怪的人物——从费多尔·伊凡诺维奇·楚马科夫（他带着特权地主毫无顾忌的放任，随意改变公式，增减字母，把平方当作根、把 X 当作已知数，使它们和普安索⑦的教科

---

① 尼·瓦·果戈理（1809—1852）：俄国作家，"通体漂亮的太太"（即"各个方面都好的太太"）是他的长篇小说《死魂灵》中的人物，见小说的第九章。

② 赫尔岑在莫斯科大学念书是三十年代初的事。

③ 米·格·巴甫洛夫（1793—1840）：俄国物理学、矿物学和农学教授，一八二〇年起在莫斯科大学任教。

④ 米·特·卡切诺夫斯基（1775—1842）：俄国历史学教授，一八一〇年起在莫斯科大学任教，一八三七年担任校长职务。

⑤ 米·尤·莱蒙托夫（1814—1841）：俄国诗人；维·格·别林斯基（1811—1848）：俄国文学评论家；伊·谢·屠格涅夫（1818—1883）：俄国小说家；康·德·卡威林（1818—1885）：俄国历史学家、法学家、自由主义的政论家；尼·伊·皮罗果夫（1810—1881）：俄国外科医生，彼得堡大学医科教授。这些人都在莫斯科大学念过书。

⑥ 波士顿：一种纸牌戏。

⑦ 路易·普安索（1777—1859）：法国数学家和机械工程师。

书中的公式符合)到加弗利洛·米雅格科夫①(他讲世界上最硬性的科学——战术)。米雅格科夫由于长期讲述有关英雄的题目,他本人的外貌也带了一种训练有素的军人气概;他的上衣的钮扣一直扣到喉咙,打了一根毫无绉纹的领带,他讲课的时候,不像在讲话倒像是在发号施令。

"诸位,"他嚷起来,"上战场!关于炮兵!"

这并不是说大炮在运往战场,这只是书上的小标题。可惜尼古拉不肯到莫斯科大学来;要是他见到米雅格科夫,他一定会任命他当督学。

至于费多尔·费多罗维奇·列依斯,他讲授化学从来不超出化学三元素中的第二位尊神②,就是氢的范围!列依斯,他给聘请来作化学教授,并非因为他本人、而是因为他的叔父研究过这门科学。在叶卡捷琳娜女皇统治的末期,曾经邀请老人到俄国来;老人不肯来,就打发他的侄子来了。……

在我上大学的四年中间(因为在发生霍乱的时候大学停课整整一个学期)的几件特别大事就是霍乱本身、洪波尔特③的到来和乌瓦罗夫④的视察。

洪波尔特从乌拉尔回来,在莫斯科受到大学自然科学家协会⑤举办的隆重集会的欢迎,协会的会员是各种各样的枢密官和省长——总之是那些不论和自然科学或者非自然科学的学问都毫不相干的人。洪波尔特的名声,普鲁士陛下的三等文官,皇上⑥授予他安娜勋章并且下

---

① 加·伊·米雅格科夫:他在莫斯科大学教战争科学到一八三三年,写过一本题为《炮兵战术经验》的书。

② 第二位尊神:作者在这里讽刺地用了神学用语,指化学元素——气体:氧、氢、氮。

③ 亚·弗·威·洪波尔特(1769—1859):德国自然科学家和旅行家,对中美和南美进行过研究,到过俄国的乌拉尔和阿尔泰地区。

④ 谢·谢·乌瓦罗夫(1786—1855):俄国反动的国务活动家,一八一八至一八五五年任科学院院长,一八三三至一八四九年兼任国民教育大臣。他的视察发生在一八三二年秋季。

⑤ 大学自然科学家协会:指莫斯科自然科学家协会。

⑥ 指沙皇尼古拉一世。

令对勋章和证书一律不收费①,他们都听到了。他们下决心不在那个到过琴博腊索山②、住在无愁宫③里的人跟前丢脸。

我们直到现在对欧洲人和欧洲④的看法就同外省人对住在首都的人的看法一样,——卑躬屈节,自卑自贱,服从他们,摹仿他们,把任何跟他们不同的地方当作缺点,由于自己的特别地方感到脸红,并且把它们掩盖起来。问题在于我们被彼得一世的讥笑、比伦的侮辱、德国军官和法国老师的高傲吓坏了,而且还没有恢复过来。西方人⑤谈论我们的心口不一和狡猾奸诈;他们把喜欢表现自己和喜欢自夸当成了存心欺骗。在我们中间同一个人对待自由主义者会天真地采取自由派的态度,对待反动派会装做正统派⑥,并不是什么阴谋诡计,这只是为了礼貌,为了讨好别人;de l'ap probativité〔法语:讨好人的〕结节在我们的头颅骨里是异常发达的。

“德米特利·戈里曾公爵,”有一回德拉姆爵士⑦说,“是一位真正的民权党⑧,内心里是个民权党。”

德·瓦·戈里曾公爵是一位可尊敬的俄国贵族,然而他为什么是个“民权党”,而且怎样会是“民权党”——我就不明白了。我们不妨相信公爵到了晚年为了讨好德拉姆,就装成民权党的样子。

在莫斯科和在大学里欢迎洪波尔特,并不是开玩笑的事。总督、各种高级文武官员、枢密院成员——全出席了:都在肩头斜挂着绶带,穿上全身制服,教授们像军人一样佩带军刀,把三角帽挟在腋下。洪波尔

---

① 不收费:洪波尔特在一八二九年十一月一日接受一级安娜勋章,按照当时法律规定,受勋人员要向勋章局纳费。

② 琴博腊索山:在拉丁美洲厄瓜多尔的中(偏西)部。

③ 无愁宫:十八世纪普鲁士国王腓特烈二世在波茨坦修建的宫殿。

④ 欧洲人和欧洲:指西欧人和西欧。

⑤ 西方人:指西欧人。

⑥ 正统派:指拥护法国波旁王朝的保皇派。

⑦ 约翰·德拉姆伯爵(1792—1840):英国政治活动家,一八三五至一八三七年间英国驻俄大使。

⑧ 民权党:即辉格党,跟王党和保守派对立的英国政党的成员。

特并没有料想到这些，他穿着钉金钮扣的深蓝色燕尾服来了，不用说他感到很窘。从门廊到自然科学学会的大礼堂，到处都设了埋伏：这里是校长，那里是系主任，这里是新进的教授，那里是即将退休因而讲话很慢的老教授，——大家都讲拉丁语，讲德国话，讲法国话欢迎他，而且这一切都是在称为走廊的那些可怕的石头洞子里举行的，在这些地方谁也不能待上一分钟而不患一个月的感冒。洪波尔特脱下帽子听每一个人的欢迎词，并且一一作答。我相信红皮肤的和铜色的未开化的人（他曾在他们中间生活过）给他的烦恼也比莫斯科的欢迎少一些。

他到了礼堂，刚刚坐下，可是马上又得站起来。督学皮萨列夫认为应当用简短而有力的俄文辞句下令表彰著名旅行家洪波尔特阁下的丰功伟绩；这以后"军官"谢尔盖依·格林卡①，用他那低沉而嘶哑的一八一二年的声音，朗诵他的用下面的句子开头的诗：

"Humboldt—Prométhée de nos jours!"〔法语："洪波尔特——当代的普罗米修斯！"〕

洪波尔特想谈谈他对磁针的观察，②拿他在乌拉尔的气象记录同莫斯科的气象记录相比较，可是校长不让他谈，却请他看彼得一世的御发编成的什么东西……；艾伦堡和罗节③费了大力才找到机会讲了一点他们的发现。④

---

① 谢·尼·格林卡（1776—1847）：俄国作家和记者，参加过一八一二年的卫国战争。一八二九年十一月九日《莫斯科新闻》第九十号刊载了十月二十六日自然考察学会会议的报道，讲到格林卡用法文写的歌颂洪波尔特的诗。

② 对磁针的观察：根据《莫斯科新闻》第九十号刊载的报道，洪波尔特在会上的讲话中谈到他在乌拉尔旅行期间所作的磁性观察。

③ 克·哥·艾伦堡（1795—1876）：德国动物学家，参加了洪波尔特的乌拉尔考察队。古·罗节（1798—1873）：德国地理学家和矿物学家，陪同洪波尔特到西伯利亚和乌拉尔旅行。

④ 在俄国对洪波尔特的旅行有着各种不同的看法，这可以从一个在彼尔姆省长公署工作的乌拉尔哥萨克的记述中看出来；他喜欢描述他怎样护送"那位疯狂的普鲁士亲王洪波尔特"。"他干些什么呢？"——"就是干这种傻事：采集青草，察看砂粒；有一次在盐沼地上他通过翻译官对我说：'钻到水里去，把水底的东西拿来。'好，我就把通常在水底找到的东西拿出来了。他又问道：'底下的水很冷吗？'我想：'老兄，你骗不了我。'我就立正，回答道：'大人，凡是责任所在，对我们都是一样，我们乐于尽力而为。'"——作者原注

在非官方的范围内我们处理这种事情并不好多少：整整十年以后李斯特[1]在莫斯科受到的接待就是一模一样。在德国人们欢迎他已经做得够蠢了，可是在这里又是另外一种性质。在德国全是老处女般的过度兴奋，自作多情，全是Blumenstreuen〔德语：散花〕；在我们这里却全是卑屈，颂扬权势，立正，我们这里全是“我有幸拜见阁下”。在这种场合，不幸李斯特还有一个著名洛夫莱斯的名声；太太小姐们包围他就像农家小孩在乡下土路上围着一个马车正在套马的过路客人，好奇地打量他本人、他的马车、他的帽子那样……所有的人都只听李斯特一个人讲话，所有的人都只同他一个人谈话，也只回答他一个人的问话。我还记得在一次晚会上霍米雅科甫替这些可尊敬的先生女士感到害羞，他对我说：

“请您跟我争论点什么吧，让李斯特看到在这间屋子里还有一些人心里并不是只有他。”

为了安慰我们的太太小姐们，我只能讲一件事情：英国女人也正是这样地把别的著名人物——先是柯苏特[2]，然后是加里波的[3]以及其他名人团团围住，缠住他们，不让他们安静，不放他们走；那些想向英国女人和她们的丈夫学习礼节的人该倒楣了！

第二个“著名的”旅行家也是某种意义上的“当代的普罗米修斯”，不过他不是从周比特[4]那里、而是从人那里盗窃光明。这个普罗米修斯不是受到格林卡、而是受到普希金本人（在他的《致卢苦鲁斯》[5]中）“歌颂”的，他就是国民教育大臣谢·谢·乌瓦罗夫（他当时还不是

---

① 弗·李斯特（1811—1886）：匈牙利作曲家和钢琴家。李斯特到俄国访问过三次，即一八四二年、一八四三年和一八四七年。

② 拉·柯苏特（1802—1894）：匈牙利政治家，一八四八至一八四九年匈牙利革命时期匈牙利人民斗争的主要组织者。

③ 朱·加里波的（1807—1882）：意大利人民争取民族解放斗争中的英雄。

④ 周比特：古罗马神话中的最高的神，相当于希腊神话中的宙斯。这里应当用宙斯，即希腊神话中的最高的神。

⑤ 《致卢苦鲁斯》：指普希金的诗《祝卢苦鲁斯恢复健康》（1835），这首诗是讽刺谢·谢·乌瓦罗夫的。卢苦鲁斯是古罗马的将军、执政官，生活豪华，经常同第一流的诗人、艺术家和哲学家交往。

伯爵)。使我们吃惊的是他懂得许多种语言和应有尽有的各种东西;他是教育商店一个地道的掌柜的,他的脑子里装满了所有学科的样品,它们的陈列样品,或者更正确地说,试制品。在亚历山大〔一世〕统治时期,他用法文写了几本自由主义的小册子①;然后他又用德文同歌德通信谈希腊的事情。② 他做了大臣以后大讲第四世纪斯拉夫民族的诗,卡切诺夫斯基向他指出那个时候我们的祖先只好同熊搏斗,谈不上做诗歌唱萨莫色雷斯岛③的神和专制君主的仁慈。他经常在衣服口袋里放一封歌德的来信作为证物,歌德在信里对他讲了很古怪的恭维话,说:"您不用为您的文体道歉;您已经做到了我从来没有做到的事情——您忘记了德文文法。"

就是这位二等文官皮克·德·米兰多勒④采用了一种新的考试方法。他下令挑选最好的学生代替教授讲课,每人讲一课,就讲自己学的那门科学。不用说,系主任挑选了最灵活的学生。

这样的讲课进行了整整一个星期。学生们应当准备好他们所学课程的各个题目,系主任用抽签办法来决定学生的名字和题目。乌瓦罗夫请来了所有莫斯科的显贵。修士大司祭们和枢密官们,总督和伊凡·伊凡诺维奇·德米特利叶夫——全出席了。

我得在洛威茨基⑤主持下讲矿物学。……他现在已经死了!

---

① 小册子:指谢·谢·乌瓦罗夫写的法文小册子,有《悼念莫罗》(1813)和《亚历山大皇帝与波拿巴》(1814)。让·维·莫罗原先是法国拿破仑军队的军官,参加过多次战争,后来反对拿破仑,被流放国外,到俄国军队服役,在一八一三年德累斯顿战役中受伤致死。

② 乌瓦罗夫同歌德通信:见于G.施密特的文章《歌德与乌瓦罗夫和他们的书信往来》(一八八八年圣彼得堡德文刊物《俄国杂志》第二十八卷第二期)。

③ 萨莫色雷斯岛:爱琴海东北一个岛,第三世纪中统治它的君主经常更换。它受到人注意的地方是它对于双生的神卡比里的崇拜。

④ 皮克·德·米兰多勒,即乔万尼·皮可·德拉·米兰多拉(1463—1494):意大利哲学家,懂多种语言。

⑤ 阿·列·洛威茨基(1787—1840):医生、自然科学家,一八三四年起任莫斯科大学教授。

我们的老同事兰热龙在哪儿！
我们的老同事别尼格松在哪儿！
你也已经不在了，
你就像根本没有存在过！①

阿列克谢·列昂季叶维奇·洛威茨基是一个高个子，相貌很粗，步履沉重，大嘴大脸，脸上毫无表情。他在走廊上脱去他那件豆绿色大衣（上面装饰着各种大小的领子，就像在第一执政时期②人们穿的那样），他还没有走进教室，就用平板的、毫无感情的声音（这种声音与他的矿石对象非常符合）说起来："我们上次讲课中讲过了有关硅石的一切必需的知识，"然后坐下来继续往下说："关于矾土……"他创造了一种记录每一矿石性质的固定不变的表，他从来没有超出这种表的范围；他有时还会从反面来鉴定某些矿物的特征："晶化——不结晶，使用——无处可用，用处——会给有机体带来损害。"

然而他并不避开诗，也不避开道德的评价，他每一次拿给我们看人造宝石，并且讲述它们是怎样制造出来的，接着他总要加上一句："诸位，这是欺骗。"讲到农业，他认为一只好的公鸡倘使"爱叫，爱追母鸡"，它就有道德的品质；他又认为一头良种的公绵羊倘使"膝盖秃了"，它就品德很高。他还对我们讲动人的故事，让苍蝇描述它们怎样在一个晴朗的夏天在树上散步，身上粘满了树脂，这些树脂就变成了琥珀，他每次都要补充一句："诸位，这是拟人法。"

系主任③叫我出来的时候，听众已经有点疲倦了；两次数学课叫那些听讲的人感到沮丧和抑郁，他们一句也听不懂。乌瓦罗夫要求讲得生动些，要找一个"擅长讲话的"学生。谢普金就指着我。

---

① 这四行诗是从俄国诗人瓦·安·茹科夫斯基（1783—1852）的《波罗丁诺周年纪念》中引来的。

② 第一执政时期：指一七九九年拿破仑·波拿巴发动雾月十八日（即公历十一月九日）政变后担任法国第一执政的时期。

③ 指巴·司·谢普金（1793—1836），莫斯科大学数学教授和数理系主任。

我登上讲台。洛威茨基坐在旁边动也不动一下,两只手放在膝上,就像一尊门浪或者奥西利斯①,露出耽心的样子。我对他小声说:

“我有幸在您主持下讲课,我不会给您丢脸。”

“上战场的时候不要吹牛。”②这位可敬的教授直截了当地说,几乎不动一下嘴唇,也不看我。

我差一点笑出声来了;可是我朝面前一看,我眼花缭乱起来,我觉得脸发白,嘴发干。我从来没有在大庭广众之间讲过话,教室里坐满了同学——他们指望着我;讲台下桌子后面坐的都是“大人物”和我们系的全体教授。我抓了问题,③用不自然的声音念道:“晶化,它的条件,法则,形式。”

我正在想怎样开头的时候,我有了一个幸运的想法:倘使我讲错了,教授们可能会注意到,不过他们不会讲一句话,别的人一点也不懂,至于同学们,只要我不是中途讲不下去,他们就会满意,因为我的人缘很好。就这样我根据阿于、威尔纳尔和米彻尔里赫④,讲完了这一课,最后用哲学的评论结束,我自始至终是对同学们讲话,而不是向大臣讲话。同学们和教授们都同我握手,表示感谢。乌瓦罗夫把我引去介绍给戈里曾公爵,公爵讲了几句话,可是我只听到元音字母的声音,意思一点也不懂。乌瓦罗夫说要送我一本书作为纪念,可是始终没有把书送来。

我第二次和第三次登台的情况就完全不同了。一八三六年我在维亚特卡包括丘菲亚耶夫⑤在内的全部上流社会跟前扮演“乌加尔”,而

---

① 门浪:希腊人经常把在底比斯的国王阿美诺非斯三世的塑像称为“门浪”,传说每天日光最初照到像上,像就会发出琴弦断折声。奥西利斯:古埃及的主神,女神艾西斯的丈夫。

② 这是旧俄的谚语。

③ 指抽签。

④ 列·芮·阿于(1743—1822):法国矿物学家。阿·哥·威尔纳尔(1750—1817):德国地质学家。艾·米彻尔里赫(1794—1863):德国化学家。作者的意思是他在讲课里利用了这几个人的著作。

⑤ 基·雅·丘菲亚耶夫(1775—1840 年以后):一八二四年起任彼尔姆省长;一八三一年起任特威尔省长;一八三四至一八三七年任维亚特卡省长。

宪兵上校的妻子扮“玛尔法”①。我们排练了一个多月,可是在序曲奏完后静寂无声中幕布带着一阵可怕的抖动拉了起来,那个时候我的心还跳得很厉害,我的手还在打颤;我和玛尔法在幕后等待开场。她替我十分耽心,也许她还很害怕我破坏了整个演出,所以她给我喝了一大杯香槟酒,就是这样我仍然演得半死不活。

因为托了国民教育大臣和宪兵上校的福开了头,以后我在伦敦波兰人大会②上就没有紧张的现象,也没有爱面子的害羞了;这是我第三次的公开登台。在这次会上前部长赖德律-洛兰③接替了前大臣乌瓦罗夫的位置。

然而大学生生活的回忆是不是够多了呢?我害怕过多地停留在那个时期,会成为一种衰老的表现;我只再谈一点关于一八三一年霍乱的详细情况。

霍乱(这个字眼现在在欧洲很熟,在俄国也极常见,因此有一位爱国诗人把霍乱称为尼古拉唯一的忠实盟友)当时在北方还是头一次听到。所有的人提起这个从伏尔加朝莫斯科移动的可怕的瘟疫就吓得发抖。夸大的传闻使人们的想象里充满了恐怖。疫症的传播是变化莫测的,它停了下来,跳过一些地方,看起来它好像绕过了莫斯科,忽然间可怕的消息“霍乱到了莫斯科!”传遍了全城。

早晨政治系的一个学生感到恶心,第二天他就死在大学医院里面。我们赶去看他的遗体。他很瘦,仿佛害过长期的病,眼睛陷了进去,脸变了形,他旁边躺着一个门警,是夜里得病的。

---

① 《玛尔法与乌加尔》或《奴才们的战争》:十九世纪初俄国剧作家和翻译家阿·阿·科尔沙科夫改编的法国独幕喜剧(狄布瓦原著)。

② 波兰人大会:指作者参加的一八五三年十一月二十九日在伦敦举行的纪念波兰起义二十三周年大会。

③ 亚·奥·赖德律-洛兰(1807—1874):法国政论家和政治活动家,小资产阶级民主派的一个领袖,一八四八年法国临时政府的一个成员,一八四九年流亡英国,一直住到一八七〇年初。

我们得到通知大学奉命关闭。这个命令是由工艺系教授杰尼索夫①到我们系来宣读的；他显得很忧郁，也许很害怕。第二天傍晚他也死了。

我们各个科系的学生全部聚集在学校的大院子里；在这一群奉命在瘟疫到来前散开的年轻人中间有着动人的景象。他们脸色苍白，特别激动；许多人在耽心自己的亲友；我们向那些公费生告别（他们遵守隔离措施跟我们分开），就三三两两地各自回家去了。我们在家里都碰到漂白粉的臭气、醋和规定的饮食，这种饮食，即使没有氯气（漂白粉）和霍乱，也会叫人躺倒在床上起不来。

说来奇怪，这个惨痛的时期留在我的记忆里面就像是一种庄严的时期。

莫斯科的景象完全不同了。平时人们不知道的公众活动使莫斯科有了新的生命。街上轻便马车少了，忧伤的人群站在十字路口谈论放毒药的人；载病人的马车由警察护送，慢慢地走着；人们避开装载尸体的黑色柩车。报道瘟疫情况的公报一天刊印两次。全城戒严，就像在战时一样，兵士枪杀了一个偷偷过河的贫穷的教堂执事。这一切使人心浮动，对瘟疫的恐怖代替了对当权者的恐怖；老百姓在抱怨，而这时候消息接二连三地传来——某某人得了病，某某人死了……

费拉列特总主教安排了一次共同的祈祷式。在同一天同一个时候，所有的教士都举着神幡巡视各人的教区。他们经过的时候，吓坏了的居民们都走出家门跪在地上，含着眼泪，祈求赦免他们的罪；连那些习惯于对上帝讲话不拘礼节的教士也变得严肃起来，深受感动。有一部分教士到了克里姆林宫；在那里总主教（他四周都是高级教士）跪在露天里祷告祈求这个灾难平安地过去。就在这同一个地方六年前他曾经为了绞杀十二月党人作过感谢的祷告。

费拉列特是一个反政府派的主教；他为了什么反对政府，我始终不

① 费·阿·杰尼索夫：莫斯科大学工艺系教授。

明白。也许是为了他个人。他有学问，又聪明，精通俄文，他成功地把教会斯拉夫文介绍到俄文里面来；不过这一切都不会是他成为反对派的理由。老百姓不喜欢他，叫他做共济会①会员，因为他同亚·尼·戈里曾公爵很接近，而且在圣经会②全盛时代在彼得堡传教。东正教事务总管理局不准用他的教义问答做教本。在他管辖下的教士们都非常害怕他的专制。也许正是由于互相竞争的缘故，他同尼古拉〔一世〕彼此憎恨着。

费拉列特善于狡猾、巧妙地贬低世俗的权势；他的布道演说里有一种朦胧的基督教社会主义，就是拉戈尔德尔③和其他有远见的天主教徒所传播的基督教社会主义。费拉列特从他最高主教的布道讲台的高处，宣告人在法律上决不能成为另一个人的工具，说人与人之间的关系只能是相互效劳，他是在一个有一半人口做奴隶的国家里讲这番话的。

他对麻雀山上押解犯羁押监牢中戴脚镣的犯人说："民法判了你们的罪把你们赶走了，可是教会追上你们，要对你们再讲一句话，为你们再作一次祷告，祝福你们一路平安。"然后他又安慰他们说，他们，"判了罪的犯人同自己的过去断绝了关系，他们面临着新的生活，而这个时候在别的人中间（除了官员以外，大概就没有别的人在场）还有更大的罪犯"，他还举出同基督一起钉死在十字架上的强盗做例子。④

费拉列特在因霍乱而举行的祈祷式上的讲道⑤超过了所有他的布道演说；他把天使怎样让大卫挑选三种惩罚：战争、饥荒或者瘟疫的故

---

① 共济会：十八世纪在欧洲各国产生的宗教神秘运动，号召人们在友爱的基础上团结互助，这个秘密组织的参加者大半是贵族或资产阶级。十九世纪二十年代在俄国许多共济会组织被官方查禁。

② 参看第 53 页注⑤。

③ 让·巴·拉戈尔德尔（1802—1861）：法国天主教传教士，拥护一八四八年的共和国。

④ 《新约全书》的《马太福音》和《马可福音》中都有类似这样的记载："当时有两个强盗和他同钉十字架，一个在右边，一个在左边。"

⑤ 指一八三〇年九月十八日费拉列特在祈祷式上的讲话。

事作为讲道的内容;大卫挑选了瘟疫。① 皇上来到莫斯科,非常生气,派宫内大臣沃尔康斯基②去把费拉列特痛斥了一顿,并且威胁说要把他派去作格鲁吉亚总主教。费拉列特恭顺地屈服了,他发了一篇新的讲话③给各个教会,说明不能把他上次布道演说的内容应用在极其笃信宗教的皇帝身上,他上次讲的大卫是指被罪过玷污了的我们自己。不用说,这样一来连起先不理解上次布道演说意义的那些人也懂了。

莫斯科总主教就是这样地扮演反对派的。

祈祷式和漂白粉一样,对瘟疫没有什么效用;疫病越来越扩大。

一八四九年瘟疫在巴黎最猖獗的时候,我一直在那里。疫病肆虐,非常可怕。六月的炎热又助长了它的蔓延,穷人像苍蝇一样地死亡;小市民逃出了巴黎,别的人就锁上大门关在家里。政府全力进行镇压革命者的战斗,并未想到对瘟疫采取积极的措施。募集起来的微小的捐款不能满足需要。贫穷的劳动人民得不到照顾,完全听从命运的摆布,医院里没有足够的病床,警察局没有足够的棺材,在那些住满了人家的房屋里面,尸体常常在内房里停留了两三天。

在莫斯科情况就不是这样。

当时的总督德·瓦·戈里曾公爵是一个软弱然而正直的人,有教养,受人尊敬,他设法引起莫斯科上流社会对瘟疫的关心,不过他是按照私人方式安排一切,这就是说,不用政府特殊的干预。成立了一个由知名人士,也就是由有钱的地主和商人组成的委员会。每一个委员负

---

① 这个故事是从《旧约全书》中引来的,见《历代志》。“耶和华吩咐大卫的先见迦得说:‘你去告诉大卫说:耶和华如此说,我有三样灾,随你选择一样,我好降与你……’……大卫对迦得说:‘我愿落在耶和华的手里,因为他有丰富的怜悯……’……于是耶和华降瘟疫与以色列人。……”(二十一章)大卫是古以色列王。

② 彼·米·沃尔康斯基公爵(1776—1852):俄国元帅,一八一四年任总参谋部负责人,一八二六年起任宫内大臣。

③ 新的讲话:没有见到有关新讲话的材料。可能指一八三〇年十月五日费拉列特发表的布道演说,他讲到沙皇时这样说:“他不是我们灾难的原因,决不像大卫是耶路撒冷和以色列的灾难的主要原因那样。”

责莫斯科的一个区。在几天里二十所医院就开办起来了;它们并没要政府花一个钱,一切都是用捐款开支的。商人免费供应医院需要的一切用品,——被子、内衣和给初愈的病人穿的暖和衣服。年轻人志愿义务担任医院的管理员,为了保证这些捐赠物品的半数不会让职员们偷掉。

大学也没有落在后面。整个医科,en masse〔法语:全体〕学生和医生向霍乱委员会报到听候调遣;他们给分派到各个医院,在那里一直工作到瘟疫结束为止。这些优秀的青年在医院里待了三四个月,担任主治医师、医生、助理护士、办事员——这一切没有任何的报酬,而且是在传染瘟疫的恐怖给讲得那么夸张的时候。我还记得一个同学,小俄罗斯人,可能是菲茨赫拉乌罗夫①,霍乱刚刚开始,他请假回去处理重要的家事。在学期中间不容易请准假;可是他终于请准了;他正要动身的时候,大学生全到医院去了。小俄罗斯人把他的假条放在衣袋里跟同学们一起去医院。等到他离开医院,他的假条早已满期,他谈起他这次旅行,自己首先哈哈大笑起来。

莫斯科表面上是死气沉沉、萎靡不振,平日热中于造谣生事、拜神朝圣、举行婚礼、无所事事,然而每逢需要的时候,它就醒过来,并且能够适应俄罗斯天空爆发响雷的情况。

在一六一二年它(莫斯科)同俄罗斯举行了血腥的婚礼,②它们的结合又让一八一二年的大火③焊接起来。

它(莫斯科)在彼得④面前低头,因为俄罗斯的未来给捏在他的凶残的手掌里。然而它带着小声怨言和轻视接纳了那个双手染满自己丈

---

① 斯·彼·菲茨赫拉乌罗夫:一八二七年进莫斯科大学医科念书,一八三一年毕业后,留校一年继续学习兽医。旧时帝俄政府轻视乌克兰,把它定名为小俄罗斯,俄罗斯人称乌克兰人为小俄罗斯人。

② 一六一一至一六一二年科兹马·米宁·苏霍鲁克(1570—1616)率领俄国国民军从波兰武装干涉者手中解放了莫斯科,以后全国各地派代表到莫斯科来选举皇帝,产生了罗曼诺夫王朝。

③ 一八一二年的大火:指抵抗拿破仑侵略的卫国战争。

④ 彼得:指沙皇彼得一世,他把帝俄的首都从莫斯科迁到彼得堡去。

夫鲜血的女人①,那个不知改悔的麦克佩斯夫人②,那个不是意大利血统的露克列吉雅·包尔齐亚③,那个德国出生的俄国女皇④,——她皱着眉、噘着嘴、悄悄地离开了莫斯科。

拿破仑皱着眉、噘着嘴,在德拉果米洛夫门等待莫斯科的钥匙,他不耐烦地玩他的烟嘴,拉他的手套,他不习惯于没有人迎接、单独进入外国城市。

可是我的莫斯科不出来,⑤

正如普希金所说,——它纵火自焚了。

霍乱来了,这个人民的城市又显得热情洋溢、精力充沛了。

* * *

一八三〇年八月我们去瓦西里叶夫斯柯耶,像往常那样,我们中途在彼尔胡希柯沃的拉德克里弗式的古堡⑥停下来吃了饭,喂了马,准备继续往前走。巴卡依拿一条毛巾当带子束在腰间,他已经叫了一声:"走!"突然有人骑着马跑来,做个手势要我们停下。枢密官的一个马车夫⑦一身尘土,满头大汗,从马上跳下来,交给我父亲一个封套。这个封套里有七月革命的消息!——他随信附来两张 *Journal des Débats*〔法语:《辩论报》⑧〕,我反复读了一百次,完全背得出来,我第一次在乡下感觉到寂寞无聊了。

---

① 指女皇叶卡捷琳娜二世,她的丈夫彼得三世被禁卫军发动的政变推翻后,她做了女皇(1762—1796),在她的纵容下彼得三世被她的拥护者杀害。

② 麦克佩斯夫人:英国剧作家莎士比亚著名悲剧《麦克佩斯》中的女主角,她是野心很大的女人,她的丈夫是苏格兰军中大将,她鼓动丈夫暗杀了国王,夺取了王位。

③ 露克列吉雅·包尔齐亚(1480—1519):费拉拉公爵夫人,教皇亚历山大六世的女儿,因政治目的结婚三次,以玩弄政治阴谋和不道德的行为出名。

④ 叶卡捷琳娜二世是德国的公主。

⑤ 这句诗引自普希金的《叶甫盖尼·奥涅金》第七章第三十七节,但不是抄录原句。

⑥ 拉德克里弗式的古堡:英国小说家拉德克里弗夫人(1764—1823)写了好些关于所谓凶宅的神秘恐怖的小说,当时很流行。

⑦ 马车夫:这里指的是四匹马拉车时前排左马的驾驶人。

⑧ 《辩论报》:一七八九年开始在巴黎出版的保守派的报纸。

这是大好的时候，事件发生得很快。查理十世瘦削的身形刚刚在哈利路德的浓雾后面隐去，①比利时又燃烧起来，②国王—公民③的宝座摇晃了，热烈的革命精神开始在辩论中、在文学中出现。小说、剧本、诗歌——这一切又变成宣传和战斗了。

当时我们完全不知道法国革命演出的装饰性的、观赏的一面，我们把一切都当成真实的东西。

要是有人想知道七月变革的消息对年轻一代发生了多大的影响，应当读一读海涅叙述他在赫耳果兰听到“伟大的异教徒的潘死了”的情况。这里并没有虚假的热情：三十岁的海涅还是那么狂热，还是那么孩子气的兴奋，就和十八岁的我们一样。④

---

① 查理十世(1757—1836)：一八二四至一八三〇年的法国国王，路易十六和路易十八的兄弟。七月革命后他逃到英国，住在爱丁堡的哈利路德宫。

② 指一八三〇年比利时的革命。

③ 国王—公民：指奥尔良公爵路易-菲力浦(1773—1850)，一八三〇至一八四八年的法国国王，七月革命后上台。他喜欢标榜为“国王—公民”。

④ 海涅在赫耳果兰岛上听到法国七月革命的消息，十分兴奋。作者在这里提到的是海涅的著作《路德维希·别尔纳》(第二卷)，海涅在书中对七月革命表示热烈欢迎。他说这些“温暖、灼热的新闻”是“包在报纸里的阳光”，“它们在我的灵魂中燃起了大火”。但是他后来到了巴黎就明白波旁王朝的查理十世虽然垮台，资产阶级却夺取了人民革命的果实，法国的实际的主人是银行家和交易所经纪人。

潘是希腊神话中的牧羊神，过去有个传说：耶稣钉死在十字架上的时候一个叫声传遍海上：“伟大的潘死了。”后来英国诗人伊·勃朗宁夫人(1806—1861)根据这个传说写过一首诗(1844)。海涅当时是把潘当作被推翻的旧世界的象征的，他在八月六日写的那一节的最后一句就是“潘死了！”在七月十八日的一节中他叙述了关于潘的另一个传说：“你知道普卢塔克讲的那个故事吗？那个在船夫中间流传的故事非常出色。它是这样的：在提伯利乌斯统治的时期，有一天傍晚一只船驶近了爱托里海岸外的帕腊岛。船上的人还没有睡。多数人刚吃过饭，坐着在喝酒。突然间从岸上传来一个响亮的声音，叫着撒姆斯这个名字(就是舵工的名字)，声音那么响亮，众人都给惊动了。撒姆斯听到头两声的时候，他一声不响，到第三声，他应了；于是声音更加响亮地对他讲了这样的话：‘你到帕洛德斯峰的时候，就通知说：伟大的潘死了！’船到了那里，撒姆斯就履行他的诺言，在船尾向陆地高呼：‘伟大的潘死了！’在这叫声之后，岸上响起了异常的悲叹声调，一种交织着呻吟和惊呼的声音，仿佛许多人异口同声地叫起来似的。眼见的人在罗马向别人讲这件事，引起人们极大的惊奇。提伯利乌斯叫人进一步调查这件事，他对它的真实性一点也不怀疑。”

我们一步一步地注视着每一句话，每一个事件，注视着大胆的问题和果断的回答，注视着拉法夷脱将军①和拉马克将军②；我们不仅知道有关他们的细节，我们还热爱所有当时的活动家（不用说，是指急进派的），并且还保存了他们的肖像，从曼纽艾尔③和本查曼·贡斯当④到杜邦·德·雷厄尔⑤和阿尔芒·卡列尔⑥，他们的像都有。

正在这种人心激动的时候，忽然像一颗炸弹在近旁爆炸一样，华沙起义的消息震得我们耳朵发聋。这是在离我们不远的地方，这是在我们家里，我们眼含泪水互相望着，反复地吟诵我们心爱的诗句：

> Nein! Es sind keine leere Träume!〔德语：不！这不是幻梦一场！〕⑦

季比奇⑧每一次打败仗都使我们高兴；我们不相信波兰人的战败，我立刻在我的圣像龛里添上了法德依·柯斯秋什科⑨的肖像。

正是在这个时候，我第二次见到了尼古拉，这一回他的面貌更深地留在我的记忆里。贵族们为他举行了一次跳舞会⑩，我在大厅上方的回廊上⑪，可以随意地饱看他。他当时还没有留胡子，他的面貌还年

---

① 拉法夷脱将军：即玛·约·波·拉法夷脱侯爵（1754—1834），十八世纪末法国资产阶级革命的活动家。七月革命时期他站在自由主义的君主制的立场上。

② 拉马克将军：即玛·拉马克侯爵（1770—1832），法国军事、政治活动家，国会议员，他指摘路易-菲力浦的政策。

③ 让·安·曼纽艾尔（1775—1827）：法国波旁王朝复辟的时期中自由主义反对派的代表人物。

④ 本·贡斯当（1767—1830）：法国资产阶级政治活动家和作家。

⑤ 让·查·杜·德·雷厄尔（1767—1855）：法国资产阶级政治活动家，一八三〇年任司法大臣。

⑥ 阿·卡列尔（1800—1836）：法国政论家，《民族报》主编，反对查理十世。

⑦ 这句诗是从歌德的《希望》中引来的，不过原诗中的“不”字并不是“keine”，而是“nicht”。

⑧ 伊·伊·季比奇伯爵（1785—1831）：俄国元帅，一八三一年尼古拉一世派他去镇压波兰起义，任俄军总司令。

⑨ 法·柯斯秋什科（1746—1817）：一七九四年波兰民族解放运动的领袖。

⑩ 这次舞会于一八三一年十月二十一日在莫斯科举行。

⑪ 英译文作：在会议厅的旁听席中。

轻,可是加冕时候以来他的面容的改变使我吃惊。他板起脸站在一根圆柱旁边,他冷漠而严酷地望着他的前面,不看任何人。他瘦了。在这个面貌上,在这一对锡蜡一样的眼睛里,可以清楚地看出波兰的命运,以及俄国的命运来。他受到震动,吓坏了,他怀疑他的宝座是不是稳固,他准备为他饱受的痛苦、为他的恐惧和疑虑向人们报复。① 征服波

---

① 杰尼斯·达威多夫在他的《回忆录》中这样告诉我们:"皇上有一天对阿·彼·叶尔莫洛夫说:'在波兰战争期间,我有一个时期处在非常可怕的境地。我的妻子快要生产的时候,在诺夫哥罗德爆发了叛乱,我身边只有两连禁卫重骑兵;军队里来的消息只有通过哥尼斯堡传到我这里。我不得不把刚刚出军医院的士兵调来保护我。'"

这位游击队员的《回忆录》充分证明,尼古拉像阿拉克切叶夫那样,像所有冷酷残忍、怀恨在心的人那样,是一个胆小鬼。下面是切倩斯基将军告诉达威多夫的话:"您知道,我能够赞赏〔一个人的〕勇气,因此您会相信我的话。十二月十四日那一天我在皇上身边,我一直注视着他。我愿对您说句真心话,皇上一直脸发白,吓得要命。"

现在再听一听达威多夫本人的话:"在谢纳亚地带叛乱的时候,皇上只是在第二天秩序恢复以后才来到首都。皇上在彼得高府,他自己无意地说出来:'我整天同沃尔康斯基一块儿站在花园里一个土丘上,侧耳细听有没有彼得堡方面传来的炮声。'"达威多夫接着说:"他应当做的事不是在花园里焦急地听炮声和接连派遣信使到彼得堡去打听消息,而是亲自赶到那里去;凡是有一点勇气的人都应当这样做。第二天(一切都平靖了的时候),皇上坐马车到挤满广场的人丛中去,对人们大叫'跪下!'。人们连忙服从他的命令。皇上看见跟在他的马车后面的人中间有几个穿便服的人,以为他们是可疑分子,便下令把这些可怜的人抓住关起来,然后对群众嚷道:'这些都是卑鄙的波兰人,他们煽动了你们。'据我看,这种不合时宜的荒唐行为只有坏的效果。"这个尼古拉究竟是个什么样的家伙呢?——作者原注

杰·瓦·达威多夫(1784—1839):一八一二年卫国战争中的英雄,游击队的领袖。他写的《回忆录》,被检查机关查禁,不准在俄国国内刊行。

阿·彼·叶尔莫洛夫(1772—1861):俄国将军,一八一二年卫国战争中的英雄,一八一六至一八二七年任格鲁吉亚总督和高加索独立军团司令官。

诺夫哥罗德:古俄罗斯城市之一,在彼得堡东南六十一公里,一八三〇年俄国瘟疫流行的时候,这里发生过"叛乱"。

哥尼斯堡:当时是东普鲁士的首府,现在划归苏联,改名加里宁格勒。

亚·尼·切倩斯基:一八一二年卫国战争的参加者,达威多夫进行游击战时的同僚。

彼得高府:彼得宫的旧称。彼得宫是彼得一世修建的郊外离宫,离彼得堡将近三十公里。它的宫园建筑群和喷泉是很有名的。

根据莫斯科大学的档案,这个波兰学生名叫加尔巴尔·斯杰潘诺维奇·沙尼亚夫斯基生于一八〇八年左右,一八二七年在明斯克省中学毕业后,作为公费生到莫斯科大学医科念书。一八三一年沙尼亚夫斯基被捕,然后流放到西伯利亚。这是在一八三一年发生的事,不是在一八三二年。

兰之后，这个人身上过去压抑住的一切怨毒都施展开来，不久我们就感觉到了这个。

从尼古拉即位开始就在大学周围布下的特务网拉得更紧了。一八三二年我们系里一个波兰学生失踪了。他作为公费生给保送到大学来，没有根据他的志愿，就给安排在我们年级上课；我们同他交了朋友；他态度谦虚，神情忧郁，我们从来没有听见他说过一句粗暴的话，但也没有听见他说过一句刺耳的话。有一天早晨他没有来听讲，第二天也不见他来。我们开始打听，一些公费生偷偷告诉我们在夜里把他带走了，先把他叫到办公室，然后有人来拿走他的文件和行李，吩咐他们要对别人讲。事情就这样结束了，关于这个不幸的年轻人的命运，我们此后就再也没有听到什么了。①

过了几个月，有一天突然在教室里传开来：几个学生在夜里给抓走了，——是柯斯捷涅茨基、柯尔列依夫、安托诺维奇等人；②我们熟悉他们，他们全是很出色的青年。柯尔列依夫，基督教新教牧师的儿子，是一个很有才能的音乐家。他们受到军事法庭委员会的审讯；这就是说他们注定要灭亡了。我们焦急地等待他们的消息，可是他们一开始就如石沉大海。一场摧毁刚刚冒出来的新苗的大风暴来了。我们不仅感觉到它的到来，我们还听到它，看到它，我们互相靠得越来越紧。

危险使我们受了刺激的神经更加紧张，使我们的心跳得更加厉害，使我们更加热烈地互相爱着。开头我们一共是五个人，③现在我们又

---

① 克利次基兄弟们在哪儿呢？他们做了什么事情？谁审判他们？他们判罪的罪名是什么？——作者原注

② 雅·伊·柯斯捷涅茨基，参看第115页注⑥。尤·巴·柯尔列依夫（1813—1844）：莫斯科大学学生，孙古罗夫小组的参加者，被送到奥连堡军团当兵，一八四二年回莫斯科。普·亚·安托诺维奇（1812—1883）：莫斯科大学学生，孙古罗夫小组的参加者，一八三三年被送到高加索当兵，后来提升为军官。柯尔列依夫和安托诺维奇是在一八三一年六月二十日被捕的；柯斯捷涅茨基当时不在学校，他被捕的时间还要晚一些。

关于克利次基三兄弟的事情，参看第116页注①。

③ 五个人：作者、尼·奥加略夫、尼·伊·沙左诺夫、尼·米·沙青和阿·尼·沙维奇。

遇到了瓦季姆·巴谢克①。

在瓦季姆的身上有许多对我们说来是新的东西。我们中间只有微小的差异,我们大家都有同样的成长过程,这就是说,我们除了莫斯科和乡村以外什么都不知道,我们念同样的书,听同样的教师讲课,过去都是在家里或者大学预备寄宿学校里受的教育。瓦季姆生在西伯利亚,是他父亲流放在那里的时候,在贫困中出生的。他父亲亲自教他念书。他是在一个兄弟姊妹很多的大家庭里、在贫苦难堪的环境中,但是在充分自由的气氛中长大的。西伯利亚在他的身上打下了它的印记,这和我们外省的完全不同;他并不粗俗、浅薄,却显得十分强健、坚毅。瓦季姆同我们相比就像是野生的树苗。他的勇敢是另外的一种,和我们的不同,那是古代勇士②的勇敢,有时候还带了一点骄傲。这种对苦难的贵族派头③在他身上发展成了一种特殊的自尊心;可是他也很会爱别人,也会毫不吝惜地把自己的心交给别人。他胆大,甚至过分粗心大意,——一个生在西伯利亚、又生在流放人家庭里的人在不害怕西伯利亚这一点上比我们强得多。

瓦季姆由于家庭的传统极端憎恨专制制度,我们同他刚刚见面,他就真诚地对待我们。④ 我们很快就成了朋友。不过说真话,在那个时候我们的这个圈子里并不讲什么礼节,也没有适当的小心谨慎这一类的东西。

“你想认识你常常听见人谈起的克〔彻尔〕⑤吗?”瓦季姆对我说。

---

① 瓦季姆·巴谢克(1808—1842):俄国历史学家和人种志学者。

② 古代勇士:原文是“包加狄尔”(богатыръ),俄罗斯民间传说和英雄史诗中的武士,身材非常高大,力气大,胆量也大。

③ 贵族派头:大概是说,他经受的苦难太多,以此自豪,甚至于轻视别人。

④ 瓦季姆的父亲瓦·瓦·巴谢克在当时是一个有进步思想的人,一七九四年被捕时,在他家里发现亚·尼·拉季谢夫(1749—1802)的反对农奴制度的著作《从彼得堡到莫斯科的旅行记》的抄本和他在拉季谢夫的影响下写的爱好自由、反对君主专制的诗。

⑤ 尼·克·克彻尔(1806—1886):医生和诗的翻译家。

“当然想。”

“你明天来，晚上七点钟，不要迟到，——他会在我家里。”

我去了——瓦季姆不在家。一个高身材的男人在等候他，这个人有一张善于表情的脸，眼镜下面射出好心而威严的眼光。我拿起一本书，他也拿起一本书。

“那么您是，”他打开书的时候说，“您是赫尔岑吧？”

“是的，那么您是克〔彻尔〕吗？”

我们就交谈起来，——越谈越起劲……

“对不起，”克〔彻尔〕粗鲁地打断了我的话，“对不起，请用‘你’称呼我。”

“我们就用‘你’互相称呼吧。”

从这一分钟起（可能是在一八三一年年终），我们就成了分不开的朋友；从这一分钟起，在我们成长的各个时期中，在我们生活里的一切事故中都听得见克〔彻尔〕的嬉笑怒骂。

我们同瓦季姆的见面给我们的查波罗什营地①带来了新的成分。

我们还是像先前那样经常在奥加略夫家里聚会。他的生病的父亲已经住到奔萨的田庄上去了。奥加略夫一个人住在尼基茨基门他们宅子的最下一层。他的住所离大学不远，大家都很高兴到他那里去。奥加略夫有一种磁铁的吸力，对于任何杂乱地聚合在一起的原子团，只要这些原子彼此之间有亲和力，它就会构成它们结晶化的第一个羽状花纹。这种人给扔到了随便什么地方，他们都会不知不觉地成为有机体的心脏。

然而除了奥加略夫的明亮、欢乐而且糊着金黄条纹的红色糊墙纸的屋子（在这里雪茄的烟雾和糖酒等等的气味始终不断……我本来想说——好吃的东西和饮料的气味，可是我打住了，因为除了干酪外，难

---

① 查波罗什营地：十六—十八世纪在乌克兰的哥萨克的自治组织，由武装移民组成，他们大部分是受不了封建压迫而逃亡到查波罗什的农奴。他们对敌人进行了英勇的斗争。作者借用它来指他们的小组。

得有别的食品），总之，除了奥加略夫的学生味极重的住处（我们常常在那里辩论通宵，有时整夜狂饮），还有一个家庭越来越成为我们心爱的地方，在那里我们差不多第一次懂得尊重家庭生活。

瓦季姆常常在我们谈话的中间回家去，他要是好久不见他的母亲和姐妹，就会想念她们。我们整个身心都放在同志爱上面，因此觉得奇怪：他怎么会把他的家庭看得比我们这个大家庭更重。

他把我们介绍给他的家庭。在这个家里一切都带着沙皇迫害的痕迹；这一家人昨天才从西伯利亚来，他们给毁了，他们受尽了折磨，然而同时他们的举止又充满了苦难所留下来的尊严（这种尊严并不是每个遭受苦难的人都有的，只有那些懂得怎样对待苦难的人才有）。

他们的父亲在保罗〔一世〕统治的时期由于某种政治上的陷害，给抓了起来，关在席吕谢尔堡里面，随后又给流放到西伯利亚。亚历山大〔一世〕把几千名被他那个疯狂的父亲流放到西伯利亚去的人叫了回来，可是巴谢克给忘掉了。他是那个参加了谋杀彼得三世的事件、后来又到波兰省份做总督的巴谢克①的侄儿，他本来有资格要求已经落到别人手里的遗产一部分的继承权，正是这些“别人的手”②使他一直待在西伯利亚。

巴谢克关在席吕谢尔堡里的时候，他同当时驻扎在那里的一个军官的女儿结了婚。那个年轻姑娘知道将来生活一定艰苦，可是她并不害怕流放。他们起初在西伯利亚卖掉他们身边仅有的东西，还可以勉勉强强地过下去，可是随着他们家庭的人口增多，他们也就穷得越厉害了。他们贫困，劳累，穿不暖，有时还吃不饱，但是终于熬过去了，而且把整整一家的小狮子养大了：父亲把他那桀骜不驯的、骄傲的精神和自信心，忍受巨大苦难的秘诀传给了他们；他拿自己作榜样教育他们，母亲拿她的自我牺牲和伤心的眼泪教育他们。在英勇刚强这方面，姐妹

---

① 这里指瓦·瓦·巴谢克的叔父和监护人彼·包·巴谢克（1736—1804），俄国的大臣。

② “别人的手”：这里指彼·包·巴谢克把瓦·瓦·巴谢克应当继承的遗产据为己有。

们并不比兄弟们差。为什么害怕用这样的话呢？——这是一个英雄的家庭。至于他们怎样互相支持，忍受一切，他们为家庭做了些什么事情，讲出来叫人不能相信，而且他们始终是昂着头，从不灰心丧气。

在西伯利亚三姐妹只有一双鞋子；她们留着出门穿，不让外人看到她们的窘迫情况。

一八二六年年初巴谢克得到了迁回俄罗斯本土的许可。① 这是在冬天，带着这样一大家人，没有皮大衣，没有钱，从托包尔斯克省动身赶路，并不是一件容易的事，而在另一方面大家心里都急坏了——流放已到结束的时候就更难以忍受了。我们这几位受难者慢慢地挣扎着回去了；有一个乡下女人，她在那位母亲生病的时候，给一个孩子喂过奶，她把自己辛辛苦苦攒起来的一点钱拿出来给他们路上花用，只要求他们把她带去；驿站的马车夫们让他们坐车到俄罗斯本土的边境，只要很少的车钱或者完全免费；一部分家里的人步行，另一些人坐车，年轻人轮流走路，他们就这样完成了从乌拉尔山到莫斯科的冬季长途旅行。莫斯科是年轻人的梦想，是他们的希望，——然而饥饿在那里等着他们。

政府在赦免巴谢克的时候，并没有想到发还一部分田产给他。这位老人让劳累和贫困弄坏了身体，病倒了；他们不知道明天能吃到什么。

这个时候尼古拉正在庆祝他的加冕典礼，②宴会一次接一次，莫斯科好像一个装饰得很华丽的跳舞厅，到处是灯光、彩色的灯牌、漂亮衣服……两个姐姐③没有同任何人商量，就写了一份呈给尼古拉的申请书，叙述了家庭的情况，要求皇上复审这个案件，发还他们家的田产。她们一清早悄悄地离开家，走到克里姆林宫，挤到人群的前面，等候“加了冕的、被捧上了天的”沙皇。尼古拉走下红色台阶的时候，两个

---

① 瓦西里·巴谢克在一八二四年年尾得到迁回俄罗斯本土的许可。巴谢克一家人一八二五年到达俄罗斯中部。

② 尼古拉一世的加冕典礼，于一八二六年八月二十二日在莫斯科举行。

③ 指奥丽迦·瓦西里叶夫娜·巴谢克和齐娜依达·瓦西里叶夫娜·巴谢克。

姑娘静静地走上前去，递上呈文。他装作没有看见她们，就走过去了；一个侍从武官接过了呈文，警察把她们带到警察所去了。

尼古拉当时不过三十光景，他就能这样冷酷无情。这种冷漠，这种沉着是普通人、小官吏、出纳员和庶务官[①]的特性。我常常在邮局办事员、戏园的售票员和铁路上的售票员的身上，在那些经常受到人们打扰、时时刻刻都有人来麻烦的人的身上，看到这种不屈不挠的坚定性。他们学会了对人视而不见、听而不闻的本领。这种专制主义的办事员怎样也学会了视而不见呢？他们又有什么必要上班不迟到一分钟呢？

姑娘们在警察所给扣押到晚上。她们受了惊，又受了很大委屈，含着眼泪说服了所长放她们回家，因为她们要是不回去，全家都会急坏了。申请毫无效果。

父亲再也经受不住了，他受够了，他死了。留下子女和母亲一起一天一天地拖下去。生活越困难，儿子们越是勤奋地工作；三弟兄[②]都是成绩优异地念完了大学课程，得到了学位。两个哥哥[③]到彼得堡去了；两个人都是优秀的数学家，工作时间以外（一个在海军服务，另一个当工程师[④]），他们还教课，他们省吃节用，把收入的钱寄给家里。

我记得很清楚老母亲[⑤]穿着深色的家常便服，戴着白色包发帽；她那瘦削的苍白色脸上布满了皱纹，她看起来比她的实际年龄老得多，只

---

① 庶务官：帝俄时期掌管机关总务的官员。

② 三弟兄：指季奥米德·瓦西里叶维奇·巴谢克、瓦季姆·瓦西里叶维奇·巴谢克和波姆彼依·瓦西里叶维奇·巴谢克。季奥米德（1807—1845），一八二九年在莫斯科大学毕业，一八三二年作交通工程师，几年后进军事学院，一八四一年到高加索军队中服务，是高加索军团的少将，一八四五年攻占沙米尔（高加索山民宗教民族主义运动的组织者）的总部所在地达尔果时战死。波姆彼依生于一八一七年，是最小的弟弟，一八三九年在莫斯科大学毕业，获得数学系的学位。

③ 两个哥哥：指大哥叶甫盖尼·瓦西里叶维奇·巴谢克（1804—1842，彼得堡大学法学系毕业，在内务部工作）和二哥列奥尼德·瓦西里叶维奇·巴谢克（莫斯科的军官）。他们是瓦西里·瓦西里叶维奇·巴谢克的前妻生的。

④ 列奥尼德在海军服务；季奥米德当时是交通工程师。

⑤ 老母亲：指叶卡捷琳娜·伊凡诺夫娜·维列费尔德（巴谢克），瓦·瓦·巴谢克的第二个妻子，瓦季姆的母亲。

有一对眼睛显得年轻些，那里面还看得出很多的温柔、爱、操心，很多的过去的眼泪。她十分钟爱自己的孩子们；她觉得由于他们她也变得富裕、有名、而且年轻了……她对我们反复地念他们的来信，她带着极其神圣、深厚的感情，用她那衰弱的声音谈起他们，她的声音有时候由于她忍住眼泪而打哆嗦，或者甚至嘶哑了。

当他们在莫斯科全家团聚、坐在一起吃一顿简单的午饭的时候，老太太欢喜得忘了自己，她围着桌子打转，忙碌地张罗；她忽然停下来，望着她那些年轻人，她带着那样的骄傲，那样的幸福望他们，然后抬起眼睛看我，好像在问："他们多好呀，不是这样吗？"——在这些时刻我真想扑过去搂住她的脖子，亲她的手！而且甚至在外貌上，他们也的确都长得很漂亮。

她当时是幸福的。……为什么她不在这样一次吃午饭的时候死去呢？

两年中间她失去了她的三个大的儿子。一个在胜利和荣誉中间光荣地死去，连敌人也钦佩他，不过他并不是为了自己的事业牺牲的。他是在达尔果被契尔克斯人杀死的年轻将军①。荣誉医治不了母亲的心。……另外两个连这样的结局也没有；俄罗斯的艰苦生活沉重地压在他们的身上，一直到压毁了他们。

可怜的母亲，可怜的俄罗斯！

瓦季姆死于一八四三年二月。② 我陪伴他到最后，而且这是我第一次亲眼看见一个亲近的人的死亡，同时还看见了死亡的全部最折磨人的恐怖，它的全部毫无意义的偶然性，它的全部盲目的、不道德的不公平。

瓦季姆去世前十年同我的表姐③结了婚，我在婚礼中充当傧相。家庭的生活和生活习惯的改变使我们有些疏远了。他在自己的 à parte

---

① 年轻将军：即季奥米德·瓦西里叶维奇·巴谢克，参看第 156 页注②。

② 瓦季姆实际死于一八四二年十月。

③ 表姐：即塔·库钦娜，作者的外甥女。

〔法语:在这里解释作“私人生活中”〕很幸福,可是他在对外生活方面却不顺心,他的工作也没有进展。我们被捕以前不多久,他到哈尔科夫去了,有人答应给他安排在那里的大学里教书。他去那里虽然使他免掉被捕入狱,可是他的名字并没有逃过警察的注意。教书的职位取消了。副督学①对他承认他们收到一份不许他教课的公文,说是政府已经掌握了他同预谋犯罪分子有联系的材料。

瓦季姆失业了,就是说丢掉饭碗了——这是他的维亚特卡②。

我们被流放了。同我们联系是危险的事情。对他来说,艰难的贫苦岁月来了;他为着仅仅能糊口的生活艰苦奋斗了七年,他同那些粗暴、冷酷的人接触中受到了种种的侮辱,他远离了朋友,而且完全不能同他们通消息,这一切损害了他身体的健康。

“有一次我们把最后一个铜板也花掉了,”他的妻子后来告诉我说,“前一天我设法到别处去借十个卢布,可是毫无结果;凡是可以借一点钱给我们的人家,我都去借过了。除非付现钱,小店也不肯卖给我们吃的东西;我们只想一件事——明天拿什么给孩子吃?瓦季姆坐在窗前闷闷不乐,后来他站起来,拿起他的帽子,说他想出去走走。我看见他心事重重,我很耽心,不过我也高兴他出去散散心。他出去以后,我倒在床上很伤心地哭起来,随后我就想该怎么办:我们有的只要是稍微值点钱的东西,像戒指、汤匙之类,都早已进了当铺;我看只有一个办法:去找我们家里的人,要求他们那种冷淡的、令人难堪的帮助。这个时候瓦季姆毫无目的地在街上逛来逛去,就这样走到了彼得罗夫大街。他走过希利雅叶夫③的店门前,忽然想起进去问问他的书是不是连一本也没有卖掉;他五天前到过这里,可是什么也没有拿到;他怀着恐惧走进店里去。‘看见您我很高兴,’希利雅叶夫对他说,‘我们彼得堡的代理人来信说您的书他卖掉了三百卢布,您愿意把钱拿去吗?’希利雅

---

① 副督学:即亚·尼·潘宁。

② 维亚特卡:作者流放的地方。

③ 亚·谢·希利雅叶夫(?—1841):出版家和书商。

叶夫数了十五个金卢布给他。瓦季姆高兴得发狂了,路上他看见头一个小饭馆就进去买吃的东西,还买了一瓶葡萄酒和水果,扬扬得意地坐了马车回家来。这时我正在拿锅里剩下的一点肉汤兑上水给孩子们吃,还打算留一点给他,并且要使他相信我已经吃过了,他突然像过去有时候那样高兴地、快乐地捧了纸包和酒瓶走进房来。”

她大声哭起来,再也讲不出一句话了……

我从流放地回来以后在彼得堡匆匆见过他一面,发现他改变多了。他还坚持着自己的信仰,不过他像一个虽然感觉到自己受了致命的伤、却不肯放下手中利剑的战士那样,坚持他的信仰。他这时带着沉思的样子,显得精疲力竭,对前途也没有什么指望。我一八四二年在莫斯科见到他,他也还是这样;他的情况有了一点好转,他的著作受到了重视;可是这一切来得太迟了——这就像波列查叶夫的带穗肩章①一样,这就像柯尔列依夫的赦免②一样,并不是俄国沙皇的恩赐,而是俄国生活赐予的。

瓦季姆渐渐地衰弱下去,一八四二年秋天发现了肺结核,——这个可怕的病,我以后还得再看见一次。③

他临死前一个月我怀着恐怖注意到他的智力在逐渐消失、衰退,仿佛蜡烛逐渐燃尽,屋子里越来越昏暗似的。不久,他要讲几句不连贯的话也很吃力、很困难,只发出一些声音,后来他就索性不大讲话了,只是焦急地问起他的药,问是不是到了服药的时候。

二月里一天,夜间三点钟瓦季姆的妻子派人来找我去;病人很不好,他问起我;我走到他身边,轻轻地拿起他的手,他的妻子讲了我的名字;他看了我许久,显得疲倦,认不出我来,闭上了眼睛。孩子们给引进来了;他望着他们,但是我看他也认不出他们了。他的呻吟声更痛苦了,他稍微停了一下,又突然带着叫声叹了一口长气;附近教堂里响起

---

① 波列查叶夫在死前三星期才被提升为军官。

② 柯尔列依夫回来不久就死了。

③ 这里指作者的妻子一八五二年死于肺结核。

了钟声;瓦季姆倾听着,说:“这是早礼拜。”以后他就再没有讲一句话。……妻子哭着跪在死者的床前;最近来照料他的一个亲切、和善的年轻人(大学时期的一位同学),忙忙慌慌地跑来跑去,挪开放药的桌子,拉起了窗帘。……我出去了,院子里很冷,很亮,初升的太阳光辉地照在积雪上,仿佛发生了什么好事情;我去定购棺木。

我回来的时候,小小的家里笼罩着一片死沉沉的静寂,按照俄罗斯的风俗,死者睡在客厅里一张桌子上,他的朋友画家拉布斯①坐得稍微离开一些,含着眼泪,用铅笔给他画像;死者身旁站着一个高身材的女人,她默默地抄着两只手带着无限哀伤的表情;没有一个艺术家能够塑造出这样崇高和深刻的《悲痛》来。这个女人并不年轻,可是还保持着一种严肃、端庄的美的痕迹;她裹在一件灰鼠毛镶里的黑天鹅绒长斗篷里面,站在那里动也不动一下。

我在门口站住了。

在这样的静寂里,过了两三分钟,她忽然俯下身子,热烈地吻死者的前额,说:“永别了,永别了,瓦季姆朋友!”然后迈着坚定的脚步走进内屋去了。拉布斯一直在画像,他朝着我点个头,我们都不想讲话。我静静地坐在窗前。

这个女人是由于十二月十四日的事件遭到流放的查哈尔·切尔内谢夫伯爵的妹妹叶·切尔特科娃②。

西莫诺夫修道院的修士大司祭美尔希谢杰克③主动地提出在院内送一块地埋葬他的遗体。美尔希谢杰克很早以前是一个普通的木匠和一个极端的分离派教徒,后来又皈依东正教,做了修士,又当了修道院院

---

① 卡·伊·拉布斯(1800—1857):画家、艺术院院士。

② 查·格·切尔内谢夫伯爵(1796—1862):十二月党人,被捕时是骑兵大尉。叶·格·切尔特科娃(1805—1858)是他的妹妹,她是巴谢克家的亲密朋友。根据塔·库钦娜(巴谢克)的《远年回忆》,瓦季姆生活的最后两年中切尔特科娃对他们一家很友好。

③ 西莫诺夫修道院是在十四世纪中建成的。美尔希谢杰克(1773—1853)当时是这个修道院的修士大司祭。

长，最后作了修士大司祭。不管这一切，他还是一个木匠，这就是说，他还没有失掉他的心，没有失掉他的宽肩膀，也没有失掉他的红色的健康的脸。他认识瓦季姆，也重视瓦季姆所写的莫斯科的历史的研究著述①。

死者的遗体到了修道院大门口，大门开了，美尔希谢杰克率领全体修士低声唱着悼歌出来迎接这个受难者的简陋的棺木，伴送它到墓地。离瓦季姆的墓不远埋着我们另一个亲爱朋友的骨灰——威涅维契诺夫的骨灰，墓石上刻着："他多么了解生活，他活得多么短！"②瓦季姆也非常了解生活！

对命运说来，这还不够。说实在话，为什么老母亲活得那么久？她已经看见了流放的结束，已经看见了她的孩子们焕发出青春的美丽，表现出辉煌的才能——她还要活下去做什么呢！爱惜幸福的人，就应当追求早死。长久的幸福是不存在的，就像世间没有不融化的冰一样。

瓦季姆的大哥在另一个哥哥季奥米德战死以后几个月也死了；③他受了凉，又耽误了治病，他的衰弱的身体支持不住了。他大概还不到四十岁，但他是老大。

三个朋友的三口棺材向后面投下了长长的黑影；我的青春的最后岁月是在服丧的黑纱和香炉的烟雾中度过的……

过了大约一年，被捕的大学同学的审判结束了。他们（像后来我们那样，和再后一些的彼得拉谢夫斯基派④那样）被控企图组织秘密团

---

① 指瓦季姆·巴谢克的著作《莫斯科帝国记述》（一八四一年《莫斯科省报》增刊七至十五号）和《彼得大帝时期莫斯科和莫斯科省的情况》（同上增刊二十八号）等。

② 德·符·威涅维契诺夫（1805—1827）：年轻的诗人，他的墓石上刻的诗句是他的哀诗《诗人与友人》的最后一行。

③ 大哥即叶甫盖尼，他死在一八四二年，而三哥季奥米德死于一八四五年，作者在这里把年代记错了，他在前面还写道："两年中间她失去了三个大的儿子。"

④ 彼得拉谢夫斯基派：一八四五至一八四九年间彼得堡俄国知识分子集团的成员，这个集团是由米·瓦·彼得拉谢夫斯基（1821—1866）领导的，团体的成员后来就称为"彼得拉谢夫斯基派"。这个集团于一八四九年四月被破获，一部分成员（包括作家费·陀思妥耶夫斯基在内）被判决死刑，后来减为到西伯利亚作苦役，一部分成员被判处流放罪。

体和进行犯罪谈话的罪行；为了这个罪名他们就被送到奥连堡省去当兵。尼古拉却把一个被告区别开来——那就是孙古罗夫①。他已经念完了大学课程，有了工作，结了婚，还有孩子；他给判处褫夺公权，流放到西伯利亚去。

“几个年轻的大学生能够做什么呢？他们只是白白地毁了自己！”这些话是很有道理的，有这种主张的人对于我们下一代的俄国年轻人的明智应该满意了。从在孙古罗夫案件之后发生的我们的案件到彼得拉谢夫斯基案件，这中间平静地过了十五年，俄罗斯刚刚开始从这十五年恢复过来，这十五年中间有两代人给毁掉了，老的一代毁在放荡上面，年轻的一代自小就中了毒，我们今天看见的就是这一代人的萎靡不振的代表人物。

在十二月党人之后一切企图组织团体的尝试确实都没有成功；力量的薄弱和目的的不明确给我们指出来另一种工作的必要性——准备的、内部的工作。正是这样。

但是年轻人怎么能够无动于衷地旁观着周围发生的事情，旁观着成百的波兰人戴着脚镣手铐走在往弗拉基米尔去的大路上，②旁观着农奴制度，旁观着某一个拉什凯维奇将军在霍登广场上鞭打士兵，旁观着自己的同学突然失踪永无消息，而等待理论问题的解决呢，这又算是什么年轻人呢？为了这一代人道德的净化，作为对未来的保证，他们不能不极端愤怒，到了不择手段、不顾危险的地步。对于十六七岁男孩的野蛮惩罚提供了一个可怕的教训，从某一点来看也是一个锻炼的过程；一只魔掌从毫无心肝的胸膛前伸出来，举在每个人的头上，它永远赶走了那种认为会对年轻人宽大的美梦。闹着自由主义玩是危险的事，谁也不敢想搞密谋了。谁要是没有能掩盖住自己为波兰流的一滴眼泪，谁要是说了一句大胆的话——那就会得到几年的流放罪，给送去当兵，

---

① 尼·彼·孙古罗夫(1805—?)：十九世纪二十年代莫斯科一个秘密结社的领导人，一八三一年六月被捕，判处苦役劳动，死在西伯利亚。

② 作者后来也给流放到弗拉基米尔。这条路是当时流放犯人必经之路。

有时候甚至关进要塞里的单人牢房;正因为如此,重要的倒是这类话还在说,这些眼泪还在流。有的时候年轻人牺牲了;然而他们的牺牲不仅没有阻碍思想活动(正在从事解答俄罗斯生活的斯芬克司①谜语的思想活动),反而证明它的想望是正确的。

现在轮到我们了。我们的名字已经列入秘密警察的名单了。② 浅蓝色猫③玩弄老鼠的最初的把戏是这样开始的。

那些判了罪的年轻人给押解到奥连堡去,他们步行,又没有足以御寒的衣服,这个时候奥加略夫就在我们的小组里,伊·基列叶夫斯基④在他的小组里进行募捐。所有判了罪的人都没有钱。基列叶夫斯基把捐来的钱交给要塞司令斯塔阿尔⑤,一个心肠很好的老人,我以后还要谈到他。斯塔阿尔答应把钱转交给判了罪的人,他还问基列叶夫斯基:

"这几张单子是什么?"

"捐款人的名字,"基列叶夫斯基说,"和数目。"

"您相信我会把钱交给他们吗?"老人问道。

"这还用说。"

"我想,那些把钱交给您的人也是相信您的。那么为什么我们还要保留他们的名字呢?"斯塔阿尔这样说过以后就把名单扔进火里烧掉了,而且不用说,他做得非常好。

奥加略夫亲自把钱送到兵营,这件事倒平安地过去了。然而那些年轻人想从奥连堡写一封感谢同学们的信,刚巧有一个官员要去莫斯

---

① 斯芬克司:根据古希腊神话,斯芬克司是一个狮身女面、有双翼的怪物,它常常坐在路旁岩石上,拦住行人,要他们猜一个难解的谜,猜不中的人就会被它弄死。

② 奥加略夫和沙青由于同孙古罗夫集团的关系,从一八三〇年夏天起,就受到秘密警察的监视。一八三三年十二月警察当局还注意到奥加略夫和索科洛夫斯基在小剧院门口唱《马赛曲》。奥包连斯基从一八三二年起也受到监视。符·伊·索科洛夫斯基:参看第174页注①。

③ 浅蓝色猫:指秘密警察。

④ 伊·瓦·基列叶夫斯基(1806—1856):俄国政论家、唯心主义哲学家。

⑤ 卡·古·斯塔阿尔(1777—1853):一八三〇至一八三五年莫斯科要塞司令、枢密官,参加过抵抗拿破仑的卫国战争。

科，他们就利用这个机会请求他把信带去（将这封信交邮局寄递，他们不放心）。这个官员并没有放过可以充分证明自己对皇上一片忠心的难得机会，就把信交到莫斯科区宪兵队将军那里。

当时的宪兵队将军是列索夫斯基①，他是在前任亚·亚·沃尔科夫发了狂、幻想波兰人要选举自己做波兰国王的时候来接替这个职位的（一个宪兵队将军竟然为亚哥龙王朝②的宝座发了狂，这是多大的讽刺！）。列索夫斯基本人也是波兰人，他是个不凶、不坏的人；由于赌钱和为了某一个法国女演员，花光了他的财产，他明智地认为就任莫斯科宪兵队的将军比在同一个城市里因欠债坐牢好些。

列索夫斯基把奥加略夫、克〔彻尔〕、沙〔青〕、瓦季姆、伊·奥包连斯基等人传了去，③指责他们同国事犯有联系。奥加略夫说他没有给任何人写过信，要是别人给他写信来，他不能负责，而且他并没有收到谁的信，对这些话列索夫斯基回答说：

“你们为他们募捐，这更坏。因为是头一次，皇上对你们十分仁慈，饶恕了你们；只是，先生们，我警告你们，对你们要严加监视，你们以后要小心。”

列索夫斯基用含有深意的眼光轮流看了看每一个人，他的眼光停留在克〔彻尔〕的脸上（克〔彻尔〕比大家都高，年纪也稍微大一点，而且威严地扬着眉毛），他又加了一句：

“亲爱的先生，在您这种地位，您不感到羞耻吗？”

他大概把克〔彻尔〕误认为俄国纹章局的副局长④了，其实克〔彻尔〕不过是一个小小的县医。

---

① 斯·伊·列索夫斯基（1782—1839）：一八三三至一八三四年莫斯科区宪兵队的首长。

② 亚哥龙王朝：一三八六至一五七二年波兰-立陶宛王国的王朝。

③ 当时因为和柯斯捷涅茨基通信的“罪名”被传去的人是：亚·托波尔宁、伊·奥包连斯基、尼·奥加略夫、伊·柯尔列依夫、尼·斯坦克维奇、雅·涅威罗夫、尼·沙青、尼·克彻尔和雅·波切克，他们的名字都是柯斯捷涅茨基的信上提到了的。

④ 彼得一世设置的俄罗斯帝国的一种较高的官职。

我没有给传去，也许是信上没有我的名字。[①]

这个威胁就像是一次晋级，一次封爵，就像是一种强大的推动力。列索夫斯基的劝告在火上加了油，而且我们好像就是为了使警察将来更容易监视我们起见，特地戴上天鹅绒的卡尔·桑特[②]式无檐软帽，脖子上系着一样的三色[③]围巾。

舒宾斯基上校[④]静静地、轻轻地迈着轻柔的步子，爬上列索夫斯基的地位，紧紧抓住他对我们的“软弱”；他要用我们来做他升官的阶梯，——我们果然让他利用了。

然而首先我还要补充几句，谈谈孙古罗夫和他的同志们的命运。

尼古拉准许柯尔列依夫十年后从奥连堡回来（他那个团驻扎在那里）。尼古拉赦免他，因为他患了肺结核，波列查叶夫给提升为军官，也正因为他害肺结核，别斯土热夫获得十字章，因为他已死亡。[⑤] 柯尔列依夫回到莫斯科，死在他那个万分悲痛的年老父亲的怀里。

柯斯捷涅茨基在高加索当兵，有了成绩，给提升为军官。安托诺维奇也是这样。

不幸的孙古罗夫的命运可怕得多。到达麻雀山上头一个押送站以后，孙古罗夫便向负责押送的军官要求让他离开那间挤满了流放犯人的闷热的小屋，到外面透透空气。军官是个二十岁左右的年轻人，就亲自同他一起到大路上去。孙古罗夫挑选了一个适当的时刻，在路上拐一个弯不见了。他大概很熟悉这个地方，——他从军官那里逃掉了，然

---

① 柯斯捷涅茨基的信上没有提到作者的名字（根据莫斯科省国家档案，一八三三年）。

② 卡尔·桑特（1795—1820）：德国耶纳大学学生，德国反动剧作家奥·科采布讽刺当时的学生会运动，桑特认为科采布是俄国间谍，是人民的敌人，就把科采布刺杀了，第二年他被判处死刑。

③ 三色即白、蓝、红，一七八九年法国资产阶级革命后共和国国旗的颜色。

④ 尼·彼·舒宾斯基（1782—1837）：宪兵上校，莫斯科案件的主管人，后来又是赫尔岑、奥加略夫等人案件的两个侦讯委员会的成员。

⑤ 亚·亚·别斯土热夫（1797—1837）：笔名“马尔林斯基”，十二月党人、作家，一八二九年从雅库特流放地被派到高加索当兵，后来阵亡。他由于英勇作战获得乔治十字章的消息，自己生前并不知道。

而第二天宪兵找到了他的踪迹。孙古罗夫看见自己无法脱逃，就割开喉咙自杀。宪兵们把他押送到莫斯科来，他失去了知觉，而且淌着血。

那个不幸的军官也给夺去军衔降为普通士兵了。

孙古罗夫并没有死。他再次受到审判，这次不是作为政治犯，而是作为逃犯受审，——半边头给剃光了。这是一种古怪的方法（大概是从鞑靼人那里传下来的），用来防止逃跑，这种方法甚至比体罚更能说明俄国法律对人的尊严的极端蔑视。在这种表面的耻辱之外，还加上在监狱里面鞭打一下的判决。这个判决究竟执行了没有，我不知道。这以后孙古罗夫就给押送到纳钦斯克①矿场去服苦役了。

他的名字我还听见人提到一次，以后它就完全消失了。

在维亚特卡，我有一次在街上遇见一个年轻医生，我们过去的大学同学，他到某地的工厂去。我们谈起过去的岁月，谈起共同的熟人。

"我的天啊，"医生说，"您知道我到这儿来的时候看见了谁吗？我坐在尼日尼-诺夫哥罗德省的驿站里等候马。天气非常坏。一个押解犯人的军官进来取暖。我们就谈起来；他听说我是医生，就请我到押送站去，看看犯人中间的一个病人是装病，还是真正病得厉害。我去了，不用说，我打定了主意，不管情况如何，都肯定那个戴脚镣的犯人有病。在那个小小的押送站里有八十个戴脚镣的人，有剃了头的，也有未剃头的，有女人，还有小孩；军官一进来，他们就让出了一条路，我们看见龌龊的地板上一个角落里稻草上面躺着一个裹在流刑犯穿的长袍里面的人形。

"'这就是病人。'军官说。

"我用不着撒谎：这个不幸的人发着高烧；他给监牢生活和路上辛苦弄得精疲力竭、十分消瘦，半个头剃光了，胡子长得长，看起来很可怕，他毫无目的地向左右移动眼睛，不停地要水喝。

"'喂，老兄，不舒服吗？'我对病人说，然后又向军官补充一句：'他

---

① 纳钦斯克：西伯利亚东南部外贝加尔城市，产金、银、铅、铁等矿石。

不可能再往前走了。’

“病人的眼睛注视着我，低声含糊地说：‘是您吗？’他讲出了我的名字。‘您不认得我了。’他又说了一句，他的声音像刀子一样刺到我的心上。

“‘原谅我，’我对他说，一面拿起他那只干枯的、灼热的手，‘我记不起来了。’

“‘我是孙古罗夫。’他答道。”

“可怜的孙古罗夫！”医生摇着头重复了一遍。

“那么他们让他留下来了吗？”我问道。

“没有，不过他们弄了一辆大车给他。”

我写了以上的文章以后，才知道孙古罗夫在纳钦斯克死了。他的田产共有两处，一处在莫斯科近郊布龙尼茨县，有二百五十个农奴，一处在尼日尼-诺夫哥罗德省阿尔扎马斯县，有四百农奴，都给没收，作为支付他本人和同案人在狱中候审时的费用了。他的家庭也给毁了；政府首先考虑的就是减少这个家庭的人口：孙古罗夫的妻子同两个孩子给抓了起来，在普列契斯千斯基警察分局里大约关了六个月，她的吃奶的婴儿就死在那里。让尼古拉的统治永世受到咒骂吧！亚门①！

① 亚门：耶稣教祈祷的结尾语，意思是“心愿如此”。

第七章

课程结束——席勒时期——青春的初期和艺术家的生活——圣西门主义和尼·波列沃依

雷电还没有在我们头上突然响起来的时候，我在大学的课程修完了。照例的忙一阵子、为了死记硬背通宵不睡、临时马马虎虎的学习、为了考试提心吊胆破坏了我对科学的兴趣，——始终是那一套。我写了一篇争取金质奖章的天文学的论文①，却得到了银质奖章。我相信我现在不会看懂我当时写的那篇论文，而且也不会懂它的价值有银子那样重。

我有时还做过这样的梦，梦见我还是大学生，去参加考试，我惊恐地想，我已经忘记了好多，一定会不及格——我一下子醒了过来，非常高兴海洋和护照、年岁和签证把我和大学隔开了，再也没有人来考我了，再也没有人敢于给我打最讨厌的一分了。说实话，教授们一定很惊奇，我在这几年内竟然退步这么多。其实已经有一位向我这样表示过了。②

---

① 论文的题目是《哥白尼太阳系的分析的叙述》（一八三三年五月二十八日）。

② 一八四四年我在谢普金的家里遇见彼列沃希科夫，吃饭的时候坐在他的旁边。快吃完的时候，他忍不住对我说："可惜，先生，很可惜，先生，情况妨碍您从事工作，先生，——您有非常的才能，先生。"

我对他说："您知道并不是所有的人都跟着您爬上天去。我们在这儿、在地面上也忙着，做另一种工作。"

"别那么想，先生，那算是一种工作，先生，什么样的工作，先生，黑格尔哲学吧，先生。我读过您的文章，先生，我没法懂，先生；鸟的语言，先生。这算是什么工作，先生，不，先生。"

他的这个判决使我好久都觉得可笑，这就是说，我好久都不明白我们（转下页）

在毕业考试之后，教授们就关在屋子里计算分数，而我们怀着希望又怀着疑虑，心里不安，三五成群地在走廊上和穿堂里走来走去。有时候有人从校务会出来，我们连忙过去围着他打听我们的命运，可是我们的命运很久都还没有决定；最后盖依曼出来了。

“祝贺您，”他对我说，“您是学士了。”

“还有谁？还有谁？”

“某某人和某某人。”

我又难过又高兴；我走出大门的时候，我觉得我现在出去已经不像昨天那样、不像过去每天那样了；我跟大学分开了，跟我这么年轻、这么美好地度过四年光阴的共同的老家分开了；可是另一方面我感觉到我现在是一个大家公认的成年人也很高兴，——为什么不承认这个呢？——而且我一下子得到了学士的称号。①

(接上页)的语言当时会真是这样糟；如果它是一种鸟的语言，那么这种鸟一定是密纳尔伐宠爱的鸟。——作者原注

德·玛·彼列沃希科夫(1788—1880)：院士，天文学家，数学家，一八二六年起任莫斯科大学教授，一八四八至一八五一年任大学校长。作者听过他讲球面天文学的课。

根据罗马神话，密纳尔伐是智慧、学问、战争的女神，她的塑像头上戴盔、身披甲、手拿盾牌。据说密纳尔伐经常带着一只猫头鹰(智慧的象征)，不是在盔上，就是在脚边。这里说她“宠爱的鸟”就是指猫头鹰。

① 从莫斯科给我寄来的文件中间我发现了一张我写给当时同公爵夫人一起住在乡下的堂妹、通知她我毕业的字条。“考试结束了，我是个学士了！您想象不到经过四年学习之后那种甜蜜的自由感觉。您星期四想过我吗？这是一个叫人憋气的日子，我从早晨九点一直给折磨到晚上九点。”(一八三三年六月二十六日)我想我大概是为了取得效果或者为了修辞起见多写了两个小时。然而不管这一切快乐，由于别的同学(亚历山大·德拉舒索夫)获得金质奖章，我的虚荣心给伤害了。我在七月六日写的第二封信里说：“今天是发奖典礼的日子，可是我不在，我不想在接受奖章的时候当第二名。”——作者原注

公爵夫人指作者的姑母霍万斯卡雅公爵夫人。

字条内容是从作者一八三三年六月二十六日写给娜·亚·查哈林娜的信中摘引来的。

亚·尼·德拉舒索夫(1816—1890)：一八三一年进莫斯科大学念书，一八四〇至一八五五年任莫斯科大学教员，后来成为有名的天文学家。

信里这段话是作者一八三三年七月五日或六日写给娜·亚·查哈林娜的信上面的附笔，作者引用时作了小的改动。

Alma mater!〔拉丁语:母校!〕我从大学得到了很多的益处,我修完大学课程以后好久还过着大学生的生活,而且也没有离开大学,所以我想到它就不能不爱它,不能不尊敬它。它至少不能责备我忘恩负义,在对待大学的关系上表示感激是容易的,这种感激是和爱、和青春时期的愉快回忆分不开的。……现在我从遥远的外国向它祝福!

我们毕业以后度过的那一年庄严地结束了青春的初期。这是连续不断的友谊、交换思想、鼓舞和狂欢的欢乐聚会……

一小群大学的朋友在毕业以后还不分散,继续生活在共同的同情和幻想里面,没有人想到自己物质的状况和未来的前途。成年人有这种情况我不会赞扬,可是我却重视年轻人中间的这种情况。当青春还没有被市侩习气所引起的道德堕落消耗尽的时候,它总是不切实际的,特别是在一个有很多打算却很少成就的年轻国家里是这样。而且不切实际远远不是说要讲假话,对于未来的一切想法都带有理想主义的成分。要是没有这种不切实际的性格,那么所有的实践家都会反复唱着枯燥乏味的老调了。

有的兴奋热情比一切道德教训更能防止真正的堕落。我还记得年轻人的狂饮,记得偶尔作得太过分的狂欢的时刻,可是我却记不起我们这个圈子里发生过什么不道德的事件,没有一件叫人认真感到脸红的事,没有一件人们想忘记、想掩盖的事。我们做过的一切事情都是公开地做的,——而坏事却很少是公开地做的。一半的心,而且一半以上的心都厌弃逸乐的情欲和病态的自私自利,——而这些就集中在龌龊的念头上面并且加强了恶习。

我认为一个民族的年轻一代人要是没有青春,那就是这个民族的大不幸;我们已经看到了,单是年轻还不够。德国大学生生活中最怪诞反常的时期也要比法英两国年轻人那种市侩气的成熟好一百倍。据我看来美国的老成的十五岁青年只有使人感到厌恶。

在法国曾经有过出色的贵族青年,然后是革命的青年。所有这些圣茓斯特[1]和奥什[2]、玛尔索[3]和德木南——这些由让·雅克[4]的悒郁诗篇培养大的英雄的孩子们是真正的青年。革命是由年轻人干出来的;不论丹东[5],不论罗伯斯庇尔[6],甚至路易十六,都没有活过三十五岁[7]。在拿破仑时期年轻人当传令兵,到了复辟时期[8],"老年复活时期"(青春是跟它完全不相容的),一切都变得老气横秋、精明干练,就是说变得市侩气了。

法国最后一批年轻人是圣西门主义者[9]和法朗吉[10]。若干例外并不能改变法国青年平凡无味的性格。杰古[11]和勒布拉[12]用手枪自杀,因为他们是生活在这个老人社会里的年轻人。别的人就像出了水落在泥岸上的鱼一样拚命挣扎,一直到有的死在街垒的战斗中,另一些人掉

---

① 路·安·圣茓斯特(1767—1794):十八世纪末法国资产阶级革命的活动家,雅各宾派革命民主专政的领导人之一。在反革命的热月政变后同罗伯斯庇尔一起被处死刑。

② 拉·奥什(1768—1797):十八世纪末法国资产阶级革命时期的将军,镇压过汪德省王党的叛乱。

③ 弗·塞·玛尔索(1769—1796):十八世纪末法国资产阶级革命时期的将军,镇压过汪德省王党的叛乱。

④ 让·雅克·卢骚(1712—1778):法国思想家、哲学家和作家,罗伯斯庇尔曾说自己是卢骚的学生,卢骚的著作对这一代人有很大的影响。

⑤ 乔·雅·丹东(1759—1794):十八世纪末法国资产阶级革命的活动家和著名演说家,一七九四年被处死刑。

⑥ 玛·罗伯斯庇尔(1758—1794):法国资产阶级革命的活动家,雅各宾党的领袖,一七九三至一七九四年革命政府的负责人。

⑦ 路易十六(1754—1793)被处死的时候有三十九岁。

⑧ 指拿破仑一世失败后波旁王朝的路易十八(1814—1824)和查理十世(1824—1830)回到法国作国王的时期。

⑨ 圣西门主义者:信奉圣西门的学说的人。

⑩ 法朗吉:法国空想的社会主义者查·傅立叶(1772—1837)的理想社会中一千五百人至两千人的基本生产消费单位,这里指的是傅立叶的信徒。

⑪ 杰古:这个人是维克多·艾斯古斯,作者误作杰古。艾斯古斯(1813—1832)是法国的诗人和剧作家,同他的朋友勒布拉一起自杀。

⑫ 奥·勒布拉(1811—1832):法国诗人和剧作家。他同比他小两岁的朋友艾斯古斯合作写了一个剧本《法吕克·勒·莫尔》,得到了成功,可是第二个剧本《拉伊蒙特》就失败了,两个人一八三二年在一起自杀。法国诗人贝朗瑞写了一首诗《自杀——哀悼年轻的维克多·艾斯古斯和奥居斯特·勒布拉的死》,称他们为"可怜的孩子们"。

进了耶稣会教士的圈套里面。

然而年轻人会维护自己的权利，因此大多数的法国青年都在所谓艺术家生活里消磨掉自己的青春，这就是说，没有钱的带着小歌女①在quartier Latin〔法语：拉丁区〕②的小咖啡馆里面鬼混，有钱的就带着交际花在上等咖啡店里玩。这不是席勒时期，而是保尔·德·柯克③的时期；在这个时期里力量、精力以及一切年轻的东西都迅速地而且相当悲惨地消耗光了，——于是一个商号里的commis〔法语：雇员〕的人就准备好了。艺术家生活的时期在他们的心灵深处只留下了一种欲望——要钱，为了这个欲望牺牲了整个未来的生活，再没有其他的兴趣了；这些讲究实际的人不关心普遍的问题，他们瞧不起女人（这是他们多次征服那些以被征服为职业的女人的结果）。艺术家生活的时期通常总是在这种人的指导下度过的：没落名人中某一个放纵过度而衰老的罪人，靠别人生活的d' un vieux prostitué〔法语：一个老男娼〕，一个嗓子坏了的演员，一个手打颤的画家；在吐字、发音方面，在喝酒方面，特别是在对人事的傲慢见解和对菜单的完备知识方面，他是摹仿的榜样。

在英国艺术家生活的时期是由动人的新奇和古怪的殷勤这样的冲动代替了，例如荒唐的把戏，没有道理的乱花钱，令人难堪的恶作剧，小心掩盖的严重淫乱，毫无益处的旅行——到卡拉布利亚④或者基多⑤，往南方，往北方，路上骑马，带狗赛马，胡闹的宴会，然后是妻子和一大群又红又胖的baby〔英语：娃娃〕；生意周转，*Times*〔英语：《太晤士报》〕⑥，国会，还有压得他们翻不了身的陈年葡萄酒。

我们也胡闹，我们也吃喝，然而基调完全不同，音域也非常宽阔。胡闹同狂饮从来不是我们的目的。我们的目的是相信我们的使命；即

---

① 法国的喜剧和小说中不庄重的年轻女人，大都是女裁缝、小歌女一类人物。

② 拉丁区：巴黎的第五区，大学生区。

③ 保尔·德·柯克（1794—1871）：法国小说家和剧作家，以表现资产阶级出名。

④ 卡拉布利亚：意大利西南部的一个省。

⑤ 基多：拉丁美洲厄瓜多尔的首都，建筑在同名的高原上。

⑥ 《太晤士报》：英国保守派的日报，一七八五年在伦敦创刊。

使假定说我们错了,然而我们有实际的信仰,我们都是共同事业的工具,我们因此重视自己,也互相尊重。

我们的宴会和狂饮的内容究竟是什么呢?我们突然想起来再过两天就是十二月六日,圣尼古拉节。叫"尼古拉"的人实在多极了:尼古拉·奥加略夫、尼古拉·沙〔青〕、尼古拉·克〔彻尔〕、尼古拉·沙左诺夫……

"诸位,谁庆祝命名日?"

"我!""我!"

"那么我第二天。"

"这全是废话,为什么第二天?我们搞一个共同的节日,大家出钱!那该是一个什么样的宴会啊!"

"对,对!在谁那里举行呢?"

"沙〔青〕生病,当然在他那里。"

我们于是制定方案,做出预算,这叫未来的客人和主人忙得令人不能相信。一个尼古拉坐车到雅尔①去预订晚饭,另一个尼古拉去马捷尔纳②买干酪和萨拉米熏肠。葡萄酒不用说是在彼得罗夫卡的德普列店③买的,在这个店的价目表上面奥加略夫写下这样的题词:

> De près ou de loin
>
> Mais je fournis toujours.
>
> 〔法语:不论远近
>
> 我总是供应。〕

我们的毫无经验的口味并不曾超过香槟酒的范围,而且幼稚得有时甚至认为 Rivesaltes mousseux〔法语:起泡沫的利威扎尔特葡萄酒〕④比

---

① 雅尔:当时莫斯科的一家大饭店。

② 马捷尔纳:当时莫斯科的一家熟食店。

③ 德普列店是法国人德普列开设的。德普列(de près)在法文里是"近"的意思,因此奥加略夫开玩笑地题了这样的话。

④ 法国利威扎尔特地方出产的白葡萄酒。

香槟好。在巴黎我有一次在饭店的酒单上看到这个名字，想起了一八三三年，我便要了一瓶。然而，唉！连回忆也不能帮忙我喝得比一杯更多。

在节日之前我们要尝一下酒，要是结果很满意，就得差人去多买一些。

我谈到这里，就不能不讲索科洛夫斯基①的事情。他总是没有钱，而且要是得到钱就马上花光。他被捕前一年，来到莫斯科，住在沙〔青〕那里。我记得那个时候他把《赫威利》②这本稿子卖出去了，因此决定请客庆祝，不单是请我们，还要 pour les gros bonnets〔法语：请大人物〕，就是说请波列沃依、玛克西莫维奇③等人。前一天的早晨他同波列查叶夫（他的团当时驻扎在莫斯科）一起出去购买物品，买了许多茶杯，甚至买了茶炊和各种并不需要的东西，末了还买了葡萄酒和吃的东西，那就是酥皮大馅饼、塞肉的火鸡等等。晚上我们到了沙〔青〕家里。索科洛夫斯基建议把酒打开一瓶，然后又开一瓶；我们一共五个人；过了这一晚，就是说到第二天刚开头，酒就光了，索科洛夫斯基的钱也光了。他偿还了几笔数目小的欠款，剩下的钱都让他买东西花光了。

索科洛夫斯基焦急得不知怎样才好，他勉强镇静下来，想了又想，随后就写信给所有的 gros bonnets〔法语：大人物〕，说他患了重病，只好将宴会推迟。

为了庆祝四个人的命名日举行宴会，我起草了一个完整的节目单，这个节目单后来当然引起了审问官戈里曾④的特别注意，他在委员会上问我是不是按照这个节目单做了的。

---

① 符·伊·索科洛夫斯基（1808—1839）：俄国诗人，一八三二年同赫尔岑、奥加略夫大学生小组接近，一八三四年被捕。

② 《赫威利》：索科洛夫斯基写的诗剧。但索科洛夫斯基这个时候出版的并不是《赫威利》，而是长篇小说《一与二，或诗人的恋爱》。

③ 米·亚·玛克西莫维奇（1804—1873）：俄国植物学家、历史学家和民俗学家，一八三三年任莫斯科大学博物学教授。作者听过他讲的植物学的课。

④ 戈里曾：指谢·米·戈里曾公爵。

“A la lettre.”〔法语,这里的意思是“一字不差”。〕我答道,他耸了耸肩头,好像他一生都在斯莫尔尼修道院里或者都在过圣星期五①似的。

晚饭以后我们中间通常要发生一个重大的问题——一个引起辩论的问题,这就是“怎样煮热糖酒②?”别的东西都是照平常那样吃掉、喝光的,就像在国会里投信任票那样,——不用争论。可是对这个问题每个人都参加,而且又是在吃过晚饭以后。

“点火——还不点火吗?怎样点火呢?用香槟或者索特尔纳③浇灭吗?在它燃烧的时候放进水果和菠萝,还是以后才放呢?”

“显然是在它燃烧的时候,那么香味都到潘趣酒④里去了。”

“得了吧,菠萝浮起来,它们的边皮会烧焦的,这就糟了。”

“这都是废话!”克〔彻尔〕说,声音比所有其他的人都高,“应当吹灭蜡烛,——这才不是废话。”

蜡烛灭了,所有人的脸色都发青,脸上的线条都跟着火焰的摇晃在颤动。这个时候小屋子里的气温由于燃烧的糖酒变得非常高。大家都很渴,热糖酒却还没有做成。可是雅尔饭店派来的法国人 Joseph〔法语:约瑟夫〕⑤在场;他做了一种跟热糖酒相反的东西,用各种葡萄酒做成 à la base de cognac〔法语:以白兰地为主的〕冰冻的饮料。他是真正的“伟大人民”的儿子,他把法国葡萄酒倒进去的时候,还向我们解释道,这种酒非常好,因为它两次经过赤道。“Oui, oui, messieurs; deux fois l'équateur, messieurs!”〔法语:“是的,是的,各位先生,两次过赤道,各位先生!”〕

这种像北极一样冰冷的出色的饮料喝光以后,也实在不需要再喝什么了,克〔彻尔〕一面搅动汤碗里的火湖,让最后几块方糖发出咝咝声和哀号声溶化了,一面嚷道:

---

① 圣星期五:即复活节前的星期五,耶稣钉在十字架上的日子。

② 热糖酒:把甜酒或白兰地浇在大块糖上点燃溶化而成。

③ 索特尔纳:指法国索特尔纳产的白葡萄酒。

④ 潘趣酒:柠檬汁、糖和葡萄酒的混合饮料。

⑤ 约瑟夫:法国人,雅尔饭店的服务员。

“该弄灭火了！该弄灭火了！”

香槟倒了进去，火焰变红了，火在潘趣酒面上跑来跑去，现出一种忧郁和不祥的预兆。

于是有人发出失望的声音：

“我说，老兄，你发昏了，你不看见松脂熔化到潘趣酒里面去了吗？”

“那么你自己来拿好瓶子，不要让热度把松脂熔化了。”

“好吧，应当先用什么东西包住它。”那个苦恼的声音继续说。

“杯子，杯子！你们这里杯子够吗？多少？我们一共是——九、十……十四，——对，对。”

“哪里去找十四个杯子呢？”

“好吧，没有杯子的人就用——玻璃杯。”

“玻璃杯会炸的。”

“决不会，决不会，只要放一小匙进去就行。”

蜡烛拿来了；最后的火光跑过当中，来一个急转弯——就没有了。

“热糖酒成功了！”

“成功，大成功！”四面八方都在说。

第二天我头痛，恶心。这明明是由于热糖酒——这种混合酒！我当时真正下定决心以后决不再喝热糖酒了，这是毒药。

彼得·费多罗维奇走进房来。

“少爷，您今天回来不是戴自己的帽子：我们的帽子要好一些。”

“让它去吧。”

“您是不是要我去找尼古拉·米哈依洛维奇的库齐马①？”

“你以为有人没有戴帽子回家吗？”

“少爷，不管怎样，您还是让我去吧。”

这时我猜到了问题不在帽子，却在于库齐马约彼得·费多罗维奇上战场②。

---

① 库齐马：尼·米·沙青的仆人。

② 指一起喝酒。

“你到库齐马那儿去吧，不过你先向厨子给我要点酸菜汤来。”

“看来，历克山大·伊凡雷奇①，少爷们的命名日过得不寒伧吧？”

“什么——寒伧？这样的宴会我上大学以来不曾有过。”

“那么我们今天不到大学去吗？”

我受到良心的责备，不作声了。

“您的爸爸问我：‘怎么样了，还没有起来吗？’您知道，我可不会上当，我说：‘少爷头痛；他大清早就讲他头痛，老爷，所以我没有拉起窗帘来。’他就说：‘好，你做得对。’”

“你看在基督的面上让我好好地睡一觉吧。你要去沙〔青〕那儿，你就去吧。”

“我就去，少爷，不过我先跑去把酸菜汤拿来，少爷。”

我又闭上眼睛睡着了，一两小时以后我再醒过来，觉得好多了。我想：他们在那里干什么呢？克〔彻尔〕和奥加略夫在那里过夜。可惜热糖酒对脑袋会起这样的作用，必须承认它的味道很好。我不该用玻璃杯喝热糖酒，今后我喝热糖酒决定永远不超过一小杯。

这个时候我父亲已经读过了报纸，也同厨子谈过了话。

“你今天头痛吗？”

“很厉害。”

“是不是你太用功了？”——他这样发问的时候，就是在我回答以前也看得出来他已经在怀疑了。——“我记不起，好像你昨天是同尼古拉沙②和奥加略夫在一块儿的。”

“是，是这样，爸爸。”

“他们庆祝命名日……拿什么招待你呢？又是马德拉酒③汤吗？啊，我不喜欢这一切。我知道，尼古拉沙太好酒了，他这个毛病是从哪儿来的，我却不明白。已故的巴威尔·伊凡诺维奇④……啊，六月二十

---

① 即亚历山大·伊凡雷奇，作者的名字和父名。

② 尼古拉沙：即尼古拉·巴甫洛维奇·戈洛赫瓦斯托夫（1800—1846），作者的表兄。

③ 马德拉酒：马德拉岛出产的白葡萄酒。

④ 巴威尔·伊凡诺维奇：作者的姑父，尼古拉沙的父亲，死于一八一二年，参看第3页注②。

九日是他的命名日，往常他一定会邀请所有的亲戚吃一顿饭，是按照常规的宴会，既朴素，又体面。然而今天流行的是香槟酒和油浸沙丁鱼，——看起来就叫人厌恶。至于普拉东·包格达诺维奇那个不肖的儿子[①]，我不谈论他，——他一个人，又没有人管他！莫斯科……有钱，叫马车夫叶列美依‘去买酒’。马车夫当然高兴：他在店里会得到一枚十戈比的银币。”

“是的，我是在尼古拉·巴甫洛维奇那儿吃早饭的。不过我并不以为那是我头痛的原因。我要出去散散步，这通常对我有好处。”

“好吧；我希望你在家里吃午饭。”

“当然，我只是出去走走。”

要解释马德拉酒汤的来源，我就得从这次庆祝四个命名日的著名宴会的前一年或者更早些时候讲起，那时在复活节我和奥加略夫一起出去散步，为了不在家吃午饭，我就说奥加略夫的父亲请我去吃饭。

我父亲向来不喜欢我的熟人；他经常把他们的姓叫错，而且经常错得一样，譬如他总是叫沙〔青〕做沙凯尼，叫沙左诺夫做斯纳齐尼。他最不喜欢奥加略夫，因为奥加略夫留着长头发，而且不请求许可就抽起烟来。可是另一方面他把奥加略夫看作远房的外孙，因此他不能随意歪曲亲戚的姓。而且普拉东·包格达诺维奇不论家世或财产都属于我父亲所尊重的少数人之列，他很高兴我同这一家人来往。倘使普拉东·包格达诺维奇没有儿子的话，他就更加高兴了。

因此他认为这一家人的邀请是不好拒绝的。

可是我们并不待在普拉东·包格达诺维奇的可尊敬的饭厅里面，却先跑到诺文斯柯耶附近、普列依斯[②]的演艺场去（我后来在日内瓦和伦敦又非常高兴地遇见了这个杂技演员家族）；那里有一个小姑娘我们很喜欢，就叫她做“迷娘”[③]。

---

① 指尼古拉·奥加略夫，他的父亲普拉东死于一八三八年。

② 普列依斯弟兄是德国马戏、杂技演员，又是班主，当时不止一次地在俄国巡回演出。

③ “迷娘”：歌德的长篇小说《威廉·迈斯特尔的学徒时期》中一个美丽的、热情的意大利少女。

我们注意地看了一阵迷娘，并且决定晚上再来看她一次，便动身到“雅尔”去吃午饭。我有一个金币，奥加略夫有的同我差不多。我们当时完全是外行，因此我们考虑了好久，才要了一份 ouka auchampagne〔法语：香槟酒鱼汤〕、一瓶来因葡萄酒和一份小小的野味，我们吃完这一顿贵得吓人的午饭站起来，肚子还是很饿，我们又看迷娘去了。

后来我跟父亲道晚安的时候，他对我说，他觉得我有酒的气味。

“这大概是，汤里面放了马德拉酒吧。”我说。

“Au madère〔法语：放马德拉酒〕；这大概是普拉东·包格达诺维奇的女婿的主意；cela sent les casernes de la garde.〔法语：这是禁卫军营房的气味。〕”

从这个时候起到我流放为止的这段时期中，倘使我父亲以为我喝了酒，或者他看见我的脸发红，他就一定要对我说：“大概你今天又喝了马德拉酒汤吧！”

于是，我就快走赶到沙〔青〕家里去。

不用说，奥加略夫和克〔彻尔〕还在那里。克〔彻尔〕的脸上现出疲乏的表情，他对当时的某一些安排不满意，正在发表严厉的批评。奥加略夫采用了以毒攻毒的同种疗法把剩下的酒喝光了，这不仅是在昨天的晚宴以后，而且还是在彼得·费多罗维奇采办了粮草以后的事，彼得·费多罗维奇已经在沙〔青〕的厨房里唱歌、吹哨、用手指打拍子了：

在玛利伊诺村树林中游乐
就在悼亡节①那个日子。

……我回想起我们的青年时期，回想起我们这一伙人在一起度过的日子，我记不起一件使我的良心受到谴责的事情，记不起一件使我感到羞愧的事情。这毫无例外地对我们所有的朋友都适用。

---

① 悼亡节：复活节后第七个星期四举行的民间纪念亡人的节日。这是一个春天的节日。

我们中间有柏拉图式①的梦想家和悲观失望的十七岁的青年。瓦季姆甚至写了一个剧本，企图表现“他那备受痛苦的心的可怕经历”。剧本是这样开头的：“花园——远处有房屋——窗内有灯光——暴风雨——没有一个人——花园小门没有关上，啪来啪去，还发出吱呾声。”

“剧本里除了小门和花园外还有没有人物？”我问瓦季姆道。

瓦季姆带了一点不高兴的样子对我说：

“你总是开玩笑！这并不是笑话，这是我内心的真实记录；要是你再这样，我就不读下去了。”——他继续往下读。

也有完全不是柏拉图式的恶作剧；有的结局甚至不是写出剧本，而是进了药房。然而并不曾有过欺负女人、侮辱人的那些粗俗勾当，也没有人养过一个姘头（我们连这个下流的字眼也没有用过）。我们这伙人里面也从来没有过不声不响的、没有危险的、平淡无奇的、庸俗的恶行，——得到法律保障的恶行。

“那么您容许更坏的恶行——卖淫吗？”有人会这样问我道。

“不是我容许，是你们容许！这是说，不是您个人，而是你们全体。它是极其牢固地建筑在整个社会制度上，因此它不需要我来承认。”

普遍的问题和对自己社会职责的热诚救了我们；不单是这些，还有对科学和艺术的兴趣的高度发达。它们像燃烧的纸张一样，烧掉了油迹。我保存了几封奥加略夫在那个时期写的信，根据它们就可以容易判断我们当时生活的基调。例如一八三三年六月七日奥加略夫写信给我：

> 我认为我们彼此了解，我认为我们是可以开诚布公的。你不要把我的信拿给别人看。那么，你告诉我——从某个时候以来我就充满了这样的感觉和思想，也可以说它们压得我透不过气来，因此我觉得，我不仅是觉得，而且这个思想深深地印在我的脑子里：我的天

---

① 柏拉图式：精神的、空想的、不切实际的。

赋宜于做诗人、做写诗的人或者音乐家，alles eins〔德语：反正一样〕，不过我觉得我应当始终保持这个想法，因为我自己有我是诗人的这种感觉；即使我还写得很糟，然而我心灵里的那种火、我那种丰富的感情使我抱有希望将来会写出过得去的（原谅我使用这种庸俗的词句）的诗来。朋友，告诉我，我可以相信我的天赋吗？你也许比我自己更知道我，你不会看错的。——一八三三年六月七日。

你写着："你的确是一个诗人，真正的诗人！"①朋友，你了解得到这些字对我产生的全部影响吗？那么我所感觉到的一切，我所追求的一切，我所生活于其中的一切，都不是幻觉了！它不是幻觉！你说的是真话吗？这不是发热病人的胡话——这是我感觉到的。你比任何人都更了解我，不是这样吗？我的确觉得这样。不，这种昂扬的生活并不是发热病人的胡话，并不是想象的幻觉，它太昂扬了，不可能是骗人的幻觉，它是真实的，我生活在它里面，我不能想象我还会过另外的生活。我为什么不懂音乐，不然一曲多么出色的交响乐现在就要从我的心灵里产生出来！现在你听到宏伟的adagio〔意语：柔板，缓徐调〕，可是我没有表达自己思想感情的力量，我需要比过去已经说过的说得更多；presto〔意语：急板，流水调〕，presto，我需要一个强烈的、不能制止的presto。Adagio和presto〔意语：缓徐调和流水调，或柔板和急板〕，两个极端。去掉这些中间的东西：andante〔意语：行板，平调〕、allegro mo-derato〔意语：中庸快板〕，它们不是结结巴巴，就是头脑迟钝，它们既不能发出有力的语言，也不能有强烈的感觉。——切尔特科沃村，一八三三年八月十八日。

我们早已丢开了这种年轻人讲天真话滔滔不绝的习惯，它对我们显得很陌生，然而从一个不到二十岁的青年写的这些话里，可以明显地看出来他是不会被下流行为和下流恶习玷污的，即使他掉进了泥坑，他

---

① 这句话是从作者在一八三三年八月七日或八日给奥加略夫的信里引来的。

也会干干净净地从泥坑里出来。

这并不是缺乏自信心，这是对信仰的怀疑，这是希望得到肯定、听到我们所极其重视的不必要的友爱语言的强烈愿望。是的，这是即将产生艺术作品时的焦急不安，这是孕育艺术创作的心灵的焦心悬念的仓皇四顾。

在同一封信里他还写道：

> 我还捉不住我的心灵所听到的那些音响，肉体的无能为力限制了想象。然而，见鬼！我是一个诗人，凡是我不能靠冷静的理智了解的地方，诗就悄悄地告诉我真理。这就是启示的哲学。

我们青年时代的头一部分就这样地结束了；第二部分是在监牢里开始的。然而在谈到监牢之前，我应当讲一讲这个灾祸压在我们头上的时候我们的倾向是什么，我们有的是什么思想。

波兰起义被镇压以后的那个时期很快地教育了我们。我们不仅因为尼古拉已经羽毛丰满、他的严厉统治已经固定下来而感到苦恼；而且我们开始发现在欧洲，特别在法国（我们过去常常从法国找到政治暗语和口号）情况不妙，而感到内心的恐惧；我们开始对我们的见解怀疑起来。

一八二六年的幼稚的自由主义，后来逐渐变成由拉法夷脱派和本查曼·贡斯当所鼓吹、由贝朗瑞所歌唱的法国观点，它在波兰毁灭以后失去了迷惑我们的魔力了。

这个时候有一部分年轻人（瓦季姆也在内）便埋头去深刻地、认真地研究俄国历史。

另一部分青年就去研究德国哲学。

奥加略夫和我，我们不在这两部分人里面。我们同某些思想的关系太密切了，无法很快地把它们丢开。我们对贝朗瑞宴会上的革命①的信

① 宴会上的革命：十九世纪二十年代贝朗瑞的诗歌用隐蔽的玩笑、讽刺的调子，借友好宴会上祝酒的形式，发表对共和主义的同情，又结合着特殊的给肉欲恢复名誉和生活享乐的主张。因此作者有这样的说法。

仰动摇了,可是我们还在寻求一种在涅斯托尔的《编年史》①中和在谢林②的先验的唯心论中都找不到的东西。

在这种骚动中间,在猜想、在我们为了解答使我们惊恐的那些疑问所作的努力中间,圣西门主义者的小册子,他们的宣传,他们的审讯,到了我们的手里。它们给我们留下很深的印象。③

肤浅的和不肤浅的人们把昂方丹神甫④和他的使徒们嘲笑够了;现在到了用另一种方式承认这些社会主义的先驱者的时候了。

这些意气昂扬的青年穿着没有开襟的背心,留着长胡子,庄严地、带着诗意地出现在小市民世界中间。他们宣告一种新的信仰,他们有话要说,他们要用这种新事物的名义批判旧事物秩序,并不害怕受到拿破仑法典⑤和奥尔良宗教⑥对他们的审判。

一方面妇女的解放,号召妇女参加公益劳动,让妇女掌握自己的命

---

① 涅斯托尔的《编年史》:即《往年故事》,是现存最早的俄罗斯历史书,据说作者是基辅山洞修道院的僧侣(十一世纪后半叶到十二世纪初)。

② 弗·威·谢林(1775—1854):德国唯心主义哲学家。

③ 作者在这里讲当时(三十年代初)他和奥加略夫对真理的追求。一八三〇年法国七月革命后资产阶级统治得到了巩固,这以后作者和奥加略夫对资产阶级自由主义的思想("由拉法夷脱派和本查曼·贡斯当所传播的法国政治理论")开始怀疑起来。一八三一年波兰起义受到镇压之后,他们再也不能以在他们少数同志的小组里唱革命歌曲、谈论革命为满足了。作者还认为他们不会脱离当前的紧要问题去研究远古的历史(如"涅斯托尔的《编年史》")或者研究抽象的德国唯心主义的哲学(如"谢林的先验的唯心论")。接受空想的社会主义思想("圣西门主义者的小册子"),在当时说来,是他们在思想发展史上迈出了新的一步。

④ 巴·普·昂方丹(1796—1864):即昂方丹神甫,法国空想的社会主义者,圣西门主义的领袖,曾带了四十个信徒在巴黎郊外建立一个社会主义居住点,因而被捕,关了一个时期。

⑤ 拿破仑法典:拿破仑一世执政以后相继制定了《民法典》《商法典》《刑法典》。一八〇四年颁布的《民法典》,后来(一八〇七年)改称为《拿破仑法典》。一八三二年法国圣西门主义者以违反社会道德和习俗的罪名根据刑法第二九一条受审判。作者在这里批判资产阶级法律的伪善。

⑥ 奥尔良宗教:这是作者用的讽刺话。七月(奥尔良)王朝掌权时期的特点就是金融贵族统治的极端道德败坏。在这个时期中圣西门主义者却被控告犯了宣传"新宗教"和男女平等,也就是道德败坏、主张"公妻"的罪名,受到审判。

运，把妇女当作平等的人同她联合起来。

另一方面为肉欲昭雪、辩护，réhabilitation de la chair！〔法语：给肉欲恢复名誉！〕

这是些伟大的词句，它们包含着人与人之间新关系的整个世界，——一个健康的世界，精神的世界，美的世界，自然道德的世界因此也是道德上纯洁的世界。许多人挖苦妇女解放，挖苦对肉欲权利的承认，给这些字眼加上肮脏的、庸俗的意义；我们那种修道士一般贪淫好色的想象害怕肉欲，害怕女人。心地善良的人明白对肉欲的净化尊重就是基督教的丧钟；生命的宗教来代替死亡的宗教，美的宗教来代替提倡斋戒和祈祷的惩罚和禁欲的宗教。钉死在十字架上的肉体也复活起来，而且不再为自己感到害羞了；人达到了和谐的统一，领悟到他是一个活的整体，并不是像钟摆那样，由两个互相制约的不同金属做成的，还领悟到同他连结在一起的敌人也已经消失了。

要在法国向全体公众宣传这些摆脱唯灵论的言论，是需要很大的勇气的，唯灵论在法国人的观念里是很牢固的，而在他们的行为里却又完全没有它！

那个旧世界，伏尔泰所嘲笑的、革命所破坏的，但又被小市民为了自己的生活习惯所巩固、所修补、所加强的旧世界，还不曾经受过这样的事。它要根据它口是心非的伪善来审判它所谓的叛徒，可是这些年轻人揭露了它。他们被控告背叛了基督教，然而他们指着法官头上一八三〇年革命以后用帷幔罩起来的神像[1]。控告的罪名是他们替色欲辩护，可是他们问法官，他的生活是不是很贞节？

新世界在推门了，我们的灵魂、我们的心敞开来迎接它。圣西门主义成了我们信仰的基础，它始终不变地是我们信仰的精髓。

我们敏感，又真正年轻，因此容易被卷进它的巨大洪流里面，而且很早就游过了那条分界限（那里有整整一大群人，他们抄了手站着，有

① 在七月王朝统治的时期，法庭上的神像给用绿色盖布遮了起来。

的朝后退,有的在两边寻找浅滩)——要横渡海洋!

然而并不是所有的人都敢于同我们一起冒险的。社会主义和现实主义①一直到今天都是革命和科学的道路上的试金石。一群群游泳的人被时事的浪潮或者由思考的结果冲到了这些岩石上,立刻分成两个永远存在的党派,它们(经常改变装束)贯穿整个历史,贯穿一切变革,通过不计其数的政党,甚至通过由十多个青年成立的小组而存在下来。一派代表逻辑,另一派代表历史;一派代表辩证法,另一派代表发生学②。一派更正确,另一派更实际。

这里不可能谈到选择,控制思想比控制任何激情更难——思想不知不觉地把人引到什么地方;要是能够用感情、用梦想、用害怕后果的顾虑来束缚思想,也可能把思想拴住,然而并不是每个人都能办到。要是思想在一个人身上占了优势,那么他就不问这思想是否合乎实际,实行起来是困难还是容易,——他追求真理,坚定地、无私地实行他的主张,像过去圣西门主义者、现在蒲鲁东③所做的那样。

我们的小组团结得更紧密了。甚至在那个时候,在一八三三年,自由主义者看见我们就要皱起眉头,认为我们走错了路,正是在我们关进监牢之前,圣西门主义成了我和尼·阿·波列沃依中间的障壁。波列沃依是一个头脑十分灵敏、精力旺盛、容易吸收一切养料的人;他是生就的新闻记者,一切成就、发现、政治与学术论战的编年史家。我是在大学念书快结束的时候认识他的——我有时在他的家里,有时在他的兄弟克谢诺丰特④的家里。这是在他声誉最高的时候,就是在《电讯》⑤查禁前不久的时候。

---

① 现实主义:作者在这里指唯物主义。

② 发生学:动物和人发展的科学。

③ 比·约·蒲鲁东(1809—1865):法国小资产阶级社会主义者,无政府主义者。

④ 克谢诺丰特·阿列克谢叶维奇·波列沃依(1801—1867):新闻记者,尼·阿·波列沃依的兄弟和《莫斯科电讯》的同事。

⑤ 《电讯》:即《莫斯科电讯》,两周刊,科学和文学评论杂志,由尼·阿·波列沃依编辑,一八二五年创刊,一八三四年被查封。

这个人，他生活在最近的发现里面，在当前的问题里面，在理论和事件的新奇新闻里面，他像变色龙那样变来变去，不管他的头脑多么灵活，他是不会懂得圣西门主义的。对我们说来，圣西门主义是启示，在他看来是发疯，是阻碍社会发展的空洞无聊的乌托邦。不管我怎样阐说、解释、论证，波列沃依是听不进去的，他不高兴，发了脾气。一个大学生反对他，使他特别恼怒，因为他非常重视他在年轻人中间的影响，在他同我的辩论中他看出来这种影响正在逐渐地消失。

有一次我认为他的反驳不讲道理，给激怒了，就对他说，他同他毕生所反对的那些人一样地落后、保守。我这番话使波列沃依很难过，他摇着头，对我说：

“将来会有一天，您也会为您一生的努力和辛劳得到这样的报酬：一个年轻人含笑地对您说：‘走开，您是个落后的人。’”

我怜悯他，而且因为自己伤了他的心感到惭愧，但是同时我也明白，在他的忧郁的话里听得出他的结论来。他的话不是出于一个坚强战士的口，而是一个上了年纪的、精疲力竭的角斗士①讲的话。我那个时候就明白他不会前进了，可是他也不能带着这样灵活的头脑、踏着这样不牢固的基地，长久站在同一个地方。

你们知道他后来怎样了吗，——他写了《西伯利亚姑娘巴拉莎》②……

对于到了时候不能前进又不能退出舞台的人，及时死去倒是多么大的幸福！我看到波列沃依，看到庇护九世③以及许多别的人，就有这样的想法！

---

① 角斗士：在古罗马与其他武士或野兽角斗的奴隶或战俘。

② 《西伯利亚姑娘巴拉莎》：尼·阿·波列沃依后来转变以后写的一个剧本。尼·阿·波列沃依在《莫斯科电讯》一八三四年被查封以后转到了反动的阵营。

③ 庇护九世（1792—1878）：罗马教皇，又是教皇国世俗君主（1846—1849 和 1850—1870），曾经同自由主义集团作了某些不得已的周旋，以后就成为欧洲反动势力的一个主要鼓舞者。

补遗:亚·波列查叶夫

要补足那个时期阴暗抑郁的记录,我应当增加一点关于亚·波列查叶夫的详细情况。

波列查叶夫在大学念书的时候,就因为诗写得好出了名。他写的诗中间有一篇摹仿《奥涅金》的幽默诗《沙希卡》。在这篇诗里他不顾礼节,用开玩笑的调子和十分优美的诗句抨击了许多事情。

一八二六年秋天尼古拉绞死了伯斯捷尔、穆拉维约夫和他们的朋友以后,在莫斯科庆祝他的加冕典礼。对别的君主说来,这种典礼常常是大赦和宽恕的机会;尼古拉在欢庆自己登基之后又继续"打击祖国的敌人",像罗伯斯庇尔在举行了他的 Fête-Dieu〔法语:主宰节〕①以后那样。

秘密警察把波列查叶夫的长诗送到他那里……

于是在某一天深夜三点钟,校长②把波列查叶夫唤起来,叫他穿上制服到办公室去。督学在那里等着他。督学看见制服上的钮扣全在,不多不少,不说什么就请波列查叶夫坐进自己的马车把他带走了。

他把波列查叶夫带到国民教育大臣那里。国民教育大臣又让波列查叶夫坐进他的马车,带走了——然而这次是直接去见皇上。

---

① 作者指的是一七九四年新历九月二日在巴黎"罗伯斯庇尔手执花束与麦穗主持的崇敬主宰与自然的盛大纪念会"(马迪厄语)。这个新宗教仪式结束以后,对国内敌人的镇压也加强了。

② 校长:指安·安·普罗科波维奇-安东斯基(1762—1848),一八一八至一八二六年任莫斯科大学的校长。

里温公爵①叫波列查叶夫在会客室里等候，他到内室去了，虽然这时不过是清早六点钟，却已经有几位内侍官和其他高级官吏等在那里。内侍官以为这个年轻人有了什么出色的成就，便马上同他交谈起来。有一位枢密官还邀请他给儿子教课。

波列查叶夫给带到书房里去。皇上靠了写字台站着，正在同里温谈话。他朝着进来的人投了一瞥审视的、带恶意的眼光，他的手里拿着诗稿本。

“是你写的这些诗吗？”他问道。

“是我。”波列查叶夫答道。

“公爵，您瞧，”皇上说，“我要给您看一个大学教育的样本，我要让您看看年轻人在那里学些什么。”然后他又向波列查叶夫吩咐道：“把诗稿大声读出来。”

波列查叶夫十分激动，他读不出声。尼古拉的眼睛牢牢地盯着他。我知道这对眼睛，再没有比这种灰暗无光的冷冷的锡镴一样的眼光更可怕、更没有指望的了。

“我不能。”波列查叶夫说。

“你读！”禁卫军军士长吼叫道。

他这一声吼叫使波列查叶夫的能力恢复了。他翻开了诗稿本。他后来对我们说：“我从没有见过《沙希卡》抄写得这样工整，而且写在这样好的纸上。”

他起初读得很吃力，然后他逐渐振作起来，他大声地、生动地读完了这首诗。到了特别尖锐的地方，皇上就向大臣作手势。大臣恐惧地闭上自己的眼睛。

“您怎么说？”尼古拉在他读完以后，问大臣道，“我要制止这种道

① 作者记错了，当时担任国民教育大臣职务的不是卡·安·里温公爵，而是亚·谢·希什科夫，他在一八二四年到一八二八年担任国民教育大臣。里温是接替希什科夫职务的人，他任职的时期是一八二八年到一八三三年。

德败坏，这不过是遗迹，最后的残迹；我要根除它们。他的操行怎样？”

不用说，大臣并不知道波列查叶夫的操行，可是他起了一点怜悯心，他就说：

“陛下，他的操行很好。”

“这个评语救了你，然而你应当受到处分，为了给别人作个例子。你愿意到军队里去吗？”

波列查叶夫不做声。

“我给你一个在军队里服役赎罪的机会。怎样，你愿意吗？”

“我应当服从。”波列查叶夫答道。

皇上走到他面前，把一只手放在他的肩上，说：“你的命运决定于你自己；要是我忘记了，你可以写信给我。”便吻了吻他的前额。

我逼着波列查叶夫讲了十来遍接吻的事情，——我觉得这太不可信了。波列查叶夫发誓说这是真事。

波列查叶夫离开皇上便给带到季比奇那里去，季比奇就住在宫里。他还睡着，给叫醒来了，他走出来，还打着呵欠，他读了文件以后，便问侍从武官道：

“就是他吗？”

“是他，大人。”

“好吧！很好的事，您到军队去服役；我过去一直在军队里服役——您瞧，我升到了元帅，您将来也可能做到的。”

这种愚蠢的、不合时宜的德国式的开玩笑，就等于季比奇的接吻。波列查叶夫给带到营房当兵去了。①

过了大约三年，波列查叶夫记起了皇上的话，便给皇上写了一封信。没有回信。几个月以后他又写了一封信，——仍然不见回信。他相信他的信没有送到，他就逃跑了，②他逃跑，原是为了亲自向皇上呈

---

① 一八二六年七月二十八日波列查叶夫给派到布狄尔斯基团当军士。

② 波列查叶夫一八二七年六月离开布狄尔斯基团。

递申请书。他的行动不谨慎,他去看莫斯科的老同学,受到他们的款待;不用说,就不能保守秘密了。在特威尔他让人捉住了,把他当作逃兵,戴上镣铐,徒步押送到团里去。军事法庭判决他受夹笞刑;判决书送到皇上那里请求批准。

波列查叶夫想在处罚之前自杀。他在监牢里想找一件锐利的工具,好久都没有找到,就请一个对他友好的老兵帮忙。老兵了解他,尊重他的愿望。老头子听说批示下来了,就带来一把刺刀,含着眼泪把刺刀递给他,一面说:

"我亲自把它磨尖的。"

皇上并没有批准惩罚波列查叶夫。

就是在这个时候他写下了他那首优秀的诗:

得不到安慰
我孤寂地死去,
附在我身上的恶魔
他扬扬得意……①

波列查叶夫给送到高加索去了;②在那里他立了功、升为军士。一年一年地过去了;他那种毫无出路的、寂寞无聊的处境毁了他;要他做一个警察诗人歌颂尼古拉的功德,他办不到,然而这却是逃离军队的唯一办法。

可是还有另一个办法,他倒挑选了这个:他借酒来忘记一切。他有一首可怕的诗《白酒颂》。

他后来给调到驻扎在莫斯科的马枪兵团。③ 他的处境有了大的好转,但是可恶的肺结核已经损坏了他的身体。我就是在这个时候认识他

① 这四行诗是从波列查叶夫的《预见》中摘来的,与原诗有出入。

② 波列查叶夫一八二九年充当莫斯科步兵团列兵,去高加索。

③ 一八三三年波列查叶夫在那里服役的莫斯科团从高加索调往弗拉基米尔省的柯甫罗夫城。

的,在一八三三年左右。他又支持了四年光景,后来死在士兵医院。①

他的一个朋友到医院去要他的尸体来埋葬的时候,却没有人知道他的尸体在什么地方;士兵医院做着出卖尸体的生意;它把尸体卖给大学、卖给医学院、做成骷髅等等。末了,那个人在地下室里找到可怜的波列查叶夫的尸体,——他躺在一堆别人的尸体底下,老鼠啃掉了他的一条腿。

他死后他的诗集②出版了,本来要把他的一幅穿着士兵大衣的照片附在集子里,书刊检查机关认为这样做不体面,于是就给这个可怜的受难者换了戴上军官肩章的照像,——他是在医院里提升的。

① 波列查叶夫死于一八三八年一月十六日。
② 指一八三八年在莫斯科出版的《竖琴——亚历山大·波列查叶夫的诗》。

第二卷

监狱与流放(1834—1838)

巴金 译

第八章

预言——奥加略夫被捕——火灾——一个莫斯科的自由主义者——米·费·奥尔洛夫——墓地

……一八三四年一个春天的早晨我去找瓦季姆;他和他的兄弟姐妹都不在家。我走上楼,到他那个小房间里,坐下来写字条。

门轻轻地打开,瓦季姆的老母亲进来了;她的脚步声轻得几乎听不见;她带着倦意和病容走到一把扶手椅跟前,她坐下的时候对我说:

“您写吧,您写吧,——我来看看瓦季亚①回来没有;孩子们出去散步去了,楼下空得很,我感到心烦,又有些害怕。我在这儿坐一会儿;我不妨碍您,您做您的事。”

她脸上带着深思的表情,我在她的脸上比平日更清楚地看到她过去所遭受的苦难的痕迹和她对于未来所怀有的疑惧,那种在多次长期的巨大灾难以后遗留下来的对生活的不信任。

我们交谈起来。她对我谈了一点西伯利亚的事情。

“我遭受过许多许多苦难,而且以后难免还会遇到,”她摇着头继续说,“我的心有一种不祥的预感。”

我记起来过去有时候她听见我们大胆的讲话和带煽动性的谈论以后,她脸色发白,轻轻地叹口气,走到另一间屋子里去,好久不讲一句话。

“您和您那些朋友们,”她往下说,“你们在走着必然毁灭的道路。您

① 瓦季亚:瓦季姆的爱称。

会毁掉瓦季姆，毁掉您自己和大家；您知道，我也像爱儿子一样地爱您。”

眼泪沿着她憔悴的脸颊滚下来。

我不作声。她拿起我的手，勉强笑了笑，又说下去：

“不要生气，我心情不好；我全明白，你们走你们的路吧，对你们来说，并没有别的路，要是有别的路，那么你们都不是现在的你们了。我知道这个，可是我克服不了我的恐惧；我经历过那么多的不幸，我再没有力量来忍受新的灾难了。您当心，不要对瓦季姆谈起这个，一个字也不要提，他会难过，他会来劝我。……他来了。”她又说，连忙揩去了眼泪，用眼光再一次恳求我不要对瓦季姆讲什么。

可怜的母亲！神圣的、伟大的女人！

这比得上高乃依的“qu'il mourût！〔法语：他该死！〕”①

她的预言很快地就实现了；幸运的是这次的暴风雨没有落到她一家的头上，然而也给这个可怜的女人带来许多恐惧和痛苦。

*　　*　　*

“怎么给抓走啦？”我问道，就跳下床来，伸手摸了摸头，要证实我不是在梦里。

“警察局长夜里带着警察分局局长和哥萨克兵来了，在您离开我们家以后两小时光景，把文件全拿走了，带走了尼〔古拉〕·普〔拉东诺维奇〕②。”

这是奥加略夫的随从讲的话。我不明白警察找到了什么口实，——最近一切都很平静。奥加略夫到了才一两天……为什么他们抓走他，不抓走我呢？

束手不动是不行的，我穿好衣服，走出家门，没有一定的目的地。

---

① “他该死”（或译“他还是死了好”）：这句话是从法国古典主义剧作家彼·高乃依（1606—1684）的五幕悲剧《贺拉斯》中引来的。这个名句是主人公贺拉斯的父亲讲的话（见该剧第三幕第六场），老贺拉斯听见误传他的儿子怕死，临阵脱逃，深以为耻，就气愤地说了这句话，表示爱国心高于亲子情。

② 尼古拉·普拉东诺维奇·奥加略夫在一八三四年七月九日被捕，七月十二日由他的父亲保释出来，同月三十一日第二次被捕。

这是我碰到的头一个麻烦。我的心情很不好,我因为自己无能为力感到苦恼。

我在街上徘徊,最后我想起了一个朋友,他的社会地位使他能够打听出来是怎么一回事情,而且也许还可以帮忙。他住得非常远,在沃龙佐夫广场后面的别墅里;我碰到头一部出租马车就坐上,赶到他那里去。这个时候还不到早晨七点钟。

我认识瓦①大约在一年半以前;他是别具一格的莫斯科的大交际家。他在巴黎受过教育,有钱、聪明、有学问、机智、有自由思想,他因为十二月十四日的事件给关进了彼得保罗要塞监狱,后来又是在那批开释的人的中间;他不曾有过流放的经验,却得到了这方面的荣誉。② 他在总督手下工作,得到总督的信任。戈里曾公爵喜欢有自由思想的人,倘使他们用流利的法国话表达他们的这种见解,他更满意。公爵不擅长俄国话。

瓦比我们大十岁,他那些老练的言论、他对政治事务的知识、他那漂亮流利的法国话和口才以及他对自由主义的热情都使我们感到惊讶。他知道的非常多,而且非常详细,他谈话谈得非常动听,而且非常从容;他的意见非常明确干脆,对任何事情他都有答案、建议和解决办法。他什么都读——新的长篇小说、论文、杂志、诗歌,而且还研究动物学,很有成绩,③替公爵起草计划草案,并且草拟儿童读物的编写提纲。

他的自由主义是极其纯粹的、三色的④那一类,是属于莫甘⑤和拉马克将军⑥两人之间的左翼。

---

① 瓦:指瓦西里·彼得罗维奇·祖布科夫(1799—1862),担任过莫斯科民事和刑事法庭的顾问,后来又担任枢密院的总检察官。

② 指作为十二月党人的荣誉。

③ 祖布科夫自一八二五年起担任莫斯科自然科学家协会会员,后担任协会的第一秘书,在协会的刊物上发表过三篇关于甲虫新种的文章。

④ 法国国旗是三色旗,这里用来指法国资产阶级的自由主义。

⑤ 弗·莫甘(1785—1854):法国资产阶级自由主义政治活动家,国会议员。

⑥ 拉马克将军:参看第 149 页注②。

他的书房里挂满了所有革命名人的肖像,从汉普登①和伯伊②到菲艾斯基③和阿尔芒·卡列尔。在这个革命圣像壁下方有一个完备的禁书库。一具骷髅、几只鸟的标本、几只制过的两栖动物和若干保存在酒精里的动物内脏——它们给这间气氛非常热烈的书房加上一种思考和研究的严肃色彩。

我们常常带着羡慕的眼光来看待他那种对人的知识和经验;他那含蓄而带讽刺的反驳方式对我们有很大的影响。我们把他看作一个能干的革命家,一个 in spe〔拉丁语:未来的〕国家大员。

我在瓦的家里没有找到他,他昨天进城去见〔戈里曾〕公爵去了;他的随从说一个半小时以后他一定会回家。我留下来等他。

瓦的别墅很漂亮。我待在他的书房里等候他,书房 au rezde-chaussée〔法语:在底层〕。高大、宽敞,有一扇大门通到阳台和花园。这一天很热,从园里送进来花香和树木的香气,小孩们在房屋前面玩,发出响亮的笑声。富裕、满足、自由自在、阳光和阴影、花和绿荫……然而在监狱里却是狭小、黑暗、透不过气。我坐在那里沉溺在痛苦的思想中不知道过了多久,忽然那个随从带着一种古怪的兴奋在阳台上唤我。

"什么事?"我问道。

"请到这儿来看看。"

我不想得罪他,就到阳台上去,——我发呆了。整整半个圆圈的房屋都在熊熊地燃烧,好像它们是在同一个时候烧起来似的。火势以非常快的速度蔓延开来。

我待在阳台上;随从带了一种神经质的高兴望着火,说道:

"烧得太好了,右边这所房屋烧起来了,一定烧起来了。"

---

① 约翰·汉普登(1594—1643):十七世纪英国资产阶级革命活动家。

② 让·西·伯伊(1736—1793):法国天文学家,十八世纪末叶法国资产阶级革命活动家,一七九三年被处死刑。

③ 居·菲艾斯基(1790—1836):科西嘉人,一八三六年因密谋暗杀路易-菲力浦(未遂),被处死刑。

火灾带了某种革命的性质：它蔑视所有制，消除财产的差别。随从本能地了解了这一点。

半个小时以后四分之一的天边都让上面灰黑、下面红色的浓烟盖住了。这一天拉费尔托沃①烧毁了。这是五个月中间一连串纵火案的头一件；我们在后面还要谈到它们。

最后，瓦回来了。他精神饱满、亲切、殷勤，对我谈起火灾的事（他刚刚经过火灾场），还谈起一般人的讲法，说是有人放火，然后他又半开玩笑地接着说：

"先生，这是普加乔夫叛乱②，您瞧，我和您都逃不掉，他们要把我们绑在木桩上③……"

"在他们把我们绑在木桩上以前，"我答道，"我耽心他们会给我们戴上镣铐的。您知道昨天夜里警察抓走了奥加略夫吗？"

"警察，——您在讲什么？"

"这就是我来找您谈的事情。应当想点办法。您到公爵那儿去，打听出是什么缘故，要求他同意接见我。"

瓦——没有回答，我望着他，然而现在他变了，好像不是他，而是他的哥哥坐在这里带着没精打采的神情和憔悴的面容，——他唉声叹气，显得惊惶不安。

"您怎样了？"

"您听我说，我经常对您说，这样下去，准会出事……对，对，这是我们料得到的，哎呀，谢谢！……不论在思想和行动两方面我都没有罪，可是看来我也会坐牢的，这不是在开玩笑，我知道要塞的单人牢房是什么滋味。"

"您去找公爵吗？"

---

① 拉费尔托沃：即列福尔托沃，过去是莫斯科的郊区，彼得一世曾在这里建筑了宫殿，后来这里又修建了叶卡捷琳娜宫；现已划入莫斯科市区。

② 参看第59页注⑤。

③ 古时候的一种死刑，即绑在木桩上烧死。

“说实话,有什么用处?我作为朋友劝告您,不要谈奥加略夫的事;尽可能地不要做声,不然会倒楣的。您不知道这种事情多危险——我的真诚的劝告是:置身事外;不管您怎样奔走,您帮不了奥加略夫的忙,却只有毁掉您自己。专制制度就是这么一回事,——毫无权利,毫无辩护;律师和法官有什么用?”

这一次我没有心思听他那些大胆的见解和尖锐的批评。我拿起帽子走了。

我回到家,看见大家都很焦急。我父亲因为奥加略夫被捕在生我的气,枢密官已经来了,在清查我的图书,拿走那些他认为是危险的,而且很不高兴。

我在桌子上看到米·费·奥尔洛夫请我去吃午饭的字条。他能不能替我们做点事情呢?虽然经验给了我一些教训,可是——试试并不吃亏。①

米哈伊尔·费多罗维奇·奥尔洛夫是著名的福利社②的一个创办人,他没有去西伯利亚,并不是他的过错,这是由于他的哥哥③受到尼古拉的特殊宠幸,而且在十二月十四日那一天头一个带着骑兵队跑去保卫冬宫。奥尔洛夫被遣送到他的田庄上去,过了几年才得到批准迁回莫斯科居住。他在乡下孤寂的生活中研究了政治经济学和化学。我头一次见到他,他就谈起他那个化学上的新的命名法。凡是精力充沛的人研究一门科学开始得较迟的时候,就会有这样一种嗜好:把家具搬来搬去,照自己的心意安排一番。他的命名法比通用的法国命名法更复杂。我想转移他的注意力,就采用 captatio benevolentiae〔拉丁语:讨

① 这是旧俄的谚语。

② 福利社:这个社是在一八一八年成立的十二月党人的秘密团体。它在俄国头一个提出建立共和国的要求。它在一八二一年宣告“业已解散”,实际上改组成为两个团体:即由伯斯捷尔领导的“南方协会”(主张成立共和国)和主张成立立宪政府的“北方协会”,它们共同参加了十二月党人的秘密计划。

③ 指阿·费·奥尔洛夫伯爵(1786—1861),俄国反动国务活动家、军人和外交家,积极参加了一八二五年镇压十二月党人起义的罪行,一八四四年起担任宪兵队和第三厅的首脑。

好〕的办法，向他指出：他的命名法很好，不过旧的命名法更好。

奥尔洛夫起初还争论，后来就同意了。

我讨好他的做法生了效，从那个时候起，我们就成了亲密的朋友。他认为我很有前途，我把他看作我们思想上的一位老同志，我们所崇拜的英雄们的一位朋友，我们生活中的一位崇高人物。

可怜的奥尔洛夫就像关在铁槛里面的一头雄狮。他到处碰着栅栏，他没有地方可以活动，没有工作可做，对行动的渴望慢慢地消耗着他的身体。

在法国〔革命〕失败以后，我不止一次地遇见这样的一种人，他们给政治活动的需要弄得心神不定，不能够在书房的四面墙壁里面过日子，也不能在家庭生活中消磨时间。他们不会单独地生活；孤独的时候他们会感到忧郁，会变得喜怒无常，会同他们的最后一批朋友争吵，会在各处都看到反对他们的阴谋，他们自己也搞阴谋，想借此发现那一切事实上并不存在的阴谋诡计。

他们需要舞台和观众，就像需要空气一样；在舞台上他们的确是英雄，也会忍受一般人忍受不了的一切。他们离不开喧嚣、热闹、喝采，他们要发表演说，听政敌的答辩，他们少不了战斗的鼓舞和危险的刺激，——没有这些强身剂，他们就痛苦，就憔悴，就消沉下去，就死气沉沉，他们会冲出去，会犯错误。赖德律-洛兰就是这样，他的面貌也恰好同奥尔洛夫相似，特别是在他蓄了小胡子以后。

奥尔洛夫生得很漂亮；他的高高的身材、优雅的姿态、美丽的男性的容貌、光光的颅骨，这一切和谐地融合在一起使他的外貌有一种无法抗拒的魅力。他的半身像 pendant〔法语：配得上〕阿·彼·叶尔莫洛夫的半身像，叶尔莫洛夫的皱起来的方形的前额、厚厚的灰白头发、看到远处的锐利眼光给他的外貌增加一种身经百战的大将风度，马泽巴①

---

① 伊·斯·马泽巴（1644—1709）：一六八七至一七〇九年乌克兰哥萨克首领，一七〇八年瑞典侵入俄国时期，投到瑞典方面，瑞典失败后，他逃到土耳其。

就是靠这种风度得到玛利雅·科楚白①的欢心的。

奥尔洛夫实在寂寞无聊,不知道干什么好。他试着开办一所玻璃工厂制造中世纪那种绘图的玻璃,它们的成本比售价还高;他着手写一本《论信贷》的书——不,他的心向往的并不是这个,可是他没有别的出路。狮子给注定只能在阿尔巴特和巴斯曼街之间游荡,甚至不敢放任自己的舌头随便讲话。

奥尔洛夫拚命想做一个学者、一个理论家,这叫人看了感到很痛心。② 他有清楚的头脑、卓越的才能,可是完全不擅长推理,对待那些久已熟悉的问题,他很容易一下子就迷失在新发明的体系中间,例如他那个化学命名法。他对待一切抽象的事物都毫无办法,然而他十分顽强坚决要搞形而上学。

他不谨慎,讲话不检点,经常犯错误;他受到最初印象的影响往前走了(他的这些印象都是骑士风度般高贵的),可是他突然记起了自己的地位,就在中途回转身来。他在这种有策略的大转弯中比在形而上学和命名法中更不行;他有时落进一个套索里面,努力想摆脱它,却反而掉进两个、三个里面去了。他因为这个受到责难;人们太肤浅、太粗心,他们重视语言胜过重视行为,把个别的错误看得比整个性格更重要。没有必要用生硬的列古路斯③的观点来责备人,应当责备这种阴暗的环境,在这个环境里任何崇高的感情只能当作违禁品一样关起门来,秘密交流;而且倘使有人大声说了一句话,他会整天都在想警察会不会马上就来……

---

① 玛利雅·科楚白:瓦·列·科楚白的女儿。少女玛利雅和马泽巴的爱情,是普希金在长诗《波尔塔瓦》中描写的。瓦·列·科楚白:乌克兰哥萨克上层人物的杰出活动家,曾向彼得一世告发马泽巴,后被马泽巴处死。

② 米·费·奥尔洛夫于一八三二年九月当选为自然科学家协会名誉会员。后来他作为学会理事会理事,企图修改学会章程、开放学会的会议厅、开办自然科学等讲座,未成。一八三六年十一月他在学会会议上作过《关于自然界的一些哲学思想》的报告。

③ 列古路斯的事迹参看第92页注④。英译本把这一句译作“从罗马人品德的观点来责备人有什么用”。

应邀参加午宴的客人不少。我正好坐在奥尔洛夫的内弟拉耶夫斯基将军①的旁边。他在十二月十四日以后也不得意;他是著名的尼·尼·拉耶夫斯基的儿子,他十四岁就同他哥哥一起在波罗丁诺他父亲的身边;后来他负伤死在高加索。② 我对他讲起奥加略夫的事,我问他奥尔洛夫能不能有一点办法,或者愿意不愿意想一点办法。

拉耶夫斯基的脸上现出了乌云,然而并不是我上午看见的那种胆小怕死的悲伤表情,却是痛苦回忆和厌恶交织在一起的表情。

"这不是愿意不愿意的问题,"他答道,"只是我怀疑奥尔洛夫是不是能够做点什么;吃过午饭请您到书房去,我陪他来找您。"他停了一下,又接下去说:"那么也就轮到您了;都要给卷进这个漩涡里去的。"

奥尔洛夫向我问清楚以后,就给戈里曾公爵写了信,要求会见公爵。

"公爵是个正派人,"他对我说,"即使他无能为力,他至少会讲出真相来。"

第二天我去听回音。戈里曾公爵说奥加略夫是奉皇上御旨逮捕的,并且已经指派了一个侦讯委员会,罪证就是六月二十四日的一次宴会,③在宴会上唱了带煽动性的歌。我一点也不懂。那一天是我父亲的命名日;我整天在家,奥加略夫也在我们家里。

我心情沉重地和奥尔洛夫告别;他也不愉快;我伸手给他的时候,他站起来,把我紧紧抱在他的宽阔的胸前,同我接吻。

好像他感觉到我们要长期分别了。

这以后我只见到他一次,那是在整整六年之后。④ 他在逐渐委顿

---

① 尼·尼·拉耶夫斯基将军(1801—1843):一八一二年卫国战争英雄尼·尼·拉耶夫斯基将军(1771—1829)的第二个儿子,普希金的朋友。

② 实际上小尼·尼·拉耶夫斯基死在沃龙涅什省的克拉斯宁柯耶田庄。

③ 参看第142页正文。据作者自己说:"有一个大学生念完了大学的课程,在一八三四年六月二十四日邀请他的朋友们吃一顿饭。我们中间没有一个人参加宴会,的确没有一个人接到邀请。"

④ 作者在一八三四年被捕,米·费·奥尔洛夫死于一八四二年,那么作者再见到奥尔洛夫,应当在八年之后。

下去。他脸上的病容、沉思的表情和一种新的颧骨凸出的形状使我吃惊；他很忧郁，感觉到自己在走向毁灭，知道事情遭到挫折——可是找不到出路。过了两个月他就死了，血在他的血管里凝固了。

……卢塞恩①有一座出色的纪念碑；这是托尔瓦尔特孙在天然岩石上面雕刻出来的。② 一只垂死的狮子躺在洼地里；它得了致命的伤，血从伤口流出来，伤口上还露出一支折断了的箭；它把那个威武的脑袋放在它的脚爪上，它在呻吟，它的眼光里露出难熬的痛苦；四周一片空旷，下面有一个池塘，这一切都隐藏在山、树和绿荫中间；人们经过这里不会注意到有一个万兽之王在这里逐渐死去。

有一回我坐在这个石头雕刻的受难者对面的长凳上，坐了好久，忽然想起了我最后一次同奥尔洛夫的会见。……

我从奥尔洛夫那里回家，经过警察总监③家门前，我忽然想起去公开要求他准许我探望奥加略夫。

我有生以来从未到过一个警察官员的家里。我等了许久，最后警察总监出来了。

我的要求使他吃惊。

"您有什么理由要求准许您去探望他？"

"奥加略夫是——我的亲戚。"

"亲戚？"他问道，笔直地望着我的眼睛。

我不答话，可是我也笔直地看着他阁下的眼睛。

"我不能准许您，"他说，"您的亲戚是 au secret〔法语：秘密拘押的〕。我很抱歉。"

……杳无音信和束手无策折磨着我。在城里几乎连一个朋友也没

---

① 卢塞恩：瑞士中部卢塞恩州的首府，在卢塞恩湖畔。

② 伯·托尔瓦尔特孙(1770—1844)：丹麦雕刻家，卢塞恩的纪念碑是他设计的，它在一八二一年雕成，纪念一七九二年在法国资产阶级革命中保卫巴黎杜伊勒里王宫的瑞士卫兵。

③ 指列·米·曾斯基少将，一八三四至一八四五年任莫斯科警察总监。一八三四年七月二十四日赫尔岑在莫斯科侦讯委员会第一次受审时就由曾斯基主持审讯。

有。简直什么也打听不出来。看来警察好像忘记了我,不然就是把我漏掉了。非常,非常沉闷无聊。然而正是在灰云满天、流放和监狱的长夜逐渐逼近的时候,一道亮光照到我的身上。

一个十七岁的少女①我以前一直把她当作小孩看待,她的几句深切同情的话使我又振作起来了。

在我的故事里第一次出现了女性的形象……正是这一个女性的形象出现在我一生中间。

在我的心灵里激荡着的短暂的、青年时期的、春天的热情在她面前褪了色、消失了,像幻灯里的画面一样;再也没有别的、新的热情了。

我们在墓地上见面。她站着,身子靠在墓碑上,对我谈起奥加略夫,我的悲伤平静下来了。

"明天见。"她说,把手伸给我,含泪地微微一笑。

"明天见。"我答道……久久地望着她的逐渐消失的背影。

这是一八三四年七月十九日的事。②

---

① 指娜·亚·查哈林娜。

② 作者和查哈林娜会见实际上是在一八三四年七月二十日。

第九章

逮捕——见证人——普列契斯千斯基警察分局办公室——家长作风的审判

“明天见。”我快要入睡前又重复地说了一声。……我感觉到非常轻松，非常愉快。

夜里一点到两点之间我父亲的随从叫醒了我；他没有穿上外面衣服，而且很惊慌。

“有个军官要见您。”

“什么军官？”

“我不知道。”

“好，我知道了。”我对他说，就披上了我的晨衣。

一个裹在军人大衣里面的人形站在大厅的门口；窗上映出白色帽缨，后面还有别的人，我认出哥萨克军帽来。

这是警察局长米勒尔。

他对我说他奉军事总督的命令（命令还拿在他的手里）来检查我的文件。蜡烛拿来了。警察局长拿去我的钥匙；区警察长和他手下的警官动手搜查我的书和衣服。警察局长就忙着翻看文件；他觉得它们全都可疑，把它们全放在一边，他突然转身对我说：

“我请您现在就穿好衣服：您跟我一块儿去。”①

---

① 作者是在一八三四年七月二十一日深夜被捕的。

“到哪儿去?”我问道。

“到普列契斯千斯基警察分局。”警察局长用安慰的声音回答道。

“以后呢?”

“总督的命令里再没有别的。”

我开始穿衣服。

这时惊慌的仆人叫醒了我的母亲;她冲出她的寝室,到我的屋子里来,可是在客厅和大厅中间的门口让哥萨克兵拦住了。她大叫一声,我打了一个哆嗦,就朝她那里跑去。警察局长扔下那些文件,跟着我一起到大厅去。他向我母亲道歉,让她进来,他把那个并没有错的哥萨克兵骂了一顿,又回去翻看文件。

随后我父亲来了。他脸色苍白,不过还坚持他那勉强做出的冷静姿态。这个场面是很痛苦的。我母亲坐在角落里哭。年老的父亲同警察局长谈一些不相干的事,可是他的声音在打颤。我耽心自己不能再支持 à la longue〔法语:多久〕了,我不愿意让警察长看见我掉眼泪而高兴。

我拉了拉警察局长的袖子。

“我们走吧!”

“我们走吧。”他高兴地说。

我父亲走出房去,过了一分钟回来;他拿来一个小圣像,给我挂在脖子上,说他父亲临死前曾经用这个圣像祝福过他。我受到感动;这个宗教的礼物给我说明了老人心上恐怖和痛苦的程度。他给我戴圣像的时候,我跪在地上;他扶我起来,拥抱我,给我祝福。

圣像是珐琅质的,绘着放在盘子上的施洗约翰①的砍下来的头。这是什么意思——榜样,忠告,还是预言?——我不知道,可是圣像的含义给我的印象很深。

---

① 施洗约翰:耶稣以前的传道者,在犹太的旷野中传道,耶稣从他那里受洗。约翰后来被犹太王希律杀害,“头放在盘子里”拿来给了希罗底的女儿。参见《新约·马太福音》第十四章。

我母亲几乎昏过去了。

所有的家仆陪着我走下楼，淌着眼泪，抢先吻我或者亲我的手，——我觉得我好像活着参加自己的葬礼一样。警察局长皱着眉头，催我走。

我们走出了大门，他把他的人集合起来；他一共带来四个哥萨克兵，两个警察长和两个警察。

“请让我回家吧。”坐在大门口的一个有胡子的人向警察局长说。

“去吧。”米勒尔说。

“这是什么人？”我坐上了马车，问道。

“见证人，①您知道，没有见证人在场，警察就不能到人家里去。”

“那么为什么您让他待在大门口呢？”

“这是空空洞洞的形式！不过白白地教人睡不成觉罢了。”米勒尔说。

我们由两个骑马的哥萨克兵护送走了。

警察分局里没有关押我的特别房间，警察局长吩咐把我关在办公室里待到早晨。他亲自把我带到那里；他连忙坐到一把扶手椅上，疲乏地打呵欠，嘟哝说：

“倒楣的差使，下午三点我就跑起，现在又跟您磨到天亮，——我看有三点多了吧，明天九点我还要去报告。”

“再见。”他过了一会又加上这一句，就出去了。一个军士用钥匙把我锁在房里，他说倘使我需要什么，可以敲门。

我打开了窗——白天已经开始，吹起了早晨的风；我向军士要了一点水，喝光了满满一大杯。丝毫没有想到睡觉。而且也没有地方可以躺下；办公室里除了几把龌龊的皮椅和一把扶手椅外，只有一张堆满公文的大桌子，角落里还有一张文件堆得更高的小桌。一盏光线微弱的小灯没法照亮整个房间，却在天花板上留下一个摇摇晃晃的光点，这个

① 当时警察到人家搜查、逮捕人，需要有见证人在场。

光点跟着天亮越来越淡了。

我坐在警察分局局长的座位上随手拿起桌子上的一份公文,——这是加加陵公爵的一个家仆的掩埋证和一份证明他的死亡完全合乎科学规律的诊断书。我拿起另一份公文,——这是警察条例。我匆匆地看了一遍,看到有一条说道:“每个被捕的人在被捕后三天有权知道他被捕的原因或者得到释放。”我记下了这个条款。

一个小时以后我从窗里看见我们的管事来了,他给我带来枕头、被子和大衣。他向军士要求什么,大概是央求准许他进来看我。他是个白头发的老人,我还是小孩的时候就给他的两三个孩子祝过福。军士粗暴地、生硬地拒绝了他。我们的一个马车夫站在近旁。我在窗里叫唤他们。军士慌张起来,吩咐他们走开。老人向我深深地鞠躬,流着眼泪;马车夫打了一下马,揭下他的帽子,揩了揩眼睛,——马车开动了,我的眼泪止不住地流了下来。我的心情十分激动。这是我整个被捕入狱的时间里第一次也是末一次的眼泪。

清晨起办公室里逐渐满了人,录事来上班的时候还带着昨天晚上的酒意,这是一个患肺病的人,红头发,一张粗野、放荡的脸,脸上长满了小疙瘩。他穿了一件很脏的、剪裁得很坏的、磨得发亮的砖色燕尾服。在他之后来了另一个非常放肆的穿军士大衣的人。他马上对我发问道:

“您是在戏园子里给抓来的吗,先生?”

“我是在家里给逮捕的。”

“是费多尔·伊凡诺维奇亲自抓的吗?”

“费多尔·伊凡诺维奇是什么人?”

“米勒尔上校,先生。”

“对,是他。”

“我明白了,先生。”他向红头发使了一个眼色,红头发却毫无兴趣。这个世袭兵也不再谈下去了;他看见我既不是由于闹事、也不是由于酗酒被捕,对我完全失掉了兴趣,而且也许还害怕同一个危险的犯人交谈。

不久各种带睡容和醉意的警察官员们出现了，最后请求人、申诉人等等也来了。

一个妓院老鸨控告一个啤酒店老板，说他在他的店里当众辱骂她，他讲了极其下流的话，她是个女人，没法在官长面前把这些话重说一遍。啤酒店老板赌咒说他绝没有讲过那样的话。老鸨发誓说，他不止一次地讲过，而且是大声讲出来的；她又说，他还伸出手打她，要不是她埋下头躲开，她整个脸都会让他砸烂了。酒店掌柜的说，她，第一，不偿还欠他的债，第二，就在他的店里辱骂他，更坏的是她还恐吓他说，她的那班人要来把他揍个半死。

老鸨是一个不爱干净的高个子女人，有一对鼓胀的眼睛，讲起话来声音刺耳，又响又尖，而且非常喜欢讲话。酒店掌柜的使用表情和动作比讲话多。

所罗门①——警察长不去判断是非，把两个人都狠狠地骂了一顿。

“狗喂饱了，就要作怪，”他说，“你们这些浑蛋应当安分地待在家里，感谢我们没有作声而且纵容了你们。有什么大不了的事情！你们吵起来了，马上跑来麻烦长官。你算个什么人物呢？好像对你是头一回一样——要称呼你不提到你干的那一行怎么成？”

啤酒店老板摇摇头耸耸肩表示十分满意。警察长立刻骂起他来。

“你这狗，你在你柜台后面吠些什么？你想坐牢吗？你这个爱说下流话的东西！你举起你的爪子——你想尝尝桦树条的滋味是不是？”

对我来说这个场面有一种新奇的魅力，它长久地留在我的记忆里；这是我所见到的头一桩俄国家长作风的审理案件。

妓院老鸨和警察长一直叫嚷到警察分局局长进来为止。他也不问

---

① 所罗门：以色列王（前973—前约933），以智慧出名，有《所罗门的歌》、《所罗门的智慧》等著作。这里用“所罗门”（即贤明的警察长），有讽刺的意思。

这些人为什么到这儿来，他们来干什么，他就用更粗野的声音大吼道：

“滚开，滚！难道这儿是澡堂，还是酒馆？”

他把这些“坏蛋”赶出去以后，又转身对警察长说：

“您让这儿乱成这样怎么不害臊？我跟您讲过好多次！要维持官府的尊严——像这些废物会把这儿弄得一团糟。您太放任这些骗子了。”他又指着我问道：“这个人是谁？”

“犯人，”警察长答道，“费多尔·伊凡诺维奇带来的，这里有公文，请看。”

警察分局局长把公文匆匆地看了一遍，又看了看我，不愉快地遇到了我朝他射过去的笔直的、毫不畏缩的眼光，知道他对我讲头一句话就会得到我同样的还击，便说了一句：“对不起。”

妓院老鸨和啤酒店老板的官司又打起来了；她坚决要求宣誓——来了一个教士；看来他们两方面都发了誓；我并没有看到结果。我让人带到警察总监那里去了，我不知道为了什么——没有人对我讲一句话，然后我又被带回警察分局来，这里已经给我准备了一间屋子，就在瞭望台下面。那个军士告诉我，倘使我想吃什么，就得找人出去买，公家的伙食费还没有批下来，再过两天也不会批下来；而且它们不过三四个银戈比，家境好的犯人也不会申请这笔伙食费。

靠墙放着一张不干净的长沙发，时间已经过了正午，我感到十分疲倦，便躺倒在长沙发上，睡得像死人一样。我醒来的时候，心里完全平静而且轻松。我最近因为得不到奥加略夫的消息非常焦急痛苦，现在轮到我了，危险不再是远远地望得见，而是布满在我的四周，乌云就在我的头上。这第一次的迫害应当是我们的就职典礼吧。

第十章

在瞭望台下面——里斯本警察长——放火犯

一个人倘使有一点内心的养料，他不久就会习惯于监狱生活。他很快地就会习惯笼子里面的宁静和充分自由——没有一点烦恼，也没有一点消遣。

起初不准送书进来；警察分局局长要我相信决不允许从家里拿书来。我要求他给我买书。“像什么教科书、语法书，也许能行，别的就得向将军请示。”读语法书来排遣寂寞的建议非常可笑，然而我却双手抓住这个机会，便要求警察分局局长替我买一本意大利语语法和一本辞典。我身上有两张十个卢布的钞票，就给了他一张；他马上派警官去买书并且把我写给警察总监的信交给他，在那封信里我根据我读到的那个条款要求警察总监让我知道我被捕的原因，不然就将我释放。

我当着警察分局局长的面写了这封信，他劝我不要把它送出去。“这是不对的，先生，凭着上帝说，去麻烦将军是不对的，先生。——他会说：‘这些不安分的人。’对您不利，不管怎样不会有好处。”

晚上警察长出现了，他告诉我警察总监吩咐他对我说在适当的时间里我会知道我被捕的原因。随后他从衣袋里掏出一本满是油迹的意大利语语法，带笑说：“幸而这里面有词汇表，用不着买辞典了。”他完全不提找回的钱。我还想再给警察总监写信，可是在普列契斯千斯基督察分局里充当一个小型汉普登①的角色，我感觉到太可笑了。

我被捕后一个半星期，有一天晚上九十点钟，一个黑黝黝的、麻脸的、身材矮小的警察长带着命令来叫我穿好衣服到侦讯委员会去。

我正在穿衣服的时候，发生了下面这件可笑而又不愉快的事情。我的午饭是从家里送来的，仆人把它交给下面值班的军士，军士差一个警兵给我送上来。许可每天给我送来半瓶到一瓶的葡萄酒。尼·沙左诺夫②利用这个许可给我送了一瓶上等的约翰尼斯堡葡萄酒③来。警兵和我两人居然用两根钉子弄开了瓶塞；酒的香味老远就闻到了。我打算享用它三四天。

只有坐过监牢的人才知道一个人身上还保留着多少孩子气，从一瓶葡萄酒到作弄守卫这样的小事都会使人感到十分高兴。

麻脸的警察长发现了我的酒瓶，便转身向我要求允许他尝一尝。我并不愿意；然而我还是说我很愉快。我没有酒杯。这个恶棍拿了一只大玻璃杯，把酒斟得不能再满，一口气喝得光光的；像这样地喝酒，只有俄罗斯人和波兰人办得到；我后来在整个欧洲也没有见过有人一口气喝干一大玻璃杯的酒，或者能一口喝光一酒杯。使我对这一大玻璃杯酒的损失感到更难受的，是他用一张给鼻烟弄脏了的蓝手帕揩他的嘴唇，向我道谢，说了一句："非常好的马德拉④。"我狠狠地瞅了他一眼，幸灾乐祸地高兴没有人给这个警察长种牛痘，大自然对他也没有吝惜天花。

这个喝酒的行家把我带到特威尔大道上警察总监的公署里去，引进一间侧厅，就让我一个人待在那里。半小时以后，一个胖胖的人从里面房间走了出来，他脸上带着懒散的、和善的表情；他把一个装文件的公事包扔在椅子上，又把站在门口的宪兵差遣走了。

---

① 约翰·汉普登：参看第198页注①。他曾因拒绝缴纳非法的税款而入狱。

② 尼·沙左诺夫：赫尔岑-奥加略夫小组的成员。参看第151页注③。

③ 指德国约翰尼斯堡出产的上等白葡萄酒。

④ 马德拉：大西洋中马德拉岛上产的白葡萄酒。

“您大概是，”他对我说，“同最近被捕的奥加略夫和其他年轻人的案子有关系的吧？”

我说是。

“我偶然听到一点，”他继续说，“奇怪的案子，我一点儿也不明白。”

“我牵连在这个案子里面，坐了两个星期的牢了，我不但一点儿也不明白，而且我什么也不知道。”

“这倒很好，”他说，注意地望着我，“您什么也不用知道。请原谅我，我要向您进个忠告：您年纪轻，血气盛，您想讲出来——麻烦就在这儿；不要忘记您什么也不知道，这是唯一的生路。”

我惊讶地望着他：他脸上没有露出丝毫的恶意；他猜到了我的心理，便含笑说：

“我自己十二年前也是莫斯科大学的学生。”

一个官员进来了；胖子以上级的身份向他转过身来，发了些指示，讲完话便出去了，临走对我友好地点一下头，还把手指放在嘴唇上。我以后就再没有遇见这位先生，我并不知道他是谁；然而他劝告的诚意我是感觉到了的。

随后警察局长进来了，是另外一个，不是费多尔·伊凡诺维奇，他叫我到委员会去。在一间大的、相当漂亮的厅子里，五个人坐在桌子后面，除了一个衰老的老人外都穿着军服。他们抽着雪茄烟，在愉快地聊天，解开了军服的钮扣，手足伸开懒洋洋地坐在扶手椅上。警察总监主持审讯。

我走进去的时候，他转身向着一个谦恭地坐在角落里的人形说：

“神甫，请吧。”

只有在这个时候我才注意到角落里坐了一个老教士，他有一张青红色的脸和一部灰色胡子。教士在打瞌睡，想回家，心里想的是别的事情，用手掩着嘴在打呵欠。他懒洋洋地、有点拉长声调地告诫我，他谈起在沙皇委派的官员面前隐瞒真相的罪过，又谈到巧辩的无用，因为上帝的耳朵是什么都听得见的；他甚至没有忘记引用像“没有权柄不是出于上帝”、“该撒的物当归该撒”①这一类永远不变的经文。在讲话结束的时候他还说我应当虔诚地吻神圣的福音书和洁白的十字架来证明我那愿意真诚、坦白地讲出真相的誓言(可是我并没有宣誓,他也不曾坚持)。

他讲完了,连忙包好福音书和十字架。曾斯基(警察总监)从座位上稍微欠了欠身,告诉他,他可以走了。这以后曾斯基转身朝着我,把那篇宗教的演说翻译成世俗的语言:

“对于教士讲过的话,我只补充一点:您不可以抵赖,即使您想抵赖也没有用。”

他指着故意散乱地放在桌上的那一堆堆文件、信函和相片。

“只有坦白地招认才可以得到从宽发落;或者释放,或者到博布鲁伊斯克②,到高加索,——这由您自己决定。”

问题是用书面提出来的;有几个问题天真得叫人吃惊:“您知道任何秘密团体的存在吗?您参加过文学团体或者其他任何团体吗?它的成员是些什么人?他们在什么地方聚会?”

对这一切问题,很容易用一个“不”字来回答。

“我看,您什么都不知道,”曾斯基看过了我的回答以后说,“我警告过您,——您将会使您的情况变得更加复杂。”

第一次审讯就这样结束了。③

……八年后就在侦讯委员会所在的这座房子的另外一部分,住着一位曾经是美人而现在她的女儿又很美丽的女人,她就是新警察总监的妹妹④。

---

① 见《马太福音》、《马可福音》和《路加福音》三篇。该撒即罗马的独裁者朱·恺撒(前100—前44)。

② 博布鲁伊斯克:白俄罗斯的城市,在明斯克的东南。

③ 这次审讯是在一八三四年七月二十四日进行的,一共提出了十五个问题,作者用书面回答。

④ 新警察总监的妹妹:指伊·德·卢仁的妹妹玛·德·霍符利娜(1801—1877),十九世纪三十年代和四十年代同文学界接近,经常接待莫斯科的进步人士。

我经常到她们那里去；每一次我都要走过曾斯基一伙审讯和管教我们的那个厅子；厅子里当时和以后一直挂着保罗〔一世〕的肖像——这究竟是为了提醒人们：专横跋扈和滥用权力会使人堕落到什么程度，还是为了鼓励警察使用一切残暴手段，我不知道，不过他挂在那里，手里拿着手杖，翘鼻子，皱眉毛。我每一次来，不论从前是作为犯人，现在是作为客人，我都要站在肖像前看一看。旁边那间弥漫着美丽和女性的芳香的小客厅同这所进行侦讯的森严的房屋显得不调和；我在这里感觉到很不痛快，我有些惋惜那么鲜艳的花会开放在拘留所的阴暗的砖墙里。在这些听惯了审问、告密和挨户搜查的报告的墙壁里面——在这些把我们跟警察官员的小声讲话、跟犯人的唉声叹气、跟宪兵的靴上马刺、跟乌拉尔河流域哥萨克兵军刀的响声分隔开来的墙壁里面，我们讲的话和聚在这里的小圈子的朋友们讲的话听起来非常带讽刺味道，非常刺耳……

一两个星期以后麻脸的警察长又来了，他又把我带到曾斯基那里去。门廊里坐着或者躺着几个戴镣铐的人，由带枪的兵围在四周看守着；穿堂里也有几个人，属于不同的阶层，没有戴镣铐，但是看守很严。警察长告诉我这些人都是放火犯。曾斯基到起火的现场去了，我们得等候他回来；我们是晚上九点到十点之间来的；到夜里一点钟还没有人问过我，我仍然非常安静地同放火犯一起坐在穿堂里。放火犯一个一个地给叫了出去，警察前前后后跑来跑去，镣铐一路响着，兵感到无聊，就玩着枪弄出响声，做操练的动作。一点钟光景曾斯基来了，一身烟黑、龌龊，并不停留就匆匆跑进了书房。大约过了半个小时，我那位警察长给叫了进去；他回来的时候脸色惨白，张惶失措，脸上现出痉挛性的哆嗦。曾斯基在他背后探头出来，说：

“赫尔岑先生①，全委员会的人等您等了整整一个晚上，本来要您到戈里曾公爵那儿去，这个糊涂虫却把您带到这儿来。我很抱歉，让您

① 原文是法语“麦歇”（monsieur）。

在这儿等了这么久,然而这不是我的错。对这种执达员有什么办法呢?我看,他工作了五十年了,却还是个笨蛋。”他换上更粗暴的声调对警察长说:“好吧,现在回去!”

警察长在路上一直不停地唠叨:

“上帝啊,多么倒楣!人想不到、也预料不到自己会碰到什么事情,——好,现在他准跟我没有完了。倘使那儿并没有等您,他倒满不在乎,可现在他觉得丢脸了。上帝啊,多么不幸!”

我原谅他喝了我的来因葡萄酒,特别是他告诉我他在里斯本①附近差一点淹死的时候,也不像现在这样害怕。这句话是我完全没有料到的,我忍不住发出了一阵狂笑。

“您怎么会到里斯本呢?得啦吧,哪里会有这种事!”我问他道。

老头子当了二十五年以上的海军军官。我们不能不同意那位大臣要戈贝金大尉相信的话:“在俄国如果有一个人给他的祖国是所谓尽了义务,对这样的人置之不理,是还未有过先例的。”②命运在里斯本救了他,只是为了让他在担任公职四十年之后给曾斯基当作用人辱骂。

很难说是他有错。

皇上不满意由总督成立的侦讯委员会;③他任命了一个新的委员会,由谢尔盖·米哈依洛维奇·戈里曾公爵来主持。这个委员会的成员是:莫斯科要塞司令斯塔阿尔、另一个戈里曾公爵④、宪兵上校舒宾斯基、前军事法庭检察官奥兰斯基⑤。

警察总监的命令并没有提起委员会变更的事,无怪乎里斯本的警

---

① 里斯本:南欧国家葡萄牙的首都。

② 这一句话是从果戈理的长篇小说《死魂灵》第十章《戈贝金大尉的故事》中引来的(引用鲁迅的译文)。

③ 第一个侦讯委员会从一八三四年七月二十四日工作到八月七日,由尼古拉一世下令撤销。

④ 指亚·费·戈里曾,又称小戈里曾(1796—1864),御前侍从,在尼古拉一世时期主持第三厅的工作。

⑤ 尼·季·奥兰斯基:莫斯科总督办公室秘书,在两次的侦讯委员会中担任秘书职务。

察长就把我带到曾斯基那里去了……

警察分局里也十分惊惶:一个晚上发生三起火灾,然后侦讯委员会两次派人来问我出了什么事情,是不是我逃走了。曾斯基在申斥中没有提到的事,警察分局局长现在对里斯本的英雄讲出来了;这是料得到的事情,因为警察分局局长本人也有责任,他并没有问明白应当把我带到哪里去。办公室一个角落里有人躺在几把椅子上呻吟;我看了看,——是一个年轻人,长得漂亮,衣服整洁,他在吐血、呻唤;分局的医生建议早晨尽早地送他到医院去。

军士把我送回到我的房间,那个时候我从他那里打听出来受伤的人的故事。他是一个退伍的禁卫军军官,他同某一家的女仆相好,这一家的厢房起火的时候,他正在她的房里。这是放火恐怖最厉害的时期;的确没有一天我不曾听见三四次警钟;每天夜间我都从窗里看到两三处火光。警察和居民都在拚命地搜索放火的人。军官为了不要连累那个姑娘,在听到火警的时候,马上翻过篱笆,躲在隔壁人家的板棚里,等待机会出去。一个小姑娘在院子里看见他,就向头几个骑马跑来的警察报告:放火的人躲在板棚里面;他们带着一群人冲了进去,扬扬得意地把军官拖了出来。他挨了一顿饱打,第二天大清早就死了。

对抓到的人都进行了审查;有一半释放了,其余的作为嫌疑犯给拘留起来。警察局长布利扬恰尼诺夫每天早晨要坐车来审问他们三四个小时。有时候用鞭子抽受审的人或者打他们;那个时候他们的号哭、叫嚷、哀求、尖声叫,女人的呻吟同警察局长刺耳的声音和办事员单调的宣读声一起传到了我这里。这是很可怕的,叫人忍受不了的。夜里我梦到了这些声音,醒来的时候我想到这些受害人就在离我只有几步远的地方,躺在干草上,戴着镣铐,背上给打得皮开肉绽,而且很可能他们一点罪也没有,一想到这些,我真是气愤若狂。

要了解俄国监狱、俄国法庭和俄国警察的真相,必须做农民、家仆、手艺人或者小市民才行。政治犯大多数都属于贵族,对他们看守严密,处罚也很凶残;然而他们的命运不能同大胡子的穷人的命运相比。对待穷人，警察是不会客气的。农民或者手艺人以后能够向谁控诉呢？到哪里去伸冤呢？

俄国法庭和俄国警察的紊乱、野蛮、专横和腐败已经到了极点，因此一个普通人落到了法网里面，他害怕的并不是法庭的判刑，而是审判程序本身。他焦急地等待着他给流放到西伯利亚去的时候，——他的处罚开始执行，就是他受难的结束。现在让我们记住，警察当作嫌疑犯抓来的人，有四分之三都在审讯的时候被法庭无罪释放，但他们和罪人一样受尽了拷打。

彼得三世废除了拷问和秘密室。①

叶卡捷琳娜二世废除了刑讯。②

亚历山大一世又一次废除了它。③

“在威胁下”作的回答是法律所不承认的。拷问过被告的官员本人就要受到审判和严厉的制裁。

然而在俄国全国，从白令海峡到陶罗根，人们一直受着拷打；在不便用鞭子、树条抽打的地方，他们就用忍受不了的热、渴和咸的饮食来进行拷问。在莫斯科，警察在零下十度的天气叫一个赤足的被告人站在一块铁板上——他就得病，死在美谢尔斯基公爵④管辖的医院里，公爵很愤慨地谈起这件事情。当局完全知道这一切，但是省长们包庇它，有最高政治权力的枢密院也纵容它，大臣们不作声；皇上和东正教事务总管理局、地主和警察长——全同意绥里方的话：“农奴是应该给点鞭子的，要不然就不听话。”⑤

奉命侦查放火案的委员会审讯了，也就是说鞭打了连续六个月，却

---

① 沙皇彼得三世在一七六二年二月二十一日下令废除“秘密侦讯室”。

② 叶卡捷琳娜二世在一七六三年二月十日下令限制使用刑讯。一七七四年十一月八日她又密令禁止刑讯。

③ 亚历山大一世在一八〇一年九月二十七日下令废除刑讯。

④ 美谢尔斯基公爵：莫斯科医院的总督官。参见第 94 页注③。

⑤ 绥里方是果戈理的小说《死魂灵》中主人公乞乞科夫的马夫，他的这句话见《死魂灵》第一部第三章（鲁迅译）。

什么也没有打出来。皇上发了火，下令三天里结束这个案子。案子在三天里结束了；罪人查出来了，判处了鞭打、打火印和流放去作苦工等等刑罚。每所房屋的管院子的人都给召集起来观看“放火犯”受到严惩。那个时候已经是冬天了，我给关在克鲁季次营房里面。这次的行刑，宪兵大尉也在场，他是一个好心肠的老头子，他对我讲了详细的情况，我转述在这里。头一个判处鞭刑的人大声告诉人们，他发誓他没有罪，他自己也不知道他在忍痛不过的情况下招认了些什么，然后他脱掉衬衫，转过身去，背朝着人群，说：“你们看啊，信东正教的同胞们！”

人丛中发出一阵恐怖的惊叹声：他的背上现出一道道青条子的伤痕，在这些伤痕上面他还要挨新的鞭子。群众的怨声和阴沉的面容逼得警察赶快地收了场。行刑人打完了法定的鞭数，有的人给犯人打了火印，有的人给犯人钉上了脚镣，事情似乎结束了。然而这个场面使一般居民感到震惊；在莫斯科各个阶层的人都在谈论这件事。总督向皇上报告了。皇上下令重新审讯，特别是对那个在行刑前提出抗议的放火犯的案件进行复查。

几个月以后我在报上读到这样的消息：皇上为了赔偿两个无辜受到鞭刑的人的损失，下令对每一下鞭打赔偿二百卢布，并且发给他们每人一份特别证书，证明他们虽然给打上了火印，却并没有犯罪。这两个人就是向群众讲话的“放火犯”和他的一个同案人。

一八三四年莫斯科接连大火的故事（十年后在各省也发生了类似的事情）到现在还是一个谜。有人放火，这是毫无疑问的；总的说来，火，所谓“红公鸡”，在我国是带强烈国民性的复仇工具。我们经常听说地主的庄园、谷物干燥室、粮仓给人烧掉。然而一八三四年莫斯科接连大火的起因，却没有人知道，委员会的成员尤其不知道。

在八月二十二日加冕日之前，有些调皮捣蛋的人在各处投递信件，通知居民不用为彩灯操心，会有很漂亮的焰火。

胆小的莫斯科当局惊慌起来。从早晨起警察分局里就挤满了兵士，还有一连枪骑兵驻扎在院子里。晚上，骑马的和步行的巡逻队一直在各条街道巡逻。练兵大厦内,炮兵已作好了准备。警察局长们带着哥萨克兵和宪兵各处跑来跑去,戈里曾公爵[1]亲自带着副官骑马在城内巡视。文雅的莫斯科的这种战争面目显得很古怪,它刺激着人们的神经。我斜躺在瞭望台底下的窗台上,望着院子,一直到夜深。……下了马的枪骑兵三五成群地坐在他们马的旁边,另一些正纵身上马;军官们来回走动,用轻视的眼光看看警察,戴黄色领子的要塞副官们[2]带着焦虑的表情骑马跑来,什么事也没有做,就走了。

火灾并没有发生。

紧接着皇上亲自到莫斯科来了。他不满意刚刚开始的对我们的侦讯,他不满意仍然由普通警察管理我们,他不满意放火犯始终没有查出来。一句话,他对一切事和一切人都不满意。

我们很快地就感觉到最高当局驾到了。

---

① 戈里曾公爵:指德·瓦·戈里曾,参看第 73 页注①。

② 指卫戍司令部执行特殊任务的军官。

第十一章

克鲁季次营房——宪兵的故事——军官们

皇上到后三天，已经是夜里了——所有这一类事情都是在黑暗中做的，免得惊动居民——一个警官带着命令来，要我收拾好东西跟他一起走。

“到哪儿去？”我问道。

“您会看见的。”警官聪明而有礼貌地答道。随后不用说我不再发问，收拾好我的东西，动身走了。

我们坐车走着走着，走了大约一个半小时，最后经过了西门诺夫修道院，车子停在沉重的石头大门前面，有两个拿着卡宾枪的宪兵在门前走来走去。这是克鲁季次修道院，早已改做了宪兵的营房。①

我给带进了一间不大的办公室。录事、副官、军官们全穿浅蓝色的衣服。值日的军官戴着头盔，穿着全套军装，他请我等一等，甚至建议我点燃手里拿的烟斗抽袋烟。这以后他便写了一张收到一名犯人的收条；他把收条交给了警官，便出去了，后来同另外一个军官一起走了回来。

“您的房间准备好了，”另外那个军官对我说，“我们去吧。”

一个宪兵给我们拿着蜡烛，我们走下楼梯，走了几步路，跨过院子，通过一扇小门走进了一道长廊；长廊上只点着一盏灯，两边都有一扇扇不大的门，值日军官打开了其中的一扇；这扇门通入一间小小的守卫

① 克鲁季次修道院改做兵营，是从十八世纪末期开始的。

室，守卫室后面还有一间小屋子，房里又潮、又冷，还有一股地窖的气味。那个带我来的肩上有穗带的军官便用法语对我说，他 désolé d'être dans la nécessité〔法语：非常抱歉必须〕①搜查我的口袋，然而军人职务、职责、服从……在这一段漂亮动听的开场白之后，他就干脆对着宪兵用眼光指了指我。宪兵马上把他那只大得叫人不能相信的长毛的手伸到我的口袋里来。我对那位彬彬有礼的军官说，这是完全不必要的，倘使他愿意的话，我自己可以把口袋里的东西全翻出来，用不着这种强制手段。而且我已经关了一个半月，还能够有什么呢？

"我们知道，"那个肩上有穗带的军官带着一种无法摹仿的得意微笑道，"我们知道这些警察分局的规矩。"

值日军官也讽刺地笑了笑，不过他们告诉宪兵只要看看就行了；我把口袋里所有的东西全掏了出来。

"把您的烟草倒在桌子上。"désolé〔法语：非常抱歉的〕军官说。

我的烟荷包里面有一把裁纸小刀和一支铅笔，是用纸包着的；我一开头就想着它们，我在同军官讲话的时候一面拿烟荷包在玩，一直到我的手拿到了小刀，我在外面捏住荷包里的小刀，大胆地把烟丝全倒在桌子上，宪兵又把烟草装了进去。小刀和铅笔就给保住了；对那个肩上有穗带的宪兵队军官说来，这就是他傲慢地瞧不起普通警察的一个教训。

这件事使我十分高兴，我就愉快地开始查看我这个新居。

在那些三百年以前修建、后来已经下沉到地里的修道小室中间，有几间给安排为关政治犯的世俗的单人牢房。

我的房间里有一张没有铺床垫的床，一张小桌子，桌上一个带把的杯子盛了水，桌旁有一把椅子，一只大的铜烛台上面燃着一支细的脂油烛。潮湿和寒冷刺到了人的骨头；军官吩咐生起火炉，随后他们全走了。一个兵答应送点儿干草来；我暂时把大衣放在脑袋底下，躺在光光的床上，点燃了我的烟斗。

---

① 这句话的意思就是：我很不愿意（搜查您的口袋）……

过了一会，我发现天花板上爬满了“普鲁士”蟑螂。它们好久没有看见烛光了，就从四面八方朝着有光的地方跑来，挤在一起，忙乱一阵，落到桌子上，然后顺着桌子边，慌忙地跑来跑去。

我不喜欢黑蟑螂，正如我不喜欢一切不速之客那样；我这些邻居使我感到十分厌恶，可是我毫无办法，我总不能一开头就抱怨有黑蟑螂，我的神经只好屈服。然而两三天以后所有这些普鲁士家伙都跑到隔壁兵的房间里去了，因为那里比较暖和；只是偶尔有一只孤单的蟑螂跑了进来，摆动它的胡须，又马上跑回去取暖了。

不管我多少次向宪兵提出要求，他始终把火炉关上。我开始感到不舒服，头发晕，我想下床去敲兵的房门；我果然起来了，可是我记得的东西也就到此为止了……

……我恢复知觉的时候，我躺在地板上，头痛得厉害。一个高身材、白头发的宪兵抄着手站在旁边，眼睛毫无表情地注视着我，就像在著名的铜像上一条狗注视着一只乌龟那样。

“您很厉害地中了煤气毒，先生。”他看见我清醒过来，就这样说，“我给您拿来了洋姜同盐和克瓦斯；我已经让您闻过了，现在您喝下去吧。”

我喝下去了，他把我扶起来，放到床上去；我还是很不好过，这里的窗是双层的，又没有通风小窗；兵就到办公室去要求准许我到院子里走走；值日军官说，上校和副官都不在，他负不起这个责任。这样我就不得不留在有煤气的房间里面。

我连克鲁季次营房也住惯了，学习意大利语动词的变位，读一点儿无聊的小书。起初相当严格地照规则办事。晚上九点钟熄灯的军号声刚落，兵就走进我的房间，吹灭蜡烛，锁好门。从晚上九点到第二天早晨八点，我只好在黑暗中坐过去。我从不贪睡，我在监牢里一动也不动，睡四个小时就足够了——没有蜡烛不就是够大的惩罚吗？而且哨兵们每一刻钟从走廊的两边发出拖长的大声叫喊：“听——听——着！”①

① 沙俄时代哨兵夜里互相呼应的用语。

过了几个星期，谢美诺夫上校（著名女演员谢美诺娃即后来的加加陵公爵夫人的兄弟）①允许晚上给我留下一支蜡烛，却禁止在窗上挂任何东西，窗户比院子低，因此哨兵可以看见犯人的一举一动，他还命令哨兵不要在廊上喊“听着”。

后来要塞司令②允许给我们墨水，还让我们在院子里散步。还给我们一定数量的纸，不过有一个条件：不能撕毁一张。我还可以每隔二十四小时一次由一个兵和值日军官陪同到那个有围墙的和哨兵线内的院子里去散步。

生活单调地、安安静静地过去了，军队的严格遵守时间给这生活添了一种类似一行诗中间的停顿那样机械的准确性。早晨我得到宪兵的帮助，在火炉上煮好咖啡；十点，值日军官戴上大翻袖口的手套，戴着头盔，穿着军大衣，军刀一路响着，带了几立方英尺的冷气走进来；一点，宪兵送来一块脏的餐巾和一碗汤，他总是拿着碗边，因此他的两根大拇指显然比其他的手指干净些。我们的伙食还算不错，可是不应该忘记我们每天要付两个纸卢布的伙食费，九个月监禁中的费用合在一起，对没有钱的人来说也是一笔相当可观的数目。一个犯人的父亲干脆说他没有钱；他得到的是冷酷的回答：从他的薪金中扣除。要是他没有薪金，他很可能坐牢。

此外，我还应当指出，要塞司令办公厅为了我们的伙食每天补贴营房的谢美诺夫上校一个半卢布。这件事情几乎闹了出来，可是得到好处的要塞副官们给宪兵队送来剧院首次演出和游艺会的包厢座票子，事情就结束了。

太阳落下以后，这里非常静，这样的静寂并不曾让我窗前雪地上兵的咯吱的脚步声或者哨兵们远远的呼声打破。我通常总是读书到一点，然后吹灭蜡烛。睡眠使我得到了自由，有时候我迷迷糊糊地好像觉

---

① 伊·谢·谢美诺夫（1797—1848）：驻克鲁季次营房宪兵营的上校司令。他的姐姐叶·谢·谢美诺娃（1786—1849）是著名悲剧女演员，后来同加加陵公爵结婚。

② 要塞司令：指卡·古·斯塔阿尔。

得：呸，我做了一个多可怕的噩梦——监狱、宪兵，我很高兴，这完全是梦，可是突然间不是廊上响起了军刀的声音，就是值日军官带着一个提灯的兵来打开门，不然就是哨兵凶暴地叫喊："谁？"再不然就是在我的窗下吹起了小号，它那尖尖的"起床号"划破了清晨的空气……

在烦闷无聊、不想读书的时候，我就同看守我的宪兵们，特别是同我中煤气毒的时候治好我的那个老头子聊天。上校为了照顾老兵，免除他们的勤务，派他们担任看守囚犯这种轻闲的职务；由一个上等兵（他是一个奸细和流氓）管他们。担任这个工作的一共有五六个宪兵。

我提到的这个老头子是一个憨厚、善良的人，他受到一点恩惠就一定报答，而他一生中受到的恩惠大概也不多。他参加了一八一二年的战争，胸前挂满了奖章；他的服役期满了，他自愿留在军队里，因为他没有可去的地方。

"我，"他说，"两次给莫吉列夫省家乡去了信，都没有回信，分明是我家里没有人了；那么回到家乡也并不好受，像倒楣蛋那样住一阵子，就到处流浪，靠讨饭过日子。"

俄国的兵役和它那吓人听闻的服役期限安排得多么野蛮残酷！在我们国家里人的个性到处受到摧残，毫不顾惜，也毫无赔偿。

老菲里莫诺夫自负很懂德国话，那是他在攻陷巴黎以后在冬季宿营地学的。他很巧妙地用德国话的词来说明俄国的实物：叫马做"费尔特"，蛋做"叶雷"，鱼做"皮希"，燕麦做"奥别尔"，油煎薄饼做"潘库希"①。

他讲的那些故事带了一种天真的味道，这使我悲伤，也使我沉思。在一八〇五年土耳其战争时期，他在摩尔达维亚，在一个大尉的连里，这个大尉是世界上最善良的人，他对待每个兵就像对待自己的儿子一样，战斗的时候他总是跑在前头。

---

① 德语：马是"pferd"；蛋是"eier"；鱼是"fisch"；燕麦是"hafer"；油煎薄饼是"pfannkuchen"。他的发音都不准确。

“一个摩尔达维亚姑娘迷住了他；我们看见：我们的连长心神不定，您知道，他发觉那个姑娘同另一个军官有来往。所以有一天他就把我和另一个弟兄找了去（这个弟兄是一个很好的兵，他后来在小雅罗斯拉威次给打断了两条腿），告诉我们那个摩尔达维亚姑娘怎样欺侮他，问我们是不是愿意帮忙他，给她一个教训。我们对他说：‘那还用说，我们任何时候都高兴给长官尽力。’他表示感谢，并且指给我们看那个军官住的房子，又说：‘你们晚上在桥上待着，她一定会到他那儿去，你们悄悄地捉住她，把她扔到河里。’我们对他说：‘长官，办得到。’我和那个弟兄就准备了一个口袋。先生，我们就坐在那儿，快到半夜，摩尔达维亚姑娘跑过来了。我们说：‘小姐，您忙什么？’就给了她的头上一下；这个小姑娘，她一声也没有叫，我们就把她装进口袋扔到河里去了。第二天大尉就去找军官，告诉他：‘您不要生摩尔达维亚姑娘的气，我们把她扣留了一会儿，也就是说，她现在躺在河里，至于您呢，我打算找您玩玩儿，玩儿军刀还是玩儿手枪，随您的便。’他们就互相砍杀起来了。军官在大尉的胸前狠狠地砍了一刀，这个可怜的好人就蔫下去了，大约三个月以后就把灵魂交给上帝了。”

“摩尔达维亚姑娘呢，”我问道，“她就这么淹死了吗？”

“淹死了，先生。”兵答道。

我惊奇地望着老宪兵对我讲这个故事的时候那种天真的、毫不在乎的神情。他好像头一次猜到了或者想到了这个，为了使我心安，也安慰自己的良心，便补充了一句：

“她是个邪教徒，先生，反正是一个没有受过洗礼的人，这样一种人。”

每逢沙皇的节日宪兵们都有一杯伏特加喝。司务长同意让菲里莫诺夫五六次不喝酒积起来一次发给他；菲里莫诺夫在木头号牌上记下他积存了多少杯酒，到了最大的节日他就去把它们一次领回来。他把酒盛在一个碗里，把面包弄碎泡在酒里面，然后用汤匙舀着吃。他这样吃过以后，就点燃他那只烟嘴小的大烟斗，里面装的烟叶劲大得叫人不能相信，他总是自己切碎它，因此俏皮地叫它做“自切牌”。他抽烟的时候，就躺在小小的窗台上（兵的房间里没有椅子），而且拚命折弯身子缩做一团唱起这首歌来：

姑娘来到草地上，
那里有繁茂的绿草，又有鲜花。

他的酒喝得越多，唱词就越是不清楚——“花”就变成“画”、“话”、“活”，一直唱到他睡着了。这个人两次受了伤，而且在六十多岁还可以这样吃喝，他的身体真是健康！

在我离开这些沃威尔曼①—卡洛②式的弗来米画派③兵营画和结束这些监狱闲话（它们类似所有被迫坐牢者的回忆录）之前，我还要谈点军官们的事情。

大多数的军官都是相当善良的人，他们完全不是什么奸细，不过是偶然参加到宪兵队里来的。受教育不多、或者没有受过教育、又没有财产的年轻贵族们不知道在什么地方安身，他们当了宪兵，只是因为找不到别的工作。他们按照军人的严格遵守纪律执行他们的任务，然而我在他们任何一个人身上，都看不到一点点劲头，只是除了那个副官，但是正因为这个他才当了副官。

军官们和我相熟了以后，他们极力设法给我一些小的方便，减轻我的痛苦，我完全没有理由讲他们的坏话。

一个年轻的军官告诉我一八三一年他给派去搜捕一个躲在自己庄园附近的波兰地主。这个人的罪名是同密使④有联系。军官根据他所

---

① 费·沃威尔曼（1619—1668）：十九世纪弗来米画派的荷兰画家，作品大都表现战马和兵营等等。

② 雅·卡洛（1592—1635）：法国画家和版画雕刻家，作品多数表现乞食者、流浪音乐家、兵士等人的生活，也表现战争的悲惨。

③ 弗来米画派：一般指十四世纪到十七世纪在弗兰德斯兴起的画派。过去的弗兰德斯包括目前的比利时、荷兰南部和法国北部（现在的弗兰德斯是比利时王国的两个州）。

④ 密使：一八三〇至一八三一年波兰起义时期成立的波兰革命政府的特派员。

收集到的情报，知道那个地主隐藏的地点，就带了一队人到那里去，把房子包围了，自己带着两个宪兵走进里面。房子是空空的；每个房间他们都进去过，到处都搜查了，没有找到一个人，然而有些细小迹象明显地说明这所房子里面最近还有人住过。这个年轻人叫宪兵们待在下面，他第二次到顶楼上面去；他注意地检查四周，看见有一道小门通到小贮藏室或者什么小房间；门是从里面锁的，他用脚踢门，门开了，一个高高的、漂亮的女人站在门口；她默默地指给他看一个男人，他怀里抱着一个差不多失去知觉的十二岁光景的小姑娘。这就是那个波兰人和他的一家。军官感到为难了。那个高高的女人看出了这一点，就问他：

"您要狠心地弄死他们吗？"

军官道了歉，说了些关于绝对服从、关于职责的老一套废话，最后看见他的话一点也不起作用，就绝望地问：

"我该怎么办呢？"

女人高傲地望着他，用手指着门说：

"走下去，告诉他们，这儿没有人。"

"说实在话，我不知道这是怎么发生的，我自己是怎么了，"军官对我说，"可是我从顶楼下去，吩咐军士集合队伍。过了大约两个小时，我们又在另外的地点认真地搜寻他，而这时他正在偷越国境。唉，女人啊！我承认！"

……世界上再没有比用标签、用道德的分类、用行业的主要特点对整个阶层加以笼统的谴责更残酷、更眼光狭窄的了。名称是可怕的东西。让-保·利席特尔①说得非常对："倘使一个小孩撒谎，要让他因为自己的坏的行为感到害怕，就告诉他，他撒了谎，却绝不要对他说他是一个撒谎的人。您断定他是撒谎的人，这样就伤害了他道德上的自信心。人们告诉我们'这是杀人犯'，我们仿佛马上就看见一把暗藏的匕

---

① 让-保·利席特尔（1763—1825）：德国浪漫主义的小说家和讽刺作家，经常用"让·保尔"的笔名发表作品。

首、凶狠的表情、恶毒的阴谋，好像杀人就是那个一生中偶然一次杀了人的人的行业，他的终身职业。一个人既然做了奸细，拿别人的道德败坏做买卖，就不可能同时是一个正直的人，然而做一个宪兵队军官却可以不完全失去人的尊严，正如我们在‘社会道德败坏’的不幸的受害者中间经常可以遇到心地和善的甚至高贵的女性那样。”

我讨厌这样一种人：他们不能或者不肯淘神费力走到名称以外，跨过犯罪的障碍、跨过错综复杂的不明白的身份的障碍，却只是清高地避开这些障碍，再不然就是粗暴地推开它们。那些远离现实的、枯燥冷酷的、自私自利的、自己纯洁得令人厌恶的人或者那些还没有机会暴露或者还不需要暴露自己的卑鄙、庸俗的人经常就是这样做的；他们说是出于同情在别人失足掉进去的肮脏的底层里倒会安之若素。

第十二章

侦讯——大戈里曾——小戈里曾——斯塔阿尔将军——索科洛夫斯基——判决

……然而我们的案子究竟怎样了呢，侦讯和审判究竟怎样了呢？

新的委员会的工作进行得并不比旧的委员会顺利。警察已经监视我们好久了，然而他们没有耐心，又很着急，不能等到适当时机找到借口，却干了蠢事。他们派了一个叫做斯卡里雅特卡的退伍军官来把我们诱进圈套，以便揭发我们；他同我们圈子里的人几乎全认识了，可是我们很快就觉察出来他是什么样的人，跟他疏远了。其他的年轻人，大多数是大学生，却并不是这样小心，然而这些年轻人同我们并没有任何正式的关系。

有一个大学生①念完了大学的课程，在一八三四年六月二十四日邀请他的朋友们吃一顿饭。我们中间没有一个人参加宴会，的确没有一个人接到邀请。这些年轻人酒喝得太多，胡闹起哄，跳起玛组卡舞②来，还合唱了索科洛夫斯基③的那首有名的歌：

---

① 大学生：指作者的同学叶·彼·马希科符采夫（1812—1855）。

② 玛组卡舞：一种波兰的舞蹈。

③ 这首讽刺尼古拉的歌据说并不是索科洛夫斯基写的，是他在一八二六年夏天离开武备中学时听到的。一个参加宴会被捕的人阿·瓦·乌特金在受审讯时说他是从亚·依·波列查耶夫那里学来的。波列查耶夫可能是这首歌的作者。乌特金，参看第243页注①。

俄国皇帝
　　升了天，
外科医生
　　划开他的肚皮。

国家在哭，
　　老百姓都在哭，
丑八怪的康斯坦丁
　　要来统治我们。

可是在天上的主宰、
　　至高无上的上帝面前，
我们有福的沙皇
　　递上了一份呈文。

读了那份申请，
　　上帝感到怜悯，
就另外派了尼古拉，——
　　还带着什么什么……下流人。

晚上斯卡里雅特卡忽然记起这一天是他的命名日，就讲了他怎样卖了一匹马占了便宜的故事，邀请这些大学生到他家里，答应开一打香槟酒。他们都去了，香槟也拿出来了，主人身子摇摇晃晃，建议大家再唱一次索科洛夫斯基的歌。大家正在唱的时候，门开了，曾斯基带了警察进来。这一切做得既不细致，又愚蠢，而且也不成功。

警察想抓我们，他们寻找表面的口实想把他们早已注意到的五六个人牵连在案件里面——可是他们却只抓到二十个无辜的人。

然而要俄国警察认输是很难的。两个星期以后他们拿我们同宴会案件有关的罪名逮捕了我们。① 他们在索科洛夫斯基那里搜到沙〔青〕的信，在沙〔青〕那里搜到奥加略夫的信，在奥加略夫那里搜到我的信，但是什么也没有发现。第一次的侦讯失败了。为了保证第二个委员会取得大的成绩，皇上从彼得堡派来最得力的审问官②亚·费·戈里曾。

这种人在我们俄国是不可多得的。他们就是著名的第三厅的头子莫尔德维诺夫③、维尔那的大学校长彼里康④和少数几个做官的波罗的海东部沿海地区的日耳曼人和堕落的波兰人。⑤

然而对这个“宗教法庭”⑥不幸的是莫斯科要塞司令斯塔阿尔被任命为第一委员。斯塔阿尔是一个直爽的军人和果敢的老将军，他审查案件，发现这件案子里包含了两种彼此不相干的情况：一是宴会案，对这件事应当根据警察法予以处分；二是毫无理由地逮捕了一些人，他们唯一的举得出来的罪名就是一点非公开发表的意见，为了这个审讯他们，既困难又显得荒唐可笑。

小戈里曾不满意斯塔阿尔的看法。他们争论得很厉害；老军人发了脾气，用他的军刀打着地板，说：

“您与其毁掉别人，不如上个呈文请求关闭所有的学校和大学；这样会警告别的不幸的年轻人；——话又说回来，您要怎么干都由您，不过您得撇开我去干；我以后绝不再到委员会来。”

老人说完这番话就匆匆走出了大厅。

皇上当天就知道了这件事情。

---

① 作者在这里提到的几个人并不是在同一天被捕的，索科洛夫斯基于七月十九日或二十日在彼得堡被捕。奥加略夫于一八三四年七月九日被捕，七月三十一日第二次被捕。

② 这里用的词是指中世纪宗教法庭的喜欢拷打罪犯的残酷的审问官。

③ 亚·尼·莫尔德维诺夫（1792—1869）：第三厅办公室主任，卞肯多尔夫的助手。

④ 温·温·彼里康（1790—1873）：外科医生，维尔那大学校长，反对波兰起义和波兰解放运动。

⑤ 后来在这方面有突出表现的人中间有一个出名的里卜兰季，他在一八五八年作出一个设立间谍学院的计划（一八五八）。——作者原注

⑥ 宗教法庭：即中世纪残酷迫害、审讯所谓异端的宗教裁判所。这里指侦讯委员会。

早晨要塞司令带着报告去见皇上，皇上问他为什么不愿意出席委员会；斯塔阿尔说明了原因。

“真瞎扯！”皇帝说，“同戈里曾吵架，真不害臊！我希望你还是像先前那样出席委员会。”

“陛下，”斯塔阿尔答道，“请顾惜我满头的白发吧，我活到这样的年纪从没有沾上一点污点。我的耿耿忠心陛下是知道的，我的血、我的余生都属于陛下。然而这件事关系到我的荣誉——委员会里做的事情是违反我的良心的。”

皇上皱起了眉头，斯塔阿尔鞠躬退了出去，从此他就没有再出席过委员会。

这个故事的真实性是无可怀疑的，它很可以说明尼古拉〔一世〕的性格。他怎么不会想到，既然这个他不能不尊敬的人、一个果敢的军人、一个有功勋的老人这样坚决地要求顾惜他的荣誉，那么案情不是完全明白了吗？他本来应当把戈里曾叫来，命令斯塔阿尔当着戈里曾的面说明案情。他并不这样做，却下令把我们严加看管。

斯塔阿尔去了以后，委员会里就只剩下一些仇视被告的人了，主持人是一个头脑简单的老人，谢·米·戈里曾公爵，他在案子进行了九个月以后还是像案子开始以前九个月那样一无所知。他保持着威严的沉默，很少讲话，在审问结束的时候，他总是问一句：

“可以让他走了吗？”

“可以。”小戈里曾回答道，大戈里曾就威严地对犯人说：

“走吧。”

对我的第一次审问进行了四个小时。

问话分两类。第一类问话的目的是要发现像小戈里曾和军事法庭检察官奥兰斯基所说的那种“充满非常有害的圣西门学说的革命主张，和违反政府精神”的思想方式。

这些问题是容易回答的，而且它们也不算是什么问题。在搜去的文件和书信里意见表示得相当清楚。本来问题只牵涉到具体事实：这个人是不是写过这种话。委员会却认为有必要在写过的每句话上面加如下的问话:“您信中的下述词句如何解释?”

不消说,这是用不着解释的;我写了空洞、含糊的句子来回答。那个军事法庭检察官在一封信上发现了这段话:“所有的宪章都不会产生什么结果,这是老爷和奴隶之间的合同;问题不是在使奴隶过得好一点,而是在于不要有奴隶。”①要我解释这段话的意思,这时候,我就说我认为我没有替立宪政府辩护的义务,还说,要是我替立宪政府辩护,这又会成为我的罪名。

“对立宪政体的攻击可能来自两方面,”小戈里曾用他那神经质的、发咝咝音的声音说,“您并不是从君主制的观点来攻击它,否则您就不会谈到奴隶了。”

“在这一点上我同女皇叶卡捷琳娜二世一块儿犯了错误,她下过命令不许把她的臣民称为奴隶。”

小戈里曾让我这个讽刺的回答气得喘不上气来,他对我说:

“您大概以为我们聚在这里是为了进行学究式的辩论,您是在大学里做学位论文的答辩吧?”

“那么您要求解释有什么目的呢?”

“看来您假装好像您不明白对您要求的是什么。”

“我不明白。”

“他们全都很顽固。”主任大戈里曾插了一句,他耸了耸肩头,看看宪兵上校舒宾斯基。我笑了笑。

“同奥加略夫一样。”和善的主任继续说。

接着便是暂停。委员会是在谢尔盖·米哈依洛维奇公爵②的图书室里进行审讯的;我转过身朝着书架,看架上的图书。这些书中间有一

---

① 这是作者一八三三年八月三十一日写给尼·奥加略夫信里的话,不过这里的引文是凭记忆写下来的。

② 米哈依洛维奇公爵:即大戈里曾。

部多卷本的圣西门公爵回忆录①。

“您看，”我转脸向着主任说，“多不公平啊！我因为圣西门主义受审讯，可是您，公爵，您却收藏了他的二十卷著作！”

这个和善的老人从来不读书，仓猝间他回答不出来。然而小戈里曾用他那狠毒的眼睛瞅了我一眼，问道：

“难道您看不出来这是路易十四时期的圣西门公爵的《回忆录》吗？”

主任笑了笑，对我点了一下头，意思是：“老弟，你搞错了，是吗？”然后说：

“您走吧。”

我走到门口的时候，听见主任问道：

“就是他写了您刚才给我看的那篇论彼得一世的文章②吗？”

“他。”舒宾斯基答道。

我站住了一会。

“Il a des moyens.〔法语：他有才能。〕”主任说。

“这更坏。毒药在聪明人手里更危险，”审问官③插嘴说，“一个十分有害的、完全不可救药的年轻人……”

对我的判决就在这句话上面。

再顺便提一下圣西门，警察局长去抄奥加略夫的信件和图书的时候，他把一本梯也尔④的《法国革命史》放在一边，接着他又找到一本……又是第三本……一直到第八本。最后他忍不住了，说：“上帝啊！革命的书这么多……又是一本。”他把居维叶的 *Sur les révolutions*

---

① 圣西门公爵：即路易·德·圣西门（1675—1755），十七世纪末到十八世纪前半叶的法国国务活动家。他的《回忆录》共二十一卷，描写路易十四和路易十五统治时期三十年中间法国的宫廷生活和当时的重大事件等等。

② 指作者的文章《一月二十八日》（一七二五年彼得大帝逝世的日期）。

③ 这里仍然用那个词：“中世纪宗教法庭的审问官”，还是指小戈里曾。

④ 路·阿·梯也尔（1797—1877）：法国反动政客和历史家，镇压巴黎公社的刽子手。《法国革命史》是他的著作，共十卷。

du glode terrestre〔法语:《关于地球激变》的〕①演讲交给警察长。

第二类问话更加复杂。其中各种警察的狡猾手段和侦讯的花招都使用了,为着把一个人弄糊涂,把他拉进圈套,使他自相矛盾。诱供和各种精神上的折磨都用过了。不值得在这里讲述它们,我只消说,尽管他们在我们四个人②中间使尽了阴谋诡计,却无法逼我们任何一个讲出需要对质的口供。

我收到了最后的问题以后,一个人坐在我们写答词的那个小房间里。门忽然开了,小戈里曾带着忧郁的、焦虑的面容走了进来。

"我在您写完供词以前,"他说,"来同您谈谈。先父同令尊长时间的交谊使我对您特别关心。您年轻,您还有前程;因此您必须从这个案件脱身出来……幸而这是您办得到的。令尊十分关心您这次被捕的事,他一心盼望您能获释;谢尔盖·米哈依洛维奇公爵同我刚刚谈过这件事,我们的确准备尽力设法;但是请您协助我们。"

我看出了他这番话的用意,我的血冲上头来,我恼怒地咬我的笔。

他继续说下去:

"您正在走一条直接通到服兵役③、或者到要塞单人牢房去的路,半路上您就会逼死令尊的;他看见您穿上兵士的灰大衣,连一天也不会活下去。"

我想讲话,可是他不让我说。

"我知道您要讲些什么。您耐心点。您图谋反对政府,这是明显的事实。您要得到陛下的宽恕,就必须拿出您悔过的证据来。您很顽固,您的答词都是不老实的,您由于顾全面子,保护了那些我们比您更了解的人,那些并不像您这样谦虚文雅的人;④您帮不了他们的忙,可

---

① 居维叶(1769—1832):参看第122页注②;这是一本法文科学著作,它的全名是《关于地球表面的激变和这些激变在动物界中产生的变化的演讲》。警察局长把"激变"误解为革命,以为这是一本宣传革命的书。

② 四个人:即奥加略夫、沙青、伊·阿·奥包连斯基和作者。

③ 服兵役:指送到高加索等地去当兵。

④ 我用不着说这是无耻的谎话、卑鄙的警察的狡猾手段。——作者原注

是他们要把您拉下去，跟他们一块儿完蛋。您给委员会写封信来，简单地、坦率地说，您承认自己的罪行，说您由于年轻人的狂热走上了歧路，招出那些把您引上歧路的不幸的堕落的人。……您是不是愿意用这样轻易的代价赎回您的前程呢？挽救令尊的性命呢？”

“我什么也不知道，而且在我的供词上也不要补充一个字。”我答道。

戈里曾站起来用干巴巴的声音说：

“啊，那么您不愿意，——这就怪不得我们了！”

审讯就这样地结束了。

一八三五年一月或者二月我最后一次到委员会去受审讯。我是给带去重读我的答词，我可以随意补充，最后在这些答词上面签字。只有舒宾斯基一个人在场。我读完以后对他说：

“我想知道，根据这些问题、根据这些答词可以把一个人判什么罪？您认为我犯了法典的哪一条款？”

“帝国法典是为另一种罪行制定的。”穿浅蓝色制服的上校说。

“这是另一回事。我读完了所有这些书面习题以后，我不能相信它们会构成我的罪名，使我因此坐了六个多月的牢。”

“难道您真的认为我们相信您，说你们并没有组织秘密团体吗？”舒宾斯基反问道。

“秘密团体在哪儿呢？”

“这倒是您的幸运，我们没有找到线索，幸而你们还没有能够做出任何事情。我们及时制止了你们，干脆地说，就是我们挽救了你们。”

这又是重复果戈理的《钦差大臣》中铜匠老婆波希列普金娜和她丈夫的故事①了。

我签了字，舒宾斯基就打铃叫人把教士找来。教士进来后就在我的签字下面签了字，证明我的全部供词都是我自愿写的，并不曾施用任

① 见果戈理的五幕喜剧《钦差大臣》第四幕第十一场。

何暴力。我用不着说,审讯的时候他并不在场,而且他甚至没有按照手续问我审讯的情况(我那个待在大门外的见证人又来了)。

侦讯结束以后,牢里就管得松了些。家里的人也可以来到要塞司令部领取探监证了。这样又过了两个月。

三月中旬我们的判决批下来了;没有人知道它的内容;有些人说我们会给送到高加索去,另一些人说我们要到博布鲁伊斯克,还有一些人则盼望我们全体得到释放(这是斯塔阿尔的意见,他也单独向皇上呈报了;他建议把我们在押的时间作为处罚)。

最后,在三月二十日我们全体集合在戈里曾公爵家里听宣判。① 对我们说来,这是一个盛大的节日。我们被捕以后,这还是头一次见面。

我们吵吵嚷嚷地、愉快地互相拥抱握手,我们站在那里,宪兵队军官和卫戍区的军官在我们四周围成了一条警戒线。这次见面使我们振奋起来,大家问这问那,讲有趣的事没完没了。

索科洛夫斯基也到了,他瘦了些,脸色苍白,然而还是谈笑风生。

《宇宙》、《赫威利》和其他相当好的诗篇的作者索科洛夫斯基赋有很高的诗才,然而豪放的独创性不足,就得靠文化修养,可是他的修养又不很高,不能发展他的才能。他是一个亲切可爱的放荡不羁的人,是一个天生的诗人,完全不是一个搞政治的人。他很有趣,很殷勤,是一个会及时行乐的朋友,一个 bon vivant〔法语:乐天派〕,像我们大家一样,喜欢玩乐一下……也许有一点过分。

索科洛夫斯基从狂欢的宴会无意间落到监牢里来,他的表现非常好,他在监狱里成熟了。委员会中那个军事法庭的检察官是一个在细节方面苛求的人、虔信派教徒、密探,他由于妒忌、贪财和诽谤告密而消瘦、衰老了,他由于对皇室和宗教的一片忠诚不敢理解那首诗最后两行的语法意义,他问索科洛夫斯基:

---

① 宣判的日期是一八三五年三月三十一日。

"这首歌最后那些无礼的话指的是谁?"

"请您相信,"索科洛夫斯基说,"我指的不是沙皇,我要特别请您注意这个可以使罪行减轻的情况。"

军事法庭检察官耸了耸肩头,抬起眼睛望天花板,然后默默地朝索科洛夫斯基看了好久,闻了闻鼻烟。

索科洛夫斯基是在彼得堡被捕的,并没有告诉他去什么地方就把他带到莫斯科来了。我们的警察经常开这种玩笑,这是完全不必要的。这是他们的诗才。① 世界上没有一种职业会平庸、恶劣到自己不想方设法做得更巧妙、自己不需要乔装打扮和装饰门面的。索科洛夫斯基给径直带到监狱、关在阴暗的牢房里。为什么他给囚禁在监狱里而我们却关在营房里呢?

他随身只有两三件衬衫,再没有别的了。在英国任何一个犯人一进监牢,立刻给带去洗澡,在我们那里却用尽方法防止清洁。

要是哈斯大夫不把自己的一叠内衣给索科洛夫斯基送去,那么他会脏得不得了。

哈斯大夫是一个非常特别的怪人。对这个古怪的疯子的纪念不应当让那个记述头两等人德行(他们这些德行在他们逝世前从来没有人听说过)的官方讣告的垃圾堆淹没。

他是一个又瘦又小,脸色蜡黄的老人,穿一件黑色燕尾服和一条短短的裤子,还穿着黑色丝袜和带扣的皮鞋,他看起来像是才从十八世纪的什么戏剧里走出来似的。哈斯穿着这身婚丧大事中穿的 grand gala〔法语:大礼服〕,在北纬五十九度的适意的气候,每星期在流放犯出发的时候,就到麻雀山的押解站去。他靠着监狱医生的身份接近他们,他给他们检查身体,经常随身带去满满一篮子的各种东西、食品和各样好吃的东西——核桃、姜饼、橙子、苹果,都是带给女犯人的。这引起了慈善的太太们的恼怒,她们害怕慈善行为会给人们带来愉快,害怕会做出不

① 这是一句讽刺的话,英译者译作:"这是他们的创造性幻想所采取的形式。"

必要的更多的慈善行为使犯人不至于因冻饿死去。

然而哈斯是难说得通的,他温和地听了对他“姑息女犯人的愚蠢行为”的责备以后,擦了擦手,就说:

“亲爱的太太,请您瞧瞧,一块面包,一个铜板,任何人都会给她们,可是糖果或者橙子她们很久都不会看到的,没有人给她们,这是我从您的话里可以推断出来的;因此我带给她们这种愉快,她们很久都不会再有这种愉快的。”

哈斯住在医院里。午饭前有一个病人来找他治病。哈斯给他检查过了,就到书房里去开药方。他回来的时候病人不见了,桌子上放的银餐具也不见了。哈斯唤了守门人来,问他除了病人以外还有什么人进来过没有。守门人猜到了这种情况,马上跑了出去,一分钟以后就带着银匙和病人回来,他得到院里另一个看守兵的帮助把病人拦住了。这个骗子跪下来向大夫求饶。哈斯不知道怎么办才好。

“你去找警察长来,”他对一个守门人说,对另一个又说:“你马上去叫录事来。”

守门人很满意这次的发现、胜利和在这件事情上他们出的一份力,他们就跑出去了,哈斯却趁他们不在的时候对小偷说:

“你是个虚伪的人,你骗我,想偷我的东西,上帝会审判你……现在趁兵还没有回来,赶快从后门跑掉……不过,等一下,也许你一个钱也没有,——这儿有半个卢布;可是你要努力改好你的灵魂;——岗警躲得开,上帝是躲不开的!”

在这一点连他家里的人也反对他。然而这个无法改变的大夫却有他自己的意见:

“偷窃是大坏事;不过我知道警察,我知道他们怎样拷问小偷,他们要审问他,要打他;把别人送去挨打,这是坏得多的坏事;而且谁知道——也许我这样做倒会打动他的心!”

他家里的人摇摇头,说:“Er hat einen Raptus.”〔德语:他是一个性情古怪的人。〕慈善的太太们说:“C'est un brave homme, mais ce n'est pas tout à fait en règle là.〔法语:这是一个好人,不过他这儿并不很正常。〕”她们指了指前额。可是哈斯擦擦手,还是按他自己的心愿办事。

……索科洛夫斯基刚刚讲完他那些故事,其他的几个人就同时讲起他们的事情来;好像我们都是经过长途旅行回来似的,问询、笑谈、俏皮话没完没了。

沙〔青〕在肉体上吃的苦头比别人多;他很瘦,而且一部分头发脱落了。他在坦包夫省他母亲的村子里得到我们被捕的消息,自己马上动身去莫斯科,免得宪兵到村子里来惊动他的母亲,他在路上受了寒,到家时发着高烧。警察来抓他的时候,他还躺在床上,不能把他带到警察分局去。他们将他作为留家逮捕,派了一个警察兵在寝室门的内侧看守他,警察长则守在床前充当男护士;这样病人在昏迷以后清醒过来,就会遇到一个人的审讯的眼光,或者另一个人枯瘦的嘴脸。

冬天开始的时候他给搬到列福尔托夫斯基医院;①医院里本来并没有空的、秘密的、给犯人用的单人病房;然而这种小事用不着考虑;找到了一个没有火炉的用屏风隔出来的角落,——就把病人安置在这个南面的阳台,还派了一个哨兵看守他。这个石头的贮藏室里面冬天的气温怎样,可以根据下面这个事实判断:夜里哨兵受不了那种严寒,就到走廊上炉前烤火,要求沙〔青〕不要对值班的讲。

医院当局自己也看出来在这样接近北极的地方不可能有热带的气温;他们就把沙〔青〕搬到摩擦冻僵病人②的病房的隔壁去。

我们还来不及讲到和听到我们大家的奇怪经历的一半,副官们就突然忙乱起来,卫戍区的军官们连忙立正,警察们也整装肃立;门庄严地打开了,身材瘦小的谢尔盖·米哈依洛维奇·戈里曾公爵 en grande tenue〔法语:穿着大礼服〕,肩上挂着绶带,走了进来;曾斯基穿着御前侍从的制服,连军事法庭检察官奥兰斯基也穿上了一种为着喜庆事情穿

① 普列斯年斯柯依警察分局局长向曾斯基报告:十二月十五日把沙青送到军人医院。

② 摩擦冻僵了的病人使他恢复知觉。

的浅绿色军便服。不用说,要塞司令没有来。

这个时候吵闹和笑声响得实在厉害,检察官威严地走进厅子里来,对我们说,大声讲话特别是发笑就是对于我们即将听到的皇帝陛下的圣旨的大不敬。

门开了。军官们把我们分成三组;在第一组的是索科洛夫斯基、画家乌特金①和一个姓伊巴耶夫②的军官;我们在第二组;在第三组的是 tutti frutti〔意语:所有其余的人〕。

第一类人的判决是大声宣读的——它很可怕:以侮辱皇帝陛下的罪名判刑,无限期监禁在席吕谢尔堡要塞监狱。

这三个人都很勇敢地听完了这个毫无道理的判决。

奥兰斯基为了表示尊严慢吞吞地、抑扬顿挫地读到侮辱皇帝陛下和皇室……的时候,索科洛夫斯基对他说:

"得啦,我并没有侮辱过皇室。"

他们在他的文件中间,除了诗稿以外,还找到他几次开玩笑编写的米哈依尔·巴甫洛维奇大公爵③的批示,故意写了别字④,这就促成了他的重刑。

曾斯基为了表示他也是一个可以随随便便、不拘礼节的人,在宣判以后就对索科洛夫斯基说:

"喂,您以前在席吕谢尔堡待过吗?"

"去年,"索科洛夫斯基马上回答他说,"我在那儿喝了一瓶马德拉酒,好像我当时就有预感似的。"

两年以后乌特金死在要塞的牢房里。索科洛夫斯基在半死的状态中,给送到高加索,他死在皮雅契戈尔斯克。还没有丧尽的一点点羞耻

---

① 阿·瓦·乌特金(约 1796—1836):非贵族出身的俄国画家,一八三四年被捕,一八三五年判刑,关在席吕谢尔堡要塞监狱,在狱中病死。

② 列·康·伊巴耶夫(约 1804—?):退伍陆军中尉,一八三四年被捕,后来流放到彼尔姆,一八四二年获得自由。

③ 保罗一世的儿子,尼古拉一世的弟弟。

④ 原文是"拼法错误"。

心和良心促使政府在这两个人死亡以后把第三个人转移到彼尔姆去。伊巴耶夫按照他自己的方式死了：他变成了神秘主义者。①

乌特金正如他在审讯中自称的那样，“关在监牢里的自由画家”，他是一个四十岁上下的人；他从来没有参加过任何政治活动，然而他为人光明正大、容易激动，在委员会审问的时候他讲话毫无顾忌，回答问题又尖锐、又粗暴。因此，他就得死在一间墙上滴水的潮湿的牢房里面。

伊巴耶夫的罪比别人重只是在他的肩章上面。倘使他不是一个军官，他就不会得到这样的处罚。这个人偶然参加了一次什么酒宴，他大概同所有其余的人一样喝了酒，唱了歌，可是他不见得比别人唱得多些、声音大些。

轮到我们了。奥兰斯基擦了擦眼镜，清了清喉咙，便恭恭敬敬地宣读陛下的圣旨。圣旨上说，皇上审查了委员会的报告，特别考虑到犯人年纪很轻，因此下令不把我们送交法庭审判，而且向我们宣布，按照法律我们是大逆不道唱亵渎圣上歌曲的罪人，应当判处死刑，而根据其他法律也应判处流放作终身苦役。然而皇上恩德无边，并不这样判刑，却赦免了大部分人的罪，允许他们在警察的监视下居住原地，对于其中罪行较重的人，则用感化的办法处理，就是期限不定地把他们送到遥远的省份去担任文职，由地方当局监视他们。

这些“罪行较重的人”一共有六个：奥加略夫、沙〔青〕、拉赫青②、奥包连斯基、索罗金③和我。我给送到彼尔姆去。拉赫青并没有被捕，可是他也在判刑的人中间。传他来听宣判的时候，他还以为这是对他的警告，让他看见别人受到什么处罚，就作为对他的处罚。据说戈里曾公爵的亲信中有人让拉赫青的妻子惹恼了，就给拉赫青准备了这个意

① 伊巴耶夫一八四一年在彼尔姆出版了一本书《解剖刀，或者对人的内心的观察》。这本不怎么大的书因为它的神秘主义受到《祖国纪事》杂志（1842）的严厉批判。

② 阿·科·拉赫青（1808—1838）：作者的大学同学，一八三五年被流放到萨拉托夫省。

③ 米·费·索罗金：画家，一八三四年被捕，流放到科斯特罗马省。

外的袭击。他的身体虚弱，三年以后死在流放地。

奥兰斯基宣读完毕，便由舒宾斯基上校讲话。他用了很考究的语言和罗蒙诺索夫①的文体对我们说，全靠了主持委员会的这位高贵的大人替我们讲情，皇上才对我们这样宽大。

舒宾斯基等待着我们大家听了这番话以后向公爵表示感谢；可是我们并没有这样的表示。

被赦免的人中间有几个点了点头，他们同时又偷偷地看看我们。

我们抄着手站在那里，没有做出任何举动表示沙皇和公爵的恩典打动了我们的心。

随后舒宾斯基又想出了另一个诡计，他对奥加略夫说：

"您到奔萨去，您以为这是偶然的事情吗？令尊瘫痪了躺在奔萨家里——公爵呈请皇上派您到这个城里，是为了让您在令尊的身边，可以减轻一点您的流放对他的打击。难道您也不认为您应当感谢公爵吗？"

奥加略夫没有办法，只好微微弯了一下腰。这就是他们想得到的东西。

这使得那个和善的老人高兴，随后不知为了什么缘故，他把我叫了去。我走上前去，打定了主意：不管他和舒宾斯基讲些什么，我绝不感谢；我比所有的人流放得更远，而且去的又是最糟的城市。

"您去彼尔姆。"公爵说。

我不做声。公爵有些窘，他想讲话，就说：

"我在那儿有一个庄园。"

"您要我给您的村长带什么口信去吗？"我含笑问道。

"我不会要你们这样的人带口信的——你们这些烧炭党②人。"随机应变的公爵接着说。

"那么您找我有什么事呢？"

---

① 米·瓦·罗蒙诺索夫（1711—1765）：俄国启蒙运动的杰出的倡导者、学者和作家。
② 烧炭党：十九世纪意大利独立统一前民主主义者的秘密结社。

“没有什么。”

“我以为是您唤我来的。”

“您可以走了。”舒宾斯基打断了我的话。

“对不起,上校,”我向他反问道,“我在这里提醒您,上次我在委员会受审讯的时候您对我说并没有人告发我同宴会案有关系,然而判词上还是说我是一个同这个案件有关的罪人。这里总有错误吧。”

“您想抗议圣上的决定吗?”舒宾斯基说,“您最好还是不要拿彼尔姆换成更坏的东西。我会叫人把您的话记下来。”

“我正想请您这样做。判词上说:‘根据委员会的报告。’我抗议的是你们的报告,不是圣旨。我向公爵申诉:我并没有宴会的问题,也没有唱歌的问题。”

“好像您并不知道,”舒宾斯基气得脸发白,说,“您的罪比那些参加宴会的人要大十倍。瞧他,”——他指着一个被赦免的人,——“他喝得醉醺醺地唱了肮脏的歌,事后他跪下来含着眼泪求饶。可是您到现在还毫无悔改的表示。”

上校指着的那位先生并不做声,只是埋下头来,一张脸通红。……这是一个很好的教训。他的卑鄙行为给了他一个非常好的教训。……

“对不起,我不是说我的罪大或者罪小,”我继续说下去,“不过,如果我是一个杀人犯,我就不愿意别人把我当作小偷。说到我身上来,哪怕是替我辩护,我也不愿意别人说我‘喝得醉醺醺地’做了什么事情,像您现在讲的那样。”

“要是我有一个儿子,一个亲生的儿子,他是这样执迷不悟的话,我也要亲自请求皇上把他流放到西伯利亚去。”

这个时候警察总监插嘴说了一些杂七杂八的废话。可惜小戈里曾不在场,——这本来是他表现口才的好机会。

这一切不消说是毫无结果。

拉赫青走到戈里曾公爵跟前,要求延期出发。

“我的妻子怀孕了。”他说。

“这又不是我的错。”戈里曾答道。

一只野兽、一条疯狗在咬人的时候,也要假装正经,盘起尾巴,可是这个装疯卖傻的大官、贵族,他虽然有老好人之称……却不害臊开了这个下流的玩笑。

……我们还在这个厅子里待了一刻钟,不管那些宪兵和警官怎样再三告诫和干涉,我们还是互相热烈拥抱,讲了好久的告别话。除了奥包连斯基以外,我从维亚特卡回来前一个也没有见到。

出发就在我们的眼前了。

监狱是我们过去生活的继续;可是出发到偏僻地方去,就跟过去生活完全隔断了。

在我们朋友圈子里的青年生活时期结束了。

我们的流放可能会继续几年。我们在什么地方再见面,而且怎样见面呢,我们还会见面吗?……

我惋惜过去的生活,我不得不这么匆促地离开了它……没有说一句告别的话。我毫无见到奥加略夫的希望。有两个朋友居然在最后几天里面见到了我,但是这太不够了。

我多么想能够同我那个年轻的安慰者再见一面,像在墓地里握她的手那样再一次握她的手。……我想通过她来送别过去、迎接未来。……

一八三五年四月九日,在我出发到流放地的前夕,我们果然见了几分钟的面。

我长久地把这一天当作神圣的纪念日,这是我一生最幸福的时刻。

……为什么每一想到这一天和我过去的所有快乐日子就使我记起那么多可怕的事情?……坟墓,深红色玫瑰花圈,两个孩子(我牵着他们的手),——火把,一群流亡的人,月亮,山下面温暖的海水,我不理解的话和刺痛我的心的话……

一切都过去了!①

---

① 作者写这篇回忆时,想起一八五二年他的妻子娜达丽雅在尼斯的葬仪。

第十三章

流放——市长——伏尔加——彼尔姆

四月十日早晨一个宪兵队军官把我带到总督府。在那里,在办公楼的机要房间内我的亲族可以来和我告别。

不用说这一切使人难堪,使人痛心——在旁边监视的密探、录事,向负责押送我的宪兵宣读指令,我不能单独同亲人谈随便什么话,——总之,再也想不出比这更使人感到侮辱和痛苦的处境了。

后来马车终于奔驰在去弗拉基米尔的大路上,我叹了一口气。

> Per me si va nella citta dolente,
>
> Per me si va nel eterno dolore——
>
> 〔意语:经过我这里走进苦痛的城,
>
> 经过我这里走进永恒的痛苦——〕①

我在驿站上一个地方写下了这样两行诗,它们对地狱的入口和西伯利亚的驿路同样地适用。

离莫斯科七里有一个叫做"彼罗夫家"的小饭馆②。我的一个好朋友约好在那里等我。我邀请宪兵③喝一杯伏特加,他答应了:这里离城

---

① 这两行诗是从意大利诗人但丁(1265—1321)的《神曲·地狱篇》中引来的,这是《第三曲》的头两行,这也是写在地狱大门上的一段话的头两句。

② 奥加略夫前一天曾在这里停留,在窗台上写下一行字:"尼·奥-夫一八三五年四月九日给放逐出莫斯科。"

③ 宪兵:指叶·瓦西里叶夫,克鲁季次营房的宪兵,押送作者从莫斯科到彼尔姆。

远了。我们走进里面,可是朋友不在那里。我想尽办法在小饭馆里拖延时间,后来宪兵不愿意再等下去了,车夫在准备赶马上路——忽然一辆三匹马拉的车径直冲到小饭馆门前,我跑到门口……两个陌生的出来玩乐的商人儿子吵吵嚷嚷地下车来。我朝远处看——通往莫斯科的大路上看不见一个移动的点子,看不见一个人。……坐上车往前走,这是痛苦的事。我给了车夫二十个戈比,我们就像箭似的飞奔起来。

我们的车子不停地朝前走;宪兵奉命一昼夜不得少于走两百里。在平时这倒是受得了的,可是单单在四月初不行。有些地方路上结了冰,有些地方路上满是水和烂泥,而且在接近西伯利亚的时候,一站比一站更坏。

旅行中第一件趣事发生在波克罗沃。

由于冰块在河上漂下来切断了同对岸的往来,我们失去了几个小时的时间。宪兵很着急;可是波克罗沃的驿站长又突然通知说没有马了。宪兵向他指出,驿马使用证上写明"要是没有驿马,可以使用快马"。站长回答说这些马已经指定由内务副大臣①使用。不用说,宪兵就争吵、叫嚷起来;站长跑去设法找居民的马。宪兵也同他一起去了。

我不高兴在驿站长的不干净的屋子里等待他们。我便出了大门,在房屋前面闲走。这是我在九个月监禁之后第一次没有一个兵在旁边看守的散步。

我踱来踱去走了大约半个小时,忽然碰到一个穿着没有肩章的军服常礼服、脖子上挂着一条浅蓝色 pour le mérite〔法语:勋章绶带〕的人。他目不转睛地看着我,走了过去,马上又回转来,带着粗鲁的样子问我:

"您是由宪兵送到彼尔姆去的吗?"

"是我。"我答道,并没有站住。

"对不起,对不起,他怎么敢……"

---

① 副大臣:即亚·格·斯特罗加诺夫伯爵(1795—1891),一八三四至一八三六年任内务副大臣。

“请问我有荣幸同谁在谈话?”

“我是这儿的市长①,”不认识的人回答道,他的声音里流露出他对自己这个高贵职位的深切感觉,“请您原谅,我在恭候副大臣随时驾临,可是这儿政治犯却在街上散步。那个宪兵真是一个蠢驴!”

“请您向宪兵本人讲好不好?”

“不是向他讲,我要逮捕他,我要命令打他一百下棍子,另外派一个警察送您去。”

我并不等他把话讲完,便向他点了点头,连忙走回驿站去了。我在窗里可以听见他在对宪兵发脾气,进行种种威胁。宪兵在道歉,不过看来并不怎么害怕。三四分钟以后他们一起走了进来,我朝窗口坐着,并不去看他们。

我听见市长问宪兵的话,马上猜出来他很想知道我因为什么罪名、为什么而且怎样遭到流放。我坚决地不做声。市长便对我和宪兵两人信口谈起来,不知道他到底向谁说话:

“没有人愿意设身处地替我们想一想。难道我就高兴咒骂大兵、叫一个我一生从没有见过的人不痛快吗?这是职责啊!市长是城市的当家人。不论发生了什么事情,都由我负责;要是地方金库给盗窃了,——我有罪;礼拜堂烧掉了,——我有罪;街上醉鬼多了——我有罪;要是酒喝得少了——我也有罪,”(这后一句话很使他高兴,他用了更加愉快的语调讲下去。)“幸而您遇到了我,不然,您要是遇到了大臣,您这样走来走去,他会问:‘怎么,政治犯出来散步?!把市长交法庭审判’……”

后来我对他的辩才感到厌烦了,就掉转脸对他说:

“您尽管按照您的职责去做吧,不过我请求您不要教训我了。我听您讲话的口气,知道您在等着我向您鞠躬求情。可是我并没有向陌生人鞠躬哀求的习惯。”

---

① 市长:即拉·季·伊兹马依洛夫上校,弗拉基米尔省波克罗沃市市长。

市长显得很窘。

我记得某某人常说："我们这儿全是这样，谁先开头威吓、叫嚷，谁就占上风。您同官长讲话，要是您让他提高声音，您就完了；他听见自己的吼声，就变成了一只野兽。要是您听见他说出第一句粗话，就吼起来，他一定会害怕，会让步，他会想您是个性格刚强的人，对这种人不好太惹他生气。"

市长差了宪兵去问马的事情，便转身对我用道歉的口气说：

"我这样做是为了那个大兵的缘故，您不知道我们的大兵是什么样子，——对他们不可以有一点点姑息，不过请相信我，我能够识别人——请允许我问您是什么样的不幸遭遇……"

"我们的审讯结束的时候，禁止我们讲出去。"

"既然那样……当然……我不敢……"市长的眼光里表示出来好奇心还在折磨他。他不作声了。

"我有一个远亲，他在彼得保罗要塞里坐了大约一年牢，您知道，我，也有这种关系，——对不起，这件事我一直在耽心，您好像还在生气？我是个军人，严格，习惯了职务；我十七岁就到团里服役，我性子急，可是过了一会就完全忘记了。我不会碰您那个宪兵，让他见鬼去吧……"

宪兵走了进来，报告说，马从牧场赶来，一个小时内到不了。

市长告诉他，由于我替他讲情，他饶恕了他；然后他又对我说：

"为了表示您并不生气，您不会拒绝我的邀请吧，——我的住处离这儿只有两座房子；请允许我邀请您吃一顿便饭。"

这是很可笑的事情：我同市长遇见以后居然到他家里去吃他的干咸鱼脊肉和他的鱼子酱，喝他的伏特加和马德拉酒。

他显得非常殷勤，居然把他家里的一切事情全告诉了我，连他妻子害了七年的病也讲了。吃过饭以后他带着得意的高兴从桌子上放的一只高脚盆里拿出一封信递给我，让我读他儿子写的一首"诗"，这首"诗"在武备中学课堂考试中得到当众朗读的奖励。他对我做出这样完全信任的表示以后，就巧妙地绕个弯间接地问起了我的案件。这一次我多多少少地满足了他。

这位市长使我想起了我们的朋友史〔迁普金〕①经常讲的那个县法院秘书的故事。“九个县警察局局长都换了，可是秘书一直待下来，照常地管县里的事情。”

“您是怎样跟所有这些人搞好关系的？”史〔迁普金〕问他。

“先生，没有什么，靠上帝帮忙，我们勉强对付过去了。有的起初爱发脾气，蹬蹬前蹄，跺跺后蹄，大声叫嚷，乱骂一阵，说是要把我一脚踢开，又说要上报省长——好吧，您知道，我们究竟是下级，只好不声不响，可是心里在想：等着吧，他会吃苦头的！这不过是头一回给他们套上辔头！果然，你瞧，往后他们拉车跑得挺不错！”

……我们到达喀山，正是在伏尔加河春天发大水的时候；从乌斯隆到喀山的整段路程我们都不得不坐平底船，——十五里或者更多一些的路给河水淹没了。这是一个阴雨天。摆渡停了，许多大车和各种车子等在岸上。

宪兵到驿站长那里去要一只平底船。驿站长不乐意地给了他一只船，对他说还是等一等好，现在过河并不安全。宪兵急着要走，因为他喝醉了，而且他还想显示自己的权力。

他们把我的马车放在一艘小小的平底船上，我们就离了岸。风似乎平静了；半个小时以后鞑靼人张起了帆，突然间平静了的风暴又厉害起来。一种巨大的力量把我们的船推向前面，我们碰到一段木头，在木头上狠狠地撞了一下，这只破旧的渡船给撞坏了，水漫上了甲板。情况很不好；不过鞑靼人居然把平底船弄到了浅滩上。

一只商人的平底货船过来了；我们向它叫唤，要他们派一只小船来；拉船的人听见了我们的叫唤，可是什么也不管就过去了。

---

① 米·谢·史迁普金（1788—1863）：俄国农奴出身的著名话剧演员。作者在他的日记（一八四四年三月十九日）里提到史迁普金讲的这个故事。史迁普金在他的《回忆录》第八章里也讲到这个故事，但《回忆录》发表较迟（在一八六四年）。

一个农民带了老婆坐着一只小小的独木船来了，问我们出了什么事情，他说："嗯，那有什么。得啦，堵住洞眼，求上帝保佑，高高兴兴地赶路。愁眉苦脸地待在这儿干吗？难怪你是个鞑靼人，所以你一点办法也没有。"他说着就爬上了平底船。

鞑靼人的确非常惊慌。首先，水淹到睡着了的宪兵身上的时候，宪兵跳起来，立刻动手打鞑靼人。其次，平底船是公家的财产，鞑靼人不停地说：

"它就要沉下去了，我怎么办！我怎么办！"

我安慰他说，要是船沉下去，他会同船一起沉下去的。

"老爷，我沉下去，那倒很好，不过如果我沉不下去，怎么办？"他答道。

那个农民和工人们用各种各样东西堵住了洞眼。农民又用斧头敲敲打打，把一小块木板钉了上去；然后他齐腰泡在水里同别的人一起把平底船拖下了浅滩，我们很快地就驶进伏尔加河道里了。水势很猛。风和雨夹雪抽打着脸，寒冷彻骨，可是不久伊凡雷帝①的铜像就从雾和急流中现了出来。看起来危险已经过去了，然而鞑靼人忽然用凄惨的声音叫起来："漏水，漏水！"事实上水已经从先前堵住的洞眼里很猛地涌了进来。我们正在河的当中，平底船动得越来越慢，可以预料到船就要完全沉下去了。鞑靼人脱下帽子在祷告。我的随从②吓得不得了，哭着说：

"永别了，我的好妈妈，我再也见不到你了。"

宪兵在骂人，他赌咒发誓到岸上以后要把他们统统痛打一顿。

起初我也害怕，而且风和雨又增加了一些混乱和惊慌。但是我一想到我任何事情也没有做就死去，这未免太荒谬了，我这种年轻人的

---

① 伊凡雷帝：即沙皇伊凡四世（1530—1584），一五四七年即位，是称为沙皇的第一个俄国皇帝。

② 随从：指彼得·费多罗维奇。

“Quid timeas, Caesarem vehis!〔拉丁语:你怕什么呢,你载着恺撒!〕”①占了上风,我镇静地等待着最后的结局,我相信我不会死在乌斯隆到喀山的路上。生活后来使我们丢开了这种高傲的自信,而且为这种自信惩罚了我们;这就是为什么年轻人勇敢、又富于英雄气概,而上了年纪的人却小心谨慎、很难勇往直前。

……一刻钟以后我们就上了岸在喀山的内墙边,一身湿透了,冷得打颤。我见到头一个酒馆,便进去喝了一杯烈性酒,吃了一份煎蛋,然后到邮局去。

在村子或者小城市里,驿站长那里总有一间供旅客留宿的屋子。而在大城市里大家都住在旅馆里面,站长那里就没有给旅客预备的房间了。我给带到邮局办公室。驿站长给我看他的屋子;屋子里有女人和小孩,还有一个生病的老人躺在床上——简直找不到一个给我换衣服的角落。我给宪兵队将军写了一封信,要求随便拨一间屋子给我,我可以取暖并且烘干衣服。

过了一个小时宪兵回来了,他说阿卜拉克辛伯爵下了命令拨给我一个房间。我等了大约两个小时,并没有人来,我又要宪兵去问。他带回来的答复是,将军下令叫波尔上校拨给我房间,波尔上校正在贵族俱乐部里打牌,因此不可能在明天之前有房间。

这是野蛮的行为,我给阿卜拉克辛伯爵写了第二封信,要求他立刻把我送走,我说这样我可以在下一站找到一个休息地方。伯爵大人安寝了,信要留到明天早晨。丝毫没有办法;我脱掉湿衣,用“上级”②的军大衣裹住身子,在邮局办公室的桌子上面躺下来;我拿了一本厚书,再放点内衣在上面当作枕头。

---

① 这是罗马统帅和政治家朱里·恺撒(前100—前44)讲的话。原话是:“你怕什么呢?你载着恺撒和他的幸运。”当时恺撒坐船过河入海,遇到大风浪,掌舵人要把船开回去,恺撒就用这句话来鼓励他们。

② “上级”:这里指宪兵;法文译本译作“邮局局长”(即驿站长)。

第二天早晨，我差人买早饭。邮局的职员已经上班了。庶务官[①]要我注意在办公地点吃早饭实在不好，还说他个人并不在乎，不过邮局局长会不高兴。

我开玩笑地回答道，有权出去的人才可以给赶出去，没有权出去的人，就不得不在他被拘留的地方吃、喝……

第二天阿卜拉克辛伯爵允许我在喀山停留三天，并且住在旅馆里面。

我同宪兵在城里逛了这三天。遮着脸的鞑靼女人、她们的颧骨突出的丈夫、同东正教礼拜堂靠近的伊斯兰教的清真寺，——这一切使人想到亚洲和东方。在弗拉基米尔，在尼日尼，人有一种接近莫斯科的感觉，在这里却感觉到离莫斯科远了。

……到了彼尔姆我就直接给带到省长[②]那里。他正在举行一个盛大的招待会：他的女儿当天同一位军官结婚。他请我一定参加，我只好穿着满是泥土、尘埃的旅行短上衣[③]在整个彼尔姆上流社会中露面了。省长讲了各种各样的废话，还禁止我同波兰流放人来往，他叫我过了几天去见他，他说那个时候他会给我在省长公署找个工作。

这个省长是小俄罗斯人，他并不压迫流放人，一般地说他是一个温和的人。他是在悄悄地积攒钱财；就像一只田鼠让人看不见地在地底下打洞那样，他一点一点地贮存起食物来准备在困难日子使用。

他为了某种莫名其妙的监督和纪律的想法，命令在彼尔姆的所有的流放人每个星期六早晨十点钟去见他。他衔着烟斗出来，手里拿一份名单，查对是否都到齐了，倘使有人缺席，就派警官去查明原因，他几乎对谁也不讲话，就把我们打发走了。我就是这样地在他的客厅里认识了所有的波兰流放人，本来他警告过我不得同他们来往。

---

① 庶务官：当时沙俄掌握机关总务的人员。

② 省长：即加·科·塞拉斯千尼克，一八三五年任彼尔姆省长。

③ 农民穿的短外衣，类似腰部带褶的男外衣。

我到达的第二天宪兵走了，在我被捕以后我第一次获得自由。

自由……在西伯利亚边境一个小城里面，没有一点经验，对我应当在其中生活的环境一点也不了解。

我从育儿室到大学教室，从大学教室到朋友的小圈子，——都是理论、梦想、自己的亲友，没有一点实际的社会关系。然后是监狱，于是一切便沉淀下来。我实际接触生活还是在这里、在乌拉尔山附近开始的。①

马上开始了这种生活；我到后第二天同省长公署的一个守卫一起去找房子；他把我引到一所大的平房。不管我怎样对他解释我找的是很小的房子，或者更合适些，只是房子的一部分，他还是固执地要我进去。

房东太太让我坐在长沙发上；她听说我从莫斯科来，就问我在莫斯科见到卡布利特先生没有。我对她说我从没有听见过这样的姓。

“你怎么会呢？”老太太说，“我是说卡布利特，”她讲了他的名字和父名，“得啦吧，少爷，他做过我们的副省长！”

“我坐过九个月的牢，可能因此没有听到他的名字。”我带笑说。

“大概是这样吧。那么你，少爷，要租这所房子？”

“我嫌它大，太大了，我对这个老总讲过。”

“宽敞一点，不是负担呀。”

“话是这样说，不过房子宽敞，您要的钱就多了。”

“啊，好少爷，谁跟你讲过我的价钱，我还没有开口呢。”

“不过我明白这样一座房子一定不便宜。”

“你出多少钱？”

我为了摆脱她的纠缠，就说我至多出三百五十个纸卢布。

“哦，这就很好；叫他把你的东西搬来吧，小伙子，你喝一杯腾涅立

---

① 作者写信给朋友说：“彼尔姆使我恐怖：这是西伯利亚的接待室。”（这里离莫斯科一千四百俄里。）

夫①葡萄酒。”

在我看来她的价钱低得出奇，我租下了这座房子；我打算走的时候，她叫住了我。

“我忘记问你：你要自己养牛吗？”

“对不起，我不养。”我答道，她这句问话差点叫我感到受了侮辱。

“好吧，那么我给你送鲜奶油来。”

我走了，一路上惊恐地想我是在什么地方，我又算是什么，别人怎么会以为我能够自己养牛呢？

然而我还来不及熟悉我的环境，省长就通知我，要把我送到维亚特卡去，②因为另一个指定到维亚特卡的流放人③要求转到彼尔姆来，他有亲戚在彼尔姆。省长要我第二天就动身。这是不可能的；我以为自己要在彼尔姆待一个时期，就买了各种各样的东西，现在哪怕半价卖出去也行。省长支支吾吾地作了种种答复之后，允许我待两个整天，不过要我保证我不想方设法同别的流放人见面。

我准备第二天卖掉我的马和各种没有用的东西，警察局长④突然带着要我二十四小时内出发的命令来了。我对他说明省长已经准我延期。警察局长把公文拿给我看，上面明明指定他在二十四小时内把我送走。公文是同一天签署的，因此就是在他同我谈过话以后发出的。

“哈，”警察局长说，“我明白了，我明白了；我们这位英雄想把责任推到我的身上。”

“我们去揭穿它。”

“我们去！”

省长说他忘记了答应我延期的事。警察局长狡猾地问他要不要把公文改写过。

---

① 腾涅立夫：西属加那利群岛中的一个岛。

② 根据六月一日沙皇的诏令。

③ 即作者的同学伊·阿·奥包连斯基。

④ 警察局长：指费·伊·瓦依盖尔。

"值得费事吗!"省长干脆地说。

"把他捉住了,"警察局长高兴地擦着手对我说……"这个耍笔杆的官僚!"

彼尔姆警察局长属于军人做文官的一种特殊的典型。这些人在军队里运气好,没有碰到一下刺刀,也没有遇到一颗子弹,因此就给安排在市长、〔警察局长〕、庶务官这类的职位上。

他们在团里多少染上了一点心直口快的脾气,记住了各种关于荣誉不可侵犯和光明正大的警句,还有对搞文牍、耍笔杆的人的刻薄的嘲笑。他们中间年纪轻的还读过马尔林斯基①和扎戈斯金②的作品,能背诵《沃依纳罗夫斯基》③和《高加索俘虏》④的开头部分,经常引用他们反复吟诵的诗句。例如看见人抽烟他们就说:

> 琥珀烟嘴在他的唇边冒烟。⑤

他们毫无例外都深切地痛感到他们的职位比他们的才干低得多,只是由于贫穷他们才不得不待在这个"耍笔杆的圈子"里面,要不是因为穷,要不是因为受了伤,他们就会指挥军团,或者充当高级副官。每个人都会举一个他过去老同事的非常突出的例子,说:

"您知道——克列依次或者利季盖尔和我同时提升为骑兵少尉的。我们住在一个房间里。我们彼此称呼彼得鲁希卡,阿略沙,——不过您瞧,我不是德国人,我又完全没有后台——所以我只好做个岗警。您想,有我们这样思想的正直的人来担任警察职务是轻巧、容易的事吗?"

---

① 马尔林斯基:即十二月党人亚·亚·别斯土热夫的笔名,他写过一些浪漫主义的中篇小说,当时非常流行。

② 米·尼·扎戈斯金:参看第 54 页注③。他是俄国历史小说的初期的代表作家,他的长篇小说《尤利·米洛斯拉夫斯基》在当时很流行,重版多次。

③ 《沃依纳罗夫斯基》:十二月党诗人雷列耶夫的叙事长诗。沃依纳罗夫斯基是马泽巴的外甥。

④ 《高加索俘虏》:普希金的叙事长诗,写于一八二〇至一八二一年。

⑤ 这一行诗是从普希金的叙事长诗《巴赫契萨拉依喷泉》中引来的,这是原诗的第二行。

他们的老婆叫苦叫得更厉害，借口说在莫斯科的母亲或者姑母生病想同她们见最后一面，每年提心吊胆地赶到莫斯科去把一点钱存进钱庄。

他们就这样只顾自己地生活了十五年。丈夫怨命，鞭打警察，拳打小市民，在省长面前卑躬屈节，包庇小偷，盗窃文件，引用《巴赫契萨拉依喷泉》中的诗句。老婆也怨命，埋怨外省生活，世界上的东西不管什么都要，向申请人和商店搜刮钱财，喜欢有月亮的夜晚，她称之为“月明之夜”。

我在这里作这样的评论，因为我起初受了这些先生的骗，真的相信他们比别人好些，事实上完全不是这样。……

我从彼尔姆只带走一样对我很珍贵的个人的回忆。

在省长某一次查点流放人的时候，一个波兰天主教教士邀请我到他那里去。我在他家里见到几个波兰人。其中有一个一声不响地坐着，沉思地抽一支小烟斗。他的整个面貌上都露出来苦恼，没有出路的苦恼。他有点驼背，甚至腰也有点歪斜，他的脸型是属于那种不规则的波兰—立陶宛类型，这类型起初使人吃惊，后来却吸引人；最伟大的波兰人法德依·柯斯秋什科就有这样的面貌。这个波兰人采哈诺维奇①的衣服叫人看出来他非常穷。

过了几天我沿着那条彼尔姆城边界上的荒凉的林阴大道散步；是在五月的下半月，嫩叶已经展开，桦树正在开花（我记得整条林阴大道上种的都是桦树），路上没有一个人。我们的外省人不喜欢毫无目的的散步。我信步走了好久，后来终于看见在林阴大道的另一边，就是在田野上，有一个人在采集植物标本或者只是采摘这个地区生长的色彩单调而又数目不多的花。他抬起头来，我认出了采哈诺维奇，便朝他走过去。

① 彼得·采哈诺维奇：波兰爱国者，一八三三年在维尔纳省被捕，罪名是图谋进行反对沙皇的武装斗争，被流放在彼尔姆。

以后我见到了很多波兰事件的受难者；在波兰斗争中殉道者是非常多的——采哈诺维奇便是头一个。他对我讲起那些穿着高级副官制服的刽子手怎样迫害他们（那些刽子手就是杀气腾腾的冬宫暴君实行屠杀的工具），听了他的叙述，我觉得我们的痛苦、我们的监牢和我们的审讯简直不足道了。

当时在维尔纳站在胜利的敌人一边的长官就是著名的叛徒穆拉维约夫①，他发表了这个历史"名言"而使自己遗臭万年，他说"他不是在受绞刑的穆拉维约夫中间，而是在绞死人的穆拉维约夫里面"。在尼古拉的狭隘的、记仇的眼光看来，脾气暴躁的野心家和残酷无情的人是最有用的，至少是最讨人喜欢的。

那些坐在刑讯室里拷问密使②（和密使的朋友以及朋友的朋友）的将军对待犯人，就像自己是一个毫无教养、毫无礼貌的恶棍，而同时又十分明白他们的所作所为都是受到尼古拉的军大衣的保护，那件军大衣是浸透了波兰殉道者的鲜血和波兰母亲的眼泪的。……整个人民的这个受难周③还等待着他们自己的路加或者马太④。……不过他们应该知道：刽子手将一个接一个地给缚在历史的耻辱柱上，并在柱子上留下他们的臭名。这将是和一八一二年的统帅画廊⑤配对的尼古拉时期的肖像画廊。

穆拉维约夫对犯人讲话总是不客气地称呼"你"，并且用下流的粗话骂他们。有一次他大发脾气，走到采哈诺维奇面前，想抓他的胸口，也许还想打他，——他遇到了这个戴镣铐的犯人的眼光，感到狼狈，就

---

① 叛徒米·尼·穆拉维约夫（1796—1866）：俄国反动政客，他曾参加十二月党人运动，在审讯中表示对尼古拉的无限忠诚，释放后甘心作沙皇的走狗，得到尼古拉一世和亚历山大二世的宠信。他残酷镇压波兰人民的起义，得到了"绞人者"的绰号。

② 密使：指波兰革命者中间作联络工作的密使。

③ 受难周：所谓耶稣复活节前的一个星期，受难日是耶稣被钉死在十字架上的日子。

④ 路加和马太：他们都是传说中福音书的编述者。《新约全书》中有《路加福音》和《马太福音》，它们都是耶稣生平、言行和受难的记录。

⑤ 统帅画廊：指一八二六年在彼得堡冬宫修建的参加一八一二年卫国战争的统帅们的肖像画廊。

换了讲话的口气。

我猜得到他当时的眼光是什么样子:采哈诺维奇在事情过了三年对我谈起这个故事的时候,他的眼睛还发射光芒,他额上和歪扭的脖子上的血管也鼓胀起来。

“您戴着镣铐能够做什么呢?”

“我可以用牙齿咬烂他,我可以用我的头盖骨,用我的镣铐打死他。”他声音打颤地说。

采哈诺维奇起初给流放到威尔霍土利耶,①这是彼尔姆省里一个最远的城市,在乌拉尔山中间,经常积雪很深,远离所有的公路,一到冬天几乎同外界完全隔绝。不用说,住在威尔霍土利耶比住在鄂木斯克或者克拉斯诺雅尔斯克②更坏。采哈诺维奇十分孤寂,就专心研究博物学,采集乌拉尔山的稀少植物的标本,最后他得到了许可移居到彼尔姆市;对他说来,处境是改善多了:他又听到人讲他本国的语言,遇见他的患难朋友了。他留在立陶宛的妻子写信给他说她动身从维尔纳省步行来找他。……他在等她。

我这样意外地给转移到维亚特卡的时候,我去向采哈诺维奇告别。他住的那间小屋子里几乎没有什么陈设;一只又小又旧的箱子放在一张简陋的床旁边,一张木桌和一把椅子,这就是他的全部家具了,——这使我想起了我在克鲁季次兵营里的牢房。

我离开的消息使他难过,不过他已经十分习惯于挫折了,所以过了一分钟他便露出差不多是开朗的笑容说:

“这就是我喜欢大自然的原因:一个人不管到哪里,总不能把大自然从他身边抢走。”

我想留一样东西给他作纪念,就把衬衫上的小领扣取下来请他收下。

---

① 采哈诺维奇一八三三年被流放在切尔登,不是在威尔霍土利耶,他在一八三四年转移到彼尔姆,一八四一年移居切尔尼哥夫省。

② 鄂木斯克和克拉斯诺雅尔斯克:都是西伯利亚的大城市。

“它跟我的衬衫不相称，”他对我说，“不过我要把您的领扣一直保存到最后一天，我入土的时候还要戴上它。”

随后他就不作声在想什么，突然间他翻起箱子来。他找到一只小口袋，从里面拉出一根样式特别的小铁链，拉下几个链环，拿给我，一面说：

“这根链条对我非常珍贵，我某一个时期最神圣的纪念是同它连在一起的；我并不送给您整个链条，请您收下这些链环。我从未想到我这个从立陶宛来的流放人会把它们送给一个俄罗斯的流放人。”

我同他拥抱，告别。

“您什么时候动身?”他问道。

“明天早晨，不过我不来叫您了；有一个宪兵一直等在我的住处。”

“那么祝您一路平安；祝愿您比我幸运些。”

第二天早晨九点钟警察局长就来到我的住处，催我动身。彼尔姆的宪兵①比克鲁季次的宪兵温和得多，他忙着弄马车，并不掩饰他的高兴，因为可以在三百五十里路上大喝其酒。一切都准备好了；我无意中朝街上看了一眼，——采哈诺维奇正走过。我跑到窗口。

“好，谢谢上帝，”他说，“这是我第四次走过了，我想哪怕是远远地跟您告别，可是您总是没有看见。”

我含着满眼的泪水感谢他。这种温情的、女性般的关怀深深地感动了我；要是没有这次的遇见，我在彼尔姆就毫无可以留恋的了！

……我离开彼尔姆的第二天，从大清早就下起了不停的大雨，这是林区常有的情况，而且下了一个整天；两点钟光景我们到了维亚特卡的一个很穷的村子。驿站并没有房屋。沃恰克人②(他们是文盲)执行站长的职务，打开驿马使用证，查看上面盖的是一个印或者是两个印，嚷着：“走吧，走吧！”把马套在车上，不用说做得比有站长的地方快一倍。

---

① 彼尔姆的宪兵：指费·布尔津，押送作者到维亚特卡的宪兵。

② 沃恰克人：乌德穆尔特人的旧称，这是居住在西伯利亚和俄罗斯东部的蒙古族。

我想烤干衣服，让身体暖和些，吃点东西。彼尔姆的宪兵同意我的建议休息一两个小时。这是我们到达村子以前决定的。等到我走进这间不通风的、没有烟囱的小屋，我才明白在这里绝不可能弄到任何东西，而且五里以内连一家小酒馆也没有，我很后悔，正打算要求套马。

我正在考虑走还是不走的时候，一个兵走了进来，向我报告押解站的军官叫他来请我去喝茶。

"很高兴。你的长官在哪儿？"

"就在附近的小屋里，阁下。"这个兵做了一个从左面"向后——转"大家熟悉的动作。

我跟在他后面。

一个中年以上的身材短小的军官，他的脸上还留着无数的焦虑、种种生活上的操心和对长官的畏惧等等的痕迹，他带着由于十分寂寞无聊而产生的亲热来迎接我。他是这一类不大聪明的、好心肠的老军人：他们干了二十五年的苦差使，没有牢骚，也得不到提升，就像老马拖车那样，它们大概认为它们的职责就是从大清早起给套上缰绳去拉什么东西。

"您带什么人，到哪儿去？"

"您不用问，真叫人痛心；好吧，反正我的上司们已经全知道了，我们的任务是执行命令，我们没有责任；不过从人道方面看来，这是不体面的。"

"这是怎么一回事呢？"

"您瞧，他们弄来了一群倒楣的八九岁的犹太小孩儿。究竟送他们到海军去或者去别处——我不知道。起初的命令是把他们赶到彼尔姆，随后又有了改变——我们赶他们到喀山。我押送他们走了百多里路。移交他们的那个军官说：'真够倒楣，三分之一在路上留下来了。'"（军官指了指地下。）"准有一半人走不到目的地。"他补充说。

"是不是有什么瘟疫？"我十分激动地问道。

"不，不是瘟疫，不过还是像苍蝇一样地死掉。您知道犹太小孩儿身体差又虚弱，就像一只给剥了皮的猫，他们不习惯在泥路上一天走十个小时，吃干面包……而且是在陌生人中间，没有父亲，没有母亲，也没有人疼他们；好吧，就咳嗽，咳嗽——咳进了坟墓。劳您驾，请问，这对他们什么用处？他们拿这些小孩儿来干什么呢？”

我没有作声。

“您什么时候动身？”

“早就该动身，可是雨下得太大了……喂，你公家的人①，叫小孩儿们集合！”

他们把小孩们带来排成整齐的队伍：这是我从未见过的最可怕的景象，——这些可怜的、可怜的孩子！十二三岁的小孩也许勉强受得了，可是八九岁的孩子……没有一支画笔绘得出这样可怕的情景。

他们脸色惨白，十分疲劳，带着惊慌的样子站在那里，穿着不合身的、领子竖起来的兵士厚大衣，用可怜的、无依无靠的眼光呆呆地望着当地驻军的兵士，那些兵正在粗暴地整顿他们的队形。苍白的嘴唇、眼睛底下的蓝圈——这说明他们在发寒热或者发冷。这些有病的孩子没有人照料，没有人爱护，让北冰洋吹过来的寒风无情地吹打，他们正在走向坟墓。②

同时请注意，护送他们的是一个和善的军官，他显然可怜这些小孩。然而倘使他们碰到的是一个军事政治的管家人，又怎样呢？

我握着军官的手，说了一句：“请小心照顾他们。”就连忙钻进了马车；我想大哭一场，我控制不住自己了。……

在尼古拉残暴的、声名狼藉的统治时期的档案署里面偷偷地埋葬了多少骇人听闻的罪行啊！我们已经习惯了它们，每天都有人犯下这些罪行，好像它们没有什么不对，也没有人注意它们，听任它们消失在可怕的远方，静悄悄地腐烂在无声无息的官厅的泥沼里头，或者让检查

---

① 公家的人：过去对军人、警察等人的称呼。

② 尼古拉一世指定犹太人担负“徭役和兵役义务”，这种“义务”使得警察有种种借口来抢劫、掠夺犹太居民，连小孩也不肯放过。

制度把它们包藏起来。

我们不是亲眼看见七个从普斯科夫①来的饥饿的农民吗？他们被迫迁移到托包尔斯克省去，没有东西吃，也没有过夜的住处，待在莫斯科的特威尔广场上，一直待到德·瓦·戈里曾公爵②下令由他自己出钱收养他们。

① 普斯科夫：彼得堡西南的一座古老的城市。

② 当时的莫斯科总督。

第十四章

维亚特卡——大人的办公室和饭厅——基·雅·丘菲亚耶夫

维亚特卡的省长没有接见我，却叫人传话要我第二天早晨十点钟去见他。

第二天早晨我在大厅里遇见了县警局长①、警察局局长②和两个官员；他们都站着在小声交谈，不安地时时望着门。门打开了，进来一个小个子、宽肩膀的老年人，肩膀上安放着一只像斗犬脑袋那样的头；上下颚很大，这使他更像狗了，而且更明显的是它们经常露出狞笑；他那苍老而又酒色过度的面容、灵活的灰色的小眼睛和稀少的、竖起来的头发给人留下非常讨厌的印象。

他一开头就把县警局局长痛骂一顿，因为他昨天坐车经过的道路很坏。县警局局长站在那里，稍微低下头表示尊敬和服从，对省长讲到的任何事情，他都像古时候听差那样地回答：

"是，大人。"

他把县警局局长骂够了，就转身向着我。他不客气地望了望我，问道：

"您不是在莫斯科大学毕业的吗？"

---

① 县警局局长：即谢·瓦·奥尔洛夫，这一天是五月二十日。

② 警察局局长：即米·伊·卡塔尼。

“我得到了学位。”

“以后在哪儿任职?”

“在克里姆林宫部。”

“哈,哈,哈!好差使!不用说,您很有空闲时间参加宴会,唱唱歌了。阿列尼曾!”他叫了起来。

走进来一个像是有瘰疬腺结核病的年轻人。

“喂,老弟,这位是莫斯科大学学士;看来他什么都知道,就是不会尽他的职责;陛下要他向我们学习这个。把他放到你的办公室里,给我送专门的报告来。您明天早晨九点钟到办公室去,现在您可以走了。不过,对不起,我忘记问您写得怎样?”

我一下子不明白他的意思。

“得啦,就是书法。”

“我什么也没有带来。”

“拿纸笔来。”——阿列尼曾拿给我一支笔。

“我写什么呢?”

“随便您,”秘书说,“您写:‘经查明——’”

“好啦,您不会跟皇上上奏摺的。”省长讽刺地笑道。

我还在彼尔姆的时候,就听到许多关于丘菲亚耶夫的事情,可是他远远地超过了我的预料。

还有什么是俄罗斯生活所不能产生的呢!

丘菲亚耶夫出生在托包尔斯克。他的父亲可能是一个流放人,而且是属于最穷的小市民阶层。小丘菲亚耶夫在十三岁的时候就参加了一个流浪卖艺人的班子,从一个集市到另一个集市,到处表演走绳子、翻斤斗等等杂技。他同他们一起从托包尔斯克到波兰的各省,让信奉东正教的同胞们逗笑取乐。在那一带地方,不知道什么缘故,他给逮捕了,他没有身份证,就作为流浪汉同一群犯人一起步行押送回托包尔斯克。他的母亲当时孀居在家,生活过得很苦。她死了,儿子就自起炉灶;应当找一种职业;他小时候念过书,就在市议会当一名抄写员。他生性放荡不羁，并且由于他在卖艺人班子里和被押解的犯人中间受到的多方面的教育（他同他们一起走遍了俄国），他的才能又得到了发展，他成了一个精明强干的人。

在亚历山大〔一世〕统治的初期，有一位钦差大臣来到了托包尔斯克。他需要干练的文书，有人向他推荐了丘菲亚耶夫。钦差大臣非常喜欢他，要带他到彼得堡去。用丘菲亚耶夫自己的话来说，他的野心过去从未超出县法院秘书职位的范围，这个时期他对自己有了更高的评价，便以钢铁般的意志决心要发迹高升。

他果然发迹高升了。十年以后我们看见他做了当时一位负责管军需的将军康克陵的得力秘书。① 再过一年他已经主管阿拉克切叶夫办公室（它控制着整个俄国）里发送公文的部门了。联军占领巴黎的时期他跟伯爵②一起到了巴黎。

丘菲亚耶夫所有的时间都坐在远征军的办公室里不出去，而且 à la lettre〔法语：按照字义地；真正地〕没有见过巴黎的一条街。他白天黑夜都坐在那里，同他那位可尊敬的同事克来英米赫尔③一起起草和抄写文件。

阿拉克切叶夫的办公室就像那种工人只能在那里劳动几个月的铜矿一样，因为要是他们待长了就会死亡。连丘菲亚耶夫在这个制造命令和指示、决定和法令的工厂里也终于累倒了，他要求一个比较清闲的职位。阿拉克切叶夫不会不喜欢像丘菲亚耶夫这样的一个人：他没有多大的奢望，没有什么嗜好，没有个人意见，表面上老实，虚荣心却很大，而且认为服从是人的第一美德。阿拉克切叶夫用副省长的职位酬劳丘菲亚耶夫。几年以后他又给了他彼尔姆省长的职位。彼尔姆，丘

---

① 丘菲亚耶夫并没有作过叶·弗·康克陵（1774—1845，反动政治活动家）的秘书；他作过符·斯·兰斯基（1754—1831）的秘书。

② 伯爵：指阿拉克切叶夫。

③ 彼·安·克来英米赫尔，参看第 30 页注②。

菲亚耶夫曾经走绳子经过这个省，以后又给绳子拴住①走过这个省，现在彼尔姆拜倒在他的脚下了。

一个省长的权力是和他同彼得堡距离的远近成正比例的，可是在那些没有贵族的省份像彼尔姆、维亚特卡和西伯利亚，他的权力的增长就要用几何级数计算了。这种地区正是丘菲亚耶夫所想望的。

丘菲亚耶夫是东方的暴吏，不过他精明能干、爱活动、什么事都要插手，总是很忙。丘菲亚耶夫本来会成为一个凶狠的一七九四年国民大会的特派员，一个卡里厄②那样的人。

丘菲亚耶夫生活放荡，性情粗暴，不能容忍丝毫的反对意见，他的影响非常有害。他并不受贿，不过在他死后人们看到他也发了财。他对待下属很严，要是谁犯了错误，就会受到无情的惩罚，然而他的官员贪污盗窃的行为比任何时候都更厉害。他滥用他的权势达到了无以复加的地步；例如，他派一个官员去侦讯一件案子，不用说，他很关心这个案件，他对那个官员说，大概会查出这个和那个，要是查出了别的来，那个官员就该倒楣了。

丘菲亚耶夫在彼尔姆至今还很有名，那里有一派拥护他、而反对新省长的人，不用说新省长在他的四周也有一群党羽。

另一方面，也有憎恨他的人。其中的一个（这是俄国畸形生活的相当古怪的产物）特别警告我，告诉我丘菲亚耶夫是什么样的人。我讲的是一个工厂的医生。这个人③聪明，又很容易激动，他毕业后不久就结了一桩不幸的婚姻，以后又给派到叶卡捷琳堡，一点经验也没有，就给抛到外省生活的泥潭里来了。虽然他在这种环境中还是处在相当独立的地位，可是他仍然让环境毁掉了。他的全部活动就是拚命挖苦那些官员。他当面笑他们，他装腔作势、红眉绿眼，当着他们的面讲最

① 被押解的犯人一路上给用绳子彼此拴在一起，免得有人中途逃掉。

② 让·巴·卡里厄（1756—1794）：十八世纪末法国资产阶级革命的活动家，国民大会议员，派往诺曼底和布里塔尼的特派员，以无情镇压共和国的敌人出名。

③ 英译本中这里译作“这个医生叫做切包塔列夫”。

带侮辱性的话。因为谁都给骂到了,便没有人特别对医生的刻薄嘴生气。他用他这些攻击给自己造就了社会地位,迫使那一群没有骨气的人忍受他经常的责骂。

别人警告我,说他是一个好医生,不过脑子有毛病,而且非常没有礼貌。

他那些唠叨和玩笑既非粗俗下流,也不是索然寡味;完全相反,它们富于幽默感,而且非常尖酸刻薄;这是他的诗,他的复仇,他的怒吼,也许还有一些悲观绝望的成分。他用艺术家和医生的眼光研究了那班官员,他深知他们的庸俗的爱好和隐秘的感情,鉴于他那帮熟人既无才干而又胆小,他便毫无顾忌地随意对待他们。

他在每句话后面都要加一句:“毫无关系。”有一次我随便地向他提起这句口头禅。

“您为什么觉得奇怪呢?”医生回答道,“我们讲的每句话都有一个目的,就是要人相信,所以我连忙加上世界上最有力的论证。您要一个人相信杀死自己亲生父亲毫无关系,——他就会把父亲杀掉。”

切包塔列夫从来不拒绝把一两百纸卢布的小额款子借给别人。有人向他借款的时候,他就掏出他的笔记本,详细问清楚归还借款的日期。

“现在,”他说,“让我同您赌一个银卢布,您到期准还不了。”

“得啦吧,”那个人反驳说,“您把我当成了什么样的人?”

“不管我把您当成什么人,对您毫无关系,”医生答道,“然而事实是:我做了六年的纪录,还不曾有过一个人到期归还借款,也几乎没有人过期偿还的。”

过了规定的日期,医生就会很认真地讨他赢的那一个银卢布。

彼尔姆的一个包税商出卖一辆旅行马车;医生去找他,一口气对他讲了下面这番话:

“您出卖马车,我需要它;您是有钱人,您是百万富翁;大家都为这个尊敬您,因此我也来向您表示敬意;您是有钱人,您卖不卖马车,对您毫无关系，我非常需要马车，可是我只有很少的钱。您想压榨我，想利用我的需要讨价一千五；我给您七百卢布，我要每天来讲价钱；过了一个星期您会让到七百五或者八百，——那么还不如一开头就要这个价钱？我准备出这个价钱。”

“好得很。”吃惊的包税商答道，就把马车卖给他。

切包塔列夫的趣事和恶作剧是没完没了的；我再讲两个。①

“您相信催眠术吗？”有一位相当聪明而又有教养的太太当着我的面问他道。

“您讲的催眠术是什么意思？”

太太对他讲了些一般人讲的那种废话。

“我信不信催眠术，对您毫无关系，”他答道，“不过您要是愿意，我就跟您讲讲我在这方面亲眼看见的事情。”

“请讲吧。”

“那么请注意地听我讲。”

于是他非常生动地、聪明地而且有趣地描述他一个熟人（一位哈尔科夫医生）的试验。

在谈话的中间，一个仆人送了放在托盘上面的小吃来。他走出去的时候，太太对他说：

“你忘了拿芥末来。”

切包塔列夫停下不讲了。

“讲下去，讲下去，”太太已经有点吃惊地说，“我在听呢。”

“他送了盐来吗？”

“那么您已经生气了。”太太说，脸涨得通红。

“一点儿也不，请您相信；我知道您在注意地听，我也知道，一位妇女不论她多么聪明，也不论谈的是什么事情，她总不能超过厨房的范

① 初版中并没有这两件趣事，我重读供修订用的本书样张的时候想起了它们（一八五八）。——作者原注

围，——那么我怎么敢私下生您的气呢?”

他也在波里叶伯爵夫人的工厂里看病，他喜欢那里的一个家奴的男孩；他要那个男孩到他家里干活。男孩同意了。可是管理员说没有得到伯爵夫人的许可他不能放男孩走。切包塔列夫给伯爵夫人去了信。她吩咐管理员发给男孩身份证，不过有一个条件，要切包塔列夫预付五年的代役金。他得到这个答复，马上写信给伯爵夫人说，他同意她的条件，不过请她先解答他的这样一个疑问：倘使恩克彗星①穿过地球的轨道使地球脱离了自己的轨道，——这件事可能在到期一年半以前发生，那么他向谁讨还已经付出的钱呢?

我动身去维亚特卡的那天，医生很早就来了，而且说起下面的傻话来：

“像贺拉斯②那样，您一次彼里〔俄语：唱了歌〕，一直到现在您还在彼列沃佳特〔俄语：迁移〕③”

随后他掏出他的皮夹子，问我路上是不是需要钱用。我谢绝了。

“您为什么不要呢？这对您毫无关系。”

“我有钱。”

“很糟，”他说，“世界末日要到了。”他打开笔记本写下来：“经过了十五年的实践，我第一次遇到一个人，他甚至在动身上路的时候都不肯借钱。”

开过玩笑以后，他就在我的床上坐下来，严肃地对我说：

“您是到一个可怕的人那儿去。您要小心提防他，尽可能离他远些。要是他喜欢您，您给人的印象就糟了；要是他不喜欢您，那他就会拿诬蔑、造谣以及我不知道的什么来毁掉您，反正他要毁掉您，这对他

---

① 恩克彗星：法国天文学家让·庞斯(1761—1831)在一八一八年发现的周期彗星。这个彗星的特征是绕日运行的周期短(约三·三年)，并且有变化性，这是德国天文学家约·恩克(1791—1865)算出来的，因此人们称它做恩克彗星。

② 贺拉斯：即古罗马诗人肯土斯·贺拉修斯·弗拉苦斯(前65—前8)。

③ 这句话是玩弄文字游戏。“彼列沃佳特”这个动词有两个意义，即翻译和迁移；这里不是说从一种语言译成另一种语言，而是从一个地方迁移到另一个地方。

毫无关系。”

这个时候他对我讲了一件事，我后来有机会看到内务部办公厅的公文，证明确有这件事情。

丘菲亚耶夫同一个贫穷的小官员的姐姐公开发生关系。弟弟成了嘲笑的对象；弟弟想断绝这种关系，他用上告来威胁，准备写信寄到彼得堡去，总之，他吵吵嚷嚷闹得太厉害了，有一次警察捉住了他，当作狂人送交省长公署进行检查。

省长公署，院、局长，卫生局督办（一个受到当地人民十分喜爱，而且我后来也同他相熟的德国人）——全都认为彼得罗夫斯基是一个狂人。

我们的医生认识彼得罗夫斯基，给他看过病。他们为了履行形式也征求他的意见。他告诉卫生局督办说彼得罗夫斯基完全不是狂人，他建议他们重新检查一次，否则他就要上告。省长公署并不反对这个建议，可是不幸彼得罗夫斯基虽然是一个身体强壮的小伙子，却没有等到预定的第二次检查，就死在疯人院里面。

有关这个案件的报告送到了彼得堡。彼得罗夫斯基的姐姐给逮捕了（为什么不逮捕丘菲亚耶夫呢），一次秘密的侦讯开始了。丘菲亚耶夫口授了答词；他在这个案件中做出了空前的惊人的举动。丘菲亚耶夫为了马上煞住这次侦讯，并且使自己免掉第二次被迫到西伯利亚去的危险，就教唆彼得罗夫斯卡雅供认她由于年轻不懂事在亚历山大皇帝驾临彼尔姆的时候受到皇帝宠幸，而且因此经过索洛姆卡将军①的手得到五千卢布，在这以后她的弟弟就经常同她争吵。

亚历山大〔一世〕本来有那样的癖好，因此这个故事里并没有什么不可相信的地方。很不容易查出它是真是假，而且不管怎样，追查起来，准会闹出很多丑事。索洛姆卡将军回答下肯多尔夫的问话的时候

① 索洛姆卡将军即阿·达·沙洛姆卡（1786—1872），亚历山大一世的亲信，御前大臣，曾经陪同亚历山大一世巡视国内。

说，经过他的手送出去的钱是很多的，他记不起这笔五千卢布的事了。

“La regina en aveva molto!〔意语：皇后有很多情人！〕①”普希金的《埃及之夜》②里的即兴诗人说。

现在就是这个阿拉克切叶夫的尊贵的学生和克来英米赫尔的可敬的同事，这个杂技艺人、流浪人、抄写员、秘书、省长，这个心肠很软的人，这个把健康的人关进疯人院让他们死在那里的廉洁的人，这个诽谤亚历山大皇帝来转移尼古拉皇帝的视线的人来管教我如何供职办事了。

我在这里差不多要完全靠他。他只要给大臣写上几句废话，我就会被送到伊尔库次克的某地去。其实他也用不着写什么！他有权把我遣送到任何一个交通阻塞、物资奇缺的荒凉城市卡依或者察列沃-山楚尔斯克去。丘菲亚耶夫把一个年轻的波兰人遣送到格拉左弗去，因为这里的太太小姐们宁愿同他跳玛组卡舞，不愿同这位大人一起跳。

陀尔戈鲁基公爵③也就是这样地从彼尔姆给遣送到威尔霍土利耶的。威尔霍土利耶给埋在群山和积雪中间，虽然论气候它和别列左夫④一样，论荒凉它比别列左夫更差，但它还是在彼尔姆省省境之内。

陀尔戈鲁基公爵属于坏的一类贵族的浪子，这种人我们现在很难见到了。他在彼得堡玩了各种各样的恶作剧，在莫斯科也是这样，在巴黎也是这样。

他的一生就是这样度过的。他是一个小型的伊兹马依洛夫⑤，又是一个没有累斯科沃那群逃亡农奴的叶·格鲁津斯基公爵⑥，换句话

---

① 这一句意大利语在《埃及之夜》第三章中的原文是：“perché la grande regina aveva molto.”意思是：“因为伟大的皇后有很多〔情人〕。”

② 《埃及之夜》是普希金的未完成的遗著（小说），一八三五年创作，一八三七年发表。

③ 米·米·陀尔戈鲁基公爵（1794—1841）：退职上尉，一八三一年被流放到维亚特卡，然后转到彼尔姆，后来到威尔霍土利耶。

④ 别列左夫：在西伯利亚鄂毕河下游左岸，帝俄时代的流放地。

⑤ 列·德·伊兹马依洛夫（1764—1834）：俄国将军、梁赞省大地主，以残酷虐待农奴出名。

⑥ 格·亚·格鲁津斯基（1762—1852）：即叶果尔·瓦赫坦盖叶维奇，以对待农奴残酷出名的大地主。他在累斯科沃还收容了一群从别的地主那里逃出来的农奴。

说，他是一个娇生惯养、粗暴无礼、非常恶劣、爱开玩笑的人，既是一个绅士，又是一个小丑。后来他的行为越出一切界限的时候，他就被勒令住到彼尔姆来。

他坐了两辆马车到彼尔姆：一辆车上坐的是他本人和他的狗，另一辆车里坐着他的法国厨子和鹦鹉。彼尔姆的人很高兴有钱的客人到来，不久全城的人都拥到他的饭厅里来了。陀尔戈鲁基和彼尔姆的一位年轻太太勾搭上了；太太疑心他对她不忠实，一天早晨突然来到公爵家里，发现他同女仆睡在一起。于是引起了一场吵闹，吵到最后这个不忠实的情人拿下了挂在墙上的短柄长鞭；这位文官太太看出了他的打算，就逃跑了；他追了出去，身上随便穿了一件晨衣；他在一个小广场上（一营兵通常在这里操练）赶上了她，就用短柄长鞭把这位吃醋的太太抽了两三下，然后从容地走回家去，好像办完了公事一样。

这类有趣的恶作剧引起了彼尔姆朋友们的公愤，当局决定把这个四十岁的顽童遣送到威尔霍土利耶去。在动身的前夕他举行了一个盛大的宴会，官员们不顾他们之间的关系不好，都来了。陀尔戈鲁基扬言要用从未有过的大馅饼招待他们。

大馅饼的确非常好，快得叫人不能相信地就吃光了。等到只剩下一点馅饼外皮的时候，陀尔戈鲁基感伤地对客人们说：

“不会有人讲我在跟你们分别的时候吝惜什么了。我昨天叫人杀了我的加尔吉来做馅饼。”

官员们恐怖地互相望着，用眼光去找寻他们熟悉的那条丹麦狗，——它不见了。公爵猜到了他们的心思，吩咐仆人把加尔吉的遗骸和它的皮拿了出来；它的肉都在彼尔姆官员们的胃里面。半个省城给吓出病来了。

这个时候陀尔戈鲁基因为自己巧妙地拿朋友们开了一次玩笑十分得意，便高高兴兴地坐车到威尔霍土利耶去了。第三辆车子装了整整一个鸡棚，——鸡棚乘坐驿马旅行！路上他拿走了几个驿站的收款簿，把它们混在一起，改了一些数字，差一点叫驿站长们发狂，因为这些人即使有帐簿在，也不是经常能够把帐目弄得清清楚楚。

俄国生活的令人窒息的空虚和缄默，奇怪地同俄国人性格的活泼甚至热烈结合在一起，使得我们中间各种各样古怪疯狂的行为特别发达起来。

在苏沃洛夫①的鸡叫中，就像在陀尔戈鲁基的狗肉馅饼上，在伊兹马依洛夫的野蛮行为②上，在玛莫诺夫③的半自愿的疯狂上，在“美国人”妥尔斯太④的狂暴的罪行上一样，我听到一种出自同源的调子，这种调子我们大家都很熟悉，不过由于教育的关系在我们身上它减弱了，或者给引到别的什么东西上面去了。

我认识妥尔斯太，而且正是在他的女儿沙拉（一个诗才很高的不寻常的少女）逝世的时候。⑤ 只要看一眼这个老人的外貌，看他那盖满灰白色鬈发的前额，看他那闪闪发光的眼睛，和大力士一般的身体，就看出他赋有多大的精力。他单单发展了他那些狂暴的激情，他那些不良的嗜好，这是毫不奇怪的事：在我们中间一切不道德的事情都可以自由发展，在一个长时期不会受到阻碍，然而有人却因为表现了合乎人道的感情，一开头就给送到卫戍区或者流放到西伯利亚去。……他横行霸道、赌钱、打架，把人弄成残废，搞得人家破人亡，接连不断地继续了二十年，到末了他才给流放到西伯利亚，从那里他又像格利包耶陀夫所

---

① 亚·瓦·苏沃洛夫（1730—1800）：俄国大元帅，他喜欢用意外的动作（如鸡叫等）来作弄古板拘泥的宫内官员。

② 一八〇二年亚历山大一世下令调查伊兹马依洛夫少将管理他的图拉田产的情况，他在那里为了细小的事情拷打并囚禁农奴。由于地方当局的包庇，伊兹马依洛夫能够继续管理并坚持使用他那些残暴手段，一直到一八三〇年。就是在那个时候，他也只是受到剥夺田产管理权、关在一个小城里的处罚。伊兹马依洛夫和“美国人”妥尔斯太在格利包耶陀夫的名剧《聪明误》里都给提到了。——英译者注

③ 玛莫诺夫：即马·亚·德米特利叶夫-玛莫诺夫伯爵（1790—1863），父亲是叶卡捷琳娜二世的一个宠臣，本人参加过一八一二年的卫国战争，又曾参加草拟贵族宪法草案；一八一七年后，在自己的田庄上隐居，说是患了精神病。

④ 妥尔斯太：即费·伊·妥尔斯太伯爵（1782—1846），有钱的地主、冒险家和决斗家。

⑤ 沙拉·妥尔斯塔雅：女诗人，死的时候只有十七岁。

说“作为一个阿留申人回来了”①,就是说,他经过堪察加到了美国,然后得到返回俄国的许可。亚历山大赦免了他,——而他在回国的第二天又继续过从前那样的生活。他同莫斯科茨冈人班子里一个嗓子很出名的姑娘结了婚,他的家变成了一个赌场,他把全部时间花在大吃大喝上面,夜夜打牌,而且在沙拉小时候的摇篮旁边经常发生贪欲酗酒、疯狂打闹的场面。传说他有一次为了表示他射击准确,叫他的妻子站在桌子上,他打穿她的鞋后跟。

他的最后一个恶作剧几乎把他第二次送到西伯利亚去。他不高兴某一个小手艺人很久了,他在他家里捉住他,绑住他的手足,拔掉他一颗牙齿。谁能相信这件事就发生在十年或者十二年以前呢?受害人递了呈文控告他。妥尔斯太贿赂了警察,贿赂了法官,而小手艺人说是犯了诬告罪给下了狱。当时一个有名的俄国文学家尼·菲·巴甫洛夫②在监狱委员会工作。小手艺人把他的案件对他讲了,这个缺乏经验的官员就提起诉讼。妥尔斯太真正吓坏了,因为审理的结果显然要判他的罪;然而俄国的上帝是伟大的!奥尔洛夫伯爵③给谢尔巴托夫公爵④写了一份秘密公函,劝他压住这个案件,不要产生这种**低阶层的人对高阶层的人的公开胜利**。对尼·菲·巴甫洛夫,奥尔洛夫伯爵则建议免去他的现职。……这几乎比拔牙齿的事情更难叫人相信。我当时在莫斯科,同那个不大谨慎的官员很熟。不过还是让我们回到维亚特卡来吧。

省长公署办公室比监狱坏得多。并不是由于实际工作的繁重,却是由这种散发霉味的环境的令人感到窒息的空气,简直和在狗洞里一

---

① 阿留申人是居住在美国阿留申群岛的民族,语言接近爱斯基摩语。这句话是从格利包耶陀夫的《聪明误》中列彼季洛夫的独白里引来的。(见《聪明误》第四幕第四场。)

② 尼·菲·巴甫洛夫(1805—1864):俄国作家和记者。

③ 指阿·费·奥尔洛夫伯爵,参看第200页注③。

④ 阿·格·谢尔巴托夫公爵(1776—1848):俄国将军,一八四四至一八四八年间任莫斯科总督。

样，还有那可怕的、愚蠢的浪费时间——就是这些使得办公室叫人受不了。阿列尼曾并没有歧视我，他甚至比我所料想的更客气；他在喀山中学念过书，因此他尊敬莫斯科大学的学士。

办公室里大约有二十个抄写员，他们大多数都是没有受过教育毫无道德概念的人；他们是抄写员和秘书的儿子，他们从小就习惯于把职务当作获利的手段，把农民当作给他们带来进款的土壤，他们出卖证件，索取二十戈比和二十五戈比，为了一杯酒弄虚作假，降低自己身份，干各种各样的下流勾当。我的随从不肯再去“弹子房”，说是官员们玩起欺骗手段来比任何人都坏，而且又无法给他们一个教训，因为他们是“官”。

现在我就得同这些人（我的仆人只是因为他们是官才不揍他们）一起每天从早晨九点坐到下午两点，又从五点坐到晚上八点。

阿列尼曾是办公室的主任，除了他以外，我在的那个科里还有一个科长，他也不是坏人，尽管他爱喝酒，又没有文化。四个抄写员和我在同一个科里办公。我不能不同他们谈话，和他们相熟，而且的确也同所有别的人相熟了。且不去说，要是我不这样做，这些人就会说我“骄傲”，迟早给我颜色看，而且每天同这些人在一起度过几个小时，要不同他们相熟也绝不可能。此外还不应该忘记，外省人喜欢接近外来的人，特别是从首都来的人，尤其是在关于这个人流传着什么有趣的故事的时候。

我在这个苦刑监①里坐了一个整天以后回到家中，有时候我感觉到我全身的机能都变得迟钝了，便倒在长沙发上，——疲劳不堪，十分委屈，不能够做任何工作，干任何事情。我从心眼里惋惜我那间克鲁季次营房里的单人牢房，同它的煤烟和黑蟑螂，同守在门口的宪兵和门上的锁。在那里面我倒是自由的，做我自己想做的事，没有人妨碍我；没

① 苦刑监：原文是欧洲古代用奴隶和罪犯等在底舱划桨的帆桨并用的大船，作者把他在这个办公室里的工作比做在底舱划桨的苦刑。

有这些粗俗的谈话,没有这些龌龊的人,没有这些卑鄙的思想,没有这些粗野的感情,那里只有死一样的沉寂和无人打扰的空闲。我一想到午饭以后我还得再去上班,明天也要去,有时候我就抑制不住愤怒和绝望,我便喝葡萄酒和伏特加来消愁。

更坏的是有一个同事"路过"我的住处进来聊天排遣寂寞,一直聊到上班的时候。……

然而几个月以后办公室的情况就比较好些了。

长期连续的迫害同俄国人的性格不符合,除非中间掺杂了私人的原因或者图利的打算;这并不是因为政府不想把人摧残至死,而是由于俄国人的粗心大意,由于我们的 laisse-raller〔法语:随随便便〕。当权的俄国人一般都是粗野、蛮横、不讲礼的,人很容易惹起他们发脾气、动武,可是他们不高兴持续下去地迫害一个人,他们在这方面没有足够的耐心,也许还因为他们不能从中获利。

起初他们一时兴起,想一方面表示他们的忠心,另一方面表示他们的权力,就干出各种傻事和不必要的事情,然后他们渐渐地不去理睬这个人了。

办公室的情形就是这样。当时内务部对统计的兴趣很大;它下令各地都成立委员会,①而且发下去一些甚至在比利时或者瑞士也无法实现的规划;同时还发下各种各样的精细的表格,表格上附有 maximum〔拉丁语:最高额〕和 minimum〔拉丁语:最低额〕,附有从十年内的总数得出来的结论和平均数(编制它们需要的资料,即使提前一年也收集不起来!),还附有道德方面的意见和气象的观察。并没有拨下一个钱作为委员会和收集资料的经费;这一切都得由地方警察局出于对统计的爱好来完成,最后再由省长公署办公室汇总整理。省长公署办公室的事情已经很多,地方警察局素来讨厌一切和平的和理论的工作,他们把

① 根据枢密院和内务部的命令,一八三五年一月二十五日起在各省成立统计委员会,负责登记国家财产。维亚特卡的统计委员会在一八三五年五月开始工作。

统计委员会当作无用的奢侈，当作部里的恶作剧；然而附有表格和结论的报告还得照常送上去。

这个工作对整个办公室来说似乎是极其繁难的；它简直是办不到的；可是谁也不耽心它，大家忙着的只是不要受到申斥。我答应阿列尼曾写出绪论和引言，作好表格的摘要，而且附上雄辩有力的备注、外国词、引文和出色的结论等等，不过要他批准我在家里（而不是在办公室里）从事这个繁重的工作。阿列尼曾向丘菲亚耶夫汇报了以后，同意了。

我在委员会工作报告书的引言中谈着希望和计划，因为事实上委员会什么事也没有做，这个引言使得阿列尼曾十分感动。连丘菲亚耶夫也认为引言写得很精彩。这样我在统计方面的工作就结束了，可是他们要我来主持委员会的工作。人们不再支使我做抄写的苦工了，我那个爱喝酒的科长几乎做了我的部下。阿列尼曾只是要求我每天到办公室坐短短的一段时间，表示遵守规矩。

为了表示完全不可能有认真的统计表，我把县辖城市卡依送来的报表抄引在下面。例如在各种各样荒唐的废话中间就有："溺死——二人，溺死原因不明——二人"，在共计栏内，这两个数字加在一起成为"四人"。在非常事故的项目下，则举出如下的悲惨事情："某某，小手艺人，因纵酒而精神错乱，——自缢身死。"在城市居民的道德项目下面写着："卡依城内并无犹太人。"在问到有没有拨款修建教堂、市场、养老院的时候，回答是："修建市场拨款——无。"……

统计学把我从办公室的工作中救了出来，却产生了使我同丘菲亚耶夫发生个人接触这个不幸的后果。

我有一个时期憎恨这个人；这个时期早已过去了，而且这个人也去世了，他在一八四五年前后死在他的喀山领地上。现在我心平气和地想到他，毫无怨恨，就像想到在树林里和偏僻地方遇到的一只特别的野兽，我们应当研究①这只野兽，然而不能因为它是野兽就生它的气；当

① 英译者译作"驯服"。

时我不能不同他斗争:这是任何正派人所不能避免的。幸运帮助了我,否则我要吃他的大亏;不过要是我还因为他对我并未做到的损害怀恨在心,那就未免可笑而且卑鄙了。

丘菲亚耶夫只有一个人。妻子跟他离了婚。他的宠妾由他藏在省长公署的后院,这种别扭的做法好像还是有意的,她是厨子的老婆,厨子则因为不该同她结婚、给遣送到乡下去了。她并不公开露面,不过那些特别忠于省长的(也就是说特别害怕说是不忠于省长的)官员们就在这位“得宠的”厨子老婆的身边扮演宫内官员的角色。他们的妻子、女儿晚上偷偷地去拜望她,并不对外声张。这位太太手腕高强,比得上她那些杰出的前辈中的一位——波将金[①];她知道老头子的脾气,又害怕有人夺去宠爱,她亲自给他找寻对她并无危险的女人。老头子倒感激她这种宽大的爱情,很喜欢她,他们一起生活得很顺遂。

丘菲亚耶夫整个上午都在省长公署办公。生活的诗只是从下午三点开始的。对他说来午饭并不是儿戏。他喜欢吃好的饮食,又喜欢同客人们一起吃。他的厨房总是准备十二个人的饭菜;倘使客人减少了一半,他就不高兴;倘使客人只有两个,他就很难过;倘使一个客人也没有,他就垂头丧气到杜尔西内娅[②]的房里去吃饭了。把人找来请他们吃饱,并不是什么难事,然而他的官场身份和官员们在他面前感到的恐惧,使他们不能随便地享受他的款待,也不允许他把他的家变成饭馆。因此他只好限于邀请顾问,院、局长们(可是他同他们中间的半数都不和,也就是说他不赏识他们),少有的过路客人,有钱的商人,包税商和有些类似路易·非力浦企图介绍到选举中来的那种 capacités〔法语:资格〕[③]的怪

① 格·亚·波将金:谋杀沙皇彼得三世的阴谋分子,女皇叶卡捷琳娜二世的宠臣。参看第 18 页注④。

② 杜尔西内娅:指丘菲亚耶夫宠爱的厨子老婆。杜尔西内娅是西班牙作家米·德·塞万提斯(1547—1616)的著名小说《堂·吉诃德》中主人公堂·吉诃德的“意中人”,她本名阿尔东莎·洛兰索,堂·吉诃德暗中称她为杜尔西内娅·台尔·托波索。

③ 指一八四〇至一八四八年这一段时期中法国在国王路易·非力浦统治下草拟的选举改革计划。其中规定有学问的人有选举权和被选举权。

人。不用说，我就是维亚特卡的头号怪人。

“由于政见不同”而被流放到边远城市居住的人，虽然有些人害怕他们，可是从来没有人把他们当作普通的人看待。外省人对“危险人物”很感兴趣，犹如女人对著名的洛夫莱斯、男人对交际花那样。外省人，尤其是西伯利亚人，不像彼得堡的官员和莫斯科的阔人那样躲开危险人物。

由于十二月十四日的事情被流放的人受到了十分的尊敬。元旦日官员们访问的第一个人就是尤希涅夫斯基①的寡妇。枢密官妥尔斯太②视察西伯利亚，就是根据他从流放的十二月党人那里收集的资料来核对官员们报告的事实。

米尼赫③从他在彼雷姆的塔上管理着托包尔斯克省的事情。省里有什么重大事情省长就去找他商量。

普通老百姓更不敌视流放人，他们一般站在犯人的一边。在西伯利亚边界一带地方，人们不用“流刑犯”这个字眼，却用“不幸的人”来代替。在俄国老百姓的眼里法院的判决不会败坏一个人的名誉。住在通往托包尔斯克省的公路旁边的彼尔姆省的农民经常在一堵小窗口放着克瓦斯、牛奶和面包，要是有一个“不幸的人”从西伯利亚逃出来偷偷地经过这里，他可以自由取食。

顺便讲一下流放人，——过了尼日尼，就开始遇到波兰流放人了，从喀山起，他们的人数激增。在彼尔姆有四十个人，在维亚特卡并不少一些；此外每个县城都有几个。

他们的生活是同俄国人完全隔开的，他们避免同当地居民有任何

---

① 阿·彼·尤希涅夫斯基（1786—1844）：俄国主计总监，十二月党人，在西伯利亚作苦工到一八三九年，以后定居在那里。一八四四年他逝世后，他的妻子玛·卡·尤希涅夫斯卡雅还在西伯利亚住到一八五五年。

② 尼·伊·妥尔斯太（1792—1854）：到西伯利亚视察的枢密官。

③ 布·赫·米尼赫（1683—1767）：德籍，俄国元帅，一七三五至一七三九年统率俄军对土耳其作战，一七四二年后被流放到彼雷姆，一七六二年由叶卡捷琳娜二世召回彼得堡。

的接触；他们中间非常团结，有钱的人同贫穷的人像弟兄一样分享他们的一切。

我也从未看见当地居民对他们有什么憎恨或者特别好意的表示。他们把这些人看作外人，尤其因为这些波兰人里面几乎没有一个懂俄国话。

一个顽强的老萨尔玛特人①，他是波尼雅托夫斯基②部下一个枪骑兵军官，参加过拿破仑的远征军，一八三七年给批准回到自己的立陶宛庄园上去。老人动身的前夕，邀请我和几个波兰人去吃午饭。午饭后这位骑兵军官举着酒杯走到我面前，同我拥抱，并且带着军人的忠厚朴实在我的耳边小声说："啊，您为什么是俄国人呢。"我没有回答一声，可是这句话深刻地印在我的心上。我明白这一代人并不能够使波兰得到解放。

从柯纳尔斯基③的时候起，波兰人对俄国人的看法就完全不同了。

一般说来，波兰流放人并没有受多大的压迫，可是那些毫无财产的人的境遇就很糟了。政府发给贫穷的人每月十五个纸卢布；他们用这笔钱付房租、衣食费和烤火费。在喀山和托包尔斯克那样较大的城市里，还可以找到这一类的事情，如授课、开演唱会、在舞会里演奏、画像、教跳舞等等。在彼尔姆和维亚特卡他们就没有这种谋生方法。但是不管怎样，他们决不向俄国人要求什么。

……丘菲亚耶夫邀请我去参加他那丰盛的西伯利亚午餐，这件事对我说来是一个真正的刑罚。他的饭厅类似办公室，不过是另一种形式罢了，不像办公室那样脏，却更俗气，因为它有一种自愿而非强迫的

① 萨尔玛特人本来是公元前三到二世纪中黑海沿岸草原上的游牧民族，波兰人把反对一切外来人的民族主义者称为萨尔玛特人。

② 斯·阿·波尼雅托夫斯基（1732—1798）：一七六四至一七九五年间的波兰国王。

③ 西蒙·柯纳尔斯基（1808—1839）：波兰革命者，参加了一八三〇年的波兰起义。他主张同俄国革命者合作推翻沙皇政府，又主张团结欧洲进步力量从专制政府的压迫下解放各国人民。他是"青年欧洲"同盟的一个组织者。他被捕后关在维尔纳的时期（1838），俄国军官还成立秘密组织，企图营救他。一八三九年他在维尔纳被处死刑。

外貌。

丘菲亚耶夫看透了他的客人，他轻视他们，有时候他还给他们看看他的爪子，一般说来，他对待他们就像主人对待自己养的狗一样：时而过分亲切，时而极其粗暴，——然而他还是叫他们吃饭，他们也还是既战战兢兢、又高高兴兴地到他那里去，卑躬屈节，议论是非，拍马屁，巴结奉承，做笑脸，低头弯腰。

我替他们红脸，替他们害臊。

我们的友谊并不长。丘菲亚耶夫不久就看出我不宜于待在维亚特卡的"上层"社会。

几个月以后他已经不高兴我了，再过几个月他就恨起我来，我不仅不去参加他的午宴，而且我完全不到他那里去了。皇位继承人①的到来使我免于遭受丘菲亚耶夫的迫害，这件事我们在后面就会谈到。

我得说明我绝没有做过任何事情值得他对我先是注意和邀请吃饭、后来又是愤怒和不满。他看见我这样一个独立行动的人（虽然我完全不是没有礼貌）他受不了；我对待他始终是 en règle〔法语：合乎礼节的〕，可是他要的是卑躬屈节。

他非常喜欢他的权力，权力是他辛辛苦苦地得来的，他不仅要求别人服从他，而且还要求外表上的绝对服从。不幸，在这方面他是有民族性的。

一个地主对仆人说："闭嘴！我不许你回答我！"

一位司长听见他属下的官员发表反对意见，气得脸色发白，说："您忘记了自己，您知道您在同谁讲话！"

皇上"因为政见不同"把人流放到西伯利亚去，因为写诗，把人长期关在牢房里，——上面这三种人都是一样，他们宁可赦免盗窃行贿、杀人抢劫，却不愿意宽恕表示人的尊严的所谓无礼行为和表示独立见解的所谓傲慢语言。

---

① 皇位继承人：即皇太子，后来的亚历山大二世。

丘菲亚耶夫是一个真正的沙皇的仆人。人们把他看得高，但也并不太高。在他的身上拜占庭①的奴性和官纪非常巧妙地结合在一起。他一方面在权势面前卑躬屈节，放弃了自己的意志和思想，另一方面他又蛮横地压迫下属。他本来可以做一个非军人的克来英米赫尔，他的“热心”本来也可以同样地克服一切，②他本来也可以同样地用人的尸首抹墙，用人的肺使宫殿干燥，因为工程兵队里的年轻人不肯做告密人，就更厉害地鞭打他们。

丘菲亚耶夫对一切有关贵族的事物都怀有一种持久的暗暗的仇恨，这是从他的痛苦的经验里得来的。对丘菲亚耶夫说来，阿拉克切叶夫办公室苦役般的繁重工作倒是他的第一个避风港，第一次的解放。在这以前他的上级们从来没有给过他一个座位，只是差遣他做些琐碎事情。他在军需部门工作的时候，军官们照军队的习惯迫害他，一位上校在维尔纳的大街上用马鞭抽打他。……这一切都在抄写员的灵魂里扎根成熟了；现在他做了省长，轮到他来压迫人，不让人坐下，用“你”称呼人，向人吼叫，而且有时候他还把世袭贵族送交法庭。

丘菲亚耶夫从彼尔姆给调到特威尔。那个省的贵族虽说低头服从和卑躬屈节，却不能同丘菲亚耶夫相处。他们呈请布卢多夫大臣③把他调开。布卢多夫便委派他到维亚特卡来。

在维亚特卡他又非常自在了。官员和包税商、工厂老板和官员——他现在完全没有拘束了。……所有的人见到他都发抖，所有的

---

① 拜占庭在巴尔干半岛的东端，即现在土耳其的君士坦丁堡。三九五至一四五三年以君士坦丁堡为中心的拜占庭帝国自称为古代罗马帝国真正的继续，后称为东罗马帝国。旧时罗马的法律和习俗在那里仍然被遵守，只不过由于逐渐缓慢的发展，带来了一些改变。

② 克来英米赫尔是尼古拉一世的宠臣，尼古拉一世颁发给他的伯爵纹章上面的题词是：“热心克服一切”。

③ 德·米·布卢多夫（1785—1864）：一八三二至一八三七年间担任帝俄政府内务大臣的职务。

人在他面前都不敢坐下,所有的人都请他喝酒,请他吃饭,所有的人都看他的脸色行事;在结婚和命名日的宴会上,第一次举杯祝酒总是"敬祝大人身体健康!"

第十五章

官吏们——西伯利亚总督——一个贪得无餍的警察局长——一个“恭顺的”法官——一个烧烤的县警局局长——一个传道的鞑靼人——一个女性的男孩——土豆的恐怖及其他

彼得一世在俄国实行改革所产生的一个最悲惨的结果就是官吏阶层的发达。① 这是一个人为的、没有知识的、饥饿的、除了“上班办公”外什么也不会做的、除了公文格式以外什么也不知道的阶层；这是一种在法院和警察局里供职的世俗教士，他们用成千上万张贪婪的、龌龊的大嘴吸老百姓身上的血。

果戈理拉开了帷幔的一个角，让我们看见俄国的官吏阶层和它整个丑恶的面目；然而果戈理不得已地用笑来妥协了；他的巨大的喜剧才能超过了他的愤怒。而且受到了俄国书刊检查制度的束缚，他也很难接触到这个肮脏地下室的悲惨的一面，而俄国不幸的老百姓的命运却正是在这里锻造的。

在那里，在我们匆匆经过的熏黑了的办公室的某处，有一些穿得破破烂烂的人在灰白色纸上写着，写着，又抄写在有印章的纸上，于是个人、家庭，整个、整个的村子给欺侮了，给吓唬了，给毁灭了。父亲被流放到别处去，母亲进了监牢，儿子去当兵，这一切就像响雷一样意料不

① 彼得一世当时规定俄国官阶为十四级，不得越级升迁。

到地打在他们的头上，而且大多数都是无辜受罚的。为了什么呢？为了钱。拿出钱来……不然，就要开始侦讯有关喝醉了以后冻死的某一个酒鬼的尸首的案件。头头得了钱，村长得了钱，农民把最后一文钱也拿出来了。乡警察所所长要活下去；县警局局长要活下去，还要供养他的老婆；顾问要活下去，还要教育他的孩子，顾问还是一个模范父亲。

官吏阶层在俄国的东北各省和在西伯利亚称王称霸；在那里它毫无阻碍地、毫无顾忌地自由发展……地方太远了，大家利益均沾，盗窃成为 res publica〔拉丁语：普遍的事情〕。连沙皇政权像霰弹一样的炮轰也摧毁不了这些隐藏在雪下面的一片污泥浊水的堑壕。政府的一切措施都给削弱了，一切意图都给歪曲了；它受了骗，受了愚弄，让人背叛了，给人出卖了——这一切又都是在忠心耿耿的外表下，而且是完全遵守官场规矩进行的。

斯彼兰斯基①曾经试图改善西伯利亚老百姓的处境。他在各处推行集体的原则，好像个人盗窃跟集团盗窃有所不同。他成百成百地开除老骗子，成百成百地任用新骗子。起初他把地方警察吓坏了，官吏们居然用钱贿赂农民，叫农民不要去控告他们。可是两三年以后官吏们又用新的方法来发财致富了，并不比用旧的方法差。

另一个怪人是韦里亚米诺夫将军②。他在托包尔斯克奋斗了两年，要制止营私舞弊，可是他看见毫无成效，就完全放弃，什么事也不管了。

别的更聪明的人就不去作这种尝试，却发了财，而且也叫别人发财。

“我要根除贿赂。”莫斯科省长谢尼亚文③对一个前来向他控告某

---

① 米·米·斯彼兰斯基（1772—1839）：俄国政治家，曾提出一个温和的国家改革方案。他受到反动贵族的压力，被流放到尼日尼-诺夫哥罗德。一八一六年任奔萨省省长，一八一九年起任西伯利亚总督，一八二一年调回首都。

② 伊·亚·韦里亚米诺夫（1771—1837）：参加过抵抗拿破仑侵略的俄国将军，一八二七至一八三三年间任西西伯利亚省长。

③ 伊·格·谢尼亚文（1801—1851）：一八三八至一八四〇年间任诺夫哥罗德省长，一八四〇至一八四五年间任莫斯科省长。

种公然违法行为的白发农民说。老人笑了笑。

“你笑什么呢？”谢尼亚文问道。

“哦，老爷，”农人说，“你饶恕我；我想起了我们的一个年轻好汉，他夸口说他能举起炮王①，他真的试过了，可是他并没有举起炮来。”

这个故事是谢尼亚文本人讲出来的，他属于担任俄国公职的一类脱离实际的人，他们以为讲讲正直廉洁的漂亮空话、严厉惩办两三个偶然发现的坏蛋就可以医治像俄国贪污这样普遍的毛病（这种病在书报检查机关的庇护下得到了自由发展）。

要医治这种病有两个办法：一是把它公开，二是彻底改组整个机构，重新建立仲裁法庭、口头诉讼、民选官员以及彼得堡政府所不喜欢的一切设施中的人民的因素。

西西伯利亚总督伯斯捷尔②（被尼古拉处死的著名的伯斯捷尔的父亲）是一个地道的古罗马的地方总督，而且还是最厉害的一个。他在他管辖的整个地区内进行公开的一套抢劫办法，他派出的间谍们切断了这个地区同俄罗斯本土的联系。没有一封寄出省去的信不是给人拆开看过的。谁敢于在信里讲到他的行政措施，那就该倒楣了。他把第一等商人③关在牢里一次关了一年，还给他们戴上足镣手铐；他拷打他们。他把官吏们打发到东西伯利亚的边境上去，让他们在那里待两年、三年。

老百姓忍受了很久；后来一个托包尔斯克的小手艺人下了决心把事情的真相呈报皇上。他不敢走一般人走的路，他先到恰克图，然后从那里同运茶叶的商队一起出了西伯利亚的地界。他找到机会在沙皇村向亚历山大〔一世〕递上呈文，请求皇上亲自批阅。亚历山大〔一世〕在呈文里读到那些可怕的事情，感到奇怪，感到震惊。他把小手艺人叫了

---

① 炮王：保存在莫斯科克里姆林宫内的古代大炮的名称，是一五八六年俄国铸匠乔霍夫铸成的，炮重约三十九吨。

② 伊·包·伯斯捷尔（1765—1843）：一八〇六至一八一九年间任东西伯利亚总督。

③ 彼得大帝改革时期把商人分为二等，第一等商人即大商人。

来，同他谈了好久，相信了他的呈文里那些悲惨的真相。他心里不痛快，又有点为难，他对那个人说：

“师傅，你现在可以回家了；事情会查清楚的。”

“陛下，”小手艺人答道，“我现在不回去。您还不如下令把我关在牢里好。我同陛下谈话的事不会不传开，那么我就会给杀死的。”

亚历山大〔一世〕打了一个哆嗦，就向着当时担任彼得堡总督的米洛拉多维奇说：

“你给我负责他的安全。”

“要是这样的话，”米洛拉多维奇说，“请准许我把他带到我家里去。”

小手艺人真的就待在那里一直到案件结束的时候。

伯斯捷尔差不多经常住在彼得堡。我们应该记得古罗马的地方总督通常是住在罗马的。由于他在首都，由于他的人情关系，特别是由于他拿收刮来的东西到处送礼，他就避免了一切不愉快的谣言和纠纷。① 帝国协议会②利用亚历山大〔一世〕暂时离开俄国到维罗纳③或者亚琛④的时机作出了“明智而正确的”决定：既然控告的是西伯利亚的事情，就应当把案件交给伯斯捷尔去处理，何况他又在这里。米洛拉多维奇、莫尔德维诺夫⑤和另外两三个人反对这个决定，这件案子就送到枢密院去了。

枢密院审理高级官员的案件时的不公平是臭名昭著的，它包庇了伯斯捷尔，却褫夺了托包尔斯克省长特列斯金⑥的官级和贵族身份，把

---

① 这使得罗斯托普钦伯爵有机会挖苦伯斯捷尔。他们两人同皇上一起吃饭。皇上站在窗口，问道：“礼拜堂上面的那是什么……十字架上面的黑东西？”罗斯托普钦伯爵回答道：“我看不清楚，陛下，您不如问包利斯·伊凡诺维奇，他有一对很了不起的眼睛，他在这里看得见在西伯利亚发生的事情。”——作者原注

② 帝国协议会：亚历山大一世设置的一种谘议机构，成员由沙皇任命，一九〇五年撤销。

③ 维罗纳：意大利的城市。

④ 亚琛：德国的城市。一八一八至一八二二年在维罗纳和亚琛召开过参加欧洲反动的“神圣同盟”的各国的会议。

⑤ 尼·谢·莫尔德维诺夫（1754—1845）：俄国经济学家，国务和社会活动家。

⑥ 尼·伊·特列斯金（1763—1842）：一八〇五至一八二〇年间任伊尔库次克省长。

他流放了。伯斯捷尔只是给撤销了职务。

到托包尔斯克来代替伯斯捷尔的卡普采维奇①是阿拉克切叶夫一派的人。他干瘦，脾气暴躁，生就专制暴君的性格，他是一个暴君，因为他一生都在军队里服役，是一个不肯休息的活动家，他把一切都编成队，排成行，还规定了物价的最高额，可是他却把日常事务完全交给强盗们去处理。一八二四年皇上要去视察托包尔斯克。彼尔姆省内有一条很好的宽的公路，这条路已经使用了好多年，而且大概是由于土质很好的缘故。卡普采维奇在几个月里面修筑了一条到托包尔斯克的同样的公路。在春天道路泥泞和严寒的时候，他从远近的村子征用成千上万的民工来修路；疫病传布开来，半数民工死亡，可是“热心克服一切”——公路修筑好了。

在东西伯利亚管理得更糟。它离得太远了，消息很难传到彼得堡来。住在伊尔库次克的总督布罗涅夫斯基②“作乐”的时候，喜欢在城里放排炮。另一位总督喝醉了的时候经常在家里穿上全套法衣举行祈祷式，还有高级僧正③参加。这一位的炮轰和另一位的信教同伯斯捷尔的封锁和卡普采维奇日夜不息的活动比起来，至少危害性少一些。

不幸西伯利亚给治理得如此之坏。它的总督的人选特别糟。我不知道穆拉维约夫④是什么样的人；他有聪明和能干的名声；别的人都是废物。西伯利亚有远大的前程——人们只是把它看作一个地下室，里面藏得有很多黄金、很多皮货和别的好东西，不过那里很冷，给埋在雪里，生活资料贫乏，没有纵横交错的公路，没有居民。这不是真相。

做任何事情都要靠暴力、靠棍棒的、死气沉沉的俄国政府绝不能够

---

① 彼·米·卡普采维奇（1772—1840）：参加过一八一二年卫国战争的俄国将军，一八二二至一八二八年间任西西伯利亚总督。

② 谢·包·布罗涅夫斯基（1786—1858）：沙俄中将，一八三四至一八三七年间任东西伯利亚总督，后来任枢密官。

③ 僧正：主教和总主教的总称。

④ 尼·尼·穆拉维约夫-阿穆尔斯基伯爵（1809—1881）：一八四七至一八六一年间任东西伯利亚总督。他是沙俄推行侵略扩张主义、侵占我国黑龙江土地的得力工具。

给予生气勃勃的推动力，促使西伯利亚用美国那样的速度向前进展。到了阿穆尔〔黑龙江〕河口开始通航、美国在中国近旁同西伯利亚接触的时候，我们会看到将要发生什么事情。

我早就说过，太平洋是未来的地中海。[①] 在那个未来的时候，西伯利亚作为在大洋、南亚和俄罗斯本土之间的地区的作用是十分重要的。不用说，西伯利亚会伸展到中国的边境。既然有克拉斯诺雅尔斯克[②]、米努辛斯克[③]和其他这类地方，人们就不会待在别列左夫和雅库次克挨冻打哆嗦。

甚至西伯利亚的俄国居民也有自己的特点，这种特点暗示着另一种发展前途。一般地说，西伯利亚人种是身体健康的、身材高大的、聪明的、非常好的。移民的子女，那些西伯利亚人，完全不知道地主的权力。西伯利亚并没有贵族阶级，同时城里也没有贵族；代表地方政权的文武官员不像贵族，倒像是战胜者驻扎在这里的敌方的守备部队。由于地区广大，农民便可以避免经常同这班人接触；商人靠金钱也很有办法，他们在西伯利亚瞧不起官吏，虽然在表面上对官吏表示恭顺，实际上却恰如其份地把官吏看作——他们所雇用的经管民政事务的掌柜。

使用枪炮的习惯对西伯利亚人来说是不可避免的，这也是很普遍的。西伯利亚的农民经常遇到危险，需要随机应变，因此他们比大俄罗斯人更好斗、更机灵、更容易回击别人。因为离礼拜堂很远，他们的心灵比在俄国本土更容易不受迷信的影响，他们对宗教冷淡，大部分人都是分离派教徒。有一些偏僻的小村子，教士每年只去两三次，于是施洗礼、葬礼、婚礼、听取忏悔等等一揽子同时举行。

在乌拉尔山脉的这一边，事情虽然干得斯文些，然而我在这里工作

---

① 我非常高兴地看见纽约的报刊几次引用了这句话。——作者原注

② 克拉斯诺雅尔斯克：西伯利亚的城市，在叶尼塞河上游，现在是克拉斯诺雅尔斯克边区的中心。

③ 米努辛斯克：克拉斯诺雅尔斯克边区西南角的城市，沙俄时代的流放地。一八九七至一九〇〇年间列宁曾在米努辛斯克附近的村子里度过流放的生活。

的一段时期中在省长公署办公室和省长的饭厅里所听到的官吏们滥用职权、营私舞弊的故事要是全写下来，我可以写满好几册。

“先生，这儿有一位行家，就是我的前任，”维亚特卡的警察局长在一次信任的交谈中对我说，“好吧，当然这样干也行，只是，先生，你得生就这样的本领；从某一点上看可以说他是一个谢斯拉文①，是一个菲格涅尔②。”这个由于负伤而被提升为警察局长的瘸腿少校，讲起他那位光荣的前任的事情，他的眼睛发亮了。

“有一伙强盗出没在离城不远的地方，有一两次省里得到消息，说商人的货物遇盗，包税商的管事的钱给抢走了。省长可忙坏了，一连下了几道命令。嘿，您知道，地方警察都是胆小鬼；捆住一个小偷拿他惩办，他们还办得到，——然而这是一伙强盗，可能还带得有枪。地方警察毫无办法。省长就把警察局长找了来，对他说：‘我知道这完全不是您的职责，可是您的办事才干促使我来请您帮忙。’

“警察局长事先已经听人讲过这件事情。他就说：‘将军，我一个小时以后就出发。强盗一定在这里和那里；我带一小队人去，会在这里和那里找到他们，两三天以后我就把他们戴上镣铐送到省监牢里来。’

“先生，这不就是苏沃洛夫对付奥国皇帝的办法吗！③ 真的，说到做到，——他带一小队人去当场捉住了他们，他们来不及把钱藏起来，警察局长全拿走了，把强盗带了到城里去。

“审讯开始了。警察局长问：‘钱在哪儿？’有两个强盗回答道：‘老爷，我们把钱交给你了，交到你自己手里的。’警察局长吃惊地说：‘交给我？’强盗大声说：‘交给你了，交给你了。’警察局长气得脸色发白，对警察分局局长说：‘真放肆！’然后他说：‘喂，你们这些骗子，我看你们接着就会说是我跟你们一块儿去抢劫的。你们在我的军服上面抹黑，我要给

① 亚·尼·谢斯拉文（1780—1858）：俄国军官，一八一二年卫国战争中的英雄游击队员。

② 亚·沙·菲格涅尔（1787—1813）：俄国军官，一八一二年卫国战争中的英雄游击队员。

③ 指俄军统帅苏沃洛夫在一七九九年对法战争中，不采用奥国提出的持久战的计划，却照他自己的办法在六个星期内几乎占领了整个意大利北部并进到法国境内。

你们一点厉害看;我是枪骑兵少尉,不能让人毁坏我的名誉!'

"他叫人鞭打了他们一顿,他说:'你们招出来,钱藏在哪儿?'他们起先坚持原来的口供。只是后来他吩咐给他们两袋烟的时候,强盗头头们就喊起来:'我们有罪,钱我们花掉了。'警察局长说:'你们早就应当供认了,不该乱讲那些废话;家伙,你们骗不了我。'那个老强盗敬佩地望着警察局长,小声咕噜道:'好啦,的确我们应当向您大人学习,不是您向我们学。我们差得远!'

"您知道他就因为这件事得到弗拉基米尔带①吗?"

"对不起,"我打断了他对那个伟大的警察局长的颂辞,问道:"两袋烟,这是什么意思?"

"这是我们的行话。您知道,处罚是枯燥乏味的事,所以你吩咐打人,你就点燃一袋烟;通常都是这样,烟抽完了,处罚也完了,——可是在特殊的场合,我们也吩咐用两袋烟的工夫来款待我们的朋友。警察已经习惯了,就是说,他们知道该打多少。"

关于这个菲格涅尔和谢斯拉文,在维亚特卡流传着很多的传说。他做出了奇迹。有一次我记不得是为了什么事,一位侍从武官或者大臣来了,警察局长想显示他并不是白白地穿了枪骑兵制服的,他骑马并不比别人差。为了这个目的,他就去找本地富商马希科甫采夫家的一个人,要他把自己骑的一匹贵重的灰色马给他。马希科甫采夫不肯给。

"好,"菲格涅尔说,"您不肯主动地替我做这点小事,那么我就不等您允许把马拿走。"

"好吧,我们等着瞧吧。"金说。

"好的,您会看见的。"钢说。②

---

① 弗拉基米尔带:穿在钮孔上的勋章带。

② 作者在这里有意摹仿普希金的诗《金与钢》中的讽刺诗句,原诗前四行如下:

"全是我的。"金说;
"全是我的。"钢说。
"我买来一切。"金说;
"我拿来一切。"钢说。

马希科甫采夫把马锁了起来，又派了两个人看守。这一次警察局长就没有成功。

可是在这天夜里，好像有意安排似的，包税商的几间空仓房起了火，这间仓房就跟马希科甫采夫的宅子紧紧挨着。警察局长和警察们很认真地尽他们的职责；为了保护马希科甫采夫的宅子，他们甚至拆掉了马房的墙，牵走了那匹引起争吵的马，不论它尾巴上的毛或者它的鬃毛一根也没有让火烧到。两小时以后，警察局长骑上一匹白马去接受显要人物对他英勇救火的模范行为的嘉奖。这次以后再没有人怀疑有什么警察局长做不了的事情了。

雷赫列夫斯基省长在一次集会后坐车离开；就在他的马车开动的时候，一辆小雪橇的车夫在旁边张口呆望，不当心把雪橇插到了两匹辕马和两匹前导马的套绳中间。这引起了很短时间的混乱，不过并没有妨碍雷赫列夫斯基平安无事地回到家中。第二天省长问警察局长，知道不知道是谁的车夫插到了他马车的套绳中间来，他说那个车夫应该挨一顿训斥。

“大人，那个车夫以后绝不会再插到您马车的挽索中间了，我已经狠狠地训斥了他。”警察局长含笑答道。

“他是谁的车夫?”

“库拉科夫顾问的，大人。”

这个时候年老的顾问（我来的时候他就是省长公署的顾问，一直到我离开这个地方，他还保留着这个职位）来见省长了。

“请您原谅，”省长对他说，“我们训斥了您的车夫。”

顾问感到惊讶，他莫名其妙，用疑问的眼光望着省长。

“他昨天赶车插到我马车的套绳中间来了。您明白，他要是撞上了我，那……”

“可是大人，昨天我整天都在家，内人也没有出去，车夫也没有出去。”

“这是怎么一回事?”省长问道。

“大人，我昨天很忙，累得头都晕了，对不起，我把车夫的事忘记了，我说实话，我不敢向您大人报告这件事情。我的意思是马上就去处理。”

“得啦，您是一个地地道道的警察局长，没有什么可说的！”雷赫列夫斯基说。

我讲过了这个贪得无餍的警察局长，现在再来描述另一种跟他相反的人——一个所谓温和的、心肠好的、恭顺的官员。

在我的熟人中间有一位可敬的老人，他是县警局局长，经枢密院弹劾撤了职。以后他就专门替人写状子、进行诉讼，这正是禁止他做的事情。这个人在衙门里办了很多年的事，他在三个省里盗窃和涂改官方文件，制造假证件，受过两次审判等等。这位地方警察的老将喜欢讲关于他自己和他同事们的古怪故事，并不掩饰他对新一代的退化的官吏的轻视。

“这是些轻浮的人，”他说，“当然，能到手的他们都要，因为不拿就活不下去，不过您在他们身上看不到聪明和熟悉法律。举一个例子，我对您讲一个朋友的事情。他做了大约二十年的法官，去年才死掉，——他是个有头脑的人！尽管他给他的家属遗留下一笔钱，农民们却并不记得他的坏处。他有他自己那一套完全特殊的办法。要是有个农民来向这位法官提出什么申请，他就马上接见，——而且尽可能做得友好、高兴。他就说：

“‘老大爷，你的名字同你父亲的名字叫什么？’

“农民鞠个躬，就说：

“‘老爷，我叫叶尔莫拉依，父亲叫格里高里。’

“‘好，叶尔莫拉依·格里高里叶维奇，你好，上帝把你从什么地方带来的？’

“‘我们从杜比洛沃来的。’

“‘我知道，我知道。好像你有几座磨坊在路——在驿路的右面。’

“‘是的，老爷，是我们村社的磨坊。’

“‘是个富足的村子，地是好地，是黑土。’

“‘我们没有什么可以埋怨上帝的，还不错，好老爷。’

“‘对，应当是这样。叶尔莫拉依·格里高里叶维奇，你家里的人大概不少吧。’

“‘三男两女，大女儿嫁给一个年轻人，他同我们一起过了四年多了。’

“‘大约已经有了外孙吧？’

“‘是，有的，小东西，您老爷。’

“‘啊，谢谢上帝！生儿育女，人口兴旺。好吧，叶尔莫拉依·格里高里叶维奇，你远道来，我们一块儿喝杯白桦酒吧。’

“农人推辞不喝。法官给他斟了一杯酒，一边说：

“‘得啦，得啦，朋友，圣父们并不禁止今天喝酒、涂油。’

“‘是的，的确不禁止，不过酒会惹是生非。’——于是他在胸前划了一个十字，鞠一个躬，喝了白桦酒。

“‘格里高里叶维奇，你有这样一大家人，生活大概不容易吧？要供每个人吃饭、穿衣——靠一匹驽马或者一头母牛是不行的，牛奶就不够。’

“‘老爷，请原谅，用一匹马我能够做什么呢？我有三匹，本来还有第四匹，是一匹淡栗色马，可是它在彼得节前斋戒期①里给毒眼②看死了，我们那里的木匠陀罗费依（真可恨！），他不高兴看见别人过得好，他有一只毒眼。’

“‘有这样的事，老大爷，有这样的事，老大爷。你有大的牧场吧——您大概喂得有绵羊。’

“‘还不错，有几头羊。’

“‘啊，我只顾跟你谈话谈久了。我还要办沙皇的公事，叶尔莫拉依·格里高里叶维奇，我得上法院去了。你来有什么小事情要办吗？’

---

① 彼得节前斋戒期：在旧俄历六月底的时候。

② 毒眼：俄国旧时迷信，认为被这种眼睛看过后，人畜就会遭殃。

“‘是的，老爷，有事情。’

“‘好吧，是怎么一回事？是不是吵架？快点讲，老大爷，我要走了。’

“‘是这样的，好老爷，在我晚年的时候碰到了倒楣的事情……正好在圣母升天节，我们在酒馆里同一个邻村的农民争论起来，——他是个恶人，常常偷我们的树。我们还没有讲了两句话，他就挥舞拳头给我胸上一拳。我对他说：“你的拳头留给你们自己的村子吧。”我要教训他，就推他一下，可是我大概喝醉了，不然就是给鬼迷住了，我正好打到他的眼睛上；是的，我把他的眼睛打坏了，他就同礼拜堂长老一起马上去找县警局局长，他说，我要上法院打官司。’

“他这样讲他的事情的时候，这位法官（你们彼得堡的演员们哪里比得上他！）的表情越来越严肃了，眼神显得可怕，一句话也不说。

“农人看见这个，脸色发白了，把帽子放在足跟前，掏出一条毛巾揩汗。法官仍然不做声，他在翻一本小书的书页。

“‘所以我就来找你，老爷。’农人说，声音也变了。

“‘对这件事情我能够做什么呢？有什么理由！你干吗打他的眼睛呢？’

“‘老爷，的确是这样，干吗呢……我让魔鬼迷住了。’

“‘可怜，真可怜！因为这件事，一家人就要给毁掉了！啊，家里没有你怎么办？都是年轻人，可是小外孙呢——小家伙们，还有，我可怜你的老太婆。’

“农人的腿打起哆嗦来了。

“‘仁慈的好老爷，怎么好，我会给判什么罪呢？’

“‘你瞧，叶尔莫拉依·格里高里叶维奇，你自己读读看……或者你不大识字吧？好吧，这里就是“关于伤残肢体者”的条款……“处以笞刑，并且永远流放到西伯利亚。”’

“‘不要让一个人就这样完蛋吧！不要毁掉一个基督徒吧！难道就没有办法吗？……’

“‘瞧你这个人！难道我们可以违反法律吗？当然，一切都是由人

来执行的。好吧,我们可以不打三十下,改为打五下。'

"'那么,流放到西伯利亚什么呢?……'

"'啊,这就不由我们决定了,好朋友。'

"农民从怀里掏出一个钱袋,从钱袋里又取出一个纸包,再从纸包里拿出两三个金币,他深深地鞠一个躬,把它们放在桌子上。

"'这算什么?叶尔莫拉依·格里高里叶维奇?'

"'救救我,好老爷。'

"'啊,得啦,得啦!你这是什么意思?说来惭愧,有的时候我也收谢礼。我的薪金少,不得不收礼;不过要收礼,总得为了什么事情。我能帮你什么忙呢?倘使是一根肋骨或者一颗牙齿也好办,然而你偏偏打在眼睛上!把你的钱拿回去吧。'

"农人完全垮下来了。

"'我告诉你为什么:我是不是要跟同事们讲,再给省里写封信去?案子很可能到法院,那里有我的朋友,他们可以设法;只不过他们是另外一种人,你拿三个金币打发不了他们。'

"农人开始镇静下来。

"'你不用给我什么——我可怜你一大家人;不过你不拿出两张灰票子①是不济事的。'

"'不过,老爷,上帝在上,我想不出在这个年头能够在哪里找到这一大堆钱,四百卢布呢!'

"'我也是这样想,的确有点困难。我们可以减轻对你的处罚,说是你已经悔过,而且考虑到你当时喝醉了。……你知道人们在西伯利亚也过得下去。你要去多远现在还不知道……不用说,要是你卖掉两匹马、一头牛和一些绵羊,那就够了。不过你以后在乡下攒起这一笔钱又得要一段时间!可是另一方面说,你想留着马不卖,那么你自己就得流放到很远的地方去。格里高里叶维奇,你想想看;时间还来得及,我

---

① 灰票子:指二百卢布的钞票。

们可以等到明天,可是现在我得走了。'法官说到这里,就把他先前不肯收下的金币放在衣袋里面,又说:'这完全是多余的,我只是为了不让你难过才收下的。'

"第二天清早,这个老犹太鬼果然把用各种各样老式钱币凑成的三百五十卢布给法官送来了。

"法官答应照顾他的案子;农人经过一次一次的审讯,给吓坏了,不过后来得到很轻的处罚就放出来了,或者只是给他一个今后行为要小心谨慎的警告,或者批示'事出有因,查无实据',这么一来,农人一生都要替法官祷告了。

"从前他们就是这样干的,"这个撤了职的县警局局长说,"他们干得干净利落。"

……一般地说,维亚特卡的农人并不是十分逆来顺受的。因此官吏们把他们看作讼棍和不安份的人。地方警察在沃恰克人、莫尔多瓦人①和楚瓦什人②的身上找到了真正的金库;他们是可怜、胆小、平庸无能的人。被委派到这些芬兰族居住的县里当警局局长的人常常送给省长双倍的谢礼。

警察和官吏们对这些可怜的人做出了叫人不能相信的事情。

倘使一个土地丈量员出差经过一个沃恰克人的村子,他一定会在村子里停下来,从大车上拿出了星盘,把一根杆子插在地上,拉起了链子。一小时以后全村都恐慌起来了。"量地官,量地官!"农人恐怖地说,就像他们在一八一二年讲起"法国人,法国人!"那样。

村长同米尔③的人一起来行礼致意。可是土地丈量员还是一个劲地把什么都丈量过,而且记了下来。村长请求他不要量地,不要损害他们。土地丈量员要二十个或者三十个卢布。沃恰克人非常高兴,他们凑齐了钱,土地丈量员便到下一个沃恰克人的村子里去了。

---

① 莫尔多瓦人:俄国东部的少数民族。

② 楚瓦什人:居住在欧俄东北部的少数民族。

③ 米尔:沙俄时代的农村公社。

倘使县警局局长和警察所所长找到了一具死尸，如果天气很冷，他们就带着死尸走遍沃恰克人的村子，他们在每个村子里扬言这是他们刚刚发现的，要在这个村子里进行侦查和审讯。沃恰克人便向他们行贿了事。

在我来这里以前几年，有一个非常喜欢受贿的县警局局长带了一具死尸到一个大俄罗斯人的村子里去，我记得他勒索两百卢布。村长召开米尔大会；米尔只肯出一百卢布，多一个也不给。县警局局长也不让步。农人生起气来，就把他同他的两个抄写员一起关在乡公所里面，一面也吓唬说要烧死他们。县警局局长并不相信这个威胁。农人在茅屋的四周堆起了干草，而且作为最后通牒，把一百卢布的钞票贴在杆子上从窗口送进屋去。这位英勇的县警局局长一定要另外的一百卢布。于是农人点燃四周的干草，这三个地方警察的穆基乌斯·斯凯沃拉斯①就烧死了。这个案件后来还到了枢密院。

一般地说沃恰克人的村子比俄罗斯人的村子穷得多。

“老兄，你过得很不好。”我对一个沃恰克人说，当时我正在他那间闷热的、没有烟囱的、倾斜的小小茅屋里等待马匹，茅屋的窗是朝着后院开的。

“老爷，有什么办法呢？我们穷，我们要攒点钱对付困难的日子。”

“老人家，很难有更困难的日子了，”我对他说，斟了一杯罗木酒，“喝掉它解愁吧。”

“我们不喝酒。”沃恰克人回答道，贪馋地望着酒杯，又用怀疑的眼光望着我。

“得啦，喂，你喝吧。”

“你自己先喝。”

---

① 穆基乌斯·斯凯沃拉斯：传说中的古罗马英雄。他企图杀害伊特鲁斯坎王，未遂，将受到严厉裁判。他为了表示自己不害怕，就在祭坛的火上烧掉自己的右手。从此他得到了“斯凯沃拉斯”（左撇子）这个外号。作者在这里使用这个比喻，含有讽刺的意思。

我喝了，沃恰克人也喝了。

"那你是什么人？"他问道，"从省里来办公事吗？"

"不是，"我答道，"我旅行，到维亚特卡去。"

这使他很放心了，他小心地看了看四周，然后解释地说：

"困难的日子，就是县警局局长和教士来的时候。"

我想在这里讲一点关于教士的事情。我们的教士越来越变成宗教方面的警官了，由于我们教会那种拜占庭式的恭顺，而且由于皇帝在宗教上是至高无上，这样的事是可以料到的。

芬兰族居民中一部分人在彼得大帝以前、一部分人在叶丽莎威塔的统治时期中受了洗礼，另一部分人仍然信仰多神教。那些在叶丽莎威塔时期受过洗礼的人大多数都暗暗地保留着他们原来那种阴郁的、原始的宗教。①

每隔两三年县警局局长或者警察所所长要同一个教士一起到各个村子去检查，看沃恰克人中间有哪一些在复活节前斋戒祈祷，有哪一些没有斋戒祈祷，为什么没有。没有斋戒祈祷的人就受到迫害，给关在监牢里，挨鞭子，给强迫出钱举行圣礼；教士和县警局局长主要是来搜集沃恰克人并没有放弃旧仪式的证据。于是这个宗教的密探和地方警察的传教士就掀起一场风暴，拿到大量的贿赂，给沃恰克人带来了"困难的日子"，然后扬长地走了，听任一切照旧，让他们有机会一两年后又来重复他们那一套使用鞭子和十字架的把戏。

---

① 他们的全部祈祷文可以归纳为让他们种族继续传下去、收成好、牲畜健旺这些物质上的要求，此外别无所求。"尤马拉保佑一只羊生两只、一粒谷生五粒、我的孩子再生孩子。"在这种对人世生活和每天面包的怀疑的想法上面，有着过去时代遗留下来的陈旧的、灰心的、不幸的、阴郁的东西。他们把魔鬼（恶魔）同上帝一样地看待。我看见一个村子起了大火，这个村子的居民中有俄罗斯人，也有沃恰克人。俄罗斯人搬东西、叫喊，忙个不停，其中酒馆老板特别突出。不可能制止火势蔓延；可是开始的时候要抢救衣物倒是容易的。沃恰克人却一起躲到一座小山上去，在那里哭着，什么事也不做。——作者原注

尤马拉：芬兰神话中最初的雷神。

魔鬼：原文是"沙依坦"，即伊斯兰教的恶魔。

一八三五年东正教事务总管理局认为有必要在维亚特卡省进行使徒传道的工作，把信仰多神教的车累米西人[1]改变为东正教信徒。[2]

这种改变宗教信仰是俄国政府所实行的一切伟大改革的一个典型，一种门面，一种装饰品，blague〔法语：自吹自擂〕，一种欺骗，一份冠冕堂皇的报告，这其间有人进行盗窃，也有人挨鞭子。

费拉列特总主教派了一个能干的教士去主持这个传教的工作。他叫库尔巴诺夫斯基[3]。库尔巴诺夫斯基正厉害地患着那种俄国病——沽名钓誉，他就起劲地干起来。他决定不顾一切要叫车累米西人受到上帝的圣恩。起初他试着进行传道，可是不久他就感到厌烦了。的确靠这种老办法能有多大用处呢？

车累米西人看出来是怎么一回事情，就派了他们那些粗野、狂热而又机敏的教士去见他。他们同他谈判了很久，后来就对库尔巴诺夫斯基说：

“树林里有白桦树、高高的松树和云杉，也有小小的杜松。上帝把它们都容忍了，并没有叫杜松变成松树。所以我们彼此相安无事，就像树林那样。你们做你们的白桦树，我们还是做我们的杜松；我们不会妨碍你们，我们要替沙皇祷告，要纳税，要服兵役，可是我们不愿意背叛我们神圣的信仰。”[4]

库尔巴诺夫斯基看到他同他们谈不下去，看到他没有基利尔和麦福季乌斯[5]的运气，他便找县警局局长帮忙。县警局局长非常高兴；他早就想表示自己对教会的忠诚。他是一个没有受过洗礼的鞑靼人，就

---

① 车累米西人：马里人的旧称。

② 作者提到的事情是在一八二九至一八三〇年间发生的。

③ 库尔巴诺夫斯基：维亚特卡的大司祭，他曾作为地方教士的代表被派遣到雅兰斯基县主持传教工作。费拉列特派来的教士是亚·波克罗夫斯基，不是库尔巴诺夫斯基。

④ 德国农民不愿意改信天主教的时候，也作过类似的回答（倘使上面这个回答不是库尔巴诺夫斯基个人臆造出来的话）。——作者原注

⑤ 基利尔（827—869）是斯拉夫人的使徒，同他的哥哥麦福季乌斯（826—885）一起在色雷斯、莫埃西亚和莫拉维亚传播福音，创造了基利尔字母，把福音书翻译成古斯拉夫文。

是说一个虔诚的伊斯兰教徒，名叫杰甫列特-基尔杰耶夫。

县警局局长带着一小队人出发，用上帝的话去围攻车累米西人。几个村子受了洗礼。传教的使徒库尔巴诺夫斯基举行了祈祷仪式，就谦恭地回去接受法冠①去了。至于传教的使徒鞑靼人呢，政府颁发给他弗拉基米尔十字章，②报酬他传播基督教的功劳！

不幸，这个鞑靼“传教士”同玛尔梅若的阿訇的关系搞得不好。阿訇十分不喜欢一个笃信可兰经的穆斯林居然那样有效地传播基督教的福音。到了斋月③县警局局长毫不在乎地把十字章系在他的钮孔上进了清真寺，不用说他是站在众人的前头。阿訇刚刚开始用鼻子哼可兰经，就突然停了下来，说是在一个戴着基督教标志到清真寺来的有正统信仰的人④的面前，他不敢继续念下去。

鞑靼人中间响起了一阵埋怨，县警局局长发了慌，他不是退了出去，就是把十字章取了下来。

我后来在内务部的刊物上读到关于车累米西人出色地改信东正教的记载。文章里提到了杰甫列特-基尔杰耶夫热心的合作。可惜他们忘记补充说，他对教会的热心是十分大公无私，尤其是因为他对伊斯兰教的信仰非常坚定。

我在维亚特卡的生活结束之前，国家财产局里贪污盗窃的情况十分严重，因此成立了一个清查委员会，委员会指派调查人员分赴各省调查。从这时候起就采用了管理国家农民⑤的新规章。

柯尔尼洛夫省长理应指派两名调查人员。我便是其中的一个。我应当读些什么东西！阴郁的、令人发笑的、叫人厌恶的。单看那些案件

---

① 法冠：教士的帽子，奖给教士中间立了功的人。

② 弗拉基米尔十字章：根据一八八一年出版的《维亚特卡一百年》第二卷中的记载，杰甫列特-基尔杰耶夫得到的奖品是一只钻石戒指。

③ 斋月：伊斯兰教历的九月，白天斋戒的月份。

④ 有正统信仰的人：伊斯兰教徒的自称。

⑤ 国家农民：指居住在国有土地上的农民，当时西伯利亚一带的农民大都是国家农民。

的标题就叫我感到惊奇。

“关于乡公所房屋不知消失在什么地方的案件和老鼠咬坏它的图样的案件。”

“关于缺少二十二笔国家免役金的案件。”就是说少掉了十五里的土地。

“把农民男孩瓦西里改为女性的案件。”

后面这个案件太精彩了，我立刻把它从头到尾读了一遍。

这个假想的瓦西里的父亲在他给省长的呈文中写道，十五年前他生了一个女儿，他想给她起名瓦西里莎，可是教士当时“喝饱了”，施洗礼时给她起了男孩的名字瓦西里，还登记在出生证上。这个情况看来当时并没有引起农人的耽心。可是等他明白不多久就要轮到他家里出一个人服兵役、还要缴纳人头税的时候，他就向市长和警察所所长递了呈文说明情况。警察所认为这件事情很古怪。他们干脆不接受农人的呈文，说是他已经拖了十年过期了。农人就去向省长申诉。省长指派一个医生和一个接生婆对这个女性的男孩进行了一次郑重的检查。……就在这个时候不知道怎样同宗教法庭联系起来了，那个喝饱了酒分不清性别的教士死了，到场的是他的后任，官司就一年一年地打下去，那位姑娘一直让人怀疑她是个男人。

请不要以为这是我编造荒唐故事来讲笑话，完全不是，这件事情同俄国专制政治的精神十分符合。

保罗〔一世〕在位的时候，禁卫军的一个上校有一次在他的每月报告中把一个住院治病的军官作为死亡呈报了。保罗〔一世〕也就把那个被当作死亡者的名字从名单上涂掉。偏偏这个军官并没有死，他的病好了。上校劝他回到他的乡下去住一两年，希望找个机会来纠正错误。军官同意了，可是上校这个办法行不通，那些继承人在圣旨上读到他们亲属的死亡，不肯承认他还活着，他们受不了这个损失，坚决要求取得财产所有权。这个活死人看见自己有第二次死亡（不仅是在书面上死亡，而且是由于饥饿）的危险，就亲自到彼得堡，向保罗〔一世〕递了呈文。保罗〔一世〕亲笔在他的呈文上批示:“关于这位军官先生的圣旨既然已经下达,他的要求就不予考虑。”

这比我那个瓦西里莎—瓦西里更妙。在圣旨面前残酷的生活事实算得什么呢?保罗〔一世〕是专制制度的诗人和诡辩家!

尽管这个官场的泥水荡多么肮脏,多么令人恶心,我还要在这里补充几句。把这些丑事揭露出来,只是对那些无人过问、无人怜惜的受害者和死者表示微不足道的慰问的意思。

政府高兴把荒地分奖给高级官员。这样做也并没有什么大的害处,不过把它们保留着来应付人口增长的需要倒更聪明些。划定这些土地界限的规章是相当详细的;航道两岸、宜于作建筑材料的树林、河流的两岸都不可以奖给人;最后在任何情况下也不可以把农民已经耕种的土地分给别人,即使农民对这些地除了长期使用外并无别的权利。① ……

这些限制不用说都是纸上的。实际上把土地赐给个别占有者正是盗窃国家财产和压迫农民的一个可怕的根源。

一些收租的达官贵人经常把权利卖给商人或者努力通过外省当局违反规章侵占某些特殊的地产。连奥尔洛夫伯爵自己也偶然得到了赐给他的萨拉托夫省的大群牲畜放牧的牧场和大路。

因此无怪乎有一个晴天的早晨科捷里尼切斯基县达罗夫斯卡雅乡的农民发现他们的田地一直到打谷场和房屋都给划了出去,交给一些商人归他们私人占用。这些商人花钱向康克陵伯爵②的一个亲戚买到了这些土地的租用权。商人们规定了这些地的租金额。这样就打起官司来。省税务局得了商人的贿赂,又害怕康克陵的亲戚,便敷衍了事。

---

① 在维亚特卡省,农民特别喜欢迁移。在树林里面常常突然开出来三四块新耕地。大块的荒地和树林(现在有一半已经开垦出来了)吸引着农民来占用这个至今无人利用的 res nullius〔拉丁语:无主物〕。财政部不得不数次承认这些土地归占有者使用。——作者原注

② 叶·弗·康克陵:一八二三至一八四四年间任沙俄政府的财政大臣。

可是农民决定坚持下去;他们选出两个精明能干的农人,把他们派到彼得堡去。官司打到了枢密院。测量地界局明白农人有理,却不知道怎样办才好,就同康克陵商量。康克陵干脆地承认把那些土地划出去是不对的,但是他又认为归还也有困难,因为土地划出去以后可能已经转卖,而且它们现在的主人在改良土地方面可能做出了各种成绩。因此伯爵大人认为既然国家所有的公地数量很大,那么就决定在另一个地区拿出同样大小的土地还给农民。这样一来大家都很满意,就只有农民不高兴。第一,耕种这些新地并不是简单的事。第二,另一个地区的地又是不适用的水洼地。达罗夫斯卡雅乡的农民要生产粮食,而不是要打松鸡、打山鹬,所以他们又递了一份呈文。

于是省税务局和财政部根据旧案另外立了一个新案,他们找到一条法律,按照这个条文,倘使分配的地不适用,可以增加原来数量一半的同样土地,他们下令给达罗夫斯卡雅乡的农民再加一半数量的同样水洼地。

农民又向枢密院递了一份呈文,可是不等到审理案件,土地测量局就给他们送来新地的平面图,照例是精装的、彩色的,并且画上指出风向的星星,还附有关于 RRZ 菱形和 ZZR 菱形的相应说明,而主要地却是要求按亩缴纳若干租金。农民看见不但不退还他们的土地,反而要他们为水洼地付钱,就断然拒绝缴租。

县警局局长呈报丘菲亚耶夫。丘菲亚耶夫派了一个由维亚特卡警察局长率领的惩罚队①去。警察局长到了那里,抓了几个人,鞭打了一顿,安定了这个乡,拿走了钱,把罪人交给刑事法庭,叫喊了一个星期把嗓子都叫哑了。几个农民受到了笞刑,给流放到外地去。

两年后皇位继承人经过达罗夫斯卡雅乡,农民向他递交了一份呈文,他下令重审这个案件。我根据这种情况写了一份关于这个案件的报告书。这次的重审是否有好的结果,我不知道。我听说流放的人放

---

① 惩罚队:或译讨伐队,这个队的任务是用武力执行政府的判决。

回来了，可是地是否退还我就没有听说了。

最后，我得讲一下著名的土豆叛乱[1]的故事，和尼古拉〔一世〕怎样把彼得堡文明的福利带给流浪的茨冈人的事情。

俄国农民和某一个时期全欧洲的农民一样，不愿意种土豆，好像有一种本能告诉农民：这种“不良食物”不会使他们得到力气，也不会得到健康。然而相当多的地主的田地上和国家土地的村子里在土豆恐怖之前早就种了“地苹果”了。不过对于一切自动做的事情，俄国政府总是不高兴的。任何事情都应当在棍棒下面，按照队前的示范动作，步调一致地做出来。

喀山农民和维亚特卡省一部分地区的农民已经在地里种了土豆了。土豆收完以后，部里起了这样的念头：在每个乡挖一个总窖。窖批准了，窖指定了，窖挖好了，冬天开始的时候，农民不得已把土豆送到总窖来。可是到下一个春天叫他们把冻坏的土豆种下的时候，他们就拒绝了。命令人去做明明是荒唐的事情，的确再没有比这个更大的对劳动的侮辱了。这个反对意见被说成是叛乱[2]呈报上去了。基谢列夫大臣[3]从彼得堡派出了一个官员；这个人聪明而又实际，他到第一个乡要农民每人缴纳一个卢布，就允许他们不种冻坏的土豆。

这个官员在第二个乡、第三个乡都照这样办。可是在第四个乡，村长断然对他说，他们不种土豆，也不给他钱。他告诉官员：“你豁免了这一些，又豁免了那一些，你当然也应该豁免我们。”

官员想用恐吓和鞭子结束这件事情，可是农人拿起棍棒把一小队警察赶走了；总督派了哥萨克兵来。附近各乡都支持农民。

只说事情发展到使用了枪和霰弹炮就够了。农人离开家逃散到树林里去；哥萨克兵像赶野兽一样把他们从密林里赶了出来；他们给抓住

---

① 指一八四二年的所谓“土豆叛乱”。

② 参加所谓“叛乱”的有喀山、彼尔姆和维亚特卡等省的农民，在维亚特卡省有诺林斯基等四个县的各乡。

③ 巴·德·基谢列夫伯爵(1788—1872)：一八三七至一八五六年间任国家财产部大臣。

了，戴上镣铐，送到柯齐莫杰米扬斯克去受军法审判。

十分凑巧，在那里负责的年老的警备队少校是一个正直的老实人；他好心地说，错全在彼得堡派来的官员身上。大家都责难他，他的意见给压下去了，他本人也受到了压制；他受到威胁甚至蒙受“企图毁掉一个清白无辜的人”的耻辱。

审讯按照俄国的常规进行：农人在审问的时候挨了鞭子，鞭打作为处罚，鞭打作为警告，鞭打为了勒索钱财，整整一大群农人给流放到西伯利亚。

值得注意的是基谢列夫在审讯的期间正好来柯齐莫杰米扬斯克视察。① 我们以为他也许会到军事法庭去看看或者把少校找来谈谈。

他并没有这样做！

……著名的杜尔各②看到法国农人对土豆的憎恨，他把土豆种分派给包税商、伙食供应商和其他政府可以控制的人，严禁他们把土豆种拿给农民。同时他又对他们发出密令，叫他们不要阻止农民盗窃这些种子。过了几年之后，法国一部分土地都种上土豆了。

巴威尔·德米特利叶维奇③，“tout bien pris〔法语：就全面考虑〕，这不是比霰弹更好吗？”

一八三六年一群茨冈人来到维亚特卡在田野里安身。这些茨冈人到处流浪，到过托包尔斯克和伊尔比特，他们从远古时代起就过着自由的流浪生活，带着他们经过长期训练的熊和完全没有训练过的孩子们，干着兽医（治马）、算命和小偷小摸的勾当。他们悠闲地唱歌、偷鸡，可是突然间省长接到了圣旨：倘使发现茨冈人没有身份证（从来没有一个茨冈人有身份证，这是尼古拉〔一世〕和他手下的人很清楚的），就要他们在一定期限内在圣旨下达时所在地区，向村镇公社进行登记。

---

① 基谢列夫一八四二年到东北各省视察。

② 罗·雅·杜尔各（1727—1781）：一七七四至一七七六年任法国财政大臣，进行过一些进步的改革，企图阻止即将到来的革命。

③ 巴威尔·德米特利叶维奇：基谢列夫的名字和父名。

过了这个期限又下命令：凡是适合服兵役的人都送去当兵，在其余的人当中又挑选出男性儿童，剩下的人一律永远流放出去。

这个荒唐的命令使人想起圣经中关于灭绝和惩罚全种族以及剪除一切男丁的故事，①连丘菲亚耶夫也感到为难了。他把这个荒唐的命令向茨冈人下达了，一面呈报彼得堡说这个命令不可能执行。对茨冈人来说，进行公民登记需要钱（送给官吏），又需要村镇公社的同意，没有钱村镇公社不会白白接纳茨冈人。此外还需要茨冈人本身愿意在一个地方定居。考虑到以上种种，丘菲亚耶夫（这里我们得替他讲几句公道话）向部里要求免予执行或者缓期执行这个命令。

大臣在指示中答复说这个尼布甲尼撒②的命令到期就得执行。丘菲亚耶夫不得已派出一小队兵去包围那群茨冈人；这个任务完成以后，警察同驻防军队伍一起来了，据说，这以后的事情简直叫人难以想象。女人披散长头发，哭叫着，疯狂地跑来跑去，伏倒在警察的足下；白发老妈妈紧紧搂住自己的儿子。然而秩序胜利了；瘸腿的警察局长带走了小男孩，带走了新兵，其余的人都由押解站送到永远流放的地点去。

小男孩带走以后，又发生了问题：把他们安置在什么地方？教养费从哪里来？

从前还有社会救济厅管辖的孤儿院，不用花国库的一文钱。然而尼古拉〔一世〕那种普鲁士的贞洁观念认为孤儿院对道德有危害就把它们撤销了。丘菲亚耶夫先拿出自己的钱来，一面向大臣请示。大臣们从来都是一意孤行，——他们下令在新的指示下来以前把这些小男孩暂时交给养老院里的老头子和老太婆照管。

要把这些小男孩交给垂死的老头子和老太婆照管，让他们呼吸死亡的空气，指令需要安静的老年人白白地照料小孩……

---

① 指"上帝"残酷惩罚人们的传说，参看《旧约全书》中《撒母耳记》，上，第五章、十五章；下，第二十四章；《列王纪》上，第十一、十四、十六章等等。

② 尼布甲尼撒：公元前七世纪到前六世纪中的巴比伦国王，以专制出名；"尼布甲尼撒的命令"指残酷无情的命令。

真是想入非非！

我还要接下去讲一讲一年半以后在弗拉基米尔省我父亲的一个村长①的遭遇。他是一个老练的、聪明的农人，他做马车运载的生意，有几套三驾马车，他做了二十年那个向我父亲缴纳代役金的小村子的村长。

我住在弗拉基米尔的那一年里，有一次邻村的农民请求他替他们送一个新兵到城里去。他把这个用绳子绑着的未来的祖国捍卫者带到城里，像行家老手那样充满自信心。

“少爷，事在人为，”他用手指梳理着他一脸已经花白的淡黄色胡子，一面说，“前年我们挑的一个小伙子，身体坏，很瘦弱，农人都很耽心他会通不过。好，我就说：‘同胞们，你们大概能出多少钱？轮子不擦油不会动。’我们这样商量了一会儿，米尔决定出二十五个金币。我去了省城，到税务局去谈了话，就直接去找局长，——少爷，他是个聪明人，早就认得我了。他叫人把我带到他的书房里，他的腿有什么毛病，他就躺在沙发上。我把事情对他讲明白了，他带笑答道：‘很好，很好，你讲讲你带了多少来？你是个吝啬鬼，我知道你。’我把十个大头金币放在桌子上，向他深深地鞠一个躬——他把它们拿在手里玩着。他说：‘可是我说，你应该送钱的人不是我一个人，你还带来多少？’我对他说，还有十个金币。他就说：‘好，你怎么送掉它们呢？你自己算一下：医生两个，新兵接收员两个，办事员两个，好吧，还有其他各种零星费用凑起来不会超过三个，——好吧，你把其余的都交给我，我来安排它们。’”

“那么你交给他了？”

“我当然给了——他们非常满意地给剃了头。②”

村长熟悉这种零头不计的算法，习惯于他那种估计，也许还习惯于

① 村长：即加·谢·纳依杰诺夫，作者父亲在弗拉基米尔省的领地的村长。

② 在一八七四年以前俄国新兵入伍，要把前半边头发剃光。

他那吞没五个金币的办法，无怪乎他很相信自己的成功。然而在行贿和受贿进行的中间也可能发生不少倒楣的事情。有一次到弗拉基米尔来征集新兵的是一个侍从武官艾森伯爵①。村长把他的大头金币和小金币塞给他。不幸我们的伯爵，像《努林伯爵》②里的女主人公那样，“不是按照父母的规矩”教养大的，却是在波罗的海的贵族学校里受的教育，学到了对俄国皇上的德国式的忠诚。艾森大发脾气，对村长大吼大叫，更糟的是他打了铃；办事员跑了进来，宪兵也来了。村长从来没有想到做官的人当中会有不肯受贿的，一下子完全发昏了，不知道抵赖，也不赌咒发誓说他绝没有拿钱出来行贿，说只要他有做这种事的心思，上帝就会叫他眼珠破裂、嘴里进不了一粒粮食。他像绵羊一样让人捉到警察局去，也许他还在后悔他送给将军的钱少了，得罪了将军。

可是艾森并不因为自己良心清白，也不因为看见这个不幸的农民惊惶失措就满意了，他大概还想 in Russland〔德语：在俄国〕根除贿赂的行为，惩办坏事，树立一个好榜样，他写信给警察局，写信给省长，写信给征兵局讲村长这个未遂的滔天大罪。农人给关在监牢里等候法庭审判。但是由于那个愚蠢而荒唐的法律规定向官吏行贿的老实人和受贿的官吏应受同样的处罚，事情显得很糟，因此必须把村长开脱出来。

我连忙去见省长——他不肯管这件事；刑事法庭庭长和顾问们都摇摇头，他们害怕侍从武官的干涉。而侍从武官却息了怒变得温和了，他首先表示，他“并不想使村长受到损害，他只想让他从中得到教训，让他受到审判，然后免罪释放”。我把他这个意思对警察局长讲了，他说：“问题就在这里，所有这些先生都不懂怎样处理事情；他应当把人直接送到我这儿来，我把这个傻瓜揍一顿，教训他以后不要莽撞行事，③然后放他回家去，——大家都很满意；可现在，你试试吧，跟刑事

① 艾森伯爵：尼古拉一世的侍从武官。本书第一卷第二、三章中讲到的彼·基·艾森是另一个人。

② 《努林伯爵》：普希金一八二五年写的长诗。

③ 原文是一句俗话：“未询渡头，不要涉水。”

法庭打交道去。”

以上这两种意见很巧妙、很清楚地说明了俄罗斯帝国对法律的看法，我一直忘不了它们。

村长从祖国司法界的赫丘里斯石柱①之间，落进了中心的深渊里面，就是说落进了刑事法庭。过了几个月，判决书已经准备好了，对村长判处笞刑，并永远流放到西伯利亚。他的儿子和全家来找我，恳求我救出他们的父亲和家长。我自己也很可怜这个完全无辜受害的农民。我又去找庭长和顾问们，又向他们指出，他们判处村长以这样的重刑，对他们自己也有不利；况且他们自己很清楚离了贿赂就做不成一件事，而且说实在话，他们要是不像真正的基督徒那样认为任何礼物都是完美的、每一赠与都是福，他们自己就连吃的东西也没有。我要求，我鞠躬，又叫村长的儿子去更恭敬地鞠躬，我居然达到了我的一半的目的。村长被判处在狱中鞭打几下，可以留居原地，但是不准他再替别的农民讲话办事。

看见省长和检察官都同意这个判决，我放心地松了一口气，便到警察局去要求，请他们执行鞭打时减轻一点；警察局的人一半因为我亲自去向他们请求，他们感到得意，一半因为他们怜悯这个由于一件同他们都有切身关系的事情而受罪的人，而且知道他是个有钱的农人，他们便答应我只是在形式上执行判决。

过了几天一个早上村长来找我，他瘦了些，头发、胡子也更白了。我看出来他虽然高兴，却在为什么事情发愁，思想上有什么负担。

“你在愁什么事情？”我问他道。

“就是这样，我宁愿他们干脆地一下子解决。”

“我完全不懂你的意思。”

“我是说，他们究竟什么时候处罚我？”

---

① 赫丘里斯石柱：直布罗陀海峡两岸的岩壁，根据传说，两岸的岩壁本是生在一起的，后来被古希腊神话中的大力士赫丘里斯把它分开了。用在这里的意思是：两大极端之间。

“那么他们没有处罚你?”

“没有。”

“他们怎么放你出来的? 你已经回家了,是不是?”

“回家,是回家了;不过我还在想处罚的事,秘书给念过了。”

我实在莫名其妙,后来就问他是不是给过他什么书面的东西。他递给我一份公文。整个判决书都写在公文上,最后说明已经遵照刑事法庭的判决在狱中执行了笞刑,“发给本人证件一纸释放出狱。”

我大笑起来。

“你不是已经受过处罚了!”

“没有,少爷,没有。”

“好吧,倘使你不满意,你就回去请求他们处罚你,也许警察会理解你的心情。”

老人看见我笑,他也微微笑了,他怀疑地摇摇头,接口道:

“奇怪,真是怪事!”

“真是乱来一气!”许多人会这样说;可是他们应当记得只有靠这种乱来,俄国内的生活才能够照常进行。

第十六章　亚历山大·拉甫连季叶维奇·维特别尔格

在这些怪诞、龌龊、庸俗、丑恶的人物和情景、事件和标题的中间，在这些文牍主义的框框和官僚制度的常规里面，我想起了一个艺术家的忧郁的、高贵的形象，他是被政府用冷漠麻木的残酷毁掉了的。

沙皇的铁腕不仅把一件天才的作品掐死在它的摇篮里面，不仅毁坏了艺术家的创作活动，使他纠缠在法律的圈套里和警方侦查的阴谋诡计中间，它甚至企图把他的清白的姓名同他最后的面包一起抢走，并且给他加上贪污和盗窃公款的罪名。

尼古拉〔一世〕毁掉并且侮辱了亚·拉·维特别尔格之后，把他流放到维亚特卡。我就是在那里遇见他的。

我和这个伟大的艺术家同住了两年半，我看见这个坚强的人怎样在迫害和不幸的重压下渐渐地垮下来，成了官厅和兵营专制制度的牺牲品（这个制度对世界上一切事物都用征募新兵的军官和抄写公文的录事的眼光来死板地衡量）。

我们不能说他是轻易地屈服了的；他倔强地奋斗了整整十年。他初到流放地的时候，他还希望挫败敌人，替自己辩白清楚，总之，他初到流放地的时候，他还准备战斗，他有计划，有打算。然而不久他就看清楚：一切都完了。①

也许连这样一个发现也不能使他屈服，可是他身边还有妻子儿女，

① 维特别尔格一八三五年十月二十六日到维亚特卡。

他前面还有流放、贫困、痛苦的长长的岁月，于是维特别尔格不是按日子计算、而是按钟点计算地头发发白、人变老了。我在两年以后同他分别的时候，他看起来整整老了十岁。

以下便是这个长期受难的故事。

亚历山大皇帝不相信他打败了拿破仑，这样的荣誉使他感到沉重的负担，他直言不讳地把荣誉归于上帝。他经常倾向于神秘主义，感到精神悒郁（许多人认为这是良心谴责的表现），特别是在一连串打败拿破仑的胜利以后，他更陷入神秘主义和悒郁里面了。

当"最后一个敌兵跨出国境"的时候，亚历山大〔一世〕发布了一道诏令，①他许愿要为救世主在莫斯科兴建一座巨大的教堂。

向各地征求建筑图样，决定举行一次大的悬赏征求。

维特别尔格当时还是一个年轻的美术家，他刚刚念完学校的课程，得到绘画方面的金质奖章。他原籍瑞典，出生在俄国，起初在采矿武备学校念书。这个美术家热情、古怪，倾向于神秘主义；他读了诏令，读了征求建筑图样的公告，就把他所有的事情全丢开。他整日整夜地在彼得堡大街上逛来逛去，一个固执的想法折磨着他，这个想法太强烈了，不让他安静，于是他把自己锁在屋子里，拿着铅笔，工作起来。

艺术家没有把他的构思对任何一个人谈过。他工作了几个月之后，就到莫斯科去研究这个城市和它的四郊，然后又动手工作，躲起来，几个月不见人，也不把他设计的图样告诉人。

评选的时候到了。应征的图样很多，有的从意大利、有的从德国送来，我们的美术院院士们也送来他们的设计。这个无名的年轻人送来的图稿也在许多图样的中间。过了几个星期，皇帝来审查图样。〔对维特别尔格说来〕，这四十天是在荒野里过的日子，是考验、疑惑、痛苦地等待的日子。

---

① 指一八一二年十二月二十五日的"关于在莫斯科为救世主基督修建礼拜堂用以感谢上帝拯救俄国免遭敌人蹂躏"的诏令。

维特别尔格的宏伟的、洋溢着宗教诗意的建筑设计图样打动了亚历山大〔一世〕。他在这幅图样前站住,而且他头一次对一张图发问,它的作者是什么人。人们启开了密封,看到一个美术学院学生的陌生的名字。

亚历山大〔一世〕想见见维特别尔格。皇帝同美术家进行了长时间的谈话。他那豪放的、生气勃勃的语言,他那丰富的真实的灵感和他的信仰的神秘主义的色彩打动了皇帝。"您借石头讲话。"皇帝说,他又把维特别尔格的设计图样仔细看了一遍。

就在这一天这个设计图样被采用了,维特别尔格被任命为教堂的建筑师和修建委员会主任。亚历山大〔一世〕不知道他在这位艺术家的头上戴上桂冠的同时也把荆棘冠冕给他戴上了。

没有一种艺术比建筑学更接近神秘主义的了;它是抽象的、几何学的、无声音乐的、冷静的东西,它的生命就在象征、形象和暗示里面。简单的线条、它们和谐的组合、节奏、数的对称,这构成了一种神秘的但同时又是不完全的东西。建筑物,教堂(庙宇),并不像塑像或者绘画、诗或者交响乐,它们在自己身上并不包含目的;建筑物需要居住的人,这是用线条勾勒出来的一席空地,这是环境,是龟甲,是软体动物的外壳,——关键就在于必须使这个容身之地同它的精神、它的目的、它的居住者相适合,就像龟甲同乌龟适合那样。教堂(庙宇)的四壁、它的拱门和圆柱、它的大门和正面、它的基座和圆顶应当表现出教堂(庙宇)中奉祀的神的特征,就像人脑的沟回必然在头颅骨上留下痕迹一样。

埃及人的庙宇是他们的圣书。方尖塔就是在大路上〔无声的〕传道。

所罗门的庙宇①就是变成了建筑物的圣经,正如罗马圣彼得大教堂②这个建筑物象征着脱离天主教,象征着非宗教世界的开端,象征着人类脱离宗教生活的开端。

---

① 所罗门:参看第 210 页注①,他的庙宇在外约旦的郇山上,后被罗马皇帝铁图斯毁坏。

② 圣彼得大教堂:这个教堂是十六世纪中勃拉芒德和米开朗琪罗修建的。

教堂(庙宇)建筑本身经常离不开神秘的仪式、譬喻、秘密的献祭，所以中世纪的建筑者们把自己看成一种特殊的人、一种僧侣、所罗门庙宇修建者的继承人，他们还组织了秘密的石匠公会，这种公会后来就变成了共济会。

从文艺复兴的时代起，建筑学就失掉了它特殊的神秘性质。基督教的信仰一直跟哲学的怀疑作斗争，哥特式(尖拱式)建筑的拱门跟希腊式山墙作斗争，精神神圣跟尘世美作斗争。因此，圣彼得大教堂之所以具有崇高的意义，在于它的巨大规模中表现出基督教奔向生活，教堂成为多神教的了，而鲍那洛蒂①在西施庭教堂②的壁画上把耶稣基督画成一个魁梧的大力士，一个年富力强的赫丘里斯。

在圣彼得大教堂以后，教堂的建筑完全退化，最后成为古希腊的围柱式建筑和圣彼得大教堂的规模或大或小的摹仿。

一座巴台农神庙③叫做巴黎的圣玛德兰教堂④。另一座就是纽约的交易所。

没有信仰、没有特殊的情况，就很难创造出什么生气勃勃的作品；所有的新教堂都带有牵强的、伪善的、不合时代的味道，例如尼古拉〔一世〕任用统⑤来建筑的印度—拜占庭式那样的五个圆顶的五味瓶架(用葱头⑥代替了瓶塞)或者像英国人用来装饰他们城市的那些使建筑师感到刺眼的棱角分明的哥特式教堂。

然而维特别尔格制作他的设计图样时的情况，他的个性以及亚历山大皇帝的心境都是非常特殊的。

---

① 米开朗琪罗·鲍那洛蒂(1475—1564)：文艺复兴时期意大利著名的雕刻家、画家、建筑师和诗人。

② 西施庭教堂：在梵蒂冈。

③ 巴台农神庙：古希腊雅典人祭雅典娜女神的神庙。

④ 圣玛德兰教堂：十八世纪法国资产阶级大革命后修建的教堂，它的圆柱和山墙近似古希腊的神庙。

⑤ 即康·安·统(1794—1881)，俄国建筑师，莫斯科救世主基督大教堂就是他设计修建的。

⑥ 葱头：指教堂顶上的圆球结顶。

一八一二年的战争大大地震动了俄国人的心灵；在莫斯科收复以后好久，思想的骚动和神经的激动还不能平静下来。俄国国外的大事，巴黎的攻占，一百天的故事①，等待，谣言，滑铁卢，拿破仑坐船去海岛，②为战死的亲人服丧，替活着的人耽心，军队回国，兵士还家，——这一切就是在最粗鲁的人的脑子里也产生了很大的影响。我们设想一下：这样一个青年美术家，神秘主义者，赋有创作才能的艺术家，同时又是一个狂热地信奉宗教的人，他受到了上述那一切事情的影响，他受到了沙皇的号召和他自己的天才的影响。

在莫斯科附近，在莫日艾斯克和卡卢加公路之间，有一个不大的高地耸立在全城之上。这就是我在青年时期最初的回忆中谈到的麻雀山。整个城市匍匐在它的脚下，从山顶上可以眺望莫斯科的最美的风景。伊凡雷帝当时还是一个年轻的浪子，他站在这里哭着，望着他的首都在焚烧；就在这里西尔威斯特尔教士③来到他的面前，并且用严厉的言辞在二十年之间使他变成一个天才的恶魔。

拿破仑带着他的军队绕过这座山，他的兵力就在这里垮了下来，在麻雀山的脚下开始了他的撤退。

要修建一座纪念一八一二年的教堂，难道还能够找到比这个敌人到过的最远之处更好的地方吗?

然而这还不够，还得把山也变做教堂的下层部分，从山脚一直到河边的旷野都给围在柱廊里面，在这个三面都是天然构成的基础上，建立起第二层和第三层神殿来，组成一个十分优美的整体。

维特别尔格的教堂像基督教的主要教条那样，是三位一体，不能分开的。

在山石上开凿出来的下层神殿的形状是平行四边形，像一口棺材，

① 一百天的故事：指拿破仑重返巴黎的“百日政变”。

② 指拿破仑一世战败后被放逐到圣海伦岛的事。

③ 西尔威斯特尔（生于十五世纪末，十六世纪六七十年代卒）：俄国教士，政治、宗教和文学活动家，伊凡雷帝的忏悔师。

一个身体，它的外表就像用近似埃及圆柱支持的巨大的正门入口；它消失在山中，消失在粗糙的、没有经过雕凿的大自然里。这座神殿燃着埃特鲁利①的高高的枝形灯架上的灯，白天的亮光从第二层神殿经过透明的基督诞生图像微弱地透射进来。所有在一八一二年战死的英雄都安息在这个地下圣堂里面，这是对那些在战场上牺牲的人举行的永久追念仪式，所有那些人，从将军到普通士兵，他们的名字都刻在墙壁上。

在这个坟墓上面，在这个墓地上面建立起四面相等的希腊十字形的第二层神殿，——伸开双手〔表示欢迎〕的、生活的、忧患的、劳动的神殿。通到这座神殿的那些圆柱上装饰着《旧约全书》中的人物雕像。正门前立着先知们的像，他们站在殿门外，指着他们不该走的路。福音书和《使徒行传》②的全部故事都画在这座神殿里面。

在这第二座神殿上面，作为它的顶盖，使它完备、完成的第三座神殿是圆形的建筑物。这座灯烛辉煌的大殿是用环形设计图样来表现的圣灵、不受干扰的宁静和永恒的神殿。这里既无画像，也无雕塑，只是它的外面有一圈天使长立在那里，屋顶是一个巨大的圆顶。

我现在凭记忆写出维特别尔格的主要构思。他已经把这些构思十分详细地作出来了，它们始终同基督教的神正论③和建筑学的优美感是一致的。

这个杰出的人为他的设计花了他一生的工夫。在他作为被告受审讯的十年中间，他就只做这一件事；在他流放期间，虽然经受贫穷艰苦，他还是每天花几个小时在他的教堂上面。他活着就是为了这座教堂，他不相信它会不给修建：回忆、安慰、光荣——这一切全在这个艺术家的公事包里面。

也许将来有一天，在这个受难者死后，另一个艺术家会抖掉这些图

---

① 埃特鲁利：罗马时代的意大利古国，就是今天的托斯卡纳，这里出产名瓷。

② 福音书和《使徒行传》：均见于《新约全书》。

③ 神正论：一种宗教哲学学说，企图解释一方面世界上有罪恶与不公平存在，另一方面还要承认神的“至善”和“万能”的问题。

纸上面的灰尘，怀着敬意地发表这个建筑学上遭受摧残迫害的记录，在这上面消耗了、浪费了一个年富力强的生命，这个生命曾经短暂地受到灿烂光辉的照耀，但是接着又落在司务长——沙皇、农奴——枢密官、讼棍——大臣们的手里，给他们磨坏、压碎了。

设计图样是天才的创作，既可怕，又很惊人——因此亚历山大〔一世〕挑选了它，因此决定按照它修建起来。有人说山承担不了这个教堂的重量。我不相信这个说法。特别是我们想起英美工程师的一切新的方法、那些火车通过八分钟的隧道、吊桥等等的时候。

米洛拉多维奇伯爵劝告维特别尔格用整块的花岗石建造底层神殿的大圆柱。因此有人对伯爵说从芬兰运来整块花岗石运费太贵了。

“正因为这样才必须把它们弄来，”他答道，“倘使莫斯科河两岸有个花岗石矿，就不希罕用它们了。”

米洛拉多维奇是一个诗人——军人，因此他懂得诗意。宏伟的事物是用宏伟的材料做成的。

只有大自然不需要什么就创造出伟大的事物来。

连那些从不怀疑维特别尔格的诚实的人也认为他的主要错误在于他担任了主任的职务，他是一个没有经验的艺术家、一个丝毫不懂官场事情的年轻人。他本来应该只做建筑师。这个意见是对的。

坐在自己家中房间里发出这种责备，当然是容易的事情。他接受这个职务，正因为他年轻，没有经验，又是艺术家；他接受这个职务，因为他的设计图样被采用了，在他看来一切都很顺利；他接受这个职务，因为沙皇亲自要他担任，鼓励他，支持他。还有什么人不头发晕呢？……什么地方去找十分谨慎、十分清醒、十分克制的人呢？倘使有这样的人，他们也不会创作出宏伟教堂的设计图样，也不会叫“石头讲话”！

不用说维特别尔格受到了一大群骗子的包围，那些人把俄国看作营私舞弊的场所，把工作看作赚钱的生意，把职务当作发财的好机会。不难理解他们要在维特别尔格的脚下挖一个坑。但是为了要使他落进去以后就再也不能爬出来，这除了便于他们贪污盗窃之外，还应该加上由于一些人的妒忌心和另一些人的受了打击的虚荣心。

维特别尔格在委员会中的同事有总主教费拉列特、莫斯科总督①和枢密官库希尼科夫②;他们一开头就因为同一个乳臭小儿共事全感到委屈,特别是他毫无顾忌地发表意见,对他们的主张他要是不同意,就发言反对。

他们帮忙使他陷于困境,帮忙诽谤他,后来又十分冷静地毁掉他。

起初是神秘主义的大臣亚·尼·戈里曾③的下台,后来是亚历山大〔一世〕的逝世,这两件事都帮助了他们。

戈里曾的部撤销以后,共济会的组织、圣经会、路德教的虔信派④都倒了,上述组织以喀山的马格尼次基⑤和彼得堡的鲁尼奇⑥为代表人物走到了荒谬、怪诞的极端,走到了野蛮的迫害,走到了痉挛性的跳舞,走到了歇斯底里的狂叫和天知道的什么古怪举动。

反过来,野蛮、粗暴、愚昧无知的东正教占了优势。这是诺夫哥罗德的修士大司祭福季依⑦所宣传的,福季依同奥尔洛娃伯爵夫人关系密切(当然不是肉体的关系)。她是勒死彼得三世的著名的阿列克谢·格里高里叶维奇⑧的女儿,她想把她的广大田产(这是叶卡捷琳娜

---

① 莫斯科总督:指德·瓦·戈里曾。

② 谢·谢·库希尼科夫(1765—1839):一八〇三年曾担任彼得堡省长,他是委员会成员,后来又负责调查维特别尔格的案件。

③ 指宗教事务和教育部的大臣戈里曾,参看第53页注⑤。

④ 十七世纪德国路德教的一个宗派。

⑤ 米·列·马格尼次基(1778—1855):反动人物,一八二〇至一八二六年间任喀山大学和教育区的督学。

⑥ 德·巴·鲁尼奇(1778—1860):反动人物,神秘主义者,一八二一至一八二六年间任彼得堡教育区督学。

⑦ 福季依(1792—1838):诺夫哥罗德尤利叶夫斯基修道院的修士大司祭,亚历山大一世统治时期宫廷阴谋的参加者。

⑧ 指阿·格·奥尔洛夫(1737—1807),俄国国务活动家,他参加了一七六二年推翻彼得三世的宫廷政变,叶卡捷琳娜二世因此做了女皇。他后来担任俄国舰队总司令。他的女儿安·阿·奥尔洛娃-切斯敏斯卡雅(1785—1848)有万贯家财,同亚历山大一世和尼古拉一世的宫廷有密切的关系。

〔二世〕从修道院手里夺取来的)①大部分捐献给福季依和他的修道院，她自己也沉溺在疯狂的狂信之中，她以为这样就可以拯救她父亲的灵魂。

但是有一件事是彼得堡政府所始终坚持的，不管它的原则、它的宗教怎样改变，这件事始终不变，——这就是不公正的压制和迫害。鲁尼奇派和马格尼次基派的暴行又反过来用以对付鲁尼奇派和马格尼次基派。圣经会昨天还受到庇护、受到称赞，说是道德和宗教的支柱，——今天却给勒令关闭、遭到查封，它的成员受到和对待伪币制造者差不多的待遇；《郇山通报》昨天还被推荐给所有的家长，现在却被查禁，认为比伏尔泰和狄德罗的著作还有毒，它的出版者拉勃津也给流放到沃洛格达去了。②

亚·尼·戈里曾公爵的下台拖累了维特别尔格，大家都攻击他，委员会控告他，总主教不高兴，总督不满意。他的答复是“粗暴无礼的”(在他的案件中一个重要的罪名就是粗暴无礼)；他的下级贪污盗窃，——好像在俄国政府机关里就有人不贪污盗窃似的。可能维特别尔格的下级比别人干贪污盗窃的勾当干得多一些，因为他完全没有管理教养院和高级盗窃犯的经验。

亚历山大〔一世〕命令阿拉克切叶夫审查这个案件。他替维特别尔格感到惋惜；他让他的一个亲近的随从告诉维特别尔格说，皇上相信他没有罪。

然而亚历山大〔一世〕死了，阿拉克切叶夫下台了。在尼古拉〔一世〕的统治下，维特别尔格的案件马上朝不利的方向发展。官司拖了十年，荒谬到叫人简直不能相信。刑事法庭认为有罪的各项全给枢密院驳回了，而刑事法庭认为无罪的各项枢密院却认为有罪。内阁接受

---

① 一七六四年叶卡捷琳娜二世颁布诏令，将宗教组织的产业收归国有。(但是到她在位的末年，她又把充公的教堂产业分赏给她的宠臣。)

② 拉勃津和他的《郇山通报》：参看第 53 页注⑤。拉勃津于一八二二年被流放到辛比尔斯克省先吉列依城，第二年得到许可定居在辛比尔斯克市。

了全部指控。皇上运用“沙皇最宝贵的赦免和减罪的特权”又加判——流放到维亚特卡。

因此维特别尔格就由于“辜负了先皇亚历山大的信任,造成国家财产的损失”,给撤销了职务,流放出去了。好像他还被判决罚款一百万卢布,他的财产全部没收,给拍卖掉了,还有人散布谣言说他把非常多的钱转移到美国去了。

我和维特别尔格在一个房子里同住了两年,一直到我离开维亚特卡,我和他相处很好。他一点钱也没有;他一家人过着非常贫苦的生活。

为了说明这个案件以及在俄国所有类似的案件,我现在举出我记得特别清楚的两个细节。

维特别尔格为了工程需要,购买了商人洛巴诺夫的一座小树林;在这座树林还不曾砍伐的时候,维特别尔格又看见了另一座树林,也是洛巴诺夫的,它离河道更近,他便向商人提出拿这座树林换他先前替教堂买下的那座树林。商人同意了。树林给砍伐了,木材从河上流送出去。后来还需要更多的木材,维特别尔格又把第一座树林买下来了。这就是著名的两次购买同一座树林的罪名。可怜的洛巴诺夫因此给关进监牢,就死在那里。

第二件事情是我亲眼看见的。维特别尔格为了教堂买下了一座庄园。他的想法是同田地一起买下来的农奴可以给教堂提供一定数目的工人,而且用这种办法可以使他们和他们的村子得到完全的自由。有趣的是我们那些地主——枢密官却认为这种办法有推行奴隶制的意思。

顺便说说,维特别尔格还想购买我父亲在莫斯科河畔鲁兹基县里的田产。在那个村子里发现了大理石,维特别尔格要求我父亲允许他在那里作一次地质考察,看有多少的蕴藏量。我父亲同意了。维特别尔格就动身到彼得堡去。

三个月以后我父亲知道石头正在大规模地开采,农民的秋播地上堆满了大理石。我父亲提出抗议,没有人理他。一场旷日持久的诉讼开始了。起初大家都想把责任全推到维特别尔格的身上,可是不幸,看来他并没有发布过任何命令,这一切都是他不在的时候由委员会办理的。

官司打到了枢密院。普遍感到惊奇的是枢密院的判决离常理并不太远:开采的石头留给地主作为赔偿被压坏的田地的损失;开采石头和劳动所花掉的国家的钱多达十万纸卢布,应当由签署开工合同的人赔偿。签署合同的人是戈里曾公爵①、费拉列特和库希尼科夫。不用说,引起了叫喊和吵闹。案子到了皇上那里。

他有他的一套法律观念。他免除了那几个有罪的人的赔款,因为据他亲笔写出的理由(印在枢密院公报上),"委员会的成员并不知道他们签署的是什么。"我们姑且承认总主教由于他的职业不得不表示谦恭,可是另外两位大官也接受了皇上如此仁慈、如此体谅下情的恩赐,我们怎么看他们呢?

然而这十万卢布从什么地方弄来呢?据说国家的财产在火里烧不掉,在水里也淹不掉。我们还可以补充一句:它却是可以给人盗窃走的。不用耽心——马上派了侍从武官长火速赶到莫斯科去查明这个案件。

斯特列卡洛夫②查明了一切,理出了头绪,在几天之内就把事情解决,作了结束:把地主田地上开采出来的大理石拿去支付开采的费用;倘使地主想留用大理石,他就应该付出十万卢布。对于地主不需要赔偿什么,因为由于财富的新的部分的发现,他的田产的价值反而提高了(这真是 chef-d'oeuvre!〔法语:杰作!〕),至于农民的被压坏了的田地,根据彼得一世批准的关于水淹了的草地和踏坏了的刈草场的法律,每亩补助若干戈比。

在这个案件中真正受到处罚的人是我的父亲。也不用说,大理石

---

① 指德·瓦·戈里曾。
② 斯·斯·斯特列卡洛夫(1781—1856):亚历山大一世的侍从武官长,枢密官。

的开采事件在审判中仍然构成控告维特别尔格的罪名。

……维特别尔格流放两年后，维亚特卡的商人计划修建一所新的教堂。

尼古拉〔一世〕为了在任何地方、任何事物上消除一切独立精神、一切个性、一切想象和一切自由，出版了整整一本皇帝批准的教堂建筑图样。谁要修建教堂就必须在国家许可的这些图样里面挑选。据说他禁止编写俄国歌剧，因为他认为连在第三厅办公室里工作的侍从武官利沃夫[①]编写的也不堪入目。可是这还不够——他应当出版一本皇帝批准的曲谱集才好。

维亚特卡的商人翻看了“核准的”图样以后竟敢表示和皇上的趣味不相同。尼古拉〔一世〕觉得商人送审的图样很好，他批准了它，并且向省当局发出指示要忠实地表现建筑师的构思。

“这个图样是什么人设计的？”他问御前大臣道。

“维特别尔格，陛下。”

“怎么，就是那个维特别尔格吗？”

“就是那个，陛下。”

现在突如其来地，——准许维特别尔格回到莫斯科或者彼得堡了。这个人曾经要求给他恢复名誉，却没有得到批准；他设计了一张成功的建筑图样，沙皇就叫他回来，好像有什么人不相信他的艺术才能似的。……

在彼得堡他快要穷死了，还作了最后的努力企图恢复自己的名誉。他完全失败了。他要求亚·尼·戈里曾公爵在这方面给他帮助，然而公爵认为不可能复审这个案件，他建议维特别尔格给皇位继承人写一封动人的申诉信要求经济上的照顾。他答应同茹科夫斯基[②]一起设法，并答应给他一千个银卢布。

维特别尔格谢绝了。

---

① 阿·费·利沃夫（1798—1870）：俄国作曲家，编写过少数歌剧，没有什么影响。他年轻的时候在第三厅工作，做卞肯多尔夫的副官。

② 瓦·安·茹科夫斯基（1783—1852）：俄国诗人，皇太子的教师。

一八四六年初冬我最后一次到彼得堡，见到了维特别尔格。他完全垮下来了。连我从前非常喜欢的他那种对敌人的仇恨也开始消失了；他再没有什么希望了，他不做任何事情来摆脱困境了，经常不断的灰心绝望消耗了他的生命，他的活力完全消失。他在等待死亡。

倘使这就是尼古拉·巴甫洛维奇①所想望的，那么他可以满意了。

这个受难者是不是还活着，我不知道，不过我怀疑。

"倘使不是为了我的家庭，我的小孩，"我们分别的时候他对我说，"我就会逃出俄国，到外国去要饭去；我脖子上挂着弗拉基米尔十字章泰然自若地向过路人伸出亚历山大皇帝握过的手，对他们讲我的设计图样，告诉他们一个艺术家在俄国的命运！"

"受难者，人们在欧洲会听到你的命运的，我向你保证这个。"我心里想道。

在维亚特卡同维特别尔格往来对我是很大的安慰。他的态度带了一种庄严和严肃的沉静，使他有一点教士的样子。他是一个道德上非常纯洁的人，而且一般地说他并不喜欢享乐，倒更倾向于禁欲主义；然而他的严格并不损害他艺术家天性的豪华富丽。他能够给他的神秘主义加上一种姿态非常优美的形式和十分美丽的色彩，因此别人的反对意见到了口边也说不出来，人们也不忍分析、分解他幻想中若隐若现的形象和模糊不清的画面。

维特别尔格的神秘主义一部分来源于他的斯堪的纳维亚血统，这是我们在希威登包尔格②身上看到的那种深思熟虑的喜欢幻想的天性，它也像在挪威的雪和冰山上日光的强烈反射。

维特别尔格的影响使我发生了动摇，然而我的现实的天性占了上风。我并不是注定要登上三重天去的，我生来就完全是一个世俗的人。我手的接触并不能使桌子旋转，我眼光的注视也不能使指环摆动。我

---

① 尼古拉·巴甫洛维奇：尼古拉一世的名字和父名。

② 艾·希威登包尔格(1688—1772)：瑞典神学家，神秘主义者。

感到思想的白日光比幻想的月光更亲切。

然而我同维特别尔格住在一起的时候比在其他任何时候更接近神秘主义。

分离，流放，我收到的信①上那种宗教的过度兴奋，越来越强烈地充满了我心灵里的爱情，再加上沉重难堪的后悔的感情②——这一切加强了维特别尔格对我的影响。

大约两年以后我还受到从《福音书》和让·雅克③那里来的、像彼耶尔·勒鲁④一类法国思想家的神秘的社会主义思想的影响。

奥加略夫甚至比我更早地投进神秘主义的波浪里去。他在一八三三年就开始为盖别尔⑤的大合唱曲《失乐园》作歌词。奥加略夫写信给我⑥说："失乐园的主题就是整部人类历史。"也许他在这个时候把我们正在找寻的理想的乐园也误认为就是我们失去的乐园吧。

一八三八年我写了一些带宗教社会主义精神的历史小景⑦，同时我把它们当作正剧看待。在其中一部作品里我描写了古代世界⑧同基督教的冲突，描写了保罗到罗马去使一个死了的年轻人复活。在另一部作品里我描写了官方教会同教友派教徒⑨的斗争和威廉·佩恩⑩动

---

① 指娜·亚·查哈林娜的来信。

② 指作者同普·彼·美德威杰娃(？—1860)的事情，见本书第三卷第二十一章。

③ 即让·雅克·卢骚。

④ 彼·勒鲁(1797—1871)：法国空想社会主义者，圣西门的信徒，晚年陷于阴郁的神秘主义。

⑤ 盖别尔：当时有名的作曲家。——作者原注

弗·克·盖别尔(1787—1843)：东欧西里西亚作曲家，一八一七年起在莫斯科教授音乐一直到死。

⑥ 指一八三三年六月七日奥加略夫给作者的信。

⑦ 指作者在一八三八至一八三九年写的《罗马小景》和《威廉·佩恩》。

⑧ 古代世界：英译者译为"异教徒的世界"。

⑨ 教友派：基督教的一个派别，举行非正式集会，不做正式教会(官方教会)的礼拜仪式，反对任何暴力和战争。

⑩ 威廉·佩恩(1644—1718)：英国朋友会(即教友派)教徒，得到英王特许去美洲，在宾夕法尼亚建立了独占的殖民地。

身到美洲、到新世界去的情景。①

在我身上福音书的神秘主义不久就由科学的神秘主义取而代之；幸而我把科学的神秘主义也摆脱了。

现在让我们再回到这个简单朴素的小城赫雷诺夫吧，我不知道是为了什么，也许是出于芬兰的爱国心吧，它的名字被叶卡捷琳娜二世改成了维亚特卡。

在维亚特卡的这种流放的孤寂生活中，在这种肮脏的小官吏的圈子中，在离开所有亲近的人、无依无靠地听凭省长支配的这种荒凉的远方，我度过了许多美好的、神圣的时刻，接触到许多热烈的心和友谊的手。

你们现在在什么地方？你们怎样了，我的多雪地区的朋友们？我们二十年不见面了。大概你们也和我一样地老了，你们在出嫁你们的女儿，你们不再喝大瓶大瓶的香槟酒，不再用高脚小酒杯喝果子酒了。你们当中谁发了财，谁破了产，谁升了官，谁又瘫痪了？首先，我们过去那些毫无顾忌的谈话是不是仍然活在你们的记忆里，过去那些由于爱和恨而强烈颤动的心弦是不是仍然在你们身上颤动？

---

① 不知道为什么，我认为用诗句来表现这些小景好。也许我以为在波戈金写了无韵的五音步的抑扬格以后人人都可以写这种诗体了。一八三九年或者一八四〇年我把两册稿本都交给别林斯基，安心地等待他的称赞。然而第二天别林斯基把它们送了回来，附一张字条，写着："请你叫人把它们连在一起重抄一遍，不要像诗那样分行，那个时候我就会愉快地一口气读完，现在我一想到它们是诗，就读不下去。"

别林斯基打消了我这两次戏剧小景的尝试。还债总是愉快的事情。一八四一年别林斯基在《祖国纪事》上发表了一篇议论文学的长篇对话。我们 en petit comité〔法语：亲密地〕一起在狄索饭店吃午饭的时候，他问我："我最近这篇文章你喜欢不喜欢？"我答道："很喜欢，你谈的都很出色，不过请你告诉我，你怎么能够耐着性子同这个人谈了两小时之久、而没有一开头就看出来他是傻瓜呢？""的确是这样，"别林斯基说，他忍不住笑了起来，"得啦，老弟，这下给你抓住了！真是一个大傻瓜！"——作者原注

米·彼·波戈金（1800—1875）：俄国历史学家、作家。他的悲剧《诺夫哥罗德行政长官夫人玛尔法》就是按照无韵的五音步抑扬格写的。

别林斯基的论文《一八四一年的俄国文学》，在《祖国纪事》一八四二年第一期上发表。

我还是那个样子，这是你们知道的。我相信我的消息一定会从太晤士河岸传到你们那里。我有时候想起你们，我总是怀着友爱的感情；我身边还有些当时的信件，其中有几封对我是非常宝贵的，我喜欢反复地阅读它们。

“我不害臊地向你承认我现在很痛苦，”一个年轻人①在一八三八年一月二十六日给我来信说，“为了你指引我过的那种生活的缘故，请你帮助我，用你的劝告帮助我。我想读书，给我介绍一些书，向我介绍什么书都行，我要尽全力做去，给我一个机会，——要是你不理我，那你就太不对了。”

“我祝福你，就像庄稼人祝福使他那贫瘠的土壤产生果实的雨水一样。”我离开以后另一个年轻人写信给我说。

我引用这些话并不是出于虚荣心，却是因为它们对我十分珍贵。为了这些年轻人的呼吁和年轻人的友爱，为了在他们的心里唤起的向往，我也能忍受九个月的监禁和维亚特卡的三年流放生活。

当时每星期两次莫斯科邮件到达维亚特卡；拣信的时候，我多么激动地在邮局门口等待，我怀着何等颤抖的心打开火漆印，在家中来信里寻找一张写在薄薄纸上字迹非常纤细、优美的小小字条。

我从来不在邮局里读它，却默默地走回家去，推迟看信的时间，只是想着有信就感到一种享受。

这些信全保存着。我把它们留在莫斯科了。我非常想重读它们，可是又害怕摸到它们。② ……

信函胜过回忆，事件的血还凝结在信函上面；它们就是过去的真实面目，保存下来了，而且永不褪色。

……难道人还需要再知道、再看、而且用起皱纹的老年的手摸摸自己结婚时候穿的衣裳？ ……

---

① 年轻人：指安·叶·斯克沃尔左夫，维亚特卡中学教师。

② 作者在一八五三年写本篇的时候，他的妻子娜达丽雅已经病逝了（一八五二年五月）。

第十七章

皇位继承人在维亚特卡——丘菲亚耶夫的下台——我调到弗拉基米尔——县警局局长审理案件

皇位继承人要到维亚特卡来！皇位继承人周游俄国露露面，并且到处看看！这个消息引起大家的注意，不用说省长比任何人更注意。他忙乱起来，并且做了一连串十分荒唐的蠢事：命令沿公路的农人穿上节日服装，命令城市里重新油漆板墙、修补人行道。在奥尔洛夫有一个穷寡妇有一所小房子，她对市长①说她没有钱修补人行道，市长向省长报告了。省长下令拆用她的地板（那里的人行道是用木板铺的），倘使地板不够用，修理费就由国家垫付，以后再由她偿还，即使把她的房子拿来公开拍卖也行。拍卖房屋并未成为事实，可是寡妇的地板却给弄坏了。

离维亚特卡五十里的一个地方，有一幅向诺夫哥罗德人显过灵的尼古拉·赫雷诺夫斯基②的圣像。从前诺夫哥罗德移民定居赫雷诺夫（现在的维亚特卡）的时候，他们把圣像也带来了，然而圣像忽然不见了，后来又在离维亚特卡五十里的大河上出现；诺夫哥罗德人又把圣像找了回来，可是这一次他们许愿，要是圣像留在他们那里不出事，他们每年用隆重的游行队伍把圣像送到大河一次，日期好像是五月二十三日。这是维亚特卡省主要的夏季节日。圣像由主教和穿着法衣的全体

---

① 市长：指彼·德·达维多夫，一八三七年任奥尔洛夫市长。

② 尼古拉·赫雷诺夫斯基：东正教教会的圣徒。

教士护送,在一只富丽的平底船上在河上整整走了一昼夜。几百只各种各样的小船、平底小船、独木船载满了农民和农妇、沃恰克人和小手艺人,形成一个五颜六色的行列,跟随着航行的圣像。在最前列的是省长的红呢覆盖的尖头木帆船。这个奇奇怪怪的场面的确很好看。远近各县的成千上万的人在大河两岸等候圣像。所有这些人都吵吵嚷嚷、成群结队地拥挤在一个小村子旁边——最奇怪的是不信东正教的沃恰克人和车累米西人甚至鞑靼人也来向圣像祈祷。因此这个节日也就有一种真正多神教的样子。在修道院围墙外面,沃恰克人和俄罗斯人送来上供的羊和小牛;它们就在当场给宰杀,由一个修士司祭念经,行祝福仪式,使它们的肉净化,肉就在院墙内一个特别的窗口出售。这些肉分成小块到老百姓手里。从前是免费分肉的,现在每块肉修士要收几个戈比。因此供献了整头小牛的农人还得为他自己吃的那块肉花费一两文钱。在修道院的院子里坐着一大群、一大群讨饭的人,瘸腿的、瞎眼的、各种残废的人,他们齐声唱着《乞讨词》。年轻的教士的儿子和城里的男孩们坐在教堂附近的墓碑上,拿着墨水瓶大声叫喊:"要写为什么人祭祷?为什么人祭祷?"农家妇女和姑娘围着他们,讲着一些名字,男孩们毫不在乎地拿着笔沙沙地写下去,口里跟着念道:"玛利雅,玛利雅,阿库林娜,斯捷潘尼达,约翰老爹,玛特廖娜……好啦,大婶,你这么多的人,这么多人,你看,你只掏出一个戈比,没有五个戈比不行:这样一大家人,这样一大家人——约翰,瓦西里莎,约娜,玛利雅,叶甫卜拉克谢雅,小卡捷琳娜……"

教堂里十分拥挤,而且表现出古怪的选择,一个农家妇女把一支蜡烛递到她的邻人手里,认真叮嘱为"客人"(外来的圣像)插上,另一个农妇的蜡烛却是为"主人"(本地圣像)插的。维亚特卡的修士们和教堂执事们在整个出巡行列进行的时间里一直不停地喝酒。他们沿途在较大的村子里休息,农人们热心地款待他们,快要把他们胀死了。

这是农民世世代代习惯了的民间节日,省长却想把这个节日提前几天,为了让五月十九日到达的皇位继承人开心;他认为要是客人圣尼古拉早三四天到主人那里去，有什么不好呢？当然这件事还需要得到主教的同意；幸而主教是一个容易说通的人，他认为没有什么理由反对省长把节日从二十三日提前到十九日的打算。

省长把他接待皇位继承人的一连串巧妙的办法呈报了皇上，——好像在说，您瞧，我们怎样欢迎您的儿子。皇上看到这个日程表，很生气，就对内务大臣说："省长和主教都是傻瓜，节日保持原样，不许改动。"大臣把省长痛骂了一顿，东正教事务总管理局也把主教申斥了一番，圣尼古拉仍然按照过去的日期出巡。

彼得堡来的训令中间，有一道命令要在每一个省城里举办一次展览会陈列本地区的各种天然产品和手工艺品，展览品应当按照大自然的三界分类陈列。这种列入动物、植物和矿物三界的分类使得官吏们大伤脑筋，连丘菲亚耶夫也有些为难。为了不要出毛病，他虽然不喜欢我，还是把我叫去商量。

"好吧，譬如说，蜂蜜，"他说，"您把蜂蜜放在哪里呢？或者镀金框架——您断定它属于哪一类呢？"

他从我的回答里看出我对大自然的三界有"非常精确的"知识，就派我担任布置展览会的工作。

我正忙着陈列木制器皿和沃恰克人的服装、蜂蜜的铁筛子，而丘菲亚耶夫继续用残暴的手段准备让"殿下"开心的时候，"殿下"却愿意待在奥尔洛夫，接着奥尔洛夫市长被捕的消息又像响雷一样在省城传开了。丘菲亚耶夫脸色发黄了，他的脚步也不稳了。

皇位继承人到达奥尔洛夫前四五天，市长写信给丘菲亚耶夫说那个家里地板给撬走了的寡妇到处诉苦，某一个有钱的商人又是城里的知名人士吹牛说，他要向皇位继承人报告全部经过。丘菲亚耶夫把这个商人处置得很巧妙：他吩咐市长怀疑这个商人是否有精神病（他喜欢彼得罗夫斯基的前例①），把商人送到维亚特卡来找医生检查；这件

① 请参看本书第二卷第十四章。

事情可以拖到皇位继承人离开维亚特卡省境以后，那么它也就此结束了。市长完全照他的话办了，商人进了维亚特卡的医院。

皇位继承人终于到了。[1] 他对丘菲亚耶夫冷淡地点了点头，并不邀请省长去看他，却立刻把叶诺兴大夫找来给被捕的商人作检查。事情的真相他全知道了。奥尔洛夫的寡妇向他递了诉冤的呈文，其他的商人和小手艺人向他报告了事情的全部经过。丘菲亚耶夫的脸色更加难看了。看来事情不妙了。市长干脆讲出来他所作所为都是根据省长的书面指示办理的。

叶诺兴大夫证明那个商人是完全健康的。丘菲亚耶夫完了。

晚上七点到八点之间皇位继承人带着随员参观展览会，丘菲亚耶夫陪同他参观，用不连贯的辞句给他讲解，讲得颠三倒四，把托赫塔梅希[2]讲成了沙皇。茹科夫斯基和阿尔谢尼耶夫[3]看见事情不大对，就要我给他们作向导。我陪他们参观了展览会。

皇位继承人并没有他父亲的那种狭隘的严峻，那种冷酷、无情的残忍；他的脸上倒有一种善良而倦怠的表情。他大约二十岁，不过已经开始发胖了。

他对我讲的几句话是亲切的，没有他伯父康斯坦丁·巴甫洛维奇的那种嘶哑的、不连贯的腔调，也没有他父亲的那种教听话人吓得快要晕倒的威胁的口吻。

他走了以后，茹科夫斯基和阿尔谢尼耶夫问我，我怎么来维亚特卡的，他们奇怪维亚特卡省长公署一个小官讲起话来倒像一个正派人。他们马上表示愿意替我在皇位继承人面前讲话，而且他们果然尽力做过了。皇位继承人向皇上要求准许我到彼得堡去。皇上回答说，这样做对别的流放人就显得不公平了，然而他考虑到皇位继承人的意见就

---

① 皇太子亚历山大·尼古拉叶维奇一八三七年五月十八日上午到达维亚特卡。

② 托赫塔梅希(1342—1406)：金帐汗国的可汗。

③ 康·伊·阿尔谢尼耶夫(1789—1865)：地理学家、历史学家、统计学家、彼得堡科学院院士；一八二八年任皇位继承人的教师。

下令把我调到弗拉基米尔，这在地理上有了改善：因为离家近七百里了。以后再谈这个。

晚上在贵族俱乐部举行舞会。乐师是特地从一家工厂请来的，他们来的时候已经喝得大醉了；省长下令在舞会开始以前把他们整整关二十四小时，从警察局直接押送到乐队席的敞廊上，而且一直到舞会结束不许放任何人离开。

这个舞会就像一般为了什么特殊的重大事情在小城里举行的舞会那样，既愚蠢，又不舒服，极端寒伧而又俗气十足。警官们到处跑来跑去，穿制服的小官吏挤在墙边，太太小姐们团团围住皇位继承人就像未开化的人围住旅行家那样……顺便讲到太太小姐们的事情。在一个小城里展览会以后还举行了一个“招待会”。皇位继承人只吃了一只桃子，他把桃核扔在窗台上。官吏当中有一个喝饱了酒的高个子马上走了出来，这是县陪审官，一个出名的酒鬼，他缓步走到窗前拿起桃核，放进衣袋里去。

在舞会或者“招待会”之后，陪审官走到一位有势力的太太面前，把殿下亲口咬过的桃核送给她；太太高兴极了。然后他又到另一位太太那里，又到第三位太太那里——她们都十分欢喜。

陪审官买了五个桃子，取出了桃核，使得六位太太非常满意。哪一位太太拿到的桃核是真的？每一位都以为她那颗桃核是皇位继承人留下来的。……

皇位继承人离开以后，丘菲亚耶夫便怀着沉重的心情准备拿他的巴夏辖区[1]去换枢密官的安乐椅——结果事情更坏。

大约三个星期以后，邮局送来从彼得堡寄给“省负责人”的公文。办公室的官吏们惊慌起来。省长公署的收发官员跑来说他们收到了诏令。办公室主任跑去找丘菲亚耶夫，丘菲亚耶夫说他生病，不能来办公。

---

① 巴夏辖区：旧土耳其和埃及高级行政长官巴夏管辖的行政区，相当于省。

一个小时以后我们都知道他 sans phrase〔法语：干脆〕被撤职了。

全城都很高兴省长下台了；他的统治有一种叫人透不过气的、不干净的、官僚主义的腐败的臭气，然而不管这些，现在看见那些官吏们欢天喜地的样子，也感到厌恶。

不错，每一头驴子都朝这头受伤的野猪踢一脚。人们的卑鄙行为表现得像在拿破仑下台时候那样明显，尽管事情的大小不能比。最近一个时期我同他公开地不和，倘使不是他本人给赶下了台，他一定会把我派到一个偏僻的小城①去。我尽力避开他，我也没有理由改变我对他的态度。然而别的人呢，他们就在昨天看见他的马车经过还脱下帽子，拚命巴结他，讨好他的小狗，向他的随从敬鼻烟，——现在连向他打招呼也不肯了，而且大声叫骂，攻击省里各种不法行为，其实这些罪行都是他们同他一起干的。这一切都不是新的东西，在各个时期、各个地方它经常重复发生，因此我们简直把这种卑鄙行为当作全人类的特征，至少不必为它感到惊奇。

新省长②来了。他是完全不同的一种人。是高个子，有一点虚胖，肤色苍白，五十岁的光景，脸上带着愉快的笑容，举止文雅。他讲起话来语法上非常正确，句子十分冗长，正像翻来覆去的明白解释反而把最简单的事情弄糊涂了。他是沙皇村高等法政学校的学生，还是普希金的同学，在禁卫军里服过役，经常购买法文新书，爱谈论重大问题，他到后第二天就送给我一本托克维尔关于美国民主的书③。

变化是很大的。同样的房间，同样的家具，然而不再是一个有着通古斯人④外貌和西伯利亚人习惯的鞑靼长官了，——现在却是一个空论家，更可以说是一个书呆子，然而毕竟是一个正派人。新省长是一个

① 偏僻的小城：原文是，非县行政中心的县辖城市。

② 新省长：指亚·阿·柯尔尼洛夫（1801—1856），一八三七至一八三八年间任维亚特卡省长。

③ 指法国资产阶级历史学家和政治活动家阿·德·托克维尔（1805—1859）的著作《论美国的民主》，一八三五年，巴黎版。

④ 通古斯人：属于通古斯-满洲语系的少数民族，如埃文基人、乌德盖依人等。

聪明人，不过他的聪明好像只发光不发热，就像冬季的晴天，它使人感到愉快，却不会产生什么果实。而且他还是一个极端的形式主义者，——并不是那种官气十足的形式主义者——可是我怎么解释呢？……他的形式主义是次一级的，然而它是和其他的形式主义一样地讨厌。

新省长是真正有妻室的，省长公署也就失去了它那种完全独身和多妻的特征。不用说，这使得所有的顾问官都回到他们夫人的身边。秃头的老人们也不再吹嘘他们“在情场上”的胜利了，却反而亲密地讲到他们衰老的、瘦得皮包骨头的或者胖得吓人的太太们。

柯尔尼洛夫在他到维亚特卡的前几年，从谢美诺夫斯基团或者伊兹玛依洛夫斯基团团长的职位直接被派到某地担任文职省长。他上任的时候完全不知道该怎么办。起初他像所有的新手那样，埋头阅读一切文件，有一天他读到别省来的一份公文，他读了两遍、三遍，仍然不懂。

他把秘书叫来，让秘书读。秘书也不能把内容解释明白。

“倘使我把这份公文发给办公室，”柯尔尼洛夫问他道，“您拿它怎么处理？”

“我就交给第三科，这是第三科管的。”

“那么第三科的科长知道怎么处理吗？”

“阁下，他怎么会不知道呢？他在这一科负责已经七年了。”

“叫他到我这里来。”

科长来了。柯尔尼洛夫把公文交给他，问他应当怎么处理。科长匆匆看了一遍，就向省长报告应当函询省税务局并通令县警局局长。

“通令什么呢？”

科长答不上来，最后只好承认事情很难讲得清楚，不过写出来倒容易。

“这里有椅子，我请您把答复写出来。”

科长拿起笔，毫不迟疑敏捷地写好了两份公文。

省长拿起公文，读了一遍又一遍，——完全不懂。

“我看，”他后来带笑对我说，“这的确是对那份公文的答复，于是我同意了，在上面签了字。以后再也没有听见提到这件事情——可见答复是完全叫人满意的。”

把我调到弗拉基米尔的通知是在圣诞节以前下达的；我很快就收拾好行李，动身了。

我热诚地同维亚特卡的朋友们告别。在这个僻远的城市里我在年轻的商人中间结交了两三个真诚的朋友。

他们每个人都抢先对流放人表示同情和友好。几部雪橇把我一直送到头一个驿站，不管我怎样推辞，我的车上还是装满了各种各样吃的东西和酒。——第二天我到了亚兰斯克。

从亚兰斯克起公路一直穿过无穷无尽的松树林。夜里有月亮，又很冷，不大的宽雪橇在狭窄的路上飞奔。这样的树林我以后没有再看见过，它们就这样接连不断地一直延伸到阿尔汉格尔斯克，有时候小鹿穿过它们跑到维亚特卡省里来。树林中大部分都是成材的大树。笔直的松树像士兵一样经过雪橇跟前，它们都是高高的，枝上盖着雪，黑色的松针硬毛似的从雪下面竖了起来，——你睡着了，然后又醒过来，松树的兵团仍然在急行军，有时候把雪抖掉了。在林子里开辟出来的小块空地上换马：有一所修建在树丛中的小屋，马拴在树上，响起了小铃铛，两三个穿着绣花衬衫的车累米西男孩带着睡容跑了出来。沃恰克族马车夫用一种嘶哑的女中音骂他的伙伴，叫嚷着“走吧”，唱起一首二音符的歌来……又是松树，又是雪——又是雪，又是松树……

就在我走出维亚特卡省境的时候，我还得向官僚社会告别，而且它〔官僚社会〕pour la clôture〔法语：临别〕表现得十分出色。

我们在驿站上停下来，马车夫正在卸马，一个高身材的男人在门口问道：

“什么人路过？”

“这跟你什么相干？”

“当然相干，是县警局局长叫我来问的，我是县法院的信差。”

“好吧，那么你到站房里去，我的驿马使用证在那里。”

这个人走了，过了一会他又回来，对马车夫说：

“不要给他套马。”

这太过分了。我跳下了雪橇，走进站房去。喝得半醉的县警局局长坐在长凳上向一个也是半醉的抄写员口授什么。角落里另一条长凳上坐着或者不如说是躺着一个戴上脚镣手铐的人。几个酒瓶、几个杯子、烟灰，还有几叠文件胡乱扔在那里。

“县警局局长在哪里？”我进去的时候大声问道。

“县警局局长在这儿。”那个半醉的县警局局长答道，我认出来他是我在维亚特卡见过的拉扎列夫。他一边说，一边粗鲁地拿眼睛瞪着我——忽然张开两只胳膊向我扑过来。

我在这里应当提一下，在丘菲亚耶夫下台以后，官吏们看见我同新省长的关系相当好，有点害怕我。

我伸出手拦住他，很严肃地问道：

“您怎么可以吩咐不给我套马？在公路上不让旅客通行，——您说是不是瞎扯？”

“我这是在开玩笑，得啦吧，您生气难道不害臊吗！”他转身对信差嚷道：“马，去叫人套马！你怎么还站在这儿，你这个流氓？”又对我说：“可以请您喝一杯搀罗木酒的茶吗？”

“那太感谢了。”

“我们是不是还有点香槟酒？……”他连忙跑去拿酒瓶，全是空的。

“您在这里干什么呢？”

“办案，先生——这个小伙子因为吃醋，同他父亲和亲姐姐吵起来，用斧头砍死了他们。”

“因此你们就在一起喝酒吗？”

县警局局长回答不出来了。我看那个车累米西人，他大约二十岁光景，脸上没有一点凶相，完全是东方人的脸型，一对闪闪发亮的小眼睛，一头黑发。

这一切叫人看着非常不舒服，我又到院子里去了。县警局局长跑出来追我，他一只手拿着杯子，另一只手里拿着一瓶罗木酒，缠住我，一定要我喝一杯。

我为了摆脱他，就喝了酒。他捉住我的一只手，说：

“对不起，是的，真对不起，有什么办法呢！不过我希望您不要对大人说，不要毁掉一个规规矩矩的人的前程！”

县警局局长这个时候就拿起我的手亲起它来，反复地说了十多次：

“看在上帝面上，不要毁掉一个规规矩矩的人的前程。”

我厌恶地缩回手，对他说：

“您回去吧，我没有闲工夫说这种事。”

“那么我怎么替您效劳呢？”

“请您去看看，要他们快给我套好马。”

“快一点，”他嚷道，“快，快！”他亲自动手拉套绳、拴皮带。

这件事深深地印在我的记忆里。一八四六年我最后一次到彼得堡，我应当到内务部办公厅去，申请护照。我正在同科长谈话的时候，一位先生在旁边走过，……他同办公厅的高级官员们亲切地握手，向科长们屈尊似的点头致意。“呸，见鬼，”我想道，“难道就是他？”

“这是谁？”

“拉扎列夫，部长的专员，很有势力。”

“他当过维亚特卡省的县警局局长吗？”

“当过。”

“先生们，给你们道喜，九年前他亲过我的手。”

彼罗夫斯基①是一位选拔人材的能手。

---

① 列·阿·彼罗夫斯基（1792—1856）：俄国国务活动家，一八四一至一八五二年间任内务大臣。

第十八章　弗拉基米尔生活的开始

……我在柯齐莫杰米扬斯克坐上雪橇的时候，雪橇是照俄罗斯方式套马的：三匹马并排，一匹驾辕，两匹拉边套，带轭的辕马愉快地摇着铃铛。

在彼尔姆和维亚特卡，套马的方式是一匹接一匹，一前一后，或者两匹马并排，第三匹马套在前头。

我看到我们的套马方式的时候，我的心高兴得跳得厉害了。

"喂，喂，把你的劲都使出来。"我对那个雄赳赳地坐在赶车位子上的小伙子说，他穿一件没有挂面子的皮袄，戴了一双手指不好弯曲的手套，他的手指头只能勉强靠拢来拿我给他的十五戈比的辅币。

"老爷，我们照办，老爷，我们照办，"他说，又叫起来："嗨，你们，宝贝儿！"他突然转身对我说："啊，老爷，你可要坐稳，那儿有座山，我要让马飞跑起来。"

这是一个通到伏尔加河去的陡峭的下坡，在冬天它就作为驿路使用。

他的确让马飞跑起来。雪橇不是在向前滑行，却是从右向左、从左向右地跳来跳去，马飞奔下山，马车夫非常满意，很惭愧，我自己也很满意，——这是俄国人的脾气。

我就这样让驿马载着我跑进一八三八年——跑进我一生最美好、最快乐的一年。让我向你们讲我们是怎样迎接新年的。

离尼日尼八十里光景，我们（就是说，我和我的随从马特维）到驿站长房里取暖。院子里非常冷，而且风大。站长是一个瘦弱、有病、带可怜相的人，他在我的驿马使用证上面批注，他写下每一个字母都要念给自己听，然而还是要写错。我脱下我的皮大衣，仍然穿着那双毛皮大靴子在屋子里踱来踱去，马特维在烧红的炉子跟前烤火，站长还在那里嘟哝，一只木壳的钟不慌不忙地发出有气无力的滴嗒声……

“您瞧，”马特维对我说，“很快就是十二点钟了，是啊，老爷，新年到了，”他用半询问的眼光看看我，又说：“我把在维亚特卡他们送给我们的吃的东西给您拿一点来。”他不等我回答，就跑去取了几瓶酒和一小包吃的东西来。

关于马特维我以后还要谈到他，他不仅是我的仆人，他是我的朋友，我的兄弟。他是莫斯科的小手艺人，是我也认识的那个仲伦倍格的徒弟，向仲伦倍格学习图书装订术，在这方面仲伦倍格也并不很内行，因此他就投到我这里来了。

我知道我要是拒绝就会使马特维难过，而且说实在话，我自己也不反对在驿站里庆祝元旦。……新年也是一种驿站。

马特维拿来了火腿和香槟酒。

香槟酒冻得很稠；火腿可以用斧头来砍，整块火腿上都有冰在发亮；然而 à la guerre comme à la guerre〔法语：随遇而安〕。

“祝新年愉快！祝新的幸福！……”的确，祝新的幸福。我不是向回家的路上走吗？我一小时比一小时地接近莫斯科了，——我心里充满了希望。

冻了的香槟酒站长并不太喜欢——我在他的酒里加了半杯罗木酒。这种新的 half-and-half〔英语：一半对一半〕①却十分成功。

我还邀请了马车夫，他更走极端：他在一杯起泡沫的酒里洒上胡椒，用调羹搅了一下，一口就喝下去了，他痛苦地叹了一口气，差不多呻吟似的说了一句：“难过得痛快！”

站长亲自送我坐上雪橇，他非常殷勤地张罗，竟然把燃着的蜡烛落

---

① 两种成分各半的东西，这里指两种酒搀在一起的酒。

到干草里面找不着了。他很兴奋，接连地说：

“您使我过了个愉快的新年……过了个愉快的新年！”

难过的马车夫赶马出发……

第二天晚上八点钟光景我到了弗拉基米尔，住在旅馆里，这个旅馆同它那“酿米”鸡、奶油糕点和代替波尔多酒的醋在《旅行马车》中描写得非常真实。①

“今天早晨有个人来问过您，他好像在啤酒店等候。”茶房在驿马使用证上看到我的名字，就对我说，他留着从前只有俄国茶房留的那种神气十足的分头和很难看的鬓角——现在茶房和路易·拿破仑②都留这样的头了。

我想不出这是谁。

“老爷，他来了。”茶房又说，便让开了。然而我第一眼看到的不是人，却是一个大得可怕的托盘，托盘上放着一大堆各种各样的好东西：甜面包和小面包圈、橙子和苹果、鸡蛋、杏仁、葡萄干……托盘后面露出我父亲在弗拉基米尔的村子的村长的白胡子和蓝眼睛。

“加甫利洛·谢苗雷奇！”我叫了一声，就跑过去拥抱他。这是我在监狱和流放之后重见到的我们自己人中间的第一个人，过去生活中的第一个人。我对这个聪明的老人看多久也看不够，同他谈多久的话

---

① 《旅行马车》：这是俄国作家符·亚·索洛古勃（1814—1882）的中篇小说，开头几章在一八四〇年发表。两个地主在俄国旅行，他们曾在弗拉基米尔停留，对他们在那里吃的饮食，小说中描写得很详细。根据索洛古勃的描写，弗拉基米尔的这家旅馆非常脏，而且连被褥都没有，旅客睡觉，只能用自备的卧具，或者铺点干草将就睡一夜。至于吃，这家旅馆号称应有尽有，甚至还准备了一张菜单，上面别字连篇，不知所云。所谓“酿米”鸡（原文是 курица“с рысъю”）云云，就是那菜单上写的，乍一看还以为是“山猫肉烧鸡”。问茶房有没有酒，他说什么酒都有，而且是上等好酒。旅客要一瓶拉斐特酒，茶房得意扬扬地拿上来，却是一瓶醋。至于菜汤，更是不堪下咽，什么乱七八糟的东西都有：头发，刨花……就是没有白菜和肉。他们的什么“酿米”鸡等等，更是叫人受不了。

② 路易·拿破仑（1808—1873）：一八五二至一八七〇年间法兰西第二帝国的皇帝，称拿破仑三世。即路易·波拿巴。

也谈不完。他是我靠近莫斯科、靠近家、靠近朋友们的一个见证；我家里的人他仅仅在三天之前都见到了，他给我带来他们大家的问好。……那么，并不怎么远了！

*　　*　　*

省长库鲁塔是一个聪明的希腊人，很了解人，早已不怎么关心善恶了。他立刻了解我的情况，一点也不来麻烦我。办公室的工作他连提也没有提到，他派我同一个中学教师①一起去编辑《省新闻》②——这是我的全部工作。

这个工作是我所熟悉的：我已经在维亚特卡帮忙编过《省新闻》的非官方的副刊，我还在那上面发表过一篇文章，它几乎给我的后任带来麻烦。③ 我描述“大河”上的节日，说供奉尼古拉·赫雷诺夫斯基的羊肉从前是分送给穷人的，现在却拿来卖钱。主教看了很生气，省长好不容易劝说他息了怒。

《省新闻》是在一八三七年创办的。④ 原来内务大臣布卢多夫忽然有一种新奇的想法，要教会这个沉默寡言的国家里的居民公开发表意见。布卢多夫之所以出名，一是由于他担任继续编写卡拉姆辛的《历史》的工作，虽然他连一行也没有添写过，二是由于他是十二月十四日事件“审讯委员会的报告”的撰写人，这个报告还是干脆不写的好。⑤ 布卢多夫是属于在亚历山大〔一世〕在位末期中出现的国务空论家集团的。这些人聪明、有教养、正直，是一些上了年纪、升了大官的“阿尔扎玛斯鹅”⑥；他们能写俄文，是爱国者，热心研究祖国历史，因此就没

---

① 教师：即德·瓦·涅巴巴（约1806—1839），弗拉基米尔中学数学教师。

② 《省新闻》：指《弗拉基米尔省新闻》。

③ 《维亚特卡省新闻》在一八三八年一月创刊，当时作者已调往弗拉基米尔。但作者在该报的副刊上发表过几篇短评，包括作者在这里讲的那一篇。

④ 一八三八年在俄国四十二个省内创办《省新闻》。

⑤ 布卢多夫：卡拉姆辛著《俄国史》的最后一卷是由布卢多夫编辑出版的。一八二六年尼古拉一世任命布卢多夫担任十二月党人案件最高审讯委员会的秘书长。

⑥ 布卢多夫是文学团体“阿尔扎玛斯”（1815—1818）的成员。阿尔扎玛斯城以产鹅出名，所以作者称布卢多夫为“阿尔扎玛斯鹅”。

有工夫认真注意现状了。他们全都尊重对尼·米·卡拉姆辛的永志不忘的纪念，喜欢茹科夫斯基，背诵克雷洛夫的作品，经常到莫斯科去，在伊·伊·德米特利叶夫的花园街住宅里同他谈话（我在大学念书的时候，怀着浪漫主义的成见，并由于同尼·波列沃依有私交，我也到过那里去拜访德米特利叶夫，我当时暗中不满意他做了诗人又做司法大臣）。人们对他们本来有很大的期望，而他们同世界各国一般的空论家一样，什么事也做不出来。也许他们可以在亚历山大〔一世〕在位期间留下比较经久的遗迹，然而亚历山大〔一世〕死了，让他们空怀着原来那个做点好事的愿望。

在摩纳哥[①]一位执政公爵的墓碑上写着这样的碑文："在这里安息着弗洛列斯当某某世[②]，他本来想对他的臣民做好事。"[③]我们的空论家也想做好事，倘使不是对他们的臣民，也是对尼古拉·巴甫洛维奇的臣民，可是他们不问店主人就自己结帐。我不知道谁妨碍了弗洛列斯当做好事，然而我们的弗洛列斯当[④]却妨碍了他们做好事。他们给拖着参加了一切对俄国有害的事情，而他们自己只好做一些毫无用处的改革——仅仅在形式和名称上的改变。我们各个部门的长官都认为他的最高职责是过一个时期就提出一个什么方案、什么改革，通常都是朝坏的方面的改革，但有时就干脆是不好不坏、无关痛痒。例如省长办公室的秘书应当称为主任，而省长公署的秘书的名称仍然没有译成俄文。[⑤] 我记得司法大臣提出过一个改变文官制服的方案。这个方案的开头就是这一类冠冕堂皇的句子："特别考虑到某些文职机关制服的剪裁和缝制上缺乏统一标准，有鉴于此，"等等。

内务大臣也患了这种方案病，他用区警察所所长来代替地方陪

---

① 摩纳哥：地中海边法国东南的一个小公国。

② 指弗洛列斯当一世（1785—1856），是摩纳哥的公爵。

③ 原文是法文：Il a voulu le bien de ses sujets. ——作者原注

④ 弗洛列斯当：指尼古拉一世。

⑤ 秘书：这个词在俄语中是外来语。

审官。[①] 陪审官住在城里，经常到乡村去视察。区警察所所长有时也到城里去，不过他们长期住在乡下。这样一来全体农民都在警察的监视之下了，而且他采取这个措施的时候，完全知道我们的警察官员是怎样凶暴、贪婪和无恶不作的家伙。布卢多夫把警察引进农民的副业和财产的秘密，引进他们的家庭生活，引进米尔（公社）的事务，通过这个就接触到老百姓生活的最后的掩蔽部了。幸而我们的村子很多，而每个县里却只有两个警察所所长。

差不多就在同一个时候，这同一个布卢多夫有了创办《省新闻》的想法。在我国，政府虽然轻视普及教育，却以爱好文学自负；譬如，当时在英国完全没有官方的期刊，可是我国内阁的每一个部都有自己的刊物，科学院和大学也出版自己的杂志。我们有矿业刊物和制盐刊物、法文刊物和德文刊物、航海刊物和陆路交通刊物。这一切刊物的经费都是由国库开支的，部里签订约稿合同和签订承办燃料、蜡烛的合同完全一样，只是没有竞争罢了；总决算、编造的数字和由这些数字推论出来的离奇结论都是不会少的。政府垄断了一切之后，现在又垄断讲话了，它叫所有其他的人全都沉默，它却喋喋不休地讲起来了。布卢多夫按照这个方式做下去，就命令各个省公署创办自己的《新闻》，每一份《新闻》上面都要有一个非官方的副刊，发表历史、文学以及其他方面的文章。

说了就得做，五十个省公署都为了这个非官方的副刊急得抓头发。在神学院念过书的教士、医生、中学教师凡是可以被认为受过教育不会写别字[②]的人都给征用了。他们考虑了很久，反复阅读了《读者文库》和《祖国纪事》，又害怕又想试一下，终于拿起笔来写文章了。

看见自己的名字印出来——这是我们这个书本的时代一种最强烈

---

① 根据一八三七年制订的地方警察条例，取消选举出来的陪审官，他们的职务由区警察所所长代理。区警察所所长由省长任命，管理全区警务。

② 按照原文直译，是："能正确使用字母 ъ（已废）"，意思就是：写字不会拼错字母。

的不自然的欲望。然而要决定把自己的著作公开发表，就需要有特殊的机会。这些人想都不敢想把自己的文章送到《莫斯科新闻》，送到彼得堡的杂志发表，却愿意在本地报刊上刊登它们。这样一来，那个很不好的办报宣传的习惯、想出名的习惯就扎下了根。拿到一个完全现成的宣传工具倒是不坏的事。反正印刷机是没有骨头的。

我在编辑部的那位同事是我们大学毕业的学士，和我同一个系。他死得那样惨，我讲起他来并没有心肠笑他，然而他一直到最后都是一个非常可笑的人物。他绝不傻，可是他极其笨拙，极不灵敏。很难遇到一个像他这样难看的人，不仅是因为他太丑，而且还因为他的丑是大的，就是说是大型的。他的脸有一般人的一个半大，而且有些粗糙，一张鱼那样的大嘴一直伸到耳朵边，浅灰色的眼睛并不曾让淡黄色睫毛遮盖，却反而因此更加显著，他的头颅骨上盖着稀疏的几根硬头发，此外他比我高一个头，背有点驼，而且很不爱干净。

连他的姓也是很古怪的，[①]弗拉基米尔的一个守卫就因为这个姓把他关进了警卫室。一天深夜他裹着一件大衣走过省长公署；他手里拿着一副轻便的望远镜，站在那里眺望某一颗行星；守卫因此惊慌起来，他大概认为星星是国家财产吧。

“什么人?”他向这个站着不动的观测者嚷道。

“涅巴巴。”我的朋友用沉厚的声音答道，动也不动一下。

“不要开玩笑，”守卫生了气回答说，“我在执行任务。”

“我说我是涅巴巴。”

守卫再也忍受不下去，就猛然拉起铃来。来了一个军士，守卫就把这个天文学者交给他带到警卫室去，还说：在那儿会弄清楚你是不是女人。要不是值班的军官认识他，他一定会在那里待到第二天早晨。

有一天清早涅巴巴到我家里来，告诉我，他要到莫斯科去几天，他说话的时候，露出一种不好意思的、又有点调皮的笑容。

---

① 这个人姓涅巴巴，在俄国话里面“涅巴巴”的意思是：“不是女人”。

“我，”他吞吞吐吐地说，“我回来的时候就不是一个人了！”

“什么，您是说……？”

“是的，朋友，我要正式结婚了。”他害臊地说。

那个女人能够下定决心同这个心肠很好、相貌却极丑的男人结婚，她这种英雄的勇气使我感到惊奇。可是两三个星期以后我在他家里看见了一个十七八岁的姑娘，她不能说好看，却生得讨人喜欢，还有一对灵活的眼睛，那个时候我就开始把她当作一个英雄看待了。

又过了大约一个半月，我开始注意到我那个夸西莫多①有什么不如意的事情，他垂头丧气，改校样也很马虎，他那篇《关于候鸟》的文章也没有写完，总是闷闷不乐；有时候我觉得他的眼睛好像哭过似的。这种情况并没有继续多久。有一天我走过金门②回家，看见男孩和小店老板朝教堂的公墓跑去，警察们慌张地跑来跑去。我也到那里去了。

涅巴巴的尸首躺在教堂的围墙边上，他的身旁有一杆枪。他正对着他家的窗口开枪自杀，他用来勾扳机的绳子还在他的足上。卫生局的督办从容不迫地向四周的人说明死者没有丝毫的痛苦；警察准备把尸首抬到警察分局去。

……大自然对某些人多么凶残无情！这个受害人在他决定用他那一段绳子结束那个只给他带来屈辱和不幸的生命的时候，他心里是怎么想的呢？因为什么呢？因为他父亲害瘰疬病或者他母亲害淋巴腺病吗？也许就只是这样。然而我们有什么权利要求公道、要求答复、要求说明理由呢？向谁要求呢？向生活的旋风吗？……

* * *

就在这个时候，我的生活翻开了新的一章……充满清白、明静、青春、严肃的一章，沐浴在爱情里的、隐居生活的一章。

它是属于另一卷的了。

---

① 夸西莫多：雨果的长篇小说《巴黎圣母院》中一个主要人物，一个心地善良、相貌丑陋的“怪人”。

② 金门：弗拉基米尔的西城门，一一六四年修建。

第三卷

克利亚兹玛河上的弗拉基米尔(1838—1839)

巴金、臧仲伦 译*

不要期待我写出关于那个时期我内心生活的长篇叙述。……可怕的事故,各种各样的痛苦比极其明快、宁静的回忆更容易写下来。……难道幸福是可以描绘的吗?

不足的地方请你们自己填补,用心领悟——我在这里要讲的是外部的一面,是环境,只是偶尔、偶尔用暗示或者用一句话接触到自己最珍贵的秘密。

——《往事与随想》**

---

* 第十九章至第二十一章由巴金译,第二十二章至第二十四章由臧仲伦译。

** 题词是作者从一八五四年版《监狱与流放》的结尾引用来的,文字上略有改动。

第十九章* 公爵夫人和公爵小姐

我五六岁的时候非常顽皮,韦拉·阿尔塔莫诺夫娜①常常说:“好吧,好吧,您等着吧,只等公爵夫人一来,我全讲给她听。”我听见这个恐吓,马上驯服了,央求她不要讲我的坏话。

玛利雅·阿列克谢叶夫娜·霍万斯卡雅公爵夫人②,我父亲的姐姐,是一个严厉而阴沉的老妇人,肥胖,威严,脸颊上有一颗痣,便帽下面露出假鬈发;她说话的时候,稍微眯起眼睛,一直到她的晚年,就是说到八十岁,她仍然略略涂脂抹粉。任何时候只要我让她看到了,她就折磨我;她没完没了地教训我,她责备我什么事都不对:不是领子皱了,就是短上衣上面有污迹,不然她就说我到她跟前吻手的姿势不好,要我重新做过。她把我教训够了,有时还要对我父亲说,她一边用她的手指尖从小小的金鼻烟壶里抓起一小撮鼻烟来:“亲爱的,你应当把你这个娇生惯养的孩子交给我管教,他只要在我手里过上个把月,就会非常听话。”我知道不会把我交给她,然而她这句话仍然使我吓得发抖。

我的年岁大起来,这种恐惧也就逐渐消失了,可是我从来没有喜欢过公爵夫人的家——在她的宅子里我觉得呼吸不自由,感到不适意,就像一只落在陷阱里的兔子,惊慌地东张西望,盘算怎样逃出去。

---

* 第十九、二十两章译文曾发表于一九八〇年第一期《苏联文学》(中国社会科学出版社)。

① 韦拉·阿尔塔莫诺夫娜:作者的保姆。

② 玛利雅·阿列克谢叶夫娜·霍万斯卡雅公爵夫人(1755—1847):作者的姑母,霍万斯基公爵是俄国古老的贵族世家。

公爵夫人的住宅和我父亲的或者枢密官的宅子完全不同。这是老式的、东正教的俄国家庭。在这个家里人们遵守斋期,出去做早礼拜,主显节①前夕在门上挂十字架,在谢肉祭周做很好的油煎饼,吃玉葱烧猪肉,准时在下午两点吃午饭,九点吃晚饭。公爵夫人的兄弟们沾染到西方的影响,这使他们或多或少地摆脱掉一些祖先的老规矩,可是她的生活丝毫没有受到这种影响;正相反,她倒不高兴看见"瓦纽夏"②和"列沃希卡"③怎样让那个法国引诱坏了。

公爵夫人住在她的阿姨美谢尔斯卡雅公爵小姐住宅的厢房里,公爵小姐是一个八十岁的老姑娘。

公爵小姐是把一个家族所有七个盛衰不同的分支的一大群亲族连接起来的活的、而且差不多是唯一的链环。在重要的节日,所有的亲戚都聚到她家里来;她使有争执的人们和好,使疏远的人接近,大家全尊敬她,她应当得到这样的尊敬。她一死,家族的联系就断了,中心失掉了,亲戚们也就彼此忘记了。

她使我父亲和他的哥哥们受了教育;在他们的父母死后她照管他们的产业,一直到他们每个人成年为止,她还安排他们到禁卫军服役,又安排他们的姐妹出嫁④。我不知道她对自己的教育成绩有多大的满意,她靠着一个法国工程师、伏尔泰的一个亲戚的帮助,把他们培养成地主、esprits forts〔法语:自由思想者〕,然而她能够获得他们对她的敬爱,她的姨侄们虽然平日不太习惯于对人服从和尊敬,可是他们尊敬这位老人,而且经常听从她的话,一直到她死。

安娜·包利索夫娜公爵小姐的住宅在一八一二年大火的时候居然奇迹似的没有受到损害,五十年中间不曾培修过;花缎糊的墙壁褪了色

① 主显节:旧历一月六日,"耶稣显灵"的节日。

② "瓦纽夏":"伊凡"的爱称,指作者的父亲。

③ "列沃希卡":"列夫"的爱称,指作者的伯父,即枢密官。

④ 他们的姐妹出嫁:指作者父亲的两位姐姐玛利雅·阿列克谢叶夫娜(嫁给霍万斯基公爵)和叶丽莎威塔·阿列克谢叶夫娜(嫁给戈洛赫瓦斯托夫)出嫁的事。

或者变黑了;水晶玻璃的枝形吊灯有些熏黑了,而且由于时间长久,变成了茶晶,屋子里有人走过的时候,它们就会摇摆起来发出叮当声,闪着微黑的光。沉重的红木家具上面精致刻花的镀金已经脱落,它们阴郁地靠墙立着;有中国嵌镶花纹的五斗柜,有铜格子装饰的桌子,洛可可式①的瓷娃娃——这一切使人想到另一个时代,和另一种风尚。

门房里坐着白发的听差,他们庄严地、沉静地做各种琐细的事情,有时候小声地念祈祷书或者赞美诗,那些书页比封面还要黑些。孩子们站在门口,不过他们与其说是像儿童,倒不如说像老矮人,他们从来不笑,也不高声讲话。

里面那些房间内是一片死寂;只是时不时地响起一只白鹦鹉的悲伤的叫声,它发音不清楚地摹仿人们讲话,总是学不像,它的嘴啄着包了白铁的栖木发出难听的声音;还有一只住在大厅里磁砖火炉小小壁台上的又小、又瘦、又老、又有肺病的猴子有时也发出讨厌的哭声。这个猴子给打扮得像一个 débardeur〔法语:装卸工人〕,穿着肥大的红色灯笼裤,它使整个屋子都带了一种极其难闻的特别气味。在另一间大厅里挂了许多大大小小、各种式样、各个时期、各种年龄、各样服装的家族肖像。我对这些肖像感到特别的兴趣,尤其是因为本人同肖像的鲜明的对照。那个在画布上彬彬有礼地微笑着、穿浅绿色绣花长袍、头发上扑粉的二十岁的年轻人就是——我的父亲。一个年轻姑娘披着散乱的鬈发,捧着玫瑰花束,脸上贴着假痣,腰身束得紧紧的,就像一只玻璃酒杯,给塞在一个巨大的箍骨裙里面——她就是那位威严可怕的公爵夫人。……

人越是走近公爵夫人的房间,就越感觉到这种肃静和循规蹈矩的顽固气味。戴宽边白色便帽的老女仆端着小茶壶走来走去,她们走得那么轻,脚步声是听不见的;有时一个白发老仆人在门口出现,他穿一件长的蓝色厚呢常礼服,他的脚步声也是听不见的;他向老女仆传达什

① 洛可可式:十八世纪西欧盛行的建筑和装饰的式样。

么命令的时候，他的嘴虽然在动，却也没有发出声音。

身材瘦小、干瘪、满脸皱纹，却一点也不难看的老小姐经常坐在，或者不如说是躺在一张大而笨重的长沙发上，身子底下垫了一些靠垫，几乎看不出她来；一切都是白的：她的长袍、她的便帽、靠垫、沙发套。她那张像蜡一样白、像花边一样细的脸，同她那微弱的声音和白色的衣服，使她身上带着一种已经消逝了的、差不多接近了死亡的东西的气味。

一只英国大台钟发出有节奏的、响亮的扬扬格①——笛克—塔克——笛克—塔克——笛克—塔克……它们好像在计算她的生命的最后几刻钟。

在十二点到一点之间，公爵夫人走进房来，尊严地在一把深的扶手椅上坐下，她在她那空空的厢房里感到寂寞无聊。她是寡妇，我还记得她的丈夫；他是一个身材矮小、头发花白的小老头儿，他瞒着公爵夫人偷偷地喝药酒和果子酒，他在家里是个无关紧要的人物，习惯于绝对顺从他的妻子，——虽然他有时也反对她，特别是在他喝了酒以后，不过他的反对也只是在口头上，从来没有见于行动。公爵夫人看见费多尔·谢尔盖叶维奇公爵午饭前公开喝的一小杯伏特加在他身上起了多大的作用，也很吃惊，就不去理他，让他同他那些彼此抢先大叫的黑鸟、夜莺和金丝雀整整玩一个早晨；他用小风琴训练一些鸟，又亲自吹口哨训练另一些鸟；他自己经常到野味市场去交换鸟雀，或者买卖它们；要是偶然遇到（根据他自己的看法）一个做生意的人上了他的当，他就会感到莫大的快乐。……他这样继续过着他的有利可图的生活，一直到一天早晨，他向他的金丝雀吹过口哨以后，仰面倒在地上，过了两个小时就死了。

剩下公爵夫人一个人了。她有两个女儿②；她把她们都嫁了出去，

---

① 扬扬格：一种诗的韵脚，用在这里指钟摆的有规律的响声。

② 两个女儿：即叶卡捷琳娜·费多罗夫娜（1788—?）和娜达丽雅·费多罗夫娜（1792—1821）。

两个姑娘结婚都不是为了爱情，却只是想逃避母亲的家长专制。两个人都是在头一次分娩时死亡的。公爵夫人真是一个不幸的女人，然而她的不幸并没有使她的心肠变软，反倒使它变硬了。命运的打击并没有使她变得温和些，善良些，反而使她变得更严厉，更阴森。

现在她只有兄弟们，更重要的是她这个老阿姨了。她一生几乎没有离开过公爵小姐，她的丈夫逝世以后，她同她更接近了。公爵小姐在自己家里什么事都不管。公爵夫人独断地当家作主，借口说照顾老阿姨和伺候老阿姨，其实是在折磨她。

还有各式各样的老太婆靠着墙壁坐在各个角上，她们有的长住在公爵小姐的家中，有的则是暂时待在这里。这些老太婆一半像圣徒，一半像流浪者，有点疯癫，又笃信宗教，有病，又非常不爱干净，她们从一家老式公馆走到另一家；在这一家吃饭，在另一家有人送给她们旧披巾；在这一处得到粗面粉和劈柴，在另一处得到粗麻布和卷心菜——她们就这样地过日子。她们到处让人嫌厌，又到处受到容忍，到处都给安顿在最差的座位上，她们到处都受到接待，由于人们寂寞无聊，尤其是由于人们爱听是非、讲闲话。这些倒楣的人物当着外人的面经常不作声，只是怀着妒忌的仇恨心彼此望着，……她们叹叹气，摇摇头，在胸前画十字，口里叽咕地数着打毛线编针数目，或者念着祷告词甚至讲些骂人的话。然而要是她们同她们的恩人和靠山单独在一起的时候，她们为了补偿先前的沉默，就大讲所有其他接待过她们、给她们饭吃、送她们礼物的恩人们的最恶毒的闲话。

她们不停地向公爵小姐讨东西，公爵小姐给她们什么，总是瞒着公爵夫人，因为公爵夫人不喜欢厚待她们，她们收到公爵小姐的礼物，作为报答，就给她送来硬得像石头一样的圣饼、自己做的没有多大用处的毛织品和编结的东西，这些东西公爵小姐后来拿去卖掉，得来的钱就花在她们的身上，尽管买的人心里并不愿意。

除了生日、命名日和别的节日以外，近亲们在公爵小姐家中最隆重的聚会是在大除夕。公爵小姐在那一天接待伊威尔圣母①。修道士和教士高举圣像唱着赞美诗走过所有的屋子。公爵小姐头一个吻十字架,她走在圣像下面,她后面跟随着所有的客人、男仆和女仆、老人和小孩。然后大家向她祝贺新年,送给她各种像送给小孩那样的小礼物。她把这些小东西玩了几天,便分送给别的人。

我父亲照例每年带我去参加这种偶像崇拜的仪式;一切都一丝不改地照过去那样,不过每年都少了一两个老年人,大家极力避免提到他们的名字,只有公爵小姐说:

“我们的伊里亚·瓦西里叶维奇不在了,祝愿他早升天国!……不知道新的一年里上帝要叫谁去?”

她疑惑不解地摇摇头。

英国钟的滴嗒声继续在计算她的日子、钟点、分秒……最后到了那致命的一秒钟。老小姐有一天早晨起来,觉得不舒服;她在屋子里踱了一阵,——也不见好;她的鼻孔出血,十分厉害;她没有力气,很疲乏,穿得整整齐齐地躺在她的长沙发上,静静地睡着了,……就不曾再醒过来。她当时已经年过九十了。

这所住宅和财产的大部分她都遗留给公爵夫人,可是她却没有把她生活的深远意义传给她这个姨侄女。公爵夫人不懂得怎样接替公爵小姐那个在某一点上说也是优美出色的把一大家族的许多根线联系在一起的族长的角色。公爵小姐逝世以后,家里的一切一下子都显得很阴郁了,就像太阳下沉时候的山地那样;任何事物都罩上了长长的黑影。她把阿姨的住宅紧紧地关闭起来,自己仍然住在厢房里;院子里长满了草,墙壁和窗框越来越变黑;几只难看的黄狗一直睡在门廊上,门廊也倾斜了。

亲友们少来了,她的宅子冷清了,她因此感到难过,可是她没有办

---

① 伊威尔圣母:旧俄一位最古老最受尊敬的圣像,供奉在克里姆林宫内。赫尔岑在莫斯科的时期中,有名的贵族世家可以用马车把圣像接到自己家中,不过得贡献不少的礼品和财物。

法改善这种情况。

她是全家老辈中唯一的幸存者，她开始为自己无用的生命耽心起来，凡是可以在身心两方面扰乱她的平衡、引起她的不安或者痛苦的事物，她都无情地加以排斥，她害怕过去，害怕回忆，就把她两个女儿所有的东西，连她们的肖像在内，全搬开了。公爵小姐死后，她对阿姨也是这样——白鹦鹉和猴子也给流放到下房①去了，以后又被赶出了宅子。猴子就在枢密官的马车夫的住处，让马车夫们开心，在下等烟草气味中度过它的晚年。

自私自利的活命的打算使老太太的心变得十分冷酷。当她最后一个女儿②病危的时候，别人劝她离开病人回自己家去，她便走开了。她回到家，马上吩咐给她准备各种烈酒和白菜叶（她要用它们敷头），要做到噩耗传来的时候，这些东西都在手边。她没有向她丈夫的遗体告别，也没有向她女儿的遗体告别，她也不去参加他们的告别仪式③，不参加他们的葬礼。这以后她喜欢的弟弟去世，她从她外甥的几句话里猜到了这回事，便求他不要告诉她不幸的消息，也不要讲死者临终的详情细节。像这样小心提防避免动心、避免感伤，一个人是可以非常健康、消化很好地活到八十、九十！

然而我也得替公爵夫人讲一句公道话，像这种避免接触一切悲惨、不幸事情的怪诞行为在上世纪娇生惯养的贵族中间比在今天流行得多。著名的考尼兹④在他的晚年严格禁止别人在他面前提起什么人死亡或者提到天花，他最害怕天花。奥国皇帝约瑟二世逝世的时候，考尼兹的秘书不知道怎样通知他才好，就决定说："现在在位的皇帝是雷阿波德了。"考尼兹明白这个意思，马上变了脸色，跌坐在扶手椅上，一句

---

① 下房：男仆的住处。

② 最后一个女儿：指娜达丽雅·费·纳沙〔萨〕金娜（霍万斯卡雅），公爵夫人的第二个女儿。参见第400页注①。

③ 按照东正教丧礼仪式，祈祷之后向死者告别，吻死者的前额。

④ 温·安·冯·考尼兹-利特堡（1711—1794）：奥地利政治家和外交家，活动时间长达四十年。

话也不问。他的园丁讲话的时候，也不敢讲“嫁接”，因为在俄文里“嫁接”这个词还有“种痘”的意思，害怕让他想到了天花。最后，他自己儿子去世的消息他还是偶然从西班牙公使那里听到的。鸵鸟遇到危险，就把脑袋藏在翅膀底下，人们常常嘲笑它们！

公爵夫人为了完全不让人妨碍她的宁静，她设置了一种特殊的警察，由老手来负责。

公爵夫人除了从公爵小姐手里继承来的那些流动寄食的老太婆以外，她还养了一个终身的“陪伴女人”①。在这个光荣位置上的是一个身体健康脸颊通红的兹韦尼哥罗德②小官吏的寡妇，她以自己“出身高贵”和亡夫的八级文官的身份而自豪；她是个好挑眼、爱吵闹的女人，她那条兹韦尼哥罗德的母牛死在一八一二年的卫国战争里，她因为这条母牛的早死一直不能饶恕拿破仑。我还记得亚历山大一世逝世以后，她多么认真地考虑按照级别她佩戴的丧章③应当有多少宽。

公爵小姐在世的时候，这个女人在宅子里毫不起作用，可是她很巧妙地迎合着公爵夫人喜怒无常的脾气和对自己健康过分焦虑的关心，她不久就像公爵夫人从前控制阿姨那样地控制了公爵夫人本人。

这位玛利雅·斯捷潘诺夫娜佩戴着级别相称的丧章，像皮球似的从早到晚满宅子滚来滚去，大声叫嚷，吵吵闹闹，骂这个骂那个，不让仆人安静，挑女仆的毛病，打小孩，拉他们的耳朵，算帐，跑到厨房里去，跑到马房里去，替公爵夫人赶苍蝇，擦揉公爵夫人的足，照料公爵夫人吃药。家人们再没有机会见到女主人了；这个女人是一位阿拉克切叶夫，是一个位比龙④，一句话，是一位首相。公爵夫人是一个讲究礼节的人，虽然古板，却受过很好的教育，这个兹韦尼哥罗德寡妇的尖嗓子和

---

① 陪伴女人：指玛·斯·玛卡希娜，公爵夫人的陪伴女人。陪伴女人是一些穷贵族妇女，寄食在贵族地主家里，靠有钱人的恩惠生活。陪女主人消遣，或者朗读小说给女主人听等等都是她们的工作。

② 兹韦尼哥罗德：离莫斯科不远，那里有十八世纪修建的一些寺院和教堂。

③ 丧章：缀在妇女黑色丧服臂上或者领上的白布。

④ 阿拉克切叶夫是沙皇保罗一世和亚历山大一世的宠臣；比龙是安娜女皇的宠臣。

粗鲁举动经常,特别是在最初一些时候,使她感到头痛,可是她后来对这个女人表示越来越大的信任,她看见玛利雅·斯捷潘诺夫娜大大地减少了家里的开支,非常赞赏,其实这笔开支本来就不算高。公爵夫人省下钱来究竟为了什么人,这很难说,她除了兄弟外就再没有亲属,而兄弟们的财产都比她的多一倍。

虽是这样,公爵夫人在丈夫和女儿去世以后确实感到寂寞无聊,有时候那个做过她女儿的家庭教师的法国老太婆①来看她住上两个星期,或者她那个柯尔切瓦的外孙女②到她家里来作客,她就非常高兴。但这都只是间或的、少有的事,而同这个陪伴女人在一起的乏味生活又不能给她满意地填补这中间的空隙。

可是她终于在公爵小姐逝世前不久,很自然地找到了一个工作,一件玩具,一样消遣。

---

① 法国老太婆:指安娜·伊凡诺夫娜·玛泰太太。

② 柯尔切瓦的外孙女:指当时住在特威尔省的塔季雅娜·库钦娜,作者的外甥女。

第二十章　孤女

一八二五年中化学家①接管他父亲的产业，发现情况很糟，便把他的弟妹们从彼得堡叫到沙茨柯耶田庄上去；他把那里的宅子分给他们，给了他们生活费，还答应以后安排他们上学念书和就业的事情。公爵夫人也到那里去看看他们。一个八岁女孩②的忧郁、沉思的面容引起了她的注意；公爵夫人叫女孩坐在她的马车里带回家去，她收养了她。

母亲③很高兴，带着其余的孩子到坦波夫省去了。

化学家表示同意——这在他是无所谓的。

她们一起到了公爵夫人的家，那个陪伴女人就对小姑娘说："你一辈子要记住，记住公爵夫人是你的恩人，要祷告祝愿她长寿。没有她你怎么得了？"

就这样一个小女孩给带进了这所在两个难对付的老太婆阴森统治下面的死气沉沉的公馆，这两个老太婆中一个是喜怒无常、想法古怪，另一个就是毫不放松地侦察她的密探，而且态度毫不客气，完全没有分寸，这个孩子离开了对她亲近的一切，给带到完全陌生的环境里面，公爵夫人为了解闷收养她，就像人养小狗那样，就像费多尔·谢尔盖叶维奇公爵养金丝雀那样。

---

① 化学家：指阿列克谢·亚历山德罗维奇·雅科甫列夫（1795—1868），作者的堂兄。

② 八岁女孩：即化学家的异母妹妹、他父亲的私生女儿娜达丽雅·亚历山德洛夫娜·查哈林娜（1817—1852），作者后来的妻子。

③ 母亲：关于她的身世现在缺少可靠的材料。娜达丽雅说过她的母亲是"一个普通的农家妇女"，她的姓是阿克希尼雅或者艾克尼雅。作者父亲反对作者同娜达丽雅结婚，可能因为她的母亲"出身微贱"。

过了几天我父亲带着我去看望公爵夫人的时候，这个小姑娘正坐在窗前，脸色十分苍白，甚至带了点青色，她穿了一件长长的毛制品的丧服。她默默地坐在那里，神色惊惶，又害怕，只是望着窗外，仿佛不敢看任何其他东西似的。

公爵夫人叫她到跟前来，把她介绍给我父亲。我父亲对人总是冷淡不关心，他淡漠地拍了拍她的肩头，说他死去的哥哥自己都不知道干了些什么，又责骂化学家，然后谈起别的事情来。

小姑娘满脸泪水；她又坐到窗前去，又望着窗外。

对她来说一种痛苦的生活开始了。没有一句温暖的话，没有一瞥温柔的眼光，没有一点亲热的表示；在她的身边，在她的四周，都是外人，带皱纹的面孔，发黄的脸颊，虚弱无力和死气沉沉的人们。公爵夫人总是很严峻，爱挑剔，不耐烦，跟孤女始终离得远远的，使孤女从来不会想到在她那里去求保护，接近她寻求温暖，求安慰或者向她痛哭。客人们从来不曾注意过孤女。陪伴女人容忍着孤女，拿她看作公爵夫人的一种怪念头，看作一种对她无害的无用之物；她甚至于装出她爱护小女孩、在公爵夫人面前替小女孩讲话的样子，特别是在有外人的时候。

小女孩对她的新环境始终不习惯，过了一年她还是像头一天那样感到陌生，甚至更加愁闷。连公爵夫人对她那种"严肃"也觉得奇怪，有时候看见她忧郁地在小小的刺绣架前一连坐了几个小时，就对她说：

"你怎么不玩一会儿，不去跑跑？"

小姑娘微微一笑，红了脸，谢谢公爵夫人，可是她仍然待在原处。

公爵夫人就不再理她，而且真的不去管小姑娘的忧愁，也不想办法使她高兴。节日来了，别的小孩都得到了玩具，别的小孩都在谈他们怎样游玩，谈他们的新衣服。可是小孤女什么也没有。公爵夫人以为供给小女孩吃住，她已经做得够多了；小孤女有了鞋子，还要洋娃娃干什么！她的确不需要洋娃娃，——她不懂得怎样玩，而且也没有人同她一起玩。

只有一个人了解小孤女的处境，有一个照料小孤女的老保姆，她一个人真诚地、朴实地爱着小女孩。她夜里给小女孩脱衣服的时候，常常问她："小姐，您为什么总是这样不快活？"

小姑娘搂住她的颈项伤心地哭起来。老妈妈手里拿着烛台走出去的时候，含着满眼的泪水，不住地摇头。

岁月这样地过去了。她不诉苦，也不抱怨；只是她在十二岁就想死去。"我老是觉得，"她写道，"我是误入这个世界的，我不久就要回家去，——可是我的家在哪儿呢？……我从彼得堡来的时候，看见我父亲的坟上有一大堆雪；我母亲在莫斯科离开了我，她在宽广的、无穷无尽的大路上消失了……我哭得很伤心，我祷告上帝快接我回家去。"①

"……我的童年是极其可悲的，极其痛苦的；我暗暗地流了多少眼泪，我多少次夜里偷偷地起来祷告，当时我还不懂祷告是怎么一回事，而且我只敢在一定的时间里祷告，我求上帝保佑让什么人爱我，对我好。我没有什么使我分心、给我安慰的娱乐或者玩具，因为要是有人给我东西，总是要带着责备，而且少不了一句话：'你不配得到它。'他们即使给我一块破布，也要我哭一场；后来我就不把这种事放在心上了；我求知识的欲望非常强烈，我只羡慕别的比我受到更多教育的小孩。不少人夸奖我，认为我有才能，而且带着惋惜地说：'只要有人肯培养这个孩子！'我暗暗地在心里接上一句：'她会一鸣惊人的。'我的脸颊发热起来，我连忙躲到一个地方去，我想象我要绘出的那些图画，我未来的学生——可是我连一小张纸、一支铅笔也得不到。……我想望死去的心愈来愈强，同时对我这个监狱和它的凶残的看守的蔑视也越来越厉害；我不停地吟诵《修道士》②中的诗句：

> 秘密就在这儿：在我生命的春天里
> 我已经熟悉了人世的一切艰辛。

---

① 作者在一八三八年三月十五日写信给娜·查哈林娜，要求她"讲讲你的童年，讲讲我们最初的见面"。同年三月三十一日她写回信说要把记录回忆的笔记本给他（"你来的时候我拿给你"），这段话就是从"笔记本"里摘录下来的。笔记本没有给保存下来。

② 《修道士》：俄国诗人伊凡·伊·柯兹洛夫（1779—1840）的一首诗。

"你可记得好久以前有一回我们在你们家里，还是在那所宅子里，你问我读过柯兹洛夫的诗没有，你就给我念了这个地方？我打了一个冷噤，勉强忍住眼泪，笑了笑。"①

在她的心上经常响着那种十分忧郁的音调；她从来没有完全摆脱过它，只是在她偶尔非常高兴的时候，它才暂时沉默。

她逝世前两个月光景②，回顾她的童年，她这样写道③：

> 在我的周围全是衰老、丑恶、寒冷、死亡、虚假；我受的教育是从责骂和侮辱开始的，它的后果便是——跟所有的人疏远，不相信他们的怜爱，厌恶他们的同情，沉溺在自己的内心生活之中……

然而要做到这样沉溺在自己的内心生活之中，不仅要有非常深邃的灵魂、让自己随意在其中潜隐，而且还需要有坚定的独立自主的力量。很少的人能够在这种不友好的、庸俗的、难堪的、没有出路的环境中过自己的内心生活，有时精神无法支持，有时身体遭受摧残。

孤苦伶仃的生活同在这样幼小年纪遭到的粗暴待遇在她的心灵上留下了一道黑影，留下了一条永远不能完全长好的伤口。

一八三七年她写道：

> 我不记得什么时候我自动地、发自内心地喊过一声"妈妈"，我扑到什么人的怀里毫无顾虑地忘了一切。从八岁起我对一切都感到陌生，我爱我的母亲……可是我们彼此不了解。④

望着这个十二岁少女的苍白色的脸，望着她那四周有黑圈的大眼睛，望着她那无精打采的倦容和摆脱不了的忧郁，许多人都会认为这是

① 上面的话是从娜·查哈林娜一八三七年十二月五日给作者的信中摘录下来的。

② 在一八五二年。

③ 在一八五九年汉堡版德文本《一个俄国人的回忆录》第四册中，这一句作"她写信给她的空苏艾诺说"。查哈林娜称她的好朋友娜达丽雅·土奇科娃为"我灵魂的'空苏艾诺'（西班牙语'安慰'的意思）"。空苏艾诺又是法国乔治·桑的小说《空苏艾诺》的女主人公。

④ 摘自一八三七年十二月一日的信。

一个命中注定的肺结核病过早的受难者，这一类受难者从童年时代起就给罩上死的阴影，显出一种早熟的沉思与美丽的特殊痕迹。她说："要不是我们的见面救了我，我就经不住这场斗争。"

我了解她、理解她太迟了！

到一八三四年公爵夫人把穿着毛制品长衣的她介绍给我父亲已经九年了，可是在这之前，我还不能够重视这个在我身边发展、成长的很有才华的生命。这是不难解释的。她不好意思，而我想的事情太多；我可怜这个老是忧伤地、孤寂地坐在窗前的孩子，但是我们很少见面。我难得去公爵夫人家，而且大都不是出于自愿；公爵夫人更不常带她到我们家来。何况公爵夫人每次来访几乎总是留下不愉快的印象，她经常为了一些琐碎事情跟我父亲争吵不休，他们分别一两个月，见了面还是互相挖苦，不过是用了一些友好词句掩饰，好像用糖衣包着毒药一样。公爵夫人说："我的好兄弟。"我父亲就回答道："我的好姐姐。"他们还是照样地争吵下去。公爵夫人一走，我们总是很高兴。此外，还不要忘记当时我完全沉醉在政治理想和科学研究中，生活在大学里和同学们中间。

在这黑暗、漫长的九年中间，她周围全是些愚蠢的伪君子、自高自大的亲戚、讨厌的修士司祭和肥胖的神甫太太，受到陪伴女人虚情假意的照顾，给关在宅子里，不许走出长满荒草的凄凉院子和屋后小园，在这样的环境里面，除了忧伤，她的生活里还能有什么呢？

根据上面的话我们已经明白，公爵夫人收养这个女孩，并没有特别关心她的教育。女孩的品行由她亲自管教；这包含着遵守礼节和养成一整套的虚假作风。女孩每天大清早起就要束紧自己的身子，梳好头，端端正正地坐着；只要不到损害女孩健康的程度，这样做也可以；然而公爵夫人不仅束缚了女孩的腰，同时还束缚了她的心灵，扼杀一切真诚、坦白的感情，在女孩愁闷的时候，要她露出笑容，做出愉快的样子，她想哭的时候，却要她讲亲切友好的言辞，而且强迫她对一切事物都不加区别地表示好感——一句话，要她经常作假。

起初公爵夫人借口说念书早了没有用处，不让这个可怜的小姑娘学习;后来,就是在三四年之后,她听厌了枢密官甚至外人的指责,才下决心安排她在花钱最少的条件下念书。

因此她就利用一个上了年纪的家庭女教师,这个女教师认为自己受过公爵夫人的恩惠,并且有时还要找公爵夫人帮忙;这样学法语的学费就降到了最低的限度——而教学质量也就 à bâtons rompus〔法语:马马虎虎〕了。

俄语教学的代价也是同样低廉的;为了教授俄语和其他一切功课,公爵夫人请了一个教士寡妇的儿子来担任教师,公爵夫人对这个寡妇有过恩惠——不用说,她并没有多花费什么:由于公爵夫人向总主教讲了好话,寡妇的两个儿子当上了大教堂的教士。作女孩教师的是他们的哥哥,一个穷的教区的教堂执事,要养一大家人;他生活艰难,不会计较报酬,也不敢同他弟弟们的恩人讲条件。

难道还有比这更可怜、更贫乏的教育吗?然而一切都进行得顺利,而且产生了很好的效果:一个人身上只要有可以发展的东西,那么一点点的推动也就够了。

这个贫穷的、秃头的、又高又瘦的教堂执事是属于热情的空想家一类的人,这种人不论年龄不论贫苦都治不好他们的梦想,正相反,贫苦倒助长了他们那种神秘的沉思、冥想。他们的信仰接近于宗教的狂热,它是真诚的,而且并不缺少诗意。在他们(一个缺衣少食的家庭的父亲和一个寄人篱下的孤女)之间很快地就产生了相互的了解。

在公爵夫人家里,教堂执事不过是一个无依无靠而又性情温和的穷人,别人平时对他也只是点一点头,或者勉强讲一句话。连陪伴女人也认为不应当对他客气。可是他并不理会这些人,也不在乎他们的态度,只顾热心地教课,女学生的聪明好学感动了他,他也会使她感动到落泪。这是公爵夫人所不能理解的,她责骂女孩爱哭,而且很不满意教堂执事,说他使女孩神经失调。她说:"这太那个啦,完全不像个小女孩。"

然而老人的话在年轻姑娘的面前打开了另外一个世界,在我们的世界里宗教本身变成了规定饮食的事情,成为遵守斋期、夜里上礼拜堂等等，而且由恐惧发展来的宗教狂热和欺骗同时存在，在我们这个世界里一切都受到限制，一切都是弄虚作假；都是照老一套办事的，并且狭隘得使心灵窒息，而新的世界却是动人的。教堂执事把一本福音书交给了女学生，她长久地不肯释手。福音书是她读到的第一本书，她同她唯一的女朋友、保姆的侄女、公爵夫人的年轻使女沙夏①一起反复地阅读。

后来我非常熟悉沙夏。她是在马车夫住处和厨房之间出生的，从来没有离开过女仆房，她在什么地方受到教育，怎样受到教育，我一直不了解；然而她的确受到了很好的教育。她是一个无辜的牺牲者，这种被农奴的身份不知不觉地扼杀在仆婢室里的牺牲者比我们想象到的多得多。她们不仅得不到丝毫酬报、丝毫同情，没有快乐的日子，没有欢乐的回忆，而且连自己也不知道，连自己也料想不到在他们身上什么东西正在毁灭，而且有多少正在逐渐死亡。

太太烦恼地说："小丫头刚刚给教会做事情就突然躺下去死了……"七十岁的女管家②发牢骚说："如今那些使女，比小姐都不如。"然后就去吃蜜粥③参加葬后宴④了。母亲哭着，哭着，也喝起酒来，事情就这样完结了。

我们匆匆地从旁边经过，对我们跟前发生的惨痛事情视若无睹，自以为我们有更重要的事，只消用几个卢布和一两句好话就可以应付过去。可是突然间我们吃惊地听见了非常可怕的呻吟，这是世世代代遭受摧残的心灵的控诉，我们好像从梦中醒来一样惊问：这心灵，这力量是从哪里来的？

公爵夫人杀死了她的使女——当然是无意地，不自觉地；她拿种种琐碎事情折磨她，摧残她，使她一生抬不起头，她用侮辱，用粗暴、冷酷的态度虐待她。有好几年她一直不准她出嫁，只有后来在她那痛苦的

---

① 沙夏：即沙夏·威尔里娜，玛·阿·霍万斯卡雅公爵夫人的青年女仆。

② 女管家：指带钥匙的女管家。

③ 蜜粥：葬礼举行后待客的蜜粥。

④ 葬后宴：葬礼以后为追悼亡人而设的酬客宴。

面容上看到了肺痨的症状，才表示同意。

可怜的沙夏，你这个被农奴制度玷污了的丑恶的、该死的俄罗斯生活可怜的受害者，死给了你自由！你还是比别的人幸福得多：在公爵夫人家的阴森的囚奴生活中你遇到了一位朋友，你非常爱她，她的友情暗中跟随着你一直到送你进入坟墓。她为你流了不少的眼泪；她临终前不久还在怀念你，悼念你，把你看作她童年时期唯一光辉的形象！

……两个年轻的姑娘(沙夏年长一些)经常起身早，家里的人还在睡觉的时候，她们走到院子里，在晴朗的天空下一起念福音书，一起祷告。她们为公爵夫人祷告，为陪伴女人祷告，她们祈求上帝使这些人的心胸开朗；她们给自己想出种种的考验：整整几个星期不吃肉，幻想着修道院的生活和死后的日子。

这样一种神秘主义适合青春期年轻人的特点，适合这一种年龄，在这种年龄一切都还是秘密，一切都还是宗教神秘剧，在这种年龄觉醒起来的思想还不曾从晨雾中明亮地照出来，这晨雾也还没有让经验和激情所驱散。

后来在静寂、安宁的时刻，我多么爱听这些童年祷告的故事，这童年的祷告一方面是一个充实的生活的开始，另一方面又是一个不幸的生存的结局。一个受到粗暴恩惠的折磨的孤女和一个陷在毫无希望的深渊里的女奴，这两个少女在荒凉的院子里为压迫她们的人祷告，她们的形象使我的心充满了感动，我的心灵里有了一种罕见的和平。

这个纯洁、优美的姑娘在公爵夫人荒谬、愚蠢的家里得不到一个亲人的重视，然而不单是教堂执事和沙夏，而且所有的男女仆人都对她表示了尊重和爱戴。这些普通人不仅把她看作一位善良、和蔼的小姐，他们还在她身上看到更崇高的品质，为了这个，他们尊敬她，他们相信她。公爵夫人家仆人的姑娘出嫁的时候总要请求她亲手给她别上一条绸带。一个年轻使女(我还记得她叫叶莲娜)突然感觉到胸口刺痛；后来发现她患的是严重的胸膜炎，已经治不好了，给请来了教士。姑娘给吓坏了，问母亲是不是就要死去；母亲哭着告诉她，上帝要召她去了。病人便偎在母亲怀里含着热泪央求她请小姐来亲自用神像祝福病人升入天国。她来到病人跟前,病人拿起她的手,放在自己的前额上,反复地说:“给我祷告吧,给我祷告吧!”年轻的小姐自己也是满脸泪水,小声祷告起来——病人就在祷告的时间里死去了。屋子里所有的人围着病床跪下、画着十字;她给死者阖上了眼睛,吻了吻变冷的前额,走出了房间。①

只有枯燥无味、眼光短浅的人才不懂这个浪漫的时代;这种人同病弱的人一样可怜,在那些病人的身上青春期的神秘主义过了青年时期仍然长久地存在下去。在我们这个时代注重现实的人中间是不会有这种情况的;然而十九世纪世俗的影响怎么能够渗进公爵夫人的家里去呢?——这个家给封闭得这样密不通风!

然而缝隙终于给找到了。

我那个“柯尔切瓦的表姐”②有时候到公爵夫人家来作客。她喜欢这个“小表妹”③,就像人们通常喜欢小孩,特别是遭遇不幸的小孩那样,可是她并不了解她。后来她惊讶地、几乎是惊惶地发现她那不同寻常的天赋,“表姐”对什么事都容易感情冲动,她马上决定纠正她那不关心的态度。她找我要雨果、巴尔扎克的著作,或者任何其他新书。

“‘小表妹’是个天才,”她对我说,“我们要尽力帮助她发展。”

---

① 在我保存下来的信件中,有几封沙夏在一八三五至三六年写的信。沙夏当时待在莫斯科,而她的女友跟着公爵夫人到乡下去了。我读了这些单纯的、热情的心灵的私语不能不深深感动。她写道:“难道您真的要回来吗?啊,倘使您确实要回来,我不知道该怎么办才好。您不会相信我怎样时时刻刻想念您,差不多我一切的愿望,我一切的思想,一切,一切,一切都在您身上。……啊,娜达丽雅·亚历山德洛夫娜,您多么美,多么和善,多么高尚,多么——可是我表达不出来。的确,这不是抄来的词句,这是直接从我内心发出来的。……”在另一封信里她感谢“小姐”常常给她写信。她说:“这太好了,不过这是您,您啊。”她用下面的词句结束这封信:“老是有人来打扰,我的天使,我满怀着真诚的、无限的爱拥抱您。您祝福我吧!”——作者原注

上面提到的信并未保存下来。现在只保存了六封沙夏写给娜达丽雅的信(1838—1839),由莫斯科列宁图书馆手稿部收藏。

② “表姐”:指塔·库钦娜。

③ 小表妹:指娜达丽雅,她其实是塔·库钦娜的“小阿姨”。

“大表姐”(想到这个称呼,我不禁失笑,因为她是个娇小的姑娘)把她自己脑子里想过的一切:席勒的理想和卢骚的理想、从我这里找来的革命思想和她自己那里来的在恋爱中的少女的幻想,一口气全传给她的徒弟了。后来她又偷偷地借给她法国的小说和诗歌;这些书大部分都是一八三〇年以后出版的。尽管它们有种种缺点,可是它们大大地激发了思想,使年轻的心受到火和精神的洗礼。在那个时期的长短篇小说和诗歌里面,不管它们的作者是不是有意,到处都有社会的动脉在强烈地跳动,到处显露出社会的疮疤,到处都听得见饥寒交迫的无辜的劳动奴隶的呻吟;在当时这种怨声和呻吟还不曾被人看得像罪行那样地可怕。

我不用说,“表姐”借书从来未经挑选,也不作任何解释,我认为这并没有害处;有些人从来不需要别人的帮助、支持和指引,在没有栅栏的地方走起来更安稳。

不久又添了一个人,她加强了柯尔切瓦“表姐”的世俗的影响。公爵夫人终于决定聘请一位家庭教师,为了省钱她请了一位刚刚在女子中学毕业的俄国姑娘。①

在我们国内请一位俄国家庭女教师花费并不大,至少在三十年代是这样。然而尽管她们有种种的缺点,她们还是胜过大多数从瑞士来的法国女人,胜过大多数无限期休假的卖笑女人和退职女演员,那些女人拚命抢夺家庭教师的饭碗,当作她们最后的谋生手段——干这一行她们既不需要才能,也不需要青春,只要能够讲几句地道的法国话,又有 d'une dame de comptoir〔法语:女掌柜的〕风度(这种风度在我国外省各地常常被看作“最佳风度”)就行了。俄国家庭女教师是从女子中学或者孤儿院出来,她们受过正规的教育,而且没有外国女人身上那种市侩的 pli〔法语:味道,习惯〕。

现在的法国女教师和一八一二年以前到俄国来的那些女人不同。那个时候法国还少有市侩气,到俄国来的女人属于另一个阶层。她们

---

① 俄国姑娘:即艾米利雅·米·阿克斯别尔格。娜达丽雅的家庭教师和朋友。

里面一部分是侨民和破落贵族的女儿、军官的寡妇、尤其是军官的弃妇。拿破仑替自己的部下完婚，就像我们的地主替家奴完婚那样，不大考虑到爱情和兴趣。他想通过婚姻把他那些火药贵族①和旧的贵族结合起来；他希望他的斯卡洛祖布②们由他们的妻子来驯服。他们习惯于盲目服从，遵命结了婚，可是不久发现她们太古板，不宜于参加营房和野营的娱乐晚会，便遗弃了她们。这些可怜的女人流浪到英国、奥地利和俄国。那个经常到公爵夫人家来的法国女家庭教师就是这一类人。她讲话时面带笑容，谈吐文雅，从无恶声厉色。她一举一动无不循规蹈矩，没有片刻忘记自己的身份。我相信她夜里躺在床上不是睡眠，倒是在考虑怎样睡才合乎规矩。

年轻的女子中学毕业生是一个聪明、勇敢、精力充沛的姑娘，她有一般寄宿学校学生的那种热诚，又生就光明磊落的天性。她活泼、热情，给她的学生和朋友的生活带来更多的生命与活动。

她和一天天憔悴下去的沙夏的忧伤、悲戚的友情所产生的效果也是凄凉、哀伤的。这种友谊再加上教堂执事的教诲和毫无生趣的生活使得这个少女跟世界隔绝，跟人们疏远。年轻、活跃、愉快，同时对一切梦想和浪漫事物都表示同情的第三者非常及时地来到她跟前，把她拉回到地上来，拉回到实际的、真实的地面上来。

起初学生接受了艾米利雅老师的某些举止；她脸上经常露出笑容，谈话也显得活泼了；但是一年以后，两个少女的个性互相影响取得了平衡。无忧无虑的、可爱的艾米利雅在学生的坚强性格面前屈服，完全受学生的支配，用学生的眼光看事物，用学生的思想去想一切，生活在学生的欢笑和友谊之中。

我快要在大学毕业的时候，到公爵夫人家去的次数多了起来。我一去，那个年轻姑娘显得很高兴。有时候她两颊发红，说话也有生气，

---

① 火药贵族：即军人贵族。

② 斯卡洛祖布：四幕剧《聪明误》中的一个人物，一个性情粗暴的上校，一个粗野人的典型。

可是接着她又恢复了平时那种沉思的宁静，使人想到冷冰冰的雕塑美人，或者席勒的不让任何人亲近的“外国的姑娘”①。

这不是孤僻，也不是冷漠，而是内心的活动——别人不了解她，她也不了解自己；与其说她知道，倒不如说她隐隐约约地预感到她内心有些什么。她那美丽的外形好像并不曾完工，还差一点什么；只要有一星火花，或者拿雕塑家的凿刀动一两下，就可以断定：她是注定了在不毛的沙地上憔悴、枯萎，不了解自己，也不了解生活呢，还是反映出激情的火光，让激情控制自己，而且活下去（也许是受苦），的确是受苦，然而过着丰富的生活。

在我们长期分别的前夕，我才在她那半带孩子气的脸上第一次看到生命的痕迹。

我还记得她那异常清亮的眼光，她那突然间改变了意义的整个面貌，仿佛给一种新的思想，一种新的火渗透了……仿佛秘密已经猜到、内心的雾也已消散。这个时候我给关在监牢里面②。我们告别十多次，还是不愿意分开，最后我母亲（她同 Natalie〔法语：娜达丽雅〕③一起

---

① “外国的姑娘”：见席勒的诗 *Das Mädchen aus der Fremde*〔德语：《外国来的姑娘》〕。

② 指一八三五年四月九日作者在流放前夕同娜达丽雅的会面。

③ 我很清楚用法语翻译人名听起来多么不自然；但是名字是多年用惯了的，怎么好随意改变呢？何况在我们俄国一切非斯拉夫语的人名都缩短了，而且念起来不响亮，我们这些或多或少“不是在老辈的法律下”受过教育的人，在我们青年时期就把我们的名字“罗马化”了，而当权的人却又把它们“斯拉夫化”。一个人升了官在宫廷里有了权，就把名字的写法改变了；例如斯特罗加诺夫伯爵一直到死都被称为谢尔盖依·格利哥雷维奇，而戈里曾公爵始终被称做谢尔吉依·米哈依洛维奇。后一个改变写法的例子还可以在因十二月十四日事件出名的罗斯陀甫采夫将军身上找到：整个尼古拉·巴甫洛维奇统治时期他始终是雅各夫，就像雅各夫·陀尔戈鲁基那样，可是亚历山大二世登基以后，他却变成伊阿各夫，跟上帝的弟兄一样了。——作者原注

“不是在老辈的法律下”：引自普希金长诗《努林伯爵》。

谢·格·斯特罗加诺夫（1792—1882）：俄国国务活动家，一八三五至一八四七年任莫斯科教育区督学。谢·戈里曾是他的前任。

雅·伊·罗斯陀甫采夫（1803—1860）：帝俄侍从武官长，反动政客，对十二月党人的活动进行过告密。

雅·费·陀尔戈鲁基（1659—1720）：俄国国务活动家，外交家，彼得一世的亲信。

到克鲁季次基营房来看我）下了决心站起来要走了。年轻的姑娘打了一个哆嗦，脸色发白，使出很大的力气紧紧捏住我的手，反复地说："亚历山大，不要忘记妹妹啊。"

宪兵打发她们出去，然后走来走去。我扑倒在床上，一直望着门，那个光辉的形象就是在门口消失的。我在心里说："不，你的哥哥不会忘记你。"①

第二天我就给押往彼尔姆去了，可是在我谈到离别之前，我还要讲一讲我入狱前妨碍我更好地了解 Natalie 和更密切地接近她的是什么。我在恋爱！

是的，我在恋爱，青春时期的、纯洁的恋爱的回忆对我是十分甜蜜的，就像在明媚的春天，在花香、鸟语中在海滨散步那样。这是一个充满美好事物的梦，而且它也像梦通常那样地消失。

我在前面已经讲过，在我们的朋友中间很少女人，特别是我可能接近的女人；我同"柯尔切瓦的表姐"的友情起初十分热烈，以后就逐渐地平静了。她结婚以后，我们不常见面，后来她走了。我需要一种比男性友谊更温暖、更温柔的感情，这种模糊的渴望一直在我心里徘徊。一切都齐备了，只是缺少一个"她"。在我们相熟的一个人家里有一位年轻姑娘②，我和她很快地做了朋友。一个奇怪的机会使我们彼此接近。她订了婚，突然发生纠纷，未婚夫抛弃她到边区去了。她感到绝望、忧伤和屈辱；我怀着真诚、深切的同情看着她受到忧愁的折磨，憔悴下去；我不敢提起那个原因，只是设法使她散心，安慰她，给她送小说去，我亲自高声读给她听，对她讲整篇故事，有时为了在这位忧伤的姑娘身边多待些时候，我竟然忘记预备大学的功课。

---

① 作者给她写了一封告别信："这一夜我很悲哀，很悲哀，娜达丽雅！娜达丽雅！我离开莫斯科失去的太多了——我失去了我的一切。啊！分别之情，被迫分别之情太难堪了。……我们什么时候再见面呢？这里一片黑暗，可是你的友情照亮了一切——流放人永远、永远不会忘记他的好妹妹。"

② 年轻姑娘：指柳特米娜·瓦·巴谢克，作者好友瓦季姆·瓦·巴谢克的三妹。

她的眼泪渐渐地少了，有时她脸上还露出笑容；她的绝望变成了悒郁，不久她对过去的事感到了害怕，她跟自己作斗争，从内心的 à point d'honneur〔法语：荣誉观念〕出发，保卫过去来对抗现在，就像一个军人虽然知道已经打了败仗，他还在保卫军旗那样。我看见天边残留的最后的云片，我感到陶醉，怀着跳动的心，轻轻地、轻轻地从她的手里把旗拔出来，她不再捏住旗不放了——这个时候，我恋爱了。我相信我们的爱。她写诗给我，我为她写了整篇散文体的论文，后来我们在一起幻想未来，幻想流放，幻想监牢，她对一切都作好了准备。在我们的幻想中生活的外貌从来不是光辉灿烂的；我们注定要同一种巨大的权势进行战斗，在这场战斗中要取得胜利，几乎是不可能的。我读了山狄纳①的《残废者》以后对她说："做我的盖塔纳吧。"我经常想象她会跟着我到西伯利亚的矿坑去。

"残废者"就是写文章讽刺希克斯特五世②的诗人，教皇答应对他不处死刑，他便自首。希克斯特下令砍掉他的双手，割去他的舌头。这个不幸的受难者脑子里装满了无法倾吐的思想，他的形象当时很能吸引我们。受难者的忧郁而疲乏的眼光带着感激和残余的欢乐停留在一个少女的身上，只有在这个时候它们才得到平静，那个少女以前爱过他，在他遭逢不幸之后也并没有抛弃他；她名叫盖塔纳。

这次初恋的经历很快就过去了，然而它是十分真诚的。也许连这种爱情也应当早早消逝，否则它就会失去它那最好的、最香的品质，它那十九岁的年纪，它那没有污点的新鲜气息了。铃兰会在冬天开花吗？

我的盖塔纳，难道你不是带着同样的笑容回忆我们的见面？难道在二十年以后你想到我，你的回忆里还会有辛酸的滋味？对我来说，这样会是很痛苦的。你在哪里？生活过得怎样？

我已经生活过了，现在正走着下坡路，我遍体鳞伤，精神上"残废"

---

① 山狄纳（1798—1865）：法国的小说和剧本的作者，本名包·约·克沙维叶。

② 希克斯特五世（1521—1590）：从一五八五年起任罗马教皇。

了。我不再找寻任何盖塔纳了，我回顾过去，想起了你的面影，我非常愉快。……你还记得拐角上的窗口吗？就是对着小巷的那堵窗，我每次离开都要弯进小巷，你总是站在窗前用眼光送我远去，要是你不站在窗前或者你不等我弯进小巷就离开窗口，那我会多么难过！

我并不想同你实际上见面。在我的想象中你永远保留着你那年轻的面貌，你那 blond cendré〔法语：浅灰色的〕鬈发，你就保留着这样吧；至于你要是回忆起我，那么你想到的也是一个身材挺拔的年轻人，他有闪光的眼睛和热情的语言，你就这样地回想我吧，你不会知道这双眼睛已经失去光采，不会知道我已经发胖，额上有了皱纹，脸上早已失去从前那种容光焕发、生气勃勃的表情，奥加略夫曾经叫它做“希望的表情”，但希望已经消失了。

我们彼此都应当保持从前的印象……不论阿喀琉斯①，不论狄安娜②都不会老。……我不愿意像拉林同公爵小姐见面那样同你见面：

> “表妹，你可记得格兰狄逊？——”
> “什么？格兰狄逊？……啊，格兰狄逊！”
> “他住在莫斯科，住在西米恩附近，
> 圣诞节前夕还来看过我，
> 他刚刚给儿子娶过了亲。”③

……逐渐熄灭的爱情的最后火焰把监狱的拱门照亮了一会，用旧日的幻梦温暖了心，然后各人走自己的路。她到乌克兰，我去流放地。从此我再也没有听到她的消息。④

---

① 阿喀琉斯：古希腊神话里特洛伊战争中的希腊最大的英雄。

② 狄安娜：罗马神话中月亮和狩猎的女神。

③ 引自普希金的诗体小说《叶甫盖尼·奥涅金》第七章第四十一节（查良铮译），拉林和公爵小姐都是书中人物。

④ 塔·库钦娜（“柯尔切瓦的表姐”）后来做了柳特米娜的嫂嫂，以后曾谈到她，这样说：“她不声不响地过她那不幸的生活。她没有讲过诉苦的话，也从不曾责怪过谁；她把一切痛苦，一切苦恼都锁在自己的心里。……她始终忠于她的纪念，也许还忠于她的感情……”

第二十一章　分离*

啊，人们，凶恶的人们，
你们拆散了他们……①

我给娜达丽雅写的第一封信②就是用这样的句子结束的，可注意的是在信末署名的时候，我不敢用"赫尔岑"〔德语：心爱的人〕③这个词，我就写："你的哥哥"。

那个时候，我的妹妹对我是多么宝贵，而且我怎样常常想念她，从这个事实就看得出来：在尼日尼，在喀山，在到达彼尔姆的第二天，我都写了信给她。"妹妹"这个词表明了我们的感情里所含有的一切；我过去非常喜欢它，现在还是喜欢它，使用这个词不是作为感情的限制，恰恰相反，是作为各种感情的融合；友爱、爱情、血统关系、共同的传统、家庭的环境、习惯的密切联系都结合在一起了。我以前从未用这个称呼唤过任何人，这个称呼对我是非常宝贵的，因此我后来常常用它来称娜达丽雅。

在我完全理解我们的关系之前，也许正因为我并不完全理解它，我还遇到了另一次考验，这个考验并不像我同盖塔纳④的遇合那样留下

---

* 本章译文曾发表于一九八〇年七月号《长春》。

① 俄国民歌。

② 第一封信：作者在一八三五年四月二十九日从彼尔姆寄出的信。娜达丽雅是作者的堂妹，后来作了作者的妻子。

③ 赫尔岑：作者的父亲没有同作者的母亲正式结婚，他用"赫尔岑"（心爱的人）这个德语词作为作者的姓。

④ 盖塔纳：作者友人的妹妹。

愉快的回忆，它征服了我，给我引起了许多悲痛和内心不安。

我在监狱里关了九个月以后，给抛进了一个对我完全陌生的世界，我当时很少生活经验，起初我自由自在无所顾忌，新的地方、新的环境使我眼花缭乱。我的社会地位改变了。在彼尔姆，在维亚特卡，人们对待我和在莫斯科完全不同；在莫斯科我是一个住在父母家里的年轻人，这里在这个泥沼里，我独立生活，人们把我当作一位官员，其实我完全不是官，我不久便看出我不用花费力气就可以在伏尔加河中下游左岸和卡马河东岸的客厅里充当上流绅士的角色，成为维亚特卡的知名人士。

在彼尔姆，我还来不及看清楚四周的情况，我去向她租借房屋的那位房东太太就问我要不要菜园，养不养奶牛！这句问话就使我恐怖地看出来我从最高学府学生生活的高度摔了下来，跌得多么深。然而在维亚特卡我结交了当地的整个上流社会，特别是年轻的商人，他们比中心地区的商人更有见识，虽然他们也同样喜欢吃喝玩乐。办公室的文牍事务妨碍着我的学习，我过着不安定的闲散的生活，由于我生性特别敏感，或者更可以说容易激动和缺乏经验，我很可能遇到各种各样的事故。

由于 de lápprobativité〔法语：喜欢〕讨好别人的心思，我不加区别地到处迁就，对人表示好感，谈上十句话就交了朋友，对人过分亲热，一两个月以后我才明白自己的错误，但是为了顾全礼貌并不做声，就拖着虚情假意的沉重锁链一直到有一天它给荒唐的争吵弄断为止，在争吵中别人责骂我任性偏激，忘恩负义，反复无常。

在维亚特卡起初我并不是一个人。有一个古怪、滑稽的人同我住在一起，这个人在我一生的十字路口，在每一个重要关头，总要出场，他落在水里使我认识了奥加略夫①，在我经过陶罗根②出国境时，他在俄国土地上挥着手帕告别，他就是卡·伊·仲伦倍格③，我在叙述我的流

---

① 奥加略夫：作者的友人，诗人。

② 陶罗根：一八四七年作者经过这里出国境，去西欧。

③ 卡·伊·仲伦倍格：德国人，作过奥加略夫的家庭教师，即卡尔·伊凡诺维奇。

放生活的时候忘记提到他。

事情是这样：我给送往彼尔姆的时候，仲伦倍格准备去参加伊尔比特[①]的集市。我父亲平日总是喜欢把简单的事情弄得复杂，他要仲伦倍格到彼尔姆给我布置房屋，旅费由他负担。

仲伦倍格到了彼尔姆热心地工作起来。就是说他购买并不需要的东西：各种陶器、锅子、杯子、玻璃器皿，他还亲自到奥布瓦[②]去ex ipso fonte〔拉丁语：直接从产地〕买一匹维亚特卡马。[③] 等到他把一切办好，我却给转移到维亚特卡去了。我们只得把买来的东西半价卖出去，离开了彼尔姆。仲伦倍格忠实地照我父亲的意志去办事，认为他应当跟随我到维亚特卡去布置我的住处。我父亲很满意他的这种忠诚、无私，便决定他同我住在一起的时候付给他一百卢布的月薪。这比到伊尔比特去更有利、更可靠，——因此他就不急于离开我了。

在维亚特卡，他不止是买一匹马，却买了三匹，其中有一匹是归他的，虽然他花的是我父亲的钱。这几匹马大大地提高了我们在维亚特卡上流社会中的地位。我在前面已经讲过，卡尔·伊凡诺维奇尽管年过五十，面貌上又有很显著的缺陷，他却是一个好色之徒，而且居然得意地相信所有的女人和姑娘接近他，就像灯蛾绕着燃烧的蜡烛飞来飞去那样危险。卡尔·伊凡诺维奇当然不肯白白放过马的作用，他也充分利用它来追逐女人。而且我们的环境对他也有用处。我们家有一座阳台，面对着院子，院子后面便是花园。仲伦倍格穿一双喀山半高统红皮鞋，戴一顶金线绣的室内小帽，披一件高加索短棉袄，口里衔着一支琥珀大烟嘴，每天上午十点就在阳台上“值班”，装出在读书的样子。小帽和琥珀——这一切都是有目的的，那就是向着住在隔壁房屋的三位小姐。小姐们对新来的人也感到兴趣，她们好奇地注视着在阳台上抽烟的东方玩偶。卡尔·伊凡诺维奇知道她们什么时候而且怎样偷偷

---

① 伊尔比特：彼尔姆省伊尔比特河上一个小城市。

② 奥布瓦：彼尔姆省的一个乡镇。

③ 维亚特卡马：当时俄国骑马的人都认为维亚特卡马很名贵。

地卷起窗帘，认为他的事情很顺利，就朝着他朝夕思慕的那个方向优雅地吐出一缕轻烟。

不多久花园就给我们提供了同女邻居认识的机会。我们的房东有三座房屋，却只有一所公用的花园。两座房屋都住了人：我们租用了一座，房东和他的继母同我们住在一起，他的继母是一个肥胖、臃肿的寡妇，她就像生母那样地而且非常妒忌地照管着他，因此他只好背着她偷偷地同花园里的小姐们讲几句话。另一座房屋里住的是小姐们和她们的父母；第三座房屋没有人住。过了一个星期，卡尔·伊凡诺维奇已经同我们花园里的小姐们很熟了，常常一天几个小时给她们荡秋千，跑来跑去为她们拿斗篷和阳伞，一句话，他对她们 aus petits sions〔法语：十分殷勤〕。小姐们对他比对任何人都随便，因为他比恺撒的妻子①更少人怀疑，只要看他一眼就可以完全放心了。

我晚上也常常到花园里散步，这是由于合群性，就是那种使人做着自己并不想做而别人都在做的事情的合群性。到那里去的人除了房客以外，还有房客的朋友。他们在那里交谈和注意的无非是向小姐们献殷勤和暗中互相监视。卡尔·伊凡诺维奇带着维多克②的警惕性进行感情方面的侦察，他知道谁同谁经常在一起散步，谁对谁有意思。在我们花园里所有那些秘密警察的眼中，我是一块危险的绊脚石；那些女士们和先生们很奇怪我居然不露声色，他们挖空心思也调查不出我向谁献过殷勤，我特别喜欢谁；这的确不是容易的，因为我对谁也没有献过殷勤，而且所有那些小姐我都不特别喜欢。最后他们厌烦了，感到受了委屈，认为我骄傲、喜欢嘲弄人，小姐们的友谊也明显地冷淡起来——尽管她们每个人同我单独在一起的时候还要用最危险的眼光盯住我。

就在这种情形下面，一天早晨卡尔·伊凡诺维奇告诉我，房东家的

---

① 恺撒的妻子：恺撒怀疑妻子不贞，要跟她离婚，有人规劝他，说他自己并非没有毛病，为什么对妻子要求过严。恺撒答道："恺撒有毛病不要紧，但恺撒的妻子不应当在道德方面受到怀疑。"仲伦倍格生得十分丑。

② 弗·欧·维多克（1775—1857）：法国冒险家。他的名字后来成为骗子的通称。

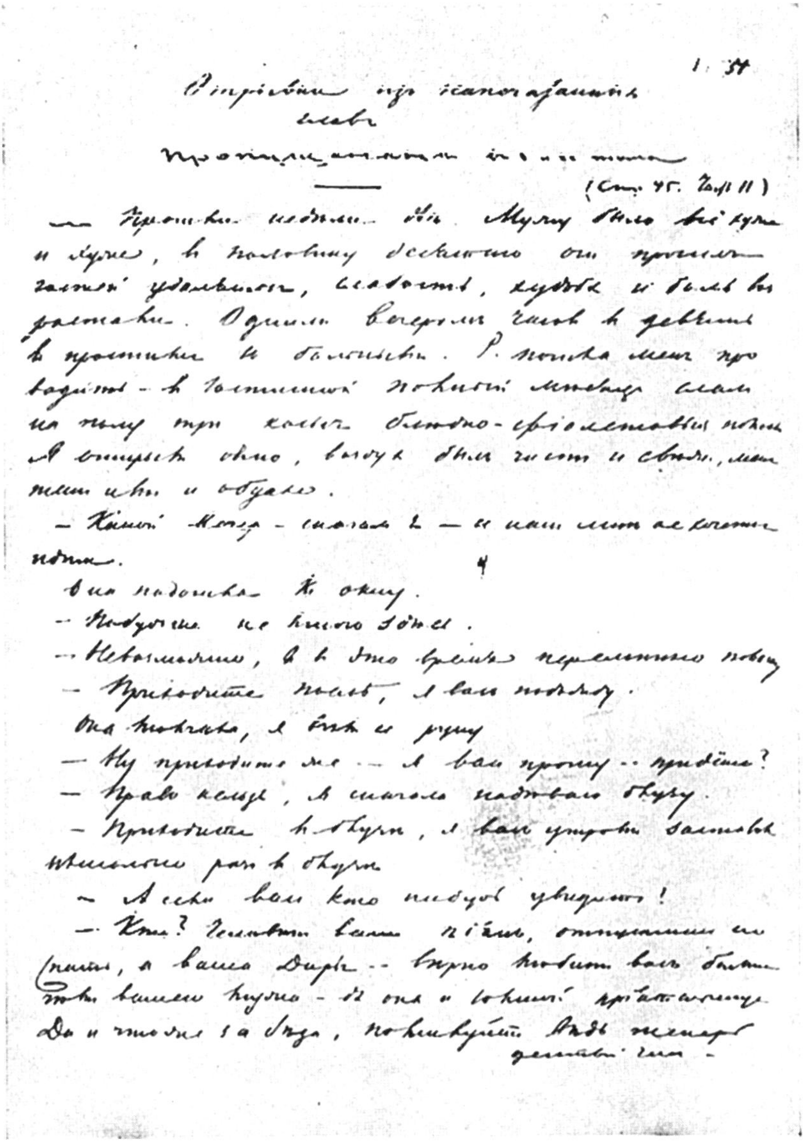

《往事与随想》第三卷第二十一章手稿

女厨子一早就打开了第三座房屋的百叶窗，在洗刷窗子，一家新来的人租用了这座房屋。

花园里一直谈论着新来的人的详细情况。那位陌生的太太也许是由于旅途劳顿，也许还来不及整理衣物，又好像瞧不起我们似的不肯出来见面，大家想方设法在窗口或者在穿堂窥探，有的人看到了，有的人白白守候了整整几天；看到的人说她脸色苍白，没精打采，一句话，外貌动人，不难看。小姐们说她多愁善病。省长公署一个年轻官员活泼又很聪明，只有他一个认识这一家人。他从前在另一个省份工作，同他们在一起，众人就缠住他打听不休。

这个活泼的小官员很高兴自己知道别人都不知道的事情，就没完没了地大谈新邻居的美德，他把她捧上了天，称她为首都的太太。

“她聪明，”他反复地说，“动人，有教养，不过她不会瞧得起我们这伙人。啊，我敢发誓，”他突然转身对我说，“我有个很好的主意，请您维护维亚特卡上流社会的荣誉，去追求她。……好吧，您不是从莫斯科来的吗？您还是流放来的，您当然会写诗，这是上天赐给您的。”

“看，您在瞎扯。”我对他笑道，可是我的脸红了，我真想见她。

几天以后我在花园里遇见了她，她的确是一个很可爱的淡黄色头发的女人；那位谈论过她的先生把我介绍给她，我很兴奋，无法掩饰我的激动，正如我那位介绍人掩饰不了他的笑容那样。

我那出于自尊心的不好意思已经消失，我同她相熟了。她非常不幸，她用虚假的平静欺骗自己，心里空虚，一天天地憔悴下去。

尔太太①是一个热情不外露的女人，这种性情只有在淡黄色头发的女人中间才找得到。她们用温和、宁静的外表掩盖着火热的心；她们一激动脸就发白；动了感情，眼睛并不发亮，反倒马上暗起来。她那带倦意的眼光好像一直在追求什么，因此给弄得筋疲力尽，她那不知餍足

---

① 尔太太：她的真实姓名是普拉斯科维娅·彼得罗夫娜·美德威杰娃，一八六〇年逝世。

的胸膛起伏不定。她整个身体有一种不安静的、电流似的东西。她在花园里散步的时候常常脸色突然发白，惊恐不安或者内心激动，回答问话也是心不在焉，连忙回到屋子里去。我正是喜欢看她这个时候的表情。

她的内心活动我不久就看清楚了。她不爱她的丈夫，也不能爱她的丈夫；她二十五岁，他已经过了五十，这点差别她可以不放在心上，然而教养、兴趣、性情的悬殊就太大了。

丈夫很少出房门；他是一个枯燥无味、冷酷无情的老官僚，一心想当地主，而且像所有的病人和几乎一切丧失财产的人那样地脾气暴躁。她嫁给他的时候才十六岁，当时他还有点家产，可是后来他把钱在牌桌上输光了，只得靠做官维持生活。他迁居到维亚特卡以前两年，就逐渐衰弱，腿上一个伤口发展成了骨疽。老头子愁眉苦脸，爱发脾气，为自己的病耽心，用不安而又毫无办法的猜疑眼光望着妻子。她忧伤地、自我牺牲地照料他，然而这是在履行职责。儿女也不能使她完全满足——她那颗空虚的心总是在追求什么。

一天晚上在闲聊中我说我很想送一幅肖像给我的"表姐"，可是在维亚特卡我找不到一个画肖像的人。

"让我来试试，"女邻居说，"我过去用铅笔画肖像还可以。"

"我太高兴了。什么时候呢？"

"要是您方便，就在明天午饭前吧。"

"那就定了。我准明天一点钟来。"

这个时候她的丈夫也在场；他一句话没有说。

第二天早晨我收到女邻居的一张便条。这是我第一次收到她写的便条。她很有礼貌地、小心地通知我，她的丈夫不满意她答应给我画肖像，并且请求我原谅病人那种反复无常的怪脾气，她说他应当得到宽恕，最后她建议改一天给我画肖像，不告诉她的丈夫，免得打扰他。

我热烈地、也许可以说是非常热烈地感谢她，不过我不赞成她提出的偷偷画肖像的办法，然而我们这两张便条却使我们亲密多了。她对待丈夫的态度(我从来不曾接触这个问题)现在由她讲了出来。在她和我之间不知不觉地形成了一种秘密的了解,一种反对他的联盟。

晚上我去拜访他们,只字不提画肖像的事。要是她的丈夫稍微聪明一点,他就会猜到发生了什么事;可是他并不聪明。我用眼光感谢她,她用微笑回答。

不久他们搬到省城的另一个区里去了。我头一次到他们家去的时候,看见她一个人在家,在那间还没有完全布置好的客厅里弹钢琴,眼里满是泪水。我请求她弹下去;然而琴声不能协调,她总是弹错,手打哆嗦,脸色也变了。

“这儿多气闷!”她说,连忙离开了钢琴。

我默默地握着她的手,这是一只柔弱的、发烧的手;她的头像沉重的花冠,仿佛痛苦地屈服在某种力量下,俯向我的胸膛,她把她的前额在我的额上紧贴了一下,立刻走开了。

第二天我接到她的一张便条:她有点惊惶,竭力想给昨天发生的事情罩上一层烟雾;她在字条上面说,我去的时候她正处在神经紧张的状态,又说,她不大记得昨天的事情,她感到抱歉,——但是这些话的一层薄薄的面纱掩盖不住字里行间明显地透露出来的热情。

我又去探望他们。这一天她的丈夫稍微好了些,不过他搬到新居以后就没有能起床。我十分激动,引他们发笑,讲俏皮话,讲各种无聊的废话,引得病人笑个不止,不用说,这都是为了掩盖我和她的窘态。而且我觉得这种笑可以使她神往,使她陶醉。

……两个星期过去了。[①] 丈夫的病越来越重,到晚上九点半钟他就要求客人离开,他更虚弱,更消瘦,痛得更厉害。一天晚上,九点钟光景,我向病人告辞,尔太太送我出来。一轮满月照进客厅,在地板上斜斜地铺上三条淡紫色的光带。我打开窗,空气新鲜、洁净,迎面扑了

① 在一九四七年以前的《往事与随想》旧版(包括一九二一年的柏林版)中,这一句以下,到“享受好天气”为止的两三页文字都给删去了。

过来。

“多好的夜晚啊!”我说,“我真不想离开。”

她走到窗前。

“您在这儿待一会儿吧。”

“不行,我这个时候要去给他换绷带。”

“换好了来吧,我等着您。”

她不回答,我捏住她的手。

“您还是来吧。我求您……您来吗?”

“真的不行,我先要穿上便衣。”

“您就穿便衣来吧,我有几次早晨来看见您还穿着便衣。”

“要是有人看见您呢?”

“谁?您的仆人喝醉了,让他去睡吧,至于您的娜达丽雅①……看得出她爱您胜过爱您的丈夫,——而且她对我也很友好。那么又有什么不得了的呢?好吧,要知道现在不过九点过一点儿,就说您托我办一件事,要我等一下……”

“没有点蜡烛……”

“就叫人拿蜡烛来。何况这个夜里亮得像白天一样。”

她还是犹豫不决。

“你来吧,你来!”我在她的耳边小声说,我第一次称她:“你”。

她打了一个哆嗦。

……我等了她半个多小时……屋子里非常安静,我听得见老头子的咳嗽和呻吟,他慢吞吞的谈话声,和一张桌子移动的声音……喝醉了的仆人一边打口哨,一边在门房里长凳②上铺好床,嘴里还骂了几句,过一分钟就打起呼来。……女仆走出卧房的沉重的脚步是最后的声音。……于是完全安静了,又是病人的呻吟,然后又是静寂……忽然听

① 娜达丽雅:普·彼·美德威杰娃的女仆。

② 长凳:指当作长凳用的长板箱。

见沙沙声，地板也发出嘎吱声，还有轻轻的脚步——白色短上衣在门口闪现了。……

她太激动了，开头简直讲不出一句话来，她的嘴唇冰冷，她的手也是冷冰冰的。我觉得她的心跳得很厉害。

“我实现了你的愿望，”她终于说话了，“现在放我走吧。……再见……为了上帝的缘故，再见，你也回家去吧。”她悲戚地央求道。

我紧紧地抱住她，紧紧地把她搂在胸前。

“我的朋友……走开吧！”

这已经不可能了。……Troppo tardi〔意语：太迟了〕……在她的心和我的心跳得这样厉害的时候，要离开她，这是人力办不到的，而且是非常愚蠢的。……我没有走——她留了下来。……月亮把它的光带移到了另一边。她坐在窗前，伤心地哭着。……我吻她的湿润的眼睛，用一绺一绺的发辫揩去眼泪，发辫落到她那苍白无光的肩头，月光照在肩上没有反光，只现出柔和、暗淡的颜色。

我不忍丢下她一个人在这里哭，我压低声音对她讲了一些话。……她望着我，眼睛里透过泪水闪烁着幸福的光，我微微笑了。她好像了解我的心思，双手盖住脸，站了起来，……现在真的是该走的时候了，我拉开她的手，热情地吻了它们，也吻了她——我就走了。

我走过女仆的身边，不敢看她的脸，她默默地让我过去。显得沉重的月亮在往下落，像一个红红的大圆球。朝霞出现了。空气十分清新，风吹在我的脸上，我深深地呼吸，我需要新鲜空气。我快走到家，太阳出来了，好心的人们遇见我，很奇怪我这么早就起来“享受好天气”。①

我沉溺在这种爱情的陶醉中有一个月的光景；然后我的心好像疲倦了，衰竭了；我开始感觉到一阵阵的烦恼；我小心地掩盖它们，努力不要相信它们，我心上发生的变化使我惊奇，——可是爱情一天天地冷了。

---

① 旧版中删节的文字到这里为止。

在那个老人的面前我感到不舒服,同她在一起我感到窘,也感到厌恶。并不是因为这个人对一个既不能爱他、而他想爱她又力不从心的女人拥有世俗和教会所认可的私有权,我觉得自己有错。只是我对自己扮演两面派的角色感到丢脸:假仁假义和心口不一是我平日最反对的两大罪恶。在勃发的情欲占上风的时候,我什么也不管,然而情欲开始冷下来时,我就考虑起来了。

一天早晨,马特维①走进我的寝室,报告我,尔老人"去世了"。我听见这个消息有一种奇怪的感觉,我翻了一个身,并不急于起来穿衣服。我不想看见死者。维特别尔格②走了进来,他穿得整齐。"怎么?"他说,"您还在床上!难道您没有听说发生了什么事情?喂,可怜的尔太太现在是一个人了。我们去看看,赶快穿好衣服。"

我穿好衣服——我们走了出去。

我们发现尔太太昏过去了,或者在一种神经性的昏睡状态中。这不是在装假;丈夫的逝世使她想起自己无依无靠的处境;她孤孤单单带着几个小孩,住在异乡,没有钱,没有亲戚朋友。而且她以前受到大的打击时也会发生这种神经性的昏厥,一连持续几个小时。她躺在那里,脸色像死人一样苍白,脸发冷,双眼紧闭,时不时喘一口气,间或中断了呼吸。

没有一个女人来给她帮忙,向她慰问,帮她照料小孩,照料家务。维特别尔格陪着她;那个充当过预言家的官员和我一起料理后事。

老人又黑又瘦,穿着制服躺在桌上,皱起眉毛,仿佛还在生我的气。我们把他放进了棺材,两天以后把他葬在坟墓里。葬仪结束,我们又回到死者的家;孩子们穿着缝得有丧章的黑衣服,挤在角落里,他们与其说是悲伤,不如说是惊讶和害怕;他们小声交谈,踮起脚走路。尔太太坐在那里,不讲一句话,两手支着头,好像在思索。

---

① 马特维:作者的听差。

② 维特别尔格:作者的友人,一个被流放的美术家。

就是在这个客厅里，就是坐在这张长沙发上，我曾经等待过她，一面倾听病人的呻吟同喝醉了的仆人的咒骂。现在一切都是那么阴暗。……在丧葬的环境中，在神香的香雾中，我悲伤、不安地回想起我至今还不能忘情的那些话，那些时刻。

她的悲痛逐渐平息，她对待自己处境的态度也坚强了些；然后她那张憔悴、忧伤的脸让另外的思想渐渐地照亮了。她带着一种激动不安的探索眼光注视我，仿佛她在等待什么——问话……答复……

我不作声，——她害怕，焦急不安，开始怀疑起来。

这个时候我才明白她的丈夫其实是我替自己辩护的一个借口，——我的爱情已经淡下来了。我不是对她没有感情，绝不是，不过这不是她所需要的那种感情。现在另一种思想方式吸引着我，先前那一阵热情奔放似乎只是为了迷住我，使我明白另一种感情。只有一件事我可以用来替自己辩护，这就是我在恋爱的时候是真诚的。

在我张惶失措、不知道该怎么办的时候，在我胆小、软弱、期待着时间和环境意外地改变的时候，时间和环境却使我的处境更加复杂了。

丘菲亚耶夫看见这个年轻貌美的寡妇无依无靠，一个人给抛在陌生的遥远地方，他作为“一省之父”来向她表示最慈爱的关心。起初我们都以为他真心同情她。可是不久尔太太惊恐地发觉他的关怀并不简单。在丘菲亚耶夫之前的两三个省长就把维亚特卡的太太们当作情妇，丘菲亚耶夫学他们的榜样，毫不迟疑就直截了当地向她表白爱情。不用说，尔太太拿冷淡的鄙视回答他，讥讽他人老心不老。丘菲亚耶夫不肯认输，继续厚颜无耻地纠缠。他看见事情没有进展，就使她明白，她的小孩的命运都给捏在他的手里，没有他帮忙，他们不用想靠公费上学念书；至于她呢，要是她不改变对他的冷淡态度，他就不会给出力。这个受到侮辱的女人像一头受伤的野兽似的跳了起来。

“请出去！不准您的脚再跨进我的门槛！”她指着门对他说。

“咳，您好大的脾气！”丘菲亚耶夫说，他想用一句笑话掩饰过去。

“彼得，彼得！”她朝着门房喊道，丘菲亚耶夫害怕了，他耽心事情闹出去，急得喘不上气来，又羞又窘，跑进了自己的马车。

晚上尔太太把事情的经过全部讲给维特别尔格和我听了。维特别尔格马上就明白那个色鬼虽然碰了钉子自讨没趣逃跑了，可是他绝不会放过这个可怜的女人——丘菲亚耶夫的性格我们全知道。维特别尔格决定不顾一切地援救她。

迫害不久就开始了。给孩子们申请补助的呈文看来就要遭到否决。房东和小店老板讨帐也特别坚决。天知道还会发生什么事情；让彼得罗夫斯基关在疯人院里死去①的人不是好惹的。

维特别尔格家中人口多，生活困难，可是他毫不犹豫，邀请尔太太在他的妻子到达维亚特卡后两三天搬到他的家里去住。尔太太在他那里很安全，因为这个流放人的道德力量很强大。他的不屈不挠的意志，他的高贵的相貌，他的豪放的语言，他那蔑视一切的微笑，连维亚特卡的谢米雅卡②也害怕。

我住在这座房屋的另一部分，和维特别尔格同桌吃饭；这样我们就住在一个屋顶下面了，本来我们应当分隔两地的。

在这样接近的生活里，她明白往事是一去不复返的了。

为什么她偏偏在我极其动摇不定的时期遇到我呢？她本来可以得到幸福，她也应当得到幸福。悲惨的过去结束了，她有可能得到新的、和谐的、爱情生活！可怜的、可怜的尔！爱情的暴风云不可抗拒地涌到我的身上，来势这么热烈，这么令人陶醉，这么叫人神往，然后又消失得无踪无影，这是不是我的错？

……我彷徨无主，感觉到苦难就要到来，不满意自己，生活在惊慌不安之中；我又喝起酒来，想在闹中取乐，消愁也好，不能消愁也好，总觉苦闷重重排遣不了，我等着 Natalie〔法语：娜达丽雅〕从莫斯科寄来几行书信，就像在充满尘埃的炎热中等待清新的空气那样。这

---

① 这是丘菲亚耶夫搞的一件冤案，见第十四章。

② 谢米雅卡：季·尤·谢米雅卡（1420—1453）：兹韦尼哥罗德和加利奇-柯斯特罗马封地的公爵，以残暴和道德败坏出名。这里指丘菲亚耶夫。

个快成年的少女秀美的形象越来越光辉地超出我的情感骚动之上出现在我的眼前。我对尔太太的爱的冲动使我看清楚了自己的心,打开了它的秘密。

我对于不在我跟前的堂妹的感情越来越深,但是把我同她联在一起的感情是什么,我却不明白。我对这感情已经习惯,并没有留心它有没有发生变化。

我的信中的语调越来越不安;一方面我深深感觉到自己不仅过去对尔太太犯了罪,而且我的沉默又使我对她犯下新的撒谎的罪行。我觉得我堕落了,我不配接受另一个人的爱情……而爱情却是不断地生长。

“妹妹”这个称呼使我感到拘束,现在我对友爱已经不满足了,这种温和的感情显得冷漠。她的来信每一行都流露出她的爱情,然而我还是觉得不够。我需要的不单是爱情,而且是明显的表白,我就写道:“我向你提出一个奇怪的问题:你是不是相信你对我的感情——只是友爱?你是不是相信我对你的感情——也只是友爱?我不相信。”①

“你好像有些不好意思,”她回答道,“我知道你的信使你比使我更吃惊。放心吧,我的朋友,它绝对不会改变我的什么,它不会使我对你的爱增加一分,或者减少一分。”②

但是话说出来了;“雾消散了,”她写道,“天又晴朗、又明亮了。”③

她愉快地、毫无顾虑地把整个身心献给她所说的那种情感,她的信是一首少年时期的情歌,从孩子般的小声私语开始,发展到强烈的抒情诗。

她写道:

也许你现在坐在书房里,没有写字,没有看书,只是若有所思

---

① 摘录一八三五年十月十四日作者写给娜达丽雅的信。
② 摘录一八三五年十二月三日娜达丽雅的回信。
③ 摘录一八三六年一月二日娜达丽雅的信。

地抽雪茄烟,眼睛望着不明确的远方,有人走进来向你打招呼,你也不回答。你的思想在什么地方呢?你的眼光在看哪里呢?不用回答,让它们到我这儿来吧。①

……

让我们回到童年吧,让我们指定一个小时,在这一个小时里我们两个人都在室外,在这一个小时里我们可以相信除了距离再也没有其他什么分隔我们。那么晚上八点钟你大概也有空吧?前几天我在这个时间走到门口台阶上——可是马上又转身回去了,我想你是在屋子里。②

……

看你的信,看你的画像③,想到我的那些信,想到手镯④,我真愿意一步跨过一百年,看看那时它们的命运怎样。那些我们当作神圣的东西,那些医治了我们身体和心灵的东西,那些我们谈论过的东西,那些在我们分别的时期给我们彼此代替过对方的东西,所有这些武器我们用来防止人们的侵犯、防止恶运的打击、防止自己的损害,在我们死后它们会怎样呢?它们还会保存着它们的力量、它们的灵魂吗?它们会唤醒、会温暖别人的心吗?它们会讲述我们的故事、我们的痛苦、我们的爱情吗?它们会得到哪怕一滴眼泪作为酬劳吗?我想到你的画像有一天会挂在不知谁家的书房里,没有人注意,或者说不定一个小孩会拿它来玩,打碎玻璃,损坏面貌,我多么难过。⑤

---

① 摘录一八三六年九月三日娜达丽雅的信。

② 摘录一八三七年五月六日娜达丽雅的信。

③ 画像:一八三六年九月亚·维特别尔格绘的作者的肖像,作者的父亲作为生日礼物送给娜达丽雅。

④ 手镯:作者一八三七年三月三日给娜达丽雅的信中提起收到她送来的手镯,这是她用自己的头发做的,她还写了这样的话:“我拿我四分之三的辫子都放在这里了。”

⑤ 这一段话是从娜达丽雅一八三七年三月二十八日和二十九日写的两封信中摘抄下来凑在一起的。

我的信却不是这样：①在饱满的、热烈的爱情的中间透露出自怨自艾的、追悔的痛苦声音，尔太太的无声的责备折磨着我的心，在我的明朗的感情上投下了阴影；我觉得自己好像是一个说谎的人，可是我并没有讲过假话。

我怎么承认呢，怎么在一月里对尔太太说我八月里向她求爱是错误呢？她怎么能相信我的话的真实性呢？要说是有新的爱情倒容易使人相信，说是变了心，倒更简单。那个不在这里的人，她的遥远的形象怎么能和眼前的这一位竞争呢？另一股新的爱流怎么能通过那个熔炉出来变得更明确、更强烈呢——这一切我自己也不明白，不过我觉得这一切全是真实。

而且尔太太本人用蜥蜴般的难以捉摸的机灵敏捷回避了任何认真的解释；她觉察出了危险，一面在寻找谜底，同时又避开事实。仿佛她已有预见我的话会揭露可怕的真情，这样一来一切都完结了，因此她总是在她感到危险的时候打断了话头。

她起先观察她四周的人，有几天她把一个年轻、活泼、动人的德国少女当作她的情敌，其实这个少女在我的眼里不过是一个小姑娘，我喜欢她，我同她接近，不感到拘束，正因为我们在一起彼此都没有想到爱情。过了一个星期她看出来波林娜②一点也不危险。不过我还得讲几句波林娜的事情，才可以把故事讲下去。

在维亚特卡社会救济厅的药房里，药剂师是个德国人，这是不足为

---

① 娜达丽雅的信和我的信在文体上相差很大，特别是在我们开始通信的时期；后来逐渐接近，最后就一致了。在我的信中除了真挚的感情外，还有不自然的造句，雕琢的、卖弄的文字，看得出来雨果派和法国新小说家的影响。她的信中就没有这样的东西；她的语言朴素，有诗意、真诚，看得到的唯一的影响就是福音书的影响。当时我总想写得漂亮，却写得很坏，因为这不是我熟悉的语言。在脱离实际的环境中生活，而又读书过多，反而使一个年轻人长期不能自然地、朴素地讲话、作文；一个人只有在他的文体确定而且形成自己的风格时，他的智力才开始成熟。——作者原注

② 波林娜：即波林娜·特罗姆彼得尔，作者在维亚特卡流放期间的朋友，后来同斯克沃尔左夫结婚。

奇的。我们奇怪的是他的助手是俄国人，却姓包尔曼。我同这个人认识了；他的妻子是维亚特卡一个小官吏的女儿，她的辫子是我所见过的最长、最密、最好看的一条。起初药剂师费迪南·鲁尔科维乌斯本人不在，我经常同包尔曼一起喝“冒汽的饮料”和由药剂师艺术加工的“健胃的”药酒。药剂师到勒佛尔①去了，他在那里认识了一个年轻姑娘，向她求婚。她刚刚才认识他，就答应同他结婚，这是一般少女尤其是德国姑娘常有的事；她一点也没有想到他要把她带到什么样的荒野里去，可是结婚以后他们要动身的时候，她就害怕起来，又感到绝望。药剂师为了安慰他年轻的新娘，便邀请她的一位远亲，一个十七岁的少女陪伴他们到维亚特卡。这位年轻姑娘并不知道“维以亚特卡”是个什么地方，就更轻率地答应了。两个德国姑娘都不会说一句俄国话，而在维亚特卡，会讲德国话的人不到四个。连中学的德语教师也不懂德国话，这件事使我非常吃惊，我居然直率地问他怎么教德语。

“按照文法书、按照对话书②教。”他回答道。

他向我说明他原来是数学教师，但是数学课并不缺少教师，他就暂教德语，因此他只拿一半的工资③，两个德国姑娘正无聊得要死，看见一个会讲德国话的人，虽然他讲得不好，但至少可以使人明白他的意思，她们非常高兴，就请我喝咖啡和一种清凉饮料〔德语：Kalte Schale〕。她们把她们所有的秘密、愿望和希望全告诉了我；两天以后她们就拿我当作朋友，而且用甜食、桂皮糕来招待我。两位姑娘都是受过很好的教育，也就是说她们把席勒④记得很熟，会弹钢琴、唱德国歌曲。她们两

---

① 勒佛尔：即爱沙尼亚的首府塔林。

② 对话书：指学习外语的会话手册一类的书。

③ 然而“开明的”地方当局却任命著名的东方学专家威尔尼柯夫斯基做维亚特卡中学的法语教员，威尔尼柯夫斯基是柯瓦列夫斯基和米茨凯维奇的朋友，因费拉列特派一案被判处流放罪。——作者原注

费拉列特派：又称为“品德之友”，十九世纪最初二十多年中间在维尔纳大学成立的波兰学生的秘密团体。他们的宗旨是增长学识、救济穷人、宣传正直、公平的理想。诗人米茨凯维奇就是这个团体的成员。一八二二到二三年他们受到迫害，成员被逮捕，有的人给判处徒刑，有的人被流放出去，还有一些人就给送到军队服兵役。

④ 席勒：参看第75页注③，这里指席勒的著作。

个人相同的地方就只是以上这些。药剂师的夫人有高高的身材，金黄色头发，动作慢缓，人长得十分好看，却常常面带睡容，显得无精打采；她非常善良，有这样身体的人的确也很难做坏事。她始终相信她的丈夫就是她的丈夫，她平静地、不变地爱着他，下厨房、洗衣服，在空闲时候读小说，而且及时顺利地给药剂师生了一个身体虚弱的金黄色头发的女儿。

她的朋友身材矮小，皮肤略带黑色，是个淡褐色头发的女人，非常健康，一双黑色大眼睛，有一种独立自主的气概，是一般老百姓的健壮美的典型；她的举止和谈话中都显示出旺盛的精力，有时候药剂师（他是一个枯燥无味、十分吝啬的人）对妻子讲了几句不礼貌的话，他的妻子听了嘴唇上落着微笑，睫毛上现出泪珠，波林娜在旁边红着脸狠狠地瞪了正在生气的药剂师一眼，他立刻平静下来，装出忙碌的样子到实验室去了，在那里他把各种不干净的东西捣碎，拌在一起，用来恢复维亚特卡官员们的健康。

我喜欢这个能够保护自己的天真的姑娘，我也不知道事情是怎样发生的，可是我对她第一个讲了我的恋爱，并且给她看了几封娜达丽雅的来信。只有长年生活在陌生人中间的人才懂得重视这种真诚的谈心。我很少谈我的感情，但有些时刻我非常愿意吐露自己的胸怀，到了难以忍受的地步，甚至现在还是如此。何况那个时候我只有二十四岁，而且刚刚明白我在恋爱。我能够忍受分离，我也受得了沉默，可是遇见另一个单纯到毫无做作的刚成年的少女，我就忍不住向她吐露我的秘密。她因为这个多么感谢我，她对我也有很大的帮助！

维特别尔格同我的谈话总是严肃认真的，有时候也使我厌烦；我同尔太太的那种难以忍受的关系折磨着我，使我在她面前感到狼狈。晚上我常常去找波林娜，朗读些无聊的小说给她听，听她那响亮的笑声，或者听她特别为我唱的 *Das Mädchen aus der Fremde*〔德语：《外国的姑娘》〕，[①]她唱这首

① 《外国的姑娘》：席勒的诗。

歌的时候，她和我都想到另一个遥远地方的姑娘；云散了，我心里充满真实的快乐与宁静的舒畅，安静地回到家去。这时药剂师已经泡制好他最后的合剂，涂好了他最后的膏药，就过来拿一些荒谬的政治问题来麻烦我——不过总是在我喝了他配的“药”，吃了 der Frau Apothekerin〔德语：药剂师太太〕的白白的小手做的鲱鱼色拉之后。

……尔太太很痛苦，我由于可怜的软弱等待着时间给我带来意外的解决，就让我这种半欺骗的状态延长下去。我上千次地想到尔太太那里去，跪倒在她的脚下，对她讲出一切，忍受她的愤怒和她的轻视。然而我害怕的不是她的恼怒（我倒高兴接受它）——，是她的泪水。一个人要对坏事有丰富的经验，才能够受得了女人的眼泪，才能够在热泪还顺着发烫的脸颊流下来的时候怀疑它们是否真实。何况她的眼泪是真诚的。

许多时间就这样过去了。外面在传说我的流放期快要结束。看来我坐上马车奔向莫斯科的日子近了；熟人的面孔在我的眼前闪现，在这些面孔中间，而且超过这一切的是我朝夕思念的脸庞；但是我刚刚沉醉在这样的美梦中，我就看见尔太太的苍白的、哀愁的面颜，她仿佛坐在马车里我的对面，满眼泪水，带着痛苦和责备的眼光望着我，我的快乐消失了，我同情她，我非常同情她。

我不能再处在这种尴尬的境地，下了决心，鼓起勇气要冲出去。我给她写了一封完全的自白书。我激动地、坦白地告诉她全部真相。第二天她没有出房门，说是有病。一个罪人由于害怕被揭发所感到的痛苦，我那一天完全感受到了。她又患了神经麻木症——我不敢去看望。

我需要更多的自省；我把维特别尔格拉来同我一起关在我的书房里，对他讲了全部的事情。起初他吃了一惊，随后他不像审判官的样子，却用对待朋友的态度听我讲下去；他不拿问话来折磨我，不向我宣传陈腐的道德，只是想帮助我设法减轻缓和这次的打击——只有他一个人能办到。他对他所爱的人的感情从来是十分热烈。我本来害怕他的严格作风，然而他对我和对尔太太的友谊超过了这个。对，我可以把这个不幸的女人托付给他，是我完全毁了她这凄惨的一生；她在他的身上找到了强大的精神支持和权威。尔太太像尊敬父亲一样地尊敬他。

早晨马特维交给我一封信。我几乎整夜都没有闭眼，我焦急不安地用打哆嗦的手启了封。她用柔顺的、高尚的和深切哀伤的调子给我写信；我的雄辩的花朵掩盖不住下面的毒蛇，在她那些和解的语言中间还可以听见一颗受伤的心压低的呻吟和用了最大努力忍住的痛苦的叫喊。她为我的新生活给我祝福，祝愿我幸福，她称娜达丽雅做“妹妹”，向我们伸出手来，表示忘记过去，表示今后的友谊——好像是她有错！

我反复读着这封信，边读边哭。Qual cuor tradisti！〔拉丁语：你背叛了什么样的心！〕

以后我还见过她；她向我伸出友谊的手，可是我们在一起感到拘束，好像我们两个人都隐瞒了什么，每个人都害怕提到什么事情。

一年前①我听到了她的噩耗。

我离开了维亚特卡，关于尔太太的回忆长时间折磨着我。以后我静下心来，就动手写一篇以尔太太为主人公的中篇小说。② 我描写叶卡捷琳娜二世时期的一个年轻贵族，他抛弃了爱着她的女人，和另外的女人结了婚。那个爱他的女人憔悴而死。她的死讯对他是一个沉重的打击，他变得忧郁、深思，后来甚至神经错乱。他的妻子是温顺和自我牺牲的模范，她想尽了办法，在他暂时平静的时候带他到处女修道院去，同他一起跪在不幸女人的墓前要求她的宽恕和保佑，从修道院的窗里传来祷告词，轻柔的女性的声音唱着宽恕的歌，——年轻贵族的病治好了。中篇小说没有成功，我写这篇小说的时候，尔太太并不曾想到去莫斯科，只有一个人猜到我和尔太太之间的关系，那就是“永久的德国人”③卡·

① 一年前：指作者写这篇回忆的时间的一年前，即一八六〇年。

② 中篇小说：这篇小说没有写完，题目是《叶莲娜》，写于一八三六到一八三八年，作者给娜达丽雅看过。

③ “永久的德国人”：即“流浪的德国人”，指仲伦倍格，他作过作者好友尼·奥加略夫的家庭教师。这个外号是从“流浪的犹太人”的典故来的。

伊·仲伦倍格。一八五一年我母亲遇难[①]以后，我们就没有再得到他的消息。一八六〇年一位旅行者告诉我他认识八十岁的卡尔·伊凡诺维奇，给我看卡·伊写的一封信。在这信的“附言”里那个人告诉他尔太太病逝，还说我哥哥[②]把她葬在新处女修道院里面！

我不用说，他们都没有读过我的中篇小说。

---

① 遇难：指轮船沉没、作者的母亲葬身海里。

② 哥哥：指叶戈尔·伊凡诺维奇，长期病人。由于奇怪的巧合，他好久就爱上了美德威杰娃。——法译者注

第二十二章　我离开后的莫斯科

我在弗拉基米尔的平静生活，很快就被莫斯科来的消息搅乱了，现在这消息从四面八方传来。这些消息把我弄得非常难过。为了使大家明白这究竟是怎么回事，必须回过头去谈谈发生在一八三四年的事。

我在一八三四年被抓起来的第二天，是公爵夫人的命名日，因此娜达丽雅在墓地与我道别时对我说："明天见。"她在等我；来了几位亲戚，突然我的堂弟①也来了，他详细讲了我被捕的经过，这消息完全出乎她的意料之外，把她惊呆了，她站起来，想到另一个房间去，可是刚走了两步就摔倒在地，失去了知觉。公爵夫人把什么都看在眼里，明白了一切，她拿定主意要跟我们作对，想尽一切办法来阻挠这个正在萌生的爱情。

为什么呢？

我不知道。近来，即我大学毕业后，她对我非常好，但是，我的被捕，关于我们自由主义的思想方式，关于我背叛正教教会和参加圣西门"教派"等等传闻，使她极为震怒；她从此只管我叫"国事犯"或者把我称做"伊凡弟弟的不幸儿子"。亏了"枢密官"德高望重，她才肯让娜达丽雅到克鲁季次兵营去同我告别。

幸好，我被流放了，公爵夫人还有许多时间可以利用。"这个彼尔姆和维亚特卡在哪里呀，——大概，他不是客死他乡，就是在那里给人家结果了性命，而主要是——他在那里会把她给忘了的。"

---

① 指谢尔盖·利沃维奇·利沃夫-利维茨基，即在第十九章中提到的侄儿。

但是,好像故意同公爵夫人作对似的,我的记性很好。娜达丽雅跟我的通信,本来一直瞒着公爵夫人,现在终于暴露了,于是她严禁男女用人给这个年轻姑娘送信,或者帮她去寄信。过了一两年后,人们开始谈论我快要回来了。

如此说来,说不定,有朝一日,弟弟的这个不幸的儿子会猛地推开门,走进来,还犹豫什么呢,别拖啦,——赶快把她嫁出去,免得遭那个国事犯,那个不信教和没有规矩的人的祸害。

过去,公爵夫人常常唉声叹气地谈到这个贫穷的孤女,说什么她几乎一无所有,她也不能总是挑三拣四的呀,她想趁她在世的时候好歹给她找个婆家。从前,她还果真同她的食客们一起,给一个没有财产的远亲好歹找了个婆家,把她嫁给了某个书吏。这位姑娘善良、可爱,很有文化修养,她为了让自己的母亲放心,出嫁了;但是,大约过了两年,她死了,但是那书吏还活着,他出于感激仍旧为公爵夫人的事奔走效劳。但是现在,情况完全不同,这孤女根本不是个穷新娘,公爵夫人准备像嫁亲生女儿似的把她嫁出去,光是钱,她就准备给她十万卢布,此外,还要留给她一笔遗产。具备这样的条件,不仅在莫斯科,甚至随便什么地方都可以找到个乘龙快婿,何况有她还有那个女陪伴,公爵夫人的头衔以及那些到处吃白食的老太太们帮忙呢。

窃窃私语和各种各样的闲言碎语——再加上侍女们的传话,终于把公爵夫人的好意照拂传到这个不幸的牺牲者的耳朵里了。她对那个女陪伴说,她决不接受任何人的求婚。于是便开始了不间断的、带有侮辱性的、毫不留情和丝毫不顾及任何体面的迫害,——这迫害是每分钟都不间断的、琐屑的,抓住你的一举一动和说的每一句话,横挑鼻子竖挑眼。

……你想,恶劣的天气,可怕的寒冷,风,雨,阴霾的、毫无表情的天空,让人非常讨厌的小房间,似乎,刚把死人从这里抬出去似的,而这里的孩子没有目的,甚至毫不快乐地又吵又闹,大呼小叫,破坏和弄脏所有接近他们的东西,如果只是作为旁观者看着这些孩子,还好说,可是有时候还硬要你参加到他们中间去。

她从乡下写来的一封信说,——因为公爵夫人夏天到乡下去度假了,她继续写道:

我们这里有三个老太婆,她们仨都讲到她们死去的丈夫得了瘫痪,她们怎么服侍他们——可她们不说这话也已经够冷的了。

现在,除了这个环境以外,又加上了不断的迫害,不仅是公爵夫人迫害她,甚至那些可怜的老太婆也迫害她,不断地折磨娜达丽雅,劝她快点儿出嫁,而且还骂我;对她所遭受的一连串的不愉快,她在信中大都只字不提,但是有时候她心中的苦涩、屈辱和寂寞也会占据上风。她写道:

我不知道她们想方设法地压迫我还能想出什么花招来,难道她们绞尽脑汁就是为了作践我吗?你知道吗,她们甚至都不许我到另一个房间去,甚至在同一个房间换个地方都不行!我很长时间没有弹钢琴了;下人给了我一盏灯,我走到客厅里。她们会发发慈悲也说不定;可是她们不许,硬要我回去织毛线;那么让我坐在另一张桌子旁总可以了吧?坐在她们身旁我真觉得受不了。不行,硬要我坐在这里,挨着牧师老婆,就得让你坐在这里听、看、说——可是她们说来说去都在说费拉列特社和议论你。霎时间我感到很恼火,我涨红了脸,忽然一种沉重的伤感压迫着我的心,这倒不是因为我必须做她们的女奴,不……我非常可怜她们。

开始正式说媒了:

今天有位太太到我们这里来,她爱我,但是因为这事,我不爱她……她费尽心机地想安排我的终身大事,这使我很恼火,她一走,我就唱道:

我宁可盖上裹尸布,

也不愿披上婚纱，
嫁给一个我所不爱的人。

过了几天，在一八三七年十月二十六日，她写道：

我的朋友，你简直想象不出我今天受了多大洋罪。她们把我打扮好了，带我去见斯维契娜，她从小就对我十分亲热，亲热得过了头，每星期二，斯纳克萨列夫上校都要到他们家打牌。请你设想一下我的处境：一边是老太太们坐在牌桌旁打牌，另一边则是一些不三不四的人和他。谈话和人——这一切是那么与我格格不入，令人感到奇怪、厌恶，这一切是那么没有生气和庸俗，我坐在那里，自己也像个雕像似的，不像个活人；我觉得，在那里发生的一切就像做了一场让人透不过气来的噩梦，我像个小孩似的不断要求回家，可是没人理我。主人和那个客人的关心使我感到压抑，他甚至还用粉笔写我的名字的花体字，写了一半；我的上帝，我再也受不了啦，我认为我可以依靠的人一个也靠不住；我一个人——站在悬崖边上，许许多多人，用尽了浑身力气，想把我推下去，有时候我真感到累了，筋疲力尽——你又不在身边，远处又看不见你；但是一想起你——我就精神倍增，奋然跃起，准备穿上爱情的铠甲，重新投入战斗。

然而，那上校却得到了所有人的喜欢，“枢密官”对他很亲热，我父亲也认为“再也找不到，也不可能希望找到比他更好的未婚夫了”。娜达丽雅写道：

甚至德·巴·（戈洛赫瓦斯托夫）大人也对他很满意。公爵夫人没有对我明说，但是却增加了压力，催促大家快办。我曾试图在他面前装作一个彻头彻尾的“傻瓜”，以为可以把他吓跑。可是一点儿也没有吓住他——他倒来得更勤了。

她写道：

昨天艾米利雅来看我，她说："如果我听说你死了，我一定会高兴得画十字和感谢上帝的。"在许多方面，她说得也对，但是也不全对，她心里只有悲伤，她完全明白我心里的痛苦，但是爱情使我心中充满的幸福，她却未必能体会到。

然而公爵夫人也没有泄气。娜达丽雅补充道：

为了问心无愧，公爵夫人召来一位跟斯纳克萨列夫认识的神父，问他强迫我出嫁是不是一种罪孽？神父说，为一个孤女安排归宿，这甚至是上帝喜悦的。我打发下人去把听取我忏悔的神父找来，我要向他公开一切。

十月三十日：

这是衣服，这是明天的穿戴，那里是圣像和戒指，大家都在忙忙碌碌，加紧准备，——可是一句话也不对我说。纳萨金一家①和别的一些人也都请来了。他们准备给我一个惊喜——我也在准备给他们一个惊喜。

晚：

现在他们正在商量。列夫·阿列克谢耶维奇（枢密官）也在这里。你常常劝我，——不必要，我的朋友，我会摆脱这些可怕的丑恶场面的，即使把我套上锁链也休想把我抓了去。你的形象照耀着我，不必为我耽心，可是我的伤感，我的悲伤是神圣的，它们是如此有力地、紧紧地拥抱着我的心，如果硬要把它们扯开，只会让人觉得更疼，伤口将会开裂。

然而，这事不管怎样掩饰，怎样伪装，上校还是不能不看到这姑娘对他十分厌恶；他开始来得少了，推说有病，甚至还暗示必须增加陪嫁，

① 纳萨金一家，即公爵夫人的女儿娜·费·霍万斯卡雅的婆家，在后者死后，仍与公爵夫人保持着友好的不定期的往来。

这使公爵夫人十分恼怒，可是她还是忍气吞声，答应再给一处莫斯科近郊的庄园。这一让步，他恐怕没有料到，因为他从此彻底销声匿迹了。

平平静静地过去了大约两个月。突然沸沸扬扬地传说，我将被调到弗拉基米尔。于是公爵夫人对保媒说亲的事做了最后的绝望挣扎。她的熟人中有一个人，她的儿子是军官①，他刚从高加索回来，他很年轻，有教养，而且为人非常正派。公爵夫人放下架子，亲自托他姐姐去"试探"一下弟弟，问他是否愿意成亲。他听从了姐姐的规劝。但是我的那位年轻姑娘却不愿意再次扮演那同样令人憎恶的无聊角色，她看到事情正在发生严重变化，于是便给他写了一封信，直接、公开而又简单地告诉他，她另有所爱，她相信他的人格，请他不要再来给她增添新的痛苦了。

于是那位军官便婉言谢绝了这门亲事。公爵夫人吃了一惊，感到受了侮辱，决心要弄清楚这到底是怎么回事。那名军官的姐姐，因为娜达丽雅曾亲自跟她说过，于是她就向弟弟保证决不向公爵夫人透露任何情况，但是她却把一切都告诉了公爵夫人的女陪伴。不用说，她立刻就向公爵夫人告发了。

公爵夫人勃然大怒，气得差点儿闭过气去。因为她一时想不出还有什么好法子，她于是命令我的这个年轻姑娘回到楼上她自己的房间去，不许待在她眼前；她觉得这还不够，又吩咐把她的房门锁上，让两名侍女坐在她门口看着她。后来她写信给自己的几个弟弟和自己的外甥，请他们到她这里来有事相商，说她难过和伤心极了，对她遇到的这件不幸的事简直莫名其妙。我父亲拒绝了，说他忙不过来，同时也根本不必对所发生的这件事那么看重，再说他对这种男婚女嫁的事是外行，分不清谁是谁非。"枢密官"和德·巴·戈洛赫瓦斯托夫则于第二天晚上应召前往。

他们商量了很久，在任何问题上都没有达成一致意见，最后要求见

---

① 指亚·奥·米尼茨基。

见那名囚徒。我的那位年轻姑娘去了;但她已经不是从前他们认识的那个沉默寡言、羞羞答答的孤女了。从她的镇静而又高傲的面部表情上就可以看出她那不可动摇的坚强决心和一言既出驷马难追的决定;她已经不是孩子,而是会去捍卫自己的爱情——我们的爱情的坚强女性。

"被告"的态度搅乱了神圣的最高法庭。他们觉得挺尴尬;最后,德米特利·巴甫洛维奇这位 l' orateur de la famille〔法语:家庭演说家〕,长篇大论地叙述了一通他们到这儿来聚会的原因、公爵夫人感到伤心的事,即她衷心希望能够安排好她的养女的终身大事,可是作为受益方的这位养女却奇怪地不予合作,等等。"枢密官"点了点头,并伸出食指表示他赞同他外甥说的话。公爵夫人一言不发,别转头坐着,在闻嗅盐。

"被告"全部听完他们说的话以后竟老实巴交地问道,他们要她做什么?

"我们根本不是来要求您做什么,"外甥说,"我们是奉姨妈之命到这里来的,为的是给您提一些忠告。不是给您介绍了一门各方面都很好的亲事吗?"

"我不能接受这门亲事。"

"这究竟是因为什么呢?"

"你们自己知道。"

这位家庭演说家稍涨红了脸,闻了点儿鼻烟,眯起眼睛,继续道:

"这门亲事的确有许多足以让人提出不同意见的地方,但是我要提请您注意,您的希望也是靠不住的。您已经很久都没有见过我们那位不幸的 Alexandr〔法语:亚历山大〕①了,他还那么年轻,而且血气方刚——您有把握吗? ……"

"有把握。不管他本人有什么打算,反正我不能改变我的主意。"

① 即本书作者赫尔岑。

外甥黔驴技穷，用尽了他的三寸不烂之舌，站起来，说道：

“愿上帝保佑您，愿上帝保佑您不要后悔！我很耽心您的未来。”

“枢密官”皱着眉头；现在不幸的姑娘又转过身来对他说话。

她对他说道：“您一向对我表示同情，因此我恳求您救救我，您爱怎么办随您，但是请您让我脱离这种生活。我没有对任何人做过任何对不起他的事，现在我也不要求任何东西，也不会要弄任何手段，我只想嫁给一个人时既不欺骗人家，也不致毁了我自己。简直无法想象，为了这事我受了多少痛苦啊，我必须当着公爵夫人的面把这事说清楚，我感到很痛苦，但是要忍受她的女陪伴的侮辱、十分气人的话和指桑骂槐的暗示，我实在受不了。我不能，也不应该听任有人以骂我为名侮辱他……”

她太激动了，大颗大颗的泪珠从她的眼睛里流出来；“枢密官”跳起来，十分激动，在屋里走来走去。

这时，那名女陪伴怒不可遏，忍不住对公爵夫人说道：

“好一个‘乖乖女’——这就是她对您的回报！”

“她说谁？”“枢密官”叫道，“啊？姐姐，您怎么会允许这个女人（鬼知道她是什么人）当着您的面这样说您的侄女儿呢？再说，这个臭娘们怎么会在这里？您也请她来一起商量了？她是您的什么人——是您的亲戚吗？”

“亲爱的，”公爵夫人吓坏了，回答道，“你知道她是我的什么人，亏了她一直伺候我。”

“对，对，这很好嘛，那就让她递茶送药，该送什么送什么好了：现在说的不是这事——ma sœur〔法语：姐姐〕，我要问您的是，当我们在讨论家务的时候，她到这里来干吗？居然还敢大声嚷嚷！看到这样的情况以后，不难想象她一个人的时候是怎么胡作非为的，然后您就来诉苦。——来人哪，备车！”

女陪伴哭得死去活来，满脸涨得通红，跑了出去。

“您干吗让她这么嚣张？”“枢密官”余怒未消，继续道，“她总以为她还坐在兹维尼戈罗德的小酒店里;您怎么不觉得恶心呢?”

“劳驾,你就别说啦,我的朋友,现在我心烦意乱——啊呀!……你可以上楼去待着啦。”她又转身对侄女加了一句。

“早就该把这一类巴士底狱①彻底消灭。这一切都是扯淡,毫无用处。”“枢密官”说,抓起了帽子。

临走前,他跑到楼上。娜达丽雅正为所发生的一切感到十分激动,坐在安乐椅上,两手捂着脸,在痛苦地哭泣。老人拍了拍她的肩膀,说道:

“别哭了,别哭了,一切都会改变的。你要努把力,别让姐姐生你的气,她是个有病的女人,要让着她点儿;要知道,她终究是为你好;好了,反正没人会强迫你结婚,这点我可以担保。”

“还不如进修道院,进寄宿学校,到唐波夫去,到彼得堡去找我哥哥②呢,总比在这里看人家的脸色强!”她回答。

“嗯,好了,好了!要努力让姐姐安静下来,至于那蠢货,我一定不让她对你无礼。”

“枢密官”走到客厅时遇见了那个女陪伴。“请你不要忘乎所以!”他对她叫道,伸出一只手指威胁她。她一面大哭,一面跑进卧室,公爵夫人已经躺在床上,四个侍女在给她按摩两手和两脚,在用醋给她擦太阳穴,把一种叫霍夫曼的药水滴进白糖。

于是这个家庭会议就这样结束了。

明摆着,这位年轻姑娘的处境决不会因此而好转。女陪伴开始变得谨慎了些,但是现在她对她已经有了个人恩怨,想在她身上要为她所受到的闲气和屈辱报仇,她用一些琐屑的、间接的手段来毒化她的生活,不言而喻,公爵夫人也参加了对这个没有自卫能力的年轻姑娘的不光彩的迫害。

---

① 法国巴黎的国家监狱,法国封建专制制度的象征。

② 指阿·亚·雅科甫列夫(“化学家”)。

必须结束这种状况。我决定直接走上前台，我给我父亲写了一封真诚的、心平气和的长信。我向他谈了我的爱情，因为我预见到他会怎么答复我，又加了一段，说我毫无催促之意，我给他从容观察的时间，让他看看这感情是否是转瞬即逝的，但是我请他做到一点：让他和"枢密官"设身处地地替这个不幸的姑娘想想，并让他们不要忘记，他们对她的事拥有和公爵夫人同样多的权利。

对此，我父亲回信说，他最讨厌干涉别人家的事了，公爵夫人爱在自己家里做什么，这与他无关；他劝我放弃这些无聊的想法，因为这都是由"流放生活中无所事事和寂寞无聊造成的"，还不如做好准备，到国外去旅行一趟。过去我常常跟他谈到我想出国的事，他知道我非常想出国，但是他认为要出国尚有许多困难，而且最后总是说："你先让我闭上了眼睛，然后随你到哪里去都成。"流放后，我就失去了很快出国旅行的任何希望，我知道很难获得批准，再说，我在被迫离家之后再坚持自动离家，我觉得也太不近人情了。我记得，在我动身去彼尔姆的时候老人眼睑上抖动的泪珠……现在我父亲却主动提出来让我出国！

我很坦率，写信的时候不忍太伤老人家的心，我提出的要求那么低，——可是他却用讽刺和狡猾的伎俩回答我。"他不愿意为我做任何事情，"我自己对自己说，"他像基佐[①]一样，鼓吹 La non-intervention〔法语：不干涉政策〕；好吧，我自己来干，现在我再不让步了。"过去我从来没有考虑过怎么来安排未来；我相信，我知道，未来是属于我的，是属于我们的，至于如何实现这未来，细节问题就不去管它了，可以见机行事；意识到我们在相爱，这就够了，至于我们的愿望，从来没有超出过短暂的见面。我父亲的来信迫使我把未来掌握在自己手里。没有什么可等待的，——cosa fatta capo ha〔意语：做过的事是无法挽回的〕！[②] 我父亲不是一个容易被感情打动的人，至于公爵夫人——

---

① 基佐（1787—1874）：法国历史学家和政治家。七月王朝期间，历任内务大臣、国民教育大臣、外交大臣和首相。

② 此处意为"豁出去了"。

让她哭去吧……

这对她根本算不了什么！①

这时，我哥哥和克〔彻尔〕到弗拉基米尔来做客。我同克〔彻尔〕接连好几天作彻夜长谈，我们回忆往事，畅叙别后，含着眼泪笑，又笑到流眼泪。他是我离开莫斯科后看到的我们那帮人里的第一个人。我从他那里打听到了我们那个小组的大致情况，究竟发生了哪些变化，大家在研究哪些问题，新增加了哪些人，那些离开莫斯科的人又到哪里去了，等等。一切问题都谈过之后，我谈了我的打算。我们商量这事应该怎么办，最后克〔彻尔〕提出一个建议，这建议的荒唐我是以后才发觉的。他希望以和为贵，最好以和平方式解决，他想去找一下我的父亲（他跟我父亲只有点头之交），跟他严肃地谈谈。我同意了。

当然，克〔彻尔〕既能做任何好事，也能做任何坏事，惟独干不了外交谈判，尤其是跟我父亲。一切足以把事情彻底搞坏的东西，他无不高度具备。他这个人一出现就足以让任何保守派感到沮丧和警惕。他个子很高，头发横七竖八，梳得奇奇怪怪，没有任何统一的发式，脸形刺目，很像一七九三年国民公会②的许多议员，尤其像马拉③，也长着那么一张大嘴，嘴上也带着那么一种鄙夷不屑的刺眼的神态，脸上也带着一种既伤感又恨的悲愤的表情；此外还得加上一副眼镜，一顶宽边草帽，非常暴躁的脾气，很大的嗓门，不习惯控制自己，随着心头火起，眉毛会越竖越高。克〔彻尔〕很像乔治·桑出色的长篇小说《奥拉斯》中的拉腊维尼埃④，再掺和上一些拓荒者⑤和鲁宾孙⑥的气质，再加上一

---

① 莱蒙托夫的诗《遗言》的不十分确切的引文。

② 指一七九三年法国巴黎人民第三次起义，推翻吉伦特派，建立雅各宾派专政的革命政权。国民公会是一七九二至一七九五年法国大革命时期的最高立法机构。

③ 马拉（1743—1793）：法国大革命时期的著名活动家、政论家、学者。一七九二年入选巴黎公社和国民公会，参加和领导一七九三年的人民起义，同年七月被反革命派暗杀。

④ 《奥拉斯》中的革命家。

⑤ 指美国作家库珀（1789—1851）同名小说的主人公。

⑥ 英国小说家笛福（1660？—1731）的小说《鲁宾孙飘流记》的主人公。

些纯粹莫斯科的特点。他那坦率和高尚的性格从小就使他与周围的世界发生直接冲突;他从不掩饰这种敌对态度,并且已经习以为常。他比我们大几岁,但是不断与我们吵架,对所有的事都不满,经常训斥人、骂人,可是他孩子般的淳朴忠厚却遮盖了这一切。他说的话是粗鲁的,可是感情却很细腻,因此许多事我们都原谅他。

请想想,就是他,这最后一个莫希干人①,长着一张"人民之友"马拉的脸,居然想去开导我父亲。后来有好几次我硬要克〔彻尔〕重说一遍他们这次会面的情况,因为我的想象力不够,不足以想象这次外交干涉的全部别开生面之处。由于这次会面太意外了,以致他老人家起先都不知道如何是好了,于是他先向他说明了他所有的深谋远虑,为什么他反对这门亲事,已经是后来了,他才明白过来,改变了谈话的腔调,问克〔彻尔〕,他有什么资格来找他谈与他本人毫不相干的事。谈话变成了互相挖苦。我们这位外交家看到事情被他搞糟了,想试着用我的健康状况吓唬一下他老人家;但是这已经晚了,不难预料,这次会面不欢而散,结果是我父亲说了一连串尖酸刻薄的话,克〔彻尔〕则恶语相向。

克〔彻尔〕写信给我说:"对老家伙不要抱任何希望。"这本来就在意料之中。但是怎么办呢?怎么开始呢?我苦思冥想,每天都要考虑十来个不同的方案,还是拿不定主意到底采取哪种好,这时我哥哥决定回莫斯科去。

这事发生在一八三八年三月一日。

---

① 莫希干人是北美印第安人中的一支,此处源出库珀的长篇小说《最后的莫希干人》。

第二十三章　一八三八年三月三日和五月九日*

一上午我都在写信;写完信,我们就坐下来吃饭。我没有吃,我们都不说话,我觉得难受,受不了,——这是下午四点多钟,七点钟马车要来。——明天午后他就可以到莫斯科了,而我……——随着每一分钟,我的脉搏越跳越快。

“我说,”我望着盘子终于对我哥哥说道,“把我带到莫斯科去吧,好吗?”

我哥哥放下叉子,不相信地看着我:他是不是听错了。

“把我当作您的仆人,送过城关,除此以外,我什么也不需要您做,您同意吗?”

“可我……——好吧;不过要知道,以后你……”

这已经晚了,他的“好吧”二字已渗进我的血液,钻进我的脑髓。刹那间闪过我脑海的想法,现在已经不可动摇了。

“现在没有什么可商量的,免不了会发生许多麻烦——那么,您带我走吗?”

“干吗不呢——我很乐意,真的——不过……”

我从桌旁一跃而起。

“您要走?”马特维问,他好像有话要说。

---

* 一八三八年三月三日是赫尔岑与娜·亚·查哈林娜分别后初次会面的日子;同年五月九日则是他俩结婚的日子。

"要走!"我答道,态度坚决,因此他也就不敢再多话了,"我后天就回来,如果有人来,你就说我头疼,现在睡着了,晚上在我屋里点上蜡烛,现在把内衣和旅行包给我拿来。"

院子里响起了铃铛声。

"您准备好了吗?"

"准备好了。那么,祝你顺利。"

第二天午饭时分,铃铛声就不再响了①,我们停在克〔彻尔〕的大门口。我让人把他叫了出来。一星期前,当他在弗拉基米尔离开我的时候,想也没有想到我可能到莫斯科来,因此他一看见我竟吃了一惊,起先都说不出话来,然后才哈哈大笑,笑得前仰后合,但是很快就忧心忡忡地把我领进家门。当我们走进他家后,他又谨慎地锁上房门,问我:

"出了什么事?"

"什么事也没有。"

"那你干吗?"

"我没法待在弗拉基米尔,我要见娜达丽雅——这就是全部理由,你必须安排好这事,而且要快,因为我明天必须回去。"

克〔彻尔〕望着我的眼睛,高高地竖起了眉毛。

"尽做傻事,只有鬼知道是怎么回事。毫无准备,没必要嘛。你怎么,写信约好时间了?"

"我什么也没有写信告诉她。"

"得了吧,老弟,现在我们拿你怎么办呢?简直糟透了,简直是发疯!"

"问题在于一分钟也不能浪费,必须先想好怎么办和干什么。"

"你真浑。"克〔彻尔〕肯定道,眉毛扬得更高了,"如果你一事无成,我才高兴呢,非常高兴,对你是个教训。"

"如果我给逮了个正着,这教训倒是够我记一辈子的。听我说,天

---

① 指马车到达了目的地。

一黑，我们就坐车到公爵夫人家去，你去把用人随便叫一个出来，我会告诉你叫谁的，——嗯，然后我们再相机行事。好吗？”

“哼，没办法，去就去，我多么希望这事办不成啊！为什么昨天不写信告诉我呢？”说罢，克〔彻尔〕就神气活现地把宽边礼帽往头上一扣，把帽檐压得低低的，然后披上红里子的黑色斗篷。

“哎呀，你这可恶的唠叨鬼！”出门的时候，我对他说，于是克〔彻尔〕打心眼儿里笑了出来，一再说：“这不是让老母鸡笑掉牙吗！信也不写一封就来了，——真是糟透了。”

我没法在克〔彻尔〕家留宿：他住得太远，而且这天他母亲还有客。他跟我一起去找一位骠骑兵军官。克〔彻尔〕认识他是因为他人品好，没有被卷进政治旋涡，因此也没有受到警察监视。这军官蓄着长长的胡须，我们进去的时候，他正坐在那里吃饭；克〔彻尔〕告诉了他是怎么回事，军官就给我倒了杯红葡萄酒作为回答，感谢我们对他的信任，然后就带我进了他的卧室，这屋子到处都挂着马鞍和鞍韂，因此可以认为他是睡在马背上的。

“这是给您住的房间，”他说，“这里没人会来打扰您。”

然后他把勤务兵叫来，也是个骠骑兵，吩咐他，无论出于何种借口，都不许放任何人进这个房间。我又处在士兵的护卫下了，区别在于在克鲁季次，宪兵给我站岗，把我与整个世界隔绝，现在是骠骑兵给我站岗，把整个世界与我隔绝。

天完全断黑以后，我就跟克〔彻尔〕出发了。当我又看到我已经将近四年没有看到的既熟悉而又亲切的街道、地方和房屋时，我的心在剧烈跳动……铁匠桥，特维尔林阴道……瞧，这是奥加略夫家，——它已经挂上了某个家族的巨大纹章，它已经归别人所有了；而我们年轻时住过的这房子的底层，现在住着一名裁缝……瞧，到厨子街了，——我气都透不过来了，在阁楼上，在拐角处的窗户里，亮着一支蜡烛，这就是她的房间，她在给我写信，她在想念我，蜡烛在快乐地燃烧着，在为我燃烧。

我们正在考虑叫谁出来好的时候，公爵夫人的一名年轻侍役这时正好向我们迎面跑了过来。

“阿尔卡季!”他走到我跟前的时候,我叫道。他没有认出是我。“你怎么啦?”我说,“自家人都不认识了?”

“是少爷您呀?”他叫起来。

我伸出一根手指按在嘴唇上,说:

“你肯不肯帮我一个忙？把这封信,通过沙夏或者柯斯千卡,立刻送进去,越快越好,就这封信,你明白吗？我们就在街角那个胡同里等你,不要告诉任何人你在莫斯科见过我,连半句也别透露。”

“您放心,说话就办妥。”阿尔卡季回答,一溜烟又跑了回去。

我们在那条胡同里来来回回地踱了大约半小时,直到一个又瘦又小的老太太东张西望,匆匆忙忙地跑了出来,她也就是在一八一二年为我向法国兵讨“忙热”[①]的那个伶俐的侍女,我们从小就管她叫柯斯千卡[②]。老太太两手捧住我的脸,连连亲吻。

“那么说,你终于飞回来了,”她说,“唉,你呀,就是天不怕地不怕,你什么时候才能老实点儿呢,你呀,就是不肯安生,把小姐都给吓坏了,差点儿没昏过去。”

“回信呢？您拿着吗?”

“拿着拿着,瞧你急的!”说罢,她递给我一张纸条。

她用颤抖的手,用铅笔写了几行字:

> 我的上帝,你在这里——难道这是真的吗,明天早晨五时许,我等你,我不信,我不信！难道这不是做梦吗?

骠骑兵又把我交给勤务兵妥为保管。五点半我已靠在路灯柱子上等候克〔彻尔〕,因为他已走进公爵夫人府邸的边门。当我站在柱子旁等候的时候,我脑子里到底在想什么呢,我就不去说它了;因为这样的

---

① 法语,吃(manger)。

② 即前面提到过的赫尔岑的保姆,后来她又在公爵夫人家做娜达丽雅的保姆,即第一章提到的娜达丽雅·康斯坦丁诺夫娜。

瞬间是我个人的隐私，它是不许声张的。

克〔彻尔〕向我挥着手。我走进了边门；一个已经长大了的小厮冲我熟稔地微笑着，给我带路。于是我走进前厅，过去我是打着哈欠进来的，现在我却恨不得跪下来亲吻这里的每一块地板。阿尔卡季把我领进客厅就出去了。我筋疲力尽地跌坐在长沙发上；我的心在猛跳，跳得我都觉得疼了，此外，我感到害怕。我故意把故事拉长，为的是能跟这些回忆多待一会儿，虽然我也知道这是笔墨难以形容的。

她进来了，穿着一身雪白的衣衫，美丽得令人目眩神迷，三年的离别和奋勇搏斗，使她的面容和表情都成熟了。

“这是你。”她用文静的低语说道。

我们坐到长沙发上，沉默不语。

她眼中的幸福表情达到了痛苦的程度。想必是，快乐的感觉达到极点，常常会和痛苦的表情掺和在一起，因为她也对我说：“瞧你一副疲惫不堪的样子。”

我握住她的一只手，她用另一只手支在沙发上，我们彼此用不着说什么……简短的三言两语，三两件回忆，信中说过的话，还有几句关于阿尔卡季，关于骠骑兵，关于柯斯千卡的废话。

后来保姆进来了，说该走啦，我没有反对，站了起来，她也没有阻拦我……心里感到十分充实。多说一句，少说一句，说长一点儿，说短一点儿，再说下去——这一切在充实的现实面前已无足轻重了……

当我们过了城关，克〔彻尔〕问道：

“你们怎么样，拿定什么主意没有？”

“什么也没有。”

“你跟她说了？”

“关于这事什么也没有说。”

“她同意吗？”

“我没问，——她当然同意。”

“说真的，你做起事来像个孩子，或者像个疯子。”克〔彻尔〕竖起眉毛，愤愤然耸着肩膀，说道。

"我写信告诉她，然后再写信告诉你，而现在，再见！ 嗬，快马加鞭，快跑！"

户外已经冰开雪化，松软的雪地上有些地方已经发黑了，两边是一望无际的林边空地，白茫茫的一片，一座座小村庄冒着炊烟从两侧闪过，随后升起了月亮，在月光下，一切都变了样；只有我一个人和马车夫在一起，我一直看着前面，似乎一直跟她在一起，前面的道路呀，月亮呀，林边空地呀，似乎一切都和公爵夫人的客厅混杂在一起了。说来也怪，我记得保姆、阿尔卡季，甚至把我送到门口的侍女跟我说的每句话，可是我跟她说了什么，她又对我说了什么，却记不清了！

两个月在不断的奔忙中度过，必须先借点儿钱，弄到出生证；后来才弄清楚，公爵夫人把它拿去了。幸亏有个朋友帮忙①，使用一切不正当的手段，帮我从宗教事务所另外弄来了一张，——向警官们和文书们又是塞钱，又是鞠躬，又是请客。

当一切都准备就绪，我们就出发了，就是说我和马特维。

五月八日拂晓，我们到了离莫斯科最近的一个驿站。车夫去要马。天气很闷热，已经开始掉点儿了，看来要下雷阵雨，我没有下车，催车夫快点儿。旁边有一个奇怪的声音在说话，声音尖尖的，带着哭腔，拉长了声音。我回过头，看见了一个十五六岁的小姑娘，苍白、瘦小、披散着头发，在乞讨。我给了她一个面值较小的银币；她看到钱后哈哈大笑，非但不走开，反而爬上了马车的驾驶座，向我转过身来，絮絮叨叨地说一些前言不对后语的话，一边还直视着我的脸；她的目光是浑浊的、可怜兮兮的，一绺绺头发披散在脸上；她那病态的脸，听不懂的絮叨，再加上晨曦的光照，使我产生了某种神经质的胆怯。

"她是我们这儿的圣愚②，就是说小傻瓜。"车夫说。"这也是你爬

---

① 指赫尔岑年轻时的朋友，数学老师尼古拉·伊凡诺维奇·阿斯特拉科夫（1809—1842）。

② 一译"疯教徒"或"神痴"，平日疯疯癫癫，但俄国人迷信，认为他们有预言才能。

上来的地方吗，看我不抽你，让你知道点儿厉害！真的，看我不抽你，这么淘气！”

“你干吗骂我，我干什么啦——瞧人家老爷还给了我一个银币呢，我对你又怎么啦？”①

“给了你钱，就快滚吧，滚到树林里去见魔鬼吧。”

“带我走吧，”小姑娘可怜兮兮地看着我，又加了一句，“真的带我走吧……”

“到莫斯科搞个展览，收门票，瞧，一个怪物、疯子、海怪，”车夫说，“快下车，你倒是下不下呀，我们可要走啦。”

小姑娘不想走，而是一直可怜兮兮地望着我，我让车夫不要欺侮她；他把她轻轻地抱起来，放在地上。她大哭，我也真想与她同声一哭。

为什么偏在这样的日子，在我快要进莫斯科的时候遇到这样的人呢？我想起了科兹洛夫②的《疯女人》：他也是在莫斯科附近遇见她的。

我们驱车走了，空中充满了电流，空气又闷又热，令人不快。一片乌黑的乌云悬于天际，垂下一绺绺灰色的云雾，直达地面，并拖着它们慢慢地在田野上移动，——忽然一道弯曲的闪电从斜刺里劈过来，劈开了乌云——一声霹雳，大雨倾盆而下。我们离罗戈日城关大约还有十俄里路，然后在莫斯科还要走一小时才能到达处女广场。因为克〔彻尔〕在阿〔斯特拉科夫〕家等我，所以我们到阿〔斯特拉科夫〕家时身上都给浇透了。

克〔彻尔〕还没有到。他正守候在一位即将咽气的女人叶·加·列瓦绍娃③的床头。这女人是俄国生活中的令人惊叹的现象之一，像她这样的女人曾经使许多人熬过了人生的艰辛，她们的整个存在就是一件丰功伟绩，可是除了不多几个朋友以外，谁也不知道她的功绩。她

---

① 这小女孩的讲话半通不通，在译文中难以表达，姑妄译之。

② 伊·伊·科兹洛夫（1779—1840）：俄国诗人和翻译家。

③ 叶·加·列瓦绍娃（死于1839年）：莫斯科某沙龙的女主人，与许多俄国作家过从甚密，是他们的朋友。

擦干了多少人的眼泪啊,她又给多少颗破碎的心带来了安慰,又支持过多少年轻人啊,可是她本人又经受了多少痛苦。“她为爱而呕心沥血。”恰达叶夫对我说,他是她最要好的朋友之一,曾把他论俄国的著名书信[①]献给她。

克〔彻尔〕不能离开她,写信通知我,他将于九时左右到。一听到这消息,我心中就感到不安。一个人倘若被热情所笼罩,是最自私的;克〔彻尔〕没有来,我认为他准会拖延,不会如约前来……当敲过九点,响起了晚祷的钟声,又过去了一刻钟,我急得什么似的,我既感到沮丧,又感到绝望……九点半了——他还没有来,他不会来了,病人的病情大概恶化了,我怎么办呢?我又不能留在莫斯科:在公爵夫人家,侍女和保姆只要说漏了一句话,就会暴露一切。回去是不可能的;再说我感觉到我已经没有勇气再回去了。

九点三刻,克〔彻尔〕来了,戴着草帽,一脸倦容。他整夜未睡。我急忙跑到他跟前,拥抱他,对他连声责备。克〔彻尔〕皱着眉头看了看我,问道:

“难道从阿〔斯特拉科夫〕家到厨子街有半小时还不够吗?要不咱们就要在这里聊上整整一小时,嗯,这虽然很愉快,然而我为此必须毫无必要地提前离开一个即将死去的女人。”他又补充道:“列瓦绍娃问你好,她用她的即将死去的手祝福我,祝我们成功,同时她还给了我一条毛围巾以备不时之需。”

一个垂死女人的问候对于我非常宝贵。一条毛围巾在夜间也非常有用,可是我却没来得及向她表示感谢,也没来得及握一握她的手……她很快就去世了。

克〔彻尔〕和阿〔斯特拉科夫〕出发了。克〔彻尔〕必须护送娜达丽雅走出城关,阿〔斯特拉科夫〕则回来告诉我,一切是否顺利和下一步怎么办。我跟他可爱而又美丽的妻子留下来等候;她自己也刚出嫁;她

---

① 指恰达叶夫的《哲学书简》,但不是献给她,而是献给潘诺娃的。

生性热情，像火一样，她对我们的事十分同情；她竭力用一种假装出来的快乐向我保证，一切都会顺利解决，好上加好的，可是她自己却急得同热锅上的蚂蚁一样，急得脸上一阵红一阵白。我和她坐在窗口，可是却无话可说；我们就像两个因犯错误而被关进空屋子里的孩子一样。就这样过了约莫两小时。

世界上再没有比无所事事和在这样的时刻干等更让人心急如焚和受不了的了。我的这两位朋友犯了一个大错误，他们不该把我这个主要病人的全部重担都接了过去。应当想点儿事来给我做做，如果想不出来，也应当让我干些体力活，让我没有空闲，到处奔波，以此来分散我那焦急的心情。

阿〔斯特拉科夫〕终于回来了。我们急忙向他跑去。

"一切都十分顺利，我是看着他们乘车离开的！"他还在院子里就向我们嚷嚷，"快走，立刻就从罗戈日出城，那里有一座小桥，在小桥旁你会看到一辆马车，离佩罗夫客店不远。上帝保佑你，祝你万事如意！不过在半道上得换辆马车，让后面的这车夫不知道你是从哪来的。"

我立刻像离弦之箭似的匆匆上路……瞧，离佩罗夫客店不远就是那小桥；周围没有一个人，过桥——也没有一个人。我走到伊兹梅洛夫动物园——还是没有一个人；我让马车夫走了，开始步行。我前前后后地走来走去，终于看到在另一条路上有一辆马车；一名年轻英俊的车夫站在车旁。

我问他："有没有一位个子高高的老爷，戴着草帽，路过这里，他不是一个人，——跟一位小姐在一起？"

"我什么人也没看见。"车夫不耐烦地回答道。

"你是拉什么人到这里来的？"

"拉几位老爷。"

"他们叫什么名字？"

"您问这干吗？"

"我说你呀，真是的，小老弟，没有事我就不会问你了。"

车夫用探询的目光审视着我；忽然笑了；我的外表似乎博得了他的好感。

“既然有事，您自己就该知道他的名字，您要找谁？”

“你真像个榆木疙瘩，我要找一位老爷，他叫克〔彻尔〕。”

车夫又笑了笑，用手指着墓地，说：

“您瞧，在远处有个黑影，就是他，他身边还有位小姐，她因为没有戴帽子，因此克〔彻尔〕老爷把自己的给了她，不过是草帽。”

这回我们又相会在墓地！

……她发出一声轻轻的呼喊，扑过来搂住我的脖子。

“永远！”她说。

“永远！”我重复道。

克〔彻尔〕深受感动，眼泪在他的眼眶里转动，他抓起我们俩的手，用颤抖的声音说道：

“朋友，祝你们幸福！”

我们拥抱了他。这是我们的真正婚礼！

我们在佩罗夫客店的一个单间待了一个多小时，可是马特维坐的马车还没来！克〔彻尔〕皱着眉头。我们想也没想过会发生什么不幸；这里我们三个人在一起觉得那么好，就跟在家里一样，仿佛我们一直都在一起似的。窗前是一片小树林，楼下传来了音乐声，还传来茨冈人的合唱声；雷雨后的好天气，一片晴朗。

我并不像克〔彻尔〕那样耽心公爵夫人会派警察来追赶我们，因为我知道她出于高傲是决不会让警官来干预她的家庭事务的。此外，不经“枢密官”点头，她也决不会采取任何行动，同时，不经我父亲首肯，“枢密官”也不会采取任何措施；而我父亲永远不会同意让警察在莫斯科或莫斯科附近扣留我，也就是说，他决不会同意因为我违背最高当局的意志而把我发配到博布鲁依斯克[①]或西伯利亚去。危险只能来自秘

① 博布鲁依斯克在白俄罗斯。

密警察。但是一切都干得那么迅速，他们很难知道；即使他们听到什么风声，但是谁又能想到，一个从流放地偷偷跑回来的人，竟会带着自己的新娘私奔，而且现在还镇定自若地坐在从早到晚都人头攒动的佩罗夫客店里呢？

马特维坐的马车终于到了。

“再干一杯，”克〔彻尔〕指挥道，“然后上路！”

于是我们单独，也就是说，我们俩奔驰在弗拉基米尔大道上。

在布恩科沃村换马的时候，我们走进一家客店。老板娘是一位老太太，她过来问要不要吃点儿什么，她和蔼地看着我们俩，说道：

“你这位少奶奶多年轻，多漂亮呀——你们俩，主保佑你们，——真是一对儿。”

我们的脸红到了耳朵根，彼此都不敢看对方，我们要了茶，以掩饰尴尬。第二天清早五时许，我们就来到弗拉基米尔。决不能浪费时间；于是我就把新娘留在一位有眷属的老官员家里①，就急忙去打听是否一切都已准备就绪。但是在弗拉基米尔又有谁会来帮我准备呢？

到处都有好人。当时在弗拉基米尔驻扎着一支西伯利亚枪骑兵团；虽然我跟该团的军官们不甚熟稔，但是，其中一位，我经常在公共图书馆见到，而且每次都向他点头问好；他彬彬有礼，而且和蔼可亲。一个月以后他向我承认他认识我，而且知道我一八三四年的经历，他还告诉我，他也曾经是莫斯科大学的学生。离开弗拉基米尔时，我想物色一名能替我办理各种事务的人，于是我想到了这位军官，我去找他，向他直截了当地讲了事情的原委。我这么信任他，他深受感动，他握了握我的手，满口答应，而且一切都照办了。

这位军官全身戎装，他在等我：白色的翻领，不带套子的高筒军帽，肩上斜挂着子弹带，还挂着各式穗带。他告诉我，主教已允准神父为我举行婚礼，但是必须先出示出生证。我把出生证交给了军官，然后我又

---

① 指康·彼·斯米尔诺夫，弗拉基米尔的一位官员，他曾促成赫尔岑的婚姻。

去找另一位年轻人，他也是莫斯科大学毕业的。根据新的条例，他必须在外省先服役两年，现在他在省长办公厅当差，无聊得要命。

“愿意当傧相吗？”

“当谁的傧相？”

“我的呀。”

“怎么，当您的傧相？”

“没错，当我的！”

“太好了！什么时候？”

“现在。”

他以为我在开玩笑，可是当我三言两语地告诉他究竟是怎么回事以后，他高兴得跳了起来。在秘密婚礼上当傧相，张罗婚事，很可能会被追查，这一切发生在一个毫无消遣的小城市里，实在太刺激了。他立刻答应为我去弄一辆马车，再弄四匹马，然后又急忙跑去翻五斗柜，想看看里面有没有干净的白坎肩。

我离开他以后就碰到了我前面提到的那个枪骑兵军官，他坐在一辆小马车上，而他的膝盖上则坐着一位神父①。请诸位想象一下一位全副戎装，穿得花里胡哨的军官，坐在一辆小小的轻便马车上，在他的膝盖上还坐着一位胖胖大大的牧师，胸前飘拂着一部梳理得很整齐的长髯，身上穿着丝质的法衣，而法衣则纠结在许多没用的枪骑兵的装饰上。单凭这样的画面就足以引起从弗拉基米尔金门开始的整条街道的注目，即使在法国，也足以引起巴黎的众多林阴道或者摄政王大街的许多人观看。可是枪骑兵军官却不以为意，而我也是在后来才想到这点的。神父正在挨家挨户地做祈祷，因为这天是尼古拉节②，于是我的这位枪骑兵军官便在某个地方逮住了他，把他抓进了他的道具——马车中。于是我们便出发去找主教了。

---

① 指大司祭约翰·奥斯特罗乌莫夫。

② 尼古拉节共有两次，一次在冬天的十二月六日，一次在夏天的五月九日。

为了说明这到底是怎么回事，我必须先交代一下主教怎么会掺和到这件事情中来的。在我动身前一天，那位神父还答应得好好的：为我主持婚礼，但是现在忽然宣布，不经主教许可，他不敢给我举行婚礼，他似乎听到了什么，他害怕。不管我和枪骑兵军官怎么摇唇鼓舌地说服神父，——他还是顽固不化，固执己见。枪骑兵军官提议不妨用他们团的牧师试试。这位神父剃了胡须，落了发①，穿着长襟外衣，裤子上套着皮靴，简朴地抽着士兵的烟斗，虽然他对我们提议的若干细节很感动，但是要他替我们主持婚礼，却拒绝了，说，而且说的是半波兰半白俄罗斯的方言，他说上峰严禁他给“平民百姓”主持婚礼。

“对我们的规定还更严格呢，未经批准，不得当证婚人和傧相。”军官说，“我不是照当不误。”

“不一样，面对耶稣不一样。”

“上帝会保佑勇敢者的，”我对枪骑兵军官说，“我马上去找主教。顺便问问，您为什么不请求批准呢？”

“不必。团长会告诉他老婆，他老婆又会出去乱说的。况且，他不同意也说不定。”

弗拉基米尔主教帕尔费尼是位聪明、死板和粗鲁的老头；他精明能干、指挥有方而又性情古怪，他既是当省长的材料，又是个将才，我看呀，让他当将军比当修士更能得其所哉；可是阴差阳错，偏让他管理一个教区，而没有让他在高加索指挥一个师团。总之，我在他身上看到的，不是一个活死人，而是一个行政长官运筹帷幄之风。不过他并不是一个坏人，而是一个我行我素的人；就像许多精明能干的人一样，他对问题了解得很快，很敏锐，谁要是对他净说废话或者不理解他的用意，他就会光火。向这样的人陈述己见，一般说，比同性格温和，但是黏黏糊糊、优柔寡断的人要容易得多。按照所有外省的习惯，我到弗拉基米尔以后，曾在一次日祷后去拜访过主教。他亲切地接见了我，替我祝

① 俄国神父和修士落发，与我国的和尚不同，只是剪去下部的一圈头发。

福，并且请我吃鲑鱼；后来又邀请我在晚上不妨到他家坐坐，随便什么时候都可以，他说他的眼睛不好，视力衰退，晚上不能看书。我去过他家两三次；他跟我谈论文学，他知道俄国的所有新书，他看杂志，因此我跟他的关系好得不能再好了。尽管如此，当我叩响大法师的房门的时候，还是不免心存恐惧。

这天天气很热。主教大人帕尔费尼在花园里接见了我。他坐在一株树荫婆娑的大菩提树下，摘下了高筒僧帽，披散着自己的一头白发。体格匀称的光头大司祭没有戴帽子，站在太阳下，向他读着一份什么公文；他的脸红红的，脑门上不断渗出大颗的汗珠，他眯着眼睛，躲着阳光照在纸上闪出的令人目眩的白光，——可是他不敢动，主教也没有说他可以走了。

"请坐，"他一面祝福我，一面对我说，"我们马上就完，这是我们宗教事务所的一些小事。你念。"他对大司祭加了一句，大司祭掏出一块蓝手帕擦了擦脑门，向一边咳嗽了一声，又接着往下念。

"有什么新鲜事儿要告诉我吗？"帕尔费尼一边问我，一边把鹅毛笔还给大司祭，大司祭利用这个大好机会亲吻了一下他的手。

我把神父拒绝替我主持婚礼的事告诉了他。

"你们有证明吗？"

我把省长的许可证给他看了看。

"就这个？"

"就这个。"

帕尔费尼微微一笑。

"那么新娘的证明呢？"

"有出生证，结婚那天送达。"

"什么时候举行婚礼呢？"

"两天后。"

"怎么，你们找到房子了吗？"

"还没有。"

“唔,您瞧,”帕尔费尼对我说,一面把一根手指伸进嘴里,用手指勾住腮帮子,拉长了嘴,——这是他喜欢做的一种游戏,“您是个聪明人,读过许多书,我是只老麻雀了,撒点儿谷糠是骗不了我的。您这事有点儿猫腻,既然您枉驾前来找我,那就实话实说,就像忏悔时那样。那时候我再直截了当地告诉您,什么是可以做的,什么是不可以做的,反正我不会给您出坏主意。”

我觉得我的事光明正大,因此我就把所有的情况全都告诉了他,当然,我没有谈一些不必要的细节。老人用心听着,常常看着我的眼睛。原来,他早就认识公爵夫人,因此有一部分他自己也看得出来我说的是不是实情。

“懂了,懂了。”当我说完后,他说道,“好吧,那就由我出面写一封信给公爵夫人。”

“请您相信,一切和平手段都不会有任何结果。任性,冷酷无情,这一切都做得太过分了。我按照您主教大人的要求把一切都告诉您了,现在我要补充的是:如果您不肯帮助我,那我就不能不秘密地、偷偷地花钱来做现在本来可以不事声张,光明正大地做的事。有一点我可以向您保证:无论是监狱,也无论是新的流放,都不能阻止我做我要做的事。”

“你瞧,”帕尔费尼说,站起来,伸了个懒腰,“看把你急的,流放彼尔姆,你还嫌不够,还没有磨掉你的脾气。怎么,难道说我禁止你们结婚了吗? 行啊,你尽管结你的婚,反正并无任何违法之处;但是最好有家人在场,显得亲密些。您去把您那位牧师叫来见我,我来想法说服他;不过您要记住一点:新娘方面没有证件是不行的。什么‘无论监狱,无论流放’——你想想,现在的人都变成什么样了! 好了,主和您同在,祝您一切顺利,而公爵夫人,她非跟我大吵一场不可。”

就这样,除了枪骑兵军官以外,弗拉基米尔和苏兹达尔的大主教帕尔费尼大人,也参与了我们的“阴谋”。

当我向省长申请批准我结婚的时候,我根本没有提到我的婚姻是秘密结婚;这是为了避免闲言碎语的最可靠的办法,因为不许我离开弗拉基米尔,因此只好让新娘到弗拉基米尔来,这样做是最自然不过的!因此我们希望婚礼从简,也就十分自然了。

当我和神父在五月九日一起去见主教的时候,一名教堂杂役告诉我,他一早就到郊外的别墅去了,不到夜里回不来。这时已是晚上七时许,十点后就没法举行婚礼了,而第二天又是星期六。怎么办呢?神父不敢擅自做主。我们只好去找修士司祭,他是主教的忏悔牧师。这位修士正在喝掺有罗姆酒的茶,心情非常好。我把究竟是怎么回事告诉了他,他给我倒了一杯茶,坚持要我再掺上点儿罗姆酒;然后他掏出一副很大的银边眼镜,看了我的证明,又把证明反过来,看了看反面,看到反面什么字也没有,就把它折好,还给了神父,说:"手续齐备。"神父还在犹豫不决。我对这位司祭神父说,如果我今天结不成婚,我会非常难过的。

"还拖什么,"修士司祭说,"我会报告主教大人的;您去给他主持婚礼吧,约翰神父,去主持婚礼吧——以圣父、圣子、圣灵的名义——阿门!"

牧师无话可说,他只好去开无血缘关系证明,我则去接娜达丽雅。

……当我们俩,没有外人,驱车走出金门的时候,至今一直被云彩遮盖的太阳,突然发出耀眼的光芒,用它最后的鲜红的霞光照耀着我们,而且那么庄严,那么快乐,以致我们俩异口同声地说:"瞧,这就是我们的送亲队伍!"我清楚地记得在说这句话时她的微笑和我们的握手。

驿站的小教堂,离城大约三俄里,里面空空如也,既没有唱诗班,圣像前也没有点枝形烛台。只有五六个普通的枪骑兵走过这里,顺便进来看看,看完后又出去了。一位年老的教堂执事,用微弱的、低低的嗓音念诵着经文,马特维则噙着快乐的眼泪望着我们,两位年轻的傧相则捧着沉重的婚礼冠站在我们后面,弗拉基米尔的所有车夫在结婚时都是戴的这种婚礼冠。教堂执事用颤巍巍的手把标志结合的银制马勺递给我们……教堂里黑黝黝的，只点着几支当地制造的土蜡烛。这一切正因为它的简单朴素，在我们看来却分外优美。这时主教正好路过，看见教堂的大门开着，就让马车停了一下，派人进来问里面在做什么；神父闻言，面色有点儿发白，亲自走出去，向主教回话，不一会儿他回来了，神态快乐，对我们说：

“主教大人向你们致以他大法师的祝福，并吩咐我传话，他为你们祈祷。”

当我们回家的时候，关于秘密结婚的消息已传遍全城，太太小姐们都在阳台上等候，窗户都打开了，我把马车上的玻璃放下，感到有点儿遗憾，因为暮色苍茫，妨碍我充分展示我的年轻的新娘。

回到家后，我跟两位傧相和马特维喝了两瓶葡萄酒，两位傧相坐了大约二十分钟，最后剩下我们俩，就像在佩罗夫客店里一样，这似乎是十分自然，十分普通，顺理成章的，我们一点儿也不感到惊奇，然而以后我们竟接连好几个月对此惊奇不止。

我们有三个房间，我们坐在客厅里的一张小桌旁，忘记了近几天的疲劳，一直谈到深夜……

婚宴上有一大堆陌生人，我总觉得这些人有点儿粗俗、无礼，几乎厚颜无耻；干吗要过早地揭下爱情的盖头，这不是告诉那些不相干的人、冷漠的人我们的家庭秘密吗？让一个可怜的姑娘充当新娘拿出来当众展览，还有那些陈腐的祝贺，老掉牙了的庸俗举动，混账的暗示，这对这姑娘是多大的侮辱啊……没有一种微妙的感情会受到人们的呵护，豪华的婚床，精美的晚礼服不仅要拿出来供客人们欣赏，还要让那些看热闹的人啧啧称羡。再说，刚刚燕尔新婚，这时，每分钟都是宝贵的，照例，应当跑得远远的，跑到一个没有人的地方，可是这些日子却要在无休止的宴会，令人筋疲力尽的舞会，在喧闹的人群中度过，这不是开玩笑吗！

第二天早晨，我们在客厅里发现了两株玫瑰和一大束鲜花。这是可爱而又善良的尤利娅·费多罗夫娜（省长夫人）送来的，她非常同情我们的罗曼司。我拥抱并且热烈亲吻了省长的仆人，然后我们又去拜见了她本人。因为新娘的嫁妆只有两套衣服，——一套是路上穿的，一套是结婚用的，——所以她只好穿着结婚时穿的衣服前去拜客。

离开尤利娅·费多罗夫娜以后，我们就去拜访主教；老人家亲自把我们领进花园，亲自剪了一束鲜花，他还告诉她，我怎样用自己的毁灭来威胁他，最后他劝她要学会做家务。

“您会腌黄瓜吗？”他问娜达丽雅。

“会。”她笑着回答。

“噢，我不大相信。不过这是必须学会的。”

晚上，我写了一封信给我父亲。既然现在生米已经煮成熟饭，我请他不要生气，“因为这是上帝让我们结合在一起的”，我请他原谅我，并请他祝福我们。我父亲通常每星期给我写一封短信，他这次回信既没有提前一天，也没有拖后一天，连信的开头也同往常一样：“你五月十日的信，我于前天五点半收到了，我从信中不无伤心地获悉，上帝让你和娜塔莎①喜结连理。我在任何事情上都不敢违背上帝的意志，我将盲目地服从上帝给予我的种种考验。但是因为钱是我的，既然你认为无需考虑我的意愿，那我也就向你宣布，我除了以前给予你的每年生活费一千银卢布以外，我将不会给你再增加一个戈比。”

他居然把神的权力和世俗的权力截然分开，我们打心眼儿里觉得好笑，但是并无恶意！

可是我多么需要再增加一点儿收入啊！我借来的钱已经快用完了。我们什么都没有，简直一无所有：既没有衣服，也没有被褥，也没有锅碗瓢盆。我们像被监禁似的关在一个小房间里，因为没有出去时穿的衣服。马特维为了节约起见，费尽心机使自己变成了厨子，但是除了煎牛排和做肉丸子以外，他什么也不会做，因此他只好买现成的和无需加工的：火腿肠、咸鱼、牛奶、鸡蛋、奶酪，以及非常硬、非常不新鲜的薄

① 娜达丽雅(Natalie)的小名。

荷蜜糖饼干。每次吃饭都会使我们笑得前仰后合:有时候先上牛奶,把它当汤喝;有时候又最后一个上,当甜点心或水果。在进行这些斯巴达式的用餐时,我们常常含笑地想起公爵夫人和我父亲餐桌旁那宛如举行宗教仪式似的长长的行列,在那里,足有半打多的侍役端着碗和菜盆,穿梭似的跑上跑下,仿佛进行什么隆重的 mise en scène〔法语:演出〕似的,其实,这不过是一次十分简单的午餐。

我们就这么艰难度日,挣扎了大约一年光景。"化学家"寄来了一万卢布纸币,可是其中超过六千余必须用来还债,其余的则帮了我的大忙。最后,连我父亲也烦了。不想用饥饿拿下我们这个要塞了。可是他并没有增加我的生活费,而是馈赠了一些金钱,尽管在他那著名的 distinguo〔拉丁语:区别,分开〕论之后,我一次也没有向他提到过钱的事!

我开始另外寻找住房。在雷别季对岸有一处荒废的带花园的大洋房出租。它属于某位寡居的公爵夫人,公爵则因打牌输光了家产,因为这房子离城远,不方便,所以租金特别便宜,可是租金便宜的主要原因还是因为公爵夫人说好了要把一小部分没有任何隔断的房子留给她的十三岁的宝贝儿子和他的仆人住。这样互相交错地使用,谁也不会同意;可是我同意了,我看中的是房间高,窗户大,还有一座绿阴婆娑的大花园。不过也正是这个又高又大的房间,与我完全缺乏任何不动产,缺乏所有的必需品,十分可笑地正好矛盾。公爵夫人的女管家是个善良的老太太,她似乎看上了马特维,她自愿承担风险,供应了我们许多东西,一会儿是桌布,一会儿是碗,一会儿是床单,一会儿又是叉子和刀子。

我们在金门附近只有三个房间的小寓所和在公爵夫人的大宅子里,度过了多么快乐和多么无忧无虑的日子啊!……在这座宅院里有一座大厅,只有不多的几件家具;有时候我们会耍小孩子脾气,在大厅里跑来跑去,在椅子上跳过来跳过去,把安装在墙上的所有枝形灯架上的蜡烛全部点亮,把大厅照得 a giorno〔意语:明如白昼〕,还朗诵诗。马特维和一个年轻的希腊侍女,参加了我们的所有游戏,闹得丝毫不亚于我们。在我们家，简直一点儿规矩都没有。

尽管我们常常这样充满孩子气地玩闹，我们的生活还是充满了深刻的严肃性。我们虽然被抛到这样一个安静、和平的小城市，我们仍卿卿我我，难舍难分。间或传来某个朋友的一点儿消息——几句热情的问候，——然后又是我们两个人，孤零零的。尽管孤零零，但是我们的心胸并没有被幸福所关闭，而是相反，我们的兴趣比任何时候都广泛；当时我们生活得丰富多彩，对什么都感兴趣，我们思考和阅读，对一切都十分投入，然后又潜心于我们的爱情中；我们检查我们的思想和憧憬，惊奇地发现，我们的志趣竟会不谋而合，十分相似，甚至在思想和感情，趣味和爱情的最细微和难以捉摸的曲折变化和分岔处，一切也都是共同的与和谐一致的。其中的区别仅仅在于，娜达丽雅给我们的结合带来了静静的、温柔细腻的和优美的旋律，带来了一个年轻姑娘充满爱的无尽诗意，而我则给我们的结合带来了充沛的精力，我的 semperin motu〔拉丁语：永远在活动〕的、无限的爱，此外，还有各种严肃的思考、笑料和许多危险的想法的杂乱混合物，以及一大堆无法实现的计划。

……我不再有任何奢望。我感到心满意足——我生活在现实中，对于明天我一无所求，我心怀坦荡地相信，它也不会拿走我的任何东西。个人生活也不可能再给我什么，这是一个极限；任何变化只会从某方面使它减少。

春天，奥加略夫从他的流放地到我这里来小住几天。那时候他朝气蓬勃，精力充沛；但是他很快也受到了令人痛苦的考验；有时候他也仿佛感到灾难就在他身旁，但是他还能扭头不顾，不以为意，把命运伸出的手当作一种幻影。当时我也以为，这些乌云定将消散；无忧无虑是所有还没有丧失力量的年轻人的特点，正是在这种无忧无虑中表现出了他们对生活的信心和对自己的信心。自以为完全能掌握自己的命运，这种感觉使我们丧失了警惕……可是黑暗势力和居心叵测的人却一声不响地把我们带到了深渊的边上。

一个人或者能无所用心，或者能视而不见，忘掉一切，那，这种人有福了。完满的幸福是不会与惊惶不安同时并存的；完满的幸福是平静的，就像夏日里风平浪静的大海。惊惶不安只会使人产生一种病态的、狂热的陶醉，人们喜欢这种陶醉就像等待某一张牌似的，但这决不是一种和谐的、无限平和的宁静感。因此，不论这是不是梦，我都对这种对生活的信心给予非常高的评价，直到生活对此提出异议，直到被生活唤醒……中国人因嗜好鸦片而醉生梦死，因而大批死亡……

一八五三年我就是这么结束这一章的①，现在一仍其旧。

① 这是指本章的一八五三年初稿。前面引用的话曾作为第三卷的片段发表于《北极星》丛刊一八五五年第一册。

第二十四章　一八三九年六月十三日*

有一天，在一八三八年末的一个漫长的冬夜，我们像往常一样单独坐着，似乎在读书，又似乎不在读书，说着话儿，沉默着，在沉默中又继续说话。户外是一片严寒，屋子里也根本不暖和。娜塔莎感到有点儿不舒服，正躺在长沙发上，身上盖着一条大披肩，我则坐在沙发旁的地板上；书读不下去，她老是心不在焉，想旁的事，似乎有什么事吸引着她的注意力，她脸上阴晴不定，时忧时喜。

"亚历山大，"她说，"我有个秘密，你过来，走近点儿，我要凑着你的耳朵告诉你，或者不——你猜。"

我一猜就着，但是我想让她自己把这个秘密说出来，我想从她嘴里听到这新闻；她告诉了我，我们十分激动，两眼含泪，彼此望了一眼。

……人的心胸是多么富有感受力啊！它善于感受幸福，感受快乐，只要人们不被琐屑的事分心，而是全身心浸润在幸福与快乐之中。妨碍当前的感受的，通常是外部的忧虑，无谓的烦恼和动辄发怒的执拗——而在生命如日中天的时候的这一大堆垃圾，都是由日常琐事和愚蠢的生活习惯造成的。我们常常浪费光阴，虚掷我们的大好年华，倒像这些大好的光阴我们不知道有多少似的。我们通常会想到明天，想到明年，其实我们应当伸出双手，紧紧捧住生活本身通常十分慷慨地，无须请求就递给我们的幸福之杯，——开怀畅饮，喝呀，喝呀，一直喝到这幸福之杯又转移到另一些人手里。造化是不喜欢长久请一个人喝酒

* 这天是赫尔岑的长子亚历山大出生的日子。

和干杯的。

似乎，对于我们的幸福已不能再增添什么了，然而关于即将有新生儿出生的消息，还是打开了新的、我们全然不知的新领域，为我们的心灵、欢乐、不安和希望打开了一个新天地。

稍许感到点儿惊惶不安的爱情变得更温柔了，变得更加体贴，更加关切，它从两个人的利己主义不仅变成了三个人的利己主义，而且它还变成了两个人为第三个人所做的自我牺牲；家庭是从有孩子开始的。新的因素正在进入生活，某个神秘的人正在叩响我们生活的大门——这个客人似有似无，但他是必需的，我们正在热切地等待他的出生。他是谁呢？谁也不知道，但是不管他是谁，他是一个幸福的陌生人，我们在他生命的入口处正以多么热烈的爱在迎接他啊！

可这时又产生了痛苦和不安——他能顺利出生吗？是死的还是活的？有那么多不幸的情况。医生笑而不语——“他什么也不懂，还是不愿意说呢”；对局外人依旧隐瞒着；无人可问，而且也不好意思问。

但是这婴儿终于露出了生命的征兆，——当感觉到这未来的生命的最初跃动，它正在挣扎着想要出来，它正在舒展着它那还没有完全长好的肢体，这时我心里充满着一种难以言说的感情，我不知道还有什么感情比这更崇高，更神圣的了，这是父亲用来祝福即将降生的新生儿的最初的按手礼①，他将把他的生命的一部分转让给他。

“内人，”有一回一个法国资产者对我说，“内人，”他仓皇四顾，看到周围既没有女士，也没有孩子，才压低嗓门加了一句：“怀孕了。”

确实，所有道德观念的杂乱无序竟如此矛盾：怀孕被认为是某种有失体统的事；一方面要求人无条件地孝顺母亲，而不管她是怎样一个人；另一方面又要求人对分娩的秘密遮遮掩掩，这不是出于对母亲的孝顺之心，也不是出于内心的谦逊，而是出于一种礼教。这一切无非是要使放荡显得完美，使好色披上修道士的外衣，要人们诅咒和牺牲肉欲；

---

① 这是东正教的一种宗教仪式，由上级神职人员以手按下级神职人员的头，授予教职。

这一切都是不幸的二元论，把我们像两个马格德堡半球①一样往两个相反的方向拉。让娜·德鲁安②尽管信奉社会主义，可是她在*Almanach des femmes*〔法语：《妇女文集》〕中暗示，将来生孩子也会不一样的。怎么不一样法呢？——像天使降生一样。——哦，原来是这么回事。

荣耀与光荣归于我们的导师，老现实主义者歌德，他就敢于把怀孕的妇女与浪漫主义的纯净少女并列，并且不怕用自己的雄健的诗句来描写未来母亲的改变了的体形，并且把它与未来妇女的灵巧的肢体相提并论。

确实，伴随着过去狂喜的记忆，妇女还背负着爱情的十字架，背负着它的全部重担，以自己的美丽、时间和痛苦作牺牲，用自己的乳汁哺育着幼小的生命，——这是最优美、最感人的形象之一。

在《罗马哀歌》和《纺织女工》中③、在甘泪卿绝望的祈祷中④，歌德表达了造化对这个即将成熟的果实⑤所赋予的全部庄严的氛围，以及社会加诸这个未来生命的容器⑥的各种荆棘。

可怜的母亲们像掩盖耻辱一样掩盖着做爱的痕迹，——当一个女人正需要安静和慰抚的时候，世人却粗暴而又残忍地折磨她们，野蛮地使一个母亲在她不可替代的因妊娠而身体丰满的时刻感到扫兴，而这时正是她的生命在过分幸福的压力下感到体力不支，每况愈下的时候……

……慢慢地，秘密逐渐可怕地暴露出来，不幸的母亲先是竭力认为，这不过是她的错觉，但是很快已经毋庸置疑，腹中的婴儿的每次动

---

① 一种物理试验，以证明大气压力的存在。方法是将两个半球合在一起，抽去球中的空气，使成真空，然后用马往两个相反方向拉。因此试验是在德国马格德堡举行的，故名。

② 法国女政论家。

③ 指歌德的组诗《罗马哀歌》和诗《纺线女》。（赫尔岑凭记忆译成了《纺织女工》。）

④ 参见歌德的《浮士德》（第一部第十八场）。

⑤ 指即将出生的婴儿。

⑥ 指怀孕的妇女。

弹都使她感到绝望并使她眼泪汪汪，她想停止这个生命的秘密活动，想让它回去，她像期待上苍的仁慈和宽恕一样等待着不幸的降临，——可是不可抗拒的造化仍在按部就班地走自己的路：因为她健康，年轻！

迫使母亲希望自己的孩子死掉，更有甚者，有时还使她成为杀死孩子的刽子手，然后再由我们的刽子手来惩罚她，或者，使她蒙受耻辱，如果她的女人的心占了上风的话，——好一个聪明的道德规范！

当一个母亲走过那可怕的人生道路，从爱情走到恐惧，从恐惧走到绝望，从绝望走到犯罪，走到疯狂的时候，谁又曾掂量过，谁又曾设想过她心中到底在想什么呢，因为杀婴是生理上的荒谬行为。然而她也有这样的忘情时刻，她热烈地爱着自己未来的孩子，尤其是他的存在乃是他们两人之间的秘密；有时候她也会浮想联翩，想象着他的小脚，想象着他那带有奶香的微笑，在梦中亲吻他，发现他身上有许多与她心爱的人的相似的地方……

"但是她们会感觉到这点吗？当然，也有不幸的牺牲品……但是……但是其他人呢？但是一般情况呢？"

似乎，很难理解，还有什么人比这些夜间的蝙蝠①更堕落的了，她们每到夜晚就蹀躞在伦敦街头，在一片浓雾和泥泞中往来逡巡，这些人是素质低下、贫穷和饥饿的牺牲品，社会用她们来保护良家妇女，使这些良家妇女不致受到垂涎她们美色的那些色狼们的骚扰……当然，在这些女人的心中，最难想象她们也具有母爱这种感情的痕迹。难道不是这样吗？

请允许我跟你们讲一件发生在我身上的小事。大约三年前，我遇见一位漂亮的年轻姑娘。她属于"外室"之类的高级妓女，就是说她不卖淫，不做大家的人行道，而是过着资产阶级般的生活，由某个商人包养。这事发生在一次公开的舞会上；当时有一位客人，他跟我在一起，认识她，邀请她到敞廊去跟我们喝杯葡萄酒，不用说，她接受了邀请。

---

① 似指蹀躞在伦敦街头的夜间妓女。

这是一个活泼、快乐、无忧无虑的姑娘，大概就像普希金《石客》中的劳拉一样，当马德里的更夫高喊“天气晴好喽”的时候，她根本就不关心在那里，在遥远的巴黎，天气十分寒冷。① ……她喝完最后一杯酒后，又重新投入英国的舞蹈呼啸、肆虐的旋风中，于是我不见了她的踪影。

今年冬天，一个阴霾满天的晚上，我穿过街道躲到通向蓓尔美尔②的拱廊下，以躲避下大了的雨；在拱门外的路灯下，站着一个衣着寒酸的女人，冷得发抖，大概在等她的嫖客。我觉得她的容貌好像有点儿熟悉，她望了我一眼，别转头，想躲起来，但是我认出了她。

“您发生什么事了？”我同情地问她。

鲜艳的紫红色覆盖了她那瘦削的脸；这是羞耻呢，还是肺痨呢，我不得而知，不过我觉得这不是抹的胭脂；她在两年半中老了十岁。

“我生了很长时间病，而且很不幸。”她非常伤心地用目光指了指自己已穿得很旧的衣衫。

“您那朋友呢？”

“在克里米亚阵亡了。”

“他不是一个商人吗？”

她有点儿慌乱，避而不答地说：

“我现在还病得很重，再说根本找不到活干。怎么，我变化很大吗？”她突然问，窘态毕露地看着我。

“很大，那时候您像个小姑娘，可现在我敢打赌，您已经有自己的孩子了。”

她的脸变成酱紫色，她带着某种恐惧问道：

“您怎么看出来的？”

“是的，我一眼就看出来了。现在请您告诉我您到底出了什么事？”

“什么事也没有，不过您说得对，我有个孩子……”说这话的时候，

---

① 参见普希金的《石客》第二场。

② 蓓尔美尔是伦敦的一条大街，当时赫尔岑正客居伦敦。

她的面色活跃了起来，“您不知道这是一个多好的孩子啊，长得多漂亮啊，甚至街坊，所有的人，都对他赞不绝口。至于那人，娶了一位阔小姐，到大陆去了①。小孩是后生的。正是他成了我目前处境的罪魁祸首。先还有钱，我给他在最大的商店里买了许多东西，后来的境况就越来越糟了，我把一切都送到‘放印子钱的人’手里了；有人劝我把小孩送到乡下去；其实，这样倒好些，可是我做不到；我看了看他，看了看——不，还是死在一起好；我想找个工作——可是带着孩子人家不要。我回到母亲身边，她倒没什么，心肠好，原谅了我，爱孩子，对孩子也好；可是她两腿瘫痪，已经第五个月动弹不得了；所有的钱都给了医生和拿去买药了，而现在，您也知道，今年煤、面包——什么都贵；看来非饿死不可。瞧，我现在，”她稍停片刻，“要知道，当然，还不如跳太晤士河好，总比……就是舍不得孩子，我能把他撂给谁呢，要知道，他可是很可爱，很可爱的呀！”

我给了她一点儿钱，此外，我又掏出一先令，说：

“给您的小孩随便买点儿什么吧。”

她快乐地收下了钱，在手里拿了一会儿，可是她又突然把钱还给我，带着凄凉的微笑加了一句：

“假如您能行行好，就请您在这里的什么店里给他随便买点儿什么吧，随便买件什么玩具，——要知道，这可怜的孩子，自从他出生以来，谁也没有送过他任何礼物。”

我十分感动地看了看这个**堕落**的女人，友好地握了握她的手。

乐意为所有那些戴着珍珠项链的茶花女们恢复名誉的志士仁人们，你们还不如先撇下那些丝绒的家具和洛可可式的小客厅，走近前去看一看这不幸的、饥寒交迫的沉沦，——这是注定要毁灭的沉沦，这种皮肉生涯将会使它的牺牲品走上毁灭之路，既不让人回头是岸，也不让人痛改前非。捡破烂的人常常在街头的阴沟中找到宝石，而不是在挑

① 指离开英国，到欧洲大陆去了。

拣金玉其外的衣衫的发光的饰片中找到它们。

这使我想起《浮士德》的可怜而又聪明的译者热拉尔·德·奈尔瓦尔①,他于去年开枪自杀了。他在临终前经常五六天不回家。后来才发现,他常常在城关附近保罗·尼凯酒店那样的藏垢纳污、乌烟瘴气的地方鬼混,他在那里结识了许多小偷和各种各样的社会渣滓,请他们喝酒,同他们打牌,有时候还在他们的保护下酣然入睡。他过去的朋友开始规劝他,指责他,让他感到羞耻。可是奈尔瓦尔却忠厚地为自己辩护,有一回还对他们说:

"听我说,我的朋友们,你们有许多可怕的偏见;我可以向诸位保证,这些人丝毫不比我从前认识的所有的人差。"

大家怀疑他发疯了;他自杀后,我想,这怀疑就变得确凿无疑了!

*　　*　　*

那要命的一天正逐渐临近,一切都变得越来越可怕了。我巴结地望着医生和"接生婆"的神秘的脸。无论是娜塔莎,无论是我,也无论是我们的侍女,什么都不懂;幸亏这时候从莫斯科来了一位上了年纪的太太,她是应我父亲之邀来此临时帮忙的,她是一位聪明、能干而又调度有方的女人。普拉斯科维娅·安德烈耶夫娜看到我们束手无策的样子,就专制地大权独揽;而我就像个黑奴似的惟命是从。

有天夜里,我感到有一只手推了推我。我睁开眼睛:普拉斯科维娅·安德烈耶夫娜戴着睡帽,穿着上衣,站在我面前,手里拿着一支蜡烛;她让我去请医生和接生婆。我吓呆了,倒像这新闻完全出乎我的意料之外似的。似乎,恨不得吞一口鸦片,翻个身,把这危险睡过去似的……但是没办法,我只好两手发抖地穿上衣服,急忙跑去叫醒马特维。

我从卧室里跑出去,跑到外屋,来回跑了十来次,我想留神谛听,远处有没有马车跑来:万籁俱寂,只有早晨的风在花园里簌簌作响,时当六月,天气暖和;鸟儿开始歌唱,艳红的朝霞微微染红了树叶,于是我又

---

① 热拉尔·德·奈尔瓦尔(1808—1855):法国诗人拉布吕尼的笔名。

急忙回到卧室,总是用一些愚蠢的问题打扰善良的普拉斯科维娅·安德烈耶夫娜,抽风似的握着娜塔莎的两只手,不知道怎么办是好,我不住地发抖,人在发烧……终于听到了马车驶过雷别季桥时发出的轰隆声,——谢谢上帝,来得正是时候!

上午十时许,我好像触电似的猛地打了个哆嗦:新生儿的响亮的啼哭震动了我的耳膜。"是个男孩!"普拉斯科维娅·安德烈耶夫娜一面向木盆走去,一面向我喊道;我想把这孩子从靠垫上抱起来,但是抱不住:我的手抖得太厉害了。压迫着我胸部的关于危险的想法(其实,常常,危险这时候才开始),一下子消失了,我心头感到一阵狂喜,似乎在我心中钟声齐鸣,真是节日的节日,大喜过望!娜塔莎向我微笑着,向孩子微笑着,一会儿哭,一会儿笑,只有时断时续的痉挛的呼吸、虚弱的眼神和像死人般苍白的脸色,才使人想起她不久前所受的痛苦和经历的搏斗。

后来我离开了房间,我再也受不了了,我回到自己的房间,倒在长沙发上,浑身无力,我躺了半小时,说不出心中在想什么和有什么感觉,我处在某种幸福的痛苦中。

这张受尽折磨而又兴高采烈的脸,这种与死亡交织在一起,盘旋在产妇年轻的额际的快乐,后来我曾经在罗马科尔西尼美术陈列馆的凡·戴克①的圣母像上看到。婴儿才刚刚出生,有人抱着他凑到母亲面前;她已筋疲力尽,脸上没一丝血色,身体虚弱,懒洋洋的,她微微一笑,凝视着孩子,目光疲惫而又充满无限的爱。

应当承认,一个少女未婚先孕,然后分娩,这完全不符合基督教奉行的独身精神。与这种信仰一起,一定会永远埋葬生活、爱情和柔情蜜意,让这些东西接受最后的审判,以及教会神正论的其他恐怖。

正因为如此,基督教新教②才把圣母单独排除出自己的教堂,排除

① 凡·戴克(1599—1641):著名的佛兰德斯派画家。

② 基督教三大教派(天主教、正教、新教)之一,又称抗罗宗。

出自己的神学制造所之外。她的确有碍基督教的教规，她无法摆脱自己的世俗性质，她温暖着冰冷的教堂，不管怎样，她终究是个女人，是个母亲。她用自然的分娩报复不自然的怀胎，强使从诅咒一切肉体东西的修道士的嘴里吐露对自己母腹的祝福和赞美。

博纳罗蒂①和拉斐尔②用画笔表明，他们懂得这道理。

在西施庭教堂的《末日审判》③中，在这个阴间的“巴托罗缪之夜”④，我们看到圣子来主持惩罚；他已经举起了手……只要一声令下——就会进行刑讯拷打和折磨，就会发出可怕的号声，普天下的火刑场就会烈焰腾空；但是——他的大慈大悲的母亲却在浑身哆嗦，恐怖地偎依在他身旁。为普天下的罪人祈求他；他看着她，也许会心软，忘记他曾经说过的残忍的话：“母亲，我与你有什么相干？”⑤因而没有发出号令。

西施庭圣母⑥——她就是分娩后的迷娘⑦；她被从未经历过的命运吓得手足无措……

Was hat man dir, du armes Kind, getan?〔德语：可怜的孩子，他们把你怎么啦？〕⑧

她内心的平静被破坏了；大家要她相信，她的儿子是圣子，她是圣母；她脸上流露出一种神经质的欢欣，带着一种磁性的明察秋毫的表情，她仿佛在说：“把他抱走吧，他不属于我。”同时她又把他紧紧搂在怀里，如果可能的话，她真想抱着他逃走，逃到随便什么遥远的地方去，不是把他当作救世主，而是把他当作自己的儿子，普普通通地爱抚他，

---

① 即米开朗琪罗（博纳罗蒂是他的姓）（1475—1564），意大利文艺复兴时期的画家、雕塑家和建筑师。

② 拉斐尔（1483—1520）：意大利文艺复兴时期的画家、建筑师。

③ 米开朗琪罗的名作。

④ 一五七二年的这一天（巴托罗缪节），天主教徒在巴黎大肆屠杀新教教徒。

⑤ 参见《新约·约翰福音》第二章第四节，母亲二字原文为妇人，现从中文版《圣经》。

⑥ 拉斐尔的代表作。

⑦ 歌德的长篇小说《威廉·迈斯特尔的学徒时期》中的人物。

⑧ 参见《迷娘曲》，这是《威廉·迈斯特尔的学徒时期》第三卷第一章卷首的诗。

用自己的乳汁喂养他。而这一切都是因为她是女人，她是母亲，而根本不是伊西斯[①]们、瑞亚[②]们和其他女神们的姐妹。

正因为如此，她才能很容易地战胜冷若冰霜的阿佛洛狄忒[③]，这个奥林波斯山[④]上的妮侬·兰克洛[⑤]，没有人会关心她有没有孩子。双手抱着孩子的玛利雅，双目低垂，温柔地望着他，她头上围绕着女性的光环和神圣的母亲称号，我们的心对此感到更亲切，远胜于她那金发的竞争者[⑥]。

我觉得教皇庇护九世和枢机主教会议，十分彻底地宣布圣母是非自然怀胎或者按照他们的说法，是无污点怀胎[⑦]。玛利雅同我们大家一样是被生出来的，她自然要站出来替人说话，同情我们；通过她，灵与肉融成了一体，渗入了宗教。如果她也不是肉体凡胎，她与我们之间就没有任何共同之点，她也不会来可怜我们，肉又会受到诅咒，为了救人救己就更需要教会了。

可惜教皇晚来了一千年，——也是庇护九世命该如此。Troppo tardi, Santo Padre, siete Sempre e sempre-troppo tardi!〔意语：太晚啦，神圣的教皇，您总是，总是迟到！〕[⑧]

（给娜·亚·查哈林娜的信）

我写《往事与随想》这一卷的时候，手头没有我们过去的来往信

---

① 古埃及的女神，她是丰产和母性的庇护神，司生命和健康的女神。

② 希腊神话中的母神。

③ 希腊神话中的爱神（即罗马神话中的维纳斯）。

④ 古希腊人敬奉的圣山，被认为是众神的居所。

⑤ 妮侬·兰克洛（1620—1705）：法国巴黎的交际花，文学沙龙的女主人。

⑥ 指爱神阿佛洛狄忒。

⑦ 庇护九世（1792—1878）：1846—1878 年任罗马教皇。他于 1854 年宣布“玛利雅无原罪”为信条，1869 年又制定了“教皇永无谬误”这一信条。

⑧ 庇护九世是一个较开明的教皇。为了缓和农民和城市贫民的不断起义，他曾宣布大赦政治犯和取消书报检查制度，但已经太晚了，未能挽狂澜于既倒。

件。我是在一八五六年才收到这些信的。我把这些信重读了一遍，改正了两三处地方，不会更多。在这方面我的记性还是好的。我本来想附上几封娜达丽雅的信，可是与此同时又有一种恐惧阻止我这样做，我拿不定主意，该不该进一步暴露我们的隐私，还有我感到宝贵的那些话，会不会遇到人们冷冷的莞尔一笑？

我在娜达丽雅的信件中找到了一些我的信，一部分是入狱前写的，一部分是在克鲁季次写的。其中有几封，我把它们附在本卷之后。这些信，对于那些喜欢穷根究底，追寻个人命运起源的人，也许不会显得多余；他们会以一种神经质的好奇心来读它们，正如我们常用显微镜来观察机体的生长发展一样。

一①

最亲爱的娜达丽雅·亚历山德洛夫娜：

今天是您的生日；我非常想亲自前来向您表示祝贺，但是，说真的，实在办不到。很抱歉，我很久没有来看您，但是环境完全不允许我随心所欲地支配时间。希望您能原谅我，祝您的所有才能能够得到充分发挥，祝命运赋予纯洁的灵魂的幸福宝藏得以充分展现。

忠于您的亚·赫

一八三二年八月十五日②

二

娜达丽雅·亚历山德洛夫娜：

您想错，想错了，我是决不会只给您写一封信的，——瞧，我这

---

① 这些信一直保存在娜达丽雅那里；许多信中，有她用铅笔写的只言片语。但是她写往狱中的信，我却一封也没有保存下来。我必须在阅后把它们立刻销毁。——作者原注

② 日期有误，应为一八三三年十月二十二日。

不是又给您写信啦。给一个志趣相投的人写信是一件愉快的事,这种人实在太少了,少到写一年信都用不了一刀纸。

我拿到了学士学位①,这是事实,不过金质奖章并没有授予我,我只拿到了银质奖章——一共三个,我拿到了其中的一个!

亚・赫

一八三三年七月五日或六日

又及:今天举行毕业典礼,但是我没有去,因为我不愿意第二个上台领奖。

三

娜达丽雅:

我们迫不及待地等候您的到来。M希望,尽管叶・伊②昨天的威胁,艾米利雅・米哈伊洛夫娜③无疑会到我们家来的。因此,再见。

整个是您的亚・赫

(一八三四年年初)

四

刚才我写了一封信给上校,给你申请一张探监证,还未收到答复。你们那里,这事可能比较难办,我只能把希望寄托在妈妈身上。对于我,你还算运气:你是我被抓以前见到的最后一个朋友(我们分别时还坚信一定能很快再见,那是在九时许,可是在两点我已经坐在宪兵营了),而且你一定会第一个再次见到我。我了解你,而且我知道,这一定会带给你快乐;请相信,我也一样。我把你当作我的亲妹妹。

---

① 旧俄的高校毕业生并非都能拿到学位,学士学位只授予毕业生中的成绩优异者。

② 指作者的哥哥叶戈尔・伊凡诺维奇・赫尔岑。"M"指谁不详。

③ 即娜达丽雅的家庭教师与女友阿克斯别尔格。

关于我自己,我没有很多话要说,我已经习惯了这里的囚徒生活;对于我最可怕的是把我和奥加略夫分开:我离不开他。我一次也没有见到他——我是说正经八百地见面;但是有一回,我独自坐在一间小屋里(专案组),审讯已经结束;从我这儿的窗口可以看到亮着灯的外屋;有一辆马车驶近前来,我本能地跑到窗口,打开通风口,看到要塞司令部的副官押着奥加略夫坐上了马车;马车驶走了,而他根本不可能看到我。难道我们注定要无声无息、谁也不知道地牺牲吗?为什么造化要赋予我们心灵,追求有所作为和赢得光荣的心灵呢?难道这是命运对我们的嘲弄吗?但是不,在这里,在我们的心中,燃烧着信仰——强烈的、朝气蓬勃的信仰。这是天命!我怀着喜悦阅读《每月念诵集》①,——这些人才是自我牺牲的榜样,这才是真正的人!

答复收到了,这答复是不愉快的——他们不肯开准予探监的证明。

再见,要记住,要爱你的哥哥②。

一八三四年十二月十日,
于克鲁季次营房

五

我永远也不会接受你交给我的那个任务,永远不会!你有许多自己的东西,干吗你要把自己交给我来支配呢?我希望你能够成为一个你自己能够成为的人,就我这方面说,我可以促成你的这一发展,为你排除障碍。

至于你的处境,它并不像你想象的那样不利于你的发展。你

① 供东正教徒念诵的书,每月一册,逐日记载圣徒的言行、教诲以及关于宗教节日的传说。

② 作者对原信略有删节和修改。信中提到的那位上校是指伊·谢·谢美诺夫(宪兵上校,驻扎在克鲁季次兵营的部队长)。

比起许多人来跨前了一大步;你从记事的时候起就孑然一身,全世界就你一个人。人家有严父和慈母的爱,——你没有。谁也不想来管你的事,你只能自己管自己。还有什么比这更有利于发展呢?应该感谢命运,没有人来管你:因为他们会把一些你不感兴趣的东西灌输给你的,他们会扭曲一个孩子的心,——而现在要这样做,那就晚了。

一八三四年十二月三十一日

六

听说你想进修道院;不要以为我听到你的这个想法会付诸一笑,——我理解你的这个想法,不过要权衡轻重,慎重考虑。难道想到爱情没有激动过你的心吗?进修道院是因为走投无路,现在已经没有专为修行才进修道院的了。难道你不相信你会遇到一个他既爱你,你也爱他的人吗?若有那一天,我会快乐地握他的手和握你的手的。他将会很幸福。如果这个*他*不出现——那,再进修道院也不迟,这比那种庸俗地随便嫁个人要好一百万倍。

我懂得你来信中的 le ton d'exaltation〔法语:兴高采烈的口吻〕——*你恋爱了*!如果你来信告诉我,你的恋爱是认真的,那,我无权置喙,——因为做哥哥的权力也就到此为止了。但是我需要你把这话亲口说出来。你知道什么是平常人吗?不错,他们也会给人们带来幸福,——但是能给你带来幸福吗,娜塔莎?你太小看你自己了!宁可进修道院,也不能与人们同流合污。请记住我说的这话,因为我是你哥哥,*因为我为你感到骄傲,也因有你而感到骄傲*!

又收到奥加略夫的一封信,这是摘录:

L'autre jour donc je repassais dans ma mémoire toute ma vie. Un bonheur, qui ne m'a jamais trahi, c'est ton amitié. De toutes mes passions und seule, qui est restée intacte, c'est mon amitié pour toi, car mon amitié est une passion.〔法语:日内,我在脑海里回顾了我的整个一生。有一种幸福从来没有欺骗过我——那就是你的友谊。我有许许多多强烈的激情,唯一而又始终不变的,——那就是我对你的友谊,因为我的友谊也是一种强烈的激情。〕

……最后还有一句话。如果他爱你,这毫不足怪!如果他看到你对他有意思而不爱你,那他还算人吗?但是我求你,不要向他提到你的爱情——要三思而后行。

再见。

你的哥哥亚历山大
一八三五年二月八日
于克鲁季次兵营

七

娜达丽雅:

世界上真是无奇不有!我在收到你的最后一封信以前,就已经回答了你的所有问题。我听说你病了,常常闷闷不乐。千万要保重身体,那些乐善好施的人给你喝的与其说是苦酒,不如说是一杯令人憎恶的酒,你要坚强地喝下去。

(一八三五年二月)

紧接着这封信,在另一张纸上写道:

娜塔莎,我的朋友和妹妹:

看在上帝分上,不要气馁,你要对这些卑鄙小人嗤之以鼻,你太迁就他们了,要对他们大家嗤之以鼻——她们都是混蛋!当我读到你给Emilie〔法语:艾米利雅〕的信的时候,真把我气坏了,这太可怕了。上帝啊,我多么生气啊,——那,现在我能为你做些什么呢?我敢发誓,没有一个哥哥会像我这样爱妹妹,——但是我又能做什么呢?

我收到了你的来信，对你很满意。既然这样，那就忘掉他吧；这不过是一次体验，如果真是爱情，就不会有这样的表现了。

（一八三五年三月）

八

我的心都碎了，我入狱以来还从来没有像现在这样感到压抑和苦恼过。倒不是因为流放。我倒不在乎是彼尔姆还是莫斯科，即使是莫斯科，也同彼尔姆一样！请听我把话说完。

三月三十一日，让我们去听候宣判。真是一个庄严的**大好**日子。那里集中了二十个人，所有的人都要从那里被押往全国各地，有的去要塞的囚堡，有的被流放到边远城市；所有的人都已经在这里坐了九个月的牢。这些人都热热闹闹、快快活活地坐在大厅里。我进去后，满脸胡子的索科洛夫斯基就跑过来搂住我的脖子，而且沙〔青〕也在这里；我来了很久之后才把奥加略夫押来，大家都跑过去迎接他。我们都含着眼泪微笑地互相拥抱。我心中的一切都复活了，我活着，我**还年轻**，我跟所有的人握手，——总之，这是我一生中最幸福的时刻之一，没有一点儿灰心丧气的想法。终于向我们宣读了判决书①。

……一切都很好，但是昨天，——但愿这天受到诅咒！——它把我完全压垮了。我同奥包连斯基关在一起。向我们宣读了判决书以后，我向曾斯基请求允许我们见见面，——得到了许可。是我回来后就去找他的；但是关于许可见面的事曾斯基忘了告诉上校。第二天那个混账军官 C 报告了上校，就这样，我把三个最好的军官牵连了进去，可是他们帮过我天知道多少忙啊；他们仨都受到了警告，并且受到了处分，现在必须连续值班三星期（而那时正逢复活节）。瓦西里叶夫（宪兵）还受了鞭刑——而这一切都是因为

① 我把它删去了。——作者原注

我。我咬自己的手指，我哭，我气得要发疯，我想到的头一个念头就是我要报复。我告发了这个军官，说了一些会毁了他前程的事(他曾跟犯人到某些地方去过)，我想到他也是个可怜的人，而且是七个孩子的父亲；但是应该饶恕一个告密者吗？难道他饶恕过别人吗？

一八三五年四月二日，于克鲁季次兵营

九

在临行前几小时，我还要写信，我还要写信给你——这是临行者写给你的最后的声音。分离的感觉是难受的，而且这是被迫分离，但是我为之献身的命运就是这样；命运在拽着我往前走，我只有听天由命。我们什么时候，什么地方才能再见面呢？这一切都不清楚。但是关于你的友谊的回忆却璀璨夺目，一个被流放的犯人永远不会忘记自己美丽的妹妹。

也许……但是，这信写不完了，来叫我了。就这样吧，再见，我们将长久分离，但是，我敢向上帝起誓，决不会是永别，我不能想象这会是永别。

这一切都是当着宪兵的面写的。

一八三五年四月十日九时

(在这封信上可以看到泪痕，“也许”一词下被她画了两道线。娜达丽雅一直随身带着这封信，长达数月。)

БЫЛОЕ
И
ДУМЫ

往事与随想

БЫЛОЕ И ДУМЫ A.И.ГЕРЦЕН

中

〔俄〕亚历山大·伊万诺维奇·赫尔岑 著
巴金 臧仲伦 译

人民文学出版社
PEOPLE'S LITERATURE PUBLISHING HOUSE

亚历山大·伊万诺维奇·赫尔岑

(1812—1870)

作家，思想家，革命家，学者，政论家，俄国自由出版发行业的创始人，毕生致力于探索社会主义的理想世界，曾在欧洲创办《北极星》杂志和《钟声》报，对托尔斯泰的平民观产生重要影响。列宁称赞他是“举起伟大旗帜反对沙皇专制的第一人”，“为俄国革命的准备发挥了巨大作用”。作为一位文学家，赫尔岑以独特的文体著称，代表作有《谁之罪？》《偷东西的喜鹊》以及集日记、书信、散文、随笔、政论杂感于一体的巨型回忆录《往事与随想》。

巴金

(1904—2005)

中国现代作家、翻译家、编辑家。

原名李尧棠，字芾甘，1904 年出生于四川成都。主要作品有《灭亡》《家》《春》《秋》《爱情的三部曲》《憩园》《寒夜》《随想录》等。译作有《我的自传》《父与子》《处女地》《快乐王子集》等。曾任文化生活出版社总编辑、《收获》杂志主编、中国作家协会主席、全国政协副主席等职。其著译结集为《巴金全集》《巴金译文全集》。

臧仲伦

(1931—2014)

文学翻译家，北京大学教授。1955 年毕业于北京大学俄罗斯语言文学系，1957 年毕业于北京大学俄语系研究生班。著有翻译通史专著《中国翻译史话》。译作有《驿站长》《双重人格》《克莱采奏鸣曲》《暴风雪》《舞会之后》《大雷雨》《白痴》《罪与罚》《被侮辱与被损害的人》《死屋手记》《卡拉马佐夫兄弟》等。

БЫЛОЕ И ДУМЫ

ИСКАНДЕРА.

ТОМЪ ВТОРОЙ.

ЛОНДОНЪ

ВОЛЬНАЯ РУССКАЯ ТИПОГРАФІЯ

5, THORNHILL PLACE, CALEDONIAN ROAD, N.

1861.

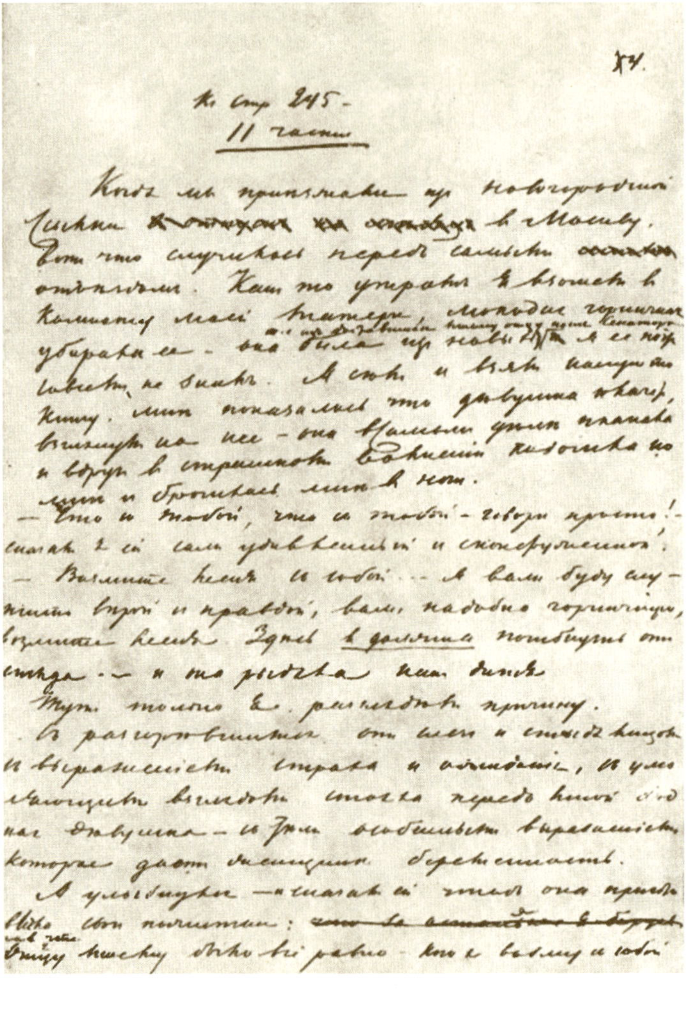
XIV.

к стр 245 —
II части

Когда мы приезжали из новгородской глуши ~~[illegible]~~ в Москву. Вот что случилось перед самым ~~[illegible]~~ отъездом. Как-то утром я вошел в комнату моей матери, молодая горничная [illegible] убирала ее — она была из новгородских, я ее [illegible] совсем не знал. Я сел и взял какую-то книгу. Мне показалось что девушка плачет, взглянул на нее — она в самом деле плакала и вдруг в страшном волнении подошла ко мне и бросилась мне в ноги.

— Что с тобой, что с тобой — говори прямо! — сказал я ей сам удивленный и сконфуженный.

— Возьмите меня к себе... Я вам буду служить верой и правдой, вам надобно горничную, возьмите меня. Здесь в деревне погибну от стыда... — и она рыдала как дитя.

Тут только я разгадал причину.

[illegible] от слез и [illegible] и выражением страха и ожидания, и умоляющим взглядом стояла передо мной бедная девушка — и этим особенным выражением которое дает [illegible] беременность.

Я улыбнулся — сказал ей чтоб она [illegible] свои пожитки: ~~[illegible]~~ [illegible] [illegible] всё равно — я возьму к себе

亚历山大·伊万诺维奇·赫尔岑

（维特别尔格 1836 年绘）

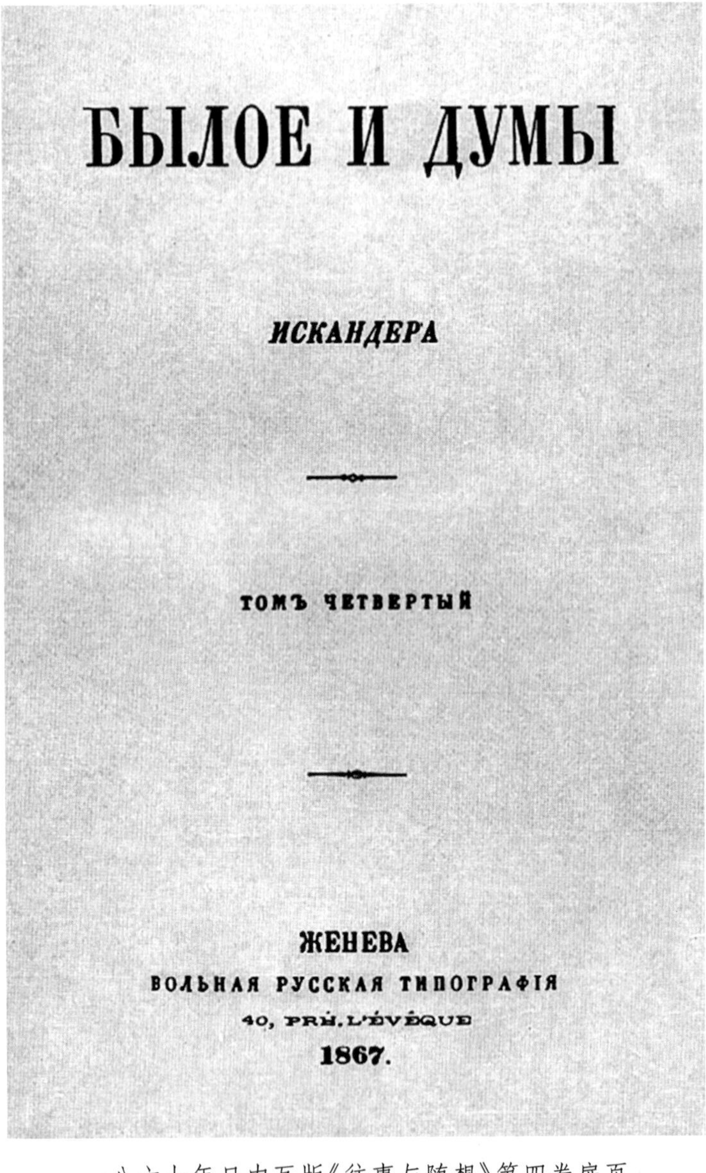

БЫЛОЕ И ДУМЫ

ИСКАНДЕРА

ТОМЪ ЧЕТВЕРТЫЙ

ЖЕНЕВА

ВОЛЬНАЯ РУССКАЯ ТИПОГРАФІЯ

40, PRÉ. L'ÉVÊQUE

1867.

一八六七年日内瓦版《往事与随想》第四卷扉页

第四卷

莫斯科、彼得堡和诺夫哥罗德（1840—1847）

臧仲伦 译

第二十五章

不谐和音——新的小组——极端黑格尔主义——别林斯基、巴枯宁和其他人——同别林斯基的争吵与和好——在诺夫哥罗德同一位太太的争论——斯坦克维奇小组

一八四〇年初,我们告别了弗拉基米尔,告别了贫瘠而又狭窄的克利亚兹玛河。我抱着一颗受到压抑的心和恐惧离开了我们新婚的小城;我预见到,那种简单而又深刻的内心生活不会再有了,以后必须多挂些风帆,才能应付人生的险恶。

我们在郊外的那种长久而又独自的散步也不会再有了,在那里,我们徜徉在一片片牧场上,清楚地感觉到自然界的春天和我们心中的春天……

那些冬日的夜晚也不会再有了,那时候,我们彼此挨得很近地坐着,合上书本,听着大雪橇驶过时发出的刷刷声和铃铛声,这使我们忽儿想起一八三八年三月三日,忽儿又想起我们在五月九日的旅行……①

这些都已一去不再了!

……人们早就知道,又用多少种音调一再吟唱:"生命的鲜花只开放一次,永不再开"②,可是成年的六月,一方面要忙于耕作,另一方面

---

① 请参看本书第三卷第二十三章。

② 引自席勒的诗 *Resignation*。"生命的鲜花"原文为"生命的五月"(意为"人的青春","一生中最幸福的时期"),故有后面成年的六月之说。

路上又常会遇到一些碎石，经常使人猝不及防。在某种思想、感情和追求的代数学中，青春漫不经心地飞驰而过，商数是什么，很少关心，也很少理会——而这时出现了爱情，这才找到了未知数，一切都归结到一个人，一切都要通过他，他们感到共同的才是宝贵的，他们感到优美的才是美丽的；其余的在这里都视若无睹：他们相亲相爱——周围哪怕寸草不生！

可是草还是长出来了，又是荨麻，又是带刺的牛蒡草和飞廉，它们迟早会刺痛你和勾住你的衣衫的。

我们知道弗拉基米尔是带不走的，可仍旧认为幸福的岁月还没有过去。我甚至认为，回到莫斯科就是重新回到我的大学时代。周围的整个环境也支持我的这一幻想。同样的房子，同样的家具——这就是我和奥加略夫反锁在里面的房间，这就是我们密谋策划的地方，与“枢密官”和我父亲仅咫尺之遥，这就是他，我父亲，人老了，背驼了，可是他仍旧准备训斥我，责备我回家晚了。“明天谁讲课？什么时候小考？放学后我要去找奥加略夫”……这是一八三三年！

奥加略夫果真回来了。

他比我早几个月获准回莫斯科。他家又成了新老朋友聚会的中心。尽管过去的观点一致已经不存在，大家还是喜欢他，常常来看他。

正如我们在前面已经讲过，奥加略夫天生有一种与众不同的磁性，有一种女性般的吸引力。没有任何明显的原因，别人就爱亲近这种人，靠近这种人；他们温暖着他们，把他们联系在一起，使他们彼此心平气和，他们是一张公开的桌子，每个人都爱在这桌旁坐一会儿，恢复一下体力，休息休息，等到精力充沛了，心平气和了，再行离去——但已经成了朋友。

朋友们侵占了他很多时间，他有时候也为此苦恼过，但是他没有关上自己的大门，而是带着和蔼可亲的笑容欢迎每个人。许多人认为这是他的一大弱点。是的，时间过去了，浪费了，但是却得到了爱，不仅是好朋友的爱，还有许多不相干的人和弱者的爱；要知道，这就足以补偿利用这时间去读书和做别的事情了！

我往往百思不得其解，怎么能指责像奥加略夫这样的人游手好闲呢。在这里，用在工厂做工和在车间干活的观点看问题，未必合适。我记得还在学生时代，有一回，我和瓦季姆坐在一起喝葡萄酒，他变得越来越闷闷不乐，突然，他两眼含泪，重复了一句唐·卡洛斯说过的话，其实，唐·卡洛斯也是重复尤利乌斯·恺撒的话："二十三岁了，还一事无成，怎能赢得不朽！"①这使他很难过，因此便用足力气，一巴掌打在那只绿色的酒杯上，把自己的手划破了，而且伤口很深，这一切都是事实，但是无论是恺撒，无论是唐·卡洛斯和波沙②，也无论是我和瓦季姆都说不清楚，为什么要为不朽的事业做点儿什么呢？如果有事要做，那就去做好了，干吗要为做而做呢？或者为流芳千古而做呢？

这一切都不甚了了；再说事业又是什么呢？

事业，business〔英语：事业、案件、工作、生意〕……官吏只知道民事与刑事案，商人认为只有做生意才是事业，军人称之为军事的事业就是像仙鹤一样正步走，以及在和平时期从头武装到脚。依我看，做一大群人的纽带和中心——这才是做一番大事业，尤其是在一个彼此隔绝和戴上重重镣铐的社会。谁也没有责备过我游手好闲，我做过一些事，曾得到许多人的喜欢；可是他们是否知道，在我做过的所有事情中有多少事反映了我们的谈话，我们的争论，以及我们度过的漫漫长夜啊——那时，我们似乎无所事事地踯躅在街头和田野，或者甚至于游手好闲地贪杯买醉呢？

……但是很快在我们这个圈子里吹来了一阵风，使我们想到春天已经过去了。当见面的欢乐平息下来，觥筹交错的盛筵已经席终人散，当主要的话已经说完，必须继续前进的时候，我们看到，我们在回忆中

---

① 这句台词出自席勒的同名戏剧《唐·卡洛斯》第二幕第二场。类似的话据说是尤利乌斯·恺撒说的，恺撒幻想同马其顿国王亚历山大一样在年轻时就能建立不朽的功勋。

② 同名戏剧中唐·卡洛斯的好友。

寻找的那种无忧无虑的欢乐日子，在我们这个圈子里已经不会再有了，尤其在奥加略夫家。朋友们在一起热热闹闹，争论得不可开交，有时候也觥筹交错——但是并不愉快，并不像过去那样快乐。每个人都有不愿告人的想法，每个人都欲言又止；感到有某种紧张气氛；奥加略夫神态忧郁。而克〔彻尔〕则不祥地扬起了眉毛。在我们的和声中响起了杂乱的音符，出现了触目惊心的不谐和音；尽管奥加略夫好言相劝，他对大家也很好，但是无济于事，不足以消除这杂乱的音符。

我一年前耽心的事终于发生了，而且比我想象的更糟。

奥加略夫的父亲死于一八三八年。他去世前不久，奥加略夫结婚了①。他结婚的消息把我吓了一跳——这一切来得太快，也太突然了。传到我耳朵里来的关于他妻子的流言蜚语，对她不完全有利；但是他兴高采烈地写信告诉我，而且他也很幸福，——虽然我更相信他的话，但是我依旧很耽心。

一八三九年初，他们俩到弗拉基米尔来小住。自从检察官奥兰斯基向我们宣读判决书以来，我们在这里还是初次见面，这时我还顾不上分析，我只记得，开头，我听到她说话的声音，心里很不舒服；但只是刹那间的印象，但是因为我当时欢天喜地，因此也就很快消失了。是的，这是心头感到充实和个人无限幸福的日子，在这些日子里，一个人会感到幸福极了，幸福得不能再幸福了。既没有过去不愉快的回忆，也没有丝毫不祥的预感——有的只是青春、友谊、爱情、精力充沛、干劲十足、身体健康和横亘在前面的走不完的康庄大道。当时还没有消失的最神秘主义的情绪，就像钟声、唱诗班的赞美诗，以及圣像前点起的枝形烛台一样，使我们的会面平添了几分节日的庄严感。

在我的房间里，在一张桌子上，放着一个不大的带有基督受难像的铁十字架。

---

① 奥加略夫于一八三六年与玛利雅·利沃夫娜·罗斯拉夫列娃结婚，她于一八五三年去世。

“跪下!”奥加略夫说,“我们要感谢上帝让我们四个人团聚在一起!”

我们都在他身旁跪了下来,我们一面擦着眼泪,一面拥抱。

但是四个人中有一个人未必需要擦眼泪。奥加略夫的妻子带着某种惊奇的表情看着我们正在做的事;我当时还以为这是 retenue〔法语:克制〕,但是她后来告诉我,她觉得这出戏显得很牵强,很幼稚。站在旁观者的立场看,也可能是这样;但是她为什么要从旁观者的立场看呢,她为什么要在这场陶醉中惟我独醒呢?在年轻人的这种热情流露中,她为什么要如此大人气呢?

奥加略夫回自己的庄园去了,她则去了彼得堡张罗他回莫斯科的事。

一个月以后,她又路过弗拉基米尔——不过是一个人。彼得堡和两三家贵族客厅弄昏了她的头。她需要的是外表的浮华,她感兴趣的是财富。“她怎么能和奥加略夫取得一致呢?”我想。彼此的志趣如此相反,发展下去是会产生许多不幸的。但是财富、彼得堡和沙龙使她觉得很新鲜;也许,这是一时迷恋——她很聪明,也爱奥加略夫——我对此寄予希望。

莫斯科的人都耽心,她身上要发生这样的转变是不容易的。与演艺界和文学家的接触,使她的虚荣心得到了相当大的满足,但这不是她的主要兴趣。在贵族沙龙中只让艺术家和学者忝陪末座,她可能没有意见,但是她却硬要把奥加略夫也拉到他会感到无聊和窒息的那个空虚的世界去。一些最要好的朋友们开始察觉到这一点,于是克〔彻尔〕(他早已经皱紧了眉头)严厉地申明 veto〔拉丁语:不许〕。她脾气暴躁、自尊心很强,而且不习惯克制自己,她侮辱了与她同样脾气火暴的人的自尊心。她态度生硬、有点儿蛮不讲理,对人冷嘲热讽,而且说起话来阴阳怪气(这声音在头一次见面时就使我心中产生一种异样的感觉),立刻就招到强烈的反击。她跟克〔彻尔〕互相谩骂了两个月,其实,克〔彻尔〕还是对的,不过在形式上显得欠妥,因而又促使几个人起来反对他，也许，这些人由于自己的物质地位容易生气也说不定，最后她竟冲我较起劲来。

她怕我。她想同我较量一番，然后彻底弄清谁战胜谁——友谊还是爱情，倒像二者势不两立，非得有一方占上风似的，这不仅因为她想在无理取闹中坚持自己的看法，其中的原因可能还更复杂；这是因为她意识到，我反对她的图谋最力，这里还掺杂着忌妒和吃醋，以及女人的权力欲。她跟克〔彻尔〕常常争论到痛哭流涕，像坏孩子吵架那样破口大骂，而且每天都吵，不过还没有吵到势不两立的地步；她常常脸色发青，恨得发抖地看着我。她指责我破坏了她的幸福，是出于一种虚荣心，想把奥加略夫拉过去，独霸奥加略夫的友谊，她还指责我傲慢得让人讨厌。我觉得她这样说不公平，因此我也变得有理不饶人，变得冷酷无情起来。五年后，她自己也向我承认，她恨不得用毒药把我毒死，——由此可见她恨我恨到了何等地步。她因为娜达丽雅爱我，因为我们的人都对她好，所以她就与娜达丽雅断绝来往。

奥加略夫很痛苦。谁也不体谅他的心情：无论是她，无论是我，也无论是别的人。我们选中他的心胸（正如他在一封信中所说）做“战场”，而没有想到无论谁战胜谁，对于他都一样痛苦。他恳求我们和好，他竭力缓和彼此互不相让的矛盾——于是我们又和好了；但是只要一言不慎，受到侮辱的自尊心就会火冒三丈，一触即发的怨怼心态就会爆发成一场战争。奥加略夫恐惧地看到，他所珍爱的一切正在土崩瓦解，他所爱的那个女人并不以他视为神圣的东西为神圣，她是外人，与他格格不入，——但是他又不能不爱她。我们是自己人，是他挚爱的人，但是他伤心地看到，我们丝毫没有为他分忧，命运让他喝的这杯苦酒，我们一滴也没有替他减少。他不能粗暴地扯断 Naturgewalt’a〔德语：造化的力量〕把他和她连接在一起的纽带，他也不能割断把他与我们联系在一起的志同道合的牢固联系；他在任何情况下都会咯血而死，他感觉到了这点，因此他竭力想留住她，也留住我们——他痉挛地拉住她的手，也拉住我们的手，不肯松开，——可是我们却狂暴地各奔东西，像刽子手一样把他给肢解了!

人是残酷的,只有历尽艰难和坎坷才能使人逐渐温驯起来;孩子残酷,因为他无知,青年残酷,因为他自恃纯洁,牧师残酷,因为他自恃神圣,学究残酷,因为他自恃博学,——我们都是残酷无情的,而最残酷无情的是我们的得理不饶人。通常只有在遍体鳞伤,翅膀被烧焦之后,只有在意识到自己的堕落之后,只有当他独自一人,并无目击者,开始逐渐懂得他是多么渺小和不堪一击的废物,因而感到毛骨悚然,不寒而栗之后,他的心才会逐渐融化和变软。心逐渐变得温存了;他一面擦着恐惧和自惭形秽的汗珠,害怕别人看见他,一面又寻找为自己辩解的理由——结果找到的却是为别人开脱的理由。只有从这一刻起,法官和刽子手的角色才会在他心中产生厌恶。

那时我还远远没有达到这一点!

敌对状态仍在时起时伏地继续着。这女人因为我们不依不饶,穷追不舍,怀恨在心,竟致越走越远,在绊马索中越套越紧而不能自拔,她拼命挣扎,跌倒又爬起来——但是仍旧我行我素,不肯转变。她感到自己无力取胜,便恼羞成怒,dépit〔法语:恼恨〕得要死,因得不到爱情而忌妒得死去活来。她从乔治·桑的小说中,从我们的谈话中东鳞西爪地撷取来的杂乱无章的思想(她从来也没有搞清其中的真正含义),竟使她从一个荒谬走到另一个荒谬,走向她自以为是她独立自主的新发明——一种乖戾的奇谈怪论,即一种所谓妇女解放。根据这种理论,在现存和公认的事物中,她们可以随心所欲地否定她们不喜欢的一切,同时又顽固地保留着其余的一切。

决裂渐渐成为不可避免的了,但是奥加略夫舍不得她,拖了很久,还想挽救她,对她寄予希望。当她身上暂时焕发出一缕柔情或者流淌出一点儿诗意的细流的时候,他就准备把过去种种忘得一干二净,永不再提,而开始过一种和和美美、恩恩爱爱的新生活;可是她却克制不住自己,失去平衡,而且每次都陷得更深。他们的结合病态地一点一点地破裂,直到把他们拴在一起的最后一根线无声地磨断为止,——于是他俩永远分手了。

在这一切当中，有个问题我没有完全搞懂。奥加略夫对他周围的一切都产生过强烈的亲和力，其影响甚至使不相干的人都能走上崇高的境界，都能走向共同的目标，为什么这种影响却在这个女人心上轻轻滑过，居然在这心上没留下一点儿良好的痕迹呢？何况他还热烈地爱过她，为了挽救她，他花过许多精力和心血，比他花在所有其他事情上的精力和心血还多；而且她起初也是爱他的——这是没有疑问的。

对这个问题我想过很多。不用说，我先是责备一方，后来才逐渐明白，这个奇怪的、反常的事实是可以解释清楚的，其实，其中并无矛盾。对志同道合的人产生影响，要比对一个女人产生影响容易得多。在台上布道，在讲台上发表动人的演说，在教室里教学生，这比教育一个孩子要容易得多。在教室，在教堂，在俱乐部，首要的是彼此志趣相同，正因为志趣相同，人们才欢叙一堂，——以便继续提高。奥加略夫小组都是过去的大学同学、青年学者、青年艺术家和青年文学家：他们有共同的信仰、共同的语言，而更多的则是共同的爱憎，因此他们联合在一起。至于这信仰对于那些并不真的认为这是什么生命攸关的问题的人，他们自会慢慢离去，而在他们的位置上就会出现另外一些人，而在这种自由选择志同道合者的游戏中，思想和朋友圈也就逐渐巩固起来。

同女人接近——纯粹是私人的事，它建立在另一种生理秘密的亲和力的基础上，男女之间的彼此亲近是无意识的、不由自主的，是建立在情爱基础上的。我们是先亲近后认识。有些人在生活上随遇而安，并没有一种固定的想法，他们的水平线很容易找齐，因为他们的一切都是偶然的，他让一半，她也让一半；即使不让，也没什么大不了。相反，一个忠于自己思想的人，一旦发现她并不是他心目中引为知己的那种人，便会大吃一惊。他急匆匆地想要唤醒这女人，但是多数情况，只是使她感到害怕或者使她不知所措。她脱离了旧传统，但是又没有从旧传统中解放出来，而是被人抛过一个空无一物的峡谷，便自以为已经获得了解放——于是她便傲慢地、自以为是地、轻易地推翻旧的，同时不加选择地接受新的。在她的脑海里和心里——一切都乱七八糟，一片混乱……缰绳扔了，却放纵了利己主义……而我们却自以为已经大功告成，于是便像在教室里一样，向她大肆说教！

教育他人的才能，耐心的、充满热诚的，而且始终不渝地、热诚地爱的才能，比任何其他才能都较少遇到。这种才能，不是单纯的、热烈的母爱，不是单纯的善于说理的辩才所能替代的。

人们之所以常常责罚孩子，有时候也责罚大人，就因为他们很难接受教育，可是用鞭子抽却很容易，难道不是这样吗？因为我们无能，所以我们才用惩罚来报复，不是吗？

这道理还在当时奥加略夫就明白了；因此大家（也包括我）才不断责备他心太软，也太宽厚了。

……在奥加略夫周围形成的年轻人圈子，已经不是我们过去的那个圈子了。除了我们俩以外，老朋友中只有两个人留了下来[①]。说话的语气、大家的兴趣和工作，也都变了。站在最前列的是斯坦克维奇的朋友们[②]；而为首的则是巴枯宁和别林斯基，每个人手里都拿着一本黑格尔哲学，都带着一种年轻人的偏激情绪，但是没有这种偏激，也就不会有发自肺腑的热烈信仰了。

德国哲学是由米·格·巴甫洛夫[③]传播到莫斯科大学来的。哲学课从一八二六年起就不开了。巴甫洛夫上课时不是教物理学和农艺学，而教哲学导论。在他的课上是很难学会物理学的，至于农艺学，那就更不用谈了，但是他的课还是使我们获益匪浅。他常常站在数理系的大门口，拉住学生问："你想了解大自然吗？但是大自然又是什么呢？又什么叫了解呢？"

---

① 指原来赫尔岑小组的两个成员克彻尔和沙青。

② 斯坦克维奇（1813—1840），俄国社会活动家、哲学家和诗人。曾组织和领导莫斯科的斯坦克维奇小组，传播黑格尔的辩证法，宣扬启蒙时代的人道主义理想。斯坦克维奇的朋友们即指该小组的成员。该小组从一八三七年起由别林斯基领导。

③ 莫斯科大学的物理学、矿物学和农艺学教授。

这非常重要；我们的年轻人在进大学时毫无哲学知识，只有神学校的学生还懂得一点儿哲学，但也完全是被歪曲了的哲学。

作为对这些问题的回答，巴甫洛夫讲授了谢林和奥肯①的学说，他讲课具有雕塑般的清晰度，而且没有一个自然哲学家能像他那样讲得如此深入浅出。如果说他还未能在所有问题上讲得很透彻的话，那也怪不了他，应当怪谢林学说的艰深和晦涩。可以指责巴甫洛夫的，毋宁说是他停留在这一哲学的《摩诃婆罗多》②上，而没有经过黑格尔逻辑学的严格修炼。但是他甚至在他自己专攻的学问上，也没有超出导论和概论的范畴，或者，可以说，他至少没有指导别人登堂入室。这是浅尝辄止，这是半途而废，这类没有屋顶的房屋，没有房屋的地基以及通向鄙陋的居室的豪华前厅——完全符合俄罗斯的民族精神。我们之所以满足于前厅而不想登堂入室，是不是因为我国的历史短，才刚刚叩响大门呢？

巴甫洛夫没有完成的事，由他的一个学生斯坦克维奇完成了。

斯坦克维奇也是一个一事无成的游手好闲的人，他是黑格尔在莫斯科青年中的第一个信徒。他对德国哲学进行了深入的研究，而且纯粹从欣赏的角度进行研究；他卓尔不群，才华横溢，带领着一大批朋友进入他所心爱的研究工作。这些人非常引人注目，造就了一大批学者、文学家和教授，其中就有别林斯基、巴枯宁和格拉诺夫斯基③。

我流放前，我们小组与斯坦克维奇小组彼此都没有大的好感。他们不喜欢我们几乎排外的政治倾向，我们也不喜欢他们几乎排外的思

---

① 谢林（1775—1854）：德国古典唯心主义哲学家，其哲学发展过程主要分“自然哲学”、“同一哲学”和“天启哲学”三个阶段。奥肯（1779—1851），德国自然哲学家和自然科学家，唯心主义者，谢林的学生。

② 《摩诃婆罗多》：印度古代史诗，其中既有英雄史诗，又有大量传说，甚至还有宗教哲学和法典，以内容丰富和行文艰深著称。

③ 格拉诺夫斯基（1813—1855）：俄国历史学家，从一八三九年起担任莫斯科大学世界通史教授，莫斯科西方派首领。据说，他是陀思妥耶夫斯基《群魔》中斯捷潘·韦尔霍文斯基的原型。

辨倾向。他们称我们是投石党人①和法国人，我们则称他们是感伤主义者和德国人。第一个得到我们承认，也得到他们承认的人是格拉诺夫斯基：他向双方都友好地伸出了手，他用他对双方的温暖的爱和他自己的息事宁人的天性，解除了我们彼此缺乏了解的最后痕迹；但是，当我到莫斯科的时候，他还在柏林②，而可怜的斯坦克维奇则在Lago di Como〔意语：科摩湖〕③畔奄奄一息，那时他才二十七岁。

斯坦克维奇体弱多病，性格文静，是个诗人和幻想家，自然更爱直觉和抽象思维，而不愿意多管生活中纯粹的实际问题；他那意境优美的理想主义跟他这人很般配，这是这个年轻人临死前在他那苍白的前额上戴上的"胜利桂冠"。其他人则因为太健康也太少诗人味了，不能长期停留在思辨的思维中而不深入生活。纯粹的思辨倾向完全不符合俄罗斯性格，因此我们很快就会看到，俄罗斯精神是怎样改造黑格尔学说的，而我们的活的天性，尽管已削发当了哲学的修道士，仍旧在发挥自己的作用。可是在一八四〇年初，聚集在奥加略夫周围的年轻人还没有想到要为了精神而反对"本本"，为了生活而反对抽象。

新朋友虽然接受了我，但他们是把我当作一个流亡者和老战士来接受的，似乎我们这些人才刚刚出狱，才刚刚从俘虏营或者从流放地回来：他们带着一种可敬的迁就态度和宽容大度，把我们接纳进了他们的联合体，但与此同时却丝毫也不肯让步，而是向我们暗示，他们代表今天，而我们已是昨天，并且要求我们无条件地接受黑格尔的《现象学》和《逻辑学》，而且必须按照他们的解释。

他们不断解释这些著作，三卷《逻辑学》、两卷《美学》和《哲学全

---

① 投石党：亦称福隆德运动。"福隆德"原为一种儿童游戏中的投石器，曾为巴黎所禁，违者罚款，故转义为破坏秩序，反对当局。此处特指十七世纪法国反对专制王权的政治运动。

② 赫尔岑是在一八三九年八月回到莫斯科的，当时格拉诺夫斯基已经回到了俄罗斯。

③ 斯坦克维奇临死前的最后一年，是在德国、瑞士、意大利的旅行中度过的，他死于一八四〇年六月，在前往科摩湖的途中。

书》等，其中没有一节不是通过通宵达旦，连续好几夜的激烈辩论才拿下来的。彼此相爱的人，因为对什么是“包罗万象的精神”这一术语彼此意见分歧，竟至于接连好几个星期一见面就气呼呼的，由于对“绝对个性及其自在存在”意见相左，竟会认为这是对他个人的侮辱。在柏林和其他省城和县城出版的最微不足道的有关德国哲学的小册子，只要其中谈到黑格尔，就立刻订购，然后在几天之内争相阅读，读到书上满是破洞，满是污渍，读到书页脱落。就像弗朗凯尔①在巴黎所说，俄国人把他当成了伟大的数学家，而且俄国的整个年轻一代在解各次幂的方程式时用的都是他曾经用过的字母，——他听到这话后都感动得哭了，——因此所有那些早已被人遗忘的韦尔德们、马尔海内克们、米海莱特们、奥托们、瓦特克们、沙莱尔们、罗森克兰茨们②，以及那个曾经被海涅绝妙地称之为“黑格尔哲学的看门人”的阿尔诺德·卢格③本人，如果他们知道他们在莫斯科的马罗谢伊卡和苔藓街④之间引起了怎样的大战和厮杀，他们的书是怎样被争相阅读和购买的，也一定会感动得痛哭流涕。

巴甫洛夫的主要优点是把道理说得很透——既浅显易懂，又不失德国思维的全部深度；可是一些年轻哲学家却相反，他们接受了某种人为的晦涩语言；他们不把这些文字译成俄语，而是全部照搬，甚至为了省事，他们 in crudo〔拉丁语：原封不动〕地保留了所有的拉丁词，并给这

---

① 弗朗凯尔（1773—1849）：法国数学家，他编写的几本通俗数学教科书曾被译成俄文。

② 韦尔德（1806—1893）：德国黑格尔派哲学家和诗人。马尔海内克（1780—1846）：德国哲学家和神学家。米海莱特（1801—1893）：德国哲学家，右翼黑格尔派。奥托（1816—1897）：德国哲学家和神学家。瓦特克（1806—1882）：德国哲学家和神学家。沙莱尔（1810—1868）：德国黑格尔派哲学家。罗森克兰茨（1805—1879）：德国黑格尔派哲学家，文学史家。

③ 卢格（1802—1880）：德国政论家，左翼黑格尔派哲学家，资产阶级激进派。海涅论卢格的话见海涅《论德国的宗教史与哲学史》第二版序。

④ 马罗谢伊卡街是博特金的住处，是当时莫斯科小组的聚会中心，格拉诺夫斯基、别林斯基、巴枯宁都曾在那里住过。苔藓街则是莫斯科大学所在地。

些加上教会斯拉夫语的词尾和俄语的七个格①。

我是有资格说这话的，因为当时我随大流，自己也这样写，当著名的天文学家彼列沃希科夫把这称之为“鸟语”时，我还感到很吃惊。当时没一个人会否定这样的句子：“把抽象思想在雕塑领域具体化，乃是自我探索精神的一个阶段，在此阶段中，它为了使自己明确，便从自然的内现性还原到形象意识在美中的和谐领域。”有意思的是，在这里说的俄国话，就像叶尔莫洛夫曾经谈到的在一次招待将军们的著名筵席上一样，听起来比拉丁文还洋腔洋调。

德国哲学的主要缺点在于它养成了一种习惯，习惯于使用人为的、费解的、烦琐哲学的语言，其所以如此，正因为它是在经院中，也就是说它是在唯心主义的修道院中发展起来的。它是哲学神父的语言，是说给信徒们听的，任何一个人，没头没脑地听到这些话，是听不懂的；要懂得这语言，必须先有密码本才能破译这种密码似的语言。怎样破译这密码，现在已经不是秘密了；懂得这些密码后，人们感到很奇怪，这哲学讲的东西还是很有道理的，用的语言虽然艰深，但道理还是明白易懂的。费尔巴哈第一个开始用普通人所能理解的语言说话。

机械地摹拟德国的教会语言之所以不可饶恕，正因为我们俄语的主要特点就是摇曳生姿，一切都可以用它来表达，——无论是抽象的思维，还是抒发内在的情感，无论是“卑琐的生活律动”②，还是愤怒的呼喊，无论是妙语连珠的调侃，还是动人心魄的、炽烈的感情。

除了糟蹋我们的语言以外，还有一个更大的错误。我们的那些年轻哲学家不仅糟蹋了语言，还曲解了原意；对生活和现实的态度，变成了学究式的本本主义；这种对普通事物的学究式理解，歌德在他的梅菲斯特与学生的谈话中曾给予十分天才的嘲笑③。本来一切都直截了

① 古俄语有七个格，除现在的六个格以外，还加上一个呼格（称呼时用，如 Боже мой——我的上帝）。

② 引自普希金《写于不眠之夜的诗》（丘琴译）。

③ 参见歌德的悲剧《浮士德》第一部第四场。

当,本来是很简单的感觉,却偏要上升到抽象的范畴,而再从那里返回来时已没有了一滴活人的鲜血,而成了代数学般的苍白幽灵。而在这一切之中还自有一种天真烂漫,因为这一切在他们是完全真诚的。一个人本来要到索科尔尼基①去散步,却偏要说他是去享受天人合一的泛神论感觉;如果他在路上遇到一个喝醉酒的士兵或者一个跟他说话的农妇,那,哲学家就不是简单地跟他们说话,而是在人民这一实体的直接与偶然的现象中确认人民实体的存在。眼眶中噙满了眼泪,也要严格归类:是属于一种“心态”呢,还是属于一种“心中的悲剧情感”……

在艺术中也一样。对于歌德的知识,尤其是要看懂《浮士德》的第二部(可能因为第二部比第一部逊色,也可能是因为第二部比较难懂),就像人必须穿衣服一样,是同样必须的。于是音乐哲学便首当其冲。当然,关于罗西尼②,就不必说他了,对莫扎特③还可迁就,虽然有人认为他的作品是幼稚的和苍白无力的,可是却对贝多芬④的每个和声进行了哲学审查,可是他们对舒伯特⑤却非常推崇,我想,倒不是因为他那些优美的曲调,而是因为他为自己的作品选取了富有哲理的标题,比如《全能的上帝》、《阿特拉斯⑥》等。与意大利音乐一起受到贬黜的还有法国文学,以及所有法国的东西,而捎带着还有一切涉及政治的东西。

由此不难理解我们必定会在那里相遇和进行厮杀的战场是什么。当争论还仅限于歌德是客观的,但是他的客观又都是主观的,而与此同时席勒是一个主观诗人,但是他的主观又都是客观的,或者 vice versa〔拉丁语:相反〕,一切还都太平无事。可是让人更加动感情的问题很快

---

① 索科尔尼基在莫斯科东北部,有大片森林,原来是皇家猎鹰的围场,现为公园。

② 罗西尼(1792—1868):意大利作曲家。

③ 莫扎特(1756—1791):奥地利作曲家。

④ 贝多芬(1770—1827):德国作曲家。

⑤ 舒伯特(1797—1828):奥地利作曲家。

⑥ 希腊神话中肩负天宇的提坦神。

就出现了。

黑格尔在柏林担任教授期间，一部分是因为他老了，而更多的则是因为他满足于他的地位和名声，故意把他的哲学架空在地平线上，让它悬浮在空中，在那里一切当前的利益与追求都变得无所谓了，就像从气球上俯瞰地上的房屋和村庄似的；他不喜欢与这些可恶的实际问题纠缠不清，因为这些问题很难对付，但是又必须给予正面回答。不难理解，在哲学中强制推行这种模棱两可的二元论，是多么触目惊心啊，因为哲学只有消除了二元论才能大踏步前进。真正的黑格尔是耶拿大学的那个持学严谨的教授，荷尔德林①的朋友，也就是当拿破仑入城的时候，把自己的《现象学》藏在衣襟下以躲过劫难的教授②；那时他的哲学还没有引向印度清静无为的寂静主义，还没有引向为现存的社会制度进行辩护，还没有引向普鲁士的基督教；那时候他还不给学生讲宗教哲学，而是在写自己的天才作品，诸如后来发表在罗森克兰茨写的传记中的《论刽子手和死刑》③。

黑格尔一直待在抽象的圈子里，这样就无须触及经验主义的结论及其实际运用了，为了不致触及这些问题，他十分巧妙地选择了美学这个风平浪静而又没有暴风雨的海洋；他很少到户外去，就是去也只是待一小会儿，而且还像病人一样裹紧大衣，但是就在当时，他还是把当代人最关心的问题留在辩证法的混乱的迷宫中。他周围的那些智力异常低下的人（只有甘斯④是例外）把文字当成了事实本身，他们喜欢简单地玩弄辩证法游戏。大概，这位老人看到他那些过分志得意满的学生目光太短浅了，心里感到难受和惭愧。如果辩证法不能说明事物本质的发展，把辩证法培育成一种思想，——那么辩证法就会变成纯粹的外

① 荷尔德林（1770—1843）：德国浪漫主义诗人。

② 拿破仑攻占耶拿的时候，黑格尔的《精神现象学》刚完稿，只得揣在衣襟里，到朋友家避难。

③ 罗森克兰茨（1805—1879）：德国黑格尔派哲学家，文学史家，著有《黑格尔传》，这篇文章是《黑格尔传》中的附录。

④ 甘斯（约1798—1839）：德国法学教授，黑格尔派哲学家。

部手段，以便把形形色色的东西都纳入某种范畴，它就会变成某种逻辑体操——变成古希腊的诡辩派和阿伯拉尔德①之后中世纪经院哲学家手中的那种东西。

有一句哲学名言危害极大，一些德国的保守派竭力想用它来调和哲学与德国政治现实的矛盾，那句话就是“凡是现实的就是合理的”，这是充足理由律和逻辑与事实总相符合的另一种说法。黑格尔的这句被曲解的话，在哲学中变成了基督教吉伦特党人②保罗曾经说过的一句话：“没有权柄不是出于神的。”③如果所有的权柄都是神授的，如果现有的社会制度都是合理的，那么反对它的斗争，只要这斗争是存在的，那也是合理的。这两句被大家公认的名言纯粹是同义反复，但是，不管它们是不是同义反复，它必然引向承认当权者，让人们无所作为，放弃斗争，而这正是柏林的佛教徒们想要达到的目的。不管这种观点与俄罗斯精神多么相悖，我们莫斯科的黑格尔派却接受了这一观点，公然走上了歧途。

别林斯基具有一个斗士的最积极、最容易冲动，也最富有辩证精神的热烈天性——当时他宣传的是印度的静观参禅及其理论研究，而不是宣扬斗争。他信仰这一观点，不惧怕面对任何后果，他敢于直面任何道德规范和别人的说三道四而决不让步，可是一些生性懦弱和没有主见的人面对别人的说三道四却会望而却步；可是在他身上却没有这种畏首畏尾的东西，因为他是强大的和真诚的；他问心无愧。

“您知道吗，从您的观点看，”我对他说，我想用我的革命的最后通牒把他压倒，“您可以向我证明压在我们头上的这个荒谬绝伦的专制制度是合理的，是应该存在的呀，不是吗？”

“毫无疑问。”别林斯基回答我道，并且向我背诵了普希金的《波罗

---

① 阿伯拉尔德（1779—1839）：法国中世纪经院哲学家和神学家。

② 十八世纪末叶法国革命时期代表大资产阶级利益的政党，后转向反革命。

③ 参见《新约·罗马人书》第十三章第一节。这句话后面的话是：“凡掌权的都是神所命的。所以抗拒掌权的，就是抗拒神的命。抗拒的必自取刑罚。”

丁诺周年纪念》①。

这个观点我无法接受，于是我们之间爆发了激烈的战斗。我们的龃龉也影响到其他人，原来的朋友圈分裂成两大阵营。巴枯宁想使我们言归于好，又是解释，又是婆婆妈妈地说了一大套话，但是并没有出现真正的和平。别林斯基很生气，也很不满，去了彼得堡，并在那里写了一篇文章，向我们猛攻，发出了最后一批炮弹，甚至还故意把这篇文章名之曰《波罗丁诺周年纪念》。②

当时我与他断绝了一切来往，虽然巴枯宁争论得也很热烈，但却开始考虑和反省，他对革命的正确理解把他推到了另一边。别林斯基责备他软弱，责备他步步退让，竟发展到无以复加的偏激程度，甚至把他自己的朋友和崇拜者都吓了一跳。但是大多数捧场的人还是站在别林斯基一边，对我们不屑一顾，骄傲地耸耸肩膀，认为我们是落后分子。

在这场内讧中，我看到必须 ex ipso fonte bibere〔拉丁语：穷本究源〕③，从此开始认真地研究黑格尔。我甚至认为，一个人如果没有钻研过黑格尔的《现象学》和蒲鲁东的《社会经济矛盾》，没有经过这个熔炉，没有经过这个锤炼，那这人就不够充实，也不够现代。

当我习惯了黑格尔的语言并掌握了他的方法之后，我才逐渐看清楚黑格尔同我们的观点比同他的信徒的观点要接近得多；他在自己的早期著作中是这样，他在他的天才展翅飞翔，勇往直前，忘记了“勃兰登堡门”④的时

① 普希金的《波罗丁诺周年纪念》(1831)是有所感而写的，因为一八三一年八月二十六日沙皇军队镇压了波兰起义，攻占了华沙，而这天正好是波罗丁诺战役周年纪念。别林斯基也正是在这个时期高度评价了这首诗以及普希金的其他“爱国主义”诗篇，并在小范围的朋友圈里朗诵它，以证明他自己的必须与现实妥协的错误理论。而赫尔岑与奥加略夫却一直对普希金的这些诗持否定态度。

② 为回答赫尔岑的论争，别林斯基于一八三九年秋发表了好几篇文章，其中也包括赫尔岑在这里提到的《波罗丁诺周年纪念》(《祖国纪事》一八三九年第十期)，以支持他当时与他的论敌尖锐对立的“与现实妥协”的错误观点。

③ 原文直译应为：从源头上喝水。

④ 柏林惟一保留下来的城门，建于一七八八至一七九一年，作为柏林的凯旋门，是普鲁士—德国精神的象征。

候，也无不是这样。黑格尔哲学是革命的代数学，它非同寻常地使人获得了解放，它彻底摧毁了基督教世界，彻底摧毁了业已过时的传统世界。但是它也许是故意的，文字深奥，行文晦涩。

正如在数学中一样（只有在数学中，人们才有权这样做），人们无须回过头去谈什么是空间，什么是运动，什么是力的定义，而是去继续探讨它们的特点和规律的辩证发展，对哲学的形式理解也是这样，只要一旦掌握了它的原理，就可以弃形式于不顾，继续探究它的结论。一个新手只要不囿于方法而且把它变成一种习惯，而是抓住这些传统和教条，就可以把这些传统和教条变成思想。一些早就谙于此道的人，因此也难免有所偏爱，他们可能会觉得奇怪，怎么别人会偏偏不懂这些“非常清楚”的道理呢？

这么简单的道理怎么会弄不懂呢，比如“灵魂是不死的，要死的仅仅是人”，——这一思想已由柏林的米什勒在他的那本书中作了酣畅淋漓的发挥。① 或者更为浅显的道理是绝对精神就是通过世界认识自己，然而它自身也是有自我认识能力的人。

我们的那些朋友觉得这些道理是如此简单明了，他们对我们这些“法国人”的反驳意见只有一笑置之，这在一段时间内对我的压力很大，因此我只好刻苦钻研，发奋学习，务求把他们的哲学 jargon〔法语：行话〕弄个一清二楚。

幸好，烦琐哲学也和神秘主义一样，与我无缘，因为我把烦琐哲学的弓拉得太紧了，结果弦断了，我也大彻大悟了。说来也怪，使我达到这一点的是与一位太太的争论。

一年后，我在诺夫哥罗德认识了一位将军②。我之所以认识他，正因为他最不像将军。

---

① 米什勒（1801—1893）：德国哲学家，右翼黑格尔派。“他的那本书”是指《神与灵魂不死讲演录》（柏林，一八四一年）。

② 指弗·伊·菲利波维奇，当时（一八四一年底）他的军衔是上校。后来他被晋升为少将，但那已经是一八四二年四月间的事了。

他家是沉闷的,空气中满含着泪水,——这里显然经历过死亡。他早已满头白发,而他那和善而又哀伤的微笑,比他那满脸皱纹流露出更多的痛苦。他大约五十开外。在他妻子苍白的、消瘦的脸上,可以更清楚地看到命途多舛留下的痕迹。他们家太静了。将军在研究力学,他妻子则每天上午给一些穷女孩上法语课;这些小女孩下课后,她就开始读书,他们家种了很多花,只有花才能使人想起另一种充满芬芳和温馨的生活,当然还有柜里的玩具——不过没人去玩它。

他们家曾经有过三个孩子;两年前,一个九岁的小男孩死了,这是一个非常聪明的孩子;几个月之后,另一个孩子又得猩红热死了;母亲急忙跑到乡下去想用换换空气的办法来挽救最后一个孩子,可是几天后她回来了;放在马车上跟她一起回来的是一口小棺材。

他们的生活失去了意义,生活已经结束,只是毫无必要、毫无目的地继续生活下去。他们所以还活着,仅仅因为彼此怜惜;他们能够感受到的惟一安慰是他们深信他们彼此需要,以便两人一起步履蹒跚地背负着沉重的十字架。我很少看到比这更和谐的婚姻,不过这已经不是婚姻——把他们结合在一起的不是爱,而是在不幸中的某种深深的同病相怜,他们的命运被三双冰冷的小手和须臾不离左右以及在他们前面的无望的空虚,紧紧地拴在了一起。

痛失儿女的母亲完全沉湎于神秘主义中;她在神秘的、听天由命的世界中找到了摆脱哀伤的方法,她被宗教对人心的抚慰所欺骗。对于她来说,神秘主义不是一种玩笑,不是一种幻想,它也成了她的孩子,她要保护他们,保护自己的宗教。但是,她是一个头脑非常活跃的人,因此她常常挑起争论,她知道自己的力量。在这以前和在这以后,我曾在生活中遇到过许多各种各样的神秘主义者,从维特别尔格①和托维扬斯基②的信徒起(他们认为拿破仑是上帝的军事化身,而且每次走过旺

---

① 维特别尔格(1787—1855):建筑师和画家,赫尔岑在维亚特卡流放时期的朋友。详见本书第二卷第十六章。

② 托维扬斯基(1799—1878):波兰神秘主义者,某神秘主义教派的头头。

多姆圆柱①时都要脱帽致敬),直到现在已被人忘却的"妈爸"②,他曾亲自对我讲起他曾在蒙莫朗西和巴黎之间的公路上见过上帝。他们大部分是一些神经质的人,他们作用于人的神经,影响人的幻想和心灵,把哲学概念同任意的符号混为一谈,而不喜欢走出来,走到逻辑的纯净的田野上。

可是拉·德③却坚定地、毫无畏惧地站在这个田野上。她是在哪儿和怎样学到这种精湛的雄辩术的——我不得而知。一般说,女人的素养是个秘密:一切都好像没有什么,打扮和跳舞,轻佻的调笑,读小说,做媚眼,流眼泪——可是却忽然出现了坚强的意志,成熟的思想,巨大的智慧。那个感情用事的小姑娘忽然不见了——在您面前忽然出现了泰卢昂·德·梅里库尔④——一个鼓动人民群众,在街头发表演说的大美人,出现了一个十八岁的公爵夫人达什科娃,她横刀跃马,指挥着蜂拥而上的叛军。⑤

对拉·德而言,一切都完了,这时候她没有疑惑,也没有动摇,也没有理论上的弱点;耶稣会⑥教士或者加尔文派⑦教徒,恐怕也没有像她那样一以贯之地忠实于自己的学说。

她在失去自己的孩子以后,不是憎恨死,而是憎恨生。而这正是基

---

① 旺多姆圆柱位于巴黎旺多姆广场,建于一八〇六至一八一〇年,以纪念拿破仑取得的胜利,后于巴黎公社时期被毁,视为军国主义的象征。一八七五年重建。

② 原名加诺(Ganneau),法国雕塑家。他曾于十九世纪四十年代创建一个宗教神秘主义教派,风行一时,因主张男女平等,改名"妈爸"。

③ 指那位将军夫人拉里莎·德米特利耶夫娜。

④ 原名安娜·泰卢昂(1762—1817),巴黎名妓,后积极参加十八世纪末的法国大革命,在街头演说,鼓动群众,并积极参加攻打巴士底狱。

⑤ 耶·罗·达什科娃(1743—1810):公爵夫人,曾积极参与一七六二年的宫廷政变,拥立叶卡捷琳娜二世即位。一七六九年后在国外侨居十余年,结识了伏尔泰、狄德罗、亚当·斯密等人。一七八三至一七九六年,曾任彼得堡科学院第一任院长兼俄罗斯科学院院长。

⑥ 天主教修会之一。该会会士除了"三绝"(绝财、绝色、绝意)以外,还绝对效忠教皇和无条件执行教皇的一切命令。

⑦ 基督教新教的主要教派之一。

督教所要达到的目的,基督教就是对死的全面崇拜,为了崇拜死,就必须蔑视尘世,蔑视肉体,舍此没有其他含义。因此,它才排斥一切有生命的东西和现实的东西:排斥享受,排斥健康和快乐,排斥无拘无束的生命感。拉·德居然发展到既不喜欢歌德,也不喜欢普希金。

她对我的哲学的攻击是别出心裁的。她讥讽地对我说,用辩证法搭就的戏台和其中奥妙,不过是懦夫们用来掩盖自己内心恐惧的鼓点声和大声喧哗。

她说:"你们无论靠什么哲学永远也达不到神的存在和灵魂不死这样的结论。而做一个无神论者和否定死后的生命,你们大家又没有这样的勇气。你们是人,而且是彻头彻尾的人,因此你们不可能不害怕这后果,但是你们内心又憎恨这后果,——所以你们就发明了你们的逻辑奇迹,以便转移人们的视线,达到宗教简单而又天真地给予人们的结论。"

我反驳,我争论,但是心中却感到我并没有充分的论据,她的理由比我充足。

更糟糕的是这时候冒出了一个医务管理局的督办[①],他是个好人,是我过去曾经遇见过的最可笑的德国人之一。他是奥肯和卡鲁斯[②]的狂热崇拜者,他参加争论时从来都引经据典,对一切都有现成的答案,他从来也没有怀疑过这些答案是否正确,可是他却自以为同我的观点完全一致。

这位大夫越说越冒火,以致大发脾气,何况他已经没有别的办法可以取胜了,于是他就认为拉·德的观点不过是女人在使小性子罢了,并且引用谢林关于学院派学说的讲演[③]以为佐证,念了布尔达赫[④]生理

---

① 指卡·伊·梯梅(医生)。

② 卡·古·卡鲁斯(1789—1869):德国自然科学家,谢林派哲学家。

③ 指谢林《关于学院派研究方法的讲演录》(蒂宾根,一八〇三年)。

④ 卡·弗·布尔达赫(1776—1847):德国教授,解剖学家与生理学家。著有《生理学是一门实验科学》(莱比锡,一八三五至一八四〇年)。

学中某些话，用以证明人身上确有永恒的和精神的因素，而在自然界内部也确实隐藏着某种具体的 Geist〔德语：精灵〕。

拉·德早就读过泛神论的这些"陈词滥调"，一面故意对他进行调侃，一面微笑着，对我以目示意。她的观点当然比他有道理，于是我便认认真真地开动脑筋，当这位大夫得意扬扬地大笑的时候，我就很恼火。这些争论使我很感兴趣，于是我就开始更加刻苦地研究黑格尔。我因为没有把握着实痛苦了一阵，但持续的时间并不长，真理已经在我眼前依稀闪现，然后就变得越来越清楚了；我终于倒向了我的论敌一边，但并非像她所希望的那样。

"您是完全对的，"我对她说，"我很惭愧跟您争论了这么长时间；不用说，既没有具体的神，也没有灵魂不死，既然没有，因此就很难证明它有。您瞧，排除了这些先行设定的假设后，一切变得多么简单，多么自然啊。"

我的话使她感到很尴尬，但是她很快恢复了常态，说：

"我对您感到很惋惜，不过这样也好：您这样看问题不会坚持太久的，因为这道理太空，也太没意思了。可是您瞧他，"她微笑着又加了一句，"您瞧我们这位大夫，他是不可救药的，他并不害怕，他处在这样的迷雾中，再往前一步，就什么也看不清了。"

然而，她的脸却变得比平时更苍白了。

又过了两三个月，奥加略夫路过诺夫哥罗德，他给我带来了一本费尔巴哈的 *Wesen des Christentums*〔德语：《基督教的本质》〕，我刚读完头几页就高兴得跳了起来。打倒乔装的衣衫，剥去艰深晦涩，剥去隐晦曲折，我们是自由人，而不是桑恩斯①的奴隶，我们不需要使真理披上神话的外衣！

在我热衷于哲学的鼎盛时期，我开始写了一系列文章论《科学上

① 桑恩斯（公元前 5 世纪上半叶）：古希腊历史学家，他的史书主要依据的不是史实，而是神话和传说。

的一知半解》①,在这些文章中我顺便点了一下我那位医生,报了一箭之仇。

现在我们回过头来谈别林斯基。

在他离开这里到彼得堡去以后过了几个月,我们于一八四〇年也到了那里。② 我没有去看他。奥加略夫对我与别林斯基的争吵感到很伤心,他明白,别林斯基的荒谬观点只是一种转瞬即逝的毛病,这,我也明白,奥加略夫比我善良。他连续写了好几封信,硬要我同别林斯基见见面。③ 我们这次见面起先是冷淡的、不愉快的、牵强的,但无论是别林斯基还是我都不是大外交家,在稍事寒暄、东拉西扯之后,我提到了《波罗丁诺周年纪念》那篇文章。别林斯基从自己的座位上跳了起来,脸一下涨得通红,非常天真地对我说:

"哎呀,谢谢上帝,您总算说出来了,要不然的话,像我这样的臭脾气真不知道怎么开口呢……您胜利了;在彼得堡的这三四个月,对我比任何论据都具有说服力。让我们忘掉那些荒诞不经的话吧。只要告诉您这样一件事就够了,前些日子我在一位朋友④家吃饭,那里有一位工程兵军官;主人问他,愿不愿意同我认识一下?'这就是那个《论波罗丁诺周年纪念》的作者吗?'军官凑在他耳朵上悄声问。'正是。''不,多谢了。'他冷冷地答道。我听到了一切,再也受不了了,——我热烈地握了握那位军官的手,对他说:'您是一位高尚的人,我敬重您……'您还要什么呢?"

从这一刻起直到别林斯基逝世,我一直跟他手拉着手前进。

---

① 这是赫尔岑于一八四二至一八四三年写的一部哲学论文集。

② 别林斯基是一八三九年十月到彼得堡去的;赫尔岑夫妇则于一八四〇年五月抵达彼得堡。

③ 赫尔岑第一次与别林斯基在彼得堡的"勉强"见面,发生在一八三九年十二月,当时正逢赫尔岑在彼得堡作短暂停留。这里讲到的和解性会面,时间要稍微晚些,大概在一八四〇年的中期。

④ 指安·亚·克拉耶夫斯基(1810—1889):自由派政论家,《祖国纪事》的发行人和主编。

可以想见，别林斯基以他十分尖刻的语言和取之不尽的精力猛烈抨击他过去的观点。可是对他的许多朋友的状况却不敢恭维；他们plus royalistes quele roi〔法语：比国王本人还要保皇派〕——但是他们很勇敢，也很不幸，竭力保卫自己的理论，不过他们也不反对体面地停战。

一切实事求是的有识之士都倒向了别林斯基一边，只有少数顽固派和书呆子对他敬而远之；其中一部分人发展到用烦琐的死科学进行德国式的自杀，失去了对生活的任何兴趣，然后便自行消失了，消失得无声无息；另一部分人则变成了为正教立言的斯拉夫分子。不管黑格尔与斯特凡·亚沃尔斯基①结合在一起有多么奇怪，然而却是可能的，远超过我们的想象；拜占庭的神学就是这样一种似是而非的决疑法②，这样一种玩弄逻辑公式的游戏，就像有些人仅仅从形式上接受黑格尔的辩证法一样。《俄罗斯人》③在某些文章中已作出庄严的证明，在一些有才能的人笔下，哲学与宗教的鸡奸癖会达到怎样可笑的程度。

别林斯基抛弃了对黑格尔的片面理解，但他绝对没有抛弃他的哲学。恰好相反，正是从这里开始了他把哲学思想同革命思想生动、准确和推陈出新的结合。我认为别林斯基是尼古拉统治时期④的一位最卓越的人。体现在波列沃依⑤身上，好不容易度过一八二五年⑥的自由主义之后，在恰达叶夫那篇阴暗的文章⑦之后，出现了别林斯基经过痛苦的思索后得出的辛辣否定和对所有问题的热烈干预。他在一系列批

---

① 斯特凡·亚沃尔斯基(1658—1722)：彼得一世时期的东正教神学家和教会活动家。

② 决疑法是西方在中世纪的烦琐哲学和神学中用一般教条解释个别事例的方法。

③ 《俄罗斯人》是俄国于一八四一至一八五六年间出版的带有斯拉夫主义倾向和奉行“官方人民性”的杂志。

④ 指俄国沙皇尼古拉一世统治时期(1825—1855)。尼古拉一世曾镇压俄国著名的“十二月党人起义”，设立镇压革命运动的政治警察“第三厅”，残酷迫害自由思想(普希金、莱蒙托夫、赫尔岑、谢甫琴科等)，是当时的“欧洲宪兵”，曾镇压一八三〇至一八三一年的波兰起义和一八四八至一八四九年的匈牙利革命。

⑤ 尼·阿·波列沃依(1796—1846)：俄国作家、报刊编辑和历史学家。

⑥ 指发生在一八二五年十二月的“十二月党人起义”及沙皇尼古拉一世对它的镇压。

⑦ 指恰达叶夫发表在一八三六年《望远镜》杂志上的《哲学书简》中的第一封信。

评文章中，不管是否恰当，上天入地，无所不谈，到处都贯穿着他对权威的憎恨，常常上升到诗意盎然的高度。他所分析的作品大部分只是用来作为他的一个材料，一个出发点，他常常会在半道上对它弃之不顾，而全神贯注于某个问题。《奥涅金》中的一行诗“所谓亲戚，就是这样一些人”，就足够他借题发挥，把家庭生活推上法庭，体无完肤地分析了所谓亲戚关系到底是怎么回事。① 谁不记得他写的那些论《长途马车》②，论屠格涅夫的《帕拉莎》③，论杰尔查文④，论莫恰洛夫⑤和哈姆雷特的文章呢？他多么忠于自己的原则，他多么无所畏惧，始终如一，并且巧妙地航行在书报检查制度的浅滩间，他又是多么勇敢地向那些文学显贵、三大上层阶级的作家以及文学界的御前大臣们发动进攻啊！这些人随时准备不择手段地打倒自己的论敌，不是用反批评，而是用告密！别林斯基无情地鞭挞他们，那些迂腐古板、目光短浅的田园牧歌的制造者，那些爱好有教养，爱好行善和温情脉脉的人的浅薄的自尊心，无不受到他的挖苦和抨击，他嘲笑他们宝贵的肺腑之言，嘲笑他们在白发苍苍下犹勃发的诗人的幻想，嘲笑他们在安娜勋章掩盖下的种种幼稚和天真。凡此种种，他们怎能不恨他呢！

就斯拉夫派来说，他们是从反对别林斯基的战争开始正式存在的；他故意刺激他们，甚至取笑他们摹仿农民的穿戴。只要想一想，别林斯基起先是在《祖国纪事》上发表文章的，而基列耶夫斯基⑥开始出版他那本很好的杂志，其名称就叫《欧罗巴人》，这两本杂志的名称就最好不过地证明，在开始的时候还只是色彩不同，而不是意见分歧，更没有形成派别。

---

① 赫尔岑在这里指的是别林斯基在《亚历山大·普希金作品集》第八章中的论述，其中引用的是普希金《叶甫盖尼·奥涅金》第四章第二十节的一行诗。

② 俄国作家索洛古布(1814—1882)的小说。

③ 俄国作家屠格涅夫的叙事诗(1843)。

④ 杰尔查文(1743—1816)：俄国诗人。

⑤ 莫恰洛夫(1800—1848)：俄国悲剧演员，以演哈姆雷特著称。

⑥ 伊·瓦·基列耶夫斯基(1808—1856)：俄国政论家，斯拉夫派。

从每月二十五日起，莫斯科和彼得堡的青年就焦急地等待着别林斯基的文章。学生们一再跑到咖啡馆问《祖国纪事》来了没有；厚厚的一本杂志大家争相传阅。——“有别林斯基的文章吗?”“有。”——于是它就被人们狼吞虎咽地读完，响起了狂热的赞同声、笑声，接着便开始争论……于是三四种不同的信仰和理由，顿时冰释。

难怪彼得保罗要塞司令斯科别列夫，有一天在涅瓦大街上遇见别林斯基，开玩笑地对他说：

“您什么时候到我们那儿去啊？我已经准备好了一间温暖的单人牢房，一直给您留着呢。”①

我在另一本书里②曾经谈到过别林斯基的成长及其文学活动，关于他本人，我只想在这里说几句话。

别林斯基是一个很腼腆的人，一般说，遇到不认识的人或者那里人太多，他就会手足无措；他知道自己的这一弱点，想掩饰，结果常常做出非常可笑的事来。K③ 劝他去见一位太太；可是随着离她家越来越近，别林斯基的脸色也变得越来越阴沉，他问能不能改天再去，他推说头痛。K 知道他的老毛病，对他的任何推托，一概不予理睬。他们走到以后，别林斯基一下雪橇，拔腿就跑，但是 K 抓住他的大衣，捉住了他，硬把他拉进去向那位太太作了介绍。

有时候，他去参加奥多耶夫斯基公爵④举办的文学界和外交界的晚会。那里聚集着一群人，他们除了相互存在某些畏惧和憎恶之外，没有任何共同语言；常到那里去的有大使馆的官员和考古学家萨哈罗夫⑤，有

① 彼得保罗要塞是彼得堡的标志性建筑，建于彼得大帝时代。但是从十八世纪中叶起，其中有些棱堡和三角堡改为政治监狱，其中先后关押过拉吉舍夫、十二月党人、彼得拉舍夫斯基分子、民粹派和民意党人。

② 指他的《论俄国革命思想的发展》；关于别林斯基，请参见该书第六章。

③ 赫尔岑在这里指谁，无法确定，很可能是说克彻尔。

④ 奥多耶夫斯基(1804—1869)：公爵，作家和音乐评论家。

⑤ 萨哈罗夫(1807—1863)：俄国民族学家、考古学家和民俗学家。

几位画家和梅因多尔夫①,有受过良好教育的高官们,有从北京回来的亚金夫·比丘林②,有半是宪兵半是文学家的人,也有完全是宪兵根本不是文学家的人。安·克③在那里一直保持沉默,以致将军们把他当成了权威。这家的女主人看到她丈夫的低劣趣味,心中很不是滋味,但又只能对此迁就,正像路易·非力浦④即位之初,只能迁就自己的拥戴者,把大批 res-de-chaussée〔法语:下层〕制造裤子吊带的师傅、杂货店老板、鞋匠和其他荣誉公民都请到杜伊勒里宫来参加舞会一样。

别林斯基在这样的晚会上,一边是萨克森公使,他连一句俄语也听不懂,另一边是第三厅的某官员,他甚至能一眼看穿你欲言又止的话,——别林斯基坐在这样的一些人中间,能不心烦意乱,手足无措吗!通常在这之后他会病上两三天,诅咒那个劝他去参加晚会的人。

有一天,星期六,在新年前夕,主要的客人都已经走了,主人忽然想 en petit comité〔法语:在小范围内,在亲密的朋友中间〕煮热甜酒喝。如果不是家具阻拦,别林斯基一定早走了,他不知怎么被挤进一个角落,于是在他面前摆上了一张放有酒和酒杯的小桌。茹科夫斯基穿着绣有金"绦带"的白色制服裤,正端坐在他的斜对面。别林斯基忍了很久,看不到自己的命运有好转的任何希望,他开始稍许移动了一下桌子;桌子先还听话,后来就摇晃了一下,轰的一声倒在地上,一瓶法国波尔多葡萄酒不客气地浇了茹科夫斯基一身。他跳了起来,红葡萄酒顺着他的裤子往下流;大家啊呀连声,乱成一团,用人急忙拿餐巾跑过来替他擦拭,结果把他的裤子的其余部分也擦脏了,另一名用人则捡拾着被打碎的酒杯……别林斯基趁乱溜走了,半死不活地

---

① 梅因多尔夫(1798—1865):男爵,俄国大官僚和经济学家。

② 亚金夫·比丘林(1777—1842):俄国神父,1807—1832 年间曾在俄国驻华使馆工作。

③ 很可能是指安·亚·克拉耶夫斯基。

④ 路易·非力浦(1773—1850):法国国王,一八三〇年七月革命后由法国资产阶级自由派拥立为王。

徒步跑回了家。

可爱的别林斯基！发生这类事情，常常使他气愤难平，要难过好几天，每当他想起这些事，他就充满了恐惧——不是付之一笑，而是在屋里走来走去，频频摇头。

可是在这个腼腆的人身上，在这个瘦弱的肉体中却蕴藏着强有力的、角斗士般的性格；是的，这是一个坚强的战士！他不会说教，不会教训人，他需要争论。没人反驳，没人刺激，他就说得平平淡淡，但是当他感到他受了伤害，当有人触犯到他宝贵的信念，当他脸上的肌肉开始抖动，声音开始发颤的时候，那你就看他的神态吧：他会像雪豹一样向他的论敌扑去，他会把他的论敌撕成碎片，把他变成大家的笑柄，把他变成一个可怜虫，而与此同时，他又会以非凡的力量和非凡的诗意，阐明和发挥自己的观点。这样的争论常常以病人的咯血而告终；他脸色苍白，气喘吁吁，目光停留在他与之说话的那个人脸上，他用发抖的手拿起手帕去擦嘴唇，停止了讲话，他为自己的体弱多病而感到十分伤心和沮丧。在这样的时刻，我是多么爱他和可怜他啊！

他在金钱上受到文学包工头的克扣，在精神上受到书报审查制度的压制，在彼得堡，围绕他的人中又很少有志同道合者，他受疾病折磨，对于他来说，波罗的海的气候是十分有害的，别林斯基的脾气变得越来越坏了。他怕见生人，腼腆到古怪的程度，有时候接连好几个星期杜门不出，闷闷不乐而又无所事事。这时候，编辑部就不断写信来催稿，于是这个被奴役的文学家只好咬紧牙关，拿起笔，开始写那些因愤怒而战栗的辛辣文章，那些使读者感到惊心动魄的起诉书。

常常，他被搞得筋疲力尽，就跑到我们家来休息，他躺在地板上跟我们两岁的孩子玩，而且一玩就是好几个小时。当我们三个人在一起的时候，一切都很好，而且好得不能再好了，可是一听到门铃声，他的面孔就会陡地变色，他就会不安地东张西望，寻找他的帽子；不过由于斯拉夫人的弱点，他还是留了下来。这时只要有一句话，一个观点不合他的口味，就会触发一场争论和最古怪的争吵……

有一回，在复活节的前一周，他到一位文学家①家中用餐；端上来的都是素食。②

他问他："您什么时候变得这么虔诚啊？"

文学家回答："我们吃素，无非是做给仆人们看的。"

"做给仆人们看？"别林斯基问道，脸色陡地煞白。"做给仆人们看？"他又重复道，陡地离席而起，"您的仆人在哪儿？我要告诉他们，他们受骗了；任何公开的罪恶都比这种对弱者和未受教育者的蔑视，都比这种支持愚昧的伪善更好和更有人情味。您以为你们是自由人吗？其实你们跟所有的帝王将相、牧师们和农场主们都是一丘之貉！再见，我不能为教训别人而吃素，我家里没有仆人！"

在那些彻底德国化了的俄国人中，有一位从我们大学毕业的硕士，他刚从柏林回国③；这是一个善良的人，戴着蓝眼镜，为人有点古板，但彬彬有礼，他已被哲学和语文学弄得江郎才尽，冥顽不灵，永远停步不前。他脱离实际，死守教条，而且还有点学究气，可是却好为人师，偏爱教训别人。有一回，在那个为了做给下人看而守斋的小说家的文学晚会上，那位硕士大放厥词，说了一些 honnête et modérée〔法语：端正、体面和四平八稳〕的话。别林斯基躺在一个角落的一张沙发榻上，当我从他身旁走过时，他抓住我的衣襟，说道：

"你听到这个恶棍在大放厥词吗？我的舌头早痒痒了，可是我胸口有点疼，再说人很多；求你行行好，想个办法捉弄他一下，敲打敲打他，讽刺他一下，让他下不了台，反正你长于此道——以解我心头之恨。"

我放声大笑，回答别林斯基道，他唆使我去干这种事，正如让一只叭儿狗去捉老鼠。我跟这位先生几乎不认识，况且他说什么，我也只听

---

① 指伊·伊·帕纳耶夫（1812—1862），俄国作家，杂志编辑，曾与涅克拉索夫一起主编和出版《现代人》杂志。

② 基督教教会规定，在复活节前四十天为大斋期，以纪念耶稣开始传教前在旷野辟谷四十昼夜。复活节前的最后一周守斋，则为纪念耶稣受难。

③ 指亚·米·涅韦罗夫（1810—1893），俄国教育家和作家，斯坦克维奇小组的参加者。

到只言片语。

晚会快结束的时候，戴蓝眼镜的那位硕士先把柯里佐夫[①]骂了一通，骂他居然不再穿老百姓的衣服，然后又突然转换话题，讲到恰达叶夫著名的《书简》[②]，最后他用好为人师的、自讨没趣的口吻结束他那十分庸俗的讲话，说道：

“不管怎么说吧，我认为他的为人是可鄙的、卑劣的，这样的人不能为我所敬重。”

房间里只有一个人是恰达叶夫的知交，那就是我。关于恰达叶夫我还有许多话要说，我一直爱他和敬重他，而且他也爱我；我觉得对这种粗野的攻讦置之不理是欠妥的。我冷冷地问他，他是否认为恰达叶夫的这篇文章是另有所图和不够坦率呢？

“完全不是。”硕士回答。

不愉快的谈话便由此开始；我向他证明，把“卑劣”与“可鄙”这样的形容语加诸一个敢于直抒己见并为此而受难的人身上，才是真正卑劣和可鄙的。于是他就跟我解释什么是民族的统一，国家的团结，他又大谈破坏这种团结是犯罪，因为这是不可侵犯的、神圣的。

突然我的话被别林斯基打断了。他从他的沙发上跳起来，走到我跟前，面色苍白得像块白布，他拍了拍我的肩膀，说：

“瞧他们那副嘴脸，宗教法官和书报检查官说话了——他们要牵着思想的鼻子走……”他就这样滔滔不绝地说了下去。

他说话具有一种令人望而生畏而又鼓舞人心的作用，他在大义凛然的词句中又夹杂着致人死命的讽刺和挖苦。

“瞧他们那副义愤填膺的德行！用棍子打——他们不在乎，发配西伯利亚——他们也不在乎，可是你们瞧，恰达叶夫却在这里触犯了他们的民族荣誉——不许说话；谁说话就是放肆，仆人是从来不许开口

---

① 柯里佐夫(1809—1842)：俄国诗人，父亲是一名贩卖牲口的商人。他从小也曾帮助父亲经商贩卖牲口。

② 指恰达叶夫的《哲学书简》。

的！在比较文明的国度，人们的感觉照例应该比科斯特罗马和卡卢加[1]发达，为什么那里的人却不会因为别人说了什么而大光其火呢？"

"在文明的国度里，"那位硕士以一种难以摹仿的得意扬扬的神情说道，"有监狱，他们可以把侮辱整个民族尊严的疯子关进监狱……他们做得太好了。"

这时候，别林斯基陡地变得高大起来，他的样子是可怕的。他把两手抱在他有病的胸前，目光炯炯地逼视着那位硕士，用低沉的声音说道：

"而在更文明的国家里还有断头台，他们可以用断头台来处决那些认为这样做太好了的人。"[2]

他说完这话便跌坐在圈椅上，筋疲力尽，闭上了嘴。晚会的主人听到"断头台"一词后，面孔发白，客人们也感到很不安，一时间哑默无声。那位硕士被驳得体无完肤，但是正是在这时候，一个人的自尊心常常会起来作祟。屠格涅夫常这样劝人，当一个人被卷进争论，他自己都觉得害怕的时候，不妨在他开口之前先在嘴里咂摸咂摸，三思而后行。

这名硕士却不知道这个简便易行的办法，继续无精打采地废话连篇，喋喋不休，不过他这些废话多半是对别人说的，而不是对别林斯基。

"尽管您得理不饶人，"他最后说，"我相信您一定会同意一个……"

"不，"别林斯基回答，"不管您说什么，我决不会同意您的任何观点。"

大家哄堂大笑，接着便去吃夜宵。那位硕士趁机拿起礼帽走了。

……贫困和痛苦很快就消耗尽了别林斯基有病的机体。他的脸，尤其是他嘴角两旁的肌肉，以及他那凄恻地停滞的目光，都说明他精神上的剧烈活动和肉体上的迅速瓦解。

我最后一次看到他是在巴黎，在一八四七年秋，他的身体很不好，

---

① 都是俄罗斯的省中心，分处莫斯科的南北两边。

② 暗示法国大革命中处决那些革命对象和反对革命的人。

不敢大声说话，他以前充沛的精力只是间或回光返照似的闪现一下，他那行将燃尽的火焰又重新发出异彩。正是在这时候他写了给果戈理的信。

二月革命①的消息传来，那时他还活着，他临死前还把二月革命的火光误以为是黎明正在来临。

* * *

我于一八五四年写的这一章就是这么结束的；从那时候起发生了许多变化。我与那个时代接近多了，之所以接近是因为与这里的人的距离越来越大，也由于奥加略夫的到来②以及两部书的出版：安年科夫写的斯坦克维奇传③，以及别林斯基文集的头几卷④。病房里的窗户突然打开了，吹进了一股从田野上来的清新的风，吹进了一股春天的年轻气息……

斯坦克维奇的书信，无声无息地一晃就过去了。它发表得不是时候。一八五七年年底，在尼古拉的葬礼之后，俄罗斯还没有清醒过来，它在等待和希望；这是一种不利于回忆的心态……但是这本书是决不会湮没无闻的。它将会在这个穷苦的墓地上，作为反映当时少有的墓碑之声被无声无息地埋葬了。从一八二五年到一八五五年的瘟疫期，很快就会被彻底尘封；被警察扫除的人的脚印将会了无痕迹，未来的几代人将会不止一次地伫立在被压得光溜溜的空旷的场地前，感到困惑莫解，徒劳地寻找消失了的思想的轨迹，其实这思想并没有中断。从表面看似乎血液已停止流动，尼古拉把动脉结扎住了——但是血液仍旧通过各种微血管在流动。正是这些毛细血管在别林斯基的著作和斯坦

---

① 指法国一八四八年二月推翻七月王朝，建立第二共和国的革命。别林斯基死于一八四八年六月七日。

② 奥加略夫永远离开俄国以后，于一八五六年四月九日到达伦敦看望赫尔岑。

③ 安年科夫（1813—1887）：俄国文学批评家，传记作家。他写的《斯坦克维奇，他的通信与传记》出版于一八五七年。

④ 别林斯基文集共十二卷，于一八五九年起开始出版，一八五九年出版了该文集的头四卷。

克维奇的书信中留下了自己的痕迹。

三十年前，未来的俄罗斯还只存在于几个孩子们中间，他们才刚刚离开童年，他们是如此渺小和微不足道，因此他们只要有在专制制度的铁蹄和地面之间的方寸之地即可容身，——可是他们身上却蕴含着十二月十四日的传统①，全人类科学和纯粹俄罗斯人民的传统。这个新生命，就像在尚未冷却的火山口上企图生长的小草一样，苟且偷生。

这个庞然大物的血盆大口中长出了一些不同于别的孩子的孩子；他们成长、壮大，开始过着完全不同的生活。他们虚弱、渺小、无依无靠，相反，却备受迫害，他们很可能不幸夭折，消失得无影无踪，但是他们却留了下来，即使中途夭折，也不会所有的人全都跟他们一起罹难。这是蜂窝上最初的一些小眼，是历史的胚胎，依稀可辨，勉强存活，就像所有的胚胎一样。

渐渐地，从他们中间形成了一些小组。较为亲近的人便渐渐向他们的中心靠拢；后来，这些小组又互相排斥。这种分裂使他们有可能往更广和更全面的方向发展；发展到底，即发展到极限的时候，各个分支又联合到一起，不管它们叫什么——叫斯坦克维奇小组，叫斯拉夫派，或者叫我们的小组也罢。

所有这些小组的主要特点，就是与官方的俄罗斯，与他们周围的环境格格不入，与此同时又竭力想摆脱这种环境，有些小组还冲动地希望消灭这环境本身。

有人反驳说，这些小组从上面看不见，从下面也看不见，不过是些不相干的、彼此没有联系的特殊现象，这些青年人所受的教育大部分是舶来品，是外国货，他们表达的思想并不是什么自己的东西，无非是法国思想和德国思想的俄文翻版罢了，——这种看法，我们认为是毫无根据的。

也许，在上世纪末和本世纪初②，在贵族中确有一小部分外国化的

---

① 指一八二五年十二月十四日爆发的俄国“十二月党人起义”。十二月十四日的传统即十二月党人的传统，反专制和反农奴制的传统。

② 指十八世纪末和十九世纪初。

俄国人，他们与民族生活脱离了一切联系；但是，他们既没有积极的追求，也没有建立在自己信念基础上的自己的小组，也没有自己的文学。他们毫无成果地消亡了。彼得大帝脱离了本民族，他们是彼得的牺牲品，他们始终是一些怪物和假洋鬼子：这些人不仅是多余的，而且也不值得可怜。一八一二年的战争①终于使他们活到了头——年老的苟延残喘，终老一生，新人则改弦易辙，没有向那个方向发展。把恰达叶夫这一类人归入这些人的行列，那是一个极其可怕的错误。

抗议、否定和对祖国的恨，与那种无动于衷的自外于祖国，可以说具有一种完全不同的含义。拜伦虽然无情地鞭挞英国的生活，甚至还像逃避瘟疫一样逃离英国，可是他不失为一个典型的英国人。海涅出于对德国丑恶的政治状况的恨，曾竭力使自己法国化，可是他不失为一个名副其实的德国人。基督教是对犹太教的最高抗议，但是基督教仍充满了犹太教的性质。北美合众国与英国决裂，可能发展成战争并导致仇恨，但这却无法使北美人变成不是英国人。

一般说，一个人要摒弃自己的生理特点和自己的传统气质，那是很难的；要做到这点，除非他这个人已经磨得毫无热情，或者从事抽象研究。数学没有个性，自然界也具有超人类的客观性，它们是不会激起精神的这些方面的，也不会唤醒它们；可是只要我们一旦触及人生、艺术和道德问题，（因为在这些问题上，一个人不仅是一个旁观者和研究者，而且还同时是个参加者，）我们立刻就会发现我们的生理局限，以我们过去的血统和我们过去的思维方式是很难跨越这一极限的，因为摇篮曲、祖国的山川和田野、风尚和习俗，以及围绕在我们周围的整个心理气质对我们的影响，是排除不掉的。

诗人和艺术家在自己真正的作品中始终是民族的。不管他做过什么，也不管他在自己的创作中抱有怎样的目的和想法，他在有意无意之间所表达的，肯定是民族性格中的某些自然本能，甚至比这个民族的历

① 指俄国人民一八一二年抗击拿破仑侵略的卫国战争。

史本身表达得还更深、更清楚。一个艺术家甚至有意识地想要摒弃一切民族色彩，他也不会失去他的某些主要特征，人们一看就知道，他是哪个民族的。歌德在他取自希腊传说的《伊菲格涅亚》和取自东方题材的《抒情诗集》[1]中，仍旧是个德国人。按照罗马人的说法，诗人的确是个“先知”；他们说的不是没有的和将会偶然出现的东西，而是存在于民族的朦胧意识中，他们还不知道的某些东西，那些还处在昏睡状态中的东西。

自古以来就存在于盎格鲁－撒克逊民族灵魂中的一切，都被一个人囊括进了自己的创作——每根纤维，每个暗示，代代相传的每一种侵害，都在似乎无意之间，取得了它的形式与语言。[2]

大概，谁也不会认为，伊丽莎白时代的英国，尤其是大部分老百姓，能够清楚地懂得莎士比亚的作品；即使现在，他们也不见得全懂——要知道，他们对自己也不见得全了解。但是一个走进剧场的英国人，会本能地，出于共鸣而了解莎士比亚，对此我毫不怀疑。当他听戏的时候，他会觉得有些东西似乎变得更熟悉了，更清楚了。似乎，像法国人这样一个敏于思考，接受能力很强的民族，也是应该能够理解莎士比亚的。比如说，哈姆雷特这一性格具有人类的共性，尤其在怀疑和彷徨的时代，在意识到有人在他们身旁做了什么阴暗的勾当，为了某种猥琐的利益而出卖人伦天理的时代，很难设想有人会不理解这种性格。但是不管怎么努力，怎么尝试，哈姆雷特对于法国人还是陌生的。

上世纪有些贵族一贯瞧不起俄国的所有东西，其实他们比之家奴仍旧是农奴一样更像个俄国人，而且像得令人难以置信，因此我们的一些年轻人更不可能因此而失去俄罗斯性格，尽管他读的是法文书和德文书，研究的是科学。有一部分莫斯科的斯拉夫派两手捧着黑格尔的书，却变成了极端的斯拉夫分子。

---

① 指歌德的剧本《伊菲格涅亚在陶里斯》和他的抒情诗集《西东合集》。

② 以上说的是莎士比亚。

我们现在谈到的这些小组,它们的出现本身就是对当时俄国生活深刻的内在需要的自然回答。

我们已经多次谈到一八二五年转折之后出现的社会停滞。社会的道德水准下降了,发展中断了,一切先进的、有活力的东西都被从生活中一笔勾销了。剩下的一些吓破了胆的、惊惶失措的和软弱无力的人,则渺小而且空虚;亚历山大统治时期①的那一代废物身居要津;他们渐渐成了一帮趋炎附势的小人,失去了从前那种纵酒豪饮、一掷千金的豪放和诗意,失去了任何独立自主的尊严感,那种尊严感连一点影子也没有了;他们死心塌地地为皇上效忠,终于得到了皇上的赏识,但却没有成为显贵。他们的时代过去了。

在这个大社会的统治下,民众的大世界冷漠地保持着沉默;对于他们来说,一切都没有变——他们生活得很糟,但是并不比从前更糟,新的打击并没有落到他们饱受鞭挞之苦的脊背上。他们的时代还没有到来。在这个屋顶和这个地基之间,一些年轻人首先抬起了头,也许,这是因为他们还没有意识到这有多么危险;但是,不管怎样,这些年轻人却使大惊失色的俄罗斯开始觉醒了。

他们首先注意到学说里说的话同周围生活中的实际情况完全矛盾。导师、书本、大学里说的是一回事——也只有这个,他们的心智听得懂,接受得了。但是他们的父母、亲人和整个环境,说的却是另一回事,对此他们的心智却无法接受,可是当权派和金钱的利益却十分认同这一情况。他们所受的教育与周围风尚的矛盾,任何地方都没有像在俄罗斯贵族中那样突出。头发支楞着的德国大学生,在脑袋的七分之一的地方戴着圆形的制服帽,却干着惊世骇俗的越轨行为,其实他们比人们想象的更接近德国的小市民,而由于竞争和虚荣心作怪而变得消瘦的法国 colleégien〔法语:学生〕,已经 en herbe l'homme raisonnable,

① 俄国沙皇尼古拉一世去世后(1855),由其长子亚历山大二世继位,后者在位时间由一八五五年至一八八一年。

qui exploite sa position〔法语:是个善于投机钻营的未来的精明的男人了〕。

在我国,受教育的人一向都非常少;但是受过教育的人获得的虽然并不是渊博的知识,但这知识却相当宽泛,相当人道;一旦接受了这一教育,它就使学生懂得什么是人性。但是人性化的人正是渴望升官发财、飞黄腾达、财源茂盛的地主生活所不需要的。只好重新还原成非人性的人(许多人就是这么做的),或者停下来,反躬自问:“难道非要我去当官不成吗?当真做个地主不也很好吗?”因此一部分软弱的和比较浮躁的人便开始过起了悠闲的生活,当了名骑兵少尉就申请退役,过起了懒散的农村生活,穿着睡袍,脾气古怪,打打牌,喝喝酒;而另一部分人则开始了进一步学习和反省思考的时期。他们无法生活在完全的精神矛盾中,又不能满足于自我否定,同流合污;被唤醒的思想要求出路。对于同样折磨着年轻一代的诸多问题的不同解决,便导致产生不同的小组。

比如说,我们的小组就是这样形成的,它在学校里又遇到了另一个早已成立的孙古罗夫小组。他们的倾向与我们相同,主要是政治倾向,而不是学术倾向。同时成立的斯坦克维奇小组与我们两个小组保持着同样的距离,既不接近,也不疏远。他们走的是另一条路,他们的兴趣纯粹是理论方面的兴趣。

三十年代,我们的信念还太稚嫩、太偏激,太热诚,因此不可能不带有排外性。我们对斯坦克维奇小组既尊敬而又冷淡,但却做不到彼此亲近。他们在设计自己的哲学体系,进行自我解剖,满足于华丽的泛神论,然而这泛神论却并不排斥基督教。而我们则在幻想怎样在俄罗斯组织一个以十二月党人为榜样的新的联盟,我们认为哲学不过是手段。而政府的倒行逆施只能巩固我们的革命倾向。

一八三四年,整个孙古罗夫小组都遭到了流放,①并且消失了。

一八三五年,我们也遭到了流放;五年后我们回来了,经受了锻炼,

---

① 孙古罗夫及其小组的其他成员,是在一八三三年遭到流放的。

经历了磨难。年轻时候的幻想变成了成年人矢志不渝的决心。这时正是斯坦克维奇小组最辉煌的时期。他本人我无缘得见——他在德国;但也正是在这时候,别林斯基的文章开始引起了所有人的注意。

回来后,我们做了较量。战斗双方,力量是不对等的"基础、武器与语言"——一切都不一样。经过一番无结果的争论以后,我们发现该轮到我们来好好研究学问了,于是我们就开始研究黑格尔和德国哲学。当我们相当不错地掌握了德国哲学以后,我们才发现,在我们与斯坦克维奇小组之间,其实并没有可争论的问题。

斯坦克维奇小组不可避免地要解体。它已经完成了自己的使命——而且完成得非常出色;它对整个文学和对大学教学的影响是巨大的——只要举出别林斯基和格拉诺夫斯基就足够了;它还造就了柯里佐夫,属于这个小组的还有博特金和卡特科夫等人①。但是,如果它不走上德国式的纯学术研究的道路,它就不能继续成为一个关起门来研究学问的小组,——而思想活跃的俄罗斯人是无法做到这点的。

在斯坦克维奇小组身旁,除了我们以外,还有另一个小组,他们是在我们流放期间形成的,也像我们一样同他们若即若离;这个小组后来称之为斯拉夫派。斯拉夫派是从相反的方面接近我们感兴趣的迫切问题的,他们对现实问题和对当前斗争的介入程度比斯坦克维奇小组的人要大得多。

斯坦克维奇协会势必分化成两部分,在他们与我们之间作出选择。阿克萨科夫兄弟②,萨马林③参加到斯拉夫派那边去了,即参加到霍米亚科夫④和基列耶夫斯基那一边,别林斯基、巴枯宁则加入了我们一

---

① 斯坦克维奇小组,从一八三七年起由别林斯基领导。除了上面列举的成员以外,还有巴枯宁和萨马林等人。

② 阿克萨科夫兄弟指康·谢·阿克萨科夫(1817—1860)和伊·谢·阿克萨科夫(1823—1886),前者为俄国政论家、历史学家和作家,斯拉夫派,后者为俄国政论家和诗人,斯拉夫派。

③ 萨马林(1819—1876):俄国政论家,斯拉夫派。

④ 霍米亚科夫(1804—1860):俄国斯拉夫派诗人。

伙。斯坦克维奇的至交，也是他全身心感到最亲近的人格拉诺夫斯基则从德国一回来就成了我们的人。

如果斯坦克维奇仍旧活着①，他的小组恐怕也坚持不下去。他本人就会跑到霍米亚科夫那边去，或者跑到我们这边来。

一八四二年，这个按照观点不同的分化过程早已完成，于是我们的阵营就严阵以待地与斯拉夫派相对峙。关于这场斗争我们将在另外的地方再行详述。

最后，我想对组成斯坦克维奇小组的诸成员再补充几句；这将投下一道光束，照见这些奇怪的地下暗流怎样悄悄地冲刷着这个俄德合璧机制的坚硬外壳②的。

斯坦克维奇出身于一个富有的沃罗涅什省的地主家，起先他在乡下过着地主少爷的生活，养尊处优，后来他被送到奥斯特罗戈日斯克中学上学（这在当时还是非常罕见的）。对于那些天资聪慧的人，富人的甚至是贵族式的教育还是很好的。生活富足可以为一个人的全面发展和全面成长提供不受拘束的自由和广阔的空间，不会使年轻人的头脑过早地为生活操劳，为未来担忧，最后使他有充分的自由去从事他心仪的事业。

斯坦克维奇得到了全面和广阔的发展；他的艺术和音乐天赋，再加上他的反应十分灵敏，观察问题十分深入，因此一进大学就崭露头角。斯坦克维奇不仅对问题能深入理解，对人也极富同情心，而且他还有一种亲和力，或者像德国人所说，善于调解人与人之间的矛盾，他的这一才能来源于他的艺术家的天赋。对和谐、协调和快乐的需要，使德国人对使用什么手段比较宽容：为了不看见陷阱，他们就用布把它遮起来。但是布经受不了大气的压力，会凹陷下去，可是大张着嘴的深坑并不妨碍眼前的清静。德国人正是用这种办法达到了泛神论的清静无为，并

---

① 斯坦克维奇死于一八四〇年。

② 指沙皇专制制度。

在这上面高枕无忧，安心睡觉；但是像斯坦克维奇这样一个才华横溢的俄罗斯人是不会长久这样“清静无为”的。

这从斯坦克维奇毕业后遇到的第一个使他不安的问题就可以看出。

规定的学习期限结束了，他回归于他自己，再没有人管他了，但是他不知道他今后应该怎么办。没有什么事可以继续做下去，周围也没有一个人和一件事在召唤他这个大活人去做。他这个年轻人学校毕业后方才清醒，并环顾四周，他处在当时的俄国，就像一个旅人在草原上一觉醒来：你爱往哪走都可以——到处都有足迹，到处都有牺牲者的一堆堆白骨，到处都有野兽，四面八方是一片空旷，令人不寒而栗，而在这片荒野上要牺牲是容易的，但要斗争却不可能。惟一可以老老实实地继续做，而且他也喜欢做的事，——就是钻研学问。

于是斯坦克维奇便开始研究学问，他认为他的使命是做一名历史学家，于是他就开始研究希罗多德①；可以预见，这样的研究一无所获。

他想到彼得堡去，因为那里有什么活动正搞得热火朝天，吸引他到那里去的还有戏剧和与欧洲接近；他本来想在奥斯特罗戈日斯克当名中学的名誉校长，他决定“在这个小小的岗位上”做一点贡献——这比研究希罗多德更难取得成功。其实，他是向往到莫斯科去，到德国去，到母校的同窗好友中间去，去从事他心爱的事业。没有至爱亲朋他就活不下去（又一次证明，他身旁没有志趣相投的人）。斯坦克维奇需要有志同道合的人，这要求是如此强烈，以致他有时竟凭空想象，把人家根本没有的志趣和才能强加给他们，而且他还看到人家根本就没有的好的品质，并且击节赞赏。②

---

① 希罗多德（约公元前484—前425）：古希腊历史学家，著有《历史》（《希波战争史》）九卷。

② 克柳什尼科夫形象而又生动地用下面的话表述了这一观点：“斯坦克维奇是一枚银卢布，却羡慕五戈比的铜币比它大。”（安年科夫：《斯坦克维奇传》，第一一三页）——作者原注

克柳什尼科夫（1811—1895），俄国诗人。

但是——这也是他的一种本领——一般说，他并不需要经常去追求这种假象，他随时随地都能碰到一些奇士和能人，他善于对待他们，而且每个人与他倾心交谈之后就会成为他终生的莫逆，而且他也总是运用自己的影响使每个人都获益匪浅，或者减轻他们的思想负担。

在沃罗涅什，有时候，斯坦克维奇常常到市里惟一的图书馆去借书。他在那里遇到一个平民出身的穷苦青年，此人谦虚而又神态忧郁。原来他是一名牲口贩子的儿子，他父亲与斯坦克维奇的父亲有生意来往，向他供应牲口。斯坦克维奇很喜欢这个年轻人；这个牲口贩子的儿子博览群书，也喜欢谈书论道。斯坦克维奇与他一拍即合，成了好朋友。这个年轻人不好意思而又胆怯地向他承认，他自己也在练习写诗，而且涨红了脸说，他要把自己的诗拿给他看。斯坦克维奇面对这样一个才华横溢的年轻诗人愣住了，可是这个年轻诗人却没有意识到自己的才华，对自己也缺乏信心。从这一刻起，他就紧紧地抓住这个青年不放，直到整个俄罗斯都欣喜若狂地争相阅读柯里佐夫的诗歌为止。① 这个贫苦的小牲口贩子自小受到亲人们的挤对和压迫，从来没有受到过任何人的同情和关怀，谁也不承认他，如果没有斯坦克维奇的帮助，他很可能就只能在伏尔加河中下游一带的空旷的草原上赶着自己的牲口，带着自己的诗歌，心力交瘁，默默无闻，而俄罗斯也将听不到这些美妙的、血肉之亲的诗歌。

巴枯宁在炮兵武备学堂毕业后，进近卫军当了一名军官。据说，他父亲因为对他有气，亲自提出申请把他调到军队；于是他就和炮兵辎重一起被抛到白俄罗斯的一个偏僻的乡村，巴枯宁的脾气变古怪了，变得十分孤僻，也不上班，整天裹着皮大衣躺在自己的床上。辎重部队的长官虽然可怜他，但也无可奈何，他提醒他，要么好好工作，要么申请退伍。巴枯宁压根儿没想到他还有这样做的权利，于是立刻申请辞职。退伍申请被批准后，巴枯宁来到莫斯科；从这时起（大约在一八三六年

---

① 以上讲的那个年轻人就是俄国的著名诗人柯里佐夫。

前后），巴枯宁便开始过起了严肃的生活。过去，他不学无术，不读书，不看报，对德语也半通不通。但是他能言善辩，具有穷根究底、不达目的誓不罢休的思维能力，凭着这些才能，他在既无计划，又无指导的情况下，在光怪陆离的各派理论和自学之路上摸索前进。斯坦克维奇了解他的才能，便让他坐下来研究哲学。巴枯宁因为看康德和费希特①的书而学会了德语，然后又开始研究黑格尔，而且黑格尔的方法论和逻辑学他掌握得几乎尽善尽美——后来逢人便宣传黑格尔的这一套！向我们和别林斯基，向太太们和蒲鲁东。

但是别林斯基从这个泉源中②也汲取了同样多的东西；斯坦克维奇对艺术，对诗，对诗歌与生活的关系的观点，在别林斯基的文章中发展成为新的强劲有力的批评，发展成为新的世界观和人生观，使俄罗斯的整个思想界为之震动，并使所有的学究们和迂夫子们恐惧地对别林斯基躲之惟恐不及。斯坦克维奇不得不出来用套马索套住了别林斯基；他那冲破一切樊篱的才华，他那热情奔放而又辛辣无情的才华，触犯了斯坦克维奇在美学上力求平稳的不偏不倚的天性。

与此同时，他还必须像兄长一样支持和鼓励格拉诺夫斯基③，格拉诺夫斯基性格文静而又重感情，耽于沉思，当时心情十分忧郁。斯坦克维奇写给格拉诺夫斯基的信非常优美动人，——而格拉诺夫斯基是多么爱他啊！

格拉诺夫斯基在斯坦克维奇逝世后不久写道，

> 我还没有从最初的打击中清醒过来，真正的不幸还没有降临到我头上：我害怕的不幸还在前头。现在我还不相信他真的死了——只是有时候觉得心慌意乱。他好像把我人生中的某些必须的东西带走了似的。我在许多方面都应该感谢他，这是世界上任

① 康德（1724—1804）和费希特（1762—1814），均为著名的德国哲学家。

② 指从黑格尔的著作中。

③ 两人同为一八一三年生，倒是赫尔岑比他们俩年长一岁。

何人都比不了的。他对我们的影响无穷无尽，是非常有益的。

……又有多少人能说这样的话啊！也许，他们已经说过了！……

在斯坦克维奇小组里，只有他和博特金是生活富足、衣食无虞的人。其他人都是各种各样的无产者。巴枯宁一无所有，他的亲人什么也不给他；别林斯基则是切姆巴雷地区的一名小官吏的儿子，“因才能低下”被莫斯科大学开除，——只能靠一点微薄的稿酬过日子。克拉索夫①大学毕业后，不知怎么跑到外省某地的一个地主家当起了临时的家庭补课老师，但是跟宗法制的农场主生活在一起使他感到害怕，于是他背上行囊跟着不知谁家的农民车队，在大冬天步行回到了莫斯科。大概，当他们每个人出外谋生，接受父母的祝福时，父母（谁又能对他们求全责备呢？）都会对他们说：“好，要注意，要好好学习，学成后，要设法自立，没有人会给你遗产，我们也没有东西给你，要学会自己安排自己的命运，同时也要常常惦记我们。”另一方面，对斯坦克维奇大概是这么说的，从各方面看，他可以在社会上出人头地，凭他的财富和出身，他在社会上也肯定是个角色，至于博特金，家里所有的人，从老爸到伙计，说的大概也差不多，用语言和别人的榜样向他说明，他必须拼命赚钱，发财再发财。

至于这些人，是谁吹了口气使他们全变了样儿呢？他们不考虑，也不关心自己的社会地位、自己的个人利益、自己的生活保障；他们的整个生命和全部努力都倾注到毫无个人利益可言的共同事业中去了；一些人忘记了自己的财富，另一些人则忘记了自己的贫穷——一往无前，毫不停顿地前进，竭力去解决某些理论问题。对真理的兴趣，对科学的兴趣，对艺术和 humanitas〔拉丁语：人道主义〕的兴趣，吞没了一切。

请注意，这种摒弃世俗之见的态度，决不仅限于大学时代和青年时代的两三年岁月。斯坦克维奇小组中的优秀人物死了；其他人则一如既往，直到今天。别林斯基呕心沥血，心力交瘁，是作为一个战士倒下

① 瓦·伊·克拉索夫（1810—1855）：俄国诗人，斯坦克维奇和别林斯基的朋友。

的，他倒下时仍一无所有。格拉诺夫斯基是为了宣传科学与人道，走上讲台时去世的。博特金并没有真的变成一个商人……谁也没有在官场上飞黄腾达。

在两个毗邻的小组——斯拉夫派和我们的小组里，情况也一样。请问，您在当代西方的什么地方可以找到这样的一批思想界的隐修士，学术界的苦行僧，信念的狂信徒，他们即使白发苍苍，可是他们的追求却始终年轻呢？

在哪儿？请告诉我！我要勇敢地扔出我的手套①，只暂时把一个国家——意大利算做例外，我将会量出决斗的步数，就是说我决不让对方从统计学溜进历史的范畴②。

在布鲁诺和伽利略③等这样一些为理性和科学而受难的人的时代，什么是理论的兴趣和什么是保卫真理和宗教的热情，我们是知道的。我们也知道十八世纪下半世纪有一个百科全书派④的法国情况怎样，——可是以后呢？以后就——sta，viator！〔拉丁语：站住，行路人！〕⑤

当代欧洲没有青年时代，也没有青年。我的这一观点曾遭到复辟时期后期和七月王朝时期法国最杰出的代表维克多·雨果的反对。其实他说的是二十年代的法国青年，因为我说得太绝对了，谨表赞同⑥；但是谈到以后的情形，我就寸步不让了。这有法国人的亲口供述为证。请看阿尔弗雷德·德·缪塞⑦的 *Les mémoires d'un enfant du siècle*〔法

① 西俗：要求决斗时扔下自己的手套，如果对方捡起手套，就表示接受挑战。

② 指不得把本国的历史人物拿来充数。

③ 布鲁诺（1548—1600）：文艺复兴时期的意大利哲学家，因反对经院哲学，主张人们有怀疑宗教教义的自由，被宗教裁判所判处死刑，烧死在罗马。伽利略（1564—1642），意大利天文学家，因主张地动说，受到罗马教廷判罪管制。

④ 法国一部分启蒙思想家形成的派别。他们反对天主教会、经院哲学和封建等级制度。

⑤ 转意为“你就别刨根问底啦！”

⑥ 维·雨果读了《往事与随想》由德拉沃翻译的法译本后，曾写信给我，为复辟时期的法国青年辩护。——作者原注

⑦ 缪塞（1810—1857）：法国诗人。

语:《世纪儿的忏悔录》〕和他的诗歌,再看看乔治·桑的手记,以及当代戏剧、小说和诉讼程序中所透露的法国,就可窥见一斑。

但是这一切又能证明什么呢?——能够证明的东西很多,但是首当其冲的是德国制造的中国鞋[①],俄罗斯穿着这双鞋已走了一百五十年[②],磨出了许多老茧,但是看来,还没有损伤到骨头,因为每次如能伸展四肢,还会显示出这样一些新鲜而又年轻的活力。当然,这丝毫也不能保证我们肯定会有光辉的未来,但要做到这点却是极其**可能的**。

---

① 指引进许多德国式的中国封建专制。

② 指从彼得一世在位(1689—1725)至今(1854)。

第二十六章

警告——铨叙局——内务大臣办公厅——第三厅——岗警事件——杜别尔特将军——卞肯多尔夫伯爵——奥丽迦·亚历山德洛夫娜·热列布佐娃——第二次流放

不管我们在莫斯科如何自由自在,但还是不得不迁居彼得堡。我父亲要求我这样;内务大臣斯特罗戈诺夫①伯爵命令把我编入内务部办公厅,于是我们遂于一八四〇年夏末动身到彼得堡去②。

不过,我曾经在一八三九年的十二月在彼得堡住过两三个星期。

这事是这么发生的。自从对我解除监管以后,我就取得了前往"圣驾所在地和京城"(按照阿克萨科夫的说法)③的权利,但是我父亲坚持认为涅瓦河畔的圣驾所在地优于莫斯科这个古都。教育区督学斯特罗戈〔加〕诺夫伯爵写了一封信给他的胞弟④,于是我就必须先去谒见他。但是这还不是全部。我由弗拉基米尔总督推荐,申报八品文官;我父亲希望我尽快拿到这一官衔。在铨叙局,各省有一定的排列顺序;

---

① 原文如此。疑为斯特罗加诺夫之误,下同。

② 赫尔岑是在一八四〇年五月十日带着家眷到彼得堡去的。

③ 作为斯拉夫派重要理论家之一的阿克萨科夫,主张把俄国恢复至彼得一世以前的状态。俄国的京城原在莫斯科,后于一七一三年迁都彼得堡。但俄国人仍把莫斯科视为帝都,而彼得堡不过是"圣驾所在地"。

④ 这里的斯特罗戈〔加〕诺夫伯爵,指谢·格·斯特罗戈〔加〕诺夫,当时任莫斯科教育区督学,参见第 371 页注③;胞弟指时任内务大臣的亚·格·斯特罗戈〔加〕诺夫。

如果不走门路，这顺序就像乌龟爬行似的。这种走门路的事几乎司空见惯，一向就有。但是这样做的代价很高，因为整个名单可以不按先后顺序先行放行，但是名单中的某一官员无法单独拿出来进行铨叙。因此必须为所有的人付钱，“要不然，其余的人岂不是不花钱就可以先行提升吗？”一般的情况是由众官员先行集资，然后派代表进京；这一回所有的花销全由家父承担，这样一来，弗拉基米尔的几位九品文官就全仰仗他，提前八个月晋升为八品。

派我到彼得堡去为这事走后门的时候，我父亲在与我告别之后，又一次叮咛道：

“看在上帝分上，要处处小心，防人之心不可无，从公共马车上的售票员直到我给你写了介绍信的我的那些朋友们。对任何人都不要轻信。彼得堡已经不是我们从前那个时候的彼得堡了，那里，任何场合都肯定会有一两只苍蝇的。Tiens toi pour averti.〔法语：这点你务必牢记。〕”

我带着对彼得堡生活的这句座右铭，坐上构造十分原始的驿车，即具有其他驿车均已彻底消除了的所有缺点的驿车，出发了。

晚上九时许，我到达彼得堡，我叫了一辆马车就动身到以撒克广场去了——我想从这里开始我对彼得堡的观光。到处都覆盖着厚厚的积雪，只有骑在马上的彼得一世的铜像高踞于灰色的fond〔法语：基座〕上，在黑暗的夜空中，露出他那黝暗而又威严的轮廓。①

黑压压地透过夜雾，
骄傲地扬起了头颅，
高傲地挺直身躯，
挥手指向远方，
这雄伟的巨人骑在马上；
被拉紧笼头的战马，

① 以撒克广场位于彼得堡的标志性建筑以撒克大堂前，北面的涅瓦河畔有彼得大帝骑在奔马上的铜像；东面则为沙皇皇宫——冬宫；南面则是涅瓦大街。

扬起前蹄，昂然挺立，
为的是让骑手看得更远。

《幽默》[1]

为什么十二月十四日的战斗正是在这个广场上打响，为什么俄国解放的第一声呐喊正是在这个广场的这个台座上发出，为什么方阵[2]紧挨着彼得一世的铜像——这是对他的褒奖？……还是惩罚？一八二五年十二月十四日，是一七二五年一月二十一日[3]被中断了的事业的后果。尼古拉的大炮，既瞄准着叛乱，也瞄准着这座铜像；可惜，霰弹没有把铜铸的彼得就地枪决……

回到旅馆后，我发现有一位亲戚正在那里等我[4]；我们东拉西扯地谈了一会儿，我无意间谈到了以撒克广场和十二月十四日。

"叔叔怎么样？"这位亲戚问我，"您怎么离开他了？"

"谢谢上帝，跟平常一样；他问您好……"

这位亲戚脸上毫无表情，只用眼珠向我示意，表示责备、劝导和警告；他的眼珠斜过去，向我递了个眼色，我回过头去一看——一个生炉子的工人正把劈柴放进炉膛里；当他把炉子生着（他自己就充当了风箱的角色）以后，他的靴子在地板上留下了一滩雪水，然后他拿起一根长长的火钩（长度差不多有哥萨克的长矛那么长），走了出去。

他走后，我那位亲戚才开始责备我，说我不该当着生炉子的工人的面讲这种犯忌的话，而且说的还是俄语。临走时，他低声告诉我：

"顺便说说，别忘了，这里有个理发师经常到旅馆里来，他兜售各种杂七杂八的小玩意儿，梳子呀，劣质的发蜡呀，等等；请务必对他留

---

① 引自奥加略夫的长诗《幽默》第二部第三章。

② 指一八二五年"十二月党人起义"时在彼得一世铜像旁布列的方阵。

③ 指彼得一世去世，但日期有误：应为一七二五年一月二十八日，而不是一月二十一日。当时已有人向赫尔岑指出，但《往事与随想》出版单行本时，因作者疏忽，未予改正。

④ 指赫尔岑的堂兄列维茨基（"枢密官"之子），俄国官员，后来成为著名的摄影家。

神，我深信他与警察局有联系，——老说一些不三不四的话。当我在这里等您的时候，我买了他一些小玩意儿，以便快点儿摆脱他。”

“以资鼓励。那么，洗衣妇也忝列宪兵之列喽？”

“别取笑啦，别取笑啦，您比别人更容易倒楣；您刚从流放地回来——您身后有十个保姆盯着哩①。”

“然而，若要无人照看，有七个保姆也就够了。②”

第二天我就去拜访过去经办过我父亲各种事务的那个官员；他是小俄罗斯人③，说俄语时口音很重，我说什么，他根本不听，对什么都大惊小怪，闭上眼睛，有点儿像秏子似的不时举起他那胖乎乎的两只前爪……他看见我拿起帽子要走，才忍不住把我领到窗口，向四面张望了一下，对我说：“请您不要见怪，我和令尊以及他的几位已故的兄长都是老相识，就是说，关于您过去的事，请不要多讲。唔，对不起，您自己想想，这又何必呢？现在像烟一样，一切都过去了；您当着我的厨娘的面不知道胡说了一些什么，——这个芬兰娘们④，谁知道她呢，我甚至有点儿——提心吊胆。”

“多可爱的城市。”我离开那个提心吊胆的官员时，心想……松软的雪花纷纷扬扬地下个不停，潮湿而又寒冷的风，一直刺进人的骨髓，撕扯着礼帽和大衣。车夫只能勉强看到面前的一步之遥，眯着眼睛，低着头，顶着漫天飞舞的雪花，不断吆喝着：“留神，留神！”我想起了我父亲的忠告，想起了我那位亲戚和我那位官员，想起了乔治·桑的一篇童话，有一只麻雀，外出旅行，路过立陶宛，看见一匹快要冻僵的狼，就问它为什么要住在气候这么恶劣的地方。狼答道：“自由使我忘记了气候。”

车夫说得对——“留神，留神！”当时我多么想快点儿离开这儿啊！

---

① 意指有人监视和盯梢。

② 源出俄谚“七个保姆，孩子无人照看”（У семи нянек дитя без глазу），意为人多了反而没用。

③ 乌克兰人的俗称。

④ 当时在彼得堡有许多芬兰人，他们靠给人打工与做小买卖为生。

虽然我是头一回到这里来，但是我本来就不想久留。三星期内，我就把一切办完了，新年前，我就快马加鞭地回到了弗拉基米尔。

我在维亚特卡取得的经验，对我在铨叙局办事帮了很大的忙。我已经知道，铨叙局与伦敦过去的圣贾尔斯地区①颇相似——是个臭名远扬的贼窝，任何检查，任何改革都无法使他们改弦易辙。为了清洗圣贾尔斯的罪恶，只有下猛药，收购这里的房屋，把它们夷为平地；对于铨叙局也应照此办理。再说这个铨叙局根本就不需要，它是一个培养寄生虫的地方——这是一个管理职务升迁的机构，是铨叙官秩的衙门，是研究贵族证书的考据协会，是衙门里的衙门，不言而喻，滥用职权在那里理应是属于第二位的了！

我父亲的代理人把一个瘦高个儿老头带来见我，这老头穿着一件燕尾服式的制服，制服上的每粒钮扣几乎都快掉下来了，浑身肮里肮脏，尽管还是清晨，他已经喝过酒了。他是枢密院印刷所的一名校对，他一面校正印刷上的语法错误，一面又在幕后帮助各类行政长官制造其他错误。我在半小时内就与他谈妥了，就像买马或买家具似的谈妥了价钱。然而他自己又做不了主，于是便跑到枢密院去请求指示，终于得到批准后，他便向我索取“定金”。

“答应是答应了，可是他们说话算数吗？”

“不，您尽管放心，他们不是这样的人，从来不会有这种事，哪能收到好处费以后说话不算数呢，这是人格问题。”校对员回答，一副受冤枉的神气，以致我认为有必要再稍微增加一点儿好处费，以示感谢。

“在铨叙局，”他说，被我完全解除了武装，“从前有一位长官，是个很了不起的人，您也许已经听说过这个人了，他毫无顾忌地照单全收，可是从来都平安无事。有一回，一位从外省来的官员到办公厅来谈他自己的事，临走时，从礼帽里拿出一张灰票子②，悄悄地塞给了他。‘您

① 伦敦西部的一个区域，盗贼出没，十分肮脏和黑暗。

② 指面值二百卢布的纸币。

神神道道地干吗呢?’这位长官对他说。‘哪能呢,像递情书似的。嗯,灰票子,让其他来求情的人看到,岂不更好,让他们知道,我拿了二百卢布就把事情办妥了,这对他们也是个鼓励嘛。’于是他把钞票抻直了,折好后,塞进了背心口袋。”

校对员说得没错:他们的长官履行了他说话算数的承诺。

我带着一种近乎憎恨的感情离开了彼得堡。然而没办法,必须搬到这个令人不快的城市里工作。

我在那里工作的时间不长,而且千方百计地不去上班,所以,在官署里当差的事,我没有许多话要讲。内务大臣办公厅与维亚特卡总督办公厅的区别,无非是擦干净的靴子与没有擦干净的靴子的区别而已;一样的皮子,一样的鞋掌,但是一双满是污泥,另一双却擦得锃亮。我在这里没见过喝醉酒的官员,也没见过为开一份证明而索要二十戈比的事,但是不知怎么我总觉得,在他们那燕尾服笔挺,头发梳得纹丝不乱的外表下隐藏着一个肮脏、黑暗、浅薄、嫉妒和怯懦的灵魂,因此我觉得,维亚特卡的我们那位科长与他们相比还更像个人似的。我瞧着我那些新同事,常常会不由得想起,有一回,他在省土地丈量员①举行的宴会上喝够了酒,就用吉他弹起一支舞曲,最后他忍不住拿着吉他一跃而起,跳起了矮步舞;唔,可是这些人却对什么也不感兴趣,在他们身上,血不会沸腾,酒也不会冲昏他们的头脑。他们在某个人家的舞蹈课上会同一些德国姑娘跳法国的卡德里尔舞,扮演失恋者,朗诵季莫费耶夫②或者库科尔尼克③的诗……这些外交家、贵族和曼弗雷德④们。只可惜连大臣达什科夫⑤也无法让这些恰尔德·哈罗尔德⑥们学会在剧院,在教堂,在任何地方不向自己的长官立正敬礼和鞠躬如仪的习惯。

---

① 当时省里的土地丈量员,名叫米·彼·伊瓦金。

② 季莫费耶夫(1812—1883):俄国诗人。

③ 库科尔尼克(1809—1868):俄国作家。

④ 拜伦的诗剧《曼弗雷德》中的主人公。

⑤ 达什科夫(1784—1839):当时任司法大臣。

⑥ 拜伦的长诗《恰尔德·哈罗尔德游记》中的主人公。

彼得堡人嘲笑莫斯科的服装，他们看不惯匈牙利式的短上衣和鸭舌帽，长头发和文职人员蓄的短髭，莫斯科的确是个非军人的城市，有点儿放任随便，不习惯于遵守纪律，但是这到底是优点还是缺点呢，——还不好说。整齐划一，缺乏多样性，缺少个性，缺少标新立异和自己的特色，统一着装，外表整齐——这一切只有在最不合乎人性的状态，在军营中，才能获得高度发展。制服和千篇一律——这是专制制度的癖好。时新的穿戴没有任何地方像在彼得堡那样得到严格遵守的了；这说明我们的文明还不成熟：我们的服装是从别人那里学来的。在欧洲，人家是穿衣服，而我们是化妆，因此老耽心袖子别太宽了，领子别太窄了。在巴黎，人们只耽心穿衣服没有审美力，在伦敦，人们只耽心着凉，在意大利，任何人都随心所欲，爱穿什么就穿什么。如果我们让那些穿着千篇一律的上装，扣子扣得紧紧的，爱打扮的绅士排成队，走过涅瓦大街，英国人肯定会把他们当成是一队警察。

我每次到部里上班都要强压下心头的反感。办公厅主任卡·卡·冯·波尔，出生于达戈岛①，是个摩拉维亚弟兄会②的成员，是个品德高尚而又萎靡不振的人，他使他周围的一切都充满一种虔诚而又沉闷的空气。处长们夹着公文包在心事重重地跑来跑去，对科长们很不满意，科长们则在写呀写的，忙得不可开交，他们的前途就是终老于斯——至少得在这里再坐上二十年，也不会发生特别幸运的变化。收发室有一名小官吏，已经干了三十三年，每天登记发出的公文和给公函加盖封印。

我的“文字习作”使我在这里也得到了一些优惠；处长感到我什么也干不了，就让我把各省的呈文汇总，撰写部里的总报告。因为上司有先见之明，所以他们认为有必要先对未来的某些结论做一点儿说明，以免数字与事实同结论不符。比如说，在一份报告的提纲草案中这样写道：“根据犯罪的数字和性质（数字与性质是什么，还不知道）分析，陛

① 属于爱沙尼亚的一个岛屿，又名希奥马岛。

② 基督教新教的一个教派，前身是波希米亚弟兄会，反对天主教会，反对等级特权，主张人人平等，强调道德上的自我修养。

下可以发现国民道德水准的提高，以及有关当局旨在大力改进国民道德所取得的政绩。”

命运和卞肯多尔夫伯爵救了我，使我免予参加起草假报告。这事的经过是这样的。

十二月初，早晨九时许，马特维告诉我，警长想见我。我猜不透他来找我做什么，所以就吩咐有请。警长给我看了一张纸，上书，他“请我于上午十时整枉驾到御前办公厅第三厅①面谈”。

“很好。”我回答，“它在铁索桥吗？”

“甭费心，我有雪橇在楼下，我陪您去。”

“真糟糕。”我想，心里很紧张，心一下子抽紧了。

我走进卧室。妻子正抱着小不点儿坐在屋里，孩子久病以后刚开始康复。

“他来干什么？”她问。

“不知道，大概发生了什么误会，我必须跟他去一趟……甭耽心。”

我的妻子看了看我，什么话也没有说，只是脸色唰的一下白了，仿佛乌云吹来，遮住了她的脸，于是她把小孩抱过来同我告别。

这时候我才体会到，任何打击对一个有家室的人是多么痛苦：因为这打击不是打在他一个人身上，他必须为大家而感到痛苦，也为了大家因他而痛苦不由得感到内疚。

克制，使劲压下和隐藏这种感情是可以的，但是要知道，这得花多大代价啊；我闷闷不乐地走出了家门，六年前，我跟随警察局长米勒尔到普列契斯千斯基警察分局去之前，可不是这样的。

我们走过铁索桥和夏园②，拐进科丘别伊③从前的官邸，在那儿的

---

① 这是沙皇政府的一个特务机构，主要起监视和刑讯俄国政治犯的作用。它的全名叫“皇上御前办公厅第三厅”。

② 夏园于一七〇四年开辟成花园，园中有彼得一世的夏宫，当时经常在这里举行舞会和宫廷庆典。

③ 科丘别伊（1768—1834）：俄国公爵，曾任内务大臣和内阁会议和大臣会议主席。

配楼里现在是尼古拉设立的世俗裁判所;我们的雪橇在后门口停了下来,并不是所有从后门进去的人都能从里面出来,就是说,也许能出来,不过是为了消失在西伯利亚,或者瘐死在阿列克谢三角堡①。我们穿过许多大大小小的院子,最后才走到办公厅。尽管有警官陪同,宪兵还是拦住我们,不让我们进去,而是叫一名官员出来,查验了公文,然后让警长留在走廊里,让我跟他走。他把我带进办公厅主任的房间。房间里有一张大桌子,桌旁放着几把圈椅,桌子后面孤零零地坐着一个瘦瘦的白胡子老头②,面目狰狞地板着面孔。为了摆架子,他故意装模作样地不理睬我,他先把一份公文看完,然后站起来,走到我跟前。他胸前挂着一枚星形勋章,我由此看出,这是宪兵队的一名特务头子。

"您见过杜别尔特③将军吗?"

"没见过。"

他沉默少顷,然后眼睛看也不看我,皱着眉头,拧着眉毛,用一种嗄哑的声音(这声音使我可怕地想起莫斯科侦查委员会的那个小戈里曾神经质的嗄哑声)问道:

"您获准进京的时间大概不很长吧?"

"去年。"

老头摇了摇头。

"您辜负了皇上的圣恩。您似乎又要去维亚特卡了。"

我惊奇地望着他。

"是啊,"他继续道,"政府放您回来,您却不知感恩,您做的好事。"

"我完全不明白您说的是什么。"我说道,猜不透他葫芦里卖的什么药。

"不明白?——这就糟啦!您交往的是些什么人?您做了些什么?本来应当首先努力洗清年轻时误入歧途留下的污点,用自己的才

① 彼得保罗要塞中专门关押政治犯的监狱。

② 这老头指第三厅负责特别任务的官员亚·亚·萨赫登斯基。

③ 杜别尔特(1792—1862):宪兵队参谋长,主管第三厅(1839—1856)。

能做些有益的事，——可是您偏不！哪跟哪呀！老是谈政治，发议论，危害政府。这下好了，谈出事情来了。您怎么不吸取教训呢？您怎么知道，跟您说三道四的人当中，每次不会出现一两个坏蛋[①]呢，这些人正求之不得呢，他们一转身就跑到这里来告发了。”

“您如果能向我说明这一切到底是什么意思，我将不胜感激之至。我绞尽脑汁还是怎么也捉摸不透您的话到底指什么，或者暗示什么。”

“指什么？……嗯……那您倒说说看，您有没有听说过蓝桥附近有一名岗警半夜杀人抢劫的事？”

“听说了。”我非常天真地回答。

“您也许传播过这个小道消息吧？”

“好像传播过。”

“我想，还发表过议论吧？”

“大概是的。”

“发表过什么议论呢？——诋毁政府——这就是症结所在。跟您坦白说了吧，幸亏您坦白交代，这点您做得不错，伯爵会考虑到这个情况的。”

“哪能呀，”我说，“这算什么坦白交代！这事全城人都在说，内务大臣办公厅和商店里，到处都在说。这事我也说过，这有什么大惊小怪的？”

“散布有害的谣言，是犯罪，为法律所不许。”

“我觉得，您在指控我，似乎这事是我捏造的？”

“在呈给皇上的奏折中只是说，您助长了这一有害的谣言的传播。对此圣上御批让您重回维亚特卡。”

“您简直在恐吓我嘛，”我答道，“为这种微不足道的小事怎么能将一个有老婆孩子的人发配到千里之外去呢，而且也不问问是否属实就据此定罪呢？”

---

① 我敢保证，这位可敬的老者确实用了“坏蛋”这个词。——作者原注

"不是您自己交代的吗。"

"哪能呢？您还没有和我谈话之前，上报的奏折就已呈交，这事早定了。"

"您自己看吧。"

老头走到桌旁，在一个不大的卷宗中翻寻了一下，冷淡地抽出一份公文，递给我。我看时简直不相信自己的眼睛：这样毫无公正可言，这样肆意和无耻地践踏法律，甚至在俄罗斯也是惊人的。

我哑口无言。我觉得，甚至那老头也感觉到这事做得十分荒唐和太愚蠢了，因此他也认为不必为它辩护，他沉默了片刻，接着问道：

"您刚才好像说您结婚了？"

"结婚了。"我回答。

"可惜，我们先前不知道；不过，如果有什么事可以做的话，伯爵会尽力的，我也会把我们的谈话告诉他。不管怎样，反正您在彼得堡是待不下去了。"

他看了看我。我没有做声，但是感觉到我的脸在发烧；所有我说不出来和强压在心头的话，都可以在我的脸上看到。

老头低下眼睛，想了想，突然用一种故作谦恭的冷淡口吻对我说道：

"我不敢让您久留了；我衷心希望，——不过，以后怎么处置，您会知道的。"

我急着回家。我心中沸腾着一股无奈的怒火，这是一种无权和无能为力的感觉，我就像一只被捉住的野兽，被关在笼子里，可恶的街头顽童可以任意欺侮它，因为他明白，老虎哪怕使出全身力气也冲不出牢笼。

回去后，我发现妻子正在发烧，她从这天起就病倒了，再加这天晚上又一次受到惊吓，几天后她早产了①。一天后，孩子就死了。过了三

① 赫尔岑于一八四〇年十二月七日被第三厅找去谈话，他的第二个孩子（儿子伊凡）生于两个月后的一八四一年二月。

年或者四年以后，她的身体才勉强恢复。

据说，多愁善感的 pater familias〔拉丁语：一家之父〕尼古拉·帕夫洛维奇[1]在他女儿死了的时候，都哭了！……

他们这么大轰大嗡地究竟要干什么呢——掀起一片混乱，铁骑四出，来回奔忙，急煎煎地闹得鸡犬不宁，倒像莫斯科发生了大火，皇位即将倾覆，皇室即将覆灭似的，——而且这样做毫无必要！这是宪兵的诗歌朗诵，密探的戏剧演出，一场豪华的表演，借以显示臣下的忠君爱国……调兵遣将，军警密布，四出追捕！

……我到第三厅去的那天晚上，我们心事重重地坐在小桌旁；小不点儿在桌上玩玩具，我们很少说话；突然有人使劲拉门铃，我们不由得打了个哆嗦。马特维急忙跑去开门，不一会儿，一名宪兵军官闯进了房间，军刀和马刺在铿锵作响，然后他开始字斟句酌地向我的妻子表示歉意，说什么"他没有想到，没有料到，也没有估计到，这里有太太，有孩子，——非常抱歉"……

宪兵是最讲究礼貌的典范；要不是神圣的职责，要不是职务在身，他们不仅永远不会去告密，也永远不会在交叉路口殴打马夫和车夫。这一点我在克鲁季次兵营已经领教过了，那里有个军官，désolé〔法语：很伤心〕，因为必须搜查我的口袋而感到非常难过。

想当年，波尔·路易·库里埃已经指出过，刽子手和检察官正在成为最有礼貌的人。[2]"最亲爱的刽子手，"检察官写道，"如果您不感到不便的话，请费神于明天早晨将某某人明正典刑，枭首示众，鄙人将不胜感激之至。"于是刽子手急忙答复道："他认为自己不胜荣幸，因为他能以这样的小事为检察官先生略尽绵力，他今后也仍将随时为他效劳——刽子手。"而那人即第三者却被砍掉了脑袋。

"杜别尔特将军有请阁下。"

---

① 沙皇尼古拉一世的名字和父称。

② 库里埃(1772—1825)：法国自由派政论家。他的这一看法，参见他所著《致〈检查官〉主编的信》第四封。

"什么时候?"

"对不起,就现在,马上,立刻。"

"马特维,给大衣。"

我握了握妻子的手——她脸上青一块紫一块,手在发烫。已经是晚上九点钟了,着什么急呢? 阴谋败露了,怕我逃跑,尼古拉·帕夫洛维奇的龙体生命垂危?"的确,"我想,"我对不起那名岗警:在这个政府统治下,它的一个什么爪牙杀了两三个过路人,又有什么大不了呢? 二等和三等岗警难道就比在蓝桥上值勤的他们的这个伙计好吗? 而那位岗警本人又能好到哪儿去呢?"

杜别尔特派人来找我,是为了告诉我,卞肯多尔夫伯爵将在明天早八点召见我,他将向我宣读皇上的旨意!

杜别尔特是个很古怪的人,他大概比他属下的整个第三厅和所有三个厅的人都聪明。他那消瘦的脸庞上长着两撇长长的、颜色较浅的胡子,目光疲惫,尤其是面孔上和脑门上的褶子清楚地表明,在这个人的心中曾经有过许多欲望在相互搏斗,直到最后天蓝色的制服①战胜了一切,或者说掩盖了他心中的一切。他的面孔有些像狼,甚至有些像狐狸,就是说表现出一种猛兽般的乖巧和机灵,同时又表现出貌似随和实则傲慢的神态。他一向很有礼貌。

当我走进他的办公室时,他正穿着军便服坐在那里,没有戴肩章,抽着烟斗,在写什么。他立刻站起来,请我坐在他对面,然后用下面的令人惊奇的话开口道:

"亚历山大·赫里斯托福罗维奇伯爵②让我有机会能够认识阁下。您今天上午大概见过萨赫登斯基③了吧?"

"见过了。"

"我感到很遗憾,促使我请您到这儿来的理由,对您不是完全愉快

---

① 旧俄宪兵军服为天蓝色。

② 这是卞肯多尔夫的名字和父称。

③ 即前面提到的接见赫尔岑的老头,第三厅负责特工的官员。

的。您的失于检点又招来了陛下对您的震怒。”

“将军，我要对您说的话，我已经对萨赫登斯基先生说过了，我无法想象，要把我发配出去的理由，仅仅是因为我重复了我从街头听来的谣言，这谣言，当然，您一定比我先听到，而且也跟我一样说过。”

“是的，这事我听到过，也说过，在这方面我们都一样；但是再往下就不一样啦——我在重复这个荒唐的谣言时，我发誓说，这根本不可能，而您却根据这个谣言诋毁整个警察。这都是您那 dénigrer le gouvernement〔法语：诋毁政府〕的倒楣嗜好——这嗜好乃是诸君受到西方的有害影响所致。我国的情况与法国不同，在法国，政府与各个政党剑拔弩张，水火不容，因此它们才极力诋毁政府；而在我国却是慈父般的管理，一切可以关起门来私下解决……我们一直在竭尽全力，使一切都太平无事。可是有些人硬是不吸取教训，依旧保持一种毫无结果的反对派立场，误导舆论，用口头和书面的形式散布谣言，似乎警察局的士兵在当街杀人。不是吗？您曾经把这事写信告诉过别人！”

“我根本不认为这事有什么大不了，我认为毫无必要隐瞒我曾经写信谈到过这件事，对此我还得补充一句——这信是写给家父的。①”

“自然，这事并没什么大不了；但是它却使您倒了大霉。皇上立刻想起了您的姓名，想起您曾经在维亚特卡待过，因此他就下令让您从哪来的回哪去。因此伯爵才让我通知您，让您在明晨八时到他那儿去一趟，他将向您宣布皇上圣裁。”

“那么说，因为您说的那件并没什么大不了的事，我就得带着我有病的妻儿到维亚特卡去喽？……”

“您在官衙供职？”杜别尔特问我，他注视着我那件燕尾制服的钮扣。

“在内务大臣办公厅。”

---

① 关于警察杀人的事，赫尔岑曾于一八四〇年十一月写信告诉过自己的父亲和朋友。给父亲的信落到了宪兵手里。

“多长时间了?”

“六个来月。”

“一直在彼得堡?”

“一直在彼得堡。”

“毫无印象。”

“您瞧,”我微笑着说,“我多么谦虚谨慎,不事张扬。”

萨赫登斯基不知道我已经结婚,杜别尔特不知道我在部里当差,可是他们俩却知道我在自己的房间里说了什么,想些什么,我给父亲写信又说了些什么……问题在于,当时我还只是刚开始接近彼得堡的著作家,刚开始发表文章,而主要是我是通过斯特罗戈〔加〕诺夫伯爵从弗拉基米尔调到彼得堡来的,秘密警察并没有参与,他们一概不知,而且我到彼得堡以后既没有去拜访杜别尔特,也没有到第三厅报到,虽然一些好心人曾暗示过我还是到那里去打声招呼的好。

“对不起,”杜别尔特打断了我的话,“我们收到的有关您的材料,对您完全有利,昨天我还对茹科夫斯基说过,——愿上帝保佑,将来对于我的几个儿子也能好评如潮,就像他赞扬您一样。”

“尽管如此,我还是要被发配到维亚特卡去……”

“瞧,这就是您的不幸了,奏折已经呈上去了,许多情况没有考虑到。您必须回到维亚特卡去,这已经无可挽回,但是我认为,也可以把维亚特卡换个别的城市。我可以跟伯爵商量一下,他今天还要进宫。为了减轻对您的惩罚,所有我们能够做到的,我们将尽力而为;伯爵是个非常善良的人,像天使一样善良。”

我站了起来。杜别尔特把我送到办公室门口。我忍不住停下来,对他说道:

“将军,我对您有个小小的请求。如果您需要找我,请您既不要派警察来,也不要派宪兵来:他们只会使人感到害怕,闹得鸡犬不宁,尤其在晚上。为什么要在岗警一案中让我的病妻受到的惩罚比谁都多呢?”

“啊，我的上帝，这有多么不愉快啊！这些人都这么笨手笨脚！请放心。我再不会派警察去了。就这样，明儿见；别忘了：早八点，在伯爵办公室；我们会在那里见面的。”杜别尔特答道。

倒像我们在商量一起到斯穆罗夫饭店去吃牡蛎似的。

第二天早晨八点，我已经在卞肯多尔夫的接待厅了。我在那里碰到了五六个上访者；他们全部面色忧郁、心事重重地靠墙站着，有点响动就发抖，变得更加畏葸不前，只要有副官走过，就点头哈腰地连连鞠躬。他们中有个女人，浑身丧服，眼睛都哭肿了，她坐在那里，手里拿着一份卷成筒状的公文，这卷公文就像白杨树叶似的在瑟瑟发抖。离她约三步远，站着一个高个老头，背有点驼，大概七十上下，秃顶，脸色发黄，穿着深绿色的军大衣，胸前挂了一串奖章和十字勋章。他不时唉声叹气，摇着头，在喃喃地自言自语。

在窗户旁，大大咧咧地坐着“这家的贵宾”，一名仆人或者一名值日官。我进去时，他站了起来。我端详了一下他的脸，认出了他：这个讨厌的人，有人在剧院里指给我看过，——这是一个常常在街头出没的特工头子，记得，他的名字叫法布尔。他问我：

“您有事找伯爵？”

“他让我来的。”

“贵姓？”

我说了自己的姓名。

“啊，”他换了一副腔调，好像遇到了老熟人似的，“劳驾，您是否先请坐？伯爵要过一刻钟才出来。”

接见厅里静得可怕，unheimlich〔德语：瘆得慌〕；白天的亮光勉强透过迷雾和结了冰的玻璃照进来，谁也不说话。副官们跑前跑后，来去匆匆，站在门外的宪兵不时倒换着双脚，有时把身上穿的盔甲弄得铿锵作响。又走进来两三个上访者。那名值日官对每个来访者都跑过去问有什么事。一名副官走到他跟前，开始悄声地说一件什么事，而且他说话的神态像个肆无忌惮的浪荡子似的；大概，他说的是件什么下流事，因为他们常常打断话头，发出一种无声的仆人般的窃笑，而且那个可敬的值日官还露出一副忍俊不禁的样子，他快要笑破肚皮了，一再重复道：

“别说啦，看在上帝分上，别说啦，我受不了啦。”

大约五分钟后，杜别尔特出来了，他好像在家里似的敞开衣服，瞥了一眼前来上访的人，他们则纷纷向他鞠躬，他从大老远就看见了我，说道：

“Bonjour，m. H.，votre affaire va parfaitement bien〔法语：您好，赫先生，您的事情进行得好极了〕，大有希望……”

“难道让我留下了？”我本来想问，但是我还没有来得及开口，杜别尔特就不见了。在他之后又进来一位将军，他梳洗得干干净净，穿戴得整整齐齐，衣服笔挺，身子笔直，穿着白军裤，束着武装带，——我没有见过比他更神气的将军了。如果有朝一日要在伦敦举办将军展览会，就像现在在辛辛那提举办 Ba-by-Exhibition〔英语：婴儿展览会〕一样，那我建议彼得堡一定要派他去。将军走到卞肯多尔夫应当出来的那个房门口，立刻挺直了身子，一动不动；我非常好奇地端详着这个模范军官……唔，大概他一辈子就知道因步法操练不合格而鞭打士兵。这些人是从哪来的呢？他生到这世上好像就为了搞操练枪法和为了排队。跟他一起来的大概是他的副官，这是一名世上最秀气的骑兵少尉，长着两条闻所未闻的长腿，金黄色的头发，长着一张松鼠般的小脸，凡是妈妈的宝贝儿子几乎都长着这样一张脸，他们什么也不肯学，或者至少是什么也没学会。这棵身穿军装的金银花，站在模范将军的身后，保持着应有的距离。

杜别尔特又飞也似的走了进来，这回端起了架子，扣上了钮扣。他立刻面向将军，问他有什么事。将军就像传令兵向长官报告似的有板有眼，准确无误地禀报道：

“昨天敬奉亚历山大·伊凡诺维奇公爵①宣读的上谕，命卑职启程

① 指当时的陆军大臣亚·伊·切尔内绍夫。

前往高加索作战部队，卑职认为有必要在临行前晋谒伯爵大人[①]并向他辞行。”

杜别尔特一本正经、道貌岸然地听完了这段话，微微点了点头，以示赞许，然后走了出去，一分钟后又走了回来。

“伯爵，很遗憾，”他对将军说，“他没有时间接见将军阁下。他谢谢您并委托我祝您一路平安。”说时，杜别尔特张开双臂，拥抱了他，并用自己的胡子两次碰了碰他的面颊。

将军迈着庄严的军人步伐退了出去，那个松鼠脸、仙鹤腿的年轻人也紧随其后走了出去。这个场面补偿了我那天受到的许多痛苦。将军的立正姿势，杜别尔特接受委托的告别仪式，以及最后列那狐[②]吻别将军大人没有脑子的脑瓜时的狡黠的嘴脸，——这一切是如此可笑，使我忍俊不禁，差点儿没笑出来。我觉得杜别尔特好像察觉到了这点，从此开始不敢小觑我。

最后房门终于 à deux battants〔法语：两扇门一起〕打开了，卞肯多尔夫走了进来。这个宪兵队最高长官的外表，的确无懈可击；他那相貌在波罗的海东部的日耳曼贵族以及一般德意志贵族中还是相当常见的。[③] 他脸上有许多褶子，脸色疲惫；他有一种虚情假意的善良目光，可是这目光常常是属于性格随和和无精打采的人的。

卞肯多尔夫是这个可怕的秘密警察的头子，这种秘密警察站在法律之外和凌驾于法律之上，它有权干涉一切，作为这样一个人，卞肯多尔夫也许并没有把他能够做到的坏事做绝，——这，我可以相信，尤其是想到他脸上那种无精打采的表情，——但是他也没有做好事：因为他对此缺乏毅力、意志，同时也没有这份心。给尼古拉这样一个冷酷和残

---

① 指卞肯多尔夫伯爵。

② 法国中世纪同名民间长篇故事诗中的一个角色，以狡黠著称。

③ 当时在波罗的海东部诸国（爱沙尼亚、拉脱维亚、立陶宛）有许多德国人，而在十八世纪末，这些国家已归并帝俄，而俄罗斯军队采用的是德国制，所以军队中有许多德国将军。

暴无情的人做大臣，又不敢为被迫害的人仗义执言，这本身就抵得上任何罪行。

有多少无辜的人牺牲在他手里，又有多少人由于他的冷漠和漫不经心，由于他忙于向女人献殷勤而瘐死狱中，也许，这个过早堕落和衰老的人，最后在轮船上希望用背叛自己宗教的办法去寻求天主教教会及其可以赦免一切的赦罪符的庇护的时候，他头脑里曾闪过许多阴森森的鬼魂和沉重的回忆，并且折磨着他……①

"圣上得知，"他对我说，"您参加了传播对政府有害的谣言。陛下看到您很少悔改之意，遂下令把您重新发配到维亚特卡，但是，我根据杜别尔特将军的请求，也根据我们收集到的有关您的材料，向陛下奏明尊夫人有病，圣上遂有意改变自己的决定。圣上禁止您回京②，您必须重新接受警方的监管③，但是您的居留地可由内务大臣酌情定夺。"

"请允许我说句肺腑之言，直到现在我还没法相信，我的流放就没有其他原因了。一八三五年我遭到流放是因为根本没有去过的集会；现在我遭到惩罚，则是因为一件全城人都在说的谣言。这样的遭遇难道不奇怪吗！"

卞肯多尔夫耸起肩膀，摊开双手，就像一个该说的理由他都说了的人似的，打断了我的话：

"我是向您宣布皇上的旨意，您却向我大发牢骚。您要对我说什么和我要对您说什么，所有这一切又有什么用呢？这些话说了等于白说。现在什么都无法改变了；将来怎样，一部分取决于您。因为您刚才提到了您的第一次遭遇，那我就要特别关照您，不要再有第三次，——第三次您大概就不会这么轻易脱身了。"

卞肯多尔夫善意地微微一笑，接着便向其他上访者走去。他跟他

① 卞肯多尔夫在死前不久皈依了天主教，他是从国外回来时死在"海格立斯"号轮船上的。

② 这里的"京"字用的是复数，指彼得堡与莫斯科。

③ 在赫尔岑流放诺夫哥罗德期间，未对他实行警方监管。

们很少说话，收下状子，匆匆瞥了一眼，然后就交给杜别尔特，上访的人有什么话要说，他就用同样优雅而又宽容的微笑打断他们的话。这些人考虑了好几个月，准备着这次接见，这可是一次关乎他们名誉、财产、家庭的接见呀；为了能够被接见，他们花了多少心血，费了多大力气啊，他们对这扇紧闭的大门敲了多少次啊，可是一次次都被宪兵和门卫挡驾！除非万不得已，除非十万火急，他们是不会来找这个秘密警察头子的；一定是所有的合法途径都走完了，直到山穷水尽才来找他的——可是这人却用一些大面上的话来支吾搪塞，很可能，最后还是什么科长或股长做出某种决定，把案件移送另一个什么衙门。那么他心事重重，忙忙叨叨地要上哪去呢？

当卞肯多尔夫走到那个戴奖章的老头跟前时，那老头扑通一声跪了下去，说道：

“伯爵大人，请您设身处地替我想想吧。”

“真下流！”伯爵喝道，“您玷污了您的奖章！”他义愤填膺地走了过去，没有接受他的状纸。老头悄悄站了起来，两眼无神，流露出一种恐怖和近乎疯狂的表情，他的下嘴唇在发抖，在喃喃自语。

这些人是多么没有人性啊，可他们还异想天开，自以为是人呢！

杜别尔特走到老头跟前，接下了状纸，说：

“您这是何苦呢，真是的？好啦，把您的状子给我，我来复审。”

卞肯多尔夫去觐见皇上了。

“我的事怎么办？”我问杜别尔特。

“您跟内务大臣一起随便挑一个城市，我们将不加干预。明天我们就把全部档案转过去；我祝贺您这么圆满地得到了解决。”

“多谢您了！”

从卞肯多尔夫那儿出来，我就到部里去了。我已经说过，我们的办公厅主任①属于这样一类德国人，这种人身上有某种类似狐猴的东西，

---

① 当时内务部的办公厅主任是卡·卡·冯·波尔。

长手长脚，不慌不忙，拖拖拉拉。这类人的脑子动得很慢，不能很快抓住要领，要琢磨半天才能得出某个结论。不幸的是，我告诉他我出了什么事的时候，第三厅的通知尚未送达；他完全没有料到会发生这样的事，因此完全慌了手脚，说话前言不对后语，他自己也发觉到了这点，他想纠正，因此对我说道："Erlauben Sie mir deutsch zu sprechen."〔德语："请允许我说德语。"〕也许，说德语，他在语法上可以少出错误，但是他的话并没有因此而说得更清楚和更明确。我非常清楚地看到，他脑子里有两种感情在搏斗：他明白，这事做得一点儿没有道理，但是他又认为，他作为办公厅主任理应为政府的行为辩护；这时他既不愿意在我面前表现出自己是个野蛮人，但是他又没有忘了在内务部与秘密警察之间经常笼罩着的敌意。因此，这种想法本身就很混乱，要把它说清楚，也确实不易。最后，他承认，不向大臣请示，他什么话也没法说，因此他就去晋见大臣了。

斯特罗戈〔加〕诺夫伯爵叫我去，问清楚了到底是怎么回事，他仔细地听了事情的原委，最后，对我说道：

"这纯粹是警察的欲加之罪，——唔，好吧，我也饶不了他们。"

说真的，我还以为他要立刻去觐见皇上，向皇上说明一切呢；但是他身为大臣是不会走得这么远的。

他继续道："关于您的事，我已收到上谕，这就是；您瞧，让我选择地点，并安排您的职务。您愿意上哪呢？"

"去特维尔或者诺夫哥罗德。"我回答。

"不言而喻……唔，因为到哪去由我决定，而且我让您去这两个城市中的哪一个，大概您也无所谓，那么我一俟省公署参事的位置空缺就先给您，也就是说，根据您的官衔您能够得到的最高职务。快去给自己做一套有绣金领子的制服吧。"他打趣地加了一句。

这就是他对付他们的办法，可是这对我并不合适。

一星期后，斯特罗戈〔加〕诺夫呈请枢密院委派我到诺夫哥罗德去担任参事。

要知道，这太可笑了：有多少十品文官、八品文官，省县两级的多少官员，削尖了脑袋，苦心钻营，千方百计地托人情，走门路，想得到这个位置；贿赂给了，最神圣的承诺也得到了，——可是突然，内务大臣为了执行皇上的旨意，同时也为了报复秘密警察，竟用这一晋升来惩罚我，给一颗苦药丸镀了金，把许多人热烈觊觎、梦寐以求的这一位置扔到一个人的脚下，而这个人接受这一位置时就已下定决心，一有可能就甩掉这顶乌纱帽。

从斯特罗戈〔加〕诺夫那儿出来，我就去找一位太太；关于我们的结识，必须多说两句。

当我到彼得堡来的时候，我父亲给了我几封介绍信，其中有一封，我许多次拿在手里，把它翻过来覆过去的思虑再三，还是把它塞进了抽屉，把我的这一拜访拖到第二天再说。这封信是写给一位七十岁的地位显赫的阔太太的；她和我父亲的友谊由来已久；他认识她的时候，她还在叶卡捷琳娜二世的宫廷里，后来他们又在巴黎重逢，两人结伴同行，四处游览，最后才回国休息，这事大约发生在三十年以前。

一般说，我不喜欢大人物，尤其是女人，再加上还是位七十岁高龄的女人；但是我父亲两次问我有没有去拜访过奥丽迦·亚历山德洛夫娜·热列布佐娃，于是我终于下定决心吞下这颗苦药丸。侍仆把我领进一间相当阴暗的客厅，陈设随便，有点儿发黑和褪色；家具和蒙面的材料——都褪了色，看来，这些东西放在这里已经多年。向我吹来一股美谢尔斯卡雅公爵小姐府上的味道；老年在周围的一切事物上留下的痕迹，并不比年轻时少。我自我牺牲地等候女主人出来，我准备着听到一些无聊的问话，准备着她耳聋，她咳嗽，准备听到她对年轻人的指责，也许还有一些道德说教。

约莫过了五分钟，一位身材高大的老太太步履坚定地走了出来，她面容端庄，风韵犹存，说明她从前非常漂亮；在她的仪容、姿态和动作中都流露出顽强的意志、坚忍不拔的性格和敏锐的智慧。她目光锐利地把我从头到脚打量了一遍，走到沙发旁，伸出一只手把桌子推开了点儿，对我说道：

“坐到这儿的圈椅上来，离我近一点儿，要知道，我是令尊的好朋友，我喜欢他。”

她打开信，递给我，说：

“请您给我念念，我眼睛疼。”

信是用法文写的，对她说了许多恭维话，又讲了不少回忆和暗示。她笑嘻嘻地听着，我念完后，她说道：

“他的脑子还没老，还跟从前一样；他对人非常和蔼可亲，也很caustique〔法语：尖刻〕。他现在的情况怎样，老坐在房间里，穿着睡袍，没病装病？两年前，我路过莫斯科，去看过令尊；他说，我是硬撑着接见您的，浑身是病，可后来话匣子打开了，就忘了自己的病啦。都是把他给惯坏的；他比我稍大，大一两岁吧①，还不见得是真的，而且我还是女人，我不是还在外面活动吗。是的，是的，逝者如斯夫，令尊提到的那个时代已经一去不复返了。您想，我跟他是跳舞跳得最好的。当时英吉利兹舞很流行；因此我跟伊凡·阿列克谢伊奇②常常在已故女皇的宫廷里跳舞；您想象得出令尊穿着天蓝色的法国长袍，而我则穿着撑开的筒裙和décolletée〔法语：袒胸露背的女式礼服〕的样子吗？跟他跳舞简直太愉快了，il était bel homme〔法语：他是一个美男子〕，从前，他比您漂亮，——让我再好好看看您，——是的，没错，他更漂亮……您不要生气，像我这么大岁数的人是可以说实话的。何况您也不在乎这个，我想您大概是搞文学的，是个学者吧。啊呀，我的上帝，凑巧，请您给我说说您到底出了什么事。当您被送到维亚特卡之后，令尊曾写信给我，我也试着跟布鲁多夫③说了说——可是他光说不练。他们到底因为什么要

① 奥丽迦·热列布佐娃生于一七六六年，赫尔岑的父亲生于一七六七年，其实比她小一岁。

② 赫尔岑父亲的名字和父称。

③ 布鲁多夫（1785—1864）：从一八三二年起任俄国内务大臣，一八三七至一八三九年起任俄国司法大臣。

流放您呢？他们又不肯说，他们的一切都是 Secret d' Etat〔法语：国家机密〕。”

她的言谈举止是如此纯朴、真诚，使我出乎意料地感到轻松和自由。于是我半开玩笑、半严肃地向她讲了我们的案由。

“跟学生干上了，”她说，“脑子里老想着一件事——有人要谋反；那些人还巴不得呢，正好巴结逢迎；总是小题大做。他周围全是些卑鄙小人——这些人他是从哪儿招募来的呢？——不清不白，不三不四。您瞧，mon cher conspirateur〔法语：我亲爱的阴谋家〕，您当时多大了——十六七岁吗？”

“二十一岁整。”我回答，对于她对我们的政治活动，亦即对我和尼古拉的政治较量完全不放在眼里，我打心眼里感到好笑，“不过我年龄最大。”

“四五个大学生，您瞧，竟吓坏了 tout le gouvernement〔法语：整个政府〕——真丢人。”

就这样谈了大约半小时，我站起来，要走。

“等等，等等嘛，”奥丽迦·亚历山德洛夫娜用更加友好的口吻对我说道，“我还没有结束我的自白呢；您是怎么把您的新娘子带走的？”

“您怎么知道的？”

“嘿，少爷，消息是会满天飞的，——年轻人容易冲动，当时我跟令尊说，当时他还在生您的气呢；可是他是个聪明人，明白了……好在你们生活得很幸福——还要什么呢？他说：‘怎么能违抗命令跑到莫斯科来呢；一旦被发觉，非坐牢不可。’对此我向他说：‘瞧，不是没被发觉吗，您应当高兴才是，干吗净说些没用的话呢，还异想天开：可能会出什么事。’他对我说：‘您呀，总是天不怕地不怕的，冒冒失失。’‘那又怎么样呢，先生，我这辈子过得也不比别人差嘛，’我回答他。‘不给小两口钱，这又算唱的哪一出呢！太不像话了！’他说：‘好，我给，我给，您别生气嘛。’让我和您夫人认识一下，行吗？”

我向她表示了感谢，我说，这回我是一个人来的。

"您在哪下榻?"

"在德穆特饭店①。"

"也在那儿吃饭?"

"有时候在那儿,有时候在杜梅餐厅②。"

"干吗要上饭馆吃饭呢,多花钱不说,这对一个成了家的人也不好嘛。如果跟一个老太太一起吃饭您不觉得无聊的话,就请到舍下来便饭;真的,能认识您我感到很高兴;也谢谢令尊让您到我这儿来:您是一个很招人喜欢的年轻人,别看您年轻,看事情很有深度。咱们以后天南地北地再好好聊聊;否则,您知道吗,跟那些 courtisan〔法语:宫廷显贵〕在一起实在无聊——说来说去都是宫廷里的那点儿事,再有就是什么人得了勋章——全是废话。"

梯也尔③在执政府史的某一卷中相当详尽和相当忠实地讲到掐死保罗的经过④。在他的叙述中曾两次提到一个女人的名字,这女人就是叶卡捷琳娜最后一个宠臣祖博夫伯爵的姐姐⑤。天生丽质,还很年轻,是一位大概在战争中被打死的将军的遗孀,她性格热情而又活跃,虽养尊处优,但冰雪聪明,而且天生具有一种男人的性格,她在保罗野蛮和疯狂的统治下成了那些心怀不满者聚会的中心。一些人常在她家密谋策划,她则在一旁推波助澜,他们经由她与英国大使馆取得了联系⑥。保

---

① 彼得堡的一家饭店,老板叫德穆特。

② 彼得堡的一家餐厅,老板叫杜梅。

③ 梯也尔(1797—1877):法国政治活动家和历史学家,曾任法国七月王朝大臣和首相以及第三共和国总统,著有《执政府和帝国史》。

④ 保罗一世是俄国女皇叶卡捷琳娜二世的儿子,他痛恨他的母亲,因为他一直等到四十二岁,即他母亲去世后方得继位。他继位后即流放其母在位时的宠臣,并推行一系列反动政策。他痛恨一切进步思想,加强警察监视,甚至禁用"祖国"、"公民"等字样。他在一部分贵族发动的政变中,于一八〇一年三月十二日被人掐死在宫中。

⑤ 即前面提到的那个贵妇人奥丽迦·亚·热列布佐娃(1766—1849),她娘家姓祖博娃,她弟弟普·亚·祖博夫(1767—1822)是叶卡捷琳娜二世的宠臣,她本人是宫中女官。

⑥ 俄国一八〇一年三月发动的旨在推翻保罗一世的政变,是在英国大使馆的支持下进行的。

罗的秘密警察终于对她起了疑心，但是她被及时告知（也许是帕连[①]亲自告诉她的），因而得以逃往国外。密谋在当时就已策划就绪，有一次她在普鲁士国王的舞会上跳舞的时候，得悉保罗被弑。她一点儿也不隐瞒自己的高兴，竟兴奋地向所有在场的人宣布了这条天大的新闻。这使普鲁士国王感到十分尴尬[②]，因而下令她必须在二十四小时之内离开柏林。

她去了英国。这位显赫一时，一向因宫廷生活而养尊处优，渴望叱咤风云的贵妇人，很快就成了伦敦首屈一指的大名人，并在英国封闭而又可望而不可即的贵族社会中起着举足轻重的作用。威尔士亲王，即未来的国王乔治四世[③]也拜倒在她的石榴裙下，很快就更……她的国外岁月十分风光，显赫一时，但是岁月无情，渐渐人老珠黄。

随着晚境的到来，也开始了对她的冷落、命运的打击、孤寂的岁月和靠回忆过日子的凄凉生活。她的儿子是在波罗丁诺战役中牺牲的，她的女儿死后给她留下了一个外孙女，即后来的奥尔洛娃伯爵夫人[④]。老太太每年八月都要从彼得堡到莫扎伊斯克[⑤]儿子的坟上扫墓。孤寂与不幸并没有改变她坚强的性格，而只是使它变得更忧郁和更有棱角了。就像冬天的一棵大树，她仍旧保持着枝杈的外形和线条；树叶凋零了，光秃秃的树杈形销骨立，挺立在寒风中，但却更清楚地看到它那高大的身躯和豪迈的气势，树干上落着一层白霜，可是却依然高傲和威严地挺立着，任凭北风劲吹，任何雨雪冰霜也奈何不了它。

她那漫长的一生充满了变故，她见过很多世面，也遭到过很多挫折，这使她形成一种睥睨一切，但又不幸而被她言中的观点，她有她自

---

① 彼·阿·帕连（1745—1826）：俄国伯爵，大臣，一八〇一年宫廷政变的策划者之一。

② 指当时的普鲁士国王腓特烈·威廉三世在外交上奉行的中立政策。

③ 一八二〇至一八三〇年的英国国王。

④ 她丈夫就是后来的沙皇宪兵司令和第三厅厅长（从一八四四年起）阿·费·奥尔洛夫伯爵（1786—1861）。

⑤ 位于莫斯科以西，即波罗丁诺村的所在地。

己的哲学,这哲学是建立在她对某些人的极度蔑视上的,但是因为她那活跃的性格,她又离不开这些人。

"您还不了解他们,"她在微微颔首,目送着各种或胖或瘦的枢密官和将军们的时候,常常对我说,"我可把他们看透了,要骗我并不像他们想象的那么容易;我弟弟最得宠的时候,我还不到二十岁,女皇对我很好,也很喜欢我。就这样,您信不信,一些戴满了勋章、路都走不动的老头,竟会争先恐后地急忙走进前厅给我递大衣或棉皮鞋。女皇驾崩了,第二天我家就变得空空如也,大家就像躲避瘟疫似的躲避我,您知道吗,就跟疯了似的——而且这还是同样那些人。我走自己的路,我不需要任何人的帮助和捧场,我去了海外。自从我回国以后,上帝赐给我许多大的不幸,不过我没有得到过任何人的同情;只剩下三两个老朋友,没错,就三两个。好了,新皇登基了,您瞧,奥尔洛夫得势了,就是说,我也不知道是不是真的得势了……起码,他们都这么认为吧;他们都知道他是我的继承人,我那外孙女也对我很好,唔,于是又有人来套近乎了——他们又争先恐后地准备给我递大衣和套鞋了。噢!我了解这些人,可是有时候一个人在家里待着,闷得慌,眼睛疼,看书又困难,有时候也不想看,于是我就让他们来坐坐,天南地北地随便聊聊——也是消遣,一小时,两小时就这么过去了……"

这是上世纪留下的一位奇怪而又独特的遗老,她周围则是一些在彼得堡宫廷生活贫瘠而又低洼的土壤上生长出来的老朽的一代。她自认为她比他们站得高,这话倒也不假。如果说她曾经分享过叶卡捷琳娜女皇的盛筵和乔治四世的狂欢的话,那她也分担过保罗在位时密谋叛乱的人的风险。

她的错误不在于蔑视那些渺不足道的小人,而在于她把宫廷菜园里的产物当成了我们整个这一代人。在叶卡捷琳娜时期,宫廷和近卫军的确包含了俄罗斯所有有教养的人;而且这还或多或少地一直继续到一八一二年。从那时起,俄国社会有了极大的进步;战争提高了人们的觉悟,觉悟引起了十二月十四日起义,社会内部发生了分化。宫廷方面留下的已不是优秀的精英：酷刑与暴政使一些人拍案离去，新的风尚又使一些人悄然隐退。亚历山大继承了叶卡捷琳娜的文明传统；到了尼古拉即位，上流社会的贵族风气，一方面被干巴巴的、形式主义的、肆意横行的独裁专横所替代；另一方面又代之以无条件臣服的奴才精神，这是一种拿破仑式的粗暴生硬的作风和冷酷的官僚作风的混合物。中心在莫斯科的新社会则迅速发展。

当谈到奥丽迦·亚历山德洛夫娜的时候，会使人不由得想起一本奇书。这就是大约二十年前在伦敦出版的达什科娃公爵夫人的《回忆录》①。这书附有一八〇五至一八一〇年间生活在达什科娃身边的维尔莫特两姐妹②的《回忆录》。两人都是爱尔兰人，很有教养，而且具有很强的观察才能。我非常希望她们的书信和《回忆录》能为我国读者所知。③

将一八一二年前的莫斯科社会同我于一八四七年离开它时的情况相比较，我的心高兴得跳了起来。我们大大地前进了一步。那时的莫斯科社会都是一些对现实不满的人，即都是些辞职不干的人、被贬黜的人和强令退休的人；现在这社会却是一些独立不羁的人。那时候叱咤风云的人都是些胡作非为的寡头政治家：阿·格·奥尔洛夫伯爵④和奥斯特曼⑤等，正如 miss Willmot〔英语：维尔莫特小姐〕所说，那是一个“影子社会”，一群国务活动家的社会，他们已于十五年前在彼得堡去世，可是当时却继续在莫斯科扑香粉，身上挂满绶带，前去赴宴和参加

---

① 指《达什科娃公爵夫人亲笔撰写的回忆录》，一八四〇年用英文出版于伦敦。

② 指凯瑟琳·维尔莫特和梅丽·维尔莫特两姐妹，英国人，两人均为达什科娃的女友和身边女伴。

③ 赫尔岑很快就将他的这一愿望付诸实现：一八五七年赫尔岑先在《北极星》丛刊上对达什科娃作了详细介绍，转述了她的《回忆录》中的许多片段，同年又由赫尔岑作序出了《回忆录》的德译本。一八五九年又出了这本《回忆录》的俄文全译本（附维尔莫特两姐妹的书信）。

④ 阿·格·奥尔洛夫（1737—1807）：俄国国务活动家，一七六二年推翻彼得三世的宫廷政变的参加者。

⑤ 奥斯特曼（1725—1811）：俄国外交家，一七七五年任国务大臣。

酒会，动辄发脾气，装腔作势，自鸣得意，他们既无权无势，又没有任何意义。从一八二五年起，莫斯科的风云人物是：普希金、米·奥尔洛夫①、恰达叶夫、叶尔莫洛夫②。那时，大家只能低三下四地聚集在奥尔洛夫伯爵的府上，太太们“戴着借来的钻戒”③，男舞伴们未经允许都不敢坐下；伯爵的家奴则在他们面前表演化装跳舞。四十年后，我却看见同样的一群人聚集在莫斯科大学一间教室的讲台旁；他们是戴着借来的宝石戒指的太太们的女儿和不敢擅自坐下的那些人的儿子，他们怀着极大的兴趣在注意聆听格拉诺夫斯基那有力而又深刻的演讲。他们对每一句话都报以热烈的掌声，因为这些话以它的勇敢、大胆和大义凛然深刻地震撼了他们的心。

就是这样的一群人，他们从莫斯科的四面八方聚集到一起，拥挤在讲台旁，而在这个讲台上，一个年轻的学术斗士正在进行严肃的演讲，以史为鉴，预言未来，——正是这样的一群人乃是热列布佐娃始料所不及的。奥丽迦·亚历山德洛夫娜之所以对我好，对我关怀备至，乃是因为我是她所不知道的那个世界的第一个样板；我的话和我的想法使她感到惊奇。她把我看作另一个俄罗斯的新生的幼苗，而这个俄罗斯已不是从冬宫的结了冰的窗户里射出来的光所能照见的那个俄罗斯了。即使为了这点，我也得谢谢她。

我可以把我从奥丽迦·亚历山德洛夫娜那儿听来的奇闻轶事写成一大本书：不管她跟什么人交往，也不管她在这样的交往中充当什么角色，从达尔图瓦伯爵④和塞居尔⑤到格伦维尔勋爵⑥和坎宁⑦，而且她

---

① 米·奥尔洛夫（1788—1842）：俄国十二月党人，一八一二年卫国战争的参加者，少将。

② 叶尔莫洛夫（1772—1861）：俄军统帅和外交家，一八一二年卫国战争英雄。

③ 维尔莫特小姐语。——作者原注

④ 即法国国王查理十世（1757—1836），他在未即位以前被封为达尔图瓦伯爵。

⑤ 塞居尔（1753—1830）：法国外交家、作家。

⑥ 格伦维尔勋爵（1759—1834）：一七九一至一八〇一年任英国首相兼外交大臣。

⑦ 坎宁（1770—1827）：英国外交大臣和首相。

对所有的人都有自己的独特看法,而且见解独到。现在我只讲一件小事,而且尽可能用她自己的话来讲。

她住在海洋街①。有一回,一支带有军乐队的部队在街上走过,奥丽迦·亚历山德洛夫娜走到窗前,看着士兵,对我说:

“离加特奇纳②不远,我有一座别墅,夏天,我有时候到那里去消夏,我吩咐在房前开辟了一个大草坪,按照英国人的做法,铺上了草皮。前年,我到那儿去了;您想象一下——早晨六点钟左右,我忽然听到一阵可怕的铜鼓声;我半死不活地躺在床上;可是鼓声却越来越近;我摇了摇铃,我那卡尔梅克侍女便跑进来。‘亲爱的,到底发生了什么事?’我问,‘为什么这么吵吵闹闹的?’她说:‘这是米哈伊尔·帕夫洛维奇③在练兵。’‘在哪儿?’‘在咱们家院子里。’”

“他看中了这块草坪——平平的,绿油油的。您想,一位太太住在这里,都老太太了,又有病!——他倒好,六点钟敲起鼓来了。唔,我想,这是小事一桩。‘你去把管家叫来。’管家来了;我对他说:‘你去吩咐立刻套上马车,你到彼得堡去一趟,雇一些白俄罗斯人来,能雇多少就雇多少,让他们明天到这里来挖池塘。’唔,他们总不至于到我窗户外面来训练水兵吧。这一切都是那些没有教养的人干的!”

……自然,我离开斯特罗戈〔加〕诺夫伯爵后就直接去找奥丽迦·亚历山德洛夫娜,我把发生了什么事一股脑儿都告诉了她。

“主啊,干得多蠢呀,越来越不像话了。”她听完我的话后说。“怎么能为了这么点儿小事让人家拉家带口地到流放地去呢!让我去跟奥尔诺夫谈谈,我很少有事求他——他们都不喜欢管闲事。不过,有时候也许能做点儿什么也说不定。您先回去待两天,有回音我再告诉您。”

过了一天,她早晨打发人来叫我去。我在她家遇到几位客人。她没戴包发帽,而是包了块白色的麻纱手帕——这通常是一种征兆,说明

---

① 在彼得堡。

② 位于彼得堡西南部,那里有沙皇的行宫和花园。

③ 米哈伊尔·帕夫洛维奇(1798—1849):俄国大公。

她心情不好,她眯着眼睛,几乎看也不看那些三品文官和显赫的将军,他们是来向她请安的。

有一位客人得意扬扬地从口袋里掏出一张纸,递给奥丽迦·亚历山德洛夫娜,说道:

“我给您带来了皇上昨天给彼得·米哈伊洛维奇的御批,也许,您还没看到吧?”

她有没有听到这话,我不知道,不过她接过了那张纸,把它打开,戴上眼镜,皱起眉头,费了老大劲念道:“公——爵,彼——得,米——哈伊洛——维奇!……”

“您这是给我的什么呀?……啊?……这不是写给我的?”

“我已经禀报过您了,这是皇上的御批……”

“我的上帝,我眼睛疼,连写给我的信,我也不是总能够看,可是您却硬要我看别人的信。”

“让我来念吧……说真的,我没有考虑到。”

“得啦,您就甭瞎操这份心啦,他们的书信往来关我什么事;就让我这把老骨头过几天安生日子吧,我脑子里关心的根本不是这事。”

这位先生微微一笑,露出人们碰了钉子后常有的那种尴尬的笑容,把皇上的御批放回了口袋。

看到奥丽迦·亚历山德洛夫娜心情不好,而且火气很大,客人们就陆续告辞了。当只剩下我们两个人的时候,她对我说:

“我请您到这里来,是想告诉您,我都老糊涂了;向您许了一大堆愿,但是什么事也没有办成;不知河滩深浅,就不要忙于下水,您知道吗,这是一句老话。昨天我跟奥尔洛夫说了您的事——您就甭指望啦……”

这时仆役进来禀报,奥尔洛娃伯爵夫人驾到。

“哦,这没什么,都是自己人,我马上就说完。”

伯爵夫人长得很漂亮,还正当如花似月的年龄,她走过来吻了吻姥姥的手,问了问身体情况,对此奥丽迦·亚历山德洛夫娜回答说,她的身体很不好，然后又说了我姓甚名谁，向她补充道：

“好了，坐下，坐下，我的朋友。孩子们怎么样，都好吗？”

“很好。”

“唔，那就谢谢上帝了；对不起，我刚才在说昨天的事。就这样，您瞧，我对她丈夫说：‘你怎么跟皇上说呢？怎么会做出这样无聊的事来呢？’哪成啊！他说什么也不干。他说：‘这事归卞肯多尔夫管；我倒可以跟他谈谈，可是报告皇上我可不敢：他不喜欢这样，再说我们也没这规矩。’‘这倒新鲜，’我对他说，‘跟卞肯多尔夫谈谈？这，我也会呀。他这人老糊涂了，自己都不知道他在做什么？脑子里净在想女戏子的事——早已经不是寻花问柳的年纪啦；可他却用了一个鬼秘书，动不动就打小报告，而他就往上报。他能做出什么好事来呀？不，我说，你还是趁早别让自己丢人现眼了，你去求卞肯多尔夫做什么，——事情都是他弄糟的。’他说：‘我们就是这么规定的，’于是讲了一通大道理……行啦，我看得出来，他不过怕去见皇上罢了……‘你们把他看成什么了，难道是什么野兽吗，所以你们怕见他？那你们怎么每天要去觐见他五次呢？’我说，真拿他们没办法，——跟他们有什么可说的。您瞧，”她指着奥尔洛夫的画像，又加了一句，“瞧他那副威风凛凛的样儿，可是却不敢说话！”

我没有看画像，而是忍不住看了看奥尔洛娃伯爵夫人：她的处境很尴尬。她赔着笑脸坐在那里，有时候抬起头来看看我，似乎在说：“年纪大了就有权发脾气，老太太生气啦。”但是她发现我的目光并不同意她的看法，就假装她根本没有看我。她没有插嘴，这样做很聪明。奥丽迦·亚历山德洛夫娜一旦发起脾气来，要让她不发火是难的；老太太满脸涨得通红，她会让你吃不了兜着走。只能耐下性子等待，等她脑子里的旋风平息。

“大概在你们那里，也就是你们从前待的那地方，在沃洛格达，那些文书们以为：‘奥尔洛夫伯爵是个得宠的人，很有势力’……这一切都是瞎掰，这大概是他手下人放的谣言。他们没有任何势力，要有势力，他们就不会这么做，也不会这么低声下气了……请您原谅我，我管了自己不该管的事。您知道我想给您出个什么主意吗？您到诺夫哥罗德去做什么！您还不如去敖德萨呢，离他们远点儿，而且这又几乎是外国城市，再说沃龙佐夫①又在那里，如果他没有变坏的话，他是另一类人。另一股‘道上’的人。”

她对沃龙佐夫的信赖（沃龙佐夫当时在彼得堡，每天都来向奥丽迦·亚历山德洛夫娜请安）并没有完全应验；只有卞肯多尔夫同意，他才肯带我去敖德萨。

……然而，过去了好几个月，冬天也过去了，谁也没有催我走，把我给忘了，于是我也就不再sur le qui vive〔法语：放在心上，警惕〕，尤其是在下面的会面之后。当时，沃洛格达总督博尔〔洛〕戈夫斯基②在彼得堡；他是我父亲的挚友，他很喜欢我，有时候我也常到他家去做客。他参加过谋杀保罗的政变，他曾是谢苗诺夫近卫团的一名年轻军官，后来被牵连进了发生在一八一二年那件不明不白和莫名其妙的斯佩兰斯基案③。他当时在作战部队任团长，忽然被逮捕，被押送到彼得堡，后来又被流放到西伯利亚。他还没有到达目的地，亚历山大又赦免了他，于是他又回到自己的团。到了春天，有一回，我去拜访他；这时有一位将军，背对着门，坐在一把大的安乐椅上，我看不见他的脸，只看见他的银肩章。

“让我给你们介绍一下。”博尔〔洛〕戈夫斯基说，这时我才看清杜别尔特。

“我早就有幸得到列昂季·瓦西里叶维奇④的关注。”我笑着说。

---

① 沃龙佐夫（1782—1856）：俄国国务活动家和军事活动家，一八二三至一八四四年任新俄罗斯地区总督兼比萨拉比亚督军。

② 博尔〔洛〕戈夫斯基（1775—1852）：赫尔岑的父亲在伊兹梅洛夫团的同僚，曾参加一八〇一年的宫廷政变，后来曾在俄国的许多省历任总督。

③ 斯佩兰斯基（1772—1839）：沙皇亚历山大的亲信，后因推行改革被陷害，于一八一二年被流放到下诺夫哥罗德，一八二一年重返彼得堡。

④ 杜别尔特将军的名字和父称。

“您快要去诺夫哥罗德了吧?”他问我。

“我以为,这事我应当请示您呢。”

“啊,哪能呢,我根本无意催您,我不过随便问问。我们已经把您移交给了斯特罗戈〔加〕诺夫伯爵,您瞧,我们并没有使劲儿催他;此外,还有尊夫人有病这个合法原因……(真是个世界上最彬彬有礼的人!)”

最后,在六月初,我接到枢密院的委任状,委任我为诺夫哥罗德省公署参事①。斯特罗戈〔加〕诺夫伯爵认为现在是该走的时候,于是我就在七月一日前后到达受到上帝和圣索菲亚保护的城市②,并在沃尔索夫河畔,面对一座土丘住了下来(十二世纪的伏尔泰主义者正是从这座土丘上把有求必应的雷神像扔进河里的)。

---

① 枢密院委任状的签署日期是一八四一年五月二十四日。

② 诺夫哥罗德是俄罗斯最古老的城市之一,从八五九年起即见于史籍,圣索菲亚是该城的保护神,十一世纪中叶即建有著名的索菲亚大堂。

第二十七章

省公署——我自己监管自己——反仪式派[1]和保罗——地主与地主太太们的家长权力——阿拉克切叶夫伯爵与军屯——凶残的侦讯——辞职

我临行前,斯特罗戈〔加〕诺夫伯爵告诉我,诺夫哥罗德总督埃尔皮季福尔·安季奥霍维奇·祖罗夫在彼得堡,他曾跟他说过我的任命,他劝我去拜访他一下。我发现他是一个为人相当朴实与和善的将军,颇有军人气派,个子不高,中年。我们谈了约莫半小时,他很客气地把我一直送到门口,然后我们就告别了。

到诺夫哥罗德后,我去拜访他——布景的变换令人吃惊。在彼得堡,总督是做客在外,而这儿则是在自己家里;我甚至觉得他在诺夫哥罗德连个子也长高了。我没有做任何事来招他惹他,他却认为有必要告诉我,他决不允许参事说三道四,或者在书面上保留自己的看法,因为这会耽误公事,如果真有什么不妥之处,可以彼此商量,如果一方固执己见,那其中必有一方应该辞职。我微笑着对他说,用辞职是吓不倒我的,因为辞职正是我来此工作的惟一目的,我又补充说,我到诺夫哥罗德供职是因为万不得已,无可奈何,因此我大概不会有机会提出自己的意见的。

---

① 从俄罗斯正教会分离出来的精神基督派的一支,产生于十八世纪末期,不敬拜圣像、十字架和圣徒,反对东正教的仪式和圣礼,不承认教会和神职人员,拒绝参加教会活动,反对政府和不愿服兵役。

这样的谈话对于双方都完全足够了。从他那里出来后，我就拿定主意对他敬而远之。根据我的观察，我给这位总督的印象与他给我的印象是一样的，就是说，我和他虽然是不久前才认识的，不过是泛泛之交，可是却水火不相容，你看不惯我，我也看不惯你。

当我看清楚省公署的工作以后，我发现我的处境不仅很不愉快，而且很危险。每个参事必须负责一个处，同时又要为其他各处分担责任。把所有各处的公文全看一遍是绝对不可能的，只能凭信任签字。由于总督的话一言九鼎：一个参事永远也不应当说三道四，当某处的公文一经该处的参事签字之后，他也就立刻签上自己的姓名，可是这样做既不合乎道理，也不合乎法律。但是对我个人而言，这样却最好不过了：因为他一签字，我就有了某种保障，因为他既然签了字也就分担了责任，还因为他常常带着一种特别的表情，谈到他一向光明磊落，襟怀坦荡，像罗伯斯比尔①一样铁面无私。至于其他参事的签字，我是不大放心的。这些人都是些久经考验的老司书，他们在省公署混了几十年才混到个参事，他们是靠衙门吃饭的，也就是说，是靠贿赂为生的。这也怪不了他们：记得，一名参事的年薪才一千二百纸卢布；一个拉家带口的人要靠这点儿钱吃饭是不可能的。当他们明白，我既不会参加他们的分赃，也不会去敲诈勒索的时候，我在他们眼里就成了一个不受欢迎的客人和一个危险的见证人。他们对我若即若离，采取敬而远之的态度，尤其是当他们看出我与总督的交情也十分平常。他们既互相包庇，又彼此防范，对我则风马牛毫不相干。

况且我的那些可敬的同僚也不怕数额巨大的罚款和退赔，因为他们一无所有。他们敢于冒险，案子越大越不在乎；退赔五百卢布或者退赔五十万卢布，对他们都一样。若要退赔，就把薪金的一部分拿去偿还国库，哪怕拖二百年，三百年，他们也不在乎，如果这个官吏的寿命也能

---

① 罗伯斯比尔(1758—1794)：十八世纪法国大革命时期雅各宾政府的实际领导人，早年任律师，是卢骚的信徒，一七九三年革命胜利后，领导雅各宾政府，实行雅各宾专政，力主处死国王路易十六。

拖这么长的话。通常的情况是或者这个官吏死了,或者皇上驾崩了——于是新皇即位,在举国欢腾的时候大赦天下,所欠债务也就一笔勾销。这样的大赦令即使在同一个皇上在位的时候也可以经常遇到,如皇上寿诞,皇子成年,以及其他各种名堂;他们就指望这种机会。我的情况则不同,他们可以没收我的部分田产和我父亲分给我的那份资产。

如果我能指望我手下的那些科长们,事情倒还好办些。为了笼络他们,我做了很多事,对他们客客气气,以礼相待,并且在金钱上接济他们,可是这样做的结果却只是他们不再把我放在眼里;他们只怕那些把他们当童仆看待的参事们,于是他们就开始常常喝得半醉地前来上班。这是一些十分可怜和十分贫穷的人,没受过任何教育,不抱任何希望,他们生存的最富诗意的一面仅限于小酒馆和果子露酒。可见,即使在自己掌管的处里,也必须提高警惕,小心为上。

起先,总督让我负责第四处——这里主要管理包收捐税和各种金钱往来。我请求换个处,他不肯,他说,如不经另一个参事同意,他无权调换。我在总督在场的情况下问了第二处的参事,他同意了,于是我们就彼此调换了。这个新处的工作较少诱惑力;那里管理护照、各种通报,处理地主滥用权力、分裂派教徒、制造假币犯,以及受到警察监管的人等诸多事务。

没法想象比这更荒唐、更愚蠢的了;我相信,四分之三的人读到这里一定不相信①,然而这却是千真万确的事实,我作为管理第二处的省公署参事,每三个月要审阅一次警察局长就我本人的情况所作的报告,因为我就是处在警察监管下的人。警察局长出于礼貌,在品行一栏中什么也没有写,而在职业一栏中填的是:“从事国家公务。”试想,如有

---

① 大家不相信也是有道理的,难怪有一个德国人在 *Morning Advertiser*〔英语:《广告晨报》〕上骂我,而且骂了我十来次,他说我没有被流放,因为我在省公署担任参事一职。——作者原注

《广告晨报》是一家创立于一七九四至一七九七年的英国报纸。

两三个相互敌对的警察衙门,用公文程式来代替法律,用极其粗野的做法来代替政府的理智,事情又会发展到怎样荒谬的地步。

这种荒唐事使我想起了几年前发生在托博尔斯克的一件事。文职省长和副省长不和,彼此在公文上吵吵闹闹,他们互相写了不少挖苦刻薄的公函发给对方。副省长是个令人啼笑皆非的书呆子,形式主义者,是个神学校出身的老好人,他亲自孜孜矻矻地书写各种冷嘲热讽的复文,不用说,他已经把这个争吵看作他的生活目的。后来,省长临时到彼得堡去了。由他代理省长职务,但他作为省长收到了由他自己于头天发来的措词尖刻的公文;他毫不犹豫地吩咐自己的秘书写复文,并在复文上签了字,他作为副省长收到这个复文后,又亲自挖空心思地给他自己写了一封竭尽蔑视之能事的信。而他认为这是他在十分光明磊落地公事公办。

我在省公署咬牙受了半年洋罪,很难受,而且十分无聊。每天上午十一点我穿上文官制服,挂上文官佩剑,前去衙署。十二点,总督驾到;他对参事们视若无睹地直接走到办公厅的一个角落,放下自己的军刀,然后看了看窗户,整理一下头发,走到自己的安乐椅旁,向在座的下属鞠躬致意。当蓄着两撇向上翘起的、与嘴唇成垂直状的、令人望而生畏的灰白胡髭的卫队长,刚一推开房门,办公厅里的人刚一听到军刀的铿锵声,参事们就全体肃立,作弯腰状,直到总督鞠躬答礼为止。我桀骜不驯的头一个表现就是不参加这种全体起立,恭候总督光临的仪式,而是稳稳当当地坐在那里,直到他向我们一鞠躬,我才向他点头答礼。

大的争论和热烈的议论,那是没有的;难得出现参事预先征求总督的意见,更难得出现总督向参事垂询公务。每人面前都放着一大摞公文,每个人都忙于签上自己的姓名——这是一座签字工厂。

我想起了塔莱朗的一句名言①,因此我竭力做到不特别卖力,办公

---

① 塔莱朗(1754—1838):法国政治活动家和外交家。据说,他曾在法国外交部劝年轻的外交官们不要太热心公务:“Surtout, messieurs, pas de zèle!”〔法语:“先生们,主要的是,不要太卖力!”〕

只是应付差事,不求有功,但求无过,不挨批评,不遭麻烦就成。但是在我那个处里有两类事我不能虚与委蛇地敷衍了事:一是有关分裂派教徒的事;二是有关地主滥用权力的事。

在我国,分裂派教徒并不经常受到迫害;但是一旦主教公会或者内务部灵机一动,就会对某个隐修区或某个村社发动突然袭击,把它洗劫一空后又偃旗息鼓。分裂派教徒通常都派有办事机灵的代理人常驻彼得堡,一旦有什么危险,他们就通风报信,其余的人就立刻收起钱财,把书和圣像藏起来,请东正教牧师和信奉东正教的县警察局长喝酒,破财消灾;事情也就这样了了,又可十来年平安无事了。

在叶卡捷琳娜统治时期,诺夫哥罗德有许多反仪式派[①]。他们的掌门人是个老头,从前驿站车夫们的头,几乎就住在扎伊采沃,享有很高的威望。当保罗到莫斯科加冕的时候,曾召见过这位老人,大概想使他改弦易辙。反仪式派跟贵格会[②]一样,不赞成脱帽——这位白发长老竟戴着帽子去觐见住在加特奇纳的皇帝。皇上认为这无礼,不能容忍。在保罗以及在他的所有皇子们身上(除亚历山大外),这种琐屑的、吹毛求疵地挑剔特别惊人,他们手中握有野蛮的权力,可是却没有野兽的觉悟,野兽还能意识到自己力气大,所以大狗不应当欺侮小狗。

"你戴着帽子,知道是站在谁的面前吗?"保罗大发雷霆,怒不可遏,气鼓鼓地喝道,"你知道我是谁吗?"

"知道,"这个分裂派教徒镇静地回答,"你是保罗·彼得罗维奇。"

"铐上他,把他送到矿井去服苦役!"骑士般气势汹汹的保罗[③]继续吼道。

老人被抓了起来,皇上下令从四周放火烧毁村庄,而村民则被发配到西伯利亚定居。到下一站时,皇上的一名亲信跪倒在他的脚下,告诉

---

① 他们是不是反仪式派,我也没有把握。——作者原注

② 贵格会:亦称公谊会,基督教新教的一派,创立于十七世纪。声称教会和《圣经》都不是绝对权威,反对形式化的宗教仪式,不行圣礼和圣餐。

③ 一七九八年,保罗一世曾获马耳他骑士团大团长称号。

他，他斗胆暂停执行圣上的旨意，恳请圣上三思。保罗稍微清醒了点儿，明白了，他焚毁村庄，未经审判就把犯人送到矿井去劳动，他这样做恐怕有违民意。他下令主教公会查明农民的情况，把那老人则发配到叶夫菲米救主修道院①终身监禁；他想，东正教的修士们一定会比苦役劳动更厉害地折磨他；但是他忘了，我们的修士不仅是正教徒，也是个爱钱、爱伏特加酒的人，可是分裂派教徒却一不喝酒，二舍得花钱。

在反仪式派中，这老人被敬奉为圣徒；反仪式派教徒从全国各地都来朝拜他，他们不惜花费重金，只要能让他们见他一面。老人坐在自己的修道室里，浑身穿着白衣服，——他的朋友们把墙壁和顶棚都糊上了麻布。他死后，他们获准把他的遗体同他的亲人们合葬在一起，他们庄重地抬着他的遗体，从弗拉基米尔抬到诺夫哥罗德省。只有反仪式派的人知道他葬在哪里；他们相信，在他生前，他就有施行奇迹的本领，因此他的遗体将永垂不朽。

这一切，我一部分是听弗拉基米尔总督伊・艾・库鲁塔讲的，一部分是听诺夫哥罗德的驿车夫讲的，最后则是听叶夫菲米救主修道院的管理权杖的神父讲的，现在在这所修道院里已经没有政治犯了，虽然这仍旧是一所监狱，关满了各种牧师、正教徒，以及受到父母告发的不肖子孙，等等。修士大司祭是个身材魁梧、膀大腰圆的男子，他戴着皮帽，陪同我们参观监狱的院子。当他进去后，一名持枪的军士走上前来，向他报告："我有幸报告司祭大法师，囚堡里一切平安无事，犯人共有多少多少名。"修士大司祭祝福了他，作为回答。真是乌七八糟！

分裂派的案子，属于最好不要去管它之列；因此我看过后就把它撂在一边，不再理它。相反，关于地主滥用权力的案子却应当认认真真地再审查一遍；我竭尽所能地做到了一切，总算在这块泥泞的沼泽地里打了几个胜仗，我解救了一名受迫害的年轻姑娘，使一个海军军官受到了

---

① 该修道院位于苏兹达尔城，建于一三五三年。一七六六至一九〇五年间为教会监狱，并关押政治犯。

监管。这大概是我从政以来取得的惟一政绩。

有位太太身边有一名侍女，但是没有任何证明，足以说明这侍女是她的家奴，这侍女提出上诉，要求恢复她的自由权。我的前任想出了个明智的解决办法，让她在此案没有审结前仍旧留在那个地主太太家，完全听她使唤。而我必须对此签字认可；我去请示总督，向他指出，在这个侍女状告她的女主人以后，仍让她留在女主人家，她的命运殊堪忧虑。

“那么拿她怎么办呢？”

“把她关在警察局。”

“谁出钱养她？”

“如果地主太太败诉，这钱就归她出。”

“如果胜诉呢？”

幸亏这时省检察官①进来了。检察官就其社会地位、职务关系以及制服上的钮扣而言，应当是总督的敌人，起码应当事事同他抬杠。我故意当着他的面继续我们的谈话；总督开始生气了，说这事没有什么可谈的。至于检察官，他完全无所谓，对于这个状告女主人的姑娘既可以这么办，也可以那么办，但是他却立刻站到我一边，并且引经据典地从法典上列举了十来条各种各样的法律条文。其实，对于总督，他更加无所谓，他讥讽地微笑着，对我说道：

“只有一个办法：或者回太太身边，或者进监狱。”

“不用说，还是进监狱好。”我说。

“这更符合法典精神。”检察官道。

“那就照您的意见办，”总督说，笑得更厉害了，“您帮了被您保护的人的忙；等她坐满几个月的监狱以后，她会感谢您的。”

我没有继续争论下去，我的目的是救这姑娘使她免遭地主的迫害；记得，过了约莫两个月以后，她被放出来了，完全恢复了自由。

---

① 指费·瓦·戈洛夫科夫。

在我那个处悬而未决的案件中，有一桩案子很复杂，公文往来已经拖了好几年，是关于一位退伍的海军军官斯特鲁戈夫什希科夫①在自己庄园上胡闹和各种为非作歹的事。这事源于他母亲的告发，后来农民也告了他。他跟母亲倒是有点儿和解了，可是他却回过头来告农民，说农民想杀害他，可是他又举不出任何站得住脚的证据。可是从他母亲和家奴的指控中，却可以看出此人残酷成性，无恶不作。这事搁置了一年多；调查咨询和各种不必要的公文往来，可以把这事永远拖下去，然后认为业已解决，归档了事。要对他实行监管，必须呈报枢密院批准，但是要做到这点，必须有首席贵族的首肯。首席贵族们的回答通常是支吾搪塞、模棱两可的，因为他们不想失去选票。这件事能否实行，完全取决于我想怎么办，可是必须得到首席贵族的 coup de grâce〔法语：一锤定音〕。

诺夫哥罗德的首席贵族，是个曾经参加过民兵②的贵族，得过弗拉基米尔勋章，他每次遇到我，为了炫耀自己的博学多才，总爱用卡拉姆津③的语言说两句转文，有一回他还指着诺夫哥罗德贵族为表彰自己在一八一二年的爱国主义而为自己树立的纪念碑，有点儿动情地说到首席贵族的责任艰巨而又神圣，同时又无上光荣。

这一切都对我有利。

首席贵族到省公署来为一名教徒是否精神失常作证；在所有的审判庭庭长提完了各种愚不可及的问题之后，连一个疯子也可以得出结论，他们的神经也不完全正常。最后大家才认定这名教徒的确是个疯子，接着我就把首席贵族拉到一边，把事情的经过向他说了说。首席贵族耸耸肩膀，表现出一副义愤填膺、惊骇莫名的样子，最后他认为这个海军军官是个臭名远扬的大坏蛋，“是给诺夫哥罗德的贵族社会抹黑”。

---

① 这人是退伍的炮兵军官，而非海军军官。

② 指俄国一八一二年卫国战争中曾参加过抗击拿破仑侵略的民兵。

③ 卡拉姆津（1766—1826）：俄国作家、历史学家。

我说:“如果我们征求您的意见,您大概会以书面做这样的答复吧?”

首席贵族猝不及防,被我逮了个正着,他答应将按良心作出答复,最后又加了一句:“正大光明与仗义执言乃是俄国贵族的必然本质。”

虽然我对这些本质属性是否不可或缺仍存在怀疑,我还是接过此案,并予审理。首席贵族没有食言。此案随即送枢密院报批,我记得很清楚,当我处收到枢密院的批文时,我心里是多么开心啊![①] 批文决定对这名海军的庄园实行托管,他本人则交由警察监管。这海军还以为此事已了,一听到枢密院的批文后就像五雷轰顶似的赶到诺夫哥罗德。有人把这事的经过和原委立刻告诉了他;这军官大怒,准备躲在角落里,对我伺机报复,他收买了几名拉纤的,设置了埋伏,但是因为他不习惯于陆战,只好乖乖地溜走,躲进一座小县城。

不幸的是,我们的贵族对待家奴的兽性、淫乱和残暴等“本质属性”比他们的正大光明和仗义执言“更加必然”。当然一小撮有教养的地主不会从早到晚都跟自己的仆人打架,不会每天都用鞭子抽他们,再说他们中间也不乏“佩诺奇金”[②]这样的人,而其余的,那就离萨尔特奇哈[③]和美国的农场主庶几不远了。

在翻阅卷宗时,我发现有一份普斯科夫省公署关于某个女地主雅雷热金娜的往来公文。她曾打死过两名侍女,打到第三名的时候才交由法庭审讯,可是她却被刑事法庭几乎宣告无罪,他们这一判决的部分依据是这第三名侍女没有死。这女人想出了骇人听闻的刑罚——用熨斗烫,用有结子的棍子抽,用棒槌揍。

我不知道他们谈到的这名侍女究竟做错了什么,但是她的女主人

① 枢密院关于斯特鲁戈夫什希科夫一案的最后判决是在一八四五年作出的,当时赫尔岑已经不在诺夫哥罗德了。

② 源出屠格涅夫《猎人笔记》中的《村吏》,是一个假惺惺的、自诩文明的地主。

③ 原名萨尔特科娃(1730—1801),萨尔特奇哈是对她的蔑称,女地主,以对农奴残暴著名。

却大显身手,她让这名侍女跪在板条或者薄板上,板上钉满了钉子。她就在这种情况下用棒槌打她的脊背和脑袋,她打累了,就把车夫叫来,让他接着打,幸好车夫不在下房;太太出去了,这侍女疼得神经都几乎有点儿错乱了,满身血迹斑斑,穿着一件衬衫就冲到外面,向派出所报案。所长接受了她的申诉,于是此案便按部就班地进行审理;警察局与刑事庭忙活了差不多一年;最后法院被明显地收买了,十分英明地作出了判决:把雅雷热金娜的丈夫叫来,让他管束一下自己的妻子,以后不要再使用这样的刑罚了,至于她本人,是不是由她而促成了那两名侍女的死亡,只能存疑,并责令她具结保证以后再不许这样惩罚她们了。根据这一判决,他们又把这个不幸的侍女交还给她的女主人,而在案件审理过程中她一直被关在某个地方。

这名侍女被未来的命运吓坏了,便一个状子接一个状子地不断上告;这案子终于让皇上知道了,他下令重审此案,并从彼得堡派了一名官员来督办此事。大概,雅雷热金娜的资财不足以收买京城的、部里的和宪兵队的办案人员,于是此案便出现了另一种结果。那个女地主被遣送到西伯利亚定居,她丈夫则被监管。而刑事庭的所有成员则被送交法院审判;他们的案子是怎么了结的,我不得而知。

我在另一个地方①讲过一个人被特鲁茨基公爵打死的事,又讲到宫廷高级侍从巴济列夫斯基怎样受到仆人们的鞭打。现在补充一个太太的故事。

奔萨宪兵团团长妻子的侍女提了一壶满是开水的茶壶;她的女主人的孩子跑过来,撞在这侍女的身上,她把开水洒了;孩子被烫伤。太太想报复,想以其人之道还治其人之身,她吩咐把侍女的孩子带来,并用茶炊里的水烫他的手。总督潘丘利泽夫听到这个骇人听闻的事情后,衷心感到遗憾。因为他同宪兵团长的关系十分微妙,有鉴于此,他

---

① 《行过洗礼的财产》。——作者原注

指农奴:他们是人,所以接受了洗礼,可是他们又只是地主的财产而已。

认为他不便过问此事，以免有人认为他挟嫌报复。

这时，一些心软的人会觉得奇怪，一些农民竟会杀死地主及其全家，而在旧鲁萨，一些实行军屯的士兵竟会殴打所有的俄籍德国人和德国化的俄国人。①

在门厅和女仆房，在各个村庄和警察局的刑讯室里埋藏着一篇篇殉难史，指控着那些骇人听闻的暴行；关于这些殉难经过的回忆，在心里发酵，世代相传，终于爆发成血腥而又无情的复仇。要提防它是容易的，不过要阻止它却未必办得到。

旧鲁萨和军屯制！——一听到这两个名字就令人毛骨悚然！难道被阿拉克切叶夫的酒钱预先收买了的历史②，就永远不会掀开自己身上的盖尸布吗？要知道，政府在这块盖尸布下掩盖着许多推行军屯制时冷酷而又系统地犯下的暴行。到处都是骇人听闻的暴行，但这里又增加一个特色——彼得堡外加加特奇纳，德国外加鞑靼。③ 对坚强不屈的人就用棍子打，就用树条抽，而且这种白色恐怖要持续好几个月……在地方自治局的乡公所和办公室里，到处是鲜血，地上的血迹就没有干过……在这一小块土地上，人民为反对刽子手而干出的一切罪行，都是事出有因和有道理的！

莫斯科时期④向蒙古人学来的那一套⑤，扭曲了俄罗斯人的斯拉

---

① 指发生在一八三一年七月诺夫哥罗德省的军屯士兵举行的起义。在起义中，许多为人民仇恨的军官及其他官员被打死。（按：俄国的军屯制在亚历山大一世时期实行，实行普鲁士的军国主义制度，并由德国人管理。）

② 阿拉克切叶夫似乎把十万卢布存进了钱庄，目的是一百年后连本带利地颁发给写出优秀的亚历山大一世传的人。——作者原注

阿拉克切叶夫于一八三三年把五万卢布存进银行，以便在亚历山大一世逝世一百周年的时候连同全部利息奖励给未来那本书的作者，并用于此书的出版。

③ 彼得堡指亚历山大一世与尼古拉一世实行的封建专制，加特奇纳指保罗一世实行的警察统治，德国指军国主义，鞑靼指落后、野蛮。

④ 指彼得大帝以前以莫斯科为首都的时期。

⑤ 俄罗斯人曾受蒙古人统治二百四十年（1240—1480），全俄罗斯大公及俄罗斯各公国均须向拔都建立的金帐汗国称臣纳贡。

夫性格，无人性地用刀背打人，则歪曲了彼得统治时期的精神，而这一切胡作非为的集大成者则是阿拉克切叶夫伯爵，而阿拉克切叶夫则无疑是彼得一世以后爬上俄国政府顶层的最丑恶的人之一；诚如普希金所说，这个

头戴皇冠的大兵的奴才①，

乃是腓特烈二世的父皇梦寐以求的标准军士的模范②：非人所有的忠心耿耿③，机器一样的一丝不苟，天文钟一样的准确无误，冷酷无情，因循守旧，精力充沛，智慧不多不少，正好能满足一个执行命令的人的需要，他的虚荣心、嫉妒心和痛苦也不多不少，正好能保证他把权力看得重于金钱。这样的人乃是皇帝的无价之宝。只有用尼古拉的小肚鸡肠才能说明，为什么他不肯重用阿拉克切叶夫，而只限于使用他的徒子徒孙④。

保罗发现阿拉克切叶夫是因为臭味相投。当亚历山大还有一点儿羞耻之心的时候，也不肯十分重用他；但是当他热衷于军人的姿势和队形这一家族癖好的时候，他就委阿拉克切叶夫以重任，让他担任远征军办公厅主任。⑤ 关于这位炮兵出身的将军打了多少胜仗，我们知之甚少⑥；他担任的多半是军队中的行政职务，他打仗是在士兵的脊背上打

---

① 源出普希金的讽刺短诗《讥斯图尔扎》。这首诗在普希金生前没有发表，一直以手抄本流传，以影射上文提到的阿拉克切叶夫。斯图尔扎是德国反动文人。“头戴皇冠的大兵”原指普鲁士国王腓特烈·威廉一世，此处指沙皇亚历山大一世。

② 普鲁士国王腓特烈二世的父亲腓特烈·威廉一世，在历史上以“国王—士兵”著称，他对人民和士兵推行“棍棒”政策，要求他们盲目服从和遵守琐屑的规章条例。他也极力以这种穷兵黩武的精神培养自己的儿子腓特烈二世。

③ 据说，阿拉克切叶夫的纹章上绣有“忠心耿耿”的字样。

④ 尼古拉一世即位后，阿拉克切叶夫即失宠，而代之以任命卞肯多尔夫为宪兵司令和第三厅厅长。

⑤ 指俄国一八一二年卫国战争时追击拿破仑侵略军，沙皇亚历山大一世任远征军总司令，阿拉克切叶夫任远征军办公厅主任。

⑥ 阿拉克切叶夫是个可怜的懦夫，关于这点，托尔伯爵曾在自己的《回忆录》中谈到过，御前大臣马尔琴科在他发表于《北极星》上关于十二月十四日事件的小故事中也谈到过。我还听工程兵将军雷赫尔说，当旧鲁萨兵变的时候，他东躲西藏，吓得魂不附体。——作者原注

的，他的敌人是戴着手铐脚镣带到他身边来的，他们预先就被打败了①。在亚历山大统治的最后几年，阿拉克切叶夫管理着整个俄罗斯。他干预一切，大权独揽，对一切都有已签字的空白圣旨。后来，亚历山大身体虚弱，经常闷闷不乐，得了忧郁症，他曾在亚·尼·戈里曾公爵和阿拉克切叶夫之间有点儿摇摆不定，自然，他后来还是彻底倒向了阿拉克切叶夫一边。

在亚历山大出巡塔甘罗格时期，在阿拉克切叶夫的庄园里，在格鲁济诺村，家奴们杀害了阿拉克切叶夫伯爵的情妇，这次暗杀促使了大规模的侦查，其恐怖程度，直到今天，在事隔十七年之后，诺夫哥罗德的官员和居民犹还谈虎色变。

阿拉克切叶夫已是一个六十岁的老头，可是他的情妇却是个小妞，是个农奴，她常常仗势欺人，动辄打骂和造谣生事，欺压其他仆人，而伯爵则按照她的谗言鞭笞仆人。当大家忍无可忍的时候，一个厨子把她给杀了。这罪行做得十分巧妙，凶手竟没有留下任何痕迹。

但是，为了替这个温柔多情的老家伙报仇，却必须找到这个凶手，他撇下全帝国的大小事务，快马加鞭地赶到了格鲁济诺。在刑讯和鲜血淋漓中，在呻吟和临死前的喊叫声中，阿拉克切叶夫头上包着从他的姘妇尸体上解下的满是血迹的头巾，给亚历山大写了好几封多愁善感的信，亚历山大回信说："回来吧，靠在你朋友的胸部上休息一下，忘掉你的不幸。"②大概，从男爵维利耶③的话是对的，皇帝在临死前脑子进水了。

但是凶手还是没有找到。俄国人真能守口如瓶。

当时，跟完全发了疯似的，阿拉克切叶夫来到诺夫哥罗德，把一群

---

① 指阿拉克切叶夫的主要职务，就是惩罚和鞭笞士兵，不是对外，而是对内。

② 见亚历山大一世于一八二五年九月二十二日给阿拉克切叶夫的信，引文略有改动。

③ 维利耶(1765—1854)：亚历山大一世的御医。亚历山大一世于一八二五年十一月猝死于塔甘罗格。

从男爵是英国的一种爵位。

受难者押到这里。他的脸色蜡黄，黑着脸，两眼跟发狂似的，头上仍旧包着那块满是血迹的头巾，开始了新的侦讯；在这里，这事闹得更凶了，达到了骇人听闻的地步，又抓了八十多人。在城里，只要说错一句话，只要对某人稍有怀疑，就把这些人抓起来，就因为他们跟阿拉克切叶夫家的某个仆人见过一面，有点儿认识，或者不小心说了一句什么话。来往过客也被抓了起来，投入监狱；商人们和录事们被关在警察局等候审讯，一关就是好几个星期。居民们躲在各自的家里，不敢上街；对这件事本身，大家都讳莫如深，不敢提及。

克雷恩米赫尔[①]，当时在阿拉克切叶夫手下工作，也参加了这场侦查……

总督把自己的家变成了刑讯室，在他的办公室附近从早到晚都在拷问犯人。旧鲁萨的一名县警察局长，他对刑讯逼供等惨状应当是见怪不怪了，可是当用树条鞭拷问一个怀孕快要分娩的年轻妇女时，他也终于受不了，再也审不下去了。他跑去见总督（当时波波夫老头[②]也在场，是他告诉我的），对他说，这个女人不能再打了，这与法律直接抵触，是违法的；总督从自己的座位上跳了起来，气得发疯，竟举起拳头向县警察局长扑过去："我马上命令逮捕您，我要把您送交法庭审判，您是叛徒！"警察局长被捕了，后来他就呈请辞职；我衷心感到遗憾，我不知道他的姓名[③]，——为了这一刻，但愿他过去所犯的一切罪孽都能得到宽宥，我要说，这是英雄行为；跟这样的强盗在一起，要表现出人的感情，是根本开不得玩笑的。

这女人还是受到了拷打，她对此案一无所知……然而她却死了[④]。

---

① 克雷恩米赫尔（1793—1868）：俄国高官，尼古拉一世的近臣。

② 赫尔岑流放诺夫哥罗德时省公署的一名参事。

③ 这位警察局长叫里亚林。当时那名三十岁的妇女达里娅·康士坦丁诺夫娜被刑事庭判处九十五下鞭刑。后来这两名官员（里亚林和波波夫）以包庇罪被撤职，并被逮捕。

④ 据史载：达里娅·康士坦丁诺夫娜是与另外五名"主犯和首犯"一起受刑的，她经受住了拷打，后遭流放，并服苦役。其中三名犯人则被打死。

然而“受到上帝祝福”的亚历山大也死了。这些恶棍，也不知道他们以后会怎样，竟作出了最后的努力，抓到了凶手；不用说，他被判处鞭刑。就在这帮办案人额手称庆的时候，尼古拉的圣旨来了，把他们交付法办，才终止了整个案件。

那名总督被勒令到枢密院受审……①甚至枢密院也无法替他开脱。但是尼古拉在加冕后颁布了大赦令；不过大赦范围不包括佩斯特尔和穆拉维约夫的朋友们②，——但却包括那个混蛋。两三年后，他因在自己的庄园上滥用权力在坦波夫被判刑；是的，他适用于尼古拉的大赦令——因为后者还不如他。

一八四二年初，我被省公署的工作弄得焦头烂额，筋疲力尽，因此我在千方百计地寻找借口，怎么才能摆脱它。当我正在挑选这个办法那个办法时，一件完全不相干的事替我做了决定。

在一个寒冷的冬天早晨，我到省公署上班。前厅里站着一个三十来岁的女人，是个农妇；她看见我穿着制服，就跑过来向我屈膝下跪，眼泪汪汪地求我替她做主。她的主人穆辛—普希金让她和丈夫移居到另一个地方去，可是却把他们十岁的儿子留下，她恳求能让她把孩子也一起带走。正当她向我诉说事情经过的时候，总督进来了，我向她指了指他，并把她的状子交给了他。总督向她说明，大于四岁的孩子必须留在地主那儿。可是这母亲不明白这个混账法律，仍在苦苦哀求；他听了很不耐烦，可是那女人却号啕大哭，还抱住他的双腿不放，于是他粗鲁地把她从身边推开，说：“你这人怎么这样混，我不是用俄国话跟你说了吗，我毫无办法，你还死乞白赖地纠缠什么呢。”说完他就坚定地迈开大步，走到墙角，放下了军刀。

---

① 非常遗憾，我忘了这位罪有应得的一省之长的名字；我只记得他姓热列布佐夫。——作者原注

帝俄的枢密院既是最高行政机构，又是行最高法院之责的司法机构。

② 佩斯特尔和穆拉维约夫均为“十二月党人起义”的领袖，一八二六年七月十三日，被沙皇政府判处绞刑。他们的朋友也被判刑和流放。

于是我也走了……这对我已经足够了……难道这女人不是把我看作他们中间的一个吗？这出滑稽戏应当结束了。

“您身体不舒服？”参事赫洛平问我，他是因为犯了什么错误才从西伯利亚调回来的。

“我病了。”我回答，站起身来，鞠躬告辞，坐上车就走了。当天我就写了病假报告，从此以后，我的脚再也没有踏进省公署一步。后来我就“因病”申请辞职。枢密院对我的批复是准予辞职，并给了我一个七品文官的头衔；但是卞肯多尔夫随即又通知总督，不许我进京①，并让我仍住在诺夫哥罗德。

奥加略夫第一次出国回来后就开始在彼得堡奔走，希望能准许我们移居莫斯科。我不大相信这样的保护人能办成什么事，在这个徒有历史名城虚名的糟糕的小城市中感到十分烦闷。可是奥加略夫却把一切办妥了。一八四二年七月一日，皇后利用“家庆”②这个机会，请求皇上恩准我回莫斯科居住，因为她考虑到我妻子有病，我妻子也希望能搬到莫斯科去。皇上恩准了，而且三天后我妻子就收到了卞肯多尔夫的信③，他在信中通知她道，鉴于皇后说情，我已被恩准陪同她去莫斯科。他在信的末尾又加了一句愉快的告知：警察监管仍将在那里继续。

我毫不遗憾地离开了诺夫哥罗德，并且急于离开，越快越好。但是在跟它分手之际却发生了一件我在诺夫哥罗德生活中几乎惟一令我愉快的事。

我没有钱；我又不想等莫斯科寄钱来，因此我让马特维去给我借一千五百卢布纸币。一小时后，马特维跟旅馆老板吉宾回来了，这旅馆老板我认识，我还在他的旅馆住过大约一星期。吉宾是个胖胖的商人，一

---

① 这里的“京”是复数，包括彼得堡和莫斯科。

② 这天既是皇后亚历山德拉·费奥多罗夫娜的生日，又是她和尼古拉一世二十五周年的结婚纪念日。

③ 尼古拉一世在娜·亚·赫尔岑写给皇后的信上的御批日期是一八四二年七月三日。娜·亚·赫尔岑收到卞肯多尔夫关于此事的通知则是在六天以后的七月九日。

副和蔼可亲的模样,他一面鞠躬,一面递过一包钞票。

“要多少利息?”我问他。

“您知道吗?”吉宾回答,“我不做这个买卖,也不放债生息,因为听马特维·萨韦利耶维奇说,您需要钱用,用一两个月,而我们对您很满意,认为您是个好官,而我,谢谢上帝,刚好有点儿闲钱,所以就拿来了。”

我向他道了谢,问他要什么:普通的借据呢,还是正式的期票?

但是吉宾却对此回答道:

“这事是多余的,较之正式的票据,我更相信您说的话。”

“哪能呢,我也会死的呀。”

“那就算我对您的离世表示哀悼吧,”吉宾笑着加了一句,“比损失几个钱,这就不算什么了。”

我大为感动,我没有开借据,而是热烈地握了握他的手。吉宾则按照俄国人的习惯拥抱了我,说:

“要知道我们大家都明白,都知道,您到我们这里来任职是出于无奈,因此您的所作所为与其他官员(愿主饶恕他们)不一样,您一直替我们这些买卖人和小老百姓说话,因此有机会能为您效劳,我感到很高兴。”

当我们在晚上很晚的时候离开这座城市的时候,车夫在旅馆前停下了马车,那个吉宾端了一只大蛋糕来给我送行,这蛋糕几乎有车轮那么大……

这就是我的“政绩奖状”!

第二十八章

Grübelei〔德语:痛苦的思索〕——流放后的莫斯科——波克罗夫斯柯耶村——马特维之死——约翰神父

我们在诺夫哥罗德过的日子并不好。我到那里去不是抱着自我牺牲的精神和坚忍不拔的意志,而是抱着满腔懊丧和愤怒。第二次流放以其庸俗的性质而使我愤怒,而不是使我难过。它还没有不幸到使人精神振奋,它只是使人啼笑皆非,其中既没有新奇的兴趣,也没有危险的刺激。单是一个省公署加上它的埃尔皮季福尔·安季奥霍维奇·祖罗夫、参事赫洛平和副总督皮缅·阿拉波夫就足以使我们的生活变得味同嚼蜡了。

我很生气;娜达丽雅也闷闷不乐。她天性温柔,从小就习惯于伤心和落泪,现在重又陷入钻心的烦恼中。她长久停留在痛苦的思想中,容易看不到一切光明和快乐的东西。生活变得复杂了,要操心的事太多了,操心的事一多,耽心的事也就多了。沙夏①病后——紧接着就是第三厅的惊吓,不幸的分娩,婴儿的死②。婴儿的死,对于父亲感觉较少,因为要照料产妇,所以常常会使他忘掉这个曾经一闪而过的小人儿,他只是勉强啼哭了两声,含了含妈妈的乳头。但是对于母亲,这个新生儿却是老相识,她早就感觉到他的存在,他俩之间早就有了生理的、化学

① 即赫尔岑的长子亚历山大,沙夏是他的小名。

② 指赫尔岑的次子伊凡(一八四一年出生并死去)。

的和神经上的联系;除此以外,婴儿对于母亲——乃是对妊娠之苦和分娩之痛的补偿;没有他,所受的种种痛苦就变得没有目的了,是一种嘲弄,没有他,她的奶水就变得没有用了,就会钻进脑子,使她痛定思痛。

娜达丽雅去世后,我在她的文件夹中找到了一段我完全忘记了的记载。这段记载只有几行字,是我在沙夏出生前一小时或者两小时写的①。这是祈祷,这是祝福,这是希望这个尚未出生的婴儿能走上"为人类服务"的道路,是认定他一定会走上"世事惟艰的道路"的预言。

在这段记载的反面是娜达丽雅亲笔写的一段话:

> 1841 年 1 月 1 日。昨天亚历山大给了我这张字条;这是他给我的一份最好的礼物,这张字条一下子唤起了我对三年幸福生活的如画的回忆,这是仅仅建立在彼此相爱基础上的连续不断的、无边幸福的三年。
>
> 我们就这样跨入了新的一年;不管这一年等待着我们的是什么,我都俯首听命,并替我们两人说:悉听尊便!
>
> 我们是在家里迎接新年的,孤寂冷清;只有亚·拉·维特别尔格到我们家来。我们围坐在一起,就缺小亚历山大;孩子睡着了,睡得很香,对于他还不存在过去,也不存在未来。我的天使,无忧无虑地睡吧,我在为你祈祷,——我也在为你祈祷,我的还没有出生的孩子,你虽然还没有出生,但是我已经在用我的全部母爱在爱你了,你的活动,你的心跳,似乎在无限深情地对我的心说话,但愿你快乐和幸福地来到这世界吧!

但是母亲的祝福并没有实现:婴儿被尼古拉处死了。俄国专制魔王扼杀一切的魔爪也伸到了这里——并在这里把他掐死了!

婴儿的死使她备感悲痛。

我们带着悲伤和钻心的愤怒迁移到诺夫哥罗德。

---

① 指赫尔岑一八三九年六月十三日的日记。

当时的真实情况按照当时的理解，都保存在我当时的笔记本里，它既没有因为距离遥远而出现人为的幻觉，也没有因为时间久远而出现冷却，也没有因为以后的种种变故而改变看法。我一直想记日记，多次动笔，但是都没有长性。在诺夫哥罗德我过生日的那天，娜达丽雅送给我一本空白的笔记本，我有时候就把心里的感觉和脑子里想到的东西记在这本子上。

这个笔记本还完好地保存着。娜达丽雅在第一页上写道：

但愿这个笔记本和你的整个生命的每一页，都充满着光明和快乐！

而两三年后她又在它的最后一页添加了下面的话①：

一八四二年，我曾经希望您日记的每一页都充满着光明和平静，从那时起三年过去了，回首往事，我并不因我的愿望没有实现而感到遗憾，对于一个完美的生活来说，快乐和痛苦都是必需的，而平静，你可以在我对你的爱中找到，——我的整个人，我的整个生命都充满了对你的爱。

平静地对待过去，给未来以祝福！

一八四五年三月二十五日于莫斯科

一八四二年四月四日，那里有这样的记载：

主啊，多么难堪的烦恼啊！这是我的弱点还是我的合法的权利呢？难道我应当认为我的一生都已经完蛋了，难道我渴望劳动，渴望一吐为快的心愿必须硬压下去，直到这些要求烟消云散，再开始过空虚的生活吗？当然我也可以独善其身并以此为人生的惟一目的，但是在书斋生活中也会出现同样可怕的烦恼的。我应当说出来，一吐为快，——唔，也许就像蟋蟀必须鸣叫一样……还有许多年，我必须背负这副重担！

---

① 这本笔记是赫尔岑于一八四二至一八四五年记的日记。

好像我自己也感到害怕似的，紧接着又抄了一段歌德的诗：

Gut verloren—*etwas* verloren!
Ehre verloren—*viel* verloren!
Mußst Ruhm gewinnen,
Da werden die Leute sich anders besinnen.
Mut verloren—*alles* verloren!
Da wär' es besser nicht geboren.

〔德语：失去财产——失去不多！
失去人格——失去很多！
但是你一旦有了名望——
人们就会改变对你的看法。
失去了勇气，就失去了一切！
还不如没有出生好。〕①

接着，我又写道：

我的肩膀快压垮了，但是我还硬扛着！②

……未来的人能理解，能正确评价我们生存的全部绝境和全部可悲的一面吗？然而我们的痛苦却是他们的幸福赖以成长的幼芽。他们能理解为什么我们百无聊赖，到处寻欢作乐，借酒浇愁，以及其他等等吗？为什么我们干不了大事，为什么我们在高兴的时候还忘不了忧伤呢？……但愿他们能站在我们长眠的墓碑前想一想和一掬同情之泪：我们是值得他们为之长叹息的！

……我无法长久停留在我目前的状况中，我会憋死的，——我要浮上来，不管怎么浮上来都行。我写信给杜别尔特（我请他为

① 以上引自歌德的《赠辞》。《赠辞》是歌德与席勒合作的一部诗集，批评了社会上的市侩习气和文艺界的鄙陋庸俗现象。

② 参见赫尔岑一八四二年四月四日的日记。

我斡旋一下，为我求得移居莫斯科的权利），写完这信后，我病了，on se sent fletri.〔法语：感到自己被玷污了。〕大概，这就是娼妓们初次出卖肉体时体验到的心情……①

可是这种懊恼的心情，这种执拗的焦躁的呼喊，这种对自由地大展宏图的渴望，这种脚上戴着镣铐的感觉——娜达丽雅却作了不同的理解。

我常常碰到她坐在沙夏的小床旁眼睛都哭肿了；她硬要我相信，这都是因为我心情不好，最好对此视而不见，也不要多问……我相信了她。

有一天晚上，我回来得很晚；她已经睡了，我走进卧室。我当时的心情很不好。菲〔利波维奇〕请我到他家去，告诉我，他对我们俩都认识的一个人有怀疑，怀疑他同警察有来往。这类事情通常使我感到很痛心，倒不是因为可能发生什么危险，而是因为精神上感到十分厌恶。

我在屋里默默地走来走去，逐一回想着我听到的这事，我忽然觉得娜达丽雅在哭；我拿起她的手绢——全被眼泪打湿了。

"你怎么啦？"我问，我吓坏了，感到震惊。

她拿起我的手，用哭声说道：

"我的朋友，我跟你说实话；也许，这是自尊心，是唯我主义，是疯狂，但是我感觉到，我看到，我不能为你排遣愁绪；你感到苦闷——这，我明白，我不怪你，但是我感到痛苦，痛苦，所以我哭了。我知道你爱我，你可怜我，但是你不知道我为什么闷闷不乐，这种空虚感是从哪来的，你感到你生活贫乏——说真的，我能为你做点儿什么呢？"

我就像一个人半夜忽然被人叫醒，在他还没有醒透以前，有人把一个可怕的消息告诉了他：他吓坏了，已经在发抖，可是还不明白到底出了什么事。我的心情本来十分平静，坚信我们的爱情是完满的，彼此深深相爱，因此我也就没有把这话说出来，认为这是我们整个生活中不言

① 参见赫尔岑一八四二年四月八日的日记。

而喻的事;心安理得,安之若素,排除一切疑虑的无限自信,甚至不许自己有半点儿动摇——构成了我个人幸福的基本要素。平静、休憩、生活的富有诗意的一面——这一切均与我们在一八三八年五月九日在墓地相遇前一样,均与我们在弗拉基米尔生活初期时一样——这一切都在她,都在她,都因为有她呀!

我的深感痛心,我的惊诧,起先驱散了这些乌云,但是过了一两个月,它们又回来了。我让她放心,安慰她,她自己也嘲笑自己心头的阴影,于是太阳又重新照耀着我们这个小家;但是只要我一把这事丢到脑后,它们就会完全无缘无故地重新抬头,因此每到乌云消散后,我又开始耽心它什么时候再回来。

当我们在一八四二年七月移居莫斯科的时候,我们的心情就是这样的。

莫斯科的生活起先很杂乱,不可能起到良好的作用,也不可能使我的心静下来。在这一时期,我非但没有好好帮助她,相反,还成为始作俑者,使所有这些 Grübelei〔德语:痛苦的思索〕发展得更厉害和更深了①……

当我们离开诺夫哥罗德流放地到莫斯科来的时候,在即将动身前发生了这么一件事。

有一天早晨,我走进我母亲的房间:有一个年轻的侍女在打扫屋子;她是新来的,即"枢密官"去世后拨归我父亲的。我几乎完全不认识她。我坐下来,拿起一本书。我觉得这姑娘似乎在哭;抬头一看——她果然在哭,接着又十分激动地走到我跟前,跪倒在我脚下。

"你怎么啦,你怎么啦——有话就说嘛!"我对她说,自己也感到很

---

① 从下一段起直到本书第554页"一八四三年五月三十日……"那一段止,是在作者亲自编定的手稿和作者的《往事与随想》(一至五卷)中所没有的,是作者本人对他的日记的摘抄。苏联科学院《赫尔岑文集》三十卷本中的第九卷把它作为"编者注"附在正文下面,而其他各种版本(包括近年的版本)为了保持"艺术上的完整性"则把它编入了正文。因为这些是作者原稿,未加修饰,行文略嫌粗糙,在时间交待上也不甚了然。中译本从此。

奇怪和不好意思。

“请您带我走吧……我会忠心耿耿地服侍你们的，你们也需要侍女，带我走吧。待在这里我会羞死的……”说罢，她就跟孩子一样号啕大哭起来。

这时我才看清事情的原委。

可怜的姑娘由于啼哭和害羞满面涨得绯红，带着恳求的目光站在我面前，带着一种恐惧和期待的表情——这是一种只有怀孕才会使女人具有的特别的表情。

我笑了笑，叫她快去准备自己的行李。我知道我父亲毫不在意我要带走哪个用人。

她在我们身边过了一年。我们住在诺夫哥罗德的最后那段日子过得惶惶不安——我对这次流放很恼火，成天价处在某种恼怒状态中，等候获准回莫斯科。这时我才发现这名侍女长得很漂亮……她也看出来了！……本来可以就此止步，一切平安无事。可是机会却帮了我的忙。机会是永远能找到的，尤其是从无论哪方面都不想避免它的话。

我们搬到了莫斯科。宴会接着宴会……有一回，我深夜回到家，我必须穿过后面的一些房间。卡捷琳娜①给我开了门。看得出来，她刚从床上爬起来，睡眼惺忪，两颊绯红；她身上裹着条披肩；一条粗大的辫子松松地挽在颈后，似乎随时准备像沉重的波浪似的披散开来……这事发生在黎明。她看了我一眼，笑着说：

“您回来得真晚。”

我望着她，陶醉于她的美，本能地、一半有意识一半无意识地把手放到她的肩膀上，披肩滑落下来……她啊呀了一声……她的胸脯露了出来。

“您这是干吗？”她悄声道，激动地望着我的眼睛，扭过了头，好像要让我觉得没有目击者似的……我的手接触到了她那因睡眠而变得热

① 那个侍女的名字。

烘烘的身体……当一个人忘情地陶醉在造化之中,消失在造化之中的时候,造化显得多美啊……

在这一刻,我爱这个女人,但是在这种陶醉中又似有某种不道德的东西……有人受到了欺负,受到了侮辱……这人是谁呢?她就是我在人世间最亲近、最宝贵的人。我的情欲冲动转瞬即逝,并没有抓住我不放,——这事没有根(双方都一样,从她那方面说,甚至不见得有冲动),而且一切都会消失得无影无踪,最多对自己的莽撞付诸一笑,勾起一点儿火辣辣的回忆,也许还会引起两三次脸红……但是结果却不是这样,掺和进了其他力量;我冒冒失失地种下了苦果……要停止,要改弦更张,不是我的意志所能做到的……

我觉得,娜达丽雅似乎已经察觉到了什么,似乎已经在怀疑什么,我拿定主意要把发生的这件事告诉她。做这样的坦白交待,我实在难以启齿,但是我又觉得这是必要的净化、赎罪和恢复推心置腹的关系,我倘若保持沉默,只会动摇和破坏我们开诚相见的关系的纯洁性。我认为这种坦白交待本身将会减轻打击,但是这打击却是强烈的和深刻的:她非常伤心,她认为我堕落了,而且把她也带着一起堕落。为什么我不考虑一下后果呢?倒不是说我不应当采取这一行动,而是说我应当好好考虑一下我这样做将会在同我密切不可分的、紧紧联系在一起的人身上引起什么反应!难道我不知道一个女人(尽管她受过很好的教育,尽管她早就和基督教决裂)常常会用禁欲主义的观点来看待对妻子不忠实这一行为吗?——她们对此不作任何区别,也不接受任何情有可原的理由。

责备女人看法特别,未必公正。难道有人严肃地、光明磊落地努力打破过她们心中存在的偏见吗?她们的偏见只有经验才能打破,因此被破除的有时候不是偏见,而是生活骤变。人们总是绕过我们关心的这些问题,就像老婆子和孩子们看见墓地或者……地方①,总是绕着走

---

① 原文如此。

一样。

后来她倒是迈过了这道门槛——但那是在她摸到了棺材之后！她一切都明白，但是这打击还是出乎她的意料之外，太严重了；她对我的信心动摇了，偶像坍塌了，痛苦的幻想让位于现实。"难道发生的这件事不是证明了我内心的无聊吗？要不然，它怎么会不抗拒这次的诱惑呢？——而这又是什么诱惑啊！而且在哪儿呢？就在离她几步远的地方。而谁又是她的情敌呢？她又在为谁牺牲呢？为一个对每个人都投怀送抱的女人……"

我感到，情况并不是这样的，我觉得她从来也没有被牺牲过，"情敌"这个词用在这里不妥，如果这个女人不是水性杨花的女人，那么什么事情也不会发生，但是从另一方面说，我也明白，对这事人家这么看也是自然的。

她心中在进行着殊死的搏斗，这回像过去一样，也像后来一样，我为此而感到奇怪。她一次也没有说过会使卡捷琳娜感到难堪的话，因为她只要说一句令她难堪的话，她就会猜到娜达丽雅知道发生了什么事，——这岂非是对我的指责吗！她平和地和悄悄地离开了我们家。娜达丽雅也心气平和地让她走了，以致这个普普通通的女人（她毕竟是人民的天真的孩子）痛哭流涕地跪在她面前，向她如实地招认了一切，并请求她饶恕。

娜达丽雅病了。我站在她身旁，这全是我造的孽，目击了她承受的苦难，我不仅是目击者，——我还是我自己的控方，我准备对自己行刑，自己惩罚自己。我的想象力也翻了个个儿——我的堕落范围变得越来越大了。我在自己心目中变得越来越卑鄙了，几乎到了绝望的地步。在我当时的笔记本上还残留着我心理上有病的痕迹，从悔不当初和自我谴责到满腹怨恨和焦躁不安，从安于现状到暴跳如雷……

> 我有罪，我罪该万死，我罪有应得，我应当背负十字架（一八四三年三月十四日日记）……但是当一个人深深地感到自己有罪，决定悔过自新与过去一刀两断的时候，他就要求别人来狠狠地

揍他，惩罚他，他对任何判决都不会不服，他将老老实实地低头忍受一切，他希望惩罚能使他忘掉过去，与过去一刀两断，这样的惩罚和牺牲，他是乐意接受的。不过惩罚的力度必须适可而止，如果它不肯善罢甘休，如果它要翻老帐，并以此惩罚他，那他就会恼羞成怒，那他就会要求平反，要求恢复名誉……他已真诚地表示悔罪，说真的，还能要求他什么呢？还要他怎样逆来顺受呢？对待人就应当这样，在为罪犯的堕落同声一哭之后，就应当向他指出，他还有可能悔过自新。一个犯了罪的人，如果人家让他相信，他犯了滔天大罪，那么他就只能要么自杀，要么更深地堕落下去，以便麻醉自己，因为他没有别的出路。①

四月十三日。爱情！……爱情的力量在哪里？我爱她，却侮辱了她。她更加爱我，却抹不掉这侮辱。既然这样，人还能为人做什么呢？有一种发展，它没有过去，过去就存在于这发展之中，不会消逝……它不会弯曲，只会断裂，它只会随着别人的堕落而堕落，无法自制。②

一八四三年五月三十日。早晨的红色的朝霞消失了，当暴风雨已经过去，满天乌云被驱散之后，我们变得更聪明了，可是我们的幸福却减少了。③

娜达丽雅愈来愈闷闷不乐，愈来愈内向——她对我的信心动摇了，她心中的偶像坍塌了。

这是一种危机，是从青少年到成年的病态转变。她无法摆脱折磨她的那些思想，她病了，瘦了，——我吓坏了，不断自责，我站在一旁，看

---

① 参见作者一八四三年三月十四日的日记。

② 参见作者一八四三年四月十三日和五月三十一日的日记。

③ 这样的记叙在赫尔岑的日记中没有，但类似的记载可以在作者一八四二年七至九月和一八四三年一至六月的日记中找到。

到我再也没有过去那种用来诅咒邪魔鬼怪的睥睨一切的权力了,我对此感到痛心,同时也十分可怜她。

据说,孩子们是在不断生病中长大的。她也在这场心理疾病中飞速成长,虽然这病差点儿使她得了肺痨。她伤心地离开了早晨的、明媚的斜照,走进光芒四射的正午。她的身体挺过来了——这就要谢天谢地了。她没有失去一点儿女性美,但她在思想上却以一种非凡的勇气和深度成熟了。她静静地,带着自我牺牲的笑容,俯首听命于那不可避免的命运,既没有发出浪漫主义的抱怨,另一方面,也没有玩弄个人的矫情和露出骄傲自负的快乐。

她不是在书本中,也不是靠书本才获得精神解放的,她靠的是洞察一切和生活。一些不大的考验,一些痛苦的冲突,对于许多人,也许过去了也就过去了,了无痕迹,可是却在她心上留下深深的伤痕,足以引起她深深的思索。只要有一点儿蛛丝马迹,她就会寻根究底地穷追不舍,直到毫无畏惧地弄清楚什么是真理,这常常是连男人的心胸也很难承受的。她伤心地告别了自己的圣像壁,其中曾经供奉过许多她极其珍贵的、浸透着她悲伤和欢乐的眼泪的圣物;她毫不惋惜地抛弃了它们,一些大姑娘看到自己昨天玩的布娃娃不免脸红,可是她却毫无羞赧之意。她不是摈弃它们,她只是痛苦地把它们舍弃掉,虽然她明知道这样做只会使她的生活变得贫乏和无依无靠,摇曳不定的神灯温柔的光,将被灰色的黎明所替代,她将与严峻和冷漠的力量友好相处,这些力量既不听人们喃喃的祈祷,也无视人们对死后的期望。她默默地将这些圣物像死了的孩子似的从自己的心上拿开,把它们默默地放进棺材,珍惜它们,因为其中有她以往的生活,它们体现的诗意,以及有时候它们给予她的慰藉。即使以后她也不喜欢再冷冰冰地去碰这些东西,就像我们没有必要就不去上坟一样。

处在这种剧烈的内心活动中,处在这种所有信念崩溃与重组的过程中,也就产生了一种自然的需要,需要休息和孤独。

我们到我父亲的莫斯科郊外的庄园去了。

我们一旦单独在一起，周围都是树木和田野，我们就舒畅地舒了口气，我们又开始兴高采烈地看待生活了。我们在乡下一直住到深秋①。间或有朋友从莫斯科来，克〔彻尔〕在这里住了大约一个月，八月二十六日所有的朋友都来了②；然后又是一片安静，安静，又是森林和田野——除了我们，没有任何人。

波克罗夫斯柯耶很偏僻，隐没在一大片林间别墅中，它具有一种完全不同的性质，与快乐地分布在莫斯科河边的有许多村庄的瓦西里叶夫斯柯耶村不同，似乎要严肃得多。这差别甚至在两地农民之间也看得出来。波克罗夫斯柯耶村的农民，因为有大片森林阻隔，与瓦西里叶夫斯柯耶村的农民相比，较少像莫斯科郊区的居民，尽管他们住得比瓦西里叶夫斯柯耶村人离莫斯科要近二十俄里③。他们也比较安静、纯朴，彼此相处也非常融洽。我父亲曾把一家富有的农户从瓦西里叶夫斯柯耶迁移到波克罗夫斯柯耶来，可是他们却从来不把这户人家看作他们村的人，而是称他们为“移民”。

我的整个童年也与波克罗夫斯柯耶村紧紧地连接在一起；甚至我很小很小，还不能记事的时候，就常常到那里去，而后来，从一八二一年起几乎每年夏天，我们在前往瓦西里叶夫斯柯耶或者从瓦西里叶夫斯柯耶返回的时候，都要到那里去住几天。那里住着从一八一三年起就失宠被黜、如今已瘫痪在床的老人卡申佐夫④，他一直幻想能看到自己老爷身上挂满绶带和勋章；那里还住着一个可敬的白胡子村长瓦西里·雅科甫列夫，他腆着个大肚子，后来在一八三一年闹霍乱的时候死了，我在自己的各个年龄段都记得他，记得他胡子颜色的变化，先是深

---

① 一八四三年夏，赫尔岑在波克罗夫斯柯耶一直待到八月二十六日。

② 八月二十六日是娜达丽雅的命名日。有朋友们来参加的，在波克罗夫斯柯耶过生日，不是在一八四三年，而是在一八四四年。

③ 一俄里等于1.06公里。

④ 即在本书第二章中提到的他父亲和“枢密官”的随从，后来帮“枢密官”在莫斯科近郊管理田庄的那个老人安德烈依·斯捷潘诺夫（这是他的名字和父称，他姓卡申佐夫）。

褐色，后来又变得雪白；那里还有我的同奶兄弟尼基福尔，他很骄傲，因为他母亲是为我才给他断奶的，他母亲后来死于疯人院……

一个不大的村子，总共才有二十户或者二十五户人家，这村子离老爷的大宅院有若干距离。一边是一块半圆形的牧场，清除了杂草，并围有木栅栏，另一边可以看到一条已经被截流的小溪，因为，大约十五年前想在那里修建一座磨坊，还可以看到一座倾塌的古老的木头教堂，这座教堂，共同占有这片田地的"枢密官"和我父亲年年都准备重修，但又都没有修成，他们说这话恐怕也有十五年了。

由"枢密官"修建的这座大宅，造得很好，美轮美奂，房间高大，窗户敞亮，两侧都修有露台一般的门厅。它是用精选的粗大的原木建成的，无论屋外和室内都没有用任何东西贴面，只是在缝隙中塞有麻刀和长有青苔。墙壁都散发着树脂味，这儿那儿都渗出来，结成一粒粒琥珀。屋前有一片不大的田野，再往远就是一片黑压压的建材林，林中有一条小道，通往兹韦尼戈罗德；在另一边则蜿蜒着一座村落，还有一条尘土飞扬的、跟细带子似的村间小道消失在黑麦田中，接着又蹿出来经过迈科夫工厂通向莫扎伊卡。阔叶林的宁静和阔叶林的喧闹，苍蝇、蜜蜂、黄蜂不停地嗡嗡叫……还有一股清香……这是一种草木混合的清香，里面饱含着植物蒸发出来的香味，不是花香，而是绿叶的清香……这股清香我曾经孜孜以求地在意大利和英国，在春天和炎热的夏天寻找过，但是几乎从未找到。有时候，在收刈干草之后，在希罗科风①吹来的时候，在大雷雨即将来临之际，似乎就会散发出这样一股香味……我又不由得想起屋前有一小块地方，我曾经吩咐村长和家奴不要把这上面的草推平，因此还让他们很不高兴；我那三岁的孩子②常常躺在草地上，在三叶草和蒲公英，在螽斯，各种甲虫和瓢虫中间打滚，我们也一样，以及我们的青春，我们的朋友！

---

① 一种从干旱地区或沙漠地带吹来的热风。

② 一八四三年夏，赫尔岑的儿子亚历山大已满四岁。

太阳落山了，外面还很暖和，真不想回家，我们坐在草地上。克〔彻尔〕在择蘑菇和无缘无故地跟我吵架。这是什么，好像是铃铛声？难道是到我们这里来的？今天是星期六——说不定。

“县警察局长外出公干。”克〔彻尔〕说，一面又怀疑不是他。

三套车穿过村庄，车声辚辚地驶过木桥，绕过一座小山，那里只有到我们这里来的一条路。当我们跑过去迎接时，车已经停在大门口了；米哈伊尔·谢苗诺维奇①已经像雪崩似的滚下了车子，笑嘻嘻地与大家亲吻，笑得前仰后合，与他同时下车的还有别林斯基，他一面伸胳膊伸腿，一面骂骂咧咧地说波克罗夫斯柯耶太远，俄国的马车太糟，俄国的马路太糟。而克〔彻尔〕已经在骂他们了：

“真是活见鬼，晚上八点钟才到，你们就不能早点儿来吗！一定是这混账东西别林斯基——不肯早起床。你们在瞧什么！”

“他住在你这儿变得更野了，”别林斯基说，“头发长得老长！克〔彻尔〕呀，我看你可以在《麦克白》中扮演活动树林啦②。等等，别把你的骂人话都骂完了，还有一些坏蛋比我们还来得晚呢。”

另一辆三套车已经拐进了院子：格拉诺夫斯基和叶·科〔尔什〕③。

“你们来了多长时间？”

“两天。”

“太好了！”于是克〔彻尔〕大喜过望。几乎像塔拉斯·布尔巴④欢迎自己的儿子一样热烈地欢迎他们。

是的，这是我们生活中的一个光辉灿烂的时期，暴风雨已经过去，只留下了一点儿即将消逝的云翳；在自己家，在朋友们中间，完全和谐一致！

---

① 即农奴出身的著名演员史迁普金。

② 在莎士比亚的《麦克白》中，向麦克白进攻的部队，曾把树枝绑在头上作伪装（第五幕第四至五场）。

③ 叶·费·科尔什（1810—1897）：《莫斯科新闻》主编，四十年代赫尔岑小组的参加者。

④ 果戈理同名小说的主人公。

可是一件荒唐的偶然事故几乎破坏了一切。

有一天傍晚，我们也在，马特维指给沙夏看堤坝上的一件什么东西，脚下一滑，跌进了河里，幸亏那里水浅。沙夏吓坏了，向他跑去；等他爬上来以后，沙夏就用两只小手使劲抓住他，含着眼泪，一再说：

"别去啦，别去啦，你会淹死的！"

谁也没想到，这个孩子的关心，对于马特维来说，竟成了最后的关怀，沙夏的话竟可怕地一语成谶。

马特维浑身是水和泥地去睡觉了，——从此我们再没有见到他。

第二天早晨七点左右，我站在阳台上；传来什么人的说话声，说话的人越来越多，变成了杂乱无章的喊叫，紧接着出现了几个急急忙忙奔跑的农民。

"你们那出什么事了？"

"糟了，"他们回答，"你们家的用人好像要淹死了……一个人被救出来了，另一个人找不到了。"

我急忙跑到河边。村长脱下靴子，挽起裤子，正在现场指挥；两个农民在一只小划子上向河里撒网。五六分钟后他俩叫道：

"找到了，找到了！"接着就把马特维的尸体拖上了岸。

这个年富力强的小伙子，长得很漂亮，两颊红红的，睁着两眼躺在地上，脸上已毫无生气，脸的下部已开始肿胀。村长把尸体留在岸上，严禁农民触摸，又在他身上盖了一件粗呢外衣，让人看着，接着就打发人到地方警察局报案了……

我回到家后遇见了娜达丽雅；她已经知道发生了什么事，她扑到我身上，失声痛哭。

我们可怜，我们很可怜马特维。马特维在我们这个小家中就像自己人一样，他与我们最近五年发生的所有重要事件都紧密地联系在一起，他真心爱我们，因此失去他，我们感到很难过。

我当时写道，

> 很可能，死对于他倒是一种幸福，生活等待着他的将是可怕的

打击，他没有出路。但是亲眼看到用这种办法来躲避未来，也太可怕了。他是在我的影响下发展起来的，但是发展得太快，他的发展因为它的失衡而使他痛苦。①

马特维命运中的可悲的一面，正在于他的仓促发展使他的生活发生了断裂，他又无法来填补这裂缝，他缺少坚强的意志来战胜它。他身上的高尚的感情和温柔的心胜过他的思维能力和性格。他像女人似的，对许多东西领会得很快，尤其我们观点中的许多东西；但是老老实实地从头开始，从识字课本开始，用学习来填补空虚与空白，他又做不到。他不喜欢自己的奴仆身份，也不可能喜欢。社会地位的不平等再没有比主仆关系更叫人感到屈辱的了。罗思柴尔德②在街上对待一个站在他面前，拿着扫帚扫垃圾的穷光蛋，也比对待穿着丝袜、戴着白手套的自己的仆从要平等得多。

我们每天都能听到主人抱怨仆人，正如仆人抱怨主人一样，不足为奇，倒不是因为主人和仆人变坏了，而是因为他们越来越清楚地意识到他们的相互关系。这类关系使仆人感到苦恼，也使主人变得更坏。

我们是如此习惯于对用人的老爷态度，对此竟完全视而不见。世界上有多少善良的、多愁善感的小姐啊，她们会为一只冻坏了的小狗垂泪，把最后一点儿钱施舍给乞丐，冒着刺骨的寒风去购买为救济叙利亚灾民的 tombola〔法语：彩票〕，去参加为救济阿比西尼亚遭到火灾的贫民而举行的音乐会，她们会恳求妈妈再多留一会儿，再跳一曲卡德里尔舞，可是她们却一次也没有想到驾驭前导马的小小子正坐在马上在夜的严寒中挨冻，连血管里的血都冻住了。

主仆关系是丑恶的。工人起码知道他在干自己的活，他在制造什么，他可以做得快些，这样他也就做对了；最后，他还可以幻想将来自己当老板。仆人却做不完自己的活：他就像一只永远在轮子里打转的松

---

① 参见赫尔岑一八四三年六月十四日的日记。

② 十九世纪欧洲银行家，犹太人，大富翁。

鼠;生活会产生垃圾,不断地产生垃圾,仆人就得跟在后面不断地打扫和清除。他必须承担生活中所有小小的不方便,所有的脏活和做起来乏味的活。还让他穿上号衣,以便向人显示他不是他自己,而是某某人家的仆人。他要服侍比他自己还要加倍健康的人,他必须踩到烂泥里,以便让别人干干净净地走过去,他必须挨冻,以便让别人暖和。

罗思柴尔德并没有让爱尔兰乞丐成为他的穷奢极欲的豪华酒宴的目击者,他也不会让他去给二十个人斟酒,同时暗示他,如果他要偷酒喝,就把他当贼驱逐出去。最后,那个爱尔兰乞丐也比那个贴身侍候的奴隶幸福,就因为他压根儿不知道世上还有这么舒适的软床和这么香醇的美酒。

当马特维从仲伦倍格那里转到我这里来的时候,他才十五岁。我流放时跟他在一起,在弗拉基米尔也跟他在一起,他伺候我们的时候,我们正没钱。他像个保姆似的照料沙夏;最后,他还对我无限信任和盲目地忠心耿耿,因为他明白,我并不当真以主人自居。他对我的态度更像古时候意大利画师的徒弟对待他们的 maestri〔意语:师父〕一样。我常常对他不满意,但根本不把他当用人……我对他的将来很悲观。他感觉到自己处境的沉重,为此而痛苦,但是他又什么事情也不做,不是想方设法地走出这困境。在他这样的年龄,只要肯干,他是能够开始新生活的;但是要做到这点必须付出持之以恒的顽强劳动,而且常常是枯燥乏味的,常常是幼稚的劳动。他也读书,但仅限于读小说和读诗,他能理解它们,有时候还能给予正确的评价,但是看严肃的书,一看就犯困。他算帐很慢,也算得不好,字也写得很差,很不清楚。尽管我一再坚持,让他学习算术和练习写字,他就是做不到:让他学习俄语语法,他却拿起了法语入门或德语会话;自然,这是浪费时间,只会使他心灰意懒。为此,我狠狠地骂过他,他很难过,有时候还给我骂哭了,他说他是一个不幸的人,让他学习已经晚了,有时候他还自暴自弃到这样的程度,他想死,而且丢下所有的功课,接连好几个星期和好几个月在寂寞无聊和无所事事中度过。

对一些才能平庸、胸无大志的人,还能勉强对付。但不幸的是这些心理细腻、天性温和的人,他们的精力大部分都用在向前冲刺上,可是等到要用在继续前进上时,他们又筋疲力尽,无能为力了。从远处看,教育和提高文化素养,似乎充满了诗意,而他们想达到的也正是这种诗意,但是他们忘了他们缺少的正是这事的技术方面——缺乏一种doigté〔法语:技能,能力〕,而没有它,任何工具也不能为我所用。

我常常扪心自问,他那种似懂非懂的状态,对于他是不是反而有害呢? 将来,什么在等待着他呢?

命运一下子斩断了戈尔狄俄斯之结①!

可怜的马特维! 何况,他的葬礼本来具有一种令人感到压抑和忧郁的性质,可是却被恶劣的环境所包围,不过这环境完全符合我国的国民性。

中午时分,区警察局长和录事来了;跟他们同来的还有我们的乡村神父,一个令人啼笑皆非的酒鬼和老头。他们先是验尸,进行了讯问,并在客厅里坐下,作了笔录。那名牧师,什么也没有写,什么也没有读,在鼻梁上架起一副大的银边眼镜,默默地坐着,唉声叹气,打着哈欠,在嘴上画着十字,然后突然面向村长,做了个动作,仿佛他腰疼,疼得受不了似的,问他道:

“怎么样啊,萨韦利·加夫里洛维奇,准备了吃的吗?”

村长是个很威严的农民,因为他是一名好木匠,所以“枢密官”和我父亲才提拔他当了村长,他不是这个村的人(所以对这村一无所知),长得很帅,尽管他已经六十岁了,——他摸了摸他那梳理成扇形的大胡子,因为他与这事毫无关系,所以他就皱起眉头,望了望我,用粗重的嗓音回答道:

“这我就说不上了!”

“准备了。”我回答,叫来了用人。

---

① 源出希腊神话,意为快刀斩乱麻。

“谢谢主上帝，再说也该吃点儿东西了；一大早起来，亚历山大·伊凡诺维奇，都饿坏了。”

警察局长放下笔，搓搓手，摸摸头发，捋捋胡子，说道：

“看来我们的约翰神父已经饥肠辘辘；这是好事；既然主人不见怪，可以嘛。”

用人端来了冷盘、甜伏特加、露酒和赫列斯特酒[①]。

“快说几句祝福的话，神父，您是牧师，先做个榜样，我们这些凡夫俗子再跟着您。”警察局长说。

神父急匆匆地、非常简短地念了几句祷告词，拿起一杯甜伏特加，一饮而尽，然后拿起一小块面包塞进嘴里，咬了咬，紧接着又拿起另一杯，一干而尽，然后才慢慢地、细嚼慢咽地吃起了火腿肠。

警察局长（他给我印象特别深）也喝了两杯甜伏特加，说这酒不错，接着又以一种个中行家的口吻对我说道：

“我看，您这个和兰芹伏特加是从寡妇鲁热的店里买来的吧？”

我不知道这瓶伏特加是从哪买的，就让下人把酒瓶拿来，果然是从寡妇鲁热的店里买的。仅仅根据伏特加的香味就能说出厂家的名字，这需要有多丰富的经验啊！

等他们吃饱喝足以后，村长给警察局长的马车里装了一大袋燕麦和一麻袋土豆；录事则在厨房里喝了很多酒，等他爬上赶车人的座位后，他们就走了。

神父则用一根小木棍剔着牙缝，踉踉跄跄地走回家去。我正向下人吩咐关于葬礼的事，忽然约翰神父停了下来，挥舞着双手：村长向他跑过去，然后又向我跑过来。

“什么事？”

“神父让我问老爷，”村长回答，并不掩饰自己的笑容，“谁给死者办葬后宴？”

---

① 一种烈性白葡萄酒。

"你对他怎么说呢?"

"我说,你放心,油煎饼会有的。"

把马特维埋了,也让神父吃了油煎饼和喝了伏特加,然而这一切却给我留下长长的阴影;但是,还有一件可怕的事在等候我——通知他的母亲。

然而我不再讲一件有关波克罗夫斯柯耶村圣母庇护教堂这位德高望重的神父的事,实在舍不得跟他分手。

约翰神父不是眼下时髦的、神学校毕业的神父,他既不懂希腊文的变位,也不懂拉丁文的句法。他已经七十出头,他在"叶丽莎威塔·阿列克谢耶夫娜·戈洛赫瓦斯托娃"这座大村庄里当了半辈子教堂执事。叶丽莎威塔·阿列克谢耶夫娜是我姑母,她请求都主教恩准,让他当了神父,这时刚好我父亲的村庄出了空缺,于是就把他派来顶了这个缺。尽管他爱喝酒,酒量也很大,而且他一辈子都在极力适应这样的海量,可还是不胜酒力,因此每天下午他都喝得醉醺醺的。他常常喝到这样的程度,以致农民不得不把烂醉如泥的他像头死猪似的从人家的婚礼上,或者从属于他教区的附近村庄的洗礼宴上抬上马车,把缰绳拴在车的前部,然后让他的马把他自动送回家去。而他那匹识途的老马总是万无一失地把他送到家中。他那位神父太太也爱喝酒,而且也是有酒必醉。但是比这还令人吃惊的是,他的十四岁的女儿也能眉头都不皱一皱地一口气喝光一大茶碗烧酒。

农民都瞧不起他和他全家;有一回,他们甚至还联名上告,向"枢密官"和我父亲告了他一状。于是"枢密官"和我父亲只好请都主教来查办此事。农民控告他,说他主持圣礼要价太高,不预先付钱,他就不给人家主持葬礼,而且一拖就是三四天,而婚礼则根本不给办。都主教或者宗教事务所认为农民们告他是有道理的,于是就让约翰神父停职反省了两三个月。可是神父在聆听大法师的教诲回来之后,不仅加倍地喝得烂醉如泥,而且还变成了小偷。

我们家的用人告诉我,有一回在过教堂节日的时候,有一位老农民跟神父一起酗酒，他借着醉意对神父说："我看，你也闹得太过分了，都闹到都主教那儿去了！因为你不肯老老实实地干，所以人家就把你的翅膀给铰了。"神父听了很生气，回答道，好像他是这么说的："可是我也饶不了你们这帮骗子，在给你们举行婚礼和葬礼的时候，专挑最坏的祈祷文给你们念。"

一年后，即一八四四年，我们又到波克罗夫斯柯耶度夏。白发苍苍、骨瘦如柴的神父还跟从前一样嗜酒如命和不胜酒力。每到星期天，做完日祷后，他就到我家来，坐上一两个小时，拼命喝酒。我对此烦透了，吩咐下人别理他，我甚至还跑到树林里去故意躲着他，可是他连这也有办法对付：

"老爷不在家，"他说，"唔，酒大概总在家吧？总不至于把酒也带走吧？"

我家的用人就把一大杯甜伏特加给他送到前厅，于是神父就把酒一饮而尽，吃了点儿鲟鱼子，然后才心平气和地回家。

最后，我们的交往彻底断了。

有一天早晨，一名教堂执事前来找我，这是一个年轻的后生，瘦高个儿，梳着像女人似的头发，随同他前来的还有他的满脸雀斑的年轻妻子。他们俩都很激动，两人一起说话，两人一起眼泪汪汪，又同时擦眼泪。教堂执事用一种压扁了的尖嗓子，他妻子则吐字严重不清地，你一言我一语地告诉我，前几天他们家被人偷了一块怀表和一只小匣子，小匣子里还有大约五十卢布钱，教堂执事的妻子找到了那个"泽"（贼），那个"泽"不是别人，而是那个德行最高的、虔诚礼拜上帝和基督的约翰神父。

证据是无可争议的：教堂执事的太太在从神父家扔出的垃圾里找到了一块那只被偷去的匣子的匣子盖。

他们来找我是希望我能替他们做主。不管我向他们怎么解释：权力有别，教会权和世俗权不同，但是教堂执事还是不肯善罢甘休，他妻子还是哭个不停；我简直不知道拿他们怎么办才好了。我可怜他，他估计他损失了九十卢布。我想了想，吩咐套车，派村长拿着我的信去见县警察局长；我问他怎么办，而这本来是教堂执事要问我的话。傍晚时分，村长回来了，县警察局长让他捎给我的回话是："不要多管闲事，要不然，宗教事务所会出面干涉和来找麻烦的。让老爷不要捅这马蜂窝，要是他不想被螫着的话。"这回话，尤其是最后一句话，萨韦利·加夫里洛维奇向我传达时露出一副十分得意的神气。

"至于神父偷了那只小匣子，"他又加了一句，"就像我现在站在您面前一样，是一清二楚的。"

我十分难过地把世俗权力的答复转告了教堂执事。相反，村长却劝慰地对他说：

"哎呀，干吗一副垂头丧气的样子呢？还不到时候嘛！等着吧，出土才看两腿泥哩；你怎么啦——娘儿们还是教堂执事？"

村长及村长那伙人，果然给他报了一箭之仇。

萨韦利·加夫里洛维奇是不是分裂派教徒，我没有把握。但是，当我父亲把瓦西里叶夫斯柯耶出售时，从瓦西里叶夫斯柯耶搬来的那家农户，全家都是旧礼仪派①。这些人不喝酒，精明能干，而且做事勤快，他们全都恨透了这神父。其中有个农民管他叫粮栈老板的人，在莫斯科的涅格林街开了一家铺子。怀表被偷的事很快就传到了他耳朵里；粮栈老板托人去打听，得知波克罗夫斯柯耶神父的女婿是个丢了差事的副祭，他曾经向人兜售，或者说曾经想用一块怀表做抵押向人家借钱，这怀表就在一个开钱庄的商人手里；粮栈老板认识教堂执事的怀表，他就去找那商人——果然就是那块丢了的表。他喜出望外，快马加鞭，带着这消息亲自跑到波克罗夫斯柯耶。

于是手里握有充分证据的教堂执事便去找监督司祭。过了三天，我获悉，神父赔了教堂执事一百卢布，他们私了了。

---

① 从俄罗斯正教中分裂出来的教派，他们反对并敌视官方的俄罗斯正教会，主张保持宗教旧礼仪。

"这是怎么搞定的?"我问教堂执事。

"正如您已经听说的,监督司祭把我们这个恶棍叫了去。让他留下来谈了很长时间,他们谈什么了,我不知道。只是后来他把我叫了去,对我严厉地说:'你们瞎吵吵什么?你也不害臊,年轻人,一个人喝高了点儿,什么事不会发生呀;你瞧,老头都老啦,都可以给你当爸啦。他给你一百卢布私了,你满意吗?'我说:'满意,大法师。''好,你既然满意,那就管住你那张嘴,不要敲锣打鼓地出去嚷嚷,他毕竟七十多了;要不然,看我不让你吃不了兜着走。'"

于是这个被粮栈老板揭发的爱喝酒的贼,仍旧在同一个村长手下做他的神父(这村长就是十分肯定地对我说过那"匣子"是他偷的),那个教堂执事还在唱诗班唱诗①,现在那块著名的怀表又在他的口袋里重新测量着那犹如白驹过隙的分分秒秒了,——而在他治下的还是那些农民!

这事发生在一八四四年离莫斯科就五十俄里的地方,而我则是这一切的目击者!

因此,尽管约翰神父一再吁求,正如在贝朗瑞②的诗歌里所说,圣灵就是不肯降临,这又有什么可大惊小怪的呢?

> Non, dit l'Esprit Saint, je ne descends pas!
>
> 〔法语:不,圣灵说,我不降临!〕③

怎么不把他赶走呢?

正教的贤哲们会告诉我们,教会人士,如同恺撒的妻子一样,是不能被怀疑的!④

---

① 教堂执事是教堂的下级职员,负责诵经、唱诗、打钟等杂役。

② 贝朗瑞(1780—1857):法国歌谣诗人。

③ 这歌词源出贝朗瑞的《圣灵弥撒》。

④ 这是一句名言,据说是恺撒说的,他的第二任妻子因被怀疑对丈夫不忠,恺撒即向法院要求同妻子离婚,并说了上面的话。

第二十九章　我们的朋友

一

莫斯科的朋友圈——席间谈话——西方派（博特金、列德金、克留科夫、叶·科尔什）

到波克罗夫斯柯耶消夏，开始了我们莫斯科生活的那段优美的、逐渐成熟的、奋发有为的阶段，这阶段一直延续到我父亲去世，大概还一直延续到我们离开。

在彼得堡和诺夫哥罗德忐忑不安、绷紧的神经松下来了，内心的风暴也平息了。痛苦的自我解剖和相互解剖，用言语不必要地触痛不久前的伤口，以及一再旧事重提，回顾同样一些令人痛上加痛的事，总算过去了；曾经被动摇过，现在又坚信不疑的我们绝对正确的想法，使我们的生活具有了更严肃、更正确的性质。我的那篇文章《由一部戏剧想起的》，就是对我以往的痛苦经历的总结。

从外部限制我们自由的，只有警察对我们的监视；倒也说不上这种监视十分讨厌，但是由警察举起的这根达摩克利斯的警棍①，却总让人感到不愉快，总让人觉得厌恶。

① 源出希腊神话"达摩克利斯之剑"：在达摩克利斯的头上挂着一把用马鬃拴着的利剑，借以提醒他随时都有杀身之祸。这里借其意而用之，意为警察的警棍随时都可能打到他的头上。

新朋友热烈欢迎我们，对我们比两年前要好得多。他们中为首的是格拉诺夫斯基——这五年中他一直占据重要地位。奥加略夫几乎一直在国外。格拉诺夫斯基代替了他，那段时期过的那些美好的时光，我们都应当感谢他。这人身上有一种大的爱的力量。我跟许多人在意见上较一致，但跟他更接近——在心灵深处的某个地方。

格拉诺夫斯基和我们大家都很忙，大家都在工作和劳动，有的在大学教书，有的在写评论和办刊物，有的在研究俄国历史；后来我们所做的一切都与这一时期有关，这是开始。

我们早已经不是孩子了；一八四二年，我已经满三十岁；我们很清楚，我们的活动将会把我们引向哪里，但是我们还是坚持走下去。我们不是冒冒失失，而是经过深思熟虑才继续走我们的路的，我们的步伐从容而稳健，这是我们的经验和家庭生活熏陶的结果。这倒不是说我们老成持重了，不，我们同时还很年轻，因此一些人在走上大学讲台，另一些在发表文章或者办报纸的时候，每天都在冒着被逮捕，被撤职，被流放的危险。

这样一些才华横溢、学识渊博、多才多艺和白璧无瑕的人，后来我在任何地方都没有遇到过，无论在政界的最高层，也无论在文学艺术界的佼佼者们中间都没有遇到过。我到过许多地方，到处都生活过，也遇到过许多人；革命的暴风雨还把我吹到过最发达和最文明的国家，但是，凭良心说，至今我仍认为是这样。

西方人自以为大功告成、故步自封的个性，起先以他们的标新立异使我们感到惊奇，继而我们又惊异于他们的片面性。他们一向自鸣得意，他们的 suffisance〔法语：过于自信〕，我们很看不惯。他们永远忘不了自己的利害得失，他们的处境一般很窘迫，他们的精力大都浪费在身边的琐事上。

我不认为这里的人一向都这样；西方人的状况并不正常——他们正在褪色。不成功的革命已渗透到人的内部，但是没有一次能使他们改变，不过每次还是留下了痕迹，使他们观念混乱，而历史的大潮则非常自然地把沉渣泛起的小市民阶层推上了主要舞台,压倒了落后的贵族阶级,同时也淹没了人民大众的幼苗。小市民精神与我们的性格格格不入!真要谢谢上帝!

我们的放荡散漫也罢,我们缺乏精神上的固定性,缺乏从事一定活动的恒久性也罢,我们在教育上太幼稚,所受的教育太贵族化也罢,但是,一方面,我们更懂得艺术;另一方面,也比西方人单纯得多。不像他们那么专一,但是比他们全面。我们成熟的人不多,但是我们却多姿多彩,才华横溢,没有条条框框。跟西方人完全不同。

即使跟最说得来的人说话,也一说就崩,似乎在这个问题上没有任何共同点,谁也说服不了谁。遇到这种顽固不化和下意识的不开窍,简直叫人想撞墙,这个世界已经定型了,它有不可逾越的疆界。

我们理论上的不一致,恰好相反,倒给我们带来了更大的生活情趣。需要积极地交换意见,使我们更加开动脑筋,勇往直前;我们就在这种互相砥砺中不断成长,而且我们也的确靠了这种劳动组合的composite〔法语:凝聚力〕变得更强大了,蒲鲁东在论机器劳动的时候曾经十分精辟地讲到过这一点。①

我谈到这一时期时总是怀着一种恋恋不舍的感情,这是一个齐心协力、集体劳动、指点江山、心潮澎湃、步调一致、英勇斗争的时期,在这几年中,我们固然显得年轻了些,但也是最后一次年轻了!……

我们的圈子不大,但常常聚会,有时在这个人家,有时在那个人家,但最多的是在我家。除了聊天,开玩笑,常常举行晚餐和喝酒以外,我们还十分活跃和十分迅速地交换思想,谈论新闻和交流彼此的知识。每个人都把自己读到的和了解到的东西告诉别人,通过争论使大家的观点归于一致,于是每个人的学习心得就成了大家的财富。在任何一门知识领域,在任何文学和艺术中,绝不会有任何一个引人注目的现象,会不被我们中的任何一人所注意,会不被立刻公之于众。

---

① 蒲鲁东在他的《什么是财产?》一书中的第三章曾这样谈到集体劳动的特点。

然而我们聚会的这个性质，却不被那些迟钝的学究和迂腐的冬烘先生所理解。他们除了酒与肉，什么也看不见。饮酒作乐只会使生活更加丰富多彩，拘泥于生活细节的人往往是些枯燥乏味的利己主义者。我们不是修士，我们的生活是多方面的，我们于酒酣耳热之际只会更加意气风发，我们所做的事决不会比那些只会在科学的后院里苦思冥想的不吃肉、只吃素、滴酒不沾的文人学士们少。

我的朋友们，无论是你们，还是那个光辉灿烂的时代，我都不允许别人说三道四；每当我想起这个时代不仅充满了爱恋，甚至可说难舍难分。我们不同于苏巴朗①笔下的那些孱弱的修士，我们不会为尘世间的罪恶而哭泣——我们只是同情尘世的苦难，某些事我们只是一笑置之，决不会因预感到自己未来的灾祸而使人们平添烦恼。那些老是愁眉苦脸的不沾荤腥的人，我总觉得可疑；如果他们不是矫揉造作的话，那他们或者脑子有病，或者肠胃不适。

> 你是对的，我的朋友，你是对的……②

是的，博特金，你是对的——比柏拉图要对得多，——从前你不是在花园里和游廊上（我国的室外太冷了），而是在友好的筵席上教导我们，一个人要找到“泛神论”的乐趣，既可以在看海浪的舞蹈和西班牙少女的舞蹈的时候，也可以在听舒伯特的歌曲和闻香菇炖火鸡的香味的时候。听到你的这番至理名言，我才头一回看到我国语言的深刻的民主性，因为它可以适用于香味，也可以适用于声音。③

你不是一无所获地离开你的马罗谢卡的，你在巴黎学会了欣赏烹饪术，你还从瓜达尔基维尔河畔带回了不仅是对女人秀足的赞美，而且

---

① 苏巴朗（1598—1662）：西班牙画家，以宗教题材画驰名，以自然主义和阴暗色调表现宗教虔诚。

② 英国文学评论家和作家艾迪生（1672—1719），在他的悲剧《卡托》第五幕第一场中所说的一句话，原文为：“你是对的，柏拉图，你是对的。”

③ 在“听”歌曲和“闻”香味的那句句子中，原文用的是同一个动词“听”（слушать）——一词多义。

还带来了对女人统治一切、至高无上的小腿的崇拜。①

要知道，列〔德金〕②也到过西班牙，但是他此行的收获是什么呢？他在这个历史上目无法纪的国家旅行，为的是对普赫塔③、萨维尼④的著作进行“法学”诠释，他不是去看凡丹戈舞和鲍列罗舞⑤，而是去看巴塞罗那起义（就像任何卡丘查舞一样，以无结果而告终）⑥。回国后，他大讲他看到的这次起义，以致督学斯特罗戈〔加〕诺夫摇了摇头，看看他那条病腿，嘀嘀咕咕地说到什么街垒，似乎在怀疑，这位“激进的法学家”是不是在效忠君主的德累斯顿从马车上跌下来，摔到马路上，因而摔伤了自己的腿。

“怎么能这样不尊重科学呢！老弟，你知道我不喜欢开这样的玩笑。”列〔德金〕板起面孔说，不过他一点儿也没有生气。

“这是完——完——全可——可能的，”叶·科〔尔什〕结结巴巴地说，“但是你怎么能把自己同科学完全等同起来呢？难道不尊重科学就是跟你开玩笑？”

“哼，庸俗，现在还不算完。”列〔德金〕又加了一句，接着就以一个悉心钻研罗特克⑦全集者埋头苦干的姿态喝起了菜汤，可是这菜汤上却撒了点儿克留科夫⑧的俏皮话——不过经过精细的加工，大有古罗马的古典主义遗风。

---

① 马罗谢卡是博特金在莫斯科的住地，瓜达尔基维尔是西班牙的一条河流。以上的话是赫尔岑对博特金的玩笑性讽刺，某些话转引自西班牙的一首赞美马德里风流女子的民歌。此歌，博特金曾在自己的《西班牙来信》中全文引用，以形容西班牙女人的美。

② 列德金（1808—1891）：俄国法学家，莫斯科大学和彼得堡大学教授，后为大官僚。

③ 普赫塔（1798—1846）：德国法学家，慕尼黑大学和马尔堡大学教授。

④ 萨维尼（1779—1861）：德国法学家，历史法学派领袖，政治上保守。

⑤ 都是西班牙的民间舞蹈。

⑥ 指一八四二年发生在西班牙巴塞罗那的反对独裁者埃斯帕特罗的起义，后以失败告终。

⑦ 罗特克（1775—1840）：德国自由派历史学家和政治活动家。

⑧ 克留科夫（1809—1845）：莫斯科大学罗马文学与罗马古迹学教授，十九世纪四十年代赫尔岑小组的参加者。

但是大家的注意力已经离开了这些俏皮话，转向了鲟鱼；接着史迁普金便亲自讲解有关鲟鱼的问题，因为他对当代鱼肉问题颇有研究，而且远胜于阿加西兹①对太古时代骨骼化石的研究。博特金望了一眼鲟鱼，眯起眼睛，慢慢地摇了摇头，不过他摇头不是左右摇晃，而是频频点头；只有克〔彻尔〕坚持原则对尘世间的一切壮观无动于衷，他抽起烟斗，顾左右而言他。

我说了这么多废话，请勿见怪，我就不再说下去了；我一想起我们莫斯科的宴会，这些废话就几乎不由得油然落墨于纸上；因为我一时忘记了不应当写这些玩笑话，同时我也忘了这些描述只对我，只对不多几个人，只对不多几个至今健在的人，才显得栩栩如生，活灵活现。每当我历数往事，常常不寒而栗，——想当年，峥嵘岁月，人生几何！……

……我们那几位拉撒路们②又出现在我的眼前，——不过不是带着死亡的阴影，而是更年轻，充满了活力。其中一人，像斯坦克维奇一样，在远离祖国的地方熄灭了，他就是加拉霍夫③。

他的讲话常常使我们放声大笑，但不是快乐的笑，而有时像果戈理引起的那种笑，克留科夫和克〔彻尔〕风趣的笑话，常常像汽酒一样喷涌而出，这是因为他们精力旺盛。可是加拉霍夫的幽默却没有任何令人哑然失笑的地方，这是一个与自我与环境经常发生冲突的人的幽默，他非常希望能够走出这一怪圈，取得内心的平静与和谐——但是希望渺茫。

加拉霍夫受的是贵族教育，他很早就进了伊兹梅洛夫团，但是也很早离开了它，然后才开始真正的自我教育。他很聪明，但是好冲动，爱感情用事，缺乏思辨能力，他固执、任性、迫不及待地想弄清什么是真理，而且这真理还必须是实用的，能立刻付诸实践的。他就像大多数法

① 阿加西兹（1807—1873）：瑞士博物学家和冰川学家，对比较动物学和业已绝迹的鱼类颇有研究。

② 据《圣经》传说，拉撒路死后，基督曾使之复活（见《约翰福音》第十一章）。

③ 加拉霍夫（1809—1849）：赫尔岑和奥加略夫的朋友，四十年代赫尔岑小组的参加者。

国人一样，不肯理会真理只有通过一定的方法才能得到，而且与一定的方法不可分开；而真理之作为结果，不过是一些老生常谈。加拉霍夫不是怀着谦虚的、忘我的态度去寻求真理，而不管找到的是什么，他要寻找的只是使他感到宽慰的真理，因此毫不奇怪，这真理也就从他任性的追逐中溜跑了。他懊恼，他生气。这类人不习惯于否定和分析，他们憎恶解剖学，他们在寻找现成的、完整的、能一通百通的东西。可是我们这个时代，而且是尼古拉统治的时代，又能给加拉霍夫什么呢？

他慌不择路；甚至去敲天主教会的门，但是他的活的灵魂见到那阴森森的微弱的光，闻到那凄凉的天主教隐修室的潮湿的、像坟墓和监狱般的气息时，不得不望而却步，掉头不顾。他抛弃了老的天主教耶稣会①和新的耶稣会——毕舍②，他想研究哲学，但是哲学的冷冰冰、阴森森的门厅又把他吓退了，于是他好几年都停留在傅立叶主义上。

法伦斯泰尔③这一现成组织，这一强制机构，这部分是军营式的管理方法，如果说在批评界并没有引起什么人的赞同的话，它却无疑迎合了许多倦于探索的人之所好，他们几乎眼泪汪汪地请求真理像奶妈一样把他们抱在怀里，哄他们睡觉。傅立叶主义有一个确定的目标：劳动，而且是共同劳动。人们一般往往乐意放弃自己的意志，以求得不再动摇和犹豫不决。这甚至在日常生活中也屡见不鲜。“您今天想去看戏还是去郊游呢？”“随便。”另一人回答，两人都不知道怎么办好，他们在焦急地等待，遇到个什么情况能替他们做出到底去哪儿和不去哪儿的决定。正是在这一基础上，卡贝才得以在美国建立他的修道院，一个共产主义的隐修区，一个直属总主教，名之曰“伊加利亚”的大寺院④。

---

① 天主教修会之一，创立于一五三四年，一七七三年曾一度解散，一八一四年又予恢复。

② 毕舍（1796—1865）：法国政治活动家和历史学家，基督教社会主义思想家之一。

③ 法伦斯泰尔：法国空想社会主义者傅立叶设计的未来社会主义社会的基层组织。

④ 卡贝（1788—1856）：法国空想社会主义者。他于一八四〇年发表小说《伊加利亚旅行记》，宣扬“和平的共产主义”理想。一八四七年在美国为法国工人建立共产主义移民区（伊加利亚公社），最后以失败告终。赫尔岑的这段话是对卡贝这个失败的试验的讽刺和嘲笑。

不安分的法国工人，经过两次革命和两次反动的教育，终于筋疲力尽，怀疑开始左右他们；他们被革命弄怕了，被反动吓怕了，对出现这样一个新玩意儿感到很高兴，终于摒弃了无目的的自由，在伊加利亚屈从于严格的纪律，这纪律当然也决不会亚于本笃会①修士隐修院的严格的礼仪和会规。

加拉霍夫是个有很高素养而且善于独立思考的人，他决不可能完全消失在傅立叶主义里，但是傅立叶主义的确使他痴迷了几年。当我在一八四七年于巴黎遇到他的时候，他对法朗吉②的态度，与其说是信徒对教会的眷恋之情，不如说是我们对求学多年的母校和对度过若干年安逸生活的老家所怀有的那种依依不舍的感情。

在巴黎，加拉霍夫比在莫斯科更显得与众不同和可爱。他的贵族天性，他的高尚的骑士观，时时处处都受到伤害，他就像那些讨厌荤腥的人看到油腻的食物一样，极其憎恶他周围的小市民习气。无论是法国人还是德国人都愚弄不了他，他往往还不屑一顾地看待当时那些名噪一时的人物，常常非常简单地指出他们的渺小和微不足道，他们的见钱眼开，以及他们的死爱面子。在他对这些人的鄙视中，甚至表现出某种与他完全格格不入的民族傲慢。比如说，在说到一个他很不喜欢的人时，他往往以表情、微笑和眯起的双眼，只用一个词“德国人！”，就概括了此人的一生，此人的生理特点，以及日尔曼这一人种所特有的一系列渺小、粗鲁和笨拙等缺点。

加拉霍夫就像所有神经质的人一样，情绪极不稳定，有时候沉默寡言，若有所思，但是 par saccades〔法语：有时候〕又口若悬河，滔滔不绝，用严肃的、经过深思熟虑的话题令人心往神驰，有时候又以一种出其不意

① 本笃会：一译“本尼狄克派”，天主教隐修院修会之一，五二九年由意大利本笃创立，故名。该会曾在意大利创建他们的第一座隐修院，会规极严。他们的隐修院实为一座封建大庄园。它以招收低级修士的方式吸纳贫民入会，终身从事苦役劳动。他们还常刮去古书羊皮卷上的文字以抄写教会书籍，因而毁坏了不少古籍。

② 法伦斯泰尔的别称。

的变幻莫测的形式，三两笔就把一幅图画勾勒得惟妙惟肖，令人捧腹。

要复述这些妙语连珠的话，几乎是不可能的。我只能尽可能地转述一件他讲过的事，而且还只是截取它的一个小小的片段。有一回在巴黎，我们讲到我们跨越我国边境时所经历的不愉快的感觉。加拉霍夫给我们讲了他最后一次是怎么回自己的庄园的，——这简直是一篇chef d'œuvre〔法语：杰作〕。

……我的马车驶近边界；下着雨，遍地泥泞，路上横着一根原木，用黑的和白的油漆漆成一道道；我们只能等待，不让过去。我看到一名哥萨克手持长矛从另一边向我们跑来，骑着马。

"请出示护照。"

我给了他，并说："老总，咱们俩先进哨所，这里雨太大，会把衣服淋湿的。"

"那不行！"

"为什么？"

"请稍等。"

我转过身去，想回奥地利哨所——那可不成：这时像从地底下钻出来似的，出现了一个中国人模样的哥萨克。

"那不成！"

"出什么事了？"

"请稍等！"可是雨却哗哗地下个不停……可是突然从哨所里有个士官喊道："拉起来！"铁链哗哗地响了起来，漆成条纹状的隔离杆开始徐徐升起；我们从这隔离杆下面钻了过去，铁链又哗哗地响了起来，那根原木又放了下来。唔，我想，有来无回了！哨所里有个世袭兵在登记护照。

"这是您本人吗？"他问；我立刻给了他一枚Zwanziger〔德语：二十克里泽银币①〕。

① 旧时奥地利和德国辅币。

这时那士官又进来了;他一句话也不说,唔,我又快点儿给了他一枚 Zwanziger〔德语:二十克里泽银币〕。

“一切无误,请去海关。”

我坐上车,向海关走去……可是老觉得有人在追我们。回头一看——一名手持长矛的哥萨克蹄声嘚嘚地追来了……

“你怎么啦,老总?”

“押送老爷去海关。”

在海关,一名戴眼镜的官员检查我带的书籍。我给了他一枚三马克银币,说:“请放心,这都是些学术专著,医学方面的书!”

“哪能呢,这是什么! 喂,门卫,把箱子盖上!”

我又给了他一枚 Zwanziger〔德语:二十克里泽银币〕。

终于让我们走了;我雇了一辆三套马车,穿过无尽无休的田野;忽然某个地方发出一片红光,越来越大……是火光。

“瞧,”我对车夫说,“啊? 不幸起火了。”

“不要紧的,”他回答,“想必是什么小茅屋或者是什么烘干房着火了;驾,驾,快跑,快跑呀!”

又过了两三个小时,在另一边天上又是一片红光,——这一回我就不问了,心安理得地认为,这又是什么小茅屋或者烘干房着火了。

……我从乡下回莫斯科的时候正逢大斋节①;积雪几乎全化了。雪橇的滑木硬生生地划过石头路面,街灯在黑黝黝的水洼里反射出朦胧的光,拉边套的马把冰冷的泥浆大块大块地甩到人的脸上。说来也怪,在莫斯科,春天刚到,只要五六天不下雨,泥浆就会变成一片尘土,飞进人的眼睛,使人感到喉咙发痒,一名警长心事重重地站在马车上,不满地指着飞扬的尘土,于是一群警察就开

① 基督教的斋戒节期,共四十天,以纪念耶稣开始传教前在旷野辟谷祈祷四十昼夜,大斋节期在耶稣复活节前的四十天。

始忙碌起来，把一些捣碎的砖头铺到路面上，以防尘土飞扬！

伊凡·帕夫洛维奇①总是马马虎虎，大大咧咧，可是他的心不在焉也像叶·科〔尔什〕的口吃一样，是个可爱的缺点；他经常出错，令人啼笑皆非，有时候他有点儿生气，但大多付诸一笑。霍〔夫林娜〕②有一回请他去参加晚会，可是加拉霍夫却跟我们一起去听《夏穆尼的林达》③了；听完歌剧后，他又到舍瓦利埃饭店去坐了大约一个半小时，然后又回家更衣，再动身到霍夫林娜家去。前厅里点着一支蜡烛，扔着一些行李。他走进大厅——空无一人；走进客厅——遇到霍夫林娜的丈夫穿着旅行服装刚从奔萨省回来。霍夫林诧异地望着他。加拉霍夫问他是否一路平安，然后就在安乐椅上安然坐下。霍夫林说，路况很坏，又说他很累。

"那玛利雅·德米特利耶夫娜上哪去了呢？"加拉霍夫问。

"早睡了。"

"怎么早睡了？难道这么晚了？"他问，心里有点儿明白了。

"凌晨四点了！"霍夫林回答。

"四点了！"加拉霍夫重复道，"对不起，我只是想来祝贺您顺利归来。"

另一回，也是在他们家，他去参加一次人家发了请帖专门招待客人的晚会；所有的客人都穿着燕尾服，女士们也全是盛装艳服。加拉霍夫没有被邀请，或者他忘了，却穿着 paletot〔法语：短大衣，常礼服〕去了；他坐了一会儿，拿起蜡烛，点了一支雪茄，便说起话来，既没有注意到客人，也没有留意大家的服装。过了大约两小时，他问我：

"你要到哪儿去吗？"

---

① 加拉霍夫的名字和父称。

② 霍夫林娜（1801—1877）：莫斯科贵族霍夫林之妻，在十九世纪四十年代，与莫斯科文艺界过往甚密。

③ 意大利作曲家多尼采蒂（1797—1848）的歌剧，一八四五年一至二月，曾由意大利歌剧院在莫斯科巡回演出。

“不。”

“你不是穿着燕尾服吗？”

我大笑。

“唉，真荒唐！”加拉霍夫喃喃道，拿起礼帽就走了。

我儿子五岁的时候，加拉霍夫来参加圣诞晚会，给我儿子带来了一件礼物——一个蜡制的玩具娃娃，个头决不比我的儿子小。加拉霍夫亲自让这娃娃坐在桌旁，等着这件意外的礼物产生的惊喜。当圣诞树装饰好了，打开了门，沙夏充满惊喜，慢慢地向前走来，把他那爱恋的目光投向那些金属薄片和蜡烛，但是他突然停了下来，站了一会儿，满脸通红，接着就大声哭着跑了出去。

“你怎么啦，你怎么啦？”我们大家问。

他伤心落泪，而且眼泪汪汪，只是一再说：

“那里有个陌生人家的孩子，我不要他，我不要他。”

他认为加拉霍夫的娃娃是他的竞争者，是他的 alter ego〔拉丁语：第二个我，化身〕，因此感到很伤心，但比他还伤心的是加拉霍夫本人；他一把抱起这倒楣的娃娃就坐车回家了，而且后来很长时间都不愿意提及此事。

我是在一八四七年秋在尼斯最后一次遇见他的。当时意大利的复兴运动正风起云涌，他很感兴趣。他除了对此充满嘲弄的眼光以外，还保有一丝浪漫主义的希望，依旧在追求某种信仰。我们的促膝长谈和我们的争论，促使我想把这些事情写下来。《来自彼岸》就是以我们的一次谈话开始的①。我曾把此书的开头部分念给加拉霍夫听。当时他已病重，在明显地消瘦下去，将不久于人世。他去世前不久，曾给我写过一封很有意思的长信，当时我在巴黎。很遗憾，这封信被我弄丢了，否则我倒可以发表其中的某些片段，公诸同好。

从他的坟头我又转到另一个坟头，这坟头对我更宝贵，更新。

---

① 《来自彼岸》是赫尔岑作于一八四七至一八五〇年的论文集。有关内容可参看该书第一章《暴风雨之前（在甲板上的谈话）》。

二　在朋友的坟头

他心地纯洁而高尚，
他有一颗像爱抚般温柔的心，
跟他的友谊就像童话般难忘。①

……一八四〇年，我路过莫斯科，才第一次遇见格拉诺夫斯基。当时他刚从国外回来，正准备在大学讲授历史②。我很喜欢他那高尚和若有所思的外貌、他那忧伤的眼神、紧蹙的双眉、他那忧伤中透着慈祥的微笑；他当时留着长发，穿一件式样别致的柏林式藏青色大衣，翻领是丝绒的，扣子是呢子的，他的相貌、服装、深色的头发——这一切都赋予他这人以一种温文尔雅和超凡脱俗的风度，他正处于一种青春期已过，已迈入年富力强的时期，即使一个清心寡欲的人对于他也不能无动于衷。我这人一向重视美，认为美就是才华，就是力量。

当时，我只是匆匆见过他一面，因此我带回弗拉基米尔的也仅仅是他的高雅的形象，并以此认定他将是一位我未来的挚友。我的预感没有欺骗我。两年后，当我在彼得堡作短暂停留，以及我第二次流放后回莫斯科定居，我们就成了莫逆之交。

格拉诺夫斯基具有一种天生的心灵美，待人接物很有分寸。他从不自以为是，虚张声势，也从不摆架子，他总是那么纯洁，那么敞开胸怀，因此跟他在一起感到非常轻松。他不以友谊束缚人，而是爱得很深，不是硬要人同意他的观点，也不是对一切都采取无所谓的态度："都好，都一样。"每个真正投身于生活的人，难免有一些"小小不言"的隐私，不想公开，也不想张扬，我不记得格拉诺夫斯基什么时候粗暴地

① 引自奥加略夫的诗《致伊斯康大》(《我走在空旷的原野上》)。
② 赫尔岑与格拉诺夫斯基相识应在一八三九年底，那时格拉诺夫斯基已经在大学里讲课了。

干涉过或者不恰当地干预过别人的隐私。每个人都难免有一些话甚至很难向最亲近的人启齿，虽然他对他们完全信任，但是他们总难免有一些勉强察觉得出来的心弦的音叉难以跟他发生共鸣，可是这些话却可以跟格拉诺夫斯基讲，不用耽心。

在他那充满爱、平静和宽容的心灵里，没有剑拔弩张的纷争，也没有恼羞成怒的吼叫。他在我们中间是把许多事和许多人联系在一起的纽带，他常常使许多互相敌对的人和准备分道扬镳的朋友，出于对他的好感而言归于好。格拉诺夫斯基和别林斯基，虽然彼此完全不同，但都是我们这个圈子里最光辉、最杰出的人。

在俄国现在刚刚走出来的那个艰难时世的末期①，当一切都被打倒在地，只有那些官方的卑鄙下流之徒才能大声说话，文学处于停滞状态，课堂上讲授的不是科学，而是奴才的理论，书报检查机关看到基督的教诲也会摇头，甚至想大笔一挥，删略克雷洛夫的寓言②，——可是那时候，看到格拉诺夫斯基站在讲台上，心里就会觉得轻松些。“如果他还在上课，那，还不是一切都完蛋了。”每个人都这么想，呼吸也就畅快了些。

可是，要知道，格拉诺夫斯基既不像别林斯基那样是个战士，也不像巴枯宁那样是个雄辩家。他的力量不在于针锋相对地论战，不在于大胆地否定，而恰恰在于正面的精神影响，在于他引起的对他的绝对信任，在于他天性的艺术禀赋，在于他平静、安详的精神和性格的纯洁，在于他持久不断地、深刻地对俄国现存秩序的抗议。不仅他说的话对人产生影响，甚至他的沉默亦然；他的思想因为不能说出来，会十分鲜明地表现在他的脸上，使人很难不一目了然，尤其在这样一个国家，狭隘的独裁专制使人们学会了猜到和懂得欲说还休的言外之意。在那个从

① 指尼古拉一世统治时期（1825—1855），尼古拉一世死于一八五五年。

② 据赫尔岑称，他曾获得可靠情报（据十九世纪五十年代中叶的一封莫斯科来信），自从一八四八年成立“书刊秘密检查委员会”以后，该会居然有人建议，不要全部重印《圣经》和《福音书》，至于克雷洛夫寓言，则有十二篇应予剔除。

一八四八年到尼古拉去世的到处都是迫害的黑暗岁月，格拉诺夫斯基不仅善于保持自己的教席，而且还善于保住自己独立的思维方式，而这是因为在他身上除了像骑士般勇敢的、忠贞不二的热烈信念以外，还有与之和谐地结合在一起的女性的温柔，形式的委婉，以及我们在前面已经提到过的他那和为贵、求同存异的本能。

格拉诺夫斯基使我想起宗教改革时期①许多思想深邃、行动稳健的革命传教士，他们不像路德那样咄咄逼人，剑拔弩张，“在自己的愤怒中充分感觉到自己的生活”，而是这么一些性格开朗、性情温和的人，他们无论是戴上光荣的桂冠，或者是苦难的荆棘冠，都同样处之泰然。他们不嗔不怒，温文尔雅，步履坚定地往前走，但是，绝不捶胸顿足，意气用事；这些人连法官见了都害怕，法官都不知道拿他们怎么办；他们宽厚的笑容甚至使刽子手都感到汗颜，受到良心的谴责。

科利尼②本人是这样，吉伦特派③中的优秀分子也这样。格拉诺夫斯基就其心灵的整个结构来说，就其浪漫主义的气质来说，就其不喜欢走极端来说，更像胡格诺派和吉伦特派，而不像再洗礼派或者山岳派。④

格拉诺夫斯基对莫斯科大学和整个年轻一代的影响是巨大的，而且他死后仍在发挥影响；他在自己身后留下了长长的光带。使我特别感动的是，看到他过去的一些学生为了纪念他而献给他的书，他们在书

---

① 指十六世纪以德国人马丁·路德为首的反对天主教罗马教皇的宗教改革运动。

② 科利尼(1519—1572)：胡格诺派领袖，海军上将，后成为新教徒，在第二次和第三次宗教战争中领导胡格诺派。在一五七二年巴黎的巴多罗买之夜(一译巴托罗缪之夜)的大屠杀中首先被害。

③ 法国资产阶级革命时期的一个政治派别，先加入雅各宾俱乐部，后退出。他们赞成废除君主制，成立共和国，曾一度执政。

④ 胡格诺派是基督教新教的一个教派，一五六二至一五九八年曾与法国天主教派发生胡格诺战争，后虽在形式上得到“宽容”，但仍多次遭受迫害。再洗礼派是欧洲中世纪基督教的一个教派，反对封建专制制度及其支柱天主教会，具有基督教社会主义思想，后参加一五二四至一五二五年的德国农民战争和一五三四年的闵斯德公社起义，遭镇压。山岳派即雅各宾派。

的序言中，在报刊文章中，热情洋溢地谈到他，看到这些年轻人的美好愿望，他们要把自己的新作献给他们已故的良师益友，在开篇伊始就悼念他，认为他们师承格拉诺夫斯基，他们的学养渊源于他。

格拉诺夫斯基的成长不同于我们。他先是在奥廖尔受的教育，后来又进了彼得堡大学。父亲供给他的钱不多，因此他从非常年轻的时候起就必须“按约”为杂志撰稿。他和他的朋友科〔尔什〕(那时他遇到了他，并且从那时候起一直到死，他们俩一直是最要好的朋友)一直为森科夫斯基工作，他需要一些新生力量和没有经验的青年替他卖力，以便把他们兢兢业业的劳动掺进葡萄汽酒般的《读者文库》①。

说实在的，他毕生都不曾有过纵情声色犬马的时期。大学毕业后，师范学院把他派往德国。在柏林，格拉诺夫斯基遇到了斯坦克维奇，②这是他的整个年轻时代最重要的事件。

凡是知道他们俩的人都会明白，其实格拉诺夫斯基和斯坦克维奇早就应当相见恨晚，彼此成为至交了。他们在脾气、志趣和年龄等上有许多相似之点……而且两人在自己的胸腔中也早都有了英年夭折的胚胎。但是要使两人血肉相联，难舍难分地彼此亲近，光有相似之点是不够的。只有互相补充的爱，才能使这爱更深刻，更牢固；对于一种积极的爱，不仅应当有相似，还应当有差别；没有差别，感情就会萎缩，被动，变成一种习惯。

这两位青年的追求和力量有着很大的差异。斯坦克维奇早年就曾受过黑格尔辩证法的锻炼，具有很突出的思辨才能，如果说他在自己的思维中加进了美学因素，那无疑他也在自己的美学中加进了同样多的哲学。格拉诺夫斯基十分赞同当时的学术倾向，但是他既不爱抽象思

---

① 《读者文库》：俄国最早的大型月刊(一八三四年创刊)，由森科夫斯基(一译先科夫斯基)任主编。选载的作品花样繁多，文笔生动，颇受读者欢迎。后转向反动，撰稿人也由一流转为二流，文风日衰。

② 格拉诺夫斯基是由莫斯科大学派往德国的；他与斯坦克维奇的友谊是在一八三六年春，还在莫斯科的时候开始的，在他俩出国之前。

维，也没有抽象思维的才能。他非常清楚自己的使命，因而挑选了历史作为他的主攻方向。他永远也不会成为一名抽象的思想家，也永远成不了一名自然科学家。他既受不了逻辑学的冷冰冰的铁面无私，也受不了自然界冷冰冰的客观性；为了思想摒弃一切，或者为了观察自然摒弃自我，他都办不到；相反，人世间的事使他非常感兴趣。难道历史不就是那同一种思想和同一种自然的另一种表现吗？格拉诺夫斯基想的是历史，学的是历史，后来又用历史来进行宣传。而斯坦克维奇则把当代的学术观点及科学的研究方法，富有诗意地，并作为礼品赠送给他。

一些迂夫子却对此表示怀疑……因为他们一直是以流多少汗和是否已经累得上气不接下气来衡量一个人的思想成果的。我们倒要请问他们，那，蒲鲁东和别林斯基又是怎么回事呢？难道他们不是比那些读死书的烦琐哲学家（他们研究黑格尔的方法论不是研究到头发脱落，脸上都布满了皱纹吗）更懂得黑格尔的辩证法吗？要知道，他们俩没有一个人懂德语，他们俩没有读过一本黑格尔的书，也没有读过一篇他的左的和右的追随者们写的学位论文，而只是有时候与黑格尔的弟子们探讨过黑格尔的方法论罢了。

格拉诺夫斯基和斯坦克维奇在柏林的生活，根据一个人的叙述和根据另一个人的书信①，乃是他一生中最光辉灿烂的篇章之一，当时他俩风华正茂，年富力强，雄姿英发，彼此善意地讽刺和打闹，同时又严肃地进行学术研究，而且这一切都充满着热烈的、深刻的友谊，而这样的友谊只有青年时代才会有。

大约过了两年，他俩分手了。格拉诺夫斯基到莫斯科去教书，斯坦克维奇则到意大利去治疗肺痨，不治死去。斯坦克维奇的死使格拉诺夫斯基大惊失色。过了很久，他才收到一块嵌有死者头像的颈饰，当时我也在那里；我很少见到比这更令人万念俱灰的、静静的、无言的悲

---

① 所谓叙述指格拉诺夫斯基亲自告诉赫尔岑的话；而书信则指斯坦克维奇写给朋友的信（据《尼古拉·弗拉基米洛维奇·斯坦克维奇。他的书信往来与由安年科夫写的传》，莫斯科，一八五七年）。

伤了。

这是在他婚后不久发生的[①]。他那幸福美满的新生活因此而蒙上了一层悼亡的黑纱。这个打击留下的印迹很久都未能消除；我也不知道它后来有没有彻底消除。

他的妻子很年轻，身体还没有完全发育成熟；她身上还保留着少女时代所特有的某种不和谐，甚至漠不关心的因素，这情形经常可以在年轻的金发女郎，尤其是在日耳曼血统的金发女郎身上遇到。这些人的天性常常很能干，很坚强，但是觉醒得很晚，很长时间都处于昏睡状态。促使这位年轻姑娘觉醒的推动力是这样温柔，这样没有痛苦和缺少斗争，它来得很早，早得连她自己也几乎察觉不出来。血液仍旧缓缓地和平静地流过她的心脏。

格拉诺夫斯基对她的爱，是一种温文尔雅的友谊，更多的是深沉和温柔，而不是热烈。一种祥和和令人感动的平静的气氛笼罩着他们这个年轻的家。有时看到格拉诺夫斯基在埋头工作，他身旁站着一位亭亭玉立、像树枝一样低垂着身躯、一声不响、沉浸在爱与幸福之中的女友时，心里就不由得感到愉悦。我瞧着他们，这时不由得想到基督教新教那些初创者的光辉、圣洁的家庭，他们无畏地唱着被迫害者的赞歌，随时准备手挽着手，平静而坚定地行进在宗教法官面前。

我看，他俩就像兄妹，更何况他们没有孩子。

我们很快成了好朋友，几乎每天都见面；我们常常通宵达旦地聊天，谈各种各样的事……在这些促膝长谈的时刻，人们常常会变得情投意合，难舍难分，情同莫逆。

一想到后来我会同格拉诺夫斯基在理论观点上产生长久的分歧，——每念及此，我就感到可怕和痛心。而这些理论和信念对于我们并不是无关痛痒的，而是我们生活的真实基础。但是我要赶紧声明，如果说时间证明我们可能会彼此相左，互不理解和使对方难过，那么更多

---

① 格拉诺夫斯基是一八四一年十月与缪尔哈乌曾结婚的。

的时间却加倍地证明，我们既不可能分道扬镳，也不可能视同陌路，甚至死亡也无力做到这点。

诚然，在晚得多的时候，在原来热烈地、深深地彼此相爱的格拉诺夫斯基与奥加略夫之间，除了理论上的争执以外，也曾发生过某种不悦①，但是我们将会看到连这点儿不悦也完全消除了，虽然时间晚了点儿。

至于我们之间的争论，是格拉诺夫斯基亲自把它结束的，他于一八四九年八月二十五日从莫斯科写了一封信给我，寄到日内瓦，在信的末尾，他是这样写的。我怀着虔诚和骄傲复述如下：

> 对你们两位（即奥加略夫和我）的友谊，我花了不少心血。其中有一部分热情曾促使我在一八四六年伤心痛哭，责备自己无力扯断我们之间的联系，因为，显然，它已经不可能再继续下去了。我几乎绝望地发现，您已经牢牢地拴在我心上，要把它斩断而不触及我的血肉，那是不可能的。这段时间对于我不是毫无益处地过去的。我走出了我自己的坏的一面，我胜利了。您曾经指责过我的那种浪漫主义，已经了无痕迹。然而我天性中的一切浪漫主义，却融进我个人的爱好中。你记得我读了你的《克鲁波夫》②后写给你的信吗？它是在一个我难忘的夜晚写的。覆盖在我心头的那块黑布脱落了，你的形象重又光辉灿烂地在我心头复活了，我向在巴黎的你伸出手，就像我们生活在莫斯科的那些美好、神圣的日子那样向你伸出手一样，既自在轻松，又充满了爱。不仅是你的才华使我折服。这篇作品向我吹来一阵轻风，你整个的人都跃然纸上。从前你曾经侮辱过我，说什么“你别指望任何个别，要相信一般”，

① 奥加略夫和格拉诺夫斯基之间的友好关系是在十九世纪四十年代末被破坏的。部分原因是格拉诺夫斯基不赞成奥加略夫与图奇科娃结婚，不赞同奥加略夫为了挽救他在奔萨省的领地以免他的发妻提出诉讼，而把该领地转让给了沙青和巴甫洛夫，并指责奥加略夫“灵魂空虚”。

② 指赫尔岑的中篇小说《克鲁波夫医生》。

而我却十分重视个别。但是，对于我来说，你就体现了个别和一般，二者合而为一。而且正因为这点，我充分地、热烈地爱你。①

请读者在阅读我所讲的关于我们的争执时，不要忘了我在上面引述的这段文字②。

一八四三年年底，我发表了我的系列文章《科学上的一知半解》，它们的成功使格拉诺夫斯基像孩子般快乐。他带着《祖国纪事》到处串门③，亲自朗读、讲解，如果有人听了不喜欢，他还当真很生气。紧接着，我也看到了格拉诺夫斯基的成功，而且远胜于我。我说的是他的英法两国中世纪史的首次公开课④。

"格拉诺夫斯基的课，"恰达叶夫在听完第三讲或者第四讲，走出挤满了女士和全莫斯科上流社会人士的教室时对我说，"是具有历史意义的。"

我完全同意他的观点。格拉诺夫斯基把教室变成了客厅，变成了beau mond'a〔法语：上流社会〕见面、聚会的场所。他并没有为此而把历史穿戴打扮一番，恰恰相反，——他用词十分严谨，非常严肃，充满力量、勇气和诗意，这给听众以强烈的震动，唤醒了他们。他的勇气所以能不受惩罚，平安无事，并不是因为他的让步，而是因为他措词的自然和委婉，没有à la française〔法语：法国式的〕的刺耳的判决，在寓言之后又画蛇添足般地加上一段劝善惩恶的说教。他只讲事实，艺术地把它们穿插在一起，他用事实说话，使它的含义不言自明，洞若观火，让听众听了觉得他说出了他们心里想说的话，似乎这就是他们自己的想法

① 这是一段不完全准确的引文，引自赫尔岑指出的上述信件。关于克鲁波夫的信，参见一八四七年九月初格拉诺夫斯基写给赫尔岑的信。

② 关于赫尔岑与格拉诺夫斯基的理论争执，请参看本卷《往事与随想》第三十二章。

③ 《科学上的一知半解》发表在《祖国纪事》一八四三年一月号、三月号、五月号和十二月号上。

④ 赫尔岑对格拉诺夫斯基这次公开课的评价，曾在莫斯科的刊物上发表过两篇文章，一次是在听了第一讲之后，一次是在讲课结束之后。题目分别是《格拉诺夫斯基君的公开课》和《评格拉诺夫斯基君的公开课》。

似的。

第一次公开课的结束，对于他是一次真正的欢呼，这在莫斯科大学是闻所未闻的。当他深受感动地结束讲课，向听众表示感谢时，——所有的人都如痴如醉地一齐起立，女士们向他挥舞手帕，其他人则冲到讲台前，跟他握手，问他要照片。我亲眼看到一些年轻人，涨红了脸，含泪高呼“太棒了！太棒了！”要走出教室是不可能的事；格拉诺夫斯基脸白如纸，他抱着胳臂站在那里，微微侧着头；他还想说几句话，但是他说不出来。像炸了窝似的鼓掌声，欢呼声，发狂般的赞许声，有增无已，大学生们排列在楼梯上——他们让出了教室，让来宾们在那里尽情欢呼。格拉诺夫斯基十分疲倦地穿过人群走进会议室；几分钟后，人们才看见他从会议室里走出来——又是没完没了的鼓掌声；他又回转身来，摆手请大家饶恕，然后激动得筋疲力尽地走进办公室。在那里，我扑过去搂住他的脖子，我们默默地相拥而泣。

……还有一次，我也曾这样泪水涟涟，即在夕阳残照中的罗马角斗场，老英雄奇切罗瓦基奥把他的小儿子献给武装起义的罗马人民，而且这就发生在他俩英勇就义的前几个月，他们是被一个戴上皇冠的浑小子手下的拿枪的刽子手未经审判就擅自枪决的。①

是的，这眼泪是宝贵的：一次是因为我相信俄罗斯，一次是因为我相信革命！

革命在哪里？格拉诺夫斯基在哪里？在那里——那里有那个长着一头黑色鬈发的少年和那个膀大腰圆的 popolano〔意语：平民〕②，以及其他许许多多与我们亲如手足的人。我们还对俄罗斯存在着信心。难道有朝一日我们还会对俄罗斯失去信心吗？

---

① 赫尔岑在这里讲的是意大利民族解放运动中的一个插曲——一八四八年三月二十三日为招募和派遣志愿兵抗击奥地利军队，在罗马的角斗场召开了一次群众大会。老英雄奇切罗瓦基奥把他十五岁的儿子送去当兵，后战死沙场，老英雄也于一八四九年八月革命失败后被枪决。“戴皇冠的浑小子”指于一八四八年十二月二日登上皇位的奥地利皇帝弗朗茨·约瑟夫（当时他才十八岁）。

② 这里分别指前面提到的老英雄奇切罗瓦基奥和他的十五岁的儿子。

但是为什么神经麻木的偶然性要把格拉诺夫斯基带走呢！他是位人品高尚的活动家，他是位饱受苦难的人，而且他离我们而去时正当俄国的另一个时代方才开始的时候，纵然是怎样的时代还不明朗，但毕竟是俄罗斯的另一个时代；为什么这个俄罗斯不让他呼吸一下新鲜空气呢，这新鲜空气正在我们这里轻轻吹拂，它已经不那么强烈地散发出宪兵的刑讯室和兵营的味道了。

他的死讯传来使我大惊失色。当人家把信递给我的时候，我正在里士满前往火车站的途中。我一面走一面看信，说真的——我都没有立刻看懂。我坐上火车，不想再重读这封信：我怕它。不相干的人，脸是那么愚蠢和丑陋，忽进忽出，火车在鸣笛，我望着这一切，在想："这简直是胡说八道！怎么可能呢？那样一个年富力强的人，他的音容笑貌，历历在目，——他似乎已不在人世了？……"我昏昏欲睡，睡得很沉，我感到非常冷。在伦敦，我遇到了塔朗迪埃①；我一面向他问好，一面告诉他，我收到了一封报告噩耗的信，似乎我也刚听到这一噩耗似的，眼泪止不住地往下流。

近来，我们联系很少，但是我需要知道，在那里——在远方，在我们的祖国——这个人还活着！

没有他，莫斯科就变得空了，又一个联系中断了！……将来我能不能有这样的机会，离开所有的人远远的，独自一人去凭吊他的坟地呢？这坟埋葬了这样多的力量、这样多的未来、爱和生命，——就像我曾经凭吊过的另一个他并不完全陌生的坟地一样②！

我要在那里朗读那段伤心和解的悼文，我对这文字感到如此亲切，因此我把它要了来献给我们的回忆。

---

① 塔朗迪埃(1822—1890)：法国政治活动家和政论家，曾参加一八四八年法国革命，后流亡英国，与赫尔岑成为知交。

② 可能指他的妻子娜·亚·赫尔岑(卒于一八五二年)的坟墓。

悼亡友①

在凄凉的秋天……
在墓前的一个个瓶饰和墓碑中间，
又出现了一座新坟，
不久前你被黄土掩埋。
你的学生亲手向你献上
爱的礼物，悲哀的礼物，
用绿叶和鲜花编成花圈
散放在你的墓前。
墓的上方，挺立着一棵青松，
这墓地的永恒守卫者。
它在寒风肃杀的秋日里，
漠然地摇曳着它那
绿色而又凄凉的头颅，
一条小河冲刷着河岸，
在近处波澜不兴地，
沿着没有尽头的河床，
静静地、潺潺不息地流淌。

我长久生活在远方，
久违你温暖的友谊，
你对我的最后的问候，
我也未能从你口中听到。
你对我们的争执很是不满，
可能你还感到十分伤心；

① 赫尔岑在这里引用的是奥加略夫的诗。这首诗在本章初次刊印时尚未发表。

你曾在无意中伤害过我，
我还没有来得及原谅你。
我们谁也不可能心怀恶意，
我俩的脾气都很固执，
明知不对，却不肯主动认错，
但是每人都在想，他是对的，
因此我来与你言归于好，
我渴望向你真诚地说出
衷心地请你原谅的话，
同时也衷心地接受你的原谅……
但是晚了……

在那凄风苦雨的日子，
在那没有生气的秋日，
我独自站在你的墓前，
依然不能平静。
难道我再也见不到我的朋友了？
你的目光难道永远熄灭了？
你的声音难道在病痛中喑哑了？
从今以后，你再也不能
在见面时拥抱我了？
在送别时再也不会说任何话了？
你也再不会用你的爱心倾听
我发自心底的倾诉了？
一切都结束了，一去不复返了，
不管你怎样把可怖的真实隐藏！——
我的冰冷的嘴唇，
却在不知所云地喃喃自语，

我身上掠过一阵寒栗，
有人在责怪我，
一阵号哭涌上我的心头，
我的神志模糊了，目光不清了，
我血管里的血凝结了，凝结了……
快到户外去！给我个亮！
噢！这可怕，太可怕了，
就像做了场噩梦，或是梦魇……

　　我终于挺过来了，生活
重又在事业和欢娱中彳亍。
可是心中的悲痛却无法愈合，
在强颜欢笑中眼泪仍在涌动。
友人业已永别，我永远失去了他，
只留给我一副死亡的遗容；
我看着它——这亲如手足的形象，
似乎死神并没有把它从我心头夺走。
突然一个幻想浮上我心头，
这不过是一场春梦；
他睡着了，笑容犹在脸上徜徉，
他明天又会苏醒；
又会响起他那高尚激越的声音，
他又会给年轻人送上珍贵的礼品，
那自由的精神，
那思想的光，和心灵的热情……
但是在忧伤的哀思中
又浮现出一个个瓶饰和墓碑，
和坟头的一抔新土

偃卧在绿叶和鲜花中，
坟头矗立着一棵青松，
这墓地的永恒守卫者，
正随着秋风苦雨漠然地、
悲伤地摇曳着它那苍劲的头颅，
小河中的波浪正冲刷着河岸，
在奔腾，在潺潺不息地急速流动。

格拉诺夫斯基没有受到迫害。在他那悲愤的目光下，连尼古拉的禁卫军也望而却步。他死了，却受到新一代的普遍爱戴，受到俄国整个知识界的同情，也得到自己敌人的承认。然而我还是坚持我的看法：他很痛苦。并不仅仅是因为铁的锁链在磨损他的生命。恰达叶夫在他寄往国外写给我的惟一的一封信（一八五一年七月二十日）中说格拉诺夫斯基正在死去、衰老、快步走向生命的终点，——“倒不是因为那迫使人奋起反抗的压迫，而是因为那迫使人不得不忍气吞声、逆来顺受的势力，正因为此，它比前者更易致人以死命”。

我面前放着三四封格拉诺夫斯基于近年写给我的信；他在字里行间流露出多少要命的、蚀骨的悲伤啊！

他在一八五〇年写道：

我们的处境变得一天比一天难以忍受了，西方的每次运动都会在我们这里引起迫害的措施。告密的事层出不穷。三个月来调查我两次。但是与普通的受难和受压迫相比，个人的安危又算得了什么。大学面临着关闭的危险，现在还仅限于下列已被执行的措施：提高学费和减少学生的法定人数，根据此项规定，每所大学的法定人数不得超过三百人。莫斯科大学现有学生一千四百人，因此必须减少一千二百人，才允许招收一百名新生。贵族学校已被关闭，许多学校也面临同样的危险。比如皇村学堂①。专制制

① 彼得堡的皇村学堂是一所贵族学堂，包括中学部与大学部。

度在大声扬言，它与文明不能相容。他们还为士官学堂制定了新的教育大纲。对于制定这个大纲的军事教育家，连耶稣会士①也会自叹弗如。规定神父必须向士官生灌输，基督的伟大主要是服从当权者。基督被说成是服从命令和遵守纪律的典范。历史教员必须揭露古代共和国金玉其外的所谓美德，显示历史学家都莫名其妙的罗马帝国的伟大，而罗马帝国惟一欠缺的就是缺少遗传性！……

真能叫人发疯。幸亏别林斯基死得早。许多正派人陷入了绝望，用迟钝的、平静的目光望着所发生的事，——这世界什么时候才会崩溃呢？……

我打定主意决不辞职，我要留下来等候命运的安排。多少还可以做些事嘛——让他们自己来把我撵走好了②。

……昨天传来了加拉霍夫的死讯，而不久前还盛传你也死了。有人告诉我这事时，我打心眼里想哈哈大笑。不过话又说回来，你干吗不死呢？要知道，这并不比其他谣言更荒谬。③

一八五三年秋，他又写道：

每次想到我们(即与我在一起的时候)从前是怎么样，现在又是怎么样的时候，心里就闷闷不乐。我们还是照老样子喝酒，但是心里并不痛快；只有想到你的时候，心里才会感到年轻。我目前最美和最可喜的幻想，就是再一次见到你，但是，这幻想恐怕无法实现了。④

在他最后的来信中有一封信是这样结束的：

---

① 耶稣会士在俄语中又有伪善、狡诈、口蜜腹剑之意，而且耶稣会士必须绝对忠于教皇，无条件地服从教皇的一切旨意。

② 以上是格拉诺夫斯基一八四九年六月写给赫尔岑的信的不确切的引文。

③ 以上是格拉诺夫斯基一八四九年七月写给赫尔岑的信的不确切的引文。

④ 以上是格拉诺夫斯基一八五三年八月写给赫尔岑的信的不确切的引文。

可以听到低沉的普遍的怨声载道,但是反抗的力量在哪里呢?对抗在哪里呢?沉闷啊,老伙计,——活人是没有出路的。[1]

在我们这个北国,野蛮的专制独裁常常使人未老先衰,英年早逝。我带着内心的恐惧回首往事,就像回顾战场似的,——到处是一片白骨和伤残者……

格拉诺夫斯基不是孤身一人,而是同几位年轻的教授一道,在我们流放期间从德国回来的。他们大大推动了莫斯科大学的进步,历史不会忘记他们。这些治学严谨的学者,这些黑格尔、甘斯和里特尔[2]等人的学生,他们在听他们讲课的时候,辩证法的骨骼正在长出肌肉,科学也不再认为它是与生活对立的,甘斯来上课的时候也不再手拿大本的古籍,而是拿着最新出版的巴黎和伦敦的杂志。人们在当时正试图用辩证法精神来解决当代的历史问题;这是不可能的,但却使人们对事实认识得更清楚了。

我们的这些教授随身带来了这些宝贵的理想,对学术、对人的热烈信念;他们保持着青年时代的全部热情,大学的讲台对于他们乃是神圣的讲经台,他们的使命就是从大学的讲台上向人们传播真理;他们走进教室不是作为某个小圈子的学者,而是作为人类宗教的传教士。

现在这些灿若群星的年轻教师,从他们中的佼佼者格拉诺夫斯基算起,到哪里去了呢?可爱的、杰出的、博学多才的克留科夫才活了三十五岁就死了。古希腊语文学家埃利尼斯特·佩切林[3]在可怕的俄罗斯生活中拼命挣扎,终于忍无可忍,意志消沉,抱病在身,无目的、身无分文地只身流落国外,像个无家可归的孤儿似的到处流浪,变成了耶稣会神父,在爱尔兰放火焚烧基督教新教的《圣经》[4]。列

---

① 这是格拉诺夫斯基较早的一封信(一八四九年六月)。这里是赫尔岑对这封信的自由转述。

② 里特尔(1791—1869):德国哲学家和哲学史家。

③ 佩切林(1807—1885):莫斯科大学希腊语文学教授,后削发当了修士。

④ 耶稣会:一名"耶稣连队",天主教修会之一,是天主教反对新教的主要教派。指控佩切林焚烧新教《圣经》,查无实据,被法院宣告无罪。

〔德金〕[1]则削发当了在家修士，他在内政部供职，写了不少附有《圣经》经文的受到上帝启示的论文[2]。至于克雷洛夫[3]——但是够了。——La toile！La toile！〔法语：落幕！落幕！〕

① 列德金(1808—1891)：莫斯科大学法学教授，后来成了大官僚。

② 指列德金所写的系列文章《什么是教育?》，其中引用了《圣经》的大量章节，以进行基督教的道德说教。此外，列德金并不在内务部工作，而是在皇室地产部。

③ 尼·克雷洛夫(1807—1879)：莫斯科大学历史学教授，一八三九至一八四四年任书报检查官。

第三十章　我们的论敌

斯拉夫派和泛斯拉夫主义——霍米亚科夫、基列耶夫斯基兄弟、康·阿克萨科夫——恰达叶夫

是的，我们是他们的论敌，不过是十分奇怪的论敌。我们的爱是共同的，但又不一样……我们像雅努斯①，或者像双头鹰，同时望着不同的方向，但是却跳动着同一颗心②。

《钟声》报第九十期(悼念康·谢·阿克萨科夫)

一

与我们的朋友圈并立的，还有我们的论敌，nos amis les ennemis〔法语：我们的朋友兼敌人〕③，或者说得更确切点儿，nos ennemis les amis〔法语：我们的敌人兼朋友〕——莫斯科的斯拉夫派。

我们之间的论战早已结束，我们彼此都向对方伸出了手；但是在四十年代初，我们仍剑拔弩张，彼此敌对，——为了始终如一地遵循我们的原则，也必须这样做。他们对我国历史幼年时期的幼稚崇拜，我们本

---

① 古代意大利的门神，他有两副面孔(一副看着过去，一副看着未来)。

② 摘自由赫尔岑撰写的悼念康·阿克萨科夫的祭文(一八六一年一月十五日《钟声》报第九十期)。

③ 语出贝朗瑞的诗《这些姑娘们的看法》(*L'opinion de ces clemoiselles*)。

可以置之不理;但是考虑到他们把他们的正教信仰看得过于认真,看到他们在两方面(即对科学和对分裂派的态度方面)都抱着宗教上的偏执态度,我们又必须针锋相对地反对他们。我们认为他们的学说无异是给沙皇涂上新的圣油,给思想套上新的锁链,让自己的信仰重新听从奴颜婢膝的拜占庭教会的统辖。①

我们长期不了解俄罗斯民族及其历史,这都是斯拉夫派造的孽;他们严肃而呆板的理想和神香的烟雾,妨碍我们看清人民的生活习惯和乡村生活的基础。

斯拉夫派的正教信仰,他们的志在复古的爱国主义,以及被夸大了的、触犯不得的民族感情,是他们走向另一个极端引起的。他们观点的重要之点,以及这种观点的真谛和本质方面,根本不在于他们的正教信仰和与众不同的民族性,而在于俄罗斯生活中的那样一些自发势力,而这种自发势力乃是他们在虚假文明的肥料下培育并发现的。

民族性的思想就其本身来说乃是一种保守思想,它是为了保护自己的民族权利,并把这与外来影响对立起来,其中有着犹太教关于种族优越性的观念,以及贵族们追求纯正血统和长子继承权的奢望。民族性,只有作为旗帜,作为一种战斗口号,当人民为了争取民族独立,推翻外来压迫时,才会被革命的光环所笼罩。因此,民族感情及其一切夸张之辞,在意大利和波兰充满了诗意,而与此同时,在德国却是鄙俗的。

向我们证明我们的民族性,比向德国人证明他们的民族性更显得可笑:因为连骂我们的人也不怀疑我们的民族性,他们恨我们是因为害怕,但决不会像梅特涅否定意大利那样否定我们②。我们需要用我们的民族性来对抗德国化的政府及我国的一切丧权辱国的变节者。这个

---

① 俄罗斯正教会原属希腊东正教,由拜占庭帝国的君士坦丁堡牧首管辖,后独立。

② 梅特涅(1773—1859):奥地利外交大臣和首相,曾积极参加和建立“神圣同盟”,镇压欧洲革命和民族解放运动。他曾在一八四一年八月二日的一份备忘录中说:“意大利不过是个地理概念。”

家庭内部的斗争，不可能上升为史诗般的抗御外侮的斗争。斯拉夫派作为一个学派，作为一种特殊的学说出现，是完全合乎道理的；但是他们如果没有拿正教的神幡作旗帜，没有《家训》①以及彼得大帝以前的非常俄罗斯的、但是异常艰难困苦的生活作理想，那他们只会是一群属于另一个时代的匆匆过客，是一群古怪的具有变形术的人。斯拉夫派的力量和将来并不在那里。他们的宝物也许就藏在教堂的古董中，但是这宝物的价值并不在于它的容器和形式。他们一开始就没有把二者分开。

对我们本国的历史回忆，会不由得使人想起同一种族的所有其他民族。我国的斯拉夫派把有人对西方泛斯拉夫主义的赞同认为是彼此的事业相同和学派相同，他们忘了国外排外的民族主义同时也是受到外国压迫的民族号哭。西方的泛斯拉夫主义在出现之初，即为奥地利政府所接受，认为这是保守的一步。它在维也纳会议②这一可悲的时期获得了发展。一般说，这是一个形式各异的借尸还魂和复旧的时代，这是一个各种各样的拉撒路③（新的和腐烂发臭的）的时代。与 Teutschtum〔古德语：日耳曼主义〕（旨在重建“红胡子④”和霍亨斯陶芬王朝⑤的“辉煌盛世”）一起，出现了捷克的泛斯拉夫主义⑥。各国政府对这一动向表示欢迎，先是鼓励发展民族间的仇恨；广大群众重又按照种族的亲疏结合在一起，种族的纽带绷得更紧了，改善自己生活的要求重又从总的要求中被剥离出去；国境线变得更加不可逾越，民族之间的联系

---

① 《家训》：俄国十六世纪的一部作品，是一部家庭生活准则和家训的汇编，旨在巩固和加强俄国宗法社会的家长制。

② 拿破仑帝国瓦解后召开的国际会议（1814—1815）。一八一五年一月三日，英、法、奥秘密签订反对俄国和反对普鲁士的《维也纳条约》。

③ 指拉撒路死而复活（参见《新约·约翰福音》第十一章）。

④ 红胡子：德意志神圣罗马帝国腓特烈一世的外号，在位时曾六次入侵意大利。

⑤ 霍亨斯陶芬王朝（1138—1254）：德意志神圣罗马帝国的封建王朝，该王朝统治期间，曾一再入侵意大利北部。

⑥ 十九世纪的一种运动，最初是由斯拉夫知识分子、学者和诗人掀起的。他们热心研究斯拉夫各族人民的民歌、传说和农民土话。这些活动主要在布拉格进行，并以这个城市为泛斯拉夫主义运动的中心，故称捷克的泛斯拉夫主义。

与同情中断了。不言而喻，他们允许抬头的仅限于彼此冷漠的民族性或者虚弱无力的民族性，但也仅止于他们的活动局限于学术和考古研究和词源上的论争。在米兰和波兰，民族性无论如何不会仅限于语法之争，因此必须严加防范，不许越雷池一步。

捷克的泛斯拉夫主义挑起了俄罗斯的斯拉夫情结。

斯拉夫主义，或者说俄罗斯主义，不是一种理论，也不是一种学说，而是一种被侮辱的民族情感，是一种模糊的回忆和忠于自己民族的本能，是一种专门针对外国影响的反抗，这从彼得一世带头剃须那个时代起就开始了。①

对彼得堡恐怖活动的反抗，从未间断过：被处死的，被凌迟的，被吊死在克里姆林宫雉堞上的，和在那里被缅希科夫②和沙皇的其他少年游戏兵③枪杀的，比比皆是，请看那些被毒死在彼得堡要塞囚堡中的叛乱的火枪兵的下场，④再请看阿列克谢太子的下场，⑤后来这种反抗又表现为彼得二世⑥在位时的多尔戈鲁基党，比龙⑦当权时期对德国人

① 俄国男人本有蓄须的习惯，彼得一世为了学习西方，下令贵族与官员一律剃须，并亲自带头。

② 缅希科夫（1673—1729）：彼得一世的亲信，曾指挥俄国的北方战争，获大元帅称号。叶卡捷琳娜一世当政时，因得女皇宠信，成为实际上的君主。

③ 彼得一世当太子时，常与一些少年和青年做军事游戏，他即位后即以他们为骨干组建了两个近卫团——普列奥布拉任斯基团和谢苗诺夫团，但习惯上仍称他们为“少年游戏兵”。

④ 莫斯科的火枪兵：又译射击兵、狙击兵，亚速城远征的参加者，约四千人，因不满农奴制的压迫和长官的欺压，于一六九八年发动兵变，后被镇压。有一一八二人被处死，六百零一人被流放。

⑤ 阿列克谢（1690—1718）：皇太子，彼得一世的长子，因反对彼得一世的改革，于一七一六年投奔奥地利，想借外国势力夺取政权。后（1718年）被引渡回国，被判处死刑，不久即死于狱中。

⑥ 彼得二世（1715—1790）：彼得一世之孙，皇太子阿列克谢之子，即位时年仅十二岁，由缅希科夫摄政，后缅希科夫遭放逐，由多尔戈鲁基家族为首的贵族代表取而代之，他们反对改革。彼得二世因患天花十五岁即去世。

⑦ 比龙（1690—1772）：库尔兰公爵，女皇安娜·伊凡诺夫娜的宠臣。他是德国人。他上台后即废除枢密院，实行“比龙苛政”，俄国贵族被逐出宫廷，所有军政要职概有德国贵族担任。后于一七四〇年的宫廷政变中被捕，遭流放。

的仇恨，叶卡捷琳娜二世时期的普加乔夫①起义，普鲁士的荷尔斯泰因公爵彼得三世在位时改信正教的德国女人叶卡捷琳娜二世②本人，依靠当时的斯拉夫派登上皇位的伊丽莎白③。（莫斯科的老百姓以为她加冕后会杀尽一切德国人。）

所有的分裂派教徒都是斯拉夫派。

所有结婚和不结婚的神职人员，则是另一类斯拉夫派。

因为巴克雷·德·托利④的姓像德国人的姓，而要求撤换他的士兵们，则是霍米亚科夫及其朋友们的先行者。

一八一二年战争⑤极大地加强了民族意识和爱国情绪，但是一八一二年的爱国主义并不具备维护旧礼仪的斯拉夫主义性质。这种爱国主义我们可以在卡拉姆津，在普希金和在亚历山大皇帝本人身上看到。当所有强大的民族受到外来侵略时，都会激发出一种本能的力量，而爱国主义实际上就是这种本能的表现；然后，这就是群情激昂的胜利感和进行反击的骄傲意识。但是这种爱国主义理论却是贫乏的；为了爱俄国历史，爱国者们把爱国主义理论改换成欧洲的说法，把古希腊罗马的爱国主义从法语翻译成俄语，他们的做法不会超过下面的诗句：

---

① 普加乔夫（1742—1775）：顿河哥萨克，于一七七三年九月发动农民起义，自称彼得三世，宣布解放农奴，并把土地分给农民。起义席卷乌拉尔河沿岸和伏尔加河中下游广大地区。后被沙皇军队镇压。一七七五年一月，普加乔夫在莫斯科英勇就义。

② 叶卡捷琳娜二世（1729—1796）：俄国女皇，彼得三世之妻。彼得三世是女皇伊丽莎白的侄子，彼得一世的外孙，原为普鲁士的荷尔斯泰因公爵，娶德国公爵之女索菲亚·奥古斯特为妻，婚后，索菲亚改信东正教，更名叶卡捷琳娜。

③ 伊丽莎白（1709—1761）：俄国女皇，彼得一世之女。一七四〇年，安娜·伊凡诺夫娜女皇去世，由她侄女的儿子（刚出生不久）即皇帝位，史称伊凡六世，由比龙和他的母亲安娜·列奥波林多夫娜摄政。一年后被伊丽莎白借近卫军之手推翻。她即位后，极力恢复彼得一世的政策，驱逐德国人，史称“俄国贵族复兴时期”。

④ 巴克雷·德·托利（1761—1818）：俄军元帅和总司令。在出征瑞典和抗击拿破仑的战争中屡建战功。在敌军占优势的情况下，采取敌进我退的战略，保存了实力，使俄军胜利会师，但不为部下所理解。被指责为德国人，其实他是苏格兰裔俄国人。

⑤ 指一八一二年俄国抗击拿破仑入侵的卫国战争。

Pour un cœur bien né, que la patrie est chère!

〔法语:对于一颗高尚的心,祖国一词有多么宝贵啊!〕①

诚然,希什科夫在当时就曾信口雌黄,妄图复古,恢复古文体,但他的影响有限。至于什么是真正的民族文体,恐怕只有半法国化的拉斯托普钦伯爵在他写的传单和告民众书中才知道②。

随着战争被逐渐遗忘,这种爱国主义也就逐渐绝响,最终或者蜕变成为《北方蜜蜂》③卑鄙下流、厚颜无耻的阿谀奉承,或者蜕变成扎戈斯金④的庸俗的爱国主义,把舒亚称之为我国的曼彻斯特⑤,把舍布耶夫⑥称之为我国的拉斐尔,吹嘘我国的刺刀和从托尔尼欧的冰雪世界到塔夫里达的崇山峻岭的辽阔疆域……⑦

在尼古拉统治下,爱国主义变成了某种类似皮鞭和警棍的东西,尤其在彼得堡,为了符合这个城市的世界主义性质,这种野蛮的倾向竟愈演愈烈,以至最后按照巴赫⑧的风格发明了一支人民的颂歌,按席勒的风格演出了普罗科皮·利亚普诺夫⑨。

---

① 伏尔泰悲剧《唐克莱德》的不确切引文。

② 拉斯托普钦是莫斯科总督和总司令,他曾于一八一二年卫国战争时发表过许多爱国主义的传单和文告。这里是赫尔岑对他的假民间语言的嘲讽。再说拉斯托普钦是一个法国迷,崇拜法国文化,根本不懂什么是真正的俄罗斯语言。

③ 由俄国反动作家布尔加林主编的保皇派周报(1825—1864)。

④ 扎戈斯金(1789—1852):俄国作家,曾于一八三一至一八四二年领导莫斯科国家剧院的经理处。

⑤ 舒亚是俄国北方奥涅加湖畔的一个小城,曼彻斯特则是英国的纺织中心。

⑥ 舍布耶夫(1777—1855):俄国画家,彼得堡美术学院教授兼院长。

⑦ 托尔尼欧在今芬兰北部面临波的尼亚湾。塔夫里达是克里米亚半岛并入俄罗斯版图后的称呼(1783)。这段话暗示普希金的诗《给诽谤俄罗斯的人们》,其中曾提到苏沃洛夫和刺刀,以及"从彼尔姆到塔夫里达,从芬兰寒冷的山崖到火热的科尔希达"。

⑧ 巴赫(1685—1750):德国作曲家。

⑨ 我观看了《利亚普诺夫》在莫斯科的首演,我看到利亚普诺夫挽起袖子,讲了一句这样的话:"我也要拿波兰人洒的热血取乐。"整个池座都对这句话发出憎恶的嘘声;甚至宪兵、警长及坐在座椅号模糊不清的池座里的人,也不敢鼓掌。——作者原注(转下页)

为了与欧洲，与文明，与从十二月十四日起使他惊魂不定的革命①一刀两断，尼古拉也从自己这方面祭起了正教、专制和民族性的战旗，它是按普鲁士军旗的式样制作的，并用可以拿来作武器的一切做它的支柱——扎戈斯金怪异的小说，怪异的圣像画，怪异的建筑，乌瓦罗夫，

（接上页）《利亚普诺夫》全名《利亚普诺夫之死》，由考古学家和剧作家格杰奥诺夫（1816—1878）编剧，普里科皮·利亚普诺夫是该剧的主人公。

起先，人们只是非常天真地按照 *God Save the King*〔英语：《上帝保佑国王》〕的曲调唱这支歌，此外几乎从来没有唱过它。这一切都是尼古拉的新发明。波兰战争后，上峰下令，每逢皇家节日和大的音乐会都必须演唱由宪兵大校利沃夫作曲的这支人民的颂歌。

亚历山大一世皇帝很有修养，他不爱粗俗的阿谀奉承；在巴黎，他非常厌恶地听着匍匐在胜利者脚下的众多院士的阿谀逢迎之词。有一回，他在自己的前厅里遇见夏多布里昂，给他看了最新一期的 *Journal des Débats*〔法语：《辩论报》〕并说："我可以告诉您，这种乏味的无耻，我在任何一份俄国报纸上一次也没有见过。"可是在尼古拉统治下却出现了这样一些文人墨客，他们没有辜负皇上的信任，连一八一四年的所有法国报人，甚至连一八五二年的某些法国地方长官都自叹弗如。布尔加林在《北方蜜蜂》上写道，因为修通了莫斯科与彼得堡之间的铁路，除了其他好处以外，他不能不十分感动地想到，同一个人早晨在喀山大教堂为皇上祈祷，祈求上帝保佑皇上龙体健康，而晚上又可以在克里姆林宫再次为皇上祈祷！似乎，这种骇人听闻的、荒唐的阿谀之词已经登峰造极，可是在莫斯科却出现了一位文人，竟比法杰伊·别（韦）涅季克托维奇犹过之而无不及。有一回尼古拉驾幸莫斯科，一位很有学问的教授居然写了一篇文章，他在谈到聚集在皇宫前的人民群众时加了一句："只要沙皇稍稍表示一下他有这样的愿望，那成千上万前来瞻仰他的圣容的人，就会欢乐地跳进莫斯科河。"这句话后来被斯特罗戈〔加〕诺夫抹去了，而这个可爱的小插曲正是他告诉我的。——原书注释

《上帝保佑国王》是英国国歌。

沙皇俄国的正式国歌《上帝保佑沙皇》的作者是作曲家利沃夫，他同时是宪兵司令的副官。沙皇规定必须演奏这支国歌是在一八三三年。

夏多布里昂（1768—1848）：法国作家。

《辩论报》：一七八九年起在巴黎出版的保守派报纸。

路易·拿破仑：即拿破仑三世，一八四八年二月革命后从英国返法后当选总统。一八五一年发动政变，一八五二年在某些地方长官的拥立下恢复帝制，自称为皇。

喀山大教堂在彼得堡的涅瓦大街，克里姆林宫则在莫斯科。

法杰伊·别（韦）涅季克托维奇：布尔加林的名字和父称。

很有学问的教授写的文章指波戈金发表在《莫斯科人》上的文章《记沙皇家族御驾亲临莫斯科》。

① 指一八二五年十二月十四日十二月党人的起义。

对合并派[1]教徒的迫害，以及《至高无上的上帝拯救了祖国》[2]。

莫斯科的斯拉夫派遇到尼古拉的彼得堡斯拉夫主义，对他们是个大不幸。尼古拉为了逃避革命思想，一头钻进了民族性和正教。他们之间除了文字相同都是斯拉夫派以外，没有任何共同点。他们的走极端和荒谬，毕竟是无私的荒谬，而且同第三厅或者同城市警察局毫无关系。自然，这丝毫不妨碍他们的荒谬是非常荒谬的。

比如，三十年代末，泛斯拉夫主义者加伊[3]路过莫斯科，后来他曾作为克罗地亚的鼓动者，同时又作为克罗地亚最高行政长官伊叶拉契奇[4]的密友，曾起过某种含糊不清的作用。莫斯科人，一般说，相信所有的外国人。加伊不仅是外国人，也不仅是自家人，他是二者兼而有之，既是外国人，又是自家人。因此他要引起我们斯拉夫人的怜恤易如反掌，他使我们产生对达尔马提亚和克罗地亚受苦受难的东正教兄弟的同情；他在几天内就募捐到一大笔巨款，此外，莫斯科人还以支持全体塞尔维亚人和罗塞尼亚人的名义宴请加伊。席间，一位声音和职业都十分高雅的斯拉夫派[5]，一位信仰十分坚定的东正教徒，大概因为频频为黑山族的统治者，为各种各样伟大的波斯尼亚人、捷克人和斯洛伐克人祝酒，以致情绪激昂，即席赋诗一首，其中有这样一句话，决不能说是完全符合基督教精神的：

我要痛饮马扎尔人[6]和德意志人的鲜血。

一切脑子还没有喝糊涂的人，都极其憎恶地听到了这话。幸亏，说

---

① 合并派又称东仪天主教，指持各种东方教会礼仪和典制的天主教徒和教会。他们原是正教徒，后与天主教合并，皈依了天主教，因此称为合并派或称东仪天主教。因为他们曾积极参与一八三〇年的波兰起义，因而遭到沙皇政府的镇压。

② 指由作家库科尔尼克（1809—1868）写的经官方认可的所谓爱国主义剧本。

③ 加伊（1809—1872）：克罗地亚的政治活动家，反动的泛斯拉夫主义者。

④ 伊叶拉契奇（1801—1859）：一译叶拉契奇，克罗地亚民族主义者，奥地利将军，曾参加镇压一八四九年匈牙利起义。

⑤ 指舍维廖夫（1806—1864），历史学家，莫斯科大学教授，文学批评家和反动报人。

⑥ 即匈牙利人。

话俏皮的安德罗索夫①救了这个嗜血成性的歌手;他从自己的椅子上跳起来,抓起一把切点心、削水果的小刀,说道:"诸位,请大家原谅,我失陪了;我忽然想到,我家的房东,那个给钢琴调音的老头迪茨是个德国人;我要跑去把他给宰了,然后再立刻回来。"

一阵雷鸣般的哄堂大笑冲淡了愤怒。

在我们流放和我居住在彼得堡和诺夫哥罗德期间,莫斯科的斯拉夫派就形成了这样一种在举杯祝酒时都嗜血成性的派别。

由于别林斯基发表了许多批评文章,斯拉夫派本来就言辞激烈,而且性好争论,这一特点就更加得到了发展;即使在这以前,因为恰达叶夫发表了他的《哲学书简》,并且引起了轰动,他们就看到他们必须加强团结,统一口径,发表他们自己的看法。

恰达叶夫的《哲学书简》就像是某种最后的结论,一条界限。这是在黑夜中发出的一声枪响;也许是什么东西沉没了,在宣告自己的灭亡,也许这是发出一个信号,在呼救,在报告黎明即将来临,或者再不会有黎明了,——反正,必须清醒了。

发表在《每周评论》上的两三页篇幅的东西,似乎又算得了什么呢?然而,在一个噤若寒蝉、还不习惯于发表独立见解的国度里,有一个人站出来说话,它的力量就这么大,语言就能起到如此振聋发聩的作用,因此恰达叶夫的《哲学书简》才震撼了整个俄国思想界。它完全有资格做到这点。在《聪明误》之后,还没有一部文学作品能产生如此强烈的影响。在二者之间是长达十年的沉默、十二月十四日、绞刑架、苦役营和尼古拉。彼得时期已从两头被截断。一些坚强的人被流放到西伯利亚,留下了一片空白,后继无人。思想苦闷,虽然在继续探索——但一无所获。说话是危险的,而且也无话可说;突然这时出现了一个愁容满面的人,他有话要说,他要求发言,以便镇定自若地说出他自己的

① 安德罗索夫(1803—1841):统计学家,斯坦克维奇小组成员。

lasciate ogni speranza〔意语:放下任何希望〕①。

一八三六年夏,我安坐在维亚特卡的我的书桌旁,这时邮差给我送来了最近一期的《望远镜》杂志②。必须生活在流放地和穷乡僻壤,才能正确评价看到一部新书的意义,不用说,我立即撇开一切,把《望远镜》裁开③——其中有一篇《哲学书简》,是写给一位女士的,无署名。脚注中写道,这些信是一个俄国人用法文写的,也就是说,这是译文。这一切都使我对这篇文章产生反感,兴味索然,于是我就开始读"批评栏"和"杂谈栏"。

最后终于轮到读这封《哲学书简》了。从第二页和第三页起,我就被一种忧郁而又严肃的语气所吸引,欲罢不能:每一句话都流露出作者经历了长久的痛苦,虽然这痛苦现在业已冷却,但一提起来仍愤愤不已。只有那些经过长时间思考,想了很多,并且具有切肤之痛的人才会这样写;他们是通过生活中的切身体验,而不是通过理论才达到这样的观点的……我继续读下去——这封《哲学书简》的矛头指向渐渐分明,变成一纸对俄罗斯义愤填膺的控诉状,变成一个饱经忧患的人想把郁积于心的一部分话一吐为快的抗议书。

我有两三次停下来休息,让我的思想感情平静下来,然后再开始继续读下去,读下去。这是一个不知名的作者用俄文发表的作品……我耽心该不是我疯了吧。后来我又把这封《哲学书简》读给维特别尔格听,后来又读给维亚特卡中学一位年轻教员斯〔克沃尔措夫〕听,后来我又自己阅读。

很可能,与我相同的情况也发生在各省的省城和县城,发生在新老

---

① 引自但丁的《神曲》(《地狱》第三章)。这是地狱大门上的铭文。

② 一八三一至一八三六年在莫斯科出版的综合性杂志。由俄国现实主义文学评论先驱纳杰日金创办,后与别林斯基合编。一八三六年,它因刊登恰达叶夫抨击专制农奴制的《哲学书简》第一封信而被当局查封,纳杰日金遭流放。

③ 过去的书籍和杂志,书页的横边常常不切开,而由读者在阅读时用小刀自行裁开,据说,这会增加读书的乐趣,名曰毛边纸本。

两个京城和老爷们的大宅门里。作者的名字我是在过了几个月以后才知道的。

长期脱离人民的那部分俄国人,在最平庸乏味、最无才能、想不出任何花样翻新的办法的桎梏下默默地忍受着痛苦。每个人都感到压迫,每个人的心头都感到有话要说,然而依旧噤若寒蝉;最后来了一个人,他用他自己的方式说出了他要说的话。他说的只是他身受的痛苦,在他的话里没有一线光明,在他的观点里也没有一线光明。恰达叶夫的《哲学书简》是痛苦的无情呐喊,是对彼得的俄国的无情谴责;这俄国是应当受到谴责的:难道俄国这个大环境可怜和怜惜过作者或者其他任何人吗?

不用说,这样的声音肯定会引起反对派的反对,或者它说得完全正确:俄国的过去是一片空白,现在则让人无法忍受,对于俄国来说根本就没有将来,因此这是“理解的空白,是给予各族人民的可怕教训,——把一切收归国有和实行奴役制度将会带来多大的危害啊”①。这既是忏悔,也是控诉;预先知道怎样才能顺应和安于现状,——这不是忏悔,也不是抗议,否则认罪只是开玩笑,赎罪仅是言不由衷。

但是事情并没有不了了之:所有的人,甚至连沉睡未醒和逆来顺受的人,也都被这不祥的声音吓了一跳,急忙躲到一边,躲之惟恐不及。所有的人都感到愕然,大多数人则觉得受了侮辱,只有十来个人大声而又热烈地向作者鼓掌。客厅里议论纷纷先于政府采取的非常措施,人们的许多话不幸而被言中。德裔的俄国爱国者维格尔(他曾因普希金的讽刺短诗而名噪一时,不过不是从正面,而是从反面)首先发难,立刻付诸行动。②

---

① 引自恰达叶夫第一封《哲学书简》中的一段话。

② 指《望远镜》杂志因发表恰达叶夫的《哲学书简》而被查封。赫尔岑认为,《望远镜》之所以被查封,是因为维格尔向都主教告密。其实,早在维格尔告密之前,俄国反动当局就已决定查封《望远镜》了。普希金的讽刺短诗,指《摘自给维格尔的信》。(《万恶的城市基什尼奥夫》)(1823)

这份时事述评类杂志立刻被查禁;莫斯科大学的老校长兼书报检查官博尔德列夫被免职,杂志发行人纳杰日金被流放到乌斯季瑟索尔斯克;尼古拉下令宣布恰达叶夫是疯子,并责令他具结永不写作。每逢星期六,医生和警察局长都要登堂入室,替他检查身体,并向上呈报,即根据上谕出具五十二份由他们签署的假证明,——这样做既聪明又足资垂训后世。不用说,他们都受到了惩罚;恰达叶夫对这些胡作非为嗤之以鼻,这反而证明真正发疯的是这些专制独裁的当权者。无论是医生,也无论是警察局长从来都不敢提到他们不断地拜访恰达叶夫是何居心。

在我流放前,我曾经见过恰达叶夫一面。这发生在奥加略夫被捕的当天。我曾经提到,那天奥尔洛夫正举行午宴。当客人都到齐后,进来了一个人,他冷冷地向大家一一鞠躬,这人外表古怪,一表人才,但又显得桀骜不驯,因此必然引起每个人对他的注意。奥尔洛夫拉着我的手,向他作了介绍,这就是恰达叶夫。这初次见面我已经记得不很清楚了,那天我因为有事顾不上他;他则像往常一样,冷漠而又严肃,聪明而又愤世嫉俗。午宴后,奥尔洛娃[1]的母亲拉耶夫卡娅对我说:

“你们为什么这样悲悲切切呢?哎呀,年轻人呀,年轻人呀,瞧你们现在成什么样了!”

“那您认为,”恰达叶夫说,“现在还有年轻人吗?”

这就是留在我脑海里的全部印象。

回到莫斯科后,我跟他接近起来,而且从那时起直到我离开,我跟他一直保持着最良好的关系。

恰达叶夫愁容满面和独立不羁的身影,在莫斯科 high life〔英语:显贵们,上流社会〕的暗淡沉闷的背景上显得十分突出,像是对它的某种悲哀的谴责。我喜欢在一群金玉其外的显贵、肤浅的枢密官、须眉皆白的花花公子,以及位高权重的宵小之徒中间看到他。不管人头攒动,人群有多稠密,一眼就可以看到他。年龄并没有改变他匀称的身材,他衣冠

---

① 奥尔洛夫的妻子。

楚楚，穿得很整齐，很清洁，当他沉默不语时，他那苍白而又清秀的脸上似乎一动不动，仿佛是蜡制的或者是用大理石雕刻而成似的，“高高的脑门，像裸露的颅骨”①，灰蓝的眼睛似乎很忧郁，可是与此同时却显得很善良，可是薄薄的嘴唇却与此相反，总是挂着讥讽的微笑。十年来，他一直抱着双臂，站在某处，在圆柱旁，在林阴道的大树下，在大厅和剧场里，在俱乐部，——他就像是 veto〔拉丁语：否定，否决〕的化身，像活的抗议，冷眼望着在他周围像走马灯似的无意义地熙来攘往的人群，他逐渐变得喜怒无常，变成一个怪物，与上流社会格格不入，但是他又离不开它，后来他终于说出了他自己想说的话，可是他却把激情隐藏在自己平静的面貌之间，就像隐藏在冰层下面似的。然后又沉默不语，又变得喜怒无常、愤愤不平、动辄发怒，又成为莫斯科上流社会的累赘，可是他又不肯离它而去。老人和年轻人都觉得跟他在一起很别扭，不自在，只有上帝知道为什么他们都羞于见到他那冷漠的脸色，他那咄咄逼人的目光，他那悲伤的嘲笑和他那使人难受的宽容。到底是什么促使他们接待他和邀请他呢……而且，更有甚者，甚至还登门拜访他呢？这倒是一个很严肃的值得深思的问题。

恰达叶夫并不富有，尤其在晚年；他也并不显赫，不过是一名胸前佩有一枚库利姆铁十字勋章②的退职的骑兵大尉。诚如普希金所说，他

在罗马他会是布鲁图③，在雅典他会是伯里克利④，
在这里，在沙皇政权的压迫下，
他不过是一名骠骑兵军官。⑤

---

① 引自普希金的诗《统帅》（1835）。

② 恰达叶夫在抗击拿破仑的库利姆战役中得到的不是铁十字勋章，而是一枚四级圣安娜勋章。

③ 柳·尤·布鲁图（卒于公元前五〇九年）：古罗马英雄，首任执政官。

④ 伯里克利（约公元前 495—前 429）：古希腊民主派政治家，第一个雅典战略家。

⑤ 不完全确切地引自普希金的《题恰达叶夫画像》（1820）。

同他结识，在主宰一切的警察局的眼里，只能败坏一个人的名声。他的影响力从何而来？为什么每逢星期一在老巴斯曼街①他那间不大的而又简朴的书斋里，就聚集起一批英国俱乐部②的"要人"和特维尔林阴道的显贵呢？为什么时髦的太太小姐们要造访愁眉不展的思想家的修道室呢？为什么除了带兵打仗以外对世事一窍不通的将军们，要假作斯文，硬要去拜访一位老人，然后再把恰达叶夫针对他们所说的某些话拿出去，大吹法螺呢？为什么我会在他家遇到那个粗野的美国人妥尔斯太③和那个蹂躏波兰文明的野蛮的侍从将军希波夫④呢？

恰达叶夫不仅没有对他们做出让步，而且还奚落他们，让他们清楚地感到他与他们之间存在的距离⑤。不用说，这些人去拜访他，请他去参加他们的招待会，是出于虚荣，但虚荣与否与此无关；这里重要的是

---

① 恰达叶夫住在新巴斯曼街列瓦舍娃公寓，但是他住在后院，介于新老巴斯曼街之间，故有此说。

② 英国俱乐部是彼得堡的贵族俱乐部。

③ 费・伊・妥尔斯太：外号"美国人"，俄国大地主，伯爵，冒险主义者，爱寻衅决斗。

④ 希波夫（1789—1876）：沙皇将军，曾参与镇压一八三〇至一八三一年的波兰起义，后又在波兰担任内务和宗教事务以及人民教育政府委员会主任之职。

⑤ 恰达叶夫常常去英国俱乐部。有一回，海军大臣缅希科夫走到他跟前，说道："这是怎么啦，彼得・雅科甫列维奇，老朋友都不认得了？"

"啊，是您呀！"恰达叶夫回答，"我还真认不出来了。您的领子怎么变成黑的啦？过去似乎是红的嘛！"

"是的，难道您不知道我现在是海军大臣吗？"

"您？我还以为您从来连小舢板都不会划呢。"

"并非魔鬼才会烧瓦盆。"缅希科夫有点儿不满地回答道。

"除非根据这理由。"恰达叶夫说。

有一位枢密官大叹苦经，说他太忙了。

"忙什么呢？"恰达叶夫问。

"哪能不忙呢，看不完的公文和案卷。"说时，枢密官比画了一下离地足有一俄尺高的案卷。

"您不是根本不看它吗？"

"不，有时候还得仔细看，再说有时候还必须签署自己的意见。"

"我看不出有这样做的必要。"恰达叶夫说。——作者原注

"并非魔鬼才会烧瓦盆"：意为这事并不难，咱也干得了。

他们无异于公开承认,思想已成为一种强大的力量,它居然能够违背皇上的圣谕而具有它自己的受人尊敬的地位。“疯狂的”骑兵大尉恰达叶夫的权力得到了公认,他的影响越是增长,尼古拉·帕夫洛维奇的“疯狂的”权力也就越是降低。

恰达叶夫有他自己的怪诞之处,有他自己的弱点,他愤世嫉俗而又恣意妄为。我不知道还有什么地方比莫斯科的上流社会更爱求全责备和更爱吹毛求疵的了,正因为如此,它有点儿像外省的上流社会,显得鼠目寸光,缺乏教养。那为什么一个年届半百的人,一个孤独的、几乎失去了所有的朋友、失去了财产,成天冥思苦想,常常痛心疾首的人,就不能有自己的习惯和自己的怪癖呢?

著名的谢苗诺夫案发生时,恰达叶夫正担任瓦西里奇科夫的副官。① 记得当时皇上正在维罗纳或亚琛参加会议②。瓦西里奇科夫派恰达叶夫到皇上那儿去呈交奏折,可是恰达叶夫却迟到了两三个小时,落在了奥地利公使勒布采尔腾③派去的信使之后。当时皇上正完全沉溺于梅特涅④的反动政策,梅特涅听到谢苗诺夫事件后感到很高兴,而皇上则勃然大怒,态度非常恶劣地接见了恰达叶夫,又是骂街,又是发怒,直到后来,自知失态,遂下令授予他侍从武官的称号;恰达叶夫谢绝了这一荣誉,只请求陛下恩准——让他退伍。不用说,对此,龙心非常不悦,但退伍还是被批准了。⑤

恰达叶夫并不急于回到俄罗斯;跟绣有金边的制服分手以后,他研究起了学问。亚历山大驾崩后发生了十二月十四日事件(因恰达叶夫

---

① 指一八二〇年谢苗诺夫近卫团发生哗变案。当时瓦西里奇科夫正担任近卫军司令,而谢苗诺夫团则是他麾下的一个近卫团。

② 当时沙皇亚历山大一世正在奥属西里西亚的特罗包参加“神圣同盟”第三次会议。俄、普、奥签订协议:三方有权不征得同意即对爆发革命的国家进行武装干涉。

③ 勒布采尔腾(1774—1854):奥地利外交官,一八一六至一八二六年间任驻俄大使。

④ 梅特涅(1773—1859):奥地利外交大臣(1809—1848)兼首相(1821—1848),曾积极参与建立“神圣同盟”,镇压革命和民族解放运动。

⑤ 这是当时流行的对恰达叶夫所以退伍的说法,后来证明此说有误。

不在国内，这倒救了他，使他免遭可能发生的迫害①）；直到一八三〇年前后，他才回国。②

在德国，恰达叶夫与谢林来往密切；后来他之所以信奉神秘主义哲学，与谢林结识恐怕是一个很重要的原因。他的神秘主义哲学后来又发展成他终身信奉的革命的天主教。他在自己的《哲学书简》中把俄罗斯的一半灾难归咎于希腊教会，归咎于它脱离了包罗万象的西方统一体。

这样的观点，我们虽然觉得很奇怪，但是不要忘了，天主教有它自身的极大伸缩性。拉科尔代③可以一面宣扬天主教社会主义，一面却仍旧是一名多明我会④修士；谢威⑤可以一面帮助他传教，一面却仍旧是 *Voix du Peuple*〔法语：《人民之声报》〕⑥的撰稿人。其实，新天主教并不逊于辞藻华丽的自然神论，自然神论既不是宗教，也不是一种学问，而是一种受过教育的小市民的温和的神学，是一种“貌似宗教的无神论”。

如果在一八四八年⑦之后，在费尔巴哈和蒲鲁东之后，在庇护九世⑧和拉梅内⑨之后，还可能出现龙格⑩和毕舍的追随者，如果运动中的某个最活跃的政治派别还在自己的旗帜上打出神秘主义的口号，假

---

① 现在我们从雅库什金（十二月党人）的《回忆录》中确切知道，恰达叶夫是这一组织的成员。——作者原注

② 早在一八二六年，恰达叶夫就从国外回到了俄罗斯，但仅仅从一八三一年起他才抛弃离群索居的生活，开始出入社交界。

③ 拉科尔代（1802—1861）：法国传教士，一八四八年共和国的捍卫者。

④ 多明我会——天主教修会之一，一二一五年创立，成立不久即受教皇委派，主持异端裁判所，残酷迫害异端教派。

⑤ 谢威（1813—1875）：法国政论家。

⑥ 由蒲鲁东在巴黎出版。

⑦ 指法国一八四八年二月革命，推翻七月王朝，建立法兰西第二共和国。

⑧ 庇护九世（1792—1878）：罗马教皇（1846—1878）。他当选为教皇后，推行自由主义政策，实行某些温和的改革，释放政治犯，公布宪法。

⑨ 拉梅内（1782—1854）：法国天主教神父，政论家，基督教社会主义的思想家之一。

⑩ 龙格（1813—1887）：德国天主教运动的发起人之一。

如直到现在还有像密茨凯维奇和克拉辛斯基①这样的人继续宣扬弥赛亚②的救世主义,那恰达叶夫为什么还从二十年代的欧洲把这类学说带回俄罗斯,也就不足为怪了。我们把那个时代的欧洲多少有点儿忘记了;只要回忆一下沃拉贝尔③的《历史》,摩根夫人④的《书信》,安德里安尼⑤的《回忆录》,以及拜伦和莱奥帕尔第⑥的作品,你就会确信,这是历史上最多灾多难的时代。革命势力变得不堪一击,一方面,粗野的君主主义在厚颜无耻地夸耀自己的权力;另一方面,狡猾的君主主义则用宪章做遮羞布假装贞洁地欲盖弥彰。只能间或听到几首正在争取解放的希腊人的歌声,以及坎宁⑦或者鲁瓦耶-科拉尔⑧的慷慨激昂的演说。

在信奉新教的德国,当时形成了一个天主教派别,施莱格尔⑨和利奥⑩转变了信仰,年老的扬⑪等人在侈谈什么人民的和民主的天主教。人们为了逃避现实一头钻进中世纪和神秘主义——人们在阅读艾卡茨豪森⑫的书,研究催眠术和霍亨洛厄亲王⑬所行的奇迹。雨果是天主教的仇敌,可是他也促进了天主教的复兴,正如当时胆战心惊的拉梅内助长了他那个时代死气沉沉的冷淡主义一样。

这样的天主教必然会对一个俄国人产生更强烈的影响。从表面

---

① 克拉辛斯基(1812—1859):波兰浪漫派诗人。

② 弥赛亚:基督。基督教认为,耶稣就是弥赛亚,是救世主,凡信他的人,灵魂即可得救。

③ 沃拉贝尔(1799—1879):法国人民教育部长,卡芬雅克内阁成员。

④ 摩根夫人(1783—1859):爱尔兰女作家。

⑤ 安德里安尼(1797—1863):法国政治活动家,曾参加意大利和法国的革命运动,著有《一个国事犯的回忆录》。

⑥ 莱奥帕尔第(1798—1837):意大利浪漫派诗人。

⑦ 坎宁(1770—1827):英国外交大臣和首相。

⑧ 鲁瓦耶-科拉尔(1763—1845):法国政治家和哲学家,正统主义君主立宪制和现实主义"感知哲学"的倡导者。

⑨ 施莱格尔(1772—1829):德国作家,浪漫主义思想家,语言学家。

⑩ 利奥(1799—1878):德国历史学家。

⑪ 扬(1778—1852):德国体育教育家和政论家。

⑫ 艾卡茨豪森(1752—1803):德国神秘主义作家。

⑬ 霍亨洛厄亲王(1794—1849):德国神秘主义者,常用催眠术替人治病。

看，天主教具有俄国生活所没有的一切，俄国生活自生自灭，仅仅感到物质匮乏，喘不过气来，于是就凭自己的嗅觉寻找道路。西方教会的那种严格的礼仪和高傲的独立，它那种彻底的鼠目寸光，它那种实际运用，它那种死不回头的高度自信，以为只有凭天主教会的高度一致，凭它那海市蜃楼般的永远的幻觉，凭它自己的 urbi et orbi〔拉丁语：向罗马和全世界〕①，凭它那种蔑视世俗权力就可以虚假地消弭一切矛盾，——凡此种种，肯定很容易地就能控制一个头脑发热、在成年之后才开始接受严肃教育的聪明人。

恰达叶夫回国后，他在俄罗斯遇到的却是另一种社会和另一种底色。尽管我当时很年轻，但是我记得，自从尼古拉登基后，上流社会明显地堕落了，变得更肮脏，也更奴颜婢膝了。亚历山大时代的贵族的独立性，近卫军的骁勇——这一切都随着一八二六年而销声匿迹了。

有一些嫩苗和幼树，他们自己还不完全意识到自己的使命，还 à l' enfant〔法语：像孩子般〕敞开着脖子到处玩耍，或者还在寄宿学校和贵族学堂上学；还有一些初露锋芒和刚开始试笔的文学青年，但是这一切还藏而不露，与恰达叶夫生活过的那个世界也不尽相同。

他的朋友们都去服苦役了；起先他独自一人留在莫斯科，后来他与普希金两个人在一起，最后又与普希金和奥尔洛夫三个人在一起。在他们俩死后，恰达叶夫常常让大家看长沙发靠背上方的两个不大的污渍：这是因为他们俩常常将头靠在靠背上面的缘故！

把普希金致恰达叶夫的两封书信对照一下，真叫人不胜唏嘘；俱往矣，二者之间发生了多大差别啊：不仅他们的生活，而且整个时代，整整一代人的生活，这代人本来希望勇往直前，可是却被粗暴地甩到后面。青年时代的普希金对自己的朋友说：

同志啊，请相信：空中会升起
迷人的幸福霞光，

① 这是罗马教皇向教众的祝福用语。

俄罗斯会从睡梦中惊醒，
并将在专制制度的废墟上
铭刻下我们的姓名。①

但是，这霞光并没有升起，倒是尼古拉升起了，他登上了皇位，于是普希金写道：

啊，恰达叶夫，你是否记忆犹新？
多久了，满怀青春的欣喜，
我曾想把这个寓意深邃的姓名
镌刻在另外的残垣断壁？
然而，被暴风雨所征服的心灵，
如今只留下慵倦和宁静。
如今，怀着激动的心情，
在这块友谊的纪念石上
我要写下我们的姓名！②

恰达叶夫用来报复俄国生活的绝望的观点，他那深思熟虑的、饱经苦难而后发出的对俄国的诅咒（他就用这诅咒来结束自己的悲惨一生，以及俄国历史的这一整个时期），世界上没有任何东西比恰达叶夫的这种观点和这种态度，与斯拉夫派更对立的了。他必然激起他们对他的强烈反对，对他群起而攻之，他悲愤地亵渎了他们感到宝贵的一切，使他们痛苦，首先使莫斯科的斯拉夫派。

“在莫斯科，”恰达叶夫常说，“每个外国人都被带去参观炮王和钟王③。可是这大炮却不能发射，这钟还没有撞响就掉下来了。真是一

① 不完全准确地引自普希金一八一八年的诗《致恰达叶夫》（乌兰汗译）。

② 引自普希金一八二四年的诗《给恰达叶夫》（杜承南译）。

③ 钟王与炮王均陈列于莫斯科克里姆林宫。钟王重达二百余吨，铸于一七三三至一七三五年间。一七三七年发生大火，钟王掉下来一块重达 11.5 吨的碎片。炮王铸于一五八六年，重四十吨，原为保卫克里姆林宫之用，但从未用它开过炮。

个奇怪的城市，连它的名胜古迹也显得荒唐；或者，也许，这口没有钟舌的大钟就是一个象形文字，表示这个国家虽然很大，但却哑默无声，一个自称斯拉夫人的民族居住在这个国家，他们似乎很惊讶，他们居然还会说人话。”①

恰达叶夫和斯拉夫派同样站在俄罗斯生活的这个猜不透的斯芬克斯②面前——这个斯芬克斯在监视下，正盖着军用大衣，在蒙头大睡；他们在同样地问它：“这样下去将会怎样？这样生活下去是不行的：现实的困境和荒谬是显而易见的，也是无法忍受的——但是哪儿是出路呢？”

“没有出路。”信奉彼得时期的这个人回答，他接受的完全是西方文明，亚历山大在位时相信俄罗斯的未来只有向欧洲学习③。他悲哀地指出整整一个世纪的努力究竟发生了什么效果：教育只是提供了进行压迫的新手段，教会只是变成了庇护警察的浓阴覆盖的大树；人民忍受着煎熬，忍受着一切，政府则倒行逆施，压迫一切。“其他民族的历史是一部可歌可泣的解放史。俄罗斯的历史则是一部农奴制和专制制度的发展史。”彼得的改革只是把我们变坏了，人能多坏我们就变多坏——变成了一些有文化的奴隶。我们在这种压抑的、浑浑噩噩的精神状态下受尽了折磨，人民不理解我们，政府则打击我们，——该是休息一下的时候了，该是让自己的心灵平静下来，靠在什么东西上休息一下的时候了……这话的言外之意几乎是“该寿终正寝了”，于是恰达叶夫便想在天主教教会中找到上天许诺给受苦受难和饱经苦厄的人的那种安宁。

从西方文明在复辟时期④表现出来的观点看，从彼得统治时期的

① “此外，”他曾当着霍米亚科人的面对我说，“他们自诩能说会道，可是在整个民族中敢于说话的只有一个霍米亚科夫。”——作者原注

② 即人面狮身像，这里转义为哑谜、怪谜。

③ 指恰达叶夫以及俄国相信彼得大帝时期励行改革的西方派。

④ 指一八一五至一八三〇年法国波旁王朝的第二次复辟。

俄罗斯观点看，这种看法也是完全合乎情理的。可是斯拉夫派对这个问题却有不同的看法。

他们的看法是应该正确地认识到人民中还存在着活的灵魂，他们的感觉比他们的理解力更洞察幽微。他们明白，俄罗斯的现状尽管灾难深重，但还没有病入膏肓。当恰达叶夫模模糊糊地看到，拯救个别的人还是可能的，可是拯救这个民族却是完全不可能的时候，斯拉夫派却观点明确地声称，被如今这个时代裹挟进去的那些人是注定要灭亡的，可是他们却坚信这个民族一定能够得救。

“出路在于我们，”斯拉夫派说，“出路在于摒弃彼得堡时期，回到外国教育和外国政府把我们与之分离的人民中去；回到从前的风俗习惯中去！”

但是历史是无法逆转的；生活中的布匹很丰富，它从来不需要去穿旧的衣衫。所有的复古和复辟永远是一种面具。我们曾经见过两次复辟：正统派未能回到路易十四的时代，共和派也未能回到热月八日①。事实是抹不掉的——用斧子也砍不掉。

再说我们也无古可复。彼得以前的俄罗斯国家生活是反常的、贫穷的、野蛮的——而斯拉夫派正是想复这样的古，虽然他们自己也不承认；要不然的话，又怎么解释他们所有那些像考古般的复旧，对旧时风俗习惯的崇拜，以及企图不穿现代的（而且是非常好的）农民服装，而偏要去穿宽袖大袍的古老衣服呢？

在整个俄罗斯，除了斯拉夫派以外，没有一个人戴穆尔莫耳卡②。可是阿克萨科夫却穿着一身民族服装，恰达叶夫开玩笑地告诉我，大街上的老百姓看见他还以为他是波斯人呢。

回到民间去，他们也理解得很粗俗，正如大部分西方的民主派所理

---

① 法国新历共和二年热月九日（公历一七九四年七月二十七日）发生热月政变，推翻了以罗伯斯比尔为首的革命民主派专政；回到热月八日，即回到热月政变以前的状况。

② 俄罗斯一种古老的平顶卷边皮帽。

解的那样：把人民看成完全现成的东西。他们认为赞同人民的偏见就是同人民打成一片，牺牲自己的理性，而不是在人民中培养理性，——他们认为这就是放下老爷架子的义举。由此便产生了一种人为的虔诚和人为的履行仪式，这类仪式在天真的信仰中是感人的，可是从中看到别有意图时，那就变成对人的侮辱了。斯拉夫派的回到民间去并没有产生实效，最好的证明是他们并没有引起人民的任何好感。无论是拜占庭教会，也无论是克里姆林宫的多棱宫①，对于斯拉夫派的未来发展，决不会提供更多的东西。回到农村，回到雇工的劳动组合，回到村社大会，回到哥萨克的联合体——这是另一回事；但是回到这些东西中去，不是为了巩固它们，把它们保持在停滞不前的亚细亚的凝固状态中，而是为了发展它们，解放它们所赖以建立的基础，清除一切非它们所固有的、足以使它们畸变的东西，清除它们身上长满的赘肉，——当然，这才是我们应该肩负的使命。但是不要弄错，这一切已大大超出国家管理的范围；莫斯科时期也像彼得堡时期②一样，在这里是帮不了很大忙的；它在任何时候都不见得比后者好。诺夫哥罗德市民议会的大钟只是被彼得改铸成了大炮，而这口钟是被伊凡·瓦西里叶维奇③从钟楼上取下来的；彼得进行男性人口普查④只是巩固了农奴制度，而农奴制度早在戈杜诺夫⑤时期就实行了；《法典》⑥中已经没有了宣誓就职的地方官吏的影子，而鞭打、杖责和鞭笞早在长鞭阵⑦和用刀身打后背之前很久就已经出现了。

---

① 多棱宫是克里姆林宫的一部分，为一座拱形大厅，因外墙用多棱的石块贴面，故名。

② 莫斯科时期即俄罗斯定都莫斯科的时期，彼得堡时期即彼得大帝迁都彼得堡的时期。此处意为彼得前和彼得励行改革的时期。

③ 即伊凡四世或伊凡雷帝。

④ 彼得大帝为了征收人头税，为此对男性人口进行了普查，建立了农奴名册。

⑤ 即鲍利斯·戈杜诺夫（1551—1605），俄国沙皇。

⑥ 即《沙皇阿列克谢·米哈伊洛维奇法律全书》（1649）。这一法典的颁布，标志着农奴制在俄国的最终完成。

⑦ 沙皇俄国的一种酷刑。由士兵手执树条鞭排成两行，然后令受罚者赤裸上身，慢慢穿过队列，接受雨点般落下的鞭打。

斯拉夫派的错误在于，他们以为俄罗斯从前曾经有过它自己的特有的发展道路，只是后来被各种事件掩盖了它的光辉，最后又被彼得堡时期弄得黯然失色。俄罗斯从来不曾有过这样的发展道路，也不可能有。那些我们现在意识到的东西，那些现在在我们的思想和预感中开始闪现的东西，那些过去曾经无意识地存在于农民的木屋里和田野上，直到现在才在历史的牧场上长出幼芽，而这些牧场是经过二十代人的鲜血，眼泪和汗水的浇灌才成为一片沃土的。

这是我国生活方式的基础——这不是回忆，不是存在于编年史中，而是存在于现实中的活的元素；但它们在国家统一的艰难困苦的历史进程中才得以勉强保全下来，并在国家的压迫下才勉强得以留存，但是它们并没有发展。我甚至怀疑，没有彼得时期，没有引进欧洲文明的时期，是否能找到一种内在的力量促使它们发展。

只有生活方式的直接基础是不够的。印度自古以来并且至今还保存着一种与我们的村社很相似，建立在分地而耕的基础上的乡村公社；然而拥有这样的公社的印度人并没有得到长足的进步。

只有西方的强大思想（西方整个漫长的历史所依附的正是这种思想），才能够使在斯拉夫宗法制生活中昏昏欲睡的幼芽茁壮成长。劳动组合、村社、分粮分地、村民大会和把村庄联合起来组合而成进行自治的乡，——这些都是我们未来自由村社生活宏伟大厦所赖以建立的基石。但是这些基石——毕竟只是石头……没有西方的思想，我们未来的大教堂只能仅仅停留在这地基上。

一切具有真正社会性的东西的命运都是这样，它会不由自主地走上各民族实行连环保，彼此依赖，彼此促进的道路……互相排斥，闭关自守，只能使一些国家仍旧停留在野蛮的村社生活中，另一些国家则停留在共产主义的抽象思想里，这思想就像基督徒的灵魂一样，盘旋在逐渐腐烂的尸体上，阴魂不散。

斯拉夫人敏感的性格，他们的女性气质，缺乏主动性，善于学习和较大的可塑性，使他们主要成为一个需要依赖于其他民族的民族，他们不能完全独立存在。听凭他们各行其是，斯拉夫人就会像一个拜占庭的编年史家所说的那样，“很容易被自己的歌声所催眠，‘昏昏欲睡’”。可是他们一旦被别人唤醒，他们就会一条道走到黑，还没有一个民族能这么深刻和全面地掌握其他民族的思想，可是他们又依然故我，保持着自己的本色。日耳曼民族与拉丁民族之间，早在一千年以前，就顽固地彼此不理解，而且现在还仍旧如此，而这在他们与斯拉夫人之间就不可能存在。这种富有同情心、善于学习他人而又敏感的天性，使他们感到必须依赖他人，为他人所吸引。

为了建立一个公国，俄罗斯需要瓦里亚吉人①。

为了成为一个国家，俄罗斯需要蒙古人②。

欧罗巴主义又使莫斯科王国发展成为幅员辽阔的彼得堡帝国。

“但是斯拉夫人尽管领悟能力很强，他们还是处处表现出他们完全无力来发展一种现代的欧洲式的国家秩序，他们经常或是陷入极端的专制主义，或是陷入国将不国的一团混乱，难道不是这样吗？”

这种无能为力和这种不足，在我们看来却是一种伟大的才能。

为了抵御竭力想要建立新秩序的社会思潮的进攻（西方尽管十分害怕和一再抵抗，还是以一种不可阻挡之势被这种新秩序所吸引），以维护当代的国家生活，现在整个欧洲已经走到必须实行专制主义的地步了。

曾几何时，半自由的西方曾骄傲地看着被皇帝的宝座压得喘不过气来的俄罗斯，而俄国的知识界则不胜感慨地遥望着年长的邻国的幸福生活。可是这个时代已经一去不复返了。彼此都是奴隶，出现了互相平等。

---

① 古俄罗斯人对斯堪的纳维亚的诺曼人的称呼。据说，基辅罗斯公国柳里克王朝的创始人柳里克（“Рюрик Варяжский”直译应为瓦里亚吉人柳里克）就是瓦里亚吉人的军事首领。

② 一二四〇年，蒙古人入侵俄罗斯，经过蒙古人二百多年的统治，俄罗斯人才逐渐联合起来，形成统一的国家。

我们现在正看到一种奇怪景象:那些还保持着自由制度的国家,竟也力图建立专制主义。自从君士坦丁①以来,当时自由的罗马人,为了逃避苛捐杂税,竟主动要求做奴隶,——从那时以来,人类还从来没有见过这样的情形。

专制主义或者社会主义——别无选择。

可是欧洲在进行社会改革上却表现出了惊人的无能。

我们认为,俄罗斯对实行社会改革还不是这样无能的,在这点上,我们与斯拉夫派不谋而合。我们对俄罗斯的未来充满信心也正是建立在这一基础上的。而且这一信念,我从一八四八年年底起就开始宣传了。

欧洲挑选了专制主义,认为还是帝国好。专制主义就是军事营垒,帝国就是战争,皇帝就是作战司令。一切都武装起来了,就开始打仗,但是真正的敌人在哪里呢?在家里——在下面,在底层——还有那里,在涅曼河②对岸。

现在开始的战争③可能暂时休战,但是在全面改革开始之前决不会结束,只有实行全面改革才会重新洗牌,开始新的牌局。整个西方的历史中有两个历史巨人和两员老将,两个世界、两种传统、两种原则——国家和个人自由的代表,他们是不可能对一个第三者听之任之,而不予摧毁的④——这个第三者哑默无声,既无旗号,又无名声,脖子上套着奴隶的绳索,非常不合时宜地出现在他们面前,居然粗鲁地想推开欧洲的大门,推开历史的大门,妄想以拜占庭帝国自居,一只脚踩在德国,另一只脚踩在太平洋。

这三个人能否和解,进行过一番较量后,彼此是不是会同归于尽;俄罗斯会不会四分五裂,会不会瓦解,或者筋疲力尽的欧洲将从此像拜

---

① 三〇六至三三七年的罗马皇帝。

② 白俄罗斯靠近边境的一条河流。涅曼河对岸指当时的俄国。

③ 写于克里米亚战争时期。——作者原注

④ 指一八五三至一八五六年旨在反对俄国的克里米亚战争中的英法同盟。

占庭一样一蹶不振；他们会不会彼此向对方伸出手来，从此锐意革新，建设新生活，齐步前进，还是将无休止地厮杀下去——只有一样东西被我们认识到了，而且它也决不会从我们未来几代人的意识中消除——这就是俄罗斯民族生活的合乎理性和自由的发展与西方社会主义意向是一致的。

二

我从诺夫哥罗德回到莫斯科，发现两大阵营已摆开阵势，准备决战。斯拉夫派已列好战阵，它的轻骑兵由霍米亚科夫率领，还有舍维廖夫和波戈金配备有非常重的重武器的步兵，此外，还有他们自己的尖兵、志愿兵、超级雅各宾分子和温和的吉伦特①分子。雅各宾分子否定基辅时期②以后的全部俄国史，吉伦特分子则仅仅否定彼得堡时期；他们在大学里有自己的讲台，有自己的时事观察月刊，虽然这月刊常常要迟两个月才出版，但毕竟还是出版了。在他们的总司令部既有信奉东正教的黑格尔派，又有拜占庭的神学家，还有神秘主义的诗人，还有许多女人，以及其他等等，等等。

我们之间的战争使莫斯科的文学沙龙很感兴趣。一般说，莫斯科当时正进入一个智力兴趣十分亢奋的时代，因为不能谈政治，于是文学问题成了生活中谈论的主要话题。出现了一本好书③，就会引起轰动，争相阅读和评论报刊上发表的批评与反批评，其密切关注程度，就像当年英国和法国密切关注议会辩论一样。人的活动的所有其他方面都受到了压制，因此社会上的知识阶层就只能投身于书的世界，因此也只有在这个世界中，才可以真正进行反对尼古拉压迫的抗议，虽然这抗议

① 法国大革命时期的一个政治派别，起先曾参加雅各宾俱乐部，后渐渐与罗伯斯庇尔领导的左翼分离，成为独立的政治派别。

② 即九至十二世纪的基辅罗斯时期。

③ 指果戈理的小说《死魂灵》。

声，喑哑而又低沉，吞吞吐吐，欲言又止，可是在他①死后的第二天，我们听到的这抗议就比较公开，声音也比较大了。

莫斯科社会通过格拉诺夫斯基对西方追求自由的思想，独立思考并为之而奋斗的思想发出了欢呼。它又通过斯拉夫派对彼得堡政府用"比龙苛政"②侮辱民族感情提出了抗议。

在这里，我必须作一点说明。我在莫斯科认识两部分人，认识莫斯科社会生活的两极，因此我能谈的也只是这两部分人。起先我失落在一群老人中间，他们是我父亲的同僚，叶卡捷琳娜时期的近卫军军官，还有一些老人则是我伯父③的同僚，他们把枢密院当成了养老院，在枢密院里悠闲度日。后来我又认识了一批莫斯科的年轻人，上流社会的文学青年，现在我要谈的就是他们。一些老迈的文武官员，正在按官阶逐一等候寿终正寝，而他们的儿孙却并不想求得一官半职，他们感兴趣的是"读书、写书和思想"，至于在这二者之间有什么东西在懵懵懂懂地混日子，我不知道，也不想知道。至于这中间地带，真正尼古拉的俄罗斯，则平淡无味而又卑劣庸俗——既没有叶卡捷琳娜时代的独创精神，也没有一八一二年人们抗击拿破仑时的英勇无畏，也没有我们这一代人追求和感兴趣的事。这是可怜的一代，垮掉的一代，他们中间只有几个受苦受难的人在挣扎，在喘息，以致灭亡。谈到莫斯科的客厅和餐厅，我说的是普希金从前曾在那里叱咤风云的地方；这是十二月党人定下基调的地方；这是格利鲍耶陀夫曾经发出过笑声的地方；这是米·费·奥尔洛夫和叶尔莫洛夫受到友好欢迎（因为他们受到贬黜）的地方；最后，这也是霍米亚科夫从晚九时跟人辩论一直到凌晨四点的地方；这是阿克萨科夫手拿穆尔莫耳卡帽为了莫斯科而大发脾气的地方（虽然谁也没有攻击过莫斯科），他自始至终都没有拿起香槟酒，因为

① 指俄国的尼古拉一世，他死于一八五五年。

② 比龙（1690—1772）：俄国伯爵，女皇安娜·伊凡诺夫娜的宠臣。比龙十分残暴，史称比龙当政时期为"比龙苛政"。

③ 即作者称为"枢密官"的伯父列·阿·雅科甫列夫。

他不愿意偷偷地祈祷和为尽人皆知的那个人干杯;这是列〔德金〕admajorem gloriam Hegeli〔拉丁语:为了黑格尔的更大荣誉〕从逻辑上论证了上帝作为独立的个体存在的地方;这是格拉诺夫斯基发表平静而坚定的演说的地方;这是所有的人都记得巴枯宁和斯坦克维奇的地方;这是恰达叶夫穿戴整齐,戴着一副像蜡像般柔和的脸,用辛辣的讽刺激怒惊慌失措的贵族和信奉东正教的斯拉夫派的地方,他的这些带刺的话总是具有一种古怪的形式,而且总是冷言冷语;这是鹤发童颜的老人亚·伊·屠格涅夫①可爱地大吹法螺,谈论欧洲的所有名流,从夏多布里昂和雷卡米耶夫人②到谢林和拉赫尔·瓦恩哈根③的地方;这也是博特金和克留科夫抱着泛神论观点欣赏史迁普金讲故事的地方;最后,有时候别林斯基也会像康格里夫④火箭一样闯到这里,把周围遇到的一切都烧成灰烬。

一般说,莫斯科的生活多半是乡村生活,而不是城市生活,不过老爷们的官邸彼此相近罢了。其中,一切并不能归结为一个分母,而是彼此有别,这里住着形形色色的人,不同时代、不同教养、不同阶层、不同经纬度的俄国人。拉林们和法穆索夫们正在这里安度晚年;但是不仅他们,还有弗拉基米尔·连斯基和我们的怪物恰茨基——至于奥涅金们,在这里,甚至太多了。⑤ 他们都优哉游哉,无所事事,也没有什么特别的事需要操心,大大咧咧,马马虎虎。地主式的放纵随便,老实说,还很对我们的脾气,其中自有一种豪迈之气,而我们在西方的小市民生活里就找不到这种气质。维尔莫特小姐在达什科娃的《回忆录》中谈到

---

① 亚·伊·屠格涅夫(1785—1846):普希金、维亚泽姆斯基、恰达叶夫的朋友,他曾在国外档案馆中收集有关俄国史的珍贵资料。

② 雷卡米耶夫人(1777—1849):巴黎文学政治沙龙的女主人。

③ 瓦恩哈根(1771—1833):法国女作家,俄国作家常去参加她在柏林的文学沙龙。

④ 康格里夫(1772—1828):英国将军,炮兵军官,康格里夫火箭的发明人,这种火箭可带燃烧弹或杀伤弹头。

⑤ 拉林、连斯基、奥涅金都是普希金的长诗《叶甫盖尼·奥涅金》中的人物。法穆索夫和恰茨基则是格利鲍耶陀夫《聪明误》中的人物。

过一种巴结逢迎主顾的习性（这情况我自己也曾遇到过），在我们刚才说到的那类人中是没有的。组成这一群体的是不做官的地主，或者虽然出去做官，但不是为了自己，而是为了安慰双亲，这些人都很富足，是一些年轻的文学家和年轻的教授。这些人很自由散漫，彼此的关系还没有定型，各种习惯还没有成为陈规陋习，而在过去的欧洲生活中就不是这样，与此同时，在这些人中还保留着一种我们从小养成的西方式的彬彬有礼的传统，而这种彬彬有礼的传统在西方已逐渐消失；这种自由散漫，再加上斯拉夫人的 laisser-aller〔法语：懒懒散散，不修边幅〕，有时还掺杂着放纵和任性，就构成了莫斯科社会特有的俄罗斯性格，非常不幸的是这些人非常想成为**巴黎人**，而且这一愿望大概依然没变。

我们所知道的欧洲已成明日黄花；我们还梦想着那个一去不复返的时代，那时伏尔泰还统治着巴黎的沙龙，请人去听狄德罗的辩论就像吃家常便饭一样；大卫·休谟①到巴黎来竟会引起划时代的轰动，所有的伯爵夫人和子爵夫人都向他献殷勤，向他卖弄风情，以致她们的另一个宠儿格林②都生气了，认为这样做太失体统了。我们脑海里还始终萦回着霍尔巴赫③男爵举行晚会和《费加罗》④初演的那个时代，当时，巴黎的所有贵族都去排队买票，一站就是好几天，排成长龙，时髦的太太小姐们宁可不吃午饭，啃干面包，就为了弄到一张票，能够看到一个月后将在凡尔赛宫上演的这出革命戏剧。（由普罗旺斯伯爵，即未来的路易十八演费加罗，由玛利雅·安图安奈塔⑤演苏珊娜⑥！）

Tempi passati〔意语：俱往矣〕…… 不仅十八世纪的客厅不再存在，——真是一些奇怪的客厅，在那里，用在香粉和花边上的贵族的双手，用贵族的乳汁哺育和养大了一头幼狮，这幼狮又长大成了一个革命

① 休谟（1711—1776）：英国哲学家、历史学家、经济学家。

② 格林（1723—1807）：男爵，住在巴黎的德国文学家和外交家。

③ 霍尔巴赫（1723—1789）：法国哲学家和机械唯物主义的代表。

④ 法国喜剧作家博马舍（1732—1799）的喜剧。

⑤ 玛利雅·安图安奈塔（1755—1793）：法国王后，法王路易十六的妻子。

⑥ 《费加罗婚姻》中的女主角。

巨人,——但是,这样一些客厅,比如斯塔阿尔夫人①和雷卡米耶家的客厅,也不复存在了,那里曾经高朋满座,名流云集,既有贵族中的名流,又有文学界和政界的名流和要员。现在大家都害怕文学,现在也根本没有文学;各个政党政见相左,以致不同政界的人都不能彼此以礼相待,共处于一个屋顶下。

最后一次尝试恢复过去意义上的"客厅",以失败而告终,并随着它的女主人而偃旗息鼓。戴尔芬娜·盖②施展出自己的全部才华和聪明才智,才在互相猜疑、彼此仇恨的客人间勉强保持了和平,没有做出太出格的事。在这种牵强的、惶惶不安的休战状态中,难道有什么快乐可言吗?主人在这种状态下送走了客人,独自一人待在客厅里,筋疲力尽,跌坐在沙发上,感谢上苍,今天的晚会总算平安无事地过去了,没有惹出什么麻烦。

的确,西方,尤其在法国,现在已无暇顾及文雅的清谈、优美的风度、高雅的谈吐。用帝王的龙袍遮盖住可怕的马蜂窝之后,小市民的将军们,小市民的大臣们,小市民的银行家们便纵情宴乐,成百万上千万地赚钱,成百万上千万地花钱,等待着消灭一切的石客光临③……他们需要的不是轻快的 causerie〔法语:清谈〕,而是无拘无束的狂饮、平淡无味的财富,就像在第一帝国时期④一样黄金代替了艺术,卖淫女代替了贵妇人,交易所的玩家代替了文学家。

那种上流社会的分崩离析不仅在巴黎一地发生。乔治·桑住在法国的诺昂,她家成了她的所有邻居们活动的中心。所有认识她的人,无论是普通人还是不是普通人,都可以毫无拘束地成为她家的座上客,什么时候去都成,十分随便,并且十分高雅地度过一个晚上。这里有音

---

① 斯塔阿尔夫人(1766—1817):法国女作家,巴黎某文学沙龙的女主人。

② 戴尔芬娜·盖(1804—1855):法国女作家,名记者热拉尔登的妻子,巴黎某文学沙龙的女主人。

③ 源出普希金《石客》中的石客,此处暗指革命。

④ 指法国拿破仑一世称帝时期(1804—1815)。

乐，有朗诵，有即兴的戏剧表演，而最重要的是，这里有乔治·桑本人。但是从一八五二年起气氛变了，好心肠的贝里人①到这里来做客已经不是为了休息和说笑，而是目露凶光，充满恼怒，无论当面和背后都互相攻击，有些人故意露出新做的侍从制服，有些人则害怕告密；那种谈笑风生、轻松愉快、可亲可爱的无拘无束状态消失了。经常有操不完的心，需要给他们调整关系，排除纷争，劝彼此息怒等，终于使乔治·桑厌烦透了，感到苦不堪言，她决定停止她在诺昂举行的晚会，并把自己交往的圈子局限于二三知己和故交……

……据说，莫斯科，莫斯科的年轻一代老了，还没能等到尼古拉驾崩；莫斯科大学也变得渺小庸俗了，它的地主天性在农奴解放问题上也显得过于突出了，莫斯科的英国俱乐部也变得完全没有英国味了，在俱乐部，索巴凯维奇们在大叫大嚷地反对农奴解放，诺兹德廖夫们②则在吵吵嚷嚷地捍卫贵族**天生而又不可剥夺的**权利。这是很可能的！……但是四十年代的莫斯科却不是这样，当时的莫斯科曾积极参与拥护和反对穆尔莫耳卡的辩论；太太小姐们争相阅读十分枯燥乏味的文章，倾听冗长的辩论，而且她们自己也参加辩论，拥护阿克萨科夫或者拥护格拉诺夫斯基③，她们感到可惜的只是阿克萨科夫太斯拉夫化了，而格拉诺夫斯基则不够爱国。

我们常常在一些文学和非文学的晚会上见面，在这些晚会上一再进行这样的争论，——每周两次或者每周三次。星期一在恰达叶夫家，星期五在斯韦尔别耶夫④家，星期天则在叶拉金娜⑤家。

除了争论的参加者和有话要说的人以外，来参加这些晚会的还有

---

① 指法国贝里省的居民，因为乔治·桑居住的诺昂属贝里省。

② 索巴凯维奇和诺兹德廖夫都是果戈理《死魂灵》中的人物，地主。

③ 拥护和反对穆尔莫耳卡，指拥护和反对复古。阿克萨科夫是斯拉夫派的代表，格拉诺夫斯基是西方派的代表。

④ 斯韦尔别耶夫（1799—1876）：莫斯科贵族。斯拉夫派和西方派的代表人物经常在他家聚会。

⑤ 叶拉金娜（1789—1877）：莫斯科文学沙龙的女主人。

一些旁听者，甚至还有一些女人，他们往往一直坐到深夜两点，只是为了看看这些斗牛士谁修理谁，他本人又怎样被人修理；他们来参加这些晚会就像古时候去观看拳击和到罗戈日城关外的竞技场看热闹似的。

在东正教和斯拉夫主义一边，奋勇杀敌的伊里亚·穆罗梅茨①，当推阿列克谢·斯杰潘诺维奇·霍米亚科夫。正如铩羽而归的莫罗什金②所说，他是"戈尔吉阿斯③，当代的辩论家"。他是一个非常聪明的人，思想敏捷，主意很多，而且往往不择手段，具有很强的记忆力和敏捷的思考能力，他热烈而又不知疲倦地争论了一生。他是一个不知疲倦和不知休息的战士，他左砍右杀，穷追猛打，引经据典，妙语连珠，使人无法招架，被逼进了森林，除非求饶，休想脱身，——总之，把人打得落花流水，谁为信念而战，只好放弃信念，谁为逻辑而战，只好放弃逻辑。

霍米亚科夫的确是个危险的论敌；他是一位操有雄辩术的久经沙场的老将，常常利用对方最微小的疏忽和最微小的让步。他博学多才，才华横溢，就像一位守卫圣母像的中世纪骑士，甚至睡着的时候也手持武器。在白天和黑夜的任何时候，他都准备投入最错综复杂的争论，为了他的斯拉夫派观点的胜利，他不惜利用世界上的一切——从拜占庭神学的决疑法到随机应变的中世纪法律学派的制胜之道。他的反驳常常是似是而非的，可是却往往把人弄得眼花缭乱，如坠五里雾中。

霍米亚科夫很清楚自己的力量，并且玩弄这种力量；他凭他的三寸不烂之舌左右开弓，他凭他的博古通今压倒对方，他冷嘲热讽，嘲笑一切，他常常使别人对自己的信仰和观念哑然失笑，使他产生怀疑：他本人的观点难道真的神圣不可侵犯吗？他神通广大，善于把那些停在半路上左顾右盼的人捉住，把他们放在雄辩的熔炉里折磨，吓唬那些迟疑胆怯的人，让那些知识浅薄的人手足无措，面面相觑，而与此同时，他却总是笑嘻嘻的，看去似乎笑得很真诚。我所以说"看去似乎"，因为在

---

① 俄罗斯民间壮士歌中的勇士和英雄。

② 莫罗什金（1804—1857）：莫斯科大学法学教授。

③ 戈尔吉阿斯（约公元前483—前375）：古希腊哲学家。

他那略带东方色彩的脸庞上常常流露出某种发自内心的东西,某种憨厚的东方式的狡猾,外加某种俄国式的工于心计。一般说,他多半是把人弄得晕头转向,而不是以理服人。

他的哲学争论在于他否认人靠理性可以达到真理;他认为理性只具有形式上的能力——它只能培育幼芽或者种子,而它们是经由另一种途径获得的,相对来说,是现成的(即由神的启示赋予的,是靠信仰得到的)。如果让理性自生自灭,那它就只会在空虚中徘徊,建立一个又一个范畴,它也可能揭示一些自身的规律,但它永远也无法理解有关精神的概念,也无法理解有关灵魂不死的概念①。霍米亚科夫就这样给这些停留在宗教与科学之间的人们以迎头痛击。不管他们在黑格尔方法论的形态中如何挣扎,也不管他们建立了怎样的体系,霍米亚科夫始终步步进逼,终于吹倒了他们用逻辑公式搭建起来的纸房子,或者用脚把他们绊倒,跌进他们羞答答地摈弃的"唯物主义",或者跌进他们简直害怕的"无神论"。霍米亚科夫胜利了!

我曾经参加过他的几次辩论会,发现了他的这一阴谋诡计,因此当我第一次不得不跟他较量的时候,我就把他主动引向他的这些结论。霍米亚科夫眯起自己的斜眼,摇了摇他那有着宛如柏油一样漆黑的鬈发的头,先微微笑着。

"您知道吗,"他突然说道,似乎他自己对他的这个新想法都感到吃惊似的,"不仅光凭理性无法理解在造化中发展的合乎理性的精神,甚至也无法懂得所谓造化也不过是简单的、不断的、没有目的的骚动,这种骚动可以连续不断,也可以中途停止。既然这样,您也就无法证明明天历史就不会中断,就不会随着人类和地球的毁灭而毁灭。"

"我根本就没有对您说过我要证明这点,"我回答他道,"我很清楚,这是证明不了的。"

---

① 基督教教义之一,认为人的物质生命是暂时的,而人的灵魂却是不死的,或上天堂得永福,或下地狱受永罚。

“怎么?”霍米亚科夫有点儿惊讶地问,“您居然能够接受这种最残酷的内在因素的可怕后果,而且在您心中居然毫无愤慨之意?”

“我就能够,因为理性的结论并不取决于我愿意不愿意听到这些结论。”

“好,您至少是前后一致的;然而,一个人要是接受您那些科学的可悲结论,并且习以为常,非使自己的心灵走上歧路不可。”

“请您向我证明,您的非科学更符合真理,我一定公开地,无所畏惧地接受它,而不管它把我引向何方,哪怕它把我引进圣母大教堂也行。”

“要做到这点,必须先有信仰。”

“但是,阿列克谢·斯杰潘诺维奇,您知道:‘没有的东西也就没法说了①。’”

许多人(过去我也一样)以为,霍米亚科夫只是出于一种表演欲,为辩论而辩论,而他自己并没有深刻的信念,而造成这种误解的是他的作风,他那永远笑吟吟的模样,以及评论他的那些人的肤浅,只看表面。我认为,在传播斯拉夫派观点方面,任何人的贡献也没有霍米亚科夫大。他这人很有钱,而且不在官署工作,可是却把他的整个一生都奉献给了斯拉夫派的宣传工作。他笑也罢,哭也罢——这取决于他的神经系统,取决于他的大脑结构,取决于形成他这个人的环境,以及他对环境的反应,与他的信念深刻与否无关。

霍米亚科夫也许就靠了忙忙叨叨地不断进行辩论,靠了既烦心又悠闲的论战,才压下了心头的空虚感,可是另一方面,这种空虚感却吞噬了他的志同道合的最要好的朋友基列耶夫斯基兄弟俩心中的一切欢快。

这两个被尼古拉时代吞噬的人的精神痛苦是很明显的。在热烈的论战中有时可以暂时忘掉这一点——现在这就显得无关紧要,渺不足道了。

---

① 俄谚:意为既然不存在,也就不必再谈了。

基列耶夫斯基兄弟像两个鬼魂一样站在民族复兴的大门口；不为世人所承认，他们也不与世人苟同，他们始终没有掀掉身上的遮尸布。

伊凡·瓦西里叶维奇未老先衰的脸，带有痛苦和搏斗的深深印痕，仿佛一艘大船沉没了，海面复归平静，只出现一些悲伤的涟漪。他一生都不得志。记得，一八一三年，他曾热情地创办《欧罗巴人》①这个时事评论月刊。头两期办得很好，但是出第二期的时候，《欧罗巴人》被查封了。他在《朝霞》②发表了一篇论诺维科夫③的文章——《朝霞》被查抄，书报检察官格林卡则被逮捕④。基列耶夫斯基因《欧罗巴人》而使自己的财产受到了很大损失，他沮丧地偃卧在莫斯科生活的荒野里；周围什么也看不见——他觉得实在受不了，就到乡下去了，把深深的悲哀和对工作的渴望埋藏在心底。于是这么一个像钢铁般坚强和纯洁的人就被那个可怕的时代像铁锈般侵蚀了。十年后他从他的隐居地回到莫斯科——成了一名神秘主义者和东正教徒。

他在莫斯科的处境是艰难的，无论跟他的朋友们，也无论跟我们，他都不十分接近，也不十分志同道合。在他与我们之间隔着一道宗教的墙。他是自由和伟大的法国革命时代的崇拜者，他无法赞同新的旧礼仪派⑤对所有欧洲事务的蔑视。有一次，他怀着深深的悲哀对格拉诺夫斯基说：

“就内心而言，我更接近你们，可是你们的许多信念我又无法苟

---

① 《欧罗巴人》：斯拉夫派办的杂志，创办于一八三二年，而非一八三三年。

② 《朝霞》：一八三〇年在莫斯科出版的一种文集。

③ 诺维科夫（1744—1818）：俄国讽刺作家，曾主编《雄蜂》和《画家》杂志。前者讽刺过寄生生活的地主，后者讽刺上流社会崇洋媚外的恶劣风气。

④ 《朝霞》并未被查抄，格林卡被撤职则是因为其他原因。赫尔岑大概把这件事与另一件事弄混了：《欧罗巴人》的确被查封，但那是因为在第一期上发表伊·瓦·基列耶夫斯基的两篇《十九世纪》和《〈聪明误〉在莫斯科剧院》，书报检查官阿克萨科夫也的确受到过行政处分，他的被撤职是后来因为出版了利斯特拉特·菲秋尔金的书《十二个睡着了的岗警》，奉尼古拉一世的圣旨撤职查办的。

⑤ 亦称旧教派或分裂派，是从俄罗斯正教中分裂出来的教派，反对官方的俄罗斯正教会，主张保持宗教旧礼仪，故名。

同；就信仰来说，我与我们的人更接近，可是在其他方面，我与他们的分歧也一样大。”

确实，他在自己家里也抑郁寡欢，似乎很孤独。站在他身旁的只有他弟弟，他的朋友——彼得·瓦西里叶维奇。兄弟俩出现在茶话会和其他聚会上的时候，神情忧郁，似乎眼泪还没有擦干，仿佛昨天刚遭到不幸。我看到伊凡·瓦西里叶维奇就像看一个丧夫的寡妇或者一个丧子的母亲似的；生活欺骗了他，前面的一切都是空的，惟一的安慰是：

请稍候，
你也该休息了！①

我不忍心打破他的神秘主义；这种不忍心，以前我和维特别尔格在一起时也曾体验过。这两人的神秘主义似乎带有一种艺术性；信奉这种神秘主义，似乎真理并没有因此而消失，只是隐藏在某种虚幻的外表和修士的法衣中而已。若要把这人无情地唤醒，除非他把自己的疯狂蒙上论战的形式，或者你跟他如此亲近，以致任何不协和音都足以使你心碎，使你不得安宁。

又怎能反驳一个说过这样一些话的人呢，他说：“有一回，我站在小礼拜堂，看着有求必应的圣母像，想到向圣母像祈祷的人孩子般纯洁的信仰；有几个妇女、病人和老人，双膝下跪，画着十字，在磕头。后来，我怀着热烈的期望看着圣像的神圣的面容，渐渐地，那个奇妙力量的奥秘开始向我显露出来。是的，这不是简简单单的一块画有画像的木板②……已经长达数世纪，它不断地接受人们的热烈赞颂，听取那些哀伤和不幸的人们的祈祷。它应当充满力量，从它自身流出的力量，并因此而反射到那些善男信女们身上。它成了一个活的机体，成了造物主与人相互感应的地方。我一面想着这个，一面再一次望了望那些匍匐在地的老人、带孩子的妇女，又望了望圣像——这时我亲眼看到圣母的

① 不十分确切地引自莱蒙托夫一八四〇年的诗《译歌德诗》(《那高高的山峰哟！》)。
② 指圣母像。

面容似乎充满了生气,她大慈大悲和充满了爱地望着这些普普通通的人……于是我便双膝下跪,谦恭地向她祈祷。”

彼得·瓦西里叶维奇还要不可救药,在东正教斯拉夫主义上走得更远,——就他的天性而言,他也许并不那么才华横溢,但是却具有一个完整的、严格的、始终不渝的性格。他并不像伊凡·瓦西里叶维奇或者信奉斯拉夫主义的黑格尔派那样,竭力使宗教与科学,西方文明与莫斯科的民族精神调和起来;完全相反,他拒绝一切休战。他独立而又坚定地坚守着自己的阵地,既不挑起争论,也不逃避争论。他无所畏惧:他义无反顾地献身于自己的观点,同时又对当代俄国充满一种悲悯的同情,他把二者紧紧地结合起来,他觉得这样做是十分自然的。就像无法同意他哥哥的观点一样,我们也无法同意他的观点,但是理解他的观点还是可以做到的,就像任何偏激而又极端的观点一样,还是可以理解的。在他的观点中(我在很久以后才给予了正确的评价)有一些痛苦的、使人感到压抑的真理,这就是对于西方社会状况的认识,而我们直到一八四八年风暴①以后才明白过来。他却用他那悲哀的明察秋毫懂得了这些真理,他是用对彼得以西方的名义带来的灾祸深恶痛绝和进行报复明白这道理的。因此,彼得·瓦西里叶维奇不像他哥哥那样,除了东正教和斯拉夫主义以外,还竭力想寻得一种人道的宗教哲学,用来解决他对现实的不信任。不,他的忧郁的民族主义是完全和彻底排斥西方的一切的。

他们的共同不幸在于他们俩生得太早了,或者生得太晚了;发生十二月十四日起义的时候,我们还是孩子,而他们已是少年②了。这点很重要。这时候我们还在上学,根本不知道现实世界中究竟发生了什么。我们充满了理论上的幻想,我们是育儿室里的格拉古和黎恩济③,后来

---

① 指一八四八年的法国二月革命,即法国推翻七月王朝、建立第二共和国的革命。

② 一八二五年俄国“十二月党人起义”时,哥哥伊凡十九岁,弟弟彼得十七岁。

③ 格拉古(公元前162—前132):古罗马政治家。黎恩济(1313—1354):意大利政治家,曾领导过反对罗马教皇和封建主的起义,被镇压,本人被打死。

我们被封闭在一个小圈子里,我们齐步前进,度过了几年求学的岁月;走出大学校门后,我们又被关进监狱的大门。在年轻时代,在窒息和灰暗的迫害时代,监狱和流放生活对于我们是非常有益的;这是一种锻炼,只有虚弱的机体才会被监狱所屈服,对于这一类人,斗争不过是年轻时代的一时冲动,而不是一种天赋,一种内在的需要。意识到公开的迫害,可以增强反抗的决心,加倍的危险可以培养人的毅力,使人不屈不挠,勇往直前。这一切均能使人专心致志,忘掉痛苦,使人愤慨,使人愤怒,因此囚徒和流放犯常常会出现疯狂的时刻,而那些在自由和庸俗沉闷的环境中感到失落的人,只会觉得百无聊赖,时时刻刻都感到同样的、使人心灰意冷的绝望。

当我们从流放地回来后,文学界、大学和社会上已经风起云涌般出现了另一种活动。这是果戈理和莱蒙托夫名噪一时的时代,是别林斯基的论文迭出,格拉诺夫斯基和其他年轻教授讲课的时代。

但是我们的先驱者遇到的却不是这样的时代。他们刚刚成年就听到钟声齐鸣。向俄国宣告对伯斯捷尔执行死刑和尼古拉举行加冕礼;他们因为太年轻了,不可能参加密谋,他们是孩子又不完全是孩子,不可能在发生这些事以后还去上学。他们遇到的那十年,是以恰达叶夫发表他忧郁的《哲学书简》告终的。自然,在这十年中,他们不可能变老了,但是他们被压垮了,变懒散了,被一种胸无大志的、可怜的、胆小如鼠而又卑躬屈膝的人们所包围。而这正是青春年少的最初十年!于是他们就不由得像奥涅金那样羡慕起了瘫痪在床的图拉省的陪审官,像莱蒙托夫的毕巧林①那样远走他乡,到波斯去,像真的毕巧林②那样皈依天主教,或者,如果他不愿意拼命喝酒,鞭打农民或者玩牌的话,那就投身于狂热的东正教,投身于发狂般的斯拉夫主义。

---

① 毕巧林:莱蒙托夫的小说《当代英雄》的主人公。

② 弗拉基米尔·谢尔盖耶维奇(1807—1885):莫斯科大学希腊语教授,后出家当了修士。

霍米亚科夫刚在心头感到这种空虚，他就在查理十世①统治的那个醉生梦死、无聊乏味的时代到欧洲去观光；他在巴黎写完了他那被人遗忘的悲剧《叶尔马克》，并在归途中同形形式式的捷克人和达尔马特人聊了会天之后，回国了。一切都是那么无聊！幸亏打起了土耳其战争②，于是他就毫无必要，毫无目的地投笔从戎，去了土耳其。仗打完了，他的另一部被人遗忘的悲剧《僭主德米特利》也写完了。仍旧十分无聊。

在这无聊中，在这忧郁中，在这可怕的环境和可怕的空虚中，他突然萌发了一个新思想；这新思想刚一发表，就受到了嘲笑；越是这样，霍米亚科夫就越是拼命捍卫这一思想，而且这思想也越加深地化成基列耶夫斯基兄弟的血肉。

种子播下了；他们花了很大力气来培育和保卫这些幼苗。必须有新的一代人，没有被扭曲、没有受损害的一代新人，他们的导师历尽苦难和痛苦达到的思想，应当作为接力棒和遗产被他们所接受，而不应当再经历同样的苦难和痛苦，年轻人响应了他们的号召，斯坦克维奇小组的人也加入了他们一伙，他们中间也包括这样坚强有力的人，例如阿克萨科夫和尤里·萨马林。

康斯坦丁·阿克萨科夫不像霍米亚科夫那样老是笑嘻嘻的，也不像基列耶夫斯基兄弟那样沉湎在不能自拔的怨天尤人中。他是一个正在成长中的年轻人，他急于大干一场。在他的信念中没有那种冒昧一试的缺乏信心，没有传教士在隐修院的愁苦意识，没有前途茫茫的悲叹，没有遥远的期望——在他的信念中只有狂热的信仰，不容歧见的、偏执的和片面的信仰，还没有跟人交锋就似乎已经胜券在握的信仰。阿克萨科夫像所有的战士一样是片面的；靠四平八稳、权衡得失的折衷主义是打不了仗的。他被敌对的环境所包围——这环境是强大的，对

① 查理十世(1757—1836)：一八二四至一八三〇的法国国王。

② 指一八二八至一八二九年的俄土战争。

他具有很大优势，他必须杀出重围，与一切可能的敌人周旋，然后插上自己的旗帜。这里哪谈得上宽容！

他的整个一生就是以不被承认的、受压制的俄罗斯人民生活的名义，向彼得的俄罗斯，向俄罗斯的彼得堡时期提出无条件抗议。他的辩才比起霍米亚科夫来略嫌逊色，他不是一个像伊·基列耶夫斯基那样的诗人兼思想家，但是为了自己的信仰可以上法场，上断头台，当在言辞之后可以感觉到这点的时候，这些话就具有惊人的说服力。他在四十年代初就宣传乡村公社，宣传村社和劳动组合。他教会了哈克斯特豪森[1]怎样来理解这些东西，并且天真地贯彻始终，头一个把裤脚管掖到靴筒里，而且穿上了斜领的衬衫。

“莫斯科是俄罗斯民族的京城，”他说，“而彼得堡不过是皇帝的行宫。”

“不过请注意，”我回答他，“这区别有多大：在莫斯科，您肯定会被关进看守所，而在彼得堡您会被关进要塞的监狱[2]。”

阿克萨科夫毕生都是永远热情洋溢和无限高尚的青年，他容易痴迷，自己痴迷或别人使他痴迷，不过他的心是永远纯洁的。一八四四年，我们的争论已发展到这种地步，无论是斯拉夫派还是我们，都不想再见面了，有一回我走在街上，阿克萨科夫坐在雪橇上路过。我友好地向他点了点头。他已经走过去了，但是忽然让车夫停下来，钻出雪橇，走到我身旁。

“他说：‘从您身边走过，而不跟您打声招呼，我会觉得十分痛苦的。您明白，自从在您的朋友与我的朋友之间发生了那一切之后，我就不好再去看您了；遗憾，很遗憾，但是没有办法。我想紧握一下您的手，然后告别。’说罢，他就迅速向雪橇走去，但是突然又回来了；我站在原地没动，我感到很难过；他扑到我身上，拥抱我，并且使劲吻了吻我。我

---

① 哈克斯特豪森（1792—1866）：德国文学家和经济学家，一八四三至一八四四年曾游历俄罗斯。

② 指彼得堡的彼得保罗要塞，其中有监狱，常常关押政治犯。

的眼里噙着泪花。在彼此争吵的这一时刻，我有多么爱他啊！”①

刚才谈到的这争吵，是我已经提到过的那场论战的后果。

格拉诺夫斯基和我们，虽然在原则上不让步，可是还能与他们勉强搞好关系；我们没有把我们的思想分歧当作个人问题。别林斯基在自己的不宽容上一向很偏激，他走得更远，并且还狠狠地责备我们。“就天性说，我是犹太人，”他从彼得堡写信给我，“我没法同腓利斯丁人②同桌吃饭……格拉诺夫斯基想知道我有没有看过他发表在《莫斯科人》上的文章？没有，我也不想看：告诉他，我不喜欢在登不了大雅之堂的地方跟朋友们见面，也不喜欢在那里跟他们约会。”③

然而斯拉夫派也回敬了别林斯基。《莫斯科人》被别林斯基激怒了，被《祖国纪事》的成功和格拉诺夫斯基讲座的成功激怒了，他们不择手段地进行自卫，尤其不肯放过别林斯基；他们直截了当地说他是个危险分子，渴望破坏，“看到大火就兴高采烈”。

然而《莫斯科人》代表的主要是大学里学究式的斯拉夫派。这派人不仅可以称之为大学派，甚至多少可以称之为政府派。这在俄国文学界倒是一大新闻，我国的那些效忠皇上的奴才，或者噤若寒蝉，贪赃枉法，文墨欠通，或者不屑用散文写作，而是在忠君爱国的竖琴上大弹赞歌。

布尔加林与格列奇④不足为训：他们骗不了任何人，谁也没有把他们号衣上的帽徽当作他们观点的标志，《莫斯科人》的两位出版人波戈金和舍维廖夫⑤却完全相反，他们是一副心甘情愿的奴才相。舍维廖夫——我也不知道为什么，也许是他出于对自己祖先的向往，他的一位

---

① 见《钟声》第九十期。——作者原注

② 一译非利士人，古民族，据《旧约·圣经》载，犹太人常与非利士人作战，互有胜负。

③ 别林斯基给赫尔岑的这封信不详，但在赫尔岑一八四四年五月十七日的日记上有记载，并引用了本片段的开头的话。

④ 格列奇（1787—1867）：俄国反动文人，杂志出版人。

⑤ 参见本书第604注⑤。

先人，在伊凡雷帝时代，在严刑拷打下还大唱赞歌，就差没有恭祝这个年老的暴君万寿无疆了；而波戈金则是出于对贵族的恨。

也常有这样的时代，思想家与当权派联合起来，但是这仅仅发生在当权派领导大家前进（比如彼得一世在位的时候），保卫自己的国家（比如在一八一二年的时候），医治它的创伤，让它休养生息（比如亨利四世①，也许还有亚历山大二世②在位的时候③）。但是选择一个俄国专制制度最无生气、最鼠目寸光的时代，想依靠爱民如子的沙皇，反对贵族的胡作非为（须知这贵族也是由同一个沙皇政府扶持的），——这就荒唐和有害了。

据说，忠于沙皇政权，以此求得它的庇护，便可以更大胆地说出真理。那为什么他们想说而又不敢说呢？

波戈金是一位很有贡献的教授，他出现在被卡切诺夫斯基④糟蹋和变成一片瓦砾的俄国历史的废墟上，给予俄国史研究以新的力量，并引进了一位不能算是新人的海雷恩⑤。但是作为作家，他的成就不大，虽然他什么都写，甚至用俄文写了《葛兹·封·贝利欣根》⑥。他那佶屈聱牙的文笔，他那一挥而就，缺胳膊少腿的文章和夹生的思想，这种粗糙作风，不知怎么从前也感染了我，我居然摹仿起他的文风写了一小段《维奥德林旅途札记》⑦。斯特罗戈诺夫（督学）读到这篇东西后说道：

“波戈金大概以为，这真是他写的。”

舍维廖夫作为教授，甚至可以说一事无成。至于他的文学论文，我

---

① 亨利四世（1553—1610）：法国国王。

② 亚历山大二世（1818—1881）：俄国皇帝，于一八五五年登基。

③ 写于一八五五年。——作者原注

④ 卡切诺夫斯基（1775—1842）：历史学家和批评家，莫斯科大学教授兼校长。

⑤ 海雷恩（1760—1842）：德国哥廷根大学历史学教授。此处指1835—1837年波戈金出版他写的介绍海雷恩的著作《论古代世界各主要民族的政策、交往和贸易》的讲义。

⑥ 这是歌德写的著名剧本。

⑦ 《维奥德林旅途札记》是对波戈金的旅途日记《异乡一年》的讽刺性模拟。

不记得在他写的所有东西中有任何独到的思想和任何独立的见解。他的文笔与波戈金的文笔截然相反:浮泛空洞,像是一块忘了搁苦桃仁的还没凝固的牛奶桃仁酪,虽然在他的糖浆下涂抹了不少尖酸刻薄和自命不凡的过激之词。阅读波戈金的文章,总觉得他在骂人,因而会不由得四处张望,屋子里有没有女士。可是看舍维廖夫的文章,却觉得在做梦,梦见了什么别的东西。

谈到莫斯科杂志界这两个暹罗兄弟①的文笔,不能不想起盖奥尔格·福尔斯特尔②,他是库克航行在桑德威奇群岛③时的著名同伴,又是罗伯斯比尔在统一和不可分割的共和国的国民公会中的同志。他在维尔诺④担任植物学教授时,听到有人讲波兰话,辅音十分丰富,于是他想起了他在奥塔伊提⑤的朋友,几乎只用元音说话,于是他说:“如果把这两种语言混合起来,将会产生一种多么铿锵悦耳,多么流畅的语言啊!”

然而,《莫斯科人》的这一对双胞胎尽管文笔拙劣,不但抓住别林斯基不放,甚至也抓住格拉诺夫斯基上的课不放。而且他们俩总是不幸地缺乏分寸,以致重新激起所有正派人士对他们群起而攻之。他们俩谴责格拉诺夫斯基醉心于西方的发达,说他迷信某种**思想体系**,而尼古拉正是因为这种思想体系,出于**整顿思想**的目的,给人套上锁链,发配到涅尔钦斯克⑥去的。

格拉诺夫斯基接受了他们的挑战,他用大胆而又光明正大的反驳迫使他们羞赧无地。他站在讲台上公开责问那些向他兴师问罪的人,

---

① 指十九世纪中叶出生在暹罗的两个连体儿,曾在当时的俄国展览。此处转义为两个形影不离的难兄难弟。

② 福尔斯特尔(1754—1794):德国博物学家和作家;一七七二至一七七四年曾参加英国航海家库克的第二次环球航行。一七九三年作为德国美因兹共和派的代表派往法国国民公会。

③ 夏威夷群岛的别称。

④ 立陶宛首都维尔纽斯的旧称(一九三九年以前)。

⑤ 太平洋上的一个岛屿。

⑥ 在西伯利亚东部,赤塔以东。

他为什么应当憎恨西方，为什么他讲西方史而必须憎恨它的发达？“他们指责我，”格拉诺夫斯基说，“说我讲历史仅仅是为了说明我的观点。这话在某种程度上是对的，我有自己的信念，因此我在讲课的时候就开宗明义地把它们说出来，如果我没有自己的信念，我就不会公开站在你们面前来多少引人入胜地讲述发生在历史上的许多事件了。”①

格拉诺夫斯基的回答是如此朴实和义正词严，他的课上得如此引人入胜，使斯拉夫派的那些迂夫子们噤若寒蝉，而年轻的斯拉夫派则热烈鼓掌，而且其热烈程度决不亚于我们。课程结束后，甚至有人企图使我们言归于好。在他讲完最后一讲之后，我们设宴招待格拉诺夫斯基。斯拉夫派想与我们一起参加，他们公推萨马林做主持人（我们的人则推举我做主持人）。宴会很成功；宴会结束时，大家频频举杯，不仅此应彼和，而且都一饮而尽，然后我们跟斯拉夫派又互相拥抱，按俄国人的方式彼此亲吻。伊·瓦·基列耶夫斯基仅仅向我一个人提出请求：让我在我的姓中把“e”改成“ы”，这样听起来就更有俄国味了。但是舍维廖夫甚至没有要求这样做，相反，他一面拥抱我，一面用自己的 soprano〔法语：女高音〕一再重复道：“即使有‘e’，他也很好，即使有‘e’，他也是俄国人。”双方的和解是真诚的，并没有不可告人的念头，当然，这并不妨碍一星期后我们的分歧更加严重。

一般说，和解只有在不需要和解的时候才有可能，也就是说，个人的恩怨已经化解了，或者彼此的观点接近了，大家都看到已经没有什么可争论的了。否则的话，任何和解只能是彼此削弱，双方都会褪色，失去鲜明的色彩。缔结我们之间的“库楚克开纳吉和约”②的企图很快就发现是不可能的，爆发了更激烈的战斗。

从我们这方面说，我们管不住别林斯基；他从彼得堡给我们发来了一封措词严厉的通牒，把我们开除，革出教门，而他在《祖国纪事》上发

---

① 指一八四三年十二月二十日格拉诺夫斯基在上课时说的话。

② 一七七四年，在进行了六年的俄土战争之后，俄土两国在多瑙河以南的库楚克开纳吉村缔结和约。

表的文章则更加愤恨不已。最后,他又严肃地逐一列举了斯拉夫派玩弄的各种"猫腻",一再责备说:"你们看,竟玩弄这种花样!"我们都低下了头。别林斯基说得对!

一位一度受到人们喜欢的诗人,他因为生病成了虔诚的信徒,因为亲戚关系又成了斯拉夫主义者,他想用他那垂死的手拿起鞭子抽我们①,不幸,他选中的还是警察的皮鞭。他在一本题为《我们的论敌》②的诗集中称恰达叶夫是东正教的叛教者,称格拉诺夫斯基是腐蚀青年的伪教师,称我是身穿西方科学光鲜号衣的奴才③,而我们三个人则被统称为祖国的叛徒。当然,他没有点我们的名字,——我们的名字是朗诵这些诗的人以后加上去的,他们把这些诗体的告密信兴高采烈地从一个大厅传到另一个大厅。阿克萨科夫忍无可忍,也用诗来回敬他④,痛斥这类恶意攻击,并说各种各样的斯拉夫派用我们的基督作伪装,实际上充当了宪兵的角色,并称这些人"不是我们的人"。

这情况使我们的关系增加了许多苦涩。诗人的名字,朗诵者的名字⑤,他所在的那个圈子,以及为这事喝彩叫好的圈子,——这一切都使我们的气不打一处来。

我们之间的争论差点儿没有带来巨大的不幸,差点儿没有使两派中的两个最纯洁、最优秀的代表人物一命归阴。格拉诺夫斯基和彼·瓦·基列耶夫斯基的争吵,很快就发展到要决斗,多亏朋友们一再相

---

① 指俄国诗人亚济科夫(1803—1846),他曾于一八四四年(他去世两年前)发表三封"反西方派"的诗体书信。他曾是普希金的朋友,后倒向斯拉夫主义,他跟斯拉夫主义者霍米亚科夫是姻亲,后者娶他的妹妹为妻。

② 这是赫尔岑对亚济科夫的三篇虽然彼此有别,但却性质相近的诗合在一起所加的题目——《致康斯坦丁·阿克萨科夫》《致我们的论敌》《致恰达叶夫》。

③ 赫尔岑弄错了,他错以为这句话是说他。亚济科夫在一封信中声称,所谓"衣着光鲜的奴才",指的是格拉诺夫斯基。

④ 阿克萨科夫写了一首诗《致同盟者》,反对对西方派无原则的"唧唧喳喳"和"恶意攻击",但是他又完全同意亚济科夫的观点(见赫尔岑一八四四年十二月十七日的日记)。

⑤ 指积极传播亚济科夫有争议的诗,并在莫斯科的各种沙龙和客厅里朗诵的维格尔。

劝，双方的争吵才得以平息。

舍维廖夫看到这样的情况，特别是看到格拉诺夫斯基上的课取得极大的成功，引起了轰动，他不甘心，也想在他自己从事的领域一显身手，打败格拉诺夫斯基，因此他宣布他也要开公开课。他讲的是但丁，艺术中的民族性以及科学中的东正教精神等；来听课的人很多，但反应冷淡。有时候他讲得很大胆，得到大家的充分肯定，但是总的效果却是毫无反响。只有一堂课给我留下了印象——他在这堂课上讲了米什莱①的 *Le Peuple*〔法语：《人民》〕和乔治·桑的小说 *La Mare au Diable*〔法语：《魔沼》〕，因为他在这堂课上生动地接触到了当代的现实问题。但是他在谈到东方教会神学著作有多么美以及吹嘘俄罗斯的希腊教会②时，就很难得到大家的共鸣了。在舍维廖夫特别出格地赞美东正教会时，只有费奥多尔·格林卡及其夫人——著有《圣母的乳汁》的叶符多基娅③，——他们通常紧挨着坐在第一排，谦逊地低垂着眼睛。

舍维廖夫的课之所以失败，与他的论文相同，糟就糟在他狂妄地攻击的那些思想、书籍和人，正是我们不惜冒坐牢的危险，为之辩护和仗义执言的。

然而，“不管怎样挖空心思，开动脑筋”想办好《莫斯科人》杂志，他还是不得其门而入。要办好一份生动的论战性杂志，一定要有现代感，要有敏感的神经，凡是激动社会的一切，它也要立刻激动起来。可是《莫斯科人》的出版者却完全没有这种洞察幽微的能力，不管他们怎样抄作可怜的涅斯托尔和可怜的但丁④，最后他们自己也相信了，在我们这个世风日下的时代，无论是波戈金精雕细琢的辞句，也无论是舍维廖

① 米什莱（1798—1874）：法国作家。

② 即俄罗斯东正教教会。

③ 叶符多基娅·格林卡（1795—1863）：俄国女作家，俄国诗人费·格林卡之妻，她写过许多宗教诗，包括《圣母传》。

④ 涅斯托尔：十一世纪至十二世纪的俄国编年史家和作家，基辅山洞修道院修士。《莫斯科人》曾发表过许多俄国古代史和古代文学的资料。在长达数年的时间里（1850—1854），还连载了但丁的《神曲》以及有关《神曲》的研究资料和说明。

夫那像唱歌般婉转动听的口才，都将毫无收获。他想来想去，终于决定将主编一职交由伊·瓦·基列耶夫斯基担任。选中基列耶夫斯基来担任此职①，无论从才智方面，也无论从财务方面，他都是最佳人选。就我而言，我就最愿意同基列耶夫斯基谈生意，做交易，觉得这世上谁也比不上他。

为了说明他的经营哲学，我要给大家说个笑话。他办了一个养马场，马运到莫斯科，让人估了价，然后出售。有一回，有个年轻军官来找他买马，这人看中了一匹马，感到很满意；马夫见状就给加了价，他俩经过讨价还价，军官同意了，于是便进屋去找基列耶夫斯基。基列耶夫斯基收钱的时候，查了一下价目表，对军官说，这匹马的定价是八百卢布，而不是一千卢布，可能是马夫弄错了，把骑兵弄得莫名其妙，因此这骑兵请求允许他再看一遍马，看后，他不买了，说："马倒是好马，可是主人不好意思收钱……"哪儿还能找到比这更好的主编呢？

他热情地接手了此事，花了很多时间，他为此搬到了莫斯科，但是尽管他很有才干，还是一事无成。《莫斯科人》没有回答社会上普遍关心的任何一个现实问题，因此除了自己那个小圈子外，没有别的销路。《莫斯科人》的失败使基列耶夫斯基一定很难过。

《莫斯科人》第二次失败后，再也未能恢复元气，斯拉夫派自己也明白，坐在这艘航船上是走不远的。他们开始想另办一份杂志。

他们这次也不是胜利者。社会舆论完全倒向了我们一边。当沉沉黑夜，《莫斯科人》已经沉没，再没有《灯塔》②从彼得堡向它发出亮光的时候，别林斯基费尽心血哺育了《祖国纪事》，又把他们的非婚生子抚养成人③，并给它俩以极大的推动，使它们能在今后数年内，单靠几

① 基列耶夫斯基接手《莫斯科人》后，只出了一八五四年的头三期，后因与波戈金存在分歧，愤而辞去主编一职。

② 一八四〇至一八四五年在俄国彼得堡出版的反动月刊，主编布拉切克。

③ 这里赫尔岑指《现代人》杂志。《现代人》于一八三六年由普希金创办。一八三七年普希金去世后，由普列特尼约夫接办，因脱离现实，读者锐减。后在别林斯基的支持下，于一八四七年由涅克拉索夫和帕纳耶夫任主编，情况方始好转。

名校对员和排印工，单靠几名文学界的税吏和读书人中的罪人①，竟孜孜矻矻地继续走自己的路。别林斯基的大名就足以使这两家杂志财源滚滚，并把俄国文学界的一切精英都集中到他参与工作的这两家编辑部来——可当时基列耶夫斯基的才华和霍米亚科夫的参与都未能为《莫斯科人》打开销路，也未能给《莫斯科人》增加读者。

我就这样离开了战场，离开俄罗斯出国了。论辩双方又交锋了一次②，于是所有的问题就由一八四八年发生的那些大事③改变了轻重缓急。

尼古拉死了，新生活使斯拉夫派和我们摆脱了相互间的内讧，我们向他们伸出了手，但是他们在哪里呢？——走了！阿克萨科夫也走了，这些"比许多自己人还亲密的论敌"④，已经一去不复返了。

生活是不容易的，它把人们像秋风中的蜡烛一样燃烧殆尽。

当我头一次写这一章的时候，他们还都活着。但愿这次它能以我在阿克萨科夫墓前致悼词时所说的话来结束。

> 基列耶夫斯基兄弟、霍米亚科夫和阿克萨科夫做了他们想做的事；他们活得长也罢，短也罢，但是当他们闭上眼睛的时候，可以完全有把握地对自己说，他们已经做了他们想做的事，如果说他们未能阻拦彼得派出的信使快车，以致使比龙仍能端坐其中，殴打车夫，驱使他把马车驶进庄稼地和压死老百姓，那至少他们也阻止了被误导的社会舆论，促使一切严肃的人认真思考。
>
> 俄国人的思想转变是从他们开始的。当我们说这句话的时候，不应该怀疑我们对他们心存偏袒。

① 税吏和罪人云云，源出《新约·路加福音》第十八章，此处意为普通小人物。

② 指卡弗林的文章和萨马林的答复。详见 *Dévelop des idées révolut*〔《（俄国）革命思想的发展》〕。——作者原注

③ 指一八四八年法国二月革命。

④ 引自赫尔岑写的悼文《康斯坦丁·谢尔盖耶维奇·阿克萨科夫》（载一八六一年一月十五日《钟声》第九十期）。

是的，我们是他们的论敌，但我们是很奇怪的论敌。我们的爱相同，但爱的方式不一样。

他们和我们从早年起就有一种强烈的、不自觉的、由生理产生的炽烈情感，他们认为这种情感就是怀旧，我们则认为这种情感就是对未来的先知先觉：这种情感就是无限的、笼罩着我们整个生命的爱，爱俄国人民，爱俄国人的生活，爱俄国人的思想方式。因此，我们就像雅努斯①和双头鹰一样，眼睛望着不同的方向，与此同时，跳动的心却只有一颗。

他们把整个爱，整个柔情都奉献给受压迫的母亲。我们因为是在家庭之外被抚养成人的，所以这种联系淡化了。我们是在法国家庭女教师的照看下长大的，我们很晚才知道我们的母亲不是她，而是一个累得筋疲力尽的农妇，而且我们也猜到了这点，因为我们的面貌相像，还因为她唱的歌我们觉得比法国的轻喜剧更亲切；我们非常爱她，但是她的生活太狭窄了。我们在她的小屋里感到窒息；总是银饰后面的一些发黑的脸②，总是神父们在念念有词地祷告，吓唬这个不幸的、被大兵和乡文书折磨得要死要活的女人；甚至她为失去的幸福而不断发出的哭泣也撕裂着我们的心；我们知道她没有欢乐的回忆，我们也知道另一件事——她的幸福在将来，在她的心的下方还跳动着一颗胎儿的心，——这是我们的弟弟，即使不要红豆汤，我们也会把长子的名分拱手让给他③。而现在——

Mutter, Mutter, lass mich gehen,

---

① 雅努斯：古代意大利的神，他的形象是一个有两副面孔的神（一副看着过去，一副看着未来）。双头鹰则是俄国国徽上的图像，两只头分别看着左右两边。

② 指圣像。俄国古老的圣像上除头部外，均用金银甚至宝石做衣饰，而圣像的脸则因年代久远而逐渐发黑。

③ 据《旧约·创世记》传说：雅各之兄以扫，因为又累又饿，乞求雅各把红豆汤让给他喝，并以此作交换，把长子的名分卖给他。

Schweifen auf den wilden Höhent!

〔德语:母亲啊母亲,让我去吧,

让我到荒凉的山顶上去遛遛腿吧!〕①

十五年前我们的家庭不睦就是这样。从那时起光阴荏苒,我们遇到了一个山妖,阻拦了我们的快步前进,他们虽然没有遇到一片圣骨的世界②,但是却碰到许多俄国的现实问题。这帐我们是算不过来的,谁也没有要求对方理解的特许证;时间、历史和经验使我们互相接近起来,不是因为他们把我们拉过去了,也不是我们把他们拉过来了,而是因为现在他们和我们的观点,比当年我们在杂志上的文章中无情地互相厮杀时离真理更近了,虽然当时我也不记得我们曾经怀疑过他们是热爱俄罗斯的,或者他们曾经怀疑过我们。

正是基于彼此的信任,基于这种共同的爱,我们才有资格向他们的坟茔低低地一鞠躬,我们才有资格对长眠于此的人撒上我们的一抔黄土,我们神圣地祝告,但愿在他们的坟头,也在我们的坟头,年轻的俄罗斯能够姹紫嫣红,遍地开花!③

---

① 引自席勒的诗 *Der Alpenjáger*〔德语:《阿尔卑斯山的射手》〕。

② 圣骨或圣尸,指基督教圣徒死后的干尸。

③ 原载一八六一年一月十五日《钟声》报。——作者原注

第三十一章

家父去世——遗产——遗产分割——两个外甥

从一八四五年年底起，我父亲的精力就渐渐不支，他明显地瘦了，尤其在“枢密官”死后。“枢密官”死了，完全遵循他毕生的行为准则：猝死，而且差点儿就死在马车上，一八三九年，有一天晚上，他照例坐在我父亲那里：他从一所农业学校到我家来，带来了一件农业机器的模型，我认为，他对如何使用这部机器并不十分感兴趣，晚上十一点他就回家了。

他有一个习惯，回家后，稍微吃点儿东西，再喝一小杯红葡萄酒；这一回他却不想喝酒，而且对我的老朋友卡洛说，他好像有点儿累，想睡觉，说卡洛可以走了。卡洛帮他脱了衣服，把蜡烛放在他床边就走出去了；他刚回到自己房间，刚从身上脱下燕尾服，就听到“枢密官”摇了一下铃；卡洛急忙跑过去——老人已躺在床边死了。

这事使我父亲感到极大的震惊和恐惧；他的孤独感加深了，可怕的死亡现在该轮到他了：他的三个哥哥已相继去世①。他变得忧郁起来，虽然他按照他自己的老习惯竭力掩饰自己的感情，并继续扮演与过去同样的冷冰冰的角色，但是他身上和脸上的肌肉松弛了，——我故意说“肌肉”二字，因为他的脑子和神经仍很健康，直到去世。

---

① 赫尔岑的三位伯父，彼得·阿列克谢耶维奇死于一八一三年，亚历山大·阿列克谢耶维奇（即“大哥”）死于一八二五年，列夫·阿列克谢耶维奇（即“枢密官”）死于一八三九年。

一八四六年四月，老人的脸开始出现一种临死的征兆，目光也暗淡了；他已经变得很瘦，因此他常常伸出手来让我看，说：

“完全成了一具骷髅，只要撕下这层皮。”

他说话的声音变低了，说话也慢了；但是他的脑子、记忆力和性格仍跟平常一样，——与过去一样喜欢冷嘲热讽，与过去一样牢骚满腹，对什么都不满，与过去一样动辄发怒，喜怒无常。

在他死前十来天，他的一个老朋友问他：“您记得战后我国在都灵①的代办是谁吗？您在国外就认识他了。”

“谢韦林②。”老人只想了几秒钟就回答道。

五月三日，我去看他，他已卧床不起；两颊在发烧，这是他从前几乎从来不曾有过的；他很耽心，说他就怕一病不起；后来他就吩咐下人给他放上水蛭③，在进行这一手术时，他躺在床上，继续说些讽刺挖苦的话。

“啊！你来了。”他说，好像我刚进来似的，“亲爱的朋友，你应当找个地方去散散心嘛，这可是一个凄凉的景象——看一个人的身体是怎样被拖垮的：cela donne des pensées noires！〔法语：这会使人万念俱灰〕好了，你先给这小厮十戈比酒钱。”

我摸了摸口袋，找不到比二十五戈比还小的钱，我想给他，但是病人看见了，说：“你这人真没意思，我跟你说——十戈比。”

“我身边没带呀。”

“把写字台里的我的钱袋给我。”于是他找了很久，找到了一枚十戈比铜币。

这时走进了我父亲的外甥戈洛赫瓦斯托夫；老人没有理他。戈洛赫瓦斯托夫为了没话找话，就说他刚从总督那里来；病人听到这话后，像军人敬礼似的，伸出一个手指头碰了碰他那黑色的丝绒帽；我对他的每个动作都进行过仔细研究，立刻明白这究竟是什么意思：戈洛赫瓦斯

---

① 都灵：意大利的城市名，省中心。

② 谢韦林（1792—1865）：俄国外交家，普希金在“阿尔扎马斯社”的朋友。

③ 水蛭能吸血，这是俄国民间的一种放血疗法，可消炎止痛。

托夫应当说他刚才在“谢尔巴托夫①那儿”。

“您想,多奇怪,”戈洛赫瓦斯托夫继续道,“发现他得了结石症。”

“发现总督得了结石症,这有什么可奇怪的?”病人慢条斯理地问。

“怎么啦,mon oncle〔法语:舅舅〕,他都七十好几了,才头一回发现结石。”

“是的,我虽然不是总督,但也十分奇怪:我已经七十六岁了②,才头一次要死。”

他的确感到自己病情严重,这就给他的讽刺带来了某种阴森可怖的性质,使人既想笑,同时又感到毛骨悚然,不寒而栗。他的长随总是到晚上才向他禀报各种家庭琐事,这回他说,拉水的那匹马的马脖套坏了,应当买新的了。

“你真是个怪人,”我父亲回答他道,“人家都快死了,你却跟他谈什么马脖套。请你再稍候一两天,等你把我背进客厅,放到桌上③,那时候你再向他(他指了指我)报告,他就会让你不仅买马脖套,还会让你买根本不需要的马鞍和马缰绳哩。”

五月五日,他发烧得更厉害了,他的面孔也塌陷得更厉害了,脸也变黑了,老人由于体内虚火上升正在明显地衰弱下去。他很少说话,但表面上仍旧十分镇静;早晨他要了一杯咖啡和一点儿鸡汤……还不时喝点儿什么汤汁。黄昏时,他把我叫到他身边,说:

“完了。”他说这话时在被子上挥了挥手,仿佛用马刀或大钐刀劈砍似的。我把他的手贴到嘴上——手很烫。他想说什么,刚要开口……但是什么也没说就做了结论:

“嗯,不说你也知道。”说罢便面向站在床的另一边的格·伊④。

---

① 谢尔巴托夫(1776—1848):将军,从一八四四年起任莫斯科总督。

② 当时赫尔岑的父亲应当是七十九岁。

③ 俄俗:人的遗体在入殓前先陈列在长方形的饭桌上。

④ 指格里戈里·伊凡诺维奇·克柳恰廖夫:小官员,负责赫尔岑父亲的财务出入,赫尔岑父亲出国后则是他的事务代理人。

“难受。”他对他说，并把痛苦的目光停留在他脸上。

格·伊当时正代理我父亲的经济事务，为人非常正直，深得我父亲的信任，甚至超过一般朋友。他向病人弯下身子，说：

“您至今所服用的一切药物都告无效，请允许我建议您换一种药。”

“什么药？”病人问。

“是不是请神父来①？”

“噢，”老人转过脸来对我说道，“我还以为格·伊当真想给我介绍一种药呢。”

后来他很快就睡着了。他一直睡到第二天早晨，也许，这是昏睡也说不定。一夜之间，他的病情严重恶化；生命结束的时刻已经临近，九点，派人骑马去请戈洛赫瓦斯托夫。

十点半，病人要求穿衣服。他既无法站立，手也拿不住任何东西，但是他立刻发现裤子上少了一粒银扣，让人把它拿来。他穿好衣服后，让我们扶着他走到他的书房。书房里放着一把大的伏尔泰椅和一张窄而硬的沙发榻；他让我们扶他躺在沙发榻上。接着他就含混不清和语无伦次地说了几句话，但是过了四五分钟，他睁开了眼睛，他的目光遇到戈洛赫瓦斯托夫后，问他：

“你怎么这么早就来了？”

“舅舅，我就住在这儿很近的地方，”戈洛赫瓦斯托夫回答，“我是来向您请安的。”

老人微微一笑，似乎想说：“你骗不了我，亲爱的朋友。”后来他要我们把鼻烟盒拿给他，我把鼻烟盒拿给了他，并且打开了盒盖，但是他费了很大劲还是捏不拢手指去拿烟；他似乎感到很吃惊；他忧郁地看了看四周，接着他的脑子又迷糊了；他说了几句含混不清的话，接着问：

“那种用几根管子经过水吸烟的东西叫什么？”

---

① 意为准备后事，做临终前的忏悔。

“水烟筒。”戈洛赫瓦斯托夫说。

“对，对……我的水烟筒，——不过没有什么。”

这时戈洛赫瓦斯托夫已经让神父拿着圣餐恭候在门外；他大声问病人，是否愿意接见神父；病人睁开眼睛，点了点头。克〔柳恰廖夫〕拉开门，于是神父走了进来……我父亲又昏迷了过去，但是神父拉长了声音说了几句话，尤其是神香的气味，唤醒了他，他画了个十字；神父走到他身边，我们纷纷退后。

举行过仪式后，病人看到列文塔尔医生正在很认真地开药方。

“您在写什么？”他问。

“给您开药方呀。”

“什么药方？难道给开麝香还是怎么的？您怎么好意思开这种药方，您还不如开点儿鸦片，让我走得安详些……把我扶起来，让我坐在安乐椅上。”他又冲我们加了一句。这是他说的意义连贯的最后几句话。

我们把这个垂死的人扶了起来，让他坐到椅子上。

“把我推到桌子跟前去。”

我们把他推了过去。他虚弱地看了看大家。

“这是谁？”他指了指玛·卡①，问，我说了她的姓名。

他想用手支起脑袋，但是举起的手又落了下来，落到桌上，就像不是活人的手似的；我把自己的手伸过去，托着他的头。他难受而又痛苦地看了我两次，似乎请求我帮助似的；他的面部表情开始变得越来越安详和平静了……一声叹息，又一声叹息——靠在我手上的他的头变得很重，开始冷下去……屋里的一切保持着死一般的沉默，长达数分钟。

这发生在一八四六年五月六日下午三点左右。

他被隆重和盛大地埋葬在修女院②；两户因被他释放而获得自由

① 指玛利雅·卡斯帕罗夫娜·雷海尔(1823—1916)：赫尔岑家的朋友，娘家姓埃恩。

② 莫斯科修女院：创建于一五二四年。人死后能埋葬于修道院内是一大荣誉，非王公显贵不能有此殊荣。十九世纪末又在修女院旁建新修女公墓，其中多埋葬苏联时期的党政军要员及作家、学者。

的农民，从波克罗夫斯柯耶村赶来给他抬棺材，我们跟在他们后面；火炬、唱诗班、神父、修士大司祭、主教……还有那震撼人的灵魂的歌声："安息吧，祝你与圣徒同在"，然后是墓地，泥土落到棺材盖上的声响——老人漫长的一生就这样结束了，他生前把家庭的统治权固执地牢牢掌握在自己手里，沉重地压在周围所有人的头上，突然，他的影响消失了，他的意志被排除了，他没有了，完全没有了！

坟茔掩埋好了，神父们和修士们被请去吃饭了，我没有去，而是动身回家了。马车各自离去，乞丐们拥挤在修道院的大门旁；农民们站成一堆，在擦着脸上的汗；我跟他们所有的人都很熟，我向他们一一道别，向他们表示感谢，然后就离开他们走了。

我父亲去世前，我们几乎已完全从小房子里搬到他住的那座大宅院里去了，①在忙乱的头三天我还无暇熟悉这里的一切，因此也就不足为怪，但是现在，参加完葬礼后回来，心都紧缩起来，有一种异样的感觉。在院子里，在前厅，仆人们迎接我，有男有女，请求我的庇护和保护（为什么，我马上就说明）；客厅里散发出神香的气味。我走进曾经放过我父亲床的那个房间，床已经搬出去了；房门（这么多年来，不仅是仆人，就是我，走到这扇房门跟前都是轻手轻脚的）敞开着，一名侍女正在一个犄角里给一张小桌子蒙上桌布。大家都眼巴巴地望着我，听候我的吩咐。我厌恶我现在的新地位，感到有一种侮辱感——这一切，这座大宅院之所以属于我，无非是因为一个人死了，而这人是谁呢——我父亲。我觉得在这个粗暴的占有中似有某种肮脏的东西，似乎我攫取了死者的财产。

遗产具有深深的不道德成分：似乎把他人的遗物据为己有，因而扭曲了因失去亲人而感到的合乎情理的悲伤。

幸好，我们避免了另一个因分割遗产而产生的可憎的后果——亲

---

① 小房子指图奇科夫公寓，赫尔岑从诺夫哥罗德流放回来后就住在这里。他父亲的大宅院，他过去上大学的时候住在这里，父亲死后，从一八四六至一八四七年一直到他出国，也住在这里。两座房子紧挨着。

人的尸骨未寒就发生野蛮的内讧，为了分割遗产而产生不成体统的争吵。分割整个家产只花了区区两小时，分家时谁也没有冷言冷语，谁也没有提高嗓门，分完家后，大家分手时彼此都非常尊敬，能这样做，主要应归功于戈洛赫瓦斯托夫，关于他理应多说几句。

“枢密官”在世时，他和我父亲互相立了一份遗嘱，彼此把自己的祖产遗赠给对方，然后由后死者把这份祖产再交由戈洛赫瓦斯托夫继承。我父亲变卖了自己的一部分田产，并把这笔钱指定留给我们。后来他又把坐落在科斯特罗马省的不大的庄园给了我，这是由于奥丽迦·亚历山德洛夫娜·热列布佐娃的坚决要求才这么做的。这座庄园至今还被政府扣压着，政府这样做是非法的，因为它扣压前事先没有问过我：我是否准备回国。“枢密官”死后，我父亲又把他在特维尔的庄园卖了。当我父亲的祖产还足以抵偿被他出售的属于他哥哥的祖产时，戈洛赫瓦斯托夫没有说话。但是当老人想要把莫斯科近郊的庄园给我，并让我按照他规定的数目支付现钱，一部分给我哥哥，一部分给其他人时，戈洛赫瓦斯托夫指出，这不符合死者的意志，死者是想把他的田产传给他的。老人在任何事情上容不得丝毫反对意见，尤其是对这样的计划，因为他已反复考虑过很久了，因此他认为他这样做是绝对正确的，对他外甥劈头盖脸地说了许多讽刺挖苦的话。戈洛赫瓦斯托夫拒绝参与他让他参加的任何事务，尤其是不肯当他的遗嘱执行人。起先，因为彼此不和闹得很僵，他们断绝了任何往来。

这对老人打击很大。因为世上他真正喜欢的人很少；戈洛赫瓦斯托夫算是一个。他是看着他长大的，全家都以他为骄傲，我父亲对他十分信任，常常拿他做我学习的榜样，可是忽然，“姐姐丽莎威塔的儿子米佳”①，因为争吵，拒绝他的安排，明言 veto〔拉丁语：否决〕，从他身上简直可以看到“化学家”的讥讽的眼睛，他正在用他那被硝酸烧坏的手

① 姐姐丽莎威塔即叶丽莎威塔·戈洛赫瓦斯托娃，丽莎威塔是叶丽莎威塔的别称。米佳即德米特利，米佳是他的爱称。

指含笑地擦着自己的鼻子。

我父亲照例丝毫不动声色，似乎这使他很伤心，只是避免谈到戈洛赫瓦斯托夫，但是他明显地变得忧郁了，显得烦躁了，经常谈论“所有的亲情纽带都已松弛了的这个可怕的时代，年长的人再也找不到在过去的幸福时光围绕着他们的那种尊敬了”，他说的那个幸福时光大概是指以叶卡捷琳娜二世为代表的那个提倡家族美德的时代。

在这场争吵之初，我住在索科洛沃，对他们的争吵只是稍有耳闻，但是我回到莫斯科后的第二天，一大早，戈洛赫瓦斯托夫就来找我。①他是一个大书呆子和形式主义者，他用优美正确的措词长篇大论地跟我讲了事情的原委，最后补充道，他之所以急于来找我，是想让我在还没有听到关于争执的什么闲言碎语之前，先告诉我到底是怎么回事。

“难怪我叫亚历山大呢，”我开玩笑地对他说道，“这个戈尔狄俄斯之结②，我立刻给您剁开。你们无论如何必须和好，为了消除你们争论的对象，我要坚决和直截了当地告诉您，我决定放弃波克罗夫斯柯耶村；光凭那里的林场就足以抵消您因特维尔庄园所受的损失了。”

戈洛赫瓦斯托夫有点不好意思，因此就更加不厌其烦地向我说明只要三言两语我一点就透的一切。我跟他分手时关系十分融洽。

几天之后，有一天晚上，我父亲不知怎么主动谈起了戈洛赫瓦斯托夫。根据他的老习惯，他要是对什么人不满，就会把这人说得一无是处。我从十岁起，他就指认他是我的学习榜样的理想人物，这个模范儿子，这个足资楷模的兄长，这个世界上最好的外甥，这个温文尔雅的、浑身是优点的人，最后，这个衣冠楚楚，连领结也打得不大不小的人，——这个人现在却出现在明暗截然相反的照相底版上，凹进去的地方凸出

---

① 一八四四年夏，赫尔岑是在波克罗夫斯柯耶村度过的，他跟戈洛赫瓦斯托夫关于遗产问题的谈话，发生在一八四四年九月。

② 戈尔狄俄斯是传说中的佛律癸亚国王，他曾设计过一个极其复杂的绳结，声称谁能解开这个结，谁就能成为整个亚细亚的统治者。传说马其顿国王亚历山大（后为亚历山大大帝）虽未能解开这个结，但却用利剑剁开了它，威震欧亚非三洲。

来了,亮的地方变黑了。

一下子转为普通的谩骂,就显得太突兀了,缺少色彩上和音调上的各种变化,也缺少由此及彼的各种过渡,这也未免太明显了。我父亲这人很有脑子,这种喜怒无常的事他是不会做的。

“是啊,请告诉我,——我一直忘了问你,你回来后见过德米特利·巴甫洛维奇(他一直叫他米佳)没有?”

“见过一回。”

“怎么样,这位大人先生还好吗?”

“还好,身体健康。”

“你跟他有交往,这很好;应当跟这样的人保持联系。我喜欢他,一向很喜欢,他也值得我喜欢。当然,他有自己的缺点,一些非常可笑的缺点……但是只有上帝才没有缺点。仕途得意冲昏了他的头脑……哼,年纪轻轻的就挂上了安娜勋章的绶带;再说,他的职务就是这样:以督学的身份驾临学校骂学生,再说,习惯于高高在上,跟学生们打官腔……教训人,学生则站得笔直地听他训话……他就以为跟任何人都可以用同样的腔调说话了。我不知道你注意到没有——连他说话的声音都变了? 我记得,已故女皇在位时,普罗佐罗夫斯基公爵[①]就是用这种刺耳的声音向他的传令兵下命令的。说来可笑,他忽然跑来训斥起我来了。我一面听他训话一面想:要是我已故的姐姐丽莎威塔看到这情景,她会怎样想啊! 在他们俩结婚的日子,是我把她亲手交给巴威尔·伊凡诺维奇[②]的,可现在她儿子:‘是的,舅舅,’他叫道,‘如果这样的话,那您最好去请阿列克谢·亚历山德罗维奇[③],至于我,那就请您免了吧。’你知道,我已经是一只脚跨进棺材里的人了,有操不完的心,又有病,哎呀,真是个多灾多难的约伯[④]。可是他净嚷嚷,满脸涨得

① 普罗佐罗夫斯基(1732—1809):俄国大元帅,枢密官。

② 叶丽莎威塔的丈夫,德米特利·戈洛赫瓦斯托夫的父亲。

③ 赫尔岑的堂兄,即“化学家”。

④ 源出《旧约·约伯记》:约伯是个正直的人,敬畏神,远离恶事。神为了考验他,剥夺了他的牛羊、财产和儿女,但是他忍受了一切,终得好报。

通红……Quel siècle!〔法语:什么世道!〕我知道,哼,他习惯于训斥人……要知道,他哪也不去,就爱在家里发号施令,叫村长和马夫干这干那,而现在又出现了这些小文书——成天价大人长大人短的!——于是就昏了头……”

总之,这就像路易·非力浦的画像一样,只要面貌稍作改变,就会一步步地从一个成熟的老人变成一只烂梨,①于是“堪作模范的米佳”也就逐渐改变色调,最后竟逐渐变形,变成了卡尔图什或者舍米亚卡②。

当他的画笔左冲右突最后完成之后,我告诉了他我同戈洛赫瓦斯托夫的整个谈话。老人仔细地听了,皱起了眉头,然后慢条斯理、不慌不忙、连续不断地嗅着鼻烟,对我说道:

“劳驾,亲爱的朋友,你不要以为你放弃波克罗夫斯柯耶村就把我难倒了……我决不会恳求任何人,也决不会向任何人磕头作揖,说什么‘请你收下我的庄园吧’,我也决不会向你磕头作揖。会有人要的。大家都跟我的计划作对;这让我讨厌。我要把一切捐献给医院——病人会念我好的。不仅是米佳,连你也来教训我,教我如何处理自己的财产,曾几何时,韦拉③还在木盆里给你洗澡呢!不,我累了,该退休了;我自己也该进医院啦。”

谈话就这样结束了。

第二天,上午十一时许,父亲派他的长随来叫我去。这是很少有的,一般是吃饭前我才上他那儿去,如果不在他那里吃饭,就在喝茶的时候去。

我见老人坐在他的书桌前,戴着眼镜,在看什么文件。

---

① 指一八三四年为法国国王路易·非力浦画的一组讽刺画,共四幅,每幅都保持了与路易·非力浦的某些相似之点,但又将他的面貌稍作改变,直到最后画成一只梨,但路易·非力浦的面貌仍依稀可辨。

② 卡尔图什(1693—1721):当时在巴黎四郊活动的强盗头子。舍米亚卡(1420—1453):俄国当时分封的一名王公,后来变成了徇私枉法的代名词。

③ 韦拉:即赫尔岑的奶妈韦拉·阿尔塔莫诺夫娜。

“你过来，当然，如果你可以赠予我个把小时的话……请你帮我整理一下这里的各种文件。我知道你很忙，总在写文章——文学家嘛……有一回，我在《祖国邮报》①上看到了你的大作，什么也看不懂，都是些十分难懂的名词。有什么办法呢，文风如此嘛……从前的作家是杰尔查文，德米特利耶夫，现在是你，还有我的侄孙奥加略夫②。虽然，说实在的，还不如坐在家里写些乌七八糟的东西，这总比坐上雪橇，到雅尔饭店去喝香槟酒强。”

我听着，怎么也弄不明白，他这种 captatio benevolentiae〔拉丁语：阿谀奉承，青眼有加〕到底是什么意思。

“坐下，就坐这儿，读一下这文件，然后说说你的看法。”

这是一份遗嘱和遗嘱的若干附件，在他看来，这是他所能给予的最高信任。

真是一种奇怪的心理。在我阅读和跟他谈话的过程中，我发现两件事：第一，他想跟戈洛赫瓦斯托夫言归于好；第二，他很赞赏我放弃波克罗夫斯柯耶庄园之举，果然，从这时候起，即从一八四五年十月起③，一直到他去世，他在所有的事情上不仅对我表现出了信任，有时候甚至还跟我商量，甚至还有两三次听从了我的劝告，照我的意见办。

如果昨天有人偷听了我们的谈话，他会怎么想呢？我父亲关于波克罗夫斯柯耶村的回答，我记得很清楚，对此，我没有做丝毫改动。

遗嘱的主要部分很简单，也很清楚：他把所有的不动产都留给了戈洛赫瓦斯托夫，把所有的动产、资金和我母亲的房屋都留给了哥哥和我，由我们平分。然而，写在各种纸片上的、没有日期的附加条款，却很不简单。他要我们，尤其是戈洛赫瓦斯托夫肩负的责任，是非常不愉快的。它们互相矛盾，而且具有很不确定的性质，由于这种含混不清，通常会引起很不像话的争吵和指责。

---

① 指《祖国纪事》杂志。

② 赫尔岑的父亲与奥加略夫的父亲是远亲，他认为奥加略夫是他的侄孙。

③ 应为一八四四年。

比如，那里写着这样的事："所有曾经工作良好，而且勤勤恳恳地伺候过我的家奴一概予以释放，给他们自由，并委托你们论功行赏，给他们一定的赏钱。"

在一张条子上又写道，石砌的老屋由格·伊①继承。而在另一张条子上又写着——这老屋另有他用，而给格·伊的是钱，但又丝毫未加说明这钱是用于代替老屋的。在一份附录中，我父亲留给一位亲戚一万银卢布，可是在另一份附录中——他又留给他姐姐一处不大的庄园，并让她把这一万银卢布交给她弟弟。

必须指出，这些安排中，有一半以前我就听他说过，而且听到的人不止我一个。比如，老人曾当着我的面说过许多次关于格·伊的房屋的事，甚至还劝过他干脆搬进去住算了。

我向父亲建议干脆把戈洛赫瓦斯托夫请来，让他跟格·伊一起整理出一份总的清单。

"当然，"他说，"米佳可以来帮忙，不过他不是很忙吗。要知道，他们是国家大员……他才没工夫管一个快要死了的舅舅哩——他在忙着视察学校。"

"他肯定会来的，"我说，"这事对他太重要了。"

"我永远欢迎他来。不过谈这些事务，我的头脑不太好，不够用。米佳，il est très verbeux〔法语：他太唠叨〕，他一说我就烦，就晕，就稀里糊涂。你最好把所有这些文件都搬到他那儿去，让他在边上先写上他自己的意见。"

过了两三天，戈洛赫瓦斯托夫自己来了；他是形式主义者，十分讲究形式，他对这份遗嘱的杂乱无序比我还害怕，他又是一个很古板的人，对此他的说法是："mais, mon cher, c'est le testament d'Alexandre le Grand."〔法语：但是，亲爱的，这是一份亚历山大大帝的遗嘱。〕②我父亲像

① 参见第649页注④。

② 马其顿国王亚历山大死后，没有给自己指定继承人，因此在他死后引起纷争。

往常一样，遇到这类情况时，就加倍地假装有病，对戈洛赫瓦斯托夫旁敲侧击，竭尽讽刺之能事，然后再拥抱他，碰碰腮帮子，于是签订了家庭内部的康波福米奥和约①。

我们尽量劝老人修订一下他的附件，把它拟成一份清单。他想亲自写，结果拖了六个月也没写成。

分家完成后，自然就出现了一个问题：哪个家奴该释放和哪个不该释放？至于赏钱，我劝父亲由他先确定一个数；经一再磋商，他定下了三千银卢布。戈洛赫瓦斯托夫向大家声称，谁在家里当过用人，当得怎样，他都不知道，因此他让我决定，看谁有权释放，谁无权释放。起先我列了一张清单，把所有在我们家干过活的人都列了进去。但是关于我开列这张清单的消息一经传开，过去的几代老家人就从四面八方一窝蜂地跑来找我，有胡须斑白和胡子拉碴的，有秃头的，有穿得破破烂烂的，有不停地摇晃脑袋、两手不住哆嗦（这都是二三十年来酗酒落下的毛病）的，还有一些满脸皱纹、戴着缀有很宽的皱边的包发帽的太太，这都是我只是听说，从未谋面的教子和教女②，关于他们作为基督徒的存在，我一无所知。其中有一部分人，我根本就没见过，另一部分人则好像在梦中见过似的；最后还出现了这样一些人，我可以肯定，他们从来就没有在我们家干过活，而是拿着护照跑来跑去，到处打零工，还有些人从前曾经在我们这里待过，但不是在我们家，而是在“枢密官”家，或者自始至终就在农村干活。如果这些两脚瘫痪的老头，以及由于年迈而个子变小、面孔变黑的老太太，想要给自己弄张自由证，这倒没什么大不了；但是恰好相反，正是这些人打算跟德米特利·巴甫洛维奇过一辈子，了此余生，但是他们每个人又都有儿女和孙儿孙女一大家子人。我寻思再三，想来想去还是给他们所有的人都发了证书。戈洛赫瓦斯托夫心里很清楚，这些不认识的人中有半数没有在我们家干过活，

---

① 指一七九七年法国和奥地利在意大利康波福米奥签订的和约。

② 在农奴制俄国，主人自然成为农奴们的教父或教母，故有此说。

但是他看到我签发的证书后，就吩咐给所有的人都签发了释放证；当我们签署证书的时候，他伸出一只手指搔了搔头，微笑着对我说：

“我想，现在我们大概把别人家的人也放走了几个吧。”

戈洛赫瓦斯托夫就像我父亲全家一样，在某种程度上也是个怪人。

我父亲的小姐姐嫁给了一位年老而又非常有钱的俄国古老的世袭贵族巴威尔·伊凡诺维奇·戈洛赫瓦斯托夫。戈洛赫瓦斯托夫家族，从伊凡雷帝时代起就时隐时现地出现在俄国历史上；在僭主自立为王时期以及在王位虚悬时期①，经常可以看到他们的名字。修士阿夫拉米·帕利岑在他谈到关于谢尔盖圣三一修道院被围困的传说时②，曾不小心地提到德米特利·巴甫洛维奇的一位祖先，先是招来德米特利·巴甫洛维奇的愤怒，后来德米特利·巴甫洛维奇又发表了一篇长文，进行声讨。

巴威尔·伊凡诺维奇是一个阴阳怪气的、吝啬的人，但为人非常正直，而且十分能干。我们曾经谈到，他连累我父亲未能于一八一二年逃离莫斯科，后来他又因中风死在乡下。

他留下了两个儿子和一个女儿。他们与母亲一起住在特威尔大道的那座大公馆里，这座公馆的那场大火曾把他吓得够呛。③ 由老人肇始的那种略显严厉、吝啬和难以相处的性格，流传了下来。在他们家笼罩着一种经过深思熟虑的、俨乎其然的沉闷的空气，可是表面上又彬彬有礼、殷勤厚道，然而又夹杂着一种自身的优越感，à la longue〔法语：说到底〕，这使人非常讨厌。那些陈设得富丽堂皇的大房间，太空了，没一

---

① 伊凡雷帝的儿子费奥多尔去世后，柳里克皇朝绝嗣，由全俄“缙绅会议”推举鲍利斯·戈杜诺夫为沙皇。他统治俄国期间，出现了一个伪德米特利，自称是伊凡雷帝的太子。他在波兰国王的支持下自立为王，与鲍利斯·戈杜诺夫抗衡，是谓僭主。鲍利斯·戈杜诺夫死后，由其子继位。伪德米特利遂乘机蛊惑民众，攻入克里姆林宫，推翻戈杜诺夫父子的政权，后来，伪德米特利，被贵族发动的宫廷政变所杀。由一六〇五年起直到一六一三年建立罗曼诺夫王朝止，是谓“王位虚悬时期”。

② 阿夫拉米·帕利岑（一六二五年卒）曾写过一本《波兰人与立陶宛人围困谢尔盖圣三一修道院的传说》。该修道院是俄国最大的男修道院，建于十四世纪。

③ 见《往事与随想》第一卷第一章。——作者原注

点儿声音。女儿常常默默地坐着做针线;母亲则照例躺在沙发上,她年轻时大概是个大美人,现在则风韵犹存,因为那时候她还不老,才四十五六岁,但已经开始生病了;两人说话总是拖长了声音,有点儿像唱歌似的,就像当时莫斯科的太太小姐们一般说话的腔调一样。十八岁的德米特利·巴甫洛维奇倒像个四十岁的大男人。他弟弟比他活泼些,但几乎从来看不到他的人……

……可是所有这些已成明日黄花……可我还记得母亲曾郑重其事地把一匹马和一辆车归他所有,完全归他使用。他们过去的家庭教师马尔沙尔是一位非常好的人,想当年,曾做过我《谁之罪?》中的约瑟夫①的原型,而且他在布绍之后教过我。

不管你怎么回避,不管你怎么掩盖,也不管你怎么似乎很聪明地解决有关生死与命运等令人惊惧不安的问题,这些问题还是会带着它们在坟头的十字架,带着死人骷髅龇牙咧嘴的颌骨上似乎不合时宜的微笑不时出现。

如果你好好想想,你自己也会发现不能不笑。就拿这两兄弟的命运说吧——每次想起他们,脑子里就会浮想联翩,不一而足!

尽管他们俩在一个房间里长大,有同一个家庭教师,其他老师也一样,而且具有相同的环境,可是他俩的性格却截然不同,甚至我父亲与"枢密官"的差别也相形失色。

哥哥的头发是金黄色的,其中带有一点儿不列颠人的浅棕色,眼睛是浅灰色的,他爱眯起眼睛,这眼睛也说明他内心的沉稳和波澜不惊。随着年龄的增长,他的形体越来越表现出一种完全的自信,以及某种心理上的自我满足。那时他不仅眯上眼睛,甚至连他那副特别的、外形相当美观的鼻孔也似乎缩小了点儿。他说话的时候常常爱用左手的第三个手指头抚弄两鬓的头发,他鬓角的头发总是微微卷起,梳理得整整齐

① 赫尔岑的小说《谁之罪?》中的家庭教师,瑞士人。

齐，而且还总是抿起嘴唇，做笑容可掬状；后者是从他母亲和从拉姆皮①画的叶卡捷琳娜二世的肖像上学来的。他那端正的脸庞，再加上匀称而又相当高的身材，举止大方稳重，脖子上的领结“从来都不大不小”，这就赋予他的外形以一种庄重的美——这是婚礼上的主婚人，荣誉的见证人，给优秀学生颁奖的颁奖人，或者起码是前来祝贺基督圣诞节或者即将到来的新年的贵宾的那种庄严肃穆的美。但是对于平常日子，对于每天的日常生活，他的穿戴就未免显得太庄重了。

他的整个一生，因为他事业有成和道德高尚，真可说是鹏程万里。他也完全当之无愧。马尔沙尔为他弟弟都愁白了头发，可是对于德米特利·巴甫洛维奇却赞不绝口，无条件地相信他的法语句法永远也不会有错。的确，他的法语讲得绝对正确，毫无瑕疵，连法国人都望尘莫及（大概因为他们尚未意识到法语语法有如此大的妙用）。十四岁时，他不仅能参加管理庄园，甚至他为了试笔把赫拉斯科夫②的整个《俄罗斯颂》由诗体翻译成了法语的散文。大概，他那老爸得知此事后也一定会含笑九泉，高兴得像“米安德湖上的天鹅”一样。但是戈洛赫瓦斯托夫不仅能正确地说法语和德语，不仅通晓拉丁文，而且能说一口正确而又流利的俄语。

因此，马尔沙尔认为他是一个好学生，他母亲认为他是一个好儿子，他舅舅认为他是一个好外甥，甚至德米特利·弗拉基米洛维奇·戈里曾公爵，当他在他手下任职时，也认为他是一个好官员。但是更为重要的是——这一切的确如此，他都当之无愧。可是说来也怪……总觉得缺少点儿什么。他很聪明，很能干，读过很多书，博学多才——似乎，还能要求他怎样呢？

后来我不止一次地遇见过有这类性格的人，这么一些脑子“灵活”的人，这么一些百巧千灵的人（在一定的广度和深度上）。他们随机应

① 拉姆皮（1751—1830）：奥地利画家，一七九一至一七九七年曾住在俄罗斯。
② 赫拉斯科夫（1733—1807）：俄国诗人与剧作家。

变，谈吐稳健，决不作越轨之论；在行动上，他们更是四平八稳，决不擅离人人都在走的轻车熟路。他们是自己那个时代，自己那个社会的真正的现代人。他们所说的一切都是对的，但是他们也能说或没说一些其他的话，他们所做的一切都是好的，但是他们也能做或没做一些其他的事。他们照例是规规矩矩的，合乎道德的，但是魔鬼却会在您耳边悄声道："难道他们能够是不道德的吗？他们敢有越轨之举吗？"德国人称这样的人是"理性的人"；这是一些英国的辉格党①（他们现在的天才和最高代表是麦考莱②；而从前则是瓦尔特·司各特③），这是一些奉行 la Chaussée d' Antin〔法语：唐敦街〕④隐士的实用哲学和魏斯⑤的哲学教导的人。这帮大人先生的一切都是完美无瑕的、循规蹈矩的和各在其位的；他们戒言慎行，爱美德，戒恶习；他们的一切都不乏既不下雨又不出太阳灰蒙蒙的某种夏日的美，至于缺少点儿什么，——唔，不用管它，小事一桩，没什么，就像沙皇尼基塔养尊处优的众多公主一样……但是她们

缺少的正是那个⑥，

而缺少那个，其他的一切也就不足道了。

戈洛赫瓦斯托夫的弟弟生下来就是个瘸子，单凭这一情况，他就失去了拥有像他哥哥一样的古希腊罗马式的姿势和凡尔赛式的步态。再说他有一头黑发和一双黑黑的、从来不肯眯上的很大的眼睛。这个精力充沛的漂亮外表便是他的一切；他内心则激荡着种种乱七八糟的情欲和模糊不清的想法。我父亲认为他一钱不值，他对他特别不满的时

---

① 辉格党：英国政党。十九世纪中叶与其他政党合并成自由党。

② 麦考莱（1800—1859）：英国勋爵，历史学家，曾任英国下院辉格党代表，著有《英国史》《古罗马歌曲》等。文笔华丽，但不尊重事实。

③ 司各特（1771—1832）：英国小说家、诗人，小说《艾凡赫》的作者。

④ 此处指法国作家茹伊（1764—1846）的特写《唐敦街的隐士》。

⑤ 魏斯（1801—1866）：德国哲学家。

⑥ 赫尔岑不确切地引自普希金的童话诗《从前有个沙皇尼基塔》。

候,曾经说过:

“Quel jen intéressant de la nature〔法语:造化作弄人是多么有趣啊〕:居然看到在尼古拉什卡①的肩膀上扛着一颗波斯国王的脑袋!”老人说这话时还耸了耸自己的肩膀。

就像他的哥哥,他在他的一生中一分钟也闲不住,总在做着什么事情似的,而尼古拉·巴甫洛维奇则一辈子绝对什么事也不做。青少年时代他不学习,二十三岁就结了婚,而且这婚结得十分有趣:他自己跟人家私奔了。他爱上了一个贫穷的、出身并不高贵的女孩子,这女孩子就像格勒兹②画的非常可爱的头像,或者就像塞夫勒③制造的十分精美的瓷娃娃一样,他请求家里允许他同她结婚。这,我倒一点儿不觉得奇怪。可是他母亲充满了贵族的偏见,在她的想象中,她儿子起码要娶个鲁缅采夫家族或者奥尔洛夫家族④的小姐为妻,而且还得有沃罗涅什省或梁赞省的一大片人口众多的领地做陪嫁才成,因此她当然不同意。但是,不管他哥哥如何劝他,舅舅和舅妈们怎样开导他,那位年轻姑娘迷人的眼睛还是压倒了一切;我们那位维特⑤看到什么也动摇不了他的亲人们的意志,于是便在一天夜里从窗户里放下一只首饰盒、几件衣服和自己的随从亚历山大,然后自己从窗口爬下去,让自己的房门反锁着。当第二天中午时分家人打开房门时,他已经结婚了。他母亲对他的秘密结婚很伤心,因而一病不起,死了,把自己的生命奉献给了维护旧礼教和旧体面的祭坛。

他们家,在闹瘟疫和闹普加乔夫起义时,就住着奥尔洛夫要塞司令的寡妻,这位老太太耳朵聋,还长着一点儿小胡子,爱唠叨。后来她常常把离家私奔的这个惊人之举讲给我听,而且每次还要加上这么一段

---

① 戈洛赫瓦斯托夫的弟弟尼古拉的卑称。

② 格勒兹(1725—1805):法国感伤主义画家,常取材于第三等级的生活,擅画女人像和儿童像。

③ 塞夫勒:法国城市名,以盛产精美的瓷器著称。

④ 这两个家族是俄罗斯最显赫的名门望族。

⑤ 参见歌德《少年维特之烦恼》(一译《青年维特的痛苦》)中之维特。

话:“少爷,我从小就看到尼古拉·巴甫洛维奇不会有什么出息,决不会给叶丽莎威塔·阿列克谢叶夫娜带来任何安慰。您瞧,那年他才十一二岁,——我一辈子也忘不了,——他跑来找我,哈哈大笑,笑得都流出了眼泪,他说:‘娜杰日达·伊凡诺夫娜,娜杰日达·伊凡诺夫娜,快到窗口来看:您看咱们家的奶牛发生了什么事儿!’我跑到窗口一看——啊呀了一声。哎呀,你想,少爷:一群狗把它的尾巴咬下来了,不过它,我那好奶牛,从此就没了尾巴啦……这头奶牛是蒂罗尔的良种牛……我忍无可忍。我说,你看到你妈的牛遭了殃,自己的财产受到了损失,还像没事人似的笑哩,瞧你这人会有什么大出息!于是,从此以后我就看不起他了。”

由牛尾巴的缺失而奇怪地引发出来的预言,开始很快应验了。两兄弟分了家,弟弟开始花天酒地。

谁不记得贺加斯的组画①呢,他在其中对比勤劳者与懒汉的生活。勤劳者在教堂里寂寞地祈祷,懒汉则在玩骨牌,勤劳者在家里阅读教诲人的书,懒汉则在喝伏特加,等等。我们的这两兄弟只要改变一下他们的社会地位,就足以代表这种两相对照。在贺加斯的笔下,其中一个主人公开始偷盗,终于上了绞架,而另一个主人公则终身不曾寻欢作乐,并由他判处自己朋友死刑。偷盗不过是个 hors d'œuvre〔法语:插曲〕,——他母亲没有像叶丽莎威塔·阿列克谢叶夫娜那样留给他在卡卢加省的两千名农奴和五十万现金,这不是他的错。如果他有这样的母亲,他就不必忙忙叨叨地挖空心思了,——要知道,偷盗根本算不上休息,而是一种很不愉快而且非常危险的工作。

两兄弟分家后,开始热烈地做自己想做的事:一个精益求精地改进自己的庄园,另一个则拼命挥霍;我不知道德米特利·巴甫洛维奇凭借自己的日夜操劳有没有给自己的家产增加一百卢布;可是十年后尼古

---

① 贺加斯(1697—1764):英国画家、版画家和素描画家。此处指他的版画组画《勤劳与懒惰》。

拉·巴甫洛维奇却背上了一百多万的债务。

母亲死后不久,安排好了自己的妹妹,即把她嫁出去以后,德米特利·巴甫洛维奇就出国到巴黎和伦敦去——到欧洲观光;而尼古拉·巴甫洛维奇则开始在莫斯科大摆阔气:举行舞会,大摆筵席,出入剧院,一个紧接着一个,他的公馆从早晨起就挤满了来蹭精美的早点的饕餮之徒,品尝美酒佳肴的行家里手,来跳舞的年轻人,风度翩翩的法国人和近卫军的军官们;美酒不断,乐声悠扬;排场的阔绰,有时候,他甚至使当地的头号人物戈里曾公爵和尤苏波夫公爵都自叹弗如。

这时,始终未曾娶妻的德米特利·巴甫洛维奇却按部就班地考察了欧洲,学会了说英国话,满脑子装满了建设英国德文郡式的农场和康沃尔郡式的养马场的一整套计划,并由一位英国驯马师和两只体型高大的长毛纯种纽芬兰狗(脚上长膜,而且天生一副其傻无比的样子)陪同,回到国内来。好几台播种机和扬场机,非同寻常的犁,以及各种花样翻新的农机具的样品,也都漂洋过海地运到俄罗斯来。

正当德米特利·巴甫洛维奇竭力推行不适合我国土壤条件的四区轮作制,在我国东正教的牧场上遍种三叶草,正当他对俄国出生的马驹施行英国式的训练,并潜心研究泰耶尔①的时候,尼古拉·巴甫洛维奇,我认为这是他一生中所做的最坏,也是最愚蠢的事,竟不再爱自己的妻子了,仿佛他找不到比舞会和酒宴更快的办法来使自己破产似的,居然养了一个跳舞的女演员,这个女人无疑连给他的太太系胸衣上的带子都不配。从那时起,一切就好像开足了马力:田产被查封了,他太太为孩子们和她自己的命运伤心欲绝,有一次着了凉,几天后就死了,——这个家也就从此完蛋了。

看到这情形后,德米特利·巴甫洛维奇采取了断然措施,以免他的田产也落到他弟弟的债权人手里:他决定结婚。他仔仔细细地挑选了一个既聪明又能干的妻子;他的婚姻并不是疯狂的情爱所致;它是出于

---

① 泰耶尔(1752—1826):德国农艺学家。

传宗接代的考虑，希望能够有直接的继承人，以免祖产落入他人之手。

哥哥的婚礼使尼古拉·巴甫洛维奇感到非常难过。他没有料到他哥哥会有这样的惊人之举；看来，他们是注定要用自己的婚姻来使彼此惊骇莫名了。为了借酒浇愁，他就加倍地饮酒作乐。不管在我国这种事做起来多么缓慢，最后还是到了非拍卖田产不可的时候。我不认为这会使德米特利·巴甫洛维奇很耽心，但是这里又掺进了家族的利益，因此德米特利·巴甫洛维奇便在舅舅们的帮助下开始做挽救弟弟的工作。他们先是收购各种到期加倍支付的票据，每卢布给四十戈比，也就是说把一大笔钱都打了水漂，但是后来看到这完全无济于事——票据实在太多了。这事的一个小插曲一直留在我的记忆里。分家时母亲的钻石给了尼古拉·巴甫洛维奇；最后，尼古拉·巴甫洛维奇连这些钻石也抵押出去了。德米特利·巴甫洛维奇不忍心看到过去装饰着叶丽莎威塔·阿列克谢叶夫娜仪态万方的玉体的钻石，现在要卖给某个商人太太。他向弟弟指出，他这样做太可怕了，弟弟闻言大哭，发誓一定改过自新；德米特利·巴甫洛维奇给了他一张他开的支票，让他找那个放高利贷的人把钻石赎回来；尼古拉·巴甫洛维奇请求哥哥允许把钻石拿回来交给他，让他把这些钻石珍藏起来，作为他的女儿们的惟一遗产。钻石他倒是赎回来了，并拿去想交给他哥哥，可是 chemin faisant〔法语：半道上〕他大概改了主意，因为他没有去找哥哥，而是跑到另一个高利贷者那里，把钻石又抵押了出去。应当好好想象一下当时“枢密官”有多惊讶，德米特利·巴甫洛维奇有多恼火，我父亲又怎样大发宏论，才能明白我当时对这件十分滑稽的事打心眼里感到好笑。

当所有的办法都已彻底用尽，田产卖光了，房屋也决定出售，仆人也已经遣散，钻石没有再次赎回；到最后，尼古拉·巴甫洛维奇，为了生炉子不得不吩咐下人砍掉自己莫斯科的花园中的树木的时候，那个把他娇惯了一辈子的得到上帝垂顾的命运，竟又一次帮了他一个大忙。他到别墅去看他的一位堂兄，然后出去走走，在谈兴正浓时，他稍作停留，伸出一只手按住自己的脑袋，突然摔倒在地，死了。

The diligent〔英语：勤勤恳恳的〕德米特利·巴甫洛维奇在他一生的最后几年，就像辛辛纳图斯一样放下耕犁①，转而在莫斯科管理共和国的教育。② 这事是这样发生的。尼古拉皇帝认为，皮萨列夫少将让大学生剪头发已经剪得相当不错了，教他们扣上制服上衣的钮扣也已习惯成自然了，他想把对大学的军事管理改成文官统治。他在从莫斯科到彼得堡的路上任命谢尔盖·米哈依洛维奇·戈里曾公爵担任督学——这是出于什么考虑，很难说清楚，恐怕他自己也不明白到底因为什么。他之所以任命他来当督学，除非是为了表明，督学这一职位根本就不需要。皇上把戈里曾带在身边，戈里曾由于不习惯快马加鞭地奔跑，早已累得半死不活，一听到让他担任这个新职务竟吓得魂不附体，开始婉言拒绝。但是在这样的情况下，要跟尼古拉讨价还价是办不到的：他的固执往往跟怀孕妇女的不讲道理没有两样，她们自恃有了身孕便蛮不讲理地偏要人家给她干这干那。

弗龙琴科被任命为财政大臣的时候，曾双膝下跪，扑倒在他的脚下，说他才疏学浅，不克当此重任。尼古拉则别有深意地回答他道：

“这都是废话，我以前也没有治理过国家，现在不也学会了，——你也可以学会的嘛。”

于是弗龙琴科不得已当了财政大臣，这使小市民街所有的“unprotected females”〔英语：妓女〕兴高采烈，她们在自己的窗户上张灯结彩，说道：“我们的瓦西里·费多罗维奇当大臣了！”③

戈里曾又坐在车上颠簸了一百多俄里，更加身心疲惫、无精打采，决定再找皇上谈谈，他启奏道，除非给他一名可靠的副手，帮助他教化大学里的迷途羔羊，否则他万万不敢当此重任。又走了五十俄里，皇上

---

① 辛辛纳图斯（公元前519？—？）：罗马政治家。据传，公元前四五八年，他被罗马城居民推举为独裁官，让他去解救被敌人围困的军队。他接到此项任命时，正在自己的小农庄上汗流浃背地耕田。

② 德米特利·戈洛赫瓦斯托夫从一八三一年起任莫斯科教育区副督学，一八四七至一八四九年提升为督学。

③ 弗龙琴科的名字和父称应为费多尔·帕夫洛维奇，赫尔岑写错了。

才命令他自己去给自己物色一名副手。这样,他们才平安无事地回到了彼得堡。

戈里曾在旅途劳顿之后休息了个把月,才悄悄跑到莫斯科,开始给自己物色副手。他本来倒有个管大学事务的副手潘宁,但这人高得异乎寻常(仅次于他弟弟和普列奥布拉任斯基近卫团的鼓手长);要让这个小老头挑选他,他的确显得太高了。在莫斯科左顾右盼地看了好些日子,戈里曾的目光终于落到了德米特利·巴甫洛维奇身上。在他看来,他所做的选择没有比这更好的了。德米特利·巴甫洛维奇具有最高领导希望在我们这个时代的人身上找到的一切优点——没有最高领导视为大逆不道的那些缺点:有教养,出身名门,有钱,懂得农艺学,不仅没有那些"荒谬的思想",甚至他一生中也没有出过任何差错。戈洛赫瓦斯托夫没有出过一次绯闻,没有进行过一次决斗,打出生以来没有玩过一次牌,一次也没有喝醉过,而且每逢礼拜天经常去做礼拜,而且不是一般地去做,而是到戈里曾公爵的家庭教堂里做礼拜。对此还必须加上他那熟练的法语、稳重圆熟的翩翩风度,以及一样爱好,这爱好完全无伤大雅,——酷爱养马。

戈里曾想好以后,尼古拉又急匆匆地来到莫斯科。趁他还没到图拉去,戈里曾立刻抓住了他,把德米特利·巴甫洛维奇向他作了推荐。德米特利·巴甫洛维奇从皇上那里出来的时候已经是副督学了。

从这时起,德米特利·巴甫洛维奇开始明显地发胖了,他的外表则表现出了更多的威严,与从前相比,他说话的鼻音更重了,燕尾服也开始穿得比从前略显宽松了,虽然没有星形勋章,但已明显地预感到勋章在握。

在他受命监督大学之前,我跟他很接近,即我们间的年龄差距(他比我大十六岁)所能允许有的那种接近。这时候我差点儿没有跟他吵翻,起码长达十年之久,我们彼此都抱有一种不友好的冷漠。

这倒不是因为我们有什么个人恩怨。他对我的态度一向客客气气,既没有不必要的亲热,也没有带有侮辱性的疏远。这所以值得注意，是因为我父亲竭力想促使我们接近，结果却适得其反，他所做的一切，只是在我们之间播下仇恨的种子。

他经常对我说，“枢密官”和德米特利·巴甫洛维奇是我天然的保护人，我应当寻求他们的庇护，我应当珍惜他们对我的亲情和关照。说到这里，他又补充道，不用说，他们对我的所有关照都是看在他的面子上，而不是因为我。对于我的老伯“枢密官”，我已养成了一种习惯，对他就像对我父亲一样，不过有一点儿差别，即我不怕他，所以这些话对我不起一点儿作用，可是这些话却使我跟戈洛赫瓦斯托夫疏远了，即使没有疏远，那也是因为戈洛赫瓦斯托夫待人处世一向很有分寸。

我父亲并不是在他恼怒的时候才说这番话的，而是在他心情最好的时候，这是因为在叶卡捷琳娜时代，寻求保护乃是一种司空见惯的现实，下属决不敢因他的上级对他以“你”相称而生气，世上所有的人都在公开寻找恩人和保护者。

当德米特利·巴甫洛维奇被委派到学校里来的时候，我也跟谢尔盖·米哈依洛维奇一样以为，这将是对学校十分有益的事；结果适得其反。如果戈洛赫瓦斯托夫当时去当省长或者去当总检察官，我们可以很有把握地认定，他会比许多省长和许多总检察官都干得好。可是派他来管学校，却是他完全不能胜任的；他把他那冷漠的形式主义，他那学究式的作风，用到管理学生的一些吃饭睡觉的琐事上；他那种由上级干预课堂教学，那种大规模的学监作风，即使在皮萨列夫当政时期也是没有的。更糟糕的是，潘宁和皮萨列夫不过是管管学生的头发和钮扣而已，可是戈洛赫瓦斯托夫却要在精神方面横加干涉。

过去，尽管他目光狭隘，十分保守，但是他身上毕竟还有某些自由文明的作风，他主张法治，反对暴政，反对贪赃枉法。可是自从他迈进大学校门以后，他 ex officio〔拉丁语：根据职权〕竟站到了实行一切迫害措施的方面，他认为这是因为他身居高位而必须做的。我的求学时代适逢政治热潮风起云涌的时期；我怎能同尼古拉的这个死心塌地的奴才保持良好的关系呢？

他的形式主义，他那种永远像煞有介事的作风，以及 mise en scène〔法语：这里意指演戏，作秀，装腔作势〕，有时往往使人啼笑皆非，他最关心的是保持尊严，总是自鸣得意，从来不知道怎么巧妙地摆脱尴尬的局面。

他身为莫斯科书刊审查委员会主席，自然成了挂在这个委员会脖子上的沉重枷锁，以致后来人们宁可把书稿和文章送到彼得堡去审查。莫斯科有一位老人，名叫米亚斯诺夫，他十分喜欢养马；他编写了一本马的种群家谱流变考，他想争取时间，因此他请求允许他把校样送审，而不是将书稿送审，大概他想留下书稿做一些改动。戈洛赫瓦斯托夫遇到了难题，于是发表了长篇讲话，他在讲话中长篇大论地叙述了 pro 与 contra〔拉丁语：赞成与反对〕的理由，他最后表示，将校样送审也不是不可以，不过作者必须保证，在他的书中没有任何反政府、反宗教和反道德的言论。

性格暴躁、容易激动的米亚斯诺夫，陡地站起来，一本正经地说道：

“既然这事在于我文责自负，那我认为有必要申明在先：在我的书中当然没有一个字反对政府和反对道德，但是关于宗教我就没有把握了。”

“哪能呢！”戈洛赫瓦斯托夫惊奇地说。

“请看，在教会法汇编中有一条是这么写的：‘凡对着瓦盆起誓者，凡把头发编成辫子者，凡出入赛马场者，均应受到诅咒。’可是在我的书里我谈了许多关于赛马场的事，因此，说真的，我不知道……”

“这不可能成为问题。”戈洛赫瓦斯托夫说。

“非常感谢您为我解决了疑团。”说话带刺的老人一面鞠躬告辞，一面回答道。

当我第二次流放回来时，戈洛赫瓦斯托夫在学校中的地位已今非昔比。谢尔盖·米哈伊洛维奇[①]公爵的职位已由谢尔盖·格里戈里耶

① 即戈里曾。不过这里的“谢尔盖”写成“Сергий”，而不是“Сергей”，因而具有古奥的性质。

维奇·斯特罗戈〔加〕诺夫伯爵接替。斯特罗戈诺夫的观点尽管自相矛盾和不甚了然，但毕竟文明得多。他想提高大学在皇上心目中的地位，因此他竭力维护大学的权利，保护学生不受警察袭击，有点儿自由主义（不过是在允许范围内），他肩膀上佩有沙皇亲信的“H”字样并加上一竖杠①，同时他又是一名斯特罗戈诺夫家族长子继承权的谦恭的拥有者②。不过在这种情况下我们不要忘了，这是 la difficulté vaincue〔法语：克服困难〕后取得的结果。

“果戈理的《外套》是一篇多么可怕的小说啊，”斯特罗戈诺夫对叶·科〔尔什〕说，“要知道，这鬼魂站在桥上，简直从我们每个人的肩膀上都在剥外套。您不妨站在我的立场上来看这小说。”

“我很——很——难——这么做，”叶·科〔尔什〕回答，“我不习惯以一个拥有三万农奴的人的观点来看问题。”

的确，一个拥有长子继承权和戴一条竖杠的“H”这样两层眼翳的人，是很难看清现今这个世界的，斯特罗戈诺夫伯爵有时候也会暴跳如雷，变成不折不扣的沙皇亲信，暴戾而又粗野，尤其是当他的牛脾气发作的时候，但是他的将军的涵养不够，倒暴露出他天性善良的一面。为了说明我想说的话，我举一个例子。

有一位享受官费的学生，学习很好，大学毕业后分配到一所省立中学教书，担任高级教师，有一回，他听说莫斯科的一所中学里出现了空缺，而且刚好是他所学的那个专业，需要一名初级教师，于是他就去找伯爵请求调动。这个年轻人的目的是想继续研究他自己的学问，因为在省城里他没有从事这项研究的条件。不幸的是，伯爵从办公室走出来时面色蜡黄，像教室里的蜡烛。

“您有什么资格得到这个位置呢？”他问，正眼也没瞧他，捻了捻

---

① 将军衔大内近侍的肩章上绣有沙皇尼古拉一世名字头一个字母的花体字“H”，并加上一竖杠，指罗马数字“Ⅰ”。二者合起来，意即“尼古拉一世”。

② 斯特罗戈诺夫曾娶一名没有男性继承人的他的亲戚的女儿为妻，因而作为新娘的陪嫁，他取得了她名下的全部财产，光农奴几乎就有五万名。

胡子。

“伯爵,我之所以请求得到这个位置,因为现在正好出现空缺。”

伯爵打断他的话道:“我国驻君士坦丁堡的大使现在也出现了空缺。您也想得到这个位置吗?”

“我不知道补这空缺是由大人您定夺的,”年轻人回答,“我一定接受大使这一职位,并且不胜感谢之至。”

伯爵的面色变得更黄了,不过他还是客客气气地把他请进了办公室。

我跟他之间的个人交往也非常有趣;我们头一次见面就不乏亲切的色彩,很有点俄国味道。

有一天晚上,在弗拉基米尔,我坐在家里,面对雷别杰河,突然有一位中学老师来找我,是个德国人,耶拿大学博士,名叫德利奇,穿着制服。德利奇博士对我说,今天上午,莫斯科大学的督学斯特罗戈〔加〕诺夫伯爵从莫斯科来此,让他来请我于明天上午十点到他那里去。

“不可能;我根本不认识他,您想必弄错了。”

“这不可能。Der Herr Graf geruhten aufs freundlichste sich bei mir zu beurkunden über Lhre Lage hier.〔德语:伯爵还十分友好地向我询问您在这里的情况呢。〕您倒是去不去啊?”

我是一个俄国人,虽然与德利奇争论了半天,而且越来越深信,去拜访他完全是多此一举,可是第二天我还是去了。

阿尔菲耶里①因为不是俄国人,他的做法就不同,有一回,占领佛罗伦萨的法国元帅邀请这个素昧平生的人去参加他举行的一次晚会。他回了他一封信,如果这纯属私人邀请,那他对此万分感激,但是请他见谅,因为他从不到陌生人家做客。如果这是命令,那他知道本城处于戒严状态,他肯定会在晚上八点钟被俘(se constituera prisonnier)。

斯特罗戈诺夫把我看作从前曾在大学里待过的稀有动物,看作一

① 阿尔菲耶里(1749—1803):意大利古典悲剧的创始人。

个大学毕业的浪子。他无非想看看我，此外，他还想——这是人性的一大弱点，尽管他肩佩厚重的穗带①——想在我面前吹嘘一下他在大学里推行的改革。

他对我很客气，也很热情。他对我说了一大堆恭维话之后，就很快地转到他想要说的话题。

“很遗憾您不能再回莫斯科了，现在您都认不出来了，学校全变样了；从教学楼和教室到教授和教学内容——全变了。”他津津有味地说呀，说呀。

为了表示我在注意听，我也不是个庸俗的傻瓜，我十分谦恭地指出，教学内容所以发生这么大的变化，大概是因为有许多新教授从国外回来了。

“这是毫无疑问的，”伯爵回答，“但是，除此以外，管理的精神，团结一致，您知道吗，精神上的团结一致……”

不过，应当替他说句公道话：他用他那“精神上的团结一致”给学校所做的贡献，确实超过了泽姆利亚尼卡用“医德和井然有序”给他那所医院带来的好处②。莫斯科大学在许多方面都应归功于他……但是一想到他居然在一个因政治上犯了过错而被流放、被监管的人面前吹嘘这事，还是不能不哑然失笑。要知道，一个因政治上犯了过错而被流放的人，居然毫无必要地应沙皇亲信之请去拜访他，这有何必要呢！噢，俄罗斯啊！……许多外国人看到我们的这一切，感到莫名其妙，这又有什么可奇怪的呢！

我在彼得堡第二次看到他，正是在我即将被流放到诺夫哥罗德去的时候。谢尔盖·格里戈里耶维奇住在他弟弟内务大臣的官邸。我走进大厅的时候恰逢斯特罗戈诺夫从里面出来。他穿着白色的军裤，全身挂满了勋章，肩上佩着绶带；他要进宫。他看到我以后站住了，把我

① 指他身居高位，官衔很高。

② 参看果戈理的喜剧《钦差大臣》第三幕第五场。泽姆利亚尼卡是剧中人，慈善医院督办。

领到一边，开始询问我的案情始末。他和他弟弟对我的这次岂有此理的流放都感到气愤。

这事正好赶上我妻子有病，孩子出生后刚过几天，这孩子就死了。大概，在我的眼神里和话语里流露出了极大的愤慨或者恼怒，因此斯特罗戈诺夫突然开始劝我要以一个基督徒的逆来顺受精神来忍受这一考验。

“请相信，”他说，“每个人都会碰到背负十字架的。”

“有时候甚至还很多，”我望着他缀满胸前的各种大大小小的十字架①，心想，忍不住笑了。

他猜到我笑什么，脸红了。“您大概在想，”他说，“他倒会说教。请相信，tout est compensé〔法语：一切都会平衡的〕——起码，阿扎伊斯②是这么认为的。”

除了说教以外，他和茹科夫斯基也的确为我的事情奔走过，但是那只恶狗，一旦咬住我，是不会轻易松口的。

自从一八四二年我在莫斯科定居之后，有时候我也常常去拜访斯特罗戈〔加〕诺夫。他对我青眼有加，但是有时候又常常会发脾气。我很喜欢他的这种喜怒无常。当他处在自由主义状态下，他就大谈各种书籍和杂志，赞美莫斯科大学，总把它与我当年上学时候的可怜状况相比较。可是当他处在保守主义状态下的时候，就责备我不到官廨去做事，责备我没有宗教信仰，骂我写的文章，说我把学生带坏了，骂那些新来的教授，说他们迫使他越来越认为有必要改变初衷，或者干脆不许他们上课。

“我知道，我这样做，一定会引起一些人的大喊大叫，您会头一个把我叫做破坏文明的野蛮人。”

我点点头以示赞同，并加了一句：

---

① 这里的十字架指十字勋章。

② 阿扎伊斯(1766—1845)：法国哲学家，著有《人类命运的平衡》一书，认为人类的命运，或好或坏，最终会取得总的平衡。

“您永远也不会这样做的，因此，您对我的好评，我打心眼里感谢您。”

“我一定要这样做，”斯特罗戈诺夫咕哝道，他捻了捻胡子，脸色又黄了，“您会看到的。”

我们全知道他决不会采取这样的措施，因此不妨让他周期性发发牢骚，吓唬吓唬大家，尤其是考虑到他的长子继承权、他的官位和痔疮。

有一回，他跟我说话时竟信口雌黄，大骂一切革命活动，他告诉我，十二月十四日，T① 离开广场后，心烦意乱地跑到他父亲的公馆，因为不知道做什么是好，竟跑到窗口敲打玻璃；就这样过了若干时候。当时，在他们家当家庭教师的法国太太忍无可忍，便对他大声道：“您该知道点儿羞耻，当您的朋友血染广场的时候，这里是您待的地方吗，您就这样来理解自己的天职吗?”他闻言拿起礼帽走了——您以为他上哪了? ——躲进了奥地利大使馆。

“自然，他应当跑到警察局去告密嘛。”我说。

“怎么?”闻言感到很吃惊的斯特罗戈诺夫问道，几乎离开我向后倒退了一步。

“难道您像那个法国太太一样认为，”我说，再也忍不住笑了，“他应当责无旁贷地到广场上去，向尼古拉开枪吗?”

“要知道，”斯特罗戈〔加〕诺夫说，耸了耸肩膀，无意识地望了望房门，“您的大脑 pli〔法语：结构〕②也太糟糕了；我说的意思不过是，这些人……如果没有建立在信仰上的真正精神原则，当他们离开了正道……一切就会乱了套。随着年龄的增长，您会看到这一切的。”

我还没有活到这年龄，但是经常受到恰达叶夫辛辣嘲笑的斯特罗戈诺夫表现出不够圆滑的这一面，恰好相反，我倒认为是他的一大

---

① 指特鲁别茨科伊公爵(1790—1860)，上校，十二月党人，北方协会领导成员之一，“十二月党人起义”的总指挥，临阵胆怯，未敢出面指挥，因而坐失良机，致使起义失败。

② 此处意为“思想方式”。

优点。

据说，当我们涅瓦河畔的扫罗①完全昏了头的时候，在二月革命②之后，斯特罗戈诺夫也忘乎所以了。似乎，他曾在新的书刊检查委员会上坚持查禁我写的任何东西，不得出版。我认为这是他爱护我的真正表现；我听到这消息后，就立刻着手筹办俄文印刷所。但是扫罗走得更远。很快，他的反动措施就超过了我们的伯爵，只有过之而无不及，伯爵不想成为杀害莫斯科大学的刽子手，辞去了督学一职③。但是这还没有完。斯特罗戈诺夫辞职后过了两三个月，戈洛赫瓦斯托夫也呈请辞职了④，彼得堡给他下达了许多指令，让他采取一连串的疯狂措施，把他给吓坏了。

德米特利·巴甫洛维奇的公务生涯就这样结束了，他作为一个真正的莫斯科人，自从他卸下国家公务的重担以后，就想好好休息一下，管理管理农务，养养大走马，看几本装帧精美的书，坐享天伦之乐。

在他担任督学期间，在他的家庭生活方面，一切都进行得十分顺利，就是说，该生孩子的时候生了孩子，孩子该长牙齿的时候长了牙齿。庄园因为有了合法的继承人，也有了保障。此外，还有一件事使他最后十年的生活感到快乐和温暖。我说的是他买到了一匹大走马，取名“贝乔克”，就奔跑、英俊、肌肉和马蹄而言，不仅在莫斯科，就是在全俄罗斯，也是数一数二的。“贝乔克”代表了德米特利·巴甫洛维奇严肃生活中富有诗意的一面。在他的书房里挂着几帧“贝乔克”的画像，有油画，也有水彩画。就像拿破仑的画像一样——有时是瘦瘦的执政官，披着潮湿的长发，有时是胖胖的皇帝，额上耷拉着一绺头发，骑坐在矮腿的椅子上，有时又是被废黜的皇帝，背着双手，站在波涛拍岸的海洋中的悬崖上，——“贝乔克”的画像也一样，表现出它光辉的一生中的

① 戏指尼古拉一世。扫罗，《圣经》人物，以色列王，以专制残暴著称。

② 指一八四八年法国二月革命。

③ 斯特罗戈诺夫还在二月革命之前的一八四七年就辞职了。

④ 戈洛赫瓦斯托夫的辞职是在斯特罗戈诺夫辞职的两年之后，即一八四九年。

几个不同时期：有时站在它度过少年时代的马栏里，有时戴着小笼头自由自在地站在原野上，最后则是套着轻巧的、依稀可见的挽具，拉着一辆装在两根滑木上的小巧玲珑的匣子般的雪橇，它身旁则是车夫，戴着丝绒帽，穿着蓝大褂，留着大胡子，胡子就像亚述的公牛王似的梳理得整整齐齐①，这个车夫也就是驾驭“贝乔克”赢得过不知道多少萨济科夫②制造的奖杯的那名车夫，现在这些奖杯都放在大厅里的玻璃罩下。

似乎，摆脱了大学里枯燥乏味的公务，拥有庞大的庄园和庞大的收入，拥有两枚星形勋章和四名孩子，该可以安闲度日，坐享清福了。可是命运却做了别样的安排；德米特利·巴甫洛维奇挂冠归隐后不久，就病了，他本来是个五十来岁的身强力壮的男子汉，谁知竟一病不起，病情越来越严重，变成了咽喉痨，于是他经过沉重的、痛苦的疾病之后，于一八四九年死了。

写到这里，我不由得停了下来，面对这两座坟茔陷入沉思，一连串我曾经提到过的奇怪问题，又出现在我的脑海里。

兄弟俩本来不同，可是死亡却使他们变得一样了。在生与死这两个哑然无声的深渊之间有一段距离，他们俩谁更好地利用了自己的这个空隙呢？一个虚度此生，花光了自己的财产，可是却有过自己的用芬芳的菩提花蜜酿制的蜜月。我们姑且假定，他曾经是个无益的人，但是他毕竟没有**故意地**害过任何人。他死后让自己的孩子陷入贫穷之中——这当然不好；但是他们毕竟受到了教育，而且还可以从伯父那里得到点儿什么。可是有多少劳动者，干了一辈子活，既不能让孩子受教育，也不能让他们衣食无虞，只能眼睁睁地望着他们，然后含着痛苦的眼泪，闭上了眼睛呢？路易十六的不幸儿子的命运③曾引起许多人一

① 亚述帝国(公元前14世纪—前7世纪)崇拜公牛，宫阙大门上常嵌有人面牛身的公牛王像，背有双翼，脸有长须，胡须梳理整齐。

② 萨济科夫：雕塑家，莫斯科银器工匠，卒于一八六八年。

③ 法王路易十六在法国大革命胜利后被处决。他的儿子被迫与母亲分开，交由一个雅各宾派的鞋匠抚养；后死于狱中，始终未能登上王位。

掬同情之泪，卡莱尔①安慰这些人道："这话不假，他是由一名鞋匠抚养大的，也就是说他受到了不好的教育，可是千千万万贫穷的工农子弟过去受着，现在仍在受着这样的教育。"

另一个兄弟根本就不曾生活，他像神父做日祷一样做生活，也就是说，非常正儿八经地履行着某种习惯履行的仪式，这仪式庄严肃穆，但却是无益的。他也像他弟弟一样没有工夫来细想他为什么这样做。如果从德米特利·巴甫洛维奇的生活中除掉两三件事——"贝乔克"、跑马和奖杯，再加上两三个"出来"、"进去"等人生得意的时刻，比如，他走进莫斯科大学，得意地意识到他是这所大学的上司的时候，他佩上星形勋章第一次走出自己房间的时候，他觐见皇帝陛下的时候，他陪同殿下参观学校教室的时候，——除此以外就只剩下一些平庸乏味的生活，就只剩下一些事务性的、刻板的官样文章。无可争议，一想到自己参与行政决策的重要性也常给他带来快乐；礼节也是某种诗，某种艺术体操，就像阅兵和舞蹈一样；但是比起他弟弟与一个有着令人心醉的秋波的漂亮小姐私奔和秘密结婚，比起他那在纸醉金迷、灯红酒绿中度过自己的一生，要知道，这诗又是多么平淡和乏味啊！

最后需要补充的是，德米特利·巴甫洛维奇无论在道德、仕途，还是在卫生方面都规行矩步，堪称模范，可是他甚至都没有得到健康，达到长寿，而且也像他弟弟一样出人意料地死了，惟一的区别是他临死时要痛苦得多。②

嗯，all right！〔英语：好了！〕

---

① 卡莱尔（1795—1881）：英国作家、历史学家和哲学家。

② 在谈到德米特利·巴甫洛维奇时，我觉得，我不应该不提一下他对我所做的最后一件事。家父去世后，他欠我四万银卢布。后来我出国了，他仍欠着我这笔钱。他临死时嘱咐家人，头一个就应当还清我这笔钱，因为我决不会向他们正式追讨。紧接着他去世的消息传来之后，我从下一个邮班就收到了全部欠款。——作者原注

第三十二章

最后一次索科洛沃之行——理论上的决裂——紧张的局面——Dahin！ Dahin！〔德语：到那里去！到那里去！〕①

一八四〇年我与别林斯基和解之后，我们那个小小的朋友圈便继续前进，彼此的见解并没有大的不同；虽然有些细微的差别，有些个人的观点，但是主要的大面上的看法，还是出自同一些原则。这样的状况能不能永远继续下去呢——我不认为是这样。我们一定会走到某个界限，走到某个栅栏，有些人跨过去了，另一些人则踟蹰不前。

过了三四年，我开始怀着深深的痛心看到，我们本来都是从同样一些原则出发的，可是却得出了不同的结论——这倒不是因为我们各自的理解不同，而是因为不是所有的人都喜欢这些原则。

起先，这些争论还是半开玩笑地进行的。比如，我们曾经嘲笑列〔德金〕的小俄罗斯人的固执，因为他极力想建立一个精神个体独立存在的逻辑体系。写到这里，我不由得想到可爱、善良的克留科夫最后说的许多笑话中的一个笑话。当时他已经病得很重，我跟列〔德金〕坐在他的病榻旁。那天天气不好，突然亮起了闪电，紧接着便雷声大作。列〔德金〕走到窗口，放下了窗帘。

“怎么，这样会安全些吗？”我问他。

① 引自歌德的诗《迷娘》(*Kennst du das Land*)，这是迷娘在歌德的长篇小说《威廉迈斯特的学习时代》第三部第一章中唱的一支歌。迷娘怀念她的祖国意大利，梦想乘风归去。此处意为：走吧！走吧！出国去吧！

“那当然，”克留科夫代他回答，“列〔德金〕相信 in die persönlichkeit des absoluten Geistes〔德语：抽象精神的个体存在〕，因此他把窗户挡上，如果它想用闪电打他，它就看不到向哪瞄准了。”

但是不难看出，观点上的这种本质差别不可能长久停留在玩笑上。

在我当时的一页日记上，带有明显的 arrière-pensée〔法语：言外之音〕记载了下面一段令人击节三叹的话：

> 个人关系往往会妨碍人们直抒己见。因为尊重有些人的优良品德，我们往往会为他们牺牲意见的尖锐性。必须有很大的勇气，才能既为卡米尔·德穆兰恸哭，然而又能硬下心来在他的判决书上签字①。

在对罗伯斯比尔无私无畏精神的羡慕中，已经微微显露出一八四六年激烈争论的苗头②。

我们曾一度谈及的这些问题，并不是偶然的；它们是命中注定的，即使骑上马也绕不过去。这是求知路上的一块花岗岩绊脚石，这绊脚石在任何时代都同样存在，它使人们害怕，同时又引诱人们去探索它。因此，彻底的自由主义必定会使人直接面对社会问题，科学也一样，只要这个人相信科学，并不半途而废，它就一定会用自己的波浪把他送达波涛拍岸的古老的峭壁旁——从古希腊的七贤③到康德和黑格尔——所有敢于思考的人大都有此体验。大家不敢对它进行简单的说明，而是想绕过它，因此只是使它蒙上一层新的象征和寓意；因此它现在还可怕地屹立在我们面前，而航行者又不敢直接走过去，他们深信，这根本不是山崖，而是一片迷雾，是人的幻想的迷雾。

走出这一步是不容易的，但是我相信我们的朋友的勇气和意志，他

---

① 德穆兰(1760—1794)：法国右翼雅各宾派，罗伯斯比尔从前的好友。他由革命法庭判处死刑，经罗伯斯比尔批准。

② 在作者写本章之前，赫尔岑的朋友圈里就曾对罗伯斯比尔的历史作用和个人品质应作何评价问题进行过热烈的争论，当时以别林斯基、赫尔岑为一方，以格拉诺夫斯基为另一方——双方就曾出现过原则分歧。

③ 据传，古希腊有七位最有智慧的人，世称“七贤”。

们毕竟不需要像别林斯基和我那样重新寻找航道。我们俩在辩证法团团转的迷宫中折腾了很长时间，才从这个迷宫中冒险地跳了出来。他们眼前有我们这个先例，而且在他们手中还有费尔巴哈。我很久都不敢相信，但是最后还是相信了，虽然我们的朋友们不同意列〔德金〕的论证方式，但是实际上他们的观点同他，比之同我更具共同点，他们的思想虽然独立不羁，可是毕竟还是有些真理使他们感到害怕。除了别林斯基以外，我同所有的人：同格拉诺夫斯基和科〔尔什〕，都意见相左。

这一发现使我感到十分伤心；曾经把他们一度绊倒的门槛，过去可以在谈笑间顺便提及，现在就不能含沙射影地旧事重提了。争论是由于想重新走到同一水平的内在需要引起的；要做到这点就必须，可以说吧，互相呼唤，才能知道谁在什么地方。

还在我们自己弄清楚我们的理论分歧之前，新的一代年轻人已经发觉了这点，他们十分接近我的观点。不仅是莫斯科大学和皇村学堂的年轻人热烈地阅读我的《科学上一知半解》和《自然研究通信》等文章，甚至连神学校的学生也在阅读。后面这件事，我是听斯特罗戈〔加〕诺夫伯爵告诉我的，菲拉特列曾就这事向他告过状，他威胁说他将采取心灵防卫措施来反对这种有害的但貌似可口的食物。

大概就在这时候，我还另外听说了一些有关这两篇文章在神学校很受欢迎的情况。这情况对我很宝贵，因此我不能不说说这件事。

我认识一位在莫斯科近郊的神父，他有一个儿子，很年轻，才十六七岁，他曾几次来找我借阅《祖国纪事》。他很腼腆，几乎什么话也不说，红着脸，手足无措，急匆匆地想赶快离开。他那聪明和开朗的脸，使我对他产生了很大的好感；我终于打破了他那少年的缺乏自信的态度，跟他谈起了《祖国纪事》。他非常仔细和非常认真地阅读的正是里面的那些哲学论文。他告诉我，神学校的高年级学生在如饥似渴地阅读我对各种体系的历史叙述①，他们在听过布尔梅斯特和沃尔夫②的哲

① 指赫尔岑的《自然研究通讯》。

② 布尔梅斯特(1709—1785)和沃尔夫(1679—1754)：德国哲学家，前者的《逻辑学》和后者的著作曾在俄国神学校用作哲学教材。

学课以后,这样的叙述使他们感到惊异不止。

从此,这年轻人开始有时候来看我,我有充分的时间来考察他的能力大小和工作才干。

“学校毕业后您打算做什么呢?”有一回我问他。

“削发当神父。”他红着脸回答。

“如果您当了神职人员,什么命运在等待着您,您认真考虑过吗?”

“我无从选择:家父坚决不同意我从事世俗职业。至于学习,我有的是时间。”

“请勿见怪,”我反对道,“但是我不能不坦率地向您谈谈我的意见。您的谈话,您的思想方式,您对我丝毫也不隐瞒您的思想,您对拙作的赞扬,——所有这一切,加上我对您的命运的真挚关切,再加上我现在的年龄,都给予了我这样做的某些权利。在您穿上神父的法衣以前,请您千万三思。再要把它脱下来就非常难了,也许,穿上它,您会感到很难呼吸的。我要向您提一个很简单的问题:请问,您学过神学,您心中是否存在哪怕一条教义是您真的相信的呢?”

年轻人垂下了眼睛,沉默少顷后,说道:“在您面前我不想说谎——没有!”

“我早知道是这样。现在再请您好好想想您未来的命运。以后您必须每天,一辈子,而且是当众大声说谎,背弃真理;要知道,这就是违背圣灵的罪孽,自觉的罪孽,经过深思熟虑之后,犯下的罪孽。您应付得了这样的人格分裂吗?您的整个社会地位都是虚假的。您有何面目直视热烈祈祷者的目光呢?您怎么用天堂和灵魂不死来安慰一个垂死的人呢?您怎么赦免他此生的罪孽呢?何况有人还要您去劝导分裂派教徒,去审判他们呢!”

“这可怕!太可怕了!”年轻人说,然后激动和心情难过地走了。

第二天晚上他又回来了。

“我来找您是想告诉您,”他说,“对您说的话,我想了很多。您是完全对的:我不可能担任神职,您可以相信,我宁可去当兵,也决不削发当神父。”

我热烈地握了握他的手，并且答应，就我这方面来说，一旦有机会，我一定尽可能劝劝他父亲。

我就这样挽救了一个活的灵魂，起码在促使它获救中尽了自己的力。

大学生的哲学倾向，我看得较为真切。一八四五年全年，我一直都去听比较解剖学的课。① 在教室和解剖室里我认识了新的一代年轻人。

学生们的倾向完全是现实主义的，也就是说，是彻底科学的。值得注意的是，当时几乎所有皇村学堂学生的倾向都是这样的。尼古拉那多疑的、真想把一切都掐死的专制独裁政权，强令皇村学堂搬出了它那美丽的校园，②可是它依然是一个培养人才的大苗圃；普希金的遗言，诗人的祝福，比不学无术的政府当局的粗暴打击更有生命力。③

---

① 格列博夫在莫斯科大学讲授的比较解剖学，赫尔岑是从一八四四年九月起开始去听课的。格列博夫的课促进了赫尔岑确立科学的哲学唯物主义观点，当时他正在写《自然研究通讯》。

② 指尼古拉一世命令皇村学堂从一八四四年起由皇村搬到彼得堡市区。

③ 皇村学堂的一名学生怎样到莫斯科大学听课的故事，充满了尼古拉时代特有的芬芳馥郁的气味，因此我忍不住把它讲出来。皇村学堂每年都要庆祝校庆，校庆的盛况已因普希金的几首脍炙人口的诗而尽人皆知。通常在这一天，因与同学告别和欢迎校友返校，是允许年轻人饮酒作乐的。有一年校庆，一位尚未毕业的学生，借酒装疯，一时性起，把一只酒瓶向墙上扔去；不幸的是这酒瓶正好打在一块大理石的石板上，上面用金字刻着：“皇帝陛下于某年某月某日亲临本校视察……”而且大理石被打掉了一块。训导主任跑了来，向那学生冲去，破口大骂，要把他带走。这年轻人当着同学的面被人辱骂，再加趁着酒劲，一时兴起，从他手中夺过手杖，用手杖揍了他一下。训导主任立刻向校方报告，这学生被捕了，关进了禁闭室，对他的指控是可怕的，不仅打了训导主任，还因为他亵渎了刻有皇上圣名的石板。

如果不是另一件不幸救了他的话，他是极可能被送去当兵的，就在这时候他哥哥死了。母亲悲痛欲绝，写信给他，说他现在是她惟一的支柱和希望了，劝他快点儿结束学业，回到她身边来。当时的校长好像是布罗涅夫斯基将军，他读到这封信后深受感动，决定救这学生，不把这事报告尼古拉。他把所发生的事告诉了米哈依尔·巴甫洛维奇大公爵，大公爵吩咐把他从学校里秘密除名，就此了结此案。这年轻人离开学校的时候还带了一个证明，凭此证明他不得到任何学校继续求学，也就是说，几乎他的所有前途都已断送，因为他的家境并不十分富有，——而这一切都是因为弄坏了一块镌刻有圣上名字的石板！而且这还是由于上帝大发慈悲，让他的哥哥及时死了，靠了将军闻所未闻的软心肠，以及大公爵前所未见的宽大为怀！他是一个才华横溢的学生，过了很久，他才争取到上莫斯科大学听课的权利。——作者原注我在莫斯科大学上学的皇村学堂的学生身上，看到了强有力的新的一代，我向他们快乐地欢呼。

正是这些大学里的青年学生，带着年轻人的全部热情和迫不及待，投身于重新在他们面前展开的现实主义的新天地，他们精神饱满、容光焕发地看清了，正如我所说，我们与格拉诺夫斯基的分歧何在。他们虽然热爱格拉诺夫斯基，但是他们也开始起而反对他的“浪漫主义”①。他们非要我把他拉到我们这边来不可，认为只有别林斯基和我才是他们哲学观点的代表。

就这样，到了一八四六年。格拉诺夫斯基开了新的公开课。全莫斯科人又都聚集到他的讲台周围，他那优美动人的、若有所思的讲演又开始震撼着人们的心；但是却缺少了点儿像上第一次公开课那样的充实和陶醉，他似乎累了，或者有某种思想他还没有弄清楚，既吸引着他，又妨碍着他。我们到很晚的时候才看到，事实确实如此。

三月，在一次这样的公开课上，我们共同认识的一个人上气不接下气地跑来告诉我们，说奥加略夫和沙〔青〕从国外回来了。

我们已有好几年不见了，彼此也很少通信……他们倒是怎么啦……怎么样啊？……我和格拉诺夫斯基带着一颗剧烈跳动的心匆匆向他们下榻的雅尔饭店赶去。好了，终于见到他们了。多么大的变化啊，多么长的胡子啊——好几年不见了！——我们开始上下打量，东拉西扯，虽然我们也感觉到我们想说的是另一些话。

我们这个小圈子的人终于几乎都到齐了——现在又可以开始重新生活了。

一八四五年夏，我们住在索科洛沃的别墅里。索科洛沃——这是莫斯科县的一个美丽的角落，走特维尔大道，离城约二十俄里。我们在那里租了一幢不大的主人住的宅院，这宅院周围几乎是一大片公园，由山上蜿蜒而下，一直延伸到一条小溪旁。它的一边是我们大俄罗斯田

① 在赫尔岑笔下，浪漫主义往往指唯心主义，现实主义指唯物主义。

野的汪洋大海，另一边是一片开阔的空间，登高远望，一览无余，因此它的主人毫不迟疑地就把坐落在那里的一座亭子取名为“Belle vue”〔法语：美景亭〕。

索科洛沃从前归鲁缅采夫伯爵家族所有。他们都是十分富有的地主，十八世纪的贵族，尽管他们有许多缺点，他们的审美力却极高，可是他们的继承人却没有把这继承下来。莫斯科河沿岸的那些古老的贵族乡村和庄园，真是美极了，尤其是那些最近两代人还没有做任何翻新和改建的乡村和庄园。

我们的日子在那里过得好极了。夏日的天空没有被一丝正儿八经的乌云所遮盖；我们生活在我们这片浓阴覆盖的绿地里，尽情地工作，尽情地玩耍。克〔彻尔〕的牢骚也少了，虽然有时候他也会高高地竖起眉毛，神采飞扬地发表一些长篇大论。格拉诺夫斯基和叶①几乎每星期六都要到这里来，并且留下来住宿，而有时候要到星期一才走。米·谢②则在不远处另租了一幢别墅。他也常常步行到我们这里来，戴着宽边草帽，穿着白色外衣，就像拿破仑在朗伍德③那样，带着一小筐采集来的蘑菇，说说笑笑，唱着小俄罗斯民歌，用他说的故事使人捧腹大笑，我想，即使终身为人间的罪孽泪流满面的愁苦的约翰④听了他的这些故事，也会哈哈大笑，把眼泪都笑出来的……

我们常常围成一圈，在公园一角的一棵很大的菩提树下促膝谈心，惟一感到遗憾的是少了奥加略夫。可是现在他回来了——于是一八四六年我们又到索科洛沃去了，而且他跟我们在一起；格拉诺夫斯基租了一间小厢房，租期是整个夏天，奥加略夫则住在阁楼上，他底下住的是管家，一个缺了一只耳朵的海军少校。

尽管一切都很称心如意，可是过了两三个星期，我忽然模模糊糊地

---

① 指叶·科尔什。

② 指米·谢·史迁普金。

③ 指拿破仑的流放地圣赫勒拿岛的朗伍德海岬。

④ 指《圣经·新约》中的使徒约翰，耶稣十二个门徒中的四大门徒之一。

感觉到，我们的 villeggiatura〔法语：别墅生活〕并不如意，而且没法纠正。谁没有筹办过宴会呢，谁都为朋友们即将到来的欢聚预先感到高兴，可是现在朋友们都来了；一切都很好，也没出什么乱子，可是预先设想的欢聚却没有能够实现。只有当一个人没有感觉到他的血液在血管里流动，根本没有想到他的肺在一起一伏呼吸的时候，生活才是流畅的和美好的。如果每次呼吸都有感觉，那你就要留神了——很快就会出现病痛，健康就会失调，而且这种失调并不是总能调整过来的。

朋友们来到后的最初一段时间，是在陶醉、兴奋和欢乐中度过的；我们的欢乐和兴奋还没有来得及过去，我父亲就病了。他的去世，料理后事的忙碌，各种事务——这一切都使人无暇顾及理论问题。在索科洛沃的平静生活中，我们的分歧势必要形之于语言。

奥加略夫大概有四年没有见过我了，可是他的倾向却同我完全一样。我们走着不同的道路，却走过同样的空间，最后又走到了一起。娜达丽雅同意我们的观点。我们那些严肃的、初看有点儿让人望而生畏的结论，并没有把她吓退，她赋予这些结论以特殊的诗意。

争论变得越来越频繁，而且用千百种方式翻来覆去地争论。有一回我们在花园里吃饭，格拉诺夫斯基在读《祖国纪事》上的一封我研究自然的通信（记得，是论百科全书派①的），他对我的这封信感到非常满意。

“你喜欢其中的什么呢？”我问他，“难道仅仅是它的表面措词吗？你对它的内在含义是不可能同意的。”

“你的观点，”格拉诺夫斯基回答道，“一如你在思维科学中的历史因素，跟百科全书派的论述完全一样。我喜欢你的文章，恰如我喜欢狄德罗和伏尔泰的文章一样：它们生动而又尖锐地触及到足以唤醒人、推动他们前进的问题，嗯，至于你的观点中的所有片面性，我无意苟同。

① 原指十八世纪法国《百科全书》的撰稿人，后泛指法国狄德罗、卢骚、伏尔泰等启蒙思想家。

难道现在还有人在谈论伏尔泰的理论吗?”

“难道真理就没有任何标准,我们唤醒人们仅仅是为了向他们说些不着边际的话吗?”

就这样,谈话继续了相当长的时间。我最后指出,科学的发展以及科学的现状,都要求我们接近某些真理,而不管我们愿意与否;这些真理一旦被我们认识了,它们就不再是一些历史的哑谜,而变成我们意识中的不可推翻的事实,就像欧几里德原理,开普勒定律,就像因与果、精神与物质不可分割一样。

“这一切很少具有必然性,”格拉诺夫斯基反驳道,脸上微微有点儿变色,“我永远不能接受你们那种肉体与精神统一的枯燥乏味而又冷冰冰的思想;抱有这种想法,灵魂不死也就不存在了。也许,你们并不需要灵魂不死,但是,如果让我放弃这个信仰,那我牺牲的东西就太多了。个体不灭对我是必须的①。”

“如果是这样,活在世上还正好,”我说,“什么人需要什么,就会马上有什么,就像童话里那样。”

“你想想,格拉诺夫斯基,”奥加略夫补充道,“要知道,这实际上是一种逃避,不敢面对不幸。”

“你们听我说,”格拉诺夫斯基反驳道,脸色苍白,但却摆出一副与己无关的样子,“如果你们永远也不再同我谈这些问题,我将不胜感激之至。有趣的问题难道还少吗,可以另外谈点儿别的嘛,这要有益得多,也愉快得多。”

“好吧,非常高兴!”我说,感到自己脸色冰冷。奥加略夫没有做声。我们互相对望了一眼,这一瞥就完全足够了:我们彼此的关系太密切了,从面部表情就可以完全看出究竟发生了什么事。再没有说一句话,争论没有继续。娜达丽雅竭力想掩盖和挽回彼此发生的龃龉。我

① 灵魂不死是基督教教义中的一个十分重要的思想。人死了,但是灵魂不死,要接受上帝的审判。好人进天堂,享永福,坏人下地狱,受永罚。如果人死了,就一了百了了,好人失去了希望,坏人则可以随心所欲,做了坏事也不受惩罚。

们帮了她的忙。在这种情况下，孩子们常常能起很大作用，于是孩子就成了我们的话题，大家心平气和地吃完了午饭，如果有什么旁人在我们的谈话后才来，一定什么也看不出。

饭后，奥加略夫急忙跨上自己的“短剑”，我也坐上了辛苦了一辈子、老得走不动了的驽马“宪兵”，于是我们就向旷野跑去。倒像有什么好朋友死了似的，心头感到很难过；在这以前，奥加略夫和我，我们还以为我们会搞好彼此间的关系的，我们的友谊会像吹掉灰尘似的吹掉我们的分歧；但是说最后几句话的口吻和内涵，揭示了我们之间存在着我们所没有料到的鸿沟。这就是界限，这就是鸿沟，而与此同时还有书报检查！一路走去，无论是奥加略夫，也无论是我，都没有说一句话。在回家的路上，我们伤心地摇了摇头，两人异口同声地说：“那么说，看来，我们又只剩下两个人了？”

奥加略夫雇了一辆三套马车，回莫斯科去了。路上，他写了一首小诗，其中有几句话我曾用作题词①。

既非悲伤，也非寂寞
使我沮丧。一切都有个头，
我在友好的圈子里，
严肃地把真理宣讲，
朋友们怀着孩子般的惊恐
走了，他也走了，
我把他当兄弟，当姐妹，
温柔地、深情地爱他！
…………
…………
我们又剩下了两个人，
我们将走上凄凉的路，

① 指第二十九章第二部分《在朋友的坟头上》。

我们将不知疲倦地宣扬真理，
就让理想和人们扬长而去吧……①

第二天我遇到格拉诺夫斯基时就像没事人似的——对双方来说，这都是不祥之兆。疼痛还记忆犹新，但是无言以对；而无处发泄的哑默的疼痛，就像静夜中的耗子似的，一点一滴地啮咬着……

两天后我去了莫斯科。我和奥加略夫一起去看望叶·科〔尔什〕。他对我们似乎特别客气，特别殷勤，亲切中带着一丝悲凉，似乎他很可怜我们。这到底是怎么回事呢？倒像我们犯了什么罪似的！于是我就直截了当地问叶·科〔尔什〕，他是否听说了我们之间的争论？他听说了；说什么我们仨大可不必为一些抽象问题争得面红耳赤，说什么我们幻想的人与人，观点与观点之间完全相同，只是一种理想，是根本不可能的，又说什么人与人之间的共鸣，就像化学亲和力一样，都有自己达到饱和的极限，这个饱和点是不可能超越而不碰到一些障碍的，正因为有这些障碍，人与人之间又视同陌路了。他取笑我们活了三十多岁还这么年轻天真，而他说这番话时态度十分友好，说得也很委婉——看得出来，他心里也不好受。

我们和和气气地分手了。我有点儿脸红地想到我的"天真"，可是后来剩下了我一个人，躺到床上的时候，我感到，我的心又有一块被人撕走了，——撕得很利索，不疼，但是，这一块心却没有了！

以后就再也没有发生什么……不过一切都蒙上了一层模糊不清的阴影；在我们的圈子里那种无拘无束、完全 abandon〔法语：开诚布公〕的气氛消失了。我们变得谨慎了，回避某些问题，也就是说，我们真的退守到了"化学亲和力的极限上"，——正因为从前我们彼此亲密无间，因此这一切给我们带来了更多的苦涩和痛苦。

也许我太急躁，争论时太高傲，回答时也往往话中带刺……也许……但是，实际上，我现在也深信，在真正的亲密关系中，信仰上的一

① 引自奥加略夫的诗《致伊斯康大》(《我走在空旷的原野上》)。

致，在主要理论信念上的一致是必须的，自然，人与人之间的亲密关系单有理论上的一致是不够的；比如，就个人关系而言，比之同我们中间的许多人，我与基列叶夫斯基的关系就更亲密。进而言之——在某一件事上步调一致的人，可以成为好的和忠实的同盟者，可是在许多观点上却不尽相同，而我同许多人的关系就是这样，我可以对这些人无限敬重，可是在许多问题上我却不同意他们的观点，比如，我同马志尼和沃尔采尔[①]就是这样。我并不想寻找办法去说服他们，他们也无意说服我；我们有相当多的共同点，足以使我们走在同一条路上而无须争吵。但是在我们这些亲如一家的兄弟们中间，在同呼吸共命运的孪生兄弟们中间，却不允许有这么深刻的分歧。

再说，我们有必须全身心投入的义不容辞的事业，再说，要知道，说实在的，我们的全部活动只是在思维领域内，只是在宣传我们的信念上……在这个战场上又怎能让步呢？……

我们的友谊大厦的一堵墙上出现了裂缝，像常有的情形那样，一些琐碎的小事、误会、在最好保持沉默的时候不必要地坦率、在必须说话的时候又保持有害的沉默，这一切都可能使裂缝扩大；这些事都是由心灵掌握的分寸决定的，这里并无规律可循。

很快，在女士们的圈子里也出现了不谐和音[②]。

…………

当时，我已束手无策。

走吧，走得远远的，走很长时间，一定要走！但是要走又谈何容易。脚上拴着警察监管的绳索，没有尼古拉的恩准是不可能发给我出国护照的。

---

① 马志尼（1805—1872）：意大利民族解放运动领袖。沃尔采尔（1799—1857）：波兰民族解放运动的领导人之一。

② 指一八四六年下半年在赫尔岑夫人同赫尔岑的朋友的妻子和姐妹间出现的不和。令赫尔岑夫人尤其感到伤心的是与格拉诺夫斯基夫人的疏远，因为按照赫尔岑的说法，“她一直像爱妹妹似的爱着她”。

第三十三章

充当随从的警察分局长——警察总监科科什金——“有序中的无序”——再一次拜访杜别尔特——护照

在我父亲去世前几个月,奥尔洛夫伯爵被委派接任卞肯多尔夫的职务。① 当时,我写了一封信给奥丽迦·亚历山德洛夫娜②,问她能不能够为我弄一份出国派司,或者给我弄一张允许我到彼得堡的证明,让我亲自去办理出国手续。奥·亚回答,第二项比较容易,于是几天后我就收到了一张奥尔洛夫派人送来的“圣上”特许我上彼得堡的证明③,准我短期去办理一应事务。家父的病,他的去世,以及真的必须料理一下家务,以致使我到别墅去住了几个月,不克分身,因而一直拖到冬天。我是十一月底动身去彼得堡的④,而且事先就把申请出国派司的报告呈交给了诺夫哥罗德总督。我知道他不会批准,因为我仍旧处在警察局的严密监管下;我只要他做到把这份申请送到彼得堡去就成。

在动身那天,我一早就派下人到警察局去领通行证,但是通行证没有拿来却来了一位警官,他说这事实难照准,警察分局长将亲自登门拜

① 奥尔洛夫于一八四四年九月被任命为第三厅厅长,几乎在赫尔岑父亲去世的两年以前。

② 即他父亲的女友奥·亚·热列布佐娃。

③ 赫尔岑给奥尔洛夫的信于一八四五年一月二十七日发出,赫尔岑收到杜别尔特关于获准的通知是在一八四五年四月初。

④ 赫尔岑提到的这次彼得堡之行,直到第二年即一八四六年才实现,他离开莫斯科的时间是一八四六年十月一日。

访。后来警察分局长也来了，要我同他单独谈谈，他神秘地向我宣布一个新闻，说五年前就禁止我进彼得堡，如果未经皇上恩准，他是不会签发通行证的。

“这事难不倒咱们。”我笑着说，从口袋里掏出信。

警察分局长感到很惊讶，看完信，请求我允许他拿给警察总监看看，大约过了两小时，他就派人送来了通行证和皇上给我的证明。

必须指出，我们的谈话有一半警察分局长是用十分纯粹的法国话说的。一个警察分局长以及一般的俄国警察懂得法语是多么有害，他对此深有体会，而且吃足了苦头。

几年前，有位旅行家从高加索来到莫斯科，他是法国的正统保皇派，名叫普罗骑士①。他到过波斯和格鲁吉亚，看到过很多东西，说话很不谨慎，竟强烈批评当时俄国在高加索的军事行动，尤其是地方当局。因为害怕他在彼得堡也随便乱说，所以高加索总督便慎重地写了一封信给陆军大臣，称普罗是法国政府派来的最危险的军事间谍。普罗平安无事、老老实实地住在莫斯科，而且受到了戈里曾公爵很好的接待，可是公爵突然接到了一道命令，让他派一名警官把普罗从莫斯科押解出境。对一个熟人做这种愚蠢和粗暴的事，总是让人难以下手的，因此戈里曾踌躇了一两天后才把普罗请来，说了一段娓娓动听的开场白之后，才终于告诉他，大概有人从高加索无中生有地禀报皇上，说了他一些坏话，因此皇上命令他离开俄罗斯，不过，必须派员护送。

普罗听了很生气，向公爵指出，因为政府有让人离境的权力，因此他可以照办，但是他不要人护送，因为他不认为自己是一个需要人押送的罪犯。

第二天，警察局长去找普罗，普罗竟拿着手枪迎接他，断然宣布，他决不让警察走进他的房间，也决不让警察上他的马车，如果他胆敢使用武力，他就对准他的脑袋开枪。

---

① 这里的“骑士”是法国封建时代的贵族爵位。

戈里曾一般说是个循规蹈矩的人，因此他感到有点儿为难；他派人去把法国领事韦耶尔请来，想同他商量一下怎么办是好。韦耶尔想到一个 expédient〔法语：办法〕：他要求给他找一名法国话说得好的警察，由他介绍给普罗，让他作为一名旅客请求在普罗的马车里让给他一个位置，并付一半的车钱。

他刚开口，普罗就明白了是怎么回事。

"我这马车里是不卖座位的。"他对领事说。

"这人会感到失望的。"

"好吧，"普罗说，"我可以让他上车，我不要钱，不过他得干一点儿小小的差使。他不会是什么捣蛋鬼吧？如果他捣乱，我就把他扔到半道上。"

"他是世界上最好说话的人，您可以随便支使他。我先替他谢谢您。"于是韦耶尔便快马加鞭地去找戈里曾公爵，向他宣布他已旗开得胜。

晚上，普罗便同那个 bona fide〔拉丁语：假的〕 traveller〔英语：旅客〕出发了。一路上，普罗都没有说话；到第一个驿站后，他走进房间，躺在沙发上。

"喂！"他向那个同伴叫道，"过来，脱靴子。"

"您怎么啦，得了吧，哪能呢？"

"跟您说：脱靴子，否则我就把您扔在半道上，要知道，我并不想带您。"

那个警官只好替他脱靴子……

"把靴子拍打拍打，擦干净了。"

"这太不像话了！"

"好，那您就留下吧！……"

警官只好把靴子擦干净了。

在下一站又发生了同样的事，不过这次是让他刷衣服，就这样普罗一直把他折腾到边境。为了安慰一下这个特工机关的受难者，他总算得到了皇上的青睐,终于把他提拔成了警察分局长。

我到彼得堡的第三天,看门的奉警长之命来问我,“你来彼得堡持有何种证件?”我曾经有过的惟一证件,是退职证,我已经把它交给总督办理出国护照了。因此我把通行证交给了看门的,但是看门的回来后说,通行证只适用于离开莫斯科,而不适用于进入彼得堡。与此同时,又来了一名警察,请我到警察总监的办公室去一趟。于是我就到科科什金的办公室去了(白天也亮着灯!),过了一小时他才来。科科什金比他的同类人中所有其他人都更清楚地表现出他是一名奴才,只顾眼前,不顾将来,效忠皇上,令行禁止,让他干什么他就干什么,只要能得到皇上宠幸,他什么都干,可是这人既没有良心,也没有思想,——因此他之得到富贵荣华就像鸟会唱歌一样十分自然。

彼罗夫斯基告诉尼古拉,科科什金是个大贪污犯。

“是的,”尼古拉回答,“但是我知道,有他在彼得堡当警察总监,我就可以高枕无忧了。”

当他和别人说话的时候,我看了看他……一副多么皱纹满面、既苍老而又老态龙钟、酒色无度的脸啊;头上戴着鬈曲的假发,这与他那松弛下垂的面貌和满脸皱纹显得惊人地不协调。

他与几名德国女人说了几句德国话,然而谈话间却显得十分亲热和狎昵,说明她们是他的老相识,这些德国女人一会儿哈哈大笑,一会儿窃窃私语,从中不难看出他们的交情非同一般。科科什金走到我跟前,眼睛看着地面,用相当粗鲁的声音问道:

“皇上不是禁止您进入彼得堡吗?”

“是的,但是我有皇上的许可证。”

“在哪儿?”

“在这儿。”

“拿出来看看……同一份批件,您怎么能第二次使用呢?”

“怎么是第二次?”

“我记得您来过。”

“我没来过。”

“您在这里有什么事？”

“我有事要找奥尔洛夫伯爵。”

“怎么，您拜访过伯爵了？”

“没有，但是我到过第三厅。”

“见到杜别尔特了？”

“见到了。”

“我昨天刚见过奥尔洛夫：他说他没有给过您任何许可证。”

“它就在您手里。”

“天知道是什么时候写的，而且过期了。”

“话又说回来，如果未经允许我就先来了，而且头一个就去拜访杜别尔特将军，就我而言，这岂非咄咄怪事。”

“如果您不想找麻烦，那就请您赶快回去，而且不得超过二十四小时。”

“我根本不想在这里待很长时间，但是我必须等候奥尔洛夫伯爵的答复。”

“我不许您在这里多作盘桓，再说奥尔洛夫伯爵对您未经许可就到这里来很不满意。”

“请把我的证件还给我，我立刻就去找伯爵。”

“这份东西必须留在我这里。”

“这封信是写给我的，写的是我的名字，也是我到这里来的惟一证件。”

“这份东西得留在我这儿，以证明您到彼得堡来过。我严肃地劝您明天就回去，以免更糟。”

他点点头就走出了房间。我跟谁讲理去。

图奇科夫老将军①曾经同官方打了一场官司。他的村长承包了一

---

① 图奇科夫（1775—1858）：一八一二年波罗丁诺战役中的英雄，内阁会议成员。

项工程,因偷工减料,营私舞弊,必须赔偿损失。法院责令向地主追讨赃款,因为是他委托村长出外揽活的。但是他根本就没有委托他办这件事。图奇科夫就这么回复了他们。这官司一直打到枢密院,枢密院又判决:"鉴于退职中将图奇科夫委托……因此……"图奇科夫又对此回复道:"鉴于图奇科夫并未委托他办理此事,因此……"过了一年,警察局又来严词宣布:"鉴于中将……因此……",于是老头又写了书面答复。我不知道这件有趣的案例是怎么结束的,我没等到结局就离开了俄罗斯。

这一切决不是例外,而是十分正常的。科科什金扣留了我的证件,它的可靠性是毋庸置疑的,因为上面有编号和日期,很容易查对,上面写得清清楚楚,允许我进入彼得堡,可是他偏说:"鉴于您未经许可擅自来此,因此您必须回去",而且把我的证件放进了他的口袋。

恰达叶夫讲到这些大人先生们时,说得很对:"他们简直为所欲为!"

我跑到第三厅,把事情经过告诉了杜别尔特,杜别尔特哈哈大笑。

"他们怎么总是缠夹不清呢!科科什金向伯爵报告,您未经许可到这里来了,因此伯爵说,让您回去,但是后来我说明了事情原委;你现在可以在这里要住多久就住多久了,我立刻让手下人写个书面东西通知警察局。但是现在还要讲讲您的事:伯爵不认为您现在申请出国会被批准。皇上已经拒绝了您两次,最后一次是据斯特罗戈〔加〕诺夫的申请;如果他第三次再拒绝您的申请,那您就不用想在当今皇上在位的时候到矿泉地去疗养了。"

"那我怎么办呢?"我恐惧地问,因为出国旅行和借此获得自由的想法已经在我心中根深蒂固。

"回莫斯科;伯爵会写一封私人信件给总督的,说您为了您夫人的健康想出国,问他,鉴于他了解您,对您的印象颇好,他能否解除对您的管制?对于这样的问题,除了表示'首肯'以外,他不会有别的答复。我们再向皇上禀报已对您取消管制,那时候您再像其他人一样给自己申请护照，那时候上帝保佑您，您爱上哪个矿泉地都成。”

我觉得这事办起来太复杂，甚至不过是摆脱我纠缠不清的一种巧妙的手段。他们又不好意思拒绝我，因为奥丽迦·亚历山德洛夫娜饶不了他们，而我又是她家的常客。我一旦离开彼得堡就回不来了；而要跟这帮大人先生们写信是很困难的。我把自己的一部分怀疑告诉了杜别尔特；他先是皱起眉头，随即咧开嘴大笑，眯起了眼睛。

“将军，”我最后说，“我不知道，我甚至不敢相信，斯特罗戈〔加〕诺夫的奏折有没有进呈御览。”

杜别尔特摇了摇铃，吩咐手下人把我的“案卷”给他拿来，在等候“案卷”的时候，他和善地对我说：

“伯爵和我，我们向您提出了一个我们认为最可靠的能够弄到护照的办法；如果您有更可靠的办法，您不妨试试；您尽管放心，我们决不会从中阻拦。”

“列昂季·瓦西里叶维奇①说得完全对。”一个阴森森的声音说道。我回头一看：我身旁站着萨赫滕斯基，五年前他曾在这个第三厅接见过我，不过现在头发更白了，人也显得更老了。

“如果您想出国的话，我劝您还是照他的意见办好。”

我谢了谢他的好意。

“瞧，案卷来了，”杜别尔特说，从一名官员手中接过厚厚一沓档案本（我真想把它通通读一遍！一八五〇年，我曾在卡利埃②的办公室看到过我在巴黎的“专案”，如果对比一下，也蛮有意思的嘛）；他在里面翻了翻，把那沓东西打开递给我：这是卞肯多尔夫呈报皇上的奏折，紧附在斯特罗戈〔加〕诺夫的书信之后，斯特罗戈〔加〕诺夫呈请皇上恩准允许我到德国矿泉疗养院去疗养六个月。在奏折边上的空白处用铅笔批了一个很大的字“尚早”。这个铅笔字被涂上了蜡，下面用鹅毛笔写

① 杜别尔特的名字和父称。

② 卡利埃（1799—1858）：一八四八年革命后任巴黎警察局长。

道:“皇帝御批尚早。卞肯多尔夫伯爵。”①

“现在您相信了吧?”杜别尔特问。

“相信了,”我回答,“我听您的,明天就回莫斯科。”

“您也不妨在我们这儿玩玩嘛,现在警察局不会再来打扰您了,可是请您临行前再来一趟;我让他们给您看看给谢尔巴托夫的信。别了,bon voyage〔法语:一路平安〕,如果我们不能再见面的话。”

“一路平安。”萨赫滕斯基也加了一句。

你们看,我们分手时很友好。

回家后,我发现一张大概是海军部大厦第二区警察分局长的邀请信。他问我何时成行。

“明天晚上。”

“哪能呢,我还以为……将军说是今天嘛。但是,请允许我核实一下,行吗?”

“行啊,行啊;不过,请给我通行证。”

“我到局里去再写,一两小时后给您送来。您坐哪家车行的车走呢?”

“如果买到票,就坐谢拉平车行的。”

“太好了,如果买不到票,请您给我打声招呼。”

“一定告诉您。”

晚上又来了个警长:分局长让他告诉我,他不能发给我通行证,因此他请我于明天早晨八时整去找一下警察总监。

这到底唱的是哪一出呢,真烦死了! 八点,我没有去,而是在上午抽了个时间去了趟总监办公室,警察分局长也在那,他对我说:

“您不能走:第三厅有公函。”

---

① 卞肯多尔夫上奏皇上的折子写于一八四三年四月七日,其中附有斯特罗戈〔加〕诺夫(当时担任莫斯科大学督学)呈请皇上允许赫尔岑因妻子有病到意大利去疗养几个月。这折子上有尼古拉一世的御批“再议”,下面有卞肯多尔夫的附言:“不准”,联署的还有杜别尔特,日期是一八四三年四月九日。

“又出什么事了?”

“不知道,将军命令不能发给您通行证。”

“办公室主任知道吗?”

“怎么不知道。”于是他向我指了指坐在另一个房间里身穿警服、腰佩军刀的上校,他坐在一张大桌子旁;我问他到底是怎么回事。

“没错,”他说,“有公函,瞧,这就是。”他看了一遍,递给我。杜别尔特写明,我完全有资格到彼得堡来,而且愿意待多久就待多久。

“因此你们就不放我走了,是不是?对不起,我不能不哈哈大笑:昨天,警察总监违背我的意愿赶我走,今天又违背我的意愿硬要我留下,而这一切的根据是,公函上写着,我愿意待多久就可以待多久。”

这事是那么一清二楚,以致那位上校秘书都不由得哈哈大笑起来。

“那我凭什么白花钱买两张驿车票呢。请您还是吩咐给我开张通行证吧。”

“那不行,我得先去报告将军。”

科科什金命令给我开一张通行证,他在办公室里走来走去,责备地对我说:

“这像什么话?您一会儿要留下,一会儿要走;不是告诉您了吗,可以留下。”

我对他置之不理。

当晚上我们走出城关时,我又看到了通向四手站①那一望无际的林间大道,我看了看天空,真心实意地向自己宣誓,从此再也不回到这个城市里来了,这是一个天蓝色的、绿色的、花花绿绿颜色的警察②横行无忌的城市,这是一个充满杂乱无章的官僚作风、奴才般的傲慢无礼和宪兵趾高气扬的城市,在这里彬彬有礼的只有一个杜别尔特,而且这人还是第三厅的长官。

---

① 从彼得堡到莫斯科的第一个驿站名。十字路口立着一根柱子,分别用手指着四个方向(莫斯科、皇村、彼得宫和彼得堡)。

② 指俄国宪兵、警察所穿的天蓝色、绿色警服和迷彩服。

谢尔巴托夫不乐意地给奥尔洛夫回了一封信。当时他的秘书不是上校，而是个虔敬派①教徒，他因我的文章而恨我，因为我是个“无神论者和黑格尔分子”。我亲自跑去向他说明。这个分裂派秘书用甜兮兮的嗓音，像基督教进行涂油式似的对我说，总督对我一无所知，他对我崇高的道德品质毫不怀疑，但是必须向警察总监核实一下。他想把事情拖下去；再说这位先生不接受贿赂。在俄国官场中最可怕的是那些秉公办事的人；在我国，天真地不肯收受贿赂的只有德国人，如果说，虽然俄国人不收钱，但是起码他还收别的东西，但愿上帝保佑我不要遇到这样的大坏蛋。幸亏警察总监卢任肯定了我的表现。

过了十来天，我回家的时候在门口遇到了一名宪兵。在俄国一旦有警察光顾，无异是一块瓦片落到头上，因此我抱着特别不愉快的心情等待着，看他对我说什么；他递给我一只封套。奥尔洛夫伯爵通知我皇上已命令撤销对我的管制。因此我也就取得了办理出国派司的权利。

来吧，高兴吧！我松绑了！
我可以远走高飞了！
得啦，这不会是做梦吧？
不，明天付了护照费，
我就可以乘上驿车，
Ort zu Ort〔德语：从一个城市到另一个城市〕
我要插翅高飞了。将来会怎样？
我不知道，我相信！
但是未来在我眼前仍将是漆黑一片，
只有上帝知道我的未来是什么！
我恐惧地站在欧洲的大门前。
心中充满了希望和模糊的幻想，

① 虔敬派：一译“虔诚派”，德国路德宗教会中的一派，是一个狂热的教派。

但是我又心存怀疑,我的朋友,
我摇着我那悲哀的头。

《幽默》第二部①

……六七辆三套马车把我们一直送到黑泥站……我们在那里最后一次碰了杯,挥泪而别。

已经是傍晚了,雪橇开始在雪地里嘎吱嘎吱地滑行……你们悲伤地目送着我们,但是你们万万没有想到这是送葬,这是永别。大家都来了,只是少了一个人——他是我的挚友中的挚友,只有他一个人病了,仿佛他用自己的不能前来借以回避我的远行。

这事发生在一八四七年一月二十一日……②

大约十天后,我们到了国境线。

……军士把出国护照还给了我,这是一个个子不大的老兵,戴着笨拙的高筒军帽,军帽上蒙了一块漆布,拄着一支其大无比和其重无比的步枪,拉起了拦路的横杆;那个小眼睛、高颧骨的乌拉尔哥萨克,拉着马缰,牵着自己的小马,马鬃支楞着,乱糟糟的,挂满了冰柱,他走到我跟前"祝我一路平安";一个又脏又瘦、面有菜色的犹太车夫,脖子上缠了四道什么破布,登上了车夫座。

"再见! 再见啦!"首先是我们的老朋友卡尔·伊凡诺维奇③说,他把我们一直送到了塔乌罗根,其次是达达④的奶妈,一个漂亮的农村少

---

① 引自奥加略夫的长诗《幽默》。所引的诗取自不同的诗节(第二部第九章和第十三章)。最后一行诗,原文应为"我悲哀地摇着头"。

② 引自《往事与随想》第五卷第三十五章《西方杂记·Ⅰ·梦》:赫尔岑离开莫斯科出国是在一八四七年一月十九日。挚友中的挚友指奥加略夫。奥加略夫当时在他位于奔萨省的庄园老阿克申诺。"黑泥"是从莫斯科到圣彼得堡大道上的第二个驿站,通常要在这里换马和与远行的人告别。

③ 即赫尔岑小时候的家庭教师仲伦倍格。

④ 即赫尔岑的长女娜达丽雅·亚历山德洛夫娜(1844—1936),爱称"达达",当时她才三岁。

妇，眼泪扑簌簌地流个不住。

小个子犹太佬挥舞了一下马鞭，雪橇动了一下；我回头看去，横杠放了下来，风从俄国那边吹来，把雪刮到大路上，把哥萨克马的尾巴和鬃毛都微微地吹向一边。

奶妈穿着萨拉芳①和棉坎肩，还在目送着我们，在哭；仲伦倍格，这个老家的象征，这个我们童年时代的笑料，挥着绸围巾在跟我们依依作别；周围是一望无际的雪原。

“再见，塔季雅娜②！再见，卡尔·伊凡诺维奇！”

前面是界桩，柱顶上是一只落满了雪花的、瘦瘦的、展翅欲飞的、只有一个头的鹰……这就很好嘛——少了一个头③。

再见啦！

---

① 一种俄国女人穿的无袖长衫。

② 达达奶妈的名字。

③ 展翅欲飞的鹰是普鲁士的国徽，双头鹰则是俄国的国徽。

尼·赫·克彻尔(1842—1847)

我有必要再来谈谈克彻尔,而且这次要详细得多。

我从流放地回来后,他还跟从前一样住在莫斯科。不过,他已同莫斯科长在了一起,难舍难分,我无法想象莫斯科能没有他,或者他能住在什么其他城市。有一回,他曾尝试着搬到彼得堡去,可是还没有熬过六个月①,他就撇下自己住的地方,重新来到涅格利纳河畔,在巴扎诺夫咖啡馆②向来打台球的军官们宣传自由思想,教演员们学戏剧艺术,翻译莎士比亚,并且爱自己从前的老朋友,爱得让人感到不自在。诚然,他现在有了新朋友,即别林斯基和巴枯宁这样的朋友;虽然他也没日没夜地向他们说教,但是他心里仍旧只有我们。

那时候他已经是个快四十岁的人了,但是他简直像个老顽童。这到底是怎么回事呢?这正是我们需要研究的。

从所有方面看,克彻尔属于这样一类怪人,他们是在彼得的俄国③,尤其是在一八一二年以后的俄国的边缘地带生长长大的,他们既是它的后果,又是它的牺牲品,间接地,又似乎是它的一个出路。这些人脱离了共同的发展道路(这是一条艰难的、乱糟糟的路),可是又从来找不到他们自己要走的路,他们在苦苦寻找,并且在这寻找中不时停下来。在这被牺牲者的行列中,情况千差万别:并不是所有的人都像奥

---

① 克彻尔住在彼得堡的时间是一八四三年十月到一八四五年四月。

② 巴扎诺夫咖啡馆坐落在耶稣升天广场(现在的剧院广场),从前有涅格利纳河穿越此地,后来(1817—1819)改为地下河,与地下管道连接。

③ 指实行彼得大帝改革后的俄国。

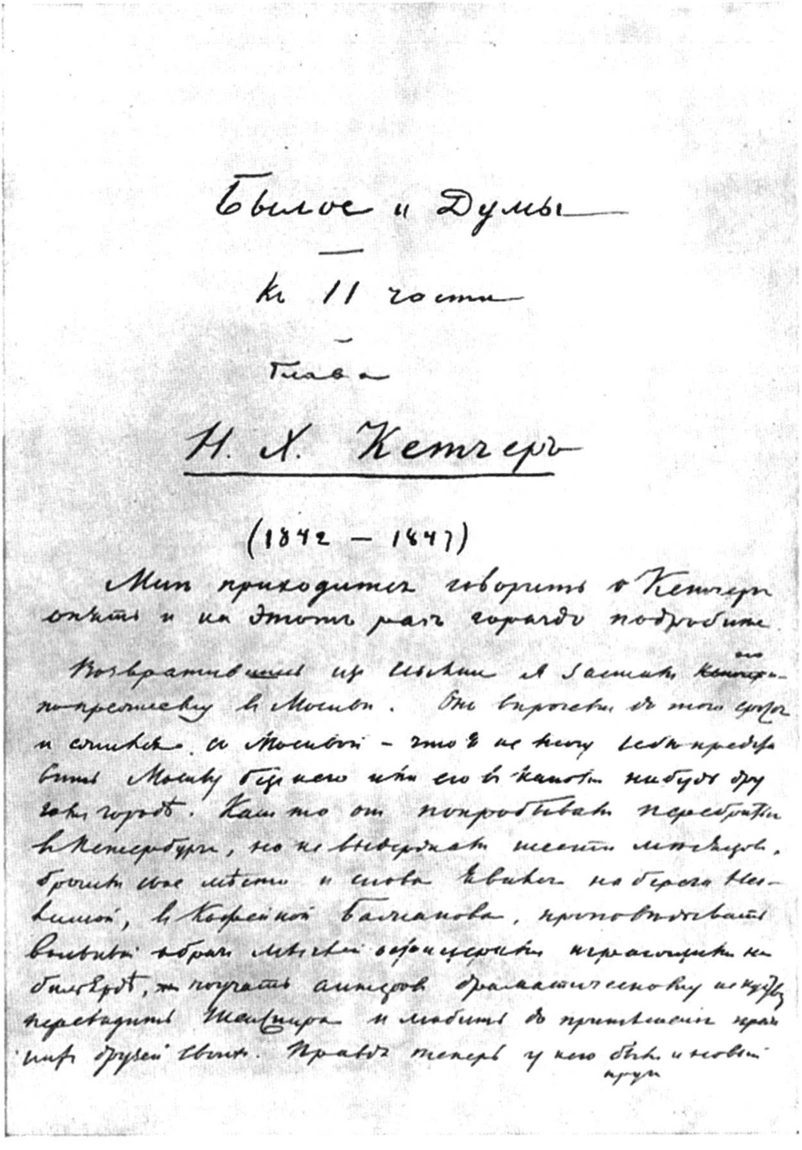
Былое и Думы

к II части

Глава

Н. Х. Кетчеръ

(1842 – 1847)

Мнѣ приходится говорить о Кетчерѣ опять и на этотъ разъ гораздо подробнѣе.

《往事与随想》第四卷《尼·赫·克彻尔》

第一页手稿(俄罗斯国立图书馆藏)

涅金或者像毕巧林那样，并不是所有的人都是多余的和游手好闲的，也有一些是勤勤恳恳地劳作的人，但是他们一事无成，——是一些失败的人。我曾经无数次想把这一系列具有自己特色的人物，把这些从生活中撷取来的性格突出的肖像形诸笔墨，但是材料太多，倒使我无所适从了，只能搁笔。他们身上没有任何彼此类同的千篇一律的东西，他们的气质各异，把他们联系在一起的只有一个共同的东西，或者不如说，共同的不幸把他们拴在了一起；仔细看一下他们那灰暗的背景，就可以看到棍棒下的士兵，树条鞭下的农民，反映在脸上的强压下去的呻吟，那些驶向西伯利亚的大篷车，那些步履蹒跚地走向那里的戴着脚镣的囚犯，那些剃成阴阳头的脑袋，那些烫上烙印的面孔，以及官兵们的头盔、肩章和帽缨……总之，这就是彼得堡的俄罗斯。① 正是因为有了它，他们才不幸，没有力量能够改变它，没有力量能够摆脱它，也没有力量能够促进它。他们想逃离这背景又逃不掉：因为他们脚下没有立足的土地；他们想大声呐喊——可是没有舌头……他们也没有可听的耳朵。②

在这个失去平衡的社会，逐渐发展出了不少奇奇怪怪的人，这些人既多于实际有用的人，也多于孜孜不倦、勤奋工作的人，在他们身上既有乱七八糟的、疯狂的一面，又有好的、完全符合人性的一面，因此这也就不足为怪了。

克彻尔的父亲是一个医疗器械制造师。他制造的外科器械很有名，为人也很正直。他死得很早，留下了一大家子人，全要他早年丧夫的妻子照顾，而且家境败落，不可收拾。他大概出身瑞典。因此根本谈不上与平民的真正的、直接的联系，那种随着母亲的乳汁，与孩提时的玩耍，甚至在老爷府上也会有的联系。一群外国制造师、工人、手艺匠，加上他们的老板，组成一个封闭的小圈子，他们的生活、习惯、好恶以及一切的一切，都与俄国的上层和下层互相隔离。这帮人在他们的家庭

① 即彼得的俄罗斯，亦即以彼得堡为首都的俄罗斯。

② 指他们没有自己的喉舌，自己的报刊和舆论阵地，一般人也麻木不仁，不去看，不去听。

生活内部往往要有道德得多,也纯洁得多,往往远胜于我国的商人阶级而不像他们那样野蛮、残暴和荒淫无耻,也往往远胜于我国的小市民而不像他们那样凄凉而又无可奈何地酗酒,他们也往往远胜于我国的官员而不像他们那样过着狭隘的、肮脏的、建立在贪赃枉法基础上的生活,然而他们却与周围的世界格格不入……他们是外国人……从一开始就带来另一种 pli〔法语:习惯,癖好〕和另一种原则。

克彻尔的母亲是俄罗斯人——大概正因为这样克彻尔才没有成为一个外国人。我不认为她曾经参与过对孩子们的教育,但是非常重要的一点是孩子们都受了东正教的洗礼,也就是说他们什么信仰也没有。如果他们是路德派教徒或者是天主教徒,他们就会完全走到德国人那边去,他们就会常常到这个或那个路德派教堂去,就会不知不觉地参加某个自立门户的、独立的 Gemeinde〔德语:团体〕,而它们自有它们自己的派系和教民的利益。至于俄国教堂,当然,谁也不会硬逼克彻尔去;此外,即使他在小时候有时也去俄国教堂,但是它并不像它的姊妹教堂一样,尤其在异国他乡,具有一种蜘蛛般的网罗和拉帮结派的性质。

别忘了,我们所说的这一时期,根本不存在像抽风似的东正教。那时的教会就像国家一样,并没有想方设法、不择手段地保卫自己,也没有积极关心过自己的权利,也许,这是因为并没有人侵犯过它们和它们的权利。大家知道这是两头凶猛的野兽,因此谁也不会在太岁头上动土。然而,它们也不会动辄抓住过路人的脖领子,怀疑他们是否信仰东正教,或者不信任他们的忠贞不二。当莫斯科大学设立神学课的时候,那位编过几部辞典而使我们忘不了的老人盖依姆①教授曾经在大学的 aula〔拉丁语:礼堂〕里耽心地说过:"Es ist ein Ende mit der grossen Hochschule Rutheniae."〔德语:"俄国的这所著名大学完蛋了。"〕甚至猖獗一时的、像瘟疫般流行的宗教迫害狂,失去理智的、大叫大嚷的、流行告密的

① 盖依姆(1758—1821):一七八四年起任莫斯科大学历史学、统计学、地理学教授,一八〇六至一八一八年任莫斯科大学校长。他编过好几部俄德法辞典,而且一版再版。

警察式的（就像我国的所有事情那样）、马格尼茨基①和鲁尼奇②般的宗教迫害狂，也只是像乌云压城城欲摧那样，打倒了几个正好出现在路上的人，然后就销声匿迹了，化成了形形色色的福季③和伯爵夫人④。在小学中，教义问答课只是走走形式，为了考试，因为考试开始的时候首先要考问"神学"⑤。

到时候，克彻尔就进了医科和外科大学。这是一所纯粹的外国学校，东正教精神并不特别强烈。教他课的是 Just-Christian Loder〔德语：朱斯特·克里斯基安·洛德尔〕⑥——他是歌德的朋友，洪堡⑦的老师，他是把德国提高到它所没有想到的高度的诸多强大的、自由的、杰出的思想家之一。对于这些人来说，科学还是宗教、宣传和战争，摆脱理论的束缚而获得自由，对于他们本人来说也还记忆犹新，他们还记得他们进行的斗争，他们相信胜利，并以这胜利而感到自豪。洛德尔始终不同意照费拉列特的教义问答来讲授解剖学。他身旁还有费谢尔·巴尔德海姆和外科手术学家希尔德勃兰特，关于他们我已在另一个地方讲过了⑧，还有各种德国助理、实验员、病理解剖员和药剂师。"听不到一句俄国话，看不到一张俄国脸。"⑨俄国的一切都被推到次要的地位。我们记得的惟一例外是佳季科夫斯基⑩。克彻尔很尊敬他和怀念他——大概他对学生有过很好的影响；然而，直到最近，各医学系仍旧没有融

---

① 马格尼茨基（1778—1855）：反动官僚，神秘主义者，曾任喀山教育区督学。

② 鲁尼奇（1778—1866）：反动官僚，神秘主义者，曾任彼得堡教育区督学。

③ 福季（1792—1838）：诺夫哥罗德尤里修道院修士大司祭，都主教。

④ 伯爵夫人指奥尔洛娃·切斯缅斯卡娅伯爵夫人（1785—1848），福季都主教的庇护人。两人都充满宗教狂热。

⑤ 指在俄国学校中流行的口试。

⑥ 朱斯特·克里斯基安·洛德尔（1753—1832）：解剖学医生，御医，曾在莫斯科大学和莫斯科医科大学教过书。

⑦ 洪堡（1769—1859）：德国博物学家和地理学家。

⑧ 见本书第一卷第六章。

⑨ 引自格里包耶陀夫的《聪明误》（《智慧的痛苦》）第三幕第二十二场。

⑩ 佳季科夫斯基（1784—1841）：莫斯科医科和外科大学内科临床学教授，莫斯科大学病理学教授和校医院院长。

进莫斯科诸大学的共同生活中：他们由两部分人组成——德国人和神学校学生——他们只知道埋头读书。

克彻尔认为只管埋头读书是不够的，这就再好不过地证明他不是一个德国人，他首先要寻找的不是职业。

他对自己的家人并没有特别的好感，他从小就喜欢远离家人过独立的生活。于是他开始读书——读席勒。

后来，克彻尔把莎士比亚全部翻译了过来，但是他仍旧抹不掉席勒对他的影响。

席勒是我国的大学生最能理解的。波沙和麦克司，卡尔·穆尔和斐迪南①，大学生，当强盗的大学生——这一切都是曙光初露时的抗议，是最早的愤怒的抗议。克彻尔是个感情胜于理智的热血青年。他领悟而且掌握了席勒用诗反射出来的一切，席勒在对话体中所阐述的革命哲学，他流连忘返，感到很过瘾，对他来说，批判和怀疑是完全陌生的。

在迷恋席勒后过了若干年，他又看起了另一类书——于是他的精神生活便彻底定型了。其他一切则消失得无影无踪，他很少感兴趣。九十年代②，这个席卷全国的席勒式大悲剧，以它的影响和鲜血，以它的晦暗的美德和光辉的理想，以它同样的曙光初露和抗议的性质——把他吞没了。其实，对于法国大革命，克彻尔也不甚了然。他把法国大革命当成了《圣经》传说；他相信法国大革命，他喜欢革命中涌现出来的各种人物，而且他对他们具有他个人的爱憎；至于它的幕后情况，他一概不感兴趣。

一八三一年我在巴谢克家遇到他时是这样，一八四七年我在黑泥站离开他时，他还是这样③。

① 以上分别为席勒的剧本《唐·卡洛斯》、《华伦斯坦》、《强盗》和《阴谋与爱情》中的人物。
② 指十八世纪九十年代的法国大革命。
③ 赫尔岑于一八四七年出国时，克彻尔曾去送行，一直送到黑泥站方才分手。

一个幻想家……不过不是浪漫主义的幻想家，而是所谓伦理上、政治上的幻想家，他未必能在当时的医科和外科大学找到他所要找的人文环境。苦闷折磨着他，而医学并不能使他解除苦闷。他离开他周围的人以后，便愈来愈沉浸在充满他想象的众多人物中的一个理想人物身上。他碰到的到处都是完全不同的趣味，到处都是小人，他开始变得孤僻了，习惯于皱眉头，毫无必要地讲一些人家不爱听的真理，而且这些真理是人所共知的，竭力想过一种拉封登的“Sonderling”〔德语：“怪人”〕[①]或者“索科尔尼基[②]的鲁滨孙”那样的生活。他们家有一座小花园，花园里有一座亭子；他就跑到亭子里去，正如波列沃依当年调侃他时所说，于是“克彻尔医生便开始翻译席勒医生的作品”[③]。这亭子的门没有安锁……里面连转身都困难。而这正是他需要的。早晨，他先在花园里翻地，然后就种花种树，移栽花木，免费为穷人看病，校看《强盗》和《斐爱斯柯》的清样，本来应当在临睡前做祷告，他却朗读马拉[④]和罗伯斯比尔的演说。总之，如果他少看点儿书，多用点儿铁锹，他就会成为卢骚希望每个人都做到的他所理想的人物了。

克彻尔同我们接近是在一八三一年通过瓦季姆[⑤]介绍的[⑥]。当时，我们小组的成员，除了我们两个以外，还有沙左诺夫、沙青、巴谢克的两个哥哥，还有两三个大学生，他认为我们是实现他的最珍贵的理想的开端，是在一八二六年被齐刷刷地砍倒的庄稼地上长出来的新苗[⑦]——因此便同我们热烈地靠拢。他比我年纪稍长，因此很快就掌

---

① 拉封登（1758—1831）：德国作家。“怪人”是他同名小说中的主人公。

② 克彻尔在莫斯科的住地。

③ 因席勒在军校学医，得医士称号，故有此说。

④ 马拉（1743—1793）：十八世纪法国大革命时期的著名活动家、政论家和学者。

⑤ 即瓦季姆·瓦西里叶维奇·巴谢克。

⑥ 见《往事与随想》第一卷第一〇九页。——作者原注

此处《往事与随想》的单行本指一八六一年伦敦版，但页码有误，应为一七六至一七七页。

⑦ 指一八二六年七月十三日十二月党人的起义领袖共五人被处决，其他人遭监禁和流放。

握了“风气督察”的大权，他无时无刻不在批评我们，有时候还提出警告，我们相信他是一个注重实际的人，比我们有经验；此外，我们爱他，而且非常爱他。有人生病了，克彻尔就来当他的护士，直到这人痊愈了才离开他。在柯尔列依夫、安托诺维奇和其他人被抓走后，克彻尔第一个跑去探监，安慰他们，替他们担保，以致宪兵利索夫斯基将军把他叫了去，警告他要当心，别忘了他是干什么的（校级军医官）。当纳杰日金在理论上爱上了一位小姐①，想与她秘密结婚，遭到她父母的坚决反对时，克彻尔向他伸出了援手，帮他安排了浪漫主义的私奔，而他自己则裹上他那著名的红里子黑斗篷，跟纳杰日金坐在圣诞节林阴道的长凳上，等候那朝思暮想的信号。可是等了很长时间都等不到信号……纳杰日金很伤心，泄了气。可是克彻尔却坚忍不拔地安慰他——绝望与安慰很奇特地对纳杰日金起了作用：他睡着了。克彻尔紧锁双眉，在林阴道上板着脸来回踱步。

“她不会来了，”纳杰日金睡眼蒙眬地说，“咱们回家睡觉吧。”

克彻尔把眉头皱得更紧了，板着脸摇了摇头，把睡眼蒙眬的纳杰日金带回了家。他们走后不久，这姑娘就走出自己的家门，而且把规定的信号重复了不止一次，而是十次，她等呀等呀，等了一小时，两小时……一切都静悄悄的，她自己则更加静悄悄地——回到自己的房间，大概痛哭了一场，然而却彻底治愈了她对纳杰日金的一片痴情。克彻尔很长时间都不能原谅纳杰日金的这种不合时宜的瞌睡病，他摇着头，下嘴唇发抖地说：“他根本不爱她！”

我们坐牢的时候，克彻尔对我们的关心，以及我结婚的时候他对我的帮助，我已经在其他地方讲过了。一八三四至一八四〇年的五年间我们小组几乎只有他一个人留在莫斯科，他自豪和英勇地代表着我们的小组，保卫了我们的传统，丝毫没有背离它。我们再次遇见他的时

---

① 指叶·瓦·苏霍沃-科贝林娜，后来成了女作家，笔名叶甫盖尼雅·屠尔，即本书第四章中提到的沙里阿斯·德·屠尔涅米尔伯爵夫人。

候，他就是这样，有人是在一八四〇年回来的，有人则在一八四二年……流放、与陌生世界的接触、读书和工作，在我们身上改变了许多东西。可是克彻尔，作为我们岿然不动的代表，却依旧保持原样。不过他不翻译席勒了，而是翻译莎士比亚。

克彻尔对老朋友们重又在莫斯科相逢感到非常高兴，他做的头一件事就是恢复他对morum〔拉丁语：风气〕的督察……于是便产生了一些小摩擦，可是他很久都没有发觉这点。他骂人，有时候骂得让人生气，这是从前不曾有过的，有时则惹人讨厌。过去的生活热火朝天，发展得那么迅速而且那么齐心协力，因此谁也不去注意路上的几颗小石子儿。我已经说过，时间改变了许多东西，各人的个性也发生了急剧变化，发展各异，一个好心肠而又爱唠叨的“大叔”的作用，就常常显得十分可笑了；大家都竭力把这看作笑谈，用友谊来遮盖它，用他的纯洁的好意来遮盖他那不必要的真诚和专门揭人短处的爱，可是这样做的结果却很坏。坏还坏在必须遮盖、说明和勉为其难地这样做。如果从一开始就阻止他，不让那些不幸的冲突发生就好了，可是一八四七年初我们的莫斯科生活却因这些不幸的冲突而结束了。①

然而，新朋友却并不像我们那样宽容，甚至于很喜欢他的别林斯基，有时候也忍无可忍，他也像克彻尔本人那样受不了不公正的指责，于是接连好几个月不再与他争论，以此狠狠地教训他。克彻尔从来不会对人冷冷的或者不予理睬。他经常不是对人穷追不舍，就是对人关爱有加，从一个十分热情的朋友迅速变成一个刑事法官，——由此可见，他最受不了的就是人家对他冷淡和不予理睬。

常常在激烈的争论或者一系列大的指责之后，克彻尔会忽然心平气和，怒气消失得无影无踪，大概，他心中也对自己很不满意，但是他从来不肯认错——相反，他极力把一切都看成是玩笑，然后他很快又越过

① 指一八四六年底赫尔岑与莫斯科小组某些成员之间的不和，而引起不和的原因则是因为思想理论上的分歧。

玩笑的界限，而越过这界限，玩笑也就不再让人觉得好笑了。这就是在调停伊凡·伊凡诺维奇和伊凡·尼基福罗维奇的不和中，那个著名的“公鹅”故事的来回反复。[1] 谁没见过那些玩命似的淘气孩子，一旦玩上了瘾就怎么也停不下来；明知要受到惩罚，反而玩瘾更大。当他感到他已经把一个人逗得板起面孔，话中带刺的时候，这才心满意足地安静下来，重又回到愁眉不展的心态，迈开大步在房间里走来走去，然后又变成席勒戏剧中的悲剧人物，或者是富基埃·坦维尔[2]法庭上的陪审员，声嘶力竭地对我们所有的人发表一系列指控，——而且这指控又毫无根据，可是他自己却对此深信不疑，最后他感到很伤心，认为他的朋友都是些混账东西，闷闷不乐地回家了，弄得我们莫名其妙，怒不可遏，直到怒火渐消，变为宽容，于是我们就像疯子似的哈哈大笑。

第二天一大早，克彻尔就悄悄地、非常伤心地从一个角落走到另一个角落，拼命抽烟斗，等待我们中间的什么人来骂他一顿，然后和好；不用说，即使和好，他也永远保持着自己那好挑剔的、严厉的大叔的全部尊严。如果没有人来，克彻尔就把自己的诚惶诚恐埋藏在心底，悲悲切切地到涅格利纳河边的咖啡馆，或者到那个明亮和平静的港湾去，而在那里迎接他的永远是和善的笑声和友好的接待，也就是说去拜访米·谢·史迁普金，并在他那里等待他掀起的风暴的平息；他当然会向米·谢告我们的状；好心的老人会狠狠地骂他，说他满嘴胡吣，我们根本不是他所说的那样的坏蛋，说他马上就把他送去见我们。我们知道克彻尔在他自己所做的乖常举动之后心里也很难受，我们理解他，或者不如说，我们原谅他为什么不肯直截了当和简简单单地说我错了的感情，只要他一开口，就可以三下五除二地把因彼此争吵而产生的不悦一扫而光。在我们的让步中起首要作用的是女士们，她们几乎从来都是帮他

---

① 典出果戈理的《伊凡·伊凡诺维奇和伊凡·尼基福罗维奇吵架的故事》。因为伊凡·尼基福罗维奇骂伊凡·伊凡诺维奇像只公鹅，他俩就吵个没完，甚至对簿公堂。

② 富基埃·坦维尔（1746—1795）：法国大革命时期革命法庭的检察官和公诉人。他铁面无私，自称审判过两千四百名反革命罪犯。

说话的。她们很喜欢他直来直去，有话就说（他也从不饶过她们），虽然有时候态度很粗暴，说话也怪怪的；克彻尔看到她们对他纵容姑息，就更加相信他做得有理，做得很好，何况这样做也是他的责任。

我们在波克罗夫斯柯耶的争论和争吵，有时候十分滑稽可笑——可是毕竟给接连好几天留下了长长的、灰色的阴影。

“咖啡怎么这么难喝？”我问马特维。

“煮咖啡的方法不对。”克彻尔回答，他提议用他的方法试试。可是煮出的咖啡还是一样。

“把酒精灯和咖啡壶拿来，我亲自煮。”克彻尔说，便动手煮起来。咖啡的味道并没有改善，我向克彻尔指出这点。克彻尔尝了尝，从眼镜后面把目光向我投来，已经声音微露激动地问我：

“那么说，照您看，这咖啡并没有好喝点儿？”

“没有。”

“不过，这就怪了，你在吃东西这样的小事上也不肯放弃自己的观点。”

“说的不是我，而是咖啡。”

“简直糟透了，这不幸的自尊心是打哪来的呢！”

“对不起，要知道，这可不是我煮的咖啡，这咖啡壶也不是我制造的……”

“我知道你的脾气……就爱坚持自己的观点。多么微不足道的小事——就为了一点点糟糕的咖啡——自尊心就这么强！”

他再也受不了了；他为我在口味上的专制和自尊心大为恼火，他扣上便帽，抓起树皮篮，到林子里去了。直到傍晚，他才回来，走了二十多俄里，采摘白蘑、桦蘑和牛肝菌，而且喜获丰收，这驱散了他的灰暗的心情；我自然不会再提咖啡的事，而是对蘑菇说了许多谦恭有礼的话。

第二天上午，他又企图旧事重提，又想谈论咖啡问题，但是我回避了。

我们发生争论的主要根源之一，是对我儿子的教育。

教育与医学和哲学的命运一样：世界上所有的人，除了那些认真地、长期地从事这项研究的人以外，都对医学和哲学抱有明确而又尖锐的观点。您不妨问问关于桥梁建设和给沼泽地排水的事——人家就会坦率地告诉你，他不是工程师，不是农学家。可是您一谈起水肿病和肺痨，——他就会凭记忆，凭道听途说，凭他叔父的经验，向你推荐一些药，但是在教育问题上，他会走得更远。他说："我有这样的办法，我从来不违背它；至于教育问题，我是不喜欢开玩笑的……这问题太容易让人上心了。"

克彻尔具有怎样的教育观，可从我们所作的他的性格的概述中非常清楚地看到。在这个问题上他是很彻底的——通常谈论教育的人却不具备这样的优点。克彻尔具有《爱弥尔》①一样的观点，他坚信，如果推翻现在对孩子们所做的一切，这本身就是最好的教育。他想把孩子从人为的生活中解放出来，自觉地让他回到野蛮状态，回到独立的原始状态，在这种状态下，平等将覆盖一切，以致人与猿猴的差别也将重新化为乌有。

我们自己与这一观点也相距不算太远，但是在他那里，也像他的所有观点一样，一旦被他掌握，就变成一种狂热，既不允许怀疑，也不允许反驳，古老的、神学的、烦琐的、贵族式的教育，连同他的教条、学理、牵强附会和迂腐陈旧的古典主义，专重外表的举止而忽视精神素养的做法，的确需要反对，也应该反对。不幸的是在教育问题上，也像在一切问题上一样，急剧的革命道路只知道破坏旧事物，却没有任何东西来替代旧事物。让·雅克②的追随者们竭力想造就一种正常的人，却抱着一种野蛮的偏见，使孩子脱离历史环境，让他在这种环境下成为一个外国人，倒像教育不是要培养一个人代代相传的生活似的。

关于教育的争论很少在理论层面上进行……因为它的实用性太强了。我的儿子——当时他才七八岁——身体虚弱，一直为寒热病和便

---

① 卢骚讨论教育问题的哲学小说，提出"顺乎天性"的"自然教育"观。

② 卢骚的名字。

血所困。这种情况一直持续到我们去那不勒斯或者在索伦托遇到一位无名医生时止，这位医生改变了整个治疗和卫生方法。克彻尔想立刻跟炼铁一样锻炼他的体魄，我不让，他就大发其火。

“你是个保守派！”他狂叫，“你毁了这个不幸的孩子！你会把他培养成一个娇生惯养的少爷，同时也是奴隶的。”

孩子在母亲生病时淘气和大呼小叫，我阻止了他；除了简单地有此必要以外，我要他为别人，为无限爱他的母亲管束一下自己，我认为我这样做是完全正确的；但是克彻尔深深地吸了一口“茹科夫”①烟，板着脸对我说：

“你有什么权利阻止他喊叫——他必须喊，必须叫，这是他的生活。可恶的父母权！”

这类小的争执，尽管我并不把它放在心上，但是却使我们的关系紧张起来，威胁着克彻尔与他的朋友们之间的友谊，很可能会出现彼此间的严重疏远。如果真出现了这种情况，他很可能会受到最大的惩罚，因为他毕竟很在乎我们大家，而且也因为他不大善于一个人生活。他的性格主要是外向的，根本不是内向型的。他必须有人跟他在一起。他的工作本身就是经常跟另一个人交谈，而这另一个人就是莎士比亚。干了一上午以后，他会感到寂寞。夏天，他还可以到田野上去遛遛弯，到花园里去干干活，但是冬天他就只能披上他那件著名的斗篷或者穿上那件驼色的粗呢大衣，从索科尔尼基出来，到阿尔巴特街或者到尼基塔街来找我们了。

他那执拗任性的急躁脾气，一部分也是因为他缺少内心的深入思考，缺少检查、分析、把问题弄清楚和提出问题；对他来说，什么都不成问题：问题已经解决——他只要义无反顾地往前走就行了。也许，让他去做实际工作就好了，但是他没有实际工作可做。积极干预社会事业是不可能的：我们能参与社会事业的只有最上层的三个阶级，于是他就只好把做事的渴望

① 俄国某烟草公司的名字。

转移到朋友们的私生活上。一种空虚感啮咬着他的心,而我们是靠研究理论来摆脱这种空虚的,克彻尔对所有问题的解决都很 sommairement〔法语:简单〕,都很草率,这样解决或者那样解决——都一样,而一旦决定就勇往直前,义无反顾,而且固执地始终忠于自己的决定。

尽管如此,直到一八四六年,我们之间并没有出现严重的疏远。娜达丽雅非常喜欢克彻尔,因为一八三八年五月九日那难忘的一天是同他分不开的;她知道,他虽然像刺猬一样浑身是刺,可是在刺下面却隐藏着温柔的友谊,她也不想知道,这些刺正在变得越来越长,而且伸得越来越远了。在她看来,同克彻尔的争吵是一种不祥之兆;她认为,如果时间可以用锯齐根锯断的话,哪怕是用一根小小的钢锯,那根把整个青年时代都牢牢地拴在一起的链条,一环套着一环,只要有一环断了,就会旁及其他,——整条链子也就散开了。在唇枪舌剑,彼此针锋相对的时候,我看到她面色苍白,用眼神请求我们不要再吵了,她撇开暂时的烦恼,向他伸出了友谊之手。有时候这使克彻尔很感动,但是他却竭力摆出一副姿态,表示他根本不在乎,他可以跟我言归于好,但是,看来,还将争吵下去……

这种互相指责和互相退让的友谊,这种奇怪的、摇摆不定的关系,本来还可以这样延续多年……但是使克彻尔的生活复杂化的新情况,却使事情急转直下地变了。

他也有他自己的恋爱故事,但是就像他生活中的一切一样,都是怪怪的,使他很快就陷进相当复杂的家庭生活的泥沼。

克彻尔的生活本来十分简单,就像一个无家无室的大学生成天在同学们之间游荡一样,只有一些最简单的需要,现在突然全变了。他家里出现了一个女人,或者,说得准确点儿,他有了一个家,因为里面有了女人。在此以前,谁也没有料到克彻尔会成家,会在自己的 chez soi〔法语:家庭圈子里〕,——他是这么一个人,干什么都杂乱无章,落拓不羁——他可以边走路边吃东西,可以在喝汤和吃牛肉之间抽烟,可以夜不归宿,睡在别人的床上,——以致阿克萨科夫开玩笑地说:“克彻尔的与众不同之处在于，别人是用餐，而克彻尔是吃东西。”——可他突然有了自己的卧榻，自己的家，自己的屋顶。

这事是这么发生的。

在这之前若干年，克彻尔每天都在索科尔尼基与巴斯曼街之间的僻巷中走过，开始遇到一个贫穷的、几乎像叫花子似的小姑娘；她筋疲力尽，愁容满面，从一个小工厂出来，走这条路回家。她并不漂亮，显得畏畏缩缩，很羞怯，很可怜；谁也不会去注意有她这个人存在……谁也不会去可怜她……她孤身一人，父母双亡。她凭着基督的名义才被收容进了一所分裂派的隐修院，她就是在那里长大的，从那里出来后就去做苦工，无人保护，无人依靠，举目无亲，就她一个人。克彻尔开始同她交谈，让她不要怕他，向她问长问短，问她的凄惨的童年，问她现在的悲苦生活。他是头一个让她从他那里得到同情和温暖的人，因此她也就全身心地依恋着他。他的生活是孤独的、冷冰冰的：尽管他常与朋友们觥筹交错、饮酒作乐，尽管他常常去观看莫斯科剧院的首演和经常出入巴扎诺夫的咖啡馆，表面上似乎很热闹，可是他的内心是空虚的，这点恐怕他自己都不肯向自己承认，但是却不时流露出来。一朵可怜的、不起眼的小花竟自动地落到了他的胸怀——于是他收下了这朵小花，并没有十分考虑后果，大概也没有认为这事有什么大不了。

在女人们看来，有知识的上等人自有一种类似当选资格的东西，而比他们低一等的各式人等也就很自然地认为自己应该做牺牲品。因此我们大家对他们也就很放肆……因此也就不会有人敢对此说三道四，横加指责。

这孤女疯狂地委身于克彻尔。她是在分裂派的隐修院里被抚养长大的，因此这也就不足为怪了——她从这里学到了宗教偏执狂、偶像崇拜、盲目迷信和无限忠诚等信念。她所爱所尊崇的一切，她所敬畏和所听从的一切——基督和圣母，神圣的上帝的侍者①和能够显灵的圣

① 指基督教圣徒。

像——这一切现在都集中到克彻尔身上，集中到第一个爱怜她的人身上。而且这一切都是半遮半掩，躲躲闪闪的……不敢公开暴露。

……她生了个孩子；她病得很厉害，孩子死了……本来应当巩固他们关系的纽带断了……克彻尔对谢拉菲玛变得冷淡了，很少与她见面，后来就完全抛弃了她。这个野丫头“决不会轻易不爱他的”[①]，这是可以大胆预言的。除了这爱情，她在这茫茫尘世中还留下什么呢？……除非跳莫斯科河。这可怜的姑娘，白天干完活以后，穿着衣不蔽体的寒酸的衣衫，不管刮风下雨，不管天寒地冻，走到通向巴斯曼街的大路上，等候好几个小时，只是为了能够遇到他，用眼睛目送他，然后哀哀痛哭，哭一整夜；她多半躲起来，但有时候也向他问个好，说几句话。如果他亲切地回答了，谢拉菲玛就感到很幸福，就开开心心地跑回家去。关于自己的“不幸”，关于自己的爱，她羞于启齿，也不敢讲。就这样过了两三年。她默默地、毫无怨言地忍受着自己命运的煎熬。一八四五年克彻尔迁居彼得堡[②]。这超过了她的忍受能力，甚至在街上也见不到他，也不能从远处看看他和用眼睛目送他，只知道他远在七百俄里以外，在一些她所不认识的人们中间，也不知道他的身体是否健康，有没有发生什么七灾八难——如果他真有什么三长两短，她是受不了的。没有任何救济和帮助，谢拉菲玛开始一戈比一戈比地攒钱，她集中全部力量为了一个目的，她工作了好几个月，终于有一天她不见了，好不容易来到彼得堡。在那里，她又饿又累，消瘦不堪地终于找到了克彻尔，央求他不要抛弃她，央求他原谅她，她别无所求：她会给自己找到住的地方的，她会找到养活自己的苦工的，她将节俭度日，只吃面包和水——只要能待在他所在的城市，有时候能见到他就成。直到这时克彻尔才明白，在她胸膛里跳动着的是怎样的一颗心。他感到沮丧，感到震惊。怜悯、后悔以及认识到他这样被一个人所爱，终于改变了自己的角色。现在她

---

① 不确切地引自莱蒙托夫的诗《致玛·阿·谢尔巴托娃》（《上流社会的锁链》）（1840）。

② 疑有误，应为一八四三年。

被留下来，留在他身边了，这将是她的家，他将是她的丈夫，她的朋友，她的呵护者。她的幻想实现了：忘了寒冷的秋夜，忘了那可怕的长途跋涉和嫉妒的眼泪，以及痛苦的哀哀痛哭；只要她活着，已经肯定再也不会跟他分开了……在克彻尔回到莫斯科来以前，谁也不知道他的这段故事，除了一个米哈伊尔·谢苗诺维奇①；现在这故事已经隐瞒不住了，也无需隐瞒：我们俩和我们整个小组的人都张开双臂拥抱这个建立了丰功伟业的磨不开面子的人。

正是这个对他充满了爱，对他无限忠诚、无限驯服的姑娘，给克彻尔造成了无穷的灾害。她身上具有无产阶级，尤其是我国无产阶级身上所有的一切应该赞美的优点和一切应该受到诅咒的祸害。

然而我们对她也危害匪浅，几乎就同她对克彻尔危害匪浅一样。

不过二者都是在完全不知情的情况下发生的，而且双方的意图都是绝对纯洁的！

她彻底毁了克彻尔的一生，就像一个孩子用笔在一幅好好的版画上乱涂乱画，还自以为在美化它似的，在克彻尔和谢拉菲玛，在谢拉菲玛和我们小组之间横着一条可怕的鸿沟，而且两边都是悬崖峭壁，既无桥梁可通，也无浅滩可涉。我们和她属于人类的不同年龄段，属于人类的不同发展阶段，属于世界史的不同的两卷。我们是新俄罗斯的儿女，分别来自普通大学和医科大学，当时我们都陶醉于西方的政治光辉，我们像信仰宗教一样守护着自己的不信神的立场，公开否定教会，——而她则是在分裂派的隐修院，在彼得改革前的俄国，在教派分裂活动的全部狂热中长大的，怀有秘密宗教的一切偏见，怀有古老的俄罗斯生活的一切怪癖。她使出非凡的力气才把一根绳子断了的两头重新系在一起，因此她牢牢地抓住这个绳结不放。

克彻尔已经跑不掉了。不过他也不想跑。克彻尔责备自己过去的所作所为，真心诚意地竭力想将功补过，谢拉菲玛的丰功伟绩使他陶

---

① 史迁普金的名字和父称。

醉。在崇拜这丰功伟绩的同时,他知道现在也该轮到他做出牺牲了。但是,因为他的天性是高度正直和高尚的,他之乐意做出牺牲就像他乐意向她赎罪一样。不过他只知道这牺牲的物质的一面,甘愿忍受对他的生活的实际束缚……但是他根本没有想到,一个具有席勒理想的老大学生与这样一个女人同居,对这女人来说,不仅席勒的世界不存在,甚至有文化的世界、整个接受世俗教育的世界也不存在,——这样的同居是会有矛盾的。

不管你怎么说,不管你怎么讲,但是 inter pares amicitia〔拉丁语:平等的人之间才有友谊〕这一成语还是千真万确的,任何 mésalliance〔法语:不平等的婚姻〕——就预先播下了不幸的种子。这句话包含着许多愚蠢的、傲慢的、资产阶级的偏见,但是它的实质还是正确的。所有的不平等中最坏的不平等——文化程度的不平等——只有一个解救之道:由一个人来教育另一个人;但是要做到这点必须有两种罕见的禀赋:必须是一个人善于教,而另一个人善于学,必须是一个人领路,另一个人跟着走。最常见的情形是,一个文化程度不高的人,忙于琐琐碎碎的私人生活、没有其他足以占据他心灵兴趣的人,战胜了另外一个人;这个人被弄到昏头昏脑,筋疲力尽,他也在不知不觉间变庸俗了,狭隘了,他也感到这样不对,但是只能安于现状,因为他被五花大绑地捆住了。也常有这样的情形,两人都不肯投降,于是双方的同居就变成了一场持久战,永远相互厮杀,在这类厮杀中,两人都巩固了阵地,两人永远都在做毫无成果的努力,一个人在拼命往上拉,一个人在拼命向下拽,就是说,双方都在坚守自己的阵地。在势均力敌的情况下,这种战斗会吞噬一个人的生命,最坚强的人也会被耗得筋疲力尽,无力地倒毙途中。最先倒下的往往是那个文化程度高的人——他的审美感情被这种二重性深深玷污了,一切响彻云霄、光辉灿烂的美好时光都被她(他)破坏了……那些爱冲动的人总是强烈要求他们感到亲近的人能接受他们的思想,接受他们的宗教。这也可以说是一种偏执心理吧。对他们来说,在家中发展新教徒,乃是他们传道和宣传工作的继续;如果别人不理解他们,他们的幸福感也就完了……而最常见的情形是别人不愿意理解他们。

过晚地教育一个业已定型的女人——这是很难的事,尤其在同居是彼此亲密关系的结束,而不是开始的时候,更难。那种由一时的轻率、浮躁开始的结合,很少能够超越卧室和厨房的范围。同住一屋,两相厮守,实在太晚了点儿,这里已不适于学习,除非发生了什么可怕的不幸,唤醒了他们沉睡的、还能苏醒的心。大多数 la petite femme〔法语:小女人,小妇人〕永远也长不大,永远也不能变成妻子兼妹妹。她或者是情妇兼卖笑女,或者是厨娘兼情妇。

同住在一间屋,这本身就是可怕的,婚姻的一半就毁在这上面。两个人住在一起,挨得紧紧的、彼此那么接近,彼此看得那么清楚,纤细毕露,而且完全敞开着,于是不知不觉间也就把花环上所有的花一瓣一瓣地全掰光了,而这花环本来套在一个人身上,充满着优雅的诗意。但是,如果教育程度相同,就可以弥补许多缺憾。如若不然,有的只是无所事事和空闲,总不能老是废话连篇吧,总不能老谈家务或者卿卿我我地谈情说爱吧;如果这个女人介乎姬妾与女仆之间,是个肉体上亲近、智力上相距遥远的人,那你能拿这个女人怎么办呢? 白天不需要,可是她却老待在眼前;男人感兴趣的事,她不感兴趣,她感兴趣的家长里短,却非讲给你听不可。

每个文化程度不高的女人,同自己文化程度高的丈夫住在一起,常常使我想起大利拉和参孙的故事①:她可以使他丧失力量,他却毫无招架之功。在吃过饭(甚至很晚才吃饭)与上床之间(甚至十点就上床),还有着数不清的时间,这时你既不想再工作,也不想睡觉,内衣清点过了,支出也核对过了。于是就在这几个钟点里妻子把丈夫拉进了自己闲言碎语的狭窄天地,拉进了诉苦抱怨、飞短流长和血口喷人的世界。

---

① 参见《旧约·士师记》,这两人都是《圣经》人物。大利拉是力大无比的勇士参孙之妻。非利士人要她哄骗参孙,让他说出他力大无穷的秘密。参孙被她纠缠不过,说出了秘密。后被非利士人捕获后下狱。

这不可能不在他心上留下抹不掉的痕迹。

有时候也常常见到，夫妻同居，虽然彼此的文化程度并不特别相等，但是建立在舒适、家务需要，我几乎要说，甚至有益于卫生的基础上的彼此关系，却很牢固。有时候这是一种分工协作、双方都乐意的互相帮助；大多数情况下，妻子担当了陪床护士的角色，作为一个好的主妇，正像蒲鲁东对我所说："pour avoir un bon pot-au-feu"〔法语：为了拥有美味佳肴〕，旧时的法理学有一个公式，说得很聪明：a mensa et toro〔拉丁语：由于寝食之需〕，如果取消了同桌吃饭和同床睡觉，他俩也就心安理得地分道扬镳，各自东西了。

这类实实惠惠的婚姻，几乎算得上是最好的婚姻。丈夫经常忙个不停，搞学问，做生意，在自己的办公室办公，上事务所，看店铺——妻子则经常忙于洗衣做饭。丈夫回家时累了——一切都已准备就绪，于是一切都迈开大步和踩着快速的碎步走向他们父母已经到达的同一座墓地的大门。这现象是纯粹城市型的①；在英国，这现象则比任何其他地方更常见；这就是那种小市民的幸福环境，这样的幸福正是法国舞台上的道德说教者所宣扬的，德国人梦想得到的；大学毕业后刚过一年，文化程度各不相同的人便可以在这里轻松地和睦相处，相安无事，这里既有劳动分工，也有夫唱妇随，举案齐眉。尤其是有钱的丈夫，就会变成老百姓心目中的所谓主人，他妻子的"mon bourgeois"〔法语：我的当家人，我的老板〕。这样一来，也由于财产继承法，他也就不会门可罗雀，被人遗忘了：任何女人都永远是靠人养活的女人，如果不是靠别人养活，就是靠丈夫养活，她也知道这道理。

Dessen Brot man ißt,

Dessen Lied man singt.

〔德语：吃谁的面包就唱谁的歌。〕

---

① 无论是无产者，也无论是农民，夫妻间并没有两种不同的教育程度，有的只是在劳动上极度平等，在夫妻权力上则极不平等。——作者原注

但是即使这一类婚姻也有它统一的道德标准，也有它相同的观点和相同的目的。克彻尔自己则没有目的，因此他既成不了"主人"，也成不了教育别人的人。他甚至没法跟谢拉菲玛斗争——她永远让步。他的大呼小叫，他的暴躁性格把她吓坏了。尽管她的感情很丰富，可是她的理解力却很迟钝，脑筋转不过弯来，这样的特点我们常常在一些完全不习惯于抽象思维的人身上看到，这也是彼得改革以前的时代的诸多特点之一。只要与自己的"可人疼的心肝宝贝"在一起，她就一无所求，什么也不怕了。有什么可害怕的呢？怕穷？她难道不是穷了一辈子吗？难道她不是都熬过来了——忍受了这贫穷和屈辱吗？怕干活？难道她不曾为了几个小钱在一家小工厂里从早到晚干过活吗？怕争吵，怕分开？是的，后者是可怕的，而且很可怕，但是她已经毫无个人意志，因此很难与她当真争吵，至于丈夫的任性，她可以忍受；即使殴打，她也受得了，只要她相信他爱她，哪怕爱一点点就成，只要他不想跟她分手就好。他也的确不想跟她分手，除此以外，他不想分手还有一个新的原因。谢拉菲玛凭她的一颗灵敏的爱心也十分清楚这原因。她模模糊糊认识到她不能使克彻尔完全满意，因此她就用经常的服侍和体贴来弥补自己的不足。

克彻尔已经四十岁开外。在对待家庭舒适方面，他并无苛求。他像吉尔吉斯人住在土坯房里那样，以此为家，几乎过了一辈子：他没有个人财产，也不想有，他没有任何日常生活用品，他也无此需求。慢慢地，一切都改变了，他周围被一张关心和伺候的网罩住了，当他对什么事感到满意时，他会看到孩子般的快乐，如果他竖起眉毛，他就会看到恐惧和眼泪；而且这样的事每天都发生，从早到晚。克彻尔开始更经常地待在家里——他不忍经常撇下她一个人。况且克彻尔也很难不看到她的百依百顺同我们的日甚一日的抵制之间存在的差别。谢拉菲玛以女儿般的温顺忍受了他那最没道理的发作。她微笑着，就像女儿向父亲微笑一样，强忍住眼泪，毫无 rancune〔法语：怨言〕地等待着乌云消散。顺从、像奴隶般逆来顺受的谢拉菲玛，战战兢兢，随时准备哭泣和亲吻克彻尔的手的谢拉菲玛，却对克彻尔拥有很大的影响力。退让助长了他的暴躁。

泰莱丝，可怜而又蠢笨的泰莱丝·卢骚[1]，难道她不是把一个人人平等的预言家变成了一个锱铢必较的平民知识分子，经常关心的就是他的个人尊严吗？

谢拉菲玛对克彻尔的影响，与狄德罗抱怨泰莱丝对卢骚的影响具有同样的性质。卢骚生性多疑，泰莱丝把他的多疑又发展成为一种气量狭小的吹毛求疵，使他与他的好朋友们吵翻了，虽然她这样做是情不自禁的，不是故意的。诸位不妨回忆一下，泰莱丝从来不肯好好地读书，从来都弄不清现在是几点了，可是这并不妨碍她把卢骚的疑心病发展到忧郁的精神失常状态。

有一天早晨，卢骚去拜访霍尔巴赫；用人送上了早餐和三份餐具：这是给霍尔巴赫夫妇和格林的；大家在谈话中，除了让·雅克外谁也没有注意到这点。他拿起了礼帽。“您留下用早点吧，”霍尔巴赫太太说，并吩咐下人再拿份餐具来；但是纠正已晚：卢骚气得面色发黄，拔腿就走，边走边板着面孔，诅咒整个人类。他回去后把这事告诉了泰莱丝，说什么没有给他摆盘子，明摆着要他走。跟她说这样一些话，正好对了她的脾气；她可以对此表示热烈的同情了。这些话把她与他扯平了，甚至还使她站得比他高一点儿，于是她开始搬弄是非，一会儿说豪德托太太[2]，一会儿说大卫·休谟，一会儿说狄德罗。卢骚与这些人粗暴地断绝了来往，写了不少疯狂的、侮辱性的信，有时候人家也可怕地回敬他（比如休谟），于是他只好众叛亲离地一头钻进蒙莫朗西森林[3]，因为那里没有人，所以他只好一面喂麻雀和燕子，一面骂它们。

再说一遍——没有平等就没有真正的婚姻。一个妻子被排除在使她丈夫感兴趣的一切事物之外，她对此一窍不通，也毫无兴趣，——这

① 泰莱丝·卢骚：让·雅克·卢骚的妻子，出身贫苦，没有受过教育。

② 豪德托（1730—1813）：公爵夫人。卢骚的至交。

③ 蒙莫朗西森林：在巴黎附近，以风景优美著称。

样的妻子只是他的姘妇、管家婆和保姆，而不是一个具有完全和高尚意义的妻子。海涅也曾讲过他自己的“泰莱丝”①，说“她不知道，也从来不打听他在写什么”。有人认为这很可爱，也很可笑，但是谁也不曾想到要问：“那她为什么要做他的妻子呢？”莫里哀把他的喜剧念给自己的厨娘听，这要合乎人性一百倍。然而海恩②夫人也对自己的丈夫作了报复，虽然是完全无意的。在他多灾多难的晚年，她把她的许多男女朋友领进了家中，这都是些人老珠黄的过去的茶花女，现在因为满脸皱纹成了劝人行善的老太太，以及她们那些干瘪的、行走不便的白发苍苍的朋友。

我丝毫无意说，丈夫喜欢什么和做什么，妻子也一定要喜欢什么和做什么。妻子可以喜欢音乐，丈夫可以喜欢绘画，——这并不会破坏平等。我常常觉得，在正式场合，丈夫与妻子同出同进，形影不离是件可怕的事，既可笑又无聊，而且地位越高越可笑；干吗某个欧仁妮皇后③要去参加骑兵训练，干吗维多利亚女王④要带“她的男人”le Prince Consort〔法语：女王的丈夫〕去参加跟他毫不相干的国会的开幕式呢？歌德就做得很好，从来不带他那粗壮的另一半去参加魏玛的朝觐日。他们婚后生活的淡而无味并不在这里，而在于他们缺少任何共同的天地，缺少任何共同的兴趣，如果兴趣相同，就会撇开性别差异把他们紧紧地拴在一起。

现在我再回过头来谈谈我们给可怜的谢拉菲玛造成的危害。

我们所犯的错误——也是一切乌托邦和理想主义的传统错误。我们常常正确地抓住问题的一个方面，却丝毫不去注意所以产生这方面问题的其他方面，是否可以将二者分开，——丝毫不去注意把肌肉与整个机体连结在一起的纵横交错的血脉和筋络。我们始终像个基督徒似

① 指诗人的妻子马蒂尔达·海涅。

② 即海涅。这是海涅的法文读法。

③ 法国皇后，拿破仑第三的妻子。

④ 英国女王。

的以为，只要对瘫子说："拿你的褥子回家去吧。"①他就回家去了。

我们一下子就把隐修女谢拉菲玛——一个半开化的、从没有见过生人的谢拉菲玛从她的孤寂的隐修院拉到我们这个圈子里来。我们很喜欢她那种本真状态，我们想保存她的这种本真状态，因此也就毁了她接受教育的最后的可能性，剥夺了她求知的愿望，硬让她相信这样也很好嘛。但是简单地保持原来的状态连她本人也不愿意。结果怎样呢？我们这些革命者，社会主义者，妇女解放的捍卫者却把她从一个天真未凿的、忠诚老实的与心地忠厚的人变成了一个莫斯科小市民！

法国的国民公会、雅各宾派和公社本身②，不也是这样把法国变成了一个小市民，把巴黎变成了一个 épicier〔法语：杂货店掌柜〕吗？

第一个怀着爱，怀着满心温暖向她打开的家，是我们的家。娜达丽雅跑去找她，硬把她拉到我们家来。有一年光景，谢拉菲玛始终不声不响，怕见生人；像过去一样腼腼腆腆，怕兮兮的，那时候她充满了一种别有风味的民间诗意。她丝毫无意以自己的古怪引起别人对自己的注意，——相反，她希望别人不注意她。她像个孩子，像只体单力薄的小野兽似的，躲到娜达丽雅的翅膀下；那时候她对我们无限忠诚。她喜欢接连好几个小时地跟沙夏③玩，详详细细地给他和我们讲她小时候的情况，她在分裂派教徒那儿的生活，她在小工厂里当学徒时吃的苦。

她成了我们这个圈子的玩物——最后，她也喜欢这样；她明白，她的地位以及她本人都与众不同，于是从这时候起她就破碗破摔了……谁也没有拉她一把。只有娜达丽雅认真考虑过怎样提高她的文化水平。谢拉菲玛不像大多数女人，她没有一般女人都有的许多不好的缺点——她不喜欢打扮，她对奢侈品，对贵重物品，对金钱都不感兴

---

① 见《新约·马太福音》第九章第二—七节。

② 国民公会指法国大革命时期于一七九二年九月二十一日召开的国民公会，翌日宣告法兰西第一共和国成立。公社指法国大革命时期巴黎的城市自治机构。一七八九年七月二十五日成立，又称一七八九年公社。后又成立新公社，称一七九二年公社。

③ 指赫尔岑的长子亚历山大·亚历山德罗维奇（1839—1906），爱称沙夏。

趣——只要克彻尔不感到缺少什么，她就心满意足了，至于其他种种，她一概不感兴趣。起先，谢拉菲玛喜欢长时间、长时间地跟娜达丽雅说话，相信她，温顺地听从她的劝告，并且努力照办……然而，在我们这个圈子里待惯以后，再环顾四周，也许是因为别人拿她的古怪取乐，惹恼了她，她开始表现出一种痛苦的反感，而且对任何人的品头论足，回答起来也远不是那么天真纯朴了："我是这么不幸……我哪里还能改变，脱胎换骨，重新做人呢？看来，我只能到死都这么笨，这么一无所能了。"在这些话里已经有意识或无意识地听到被触犯了的自尊心。她在我们这里已经不再感到自由自在了，她到我们家来也越来越少了。"随她去吧，随娜·亚①去吧，"她说，"她不爱我这个苦命人了。"狎昵，女同学间的那种亲昵与娜达丽雅是格格不入的，她在一切事情上占主导地位的都是一种平静的深沉和巨大的审美感。谢拉菲玛不懂在娜达丽雅与别人对她的态度上的差别有什么意义，她忘了是谁第一个向她伸出友谊之手，把她拥抱在自己胸前的；跟她一起与我们疏远的还有克彻尔，他变得越来越阴阳怪气和爱发脾气了。

克彻尔的疑心病也变本加厉了。人家不小心说的每一句话，他都认为是故意的，是恶意中伤，是存心欺负人，不仅欺负他一个人，而且还欺负谢拉菲玛。她也火上加油，哭哭啼啼，抱怨自己命苦，为克彻尔鸣不平，于是按照精神反射规律，他自己的疑心病又以十倍的强度反射回来。他那专找别人毛病的友谊，开始变成一种专找我们过错的愿望，变成一种监视，变成一种经常的警察般的侦查，于是他的朋友们的一些小缺点在他眼中便越来越多，因而也就越来越厚实地逐渐遮盖了他们的所有其他方面。

在我们纯洁的、明朗的、成熟的朋友圈里，开始渗进了女仆们的闲言碎语和外省官吏们的互相挖苦。克彻尔的动辄发怒，变成了传染病；经常的互相指责、彼此解释，又言归于好，毒化了我们的晚会和我们的

---

① 即娜达丽雅·亚历山德洛夫娜·查哈林娜，即赫尔岑的妻子。

欢聚。

所有这些带有腐蚀性的尘埃，落进了所有的缝隙，渐渐侵蚀了把我们与朋友们的关系如此牢固地连接在一起的黏合剂。我们都受到了流言蜚语的影响。甚至格拉诺夫斯基也板起了面孔，动辄发怒，他不公正地替克彻尔辩护，并且常常生气。克彻尔常常去找格拉诺夫斯基，说我和奥加略夫的坏话——格拉诺夫斯基不相信他说的话，同时又可怜“有病的、伤心的、但毕竟是爱我们的”克彻尔，因而暴躁地站在他一边，生我的气，说我缺乏耐心。

“你不是知道他的脾气就这样吗，这是一种病，这是受了谢拉菲玛的影响，她很善良，但文化程度不高，也不合群，因而越来越远地把他推到这条不幸的路上，可是你却跟他争论，好像他是正常人似的。”

…………

为了结束这件令人伤心的事，我举两个例子……从中可以清楚地看到我们离开在波克罗夫斯柯耶煮咖啡的理论已经多远……

一八四六年春，一天晚上，我们家来了五六个好朋友，其中也包括米哈依尔·谢苗诺维奇①。

“你今年在索科洛沃租房子了吗?”

“还没租，没钱，那里必须预付房租。”

“难道你整个夏天都准备住在莫斯科吗?”

“想再等等，以后再说。”

说到这里也就完了。谁也没有把这话放在心上，一秒钟后又平静地谈起了别的事。

我们准备第二天午后到我们从小就喜欢的昆采沃去。克彻尔、科尔什和格拉诺夫斯基也想跟我们一起去。说去还真去了，一切都很顺利，惟独克彻尔板着脸，竖起了眉毛；但最后大家都开了眼界。

我们那里春天的夜晚，没有灼人的炎热，但是暖洋洋的；树叶才刚

---

① 即史迁普金。

刚开始发芽;我们坐在花园里,说说笑笑。克彻尔沉默了大约半小时后突然站起来,站到我面前,摆出一副费麦法庭①检察官的面孔,气得嘴唇发抖地对我说道:

“我真佩服你:昨天你很巧妙地提醒米哈依尔·谢苗诺维奇,他还欠你九百卢布没有还。”

我简直莫名其妙,何况我大概有一年没有想过史迁普金欠我钱的事了。

“旁敲侧击,真妙,没说的,——老人现在没钱,可是却要养活一大家子人,他准备去克里米亚,可这儿却有人当着五六个人的面对他说:‘我没钱租别墅!’呸,真恶心!”

奥加略夫替我抱不平,克彻尔就冲他骂开了;荒谬的指责没完没了;格拉诺夫斯基想劝他,让他安静下来,可是怎么也劝不住,只好偕同科尔什先我们离开。我很生气,觉得受了侮辱,回答也很生硬。克彻尔皱起眉头看了看我,一句话没说就步行回莫斯科去了。就剩下我们两人,于是我们也只好在可怜的恼怒中坐车回家了。

这一回,我想狠狠地教训他一顿,即使不完全绝交,也要暂时中断与克彻尔的交往。他承认了错误,哭了,格拉诺夫斯基希望双方和好,他跟娜达丽雅说了,感到很难过。我同意和好,但心里不痛快,我对格拉诺夫斯基说:“要知道,这顶多三天。”

这是一次郊游,还有另一次。

大约两个月后,我们都在索科洛沃。克彻尔和谢拉菲玛晚上动身要回莫斯科去。奥加略夫骑着他的切尔克斯马去送他们;连一点儿争吵、不和的影子也没有。

……过了两三个小时,奥加略夫回来了;我们笑了笑,认为这天过得风平浪静,于是就分手了。

格拉诺夫斯基头天在莫斯科,第二天,他在我们户外的公园里遇见

① 中世纪德国的秘密法庭,以残暴著称。

了我;他若有所思,显得比平常忧郁,最后他对我说,他心里有件事想跟我谈谈。于是我们走过长长的林阴道,坐到一条长凳上,所有到过索科洛沃的人都知道从那儿可以一览无余,风光明媚。

“赫尔岑,”格拉诺夫斯基对我说,“你不知道我心里有多难受,多痛苦……尽管我爱所有的人,你知道吗……我恐惧地看到一切都在分崩离析。在这里,像开玩笑似的,一些细小的错误,某种可诅咒的马虎大意,某种失礼……”

“到底出什么事了? ……劳驾,能告诉我吗?”我问,真被他吓坏了。

“克彻尔对奥加略夫很生气,况且,说实在的,也很难不生气……我尽了力,只要我能做的我都做了,但是我无能为力,尤其是当别人自己什么也不愿意做的时候。”

“到底出什么事了?”

“是这么回事:昨天奥加略夫骑马去送克彻尔和谢拉菲玛。”

“当时我也在场,而且晚上我还见到奥加略夫了,他什么话也没说呀。”

“在桥上,‘短剑’使性子,两腿直立;奥加略夫驯服了它,同时因为生气当着谢拉菲玛的面骂了一句脏话,她听见了……而且克彻尔也听见了。姑且假定,他未加思索,但是克彻尔问:‘为什么当着你的妻子或者我的妻子的面他不会漫不经心地随便骂人呢?’对这能说什么呢? ……更何况,谢拉菲玛尽管很单纯,还是很会多心的,不过处在她的地位,也是完全可以理解的嘛。”

我没有做声——这太过分了。

“这怎么办呢?”

“很简单:跟一个故意在妇女面前放肆无礼的家伙,必须跟他一刀两断。跟这样的人做好朋友——可耻……”

“他也没有说奥加略夫这样做是故意的呀。”

“那还谈什么? 格拉诺夫斯基,你也是奥加略夫的朋友,对他的温文多礼你也很清楚,你现在居然来重复一个该关进疯人院去的疯子的胡言乱语。你应当觉得可耻。”

格拉诺夫斯基很不好意思。

“我的上帝!”他说,“这是我能够休息,能够希望,能够爱,能够逃避使人感到压抑的环境的惟一地方,难道连我们这些人,——难道连我们也要在仇恨和气恼中分道扬镳,各自东西吗?”

他以手掩面。

我抓起他的另一只手……我很难过。

“格拉诺夫斯基,”我对他说,“科尔什说得对:我们彼此走得太近,挤得也太紧了,只会互相掣肘,踩住对方的挽索……Gemach!〔德语:稍安毋躁!〕我的朋友,Gemach! 我们应当出去透透气,呼吸点儿新鲜空气。秋天,奥加略夫要到乡下去,而我很快就要出国,——我们会在没有仇恨和恼怒中分手的……至于我们友谊中真正有价值的东西,将会因离别而得到恢复,将会因离别而得到净化。”

格拉诺夫斯基哭了。为这件事,我们没有跟克彻尔做过任何解释。奥加略夫果然在秋天走了,而在他之后,我们也走了。

Laurel House, Putney, 1857.〔英语:月桂公寓,帕特尼,一八五七〕

一八六五年九月修订于布阿西埃和旅途

……传到我们这里来的有关莫斯科朋友的消息越来越少了。他们被一八四八年以后的恐怖①吓坏了,他们在等待可靠的机会托人捎信来。可是这样的机会很少,护照几乎已经停发。克彻尔已接连好几年没有片言只字;不过,他也从来不爱写信。

自从我移居伦敦以后,第一个听到的亲口告诉我的消息,是一八五五年由皮库林②大夫带来的……克彻尔称心如意,在欢迎塞瓦斯托波

① 指一八四八年法国二月革命推翻七月王朝,建立法兰西第二共和国,以及随后路易·拿破仑·波拿巴发动政变,成立第二帝国,以及由他实行的专制统治。

② 皮库林(1822—1885):医生,莫斯科大学教授,青年时代与赫尔岑小组来往密切。

尔保卫战的勇士们而举行的宴会上春风得意，同波戈金和科科列夫①，同黑海舰队的水兵们②拥抱，大呼小叫，骂骂咧咧，还动辄教训别人。奥加略夫刚从格拉诺夫斯基的新坟扫墓回来，没说几句话，而且说的都是伤心话……

又过了大约一年半。这时，我已写完了这一章，在许多不相干的人里面，我头一个念给谁听呢？是的——habent sua fata libelli！〔拉丁语：书有自己的命运！〕

一八五七年③秋。奇切林④来到伦敦。我们一直在焦急地等他来：他从前曾是格拉诺夫斯基的得意门生，也是科尔什和克彻尔的朋友，因此他也是我们的好朋友。我们曾经听说过他这人态度生硬，思想保守，虚荣心很强，爱死背教条，但是他还年轻……随着时间的磨砺，许多棱角会磨平的。

"我想了很久，要不要来看您。现在有许多俄国人纷纷来拜访您，说真的，如果过门不入，是要有点儿勇气的……您知道，我本人非常敬重您，虽然并不是在所有问题上我都同意您的观点。"

这就是奇切林给我的见面礼和开场白。

来者不善，不是因为年轻，他怀里揣着石头⑤……他的目光是冰冷的，语调中蕴含挑衅与可怕的、令人憎恶的自信。他一开口，我就感觉到，这不是一个对手，而是一个敌人，但是我强压下生理上要我提高警惕的呼唤——于是我们交谈了起来。

谈话从我这方面说，立刻转为回忆和问长问短。他向我讲了格拉诺夫斯基临终前最后几个月的情况，他走之后，我对他的满意程度似乎比开头的时候要好些。

---

① 科科列夫（1817—1889）：承包商，金融资本家。
② 指塞瓦斯托波尔的保卫者。
③ 奇切林到伦敦应为一八五八年。
④ 奇切林（1828—1904）：俄国作家，政论家。
⑤ 俄谚：心怀叵测，心怀恶意。

第二天午后，我们谈到了克徇尔。奇切林是把他作为一个他所爱的人来谈他的，并无恶意地取笑他的乖戾举动；他讲了克徇尔的许多生活细节，我从中得知，克徇尔对朋友们吹毛求疵的爱仍在继续，谢拉菲玛对他的影响已经发展到朋友们都联合起来反对她，把她从他们的团体里开除出去，等等，等等。我陶醉在这些故事和回忆中，建议给奇切林念念我这篇回忆克徇尔的尚未发表的书稿，而且把它念完了。后来我对这事多次后悔——倒不是因为他后来恶意地利用我念给他听的东西，而是因为我这么一个四十五岁的人居然当着这么一个冷酷无情的人对我们的过去说三道四，后来他居然十分无情和放肆地尽情取笑那些把它称之为我的“脾性”的东西。

区分我们的观点和我们的脾性的距离，很快就显露了出来。头几天起就开始了争论，由此可以清楚地看到，我们在所有问题上都有分歧。他是法国民主制度的崇拜者，他不喜欢英国式的还没有走上轨道的自由。他认为帝制有利于提高民族的水平，他宣扬强国论，宣扬个人在国家面前是微不足道的。可以想见，把这些思想应用来解决俄国问题将会是什么样。他是个政府至上主义者，认为政府应当高高地凌驾于社会及其追求之上，他认为女皇叶卡捷琳娜二世几乎就是俄国所需要的理想，他的这整个学说均来自他的完整的教条主义体系，据此，他可以随时随地并且立刻得出他的官僚哲学。

“您干吗想做教授和谋求教席呢?”我问他，“您应当当大臣，当官嘛。”

我们一边争论，一边送他上火车，我们分手时，在所有问题上都有不同意见，除了相互尊敬以外。

过了大约两星期，他从法国给我写来了一封信，兴高采烈地告诉我他在法国找到了他要找的工作人员和政府机构①。“您找到了您要找

① 指奇切林于一八五八年十月十一日写给赫尔岑的信(载《自由言论》杂志一八八三年第六十一至六十二期)。

的东西，”我在给他的回信中写道，“而且很快找到了。这就是有现成主义的好处。”后来我向他建议我们公开通信，公诸报端，并为此写了一封长信的开头。

他不干，说他没工夫，并且说这样的论战是有害的……

我在《钟声》上发表了一篇文章，是一般谈论空头理论家的①，可是他却对文中的说法对号入座了；他的自尊心受到了伤害，于是他给我寄来了一份“起诉书”②，这在当时曾掀起轩然大波。

这场官司奇切林打输了——对此我毫不怀疑。发表在《钟声》上的他的这封信，在当时的年轻人中，在文学界，激起了普遍的愤怒。我收到几十篇文章和信；我发表了其中的一封③。当时我们还在走上坡路，卡特科夫之流的滚木是绊不倒我们的。那种道貌岸然、盛气凌人、放肆无礼而又油嘴滑舌的腔调，比之内容更使我和广大读者一样地感到愤怒：当时他还是个新人……然而站在奇切林一边的有：叶莲娜·巴甫洛夫娜④——冬宫的伊菲革涅亚⑤，第三厅长官季马舍夫和克彻尔。⑥

后来克彻尔始终忠于反动势力，他开始用同样的像打雷般的声音，用同样的公然的愤怒，大概还以同样的真诚，大叫大嚷地反对我们，就像他当年大声疾呼反对尼古拉、杜别尔特和布尔加林一样……这倒不是因为

---

① 指赫尔岑发表在《钟声》一八五八年十一月一日第二十七期上的文章《有人指责我们》。

② “起诉书”是指赫尔岑加了前言发表在《钟声》一八五八年十二月一日第二十九期上的奇切林的信，并加了个标题《起诉书》。

③ 这是一封匿名信，作者可能是帕纳叶夫·B. A.。

④ 当时的皇亲国戚，米哈依尔·巴甫洛维奇（尼古拉一世的御弟）大公的夫人。

⑤ 希腊神话中阿伽门农的女儿。阿伽门农因激怒了女神阿尔忒弥斯，因而使希腊军在海上受阻。阿伽门农遂许愿将伊菲革涅亚作祭品奉献给女神。这里是大公夫人自诩。

⑥ 一八五九年，克彻尔曾与巴布斯特联名写信给赫尔岑，表示他们坚决支持奇切林与赫尔岑的这场论战。

她对格兰狄生比对勒甫雷斯更为倾慕①,

而是因为他坐在小组的 la remorque〔法语:拖船〕上而没有自己的方向盘,他忠于这艘拖船,却没有发现这艘拖船已经向对岸驶去。他是一个盲目忠于小组的人,——对他来说,问题是矢忠于某些人的旗帜,而不是相反。

他从来没有得到过一个明确的观念,从来没有得到过一个坚定的信念,他带着高尚的追求,蒙着眼睛走路,他经常打击敌人,却没有发现阵地发生了变化,于是他便在这种捉迷藏中打我们,打其他人……现在又在打随便什么人,还自以为他在干事业。

我本来写了一封信给奇切林,想从此开始友好地论战,可是他的检察官的公诉状却妨碍了进行这样的论战,因此我只好把这封信附在下面。

My learned friend!〔英语:我的博学的朋友!〕

我没法同您争论。您博学多才,在您的头脑里一切都是新鲜的和新颖的,而主要是您深信您知道的东西是对的,因此您镇定自若;您坚定地等待着事态的合理发展,借以证实科学所揭示的纲领。您同现状不可能发生争执,您知道,假如过去是如此这般,现在也一定是如此这般,而且必定会引向如此这般的未来;您用您的理解,您用您的解释可以与现实相安无事。您取得了令人羡慕的神父般的命运——您能用您的科学的永恒真理和对它们的坚信不疑来安慰悲伤的人们。所有这些好处都是您的学说给您的,因为学说是排除怀疑的。怀疑是一个开放的问题,学说是封闭的、已经解决了的问题。因此任何学说都是独一无二的和决不退让的,而怀疑从来达不到这种尽善尽美的境地——它之所以是怀疑就因为它随时准备同意对方的观点,或者在对方的话中认认真真地寻求

① 引自普希金的长诗《叶甫盖尼·奥涅金》第二章第三十节。这两人都是英国小说家理查逊的小说《克拉瑞萨》中的主人公,后者是一个专门玩弄女性的青年。

有意义的内容，因而失去了寻找反驳的理由所必需的宝贵时间。学说是在一定的角度下看到真理，并且认为这个角度是惟一正确的角度，可是怀疑却在寻求如何摆脱所有的角度，从各方面来看问题，甚至走回去，再回头看……由于它在真理面前的虚怀若谷的态度，从而丧失了自己的所有活动能力。朋友，您是一个博学的人，您清楚地知道应当向何处去和怎样带领别人前进，——而我不知道。因此我想，我们应当多观察，多学习，而您则应当多多教导别人。诚然，我们可以告诉别人不应该怎样，可以唤醒人们揭竿而起，可以让人们的思想引起不安，可以让人们的思想挣脱锁链，可以清除各种幻影——让教会和拘留所，让研究院和刑事法庭等幻影一风吹——但是这样也就完了；但是您却能告诉大家应该怎样。

学说对事物的态度是宗教性的态度，即从永恒的观点看问题的态度；暂时的、转瞬即逝的东西，人物，事件，一代一代人是几乎不能进入科学的Campo Santo〔意语：墓地〕的，或者，即使进入了，也已排除了活的生命，就像一套植物标本似的逻辑影子。学说由于它放之四海而皆准，的确可以万古长存，适用于一切时代；它生活在当代，就像生活在历史中一样，决不会由于它的积极参与当代生活而破坏它的理论价值。由于知道苦难的必然性，学说的做法就像柱塔修士西门①那样，——坐在或站在高处，为永恒牺牲一切暂时的东西，为普遍的思想牺牲活生生的局部。

总之，你们这些学者多半是历史学家，而我们和群众则是你们的基础；你们是für sich〔德语：自为〕的历史，我们是an sich〔德语：自在〕的历史。你们在给我们解释我们生了什么病，但是生病的是我们，你们埋葬我们，死后奖赏我们或者惩罚我们……你们是我们的医生和牧师。但病人和垂死的人却是我们。

---

① 柱塔修士西门(356—459)：古罗马基督教禁欲主义隐修士。所谓柱塔修士是指出于宗教狂热站在一根不大的柱子上，或者把自己关在塔顶的狭窄的修道室里进行修炼。

这种对立并不是新闻，它对推动社会前进和发展非常有利。如果整个人类都相信你们，也许人类就会变得明智，但是也会因普天下缺乏生气窒息而死。已故的菲利蒙诺夫①曾给他的《小丑的尖顶帽》做过这样一句题词："Si la raison dominait le monde, il ne s'y passerait rien."〔法语："如果理智能够笼罩世界，世界也就平安无事了。"〕

学说就像几何一样枯燥，就像代数一样没有个性，这使它有可能进行广泛的概括，——它必然害怕感官得来的印象，就像奥古斯都②那样命令克莉奥帕特拉③放下盖头。但是为了积极干预社会的发展就应当多一些热情，少一些主义，而人单凭代数学是热情不起来的。普遍的东西他可以理解，而局部的东西——他只能爱或恨。斯宾诺莎④以他直言不讳的天才的全部威力宣扬必须承认只有虫蛀不坏的、永恒的、不变的东西，即物质，才是最重要的，不要把自己的希望寄托在偶然的、局部的和个别的东西上。在理论上谁不明白这道理呢？但是只要人一接触到某个局部的、个别的、当代的问题，——如何在这两个极端之间取得平衡，如何在二者的结合上取得一致——这就需要有生活的高度智慧了。

如果我们从我们彼此对立的观点这个一般论述转而谈论局部的问题，尽管我们追求的目标是一致的，我们就会发现我们起先彼此一致的地方现在也存在着对立，而且还不少。不妨举个例子来说明这点。

我们在对待宗教的态度上是完全一致的，但是这一致只限于否定超然物外的宗教，可是当我们一旦面对面地接触到尘世的宗

① 菲利蒙诺夫(1787—1858)：俄国诗人和报刊编辑。

② 奥古斯都·盖约·屋大维(公元前63—14)：罗马帝国皇帝。

③ 克莉奥帕特拉(公元前69—30)：埃及女王，以美艳著称，曾迷倒过恺撒和安东尼。据传说，阿克兴海角兵败及安东尼死后，她又企图以美色勾引推翻安东尼的屋大维·奥古斯都，遭拒绝。

④ 斯宾诺莎(1795—1864)：荷兰唯物主义哲学家。

教，我们之间的距离就不可估量了。您从弥漫了神香的大教堂的灰暗的四堵墙里出来，走到窗明几净的官署，您就从教皇党变成了皇帝党①，你用国家的官衔代替了天上的等级，人消融在神之中，变成了人消融在国家之中，神被王权独揽所替代，神父被警长所替代。

您认为这种变化是一种过渡，是进步，我们则认为这是新的锁链。我们既不想做教皇党，也不想做皇帝党。您的那个世俗的、公民的、严刑峻法的宗教更可怕，因为它没有任何诗意和幻想，就其性质来说，也没有了任何原始和天真的成分，因为您用官廨的规矩，用上有沙皇下有刽子手的国家这一偶像代替了它。您希望，人类从教会的桎梏下解放出来后，在官廨的前厅里再等上一二百年，直到当了官的祭司和当了学阀的修士作出决定：人类怎么才能成为自由的，以及自由到什么程度。就像我国那些委员会关于农民解放的决议一样。而我们则对这一切感到厌恶——我们可以容忍许多事，我们可以对周围的环境做出让步，可以对周围的环境做出牺牲；但是在您看来，这不算牺牲，不用说，即使这时候您也比我们幸福。您虽然失去了宗教信仰，但并不是一无所获，您发现，对人的世俗观念可以用来代替基督教，你接受了这个信仰，——而且做得很好——有利于精神上的卫生，也有利于心安理得。但是这服药我们咽不下去，我们恨你们的官署衙门，恨你们的王权独揽，我们对这些东西的恨，完全不亚于我们恨中世纪的宗教裁判所、俄国的宗教事务所以及《教会法汇编》。

你明白我们之间的差别吗？您是我们的导师，您想教育我们，管理我们，牧放我们这群迷途的羔羊。

我们是一群羊，但是我们认识到，我们不愿意有人把我们当羊一样放牧，我们希望有自己的地方自治机构、自己的代理人、能给

① 十二至十五世纪意大利贵族中的两大派别：一个拥护教皇，一个拥戴皇帝。

我们办事的自己的小官吏。因此政府以它的权力每时每刻都使我们感到屈辱,可是您却对它拍手叫好,正如您的先行者神父们对世俗权力拍手叫好一样。你们也可能与政府有分歧,就像神父与它有分歧一样,或者像有人在轮船上吵架,不管他们怎么彼此分道扬镳,还是离不开这艘船,对我们这些在家的人来说,您终究还是站在政府一边的。

世俗的宗教是把国家神化,这是纯粹的罗马观念,而在新世界,这主要是法国的观念。抱有这种观念的政府可以成为一个强大的国家,但却不可能成为一个自由的民族,它可以拥有出色的士兵,但却不可能拥有独立的公民。北美合众国与此完全相反,它尽力之所能地消除了警察局和行政公署的宗教性质。①

结束语

再重读一遍关于克彻尔的这一章,不由得让人扼腕三叹,在俄罗斯的现在和过去生活着怎样的怪物和怎样稀奇古怪的人啊!我国教育史上冒出了一些多么稀奇古怪的现象啊!除了莫斯科,还有哪个地方,在哪个经度和纬度,能够产生像克彻尔这种凹凸不平、毛里毛糙、脾气古怪、杂乱无章、既善良又不善良、既热闹豪爽又小肚鸡肠的人啊?

这些古里古怪的人,我见过多少啊,"真是形形色色,光怪陆离",从我父亲起直到屠格涅夫的"儿子们"②为止。

"俄国的炉子就是这么烤制的!"波戈金对我说。的确,它什么稀奇古怪的东西没有烤出来啊,特别是用德国方法来烤制的时候……从菱形面包、锁形面包到东正教的夹有黑格尔的小白面包,还有 à la quatre-vingt-treize〔法语:九三年式的〕③的法国面包!如果让这些别有风味

① 原稿至此中断。

② 指屠格涅夫的小说《父与子》中的"子"。

③ 指法国大革命时期的一七九三年。

的烤制物统统湮没无闻，那多可惜呀。而通常我们只注意那些强有力的人物。

……但是在这些强有力的人物身上较少看得出俄国烤炉烘烤的作用，他们身上较多的是俄国人的气质和智慧，而不是受到烤炉的影响。在他们身旁，在他们身后拥挤着各种各样的误入歧途的普通老百姓，——正是在这些人里面才有数不清的怪物。

历史洪流中的毛细管道，发面盆中微乎其微的几滴酵母，但是它却能使面团发酵，不过不是为了它自己。有些人半夜里就早早地醒了，摸索着去上班，他们一路上跌跌撞撞，碰在各种各样的东西上，——他们唤醒了其他人去从事完全不同的工作。

……我想，今后如果有时间的话，把三两个人的侧面头像从完全的遗忘中拯救出来。现在由于大雾弥漫，这些人已经看不大清了，灰蒙蒙的浓雾背后只看见高耸的山岭和峭壁……

一八四四年*的插曲

在我们第二次的 villégiatura〔法语:别墅生活〕①里,有一个非常有意思的插曲;不把它记录下来实在可惜,虽然我和娜达丽雅很少参与其事。

这个插曲可以称之为:阿尔芒斯②与巴西勒③——出于谦恭称他为哲学家,出于礼貌称他为基督徒,乔治·桑的雅克④,后来成为宿命论者的雅克⑤。

这插曲是在一次法国式的 tombola〔意语:彩票开奖,抽彩〕上开始的。

一八四三年冬,我去参加彩票开奖。那里人山人海,记得大约有四五千人,几乎没有一个人我认识。巴西勒跟一个戴面具的人钻了进去——他顾不上我,他微微摆动着脑袋,眯起了眼睛,就像一个行家在品酒,认定这是上好的美酒,一个猎人在打猎,认定这是一只令人惊叹的田鹬。

舞会在贵族俱乐部的大厅里举行。我进去逛了逛,坐了坐,看到许多俄罗斯贵族装扮成各种各样的小丑,竭力想把自己表演成巴黎的商

---

* 赫尔岑所说的这事应为一八四三年。

① 这里所讲的插曲应为一八四三年赫尔岑夫妇第一次到波克罗夫斯柯耶村去的时候。

② 阿尔芒斯指博特金的太太阿尔芒斯·博特金娜。

③ 巴西勒指瓦西里·博特金。巴西勒是瓦西里的希腊语读音。

④ 指乔治·桑同名小说的主人公雅克。

⑤ 指狄德罗的小说《宿命论者雅克和他的主人》中的那个仆人雅克,他笃信宿命论,相信“凡事无论好坏均由天定”。

店伙计和拼命跳康康舞的主……然后我就到楼上吃晚饭去了。巴西勒在那里找到了我。他当时的状态很不正常，好像正处在心急火燎的热恋状态；这在他尤其刺眼，因为那时候巴西勒已经四十左右了，头发已经开始从高高的前额上脱落下来……他语无伦次地向我讲到一位法国“迷娘，非常单纯，像克蕾尔欣①一样，又具有巴黎小姐所有的挑逗性的妩媚……”

我起先以为，这不过是为数众多的爱情故事之一，只有一章长，第一页是旗开得胜，最后一页不是目次②，而是帐单。但是后来我相信，它不是这样的。

巴西勒又见到这个巴黎姑娘两三次，他采取围城打援的办法，没有立刻投入进攻。他把我介绍给她认识。阿尔芒斯的确是个活泼可爱的巴黎小妞，长得完全像生她养她的巴黎城。从她的谈吐到举止和某种独立性、勇敢——她身上的一切都属于这个伟大城市的高尚的平民阶层。而且她还是个工人，不是小市民。在我国，像她这种类型的人从来就没有存在过。无忧无虑、活泼快乐、无拘无束、自由、淘气，但是在这一切当中仍有一种自我防卫感、防备危险感和保持清白感。这些女孩子往往从十岁起就被迫与贫穷和各种诱惑作斗争，无依无靠，而周围是巴黎这个传染源和遍地皆是的罗网，可是她们仍旧能主宰自己的命运，保护自己。这样的姑娘也许很容易醉心于一个人，但是要猝不及防、出其不意地抓住她们，还是很难的。那些可以用钱买到的姑娘，——这样的姑娘是走不进女工这圈子的：因为她们早就被人买去了，在另一种生活的漩涡里打转，被卷走，乃至消失，有时候永远消失，有时候则为了过五六年之后坐上自己的马车去 Longchamp〔法语：朗香跑马场〕③跑马场

① 迷娘和克蕾尔欣分别是歌德的小说《威廉·迈斯特的学习时代》和剧本《埃格蒙特》中的两个少女。

② 俄国书籍的目次，一般都放在最后一页。

③ 这是巴黎最大的跑马场，每逢赛马，这里就成了人们的娱乐场所，并以此展示富人们豪华的装束和高雅的马车。

兜风，或者 mit Parlen und Diamanten〔德语：满身珍珠和钻石〕地坐在歌剧院一层自己的包厢里。

巴西勒如醉如痴地坠入了情网。他好议论音乐，又好谈论绘画，是莫斯科超黑格尔派的全权代表之一。他毕生都飞翔在美学的天空，飞翔在具体的哲学和艺术评论中。他对生活的看法，就像勒瑟尔①对莎士比亚的看法一样，把生活中的一切都提高到哲学意义上，把一切活的东西都变成枯燥乏味的东西，把一切新鲜的东西都变成了被人咀嚼过的东西，总之，在他自己的直接观照中不留下一点儿心灵活动的余地。话又说回来，当时几乎整个小组的人也都在不同程度上持有这种观点；有的人靠才华，有的人则靠脑子灵活逐渐摆脱了这种看法，但是我们所有的人还长久保留着这样的看法——有的人保留着行话，有的则身体力行。四十年代初，巴枯宁曾在柏林对屠格涅夫说："让我们一头扎进现实生活的漩涡中去，让我们跳进现实生活的浪花中去。"——于是他们就去请求瓦恩哈根·冯·恩泽②，请求他这位游泳健将把他们领到实际生活的漩涡中去，把他们介绍给一位漂亮的女演员。自然，做好这样的思想准备，不仅谈不上在"侵蚀我们内心深处"的情爱中游泳，甚至也谈不上有任何作为。德国人也做不到这点；然而德国人也不想有任何行动，这样反倒心安理得些。我们的天性则与此相反，我们受不了这种清静无为的生活——受不了这种 des theoretischen Schwelgens〔德语：清静无为的乐趣〕，于是跌跌撞撞，摔倒了，摔得并不重，但是很可笑。

于是，一往情深的、已到不惑之年的哲学家，眯起了眼睛，开始把所有的思辨问题都归之为"爱的魔力"，它同样吸引着赫拉克勒斯③和身体单薄的少年拜倒在翁法勒④的脚下，于是他开始先自己弄清楚，然后向别人说明家庭的道德观念和婚姻的基础。这在黑格尔看来（黑格尔

① 勒瑟尔（1803—1871）：德国剧作家和美学理论家，右翼黑格尔派。

② 瓦恩哈根·冯·恩泽（1771—1833）：德国文学评论家。

③ 希腊神话中力大无穷的英雄。

④ 希腊神话中的吕狄亚女王。

的法哲学，论 Sittlichkeit〔德语：道德〕一章）是没有障碍的。但是偶然性和"假象"的虚幻世界，还没有从传统中获得解放的精神世界，却没有这样好说话。巴西勒父亲，叫彼得·科诺内奇，——他是一个上了年纪的守财奴，大财主，他曾连续娶了三房老婆，而且每个老婆都给他生了三个孩子。当他得知他的儿子，而且是长子，想要娶一个天主教徒，一个叫花子，一个法国女子，而且还是住在铁匠桥的法国女子之后，他坚决不肯给予祝福。没有父母的祝福，以怀疑主义为荣的巴西勒，也许还可以凑合对付，可是老人不仅将 jenseits（在他世界）的后果同祝福联系起来，而且也将 diesseits（在此世界）的后果同祝福联系了起来，即不予继承遗产。

像通常一样，老人的阻挠反倒促进了事情的发展，于是巴西勒开始考虑怎样更快地解决问题。只能二话不说，先行结婚，然后迫使老人接受 un fait accompli〔法语：既成事实〕，或者干脆把结婚这事瞒着他，静候他很快就既不能祝福，也不能诅咒，也不能处置自己遗产的时候。

但是不开明的传统世界在这件事上也在暗中捣乱。在莫斯科，若要偷偷地结婚，并不容易，费用太高不说，而且还会通过助祭、修士大助祭、诵经员、烤圣饼的女人、媒婆、管事、伙计和各种荒淫无耻的女人立刻传到他父亲的耳朵里去。决定去请我们那个在波克罗夫斯柯耶村的约翰神父来操办这件婚事，这人已为我们的读者所熟知，也就是喝醉了酒偷诵经士的"银表和首饰盒"的那主儿。①

约翰神父听说这个不肖之子已经四十岁左右了，新娘不是俄国人，她的父母都不在这里，而且除了我以外，答应做证婚人的还有一位大学教授②，便开始感谢我惠予照顾，大概他以为我之竭力要让巴西勒结婚是为了赏给他二百卢布钞票。他甚至感动得向另一个房间大叫："神父太太，神父太太，煎两个鸡蛋来！"说罢便从酒柜里拿出一瓶酒，瓶口

---

① 见本书第四卷第二十八章，赫尔岑已讲过这事。

② 指格拉诺夫斯基。

用纸塞住了，他想请我喝酒。

一切都进行得很顺利。

结婚的日子以及其他等等并没有预先确定。阿尔芒斯应当先到我们的波克罗斯柯耶夫来做客，巴西勒（他想陪她来）应当再回到莫斯科去，等彻底安排好以后，再离开父亲的诅咒来接受醉醺醺的约翰神父的祝福。

……在等候 i promessi sposi〔意语：未婚夫妇〕①的时候，我吩咐下人准备晚饭，并且坐下来等他们。我们等呀等呀；一直等到敲半夜十二点了——还是没人来。一点了——还是没人。女士们都去睡觉了，我同格〔拉诺夫斯基〕与克〔彻尔〕便吃起了夜宵。

Le ore suonan quadrano

E una，e due，e tre——

〔故意写歪的意大利语：钟每过一刻钟打一次，

一，二，三……〕

Ma……〔意语：但是……〕他们还是没来。

……终于听到了铃铛声……越来越近；马车走过桥头发出车轮辘辘的响声。我们急匆匆地冲向外屋。一辆套了三匹马的长途马车迅速驶进院子，停了下来。巴西勒下了车。我走过去向阿尔芒斯伸出了手，她忽然抓住我的手，用的力气是如此之大，我差点没有叫出声来……然后又猛一下搂住我的脖子，哈哈大笑着一再说："Monsieur Herstin"〔法语：赫尔岑先生〕……这不是别人而是维萨里昂·格里戈里耶维奇·别林斯基 in propria persona〔拉丁语：本人〕。

长途马车里再没有人了。我们诧异得面面相觑，惟独别林斯基在哈哈大笑，笑得咳嗽不止，还有巴西勒差点儿没有哭得声泪俱下。为了

① 《未婚夫妇》原是意大利作家、诗人、剧作家曼佐尼写的一部历史小说，描写青年男女伦左和鲁齐娅几经周折终于结合的故事。这里可能是作者故意开玩笑地将博特金与阿尔芒斯比作伦左与鲁齐娅。

增强惊诧不止的效果，还必须指出，两天前，在莫斯科，关于别林斯基要来，我们还毫无耳闻。

“先让我吃点儿东西，”别林斯基终于说道，“然后再告诉你们我们出了什么怪事；总得把不幸的巴西勒救出来吧，要知道，他怕你们甚于怕阿尔芒斯。”

原来发生了这样的事。巴西勒看到，事情已经迅速地接近收场，他害怕起来，开始反省，竟完全不知所措了，他反复思考婚姻的铁面无私的宿命论性质，以及根据教会法汇编和黑格尔的书，婚姻是不可被破坏的道理。他把自己关在屋里，把自己奉献出来作为牺牲，对自己进行痛苦的研究和无情的剖析。他心头的恐惧每小时都在增加，更何况，要打退堂鼓也不容易，狠下决心，要打退堂鼓，几乎跟决定要结婚一样需要同样多的勇气和毅力……这种恐惧有增无已，直到别林斯基从彼得堡来，直接上他家敲门为止。巴西勒把他在迎接自己幸福的路上遇到的整个恐怖都告诉了他，而且还告诉他因爱情而步入婚姻的殿堂心里有多么厌恶……因此请求他的忠告和帮助。

别林斯基回答他说，除非是疯子，才会明知道将会发生什么事而硬给自己套上这样的枷锁。

“比如说赫尔岑，”他说，“他也结婚，他也曾跟他的妻子私奔，而且是从流放地跑回来带她私奔的；你问问他——他一次也没有动摇过，一次也没有考虑过，他应不应该这样做，这样做的后果又会怎样。我相信，他肯定认为他非这样做不可……瞧，他达到了目的……而你也想这样做，却大谈哲理和自我反省。”

巴西勒要的就是这话。当夜他就给阿尔芒斯写了一篇学位论文，大谈婚姻、他的不幸的反省，以及普通人的幸福不适合于一个拥有爱寻根究底的精神的人，他又讲了他们俩结合的全部不利因素，以及可能发生的危险，接着他又问阿尔芒斯，他们现在怎么办？

阿尔芒斯的回信他也带来了。

在别林斯基的讲述和阿尔芒斯的回信中，活现出了她和巴西勒两种不同的性格。的确，这样两个迥然不同的人，若是结婚，结合在一起，那是很怪的。阿尔芒斯的信写得很伤心，她感到吃惊，感到受了侮辱，他的反省她看不懂，认为这不过是借口，他对她的心冷了；她说，既然这样，那也就谈不上结婚了，她同意解除他对她的承诺，最后她说，既然这样，他们也就不必再见面了。“我会记得您的，”她写道，“我感谢您，丝毫也不怪您：我知道，您太善良了，但是您更软弱！再见，祝您幸福！”

收到这样的信，想必不十分愉快。她的每句话都蕴含着力量、毅力和些许高傲……阿尔芒斯是一个洁身自好、老实敦厚的平民的孩子，她没有辱没自己的出身。如果她是个英国女人，她一定会紧紧抓住巴西勒的信，通过自己的德行高超的代理人，义愤填膺而又羞人答答地讲到他们的第一次握手，第一次接吻……她的律师也会噙着眼泪，戴着假发，假发上还扑了发粉，向陪审员提出必须赔偿青春欺诈费一千或两千英镑……

可是这个法国女人，这个贫穷的女裁缝却根本没想到这个。

他们在波克罗夫斯柯耶村度过的这两天或者三天，对于我们这位前新郎来说还是很凄凉的。巴西勒就像一个在教室里干尽了坏事的小学生害怕老师的责罚和同学们的批评，咬牙熬过了一两天便回莫斯科去了。

很快我们就听说博特金要出国了。他给我写了一封含糊其词的信，对自己很不满意，请我到莫斯科去彼此告别。我于八月初离开波克罗夫斯柯耶村到莫斯科；这时一篇新的学位论文也正好从莫斯科寄往波克罗夫斯柯耶村给娜达丽雅。我前去拜访博特金，恰好碰到他们在举行告别宴会。大家喝着香槟酒，但是在干杯和祝愿中总好像有某种奇怪的暗示。

“你根本不知道，”巴西勒在我耳朵旁说道，“要知道，我那个……”接着他悄声加了一句：“阿尔芒斯跟我一块走。这姑娘还真行！现在我才真正了解她。”他说罢摇了摇头。

要是别林斯基在这儿就好了。

他在给娜达丽雅的书信中向她长篇大论地说明，他对婚姻的想法和反省，使他陷入了深思和绝望，他怀疑自己对阿尔芒斯的爱和自己是否适合过家庭生活的能力；因此他痛苦地认识到，他必须斩断一切联系，逃到巴黎去，也正是在这样的心情下，他才既可笑又可怜地来到波克罗夫斯柯耶村……他这么决定后又重读了一遍阿尔芒斯的信，突然有了新发现，即他非常非常爱阿尔芒斯，因此他要求与她会面，并重新向她提出求婚。他又想起了波克罗夫斯柯耶村的神父，但是迈科夫的工厂离得很近，又使他感到害怕。[①] 他打算在彼得堡结婚，然后立刻到法国去。“阿尔芒斯高兴得像孩子一样。”

在彼得堡，巴西勒想在喀山大教堂结婚。为了表示他结婚也没有忘记哲学和科学，他邀请了西东斯基大司祭[②]来主持婚礼，他是位学者，是《哲学科学导论》的作者。西东斯基因为读过他的文章早就知道他是个自由的世俗思想家和研究德国哲学的学者。阿尔芒斯经历了各种奇迹，现在她又得到了少有的荣誉：竟促使两个不共戴天的死敌——宗教和科学进行了一次最富喜剧性的会晤。

为了显示他对世俗的学说也是无所不知的，西东斯基在婚礼前开始谈到新出的一些哲学小册子，当一切都已准备就绪，教堂执事把法衣胸前的长巾递给他的时候，他先吻了吻长巾，然后开始穿法衣，他垂下目光，对博特金说：

“请您原谅，仪式嘛——我非常清楚，基督教的宗教仪式已经过时了……”

“噢，不，不！”巴西勒用充满着同情和怜悯的声音打断他的话道，“基督教是永恒的——它的实质，它的实体是不会过时的……”

---

① 波克罗夫斯柯耶村的邻村是一个小村，叫波诺马廖沃-布列霍沃，属于迈科夫家，村里有一家制呢厂，是一等商人库夫申尼科夫开办的；因此博特金耽心，由于生意上的往来和彼此认识，他们在波克罗夫斯柯耶村秘密结婚的事，会不会经由这个商人被他父亲知道，因为他父亲也是莫斯科的大商人。

② 西东斯基大司祭（1805—1873）：哲学和神学教授。

西东斯基抬起纯洁的目光谢了谢这个“富有骑士风度”的对立面，然后转向教堂的唱诗班，开始唱道：“善哉，我们的神……现在，永远，乃至永生永世。”“阿门！”唱诗班轰然应和，于是婚礼便开始按部就班地进行了。博特金和阿尔芒斯都戴上了婚冠，由西东斯基带领绕诵经台一周……连以赛亚①见了也喜不自胜。

从教堂出来，巴西勒就带着阿尔芒斯回家了，把她留在家里后就去参加克拉耶夫斯基的文学晚会。两天后，别林斯基把这对新人送上了轮船……有人以为，现在，这故事大概说完了。

差远了。

一直到卡特加特海峡②以前，事情进行得都很顺利，但这时却碰上了乔治·桑的那本该死的《雅克》。

“你觉得雅克这人怎么样？”博特金问刚读完这小说的阿尔芒斯道。

阿尔芒斯说了自己的看法。

巴西勒向她宣布，这看法是完全错误的，她用自己的评论侮辱了他的精神的最深刻的方面，并声称他的世界观与她毫无共同之点。

容易激动的阿尔芒斯不愿意改变自己的世界观——就这样过了大小贝尔特海峡③。

船走出来，到了德国的领海之后，博特金感到自己更像在家里一样，他又作了一次尝试，想改变阿尔芒斯的世界观——应当对雅克换一种看法。

被晕船弄得死去活来的阿尔芒斯鼓起最后一点儿勇气宣布，她决不改变她对雅克的看法。

“这么一来，还有什么东西能把我们结合在一起呢？”勃然大怒的

---

① 以赛亚：《圣经》人物，《圣经·旧约》中四大先知之一，据传，《旧约·以赛亚书》就是他写的。

② 由波罗的海西行，即可经由丹麦与瑞典之间的卡特加特海峡，直达北海。

③ 丹麦境内的两个海峡。

博特金说道。

“什么也没有，”阿尔芒斯回答，“et si vous me cherchez querelle〔法语：如果您想吵架的话〕，还不如一上岸就干脆分手好了。”

“您打定主意了？”博特金怒气冲冲地说，“您认为还是分手好？”

“在世界上干什么也比跟您在一起强，您这人真叫我受不了——又软弱又横暴！”

“Madame！〔法语：太太！〕”

“Monsieur！〔法语：先生！〕”

她进了船舱，他仍旧留在甲板上。阿尔芒斯说到做到：船一到勒阿弗尔①，她就去找她父亲……一年后又独自回到了俄罗斯，而且去了西伯利亚。

这一回，这件分了合、合了分的婚姻大事似乎可以结束了。话又说回来，巴雷尔曾经说过：“只有死人才不会回来！”②

一八五七年写于 Putney，Laurel House〔英语：帕特尼，月桂公寓〕

① 法国西部港口。

② 巴雷尔（1755—1841）：法国大革命时期救国委员会的主要成员。这是他说的一句名言，号召法国人民与外来侵略者，尤其是英国占领军进行殊死斗争。

第五卷

巴黎——意大利——巴黎(1847—1852)

巴金、臧仲伦 译*

---

* 本卷中《家庭的戏剧》由巴金译,其余部分由臧仲伦译。——编者注

序

开始印行新的一卷《往事与随想》时,对于故事,画面,以及夹杂在字里行间的议论的时断时续问题,我又踌躇起来。比起头几卷,表面的统一在这里更少。把它们融为一体——我又绝对办不到。填补空白,把它们串联起来,就会很容易给一切加上另一种底色和另一种色彩——当时的真实也就荡然无存。《往事与随想》不是一部历史专著,而是历史在偶然出现在它道路上的某个人身上的反映。正因为这样,我才决定将若断若续的各章节按原来的样子印行,就像意大利手镯上镶嵌的珠宝,把各种图形串联在一起:使所有的图形都围绕同一主题,但是把它们连接在一起的只有框架和一个个小金属圈。

为了补充这一卷的不足,尤其是关于一八四八年的描述,就必须加上我的《法意书简》;我本来想撷取其中的若干片段,但是有这么多材料需要翻印,我只好忍痛割爱。

许多未曾在《北极星》上发表的部分,都收进了这一版本——但是由于各种共同的和个人的原因,我无法将一切全告诉读者。但是我想,不仅被删略的篇幅和章节,而且将我感到最宝贵的整个这一卷全部印出来的时间不会很远了……

一八六六年七月二十九日于日内瓦

革命前后

第三十四章　旅途

丢失的派司——柯尼斯堡——用自己的胳臂做的鼻子——到了！——又要离开

……在拉乌察根，普鲁士宪兵把我请进了守卫室。一名年老的军士，拿过我们的派司，戴上眼镜，异常清晰地开始高声朗读一切不需要读的部分：

> Auf Befehl s. k. M. Nicolai des Ersten... allen und jeden denen daran gelegen etc, etc... Unterzeichner Peroffski, Minister des Innern, Kammerherr, Senator und Ritter des Ordens St. Wladimir... Inhaber eines goldenen Degens mit der Inschrift für Tapferkeit...
>
> 〔德语：奉尼古拉一世皇帝陛下御旨……知会大小官员、军警人等一体放行，等等，等等……由内务大臣、宫廷高级侍从、枢密官、圣弗拉基米尔勋章获得者、因英勇护驾而荣获御笔钦赐题铭之金剑的佩罗夫斯基签发……〕

这个爱朗读护照的军士使我想起另一个人。在特拉契诺和那不勒斯之间，一名那不勒斯宪兵曾四次走到马车旁，每次都要求我们出示签证。我向他出示了那不勒斯签证，还给了他半个卡尔利诺①，但是这还

① 意大利银币。

不够，他又把我们的派司拿到办公室去，过了二十多分钟后才走回来，让我和我的同伴到队长那里去一趟。队长是个年老的、喝得醉醺醺的士官，他相当粗鲁地问道：

“贵姓？打哪来？”

“这里不都写着吗。”

“看不清。”

我们猜到了，文化程度不是这位队长的强项。

我的同伴说：“根据哪条法律我们必须向您宣读我们的派司？我们应该做的事是拥有派司，并向您出示，而不是宣读。我要亲自口授的东西难道还少吗①。”

“Accidenti！〔意语：见鬼！〕”老头咕哝道，“va ben，va ben！〔意语：行了，行了！〕”说罢便把签证还给了我们，没有登记。

拉乌察根的那位识文断字的宪兵，可不是这号人；他把三份派司上佩罗夫斯基的所有勋章，直到因勤勉公务而得到的奖章，念了三遍之后，才问我道：

“Euer Hochwohlgeboren〔德语：大人〕，那您姓甚名谁呢？”

我瞪大了眼睛，不明白他想问我什么。

“Fräulein Maria E〔rn〕，Fräulein Maria K〔orsch〕，Frau H〔aag〕〔德语：玛利雅·埃〔恩〕小姐，玛利雅·科〔尔什〕小姐，哈格夫人〕，都是女的，这里连一份男性证件也没有呀。”

我看了看：果然，这里只有我母亲和两个与我们同行的女友的派司。我吓得倒抽了一口冷气。

“没有证件在塔乌罗根就不会放行了。”

“Bereits so〔德语：没错〕，不过再继续旅行就不行了。”

“那我怎么办呢？”

---

① 这是赫尔岑描写他在意大利旅行的一个插曲，这事发生在一八四八年二月。赫尔岑全家由图奇科夫和他的两个女儿娜达丽雅与叶莲娜陪同，从罗马去那不勒斯。赫尔岑在这里称之为“同伴”的人指图奇科夫。

“大概，您把它忘在守卫室了，我让人给您套上一架雪橇，您亲自跑一趟吧，而与您同来的人先在我们这里烤烤火。——Heh! Kerl, laß er mal den Braunen anspannen.〔德语：喂，小伙子，给他套上那匹枣红马。〕”

我一想起这件混账事就不由得要笑，因为它把我弄得完全慌了手脚。这本护照我梦想了好几年，又为此奔走了两年，可是在跨越国境时却把它弄丢了，这使我吃惊不小。我坚信我把它放进了口袋，由此可见，我在半道上把它弄丢了，——上哪找呢？它一定被雪覆盖住了……那就必须重新申请，必须先写信到里加去，说不定还得亲自跑一趟；然后那里再向上面打报告，他们一定会猜想到，我居然在一月份到矿泉地疗养。总之，我已经想象自己又回到了彼得堡。科科什金、萨格滕斯基、杜别尔特和尼古拉的模样，又在我头脑里蹀躞晃动。这下好了，你去旅行吧，你到巴黎去吧，什么出书自由、小剧场、大剧院……一切都完了……我又会看到部里的各色官员和警长，又会看到各种各样的其他监视人等，以及背上有两颗亮晶晶的钮扣、倒像背上长了眼睛似的警察……而首先我又会看到那个小个子、戴着沉重的高筒军帽、军帽上写着神秘的“四”字的、老爱皱眉头的士兵，还有那匹身上结了冰花的哥萨克马①……也许我还能在“塔夫罗格”（像她所说的那样）遇到奶妈。②

与此同时，已经把一匹愁眉苦脸的、浑身都是骨头架子的大马套上了一架很小的小雪橇。我跟一位身穿军大衣和骑兵长筒靴的驿车员坐到雪橇上；驿车员用标准的姿势挥舞了一下标准的马鞭——突然那个识文断字的军士只穿着一条军裤，没披大衣就跑了出来，还站在门斗里就向我喊道：

“Halt! Halt! Da ist der vermaledeite Paß.〔德语：站住！站住！这该死的护照找到了。〕”他双手举着那本打开的护照。

---

① 指一八四七年一月底赫尔岑跨越俄国边境时的情景（见本书第四卷第三十三章）。

② 指赫尔岑的女儿娜达丽雅（达达）的奶妈塔季雅娜，她把赫尔岑全家一直送到边境小镇塔乌罗根（见同上）。

我像抽风似的发出一阵大笑。

“您这是跟我开的什么玩笑？您在哪找到的?”

“您瞧,”他说,“您的俄国军士把两张纸叠在一起,谁会想到这样呢,我也没想到翻一下纸……”

于是他又念了三遍:“Es ergehet deshalb an alle hohe Mächte, und an alle und jeden, welchen Standes und welcher Würde sie auch sein mögen. . . ”〔德语:“为此敬请贵国军警,无论官职大小,一体周知,并查验放行……”〕

> ……由于旅途劳顿、过度操劳,还有许许多多其他的事,我到达柯尼斯堡时已筋疲力尽。我在软和的羽绒褥子上睡了一大觉以后,第二天我就进城观光;户外是暖和的冬日。①

旅店老板建议我坐雪橇出去逛逛,马脖子上挂着大大小小的铃铛,头上还插着几根鸵鸟毛……于是我们大家都欢欢喜喜,心上的一块沉重的石头落了地,担惊受怕的不愉快的感觉,以及疑心重重的痛苦感,都不翼而飞了。书店的橱窗里陈列着讽刺尼古拉的漫画,我立刻进去买了一套。晚上,我到一家肮脏、蹩脚的小剧院看了场戏。看完戏回家时,我很激动,倒不是因为演员演得好,而是因为观众大部分是工人和年轻人;在幕间休息时,大家都高声地和随随便便地聊着天,大家都戴着礼帽(这事非常重要,就像大家都拥有不剃须权一样)。这种随随便便,这种开朗活泼的气氛,给刚过国境的俄国人留下了深刻印象。彼得堡政府还太嫌粗糙,它的棱角还没有磨光,它感兴趣的只有专制独裁,它就爱引起恐怖,就愿意别人在它面前发抖,总之,它追求的不仅是权力,它追求的还有这权力的舞台演出效果。对于彼得堡的沙皇们来说,理想的社会秩序就是在前厅里诚惶诚恐地恭候的奴才,以及军营。

……当我到柏林去时,我坐的是长途马车;我身旁坐了一位裹紧大

① 《法意书简》第一封信。——作者原注

衣的先生；时值傍晚，我看不清他的脸。他听说我是俄国人，就开始向我问长问短，问到警察的刁难和护照的难办——我自然尽我所知都告诉了他。后来，我们谈到了普鲁士，他赞扬了普鲁士官员的大公无私，赞扬了行政机构的秉公执法，夸耀了国王的励精图治，最后，他开始大肆攻击波兹南的波兰人，说他们不是好的德国人。这话使我很惊奇，我反驳了他，并且直言相告，我完全不赞成他的观点，然后就三缄其口。

这时天已黎明；直到这时我才发现，我这位保守派邻座之所以说话瓮声瓮气，完全不是因为患有感冒，而是因为他没有鼻子，至少，缺少鼻子的那个最显著的部位。他大概注意到，我的这一发现并没有给我带来特别的愉快，因此他认为有必要（类乎表示歉意似的）告诉我他丢失鼻子和把它复原的经过。他说到第一部分时东一榔头西一棒槌——但是第二部分却说得十分详尽：由狄芬巴赫[1]亲自主刀，把他胳臂上的肉割下来，做了个新鼻子，然后把这新鼻子绑在他脸上，绑了六个星期；"Majestät"〔德语：陛下〕到医院视察，圣上十分惊讶，大加赞赏。

Le roi de Prusse, en le voyant,

A dit：c'est vraiment étonnant.〔法语：普鲁士国王看到他以后说：这简直叹为观止。〕

大概，狄芬巴赫当时正忙于做别的事，所以这鼻子他做得十分糟糕。但是很快我就发现，这个用自己的胳臂做的鼻子，在他众多的缺陷中还是最小的一个。

我们从柯尼斯堡到柏林，是整个旅途中最艰难的一段路。我们不知从哪来的迷信，认为普鲁士的驿运办得很好，——这全是扯淡。驿运交通只有在法国、瑞士和英国才是好的。英国的邮车装备精良，马匹是那么英俊潇洒，车夫是那么熟练灵巧，因此在英国旅行是一大快事。在站与站之间的长长的驿路上，马车在风驰电掣般飞奔；上山下坡全一

① 狄芬巴赫（1792—1847）：德国外科医生，擅长整形外科。

样。现在，有了铁路，这问题渐渐成为历史陈迹，但当时我们坐在德国驽马拉的德国邮车上真是受够了洋罪，除了德国邮车独占鳌头以外，世界上大概没有比这更糟的驿运了。

从柯尼斯堡到柏林，路途很长；我们买了公共马车上的七个座位就出发了。在第一个驿站上，乘务员让我们拿上我们的行李，换乘另一辆马车，他们郑重其事地警告我们，他不能担保各样物品完好无损。我向他指出，我在柯尼斯堡问过了，人家告诉我，座位将为我们保留；乘务员却借口积雪太深，因此必须换乘装有滑雪板的马车；这就叫我无话可说了。于是我们只好半夜里，在雨雪纷飞中，抱着孩子和拿着行李开始换车。到了下一站，同样的故事又同样炮制了一遍，而且乘务员已不肯费心向我们解释为什么要换车的事了。就这样，我们已经走了一半路；这时，他才十分干脆地向我们宣布"只能给我们五个座位"。

"怎么是五个呢？瞧，这是我的票。"

"没有空座位。"

我开始争论；邮局的窗户哐啷一声打开了，一个留着两撇唇髭的白发苍苍的脑袋，粗声粗气地喝问：吵什么？乘务员说，我向他要七个座位，可是他只有五个；我补充道，我有票和收了七个座位钱的收据为证。这脑袋根本不理睬我，而是用一种放肆而又暗哑的俄国话夹着德国话的军人腔调对乘务员说：

"好了，这位先生既然不要五个座位，那就把他的行李扔出去，让他等着，等有了七个空座位再说。"

说完这话后，那位被乘务员叫做"Herr Major"〔德语："少校先生"〕、姓施韦林的可敬的邮政局长，就砰的一声关上了窗户。经过考虑，我们作为俄国人，决定还是走算了。要是换了本韦努托·切利尼[①]，因为他是意大利人，遇到这类情况，非拔出手枪，把这个邮政局长打死不可。

---

① 切利尼（1500—1571）：意大利首饰匠。奖章制造家和雕塑家。此人性如烈火，曾数度因打架斗殴而被监禁和流放。

我那个经过狄芬巴赫整容的邻座，这时正坐在餐厅里；等他爬上自己的座位，我们开始动身之后，我才把事情经过一五一十地告诉了他。他刚喝过酒，因此心情很好；他非常同情我，让我到柏林后给他写个报告。

“您是管驿运的官员？”我问。

“不是，”他回答，鼻音更重了，“但这都一样……我……您知道……这儿，这叫什么来着——我在警察总署工作。”

这个发现，对我来说，比用自己胳臂制作的鼻子更让人不愉快。

原来，我在欧洲对之发表自由主义言论的第一个人，竟是个特工，然而他还不是最后一个人。

……柏林、科隆、比利时，——这一切都在眼前飞掠而过；我们对一切都似看非看，匆匆而过；我们急于到达目的地，终于**到达了**。

……我推开 Hôtel du Rhin〔法语：莱茵河旅馆〕的古老而又沉重的窗户，我前面立着一根圆柱：

头戴三角帽、双眉紧皱、

交叉着双手，

……铁铸的人像。①

就这样，我当真到了巴黎，不是做梦，而是真的：要知道，这是旺多姆圆柱与 rue de la Paix〔法语：和平大道〕。

在**巴黎**——巴黎这个词对于我不见得比“莫斯科”这个词的含义更少。这一刻是我从小的梦想。让我好好看看 Hôtel de ville〔法语：市政厅〕和罗亚尔宫的 café Foy〔法语：富瓦咖啡厅〕，正是在这里，卡米尔·德穆兰摘下一片绿叶，把它插在礼帽上，当作帽徽，高呼：“à la Bastille!”〔法语：“向巴士底狱前进!”〕

我在家里再也待不下去了；我穿好衣服，出去随便溜达溜达……寻

---

① 引自普希金的《叶甫盖尼·奥涅金》第七章第十九节。这是描写仿照旺多姆圆柱上的拿破仑像制作的、置于案头的拿破仑小塑像。

找巴枯宁和沙左诺夫……瞧，这是 rue St. -Honoré〔法语：圣奥诺兰大街〕，香榭丽舍大街——这些名字都是我从小感到最亲切的名字……瞧，这不是巴枯宁吗……

我是在一条街道的拐角上遇到他的；他正与三个朋友在一起走路，像在莫斯科一样，向他们鼓吹着什么，不断地走走停停，挥动着手里的香烟。他这次鼓吹以无结果而告终：因为我打断了他的说教，并跟他一起去找沙左诺夫，以便让沙左诺夫对我的突然到来大吃一惊。

我高兴极了！

写到这里，我想就此打住。

我不想再来描写巴黎了。对欧洲生活的初步认识，在刚从梦中觉醒的意大利庄严漫步，维苏威火山山麓下的革命，圣彼得教堂①前的革命，最后还有关于二月二十四日的惊雷般的消息②——这一切都在我的《法意书简》中讲过了。现在我已无法像过去那样栩栩如生地描写当时的印象了，因为它们已被别的印象冲淡了，遮挡住了。它们是我的《回忆录》的不可缺少的组成部分，——总的说来，书信是什么，难道它们不是某一短暂时刻的回忆录吗？

---

① 即罗马梵蒂冈的圣彼得大教堂，世界最大和最著名的教堂之一。

② 即法国一八四八年二月革命爆发的日子，这天起义者冲进杜伊勒里宫，国王路易·菲力浦逃亡。次日即宣布成立共和国，即法兰西第二共和国。

第三十五章　共和国的蜜月

穿皮上衣的英国人——德·诺阿耶公爵——自由女神与马赛的自由女神胸像——西布尔神父和阿维尼翁的普世共和国

……明天我们就要到巴黎去,我离开罗马的时候心情振奋,十分激动。这一切会产生什么结果呢? 这一切会是牢固的吗? 天上不可能没有乌云,墓穴里会不时吹来寒冷的阴风,吹来死人的气息,吹来往昔的气味:历史的"过山风"凌厉肃杀——但是不管怎样,我还是要感谢我在罗马度过的那五个月。我感受到的一切,都将留在我的心中——反动的妖风是不可能把它统统吹走,扫地以尽的。①

这就是我在一八四八年四月底写的话②,当时我坐在面对 via del Corso〔意语:科尔索大道(在罗马)〕的窗口,看着"人民"广场,在这广场上我看到过许多东西,也感受过许多东西。

我离开意大利的时候爱上了它,我舍不得离开它——在那里,我不仅遇见了伟大的事件,而且还遇见了我对之产生好感的最初一批人;不过我还是走了。我觉得,如果巴黎出现了共和国,而我不待在巴黎,那是对我全部信念的背叛。怀疑是有的,也可以从上面引用的几行信中

① 引自作者的《法意书简》第八封信的结束语(略有改动)。

② 《法意书简》中的第八封信,注明的日期是一八四八年三月四日。

看出，但是信仰占了上风，因此我满心欢喜地在契维塔办了签证手续，看着领事馆的印章，上面赫然印着令人望而生畏的一行字“République Française”〔法语：法兰西共和国〕——当时我还没有想到，正因为还要签证，所以法兰西还不是共和国！

我们乘坐的是一艘邮船。船上人相当多，像往常一样，形形色色，五花八门：旅客来自各地，有亚历山大的，有斯米尔那[①]的，有马耳他的。从里窝那开始，就刮起了可怕的春天的狂风：它驱赶着我们的轮船以难以置信的速度和在令人受不了的颠簸中前进；两三小时后，甲板上已经躺满了晕船的女士，渐渐地，男人们也躺了下来，除了一个白胡子的法国老人，一个身穿皮上衣、头戴皮帽子、从加拿大来的英国人和我以外。船舱里也满是晕船的人。单是船舱里的闷热就足以让人病倒了；我们三个人，半夜里，坐在甲板中央的几个皮箱上，身上盖着大衣和旅行毛毯，风在呼啸，海浪在拍打，有时还冲上甲板的前部。那个英国人，我认识：去年我曾和他坐同一艘船从热那亚到契维塔韦基亚去[②]。有一回，只有我们两个人吃饭；吃饭时，他始终一言不发，但是吃甜点心时，他喝了点儿马尔撒拉葡萄酒，心情变温和了，他看到我也无意同他说话，于是他递给我一支雪茄烟，说，他的雪茄是他亲自从哈瓦那带来的。后来我就跟他聊上了天；他到过南美洲，到过加利福尼亚，又说他曾多次打算到彼得堡和莫斯科去，但是在伦敦与彼得堡之间没有建立正式的、直达的交通以前[③]，他是不会去的。

“您去罗马？”在快到契维塔韦基亚的时候，我问他。

“不知道。”他回答。

我不再做声，觉得他可能以为我提的这个问题有点儿唐突；但是他

---

① 土耳其伊斯密尔市的古希腊叫法。

② 赫尔岑在这里说的是他第一次到意大利去。他是一八四七年十月二十一日离开巴黎的。他在去罗马途中，于十一月二十四日访问了热那亚，十一月二十七日到达契维塔韦基亚。

③ 现在有了。——作者原注

立刻补充道：

“这就要看我是否喜欢契维塔韦基亚的气候了。——而您准备留这儿?”

“是的。轮船要到明天才开。”

当时我对这英国人还知之甚少，因此忍住了笑——第二天，我在旅馆前散步时又遇见了他，这次我就再也忍不住笑了，他仍旧穿着那件皮上衣，拎着公文包，挂着单筒望远镜，拿着一只小梳妆盒，迈步走在仆人前面。仆人则跟在他后面扛着皮箱和拿着各种物品。

“我去那不勒斯。”他走到我跟前时说。

“这里的气候怎样，您不喜欢吗?”

“糟透了。”

我忘记说了，在第一次旅行时，我俩同一船舱，他睡上铺，我睡下铺，他就在我上面；整个晚上大约有两三次他差点儿没有把我吓死或者踩死：船舱里闷热异常，他几次跑出去喝掺水的白兰地，每次下床或上床，总要踩在我身上，而且大惊小怪，大呼小叫地说：

“Oh—beg pardon〔英语：噢，对不起〕—j'ai avais soif〔洋泾浜法语：我口渴〕。”

“Pas de mal.”〔法语：“没什么。”〕

因此，这次旅行，我又跟他相遇，算是老相识了；他对我在海上航行居然不会晕船赞不绝口，并递给我一支他从哈瓦那带来的雪茄烟。十分自然，过了一分钟，我们就谈起了二月革命。不用说，英国人把发生在欧洲的革命看作一场精彩的演出，看作获得新鲜和有趣的观感的源泉，接着他就讲到新哥伦比亚共和国的革命。①

对讨论这些事情，那个法国人却采取了不同的态度……过了大约五分钟，我就跟他争论起来；他回答得拐弯抹角，很聪明，但又毫不退

---

① 一八一〇年南美的哥伦比亚爆发了反对西班牙统治的人民起义。一八一九年，哥伦比亚宣告独立，成立大哥伦比亚联邦共和国，包括委内瑞拉、厄瓜多尔以及新格林纳达。这次哥伦比亚民族解放运动一直持续到一八二四年。

让，而且显得非常彬彬有礼。我坚决支持共和国和革命。老人虽然没有直接攻击革命，但是他主张采取传统的历史形式，因为只有这些形式才是唯一稳固的、人民喜闻乐见的，既能满足正义的进步要求，又能保持必要的安居乐业。

“您无法想象，”我开玩笑地对他说，“您的言外之意给了我多么独特的享受。我像您谈论共和国一样谈论君主制。谈了十五年。现在我们互换了角色：我捍卫共和国成了保守派，而您捍卫正统的君主制却成了 perturbateur de l'ordre publique〔法语：扰乱社会秩序的人〕。”

那位老人和英国人哈哈大笑。这时又有一位瘦高个儿先生走到我们身边，这位先生叫达尔古伯爵，他的鼻子已因 *Charivari*〔法语：《喧哗》〕①和费利蓬②而永垂不朽（*Charivari* 说他女儿之所以不敢出嫁，是因为怕把姓名写成“某某某，née d'Argout”〔法语：娘家姓达尔古〕③）。他也加入了谈话，他同老人说话恭敬有加，但是他看我的样子却带有几分惊讶，近乎憎恶，我发现了这点，因此说起话来在革命性上又提高了四度。

“这是非常值得注意的事。”白胡子老头对我说，“您不是我遇到的头一个具有这种思想的俄国人。你们俄国人，不是彻头彻尾的沙皇的奴才，就是——passez-moi le mot〔法语：请恕我直言〕——无政府主义者。由此可见，你们离赢得自由还早着哩。④”

我们的政治谈话就是在这种口吻下你一言我一语，各抒己见。

当我们快要到马赛，大家都开始七手八脚收拾行李的时候，我走到那位老人身边，递给他一张自己的名片，说，如果我们在海上颠簸中的争论不会留下不愉快的印象的话，我将会觉得很高兴。老人十分和蔼地跟我道了别，又对共和派说了几句俏皮话，因为我终于可以更近些看

---

① 《喧哗》：法国讽刺杂志，于一八三二至一八六六年出版。

② 费利蓬（1802—1862）：法国漫画家，《喧哗》杂志的创办人。

③ 文字游戏：“née”是娘家姓，“nez”是鼻子，二者谐音。

④ 这观点我以后还听说过十来次。——作者原注

到他们了，最后他也给了我一张名片。原来他是德·诺阿耶公爵，波旁王朝的王亲国戚，亨利五世的主要顾问之一。[1]

这件事本来是微不足道的，我之所以说它，只是为了让我国最高的三个等级的公爵[2]，以此为鉴。假如某个枢密官或者三品文官处在诺阿耶的地位，他肯定会把我的话当作犯上，让人立刻去把船长叫来。

一八五〇年，有一位俄国大臣[3]带着自己的家眷上了船，但是仍旧坐在马车上，以免与那些平民百姓出身的旅客接触。你们能想象得出比坐在卸了套的马车上更可笑的事吗……而且还在海上，难道他就更尊贵?

我国的那些高官显贵的傲慢，完全不是因为他们出身贵族——贵族老爷的权势正在逐渐绝灭；这是一种在大公馆里身穿号衣、头上扑粉的奴才们的感情，他们一方面非常卑下，另一方面又异常放肆。贵族是人，而我们那些显贵只是皇权的忠实奴才——根本没有个性；他们就像保罗勋章上的题词："〔荣耀〕不归于我们，不归于我们，而是归于你的名。"[4]我们的整个教育都是为了达到这一信念：士兵想，他之所以没有挨打仅仅因为他身上佩有安娜十字勋章，驿站长提出他是国家的正式官员，[5]所以才在旅客的巴掌和他们的面颊之间留下了距离，受了侮辱的官员指着斯坦尼斯拉夫勋章或者弗拉基米尔勋章说："我自己，我自己倒无所谓……但是这将为我的官衔所不容!"

---

① 赫尔岑在《法意书简》的较早版本中也曾描写过这次从罗马到巴黎的旅行，也曾提到他曾与一位"可敬的老人"的谈话，但这老人的名字被称作罗昂公爵。罗昂公爵(1789—1869)，诚如赫尔岑所说，也确曾参加过拿破仑的俄罗斯远征。

② 指俄国拥有将军衔(上将、中将、少将)的文武官员。

③ 著名的维克多·潘宁。——作者原注

潘宁(1801—1874)：俄国司法大臣。

④ 赫尔岑在这里的说法有误，有这款题词的不是保罗勋章，而是沙皇亚历山大一世为庆祝一八一二年卫国战争胜利而设立的勋章。这里的"你"不是指皇帝，而是指俄罗斯祖国。

⑤ 参看普希金的《驿站长》：为了避免驿站长挨打，朝廷授予他们十四品文官的职衔，以示旅客对他们不可动粗。

我在马赛下船时，遇见一大队国民自卫军，他们正把自由女神的胸像送往 Hôtel de Ville〔法语：市政厅〕，所谓自由女神也就是一个满头鬈发、戴着弗里基亚帽①的女人。数千名全副武装的国民一边走一边高呼“Vive la République!”〔法语：共和国万岁!〕，其中也有穿工作服的工人，他们都是在二月二十日后加入国民自卫军的。不用说，我也跟着他们一起往前走。当队伍走到 Hôtel de Ville〔法语：市政厅〕门口时，将军、市民和临时政府派来的特派员狄摩西尼·奥利弗②都跑到前厅迎候。狄摩西尼③，诚如他的大名许诺的，准备发表演说。他身边围了一大圈人：不用说，人群都挤到了前面。国民自卫军要他们后退，他们不听；这使武装的工人大为恼火，他们把扛在肩上的枪放下来，转过身，用枪托打站在前面的人的脚尖；于是“统一的和不可分割的共和国”的国民便后退了……

这事使我感到更惊讶的是，当时我整个人还处在意大利风尚，尤其是罗马风尚的影响下，在那里个人尊严和人身不可侵犯的自豪感，在每个人身上都很发达，不仅在搬运工和赶驿车的马车夫身上有，甚至在伸手向人要饭的叫花子身上也有。在罗马尼阿④，对这种无礼的举动非拔刀相向，连砍二十刀不可。但是法国人却后退了——难道他们已经吃过苦头?

这件事对我产生了不愉快的影响：再加我回到 Hotel 后，又在报上读到了鲁昂事件⑤。这到底是怎么回事呢，难道诺阿耶公爵说的话是对的?

---

① 一种锥形高帽，红色，顶端前倾，法国大革命时，被认为是自由的象征。

② 临时政府驻马赛市和罗讷河口省和瓦尔省的特派员应为爱米尔·奥利弗，他是共和派狄摩西尼·奥利弗的儿子。可能，在这里，赫尔岑的记忆有误。

③ 狄摩西尼(公元前 384—前 322)：古希腊政治家和雄辩家。这里指奥利弗的大名。

④ 教皇辖区的东北部分。

⑤ 指一八四八年法国召开制宪会议，在会上反革命取得了胜利，因而在四月二十七至二十八日激起了工人的示威抗议。资产阶级的国民自卫军和政府军对起义者的残酷镇压，激起法国各界愤怒抗议的风暴。

但是，当一个人愿意相信什么的时候，他的信仰是很难连根拔除的，我还没有到阿维尼翁，已经忘了马赛的枪托和鲁昂的刺刀了。

在长途马车上，有一位高大魁梧的天主教神父跟我们坐在一起，他是个中年人，外表让人觉得很可亲。起先，他为了做做样子拿起了祈祷书，但是很快，为了不致瞌睡，他又把祈祷书塞进口袋，开始和蔼可亲和妙趣横生地跟我们聊天，他说起话来带有波尔罗亚耳修道院和索邦神学院①的既规范而又典雅的语言风格，引经据典，妙语连珠而又中规中矩。

的确，只有法国人才会侃侃而谈。德国人只会谈情说爱，说悄悄话，不是训人就是骂人。在英国，人们之所以喜欢热闹的招待会，因为在那里大家都顾不上说话……人群杂沓，座无虚席。大家都在走来走去和挤来挤去，谁也不认识谁；如果人们三三两两地聚集在一起，马上就会响起嘈杂的音乐，走调的歌声，以及无聊的小演奏，或者宾主经过千辛万苦，好不容易才扯上几句，可是说说停停，气喘吁吁，就像筋疲力尽、在纤道上逆水行舟、拉着满载的驳船的不幸的马似的。

我想用实行共和制来挑逗一下这个天主教神父，可是未能如愿。他对闹得不过分的自由是满意的，主要是不要流血和打仗，他认为拉马丁②就像伯里克利③一样是个伟人。

“还有萨福④。”我加了一句，然而我并没有同他争论，甚至心怀感激，因为他只字未提宗教。我们就这样说说笑笑，一直到傍晚十一时许，船到阿维尼翁为止。

“请允许我，”我吃晚饭时给神父倒了一杯酒，对他说道，“向您作

---

① 法国的波尔罗亚耳修道院是巴黎近郊的一所修女院（1204—1710）。十七世纪成为法国的文学、哲学中心。以“波尔罗亚耳语法”和“波尔罗亚耳逻辑学”闻名于世。索邦神学院是巴黎大学的一部分，其中设有历史语文系。

② 拉马丁（1790—1869）：法国诗人、历史学家。资产阶级共和派。一八四八年二月革命后任临时政府首脑。

③ 伯里克利（公元前495—前429）：古雅典民主派政治家。

④ 萨福（公元前7—前6世纪）：古希腊女诗人；据传，她曾被情人抛弃，投海自尽。

一次相当罕见的祝酒：为共和国 et pour les hommes de l' Eglise qui sont républicains！〔法语：和为共和派的神职人员干杯！〕"

神父站起来，用有点儿西塞罗①式的句子作结："A la République future en Russie！"〔法语："为俄罗斯未来的共和国干杯！"〕

"A la République universelle！"〔法语："为普世共和国干杯！"〕长途马车的乘务员和同桌的两三个人叫道。我们碰了杯。

天主教神父、两三个乘客、乘务员和几个俄国人——怎么不是普世共和国呢？

真是欢天喜地，兴高采烈！

"您上哪儿？"我问神父，我又坐了长途马车，并请牧师允许我抽支雪茄。

"上巴黎，"他回答，"我已被选进国民公会；如果能在寒舍看到您，我将很高兴——这是我的住址。"

这人就是西布尔神父，某修道院 doyen〔法语：院长〕，巴黎大主教的弟弟。②

……过了两星期，五月十五日这个可怕的前奏曲就来临了，③紧接着就是可怕的六月的日子④。然而这一切已不属于我的传记范围，而属于全人类的传记了……

关于这些日子，我已写过很多。⑤

写到这里，我似乎可以结束了，就像一位老船长在一首古老的歌曲中所说的：

---

① 西塞罗（公元前 106—前 43）：古罗马政治家、雄辩家和哲学家。

② 路易·西布尔（1807—1860）：法国神父，一八四八年法国制宪会议议员。马里·多米尼克，西布尔（1792—1857）：一八四八年起任巴黎大主教。

③ 一八四八年五月十五日巴黎人民举行示威游行，要求法国制宪会议派兵支援普鲁士的波兰民族起义。这次示威游行遭到彻底失败。

④ 一八四八年六月二十三日，巴黎工人举行起义，提出"民主与社会共和国"的口号，五万余名工人进行了持续四天的顽强斗争，遭到残酷镇压，一万一千余人遭枪杀，两万五千余人遭逮捕和判刑。

⑤ 见作者的《法意书简》第十二封信。

Te souviens-tu?... mais ici se m' arrête,

Ici finit tout noble souvenir.

〔法语:你记得吗? 然而我将保持沉默。

崇高的回忆到此结束。〕

但是,正是从这些该诅咒的日子开始了我这一生的最后部分。

西方杂记(第一辑)

一　梦

朋友们,你们还记得那阳光普照的晴朗的冬日有多美好吗? 那天,六七辆三套马车把我们一直送到黑泥站,那天,我们最后一次碰了杯,痛哭着,彼此分手。

……已是傍晚,马车开始在雪地里发出嘎吱嘎吱的声音,你们悲伤地目送着我们,你们万万没有想到,这就是送葬,这就是永别。所有的人都来了,只缺少一个人——亲友中最亲爱的亲人①,只有他一个人离得远远的,仿佛他用自己的不能前来借以回避我的远行。

这事发生在一八四七年一月二十一日。

从那时起已经过去了七年②,又是怎样的七年啊! 其中包括了一八四八年和一八五二年③。

在这段时间里,什么,什么事情没有发生啊,一切都崩溃了——公私两方面,欧洲革命和我这个遮风避雨的小家,世界的自由和我个人的幸福。

过去的生活已经彻底摧毁。那时候我风华正茂,我先前的生活给了我未来发展以保证。我怀着孟浪的自信和对生活的高傲信任,勇敢地离开了你们。我匆匆脱离了我们的小集体,脱离了那个亲密无间、互

---

① 指奥加略夫,此时他在平扎省。——编者注

② 写于一八五三年底。——作者原注

③ 赫尔岑的妻子娜达丽雅于一八五二年去世,终年三十五岁。

相关怀、以深深的爱和遭受的共同苦难使彼此连接在一起的小集体。我被远方的广袤天地，公开的斗争和自由的言论所吸引，我在寻求独立的活动空间，我想在自由的天地里一试自己的身手……

现在我已经不再期待什么，在我看到和经历过的种种事情之后，已经没有任何事情能够使我感到特别惊奇和特别快乐了：惊奇和快乐已被对往事的回忆和对未来的恐惧所压倒，我觉得几乎所有的事都无所谓了，我既不希望明天就死，也不希望活得太久；但愿结束就像开始一样来得那么偶然，那么无足轻重。

要知道，我已经找到了我所寻找的一切，甚至得到了自鸣得意的旧世界的承认——然而与此同时也失去了一切信仰，一切幸福，看到的是背叛，从角落里发出的笑里藏刀的冷箭，这样的道德败坏，你们都想象不出。

很难，我很难开始这部分的叙述。先撇开这部分不谈，我写了前面三卷，但是我终于不得不面对它。先把内心的懦弱抛到一边：谁能够经历这一切，谁就应该有勇气记得这一切。

从一八四八年下半年起，我已经无话可说，除了痛苦的考验、未曾得到报复的耻辱以及不应受到的打击。在我的记忆中只有愁苦的印象，自己的和别人的错误——个人犯的错误和整个民族犯的错误。在可能挽救的地方，死亡又偏偏狭路相逢。

……我们生活在罗马的最后日子，也是我们回忆的光辉部分的结束——这些回忆是从我们童年的思想觉醒，以及在麻雀山上的少年誓约开始的。

一八四七年的巴黎把我吓住了，使我早早地睁开了眼睛，但是我又陶醉于在我身旁沸腾着的事件。整个意大利都在我眼前"觉醒"了！我看到那不勒斯国王变得服服帖帖，我看到教皇老老实实地乞求人民的爱戴，①——把一切都吹起来的旋风，也把我裹挟而去；整个欧洲都

① 一八四八年二月，赫尔岑在那不勒斯亲眼看到，那不勒斯国王斐迪南二世对起义人民的要求作出让步，颁布了宪法，并同意成立自由主义政府。一八四八年一月，赫尔岑还见到，教皇庇护九世为了博得罗马人民的爱戴，在罗马街道上巡游，向人民祝福。

卷起自己的铺盖，跟随它前进——大家都似乎得了梦游症，可是我们却以为这是欧洲的觉醒。等我清醒过来以后，一切都已烟消云散——la sonnambula〔意语：梦游症患者〕被警察一吓，从屋顶上摔了下来，朋友们作鸟兽散，或者互相狠狠地厮打……于是我独自一人，形影孑立，在棺材与摇篮之间——既是守护人，又是复仇者——然而，我一事无成，因为我想做我做不到的事。

现在我枯坐在伦敦，我是被偶然抛到这里来的，于是我就在这里留了下来，因为我不知道我这人还能做什么。不同的人种在我周围蠕动和慌乱地跑来跑去，笼罩着一片沉重的海的气息，——世界变成一片混沌，消失在迷雾中，在这片迷雾中，所有东西的轮廓都变模糊了，连其中的灯光也只是影影绰绰。

……而那个国家，那个毗邻湛蓝色的大海，笼罩着湛蓝色天空的国家……现在只有它依然是一片光明的地带——不过它在墓地的那一边。

噢，罗马，我多么想回到你那一片幻觉中去，我多么乐意逐一回想在你那里度过的一天又一天的时光，在那里，我曾经为你而陶醉。

……漆黑的夜。科尔索大道遍地是人，有些地方还亮着火把。① 巴黎宣布成立共和国大约有一个月了。从米兰传来消息——那里打起来了，人民要求宣战，谣言蜂起，据传，查理·阿尔贝特已率军出征。② 不满的人群发出的呼声就像海浪时起时伏的咆哮，一会儿以排山倒海之势冲过来，一会儿又轻轻地喘着气。

人群在纷纷列队，他们去找皮埃蒙特大使了解是否已经向奥地利宣战。

---

① 赫尔岑在这里和以下描写的是一八四八年三月二十一日在罗马爆发的游行示威，声援维也纳发生的革命和米兰举行的起义。

② 一八四八年三月十八日，米兰爆发革命，反对奥地利在伦巴迪亚的统治。斗争持续了五天，以起义人民的胜利而告终；奥地利军队逃离米兰。皮埃蒙特（撒丁）王国国王查理·阿尔贝特为争取主动和阻挠如火如荼的革命运动，急忙向奥地利宣战。

"欢迎参加,欢迎参加我们的队伍!"几十个声音一齐呐喊。

"我们是外国人。"

"那更好,Santo dio〔意语:神圣的上帝〕,你们是我们的客人。"

我们也随同他们一起前进。

"让客人走在前面,让女士走在前面,让 le donne forestiere〔意语:外国女士〕走在前面!"

于是人群热情地欢呼着,表示赞同,让开了道。契切罗瓦基奥①,跟他在一起的还有一个年轻的罗马人,创作民歌的诗人②,他们举着旗帜在前开路,这位保民官与女士们一一握手,跟她们一起站在一万,一万两千人的最前列——一切都在浩浩荡荡地、井然有序地前进,而能这样做的只有罗马人民。

前面的队伍走进了大使馆,几分钟后,大厅通向阳台的门打开了。大使出来慰抚民众,肯定了向奥地利宣战的消息,他的话受到了欣喜若狂的欢呼。契切罗瓦基奥站在阳台上,被火把和枝形烛台照得亮亮的,而站在他身旁的——在意大利国旗的护卫之下——则是四个年轻的女子,而且这四人都是俄国人③——难道这不奇怪吗?我仿佛现在还看见她们站在这个石砌的讲坛上,下面是人头攒动的数不清的人,在高呼战争和诅咒耶稣会士的呐喊声中,掺杂着响亮的欢呼:"Evviva le donne forestiere!〔意语:"外国妇女万岁!"〕"

在英国,她们和我们会被嘘下台,向我们骂粗话,也许还会扔石头;在法国,会被当作被收买的间谍。可是在这里,高贵的无产者,马略④和古代保民官的后裔却热烈和真诚地欢迎我们。我们被他们接纳进了欧洲斗争的行列……只有与意大利我还没有中断爱的联系,起码我一

① 契切罗瓦基奥(1800—1849):意大利革命者,曾参加保卫罗马共和国的战斗。

② 他叫贝那依(1817—?),罗马人,契切罗瓦基奥的朋友,当时流行的意大利民歌的词作者。

③ 这四个俄国女人是赫尔岑夫人娜达丽雅、科尔什夫人玛利雅、图奇科夫的女儿娜达丽雅和叶莲娜。

④ 马略(公元前156—前86):古罗马将领和政治活动家,曾七度当选执政官。

直在心里怀念着它。

似乎这一切只是……一种陶醉,头脑发热?也许吧——但是我并不羡慕那些当时并没有沉溺于这种美梦中的人。但是也不可能老是睡觉,老是做梦吧;现实生活的麦克白已经伸出了手,要把"梦"杀死,①于是 My dream was past—it has no further change!〔英语:我的梦消失了——无有新梦代替旧梦!〕②

二 雷雨交加

六月二十四日晚上③,我从 Place Maubert〔法语:莫贝特广场〕回来,走进 Orçay〔法语:奥尔赛〕滨河街的咖啡馆。几分钟后,听到嘈杂的叫喊声,而且声音越来越近;我走到窗口:一支丑陋的、滑稽可笑的 banlieue〔法语:郊区〕④从四郊前来协助维持秩序;这些人都是些行动笨拙、面目可憎的半农民和半店主,微有醉意,穿着邋邋遢遢的旧军装,戴着古老的高筒军帽,走得很快,但步法杂乱无章,而且边走边喊:"路易·拿破仑⑤万岁!"

这个不祥的呐喊,在这里我是第一次听到。我忍不住,当他们走到窗口的时候,我使足全力叫道:"共和国万岁!"离窗口较近的人向我举起拳头,一个军官喃喃地骂了一句什么,拿起佩剑进行威胁;过了很长时间还能听到他们的欢呼声,欢呼那个正企图前去处死半个革命,扼杀半个共和国,企图用他的出现来惩罚法兰西的人,因为法兰西在自己的傲慢不逊中忘记了其他民族,忘记了本国的无产阶级。

---

① 麦克白在国王邓肯熟睡时杀死了他;这时他仿佛听见有人在喊:"麦克白伸手杀死了梦。"(见莎士比亚的《麦克白》第二幕第二场。)

② 引自拜伦的诗《梦》。

③ 即一八四八年巴黎无产者发动六月起义的次日。

④ 此处指郊区的小市民。

⑤ 路易·拿破仑(1808—1873):即拿破仑三世,法兰西第二共和国总统(1848—1851),第二帝国皇帝(1852—1870)。

六月二十五日或者二十六日，早晨八点，我同安〔年科夫〕前往香榭丽舍大街；我们在夜里听到的隆隆炮声喑哑了，只在有时候偶尔听到哒哒哒的步枪互射声和鼓点声。街上空空荡荡，街两旁站着国民自卫军。在 Place de la Concorde〔法语：协和广场〕上只有一支别动队①；在他们旁边有几名穷女人在拿着扫把扫地，还有几个捡破烂的，以及附近楼房的看门人；所有的人都阴沉着脸，似乎被吓破了胆。有一个十七八岁的男孩，靠在步枪上，正在说着什么；我们走了过去。他和他的所有弟兄们，都是一样的男孩，都喝得半醉，脸上都被火药弄得脏兮兮的，由于好几夜没睡，再加上喝酒，眼里布满了血丝；许多人都把下巴支在枪口上，在打瞌睡。

“哎呀，当时发生的事简直没法形容。”他稍停片刻后继续道，“对，他们打得也不赖，不过我们还是为我们弟兄们报了仇！他们被打倒了多少人啊！我就亲自用刺刀挑死了五六个人，一刀下去都捅到了枪口——他们会记住的！”他补充道，竭力想把自己说成是杀人不眨眼的大坏蛋。

妇女们面色苍白，缄口不语，一个看门人指出：“是这帮混蛋们自己找死！”……但是这个野蛮的看法并没有得到丝毫反应。这是些最下层的民众，他们不可能支持屠杀，也不可能同情那个被培养成杀人凶手的不幸的孩子。

我们默默地和忧伤地向马德雷②走去。我们在这里被国民自卫军的一个哨卡拦住了去路。先是搜身，后是问我们从哪里来然后才予放行；但是马德雷教堂之后的下一个哨卡，却不让我们过去，要我们往回走；可是当我们回到第一道哨卡时，后者又拦住了我们。

“你们不是看见我们刚从这儿过去吗？”

“不许放行！”一名军官叫道。

---

① 一八四八年法国资产阶级临时政府为镇压工人武装起义而专门设立的别动队。

② 巴黎坐落在同名广场上的一座教堂。

"您怎么啦,拿我们打哈哈是吗?"我问他。

"甭废话!"一个穿军装的小店主粗暴地回答道,"把他们抓起来——送警察局:有一个人我认识(他指着我),我不止一次看见过他参加群众集会,另一个人也肯定是一路货;他们俩都不是法国人,我对一切负责——走!"

两个端枪的士兵走在前面,两个跟在后面,左右两边各一人,——把我们押往警察局。我们碰到的头一个人是国民代表,他在扣眼里别着一枚愚蠢的胸章①——这便是写过一本关于美国的书的托克维尔②。我跟他谈了事情的原委。这可不是闹着玩的,他们常常不经审判就把人关进大牢,投进杜伊勒里宫的地下室,然后枪毙。托克维尔甚至都没有问我们是谁;他非常客气地向我们行了个礼,然后发表了如下的鄙俗言论:"立法机关没有任何权利干涉执行机构的命令!"由此可见,他怎么能不当波拿巴的部长呢?

"执行机构"把我们押过林阴路,进入昂坦大道,然后去见警察署长。说到这里,不妨顺便指出,无论在逮捕时,无论在搜查时,也无论在押解途中,我都没有看到过一个警察;做这一切的都是那些拿枪的小市民。林阴路上完全空空荡荡,所有的店铺都关上了门,居民们听到我们的脚步声,都纷纷跑到窗口和门口,七嘴八舌地问我们是干什么的。"Des émeutiers étrangers"〔法语:"外国造反派"〕,我们的押解员回答道,于是善良的小市民们便咬牙切齿地看着我们。

又把我们从警察署送到 Hôtel des Capucine〔法语:加浦森大厦〕,那儿现在是外交部,但在当时是某个临时警察委员会。我们和押解员走进一间很宽敞的办公室。一个戴眼镜的秃顶老头坐在桌子后面,就他一个人;他又把警察署长问过的问题重问了一遍。

---

① 指制宪会议代表佩戴的用三色绸缝制的胸章。

② 托克维尔(1805—1859):法国历史学家、政治家,一八四八年法国制宪会议议员,第二共和国宪法起草委员会委员。一八四九年任外交部部长。著有《美国民主》一书。

"你们的证件呢?"

"出门散步,我们从来不带证件……"

他拿过一个本子,看了很久,大概什么也没有找到,便抬起头来问押解的人:

"你们为什么抓他们?"

"军官让抓的;他说,这是些很可疑的人。"

"好吧,"老头说,"我来处理,你们可以走了。"

当送我们来的人走了以后,老人请我们说明一下被捕的原因。我把事情经过告诉了他,又补充道,那名军官大概五月十五日在大会堂近旁看见过我,于是我就把我昨天发生的事一五一十地告诉了他。当时我正坐在科马丁咖啡馆,突然发生了一场误会,一队龙骑兵疾驰而过,国民自卫军也开始整队,我和当时在咖啡馆里的五六个人便走到窗口去看热闹;一个站在窗下的国民自卫军士兵,便恶声恶气地叫道:

"让你们把窗户关上,没听见吗?"

他说话的口气使我有权认为他并不是跟我说话,因此我对他的话丝毫未予理睬;况且当时在场的不止我一个人,我只是偶然站在前面。于是这个秩序保卫者便举起了枪,因为这事发生在 rez-de-chaussée〔法语:底层〕,他想用刺刀刺我,但是我发现了他的动作,我后退了一步,对其他人说:

"诸位,你们都是见证,我对他什么事情也没有做,——难道国民自卫军有拿刺刀捅外国人这样的习惯吗?"

"Mais c'est indigne, mais cela n'a pas de nom!〔法语:但是这样做是卑鄙的,说它是什么都不过分!〕"站在我身旁的人接口道。

咖啡馆老板吓坏了,急忙过去关上窗户,一名穷凶极恶的军士闯了进来,命令把所有的人都赶出咖啡馆;我觉得,这便是下令扣押我们的那位先生;再说科马丁咖啡馆离马德雷教堂近在咫尺。

"这就对了,二位,你们瞧,稍不谨慎会酿成什么后果,在这种时候,干吗还要出门呢?大家的头脑在发热,血在流……"

这时候，一名国民自卫军带来一名女仆，说她正想把一封寄往柏林的信投进信箱的时候，军官抓住了她。那位老人收下了这封信，让那个士兵先回去。

“你们可以回去了，”他对我们说，“不过，劳驾，请你们不要从原路回去，尤其不要经过抓住你们的那个哨卡。对了，请稍候，我派个人送你们回去，他会把你们带到可以通行的香榭丽舍大街的。”

“对了，还有您，”他向那名女仆说，把信还给她，并没有检查，“把您的信投进另一只信箱，随便什么地方，但是要远点儿。”

就这样，警察从武装的小市民手中保护了我们。

据皮埃尔·勒卢[①]说，六月二十六日至二十七日夜间，他曾去找过塞纳尔[②]，请他处理一下关押在杜伊勒里宫地下室里的俘虏。塞纳尔是个出了名的极端保守派，他对皮埃尔·勒卢说：

“半路上，谁对他们的生命负责？国民自卫军会把他们统统杀死的。要是您早来一小时，您就会在这里遇到两位上校，我好不容易才把他们劝住了，最后我对他们说，如果此类恐怖继续下去的话，我就只好撇下国民公会议长这把交椅，站到街垒后面去战斗了。”

过了大约两小时，我回到家后，看门人进来了，跟他一起进来的还有一位穿燕尾服的陌生人和三四个穿工装的人，他们掩饰得不好，暴露出了市府委员的小胡子和宪兵的架势。那个陌生人解开燕尾服和坎肩，神气活现地指着里面的三色围巾[③]，声称他是警察署长巴尔勒（也就是后来在十二月二日的国民公会上一把抓住占领过罗马的乌迪诺将军[④]脖领子的那人），并对我说，他奉命对我进行搜查。我把钥匙交给

---

① 勒卢（1797—1871）：法国空想社会主义者。

② 塞纳尔（1800—1885）：一八四八年法国制宪会议议长，镇压六月起义的法国领导人之一。

③ 蓝白红三色围巾是法国共和派的标志。

④ 乌迪诺（1791—1863）：公爵，将军，一八四九年任法国派遣军司令，开赴罗马，镇压共和派。一八五一年十二月二日被任命为巴黎反对路易·波拿巴的部队司令，但被巴尔勒当场逮捕。

了他，于是他就干起了一八三四年莫斯科警察局长米勒尔干过的完全相同的事。

我的妻子进来了；这位警察署长，就像从前杜别尔特派来的宪兵军官那样，表示了歉意。我妻子镇静地直视着他，直到他把那一套话说完，请她惠予谅解后，方才说道：

“如果我不能设身处地地替您想想，那就未免太残忍了：您由于职责所在必须做您现在所做的事，已经受到了足够的惩罚。”

警察署长的脸红了，但是没说一句话。他翻看了一下信件，拣出一大堆，放到一边后，又突然走近壁炉，嗅了嗅，拨动了一下炉灰，俨乎其然地向我转过身来，问道：

“您为什么要烧毁信件？”

“我没烧信件呀。”

“对不起，炉灰还是热的。”

“不，它不热。”

“Monsieur, vous parlez à un magistrat!”〔法语：“先生，您可是跟一个政府官员在说话！”〕

“可是炉灰毕竟是冷的。”我火了，提高了嗓门，说。

“难道是我瞎说？”

“您有什么权利怀疑我说的话？……瞧，跟您一起来的还有一些秉公办事的工人，让他们用手摸摸。就算我烧纸了，那又怎么样？第一，我有权烧，第二，您要干什么？”

“您再没有别的信件了吗？”

“没有。”

“我还有几封信，写得非常有趣，上我屋里来。”我妻子说。

“对不起，您的信……”

“请呀，别客气……要知道，您在执行公务，走呀。”

警察署长还真的跟她走了，他稍微看了看信，信大部分是从意大利寄来的，他想出去……

“瞧,您还没看到一封信呢,在下面,是一个犯人从孔谢尔日里①寄来的——看见啦?要不要把这封信带走?”

“对不起,太太,”共和国的警官回答道,“您成见太深了,我根本不需要这封信。”

“您打算怎么处置这些俄国来信呢?”我问。

“会把它们翻译出来的。”

“问题就在这里,您上哪找翻译?如果请俄国大使馆的人帮忙,这无异于告密;您会毁掉五六个人。如果您能在 procès-verbal〔法语:记录〕里提一提,我坚决要求从波兰侨民中请一位译员来,我将不胜感激之至。”

“我想,这可以吧。”

“谢谢您;不过我还有个请求:您是否多少懂得一点儿意大利语呢?”

“懂得不多。”

“我要给您看两封信;信中没有一个字提到‘法国’,写这两封信的人,现在在撒丁王国警察局的手里;您根据内容可以看到,如果这些信落到撒丁警察的手里,他会很糟糕的。”

“Mais ahça!〔法语:唔,您怎么啦!〕”警察署长说,开始恢复了人的尊严,“您大概以为,我们与所有专制国家的警察都有关系吧!别人的事我们一概不管。可是我们的街上在流血,当外国人干涉我国事务的时候,我们将不得不在本国采取必要的措施。”

“很好,既然这样,这些信您可以带走。”

警察署长没有说谎:他对意大利语的确懂得不多,因此把信卷成一卷,塞进了口袋,并答应看完后还给我们。

他的这次访问就这么结束了。那个意大利人的两封信,他第二天就退给了我们,可是我的信却如石沉大海。过了一个月,我给卡芬雅克②写

---

① 当时巴黎附近的一所监狱。

② 卡芬雅克(1802—1857):法国将军,资产阶级共和派。一八四八年二月革命后,任陆军部长,曾残酷镇压工人起义,被称为“六月屠夫”。后任法国最高行政长官。

了封信，问他为什么警察署不把我的所有信件还给我，也不说明他们究竟在里面找到了什么，——这些东西也许对于警察署并不十分重要，可是对于我的名誉却非常重要。

后者的根据是这样的。有几位朋友站出来替我说话，他们认为警察署长对我的造访和扣押信件太不像话了。

“我们想查实，”拉摩里谢尔①说，“他是不是俄国政府派来的间谍。”

这种卑鄙无耻的猜疑，在这里我还是头一次听到；对于我来说，这简直太新鲜了；我的整个一生都是光明磊落的，就像在水晶的蜂箱里一样，可现在突然出现了这种无耻的诽谤，而这话出自谁人之口呢？——出自一个实行共和制的政府之口！

一星期后，警察总署召见我；巴尔勒跟我在一起；在迪库②的办公室，一名年轻的官员接见了我们，这人很像彼得堡那个无拘无束的处长。

“卡芬雅克将军，”他对我说，“委托警察总监把您的信不加检查地全部退还给您。因为收集到的有关您的情况，已使此举毫无必要，对您已毫无怀疑；这是您的文件包，您是否可以在这张纸上先签个字呢？”

这是一张收据，说明“所有的信件已悉数归还”。

我迟疑了片刻，问道，如果由我先检查一下信件，是否更妥当？

“没人动过它们。再说，这里还有铅封。”

“铅封是完好的。”巴尔勒说，让我放心。

“这不是我封的。也没人封过。”

“这是我封的，而且钥匙也在您手里。”

我不想说粗话，只是笑了笑。这倒使这两人恼火了；处长变成了局长，他拿起小刀，割开了铅封，用相当粗暴的口吻说道：

---

① 拉摩里谢尔（1806—1865）：卡芬雅克内阁的陆军部长。

② 迪库（1803—1870）：法国工人六月起义被镇压后的巴黎警察总监。

“也好,既然不相信,您就检查吧,不过我没有这么多富余时间。”说罢,他威严地鞠了一躬,走了出去。

他们一发火,倒使我相信,这些信件他们的确没有看过,因此我稍稍瞥了一眼,就给了他们收据,动身回家了。

第三十六章

La Tribune des Peuples〔法语:《人民论坛报》〕①——密茨凯维奇②和拉蒙·德·拉·萨格拉③——一八四九年六月十三日的革命合唱队——巴黎的霍乱——离境

我是一八四七年秋离开巴黎的,没有与任何方面保持联系;当地的文学界和政治界始终与我格格不入。所以这样,原因很多。没有出现直接见面的机会——我也不想去寻找这种机会。仅仅为了去看看名流,我认为有失体统。此外,我很不喜欢法国人同俄国人说话时那种故作宽容的优越姿态:他们赞许我们,鼓励我们,夸奖我们的发音和我们有钱;我们则容忍这一切,我们去找他们总像有求于人,甚至还好像多少心中有愧似的,如果他们出于礼貌把我们当成了法国人,我们就会兴高采烈。法国人对我们夸夸其谈——我们却不敢造次,只是考虑如何回答,而他们对此却毫不在乎;我们常常羞于指出他们的错误、他们的无知。——他们却利用这一切,不可救药地自鸣得意。

为了换一种方式与他们平起平坐,那就应当让他们敬仰你,为此必须具备各种条件,而这些条件我当时还不具备,一旦我身边拥有了这些条件,我一定会立刻利用。

此外,不要忘记,要与法国人成为点头之交,那是最容易不过的,可

① 密茨凯维奇主编的法文报纸。

② 密茨凯维奇(1798—1855):波兰诗人,波兰民族解放运动的革命活动家。

③ 萨格拉(1798—1871):西班牙政治活动家,从一八四八年起侨居巴黎。

是要与他们真正成为朋友,却是最难不过的。法国人喜欢抛头露面,喜欢表现自己,喜欢别人听他说话,就这点来说,他们与英国人相反,其他方面也一样。英国人看人是因为无聊,就像在剧场里看戏一样,他是利用与人交往作为一种消遣,并从中打听消息;英国人经常提问,而法国人则经常回答。英国人对一切都莫名其妙,对一切都要反复思考——法国人却什么都知道,样样精通,有问必答,他已经不需要再做什么了;他喜欢说教布道,高谈阔论,教训人——至于教训什么?教训谁?——在他都一样。他不需要个人之间的交好,咖啡馆就足够了,他就像列佩季洛夫一样根本没有注意到,站在他面前的已不是恰茨基而是斯卡洛祖布,不是斯卡洛祖布而是扎戈列茨基[①],还照旧在谈他的法庭和陪审员,谈拜伦(把拜伦念成了"比伦"),以及其他等等重要话题。

我从意大利回来后,对二月革命还记忆犹新,就碰上了五月十五日,然后又痛苦地经历了六月起义的日子和全市戒严。于是我就更深地钻研了一下伏尔泰的 tigre-singe〔法语:老虎和猴子〕[②],——于是我兴趣索然,再不想结识这个共和国叱咤风云的人物了。

有一回出现了共同劳动、彼此协作的可能性,它可能使我与许多人交往,——不过这个可能性也未能实现。克萨韦里·布拉尼茨基伯爵[③]给了七千法郎,想办一份报纸,它将主要研究外国政治和其他民族问题,尤其是波兰问题。办这种报纸的好处和恰逢其时是有目共睹的。法国报纸对法国以外的形势很少研究,也研究得很差;在实行共和时期,他们以为,只要有时候用 solidarité des peuples〔法语:各民族大团结〕的口号鼓励一下各民族,并且许诺,只要国内能腾出手来,就着手搞一个建立在博爱基础上的普世共和国,他们认为他们能够做到这样也就够了。当时这份新报取名为《人民论坛报》,以它当时拥有的资金,足

---

① 参见格里包耶陀夫《聪明误》第四幕第五场。

② 典出伏尔泰的《老实人》。

③ 布拉尼茨基伯爵(1812—1879):波兰贵族流亡者的领导人之一,曾资助过密茨凯维奇的《人民论坛报》。

够办一份用以指导运动和促进进步的国际刊物①。它的成功是有把握的，因为当时还根本没有国际性的报纸——《太晤士报》和 *Journal des Débats*〔法语：《辩论日报》〕②虽然就一些专门问题也发表过一些很好的文章，但彼此没有联系，只是断断续续，偶一为之。《奥格斯堡报》③编辑部的确具有国际性，如果它的黑黄两种倾向不那么刺眼的话。

但是，一八四八年的一切好的创举，注定在妊娠第七个月时便会早产，然后在还没长出第一颗牙齿前便行夭折。这报办得不好，没有生气——于是在一八四九年六月十四日后大批无辜的报纸惨遭屠戮之时，它也夭折了④。

当一切都已准备就绪：房子租好了，屋里摆设了几张铺有绿呢台布的大桌子和几张小的斜面写字台，由一名瘦瘦的法国文学家负责校正各国作者在正字法上的错误⑤，编辑部里还成立了一个委员会，由以前的波兰资深代表和元老组成，由密茨凯维奇担任总负责，并由霍耶茨基⑥做他的助手，——就等待正式开张了，选哪天开张和怎样开张呢？

---

① 《人民论坛报》是在巴黎用法文出版的。编辑部成员有波兰人、法国人、意大利人、俄国人和其他民族的代表。主编是密茨凯维奇。该报第一期于一八四九年三月十五日出版。

② 法国奥尔良派办的保守派报纸。

③ 即在德国奥格斯堡出版的《总汇报》。创刊于一七九八年，一八一〇至一八八二年在奥格斯堡出版。

④ 一八四九年六月十三日，《人民论坛报》发表了一系列呼吁书（如"新山岳派"的宣言，对国民自卫军的呼吁书等），号召人民起来反对派法国军队到意大利去镇压罗马共和国的路易·波拿巴政府。当天在巴黎还爆发了抗议路易·波拿巴反动政策的示威游行。这些小资产阶级民主派的示威游行，没有得到法国无产阶级的支持，很快就失败了。以桑加尔尼耶将军为首的政府军驱散了游行队伍。巴黎实行戒严。所有的左派报纸悉予查封。而《人民论坛报》也在查封之列，连它的编辑部大楼也于一八四九年六月十三至十四日夜间被警察占用。编辑部的许多成员被捕。直到一八四九年九月一日该报才行复刊，可是到十月十五日，密茨凯维奇就退出了编辑部。这年的十一月十日，由于军警迫害，该报遂彻底停刊。

⑤ 指茹尔·勒歇瓦列（1806—1862），他是《人民论坛报》编辑部最积极的成员之一，主要写经济类文章。

⑥ 霍耶茨基（1822—1899）：波兰文学家和政论家，曾参与编辑蒲鲁东办的各种报纸，与赫尔岑交往甚密。

还能有什么日子比二月二十四日一周年①更好的时候呢？还有什么方式比举行晚宴更合适的呢？

晚宴决定在霍耶茨基的住所举行。我去赴宴时，那里已经到了很多客人，但是其中几乎没有一个法国人，然而却有不少其他民族（从西西里人到克罗地亚人），具有很大的代表性。有个人使我很感兴趣——亚当·密茨凯维奇；过去我从来没有见过他。他站在壁炉旁，用胳膊肘支在大理石的护板上。谁要是见过他作品法文版上的肖像（大概是根据大卫·当热②做的圆浮雕复制的），准会一眼就认出是他，尽管岁月不饶人，他的面貌发生了很大变化。他的脸更像立陶宛人的脸，而不像波兰人，他的脸上流露出他想得很多，也很痛苦。他那白发苍苍的脑袋，疲惫的眼神，以及整个身影，给人留下了深刻的印象，说明他经历了许多不幸，内心很痛苦，十分苦闷——这是波兰命运的缩影和活的形象。后来沃尔采尔③的脸也给我留下了类似的印象，然而他的面容显得更痛苦，但还是比密茨凯维奇显得活泼些，和蔼可亲些。密茨凯维奇总好像被什么东西拉扯着，吸引着，好像心不在焉似的；这个什么东西就是他的奇特的神秘主义，他已经深陷其中，而且越走越远。

我走到他身边，他开始询问我关于俄罗斯的情况；他所了解的情况是零碎的、片段的，普希金以后的文学运动他知之不多，还停留在他离开俄罗斯的那个时代④。尽管他的主导思想是主张所有的斯拉夫民族应当结成兄弟般的同盟，而且他也是这一思想的最早倡导者之一，可是

① 一八四八年二月二十四日，法国人民起义推翻了七月王朝，宣布成立临时政府。

② 大卫·当热（1788—1856）：法国著名雕塑家和浮雕胸像的制作家。他于一八二九年在魏玛的歌德家中认识了密茨凯维奇。应歌德之请，他为密茨凯维奇做了圆形的浮雕胸像。法文版上的密茨凯维奇肖像即据此复制。

③ 沃尔采尔（1799—1857）：波兰流亡法国的革命者。

④ 密茨凯维奇从一八二四年十月底到一八二九年五月中旬一直居住在俄罗斯。他是因参加秘密的爱国团体“爱德社”被流放到俄国的。在俄国期间，密茨凯维奇结识了许多俄国文学界的知名人士，如普希金、雷列耶夫、茹科夫斯基、克雷洛夫、格里包耶陀夫等人，同他们交情甚深，并对他们的创作给予了很高评价。

他心中仍对俄罗斯怀有某种不友好的感情。更何况在经历了沙皇和沙皇暴吏们的一切暴政之后，又怎能采取另外的态度呢，而且我们说的是尼古拉恐怖统治愈演愈烈，甚嚣尘上的那一时期。

第一件使我感到不快和有点儿惊奇的事是与他同属一个党派的波兰人对他的态度：他们向他问候时就像修士见了修道院院长似的，低三下四，毕恭毕敬；有些人还吻他的肩膀。大概他已经习惯于这种表示爱戴的方式，因为他好像受之无愧似的，十分 laisser-aller〔法语：从容，自然，无拘无束〕。受到具有同一信仰的人的爱戴，看到自己对他们的影响，看到他们对自己的爱——这是每一个把全身心都献给自己的信念，并以这些信念为生的人，都希望看到的；但是表达这种爱戴和尊敬的外在方式，我却接受不了；因为他们破坏了平等，因此也破坏了自由；而且，此外，在这方面，我们无论如何也不应该与那些高级僧正和局长大人，与那些部队长官相提并论，学他们的样，追随他们。

霍耶茨基告诉我，在晚宴上，他将建议“为纪念一八四八年二月二十四日”而干杯，密茨凯维奇将致答词，并发表演说，说明自己的观点，以及未来报纸的办报方针；他希望我作为俄国人能对密茨凯维奇的演说作出响应。因为我没有公开说话的习惯，尤其是在毫无准备的情况下，因此我谢绝了他的建议，但是我答应“为密茨凯维奇”干杯，并向他说几句话，说一八四三年，在莫斯科，在格拉诺夫斯基的庆功宴上①我曾第一次为他干过杯。霍米亚科夫举起酒杯说：“为伟大的未能出席的斯拉夫诗人干杯！”他的名字就不用说了（因为不敢说）：大家都站起来，大家都举起酒杯，默默地站着，为那个被放逐者的健康干杯。霍耶茨基很满意，就这样安排定了我们的 extempore〔拉丁语：即兴致词〕，我们入了席。在晚宴快要结束时，霍耶茨基建议干杯，密茨凯维奇站起来，开始演讲。他的演说词是预先推敲过的，说得很聪明，也非常巧妙，就是说，巴尔贝斯②和路易·拿破仑都可以为它公开鼓掌；这使我感到厌

① 指一八四四年四月二十二日为了庆贺格拉诺夫斯基在莫斯科大学的学术讲演胜利结束而举行的宴会。

② 巴尔贝斯（1809—1870）：法国革命者，一八四八至一八四九年法国革命的参加者。

恶。随着他越来越清楚地阐明他自己的想法,我开始感到心头既沉重又痛苦,我只等着听到一个词,听到一个人的名字,如果听到这个人的名字,那就毫无疑问了;这个名字还果然立刻出现了。

密茨凯维奇把自己的演说归结为下面的话:现在民主派正联合起来,形成一个新的公开阵营,而这阵营的首脑就是法国,它一定会重新高举起鹰徽,重新高举起使所有的帝王和当权者大惊失色的旗帜,奋勇向前,去解放一切被压迫民族,那个曾经被人民拥戴的皇朝的某个成员,一定会重新带领他们奋勇前进,而这个皇朝仿佛天意使然,让它把革命引向权威和无往而不胜的康庄大道。①

当他结束演讲之后,除了他的追随者的两三声表示赞许的感叹以外,大家都报以沉默。霍耶茨基一目了然地看到了密茨凯维奇的错误,想赶快消除这次演说的影响,他拿起酒瓶走到我身边,给我的酒杯倒了点儿酒,对我悄声道:

"您怎么不说话呀?"

"听到这样的演说之后,我无话可说。"

"劳驾,随便说点儿什么吧。"

"决不。"

停顿在继续,有些人低下眼睛看着盘子,有些人定睛观察着酒杯,第三部分人则跟邻座聊起了家常。密茨凯维奇的脸色陡变,他想再说点儿什么,但是一声响亮的"Je demande la parole"〔法语:"我要求发言"〕结束了这个进退两难的局面。大家都扭过头去看这个站起来的人。这

---

① 当时波兰的革命民主派在思想上与密茨凯维奇很接近。在一八四八年法国革命期间,密茨凯维奇不愧为一个革命者和民主派,但是他却存在着对拿破仑的幻想,认为拿破仑就是革命的象征(鹰徽旗就是拿破仑的旗帜)。特别在一八四九年十二月十日,拿破仑的侄子——路易·波拿巴当选为法国总统后,密茨凯维奇的这一幻想尤为明显。他认为拿破仑一世有所作所为就是法国革命的继续。他曾在发表于《人民论坛报》的一篇文章中说:"拿破仑就是变为合法政权的革命。这就是变成政府的社会理想。"他把路易·波拿巴看成是拿破仑一世事业的继承者,革命事业的继承者。然而,即使在一八四九年,密茨凯维奇也开始对路易·波拿巴感到失望,不过他仍未完全失去对拿破仑的幻想。

是一位老人,个子不高,年约七十上下,须眉皆白,外表端庄。精神矍铄,拿着酒杯,手在发抖;在他那大而有神的黑眼睛里,在他那激动的脸上,可以看到恼怒和愤愤不平之色。这是拉蒙·德·拉·萨格拉①。

"为二月二十四日干杯,"他说,"这是我们主人的提议。是的,应当为二月二十四日干杯,让任何专制制度都彻底完蛋,而不论这个专制制度叫什么,是国王当政还是帝国称雄,是波旁王朝还是拿破仑王朝。我不能同意我们的朋友密茨凯维奇的观点;他是作为一个诗人来看问题的,也许他有自己的道理,但是我不希望他的话在这样的集会上无人抗议就招摇过市……"他就这样以一个西班牙人的全部热情,以一个七十岁老人的全部权利滔滔不绝地讲了下去。

当他讲完之后,二十只手,其中也包括我的,都举杯一齐向他伸过去,想同他碰杯。

密茨凯维奇想挽回面子,说了几句话作为解释,但是这些话没有能起到它们想起的作用。德·拉·萨格拉寸步不让。大家都从餐桌旁站了起来,于是密茨凯维奇便坐车走了。

对于一份新的报纸来说,没有比这更糟的预兆了,——这份报纸好不容易才坚持办到六月十三日,然后就像它的存在一样不为人注意地消失了,编辑部人心涣散;密茨凯维奇把他的拿破仑帝国的旗帜卷起了一半,usé par la gloire〔法语:它已臭名昭著〕,其他人又不敢打出自己的旗帜;因为受到他和编委会的约束,许多人过了一个月就离开了编辑部,我也没有向它投过一次稿,写过一行字。如果拿破仑的警察署能够放聪明些,*Tribune des Peuples*〔法语:《人民论坛报》〕就不至于被查封,就不至于因为对六月十三日②说了几句话就销声匿迹。这份报纸凭着密茨凯维奇的名声,凭着它对拿破仑的崇拜,凭着它神秘主义的革命精

① 萨格拉(1798—1871):西班牙政治活动家,从一八四八年起侨居巴黎。一八四九年,他才五十一岁。赫尔岑说他年约七十上下,大概是根据他"须眉皆白"推断的。

② 一八四九年六月十三日,《人民论坛报》载文抨击路易·波拿巴政府出兵罗马,协助教皇镇压罗马共和国。

神，凭着它幻想靠追随拿破仑家族就可以实现武装的民主制度，它完全可以成为法兰西总统手中的一件法宝，成为不清白事业中的清白的工具。①

天主教精神并非这个斯拉夫天才所固有，它对后者的作用是有破坏性的：当波希米亚人无力抵御天主教的时候，他们就垮了；天主教使波兰人生长出一种神秘主义的狂热，使他们经常处于一种虚幻世界中。他们不是处在耶稣会士②的影响下，就是给自己虚构一个偶像，或者落入某个幻想者的影响下，而不是去争取自身的解放。所谓救世主论，这是弗隆斯基③的神经错乱，这是托维扬斯基④的酒狂症，可是它却把数以百计的波兰人，其中也包括密茨凯维奇弄昏了头。⑤ 在这种疯狂中，居首位的就是对拿破仑的崇拜；拿破仑什么事也没有为他们做过，他不爱波兰，他爱的是那些在战场上抛头颅洒热血，以一种富有诗意的非凡勇敢为他卖命的波兰人，他们曾以这种非凡的勇敢在索莫谢拉峡谷进行过一次著名的骑兵突袭⑥。一八一二年拿破仑对纳尔蓬⑦说："我在

---

① 《人民论坛报》并没有成为波拿巴反动派的工具。密茨凯维奇尽管对拿破仑存在幻想，但他并没有离开革命道路，而且发表了一系列文章抨击法国政府的内外政策，宣传革命，宣传各民族团结一致反对专制制度，实现社会主义理想。

② 耶稣会士是天主教会中反对宗教改革的主要教派，按军事编制，绝对效忠教皇，无条件执行教皇的一切命令。

③ 弗隆斯基（1778—1853）：波兰数学家和哲学家，《论斯拉夫人救世主作用》一书的作者。

④ 托维扬斯基（1799—1878）：波兰神秘主义者，某宗教教派的首脑。密茨凯维奇曾加入其神秘主义教派。

⑤ 由于波兰一八三〇至一八三一年起义失败，出现革命低潮，人们对解放波兰丧失信心，因而在波兰的政治流亡者中产生了一种神秘主义倾向，从而促成了救世主的形成。波兰的救世主论，是指在各民族的解放史中，"受苦受难的波兰"将起特殊的作用，波兰民族就是弥赛亚（救世主），它将用自己的受苦受难和斗争救赎和解放所有其他民族。

⑥ 一七九七年，在意大利的伦巴迪亚，在拿破仑一世的呵护下，成立了第一批波兰军团。拿破仑曾利用他们来进行自己的侵略性远征，其中包括反对西班牙的战争。一八〇八年十一月底，在索莫谢拉峡谷，拿破仑的军队靠了波兰枪骑兵的英勇作战，才赢得了这次战役的胜利。索莫谢拉之战为拿破仑军队打开了进攻马德里的通道。

⑦ 纳尔蓬（1755—1813）：法国外交家，一八一二年拿破仑一世的副官。

波兰需要的是军营，而不是论坛。无论在华沙，还是在莫斯科，我一概不许为恶意煽动的人开放俱乐部。”——可是波兰人却把他看成了上帝的军事化身，把他与毗湿奴①和基督相提并论。

一八四八年冬，有一天晚上很晚的时候，我和波兰的一名密茨凯维奇的追随者走过旺多姆广场。当我们走近那个纪念柱②的时候，那个波兰人脱下了帽子。“难道真是这样？……”我想，不敢相信真有这样的蠢事，于是我就谦逊地问他，他脱帽是因为什么。波兰人向我指了指那位皇帝的青铜塑像。既然这也能得到人们如此的爱戴，就难怪人们不受压制和压迫了！

密茨凯维奇的家庭生活是阴郁的、不幸的和落落寡欢的，仿佛“遭遇过什么大灾大难”似的。他的妻子长时期精神失常。托维扬斯基常常给她念咒去邪，似乎稍好一点儿，这使密茨凯维奇感到特别惊讶，但是仍旧留有病态的影子。他们的日子过得并不顺心。伟大的诗人身后极具哀荣，但是他的生命结束得很凄凉。他病死在土耳其，他参与了一件荒唐的事，想组建一支哥萨克军团，可是土耳其却禁止把这军团称为波兰军团③。临死前，他用拉丁文写了一首颂歌，歌颂路易·拿破仑④。

在这次企图参加报社工作的不成功的尝试之后，我只好更加远离人群，钻进熟人的小圈子，虽然这个小圈子由于出现了一些新的流亡者而稍稍扩大了些。过去我常常到各个俱乐部去，也参加过三四次宴会，

---

① 婆罗门教和印度教的三大主神之一，地位仅次于梵天，有“世界之主”之称。

② 指巴黎旺多姆广场的拿破仑纪念像。

③ 由于克里米亚战争和英法参战，波兰流亡者产生了依靠英法复国的希望。为了实现这一希望，他们决定借英法之力建立一支隶属于土耳其军队的波兰军团。主张这样做的，主要是流亡国外的波兰贵族，由于不了解他们的真正意图，密茨凯维奇也参与了这一图谋。他于一八五五年九月离开巴黎来到君士坦丁堡，后因患霍乱于一八五五年十一月二十六日去世。

④ 由于英法联军舰队攻占了亚兰群岛上的博马宗德要塞，密茨凯维奇写了一首歌颂拿破仑三世（路易·波拿巴）的颂歌，其中又出现了他早就存在的对拿破仑的幻想，寄希望于借拿破仑法国之力对抗沙皇俄国，解放波兰。

也就是吃冷羊肉和喝酸葡萄酒，边听皮埃尔·勒鲁和老爷子卡贝①谈天说地，边随着大家哼唱《马赛曲》。现在连参加这些活动我也厌烦了。我怀着深深的悲痛之情注视和发现共和制、法国和欧洲正在渐渐瓦解和崩溃。从俄罗斯也看不到遥远的曙光，听不到一点儿好消息，也听不到一声友好的问候；大家与我的通信中断了；个人的、亲朋好友的联系也中断了。俄罗斯哑默无声，死气沉沉，遍体鳞伤，就像一个不幸的老妈子被自己的主人重拳打伤，躺在他脚旁一样。它那时刚刚跨入那可怕的五年，直到现在②才终于随着尼古拉的驾崩走了出来。

这五年对于我来说也是我一生中最坏的时期；我既没有这么多财产可供损失，也没有这么多信念可供毁灭……

……霍乱在巴黎肆虐，沉闷的空气，没有太阳的炎热更增加了一种凄凉之感；惊慌失色的不幸的居民，人心惶惶，一排排灵车在争先恐后地驶向墓地，——这一切与当时的政治态势又何其相似乃尔。

传染病的牺牲者纷纷倒毙；而且就发生在我身旁，就与自己毗邻。有一天，我母亲和一位熟悉的太太，年约二十四五，一起坐车到圣克卢去；晚上，她们俩回来时，这位太太感到身体有点儿不适，我母亲就劝她留下来过夜，不用回去了。早晨七点左右，有人来告诉我，她得了霍乱病；我急忙跑去看她，都惊呆了，……她与过去相比竟毫无一点儿相似之处——她本来长得很好看，但是现在脸上所有的肌肉都松弛了，萎缩了，眼睛下面出现了两个黑圈。我好不容易才在医学院找到了雷耶③，把他带了回来。雷耶瞧了瞧病人，对我悄声道：

“您自己知道现在该做什么。”说罢，他开了点儿药就走了。

病人把我叫到跟前，问：

“大夫对您说什么了？他对您说了什么吧？”

---

① 卡贝（1788—1856）：法国空想社会主义者，《伊加利亚旅行记》的作者。

② 写于一八五六年。——作者原注

沙皇尼古拉一世死于一八五五年。

③ 雷耶（1793—1867）：法国医生。

“他让我派人去买药。”

她抓住我的一只手——她的手比脸更使我吃惊：它瘦了，变得瘦骨嶙峋，仿佛她得病以来，重病在身已经过了一个月，——接着她把充满痛苦和恐惧的目光停留在我脸上，说：

“请您看在上帝分上告诉我他说什么了……我要死了吗？……您看着我不觉得害怕吗？”她又加了一句。

这时，我感到非常可怜她；这不仅是可怕地意识到死亡即将降临，而且这种迅速消耗着她的生命的传染病一定非常难受。天亮前，她死了。

伊·屠〔格涅〕夫准备离开巴黎，他租的房子到期了，因此他想到我这里来借宿。饭后，他感到胸闷；我告诉他，我早晨洗了个澡，——于是晚上他也去洗了个澡。回来后，他觉得身体不适，喝了一杯加酒和白糖的苏打水，就去睡觉了。半夜，他叫醒了我。

“我完蛋了，”他对我说，“得了霍乱。”他的确觉得恶心，而且浑身抽搐；幸好，病了十天左右，他的病好了。

我母亲埋葬了那位熟悉的太太后就搬到 Ville d'Avray〔法语：达夫雷城〕①去了。当伊·屠〔格涅〕夫病倒以后，我就让娜达丽雅和孩子们也搬去与她同住，我一个人留下来陪他，当他的病大有起色之后，我也搬到那里去了。

六月十二日②早晨，沙左诺夫到那里去找我。他兴高采烈，谈到正在准备的群众运动，谈到胜利是不可避免的，谈到等待着运动参加者的荣誉，而且他坚持要我也去摘取胜利的桂冠。我对他说，他知道我对当前时局的观点，我与那些人几乎没有任何共同点，没有共同的信仰而与那些人走在一起是愚蠢的。

对此，那位得意扬扬的鼓动家说，当别人在广场上捍卫世界的自

① 这是离巴黎不远的一个风景区。

② 指一八四九年六月十三日巴黎六月起义前夕。

由、各民族的团结，还有许多其他义举的时候，坐在自己家里，写点儿怀疑主义的小文章，当然，这要太平些，危险也少些。

一种非常恶劣的情绪，曾使许多人（而且将来也会是这样）铤而走险，犯了大错，甚至走上犯罪的道路，它也在我心中起了作用。

“你怎么以为我不会去参加呢？”

“我从您说的话里听得出来。”

“不，我说这是愚蠢的，但是我并没有说我永远不会做蠢事。”

“我要的就是您这句话。我就喜欢您这样！好，那就不用浪费时间了，立刻去巴黎。今晚九时，德国人和其他流亡者将举行集会，我们先去找他们。”

“他们在哪集会？”我在火车上问他。

“在 café Lamblin〔法语：兰布林咖啡馆〕，在 Palais-Royal〔法语：罗亚尔宫〕。”

这是第一件让我觉得纳闷的事。

“怎么在 café Lamblin〔法语：兰布林咖啡馆〕呢？”

“‘红派’通常都在那集会。”

“正因为如此，我倒觉得今天的集会应该另外找个地方。”

“他们已经习惯在那开会了。”

“大概那里的啤酒很好吧！”

在咖啡馆里，在十来张小桌旁，一本正经地坐着各种各样的革命 habitués〔法语：老主顾，常客〕，他们戴着宽边的羔羊皮帽，或者戴着短檐的制帽，俨乎其然而又板着脸在东张西望。他们是革命的珀涅罗珀①的永远的求婚者，所有政治示威的不可或缺的人物，他们组成了这些示威的一道风景，一种背景，从远处看很可怕，就像中国人想以此吓唬英国人的纸糊龙灯似的。

① 希腊神话中奥德修斯的妻子，在奥德修斯离家远征特洛伊的二十年里，有许多人向她求婚，她始终予以拒绝。

在社会转型、急风暴雨的混乱时代，国家长期动荡不安，脱离了平常的轨道，从而产生了新一代可以称之为革命合唱队的人；他们是在活动的火山地带长大的，是在动乱和百业凋敝中受的教育，他们从小就习惯于政治骚乱的环境，喜欢它那富有戏剧性的一面，喜欢它那你唱罢来我登场的隆重而又有声有色的表演。正如对于尼古拉来说，步兵操练是军事训练中的主要方面，对于他们也一样，所有这些宴会，游行示威和抗议、集会、祝酒和旗帜——也是革命的主要内容。

他们中间也有善良的、勇敢的、赤胆忠心的、准备冒着枪林弹雨英勇牺牲的人，但大部分是些鼠目寸光、只会空喊口号的书呆子。在整个革命事业中，他们都是些墨守成规的保守派，踟蹰不前地停留在某个纲领上。

他们毕生都在侈谈为数不多的几个政治思想，他们只知道这些政治思想的华丽的辞藻，只知道他们的神圣外衣，即所谓老生常谈，这些老掉牙了的话就像在某种儿童玩具中的小鸭子似的，千篇一律，à tour de role〔法语：轮流，轮番〕出现在报纸的文章中、宴会的演说和祝酒中和议会的声嘶力竭的发言中。

除了那些天真的革命空谈家以外，汇集到这股人流中去的自然还有许多怀才不遇的演员，生不逢时的文学家，读完大学但是没有修完学业的大学生，无人问津的律师，没有才华的演员，还有一些自命不凡但却志大才疏、野心很大但却缺乏毅力和吃苦耐劳精神的人。在平时像放牧畜群一样放牧人群的外在领导，一到变革动荡的年代就垮了下来，群众失去了领导，只能自生自灭，不知道怎么办。在革命时期，沉渣泛起，出现了一些名流，似乎不费吹灰之力便功成名就，这使年轻一代感到惊讶，于是他们也纷纷投身到空洞的革命宣传中去，它教会他们用豪言壮语来蛊惑人心，却让他们学会了既不工作也不干活。咖啡馆和俱乐部的生活是吸引人的，充满声色犬马之乐，既能满足自己的虚荣，又能使人感到毫无拘束。既不愁迟到，也不必劳动，今天做不完的事，可以明天再做，也可以干脆不做。

革命的合唱队就像希腊悲剧中的歌队，可以分成两半；对此可以使用植物分类法：其中之一可以称为隐花植物，另一类可以称为显花植物。他们中的一部分人永远从事阴谋活动，变来变去地变换住处和胡子的样式。他们常常神秘地邀请人参加某些非常重要的约会或聚会，如果可以的话，常常在半夜或者在某个不方便的地方。如果在公开场合遇到自己的朋友，他们不喜欢向人点头致意，而只是以目示意，算是打招呼。许多人常常隐瞒自己的住址，既不告诉别人他们什么时候离开，也不告诉别人他们去哪儿，甚至白纸黑字登在报上的新闻，他们也用密码和化学墨水写。

一个法国人告诉我，路易·非力浦在位时期，被牵连到一件政治案件中去的“Э”①，藏匿在巴黎；尽管这种生活别有风味，但是 à la longue〔法语：到最后〕就逐渐令人觉得不耐烦和厌倦了。当时担任巴黎警察局长的德莱塞，是个 bon vivant〔法语：乐天派，酒鬼〕和有钱的人；他在警察局担任现职不是出于需要，而是出于一种爱好，因此有时候他也爱快乐地吃吃喝喝。他和 Э 有许多共同的朋友；有一回，正如法国人常说的那样，在 entre la poire et le fromage〔法语：梨与干酪〕②之间，他们中有一个人对他说：

“您到处追捕可怜的 Э，又何苦来着？我们失去了一个妙趣横生的交谈者，他也只好像个罪犯似的东躲西藏。”

“对不起，”德莱塞说，“他的案件早就注销了。他干吗要东躲西藏呢？”他的朋友们讥讽地微笑着。“我一定努力说服他，他这是瞎掰，你们也一样，甭瞎操心了。”

他回家后，把一个特工头目叫了来，问道：

“Э 怎么样，在巴黎吗？”

“在巴黎。”那名特工回答。

---

① Э：俄语字母，发音类似“艾”。——编者注

② 这一成语的直译，意为“茶余饭后”。

"躲起来了?"德莱塞问。

"躲起来了。"那名特工回答。

"躲哪儿了?"德莱塞问。

那名特工掏出一个本子,翻了翻,说了他的住址。

"好,那您明天一大早去找他一趟,告诉他,叫他甭耽心,我们并不在找他,他尽可以放心大胆地住在自己家里。"

那名特工正确无误地执行了上峰的命令,他拜访Э后过了两小时,Э就悄悄地通知自己的亲朋好友,说他要离开巴黎,在一个遥远的城市躲一躲,因为,他说,警察局长已经发现了他的藏身之地!

正如那些搞阴谋活动的人总是竭力给自己的秘密盖上一层透明的神秘面纱,对自己的秘密讳莫如深,但又无声胜有声地暴露了自己,那些显花植物也同样竭力把他们心中藏着的一切暴露出来,并到处乱说。

他们是咖啡馆和俱乐部的常任宣讲员;他们经常不满一切,对一切都不放过,对什么都要说上几句,甚至无中生有,说得天花乱坠,至于确实有过的事,在他们嘴里也会言过其实,夸大其词,就像沙盘地图上的山脉一样,常常被乘以二次方和三次方。人们的眼睛对这些人已经习以为常,每逢街上人声鼎沸,每逢有人示威游行,每逢举行宴会,就会去找他们。

……对于我来说,café Lamblin〔法语:兰布林咖啡馆〕的景象还很新鲜,因为当时我对革命的后院还很少了解。诚然,过去在罗马,我也常去 caffé delle Belle Arti〔意语:高雅艺术俱乐部〕①和广场,也常去 Circolo Romano〔意语:罗马俱乐部〕②和 Circolo Popolare〔意语:人民俱乐部〕③,但当时的罗马革命运动还没有出现政治多元化的倾向,它是在一八四八

① 这是罗马的一个抱有自由主义倾向的俱乐部,罗马的作家、画家和演员经常在那里聚会。

② 其中大部分为自由派贵族、金融资本家和商业资本家的代表。他们主张改革,反对革命,当时在罗马政治生活中有很大影响。

③ 其中大多为罗马的手艺人和工人。它的组织者是契切罗瓦基奥。

年革命失败以后才加速发展起来的。契切罗瓦基奥和他的朋友们天真朴实,脸上有一种南方人的表情,这种表情在我们看来就像是无声的语言,而他们说意大利语,我们听起来就像在朗诵;但是他们还处在年轻人血气方刚的时期,他们在经过三个世纪的沉睡之后还没清醒过来;il popolano〔意语:人民之子〕契切罗瓦基奥并不是个职业的政治鼓动家,他并不想在革命中捞取任何好处,除了太太平平地重新回到 Strada Ripetta〔意语:里彼塔街〕的自己的小屋,作为 pater familias〔拉丁语:一家之父〕和自由的 civis romanus〔拉丁语:罗马公民〕,在自己的家庭圈子里做木材与劈柴生意以外。

在他周围的人群里,不可能出现庸俗无聊、游手好闲、不务正业的假革命症状,而这类 taré〔法语:毛病,瑕疵,缺陷〕,不幸曾在法国广为流行。

不用说,在谈到咖啡馆的鼓动家和革命的流浪汉时,我根本不曾想到那些人类解放的坚强活动家,那些争取民族独立的热烈宣传家,那些热爱他人的殉难者(无论是监狱和流放,无论是驱逐和贫穷,都不能使他们闭上自己的嘴),那些革命的实干家和推动者(他们用自己的血泪和言论确立了历史新秩序)。我们说的是那些覆盖着只会开花不会结果的植物的泛起泡沫的靠岸边地带,对于这些人来说,鼓动本身就是目的,就是奖赏,他们喜欢的是人民起义的过程,就像乞乞科夫的彼得卢什卡喜欢的只是读书的过程①,或者像尼古拉喜欢步兵操练一样。

反动势力没有什么可高兴的——它长出的还不只是各种杂草和蛤蟆菌,而且还不仅长在靠岸边的地带,而是遍地皆是。其中包括各色人等,既有在上峰面前战战兢兢的官吏,也有到处神出鬼没的特工,既有既为这边效劳也为那边卖力的被雇佣的杀手,也有各种令人望而生厌的军官,从普鲁士的容克地主到凶猛的法属阿尔及利亚人,从近卫军军

① 源出果戈理的《死魂灵》。彼得卢什卡是乞乞科夫的仆人,他喜欢读书,而不管内容是什么,哪怕是化学书也成,他喜欢的是读书的过程,字母与字母拼起来居然能发出声音,而不管这词鬼知道是什么意思。

官到“宫廷少年侍卫”。而且我们在这里谈的还只是世俗的反动势力，既没有谈到靠乞讨为生的僧侣，以及专搞阴谋的耶稣会士，也没有提到做警察局走狗的神父，以及其他具有天使和天使长职衔的神职人员。

如果说在反动势力内部也有某种类似我们称之为革命空谈家的人物，那就是那些御前大臣们——他们被用于各种礼仪场合，迎来送往，在洗礼、婚礼、加冕礼和葬礼上引人注目，他们是穿官服的架子，是各种刺绣和花边的载体，用于代表权力的光芒和芳香。

在 café Lamblin〔法语：兰布林咖啡馆〕（那里坐着各种亡命徒，面前放着大大小小的酒杯），我才知道他们根本没有任何计划，没有运动的任何领导中心，也没有任何纲领。他们靠的是灵感，就像过去使徒等候圣灵降临到头上一样。只有一点，大家的意见是一致的——开会时都不带武器。在连续两小时的空谈之后，大家约定，明天早八点在 Château d'Eau〔法语：水塔〕①对面的 Boulevard Bonne Nouvelle〔法语：涝努佛尔林阴道〕上聚会，接着我们就动身到《真正共和国》的编辑部去了。

出版人不在家：他去找“山岳派”②请求批示去了。在一间供编辑部开大小会议的大厅里，灯光暗淡，家具更差，有二十来个人，大部分是波兰人和德国人。沙左诺夫拿过一张纸，开始写着什么；他写完后读给我们听：这是一份抗议书，代表各国流亡者抗议攻占罗马，并申明他们将参加抗议运动③。他建议，凡是想使自己的名字永垂不朽，并把自己的名字与美好的明天联系在一起的人都来签名。几乎所有的人都想使自己的名字永垂不朽，因此都签了名，出版人进来了，面容疲惫，闷闷不乐，可是他竭力表示他知道许多事，但是又必须保持沉默；不过我相信

---

① 巴黎圣马丁林阴道上的大型喷水池。

② 山岳派即一七九三年的雅各宾派，因在国民公会中坐在会场最高处而得名。一八四八至一八四九年期间，赖德律-洛兰的追随者在制宪议会中也被称为山岳派或新山岳派。

③ 指抗议法军武装干涉罗马共和国的成立和恢复教皇政权。

他什么也不知道。

"Citoyens〔法语:公民们〕,"托雷[1]说,"la Montagne est en permanence.〔法语:山岳派在不停地开会〕"

胜利在望,这是无须怀疑的——因为 en permanence〔法语:不停地〕!沙左诺夫把欧洲民主派的抗议书交给了报纸出版人。出版人看了一遍后说:

"这太好了,这太好了!法兰西感谢你们,公民们;但是干吗要签名呢?而且签名的人也不多,一旦失败了,我们敌人的满腔仇恨就会倾泻到你们头上。"

沙左诺夫坚持签名必须保留;许多人都同意他的主张。

"我不能对这事承担责任,"出版人反对说,"对不起,我比你们知道得更清楚我在跟谁打交道。"

他说罢便把签名部分撕了下来,把一打准备永垂不朽的人的名字拿到蜡烛上付之一炬,而抗议书全文则送到印刷厂发排。

当我们从编辑部出来,天已黎明;一群群衣衫褴褛的报童和衣着贫寒的不幸的女人,或站,或坐,或躺在各家编辑部旁的人行道上,正在等候送出来的一摞摞报纸——有的负责把报纸折叠起来,有的则拿着报纸奔赴巴黎的各个角落。我们走上人行道,到处都寂静无声,只偶尔碰到几个国民自卫军的巡逻队,负责城市治安的军士们在来回逡巡,狡狯地端详着我们。

"这城市睡着了,多么无忧无虑啊,"我的一个同伴说,"根本没有预感到明天将会有什么电闪雷鸣和暴风骤雨会把他们唤醒!"

"瞧,那里也有人为我们大家彻夜不眠。"我指了指上面,指着 Maison d' Or〔法语:多尔餐厅〕的灯火通明的窗户,对他说。"还倒赶巧了,咱们进去喝杯苦艾酒;我觉得胃里有点儿不舒服。"

---

① 托雷(1807—1869):法国左翼共和派,一八四八年革命的参加者,报纸《真正共和国》的出版人。

"我胃里也空空的，再说能吃点儿夜宵也不赖嘛；议会大厦里吃什么我不知道，唔，可是孔塞尔热里①的伙食却糟透了。"

我们饱餐了一顿冷火鸡，从吃剩的鸡骨头看，谁也看不出霍乱正在巴黎肆虐，也看不出再过两小时我们就要去改变欧洲的命运。我们在Maison d'Or〔法语：多尔餐厅〕大嚼火鸡，就像拿破仑在奥斯特里茨蒙头大睡一样。②

八点多，当我们来到滂努佛尔林阴道的时候，那里已经聚集了许多人群，三三两两，东一堆西一堆，他们带着明显的焦躁在等候应该怎么办的指示；他们的脸上流露出困惑，但与此同时，从他们特别的表情看，他们又满腔怨愤，慷慨激昂。这些人只要能找到真正的领导人，这一天是不会以闹剧结束的。③

有一个短暂的瞬间，我似乎觉得，事情马上就要爆发了。有一位老爷骑着马相当慢地走过林阴道。大家认出他是路易·波拿巴手下的一位部长（名叫拉克卢瓦），他这么早就骑马出来溜达，大概不会仅仅是为了呼吸新鲜空气吧。人们喊叫着把他围了起来，拉下了马，撕烂了他的燕尾服，后来又放他走了，就是说，有一批人把他抢走并护送到什么地方去了。人群在不断增加。快十点的时候，可能已达两万五千人之众。不管我们问谁，也不管向谁打听，谁都一问三不知。凯尔索西④过去是烧炭党员⑤，他告诉我，banlieue〔法语：郊区，郊区人民〕正喊着"Vive la République！〔法语：共和国万岁！〕"的口号开进 Arc de Triomphe〔法语：凯旋门〕。

---

① 巴黎的一座监狱。

② 指一八〇五年拿破仑大败俄奥联军的奥斯特里茨战役。开战前，拿破仑作了周密的作战部署，然后就蒙头大睡，养精蓄锐之后，第二天便亲自指挥这次战役，大获全胜。

③ 赫尔岑以下描写的是发生在一八四九年六月十三日的事件，即巴黎六月起义。

④ 凯尔索西（1798—1874）：法国革命活动家。

⑤ 十九世纪初活跃于意大利、法国和西班牙的秘密社团。政治主张是争取民族独立，反对专制制度，实行立宪政体。

"最要紧的是,"所有民主派的头头又一再告诫大家,"不要带武器,否则的话,你们会坏事的。大权独揽的人民应当向议会和平与庄严地表明自己的意志,以免给敌人以任何造谣中伤的借口。"

最后,大家都排好了队。我们这些外国人组成了一支荣誉方阵,紧跟在带队人的后面,其中有穿着上校军服的艾·阿拉戈①、前任部长巴斯蒂德②,以及一八四八年的其他名人。我们高呼各种口号和唱着《马赛曲》,行进在林阴道上。谁要是没有听见过成千上万的人在慷慨激昂中,在面临某种斗争前不可避免的深思中高唱《马赛曲》,那这人就未必懂得革命的赞美诗那惊天动地的影响。

这一刻,示威游行大气磅礴,气壮山河。随着我们在各条林阴道上慢慢前进,所有的窗户都打开了;女士们和孩子们都争先恐后地拥挤在窗口,走到阳台上;她们(他们)的丈夫和父亲,那些有产者的灰溜溜和惊慌失措的脸,则在他们身后探头张望,没有发现在四楼和顶楼上伸出的其他的头——贫穷的女裁缝和其他女工;她们正向我们挥着手帕,向我们挥手致意。当我们经过某些知名人士的宅邸的时候,还不时爆发出各种各样的欢呼声和口号声。

我们就这样走到了 rue de la Paix〔法语:和平街〕与林阴道相连接的地方;它被文森步兵团的一个排封锁,当我们的队伍与他们靠近时,那些持枪的步兵忽然闪开一条道,就像剧场里的布景忽然分开一样,——尚加尔涅③骑着一匹不大的马,率领一支龙骑兵疾驰而来。他没有发出 sommation〔法语:散开的警告〕,既没有擂鼓,也没有履行其他法定形式,就横冲直撞地踩到排在前列的几排人身上,把队伍切断,与其他人分开,并将龙骑兵分成左右两翼,命令他们快步前进,清除街道上的人群。龙骑兵们兴高采烈地开始策马践踏人群,稍遇反抗就用长长的军

---

① 阿拉戈(1803—1892):法国政治活动家,共和派,《改革报》创始人之一,一八四八年法国革命的参加者。

② 巴斯蒂德(1800—1879):法国政治活动家,卡芬雅克内阁的外交部长。

③ 尚加尔涅(1793—1877):法国将军,巴黎国民自卫军司令。

刀的刀背和刀刃左砍右杀。我好不容易才弄清楚到底发生了什么事，就面对面地与一匹马相遇，马的鼻息直喷到我脸上，马上骑着的龙骑兵对我破口大骂，威胁说，如果我不靠边站，他就要用刀背砍我。我倒向左边，刹那间被人群卷了进去，一直挤到 rue Basse des Remparts〔法语：城根街〕的铁栅栏上。我们队伍中的人，在我身边就只剩下一个米〔勒〕·斯特卢宾①。这时，龙骑兵又用马驱赶前面的人群，而人群因为无路可走，只好向我们这边挤过来。艾·阿拉戈被人一挤，挤进了 Basse des Remparts 街，他一滑又把脚给崴了；紧随他之后，我和斯特卢宾也被挤了进去；我们俩怒不可遏地面面相觑，斯特卢宾猛地转过身子，大声喊道："Aux armes！ Aux armes！"〔法语："拿起武器！拿起武器！"〕一个穿工作服的工人一把抓住他的脖领子，把他推到另一边，说：

"怎么，您疯了吗？……您瞧这儿。"

街上（大概在 Chaussée d'Antin〔法语：唐敦大街〕）密密麻麻的刺刀正在向前移动。

"趁人家还没有听到您说的话，趁路还没有被封锁，快走吧。一切都完了！一切！"他又握紧拳头加了一句，接着就像没事人似的，哼着小曲，快步离开了。

我们向协和广场走去。在香榭丽舍大街没有一支从城郊开来的军队，其实凯尔索西也知道没有；这是一种用来救命的外交谎言，如果有人信以为真，他们的命也许就会送在它手里。

无耻地进攻手无寸铁的人，激起了很大的愤怒。要是当真准备了要干什么，要是有好的领头人，那掀起一场真正的战斗，真可以说不费吹灰之力。"山岳派"听到有人用马队可笑地驱散了享有最高权力的人民群众，本应当拍案而起，可是他们却躲到了云的背后。赖德律-洛兰与吉纳德②进行谈判。吉纳德是国民自卫军的炮兵司令，他自己也

---

① 米勒·斯特卢宾（1803—1878）：一八四八年柏林革命起义的参加者，后流亡巴黎。

② 吉纳德（1799—1874）：法国政治活动家，一八四八年法国国民自卫军的参谋长。

愿意染指运动，他愿意给人，也同意给炮，但是无论如何不肯给炮弹；他大概想发挥大炮的精神作用；福雷斯蒂埃①对自己的军团也如法炮制。这样做是否帮了他们大忙，——我们从凡尔赛审判中就可以看到②。所有的人都想捞到点儿什么，但是谁也不敢为天下先；最有远见的还是有些年轻人：他们怀着对于新秩序的希望，早早地就给自己订做了官服，可是在运动失败后却不敢去取衣服，裁缝只好把它们挂出去公开甩卖。

当仓促间拼凑起来的政府③驻扎在 Arts et Métiers〔法语：工艺美术职业学校〕时，工人们只能带着疑惑的目光在街上走来走去，既得不到指示，也听不到号召，只好悻悻然回到家里，再一次确信这帮"山岳派"的祖国之父们都是些软骨头，是成不了大气候的，也许，还会像那个穿工人装的人那样，泣不成声地说："一切都完了！一切！"也许还会私下窃笑"山岳派"失算了。

但是赖德律-洛兰的冥顽不灵，吉纳德的形式主义——这一切不过是失败的外部原因，而且又都赶到了一块，就像急躁的性格和顺利的环境，在需要它们的时候，也恰巧赶到了一块一样。内因是作为运动出发点的那个共和制思想的贫乏。一些衰老的、过时的思想，还可以拄着拐棍，踉踉跄跄地行走很长时间，甚至可以像基督死后一样向自己的信徒显灵一两次，——但是这种思想却很难再控制生活和领导生活前进了。它已不能吸引整个的人，或者只能吸引一些颟顸无能的人。如果"山岳派"能在六月十三日取胜，它又能做什么呢？它的脑瓜里没有任何新东西。至多把伦勃朗④和萨尔瓦多·罗萨⑤式的绚丽多姿和阴森

---

① 福雷斯蒂埃（1787—1882）：一八四九年六月十三日群众举行示威游行时任巴黎国民自卫军某军司令。

② 一八四九年六月十三日巴黎的示威游行和外省的一系列行动被镇压后，由奥狄隆·巴罗任总理的法国政府就取消了三十三名"山岳派"代表的议员资格，并宣布他们为国事犯，交由法庭缺席审判（因为他们均已逃亡国外）。

③ 指以"新山岳派"为首的小资产阶级共和派和小资产阶级社会主义者临时拼凑起来的政府。

④ 伦勃朗（1606—1669）：荷兰著名画家。

⑤ 罗萨（1615—1673）：意大利画家。

可怖的一七九三年画面翻拍成黑白照片，既没有雅各宾派，也没有战争，甚至也没有天真幼稚的断头台……

紧接着在六月十三日和有了镇压里昂起义①的经验之后，便开始了全市搜捕；市长曾带着警察来到我们在 Ville d'Avray〔法语：达夫雷城〕的家，寻找卡·布林德②和阿·卢格③；我们的一部分朋友被抓起来了。孔塞尔热里监狱被塞得满满的：一间不大的监舍要关靠近六十个人；在监舍中央放着一只尿桶，一昼夜只抬出去倒一次——而且这一切都发生在文明的巴黎，在霍乱肆虐的时期。要在这个舒服的地方再住上一两个月，吃霉豆子和臭牛肉，——我兴趣索然，因此我向一个摩尔多瓦-瓦拉几亚人借了一张派司，离开巴黎到日内瓦去了④。

当时法国人出行还得靠 Lafitte-Caillard〔法语：法菲特和凯拉德〕⑤；先把长途马车装在铁路上，然后，记得，是在沙龙，再把它卸下来，到了某个地方再装上⑥。与我坐在同一车厢里的是一个瘦瘦的男子，脸晒得黑黑的，胡子剪得短短的，此人的外表相当令人讨厌，他不时怀疑地看着我；他随身带着一个不大的行囊和一把用漆布包着的佩剑。看得出来，这是一名便衣警察。他从头到脚地仔仔细细地打量着我，然后又钻进角落，一言不发。到了第一站，他把乘务员叫过来，对他说，他把一张很好的地图给忘了，让他给他一张纸和一只信封。乘务员说，离打铃只剩两三分钟了；那警士便一个箭步跳下车，回来后又开始怀疑地打量

---

① 一八四九年六月十五日，里昂人民为了响应巴黎的六月十三日事件，举行了武装起义。在与政府军进行的巷战中，约有一百五十人被打死和打伤。

② 布林德(1826—1907)：德国一八四八年革命的参加者，他曾作为巴登革命政府的代表常驻巴黎，理论家。

③ 卢格(1802—1880)：德国激进的青年黑格尔派分子，他曾作为巴登革命政府的代表常驻巴黎。

④ 我的耽心是有道理的，足以证明这点的是，我走后才两三天，我母亲在 Ville d'Avray 的家就遭到了警察搜查。她的所有信件都被拿走了，甚至包括她的侍女同我厨子的来往信件。六月十三日的情况，我认为当时还不宜发表。——作者原注

⑤ 当时经营长途马车的车行老板。

⑥ 这是十九世纪曾经使用过的由马拉的铁轨马车。

着我。沉默持续了大约四小时，甚至在他请求我允许让他抽支烟时，他也只是默默地做了个手势；我也同样用点头和眼神回答他，同时我自己也拿出了雪茄。后来，天开始断黑时，他问我：

“您去日内瓦？”

“不，去里昂。”我回答。

“啊！”谈话就这样结束了。

过了若干时候，车厢的门开了，乘务员好不容易塞进一个脑袋已经歇顶的主儿，他穿着宽大的豌豆色大衣和花坎肩，手持一根粗大的手杖，提着一个行囊、一把伞，还腆着个大肚子。当这个好好先生在我和警士之间坐下以后，我没等他喘息片刻，缓过劲来，就问他道：

“Monsieur, vous n'avez pas d'objection?”〔法语：“先生，您不反对吗？”〕

他一边咳嗽，一边擦汗，一边用一块绸手帕包着头，回答我道：“请随意；哪能呢，我有个儿子现在在阿尔及利亚，他常常吸烟，il fume toujours〔法语：他总是吞云吐雾〕，”接着，因为打开了话匣子，就开始东拉西扯地谈天说地；半小时后，他已把我问了个遍，我打哪儿来，上哪儿去，听说我从瓦拉几亚来，便带着法国人固有的礼貌加了一句：“Ah! c'est un beau pays.”〔法语：“啊！这是个好地方。”〕虽然他并不清楚，这地方在土耳其呢，还是在匈牙利。

我那位邻座则对他的问题回答得非常简短。

“Monsieur est militaire?”〔法语：“先生是军人？”〕

“Oui, monsieur.”〔法语：“是的，先生。”〕

“Monsieur a été en Algérie?”〔法语：“先生去过阿尔及利亚？”〕

“Oui, monsieur.”〔法语：“是的，先生。”〕

“我的大儿子也一样，而且现在还在那里。您大概到奥兰去吧？”

“Non, monsieur.”〔法语：“不，先生。”〕

“你们那地方有长途马车吗？”

“在雅瑟与布加勒斯特之间有。[1]”我用满有把握的神态回答道，

---

① 瓦拉几亚在罗马尼亚。

"不过我们的长途马车是用牛拉的。"

这使我的邻座感到十分惊讶,他肯定会起誓说我是瓦拉几亚人;①在这个幸运的细节之后,甚至那警士也变和气了,话也开始变多了。

在里昂,我拎起自己的手提箱,立刻雇车赶到另一个长途马车店,爬上马车顶的座位②,五分钟后,我就奔驰在驶往日内瓦去的大路上了。在法国边境的最后一个大城市,在警察局前面的小广场上坐着警察局长,带着一名文书,他身边还站着几名宪兵:这里要预先检查派司。我并不完全符合派司上记载的特征,因此我从车顶上爬下来,对一名宪兵说:

"Mon brave〔法语:老总〕,劳驾,哪儿可以跟您很快弄得一瓶酒喝呢? 请指点一下,真叫人受不了,好热呀。"

"瞧,就这儿,才两步路,有一家我亲姐姐开的咖啡馆。"

"那派司怎么办?"

"您先给我,我把它交给我的搭档,他会给我送回来的。"

一分钟后,我们便坐在他亲姐姐开的咖啡馆里喝干了一瓶博恩葡萄酒,而五分钟后他那朋友就把派司送了过来,我敬了他一杯酒,他举手行了个礼,然后我们便像好朋友似的向长途马车走去。第一次就这么顺利地蒙混过关了。我们走到了边境——边境上有条河,河上有座桥,过桥便是皮埃蒙特海关。法国宪兵在河岸上来回巡查,寻找早已越境的赖德律-洛兰,或者至少是费利克斯·皮亚③,后来,他也像我一样,拿了瓦拉几亚派司,还是出境了。

乘务员告诉我们,这里要彻底检查证件,这需要很长时间,大约半小时,因此他建议我们到驿站饭店去吃点儿东西。我们进去后刚刚坐定,就来了另一辆从里昂来的长途马车,旅客们陆续走了进来,而走在最前面的就是我的那位警士。唉,真糟糕,要知道,我告诉过他我要到

---

① 在这里,"牛拉"和"瓦拉几亚"谐音,故有此说。

② 这种铁轨马车有两层,车顶上也设有座位。

③ 费利克斯·皮亚(1810—1889):法国政治活动家,剧作家。

里昂去。我们俩冷冷地彼此鞠了一躬，他似乎也很惊奇，但是一句话也没有说。

进来一名宪兵，把派司发还给大家，长途马车已经开到河对岸去了。

“诸位请步行过桥。”

这时候，我想，要出事了。我们走了出去……瞧，我们已经在桥上了——没出事，瞧，已经过了桥——也没出事。

“哈哈哈，”那位警士神经质地笑着，说道，“总算过境了，嘿，如释重负啊。”

“怎么，”我说，“您也是？”

“看来，您不也是吗？”

“哪能呢，”我衷心地笑着回答，“我直接从布加勒斯特来，差点儿没坐牛车。”

“算您走运，”乘务员伸出一只手指吓唬我，说道，“以后要加倍小心，一个小孩领您到车行去的时候，您干吗给他两法郎小费呢？好在他也是我们的人，他立刻告诉了我：‘大概是红党，在里昂一分钟也没有停留，一买到票就高兴得什么似的，还给了我两法郎小费。’‘快闭嘴，别多管闲事，’我对他说，‘要不然，让什么混账警察听见了，说不定会不让他走的。’”

第二天我们就到了日内瓦，到了被迫害者的这个古老的避风港……米什莱①在他的十六世纪史中说：“国王驾崩后，有一百五十户人家跑到了日内瓦；过了若干时候，又跑了一千四百户。来自法国和来自意大利的流亡者奠定了日内瓦的真正基础，它是三个民族之间的最佳避难所；它没有任何靠山，又怕当地的瑞士人，它之所以能坚持下来全靠自己的精神力量。”②

---

① 米什莱（1798—1874）：法国历史学家，《法国史》（至 1789 年）、《法国革命史》的作者。

② 见米什莱《法国史》第二十二章。

当时,瑞士是一个集中地,欧洲各种运动中幸免于难的残余势力,从四面八方汇集到这里来。所有失败的革命的代表人物,在日内瓦与巴塞尔之间四处漂泊,一群群武装起义者纷纷越过莱茵河,其余的则从圣戈德山口或者翻过汝拉山脉进来。胆小的联邦政府当时还不敢公开驱逐他们,瑞士各州还保持着自己作为避难所的古老而又神圣的权利。

所有这些人就像接受检阅似的,排成阅兵式,走过日内瓦,稍作停留和休息,然后又继续前进,关于这些人,流传着各种传说,我对他们心仪已久,而现在我正急于想见到他们……

第三十七章

建造巴别塔①——德国的Umwälzungsmänner〔德语:动摇根基者〕——法国的红色山岳派——日内瓦的意大利fuorusciti〔意语:流亡者〕——马志尼、加里波第、奥尔西尼……——罗马与日耳曼传统——乘坐“拉杰茨基公爵”号

有一个时期,当我义愤填膺、哭笑不得的时候,我曾想摹仿格兰维尔②的插图风格写一本抨击性的小册子*Les réfugiés peints par euxmêmes*〔法语:《流亡者的自我表现》〕。我很高兴,我没有这样做。现在我看问题冷静些了,笑人家笑得少了,心中的愤怒也少了。更何况,流亡的时间持续得太长,使人感到的压抑太沉重了……

虽然这样,即使现在,我仍要说,没有一定的目的而选择流亡,只是由于敌对政党的胜利而被迫出此下策,这样的流亡只会阻止发展,把人从积极的活动状态拉进虚无缥缈的世界。当一个人满腔愤恨地离开祖国,经常盘算着明天能够再回归祖国,这样的人不是向前走,而是经常怀旧;因为总是把希望寄托在未来,这样就会妨碍一个人坐下来从事长期的劳动;愤恨和空洞的,但是恶狠狠的争论,只会使人沉湎于过去那些问题、思想和回忆之中,而且从中只会产生传统的令人挥之不去的压力。一般说来,人,尤其是处在特殊状况下的人,总有一种特殊的爱好,

---

① 源出《旧约·创世记》:挪亚的子孙们想在示拿这地方建造一座塔,塔能通天,这塔就是巴别塔。后被耶和华变乱口音,使他们的语言彼此不通,遂未建成。

② 让·格兰维尔(让·热拉尔的笔名)(1803—1847):法国漫画家和插图画家。

喜欢事物的形式，喜欢行为作风，喜欢职业的外表，——凡此种种，都会使人墨守成规，食古不化。

所有的流亡者都与他们所属的活的生活环境断绝了联系，他们闭上眼睛不看令人痛苦的真实情况，多半沉湎于幻想的、封闭的小圈子，这圈子不外是一些陈腐的回忆和无法实现的希望。此外还可以加上与一些非流亡者的格格不入，某种愤愤不平，多疑成性，落落寡合和妒贤忌能，——凡此种种，加在一起，再出现一个新的、固执成性的以色列，就是完全可以理解的了。①

一八四九年的流亡者，还不相信自己敌人的胜利是长期的，他们还沉醉在不久前的旗开得胜中，人民兴高采烈的歌声和他们的鼓掌声还在他们的耳边回响。他们坚信，他们的失败只是暂时的失利，因此他们还不肯把衣服从旅行箱里取出来，放进五斗柜。与此同时，巴黎却已经处在警察的监视下，罗马也已经在法国人的攻打下陷落了，②普鲁士国王的弟弟正在巴登耀武扬威③，而帕斯凯维奇则用俄国人惯用的伎俩，用贿赂和空口许愿欺骗基奥尔盖伊，占领了匈牙利④。日内瓦已人满为患，充满各国的逃亡者，变成了一八四八年革命的科布伦茨⑤。分布在各国的意大利人，逃避博沙尔侦讯⑥和凡尔赛审判的法国人，在自己

① 以色列王国是巴基斯坦的一个古国，公元前七二二年被亚述帝国灭亡。大批犹太人（古称希伯来人）流离失所，迁往异域。

② 一八四九年二月九日，罗马人民成立了自己的共和国，推翻了教皇政权，路易·波拿巴以此为借口对罗马进行武装干涉。法军于一八四九年四月二十五日在契维塔韦基亚港登陆后向罗马挺进，并于一八四九年七月三日攻陷罗马。

③ 一八四九年五月巴登和普法尔茨爆发起义。普鲁士军队对此进行武装干涉，镇压了这次起义。武装干涉者的最高指挥是普鲁士的威廉亲王。

④ 帕斯凯维奇（1782—1856）：俄国元帅，他曾于一八四九年率俄军镇压匈牙利革命。基奥尔盖伊（1818—1896）：匈牙利革命军总司令，于一八四九年八月叛国投敌，向俄军投降。

⑤ 科布伦茨：一座德国城市，十八世纪末，法国革命时，曾一度成为封建君主反革命势力逃亡国外的集中地。

⑥ 博沙尔（1809—1887）：法国保皇派，制宪议会议员，曾负责对法国一八四八年六月起义的侦查起诉工作，并就侦查结果向议会报告。

的军官和古斯塔夫·施特鲁沃的率领下，队列整齐地开进日内瓦的巴登民兵①，维也纳起义的参加者②，波希米亚人，波兹南和加利西亚的波兰人③——所有这些人都聚集在贝尔格饭店和邮局咖啡馆之间。他们中最聪明的人开始明白，这样的流亡不可能是权宜之计，大家纷纷谈到美国，于是便远走高飞。但是大多数人却截然不同，尤其是秉性难移的法国人，他们每天都在等候拿破仑的死和共和国的诞生：一些人认为，这应该是民主的和社会主义的共和国，另一些人则认为，这应该是民主共和国，而绝对不是社会主义共和国。

我来到日内瓦后过了几天，有一回我在帕基散步，遇到一位俄国乡村神父模样的上了年纪的先生，戴着一顶宽檐的矮礼帽，穿一件发了黑的白上装，他走路的神态颇像一个去做涂油礼的神父；走在他身旁的是一位身材十分高大的人，仿佛用几块庞大的人体胡乱拼装在一块似的。同我在一起的是青年文学家弗·卡普④。

“您不认识他们？”他问我。

“不认识，不过，如果我没有弄错的话，那是挪亚或者罗得正在跟亚当散步，不过亚当挡在身上的不是无花果叶，而是一件穿得很不合身的大衣。⑤”

“这是施特鲁沃和海因岑⑥。”他笑着回答，“想认识一下吗？”

---

① 指巴登的军队和民兵在普鲁士军队的进攻下英勇奋战，后来又井然有序地撤离德国，开进瑞士。施特鲁沃（1805—1870）：德国共和派，一八四八年巴登起义的领导人之一。

② 一八四八年八月三日，维也纳爆发起义，以抗议派遣奥地利远征军镇压匈牙利革命。奥地利皇帝派七万军队镇压起义者。十一月一日起义被镇压。

③ 由于欧洲革命运动的高涨，波兹南和加利西亚的民族解放运动也随之加强。一八四八年三月在波兹南爆发起义，十一月一至二日又在加利西亚爆发起义。这些起义均告失败。

④ 卡普（1824—1884）：德国政治活动家和文学家，曾参加一八四八年革命。

⑤ 挪亚、罗得、亚当都是《圣经·旧约》中的人物。亚当在伊甸园偷食禁果后，发现自己赤身露体，遂用无花果叶编成裙子，遮蔽私处。

⑥ 海因岑（1809—1880）：德国共和派，政治家，巴登起义的参加者。

"很想。"

他把我带过去，做了引荐。

我们谈了什么话，这微不足道。施特鲁沃正要回家，他请我们去做客；于是我们就跟他去了。他的寓所不大，挤满了巴登人；他们中间坐着一位高高的、远看非常漂亮的女人，她的头发蓬松，非常浓密，十分别致地披散下来，——这就是著名的阿马利娅·施特鲁沃，他的妻子。

施特鲁沃的脸从一开始就给我留下奇特的印象：这脸流露出一种精神上的刚毅，这是因宗教狂信而使虔信者和分裂派教徒拥有的一种神态。瞧着他那刚毅而又紧蹙的前额，瞧着他那安详的眼神和蓬乱的胡子，瞧着他那斑白的头发和他的身影，我觉得他好像或者是古斯塔夫·阿多夫①军队中的一位老而不死的狂信的牧师，或者是某个宣扬悔罪和同领两种圣餐的塔波尔派教士②。海因岑这个德国革命中的索巴凯维奇③，他的外表粗粗大大，阴阳怪气；容易激动，但行动笨拙，他总是怒气冲冲地皱着眉头看人，不爱多说话。他后来写道，只要在地球上屠杀二百万人——革命就将无往而不胜。谁要是见过他，哪怕只见过一面，他这样写，就不会觉得奇怪了。

我不能不讲一件非常可笑的事，而且这事就发生在我身上，即有关这种残暴的杀人行径。日内瓦曾经住着(不过他现在也住在那里)一位世界上最善良的医生P，他是一位最柏拉图式的④、一往情深的、至死不渝的革命情人，是所有流亡者的朋友；他常常自己掏钱给人治病，给人吃，给人喝。常常，不管你多早到 café de la Poste〔法语：邮局咖啡馆〕去，这大夫已经早早地坐在那里，而且已经读了三四份报纸了。有

---

① 即古斯塔夫二世(1594—1632)：一六一一至一六三二年瑞典国王。

② 十五世纪捷克宗教改革中胡斯派中的激进派，活动中心在捷克的塔波尔，故名。代表农民、手工业者和城市贫民的利益。主张建立废除等级特权的自由教会公社，把土地分给农民，取消国家，废除私有制。在领圣餐的仪式中也主张人人平等，神父与一般教徒同领两种圣餐(饼和酒)，而不是一般教徒只能领饼，不能领酒。

③ 果戈理《死魂灵》中的人物，外表粗粗大大，行动笨拙，像只大狗熊似的。

④ 指纯精神上的、虚幻的、不求实际的。

一天，他向我神秘地勾勾手，向我耳语道：

“我想，今天巴黎一定很热闹。”

“为什么？”

“我不能告诉您我这是听谁说的，不过这人是赖德律-洛兰的亲信，他曾经路过这里……”

“最最亲爱的大夫，昨天和前天您不是也一直在盼望着什么吗？”

“那又怎么样呢，Stadt Rom war nicht in einem Tage gebaut.〔德语：罗马不是在一天之内建成的。〕”

当海因岑发表他那大慈大悲的纲领之后，我就是在这家咖啡馆向他这位海因岑的朋友请教的。

我对他说：“您这位朋友干吗要写这种有害的胡说八道呢？反动派本来就在大叫大嚷，而且他们也有权这样叫嚷——这不是利用德国人之口借尸还魂的魑魅魍魉吗，再说干吗要砍掉二百万颗人头呢？”

P 有点儿不好意思，但又不愿意出卖朋友。

“我说，”他终于说道，“您也许忽略了一点：海因岑讲的是全人类，其中起码包括三十万中国人。”

“哦，这就是另一回事了，他们死不足惜。”我回答，此后，每当我想起这个自我解嘲的理由，就不能不狂笑不已。

我在帕基遇到他们之后过了两天，我下榻的 hôtel des Bergues〔法语：贝尔格饭店〕的侍役，急匆匆地跑进我的房间，煞有介事地禀报道：

“施特鲁沃将军率副官们驾到。”

我还以为，或者是什么人派这个小厮来开玩笑，或者是他信口开河，胡说八道；但这时房门忽地打开，

Mit bedäc htigem Schritt

古斯塔夫·施特鲁沃 tritt……

〔德语：古斯塔夫·施特鲁沃小心翼翼地迈着步子进了屋……〕①

---

① 套用席勒的叙事诗《手套》中的诗句。

跟他一起进来的还有四位先生;其中两位穿着当时巴登义勇军穿的军装,还箍着一枚大大的红袖章,红袖章上还装饰着各种标志。施特鲁沃向我介绍了自己的随从,民主地称他们是"流放中的弟兄"。我高兴地听到,他们中有一位年轻人,才二十上下,一副学生派头,似乎刚读完大学一年级,已经顺利地临时当上了内务部长的职务。

施特鲁沃立刻教训我,向我宣讲了他关于七大祸害的理论,der sieben Geißeln〔德语:这七大祸害是〕:教皇、神父、国王、士兵、银行家等等——又宣讲了必须建立某种民主的和革命的宗教问题。我向他指出,如果,要不要建立一种新宗教取决于我们的意愿,那,还是不建立任何宗教为好,而把这事交给上帝去办,因为,就事物的本质而言,这多半应当由上帝的意志来决定。我们争论了起来。施特鲁沃讲到有关Weltseele〔德语:世界精神〕的一些理论,我回答他说,尽管谢林对什么是世界精神作了十分明确的界定,称它是 das Schwebende〔德语:某种想入非非的东西〕,我还是莫名其妙。他闻言从椅子上跳起来,走到我身边,贴近我,说:"对不起,借光了。"接着他便用手指摸我的头,还用手指摁来摁去,好像我的头颅是由管风琴的琴键组成似的。

"的确,"他对他的那四个流放中的弟兄补充道,"Bürger Herzen hat kein,aber auch gar kein Organ der Veneration.〔德语:"公民赫尔岑没有任何,简直没有任何崇敬的结节。"〕"

因为我没有"崇敬的结节",大家都很满意,我也一样。

这时他对我说,他是一个对颅相学作过深刻研究的人,他不仅写过一本研究哈尔①体系的书,甚至还据此挑选他的阿马利娅做试验,预先摸过她的颅骨。他说,她几乎完全没有情爱的结节,她的后脑勺本来应当是有管情爱的东西的,可它却几乎是扁平的。正是根据这一理由,他才娶她为妻,因为有了这一理由,将来要离婚,也就足够了。

施特鲁沃是个非常怪的怪人,只吃素食加牛奶,不喝酒,而且他让

① 哈尔(1758—1828):奥地利医生,伪科学——颅相学的创始人。

他的阿马利娅也必须这样做。他觉得,这样做还不够,他每天还带着她到阿尔夫河洗澡,因为那里的河水是从山上奔腾而下的,即使夏天也来不及被太阳晒热,只能勉强达到八度。

后来我有机会跟他谈到以植物充饥的问题。我反驳他说(就像人们通常反驳的那样):说人的牙齿构造不同,把植物的纤细蛋白转化成能,要花费很大力气,我又指出,食草类动物的脑子不够发达。他老老实实地听着,并不生气,但是仍固执己见。最后,他分明想使我大吃一惊地对我说道:

"您知道,如果一个人永远吃植物,就能清洗自己的机体,死后根本不会发臭吗?"

"听了这话使我感到很愉快,"我反驳他道,"但是这对我有什么好处呢? 我死后也不会自己闻自己有没有气味呀。"

施特鲁沃甚至都没有颔首微笑,而是坦然而又信仰坚定地对我说道:

"将来您就不会这么说了!"

"那也要等我崇敬的结节长出来以后再说。"我加了一句。

一八四九年年底,施特鲁沃寄给我他为自由德国新发明的一种日历。日子和月份全译成某种古日耳曼语和难懂的语言:日历上取消了圣徒纪念日,而是每天纪念两个名人,比如华盛顿和拉斐德①,但是第十日却规定纪念人类的敌人,例如尼古拉和梅特涅②。当纪念特别伟大的人,纪念路德、哥伦布等时,这天就是节日。在这本日历上,十二月二十五日本来是基督圣诞节,可是施特鲁沃却十分巴结地用阿马利娅的生日取而代之!

有一回,他在街上遇见我,顺便告诉我说,必须在日内瓦出版一份

① 拉斐德(1757—1834):曾参加十八世纪末的法国革命,君主立宪派,后参加北美独立战争,被誉为"新世界的英雄"。

② 梅特涅(1773—1859):奥地利外交大臣和首相。曾参与建立神圣同盟,镇压欧洲革命和民族解放运动;推行反动的"梅特涅制度",镇压奥德境内的民主运动。

刊物，为各国流亡者所共有，用三种语言出版，它可以起到反对“七种祸害”的作用，并保持现在被反动派所扑灭的各民族的“神圣火焰”。我回答他说，这自然很好。

出版刊物是当时的流行病：每过两三星期就会出现一些计划，出现几份试刊，分发一些纲领，然后出了两三期——一切就偃旗息鼓，烟消云散。有些人一无所能，却认为自己能够出版刊物，拼拼凑凑，弄到一二百法郎，把它们用来办了第一期，也就是最后一期。因此对于施特鲁沃的打算，我丝毫也不感到惊奇；但是第二天一早，大约七时许，他又来找我，却使我吃惊不小。我还以为发生了什么不幸的事，可是施特鲁沃却气定神闲地坐下来，从口袋里掏出一张纸，准备读给我听，在读以前，他说道：

“公民，因为我们俩昨天已经商定必须出版一份刊物，所以我来向您宣讲一下该刊物的出版纲领。”

他读完后宣布，他还要去找一下马志尼①和其他许多人，并邀请他们到海因岑家去开个会，商量商量。因此我也到海因岑家去了。他没好气地坐在桌旁的一把椅子上，一只大手里拿着一本笔记本，另一只向我伸过来，用粗重的嗓音嘟囔道：“公民，请坐！”

到会的共有七八名德国人和法国人。法国制宪议会的一名前国民代表作了各项支出的预算报告，并用歪歪斜斜的笔迹写着什么。马志尼进来后，施特鲁沃就建议宣读海因岑写的出版纲领。海因岑清了清嗓子，开始用德语宣读，尽管只有法语才是大家听得懂的共同语言。

因为他们没有一点儿新思想的影子，所以这个所谓纲领也不过是空谈民主的成千上万种变奏曲的一种，这不过是用革命词句编写的华丽辞藻，就像用《圣经》经文编写的教堂布道书一样。海因岑为了防备被别人指责为社会主义，只好说，民主共和国本身就能处理好经济问

① 在一八四八至一八四九年意大利革命被镇压后，马志尼即于一八四九年七月流亡日内瓦，并在那里认识了赫尔岑。从一八五〇年起，马志尼主要住在伦敦。

题,而且会使人人安居乐业。一个要求屠杀二百万颗人头而眼睛都不眨一下的人,居然害怕有人会认为他们的机关报是共产主义的机关报。

纲领宣读完毕后,我对此提出了异议,但是根据他的语无伦次的回答,根据施特鲁沃的干预和那位法国代表的手势,我明白了,我们应邀前来开会,目的是为了通过和接受海因岑和施特鲁沃提出的纲领,而根本不是为了让我们来进行讨论的;不过话又说回来,这完全符合诺夫哥罗德总督艾尔皮季福尔·安季奥霍维奇·祖罗夫的理论。①

马志尼虽然闷闷不乐地听着,不过他还是同意了,几乎是头一个认购了两三股股票。"Si omnes consentiunt, ego non dissentio."〔拉丁语:"既然大家都同意,我也不反对。"〕②我就像席勒《强盗》中舒夫特勒般想道③,于是我也认购了几股。

然而,认购股票的人还是少了点儿;不管那位代表怎么计算,怎么估量,认购数仍嫌不足。

"诸位,"马志尼说,"我倒想出了个办法来克服这一困难:你们可以先出法文版和德文版,至于意大利文版,我可以把所有的优秀文章都登在我的*Italia del Popolo*〔意语:《人民意大利报》〕④,——这样你们就可以减少三分之一的支出了。"

"可不是吗!这办法太好了!"

马志尼的提议被大家一致通过。他很高兴。我感到非常可笑,非常想告诉他,我看到他偷换了牌。我走到他身边,觑准了一个没人在他身旁的机会,说道:

"您非常巧妙地甩掉了这份杂志。"

"听我说,"他说道,"意大利文版的确是多余的。"

"我看,其他两种也一样!"我补充道。他脸上闪过一丝笑容,但很

① 参见《往事与随想》第二卷。——作者原注

② 见《强盗》第一幕第二场。

③ 这话不是舒夫特勒,而是格里姆说的。

④ 从一八四八年起出版,先在米兰出版,后在热那亚。

快就消失了，就像它从来不曾有过一样。

我这是第二次看见马志尼。马志尼听说我在罗马待过，想跟我认识一下，有一天早晨，我跟斯皮尼一起到帕基去拜访他。①

我们进屋后，看到马志尼正闷闷不乐地坐在桌旁，听一个年轻人说话。这年轻人高高的身材，匀称的体格，长得很英俊，一头淡黄色头发。这是加里波第的勇敢的战友、Vascello〔意语：瓦斯彻洛〕②的保卫者、罗马军团的领导人贾科莫·梅迪契③。此外，一旁还坐着另一个年轻人，他在沉思，毫不理会周围发生了什么，表情忧郁，心不在焉，——他是马志尼三人执政的搭档，名叫马克·奥列利·萨斐④。

马志尼看见我后便站起身来，目光锐利地注视着我的脸，向我友好地伸出了两只手。即使在意大利，也很少能遇到像他这样在严肃中透着优雅、这样端正、符合古典美的头颅。他的面部表情有时很生硬，很严峻，但是它立刻又舒展开来，变得柔和和非常开朗。他那忧郁的眼神常常会闪现出活跃而又专注的思想光芒；他的眼神和额上的皱纹，都显露出他的意志十分坚强，凡事锲而不舍，百折不回。在他的整个相貌上都可以看出他多年操劳，夜不能寐，经历过无数暴风骤雨，经历过许多强烈的情感，或者不如说，只有一种强烈的情感，而且还是某种狂热的情感——也许是苦行僧般的情感的痕迹。

马志尼在待人接物上非常平易近人，对人十分和蔼可亲，但是也看得出他习惯于发号施令，尤其在争论的时候；在彼此矛盾的时候，他费了很大力气才能掩盖住心头的懊丧，而有时候他甚至都不想掩饰它。

---

① 帕基在十九世纪中叶是日内瓦近郊的一个小镇，坐落在日内瓦湖西岸，从一八四九年七月二十二日至十月十二日，在搬到洛桑去以前，马志尼一直住在那里，这时，赫尔岑也住在日内瓦。斯皮尼是流亡日内瓦的意大利民族解放运动的参加者。

② 罗马郊区的一个别墅名，扼守通往罗马西门的咽喉。

③ 贾科莫·梅迪契（1819—1882）：意大利民族解放运动的积极活动家。一八四八年罗马共和国保卫战的领导人之一。

④ 萨斐（1819—1890）：意大利革命家，马志尼的忠实战友。罗马共和国被颠覆后，他于一八四九年八月流亡日内瓦，并在此认识了赫尔岑，两人交往颇深，直到他们俩客居伦敦，仍保持友好的来往。

他知道自己的力量，因此对专制独裁环境的任何外在显现常常表示出公开的蔑视。当时，他的名望极高。他在自己的小房间里，嘴里总是衔着雪茄。马志尼在日内瓦就像从前教皇在阿维尼翁一样，他手里握着心理电报的电线，这电线使他与整个意大利半岛保持着息息相关的联系。① 他知道自己政党心脏的每次跃动，感觉到最微小的震动，而且他对每次震动都立刻作出响应，并以一种惊人的不知疲倦的精神对一切人和事作出总的指示。

他是一个狂热的革命者，同时又是一个组织者，他用彼此联系、奔向同一目标的秘密团体的网，覆盖了整个意大利。② 这些秘密团体又分成一条条看不见的动脉伸向全国各地，而且越分越小，越分越细，最后消失在亚平宁山脉和阿尔卑斯山脉之中，消失在贵族们威严的 palazzi〔意语：宫殿〕和意大利许多城市的穷街陋巷中，而这是任何警察都无法渗透进去的。乡村的神父们、长途马车的乘务员们、伦巴第的王公们、走私贩子们、客栈老板们、妇女们和强盗们——一切都为意大利的民族解放事业服务，所有的人都是总的链条中的一环，而这链条则通向他，服从他的领导。

从门诺蒂和邦蒂埃拉兄弟③时代起，热情洋溢的青年、坚强有力的平民和慷慨激昂的贵族，有时还有年迈的老人……便接连不断地、一批

① 罗马共和国被颠覆后，马志尼流亡日内瓦，但他保持着与国内的联系，继续领导意大利的革命组织和转入地下的民族解放运动。罗马教廷在一三〇八至一三七七年期间，曾从罗马迁至阿维尼翁。罗马教皇虽然身处国外，仍通过他分布在意大利各地的代理人掌握着他对意大利的统治权。

② 马志尼在十九世纪三十至五十年代建立了许多秘密组织和秘密团体，几乎覆盖了整个亚平宁半岛。其中包括一八三一年建立的“青年意大利”，一八四八年建立的“意大利民族协会”，一八五〇年建立的“意大利民族委员会”，以及一八五三年建立的“行动党”。

③ 门诺蒂（1798—1831）：意大利革命家，烧炭党员。一八三一年，门诺蒂曾在意大利的莫德纳密谋统一意大利，后被出卖，被捕后处死。邦蒂埃拉兄弟：兄阿蒂利奥（1810—1844），弟埃米利奥（1819—1844），意大利革命家，“青年意大利”成员，因企图发动起义反对波旁王朝，被那不勒斯王国政府处死。

又一批地走出来，按照马志尼指示的方向前进。马志尼是邦纳罗蒂①一手提拔起来的，而邦纳罗蒂又是格拉古·巴贝夫②的同志和朋友，——这些志士仁人与敌人进行着敌强我弱的战斗，无视敌人的锁链和断头台，临死前还高呼“Viva l'Italia!”〔意语：“意大利万岁!”〕，有时其中还掺杂着“Evviva Mazzini!”〔意语：“马志尼万岁!”〕的呼号。

这样的革命组织，无论何时何地还从来不曾有过，除了在意大利，——还有在西班牙，恐怕哪里也不可能有。现在它已失去从前的统一，失去了从前的力量，它已被十年的磨难耗尽了精力，流尽了鲜血，它已被等待弄得筋疲力尽，它的思想老化了，然而这时候它却具有怎样的冲动和怎样的榜样啊：

皮阿诺里，奥尔西尼，皮萨卡纳③!

我不认为用一个人的死便能使一个国家从现在法国所处的衰败状态得到复兴。④

我也不赞成皮萨卡纳据此作出自己的登陆行动的那个计划⑤；我认为这样做不合时宜，就像前两次发生在米兰的行动一样；⑥不过问题

---

① 邦纳罗蒂(1761—1837)：法国革命家，空想共产主义者，巴贝夫的战友。马志尼在参加革命活动之初，曾是邦纳罗蒂的战友，并受他的思想影响，后因纲领和策略上的分歧分手。

② 巴贝夫(1760—1797)：法国革命家，空想共产主义者。

③ 皮阿诺里(1827—1855)：曾参加意大利一八四八年革命，罗马陷落后流亡国外，因行刺路易·拿破仑被处死。奥尔西尼(1819—1858)，意大利复兴运动的积极活动家。因参加青年意大利党，一八四四年被判终身苦役，一八四六年因大赦获释，参加一八四六至一八四七年佛罗伦萨解放运动，后又参加一八四八至一八四九年意大利革命时期的威尼斯保卫战。五十年代流亡国外，参加马志尼的密谋活动。一八五八年因在巴黎行刺路易·拿破仑，被处死。皮萨卡纳(1818—1857)，意大利革命民主主义者，曾参加一八四八年革命，领导罗马共和国军队参谋部，革命理论家。

④ 指行刺路易·拿破仑的个人恐怖行动。

⑤ 指一八五七年皮萨卡纳与马志尼一起制定了一个远征南意大利的行动计划：在那不勒斯突然登陆。

⑥ 指一八五三年二月六日的米兰起义，以及一八五四年九至十月企图在米兰组织起义的行动。这两次都因准备不足，缺乏领导人，又缺少武器而告失败。

不在这儿,在这里,我想谈的仅仅是他们执行这些计划时义无反顾的精神。这些人以自己的力挽狂澜,视死如归的壮烈牺牲精神压倒了任何人的说三道四和任何人的指责。我不知道无论是希腊人、罗马人,还是基督教和宗教改革的殉教者们,还能有比这更伟大的英雄气概!

一小群坚忍不拔的人乘船来到不幸的那不勒斯海岸,他们是一种挑战,是一种榜样,是一种活的见证,说明人民中的慷慨悲歌精神还没有灭绝。年轻而又英姿飒爽的领袖,高举义旗第一个倒下——而在他之后,其他人也前仆后继,纷纷倒下,或者更糟,落到波旁王朝的魔爪之中。①

皮萨卡纳之死和奥尔西尼之死,犹如在沉闷的夜空中响起的两声惊雷。拉丁语系的欧洲大惊失色,那头野猪被吓坏了,急忙退到卡塞塔城堡,躲进自己的巢穴。那名把法兰西送往墓地的丧车驾驶人,则吓得面如土色,在车夫座上摇摇欲坠。②

难怪皮萨卡纳的登陆,在民间被写成了诗,广为流传。

以下是这些已变成民间传说的绝妙诗行的贫乏的散文翻译③:

> 他们手持武器下了船,
> 但是他们并没有同我们打仗;
> 他们扑倒在地上,亲吻自己的土地;
> 我望了望他们中间的每一个人,每一个人——
> 所有人的眼眶里都噙着眼泪,
> 而且所有人都在微笑。

---

① 他们在萨普里(那不勒斯王国的西海岸)登陆时仅三百人,由于没有得到当地居民的支持,他们被波旁王朝的宪兵和陆军歼灭。第一个倒下的是皮萨卡纳。其他幸存者都被抓了起来,并交法庭审判。

② 这是作者形象化地说明,欧洲各国的反动势力虽然猖獗一时,但已被皮萨卡纳和奥尔西尼的英雄行为所动摇,而首先被动摇的则是两个拉丁语系国家——意大利和法国。"野猪"指那不勒斯国王斐迪南二世;"卡塞塔"是他的城堡;"丧车驾驶人"则指法国皇帝拿破仑三世。

③ 原诗是德语,从略。

有人对我们说，他们是从匪窟中出来的强盗；
但是他们什么也没有拿，
甚至没拿一块面包，
我们从他们嘴里听到的只有呐喊：
“我们是来为我们的祖国死的！”
他们共有三百人，他们都很年轻和强壮，
但是他们都牺牲了！
身先士卒，走在最前面的
是一位金发碧眼的年轻领袖，
我鼓起勇气，握住他的手，
问他：英武的领袖[①]，你上哪？
他看了看我，说：“我的妹妹，
我要去为祖国而死！”
我的心悲痛欲绝，我说不出话来，
但是我要说：“愿上帝保佑你！”
他们共有三百人，他们都很年轻和强壮：
但是他们都牺牲了！
…………

（梅尔坎蒂尼《萨普里的刈麦女郎》）

一八四九年，马志尼就是政权，难怪各国政府都怕他[②]；那时候他就像一颗明星，光芒四射——但是已经日薄西山。这颗明星本来还可以长久地待在自己的位置上，慢慢地暗淡下去，但是因为它一再遭受失败和重蹈覆辙，于是这颗明星很快陨落了。

---

① 我也认识这个英武的领袖，而且还不止一次地同他谈过他那悲惨的祖国的历史。——作者原注

② 一八四九年，马志尼曾领导过罗马革命政府——三人执政。罗马共和国被颠覆后，他的威望仍旧很高，他就是意大利革命的象征。他的名字曾引起欧洲各国君主和反动派的恐惧，他们在报刊上对他群起而攻之，对他进行恶毒的诽谤。

马志尼的朋友们，有些去投靠皮埃蒙特，有些去投靠拿破仑。[1] 马宁则走上了一条他自己的革命小路，形成分裂[2]，意大利人的联邦思想抬头了。

加里波第本人只好硬起心肠，对马志尼进行严厉谴责，并受到马志尼敌人的怂恿，发表了一封公开信，信中不指名地批评了他[3]。

…………

正是由于这个原因，马志尼的头发白了，人也苍老了；正是由于这个原因，他的脸上和眼神里增加了少许愤愤不平、心情焦躁，甚至愤世嫉俗的表情。但是这样的人是不会低头的，他们决不会退让。他们的事业越糟，他们的旗帜就举得越高。今天，马志尼失去了朋友，失去了金钱，好不容易才摆脱了锁链和绞刑架，明天他就会变得更坚定，更顽强，他会募集到一批新款项，找到一批新朋友，他将会勒紧裤带，节衣缩食，放弃一切享受，甚至不吃饭，不睡觉，整夜整夜地寻思新的办法，而且他每次还真的能想出办法来，于是又重新投入新的战斗，又被打败，又百折不回地从头做起。在这种坚忍不拔、持之以恒的精神中，在这种与事实相悖的信仰中，在这种败不馁，而是更加意气风发、知难而上的永不疲倦的活动中，自有一种伟大的精神，或者不妨称之为疯狂的东西。常常，正是这种疯狂造就了胜利：它刺激了人们的神经，吸引着人们。一个直接付诸行动的伟人必然是一个伟大的躁狂症患者，尤其是拥有像意大利人这样意气风发的人民，更何况，他还是在捍卫民族精神这一作为宗教观的思想。仅凭后果就可以看出，马志尼虽然屡战屡败，

---

① 指十九世纪五十年代意大利共和派（其中包括马志尼派）中出现的分裂。一派与马志尼分裂，主张在皮埃蒙特国王维克多·曼努尔二世的领导下统一意大利。另一派则受到波拿巴主义的影响，对拿破仑三世寄予幻想，希望在他的帮助下实现意大利统一。

② 马宁（1804—1857）：意大利政治活动家和革命家，一八四八年米兰起义后，曾出任威尼斯共和国总统。一八四九年领导威尼斯保卫战失败，流亡法国，逐渐放弃了共和主义纲领。

③ 指加里波第于一八五四年八月在《人民意大利报》发表的谴责马志尼的公开信。

他并没有失去自己对意大利民众的像磁铁般的吸引力。率领人民前进的不是理智,不是逻辑,而是信仰、爱和恨。

意大利的流亡者无论在才华上,也无论在所受的教育上,都不比其他人高:他们中的大部分人,除了本国的诗人和本国的历史以外,甚至什么也不知道:但是他们没有法国雄赳赳的民主派那种墨守成规、因循守旧的气质(法国人的言谈举止、音容笑貌以及喜怒哀乐都一样,甚至连表达感情的方式也彼此相同),他们也没有德国流亡者特有的那种不文明的、粗野的、庸俗低级的、不登大雅之堂的性格。法国平庸的民主派是 in spe〔拉丁语:未来的〕资产者,德国的革命者也像德国的大学生一样,都是些庸人,不过所处的发展阶段不同而已。而意大利人却要独特些,更具个性些。

法国人是用同一个模子成千上万地生产出来的。现政府并不是制造了,而只是明白了消灭个性的秘密——它完全根据法兰西精神建立了社会教育,即一般的普通教育,因为法国并没有家庭教育。在帝国的所有城市里,在同一天,同一时间,按照同一本书,教同样的东西。所有的考试,出的是同一些考题,考的是同一些例子;教师如果偏离课文或者改变教学大纲,就会立刻被解职。这种死气沉沉的、千篇一律的教育,只会把过去在脑子里发酵而未成形的东西统一到强制的、传统的模式中去。这是应用于智力发展的形式上的民主与平等。意大利却截然不同。意大利人天生就是个无所不包的兼容并蓄者和艺术家,他们害怕一切军营式的、单调划一的和解几何规则般的东西,躲之惟恐不及。而法国人则是天生的士兵:他们喜欢队列、口令、军服,喜欢引起人们的恐惧。如果意大利人也学他们的样,——多半会成为土匪,而不是士兵,我说这话根本无意对意大利人有所诟病。他们不愿意奉命杀人,他们宁可按照自己的意愿去杀敌人,哪怕因此而被处死也在所不惜,而决不会诿过于人。他们宁可在崇山峻岭中艰难度日,藏匿走私的强盗,也决不会出卖他们,荣耀地在宪兵队当差。

一个有教养的意大利人,也像我们俄罗斯人一样,是自学成才的,他们靠生活、激情，偶然出现在手头的书本锻炼成长，从而达到这样或那样的认识。因此无论是他们还是我们，都有一些缺陷和不成熟之处。他们和我们一样在许多方面都不像法国人那样受过良好的专门训练，也不像德国人那样拥有渊博的理论素养，但是我们和意大利人却色彩鲜明。

我们和他们甚至还有一些共同的缺点。意大利人也跟我们一样比较懒散；他们并不认为工作是一种快乐；他们不喜欢为工作操心，为工作受累，为工作忙得不可开交。意大利的工业几乎像我们一样落后；他们也像我们一样地下埋着许多宝藏，但是他们却不去开采。小市民的新思潮并没有能彻底改变意大利的风尚，像在法国和英国那样。

意大利小市民的历史，与法国和英国资产阶级的成长完全不同。有钱的小市民，那些 del popolo grasso〔意语：脑满肠肥的人〕的后裔，不止一次地与封建贵族顺利地角逐，并且取得了胜利，成为各个城市的统治者，但是他们并没有像其他国家的暴发户那样，同平民和农民疏远，而是更接近了。小市民阶级的法文意义，其实在意大利相当于一个特殊的群体，它是在第一次革命以后形成的，这一群体，按照地质学的说法，可以称之为皮埃蒙特结构①。它在意大利的特点与在整个欧洲大陆的情况一样，即它在许多问题上经常采取自由主义态度，可是在一切问题上却害怕人民以及有关劳动和工资的太激烈的言论，还有一个特点是它从来都是向上面的敌人让步，而从来不向身处底层的自己人低头。

组成意大利流亡者的人，来自意大利社会的各阶层。聚集在马志尼周围的，什么人没有啊！其中既有见之于格维恰尔狄尼和穆拉托里的历史书②的，人们耳熟能详的古老姓氏，博罗梅、德尔-韦尔梅、贝尔热奥佐、纳尼、维斯孔蒂，其中也有某个来自阿布卢茨山区的半野蛮的

① 这里所说的第一次革命指一七八九至一七九四年的法国革命。赫尔岑所以称意大利的资产阶级是“皮埃蒙特结构”，是因为皮埃蒙特的资产阶级比意大利其他地方的资产阶级更强，他们的温和的自由主义和对人民群众革命运动的恐惧，也表现得更鲜明。

② 格维恰尔狄尼（1483—1540），穆拉托里（1672—1750），两人都是意大利的历史学家，著有多卷本的意大利史。

海盗罗密欧[①]，他的脸黑黝黝的，呈橄榄色，而且骁勇善战，百折不挠！这里也有神职人员，如西尔托里，这是一位英雄神父，威尼斯的枪声一响，他就撩起长袍，系在腰间，手持武器，在马盖拉被围困的整个保卫战中，始终冒着枪林弹雨，战斗在最前列[②]，这里还有那不勒斯军官的光辉的军事参谋部，例如皮萨卡纳、科曾茨与梅察卡波兄弟等；此外，这里还有特拉斯特韦尔工人区的平民[③]，他们忠诚于革命，不怕艰难困苦，是些久经考验的战士，他们脸色严峻、表情阴沉，从不叫苦，既很谦逊，又不可摧毁，例如皮阿诺里，而与他们并肩作战的还有托斯卡纳人，甚至他们说话的声音都很柔和，但是他们勇往直前，敢于战斗。最后，这里还有加里波第和菲利切·奥尔西尼：加里波第是一个完全取自科尔奈利·奈波特[④]的历史书的人，像孩子一样单纯，像狮子一样勇敢，而奥尔西尼的英武的头颅不久前才从断头台的阶梯上滚落下来。[⑤]

但是，我提到这些人的名字以后，不能不稍作停顿。

我和加里波第其实是在一八五四年就认识的，当时他刚从南美洲回来，担任船长，船就停靠在西印度码头[⑥]。我是同他在罗马战争中的一位战友[⑦]和奥尔西尼一起去看他的。加里波第穿着浅色的厚呢大

---

① 罗密欧（1786—1862）：烧炭党运动的参加者，一八四七年卡拉布利亚起义的领导人之一。

② 西尔托里（卒于一八七四年）：原为天主教神父，后放弃教职，参加革命。一八四八年八月曾参加威尼斯保卫战，战斗在马盖拉要塞，顽强抵抗奥地利军队，直到一八四九年五月二十七日弹尽粮绝，才退出固守的阵地。

③ 特拉斯特韦尔是罗马西南部的工人区。罗马发生革命时，该地区的工人和其他劳动人民曾是罗马共和国的积极参加者和保卫者。

④ 科尔奈利·奈波特（约公元前 100—前 27 年）：古罗马历史学家和作家。

⑤ 一八五八年一月，奥尔西尼因刺杀拿破仑三世未遂，被捕，一八五八年三月十三日在断头台被枭首示众。

⑥ 一八四八年革命失败后，加里波第不得已第二次流亡美洲，先在工厂做工，后在一艘商船上担任船长，作远洋航行。一八五四年二月，他驾驶美国的“共和”号（“Commonweaith”）商船来到英国。赫尔岑是在美国领事于一八五四年二月二十一日举行的一次午宴上认识加里波第的。

⑦ 这位战友指的是恩斯特·豪格。他曾在一八四九年罗马共和国的保卫战中作为一名志愿兵参加战斗。

衣，脖子上围着一条色彩鲜艳的花围巾，头上戴着制帽，我觉得他更像一名真正的水手，而不像是罗马民兵的出色领导人，尽管全世界都在出售他那服装奇特的小雕像。他对人既忠厚又朴实，一点儿没有架子，待人接物和蔼可亲，使我立刻对他产生了好感。他的船员几乎全是意大利人，他是头，也是最高权威，我相信他的领导是严格的，但是大家都愉快和爱戴地看着他：他们为自己的船长感到骄傲。加里波第在自己的船舱里请我们吃早点，特地请我们吃南美洲的牡蛎，还有干果、波尔多葡萄酒等，——突然，他跳起来，说道：

"等等！我要跟你们喝另一种葡萄酒。"他说罢便跑上甲板，紧接着，一名水手拿来了一瓶葡萄酒；加里波第面带笑容地看了看这瓶酒，给我们每人斟了一小杯……对一个远涉重洋回来的人，不可能期待他拿出更好的东西了！这是他家乡尼斯出产的地地道道的贝勒特牌葡萄酒①，他把它从美国带到了伦敦。

然而在他的随和与不拘礼节的谈话中慢慢地逐渐感觉到他的坚强有力：他不说空话，不讲陈词滥调，逐渐显露出他是一个以自己的勇敢使许多老兵都感到佩服的人民领袖，在这个船长身上，很容易看出他是一头受伤的雄狮，在罗马被敌人攻陷后，他还边撤退边步步反攻，在自己的战友丧失殆尽之后，他还在圣马力诺，在拉文纳，在伦巴第，在蒂罗尔，在提契诺召集旧部和其他人员，无论是士兵、农民和土匪，无论是谁，只要能打击敌人就行，而这事就发生在他妻子的遗体身旁，他妻子因受不了行军的艰难困苦死于途中。②

在一八五四年，他已与马志尼在政见上有很大分歧，虽然他和马志尼的个人关系一直很好。他曾当着我的面对他说，不要去刺激皮埃蒙特，现在的主要目标是从奥地利的压迫下解放出来，至于马志尼所设想

---

① 这是尼斯出产的最有名的葡萄酒。尼斯在一八六〇年前属意大利。

② 一八四九年罗马共和国被颠覆后，加里波第率残部企图冲进被奥军围困的威尼斯。在行军途中，他的妻子不幸牺牲。由于敌我势力悬殊，加里波第的部队伤亡惨重，他只好放弃原来的计划，再度离开意大利，亡命国外。

的，在意大利已经时机成熟应当立刻实行统一与共和制，他则表示十分怀疑。他完全不赞成现在就去到处发动起义。

当他离开伦敦到泰恩河畔的纽卡斯尔去运煤，然后再从那里驶往地中海的时候，我对他说，我非常喜欢他的航海生涯，在所有的流亡者中，他选择了一条最好的路。

“可是谁不让他们也这么做呢。”他热烈地反驳道。“这是我心爱的理想；您想笑话我，那就笑吧，但是我现在仍喜欢这个理想。我在美国有许多熟人；我还可以搞到三四艘这样的船。由我掌管。我可以把所有的流亡者都请到这些船上来：水手、大副、工人、厨师——全都由流亡者担任。现在在欧洲能做什么呢？死心塌地地逐渐习惯于过奴隶生活，背离自己的信仰，或者在英国以乞讨为生。移民英国则更糟：这是舍本逐末，这是一个‘忘记祖国’的国家，这是一个新的祖国，那里的人有别的利益，一切都不同；那些留在美国的人，会逐渐离开我们的队伍。还能有什么比我的想法更好的呢（这时他的脸亮了起来），还有什么比这更好的呢，大家聚集在一起，聚集在几根桅杆周围，在海上乘风破浪地前进，在水手们的艰苦生活中，在与大自然的搏斗中锻炼自己！这是一支漂浮在海上的革命队伍，它随时可以靠岸，愿意停靠哪儿都成，特立独行，任何人都鞭长莫及！”

这时我觉得他就像某个古代的英雄，像《埃涅阿斯纪》中的某个人物，要是他生活在另一个时代，关于他，就将形成自己的传说，就将有他自己的“Arma virumque cano!”〔拉丁语：“我要歌唱武器和男子汉大丈夫！”〕①

而奥尔西尼则完全是另一类人。他那近乎野蛮的力量和可怕的毅力，已经在一八五八年一月十四日的 rue Lepelletier〔法语：勒佩勒蒂埃街〕上得到了证实②。它们使他的伟大名字永垂竹帛，也把他三十六岁

① 这是古罗马诗人维吉尔（公元前 70—前 19）的史诗《埃涅阿斯纪》开头的诗行。

② 指奥尔西尼于该日行刺拿破仑三世。

的头颅送到断头刀下。我同奥尔西尼是一八五一年在尼斯认识的；有时候，我们甚至很接近，后来分开了，后来又接近了。最后，在一八五六年，一只灰色的猫从我们之间跑了过去，①虽然后来我们和好了，但彼此的看法就不像从前那样了。

像奥尔西尼这样的人，只有在意大利才能发展成长，然而在意大利这样的人却能在任何时期，任何时代都发展成长：他们既是搞阴谋的行家里手，又是殉道者和冒险家，既是爱国者和雇佣兵队长，又是特韦利诺②和黎恩济③，说他们是什么人都行，惟独不是庸俗无聊的小市民。这样的人在每个意大利城市的历史中都有浓墨重彩的记载。他们惊人地善良，惊人地凶残，他们的强烈的激情和坚强意志使人吃惊。骚动的酵母从早年起就在他们身上发酵，他们需要危险，需要辉煌、桂冠和赞美：这是纯粹的南国性格，他们的血管里沸腾着满腔热血，他们具有我们几乎不理解的激情，出于对某种快感的特殊渴望，他们准备忍受任何艰难困苦，作出任何牺牲。自我牺牲和忠于革命在他们身上是与复仇心理和急躁冒进并存的；他们在许多方面很单纯，在许多方面又很狡猾。他们常常不择手段，又常常铤而走险；他们是罗马“国父们”的后裔，又是体现基督精神的耶稣会神父的孩子，他们是在回忆古典时代和中世纪混乱时代的传说中受的教育，他们心里充斥着古代世界的高尚品德和天主教徒的恶习，二者混合在一起，在发酵，他们不珍惜自己的生命，但是他们也不珍惜别人的生命；他们的坚忍不拔相当于盎格鲁-撒克逊民族的固执。一方面，他们天真地喜爱外表的东西，自尊心很强，甚至达到了虚荣的地步，达到一种渴望权力，渴望掌声和荣耀；另一方面又有一种不怕艰难困苦、视死如归的罗马式的英雄气概。

---

① 俄谚，喻彼此发生了嫌隙和不和。

② 乔治·桑同名小说主人公，意大利人，很有天赋，爱好自由，任何事情都率性而为，生活在大自然中，蔑视资产阶级和贵族社会的穷奢极欲生活。

③ 黎恩济（1313—1354）：意大利政治活动家。一三四七年，他曾在罗马发动起义，建立共和国，自任保民官，后贵族叛乱，重新占领罗马，黎恩济遂逃往阿布鲁齐山区。

具有这种刚毅性格的人，只有断头台才能使他们罢手——否则的话，他们刚从撒丁王国的宪兵手中逃生，又会在奥地利鹰鹫的利爪下从事新的阴谋，刚从曼图亚的囚室里奇迹般地越狱，第二天又用跳窗时划伤的手开始起草用手榴弹爆炸的计划，然后又直面危险，把手榴弹扔到马车底下。[①] 正是在失败中，他们的形象变得越来越高大，并用自己的死来打击敌人，这样的打击无异于手榴弹爆炸的碎片产生的威力……

奥尔西尼落到格列高利十四世[②]秘密警察手中时还是个年轻人：他因为参加罗马的民族解放运动而受到审判，被判到大桡战船上去当划手，服苦役，在狱中一直待到庇护九世实行大赦。他与走私的海盗，与 bravi〔意语：被雇佣的职业杀手〕，与煤炭党的残余分子关在一起，这段生活使他对民族精神有了广泛的了解，并且锻炼了他的铁的性格。这些人经常地、每日每时地都在与压迫他们的社会作斗争，他从他们那里学会了自我克制的艺术，学会了不仅在法庭面前，甚至跟朋友们在一起的时候也保持沉默的艺术。

像奥尔西尼这样的人常常对别人有很大影响，他们自我封闭的孤僻个性既令人喜爱，同时又感到跟他在一起有点儿别扭；我们看到他们就像在欣赏雪豹的优美动作和灵巧的跳跃一样，既感到一种神经性的愉快，又掺杂着一种内心的战栗。他们是孩子，不过是凶恶的孩子，不仅通向但丁的地狱之路是由他们"铺设"的；甚至由但丁的可怕诗篇和

---

① 赫尔岑在这里讲的是奥尔西尼一生中的几件大事。一八五四年春，奥尔西尼参加了马志尼发起的在意大利中部举行起义的准备工作。密谋败露后，奥尔西尼好不容易才逃脱了撒丁王国警察的追捕。一八五四年六月，奥尔西尼又参加了对瓦尔特林峡谷发动新的远征的准备工作。这次远征又未能实现。一八五四年八月，奥尔西尼被瑞士警察抓获，但他逃跑了。九月，奥尔西尼又接受马志尼的建议潜往伦巴第，准备在米兰举行新的起义，因而被奥地利警察逮捕，关进曼图亚监狱，他在越狱时从窗口跳下，跌伤了腿，划伤了手。逃到伦敦后，奥尔西尼即准备行刺拿破仑三世，并亲自制造了手榴弹。

② 格列高利十六世（1765—1846）：从一八三一年起任罗马教皇。赫尔岑误为格列高利十四世。

马基雅维利①的邪恶智慧哺育起来的所有以后的时代，也充满了这些人。连马志尼和奥尔西尼也属于他们这一家族，马志尼就像科西莫·梅迪契②，奥尔西尼就像乔凡尼·普罗奇达③。甚至伟大的“海上探险家”哥伦布和新时代最大的“强盗”拿破仑·波拿巴也不能排除在这一家族之外。

奥尔西尼长得非常英俊潇洒：他的整个外表匀称而优雅，使人不由得对他频频注目；他文静，寡言少语，说起话来也不像他的同胞那样挥动胳臂，而且，从来不大呼小叫，提高嗓门。一大把黑胡子，美髯飘胸（他在意大利一直蓄须），使他具有一个年轻的埃特鲁里亚祭司的模样。他的整个头长得非常漂亮，只是鼻子不够端正，略微破坏了一点儿美④。尽管如此，在奥尔西尼面部，在他的眼神中，在他的经常的微笑中，在他的柔和的声音中，总似乎有某种使人不敢贸然接近的东西。看得出来，他永远保持警惕，从来不掉以轻心，有一种惊人的自制力，他虽然嘴上永远挂着微笑，但是没有一句话是他不经过推敲随口乱说的，他的目光似乎在向里看，而目光后面则深不可测，在吾侪犹豫动摇，试图退缩的时候，他却粲然一笑，面不改色，也不提高嗓门，无怨无悔，毫不迟疑地坦然前行。

---

① 马基雅维利（1469—1527）：文艺复兴时期意大利著名的政治思想家、历史学家。著有《霸术》（《君主论》）一书。他把政治当作权术，认为君主为了达到目的，可以不择手段。后人把这种政治理论称为“马基雅维利主义”。

② 科西莫·梅迪契（1519—1574）：托斯卡纳大公爵，曾用残暴的恐怖手段攫取政权。

③ 普罗奇达（约1225—1299后）：西西里解放运动的组织者之一，曾英勇抗击法国占领军。他激情满怀，志向高远，主张不择一切手段打击敌人。是后来（十九世纪）意大利反抗奥地利统治的政治典范。

④ 报载，奥尔西尼的头颅被砍下后，拿破仑命令把它泡在硝酸里，使人无法把它拓成面膜。自从先知约翰的头颅被人盛在金盘子里端给希罗底以来，在人道和化学上出现了多大的进步啊！——作者原注

先知约翰即施洗约翰，源出《新约·马太福音》。因他曾指责犹太王希律娶自己的侄女希罗底为妻，遭监禁。希律过生日时，希罗底的女儿莎乐美跳舞，希律答应她可以要任何东西。莎乐美问过母亲后，她说要施洗约翰的头。于是希律下令将约翰斩首，并将斩下的头用金盘呈上。

一八五二年春，奥尔西尼在等一封非常重要的家书；他因为没有收到信，感到心神不定，这事他曾向我说过多次，因此我知道他惶恐不安。一天，吃饭时，有两三个不相干的人在场，一名邮差走进前室；奥尔西尼让人过去问一下有没有他的信；果然，还当真有一封信是寄给他的，他看了看信，把信放进口袋，仍继续谈话。过了大约一个半小时，当只剩下我们三个人的时候，奥尔西尼对我们说："好了，谢天谢地，终于收到回信了——一切都很好。"我们知道他在等信，但是万万没有想到他会那么泰然地打开信，然后把它揣进口袋，这人天生就是一个搞密谋的人。而且他终生都是这样的人。

然而他凭他的刚毅究竟做成了什么呢？加里波第凭他的英勇气概又做成了什么呢？皮阿诺里凭他的手枪又做成了什么呢？皮萨卡纳和其他抛头颅，洒热血，血还没有干的殉道者们又做成了什么呢？除非靠皮埃蒙特从奥地利人手中，靠胖子缪拉从那不勒斯的波旁王朝手中解放了意大利，可是二者都在波拿巴的庇护下①。O divina Commedia！〔意语：噢，神曲（神圣的喜剧）〕——或者不过是一出喜剧，即教皇基阿拉蒙蒂②在枫丹白露对拿破仑讲的那个意思。

……在讲到我第一次见到马志尼时，我曾提及当时还有两个人在场，后来我同他们很接近，尤其同萨斐。

梅迪契是伦巴第人，他在少年时代就痛感意大利无望的处境，去了西班牙，后来又去了蒙得维的亚和墨西哥；他曾在克里斯蒂娜党的军队

① 皮埃蒙特-撒丁王国之解放意大利，建立意大利王国，是靠法国军队的帮助。胖子缪拉即卢西恩·缪拉（1803—1878），是法国元帅、那不勒斯王约希姆·缪拉（1767—1815）之子。他企图恢复其父失去的那不勒斯王位，与拿破仑三世订立密约，意图推翻那不勒斯的波旁王朝，而拿破仑三世之所以与他密谋，是想借此把南意大利变成法国的一个省。

② 教皇基阿拉蒙蒂：即教皇庇护七世（1742—1823）。一八一三年一月，拿破仑去看望被软禁在枫丹白露的庇护七世，让他与法国政府签订新的协约，使天主教会服从法国皇帝的领导，并废除教皇在罗马的世俗权力。之后，庇护七世慨叹命运之多变，以及一切尘世的东西（包括教皇世俗权力）的转瞬即逝。

里当过兵①,好像是当队长,后来,当马斯塔伊·费雷提②当选为教皇之后,他又回到了祖国,意大利国内正风起云涌,梅迪契立即投身于民族解放运动。在罗马被围困时,他领导罗马军团的士兵,创造了英勇的奇迹;但是法国匪帮还是踩着许多高尚的浴血奋战者的尸体开进了罗马,——其中也有拉维隆③的尸体,他仿佛为了替自己的民族赎罪似的,挺身反对它的入侵,并在罗马的城门口被法国人的子弹击毙了。

梅迪契既是一位保民官,又是一名战士,他在人们的想象中应当是一位威武的雇佣兵军官,因为成天生活在硝烟弥漫和烈日暴晒下,一定是面目黧黑、粗眉大眼,说话斩钉截铁,声音洪亮,面容刚毅。其实梅迪契面色苍白,头发淡黄,面容清秀,目光温顺,举止文雅,他一点儿也不像西班牙游击队员和一个宣传鼓动家,倒像是个在女人圈里度过一生的人。他更像一个诗人,一个当时正在热恋的幻想家,——他身上的一切都那么优雅而又讨人喜欢。

我与他在热那亚度过的几个星期,使我得益匪浅;这是对我来说最黑暗的时期,一八五二年,在我妻子的葬礼后才过了大约一个半月。我六神无主:似乎失落了航标和前进的标志,我不知道我当时是否如奥尔西尼在他的《回忆录》中所说的那样像个疯子④,但是我当时的心情的确十分恶劣。梅迪契可怜我;他没有说出来,但是他往往在深夜十二时左右来敲我的门,进来后坐在床上,同我聊天(有一回,我与他这样闲谈的时候,居然还在被子上逮着只蝎子)。有时候,他会在早晨六点多来敲门,说:“外面美极了,咱们到阿尔巴罗街去溜达溜达,”——那里住着一个他所爱的美丽的西班牙姑娘。他并不指望局势会很快改变,

① 一八三六至一八四〇年,梅迪契曾站在西班牙摄政玛利雅·克里斯蒂娜王后一边,参加西班牙的国内战争,与之对垒的是唐·卡尔洛斯。前者代表自由资产阶级,后者代表封建教权主义。

② 即教皇庇护九世(1792—1878),从一八四六年起任罗马教皇。

③ 拉维隆:法国革命者,曾参加一八四八年革命,一八四九年七月,在保卫罗马共和国抗击法国入侵者的战斗中阵亡。

④ 指奥尔西尼在他的回忆录中所说:“接连好几天赫尔岑处在完全无意识的状态中。”

往前看，看到的只是被放逐的岁月，一切都变得更坏，更渺茫，但是他身上却活跃着某种年轻的、快活的，有时甚至是天真的东西；我发现，几乎所有具有这种坚忍性格的人都有这个特点。

在我离开热那亚那天①，有几位好朋友，皮萨卡纳、莫尔蒂尼②、科森茨……到我家来吃饭。

我开玩笑地说："为什么我们的朋友梅迪契，长着一头金黄色头发和生就一副北方贵族的脸，在我看来更像凡·戴克笔下的某位骑士，而不像个意大利人呢？"

"这很自然，"皮萨卡纳继续用开玩笑的口吻补充道，"贾科莫③是伦巴第人，他是某位德国骑士的后裔。"

"Fratelli〔意语：弟兄们〕，"梅迪契说，"我的血管里没有一点儿德国人的血统，一点儿也没有！"

"您说得倒容易；不，您得拿出证据来，向我们说明您的面孔为什么像北方人。"皮萨卡纳继续道。

"好吧，"梅迪契说，"我之所以长得像北方人，大概因为我的哪个祖奶奶一时糊涂同某个波兰人相好过！"

在非俄罗斯人中，我还没有遇到过比萨斐更纯洁、更老实的人。西方人常常很肤浅，因此显得似乎很老实，很迟钝；不过，有才能的人难得是老实的。德国人的老实让人讨厌，这是一种实际上的不成熟，英国人的老实是由于脑子迟钝，他们好像老是睡眼惺忪，还没有完全清醒过来似的。然而法国人却似乎总有某种不可告人的目的，忙于演戏。他们除了不老实以外，还有另一个缺点：他们是一些十分蹩脚的演员，在演戏，但又不会让人看不出他们在演戏。装腔作势，吹牛，习惯于夸夸其谈，这些已经深入他们的血肉，以致有些人因为爱演戏而丢了性命，可是连他们的牺牲也是**虚假的**。这事很可怕，许多人因为有人把它说不

---

① 赫尔岑是一八五二年六月二十日离开热那亚的。

② 莫尔蒂尼(1819—1902)：一八四八至一八四九年意大利革命运动的参加者。

③ 梅迪契的名字。

出而感到恼火，但是被蒙在鼓里更可怕。

因此，在这群嗡嗡嘤嘤的自命不凡的庸才之间，在这群叫人受不了的爱矫揉造作、自吹自擂的才子们中间，遇到一个坚强的人，既不搽粉，也不抹胭脂，从不自命不凡，从不像刀子刮盘子似的喋喋不休地自吹自擂，——一旦遇到这样的人，别提心里有多开心，呼吸有多顺畅了。就像看过上午场的演出之后，挤出被灯光照耀的、闷热的剧院走廊，来到阳光下，你看到的已不再是硬纸板剪的木兰花和帆布上画的棕榈树，而是看到真正的椴树，呼吸到健康的新鲜空气似的。而萨斐就属于这一类人。马志尼、阿尔梅利尼老人①和他是罗马共和国时期的三执政。萨斐领导内政部，在与法国人的战斗中，他一直站在最前列，直到战斗结束；而站在最前列当时就意味着经常处在枪林弹雨之中。

他曾从自己的逃亡地再一次越过亚平宁山脉回国，他做出这一牺牲是出于一种虔诚，不是因为信仰，而是出于一种伟大的忠诚感，是为了不使有些人感到伤心，以免自己的出走被人看作临阵脱逃。他在波伦亚住了几星期，如果他落入敌人之手，就会在二十四小时内被枪决；他的任务不在于仅仅潜伏不动，——他必须行动，为运动做准备，等候米兰的消息②。我从来没有听他说过这段生活的特点。但是我听说了，而且听到了不少，这是一个有资格对这种英勇行为作出评判的人告诉我的，而且我听到这些情况时，正是他们的私人关系发生严重动摇的时候。奥尔西尼陪同他越过亚平宁山脉：他十分赞赏地告诉我，当他们徒步下山时，萨斐的心情十分镇定和平静，几乎是快乐和兴高采烈的；在大敌当前的情况下，萨斐无忧无虑地唱着民歌，背诵着但丁的诗

---

① 阿尔梅利尼(1777—1863)：意大利政治活动家，一八四八年当选为第一个共和制政府的首脑。

② 指等待下一次行动的时机。在准备一八五三年二月六日米兰起义的时候，马志尼曾决定在意大利中部(波伦亚)同时举事。因此成立了包括萨斐、奥尔西尼等人在内的最高委员会。一八五三年一月底，萨斐越过亚平宁山脉，并在二月六日到达波伦亚。他在那里一直住到二月十五日，一方面，准备波伦亚起义，一方面等候米兰的消息。因为米兰起义失败，因此他在意大利中部举事也被取消了。

句……我想，他即使上断头台，也会照样吟诗，照样唱歌，根本不去想自己舍生取义的丰功伟绩。

在伦敦，在马志尼家或者在他的别的朋友家，萨斐大部分时间保持沉默，很少参加争论，有时候一时兴起，说上几句，又立刻闭上了嘴。有些人不理解他，对于我，这却是一目了然的，il ne savait pas se faire valoir〔法语：他不会自吹自擂〕……但是，从后来脱离马志尼的意大利人中，我没有听到过一个人说萨斐的坏话，甚至对他略有微词的人都没有。

有一天晚上，我和马志尼就莱奥帕尔迪问题发生了争论。①

莱奥帕尔迪的有些短诗，我十分欣赏。他也像拜伦一样，许多地方被他的内省和彷徨损害了，但他也像拜伦一样，诗句很锋利，有时候像刀割一样，读了使人痛苦，唤醒着我们内心的伤痛。这样的言辞和诗句在莱奥帕尔迪的作品中有，在巴尔比埃②的某些抑扬格诗篇中也有。

莱奥帕尔迪的诗集，是娜达丽雅临死前读的和不断翻阅的最后一本书……

精力充沛、积极从事活动的人，宣传和发动群众的人，他们不了解这种苦苦的思索和这种痛定思痛的怀疑。他们在其中看到的只是毫无结果的悲叹和软弱的灰心丧气。马志尼不可能与莱奥帕尔迪抱有同感，这是我早就知道的；可是他却猛烈地攻击他。我感到十分恼火；不用说，他之所以生他的气，乃是因为他对他的宣传无用。腓特烈二世③也可能生……生谁的气呢，我不知道……比如说，生莫扎特的气，因为他不适合做他的 drabant〔波兰语：保镖〕。这是令人愤慨的压制个性的

---

① 莱奥帕尔迪（1798—1837）：意大利诗人。他一直为自己被奴役和分裂的祖国忧心如焚。他在自己的早期著作中一再号召意大利人要学习古罗马人英勇奋战的光辉榜样，为自己祖国的自由和独立奋起斗争。但是意大利一八二〇至一八二一年的革命失败后，一方面，他仍旧忠于自己的理想；另一方面，他又充满了绝望和悲观。他当时的诗篇反映了他个人和社会的不幸，因而在某种程度上很符合赫尔岑在十九世纪五十年代初的情绪，这时赫尔岑刚经历了他个人的精神悲剧和家庭悲剧。

② 巴尔比埃（1805—1882）：法国诗人。

③ 腓特烈二世（1795—1861）：从一八四〇年起任普鲁士国王。

行为,硬让人从属于他们的范畴和行当,似乎历史的发展就跟乡村警察摊派的徭役一样,既不征求你的意见,也不问你体弱还是强壮,你愿意还是不愿意。

马志尼生气了。我半开玩笑半认真地对他说:

“我觉得,您之所以对可怜的莱奥帕尔迪怀恨在心,是因为他没有参加罗马革命,不过,您知道,他有一个情有可原的重要原因;您总把它给忘了!”

“什么原因?”

“就是他已经在一八三六年死了。①”

萨斐忍不住站起来替这位诗人说话,他比我更爱这位诗人,当然,也比我理解得更生动:他是用审美感和艺术感来分析诗人的,因为只有在这种感受中,一个人才能比他所想的更多地理解自己精神的某些方面。

从这次谈话以及几次类似的谈话中,我明白了,其实他们不是一路人。一个人在寻找实现自己思想的方法,他的思想仅仅集中在这一点上,——这也可以说是一种逃避怀疑的方法;它渴望得到的只是行动,只是有实用价值的东西——这也可以说是一种懒惰吧。另一个人重视的却是客观真理,他的思想在工作;此外,对于一个具有艺术天性的人来说,艺术本身就弥足珍贵,而不管它与现实的关系如何。

我们离开马志尼后,又谈了很长时间莱奥帕尔迪,——他的诗集就在我兜里;我们走进咖啡馆,又读了几首我所喜欢的他的短诗。

这就够了。当人们志趣相投地相遇在一起,细微的差别也就不见了,他们对许多事可以保持沉默,可是在浓墨重彩的大方向上却是一致的。

在谈到梅迪契时,我曾经提到过一个充满悲剧性的人物——拉维隆;我和他认识的时间并不长,他只是从我的身旁匆匆走过,然后便消

① 莱奥帕尔迪死于一八三七年六月十四日。

失在腥风血雨中。拉维隆是个工科毕业生，是个工程师和建筑师。我跟他是在革命高潮时期认识的，在二月二十四日与五月十五日之间（当时他担任国民自卫军的队长）；在他的血管里流淌着九十年代高卢-法兰克人不掺有任何杂质的刚毅、坚强，必要时甚至是忠厚、愉快的血。我猜想，建筑师克莱贝尔①，当他和年轻演员塔尔马②一起用手推车推土，为庆祝联邦节清扫场地的时候，一定也这样。③

拉维隆是属于二月二十四日没有为胜利，为宣布成立共和国而陶醉的少数人之一。打仗的时候，他在街垒中浴血奋战，当不打仗的人推选全权执政官的时候，他在 Hôtel de Ville〔法语：市政厅〕。当新政府像 Deus ex machina④ 一样降临市政厅大厦时，他对这样的选举大声抗议，并且和几名挺身而出的人一起责问：它是从哪来的？为什么它是政府？五月十五日，拉维隆又本着他的一贯立场同巴黎人民一起冲进小市民议会⑤，拔剑在手，迫使议长让代表人民的演说家登台演说⑥。事情落空后，拉维隆转入地下。他受到 par contumace〔法语：缺席〕审判和定罪。反动派陶醉了，自以为胜券在握，不久便可大获全胜，——这时出现了

---

① 克莱贝尔(1753—1800)：建筑师，他在十八世纪末的法国大革命中成为一名地位很高的统帅。

② 塔尔马(1763—1826)：法国演员。

③ 一七九〇年春，国民公会批准在巴黎举行庆祝联邦节。时间定在七月十四日，即攻占巴士底狱一周年的时候。为了庆祝联邦节，必须在巴黎的马尔斯广场挖一个很大的舞台供群众演出，周围还必须安排一个层层递高的观众席。单靠雇一些工人来完成这一任务是不可能的，因为时间短，任务重。于是巴黎市民全体总动员，参加清扫广场的义务劳动。演员塔尔马也参加了一七九〇年七月在马尔斯广场的劳动，详见塔尔马本人写的回忆录 *Mémoires* de F. J. Talma écrits par lui-mèms(参看本书第一卷第七章)。

④ 直译应为“从机器内降落的神”。在古希腊罗马悲剧中，结局往往离不开神的干预，而神在舞台上出现，必须靠机械的帮助。

⑤ 这里的小市民指资产阶级和小资产阶级。

⑥ 一八四八年五月十五日，一些民主团体和俱乐部在巴黎组织群众游行，目的是对制宪议会施压，让它用革命精神改变它的内外政策。一部分游行者冲进制宪议会的会议大厅，占领了讲台，由革命领袖布朗基、拉斯巴尔、巴尔贝斯等人登台演说，说明革命群众的要求。

六月起义，然后又出现了对政治犯的迫害、流放和蓝色恐怖①。就在这时，有一天晚上，我坐在托尔托尼咖啡馆前面的林阴道上，人群熙来攘往，什么人都有，就像巴黎常有的情形那样(无论是在温和的和不温和的君主统治时期，也无论是在共和制时期和帝制时期)，这一大群人里不时杂有密探。突然有个人走到我身边——我不敢相信自己的眼睛——竟是拉维隆。

"您好！"他说。

"您疯啦?"我低声回答。说罢便挽起他的胳膊，离开了托尔托尼，"怎么可以冒这样的险呢，尤其是现在?"

"您不知道，一个人紧锁大门，关在屋里，躲起来，有多么无聊，简直会叫人发疯……我想啊，想啊，就出来散步了。"

"那干吗上林阴道呢?"

"这没什么大不了，这里比塞纳河对岸认识我的人少，再说谁会想到我要在托尔托尼大门外溜达呢? 不过话又说回来，我要走了……"

"上哪?"

"去日内瓦，——现在是那么艰难，一切是那么让人腻烦；我们正面临可怕的不幸。到处是堕落，堕落，以及卑鄙无耻，一切人和一切事。得了，再见——再见，但愿我们下次见面时能够愉快些。"

在日内瓦，拉维隆搞起了建筑，在造什么房子。突然有人发动"拥护教皇"、反对罗马②的战争。法国人背信弃义地在契维塔韦基登陆，并逐渐向罗马逼近。③ 拉维隆丢下圆规就快马加鞭地奔向罗马。"你们需要工程兵、炮兵和士兵吗? ……我是法国人，我为法国感到羞耻，我现在来同我的同胞作战。"他向三执政说，并参加了罗马人的队伍，成了赎罪的牺牲品。他英勇作战，视死如归，一直冲在最前面，——当

---

① 指警察横行，到处抓人。因当时的警察着蓝色警服，故有此说。

② 指一八四九年二月九日推翻教皇政权后建立的罗马共和国。

③ 指一八四九年四月二十五日法军在乌蒂诺将军统率下，在意大利港口登陆，向罗马挺进，并于七月三日攻陷罗马。

一切都完了之后，他仍顽强战斗，直到被法国人的炮弹击中，在罗马城门口光荣捐躯。

法国报纸用一连串的谩骂替他送葬，认为这是上帝的审判，对一个有罪的祖国叛徒的审判！

* * *

……当一个人长久看着一个黑头发、黑眼睛的女人，突然回过头来看见一个金发碧眼的女郎，眉毛淡淡的，面容是神经质和苍白的，他的目光一定会十分惊讶，甚至不能立刻清醒过来。他没有想到的以及已经忘记的差别，便会不由自主地、真实可感地萦回于脑际。

从意大利流亡者迅速转向德国流亡者时，也会出现同样的感觉。

无疑，德国人在理论上比其他任何民族都发达，但是迄今为止还看不出这有什么好处。他们从狂热的天主教转向先验哲学的虔诚的新教和语文学的理想化，而现在又有点儿偏向实证科学——他们"在所有年级都刻苦学习"，这就是他们的全部历史；在末日审判时，会给他们算总分的。德国的老百姓学得不多，但却吃了不少苦；他们花费了三十年战争①的代价，才换来信仰新教的权利，花费了与拿破仑作斗争的代价，才换来了独立生存的权利，即在俄国的监护下苟且偷生的权利。②德国人民在一八一四至一八一五年获得的解放，是彻头彻尾的反动，当在热罗姆·波拿巴③的王位上坐上了 der Landesvater〔德语：本国臣民之父〕④，他戴着假发，假发上扑着发粉，穿着陈旧的老式制服，宣布道，明天将按顺序举行，比如说第四十五次阅兵（因为革命前举行的是第四

---

① 这是欧洲历史上第一次大规模的国际战争，以德国为主要战场，发生在一六一八至一六四八年。以德国新教诸侯和丹麦、瑞典、法国为一方，并得到荷、英、俄的支持；神圣罗马帝国皇帝、德国天主教诸侯和西班牙为另一方，并得到教皇和波兰的支持。表面上是新教和天主教之争，实际上是心怀鬼胎，各有所图。

② 指十九世纪初拿破仑向外扩张，威胁到普鲁士的生存，普鲁士只得依靠俄国，参加反法同盟。

③ 热罗姆·波拿巴（1784—1860）：拿破仑一世之弟，法国元帅，特意为他建立的威斯特发利亚王国国王（1807—1813）。

④ 意为不是法国人，而是德国人自己的国王。

十四次)，——这时候，所有被解放的德国人才觉得他们似乎失去了当代，而回到了另一个时代，每个人都在摸自己的后脑勺，摸摸脑后有没有长出一根扎着蝴蝶结的小辫。老百姓又老实又愚蠢地接受了这一切，并且唱着克尔奈尔①的歌。科学在前进。柏林在上演古希腊的悲剧，对于歌德，他的戏剧的胜利在魏玛②。

德国人中最激进的人在私生活中依然是庸人。尽管他们在逻辑推论上是勇敢的，可是在实践上他们却南辕而北辙，陷入惊人的矛盾。德国人对革命的看法，就像对一切事物的看法一样，只取其普遍观念，不言而喻，这个普遍观念是无条件的，因而也是非现实的，仅仅满足于它的完美结构，认为一件事物被理解了，也就大功告成了，事实很容易被纳入思想之中，正如事实的含义很容易转变为人的意识一样。

英国人和法国人充满成见，德国人却无先人之见；但无论是谁，在自己的生活中，却做得更彻底：他们服从的东西，也许很荒谬，但却能得到他们的认可。德国人除了理性和逻辑以外不承认任何东西，但是他们出于利害考虑又服从许多东西，——这毋宁是一种昧着良心接受贿赂的行为。

法国人在精神上是不自由的：他们在行动上富有首创精神，可是他们的思维却是贫乏的。他们用公认的概念和公认的形式思想，他们给庸俗的观念披上一件时髦的外衣，便安之若素。他们很难接受新事物，尽管他们似乎在追求新事物。法国人爱束缚自己的家庭，并且相信这是他们应该做的事，诚如他们相信“荣誉军团”③和相信法院判决一样。德国人什么也不相信，但是却爱随心所欲地利用社会偏见。他们习惯于小康生活，习惯于 Wohlbehagen〔德语：幸福，安康〕，习惯于安宁，从自己的办公室回到 Prunkzimmer〔德语：华丽的房间〕或者卧室时，便为睡

① 克尔奈尔(1791—1813)：德国诗人和剧作家，许多爱国歌曲的作者，后死于与拿破仑的战争中。他的诗歌被谱成曲子后，在反对拿破仑的解放战争中广为传唱。

② 从一七九一年起，歌德任魏玛剧场经理。他的剧本几乎都在这里上演过。

③ 拿破仑军队中的一支精锐部队。

衣、安宁和美味佳肴牺牲自己的思想自由。德国人是耽于逸乐的人;人们没有注意到这一点是因为他们那种简陋的逍遥自在和小富则安的生活太不令人羡慕了;但是爱斯基摩人却可以为鱼油牺牲一切,他们同卢库鲁斯①一样都是伊壁鸠鲁主义者②。况且德国人生性懒散,萎靡不振,很容易发胖,并在某种生活方式上扎下千千万万的根;总之,足以使他们改变习惯的一切,都会使他们的庸人天性感到恐惧。

所有的德国革命者都是世界主义者,äsie haben uberwunden den Standpunkt der Nationalität〔德语:他们克服了民族观点〕,可是大家又都充满了最强烈、最固执的爱国主义。他们愿意接受普世共和国,消除国与国之间的界限,但是他们却希望里雅斯特③和但泽④要属于德国。维也纳的大学生投笔从戎,甘心在拉戴茨基⑤的指挥下向伦巴第进军,他们甚至在一位教授的带领下,带走了一门赠给因斯布鲁克⑥的大炮。

在这种傲慢与好战的爱国主义下,德国从第一次革命时期迄今,一会儿恐惧地看着右边,一会儿又恐惧地看着左边。这边是法国战旗招展地想要渡过莱茵河——那边是俄罗斯想要渡过涅曼河⑦,于是两千五百万之众的德国人民感到自己成了无依无靠的孤儿,由于恐惧,他咒骂,由于恐惧,他憎恨,为了自我安慰,他在理论上引经据典地论证,法国的存在实际上是不存在的,而俄罗斯的存在,还不是存在。

在法兰克福圣保罗教堂召开的"好战的"议会,全由 sehr ausgezeichneten in ihrem Fache〔德语:各界名流〕组成:教授、医生、神学家、药剂师和语文学家,他们一面为在伦巴第的奥地利士兵鼓掌,一面又极力压迫波兹南的波兰人。而石勒苏益格-荷尔斯泰因问题(Stammver-

---

① 卢库鲁斯(公元前117—前56):古罗马统帅,以家私巨富、饮宴无度和生活奢靡著称。
② 意为享乐主义者。
③ 意大利北部濒临亚得里亚海的一个港口。
④ 但泽:现名格但斯克(波兰北部的港口城市)。
⑤ 拉戴茨基(1766—1858):奥地利元帅,曾率军队镇压意大利的民族解放运动。
⑥ 因斯布鲁克:奥地利的一个城市。
⑦ 流经白俄罗斯西部和立陶宛的一条河流。

wandt!〔德语:同民族问题!〕)之所以触及痛处,只是从“日耳曼主义的观点来看问题。[①] 经过几个世纪的沉默之后,由被解放的德意志的代表说出的第一个自由言论,却是反对被压迫的弱小民族的;这种对自由的滥用,这种想要保留不公正的、乘机勒索行为的,于不经意间暴露出来的意图,引起了人们的嘲笑:一个人的狂妄野心只有随之以果敢的行动,才能受到人们的谅解,可是他们只是虚张声势而已。

一八四八年革命到处都具有一种轻率和冒失的性质,但是无论在法国还是在意大利都几乎没有发生过任何可笑的事;可是在德国,除了维也纳,却充满了滑稽可笑的闹剧色彩,比之歌德那出糟糕透了的喜剧 *Der Bürgergeneral*〔德语:《将军——公民》〕中的滑稽成分还要逗乐得多。

在德国,没有一个城市,没有一个“点”,在起义的时候不想成立一个“救国委员会”,其中有一切主要活动家,有冷酷的青年圣茹斯特[②],有面色阴沉的恐怖分子,有以卡尔诺[③]为代表的军事天才。我亲眼见过两三个罗伯斯比尔;他们总是穿着干净的衬衫,经常洗手,经常修指甲;但是也有不修边幅的科洛·德布瓦[④],如果在俱乐部里有个人比别人更爱喝啤酒,更加肆无忌惮地追求女招待,——那,这就是丹东[⑤],eine schwelgende Natur!〔德语:一个性格豪放的人!〕

法国人的弱点和缺陷,由于他们轻快的性格,一部分挥发了。可是德国人同样的缺点却获得了某种根深蒂固的发展,而且十分惹人注目。必须亲眼看到德国人在政治上力图扮演 so einen burschikosen Kamin de

---

① 石勒苏益格和荷尔斯泰因原是德国北部的两个公国,主要由日耳曼民族组成,从中世纪起一直臣服于丹麦王国。拿破仑称帝后,唤醒了日耳曼人的民族意识,纷纷要求收回两公国。一八四八年后,两公国爆发革命,由普鲁士出兵出面支持,因而使这一问题成为德国的一个重要的民族问题。

② 圣茹斯特(1767—1794):雅各宾派,救国委员会成员。他主张成立革命政府,实行恐怖统治,要求处决法王路易十六。热月政变后被处死。

③ 卡尔诺(1753—1823):法国大革命时期的政治活动家、军事家,曾任救国委员会成员,负责军事工作。

④ 德布瓦(1750—1794):法国雅各宾派的主要领导人之一。

⑤ 丹东(1759—1794):法国雅各宾派的主要领导人之一。

Paris〔德语与法语的混合体：一个十分淘气的巴黎男孩〕所作的试验，才能正确地判断它们。它们总使我想起一头本来具有家族温和天性的母牛，它是一头善良而又可敬的动物，可是现在却在牧场上撒欢，欢蹦乱跳，轻举妄动，还板着脸一本正经地尥蹶子，或者一溜歪斜，旋转着，奔跑着，在追逐自己的尾巴。

德累斯顿起义①后，我在日内瓦遇到一个那里的鼓动家，便立刻向他问起巴枯宁的情况。他把巴枯宁捧上了天，他告诉我他在巴枯宁的领导下指挥过一次街垒战。他越说越起劲，并且滔滔不绝地继续道：

"革命是暴风雨，——在这里，不能大发慈悲。不能根据一般的正义行事……必须亲自在这种情况下待过，才能完全理解一七九四年的'山岳派'。您试想，我们突然发现保王派里有人在私下活动；他们想散布谣言，出现了一些形迹可疑的人。我想来想去，决定在我管辖的这条街上实行恐怖统治。'Männer！'〔德语：弟兄们！〕我对我的队伍说，'我们要害怕军事法庭，在被围困的态势下，如果你们胆敢违抗军令，它就有权立刻处死你们，因此我命令，任何人，不论男女老少和官职大小，凡是想通过街垒者，都给我抓起来，并在严密的监护下，押来见我。'就这么搞了一昼夜多。如果押到我这儿来的市民是好人，是个爱国者，我就放他走，但是，如果他是个可疑分子，那我就向卫兵做个手势……"

"于是，"我恐怖地说，"于是他们就照办了？"

"于是他们就把这些可疑分子送回老家去了。"这个恐怖分子骄傲而又自鸣得意地补充道。

关于德国解放者的特点，我还可以补充一个小故事。

我在谈到拜访古斯塔夫·施特鲁沃时，曾经提到过一个青年，他曾经担任过代理内务部长的职务，——就是这个年轻人，过了几天，他写

---

① 一八四九年五月，巴枯宁领导撒克逊王国首都德累斯顿的起义，因而被判绞刑，后改为终身监禁。

了一封短信给我，请我替他找个工作。我让他誊写一下我的手稿 *Vom andern Ufer*〔德语：《来自彼岸》〕，那是我根据俄语原文翻译成德语，由我口授，卡普笔录的。这个年轻人接受了这一建议。过了几天，他对我说，他跟各种各样的民兵住在一起，条件很差，既没有地方，又不安静，没法工作，因此他请求我允许他到卡普的房间里来誊写。但是在这里工作也不顺手。这位代部长上午十一点才来，躺在沙发上抽雪茄，喝啤酒……晚上又要到施特鲁沃那里去开各种各样的会。卡普是世界上最随和的人，他也替他感到害臊；就这样过了大约一星期。卡普和我都不言语，可是这位前部长却打破了沉默：他写了张条子给我，请我预支一百法郎工资。我写了一封回信给他，说他工作得太慢，因此我不能预付给他那么多，如果他急需钱用，我可以让下人送二十法郎去，尽管他誊好的手稿还不到十法郎。

晚上，这位前部长到施特鲁沃家开碰头会，向他报告了我的反人民行为和滥用资本。这位好部长认为，社会主义不是组织社会生产和社会生活，而是毫无意义地瓜分毫无意义地取得的财产。

尽管施特鲁沃的脑子也充满惊人的混乱，但他毕竟是个正人君子，他认为我并无大错，也许，这位公民和兄弟最好是誊写得快一些，多一些，要求预付的钱再少一些。他劝他不要为了这件事无事生非。

“好吧，那我就 mit Verachtung〔德语：鄙视地〕把钱退给他。”这位前部长说。

“扯淡！”一位民兵叫道，“如果这位兄弟和公民不想拿这钱，那我建议把这钱统统用来买啤酒，让我们为 der Besitzenden〔德语：有产者〕的灭亡干杯。同意吗？”

“对，对，同意，太棒了！”

“我们要一醉方休，”那位提议者叫道，“但是我们保证，以后再不低三下四地向这个侮辱了 Bruder〔德语：兄弟〕的俄国贵族低头。”

“对，对，决不低头。”

果然，啤酒喝了，从此也不再向我鞠躬、低头和问候了。

德国人的这些可笑的缺点，加上他们那种特别的 Plumpheit〔德语：笨拙〕，使意大利人的南国天性感到受不了，并且激起意大利人出自本能的民族仇恨。最糟糕的是，对德国人的好的方面，即他们的哲学修养，意大利人根本无动于衷，或者压根儿弄不懂，可是他们的粗鄙和迟钝的一面，却经常使他们感到刺眼。意大利人经常过着一种空洞无聊和游手好闲的生活，但是这种生活又具有艺术家的优美节律，正因为如此，他们最受不了的就是嬉皮笑脸的德国人的那种笨拙的玩笑和过于亲昵的举动。

盎格鲁-日耳曼民族比法兰克-罗马民族要粗鄙得多。这是无可奈何的，这是它的生理特征，对此生气是可笑的。应当彻底懂得，不同民族的人就像不同种类的野兽一样，具有不同的天性，他们是不能对此负责的。谁也不会责备牛没有马那么漂亮，没有鹿那么敏捷，谁也不会责备马肉没有牛肉好吃。为了动物之间的友爱，我们能要求它们做到的一切，无非是让它们能在同一块原野上和平放牧，不要顶撞，不要尥蹶子。自然界中的一切只能做到它们能够做到的样子，长成怎样就怎样，然后取得自己的种属 pli〔法语：习性〕；教育只能做到一定的程度，改正某一点，培养另一点，如果要求马肉有牛排的味道，要求牛会像马一样溜蹄——毕竟是荒谬的。

为了能够一目了然地明白欧洲民族两种截然相反的传统的差别，只要在巴黎和伦敦看看那些流浪街头的小男孩就行了；我之所以选择他们，是因为他们在自己的粗暴行为上不会弄虚作假。

请看巴黎的流浪儿怎样嘲笑英国的怪人，而伦敦的顽童又怎样揶揄法国佬；这个小小的例子就可以凸显两个欧洲民族的两种截然相反的典型。巴黎的流浪儿放肆无礼，纠缠不休，他们可能让人受不了，但是，第一，他们只是嘴损，他们的调皮捣蛋只限于说笑逗乐，他们既逗人发笑，又惹人气恼；第二，这些话他们说出口后自己也感到脸红，于是立刻闭上了嘴；还有些词他们是永远不会使用的，——你想用粗暴的办法来让他们住口，那是很难的，如果受害者举起手杖，那我对后果就不敢保证了。还应该注意到,一定有什么东西使法国孩子感到惊讶:蓝条子的红坎肩呀,粉红色的短燕尾服呀,样子或颜色不寻常的围巾呀,以及擎着鹦鹉、抱着狗的仆人呀,等等——总之,只有英国人才会做的事,不过请注意,这仅仅在英国国外才显得突出。如果你只是外国人还不足以引起他们的追逐和哄笑。

伦敦顽童们的捣蛋比较简单,他们一看到外国人①,只要这人留着小胡子,大胡子,或者戴着宽檐礼帽,就会放肆地大笑,然后就会大叫大嚷,重复二十次:“French pig! French dog!”〔英语:“法国猪! 法国狗!”〕如果这个外国人胆敢回嘴或者有什么其他反应,他们就会加倍地起哄和大呼小叫;如果这个外国人径自走开,这些孩子就会跟在他后面追,——于是便剩下 ultima ratio〔拉丁语:最后一招〕:举起手杖,而且有时候还会把这手杖落到最靠近的孩子的头上。之后,这帮小孩就撒腿飞跑,嘴里还骂个不休,有时候还会从远处向你扔烂泥或者扔石头。

在法国,成年的工人,商店伙计或者女商贩,从来不会跟这些 gamins〔法语:孩子们〕一起参加对外国人的起哄;可是在伦敦,一切邋里邋遢的女人,一切成年的商店伙计都会大呼小叫地替这帮孩子助威。

在法国,有块盾牌足以立刻阻止最调皮的孩子捣乱,——这便是贫穷。可是在一个不知道还有什么词比 beggar〔英语:叫花子〕更侮辱人的国家,一个外国人越是无依无靠,越是穷,它就越受欺侮。

一个意大利流亡者,从前曾在奥地利的骑兵里当过军官,现在他一贫如洗,战后他离开了祖国,冬天降临后,他只好穿着他那件军大衣。每天他必须路过一个市场,他这身穿戴常常引起市场上的一片喝彩,有人大呼小叫:“这衣服是哪个裁缝给您做的呀?”说罢便哈哈大笑,最后甚至揪他的大衣领子,以致这个意大利人只好甩下身上的大衣,只穿一件上装,冻得浑身发抖。

这种粗鲁的街头起哄,这种平民百姓的缺乏礼貌和分寸,反过来也

---

① 在一八六六年克里米亚战争之后,这一切已大为改观。——作者原注

说明，为什么在英国殴打妇女的现象屡见不鲜，而且拳打脚踢地痛打，①因此父亲要凌辱女儿，丈夫要凌辱妻子，甚至在法律上迫害她们。

起先，这种街头的粗暴无礼，曾使法国人和意大利人很生气。可是德国人却相反，对此报以哈哈大笑，并与之对骂，你骂我，我骂你，骂个没完，德国人还很得意。双方觉得这样显得很亲热，是一种可爱的玩笑。"Bloody dog！〔英语：癞皮狗，狗杂种〕"自命不凡的英国人气呼呼地向他嚷道。"约翰牛是大混蛋！"德国人回敬道，然后各走各的路。

这样的恶语相加，不仅限于街上彼此对骂——只要看看马克思、海因岑、卢格 et consorts〔法语：及其同伙〕的论战就可略见一斑，这样的论战从一八四九年起就没有停止过，现在大洋彼岸还在继续争吵不休。②我们的眼睛真看不惯报刊上的这种谩骂，这样的彼此指责：什么也不放过——无论是人格，无论是家庭隐私，也无论是不足为外人道的秘密，统统都在他们的攻击之列。

英国人随着待人接物的能力或者说是贵族教养的提高，他们的粗鲁也随之逐渐消失，可是德国人却绝无此事。那些最伟大的德国诗人（席勒除外）均染上这种最粗鄙的庸人作风。

德国人说话粗俗的原因之一，就因为在德国根本不存在我们所说的那种教养。德国人受教育，而且受过很多教育，可是却不教他们怎样做人和怎样待人接物，甚至贵族也一样，而在贵族中盛行的是那种兵营式的容克地主作风。他们在日常生活中缺乏审美的器官。法国人是丧失了这种审美器官，正如他们丧失了自己语言的优美一样；如今的法国人写信，很少会不带某些帐房间或者包揽诉讼人的用词和口吻——商

---

① 有一回，大概在两年前吧，《太晤士报》估计，伦敦每个区（共有十个区），每年有多达二百起殴打妇女和儿童的诉讼。可是没有进入诉讼程序的殴打案例还有多少呢？——作者原注

② 马克思与海因岑的论战，早在一八四七年就开始了。这年年底，马克思发表了《道德化的批判和批判化的道德。论德国文化史，兼驳海因岑》。以后马克思批驳海因岑的文章一直没有中断过。直到一八五四年，海因岑还在他于纽约出版的《先锋报》（*der Pionier*）上攻击马克思。

店的柜台和军人的兵营扭曲了他们的风尚。

在结束这个比喻之前，我想说一件事，我从中清楚而且面对面地看到了把意大利人与德意志人隔开的鸿沟，不管你怎么宣布大赦和特赦，以及侈谈民族与民族之间的兄弟情谊，要架设一座横跨这道鸿沟的桥梁，恐怕尚需待诸时日，决非一日之功。

一八五二年，我和泰西埃·杜·莫丹①从热那亚到卢加诺去，我们于半夜到达阿罗纳，询问何时开船，后来打听到是在第二天早晨八点，于是我们就躺下睡觉了。早晨七点半，旅馆里的茶房便来拿我们的皮箱，当我们到达岸边时，行李已经送上了甲板。但是尽管如此，我们却没有立刻上船，而是有点儿莫名其妙地彼此面面相觑。

轮船在摇晃着，发出嗞嗞的喷气声，上面飘扬着一面巨大的双头鹰白旗②，而在船尾则赫然写着："Fürst Radetzky"〔德语："拉吉茨基公爵"〕号。昨晚我们忘了问是哪国的轮船开行，是奥地利轮船，还是撒丁王国的轮船。泰西埃是经凡尔赛法庭 in contumaciam〔拉丁语：缺席〕审判，判处流放的。虽然奥地利与此事无关，但他们会不会利用这个机会，唔，哪怕是为了核实某些情况，把我们扣留，关上半年六个月呢？巴枯宁的例子表明，他们也很可能这样来对待我。根据与皮埃蒙特的协议，如果有人到属于瑞士的马加迪诺去，而不在伦巴第境内登陆，奥地利人是无权让他出示护照的，——但是我想，为了抓到马志尼或者科苏特③，他们是不惜采取这种简单的办法的。

"也行啊，"泰西埃说，"打退堂鼓是可笑的！"

"嗯，那就往前走！"于是我们登上了甲板。

当缆索收上来以后，旅客立刻被一排荷枪实弹的士兵包围起来。

---

① 法国化学家，参加过一八四八年的法国革命，一八五二年担任赫尔岑儿子的家庭教师。

② 当时的奥地利国旗。

③ 科苏特(1802—1894)：匈牙利民族解放运动的领袖，曾领导一八四八至一八四九年的匈牙利革命。

做什么？——我不知道。船上还有两尊不大的炮，用特殊的方式固定在两侧。当轮船起航后，这队士兵也就解散了。船舱的墙壁上挂着旅客须知：其中肯定了，凡是不到伦巴第去的，可不必出示护照，但是又补充道，如果这些人中有人行为不轨，触犯 K. - K.（kaiserlich - königlichen）〔德语：皇帝和国王〕的治安条例，将受到奥地利的法律制裁。Or donc〔法语：至于〕戴卡拉布里亚礼帽或三色帽徽者，那就已经是触犯奥地利法律的罪行了。直到这时我才完全明白我们落到了怎样的魔掌中。然而我对我的这次旅行却毫不后悔：因为我们在旅途中什么特别的事也没有发生，而且我还丰富了自己的阅历。

甲板上坐着几名意大利人；他们脸色阴沉，默默地抽着雪茄，带着深藏在心中的仇恨张望着那些跑东跑西，在无事奔忙、头发淡黄的军官，他们一律穿着白色的军服。必须指出，他们之中有不少人是二十岁上下的孩子，总之，他们都是些年轻人；我现在似乎还能听到他们那种刺耳的、颤动的，从嗓子眼里挤出的尖细的、粗野的嗓音，仿佛咳嗽似的放肆的笑声，而且在说德语时还带有一种难听的奥地利口音。再说一遍，没有发生任何可怕的事，但是我却感觉得出来，他们站在我们的鼻子旁边却背对着我们，似乎在装腔作势地向我们显示："我们是胜利者，我们得势了"，单凭这种作风，就应该把他们统统扔进海里，我还感到，如果当真发生这样的事，我一定会很高兴，并且乐于帮忙，促成其事。

如果谁肯费神花上五分钟看看这两种人，他一定会立刻明白，这里绝对谈不到彼此和解，因为这些人的血液里就蕴含着彼此的仇恨，要化解和缓和这种仇恨，使之变成一种彼此没有芥蒂的民族差别，必须经历几个世纪的时间。

午后，一部分旅客进了船舱，其他人则给自己要了份早餐①，让茶

① 西俗：用早点较晚，可以在午前，也可以在午后。午餐则往往在下午四五点钟时才用。

房送到甲板上来。这时候，彼此身体上的差异就表现得更明显了。我惊奇地看着大家——彼此的吃相没一点儿相同的地方。意大利人吃得很少，就像他们做任何事情一样，具有一种与生俱来的自然而又从容的优雅。那些奥地利军官则狼吞虎咽，放声大嚼，随处吐骨头，把盘子推来推去；一部分人则趴在小桌上，特别灵巧和非常迅速地用勺舀着汤往嘴里送，另一部分人则直接从刀上舔黄油，既不吃面包，也不撒盐。我望了望那些大快朵颐的饕餮之徒，再看看那个意大利人，不免笑了笑——他立刻明白了我的意思，似有同感地报我以微笑，露出满脸憎恶的样子。我还发现一个问题：每当意大利人面含微笑，委婉而又客气地要菜要酒的时候，总是点头示意，或者用目光对侍役表示感谢，可是奥地利人对侍役的态度却令人愤慨，就像俄国的那些退伍的骑兵少尉和陆军准尉当着外人的面对待自己的农奴一样。

最后，一个瘦高个儿，长着一头淡黄头发的年轻军官，把一个年约五十上下的士兵（从长相看，大概是波兰人或者克罗地亚人）叫了过来，为了一个他的什么疏忽开始骂他。老人规规矩矩地两腿站得笔直，当那个军官骂完后，他似乎有什么话要对那个军官说；但是他刚说了声：

“长官……”

“闭嘴！”那个淡黄头发的军官用嗄哑的嗓音喝道，“开步走！”

然后，他又像没事人似的跟同伴们说说笑笑，继续喝他的啤酒，干吗要当着我们的面做这一切呢？难道这是故意做给我们看的吗？

当我们到了马加迪诺弃船登岸之后，憋了一肚子闷气的心再也受不了了，于是我们转过身来，面对那艘停泊着的轮船叫道：“Viva la Repubblica！”〔意语：“共和国万岁！”〕而另一个意大利人则摇着头重复道：“O，brutissimi，brutissimi！”〔意语：“噢，畜生，畜生！”〕

这么匆匆忙忙地大谈民族之间的团结和友爱是不是太早了点儿呢？仅仅靠虚伪的和解来掩饰彼此的敌对，这是不是有点儿勉强和强人所难呢？我相信，民族特点一定会失去自己的侮辱性质，就像它现在在文明社会里已经失去了那样;但是要做到让这种教养深入到人民群众心灵的最深处,必须花费很长时间。当我遥望福克斯顿和布伦,遥望多佛尔和加来时①,我心里不由得感到恐怖,我想说:还必须经历许多世纪。

① 福克斯顿和多佛尔是英国西海岸的港口城市,与法国的港口城市布伦和加来隔海相望。

第三十八章

瑞士——詹姆斯·法齐和流亡者——Monte-Rosa〔德语:罗莎峰〕

一八四九年的欧洲局势开始剧烈动荡,住在日内瓦要把注意力仅仅局限于瑞士,那是困难的,再说那些政党像俄国政府一样变着法儿地欺蒙游客。由于受到它们的影响,他虽然什么都看见了,但不是一般地看,而是在一定的视角下看的;他无法走出为他设计的魔法圈。他得到的第一印象,往往是弄虚作假,强加给他的,而不是他自己得到的印象。政党的偏见,在他毫无准备、漠不关心、完全解除武装的情况下乘虚而入,在他还没有弄明白是怎么回事以前,便成了他自己的观点。

一八四九年,我只知道一个激进的瑞士,它进行了民主改革,而且在一八四七年粉碎了"宗德班德"①。后来,因为我周围的流亡者越来越多,我也就与他们的观点产生了共鸣,对怯懦的联邦政府及其在反动的邻国面前扮演的可怜角色感到愤慨②。

---

① 德语"Sonderhund"的音译,即"分离主义者联盟"。十九世纪三十至四十年代,瑞士展开了消灭封建割据和在政治上实行集中统一的斗争。工业、农业和手工业者的革命行动,导致了大多数邦实现民主改革。一八三〇至一八三一年在十一个邦中实行了新宪法。因而导致了于一八四五年成立"宗德班德"。"宗德班德"是瑞士七个天主教邦为反对联邦政府而缔结的联盟,企图保持各邦割据的局面。一八四七年,联邦议会宣布联盟为非法,并派兵取缔,联盟因而被粉碎。

② 法国、奥地利、普鲁士和瑞士的其他邻国政府,通过他们在瑞士的代理人对瑞士内政横加干涉,并于一八四八年革命失败后,迫使瑞士政府将意大利、法国和德国的流亡者驱逐出境。

直到我在以后的几次瑞士之行中，才对瑞士有了更多和更深入的认识，尤其是在伦敦期间。在一八五三年和一八五四年令人苦闷的闲暇日子里，我学到了许多东西，对许多往事与过去亲见亲闻的许多事也有了不同的看法。

瑞士经过了艰苦的考验。在自由制度的整个世界分崩离析的一片废墟中，在文明社会互相摩擦因而惨遭灭顶之灾的断垣残壁间，在人的一切生活条件和一切国家形态都走向毁灭而有利于专制暴政的时候，只有两个国家保持不变，像过去一样。一个是因为有海洋阻隔，另一个因为有群山屏障，这两个国家都是中世纪的共和国，都是古老的风习深深植根于自己土壤中的国家。

但是在力量和地位上，英国与瑞士又存在多大的差别啊！如果说瑞士处在群山环抱之中，它本身就像个孤岛，那么它的居于中间的地位和民族精神，使它一方面必须艰难地迂回前进，另一方面又必须采取复杂的左右逢源的态度。在英国，人民本身安分守己，他们落后了三个世纪。英国的积极、活跃的部分仅限于一定的人群；大多数人都处在政治运动之外；甚至连宪章运动①也只勉强触及他们，而且这也仅限于在城市工人之间。英国站在一边，随着易燃物质的逐渐积累，它就把它们抛出海外，听任它们在海外燃成熊熊烈火。思想不会从大陆蜂拥而至，而是悄悄地进入，化成它的风尚，翻译成它的语言。

而瑞士却完全是另一回事：它没有等级之分，甚至在城乡居民间也没有明显的界限。各州的世袭贵族，一遇到民主思想的冲击就变得无能为力。一切学说，一切思想都在瑞士通行无阻，到处传播，而且留下了痕迹；瑞士有三种通用语言。加尔文②在那里传过教，裁缝魏特林③在那里布过道，伏尔泰曾在那里仰天大笑，卢骚则在那里出生。这整个国家，从农民到工人，都好像天生负有实行自治的使命，尽管强邻对它

---

① 十九世纪上半叶英国爆发的以争取普选权为中心的无产阶级政治运动

② 加尔文(1509—1564)：十六世纪欧洲宗教改革家，基督教新加尔文宗的创始人。

③ 魏特林(1808—1871)：德国革命家，乌托邦共产主义者，原来的职业是裁缝。

虎视眈眈，可是它却没有常备部队，没有官僚和专制制度，在革命的暴风雨和反动势力的纵情狂欢之后，它依旧同从前一样还是那个自由的、共和制的邦联国家。

我倒真想知道保守主义者如何来解释这样一个事实：欧洲硕果仅存的平静的国土，乃是个人自由和言论自由最少受到压制的国家。然而，与此相反，奥地利帝国却是靠一连串社会动荡和改朝换代，靠一系列 coups d'État〔法语：国家政变〕支持的，而法国的王位则仅仅靠实行恐怖和消灭任何法制才得以保全——可是在瑞士和英国却保存着一些甚至是荒谬的、非常古老的制度，这些制度与它们国内的自由共生，并且在这自由的强有力的保护下坚持不变。

瑞士联邦议会，在奥地利或者法国一提出要求，便把流亡到该国的政治犯驱逐出境，他们的这种做法是可耻的。但是这样做的责任完全应当由瑞士政府负责，因为外交问题，并不像瑞士人民对国内问题那样关心。其实，各国人关心的只是与他们自己切身有关的事，其他事，或者想管而又不愿管，或者不过是玩弄辞藻，嘴上说得好听，而有时候虽然直言不讳，坦陈己见，但也于事无补。这个享有对一切人和一切事都怀有博爱和同情心声誉的民族，最不懂地理，可是爱国心却最强烈，甚至强烈得让人受不了，何况瑞士人受自然环境的局限，并无登高望远的鸿鹄之志：因群山环抱，他们囿于自己祖国的那一片山谷，就像沿海的居民，他们的目光就限于自己的海岸一样，只要人家不侵犯他们，不进入他们的山谷，他们就保持沉默。

瑞士联邦政府越俎代庖，擅自处置流亡者，其实这事根本不在瑞士政府管辖范围之内，按规定，侨民问题应由各州自行处置。瑞士的激进派，迷恋于法国理论，竭力加强在伯尔尼的联合政府，这是他们犯的一大错误。幸好，妄图实施中央集权的一切尝试，除了有明显的实际利益，如办理邮政和道路交通，统一币制等以外，在瑞士根本不得人心。中央集权对于维护社会治安和保护公共设施方面可以做许多事，但是它却与自由不能兼容，——实行中央集权，很容易使人民落到被良好看管的畜群的地位，或者经由某个调教师精心训练过的一群猎犬的地位。

因此，瑞士人对它深恶痛绝，美国人和英国人也恨透了它。

人口稀少和非中央集权的瑞士，就同许德拉①，布里阿瑞俄斯②一样，一下子是打不死的。它的脑袋在哪里？它的心脏在哪里？再说，没有京城，就不可能想象有国王。国王在瑞士，就像俄国的官秩表在纽约一样荒唐。山峦起伏、共和制和联邦制，在瑞士培养和保全了一批坚强有力的汉子，他们刚直不阿，轮廓分明，就像他们的国土被群山分割一样，但是他们也像他们的国土一样，被群山联合在一起。

真应当看看，瑞士各州的射击手是怎样高擎自己的旗帜，穿着自己的服装，肩挎卡宾枪，聚集在联邦的某个靶场上的。他们从本州的山上下来，以各自的特点和彼此的团结而感到自豪，他们以兄弟般的呐喊彼此欢迎，也向联邦的旗帜（它留在上次设立靶场的那个城市里）致敬，可是他们却彼此有别，绝不混杂。

在自由人民举行的这些庆祝盛会上，在他们举行的军事游戏中，没有君主国的令人不快的 étalage' a〔法语：炫耀〕，没有贵族们穿金戴银的豪华场面，也没有五光十色的御林军，但却自有一种庄严伟大、坚强有力的东西。到处都是欢声笑语，到处都是家酿的陈年美酒，到处都是欢呼声、歌声和音乐声，所有的人都感到自己的肩膀上没有铅一般的沉重负担，没有压迫他们的势力……

在我到达日内瓦后不久，该城在学校即将放假前给所有学校的学生举行了一次宴会。詹姆士·法齐（州长）邀请我也一起赴宴。在卡鲁日③广场上搭了一个大帐篷。联邦议会以及该州的全体名流都来了，他们与孩子们一起聚餐。一部分市民，每年轮流，身穿制服，拿着长枪，担任荣誉警卫。法齐发表了非常激进的演说，对获奖者表示祝贺，并在一片鼓乐和礼炮声中提议“为未来的公民”干杯！之后，孩子就两

① 希腊神话中的多头水蛇。据说，它有一百颗头，砍掉一颗，又会重新长出一颗。

② 希腊神话中的百臂巨人。

③ 在日内瓦的近郊。

个一排，跟随其后，走进广场，那里准备有各种游戏、气球、杂技表演等等。手握步枪的市民，即学生们的父兄叔伯们，则夹道欢迎，随着排头经过，他们便举枪致敬……是的！向自己的子侄辈们和胞弟们，向由州政府出钱培养的孤儿们举枪敬礼……孩子们是这座城市的嘉宾——是它的“未来公民”。这一切对于我们这些曾参加过学校和其他结业典礼的人来说是很新奇的。

奇怪的事还有，每个工人，每个成年的农民，饭馆里的伙计及其老板，山民和沼泽地的居民，他们都很了解本州的各项政务，非但参政议政，而且还隶属一定的党派。他们的语言和受教育程度参差不齐，如果说日内瓦的工人有时候颇像里昂俱乐部的成员，可是瑞士的普通山民至今仍像席勒笔下威廉·退尔周围的那些人，但是这丝毫也不妨碍这两种人都热心参与公共管理事务。在法国，各种政治和社会团体的分支机构遍布全国各个城市，它们的成员在研究革命问题，因而也就顺便了解到现政府的某些情况。但是站在这些团体以外的人，尤其是农民，却什么也不知道，根本不关心整个法国的事，也不关心本省的事。

最后，我们和法国人都十分惹眼地看到，州政府的官员既没有任何蟒袍玉带，也没有任何招摇过市的排场。州长、联邦议会的议长、国务秘书（即部长）、联邦的高级军官，就像所有的普通老百姓一样到咖啡馆与大家同桌吃饭，谈论国家大事，与工人们争论，并当着他们的面互相辩论，而且这一切都是同其他人一起喝着伊夫隆葡萄酒和樱桃露酒，边喝边谈的。

从我开始认识詹姆士·法齐起，他那朴实的民主作风就使我十分叹服，但是直到后来，我对他的情况看得更真切了，我才发现，州政府在一切合法场合毫不软弱，虽然它的官员并没有耀武扬威的官服，裤子上没有条饰，帽子上没有翎毛，没有手持圆锤的司阍，没有蓄着八字胡的卫队长，以及其他等等的繁文缛节和显示君主国威严的不必要的 mise en scène〔法语：排场〕。

一八四九年秋开始迫害在瑞士寻求政治避难的外国流亡者；瑞士

政府掌握在一些软弱的脱离实际的政治理论家手中，联邦政府的部长们张皇失措，从前曾一度拒绝过路易·非力浦驱逐路易·拿破仑的邦联政府①被吓住了，遂根据那个路易·波拿巴的命令，将在瑞士寻求避难的人驱逐出境，而对奥地利和普鲁士也做了同样讨好的事。当然，瑞士联邦政府现在与之打交道的已不是那个不爱采取极端措施的胖胖的老国王了，而是那些骄横恣肆、对革命志士横加迫害、手上的血还没有干的人。但是，瑞士联邦议会到底怕什么呢？如果它能越过本国的崇山峻岭望一望山外，它就会明白，那些邻国政府只是在无耻地虚声恫吓，借以掩盖它们内心的恐惧。一八四九年，它们中间还没有一个政府具有足够的稳定，理直气壮地意识到自己有力量足以发动一场战争。只要邦联政府板起面孔，给它们点儿厉害瞧瞧，它们就会噤若寒蝉，不敢造次；可是瑞士政府的那些脱离实际的理论家们却采取怯懦的退让政策，开始对那些无处可去的人采取卑下的、不高尚的迫害。

瑞士的某些州，其中包括日内瓦州，一直同联邦议会唱反调，不愿从命，但是最后连法齐也 volens-nolens〔拉丁语：自觉和不自觉地〕被卷进了对流亡者的迫害行动。

他所处的地位十分尴尬。一个人由一名秘密工作者摇身一变，变成一位政府首脑，尽管这变化是十分自然的，毕竟在许多方面有自己的滑稽可笑和令人遗憾之处。其实，应当说，不是法齐变成了政府，而是政府变成了法齐，更何况过去的秘密工作者与州长总有某些不相协调的地方。他迫于无奈，有时候不得不对自己人动手，或者有时候桀骜不驯，公然对抗联邦的法令，采取一些他十多年来奔走呼号坚决反对的措施。他随心所欲，一会儿这样做，一会儿那样做，因而激起双方对他群

---

① 一八三八年，路易·拿破仑曾在瑞士活动，宣传波拿巴主义和恢复波拿巴政权。法国七月王朝国王路易·非力浦，曾伙同奥地利政府，要求瑞士政府把路易·拿破仑驱逐出境。遭到瑞士政府拒绝后，法国政府即以战争相威胁。瑞士政府迫于无奈，遂建议路易·波拿巴“自愿”离开该国。于是路易·波拿巴于一八三八年十月离开瑞士前往英国。

起而攻之。

法齐是一个刚毅、果断、富有治国才能的人，但是他太像法国人了，喜欢采取极端措施，喜欢集中，喜欢权力。他在政治斗争中度过了一生。一八三〇年，当他还是个年轻人的时候，我们就曾在巴黎的街垒中遇到过他，后来我们又在巴黎市政厅遇到他，当时他站在年轻人一边，公然违背拉斐德①和银行家们的意志，要求宣布成立共和国。佩里埃②和拉斐特③认为“最好的共和国”就是奥尔良公爵④；因此他当了国王，而法齐一头钻进极端共和主义反对派的立场。这时他与戈德弗洛瓦·卡芬雅克⑤和马拉斯特⑥，与 des droits de l'homme〔法语：人权〕协会和烧炭党人一起行动，参加了马志尼对萨瓦的远征，出版杂志，可是这份杂志却被人用法国式的课加罚款扼杀了……⑦

最后，他深信他在法国已无所作为，便想起自己的祖国，并将自己作为一名政治家、政论家和秘密工作者的全部精力和全部机敏都转移到了日内瓦州，用来发展和实现自己的理想。

他想在日内瓦州进行激进的改革，而且身体力行。日内瓦人民起来反对自己的旧政府；争论，攻击和反击从室内和报刊上转到了广场

---

① 拉斐德（1757—1834）：法国贵族，资产阶级革命时期君主立宪派领袖之一。一八三〇年七月革命中被任命为国民自卫军总司令，奥尔良公爵路易·菲力浦的拥护者。

② 佩里埃（1777—1832）：法国政治活动家，银行家，奥尔良公爵路易·菲力浦的拥护者。

③ 拉斐特（1767—1844）：法国政治活动家，银行家，奥尔良公爵路易·菲力浦的拥护者。

④ 即法王（1830—1848）路易·菲力浦。

⑤ 戈德弗洛瓦·卡芬雅克（1801—1845）：法国共和派，一八三〇年革命的参加者，被称为“六月屠夫”的法国将军卡芬雅克的哥哥。

⑥ 马拉斯特（1801—1852）：法国共和派政治活动家，《国民报》主编。曾参加一八三〇年的法国七月革命。一八四八年二月革命后任法国临时政府委员。一八四八年七月至一八四九年五月任法国制宪议会主席。

⑦ 法齐曾在巴黎上学，参加过一八三〇年的法国革命，后成为戈德弗洛瓦·卡芬雅克领导的共和派的秘密组织“人权协会”的成员。后又到马拉斯特主编的反对派报纸《国民报》（*National*）工作。他又自己出版刊物《独立》（*Revue républicaine*），遭法国警察局迫害，以致停刊。

上，于是法齐就成了该市叛乱群众的首脑①。正当他调兵遣将，向自己手握武器的朋友们布置任务的时候，一位白胡子老头正从自己的窗口向外张望，因为他是一名职业军人，所以他忍不住对大炮或部队的应有配置提出了自己的意见。法齐听从了他的劝告。他的劝告是实际有效的，——但是这位军人是谁呢？他是奥斯特尔曼-妥尔斯太伯爵②，库尔木战役的联军总司令，尼古拉登上皇位后，他离开了俄罗斯，后来他几乎一直住在日内瓦。

在这次革命变革中，法齐表明，他不仅足智多谋、进退有序，判断正确，而且他还具有圣茹斯特认为一个革命家不可或缺的勇猛果断。他在几乎兵不血刃的情况下粉碎了保守派的顽抗之后，便来到大议会，并向议会宣布它已被解散。议员们想逮捕他，并愤怒地质问："他凭谁的名义胆敢这么说话？"

"我凭日内瓦人民的名义，他们讨厌你们的统治，他们站在我一边。"说时，法齐拉开了议会的呢子门幔。一大群手持武器的人已经挤满了议会左右的休息厅，只要法齐一声令下，他们就会举枪射击。年老的"贵族"和温和的加文教徒都惊慌失措。

"趁还有时间，赶快走。"法齐说。于是他们只好老老实实地、步履蹒跚地走回家去，而法齐则坐到桌旁，书写法令或者决议，声称日内瓦人民已消灭了过去的旧政府，准备进行新的选举，通过新的民主法典，而在这以前，人民授予詹姆士·法齐以执法权。这是民主与人民获胜的雾月十八日③——虽然他自己选举自己为全权执政官，但是无可非议，这次自我选举是成功的。

---

① 指一八四六年日内瓦下层民众为反对反动的州政府而举行的起义，并推翻了旧政府。之后，法齐任日内瓦州州长，达十五年之久。

② 奥斯特尔曼-妥尔斯太伯爵(1770—1857)：俄国将军，在鲍罗丁诺和库尔木战役中战功卓著，从一八三八年起移居日内瓦。

③ 一七九九年雾月十八日(公历十一月九日)，拿破仑发动政变，实行军事独裁统治。此处属借用，意为政变。

从那时起，也就是从一八四六年起，他就一直领导着日内瓦。因为按照宪法，州长的任期为两年，不得连任，所以每过两年日内瓦人就从法齐的平庸的崇拜者中委派一人接替法齐，因此，de facto〔拉丁语：实际上〕，他依然是州长，因此使经常处于少数地位的保守派和虔敬派只好望洋兴叹，徒呼奈何。

法齐在担任全权执政期间表现出了新的才能。政府工作和财政状况，都获得了迅速的发展；由于他坚决采取激进原则，人们拥戴他：法齐不仅是一个强有力的破坏者，而且是一个强有力的组织者。在他执政期间，日内瓦取得了繁荣。对我说这话的不仅有他的朋友们，甚至完全不相干的人也都这么说，其中就有库尔木战役的著名胜利者奥斯特尔曼-妥尔斯太。

法齐的性格严峻急躁，大刀阔斧，雷厉风行，他一向都有一种既是共和派又是独断专行的作风；他习惯于大权在握，发号施令——独断专行的 pli〔法语：习惯，癖好〕有时候会占上风；加之，一八四八年以后的事件和思想使他颇感意外，措手不及，他一方面感到不安，另一方面又似乎被形势抛到了后面。嗯，这不是他和戈德弗洛瓦·卡芬雅克和阿尔曼·卡雷尔①所向往的共和国吗……又似乎有什么地方不对头。他过去的朋友马拉斯特，现在的国民议会议长，向他指出，他的行为有失检点，“不该在吃早点的时候，而且还在秘书在场的情况下”谈论天主教，他还说，对宗教问题应该慎重，以免触怒神父们；当这位《国民报》②前主编在州长官邸从一个房间走到另一个房间的时候，两名门卫还向他敬礼。法齐的另一位朋友和被保护人③则走得更远：非但自己让自己当上了共和国总统，而且已经装作不认识他这个老朋友了，他要做拿破

① 卡雷尔（1810—1836）：法国政论家，共和派，《国民报》的创始人之一。

② 《国民报》（*Nationale*）：巴黎的日报，是温和的资产阶级共和党的机关报。在路易·非力浦统治时期，一般反对政府的资产阶级便团结在《国民报》的周围。二月革命后《国民报》一派在临时政府中占多数。

③ 指路易·波拿巴（拿破仑三世）。

仑。“共和国在危险中!”——而工人们和其他先进人士却对共和国不感兴趣,他们一直在谈论社会主义。似乎他倒成了有罪的人——于是法齐固执而又怒不可遏地攻击社会主义。这说明他已经到了自己的极限,到了像德国人常说的自己的 Kulminationspunkt〔德语:顶点〕,接着他就开始走下坡路。

他和马志尼还在社会主义思潮盛行之前就是社会主义者,可是当社会主义从人们一般的向往变成新的革命力量之后,他们却成了社会主义的敌人①。我曾与他们俩唇枪舌剑地作过许多辩论,我惊奇地发现,如果一个人不愿被说服,用逻辑是很难打动他的。如果过去他们这样做不过是一种策略,不过是一种暂时的必要让步,那么,想当初,干吗要讲得那么慷慨激昂,干吗要那么俨乎其然,甚至在私人谈话中都这样呢? 不,这里有一种对新学说不满,因为它是在他们的圈子之外形成的;甚至对它的名称都怀有某种敌意。有一次我还向法齐提议,在我们的谈话中不妨把社会主义叫作“克莉奥帕特拉”②,以免他们听到这个词就生气,这个词的发音妨碍他们对社会主义的理解。马志尼写过许多反对社会主义的小册子,后来,这给这位著名的革命鼓动家带来的危害,甚至超过了拉杰茨基③,不过这里我们先不谈它。

有一次,我回到家中,发现施特鲁沃的一张条子,——他告诉我,法齐要赶他走,而且态度非常严厉。联邦政府早就下令把施特鲁沃和海因岑驱逐出境;法齐只限于把这消息告诉他们。现在究竟发生了什么新情况呢?

---

① 十九世纪三十年代初,马志尼的思想是接近巴贝夫和圣西门的空想社会主义的。可是过不多久,他就放弃自己的社会主义观点,把实现民族解放和祖国统一的政治斗争放到了首位。一八四八年之后,马志尼开始猛烈抨击社会主义思想,认为一八四八至一八四九年革命之所以失败,盖因社会主义思想侵入了纯粹的政治运动,而社会主义思想是与实现革命和民主的任务格格不入的。

② 参见第 738 页注③。

③ 马志尼对社会主义的攻击,破坏和限制了他对广大群众的影响,并使许多激进的革命者离开了他。拉杰茨基是奥地利元帅,后任伦巴第和威尼斯总督,镇压过一八四八年的伦巴第革命和一八五三年二月的米兰起义。

法齐不愿意施特鲁沃在日内瓦出版他的“国际性”杂志；他也许耽心得有理，他耽心他和海因岑沆瀣一气，发表一些危险的胡说八道，从而又重新招来法国的威胁、普鲁士的咆哮和奥地利的切齿痛恨。他是一个有实际工作经验的人，怎么会认为这份杂志一定能办成呢，我不知道；我只知道，他向施特鲁沃建议，要么不办杂志，要么滚出日内瓦①。这时，施特鲁沃正狂热地幻想，他要用这份杂志彻底战胜“人类的七种祸害”，在这时候要他不办这种刊物，是这位巴登革命者②绝对办不到的。于是法齐就派了一名警长带了命令去找他，要他立刻离开该州。施特鲁沃冷淡地接待了这名警察，并对他说，他不想离开。法齐因为这名警察不会办事，很生气，于是命令警察局把施特鲁沃立刻打发走。未经法院许可是不能擅闯民宅的；伯尔尼③采取的措施是警察措施，而不是法院采取的措施（也就是法国人称之为 mesure de salut public〔法语：保护公共秩序的措施〕）。警察是知道这点的，但是，为了讨好法齐，大概，也为了对受到粗暴对待进行报复，于是他准备了一辆马车，并和一名同伴坐在车上，停在离施特鲁沃家不远的一棵椴树下。

施特鲁沃受迫害和受难的时代重又开始了，心里还暗自得意，自信没有什么了不起，他们奈何他不得，只是给自己所有的朋友分发通知，告诉他们所发生的事。他希望能博得他们的热烈同情和引起他们的强烈愤怒，但在等待中他终于忍不住了，便去找他的朋友海因岑，他也接到法齐同样的亲切的短信。因为海因岑住得不远，所以施特鲁沃就一副家常打扮，穿着便鞋，ganz gemütlich〔德语：优哉游哉地〕上他家去了。他刚刚走到加尔文的狡猾的弟子藏身的那棵椴树跟前，那人就立刻挡住了他的去路，出示了联邦议会的驱逐令，让他跟他走一趟。他的这一邀请使施特鲁沃无法婉拒，因为一旁还站着两名宪兵。施特鲁沃感到

① 在一般情况下，法齐并不反对以流亡的革命者的保护人自居，可是实际上却往往以各种借口对流亡的革命者进行迫害，借以讨好西欧各国的反动政府。

② 施特鲁沃是一八四八年巴登起义的领导人之一。

③ 瑞士首都。

很吃惊，一边诅咒法齐，并把他归为“七大祸害”之一，一边又只好坐上马车，与警察们一起向瓦特州[①]疾驰而去。

自法齐执政以来，日内瓦还从未发生过这类事情。在这整个事件中具有某种粗暴的、不必要的、甚至形同儿戏的成分。听到这事后，我感到很恼火，回家时已是晚上十一点多；我在 Pont des Bergues〔法语：贝尔格桥〕旁遇到了法齐，他正与几名意大利流亡者有说有笑地走过这儿。

“啊，您好，有什么新闻吗？”他看到我后说。

“多了。”我故作冷淡地回答。

“怎么回事？”

“是这么回事，比如说，在日内瓦就跟在巴黎一样，当街抓人，而且强行带走，il n'y a plus de sécurité dans les rues〔法语：因此你在街上走路也觉得不安全〕，——我都怕上街了……”

“啊，您这是说施特鲁沃……”法齐回答，他的气不打一处来，连说话声音也变得断断续续。“对这些不好伺候的人，您让我怎么办呢？我实在太累了，我要给这些先生一点儿颜色瞧瞧，让他们明白藐视法律，公然违抗联邦议会的命令，究竟意味着什么……”

“这权利，”我笑道，“您只给您自己一个人。”

“因为有人从疯人院里跑出来，难道我该让全州的人和我自己都遭受到这样的危险吗，而且在现在这样的局势下？此外，他们非但不说声谢谢，还到处撒野。试想，诸位，我派了一名警察去找他，可他差点儿没把他轰出去——这太岂有此理了！他们不明白，以法律的名义前去找他们的官员（magistrat〔法语：行政长官〕），应当受到尊重。难道不是这样吗？”

法齐的朋友们都点头称是。

“我不同意，”我对他说，“我看不出有任何理由必须尊重他，难道

---

① 一译沃州，瑞士西南边境的一个州。

就因为他是警察，就因为他来向我宣布由傅雷尔①和德鲁埃②在伯尔尼签署的什么无稽之谈吗？当然，可以客气一点儿，但是，这人是抱着敌对态度来的，而且这种敌对态度还以暴力作后盾，我干吗要对他彬彬有礼，恭敬有加呢？”

“我有生以来还没听说过这样的事。”法齐说。他边说边耸着肩膀，边向我投来闪电般的目光。

“您之所以觉得这事新鲜，因为您从来没有想过这种事。把官员想象成什么了不起的人物——这完全是君主制的思想……”

“您之所以不愿理解尊重法律和奴颜婢膝之间的区别，就因为在贵国，沙皇就是法律，法律就是沙皇，c'est parfaitement russe！〔法语：这完全是俄国人的一套！〕”

“在贵国，尊重法律就是尊重警察或者尊重巡捕，哪能懂得这道理呢？”

“仁慈的先生，您是否知道，我派去的那名警官，非但是个十分正直的人，而且是个最忠诚的爱国者，他如何行事，乃我亲眼所见……”

“而且还是个模范家长，”我继续道，“然而，无论是我，还是施特鲁沃都与此无关；我们与他素不相识；他之去找施特鲁沃并不是以一个模范公民的身份去的，而是作为一个压迫政权的执法者……”

“得了吧，”法齐说道，他越来越有气，“您干吗老是抓住这个施特鲁沃不放呢？您不是昨天还取笑他，对他哈哈大笑吗……”

“如果您要绞死他，我今天笑得出来吗？”

“您知道我在想什么吗？”他停顿片刻。“我认为他不过是个俄国间谍。”

“主啊，简直是信口雌黄！”我哈哈大笑地说。

“怎么是**信口雌黄**呢？”法齐嚷嚷得更厉害了，“我跟您说这话是严

① 傅雷尔（1805—1860）：瑞士联邦总统。

② 德鲁埃（1799—1855）：瑞士联邦议会司法与警务部长。

肃的!”

我知道我这位日内瓦暴君的火暴脾气,同时我也知道,尽管他脾气暴躁,但却是刀子嘴豆腐心,他这人并不坏,虽然他向我大声嚷嚷,我本来可以原谅他;但是现在一旁有目击者,而他又是一州之长,而我则跟施特鲁沃一样,是个没有护照的流浪者,于是我就用斯屯托耳般的声音①回答他道:

“您以为您是州长,就可以指鹿为马吗?”

我的叫嚷起了作用,法齐压低了声音,但是他用自己的拳头狠狠地捶打着桥栏杆,说:

“可是他叔叔古斯塔夫·施特鲁沃②是俄国驻汉堡的代办。”

“这无非是《狼与羊》③中抄袭来的莫须有罪名。我还是回家的好。再见!”

“真的,别争论啦,还是去睡觉的好,要不,我们还会争论下去的。”法齐说,无奈地笑了笑。

我走进 hôtel des Bergues〔法语:贝尔格饭店〕,法齐则跟意大利人过了桥。因为我们大声嚷嚷,饭店里的几扇窗户都打开了,不少饭店的侍役和旅游者都听到了我们的争论。

这时,押送施特鲁沃出境的那个警长和最正直的公民回来了,而且不是一个人,而是跟那个施特鲁沃一起。原来在瓦特州离斯塔阿尔夫人和雷卡米耶夫人④住过的科佩特不远出了一件非常有趣的事。当地的警察局长是一个热烈的共和主义者,他听到施特鲁沃被抓的情况后大怒,声称日内瓦警察局的做法不合法,他不仅拒绝把他发配得更远,还勒令他们哪儿来的回哪儿去。

---

① 参加特洛伊战争的希腊人,以声音洪亮(足抵五十个人的呐喊)著称。

② 古斯塔夫·施特鲁沃(1801—1866):俄国驻汉堡公使。

③ 参见拉封丹的寓言《狼与羊》。

④ 斯塔阿尔夫人(1786—1817):法国女作家。雷卡米耶夫人(1777—1849):银行家之妻,在拿破仑一世第一帝国和波旁王朝复辟期间,她家的沙龙曾是政界和文艺界保王党和反对拿破仑分子的集会中心。

法齐在我们谈话行将结束时得知，施特鲁沃已平安地回来，可以想象，他当时简直怒不可遏。施特鲁沃在书面上和口头上把这位“暴君”臭骂了一顿之后，便与海因岑离开了瑞士，来到了英国；就是在那里，海因岑提出了他要求杀掉两百万颗人头的高见，然后就若无其事地同他的皮拉得斯①坐船去了美国，他此去的目的起先是想办一所少女学校，后来则想在圣路易斯办一份杂志，名叫《前卫》，可是这份杂志连上了年纪的男子也不是永远能够翻阅的。

桥头谈话过了四五天之后，我在 café de la Poste〔法语：邮政局咖啡馆〕里遇见了法齐。

“怎么好久没见您了？”他问。“难道在生气？哎呀，不瞒您说，跟这些流亡者的事，简直成了我的一大负担，一想到这个非发疯不可！联邦议会的照会一份接一份地对我狂轰乱炸，而这时该死的热克斯②州长还特意待在这里，观察是否把法国人都拘禁起来了。我竭力想把这一切都做好，可是我们自己人却对这一切生气了。现在又出了件新的非常糟糕的事；我知道我非挨骂不可；可是我又有什么办法呢？”

他在我的桌旁坐下，压低了嗓音，继续道：

“这已经不是说空话，不是哭喊社会主义，简直是明火执仗的抢劫。”

他递给我一封信。一位德国的世袭公爵向他告状，当人民武装占领他所在的那座小城时，抢走了他的许多珍宝，其中有一只祭杯是古董，是罕见的珍宝，并说这宝物现在就在前民团长官布伦克尔③的手中，因为公爵大人获悉，这个布伦克尔现在就住在日内瓦，因此他请求法齐协助，帮他找回这些被盗窃的东西。

“请问足下高见？”法齐用得意扬扬的声音问道。

“没什么。发生在战争期间的事难道还少吗！”

---

① 希腊神话中的福喀斯王子，俄瑞斯忒斯的好友。此处意为忠实的朋友。

② 法国与瑞士接壤处的边境城市。

③ 布伦克尔（1812—1863）：一八四八年德国黑森起义的参加者，后流亡瑞士。

“那足下以为应该怎么办呢?”

“把这封信扔进字纸篓或者写信告诉这个小丑,您根本不是他派在日内瓦的侦探。他的这个祭杯关您什么事?布伦克尔没有吊死他,他应该谢天谢地才是,现在他居然还来找这些小零碎。”

“您是个十分危险的诡辩家,”法齐说,“可是您没有想想,这样的勾当会给我们这帮人脸上抹黑……这事决不能这样置之不理。”

“我不知道您为什么对这事这么上心。普天之下,比这更可怕的事难道还少吗?至于我们这帮人及其名誉,也许您又要说我是诡辩家了,——您自己想想,如果您真要管这事,难道您就能对我们有利吗?您对这公爵的举报干脆不予理睬——人家就会把它看成是诽谤;您倘若派人去搜查,谣言只会更多,再说,不巧,真找到了什么,布伦克尔和所有他们那帮人就有口难辩了。”

法齐对我的看法公开表示了惊讶,认为这是俄国式的诡辩和谬论。

布伦克尔的事十分顺利地解决了。他不在日内瓦;他的妻子在负责侦查的法官和警察前来搜查的时候,镇定自若地把自己的东西和钱都拿出来给他们看,并且说明了它们的来源,当她听到那只祭杯的事以后,便亲自把它找了出来,——这不过是一只极普通的银祭杯,是过去当过民兵的一些年轻人拿的,后来就把它作为胜利纪念品送给了自己的团长。

后来,法齐向布伦克尔表示了歉意,并且同意他的批评,这事他办得太鲁莽了。过分喜欢揭示事情真相,在刑事案件中喜欢追根究底,严刑拷打罪犯,把他们弄得晕头转向——这一切纯粹是法国人的通病;对他们来说,法庭诉讼简直是一场残忍的、血腥的博弈,就像斗牛之于西班牙人一样。检察官就像一名身手矫捷的斗牛士,如果被追逐的公牛完好无损,他就会觉得受了侮辱。在英国就没有这种情况:法官对被告的态度很冷静,并不是非把他定罪不可,如果陪审团没有作出有罪的判决,他也很满意。

至于说到那些流亡者,他们也的确让法齐恼火,使他心烦意乱,不得安生。这一切是可以理解的，而且对这事也不应当求全责备。在革命运动时期释放出来的热情，并不因革命失败而有所收敛，因为没有其他出路，便以一种固执、任性和骚扰的形式表现出来。这些人在应该沉默的时候偏爱说话，在应该退居二线，销声匿迹，进行自我反省的时候，他们却偏反其道而行之，赖在舞台上，并且想方设法表现自己的存在；他们写小册子，在报刊上发表文章，在群众集会上演说，在咖啡馆里高谈阔论，散布谣言，用即将起义来恫吓那些愚蠢的政府。他们中的大多数，其实是革命合唱队中最没有危险的分子，可是那些被吓破了胆的政府却以一种相反的疯狂相信他们是有力量的，由于它们没有听惯自由和勇敢的言论，于是听到风就是雨，大叫危险已不可避免，宗教、王位、家庭已危在旦夕，因此要求联邦议会立即驱逐那些可怕的叛乱分子和破坏分子。

瑞士政府采取的措施之一，就是让拿破仑①特别不喜欢的那些流亡者离开法国边界。法齐十分厌恶这一命令：他几乎认识所有的人，而且很熟悉。他向他们说明必须离开日内瓦的命令之后，就极力装聋作哑，似乎他不知道谁走了，谁没有走。不走的人还必须从此不许踏进日内瓦的主要咖啡馆，也不许经过Pont des Bergues〔法语：贝尔格桥〕——可是他们就是不愿作出这一让步。由此而发生了一些小旅馆中常见的可笑场面，一方面是从前的人民代表，四十开外的、头发花白的老人、著名作家；另一方面则是瑞士自由州的州长和瑞士不自由的邻国的警察局走狗——他们相遇在同一地点，却装作彼此不认识。

有一回，当着我的面，热克斯州长用嘲弄的口吻问法齐：

“M. le président〔法语：州长先生〕，怎么样，某某某在日内瓦吗？”

“早走了。”法齐吞吞吐吐地回答。

“我很高兴。”那州长说，说罢便扬长而去。而法齐则发狂似的抓住我的一只手，神经质地指着在一旁若无其事地抽雪茄的人，对我说：

---

① 指拿破仑三世（路易·波拿巴）。

“就是他！就是他！我们快到街对面去，可别碰到这强盗。要不然就要倒大霉了！”

我忍不住哑然失笑。不用说，这是一位被驱逐出境的流亡者，可是他却在Pont des Bergues〔法语：贝尔格桥〕闲逛，可是Pont des Bergues之于日内瓦，就像我国的特维尔林阴道①似的。

我在日内瓦一直住到十二月中旬。俄国政府针对我悄悄开始的迫害，迫使我离开日内瓦到苏黎世去抢救我母亲的财产，因为那位“令人难忘”的皇帝②，已经向它伸出了自己的龙爪。

这是我一生中的一个可怕时期。这是两次雷击之间的平静，但是这平静压得人透不过气来，令人难受，尽管外表看去没什么……但是征兆已现，而且咄咄逼人，但当时我却对它熟视无睹。生活很不稳定，也很不顺心，但其中也有光明的日子；对此我得感谢瑞士壮丽的山河景色。

远离人群与优美的自然风光，具有一种惊人的治疗作用。

我凭自己的切身经验在《被损害的人》中写道：“当一个人的心灵承受着巨大的忧伤，当一个人万事不顺心，不能心平气和地面对过去，不能静下心来理解一切的时候，他就需要远离人群，与山林为伍，需要大海和温馨的空气。他之所以需要这些，是为了不使愁闷变成冷酷，变成绝望，不致使他变得冷酷无情……”

许多事都萦回我的心底，不能忘怀，当时我就想休息一下。在政治漩涡和内讧的中心，在经常的心烦意乱中，我目睹了许多流血的场面、可怕的堕落和渺小的背叛，并在这样的情况下度过了一年有半，我的心头积淀了许多痛苦，许多忧伤和疲劳。讽刺变成了另一种性质。格拉诺夫斯基读了我那一时期写的《来自彼岸》后，写信给我说：

> 你的书我们看到了，我以一种快乐和骄傲感读了它……尽管

---

① 莫斯科的一条热闹的大街。

② 指俄国沙皇尼古拉一世。

这样,书中似有某种疲倦感,你太孤独了,也许,你会成为一个伟大的作家;但是你在俄国的时候大家在你的才华中看到某种生龙活虎的,吸引人的东西,可是现在,在异国他乡,这些东西都消失了……

在我离开巴黎前的一八四九年,沙左诺夫读了我在两年前写的小说《责任先于一切》的开头部分后,对我说:

"这篇小说你写不完了,而且你再也写不成这样的东西了。你已经失去了明朗的笑声和善意的玩笑。"

当一个人经过一八四八年和一八四九年的严重考验后,难道还能依然故我,保持不变吗?我自己也感觉到了这变化。不过在家里,在没有外人的时候,有时候,我还能回到从前的时刻,不过已经不是"明朗的笑声",而是明朗的悲伤;回想往事,回想我们的朋友,回想不久前罗马生活图画,坐在睡着了的孩子们的小床旁,或者看着他们玩耍,我的心才像过去某个时候那样感到舒坦,——心头似乎吹过一阵清新的微风,洋溢着一种充满着既温馨而又和谐的年轻的诗意,感到心情舒畅、心底平静,于是在这样的晚上的影响下,这一天,两天,才比较容易打发!

但是这样的时刻并不常见;常有一些令人不快的事来干扰,——我们身边出现了一些不相干的人,而且人数越来越多,一到晚上,我们在香榭丽舍大街的小客厅就挤满了外人。这大部分是重新回到这里来的流亡者,都是些善良而又不幸的人,但是与我比较接近的只有一个人……可是我干吗要跟他接近呢!……①

我欢欢喜喜地离开了巴黎,可是在日内瓦我们又出现在同样一些人中间,只是换了一些人,范围更窄了。在瑞士,当时所有的人都热衷于政治,所有的人,无论是 tables d'hôte〔法语:饭馆,食堂〕和咖啡馆,钟表匠和妇女,都分成了党派。完全的政治倾向,尤其是在那种随着革命

---

① 指德国诗人和政治活动家黑尔威格(1817—1875)。

的失败而必然到来的沉重的寂寥中，总是无结果的空谈和单调地埋怨过去，只会使人感到厌倦。它就像那些大城市里的夏天，那里的一切都蒙上了灰尘，炎热而又没有新鲜空气，透过苍白的树木，看到的只是一堵堵墙壁，而墙壁又反射出太阳光和马路上的石块的热气。凡是活人都渴望呼吸新鲜空气，呼吸还没有被许多人呼吸过的空气，那里既没有像啃光了的骨头那样的生活，听不到嘈杂刺耳的声音，闻不到污浊霉烂的气味，也听不到不绝于耳的车辚辚马萧萧的声音。

有时候，我们还当真跑出日内瓦，在莱芒湖①畔兜风，一直跑到勃朗峰的山脚下，这里湖光山色，云雾缭绕，美丽如画。以它明媚的风光使尘世的烦恼为之一扫，山上白雪皑皑，永远冰封，吹来一阵阵冷风，使人的身心为之一爽。

我不知道是不是想永远留在瑞士；我们这些住惯谷地和草原的人，过了一段时间后就会觉得群山环抱，感到压迫：它们太大，太近，给人以拥挤感和局促感，但是有时候住在山的阴影下还是很惬意的。况且山上还住着一个纯洁而又善良的民族——这民族虽然穷，但并不是不幸的，他们需要的东西不多，习惯于过一种自给自足的独立生活。文明的沉渣，文明的铜绿，还没有在这些人身上积淀；历史的变迁，就像浮云一样，在他们脚下飘过，但很少触及他们。罗马世界还在格劳宾登②继续存在，农民战争时期在阿彭策尔的某个地方才刚刚过去③。也许，在比利牛斯山或者其他山脉中，在蒂罗尔州④，还能够找到这样健壮的民族——但是，一般说，这样的人在欧洲早就没有了。

不过，在我国的东北部，我还是见过与此相类似的情形。我在彼尔姆和维亚特卡就遇到过与阿尔卑斯山居民同样气质的人。

---

① 即日内瓦湖。

② 瑞士最东部的一个州，与意大利毗邻。

③ 在瑞士东北部的一个地区，与奥地利和德国接壤。农民战争指一五二四至一五二五年的德国农民战争。

④ 奥地利西部毗邻瑞士的一个州，群山环抱，丘陵起伏，大半是山区。

我与一位同伴去采尔马特[1]，为了让我们的两匹驽马休息一下，我们就步行上山。由于长时间的不断爬山，我们俩都累了，便走进一家不大的客栈，记得，那里已高过圣尼古拉峰。老板娘是个瘦瘦的老太太，但是身体健壮，个子高大，家里就她孤身一人；她一看到客人就忙活起来，一边抱怨店里储存的东西太少，一边东摸摸西找找，最后拿来了一瓶基尔什酒[2]，一个又干又硬像石头一样的面包（山区的面包可不是普通东西，它是从山下用毛驴驮上来的），一块熏羊肉，也是干的，还有奶酪和牛奶，后来她去煎鸡蛋，是甜的，我简直无法下咽；但是羊肉、奶酪和基尔什酒很好。老板娘请我们吃这吃那，把我们看成她请来的客人，和善地不断给我们上菜，还一个劲地表示歉意。我们请来的几位向导也一起吃了东西，喝了酒。临行时，我问，我们该给她多少钱。老板娘想了很久，甚至还跑到另一个房间去算了算，然后又说了一大通开场白，说什么东西贵呀，把东西运上山来又多么困难呀，最后她才冒险说**五个法郎**。

“怎么，”我说，“连喂马？”

她没有明白我的意思，急忙说：“唔，那四个法郎也行。”

把我从彼尔姆押送到维亚特卡，在一个村庄换马时，我向一个坐在农舍旁木墩子上的农妇要点儿克瓦斯喝。

“太酸了，”她答道，“这样吧，我给你拿点儿家酿的啤酒来，要知道，是过节剩下的。”

过了不多一会儿，她拿来了一只瓦罐，瓦罐上塞了团破布，还拿了一把长柄勺。我和宪兵喝了个够；把长柄勺还给老太太时，我给了她一枚十戈比铜币，但是她不肯收，说：

“主与你同在，怎么能拿过路人的钱呢，何况你还是去那个。”她说

---

① 赫尔岑这次旅行发生在一八四九年九月，同行的朋友指黑尔威格。采尔马特是阿尔卑斯山脉中的一个山区。

② 一种樱桃露酒。

时瞧了瞧那宪兵。

“大妈，我们怎么能白喝你的啤酒呢？拿去给孩子们买点儿蜜糖饼干吃吧。”

“不，小施主，你就放心吧，如果你有多余的钱，就把它们施舍给叫花子，或者给上帝点上支蜡烛吧。”

我碰到的另一个类似的情形发生在维亚特卡附近的大河旁。我坐车到那里去观看一个独特的迎请仪式——迎请赫雷诺夫的尼古拉圣像到那里去供奉。在回来的路上，车夫想买点儿燕麦，于是我就和他走进一家农舍：男女主人和三个朝圣者正准备吃饭；菜汤很香，简直香味扑鼻，于是我请他们也让我喝点儿。一个年轻的小媳妇给我端来了一大木碗菜汤、一块面包和一个很大的高背盐罐。我喝完后给了男主人一枚二十五戈比银币。他看了看我，挠了挠头，说：

“要知道，这不合适……你才喝了两个铜子儿，可是你却给了二十五戈比，这怎么成呢……我不该拿你的钱：非但在上帝面前有罪，在大家面前也有愧呀。”

记得我曾在什么地方提到过彼尔姆农民的一个习惯：把一块面包、克瓦斯或者牛奶，在夜里放在窗外，以便有什么不幸的人，即流放犯，从西伯利亚逃跑，但又不敢敲门，让他们可以不惊动四邻地聊以果腹。类似的情形我在瑞士山区也曾遇到过。但是附近没有西伯利亚，纯粹是为了方便路人。到非常高的高山上，那里人烟稀少，连花岗岩也像开始秃顶的人的脑袋一样暴露了出来，而且冷风刺骨，吹着枯黄的草药类植物，——我曾在那里碰到过一些空茅屋，但是茅屋的门没上锁，以便让迷了路或者由于天气恶劣，走投无路的过路人可以找到一个没有主人的栖身之所。这里有各种农家器具，桌上则放羊奶酪、面包或者羊奶。有些人吃过这些东西后在桌上留下点儿钱，有些人则什么也没留，但是显然谁也不会偷这里的东西。当然，素不相识的过路人很少，尽管如此，这些开着的茅屋门仍使城里人看了不胜惊讶。

既然话匣子打开了，谈到了山区和山峰，那我就把我登临罗莎峰的旅行说完。既然讲到了瑞士，那在海拔七千英尺的高山上来结束这一章，岂不更好吗？

那位老太太让我们四个人和两匹马吃饱了，喝足了，却不好意思收下那五个法郎，在我们临行前又送给了我们一大瓶基尔什酒，我们离开这位老太太后，就沿着有些地方宽不过一米的弯弯曲曲的盘山小路一步步上山，我们必须在傍晚时分赶到采尔马特；识途的老马一步步走着，小心翼翼地在崎岖不平的山间小道上，选择着可以踏下马蹄的地方。两位向导不断提醒我们，不要让马走哪和不走哪，而是让马自己走，它知道该走哪和不走哪。一旁是高达三千多英尺的断崖绝壁。山下，在断崖的底部，喧闹着，疯狂地急速奔腾着的韦斯普河，它竭力想找到一条开阔的河床，冲出逼仄的石头峡谷。有些地方还可以看到它那浪花四溅、飞旋翻滚的水面；在山峦起伏的两岸还生长着大片大片的松树林，从我们正在攀登的高处望去，像是一片片青苔。在路的另一边则是光秃秃的悬崖；这使人感到心烦意乱，感到恼火，感到疲倦……我真不愿意经常走这样的路。

采尔马特是最后一个有几户人家住在一起的村落；它就好像躺在锅底似的，——周围都是高大的山岭。有一户人家的主人，常常接待像我们这样一些难得一遇的旅行者；我们在他家遇到一位苏格兰人，他是地质学家。为我们准备晚餐的时候，天已经完全黑了；因为周围都是山，所以夜色更浓，更黑。十点多钟的时候，女主人在窗口倾听了一会儿，对我们说：

"要知道，这是马蹄声，还听得见向导的吆喝声……深更半夜的，走这样的山路，也难为他们了。"

马蹄的嘚嘚嘚声，慢慢地越来越近了，女主人拿起一盏灯笼，走进外屋，我紧随其后。黑影中开始显出人影憧憧，有几个人影出现在灯笼的光线里，最后两个骑马的人走到了门口。一匹马上骑着一位高高的中年妇女，另一匹马上则骑着一名十三四岁的小男孩。那位太太神色自若地下了马，好像她刚从海德公园散步回来似的，接着便走进那间大家公用的屋子。那个苏格兰人，她大概在什么地方见过，所以一见面她就跟他交谈起来。她先给自己要了一点儿吃的，接着就打发儿子去问一下向导，马需要休息多长时间。他们说，两小时就够了。

“难道你们不等天亮就走吗？”苏格兰人问。“伸手不见五指，再说，你们现在下山，路又不熟。”

“我已经算好了时间。”

两小时后，那位带着儿子的英国太太便开始下山，到意大利那一边去，而我们则躺下睡觉，睡了两三个小时。

天亮后，我们又雇了一名向导，他是个在山中采药的人，熟悉所有的山路，而且会吹哨，吹得很好，会吹阿尔卑斯山的各种小调，于是我们就开始爬山，爬到一个最近的山峰上去，爬向那冰雪的海洋和塞尔温峰。

起先，大雾弥漫，什么也看不见，而且淅淅沥沥地下起了小雨，把我们身上全淋湿了。我们一步步上山，浓雾却一步步下降；很快就变得一片光明，而且亮得耀眼，四周变得非常纯净，非常明亮。

雨果在一首诗里描写过“山中听到的声音”①；他描写的那座山一定不高，恰恰相反，使我吃惊的是万籁俱寂，一点儿声音也没有：除了因滚落的雪崩发出一点儿轻微的、间歇的轰隆声（而且那也只是间或发生）以外，简直什么声音也听不见……总之，周围是死一般的、透明的寂静，我故意用了“透明”这个词。——于是这种异常稀薄的空气，使这种完全的哑默，使这种太古时代起就酣睡不醒的大自然的梦②，变得似乎可以看到，也可以听到了。

生命是热闹的，有声的——但山下的一切都被云雾笼罩着；这里甚至连植物都无法生长，只有在某些石头上，还可以碰到一些苍白、干硬

---

① 指雨果的诗 *Ce qu' on entend sur la montagne*（《山中所听到的》），出自他的诗集 *Les feuilles d' automne*（《秋叶集》）。

② 莫斯科警察局长曾说过一句名言：“我能于无声处听有声！”诚哉斯言。——作者原注

的苔藓。再往上——变得更清新了，开始了永不消融的雪峰；这是一条界限，这里什么也没有，只有所有野兽中最好奇的野兽才会往上走，窥视一下这一片片空旷无垠的雪原，窥视一下我们这个星球的高耸入云的极顶，然后赶紧下山，回到自己生存的环境，那里虽然充满了尘世的纷扰，但那是它们的家。

在我们与塞尔温峰之间是一片冰雪的海洋，我们停了下来。这片冰雪的海洋周围，群山环抱，阳光普照，它本身则白得耀眼，就像一面布满冰雪的其大无比的角斗场，它在有些地方被风吹得坑坑洼洼，起伏不平，它似乎在翻滚的那一刻被立刻冻住了；起伏的波涛还没有来得及铺展就结成了冰。

我下了马，趴在一大块被雪浪翻卷到岸边的花岗岩上……眼前是一动不动的、哑默的、白茫茫的一片，一眼望不到边……微风起处，吹起一股不大的白色粉尘，挟持而去，沿途打着旋……粉尘落下后，一切又归于平静，还有两次，雪崩发出低沉的轰隆声，在远处滚动，撞在悬崖上，碰得粉碎，身后留下一大片雪的云雾……

一个人处在这样的画框中，他的自我感觉是奇怪的——觉得自己是个冰山来客，是个多余的局外人，——可是，另一方面，又觉得呼吸舒畅，似乎在周围一片白色的衬托下，自己的心也变得洁白了，纯洁了……严肃了，充满某种对上苍的虔敬！……

如果我在结束罗莎峰的这幅图画时说，在这一片白色、清新和寂静中，在这两个在高山上若隐若现，彼此都自认为是对方的挚友的旅人中，有一个正在策划一件肮脏的背叛朋友的事，大家一定会认为我是一个夸大其词、信口雌黄的演说家！① ……

是的，生活中有时候会发生某种令人扼腕叹息的、偏离常情的事，产生某种 coups de théâtre〔法语：戏剧效果〕，太出人意料了。

---

① 指赫尔岑与黑尔威格之间的龃龉，详见本册稍后的《家庭的戏剧》。

西方杂记(第二辑)

一 IL PIANTO〔意语:哀歌〕

六月的日子①以后,我看到革命被打败了,但是我对被打败者,对倒下的人仍坚信不疑,我坚信他们虽死犹生,坚信他们一定会显灵,坚信他们强大的精神力量。在日内瓦,我看得越来越清楚了,革命不仅被打败了,而且它也是一定会被打败的。

我的这一发现使我感到,头晕目眩,眼前天崩地裂,形成了一个深渊,于是我感到,我立足的根基正从我的脚下逐渐消失。

不是反动派战胜了革命。反动派到处都是一帮愚钝、胆怯、悖晦的昏庸之徒,在人民浪潮的冲击下,他们到处都在可耻地退却,躲到角落后面悄悄地等待时机,在巴黎,在那不勒斯,在维也纳,在柏林。革命倒下了,就像阿格丽品娜②一样,是在自己孩子们的刀斧下倒下的,而最糟糕的是他们自己并没有意识到这点;他们的英雄主义和年轻人的自我牺牲精神多于他们的理解力,这些纯洁而又高尚的牺牲者倒下时并不知道他们为什么牺牲。至于其他人的命运,也许还更悲惨。他们彼此不和,个人之间争执不断,大家都处在一种可悲的自我陶醉中,自以为是,自命不凡,而在那些意外的胜利日子里则裹足不前,尽管新娘欺

---

① 指一八四八年六月巴黎工人起义。

② 阿格丽品娜(小)(16—59):罗马皇帝尼禄的母亲。尼禄即位时年仅十六岁,由阿格丽品娜摄政。尼禄亲政后,母亲的权势逐渐削弱,最后被其子下令处死。

骗了他们，婚冠也已经凋萎，可是他们既不想取下婚冠，也不想脱下新婚的礼服。

不幸、无所事事和贫穷使他们心里产生了烦躁、固执和愤怒……流亡者分成了各个小集团，他们纷争的中心不是原则，而是名称和彼此的仇恨。他们的目光经常朝后看，特殊的、封闭的小团体，已经开始表现在他们的言论和思想上，举止和服装中；新的行会——流亡者的行会已逐渐形成，并且也与其他行会一样逐渐僵化。就如从前大巴西勒曾写信给格列高利（纳西盎的）①时说，说他"沉湎于守斋，以艰苦为乐"一样，现在也出现了一些自愿的受难者，他们以受难为使命，以不幸为职业，而且他们中还有许多自觉自愿、一丝不苟的人；再说大巴西勒也曾在给自己朋友的信中坦率地谈到压制肉欲胜似纵酒狂饮，受到迫害反而感到满足。尽管如此，他们的意识却裹足不前，思想仍在打盹……即使新的号角和新的警钟在召唤他们，他们仍会像那九个睡美人一样继续酣睡，优游卒岁。

这些沉重的真实，使我的心开始隐隐作痛；我不得不经历接受教训的这艰难的一页。

……有一回，我在阴沉而又令人不快的苏黎世，在我母亲的餐室里，闷闷不乐地坐着；那是在一八四九年十二月底。第二天我要到巴黎去；这天很冷，还下着雪，两三块劈柴在冒着烟，在吱吱作响，在壁炉里不情愿地燃烧着；大家都在忙着收拾行李；我孤独地坐在那里，日内瓦的生活在我眼前一幕幕地掠过，展望未来，一片黑暗，我似乎在耽心什么，我感到受不了，如果可能的话，我真想双膝跪下，放声痛哭，祷告上苍，但是我做不到，而代替祷告写下了我的诅咒——我的《一八四九年的尾声》②。

---

① 大巴西勒（约330—379）：古代基督教希腊教父，主张基督三位一体论。格列高利（纳西盎的）（329—389）：古代基督教希腊教父，生于纳西盎，后任纳西盎主教，著有《神学演讲》和《教务通信》等。

② 《一八四九年的尾声》，后来被赫尔岑收进他的《来自彼岸》（第六章）。

“绝望，疲倦，Blasiertheit〔德语：冷漠〕！”民主评论家在读到这些痛定思痛的话语后说。是的，绝望！是的，疲倦！……绝望这词是老生常谈，平庸无味，像个烟幕弹，借以掩盖心灵的懒惰，掩盖以爱的外貌出现的利己主义，空洞无聊的自吹自擂（由于自尊心作祟而觊觎一切），以及自己的无能为力——而这是绝对办不到的。我们早就厌倦了那些自命不凡、似乎怀才不遇的人，他们由于嫉妒而憔悴，由于高傲而不幸，——这些人在生活中，在小说中屡见不鲜。这一切完全是真实的，但是在这些蜕化为可笑的讽刺和庸俗的假面舞会的可怕的心理痛苦的底部，未必没有某种属于我们这个时代的真实的东西。

掌握了表现这种痛苦的词句和声音的诗人，太骄傲了，他不屑于为了赢得掌声而佯装痛苦，相反，他常常幽默地直抒胸臆，陈述自己痛苦的思想，由于说得十分风趣，反而逗得善良的人们捧腹大笑。拜伦的绝望甚于他的性格乖戾，甚于他的个人情绪。拜伦的灰心丧气是因为生活欺骗了他。而生活之所以欺骗他，并不是因为他提出的要求不切实际，而是因为英国和拜伦处于两个不同的年龄段，彼此受的教育不同，他们恰好相遇在迷雾业已消散的时代。

这种断裂和脱节现象过去也存在，但在我们这个时代，他才意识到这点，在我们这个时代才暴露出单靠某种信仰是无法弥合这种断裂的。在罗马出现这种断裂之后，出现了基督教，在基督教之后，又出现了对文明和人类的信仰。自由主义成了最后的宗教，但是他的教会宣扬的不是彼世界，而是此世界，它的神学就是政治学；它立足于人间并不主张神秘主义和彼此和解，它需要的是真的和解。自由主义盛极一时之后又被打败了，终于把这种断裂或脱节暴露无遗；现代人终于痛苦地意识到这一点，这表现在他们的讽刺和他们的怀疑主义中，他们用怀疑主义扫除着这个被打倒的偶像的碎落的残片。

他们发现，逻辑的真理并不就是历史的真理，除了发展的辩证法以外，它还有它自己的一时狂热的、偶然的发展，除了理智以外，它还有它自己的随心所欲的一面，对此感到的遗憾，就表现为讽刺。

我们现在所说的那种绝望①,在革命前是不存在的;十八世纪是历史上最信仰宗教的时代。我且不说苦难圣徒圣茹斯特,或者使徒让·雅克②;难道曾经以上帝和自由的名义为富兰克林的孙子祝福的伏尔泰教皇③,不是他笃信的以人为本的宗教的虔诚信徒吗?

怀疑主义是同一七九二年九月二十二日的共和国一起宣告诞生的。

雅各宾派以及一般的革命者,从来都是少数派,他们因为觉悟高而脱离人民的生活:他们成了某种类似世俗的牧师,准备放牧这些由人组成的羊群。他们代表着当时的最高思想,虽然当时是最高的,但并不是普遍的认识,不是大家都有的思想。

这帮新牧师并不拥有强制手段,既没有幻想出来的强制手段,也没有诉诸暴力的强制手段;自从他们丧失政权之后,他们就只剩下一种武器——信念,但是信念光靠正确是不够的,他们错就错在这里,还必须有另一种东西——思想平等!

在进行殊死的斗争,在高唱胡格诺派④的圣歌神圣的《马赛曲》时,当火堆仍在熊熊燃烧,到处仍在血流成河时,人们并没有发觉这个不平等;但是,到后来,封建君主的沉重大厦轰然倒塌了;花了很长时间在推倒断壁残垣,花了很长时间在砸落重门上的铁锁……再猛击一下——又一个缺口被打通了,勇敢者奋勇向前,一重重铁门被砸开了——于是群众蜂拥而入,可是这群众不是他们希望看到的那群众。他们是谁呢?是哪个世纪的人呢?他们不是斯巴达人,不是伟大的 populus romanus.

---

① 一般说,“我们”所说的怀疑主义在上世纪是不存在的,只有狄德罗和英国人是例外。在英国,怀疑主义早就有了,因此拜伦只是十分自然地紧步莎士比亚、霍布斯和休谟的后尘。——作者原注

② 即卢骚。

③ 美国独立运动的领导人之一富兰克林曾偕同自己的孙子前往法国,他恳请伏尔泰为他的这个小孙子祝福。伏尔泰说:“上帝和自由——这是唯一配得上富兰克林孙子的座右铭。”

④ 胡格诺派(Huguenots):十六至十七世纪间法国基督教新教的一个宗派,曾长期遭到压制和迫害,并两次被迫进行反对天主教的胡格诺战争,直到法国大革命后的一八〇二年才赢得信教自由,得到国家的正式承认。

Davus sum, non Aedipus〔拉丁语:罗马人民。我是达武斯,不是俄狄浦斯〕①。浊浪以不可抗拒之势蜂拥而来,淹没了一切。一七九二年和一七九四年的恐怖,反映了雅各宾派内心的恐惧:他们看到他们犯了大错,于是想用断头台来纠正这一错误,但是不管砍掉多少颗脑袋,还是只能在正在崛起的社会阶层的力量面前低下自己的头颅。一切都臣服于它,它战胜了革命,也战胜了反动派,它淹没了旧机构,并把旧机构塞满了他们的人,因为它是唯一具有实力和代表当代的多数派;西哀士说得对,甚至他说的比他想的更对,因为他说:小市民就是"一切"②。

小市民并不是革命产生的,他们是早就存在的,并有自己的传统和风俗习惯,与革命思想南辕而北辙。贵族曾苛待过他们,把他们归入三等公民;他们获得解放后便踩着解放者的尸体登堂入室,建立自己的秩序。少数派不是被镇压,就是被化整为零,融入小市民阶层。

每一代人中都有这么几个人,不顾事件的发展,硬是坚守阵地,充当旧思想的顽固保卫者;正是这些利未人③,也许是阿斯特克人④,由于单方面掌握了高度的文化,由于拥有温饱阶级——不必从事单纯体力劳动的有闲阶级的智力优势,结果受到了不公正的惩罚。

这事的荒唐和没有道理,使我们很生气,甚至怒不可遏。倒像有人(除了我们自己以外)曾经许诺过,世界上的一切都将变得十分美好,十分公正,十分顺利似的。我们对自然界和历史发展的奇妙一直惊讶

---

① "我是达武斯,不是俄狄浦斯",源自古罗马喜剧作家泰伦提乌斯的剧本《安德罗斯女子》。达武斯是罗马奴隶常用的名字。俄狄浦斯是古希腊悲剧作家索福克勒斯的悲剧《俄狄浦斯王》中的主要人物,因他猜中斯芬克斯之谜而登上王位,这里作"善猜谜的人"解。这句话的意思是"我是奴隶,不是猜谜的人"。

② 西哀士(1748—1836):法国教士和宪法理论家。他曾在自己写的一本小册子《什么是第三等级?》中论证了只有第三等级才有权起草一部新宪法,国家中,只有第三等级(资产阶级)才能代表一切。这里说的小市民就是指第三等级。

③ 古代以色列人中的一支,见《旧约·出埃及记》和《利未记》。按盟约,利未人享有特权,祭司与举行祭礼均由他们担任。

④ 古代墨西哥印第安人中的一支,在西班牙人入侵墨西哥前具有较高文化,建立过强大的帝国。

不已；现在我们应该明白了，自然界和历史中有许多偶然的、愚蠢的、不成功的和混乱的因素。理性和思想——这是最后得出的结论；一切都从新生儿的蒙昧状态开始；可能做什么和想要做什么都由此产生，但是在他达到自己的成长和有意识之前，常常会遇到外在和内在的许多影响、偏离和停顿。一个人的脑子出现了积水，使脑子软化，另一个人摔了一跤，摔扁了脑袋，两人都成了白痴，第三个人既没有摔跤，也没有因为得了猩红热而死去，他成了诗人、军事长官、强盗、法官。一般说，我们在自然界，在历史，在生活中看到最多的只是成功和胜利；直到现在我们才开始感觉到，并不是所有的牌都洗得很好，很顺手，因为我们自己就是倒楣蛋，是一张输掉的牌。

意识到思想的无能为力，真理又缺少对现实世界的强制力量——这使我们很痛苦。摩尼教[①]一种新的教义攫住了我们的心，我们 par dépit〔法语：由于苦恼〕，正如相信合理的善一样，也准备相信合理的（即有意的）恶，——这是我们对理想主义的无奈的最后迁就。

这种痛苦将会随着时间而消失，它那捶胸顿足、痛不欲生的性质也将会逐渐平服；可是它在美国这个新世界却几乎不存在。那里的人民年轻有为，富于进取心，与其说他们聪明，不如说他们能干和肯干，他们心无旁骛，一心安排自己的生活，因此根本不知道我们所受的这种钻心的痛苦。此外，那里也没有两种教育的分裂。那里，组成各种社会阶层的人在不断变化，他们随着每个人 credit 和 debet〔英语：贷方和借方〕的总数不同而或升或降。强壮的英国血统的移民繁衍得很快；如果他们占了上风，人们不会因此而幸福些，但会富足些。这种富足比之浪漫主义的欧洲向往的那种富足也许要平淡些、乏味些和枯燥些，但是伴随这种富足的不会有沙皇，不会有中央集权，也许也不会有饥饿。谁能够脱胎换骨，从一个欧洲的旧亚当变成一个新的乔纳森[②]，那就让他搭上第

① 摩尼教是波斯人摩尼在公元三世纪创建的宗教，主张善恶二元论，以光明与黑暗为善与恶的本源，光明王国与黑暗王国相对立，好人死后获幸福，恶人死后堕地狱。

② 对北美人的戏称。

一艘轮船赶快远走高飞，到威斯康星或堪萨斯的什么地方去吧——到那里后，他肯定会比在分崩离析的欧洲过得舒心些。

那些不能这样做的人，将会留下来，像人类所做的那个美梦的范本一样，优哉游哉，维以卒岁。这些人太耽于自己的幻想和理想了，因此始终成不了气候，像实事求是的美国人那样。

这倒也没什么大不了：像我们这样的人不多，我们很快会死绝的！

但是，有些人怎么会脱离自己的环境单独成长的呢？……

你们可以想象一个在温室里长大的青年，哪怕就是那个在 *The Dream*〔英语：《梦》〕中描写过的青年吧；你们不妨想象一下他当时的处境，每天都要面对最枯燥乏味、最沉重压抑的英国社会，每天都要面对英国生活的丑陋的弥诺隐洛斯①——它是由两个动物胡乱地拼凑在一起的：一个已经老迈，一个则站在没膝深的、一片泥泞的沼泽地中，像女像柱②一样被挤得紧紧的，由于他的肌肉经常处于紧张状态，以致没有一点儿血流进脑子。如果他能适应这样的生活，也就不会在三十岁时死于希腊③，现在他就会成为帕默斯顿勋爵④或者约翰·罗素爵士⑤了。但是因为他不能，所以也就没什么可奇怪的了，他就只能和自己的哈罗尔德一起对自己的轮船说："把我送到哪儿去都成——只要远远离开我的祖国。"⑥

但是这远方又有什么东西在等待他呢？被拿破仑侵吞的西班牙，一片荒芜的希腊，一八一四年⑦后，身上发臭的各种拉撒路的普遍

---

① 希腊神话中的怪物，人身牛头，它吞噬犯人和由雅典每年向他祭献的七对童男童女，后被希腊英雄忒修斯所杀。

② 支持屋顶、代替圆柱的女人雕像。

③ 拜伦（1788—1824）：他因支援希腊人民的民族解放斗争，劳累过度，病死在希腊，终年三十六岁。

④ 帕默斯顿勋爵（1784—1865）：英国外交大臣，一八五五至一八六五年任英国首相。

⑤ 罗素（1792—1878）：英国首相（1846—1852）。

⑥ 引自拜伦的长诗《恰尔德·哈罗尔德游记》（第一章第十三节）（大意）。

⑦ 指拿破仑退位。波旁王朝复辟，以及旨在重新瓜分欧洲的维也纳会议。

复活①，不论在拉韦纳，还是在狄奥达蒂②，都无法逃脱这些浑身发臭的拉撒路。拜伦既不能像德国人那样满足于 sub specie aeternitatis〔拉丁语：从永恒的观点〕来探讨理论，也不能像法国人那样满足于政治上的空谈，于是他倒下了，但他是像威严的提坦神③那样倒下的，他向人们投去的是蔑视，而不是镀金的苦药丸。

拜伦作为一个天才诗人在四十年前感到的那种分裂，经过一系列新的考验，经过从一八三〇年到一八四八年的肮脏变化④，以及从一八四八年到今天的卑鄙下流的行为之后，现在已使许多人痛心地感觉到了。于是我们也像拜伦一样不知所措，不知道何处可以安身。

现实主义者歌德和浪漫主义者席勒一样，并没有感觉到这种分裂。一个是太虔诚了，另一个是太像哲学家了。两人都能在抽象的领域中得到自我满足。当"否定的精神"像梅菲斯特⑤那样表现为一个爱开玩笑的人时，这种分裂还不太可怕；他那喜欢嘲笑的、喜爱对立的天性还能在最高的和谐中舒展开来，在必要的时候向一切发出"sie ist gerettet"〔德语：她得救了〕⑥的欢呼。可是《该隐》⑦中的卢息弗⑧却不是这样的；他是悲哀的黑暗天使，在他的前额上闪亮着一颗星，在发出幽暗的光，这是他的思想痛苦的星星，这是他内心分裂，无法调和的星星。他不是用否定来说俏皮话，不是用无礼放肆的不信上帝来逗别人发笑。也不是用声色犬马来引诱他人，他不向你提供天真的小妞、美酒和钻石，而是行若无事地引诱你去杀人，引诱你到他的身边，引诱你去犯

① 拉撒路复活的故事，见《新约·约翰福音》第十一章。此处借指各国反动势力的复辟。

② 拜伦曾于一八一九年住在拉韦纳（意大利北部，濒临亚得里亚海），一八一六年住在狄奥达蒂别墅（日内瓦湖畔）。

③ 希腊神话中先于奥林波斯诸神的古神，曾与奥林波斯的新神大战，是谓提坦之战。

④ 指法国七月王朝时期。

⑤ 歌德《浮士德》中的魔鬼。

⑥ 见《浮士德》第一部尾声，不过原文无"她"（sie）字。

⑦ 拜伦的诗剧，作于一八二一年。

⑧ 即魔鬼。

罪——他运用的是一种十分奇特的力量,它有如月光照耀下的一潭死水,有时候会引诱人跳下去,但是,它在它那凄凉、冰冷、微微闪光的怀抱中,什么也没有许诺给你,除了死亡。

无论是该隐,还是曼弗雷德①,无论是唐璜还是拜伦,都得不出任何结论,都没有解决问题的任何方法,都没有得出任何足以垂训后世的"教诲"。也许,从戏剧艺术的角度看,这样做并不合适,但正是在这里留下了真实性和人与社会深深分裂的印记。拜伦的尾声,他的最后结论,如果你们愿意知道的话,那就是 *The Darkness*〔英语:《黑暗》〕②;这就是从《梦》开始的他的一生的结局。至于其他画面,你们自己来把它画完吧。两个饿得面目全非的敌人死了,某些甲壳类动物把他们的肉全吃光了……海船也快要烂光了——在黑暗中,浸有树脂的缆索正在浊浪中随风摆动,寒风凛冽,野兽已快死绝,历史已经终止,已经为新生活扫清了道路:我们的时代将被列入第四阶段,也就是说,新世界将达到按顺序来说第四个发展阶段③。

我们的历史使命,我们的作为就在于我们通过我们的失望、我们的痛苦终于顺从了真理,向真理屈服,从而使子孙后代避免这些不幸。我们终于使人类觉醒了,我们是人类的醒酒剂,我们是人类分娩时的阵痛。如果分娩以顺产告终,那么一切将会很好;但是我们不应忘记,半道上,小孩可能死,母亲也可能死,而且说不定二者都可能死,如果是这样——唔,如果是这样的话,历史将和它的摩门教④联姻,开始新的妊娠……E sempre bene〔意语:唔,也行啊〕,诸位!

我们知道自然界怎样随意支配个人:无论是以前还是以后,无论是没有牺牲还是尸横遍野——对于它都一样,它继续我行我素,或者任意

---

① 拜伦的诗剧《曼弗雷德》的同名主人公。

② 拜伦于一八一六年写的一首诗。

③ 四个阶段即原始社会、奴隶社会、封建社会和资本主义社会。

④ 美国基督教新教的一个教派,自称其创始人史密斯得天书《摩门经》,认为上帝将新建耶路撒冷于美国。

作为:要堆积一个珊瑚礁需要几万年时间,每到春季便将以前涌上来的一部分珊瑚扔给死神,水螅状的形体在死去时根本没有想到它们正在为礁体的不断堆积做贡献。

我们也将为什么东西做贡献。作为一个因素进入未来,还不能说未来定将实现我们的理想,罗马并没有实现柏拉图的共和国,也没有实现一般的希腊理想,中世纪并不是罗马的发展。现代的西方思想将会进入和体现在历史上,将会有自己的影响和自己的地位,正如我们的肉体将会进入青草、绵羊、肉饼以及人的机体一样。我们不喜欢这种物质不灭现象——但是又有什么办法呢?

现在我已经习惯了这些思想,它们已不再使我感到害怕。但是在一八四九年底,这些思想却使我大惊失色,尽管每个事件,每次聚会,每次冲突,每个人——所有的人和事都在争先恐后地撕扯最后的绿叶,我还是在固执地和急切地寻找着出路。

因此现在我才高度评价拜伦的大无畏思想。他看到没有出路,并且骄傲地说出了这一点。

当这些思想开始光顾我的时候,我感到很不幸,也很惶惑;我竭力想逃避它们……我像个迷路的行人,像个乞丐似的去敲每家的门,拦住迎面遇到的每个人,向他们问路,但是每次聚会和发生的每个事件都把我引向一个结果——顺从真理,自我牺牲地接受这个真理。

……三年前,我坐在一个病人的床头,看着死神怎样无情地把她一步一步地拉进坟墓①。她的生命是我的全部财产。我周围蒙上了一片黑暗,我在丧魂失魄的绝望中变得孤僻了,但是我并没有用希望来自我安慰,一分钟也没有让自己的悲伤寄托在死后重逢这种痴迷的想法上。

所以在总的大问题上我更不会做违心之论了!

---

① 指赫尔岑的夫人娜达丽雅·查哈林娜。她死于一八五二年五月二日,终年三十五岁。

二 POST SCRIPTUM〔拉丁语:附言〕

我知道,我对欧洲的看法在我们国内肯定不会受到欢迎。我们为了自我安慰,总希望能够出现另一个欧洲,而且还像基督徒相信天堂一样,相信这样的欧洲一定会出现。总之,破坏人家的幻想是一件不愉快的事,但是我内心有一种无法战胜的力量,迫使我说真话——甚至说真话对我有害。

总的说,我们对欧洲的认识是从学校和书本上得来的,也就是说,我们并不认识欧洲,而是根据书本和图画 à livre ouvert〔法语:表面地〕作出判断,正如孩子们根据 *Orbis picrus*〔捷克语:《图画世界》〕①来判断真实的世界一样,他们以为,桑威奇群岛②上的所有妇女都手持铃鼓,举手过顶,凡是有赤身露体的黑人的地方,离他五步远,肯定会有一只披散着鬃毛的狮子或者一只虎视眈眈的老虎。

我们对西方人传统的无知,将会给我们造成许多灾难,从中还可能发展成种族仇恨和流血冲突。

第一,我们知道的仅仅是欧洲上层的、受过教育的阶层,它遮盖了人民生活在许多世纪中本能地形成的沉重基础,它的形成规律,即使在欧洲,人们也知之甚少。西方教育并没有渗透进这些庞大的基础中,可是历史却凭借这些基础深深地扎根于地面,并与地壳连在了一起。欧洲国家是由两部分人组成的,因为他们受到完全不同的教育,因而他们各有自己的特色。可是在东方,人民却是统一的,由于这种统一,给宰相装烟袋的土耳其人与身为宰相的土耳其人彼此并没有什么区别,可是在欧洲却没有这种统一。广大的农村居民,自从宗教战争和农民起义之后,就不再积极参加任何重大事件了;他们像田地里的庄稼一样,

---

① 捷克教育家科门斯基编写的一本儿童读物。

② 即夏威夷群岛。

受外界影响,或者向右倒,或者向左倒,但是他们一刻也没有离开过自己的土地。

第二,我们所了解并与之接触的那个阶层,我们只知道它的历史,而不知道它的现状。在欧洲住过一两年之后,我们就会惊讶地看到,总的说,西方人并不符合我们对他们的理解,他们比我们理解的要低得多。

在我们构成的理想中有些真实的因素,但这些因素或者已经不再存在,或者已经完全变了。骑士的英勇无畏,贵族的优雅气质,新教徒的道貌岸然,英国人孤芳自赏的性格,意大利画家的豪华生活,百科全书派的才华横溢,恐怖主义者阴森可怖的毅力——这一切都融化成、蜕变成一种占统治地位的气质,小市民的气质,变成了一个综合体。这些气质组成一个整体,也就是一种自我封闭和自以为是的人生观,具有它自己的传统和一定之规,自己的善与恶,自己的行为方式和自己的低劣的道德观。

正如骑士是封建世界的始初形态一样,商人也是新世界的始初形态:老爷被老板所代替。商人就其本身而言,乃是一种司空见惯的居间人物,是生产者和需求者之间的中介人,他是某种类似道路、车辆和工具的东西。

骑士主要代表他自己,代表他个人,而且他按照他的理解捍卫自己的尊严,因此他实质上既不依赖财富,也不依赖地位;他的人格才是最主要的;可是在小市民身上,人格却是隐匿不见的,因为它不是最主要的:主要的是商品,生意和物品,主要的是财产。

骑士是个无知的大草包,只会打架斗殴,寻衅决斗,既是强盗又是修士,既是醉鬼又是虔诚的信徒,但是他襟怀坦荡,光明磊落;而且他随时准备为他认为是正义的事业慷慨捐躯;他有他自己的道德规范,自己的荣誉准则,虽然这准则十分随意,但是他决不违反,否则他就会看不起他自己或者被其他骑士看不起。

商人主张和平,而不主张战争,他顽强不屈地捍卫着自己的权利。

但在进攻上他是个弱者;他既精明而又吝啬,他在一切中看到的只是买卖关系,他像骑士一样同迎面遇到的每个人较量厮杀,不过他同人家较量时使用的是狡猾。他的祖先是中世纪的市民,他们为了躲避暴力和抢掠,不得不耍一点儿滑头:他们的平安和财产是靠支吾搪塞,弄虚作假,装腔作势,委曲求全和自我克制换来的。他的祖先一边脱帽肃立,点头哈腰,一边却对骑士坑蒙拐骗;他们一边摇着头,连声叹气,向邻居们哭穷,一边却悄悄地把钱埋进土里。这一切也就自然而然地遗传给了他们的子孙后代,融入了他们的血液和头脑,并变成被人们称之为中产阶级的这类特殊人物的生理特征。

当这个中产阶级还处在不幸的地位,并与贵族阶级的头面人物联合起来,为保卫自己的信仰、为争取自己的权利进行斗争的时候,它是充满伟大、充满诗意的。但是这样的状况维持的时间并不长,桑丘·潘沙①取得了地位,便颐指气使,高枕无忧,为所欲为,失去了自己的民间风趣、自己的健全理智;他性格的庸俗的一面便占了上风。

在小市民的影响下,欧洲的一切都变了。骑士的荣誉被帐本的诚信所取代,优雅的风尚被循规蹈矩的作风所取代,彬彬有礼被拘泥古板所取代,高傲被心胸狭窄所取代,花园被菜园所取代,宫殿和官邸被向所有人(即向所有有钱的人)开放的宾馆所取代。

过去人际关系中一切过时的,但一以贯之的概念被动摇了,但是,对当前人际关系的新意识还没有被发现。这种混乱状态,在无所顾忌、恣意妄为地发财致富的无所不能的影响下,更促进了小市民性格所有渺小、恶劣方面的发展。

诸位不妨分析一下半个世纪以来流行的道德准则,——这里什么没有啊?有罗马的国家观和哥特式的三权分立,有基督教新教和政治经济学,有 salus populi〔拉丁语:公共福利〕②和 chacun pour soi〔法语:人各

① 塞万提斯的小说《堂·吉诃德》中的人物,堂吉诃德的侍从,后来当了某海岛的总督。

② 这是罗马法学家制定的一条原则,据此,个人利益必须服从全体社会的公共利益。

为己〕,有布鲁图①和托马斯(坎普滕的)②,有福音书和边沁③,有收支簿记学和让·雅克·卢骚。脑子里有这么多乱七八糟的东西,心里面却装着一块永远指向金钱的磁铁,在这样的情况下,欧洲的一些先进国家也就难免要发展到现在这样荒谬的地步了。

他们的全部道德观都可以归结到一点,即穷人必须想尽一切办法去赚钱,富人则想尽一切办法来保护和增加自己的财产。在市场上升起的开市的旗帜,变成了新社会的神幡。人 de facto〔拉丁语:实际上〕变成了财产的附属品,生活则归结为为金钱而不断奋斗。

一八三〇年以来,政治问题逐渐成了纯粹是小市民的问题,历来的斗争表现为觊觎和向往统治地位的斗争。生活归结为证券交易,一切报刊编辑部,选举场所和办公室都变成了钱庄和市场。英国人习惯于将一切都纳入自己的商店名录,以致把自己以前的英国国家教会也称之为"Old Shop〔英语:老店〕"。

在小市民世界中,一切政党和有政治色彩的人渐渐区分为两大阵营:一方面是顽固地不肯放弃自己的垄断权的私有主小市民;另一方面是想从他们手中夺取他们的财产,但又无能为力的贫穷的小市民,也就是说,一方面是吝啬,另一方面是嫉妒。因为在这一切中并没有真正的道德准则,所以一个人究竟站在这一边或者站在那一边完全由他们的财产状况、社会地位等外部条件所决定。反对派的浪潮紧接在另一个浪潮之后取得了胜利,即一个紧接在另一个之后取得了财产或者地位,因此很自然,他也就从嫉妒的一方转到吝啬的一方。为了完成这种转变,最好的办法莫过于通过议会辩论的无结果的左右摇摆,——这种摇摆表面上似乎在动,但又不越出范围,表面上煞有介事,似乎在维护公共利益,实际上是为了达到自己的个人目的。

---

① 布鲁图(公元前85—前42):古罗马政治活动家,共和主义者,密谋刺杀恺撒的人之一。

② 托马斯(坎普滕的)(1379—1471):德国修士,中世纪神学家。

③ 边沁(1748—1832):英国法学家和哲学家,资产阶级功利主义的鼓吹者。

议会政体并非来源于盎格鲁-撒克逊民族 Common law〔英语:习惯法〕①这一民族基础,而是它由此形成了一个国家法,——形成了一个世界上最大的松鼠滑轮②。既能站在原地丝毫不动,又能赋予自己一种正在庄严行进的外表,难道还能有什么比英国的上下两院表演得更庄严隆重的吗?

但是最要紧的就是这个虚有其表。

在当代欧洲的所有方面,深深地刻印着两个显然来自商店柜台的特点:一方面是伪善和坑蒙拐骗;另一方面是推销和 étalage〔法语:吹嘘〕。商品卖出去的时候说得天花乱坠,买进来的时候则半价收进,卖出去的时候是以次充好,以外貌代替实质,隐瞒某些瑕疵,不是说出真实的情况,而是用似乎这个那个地来搪塞,不是循规蹈矩,诚实无欺,而是表面上装得规矩诚实,不是保持内在的人格,而是保持一种表面的 Respectabilität〔德语:端正,体面,规行矩步〕。

在当今这个世界上,一切都是虚有其表的布景,最粗俗的无知也可以取得文明的外表。我们中有谁不曾为西方社会的无知而感到愕然和脸红过呢(我在这里说的不是西方的学者,而是说那些构成可以称之为社会的人)?他们不可能有严肃的理论修养:拥有这种修养需要的时间太多,又耽误工夫,使人没法做生意。因此一切处在商品流通和"利用"自己社会地位范围之外的东西,在小市民社会里都不重要,因此他们的修养必然有限。因此,如果这些小市民一旦离开他们习惯走的平坦大道,我们就会看到,他们总是显得行事荒唐和冥顽不灵。总的说,狡猾和伪善并不像人们想象的那样聪明和具有远见:它们的直径很窄,航道很浅。

这个道理英国人是懂得的,因此他们不肯离开他们已经走惯的老路,他们宁可忍受因因循守旧而产生的种种沉重的(甚至更坏)、可笑

---

① 习惯法主要在封建时代起作用。在英国立法中还保留有若干习惯法准则。

② 松鼠在滑轮上奔跑,滑轮便随之飞速旋转,它表面上似乎在动,实际上在团团转。

的不方便，也不愿意做丝毫改变。

法国的小市民却不这么谨小慎微，尽管他们十分狡猾和表里不一，他们还是失策地走上了帝国的道路。

他们坚信一定能取得胜利，因而宣称全民公决是新的国家秩序的基础。他们很喜欢这面数学的旗帜，因为用加减法就可以确定真理，这是可以在算盘上算出来并且可以用数字表明的。

在当前的社会状况下，他们究竟把什么提交给全民公决呢？是关于共和国应否存在的问题。他们想用人民的名义来消灭它，让它成为一句空话，因为他们不喜欢它。有哪一个尊重真理的人会随便遇到什么人就去征求他的意见，问他什么是真理呢？如果哥伦布或者哥白尼也把是否存在美洲和地球是否在运动付诸表决，那将会出现怎样的情况呢？

这个如意算盘想得倒好，可是在产生的后果上，好心肠的人却失算了。

在池座观众与演员之间形成的一条缝隙，起先是靠拉马丁①如簧之舌的褪了色的壁毯挡住的，可是这缝隙却变得越来越大，六月起义的鲜血②又冲宽了这条缝隙，于是这时候他们就向被激怒的群众提出了总统问题③。作为对此的回答，路易·拿破仑从缝隙里钻了出来，揉着睡眼惺忪的眼睛，这时候他已大权在握，即把小市民也掌握在他的手里，这帮小市民却按照老皇历自以为是地认为，他将当他的皇帝，而统治权却掌握在他们手里。

你们在国家大事的大舞台上看到的一切，也以缩微的形式在每家每户上演。小市民的道德败坏也潜入家庭生活和私生活的一切秘密场所。无论是天主教，也无论是骑士阶级，都从来没有像资产阶级那样在人们身上留下这么深和这么多的烙印。

贵族们责无旁贷。当然，他们的权利有一部分是虚构的，因此他们

---

① 一八四八年法国二月革命后，他任法国临时政府首脑。

② 指一八四八年六月巴黎人民起义被镇压。

③ 指一八四八年十二月法兰西第二共和国的总统选举，路易·拿破仑当选为法国总统，这就为他一八五二年十二月的恢复帝制扫清了障碍。

的义务也是虚构的，但是这义务在与他们同类的人中间却起着一定的连环保的作用。天主教也责无旁贷，甚至责任更大。骑士们和善男信女们常常不履行自己的义务，但是他们认识到他们这样做破坏了他们自己承认的社会联盟，从而使他们感到他们对这种玩忽职守难辞其咎，同时这也决不能成为他们的行为准则。他们有自己的节日服装，有自己的正式演出，这是他们的理想，而不是骗人的把戏。

他们的理想是什么，我们现在不感兴趣。他们的官司已经打完，而且早就打输了。我们现在只想指出，小市民与此正好相反，他们不承担任何义务，甚至都不服兵役，不过当志愿兵除外，也就是说，他们必须做到的只是 per fas et nefas〔拉丁语：不择手段地〕发财。他们的福音很简单："发财吧，增加自己的收入吧，让自己的收入像海边的沙子一样无穷无尽，只要不破产，你就尽量利用乃至滥用自己的金钱资本和精神资本吧，这样，你就可以衣食无虞，安享荣华富贵，甚至长命百岁，让自己的孩子娶妻生子，并使自己身后美名永传。"

对骑士世界和天主教世界的否定是必需的，而做到这点的不是小市民，而是普通的自由人，即不能归入任何类别的人。这里既有骑士，如乌尔里希·冯·胡腾①，也有贵族，如伏尔泰，既有钟表匠的徒弟，如卢骚，也有部队里的军医，如席勒，还有商人子弟，如歌德②。小市民阶级利用了他们的工作，不仅摆脱了帝王的统治和自己的奴隶地位，获得了解放，而且还摆脱了一切沉重的社会负担，除了共同出资雇佣那个保护他们的政府以外。

他们由基督教新教建立了**自己的**宗教，一种使基督徒的良心能安于从事放高利贷这一职业的宗教，——这是一种典型的小市民宗教，以致曾为它流过血的人，也抛弃了这一宗教。在英国，**平民百姓**是最少上

---

① 胡腾(1488—1523)：德国人文主义者，出身骑士，宗教改革家。早年曾入修道院，后参加青年人文主义者组织，是讽刺作品《愚人书简》的主要作者之一。

② 卢骚少年时曾做过钟表匠的学徒；席勒在军事学校毕业后曾当过军医；歌德的父亲是一名富裕的商人。

教堂的。

他们希望从革命中建立一个自己的共和国，但是这个共和国从他们的手指下溜走了，就像古代文明从野蛮人手里溜走一样，就是说当前没有它的立足之地，只能寄希望于 instaurationem magnam〔拉丁语：伟大的复兴〕上。

宗教改革和革命走进一个空空的世界，吃了一惊，因此只能在两类修士生活中寻找解救之道：一类是清教徒运动中冰冷无聊的假道学；一类是形式上实行共和的枯燥、牵强的犬儒主义。公谊会①和雅各宾派的偏激是建立在恐惧上的，因此它们的基础是不牢固的；他们看到，他们需要强有力的手段，以便说服一部分人，使他们相信这就是教会，说服另一部分人，使他们相信这就是自由。

这就是欧洲生活的总的气氛，在当代西方最发达的国家，比较忠于自己的原则、比较富裕、文明程度较高，也就是说比较工业化的地方，这种气氛也就更沉重，更让人受不了。这就是为什么生活在意大利或者西班牙，就比生活在英国或法国不那么叫人感到窒息和受不了……这就是为什么多山的、贫穷的、到处是乡村的瑞士，是欧洲唯一可以太太平平地隐居避难的地方。

——

发表在《北极星》第四辑上的这些片段的结尾，有下面一段献词②，这是奥加略夫在到达伦敦和在格拉诺夫斯基去世之前写的：

请收下这副颅骨——它
完全应该归属于您。

亚·普希金③

① 亦称"贵格会"，基督教新教的一派，主要分布在英、美等国。

② 赫尔岑的《西方杂记》最初并不是发表在《北极星》的第四辑，而是发表在一八五六年出版的第二辑，奥加略夫的献词也发表在这上面。

③ 普希金的诗《给杰尔维格的信》的开头两行。原文是："请收下这副颅骨，杰尔维格，它完全应该归属于你。"（卢永译）

我暂时就写到这里为止吧。以后我会把删略的几章再印出来的，同时再补写一些别的章节，因为没有它们，我说的话就会显得残缺不全，难于理解，也许还会显得是无病呻吟，反正会变得不是我希望看到的样子，但是这一切都是以后的事了，在很久很久以后……

现在咱们先说声再见，不过在临别的时候，青年时代的朋友们，我要对你们说几句话。

当一切已经埋葬，甚至当喧嚣（一部分是我引起的，一部分是它自己找上门的）在我周围也已经平息，人们已经各自回家的时候，我微微抬起头来，看了看周围，除了孩子们以外，没有一个活着的亲人。我在不相干的人们中间稍作徘徊之后，再一次仔细地看了看他们，我已经不再想在他们中间寻找自己的知音了，于是掉头而去——不是不想跟人们来往，而是不想跟人们接近。

诚然，有时候我也觉得，我胸中还有一些感想，还有一些话，不说出来很可惜，它们将会对听到这些话的人带来许多好处，至少也会带来一些欢悦，每念及此，心中就有些惋惜，干吗把这一切埋藏在心底，让他们无谓地消失呢，就像目光迷茫，眺望空空的远方，对一切都视而不见似的……不过，即使这样——也不过是即将熄灭的晚霞，是往事已矣的反光。

我现在要回顾的正是这些往事。我抛开我感到陌生的世界，回到你们身边；瞧，咱们生活在一起已经一年多了，像往常一样，每天见面，什么也没有改变，谁也没有离开，没有衰老，谁也没有死，我跟你们在一起就同在自己家里一样，同时非常清楚，除了我们这块立足之地以外，我已没有其他立足之地了，除了我从小认定的自己的这一使命以外，我也没有其他使命了。

我对往事的叙述也许很枯燥，很乏味——但是，朋友们，请你们惠予接受；这部著作帮助我度过了那可怕的时代，它把我从我为之十分潦倒的无所事事的绝望中解救了出来，它使我回到了你们身边。我带着这工作虽然不是很愉快，但却是心情平静地（正如我无限喜爱的一位

诗人所说)走进我的生命的冬季:

"Liera no... ma sicura!"〔意语:"不是很愉快……但却心情平静!"〕莱奥帕尔蒂在他的 *Ruysch e le sue mummie*〔意语:《柳伊什和他的木乃伊》〕中谈到死亡时曾这么说。

这样,你们就在不知不觉中无意地救了我——请收下这副颅骨——它完全应该归属于您。

一八五五年十月一日于 Isle of Wigt, Ventnor

〔英语:怀特岛,文特诺镇〕

第三十九章

金钱和警察——皇帝詹姆斯·罗思柴尔德和银行家尼古拉·罗曼诺夫——警察和金钱

一八四九年十二月，我获悉，由巴黎寄出并由我国大使馆证明的我的地产的抵押委托书作废了，紧接着，我母亲的存款也被冻结。不能再耽搁时间了，正如我在上一章中所说，我便立刻离开日内瓦前去找我的母亲。

在我们这个经济混乱的时代，轻视财产是愚蠢的或者是装腔作势的。金钱是独立、力量和武器。打仗的时候，谁也不会扔掉武器，哪怕这武器是敌人留下的，甚至是生锈的。被贫穷奴役是可怕的，我曾多方面研究过这一状况，因为有一些人在遭到政治上的海难之后仓皇逃生，两手空空，身无分文，而我曾多年与这些人住在一起。因此我认为采取一切措施，从俄国政府的熊爪里抢救可以抢救的东西，是正当的，必须的。

即使这样，我也差点儿丧失一切。当我离开俄国的时候，我并没有任何明确的计划，我只想到国外去，在国外能待多久就待多久。一八四八年的革命来了，在我还没有来得及为抢救我的财产做点儿什么以前，它就把我卷进了革命的漩涡，好心的人们责备我，说我冒冒失失地一头钻进政治运动，而把家庭的未来弃置一边，听天由命，——也许，我这样做不十分谨慎；但是一八四八年我住在罗马，当时奋起的意大利正在我的窗外沸沸扬扬地闹革命，如果我坐在家里，想方设法怎么挽救自己的领地,那我就不会待在异国他乡了,而是回到彼得堡,重新上官衙供职,说不定还会当上个"副省长",坐上"总检察长的宝座"。对秘书呼来喝去,作威作福,而对自己的顶头上司则卑躬屈膝,"大人大人"的叫不绝口。

我没有这么大肚量,也不会这么明哲保身,甚至现在我还为此感到万分庆幸。如果我错过了那些实现信仰的热血沸腾的光辉时刻,我的心灵感受和我的记忆将会贫乏得多!失去这些光辉的时刻,对于我,能用什么来弥补呢?不是对我,我又算得了什么,——而是对她,能用什么来弥补呢?她那被摧残的生命后来只剩下痛苦,最后走向了坟墓。如果我出于审慎剥夺了她几乎是最后几分钟的平静和幸福的话,我的良心会受到多么痛苦的谴责啊!加之,最主要的事我毕竟还是做了——除了科斯特罗马的地产以外,我几乎救出了我的全部财产。

六月的日子以后,我的处境变得危险了。我结识了罗思柴尔德①,我请他给我兑换两张莫斯科储备银行的票据。不用说,那时候的银根很紧,汇率很低;他提出的条件对我很不利,但是我立刻同意了,并且高兴地看到罗思柴尔德的嘴上浮出了一丝遗憾的微笑——他把我看成了一个在巴黎挥金如土、债台高筑的 prince russe〔法语:俄国公爵〕,因此称我为"monsieur le comte"〔法语:"伯爵先生"〕。

头几张票据很快就拿到了现款,后几张数目大得多的票据,虽然也兑付了现款,但是罗思柴尔德的代理人通知他,我的存款已被冻结,——幸好,钱也提空了。

就这样,在那个十分动荡的时代,我却拥有一笔巨款出现在巴黎,既没有经验,又不知道如何处理这笔钱财。然而一切都处理得相当好。总的说,越是把财务问题看得无所谓,越少耽心,越少惊慌,事情就越容易办成。贪得无厌之徒和畏首畏尾的守财奴的财产,往往像浪荡子的

① 罗思柴尔德家族是欧洲最著名的银行世家,这里指詹姆斯·罗思柴尔德(1792—1868)。

财产一样，顷刻瓦解。

我接受罗思柴尔德的劝告，给自己买了一些美国股票，一些法国股票，并在阿姆斯特丹大街上买了一栋不大的、由哈弗尔旅馆租用的房子。

我最初采取的使我与俄国脱离关系的革命措施之一，却使我陷入了保守派寄生虫这个可敬的阶层，我结识了不少银行家和公证人，学会了经常跑证券交易所看股市，总之，使我成了一名 rentier〔法语：吃利息的人，靠股票、房产等生活者〕。一个现代人，如果与他所生活的环境脱节，就会给他的个人行为造成可怕的混乱。我们正处在两条互相交叉的激流中；把我们时而抛到这一边，时而抛到那一边，而且还长久地这么抛来抛去，直到这条激流或那条激流彻底压倒另一方为止，这时，那股激流尽管还在波涛汹涌，动荡不定，但已经在往一个方向流了，直到这时，它才会使船夫感到轻松些，也就是把他裹挟而去，如果有人能在这以前迂回前进，波浪来时就让开，尽管摇摇晃晃，但毕竟能够保持自己的航向，这样的人就有福了。

在买房子的时候，我有机会近距离地看了看法国的生意人世界和资产阶级世界。他们官僚式的形式主义，在办理房地产买卖契约时，丝毫不亚于我们。一个年老的公证人向我宣读了几沓文件，即规定必须宣读文件的法令，main-levée〔法语：撤销禁令〕，然后才是真正的法令——这法令简直像一部 in folio〔拉丁语：对开本〕的大部头书。我们在最后一次商谈买房价格和一应支出的时候，房主人说，如果我能把购房款立刻全部付清给他本人的话，他可以让步，把办理房屋买卖契约所需的极其可观的费用由他负担；我不明白他的意思，因为一开始我就声明我将用现款购买。公证人向我解释说，钱必须留在他那儿，而且至少留三个月，因为他要发布公告，必须让所有对此房的处置有权提出异议的债权人，在此期间，提出自己的要求。此房已被抵押七万法郎，但它还可能被押给其他人。只有过了三个月，查询完毕之后，才能给买者以 purge hypothécaire〔法语：不动产已无抵押事情的证明〕，才能给从前的房主人以售房款。

房主人保证,他没有其他债务。公证人证实了这点。

"您能用名誉起誓并保证,"我对他说道,"您没有涉及房屋产权的其他债务吗?"

"我很乐意这样做。"

"既然这样,同意,明天我就拿罗思柴尔德的支票到这里来。"

第二天,我去找罗思柴尔德,他的秘书举起两手一拍:

"他们会骗您的!这怎么可能呢!如果您愿意,我们可以终止这笔交易。这是闻所未闻的——用这样的条件向一个素昧平生的人买房。"

"要不要我派个人陪您一起去研究一下这笔买卖?"詹姆斯男爵①也亲自过问道。

我不想扮演那种乳臭未干、少不更事的人的角色,我说我作出了承诺,便拿了一张全部房款的支票。当我去找公证人,那儿除了有见证人以外,还有一个前来收取七万法郎债款的债主。宣读了买房契约,我们签了字,公证人祝贺我成了巴黎的房产主,——就剩下交付支票了。

"真遗憾,"房主人从我手里接过支票后说道,"我忘了请您拿两张支票来,现在我怎么分出七万法郎呢?"

"没有比这更容易的了:去找一趟罗思柴尔德,他们会给您两张支票的,或者更简单点儿,跑一趟银行。"

"好吧,我去跑一趟。"那个债权人说。

房主人皱了皱眉,回答道,这是他应该做的事,应该由他去。

那个债权人愁眉不展。公证人好心地建议他们俩一起去。

我好不容易才忍住笑,对他们说:

"这是您写的收条,把支票还给我,我去跑一趟,把支票兑开。"

"那我们不胜感激之至。"他们说,高兴得松了口气;于是我就

① 即罗思柴尔德,詹姆斯是他的名字。

去了。

过了四个月，公证人把 purge hypothécaire 给我寄来了，于是我就靠了我的孟浪和轻信赚到了大约一万法郎。

一八四九年六月十三日以后，巴黎警察局长雷比里奥不知说了我什么坏话；大概，正因为他的告密，彼得堡政府才对我的地产采取了那些奇怪的措施。我已经说过，正是这些措施迫使我和我母亲前往巴黎。

我们一路前去，途经纳沙泰尔和贝桑松。我们这趟旅行先是从我把外套忘在驿站大院开始的；因为我身上穿着棉大衣和棉套鞋，所以我并没有回去取。在上山以前，一切都很顺利，但是到了山上，我们碰到了没膝深的大雪、零下八度的严寒和可诅咒的瑞士北风。长途驿车没法前进，只限让旅客三三两两地分开乘坐一些不大的宽座雪橇。我不记得我什么时候也像这天夜里那样因寒冷而受过那么大的罪。两只脚冻得够呛，我把它们塞在稻草里，后来驿车夫又给了我一条领圈，但是这也没能帮多大忙。到第三站，我向一个农妇花十五法郎买了一条大披巾裹在脚上，但这已经是下山的时候了，因此每走一英里就觉得越来越暖和。

这条路从法国这边开始就变得十分壮丽多姿；山的轮廓千姿百态，各不相同，形成一个类似宽阔的半圆形剧场，把我们一直护送到贝桑松；在有些悬崖峭壁上还可以看见加固的骑士城堡的断垣残壁。这个自然景色具有某种强大和严峻，坚定和忧郁的东西。有个农民的儿子，老村民的后裔，皮埃尔·约瑟夫·蒲鲁东，便是瞧着这自然风光逐渐长大和成才的。确实，也可以用一位诗人讲佛罗伦萨人的话来形容他，不过具有另一种含义：

E tiene ancora del monte et del macigno!〔意语：还保持着某种大山和巨石气息的人！〕①

① 引自但丁的《神曲·地狱篇》第十五章第六十三节。

罗思柴尔德同意接受我母亲的票据，但是他不肯提前支付，借口是要等加塞尔①来信。监护委员会果然不让付款。于是罗思柴尔德便让加塞尔要求涅谢利罗德②接见，并问他到底是怎么回事。涅谢利罗德回答说，虽然票据没有任何疑问，罗思柴尔德的诉求也是正确的，但是皇上根据某些政治的和秘密的原因下令对此存款暂时冻结。

我记得，罗思柴尔德办事处在收到这份答复后感到十分惊讶。使人不由得睁大了眼睛在这份文书下寻找阿拉里克③的钤记和成吉思汗的大印。罗思柴尔德甚至没有料到，像尼古拉这样一个著名的专制魔王会跟他开这么大的玩笑。

"就我而言，"我对他说，"这倒不足为奇，因为尼古拉为了惩罚我，想勒索家母的钱，或者以此作为诱饵引我上钩；但是我无法想象阁下的大名在俄国居然视同草芥。这是您的票据，而不是家母的票据；因为经她签字后就把这票据交给了持票人（au porteur），但是自从您在票据上签字之日起，这个 porteur 就是您的了④，可是人家却无耻地答复您：'钱是您的，可是老爷不让支付。'"

我的这番话起了作用。罗思柴尔德开始大发脾气，一面在屋里走来走去，一面说：

"不，我不许任何人跟我开玩笑，我要上告这家信贷抵押银行，我要让贵国的财政大臣立即作出明确答复。"

"唔，"我想，"这事弗龙琴科⑤就弄不懂了，'私下答复'还好，'明确答复'就难了。"

"什么叫专制制度，这就是一个活的榜样，反动派对它寄予很大的

① 彼得堡的一位银行家。

② 涅谢利罗德（1780—1862）：一八一六至一八六一年的俄国外交大臣。

③ 阿拉里克（约 370—410）：西哥特王国国王。在位期间，曾南下希腊，劫掠雅典、科林斯和斯巴达。还曾入侵意大利，占领罗马城，大肆劫掠三天。

④ 这签字，即"endossement"〔法语：背签，背书〕，是为了转交他人时使用的，以免它成为不记名票据，任何人都可以凭票支取。——作者原注

⑤ 弗龙琴科（1780—1852）：一八四四至一八五二年的俄国财政大臣。

希望,它居然会这么随便和 sans gêne〔法语:无礼地〕处置别人的财产。哥萨克的共产主义,也许比路易·勃朗①的共产主义还危险。”

“怎么办我再想想,”罗思柴尔德说,“不能就这么算了。”

这次谈话后大约过了三天,我在林阴道上遇到罗思柴尔德。

“顺便告诉您一件事,”他拦住我,对我说道,“昨天我跟基谢廖夫②谈了您的事。我必须告诉您,请恕我直言,他对您的看法对您很不利,恐怕,他不会替您做什么事。”

“您跟他常见面?”

“有时候见面,在晚会上。”

“劳驾,请您告诉他,您今天看见我了,我对他的看法极坏,然而,尽管如此,您还是无法设想因此而剥夺他母亲的财产是正当的。”

罗思柴尔德哈哈大笑;他大概从这时起开始明白我并不是什么 prince russe,因此他已经管我叫**男爵**了;但是我想,他之所以抬举我,是为了让我有跟他说话的资格。

第二天,他派人来请我;我立刻去了。他递给我一封没有署名的给加塞尔的信,并补充道:

“这是我们写的一封信的草稿;您可以坐下来仔细看看,然后告诉我您对这封信是否满意;如果您想做些补充或者修改,我们立刻照办。而现在请允许我继续做自己的事。”

我先是看了看四周。屋里有一扇不大的门,每分钟都有交易所的经纪人一个接一个地推门走进来大声报告一个数字;罗思柴尔德一面继续批阅文件,一面头也不抬地咕哝道:“行,——不,——好,——行啊,——够了”,于是向他报告数字的经纪人就走了。屋子里坐着各种各样的普通的资本家,国民议会的议员,还有三两个筋疲力尽的旅游

---

① 路易·勃朗(1811—1882):法国小资产阶级社会主义者,曾提出依靠资产阶级国家帮助建立工人生产协会来改造资本主义社会的空想计划。

② 这不是那个后来在巴黎的基谢廖夫,他是一个非常正派的人和著名的国家资产大臣,而是另一个后来调到罗马去的人。——作者原注

者,在他们的老脸上蓄着年轻人的时髦胡子,——这是一些经常在矿泉疗养地喝酒,被引荐给宫廷的常客,他们身体虚弱,萎靡不振,都是些贵族阶级的遗老遗少,他们也跑到这里来,离开牌桌,挤进了交易所。这些人都在小声地窃窃私语。那位犹太王则平静地坐在自己的办公桌旁,批阅文件,在上面作着批示,大概,都是几百万,至少也是几十万的大宗交易。

“嗯,怎么样,”他转过身来对我说,“满意吗?”

“很满意。”我回答。

信写得非常好:语气强硬,态度坚决,一个有权有势的人跟另一个有权有势的人说话就应当这样。他写信给加塞尔,让他立刻约见涅谢尔罗德和财政大臣,让他告诉他们,罗思柴尔德不想知道这些票据属于谁,既然他买下了这些票据,就要求付款或者提出明确的合法说明:为什么停止支付;如果对方拒绝支付,他将把此事交由他的法律顾问来讨论,他劝对方三思而行,好好考虑一下由此产生的后果,尤其奇怪的是这事居然发生在俄国政府正在张罗着通过他鉴定新的贷款协定的时候。罗思柴尔德最后说,如果此事继续拖延不决,他将通过报刊将此事公之于众,以便使其他资本家提高警惕。他还向加塞尔建议向涅谢尔罗德出示此信。

“很高兴……不过,”他说,手里拿着笔,以一种坦诚的神态直视着我的眼睛,“不过,亲爱的男爵,您难道以为我会为了五厘佣金而签署这封信吗?因为这封信 au bout du compte〔法语:归根结底〕会使我同俄罗斯吵翻的。”

我默然不语。

“第一,”他继续道,“加塞尔会有一笔开销,因为在贵国任何事情都不是白干的,这当然必须由您掏腰包;此外……您愿意出多少钱呢?”

“我觉得,”我说,“应当由您先开个价,我再表示赞同。”

“那么,五厘如何?这不多。”

“让我想想……”

我只是想算笔帐。

“您给多少都成……不过，”他脸上露出一副梅菲斯特般的嘲笑，补充道，“您也可以不花钱办成这事——因为令堂的权利是无可争议的，她是符腾堡公国①的臣民，您可以向斯图加特求助——斯图加特的外交大臣肯定会出面替她说话，迫令俄国付款的。说句老实话，我还巴不得推掉这桩不愉快的事哩。”

我们的谈话被人打断了。我出来，进了办事处，对他的观点和他对问题的简单明了的道理感到十分吃惊。如果他要一分或一分五厘，我也会同意的。他的帮助对我是必需的，他对这个道理知道得很清楚，所以才故意用已经俄罗斯化的符腾堡公国来奚落我。但是，我又受到本国政治经济学的影响，不管多长距离，马车夫要价二十戈比——还是要还价，只肯给他十五戈比，因此我毫无根据地告诉索姆布尔格②，我认为可以减少一厘。索(姆布尔格)答应转告，并请我半小时后再来。

半小时后，当我走上 rue Lafitte〔法语：拉斐特路〕金融王朝冬宫③的楼梯时，尼古拉的那位竞争者正好下楼。

“索姆布尔格告诉我了，”这位金融王朝的皇帝陛下，向我仁慈地微笑着，高贵地向我伸出了他的御手，“信已签字，并且已经发出。您将会看到他们态度的变化；我要给他们点儿颜色瞧瞧，让他们知道该怎么跟我开玩笑。”

“不过不是为了半厘佣金。”我想。真想对他双膝下跪，除了感恩戴德以外，还要三呼万岁，宣誓效忠，但是我仅限于说：

“如果您有十分把握，那就请您让他们给我开个户头，哪怕是存款总数的一半也行。”

“愿意效劳。”这位万乘之主回答，说罢便走上了拉斐特路。

---

① 德意志邦联内的一个公国，首府斯图加特。赫尔岑的母亲是德国斯图加特人。

② 罗思柴尔德银行中的职员。

③ 俄国沙皇在彼得堡的皇宫。

我拜别了这位圣上，便利用近路，向 Maison d' Or〔法语：多尔宫〕走去。

过了一个月或一个半月，那位不肯爽爽快快付款的彼得堡一等商人尼古拉·罗曼诺夫①，因被债权人会议和在报刊上公之于众所震慑，按照罗思柴尔德的旨意，发还了被非法扣留的本金和利息，以及利息的利息，他为自己辩解的理由是他不懂法律，以他的社会地位，他的确不可能懂得法律。

从那时起，我与罗思柴尔德的关系非常好；他喜欢我的是，在我身上体现了他打败尼古拉的那个战场，对他来说，我有点儿像他的马伦戈和奥斯特利茨②。他曾几次面带笑容，当着我的面，讲述这事的详细经过，但对这个被打败的对手表现出了慷慨的宽容。

在我与尼古拉打官司的这一时期，我一直住在 rue de la Paix〔法语：和平路〕的米拉波饭店。为这事奔走大约花了我半年时间。四月的一天早晨，饭店的茶房对我说，有一位先生在大堂等我，而且非见到我不可。我走出房间；大堂里站着一位满脸堆笑的官员模样的老人。

"我是杜勒里街区的派出所所长某某某。"

"很高兴。"

"请允许我向您宣读一份内务部的法令，这是市警察局长通知我的，并与阁下有关。"

"那就劳驾，请坐。"

"本局长③：

"根据一八四九年十一月十三日及二十一日，以及十二月三日之法令第七款，该条款授权内务部长，他有权将任何外国人从法国驱逐出

① 即沙皇尼古拉一世。

② 马伦戈是北意大利的一大平原，一八〇〇年六月十四日拿破仑军队在这里险胜奥地利军队，是谓马伦戈战役。奥斯特利茨是一个村庄，在今捷克境内，拿破仑曾在这里大败俄奥联军，是谓奥斯特利茨战役。

③ 这是我逐字翻译的。——作者原注

境(expulser〔法语:驱逐出境〕),如果该外国人住在法国可能扰乱秩序,危及社会安定的话,有鉴于此,并根据内政部一八五〇年一月三日之通令,现决定如下:

“被叫作(le N-é,即 nommé,但这又不是‘上述’的意思,因为上面根本没有提到我,这不过是一种文理不通的说法,以图尽可能粗暴地指称某人)亚历山大·赫尔岑之人,现年四十岁(加了两岁),俄国臣民,现住某处,必须立刻离开巴黎,从本通令宣布之日起,应于最短时间内离开法国国境。

“禁止他以后再回来,否则将按上述法令之第八款予以惩处(监禁一个月至六个月,并处罚款)。

“将采取一切措施以保证本通令之执行。

“本通令于一八五〇年四月十六日作出(fait)。

“市警察局长皮·卡尔雷。

“市警察局秘书长克莱门·雷伊尔副署。

“旁批:已阅,准予照办,一八五〇年四月十九日。

“内务部长米·巴罗什。

“一八五〇年四月二十四日。

“巴黎市区警察局长埃米尔·布雷为执行市警局四月二十三日之命令,

“特向亚历山大·赫尔岑先生宣布,并告知他命令原文。”

接着他又重读了一遍原文的全文。就像孩子们在讲白牛的故事一样,每次都要添加一句:“要不要给你们讲白牛的故事呢?①”

接着他又说:“本所长特邀请被称为赫尔岑者于二十四小时内前往市警察局领取通行证,以及他应由何处离开法国国境的规定。为了使上述之赫尔岑先生不致以不知情做托辞(n'en prétende cause d'ignorance——什么语言!),特将本文件宣读之初即向他宣告的决议副本

① 在俄语中,这已经成为一句成语,意为车轱辘话,经常重复同一句话。

留给他。——Nous lui avons laissé cette copie tant du dit arrêté en tète de cette présente de notre procésverbal de notification."

我在维亚特卡秋菲亚耶夫①办公厅的那些同事们在哪里？那位一坐下来就可以写满十张纸的阿尔达绍夫，以及韦普廖夫、施京和我那位喝得醉醺醺的科长在哪里？在巴黎，在伏尔泰之后，在博马舍之后，在乔治·桑和雨果之后，居然还有人拥有这样的生花妙笔，他们见了一定会满心欢喜，心花怒放的！而且不仅韦普廖夫和施京会心花怒放，——就是我父亲的村长瓦西里·叶皮法诺夫见到这段妙文，也一定会赞不绝口，因为他出于表达他心中深深的敬意，常常给他的身为地主的主人这样写道："由本班邮车送达的大人之命令收悉。据此，我有幸向您报告……"

这种愚蠢、庸俗、des us et coutumes〔法语：由陈规陋习组成的？〕大厦，只配给忒弥斯②那个瞎了眼的、神志不清的老太婆居住，难道能让它安然无恙，而不予以彻底扫荡吗？

宣读命令并没有产生预期的效果。一个巴黎人以为驱逐出巴黎无异于把亚当逐出天堂，而且还不许带夏娃——可是对于我恰好相反，我无所谓，因为巴黎的生活已经开始使我厌烦了。

"让我什么时候到市警察局去呢？"我问，装出一副和蔼可亲的样子，其实我心里的气不打一处来。

"我建议您明天上午十点左右去。"

"太好了。"

"今年春天来得多早啊。"巴黎市区警察局长，尤其是杜勒里的派出所所长说。

"太早了。"

"这是一家古老的饭店，因为米拉波③常在这里吃饭，所以才叫米

---

① 秋菲亚耶夫（1775—1840后）：一八三四至一八三七年之维亚特卡省长。

② 希腊神话中的司法女神。她的形象是：双眼蒙着一块布（象征不偏不倚），一手持丰裕之角，一手持天平。

③ 米拉波（1749—1791）：伯爵，法国大革命时期的著名活动家。

拉波饭店;您大概对这里感到很满意吧?"

"很满意。您想想,猛一下要跟它分手,心里还真不是滋味呢!"

"这的确让人感到不愉快……老板娘是一位既聪明又非常美丽的女人,库曾小姐是著名的勒诺尔芒[1]的挚友。"

"您想想!我竟不知道这事儿,多遗憾!说不定她也从她那里学会了占卜术,要是她能预先告诉我卡尔雷的这封 billet doux〔法语:情书〕[2]就好了。"

"哈哈……您知道,这是我的例行公事。请允许我祝愿您万事如意。"

"哪儿的话,任何事都可能发生嘛,我有幸向您告辞。"

第二天我就前往其知名度犹过于勒诺尔芒本人的 Jérusalem〔法语:耶路撒冷。〕街。起先接待我的是一名特工模样的年轻人,留着小胡子和络腮胡子,言谈举止完全像个早产的小品文作家和官场失意的民主派;他的脸色和眼神带有一种灵魂已被深深腐蚀,那种如饥似渴地向往享乐、权力和发财的印记,这样的脸色和眼神是我在西方人的脸上非常熟悉,而在英国人的脸上却从来没有见过的。想必,他担任现职的时间还不太长:他还陶醉在这个职务之中,因此说起话来有点儿盛气凌人。他向我宣布,我必须在三天后离开,没有特别重要的原因不得拖延。他那放肆无礼的面孔,他那说话的口气和张牙舞爪的姿态,使我不愿跟他进一步理论,我向他鞠了一躬,先戴上礼帽,然后问他什么时候可以见到局长。

"局长只接见书面向他提出申请的人。"

"请允许我马上就写。"

他摇了摇铃,进来一个老头 huissier〔法语:警官〕,胸口挂着一条表链;那年轻人向他神气活现地说:"给这位先生纸和笔。"说罢便向我摆了摆头。

---

① 勒诺尔芒(1772—1843):当时巴黎著名的纸牌占卜师。

② 此处指将赫尔岑驱逐出境的通令。

这名 huissier 把我领进另一个房间。我在那里给卡尔雷写了一份申请，说我想见他，并向他说明为什么我必须推迟我离境的行期。

当天晚上我就收到了市警察局送来的简短答复："局长先生同意于明日两点接见某某人。"

第二天又是那个讨厌的年轻人接见了我；他有一个单独的房间，我据此得出结论，他大概是一个属于处长一类的人物。刚踏进官场就平步青云，如果上帝让他活得更长些，一定前途无量。

这一回，他把我领进一间大办公室；那里，在一张大桌子后面的一把大交椅上坐着一位又胖又高、红光满面的先生，他属于这样一类人，这些人经常觉得热，他们吃得又白又胖，但是肌肉松弛，两手胖乎乎的，保养得很好，脖子上围着一条几乎看不出来的围巾，眼睛近乎无色，脸上的表情悠闲自得，这样的表情只有那些安富尊荣的人才有，可是他们也会冷冰冰和毫不费力地干出非凡的暴行。

"您想见局长，"他对我说，"但是他向您表示歉意：因为有一件非常重要的公事，他出去了，——如果我能为您效劳，为您做点儿什么愉快的事的话，我将不胜荣幸之至。请坐，好吗？"

这一切他说得从容不迫，非常有礼貌，微微眯起眼睛，鼓起胖胖的腮帮子，微笑着。"唔，这是名官场老手。"我想。

"您大概知道我此来的目的。"

他用脑袋做了个任何人开始游泳时都要做的轻微的动作，但是什么话也没有回答。

"向我宣布了一道命令，要我三日后离境。因为我知道贵国的那位部长有权将人驱逐出境而无须说明理由，也无须进行侦查，所以我既不想问为什么驱逐我，也不想为自己辩护，但是我除了自己的房子以外还有……"

"您的房子在哪？"

"14，rue Amsterdam〔法语：阿姆斯坦街十四号〕……在巴黎还有一件非常重要的事，这事我很难立刻弃之不顾。"

"请问,这是什么事:关于房子还是……"

"我的事有关罗思柴尔德,我要向他拿十万法郎。"

"什么?"

"十万 roubles argent〔法语:银卢布〕多一点儿。"

"这可是一笔巨款呀!"

"C'est une somme ronde."〔法语:"这是一笔可观的钱。"〕

"您需要多少时间来办完这件事呢?"他问,更加和蔼可亲地望着我,倒像人们望着陈列在橱窗里的野菇炖山鸡似的。

"一个月到六星期。"

"这时间太长了。"

"我的官司在俄国。也许正因为它的恩典我才必须离开法国。"

"怎么会这样呢?"

"大约一星期前,罗思柴尔德告诉我,基谢廖夫对我的印象很坏。大概,彼得堡政府想把这事压下去,以免人们说三道四;大概是由大使出面请商,请求把我驱逐出境的。"

"D'abord〔法语:首先〕,"市警察局的这位对我的埋怨颇有微词的爱国者,摆出一副郑重其事和充满强烈信念的神气,说道,"法国决不允许任何一国政府干涉它的内政。我感到奇怪,您脑子里怎么会有这种想法的。其次,一个政府有权竭尽全力为它的饱受苦难的人民恢复秩序,把某些外国人从我们这个满布易燃物的国家里清除出去,因为他们滥用了我国给予他们的好客的接待,难道还有比我们这样做更自然的吗?"

我决定用金钱来打动他。这是一种稳操胜算的做法,就像同一个天主教徒发生争论,就必须从福音书上引经据典一样,因此,我微微一笑,对他反驳道:

"对于巴黎的好客,我是付了十万法郎的,因此我认为自己几乎还清了欠帐。"

这话似乎比我那笔"somme ronde"更奏效。他有点儿不好意思,沉

吟片刻,方才说道:

“我们有什么办法呢?我们也是迫不得已嘛。”他从桌上拿起我的卷宗。这是那部小说的第二卷,它的第一卷我曾在杜别尔特手中看到过。他用他那胖乎乎的手抚摩着一页页案卷,像在抚摩一匹匹骏马似的。

“您要明白,”他一边抚摩,一边说道,“同您来往的人,您参加的那些不怀好意的报刊(这似乎与萨尔特斯基于一八四〇年跟我讲的话一字不差),最后,还有您给予那些最有害的事业以大笔 subventions〔法语:资助〕,凡此种种,才迫使我们采取十分不愉快的,但也是必须的措施。这措施不可能使您感到奇怪。因为您甚至在本国也给自己招来过不少政治压制。同样的原因必然招来同样的后果。”

“我相信,”我说,“尼古拉皇帝本人也没有料到你们会这么沆瀣一气;你们也可能当真认为他的做法是对的吧。”

“Un bon citoyen〔法语:一个好公民〕应当尊重国家的法律,而不管这法律是对还是错……①”

“这大概是根据那句名言:坏天气总比无法无天好。”

“不过,为了向您证明俄国政府完全与这游戏无关,我答应您,我可以向局长争取一下,延期一个月。如果我们向罗思柴尔德调查一下您的事,您大概不会觉得奇怪吧;这倒不是因为怀疑……”

“那就劳您大驾了,干吗不去调查呢;我们处在两军交战的状态下,如果我想留下,而使用一些使我留下的作战计谋又对我有利,难道您以为我不会使用吗?……”

但是局长的这位具有上流社会气派的可爱可亲的 alter ego〔拉丁语:另一个我〕也不示弱,回敬道:

“敢说这种话的人是不会说假话的。”

过了一个月,我的事情还没办完;有一位老医生名叫帕尔米埃,他

---

① 后来奇切林教授也在莫斯科大学宣扬过类似的观点。——作者原注
奇切林(1828—1904):国家法专家,莫斯科大学教授。

到我们家来看病,这位老医生每周都有机会到警察局去荣幸地给一些烟花巷里的巴黎女郎作一次健康检查。他既然肯为美丽的女性提供这么多健康证明,我想,他是决不会拒绝给我出一张疾病证明的。不用说,帕尔米埃认识警察局的所有的人;他答应我他将亲自把我的病历交给 X。我感到十分奇怪,帕米尔埃来的时候却没有给我带来满意的答复。这一特点之所以弥足珍贵,因为其中俄国官僚和法国官僚之间具有某种兄弟般的相似之处。X 不给答复,而且支吾搪塞,似乎对我有看法,因为我没有去亲自拜见他,告诉他我卧病在床,已一病不起。没有办法,第二天我只好容光焕发,毫无病态地前往警察局。

X 非常同情地询问了我的病情。因为我没有兴趣看医生在我的病历上给我写了些什么,所以我只好编造一个病情。幸好我想起了沙左诺夫,他由于太胖和胃口太好,因而得了动脉瘤,——因此我对 X 说,我有心脏病,若要旅行,可能对我十分不利。

X 很可怜我,劝我保重,然后他走进隔壁屋子,过了不多一会儿,又走了出来,说道:

“您可以留下再待一个月。局长让我同时告诉您,他希望并且祝愿您在这期间您的健康能够得到恢复;如果不能这样的话,他将感到十分难办,因为他不能第三次再给您延期了。”

这道理我是懂得的,因此我准备在六月二十日前后离开巴黎。

一年后,我再一次遇到了 X 这一名字。这个爱国者和 bon citoyen〔法语:好公民〕悄悄地离开了法国,但是忘了给曾经购买在警察局的庇护下发行的某种加利福尼亚彩票的千千万万并不富裕和贫穷的彩民以一个交代!当这位好公民看到,虽然他十分尊重本国的法律,他仍旧可能因 faux〔法语:造假〕罪去服苦役,于是他认为与其去服苦役还不如登上轮船,一走了之,逃到了热那亚。这是一个始终如一的人,并不会因为失败而张皇失措。他因为加利福尼亚彩票一事而出了名,于是他立刻提出他愿意应聘为当时在都灵刚刚组建的一家建筑铁路的股份公司效力。公司看到这么一个可靠的人,便急忙接受了他的效劳。

在巴黎度过的最后两个月,真叫人无法忍受。我简直处在 gardé à vue〔法语:明显的监视下〕,来信被无耻地偷拆了,而且要晚到一天。不管我到哪儿去,总有某个卑鄙下流的身影在远远地盯梢,到了街角,又丢个眼色,把我转交给另一个人。

不要忘记,这是警察最疯狂的时期。迟钝的保守派和拉马丁派的阿尔及利亚革命者,都在帮助围绕在拿破仑①周围的那些诡计多端的骗子手,为他本人编织一张暗探网和监视网,并将这网张大,使他遍布整个法兰西,而在目前的情况下则经由法国内务部和 Elysée〔法语:爱丽舍宫〕发电报,抓捕和扑灭国内的一切积极力量。拿破仑巧妙地运用了他们交与他又反过来对付他们的手段。十二月二日——又把警察提升到国家政权的地位②。

任何时候,任何地方,甚至在奥地利和俄国,都不曾有过像国民公会时期以来的法国那样的政治警察。所以出现这种情况,除了特别迷信警察这一民族性以外,还有许多原因。除了在英国,那里的警察与欧洲大陆的密探毫无共同之点,在那里,警察到处都被敌对因素包围着,因此他们只能依靠自己的力量。法国则恰好相反,警察局是得到人民最大支持的机构;不管什么政府夺取了政权,它手里的警察都是现成的,一部分居民会以一种狂热的激情帮助它(这样的狂热和激情其实应当抑制,而不应当加强),而且是用警察所不能使用,而是由私人使用的一切恐怖手段帮助它。又能往哪儿躲呢?怎么躲得了这些小店主、看门人、裁缝、洗衣妇、卖肉的、姐夫和弟妹呢?尤其在巴黎,在那里,人们住的不是独门独院,像伦敦那样,而是住在一些像珊瑚树或者蜂房一样的公寓里,那里的楼梯是公共的,院子是公共的,连看门人也是公共的。

孔多塞③逃脱了雅各宾派警察的追捕,幸运地逃到边境附近的一

---

① 指拿破仑三世——路易·拿破仑。

② 指一八五一年十二月二日路易·拿破仑发动的反革命政变。

③ 孔多塞(1743—1794):法国学者、哲学家、启蒙运动者,在国民公会中属吉伦特派,曾一度执政,后因与雅各宾派意见相左,雅各宾派执政后被捕,死于狱中。

座村庄；他累得筋疲力尽，走进一家小饭馆，坐到炉火跟前，烤着手，要了一份烤鸡。饭馆的老板娘是一位和善的老太太，是个非常爱国的爱国者，她是这么考虑的："他满身尘土，可见他从远处来；他要吃鸡，可见他有钱；他的手是白的，可见他是贵族。"她把鸡放进烤炉就跑进了另一家酒店；那里正坐着几名爱国者：一位是某公民穆西乌斯·斯凯沃拉①，是个蜜酒贩子，另一位公民是提莫莱昂②，是位裁缝。他们正求之不得，于是十分钟后法国革命的最聪明的活动家之一便被投入监狱，交给了自由、平等、博爱的警察局！

拿破仑具有高级的警察才能，他让自己的将军们变成他的密探和告密者；里昂的刽子手富歇③曾创立一整套特工理论、特工体系和科学——通过警察局长或者不通过警察局长——通过烟花女子和恪守闺范的老板娘，通过用人和马车夫，通过医生和理发师，都可以执行密探和告密者的任务。拿破仑下了台，可是武器却留了下来，而且不仅是武器，还包括持有这武器的人：富歇归顺了波旁王朝；密探的势力却丝毫没有削弱，相反因为有修士和神父的加盟而增强了。在路易·非力浦在位时，贿买和捞外快成了政府的一种精神力量，小市民中的半数都成了它的密探和警察的合唱队，他们在国民自卫军中服务更促进了这种风气的滋长，因为在国民自卫军中服务，本身就是执行警察任务。

在二月共和国时期，形成了三四种真正的秘密警察和几种半公开半秘密的警察。有过赖德律-洛兰的警察和科西迪耶尔④的警察，有过马拉斯特的警察和临时政府的警察，有过维护秩序的警察和破坏秩序的警察，也有过波拿巴的警察和奥尔良派的警察。所有这些警察都在

---

① 传说中的罗马英雄，出身下层，曾以自己的丰功伟绩拯救过罗马。

② 提莫莱昂（公元前411—前377后）：古希腊科林斯人，在与专制暴君的斗争中，连自己想夺取政权的弟弟都不放过。

③ 富歇（1759—1820）：法国国民公会议员，后为拿破仑一世的警务部长。

④ 科西迪耶尔（1809—1861）：曾参加一八四八年的法国革命，一八四八年二至五月任巴黎警察局长。

互相窥探，互相监视和告密；我们假定说，这些告密是因为信念，目的是良好的，并不是为了钱，但这毕竟是告密……这是一种危害极大的习惯，它使一方遭到悲惨的挫折，而使另一方沉醉于病态的、不可遏止的贪财欲和享乐欲，这种习惯腐蚀了整整一代人。

不要忘记革命与复辟的交替出现，留下了一些沉渣，这就是道德上的冷漠和观点上的左右摇摆。人们已经习惯于今天认为是英勇高尚的事，明天又因为同样的事被送去服苦役；在同一个人的头上可以数次更迭，一会儿是荣誉的桂冠，一会儿是刽子手的耻辱的烙印。当大家习惯于这样做以后，那么一个大家都当密探的民族也就赫然形成了。

最近发现的秘密团体和密谋活动，对外国流亡者的告发都是由混进来的异己分子、被收买的朋友，以及以叛变为目的、假装靠拢组织的人干的。

这样的例子已屡见不鲜，一些懦夫因为害怕监狱和流放，宁可害朋友和出卖秘密，——科纳尔斯基[①]就是被一个胆小的朋友害死的。但是，无论在我国还是在奥地利，都没有这样的一大群年轻人，他们既有文化，又会讲我们的语言，又会在俱乐部发表慷慨激昂的演说，还会写些革命的小文章，可是却充当密探……

再说，波拿巴政府的地位非常有利，它可以利用所有党派的告密者。它既代表革命，也代表反动，既代表战争，也代表和平，既代表一七八九年[②]，也代表天主教，既代表波旁王朝的垮台，又代表百分之四点五的人[③]。为它效力的人既有耶稣会士法卢[④]，又有社会主义者比约[⑤]，既

---

① 科纳尔斯基（1808—1839）：波兰革命家，曾参加一八三〇至一八三一年的波兰起义，地下组织“波兰民族联合会”的主要领导人之一，后被捕，并被沙皇政府处死。

② 指一七八九年七月的法国革命。

③ 指法国资产者。

④ 法卢（1811—1886）：法国正统主义者，一八四八年制宪议会中的教权党领袖。

⑤ 比约（1805—1863）：法国政治活动家，在七月王朝时期属反对派；拿破仑三世政府中的内政部长。

有正统主义者拉罗什雅克兰①,又有数不清的曾经得到过路易·菲力浦恩典的人。所有政党和派别中的道德沦丧者自然而然地都会合到和慢慢走到杜伊勒里宫去了。

① 拉罗什雅克兰(1806—1865):波旁王朝的拥护者,后又归顺波拿巴政权。

第四十章

欧洲委员会——俄国驻尼斯总领事——给奥尔洛夫的信——对孩子的迫害——福黑特一家——将七品官转为纳税农民——沙特尔的接待

(1850—1851)

我们从巴黎到尼斯后大约过了一年,我写道:“我对我的悄然离开空欢喜了一场,我徒然地在我的大门口画了一道五角形符箓①:我既没有找到预期的平安,也没有找到平静的港湾。符箓只能避邪,可是防避恶人却是任何五角形、多角形的符箓都不管用的,除非关进那方方正正的、与世隔绝的监狱。

从一八四九年这一站到一八五二年这一站之间,我度过了一段百无聊赖而又十分空虚的艰难时期,这段路我走得很累,——什么新鲜的东西也没有,除非是令人心碎的个人不幸,某个生活的车轮又要散架了。

《法意书简》(一八五一年六月一日)

的确,回顾过去的那段岁月,心里就隐隐作痛,好像想起了一次次

① 中世纪的一种避邪符咒。

葬礼，一场场痛苦的疾病，一次次手术。这里还没有触及那越来越多的乌云覆盖的我的内心生活，只要看到那总的形势以及报上的新闻，总叫人恨不得赶紧逃走，逃进那茫茫草原。法国用陨落的星星的速度奔向那十二月二日①。德国匍匐在尼古拉的脚下，这是不幸的、被出卖的匈牙利拖累了它，使它如此的②。各国见利忘义的被雇佣的警察头子在一起召开普世会议，密谋对国际间谍活动采取共同的措施③。革命者依然在进行空洞的聒噪。曾经站在运动前列、领导过运动的人，由于希望破灭而张皇失措。科舒特④从美国回来了，但失去了一部分人民的爱戴。马志尼在伦敦与赖德律-洛兰和卢格一起，搞了个欧洲中央委员会⑤……而反动势力却越来越猖狂。

自从我和马志尼在日内瓦，后来在洛桑见面以后，一八五〇年又在巴黎见到了他。他到法国来是秘密的，下榻在某个贵族家里，他派自己的一名亲信来请我去。他在那里同我谈了在伦敦组建国际联合会的事，他问我愿不愿意作为俄国人参加该组织；我岔开了话题，未置可否。一年后，在尼斯，奥尔西尼又来找我，把欧洲中央委员会的纲领和各种宣言，以及马志尼的信交给了我，信中又提到请我参加他们组织的事。我压根儿不想参加这个委员会：我已经同整个俄国完全切断了联系，当

---

① 指发生于一八五一年十二月二日的法国路易·波拿巴的政变。

② 俄国沙皇尼古拉一世，为了镇压匈牙利革命，于一八四九年对匈牙利实行武装干涉，并以此巩固奥地利在欧洲的地位，阻止普鲁士在德意志实现国家统一。由于匈军总司令盖尔盖伊的叛变，俄军在匈牙利获胜，并使尼古拉一世的德意志政策取得了胜利。

③ 指一八四八至一八四九年欧洲各国发生革命后，普、法、比、奥等国的警察当局秘密集会和接触，以便统一行动，镇压欧洲各国的民主和无产阶级革命活动。

④ 科舒特(1802—1894)：匈牙利民族解放运动领袖，曾领导一八四八至一八四九年的匈牙利革命。沙俄武装干涉匈牙利革命时流亡美国。

⑤ 一八五〇年七月，马志尼在伦敦成立欧洲中央民主委员会。该组织宣布的宗旨是联合欧洲各国流亡者为解放被压迫民族和成立欧洲各民族联盟而斗争。该组织的纲领是由马志尼起草的，其中充斥了许多关于自由、平等、博爱的口号，以及阶级调和和阶级合作的言辞。纲领的主调是否认阶级斗争，主张保护私有财产，反对社会主义和标举“上帝和人民”这一口号。

时我又能代表俄国生活中的什么分子呢？但是这并不是我对欧洲委员会看不顺眼的唯一原因。我觉得，它没有深刻的思想基础，内部也不统一，甚至也没有这必要，而且这一组织的形式根本是错误的。

委员会所代表的运动的那一方面，即恢复被压迫民族的民族解放斗争，在一八五一年还不够强大，因此不应公开拥有自己的联合会。这种委员会的存在，只是表明英国立法机构的容忍，也是因为英国内阁根本不相信它有什么力量，否则的话，它就会利用 alien bill〔英语：外国人法〕或者建议对他们暂停使用 habeas corpus〔拉丁语：人身保护法〕①，予以取缔。

欧洲委员会虽然吓坏了各国政府，可是什么事情也没有做，不过他们自己并不明白这点。最最认真的人非常容易沉湎于形式主义，因为他们在定期开会，有一摞摞文件，有会议记录，在商量问题，进行表决，作出决议，发布宣言，professions de foi〔法语：宣传信仰〕，等等，就自以为他们在做什么事。革命的官僚主义如同我们衙门里的官僚主义一样，把行动变成了空话和形式。在英国有数不清的形形色色的协会和联合会，他们常常召开有公爵和勋爵、神职人员和大臣们参加的隆重集会。财务在筹措经费，文人在撰写文章，于是所有的人就在一起干脆什么事也不做。这些会议大多数是慈善会议和宗教会议，一方面，这也是一种消遣，另一方面，也可以安抚一下沉溺于世俗利益的人的良心。但是在伦敦的 en permanence〔法语：不断开会的〕革命元老院不可能老是保持这种温顺的、和平的性质。这是公开的秘密，敞开大门的密谋，也就是说，这样做是不可能的。

密谋就应当是秘密的。只有在英国和美国，秘密团体的时代已经过去。任何地方，只要有能够代表群众利益并希望实现他们所理解的思想的少数派，如果又没有言论自由和集会自由，那里就会成立秘密团体。我这样说是完全客观的；自从在一八三五年以流放结束我青年时

---

① 英国于一六七九年颁布。

代的奋斗之后，我从未参加过任何秘密团体，但这完全不是因为我认为把力气花在个人奋斗上更好。我之所以没有参加，乃是因为我还没有遇到一个符合我的追求，我又能在其中有所作为的团体。如果我能遇到佩斯捷尔和雷列耶夫那样的联盟，不用说，我会义无反顾地一头扎进去的。

委员会的另一个错误和另一个不幸，是他们的内部不团结。这种把各种各样的追求集中起来，汇成一个焦点，只有在真正能够发挥各自力量的团结一致的情况下才有可能。如果每个参加委员会的人只代表他这个民族，那倒尚无大碍：他们还有对一个他们主要的敌人——神圣同盟①的共同仇恨。但是他们的观点只有在两个否定的原则(否定皇权和否定社会主义)上是一致的，在其他方面各不相同；为了使他们的观点统一，就必须彼此让步，可是这样的让步势必会损害每一方的单个势力，只把声音最响的几根弦绑到共同的和弦上，因而使一部混成的和声反倒变得低哑、模糊和不协调了。

在读了奥尔西尼带来的文件之后，我给马志尼写了如下一封信：

亲爱的马志尼：

我真诚地尊敬您，因此我不怕向您坦陈己见。无论如何，您会耐心地和宽容地把我的信读完的。

您可以算是当代主要的政治活动家之一，您的名字一向受到人们的拥戴和尊敬。一个人可以不同意您的观点，不同意您的行动方式，但是却不能不尊敬您。您的过去，一八四八年和一八四九年的罗马，使您必须高傲地过着伟大的孑然一身的生活，直到事态的发展向革命的先行者重新发出召唤为止。因此我看到您的名字与一些无所作为、适足以坏事的人的名字——与一些只能使我们想起因他们而使我们蒙受灾难的人的名字在一起时，我不由得感到痛心。

① 拿破仑帝国瓦解后欧洲各国(俄、奥、普、法及其他君主国)的反动同盟。

这能成为一个什么组织呢？——不过是一群乌合之众。

您不需要这些人，历史也不需要这些人；我们能为他们做的一切——不过是宽恕他们所犯的罪行而已。您想用您的名字遮盖他们的过去，您想同他们分享您的影响、您的过去；他们却会与您分享他们的不得人心、他们的过去。

在那些宣言中，在*Proscrit*〔**法语：《流亡者报》（欧洲委员会的机关报，于一八五〇年和一八五一年用法文出版。）**〕中有什么新东西呢？二月二十四日①后的严酷教训又在哪里呢？这是过去自由主义的继续，而不是新的自由的开始——这是尾声，而不是序幕。为什么在伦敦就没有您所希望建立的组织呢？因为这样的组织不可能建立在不明确的志向基础上，而只能建立在深刻和共同的思想基础上。可是这思想又在哪里呢？

您请奥尔西尼带来的宣言，是你们发表的第一个通告，因此它必须充满真诚；嗯，可是这宣言却以上帝的天意为名说话，当人们在这宣言下看到阿尔诺德·卢格的名字，哪能不哑然失笑呢？卢格从一八三八年起就在宣传哲学无神论，对于他来说（如果他的头脑构造是符合逻辑的话），天意这一思想在其萌芽状态就应当代表一切反动势力。这是一种让步，一种外交手腕，一种政治策略，是我们的敌人使用的武器。何况这一切是不需要的。宣言的神学部分是一种纯粹的奢侈，它对阐明你们的观点和扩大你们的影响毫无帮助。人民有自己正面的宗教和教会。自然神论是理性主义者的宗教，应用于信仰上的代议制，不过是用无神论词句包裹着的宗教罢了。

就我而言，我标举的是与不彻底的革命进行彻底的决裂：离他们还有二百步就可以闻到一股反动的恶臭。他们的肩上背负着成千上万个错误，可是他们至今还在为自己的错误开脱；他们的错误

① 指一八四八年二月二十四日爆发的法国二月革命，成立革命临时政府。

一犯再犯就是最好的证明。

Nouveau Monde〔法语:《新世界报》〕上也一样是 vacuum horrendum〔拉丁语:可怕的空洞〕——是一种可悲的老调重弹,既幼稚又枯燥,简直叫人受不了。

请您不要以为,我之所以这么说是为了推卸责任。不,我从来没有无所事事地坐着。我血管里还沸腾着太多的热血,我性格里还有太多的坚忍不拔的毅力,我决不会满足于做一个被动的旁观者的角色。我从十三岁起就为实现一个思想而奋斗,就站在一面旗帜下——向任何压迫势力,向任何奴役宣战,争取人的无条件独立。我很想继续我的小范围的游击战——做一个真正的哥萨克……正如德国人所说,auf eigene Faust〔德语:一人做事一人当〕,当革命大军还没有彻底改组以前,暂时不当它的正规的基干兵。

在等待这一天到来的时候,我从事写作。也许,这样的等待会持续很久,但是人的发展是多样的,捉摸不定的,并不取决于我;但是说话、呼吁、劝导却是我可以做到的——因此我会全心全意地去做这些事的。

亲爱的马志尼,请原谅我的坦率,也请您原谅我这封信写得太长了,请予垂爱,请继续认为我是一个忠于您的事业,也忠于自己的信念的人。

一八五〇年九月十三日于尼斯①

马志尼用几句很友好的话回答了我的这封信,但是没有涉及实质问题,只说必须把一切力量联合起来进行统一的行动,大家的观点不一,他深感忧虑,等等②。

就在马志尼和欧洲委员会想起我的那年秋天,尼古拉·帕夫洛维

① 这封信原文为法文,后由赫尔岑择其大意翻译成俄文,登载在《北极星》一八六一年第六辑上。

② 《北极星》一八六一年第六辑发表的马志尼的信的脚注中说:“这封信以及许多其他文件,已被我于一八五一年十二月焚毁,因为我怕有人到我家来搜查。”

奇的反欧洲委员会也想到了我①。

有一天上午，我们家的侍女带着有点儿忧虑的神情跑来告诉我，俄国领事在楼下，他问我能不能接见他。我认为我同俄国政府的关系已经一刀两断了，因此对领事居然枉驾来访感到十分吃惊，同时也猜不透他来找我有什么事。

进来一个德国官员模样的人，一个二等角色。

“我有事通知您。”

“尽管我根本不知道您有什么事要通知我，”我回答，“但是我十拿九稳地相信，这肯定是件不愉快的事。请坐。”

领事的脸红了一下，有点儿尴尬，然后在沙发上坐下，从口袋里掏出一份文件，打开后，念道：“宫廷侍从奥尔洛夫将军通知涅谢利罗德伯爵，圣上……”说到这里，他又站了起来。

幸好这时我想起，当年在巴黎，在我国大使馆，向沙左诺夫宣读皇上命令他返回俄国的圣旨时，秘书站了起来，而沙左诺夫不知不觉也站了起来，而秘书这样做是出于一种深深的天职感，因为臣下在聆听皇上的圣谕时必须起立，挺直腰杆，头部微微前倾。而随着领事的起立，我却故意在沙发上坐得更深些和更舒服些，而且希望他能看到我的这一举动，我点着头，向他说道：

“劳驾，我听着呢。”

“……圣上命令，”他又坐下，继续道，“让某某人立即回国，并向他宣布，不接受他可能提出的不能立即动身的任何理由，并在任何情况下都不准他延期。”

他念完后默然不语。我则继续一言不发。

“我怎么向上复命呢？”他一边叠好文件，一边问。

“就说我不走。”

“怎么不走？”

---

① 指尼古拉沙皇的御前办公厅第三厅。

"没什么,不走就是不走。"

"您有没有好好想想,这样做……"

"想过了。"

"那怎么成呢……请问,我怎么向上复命呢? 由于什么理由? ……"

"不是命令您不接受任何理由吗?"

"我怎么说呢? 要知道,这可是抗旨啊!"

"您就这么说嘛。"

"这不可能,我从来不敢这样写。"他的脸涨得更红了。"真的,您还是改变一下您的主意好,趁现在这一切还只是秘密。"(领事大概以为第三厅是修道院①。)

不管我怎样慈悲为怀,但是为了减轻尼斯总领事向上复命的困难,我还是不愿到彼得保罗要塞去坐列昂季神父的修道室②,或者流放到涅尔琴斯克去,因为那时在尼古拉·帕夫洛维奇的肺部甚至还看不到一点儿叶夫帕托里亚的影子。③

"难道您到这儿来的时候,"我对他说,"竟认定(哪怕就一秒钟也罢)我肯定会走吗? 请忘了您是领事,您自己想想。我的田产已被扣押,我母亲的存款已被冻结,而做这一切时并没有人问过我,我是不是愿意回国。在这样做以后我还能回国吗,岂不是疯了?"

他踌躇不决,脸一阵阵发红,终于想到了一个巧妙的、聪明的,主要是一个新的办法。

"我无法体会……"他说,"我明白您很为难,但另一方面——皇上是仁慈的!"我看了看他,他的脸又红了。"此外,您干吗不给自己留一条后路呢? 您给我写份东西,说您身患重病,我可以寄给伯爵。"

---

① "秘密"二字原文是"修道室"的形容词,此处取其转意,所以作者才有此说。

② 作单人囚室用的彼得保罗要塞的暗炮台,从一八三九年起划归列昂季、瓦西里叶维奇、杜别尔特的第三厅管理。

③ 一八五三年七月,俄国沙皇尼古拉一世发动克里米亚战争,一八五五年二月五日,俄国在克里米亚的叶夫帕托里亚大败。叶夫帕托里亚的败绩证明了尼古拉一世决策的错误,使他忧愤成疾,得了肺炎,紧接着便于同年二月十八日一命呜呼。

“这样做未免老掉牙了吧，再说我也没必要说假话嘛。”

“好吧，那就请您费心给我写一份书面答复吧。”

“那也行。您刚才读的那文件能给我留个副本吗？”

“我们没有这规矩。”

“很遗憾。我爱收藏文物。”

尽管我的书面答复写得很简单，领事还是吓坏了：他觉得，他会因此被调走的，不知道被调到哪里，调到贝鲁特或者的黎波里；他斩钉截铁地向我宣布，这答复他既不能接受，也不敢转交。不管我怎么说服他，告诉他，他决不会承担任何责任，他还是不同意，他请我另外再写一封信。

“这不可能，”我反对他的建议道，“我这样做绝不是开玩笑，我也绝不会胡诌什么理由；这信给您，爱怎么办，请便。”

“对不起，”那个自从尤尼乌斯·布鲁图和卡尔普尼乌斯·贝斯蒂亚以来所有领事①中最好说话的领事说道，“您这封信不是写给我的，而是写给奥尔洛夫伯爵的，我不过是转呈伯爵大人罢了。”

“这倒不难：只要把‘M. le consul’〔法语：‘领事先生’〕改成‘M. le comte’〔法语：‘伯爵先生’〕就行了，这，我同意。”

在重新抄写这封信时，我忽然想到，这信我干吗用法文写呢。如果写成俄文，那么他的办公厅或者第三厅的某个世袭官僚就可以一饱眼福了，也可能把它送交枢密院，这样，年轻的秘书长就可能让文书们也看看；为什么不让他们也一饱眼福呢？因此我就把信翻译成了俄文。信的内容如下：

亲爱的先生

阿列克谢·费多罗维奇伯爵：

帝国驻尼斯领事通知我，皇上御旨，令我返回俄国。尽管我非常愿意回国，但在我没有弄清我的处境以前，我是不可能执行皇上

---

① 布鲁图：罗马共和国首任执政官，死于公元前五〇〇年。贝斯蒂亚也是古罗马的执政官。“领事”一词源出拉丁文，与“执政官”是同一个词，故有此说。

这一旨意的。

一年多以前，在没有收到召我回国的任何圣谕以前，就决定查封我的田产，没收我存放在私人手中的来往文件，最后又强行扣留从莫斯科寄给我的一万法郎，对我的这样一些严厉的非常措施表明，我不仅受到某种指控，而且在没有经过任何查问和任何审讯之前，我就被认定有罪并且受到了惩罚——剥夺了我的部分财产。

我无法指望，光凭我回来就能解除我在这场政治官司中遭受的可悲后果。我很容易解释我的每个行动，但是在这一案件中你们要审问的是我的观点和理论，并以此为据作出判决。请问，我能够，我应该使自己和使我全家接受这样的审判吗？……

阁下一定会谅解我的答复的简单明了和坦率，并将迫使我留在异国他乡的理由恭呈圣裁，尽管我真诚而又深深地希望回到祖国。

一八五〇年九月二十三日于尼斯

我真不知道，我能不能回答得更客气、更简单些；但是我们太习惯于奴才般的噤若寒蝉了，因此连这样一封信我国驻尼斯领事也认为太无礼，太放肆，大概奥尔洛夫本人也持有同样的看法。

沉默，既不笑，也不哭，按照规定的格式回答，既不赞扬，也不谴责，既不开心，也不悲伤，——这就是专制制度希望使它的臣民，并且已经使士兵们达到的理想；但是它使用了什么手段呢？我这就来给诸位讲一个故事。

尼古拉有一回在阅兵时看到一个英姿飒爽的排头兵戴着一枚十字勋章，便问他："在哪儿得的十字勋章？"不幸的是这个士兵曾是个爱淘气的神学院学生，想利用这个机会炫耀一下自己能说会道的本领，回答道："是在陛下无往而不胜的鹰徽①下取得的。"尼古拉严厉地瞪了他一眼，又看了一下将军，气呼呼地走了。而跟在他后面的将军，走到那士

① 沙俄国徽（双头鹰）。

兵跟前时，气得满脸煞白，举起拳头，凑到他脸上，说道："看我不把你这个德摩西尼①钉进棺材！"

在这样的鼓励下，人们的口才得不到发展，也就不足为怪了。

摆脱了皇帝和领事的纠缠以后，我想改变我没有护照的身份。

未来是黑暗的，可悲的……我可能死，一想到那个爱脸红的领事可能会到我家去为所欲为，拿走我的信件，这想法促使我考虑到在什么国家取得国籍的问题。不言而喻，我选择了瑞士，尽管就在这一时期前后，瑞士警察曾对我胡作非为了一番。

我的第二个儿子出生后过了大约一年，我们惊骇地发现他完全是个聋子。经过医生的各种会诊和试验，很快证明，要唤醒他的听觉是不可能的。但这时出现了一个问题：应不应该像一般人所做的那样听之任之，让他成为哑巴？我在莫斯科看到的一些学校，远远不能满足我的要求。用手指和手势说话，这不是交谈，说话就必须用嘴和嘴唇。我从书本上知道，德国和瑞士曾做过一些教聋哑人说话的试验，就像我们说话一样，还教他们看着别人的嘴唇听。我虽然在柏林第一次看到有人教聋哑人看着嘴唇说话，而且我还亲耳听到他们朗诵诗。这比勒佩神父②的方法已经前进了一大步。在苏黎世，这门学问又得到了很大完善。我的母亲非常喜欢科利亚③，决定跟他一起到苏黎世去住几年，送他去上学。

这孩子天资聪颖：他周围是永恒的宁静，这一方面使他活泼、好动的性格变得内向；另一方面又极大地帮助了他的发展和成长，而且激发了他非同一般的造型观察能力：他的眼睛闪烁着智慧和神情专注的光；他才五岁，就会故意漫画化地摹仿所有到我们家来的人的动作，而且神态逼真，十分滑稽，使人不能不捧腹大笑。

他上学才半年就成绩卓著。他声音 voilé〔法语：低哑，含糊不清〕，重音不清，但是已经能很正规地说德语，而且懂得别人对他说的话，只要

---

① 一译德摩斯梯尼（公元前 384—前 322），古雅典雄辩家，民主派政治家。

② 勒佩（1712—1789）：法国天主教神父，慈善家，曾发明聋哑人的手势语。

③ 科利亚（1843—1851）：赫尔岑的次子，只活了八岁。

对他说得慢一点儿；一切都进行得好极了。我路过苏黎世的时候，特意去拜访了聋哑学校的校务委员会，向他们致谢，说了许多客气话，他们也一样。

但是我离开后，苏黎世的头面人物得知，我根本不是什么俄国伯爵，而是一个俄国流亡者，而且还是那个他们所不能容忍的激进党的朋友，还跟他们所憎恨的那些社会主义者来往，而且比这加在一起更糟糕的是，我还是个不信教的人，并且公开承认自己不信教。这最后一点他们是在一本可怕的书*Vom andern Ufer*〔德语：《来自彼岸》〕中看到的，而且令人捧腹的是这本书还是在他们鼻子底下，由苏黎世的一家最好的印刷厂印刷出版的。获悉这点以后，他们感到他们居然让一个既不相信路德传布的教义，也不相信罗耀拉①布道的人的儿子来他们这儿上学，简直太不像话了。于是他们就想方设法，想把这孩子弄走。因为天意与此有关，因此天意便立刻向他们指出了一条路。市警察局突然要求检查孩子的护照；我认为这不过是简单的例行公事，便从巴黎给他们回信道，科利亚的确是我的儿子，这在我的护照上已经注明，因为我与俄国大使馆的关系不甚良好，所以我没能给他办理单独的身份证。警察局对这答复不满意，威胁要把孩子驱逐出该校和该市。我在巴黎说了这事，我的一个朋友就写了一篇文章，把这事发表在《国民日报》上。警察局见这事张扬了出去有失面子，便说它不是要把这孩子驱逐出去，只是要一笔不大的保证金（caution），以保证这孩子不是别人，而是他自己。几百法郎又怎能起保证作用呢？另一方面，如果我母亲和我没有这几百法郎，这孩子岂不就要被驱逐出境了吗（我曾通过《国民日报》问过他们）？而且这还发生在十九世纪，发生在自由的瑞士！发生了这事以后，还把孩子留在这个驴子出没的山洞里②，我感到恶心。

但是有什么办法呢？学校里有一个很好的年轻教师，十分热心聋

① 即依纳德·罗耀拉（约1491—1556），天主教耶稣会创始人。

② 瑞士是一个山国，产驴。

哑人的教育事业，而且上过大学，学识渊博，学到的知识也很扎实，幸好他不同意有如犹太教会似的警察局的观点，而且又是那本曾引起苏黎世州十分虔诚的警官们气愤若狂的书的热烈崇拜者。我们建议他离开那所学校，到我母亲家来，然后同她一起到意大利去。他当然同意。学校大怒，但又没有办法。我母亲带着科利亚和施皮尔曼①去了尼斯。她在离开前派人去索取自己的保证金；他们不肯把保证金退还给她，借口是科利亚还住在瑞士。我从尼斯写信给他们。苏黎世警察局要我拿出证明来，证明科利亚已在皮埃蒙特拥有合法的居留权②。

这实在太过分了，为此我写了一封信给苏黎世州州长：

州长先生：

一八四九年，我把我五岁的儿子送进苏黎世聋哑学校。几个月后，苏黎世警察局要我母亲交验他的护照。因为在敝国从不向新生儿和正在上学的孩子要求查验护照，所以我的儿子并没有办理单独的身份证，而只是记载在我的护照上。可是苏黎世警察局不满意这个解释。它要我交纳保证金。我母亲耽心孩子会招致苏黎世警察局不必要的怀疑，把他驱逐出境，所以交纳了保证金。

一八五〇年八月，我母亲意欲离开瑞士，想索回保证金，但是苏黎世警察局却不肯发还保证金；它想先得到孩子已确实离开贵州的证明后再行发还。我母亲到了尼斯后便请阿维格多尔先生③和舒尔特格斯④先生代为领取理应发还的保证金，同时她又附上证明，证明我们，主要是证明我那六岁的遭人怀疑的儿子现在在尼斯，而不是在苏黎世。可是苏黎世警察局还是不肯爽快地退还保证金，于是它就要求我们出具另一个证明，其中要有这里的警察局证明，我的儿子已“正式获准居住在皮埃蒙特”(que l’enfant est

---

① 施皮尔曼：赫尔岑儿子的家庭教师，死于一八五一年。

② 当时尼斯属于皮埃蒙特-撒丁王国。

③ 尼斯的银行家。

④ 苏黎世的银行家。

officiellement toleré)。舒尔特格斯先生把这一情况通知了阿维格多尔先生。

看到苏黎世警察局这种异乎常情的好奇心,我拒绝了阿维格多尔先生请我把新证明寄给他的建议,尽管他十分客气地向我提议他可以代我去领取。我不想给苏黎世警察局以这样的乐趣,因为尽管它的地位十分重要,它毕竟无权自诩为国际警察,再者,它的这一要求不仅对于我十分可气,而且对于皮埃蒙特亦然。

州长先生,撒丁政府是一个有教养的、自由的政府。它怎么可能不允许(ne tolerât pas)一个有病的六岁的孩子在皮埃蒙特居住呢?我真不知道,我对苏黎世警察局这一要求究竟应持何种看法——是一种奇怪的玩笑呢,还是对保证金情有独钟。

州长先生,我把这事提请您考虑的同时,我也请您惠予关照,如再予拒绝,请对我说明缘由,因为这事太有意思,也太有趣了,我认为自己无权不把这事公之于众。

我已再次写信给舒尔特格斯先生,请他代领此款。我敢向您大胆保证,无论是家母,无论是我,也无论是我的遭到怀疑的孩子,在遭遇警察局制造的一切麻烦之后,已经丝毫无意再回到苏黎世去了。就这点来说,已无丝毫危险。

一八五〇年九月九日于尼斯

不言而喻,在此以后,苏黎世市警察局尽管有觊觎统治普天下之志,还是付清了保证金。

……除了加入瑞士国籍以外,我不想在欧洲接受任何国籍,甚至英国国籍:自愿做任何一个君主国的臣民,我感到厌恶。我不是要把一个坏老爷换成一个好老爷,而是要摆脱农奴地位,做一个自由耕作的农民。为此在我面前只有两个国家:美国和瑞士。

美国——我非常尊敬它;我相信它一定会有伟大的未来,我知道它现在已比过去更加接近欧洲,但是美国的生活我很反感。很可能,它那些粗糙的、野蛮的、冷漠的因素会逐渐形成另一种生活。美国还没有定型，它还没有建成，在美国，工人和工匠还穿着平常的工作服在扛木头，搬砖头，锯呀砍的，忙于钉钉子……不相干的人干吗要把它那尚未建成的大厦当成适于居住的房屋呢？

此外，正如加里波第所说，美国是一个“忘掉祖国的国家”；让那些对自己的祖国失去信心的人到那儿去吧：他们应该离开自己的墓地投奔那里；恰好相反，随着我对拉丁－日耳曼欧洲逐渐失去一切希望，对俄国的信心却又复活了——但是想，在尼古拉还统治俄国的时候回去简直是疯狂。

就这样，我只能和海尔维第邦联①的自由人结成联盟了②。

法齐还在一八四九年就答应我在日内瓦取得国籍，但是一直拖延未办；也许，他无非是不愿意因我而增加他州里的社会主义者人数。这叫我感到厌恶，我不得不度过这一段黑暗的岁月，最后几堵墙已摇摇欲坠，随时都可能轰然倒塌，倒在我头上，很容易引祸上身……卡尔·福黑特③虽建议我写信给沙勒函商加入瑞士国籍的问题，沙勒当时是弗里堡州的州长，而且是那里的激进党首脑。

但是，既然提到了福黑特，首先就应当谈谈福黑特其人。

在德国单调的、浅浅地而又平静地流淌着的生活中，有时，好像作为对它的补偿似的，会遇到一些健康、茁壮的家庭，充满生机，充满顽强和才华横溢。那里人才辈出，群星灿烂，一代又一代地保持着发达的智慧和健壮的体魄。当你在狭窄、阴暗的胡同里看到一座其貌不扬的、建筑古老的房屋时，你很难想象，在长达一百年的过程中，有多少年轻的小伙子从踩得光光的石头台阶上下来，背着背包，包里包着各种各样用头发和摘下的花朵编织的纪念品，母亲和姐妹们用眼泪祝福他们，祝他们一路平安……于是他们踏上社会，全靠自己努力，终于成为科学上的

---

① 即瑞士联邦。

② 指只能加入瑞士国籍了。

③ 福黑特（1817—1895）：一译福格特，德国自然科学家，一八四八年革命的参加者，曾流亡瑞士，与赫尔岑接近。

名流和巨擘，成为著名的医生，自然科学家和文学家。而那覆盖着瓦片的小屋，在他们离开之后，又充满了新一代挺起胸膛、勇往直前、向不知晓的未来奋进的大学生。

尽管这里没有别的遗产，但却有榜样的遗产，血缘的遗产。每个人都自力更生，都知道，时候一到，老奶奶就会把他送下踩得光光的石头台阶，——这老奶奶曾亲手把三代人接到世上，在小浴缸里把他们洗干净，然后满怀希望地把他们送出去；他知道，骄傲的老奶奶相信他，相信他一定有出息……而且肯定会有出息！

Dann und wann〔德语：有时〕，过了许多年，这些分散在外地的人又会回到老家来，小客厅里挂着的那些画像的原型也都老了，但是在画像里他们却戴着学生的贝雷帽，裹着斗篷，画家把他们画得生龙活虎，颇有伦勃朗之风，——这时候祖宅就变得非常热闹，两代人相会在一起，彼此寒暄，问候……然后大家又回到各自的工作岗位上。不用说，在这种情况下，肯定会有人对某某人特别喜爱，而且久久难忘，不用说，这时候也肯定少不了会有感伤、眼泪，使人惊喜的馈赠，以及包有果酱的甜馅饼，但是这一切均会逐渐淡忘，面前会重新出现现实的纯粹生活的诗歌，充满活力的诗歌，可是这样的活力我却很少在贵族阶级的退化的、病恹恹的孩子们身上看到，而在那些必须严格按照收支情况决定该生几个孩子的小市民身上就更少见到了。

福黑特的老家就属于古代日耳曼这类十分美好的家庭。

福黑特的父亲是伯尔尼的一位非常有才华的医学教授；他母亲出生于福伦家族，这是一个奇特的瑞士-日耳曼家族，曾名噪一时，福伦家族的人在土根邦德①和布尔申沙夫②时期，在卡尔·桑德③和一八一七至一八一八年的Schwärmerei〔德语：幻想〕时期，曾是青年德意志的领

---

① 意为"道德联盟"，是在一八〇八年法国占领德国时期在德国成立的一个政治团体，目的是反对拿破仑一世，宣传爱国。

② 意为"全国学联"，一八一八年在耶拿成立的政治团体。

③ 桑德(1795—1820)：德国学生，曾刺杀俄国政治间谍、作家卡策布。

头人物。福黑特家族有一人因在瓦特堡参加纪念路德的活动而被捕入狱①;他的确发表了煽动性的演说,紧接着就把耶稣会的和其他反动的书籍,以及象征专制制度和教皇权力的各种东西付之一炬。学生们幻想使他成为统一和不可分割的德意志的皇帝。他的外孙卡尔·福黑特在一八四九年还果然成了帝国的摄政之一②。

在伯尔尼教授的儿子和福伦家族的外孙的血管里一定会流淌着健康的血。要知道,au bout du compte〔法语:归根结底〕,一切都取决于化学成分和其中元素的性质。关于这个问题,将与我争论的决不会是卡尔·福黑特。

一八五一年,我路过伯尔尼。我从驿车上一下来就拿着福黑特的信直接去找福黑特的父亲。他在大学里上课。迎接我的是他的妻子,她是一个和蔼可亲、性情活泼和非常聪明的老太太;她把我看作她儿子的朋友,热情地接待了我,立刻把我领去看他的画像。她的丈夫不会在六点钟以前回家;我很想见到他,我再回去时,他又出门去给某个病人会诊了。我第二次去时,老太太已把我看成老朋友,她把我领进餐室,想让我喝杯葡萄酒。房间的一部分被一张大的圆桌所占据,它固定在地板上,不能移动;我早就听福黑特说过这张桌子,所以看到它感到很高兴。它的中心可以围绕着一根轴旋转,上面摆着各种食品:咖啡、酒,以及进餐时需用的一切:盘子、芥末、盐,因此不必麻烦任何人,也不用仆人伺候,每个人都可以把自己想要的东西,——火腿或者果酱转到自己面前来。只是不能犹豫不决或者只顾说话,不顾别的,这样就难免要芥末时却把勺子伸进了糖罐……如果有人也在转动这个转盘的话。在这个兄弟姐妹、亲朋好友组成的大家庭中,各人都忙于自己的工作,都

---

① 一八一七年九月十七日,德国瓦特堡市举行游行以纪念德国宗教改革家路德,象征性地焚烧了一些反动著作。这里的福伦指奥古斯都·福伦(1794—1855),德国诗人和政治家。

② 中世纪的德国曾规定,在皇帝驾崩、临时外出、患病或年幼,可由国民议会临时推举一人或数人担任摄政。

有急事要做,所以想在晚上大家坐在一起吃顿饭是很困难的。谁回来了,谁想吃饭,他就可以在餐桌旁坐下,把桌面往右转转,把桌面往左转转,使用方便,应用自如。母亲和姐妹们只要不时照看着,吩咐下人拿这个来或者拿那个来就成。

我没法留在他家等候;因为当时在伯尔尼的法齐和沙勒晚上要来看我;我答应,如果我还能再耽搁半天,我将再来福黑特府上拜访,说罢我又邀请福黑特的弟弟,一位法学家,到我那里吃晚饭,然后我就走了。因为这么晚了邀请一个老人,而且他又忙了一整天,我认为这是不可能的。但是十二点左右,一名服务生恭恭敬敬地给一个人推开房门,向我们通报道:"Der Herr Professor Vogt."〔德语:"福黑特教授先生驾到。"〕——我从桌旁急忙站起来,向他迎去。

一个个子相当高的老人走了进来,他精神矍铄,鹤发童颜,面貌聪颖,而且富于表情。

"尊驾来访,"我对他说,"我倍感亲切,在您劳累了一整天之后,又这么晚了,我不敢惊动大驾。"

"可我却不想错过在伯尔尼见到阁下的机会。当我听到尊驾已到过舍下两次,而且您还邀请了古斯塔夫①,因此我就不请自来了。能见到您,我感到非常、非常高兴,卡尔也在信上提到了您,我不是说恭维话,我也很想认识认识《来自彼岸》的作者。"

"承蒙谬奖,不胜感激之至;请坐,请同我们坐在一起,我们正在热热闹闹地吃晚饭,请问,您想要点儿什么?"

"我就不吃饭了,但是很乐意喝一小杯酒。"

他的外貌、言谈和举止充满无拘无束的神态,与此同时,他流露出来的不是那种萎靡不振、平淡乏味而又多愁善感的人的忠厚善良,而是恰好相反,是那种坚强而又自信的人的宽厚。他的出现没有使我感到丝毫拘束,相反,使一切变得更活跃了。

---

① 古斯塔夫·福黑特(1829—1901):卡尔·福黑特的弟弟,《新苏黎世报》主编。

我们无所不谈，不论谈什么，他都如数家珍，很有见地，éveillé〔法语：妙语连珠〕，见解独到。其中谈到联邦音乐会，这是今天上午在伯尔尼大教堂举行的，除了福黑特以外，所有的人都参加了。音乐会规模宏大，全瑞士的音乐家和男女歌唱家都欢聚一堂，前来参加这次音乐会。当然，音乐都是宗教音乐。他们很有才华，而且理解深刻地演奏了海顿的著名作品①。听众很注意地听，但是表情冷淡，他们走出大教堂时，好像做了日祷出来；我不知道他们心中有多虔诚，但是却没有给人以一种悠然神往的感觉。我对自己也有同感。在有话实说的冲动中，我把这一想法告诉了一同出来的几位熟人；但是很不幸，这些人都是些正统教徒、学者、热情的音乐家；他们攻击我，说我是外行，听不懂深刻的、严肃的音乐。“您只喜欢肖邦的马祖卡舞曲。”他们说。这不要紧，我想，但还是认为自己是个没有资格说三道四的评论家，因此没有开口。

必须有很大的勇气才敢承认自己的观感与人们普遍接受的成见或看法相左。我很久都拿不定主意在外人面前说，《被解放的耶路撒冷》②枯燥无味，《新爱洛伊丝》③不堪卒读，《赫尔曼和窦绿苔》④虽然是一部杰作，但却味同嚼蜡，读后令人生厌。我曾把诸如此类的看法告诉过福黑特，向他讲了我对音乐会的看法。

“那怎么，”他问，“您喜欢莫扎特吗？”

“非常喜欢，喜欢极了。”

“这我知道，因为我完全赞同您的观点。一个活生生的现代人怎么能人为地硬让自己具有一种宗教情绪，以致觉得欣赏这样的音乐十分自然，其乐无穷呢？对我们来说，就像没有宗教文学一样，也没有虔

---

① 海顿（1732—1809）：奥地利著名作曲家。他的作品是指他根据弥尔顿的《失乐园》改编的圣乐《创世记》。

② 意大利诗人塔索（1544—1595）的叙事长诗。

③ 卢骚的书信体小说。

④ 歌德的长篇叙事诗。

信派的音乐，对于我们，它只有历史意义。而莫扎特则与此相反，他向我们演奏的是我们熟悉的生活，他是因为情动于衷而歌唱，而不是向上苍祈祷。我记得，当*Don Giovanni*〔《唐璜》〕，当*Nozze di Figaro*〔《费加罗的婚礼》〕才刚刚问世时，人们是多么兴奋啊，发现了一个带给人们欢乐的新源泉，这是一个多么激动人心的发现啊！莫扎特的音乐开始了一个新时代，使人们的观点发生了剧变，它就像歌德的《浮士德》，就像一七八九年一样。我们在他的作品中看到十八世纪的世俗思想连同他的世俗化生活怎样闯进了音乐；跟莫扎特一起，革命和新时代一齐走进了艺术。哼，在读了《浮士德》之后，我们怎么还会去读克洛普什托克①，没有信仰的人怎么还会去听这些音乐中的礼拜仪式呢？”

老人说了很久，说得十分有趣、生动，他很兴奋；我又给他的酒杯斟了两回酒，他没有拒绝，也没有急忙喝。最后他看了看表。

“啊呀！已经两点了，再见，九点钟我还要去看一个病人。”

我怀着真诚的友情送走了他。

过了两年，他证明了在他那白发苍苍的脑袋里有多少坚忍不拔的精神，他的理论又多么合乎真理，即他的理论又多么接近实际。维也纳的流亡者库德利赫大夫，向福黑特的一个女儿求婚；她父亲同意了，但是新教的宗教事务所却忽然要查验未婚夫的出生证。当然，他作为一名被放逐的人无法从奥地利弄到任何证明，他只好递交一份他被缺席审判的判决书；其实宗教事务所只要有福黑特的证明和他的同意就行了，可是伯尔尼的虔信派教徒，由于本能地仇视福黑特和一切被放逐者，坚持不许。于是福黑特只好把自己的所有朋友，教授们和伯尔尼的各界名流邀请来，向他们说明事情原委，然后又把他的女儿和库德利赫叫了来，拿起他们的手，把他们结合在一起，向在座的人说道：

“朋友们，我请诸位来做证婚人，我作为父亲祝福这桩婚姻，并根据我女儿的意愿把她嫁给某某人。”

---

① 克洛普什托克（1724—1803）：启蒙时代的德国诗人，诗歌多以宗教题材为主。

他的这一做法使瑞士的虔信派公众大吃一惊；他们又恨又怕，认为他这样做开创了一个恶劣的先例，而且这样做的不是一个血气方刚的年轻人，不是一个无家可归的被放逐者，而是一个在各方面无可指责和众望所归的老人。

现在我们再从父亲转而谈他的长子。

我跟他是在一八四七年在巴枯宁那儿认识的，但是我们俩的特别交好是我们住在尼斯的两年之中，他不仅绝顶聪明，而且也是我见过的人中性格最开朗的一个。如果我知道他活不长的话，我会认为他是一个非常幸福的人。但是命运是靠不住的，虽然命运可怜他，让他直到现在只得了个偏头痛。他的性格是现实的，活泼的，对一切都襟怀坦荡——他有许多条件可以安享清福，也有永不烦恼的全部条件，几乎没有任何事情足以迫使他内心痛苦，足以使他因愤愤不平而心力交瘁，也不会使他因理论上的怀疑而痛苦，或者在实践中因不能实现的理想而烦恼。他是自然美的热烈崇拜者，也是不知疲倦的科学工作者，他做任何事都轻而易举，而且十分顺利；他根本不是一个干巴巴的学者，而是像艺术家一样热爱自己的事业，他把自己的工作看作一种享受：就气质而言，他是个激进派，就组织工作而言，他是个现实主义者，就他那明朗的和宽厚的略带嘲讽的观点看，他是个人道主义者，他生活在这样的环境下，这样的生活环境只有用但丁的话才能形容：“Qui è l’uomo felice.”〔意语：“这里的人是幸福的。”〕①

他的生活过得十分充实而且无忧无虑，任何地方都不落后，任何地方都站在最前列；他不害怕苦涩的真理，他像观察水螅虫和海蜇一样全神贯注地观察着人们，除了人家能够给他的，他决不向这些人，也不向那些人要求任何东西。他研究问题并不肤浅，但是他并不感到有必要超过一定的深度，因为超过这一深度，一切明朗的东西也就不再明朗了，这实际上是一种脱离现实的做法。使人们陶醉于痛苦中的那个神

---

① 见但丁《神曲·炼狱篇》第三十章第七十五节。

经质漩涡对他并没有吸引力。他对生活的态度是单纯而又明朗的，它从他的健康观点中排除了那种悲喜交加和病态的幽默的诗意，尽管我们喜欢这样的诗意，就像我们喜欢一切惊险的和富于刺激性的东西一样。正如我指出过的，他的讽刺是宽厚的，他的嘲笑是快乐的；他第一个会对自己开的玩笑发出由衷的笑声，可是他开的玩笑却败坏了那些迂腐的教授们和他的 in der Paul's Kirche〔德语：在圣保罗大堂〕①的议会同仁们舞文弄墨和喝啤酒的雅兴。

这种对生活的现实主义态度是我们共同的、彼此一致的，正是这点把我们俩连在了一起，虽然我们的生活道路和每人的发展各不相同，我们对许多问题的看法也彼此有别。

我身上没有，也不可能有像福黑特那样的协调与统一。他受的是正规教育，就像我受的教育没有系统一样：无论是家族影响，还是理论上的成长，他都没有中断过，他继承了家族的传统。父亲一直站在他身旁，是他的榜样和激励他前进的人；他向父亲学习，也开始研究自然科学。在我国，一代人与另一代人之间通常都有隔阂；我们没有共同的精神上的联系。我从早年起就必须与我周围所有人的观点作斗争，还在育儿室我就是世俗观点的反对派，因为我们家的大人，我们家的祖先不是福伦家族，而是一些地主和枢密官。离开育儿室以后，我又愤然投入了另一场战斗，然后，一念完大学就进了监狱，接着是流放。学业就此中断，这时出现在我面前的是另一种研究——研究这个一方面是不幸的，另一方面又是肮脏的世界。

由于对研究这种病态现象感到厌烦，我开始如饥似渴地投身于哲学研究，可是福黑特对哲学感到非常厌恶。读完医学系以后，他取得了医师的文凭，但他又不想给人看病，说什么他对这种谜一样的医学还没有足够的信心，于是又重新潜心于生理学研究。他的著作不仅很快引

① 德国三月革命后选举产生的全德国民议会（即法兰克福议会）曾在法兰克福的圣保罗大教堂开会。卡尔·福黑特是这届议会的议员。

起了德国学者的注意,而且引起了法国科学院的关注。当一八四八年的革命风暴把他从显微镜旁拽走,把他投进法兰克福议会的时候,他已经成了黑森①的比较解剖学教授,成了李比希②的同事(后来他曾在化学与神学问题上与他进行过激烈的论战)。

不用说,他站到了最激进的行列③,他发表的演说也充满了犀利和勇敢,使温和的进步派大惊失色,有时候甚至使并不温和的普鲁士国王④忍无可忍。他根本不是一个搞政治的人,可是根据他在议会中的比重竟成了反对派的"领袖"之一,当曾经担任帝国摄政的约翰大公⑤,从自己身上彻底撕下了宽厚和亲民的伪装(他之所以赢得这种声望,因为他曾娶一名驿站长的女儿为妻,有时候出去也穿燕尾服)之后,福黑特和另外四位议员便被推举出来担任了他的职务⑥。从此以后,德国革命事业就开始走下坡路:联邦内的各个邦政府达到了自己的目的,赢得了必需的时间(这是根据梅特涅⑦的主意)——再舍不得驱逐议会就对他们不利了。被驱逐出法兰克福的议会,像影子一样在斯图加特晃动了一下,并取得了Nachparlament〔德语:议会残余〕的可悲名称;它也就在那里被反动势力解散了。摄政团的五位摄政只好乖乖地离开,逃避他乡,否则等待他们的十拿九稳将是监狱和苦役……福黑特翻过瑞士的群山,从身上掸去法兰克福大堂的尘土,然后在旅客登记簿上写上"卡·福黑特——日耳曼帝国摄政,在逃",又开始以一种明朗、璀璨、

---

① 指黑森大学。

② 李比希(1803—1873):德国化学家。

③ 在法兰克福议会中,卡尔·福黑特属于以罗伯特·勃鲁姆为首的民主主义左派。虽然他们主张把德国变成联邦共和国,但又认为在德意志联邦的某些邦可以保留君主制。

④ 指普鲁士国王腓特烈·威廉四世(1795—1861)。

⑤ 约翰大公(1782—1859):奥地利君主、神圣罗马帝国皇帝利奥波德二世的儿子,一八四八年曾在法兰克福议会被选为"帝国摄政",后转到反革命势力一边。

⑥ 根据温和的民主派的提议,法兰克福国民议会撤销了约翰大公的帝国摄政职务,而代之以一个新选出来的五人摄政团,他们分别是福黑特、拉沃、西蒙、休勒和贝赫尔。

⑦ 梅特涅(1773—1859):奥地利外交大臣和首相,公爵。首相任内推行反动的"梅特涅制度",镇压奥地利和德国境内的民主运动。

愉快的心情和不知疲倦的孜孜矻矻研究起了自然科学。为了研究海中的植形动物,他于一八五〇年去了尼斯。

尽管我们来自不同的方向,走的路也不一样,可是我们却是在科学上清醒的成年期相遇的。

我是不是也像福黑特一样在生活上始终如一呢?我对待生活是不是像他那样清醒呢?我现在觉得:不。不过我也不知道,从清醒开始是不是好;清醒的态度可以预防许多灾难,可是它也会使人错过生活中的美好时光。这问题很难说清楚,幸好,对于每个人来说,这问题不是用推理和意志所能解决的,而是靠一个人的素质和机遇。我在理论上获得了解放,我并不想保留各种前后不一致的信仰,但是它们却自行留在我心中;我经历了革命的浪漫主义;可是对进步和对人类的神秘主义信仰,却比其他神学教条留下的时间更长;可是当这些东西也成为明日黄花之后,我心中还残留着对个人的信仰,信仰两三个人,以及对自己和对人的意志的信心。当然,这里有矛盾;内心的矛盾会引起不幸,而且这不幸是令人惋惜和难过的,因为他们预先就被剥夺了人的最后的安慰——自己在自己的心目中得到辩解……

在尼斯,福黑特以非凡的热忱从事工作……地中海平静、温暖的海湾给各种 frutti di mare〔意语:海中可食用的软体动物〕提供了丰富的孳生地,海水中简直到处都是这种生物。一到夜里,它们闪闪烁烁的磷光就像一条条垄沟似的蜿蜒不绝,分布在小船的另一边,在船桨的另一边,纽鳃鳟,可以用手,用任何器皿都可以捞到一大把和一大盆。因此,这里有取之不尽的材料。从一大早起,福黑特就坐在显微镜旁观察,绘图,记录,阅读,然后在五点左右便跳进大海,有时候同我一道(他游起泳来像鱼一样);然后他就到我家吃饭,永远高高兴兴地随时准备与我展开学术争论,或者天南地北地闲聊,站在钢琴旁唱一些令人喷饭的小曲,或者给孩子们讲故事,他讲起故事来特别生动,孩子们可以端坐不动地一听就是好几个小时。

福黑特具有很高的教学才能。他曾经半开玩笑半认真地给女士们上过几堂生理学课。他讲的一切都很生动,都很简单,那么绘影绘声,如见其人,可是他为了达到这样的简明生动,走过的漫长的路却无人知晓。教学的全部任务就在这里——让科学变得一听就懂,一学就会,让它用最简单、最普通的语言讲出来。

没有搞不懂的科学,只有听不懂的叙述,也就是说,它还没有被消化。学术语言是程式化的语言,是一种缩略符号,是一种速记的语言,临时的语言,只适用于学者的门生;内容隐匿在它的代数公式中,为了在揭示规律的时候不用翻来覆去地重复同一些话。在经过这一系列烦琐的方法后,科学的内容,身上也就长满了这类乱七八糟的学派语言,而那些学理主义者也就逐渐习惯了这种乖僻的语言,以致都不会用另一种语言了,他们觉得这种语言很好懂,——到了老年,他们甚至觉得这种语言很宝贵,这是他们的劳动所得,以区别于庸俗的语言。随着我们从学生转而掌握了真正的知识,那些屋架子和脚手架就逐渐变得碍手碍脚了——我们在寻找简单明了。谁没有看到呢,一般说,学生使用的难懂的术语总比那些学有所成者多得多。

科学之所以难懂的第二个原因,是因为老师们的敷衍塞责,他们总是为了掩盖一部分真理,远离那些危险的问题。具有某种目的的科学,回避真正的知识,——这不是科学。它应该具有直抒己见、直言不讳的勇气。谁也不会责备福黑特不够坦率,说他畏缩退让。倒是有一些"感情脆弱的人"可能会责备他过于直率,过于单纯地直抒己见,说出他所认识的真理,说出与大家都接受的谎言处在直接矛盾状态中的真理。基督教的观点对我们的影响很大,使我们习惯于二元论和那些理想的形象,因此所有那些自然和健康的东西反倒会使我们感到不快和吃惊;我们的脑子经过世世代代的扭曲,反倒鄙弃赤裸裸的美,厌恶日光,要求晦冥阴暗和遮遮掩掩。

许多人在读福黑特的著作时很生气,说他非常容易地就接受了最尖锐的后果,他轻轻易易地就牺牲了公认的真理,似乎毫不费力,也不难过,还希望调和神学和生物学——仿佛他对神学一点儿不在乎似的。

的确，福黑特的天性就是这样，他从来不肯改变自己的想法，也不可能改变自己的想法，他的率真的现实主义也就在这里。神学的驳诘对于他只可能具有历史的兴趣；在他朴素的观点看来，二元论的荒谬之处是不言自明的，他犯不上同它进行严肃的争论，正如他的论敌们（研究化学的神学家和研究生理学的神父们）一样，他们也犯不上严肃认真地去驳斥巫术或占星术。福黑特用两句玩笑对他们的攻讦一笑置之——可是不幸，这样做是不够的。

他们反驳他所使用的无稽之谈，往往是世界性的无稽之谈，因此必须严肃对待。人脑的童年时期常常不能接受简单的真理；对那些被弄得莫名其妙、迷惘模糊的头脑而言，只有那些无法理解、不可能存在或者荒唐的事，才是可以理解的。

这里不必讲那些普通老百姓；文学界、知识界、法学界、学校、政府和革命家们也争先恐后地支持人类世代相传的疯狂。正如七十年前冷漠的自然神论者罗伯斯比尔处死阿纳卡西斯·克洛茨[①]一样，那今天那些瓦格纳分子[②]也一定会把福黑特交到刽子手的手中。

战斗是不可能的：优势在他们一边。反对一小撮学者、自然科学家、医生、两三位思想家、诗人的是整个世界，从庇护九世的“玛利雅无原罪受胎谕”[③]到马志尼的“共和制 iddio〔意语：上帝〕”，从莫斯科狂叫斯拉夫主义的东正教政客，到拉多维茨中将[④]，他临死前还叮咛生理学教授瓦格纳一定要把灵魂不死和保卫灵魂写进遗嘱，他这样做还从来没人想到过，从美国召唤亡灵的巫师，到骑在马上向列队肃立的印第安人宣讲上帝的福音的英国上校传教士。自由人所能做的只有认识自己的正确和寄希望于子孙后代……

---

① 克洛茨（1755—1794）：演说家，十八世纪末法国革命的活动家，普世共和国思想的鼓吹者、无神论者。

② 瓦格纳·鲁道夫（1805—1864）：德国生理学家，活力论者和唯灵论者。

③ 指罗马教皇庇护九世（1792—1878）于一八五四年宣布“圣母玛利雅无原罪受胎”为信条。

④ 拉多维茨（1797—1853）：普鲁士政治家，反动的极端教权主义者。

……如果有人能够证明,这种疯狂,这种宗教狂乃是公民社会存在的唯一条件,为了使人与人之间能够平安相处,那就必须使双方都发疯,都害怕,而要做到这点,这种宗教狂乃是唯一行之有效的手段,而且正是因为有了它才创造了历史,——即使有人能够证明,那又怎么样呢?

我记得有一幅法国漫画,那是从前讽刺傅立叶主义者及其 attraction passionnée〔法语:热烈的爱好,追求〕的:画上画了一头毛驴,它背上绑着一根竿子,竿子上则挂着一束它看得见的干草。这毛驴想够到干草,就必须往前走,——不用说,它跟在干草后面,干草也在动。——也许,这头善良的动物会继续这样走下去,但是它毕竟受人愚弄了!

现在我来讲,正当一个国家毫无理由地把我驱逐出境时,另一个国家怎样热情地接纳了我。

沙勒曾答应福黑特为我申请国籍问题帮忙,就是说,先要找个同意接纳我的公社,然后再向联邦议会提出申请。在瑞士,要取得该国的国籍,必须先有一个乡村或城市的团体同意接受该人为新的同胞,这样做也是完全符合每个州和每个乡镇各自的法律制度的。莫拉(穆尔滕)湖边的沙特尔村同意我只要向乡村公社缴纳一笔不多的钱,它就可以接纳我家作为该村的农户。这村子离穆尔滕湖不远,查理(大胆者)①就是在这湖附近被打败和被击毙的,他的名字和他的不幸战败身死,倒帮了奥地利(后来是彼得堡)书报审查机关的大忙,在罗西尼的歌剧中,用他的名字代替了威廉·退尔的名字②。

当此事提交联邦议会审议时,有两名诡谲的议员发言反对我,但是丝毫也奈何我不得。其中一人说,必须先弄清楚我为什么被流放,我因何招致尼古拉的龙颜大怒。

---

① 查理(大胆者)(1433—1477):勃艮第公爵,一四七七年在与瑞士人的战斗中被击毙。

② 《威廉·退尔》是意大利作曲家罗西尼根据席勒的同名剧本改编的歌剧,充满了民族解放思想,可是在奥地利和俄国上演时却被改为《查理(大胆者)》,剧情也作了相应的改变。

“这事本身就是最好的说明！”有人回答他说，大家都笑了起来。

另一位出于小心谨慎，以防不测，要求我增加保证金，以免我一旦去世，抚养我孩子的费用可别落到贫穷的乡村公社头上。这位信奉耶稣的子民对沙勒的回答表示了满意。我的公民权得到了绝大多数议员的承认，于是我就从一名俄国七品文官变成了一个穆尔滕湖畔沙特尔村的纳税农民，弗里堡的文书在我的护照上是这么登记的：“originaire de Châtel près Morat.”〔法语：“莫拉湖畔的沙特尔村人。”〕

其实，改变国籍丝毫不会影响一个人在本国的飞黄腾达——我眼前就有两个出色的例子：路易·波拿巴原本是图尔高维亚的公民，亚历山大·尼古拉耶维奇则是达姆斯塔特的市民①，后来这两人虽然都加入了别国的国籍，却都当上了本国的皇帝，不过我是不会跑得这么远的。

当我获悉我的公民权已得到批准以后，我几乎免不了要去感谢一番我的新同胞，并同他们认识认识。况且这时候我正迫切需要一个人独自待一会儿，深自反省，检查过去，展望未来，展望笼罩在迷雾中的未来，因此，对这个外界的推动力我感到很高兴。

在我正要离开尼斯的前一天，我收到了 de la sicurezza pubblica〔意语：公安〕警察局长的邀请。他向我宣读了内务大臣的命令——立刻离开撒丁王国领土。这个奇怪的措施竟出自一向驯顺、随和的撒丁王国政府，使我感到十分惊讶，远远超过一八五〇年把我从巴黎驱逐出境的逐客令。更何况它也没提出任何理由。

据说，这事我还似乎多亏了两三位当时居住在尼斯的忠君爱国的俄国臣民的好意和关照，在他们之中，我要高兴地提到司法大臣帕宁；他受不了一个招致尼古拉·帕夫洛维奇龙颜大怒的人，不仅平安无事地活着，而且还跟他住在同一座城市里，明知道皇上并不赏识他的文

① 路易·波拿巴年轻时曾流亡瑞士，在图尔高维亚取得了瑞士国籍，沙皇亚历山大二世则曾娶达姆斯塔特的公主玛利雅为妻。

章，他还照写不误。据说，这位司法大臣到了都灵，就请阿泽利奥大臣[①]看在他们交情的分上把我驱逐出境。阿泽利奥的心大概感觉到了，我在克鲁奇茨兵营坐牢的时候，为了学习意大利语，曾读过他的 *La Disfida di Barletta*〔意语：《巴莱塔的骑士比武》〕[②]，（这部小说“既非古典的，也非古老的”[③]，虽然也很乏味），所以未予理睬。也许，他之所以没有把我驱逐出境，那是因为在表示这种友好的关注以前，应当先派一名公使来，可是尼古拉还一直在为查理·阿尔贝特的叛逆思想生气哩。[④]

然而尼斯的行政长官和都灵的大臣们，还是一有机会便利用了别人对我的闲言碎语。在我被驱逐出境的几天前，在尼斯出现了“民间骚乱”，一些船主们和小店主们在银行家阿维格多尔三寸不烂之舌的煽动下，提出了抗议，反对取消尼斯的自由港地位，而且言辞相当激烈，提出了尼斯公国的独立地位，以及它的不可剥夺的权利。整个王国普遍采用低关税政策，减少了他们原来享有的特权，这是不尊重“尼斯公国的独立”，不尊重它“载诸史册”的权利。[⑤]

阿维格多尔，这位帕隆内河（流经尼斯的一条干涸的河）的奥孔内尔[⑥]，被关进了监狱；夜里，街上有人巡逻，老百姓也在街上走来走去；双方都在唱歌。而且唱的歌也一样，——这就是全部情况。无论是我，

---

① 阿泽利奥（1798—1866）：一八四九至一八五二年皮埃蒙特政府首脑兼外交大臣，作家。

② 这是阿泽利奥写的第一部小说，出版于一八三三年。

③ 典出普希金的长诗《努林伯爵》。

④ 皮埃蒙特-撒丁国王查理·阿尔贝特在欧洲各国的君主中素有“叛逆者”之称：第一，因为他年轻时曾对意大利的烧炭运动表示过兴趣，并与一八二一年皮埃蒙特革命运动有牵连；第二，他于一八四八年首先颁布了宪法，并向奥地利宣战，虽然他这样做是为了争取主动，借以镇压革命运动，并且秘密通知了尼古拉一世，可是尼古拉还是于一八四八年断绝了与皮埃蒙特的外交关系。

⑤ 此事发生在一八五一年五月底。起因是在一八五一年五月下旬在皮埃蒙特议会，由于皮埃蒙特由保护关税政策转为自由贸易政策，进而讨论取消尼斯的自由港地位的问题，并确定统一关税率以消除原有的垄断和特权。阿维格多尔是尼斯贸易银行在皮埃蒙特议会中的代表，他想利用“民间骚乱”推翻正在讨论中的法律草案。

⑥ 奥孔内尔（1775—1847）：爱尔兰解放运动的领导人，著名的演说家。

也无论是外国人中的其他人，都没有参加这场关于税率和关税的家庭纠纷，这还用说吗？然而尼斯的行政长官却说，流亡者中有几个人是主谋，而其中一人便是我。内务部为了做出严刑峻法以儆效尤的榜样，命令把我和其他几个人一起驱逐出境。

我跑去找行政长官（一名耶稣会士），并向他指出，一个人本来要走了，而且他口袋里还装着经过签证的派司，把这样的人驱逐出境，实在是多此一举，因此我问他，到底是怎么回事。他对我说，他本人也像我一样莫名其妙，这措施是内务大臣采取的，事前也没跟他商量。说这话时，他恭谨有礼，以致我毫不怀疑这一切都是他捣的鬼。我把我跟他的谈话写信告诉了一位反对派的著名议员洛伦佐·瓦列里奥①，就离开那里到巴黎去了②。

瓦列里奥在他的质询中猛烈抨击了内务大臣，要求他对为什么把我驱逐出境作出回答③。那位大臣支吾其词，矢口否认俄国在外交上对皮埃蒙特的任何影响，把一切都推到尼斯行政长官的举报上。最后他老老实实地表示，如果内务部因为一时头脑发热，做得太过分和太不谨慎的话，那么他将很愿意改变自己的决定。

反对派鼓掌欢迎。因此，de facto〔拉丁语：事实上〕，禁令已被取消，但是，尽管我给这位大臣写了信，但是他却没有给我答复。瓦列里奥的发言以及大臣对他的发言的答复，我是在报上看到的，于是我决定从弗里堡回来时干脆去一趟都灵。为了防备拒绝签证，我没办理签证就去了；在皮埃蒙特边界上的瑞士一侧，他们查验了我的派司，并没有像法国宪兵那样嚣张和野蛮。到都灵后，我就去找那位内务大臣；由他的副手代替他接见了我，这位副大臣分管高级警务，名叫蓬斯·德·拉·马尔蒂诺伯爵，是当地的一位名人，既聪明又狡猾，而且忠于天主教党。

---

① 瓦列里奥（1810—1865）：一八五一年的都灵议员。

② 赫尔岑是在一八五一年六月三日或四日离开尼斯的。

③ 瓦列里奥对皮埃蒙特议会提出质询是在一八五一年六月十日。

他的接见使我很惊奇。他向我说了我想对他说的一切;就像有一次我和杜别尔特见面时的情形一样,不过蓬斯伯爵更胜一筹。

他已经是个很上了点儿年纪的人了,似乎有病,很瘦,面目可憎,相貌既凶恶又狡猾,有点儿教权主义者的样子,头上则长着粗硬的灰白头发。在我刚说了十来个字,刚想说明我为什么要来求见大臣的时候,他就打断了我的话:

"哪能呢,这有什么可怀疑的呢?……您可以到尼斯去,您可以到热那亚去,您也可以留在这儿,——只要您丝毫不 rancune〔法语:记仇〕就成,我们十分欢迎……这都是那个行政长官惹的祸……要知道,我们还是小学生,还不习惯于法治,还不习惯于按宪法办事①。如果您做了什么犯法的事,我们有法院呢,那您就不会埋怨我们办事不公了,对不对?"

"完全同意阁下高见。"

"要不然,他们采取的措施惹人恼火……迫使人家吵吵嚷嚷,毫无必要嘛!"

发表了这一套自我谴责的演说后,他迅速拿起一张印有内务部字样的信纸,写道:"Si permette al sig, A. H. di ritornare a Nizza e di restarvi quanto tempo credera conveniente. Per il ministro S. Martino. 12 luglio 1851."〔意语:"允许亚·赫先生回到尼斯并在那里居留,他认为需要居留多久就居留多久,特发此证。马尔蒂诺(代大臣)。一八五一年七月十二日。"〕

"给您,以防万一;不过,请您放心,有了这纸公文就不会有麻烦了。我很高兴,非常高兴,咱们的事就这么了结了。"

因为这话的意思就是 vulgariter〔拉丁语:简简单单地,不客气地〕"您可以走了",因此我就离开了我那位蓬斯伯爵,一想到我将会看到尼斯那位行政长官的尴尬模样,心里就不免好笑;可是他那模样,上帝硬是不让我看到:他被撤换了。

---

① 皮埃蒙特宪法是在一八四八年四月四日公布的,因此时间不长。

但是，现在我要回过头来再谈谈弗里堡和弗里堡州。就像到过弗里堡的所有老百姓一样，听过那里著名的管风琴，走过那里著名的大桥以后，我们就在一位善良的老人，弗里堡州州长的陪同下，一同前往沙特尔村。在穆尔滕镇，警察局长，一个精力充沛、思想激进的人，请我们在他那里稍候片刻，说村长曾关照他，如果我们来了，应先通知他，因为，如果我们出其不意地来了，而大家还都在地里干活，那么他和其他当家的庄稼汉会觉得十分扫兴的。我们在莫拉湖或穆尔滕湖逛了一两个小时后就出发了，警察局长也与我们同行。

在村长家附近，有几个上了年纪的农民在等我们，而站在他们前面的则是村长本人，德高望重，高高的个子，须眉皆白，虽然背略微有点儿驼，但身体十分硬朗。他走近前来，摘下帽子，向我伸出他那阔大、有力的手，说“Lieber Mitbürger...”〔德语：“亲爱的同胞……”〕然后向我致了欢迎词，但说的是一种我一句也听不懂的夹杂着日耳曼语的瑞士方言。但是可以大致猜到他可能对我说了什么话，再说我考虑到，如果我隐瞒我听不懂他的话，他也会隐瞒他听不懂我的话，所以我大胆地致了答词：

“亲爱的村长公民和亲爱的沙特尔同胞们！我是来感谢你们的，因为贵公社给了我和我的孩子们以栖身之地，从此结束了我无家可归的漂泊生涯。亲爱的公民们，我之所以离开祖国，并不是因为我想给自己另外寻找一个祖国：我整个的心都在爱俄罗斯人民，我之所以离开俄罗斯，是因为我不能眼见它受压迫而保持沉默，无所事事；我是在被流放后离开它的，我受到尼古拉残暴的专制制度的迫害。只要有国王或者老爷的地方，他的手就能够到我，但是他的手不够长，不能到贵公社来把我抓去！我可以安心地来到这里，接受你们的保护和庇护，把这里看作一个随时可以找到安身之地的避风港。你们，沙特尔的公民们，你们虽然只有这几个人，可是你们接纳我，让我成为你们中间一员的同时，却阻止了俄国皇帝伸出的有千百万把刺刀做后盾的手。**你们比他有力量**！但是你们之所以有力量，仅仅因为你们有世代相传的自由的共和制度！现在我骄傲地加入你们的联盟！海尔维第共和国万岁！①”

“Dem neuen Bürger hoch!... Es lebe der neue Bürger!”〔德语：“新公民乌拉！新公民万岁！”〕老人们回答。紧紧地握住我的手；我自己也感到有点儿激动。

村长邀请我们上他家小坐。

我们走了进去，坐到一张长桌旁的长条凳上；桌上放着面包和奶酪。两个农民抬进一只很大的瓶子，比我们老式家庭中装满了露酒和酊剂，放在火炕的角落发酵的传统的大瓶子还大。这瓶子放在柳条筐里，装满了白葡萄酒。村长告诉我们，这酒是当地酿制的，不过这是多年的陈酒，他记得这一瓶恐怕有三十多年了，这酒只在非常隆重的情况下才喝。所有的农民都跟我们一起坐到桌旁，除了两个在大瓶子旁忙碌的人以外，他们先把酒倒到一个大茶缸里，村长又从这大茶缸里倒进一只只玻璃杯里：每个农民跟前都有一只玻璃杯，但是村长却给我拿来了一只漂亮的水晶酒杯，然后他对州长和警察局长说：

“这一回请二位见谅，今天我们要把这只荣誉的酒杯给我们的新同胞；因为咱们是自己人。”

当村长往大家的杯子里倒酒的时候，我发现，在坐的人中有个人穿得不完全像农民，神态很不安，不停地擦着汗，脸红红的，——他感到身体不适；当村长向我祝完酒后，他好像豁出去了，鼓足勇气，一跃而起，面对我，开始了演说。

“这是敝村小学的一位老师公民。”村长带着一种俨乎其然的神态向我耳边低语道。

我站了起来。

这位老师讲的不是瑞士方言，而是讲德语，也不是讲普通德语，而是在摹仿著名的演说家和作家的口吻：他提到了威廉·退尔，也提到了

---

① 在革命的法国征服瑞士以后，于一七九八至一八〇三年在瑞士大部分领土上成立的共和国。

查理(大胆者)(在这种情况下,奥地利和亚历山大①的戏剧审查官怎么办呢——除非把威廉称之为大胆者,查理称之为退尔?),说到这里,他也没有忘记那个虽然并不新鲜,但却是生动的比喻,把受奴役比之为镀金的鸟笼,小鸟总有一天会冲出这鸟笼的;尼古拉·帕夫洛维奇被他狠狠地抨击了一通,他把他与罗马历史上最残暴的暴君们相提并论。这时我差点没有打断他的话,对他说:“不要攻击死者嘛!”但是我好像预见到尼古拉也将不久于人世,步入他们的行列,因此没有做声②。

农民们伸长了晒黑的、布满了皱纹的脖子,把手像眼罩似的贴在耳朵上,仔细倾听,州长稍许打了一会儿盹,为了掩饰这点,他第一个发言,夸奖了这位演说者。

这时,村长并没有无所事事地坐在那儿,而是热心地倒着酒,像个最惯于此道的宴会主持人那样,频频举杯祝酒:

“为联邦干杯! 为弗里堡和它的激进政府干杯! 为沙勒州长干杯!”

“为我在沙特尔村的亲爱的同胞们干杯!”我祝酒道,终于感觉到,这酒尽管味道很淡,可是酒力却很大。大家都站了起来……村长说:

“不,不,lieber Mitbürger,把杯满上,就像我们为您干杯那样,把杯满上!”老人们都兴奋起来,酒力使他们精神振奋……

“把您的孩子也带来。”有个人说。

“对,对,”其他人响应道,“让他们来看看我们是怎么生活的;我们都是些普通人,我们不会让他们学坏的,再说,我们也想看看他们。”

“一定带来,”我回答,“一定。”

这时村长开始对自己的招待不周表示歉意,说这一切都要怪州长,他应当早两天通知他们,那时候情形就不一样了,可以搞一支乐队来,

---

① 指俄国沙皇亚历山大二世。本文在《北极星》发表的时候是一八五八年,亚历山大在一八五五年登基。

② 俄国沙皇尼古拉一世死于一八五五年。

而主要是——那就可以对我用礼炮迎送了。我差点儿没有 à la Louis-Phillippe〔法语：摹仿路易·非力浦的口气〕对他说："得了吧……这有什么大不了的？不就是沙特尔多了一个农民吗！"

我们分手的时候成了好朋友。我感到有点儿奇怪，我没看到一个女人、一个老太婆、一个小姑娘，而且也没看到一个年轻人。不过，这是在干活的时候。有意思的是在这样一个对于他们来说少有的节日里，居然没有请牧师来参加。

我认为他们这样是做了一件大好事。牧师来了非把一切搞糟不可，他会发表一通愚蠢的说教；他那种道貌岸然、笃信上帝的样子就像酒杯里的一只苍蝇，不把它弄出去就没法开开心心地喝酒。

我们终于又坐上了那辆小马车，或者说得准确一点儿，坐上了州长的敞篷马车，先把警察局长送到莫拉镇，然后就驱车直奔弗里堡。天上布满乌云，我有点儿发困，头脑晕乎乎的。我竭力不让自己睡着。"难道这是因为他们的酒？"我有点儿看不起自己地想……州长也狡黠地微笑着，接着他自己也打起盹来；雨开始掉点了，我裹紧大衣，开始迷迷糊糊地睡着了……后来，冷冷的雨水洒进来使我猛然惊醒……下起了倾盆大雨，乌云仿佛在岩石嶙峋的山顶上打着火花，隆隆的雷声滚过群山。州长站在门厅里哈哈大笑，在跟 Zöhringerhof〔德语：佐林格宫〕①的老板说话。

"怎么样，"店老板问我，"看来，我们这儿农民酿造的酒跟法国酒不一样吧？"

"难道我们已经回来了？"我问，从敞篷马车上下来时已经浑身湿透。

"这倒不稀奇，"州长说，"稀奇的是，您居然睡得那么死，连打雷下雨都没听见，而这样的大雷雨已经好久不曾下过了。难道您什么也没听见？"

---

① 饭店名。

"什么也没听见。"

后来我才听说,普通的瑞士酒,虽然味道一点儿不凶,可是放的年代久了,却会产生很大的酒力,而对不习惯喝这种酒的人,酒力尤大。州长故意不把这点告诉我。再说,即使他告诉了我,我也不会拒绝农民的盛情款待。拒绝他们的祝酒,更不会客气地就沾沾嘴,故作姿态的。还有一件事证明我这样做是对的,一年后,我从伯尔尼到日内瓦去,路过一个驿站,在站上我遇到了莫拉镇的警察局长。

"您知道吗,"他告诉我,"您凭什么赢得我们沙特尔村人的特别欢迎呢?"

"不知道。"

"他们至今还十分自豪和得意地说,一位新同胞喝了他们的酒,居然天上打雷他都没听见,睡过了头,在瓢泼大雨中,从莫拉到弗里堡,到了,却不知道是怎么到的。"

于是我就这样成了瑞士联邦的一名自由的公民,而且被沙特尔村自家酿制的葡萄酒灌得烂醉如泥!①

---

① 写到这里,我不能不补充一点,当我修改这一页的时候,恰好也在弗里堡,也住在那家 Zöhringerhof。饭店老板也还是那个具有真正老板气派的老板,餐厅也是我曾经与沙左诺夫在一八五一年就餐的那间餐厅,房间也还是那个房间,一年后,我曾在那里写过遗嘱,并让卡尔·福黑特做我的遗嘱执行人,以及这一页充满如许细节的稿纸。

十五年了!

不由得和不知不觉地产生了恐惧。

一八六六年十月十四日

——作者原注

第四十一章

蒲鲁东——*La Voix du Peuple*〔法语:《人民之声报》〕①的出版——通信——蒲鲁东的意义——补遗

随着六月街垒的陷落,连印刷所的机器也停工了。吓坏了的政论家都噤若寒蝉。只有拉梅内②长老像阴森可怖的法官一样拍案而起,诅咒制造六月事件的阿尔瓦公爵③——卡芬雅克及其同伙④,同时又板着脸对人民说:“你给我住嘴,你太穷了,你没有发言权!”⑤

当处于被围困状态的第一阵恐惧已经过去,各家报刊又开始重新复苏之后,但是代替暴力,它们遇到的却是人家早就准备好了的大量法律上的诬陷和法官们的阴谋诡计。开始用老一套的办法来陷害编辑们,par force〔法语:放猎犬追捕〕,——这一套坑害人的办法本是路易·非力浦的大臣们的拿手好戏。这种陷害手法就是通过一系列起诉消耗你的保证金,因为这类官司每次都以坐牢和课处罚金收场。因为罚金

---

① 由蒲鲁东于一八四九年十月一日到一八五〇年五月十四日出版的法文报纸。

② 拉梅内(1782—1854):法国政治家和政论家,“基督教社会主义”的代表人物。

③ 阿尔瓦公爵(1507—1582):西班牙将军和政治家,一五六七年八月,腓力二世曾派他率大军镇压尼德兰人民起义。

④ 法国六月起义的镇压者。

⑤ 巴黎无产阶级六月起义被镇压后,制宪议会通过了一系列法律,借以扼杀民主主义和社会主义的报刊。如果要出版报刊,就必须缴纳保证金二万五千法郎,因此许多民主派报被迫关闭。拉梅内在他的《人民制宪报》停刊前的最后一期(一八四八年七月十一日)上写道:“现在得有钱,有很多钱,才有发言权。而我们不够有钱。穷人必须沉默!”

是从保证金中扣除的;在没有补上保证金以前,报刊就不许出版,一旦保证金补足了——又开始了新的官司。这种游戏可谓百发百中,因为司法当局在所有的政治迫害中都是与政府沆瀣一气的。

先是赖德律-洛兰,后来是马志尼派的代表弗拉波利上校①曾付过很大一笔钱,但还是没有能挽救《改革报》②。社会主义和共和派的所有措词尖锐的机关报都被他们用这种办法封杀了。其中包括最初蒲鲁东的 *Le Représentant du Peuple*〔法语:《人民代表报》〕,以及后来他的 *Le Peuple*〔法语:《人民报》〕。一场官司还没打完,另一场又开始了。

有一位编辑,记得叫杜申③,曾三次因新的指控从监狱被提解到陪审法庭受审,而且每次都被加判坐牢和课处罚金。当向他最后一次(在报刊被封杀前)宣判时,他向检察长说:"L'addition, s'il vous plait!"〔法语:"劳驾,一共多少!"〕确实,他已累计十年徒刑和五万法郎罚金了。

当六月十三日后蒲鲁东的报纸被迫停刊的时候,蒲鲁东正在法庭受审④。这天,国民自卫军闯进了他的印刷所,捣毁了印刷机,砸烂了字盘,仿佛他们正在用武装小市民的名义肯定,在法国,高度使用暴力和实行警察专制的时期即将来临。

但是这位不可驯服的角斗士,这位顽强的贝桑松农民,却不肯放下武器,并且立刻筹划出版新报纸:*La Voix du Peuple*〔法语:《人民之声

---

① 弗拉波利(1815—1879):先是伦巴第驻巴黎大使,后来在意大利革命时期又担任托斯卡纳和罗马共和国驻巴黎大使。

② 《改革报》(*La Réforme*):在巴黎出版的报纸、左翼共和派的机关报。

③ 杜申(1824—1876):法国报人,蒲鲁东的《人民报》编辑,后来又是他的《人民之声报》编辑。

④ 蒲鲁东因在报纸上发表文章,攻讦路易·波拿巴,而且内容深刻,措词尖锐,因而于一八四九年三月被追究法律责任。三月二十八日,蒲鲁东被法庭判处三年监禁,但是他逃到了比利时。一八四九年六月初,他又秘密返回巴黎,六月六日他被捕并被投入监狱。一九四九年六月十三日由小资产阶级民主派组织的起义失败后,蒲鲁东的《人民报》及其他民主派报纸均被查封。

报》〕。必须先弄到两万四千法郎的保证金。埃·吉拉尔丹①倒并不反对由他来出这笔钱，但是蒲鲁东不愿意受到他的钳制，于是沙左诺夫就建议由我来出这笔保证金。

我的思想发展在许多方面应当感谢蒲鲁东，我稍作考虑后，同意了，虽然我也知道这保证金维持不了多长时间。

阅读蒲鲁东的著作，同阅读黑格尔的著作一样，它提供的是一种特殊的方法，它能磨利你的武器，它给予你的不是结果，而是手段。蒲鲁东主要是一个辩证论者，社会问题的持异见者。法国人想在他身上找到一个试验他的理想的人，结果既没有找到法伦斯泰尔式的推测，也没有找到伊加利亚教区的管理模式②，只好耸耸肩膀，把他的书弃置一旁。

蒲鲁东当然也有不对之处，因为他给自己的《矛盾》一书加了个题词："destruo et aedificabo"〔拉丁语："破与立"〕③，他擅长的不是立什么，而是批判现存的东西。但是古往今来一切破坏旧事物的人都免不了要犯这样的错误：人们都憎恶单纯的破坏：因此当他们着手破坏的时候，建设未来的某种理想就会不由自主地萦回在他们的脑际，虽然有时只不过是泥瓦匠在拆墙时唱的歌罢了。

在大部分讨论社会问题的著作中，重要的不是理想，因为这些理想要么在目前几乎永远高不可攀，要么归结为某种片面的决定，可是在实现这些理想时又成了问题。社会主义涉及的不仅是建立在经验和宗教信仰上的过去的生活方式业已解决的问题，还涉及片面的科学认识业已考虑的问题；不仅涉及建立在传统法制基础上的法律结论，而且也涉及政治经济学的结论。它遇到的是有保障的和小市民经济体制时代的

---

① 吉拉尔丹(1806—1881)：法国资产阶级政论家，*La Presse*(《新闻报》)的出版人。

② 这是赫尔岑对空想社会主义者傅立叶和卡贝的嘲笑和讽刺。

③ 《矛盾》指蒲鲁东的书《经济矛盾的体系，或贫困的哲学》，那句题词取自《马可福音》第十四章第五十八节，原文是："我要拆毁这人手所造的殿，三日内就另造一座不是人手所造的。"

理性的生活方式，而且必须直接面对它，就像政治经济学必须直接面对神权制的封建国家一样。

蒲鲁东的可怕力量，就在于他对旧的社会生活方式的这种否定，这种彻底的扫地以尽的态度；他同黑格尔一样是辩证法的诗人，他们的区别仅仅在于，一位站在学术运动的平静的高峰上，而另一位却一头扎进杂乱无章的人民骚乱，一头扎进学派之间的白刃战中。

法国出了许多新的思想家，蒲鲁东是这中间的头一个。他的著作不仅是社会主义史上的一大转折点，也是法国逻辑史上的一大转折点。在运用强大的辩证法中，他远胜于最有才华的法国人，而且比他们更灵活。一些纯洁而又聪明的人，如皮埃尔·勒鲁和孔西德朗①，他们既不明白他立论的出发点，也不明白他立论的方法②。他们习惯于玩弄预先夹带进来的思想，穿上一定的服装，走平坦的大路，奔赴自己熟悉的地方。蒲鲁东常常是奋不顾身地奋勇前进，也不怕踩坏路上的任何东西，既不顾惜踩倒遇到的东西，也不怕误入歧途，走得太远。他既没有那种感伤精神，也没有那种辞藻华丽的、革命的洁癖，而法国人却常常用这种革命的洁癖代替新教的虔敬主义……正因为如此，他在自己人中间也很孤独，他的力量只是使人害怕，而不是使人信服。

有人说，蒲鲁东生就一副德国人的头脑。这是不对的，相反，他的头脑完全是法国式的；他身上有一种拉伯雷③和蒙田④，伏尔泰和狄德罗身上……甚至在帕斯卡尔⑤身上屡屡出现的与生俱来的高卢法兰克人的天才。他只是掌握了黑格尔的辩证法，犹如他掌握了天主教的反

---

① 孔西德朗(1808—1893)：法国空想社会主义者，傅立叶的学生。

② 从一八四八至一八五一年，蒲鲁东和其他派别的代表人物以及小资产阶级空想社会主义者之间曾就许多意识形态问题和政治问题不止一次地展开过尖锐的论战。傅立叶主义者批评蒲鲁东辩证法的诡辩术，以及他保护私有制的改革纲领。勒鲁则批判他的反国家思想。蒲鲁东也猛烈抨击傅立叶主义和勒鲁的神秘社会主义。

③ 拉伯雷(1493/1495—1553)：法国小说家，《巨人传》的作者。

④ 蒙田(1533—1592)：法国思想家、散文家，《随笔集》的作者。

⑤ 帕斯卡尔(1623—1662)：法国数学家和哲学家。

驳和论争的方法一样;但是无论是黑格尔哲学,还是天主教神学,都没有给他的著作提供内容和内容的性质——对他来说,这不过是他用它来试验他的理论的工具,他把这些工具磨砺砍削以适应自己的需要,就像他锤炼法语,使它适合表达他那有力的、充满活力的思想一样。这样的人总是坚定地站在自己的两只脚上,他们绝对不会向任何事物屈服,绝不会让人家用套马索套住自己的脖子牵着走。

“我很喜欢您的体系。”一个到法国旅游的英国人对蒲鲁东说。

“我没有任何体系。”蒲鲁东不满地回答道,他说得对。

正是这点使他的同胞感到莫名其妙,因为他们已经习惯了寓言后面的道德说教,已经习惯了系统化的公式和标题,已经习惯了必须遵照执行的抽象处方。

蒲鲁东坐在病人的病榻旁,对他说,他之所以病入膏肓是因为什么因为什么。构建一种理想的理论,告诉这个生命垂危的人,说他怎样才能使身体健康,不致生病,或者建议他服一种药,这药好得很,不过他已经不能服用,或者这药压根儿不存在,——建构这样的理论对于这个垂死的人是毫无帮助的。

金融世界的外部特征和外在现象,对于他,就像动物的牙齿之于居维叶①一样,只是起着梯子的作用,他可以踩着这梯子下到社会生活的密室,——他再据此研究促使病人的躯体走向崩溃的力量。如果他在每次观察后宣布死神又取得了新的胜利,难道这是他的过错吗?这里没有吓得魂飞魄散的亲人,——我们自己就会因为得了这病而逐渐死去。人们会愤怒地高呼:“拿药!快拿药来!要不就不许提这病!”干吗不许提这病呢?只有在独裁专制的统治下,才不许提粮食歉收、瘟疫流行和在战争中阵亡的人数。药,看来很难找到;从一七九三年血流成河以来,法国进行过的各种试验难道还少吗:有人用节节胜利和强化散

① 居维叶(1769—1832):法国博物学家。

步来医治它的痼疾，让它到埃及去，到俄国去①，用议会制和投机倒把，用小共和国②和小拿破仑③来医治它的疾病——怎么样呢，它的病难道好点儿了吗？蒲鲁东本人也曾对自己的病理学作过一次尝试，结果在人民银行上总是铩羽而归④，虽然就这个想法本身来说是正确的。不幸的是他不相信用口诵咒语来替人治病，要不然的话，他满可以向一切人大声念诵："各民族的联盟！各民族的联盟！普天下的共和国！全世界的博爱！Grande armée de la démocratie！〔法语："民主的大军！"〕"他没有使用这些词句，他没有顾惜那些革命的顽固守旧派，因此法国人认为他是一个利己主义者、个人主义者，几乎是个变节者和叛徒。

我记得蒲鲁东的所有著作，从《论财产》到《交易所指南》的全部论述；他的思想发生了很大变化——那还用说，经历了像我们这样的时代，难道还能像《聪明误》中的普拉东·米哈伊洛维奇那样吹他的 A 小调二重奏吗！正是在这些变化中，我们可以清楚地看到把它们联系在一起的内在统一，从他在贝桑松学院写的学生论文⑤，到他不久前发表的揭露交易所伤风败俗的 carmen horrendum〔拉丁语：骇人听闻的歌〕⑥，可以在他论政治经济学的《矛盾》，在他的《自白》，在他的《报纸》中看到。⑦

---

① 指发动对埃及和对俄国的战争。

② 暗指法国一八四八至一八五一年的第二共和国，以区别于十八世纪末雅各宾派的第一共和国。

③ 指拿破仑三世。源出雨果抨击拿破仑三世的小册子《小拿破仑》。

④ 蒲鲁东于一八四八年十一月曾拟订了一个创办"人民银行"的计划，拟实行"无息贷款"和小生产者与小店主的"物物交换"（"无货币交换"），但终因响应者寡，加上内部分歧而自行撤销。

⑤ 指一八三八年蒲鲁东为获得贝桑松学院奖学金而写的论文《论星期天放假的好处》。

⑥ 指他写的《交易所玩家指南》。

⑦ 《矛盾》指蒲鲁东的《经济矛盾的体系，或贫困的哲学》，《自白》指他的《革命者自白》，《报纸》指一八四八至一八五一年他先后主编的《人民代表报》、《人民报》、《人民之声报》和《一八五〇年人民报》。

思想的因循守旧只属于宗教界和那些抱残守缺的学院派;他们宁可抱残守缺,故步自封,离群索居,或者固守在自己狭窄的小圈子里,拒绝生活带来的一切新事物……或者至少是视若无睹。现实的真理必须处于事件发展的影响下,反映局势,又始终忠于自己,否则的话,它就不是活的真理,成了脱离这个风雨晦暝的世界、处在神圣的停滞的死一般寂静中的永恒真理。①

我常常问,蒲鲁东在什么地方和在何种场合背离了组成自己观点的基本原理的? 每次回答我的都是他在政治上犯了错误,他在革命外交上失策。对于政治上的错误,他作为一个报人,当然难辞其咎,但即使在这方面他也没有违背自己的原则;相反,他的部分错误正是因为他相信自己的原则更甚于相信他身不由己地所属的党派,可是他跟这党派毫无共同之点,其实,把他与这党派拴在一起的,不过是对共同敌人的恨。

政治活动不是他的强项,也不是他的思想基础,他的思想是用他的辩证法全副武装起来的。恰恰相反,到处都可以清楚地看到,政治,老的自由主义和立宪共和政体的政治,在他的心目中只占有次要地位,只是某种一半业已过去,即将成为明日黄花的东西。对政治问题他看得很淡,准备作出让步,因为他并不赋予形式以特别重要的意义,在他看来,形式并不特别重要。所有抛弃了基督教观点的人,对待宗教问题也都采取类似的态度。我可以承认,新教是合乎宪政精神的宗教,比天主教的专制独裁要自由些,但是我决不会把传道和教会问题放在心上;因此我很可能会犯很多错误和做很多让步,而这样的错误和让步,甚至最鄙俗的神学士或者教区牧师都是可以避免的。

---

① 在斯图亚特·穆勒的新著 *On Liberty*〔《论自由》〕中,他一针见血地形容这些一劳永逸地解决了的真理:“the deep slumber of a decided opinion.”(“一个无可争议的观点,但是它深深地睡着了。”)——作者原注

斯图亚特·穆勒(1806—1873):英国哲学家、经济学家。逻辑学家,詹姆斯·穆勒之子。

毫无疑问，国民议会就它的组成人员而言，并不是蒲鲁东应该去的地方，他的个性在这个小市民的巢穴里渐渐失落了①。蒲鲁东在他的《革命者自白》一书中说，他在议会中觉得很别扭。他曾对马拉斯特宪法这个七百人用七个月的劳动培植出来的酸果子说过这样的话："我要投票反对这部宪法，不仅因为它不好，还因为它是一部宪法。"——在那里，说过这话的人还能有什么作为呢？

议会中的那些无知之徒对他的一次讲演叫嚷道："把讲演送往《总汇报》②，把讲演者送进疯人院！"③我认为，在人们的记忆中，从亚历山大主教带领某些修士，手持棍棒，为了圣母，闯进普世会议起，直到华盛顿的参议员们彼此用棍棒向对方证明蓄奴有无益处时为止，这类议会闹剧恐怕还是不多的。

但是甚至在这里蒲鲁东也显示出他那特立独行、岿然不动的性格，从而在一片叫骂声中给人们留下了鲜明的印象。

梯也尔在反驳蒲鲁东的财政计划时，曾指桑骂槐地提到散布这类学说的人道德败坏。蒲鲁东走到讲坛上，挺起他那结实的庄稼人的微驼的脊梁，神态威严地对那个微笑着的小老头说道：

"您可以谈财政问题，但是不要谈道德。我可能认为这是对我的人身攻击，这个问题我已经在委员会对您说过了。如果您还要继续说下去，我——我是不会找您决斗的（梯也尔微微一笑）。不，对我来说，您死有余辜，您死了并不能证明任何东西。我建议您进行另一种战斗。在这里，就在这讲坛上，我可以讲述我的一生，一件事接着一件事；如果有什么事情我忘了或者遗漏了没有讲，每个人都可以提醒我。然后再

---

① 蒲鲁东于一八四八年六月增选为制宪议会议员。制宪议会绝大部分由资产阶级共和派和改头换面的昨天的保皇党组成。

② 法国政府的机关报，一直出到一八六九年。

③ 一八四八年七月三十一日，蒲鲁东向法国制宪议会提交了一份法律草案，规定对动产与不动产课以统一税率，即征收该财产所得收入的三分之一，供议会讨论。结果蒲鲁东的这一提案引起议会中资产阶级多数派和资产阶级报刊的一片聒噪，蒲鲁东的讲演引起议员们的一片嘘声，以及有人叫嚷要把他送进疯人院。

让我的论敌讲述他自己的一生!”

所有人的眼睛都转过去看梯也尔:他板起面孔坐着,已经没有了一点儿笑容,但是他也没有回答。

怀有敌意的议会缄默无声,于是蒲鲁东便鄙夷不屑地望着那些宗教和家庭的保卫者,走下了讲坛。这就是他的力量所在——在他的这些话中可以清晰地听到新世界的语言,正带着它的法庭和它的惩罚大踏步走来。

从二月革命开始,蒲鲁东就一再预言法国在向何处去;他千百次地反复告诫我们:要当心,这不是开玩笑,“站在你们大门口的不是喀提利纳①,而是死亡”。法国人耸耸肩膀。张开的血盆大口、大钐镰、计时器——还没看到死神的全副装备,这算什么死神,这不过是“一时的意识模糊,一个伟大民族的午后酣睡!”最后,许多人才看清事情不妙。蒲鲁东却比别人较少感到沮丧,也不像别人那样惊慌失措,因为他早就预见到了;于是别人又纷纷指责他,不仅说他没有感情,无动于衷,还说他说了不吉利的话,招来了不幸。据说,中国皇帝每年听到修历官向他报告白天开始一天一天缩短的时候,都要揪他的头发。

蒲鲁东的天才的确让法国的那些夸夸其谈的人感到反感,他的语言使他们感到受了侮辱。革命发展了自己的清教徒思想,狭隘的、不容任何歧见的思想,它还发展了人人必须遵循的套话。凡是不按照一定格式写的东西,都遭到那些爱国者的排斥,他们这样做就像俄国的法官一样。他们的批评只有在碰到他们象征性的书籍诸如*Contrat social*〔法语:《社会契约》〕②和《人权宣言》③的时候才会让步。他们是有信仰的人,他们憎恨分析和怀疑;他们是搞密谋活动的人,他们做任何事都是共同行动,并且把一切都看成是党派的利益。他们憎恨独立思考就像憎恨叛乱者一样;他们甚至在过去就不喜欢独立的见解。路易·勃朗

① 喀提利纳(公元前一〇八至前六二):古罗马政治家,曾密谋反对共和制,未果。

② 指卢骚的《社会契约论》,一译《民约论》。

③ 即十八世纪末法国革命的纲领性文件《人权宣言》。

甚至对蒙田这个怪才感到很恼火①。这种竭力用畜群来取消个性的高卢人感情,助长了他们偏爱平均,偏爱军事队列的整齐划一,偏爱集权即偏爱专制,等等。

法国人亵渎的言论和尖锐的评论,——多半源于一种顽皮、淘气和戏弄的快感,而不是一种分析的需要和使人精神痛苦、百思不得其解的怀疑。他们有无数小的偏见和数不胜数的小小不言的信仰——为了维护这些东西,他们像堂吉诃德那样慷慨激昂,像分裂派教徒那样固执和锲而不舍。因此他们不能原谅无论是蒙田还是蒲鲁东的自由思想和对公认的偶像的大不敬的态度。他们像彼得堡的书报审查官一样,允许开开九品文官的玩笑但是对三品大员却碰不得。一八五〇年,吉拉尔丹在《新闻报》上发表了一个勇敢的新见解,说法的基础不是一成不变的,而是随着历史的发展不断变化前进的。这篇文章激起了多大的叫嚷啊!谩骂、喊叫、指责他不道德,自从 *Gazette de France*〔法语:《法兰西报》〕②首先发难以后,持续了好几个月。

参加像 *Peuple* 这样的机关报的复刊工作,是值得为之捐款的,——我写信给沙左诺夫和霍耶茨基,表示愿意替他们缴纳保证金。

在此以前,我与蒲鲁东并无深交;只是在巴枯宁家遇见过他两次,可是他与巴枯宁却很熟。巴枯宁当时跟阿·雷海尔③一起住在塞纳河对岸的一套非常简陋的房子里,在 rue de Bourgogne〔法语:布尔戈尼街。〕。蒲鲁东常到那里去听雷海尔演奏贝多芬和听巴枯宁谈黑格尔——但是进行哲学辩论比听交响乐的时间更多。这些辩论使人不由得想起巴枯宁和霍米亚科夫当年在恰达叶夫家,在叶拉金娜家那些著名的彻夜长谈,那时谈的也是黑格尔。一八四七年,卡尔·福黑特也住在 rue de Bourgogne,也常常去拜访雷海尔和巴枯宁,有一天晚上,听他们没完没了地谈论什么现象学④,都听烦了,于是便回去睡觉,第二天

---

① 见 *Histoire de la Révolution française*〔法语:《法国革命史》〕。——作者原注

② 法国反动报纸。

③ 雷海尔(1817—1897):德国音乐家,赫尔岑的好友,一八五〇年与埃恩结婚。

④ 指黑格尔的《精神现象学》。

一早，他去找雷海尔，因为他们俩要一起去 Jardin des Plantes〔法语：植物园〕；他感到很奇怪，尽管时间这么早，巴枯宁的书房里却有说话的声音；他微微推开门——蒲鲁东和巴枯宁还坐在老地方，面对已经熄灭的壁炉，正在三言两语地结束昨晚开始的争论。

起先我害怕扮演我国同胞们那种低声下气的角色，也害怕看到大人物对我们这些无家可归的人的眷顾，因此我极力不同蒲鲁东接近，现在看，我这样做也不是完全没有道理。蒲鲁东给我写了一封信，是对我的信的答复，信写得很客气，但也很冷淡，不无矜持之态。

我想一开始就让他心里明白，他不是和一个发了疯的 prince russe〔法语：俄国公爵〕打交道，我出钱不是出于一种肤浅的革命热情，更不是出于一种自我标榜，我也不是一个对法国政论家佩服得五体投地的人，因为人家肯接受我的两万四千法郎就感激不尽，最后，我也不是一个脑筋迟钝的 bailleur de fonds〔法语：不肯透露姓名的投资人〕，自以为替 *La Voix du Peuple*〔法语：《人民之声报》〕这样的报纸交了保证金，就是什么了不起的投资。我想让他明白，我很清楚我在做什么，我也有自己的明确目的，因此我想对报纸产生积极的影响；因为我无条件接受他对金钱的一切看法，所以我要求：第一，我有权在该报发表自己的文章和不是自己的文章；第二，我有权主管该报的整个外国评论栏，为它介绍编辑、通讯员等等，并要求给后者支付稿酬。这或许看来有点儿奇怪，但是我敢保证，如果有什么外国人敢于索取稿酬，*National*〔法语：《国民报》〕和《改革报》一定会瞠目结舌，大惊失色。他们会认为这是胆大妄为或者发疯，仿佛一个外国人在巴黎的报刊上看到自己的文章发表了，不应支取：

Lohn, der reichlich lohnet.〔德语：丰厚的报酬。〕①.

蒲鲁东同意了我的要求，不过这些要求毕竟使他感到不快。这就是他一八四九年八月二十九日给我寄到日内瓦的信：

---

① 引自歌德的叙事曲 *Der Sänger*〔德语：《歌手》〕。

> 好，就这么决定了：报纸由我主办，您参加报纸的出版工作，您的文章可以不经任何审查予以采纳，除非编辑部认为自己的意见很有道理，耽心负法律责任以外。我们在思想上是一致的，仅在结论上略有分歧，至于对国外事件的评论，我们就完全交给您了。您和我们是同一思想的传播者。您将会在总的论战中看到我们的道路，您肯定会赞成我们的主张的；我相信我永远不需要纠正您的观点；我认为这将是巨大的不幸；坦白说，报纸能否办好完全取决于我们的观点是否一致。必须把民主与社会主义问题提高到成立欧洲联盟的高度。假如我们不能互相取得一致，那就等于说我们还不具备出版报纸的必要条件，我们还不如干脆沉默的好。

对这份严厉的外交照会，我的答复是立刻寄出两万四千法郎，并附了一封长信，信写得很友好，但是态度坚决；我说，尽管我在理论上同意他的看法，但是我必须补充一点，我是一个真正的野蛮人，我将会高兴地看到旧世界分崩离析，我们的使命就是把旧世界即将完蛋的消息告诉这个旧世界。

> 您的同胞们距离同意这个观点还很遥远。我只认识一个自由的法国人——这就是您。您的那些革命家都是保守派。他们都是一些基督徒，可是自己却不知道，都是些为共和制战斗的保皇派。只有您一个人把否定和变革的问题提高到科学的高度，也是您首先告诉法兰西，在这个即将倾圮的大厦内是找不到拯救之道的，其中也没有什么需要拯救。它关于自由和革命的观念本身便充满了保守和反动。其实，政治上的共和派在宪政问题上弹的调子，不过是基佐①和奥狄隆·巴罗②之流就宪政问题所谈的调子的诸多变奏曲之一而已。正是这个观点，在分析欧洲局势，在抨击那些虽然不属于我们敌人的营垒（这是非常容易的），但却是在我们自己阵

① 基佐（1787—1874）：法国历史学家和政治家，主张君主立宪。

② 巴罗（1791—1873）：法国政治家，路易·波拿巴当政时任内阁总理。

营内的反动势力、天主教势力和保皇势力中所必须遵循的。必须揭露民主派和当权派沆瀣一气的情形。既然我们不怕冒犯胜利者，那我们也决不应当出于一种虚假的面慈心软而不敢碰那些被战胜者。

我深信，要是共和国的宗教裁判所不封杀我们的报纸，那它将是欧洲最幸运的报纸。

即使现在我都深信这点。但是我和蒲鲁东怎么会以为，根本不讲礼貌的波拿巴政府会允许这样的报纸存在呢？这简直匪夷所思。

蒲鲁东收到我的信后感到很满意，于是九月十五日他从孔谢尔热里监狱写信给我：

我很高兴能遇见您，并看到您与我在从事同样的工作或者相同的工作，我也写了某种类似革命哲学的书①，书名是《革命者自白》。您在这本书里也许找不到您那种野蛮的激情（verve barbare）。而这种激情得益于德国哲学。您不要忘了，我的书是写给法国人看的，应当承认，法国人虽然充满了革命热情，可是却远不足以承担他们现在的角色。尽管我的观点有很大的局限性，但是它还是比我国的新闻界、学术界和文学界所能达到的最高的高度高出不知几许，简直不可以道里计；即使再过十年，我也是他们中间的巨人。

您对那些所谓共和派的看法，我完全同意；不用说，这不过是那些抱残守缺的教条主义的一个变种而已。至于那些问题，我们没什么需要互相说服的。您将会在我和我的同仁们身上发现我们都是一些可以与您携手前进的人……

我也认为，经济科学和历史哲学想要实现的用不知不觉的过渡来体现有条不紊的和平步骤，对革命来说已不再可能；我们需要

---

① 当时我正在陆续发表 *Vom andern Ufer*〔德语：《来自彼岸》〕。——作者原注

进行猛烈的冲刺。但是，我们作为政论家，在告诉未来可能碰到的灾祸时，我们也不应当把这灾祸说成是不可避免的和理所当然的，要不然，人家会恨我们和把我们赶走的，而我们必须活下来……

报纸办得好极了。蒲鲁东在自己的单身牢房里出色地指挥着自己的乐队①。他的论文充满了新意、火，以及监狱所燃起的愤怒与激情。

“总统先生，请问您是什么人？”他在一篇文章中谈到拿破仑时写道，“请问您是男人，女人，阴阳人，野兽还是鱼？”可是我们大家还是以为，这样一份报纸是能够办下去的！

订户倒不多，但是街上的发售量却很大：一天可以销售三万五千份至四万份。特别出色的几期报纸，例如登载有蒲鲁东文章的几期，销售量更大；编辑部把它们印了五万份到六万份，往往到第二天每份就可以卖到一个法郎，而不是一个苏②。

但是尽管如此，到三月一日，也就是说半年以后，不仅帐房间已一无所有，而且一部分保证金也已经用来支付罚金了。停刊已不可避免。而蒲鲁东更大大加快了它的灭亡。经过是这样的：有一回，我在圣佩拉热监狱他的囚室里碰到阿尔顿·舍③和另外两名编辑。阿尔顿·舍是法国贵族，曾使帕凯厄④下不了台，并且使所有的贵族大惊失色，帕凯厄问他：

---

① 蒲鲁东于一八四九年三月二十八日被判处三年监禁，因此他是在监狱里领导 *La Voix du Peuple*〔法语：《人民之声报》〕的。从一八四九年九月二十八日到一八五〇年四月二十日，他一直被关押在巴黎的圣佩拉热监狱，根据他的指示，具体主编这份报纸的有达里蒙、艾德蒙、杜申、福尔、拉格朗和其他蒲鲁东分子。

② 我答复多诺索，科尔特斯讲话的公开信，印了大约五万份，全部售罄。过了两三天，我想给自己要几份，编辑部只好到各个书报亭去收购。——作者原注

科尔特斯（1809—1953）：西班牙政治家。一八五〇年一月三十日，他在马德里的制宪议会上发表演说，指出只有天主教才是摆脱社会主义的唯一救星，并且特别指名道姓地攻击了蒲鲁东的学说，认为他是当代文明一切负面特点的极端体现。

③ 阿尔顿·舍（1810—1874）：法国贵族，保皇派，曾追随一八四八年的二月革命，同蒲鲁东交好。

④ 帕凯厄（1767—1862）：法国奥尔良分子，直到一八四八年一直担任法国贵族院议长。

“难道您不是天主教徒吗?”

他竟跑到讲台上回答道:

“不是,非但不是,而且我根本不是基督徒,而且我不知道我是否是个自然神论者。”

他告诉蒲鲁东,*La Voix du Peuple*〔法语:《人民之声报》〕最近几期办得不好;蒲鲁东把这几期翻阅了一遍,脸色越来越阴沉,后来竟大怒,对那两名编辑说:

“这到底是怎么回事? 利用我在监狱,你们竟在编辑部里睡大觉。不,诸位,如果这样的话,我只有完全退出编辑部,并登报声明我完全退出;我不愿意我的名字受到玷污;对你们呀,就必须站在你们背后,监督你们写的每一行字。广大读者以为这是我办的报。不,这种情况必须结束。明天我就把文章给你们送去,以便消除你们的信笔涂鸦造成的恶劣影响,我将使广大读者明白,我所理解的我们的机关报究竟应当具有怎样的精神。”

看到他那生气的样子,我们满以为他的文章肯定不会恪守中庸之道,但是他的做法却完全超出我们的意料:他的 *Vive l' Empereur*!〔法语:《皇帝万岁!》〕简直是一篇充满讽刺的颂歌,——充满冷嘲热讽和竭尽挖苦之能事。

除了新的官司以外,法国政府还用自己的方式对蒲鲁东进行了报复。他们把他转移到一间非常糟糕的房间,给他换了一间坏得多的囚室,屋里的窗户有一半钉上了木板,因此除了天空以外什么也看不见,而且还不让任何人进去探监,门口还设置了特别的哨兵。即使让一个十六岁的顽童改邪归正,使用这样的方法也很不像话,可是七年以前他们却使用这样的手段来对付我们这个时代最伟大的思想家! 从苏格拉底以来,人们并没有变得聪明些,从伽利略以来,也没有变得聪明些,而是变得更猥琐了。不过,这种不尊重天才的做法,乃是最近十年重又兴起的一种新现象。自文艺复兴时代以来,才华在某种程度上成了一种保护:斯宾诺莎和莱辛都没有被关进黑屋子,也没有被罚站;这样的人有时候虽然受到迫害和杀戮,但是还没人敢用鸡毛蒜皮的小事来侮辱他们的人格;他们可以被送上断头台,但是决不能送他们去做苦工。

资产阶级的由皇帝执政的法国,喜欢平等。遭到迫害的蒲鲁东,戴着镣铐还在作最后挣扎,一八五〇年,他还努力想要出版 *La Voix du Peuple*〔法语:《人民之声报》〕;但是这次尝试又很快被封杀了。① 我的保证金直到最后一个戈比都被他们抢走了。法国唯一有话要说的人也只好沉默了。

我最后一次见到蒲鲁东是在圣佩拉热监狱;我正要被法国驱逐出境,而他还有两年刑期②。我跟他告别时情形很凄凉,最近见面的希望连一点儿影子也没有。蒲鲁东皱眉蹙额,一言不发,我心里也十分懊恼。两人的心里都有很多话要说,但是又都不想开口。

我听到过许多人说他态度生硬,rudesse〔法语:脾气暴躁。〕,性子急——可是我却没有这种体会。至于性格软弱的人说他办事生硬,那是一个战士的富有弹性的肌肉;他老皱着眉头,只能说明他在动脑筋,想问题;他在发怒的时候会使人想起在发火的路德,或者在嘲笑"残余国会"③的克伦威尔④。他知道我了解他,他也知道了解他的人不多,因此他很重视这点。他知道人家认为他这个人性格很少外露,可是他听米什莱说到我母亲和科利亚遭到的不幸后⑤,他从圣佩拉热监狱写信给我时,还顺便提到:"难道命运还要从这方面来打击我们吗? 我听

---

① 指蒲鲁东及其同志在《人民之声报》后出版的《一八五〇年人民报》,不过这份报纸存在的时间也不长,前后才存在四个月的时间。

② 赫尔岑与蒲鲁东的这次会面应在一八五〇年六月。地点也不是在圣佩拉热监狱,而是在孔谢尔热里监狱,因为从一八五〇年四月二十日起直到一八五一年九月十八日,他一直被关押在孔谢尔热里监狱。

③ 即由英国斯图亚特王朝国王查理一世召集的长期国会的最后阶段。在国王已被处死,共和国宣告成立之后,长期国会的残余分子已失去任何政治意义,被老百姓称之为"克鲁皮翁"(croupion,意即屁股),后被克伦威尔解散。

④ 克伦威尔(1599—1658):十七世纪英国资产阶级革命中新兴势力的代表,独立派领袖,英吉利共和国的缔造者。一八五三年实行军事独裁,自任"护国主"。

⑤ 指赫尔岑的母亲和八岁的儿子科利亚在海上遇难的事。

到这件可怕惨祸以后,简直难过极了。我爱您,并且把您深深地藏在这里,藏在我的胸中,虽然许多人认为我这颗心是石头做的。”

从那时候起,我一直没见过他①。一八五一年,承蒙莱昂·福适②关照,我到巴黎住了几天,那时他已发配到某个中央监狱去了③。一年后,我秘密路过巴黎,那时候蒲鲁东又到贝桑松去养病了④。

蒲鲁东有一个缺陷,他在这方面简直不可救药,这是他为人的一个局限,就像常有的情形那样,越过这一界限,他就是个保守派和传统的人。我讲的是他对家庭生活和对妇女地位的看法。

“我们的N有多幸福,”蒲鲁东常常开玩笑地说,“他老婆很不笨,因为她会烧一手好pot-au-feu〔法语:菜汤〕,可是她又不够聪明,不会对他的文章说三道四。这就是家庭幸福所需要的一切。”

在这个玩笑中,蒲鲁东笑着表达了他对女人看法的基本观点。他对家庭关系的观念是粗俗的和反动的,但是,即使在这些观念中,他表达的也不是普通市民心中的小市民因素,而毋宁说是乡村pater familias〔拉丁语:家长〕的一种顽固的感情,他高傲地认为女人不过是一名供他役使的女工,而他自己则是大权独揽的家长。

上面的东西写完后过了大约半年,蒲鲁东出版了他的大部头著作《论教会与革命的正义》⑤。

为了这部书,野蛮的法兰西又判了他三年监禁。⑥ 我用心地读完

---

① 写了这篇东西以后,我在布鲁塞尔见过他。——作者原注

② 福适(1804—1854):法国经济学家,路易·波拿巴当政时任内政部长。

③ 赫尔岑的这段话不准确:在这段时间内,蒲鲁东仍被拘押在孔谢尔热里监狱,在这里,他还是比较自由的,可以会客,也可以每月两次到城里去办点儿私事,但是后来到六月下半月(也正是在赫尔岑到的那几天),这种优惠被临时取消了(直到一八五一年七月底),也许,正是因为这一情况,赫尔岑未能与蒲鲁东见面。

④ 赫尔岑路过巴黎的时间是一八五二年八月二十至二十五日,在此前不久,蒲鲁东被刑满释放,回老家养病。

⑤ 书名稍有差错,应为《论革命与教会的正义》(共三卷)该书出版于一八五八年,“半年前”则应为一八五七年。

⑥ 《论革命与教会的正义》出版后即遭没收。蒲鲁东以“侮辱神职人员和亵渎宗教”罪被判三年徒刑。因此蒲鲁东流亡比利时,并在那里一直住到一八六二年。

了这部书，掩上第三卷时，我感到心头沉重，透不过气来。

艰难的……艰难的岁月！……它那腐败的空气使最坚强的人都感到窒息……

于是这个“一往无前的战士”支持不住，被压垮了；在他的最后一部著作中，我看到的虽然是同样强大的雄辩术，同样恢宏的气魄，但它只是把他引向原先构想的结果；它已经不是自由的最新论述了。到这部书快要结束时，我注视着蒲鲁东，就像肯特注视着李尔王一样，等待他什么时候能够明白过来，但是他只是越说越起劲，——像李尔王一样急不可耐，像李尔王一样慷慨激昂，而且“Every inch”〔英语：每一英寸〕同样洋溢着才华，但是……那是一种“神经有点儿失常的”才华。于是他就拖着尸体奔跑——不过不是女儿的尸体，而是母亲的尸体，他以为她还活着！……①

拉丁人的思想，既否定一切又充满了宗教思想，既怀疑又迷信，否定一些权威，又树立另一些人的权威，很少继续深入下去，深入到现实的 in medias res〔拉丁语：实质本身〕②，很少使用辩证法既勇敢而又正确地解下身上的全部绳索，像在这本书里那样。它在这里不仅摈弃了宗教上粗糙的二元论，也摈弃了哲学上精巧的二元论；它不仅摆脱了天上的魅影，也摆脱了人间的幽灵；它既跨越了人类对感伤主义的赞扬，又跨越了进步的宿命论，在这本书里，没有那种纷争和暴力甚嚣尘上的时候让人觉得既可怜又使人生厌的对于博爱、民主和进步的千篇一律的祈祷。蒲鲁东为了使人们真正理解革命，牺牲了它的偶像、它的语言，让道德建立在唯一现实的基础上——建立在人心上，因为人心只承认理性，“除了它自己以外”，不承认任何偶像。

可是在这一切之后，这位伟大的圣像破坏者却对人的解放了的个性害怕了，因为他在抽象地解放了人的个性之后，又陷入形而上学，让

---

① 我已部分地改变了我对蒲鲁东的这部著作的看法(1866)。——作者原注
以上情节均借用自莎士比亚的悲剧《李尔王》。

② 见贺拉斯《诗艺》。

形而上学具有一种虚幻的意志，但是又对付不了它，只好把它作为牺牲品献给非人的上帝，献给那个冷冰冰的正义的上帝，献给那个寻找平衡、寂静和安宁的上帝，献给那个寻求消除一切个性，融化和长眠在那个无边无际的并不存在的世界中的婆罗门上帝。

一架天平被安放在空无一物的祭坛上。这对人类将是一个新的考地安峡谷①。

他所追求的“正义”，甚至不是柏拉图共和国的那种具有艺术美的和谐，那种贪欲与牺牲的优美平衡。这位出身高户的政论家没有从“虚无主义的和肤浅轻率的希腊”汲取到任何东西，他像斯多噶派那样用脚践踏人的感情，而且他并不寻求将人的感情与家庭和公社的要求协调一致。在他看来，“自由”人就是没有服役期限的哨兵和工人，他必须服劳役，必须站岗放哨，直到死亡来接替他，他必须扑灭他心中的一切个人情欲，一切与完成他的天职无关的东西，因为他不是他，他存在的意义，他存在的实质在他之外；他只是实现正义的工具，他就像圣母玛利雅一样，注定要在痛苦中孕育着思想，并为了拯救国家让这思想降临人间。

家庭是社会的最基层组织，是正义的最初的育儿室，它注定要从事永远的、足不出户的劳作；它必须成为清除一切个人东西的祭台，它必须消除任何情欲。在现代工场工作的有严格纪律的罗马家庭——这就是蒲鲁东的理想。基督教使家庭生活变得过于温情脉脉，它喜欢玛利雅，不喜欢马大②，它喜欢爱幻想的女人，而不喜欢家庭主妇，它赦免了

---

① 公元前三二一年罗马军队在考地安峡谷遭萨姆尼特人伏击，被围困，后投降。

② 见《路加福音》第十章第三十八至四十二节：“耶稣进一个村庄，有一个女人名叫马大接他到自己家里。她有一个妹子名叫玛利雅（不是圣母玛利雅，而是另一个玛利雅。——译者），在耶稣座前坐着听他的道。马大侍候的事多，心里忙乱，就进前来说：主啊，我的妹子留下我一个人侍候，你不在意吗？请吩咐她来帮助我。耶稣回答说：马大，马大，你为许多的事思虑烦忧。但是不可少的只有一件，玛利雅已经选择那至好的福分，是不能夺去的。”

一个有罪的女人，并向这个知道悔改的女人伸出了手，因为她的爱多①，而在蒲鲁东的家庭中正是要爱少。这还不是全部：基督教还把人看得高于他的家庭关系，而且高出许多。它对儿子说："抛弃父母，跟我走，"可是在蒲鲁东看来，为了体现正义，应该把这儿子重新套上无条件的父权枷锁，——有父亲在，儿子就不应有任何意志，尤其在选择妻子问题上。他应当做奴隶，并从中得到锻炼，然后假以时日再成为自己孩子的压迫者，而这些孩子出生，是出于他的义务，为了传宗接代，而不是爱情的产物。在这样的家庭中，婚姻是不能离散的，但是可以像冰一样冷；其实，婚姻就是对爱情的胜利：妻子是做饭的，丈夫是干活的，妻子与丈夫之间，爱情越少越好。右翼黑格尔主义的这些老掉牙了的吓唬人的东西，让我又一次在蒲鲁东的笔下看到了！

感情已被驱散，一切都麻木了，没有了色彩，只剩下现代无产者的累人的、麻木不仁的、没有出路的劳动，——古罗马的贵族家庭是建立在奴隶制基础上的，因此它至少可以不必从事这样的劳动；再也没有教堂的诗意、信仰的呓语，对天堂的向往了，按照蒲鲁东的说法，连诗歌在当时也"不必再写了"，然而劳动的范围将会"扩大"。为了个性的自由，为了行动的自主，为了独立，可以牺牲宗教的催眠曲，但是为了体现正义这一思想却可以牺牲一切——这是什么谬论！

人注定要劳动，他必须劳动到一息尚存；于是儿子就从父亲冰冷的手中接过刨子或铁锤，继续他那永无止境的劳动。可是，如果在儿子们中间出现了一个比较聪明的人，他会放下凿子并且问道：

"我们为什么要这样筋疲力尽地干活呢?"

"为了正义的胜利。"蒲鲁东会对这个人说。

可是这个新该隐②却会这么回答他：

---

① 见《路加福音》第七章第三十七至四十八节。

② 《圣经》人物，亚当和夏娃的长子，亚伯的哥哥。该隐种地，亚伯牧羊，可是耶和华却喜欢亚伯，不喜欢该隐。该隐出于嫉妒，杀死了弟弟。

"可是什么人硬要我去实现这个正义的胜利呢?"

"怎么是什么人?难道你的整个使命,你的整个一生不就是正义的体现吗?"

"到底是谁定下这目的的?"对这说法,这个新该隐会说,"这话老掉牙了,没有上帝,却留下了上帝的圣训。正义不是我的使命,劳动也不是我的天职,而是我的必须,对于我来说,家庭根本不是套在我身上的终身枷锁,而是我生活和发展的环境。你们要我给你们当奴隶,可是我却要起来造反,我要起来反对你们,反对你们的这杆秤,正如你们毕生都在反对资本、刺刀和教会一样,正如所有的法国革命者起来造反,反对封建传统和天主教传统一样。难道你们以为,在攻占巴士底狱以后,在经历了恐怖统治以后,经历了战争与饥饿以后,经历了小市民的国王和小市民的共和国①以后,我还会相信你们说的因为蒙太古家族和卡普莱特家族的老混蛋们世世代代争吵个不休,因此罗密欧就没有权利爱朱丽叶,而且我直到三十岁,甚至到四十岁,没有得到父亲的许可就不能为自己选择终身伴侣,而一个失身的女人就必须处死,就必须任人侮辱吗?您和你们的那套司法制度到底把我当作什么人了呢?"

可是我们从论辩的角度出发,还得帮这个新该隐说几句话,蒲鲁东的所谓目的论整个儿矛盾百出。目的论——这也是一种神学,这是二月革命,即仍旧是那个七月王朝,只是没有路易·非力浦罢了。这种预先确定的合乎目的性与天命观之间究竟有什么区别呢?②

蒲鲁东让个性解放得过了头,他瞧了瞧自己的同时代人,反倒害怕了,为了不使这些苦役犯,这些 ticket of leave〔英语:提前释放的人。〕出去闯祸,他又把他们用罗马家族的捕兽夹捉了起来。

---

① 指一八三〇至一八四八年以路易·非力浦为首的七月王朝和一八四八至一八五一年的资产阶级共和国。

② 蒲鲁东自己说过:"Rien ne ressemble plus à la préméditation, que la logique des faits."〔法语:"没有任何东西像事实的逻辑那样更像是早有预谋的。"〕——作者原注

修葺一新的正厅敞开了大门，里面既没有家神①，也没有保护神②，往里一瞧，看到的已不是无政府状态，已不是政权和国家的消灭，而是等级森严，中央集权，可以干预家庭事务，有遗产，有剥夺遗产以示惩罚，所有古老的罗马罪恶，都与这一起睁着雕像般毫无生气的眼睛，从门缝里向外张望。

古老的家庭自然会带来古老祖国的烙印，以及它那强烈的爱国主义和它那残暴的美德，而这所谓美德使人们流的血十倍于所有的罪恶加在一起使人们流的血。

拴在家庭上的人又重新紧紧地被拴在土地上。他的行动是被规定好了的，他植根于自己的田地，他只有在田地上劳作才是现在的他；蒲鲁东说："生活在俄国的法国人是俄国人，而不是法国人。"于是便不再有移民区，也不再有外国商站，每个人都住在自己的家……

威廉〔奥伦治的〕在那个可怕的年代曾经说过："荷兰是不会灭亡的，它可以坐上船，到亚洲去，而我们在这里就决堤放水。"③瞧，这样的民族才是自由的。

英国人也这样：他们一受到压迫，就漂洋过海，并在那里建立一个年轻的、更自由的英国。当然，决不能因此说英国人不爱自己的祖国，或者说他们没有民族感情。英国人漂洋过海，以四海为家，他们的足迹已遍及半个世界，与此同时，缺少活力的法兰西，丢掉了一些殖民地，而对另一些殖民地，则不知道怎么办。它也不需要这些殖民地：法兰西有自己的本土就心满意足了，它越来越依附于自己的集中点，而这集中点又依附于自己的主人，在这样的国家，有何独立可言？

而从另一方面说，怎么能抛弃法兰西，抛弃la belle France〔法语：美

---

① 罗马神话中的住宅和家庭保护神。

② 罗马神话中跟随人的个人保护神。

③ 威廉〔奥伦治的〕(1533—1584)：尼德兰资产阶级革命时期的政治家，推翻西班牙统治后任荷兰世袭执政。那个"可怕的年代"指一五六七年西班牙总督阿尔法在尼德兰实行的恐怖统治。这段话指十六世纪尼德兰革命时期反对西班牙统治的一个插曲。

丽的法兰西〕呢?“难道它现在不是世界上最自由的国家,难道它的语言不是最好的语言,它的文学不是最好的文学,难道它的音节诗不是比希腊六音步长短短格诗更铿锵悦耳吗?”何况它具有全世界意义的天才还掌握了所有时代和所有国家的思想和创作:“莎士比亚和康德,歌德和黑格尔难道在法国不是成了我们的自己人吗?”非但这样:蒲鲁东忘了,它还改正了他们的不足,给他们穿上新衣,就像地主让农民进他们家干活时总要让他们穿得像样点儿一样。

蒲鲁东在他的书的结尾处还加上了一段天主教的祷告词,填上社会主义词句的祷告词;他只要删掉点儿教会的词句,摘掉高筒的僧帽,用弗里基亚帽把它们盖上,那么 byzantin〔法语:拜占庭〕高僧的祈祷文就完全适合社会主义的高僧使用了!简直是一团乱麻!蒲鲁东除了理性以外抛弃了一切,可是他仍想不仅保持他那蓝胡子①式的丈夫形象,而且还想保持他那法国民族主义者的形象,但是却带着文学上的沙文主义和拥有家长式的无限权力,因此紧随在一个自由人的坚定的、充满活力的思想背后,却听到一个极其严厉的老人的声音,他在口授自己的遗嘱,他现在希望能够给自己的孩子们留下他毕生都在挖它的墙脚的那座破败的宫殿。

拉丁世界不喜欢自由,它只喜欢一味追求自由;它有时候找到求解放的力量,可是却从来找不到为自由而战的力量。看到像奥古斯都·孔德②和蒲鲁东这样的人,他们给我们留下的最后的话:一个是某种中国官僚式的等级制度;另一个则是苦役式的家庭和毫无人性的颂辞“Pereat mundus—fiat justitia!”〔拉丁语:“哪怕世界毁灭,但是正义定将实现!”〕看到这样的情况,岂不悲哉!

---

① 法国童话《蓝胡子》中的人物,他曾杀死他的六个妻子。

② 孔德(1798—1857):法国哲学家,实证主义哲学和社会学的奠基人。孔德于一八四八年建立了“实证主义者协会”,该协会又创立了“实证主义教会”,宣传对人类进行社会政治“改造”。为了建立新的“实证主义宗教”,就必须有自己的教义问答,自己的神职人员和教阶制度,而他们的“教主”则是孔德。

对一些已经触及的问题的思考

一

……一方面是蒲鲁东针插不进，水泼不进的家庭，不许拆散的婚姻，大权独揽的父权，——在这样的家庭中，除了一个人以外，为了社会的目的，所有的人都可以牺牲，这样的婚姻是蛮不讲理的，它不承认人的感情会发生变化，它只承认一旦承诺结婚就得终身为奴，另一方面，又有一些学说方兴未艾，它们认为婚姻和家庭可分可合，它们只承认情欲有不可抗拒的威力，过去的事就过去了，没有约束力，而人是独立的。

一方面，如果一个女人背叛了自己的丈夫，几乎可以用石头打她①；另一方面，嫉妒却被置于 hors la loi〔法语：法律之外〕，认为这是利己主义的一种病态的、被扭曲的感情，是一种私有观念，是对健康的自然观念的浪漫主义否定。

真理何在……哪里是对角线？二十三年前我就在这个矛盾的森林中寻找出路②。

我们在否定时是勇敢的，我们随时准备把任何保护神都推到河里

---

① 参见《约翰福音》第八章。耶稣说："你们中间谁是没有罪的，谁就可以先拿石头打她。"（该章第七节）

② 见《往事与随想》第三卷《由一出戏想起的》。——作者原注

指一八六二年伦敦版的《往事与随想》第三卷。《由一出戏想起的》最初发表于《祖国纪事》一八四三年第八期，后来收入本书。

去，可是住宅及家庭生活的保护神却似乎 water-proof〔英语：有防水功能〕，他们总能“浮起来”。也许，他们已没有了意义——但是他们还活着；大概，用来反对他们的武器，只是在他们蛇皮一般的鳞片上划了一下，把他们刺伤了，震晕了……但是没有打死。

嫉妒……忠实……背叛……纯洁……黑暗势力，声色俱厉的语言，正是由于他们的恩典，眼泪和血流成了河，——那些使我们浑身觳觫的话，不由得使人想起宗教裁判所、严刑拷打、瘟疫……而且这些话就像达摩克利斯的剑①一样，过去和现在都悬在家庭的头上。

谩骂也罢，否定也罢，都不能把他们逐出家门。他们躲在墙角落后面，假装打盹，一有机会便随时准备毁灭一切，远的和近的，我们都在劫难逃……

看来，我们必须放弃彻底扑灭这种能引起大火隐患的善良愿望，只能老老实实地局限于将这具有毁灭性的火焰人道地引导到一定方面，使火势减小。要想用逻辑来约束情欲是不可能的，就像法庭也没法宣告它是正当一样。情欲是事实，而不是宗教信条。

除此以外，嫉妒享有一种特权。它本身就是一种强烈的和完全自然的激情，它至今非但没有受到约束和限制，反而一直受到纵容。基督教的教义，出于对肉体的仇恨，把有关肉欲的一切提高到非同寻常的高度，贵族对自己的血统，对自己种族纯正性的崇拜，把关于无法洗刷的污点和受到奇耻大辱的观念发展到了荒谬的程度。嫉妒获得了 jus gladii〔拉丁语：剑的权利〕②，获得了裁判和复仇的权利。它简直成了维护名誉的天职，几乎成了一种美德。这一切都经不住半点儿批评，但是尽管如此，心底还是残留着非常现实和无法消除的痛苦感和被称为嫉妒的不幸感，——这是一种最起码的感情，就像爱情本身一样，它与任

---

① 希腊传说，叙拉古暴君迪奥尼修宴请大臣达摩克利斯，在他头上用马鬃悬了一把利剑，以示他随时都有杀身之祸。

② 指上帝的裁判权，见《新约·以弗所书》第六章第十七节：“拿着圣灵的宝剑，就是上帝的道。”

何否定相对立，——这是一种 irréductible〔法语：不可遏制的〕感情。

……这里又遇到了那个永恒的界限，又遇到了那个考地安峡谷，这是历史把我们驱赶到那个峡谷里去的。双方都对，双方都错。放之四海而皆准的 entweder-oder〔德语：非此即彼〕，在这里也无能为力了。一种说法，刚被彻底否定，它又会重新回来，就像月亮最后的四分之一刚刚隐去，另一边又会出现最先的四分之一。

黑格尔取消了人类理性的这些界标，并上升为绝对精神；但是它们在绝对精神中并不是消失了，而是像德国神学所说的那样，只是改变了面貌，得到了充实，——这是神秘主义，是哲学神正论，是一种寓意，是一种故意混淆的事实。把不可调和的事物在宗教上进行的一切调和，只是一种补救，即不过是一种神化的改进和神化的骗局，不过是一种求助于信仰，不是解决的办法。不过有什么比个人意志和必然更互相对立的呢，可是信仰却可以很容易地使它们得到调和。一个人可以毫无怨言地为自己的行为接受正义的惩罚，因为他的行为在冥冥之中早就预定是错的了。

在另一类问题上，蒲鲁东做得比德国学术界要有人性得多。他超出经济矛盾的办法是承认双方都受到最高原则的约束。作为权利的财产和作为盗窃所得的财产彼此并列，处在永远的摆动和永远的互相补充之中，并接受正义不断增长的主宰一切的统治。很清楚，矛盾和争论已转到另一范畴，要弄清这个问题就必须求助于正义这一概念，而不仅仅是财产权的问题。

最高原则越简单，越少神秘性和片面性，就越现实和越具有可操作性，它就越能充分地使两个互相矛盾的概念，最少地表现出它们的矛盾。

黑格尔“无所不包”的绝对精神，在蒲鲁东那里被正义的威严思想所替代。

但是正义未必能解决情欲问题。情欲本身就是非正义的。正义是从众多的人身上抽象出来的，它介于个人之间，凌驾于个人之上——而情欲却纯粹是个人行为。

这里的出路不是交由法庭审判，而在于人的个性发展，在于让人从封闭的情感小天地里走出来，进入广阔的世界，在于发展人人都应有的公共意识。

采取激进的办法消灭嫉妒，就意味着要消灭对人的爱，而代之以一般对女人或者对男人的爱，即性爱。但是人们喜爱的只是个人的，个别的东西，因为只有个别的东西才有色彩，才有 tonus〔法语：劲，劲头〕，才有我们整个生活的强烈激情。我们的情感是个人的，我们的幸与不幸也是个人的幸与不幸。我们的学说尽管富有逻辑，但是在我们个人的不幸中却很少能起到安慰作用，就像古罗马鼓动三寸不烂之舌的 consolatio〔拉丁语：安慰人的话〕一样。无论是因失去自己所爱的人而掉的眼泪，也无论是嫉妒的眼泪都擦拭不去，也不必拭去，但是可以也应该让眼泪流得合乎人之常情……务必使其中既没有修士们下的毒药，同样也没有野兽般的狂暴，以及受到损害的企图独占所有物的人的号叫①。

---

① 当我阅读校样的时候，我看到一份法国报纸，其中讲到一件非常典型的事。巴黎附近，有一个大学生跟一个姑娘发生了关系，这关系暴露了。她父亲跑去找这个大学生，含着眼泪求他，跪着求他，请他恢复女儿的名誉，娶她为妻；这大学生无礼地拒绝了。于是下跪的父亲给了他一记耳光，大学生要求决斗，于是他们俩彼此开了枪；但是决斗的时候，老人突然中风，瘫痪了。大学生过意不去，“决定同他的女儿结婚”，新娘虽然很伤心，但还是决定嫁给他。报纸补充道，这样幸福的结局肯定会大大促进老人的康复。难道这一切不是疯人院里的行为吗？我们曾经对中国和印度的许多疯狂行为和畸形现象极尽揶揄嘲笑之能事，难道它们还有什么做法比这件事更不像话，更愚蠢的吗？我且不说更不道德。发生在巴黎的这件罗曼司，比所有被烧死的寡妇和所有被活埋的供奉维斯塔女神的贞尼，还要罪恶一百倍。那里还有信仰，可以免去任何责任，而这里只有程式化的、虚幻的、表面的名誉观，表面的名声观……从这件事中不是可以清楚地看到这大学生究竟是一个什么样的人吗？干吗把这姑娘的命运跟他 à pérpétuitié〔法语：永远地〕捆绑在一起呢？干吗为了挽救名声把她给毁了呢？噢，简直是疯人院！——作者原注

罗马供奉维斯塔女神的女祭司，从六至十岁的女童中选出。她们的职责是长年在维斯塔神庙服役，使庙内的灯烛终年不灭，并须保持童贞，如背约失贞，即被活埋。

二

把男女之间的关系归结为偶然的性接触,正如把他们在不得离散的婚姻中,永远连接在一起,一直到死一样,同样是不可能的。这二者作为个别现象可能在性关系和婚姻关系的边缘地带遇到,但这是例外,不是普遍规律。性关系不是破裂就是力求实现一种更为紧密、更为牢固的结合,正如不许离异的婚姻总是企图甩脱外部的锁链一样。

人们总是反对走两个极端。他们接受不许离异的婚姻是虚假的,或者出于一时冲动。偶然的性接触从来不是名正言顺的,它总是极力掩饰,就像人们总是炫耀自己的婚姻一样。给妓院正式制定各种规则的所有企图,尽管他们这样做旨在限制妓院的发展,还是触犯了社会的道德观。它从这种体制中看到的实际上是承认妓院的存在。在督政府时代①,巴黎有一位先生,对特准允许开业的妓院拟订了一个方案,规定了它们的等级,等等,甚至在当时便引起一片嘘声,只好在一片哄笑和蔑视声中偃旗息鼓。

一个人过健康生活,既不想进修道院也不想进牲口棚,既不想过教会不许结婚的修士的无性生活,也不想仅仅为了满足性欲不要孩子的做法……

基督教承认婚姻是一种让步,是一种不彻底的做法,一个弱点。基督教对婚姻的看法犹如社会对通奸的看法一样。修士和天主教神父终身不许结婚,以嘉奖他们战胜人的天性而取得的愚蠢胜利。

总的说,基督教的婚姻是阴暗的,不公正的,它恢复了福音书谆谆教导并予反对的人间的不平等,它使妻子成了丈夫的奴隶。妻子被牺牲了,爱情(教会所深恶痛绝的)被牺牲了;走出教堂之后,爱情就成了多余的东西,而代之以天职和义务。基督教把最光辉、最快乐的感情变

---

① 指法国一七九五至一七九九年的督政府时期。

成了一种痛苦、劳累和罪恶。人类要么从此灭绝，要么停止繁衍。遭受践踏的生活提出了抗议。

它不仅用事实，伴随着悔恨和良心谴责进行抗议，而且还用赞成和为婚姻恢复名誉来抗议。而且这抗议在天主教和骑士制度的全盛时期就开始了。

一个令人望而生畏的汉子蓝胡子拉乌尔，身披铠甲，手执利剑，专制、嫉妒和无情，一个赤脚修士，阴沉，疯狂和残忍，随时准备为自己的贫困，为自己的不必要的搏斗对人们进行报复，还有那些牢头禁子、刽子手、密探……以及在某个炮塔或者地下室里关着的哀哀痛哭的女人，一个拴着锁链的少年侍从，可是没有一个人会出来替他们抱不平。一切都是阴森森的，野蛮的，到处是鲜血，横加限制，暴力，以及带鼻音的拉丁文祷告。

但是在修士、接受忏悔的神父和牢头禁子们……（他们和令人望而生畏的丈夫、父亲、兄弟一起守卫着婚姻）背后却在悄悄地形成一些民间传说，传唱着一些歌曲，跟随着游吟诗人和骑士诗人，从一个地方传唱到另一个地方，从一个城堡传唱到另一个城堡，——它们在为不幸的女人歌唱。法院判定她有罪，歌曲却饶恕她无罪。教会诅咒这种婚外情，——歌曲却诅咒那种没有爱情的婚姻。它保护着坠入情网的少年侍从、堕落的妻子和受压迫的女儿，但不是用议论，而是用同情、怜悯和哭泣。歌曲对于人民——它是人民尘世的祈祷，它是人民摆脱饥寒交迫的生活、令人窒息的忧伤和繁重的劳动的另一种出路。

在节日里，对圣母的启应祷文被 des complaintes〔法语：哀歌〕的悲哀的声音所替代，这些哀歌不是让不幸的女人蒙受耻辱，而是为她们恸哭，让她们站在为一切人忧伤的圣母面前，祈求她的保护和宽恕。

抗议从歌曲和传统发展成为小说和戏剧。在戏剧中，它变成了一种力量。被欺凌的爱情，家庭不公的阴暗的秘密，获得了自己的讲坛和自己的公开法庭。它们的审理过程震撼了千千万万颗心，使人们流出愤怒的眼泪和发出愤怒的呐喊，反对形同卖身的婚姻和用暴力禁锢的家庭。池座和包厢中的陪审员们经常宣布剧中人无罪，应当受到谴责的是我们的社会制度。

然而在政治变革和社会思潮的世俗倾向鼎盛的时期，婚姻的两大牢固支柱之一开始被压塌了。婚姻越来越不成其为一种圣礼，即逐渐失去自己的最后的基础，越来越依靠警察的干预。基督教的婚姻只有依靠上帝力量的神秘干预，才被认为是正当的。这里自有它自己的逻辑，这逻辑尽管疯狂，但毕竟是逻辑。警长肩披三色围巾，手拿民法，为人主持婚礼，这比神父（身披法衣，周围神香缭绕，满是圣像和奇迹）为人主持婚礼，更要荒谬得多。连首席执政官拿破仑这个在爱情与家庭问题上抱有最庸俗乏味的资产阶级观点的人，也明白在警察局的看守所举行婚礼太不像话了，于是便去劝说康巴塞雷斯①，让他增加某些必要的道德说教，尤其是对新娘具有教诲意义的词句，让她必须对丈夫忠实（可是却没有一句话提到他），听他的话②。

很快，婚姻就走出神秘主义的范畴，它成了一种 expédient〔法语：权宜之计〕，成了一种外部措施。这一措施是由战战兢兢的“蓝胡子”们引进的，这些“蓝胡子”已经剃光了胡子，变成了“蓝下巴”，这些拉乌尔们戴上了法官的假发，穿上了道貌岸然的燕尾服，他们成了人民代表，成了自由派，成了宣传法典的神父。不进行宗教仪式的结婚，——这是国家的一种经济措施，它免除了国家养育孩子的义务，使人们更加牢固地与私有财产捆绑在一起。婚姻没有了教会的干预，变成了一份形同卖身的契约，把自己的肉体终身奉献给对方。立法者对信仰和神秘主义的呓语毫无兴趣，只要契约能够执行就行；如果得不到执行，他就有办法来惩罚和强制执行。再说，为什么不予惩罚呢？在英国，在这个法治最发达的典型国家，竟对一个十六岁的男孩进行了最可怕的折磨，他被兵营里的一个帽子上系有红绶带的老皮条客用麦酒和杜松子酒灌醉

---

① 康巴塞雷斯（1753—1824）：法国政治家，雅各宾专政时期民法典的起草者，曾参与制定“拿破仑民法典”。

② 指一八〇四年制定的“拿破仑民法典”中关于婚姻与家庭的条款；康巴塞雷斯曾参与制定该法典，而在许多情况下，他代表了拿破仑的观点并以他的指示为指南。

了，招募进了部队。那为什么不能用耻辱，用倾家荡产，用暴露她的行为不轨来惩罚一个不明白她做了什么的少女呢？原因是因为她跟人订立了终身相爱的契约，却做出了 extra〔拉丁语：此处意为“过头的事”〕，忘了 season ticket〔英语：季度票〕是不能转让的。

但是“蓝下巴”也出现了自己的诗人和小说家。针对契约婚姻，竟建立起精神病学和生理病学的教义，建立起情欲的绝对无可争议以及人与它斗争的无能为力的教义。

昨天的婚姻奴隶竟成了爱情的奴隶。爱情是无可指责的，也没有力量可与它抗衡。

于是也就没有了任何理性的监控，没有了任何责任心和任何自我约束。人必须向不可抗拒的、不听命于他的力量屈服，这是与人用理性来获得理性的解放，以及一切社会学说力图通过各种途径以获得自由人性格的形成，是完全对立的。

虚假的力量，如果人们把它当成了真实的力量，那它也会同真实的力量一样强大，这是因为人给予的材料是相同的——不管这力量是真是假。一个怕鬼的人和一个怕疯狗的人都一样害怕，都可能被吓死。区别仅仅在于，在一种情况下，人可以证明他怕得没有道理，而在另一种情况下则不能。

我否认人们赋予爱情在生活中的主宰地位，我否认爱情具有压倒一切的权力，我反对用迷恋来为自己的意志薄弱辩护。

难道我们从世界上的一切偏见中解放出来：不再相信上帝和魔鬼，不再相信罗马法和刑法——宣布理性为唯一的指南和调节器，就是为了像赫耳枯勒斯①那样乖乖地匍匐在翁法勒②的脚下，或者睡在大利拉③

① 即希腊神话中的英雄赫拉克勒斯，这是他的拉丁名称。

② 希腊神话中的吕狄亚女王。赫耳枯勒斯因杀死伊菲托斯，奉众神之命，卖给翁法勒为奴，按照翁法勒的要求，他男扮女装，与女奴们一起操持家务。赫耳枯勒斯因被翁法勒的美貌迷惑，忘了自己的战士本色，放下武器，匍匐在她脚下。

③ 《圣经·旧约》中力大无比的勇士参孙的情妇，被非利士人收买，从参孙口中探出了他力大无穷的秘密，因而使参孙惨死。后人常以大利拉比喻不忠实的女人。

的怀里吗？难道女人寻求自己的解放，以摆脱家庭的桎梏和终身依人为生，摆脱丈夫、父亲、兄弟的虐待，寻求自己的独立劳动、求学和享受公民地位的权利，仅仅是为了重新开始像斑鸠一样咕咕叫着整天谈情说爱，并为十个而不是一个莱昂·莱昂尼[①]肝肠寸断吗？

是的，在这个问题上，我最可怜的是女人：爱情的吞噬一切的莫洛赫[②]，更加无可挽回地折磨着她和摧残着她。她越是相信他，便越是痛苦。她越是专注于单一的性关系，便越会掉进爱情中不能自拔……她多半会发疯，远不如我们能够理智地处理问题。

我可怜她。

三

难道有什么人严肃而又认真地致力于打破在妇女教育问题上的偏见吗？它们是被经验打破的，因此被打碎的不是偏见，而是生活。

人们总是绕过我们感兴趣的问题，就像老太太和儿童总是绕过墓地或者发生过暴行的地方一样。有人怕遇见魔鬼，有人则怕遇到赤裸裸的真理，宁可待在杂乱无章的幻想和浑浑噩噩的黑暗中。在两性关系问题上就同在一切实际问题上一样，很少严肃的、统一的观点。他们仍旧幻想是不是有可能把基督教的道德观（摧残肉体使之一命归阴）与现世的、尘俗的、现实的道德观结合在一起。很遗憾，二者无法调和，为了不致在解决这些问题上白费心思，一些人就按照自己的选择和口味，把教义中喜欢的东西留下，把不喜欢的东西剔除，他们所遵循的原则一如人之常情，有些人虽然不喜欢守斋，但却非常喜欢吃摊煎饼，虽然讨厌枯燥乏味的宗教习俗，但却不肯放弃快乐的宗教节日。看来，早就是时候了，应该把更多成熟的想法和更多的勇气付诸行动了。就让

---

① 法国女作家乔治·桑同名小说中的主人公，一个惯会使女人着迷的坏蛋。

② 莫洛赫是腓尼基人信奉的火神，以儿童为祭品。

尊重教规的人继续接受教规的约束吧,而让不接受这些教规的人公开而又自觉地不再受到它们的约束吧。

毫无疑问,对人与人之间的关系保持一种清醒的认识,对于女人比对于我们要困难得多;她们更多地受到教育的蒙蔽,不大懂得生活,因此常常摔跤,她们不是求解脱,而是冥思苦想,百思不得其解,感情上十分苦恼,她们经常起来反抗,可是依旧处在被奴役的地位,她们渴望变革,可是到头来还是屈从于现实。

一个姑娘家从童年时代起就视性关系为畏途,把它看作某种可怕的、肮脏的秘密,人们总是让她要提防,吓唬她,不让她染指这一秘密,好像这是罪恶,但又好像具有某种使人神魂颠倒的魔力似的。然后,这同一个怪物,同一个 magnum ignotum〔拉丁语:大的未知数〕,它是那么肮脏,一沾上它就会有洗不净的污点,如果对此作进一步暗示,就会使这个姑娘面红耳赤,羞得无地自容,可是正是这个怪物和这个未知数,渐渐成了她的生活目标。一个小男孩,刚学会走路,人们就给了他一把铁皮军刀,教他学会杀人,人们预言他将穿上骠骑兵的军服,戴上骠骑兵的肩章;但是一个小女孩,哄她睡觉的催眠曲,就是但愿她能找到一个富有而又英俊的郎君,她也幻想得到肩章,但不是佩在她自己的肩上,而是佩在她未来的如意郎君的肩膀上。

Dors, dors, mon enfant,
Jusqu'à l'âge de quinze ans,
A quinze ans faut te réveiller;
A quinze ans faut te marier.
〔法语:睡吧,睡吧,我的孩子,
一直睡到十五岁。
满了十五岁你就该醒了,
满了十五岁就该嫁人了。〕

人的好的天性不受到这种教育的影响,那才奇怪呢;可以想见,那些听惯了这些催眠曲的小女孩，从十五岁起便会很快取代被从小就学会使用杀人武器的小男孩杀死的人的地位，成为他们征服的对象。

基督教的教义，在人们的机体还没有意识到自己性别的时候，就把对“肉欲”的恐惧灌输到孩子们的心中；它在孩子们的心中唤起这个危险的问题，使少女们的心中惊惧不安，当可以做出回答的时候，另一类学说，正如我们已经说过的那样，对于姑娘们来说，又把性任务提高到她们应该寻求的理想；女学生成了待嫁的姑娘，那同一个秘密，同一个罪恶，但是已经经过了净化，于是成了教育的圆满结果，成了所有亲人的希望，成了他们费尽心机追求的目标，几乎成了共同的天职。艺术和学问，教育，智慧，美，财富，优雅的举止——一切都奔向这一目标，这一切都成了铺在这个通向合法堕落道路上的玫瑰花……而这条路正是通向那个从前连想到它都认为是犯罪的同样的罪恶，可是现在这罪恶却奇迹般的改变了自己的性质，这奇迹正如教皇在路上感到饥肠辘辘，竟能把荤菜祝福成素食一样。

总之，对女人的正反两方面的教育，不外是性关系的教育，她后来的整个生活都围绕应当有怎样的性关系而旋转……她躲开它，她追求它，她因它而蒙受耻辱，她因它而感到自豪……今天她还保持着守身如玉的神圣的否定，向最要好的女友悄声谈到爱情时，她还脸红；可是明天，却在一片亮光和喧闹中，在大庭广众中，在通明的吊灯下，在雷鸣般的乐声中投入男人的怀抱。

待字闺中，初为人妻，当了母亲，徐娘半老，直到做了奶奶，她才脱离性生活，成为独立的人，尤其在爷爷死了以后。女人一旦被爱情打上标记之后，是不会很快躲开它的……妊娠，喂奶，抚养孩子，不过是那同一个秘密，同一个做爱这一行为的发展；在女人身上，做爱这种行为不仅仅在记忆中继续，而是在血液中，在肉体上继续，它在她身上发酵，成熟，间或中断，但无法断绝。

对这种在生理上牢固而又深刻的关系，基督教想用自己狂热的修士的禁欲主义，用自己浪漫主义的呓语，吹灭它，但是却使它燃烧得更旺，变成了一股疯狂和具有破坏力的烈焰——嫉妒、报复、惩罚、侮辱的熊熊大火。

一个女人要想挣脱这样的混乱状态，乃是英雄般的伟业，只有不多几个卓尔不群的人才能做到这点；其他的女人则在痛苦中煎熬，如果没有发疯的话，那只是靠了自己的轻浮和头脑简单，因为我们在遇到可怕的冲突与打击之前，都头脑简单，不懂得未雨绸缪，多一个心眼，往往懵懵懂懂地度过一天又一天，从一个偶然走到另一个偶然，从一个矛盾走向另一个矛盾。一个女人应该具有怎样博大的胸怀，怎样既具有人性而又坚强、美好的素养，才能跨越这一切樊篱，冲破这一切囚禁她的牢笼啊！我看到过一次这样的搏斗和一次这样的胜利……

第四十二章

Coup d' Etat〔法语:政变〕——已故共和国的检察官——荒野中的牛叫——检察官被逐出境——秩序和文明的胜利

Vive la mort〔法语:死亡万岁〕,朋友们!恭贺新年!现在我们要始终如一,决不背弃自己的思想,看到我们预见的事应验了也决不害怕,决不放弃我们经过惨痛的教训才获得的认识。现在我们要坚强,要把我们的信念坚持到底。

我们早就看到死亡离我们越来越近;我们可能悲伤,感到关切,但决不会感到惊讶,决不会感到绝望,也决不会垂头丧气。恰恰相反,我们应当高昂起我们的头颅,因为我们被证明是对的。我们曾被称为不祥的乌鸦,呱呱乱叫,给大家招来了不幸,我们曾被人指责搞分裂,说我们不了解人民,说我们骄傲地脱离了运动,说我们幼稚,偏激,而我们仅仅错在看到了真理,并坦率地把它说了出来。我们要说的话还是这些,却给那些被巴黎局势吓坏了的人带来了安慰和鼓舞。

《法意书简》第十四封信

一八五一年十二月三十一日,于尼斯

记得，十二月四日①早晨，我们的厨子 Pasquale Rocca 走进我屋里来，得意扬扬地告诉我，城里在卖传单，发布消息称：“波拿巴解散了议会，任命了红色政府。”谁这么卖力地为拿破仑效劳，甚至在法国以外（当时的尼斯还属于意大利），还在人民中间散布这样的谣言呢——我不知道，但是各种各样的奸细、在政治上煽风点火的人，以及兴风作浪、造谣生事的人肯定不少，以致都跑到尼斯来了！

一小时后，福黑特、奥尔西尼、霍耶茨基、马蒂伊奥②和其他人来了——大家都很奇怪……马蒂伊奥是法国革命者中的典型人物，他大惊失色。

马蒂伊奥是个秃头，头长得像颗核桃，也就是说他长着一颗纯种高卢人的脑袋，个头不大，但十分固执，蓄着一部蓬乱的、黑黑的大胡子，脸上的表情很忠厚，还有一双小眼睛，他那样子像个先知，像个疯教徒，像个罗马的占卜师和他的鸟③。他是搞法律的，在二月共和国那些幸福的日子里，他曾在某地当过检查官或代理检察官。他是一个彻头彻尾的革命者——他献身于革命，就像人们献身于宗教一样：彻底信仰，从不敢放肆地说什么我不懂，我怀疑，从不敢别出心裁，自作聪明，而是老老实实地爱革命，相信革命，称赖德律-洛兰为“赖德律”，叫路易·勃朗，则简简单单地称他为勃朗，只要可能，他总称别人为“citoyen”〔法语：公民〕，经常喜欢搞秘密活动。

得到关于十二月二日的消息后，他就失踪了，两天后他又回来了，而且深信法国站起来了，que cela chauffe〔法语：不满的情绪已如火如荼〕，尤其在南方，在瓦尔省，在德拉吉尼扬附近。现在最要紧的事是跟起义的代表接触……他已经看到了某些人，并与他们商量好，夜里，在某个

---

① 指一八五一年十二月四日，两天前即十二月二日，路易·拿破仑发动政变，解散了议会。次年一月又通过新宪法，授予总统以独裁权力。同年十二月二日恢复帝制，自称皇帝。

② 一个曾参加法国一八四八年革命，后流亡尼斯和日内瓦的法国人。

③ 根据鸟类飞行的方向和飞鸣的状态预卜未来的古罗马祭司。

地方越过瓦尔省边境，然后召集一些重要和可靠的人一起开会商讨……但是，为了避免让宪兵们猜到他们的行动计划，决定双方都以“牛叫”为号。如果事情顺利，奥尔西尼想把自己的所有朋友都叫过来，但是他又不敢相信马蒂伊奥的看法当真可靠，因此他与他一起越过边境，先亲自到那边去看看。奥尔西尼回来后直摇头，但是因为他忠于革命和拥有某些雇佣兵队长的气质，仍旧让自己的同志们做好准备，并准备好武器。马蒂伊奥又失踪了。过了一昼夜，夜里，大约四时许，罗卡来叫醒我。

“两位先生刚刚赶来，他们说，非立刻见到您不可。他们中有一位还给了我这张条子：‘公民，看在上帝分上，尽快交给来者三百或四百法郎，有急用。马蒂伊奥。’”

我拿起钱就下了楼：在半明半暗的灯光中有两个非常刺眼的人坐在窗口；虽然我已经习惯了革命者的所有装束，见到他们俩还是吃了一惊。两人从膝盖到脚踵，都沾满了泥浆和烂泥；其中一人围着红围巾，是毛围巾，厚厚的，两人都穿着又旧又脏的大衣，坎肩上扎着皮带，腰眼里别着两支大手枪，其余的可以想见：蓬乱的头发，大胡子，小烟斗。其中一人说了“citoyen”〔法语：“公民”〕以后，就发表演说，在演说中提到我身为平民百姓所具有的美德，马蒂伊奥急需用钱。我把钱交给了他俩。

“他安全吗？”我问。

“安全，”他派来的使者回答，“我们马上就越过瓦尔河去找他。他要买一条小船。”

“买船？干吗？”

“马蒂伊奥公民有个完整的登陆计划，可是那个船老大是个卑鄙的懦夫，他不肯把他的船租给我们……”

“怎么，在法国登陆……就靠一条小船？……”

“公民，这暂时还是秘密。”

“Comme de raison.”〔法语：“言之有理。”〕

“请问,要收据吗?”

“哪能呢,干吗。”

第二天,马蒂伊奥亲自来了,也跟那两人一样满身污泥……而且显得筋疲力尽;他整夜都在学牛叫,有几次似乎都听到了回答,他应声前去,却找到了一只真正的公牛或母牛。奥尔西尼在某处等了他整整十个小时,也回来了。他俩之间的差别是,奥尔西尼洗刷得干干净净,像往常一样穿戴得很有品位,很整洁,就像一个刚从自己的卧室走出来的人一样,而马蒂伊奥却满身都带着破坏国家安宁和阴谋造反的所有特征。

开始了买小船和小船登陆的故事。这事还非闹出乱子来不可,——他会葬送半打他自己带来的人和半打意大利人,要阻止他,说服他是不可能的。跟他一起来的还有那两个半夜来找我的军事领导人;可以有把握地说,他不仅会败坏所有法国人的名声,还会使我们在尼斯的所有人名誉扫地。霍耶茨基劝他不要瞎折腾了,这居然给他办成了,而且办得很成功。

霍耶茨基的窗外有一个不大的阳台,窗户直接面对海滨。早晨,他看见马蒂伊奥神秘兮兮地在海边踯躅……霍耶茨基开始向他做手势,马蒂伊奥看见了,并向他表示他立刻就到他屋里去,但是霍耶茨基却装出非常害怕的样子——用手给他打电报,以示危险是不可避免的,让他到阳台跟前来一下。马蒂伊奥向四下里张望了一下,然后就踮起脚尖悄悄地走了过来。

“您不知道吗?”霍耶茨基问他。

“什么?”

“尼斯来了一排法国宪兵。”

“哪能呢?”

“嘘嘘嘘……他们正在找您和您的朋友,想到我们这里来挨家搜查——你们会被很快抓住的,千万别到外面去。”

“Violation du territoire〔法语:侵犯别国的领土完整〕……我要抗议。”

“那是肯定的，不过现在逃命要紧。”

“我到St. -Hélène〔法语：圣海伦〕[1]去找赫尔岑。”

“您疯啦！您不是硬把自己往枪口上撞吗，他的别墅就在两国边境，还带有一个很大的花园，一旦把您抓走，谁也不知道，——昨天罗卡就在大门口看到两名宪兵。”

马蒂伊奥陷入沉思。

“您先走海路去找福黑特，暂时在他那里先躲一躲，说不定，他会给您想出个最好的主意来的。”

马蒂伊奥从海边绕着走（就是说远了一倍）去找福黑特，开始把他和霍耶茨基的谈话一五一十地都告诉了他。福黑特立刻明白了到底是怎么回事，于是便对他说：

“亲爱的马蒂伊奥，最要紧的是不要浪费一分钟时间。您两小时后必须到都灵去；在山那边有驿车路过，我先给您买张车票，然后抄小路送您过去。”

“我得先回家拿行李……”这位共和国的检察官有些犹豫不决。

“这比去找赫尔岑更糟糕。您怎么啦，神经正常吗？宪兵、间谍、密探都在盯着您……可是您却要回家去同您那个胖胖的普罗旺斯女人吻别，真是个塞拉东[2]！看门的！”福黑特叫道（他家看门的是个小个子德国人，样子很滑稽。活像一只很久没有擦洗过的咖啡壶，对福黑特很忠实）。“快点儿写张条子，说您需要衬衫、头巾和其他衣服，让他送去，如果您愿意的话，也可以让他把您的杜尔西内娅[3]带到这里来，您可以跟她尽情地吻别和哭泣。”

马蒂伊奥百感交集，感激得拥抱了一下福黑特。

霍耶茨基来了。

“快，快！”他带着一副大祸临头的样子说。

---

① 尼斯靠近法国边境的一个小镇。

② 法国田园小说中的男主人公，已成为普通名词，以表示“多情种子”。

③ 塞万提斯《堂吉诃德》中堂吉诃德幻想中的情人。

这时候看门的回来了，杜尔西内娅也来了——只剩下等候驿车在山那边出现了。座位已经买好了。

“您大概又在解剖腐烂发臭的死狗和死兔子了吧？”霍耶茨基问福黑特，“Quel chien de métier！〔法语：多么叫人恶心的活儿！〕”

“没有啊。”

“得了吧，您这房间里有一股臭味，就像在那不勒斯的墓窟里一样。”

“我也闻到一股臭味，我也闹不明白，这是从墙角里发出来的……大概，地板下有只死耗子——臭极了……”于是他拿开马蒂伊奥放在椅子上的军大衣。原来，这股臭味是从他的大衣里发出来的。

“您大衣里有什么东西在腐烂发臭？”福黑特问他。

“什么也没有啊。”

“啊呀，这大概是我，”杜尔西内娅涨红了脸说，“我在他口袋里放了一磅林堡奶酪，让他在路上吃，un peu trop fait〔法语：放的时间长了些〕。”

“长途驿车上坐在您身边的那些旅客，我该恭喜他们了。”福黑特大笑着叫道，世界上只有他一个人才会这么哈哈大笑。“好了，不过也该走了。出发！”

于是霍耶茨基和福黑特把这位革命鼓动家送到了都灵。

在都灵，马蒂伊奥登门去找内务大臣，并向他提出抗议。大臣又恼火又好笑地接见了他。

“您怎么会以为法国宪兵可能到撒丁王国去抓人呢？——您有病吧。”

马蒂伊奥说是福黑特和霍耶茨基说的。

“您的朋友，”大臣说，“在拿您开玩笑。”

马蒂伊奥给福黑特写了一封信；福黑特给他回了一封信，不知道信口雌黄地给他说了一大堆什么。但是马蒂伊奥生气了，尤其是生霍耶茨基的气，几天后，他给我写来一封信，其中顺便提到：“公民，在这些先生中，只有您一个人没有参加反对我的阴谋……”

这件事的奇怪和不可思议，毫无疑问，还因为在瓦尔省果真爆发了十分厉害的起义①，人民群众还果真揭竿而起，并被武器所平息，还带有法国司空见惯的血腥屠杀。但是为什么马蒂伊奥和他的贴身保镖，尽管使尽浑身解数，拼命学牛叫，还是不知道他们在哪里，以及怎样才能跟他们会合呢？他们一心一意地要去溅一身泥浆和滚一身泥巴，他们愿意哪里有危险就到哪里去，这点是谁也不会怀疑他和他的同志们的，——绝对不会怀疑。而且这也完全不符合法国人的精神，正如德尔芬娜·盖②所说：“他们什么都怕，就是不怕枪林弹雨。”而且更不符合 de la démocratie militante〔法语：战斗的民主〕和红色共和国的精神……当起义的农民在左边走，为什么马蒂伊奥要往右走呢？

几天后，被镇压的起义的不幸牺牲品，就像被旋风驱赶的落叶一样，开始纷纷落到尼斯。他们的人数如此之多，以致皮埃蒙特政府只好允许他们在城外暂住、露营或者像茨冈人那样露宿街头。在这些营地上，我们看到多少灾难和不幸啊，——这是内战中可怕的幕后部分，这也是通常留在十二月二日的大镜框和五光十色的大布景后面的部分。

这里有普通的庄稼人，他们在愁眉苦脸地想回家，想念自己的小块土地，天真地说：“我们根本没有想造反，也根本不是 partageux〔法语：人均地权的拥护者〕；我们都是些好公民，我们只想奉公守法；ce sont ces coquins〔法语：而那些坏蛋〕，那些鼓动我们起来闹事的坏蛋（就是那些当官的、市长和宪兵），他们背叛了誓言和他们的天职——而我们现在就该流落他乡濒临饿死，或者被押上军事法庭吗？……这还有什么公道呀？”——确实，像十二月二日这样的 coup d' Etat〔法语：政变〕，它不止

---

① 一八五一年十二月二日发生路易·拿破仑政变后，在法国南部和中部的许多省（也包括瓦尔省）爆发了武装起义，参加者多为城镇的手艺人、工人和农民。因为缺少统一的领导，起义被迅速镇压。

② 德尔芬娜·盖（1804—1855）：法国女作家，法国报人吉拉尔丹的夫人，巴黎某沙龙的女主人。

是杀人:它还戕害了全体居民的所有道德观和整个的善恶观;这是一种道德败坏,这样的教训是不会不留痕迹地白白过去的,这些人中也有士兵,troupiers〔法语:列兵,普通士兵〕,他们自己都不胜惊讶,他们怎么会无视军纪,违背队长的命令,出现在部队和军旗的对立面的。不过这样的人为数不多。

这里还有一些普通的、并不富有的资产者,他们并不像那些不普通的资产者那样给我留下十分恶劣的印象:他们都是些可怜的、目光短浅的人,他们在缺斤短两、缺尺少寸之余好不容易、勉勉强强地学会了两三句似懂非懂的关于责任之类的话,当他们看到他们视为神圣的东西受到了蹂躏,便揭竿而起,奋不顾身地为这些思想而战。"这是自私自利的胜利,是的,是的,自私自利,哪里有自私自利,哪里就有罪恶;应当让每个人都履行自己的天职而不要自私自利。"

当然,这里也有城市工人,这是赤胆忠心的真正的革命分子,这革命力图颁布法令来实现 la social〔法语:社会主义〕。并力图对资产者和 aristo〔法语:贵族〕以其人之道还治其人之身。

最后,这里还有伤者,而且是受了重伤的人。我记得有两个中年农民,他们从边境爬到城郊,一路上都留下了血迹,当地居民把他们救起来时已半死不活。有名宪兵在追他们;看到边境已经不远,他对准其中一个开了枪,打碎了他的肩胛骨……这个受伤的人继续奔跑……那宪兵又开了一枪,伤者摔倒了;于是他又策马去追另一个,先是他的子弹追上了他,接着他自己也追了上来。第二个伤者投降了,那宪兵就把他匆匆地拴在马上,可是又突然想起第一个被他打伤的人……那人已爬到一片小树林,正撒腿飞跑……骑马追上他是困难的,尤其是还带着另一个伤者,可是要撇下马也不行……那宪兵便 à bout portant〔法语:对准〕那名俘虏的脑袋从上向下地开了一枪,那人应声倒地,失去了知觉:子弹把他左边的脸都打烂了,骨头全被打碎。当他醒过来后,已没有一人……于是他沿着熟悉的、被走私者踩出来的小道,一直走到瓦尔河,然后涉水过河,血都快要流光了;就在这儿,他找到了他那衰弱已极的同伴,并同他一起活着走到 St. -Hélène 镇头几户人家的门口。我已经说过,他们在那里被居民救了起来。第一个伤者说,他中了一枪后便钻进一个灌木丛躲了起来,后来他听到有人说话,心想,追捕他的那个宪兵大概已经追上了别人,因此就赶快逃走。

请看,法国警察多么卖力!

在宪兵之后,同样为路易·波拿巴尽心竭力的是市长们和他的助手们,共和国的检察官们和警察局长们;这表现在投票和计算选票上①。这一切都是全世界知道的纯粹的法国故事。我要说的只是,在一些边远地区,为了在投票中取得压倒多数,采取的措施很简单,具有农村特点。在瓦尔河对岸的第一选区,市长和宪兵 brigadier〔法语:队长〕坐在票箱旁,看着谁投什么票,并声称,任何人胆敢造反,以后有他的苦头吃。公家发的选票都是用特殊的纸印的,——嗯,这样一来,最后的结果便是我在整个选区只发现不知道是五个或者十个胆大包天的人胆敢投反对票,反对全民公决;其余的人,跟他们在一起的还有整个法兰西,都投票赞成实行 in spe〔拉丁语:期待中的〕帝制。

---

① 指路易·波拿巴于一八四八年法国二月革命后从流亡地英国返法,九月选入制宪国民议会,继而又在总统选举中获胜,当选法兰西第二共和国总统。一八五一年十二月二日又发动政变,解散国民议会,随即又举行全国大选,通过新宪法,授予总统以独裁权力。

家庭的戏剧

第一章　一八四八年

“了解事情太多，却没有力量去处理它们——没有毅力对甜的、苦的同样地接受，而在苦的面前退缩——这多可怜！”（娜达丽雅①在一八四六年年底写信给奥加略夫②说。）“我了解那一切太透彻了，可是我仍然不能使自己过得快乐，而且连放任也做不到。对我身外好的事物我非常了解，我能够适度地尊重它，可是我的灵魂中只有那阴郁的思想，它折磨我，使我痛苦。请你援助我，跟我一起说，没有一样东西使你满足，你对什么，对什么都不满意，然后你来教我怎样享乐，怎样高兴，怎样过得快乐，——我有着一切可以使我快乐的机会，只要我能够发展我这方面的能力就好了。”

这些话和我在别处引用过的她这个时期的日记的片段都是在我们的莫斯科争执的影响下写的。

她的忧郁的一面又达到了最高峰；格拉诺夫斯基③一家人的疏远使娜达丽雅非常难过，在她看来我们的整个圈子都崩溃了，只剩下我们

① 娜达丽雅·亚历山德洛夫娜·查哈林娜（1817—1852）：赫尔岑夫人（查哈林娜是她母亲的姓）。

② 尼古拉·奥加略夫（1813—1877）：俄国进步诗人，赫尔岑的莫斯科大学的同学，他一生的好友。

③ 丁·格拉诺夫斯基（1813—1855）：俄国历史家，莫斯科大学教授。他和赫尔岑因学术上的讨论发生隔阂，后来更发生思想的分歧。莫斯科的争执，即指和友人疏远的事。

孤零零的和奥加略夫在一起……那个差不多还是小孩的女人①，娜达丽雅爱她像爱自己的妹妹一样，她比别人跟我们更疏远。因此，以任何代价脱离这个圈子的事在当时便成了娜达丽雅的坚持的 Idée fixe〔法语："固执的念头"或"定见"〕了。

我们离开了俄国。②

最初是巴黎的新奇景象，其次是觉醒的意大利和革命的法兰西，这些占据了我们整个的心灵。个人的疑虑让历史征服了。

这样我们住到了六月的日子③。甚至在那些可怕的、流血的日子以前，五月十五日这天就打破了我们的重新升起来的希望。

"二月二十四日④以来还不满三个月，人们还穿着他们堆障碍物时候穿的皮鞋，然而法兰西已经疲乏不堪，她愿意屈服了。"⑤十五日⑥那天并没有流一滴血，这是一个预报大风暴的晴天霹雳。在那一天我好像用一种洞察力看透了资产阶级的心灵，看透了工人的心灵，我感到了恐惧。我在两方面都看到强烈的流血的渴望——工人方面的长期积累的憎恨和资产阶级方面的贪婪残忍的自私。这样的两个阵营不能够同时存在，每天这么接近地挤在一起，——在家中，在街上，在工场内，在市场上。一个可怕的流血的冲突（它带来的不是什么吉兆）逼近我们了。别人都不曾看见，只有那些正在忙着促成它的保守派⑦明白；我最

---

① 指叶·勃·格拉诺夫斯卡雅（1824—1857），格拉诺夫斯基的妻子，她比娜达丽雅小七岁。

② 赫尔岑全家在一八四七年一月十九日由莫斯科出发，三月底到达巴黎。

③ 指一八四八年六月起义。在二十三日至二十六日的四天里，巴黎工人跟资产阶级发动政府的国民军在巴黎城内外巷战，失败，被捕者一万余人，其中多数被枪决。

④ 指一八四八年的二月革命。二月十四日巴黎临时政府成立，宣布共和，国王路易·非力浦逃往英国。

⑤ 《法意两国的通信》第九篇。——作者原注

⑥ 在五月十五日，群众侵入国会，在骚乱中宣布将国会解散，同时成立社会主义的临时政府，不久国民军开到，将群众驱散。

⑦ 六月起义可说是国会促成的，国会要统治全法国，而且它选出后的第一炮便是发布停闭国家工厂的法令，这更激起工人的愤怒。

亲近的朋友都带着微笑谈起我的神经过敏的悲观论。对于他们，端起枪死在障碍物上倒比勇敢地面对事实容易得多；他们通常不想去了解发生的事情，只愿意战胜他们的反对者；他们只想按照自己的主张去做。

我跟大家越离越远。我受到一种空虚感觉的威胁，——但是突然在一个大清早，街上响起鼓声和人群集合的声音，报告灾祸开始了。

六月的日子和以后的日子是很可怕的；它们造成了我一生的转折点。我要在这里重复一个月后我写过的几段话：

> 女人拿痛哭来减轻她们心里的痛苦；我们却不能哭。我愿意用文字代替眼泪，——我不是要描写和解释这些流血的事件，我只想谈谈它们，把话语、眼泪、思想和愤怒尽情倾吐。我怎么来描写，来搜集证据，来判断呢！——我耳边还响着枪声、马队的践踏声、炮车经过死寂的街道的隆隆声；个别的详情细节不时地在记忆中浮现：一个受伤的人躺在担架上，一只手按着腰，几滴血流到手上；装满了死尸的大马车，双手绑着的俘虏，巴士底广场上的大炮，爱里赛大街上圣·德尼门的兵营，还有，在阴惨的黑夜里的人声："Sentinelle, prenez garde à vous！"〔法语：哨兵，注意！〕我的脑子在发火，我的血在沸腾，我怎么能够描写那些事情呢？
>
> 束手坐在家中，不能够走出大门外，只听见四周远远近近的枪声、炮声、叫声、鼓声，知道在你近旁血在流，人们被刀砍、枪刺，知道人们就在你旁边死亡——这事情已经可以杀死一个人，或者逼他发狂了。我没有死，可是我变老了；在六月的日子以后我好像从一场大病恢复过来一样。
>
> 然而那开始却是多么堂皇。二十三日下午四点钟，午饭前的时候，我沿着赛纳河岸散步，向市政府走去；店铺关着门，一队一队的国民军带着凶恶的面孔朝各个方向开走；天空布满浓云，落下一阵小雨。……我在新桥站住了，一道强烈的电光从浓云中闪出来，雷声接连地响着，在这一切中间我还听见圣许尔毕斯礼拜堂钟楼

的拖长的有规律的警钟，又一次被出卖了的无产阶级用警钟声号召他们的弟兄拿起武器来。礼拜堂与河边的一切建筑让几道从密云下面射出来的灿烂的日光照得非常好看；鼓声在四面八方响起，炮队从加鲁塞尔广场慢慢地开过来。

我听见雷声和钟声交响，却惋惜我不能够饱览巴黎的全景，——好像我在向它告别似的。在那一刻我热烈地爱着巴黎；这是我对这个大城市的最后的敬礼了；在六月的日子以后，它在我的眼里变成了可恨的东西。

在河对岸，人们正在大街小巷里堆障碍物。我现在仿佛还看见那些搬石头的人阴暗的身形；女人和小孩在给他们帮忙。一个年轻的工艺学校学生爬到一处显然是堆好了的障碍物上，插起一面旗帜，用悲痛、严肃的低声唱起了《马赛曲》，所有那些堆障碍物的人也加入合唱，从障碍物石头后面升起来的伟大歌曲的合唱打动了人们的心……警钟一直在响。炮车带着隆隆声经过桥头，伯多将军①站在桥上用望远镜观察“敌人”的阵地……

在那个时候还有完全阻止冲突的可能，那么还可以拯救共和国与全欧洲的自由，还可以维持和平。但是那个愚蠢、笨拙的政府不能够这样做，议会不肯这样做，而反动派却渴望着复仇、流血，和报偿二月二十四日的事情，《国民报》的老板又供给他们以执行的人。……

六月二十六日的晚上，在《国民报》征服了巴黎以后，我们听见每停一会就响起来的有规律的枪声。……我们互相望着，大家的脸上都没有一点人色。……“在枪毙人。”我们异口同声地说，都掉开眼睛不再彼此相看了。我把我的前额压在玻璃窗上。这样的几分钟会激起人十年的憎恨，一生的复仇：宽恕这几分钟的人是应该倒楣的！

---

① 伯多(M. -A. Bedeau，1804—1863)：法国将军，参加过镇压六月起义的行动。

战斗一共继续了四天四夜，以后便是安静的戒严状态；街道仍然封锁，很难看见一辆马车；傲慢的国民军兵士们脸上带着残暴和愚蠢的凶恶表情，守护着他们的商店，拿枪刺和枪托来威吓人。一群一群喝醉酒的凯旋的青年机动队①在街上游行，唱着 *Mourir pour la patrie*〔法语：《为祖国死》②〕，那些十六七岁的小孩夸耀着他们手上染的哥哥们的血；女店主从她们的柜台后面跑出来，把花抛给这班战胜者来祝贺他们。加威聂雅克③把一个屠杀了几十个法国人的坏蛋放在他的马车里到处展览。资产阶级胜利了。然而在城外圣安东乡的房屋仍然在冒烟，炮弹打坏的墙壁倒塌了，房间的内部暴露出来，给人看见石头上的伤痕，残破的家具还在燃烧，穿衣镜的碎片还在发光……屋主到哪儿去了呢？居住的人到哪儿去了呢？没有一个人想到他们。……人们在有些地方撒灰沙，可是血迹还看得见。先贤祠附近不许人通过，因为先贤祠给炮弹打坏了；大街上张着帐篷，马在啃爱里赛大街上平日小心培养的树木；在协和广场上到处都是干草、胸甲骑兵的胸甲和马鞍，兵士们在推勒里王宫花园里栅栏旁边煮汤。甚至在一八一四年巴黎④也没有见到这种景象。

又过了几天——巴黎开始恢复了它平时的面目。大街上又出现了一群一群逛街的人，打扮时髦的太太们坐着四轮马车和单马双轮车出来欣赏断墙颓屋和激烈战斗的遗迹……只有街上来来往往的巡逻队和成群的俘虏使人记起那些可怕的日子。只有在那个时候过去的事情才清清楚楚地重现在我们的眼前。拜伦描写过夜间的战斗；它那鲜血淋淋的详细情景都让黑暗掩盖了；一到天明，

---

① 青年机动队（Garde mobile）：一八四八年法国有这样的一种组织。

② 《为祖国死》：当时流行的爱国歌。

③ 路易·欧仁·加威聂雅克（1802—1857）：当时的陆军部长，残忍无情地压服了六月起义。

④ 指一八四六年三月三十一日英、俄、普、奥联军攻陷巴黎。

那时战斗早已结束，它的痕迹——一把军刀、一些浸透鲜血的衣服——就现了出来。我们的心灵里现在升起来的正是这样的一个黎明，它照亮了可怕的荒凉的情景。我们的一半的希望，一半的信仰被杀死了，否定和绝望的思想萦绕在我们的脑际，它们在那里生了根。人绝不会想到我们经历了那么多的事情、而且经过了近代怀疑论的考验以后、我们的心灵里还留着很多的东西来给摧毁的。①

娜达丽雅在这个时期写信到莫斯科说："我望着孩子们，哭起来，我害怕了。我再也不敢愿望他们活下去，也许有一天他们也会得到这样可怕的命运。"一个酷爱孩子的母亲的心中会生出这种思想，而且居然有勇气在信里写出来，她一定熬过了多少的痛苦。

这几句话里有她身经目击的一切的回声，在这里面人看得见装载尸首的大马车，双手给反绑着让人咒骂的俘虏，还有那个可怜的又聋又哑的小孩，他因为听不见"Passez au large!"〔法语：走开！〕的命令，给枪弹打死在离我们大门几步光景的地方。

这怎么能不在她的心灵上留下这样的影响呢？况且她不幸又是一个对于任何悲惨的事情都了解得那么深刻的女人……连生性快乐的人也会变成忧郁，怀着满腔怨愤，心里疼痛难堪，一种极大的耻辱使得日常的生活失去了常态。

现在重新在娜达丽雅的心灵里升起来的并不是一种由理想而来的无中生有的悲哀，也不是她少女时期的眼泪和基督教浪漫主义的回忆，这是一种真实的苦痛，是一个女人的肩头挑不起的重担。娜达丽雅对公众事情的热切的关心并不曾冷淡；它反而变成了一种极大的痛苦。这是一个姊妹的悲痛，一个母亲的眼泪，在为那个刚刚打过败仗的荒凉的战场哀哭。事实上她正是拉雪尔在她的《马赛曲》中

① 见著者的论文集《来自彼岸》第二篇《暴风雨后》。

所歪曲了的角色。①

我厌倦了这些没有结果的讨论，我抓起我的笔，带一种内心的愤激，杀死了我自己旧日的指望和希望。一直在损害我、折磨我的那种力量，现在消耗在这些诅咒与愤懑的篇幅上面了，甚至在今天我把它们重读一遍，我还会在纸上感觉到不可遏止的愤怒与沸腾的热血。……这是一个出路。

她却没有这样的出路。早晨有我们的孩子，晚上又是我们的愤激、热烈的争论——解剖专家跟没有治好病的坏医生之间的争论。

她在受苦，我不但不安慰她，反而给她斟上怀疑与讥讽的苦杯。倘使我当时用了后来在她患病的身体上所用过的一半的看护去安慰她患病的心灵，那么我绝不会让这腐蚀人的悲哀在各处生根的。我帮忙培养了它们，加强了它们，却不曾明白她是不是忍受得了，而且是不是有力量对付它们。

我们的生活安排得非常奇怪。我们很少有亲密谈话与和平休息的安静的夜晚。我们还不懂对外人关上大门。在这一年年底各国的亡命者，无家可归的避难者②开始从各处来到我们这里。在他们的孤寂与

---

① E. 拉雪尔（1820—1858）：当时法国著名的悲剧女演员。赫尔岑在一八四八年六月革命失败后写的《暴风雨后》里曾谈到拉雪尔的《马赛曲》。他说："现在拉雪尔在唱《马赛曲》了。……你们该记得这个喜欢沉思的瘦瘦的女人：她不戴珠宝，只穿一件白色衣服，用一只手支着头；她慢慢地朝前走着，带着忧愁的眼光，开始低声唱起来。……歌声中含的苦恼差不多到了绝望的程度。她召唤人们起来参加战斗，可是她自己并不相信会有人响应她的呼声。……这是恳求，这是良心不安的声音。突然间从这个瘦弱的胸膛里发出一声呻吟，一声暴躁的、带醉意的叫喊：

武装起来，公民们！……

拿不干净的血来浇我们的犁痕……

她接着用刽子手的硬心肠的口气唱下去。她的兴奋、沉醉使她自己也吃了惊，因此她唱第二节的时候，声音就更弱，更扫兴……她又发出战斗的呼声，流血的呼声。……一下子她身上的女人气占了上风；她跪下来，血的呼声变成了祷告，爱胜利了，她把旗子紧紧贴在胸上……对祖国的神圣的爱！……可是她已经不好意思了，她连忙站起来举着旗子，喊着：'武装起来，公民们！……跑进去了……"

② 一八四八年可说是欧洲的革命年。法国二月革命发生，国王逃亡后，欧洲各大国人民都受到革命潮流的鼓动，匈、意、德、爱尔兰等国几乎同时发生革命，革命失败后，一部分的革命者亡命英、法。

烦闷中，他们寻找一个表示友谊的屋檐与热烈的欢迎。

关于这件事她这样写着（一八四八年，十一月二十一日）：

我讨厌中国的影子戏。我不知道我看见些什么人，也不知道为什么要见他们，我只知道，我看见许多许多的人——全是好人；我觉得，有时候我会高兴和他们在一起，可是现在次数太多了，生活真像春天的滴水声，滴着，滴着，滴着。

整个早晨从睁开眼睛起我就在照料沙夏①，照料达达，整个白天也都是这样。我不能够集中我的思想，连一分钟也不能。我心乱得很，有时候我觉得很不舒服；到了晚上孩子们都上床睡了，——好，看起来我应该休息了……不，好人们开始随随便便地走进来，而且正因为他们是好人，更叫人受不了；不然我倒很清静了，而事实上我并不是单独的，——可是我又不觉得他们在这儿，好像屋子里满是烟雾，熏得人眼痛，叫人感到呼吸困难——于是他们走了，没有留下一点儿东西……明天来了，依旧是一样的情形，后天来了，还是同样的情形。我不能够对任何别的人说起这个，别人会以为我在诉苦，会猜想"我不满意我的生活"；你了解我，你知道我绝不肯和世界上任何人交换我的处境；你知道这只是一时的愤激，厌倦——只要呼吸一口新鲜空气，我便会完全恢复过来。……

倘使我必须将我心里所想过的一切完全说出，我得说，我有时候望着孩子们会害怕起来……是怎样的冒昧，怎样的大胆，把一个新的生物带到生活里来，却又没有，没有任何可以使他的生活幸福的东西。……这太可怕了，有时候我觉得自己是一个罪人；倘使由自己有意识地做去，那么取去生命比给予生命倒更容易。我还没有遇见一个人使我可以用这样的话说到他：'倘使我的孩子像他

① 沙夏：赫尔岑夫妇的长子亚历山大·亚历山德罗维奇的爱称（一八四八年他八岁）；下文的达达是他们的大女儿娜达丽雅·亚历山德洛夫娜的爱称（一八四八年她三岁）。

那样,'这就是说,倘使我的孩子的生活是像他的那样……我的见解越来越单纯了。沙夏出世后不久,我希望他成为一个伟大的人物,后来我又希望他成为这样那样,现在我所希望的不过是……

她的信写到这里就打住了,因为我们的小女儿达达得了伤寒症;在十二月十五日她又加上几句:

好,我的意思是我不去管孩子们将来成为什么样的人物;只要他们生活快乐,幸福,别的都是无关轻重的了……

一八四九年,一月二十四日——

我有时真想也学学别人像老鼠似的跑来跑去,对转来转去的事感到兴趣,不再像现在这样,在这种忙碌中间,在这些紧要的事情中间,闲着不做一事。……要做自己高兴做的事是不可能的;一个人觉得和自己周围的那些人完全不协和,这是多么苦痛的事——我不是说我的最亲密的小圈子,可是人怎么能把自己完全关在这个小圈子里面,不可能。

我想走开,走得远远的……我们从前在意大利的时候要是想走开,倒很好!

可是现在……那就毫无意思了!在三十岁,还有那同样的憧憬,那同样的渴望,那同样的不满足——是的,我高声地说出来——那同样的不满足……刚写到这个字,娜达霞①就走过来,她热烈地吻我。不满足?——我太幸福了,生活太使我满意了……可是

为什么眼光
要注视这世界?
为什么心灵
渴想在上空飞翔?②

---

① 娜达霞:达达的又一爱称。
② 引自旧俄民间诗人亚·柯尔卓夫(1809—1842)的《鹰之歌》。

我只对着你才像这样地讲话——你会了解我,因为你是和我一样地脆弱;可是和别的人在一起,不管是比我强或比我弱的人,我都不愿意像这样地讲话,我不愿意他们听见我现在讲的话。我跟他们讲的是另外一些事情。我那种淡漠的态度连我自己也害怕;只有那么少的事情、那么少的人引起我的兴趣……大自然——在厨房里是绝对找不到的;历史——在小屋子里是绝对找不到的,然后,我一家人,还有两三个别的人——全在这儿了。然而大家都是多么善良,非常关心我的健康和科利亚①的耳聋病。

一月二十七日——

我终于没有力量再望着临死时的痛苦了——它们继续得太久,生命却是这么短促;我让自私心抓住了,因为牺牲自己对人并无好处,至多也不过证实了那句俗话:"跟人一块儿死,死也愉快。"可是我讨厌死。我还想活下去……我想逃到美洲去。……我们所信仰的、我们所认为可能实现的只是一个预言,还是一个过早的预言。多么苦,多么凄惨!我真想小孩似的哭起来。个人的幸福算什么?……公众生活像空气似的包围着你,如今这空气里充满了临死前的传染瘟疫的气息。

二月一日——

娜……娜……②,我的朋友,你要知道在我们自己的私人圈子外面是多么黑暗,多么凄惨!啊,倘使我们能够把自己关在这个圈子里面,而且忘记,忘记这个窄小圈子以外的一切,那是多么好。……叫人透不过气来,叫人忍受不了。……这种纷扰真叫人

① 科利亚:赫尔岑夫妇的幼子,耳聋。一八四九年时五岁。

② 英译本作"娜达霞",指娜达丽雅·土奇科娃。柏林版原本注:"这些话都是写给娜达丽雅·亚历赛叶夫娜·土奇科娃的。"娜达丽雅(1830—1913):土奇科夫的小女儿。一八四八年一月中旬在罗马她第一次和娜达丽雅见面,她小于娜达丽雅十二岁,但两人成了非常知己的朋友。一八五〇年她同奥加略夫结婚。

忍受不了，它的结果在几百年以后才会见到；我太脆弱了，不能够升在这种纷扰上面，而远远地看到未来——我退缩，我给毁掉了。

这信函的结尾一段是：

我真愿意我没有一点力量，使我连自己的存在也感觉不到；我感到自己的存在时，我便完全觉得一切存在的事物间的不调和了。

兆　候

反动胜利了；透过淡青色的共和国的影子，人可以看见那些觊觎王位者的面貌，国民军到处逮捕劳动者，警察厅长派人到各个树林、各个古墓去搜捕逃匿的人。军警以外的职员便从事侦探和投递秘密报告的工作。

直到这年秋天，我们周围还有我们自己的朋友，我们用我们自己的语言（指俄语）吐露我们的悲哀和愤怒，土（奇科夫）一家①住在这所宅子里，玛（利雅）·费（多罗夫娜）②也跟我们住在一起，安（宁科夫）③和屠（格涅夫）差不多每天都到我们家里来；但是大家都把眼光望着远远的地方，我们这个小小的圈子开始破碎了。巴黎染满了腥血以后，再也留不住他们；大家都准备离开，并不是为了什么特别紧要的事情，多半是想逃避这种精神的压迫，逃避六月的日子，但是六月的日子已经成了他们的一部分，而且一直跟着他们。

为什么我不跟他们一块儿走呢？那个时候还可以救出很多来，我也不会贡献了这样的牺牲，牺牲了我自己这么多，来作为献给一个残酷无情的神的祭品。

---

① 这一家人包括娜达丽雅·叶林娜和她们的父母。——英译者

② 玛·费：赫尔岑夫妇的好友，叶夫金尼·科尔席的姊妹。——英译者

③ 巴威尔·安宁科夫（1813—1887）：俄国文学批评家，又是小说家伊凡·屠格涅夫（1818—1883）的好友。——英译者

我们跟土(奇科夫)一家,跟玛(利雅)·费多罗夫娜分别的日子是我的生活中一个特别不吉的预兆,然而我对这个警告跟对以前上百个别的警告一样,毫不注意地把它放过了。

每一个人只要他经历过不少的事情,一定记得危机开始发生或者风向转变的日子和时刻以及一连串平时不大注意的小节;这些兆候或警告决不是偶然来的,它们是后果,也是就要发生的东西的萌芽,也是那个暗中酝酿或者已经存在的东西的揭露。我们并不注意这些心理的兆候,我们轻视它们,把它们跟撒出来的盐或吹灭了的烛一样看待,因为平时我们过分看重了自己的独立性,骄傲地想着单靠我们自己来支配我们的生活。

我们的友人动身的前一夜,他们和三四个别的知己朋友在我们家里相聚。走的人应该在第二天早晨七点钟到火车站;大家都不想将这一夜睡过去,倒愿意在一起度过这些最后的钟点。起初我们都很兴奋,这是在分别的时候常见的,后来渐渐地大家全让愁云罩住了。……谈话失去了兴趣,大家都打不起精神,杯中斟满的酒没有人喝。勉强说笑也提不起人们的兴致。有人看见天亮便拉开窗帷,让一道青白色的光线照在我们的脸上,这使人想起古狄尔①画中的罗马人的欢宴。

大家都很郁闷。我心烦得连气也透不过来。

妻坐在小沙发上,土奇科夫的幼女娜达丽雅,娜达丽雅称她为“Consuelo di sua alma”〔意语:“我心灵上的安慰(空苏艾诺)”②〕,她跪在旁边,她的脸贴在娜达丽雅的胸口。她热情地爱着我的妻子,不忍心离

---

① 托马士·古狄尔(1815—1879):法国画家。这里指他的名画《没落的罗马人》。

② 空苏艾诺是法国浪漫主义作家乔治·桑(1804—1874)的小说《空苏艾诺》中的女主人公,她是个“有着崇高灵魂和伟大心肠”的少女(“空苏艾诺”是西班牙文的“安慰”)。小说中有这样一段:“他跪下来,他的大眼睛里充满泪水,他用西班牙语叫道:‘啊,空苏艾诺,空苏艾诺! 我到底找到你了。’少女吃惊地用西班牙语答道:‘空苏艾诺? 先生,您为什么叫我这个名字?’‘我叫你安慰,因为在我的孤寂的生活里,我可以得到安慰了……’”

开她,自己到荒凉的乡下去;她的姐姐①哀愁地站在她的身旁。“空苏艾诺”含着眼泪低声在说什么话,离她两步光景是玛(利雅)·费(多罗夫娜),她忧郁地默默坐在那里;玛(利雅)·费(多罗夫娜)早已习惯于服从命运了,她了解生活,她的眼光只表示“别了”,而透过那个少女的泪水闪露出来的却是“再见”的意思。

于是我们送他们动身。那个高而空阔的石头造的车站里,寒冷彻骨,门不停地开闭,发出大声,风从四面吹进。我们在角落里一张长椅上坐下。土(奇科夫)去照料行李。门突然开了,两个喝醉了的老年人吵闹地闯进车站来。他们的衣服上染着泥,脸也变了相,他们的一切都叫人联想到野蛮的酗酒放荡。他们咒骂着走进来。一个要打另一个,那个人闪开了,却捏起拳头用尽力气还击,正打在他的脸上。这个老醉汉飞跌下去。他的头碰到石头地,发出敲碎物件的尖锐的响声;他尖声叫起来,抬起他的头,血流下来,染红了他的灰白头发,还流在石头地上。警察和旅客们愤怒地扑过去把另一个老头子抓住。

我们从昨天晚上起就过于疲劳而且非常激动,我们的神经也过度紧张,不过我们还能保持镇静,但是那个老人的头骨撞在地上时响彻这个大厅的可怕的回声,在我们大家的心上产生了一种类似歇斯底里的影响。我们家庭和我们整个圈子平时都是正常的,没有一点儿神经衰弱和歇斯底里的现象,然而这个却是我们无法忍受的了;我觉得自己浑身发颤,妻几乎要晕倒了。于是铃声响起来……时间到了,时间到了!——我们突然留在栅栏后面,孤孤单单的。

对于送别的人再没有比法国警察在火车站的安排更叫人讨厌、令人痛心的了;他们夺去了送行者的最后两三分钟……友人**还在**那里,火车头还没有叫,列车尚未开动,你希望看见他们坐定,看见火车开出,然后望着它走得远远的,变为一片尘土,一阵烟,一个黑点,一直到最后什么也望不见为止——然而如今一道围篱,一道栅栏,和一个警察的手臂

---

① 即叶莲娜·亚历赛叶夫娜(1814—1873),她后来跟赫尔岑的友人沙金结婚。

却隔在你们中间……

……我们默默地到了家。妻一路上小声哭着——她为了失去她的"空苏艾诺"难过;她时时拉紧她的披肩,问我:"你记得那个声音吗?——它还在我的耳边响。"

到了家我劝她躺下休息,我自己坐下读报;我读着,我读社论,读附刊小说,读杂录,我看表——还不到正午;这么长的日子!我去看安(宁科夫);他在三五天内也要走了;我们一起出去散步,在街上比在家读报更凄凉:我感到和良心的责备类似的苦恼。

"到我家去吃午饭吧。"我说,我们回家去了。

妻很不舒服,这晚上我们过得毫无趣味,简直无聊。

"那么决定了,"分别的时候我问安(宁科夫),"你在这星期末走?"

"是。"

"你在俄国会过得很苦。"

"有什么办法,我一定要走;我不会住在彼得堡,我要到乡下去。你看,在这里有什么好处。你住下去也许会后悔的。"

在那个时候,我还可以回国,我还没有断绝我的归路。列比约和加立叶①还不曾写他们的秘密报告,但是在我的心里,事情已经决定了。然而安(宁科夫)的话不愉快地刺激着我那紧张过度的神经,我想了想,答道:"不,我没有选择的余地,我得留在这里;倘使说我现在有什么懊悔,就是那一回在 Maubert〔法语:莫伯尔广场〕障碍物后面一个工人给我一支枪,我没有把它接过来。"

许多次,在绝望和软弱的时刻,苦杯满得溢出来了,我的整个生活似乎只是一个延长的错误,我怀疑我自己,我怀疑最后的东西,剩下来的东西,在这种时候一句话又回到我的心头:"我为什么不接过那个工人的枪留在障碍物后面呢?"要是一颗流弹打在我身上,我至少还可以

---

① 列比约和彼埃尔·加立叶在那段时间里先后当过巴黎警察局局长。

带着一点点信念进入坟墓。……

…………

时间又慢慢地捱下去……一天又一天……黯淡而无聊。……人忽然晃了进来，做了一天朋友，又过去了，不见了，完结了。接近冬天的时候，从各国来的亡命者，别的遭难船上得救的船员开始出现了；他们充满希望与自信，以为目前在全欧洲得势的反动势力不过是一阵过境的狂风，一个小小的挫折；他们指望着第二天，第二个星期，他们的时刻就会到来。……

我觉得他们是错误的，不过我却高兴他们有这种错误。我极力想打破自己的定见，我在跟我自己斗争，我生活在一种激动易怒的状态中。在我的记忆里那个时候就像一天昏迷、热狂的日子……在痛苦的时候我各处彷徨，不断地找寻遗忘——我在书本中，在喧嚣中，在闭户闲居的家庭生活中，在朋友的聚会中找寻，我希望这些能够使我分心；但是在任何时候都缺少一样东西，欢笑不使我快乐，酒只增加我的苦闷，音乐刺痛我的心，热烈的谈话每每以忧郁的沉默结束。

内心的一切全毁坏了，什么都被推翻了，只有混乱，明显的矛盾；我又把一切全打碎，又是什么都没有了。早已完成了的精神生活的基本原则又成为问题：许多事实冷酷无情地从各方面现出来，驳倒了它们。疑惑把我们已经得到的一点点东西践踏了，它现在撕毁的不是教会的法衣，不是学者的礼服，却是革命的旗帜……疑惑从一般的抽象观念转到实际生活去了。理论上的否定与变成了行为的疑惑是不同的，在它们中间有一道鸿沟；思想是大胆的，舌头是无畏的，它毫不费力地说出心里害怕的话；心里还存着希望和信念，跑到前面的脑筋却不承认了。心落在后面，因为它在爱，脑筋宣告判决的时候，心还有些留恋。

也许在年轻时期，生命里充满着蓬勃、旺盛的气象，而且前面还有那么多的东西的时候，失去一两个信念不过是给别的新信念留下空地位；也许在老年时期，由于厌倦，对万事万物都毫不关心，——在这两种时期中这些危机都更容易度过；然而 nel mezzo del camino di nostra vita

〔意语:在我们生活的中途〕①,它们向我们要的代价太高了。

这一切究竟是什么意思?开玩笑吗?我们所珍爱的、我们所为之奋斗的、我们所为之作过牺牲的一切神圣的东西都已经被生活出卖了,被历史出卖了,为着它的利益出卖了;它需要发狂的人来做酵母,却不管他们清醒后的结局;他们满足了它的需要,——那么就让他们躺在医院里度他们残废的余生吧。羞耻,怨恨!那些忠厚的朋友在你身边耸耸肩头,对你的懦弱、你的躁急感到惊奇,他们等着明天,永远耽心,永远忙着同一件事情,什么也不明白,什么也不能阻止他们,他们永远向前进,却始终不曾更进一步……他们判断你,安慰你,责备你——多无聊,多难堪的刑罚!他们自己称为"信仰的人","爱的人",以表示和我们"怀疑的人","否定的人"相反,他们不知道把一个人一生的指望连根拔去是怎么一回事,他们完全不知道世间还有所谓真理病,他们从没有带着诗人的那种"大声悲叹":

Ich riß sie blutend aus dem wunden Herzen,
Und weinte laut und gab sie hin.

〔德语:我从受伤的心里挖出了它,鲜血淋淋
我大声哭着,我将它放弃。〕②

献出了什么珍宝。

那些没有清醒时期的狂人是幸福的;他们完全不知道内心的斗争,只有外部的原因、坏人和恶运才使他们受苦,然而就他们的内心来说,什么都是完整无恙的,良心是安静的,他们是满足的。因此别人的苦痛的绝望在他们看来便是饱暖心灵的任性和享乐、有闲人的空洞的嘲讽。他们看见一个受伤的人不注意他的木拐,便断定手术对那个人毫无影响;他们绝不会想到为什么那个人未老先衰,而且断腿是不是会在天气转变或者刮风的时候发痛。

---

① 这是但丁的《神曲》的第一行。但丁(1265—1321):意大利诗人。
② 引自德国诗人席勒(1759—1805)的《放弃》。

我的合乎逻辑的自白，我的受到损害的思想在其中奋斗过来的病症的历史都保留在我的论文集《来自彼岸》①里面。在那些论文中我攻击了我剩下来的最后的偶像。我用嘲讽对它们（指偶像）报了痛苦和出卖的仇。我不曾嘲弄我的邻人，我揶揄我自己，而且我又着了迷，我已经梦想自己得到了自由，但是结果我又给绊倒。我对话语和旗帜失掉了信仰，我对于那被尊为神圣的人道和那唯一的西方文明的救世教堂感到了幻灭，然而我仍旧相信着少数几个人，我相信我自己。我看见一切都已崩溃，我想救出我自己，开始新的生活，和两三个人一起走开，跑得远远的，避开……那些多余的人……我骄傲地写下我最后一篇文章的题目：*Omnia mea mecum porto*〔拉丁语：《我的一切都带在我身边》〕②。

生活，在各种事件的漩涡里，在公共利益的演变中受了损害，失去了形和色，枯萎了。它变成孤立了，又退回到年轻的多愁善感的时期去，没有青春、没有信仰。faro da me〔意语：将我自己作为赌注〕，我的船

① 赫尔岑在一八四八年六月的起义失败以后，对西欧文明感到绝望，他的资产阶级社会主义的幻想破产了。他的这种“精神上的悲剧”，他用感人的笔调在《来自彼岸》中表现了出来。

《来自彼岸》的第一篇文章《暴风雨前》写于一八四七年年底，其余各篇都是在六月的流血的日子以后一八四八年到一八五〇年中间写成的。一八四八年革命失败，反动势力胜利以后作者的精神状态和思想都反映在这个集子里面。一八五〇年作者第一次出版了这书的德文本，只收了五篇论文，另外附了一封《给黑尔威格的信》和一封《给马志尼的信》。在以后的版本中作者删去了这两封信。俄文本初版一八五五年在伦敦刊行，除了德文本收的五篇论文外，又收入一八五〇年作者在法文和德文刊物上发表的三篇论文。第八篇论《多诺索—柯得斯和罗马王玉连》的论文脱稿在第七篇之前。在一九〇五年圣彼得堡版七卷本《赫尔岑文集》中，《来自彼岸》就只有七篇论文，*Omnia Mea Mecum Porto* 便是最后的一篇。第二篇文章《暴风雨后》在发表之前，曾由作者友人抄录原稿在俄国境内秘密传播。诗人涅克拉索夫曾写信告诉小说家屠格涅夫：“我读到《暴风雨后》哭了，这太感动人了。”

② 这是古希腊七贤之一的庇亚士（公元前550年左右）的名言。他是薄利恩勒人。波斯军队进攻希腊得胜，薄利恩勒的居民预备逃难的时候，庇亚士却不准备行装，有人惊奇地问他，他昂然回答道：“我的一切都带在我身边。”后来罗马的政治家和哲学家西塞罗（公元前106—前43）也说过这同样的话。

这是《来自彼岸》的第七篇文章，一八五〇年四月三日在巴黎写成，同年发表于《德文杂志》（*Demutsche Monatsschrift*）。

不得不在礁石上碰碎了。船沉没。我活着。不错,我保全了性命,但是我失去了一切……

伤寒病

一八四八年冬天我的小女儿达达病了。她不舒服了很久,后来有点儿发热,过后又似乎退了热。那个有名的医生赖叶,劝我们不管冬季的寒冷天气带她坐车出去走走。这一天天气非常好,可是并不暖和。我们把她带回家的时候,她的脸色异常苍白;她说要吃东西,等到人把肉汤端上来,她已经在我们身边沙发上睡着了;过了几个小时,她一直在睡。医科学生阿道夫·福黑特(博物学者福黑特的兄弟)碰巧在我们家里。

"你们看这个孩子,啊,这不是自然的睡眠。"他说。她脸上那种死人似的青白色使我害怕,我把手放在她的额上,完全冷了。我亲自去找赖叶。幸好他在家,我就拉他到我家里来。那个小东西还没有醒。赖叶抱起她,用力摇着,又叫我大声唤她的名字……她张开眼睛,说了两三句话,又闭上眼睛,死一样地沉沉睡去了;人几乎觉察不出来她还在呼吸。她就这样地过了好几天,没有什么大变化,她不吃,而且差不多连水也不喝。她的嘴唇变成黑色,她的指甲成了深青色,满身发出了点子——这是伤寒症。赖叶差不多什么事都不做,他等待着,守着病人,他并没有给我们多大的希望。

孩子的面容很可怕;我每小时都等着她死去。妻脸色灰白,默默地,整天整夜坐在小床前,她的眼睛罩上一层珍珠似的光泽,这泄露出她的疲倦、受苦、竭尽的精力和过度紧张的神经。有一次在夜里一点到两点之间我忽然觉得达达不呼吸了。我望着她,不敢露出我的恐怖。妻猜到了这个。

她说:"我的头发晕,给我一点儿水。"

我把杯子递给她的时候,她已经不省人事了。伊(凡)·屠(格涅夫）在我们这里，他是来分担我们这种忧愁的时刻的，他便跑到药店去买阿摩尼亚精。我呆呆地站在两个失去知觉的身体中间，我望着她们，没有一点儿办法。女仆擦着妻的手，用水打湿她的太阳穴；过了几分钟她醒转来了。

“怎么回事？”她问道。

“好像达达睁开了眼睛。”我们的善良的好鲁易丝说。

我看达达，她似乎醒过来了；我轻轻地唤她的名字；她张开眼睛，动着她那发黑的、干燥的、裂开的嘴唇微笑。从这一分钟起她渐渐地好起来。

世间有不少的毒药比孩子的病更残酷、更痛苦地毁灭一个人，我知道它们，不过我以为再没有比这一种慢性的毒更可怕的了，它慢慢地消耗一个人的精神，静静地腐蚀他的力量，而且叫他扮演一个无能为力的袖手旁观者的角色来侮辱他。

一个人，只要他有过一次把一个小生物抱在他的怀里，觉得那个身体渐渐变冷、变重、最后变成了石头，只要他听见那个脆弱的生物用来求怜悯、求救助、求保全生命的最后的呻吟，只要他看见桌子上面放着罩上粉红缎子的美丽小棺材和滚花边的白色小衣服、衬托着黄色的小脸，那么他在每次小孩生病的时候都会想到：“该不会再有一个小棺材放在那张桌子上吧？”

灾难是最坏的学校！固然一个经验丰富的人比别人更能够忍受灾难，但这只是因为他的心灵受了伤、变软弱了。一个人所遭受的忧患会使他慢慢地衰老而且更加懦弱。他失去对于明天的信心，事实上没有这种信心什么事都做不出来：他对任何事情都更淡漠、不关心，因为他已经习惯于那些可怕的思想了，到后来他便自私地害怕受苦，这就是说，他害怕再感到连续的敏锐的痛苦，连续的苦闷，关于这种痛苦的记忆不会像密云从天空消散，它们永不消失。

一个病儿的呻吟给我引起莫大的内心的恐怖，使我起了寒颤，我因此不得不努力抑制这种纯粹刺激神经的记忆。

就在这一夜以后，第二天早晨我头一次出去在街上闲走；天气很冷，人行道上铺了薄薄的灰白色的霜；不管天气寒冷，不管时候这么早，马路上已经挤满了行人；卖报小孩高声叫卖《公报》——五百多万选票把神圣的法兰西放在路易·拿破仑的脚下。①

没有仆人的冷清清的门房里终于找到了一位主人！

* * *

……正是在这种忧患与紧张的时期，一个人进到我们的圈子里来，他给我们带来了另外一连串的灾难，他毁了我们的私生活，像六月的凶日子毁了我们的公众生活那样。这个人很快地接近我们，他逼着我们同他结为亲密的朋友，不给我们考虑的时间。……在平时我很容易结交朋友，不过要跟人成为知己却需要长久时间；然而这一次（我再说一遍）并不是寻常的时候。

我们的神经完全没有受到庇护，而且时时发痛；甚至随便的会见、细小的过去纪念物都会使人浑身颤栗。例如，我记得在炮轰以后三天的光景，我在圣安东乡散步；一景一物都仍然留着激烈战斗的新鲜痕迹，残破的墙垣还立在那里，障碍物也不曾被人拆去，受了惊的脸色苍白的妇人在寻觅东西，小孩们在瓦砾堆中搜索。……我在一家小咖啡店门前椅子上坐下来。怀着一颗发痛的心看那可怕的景象。一刻钟过去了。一个人轻轻地把一只手放在我的肩上，——这是多威亚特②，一个年轻的热心人，他以前在德国像 à la Ruge〔德语：路格〕那样地宣传一种新天主教，后来在一八四七年便迁到美国去了。

他脸色苍白，面部在搐动，长发散乱，他还穿着旅行服装。

“我的上帝！”他说，“我们居然又碰见了！”

---

① 一八四八年十二月，路易·拿破仑（拿破仑一世的侄儿）得到五，四三四，二二六票当选为法国总统。

② 多威亚特（Doviat）：德国革命者。参加天主教神甫隆格领导的新天主教活动。下文的路格即德国哲学家和著作家安诺德·路格（1802—1880），他宣传左派黑格尔学说。

"你什么时候来的?"

"今天来的。我在 New York〔英语:纽约〕听到二月革命,听到欧洲各地发生的一切事情,我连忙把我能卖的东西全卖掉。拿起我所有的钱,怀着充满希望的快乐的心,上了轮船。昨天在哈佛尔,我才听见人说起最近发生的事情,我绝对想不到情形会变得这样坏。"

我们两个人又对看了一次,两个人的眼里都充满了泪水。

"我不要在这个该死的城里住一天,单单住一天也不行!"多威亚特激动地说,他真像一个年轻的利未的先知①。"去吧!我要走开!再见,我到德国去!"

他真的走了,给关在普鲁士监狱里,在那里住了六年。

我也记得《加地立那》的上演,这是那个刚强的大仲马②当时在他的历史剧院中演出的。……要塞里装满了犯人,容不下的就成群地给送到沙都狄弗③去,或者充军远方,他们的亲戚像不安的鬼魂似的到处奔走,从一个警察局到另一个警察局,要求那里的人告诉他们谁战死,谁活着,谁枪毙;然而大仲马已经把六月的日子用罗马时代的背景④在舞台上演出了。我看过这个戏。起初并没有什么;加地立那⑤影射勒德吕-何南⑥,西塞罗⑦影射拉马丁⑧,全是装满辞藻的古典句子。起义

---

① 指古以色列人中利未族的祭司。

② 亚历山大·仲马(1803—1872):法国小说、戏剧家,小说《三剑客》的作者。《加地立那》是他与马格合著的五幕史剧。他的历史剧院在一八四七年二月开幕。

③ 沙都狄弗(Chateau d' If):也可译作伊弗堡,在马赛,以前是囚禁罪犯的地方。

④ "罗马时代的背景"原文是"罗马的拉地克拉弗(laticlave)"。拉地克拉弗是古罗马元老衣服上表示尊严的紫色长带。英文本即译作"罗马的背景"。

⑤ 加地立那(L. C. Catilina,公元前 108? —前 62):罗马政治家,曾任非洲总督,公元前六二年兵败身亡。

⑥ 勒德吕-何南(1808—1874):一八四八年革命的领导人之一,临时政府的内务部长。后来他靠近资产阶级反动势力,大肆镇压巴黎无产阶级一八四八年的六月起义。一八四九年六月十三日巴黎街中的骚动失败后逃亡英国。

⑦ 西塞罗:古罗马的雄辩家、哲学家和政治家,公元前六三年任罗马执政官,制止了加地立那暗杀执政官和洗劫罗马城的阴谋,以他的著名演说激起人民反对加地立那。

⑧ 拉马丁(1791—1869):诗人和政治家,自由主义者。一八四八年临时政府的外交部长。

给压服了。拉马丁说着“vixerunt”〔拉丁语：“他们已经死亡”〕①大步走过舞台；场面换了。广场上遍地死尸；远处有一道红光，垂死的人带着临死的痛苦躺在死人中间，死人身上还盖着血污的破衣服……我差一点透不过气来。不久以前，就在这所戏院的墙壁后面，在通到戏院的那些街上，我们不是看见了这样的情景吗！而且死尸不是用纸板做的，淌的血也不是颜色的水，却是从年轻的身体里流出来的。

我差不多歇斯底里地冲了出去，我咒骂那些热烈地鼓掌喝彩的小市民……

在那些痛苦的日子里，一个人不能够在酒店或戏园中坐下去，不能够留在家里或书斋内，却热狂地走到外面，精神错乱，内心颓丧，带着深的创伤，准备着辱骂他所遇见的任何人，——在这个时候，每一句同情的话，每一滴为着同样悲哀而流的眼泪，每一句从相同的憎恨里出来的咒骂都有不可思议的力量。创伤既然相同，痛处也更容易接近。

……在我还很年轻的时候，一本法国小说给了我很深的印象。小说名叫《亚米尼乌斯》，我以后就不曾再见到它。大概它并没有多大的价值，不过在当时它对我却有很大的影响，而且使我好多年都不能忘记。直到今天我还记得书中的重要情节。

我们从公元初期的历史中都知道一点儿关于两个不同世界的遇合与冲突的事，一个是古老的、古典的文明世界，腐败而衰老，生产力已竭尽；另一个是野蛮的世界，它野得像森林中的野兽，不过充满着尚在睡眠中的力量，它还是各种各类倾向的杂乱的汇合——我们都知道这两个世界的接触在公开的、公众生活一方面的影响，却不知道它在与宁静的家庭生活细节有关的一方面所引起的后果。大体的事实我们是知道

① 赫尔岑用在这里指法国资产阶级道德上和政治上的死亡。他的《来自彼岸》第四篇的标题便是这个拉丁字：vixerunt。（这篇文章是一八四八年十二月一日在巴黎写成的。作者在文章里阐明了他的这种意见。）

的，不过说到那些直接依赖着这些事实的人，虽然他们的生活因这些事实而遭毁灭，并且在他们是用眼泪代替了血，残破的家庭代替了毁灭的城市，被人遗忘的坟墓代替了战场，可是实际上关于这些人的生活，我们并没有一份记录。

《亚米尼乌斯》的作者（我已经忘了他的姓名）就想把这两个世界（一个从森林进入历史，另一个却从历史走到坟墓）在一个家庭里遇合的情形表现出来。世界历史如果缩减成个人的闲谈，它便和我们更加接近，也更加生动，而且我们更容易领会它。我对《亚米尼乌斯》感到很大的兴趣，我甚至用它那样的文体写出了好些历史场面，而且警察总监曾斯基在一八三四年曾对它们作过批评的分析。但是不用说我写那些文章的时候，我绝对想不到有一天我也会遇到这同样的冲突，而且这两个世界的遇合会毁了我自己的家庭。不管别人的意见怎样，我觉得在我们对欧洲人的关系中间有着不少的相似之点。我们的文明是外表的，我们的腐败是粗野的，我们的粗硬的头发在发粉下面直立起来，在我们的擦了白粉的脸颊上还看得见晒黑的颜色；我们有野蛮人的狡猾、兽类的凶狠和奴隶的机巧，到处都有我们的人积了钱，做了守财奴，然而我们跟那种遗传的不可捉摸的西欧腐败的微妙的诡谲却离得很远。在我们中间智慧的发达有着净化与保证的作用，例外是很少的。一直到最近，在我们中间，文化都是一道阻拦邪恶坏行的栅栏。①

在西欧却不是这样。因此在我们俄国人，一个人接触了我们所视为神圣的东西，他了解我们所宝贵的思想，他大胆地说出我们通常默默想着或者对友人轻声说着的心思，我们很容易对他献出我们的一切。我们并没有考虑过，那些使我们的心悸动、使我们的胸膛起伏的话有一半在欧洲已经成了寻常的道理和口头禅；我们忘记多少败德的激情（古代的虚假的激情）已经混杂在一个属于这种衰老文明的现代人的心灵中了。他从小就想处处占先，渐渐地自私自利，又加上妒嫉和自尊

---

① 这一段话是在一八五七年写的。——作者原注

心;还有那不知餍足的放纵和卑不足道的利己心,他把这个看得比一切关系、一切感情都更重要……他要扮演一个角色,在舞台上露面,他要付出任何的代价来保持他的位置,来满足他的激情。然而我们的同胞,这些草原的儿子,受到一下、两下打击,常常看不见它们是从什么地方来的,它们就把他打昏了,过了许久他才清醒过来,他好像受伤的熊一样,暴跳狂冲,折断四周的树木,不断地咆哮,跑回洞里去,——但是太迟了,他的敌人已经用手指指着他责骂了。……由于这两种生长与教育的差别,还会产生更多的恨,流出更多的血来。

……有一个时期我曾经严厉地痛斥过那个破坏了我的生活的人。有一个时期我曾经急切地渴望将他杀死。从那个时候到现在已经有七年了;我是一个真正的现代人,我的复仇的欲望也已经消耗尽了,长期的继续不断的分析缓和了我的激情的判断。在这七年中间我已经明白了我自己的限度和许多人的限度,捏在我手里的不是匕首,而是一把解剖刀,我不用诅咒与辱骂,现在却静静地坐下来写出我的心理病理学的故事。

第 二 章

一八四八年六月二十三日的前几天，一天傍晚我回到家里，我看见我的屋子里有一个陌生的客人，他带着忧郁和狼狈的样子走过来迎我。

“怎么是你!”我后来才说出话来，我笑着，把手伸给他，“这是可能吗? 我完全不认识你了……”

这是黑尔威格，他修了面剪了头，胡子和唇髭全剃光了。他很快地交了恶运。两个月以前他被一群崇拜者簇拥着，他和他的妻子坐一辆很舒适的大型旅行马车，从巴黎去参加巴登的进军①，他是被德意志共和国邀请去的。现在他回来了，他从战场逃出来，一大堆漫画跟在后面挖苦他，敌人在嘲笑他，朋友在责备他。不过一瞬间的工夫什么都改变了，一切都破灭了，而且不仅这一点，在这残破的景物后面还有一个未来的毁灭的预兆。

我离开俄国的时候，奥加略夫给我写了一封介绍信把我介绍给黑(尔威格)。奥加略夫是在黑(尔威格)的最光荣的时期中认识他的。奥加略夫平时在思想和艺术的问题上非常深刻，可是并不会判断人。在奥加略夫看来，凡是不使人讨厌、不粗俗的人都是很好的，尤其所有的艺术家都是好人。我后来知道黑(尔威格)是巴枯宁②和沙左诺夫两

① 巴登的进军：一八四八年四月二十三日至二十四日在巴黎的八百个革命的德国侨民组成“德意志民主军团”，由黑尔威格率领，越过莱茵河，企图支援巴登的起义。四月二十七日侨民军与符腾堡政府军优势的兵力作战，经短时间的激烈战斗后被迫退却，人员半数被俘。

② 密海尔·巴枯宁(1814—1876)：赫尔岑之友，无政府主义者。下文的尼古拉·沙左诺夫(1815—1862)：赫尔岑的大学同学，他的革命团体的成员。

人的好朋友,不久也就跟他处得很熟,不过我们并不算知己,在一八四七年秋天我到意大利去。后来我回到巴黎,他已经不在那里。我在报上读到他的不幸遭遇的记载。差不多就在六月起义的前夕他回到了巴黎,他在巴登犯过错误以后第一次得到友谊的接待,还是在我的家里,因此他常常到我们家里来。

起初我跟他中间还有很多的隔阂,使我们不能成为亲密的朋友。他没有那种纯朴、坦白的天性,没有一切坚强而有才能的人所不可缺少的那种完全abandon〔法语:开阔〕的心胸,这在俄国人中间又是每个有才智的人差不多都有的。他不坦白,不光明,他害怕别人,喜欢偷偷地享乐;他有一种柔弱的女人气,他重视琐碎事情,重视生活的舒适,他有一种极端的rücksichtslos〔德语:不顾一切的〕利己心,这种利己心到了天真和无耻的程度。对这些缺点我以为他自己只应该负一半的责任。

命运把一个这样的女人放在他的身边:她用她的似是而非的爱情和过分的照顾煽起了他的利己的倾向,鼓舞了他的种种弱点:使那些弱点在他的眼睛里变成了美德。他在结婚以前很穷,——她给他带来财富,她使他享受豪华,她成了他的保姆、他的管家、他的护士,她成了一个连一分钟也离不开的最下级的必需品。她对那个"承继歌德和海涅的地位的"诗人怀着一种永久的崇拜,huldigung〔德语:忠诚〕,恭顺到了极点,同时她却用资产阶级的豪华的鸭绒被毁坏了、闷死了他的才能。

我每次看见他甘心情愿接受这种让妻子供养的丈夫的位置,我总要替他耽心,而且我应该承认我看见他们不可避免地一天一天走向经济破产的情形,我并不是不高兴,我看见爱玛不得不离开她的"金边的"住宅(我们常常这样称它),同时还把她的"爱神们"①(幸而并不是农奴,不过是铜像罢了)一件一件地半价卖出去,我对她的眼泪并不表

---

① "爱神们":原文为"阿莫尔(希腊神话中的爱神)与丘比特(罗马神话中的爱神)"(Амуры И Купидоны),这是从俄国剧作家格里包耶陀夫(1795—1829)的著名讽刺剧《聪明误》(或译作《智慧的痛苦》)第二幕第五场男主人公恰次基的独白中引用来的:"这些阿莫尔和丘比特一个一个地全卖掉了!!!"

示一点儿同情。

我要在这里停顿一下，让我略微叙述他们以前的生活与他们的结婚，他们的结婚便是说明现代德国精神的最好的典型。

德国人，尤其是德国女人，有很多虚假的激情——这是指那些虚构的、幻想的、带做作的文学的爱好。这是一种 überspanntheit〔德语：夸大狂〕，……一种书本上的热情，一种人为的、虚伪的兴奋，时时刻刻准备受到大的感动或者大的震惊，并不去管有没有充足的理由。

这不是故意装假，这是认识错误，这是一种心理上的放纵，爱美的歇斯底里症，这病症并没有给她们什么损害，不过引起了她们的许多眼泪、许多快乐和悲哀、许多消遣和感触、wonne〔德语：喜悦〕。甚至于像贝丁娜·冯·阿尔宁①那样敏慧的女性，一生也不能够免掉这种德国病。病的形式或许有变换，它的内容或许不同，然而也可以说，心理上处理材料的方法还是一样。一切都不外乎各种变化不同的、大同小异的色情的泛神论，即是对大自然、对人所采取的一种宗教上性爱的，与理论上钟情的态度，这种态度里也包含着那些寺院中基督的新妇（即修道的贞女——译者注）或者世俗的女信徒（她们在祷告中得到了性爱的喜悦）中间的浪漫的贞洁或者理论上的淫荡。她们都努力想做真正犯淫罪女人的……精神上的姊妹。她们这样做是由于好奇心以及她们对于犯规（她们自己绝没有勇气去做）的同情。她们随时准备着宽恕别人的罪过，即使别人并不要求她们这样做。她们中间最热烈的人并不进入实际生活便经历了激情的各个阶段。她们在别人的书本里，或者在她们自己的原稿上，仿佛代替别人地（per contumaciam）经历了一切的罪过。

在所有热情的德国仕女中间有一个非常普遍的特征，这就是她们盲目崇拜天才和伟大的人物；这种宗教是从威玛时代②起的，是从维兰德③、席

① 贝丁娜·冯·阿尔宁（1788—1859）：德国浪漫派诗人和小说家 L. J. 阿尔宁的妻子，歌德和贝多芬的朋友。著有《歌德跟一个孩子的通信》（1835）等书。

② 威玛时代：威玛是古萨克斯-威玛大公国的首都，在查理-奥古斯特（1775—1828）统治时期中，威玛是德国文化的中心，歌德、维兰德和席勒都在这里住过相当长的时期。

③ 克·马·维兰德（1733—1813）：德国诗人、文学家。

勒、歌德的日子起的。然而天才并不多见，海涅住在巴黎，洪波尔特①又太老，太实际，她们便怀着一种饥饿似的失望去追逐那些优秀的音乐家和不算坏的画家。弗南兹·李斯特②的形象像闪电一般掠过所有德国女人的心头，给她们刻下了高高的前额和往后梳的长头发的印象。

全德国共同崇拜的伟人究竟少见，她们便注意到那些有一点儿小名声的本地的天才；所有的女人都爱上了他，所有的少女都 schwärmten für ihn〔德语：为他疯狂〕。她们都给他绣背带、绣拖鞋，她们秘密地送给他各种纪念品，不让他知道自己的姓名。

四十年代中在德国发生了一种很大的思想的骚动。人们也许期待着像浮士德那样在书本上消耗了半生的人有一天也会像浮士德那样想走到广场上见见阳光。我们如今知道这都是枉费心机，新的浮士德又从奥埃巴黑的地窖③中回到书斋去了。然而在那个时候，尤其是对于德国人，情形却是两样，当时每一次革命精神的表现都得到热烈的拥护。黑（尔威格）④的政治诗正出现在这个时代的全盛时期中。我在那些诗里面从未发现多大的才能；只有他的妻子能够拿他跟海涅相比，不过海涅的过分的怀疑态度已经跟当时的风气不合了。在一八四〇年到一八五〇年中间德国人爱好的不是歌德或伏尔泰⑤，而是改编成德国形式的《马赛曲》和贝朗瑞⑥的歌曲。黑（尔威格）的诗原作〔拉丁语：in crudo〕的结尾喜欢用一句法文口号，用叠句“Vive la République！”〔法

---

① 亚历山大·洪波尔特（1769—1859）：德国博物学者和著作家。

② 弗南兹·李斯特（1811—1866）：匈牙利作曲家和钢琴家。

③ 地窖：歌德诗剧《浮士德》中的一场：“莱比锡的奥埃巴黑的地窖。”这是个喝酒的地方。地窖里充满着劣酒和劣等烟草的气味，充满着喧嚷、笑闹和歌声。这是人间享乐的一种方式。怀着追求快乐的目的从“书斋”出来的浮士德在这里感到厌恶，他开始厌倦了，他要走开。梅菲斯特（魔鬼）又把他带到“女巫的厨房”里去。

④ 乔治·黑尔威格（1817—1875）：他的《一个活人的诗篇》第一、第二卷，于一八四一至一八四三年在苏黎世出版。

⑤ 伏尔泰（1694—1778）：法国诗人和哲学家。

⑥ 皮埃尔·让·贝朗瑞（1780—1857）：法国诗人。以短歌著名，他常作歌为被压迫者讲话，很得人民爱护。

语:“共和国万岁!”〕,在一八四二年这样的叠句曾使人兴奋欲狂。在一八五二年这些诗就让人忘记了。不可能再有人读它们了。

当时的民主主义的桂冠诗人黑(尔威格)从一个宴会到另一个宴会,受着全德国的款待,最后到了柏林。人们争先恐后地邀请他,到处举行宴会和晚会欢迎他,每个人都要见他,连国王也想跟他谈话,宫廷医生新来因就介绍他去见了国王。

在柏林,离王宫不过几步光景有一所银行家的住宅。银行家的女儿早已爱上了黑(尔威格)。她从未见过他,也不明白他是个什么样的人,不过她读过他的诗,她觉得她的天职便是使他快乐,把家庭幸福的蔷薇花编在他的桂冠上。她在她父亲举行的晚会中第一次见到他的时候,她完全相信这就是他,而且他真的变成了她的他。①

这个果断的、富于进取心的少女勇敢地开始进攻。起初这个二十四岁的诗人害怕结婚,尤其是跟一个声音响亮而且带阔小姐气派的、并不漂亮的年轻女人结婚,他不愿意;光荣前途的大门在他面前大开着,——他要家庭的安适,要妻子做什么用呢?可是银行家的女儿在目前给他一口袋金子,供给他到意大利、巴黎等处旅行,供给他司特拉斯堡的面饼和Clos de Vougeot〔法语:芜若的上等葡萄酒〕……诗人穷得没有办法;他不能永远住在伏伦的家里,——他踌躇又踌躇——后来……接受了她的好意,却忘了向老伏伦(卡尔·福黑特的祖父)道一声谢。

爱玛自己时常对我说诗人怎样小心、仔细地跟她商量嫁妆的事情。他甚至于从苏黎世②寄来家具、窗帘等等的图样,而且限定在婚期以前把它们完全办好,——他这样坚持着。

这中间并没有爱情;便应该有别的东西来代替它。爱玛明白这一

---

① 这是一八四二年秋天的事。普鲁士国王腓特烈·威廉接见黑尔威格,称赞他的诗才,却惋惜他会有那种过激的见解。银行家的女儿就是爱玛·席格蒙特,她的父亲其实是个受过洗礼的犹太富商,而且是王宫的家具采购人。

② 苏黎世:瑞士北部苏黎世州的首府,一个人口众多的工业城市。黑尔威格为了避免服兵役,于一八三九年离开德国。

点，她决定用别的手段来巩固她的势力。他们在苏黎世住了一些时候，她又带她的丈夫到意大利，然后又同他住在巴黎。在巴黎她给她的schatz〔德语：宝贝〕布置了一间书房，里面有的是柔软的沙发、厚厚的天鹅绒帐幔、贵重的地毯、小小的铜像：她给他安排了一种空虚闲适的生活。这是他从没有经历过的，他喜欢这种生活，可是同时他的才能却渐渐地消失了，他没有写出什么作品；这件事又使她不安，她责备他不该这样，而同时她又不断地把他拖进资产阶级的豪华生活里去。①

她自己绝不是愚蠢的女人，而且她比他有更多的力量和精力。她的教养是纯粹德国式的，——她读书很多，可是读的并非必要的书，她研究过每个问题，然而并没有把一件事情了解清楚。她完全没有女性的温柔，这给人一个不愉快的印象。从她的刺耳的声音到她的笨拙的举止和瘦削的面貌，从她那冷冷的眼睛到她那种爱谈模棱两可的话题的习惯，她的一切都是带男性的。她当着每个人公开地爱抚她的丈夫，好像老年人爱抚少女一样②：她看他的眼睛，故意望着他，把别人的注意引到他身上去，她拉直他的围巾，梳光他的头发。她把他称赞到惹人厌恶的程度。这使他在生人面前有点儿窘，但是在熟人中间，他就毫不在意，好像正在专心做事的主人，并不留心他那忠心的狗怎样舐他的皮鞋向他讨好似的。有时候他们在客人去了以后会为这件事吵一次架；可是第二天这个崇拜丈夫的爱玛又会开始她那种溺爱的把戏，他也会为了他的安适生活，为了她热心照料一切的缘故再忍受下去。

下面一个故事比什么都更可以说明她把她的“心肝宝贝”宠坏到什么样的程度。

---

① 我举一个例子说明她对他的关心会走到怎样的极端。有一次在意大利，黑(尔威格)不满意他们用的香水。他的妻子立刻写信给乔凡尼·玛利雅·法利娜订购上等纯香水，给她的丈夫寄到罗马来。这时他们却离开了罗马，吩咐人把他们的信件、包裹转到拿波里去；他们在拿波里住不久，又到别处去了，仍旧吩咐人把他们的信件转到另一个地方……几个月后一只装着香水瓶的盒子到了他们在巴黎的住所，却要他们付出一笔不小的“旅费”。——作者原注

② 爱玛和黑尔威格同岁，都是一八一七年出生的。

有一回,伊凡·屠格涅夫吃过午饭以后去看他们。他看见黑(尔威格)躺在沙发上。爱玛在擦他的脚,她看见客人进来便走开了。

"你为什么不擦了?擦下去!"诗人疲乏地说。

屠格涅夫问道:"你生病吗?"

"不,一点儿也不,不过这太舒服了。……啊,现在有什么消息?"

他们继续谈话,同时爱玛也继续给他擦脚。

她相信每个人都赞美她的丈夫,便喋喋不休地讲他的事情,并不管这是否会叫别人讨厌,或者她的这些关于他神经衰弱和任性苛求的故事对他有无好处;在她看来这一切都是非常可爱的,而且值得永久、永久刻印在人们的记忆里面;这一点引起了别人的反感。

她常常说:"我的乔治是一个极端的利己主义者,他给宠坏了(zu verwöhnt);可是谁比他更有权利给人宠坏呢?所有的大诗人一生都是任性的孩子,他们全给宠坏了。……那天他给我买了一枝非常好的茶花;等他回到家里,他很不愿意把它给人,他连看也不给我看,他把花藏在橱里,一直到它枯萎了,——so kindisch!〔德语:这么小孩气!〕"

这是她亲口对我们说的话。这种偶像崇拜使爱玛把她的乔治拉到了一个深渊的边缘,其实他已经落在那里面了,虽然他还没有灭亡,可是他已经沾染了满身的耻辱。

二月革命的喊声把德国唤醒了。心在悸动,谈话在各处传播,议论和怨声传遍了这个分成三十个部分的德意志联邦。在巴黎的德国工人成立了一个俱乐部,来商量他们应该做些什么事情。法国临时政府也鼓励他们,不过不是鼓励起义,却是鼓励他们离开法国;他们的睡梦确实多少给法国工人惊醒了。不用说,在弗罗公①发表了送别祝福和哥西及叶②发表了抨击暴君和专制者的激烈演说以后,这些可怜的人回到德国去多半会受绞刑或者遭枪决,或者得到二十年的徒刑;然而他们

---

① 斐迪南·弗罗公(1800—1866):一八四八年二月的法国临时政府的秘书。

② 马克·哥西及叶(1808—1861):法国的政治家和革命者。——英译者注

并不顾虑到这种事。

巴登的远征决定了。但是什么人可以做他们的解放者？什么人可以统率这支由几百个和平的工人和匠人组织的新的 armée du Rhin〔法语：来因军〕①？什么人？倘使不是这位大诗人，背上背着七弦琴，手里拿着宝剑，骑着他在他的诗中所梦想的“战马”，还有谁呢？——爱玛这样想。他会在战争之后歌唱，在歌唱之后战胜；他会被选作独裁者，他会出席各邦君主的会议，向他们宣布他的德国的愿望；在柏林他的铜像会在菩提树下②建立起来，在老银行家的住宅里也可以望见，他的名字也会流传无数年代，让人歌颂不绝……在那些诗歌里，这个忠诚的好爱玛，她跟着他像他的一个佩刀剑的随从，一个仆人，一个传令兵，她 in der Schwert-fahrt〔德语：在行军中〕一直保护着他，她也许不会被人忘记的。她在奈夫·德·柏地·尚街的尤曼拉店里定做了一件黑、红、金黄三色（德国国徽）的女用骑马军服，买了一顶有黑、红、金黄三色帽章的黑天鹅绒帽子。

爱玛托朋友们向那班德国工人提出诗人的名字；他们还没有找到一个领导人，而且记得黑尔威格的诗鼓舞他们参加革命，他们便选他做领袖。爱玛说服他接受了这个位置。

这个女人究竟根据什么理由把她那么敬爱的人推到这个危险的地位去呢？究竟他在什么地方、什么时候、什么情形里表现过他的镇定、他的临机应变的才能、他的思想敏捷、他的观察正确和他的勇敢呢？——这都是一个外科医生施手术、一个游击队领袖统率他的部队的时候所不可缺少的。这个软弱的人究竟在什么地方找到力量来刺激他的一部分神经加倍活动、而同时把另一部分压制到毫无感觉呢？她自己既有决断，又能自制，因此她这种行为倒使人对她不能宽恕了，——她忘记了她的丈夫听见一点儿声音就会惊跳起来，遇到任何灾

① 来因军：一七九〇年及其后驻扎在司特拉斯堡的法国革命军队。

② 菩提树下：柏林的一条大街，路旁种有四排菩提树和栗树，东头有腓特烈大帝的铜像。

难都会改变脸色,受到一点儿肉体的痛苦就会心灰意懒,碰到任何危险都会张皇失措。这是一种可怕的严重考验,在这里一切托辞都没有用,在这里人也不能拿诗和散文救助自己,在这里可选择的道路只有两条:一边是放在坟墓上的桂冠,另一边是逃亡与耻辱,——究竟是什么使她把她的丈夫带进这种考验里面去呢?她所期望的是另外一些东西,——她后来在谈话和信函中无意地把它们讲出来了。

巴黎的共和国差不多没有经过战斗便宣告成立,在意大利革命也正得势,从柏林甚至从维也纳来的消息也明白地报道那些王位已经在动摇了;谁也难想到巴登公爵或符腾堡王能够抵抗革命思想的进攻。说不定自由的喊声一起,兵士便会丢开他们的武器,人民会热烈地欢迎起义者,**诗人**就会宣告共和国的成立,共和国就会推举**诗人**做独裁者——拉马丁不是做过独裁者吗?以后,那位独裁者诗人便走遍德国各地作凯旋游行,带着他这位头戴黑、红、金黄三色帽子的爱玛,去接受文武两方面的光荣……

实际上事情却不是这样。巴登或斯瓦比亚的头脑简单的兵士既不知道什么诗人,也不知道什么共和国;可是他却非常知道纪律和他的伍长,而且由于他的奴隶根性,他还爱纪律、爱伍长,而且盲目地服从他的长官。农民事先完全不知道革命党人的计划,革命党人也没有一个认真的计划,并且事前没有一点儿准备。便是像黑克尔[1]和威立赫[2]那样勇敢的人也不能够做出什么事情,——他们也失败了,不过他们并没有临阵脱逃,同时他们幸而没有一个崇拜他们的德国女人跟在他们

---

① 弗里德里希·黑克尔(1811—1881):德国民主、社会党的领袖之一,他在德国革命爆发的时候,企图使"准备议会"成为一个永久的议会。他率领了一队革命者进入巴登,后来战败,亡命瑞士,又移居美国从事耕种。在美国内战时期他组织了一个德国联队,指挥着一旅德国志愿兵。——英译者注

② 威立赫(1810—1878):著者在另一处讲到威立赫时有这样的话:"他是一个心地洁白、性情善良的人,一个普鲁士的炮兵士官;他参加革命,成了一个共产主义者。在黑克尔领导的起义中他指挥炮兵为人民作战,等到革命完全失败才去英国。他到了英国,身边没有一个钱,他想以教授数学和德文为生,可是他的运气很差。他便抛弃他的教本,不顾他的军官身份,勇敢地去做一个普通工人……"

身边。

开火的时候，爱玛看见她的吓得脸色苍白的乔治眼里含着恐惧的眼泪，准备丢开他的军刀逃到什么地方去躲藏起来，——她便帮忙完成他的毁灭。她冒着炮火站在他的前面，要他的同志们救出这位诗人。兵士们胜利了。爱玛自己甘冒受伤、被杀、被俘（即是先受一顿鞭打、然后被送到司潘道或拉席塔特①禁锢二十年）的危险，掩护她的丈夫逃出了危险区域。

他在战斗开始就躲藏在一个附近村庄里。② 他跑到一个农民家里去，哀求农民把他隐藏起来。农民起先还不能决定，他害怕兵士们来搜查，可是后来终于叫他进到院子里。农民四处找寻，找到一只空桶，便把他藏在桶里，上面再盖着稻草，农民是冒了受笞刑、遭禁锢，而且家屋遭洗劫的危险这样做的。兵士们果然来了，农民并没有出卖诗人，却送了一个信给爱玛，让她来带走她的丈夫，把他藏在一辆大车里，她自己也换了服装，坐在车夫座位上，这样载着他出了国境。

“救你的人叫什么名字？”我们问他道。

“我忘记问他。”黑（尔威格）安静地回答。

他那些给激怒了的同志气愤地攻击这位不幸的诗人，同时还责备他发了财，住着“镀金的”住宅，责备他那种贵族的优柔性格等等。他的妻子对自己所做的事情的关系不明白到了极点，她居然在四个月以后出版一本小册子替她的丈夫辩护，在这本小册子里她叙述了她自己的功劳，却忘记她的故事在他身上投下了什么样的阴影。

不久便有人出来攻击他不仅临阵脱逃，而且浪费公款，藏匿公款。据我想，他并没有侵吞公款，不过同时我相信钱大概给这一对军人夫妇任意乱花在一些毫无必要的用途上面了。巴·安（宁科夫）亲眼看见他们在雪威店里购买肚皮里填塞麦蕈的火鸡和肉馅饼，并且把酒和别

---

① 拉席塔特：德国的要塞，当时是囚禁犯人的地方。

② 据说事实并非如此。

的东西装在将军的旅行马车里面。钱是弗罗公按照临时政府的指示给的;这笔款子的数目据两方面所说相差很远:法国人说有三万法郎,黑(尔威格)却声明他所收到的还不到这个数目的一半,不过他的旅费是法国政府付出的。在这个罪名以外,那些回来的起义者还附加说,他们失败以后到了司特拉斯堡,又饿,又没有衣服穿,身边一个钱也没有,他们去找黑(尔威格)求帮助,他却拒绝了——爱玛甚至不许他们和他见面——而他自己却住在一家豪华的旅馆里穿着“黄色摩洛哥皮拖鞋”。他们为什么把这一对拖鞋看作奢华的标记,我不知道,但是我听见他们十多次提起这对黄色拖鞋。

这一切仿佛是一场梦。三月初这班 in spe〔拉丁语:未来的〕祖国解放者还在巴黎举行庆祝宴会;五月中旬他们战败了,又跨过法国边境逃回来。黑(尔威格)回到巴黎,也就醒悟了,知道他的到达光荣的小路给堵住了,现实生活严酷地使他记起他自己的限度;他明白他的地位——他妻子的诗人和临阵脱逃的独裁者——是很不利的。……他必须开始新的生活,否则他便会堕落到底。我还幻想(这便是我犯了最大错误的地方)他会改掉他的性格的缺点。我还幻想我在这方面比任何人都更能够给他帮忙。

我每天都听见这个人对我说这一类的话(他后来还写在信里),我怎么能不这样想呢?他对我说:“我知道我的性格的可怜的弱点,——你的性格比我的更爽朗、更强,——请你支持我,做我的哥哥,做我的父亲……我没有一个亲近的人,——我的友爱都集中在你的身上;你用了爱和友情可以使我变成无论什么样的人。请你对我不要太严厉,请你和蔼一点儿,宽容一点儿。让我握着你的手……而且我实实在在不会放掉它,我要守住你。……我在某一件事情上并不比你差,也许我还要超过你:这就是在我对我亲爱的人的无限的爱慕上。”

他不是在说谎,不过这一番话并没有给他加上一个责任。他不是在说谎,不过他并没有准备为真理贡献什么。他去参加巴登起义,也并不是存心要在战斗的时候离开他的同志,可是一看见危险他就逃走了。

只要是在没有冲突、没有战斗的时候，只要是在用不着努力或牺牲的时候，一切都会进行得非常好，——也许经过许多年，也许经过一生都没有问题……可是倘若在路上遇到了绊脚石，那么不幸、罪恶行为、羞辱都会来了。

为什么我当时不明白这一点呢！

*　　*　　*

在一八四八年年底，黑（尔威格）差不多每天晚上都到我们这里来。他在家里很闷。爱玛实在把他烦够了。她从巴登远征回来，一点儿也没有改变。她对过去发生的事情也没有深刻地考虑一下。她还是和从前一样，热爱她的丈夫，感到满足，喜欢讲话，好像他们夫妇是凯旋回来似的，至少他们背上没有带一点儿伤痕。只有一件事情使她焦虑——这就是缺少金钱，而且她很明白地知道不久连一个钱都会没有了。他所参加的失败了的革命并不曾解放德国，也没有把桂冠放在诗人的头上，但是它却把那个老银行家（爱玛的父亲）完全毁了。

她不断地努力消除她丈夫的忧郁的思想；她却从没有想到只有这些忧愁的思想或者可以拯救他。

浅薄、轻浮的爱玛对于深刻的内心的东西毫无要求，在她看来这种东西只能够产生痛苦。她天性很单纯，好像两拍子的简单调子一样——遇到一切难题都爱用她那 entweder-oder〔德语：或此或彼〕来一刀斩断乱麻；往左往右在她都没有关系，只要她能够脱身出来，再赶上前去。到什么地方去呢？她自己也不知道。她常常在谈话中间忽然插入一段逸事或者一点儿实际的见解——虽然它的实际属于最不高明的一类。她相信我们中间没有一个人像她那样有许多实际的判断力，因此她不但不用娇媚来掩饰她的事务才干，她反而卖弄风情似的把它们表现出来。我还应该说她从没有表示出一点儿真正实际的判断力。无事自扰，小题大做，议论物价，议论厨子、家具、物品，这跟事务才干完全不相干。在她的家里所有的东西都是杂乱无秩序的，因为她的偏执狂支配了一切；她随时都是 sur le qui vive〔法语：小心提防着〕，留心看她的丈夫的脸色，她把他个人的任性看得比一切主要的生活必需品更重要，甚至比他们的儿女的健康与教育还重要。

黑(尔威格)很自然地想离开家庭，在我们这里找寻和谐的宁静；他把我们的家看作一种理想的家庭，他爱这里的一切，崇拜这里的一切，我们和我们的儿女他都一样地爱。他梦想跟我们一起去一个遥远的地方——从那里静静地旁观漆黑一片的欧洲悲剧的最后一幕。

虽是这样，然而除了对于一般事物他和我们有相同或极相似的理解外，我们中间却少有共同之点。

黑(尔威格)要利用世界上的一切事物，他专为他自己打算，他胆怯地、同时又自负地追求人们的注意，他一面怀疑自己，一面又相信自己的优越。这一切使他成为喜欢卖弄而且反复无常的人，有时候他是故意地忧闷，故意地仔细，或者故意地疏忽。他永远需要着一个正像爱玛那样的可以同时做他的向导、他的心腹、他的朋友、他的奴隶的人，这个人在不需要的时候应该忍受责备和冷淡的待遇，可是只要他一招手就应该马上跑回去，而且带着笑容顺从地做他所命令做的事情。

我也在追求爱和友情，追求同情，甚至追求别人的赞美，我努力争取它们，可是我绝没有这种在 dépit〔法语：忧闷〕和在分辩解释的时候所表现出来的女性的狡猾，这种求人注意求人宠爱的永久的渴望。也许我的极端的真实、我的过分的自信、我的行为的健康的真诚——我的 laisser-aller〔法语：大意〕——也是从虚荣心来的，也许我是由它们把灾难招致到我的头上来的，然而情形确是如此。在欢笑和在悲痛中，在爱和在公众利益中，我诚恳地献出了我自己，我可以完全忘记自己的快乐或悲伤。我有坚强的体力和毅力，因此我独立不倚，信任自己，我准备随时援助别人，可是从不求别人可怜我，给我帮助或支持。

我和黑(尔威格)有着这样相反的两种气质，所以我们中间有时候很难不发生一点儿不愉快的冲突。可是第一，他对我比对别人更加小心；第二，他悲痛地向我承认他的不是，这样完全解除了我的武装；他并不替自己辩护，不过拿友情的名义恳求我宽恕他那种软弱的性格，他自己已经承认、而且责备这种弱点。我好像是他的一种监护人，我在别人的面前庇护他，我劝诫他，他顺从地接受了我的意见。他的这种顺从是爱玛极不喜欢的，她妒嫉地嘲笑它。

一八四九年来了。

第三章　心的迷乱

在一八四九年我渐渐在黑（尔威格）身上看出了各种变化。他那喜怒无常的性情越发喜怒无常了；他时常感到难堪的忧郁和软弱。他的岳父破产了；剩下的一点儿钱要留给家里其余的人作生活费……贫穷更不客气地叩着诗人的门。……他想到这个就要打颤，而且完全失掉男人气概。爱玛弄得筋疲力尽，东西借贷，赊欠物品，出卖她的东西——竭力使他看不出来他们的真正处境。她自己不但连必需的东西都不要，而且也不给孩子们做一件内衣，为着使她的丈夫可以在蒲洛文沙兄弟公司①吃顿午饭，买一些无用的东西。他只向她要钱，却不知道钱从哪里来，而且他也不想知道。我为这件事责备过爱玛，我对她说她是在毁他，我也曾向他提起，——他坚决地不肯听我的话，她也在使性，一切事情还是照从前那样。

他虽然害怕贫穷到可笑的程度，但是这还不是他的苦闷的原因。在他为他自己悲叹的时候，他说来说去总是同样的一套话，我听得讨厌起来。黑（尔威格）永远抱怨他自己的软弱，同时又责备我，说我不需要亲切和温存，说他在憔悴、毁灭，没有一个人伸手援救他，说他是这样寂寞、这样不幸，所以他想死去，说他对爱玛虽然十分尊敬，可是他那敏感、纤细、与众不同的心灵受不了她的严厉粗暴的接触，甚至受不了她的"响亮的声音"：他这样反复地诉苦，终于叫我听得厌烦了。然后他又热烈地向我保证他对我的友情是多么深远……在他这种狂热的、失

① 蒲洛文沙兄弟公司：当时巴黎的一家大饭店。

常的激动状态中，我开始看出来一种特殊的情感，这使我吃惊，使我为他、同时也为我自己警惕了。在我看来，他对娜达丽雅的友情已经有了一种更多激情的性质。……这个时候我不能有什么举动，我只好沉默，我开始忧愁地预料着我们正从这条路走向大的灾难，结果我们的生活里一定有什么东西给毁掉。

……一切都毁掉了。

他反复地谈他的绝望，他不断地哀求人照顾他，哀求人给他一句温暖的话，他始终离不了这样的话……哭诉，不停地哭诉……——这一切在一个女人的心上自然会发生很大的效力，何况还是这样的女人，她那好不容易得来的宁静刚刚给毁坏了，而我们所生活于其中的这种非常悲惨的环境又在使她痛苦。

娜达丽雅有一次对我说："你缺少一种东西，不过对于你这样的性格，没有它倒也很合适：你不了解人想望一个母亲、一个朋友或者一个姊妹的温柔爱护的心情，正是这种想望在折磨黑尔威格。我了解这心情，因为我自己也感觉到它。他是一个大孩子，而你却是一个成年人；一件细小事情都会使他快乐或者叫他伤心。一句冷酷的话对他差不多是致命的打击，我们应该爱惜他。……在另一方面说，你看他为了一点点小的照顾，为了一点点亲切，为了一点点同情，就多么感激地感谢别人！……"

这是真的？……然而不，倘使真是这样，他一定会在告诉她以前自己先对我说。……我始终没有泄露他的秘密，我并不曾提过一句，我只惋惜他没有对我说……

一个秘密是可以保守的，只要它不曾在任何人面前泄露，而且也只有在对任何人都不泄露的时候。倘使他说出了他的爱情，那么他绝不能够对一个在精神上和他如此亲近的人沉默，而且隐藏着一个和那个人有着如此密切关系的秘密。可是他并没有说出来……我这一次也忘记了那本题作《亚美尼乌斯》的旧小说。

……一八四九年底我从苏黎世到巴黎去交涉取回被俄国政府扣留

的我母亲的款子。我离开日内瓦的时候,跟黑(尔威格)分别了。我到了伯尔尼又遇见了他。

我看见他拿着 *Vom andern Ufer*〔德语:《来自彼岸》〕的校样正在对特列佛斯的西蒙①朗读里面的几段。他看见我连忙跑过来,好像我们几个月没有见面似的。我在这天晚上离开伯尔尼,他连一分钟也没有离开过我,他反复地说着最热情、最友爱的话。他这时候为什么找不到力量对我坦白地公开承认呢? ……我当时对他还怀着好感,那么一切事情会处理得合乎人情。

他送我到驿站,跟我道了别,他把身子靠在大门上,驿车经过大门开走了,他还留在那里揩眼泪。……这差不多是我还真正爱着这个人的最后一分钟了。……只有在思索了一个整夜以后,我才想到一个字眼,我不能把它从我的头脑中去掉:"灾难,灾难! ……将来会有什么结果呢?"

我的母亲不久便离开巴黎。我住在爱玛的家里,不过实际上就只有我一个人。我需要这样的孤寂;我要背着人清清静静地思索,我究竟应该怎样做。娜达丽雅来了一封信,说起她对黑(尔威格)的同情,这给了我一个机会,我决心写信给她,说明我的意思。我的信②的语气是悲痛的,但也是安静的;我求她平心静气、仔细地检查一下她自己的内心,我求她对她自己要坦白,对我也要坦白,我还要她记住我们两个人是被过去的一切、被我们的一生过于密切地联系在一起的,在我们中间不能有任何隐匿的事情。

娜达丽雅回信说(这封信还保存着,差不多所有别的信都在 coup d'Etat〔法语:政变〕的时期中烧毁了):

我接到你九日的信,我也坐着,只是惊愕地想:这是什么缘故?

---

① 路德维席·西蒙(1810—1872):特列佛斯的律师。一八四八年被选为德国国民议会中极左派的议员。一八四九年他亡命瑞士,特列佛斯法庭将他缺席判决死刑。他在一八五五年出版了一本题作《亡命记》的书。——英译者注

② 指一八五〇年一月九日的信。

我哭着,哭着。也许这全是我的错,也许我不配活下去,不过我的心情恰恰和晚上我一个人静静地给你写信的时候一样。我在你面前,在全世界面前都是没有罪的,我的心灵里也没有一点儿自责的感觉。我在我对你的爱情里面生活惯了,犹如我在上帝的世界中生活惯了一样;倘使我不在这里面生活,我也就不会在别的地方生活下去!从这个世界里逐出来,——到哪里去呢?——我须在别处重生。我不能跟它分离,犹如我不能跟大自然分离一样,我从它里面出来,我又走回到它里面去。我从没有一刻有过另外的感觉。这是一个宽广的、丰富的世界;这样丰富的内心的世界我还没有见过,也许它太宽广了,也许它把我的存在和它的需要过于扩大了——在这种满足之中,有一些时候(这是在我们的共同生活的开始就有了的)在我的心灵深处有一种像细毛那样的东西隐隐地搔痛我的心灵,然后一切又是愉快的了。……

娜达丽雅在另一封信里又说:

这个没有满足的东西,这个闲着的,而且被摒弃了的东西追求着另外的同情,而且在黑(尔威格)的友情里找到了它。

这并没有使我满足,我再写信给她:

不要害怕看到你自己的内心深处,不要勉强去寻找解释。你靠着强辩不会逃出漩涡的,它仍然会把你冲走。在你的信里有一种我不熟悉的新的调子,这不是忧郁的调子,却是另外的一种……现在一切都还握在我们的手里……让我们拿出勇气来彻底解决。我们既然把那个折磨我们心灵的秘密用文字表现出来了,那么黑(尔威格)便是我们的和声中的一个失调,否则我就是。我准备带着沙夏到美洲去,然后我们会看清楚究竟是怎么一回事情。……这对我是很痛苦的,不过我要竭力忍受;在这里住下去我更痛苦——而且我实在受不了!

她带着恐怖的叫声回答我这封信，她从来没有起过跟我分离的念头：

> 你怎么能够！……你怎么能够！……——我离开你……好像那是可能的！……不，不，我只想到你身边来，立刻到你身边来。……我就要收拾行李，几天以后我就会和孩子们一起在巴黎了！

她离开苏黎世的那天又写信给我：

> 就像经过了风暴和遇险以后一样，我回到你身边来，回到我的故乡来，我充满着信仰，我充满着爱。我只希望你的心境和我这时候的一样就好了！我比以前什么时候更快乐！我还是一样地爱你，不过我现在更认识你的爱了，而且我欠生活的债也都偿清了，——我不再指望什么，也不再要求什么。至于那些误会！——我感激它们，它们使我明白许多事情，它们就会过去，而且会像乌云那样地消散的。

我们在巴黎的会面①并不是快乐的，不过它使我们深切地、真实地承认：我们生活的根已经十分牢固，就是风暴也不能将它们拔起：要把我们分开，并不是容易的事。

在那个时期的长谈中间有一件事情使我很惊奇，我把它仔细研究了几次，每一次我都相信自己不错。娜达丽雅还保留着对黑（尔威格）的爱情，可是他不在她面前的时候，她好像呼吸得更畅快，她好像从什么魔术符咒的圈子里逃出来了一样；她怕他，她觉得他的心灵里有一些狠毒的力量，她害怕他那种无限的利己心，她到我这里来找寻支持和保护。

---

① 这是一八五〇年一月底的事。娜达丽雅带着孩子们于一月二十六日凌晨到达巴黎。全家住在和平路的米拉波旅馆。第二天娜达丽雅写信给黑尔威格说：“直到这一天我还不明白我多么离不开亚历山大；一点点疑心就会杀死他。……”

黑(尔威格)虽然不知道我和娜达丽雅中间来往的信札的内容,他却猜到我的信里一定有什么不好的话。事实上,把别的一切事情撇开不谈,我也很不高兴他。爱玛挣扎着,哭着,用尽方法来使他满足,送钱给他用,而他不是不回她的信,便是写信挖苦她,而且不断地向她要更多的钱。我保存下来的他写给我的信,与其说是朋友的函札,不如说是充满焦虑的情书。①他含着眼泪责备我的冷淡,他哀求我不要撇弃他,他失掉我,失掉以往的完全明朗的同情便不能够生活,他诅咒我们的误会和那个"疯狂的女人"(指爱玛)的干涉,他渴望着开始一种新的生活,——在遥远地方的生活,跟我们在一起过的生活,他又称我做父亲、哥哥、知己朋友。

对这一切我用了各种口气回答他:"你要想想看,你是不是能够开始新的生活,你是不是能够摆脱……堕落腐败和腐烂的文明。"——我两次向他提起阿乐哥②,那个老茨冈对阿乐哥说:"骄傲的人,走开罢,你只求你一个人的自由。"③

他用眼泪和责备来回答我这封信,可是并不曾坦白地吐露他的胸怀。他在一八五〇年中间的信函和我们在尼斯的最初几次的谈话揭露了一件可怕的事情……这是什么?是欺骗?是背叛?是说谎?……不,还是那件旧的东西——就是我常常责备西欧人所具有的那种优柔寡断的两重性格,我许多次反复思索过我们这个可悲的戏剧的一切细节,我总要停下来惊愕地想:这个人怎么一次也没有吐露过他的胸怀,连一句话也没有,连一点真实的感情冲动的表示也没有。他既然觉得不能对我坦白,他怎么能够设法越来越亲密地接近我,而且在他的谈话

① 在赫尔岑的文件中还保存着黑尔威格用法文写的二十封信(自一八四九年十二月至一八五〇年七月),其中十九封都是写给赫尔岑的,只有一封是给娜达丽雅的。赫尔岑并未了解黑尔威格的用意。所有这些信主要地是为着娜达丽雅写的,而且她全读过。娜达丽雅写给黑尔威格的信全保存下来,后来由黑尔威格的儿子马赛尔送给伦敦不列颠博物馆了。娜达丽雅却烧毁了黑尔威格写给她的信。

② 阿乐哥:俄国大诗人普希金(1799—1837)作长诗《茨冈》中的主人公。

③ 这是阿乐哥杀死了他妻子的情人后,他岳父对他说的话。

里还触到那些心灵中的圣地(要触到它们,必须不亵渎完全的、相互的诚实才行)呢?

当他猜到了我的疑心,不仅坚守他的秘密,而且更热烈地向我保证他对我的友情,一面又更加努力用他的绝望来感动那个心意彷徨的女人的时候,——当他开始消极地用他的沉默欺骗我、一面又恳求她(这是我后来才知道的)不要疏忽地漏出一句话,使他因此失去我的友情的时候,——这便是犯罪的开端了。

犯罪!……是的……以后的一切苦难都是它的简单的不可避免的后果——死阻止不了这些苦难,忏悔也阻止不了这些苦难,因为它们不是惩罚,却是后果。……事情一经做过,完全无法改变,因此后果会传到下代。赔偿、悔改可以使一个人跟他自己、跟别人和解,忏悔可以救赎一个人,但是他的行为的后果会走它们自己的可怕的路。为了逃避它们,宗教发明了天堂——它的外厅便是寺院。

……我被驱逐,离开了巴黎,①差不多同时爱玛也给驱逐出法国。我们决定在尼斯住一两年(这个地方当时还属于意大利),爱玛也到了那里。这以后不久,就是在快到冬天的时候,我的母亲要到尼斯来,黑(尔威格)要跟她一道来。②

为什么我同娜(达丽)到那个城市去呢?我和别人都想过这个问题,不过这实在是一个很小的问题。就是撇开我到什么地方黑(尔威格)也能到什么地方这个事实不提,我能够用地理的和别的外部的方法来避免侮辱么?

黑(尔威格)到达后的两三个星期中间,他带着一位绝望到了最后阶段的维特③的神气,这种神气非常显著,所以一个经过尼斯的俄国医生相信他开始发狂了。他的妻子平常总是含着眼泪:——他待她很坏。她会跑到娜(达丽)的房间里哭几个钟头,她们两个人都相信今天明天

① 赫尔岑全家于同年六月十七日离开巴黎。

② 同年八月二十二日黑尔威格到了尼斯。

③ 维特:歌德的小说《少年维特的烦恼》中的主人公,因失恋而自杀。

他就会投海,或者用手枪打死自己。娜(达丽)的苍白的脸颊和焦虑的表情,还有她甚至跟儿女在一起的时候,也露出来的那种惊惶不安、心中有事的神情,使我很清楚地看出来她内心的痛苦。

我们谁都没有说出一个字,但是在表面的平静中,我看见什么凶恶的东西逐渐地逼近——好像有一对发光的点子不断地在树林边上时隐时现,表示一只猛兽等在那里。万事都急速地向着一个结局进行。这个结局却因奥丽迦①的诞生延迟了。

---

① 奥丽迦:赫尔岑的幼女,一八五〇年十一月二十日诞生于尼斯。

第四章　又一年（一八五一年）

新年前娜达丽雅把她在画家居约①那里订购的一幅水彩画拿给我看。

这里面的是我们宅子前面的阳台，还有一部分的房屋和院子，孩子们在院子里玩，达达的山羊也躺在那里，娜达丽雅自己在后面阳台上。我以为这幅画是送给我的，但是娜（达丽雅）说她打算把它送给黑（尔威格），作为新年的礼物。

我很不高兴。

“你喜欢它吗？”娜（达丽雅）问道。

“我非常喜欢这幅水彩画，”我说，“要是黑尔威格允许的话，我也要订一幅。”

娜达丽雅从我的苍白的脸色和声音，便知道这句话是一种挑战，而且还是内心的大风暴的一个证据。她望着我，眼里含着泪水。

“你拿去罢！”她说。

“绝不，这太儿戏了。”我答道。

我们没有再说下去。②

我们在我的母亲那里度过一八五一年的元旦。我非常烦躁不安；我坐在福黑特③旁边，一杯又一杯，不停地斟满他的和我自己的酒杯，

---

① J. 居约（1810—1876）：当时的著名画家，出生于尼斯的法国人。

② 这张画还是送给黑尔威格了，娜达丽雅亲笔在画上题了字：“苍白的娜达丽雅在阳台上”（德文）和“娜给乔”。最后用俄文写上日期：“一月四日，星期六。”

③ 卡尔·福黑特（1817—1898）：德国博物学者。

我还不断地说着尖锐的、讽刺的笑话。福黑特大声在笑。黑(尔威格)带着愁烦的眼光皱着眉头默默地望着。后来他明白了。他喝了祝贺新年的酒以后,还举起他的杯子,并且说他的唯一的希望是:新来的这一年不要比过去的一年更坏,他全心全意地希望着这个,不过不见得有把握。他反而感到一种不吉的预兆,他耽心一切、一切都会毁灭。

我没有说一句话。

第二天早晨我拿起我从前写的小说《谁之罪》①翻看,我读了柳冰卡的日记和最后的几章。难道这是我自己的命运的预言,就像奥涅金②的决斗是普希金的命运的预兆吗?……但是我的内心的声音对我说:"你是一种古怪的克鲁采弗尔斯基③——,而且,老实说,他又是一种什么样的别里托夫④呢?他的高尚的真诚在哪里?我的含泪的自我牺牲又在哪里?"在我相信娜达丽雅沉溺在一时的迷恋中的时候,我更相信我应该为着这件事跟他战斗到底,使他不会把我从她的心上赶走。

……果然不出我的预料:娜达丽雅自己先跟我谈这件事情。

经过了关于那幅水彩画的争论和在我母亲家里的新年聚会以后,再要敷衍下去,是不可能的了。

我们的谈话是痛苦的。我们两个都不是站在前一年那样的高的水平上面了。她感到惊惶不安,她害怕他离开,又想她自己走开,回到俄国去住一年,可是她又害怕走。我看见她在踌躇,我看见他用他的利己心要把她毁掉——她不会有抗拒的力量。他的沉默激起了我的憎恨。

我又对她重说一次:"我把我的命运放在你的手中。我再求你把

---

① 《谁之罪》:赫尔岑的长篇小说,一八四五年出版。下文的柳冰卡即柳波尼加或柳波芙,《谁之罪》中的女主人公。她和她丈夫的朋友别里托夫恋爱。柳波芙的日记在《谁之罪》的《后篇》中。

② 奥涅金:普希金的长诗《叶甫盖尼·奥涅金》中的主人公。他在决斗中杀死了他的朋友年轻诗人连斯基。普希金自己后来也在决斗中被害。

③ 克鲁采弗尔斯基:柳波尼加的丈夫,他为了妻子的幸福,愿意牺牲自己。他整天"发狂地喝酒",借酒浇愁。

④ 别里托夫:《谁之罪》中的男主人公。他爱上了友人的妻子,最后为了顾全友人的幸福离开了俄国。

一切衡量一下，把一切估价一下……我仍然准备接受任何的决定，——我可以等候一天，等候一个星期，不过这次的决定必须是最后的决定。”我又说：“我觉得我已经到了我的力量的限度了；到现在我还可以循规按理地行事，不过我也觉得我不能够长久这样。”

“你不要走开，你不要走开！”她淌出眼泪说，“你走了，我不能够活下去。”

她这样的话并不是轻易说出来的。“他必须走。”

“娜达丽雅，你不要着急，不要这样着急地就作出最后的决定，正因为这是最后的决定了。……等等罢，……你想想——你要考虑多久都可以，不过请你给我一个最后的回答。像这样的情感的反复涨落，我实在受不了……它们使我变愚蠢了。我现在变成了一个褊狭的人，我要发狂了。……任凭你要我怎样都行，不过这一次必须是最后的决定……”

就在这个时候我母亲带了科利亚坐车来邀我们到门托勒去；我们全家出去上车的时候，看见马车里少一个座位。我指着空座位要黑(尔威格)坐下。黑(尔威格)平时虽然不是一个精细周到的人，这个时候他也不肯坐。我看看他，猛然把门碰上，对车夫说了一声：“走！”

剩下我们两个单独地站在住宅前面的海滨。① 我觉得我的心上仿佛压着一块石头；他沉默着，脸色白得像一张纸，他躲避我的眼光。我为什么不对他明说，或者把他从岩上推到海里去呢？一种神经的软弱阻止了我。他对我说起诗人的痛苦，又说生活安排得非常坏，弄得一个诗人到处给人带来不幸。他自己受苦，也使每个跟他亲近的人受苦。……我问他读过乔治·桑的《奥拉斯》②没有。他记不起了。我劝他读这小说。

---

① 赫尔岑和黑尔威格都没有上车。

② 《奥拉斯》：乔治·桑的长篇小说。书中的主人公奥拉斯是个有虚荣心的，优柔寡断的冒险家，为人自高自大，缺乏道德的勇气，他的财产就是他那副漂亮脸孔。

他便到威斯公地①去找这本书。我以后就没有再看见他了。

在六点到七点的中间，我们都坐在饭厅里用午餐，他不在。他的妻子走进来，她的眼睛哭肿了；她说她的丈夫病了——我们大家互相望着——我觉得我真可以把我手里拿的小刀刺进她的身体去。

他把自己关在顶楼上他的屋子里面。他用这种 étalage〔法语：装模作样〕自绝于人。……以后我对待他就用不着顾虑了。

后来外人都走了，孩子们也睡了，——我们夫妇单独在房里。娜达丽雅坐在窗口哭。我在屋子里踱来踱去，血就在我的太阳穴跳动；我简直透不过气来了。

“他走了！”她终于开了口。

“我想那是用不着的；应该我走。”

“天呀……”

“我走……”

“亚历山大，亚历山大，你不怕会后悔吗！……你听我说：救救我们大家。只有你一个人能够这样做。他毁了，他振作不起来了，——你自己知道他多么敬重你；他那种疯狂的爱，他的那种疯狂的友情，还有他知道他使你受痛苦的自觉……而且更坏的……他想走开，想在我们的眼前消失……所以你一定不要把事情弄得更复杂，不然的话，他会自杀的。”

“你相信吗？”

“我完全相信。”

“他自己这样说过吗？”

“他自己，还有爱玛。他已经把他的手枪擦干净了。”

我忍不住大笑起来，问道：“这是他在巴登用的那支手枪吗？——他倒应该把它擦干净，它一定落到污泥里去过。不过你也可以对爱玛说，我愿意抵偿他的生命。我愿意给他的生命保险，不管多大的数目

① 威斯公地：本地的书店。

都行。”

“你当心你会为你的笑后悔的。”娜达丽雅说着，悲痛地摇她的头。

“只要你愿意，我就去劝阻他。”

“那么会有什么样的结果呢？”

“结果么，”我说，“那是难预料的，而且更难躲开。”

“我的上帝！我的上帝！——我们的孩子，可怜的孩子，他们以后会变成什么样呢！”

“你早就应该想到他们！”我说。

不用说这是我对她说过的话中间最残酷的。我当时气得太厉害了，我不能够合乎人情地了解我说的话的意义。我觉得有什么东西在我的胸中、我的脑里搐动，我不仅可以说出残酷的话，我也许还可以做出流血的事情。她完全给悲痛压倒了；接着是一阵沉默。

过了半点钟，[1]我愿意喝干我的苦杯，又对她发出几句问话，她一一回答了。我觉得我自己已经完全破碎了，野蛮的复仇的冲动、妒忌的刺激和受到损害的自尊心使我迷醉。任何刑罚和绞刑架，都不能使我感到恐怖！我的生命不值一个钱了。这是逼着人做出任何疯狂、可怖的行为的一个主要条件。我不说一句话，我抄着两只手站在客厅里那张大桌子前面，……我的脸完全扭成了怪相。[2]

沉默继续下去。我忽然掉过眼睛去看她，我吃了一惊：她的脸上罩着一层死色，——一层青白色；她的嘴唇是白的，她的嘴痉挛地半张开；她不说一句话，只用空虚的、疯狂的眼光看我。这种无限的痛苦和无言的悲痛的神情立刻镇定了我的激情的骚动；我可怜她，眼泪顺着我的脸颊流下来。我真想跪在她的脚前，求她的宽恕。……我在沙发上坐下，坐在她的身边，拿起她的手，把我的头放在她的肩上，轻轻地用温和的声音安慰她。

---

① 下面一部分的话是从一八五二年三月我写给豪格的信中摘出来的。——作者原注

② 赫尔岑写给豪格的很长的回信中有一句：“我向你承认，我有过杀死娜达丽雅的冲动。”

我的良心折磨我，——我觉得我做了一个残酷的审问官，做了一个拷问者……难道这是必要的吗？难道这就是一个朋友的帮助吗？这就是同情吗？难道我失掉了我的教养、我的人性，我在妒忌和愤怒突然发作的时候，居然能够拷问一个不幸的女人，扮演蓝胡子①那样的角色吗？

几分钟过去了，她没有说一句话，她还不能够说一句话，——于是她抱住我的颈项抽泣起来。我让她躺在沙发上，她疲乏得没有一点儿力气，她只能说："不要害怕，我的朋友，这是好的眼泪，感动的眼泪……不，不；我绝不离开你。……"

她的激动和带痉挛性的抽泣使她不能支持下去，她闭上了眼睛，——她晕过去了；我把香水倾倒在她的头上，打湿她的鬓角；她渐渐安静下来，睁开眼睛，捏住我的手，又落入半昏迷的状态中，这样地继续了一个多钟头；我仍然跪在她的身边。后来她睁开眼睛，看到我的平静的、悲戚的眼光，——眼泪还顺着我的脸颊在流，她对我微微一笑……

这是一个转机。从这一刻起很强的魔法便开始减弱了，毒药也减少了它的效力。

"亚历山大，"她的精神稍微恢复了些，她便对我说，"你去了结你那件事情，你答应我，——我一定要看见你把它了结，不然我便不能够活下去，——你答应我一定不用流血去了结它，你想想我们的儿女……你想想要是没有你、没有我，他们会变成什么样子。"

"我答应你要尽我的能力避免冲突，再大的牺牲我也不顾惜，不过为了这个你得保证一件事：他必须明天离开，——至少要到热那亚去。"

"这一定照你的意思办到……我们要开始新的生活，一切过去的事情都让它过去吧。"

我热烈地拥抱她。

---

① 蓝胡子：据中世纪法兰西的传说，蓝胡子是个杀死六个妻子的丈夫。

*　　*　　*

第二天早晨爱玛到我的屋子里来。她头发散乱，眼带泪痕，穿一件短罩衫，腰间束一根细带子，样子非常难看。她带着悲痛的神情慢慢地走到我面前。在平时我看见这种德国人的夸张的做作，一定会大声笑起来。……现在我却没有笑的心思。我不请她坐下，而且也不掩饰我并不高兴她来看我。

"您有什么事情？"我问道。

"他要我来的。"

"您丈夫要什么东西，"我说，"他自己可以来，不然，也许他已经自杀了？"

她把两只手抄在她的胸前。

"您就这样说——您?！他的朋友?！……我真不明白您！难道您还不了解在您眼前演的悲剧吗？……他的纤弱的体质不能够在他跟她分开以后，也不能够在他跟您决裂以后继续活下去。是，是，他不能跟您决裂！……他为了他带给您的苦恼正在哭着，——他要我来告诉您，他的生命捏在您的手里，他要求您把他杀掉……"

"这简直是喜剧，"我打断了她的话。"您看，什么人会像他这样请别人去杀他，而且叫他的妻子去请人？我讨厌这种庸俗的传奇剧里的把戏。我不是一个德国人。"

"Herr Herzen！〔德语：赫尔岑先生〕！"

"Madame Herwegh〔法语：黑尔威格夫人〕，您为什么要担任这种吃力不讨好的使命呢？您当然想得到我这个时候不会对您说什么愉快的话。"

"这是一个注定了的灾难，"她停了一下说，"您跟我同样地受到了它的打击……不过您看，您的气愤和我的忠诚是多么地不同……"

"太太，"我说，"我们扮演的角色不同；我求您不要拿它们来比较，恐怕倒是您应该红脸。"

"绝不！"她生气地说，"您不知道您在说些什么。"然后她又说："我要把他带走，我不让他再像这样地过下去，——您的希望会实现的。不过您在我眼睛里不再是那个我十分敬重的人、乔治的最好的朋友了。不，您要是那个人的话，您一定会跟娜达丽雅分开，——让她走，也让他走，——我会跟您同孩子们留在这里。”

我大声笑起来。

她的脸变得通红，她带着因恼怒而发颤的声音问我：

“这是什么意思？”

“您为什么在谈正经事的时候开玩笑？”我对她说：“不过这也够了。这是我的 ultimatum〔法语：哀的美敦书〕：您马上到娜达丽雅那里去，您一个人去，您去跟她谈；倘使她愿意走，我就让她走，我不会妨碍任何人或者任何事情，不过请您原谅我，我不要您留在这里，我自己还可以料理家里的事情。不过，您听我说……倘使她不愿意走，那么我跟您丈夫同住在一个屋顶下，今晚上就是最后的一次了。过了这一夜我跟他绝不会一块儿活着住在这里！”

一小时以后，爱玛回来了，她忧郁地通知我（听她的语气好像她要说：“看您的坏心的成绩！”）：

“娜达丽雅不肯走；——她为了虚荣心毁掉了一个伟大的人物，——我要救他！”

“是吗？”

“所以我们在一两天就走……”

“怎么一两天？这是什么意思？明天早晨！——您忘记了我们的条件？”

（我重说这番话，我并没有违背我答应娜达丽雅的诺言，我相信爱玛一定会带他走开。）

“我真不明白您！我从前简直把您太看错了！”这个疯狂的女人说，她又走了。

这次她的外交工作就容易了，——过了十分钟光景她又来说，他对一切都同意：他答应离开，答应决斗，但是同时他又要她来告诉我，他立过誓不举起手枪对着我的胸膛开枪,不过他愿意死在我的手里。

“您看,他总是跟我们开玩笑……连法国的国王也只是让一个刽子手处死的,①并不是由一个知己朋友来动手。那么你们明天动身吗?”

“我真不知道应该怎样办。我们一点儿也没有准备。”

“一切都可以在天黑以前准备好。”

“我们的护照还得拿去签字。”

我拉铃;罗加②进来了。我告诉他,爱玛夫人请他把他们的护照马上拿去签字,说要到热那亚去。

“可是我们连旅费也没有。”

“你们到热那亚去要很多钱吗?”

“六百法郎。”

“我拿给您罢。”

“我们还欠这儿店里的帐。”

“大约要多少?”

“五百法郎。”

“您不要耽心,——祝您一路平安。”

她受不了这种调子:她平日把自尊心看得比什么都重要。

“为什么?”她说,“为什么对我这样? 我,您不应该恨我,轻视我。”

“您说,对您不应该?”③

“不,”她哽咽地说,“不,我只想说,我从前像一个姊妹似的真诚地爱过您,我不愿意走的时候不跟您握手告别。我尊敬您,您也许有理,不过您是一个残酷无情的人。要是您知道我过着怎样的日子……”

“可是您为什么一生都做奴隶呢?”我对她说,把我的手伸了给她;在那个时候我是不能够有同情的,“您应该得到您这样的命运。”

---

① 指路易十六(1754—1793)上断头台的事。

② 罗加:意大利人。一八五一至一八五二年在赫尔岑家当厨师兼听差。

③ 英译本作“那么对他就应该?”,大概是根据一种“变文”翻译的。

她蒙着脸走了。

第二天早晨十点钟，诗人雇了一部马车，装上他的各色各样的箱子、篮子，mit Weib und Kind〔德语：带着妻儿〕往热那亚去了。我站在开着的窗前，——他很快地就钻进了马车，我连他的影子也没有看见。爱玛跟厨子、女仆握了手，便上了车坐在她丈夫的旁边。我再想象不到比这种资产阶级的出门更丢脸的事了。

娜达丽雅心里非常难过。我们两个人到乡下去散步，我们这次的散步也是不愉快的，新的、发痛的伤口上还在流血。我们回到家里，最先遇见的人却是黑尔威格的九岁的儿子何拉斯。这是一个顽皮的孩子，还是一个小贼。

“你从哪里来?”

“从门托勒。”

“出了什么事?”

“Maman〔法语：妈妈〕有个字条给您。”

“Lieber Herzen〔德语：亲爱的赫尔岑〕，”她写道，好像我们中间并没有发生过什么事情似的，“我们要在门托勒住两三天，旅馆房间太小，——何拉斯妨碍乔治工作，——请你答应我们把他留在你们那里住几天。”

这种不知趣的举动倒使我惊愕了。爱玛同时还给卡尔·福黑特写信，要他去他们那里商量事情。……这样就把局外人拉进我们的事情里来了！我请福黑特把何拉斯带去，对他们说，我们没有空房间。

“可是我们的屋子还有整整三个月的租期，我们还可以使用它们。”爱玛托福黑特来对我说。

这完全是真的，不过租金是我付的。

不错，在这个悲剧里面，和在莎士比亚的悲剧里面一样：在令人惊心动魄的声音之外，在生命死亡、信仰丧失、思想消失的时候的呻吟之外，同时还有无聊的口角、刺耳的笑声和市场上那种欺诈的行为。

爱玛有一个女仆，名叫让莱特，是法国布罗温斯省的女子，漂亮而且很知自爱;她还留在这里住一两天,等着押他们的行李搭轮船到热那亚去。第二天早晨让莱特轻轻地推开我的书斋的门,问她是否可以进来单独地跟我说几句话。这是从来不曾有过的事;我以为她是来要钱的,正打算拿钱给她。

这个好心的布罗温斯女子,她脸红到耳根,眼里含着泪水,递给我爱玛在小商店买东西欠帐的各种帐单,她说:"Madame〔法语:太太〕吩咐我这样做的,不过我觉得没有得到您的同意,我不能够做,——您看,太太叫我在店里买各式各样的东西,她叫店里把它们添记在这些帐单上……我不先告诉您是不能做的。"

"你来告诉我,是很对的。她叫你买些什么东西?"

"单子在这儿。"

在单子上面写着几匹麻布,几打手帕,全套小孩的贴身衣服。

人说恺撒①同时可以做三件事:读、写、口述叫人笔录。那么这也是同样的多才多艺吧:——在家庭破灭、人感到农神的大镰刀的冷锋挨到颈项②的时候,还能够想着用便宜的办法得到麻布和小孩的长袜。德国人的确是了不起的民族!

---

① 恺撒:即求利阿斯·恺撒(公元前100—前44),罗马的大将、政治家和历史家。

② 指"死亡逼近"。

第五章

我们如今又清静了,可是这情形和从前的不相同,——一切都带着风暴的痕迹。信仰与疑惑、疲劳与焦躁、烦厌与愤怒是一种酷刑,然而最使人难堪的却是生命线已经折断,而且那种使生活过得极其舒适的可宝贵的无忧虑、无牵挂的心情也已丧失,并没有一样可以视作神圣的东西留了下来。因为做过的事已经做过,再也不能变动了。我一想到过去就要为将来耽心。好几次我们夫妇单独用午餐,两个人差不多一点儿东西都不动,一句话也不说,就站起来,揩去眼泪,离开了餐桌,还看见那个好心的罗加脸上带着怒容,把菜端开,他一边走一边摇头。闲散的日子,不眠的长夜……苦痛……苦痛,我喝着各种各样的酒,白兰地、老培勒①……夜里我一个人喝,白天我同恩格尔孙②一起喝,——在尼斯那样炎热的天气。俄国人借酒浇愁的毛病并不像一般人所说的那样坏。昏沉的睡眠究竟比烦恼的失眠好,第二天早上的头痛、不舒服也比空着肚子愁闷好得多。

黑(尔威格)寄给我一封信。我把它原封退回。他就给娜(达丽)写信,一封一封地寄来。他又给我写了一封信,——我仍然原封退回。我烦恼地旁观着这件事情。这时候应该是彻底考验的时期、和平的时期、避免一切外界的影响的时期。然而那个人不断地把信寄来,他装作心乱的样子,而且不时威胁着说要自杀,甚至要做出最可怕的犯罪行

---

① 老培勒:一种酒的牌子。

② 恩格尔孙(1821—1857):一个崇拜赫尔岑的俄国青年。一八五〇年秋天他和新婚的妻子到尼斯,第一次和赫尔岑见面。有一个时期他跟赫尔岑很熟。

为，在这个时候怎么能够有和平、有自由呢？例如他在信上说，他有时发起狂来，想杀死他的小孩，把他们的尸体抛出窗外，满身染着他们的血来见我们。在另一封信里他又说，他要来在我面前自杀，一面对我说："你看你把这个非常爱你的人逼到这个地步！"同时他又不断地要求娜达丽雅设法使我跟他和解，把一切过错都挑在她的肩上，并且建议请他来做沙夏的教师。

他许多次都提到他的实弹的手枪。娜达丽雅仍然完全相信这种话。他只要求她为他的死祝福。我劝她写信告诉他（她后来同意了），她相信他的话不错，除了死外，再没有别的路。他在回信里说她的话来得太迟了，他现在有的是另一种心境，他觉得他没有充分的力量来做那件事，不过如今所有的人都把他抛弃了，他要到埃及去。这封信使他在娜达丽雅的眼里大大地丢脸。

在这件事情以后奥申义[①]从热那亚来，他笑着告诉我们那一对夫妇怎样打算自杀的事。……奥申义知道黑（尔威格）在热那亚，便去看他们夫妇，恰好遇见黑（尔威格）在大理石的海滨马路上散步。奥申义听说他的妻子在家，便去看她。她立刻告诉奥申义，他们决定绝食自尽，这种自杀方式是她丈夫为他自己选定的，不过她愿意分担她丈夫的命运，——她要求奥申义照料他们的儿女何拉斯和阿达。

奥申义吓呆了。

"我们已经有三十个钟点没有进饮食了，"爱玛继续往下说："请你劝他吃点儿东西，给人类救下这一位大诗人。"她哭了起来。

奥申义出去，在阳台上站了一下，立刻又走回来，给爱玛带来一个好消息：黑（尔威格）站在街角吃糟野味。爱玛非常高兴，便按铃叫了一盆汤。这个时候她丈夫带着忧郁的表情进来了，他并没有提起烧野味，可是盛汤的盆子还摆在桌上。

---

① 费立却·奥申义（1819—1858）：意大利的革命者，"青年意大利"（秘密革命团体）的成员。一八五八年一月十四日他在巴黎投炸弹刺杀拿破仑三世（1808—1873）未遂被捕，同年三月十三日被处死刑。

"乔治,"爱玛说,"我听见奥申义说你在吃东西,我很高兴,所以我也决定叫一盆汤来。"

"我心里作呕,我吃了一小块糟野味,——不过这是没有用的;饿死是最痛苦的,——我要服毒。"

他的妻子抬起眼睛望天花板,她又看看奥申义,好像在说:"你看,他是无法挽救的了。"他也喝了一点儿汤。

奥申义已经死了,不过听见他讲的这个故事的人中间还有几个活着,例如卡尔·福黑特、莫狄尼①、查理·埃特蒙……这些把戏使娜达丽雅十分难过。他使她丢了脸,他使我丢了脸,这是她非常痛切地感觉到的。

春天黑(尔威格)到苏黎世去,却叫他的妻子到尼斯来(这又是一种无耻的、不漂亮的举动)。经过了这一切事情以后,我想休息了。我利用我入瑞士国籍的机会②,同恩格尔孙到巴黎和瑞士去。

娜达丽雅来信的口气是很平静的,她的心灵似乎更舒畅了。

我在回来的旅途中,在日内瓦遇见了沙左诺夫。他一边喝酒,一边用完全不关心的态度问我:

"你家庭的事情怎样?"

"还是从前那个样子。"

"你们那回事情,我完全知道,我是怀着朋友的同情来问你的。"

我吃惊而且打颤地望着他;他一点儿也没有注意到。这是什么意思?!我还以为完全没有人知道我们的事情。现在这个人喝着酒,突然跟我谈起来,好像它是一件极寻常、极寻常的事。

"你听到的是什么一回事?你从什么人那里听来的?"

"黑尔威格自己告诉我的。我坦白地对你说,我并不以为你做得对。为什么你不让你的妻子走,或者你自己离开她?你原谅我,我说这

① 莫狄尼:意大利革命者,马志尼的友人。下文的查理·埃特蒙是波兰革命者贺也次基的笔名。

② 赫尔岑为了避免警察的干涉,不让他们时常来找麻烦,曾要求归化瑞士。瑞士的夫赖堡行政区同意他为该区的公民。赫尔岑利用这机会到瑞士夫赖堡去。

是你的软弱！你本来可以开始一个新的、充满朝气的生活……”

“可是你凭什么认为她愿意走开？难道你相信我能够放她走或者留住她吗?!”

“你逼她，——自然不是在肉体上，是在精神上；你用你的言语，用你的痛苦逼她。不过我看见你现在这样镇静，我很高兴，我没有料到你还是这样镇静，——我应该对你老老实实地说出来。黑尔威格离开你们的家，第一，因为他是个胆小鬼，他很害怕你；第二，因为你的妻子答应过他，只等你稍微安静一点儿，她就到瑞士来。”

“这是卑鄙的谣言！”我大声嚷起来。

“这是他说的；我敢向你发誓。”

我回到旅馆，人很不舒服，身子有气无力，连衣服也没有脱掉，便往床上一倒，我仿佛处在一种近乎疯狂或者死亡的境界中。……我究竟相信不相信那些话？我不知道，不过我不能说我完全不相信沙左诺夫的话。

我反复地对我自己说：“那么我们的诗意的生活就这样地断送在欺骗中，而且在中途意想不到地断送在一个西欧式的流言蜚语里面了……哈，哈，哈！……他们可怜我，他们爱惜我，他们由于怜悯才给了我一点儿休息时间，我好像是一个受罚的兵士，鞭打到一半，因为脉搏微弱，给人抬到医院去受精细的治疗，养到他身体强健，再使他受另一半的笞刑。……”我受了欺负，受了侮辱，我丢了脸。

晚上我怀着这种心情写了一封信；我的信里一定带着愤怒、绝望和猜疑的调子。我后悔，我非常后悔那个背后的侮辱、那封恶意的信①。

---

① 赫尔岑的原信由娜达丽雅保存下来了，全文如下：

一八五一年六月二十八日，日内瓦，某咖啡馆。

我这个时候的感觉你自己可以判断。

他把什么都对沙左诺夫讲了，讲得那么详细，我一听见就透不过气来。他说，他可怜我，不过事情已经做了；又说，你求他不要作声，过几个月等我安静一点儿，你就离开我……

我的朋友！我连一个字也没有添加。沙左诺夫向我问起，好像你在生病似的。他说话的时候我简直像死人一样。我现在向你要求一个彻底的答复。这可以压倒一切的胡思乱想。沙左诺夫一定全知道了。……我要求真话。……马上(转下页)

娜达丽雅用了非常悲痛的话回答我。她说:“我宁愿死去;你的信仰破碎了,每一句话都会使你记起过去的一切事情。我应该怎样做呢?我怎样才能够使你相信我呢?我哭了又哭。”

黑尔威格说了谎。

她以后的来信都是很悲痛的;她可怜我,她想治好我的伤,她自己一定受了多大的苦!……为什么那个人会来向我重述这种谣言?……为什么又没有别人在我的身边阻止我寄发那封在犯罪的狂怒中写成的信?

(接上页)回答我;每一句话我都会仔细考虑。我的心要破碎了。……你把这个叫作有连贯性的发展。

我明天到夫赖堡去。我从没有像现在这样绝望过。给我回信,地址写:吐林,存局待领。

难道人们真的这样讲你吗?啊,上帝,上帝,我为了我的爱情受了多大的苦。……再还有什么呢?……回信……回信寄吐林!

第六章 Oceano Nox〔拉丁语:海洋之夜〕*(一八五一年)

一①

……在七月七日到八日夜里一点多钟,我坐在吐林的加利聂亚诺宫的台阶上;广场上空空的没有人;离我不太远,有一个乞丐在打盹;一个看守兵慢慢地踱来踱去,用口哨吹着什么歌剧中的曲调,手弄着枪发出响声……这是一个充满地中海热风气息的、炎热的、潮湿的夜。

我非常快乐,我好久不曾有过这样的快乐了;我又觉得我还年轻,而且充满精力,我还有朋友,还有信仰,我还是和十三年前一样地充满爱情。我的心多年来没有像这样地跳动过;它跳得像在一八三八年三

---

* 《海洋之夜》:法国浪漫主义诗人维克多·雨果(1802—1885)的诗题。

① 这一节(到现在还未发表过)在《往事与随想》中属于要在很久以后才发表的一部分,我是为了这一部分才写了其余各篇的。奥申义的《札记》中叙述一八五一年十一月十六日惨痛事故的几行文字,引起大家对我遭到的不幸表示了最大的同情,因此我便把下面的第二节在一八五九年的《北极星》上先发表了。——作者原注

作者所说的"一部分"就是这本小书的全文。作者生前曾在《海洋之夜》的标题下面发表了其中的三节:这一节和叙述十一月十六日惨痛事故的第二节,再加上描写娜达丽雅患病、她的最后的挣扎以及她的死亡的一节。第三节还有一个小标题:《一八五二年》,但在这一节中凡是与黑尔威格有关的文字全删去了。一直到一九一九年苏联国家出版局出版了《往事与随想》的完全本,赫尔岑回忆录的这一部分才第一次跟读者见面。

奥申义的《札记》指奥申义的《回忆录》。

月的日子里那样，那一天我用大衣紧紧裹住身子，靠在波瓦尔斯基街一根灯柱上等候克彻尔来。①

如今我也是在等待一个约会，还是和那个女人的约会，也许我还带着更多的爱情在等待它，虽然我的爱里掺杂了悲哀和忧郁的调子，可是在这一夜它们差不多是听不见的了。在那次我在日内瓦的途中遭逢到苦痛、绝望的疯狂的危机以后，我已经好多了。娜达丽雅的温柔的信函，那些充满悲痛、眼泪、痛苦和爱情的信函治好了我的伤痛。她来信说她从尼斯到吐林和我见面，她很想在吐林停留几天。她的意思不错：我们应该单独地在一起，仔细地看入彼此的内心，洗去彼此伤口上的血迹，揩干彼此的泪痕，最后，查明白看我们两人在一起是不是还可以得到幸福，——这一切都应当发生在我们单独在一起的时候，连儿女也不能在我们的身边，而且还应该在另一个地方，不能在我们旧时的环境里，在那里那些家具、那些墙壁都会在不适当的时候唤起我们的记忆，说出我们半忘却了的言语……

驿车应该在一点到两点之间从 Col di Tenda〔法语：柯尔·地·吞达〕②那方面开来，我坐在阴暗的加利聂亚诺宫前等待它：驿车就在这里附近拐弯。

---

① 尼·克彻尔（1809—1886）是赫尔岑的大学同学和好朋友。赫尔岑在另一则回忆（《一八三八年三月三日到五月九日》）里写道：

> 第二天早晨五点半钟我靠了一根灯柱站着，等候克彻尔，他走进公爵夫人家的便门里去了。我不想描写我靠着灯柱等候的心情；这种时刻是一个人自己的秘密，因为它们是言语形容不了的。克彻尔向我招手。我走进了便门；一个孩子（在我离开以后他已经长大了）引我进去，他友好地向我笑了笑。我进了外厅，那个地方我从前有一个时候进去总要打呵欠，现在我却想跪下去吻每一块地板。阿尔卡基把我引进客厅，便出去了。我筋疲力尽地坐在沙发上；我的心跳得太厉害了，使我难受起来，而且我还害怕。……她穿一身白衣服走了进来，非常美；我们三年的分别和她所经历的那些斗争使她的面貌和表情完全成熟了。她用她的轻柔优美的声音说了一句："是你？"我们默默地坐在沙发上面……赫尔岑偷偷地从流放地（弗拉基米尔）回来找娜达丽雅，两个月以后娜达丽雅跟着他逃到弗拉基米尔。他们在那里正式结婚。

② 柯尔·地·吞达：临海的阿尔卑斯山上的山道。——一九四六年列宁格勒版俄文本注

我是在这一天的早晨从巴黎经过 Mont-Cenis〔法语:蒙·生尼〕来的;①我在 hôtel Feder〔法语:费得尔旅馆〕开了一个陈设相当精致的大房间,有寝室和起居室。我喜欢这种过节日的样子,这正合适。我吩咐了准备两个人的简单的晚餐,便出去在城里各处游览,等着夜晚到来。

驿车到站的时候,娜达丽雅认出了我。

"你来了!"她说,在窗口对我点头。我打开车门,她投身在我的怀里,她那么高兴地抱着我的颈项,她脸上露出那样的一种爱与感激的表情,因此她的信里的话就像电光似的闪进我的心里来:"我回来,像一只船经过了风暴、遇险和灾难以后,回到它自己的港口——虽然已经破碎,可是它得救了。"

一瞥的眼光,两三句话,这就很够了……一切都解释了,而且了解了;我拿起她的小旅行袋,用手杖把它挂在我的背上,我伸出手臂给她,我们快乐地走过那些清静的街道到了旅馆。旅馆里除了看门人外全睡了。在那张铺好桌布准备开晚餐的桌子上,立着一对没有点过的蜡烛,还有面包、水果和一瓶葡萄酒;我不愿意唤醒别人,我们自己点燃蜡烛,就在空餐桌旁边坐下,我们互相望着,两个人马上都想起了弗拉基米尔的生活。

她穿一件白色的细纱衣服,或者是细纱短衫,这是因为天气炎热在旅行中穿的;当初我从流放地回来跟她头一次见面的时候,她也穿一身白衣服,她的结婚的新装也是白色的。虽然她脸上还留着激动、焦急、思虑、痛苦的深的痕迹,可是连这脸上的表情也叫人想起她那个时候的面容。

而且我们还是同样的两个人,只是我们现在握着彼此的手,不像两个自命不凡的年轻人,充满了自信和骄傲:自夸着相信自己,相信对方,

---

① 赫尔岑在一八五一年七月七日到吐林,但并不是从巴黎来的,他在六月二十五日就离开巴黎了,七月五日从夫赖堡回到了日内瓦,所以他是从日内瓦来的。蒙·生尼:意大利人称为蒙特·切尼西奥(即切尼西奥山),是法意两国中间的阿尔卑斯山的主峰。

而且相信自己的命运异乎寻常;我们只像两个久经人生战斗的老兵,我们不单试出了我们的力量,也试出了我们的弱点……我们刚刚在沉重的打击和无法挽救的错误下,保全了自己。我们重新在人生的路上出发,并不计较从前的事情,两个人共同挑着过去的痛苦的担子。

我们不得不挑起这个担子用更谦虚的脚步向前走去,不过在我们的长久痛苦的心里仍然安全地保留着安定的、成熟的幸福所需要的一切。通过了恐怖和隐沉的痛苦,我们看得更明白:过去的岁月和环境、儿女和在外国的生活把我们不可分地连接在一起了。

在这一次的会面中一切都解决了,断掉的线又接在一起,虽然留下痕迹,可是比以前更牢了,断骨上破折的地方有时候就像这样地长合。悲痛的泪在我们的眼里还不曾干去,可是它们又用一根新带子(深切的互相怜惜的感情)将我们系在一处。我看见她的斗争、她的痛苦,我看见她多么地虚弱无力。她看见我衰弱、不幸,受人侮辱,而且侮辱别人,准备牺牲自己并且准备犯罪。

我们为着彼此付过了太高的代价,并不知道自己价值若干,也不知道各人为着对方付出多少。我在一八五二年的开始写道:

> 在吐林,这是我们的第二次的婚礼。它也许比第一次的还有更深刻、更重大的意义,在这一次的婚礼中我们完全明白我们彼此重新担负起来的全部责任;在这一次的婚礼中我们还看得见过去那些可怕的事情。……①

那个打击本来可以毁灭我们的爱情,但是靠了一种奇迹爱情居然没有死去。

最后的几片乌云也远远地散去了。我们谈了很多,谈了很久……好像我们分别了多年似的;一直到灿烂的阳光透过百叶窗缝射进房里的时候,我们才离开空餐桌站起来……

---

① 赫尔岑在这里引用了他在一八五二年三月写给豪格的回信中的一段话。

三天以后我们一起坐驿车经过里维拉回到尼斯去。热那亚在我们的眼前过去了;门托勒在我们的眼前过去了,门托勒,我们以前常常怀着一种完全不同的心情到过那里;摩纳哥在我们的眼前过去了,车子溅起那里的天鹅绒似的草和天鹅绒似的沙到海里去。它们都快乐地招呼我们,好像久别的老友一样;我们看见了小小的葡萄园、玫瑰花丛、橙子树、宅子前面的海,和正在海滩上玩的孩子们……他们现在认出我们来了,跑过来迎接我们。我们到家了。

我感谢命运给了我这些日子和以后的四个月的光阴:用它们给我的私生活作一个光荣的收场。我感谢命运,这个老东西,她还给那些判定作牺牲的人戴上用秋花编成的华丽花冠……而且即使是暂时也罢,她还用她的罂粟花和芳香装饰了他们去刑场的路!

那些使我们分开的鸿沟已经没有了,障壁也移开了。这不就是我一生中都放在我手里的那只手?这不就是那同样的眼光?——不过它有时让泪水弄模糊了。

> 你安心罢,妹妹,朋友,同伴,一切都过去了,——我们还是像在我们年轻的、神圣的快乐的时候一样!
>
> ……在痛苦以后(你多半知道它的深浅),会有几分钟充满最大幸福的时间;所有在你的幼年时期和青年时期中你所珍爱的信仰不仅成为真实,它们还经过了很大的磨炼,不曾失去它们的新鲜与芬芳,它们还带着新的光辉与新的力量开出了花朵。我从来没有像现在这样快乐过。

她在给俄国友人的信里写了上面的话。①

---

① 这是她在一八五二年三月写给娜达丽雅·土奇科娃(奥加略娃)的信。原信如下:

我还躺在床上。我没有充足的力量站起来走路,可是我的心灵里充满了生气,——我不能够沉默。(紧接上面引用的一段)我的体力恢复得多慢!七月不远了,我会活到那个时候吗?啊,我真愿意活下去,为着他,也为着我自己;我不提孩子们。为着他活下去,好医治我使他受到的一切的创伤;为着我自己活下去,因为我已经懂得如何认识他对我的爱情,而且我在他的爱情里感到从来没有过的幸福。

自然，还有一种过去所遗留的渣滓，人触动它就要受到惩罚：这是一种破碎了的内心的东西，这是一种微微睡着的恐惧与痛苦。

过去不是一张可以改正的校样，它是一把断头机上的大刀；只要它落下一次，便有许多东西不能再合拢来，总有一样东西不能恢复原状。它仿佛是金属铸成的，形状分明，不能改变，而且有青铜那样的深暗颜色。人照例只忘记那些值不得记忆的或者他不了解的事物。要是一个人能够忘记两三件事故，这样或者那样的事，这样的一天，这样的一句话，那么他就会是年轻、勇敢、强壮的；然而他却带着它们，像一把钥匙一样地沉到底去。一个人不必做麦克佩斯，去见班各的鬼，①鬼并不是刑事法庭的裁判官，良心的痛苦也不是，可以称作裁判官的是那些永远不能从心上抹去的事件。

但是人不应当忘记；那是一个弱点，那是一种虚伪；过去有它的权利，它是事实，人应该处理它，不应该忘记它，——我们两个人取着同一的步调向着这个目标走去。

……有时候局外人的一句平常话，或者一件触目的东西，会像一片剃刀割在我的心上，血流出来，痛苦到了不能忍受的程度；然而同时我会遇到那一对充满惊惧的眼睛，它们带着无限的哀怨望着我，仿佛在说："是的，你不错，这是没有办法的，不过——"我便努力把聚拢起来的阴云驱散。

这神圣的和解时期，——我含着眼泪想起它来……

……不，不是和解，这个字眼不合适。字句好像是现成的衣服，凡是同样身材的人穿起来，在某种程度上都可以说是合身，可是分别地说，它们对每个人都不合适。

我们用不着和解：我们从没有争吵过，——我们固然为着彼此受苦，可是我们从来不曾分开。甚至在最阴郁惨淡的时期中，我们中间那

---

① 这是英国伟大的剧作家莎士比亚的悲剧《麦克佩斯》的故事。麦克佩斯杀死了苏格兰国王邓肯，夺取了王位，并且差人暗杀了他的同僚班各将军。他在宫中开宴时班各的鬼魂出现，坐在他的座位上。只有他一个人看得见。

种不可分离的一致（我们从没有怀疑过它）和那种彼此间深厚的尊重仍旧安然无恙。与其说我们和解，倒不如说我们像两个发过高热后病愈的人；昏迷已经过去，我们用朦胧无光的眼睛对望，我们又互相认识了。我们经历过的痛苦在我们的记忆中还很鲜明，我们仍然感到疲乏，不过我们明白一切的苦难已经完结，我们如今又平安地到岸了。

……娜达丽雅以前有几次起过一种念头，现在这个念头越来越强地占据了她的心。她想写下她的自白。她不满意它的开头，便烧毁了那些稿纸；只剩下一封长信和一张原稿。……根据这一点儿东西我们便可以断定那损失是多么可惜……读着它们不由得我不吃惊，我觉得好像伸手挨到了一颗温暖的、受苦的心，我仿佛听见多年来一直隐藏着、现在刚刚觉醒起来的那些无声的密语。在那张残稿的字里行间，我看得出由艰苦的挣扎产生新的毅力、由痛苦产生思想的过程来。要不是那个意外的事故残酷地打断了这部著作的完成，它一定是一种珍贵的文献，可以填补由女人的逃避的沉默和男人的以女人保护者自居的傲慢态度两者所造成的缺陷。然而一个最无情的打击落在我们的头上，把一切全打碎了。

二

在一个无底的海中，在一个无月的夜里，
永埋在黑暗的海洋之下。……

雨果

一八五一年的夏天就这样完结了。我们差不多完全清静了。我母亲带了科利亚和斯皮曼①到巴黎去看玛利雅·加斯帕洛夫娜·奈黑

① 斯皮曼：科利亚的德国家庭教师。下文的玛利雅·加斯帕洛夫娜·奈黑尔是一八四七年跟赫尔岑全家同路离开俄国的一个友人，一八五一年她在巴黎和德国音乐家奈黑尔结婚。

尔。我们夫妇便带着其余的孩子在家里安静地度日。一切的风暴好像都过去了。

十一月里我们接到母亲的信说她马上动身，不久又接到她在马赛寄发的信，说她第二天（十一月十五日）搭轮船到我们这里来。她不在这里的时候，我们搬了家，新居也在海边，在圣爱伦的郊外。这所住宅里有一个大花园，我们早给我母亲留了一间屋子，这个时候便用鲜花把满屋装饰起来；我们的厨子带着沙夏出去买来了一些中国灯笼，我们把它们挂在墙上、树上。一切都预备好了；从下午三点钟起孩子们就在阳台上眺望；后来在五六点钟之间天边现出一串黑烟，几分钟以后轮船也看得见了，好像是一个不动的黑点，却逐渐地扩大起来。宅子里忙乱了一阵。弗郎沙①跑到码头上去了，我也坐上马车赶到那里去。

我到了码头，轮船已经到了，好些小船正靠在轮船四周，等着检疫人员允许乘客登岸。其中的一只靠近了囤船，弗郎沙站在船上。

"这是怎么一回事？"我问道，"你就已经回来了？"

他不回答我；我看了他一眼，我的心就沉下去了：他的脸色发青，全身打颤。

"您怎么了，您生病吗？"

"不，"他答道，一面避开我的眼光，"可是我们家里的人并没有来。"

"没有来？"

"轮船在那边出了事，所以有些乘客没有来。"

我连忙跳进一只小船，叫人马上开船。

到了轮船上面，我便看到一种凶兆，而且全船非常静。船主正等着我来；这一切都是太不寻常了，我知道会有什么可怕的事情。船主告诉我，我母亲搭的那只轮船在叶耳岛和大陆之间让另一只轮船撞沉了，大部分的乘客被他和另一只经过那里的轮船救了起来。

---

① 弗郎沙：赫尔岑家的厨子，是一个中年的意大利人。

“您家里的人只有两个年轻女子在我这里。”他说了，便引我到前面甲板上去，——众人还是像先前那样阴沉地、不声不响地走开了。我茫然跟在船主后面，连一句话也不问。我母亲的外甥女，原先在巴黎我母亲那里作客，她是一个细长身材的女子，她躺在甲板上，披着一头散开的湿头发；在她旁边是那个平日照料科利亚的女仆。这个少女看见我，想坐起来讲话，然而不能够；她掉开头哭起来了。

“到底出了什么事情？他们在哪里？”我痛苦地抓住这个女仆的手问道。

“我们一点儿也不知道，”她答道，“轮船沉了，我们给拖出水来已经半死了。一位英国太太拿她的衣服给我们换上。”

船主悲戚地望着我，和我握手，一面说：“您千万不要灰心；快到叶耳去，说不定您会在那里找到您家里的一两个人。”

我留下恩格尔孙和弗郎沙照料这两个女子，自己昏昏沉沉地坐车回家；我的脑子里只有混乱和颤栗，我只希望我们的家是在千里以外。可是不久我就看见树丛中有亮光，而且越来越多；这是那些灯笼，它们给孩子们点燃了。仆人们站在大门口，达达和娜达丽雅也在那里，娜达丽雅手里还抱着奥丽迦。

“怎么，你一个人？”娜达丽雅安静地问道，“你至少也该把科利亚带回来。”

“他们不在，”我说：“他们搭的船出了事。他们不得不改乘别的船，这只船没有把他们全载来。路易莎[①]来了。”

“他们不在！”娜达丽雅大声说，“我现在才看见你的脸：你眼睛阴暗，你整个脸在搐动。看在上帝的分上，究竟出了什么事情？”

“我要到叶耳去找他们。”

她摇着头，一面还说：“他们不在，他们不在！”过后她就默默地把她的前额靠在我的肩上。我们一句话也不说，走过了林阴路，我把她引

---

① 路易莎·查伯尔：赫尔岑母亲鲁·伊·哈格夫人的外甥女。

进饭厅；我们走过那里的时候，我低声向罗加说："看在上帝的分上，那些灯笼！"……他明白我的意思，马上去把灯笼吹熄了。饭厅里一切都准备好了：有一瓶冰着的葡萄酒，在我母亲的座位前面放着一束花，在科利亚的座位前面放的是新玩具。

这个可怕的消息很快地传遍了全城，我们家里开始挤满了朋友，福黑特、德西叶[1]、贺也次基、奥申义都来了，甚至还有完全陌生的人；有的人来打听出了什么事情，有的人来表示他们的同情，有的人来给我们进各种各样的劝告，不过这些劝告大半毫无用处。然而我也不是不知道感恩的人：当时我在尼斯得到的同情，使我深深感动。面对着命运的这种无情的打击，人们清醒过来，而且感到他们中间的连带关系了。

我决定就在这个晚上到叶耳去。娜达丽雅想和我同去；我劝好了她留在家里；而且这个时候天气突然变了，西北风刮得像冰一样冷，大雨倾盆地下着。我要得到通行证才可以通过瓦尔桥到法国地界去[2]；我便去找法国领事雷翁·毕勒；他正在听歌剧，我同贺也次基到戏院里他的包厢去找他。毕勒已经略略知道这回事情，便对我说：

"我没有权答应您，然而在这种情形下面，要是不答应就等于犯罪。我自己负责给您一张国境通行证。请您在半点钟以后到领事馆来取罢。"

和我们同来的人大约有十二个，他们都在戏院门口等我。我告诉他们毕勒答应了签发通行证。

"你回家去罢，什么事情都不要你操心，"他们异口同声地说："其余的事我们会办好；我们去领通行证，拿到局里去签字，我们去雇驿马。"

我的房东也在场，他跑去找马车；一个旅馆老板愿意把他的马车拿出来，不要钱。

---

① 德西叶·狄·莫特：法国化学家，赫尔岑的好友。

② 尼斯现在是法国南部的城市，但是当时还属意大利，所以赫尔岑从尼斯到法国地界要领通行证。

晚上十一点钟我在倾盆的大雨中出发。这是一个可怕的夜;有时风吹得非常厉害,连马也停脚不前了;那个就在这一天把他们埋葬了的海还在狂吼,还在冲打海岸,它在黑暗中差不多看不见了。我们上了埃斯特勒山,雨就变成了雪,马一颠一簸地走着,几乎跌倒在滑脚的冰上。车夫弄得精疲力竭,有几次他想把身子弄暖和一点儿;我便把我带的小瓶白兰地给了他,而且答应给他双倍的钱,只求他把马赶得快一点儿。

这是为了什么呢?难道我还相信我能够找到他们中间的任何一个,他们中间可能有任何一个给救起来了吗?我听到那一切消息以后,便很难想象这是可能的了,——然而无论如何我想去看个明白,到那个地点去看,去找回一点儿东西,一件遗物,甚至看到一个目击灾祸的证人……至少我得找到证据,知道的确毫无希望。我得做一点儿事,离开家,定一定神。

在埃斯特勒山换马的时候,我走下车来;我的心痛着,我向四周一看,我差不多要哭出声了;近旁就是一八四七年我们住过一个晚上的那家旅馆。我记得那些像华盖一般罩着山顶的大树,现在山前的风景并没有改变,只是那个时候早晨的太阳正照在山顶;如今山顶却让灰色的、不像是意大利的云掩盖了,有几处还给积雪染成了白色。

当时的情景还很鲜明地印在我的脑子里,一点儿也没有遗漏;我记得主妇拿一只兔子款待我们,她用了多得吓人的大蒜来掩盖兔子肉的腐臭味;我记得蝙蝠在我们房里飞来飞去,我得到鲁易莎帮忙,用一块毛巾把它们赶了出去;我们呼吸到南方的温暖的空气,这是第一次……

那时候我写过这样的话:

> 从阿维尼翁起,人便感到而且看见南方了。住惯了北国的人第一次和南方的自然界接触就充满庄严的快乐:他觉得自己变年轻了,他想唱歌,想跳舞,想哭;一切都是这么光辉,这么明亮,这么快活,这么繁盛。过了阿维尼翁,我们便要越过滨海的阿尔卑斯山。我们在月光里登上埃斯特勒;我们下山的时候,太阳正往上升,群山从朝雾里现出来,阳光染红了白得耀眼的积雪的山顶;四

周有一片新绿，有花，有浓暗鲜明的阴影，有大树，有上面长了些缺少生意的草木的岩石；空气使人感到愉快，非常澄清，非常新鲜，而且容易传声；我们的谈话和鸟的叫声比平时响亮许多；忽然路略略转一个弯，就看见一根灿烂的光带环绕着群山，在那里带着点点银光闪耀的，便是地中海了。①

现在在四年以后我又到了这个地方！……

我们赶到叶耳，天已经黑了；我立刻到警察局去；局长带一个巡官陪我先去找港务局局长。打捞起来的东西都存放在他那里；可是里面没有一件他们的东西。接着我们就到医院去。一个遭难的人快死了；别的人告诉我，他们看见一位老太太，一个五岁光景的男孩和一个有一部宽而密的金黄色胡须的年轻人……他们一直到最后都看见这三个人，这样看来这三个人也和所有其他的人一样，沉到海底去了。然而我又生出了疑问：这些讲话的人虽然也像鲁易莎和女仆那样弄不清楚自己是怎样遇救的，可是他们又怎么会活着呢？

打捞起来的死尸放在一个女修道院的地下殡葬所里。我们从医院又到那里去；修女们出来接待我们，用礼拜堂的蜡烛照着路把我们引到殡葬所去。在地窖里面放着一排盖着的匣子，每只匣子里有一具尸体。局长叫人把匣子打开；它们好像是给钉子钉牢了。巡官叫一个警察去拿了一把凿子来，又叫他把盖子一只一只地撬开。

这种检验尸体的办法是万分痛苦的。局长手里拿着一本记事册，每只匣子打开的时候，他就打起官腔问道："您当着我们承认您不认识这个尸首吗？"我点了点头。他用铅笔在记事册上画了一个记号，便转身叫警察把盖子关上。我们又走到第二只匣子跟前。警察揭起盖子；我带着一种恐怖看了死者一眼，我看到不认识的面貌，我的心又放下了，可是实际上想到他们三个人竟然不留一点痕迹地消失了，孤寂地躺在海底，受着海浪终日的颠簸，比看见他们躺在匣子里更可怕。一具尸

① 见《法意两国的通信》（第五信）。——作者原注

体没有棺木，没有坟墓，已经是很可怕的了，而我们连我们死者的尸体也没有。

我找不出一个我们的人来。一具尸体给了我很深的印象：一个二十岁左右的美丽的少妇穿一身布罗温斯省人的漂亮衣服；她露出胸膛（她怀里本来有一个小孩，不用说，是给波浪冲走了），还有奶汁从她的乳房上滴下来。她的脸色完全没有改变。她那种晒惯了太阳的黝黑的肤色使她看起来就像一个活人。

巡官忍不住赞了一句：“好个美人儿！”局长并不作声；警察关上了盖子，对巡官说：“我认得她，她是这里近郊的一个乡下女人，她到格拉斯去看她的丈夫。好，现在够他等了！”

我的母亲，我的科利亚，我们的善良的斯皮曼，就这样不留痕迹地消失了。他们的东西没有一样留下来；打捞起来的东西里面没有一样是他们的，连一块破布也没有。他们的死是毫无疑惑的了。所有遇救的人不是在叶耳岛，就是在那只载鲁易莎来的轮船上，——船主故意编造了故事来安慰我。

我在叶耳岛听见人说，有一个失掉了全家的上了岁数的人不愿意住在医院里，独自步行到什么地方去了，他身上没有一个钱，而且人差不多要发狂了；还有两个英国少女给送到英国领事馆去了，她们失掉了母亲、父亲和哥哥！

这个时候天快亮了；我雇好了马。在我动身之前，侍者把我引到那一段突出到海中的岸上去，在那里他指给我看轮船遭难的地方。海还在沸腾，还在颠簸，由于前一天的风暴，海水还是浑浊而带灰色；远远地有一块特别的地方，那里的水好像是一种较浓的透明的液体。

“轮船载的有油，您看，还在那里浮着，那里就是出事的地点。”

那一块漂浮的油迹就是一切了。

“那里深吗？”

“有一百八十公尺的光景。”

我站了片刻；早晨很冷，尤其是在海边。像昨天那样的西北风还在吹，像俄国秋天里那样的云布满了整个天空。别了！……一百八十公尺深，在一块漂浮着的油迹下面！

> Nul ne sait votre sort, pauvres têtes perdues;
> Vous roulerez à travers les sombres étendues,
> Heurtant de vos fronts des écueils inconnus...
> 〔法语：你可怜的遭难的死者，没有人知道你们的命运，
> 你们在黑暗的海洋里飘荡，
> 给暗礁碰伤你们冰冷的前额……〕①

我带着可怕的确信回到家里。刚刚好起来的娜达丽雅经不起这一下打击。从我母亲和科利亚遭难的那天起，她就再没有恢复健康了。恐怖和痛苦还留着，进到了她的血里。有时候在黄昏，在夜间，她好像在求我帮助似的对我说："科利亚，科利亚是常常跟我在一起的；可怜的科利亚，他会多么害怕！他是多么冷啊！而且有鱼，还有龙虾！"

她便拿出他的小手套（这是在女仆的衣袋里寻着的）；接着就来了静寂，是这样的一种静寂，在这个时候，生命不断地流出去，好像水闸已经开放了。我看见这种转变成神经衰弱症的苦闷，我看见她的发亮的眼睛和一天一天消瘦下去的身体，我第一次疑惑起来，我是不是能够救她。……日子在痛苦难堪的半信半疑中度过去，——我有点儿像一个定了罪的死囚，在等候执行死刑的期间，一面还抱着希望，一面又确切地知道自己逃不掉刀斧！

① 这是雨果的诗《海洋之夜》第三节的头三句。

第七章　一八五二年

新年又来了;我们在娜达丽雅的床前迎接这个新年;她的身体终于支持不住,她不得不躺了下来。

恩格尔孙夫妇、福黑特,还有两三个亲近的朋友在我们这里。我们都不快活。巴黎的十二月二日[①]像一块石头压在我们的心上。……一切事情(不论是公的或私的)都急急趋向毁灭,而且已经往下走得很远了,要它们中途停止或者改变方向,是不可能的;人只有茫然地、痛苦地等待着,等它们早日达到毁灭的结局。

我们喝了照例的祝贺的酒。在十二点钟我们勉强露出笑容,我们的心里却只有死亡和恐怖,我们都不好意思再说出对这个新年还有什么愿望。向前看比朝后望更可怕。

病更确定了:左侧发生了肋膜炎。

她在生与死之间徘徊了两个星期,可怕的两个星期,可是这一次生命战胜了。有一夜在痛苦难堪的时刻,我问朋非士大夫[②]:“过得了这个夜晚吗?”

“过得了。”朋非士说。

“您讲真话吗? 请您不要瞒我!”

“我对您讲实话——我担保……”他停顿一下,又往下说:“我担保

① 一八五一年十二月二日路易·拿破仑(当时的法国总统)实行政变,宣布解散国会,逮捕共和党人,将总统任期从四年延长至十年,并将政权掌握于他一手。第二年他便改行帝制和即帝位,称为拿破仑三世。

② 朋非士大夫:尼斯的名医。

三天，您不相信，请您去问福黑特。”

这是赫德森·洛①的所谓 on en plantera〔法语：会好起来〕的反面，它来得好。②

病慢慢地好起来，跟着她的病愈，一道最后的希望的光微微照亮了我们的惊惶不安的生活。

她的精神的力量先恢复了……有一些时候非常令人惊奇，——这是就要绝响的音乐的最后的和音……

在她的病有了转机以后不多几天，有一个清早③我走进书斋，在沙发上睡着了。我一定睡得很熟，因为我没有听见人走进来的声音。我醒过来，看见桌子上有一封信，——黑尔威格的笔迹。他有什么理由写信给我？而且在经过了那一切的事情以后，他怎么还敢写信来?！我并没有给他任何一个借口。我拿起那封信，打算原封退回，可是我看见信封上写着“内有一份光荣的挑战书”，便把信拆开了。

这封信的措词叫人发恶心，而且是很无耻的。他说我用了诽谤他的手段把娜达丽雅迷住了，说我利用了她的软弱和我在她身上的影响，说她出卖了他。最后他把罪名加到她的身上，并且说命运已经在我和他之间决定了取舍，——“它把 Votre progéniture〔法语：你的后代〕和你的母亲都淹死在海里。我本想合乎人情地了结这件事情，你却要用流血手段来了结。现在我准备好了，我向你要求决斗。”④

这封信是我这一生受到的第一个侮辱。我像一只受伤的野兽似的，带着一种愤怒的呻吟跳起来。这个坏蛋为什么不在尼斯？……为

---

① 赫德森·洛（1769—1844）：英国将军。拿破仑一世被流放到圣海伦岛时他是这个岛的总督。

② 作者和朋非士的对话在有些版本中给删去了。“会好起来”的原文是“会种起树来”，全文是：“我们看到在这样炎热的气候，我们待在这里，没有树阴，连一棵树也没有。他（赫德森）却对我们说‘会种起树来的’。这句话多么叫人受不了！”（见拉斯-卡兹的《圣海伦岛回忆录》。）

③ 指一八五二年一月二十八日。

④ 这封信我再没有读过，以后只把它开过一次。一八五三年，十月二十三日是娜达丽雅的生忌，我在那天没有读它就把它烧毁了。——作者原注

什么这个时候偏偏有一个垂死的女人睡在走廊的另一头！

我把头在冷水里浸了两三次以后，便去找恩格尔孙（我母亲死后他就住在她的屋子里），我等他的妻子出去了，告诉他，我收到了黑（尔威格）的一封信。

"那么你真的收到它了？"恩格尔孙问道。

"怎么，难道你在等着，你已经知道，你已经料到它吗？"

"是的，"他说，"我昨天听见说过。"

"什么人说的？"

"卡尔·福黑特。"

我捧住我的头，我觉得我要发狂了。我们对这件事情完全保持沉默，连我的母亲和玛（利雅）·加（斯帕洛夫娜）也从没有向我提过一次。在我的朋友中间我同恩格尔孙最接近，可是我对他也只简单地说过一回：那一次我们两个人在巴黎郊外散步，他向我问起我跟黑（尔威格）决裂的原因，我便简单地回答了他。我去年在日内瓦听见沙左诺夫谈到那个坏蛋讲的胡话的时候，我惊愕、痛苦万分，然而我怎么能够想象到就在我四周，就在我身边，就在房门外面，每个人都知道，每个人都在谈论那个我认为是深深埋在几个人中间的秘密……而且他们连我还没有收到的信都已经知道了。

我们去找福黑特。福黑特告诉我两天以前爱玛拿一封她丈夫寄来的信给他看，她丈夫在那封信里写着：他要寄给我一封可怕的信，他要把我"从高处"（他说是娜达丽雅把我抬到那上面去的）推下来，他还说要使我们丢脸，为了这个缘故，他不惜杀死自己的儿女，把我们大家（连他自己也在内）都送到刑事法庭的罪人席上去。

最后他又对他的妻子说（她把信给福黑特、查理·埃特蒙、奥申义全看过了！）："只有你是纯洁的，无辜的，你应该做复仇的天使。"我想这大概是说她应该杀死我们。

有些人说他因为爱情，因为跟我决裂，因为他的自尊心受到伤害，弄得神志昏乱了。这是不确实的。这个人从没有采取过危险的或者不小心的步骤，所谓疯狂只是在言语上，他的狂暴是在文字上。他的虚荣心受到损害，对于他沉默比较任何丢脸事情更难忍受，我们生活里重新得到的和平与宁静使他不能够安宁。这个小市民，他很像乔治·桑的奥拉斯，他谈着要向他所爱的女人和他所称为兄长与父亲的人报仇，而且他是一个小市民的德国人，他用冒牌席勒式的传奇剧的句子来威胁别人。

就在他给我写这封信、给他的妻子接连地写那些疯狂的信的时候，就在这个时候他正和一个年纪不小的、路易·拿破仑从前的情妇[①]同居，而且花着她的钱。这是一个放荡的女人，在苏黎世名声很坏。他日夜跟她在一起，他用她的钱过奢华的生活，他坐在她的马车里面到处跑，并且在大旅馆中大吃大喝。……不，这不是疯狂。

“你打算怎么办？”恩格尔孙最后问我道。

“我去，像杀一只狗那样地杀掉他。他是一个胆小的懦夫，这是你知道的，每个人都知道的，——事情对我完全有利。”

“可是你怎么能够去？……”

“问题就在这里。我同时写信告诉他：他没有权利向我要求决斗，倒应该由我惩罚他，因此我自己会选择武器和时间来惩罚他，我现在不会离开生病的女人去做那种事情，他的无礼不值得计较。”

我就照这个意思给沙左诺夫写信，问他是否愿意在这件事情上给我帮忙。恩格尔孙、沙左诺夫和福黑特都很恳切地接受了我的要求。我没有想到我的信是一个大错，这使他以后可以借口说，我已经接受了他的挑战，而后来又反悔地拒绝决斗了。

要拒绝决斗，并不是一件容易的事，这需要更多的意志力，再不然就需要更多的软弱。封建性的决斗在现代社会中还有一个牢固的地位，这暴露出来我们的社会并不是像它在外表上那样地“现代”。很少有人敢于攻击这个建立在贵族荣誉和军人自尊心上面的圣物；的确，很

---

① 指某柯黑夫人。参见一八五二年六月三十日给玛力雅·奈黑尔的信。

少有人独立自主到能够不怕受罚地侮辱这个血腥的偶像，忍受别人加到他身上的“胆小”的罪名。

要证明决斗的荒谬，这是多余的事，——在理论上除了少数强暴之徒和剑术教师以外，没有一个人承认决斗是正当的行为，可是在实际上每个人都会接受决斗的挑战，来证明（不知道向谁证明）他的勇敢。决斗的最坏的地方便是它袒护所有的恶棍，它给他一种光荣的死，不然就使他成为一个光荣的凶手。

一个人给人揭发在打牌时候作假，——他便坚决要求决斗，好像他既然不害怕手枪，就不会打牌作假似的。现在把打牌作假的人跟揭发他的人同样看待，这是多么可耻的事！

决斗有时候倒可以作为逃避绞刑架或者断头台的方法，虽然甚至在那个时候理由也并不充足；而且我不了解：为什么一个受大众轻视的人，虽然他也许会害怕断头台的大刀，却绝不怕他对方的剑锋。

死刑却有它的好处，在判刑以前先有审讯，审讯可以把一个人判处死刑，但是并不能剥夺他揭发他的仇人（死的与活的一样）的权利。在决斗中一切都是秘密的，一切都让人藏起来。这是一种属于那个好勇斗狠的时代的制度，在那种时候人们手上的血还不曾全干，所以佩戴杀人的武器竟然被视作贵族的标记，练习杀人的技术也被当成一种职责。

只要世界一天受着军人的支配，决斗就不会废止；但是我们可以勇敢地要求，应该由我们自己来决定——什么时候我们会向一个我们并不信仰的偶像低头；或者什么时候我们要昂起头做一个完全自由的人，而且在跟神道和当权者战斗之后，我们还敢于向那血腥的中世纪的神明裁判法①挑战。

……有多少人带着骄傲与胜利的面容经历了一切生活的苦难、监狱、贫穷、牺牲与劳苦、宗教裁判所的拷问以及我所不知道的其他种种，

① 这是中世纪一种宗教的裁判法。有嫌疑的罪犯必须用手握着热铁或把手伸入沸水，不受伤的人便无罪。

后来却死在某一个顽童或者坏蛋的无耻的挑战上。

以后再不应该有这样的牺牲者了。决定一个人的行动的原则应该在他本身，合乎他的理性，倘使这个原则在他本身以外，那么即使他多么勇敢，他也只是一个奴隶而已。我既没有接受黑(尔威格)的挑战，也没有拒绝它。对他的惩罚在我是精神上的必要，也是肉体上的必要，——我竭力在想一种确实可靠的报仇方法，这个方法绝不能给他增加一点儿荣誉。至于用决斗或者就简单用刀来达到这个目的，在我都是一样。

他自己提出了解决的方法。他给他的妻子写信说(她照例把信拿给她认识的每一个人看)，不管过去的一切，我还是比我周围那一群家伙高明，是福黑特、恩格尔孙、哥洛文(！)①那班人把我教坏的；只要他能够跟我见面一分钟，一切都会解释清楚。他还说："只有他(指的是我)一个人能够了解我。"这是他在寄发了给我的那封信以后写的信！诗人就下结论说："所以我最盼望的是赫尔岑会接受这个不要证人的决斗。我相信我们两个人一开口就会拥抱起来，过去的一切就完全忘掉了。"原来他所提议的决斗是一个带戏剧性的和解的方法。

倘使那个时期我能够离家五天或者一个星期，我一定会到苏黎世找着他，实现他的愿望，——那么他一定不会活到现在。

我接到信以后过了几天，奥申义在早晨九点钟来看我。奥申义由于某种生理上的奇怪原因，正热情地爱着爱玛；这个漂亮的、热情的南国青年和那个丑陋的、不活泼的德国女人中间究竟有着什么样的共同点，这是我完全不能了解的。他早晨的来访使我吃惊。他很诚恳地、而且明白地对我说，黑(尔威格)来信的消息引起他那个圈子里的人的反感，许多我们共同的友人提议组织一个 jurg d'honneur〔法语：荣誉法庭〕。接着他就替爱玛辩护，说她除了盲目地爱她的丈夫而且奴隶般地

① 依·哥洛文：俄国军官。一八四五年在巴黎出版《尼古拉统治下的俄国》，说尼古拉不会俄文拼音。他在亡命者中间有着不好的名声。赫尔岑讨厌这个人，说："凡是俄国军官、地主所能有的缺点他全有了。"

对她的丈夫服从以外，并没有过失，他说他自己亲眼看见这回的事情使她多么痛苦。他又说："你应该伸出手给她，你应该惩罚罪人，但是你也应该替一个无辜的女人雪冤。"

我给他一个坚决的、无条件的拒绝。奥申义太聪明，他知道我不会改变主意，便不再坚持他的主张了。

他谈到组织 jurg d'honneur〔法语：荣誉法庭〕的时候，还告诉我一个消息，他已经把这件事情的原委写给马志尼①，并且征求马志尼的意见去了。② 这不又是奇怪的吗？团体组织了，判决书起草了，写信给马志尼去了，——我事先一点儿都不知道，而且这一切有关的事情，在一个星期以前还没有人敢在我面前提起。

我在奥申义走后，便拿出信纸给马志尼写信。我现在遇到一种威门法庭③——一个自己组织的法庭了。我说奥申义告诉我他写了信，我害怕他没有把我的事写得明白正确，因为关于这件事我从没有对他谈过一句，我愿意自己来叙述我的故事，而且我希望他（马志尼）给我一点儿意见。

马志尼立刻回信说："我以为最好还是把这件事埋葬在沉默里面，不过我怀疑你目前是不是可以办到，因此我劝你还是勇敢地发起进攻，让我们来组织一个法庭。"

我还相信这样的一个法庭是可以成立的，这也许是我最后的幻想。我错了，而且为了这个错误我付出了很高的代价。

和马志尼的信同时来的还有一封豪格的信，马志尼知道他是我的

---

① 朱塞佩·马志尼（1805—1872）：意大利爱国者，意大利独立运动和民主运动的领袖，秘密革命团体"青年意大利"的领导人。

② 荣誉法庭并未成立，不过我后来收到一封含有对黑尔威格的判决书性质的信，后面签署着那些对我很亲近的名字，在签名的人中有着英勇的殉道者毕沙加勒、莫狄尼、奥申尼、柏尔丹尼、麦狄奇、麦查加波、哥圣次等。——作者原注

卡罗·毕沙加勒是拿波里的公爵，具有社会主义的思想，参加马志尼领导的一八五七年的热那亚暴动，失败，战死。其余的人都是意大利的革命者，马志尼的友人。

③ 威门法庭（Court of Wehm）：一种古德意志的秘密法庭，组织来惩罚那些逃避了刑法的人。

亲密的朋友,便把奥申义的信和我的信都给他看过了。我和豪格在巴黎第一次见面以后,他就在加里波的部队里服务,他自己在罗马附近的战斗①中显露了头角。这个人有许多好的品质,也有不少荒谬的和不成熟的东西。他一直在他的兵营中做着一个普通奥国中尉的好梦,突然匈牙利人起义和维也纳障碍物的警钟把他惊醒了。他马上抓起武器跑出去,并不是去残杀起义的人民,却是去参加他们的队伍。这个转变太突然了,它留着不自然和不完全的痕迹。他是一个耽于梦想但有些急躁的人,慷慨,忠诚,而且自尊到了傲慢的程度,他又是一个德国大学生,一个军官学校学生,一个中尉。他对我有着真诚的友爱。

他写信说,他就要到尼斯来,求我在他未到以前不要采取任何步骤。

> 你离开了你的祖国,像弟兄一般地来到我们这里;你不要以为我们允许我们任何一个同国人在做过他以前那些背叛行为之后,又加上造谣中伤,而且还用他的无耻的挑战来把事情完全掩盖,你不要以为我们会把这样的一个人放过,而不加以处罚。不,我们对我们共同责任的看法绝不是这样。一个俄国诗人给一个西方冒险家的枪弹杀死,②这已经够了,——一个俄国革命家不应该死在西方冒险家的手里!

我写了一封长信回答豪格。这是我第一次的自白。我把经过的一切全告诉了他,我等着他来。

……同时在旁边那间寝室里,一个逐渐衰弱的、伟大的生命在它跟身体的病症和可怕的预感的艰苦斗争中间,慢慢地死下去。我日夜地守在病榻旁边:她喜欢我照料她吃药,我给她弄香橙水。夜晚我燃起壁

① 指一八四九年罗马共和国成立的战争。共和国消灭后,加里波的和马志尼都亡命国外。一八五四年加里波的重回意大利领导独立和统一的斗争。

② 指普希金被乔治·查理·唐德司在决斗中杀死。唐德司起先是贝利公爵夫人的侍从,公爵夫人把他荐给俄皇尼古拉一世,由荷兰驻俄大使收为义子,他杀死普希金以后被逐出俄国。后来他做了拿破仑三世的侍从。——英译者注

炉，等到她静静地睡着的时候，我又怀着希望，我还想我能够救活她。

但是也还有些痛苦难堪的时刻。……我摸着她的消瘦的、发热的手，我看见她的忧郁的、焦虑的眼睛带了哀求和指望看着我，我听到那些可怕的言语："孩子们会没有人照料了，他们会变成孤儿了，一切都会完结的，你只是在等待……为着孩子们的缘故，你全丢开罢，你不要去防御那污泥……让我，我来保护你。——你会弄清白的，只要我的身体能够稍微强健一点儿就好了。……可是不，不，我不会再好起来了。你不要丢开孩子们啊！"——我对她无数次重说着我的诺言。

在这些谈话的某一次中间，娜达丽雅突然问起我："他给你写了信吗？"①

"写了的。"

"把信给我看。"

"你看它做什么？"

"我想看看他能够给你写些什么。"

我倒有点高兴她提起那封信；我迫切地想知道究竟他揭发她的某一件事情里面有没有一点点的真实。我始终不敢问她，可是现在她自己亲口问起那封信，我不能够抑制我的愿望，我想着我的疑惑不会消失，而且在她的嘴唇永远闭上以后它也许还会增加，我自己也感到恐怖了。

"我不想把信给你看，不过你告诉我，你说过这样的话……？"

"你怎么能够想到这种事？"

"是他写着的。"

"这简直叫人不能相信——是他亲笔写的……？"

我把信摺起来露出那一段，拿给她看。……她看了一遍，沉默了一会儿，然后伤心地说："多么下贱！"

---

① 她已经听见了关于那一切的传闻，据我想这不是偶然的。玛（利雅）·加（斯帕洛夫娜）寄来的信里隐约地提过那封信，玛利雅在巴黎从梅尔骨诺夫那里知道了那一切。——作者原注

从那个时候起她的轻视就变成了憎恨，她以后再没有说过一句宽恕他、怜悯他的话，连一点儿暗示也没有。

在这次谈话以后，不多几天，她给他写了下面的信：

您的迫害和您的不名誉的行为，使我不得不把我对您写过几次的话，在一些证人的面前再写下来。是，我的迷恋是很大的、盲目的，可是自从您离开这里以后，您那背信的、下等犹太人的性格，您那不受控制的利己心，已经把它们的丑恶的真面目完全露出来了，而同时亚(历山大)的高贵和忠诚却是一天一天地增加。我的不幸的迷恋只成为一个新的台座，为了把我对他的爱情在那上面安放得更高。您想拿污泥涂在那个台座上面，可是您一点儿也不能破坏我们的结合，它现在比从前更坚强、更稳固。您对一个女人的诽谤和告发，不过引起亚(历山大)对您的轻蔑，您用这个下贱手段玷辱了您自己。您曾经不断地说起要虔诚地尊重我的意志，热烈地爱着孩子们，如今这尊重和这热爱在什么地方呢？并没有多久以前您还发过誓说，您宁肯自己从地面消失，不愿给亚(历山大)带来一刻的痛苦。我不是时常对您说过我连一天也不能够跟他分离，倘使他离开了我，纵然他死了，——我到死也要过孤单的生活！……至于我允许您将来和您再见，我确实说过这样的话——我那个时候还怜惜您，我希望合乎人情地跟您分别，——但是您却使我不能履行我的诺言了。

自从您离开以后，您就开始折磨我，您先要求我答应一件事，接着又要求另一件事情。您说只要您能够带走一点点希望，您愿意销声匿迹多少年，到埃及去。您看见这种话没有用处，您又接连地提起一些荒谬的事情，都是不可能的、可笑的，最后您就拿公布来威胁我，想使我跟亚(历山大)完全分开，想使他动手杀您，跟您决斗，最后您又拿可怖的犯罪行为来要挟。这些威胁对我并没有效力，您反复用的次数太多了。

我现在对您再说一次我在上一封信里说过的话："我留在我

的家中——我的家便是亚(历山大)和我的儿女。”倘使我不能够留在这里做母亲,做妻子,我也要留着做保姆,做女仆。“在我跟您中间并没有一道桥。”您使我如今连过去也憎厌了。

娜·赫(尔岑)

一八五二年二月十八日,在尼斯

几天以后信从苏黎世退回来。黑(尔威格)没有拆开,便将原信退回;这信是作为保险信寄出的,上面还盖着三个火漆印,现在跟回执一起退回来了。

“要是这样,这封信一定要读给他听。”娜达丽雅说。

她差人把豪格、德西叶、恩格尔孙、奥申义和福黑特请了来,她对他们说:

“你们知道我多么想替亚(历山大)辩护,可是我整天给困在床上能够做什么呢?我的病多半不会好了,——那么让我和平地死去,我相信你们会实现我这个最后的要求。那个人把我的信退回来了。我求你们中间哪一位在证人的面前把信读给他听。”

豪格拿起她的手说:

“我拿我的生命作保证,您的信一定会读给他听的。”

这个真诚的、豪爽的动作使我们大家都受到感动,怀疑派的福黑特出去的时候兴奋得跟狂热的奥申义一样,奥申义一直到他最后的日子,始终保持着对娜达丽雅的敬重。一八五七年年终,他去巴黎以前我最后一次见他①,他还带着感情(也许还带了一点暗中的责备)谈起娜达丽雅。拿我们两个人来说,奥申义绝不是那种可以让人责备为道德破产、言行不一致的人!……

……有一天晚上,其实已经夜深了,我跟恩格尔孙忧郁地讨论了很久。后来他回到他的房间,我也到楼上去。娜达丽雅睡得很好;我在她

---

① 奥申义在第二年(1858)一月十四日在巴黎勒伯勒节街投弹行刺拿破仑三世,失败后被斩首。拿破仑三世因为奥申义生得漂亮,便下令把他的头浸在硫酸里面。

的寝室里坐了几分钟,便到花园里去。恩格尔孙的窗开着。他愁闷地站在窗前,抽一支雪茄烟。

“看来,命运就是这样!”他说着便向我走来。

“你为什么不睡觉?你为什么出来?”他问我道,他的声音里带一种激动不安的颤动。他抓住我的手继续说下去:“你相信我对你的无限的友爱吗?你相信在全世界中我没有一个比你更亲近的人吗?让我来对付黑尔威格!用不着什么法庭,也用不着豪格;豪格是一个德国人;把替你复仇的权利给我,我是一个俄国人。……我想好了一个完整的计划;我需要你的信任、你的祝福。”

他带着苍白的脸色站在我面前,抄着两只手,刚刚出现的晨光照在他的身上。我深深地感动,我快要含着眼泪扑过去抱住他的颈项了。

“我宁肯马上灭亡,就从地面上消失,我不愿意让这件把很多我尊为神圣的东西牵连进去的事情弄糟!我不知道你相信不相信?然而没有你的信任,我的手就没有自由。你坦白地告诉我:是,或者不!倘使不,——那么再见罢,大家都该倒楣!你、我也会倒楣!我明天就走,你不会再听到我的消息了。”

“我相信你的友情,相信你的真诚,但是我耽心你的想象和你的神经过敏,我也不大相信你的实际的才干。在这里所有的朋友中间你是跟我最亲近的,可是我应该承认,我害怕你也许会引起麻烦,使你自己受到损害。”

“那么你以为豪格将军就有实际的才能吗?”

“我不是这样说,不过我想豪格是一个更实际的人,正如我认为奥申义比豪格还要实际一样……”

恩格尔孙不肯再往下听了。他用一只脚跳舞,又唱歌,最后他又安静下来,对我说:

“你碰到,你碰到,意想不到的事情了!”

他把手放在我的肩头,低声添上这样的话:

“我正是跟奥申义,跟世界上最实际的人一块儿想出整个计划的。

啊,父亲,把你的祝福赐给我们。”

“可是你肯答应,你做任何事情都预先告诉我吗?”

“肯。”

“那么把你们的计划告诉我。”

“我不能够,无论如何,我现在不能够……”

接着是一阵沉默。他要做的事情是不难想到的……

“再见,”我说,“让我想想,”我忍不住又加了一句:“是什么使你告诉我这个呢?”

恩格尔孙了解我的意思。

“是我那个倒楣的软弱!不过没有人知道我告诉过你。”

“可是我知道。”我答道,我们就分开了。

我一方面耽心恩格尔孙的安全,另一方面又害怕会发生什么不幸事故,这对于病弱的娜达丽雅将是一个致命的打击,因此我不得不阻止恩格尔孙实行他的计划。奥申义摇着他的头,对这件事情表示惋惜。……这样我不但没有惩罚黑(尔威格),我反而救了他,不过这自然不是为了他,也不是为了我的缘故!这完全没有“温情”或者“大量”的意味。

事实上对于这个已经现出原形的英雄,怎么能够有大量和同情呢?爱玛有点警觉了,她因为福黑特谈起她的乔治的时候,讲话不客气,就跟福黑特吵了架,她请求查理·埃特蒙①写信给黑尔威格劝他安安静静地住在苏黎世,不要再引起任何事故,否则对他只有不利。我不知道查理·埃特蒙怎样写法,他的工作并不是容易的。然而黑(尔威格)的答复非常精彩。他最先说:不论福黑特或查理·埃特蒙,他们都不配论断他;后来他又说,是我破坏了我和他中间的约束,因此全部责任都应该由我一个人担负。他谈了所有的事情,而且甚至替他自己那种口是心非的两面行为辩护了以后,又下结论道:“我甚至不知道这是不是可

① 查理·埃特蒙便是贺也次基的笔名,他讲的是法国话。

以称为背叛。那班小人还在谈钱的事情。为着彻底解决那个无聊的控告起见,我可以公开地说:赫尔岑花掉几千法郎,作为支付我们在苦闷时期中共同度过的那些消闷和愉快的日子的代价,这并不算多!”查理·埃特蒙说:“这真了不起!这真漂亮!不过这是 niederträchtig〔德语:卑鄙无耻〕。”

贺也次基回答黑尔威格说,对这种信的唯一回答便是手杖,他们下次见到面,他马上给黑尔威格一顿手杖。

黑尔威格不做声了。

第八章*

春天一到,病人稍微好了一点儿。她会在一把扶手椅上坐大半天,她可以自己梳头,这是她生病以来的第一次,最后她还可以听我给她念书不觉得吃力了。我们正在计划,等她的身体再好一点儿,我们就到塞维尔①或者加的斯去。她希望早点儿恢复健康,她很想活,她想去意大利。

自从信退回以后,就再没有一点儿风波了,好像凭他们夫妇的良心也觉得他们已经走到一个人很少到过的界限,而且跨过了它,又停下来休息了。

娜达丽雅还不曾下过楼,她也并不着急要到楼下来:她打算在三月二十五日我的生日那一天第一次下楼。她做了一件白色西班牙梅里羊毛布的束带上衣,预备在那天穿,我又给她在巴黎订购了一件貂皮大衣。两天前她自己还写了或者要我写下来那天除了恩格尔孙夫妇、奥

---

* 在莫斯科列宁图书馆手稿部保存着这一节的一部分的原稿,是写在一张大半张信纸上面的;信纸背面有亚历山大·亚历克桑特洛维奇·赫尔岑(亚·赫尔岑之子)的笔迹:"《往事与随想》第五部中的《妈妈的死》;娜·亚·奥格辽娃手抄稿。"这份手抄稿上还有一标题:《一八五五年五月三日》。以后是这样的文字:"今天是五月三日——三年前这一天我们举行了葬礼。"以下的两短行涂掉了:"葬礼是归结。我等着死——它并不是偶然到我家来的。女人的心胸多么忍受不了这个。"以后便是跟现在这个版本一样的正文,不过有一些小的编辑上的修改。再后有一些重要的变文。——一九四六年列宁格勒版原本的编者

这一节在作者生前曾作为《海洋之夜》的第三节发表过,小标题是《一八五二年》,而且跟上一节"这是就要绝响的音乐的最后的和音"(见中译本第九〇页)紧紧连接着。显然是作者生前发表这两节回忆时,故意把有关黑尔威格的一部分删去了。在一九〇五年圣彼得堡版七卷本《赫尔岑著作集》内《往事与随想》第五部中,《海洋之夜》是第四十八章,《一八五二年》是第四十九章,这是第五十章,另有小标题《死》。

① 塞维尔:西班牙南部的一省。下文的加的斯在西班牙的西南部。

申义、福黑特、莫狄尼和帕切里夫妇①外，她还想邀请的客人的名单。

就在我生日的前两天奥丽迦伤了风，在咳嗽：这个时候城里发现了influenza〔法语：流行性感冒〕。娜达丽雅夜里起来两次，到孩子的房里去看奥丽迦。这是一个温暖的夜，但有风暴。她早晨醒来，就得了厉害的influenza〔法语：流行性感冒〕，——她咳得很痛苦，到了傍晚又发起热来。

不用说她第二天不会起床了；在发了一夜的寒热之后，第二天她非常虚弱，而且病也增加了。一切重新出现的，虽然微弱但是我们紧紧抓住的希望都破碎了。不自然的咳声给我们带来一种凶兆。

她不肯让我辞谢客人。所以在午后两点钟，我们不等她，就焦虑地、忧郁地坐下来用餐了。

帕切里夫人带来她丈夫为我的生日所作的一首歌。她是一个沉静、悒郁、而心地非常善良的女人。好像有什么忧愁的事情一直搁在她的心上；也许她的肩头挑的贫穷的担子太重了，不然便是在那些永远没有间断的音乐功课之外，在那个平凡、软弱，而且深知自己天分不及妻子的男人的热恋之外，生活还使她更希望另外的一点儿东西。

在我们家里，她比在她的别的学生家里得到更亲切的待遇和更热烈的欢迎，她用南方人的热情爱着娜达丽雅。

吃过饭她上楼去陪病人坐了一会，她出来的时候，脸色白得像一张纸。客人们请她唱一遍她带来的歌。她在钢琴前面坐下，在键盘上弹了一个和音，开始唱起来，忽然她带着惊恐的眼光看我一眼，就迸出了眼泪，让她的头落在键盘上面，痉挛地低声哭着。我们的宴会就这样地完结了。

客人们几乎没有说一句话就悄悄地散去了，仿佛有一块石头压在他们的心上似的。

我到楼上去。可怕的咳声继续响着。

这是葬礼的前奏曲！

而且葬礼有两次！

在我的生日以后不到两个月，帕切里夫人也给埋葬了。她骑驴子

---

① 帕切里夫妇：赫尔岑家的尼斯友人。

到门托勒或者罗加布朗去。意大利的驴子即使在夜间登山也不会失脚。然而这一次驴子却在白天跌倒了,这个不幸的女人跌下来,滚到尖利的岩石上面,带着可怕的痛苦当场死去。……

我在卢加诺接到这个消息。① 那么她也是没有了。Nurzu〔德语:尽管做去〕……以后还该什么怪诞荒谬的事情接着来呢?

在一切都给阴云笼罩了以后……又来了一个阴郁的、死气沉沉的黑夜,它在我的记忆中非常模糊,要形容它是不可能的,而且也是无益的。……这是一个痛苦、焦虑、不眠的时期,这是麻痹地意识到恐怖、同时意识到自己的精神衰弱和身体异常强壮的一个时期。

宅子里的一切都崩坏了。有一种特别的混杂和纷乱,一种无谓的奔忙,仆人们都弄得疲劳不堪——同时跟着死的逼近,又来了新的是非、新的龌龊行为……命运并没有给我一点安慰,人也不肯怜惜我;他们好像在说:他的肩头很宽,就让他挑着吧!

在娜达丽雅逝世的三天前,奥申义交给我一张爱玛写给娜达丽雅的字条。② 她要求娜达丽雅"宽恕那一切对不起她的事情,宽恕大家"。

---

① 这是娜达丽雅去世以后的事。卢加诺是瑞士的一个城市,在卢加诺湖畔。

② 这一段在一九〇五年圣彼得堡版中是删去了的。这是一八五二年四月二十六日晚上的事,应该是在娜达丽雅逝世前六天。爱玛听说娜达丽雅病重,几次想来看她,没有得到许可,便写了这样的两句话:

娜达丽雅!请宽恕一切,请宽恕大家,然后让一切永远忘掉吧。我衷心地握您的手。永别了!

爱玛·黑尔威格

娜达丽雅也在这一天,在爱玛送来字条之前,给黑尔威格写了最后一封信,这封信和娜达丽雅写给黑尔威格的其他的信(娜达丽雅要他全烧掉),都保存下来了。

娜达丽雅这样写着(根据 E. H. 卡尔的英文转译):

——一线生机——用来做什么呢?总是我自己受到满身责备,自己担起罪名来替你辩护。请安心吧,虽然你有充分的愿望和充足的手段,不用我的帮助就可以达到这个目的——请安心吧;倘使我在任何一个能够了解的人面前讲话(不然我就不会讲话,不然这就是对于我认为最神圣的东西的最大的亵渎),我不会是在替我自己辩护。

你伤害了我吗?你应当比我知道得更清楚——我只知道我的祝福会永远跟着你,不论任何地方,任何时候。

再说——就是多余的了。

赫尔岑不知道有这封信。

我告诉奥申义，我现在不能把信拿给病人看，不过我非常看重那种引起爱玛写这些话的感情，我愿意接受它们。我不但这样，并且在娜达丽雅最后的安静的时间中，我还轻轻地对她说：

“爱玛要求你的宽恕。”

她讥讽地微微一笑，并不说什么。她比我更知道那个女人。

晚上我听见弹子房里有人高声谈话，——那里原是我们的亲近的朋友平时聚谈的地方。我走进那个房间，看见他们谈得很起劲。福黑特正在大声讲话，奥申义在解说什么事情，脸色比平时苍白。他们看见我进来都不做声了。

“你们在谈什么事？”我问道，我相信一定又有什么新鲜的龌龊行为。

“是这回事，”恩格尔孙答道，“我们守着秘密有什么用处？然而这样一件条顿人的精制品，它真是漂亮得很，我敢打赌，要是以前有过这种事情，我就用脑袋走路！……豪侠的爱玛差奥申义来对你说，你既然宽恕了她，那么为了证明起见，就请你把你从前替他们还债的时候她给你的那张一万法郎的借据①还给她……Stupendisch teuer, stupendisch teuer!〔德语：贵得吓人，贵得吓人！〕”

奥申义有点儿不好意思，便接着解释道：

“我想她发昏了。”

我拿出她的字条，交给奥申义，我对他说：

“告诉那个女人，她讨价太高了；倘使我要拿她的悔悟的感情估价，我也不会估价到一万法郎。”

奥申义并没有把字条带去。

在她的临危的病榻旁边，我竟然给拖到这种污泥里去：这是什么意思？是疯狂还是恶意，是堕落还是愚蠢？

四月二十九日的晚上玛（利雅）·加斯帕洛夫娜到了。娜达丽雅

---

① 这张借据是用法文写的，至今还保留着。

一天一天地等着她。她求过玛利雅好几次，要她来，因为她害怕恩格尔孙夫人会把管教孩子们的权抓在手里。她每点钟都盼望玛利雅来；玛利雅的信一到，她就叫豪格和沙夏到瓦尔桥去接她。然而不管这个，跟玛利雅·加斯帕洛夫娜见面却使她十分激动。我记得她发出跟呻吟差不多的微弱的叫声，唤道："马霞。"①以后就不能再说一个字了。

她生病时已经怀了几个月的孕，朋非士和福黑特都以为她这种特殊情形对她的肋膜炎的治愈有帮助。玛(利雅)·加斯帕洛夫娜的来促成了她的生产，这比我们所预料的容易得多；婴儿活着，可是她的力量却耗尽了。接着是可怕的虚弱。

婴儿是在清早②出世的。到了傍晚，她要我们把婴儿给她，又要把孩子们唤来。③ 医生吩咐过房里需要绝对的清静。我求她不要做这件事。她温柔地望着我。

"你，亚历山大，你也听他们的话？！"她说，"当心，你以后不要因为夺去我这一刻的光阴后悔啊：我现在觉得好些了。我要亲自把婴儿给孩子们看。"

我把孩子们叫了来。她没有力气抱婴儿，就把他放在她身边，她带着快乐的发光的面貌对沙夏和达达说：

"这是另一个小弟弟。你们要爱他。"

孩子们高兴地跑去吻她，又吻婴儿。我记起来几天以前娜达丽雅曾经望着孩子们念了下面的诗句：

> 但愿年轻的生命
> 在我的墓门游戏……④

---

① 马霞：玛利雅的亲密的简称。

② 清早：一八五二年四月三十日的早晨。婴儿名弗拉基米尔。

③ 莫斯科列宁图书馆收藏的手抄稿中这下面还有一句："我悲痛地远远站着，死很显明地在她整个的美丽的面貌上出现了。"——一九四六年列宁格勒版《往事与随想》编者注

④ 引自普希金的诗《我在热闹的街上散步》。

我充满了悲痛，默默地望着这个垂死的母亲的“神化”。……孩子们走了以后，我求她休息，不要讲话。她也想休息，然而她不能够：泪水从眼里流下来。

“记住你答应我的话。……啊，想起他们孤零零地留在世界上，没人照料，……又在外国，这是多么可怕！……难道就没有救了？”①

她把她那交织着恳求和绝望的眼光停留在我的脸上……

这些变化（这些从**可怖的绝望**转到**病愈的梦想**的变化）在最后那几天里不可言说地割着我的心。在我差不多完全失掉信心的时候，她会握着我的手对我说：

“不，亚历山大，不能够这样，这太愚蠢了，我们还要活下去，盼望虚弱会过去就好了。”

希望渐渐地溜走了，是它自己慢慢地淡下去的，代替它的便是那说不出的忧郁的、静静的绝望。②

“我不在了的时候，”她说，“一切总会安排好的；现在我不能够想象你没有我怎样活下去，看起来孩子们多么需要我，可是你想一想——就是没有我他们也会一样地长大成人，而且一切都会照常进行，好像以

---

① 一九〇五年圣彼得堡版《往事与随想》中就只有这一句话。一九四六年列宁格勒版编者注：列宁图书馆收藏的手稿中，“救了”以下，有一段重要的变文：

孩子们出去以后，她哭了起来，很久不说一句话，后来拿起我的手放在她的胸上，说：“亚历山大，倘使……记住你答应我的话。……我害怕他们孤零零地留在世界上。”她又哭了。我一句话也说不出来，就不作声了。她带着恐怖的表情摇摇头，又用说不出的痛苦的眼光望着我。“你放心吧，”我说，“凡是人所能做到的事我都要办到。……”“真的吗？”她说，好像希望的光在她的心上亮了一下，也在我心上亮一下。她不想死。在最后那些时刻她常常、常常说：“是的，我想活，我应当活……为了辨别是非，为了你的胜利，为了孩子们（不会有人像我这样爱他们了）。”然而有一些时候，肉体的痛苦、耽心、侮辱，还有过去的回忆又使她生出另外一种心情……她不止一次地说：“看起来，孩子们多么需要我，可是我不在了的时候，一切还不是一样地照常进行。”

② 一九四六年列宁格勒版《往事与随想》中在这里有一行作者的小注：“这篇原稿是三年前写的。——亚·赫。”一九〇五年圣彼得堡版中没有这个注。作者的这一部分的回忆是在一八五八年写完的。这里所谓“三年前”，大约是一八五五年。

前一直是这样的。”

她还说了几句关于孩子们、关于沙夏的健康的话;她看见沙夏到了尼斯以后身体好多了,而且福黑特也承认这个,她很高兴。

“好好地照应达达,你待她要很仔细,她个性深沉而含蓄。”她又叹息说:“啊,只要我能够活着等到我的娜达丽雅①来就好了!……”过了片刻,她又问道:“孩子们都睡了吗?”

“睡了。”我说。

从远处传来一个孩子的声音。

“这是奥琳卡②,”她说,并且微笑了,这是她最后一次的微笑,“你去看她要什么?”

一到夜里,她就烦躁不安,她不作声,却向我示意她的枕头放得不舒服;可是我把枕头给她放好以后,她依旧不能安静,她带着痛苦甚至带着烦恼继续不停地把她的头移来移去。后来她沉沉地睡去了。

到了半夜,她的手动了一下,像是要喝水;我拿了一茶匙橙子汁,掺着糖和水去喂她,她的牙齿却闭得紧紧的;她已经不省人事了。我吓得发呆了。天刚刚亮,我拉开窗帷,带着一种木然的绝望的感觉看出来:不仅她的嘴唇,连她的牙齿在几个钟头里面都变成了黑色。

这是怎么一回事!为什么会有这种可怕的昏迷,为什么会有这种黑色!

朋非士大夫和卡尔·福黑特整夜坐在客厅里。我去把我所看到的告诉了福黑特。他避开我的眼光,不回答一句话,跟着我上了楼。已经用不着回答了。病人的脉搏差不多停止跳动了。

在正午的光景,她恢复了知觉,把孩子们叫了来,可是连一句话也没有说。她以为屋子很暗。在白天这样的事情是第二次了。她问我为什么不点蜡烛(桌子上正燃着两支蜡烛),我又点了一支,可是她看不

---

① 娜达丽雅:指娜达丽雅·土奇柯娃,现在是娜达丽雅·奥加略娃了。

② 奥琳卡:奥丽迦的爱称。她是赫尔岑的小女儿,一八五〇年十一月二十日生于尼斯。

见，她还说房里很黑。

“啊哟，我的朋友，我的头痛得很！”她说，此外还说了两三句话。

她拿着我的手（她的手已经不像一只活人的手了），用它盖住她的脸。我对她说了几句话，她含糊地回答着，她的知觉又失去了，而且就再也不曾回来了……

我等着她再说一句话……一句话……或者结局马上到来！她继续保持着这种状态一直到第二天早晨，就是从五月一日正午或者一点钟光景到五月二日上午七点钟。多么残酷的、可怕的十九个钟头！

有时她恢复了一半的知觉，清清楚楚地说她想脱掉那件法兰绒衫，那件短睡衣，要我给她一方手帕，以后就不再要什么了。

有几次我开始说话；我觉得她是听见了的，可是不能开口答应一声，一种深的痛苦的表情在她的脸上现了一下。她两次紧紧握住我的手，这并不是发作性的，这是有意做的。到了早晨六点钟，我问医生还会支持多久。

“不会多过一个小时。”

我便走进花园去唤沙夏。我想让他永远记住他母亲弥留的情况。我和他上楼的时候，我告诉他什么样的一种悲哀在等着我们。他完全明白我的意思。他脸色苍白，而且差不多要晕倒了，他跟着我走进房去。

“我们挨着身子跪在这里吧。”我指着床头那块地毯对他说。

她满脸都是临死前的汗，她的手抽筋似的抓住她的短睡衣，好像要脱掉它。她发出几声呻吟、几个声音，这使我想起了瓦季姆[1]临死的挣扎——于是连这些也停止了。医生拿起她的手，然后放开了它，它像一件东西似的落了下去。

孩子低声哭着。我记不大清楚开头做了些什么事情。我跑开，跑进厅子里面，在那里遇到查理·埃特蒙，我想对他说几句话，可是我说

---

① 瓦季姆·巴谢克（1808—1842）：赫尔岑的大学同学，一个西伯利亚流放人的儿子。

不出来，从我的胸膛里发出一个连我自己也没有听见过的声音。我站在窗前，惘然若失地痴痴望着下面毫无感觉地动着的、闪光的海。

于是我突然记起了那句话："好好地照应达达！"我很耽心那个孩子给吓坏了。我先前吩咐人不要告诉她，可是这靠得住吗？我把她找了来，我们两个关在书房里，我叫她坐在我的膝上，我慢慢地、一点一点地使她到最后才知道"妈妈"死了。她浑身打颤，脸上红了几块，眼泪涌了出来。……

我带她到楼上去。那里的一切都已经改变了。娜达丽雅躺在一张装饰着鲜花的床上，好像还活着似的，在她的身边睡着婴儿，他也是在那个晚上死去的。屋子里装饰着白布，而且撒满了鲜花。意大利人在任何事情上都有艺术的趣味，所以知道用点儿什么东西来安慰死的惨痛。

那个受了惊的孩子给这种美丽的环境感动了。

"妈妈在这里！"她说；可是等我抱起她、她用她的小嘴去吻她母亲冰冷的脸的时候，她忽然歇斯底里地哭了起来。我再也不能忍耐了，我走了出去。

过了一点半钟，我又独自坐在那个窗口，又茫然望着海，望着天。门开了，达达一个人走进来。她走到我跟前安慰我，用一种受了惊的低声对我说：

"爸爸，我是个好孩子，不是吗？我哭得不多。"

我万分悲痛地望着这个无母的孩子。我心里想道："是的，你应该做一个好孩子。你不会知道母亲的宠爱、母亲的爱。没有什么东西可以代替它们。你的心里会开着一个缺口，你不会感受到那最好的、最纯洁的献身的爱了，那是世界上唯一没有私心的献身的爱。你将来也许会感觉到的，可是绝没有人会替你感觉到这个。一个父亲的爱怎么能够跟一个母亲的爱的痛苦相比！"

娜达丽雅躺在鲜花中间。百叶窗已经拉下了。我坐在床前椅子上，就是我平日坐的那把椅子；四周非常静，只有海水在窗下轻轻地响动。好像有细微的、非常细微的呼吸将盖在她脸上的纱微微地吹了起来。悲哀和烦恼缓缓地沉静下去，好像苦难已经不留一点儿痕迹地过去了，仿佛给连它本身代表什么也不知道的死亡的那种毫不在乎的从容态度揩掉了。我守着，我守了一个整夜。倘使她真的醒了起来，又怎样呢？她并没有醒起来；这不是睡，这是——死。

那么这是真的了！

……地板上以及顺着楼梯下来都撒满了橘红色的天竺葵。花香甚至到现在还使我像触电似的颤抖，我记起那一切的详情，连每一分钟都不遗漏；我又看见饰着白布的房间，还有罩上套子的大镜；在她的身边，躺着那婴孩的黄色的身体，他睡着了、没有醒过来，他的身上也盖满了鲜花；她的冷冷的、冷得可怕的前额……我没有思想，没有目的，急急走进花园里去。我们的弗郎沙躺在草地上，像一个小孩似的哭着。我想对他讲一两句话，却发不出声音，我又跑回那里去。一位我不认识的太太，穿着全身的黑衣服，后面跟着两个小孩，她轻轻地开了门，——她要求我允许她念一篇天主教的祷告辞，——我自己也准备跟她一起祷告。她跪在床前，小孩们就跪在她旁边，她喃喃地念着拉丁文的祷词。小孩们轻轻地跟着她念。后来她对我说：

“他们也是没有母亲的孩子，他们的父亲又在远方。您参加过他们奶奶的葬礼。”

他们是加里波的孩子。

……在二十四小时以内，我们的院子里、花园里就聚集了一大群亡命者。他们是来送她到墓地去的。福黑特和我两人把她放进棺里——棺木抬出去了——我脚步稳定地跟在后面，一面拉着沙夏的手，一面想：“人给牵到绞刑台去的时候，就是这样地望着人群吧。”

街上有两个法国人（我记得里面有一位是 Bore〔法语：福格〕伯爵）带着憎厌和嘲笑，指着我们这个行列，说不该没有牧师。德西叶大声责备他们。我很吃惊，对他做了一个手势：肃静是最要紧的。

棺木上面放了一个大花圈，是用深红色小朵蔷薇花做的。我们每个人都摘了一朵，这好像一滴血，滴在每个人的身上。

我们上山的时候，月亮升了起来，海也在闪光，这海对于杀死她的事情也是有份的。我们把她葬在突出在海中的山坡上，在这里一边望得见埃斯特勒，另一边望得见哥尔尼西。这周围也是一个花园。那么她依旧躺在万花丛中，就好像她躺在床上那样。

*　　*　　*

两个星期以后，豪格记起了她的最后的愿望和他的诺言，他同德西叶准备到苏黎世去。玛利雅·加斯帕洛夫娜要回巴黎去了。大家都劝我让她把达达和奥丽迦带走，我自己带着沙夏到热那亚去。想到要跟她们分别，我非常痛苦，可是我已经不相信自己了。我想，这样办也许对她们真有好处；要是对她们有好处，那么就这么办吧。我只求玛利雅不要在五月九日以前把她们带走，那天是我们结婚十四周年纪念日，我想和她们在一起过一天。

在纪念日以后的第二天我把她们送到了瓦尔桥。豪格送她们到巴黎。我们望着海关人员、巡官和各种警察在麻烦来往的旅客。豪格丢失了我送给他的那根手杖，他到处寻找，很不高兴。达达哭着。卖票员穿着制服，坐在马车夫旁边。四轮驿车顺着德拉基娘街开去了，我们，德西叶、沙夏和我走回桥这面来，雇了一部马车，回到我住的地方。

我现在没有家了。孩子们一走，家庭生活的最后的痕迹也消失了。一切都带着独身者的样子。两天以后恩格尔孙夫妇也离开了这个地方。一半的屋子都关起来。德西叶和Edmond〔法语：埃特蒙〕搬到我家里来住。女性的成分完全没有了。只有沙夏的年龄和容貌还使人想起这里曾经有过别的东西……而且使人记起一个不在了的人。①

① 一九〇五年圣彼得堡版《往事与随想》中《海洋之夜》第三节《一八五二年》到这里就结束了。

后　记

（一八六〇年九月九日在布勒毛斯记）

……在葬礼后五天，黑尔威格写信给他的妻子说：

这个消息使我非常难过。我充满了阴郁的思想。把虎哥·浮司葛诺①的 *I Sepolcri*〔意语：《坟墓》〕用第一班邮件给我寄来。

在以后的一封信里②他又写着：

现在我同赫尔岑和解的时候到了。我们的争吵的原因已经不存在了，……只要我能够跟他——面对面就好——他是唯一能够了解我的人！

是的，我了解他！

---

① 虎哥·浮司葛诺（1778—1827）：意大利著名诗人。

② 这两封信都是托人带到尼斯的。——作者原注

追记:豪格*

豪格同德西叶一天早晨到了黑(尔威格)在苏黎世住的一家旅馆。① 他们问侍役他是不是在屋子里,听说他在,他们吩咐侍役不用通报就带他们到他的房间去。黑(尔威格)看见他们,脸白得像一张纸,浑身发抖,他站起来,一言不发,把身子靠在一把椅子上。

"他的样子真难看,——恐怖的表情把他的脸扭成了怪相。"德西叶后来对我说。

"我们到你这里,"豪格对他说,"是来实现我们亡友的愿望:她临死前在病榻上写了一封信给你,你借口说这封信是伪造的,是别人强迫她写的,不拆开信看,就原封退了回来。她亲自委托德西叶·狄·莫特同我两个来向你证明那封信是她亲笔写的,而且是出于她自愿的,她还要我们把原信大声读给你听。"

"我不要,不要……"

"你坐下,听我读吧!"豪格提高声音说。

他坐下来。

豪格拆开信,却从里面抽出了一张黑(尔威格)亲笔写的字条。

那封信(我是故意用保险信寄出的)退回的时候,我把它交给恩格尔孙保存。恩格尔孙给我看,信封上的火漆印有两个是重盖的。

"你可以相信那个坏蛋已经读过了信,"他说,"因此才把它退

---

* 《追记》在一九一九年第一次发表,已是作者逝世后四十九年了。

① 这是一八五二年七月一日的事情。

回来。”

他把信拿到蜡烛前面照给我看，现在装在信封里的不是一张信纸，有了两张。

“谁封的信？”

“我封的。”

“除了信再没有别的东西吗？”

“什么也没有。”

于是恩格尔孙拿了一张同样的信纸，和一个同样的信封，再盖上三个火漆印，然后跑到药店去；他在那里把两封信都秤过：那封退回的信比另一封重一倍半。他一路上又唱歌又跳舞，一到家便对我叫起来："我猜对了！我猜对了！"

豪格取出了字条，大声读了一遍信，然后才看字条，字条一开头便是咒骂和责备，他把字条递给德西叶看，又问黑（尔威格）道：

“这是你的笔迹吗？”

“不错，不错，是我写的。”

“那么信是你拆过的了。”

“我没有向你解释我的行动的义务。”

豪格拿回字条，撕碎它，对着他的脸掷过去，一面说：

“你真是个卑鄙的东西！”

黑（尔威格）慌张起来，抓住拉铃的绳子，用尽力气拉着。

“你要做什么？你发疯吗？”豪格说，就抓住黑（尔威格）的膀子。黑（尔威格）用力挣开了，冲到门口去，打开门，大声叫起来：

“杀人！杀人！”〔德语："Mord! Mord!"〕

听见这种发狂的拉铃声和叫声，许多人一齐跑上楼到他的房间来：茶房们和这条走廊上各个房间的客人全来了。

“警察！警察！杀人！”现在黑（尔威格）站在走廊上叫喊了。

豪格走到他面前重重地打了他一记耳光，对他说：

“听着，你这混蛋〔德语：schuft〕，这是给你喊警察的酬劳！”

这个时候德西叶便回到房里去，把他们的姓名和地址写下来，一声不响地递给他。一群看热闹的人挤在楼梯上。豪格向旅馆主人道了歉，就和德西叶一路走了。

黑(尔威格)马上跑到警察局去，请求法律的保护，来对付那些派来暗害他的人，他并且反复地询问他能不能为着打耳光的事对他们提出控告。

警察局长当着旅馆主人在场，问明了这个案子的详细情形，他表示那两个人既然在青天白日之下这样地走进旅馆来，并且还留下自己的姓名和地址，不见得就是受人雇用的凶手。至于进行诉讼，他觉得这倒是很容易的，而且他几乎可以断定豪格会被判决缴纳一笔数目很小的罚款，或者短期的监禁。

"不过在您这个案子里有点儿不方便的地方，"警察局长又说，"就是为了要使那位先生得到惩罚，您必须公开地证明他的确打了您一记耳光……据我看来您最好还是不要去计较，否则谁知道会泄露出什么事情来。"

警察局长的道理胜利了。

我那个时候在卢加诺。我把事情仔细想了一下，我觉得很不安：我知道黑(尔威格)不会向豪格或者德西叶挑战，不过我却不能确定豪格会安静地离开苏黎世，不再有其他的动作。倘使豪格向黑(尔威格)挑战①，那么，我打算处理这件事情的办法就完全给他破坏了。德西叶的善意的聪明，我是可以完全信赖的，然而他那法国人的气质又太重了。

豪格为人固执到任性的程度，又像小孩子那样地爱发脾气。他总是喜欢跟人吵架，起先跟贺也次基吵，后来跟恩格尔孙，以后他又跟奥申义和意大利亡命者们争吵(他终于使他们成为他的敌人)；奥申义带着他特有的微笑，微微摇头，非常好笑地说：

"Oh, il generale, il generale Aug!"〔意语："啊，将军，豪格将军！"〕

---

① 他的确这样做过了，——不用说，黑(威尔格)并没有接受。——作者原注

卡尔·福黑特对事情素来有透彻的、实际的见解，只有他一个人可以使豪格听话。他对豪格很不客气，他挖苦他，他骂他，——豪格却服从他。

“你找到了什么制服我们这位孟加拉将军的秘诀？”我有一次问福黑特道。

“Vous l'avez dit，”〔法语：“你已经说出它了，”〕福黑特答道，“你已经猜到了那个秘诀。我能制服他，就因为他是一个将军，而且他相信他是一个将军。一个将军知道服从纪律，他不能够反对上级官员：你忘记了我是一个帝国的代表。”①

福黑特说得很对。几天以后，恩格尔孙在谈话中不曾留心到他是在豪格面前讲话，他无意间说出来：

“这种混蛋只能是一个德国人。”

豪格生了气。恩格尔孙便向他（豪格）解释，说是自己一时大意，这种无聊的话是顺口说出来的。豪格却说，他生气的并不是因为恩格尔孙当着他的面说这种话，倒是因为恩格尔孙对于德国人抱着这样一种见解。他走出去了。

第二天很早他去找福黑特，看见福黑特还睡在床上，便叫醒他，把恩格尔孙的侮辱告诉他，并且要求他做证人，还请他把挑战书给恩格尔孙送去。

“怎么，你以为我也像你那样发昏了吗？”福黑特问他道。

“我没有忍受侮辱的习惯。”

“他并没有侮辱你。人有时候说话是随便的，——况且他道过歉了。”

“他侮辱了德国……应该使他明白，他当着我的面侮辱一个伟大的国家不能不受到惩罚。”

“但是为什么只有你一个人才是德国的代表呢？！”福黑特大声对

---

① 卡尔·福黑特是一八四八年德意志统一运动中基森选出的国民议会的代表。

他说,“我不也是一个德国人吗?难道我就没有像你那样的替德国辩护的权利——或者比你更多的权利吗?”

“当然,要是你肯保卫它,我就让给你做。”

“好,不过你既然交给我,我就希望你以后不要干涉。你静静地坐在这里,等我去看看,恩格尔孙是不是真有那种意见,或者这只是一句无意间说出来的话,——那么我们就会把你的挑战书撕掉。”

半点钟以后福黑特到我家里来。我完全不知道前一天发生的事情。福黑特走进来,像往常那样地大笑,一面问我道:

“你们的恩格尔孙是不是在到处乱跑?我已经把我们的将军关在家里了。你想象看,他居然因为恩格尔孙说起倒楣的德国人的时候不客气,就要同恩格尔孙决斗;我说服了他,说这是我的特权。事情已经解决了一半了。现在你应该使恩格尔孙安静下来,倘使他不是在发高烧的话。”

恩格尔孙简直没有想到豪格会气得这么厉害;起先他还想亲自向豪格解释,打算接受挑战书,后来就放弃了这个主意,我们把豪格请了来。这天早晨“帝国的代表”便丢开他的水母和海灯①,坐在我家里,一直到豪格与恩格尔孙两人一面喝酒,吃着 à la milanise〔法语:米兰式的〕肉片,一面友好地谈起来,他才回去。

我从卢加诺又到琉森②,在琉森我便遇到了一个新的问题。就在我到的那天,德西叶告诉我,豪格写了一篇打耳光的回忆录,把整个事情全写出来了;他想发表它,德西叶费尽唇舌,才用这个理由(他不能事先不征求我的同意就发表这样的文章)劝阻了他。豪格没有想到我会不同意,便答应等我。

“你要尽力阻止这篇不幸的 factum〔法语:事实陈述书〕发表出来,”德西叶对我说:“它会把整个事情弄糟,——它会使你、使你所宝贵的

① 卡尔·福黑特是一个博物学者,而且是十九世纪中一个优秀的生物学家。

② 一九四六年列宁格勒版《往事与随想》编者注:“赫尔岑一八五二年七月十四日到琉森。”琉森是瑞士的城市。

纪念、使我们大家成了永久的笑柄。”①

晚上豪格把原稿交给我。德西叶没有错：我绝对受不了这样一个打击。在这篇文章里他用一种对我和对死者的非常热烈的、友爱的调子叙述一切事情，写得很可笑，在那个充满眼泪和绝望的时期中，我觉得很可笑。通篇文章写成了散文体的《堂·卡罗斯》②的风格。一个人能够写出这种东西，他一定重视他的作品，不用说没有经过斗争他是不会放弃它的。我现在担任的并不是一件容易的工作。这篇文章是为着我的缘故，为着友爱的缘故而写的，并且写得很公平、很诚实、很光明；——现在我不但不对它表示感激，我反而必须给他去掉那个在他的脑子里已经生了根，并且把他抓得牢牢的思想。

我不能够妥协。我仔细思索了好久，我下了决心给他写一封长信；我感谢他的友情，可是我请求他不要发表这篇回忆录。我说：“倘使关于那件可怕的事情的确需要发表文章的话，那个不幸的权利也应该属于我一个人。”

我封好信，在早晨七点钟给豪格送去。豪格回信说：“我不赞成你的意见；我给你、也给她建立了一个纪念碑，我把你放到一个高得不可接近的峰顶上，要是谁敢提一个字，我就会使他闭嘴。不过你有权利决定你自己的事情，倘使你要写，我自然就让你写。”

他整天露出不快活同烦躁的神气。到晚上我忽然想起一件可怕的事情：“倘使有一天我死了，他就会竖起那个纪念碑来。”因此在向他告别的时候，我一面拥抱他，一面说：

“豪格，不要跟我生气；的确，在这样一件事情上面，再没有比我更好的裁判官。”

“我并没有生气，我只是不痛快罢了。”

---

① 英译本作“它会使你，使我们大家，使我们那么宝贵的纪念都成了永久的笑柄。”这是根据一种变文（一九二一年一月柏林版原本译出的）。

② 《堂·卡罗斯》：席勒的五幕诗剧。堂·卡罗斯便是剧中的主人公。

“好，你既然没有生气，那么让我把你的原稿带去，你就把它送给我吧。”

“我很高兴送给你。”

有趣的是，从这个时候起豪格在文学方面对我就有了一种成见，后来在伦敦有一回我向他说起他给洪波尔特①和麦启孙②写信，文章过于雕琢，而且辞藻富丽，他含笑答道：

“我知道你是一个长于论理的作家，你有一种属于冷静的理性的文体，但是诗和感情另有一种不同的语言。”

我又一次感谢命运，我不仅拿走了他的原稿，而且在我动身去英国的时候，我把它烧毁了。

打耳光的新闻传布得很远，很广，在《新苏黎世报》上突然刊出了一篇黑（尔威格）署名的文章。他说，那一记“出名的耳光”并没有打过，相反的，他“推开了豪格，使得豪格的背在墙壁上擦过”。——除开别的一切不说，凡是知道豪格的身体强壮与举动灵敏和这个巴登远征军领袖的虚弱与不灵活的人，都明白这件事是不可靠的。他更说这是赫尔岑男爵用俄国金钱筹划的一个范围广大的阴谋的一部分，他还说那两个找他的人是我雇用的。

豪格和德西叶立刻在同一份报上发表了一个严正、简明、慎重、尊严的声明，说明那件小事的经过情形。

我又在他们的叙述后面附加道，我雇用的人除了仆人外，就只有黑（尔威格）一个，他在这以前的两年内都是靠我的钱生活，而且在我的欧洲朋友中间就只有他一个人欠我一笔不小的款子。这个武器是我素来很讨厌的，现在我却用它来保护我的受到诽谤的友人。

对我这个声明，黑（尔威格）又在同一份报上答辩道：他从不需要向我借钱，而且他也不欠我一个铜板。（钱是他的妻子借来给他

① 亚历山大·洪波尔特（1769—1859）：英译本作“加里波的”，德国博物学家。

② 罗德里克·英佩·麦启孙（1792—1871）：英国地质学家。

用的。)

就在这个时候有一个医生从苏黎世写信给我说,黑(尔威格)派他来向我挑战。

我请豪格代我回答说,现在,跟从前一样,我仍然认为黑(尔威格)没有资格向我提议决斗;我说,他的惩罚已经开始了,我要继续走我自己的路。我们应该注意,在爱玛以外仅有的两个接近黑(尔威格)的人(这个医生和李却·瓦格纳尔①,那个前程远大的音乐家)对黑(尔威格)的品格都不尊敬。这位送挑战书来的医生并且附言:“至于这回事情的是非曲直,我完全不知道,我也不想参加一点儿意见。”他在苏黎世还对他的朋友说:“我怕他不会实行决斗的,他不过想惹起一场吵闹,可是我不肯让他作弄我,拿我开玩笑。我对他说过我衣袋里还要放一支实弹的手枪。这是对付他用的!”

至于李(却)·瓦格纳尔,他写信来向我抱怨豪格太粗暴,并且说,他对于这个他“所爱的、所怜悯的人”不能下一个严厉的判决,还说:“他需要宽大、体贴的待遇,那么他也许还可以从他那琐碎的、女流气的生活中,他那反常的放荡行为中自拔出来,恢复他的力量,露出他另外的一种面目。”

在一切的恐怖之外,再加上为着金钱的吵闹,这是很无聊的,然而我知道这对他却是一个严重的打击,这个打击是整个资产阶级的社会(这就是说,瑞士和德国的全体舆论)很了解,而且很重视的。

黑(尔威格)夫人当初写给我一张一万法郎的借据,后来又想用几句说得太迟了的后悔的话换它回去,那张借据还在我的手里。我把它交给一个公证人。

那个公证人一手拿报纸,一手拿借据,去找黑(尔威格),要他解释明白。

“您看,这不是我的签名。”他说。

---

① 李却·瓦格纳尔(1813—1883):德国音乐家,乐剧的建设者。

公证人把他妻子的来信拿给他看，她在信里写着，钱是她替他借的，而且他事前也知道。

“我一点儿也不知道，而且我从没有叫她这样做过；不过您可以写信到尼斯去问我的妻子，——我跟这件事没有一点儿关系。”

“那么您的确不记得您委托过您的太太？……”

“我不记得。”

“这倒是很不幸的事；这么一来这个简单的债务问题就换上另外一种性质了，您的对方可以控告您太太诈欺取财，escroquerie〔法语：欺诈〕。”

诗人听见这样的话毫不惊慌，他英勇地答道，这不是他的事情。公证人把他的答复告诉了爱玛。我也没有追究这件事。不用说，他们也没有偿还借款……

“现在，”豪格说，“现在到伦敦去！……我们不能够就这样地放过那个混蛋。……”

几天以后我们就从 Morley's House〔法语：莫勒旅馆〕的四楼上看窗外的伦敦大雾了。

一八五二年秋天我迁到伦敦居住①，跟着我的移居，我结束了我的生活中最痛苦的一部分，而同时我的故事也就在这里中断了。

一八五八年写毕

* * *

① 一九四六年列宁格勒版《往事与随想》编者注：“赫尔岑在一八五二年六月八日至九日从尼斯出发，第二天到热那亚，六月二十二日从热那亚到卢加诺，七月十四日到琉森，八月中旬离开瑞士，经过巴黎，于八月二十五日到达伦敦。”

再　记

……今天是一八六三年五月二日……十一周年纪念日。当初站在她墓前的那些人在哪里呢？没有一个在近旁……有些已经不存在了，还有一些离得很远——这不仅是地理上的远！

奥申义的头血淋淋地从断头台上滚下来……

恩格尔孙的尸首(他逝世前跟我闹翻了)睡在海峡群岛上。①

德西叶·狄·莫特，那个化学家兼博物学家，还是和从前一样地温厚、善良，不过他现在干起召魂术和灵动术②一类的事情来了。

查理·埃特蒙是拿破仑亲王③的朋友，现在在卢森堡宫当图书管理员。

卡尔·福黑特没有什么改变，而且比任何人更忠于自己。

豪格，我在一年前见过。他为着一些小事在一八五四年同我争吵起来，没有告别，就离开了伦敦，跟我断绝了联系。一年前我偶然知道他在伦敦。我送信给他说，“她安葬十周年纪念日到了；为着毫不重要的原因生气是可耻的事；那个神圣的纪念早已把我们拴在一起了；即使他已经忘记，我却还记得他当时如何慷慨地向我伸出他的友情的手。”

我知道他的性格，便先发动，我去找他。他很高兴，很感动；然而即

---

① 恩格尔孙一八五五年死在英国海峡群岛之一的泽稷岛上。

② 召魂术和灵动术：这都是骗人的把戏。当时在欧美一部分资产阶级和知识分子中间颇为时髦。召魂术旧中国也有。灵动术就是用手指尖接触桌子使它转动的把戏。

③ 拿破仑·约瑟·查理·保罗(1822—1891)：拿破仑三世的堂兄弟。

使是这样,我们的见面比任何的离别都更凄凉。

我们起先谈一些人,一些事故,想起过去的种种细节,然后停了下来。我们看得出,彼此间无话可说:我们成了完全陌生的人了。我竭力使谈话不要中断,豪格也用尽他的力量;他在小亚细亚旅行中间的种种事故都谈到了。最后它们也谈完了,——又是一阵使人难堪的沉默。

"啊!"我掏出表来看了一下,突然说,"五点钟了,我还有一个 rendez-vous〔法语:约会〕。我得离开你了。"

我说了谎:我并没有 rendez-vous〔法语:约会〕。豪格好像也觉得压在他肩上的石头落下来了。

"就五点钟了? 我今天要到克拉彭去吃午饭。"

"你要花一个小时才到得了那里,我不耽搁你了。再见。"

我走出来到了街上,我快要……"大笑"吗? ——不,哭了。

两天以后他到我家里来吃早饭,——又是同样的情形。他说第二天就要离开伦敦,事实上他却住了好久,不过我们已经够了,我们不想再见面了。

特丁顿*出发之前（一八六三年八月）

奥（加略夫）在诺夫哥罗德的时期中曾经歌唱过“Cari luoghi io vi ritrovi”〔意语：“亲爱的地方我又要见到你们了”〕；我又要见着它们，而且我害怕见到它们。

我还是走那条路经过埃斯特勒山到尼斯。一八四七年我们也曾走过这里，下了埃斯特勒，第一次进入意大利。一八五一年我又经过这里到叶耳去找我母亲和我儿子的遗迹，可是我什么也没有找到。

不容易变老的自然界还是跟从前一样，可是人改变了。我第一次跨过滨海阿尔卑斯山的时候，我正在追求丰富的生命，追求快乐……后面有小片的云，故国的天空罩着一片愁惨的青色……在我们的前面却是无云的晴天。三十五岁的年纪，我年轻，而且充分感觉到自己精力旺盛，过着无忧无虑的日子。

第二次我带着悲痛，精神恍惚，经过这里，我来找寻轮船遇险遭难者的遗体，——不仅我后面满是可怕的阴影，而且前面的一切也很黯淡。

第三次……我到孩子们那里去，到她的墓前去，——我的愿望不大：让我的脑子得到一点儿休息，希望我四周有一点儿和谐，我寻求和平、疲劳与衰老中的这种 noli me tangere〔拉丁语：安静〕①。

---

* 特丁顿：英国东南部密德尔塞克斯州的一个小城。

① 原意是“不要挨我”。据《约翰福音》第二十章中载，耶稣复活以后对站在坟墓外面哭着的抹大拉的玛利雅说：“不要挨我。”这里的意思是：让我安静。

到达以后

一八六三年九月二十一日我来到墓前。四周很静:海也无声,只有风在路上扬起尘柱。墓石的沉默和柏树的轻微的沙沙声使我感到古怪和陌生。她不在这儿;这里没有她,——她活在我身上。

我从墓地又到那两所宅子去:修氏家和杜以斯家。两处都没有人住。为什么我又来召唤这些不会说话的 charge〔法语:原告〕见证呢? ……这是阳台,我那一次带着难堪的痛苦在这里,在蔷薇和葡萄园中间走来走去,望着荒凉无人的远方,精神有些错乱,我胆怯地希望得到安慰和援助,我在人们中间找不到它们,我就在酒里找寻。

长沙发还在这里,它现在盖满了尘土,还有些小框、小架,——就是这张长沙发,在我们那次谈话的极其痛苦的夜里,她疲乏不堪地坐在它上面,而且失去了知觉。

我拉开杜以斯家寝室的百叶窗。……还是旧日的风景……我转过头去:床,床垫已经拿下来,放在地板上,好像丧事就是几天前的事情。……这间屋子里少了、失去了一些东西! ……可怜的受难的女人——我虽然无限地爱她,可是我自己也参加了杀死她的罪行!

俄罗斯的影子

一　尼·伊·沙左诺夫

沙左诺夫、巴枯宁、巴黎。——这些名字，这些人，这座城市，总是使我们回顾过去……过去——回顾过去那遥远的岁月，回顾过去那遥远的空间，回顾搞秘密活动的青年时代，回顾那迷信哲学和盲目崇拜革命的时代①。

我非常珍惜我们的这两个青年时代，所以我不得不再就这问题多说两句……三十年代初，我与沙左诺夫曾一起分享过我们少年时代的幻想，我们曾幻想像黎恩济一样搞密谋活动；过了十二年，我又跟巴枯宁一起绞尽脑汁研究黑格尔。

关于巴枯宁的事，我已经说过，不过还有许多话要说。他那浮雕般突出的个性，他那古怪而又强烈的表现，随处可见——在莫斯科的青年圈里，在柏林大学的教室里，在魏特林的共产主义和科西迪耶尔的山岳派中间，他在布拉格的演说，他在德累斯顿领导起义，吃官司，监狱，被判死刑，在奥地利受难，引渡到俄国，于是他就在阿列克谢耶夫三角堡那可怕的大墙里消失不见了②，——凡此种种，使他成了一个个性十分

---

① 这段随笔属于第三十四章第十二页。——作者原注

赫尔岑在这里指的是一八六七年日内瓦的《往事与随想》第四册，第一册包括《革命前后》和《俄罗斯的影子》两部分。

② 一八四八年六月三至十二日，在布拉格召开斯拉夫人代表大会，巴枯宁在会上发表演说，号召解放波兰，消灭奥地利帝国，斯拉夫各民族联合起来，成立泛斯拉夫联邦。一八四九年五月，巴枯宁参加撒克森人的民主起义，并领导德累斯顿的街垒战。起义失败后，巴枯宁被捕并判死刑，后又被移交给奥地利当局，后者也因他曾参加布拉格起义而判处他死刑，后被引渡给沙皇政府，关在彼得堡彼得保罗要塞内的阿列克谢耶夫三角堡。一八五七年流放西伯利亚。

突出的人,无论当代世界,也无论历史都不能对他漠然视之。

这人身上蕴蓄着一种进行巨大活动的胚胎,可是却无人需要他。巴枯宁身上孕育着一股潜能,他可能成为一个鼓动家,一个政论家,一个传教士,一个党和一个宗派的领袖,一个异端邪说的创始人,一个战士。随便把他放到哪里,不过必须是一个极端的地方,——他就会成为一名再洗礼派①教徒、雅各宾分子、阿纳哈尔西斯·克洛斯②的同伙,格拉古·巴贝夫③的朋友,——他就会发动群众,使各民族的命运发生巨变,——

但是在这里,在沙皇政权的压迫下④,

他就成了没有美洲和轮船的哥伦布,只能违心地当了两年炮兵,在莫斯科的黑格尔主义者中鬼混了两年⑤,以后就赶紧离开这个是非之地,因为思想在这里被看作图谋不轨,受到迫害,独立的言论则被看作对社会道德的践踏,遭到非议。

他于一八四〇年逃出俄国以后就再没有回去过,直到一队奥地利的龙骑兵于一八四九年把他交付给一名俄国宪兵军官为止。

符合目的论的崇拜者,理性主义的可爱的宿命论者,他们对天才们和活动家们恰好在需要他们的时候出现,而且来得那么及时,来得那么 à propos〔法语:凑巧〕,感到不胜惊奇,可是他们忘记了多少处于萌芽状态的天才没有见到光就夭折了,消失了,多少具有才能和愿意报效祖

---

① 欧洲中世纪基督教的一个教派。他们为婴儿所施的洗礼,成年后必须再受洗,故名。他们主张财产公有,反对贵族、地主、教会的封建土地占有制。

② 克洛斯(1755—1794):法国大革命时期的激进民主派、演说家,鼓吹世界革命和成立普世共和国,雅各宾派左翼,无神论者。

③ 巴贝夫(1760—1797):法国大革命时期早期的政治鼓动家,主张平分土地和平均分配收入,后因策划起义,被捕处死。

④ 引自普希金的《题恰达叶夫画像》(略有改动)。

⑤ 巴枯宁早年曾入圣彼得堡炮兵学校,后在炮兵服役。一八三五至一八四〇年,巴枯宁在莫斯科潜心钻研黑格尔哲学,并在斯坦克维奇小组热心宣传黑格尔哲学,——这里是赫尔岑的调侃和戏称。

国、报效革命的人,凋零枯萎了,因为人们不需要他们。

沙左诺夫的例子就更加突出。沙左诺夫无声无息地走了,他的死正如他的生一样,谁也没有注意。他没有完成一件朋友们寄予他的厚望就死了。说来容易,说他应当对自己的命运负责,是他自己的错;但是应该怎样来评价和衡量人应当负的责任和环境应当负的责任呢?

尼古拉统治时期是一个对精神实行凶杀的时期,它不仅用矿井和白色的皮鞭①杀害人,它还用它那令人窒息和令人感到屈辱的气氛,用所谓否定的大棒杀人。

埋葬那个时代苟延残喘的存在,(它筋疲力尽地想把深陷沙滩中的我们的航船从浅滩上拽出来)——这是我的专长。我是他们的多马日罗夫,现在这老头大家都忘记了,可是从前全莫斯科的人都知道他,他是普罗佐罗夫斯基②的传令兵。每逢人家出殡,只要主教到场,他就会扑上发粉,穿上保罗时代的草绿色军装,走在丧葬队伍的前面,领着它前进,还自以为他在做一件了不起的大事。

……上大学的第二年,即一八三一年秋,我们在数理系教室欢迎新同学的时候,遇到了两个人,后来我们成了好朋友。

我们的彼此接近和好恶,都来自同一源泉。我们都是狂热的血气方刚的青年,一切都服从于一个思想和一个盲目信仰:科学、艺术、彼此的交情、父辈的老屋和社会地位。任何地方,只要有可能说话和进行宣传,我们就会全心全意地到那里去,决不退让,而且说个没完,既不吝惜时间,也不吝惜精力,甚至不惜搔首弄姿。

我们走进教室时就抱着一个坚定的目标,一定要在这里按照十二月党人的形象和样式③奠定我们组织的基础,因此我们到处寻找我们的信徒和追随者。第一个能够清楚地理解我们思想的同学,便是沙左诺夫,我们找到他的时候他的思想已经完全成熟,因此我们就立刻成了

---

① 指流放到冰天雪地的西伯利亚。

② 普罗佐罗夫斯基(1732—1809):公爵、俄军元帅。

③ 语出《旧约·创世记》:“神说,我们要照着我们的形象,按照我们的样式造人。”

朋友。他自觉地向我们伸出自己的手，第二天又给我们带来了一位同学①。

沙左诺夫具有十分突出的才能和十分突出的自尊心。他才十八岁，看上去还要年轻些，但是，尽管如此，他学习很努力，世界上的什么书他都看。他极力要超过同学们，他认为任何人都不能与他相提并论。因此同学们不是爱他，而是尊敬他。他的朋友像个姑娘似的长得很漂亮，很温柔，他与沙左诺夫恰好相反，到处在寻找一个他可以依靠的人；他充满了爱和忠诚，似乎刚刚离开母亲的翅膀，他心怀高尚的追求和半幼稚的幻想，他想得到温暖和关怀，他偎依在我们身旁，全身心地信赖我们和我们的思想，——这是弗拉基米尔·连斯基②式的性格，这是韦涅维季诺夫③式的性格。

……那天，我们并排坐在阶梯教室的同一条长凳上，彼此看了一眼，意识到我们有着共同的命运、共同的交往、共同的秘密、共同的慷慨赴死的决心、对我们事业的神圣性的共同信仰——我们还用充满自豪的爱望了一眼在我们周围的这许多年轻的、美丽的头脑，就像望着亲如兄弟的教民们一样，这天是我们一生中的伟大日子。我们彼此向对方伸出了手，并且 à la lettre〔法语：一字不差地，一丝不苟地〕走向我们这个年轻“世界”④的四面八方，去宣传自由和斗争，就像四名助祭在复活节，手拿四本福音书，去向会众布道似的⑤。

我们时时处处在布道。我们到底布的什么道，很难说。思想是模糊的，我们先是宣传十二月党人和法国革命，后来又宣传圣西门主义和同一个革命，我们还宣传实施宪政和建立共和国，宣传要阅读政治书籍，把所有的力量集中起来组成一个团体。但是我们宣传得最多的还

① 指尼·米·沙青。

② 普希金《叶甫盖尼·奥涅金》中的一位充满激情的诗人。

③ 韦涅维季诺夫(1805—1827)：一个早年夭折的俄国诗人。

④ Universitas(大学同学)。——作者原注

⑤ 四名助祭指赫尔岑、奥加略夫、沙左诺夫和沙青。他们是赫尔岑小组的最早成员。

是对任何暴力和对政府的任何专横的仇恨。

我们想组织的团体实际上从来没有组织过；但是我们的宣传却把自己的根深深地扎到了各个系，而且远远超出了大学围墙。

从那时候起，我们的宣传，在我们的整个一生，从大学的教室起直到伦敦的印刷所，从未间断过。我们的整个一生，就是力所能及地完成我们在少年时代定下的纲领。根据我们所触及的问题，根据我们所唤起的兴趣，在报刊上，在讲演中，在文学界……不难看出其中的线索。我们的宣传在发展中虽然形式有改变，但万变不离其宗，始终忠于自己的信念，把自己的个性特点带进我们周围的一切活动中。国家的胡作非为只是提高了我们的地位，他们用监狱和流放只是自己花钱提高了我们的声望。我们回到莫斯科的时候已成了二十五岁的“权威”。同我们手拉手一起前进的有别林斯基、格拉诺夫斯基和巴枯宁，我们在《祖国纪事》上发表文章，也使我们参加到彼得堡皇村学堂和青年文学家发起的运动。彼得拉舍夫斯基小组①的人成了我们的弟弟，正如十二月党人是我们的兄长一样。

对我们小组的地位和意义故意避而不谈，就因为我是这个小组的成员，这样做是虚伪的或者是愚蠢的，恰好相反，在我的叙述中常常可以遇到讲那个时代，讲我在三十年代和四十年代的老朋友，我还特意要多讲几句，不怕重复，使我们的年轻一代能够更多地了解他们。我们的年轻一代不了解他们，把他们忘了，不爱他们，摒弃他们，认为他们都是些不切实际，颟顸无能，不知道应该往何处去的人；我们的年轻一代在生他们的气，不分青红皂白地抛弃他们，认为他们都是些落后的人、多余的人和游手好闲的人，都是些耽于幻想的幻想家，他们忘了评价过去的人物，评价他们的地位和“成色”时，不是比较他们的知识总和，不是比较他们过去和现在提出问题的方法，而是看他们在解决这些问题时

---

① 彼得堡的一个秘密革命团体，参加这个团体的多为青年，大部分是空想社会主义者和民主主义者。后因密谋反对政府和组织起义被捕，其中数人被判枪决，后改为服苦役或在军犯连服军役。

付出了多少心血和精力。我非常希望能够挽救我们的年轻一代,使他们能够摆脱对历史的忘恩负义,甚至是对历史的错误态度。是时候了,年老的萨图尔努斯①不应该吃自己的孩子,同时孩子们也不应该学堪察加人的样杀死老人。

我还要大胆地、完全自觉地再一次谈谈我们那个时代的同志关系,"这是一群非常好的青年;这么一群富有才华、纯洁、成熟、聪明和忠于自己理想的人,我还从来没有遇到过"。尽管我四海漂泊,既见过白色的世界,也见过红色的世界,我要讲的不仅是与我们接近的小组,我也要以同样的话和同样的力量来讲斯坦克维奇小组和斯拉夫派。这些年轻人被可怕的现实吓坏了,在茫茫黑夜和令人窒息的苦闷中,抛开一切去寻找出路。他们牺牲了别人孜孜以求的一切:社会地位、财富和传统生活提供给他们的一切,环境引诱他们向往的一切,以及家庭强迫他们接受的榜样,——他们这样做是出于自己的信念,并且始终如一地忠于自己的信念。这样的人是不能简单地存进历史档案馆和被遗忘的。

他们遭到迫害,被送上法庭,被监视、流放、押解、侮辱、损害,——可是他们依然故我,傲然挺立;过去了十年——他们仍旧是从前那样,过去了二十年,三十年,他们还是从前那样。

我要求承认他们,并给他们以公正。

我听到,对于这个简单的要求居然有人奇怪地反对,而且我已经听到不止一次了:

"你们,尤其是十二月党人,都是些革命思想的票友和门外汉;对于你们来说,你们参加革命不过是奢侈,不过是吟诗作赋;你们自己也说,你们都牺牲了社会地位,但是你们有财产;可见,对于你们来说,变革并不是有没有饭吃和人的生存问题,并不是生与死的问题……"

"我认为,"我有一次回答,"对于被处死的人来说,这是生与死的

① 古代罗马神话中的播种之神,常与希腊神话中上古时代的神克洛诺斯混同,据传,克洛诺斯因怕自己的子女推翻他的统治,竟把他们都吞进肚里。

问题……”

“至少,这不是命中注定的、不可避免的问题。你们喜欢当革命家,当然,这总比你们喜欢当枢密官和省长要好些;对于我们来说,与现存制度作斗争——不是选择,而是我们的社会地位决定的。我们与你们的区别,就像一个落水的人与一个游泳的人的区别:两个都须要泅水,但是前者是因为必需,而后者是出于娱乐。”

不承认这样一些人,是因为他们是出于内心的向往才做别人出于需要将会做的事。这倒非常像修士的禁欲主义,它高度评价的只是迫于万般无奈才去做那些不得不做的事。

这类极端的观点很容易在我们这儿生根发芽,虽然根扎得不深,但却像洋姜一样很难连根拔除。

我们是些大教条主义者和爱好说教的人。这种德国人的本领,在我们这里又加上了自己的民族特色,即所谓阿拉克切叶夫成分,即残酷无情、极端冷酷以及以屠杀为能事的刽子手作风。阿拉克切叶夫给御林军的猛士们作出榜样,把一些农民活活打死;我们则把思想、艺术、人道、过去的活动家,以及一切的一切活活打死。我们以无所畏惧的队列,一步一步地,向我们的祖宗挺进,然后跨过他们,继续前进,我们可以偏离真理,但不可以搅乱我们的雄辩术;我们无视一切地继续前进,忘记了生活的真实意义和对生活的真实理解正是在它的极端面前才会暴露出来……这是分寸、真理、美的 halte〔法语:界限〕,这也是机体保持平衡的永恒的摆动。

穷苦人企图觊觎独占社会的痛苦,独霸社会的不幸,这同样是不合理的,就像一切独占和独霸都不合理一样。无论是以福音书的慈悲为怀,还是以民主主义的愤愤不平,人们所能做的都不外乎施舍和强制性的 spoliation〔法语:掠夺〕,都不外乎分田地和普遍的贫困。在教会中,这些话说来说去,不过是些花言巧语,不过是玩弄人们同情心的感伤主义练习,在极端民主主义中,正如蒲鲁东所说,它依然不外乎是一种愤愤不平和憎恨的感情——无论在那里,还是在这里,都不会转变成某种建设性的思想,或者转而付诸社会实践。

有些人先知先觉地明白了那些处于水深火热中的人的痛苦,不仅向蒙受苦难的人指出这点,还向他们指出摆脱这种处境的出路,请问,这些先知先觉者有什么错? 查理大帝的后裔圣西门①,就像工厂主罗伯特·欧文②一样,并不是因为快饿死了才成为社会主义的使徒的。

这种看法是站不住脚的,因为其中缺乏温暖、善意和博大的胸怀。本来我也不想提到它,要不是纳入它的黑名单的,除了我们以外,还有生长过和正在生长的所有新生事物的早期播种者——我们深深尊敬的十二月党人的话。

这段插叙放在这里也许不太恰当。

沙左诺夫的确是一个游手好闲的人,他毁了自己身上的无穷精力;他在异国他乡被各种各样的事情消耗了一生,他倒下了,就像一个士兵在初次交战中就被敌人俘虏,而且从此再也未能归队。

当我们在一八三四年被捕,并被关进监狱以后,沙左诺夫和克彻尔竟奇迹般地安然无恙。他们俩住在莫斯科几乎足不出户,说得很多,但是写得很少,我们中间任何人都没有收到他们的信。我们被押解到流放地之后,沙左诺夫的母亲给沙左诺夫弄到了一张到意大利去的出国护照③。他的命运同我们分开后,也许就奠定了他以后生活的开始,——他就像一颗迷失了方向从而陨落得无影无踪的星星。

一年后,他回到了莫斯科;这是上一任皇帝统治时期④的一个最令人窒息和最艰难困苦的时期。在莫斯科迎接他的是死一般的 calme plat〔法语:风平浪静〕,到处没有一点同情的影子,没有一句生动活泼的

---

① 圣西门出身于古老的贵族世家——圣西门公爵家族,他们自称是查理大帝的后裔。

② 欧文(1771—1858):英国空想社会主义者,出身于手工业者家庭,后来成为企业家和工厂主。

③ 一八三四年,赫尔岑和奥加略夫被捕后,沙左诺夫的母亲耽心他也受到迫害,因此经多方奔走为他获得了出国许可。一八三五至一八三六年,他先后游历了德国、瑞士和意大利,并于一八三六年秋回到俄罗斯。

④ 指尼古拉一世统治时期。

话。我们在流放地的储存物资中保留着对我们过去生活的回忆,靠记忆和希望打发日子,我们一边工作,一边熟悉外省粗野的现实生活。

在莫斯科,一切都使沙左诺夫想到我们不在这里。老朋友中只有克彻尔在,——沙左诺夫是一个拘泥古板的人,而在举止风度上又是个贵族,他跟克彻尔这样的人是很难手拉手地并肩前进的。而克彻尔,正如我们已经说过的那样,是个自觉的野人,是文明人中的野蛮人,是库珀小说中的拓荒者①,是个 préméditation〔法语:蓄意〕要回到人类原始状态的人,粗野是他的原则,邋遢是他的理论,一个三十五岁的大学生却要充当席勒笔下的年轻人的角色。

沙左诺夫在莫斯科苦苦挣扎了一阵,——他实在闲得无聊,什么事情也引不起他的兴趣,让他去劳动,让他去做什么事。他试图迁居彼得堡——可是更糟;他受不了 à la longue〔法语:长期、长久这么下去〕,便去了巴黎,可是又没有一定的计划②。那时还是巴黎和法国对我们颇具迷人魅力的时期。我国的旅游者还只是浮光掠影地看到法国生活金玉其外的表面,还不知道它丑陋的另一面,我们对法国的一切:自由主义的言论,贝朗瑞的诗歌,菲利蓬的漫画,都赞叹不已。沙左诺夫的情形亦然。但是他在那里也没有找到可做的事。只是热闹而又快乐的无所事事代替了哑默的、被压抑的生活。在俄罗斯,他被捆住了手脚,而在这里,一切人和一切事都对他视同陌路。对于他,另一种没有目的的、动荡不安而又心烦意乱的漫长岁月,又在巴黎开始了。心无旁骛、聚精会神、潜心于反躬自省,不期望有外力推动,他又做不到,这不符合他的性格。对学问的客观兴趣,在他心中并不强烈。他要寻找的是另一种活动,做什么都可以——但必须是显山露水的,立即付诸应用的,能够立即实现的,而且要大轰大嗡,十分热闹,既有人鼓掌叫好,又有敌人高

---

① 库珀(1789—1851):美国小说家,《最后的莫希干人》的作者。《拓荒者》是他一八二七年的作品,描写一个名叫纳蒂·班波的人,不爱文明,偏爱过森林生活。

② 沙左诺夫于一八三〇年代末离开俄国,一八四二至一八四三年间有时回国,但此后就再没有回来了。

声叫骂;因为找不到这样的工作,他只好沉湎于巴黎的声色犬马之中。

……然而一想起我们大学时代的理想,他就眼睛发亮,噙满眼泪……他的自尊心受到了深深的伤害,但是其中仍保留着对俄国即将发生变革的信心,他相信他定将在这个变革中扮演重要角色。似乎,他现在的花天酒地也不过是暂时的,只是在无聊地等待即将到来的轰轰烈烈的事业,他相信,总有一天晚上他会被人从 café Anglais〔法语:英吉利咖啡馆〕①的餐桌旁叫走,然后让他去管理俄罗斯……他密切注视着外面的局势,焦急地等待着他必须认真采取行动的那一刻的到来,然后讲出那最后的至理名言……

……在巴黎过了最初几天的热闹日子后,便开始了较为严肃的谈话,而且立刻暴露出我们并不是一股道上跑的车。沙左诺夫和巴枯宁(就像后来维索茨基②和波兰中央委员会的成员们那样),说我带来的消息大都是有关文学界和大学的生活,而不是有关政治的。他们希望听到的是关于各种党派、各种团体、内阁危机的情况(在尼古拉统治下!),以及反对党的情况(在一八四七年!),可是我告诉他们的却是有关大学讲台、格拉诺夫斯基的公开课、别林斯基的文章以及大学生甚至中学生的情绪。他们太脱离俄国生活了,他们过分沉湎于"世界"革命和法国问题了,殊不知《死魂灵》在我国的问世比任命两个帕斯克维奇③为俄军元帅,任命两个费拉列特④为都主教更重要。因为缺少正确的情报,又看不到俄国的书刊,所以他们对俄国的看法大都是理论上的,凭记忆得来的,而记忆只能对任何遥远的事物提供一点人为的说明。

我们之间的观点差异,差点没有使我们彼此不和。这事是这么发生的:在别林斯基离开巴黎的前一天,晚上我们送他回家后到香榭丽舍

---

① 当时巴黎的一家有名的咖啡馆。

② 维索茨基(1809—1873):波兰民族解放运动的活动家,流亡国外,曾参加一八四八年匈牙利革命。

③ 帕斯克维奇(1782—1856):俄军元帅,曾于一八四九年指挥俄军镇压匈牙利革命。

④ 费拉列特(1782—1867):从一八二六年任莫斯科都主教。

大街散步。我非常清楚地看到，对于别林斯基来说一切都完了，很可能，这是我最后一次同他握手了。这样一个坚强的、爱憎分明的战士把自己燃尽了，死神已经用粗大的线条在他那饱受痛苦的脸上刻下了自己的临近。他身患肺痨，已病入膏肓，可是依然充满神圣的刚毅和神圣的愤怒，依然充满对俄罗斯的痛苦的、“愤恨的”爱，眼泪憋在我的嗓子眼里，我长久地、默默地走着，这时又爆发了不幸的争论，这已经有十来次成为 sur le tapis〔法语：讨论的话题〕。

“可惜，”沙左诺夫说，“别林斯基没有做过别的事，除了办杂志，而且是在审查制度的钳制下办杂志。”

“似乎，很难责备他做的事还太少。”我回答。

“唔，以他这样的精力，如果他在另一种情况下从事另一些工作，一定会做出更多成绩来的……”

我听了感到很恼火，也很痛苦。

“瞧您说的，就拿你们说，你们生活在没有审查制度的地方，对自己充满了信心，也充满了精力和才华，你们又做出了什么成绩呢？或者说，你们又在做什么呢？难道您以为，一大早从巴黎的这个地区跑到另一地区，就为了跟斯卢扎尔斯基或者霍特克维奇谈论波俄边界问题①，——这才是工作吗？或者你们在咖啡馆和家里闲聊，五个傻瓜在听你们高谈阔论，可是什么也听不懂，而另外五个傻瓜虽然什么也不懂却在高谈阔论，——这也是工作吗？”

“等等，等等，”沙左诺夫说，他已经很不平静了，“你忘记了我们的处境。”

“什么处境？你们住在这里多年，自由自在，也没有苦恼的缺吃少穿，除此以外，你们还要什么呢？环境是人创造出来的，力量必须让人家承认，让人家不敢等闲视之。得了吧，先生们，别林斯基的一篇评论，

---

① 斯卢扎尔斯基与霍特克维奇均为波兰在巴黎的流亡者，这里是讲波俄两国的争论，波兰要求恢复两国在一七七二年的边界，也就是归还在第一次瓜分波兰时割让给俄罗斯的乌克兰和白俄罗斯领土。

比你们玩弄秘密工作的游戏和硬以国家栋梁自居，对于新的一代要有益得多。你们生活在梦呓和梦游症中，你们生活在永远的视觉骗局中，你们想自欺欺人，睁眼不看现实……”

使我尤其生气的是沙左诺夫和一般俄国人评价人物时所使用的双重标准。他们对待本国人很严格，可是对法国的名流却变成迷信和崇拜。当他们听到那些爱说空话、大话的斗牛士们向他们高谈阔论，以 vitesse accélérée〔法语：加速度〕说的老生常谈时，便甘拜下风，看到这种情况能不叫人恼火吗！俄国人越是谦卑，越是为他们感到脸红，并竭力为他们的无知进行掩饰的时候（就像慈祥的父亲和自尊心很强的丈夫所做的那样），他们就越装腔作势，越在住在极北方的阿纳卡西斯①们面前神气活现。

沙左诺夫还在俄国上大学的时候，就喜欢自己身边围绕着一大批形形色色的平庸之辈，听他说话，而且十分听话，到这里以后，他身边仍旧围绕着一大批头脑和身体都颇贫乏与衰弱的以文学为生的那不勒斯浪人，在报馆和杂志社打零工的落魄文人，东鳞西爪拾人唾余的小品文作者，诸如骨瘦如柴的朱尔韦库尔、疯疯癫癫的塔尔迪夫·德·梅洛，以及名不见经传的伟大诗人布埃②；在他的合唱团里既有相信托维扬斯基的神秘主义、目光短浅的波兰人，也有信奉无神论的脑子迟钝的德国人。跟这些人在一起他怎么会不感到无聊呢——这是他的一个秘密；甚至于他来看我也几乎总是带着合唱团的一两个随行者一起来，尽管我跟他们一起总是感到很无聊，并且从不掩饰这点。因此令人尤其感到奇怪的是，在对待马拉斯特们和里贝罗尔③们甚至在对待比他们更小的名流们的态度问题上，沙左诺夫自己也变成了朱尔韦库尔。

---

① 希腊神话称住在天边的一个奇异的部落西徐亚人为住在极北方的人（其实也就住在黑海北部）。阿纳卡西斯就是一个曾经到过雅典的西徐亚人，并在那里赢得古代七贤的美名。

② 以上均为法国当时的二流记者、文学家和诗人。

③ 里贝罗尔（1812—1861）：一八四八年法国巴黎《改革报》主编，在英国的法国流亡者报 *L' homme* 主编。

这一切对于现在来访问巴黎的人说不是完全能够理解的。但是千万不要忘记,现在的巴黎已不是真正的巴黎,而是新的巴黎。

巴黎成了全世界的混合型城市以后,它已不纯粹是法国的城市了。从前这里代表着整个法国,“除了法国什么也没有”;现在这里有整个欧洲,还有两个美洲,但是它自己的成分却少了;它已融化在自己的“世界大饭店”和“大篷车”的称号中了,它已失去自己的独立个性,而它从前是既能引起人家热烈的爱,也能引起人家强烈的恨,既能使人无限尊敬,也能使人无限憎恶。

不言而喻,外国人对新巴黎的态度变了。驻扎在 Place de la Révolution〔法语:革命广场〕的反法同盟联军①,都知道他们占领的是别国的城市。以四海为家的旅游者却认为巴黎是他们自己的城市,他们想把它买下来,在巴黎尽情享乐,他们很清楚巴黎需要他们,古老的巴比伦已在这里建设得美轮美奂,油漆了,粉刷了,但不是为了它自己,而是为了他们。

一八四七年,我遇到的还是从前的巴黎,可是巴黎的脉搏却加快了,巴黎在继续唱着贝朗瑞的歌,可是它的副歌“Vive la réforme!”〔法语:“改革万岁!”〕却在无意中改成了“Vive la République!”〔法语:“共和国万岁!”〕②当时俄国人住在巴黎依然带着从来就有的认罪感和对上苍的感激之情(同时也必须感谢能按时收到租子),因为上苍能让他们安然住在巴黎,让他们能在 Palais Royal 游玩,让他们能 aux Français〔法语:到法国喜剧院去〕。他们公开拜倒在社会各界的男女名流们面前——拜倒在名医们和著名的舞蹈明星们,牙医德齐拉博特、疯子“妈爸”③,以及所

---

① 指一八一四至一八一五年间反对拿破仑帝国的各同盟国——俄、英、奥、普等国的联军胜利地攻占巴黎。

② 贝朗瑞的社会政治歌曲曾在法国广为传唱,在七月王朝末期表现了国内的革命危机即将到来。资产阶级反对派要求进行选举和议会改革,他们的口号也成了运动和民主势力的战斗号召。在一八四八年二月革命的日子里,随着各地起义的风起云涌,“改革万岁!”的口号也被“共和国万岁!”的口号所代替。

③ 即法国雕塑家加诺,他于十九世纪四十年代创立了一个神秘主义的宗教派别,并接受了“妈爸”这一名称。

有文学界的招摇撞骗者和玩弄政治的魔法师们面前。

我憎恨那套 préméditée〔法语：故意的、存心的、蓄意的〕放肆作风，可是它在我国却被视为时髦。我从其中看出这与从前的军官、地主动不动就打人的横蛮作风是一脉相承的，不过是换上了瓦西里岛的习性和行为法则而已。但是不要忘记，我们见到西方的权威就低三下四，甘当被保护人的做法是出自同样的营房，同样的官廨，同样的前厅——不过由这里出发，它通向另一些门，即通向老爷、上司和长官的大门。不管我们崇拜什么，除了崇拜暴力和它的象征物——官衔和勋章以外，我们崇拜的对象实在贫乏，所以我们希望拥有精神上的官秩表，这也就完全可以理解了。然而我们同胞中那些优秀分子对什么人，对什么人不佩服得五体投地呢？甚至对韦尔德尔①和卢格这样十分无能的黑格尔分子也十分佩服②。对德国人尚且如此，那么不难想见，他们在法国人面前，在真正杰出的人物面前，比如说，在皮埃尔·勒鲁面前，或者在乔治·桑本人面前，他们又会怎样呢……

我后悔，起先我也曾鬼迷心窍，以为在咖啡馆里同写《十年》的历史学家③聊聊，或者在巴枯宁家同蒲鲁东谈谈——这在某种程度上也是一种级别、一种身价的提高；但是我搞偶像崇拜的所有尝试都没有能维持下来，很快就让位于彻底的否定。

我到巴黎后过了大约三个月，便开始猛烈抨击这种上尊下卑的官场习气，而有关别林斯基的争论正是发生在我的反对派立场甚嚣尘上的时候。巴枯宁一向心地宽厚，他自己也一半同意我的看法，便哈哈大笑，可是沙左诺夫却很生气，继续认为我在实际政治问题上是门外汉。很快，我就使他更加确信我在这方面的确是外行。

---

① 韦尔德尔(1806—1893)：德国黑格尔派哲学家。

② 赫尔岑在这里指这些黑格尔分子完全无法摆脱黑格尔哲学的反动体系，而其中最典型的就是青年黑格尔分子卢格，他曾于一八四四年出版《德法年鉴》，猛烈抨击马克思。

③ 指法国空想社会主义者路易·勃朗，他写有《十年史》一书，记叙七月王朝存在的最初十年(1830—1840)。

二月革命在他看来是彻底得不能再彻底的胜利：他熟悉的那些小品文作者担任了政府的高官，王位摇摇欲坠，只有一些诗人和医生在支撑它。德国的那些小王公们正在向昨天还受到他们迫害的新闻工作者和教授们请求指示和帮助。自由主义的政客们在教导他们怎样把窄小的王冠更牢固地戴在他们头上，以免被陡地刮起的暴风雪吹走。沙左诺夫一封接一封地给我写信，雪片似的寄到罗马，要我回来，回巴黎来，回到这个统一的、不可分割的共和国①来。

我从意大利回来时碰到沙左诺夫，发现他心事重重。巴枯宁不在，他已经去发动西部斯拉夫人了②。

“难道你没有看见我们的时代来了吗？”沙左诺夫同我头一次见面时就对我说。

“到底是怎么回事？”

“俄国政府已走进 impassé〔法语：死胡同〕了。”

“发生了什么事，难道在彼得保罗要塞宣布成立共和国了？”

“Entendons nous〔法语：让我们努力相互理解〕。我并不认为我国明天就会出现二月二十四日。不，但是社会舆论，但是自由主义思想的风起云涌，四分五裂的奥地利，制定了宪法的普鲁士，都会迫使冬宫周围的人好好想一想。至少也得 octroyer〔法语：恩赐，给予，赠予〕一部宪法，un simulacre de charte〔法语：一部类似宪法的东西〕，嗯，如果这样，”他带着某种得意扬扬的神情补充道，“如果这样，那就必须成立一个自由主义的、有学问的、能够用现代语言说话的内阁。你是否想到过这一点呢？”

“没有。”

---

① 沙左诺夫曾写信给赫尔岑，要他相信，二月革命后建立的法兰西共和国，在它的发展和规模上将丝毫不亚于一七九二至一七九四年的雅各宾共和国。而后者的正式名称是：“法兰西共和国——统一的和不可分割的。”

② 二月革命后不久，巴枯宁就离开巴黎前往德国进行宣传，让西部斯拉夫人挣脱普鲁士和奥地利的压迫，然后联合起来，成立“斯拉夫联邦”。

“怪物，他们上哪找有学问的内阁呢？”

“如果真需要，怎么会找不到呢；不过，我想，他们是不会去找的。”

“现在，这种怀疑主义就不合适了，历史正在完成自己的使命，而且发展得很快。试想——政府也会不得已向我们求助的。”

我望了望他，想弄清楚他是不是在开玩笑。他的脸很严肃，脸色有点发红，激动得有点神经质。

“那么说真会向我们求助吗？”

“嗯，就是说，或者向我们本人，或者向我们这一圈子的人，反正一样，你再想想，他们还能向什么人求助呢？”

“你想掌管哪个部门呢？”

“你不要笑。我们既不会利用时机，ni se faire valoir〔法语：（又不善于）让人家重视你的价值〕，这就是我们的不幸；你总是想到那些文章；写文章是好事，但是现在时代不同了，当权一天比写一大部书要重要。”

沙左诺夫遗憾地望了望我的不切实际，但是他终于找到了几个不怎么怀疑，并且相信由他组阁的日子即将到来的人。一八四八年底，有两三位德国流亡者经常来参加由沙左诺夫在他自己家里举办的规模不大的晚会。他们中间有一位奥地利中尉，他之所以引人注目，是因为他曾在梅森豪泽手下当过参谋长①。有一天，半夜两点，这位军官冒着倾盆大雨走出家门，后来想到，从 rue Blanche 到 quartier Latin〔法语：从白街到拉丁区〕实在不算太近，于是他就抱怨起了自己的命运。

“您有什么迫不得已的事非要在这样的天气跑这么远的路呢？”

“当然，并非有什么迫不得已的事，不过，您知道，如果我不来，Herr von Sessanoff〔德语：沙左诺夫先生〕会生气的，而我觉得，我们必须同他保持良好的关系。您知道得比我清楚，以他的才华和智慧……以及他在自己党派中的地位，在俄国即将发生的变革中，他会飞黄腾达，鹏程万

① 这名中尉名叫豪格，他在一八四八年十月维也纳起义时曾担任武装力量参谋长，在梅森豪泽的指挥下保卫过维也纳，反对过奥地利皇帝。梅森豪泽（1813—1848）：一八四八年革命期间任维也纳国民卫队指挥官。维也纳陷落后被枪决。

里的……”

“我说沙左诺夫，”第二天我对他说，“你找到了阿基米德的支点：现在有人相信你将是未来的部长，而这人就是某某中尉。”

时间在一天天过去，俄国并没有发生变革，而且谁也没有派使节来找过我们。令人胆战心惊的六月的日子也已经过去了；沙左诺夫开始写“社论”——不是报刊的“社论”，而是时代的“社论”。他写了很久，常常向人朗读一些小的段落，改了又改，数易其稿，快到冬天的时候才完成。他觉得必须“向俄国说明最近的这次革命”。“你们别以为，”他在文章开头部分写道，“我会给你们描写这次革命的经过，——别人会比我写得更好。我想告诉你们的是指导这次变革的思想和观念。”从事平凡的劳动，他觉得不过瘾：每当他诉诸笔端，提起笔来，他就想做出什么惊人之举，——恰达叶夫的《书简》经常掠过他的脑海。这篇社论传到了彼得堡，也曾在一些亲朋好友的圈子里朗诵过，但却没有产生任何影响。

还在一八四八年的夏天，沙左诺夫就搞了个国际俱乐部①。他把自己的所有塔尔迪夫们、德国人和救世主义者们都拉进了这个俱乐部。他穿着藏青色的燕尾服，容光焕发地在空荡荡的大厅里走来走去。他面向五六个听众，其中也包括我②（作为听众之一），致了开幕词，宣布这个国际俱乐部成立，其他几个人则坐在台上，算是主席团。紧接在沙左诺夫之后，又出现一个蓬头垢面、睡眼惺忪的人，这人便是塔尔迪夫·德·梅洛，响起了一首祝贺俱乐部成立的朗诵诗。

沙左诺夫皱了皱眉头，但是要阻止这个诗人朗诵已为时太晚。

Worcel, Sassonoff, Olinski, Del Balzo, Leonard

---

① 赫尔岑在这里指的是名之为“Fraternité des Peuples”（“各国人民协会”）的俱乐部，是由各国民主主义流亡者在巴黎成立的。沙左诺夫在这个俱乐部里表现十分积极，但他并不是这个俱乐部的领导人。

② 正如波兰人所说，我当时还是一个“持有护照的人”，还没有切断回俄国的路。——作者原注

Et vous tous...

〔法语：沃尔采尔、沙左诺夫、戈伦斯基、德尔·巴尔佐、莱翁纳德，以及你们所有的人……〕

塔尔迪夫·德·梅洛欢呼雀跃、声嘶力竭地叫道，置大家的笑声于不顾。

在第二天或者第三天，沙左诺夫派人给我送来了大约一千份俱乐部开办纲领，从此俱乐部就偃旗息鼓了，再没有下文。直到后来我才听说，一位全人类的代表，也就是在这次会议上代表西班牙致词，把执行权说成 potence exécutive〔法语：执行绞架〕①，还自以为在说法语的那个人，因伪造证件在英国还差点上了真的绞刑架，被判服苦役。

由于没有当成部长，俱乐部又垮了，因此他只好老老实实，也现实得多地试图当一名办报人，当由密茨凯维奇主办的 *La Tribune des Peuples* 创刊时，沙左诺夫在该报编辑部担任了一个非常重要的职务，写了两三篇很好的文章……后来就听不见他的声音了；而在《论坛报》垮台之前，即在一八四九年六月十三日之前，他已经同所有人都吵过架了。他觉得一切都做得不够，单调，il se sentait dérogé〔法语：他觉得自己屈才了〕，为此感到恼火，他做什么都半途而废，把已经开始的事弃之不顾，把已经做了一半的事撂下。

一八四九年，我向蒲鲁东建议，把 *Voix du Peuple*〔法语：《人民之声报》〕的国际版交由沙左诺夫负责。他通晓四国语言，又通晓欧洲各国的文学、政治和历史，再加上他又通晓各党派的情况，他一定能把报纸的这个版面办得很出色，让法国人刮目相看。蒲鲁东从不干预国际版的内部安排，它由我掌管，但是我在日内瓦，鞭长莫及，什么事情也做不了。沙左诺夫才干了一个月就把这个版的编辑工作交给了霍耶茨基，并且从此告别了这家报纸。“我深深地尊敬蒲鲁东，”他写信到日内瓦告诉我，“但是像他和我这样两个人，没法在一家报纸共事。”

---

① 应为“pouvoir exécutive”。

一年后，沙左诺夫又加盟当时重新复刊的马志尼派办的 *La Réforme*〔法语：《改革报》〕①。该报由拉梅内②任总编。两个大人物也没法在这里共事。沙左诺夫在这里干了约莫三个月，又离开了《改革报》。幸好，他和蒲鲁东分手还客客气气，可是跟拉梅内却是在吵架后才分手的。沙左诺夫指责老头抠抠搜搜，舍不得花编辑部的钱。拉梅内则想起自己搞教权主义的青年时代③的习惯，进而采取西方惯用的 ultima ratio〔拉丁语：极端论据〕，怀疑沙左诺夫"是不是俄国政府派来的间谍？"

我最后一次看到沙左诺夫是在一八五一年，在瑞士。他被法国政府驱逐出境，住在日内瓦。这是一个最灰色、最令人压抑的时期，粗野的反动势力在到处耀武扬威。沙左诺夫对法国和彼得堡即将改朝换代的信心动摇了。无所事事的生活使他厌倦，使他痛苦，工作很不顺利，他什么都干，但又没有耐心，于是他生气，天天喝酒，再加生活上有许多烦恼的琐事，总是跟债主们干仗，想方设法地弄钱，再加他又挥霍成性，不善于安排，这就使沙左诺夫每天的生活十分烦躁，心烦意乱，闷闷不乐；他喝酒时已不感到快乐，只是因为喝惯了，不喝不行，而过去他曾是个吃喝玩乐的好手。凑巧，不妨顺便谈谈他的家庭生活，之所以凑巧，因为它也在纵酒作乐上越陷越深，而且不乏色彩。

在沙左诺夫客居巴黎的头几天，他就遇到一个有钱的寡妇，他跟她一起就更加沉湎于纸醉金迷的生活。后来她去了俄罗斯，便把他们俩生的女儿留给他抚养，并且留给了他一大笔钱。这寡妇还没有到彼得堡，一个意大利的胖女人已经代替了她，高门大嗓，耶利哥城墙听到这声音也一定会再次崩塌④。

---

① 《改革报》因一八四九年六月三日事件被查封；一八五〇年由马志尼派的流亡者缴纳二万五千法郎的保证金后重新复刊。由沙左诺夫主编该报国际版。

② 拉梅内(1782—1854)：法国政治家和政论家，"基督教社会主义"的代表人物。

③ 拉梅内在一八三四年前曾经是个神父。在波旁王朝复辟时期，他属于极端山岳派教权主义政论家之列。

④ 参见《旧约·约书亚记》：耶和华命以色列人攻打耶利哥城，因为有七个祭司拿七个羊角吹号，加上百姓齐声呐喊，城墙陡地塌陷了。

过了两三年，那寡妇陡地想完全出其不意地来看望自己的女儿。一眼看到那个意大利女人，她大吃一惊。

“这是什么人呀？”她问，从头到脚地打量着那个意大利女人。

“莉莉的保姆，而且是个很好的人。”

“她怎么能教会她说法语呢，她的口音那么重？……这不好。你把她辞退，我还是另找一个巴黎女人好。”

“Mais, ma chère...〔法语：但是，我的亲爱的……〕”

“Mais, mon cher...〔法语：但是，我的亲爱的……〕”于是那寡妇就把女儿带走了。

这不仅是感情危机，而且也是金钱危机。沙左诺夫压根儿不穷。他的姐妹每年给他寄来两万法郎从他的庄园里得到的收益。但是，他拼命挥霍，即使现在，他也不想稍事收敛，改变他的 train〔法语：生活方式〕，而是拼命举债。他东挪西借，到处借钱，向身在俄罗斯的姐妹们索取，能拿到多少就拿多少，向朋友们借，也向敌人们借，向放高利贷的人借，也向傻瓜们借，向俄国人借，也向非俄国人借……他就这样拆东墙补西墙维持了很久，但是闹到最后，还是像我已经提到过的那样，终于走投无路，进了克利希监狱。

在这段时间里，他的姐姐守了寡。听说他蹲了监狱，姐妹俩赶去想把他救出来。就像往常那样，她俩对尼古连卡①的生活情况一无所知。姐妹俩一直认为他是天才，对他喜欢得不得了，一直迫不及待地等候他有朝一日飞黄腾达、衣锦荣归。

等候她们的是各种失望，因为她们始料不及，所以更觉惊奇。第二天早晨，她们带着沙左诺夫的朋友霍特克维奇伯爵，想给他一个惊喜，把他赎出来。霍特克维奇把她俩留在马车上就走了，答应一会儿就跟她们的兄弟一块儿出来。一小时接着一小时地过去了，尼古连卡还是没有出来……两位女士坐在出租马车上左等不来，右等不来，心想办出

---

① 尼古拉·沙左诺夫的小名。

狱手续大概很麻烦……霍特克维奇终于一个人跑出来了，满脸通红，酒气熏天。他告诉她们，沙左诺夫一会儿就出来，他正在跟狱友们告别，请他们喝酒，跟他们一起吃点东西，这是他们这儿的规矩。这稍许刺痛了远道而来的两姐妹的温柔的心……但是……，就在这时候，肥胖、结实的尼古连卡满脸大汗地扑进了她俩的怀抱，于是他们满意而又幸福地一起坐车回家了。

她俩似乎听到了什么……说有一个意大利女人……火一般热烈的意大利女儿，抵挡不住北国的天才，而住在极北方的男儿则为火一般热烈的南国嗓子和眼球所倾倒……她俩红着脸，不好意思地表示了想认识她的胆怯的愿望。他满口应承后就回家去了。过了约莫两天，两姐妹又想第二次给兄弟一个惊喜，但是这次还不如第一次，更令人寒心。

上午十一时许，天气炎热，两姐妹想去看看弗兰采斯卡·达·里米尼[1]以及她和尼古连卡的生活情况。妹妹推开门就愣住了……在铺着地毯的不大的小客厅里，沙左诺夫衣衫不整地坐在地板上，跟他坐在一起的则是那个胖胖的 signora P.〔意语：P 太太〕，她身上只穿着一件薄薄的上衣。Signora 用意大利人的全部肺活量……对尼古连卡讲的故事哈哈大笑……他俩身旁放着一桶冰，桶里则斜放着一瓶香槟酒。

接下来的情况怎样，我不知道，但是产生的效果却是强烈的、持久的。妹妹几次来找我商量此事，她一面说一面抽抽搭搭地哭个不停。我一再安慰她，说他刚出狱，头几天，不足为训，不会老是这样的。

紧接着在这一切之后，便是平淡无味的搬家——搬到小一些的房子里去……从前，他有个随从，专能打一种针都穿不透的缎子领带，可是他却能十分巧妙地别上一根镶珠母贝的别针，后来这名随从被辞退了，可那枚别针也随着他的离去出现在某某商店的橱窗里。

这样又过去了五六年。沙左诺夫从瑞士回到了巴黎，后来又从巴黎去了瑞士。为了摆脱那个又胖又大的意大利女人，他想出了一个非

---

① 但丁《神曲》中的人物。

常别致的办法——先跟她结婚,然后分手。

我跟他之间发生了龃龉:在我很看重的某件事上,他跟我玩了猫腻。对此,我没法不介意。

就在这时候开始了俄国的新时代①;沙左诺夫急于参加进去,写了几篇不太成功的文章,想回去,但又没有能够回去②,但是他终于离开了巴黎。接着他就一无所闻了很久。

……突然,有个俄国人,不久前刚从瑞士到伦敦来,他对我说:

“在我离开日内瓦的前一天,人们安葬了您的一位老朋友。”

“谁?”

“沙左诺夫,您想,葬礼上竟没有一个俄国人。”

我的心猛跳了一下——似乎有点后悔,因为我很久都把他撇在一边,不予理睬……

(写于一八六三年)

① 指一八六一年俄国实行农民改革。

② 他的文章《论俄国在世界博览会上的地位》发表在《北极星》第二辑上。——作者原注

二 恩格尔孙夫妇

他们俩都死了。他还不到三十五岁，她比他更年轻。

他是约莫十年前在泽西岛去世的；给他送葬的是他的遗孀，孩子和一个身材结实、头发蓬乱的老人，这老人浓眉大眼、狂放不羁——他脸上有一种既属天才又属疯狂，既狂热又嘲讽的杂乱无章的神态，那种怨愤的表情既像是旧约中的先知，又像是一七九三年的雅各宾派。这老人就是皮埃尔·勒鲁。

她于一八六五年初死于西班牙。她的死讯是在过了几个月之后，我才听说的。

孩子在哪儿，我没听说。

我现在讲的这个人，跟我很接近。对我很宝贵，当我的伤口未合，还在隐隐作痛时，他头一个抚平了我的深深的创伤，他是我的兄弟，我的护士。她未必知道她在做什么，让他离开了我。他成了我的敌人。

她的死讯，在我的记忆中又唤起了他们……

我拿起我在一八五九年写的关于他们的手稿，代替赞美诗，我读了一遍，作为对死者的悼念。

我想了很久，要不要发表这篇文稿，我不久前才拿定主意，决定发表它。我的意图是纯洁的，故事也是真实的。我不是想对他们的坟墓进行谴责，而是想同读者们一起，根据这两个新的主体的情况，再次考虑一下尼古拉统治时期最后一代人被摧残的命运的整个复杂而又痛苦的经历。

一八六五年十二月三十一日，

Château Boissière〔法语：布瓦西埃城堡〕

(一)

一八五〇年底,一位俄国人携同妻子来到尼斯。有一次在散步的时候,有人指着他们俩告诉我。他们俩都属于盼望局势好转的那类人;他瘦瘦的,面色苍白,似乎患有肺痨,头发浅红又有些淡黄,她未老先衰,昔日的美貌已了无痕迹,显得筋疲力尽,十分痛苦,身体已经垮了一半。

有个住在一位俄国太太家里的医生告诉我,那位淡黄头发的先生从前是皇村学堂的学生①,他正在读 *Vom andern Ufer*〔德语:《来自彼岸》〕,他曾被牵连进彼得拉舍夫斯基一案②,正因为如此,他非常希望同我认识。我答道,我永远欢迎一个好的俄国人,更何况还是皇村学堂的学生,还曾参加我知之不多的那件事,那件事我虽然知之甚少,但它对于我却无异是鸽子衔回挪亚方舟的一片橄榄叶。③

过了几天,我既没有看见那位医生,也没有看到新来的那位俄国人。突然有一天晚上九时许,下人给我送来了一张名片——这是他。当时我跟卡尔·福黑特正坐在餐厅里;我吩咐下人请客人先上楼到客厅里稍坐片刻,然后我抢在别人前面走进客厅。我看到他时发现他脸色苍白,浑身发抖,像在打摆子似的。他好不容易才说出自己的姓名;他稍许安顿下来以后又突然从椅子上跳起来,跑到我跟前,热烈地吻我,在我还没有来得及回过味来以前,他又对我说:"难道我当真看到您了!"说罢又亲吻了一下我的手。"您怎么啦? 好啦,好啦!"我对他说,可这时候他已经哭开了。

---

① 恩格尔孙曾在皇村学堂上过学,但他没有毕业就离开了这所学校,不过,并不是被开除的。

② 恩格尔孙于一八四〇年代中叶开始参加彼得拉舍夫斯基小组的活动,一八四九年八月四日被捕,后因证据不足被释放。

③ 参见《旧约·创世记》第八章:挪亚把鸽子放出去,"到了晚上,鸽子回到他那里,嘴里叼着一个新拧下来的橄榄叶子,挪亚就知道地上的水退了"。

我莫名其妙地看着他:他到底怎么啦:是神经质地克制不住自己呢,还是简单的神经错乱?

他向我表示了歉意,说了不少恭维我的话,接着他又语速非常快、面部表情非常强烈地告诉我,说我曾经救过他的命,事情的经过是这样的:他为了一点微不足道的小事被开除出了皇村学堂,他很难过,在彼得堡走投无路,又十分厌恶他不得不接受的职务①,无论对于他本人,还是对于大家,他都看不到一点出路,于是决定服毒自尽,在他决定执行自己的意图的几小时前,他漫无目的地在街上溜达,走进伊兹勒餐厅,拿起一本《祖国纪事》。其中有一篇我写的文章《从一出戏想起的》②。因为读这篇文章,他的注意力渐渐被这篇文章所吸引,他感到好受了些,同时也感到羞耻,他竟因自己的痛苦和绝望一蹶不振,而四面八方大家关心的问题是这么多,正在召唤一切年轻的,一切有力量的人们,于是恩格尔孙没有服毒,却要了半瓶马德拉酒,把我那篇文章又重读了一遍,从此成了我的一名热烈崇拜者。

他一直坐到半夜才走,并请我允许他很快再来看我。从他颠三倒四的谈话中,其中还穿插着许多插叙和插曲,可以看出他这人脑子很活跃,具有很强的论辩才能,看得更清楚的是他喜欢钻牛角尖,从一个极端走到另一个极端:从伤心痛苦和抑郁寡欢引起的愤怒,到极尽挖苦之能事,从眼泪汪汪到挤眉弄眼,做鬼脸。

他留给我一个奇怪的印象。起先我不信任他,后来则对他感到厌倦,——他不知怎么非常强烈地刺激着我的神经,——但是慢慢、慢慢地,我对他也就见怪不怪了,甚至看到他那古怪的面孔感到很高兴,因为他可以破坏大部分西方人所引起的单调和乏味。

恩格尔孙博览群书,学过很多东西,他是语言学家,也是语文学家,他对一切都注入我们所熟悉的怀疑主义。它所留下的痛苦也使他付出

① 从一八四四年到一八四八年,恩格尔孙在俄国外交部工作。

② 据俄国学者考证,此处有误,这篇文章应是《科学中的一知半解》。

了高昂的代价。如果在从前，肯定会认为他是读书读多了，读得越多越糊涂。过度兴奋的智力活动使他虚弱的身体承受不了。他只好拼命喝酒，用它来战胜疲劳，使自己亢奋起来，这又反过来使他的幻想和思想燃得更旺，变成熊熊烈焰，迅速燃烧着他那病弱的身体。

杂乱无章的生活和酗酒，经常的、烦躁不安的智力活动，思考的问题惊人地多，又惊人地毫无结果，整日价无所事事，有时极端热情，有时又极端冷漠，尽管他与我们过去莫斯科的生活方式有很大差别，它还是使我栩栩如生地想起那往日的岁月。不仅又听到祖国语言的声音，而且又听到那熟悉的思想的声音。他是一八四八年以后彼得堡恐怖统治的目击者，而且也知道彼得堡文学界的情况。当时与俄国完全切断联系的我，贪婪地听着他的叙述。

我们开始常常见面，后来则每天晚上都见面。

他妻子也是个怪人。她的脸本来长得很漂亮，但是因为神经痛和某种烦躁不安，使它扭曲变形了。她是一个俄罗斯化了的挪威人，说俄语有点轻微的口音，可是与她这人很般配，总的说来，她要比他沉默寡言些，也含蓄些。他们的家庭生活似乎并不愉快；他们家似乎总有某种神经质的 unheimlich〔德语：不舒服〕，似乎神经绷得太紧，在他们的生活中似乎总少了点什么，或者又多了点什么，这情况经常感觉得到，就像空气中总似乎有某种看不见的、令人恐惧的带电的东西一样。

我经常碰到他们在旅馆里兼做卧室和会客室用的大房间里闷闷不乐，神情沮丧。她的眼睛都哭肿了，筋疲力尽地坐在一个角落里；他则脸色苍白，像死人一样，嘴唇发白，不知所措而又一言不发——坐在另一个角落里……有时候他们就这样接连好几个小时，好几天地坐着，而离他们几步远就是蓝色的地中海，一片片酸橙林，一切——蓝宝石般的天空，明媚如画、热闹快乐的南国生活，都在召唤着人们出去，出去玩耍。其实，他们并没有发生争吵，他们之间也没有发生嫉妒、疏远，一般说也没有任何看得见摸得着的理由……他会突然站起来，走到她身边，双膝跪下，有时候还会痛哭流涕地一再说："我毁了你，我的孩子，我毁了你！”于是她也哭起来，相信的确是他毁了她。“我什么时候才能终于死去，还他以自由呢？”她常常对我说。

这一切都使我感到很新鲜，而且我是那么可怜他们，真想与他们同声一哭，并且痛痛快快地告诉他们：“得了吧，得了，你们根本不是那么不幸，那么坏，你们俩都是好人，让我们去租条船，把痛苦忘记在蓝色的大海里吧。”有时候，我还真这么做了，于是我就带他们出去散散心，让他们离开他们自己。但是一夜间又故态复萌……他们好像在互相刺激，刺激够了，处在一种走投无路的烦躁中，一句无关紧要的话便会破坏和气，从他们心底重新唤起某种复仇和势不两立的心理①。

有时候我觉得，他们在不断刺激自己的伤口，好像在这痛苦中找到某种灼热的乐趣似的，这种互相折磨对于他们变得如此必需，就像人们离不开伏特加或者泡菜似的。不过，不幸的是两人的身体开始明显感到疲劳，他们快速地向疯人院或者坟墓跑去。

她的天性根本不是没有才能的，但是没有得到培养，同时又被糟蹋了，比他要复杂得多，在某种意义上也比他更具有一种韧性和更坚强。而且在她身上没有一点统一和始终不渝的影子，没有那种不幸的始终不渝，可是在他身上却始终保持在一种令人最最触目惊心的极端状态和最最尖锐的矛盾之中。在她身上，除了绝望，除了想死，除了悲悲惨惨、凄凄戚戚的习惯以外，也渴望能够得到尘世的快乐，也潜藏着一种爱美的天性，爱打扮，爱奢侈，可是这种爱美的天性却被她蓄意拒绝和埋没了。她的穿戴一向跟她的脸很般配，也很有审美力。

她想按照当时的观念成为一名自由的女性，像乔治·桑作品中的女主人公那样，成为一名在心理上蒙受大不幸的独特女性……可是以往习惯的、传统的生活，却像秤砣一样，把她使劲往下拽，拽向完全不同的方面。

那组成恩格尔孙的诗意，在很大程度上抵消了他的缺点，能成为他

① 原文为“孚里埃”——罗马神话中的复仇三女神。

本人出路的东西,她偏不理解。她跟不上他那跳跃的思想,跟不上他那从绝望到冷嘲热讽和哈哈大笑,从坦率的大笑到坦率的痛哭的迅速转变。她落在他后面,失去了联系,不知所措……对于她来说,他那忧郁的思想的漫画般的断面,是不可理解的。

当恩格尔孙使尽浑身解数,嬉笑怒骂,说笑逗哏之后,变得越来越激动,要起了一整套戏剧表演,看了他的表演后,人们不由得会捧腹大笑,可是她却恶狠狠地走出了房间,认为"他在外人面前大出洋相"是丢了她的脸。他在一般情况下能看到这一点,可是因为当他的兴致一来,很难使他就此打住,他反而加倍地要活宝,然后再踩着华尔兹舞步走到她跟前,面颊涨得通红,满面汗涔涔地问她:"Ach, mein liber Gott, Alexandra Christianovna, war es denn nicht respektabel?"〔德语:"啊,我的上帝,亚历山德拉·赫里斯季扬诺夫娜,这难道不登大雅之堂吗?"〕她哭得更厉害了,他陡地变了,变得很忧郁和很 morose〔法语:阴沉〕,一杯接一杯地喝白兰地,然后回家,或者干脆倒在沙发上睡着了。

第二天我不得不去和稀泥,让他们言归于好……于是他便打心眼儿里亲吻她的手,非常可笑地请她恕罪,以至于她有时候也忍不住与我们一起哈哈大笑。

必须说明一下,惹得可怜的亚历山德拉·赫里斯季扬诺夫娜这么伤心的那些表演到底是什么。恩格尔孙的喜剧才能是毋庸置疑的,巨大的;像他那么辛辣,连莱瓦索尔①也望尘莫及,除非格拉索②在他创造的最优秀的人物中和戈尔布诺夫③在他朗诵的某些故事中,才能望其项背。更何况有一半是他的即兴表演,他只是保持一个框架,对原作添油加醋和改头换面。如果他愿意发展自己的这一才能,并让这一才能受到名师点拨,他一定会在辛辣讽刺的喜剧演员中独占鳌头,名噪一时,但是恩格尔孙并没有进一步发展自己身上的任何才能,也没有让自

① 莱瓦索尔(1808—1870):法国喜剧演员。

② 格拉索(1800—1860):法国喜剧演员和某些喜剧小品的作者。

③ 戈尔布诺夫(1831—1895):取自民间生活的某些故事和小品的作者和演出者。

己的任何才能去接受名师的指点。他的才华的幼苗是野生的,充满活力,它自发地生长,由于种种原因,又在他躁动的心田里逐渐夭折,一是因为家庭纠纷占去了他一半的时间;二是世界上的学问他都紧抓不放,从语言学和化学到政治经济学。就这方面来说,恩格尔孙是纯粹的俄罗斯人,尽管他的父亲是芬兰人。

他表演世上的一切:官僚和老爷,神父和警长,但是他表演得最好的还是尼古拉,他深深地、深恶痛绝地恨这个尼古拉。他 à la Napoléon〔法语:仿效拿破仑〕,端起一把椅子,然后骑在椅子上,板着脸,向队列整齐的部队走去……四周的肩章、军帽和头盔都在发抖……这是尼古拉在阅兵;他在生气,于是掉转马头,对军长说:“糟透了。”军长毕恭毕敬地听着,目送着尼古拉远去,然后压低声音,气得上气不接下气地向那位身为一师之长的将军悄声道:“阁下,您大概在忙什么别的事,而不是在给皇上效力,这个师太糟了,这些团长是干什么吃的!! 我得给他们点颜色瞧瞧!!!”

那位身为师座的将军,满脸涨得通红,便向第一个遇到的团长大发脾气……就这样一级一级骂下去,皇帝一声“糟透了”,下面就照骂不误,虽有细微差别,但微乎其微,一直骂到骑兵司务长,骑兵队长对他破口大骂,而他则一声不吭,将马刀柄用足力气向什么也没有干的排头兵的腰眼里捅去。

恩格尔孙表演得惟妙惟肖,不仅十分忠实地表演出了每个军官的特点,甚至还表演出了骑在马上的人的所有动作,他怒气冲冲地勒住自己的马,对这马不肯老老实实地站住很生气。

另一种表演则比较和平。尼古拉皇帝在跳法国的卡德里尔舞。跟他 Vis-à-vis〔法语:面对面〕的是一位外国外交官,他的一边是一位从前线回来的将军,另一边则是一帮文官中的显贵。这是另一类尽善尽美的 chef d'œuvre〔法语:杰作〕。为了表演,恩格尔孙必须请我们中间的什么人担任他的女舞伴。但是主宰这一切的,则是专制地统治着卡德里尔舞的尼古拉:他的每一舞步都故意表现出一种坚定不移,他的每一个动作都表现出一种英武与豪迈，而且他瞧着他那女舞伴的宽容仁慈的目光，会立刻变成对将军的命令，变成对那位的警告，叫他不要得意忘形。想用言语来描述这一切是不可能的。将军挺直了身子，微微弯起胳膊，在皇帝陛下的严厉监视下，紧跟着他的舞式的节拍和步速，而那个不知所措的高官，则吓得两腿发软，虽然面带微笑，眼睛里却几乎含着眼泪——这一切都表演得入木三分，它能使从来没有见过尼古拉的人，也能有充分根据地明白，跟沙皇一起跳卡德里尔舞，无异是一种刑罚，面对圣上又多么危险。我忘了说，只有外交官一人依然用训练有素的轻松自如和非常 fini〔法语：优美〕的舞步，掩盖着他心中的不安与难堪，这种不安感就像一个最勇敢的人点上一支雪茄烟，站在火药桶旁的感觉一样。

尽管恩格尔孙的装腔作势和矫揉造作，使他的妻子很生气，但是决不能由此得出结论，她本人就成熟一些，和谐一些；完全相反，她脑子里也是一笔糊涂帐，既没有任何体系，也没有任何首尾一贯的主张，这就使她变得很难捉摸。在她身上，我头一次研究透了，跟一个女人争论，尤其是争论实际问题，是很难用逻辑取胜的。在恩格尔孙身上表现出来的杂乱无章，就像火灾、殡葬，也许还有犯罪之后出现的心乱如麻，而她的杂乱无章则像一间没有收拾的房间，屋子里的一切都扔得乱七八糟：孩子玩的布娃娃、结婚礼服、祈祷书、乔治·桑的小说、鞋、花、各种盘子。在她那模糊地意识到的思想和残缺不全的观点中，在她那既想得到不可能得到的自由，又无法摆脱外在的习惯的锁链中，都似乎有某种类似八岁的小女孩，十八岁的大姑娘和八十岁的老太太的思维特点。有很多次我跟她谈到过这一点；奇怪的是，甚至她的脸也出现了未老先衰的迹象，由于一部分牙齿掉了，显得很苍老，同时脸上又残留着某种孩子般的表情。

她内心的混乱，其错完全在恩格尔孙。

他的妻子是被她自己的母亲当作心肝宝贝似的宠坏了的孩子；当她十八岁时，有一个上了年纪的、萎靡不振的瑞典人出身的官员来向她求亲。当时,她正在生母亲的气,并向母亲要小孩子脾气,竟同意了嫁给他。她想自己当家作主,自己做自己的主人,她的事不要别人管。

当自由自在、出门拜客、穿红戴绿的蜜月过去以后,新娘开始感到无法忍受的无聊;她丈夫尽管小心翼翼地保持着体面,常常带她去看戏,在家里为她举行茶话会,等等,她还是讨厌他;她跟他勉强厮混了三四年,实在感到太累,便回娘家去了。他俩离婚了。母亲死了,剩下她一个人,她在跟荒唐的婚姻,跟内心的空虚和饥饿,跟无所事事的头脑作斗争中,未老先衰地损害了自己的健康,痛苦而又抑郁。

这时候,恩格尔孙刚被皇村学堂开除。他有点神经质,容易激动,热切地向往爱情,又病态地缺乏自信,同时又受到自尊心的折磨……早在她母亲生前,他就同她认识了,直到她母亲死后,两人才接近起来。如果他不爱上她,那才怪呢。不管时间是否长久,但是他必须爱她,而且爱得很热烈。一切都引导他往这条路上走……再说,她是一个没有丈夫的女人,寡妇不是寡妇,黄花闺女不是黄花闺女,还有她正在为什么事情而烦恼,她爱上了另一个人,并为自己的爱情而苦恼。这另一个人是一个血气方刚的年轻人,既是军官又是文学家,但却是个不可救药的赌徒。他俩因为他嗜赌成癖发生了争吵——后来他开枪自杀了。

恩格尔孙寸步不离地守着她,他安慰她,逗她发笑,让她开心。这是他的初恋也是他的最后一次恋爱。她想学习,或者最好是不学习就能知道一切;于是他成了她的老师,——她向他借书看。

恩格尔孙借给她的第一本书是费尔巴哈的 *Das Wesen des Christentums*〔德语:《基督教的本质》〕。他成了这本书的讲解员和评论员,她就像爱洛伊丝①一样,原来她受的是老的基督教教育,自从她穿了老式基督教教育这双中国女人穿的绣花鞋以后,必须先踩到一只小凳上才能保持身体平衡,否则就无法下地,于是他就每天从自己的爱洛伊丝脚下

---

① 卢骚的小说《新爱洛伊丝》中的女主人公,她与她的家庭教师圣普乐发生恋情,受到父亲的阻挠,酿成悲剧。

把这只小凳抽出来……

诚如歌德所说，摆脱传统的道德观而没有扎实的思想做基础，从来都不会导致好的结果；确实，唯有理性才能取代对天职的迷信。

一个女人在传统观念的催眠曲下酣睡，在道德上无忧无虑，她所憧憬的一切，无非是一个略具基督教精神，略具浪漫主义气质，略有一点道德观念的宗法制灵魂所憧憬的一切；现在，恩格尔孙却想把她立刻教育过来，而用的方法却是英国保姆的方法，一个孩子嚷嚷肚子疼，她们就往他嘴里灌一杯伏特加。他往她的不成熟的、幼稚的观念里投进一些有腐蚀作用的催化剂，可是这催化剂连男人也不大受得了，他自己也受不了，只是明白它的厉害而已。

把一切道德观念和一切宗教信仰都推翻以后，她感到十分震惊，而在恩格尔孙那里又只能找到怀疑，只能找到对过去种种的否定，只是冷嘲热讽，于是她失去了最后的罗盘、最后的方向，就像放归大海的一叶扁舟，没有了船舵，只能在水中旋转，漂流，迷失了方向。正如摆锤靠两个对称的叶片维持平衡一样，生活本身也是靠互相排斥而又相反相成的荒谬观念才得以维持自己的平衡，可是现在这平衡被打破了。她如醉似狂地拼命读书，一切都似懂非懂，把黑格尔哲学与保姆哲学，把悲天悯人的社会主义与古板的经济观念都搅和在一起。与此同时，她的健康恶化了，仍旧感到百无聊赖和闷闷不乐；她形容憔悴，十分苦恼，非常想出国，她害怕受到某种迫害，害怕敌人加害于她。

经过长时期的思想斗争，恩格尔孙才鼓足了勇气对她说：

“您想出国旅行，但是您一个人怎么去呢？……他们会给您制造许许多多麻烦的，没有朋友，没有有权保护您的保护人，您会一筹莫展的。您知道，我甘愿为您献出自己的生命……把您的手伸给我吧①，我会爱护您，安慰您，呵护您的……我可以做您的母亲，做您的父亲，做您的保姆和丈夫，不过要合法。我将和您在一起——永远陪伴您……”

---

① 俄文成语，意为做我的妻子吧，答应嫁给我吧。

一个不满三十岁的热恋中的男人这么说，她被感动了，并且无条件地接受他做自己的丈夫。又过了若干时间，他们便出国了。

我新认识的这两位朋友的过去便是这样。当恩格尔孙把这一切告诉我后，他痛苦地抱怨道，这婚姻把他们俩都毁了，这时我也看到，他们正在某种精神的狂热中备受煎熬，可是这狂热是他们自己蓄意燃起的，我相信，他们的不幸在于他们对彼此的过去太不了解了，现在又靠得太紧，过于把整个生活都归结于男欢女爱，过于相信他们是丈夫和妻子。如果他们能够分开……说不定每个人都可以自由地舒口气，心也会平静下来，而且说不定还会重新焕发出青春。时间将会证明，他们是否真的这么彼此需要；反正这热病必须中断，不要等闹出什么乱子来再分手。我没有对恩格尔孙隐瞒自己的观点；他同意我的看法，但是这一切不过是空中楼阁；实际上，他根本没有勇气离开她，她也没有勇气出海远航……他们在私心深处都希望引而不发，不要真的分道扬镳。

我的观点这味药过于简单，也过于猛烈，以致对患有这么复杂的病症的两个人，对这么有病的神经，很难起到对症下药的作用。

（二）

恩格尔孙这样的典型，当时对于我还是相当新奇的。四十年代初，我还只看到它的萌芽。他是在彼得堡别林斯基的战斗生涯行将结束时发展起来的，而且是在我之后，车尔尼雪夫斯基出现之前形成的。这是彼得拉舍夫斯基分子及其朋友们这类人的典型。组成这个圈子的人都是些很有才华的年轻人，非常聪明，学识渊博，但是有点神经质、有点病态、有点残缺。他们中没有明显的无能之辈，也没有提起笔来文理不通的庸才，这完全是另一个时代的产物——但是在他们身上总似乎有什么东西被糟蹋，被损害了。

彼得拉舍夫斯基小组的人热烈而又勇敢地投身于各种社会活动，

用一部《外来语词典》震惊了整个俄罗斯①。他们是四十年代意气风发的精神活动的继承者,他们直接从德国哲学走进傅立叶的“法郎吉”②,成为康德的信徒。

他们周围全是些鸡肠狗肚的小人,他们以受到警察的注目而感到自豪,因此他们刚走出校门就意识到了自己的优越性,可是他们过高估计自己否定的功绩,或者不如说,他们可能建立的功绩。因此他们的自尊心特强;不过不是那种健康的、年轻人应有的自尊心,那种适合于幻想远大前程的年轻人和那种适合于年富力强、奋发有为的成年男子的自尊心,也不是那种在过去时代促使人们去完成英勇拼搏的奇迹,为了建功立业而不怕镣铐锁链和慷慨赴死的自尊心,相反,这是一种病态的自尊心,他们好高骛远,好大喜功,只会对任何事业起阻挠作用,这种自尊心是碰不得,冒犯不得,而且自以为是到了狂妄自大的地步,同时又缺乏自信。

在他们索取的东西与他人对他们的评价之间存在着很大差距。社会不能接受他们对未来开的支票,而要他们做出成绩来才能一手交货、一手交钱地承认他们。他们不肯付出劳动,也没有长心,他们所能做到的只是理解和掌握别人的研究成果。他们想靠自己打算种田而得到收获,他们想靠他们仓满粮足而得到桂冠。“社会气人地不予承认”折磨着他们,同时也使他们不公正地对待别人,使他们感到绝望,因而Fratzenhaftigkeit〔德语:恣意妄为〕。

在恩格尔孙身上,我研究了他们这一代人和我们那一代人的差异。后来我又遇见过许多人,才华并不出众,文化素养也不甚高,但是全身上下却具有同样类型的、病态的、残缺的特征。

尼古拉统治的可怕罪行,就在于从精神上扼杀了年轻一代,从心灵

---

① 指出版于一八四五至一八四六年的《成为俄语组成部分的外来语袖珍词典》,由迈科夫和彼得拉舍夫斯基主编。诚如恩格尔孙所说,彼得拉舍夫斯基善于“在各种词语下阐释社会主义学说的原理……猛烈抨击俄罗斯的现状”。这部词典受到俄国先进人士的高度评价,其中包括别林斯基、赫尔岑和巴枯宁。

② 傅立叶空想社会主义的基层组织,即法伦斯泰尔。

上摧残了这帮孩子。令人感到惊奇的是，这些健康力量，虽然备受摧残，怎么会幸免于难的？谁不知道对士官预备学堂的教师们那著名的批示呢？①皇村学堂的情况稍好，但是最近仇恨也落到了它的头上②。官方教育的整个体系就是灌输盲目服从的宗教，作为对此的奖赏就是入朝做官。年轻人的感情，天生是光芒四射的，却被粗暴地压制在心里，而代之以追求功名利禄，互相嫉妒，互相猜忌和钩心斗角。没有被消灭的东西，则变成一种病态的、疯狂的东西……与这种强烈的自尊心在一起，还养成一种缺乏自信，感到无能为力，对工作厌倦的习惯。一些年轻人，还不到二十岁，就成了忧郁症患者，生性多疑，心力交瘁。他们全都传染上一种病，喜欢反躬自省，研究自己的内心和谴责自己，他们仔仔细细地检查自己的心理活动，喜欢做没完没了的忏悔，谈论自己一生中神经受到刺激的事件。后来，我常常遇到一些人来向我做忏悔，不仅有男人，也有不少属于同一类型的女人。我满怀同情地仔细倾听他们的忏悔，他们在心理上的自我谴责，而这种自我谴责往往达到一种自我诽谤的程度，后来我终于深信，所有这一切不过是同一种自尊心在作祟，是它的表现形式之一。只要你不反对和也不同情，而是同意忏悔者的话，你就会看到，这些男男女女的抹大拉③的自尊心是多么容易受到伤害，他们又多么无情地具有报复心啊。你站在他们面前，就像基督教神父站在当今世界的有权有势者面前一样，你只有权庄严地宽恕他们的罪孽和保持沉默。

这些神经质的人非常爱生气，只要一不小心稍微碰他们一下，他们就会像含羞草似的浑身哆嗦，反唇相讥，恶语相加，不可理喻。一般说，当事情发展到报复的时候，说话就顾不上轻重了——可怕的不登大雅

---

① 指俄国于一八四五年颁布实行的《为教育军事学校学员的训示》。其中规定个人必须绝对服从沙皇专制当局和军事官僚机构的权威。而且这精神同样适用于沙皇俄国的整个教育体系。

② 在彼得拉舍夫斯基小组一案受到审判后，尼古拉一世认为皇村学堂也是自由思想的策源地之一。

③ 指《新约·路加福音》中提到的罪人和悔罪者抹大拉的玛利雅。

之堂的话，表现出他们对他人的深深蔑视，也表现出他们对自己的令人气恼的宽容。这种恣意妄为、出言不逊，在我国盖出自地主家庭、官廨、衙门和军营，但是他们怎么会跳过我们这一代，保留在新的一代人中，并且得到发展的呢？这是一个亟待解决的心理问题。

在从前的学生小组里，常常大声叫骂，争吵得面红耳赤，而且出言不逊，但是在激烈的叫骂中总还有某些东西是不能触犯的……但是对于恩格尔孙这一代神经质的人来说，这样的禁区是不存在的，他们不认为必须约束自己；为了空洞无聊的报复、转瞬即逝的快感，为了在争论中占上风，他们不惜一切，因此我深感恐惧和惊讶地看到，他们，从恩格尔孙起，常常毫不吝惜地把最宝贵的珍珠扔进具有腐蚀性的溶液中，然后又伤心痛哭。随着神经质的亢奋的转换，便开始忏悔，开始寻求那个被咒骂的偶像宽恕。他们没有洁癖，刚才还用这杯子喝水，现在又往这器皿里倒脏水。

他们的忏悔常常是真诚的，但是并不能防止故伎重演。一根弹簧，本来是用来缓冲车轮的旋转，调整车轮的方向的，可是他们的这根弹簧却被弄断了，于是车轮便以十倍的速度加速旋转，没有产生任何效果，反倒把车子弄坏了；和谐的相互配合被破坏了，失去了美学上的分寸——跟他们没法生活，这样下去，他们自己也没法生活。

幸福对于他们是不存在的，他们不懂得怎么珍惜它。只要稍不如意，他们就会板起面孔反唇相讥，对所有的亲朋好友都十分粗暴，出言不逊。在生活中，他们的冷嘲热讽造成的破坏和损害，决不亚于德国人甜得发腻的多愁善感。奇怪的是这些人还渴望被别人喜爱，在寻找快感，可是刚把酒杯端到嘴边，某个恶魔便会推他们的胳膊肘，酒洒了一地，于是他们便怒气冲冲地扔掉酒杯，酒杯掉在烂泥里。

（三）

恩格尔孙夫妇很快就去了罗马和那不勒斯，他们想在那里住六个月,可是过了六星期他们又回来了。他们在意大利什么也没有看到,只是带着他们的百无聊赖在意大利闲逛,在罗马,他们感到很痛苦,在那不勒斯,他们感到很悲伤,终于决定还是回来吧,回到尼斯来,“我是来找您治病的。”他从热那亚写信给我,对我说。

在他们不在的这段时间里,他们的阴暗心理增加了,除了精神失调以外,又增加了口角,彼此恶狠狠的,肝火很旺,而且有愈演愈烈之势,恩格尔孙错在口没遮拦,出言不逊和言语生硬,但是挑起争端的往往是她,而且是蓄意挑起的,她指桑骂槐,挖苦讽刺,往往,在他心情最好的时候,尤能成功;使他一分钟也不得懈怠。

恩格尔孙根本不善于保持沉默,把事情向我说出来,他就会感到松快些,因此他把一切都告诉了我,甚至比需要说的说得更多;我感到很尴尬,因为我感到我不可能做到他们对我那样坦白。他把话说出来很容易,把心里的牢骚发泄出来,可以使他心头暂时得到平静——我却不能。

有一回,恩格尔孙同我坐在一家小酒店里,他对我说,由于每天干仗,他被弄得筋疲力尽,可是怎么从中跳出来,又找不到出路,因此想要结束自己生命的想法又抬头了,他觉得只有这样才能得到最后的解脱……他这人本来就有点神经质,一想到要做什么就管不住自己,如果他手头终于出现了一把手枪或者一瓶毒药,恐怕有朝一日他真会使用前者或者后者的……

我很可怜他。他们俩都很可怜。她本来可以成为一个幸福的女人,如果她嫁给一个性情开朗的男人的话;这男人将会使她慢慢成熟起来,让她开开心心地过日子,如果必要,不仅可以用说理的办法影响她,甚至可以动用自己的威信(用严肃的威信,不要讽刺)。有一些未成年人,他们自己管不住自己,就同那些患有软骨病的人一样,他们必须穿上医用的胸衣,才能使脊椎不致弯曲。

当我正在这么想的时候,恩格尔孙仍在继续讲下去,可是他却自行得出了相同的结论。“这女人不爱我,”他说,“而且也不可能爱我;她在我身上所理解和所寻找的东西，正是我身上最糟糕的地方，至于我身上的好地方——对她来说简直同天书一样；她被资产阶级外表的Respektābilität〔德语：体面〕，被小家庭观念等资产阶级思想带坏了；我们只会互相折磨对方，这对我是一清二楚的。”

我认为，如果一个人会这样讲自己亲近的女人，那他们之间的主要关系已经断了。因此我向他承认，我早就怀着深切的同情在关注他们的生活，常常向自己提出一个问题，为什么他们要同居在一起？

“尊夫人一直在想念彼得堡，想念自己的亲兄弟和自己的老保姆；为什么您不安排一下，让她回去，您则留在这里呢？”

“这问题我已经想过一千次了，如果能这样，我真是求之不得。但是，首先，没人送她回去，其次，她在彼得堡会闷死的。”

“要知道，就是在这里，她也会闷死的。至于说没人送她回去，这不过是我们老爷们老掉牙了的想法；你可以把尊夫人送到什特金，一直送到轮船上，至于轮船，它自己认识路。如果您没有钱，我可以借给您。”

“您说得对，我一定照您说的办。我心疼她，我可怜她；我把我心中所有的爱都给了她；我在她身上要找的不仅是一个妻子，我还希望她能成为一个我能按照自己的理想培养和教育的人，我想她会成为我的孩子的，——可是我力不从心，完成不了这一任务；而且又有谁知道我会遇到多大的抗拒和多大的顽固不化呢？”他沉默了片刻，然后又补充道，“是不是把我的想法统统告诉您呢？她需要的是另外的丈夫……如果我能找到一个配得上她的人，而且她又爱他，我一定把她拱手相让，这样，我们俩的病就会霍然痊愈——这比彼得堡重要。”

我把这一切都 au pied de la lettre〔法语：按照字面意义〕理解了。我以为他说的是真心话，这没有疑问，但是难题也就出在这里，这些人非但多变，而且控制不住自己；他们就像一些优秀演员，能够扮演不同的角色，而且能与这些角色融为一体，以致他们把硬纸板做成的剑也看成是真的,真心诚意地为《赫卡柏》[1]一掬同情之泪。

当时我们一起住在圣海伦[2]。我和恩格尔孙谈话后过了两天的一个晚上,已经很晚了,恩格尔孙夫人走进客厅,她手里擎着蜡烛,脸都哭肿了,她把蜡烛放在桌上,说,她想同我谈谈。我们坐了下来……她先是谈到自己命运多舛,谈到恩格尔孙和她本人的不幸的性格,在经过这一段不长而又意思不清的开场白之后,她声称,她决定回彼得堡了,但是不知道怎么才能做到这点。"只有你的话才能影响他;请你劝劝他,当真让我走吧;我知道,他在恼火的时候,口头上恨不得马上把我送上驿车,但是这一切不过说说而已。请您劝劝他,救救我们俩,答应我,开始的时候您会照顾他,照料他的……他会觉得难过,他是一个有病的、神经质的人。"她说罢用手帕捂住脸,哀哀痛哭起来。

说她很伤心,我不相信,但是我知道得很清楚,我直言不讳地同恩格尔孙说的那些话,犯了个大错:我心里很清楚,他把我们的谈话告诉她了。

我已经没有选择,我只得把我说过的话重复了一遍,不过形式上说得委婉了些。她站起身来,向我道了谢,又补充道,如果她走不了就跳海自杀,又说她晚上已把很多信件付之一炬,还剩下一些,把它们装进一个封套后交由我保管。我心里很清楚,她根本不是那么急切地想要回去,而是出于某种任性的胡闹,想把自己的伤心事拖长,弄得筋疲力尽、生不如死。此外,我还看到,如果说她还在动摇不定,拿不定主意的话,他则毫不动摇,根本不希望她走。她对他予取予求,有很大影响,她知道这点,因此有恃无恐,随便他怎么发脾气,任凭他唾沫横飞,暴跳如雷,她知道,随便他怎么造反,事情决不会按照他的意志,而只会按照她的意志发展。

她永远也不能饶恕我对她丈夫的忠告,她害怕我对她丈夫的影响,

---

① 古希腊悲剧家欧里庇得斯(约公元前485—前406)写的悲剧。

② 尼斯附近的郊区。

虽然她明知道我拿她毫无办法。

大约有十天没有再提到走的事。后来又开始了周而复始的打架。每周总有一两次她哭肿了眼睛来找我，声称现在一切都完了，明天她就准备回彼得堡或者干脆葬身海底了。恩格尔孙常常铁青着脸从自己的房间里走出来，浑身像抽风似的，两手发抖，接着就出去了，而且一出去就是十来个钟头，然后满身尘土，筋疲力尽，烂醉如泥地回来，他有时拿着派司去签证，或者去领取上热那亚的通行证，接着一切又复归平静，回到通常的轨道。

表面上看，恩格尔孙夫人跟我完全言归于好了，其实从这时候起她心中开始形成一种对于我类似仇恨的情绪。以前她经常同我争论，还不掩饰地生我的气……现在她却一反常态，对我非常客气。她感到很恼火，因为我看出了某些问题，却毫无恻隐之心，不同情她的悲惨遭遇，不把她看成一个不幸的牺牲品，而是把她看成一个任性胡闹的病人。我不仅没有在精神上同情她，与她同声一哭，反而怀疑她，认为眼泪、令人心碎的争吵、一连几小时的解释，等等，等等，带给她的不是伤心而是快乐。

时间在一点点过去，许多事情也慢慢地变了。她的病很快（只有神经病才会好得这么快）也好起来了，变得开开心心，变得更加注意自己的梳妆打扮了，虽然一些不足挂齿的小事仍会像从前那样在她与恩格尔孙之间引起争吵，以致她表示她要像苏格拉底那样服毒自尽①，或者步萨福的后尘葬身大海②，但是总的说来，事情正在好转。因为身体虚弱老是半躺在沙发上、老是无精打采的女人，现在像西克斯图斯五世③一样挺直了脊梁，开始发胖，以致有一回可怜的科利亚坐在饭桌

① 公元前三九九年，苏格拉底被控“不敬神”和“腐蚀青年”。法庭以微弱多数判处苏格拉底死刑，苏格拉底遂当众服食毒芹自杀。

② 萨福（公元前7世纪末—前6世纪上半叶）：古希腊女诗人，因被情人抛弃，投海自尽。

③ 西克斯图斯五世（1521—1590）：从一八五八年起任罗马教皇。当选为教皇前，他一直装病；当选教皇后，他的病霍然痊愈。

旁,望着她那丰满的胸部,摇着头说:“Sehr viel Milch!”〔德语:“很多奶奶!”〕

看得出来,新的兴趣充实了她的生活,某种东西唤醒了她,使她从某种病态的昏睡中苏醒了过来。自从那次我跟她开诚布公地谈过以后,她就开始了自己的坚持不懈的赌博,每走一步都左思右想,丝毫不亚于 café Régent〔法语:摄政王咖啡馆〕的赌徒,如果算错了,就耐心地予以纠正。有时候她也会违反自己的惯例,造成失误,偏离了方向,但她后来又始终不渝地回到原来的计划上。这计划已经超出了抓住恩格尔孙,把他置于自己的统治下,超出了对我进行报复;她的计划在于主宰我们家所有的人,主宰我们全家,并且利用 Natalie〔法语:娜达丽〕越来越严重的病情,把抚养孩子和我们家的整个生活都抓到她自己手里,si non,non〔拉丁语:如果不成,不成的话〕,即如果做不到的话,她就准备不惜一切代价扯断我同恩格尔孙的联系。

但是在她取得最终的结果之前,这场赌博必须一步一步走,走很多步,做出很多艰难困苦的让步,必须像猫一样迂回前进,而且要耐心等待时机;许多事她都做到了,但没有做到全部。恩格尔孙没完没了的唠叨和我警惕的眼睛,都为她设置了同样多的障碍。

她本来可以把她的毅力,把她的精力和不达目的决不罢休的精神用来做更好的事情,可是她却用这来编织她刁钻古怪的阴谋……她的复杂的个性和自尊心使她陶醉,她一旦玩上了这件非常可怕的不可告人的赌博,便欲罢不能,什么东西也看不清。通常的情况是,只有在犯了罪发出响声之后,即一方面是无可挽回地闯了祸,另一方面又悔不当初,——这时,灯光才会照进房间。

(四)

……关于一八五一年和一八五二年落到我头上的种种不幸,我已经在另一个地方讲过了。恩格尔孙给了我很多安慰,使我不幸的生活宽解了许多①。我们本可以在墓地旁长久相处，苦度岁月，可是他妻子的不安分的自尊心连我们服丧的悲痛也不顾惜。

在葬礼后过了几个星期，恩格尔孙闷闷不乐，满腹心事，显然迫于无奈，不是出于自愿地问我，我是否愿意将抚养自己孩子的责任托付给他的妻子。

我回答说，除了我的儿子以外，所有的孩子都将跟玛利雅·加斯帕洛夫娜一起到巴黎去，我向他坦白承认，他的建议我不能接受。

我的回答使他很伤心；但是看到他伤心我又很痛苦。

"请您告诉我，您扪心自问，您是否认为尊夫人能够抚养好孩子？"

"不，我并不认为，"恩格尔孙紧接着回答，"但是……但是，也许，这对于她是 planche de salut〔法语：最后一招，得救的最后指望〕；她毕竟像过去一样在痛苦，而这时，如果能得到您的信任，这无异是新的责任。"

"嗯，要是试验失败了呢？"

"您说得对，咱们不谈这个了……谈起来就难受！"

恩格尔孙的确同意我的看法，而且从此再未提起此事。可是她却万万没有料到我会做出这样简单的答复；在这个问题上做出让步我办不到，她也不肯退让，她的气不打一处来，便立刻决定带恩格尔孙离开尼斯。两三天后，他向我宣布，他要到热那亚去。

"您怎么啦？"我问，"干吗这么快就要走呢？"

"您自己也看到到底因为什么：内人非但跟您，而且跟您的朋友们都合不来，我已经拿定了主意……也许这样更好。"

过了一天，他们就走了。

后来我也离开了尼斯。路过热那亚时，我们见了面，彼此相安无事。

---

① 赫尔岑在一八五二年六月三十日给雷赫尔的一封信中说：

"在这些日子里，我经历了什么啊，我的上帝，我经历了什么啊！（……）第一个走到我身边，理解我的人是恩格尔孙。"后来他们的关系已经破裂，赫尔岑还写道："遇到他使我的心中感到很大宽慰，我从来没有跟任何人这么快地亲近过（……）他在我一生中最可怕的时候帮助过我，对此我终身不忘（……）"

因为周围都是我们的朋友，其中有梅迪契、皮扎卡内、科森兹、莫尔蒂尼，她表现得比较平静，也比较正常。但是尽管如此，她还是不肯放过机会狠狠地刺了我一下。我走到一边，不予理睬，这也无济于事。甚至我到卢加诺去以后，她仍继续对我无事生非，冷嘲热讽，而这常常是用三言两语，写在她丈夫来信的附言中，仿佛得到他的“签证”和认可似的。

当我整个人都被痛苦和不幸压倒以后，这些如芒刺在背的冷嘲热讽，终于把我惹火了。我没有招她惹她，她凭什么这样对我。在一段挖苦人的附言中，她说，恩格尔孙全心全意地献身于自己的朋友，却不知道他们决不会为他做任何事，他将为此付出高昂的代价，——为此我写信给恩格尔孙说，该是就此打住的时候了。

我写道：“我不明白尊夫人为什么要生我的气？如果是因为我没有把我的孩子交给她，那，她不见得是对的。”我提醒他注意我们的最后一次谈心，补充道：“我们知道萨图尔努斯①吞食自己的孩子，但却从来没有听说过，有人为了感谢朋友的同情竟以让他们抚养自己的孩子来做报答的。”

为了这句出格的话，她一直不肯原谅我，但是更令人不胜诧异的是他也不肯原谅我，虽然他起先装作若无其事的样子……而是过了多年以后，才因我说的这句话指责我……

我去了伦敦②，恩格尔孙则住在日内瓦过冬，后来又搬到巴黎③。

（五）

有句俗话说：“谁没有出过海，谁就不懂得祷告上帝。”这句话可以

---

① 古罗马的农神。在意大利，与希腊神话中的克洛诺斯混为一体。据传，他曾把自己的子女都吞进肚里。

② 赫尔岑于一八五二年八月去伦敦，恩格尔孙则留在热那亚，后来他又住在日内瓦，一八五二年十月三十日又移居巴黎。

③ 这一时期他写了许多非常好的信，其中很大一部分，我想在什么时候发表。——作者原注

改一下:一个女人,如果不曾有孩子,她就不知道什么叫无私奉献,而这话尤其适用于已出嫁的女人;女人没有孩子,几乎总会使她们养成一种粗俗的利己主义,自然,如果半道上没有遇到什么公共利益因而救了她的话,一个老处女直到白发苍苍都会有一种追求,这会使她的性格变得温柔,她依然在寻找,依然在希望;但是一个没有孩子又有丈夫的女人——就好比在港湾里,她已经顺利地进了港湾。起先她还本能地因为没有孩子而忧伤,后来就平静了下来,开始无忧无虑地生活,可是如果做不到这点,便只能在自己的悲伤中或者在他人的不满中,在他人的悲伤中,哪怕是侍女的悲伤中,苦度岁月。只有生了孩子才能挽救她。孩子能使母亲养成牺牲的习惯,养成克制,养成不随便在自己身上浪费时间,并不再祈求得到任何外来的奖赏、外来的承认和感谢。母亲对孩子是不斤斤计较的,她并不要求从他那里得到什么,除了健康、吃得下、睡得着,以及——以及他的微笑以外。孩子不会使一个女人离家出走,而是使她变成一个负责任的公民。

可是当一个女人不管因为什么原因,而且还是因为某种需要,不得不抱养别人的孩子的时候,情形就完全不同了。她可能会给他穿衣,跟他玩,但是只有当她愿意这样做的时候;她也可能宠他,不过是按照她自己的方式;可是在所有其他情况下,这孩子就只能徒然地叩击她那颗麻木的或者长满脂肪的心。总之,这孩子可以有把握地得到所有的优待与细心照料,就像人们对鬈毛狗和金丝雀所做的那样,——但是决不会超过这些。

我们的好友中有个人,他有个女儿,她是一个年轻的寡妇生的①。为了让母亲能够嫁人,人们想把她带走,结果却趁她父亲不在的时候把她偷走了。经过长期的搜寻以后,这女孩被找到了;但是她父亲因被法国驱逐出境没法到巴黎来接她,再说他也没钱。他不知道把这孩子托

① 指霍耶茨基的非婚生女玛利雅,她被人拐卖。经过长期寻找才把她找到,但是霍耶茨基没法到巴黎来接她,只好暂时寄养在恩格尔孙家中。

付给谁好，因此请求恩格尔孙先照顾她一下。恩格尔孙同意了，但是很快又后悔了。这女孩很淘气，考虑到她所受的不良教育，也许还淘气得过了头；但她毕竟是个五岁的孩子，淘气一点也在情理之中，恩格尔孙的人道观点也不许他因淘气而责骂一个小女孩。但是糟糕的不是她爱淘气：她妨碍的主要不是他，而是从来什么事情也不做的她。恩格尔孙恶狠狠地写信给我，向我告状！

顺便提提，恩格尔孙在信中提到她父亲的时候，写道："霍〔耶茨基〕从前曾经与您商量过，认为拙荆没有能力抚养您的孩子，现在却把他自己的女儿托付给她，这岂非奇哉怪也？"

恩格尔孙知道得很清楚，这小女孩的父亲并不是选中他的妻子做抚养人，而是迫于物质上的需要不得不请求帮助。在他的这句话中有多少粗鄙庸俗和缺乏宽宏大量啊，以致我的心中感到十分反感。我实在看不惯这种毫无怜悯之心，看不惯这种口不择言、出语伤人的作风！这种深深刺伤人的刻薄话，在每个人发怒的时候都可能出现在他的脑海里，但是我们却说不出口，可是像恩格尔孙这样的人，只要稍有争执，就会口出狂言，一吐为快地把它说出来。

恩格尔孙为了发泄自己的愤懑，在自己的信中，甚至旁及无辜，横扫了一下泰西埃和其他朋友，连他十分尊敬的蒲鲁东也不能例外。同恩格尔孙寄自巴黎的信一道，我还收到了泰西埃的信，他对恩格尔孙的"陵怒和任性"友好地开了几句玩笑，他没有料到恩格尔孙会这么谈论他。我很讨厌这种翻脸不认人的角色，于是我写了一封信给恩格尔孙说，这么咒骂那些同是天涯沦落人的患难之交是可耻的，尽管他们有各种缺点，但是他们毕竟都是好人，这，他自己也知道。最后我又说，对任何小事都夸大其词，唉声叹气，竟为了一个五岁孩子的淘气大动肝火，是可耻的。

这就够了。我的热烈的崇拜者，在热情洋溢中曾经吻过我的手的朋友，曾经跑来找我，与我分担我的任何悲伤，愿意为我献出自己的鲜血和自己的生命,而且不是在口头上,而是用自己的行动……[1]这个人曾经用自己的自白和我的不幸与我紧紧地连在一起,他是我的不幸的见证人,我们还一起送葬……他全忘了。他的自尊心被冒犯了……他要报复——他还真的报复了。过了四天,我收到他下面的回信:

> 风闻,你们决定到这里来;玛利雅·加斯帕洛夫娜的健康似乎正在恢复(至少上星期,她的精神开始好了些,能够起床待上五六分钟了,吃饭也有了胃口);您让我去找T[2] 的事,我只有一点可以奉告,将军[3]请他准备的那些东西不在T处,而是留在日内瓦的福黑特处了,T太太认为您久不去信是"peu gracieux"〔法语:不礼貌的〕,又说,跟您通信决不会给他们添麻烦。
>
> 总之,在您来以前[4],我本来可以不写信给您,可是我转而一想,沉默往往会被看作同意的标志。我不愿意造成或者保持您对我的错误认识:我不同意您在最近的来信(一月二十八日)中说的话。
>
> 您说的原话是:"真是的,值得这么大发脾气吗——一个小孩——还是个娃娃,您就这么唉声叹气,啊呀呀,我的上帝。好了,您好好想想吧,值得您这样吗?这有什么新鲜的!您是一个见多识广的人。我对人是一天天变得越来越随和,而且离人越来越远。"
>
> 我对此的回答是,这次我不想就是否有损体面的问题进行专门的讨论,甚至我也不想对您的自鸣得意表示祝贺,一个人如果被蚊子或者臭虫咬了就大发脾气,暴跳如雷,这样的人当然是可笑的,但是当一个人不胜蚊叮虫咬之苦,却变本加厉地摆出一副斯多

---

① 恩格尔孙是赫尔岑第一个把自己的家庭悲剧告诉他的人。赫尔岑在这里暗示的情节,曾经在《家庭的戏剧》第七章《一八五二年》描写过。

② 指泰西埃。

③ 指豪格。

④ 当时赫尔岑正准备到巴黎去。

噶派以苦为乐和满不在乎的样子，那我认为这样的人更可笑。

您也许并不同意这个看法，因为您把演戏看得高于一切。请勿动怒！且慢！请听我把话说完。在大作 *Vom andern Ufer* 第一章的俄文版和德文版中，您有这样几句话："人喜欢看效果，人喜欢演戏，尤其喜欢扮演悲剧角色；痛苦是好的，高尚的，因为它意味着遭受不幸，痛苦能使人忘却，给人以慰藉……是的，是的，给人以慰藉。"①——正如我在尼斯的时候曾对您说过，起先我认为您的这句名言只是无意中失言，虽然是一个不好的失言。您当时不同意我的说法，说您不记得这些话了。

我丝毫无意把这些话看成您的经验之谈，我也不认为在这种情况下您对别人的看法是以己之心度人之腹，但是我至今仍认为，您的这句名言犹如大部分的 *Réflexionsde* la Rochefoucauld〔**法语：拉罗什富科的《箴言录》**〕②一样，它与这些箴言非常相像，也颇像别林斯基有一次对当代那些才华横溢的人所做的精到的评价那样③——即不过是"夸大其词，逢场作戏"罢了。因此，当我得知 X 在瑞士在有关您的事情中对将军的做法义愤填膺的时候④，我并不认为他的愤怒是演戏，而认为这是他的手足情深，因此我才写信对您说："对，我看到了，X 对我亲如兄弟。"当 T（当着证人的面）声称，他被判"终身监禁，外加两年"时，我也相信了他的话，甚至还把这话告诉了某些人。可是昨天 T 太太却对我说，她丈夫从来

---

① 恩格尔孙断章取义地引用赫尔岑《来自彼岸》中《暴风雨之前》一文中的几句话。

② 拉罗什富科（1613—1680）：十七世纪法国伦理学家。当时沙龙中盛行一种游戏：用最简单的尖锐的语言提出伦理格言。拉罗什富科将自己说过的警句记录下来，集成《箴言录》五卷，主要表现了他愤世嫉俗的思想。

③ 大概指别林斯基在《一八四七年俄国文学一瞥》中对小阿杜耶夫一类所谓"浪漫主义作家"的评价。别林斯基写道："这类人，造化赋予他们以神经质的多愁善感，而且常常发展成为一种病态的激动（……）一般说，造化赋予他们的感情十分丰富，但是他们的感情活动却是纯粹痛苦的感情活动……"

④ "X"指霍耶茨基。恩格尔孙在这里暗指霍耶茨基对豪格（将军）在赫尔岑与黑尔威格的冲突中所扮演的角色不满。

没有判过刑。Ergo〔拉丁语:因此〕,我在被我告知这一谎言的人的心目中,也成了像他一样的blagueur〔法语:说谎者〕。这对于我是不愉快的。这怪谁呢?当然怪我,因为我“年轻,轻信”;但是也应当怪他们,因为他们撒谎。不,这样的blagueur,我除了在尼斯见过以外,无论在俄罗斯还是在其他地方,我还从来没有见过。我在一月十九日写给您的信中曾经告诉过您,我想esclandre〔法语:不吵不闹〕地离开这些人,因为我讨厌他们。我之所以写信把这话告诉您,是因为我想跟您开诚布公,跟您玩明的。但是,您一向自以为是,不懂得这个极简单的想法。要不然,您也许就不会托付我找T办那些最无谓的小事了。——您也说您在躲开这些人,但与此同时您又请他们给您写信。我可不会用这种方式对他们敬而远之。

我认为,既然在严肃的事情中,开诚布公是光明正大的必要条件的话,那我还有以下的话迫不及待地要告诉您:您在信上告诉我,把将军打发到澳大利亚去,并让所有的人无限期放假以后,您身边就只剩下我和您的敌人了,此外,如果我能够再坚定一些,较少受到自己的和别人的神经过敏和出尔反尔、反复无常的影响,那可以跟我同走un bout de chemin〔法语:一段路〕。对此我对您的回答是,我既无演戏的愿望,也无演戏的才能,尤其是演悲剧角色的才能,如果您愿意的话,我倒乐意为您效劳,不过不是帮您做什么事,而是向您提出忠告……

一八五三年二月二日

当然,我万万没有想到,这个痛哭流涕赢得我难以启齿的信任的人,这个跟我关系很亲近,在我软弱无力、痛不欲生,超过人所能承受的限度的时候,我曾经把他当作兄弟依靠过他的人,这个我过去种种遭遇的目击者和证人,居然会把我的不幸当作我矫揉造作,利用它来扮演悲剧角色的布景。他在赞赏我的书之余,却在这本书里寻找石头,把它藏在怀里,然后遇到合适的机会就用它来打我。他不仅想扯断我们的现在,而且还玷污我们的过去,把它庸俗化;他在与我决裂的时候,不是尊重过去，对它报以令人黯然神伤的沉默，而是对它进行恶意谩骂、冷嘲热讽和挖苦讽刺。

我看到这封信时感到很痛心，非常痛心。

我伤心地，含着眼泪，回了他一封信，我向他告别，并请他从此中断同我的通信。

紧接着，我们之间就完全断绝了书信往来。

随着与恩格尔孙中断联系，我心中似乎有什么东西被再一次割断了，生活变得更加贫乏，更加与世隔绝了；周围是一片冰冷，没有任何使我感到亲近的东西……有时候，似乎有一只比较温暖的手伸过来；某个对我缺乏了解的盲目崇拜者，起先他搞不清我们不是同一个信仰，他迅速地接受我，又迅速地离我而去。然而，我也不愿追求与人们太接近；我习惯于那些偶然相遇又匆匆分手的人，习惯于各种不知姓名的人，对这种人我一无所求，也不能给予他们什么，除了抽两支雪茄，喝一点酒，有时候给点钱以外。我唯一的救星是工作：我在写《往事与随想》，并筹备伦敦的俄文印刷所。

（六）

过去了一年。印刷所全速发展，它在伦敦引起了注意，在俄国引起了恐慌。一八五四年春，我收到了玛利雅·加斯帕洛夫娜寄来的一篇不长的稿子。不难猜出，这篇稿子是恩格尔孙写的，我立刻把它发表了。

后来他又来了一封信，他在信中请求结束不幸的龃龉，联合起来从事共同的事业①。当然，我向他伸出了双手，表示欢迎。他不是回信，而是亲自到伦敦来小住了几天，下榻在我家。他又哭又笑，请求我忘记

① 办私人印刷所一事不可能不引起恩格尔孙的注意。此外，赫尔岑在他的出版工作中也需要一名帮手。主动提出和好的是赫尔岑。他请雷海尔去同恩格尔孙商量，是不是恢复关系。因此恩格尔孙才寄来了前面说到的稿子。

过去……他向我说了一连串表示友好的话，而且又抓住我的手把它贴在自己的嘴唇上亲吻。我拥抱了他，深受感动，并且坚信我们再不会吵架了。

但是刚过了几天，天空又出现了乌云，而且预示着凶多吉少。宿命论和波拿巴主义的阴影，在他从日内瓦的来信中已略见端倪，现在则有增无已。由于对尼古拉和对一八四八年法国革命合唱队的仇恨，他arme et bagage〔法语：带着他的全套装备〕投到了敌人阵营。我们发生了争吵，他固执己见。我知道他这人爱走极端，同时也会很快回头，我等着退潮，但是退潮没有出现。

不幸的是，当时恩格尔孙正忙于实现一个惊人之举，而且他对此举十分迷恋。

他准备搞一个空中炮台，即搞一个气球，里面塞满爆炸物，此外还有印好的传单。恩格尔孙建议从轮船上把这种气球发射到波罗的海沿岸。我很不赞成这一计划：靠发射物来散发传单，这算什么宣传？烧毁芬兰村庄，帮助拿破仑和英国，对我们俄国人有什么意义？① 再说恩格尔孙也没有发明任何发射气球的新工具。我懒得反对他的这一计划，我想他会自动放弃这些妄想的。

结果满不是那么回事。他竟拿着自己的计划去找马志尼和沃尔采尔。马志尼说，他对这类事不感兴趣，但是他可以通过自己的朋友把他的计划呈交英国陆军大臣。部里的答复是支吾搪塞，既没有拒绝也没有受理，只是把这计划搁置一边。他请我从流亡者中找两三名军人来商量，向他们提出有关气球的问题。大家都反对，于是我便一再告诉他，我也反对，我说，我们的事业，我们的力量是宣传和宣传，如果我们站到拿破仑一边，那我们在道义上就堕落了，如果我们跟俄国的敌人faisant cause commune〔法语：沆瀣一气〕，我们就会在俄国人的心目中毁

① 当时俄国与法国、英国、土耳其等正在打所谓克里米亚战争，恩格尔孙荒唐地想帮助英法联军在反俄战争中获胜，而这种做法是赫尔岑坚决反对的。

了我们自己。恩格尔孙怒不可遏,很生气。他本来以为到伦敦来胜券在握,可是甚至都遭到了我的反对,因此不知不觉地又回到对我的敌对态度。

很快,他去找妻子,五月份把她带到了伦敦。他俩的关系完全变了:她怀孕了,他欢天喜地,因为他要做爸爸了。争吵、不和与解释——都一扫而光。她以某种梦游的神秘主义和疯疯癫癫的迷信旋转着桌子,搞招魂术①。精灵向她作了许许多多预言,其中包括我即将猝死。他读了不少叔本华的书,他笑嘻嘻地对我说,他要竭力纵容她的神秘主义倾向,因为这种信仰和狂热将会给她的心灵带来和平与安静。

她对我的态度很友好,——也许,她以为,我的死期已经不远了,——她常常带着针线活来找我,让我从《往事与随想》中找些章节和新写的文章念给她听。过了一个月,我与恩格尔孙又开始因为波拿巴主义和气球问题发生了争执,她充当了调停者的角色——她来找我,请我原谅一个病人,她告诉我,每逢春天,恩格尔孙就情绪反常,会犯忧郁症,犯病时,他自己都不知道他在做什么。

她的温良敦厚乃是胜利者的宽厚,乃是大获全胜以后的慈悲为怀。恩格尔孙自以为他用旋转桌子的办法已经把她掌握在自己手中,殊不知她旋转的不仅是桌子,而且也在任意地摆布他,他比那些桌子更听话,她要他做什么他就做什么。

一天晚上,恩格尔孙跟一个法国人又就他的气球问题发生了争执,对他说了许多挖苦的话,那法国人反唇相讥;不用说,这就使恩格尔孙更加暴跳如雷,怒不可遏。他拿起帽子跑了出去。第二天清早,我去看他,想就这件事与他解释一下。

我发现他正坐在书桌旁,脸色恶狠狠的,昨晚的余怒未消,两眼露出凶光。他告诉我,那个法国人(是个流亡者,我早认识他,现在也有来往)——是个密探,他要揭露他的真面目,要致他于死命,说罢他就

① 类似我国的扶乩的一种占卜活动。

把一封刚写好的，写给巴黎某医生的信递给我；他在信上又把一些住在巴黎的人扯进来，诽谤住在伦敦的外国流亡者。我愣住了。

“您打算把这封信寄出去？”

“马上。”

“邮寄？”

“邮寄。”

“这是告密，”我说，把他写的那封乌七八糟的东西扔到桌上，“如果您把这封信寄出去的话……”

“那又怎么样？”他叫道。用嗄哑而又凶狠的叫声打断了我的话，“您想威胁我，威胁我什么？我不怕您，也不怕您那些卑鄙无耻的朋友！”说时，他跳了起来，抽出一把大刀，挥舞着，接着又气喘吁吁地叫道：“来呀，来呀，有本事您就使出来……我也要给您点厉害瞧瞧，您愿不愿意试试？……请呀，请出手呀！”

我转过身去面向他的妻子，说道：

“他倒是怎么啦，完全疯了吗？您还是把他送到什么地方去的好。”说罢，我便走了出去。连这一回恩格尔孙太太也充当了调停者的角色，第二天早上她来找我，请我不要把昨天发生的事放在心上。信，他已经撕了——他有病，心里难受。她把这一切都看成是不幸，看成是身体有病，她怕他会把身体弄得严重衰竭的，她哭了。我向她作了让步。

紧接着，我们就搬到里士满，恩格尔孙也搬了去。儿子的出生和头几个月的忙碌，使恩格尔孙精神振奋；他快乐得简直昏了头，孩子分娩的时候，他先是拥抱和拼命亲吻侍女，后来他又去拥抱和亲吻房东老太太……耽心孩子的健康，做父亲的新鲜感，有儿子的新奇感，占据了恩格尔孙的心达数月之久，于是一切重又相安无事。

突然我收到他寄来的一个大的封套，内有一张便条，他让我读一读里面的信，并把我的意见坦率地告诉他。这是他写给法国海军大臣的一封信。其中他又旧事重提，提到了气球、炸弹和文章的事。我认为一切都很拙劣,从他采取的做法到他的奴颜婢膝、巴结逢迎的语气,并把这话告诉了他。

恩格尔孙给我回了一封十分无礼的信①,并开始生气。

在这以后,他又给我寄来了另一篇稿子,要求发表。我直言不讳地对他说,他这篇稿子将对俄国人产生极其恶劣的影响,因此我劝他不要发表。恩格尔孙指责我想实行书报检查,并说我之所以要办印刷所,大概仅仅是为了发表我的“不朽的作品”。于是我发表了那篇稿子,但是我的预感得到了证实:它在俄国激起了普遍的愤怒。

这一切表明新的决裂已为期不远。老实说,这一次我对这并不感到很遗憾。忽冷忽热,一忽儿好得不得了,一忽儿又恨之入骨,一忽儿亲吻你的手,一忽儿又对别人在精神上肆意侮辱,我都烦透了。恩格尔孙太过分了,一越过这条线,无论是回首往事还是感恩戴德,都无法挽回。我越来越不喜欢他了,我冷淡地等待着将要发生的事。

这时发生了一件事,其重要性暂时掩盖了一切争论和分歧,大家都欢天喜地地等待着事态的发展。

三月四日早晨,我像往常一样,在八点左右走进自己的书房,打开《太晤士报》,读了十来遍还看不明白,不敢相信这句话的语法意义,这则电讯稿的标题是:“*The death of the emperor of Russia*”〔英语:《俄国皇帝逝世》〕。

我喜出望外,手里拿着《太晤士报》便奔向餐室,我寻找孩子们和家人,我要告诉他们这条特大新闻,我眼里噙着无比快乐的眼泪把这份报纸递给大家……我感到我一下子年轻了好几岁。待在家里是不可能的。当时恩格尔孙也住在里士满;我匆匆穿上衣服,想去找他,可是他却抢先一步,已经来到我家的前厅里了,我们互相扑到对方的脖子上,什么话也说不出来,除了:“好啊,终于有这一天,他死了!”恩格尔孙按

① 恩格尔孙在一八五四年七月十日写给赫尔岑的信中说:“嘿,老兄,我对这类严词训斥决不会置之不理的……”

照他自己的老习惯，又蹦又跳，吻遍了全家所有的人；又是唱歌，又是跳舞，我们还没来得及高兴完，突然一辆马车停在我家的大门口，有人发狂般拉了一下门铃：三个波兰人等不及坐火车就从伦敦坐马车赶到了特威克纳姆，他们是来祝贺我的。

我让下人快拿香槟酒来，——谁也没想到现在才上午十一点，甚至还不到十一点。后来我们又毫无必要地一起到伦敦去。在大街上，在交易所，在饭馆，大家谈来谈去，全是谈尼古拉死了；我还没看到一个人听到这消息后不是轻松地舒了一口气：这块白内障总算从人类的眼睛上摘除了，我还没看到一个人听到这个穿骑兵马靴的独夫民贼终于要腐烂发臭，变成化学分子而不兴高采烈的。

星期天，我家从早上起就贺客盈门；法国和波兰的流亡者，德国人，意大利人，甚至英国朋友都纷纷前来，走的时候都笑容满面，这天风和日丽；午饭后，我们都到外面的花园里去散步。

太晤士河畔有一群孩子在玩耍；我把他们叫到栅栏跟前，告诉他们，我们正在庆祝他们和我们的敌人“嗝儿屁”了，并把一大把小银币扔给他们买啤酒喝和买糖果吃。“乌拉！乌拉！”孩子们叫道，“Impernikel is dead！Impernikel is dead！”〔英语：“（尼古拉）皇帝嗝尔屁啦！（尼古拉）皇帝嗝尔屁啦！”〕客人们也扔给他们一些六便士和三便士的钢镚儿；孩子们买来了麦酒、点心和糕饼，拿来了手风琴，开始跳舞。从此以后，在我住在特威克纳姆期间，每当孩子们在街上遇到我，都向我脱帽高呼：“Impernikel is dead！乌拉！”

尼古拉的死，十倍地提高了我们的希望和力量。我立刻写了一封后来公开发表的《致亚历山大皇帝的信》①，并决定出版《北极星》②。

---

① 指赫尔岑的《致亚历山大二世皇帝的信》（日期是一八五五年三月十日），随后首次发表在《北极星》一八五五年第一辑上。

② 一八五五至一八六二年赫尔岑在伦敦主办的一种文艺和社会政治丛刊，共出七辑。一八六八年在日内瓦复刊，但仅出一辑。《往事与随想》的一部分，以及别林斯基《给果戈理的信》，均发表在该丛刊上。

“理智万岁！”[1]发刊词开宗名义就情不自禁地高呼，“‘北极星’在尼古拉统治时期被乌云遮盖了；现在尼古拉已成明日黄花，因此‘北极星’也必将在我们伟大的受难日重现，在这一天，五个绞刑架对于我们变成了五个受难的十字架。”[2]

……这一推动力量是强大的，振奋人心的，工作干得热火朝天。我宣布我要出版《北极星》。恩格尔孙终于提起笔来写了篇论社会主义的文章[3]，这篇文章还在意大利的时候他就说过想写。可以设想，我们还能在一起工作一两年，或者更长些……但是他那份敏感的自尊心，使同他的任何合作都让人受不了。他妻子则从一旁敲边鼓，助长了他的自我陶醉。

“我丈夫的文章，”她说，“将成为俄国思想史上的一个新时代。即使他以后什么也不写，他的历史地位也是牢不可破的。”

《什么是国家?》这篇文章[4]写得很好，但是它的成功并不足以证明他的家属期待有理。再说这篇文章出现得不是时候。正是在当时，觉醒的俄国需要的是能够指导实际的忠告，而不是蒲鲁东和叔本华式的哲学论文。

这篇文章还没登完，新的争论，与前几次性质不同的争论，几乎使我们之间的关系彻底破裂。

有一天，我坐在他家，开了几句玩笑，笑他们为了给孩子治病已经第三次去请大夫了，其实这孩子也不过着了点凉，有点感冒而已。

“难道因为我们穷，”恩格尔孙夫人说，整个过去的仇恨，不共戴天的仇恨，以十倍的力量爆发出来的仇恨，出现在她的脸上，“我们的孩

---

① 原话引自普希金的诗《饮酒歌》(1825)，后来成了《北极星》丛刊的刊前题词。

② 《北极星》原由十二月党人雷列耶夫和马尔林斯基主办。赫尔岑把自己的刊物定名为《北极星》，并以被尼古拉绞死的雷列耶夫等五人的头像作封面，以示继承十二月党人未竟的事业。本文原文原作为“缘起”以传单的形式刊印，注明的日期是一八五五年三月二十五日(四月六日)，即雷列耶夫等五人被绞死的日子(三月二十五日)。

③ 指恩格尔孙的文章《什么是国家?》，刊登在《北极星》一八五五年第一辑上。

④ 《北极星》第一辑。——作者原注

子就不应该去请医生，让他去死吗？您是一个社会主义者，还是我丈夫的朋友，居然说出这样的话来，就是您，连五十英镑都不肯借给他，还用上课来剥削他。”

我听了觉得莫名其妙，就问恩格尔孙，他同意这个看法吗。他很不好意思，涨红了脸，脸上红一块紫一块，他求她别说了……她还是继续说下去。我站了起来，打断她的话道：

“您有病，而且亲自喂奶，我不想回答您的话，但是也不想再听下去……而且从今以后我将不再踏进您的家门，您对此大概不会觉得奇怪吧。”

恩格尔孙一脸无奈和不知所措，他抓起帽子，跟我一起走到街上。

“您不要把一个神经质的女人的口没遮拦的话放在心上，不要 au pied de la lettre〔法语：从字面上去理解〕...”他越说越乱，“明天我还来上课。”他说。

我握了握他的手，就默然回家了。

……对这一切必须说明一下，何况这是一个非常沉重的话题，涉及的不是观点不同和对大问题的不同看法，而是幕后隐私和收支帐目的问题。然而我还是准备把这方面的问题揭示出来。为了进行病理学研究，就不能有洁癖，这种爱洁癖的浪漫主义是行不通的。

恩格尔孙夫妇未必有权把自己纳入穷人之列。他们每年从俄国能拿到一万法郎，而且靠翻译，写评论和编教科书又能轻而易举地赚到五千法郎；恩格尔孙是研究语言学的。出版商特鲁布南①曾约他编一部俄语词根辞典和一本俄语语法书；他还可以像皮埃尔·勒普，像金克尔②，像埃斯基罗斯③那样教点课。但是他作为一个俄国人，尽管什么都干，又编词根辞典，又搞翻译，又教课，可是他什么都没完成，什么都

---

① 特鲁布南（1817—1884）：赫尔岑著作的英国出版商。

② 金克尔（1815—1882）：德国诗人和艺术史家，曾参加一八四八年的德国革命。

③ 埃斯基罗斯（1814—1876）：法国文学家和政治家，一八四八年法国革命后被驱逐出境，流亡英国。

不放在心上，因此没挣到一分钱。

无论是丈夫，也无论是妻子，都大大咧咧，不会安排自己的生活。他们在生活中常常忽冷忽热，因而使他们无暇考虑经济问题。他离开俄国时没有一定的计划，留在欧洲也没有任何目的。他没有采取过任何措施来挽救自己的田产，于是 un beau jour〔法语：有朝一日〕，他大吃一惊，便匆匆作了些安排，因此他的收入始终限于一万法郎，这一万法郎虽然并不能完全按时收到，但毕竟收到了。

不言自明，凭这一万法郎，恩格尔孙是混不下去的；另一方面，他又不肯节衣缩食，这也是很清楚的，——因此他必须工作或者去借钱。到伦敦来以后，起先他向我借了大约四十英镑……过了若干时间以后他又来借了……关于这事，我曾跟他作过一次严肃而又友好的谈话，我对他说，我愿意借钱给他，但是一个月借的钱绝对不能超过十英镑。恩格尔孙皱起了眉头，然而还是有两次从我这里拿走了十英镑钞票，后来又突然写信给我，说他需要五十英镑，如果我不肯借给他或者我信不过他，他可以拿一些钻石做抵押。这一切很像开玩笑；如果他当真要拿钻石做抵押，他应当把这些钻石拿去找 pawnbroker〔英语：开当铺的，当铺老板〕，而不是来找我……我知道他这个人，也可怜他，便写信给他，如果他以钻石做抵押，我可以借给他五十英镑，钱随后寄出。第二天我寄给他一张支票，至于他肯定会卖掉或抵押掉的钻石，我将替他代为保管。他毫不介意我借给他五十英镑而不要他的利息，竟相信我真拿他的钻石做了抵押。

第二，是关于上课问题，那就更简单了。在伦敦的时候萨〔维奇〕① 在我家教俄语，每小时四先令。在里士满，恩格尔孙建议由他来代替萨〔维奇〕。我问他要多少课时费：他说，他同我的帐算不清，但是因为他缺钱用，他可以拿同萨〔维奇〕同样的课时费。

我回到家后给恩格尔孙写了一封信，提醒他，课时费是他自己定

① 萨维奇（1808—1892）：俄国侨民，在伦敦教赫尔岑的孩子们俄语。

的，但是我可以为他上过的课付双倍的钱。然后我又在信中向他说明了我把他的钻石留下来的动机，并且把这些钻石退给了他。

他不好意思地回了一封信，向我表示感谢，并且表示遗憾，而晚上他就亲自来了，并且一如既往地照样来往。至于她，我从此再没见过她。

（七）

过了约莫一个月，有一天，泽诺·斯文托斯拉夫斯基[①]在我家吃饭，跟他一起来的还有英国的共和主义者林顿[②]。快吃完饭时，恩格尔孙来了。斯文托斯拉夫斯基是个十分纯洁、十分善良的人，是个狂热的革命者，已经五十岁了还保持着义无反顾的波兰人的热情，还像十五岁的孩子一样慷慨激昂，他一再鼓吹，说我们必须回到俄国去，并在那里写文章，印传单，开展轰轰烈烈的宣传运动。他可以为我们运送铅字和其他等等。

我听着他的话，对恩格尔孙半开玩笑地说：

"如果让他一个人去，人家岂不会把我们当成了胆小鬼（on nous accusera de lâcheté）。"

恩格尔孙做了个鬼脸，就走了。

第二天我去了趟伦敦，晚上才回来；我儿子因发寒热躺在床上，他告诉我，而且十分激动地说，我不在家的时候恩格尔孙来了，他把我臭骂了一顿。声称他非报复我不可，并说他再也不想忍受我那种以权威自居的作风了，在他的文章公开发表以后，现在他已用不着我了。我不知道这到底是怎么回事，——是沙夏因为发烧在说胡话呢，还是恩格尔孙来的时候烂醉如泥。

---

① 斯文托斯拉夫斯基：一八一一年生，流亡伦敦的波兰民族解放运动的参加者。

② 林顿（1812—1897）：英国木刻家、诗人和政论家。

从玛尔维达·迈〔森布格〕①那里我了解了更多的情况。她恐怖地讲到他发狂般的叫嚣。他用神经质的、气喘吁吁的声音叫道："赫尔岑昨天当着两个外人的面管我叫 lâche〔法语：胆小鬼，懦夫〕。"迈打断他的话道，当时根本不是讲他，我是说"on nous taxera de iâcheté"〔法语："人们就会指责我们怯懦"〕，是指我们所有的人。"如果赫觉得他卑鄙无耻，那就应当是说他自己，但是我决不允许他这样讲我，而且还当着两个坏蛋的面……"

当时我的大女儿还只有十岁，听到他的叫声就跑了出来。恩格尔孙继续道："不，一切都完了，够了！我不习惯于这种做法，我决不允许人家这么耍我，我要让他看看我到底是什么人！"他说罢就从兜里掏出一把手枪，继续叫道："上了子弹，上了子弹……我要等他回来……"

迈站起身来，对他说，她要求他离开她，她没有义务听他的胡言乱语，她只能用有病来说明他现在的行为。

"我可以走，"他说，"您不用费心。但是我想先请您把这封信交给赫尔岑。"

他打开信，开始念，这是一封骂人的信。

迈不肯接受这一委托，问他为什么他以为她应当做他的中介人，来递交这样的一封信呢？

"没有您，我也有办法把这封信交给他。"恩格尔孙说，说罢就走了；这封信他没有寄给我，而是过了一天他给我写了一张条子；其中只字未提过去的事，他写道，因为他的痔疮发作，他不能到我家来上课，而是请我让孩子们到他那里去。

我对送信的下人说，没有回信，于是所有的外交关系又都断了……只剩下了唇枪舌剑。恩格尔孙也没有放过机会对我肆意攻击。

一八五五年春，我从里士满迁居 St. John's Wood〔英语：圣约翰树

① 迈森布格（1816—1903）：德国女作家，一八四八年革命期间与家庭脱离关系，流亡英国，是赫尔岑女儿们的家庭教师。

林〕。恩格尔孙被忘记了几个月。

一八五六年春，我刚在两天前看见过奥尔西尼，就收到他寄来的一封短信，信上火药味十足，仿佛要跟我决斗似的……

他冷淡而又有礼貌地要我向他说明，是否真有其事：我和萨斐散布谣言，说他是奥地利的间谍。他请我或者给予坚定的 démenti〔法语：驳斥〕，或者指出我是从谁那里听来的这么卑鄙的诽谤。

奥尔西尼做得对，换了是我也会这样做的。也许，他应当对萨斐和我更多一些信任，但这话实在气人。

凡是知道一点奥尔西尼性格的人都明白，这样的人，一旦被触犯到自己最神圣的人格问题，是不会半途而废，不予追究的。这事只能以我们的绝对清白和某某人的死才能解决。

我从一开始就很清楚，这打击来自恩格尔孙。他准确地利用了奥尔西尼性格的一个方面，但是幸亏他忘记了另一方面：奥尔西尼把无法遏制的火一般的感情同惊人的自制力结合在一起，他处在危险中仍能保持清醒的头脑，仔细考虑每一步行动，决不会仓促地做出决定，因为他一旦做出决定，他就不会把时间浪费在批评、犹豫和怀疑上，而是付诸行动。这，我们在勒佩勒蒂埃街已经看到了①。他现在也是这么做的：他不慌不忙地想先把事情搞清楚，等弄清罪魁祸首以后，如果办得到的话，再杀死他。

恩格尔孙的第二个错误是他毫无必要地把萨斐牵连了进来。

这事的经过是这样的。在我和恩格尔孙关系决裂前大约六个月，有一天上午我去找米尔纳-吉布森夫人（英国某大臣的妻子）有事；我在那里碰到了萨斐和皮安恰尼②，他们正在跟她谈论奥尔西尼的什么事。出来的时候，我问萨斐他们在谈什么。

“您想，”他回答，“在日内瓦，有人告诉米尔纳-吉布森夫人，说奥

① 指奥尔西尼在一八五八年一月在巴黎行刺路易·波拿巴未成，被处死。

② 皮安恰尼（1810—1890）：意大利政治家，意大利民族解放运动的参加者。

尔西尼被奥地利收买了……”

我回到里士满后，又把这事告诉了恩格尔孙。当时我们俩都对奥尔西尼很不满。

“见他妈的鬼！”恩格尔孙说，以后就再没有谈起这事。

后来奥尔西尼从曼图亚监狱奇迹般地越狱以后，我们在自己的较小的朋友圈里想起了米尔纳-吉布森夫人听到的指责。现在奥尔西尼本人的出现，他的讲述以及他那条受伤的腿，立刻使那个荒谬的怀疑一扫而光。

我请求奥尔西尼约定一次见面的机会。他让我们第二天晚上去。早上，我去找萨斐，给他看了奥尔西尼的字条。不出我之所料，他立刻向我建议他要陪我一起去见他。奥加略夫刚到伦敦，他是这次会晤的见证人。

萨斐简明扼要地（这是他的性格的一大特点）讲了在米尔纳-吉布森夫人家的谈话。其余的由我作了补充。奥尔西尼想了想，然后说：

“怎么样，关于这事，我可以去问米尔纳-吉布森夫人吗？”

“毫无疑问。”萨斐回答。

“看来，我的头脑有点发热，但是，”他问我，“请问，您为什么不早点告诉我，却跟一些不相干的人谈呢？”

“奥尔西尼，您忘了这事是什么时候发生的，再说，我跟他谈起这事的不相干的人，当时还不是不相干的人；您比许多人都清楚他同我的关系。”

“我没有提到任何人的名字……”

“您让我把话说完。怎么了，您以为，一个人旧话重提，再来谈这样的事情容易吗？如果这类谣言还在传播，也许，倒应该先告诉您——但是现在谁还在谈这件事呢？至于说您没有提到任何人的名字，您就做得不对了；您应当让我跟这个指控我的人当面对质，那就会弄得更清楚，在这个造谣中伤中什么人起了什么作用。”

奥尔西尼莞尔一笑，站起身来，走到我跟前，拥抱了我，拥抱了萨

斐,然后说:

“Amici〔意语:朋友们〕,不谈这事了,请原谅我,让我们忘了这一切,我们来谈点别的吧。”

“这一切您都做得很好,您也有权要我做出解释,但是您为什么不肯说出这个说别人坏话的人的名字呢? 首先,想替他隐瞒是不可能的……跟您说这话的人是恩格尔孙。”

“您能保证不再追究此事吗?”

“我保证,并有两人作证。”

“对,您猜对了。”

这虽然是意料中的事,但毕竟使我感到痛苦,——倒像我还在怀疑似的。

“要记住您做的保证。”奥尔西尼沉默少顷后加了一句。

“这点您放心,但是请您让我和萨斐心里好受些;请您说说事情的经过,要知道,主要的事我们已经知道了。”

奥尔西尼笑了。

“您的好奇心真强! 您是了解恩格尔孙这个人的;前几天,他来找我,我在餐室吃饭(奥尔西尼住在一家boarding-house〔英语:包饭公寓〕),一个人在吃饭。他已经吃过饭了;我让人给他拿来一瓶赫列斯酒①,他喝完这瓶酒后便立刻开始告您的状,说您侮辱了他,说您断绝了同他的一切关系,他嘀嘀咕咕地唠叨完了以后便问我,自从我从狱中回来之后,您对我的态度怎样。我回答说,您对我的态度非常友好,我常常在您家吃饭,晚上也去……恩格尔孙突然叫道:‘他们就是这样的……我知道这些英雄好汉! 不久前,他和他的朋友与崇拜者萨斐还说您是奥地利的间谍哩! 瞧,您现在又声名鹊起,又走红了——他又成了您的朋友!’‘恩格尔孙,’我对他说,‘您完全了解您刚才说的话的重要性吗?’‘完全,完全了解。’他一再重复。‘您是否愿意在所有场合都

① 一种烈性的白葡萄酒。

确认您说过这话呢?''没问题!'他走后我就拿起一张纸,给你写了那封信。这就是全部经过。"

我们都走到街上。奥尔西尼似乎猜到了我在想什么,他仿佛安慰我似的说道:

"他神经有病。"

奥尔西尼很快就去了巴黎,接着他那古希腊罗马式的优雅头颅就血淋淋地滚落在断头台上。

我得到的关于恩格尔孙的第一个消息,就是他在泽西岛死了。

我没听到一句言归于好的话,也没听到一句表示后悔的话……

(一八五八年)

附　言

一八六四年,我收到一封从那不勒斯寄来的奇怪的信。信中说到我妻子曾向她显灵,她劝我赶快皈依上帝,用宗教来清洗自己的罪孽,并劝我抛弃世俗的烦恼……

写这封信的人说,信中的话都是我妻子的亡灵口授的,信的口吻是友好的、温暖的、热情洋溢的。

信的正面没有署名;但是我认得笔迹:这信是 M-me〔法语:夫人,太太〕恩格尔孙写的。

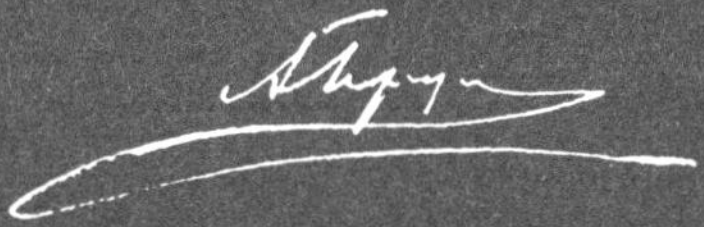

БЫЛОЕ
И
ДУМЫ

往　事　与　随　想

БЫЛОЕ И ДУМЫ A.И.ГЕРЦЕН

下

〔俄〕亚历山大·伊万诺维奇·赫尔岑 著
巴金　臧仲伦 译

人民文学出版社
PEOPLE'S LITERATURE PUBLISHING HOUSE

亚历山大·伊万诺维奇·赫尔岑

(1812—1870)

作家，思想家，革命家，学者，政论家，俄国自由出版发行业的创始人，毕生致力于探索社会主义的理想世界，曾在欧洲创办《北极星》杂志和《钟声》报，对托尔斯泰的平民观产生重要影响。列宁称赞他是“举起伟大旗帜反对沙皇专制的第一人”，“为俄国革命的准备发挥了巨大作用”。作为一位文学家，赫尔岑以独特的文体著称，代表作有《谁之罪？》《偷东西的喜鹊》以及集日记、书信、散文、随笔、政论杂感于一体的巨型回忆录《往事与随想》。

巴金

(1904—2005)

中国现代作家、翻译家、编辑家。
原名李尧棠，字芾甘，1904 年出生于四川成都。主要作品有《灭亡》《家》《春》《秋》《爱情的三部曲》《憩园》《寒夜》《随想录》等。译作有《我的自传》《父与子》《处女地》《快乐王子集》等。曾任文化生活出版社总编辑、《收获》杂志主编、中国作家协会主席、全国政协副主席等职。其著译结集为《巴金全集》《巴金译文全集》。

臧仲伦

(1931—2014)

文学翻译家，北京大学教授。1955 年毕业于北京大学俄罗斯语言文学系，1957 年毕业于北京大学俄语系研究生班。著有翻译通史专著《中国翻译史话》。译作有《驿站长》《双重人格》《克莱采奏鸣曲》《暴风雪》《舞会之后》《大雷雨》《白痴》《罪与罚》《被侮辱与被损害的人》《死屋手记》《卡拉马佐夫兄弟》等。

БЫЛОЕ И ДУМЫ

ИСКАНДЕРА

ТОМЪ ЧЕТВЕРТЫЙ

ЖЕНЕВА
ВОЛЬНАЯ РУССКАЯ ТИПОГРАФІЯ
40, PRÉ L'ÉVÊQUE
1867.

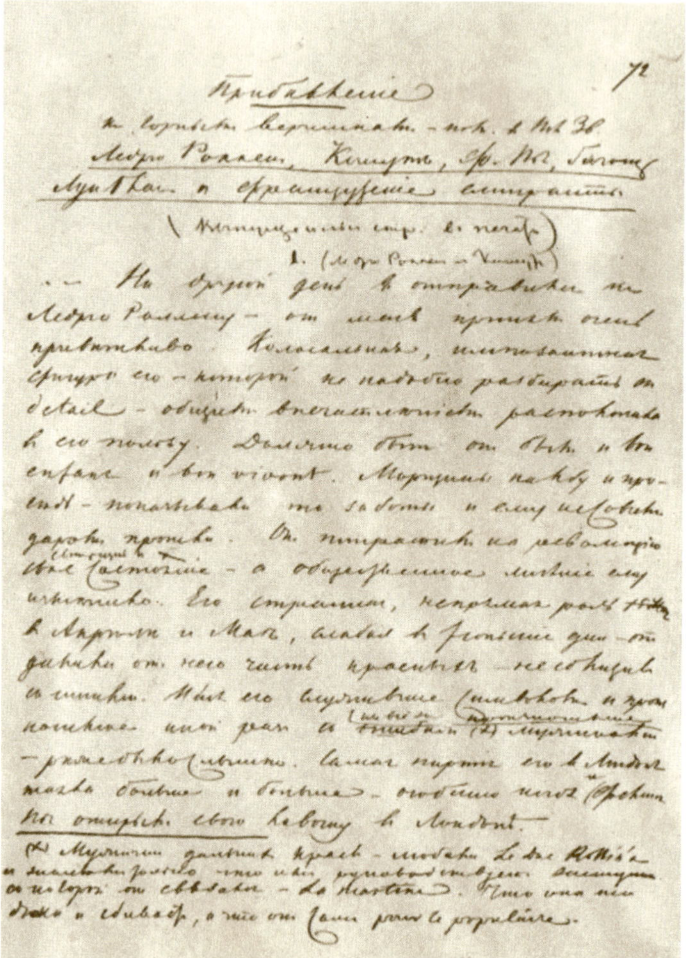

72
Прибавление

亚历山大·尼古拉耶维奇·赫尔岑

（尼古拉·格 1867 年绘，特列季亚科夫美术馆藏）

第六卷

英国（1852—1864）

臧仲伦 译

第一章　伦敦的雾

一八五二年八月二十五日黎明，我走过湿漉漉的跳板，踏上英国的海岸，望着岸边那肮脏的白色巉岩，我万万没有想到，要经过如许岁月以后，我才能离开它那白垩质的峭壁。

我离开意大利时思绪万千，满心痛苦，一片迷惘，打击一个接一个地接踵而来，而且来得那么快，那么猛烈，都把我搞懵了，以致我都看不清我做了些什么。我似乎必须用自己的双手再重新触摸一下我所熟悉的真理，才能再次相信我早已知道或者应该知道的事。我违背了自己的逻辑，忘了当代人在他们的观点上和行动上差别有多大，开头的时候他们大轰大嗡，可是到实现自己纲领的时候，调子又一下子变低了，他们的愿望有多么善良，可是他们付诸行动的肌肉却多么软弱。

不必要的会见，无结果的探讨，沉重而又完全无益的谈话，持续了大约两个月，可是我好像总在期待着什么……期待着什么。但是我那现实的性格却无法长久停留在这个虚幻的世界，我开始逐渐看到，我想建造的那座大厦缺乏坚实的基础，它一定会轰然倒塌。

我感到屈辱，我的自尊心受到了损害，我在生自己的气。我心中的悲痛受到了亵渎，而且这一年里，为各种琐事忙忙碌碌，我感到良心的谴责，同时我也感到疲倦不堪，我太累了……当时我多么需要一个朋友的可以依靠的胸膛啊，它既不会审判我，也不会谴责我，它将会耐心地听取我的自白，以我的不幸为它的不幸；但是我周围却是一片荒漠，而且这荒漠越来越大，没有一个亲人……没有一个人……不过，说不定，这倒更好。

我本来打算住在伦敦不超过一个月，但是后来我逐渐看到，我简直没有地方可去，而且也没有必要到别的地方去。我再也找不到比伦敦更好的隐居地了。

决定留下来以后，我就着手在远离市区的地方给自己找一所住宅，在摄政王公园后面，靠近樱草山。

孩子们都留在巴黎，只有沙夏跟我在一起。这座住宅按照当地的格局分成三层。整个中间一层是一间既不舒服又冷的大 drawing-room〔英语：客厅〕。我把它改成了书房。房东是一位雕塑家，他把这整个屋子都堆满了各种雕像，其中有模特儿……洛拉·蒙蒂斯①的胸像，它与维多利亚女王的雕像在一起，就放在我眼前。

我们搬来后的第二天或者第三天，归置好和安顿好以后，早上我走进这个房间，坐在一把大的安乐椅上，在完全的寂静中坐了大约两小时，没有任何人来打扰，我感到自己似乎自由自在，——很长，很长时间以来，这还是头一次。这自由并没有使我感到轻松，但是我还是高兴地从窗户望着公园里苍翠蓊郁的树林，在烟雾缭绕的浓雾中忽隐忽现，感谢它们给我带来了平静。

现在，我常常整个上午就这么孤零零地独自坐着，常常什么事也不做，甚至什么书也不看；有时候沙夏跑来，但是他并没有妨碍我孤身静坐。豪〔格〕跟我住在一起，没有绝对必要，他从来不会在吃饭前进来；我们常常在六点多钟吃饭。在这闲暇中，我回顾着一件件往事：说过的话和写过的信，分析别人，也反省自己。左顾右盼，这也做错了，那也做错了，我有时候软弱，有时候犹疑不决，妨碍行动，有时候又偏听偏信别人的话。在这种自我反省过程中，我心中慢慢出现了一种变化……常有一些内心沉重的时刻，不止一次地泪流满面，但是也有一些其他时刻，虽然不是欢呼雀跃，但却是英勇果敢，我感到自己身上有一股力量，我再不寄希望于任何人，但是对自己的期望却加强了，我逐渐变得不依

---

① 蒙蒂斯（1820—1861）：西班牙女舞蹈家，曾被巴伐利亚国王路易一世所宠幸。

赖于任何人，变得更独立了。

周围的一片空寂，使我坚强了，它给了我潜心反省的时间，我已经不习惯于同人们来往了，就是说不再寻求同人们真诚的亲近；我也不回避任何人，但是我对他人已漠然处之。我看到，我与他人已没有了严肃、深刻的联系。我是不相干人中的陌生人，我对一些人的好感多一些，对另一些人的好感少一些，但是我与谁也没有紧紧地连在一起。其实过去就是这样，但是我没有注意到这点，我总是潜心于自己的思想中；现在假面舞会结束了，多米诺[①]脱下来了，头上的桂冠没有了，脸上的面具也没有了，我看到一些人的另一种面貌，不是我想象中的面貌。我怎么办呢？我可以不动声色，不流露出我对许多人的爱少了，就是说，我更了解他们了；但是不感觉到这点，处之泰然，我又办不到，我已经说过，这些发现并没有使我失去勇气，反而使我勇气倍增，更坚强了。

对于这样的转折，生活在伦敦是十分有利的。世界上没有一座城市像伦敦那样能使人养成离群索居和安于孤独的习惯。它的生活方式、距离、气候，那种能使个人隐匿不见的庞大人口，——这一切，再加上缺乏欧洲大陆的娱乐活动，都能促进这一状况的形成。一个人只要善于单独生活，就不必害怕伦敦的孤寂。这里的生活就像这里的空气一样，对于一个衰弱、消瘦、想在自身之外寻找依靠、寻求欢迎、同情与关怀的人，是有害的；在这里，精神的肺必须像肉体的肺一样足够强健，才能在充满烟尘的大雾中吸收到氧气。老百姓必须为一日三餐奔忙，无暇及此，商人必须疲于奔命才能发财致富，其他人则为荣华富贵奔忙，也无暇及此；但是神经质的、具有浪漫主义性格的人，却喜欢过热闹生活，喜欢勾心斗角，喜欢过懒懒散散的日子，这样的人在这里非闷死不可，陷于绝望之中。

孤身一人踯躅于伦敦街头，漫步在石块铺就的林阴道上，穿过它那被煤烟熏黑的甬道，由于大雾弥漫，白茫茫一片，有时都看不清一步远

---

① 假面舞会上穿的带风帽和有袖子的斗篷。

的地方，会撞到某个跑过来的人身上，凡此种种，已屡见不鲜。

通常，在晚上，我的儿子上床睡觉以后，我就出去散步；我几乎从来不去拜访任何人；读读报，观察一下酒店里的那个不熟悉的民族，在太晤士河的几座桥上凭栏远眺。

一边是钟乳石般的议会大厦赫然耸立，但又随时准备隐匿不见，另一边则是圣保罗座堂那个倒扣着的大碗①……和路灯……两边都是一望无际的路灯。一个衣食无忧的城市已经睡着了，另一个在挨饿的城市还没有醒来——街上空空荡荡，只听得见拎着风灯的警察的有节奏的脚步声。我常常在那儿坐坐、看看，心里就会变得平静和安宁些。正因为这一切，我才爱上了这个硕大无朋的蚂蚁窝，那里有数以万计的人每天夜里都不知道把头靠在哪里才能过夜，警察则往往发现有儿童和妇女饿死在饭店的高墙旁，因为不花费两英镑就休想在里面吃饭。

但是这一类转折，不管它来得多么快，也不是一下子造成的，尤其是我已经四十岁了。当我把我的新想法理出个头绪来的时候，已经过去了很长时间。我决定要工作以后，还是很长时间什么也不做，或者虽然做了，但是做的却不是我想做的事。

我到伦敦来时有一个想法，就是寻找自己人的法庭②——这个想法是对的，有道理的。现在我经过充分的反复考虑，仍认为是这样。何况，说真的，舍此，我们还能请求谁来主持公道，伸张正义，揭露谎言呢？

我们总不能跑到敌人的法庭去打这场官司吧，因为敌人的法庭是按照与我们不同的原则和我们所不承认的不同法律来判断是非的。

我们可以自己来算这笔帐，当然可以，这是没有疑问的。自行处理就是强行夺回被强行夺走的东西，从而求得平衡；报复像感恩一样是人类的一种朴素而又正确的感情；但是无论是报复还是自行处理，都说明不了任何问题。很可能出现这样的情况，一个人最要紧的是说明真相，

---

① 指伦敦圣保罗座堂直径为三十四米的大穹顶。

② 指要求在伦敦的各国流亡者对黑尔威格实行道德制裁，伸张正义，认定他在赫尔岑的家庭悲剧上犯了罪。本章开头部分提到的各种会见、探讨和谈话，均为此。

很可能，他认为恢复事情的本来面目比报复更重要。

我的错误不是在主要论点上——而是在附则上：为了要有自己人的法庭，就必须先有自己人。可是我的自己人在哪里呢？……

从前在俄罗斯我倒有过自己人。但是我现在在异国他乡，与他们完全切断了联系……无论如何，我必须重新与自己人进行对话，我要向他们叙述沉重地压在我心头的一切。书信，他们不予放行，可是书刊却能自行送到；不能写信，就把它印出来：于是我就着手一点一滴地写《往事与随想》，并筹办俄文印刷所。

第二章 高山仰止

欧洲中央委员会——马志尼——赖德律-洛兰——科苏特

在出版前一辑《北极星》时，我想了很久，我在伦敦写的回忆录应当先刊印什么，什么还是最好等以后再说。我把多一半暂时搁置一边，现在我从中选出几个片段先予发表，以飨读者。

什么事情发生了变化呢？五九年与六〇年[1]扩大了我们的视野。一些人和一些党派的面貌变得更清楚了，一部分人坚定不移，另一部分人则蒸发掉了。这两年中，我们不仅停止了任何评头论足，而是连心脏都暂时停止了跳动，密切注视着与我们关系密切的那些人；他们一会儿消失在战云密布的硝烟中，一会儿又从硝烟弥漫中露出自己的身影，巍然屹立，十分清晰，而且愈来愈高大，接着又在硝烟中隐匿不见。现在，战争的硝烟已经散去，心里也轻松了些，而所有那些我们珍贵的头颅均安然无恙！

而在远离这场硝烟之外的地方，在阴影中，那里既没有打仗时的厮杀声，也没有胜利的欢呼声，更没有桂冠，但是有一个人却巍然耸立，变得十分高大。

各种派别的人——被骗的平民、野蛮的神父、胆小如鼠的资产者，以及皮埃蒙特的败类们，都在诅咒他，所有反动势力的所有报纸，从罗

① 指一八五九年和一八六〇年，即意法奥战争及为实现意大利统一而进行的意大利民族解放战争。

马教皇和法国皇帝的《总导报》①,到加富尔②主张自由主义的阉党,以及伦敦的银钱兑换商的大太监《太晤士报》③(它每次提到马志尼的名字都要加上一串泼妇骂街的话)都在极力诋毁他,——可是他不仅……"面对着普遍的谬误却很坚定"④……而且在兴高采烈地祝福执行他的思想和他的计划的朋友们和敌人们。⑤ 人们把他看成是另一个亚巴顿⑥——

你暗自力图拯救的人民,
辱骂你,辱骂你神圣的白发……

……但是他身边站着的不是库图佐夫,而是加里波第⑦。意大利通过自己的英雄,通过自己的解放者,没有同马志尼决裂。那,加里波第为什么不把自己赢得的半顶桂冠献给他呢?为什么不承认他跟他是手拉着手并肩前进的呢?为什么被废黜的罗马执政官⑧不提出自己应当享受的权利呢?⑨ 为什么他自己也要求大家忘了他,为什么一位怀有赤子之心的、纯洁的人民领袖要保持沉默和讳言分裂呢?

---

① 由法国政府主办的报纸。

② 加富尔(1810—1861):皮埃蒙特的国务活动家,主张建立资产阶级的君主国,以实现意大利的民族统一。

③ 上文中的"阉党"、"太监"等均指君主立宪派俯首帖耳的御用喉舌。

④ 此处与以下的诗,均引自普希金的《统帅》。

⑤ 马志尼认为他的首要任务是实现意大利的完全统一(包括罗马和威尼斯)。一方面,他是一个坚定的共和主义者;另一方面,他也欢迎和支持一切促进达到这一目的的人,包括保皇派。

⑥ 《新约·启示录》中无底坑的魔王,一译亚玻仑。此处指马志尼。

⑦ 普希金的诗原是献给俄国主帅巴克莱·德托利(1761—1818)的。他反对拿破仑入侵俄国的战略是坚壁清野,诱敌深入,敌进我退,退回俄国腹地,引起皇帝不满,被免职,由库图佐夫接任主帅。可是库图佐夫执行的仍是他的战略,从而取得全胜,拿破仑丢盔弃甲,几乎全军覆没。

⑧ 一八四九年二月罗马共和国成立时,马志尼任三执政官之一。

⑨ 在赫尔岑看来,一八六〇年,加里波第远征南意大利,他当时就应当公开承认马志尼在统一意大利事业中的贡献,并支持他提出的挥师北上,解放罗马的要求。同时赫尔岑也认为马志尼这个"被废黜的罗马执政官"把自己的职位拱手相让,先是离开那不勒斯,后又离开意大利,最后又不得已侨居伦敦——他这样做是不对的。

两人都感到有某种东西比他们本人，比他们的名字，比他们的荣誉更宝贵，——那就是意大利！

所以鄙俗的当代社会不理解他们。它没有足够的气度来容纳这两个伟大的人物，他们的帐本也算不清这样的 credit 和 debet〔拉丁语：借贷关系〕！

加里波第变得更像是“科尔内利·内波特①书中的人物”②；他在自己的田庄上显得那么古朴伟大，那么宅心仁厚，那么既伟大又纯洁，就像荷马描写的古代英雄，就像希腊的雕像。既没有华丽的辞藻，也没有不断变换的布景，更没有狡诈的外交手腕——因为史诗里不需要这些；可是当史诗结束，开始一页一页地翻动日历的时候，国王就像打发一个已经把他拉到目的地的车夫一样，打发他走了，③又因为没法给他酒钱，国王感到不好意思，这种极端的忘恩负义甚至超过了奥地利；④可是加里波第并没有因此生气，——他笑了笑，怀里揣着五十个斯库多⑤，离开了被他征服的那个国家的宫廷，听凭那些保皇派的奴才们审查他的收支帐目，并听凭他们说三道四，说他弄坏了一张熊皮。让他们去嘲笑吧——反正伟大的事业一半已经完成，只要能把意大利统一成一个整体，赶跑穿白军衣的蠢货⑥就成。

对于加里波第，也有一些使他想起来感到沉重的时刻。他常常会

---

① 科尔内利·内波特（公元前 100—前 27），古罗马历史学家和作家。

② 见《北极星》第五辑。——作者原注

③ 一八六〇年，加里波第的部队在人民的支持下，打败了弗兰西斯科二世的军队，解放了那不勒斯王国，但是那不勒斯王国根据一八六〇年的全民公决合并于皮埃蒙特。撒丁王国国王维克多·曼努尔二世先是解除了加里波第红衫军的武装，然后又宣布解散红衫军。加里波第被迫退休。为了奖赏他为统一意大利所做的贡献，授予加里波第以元帅军衔和给予其他赏赐。加里波第拒绝了国王的赏赐，并于一八六一年十一月九日回到卡普雷拉岛，因为在那里他有一个田庄，于是他就在那里躬耕田间，养花，种种菜。

④ 沙皇俄国曾于一八四九年帮助过奥地利政府镇压匈牙利革命，可是在克里米亚战争时，奥地利却反过来与英法两国结成联盟，反对沙俄。

⑤ 意大利的一种银币。

⑥ 指把意大利从奥地利军队的统治下解放出来，因为当时奥地利军队的军服是白色的。

迷恋一些人，正如他曾经迷恋过大仲马和曾经迷恋过维克多·曼努尔一样①。国王对他不礼貌会使他难过；国王也知道这个，为了讨好他，曾把自己亲手打来的山鸡，自己花园里的花，派人送给他，并附上一封充满爱意的短信，署名是“Sempre il tuo amico Vittorio”〔意语：永远是你的朋友维克多〕。

对于马志尼来说，人是不存在的，对于他只存在事业，而且只有事业；他自己也仅仅在事业中存在，在事业中“生活和活动”。不管国王差人送给他多少山鸡和鲜花，他连碰都不碰。但他不仅会立刻同他认为是善良的，但却是空虚的人联合在一起，而且会同他那个小塔列兰②联合在一起，而他压根儿不认为这个小塔列兰是个善良的人，甚至也不认为他是个正派人。马志尼是个苦行僧，是意大利解放运动中的加尔文和普罗奇达③。马志尼思想片面，脑子里永远只有一个想法，永远处于警戒状态，时刻准备着，他不屈不挠和耐心细致地做工作，把一些分散的、没有明确追求的人联合起来，组成牢固的团体④，在连遭失败之后，他仍在召唤加里波第和他的部队，向半自由的意大利发出倡议，让他们坚定不移地为实现意大利的统一而奋斗，——马志尼是永不睡觉，永远警觉的。无论是白天还是黑夜，无论是去钓鱼还是去打猎，无论是上床睡觉还是早晨起床，加里波第和他的战友们永远都看见马志尼那只瘦瘦的、忧伤的手，指着罗马，——而他们也要到那里去！

我在发表的那个片段中抽出了有关马志尼的那几页，这样做很不

① 加里波第十分敬重大仲马，曾把自己的回忆录交由他译成法文出版；一八六〇年，大仲马到那不勒斯来，加里波第又把他奉为上宾，让他在宫殿下榻，并让他担任许多博物馆的馆长。加里波第还十分敬仰维克多·曼努尔一世国王，认为他是意大利民族利益的捍卫者，许多坏事都是他的手下人做的。

② 指皮埃蒙特-撒丁王国首相加富尔。塔列兰（1754—1838）：法国政治家，曾任法国临时政府首脑，支持波旁王朝复辟。

③ 加尔文（1509—1564）：欧洲宗教改革家，基督教新教加尔文派的创始人。普罗奇达（1225—1305），西西里人民反抗法国统治，争取民族解放运动的组织者之一。

④ 指马志尼在他多年的革命生涯中组成的多种团体：“青年意大利”（1831），“意大利民族联合会”（1848），“意大利民族委员会”（1750）和“行动党”等（1853）。

好;他的形象经此删节,变成残缺不全,不十分清楚了,我踟蹰不决,欲刊还休的正是一八五四年他与加里波第的争执和我与他的分歧。我这样做是出于礼貌,但是这礼貌对于马志尼来说太渺小了。对于这样的人,无需为尊者讳,对于他们无需怜惜!

他从那不勒斯回来以后写给我一封短信;我急忙去见他。① 我见到他时,我的心都在疼;我始终以为,我遇到他时他一定很伤心,一定会认为他自作多情而受到了侮辱;②他的境况是高度悲剧性的;我的确发现他在肉体上苍老了,可是心却变年轻了;他边向我跑过来,边像往常一样伸出双手,边说:"那么说,终于见面了,夙愿实现了……"他的眼睛洋溢着喜气,声音在发抖。

他整个晚上都在跟我讲进军西西里以前的情况③,讲他和维克多·曼努尔的关系④,然后又讲到那不勒斯的情况。他热情洋溢和充满爱地谈到加里波第取得的胜利和建立的丰功伟绩,他对加里波第充满了深厚的友谊,一如他骂加里波第太轻信人,太不善于识别人一样。

我一边听他说话,一边想捕捉他的自尊心受到损害的哪怕一个音符,一个声音——但是没有捕捉到:他感到伤心,但只是一个母亲被他钟爱的儿子暂时抛弃后感到的那种伤心,——她知道,她的儿子会回来的,除此以外,她还知道儿子很幸福;而这对于她就足以胜过一切了!

马志尼充满了希望,他觉得他跟加里波第比以往任何时候都更加亲近了。他微笑着告诉我,那不勒斯人受到加富尔间谍的挑唆,成群结队地包围了他的住宅,大叫:"处死马志尼!"⑤顺便说说,有人硬要他们

---

① 马志尼于一八六〇年十二月二十日从意大利回到伦敦;赫尔岑去拜访他是在一八六一年一月四日。

② 马志尼曾向加里波第建议直接建立共和国,遭到后者的拒绝。

③ 指加里波第于一八六〇年进军南意大利,从西西里开始,到解放那不勒斯结束。

④ 一八五九年九月,马志尼曾两次向维克多·曼努尔建议,为了实现意大利的统一,可以把革命军和保皇军这两股势力联合起来,如果国王能担当起领导民族解放运动的重任,他可以退出政治舞台。可是他的这些建议并没有收到实际效果。

⑤ 那不勒斯反对马志尼的群众游行发生在一八六〇年九月至十月;那不勒斯的统治者是加富尔的傀儡,便乘机劝说马志尼离开该城。

相信马志尼是“波旁王朝的共和派”。他说：“当时在我家有几个我们意大利人和一个年轻的俄国人①；他很吃惊，我们还在继续原来的谈话。‘您不用耽心，’我安慰他，对他说，‘**他们不会打死我的，他们不过嚷嚷而已**！’”

不，对于这样的人是无需怜惜的！

一八六一年一月三十一日

我在伦敦急于见到马志尼，不仅是因为他对我家遭遇到的不幸曾经给予最温暖、最积极的同情，而且还因为我受他的朋友们的重托，有要事找他。梅迪契、皮托卡柏、科森兹、贝尔塔尼等人对伦敦的倾向不满意；他们说，马志尼不了解新形势，并抱怨那些革命的宫廷显贵们只知道巴结他，因而支持他的想法，以为对于起义来说万事俱备，只等一声令下即可开始行动。他们希望实行内部改组，他们认为必须大大加强领导成员中懂军事的人，要有能够领兵打仗的人来当领导，而不要由那些律师和办报的人来指手画脚。为此，他们希望马志尼应当多多接近像乌鲁阿②这样的天才将领，他曾与老将军佩佩③并肩作战，现在受到冷落，是不应该的。④

他们委托我把这一切告诉马志尼，一部分是因为他们知道马志尼

---

① 这个俄国人是梅奇尼科夫，曾参加加里波第的远征，当时在那不勒斯。

② 乌鲁阿（1810—1891）：意大利将军，他做过佩佩将军的副官，参加过那不勒斯师进军皮埃蒙特的战斗；在一八四八年威尼斯共和国保卫战中担任过驻防军司令，后流亡法国，一八五九年回到意大利。

③ 佩佩（1782—1855）：意大利军人和政治家，曾于一八二〇年在那不勒斯领导反对奥地利统治的起义，起义失败后流亡国外；一八四八年又领导威尼斯共和国的保卫战，革命失败后再次流亡国外。

④ 赫尔岑于一八五二年八月二十五日到达伦敦后的当天，马志尼就去看了他。第二天，赫尔岑对马志尼进行了回访，传达了热那亚马志尼的战友们对由马志尼领导的伦敦意大利民族委员会执行的政策的不满。他们认为马志尼准备举行的米兰起义不可能取得成功，要想在意大利真正举行起义，应当多多利用曾参加过一八四八至一八四九年革命的军人的经验，并吸收他们加入马志尼的革命组织。

信任我；另一部分也因为我的地位独立于意大利的任何党派，因而我可以放开手脚，不受拘束。

马志尼像对老朋友一样接待了我。最后谈话转到他的朋友们托付我办的那件事。他先是十分注意地听我说话，虽然并不掩饰他不十分欣赏这些反对意见；但是当我从泛泛而论谈到具体细节和人员安排问题时，他突然打断了我的话：

“完全不是这样的，这里没有一句话切合实际！”

“然而，”我说，“我离开热那亚还不到一个半月，而且我在意大利待了两年，从未离开，我可以证实我代表您的朋友对您讲的许多话都是真实的。”

“您所以这么说，正因为您待在热那亚。热那亚又算什么呢？您在那里又能听到什么呢？不过是一部分流亡者的意见罢了。我知道他们是这么想的，我也知道他们的想法错了。热那亚是一个很重要的中心，但这不过是一个点，而我知道整个意大利；我知道从阿布鲁齐到福拉尔贝格每个地方的需求。我们在热那亚的朋友与整个意大利半岛彼此隔绝，他们没有资格对整个半岛的需求和社会情绪遽下评论。”

我又做了两三次尝试，企图说服他，但是他已经 en garde〔法语：有所警惕〕，开始生气了，回答得很不耐烦……我闷闷不乐地闭上了嘴；过去我还从来不曾发现他这样不耐烦。

“我对您还是十分感谢的，”他想了想，对我说，“我的朋友们的意见，我应该是知道的；我愿意权衡利弊，斟酌他们的每一个意见，仔细考虑他们的每一个想法，但是同意与否——这是另一回事；我不仅在良心和在上帝面前，而且对意大利人民都负有大的责任。”

我这次出使没有成功。

当时，马志尼已在仔细考虑他的一八五三年二月三日计划①；这事对于他已经是定下来的事了，而他的朋友们则不同意他这样做。

---

① 指一八五三年二月六日的米兰起义。

“您认识赖德律-洛兰和科苏特吗?”

“不认识。”

“想认识一下吗?”

“非常想。”

“您应该同他们见见面,我可以替您写几句话给他们二位。您可以跟他们谈谈您离开意大利前所看到的情形。”他继续说道,拿起笔,开始写条子,“赖德律-洛兰是世界上最可爱的人,但却是个 jusqu' au bout des ongles〔法语:彻头彻尾〕的法国人:他坚信,没有法国革命,欧洲就不能前进,——le penple initiateur!〔法语:人民是首创者!〕①可是现在法国的首创精神表现在哪里呢?再说,从前推动法国前进的思想也来自意大利或者英国。您会看到,意大利将会开创革命的新纪元!对此,足下有何高见?”

“不瞒您说,我对此不敢苟同。”

“怎么,”他微笑着说,“未来将是斯拉夫人的世界?”

“我可没有说过这话;我不知道赖德律-洛兰这一信仰的根据是什么,不过非常可能,只要法国还处在我们现在所看到的这种沮丧状态,革命就不可能在欧洲取得胜利。”

“那么说,您还处在法国的 prestige〔法语:威势〕之下吗?”

“处在它的地理位置,它的可怕的军队,以及它依靠俄罗斯、奥地利和普鲁士天然支持的威势下。”②

“法国在沉睡,我们要把它唤醒。”

我只好说:“愿上帝保佑您的话能如愿以偿!”

加里波第证明了当时我们俩谁的话对。我在另一个地方谈到过我和他在西印度码头,在美国轮船“Common Wealth”〔英语:“公共财富”号〕上的会见。

---

① 意为法国人民从来都是首先举起义旗的先行者。

② 这次谈话发生在一八五二年秋。——作者原注

我们在船上共进早餐，在座的还有奥尔西尼、豪格和我，加里波第非常友好地谈到了马志尼，公开说了他对一八五三年二月三日的意见（这事发生在一八五四年春），随即谈到必须把各党各派联合起来，组成一个军事团体。

当天晚上，我们在一家人家又见面了；加里波第的神情似乎不太高兴，马志尼从兜里掏出一份 *Italia del Popolo*〔意语：《人民意大利报》〕①，给他看一篇文章。加里波第看完后说：

“是的，写得意气风发，可是这篇文章却非常有害；我要坦率地说：因为写了这样的文章，这记者或者这作家应当严加惩处。当我们现在只有一支军队——撒丁国王的军队的时候，有人却在我们与皮埃蒙特之间煽风点火，竭力挑动我们的不和！这是一种孟浪冒失和与犯罪无异的胆大妄为。”

马志尼为报纸辩护；加里波第变得更加闷闷不乐。

当他准备上岸时，他说半夜里回码头去住未免太晚了，他准备去找一家旅馆睡觉；我向他建议，不必去找旅馆了，到我家去睡吧。加里波第同意了。

这次谈话后，加里波第从四面八方被一大群天不怕地不怕的女士们所包围，他只好身手矫健地左冲右突，或退或进地突出重围，然后走到我身边，对我耳语道：

“您准备留到几点？”

“哪怕现在走也行啊。”

“那就劳驾。”

我们走了；路上，他对我说：

“我真遗憾，我真是感到无限遗憾，佩波②鬼迷心窍，同时又怀着非常高尚、非常纯洁的意图在做错事。方才我实在受不了了：他居然教唆

① 由马志尼在一八四八年创办，出版至一八五七年，从一八五一年起改名为 *Italia e Popolo*。

② 米泽佩的小名。——作者原注（米泽佩是马志尼的名字。）

自己的学生去挑逗皮埃蒙特，还自鸣得意。如果撒丁王国国王完全倒向反动势力一边，意大利的自由言论就会在意大利噤若寒蝉，最后的依靠也就完蛋了，那怎么办？共和国，共和国！我始终是个共和主义者，一辈子都是共和主义者，但是现在的问题不是是否实现共和的问题。对意大利的人民大众，我比马志尼知道得更清楚，我跟他们生活在一起，与他们同呼吸共命运。马志尼只了解意大利的知识界，可以左右他们的精英；但是要赶走奥地利人和教皇，就得有军队，而军队依靠他们是成立不了的。对于人民大众，对于意大利人民，只有一面旗帜——那就是团结起来，驱逐外国鬼子！怎么达到这一目的呢？现在撒丁王国是意大利唯一强大的王国，不管它出于什么原因，它是愿意为统一意大利而奋斗的，可是它又有点畏首畏尾，难道让它反过来反对我们吗？不是让它站到自己这边来，而是推开它，同它作对。有朝一日，如果这个年轻人[1]相信，他同奥地利哈布斯堡王朝的大公比同我们更亲近，那意大利的前途就会停滞不前，推迟一代人，甚至两代人。”

第二天是星期天，他带我的儿子出去散步，在卡尔德西相馆给他拍了一张银版相，并把它拿回来送给我做礼物，后来又留下来吃饭。

正吃午饭时，马志尼派来一名意大利人来叫我出去，——他从早晨起就在寻找加里波第；我请他坐下来跟我们一起用餐。

那个意大利人似乎有话想同他单独面谈，——我建议他们不妨到我的书房里去。

“我没有任何秘密，再说这里也没有外人，您说吧。”加里波第说。

在谈话过程中，加里波第再一次重复了我们回家时他对我说过的话，而且重复了两次。

其实，他心里是完全同意马志尼的观点的，但是在执行上，在方法上却与他有分歧。至于加里波第更了解人民群众，我是深信不疑的。马志尼就像中世纪的修道士，他只是深刻了解生活的一个方面，而在其

① 指撒丁王国国王维克多·曼努尔二世。

他方面却是凭空想象的；他想过很多问题，而且充满激情，但他不是生活在光天化日之下；从年轻时起走到头发花白，他一直生活在烧炭党的团体里[1]，接触的是受迫害的共和主义者和自由主义的著作家；他与希腊的各种反对土耳其统治的秘密组织和西班牙的 exal tados〔西班牙语：激进派〕[2]秘密来往，他与**真正的**卡芬雅克[3]和虚有其名的罗马里诺[4]，与瑞士人詹姆斯·法齐，与波兰的民主派，与摩尔多—瓦拉几亚人[5]一起搞秘密活动……受到他祝福的科纳尔斯基[6]喜气洋洋地从他的书房里走出来，后来奔赴俄罗斯，牺牲了[7]。这一切都是事实，但是跟人民，跟那些 solo interprete della legge divina〔意语：神的信条的唯一诠释者〕，跟那些劳苦大众，跟那些面向土地的老百姓，即耕田种地的农民，跟卡拉布里亚的粗野的牧民，跟搬运工人和船夫们，他却从未来往过；而加里波第不仅在意大利，而且在任何地方都与他们生活在一起，知道他们的力量和弱点、不幸和快乐；他认识他们是在战场上，是在波涛汹涌的海洋上，他能像贝姆[8]一样成为传奇人物：人们相信他犹胜过相信他的庇

---

[1] 马志尼是在烧炭党开始自己的革命生涯的。烧炭党是一个秘密革命团体，一八一五年后一直从事反对奥地利在意大利诸国的统治和君主封建专制的斗争。

[2] 马志尼认为，希腊的民族解放运动是意大利革命的同盟军，希腊发生起义将是意大利发动革命的信号，此外，意大利发动革命的信号还有一八五四年开始的西班牙革命。所谓西班牙的激进派是指与马志尼有联系的西班牙共和党人。

[3] 卡芬雅克有两人，一是哥哥戈德弗鲁瓦·卡芬雅克，他是法国共和派领袖；二是他弟弟欧仁·卡芬雅克将军，他是镇压巴黎工人六月起义的刽子手。

[4] 罗马里诺将军（1792—1849）：他于一八三四年接受马志尼的重托，率革命军进攻萨沃伊亚，因态度消极和指挥不力，以失败告终。

[5] 马志尼曾在欧洲中央民主委员会与摩尔多—瓦拉几亚民族解放运动的代表一起工作过。马志尼还曾经用委员会的名义给罗马尼亚人民写过号召书，号召他们为民族解放而斗争。

[6] 科纳尔斯基（1808—1839）：波兰革命家，一八三〇至一八三一年波兰起义的参加者，从一八三六年起领导秘密组织“波兰民族联谊会”，后被沙皇政府处决。

[7] 一八三〇至一八三一年的波兰起义被镇压后，科纳尔斯基流亡法国，成为“青年波兰”的积极活动家，而“青年波兰”是马志尼领导的“青年欧洲”的下属组织。一八三五年，科纳尔斯基回到俄国进行秘密活动，一八三八年被沙皇警察逮捕，很快被枪决。

[8] 贝姆（1795—1858）：一八三〇至一八三一年波兰民族解放运动的参加者。一八四八至一八四九年曾指挥匈牙利革命军在特兰西尔瓦尼亚作战，以英勇善战著称。

护圣徒圣米泽佩①。

只有马志尼不相信他。

于是加里波第临走时说：

“我走的时候心情沉重：我没法影响他的决定，他一定又要提前采取什么行动了！”

加里波第猜对了：还没过一年，又爆发了两三次失败的起义；奥尔西尼在皮埃蒙特境内被皮埃蒙特宪兵抓获，手中几乎还拿着武器；在罗马，领导运动的一个中心被破获了，我谈到过的②那个惊人的组织也被破坏了③。惊慌失措的政府加强了警察管制；那个凶猛的懦夫，那不勒斯国王④，重又开始了刑讯逼供。

这时，加里波第忍无可忍，发表了他那封著名的信：“这些不幸的起义，只有疯子或者意大利事业的敌人才可能参加。”

也许，这封信不应该发表。马志尼遭到了打击，很不幸，加里波第给了他一击……但是他这封信与他从前跟我讲的和当着我面说的话是完全一致的，这毫无疑问。

第二天，我去拜访赖德律-洛兰。他非常客气地接见了我。他那高大的、令人肃然起敬的外表（不要 en detail〔法语：零敲碎打地〕掰开来看），给人总的印象好极了。他想必是个 bon enfant〔法语：好脾气的人〕和 bon vivant〔法语：乐天派，会过日子的人〕。他额上的皱纹和斑白的头发都表明，由于他的日理万机，操心的事太多，并非完全没有留下痕迹。他为革命献出了自己的一生和自己的财产——可是社会舆论却背叛了

---

① 即马志尼。

② 《北极星》第五辑。——作者原注

③ 此处指马志尼的“行动党”于一八五三至一八五四年间所进行的一系列活动。一八五四年九月，奥尔西尼奉马志尼之命企图在鲁尼季昂发动起义时被捕。一八五三年夏，马志尼又准备在罗马组织起义，但是预谋败露，一八五三年七月至八月，“行动党”罗马委员会的几乎整个领导班子被捕。一八五四年八月，马志尼又再次企图在罗马发动起义，也同样遭到失败。

④ 指那不勒斯国王斐迪南二世（1810—1859）。

他。他在四月份和五月份扮演了奇怪的、态度暧昧的角色，在六月的日子里又表现得很软弱——这使一部分红党离开了他，而蓝党也没有因此而接近他。[①] 他的名字本来是革命的信号，可是经农民一说，有时就难免出错，[②]但是毕竟还有人提起他，可是现在就较少听到他的名字了。在伦敦，他领导的党派本身正越来越淡出，尤其是当费利克斯·皮亚[③]的店在伦敦开张以后。

赖德律-洛兰在沙发榻上坐好以后，便开始向我发表长篇大论的演说。

“革命只能从法国向外辐射(rayonner)。”他说，“因此，很清楚，不管你们属于哪一个国家，你们必须首先帮助我们，因为帮助我们也是为了你们自己的事业。革命只能从巴黎输出。我很清楚，我们的朋友马志尼持有不同的观点，——他陶醉在自己的爱国主义中。奥地利骑在意大利的脖子上，拿破仑的士兵驻扎在罗马，意大利能够有什么作为呢？我们需要巴黎；巴黎——这就是罗马、华沙、匈牙利、西西里，幸好，巴黎已做好了充分准备(别弄错)，做好了充分准备！革命已经完成——la révolution est faite：c’est clair comme bonjour.〔法语：革命已经完成，这像白天一样一清二楚。〕我现在考虑的不是这个问题，我现在考虑的是后果，考虑的是怎样避免重犯以前的错误……”

他就这样连续讲了大约半小时，忽然醒悟，他不是一个人，也不是

---

① 指一八四八年的法国革命形势，红党指社会主义者，蓝党指资产阶级共和派。

② 边远地区的农民喜欢 Le Duc Rollin〔法语：洛兰公爵〕，只可惜他被一个跟他关系密切的女人 La Martine〔法语：拉马丁〕捏在手里。正是她使公爵迷失了方向，至于他本人，倒是 pour le populaire〔法语：为人民大众〕的。——作者原注

按：由于农民的文化水平低，把“赖德律-洛兰”中的“赖德律”说成了“公爵”(Le Duc)，把“拉马丁”(法国一八四八年二月革命后的临时政府首脑)中的“La”当成了定冠词“la”，以为他是女人，名叫马丁。

③ 皮亚(1810—1889)：法国政治家和剧作家。一八四八至一八四九年的革命失败以后，皮亚被迫流亡国外；一八五二年，他来到伦敦，领导了由流亡者组成的团体“革命公社”，积极进行反对法兰西第二帝国的斗争，但同时也反对无产阶级的社会主义思想。

面对听众,于是他十分和善地对我说:

“您瞧,咱俩的观点是完全一致的。”

我没有开口。赖德律-洛兰继续道:

“至于讲到革命的具体实现,它之所以被推迟乃是因为我们没钱。因为这场斗争继续了多年,我们的财力枯竭了。如果现在,马上,我手里能有十万法郎——是的,小小不言的十万法郎,——后天,三天之后,巴黎就会爆发革命。”

“这又是怎么回事呢,”我终于说道,“这么一个富有的民族,对起义又完全做好了准备,竟找不到十万,五十万法郎?”

赖德律-洛兰的脸微微一红,但是又不打顿地回答道:

“Pardon, pardon.〔法语:对不起,对不起。〕您讲的是理论假设,可是我同您讲的是事实,普普通通的事实。”

这话我就听不懂了。

我走的时候,赖德律-洛兰按照英国人的习惯,把我送到楼梯口,再一次向我伸出他那巨人般的大手,说道:

“希望这不是最后一次,我永远欢迎您……那么,au revoir〔法语:再见〕。”

“在巴黎。”我回答。

“怎么在巴黎呢?”

“因为您告诉我,革命已指日可待,因此,说真的,我不知道我是否来得及再到您这儿来。”

他莫名其妙地望着我,因此我急忙补充道:

“至少我是真心诚意地希望这样;我想,您对此也毫不怀疑吧。”

“否则您就不会到我这里来了。”主人说,于是我们分了手。

科苏特,我跟他是头一次见面,其实已是第二次了。事情经过是这样的。当我去拜访他时,一个身穿半匈牙利式军服的军官先生在客厅里迎接我,他说,总督先生不会客。

“这是马志尼给他的信。”

“我会立刻转交的。请赏光。”他向我指了指烟斗，然后又指了指椅子。过了两三分钟，他回来了。

“总督先生非常遗憾，他不能立刻接见您：他正在赶写一封给美国的信；不过，如果您愿意稍候片刻的话，他将非常乐意接见您。”

“那，他能很快写完信吗？”

“肯定要到五点前才能写完。”

我看了看表——才一点半。

“唔，要等三个半小时，那我就不等了。”

“那您以后还来吗？”

“我住的地方离诺丁山至少有三英里。不过，”我又加了一句，“我找总督先生并没有什么要紧事。”

“但是总督先生会觉得很遗憾的。”

“那么，这是我的地址。”

过去了大约一周。晚上来了一位长着长胡子的高个儿先生——一位匈牙利上校，今年夏天我曾在卢加诺见过他。

“我是从总督先生那里来找您的，您没有再去看他，他感到很不安。”

“啊，非常抱歉。不过，我留下了地址。如果我知道什么时间合适，我恨不得今天就去拜会科苏特——或者……”我疑惑地加了一句，“应该说，去拜会总督先生吧？”

“Zn dem Olten，zu dem Olten〔南部德语：去看老头子，去看老头子〕.”那位匈牙利革命军微笑着说，“我们在自己内部一直管他叫 der olte〔南部德语：老头子〕。您将会看到一个真正的人……这样的人全世界没有，过去也不曾有过，而且……”上校打心眼里表露出对科苏特的崇敬之情。

“好吧，我将在明天两点登门拜访。”

“这不行。明天是星期三，明天上午，老头子只接见我们自己人，只接见匈牙利人。”

我忍不住笑了，于是上校也笑了。

"那你们的老头子什么时候喝茶呢?"

"晚八点。"

"请您告诉他,我明天八点去拜访他,但是假如不行,请您写张便条通知我一下。"

"他一定会很高兴的。我将在会客室恭候阁下。"

这一回,我一拉门铃,高个子上校就开门出来迎接我,矮个子上校则立刻把我领进科苏特的办公室。

我进去时看到科苏特正坐在一张大桌子旁工作;他穿一件黑丝绒骠骑兵军上衣,戴一顶黑皮帽。科苏特比他所有的肖像和半身雕像都显得更英俊,更潇洒;他在第一青春时代想必是个美男子,他那特别的、具有浪漫色彩的、若有所思的面部神态,想必对女人具有一种巨大的吸引力。他的相貌不像马志尼、萨斐和奥尔西尼那样具有一种古罗马式的端庄美,但是(也许,正因为这样,他才使我们这些北国居民感到更亲切)在他那略显忧郁的温顺的目光中却流露出一种不仅是强大的智慧,而且还可以看出他有一个感情深厚的博大胸怀;他那若有所思的微笑和他那略显兴奋的谈话,会使人对他抱有彻底的好感。他的谈吐非常高雅,虽然无论他说法语、德语或英语都带有浓重的匈牙利口音。他说话从不字斟句酌,也从不使用陈词滥调;他跟您一起思考,仔细地听您说话,然后发表自己的看法,而且永远具有一种独到的见解,因为他的思想比别人自由,从不为党派所奉行的主义和精神所囿。也许,从他提出论据和反驳的方式中可以看出,他有点像律师,但他所谈的内容却是严肃的和经过深思熟虑的。

一八四八年以前,科苏特一直在本国做实际工作;这就赋予了他某种实事求是的作风。他清楚地知道,在世事纷繁、层出不穷的世界中,并不是永远可以像乌鸦一样直来直去地飞行;事实是很少按照简单的逻辑推演线索发展的,而是迂回曲折,常常盘根错节,节外生枝。顺便说说,这也是科苏特与马志尼不同的一个原因,一方面,他不像马志尼那样干什么都热火朝天;另一方面,马志尼不断进行试验,勉为其难进行各种尝试,而这是科苏特绝对不会做的。

马志尼对意大利革命的看法,就像宗教狂;他坚信他对意大利革命的想法;他不许别人批评它,而且像一枝离弦的箭似的 ora e sempre〔意语:现在和永远〕奔向这一目标。他越不考虑当时的实际情况,他的行动就越坚决、越单纯,他的思想也越纯正。

赖德律-洛兰的革命理想主义也不复杂,这从他在国民议会发表的演说和在保卫祖国委员会所采取的措施中就可以清楚地看出。科苏特从匈牙利带来的不是革命传统的一般观点,不是社会学启示录般的公式,而是他深入研究过的他的故土提出的抗议,——这是一片新的国土,无论是对它的需要,也无论是对它的原始的自由制度,也无论是对它中世纪的社会形态,人们都一无所知。与他的同志们相比,科苏特是这方面的专家。

法国流亡者根据他们自己的不幸习惯,喜欢冒冒失失地对一切妄加评论,喜欢用他们自己的尺度来衡量一切,他们严厉地指责科苏特,说他在马赛表示他赞同社会主义思想,而在伦敦,他又在一座 Mansion House〔英语:大厦〕的阳台上发表演说,说他对议会制度怀有深深的敬意。①

科苏特做得完全对。这事发生在他离开君士坦丁堡的旅途中,即发生在紧接在一八四八年以后到来的那个可歌可泣的黑暗年代。北美的那艘航船把他从奥地利和俄国伸向他的魔爪中救了出来,骄傲地载着这位被放逐的犯人驶向一个共和国,而中途停靠在另一个共和国的海岸旁②。在这个共和国,法国警察独裁者的命令已经在等待着他,不许这个被流放的犯人踏上这个未来帝国③的土地。换了现在,也许就

① 指科苏特在由土耳其去英国途中,在马赛发表讲话,一八五一年九月初到伦敦后他又发表了盛赞英国议会制度的讲演。

② 一八四九年匈牙利革命失败后,科苏特流亡土耳其,后应邀访问美国,后经法国马赛到达伦敦,转道美国。

③ 一八五二年,法国恢复帝制,为法兰西第二帝国,皇帝路易·波拿巴,即拿破仑三世。

这样过去了，可在当时还不是所有的法国人都被彻底压服；一群群工人划着小船驶向那艘轮船欢迎科苏特，于是科苏特就很自然地跟他们谈到了社会主义。环境在改变。途中，一个自由的地方邀请另一个地方的被放逐者到他们那里去做客。科苏特当着全体群众的面向英国人表示感谢，感谢他们的接待，同时也没有隐瞒他对他们的国家体制的敬意，正因为有了这样的体制才使公开接待他成为可能。在这两种情况下，他说的都完全是真心话；他根本不是代表某个党派；他在同情法国工人的同时，也可以赞赏英国的宪章制度，不必非成为奥尔良派①和出卖共和国。科苏特是知道这个的，他也非常明白他在英国的地位，对各个革命派别只能采取超然的态度；他既没有做格鲁克派，也没有做皮契尼派②，他保持中立，既远离赖德律-洛兰，也远离路易·勃朗。他和马志尼与沃尔采尔具有共同的 terrain〔法语：根基，基础〕，国境线是毗连的，斗争的性质是相同的，几乎进行着同样的斗争；因此他才与他们俩首先成为朋友。

但是马志尼和沃尔采尔早已按照西班牙语的说法 afrancesados〔西班牙语：法国化〕了。科苏特却顽固不化，不肯轻易迁就他们，不过，有意思的是，随着在匈牙利举行起义的希望变得越来越渺茫，他也只好越来越退让。

从我和马志尼与赖德律-洛兰的谈话中可以看出，马志尼希望意大利能成为革命的推动力，一般说，他对法国很不满，但是决不能由此得出结论，我认为他也 afrancesado 了就说错了。这一方面是因为他心中的爱国主义在起作用，这爱国主义与各民族团结一致和实现普世共和国的想法并不完全一致，另一方面，他本人对法国很气愤，因为一八四八年法国为意大利什么事情也没有做，而在一八四九年却竭尽全力要毁掉意大利。但是对当代的法国感到义愤填膺，并不意味着他没有

① 法国保皇党中的一派，以拥立奥尔良家族复辟为宗旨。

② 这两人分别是德国作曲家和意大利作曲家。这两人曾就歌剧的传统与革新问题发生过激烈争论。这里指水火不相容的敌对双方。

受到法国精神的影响；法国革命精神具有共同的制服，自己的宗教仪式，自己的信条；在这个范围内，人们可以成为特别的政治自由主义者或者极端的民主主义者；可以不爱法国，却可以按照法国方式爱自己的祖国；这一切都是变奏曲，是个别情况，但是这个代数方程式仍旧是相同的。

科苏特同我的谈话立刻转到严肃的话题：在他的目光和言语中，忧伤的成分比光明的成分要多；大概，他并不认为明天就会发生革命。他对于东南欧的情况十分熟悉，使我吃惊的是他还引用了叶卡捷琳娜与土耳其政府签订的条约中的若干条文①。

"我们起义时，你们给我们带来了多大的危害啊②，"他说，"也给你们自己带来了多大危害啊。支持奥地利——这是多么狭隘的反斯拉夫的政策。不用说，俄国救了奥地利，奥地利连谢谢都不会说，难道您以为，它就不明白，尼古拉帮助的不是它，而是在帮助总的独裁政权吗？"

比之俄国的政治状况和军事状况，他对俄国的社会状况了解得要少得多。这也不足为怪：我们国家官员中有许多人，除了一些老生常谈，以及个别的、偶然的、与其他事物毫无关系的看法以外，也只知道一点皮毛。他以为我国种官地的农民是用劳役缴纳赋税的，他详细询问了有关乡村公社和地主拥有多大权势的问题；我把我所知道的都告诉了他。

离开科苏特以后，我问我自己，他和他的同志们，除了爱自己民族的独立以外，还有什么共同的地方？马志尼幻想由意大利来解放全人类，赖德律-洛兰则想在巴黎解放全人类，然后勒令全世界实行自由。科苏特也未必关心全人类的问题，他对里斯本是否会宣布成立共和国，或者的黎波里总督是否会被称做一个统一和不可分割的的黎波里联盟中的一个普通公民，似乎相当漠然。

---

① 指一七七四年第一次俄土战争结束时俄国和土耳其签订的《永久和平和友好条约》，即所谓"凯纳甲湖和约"。其中部分条款规定了两国在多瑙河流域的领土划分。

② 指一八四九年沙俄军队协助奥地利镇压匈牙利革命。

这一差异，乍一看十分抢眼，以后又为他们的许多做法所证实。马志尼和赖德律-洛兰是两个不顾实际条件的人，因此，每过两三个月总要竭力做一次革命尝试：马志尼试验起义，赖德律-洛兰则试着派遣代理人。马志尼的朋友瘐死在奥地利和教皇的监狱里，赖德律-洛兰派出去的使者则惨死在朗贝萨和卡宴①，可是他们仍带着盲目信仰者的狂信继续派遣自己的以撒②去做牺牲品。科苏特不喜欢做这样的试验。用刀刺伤奥地利皇帝的勒贝尼③，同他没有任何关系。

毫无疑问，科苏特到伦敦来是抱着更强烈的希望的，而且也不能不承认，他感到目迷五色，也是有道理的。请回想一下那经久不息的欢呼声和那远涉重洋的形同帝皇出巡的航行；美国各大城市都在争夺头一个欢迎他、把他领进自己城市的荣誉。有两百万居民的骄傲的伦敦城，都站在铁路两旁恭候他的光临，市长大人的马车停在一旁，做好了欢迎他的准备；市参议员们、郡长们、国会议员们则簇拥着他，陪同他穿过人群汹涌的海洋，大家都在向他欢呼，向上抛掷帽子向他致敬。当他和市长大人出现在市长官邸的阳台上时，欢迎他的是雷鸣般的“乌拉”声，那是尼古拉在伦敦无论靠威灵顿的庇护，还是靠纳尔逊的塑像④，或者靠在赛马场上巴结某几匹马所无法取得的。

当波拿巴在温莎宫同英国女王一起欢宴，⑤在伦敦的金融中心与小市民一起纵酒狂饮的时候，傲慢的英国贵族却跑到自己的庄园去了，可是现在他们却降尊纡贵，坐着马车，纷纷赶来，想一睹这位著名鼓动家的风采；许多高官都前来谒见他，谒见这个被放逐的犯人。《太晤士

---

① 法国流放犯人的地方，分别在非洲阿尔及利亚和拉美法属圭亚那。

② 《圣经》中人物，以色列人的祖先亚伯拉罕之子。神要试验亚伯拉罕，便命他将自己的独生子以撒献为燔祭。亚伯拉罕敬畏神，照神的指示做了。（见《旧约·创世记》第二十二章。）

③ 匈牙利人勒贝尼于一八五三年二月十八日在维也纳行刺奥地利皇帝弗朗茨·约瑟夫，用匕首刺伤了他的后脑勺。

④ 一八四八年，尼古拉一世访问伦敦，曾为英国的两位民族英雄和军事家威灵顿和纳尔逊的纪念像捐款。

⑤ 指拿破仑三世曾于一八五五年四月访问英国，温莎是维多利亚女王的王宫。

报》本来皱起了眉头,可是在社会舆论的呐喊声中吓坏了,只好开始骂拿破仑,以此来弥补自己的过错。

科苏特从美国回来时充满了希望,这有什么可奇怪的呢?但是,他在伦敦住了一两年后,看到欧洲大陆的历史正在向何处发展,同时在英国本土革命的热情也开始逐渐冷却,科苏特明白了,起义已不可能,英国也不是革命的好的同盟者。

一次,还有一次,他充满了希望,在英国人面前又开始充当过去事业的辩护人,这发生于克里米亚战争之初。

他撇下自己离群索居的生活,与沃尔采尔,也就是与波兰的民主派手拉着手,出现在伦敦街头,波兰的民主派只是请求联军①发一个呼吁书,只要他们同意,就准备冒险发动起义。无疑,这对波兰是一个伟大的时刻——oggi o mai〔意语:现在或者永不〕。如果波兰复兴得到公认,匈牙利还等待什么呢?正因为这样,科苏特才出现在一八五四年十一月二十九日波兰人的群众大会上,并要求发言。也正因为如此,大会之后,他就与沃尔采尔一起奔赴英国的一些最大的城市,为波兰的复兴进行鼓动和宣传。科苏特当时发表的演说,无论就内容或形式,都是非常出色的。但是这一回他并没有把英国鼓动起来,人们成群结队地去参加群众大会,为他的精彩演说鼓掌,准备募集捐款;但是运动并没有向纵深发展,在其他人士中,他的演说也没有能够产生足以影响议会,或者迫使政府改弦易辙的反响。一八五四年过去了,到了一八五五年,尼古拉死了,波兰并没有行动,战争仅局限在克里米亚沿海:波兰的民族复兴,简直连想也不用想;奥地利成了卡在联军喉咙中的一块硬骨头;再说大家都希望和平;主要的目的已经达到——不懂军事的拿破仑得到了打赢战争的荣誉。

科苏特又走下了政治舞台。他在《阿特拉斯报》②上的文章,他在

---

① 指克里米亚战争中反对俄国的英法联军。

② 英国报纸。

爱丁堡和曼彻斯特就奥地利同罗马教皇关于天主教地位的协议发表的演说，只能算是一种个别现象。科苏特既未能挽救自己的财产，也未能挽救自己妻子的财产。他过惯了匈牙利大财主的豪华阔绰的生活，如今在国外，就只能靠自己挣钱来养活自己了；他就是这么做的，他毫不隐瞒。

他全家有一种高尚的、沉思的气氛；看得出来，他家经历过不少大事，这些大事扩大了所有人的视野。科苏特周围至今还围绕着几个忠实的战友；他们起先组成了他的朝廷，现在他们不过是他的朋友而已。

他一生坎坷，经历了许多事；近来，他显得苍老多了，他的赋闲使人感到心情沉重。

头两年我们很少见面；后来，一个偶然的机会使我们不仅是在英国，而且是在欧洲最优雅的地方，在 Isle of Wight〔英语：怀特岛〕相遇。我与他在同一个时期都住在文特诺镇，住了一个月；这是在一八五五年。

在他离开前，我们参加了孩子们的文娱活动。科苏特有两个儿子，是两个可爱的英俊少年，他俩和我的孩子们一起跳舞……科苏特靠在门框上，有点悲哀地望着他们，然后微笑地指着我的儿子，对我说：

"瞧，年轻一代已经完全长大了，可以接我们的班了。"

"他们能见到这一天吗?"

"我想的也正是这事儿。不过暂时就让他们先跳跳舞吧。"他加了一句，更忧郁地望着他们。

看来，这一回我们想的也是同一个问题。

可是父辈们能看到这一天吗？又能看到什么呢？我们受到九十年代①夕阳余晖的照耀，一心追求的那个革命时代，自由主义的法国，年轻的意大利，马志尼、赖德律-洛兰所追求的那个革命时代，是不是已经成为过去了呢？这些人是不是已经成了往事的令人黯然神伤的代

① 指十八世纪九十年代的法国大革命时期。

表,在他们身边是否已开始沸腾着另一些问题和另一种生活了呢?他们的信念,他们的语言,他们从事的运动和他们奋斗的目标,——这一切我们都感到很亲切,但又感到有点陌生……在静静的节日清晨,教堂的钟声,以及举行宗教仪式的赞美歌,直到现在都会使我们的心灵感到震动,但是我们的心中毕竟没有了信仰!

有一种令人黯然神伤的真实;许多事,很难直接面对,心头沉重,有时也很难把你看到的东西说出来。同时也未必有此必要。要知道,这也是一种癖好或者疾病。“但这是真实,赤裸裸的真实,唯一的真实!”这一切都对,但是把它和我们的生活连在一起,这合适吗?它会不会腐蚀我们的生活呢,就像浓度过高的酸性物质会腐蚀容器的四壁一样呢?对它的癖好会不会成为一种可怕的疾病,它会不会使那些在自己心中拥有这种癖好的人受到惩罚,尝到某种苦果呢?

一年前,有一回,在一个使我难忘的日子里,这一想法使我尤其感到吃惊。

在沃尔采尔逝世那天,我在一间贫寒的小屋里等候雕塑家的光临,这个受苦受难的人在这间屋里痛苦地结束了自己的一生。一名老女仆手里擎着一个往四处淌油的黄蜡烛头,照着就蒙着一块床单的消瘦的尸体。他像约伯①一样很不幸,他睡着了,嘴上还含着微笑,可是信仰却在他渐渐熄灭的眼神中湮没,另一个像他一样狂热的信徒——马志尼,合上了他的眼睛。

我伤心地爱这位老人,但是我一次也没有把盘桓在我脑际的实话全部告诉他。我不想惊扰他那渐行熄灭的灵魂:他已经够痛苦了。他需要的是送终的祈祷,而不是真实的肺腑之言。因此,当马志尼在他垂死的耳边悄声述说着誓言和信条的时候,他的神态是那么高兴!

---

① 《圣经》人物,坚忍不拔,上帝为了考验他,剥夺了他的全部财产和儿女,但是他无怨无悔。见《旧约·约伯记》。

第三章　伦敦的流亡者

德国人，法国人——派别——雨果——费利克斯·皮亚——路易·勃朗和阿尔芒·巴尔贝斯——*On Liberty*〔英语：《论自由》〕

我们曾在巴比伦的河边坐下，一追想锡安就哭了……①

《旧约·诗篇》

如果有人想从旁观者的角度写一部从一八四八年起客居伦敦的政治流亡者和被放逐者的内部历史，他会给描写当代人的故事增添多么凄凉的一页啊。有多少苦难，有多少贫困和眼泪……又多么空虚，多么狭隘，人的智力、才能、理解力又多么贫乏，彼此发生争执时又多么顽固，彼此的自尊心又多么浅薄啊……

一方面，这是一些普普通通的人，凭自己的本能和良知来理解革命事业，并为革命事业做出一个人所能做出的最大牺牲，——自愿过一贫如洗的生活，这些人组成一批人数不多的爱国志士。另一方面，这又是一些伪装得十分拙劣的隐蔽的野心家，对于他们来说，革命就是做官，就是 position sociale〔法语：社会地位〕，这些人因为没有搞到一官半职，就纷纷逃亡国外；此外，还有各种狂热分子，所有偏执狂中的偏执狂患

① 《旧约·诗篇》第一百三十七篇首句（被掳于巴比伦者之哀歌）。

者，所有疯子中的疯子；由于这种神经质的、绷得太紧的和受到刺激的精神状态，因此扶乩、占卜①在流亡者中盛极一时，造成许多盲从者。谁没有搞过扶乩和占卜呢，从维克多·雨果和赖德律-洛兰到奎里科·菲洛潘蒂②，后者走得更远……他甚至想知道人在一千年前所做的一切！

此外却裹足不前，他们就像凡尔赛宫的大钟，一直指着同一时刻——国王晏驾的时刻……而且，他们就像从路易十五驾崩时起就忘了上发条的凡尔赛大钟。他们说来说去都是一件事，说来说去都是某件事是怎么告终的。他们说的是它，想的是它，回过头来还是谈它。过了五六个月，过了两三年，遇到的还是那些人，还是那些集团，这是可怕的：还是那些争论在继续，遇到的还是那些人和那些指责，所不同的仅仅是由于贫困刻印在额上的皱纹增多了；上装和大衣磨破了，白头发增加了，这一切加在一起就使人显老了，变瘦了，显得更加抑郁寡欢了……可是他们彼此说的话还是老一套！

革命在他们那里还依旧是九十年代社会生活的形而上学，但那时候热衷于斗争的天真的激情（这斗争曾经赋予最贫乏的普遍概念以最鲜明的色彩，赋予由这些概念演绎出来的干巴巴的政治理论以血肉），他们却没有了，也不可能有了；当时，那些普遍概念和抽象观念仿佛是一件快乐的新闻，是一种发现。十八世纪末，人们第一次不是在书本上，而是在现实中开始从神学历史的那个命中注定的、神秘的、压迫人的世界中解放出来，并试图把整个不依人的意识和意志为转移而形成的社会生活建立在自觉理解的基础上。在建立理性国家的尝试中，正如在建立理性宗教的尝试中一样，一七九三年曾谱写过一曲庄严宏伟的诗，这首壮丽的诗带来了它应当带来的东西，可是与此同时，在最近六十年中，它却风雨飘摇，摇摇欲坠，变得千疮百孔了。可是我们这些

---

① 一译灵动术，注解见前。

② 菲洛潘蒂（1812—1894）：意大利政治家和学者，一八四九年任罗马共和国三人执政的秘书。从一八五九年起任意大利波伦亚大学力学教授。

巨人的继承者却没有看到这一点。他们就像在希腊圣山①上只顾自己修行的修士一样，至今说的还是金口约翰②时代说的话，至今还过着土耳其统治下的早就封锁的生活，而土耳其统治本身在当时也已接近末日……他们常常在一些规定的日子里聚会，纪念规定的某些事件，程式固定，祷告词也完全一样。

阻碍流亡者前进的另一阻力是他们常常彼此对立；这非常有害，阻挠了流亡者内部工作的开展和任何认真负责的劳动，他们没有客观目标，所有党派都十分顽固和保守，他们认为，前进就是示弱，几乎是逃跑；如果站在一面旗帜下就应该一直站到底，尽管随着时间的推移，他们也看到，旗帜的颜色变了，并不完全像表面看上去那样。

就这样年复一年地过去——他们周围的一切渐渐在变。在白雪皑皑的地方长出了青草，原来的矮树丛长成了丛林，原来的丛林只剩下了树桩……但是他们却视而不见。有些大门已经倒塌，堵塞了，可是他们还去敲门；一些缝隙被打开了，透出了亮光，可是他们却望着另一边。

各国流亡者与英国人之间形成的关系，本身就足以提供一些惊人的事实，说明不同民族是具有化学亲和力的。

英国的生活先是使德国人感到眼花缭乱，感到一种压力，然后就吞没了他们，或者不如说，把他们溶化了，变成了蹩脚的英国人。大多数德国人，一旦要做什么，就会立刻刮胡子，把衬衫领子竖得高高的，一直竖到耳朵根，不说“ja”〔德语：是〕，而说“yes”，在什么也不需说的地方，便说“well”〔英语：好，行啊〕。过了两三年他便会写英文信和英文便条，

① 又名亚陀斯山，在希腊卡启弟吉半岛最东端。九世纪，圣山建起了第一座修道院，但在此以前已有大批东正教隐修士在这里的山谷洞穴里住了下来。中古时期，圣山臻于全盛，有修道院数万座，为东正教的宗教中心。从十四至十五世纪起，直至一九一三年，土耳其人占领该地区，基督教受到迫害，遂被封锁。

② 金口约翰原名克里索斯托（约347—407），古代基督教希腊教父。曾研习修辞学、哲学和法学，擅长辞令，有“金口约翰”之誉。金口约翰与圣山上的隐修士已相隔五世纪。

已经完全生活在英国人的圈子里了。德国人从来不敢同英国人平起平坐,就像我国的小市民不敢和官员平起平坐,我国的官员不敢和世袭贵族平起平坐一样。

德国人进入英国生活以后,并没有真的变成英国人,只是装模作样地像个英国人,有点不大像德国人罢了。英国人对外国人的态度,就像他们在所有其他事情上一样,恣意妄为;一旦来了个外国人,他们就跑去看热闹,就像去看一个喜剧丑角或杂技演员似的,不让他有片刻安宁,但是又几乎毫不掩饰自己的优越感,甚至表现出对外国人的某种厌恶。如果那个外国人保持自己的服装,自己的发式,自己的帽子不变,英国人便会觉得受了侮辱,开始挖苦他,但慢慢也就习惯了,把他看作是一个独立的人。假如这个一开始就吓坏了的外国人,开始摹仿他的举止和风度,他就会看不起他,摆出一副大不列颠帝国的傲慢架子,宽容而又居高临下地对待他。在这个问题上,有时候很难掌握分寸,过犹不及都难免犯错误,——因此不难想象,丝毫不会掌握分寸的德国人,都不知道怎么办才好了,他们不是过于亲昵和巴结,就是过于矫揉造作,过于老实,无缘无故地多愁善感,没人招他惹他就会大发脾气。

但是,如果说德国人把英国人看成是同一人种中的高等种族,感到自己低人一等的话,那决不能由此得出结论,法国人主要是法国流亡者们的态度就会聪明些。正如德国人不加区分地崇拜英国的一切一样,法国人则反对英国的一切,憎恶英国的一切。不言而喻,这样发展下去,会变得十分荒谬可笑。

法国人首先不能原谅英国人的是他们不会说法语,其次,他们不能原谅英国人的是他们把“恰林克罗斯”叫做“沙郎克罗”或者把“莱斯特斯克韦尔”叫做“莱斯特斯夸尔”的时候,英国人居然听不懂。① 再者,他们的胃消化不了英国人的午餐,英国人吃午餐要吃两大块肉和鱼,而

① “恰林克罗斯”(Charing Cross)是伦敦的一条大街名,“莱斯特斯克韦尔”(Leicester Square)是伦敦的一个广场名,可是法国人却照法文拼音把这两个地名念别了。

不是像法国人那样吃五小份焖肉、煎鱼和野味，等等。此外，法国人还无法容忍英国小饭馆的“奴隶制度”，它们居然在星期天关门，使全体老百姓只能面对上帝过着乏味的生活，尽管全体法国人一星期中足有七天枯燥乏味地歌颂波拿巴。最后，habitus〔拉丁语：容貌，外貌〕，英国人身上的所有优点和缺点，法国人都恨之入骨。英国人也以其人之道还治其人之身，但是又羡慕地看着他们的衣服式样，而且不伦不类地竭力摹仿。

这一切对于研究比较生理学，是非常有用的，而且我讲这些完全不是为了博得大家哈哈一笑。正如我们所指出的，德国人虽然认为自己与英国人属于同一种族，但是至少在社会地位上又觉得自己低人一等，所以应该服从他。法国人属于另一种族，但是区别又不是很大，因此不能像土耳其人对中国人那样漠然处之，所以他们恨英国人，尤其因为这两个民族都盲目地、自以为是地相信，他们代表世界上最优秀的民族。而德国人在私心深处也深信这点，尤其 auf dem theoretischen Gebiete〔德语：在理论方面〕，但是又不好意思承认。

法国人的确在一切方面都与英国人相反；英国人是穴居动物，喜欢离群索居，既固执又拧，法国人是群居动物，桀骜不驯，但容易放牧。由此出发，产生了两种完全平行的发展，而在二者之间隔着一条英吉利海峡。法国人总是敢为天下先，对什么事都要过问，对什么人都要教训，对什么事都要训导一番。英国人则在一旁观望，别人的事他一概不管，他宁可向别人学习，而不肯教训别人，可是要学习又没有时间——该上铺子里去了。

英国人的整个生活方式有两大基石：个人独立和种族传统——这对法国人几乎是不存在的。英国人脾气粗暴，常常使法国人感到恼火，这种作风的确很讨人嫌，也毒化了伦敦的生活，但是法国人没有看到这背后的严峻威力，英国人就是用它捍卫住了自己的权利，也没有看到这背后的英国人的倔强，正由于此，只要投其所好，你可以让英国人做任何事，就是不能让他做奴隶，以致穿上镶金边的奴才号衣还喜不自胜，让他戴上了锁链,因为锁链周边饰有月桂枝,而兴高采烈。

地方自治和地方分权那种可以自行其是、为所欲为的世界,在法国人看来是奇怪的和不可理喻的,因此,不管一个法国人在英国住了多长时间,他对它的政治生活和社会生活,对它的法律和诉讼程序,还是不甚了然。他对英国法律政出多门,互不协调的判例感到困惑,就像在黑压压的树林里,根本看不到组成这一片森林的是一些多么高大雄伟的橡树,而在这种多样性中包含着多少美,多少诗意,又多么有意思。至于一部小小的法典,那就完全不同啦,它就像是一座小巧的园林,园中遍布羊肠小径,树林修剪整齐,而且每条林阴道上都有园丁像警察般看守着。

这也是莎士比亚与拉辛的不同。

一个法国人看见两个醉鬼在酒店前打架,旁边却站着一名警察在观看,就像一名旁观者似的镇定自若,又像一个看斗鸡的人似的十分好奇,——法国人见状勃然大怒,他不明白为什么这名警察如此气定神闲,为什么不把打架的人 au violon〔法语:送进牢房〕。他连想也没有想到,只有当警察不拥有当父母官的权利,只有当他的干预仅限于被动行事——直至人家叫他出面干预的时候,个人自由才有保障。每个穷人走进自己黑暗、阴冷、潮湿的陋室并关上房门之后,都能感到一种信心,即自己的个人自由将不受侵犯,——这样的信心会改变人的观点。当然,在这些被严格遵守和悉心捍卫的人权后面,有时候也可能成为罪犯的藏身之所,——且由它去。宁可让一个机灵的小偷逃脱惩罚,也比每个好人在自家屋子里像小偷一样吓得发抖要好得多。在我到英国来之前,警察每次到我住的地方来,就会使我产生一种不可遏制的反感,使我在精神上产生一种 en garde〔法语:防备〕敌人的感觉。可是在英国,警察出现在门外和出现在门口,只会使人增加安全感。

一八五五年,泽西岛总督利用他那个岛特殊的缺少法治的状态,因为费·皮亚给英国女王写了一封公开信,便对 *L'Homme*〔法语:《人》〕周报①发

① 法国在伦敦的流亡者在泽西岛出版的周报。

动了迫害，他不敢按法律程序处理此案，却命令替该报提出抗议的维·雨果和其他法国流亡者离开泽西岛，——这时，清醒的理智和所有持反对立场的报刊都告诉他们，总督这样做越权了，他们应该留下，并向法院控告他。*Daily News*〔英语：《每日新闻》〕①和其他报刊答应，一切花销可由他们承担。但是这样做要拖延很长时间，再说，那怎么成呢——“倒像民告官真可以告赢似的”。他们又发表了一份严正的抗议书，威胁总督说他将受到历史的审判——便高傲地实行了退却，转移到格恩济岛去了。②

我来讲一个法国人对英国习俗理解的例子。有一天晚上，一名法国流亡者跑来找我，他在大骂一通英国和英国人之后，给我讲了下面一件“骇人听闻”的怪事。

那天上午，法国流亡者埋葬了一名自己的伙伴。可以说，在痛苦、难堪而又无聊乏味的放逐生活中，大家几乎把这个同伴的葬礼当成一个节日，——有机会可以发表演说，举起自己的旗帜，大家在一起聚会，上街游行，并且可以看到谁在谁不在，——因此民主派的流亡者 au grand complet〔法语：全体到场〕，都去了。墓地上来了一位英国牧师，拿着祈祷书。我那位朋友告诉他，死者不是基督徒，因此不需要他的祷告。那位牧师像所有的英国牧师一样，是个迂夫子和伪君子，他以一种假装的谦卑和具有民族性的冷淡回答道，“也许，死者并不需要他的祈祷”，但是“他有责任，他必须用他的祈祷给每一个死者送行，送他到他的最后的住所去”。于是发生了争执，因为法国人开始发火了，大叫大

---

① 一八四六至一九二八年在伦敦出版的报纸。

② 一八五五年十月三日，《人》周报发表了九月二十二日在伦敦为纪念法国第一次革命举行群众大会的消息，会上费·皮亚宣读了流亡伦敦的法国“革命公社”致英国维多利亚女王的公开信，对维多利亚女王于一八五五年八月访问巴黎时会见拿破仑三世表示愤怒。后来，这封信的全文又发表在该报的下一期上。为此，泽西岛总督企图查封该报编辑部及其印刷厂，将三名编辑驱逐出境。以雨果为首的住在泽西岛的三十五名法国流亡者，随即在十月十七日的《人》周报上发表声援宣言，宣言在结尾处写道：“现在您就把我们也驱逐出境吧！”果然，总督下令将所有在这个宣言上签名的法国人都驱逐出境，因此，这些法国流亡者只好转移到邻近的格恩济岛。

嚷起来,固执的牧师叫来了警察。

“Allons donc, partez - moi de ce chien de pays avec sa sacrée liberté!”〔法语:“您瞧,您还说这个令人憎恶的国家有该诅咒的自由呢!”〕在这场戏中仅次于死者和牧师的这位主要演员加了一句。

“La force brutale au service du noir fanatisme〔法语:为愚昧无知的迷信服务的那个粗暴的势力……〕,又干了些什么呢?”我问。

“来了四名警察 et le chef de la bande〔法语:和一名强盗头子〕,他问道:‘刚才谁跟牧师说三道四了?’我雄赳赳气昂昂地走了出来。跟我一起吃饭的我那位朋友说,他那副神态就像从前列奥尼达就要出发去跟诸神用晚餐似的,①‘c’est moi,“monsieur”,—car je m’e garde bien de dire “citoyen”②à ces gueux-là〔法语:这是我〕③。于是 le chef des sbires〔法语:那个警察头目〕便十分无礼地对我说:‘您给其他人翻译一下,

---

① 典出古希腊传说,斯巴达国王列奥尼达,在著名的德摩比利(“温泉关”)战役中曾率斯巴达三百勇士浴血奋战,直至全部壮烈牺牲。

② 为了说明我的红色朋友为什么在跟警察谈话时,故意不用“公民”(法语“citoyen”)一词,而用“先生”(法语“monsieur”)这个词,我要讲这么一个故事。在索荷和莱斯特街心花园之间有一条阴暗、贫穷和肮脏的街道,那里通常住着一部分居无定所、并不富裕的流亡者,有一位红色的甜酒商开了一家小药房。有一天,我走过这家药房,进去想买点镇静剂。柜台后面坐着老板,高高的个儿,相貌粗鲁,皱眉蹙额,眉毛浓浓的,大鼻子,嘴有点歪,——整个是一七九四年小县城里的恐怖分子,而且还把胡子刮得光光的。“请给我六便士拉斯帕伊尔药水,monsieur〔法语:先生〕。”我说。他正在给一个小姑娘抓草药,对我的问题理都不理;于是我只好尽情欣赏这位 Collot d′Herbois〔法语:科洛·德布瓦〕的表演,直至他终于用火漆封好药包的角,写了几个字,然后声色俱厉地向我转过身来:“Plaitil?”〔法语:“您有什么事?”〕“六便士拉斯帕伊尔药水,monsieur〔法语:先生〕。”我又说了一遍。他带着某种似乎怒不可遏的表情看了看我,把我从头到脚打量了一遍,然后用神气活现的、低沉的嗓音对我说道:“Citoyen,s’il vous plait.”〔法语:“请叫我公民。”〕——作者原注

从一七八九年起,法国的革命者彼此称“公民”,而不称“先生”。

那家小药房开在伦敦的一条很穷的陋巷里,开办者是非力普大夫,他是法国的一名政治流亡者。

拉斯帕伊尔药水是一种镇痛剂。

科洛·德布瓦(1750—1796):法国演员,一七九三年救国委员会的委员。

③ “先生”,因为我当然不会叫这个混账东西“公民”。

叫他们不要吵吵嚷嚷,把你们的同伴埋葬好以后就各自回家,如果你们存心捣乱,我就命令把你们所有的人都从这里带走。'我望了望他,从头上摘下帽子,于是就提高嗓门,高呼:'Vive la république démocratique et sociale!'〔法语:'民主与社会主义共和国万岁!'〕"

我好不容易忍住笑,问他:

"那,那个'警察头目',怎么办呢?"

"他毫无办法,"那个法国人洋洋得意而又骄傲地说,"他向他的部下们使了个眼色:'好了,你们,你们去做你们的事吧!'他只好老老实实等着。因为他们很清楚,与他们打交道的不是普通的英国老百姓……他们的鼻子灵着呢!"

这位表情严肃,身体结实,大概还喝了点酒的警官,在发生这件事情的时候,心里是不是也会产生某种想法呢?我那位朋友根本没想到,他满可以洋洋得意地跑到白金汉宫的女王窗下,高呼同样的口号,而不会惹出任何麻烦。但是更有意思的是,无论是我的那位朋友,也无论是所有的其他法国人,在发生这类事情的时候,谁也不会想到,要是这样的越轨行动发生在法国,他们就会被发配到卡宴或朗贝萨去①。如果有人提醒他们这点,那,他们的回答是现成的:"Ah bas! C'est une halte dans la boue... Ce n'êst pas normal!"〔法语:"啊!这是暂时现象……这不正常!"〕

那,什么时候,在他们国家,自由才是正常的呢?

法国流亡者也像所有其他流亡者一样,把他们的所有争执,所有的派别之争都带到了他们流亡的国家,而且竭力保留下来,保持不变。可是对他们并不友好的这个异国他乡,也不掩饰它之所以保留自己的**避难权**,并不是为了那些寻找避难的人,而是出于他们对自己的尊重,——可是这种阴暗的环境常常会刺激流亡者的神经。

而这里与人们的隔绝状态,对环境的不习惯,不能随便行动,同自

① 法国流放犯服苦役的地方(卡宴在法属圭亚那,朗贝萨在阿尔及利亚)。

己亲人的分离，贫穷，都会使人感到苦恼，感到受不了，感到怨天尤人，牢骚满腹。因此，彼此的冲突也就变得更激烈了，对过去所犯错误的指责也就变得更无情了。因为派别不同，引起的纷争不断，连老朋友也断绝了彼此的来往，见面也不打招呼……

也有真正的、理论上的分歧和各种纷争……但是除了思想分歧以外还有人与人之间的分歧，除了打的旗帜不同以外，还有领头人的名字不同，除了狂热的信仰以外，还有嫉妒，除了公开的追求以外，还有幼稚的自尊心。

马丁·路德是个稳健派，而托马斯·闵采尔①是个激进派，他俩表现出的对立，就像每粒谷物中的子叶一样：合乎逻辑的发展和任何派性的分化，必然会导致这种对立的暴露。我们在三个不够稳健的格拉古②（这里把格拉古·巴贝夫③也算在内），以及在形形色色的过于稳健的苏拉④和苏路克⑤身上都能发现这种对立。比较稳妥的办法只有采取对角线，只有折衷，只有采取没有特色的中间路线，因此一切都要符合中庸之道：等级、财富和对事物的理解。天主教同盟和胡格诺派⑥的对立造就了亨利四世⑦，斯图亚特王朝⑧和克伦威尔的对立造就了

---

① 闵采尔（约1490—1525）：德国农民战争领袖，德国宗教改革运动中最激进的思想家和改革家。他支持马丁·路德的宗教改革，但又指责马丁·路德的不彻底和言行不一。

② 指曾任古罗马保民官的格拉古兄弟——提比留·格拉古（公元前162—前133）和盖约·格拉古（公元前153—前121），他俩均主张限制土地过分集中，进行土地改革，打击豪门权贵。

③ 格拉古·巴贝夫（1760—1797）：法国革命家，空想社会主义者。因其土地改革纲领同公元前二世纪格拉古兄弟的主张相似而被称为格拉古。

④ 苏拉（公元前138—前78）：古罗马统帅，执政官和终身独裁官。

⑤ 苏路克（1782—1867）：黑人政治家。一八四七年当选为海地总统，从一八四九年起任海地皇帝，一八五九年逃往牙买加岛。

⑥ 天主教同盟为法国胡格诺战争时期，部分天主教教士和贵族结成的同盟。目的是同胡格诺派争雄，力图削弱王权。胡格诺派是十六至十八世纪法国新教徒（加尔文派）的称呼。他们的宗旨是反封建和反对国王专权。

⑦ 亨利四世（1553—1610）：胡格诺派领袖，从一五九四年起任法国国王。

⑧ 斯图亚特王朝为苏格兰斯图亚特家族在苏格兰和英格兰建立的王朝。

奥伦治亲王威廉①,革命和王权正统派的对立造就了路易·非力浦②。在他之后则是稳健的共和派和激进的共和派的对立;稳健的共和派被称为民主派,激进的共和派则被称为社会主义派;在它们的冲突中,第二帝国便应运而生,但派别仍在。

固执己见的极端分子被发配到卡宴、朗贝萨和贝尔岛③去了,其中一部分逃亡法国国外,主要在英国。

等他们在伦敦刚刚喘过气来,他们的眼睛刚刚习惯在浓雾中辨别物体之后,旧时的争论便以流亡者特有的不耐烦和伦敦气候的阴霾满天,重新掀起。

卢森堡委员会主席④,de jure〔法语:理所当然,合情合理合法〕是伦敦流亡者中领导社会主义派的主要人物。他作为劳动组织和平均主义工人团体的代表,受到工人的普遍爱戴;他在生活上严于律己,在观点上具有无可指责的纯洁性,他什么事都自己做,sobre〔法语:谦虚谨慎〕,能说会道,口才很好,不苟言笑,但又平易近人,深得人心,既勇敢大胆又小心谨慎,他拥有影响群众的所有天赋。

另一方面,赖德律-洛兰却代表着一七九三年的信仰传统;对于他来说,共和和民主就囊括了一切:饥饿者的温饱,工作的权利,波兰的解放,尼古拉的覆灭,各民族的团结,以及教皇的垮台。他周围的工人较少,他的合唱队是由 capacités〔法语:此处意为自由职业者〕组成的,即由律师、新闻工作者、教师、俱乐部会员组成。

---

① 奥伦治亲王威廉(1650—1702):英国国王(1689—1702)。一六七四年任尼德兰执政。一六八八年在“光荣革命”中被迎立为英王,称威廉三世。

② 路易·非力浦(1773—1850):法国国王(1830—1848),早年曾参加雅各宾俱乐部和国民自卫军,后流亡国外,一八三〇年七月革命,被资产阶级自由派拥立为王,曾镇压巴黎共和派起义和里昂工人起义。

③ 大西洋中的一个岛屿,靠近法国西海岸,岛上有一要塞,一八四八至一八五二年成了关押政治犯的地方。

④ 指法国空想社会主义者路易·勃朗。“卢森堡委员会”是法国政府研究工人状况的一个委员会,因它的会址设在巴黎卢森堡宫,故名。

这两派的矛盾是明显的,因此我始终弄不懂,马志尼和路易·勃朗怎么能用他们的个人冲突来解释他们的彻底决裂;决裂隐藏在他们观点的最深处,隐藏在他们的任务中。他们不可能一起前进,但是公开争吵也似乎不必。

社会主义事业和意大利的民族解放事业彼此有别,可以说,先后有别和程度不同。国家独立是首要任务,应当先走一步,优先于完善意大利的经济体制。在一八三一年的波兰和在一八四八年的匈牙利,我们也看到同样的情形。但是,这个问题是无须争论的,这毋宁说是劳动分工的先后顺序问题,而不是一个你死我活的问题。社会主义理论妨碍马志尼从事集中精力的直接行动,妨碍他进行对于意大利非常必需的军事组织工作;他因此而大生其气,没有考虑到,这样的组织工作对于法国人只能造成伤害。他由于生性偏执和陶醉于意大利的流血斗争,他发表了一本篇幅不大的小册子,带有侮辱性和不必要地攻击社会主义者,尤其是攻击路易·勃朗。其中还顺带攻击了其他人;比如,他称蒲鲁东是"魔鬼"①……蒲鲁东想回答他,但仅限于在下一本小册子中称马志尼为"天使长"。我曾有两次开玩笑地对马志尼说:

"Ne réveillez pas le chat qui dort〔法语:不要把睡着的猫弄醒了,意为不要玩火〕,要不然,跟这样的勇士交战,不弄得遍体鳞伤是很难脱身的。"

伦敦的社会主义者也对他进行了同样的挖苦,进行了不必要的人身攻击和说了些无礼的话。

另一类敌对,也是较有道理的敌对,存在于法国人的两大革命派别之间。企图调和共和制形式与社会主义矛盾的一切尝试,均告失败,只是使让步的言不由衷和争执的不可调和变得更明显;于是一个机灵的杂技演员便在把他们隔开的这道鸿沟上架起一块木板,然后站在这块

① 马志尼认为意大利革命只能是民族解放斗争,因此对社会主义宣传持否定态度。他在一八五二年三月写了一本小册子 *Dovere della democrazia*,书中列举了当时由路易·勃朗领导的法国社会主义者的一连串罪状,并尖锐抨击"蒲鲁东起腐蚀作用的梅菲斯特精神"。

木板上宣布自己当了皇帝。①

宣布恢复帝制,像一股电流一样,猛烈地打在流亡者的心坎上,使他们的心几乎停止了跳动。

这是病人的悲哀、凄凉的眼神。病人深信,不使用拐杖是没法下床的,心力交瘁和隐蔽的绝望,开始笼罩在这两派人的心头。严肃的争论开始变得苍白无力,变成人身攻击、互相指责和互相埋怨。

还有两年时间,法国的两大阵营彼此仍旧保持着剑拔弩张的姿态:一派庆祝二月二十四日,另一派庆祝七月的日子②。但是克里米亚战争打响以后,看到拿破仑同维多利亚女王在伦敦街头庄严巡游的时候③,流亡者们的无可奈何已十分明显。伦敦的 Metropolitan Police〔英语:首都警察署〕总监罗伯特·梅因证实了这一点。拿破仑访问伦敦时,他略施小计便防止了流亡者的任何游行示威,为此,保守派们对他表示感谢,他回答道:“这份感谢我实在受之有愧,你们应当感谢赖德律-洛兰和路易·勃朗。”

与此同时,也暴露出一些迹象,可以更加明显地看出他们的末日即将来临,那就是派中又分派,而且并无任何重要的原因,无非是为了某些人,或为了进行人身攻击。

这些派别之所以形成,就像人们常常为某个多余的高官设置某个内阁闲职或设置某某总署一样,或像作曲家有时总得为格里西④和拉布拉凯⑤在歌剧里安排某些独唱一样,倒不是因为这些独唱必不可少,而是因为必须让格里西或拉布拉凯登台……

Coup d'Etat〔法语:政变〕⑥后过了大约一年半,费里克斯·皮亚从

---

① 一八五一年十二月二日,路易·波拿巴发动政变,一年后,恢复帝制,自称皇帝。

② 指一八四八年巴黎民众起义(二月革命)的胜利日,以及一八三〇年七月二十七至三十日的七月革命,彻底推翻了波旁王朝。

③ 这次“巡游”发生在一八五五年四月十九日,目的是显示英法联军在克里米亚战争中的团结一致。

④ 格里西(1811—1869):意大利女歌唱家。

⑤ 拉布拉凯(1794—1858):法国歌剧演员。

⑥ 指一八五一年十二月路易·波拿巴的政变。

瑞士来到伦敦。[1] 这个活跃的小品文作者因为打过一场官司而出了名[2]，他写了一部无聊的喜剧《第欧根尼》，其中有些枯燥乏味的警句赢得了法国人的喜欢，后来他写的《收破烂的人》在 Porte Saint-Martin〔法语：圣马丁门〕上演，曾名噪一时。关于这个剧本我曾写过一篇文章[3]。费·皮亚曾是最后一届制宪议会的议员，当过"山岳派"，曾经在议会中跟蒲鲁东打过架[4]，后来又参加一八四九年六月十三日的抗议活动[5]，因此他必须秘密离开法国。他像我一样也是持摩尔达维亚护照离开法国的，他身穿摩尔人的服装在日内瓦招摇过市，惟恐人家不认识他。后来，他迁居洛桑。在洛桑，费·皮亚从法国流亡者中纠集了一批他的崇拜者，组成一个小圈子，这些人把他的俏皮话当成了"天赐食物"，把他的思想的只言片语当成了"甘露"。他本来是法国某个州的领袖人物，现在却变成了伦敦某派别的一名普通成员，心里不免感到苦涩。但是他想做大人物的多余的候选人，又没有自己的党派——幸亏他的朋友和崇拜者把他从困境中解救了出来：他们从所有其他派别中独立出来，自称伦敦革命公社。

La commune révolutionnaire〔法语：革命公社〕应该代表民主派中最赤色的一派，社会主义中最具共产色彩的一派。它自认为它时刻戒备着，

---

① 费·皮亚于一八五二年来到伦敦，但不是从瑞士来，而是从比利时。他从一八五一年起就住在比利时。

② 皮亚曾撰文尖锐批评反动记者米尔·雅南；受辱的雅南向法庭起诉，皮亚被判六个月监禁。

③ "您给您的 *Chiffonnier*〔法语：《收破烂的人》〕硬加了一个大团圆的结局，这就破坏了这个戏的思想内容及其艺术上的统一，您为什么要把自己的戏搞糟呢？"有一回，我问皮亚。"这是因为，"他回答，"如果我让那个老人和姑娘得到悲惨的命运，我就会让巴黎人感到难过，下一回演出就没人来看了。"——作者原注

皮亚的《收破烂的人》于一八四七年首次在巴黎上演。赫尔岑在《法意书简》的第三封信中曾谈到这部戏。

④ 一八四八年秋，蒲鲁东在一次谈话中曾称皮亚是"民主派中的贵族"。后来，皮亚在制宪议会的回廊上遇见蒲鲁东，便恶语相加，以致两人发生了斗殴，其后果是十二月一日两人用手枪进行决斗，幸好无人受伤。

⑤ 即巴黎工人于一八四九年举行的六月起义。

而且与“玛力雅娜”①保持着最紧密的联系，同时他又是 in partibus infidelium〔拉丁语：在豺狼当道的国家中〕布朗基派的最忠实的代表。

那个阴阳怪气、老是板着脸的布朗基，那个迂夫子和那个脱离实际死守教条的人，那个禁欲主义者，在监狱中苦度岁月变成形容枯槁的人，现在却以费·皮亚的形象出现，额上的皱纹舒展了，他的阴暗的思想也被涂上了鲜艳的红色，并开始插科打诨，逗得那个在伦敦的巴黎公社捧腹大笑。他曾写信给女王，写信给瓦莱夫斯基②（他在信中称后者为 ex-réfugié 和 ex-Polonais〔法语：前流亡者和前波兰人〕），写信给众亲王，等等，他在信中使用的言词的确很逗乐③；但是我怎么也弄不明白，这与布朗基有什么相似之处；再比如说把他与路易·勃朗区别开来的不同之点又在哪里呢，这可是普通的肉眼凡胎很难看得出来的啊。

同样的话也适用于维克多·雨果的泽西派。

维克多·雨果从来都不是一个真正的政治家。他太诗人化了，他太耽于自己的幻想了，所以成不了政治家。当然，我说这话毫无责备他的意思。他是一个社会主义艺术家，与此同时，他又是战争荣誉的崇拜者，崇拜共和派的被粉碎，崇拜中世纪的浪漫主义和白百合花④，——他既是子爵又是公民，既是法国奥尔良王朝的贵族院议员，又是十二月二日的鼓动家⑤；他是一位五光十色的伟人，但不是某个

① 法国民主派的象征性称呼。一八五一年十二月二日政变后，又以“玛力雅娜”为名建立秘密革命组织，以推翻拿破仑帝制，重建共和为己任。

② 瓦莱夫斯基（1810—1868）：拿破仑一世与波兰瓦莱夫斯基卡娅伯爵夫人的私生子，曾参加一八三〇至一八三一年的波兰起义，后流亡巴黎以后又取得法国国籍，一八五五至一八六〇年任法国外交大臣，曾促成英法交好，建立军事同盟。

③ 皮亚在信中谴责瓦莱夫斯基是革命的叛徒、卖国贼和拿破仑三世的帮凶，竭尽挖苦之能事。

④ 法国波旁王朝的纹章和标志。

⑤ 雨果在十九世纪二十年代初是个王权正统派和天主教徒，以后又迷信拿破仑，欢迎七月革命和三十年代的革命运动，而从四十年代起又支持七月王朝，因而在一八四八年被任命为贵族院议员。一八四八年革命爆发后，先是拥护摄政，继而又赞成共和，反对教权主义，保卫“社会民主”。直到面对路易·波拿巴于一八五一年发动政变，雨果才成为坚定的共和主义战士，号召人民起来革命。

派别的首脑,尽管他对两代人都产生过重大影响。谁读了《一个死囚的末日》能不对废除死刑问题而喟然长叹呢?谁看到那些色彩鲜明的、被可怕而又奇特地加以描绘的、具有透纳①风格的社会溃疡、社会贫穷和要命的罪恶画面,能不在自己心中激起某种类似良心谴责的感情呢?

二月革命猛烈爆发,使雨果措手不及;他不了解它,感到惊奇,他落伍了,犯了不少错误,直到反动势力也跑到他前面去了之前,他一直是反动的。戏剧审查制度和罗马事件②引起了他的愤懑,他登上了制宪议会讲台,发表了传遍整个法兰西的演说③。成功和掌声使他陶醉,他越来越激进。最后,一八五一年十二月二日,他终于挺身而出。他面对刺刀和上了子弹的步枪,号召人民起义,冒着枪林弹雨抗议 d' Etat〔法语:政变〕,直到他在法国已经不能有所作为的时候才离开法国。他像一只被激怒的狮子退到了泽西岛,刚喘过气来,他就向皇帝扔出了他的 *Napoléon le Petit*〔法语:《小拿破仑》〕④,然后又扔出了他的 *Châtiments*〔法语:《惩罚集》〕⑤。不管拿破仑的爪牙们怎样使出浑身解数,想调停老诗人与新朝廷的矛盾——始终无能为力。"哪怕只剩下十个被迫流亡的法国人——我也跟他们在一起;如果只剩下三个人——我也在他们中间;如果只剩下一个,那这个流亡者就是我。除非法国成为自由的法国,我决不回国。"

雨果离开泽西岛前往格恩济岛,似乎使他的朋友和他本人更加深信它具有重大的政治意义,其实这次撤离只能说明相反的意思。事情是这样的。在维多利亚女王访问拿破仑之后,费·皮亚写了一封信给女王,他在群众大会上宣读之后便把信寄给了 *L' Homme*〔法语:《人》周

---

① 透纳(1775—1851):英国浪漫主义画家,风景画大师。

② 指一八四九年法国对罗马共和国的反革命武装干涉。

③ 雨果曾三次在有关会议上发表演说,反对戏剧审查制度:一次是在一八四九年四月三日的制宪议会,另两次是在一九四九年九月十七日和三十日的内阁会议。

④ 抨击拿破仑三世发动政变。

⑤ 诗集。对拿破仑三世扼杀共和、背信弃义作了辛辣的讽刺。

报〕编辑部。*L'Homme* 是在泽西岛出版发行的，由斯文托斯拉夫斯基①出资赞助，他当时在伦敦。他和费·皮亚一起来看我，临走时，他把我拉到一边，说，他认识的一位 lawyer〔英语：律师〕告诉他，如果发表这封信，很可能牵连到泽西岛的这份报纸，使它遭到迫害，因为泽西岛当时是法国的殖民地，可是皮亚非要在 *L'Homme* 上发表不可。斯文托斯拉夫斯基心存疑虑，想听听我的意见。

"别发表。"

"我自己也这么想，不过有一点让人不痛快：他会认为我害怕了。"

"在目前这种情况下，很可能要损失几千法郎，怎么能不害怕呢？"

"此话有理——我不能这样做，也不应该这样做。"

斯文托斯拉夫斯基这么考虑是非常英明的，可是他去了泽西岛，还是把这封信发表了。

谣言蜂起，说内阁将采取某种措施。皮亚跟女王说话的口气，使英国人觉得受了侮辱。这些谣言产生的第一个后果是，费·皮亚不敢再住在家里了：他害怕因为发表了这篇文章在英国遭到 visite domiciliaire〔法语：抄家〕和夜间逮捕！政府根本没有想用法律手段来追究报纸的责任；大臣们仅仅向泽西岛总督（或者这一职务在他们那里所称呼的那样）示意，于是那位总督便利用存在于殖民地的非法权利，命令斯文托斯拉夫斯基离开该岛。斯文托斯拉夫斯基提出了抗议，与他一起提出抗议的还有十来个法国人，包括维·雨果。于是泽西岛的拿破仑式的警察便命令所有提出抗议的人统统滚蛋。他们应当充耳不闻，置之不理；应当让警察来抓人，抓住什么人的后脖领子，把他扔出该岛；这时便可以就强行驱逐出境的问题向法院提出控告。而且好些英国人也是这么向法国人建议的。在英国要打官司，贵得出奇，简直不像话，但是 *Daily News*〔英语：《每日新闻》〕和其他自由派报纸的发行人答应筹措必

---

① 斯文托斯拉夫斯基：一八一一年生，波兰民族解放运动的参加者，后流亡英国，他有一家印刷所，流亡者的许多著作，包括赫尔岑和奥加略夫的著作，都是由他印行的。

需的款项,再聘请一些能干的辩护律师。可是法国人觉得走合法斗争的路,旷日持久而又枯燥乏味,于是他们便高傲地离开了泽西岛,并且带走了斯文托斯拉夫斯基和泰莱基①。

向维·雨果宣布警察局的命令,特别庄严隆重。当一位警官走进他家,准备向他宣读命令时,雨果把自己的几个儿子都叫出来,自己先坐下,又请那位警官就座,当大家都坐定以后(就像在俄罗斯临行前的情形那样②),他站了起来,说:“警官先生,我们现在正在书写历史的一页(Nous faisons maintenant une page de l'histoire)。宣读您的文件吧。”这位警察本来以为雨果会把他赶出大门,现在却轻而易举地取得了胜利,这使他很惊讶,于是他让雨果签了字,保证离开。临走时,他对法国人给他椅子,请他坐下表现出来的彬彬有礼十分赞赏。雨果走了,其他人也跟他一起离开了泽西岛。大部分人转移到格恩济岛,并没有远去;其他人则去了伦敦;这事就这么输定了,他们把流亡者驱逐出境的权利仍原封未动。

我们已经说过,可以严肃地称之为派别的派别,只有两个,即形式上的共和派和主张暴力的社会主义派——赖德律-洛兰和路易·勃朗。关于路易·勃朗我还没有谈过,可是我却对他几乎最熟悉,超过了我对所有法国流亡者的了解。

不能说路易·勃朗的观点是模糊不清的,——它就像用刀切开似的棱角分明。路易·勃朗在被放逐期间取得了许多实际材料(在他自己的领域,即他所研究的法国第一次革命这一领域),似乎稍微沉稳和安定了下来,其实自从他写作《十年史》和《劳动组织》以来,他的观点并没有前进一步。沉淀和固定在他脑海里的仍旧是他年轻时就朝思暮想的一些问题。

在路易·勃朗瘦小的身体里,具有一种意气风发、坚定强硬的精

① 泰莱基(1821—1892):匈牙利政治家,曾在匈牙利革命军作战,一八四九年流亡英国。

② 俄俗:临行前,出行的人和送行的亲朋好友都要坐下,静默几分钟。

神，très éveillé〔法语：永远十分活跃〕，性格坚强，具有雕塑般线条鲜明的特点，然而又完全是法国人的特点。他目光敏锐，行动迅速，这就赋予他一种灵动与清秀兼而有之的、不失优雅的仪表。他就像一个体积被压缩得最小，容量却非常大的人，与此同时，他的对手赖德律-洛兰的庞大身躯，却像一个吹足了气的小孩，一个大型的或者在放大镜下的侏儒。他们俩都可以在《格利佛游记》①中充当好的角色。

路易·勃朗——这是一个具有很大力量和非常罕见性格的人——他非常善于控制自己，具有很大的自制力，他不仅在公开的讲演中，而且在朋友间的谈话中，即使在他说得最热烈的时候，他也从来不会忘记最复杂的人际关系，尽管争论，也从来不会忘乎所以，而是始终保持着笑容可掬……也从来不会与论敌妥协。他很会说话，尽管他作为法国人十分健谈，可是又像科西嘉人一样从来不说一句多余的话。

他感兴趣的只有法国，他了解的也只有法国，"除了法国以外"，他一无所知。世界大事，发明，地震和洪水为患，——他对这些关心的程度仅限于它们与法国有多大关系。同他谈话，听他的精辟的意见和他的许许多多引人入胜的故事，就会很容易了解法国智慧的性质，尤其因为他说起话来总是那么柔和，那么温文尔雅，毫无那种令人恼火的挖苦或者讥讽的沉默，——他从来没有那种自鸣得意，有时又故作痴傻的无赖样子，正是这种无赖行为使我们与当代法国人交往时感到无法忍受。

当我与路易·勃朗比较接近以后，我对他内心那种不动声色的镇静感到很吃惊。在他的观点中，似乎一切都有条不紊，一切都解决了；除了次要的枝节问题以外，他脑子里是不会产生任何问题的。他的帐已结清：er war im Klaren mit sich〔德语：他已经为自己弄清了一切〕；他在精神上是自由的，正如一个人知道他的言行都是对的一样。对自己的个别错误以及对朋友的失误，他都和善地予以承认；他在理论上从来没有受到过良心谴责。在一八四八年宣布成立的共和国被破坏以后，他

---

① 英国作家斯威夫特写的寓言小说，其中描写了小人国和巨人国等。

对自己仍感到很满意，就像摩西的上帝在创造了世界之后对自己感到满意一样。他在处理日常事务和具体细节上思想很灵活，可是在总的方面却像日本人一样十分死板。他一旦接受了什么原则，便对此坚信不疑，毫不动摇，尽管也常有理性的冷风在微微吹拂，这种信心还是牢牢地屹立在它的精神支柱上，因为他从来就没有怀疑过这些支柱的坚强有力，因为他相信它们是有力量的。这种像信仰宗教一样的信仰，以及他从来没有感到过怀疑的痛苦，就像在他周围筑起了一道中国的万里长城，任何新思想和任何怀疑都休想穿城而过。①。

他喜欢讲大道理，有些话他大概已经翻来覆去地讲过，而且讲了许多年，根本没有想到对这种颠扑不破的真理还能提出异议，而且他自己

---

① 这一切，除了若干补充和修改之外，都是十年前写的。我应当承认，最近的事态发展，多少改变了我对路易·勃朗的看法。他的确向前迈出了一大步——而迈出这一步就老雅各宾派而言，可想而知，也不是没有付出代价的。

“怎么办?”路易·勃朗还在墨西哥战争正酣时对我说，“我国国旗的名誉被败坏了。”

这是纯粹的法国观点，与全人类的观点完全背道而驰。看来，这种看法使路易·勃朗感到十分痛苦。一年后，维·雨果在 *Les Misérables*〔法语:《悲惨世界》〕出版之后，在布鲁塞尔举行宴会，席间，路易·勃朗在自己的演说中说:“当一个民族的一般荣誉感与它的军事荣誉感不相符合时，这个民族是可悲的。”这是一大转变。它还在最近这场战争开始之初就显示了出来。路易·勃朗发表在 *Le Temps*〔法语:《时报》〕上的文章，十分有力，一针见血，而又切中时弊，因而激起 *Siècle*〔法语:《世纪报》〕和 *Opinion National*〔法语:《民族舆论报》〕对他的恫吓;它们差点没有把路易·勃朗当成是奥地利的奸细——要不是他享有真正当之无愧的纯洁的声誉，他们非把他当成奥地利奸细不可。法国人的进步不是轻易能得到的。——作者原注

墨西哥战争指一八六一至一八六七年由拿破仑三世联合英国和西班牙发动的，旨在反对墨西哥共和派政府的冒险主义战争，结果以武装干涉者的失败而告终。

路易·勃朗在庆祝雨果的《悲惨世界》出版而举行的宴会上(一八六二年九月十六日)发表的演说中大部分讲的是意大利的民族解放问题，他说:“加里波第的唯一错误是他不知道，也不愿意预见到的，正在他手无寸铁地为意大利进行上层斗争的时候，一名意大利士兵却向他开了枪。”他又说:“他想也没有想到，一个军人的荣誉也可能在某方面不是荣誉。”

《时报》一八六一年起在巴黎出版。《世纪报》(1836—1866)和《民族舆论报》(1859—1879)是法国自由派报纸，后者是波拿巴分子的机关报。

也从未提出过异议，比如说："人的一生就是尽最大的社会义务，人应当经常为社会做出牺牲……"有时候，当他讲这些大道理的时候，我就开玩笑地打断他：

"为什么？"我突然问道。

"什么为什么？得了吧：要知道，一个人的全部目的，全部使命，就是造福社会。"

"这是永远办不到的，如果大家都去牺牲，那就没人来享受了。"

"这是玩弄文字游戏。"

"野蛮的概念混乱。"我笑着说。

"我怎么也弄不懂对精神的唯物主义理解，"有一回他说，"精神与物质毕竟是两种不同的东西，它们紧密相连，而且紧密得无法单独出现，但是这二者毕竟不是同样的东西……"他看到他没有把道理说透，于是又突然补充道："比如现在，我闭上眼睛，想象我的兄弟，看到了他的容貌，听到了他的声音——但是这个形象的物质存在在哪里呢？"

我起先以为他在开玩笑，但是我看到他说这话时是完全认真的，于是我向他指出，他兄弟的形象这时就在那个称之为脑子的照相机中，如果离开了这个照相器械，夏尔·勃朗①的照片就未必会出现……

"这完全是两码事，物质上，我的脑子里并没有我兄弟的画像呀。"

"您怎么知道？"

"您又怎么知道？"

"根据归纳。"

"巧了——这使我想起一件非常可笑的事……"

像往常一样，这时他就会谈到狄得罗或者 M-me Tencin〔法语：唐森夫人②〕，故事很动人，但与我们谈的内容风马牛不相及。

路易·勃朗作为马克西米利安·罗伯斯比尔的继承人，是卢骚的

① 夏尔·勃朗(1813—1882)：路易·勃朗的弟弟。

② 唐森夫人(1685—1749)：巴黎某文学政治沙龙的女主人，年轻时曾受到摄政王奥尔良公爵的宠幸。

崇拜者，同伏尔泰的关系则很冷淡。他在自己的《十年史》中按《圣经》的办法把所有的活动家都分成两大阵营。右边是温顺听话的绵羊，左边是骄傲自私的山羊。① 对蒙田②那样自私的人将毫不容情地予以打击，而他也的确遭到了严厉的抨击。路易·勃朗在这个分类法中左冲右突，无所顾忌，当他遇到金融家劳③时，就大胆地把他归入温顺听话的绵羊之列，这当然是那个勇敢的苏格兰人从来没有想到的。

一八五六年，巴尔贝斯④从海牙来到伦敦。路易·勃朗带他来见我。我十分感动地看着这位受难者，他几乎在监狱中度过了一生。⑤过去，我曾看见过他一次——在哪儿呢？一八四八年五月十五日在Hôtel de Ville〔法语：(巴黎)市政厅〕的窗口，就在冲进来的国民自卫队抓住他的几分钟之前。⑥

我请他们第二天来吃饭；他们来了，于是我们促膝长谈，一直谈到深夜。

他俩一直坐到深夜，回忆着一八四八年，当我把他们一直送到街上，一个人回到自己的房间以后，无限的悲伤笼罩了我的心；我在自己的书桌旁坐下，真想大哭一场……

我当时的感觉，就像儿子背井离乡多年，重又回到老家后应有的感觉那样。他看到家中的一切都变黑了，破损了，他父亲也不知不觉地老

---

① 见《马太福音》第二百一十五章第三十一至四十六节，其中提到：“他要把他们分别出来，好像牧羊的分别绵羊山羊一般，把绵羊安置在右边，山羊在左边。”

② 蒙田(1533—1592)：法国思想家、散文家。

③ 约翰·劳(1671—1729)：苏格兰人，一七一九年任法国财政大臣，因大量发行纸币使王家银行破产。

④ 巴尔贝斯(1809—1870)：法国革命家，一八三九年巴黎起义的领导者，后被捕，一八五四年被特赦，后流亡国外。

⑤ 巴尔贝斯曾两次被捕(1839—1848)，一次被判死刑，一次被判无期徒刑。

⑥ 那天，这些秩序捍卫者的暴行发展到何等地步，可以从一件事看出，国民自卫队在林阴道上抓住了路易·勃朗，而他是根本不应该被逮捕的，因此警察立刻下令放了他。一个抓住他的国民自卫队的士兵看到这情形，便抓住他的一根手指，把自己的指甲掐进去，掐断了它最后一个关节。——作者原注

了,他自己没有察觉,可是他儿子却清楚地察觉到了,他心里难受,感到来日无多,想掩饰这点,但是会面并没有使他开心,使他快乐,只是使他感到身心俱疲。

巴尔贝斯,路易·勃朗!要知道,他们都是我的老朋友,沸腾的青年时代的可敬的朋友。*Histoire de dix ans*〔法语:《十年史》〕,贵族院对巴尔贝斯的指控①——这一切很早就深印在我们的脑海和我们的心中,我们跟这一切已亲密无间——现在它们则赫然在目。

他们的最凶恶的敌人也从来不敢怀疑路易·勃朗不可收买的光明磊落,或者给巴尔贝斯骑士般的英勇无畏抹黑。这两人大家都看见了的,知道他们的各种情况,他们没有私生活,他们没有关着的大门。他们中的一个人,我们曾看见他做过政府成员,另一个则是在他上断头台前半小时才看到他的。② 在临刑前的那天夜里,巴尔贝斯没有睡觉,而是要了几张纸,奋笔疾书;他写的东西③保存了下来,我读过。其中有法国的理想和虔诚的幻想,但是没有流露一点软弱的影子;他的精神没有激起波澜,没有沮丧;他带着清醒的意识准备在断头台上慷慨就义,当狱卒的手在猛烈敲门的时候,他还在镇静地书写。"这发生在拂晓时分,我(这是他亲口告诉我的)正在等候前来执行死刑的人,"——但是来的不是刽子手,而是他妹妹,她扑过来搂住他的脖子。她在他不知情的情况下,求得了路易·非力浦的恩准,准予改刑④,为了在行刑之前赶到,她坐驿车赶来,飞奔了一夜。

路易·非力浦的钦犯,几年后,竟成为全民庆祝的高潮:狂欢的人

---

① 巴尔贝斯因组织和领导一八三九年五月十二日起义,被贵族院判处死刑。

② 一八四八年法国二月革命后,路易·勃朗曾任临时政府成员和"卢森堡委员会"主席。巴尔贝斯于一八三九年被捕后曾被判处死刑,后改终身监禁。

③ 大概指巴尔贝斯于一八四七年三月在尼姆监狱写的小册子 *Deux jours de condamation a mort*〔法语:《一个死刑犯两天的心态》〕,其中讲到他在临刑前夜所想和所经历的心态。

④ 由于社会公众(工人、学生)的抗议,以及雨果致国王的信,法王路易·非力浦不得不将死刑改为终身监禁。

群解下他身上的锁链，让他坐上马车，用凯旋式行进在巴黎街头。但是巴尔贝斯正直的心并没有被迷惑；他第一个站出来谴责临时政府对卢昂的屠杀①。他周围的反动势力越来越嚣张，要拯救共和国只有靠奋不顾身的英勇奋斗，于是五月十五日巴尔贝斯做出了连赖德律-洛兰和路易·勃朗都不敢做，连科西迪埃尔也吓坏了的事！② Coup d' Etat〔法语：政变〕失败了，于是巴尔贝斯成了共和国的犯人，重又面对法庭。他在布尔日就像在贵族院中一样，把以前向罪恶的老人帕基耶③说过的话又对小市民世界的法学家说了一遍："我不承认你们是法官，你们是我的敌人，我是你们的战俘，你们爱怎么处置我，悉听尊便，但是我不承认你们是法官。"于是终身监禁的监狱的沉重大门又在他身后关上了。

他偶然地，并非出自自己意愿地出狱了；拿破仑在克里米亚战争时期读到了巴尔贝斯的一封信④，就几乎嘲弄地把他撵出了监狱，因为他在信中蓦地迸发出了高卢民族的沙文主义，谈到了法国的军事荣誉。巴尔贝斯本来想到西班牙去；可是颟顸无能的西班牙政府吓坏了，又把他驱逐出境。因此他去了荷兰，并在那里找到一个安静而又偏僻的避难所。

---

① 一八四八年四月二十七至二十八日，卢昂工人举行起义遭到临时政府的血腥镇压，因此巴尔贝斯在制宪议会发言，提出抗议。

② 一八四八年五月十五日，巴黎人民起义，反对制宪议会的反动政策。在宣布成立新的临时政府后，只有巴尔贝斯和阿尔贝尔两人接受了新临时政府的任命；其他人或者犹豫不决，等待观望，如路易·勃朗和科西迪埃尔，或者起来反对起义者，如赖德律-洛兰。五月十五日人民群众的自发起义被镇压了，而巴尔贝斯和其他革命领袖当天即被逮捕。

阿尔贝尔（1815—1895）：法国社会主义者，曾参加一八四八年二月革命，法国临时政府成员。

科西迪埃尔（1809—1861）：一八四八年法国二月革命的参加者，一八四八年二月至五月，巴黎警察署总监。

③ 帕基耶（1767—1862）：路易·菲力浦在位时的贵族院议长（直到一八四八年），曾主持对共和派的审讯。

④ 指一八五四年五月十五日巴尔贝斯从监狱里写给乔治·桑的一封信。

于是这位英雄和受难者便同另一位二月共和国的主要活动家，同第一个具有社会主义雄才大略的人坐在一起，回忆和讨论着那些已经逝去的光荣和苦难的岁月。

但是我心头却压着沉重的悲伤；我不幸而又清楚地看到，他们也属于另一个十年史，可是这段历史已经翻到最后一页，翻到底，结束了。

不是对他们个人而言结束了，而是对所有的流亡者，对现在所有的政治派别，都结束了。生龙活虎的、热闹的十年甚至在五年以前，他们就溢出了自己的河床，消失在沙砾中，可是他们却自以为他们正在浩浩荡荡地奔流，奔向大海。他们现在已经再也没有“共和国”这样足以唤起整个民族的豪言壮语了，也没有《马赛曲》这样足以使每颗心灵跳动的歌曲了。甚至连他们的敌人也今非昔比，非但大小不同，连成色也不一样了；王室古老的封建特权（要同它们厮杀是很难的）已不复存在，连需要砍落的国王的头颅也没有了（它从断头台上滚落时，也带走了封建独裁的整个国家体制）①。即使处死拿破仑，也不会因此而发生一月三十一日事件；哪怕捣毁马托斯监狱②使它片瓦无剩，也不会出现攻打巴士底狱的情形了。那时候，在这些雷鸣电闪中，出现了新的启示——建立在理性之上的国家的启示，摆脱黑暗的中世纪奴隶制度的新的代替物。然而，从那时起，人们发现，想用革命来根除旧事物，那是无能为力和力不从心的，要把国家建立在理性上，也是办不到的。政治改革也像宗教改革一样，变成了玩弄辞藻的空谈，靠一些人的软弱和另一些人的虚伪而勉强维持着。《马赛曲》依旧是一支神圣的颂歌，不过是过去的颂歌③，就像“Gottes feste Burg”〔德语：“上帝是可靠的堡垒”〕④一样，这两首歌现在还能使我们浮想联翩，想起许多庄

---

① 法王路易十六于一七九三年一月二十一日被处死。

② 拿破仑三世在巴黎建造的监狱。

③ 《马赛曲》从一七九五年七月十四日至第一帝国时代被定为法国国歌，复辟及第二帝国时被废止，一八七九年又被正式定为法国国歌。

④ 由马丁·路德作词的新教赞美歌，开头的唱词是“Ein feste Burg ist unser Gott”〔德语：“我们的上帝是可靠的堡垒”〕。

严辉煌的形象,就像许多幽灵出现在麦克白的幻觉中一样——都是国王,但全是死人①。

最后一个人的形象还模模糊糊地可以看到背影,而关于新的伟人还只是耳闻。我们正处在一个王位虚悬期;在王位继承人登基以前,暂时由警察以维持外部秩序为名攫取了一切。这里根本谈不上合法不合法的问题。这是必要的临时措施,这是历史上的 Lynch law〔英语:私刑,私设公堂〕,这是大规模的血腥镇压,封锁包围和逐家逐户的检疫措施。新秩序而兼有君主制的一切沉重压迫和雅各宾派的一切野蛮暴行,拱卫新秩序的不是思想,不是偏见,而是恐怖和不知情。当一部分人感到害怕时,另一部分人就端起刺刀,抢班夺权。第一个砸断他们锁链的人,说不定就会占有原来由警察占有的要职,——不过他自己也会立刻变成警察。

这使我们想起二月二十四日晚上科西迪埃尔怎样手里拿着枪走进巴黎警察署,坐上刚刚逃走的德莱塞尔②的交椅的,他叫来了秘书,对他说,他已被任命为警察总监,让他把一应公文送上来。于是秘书便毕恭毕敬地微微一笑,就像对德莱塞尔微笑一样,毕恭毕敬地向他鞠了一躬,便去拿公文了,于是公文便照原样运转;什么也没有改变,只是德莱塞尔的晚餐让科西迪埃尔享用了。

许多人都知道警察署颁发的口令,但不知道历史提出的口号。他们在时机到来时便会像亚历山大一世那样行事:他们希望旧秩序受到打击,但不是致命的打击;而且他们中间也没有别尼格先或者祖博夫。③

---

① 麦克白是莎士比亚同名悲剧中的主人公,他杀死过许多人,这些人纷纷出现在他的幻觉中(第四幕第一场)。

② 德莱塞尔(1786—1858):一八三六至一八四六年任巴黎警察总监。

③ 别尼格先(1745—1826):俄军中将,一八〇一年俄国宫廷政变的参加者。

祖博夫(1767—1822):叶卡捷琳娜二世的宠臣,密谋杀害保罗一世的参加者。

俄皇亚历山大一世事先就知道有人在密谋反对他父亲保罗一世,但他听之任之,以致一八〇一年三月十二日保罗被人掐死在宫中。

正因为这样，如果他们重又涉足政坛，他们便会对人们的忘恩负义感到痛心疾首，就让他们这么去想吧，就让他们以为这仅仅是忘恩负义吧。这想法尽管让人闷闷不乐，但毕竟比许多其他想法好受些。

其实，他们最好杜门不出，根本不再涉足政坛；还是让他们给我们和我们的孩子们讲讲他们过去的伟大事业吧。不必对这一忠告生气：活的东西在不断变化，不变的东西已变成了历史的陈迹。他们留下了自己的一溜足迹，就像追随他们的人也会留下自己的一溜足迹一样，而他们也会被新的浪潮所超过，然后一切就都成了一溜足迹……活的和成了历史陈迹的——然后一切都将被永恒的忘却所覆盖，被永恒的忘却所赦免。

因为我说了这些话，许多人在生我的气。“听了您这些话，”有一位非常可敬的先生对我说，“好像您是旁观者似的。”

要知道，我不是作为一个旁观者到欧洲来的。可是我却变成了旁观者。我这人是很能对抗外界影响的，可最后还是被耗尽了精力。

我足有五年之久没有看到过一张光明的脸，没有听到过一声单纯的笑，没有感到过一道理解的目光。周围净是些医生和病理解剖员。医生总想给人看病，病理解剖员却总是指着尸体向他们指出，他们诊断有误——嗯，终于我也拿起了解剖刀；也许，因为不习惯，解剖得太深了。

我不是作为旁观者说那些话的，不是为了责备别人，我说那些话是因为心里憋不住，是因为普通的不理解使我失去了耐心。我比别人早清醒——这并没有使我感到丝毫轻松。即使在医生中，这也是最蹩脚的医生，他看着垂死的病人，居然会发出得意洋洋的微笑，说什么“我不是早说过吗，说他傍晚前会咽气的，你看他不是快咽气了吗？”

那我干吗要硬忍住不说呢？

一八五六年，整个德国流亡者中最优秀的流亡者卡尔·舒尔茨[①]

---

① 舒尔茨（1829—1906）：德国革命家，一八四八年巴登起义的参加者，一八五二年流亡美国，曾站在共和派一边，积极参加美国的反奴运动。

从美国的威斯康星州到欧洲来。他从德国回来时对我说，欧洲大陆的精神空虚使他吃惊。我把我的《西方杂记》翻译成德语读给他听，他不接受我的结论，进行了辩解，倒像这是人们不愿相信但又害怕的鬼魂似的。

他对我说："一个像您这样十分了解当代欧洲的人，应该抛弃它。"

"而您就是这么做的。"我说。

"那您为什么不这么做呢？"

"很简单：从前有个正直的德国人在独立的自豪的冲动中曾先于我回答道：'我在士瓦本有自己的国王，'我也可以像他一样回答您：'我在俄罗斯有自己的人民！'"

…………

从流亡者中的头面人物，进而走进他们的中间阶层，我们就会看到，大部分人都是在崇高的冲动和美丽的词句的驱使下流亡国外的。这些人为这些美丽的词句（这是他们的音乐）牺牲了自己，从来没有清楚地理解这些话的意义。他们热爱这些词句，相信这些词句，就像一些天主教徒虽然不懂拉丁文，却热爱和相信拉丁文的祷告词一样。"La fraternité universelle comme base de la républiquè universelle!"〔法语："全世界的团结友爱是普世共和国的基础！"〕——这就完了，而且被大家接受了！"Point de salaries, et la solidarité des peuples!"〔法语："打倒雇佣劳动，各民族大团结万岁！"〕——真叫人羞煞，有的人听到这话也就够了，他可以为这句话而走上街垒，而法国人若是走上街垒，他是不会临阵脱逃的。

"Pour moi, voyez-vous, la république n'est pas une forme gouvernementale, c'est une religion, et elle ne sera vraie que lorsqu'elle le sera."〔法语："对于我，您知道吗，共和不是一种统治形式，它是宗教，只有当它成为一种宗教的时候，它才能成为真正的共和国。"〕一个从拉马克①的葬礼②起

---

① 拉马克（1770—1832）：法国反对七月王朝的将军。

② 拉马克将军的葬礼于一八三二年六月五日举行，最后变成拥护共和的群众的声势浩大的示威游行。

参加过所有起义的人对我说。“Et lorsque la religion sera une république.”〔法语:“也只有当宗教具有共和思想的时候。”〕我补充道。“Précisément!”〔法语:“没错!”〕他答道,他很满意,因为我把他要说的话说透了。

大批的流亡者在他们的领袖们眼前呈现出一种永远公开的良心谴责。在他们身上,领袖们的缺点以一种被放大了的、可笑的形式出现,就像巴黎的时装出现在俄国的某个小县城一样。

所有这一切之中有许多天真幼稚的东西。前台朗诵之后便是 la mise en scène〔法语:戏剧效果〕。

国民公会古罗马式的帷幔和庄严隆重的场面,用威严的诗意震撼着法国人的头脑,比如,它的热情拥护者以共和国的名义带来的不是内部改革,而是联盟节①、战鼓声和悲凉的 tocsin〔法语:警钟,警报〕声。当人民在自由之树②周围欢庆爱国热忱的胜利时,忽然宣告祖国在危急中,于是人民奋起保卫祖国;姑娘们穿着白色的衣裙,在爱国歌曲的伴奏下,翩翩起舞,于是戴着弗里基亚帽的法兰西便派遣自己的大军去解放别国的人民和推翻别国的国王!③

所有流亡者中,尤其是法国流亡者中,主要的包袱是资产阶级;这就说明了这批流亡者的性质。小市民的标识或者印记,就像我国神学校给自己的学生印上圣灵的印记一样,是很难抹去的。在流亡者中,真正的商人和店老板并不多,而且他们之所以被迫流亡也似乎纯出偶然,他们大部分是在十二月二日之后被驱逐出法国的,因为他们没有想到他们还负有修改宪法的神圣责任④。更让人觉得可怜的是,他们的处境十分滑稽可笑:他们在红色的环境中惘然若失,他们在国内本来就不

---

① 联盟节是法国人民盛大的革命节日,于一七九〇年七月十四日攻占巴士底狱一周年时在巴黎马尔斯广场举行,以庆祝各地国民自卫队结成联盟,效忠于法王路易十六。

② 法国大革命胜利后,各地民众纷纷栽种象征革命胜利的“自由之树”。

③ 指法国热月政变后发动的对外侵略战争。

④ 指一八五一年十二月二日路易·波拿巴发动政变,次年一月通过新宪法,授予总统以独裁权力,以恢复帝制。

认识这些人，只是怕他们；可是由于法兰西的民族弱点，他们又想冒充比他们实际激进得多的激进分子；可是他们又不习惯革命的 jargon〔法语：行话，习惯话〕，往往掉进奥尔良派①的陷阱，这使他们的新伙伴吃了一惊。不用说，他们巴不得能够回国，要不是当代法国人唯一牢固的精神力量——point d' honneur〔法语：荣誉观问题〕，不许他们提出申请回国的话。

站在他们上面的阶层组成了流亡者的御林军：律师、办报人、文学家和几名军人。

他们中的大部分人参加革命是为了寻求社会地位，但是因为革命的迅速退潮，他们被搁浅在英国的海滩上了。其他人则无私地陶醉于俱乐部生活和宣传鼓动中；美丽的革命辞藻把他们送到了伦敦，有的是自愿来的，两倍于此的则是不得已。他们中有许多纯洁和高尚的人，但是有才干的人却不多；他们参加革命是凭一时热情，凭人的英勇无畏，就像一个人听到呼救声，便奋不顾身跳进河里，既忘了这河有多深，也忘了他自己不会游泳。

不幸的是这些老小孩的山羊胡子都白了，高卢民族尖嘴猴腮的小脑壳也有点秃了。站在他们身后的则是各种工人，他们的样子要严肃得多，把他们联结在一起的不是外表，而是精神和共同利益。

使他们成为革命者的是命运本身；他们的贫穷和思想觉悟使他们成为脚踏实地的社会主义者；正因为如此，他们的思想要更现实，决心也更坚定。这些人经历过许多艰难困苦，遭受过许多屈辱，而且总是默默忍受，——这就使他们变得坚忍不拔；他们横渡英吉利海峡不是靠豪言壮语，而是凭着满腔的热情和仇恨。使他们遭受压迫的社会地位，使他们摆脱了资产阶级的 suffisance〔法语：自负〕，他们知道他们没时间受教育；但是他们愿意学习，与此同时，资产者虽然学的东西并不比他们

① 法国十九世纪的保皇党，拥护波旁王朝旁支奥尔良家族登基和复辟，代表金融贵族和大资产阶级。

多，但却对自己的知识十分自满。

他们从小受到侮辱，他们恨一直压在他们头上的社会不公平、城市生活的腐蚀作用和人们普遍的贪财欲。在许多人心里，把这种仇恨变成了忌妒；他们自己也不明白，他们一方面向往资产阶级，一方面又恨它，就像我们恨透了那个幸运的竞争对手，巴不得把他的地位抢过来，或者对他的享乐进行报复。但是，无论是仇恨还是忌妒，也无论是一部分人想要发财致富，另一部分人想要报复，——无论前者或是后者，在西方的未来运动中都将是可怕的。他们将站在最前列。面对他们发达的肌肉，面对他们阴沉可怕的大无畏精神和急切的复仇心理，那些保守派和巧舌如簧的演说家们又能做什么呢？当田野上和乡村里的大群饿狼，揭竿而起，响应工人的号召，城市里的其他市民又能做什么呢？农民战争已被人们遗忘；农民中的最后一批流亡者已是南特敕令撤销①以后的事了。旺代②也在硝烟弥漫中噤若寒蝉。但是我们还是应该感谢十二月二日，因为它又使我们亲眼看到了穿着木底鞋的流亡者③。

Coup d'Etat〔法语：政变〕后，在法国南部，从比利牛斯山到阿尔卑斯山，乡村居民抬起了头，仿佛在问："该不是我们的时候来了吧？"可是起义刚开始就受到大批士兵镇压；在他们之后又出现了军事法庭；大批宪兵和警察组成的走狗队伍，在乡间小道和村庄间四处搜寻。农民的家园，他们的家庭，他们的这些神圣殿堂，受到了警察的玷污；他们要求妻子告发丈夫，儿子告发父亲，根据亲戚的一句模棱两可的话，根据garde champêtre〔法语：乡村团丁〕的一个告密，就可以把一家之长，把一些鬓发如霜的老人、青年和妇女送进监狱；然后对他们草率地、成批地进行审判，然后偶然地把什么人放了，把什么人发配到朗贝萨，发配到

---

① 一六八五年，法王路易十四撤销了一五九八年由亨利四世颁布的法令，即南特敕令（允许新教胡格诺派和天主教徒一样享有宗教信仰自由）。因为撤销南特敕令，致使数百名胡格诺派教徒离开法国，流亡国外。

② 法国西部的农业区，过去骚乱不断，直到一八三二年之后才逐渐平息。

③ 指农民出身的法国流亡者，因为他们都穿萨波（一种木头做的鞋底或者整个用木头抠成的鞋）。

卡宴，其他人则自发地逃到西班牙，逃到萨伏依，逃过瓦尔桥。①

我对农民知之甚少。我在伦敦见到过几个乘小船从卡宴越狱逃跑的人。单是这一行动的大胆与疯狂就胜过一大部书对他们性格的描写。他们几乎全部来自比利牛斯山。完全是另一种人，肩膀宽阔，个子高大，面目粗犷，毫无干瘦的法国城里人那种贫血、胡子稀稀落落、萎靡不振的样子。他们的家破人亡和在卡宴的监禁教育了他们。

"我们总有一天要回去的。"一个四十岁左右的赫拉克勒斯②对我说，他大部分时间沉默不语（他们都不大爱说话），"回去跟他们算帐！"

他们对其他流亡者，对他们的集会和演说都感到格格不入……于是过了大约三星期左右，他们来跟我告别。"我们不想在这里混日子了，再说待在这里很无聊，我们想到西班牙的桑坦德省去，那里答应给我们安排工作——做伐木工。"我再一次望了一眼那些未来的伐木工的粗犷英勇的外表和他们的肌肉发达的胳臂，想道："如果他们的斧子仅用来砍伐栗子树和橡树，那就好啦。"

城市工人义愤填膺的野性的、吞噬一切的力量，我见过，而且见得比较真切。③

这种野性的、自发的力量，在忧郁地蠢蠢欲动，可是它却被人为的强制和自身的愚昧紧紧锁住，不过有时它仍会从缝隙和裂缝中喷涌而出，形成一股破坏一切的火焰，并且带来恐怖和惊慌，但是在谈到这个问题之前，我们想回过头来再一次谈谈法国革命最后的圣殿骑士④和

---

① 瓦尔和德拉吉尼昂起义的时候，我在尼斯。两个被卷进这事的农民，潜逃到了作为界河的瓦尔河。在这里，他们被宪兵追上了。宪兵朝其中的一人开了枪，打伤了他的腿——这人应声倒地；这时，另一个人就拔腿飞跑。宪兵想把那个受伤的人拴在马上，但又怕放跑了另一个，因此他就 à bout portant〔法语：对准〕那个伤者的脑袋开了一枪；相信那人死了以后，他就策马去追另一个人。其实，那个被打残废的农民仍旧活着。——作者原注

瓦尔河是法国与萨伏依之间的界河。德拉吉尼昂是个城市，在现在的法国瓦尔州。

② 希腊神话中力大无穷的英雄。

③ 见下一章工人巴尔泰勒米的两次审判案。——作者原注

④ 一一一九年在耶路撒冷成立的天主教骑士团，这里是借用。

经典人物——谈谈资产阶级中的学者、教授、流亡者、共和派、记者、报人、律师、医生、索邦[①]派和民主派等，他们与路易·非力浦斗争了十年，后来又迷恋于一八四八年事件，而且无论在国内还是在流亡中都对一八四八年革命矢志不移。

在他们中间，有许多聪明机智的人，非常善良的人，他们怀着热烈的信仰，准备为自己的信仰牺牲一切，但是真正肯动脑筋的人，——能够像自然科学家研究自然现象，或者像病理学家研究疾病那样来研究自己的状况和自己的问题的人——却几乎根本没有。他们宁肯充满绝望，不把任何人放在眼里，也不屑于做任何事，他们宁可无所事事地怨天尤人，过着禁欲主义的生活，似乎很英雄，不怕任何艰难困苦，也不去进行研究……或者，他们对胜利充满信心，可是却不考虑方式方法，也弄不清自己的实际目标。代替目标的是，他们满足于旗号、名号和一般的大道理……他们喜欢空谈劳动权，空谈消灭无产阶级……他们大谈共和国和秩序！……各民族兄弟般的团结一致……可是这一切怎么能达到，怎么来实现呢？这就无关紧要了。只要大权在握，其他的一切就可以靠法令，靠全民公决一一办到。如果有人不听，那就"Grenadiers, en avant, armes! Pas de charge... baïonnettes!"〔法语："勇士们，前进，拿起武器！快步走……上刺刀！"〕这是搞恐怖，搞 coup d'Etat〔法语：政变〕和搞集权主义的宗教，搞军事干涉的宗教，——这宗教已渗透到卡马尼奥拉服和短上衣[②]的每一个破洞中。尽管奥尔良派的几个具有古希腊雅典风格的才智之士（他们对开枪射击的看法颇有英国绅士之风）提出了学究式的抗议。

恐怖由于它可怕地突如其来，由于它猝不及防和具有巨大的报复意识，是宏伟壮丽的；但是对它恋恋不舍，毫无必要地采用它——这是我们向反动势力学来的奇怪错误。救国委员会经常使我产生这样的印

---

① 索邦是巴黎大学从十七世纪起通用的另一名称。

② 卡马尼奥拉服是十八世纪末法国革命者的服装，短上衣则是法国工人农民穿的普通服装。

象，就像我在巴黎 Charrière rue de l' Ecore de Médecine〔法语：医学校街夏里埃〕①商店体验到的印象一样：四周都是在凶险地熠熠发光的钢刀——弯刀、直刀、剪刀、锯……这些器械也许能救死扶伤，但是一定会引起疼痛。施行手术是因为有成功的把握。可是实行恐怖却不能以此自夸。它动用它的全部外科手术也救不了共和国。请问，处决丹东起到了什么作用，处决埃贝尔②又起到了什么作用？他们的死只是加快了热月政变的狂热度，——而且正是在这场热病中共和国被削弱了；人们说来说去说的都是那些呓语，而且有增无减，什么斯巴达的美德呀，拉丁箴言呀，还有 à la David〔法语：达维德式的〕③的古罗马服装呀，他们终于胡言乱语到这样的地步，终于有一天，他们把"Salus populi"〔拉丁语："人民的幸福"〕翻译成了"Salvum fac imperatorem"〔拉丁语："保佑皇上"〕，而且穿上高级僧侣的全套服装，在巴黎圣母院"当众"歌唱。④

恐怖分子不是一些平庸的人。他们那严峻粗野的形象深深刻印在十八世纪的第五幕⑤中，而且只要人类没有丧失记忆力，它们将永远留在历史上；但是现在的法国共和派却不这么看他们，——共和派视他们为榜样，极力在理论上做到嗜血成性，并希望在实际应用上做到血流成河。

他们 à la Saint-Just〔法语：仿效圣茹斯特〕⑥从文选和拉丁文课本中撷取实行恐怖统治的箴言，广为传播，赞赏罗伯斯比尔冷酷的巧舌如簧的演说，他们不赞成像议论其他凡夫俗子那样对他们的英雄加以评论。如果一个人在谈到他们时胆敢不加上几个足以胜过我们所有"死者"

① 这是一家卖外科医疗器械的商店。

② 埃贝尔（1757—1794）：十八世纪末的法国革命家，雅各宾分子，一七九四年因反对罗伯斯比尔与丹东一起被处决。

③ 达维德（1748—1825）：法国画家，他曾为法国革命的庆典设计了一套仿古罗马元老院元老穿的服饰。

④ 一八〇四年法国在巴黎圣母院曾为拿破仑一世称帝举行加冕礼。"人民的幸福"是古罗马共和国奉行的基本原则，而"保佑皇上"则是为皇帝祝福的一句祈祷词。

⑤ 指十八世纪的法国革命高潮。

⑥ 圣茹斯特曾在国民公会中引经据典，发表演说。要求判处法王路易十六死刑，实行恐怖政治，宣称"法国大革命的航船只有通过鲜红的血海才能到达彼岸"。

的必要的封号，他就会被指责为叛徒、变节者和奸细。

不过，我间或也遇到过一些离奇的怪人，他们居然脱离人们习以为常地走过的康庄大道。

可是，即使在这种情况下，法国人还是会不听驾驭，标新立异，与流行的思想和观念背道而驰，向前飞奔，而且跑过了头，过头得连发明这种思想的人也吓得躲之唯恐不及。

一八五四年，Cœurderoy〔法语：科尔德卢瓦〕①医生从西班牙给我寄来了一本他写的小册子，还给我写了一封信。

对当代法国及其最近涌现的革命者发出这样恶毒的叫骂，我还难得听到。这是法国对轻易就溜过去的 coup d' Etat〔法语：政变〕的回答。他对自己这个民族的智慧、力量和“血统”产生了怀疑，他号召哥萨克来“纠正蜕化变质的人民大众”。他写信给我，因为他发现拙文的观点与他相同，我回信道，我无意给任何人换血，并寄给了他一本我写的 *Du développement des idées révolutionnaires en Russie*〔法语：《论俄国革命思想的发展》〕。

Cœurderoy〔法语：科尔德卢瓦〕没有欠我的信债；他回信给我道，他把全部希望都寄托在尼古拉的军队上，尼古拉的军队必须毫不留情、毫不惋惜地把法国腐朽、衰败的文明彻底消灭干净，因为它既不可能复兴，也不可能寿终正寝。

现附上一封还保存完好的他的来信②：

致亚·赫尔岑先生

仁慈的先生：

首先，我要谢谢您惠赠的《论俄国革命思想的发展》的大作。这本书我已经拜读过，但是十分遗憾，我不能把它留在身边。

① 科尔德卢瓦（1825—1862）：法国医生、政论家。法国一八四八年革命的参加者，属于共和派中的极左派，后流亡国外。

② 科尔德卢瓦的原信是用法文写的，现从略。下面是这封信的译文，由赫尔岑亲自翻译成俄文，附在原信的后面。

我说这话仅仅是为了向您表示，我对这本书从实质到形式有多么重视，我认为它有益于唤醒每个有意为世界革命奋斗的人的思想觉悟，尤其是那些认为革命只有由圣安东区首先发动①才是可能的法国人的思想觉悟。

因为承蒙阁下惠于关注，寄来大作，仁慈的先生，请允许我向您表示感谢之忱，并且向您谈谈我对尊著的读后感——倒不是因为我认为自己的意见有多么了不起，我只是想对您证明，我十分用心地拜读了大作。

这是一本很好的研究著作，体系严谨，见解独到，其中有真正的力量，有严肃的劳动，有毫不掩饰的真理，有许多感人至深的篇章。它像斯拉夫民族一样年轻而又孔武有力；人们会清楚地感觉到，能写出这些火热的文字来的人，决不是一个巴黎人，决不是某个两耳不闻窗外事的学者，也决不是一个德国庸人；决不是一个主张实行宪政的共和派，也决不是一个温和的主张实行社会主义的神学家——而是一个哥萨克（这个词不会把您吓一跳吧，不是吗？），一个极端的无政府主义者，一个空想社会主义者和对十九世纪采取最大胆的否定和肯定的诗人。只有不多几个法国革命者敢于这样做。

……尤其是关于未来民族复兴的问题，我认为在尊著中（尤其在绪论中），在在下看来，有许多地方与我的观点是接近的。虽然在这一点上您的结论说得不够正确，我认为，您把革命胜利的希望寄托在斯拉夫民族民主联盟的建立上，您指望斯拉夫民族能给欧洲一个总的推动。不用说，在想要达到的目标方面，我们之间并无分歧：我们的目标都是使欧洲大陆在民主主义和社会主义的形式中获得复兴。但是我认为，文明将被君主专制政治所消灭。正是在这方面，我看到我们之间存在的全部差异。

① 巴黎的圣安东区是工人和其他劳动人民的聚居地，曾不止一次地成为革命行动的策源地。

是的，我坚持这些观点，尽管有人称这些观点是不幸的谬误，可是我坚持这些观点，因为我每天每日都越来越深信我下面的看法是正确的：

1）力量在我们小宇宙的事业中具有不可小觑的意义；

2）我们在研究各个时代和各个空间革命事件进程的同时，会越来越深信革命的必要性是由思想证明的，而促成革命发生的永远是力量；

3）思想不能完成需要流血和破坏的事业；

4）从执行的迅速、准确和有可能获胜的观点看，专制主义比民主更能够破坏整个世界；

5）俄国帝王的军队比斯拉夫的民主的法朗吉①能更快地采取行动；

6）在欧洲，只有俄国在专制政权的统治下还十分稳固，私有主和党派的利益所造成的分裂还相当小，它还能形成一个巨大的力量，楔子、大棒、大刀和佩剑，能够对西方执行死刑，从而一剑斩断戈耳迪之结②；

等等，等等。

请向我指出，还有哪种力量可以来完成这类任务；请向我指出，哪里还有这样一支民主派的军队已经完全做好了准备，满怀斗志地决心向各国人民，向自己的兄弟发动进攻，决心义无反顾、毫不动摇地杀人流血，烧光杀光呢？如果有人向我指出这点，我就改变我的看法。

现在我想同您商量的只有一个问题，并且仅限于弄清这样一个问题，即如何彻底消灭西方文明的办法。我没有必要告诉您我们对过去和未来的评价是一致的。我们的分歧仅仅在于对现在的

① 法国空想社会主义者傅立叶所臆想的共产主义社会的基本组织单位。

② 源出希腊神话。此处喻为快刀斩乱麻，一举解决全部难题。

看法。您曾经十分正确地指出过彼得一世的革命作用，那您为什么不让另一个人，尼古拉或者他的继承人，也可能起到同样的作用呢？除此以外，在东方，您还能看到谁的铁腕能比这更有力量，更能囊括一切，无所不包地把各种征服者的力量集合起来，并把这力量集中于一身呢？在斯拉夫的民主派找到自己的口号，把自己隐蔽的混乱的愿望表达出来以前，沙皇就已经把欧洲搞得天翻地覆了。只要他愿意，西方各文明民族的命运就会掌握在他手里。只要他说话的声音比平时稍微高一些，全世界就会吓得发抖，难道不是这样吗？不瞒您说，这力量之大使我震惊，所以我无法理解，舍此以外，怎么还能指望找到另外的力量呢？革命者也同样感到，为了进行破坏必须实行专政，因此他们也希望在某次新的革命成功以后能够实行专政。我看，他们在认识到必须采取这种手段的问题上并没有错，只是这样做不符合他们担当的角色，他们提出的原则，以及他们支配的力量。至于说我，我认为还不如让君主专制制度来担当这个令人厌恶的掘墓人角色。

这封信写到这里已经写得够长了。我只是想向您明确说明这个争议之点。我清楚地感到，现在我们必须立刻面谈，面谈一小时给予我们的东西，比成千上万封信更能说明问题。我决不放弃这样的希望，我的希望实现之日，将是我如愿以偿之时。我认为我是能与革命者、劳动者、学者和大无畏者找到共同语言的。

至于说九三年革命传统的聋子（或者哑巴），那我非常耽心，您是永远也不会使他们变成国际的社会主义者和自由人的。至于您要使他们成为私有制、劳动权、交换和契约的保护人，那这样的可能性就更小了。要知道，幻想能当上军队或警察署的长官或总监，幻想能谋得腰缠漂亮的丝腰带的国民公会议员这样的肥缺和闲差，这诱惑力实在太大了。正如拉伯雷①所说，满眼皆是漂亮的

① 拉伯雷（1494—1553）：法国小说家，小说《巨人传》的作者。

花束，漂亮的绶带，华丽的马褂，讲究的裤子，等等。我们革命者中大多数想的不就是这些吗！

成年人丝毫也不比孩子们聪明，但却比他们虚伪得多。他们扣上领子的风纪扣，戴着勋章，就自以为是名流了。孩子们演士兵，比受到人们艳羡的伟大君主和威风八面的执政官扮演自己的角色更认真。我无缘亲见阁下，却冒昧地写信给您，敬请原谅。我尤其要请您原谅的是，我对大作冒昧地说了自己的意见，而拙见的唯一优点是它的真诚。我认为（窃以为如此），这是对带给我极大快乐的阁下的礼物所表示的最好谢意。不过，我觉得，我们被放逐的处境，以及我们的共同追求，应当使我俩不必拘泥于庸俗的礼节和空泛的客套。

我想用两句话概括一下拙见，算是这封信的结尾：明天使用暴力和进行破坏——这是沙皇的事，后天推行思想和建立秩序——这是国际社会主义者（同样包括斯拉夫人，日耳曼人和拉丁人亦同）的事。

仁慈的先生，请接受我对您表示的深深的敬意和好感。

埃内斯特·科尔德卢瓦

五月二十七日于桑坦德

我希望，您写给林顿①先生的信能印成单行本发表，因为《人》周报已先期把它公之于众。您能不能告诉我，有没有普希金、莱蒙托夫，尤其是柯里佐夫②作品的法译本？因为您经常谈到他们，这使我非常想拜读一下他们的大作。

---

① 林顿（1812—1897）：英国木刻家，宪章运动诗人和政论家，*The English Republic*〔英语：《英吉利共和国》〕杂志的创始人。

赫尔岑给林顿的信最先发表在 *The English Republic* 杂志上，后来又发表在《人》周报十八至二十期（一八五四年三至四月）上。

② 柯里佐夫（1809—1842）：俄国诗人。

把这封信交给您的人是我的朋友L.夏尔①,他跟我们一样也是流亡者;《我的流亡岁月》②就是献给他的。

补遗:约翰·斯图亚特·穆勒③和他的书

ON LIBERTY〔英语:《论自由》〕

因为我对欧洲的看法一直很悲观,而且毫无顾虑、毫不怜惜、直截了当地说了出来,因而遭到许多麻烦。自从我在《现代人》杂志上发表拙作《Avenue Marigny来信》〔法语:《马利尼林荫道来信》〕④以来,一部分朋友和敌人曾不断流露出不耐烦和愤怒,对我持有异议……可这时却好像故意似的,随着发生的每一件事,西方却变得更黑暗,更乌烟瘴气了,无论是帕拉多尔的聪明的文章,也无论是蒙塔朗贝尔的天主教教权派自由主义的书籍,更无论是用普鲁士亲王来代替普鲁士国王,都无法转移人们寻求真理的眼睛。⑤ 可是在我国有些人却不愿知道这些,因此,很自然,他们便对毫不客气地揭露真相者大动肝火。

我们需要欧洲是因为它是我们的理想,它是对我们的谴责,也是我们学习的榜样,如果它不是这样,就必须把它想象成这样。难道十八世纪的那些天真的自由思想家们(其中也包括伏尔泰和罗伯斯庇尔)不是曾经说过,即使灵魂不死纯属子虚乌有,为了使人们心怀恐惧和一心向善,不是也

---

① 夏尔:法国革命家,一八四八年革命后流亡国外,科尔德卢瓦的朋友。

② 科尔德卢瓦的两卷本自传(1854—1855,伦敦)。

③ 约翰·斯·穆勒(1806—1873):英国哲学家、经济学家和逻辑学家。

④ 马利尼林阴道是赫尔岑在巴黎的住处,赫尔岑《法意书简》的第一部分(第一至第四封信)曾于一八四七年以《马利尼林阴道来信》为名发表在当年《现代人》杂志十月号和十一月号上。

⑤ 帕拉多尔·普雷沃·帕拉多(1829—1870):法国记者,法兰西科学院院士,自由主义者,后来成为拿破仑帝国的保皇派。他经常在法国某报发表对文学、历史和时局的评论。蒙塔朗贝尔(1810—1870),法国作家和政治家,天主教自由派首领,著有《十九世纪天主教的利益》等书。普鲁士国王腓特烈·威廉四世,因心理失常于一八五八年被黜,而代之以他的弟弟威廉亲王,任摄政王。

应当广为宣传吗？或者，难道我们不是从历史上看到，有时候，一些高官显贵故意隐瞒皇帝已病入膏肓或者已经暴死，却用尸体或者疯子的名义一手遮天，代为统治，就像不久前发生在普鲁士的情形那样。

用撒谎来摆脱困境，——也许是件好事，但并不是人人擅于此道。

我虽然受到谴责，但是我并不垂头丧气，聊以自慰的是，即使在这里，我发表过的许多看法也没有得到人们更好的对待，尽管如此，我说的话毕竟是客观真理，即它并不取决于个人的意见，甚至也不取决于教育和改变风气等良好的目的，凡是自身真实的一切，或迟或早终将显露和暴露出来，诚如歌德所说："kommt an die Sonnen."〔德语："终将大白于天下。"〕①

究其实，对我的观点感到不快的原因之一，就人种学的观点看是可以理解的：除了我肆意破坏完美的观点和僵硬的理想，因而带来的烦躁与不安以外，他们对我很恼火的一点是因为我是自己人，说真格的，干吗呢，干吗忽然想来说三道四，而且还是批评前辈，而且是批评怎样的前辈啊？

在我们新的一代人中有一类奇怪的愣头青；他们就像钟摆一样，是由两片正好对立的部件焊接而成的：一边推动它的是某种铁制的、骨质的、很难伺候的自尊心，目空一切的自信心和过于注重细节的小肚鸡肠，另一边却是令人吃惊的沮丧和垂头丧气，对俄国的不信任和未老先衰。这是尼古拉三十年奴役的自然结果；他身上通过不同的形式保存着长官的厚颜无耻，老爷的放肆无礼，加上作为一个子民的沮丧和作为一个对主子谄媚逢迎的纳税农民的绝望。

与我们文学界的长官们在不断训斥我的同时，时光也在不断流逝，终于过去了整整十年。一八四九年感到新鲜的许多事，一八五九年就成了老生常谈，当时认为是荒谬绝伦的奇谈怪论，现在却成了社会的共识，至于许多永恒和不可动摇的真理，也随着当时的衣服式样一道陈旧了。

---

① 引自歌德的诗 *Die Spinnerin*（《纺织女工》）。

欧洲一些严肃而又有头脑的人，开始严肃地观察问题了。这些人不是很多，——这只是证实了我对西方的看法，但是他们走得很远，而且我记得很清楚，托·卡莱尔①和心地善良的艾尔索普②（即被牵连进奥尔西尼案中的那个人③）曾嘲笑过我对英国的议会形式还残留着一点信心。可是现在，你们瞧，却出了一本书，比我过去说过的所有看法走得更远。Pereant，qui ante nos nostra dixerunt〔拉丁语：让那个在我们之前讲出我们现在讲的话的人完蛋吧。〕④，要感谢那些在我们之后以自己的权威肯定了我们说过的话，又以自己的才华清楚而又有力地复述了我们软弱无力地表达过的思想。

我讲的这本书不是蒲鲁东写的，甚至也不是彼耶尔·勒鲁或者其他慷慨激昂的社会主义流亡者写的，——根本不是：它是由一位最著名的政治经济学家写的，不久前他还在东印度公司工作，三个月以前才由斯坦利勋爵⑤举荐，在政府机关任职。这人享有巨大的、当之无愧的权威：在英国，托利党人讨厌他的书，辉格党人恨他的书，而在大陆读他的书的则是某些（社会主义者除外）除了一般看看报和看看抨击性的小册子以外，多少还看点别的书的人。

这人就是约翰·斯图亚特·穆勒。

一个月前，他出版了一本捍卫思想、言论和人身自由的奇怪的书⑥。我之所以说“奇怪”，因为在两个世纪以前弥尔顿写过一本具有同样内容的书⑦，现在又有必要 on Liberty〔英语：为自由〕仗义执言了。

---

① 卡莱尔（1795—1881）：英国作家、历史学家和哲学家。

② 艾尔索普（1795—1882）：英国政治家和政论家，欧文的朋友。

③ 一八五八年一月十四日，奥尔西尼曾在巴黎行刺拿破仑三世，未遂。

④ 这是古罗马学者多纳图斯的名言。

⑤ 斯坦利·德比（1799—1869）：英国政治家，保守党领袖，一八五二年、一八五八年、一八六六年曾三次出任首相。

⑥ 指穆勒《论自由》（*On liberty*）一书，伦敦，一八五九年。

⑦ 弥尔顿（1608—1674）：英国诗人和政论家，出版自由的捍卫者。这里指他在一六四四年发表的《论出版自由》（*Areopagitica：A Speech for the liberty of unlicensed printing*）。

要知道，像穆勒这样的人是不可能因为一时兴起而写什么东西的，他的整本书都充满了深刻的悲哀，不是苦闷，而是英勇的、谴责的、塔西佗式的悲哀①。他之所以不吐不快，是因为恶在变本加厉。弥尔顿保卫言论自由，反对政府横加干涉，反对暴力，他所说的一切都是铿锵有力的，高尚的。斯图亚特·穆勒反对的敌人是完全不同的敌人：他保卫自由不是针对文明的政府，而是针对社会，针对庸俗的社会风气，针对令人窒息的冷漠，针对渺小的容不得的歧见，针对“平庸”。

这不是俄国叶卡捷琳娜时代那种愤愤不平的、年迈的朝廷显贵，因为没有得到勋章而对年轻一代牢骚满腹，用多棱宫来挖苦冬宫②。不，这是一个精力充沛、早就熟悉国家事务和有深刻理论见解的人，他习惯于冷静地观察世界，既作为一个普通的英国人，也作为一个思想家，就是他，终于忍无可忍，不惜触怒涅瓦河畔西方文明的登录员和推销西方教育的莫斯科书商，大声疾呼：“我们正遭到灭顶之灾！”

人的素质、人的审美力、人的生活情调之不断降低，趣味的空虚以及无精打采，使他十分震惊；再仔细一看，他就清楚地看到，一切都在变得渺小，变得平庸、鄙俗、毫无特色，也许这样倒显得“更正常”，但却更庸俗了。他在英国看到（正如托克维尔在法国看到的情形那样③）了正在逐渐形成一种统一的、畜群般类型的人，于是他严肃地摇着头，对他的同时代人说道：“站住，请三思！知道你们在往何处去吗？瞧——灵魂在堕落。”

但是他为什么要唤醒睡着的人呢？他给他们究竟想出了什么路和怎样的出路呢？他就像是从前先知约翰用未来警告世人，劝世人悔改

---

① 塔西佗（约55—约120）：古罗马历史学家、政治家和文学家。塔西佗的著作充满了对专制制度的无比愤怒，对往昔共和制的消失感到悲哀。

② 多棱宫在莫斯科克里姆林宫内，建于一四八七至一四九一年。冬宫在彼得堡，建于一七五四至一七六二年，是俄国实行彼得改革以后的产物。此处喻保守派与革新派之争。

③ 托克维尔（1805—1859）：法国历史学家。这里指他的最重要的著作 *L' Ancien régime et la Revolution*〔法语：《旧制度与革命》〕。

一样①。可是这否定的杠杆第二次未必能推动人们前进。斯图亚特·穆勒历数罪状。奚落他的同时代人，就像过去塔西佗曾经奚落他的同时代人一样；可是他并没有因此而使他们改邪归正，就像塔西佗并没有使他的同时代人改邪归正一样。不仅是几句悲伤的谴责无法挽回堕落的灵魂，也许世界上的任何堤坝也无法阻挡灵魂的堕落。

“另一种气质的人，”他说，“造就了从前的英国，因此也只有另一种气质的人才能防止它的堕落。”

但是这种人素质的降低，这种缺乏气质，只是一种病理现象，承认它——固然是找到出路的很重要的一步，但它本身还不是出路。斯图亚特·穆勒奚落病人，向他指出他的祖先有多么健康，——这是一种奇怪的治疗法，但不见得是一种救死扶伤的治疗法。

唔，如果现在用远古时代的鱼龙来奚落蜥蜴，又会怎样呢？——难道能怪它长得小，不如前者长得大吗？斯·穆勒看到他周围的人道德上的猥琐和精神上的平庸，不禁忧心忡忡，他就像我们童话中的巨人那样，恐惧而又伤心地大叫：“这片旷野上还有人活着吗？”

他为什么要呼唤人呢？难道就为了告诉他，他是强壮的祖先的蜕化的后裔，因此他必须变得像他的祖先一样吗？

究竟为什么？回答的是沉默。

罗伯特·欧文已经连续七十年在向人们发出呼唤，也毫无用处；但他是号召他们去建立什么，这个什么无论是乌托邦，是幻想，还是真理——这与我们现在无关；我们觉得重要的是他召唤人们是有目的的；而斯·穆勒却用克伦威尔和清教徒时代严峻的伦勃朗式的幽灵来压倒他的同时代人，想使那些一辈子靠短斤缺两、缺尺少寸的店老板们，出于某种诗意的要求和某种精神操练的需要，能够摇身一变，成为英雄！

我们也可以把法国国民公会中那些纪念碑式的伟丈夫召唤出来，

① 先知约翰即《马太福音》中讲的施洗约翰。“那时，有施洗的约翰出来，在犹太的旷野传道，说天国近了，你们应当悔改。”（第三章第一至二节）

把他们同过去、将来和现在的法国的奸细特务和 épiciers〔法语:小店主们〕做一番比较,并且像哈姆雷特一样发表演说:

Look here, upon this picture and on this...
Hyperion's curis, the front of Jove himself;
An eye like Mars...
Look you now, what follows,
Here is your husband...

〔英语:您瞧这儿,瞧这幅肖像,再瞧这个……
许珀里翁的鬈发,尤比特的前额;
目光像马尔斯的一样……
现在再瞧另一个人,
这就是您丈夫。〕①

这样说很有道理,但也更气人,——难道竟有人为了像克伦威尔一样过庄严而又乏味的生活,或像丹东一样慷慨赴死,就应当抛弃自己虽然庸俗但却方便舒适的生活吗?

他们之所以能很容易地这样做,因为他们是在一个热烈的信念,d'une idée fixe〔法语:一个固执的思想〕的统治下。

这样的 idée fixe〔法语:固执思想〕就是当年的天主教,后来的新教,文艺复兴时代的科学和十八世纪的革命。

这个神圣的偏执狂,这个 magnum ignotum〔拉丁语:伟大的未知数〕,我们文明的斯芬克斯之谜,现在又在哪里呢?那个有强大的思想,那个有热烈的信仰,那个能把人的身体锻炼成钢,能把人心锻炼得十分坚强,既不怕痛,也不怕苦,能迈开坚定的步伐走上断头台和走上火刑场的强烈的憧憬,又在哪里呢?

---

① 莎士比亚《哈姆雷特》第三幕第四场。
许珀里翁是太阳神赫利俄斯的别名。尤比特在罗马神话中相当于希腊宙斯的天神。马尔斯是罗马神话中的战神。

请看看周围——有什么足以振奋人心，发动人民，鼓动大众的呢：是主张圣母无原罪成胎论的教皇的宗教吗①？还是主张在安息日戒酒的没有教皇的宗教②呢？是普选制以数量取胜的泛神论呢，还是对君主国的偶像崇拜论呢？是迷信共和制，还是迷信议会改革？……不，什么也不是；一切都已黯然失色，都已过时，都已寿终正寝，就像从前奥林匹斯山诸神业已寿终正寝一样，他们从天上下来，却被从各各他升起的新的竞争者排挤。③

不过，不幸的是我们那些发黑的偶像还没有竞争者，至少斯·穆勒没有指出它们。

他是不是知道它们呢——这很难说。

一方面，这位英国天才不喜欢抽象的概括和大胆的逻辑推理；他用自己的怀疑主义感觉到，逻辑推理发展到极端，就像纯数学规则一样，缺乏具体的生存条件是无法应用的。另一方面，把大衣扣子全部扣上，并且竖起领子，这样他就可以抵御潮湿的寒风和固执的偏见。在斯·穆勒的这本书里，我们看到了他这样做的例子。他巧施拳脚，三拳两脚便把摇摇欲坠的基督教道德打翻在地，而在他的这整本书里只字未提基督教④。

斯·穆勒没有指出任何出路，却忽然说道："各民族的发展似乎有个极限，超过这个极限，它就会停顿。"

---

① 指罗马天主教。教皇庇护九世于一八五四年发布"玛利雅无罪成胎谕"，并视其为罗马天主教的基本信条。

② 指基督教新教。新教主张严守戒律。

③ 各各他是耶稣被钉十字架的地方，一译髑髅地。此处指基督教的兴起，排挤了古希腊罗马的神祇。

④ "基督教首先具有彻头彻尾的反动性，它大部分不过是针对异教的抗争而已。它的理想与其说是肯定，不如说是否定，与其说它是奋发有为的，不如说它是消极被动的。它宣扬的主要是止恶，而不是行善。对肉欲的恐惧竟发展成为禁欲主义。天堂的奖赏和地狱的惩罚，使最优秀的行为也具有纯利己主义的性质，而且就这方面而言，基督教观念大大低于古希腊罗马的观念。我们关于社会义务的混乱看法，最好的部分来源于古希腊与罗马。一切英勇豪迈的、高尚的观念，以及有关荣誉的观念本身，都是我们的世俗教育传授给我们的，而不是来自宗教教育，它只是宣扬盲目服从，认为这才是最高的美德。"——约·斯·穆勒。——作者原注

什么时候才会出现这种情况呢？

在那时候，他答道，即个性开始磨灭，消灭在群体中，即一切都服从于公认的习惯，即善恶观念混同于是否符合公认的观念。习惯的压力阻止了发展：发展，其实就是摒弃一般，追求美好。整个历史即由这一斗争组成，如果人类的大多数已经没有了历史，这无非因为大多数人的生活已完全服从于习惯。

现在应该来看看我们的作者是怎样研究文明世界的现状的。他说，尽管我们这个时代拥有智力上的优势，但却在逐渐走向平庸，个人正被人群所吞没。这种 collective mediocrity〔英语：集体的平庸〕仇视一切有棱有角的、特立独行的和与众不同的东西，它在所有的东西上面划定了一个等高线。因为在中间的横剖面上，人的智慧不多，愿望也不多，因为集合起来的平庸，就像泥泞的沼泽地，一方面明白，一切希望泅出去的做法都是对的；另一方面又用对新一代人的教育，教育他们成为同他们一样毫无生气的平庸之辈，防止那些不守本分的人出来扰乱社会秩序。行为的道德基础，主要在于像别人一样生活。“一个男人，尤其是女人，居然想做任何人都不敢做的事，那这个人就有祸了；但是同样有祸的是那些居然敢不做大家都做的事的人。”要履行这样的道德规范，既不需要聪明，也不需要特别的意志；人们可以尽管做自己的事，有时候为了消遣也可以开开心，做点慈善事业（philantropic hobby〔英语：慈善性的娱乐活动〕），但是仍不失其为品行端正但却是庸俗的人。

这一阶级的人拥有力量和权势；政府本身是否强大有力，取决于它在多大程度上充当这个占统治地位的阶级的工具，并且在多大程度上懂得这一阶级的本能。

这个掌握最高权力的阶级，究竟是怎样的阶级呢？“在美国，所有的白人都属于这一阶级，在英国，这一统治阶层则由中产阶级组成[①]。”

---

① 读者可以想一下《西方杂记》中对此所讲的话，见一八五六年的《北极星》。——作者原注

斯·穆勒在东方各民族死一般的停滞不前和现代小市民国家间找到一个区别。我觉得，他端出了一杯苦艾酒，而且其中最苦的一滴就存在于这个区别中。他说，与亚洲因循守旧的平静状态不同，当代的欧洲人却生活在空虚的不安状态和毫无意义的变化之中："我们摒弃特殊性，可是并不排斥变化，只要这些变化每次大家都这样做就可以了。我们可以抛弃我们父辈们所穿的独特的衣服，我们愿意一年两三次地改变我们的服装式样，但是有一个条件，必须是大家都改变式样，而且这样做不是因为考虑到美观和舒适，而是为了改变而改变！"

如果人不能从这个席卷一切的漩涡，从这个能把人困死的泥淖中挣脱出来，那"欧洲尽管有自己的高尚经历和自己的基督教，也必将停滞"。

于是我们又回到和站在同样的问题面前。我们凭什么要去唤醒那些熟睡的人呢？为什么要让那些脑满肠肥、委琐卑微的人振奋精神，让他们变得对拥有铁路、电报、报纸和廉价商品的现在的生活感到不满呢？

我们没有站出来仗义执言，是因为没有充足的理由。他们站出来赞成谁，拥护什么或者反对谁呢？缺少强有力的活动家，不是原因，而是后果。

超越一定的点和线以后，就会出现希望改进现状的愿望与希望保持现状的势力间的斗争，而且这种斗争结果总是有利于保持现状这一派，因为，在我们看来，它总是在那时候到来，即在人民中占统治地位的、活动能力强的、能起到历史作用的那部分人，已接近符合他们要求的生活方式；这也是某种餍足和饱和；一切都进入了平衡，渐渐平静下来，然后周而复始地继续着同样的东西，直到发生激变、革新或者破坏。semper idem〔拉丁语：永远如此〕既不需要花费大力气，也不需要猛士；不管他们以什么形式出现，他们都是多余的：天下太平时不需要能征惯战的猛将。

诸位不必跑太远去看中国，只要看看你们身边的这个在西方已经获得最大稳定的国家,——看看这个开始两鬓斑白的欧洲国家——荷兰:它的伟大的国家栋梁在哪里,它的伟大的画家在哪里,它的洞察幽微的神学家在哪里,它的勇敢的航海家在哪里?可是要这些人干什么呢?难道因为没有他们,它那里没有兵荒马乱,没有惊涛骇浪,它就不幸福了吗?它将会向你们展示它在排干了积水的沼泽地上建立起来的微笑的村庄,它那容光焕发的城市,它那修剪整齐的花园,它的舒适,它的自由,并且会告诉你们:"我国的伟人们为我取得了这个自由,我国的航海家们遗赠给了我这笔财富,我国的伟大画家美化了我国的墙壁和教堂,我觉得很幸福——你们还要我做什么呢?与政府针锋相对地斗争吗?难道它在压迫我吗?即使现在,我国的自由也比在法国的任何时候都多。"

但是这样的生活又会产生什么呢?

产生什么?一般说,生活又能产生什么?更何况——难道荷兰就没有个人的风流韵事、矛盾冲突和闲言碎语吗?难道在荷兰人们就不相爱,不哭,不笑,不唱歌,不喝酒,在每个村庄就不跳舞到天亮吗?此外,也不应该忘记,一方面,他们享受着文明、科学和艺术的一切成果,另一方面——他们又有数不清的事要做:生意上的应酬和往来,无尽无休的家务操劳,按照自己的形象和样式①教育孩子;这个荷兰人还没有来得及回头看一看,还没有空好好休息休息,他就被装进油漆得很漂亮的棺材,抬到"上帝的旷野"上去了,而这时他儿子已被套上商用的马车,而这马车轮子必须不停地旋转,否则,生意就会停顿。

要不是波拿巴的弟弟二次降临②,横插一杠子,他们满可以这样活下去,继续一千年。

---

① 见《旧约·创世记》第一章第二十六节:"神说:我们要照着我们的形象,按着我们的样式造人。"

② 指拿破仑一世的弟弟路易·波拿巴被封为荷兰国王,直至一八一〇年,当时荷兰属于拿破仑帝国。"二次降临"原指耶稣基督第二次降临人世,将在世界末日前直接为王,治理世界一千年。

请允许我撇下这些老伙计来谈谈小兄弟。

我们没有足够的事实,但是我们可以假定各类动物乃是自从它们确立以后,经历了各种形态变化的长期摆动,经过一系列完善和进化才逐渐形成的最后结果。这段历史是一步一步地慢慢进行的,发生变化的有骨骼和肌肉,大脑和神经纤维。

史前动物代表这部《创世记》的某个英雄时代;这是提坦神和巨人的时代;后来它们逐渐变小,逐渐与新环境取得平衡,一旦达到相当灵巧与稳固的形态,便开始定型地周而复始,不断重复,以至达到这样的程度,《奥德赛》中尤利西斯①的狗,同我们今天所有的狗就像两滴水一样长得一模一样。还不止这些:谁说政治和社会的动物不仅学会了群居,而且还像蚂蚁和蜜蜂一样有某种组织形式,谁说它们立刻就学会了建立自己的蚁窝或蜂巢的?我完全不这么想。在它们定居下来并建成中国式的蚁窝以前,已经经历和存亡了千千万万世代。

我想借此说明一个问题,即任何民族一旦外在的社会体制达到与自身的需要相符合的状态时,那么在这些需要改变之前,它也就没有继续前进,战斗,造反,以及产生异乎寻常的人物的任何内在必要了。

平静地融合于群体,融合于蜂巢——是保持既得利益的一个首要条件。

斯·穆勒谈到的这个世界,还没有达到这种完全的平静。它经过了自己的历次革命和动荡之后,既未能站稳脚跟,也未能完全定型:数不清的沉渣浮到表面,一切都浑浊不清,既不像中国瓷器那样纯净剔透,也不像荷兰麻布那样洁白如雪。其中还有许多不成熟的、丑陋的,甚至病态的东西,就这方面来说,它还确实需要在它自己所走的道路上大大前进一步。它需要的不是那些怒发冲冠、指点江山的人,也不是那种标新立异的激情,而是它自己的地位能够得到公平合理的规范。英国人在做生意上将不再缺斤短两,法国人在社会生活中将不再给形形

① 罗马神话中称《奥德赛》中的俄底修斯为尤利西斯。

色色的警察帮忙，要求做到这点的不仅是为了 respectbility〔英语：尊严，体面〕，而且是为了求得生活的稳定。

到那时候，按照斯·穆勒的说法，英国就可能变成中国（当然是大大改进了的中国），既保持着自己的全部商业活动，又保持着自己的全部自由，同时也完善着自己的立法，即随着必须这样做的习惯的养成，借以减轻法律的强制性，而这种不成文法是比任何法庭和惩罚更能扼杀人的意志的。而法国这时候可能将走上波斯生活的灿烂的军事轨道，因为文明的中央集权所给予当权者的一切，扩大了这条道路，它用对邻国的光辉讨伐，来弥补自己已失去的所有人权，并把其他民族都拴在中央集权专制独裁制度的命运上……现在它的祖阿夫兵①的面貌，已不属于欧洲型，而更像亚洲型了。

为了防止有人大呼小叫和诅咒谩骂，我得赶紧声明，这里谈的根本不是我的愿望，甚至也不是我的观点。我做的纯粹是逻辑性的工作，我只是**说明**表达斯·穆勒研究成果的这一公式，我只是想从他个人的微分得出历史的积分。

由此可见，问题不在于预言英国将遭到与中国同样的命运（这话不是我说的，而是他自己说的），这样说是否有失恭敬，预言法国将变成波斯，这样说是否失礼。不过说句公道话，我也不知道为什么侮辱中国和波斯就无可厚非。斯·穆勒并未触及的真正重要的问题是，是否存在某些足以除旧布新的新生力量的萌芽？有没有某些幼芽和健康的嫩株能使逐渐凋零的青草起死回生？而这个问题则可以归结为，这个民族是否能够容忍最终被用来给新的中国和新的波斯的土壤施肥，心甘情愿地充当没有出路的苦力，陷于无知和半饥半饱之中，就像抽彩票一样，允许一个人一本万利，借以鼓舞和安抚其他人，让这个人一夜暴富，从被食者变为食人者。

这个问题将由事实来回答——理论上是解决不了的。

---

① 法国前殖民地部队的雇佣兵。

如果人民被压垮了，新的中国和新的波斯将不可避免！

如果人民压倒了对方，那么社会变革也将不可避免。

不管贵族们怎样耸肩膀，也不管小市民们怎样咬牙切齿，难道这不就是那个可以形成 idée fixe〔法语：固执〕的思想吗？

人民也感觉到了这点，而且看得很清楚；过去那种幼稚的信仰（即认为现在所做的一切都是合法的，起码都是正当的）没有了；有的只是对暴力的恐惧，同时不善于把个人的痛苦提高到普遍的规律来认识，但是盲目的信任也没有了。在法国，正当中产阶级陶醉在权力和暴力中，用共和国的名义为自己加冕称王，与马拉斯特①一起高踞于路易十五在凡尔赛宫的龙椅上，口含天宪，颁布法律的时候，人民威严地提出了自己的抗议②；人民看到他们又被拒之门外，又在忍饥挨饿，于是便绝望地揭竿起义；他们的起义是野蛮的，没有任何决定，没有计划，没有领袖，没有资金，但是它却不乏敢打敢冲的猛士，不仅如此，从另一方面，它也因此而招来了像卡芬雅克③这类凶猛而又嗜血成性的鹰鹫。

人民遭到了迎头痛击。成为波斯的可能性上升了，而且从那时起一直飙升。

英国工人将会怎样提出自己的社会问题呢，我不知道，但是他们那种犍牛般的顽强性格却是巨大的。就他们那方面来说，数量上占多数，但是力量却不在他们那方面。数量不能说明任何问题。三四名驻守边防的哥萨克和两三名卫戍部队的士兵就可以每次把五百名戴上脚镣手铐的囚徒从莫斯科押解到西伯利亚。

如果在英国人民也被打垮了，就像农民战争时期的德国或六月日子里的法国一样，——那斯图亚特·穆勒所预言的英国变成中国也就

---

① 马拉斯特（1801—1852）：法国政治家，《国民报》主编，一八四八年任临时政府委员，制宪议会议长，镇压一八四八年六月起义的领导人。

② 指一八四八年六月巴黎工人发动的革命起义；六月起义被镇压，资产阶级掌握政权后，马拉斯特任制宪议会议长，并制定一八四八年法国宪法。

③ 卡芬雅克（1802—1857）：法国将军，一八四八年六月起义时被授予独裁权力，残酷镇压工人起义，被称为“六月屠夫”。

不远了。变成中国的过程就会不知不觉地出现，正如我们所说，它既不会丧失任何权利，也不会缩小任何自由，缩小的仅仅是使用这些权利和这个自由的能力。

胆怯的人、重感情的人会说，这是不可能的。我们没有更高的要求，但愿能够同意他们的看法，但是我看不出我能同意他们看法的理由。悲剧性的没有出路，正在于那个能够救国救民，能够促使欧洲获得新生的思想，对于统治阶级是不利的，如果它能贯彻始终和有足够的胆量的话，对它有利的只有那种实行美国式奴隶制度的国家！①

① 对约·斯·穆勒的书的这一分析，摘自五月一日出版的《北极星》第五辑。——作者原注

第四章　两次审判案

Rule, Britannia!〔英语:统治吧,不列颠!〕①

一　决斗②

一八五三年,著名的共产主义者维利希③曾介绍我跟一位巴黎工人巴尔泰勒米认识。他的名字我以前就曾听说过(由于六月事件开审,由于判决,最后也由于他从贝尔岛越狱逃跑)。

他很年轻,个子不高,但是肌肉发达,身体结实;他那像柏油般漆黑而又鬈曲的头发,赋予他以一种南方人的气质;他脸上有稍许麻点,但是显得很英俊、很帅气。连续不断的斗争培养了他不屈不挠的意志和控制这种意志的本领。巴尔泰勒米是我曾经看到过的性格最坚强的人之一。他没有上过学,也没有念过书,除了本行业的知识以外,他没有受过任何教育:但是他是个优秀的机械师。顺便提一下,从在铁路上工作的机械师、火车司机、工程师和工人中造就了许多六月街垒战的最坚强不屈的战士。

---

① 英国国歌歌词。

② 这个故事与登载在《北极星》第六辑上的一个片段有关。——作者原注(参见本书第六卷第三章)

③ 维利希(1810—1878):普鲁士军官,共产主义者同盟的极左派首领,曾参加一八四九年巴登—普法尔茨起义,曾以北方志愿军身份参加美国南北战争。

他的人生观,他的全部生活激情是一种不可遏制的、斯巴达式的渴望,渴望工人阶级发动起义,反对中产阶级。他的这个思想是与消灭资产阶级的强烈愿望不可分割地联系在一起的。

这个人无异向我作了最好的说明,说明九三年和九四年发生的恐怖,说明九月的日子①,说明导致那些最亲密的党派竟彼此仇杀的那种恨!在他身上,我亲眼目睹了一个人怎样能够将杀人的愿望与在另一些情况下表现出来的人道主义,甚至是温柔体贴结合在一起的,看到一个人像圣茹斯特一样能够把几十个人送上断头台,同时又感到理直气壮。

"不能让革命从我们手里第十次被偷走,"巴尔泰勒米说,"必须在我们家里,在我们内部把最凶恶的敌人的脑袋砍掉。在柜台后面,在写字台旁,我们永远能找到这样的敌人——必须在自己的营垒中把他们消灭干净!"他开列的黑名单几乎包括了所有流亡者:维克多·雨果、马志尼、维克多·舍尔歇②和科苏特。只有不多几个人被他排除在外,我记得其中有路易·勃朗。

他打心眼里特别恨的人是赖德律-洛兰。每当巴尔泰勒米谈到"这个资产阶级独裁者"的时候,他那张虎虎有生气的、充满激情的,但是又非常平静和坚定的脸,就会像抽风似的不停抽搐。

他的口才很好,具有这种才能的人已经越来越少了。在公众场合能说会道的人,在巴黎,尤其在英国,非常多。神父、律师、国会议员、卖药丸和廉价铅笔的推销员、被雇佣在公园里作讲演的世俗人士和神职人员——他们全都具有惊人的宣传才能,但是能在屋里侃侃而谈的却为数不多。

巴尔泰勒米的片面逻辑,经常只及一点,不计其余,就像焊枪中喷

---

① 指一七九三年九月四至五日发生在巴黎的群众骚动,这标志着革命恐怖的开始,而在一七九四年达到顶点。

② 舍尔歇(1804—1893):《改革报》的创始人之一,一八四八至一八五一年属山岳派,后被驱逐出法国。

出的火焰。他说话从容不迫，不提高嗓门，也不指手画脚。他说出的句子和挑选的字眼准确无误、干净利落，完全摆脱了现代法语那三个可诅咒的毛病：革命词句、律师与法官用语以及商店伙计的随便放肆。

这工人是在锻造和轧制机器铁件的闷热的工场里，是在闷热的巴黎陋巷中，是在小酒馆和锻铁炉之间，是在监狱和苦役劳动中生长长大的，他是从哪儿学会准确选词、用恰到好处、优美动听、铿锵悦耳的说话方式的呢？法国资产阶级已经丧失了这样的说话能力。在那些咬文嚼字、鼓唇弄舌、侈谈革命的空谈家中，他是怎么学会保持语言的生动自然的呢？

这确实令人费解。

看来，工场周围的空气要清新些。不过他的个人经历是这样的。

当他被卷进路易·菲力浦时代的某种骚乱时，他还不到二十岁。一名宪兵拦住了他，因为他跟宪兵理论，那宪兵向他脸上揍了一拳。这名治安警察抓住巴尔泰勒米，他挣脱了，但是也拿他没有办法。这一拳打醒了一只老虎。第二天，巴尔泰勒米这么一个生龙活虎、年轻力壮、活泼愉快的青年工人，就完全变了样，奋起进行斗争。

应当指出，巴尔泰勒米被捕后，警察又把他放了，因为发现他是无辜的。但是他无辜受辱，却谁也不愿意提起。“发生骚乱的时候，干吗在街上跑来跑去！再说那个宪兵现在上哪找去！”

原来是这么回事。巴尔泰勒米买了支手枪，装上了子弹，便到那一带转悠：转了一天，转了两天——突然发现在街角处站着那个宪兵。巴尔泰勒米猛地转过身去，摁上了扳机。

“您认识我吗？”他问警察。

“还能不认识？”

“那么，您记得您干的好事啰？”

“嗯，走吧，走您的路吧。”宪兵说。

“那就祝您走好。”巴尔泰勒米回答，扣动了扳机。

那宪兵应声倒地，巴尔泰勒米扬长而去。宪兵受了致命的重伤，但是没死。

巴尔泰勒米作为普通的杀人犯被判了刑。谁也没有考虑到他受了多大侮辱，尤其在法国人看来，一个工人是不可能向他要求决斗的，也不可能打什么官司。巴尔泰勒米被判服苦役。这是他在锻工场和监狱之后上的第三所学校。二月革命后，司法部长克雷米厄①在对案件进行复查时，把巴尔泰勒米释放了。

六月的日子到了。巴尔泰勒米是布朗基的热烈追随者，他挺身而出，参加了六月起义。

他在街垒的英雄保卫战中被捕，关进了要塞。一些人被胜利者枪毙，另一些人则被关进杜伊勒里宫的地下室，第三部分则被送进要塞，有时，在那里，这些人就被枪毙了，这些人被枪毙是偶然的，多半因人满为患，为了腾地方。

巴尔泰勒米幸免于死；他在法庭上根本没有想到为自己辩护，但是他却利用被告席，用它来作为控告国民自卫队的讲台。多亏了他，我们才得以知道秩序保卫者视人命如草芥的“丰功伟绩”，才得以知道他们杀人如麻的许多细节，这些杀人勾当他们是悄悄进行的，是某种程度上的私设公堂。审判长好几次命令他住嘴，最后用判决打断了他的演说，判处他服苦役，记得，他的刑期是十五年或者二十年（我眼前没有六月一案的材料）。

巴尔泰勒米同其他人一起被发配到 BelleIle〔法语：贝尔岛〕。

大约过了两年，他从那里越狱逃跑，到了伦敦，他提出一个建议，再回去，组织那里的六名囚犯逃跑。他需要一笔数目不大的钱（六七千法郎），大家也答应给他了，于是他就穿上神父的衣服，手持祈祷书前往巴黎，再转道去贝尔岛，一切都安排妥当以后，他又回到伦敦取钱。据说，这事之所以没有办成，是因为发生了争执：要不要解救布朗基。巴尔贝斯的追随者及其他派别的人宁可让自己的几个朋友留在狱中，

---

① 克雷米厄（1796—1880）：一八四八年法国临时政府的司法部长。

也不愿解救一个敌人。

巴尔泰勒米去了瑞士。他跟所有的派别都分手了,离开了他们;他跟赖德律-洛兰那派人简直势同水火,但是他对自己那派人也不友好;他性格暴躁,棱角分明,他的极端观点既不为领头的人所喜欢,也使弱者们感到害怕。他在瑞士潜心钻研武器制造工艺。他发明了一种具有特殊结构的枪,它能随子弹的射击自动上膛,这样就有可能把多发子弹接二连三地射向同一目标。他想用这枪打死拿破仑,但是巴尔泰勒米的古怪激情却两次救了波拿巴,使他免遭像奥尔西尼这样的人的枪杀。

在赖德律-洛兰那一派中有一个性格刚烈的人,名叫库尔内①,他是一个爱寻衅闹事和找人决斗的人,他四处游荡,天不怕地不怕。

库尔内属于一种特殊类型的人,这种人在波兰地主和俄国军官中经常可以遇到,而在住在乡下的退伍骑兵少尉中更是屡见不鲜,属于这类人的有丹尼斯·达维多夫②及其"酒友"布尔佐夫③,"骷髅头"加加林④,以及连斯基的决斗证人扎列茨基⑤。这些人也以庸俗的形式出现在普鲁士的"容克地主"和奥地利的老总们中间。英国则根本没有这种人,而在法国,他们就像在自己家里一样如鱼得水,而且鱼鳞洗得很光鲜,像涂了层清漆似的。这些人很勇敢,很冒失,冒失到胆大妄为和鲁莽轻率,目光十分短浅。他们毕生都在回忆两三件往事,在这些事件中,他们曾赴汤蹈火,出生入死,一刀砍去,砍下了某某人的耳朵,或者在枪林弹雨中岿然不动。他们往往先给自己编一套英勇无畏的壮举,然后为了证实自己的话才真的付诸行动。他们懵懵懂懂地意识到,这种好勇斗狠是他们的力量所在,也是他们能够自夸的唯一乐趣,——而自吹自擂则是他们最爱做的事,爱得要命。在这种情况下,他们往往

---

① 库尔内(1808—1852):一八四八至一八四九年法国革命的参加者,一八五一年路易·波拿巴发动政变后,流亡伦敦,因与巴尔泰勒米决斗,被打死。

② 达维多夫(1784—1839):俄国一八一二年卫国战争英雄、诗人、中将。

③ 布尔佐夫:骠骑兵,达维多夫的战友,死于一八一三年。

④ 加加林(1787—1863):公爵,骠骑兵团长。

⑤ 普希金长诗《叶甫盖尼·奥涅金》中的人物。

是好朋友，尤其在谈天说地，交谈甚欢，尚未头一次闹翻之前，为自己人，他们可以挺身而出，两肋插刀，一般说，他们具有较多的军人的勇敢，而不是无私无畏的公民精神。

这些人游手好闲，无论玩牌还是在生活中都是些狂热的赌徒，干任何玩命的勾当都是“兰斯克内”①，尤其是因此而可以穿上将军服，捞到钱和得到十字勋章的话，然后他们才会安静下来，安静好几年，在台球桌旁和咖啡馆里优哉游哉，聊以卒岁。至于是在斯特拉斯堡帮助拿破仑②，还是在布卢瓦帮助贝利公爵夫人③，或者在巴黎的圣安东区帮助红色共和国④——他们都无所谓。对于他们和整个法国来说。勇敢和成功，便足以抵消一切。

库尔内之初露锋芒，是在法国和葡萄牙不和时期的海军舰队。⑤他和几个同伴登上了葡萄牙的护航舰，控制了机组人员，占领了这艘战船。这件事决定了，也终结了库尔内今后的生活。全法国都在谈论这个年轻的海军准尉；从此他再无建树，他之崭露头角也就这样以接舷战开始和以接舷战告终，倒像他在这场战斗中被一枪毙命了似的。后来他被开除出了舰队。欧洲笼罩着黯淡的和平；库尔内百无聊赖地生活了一段时期，最后只好按照自己的心意独自战斗了。他说，他曾经有过多达二十次的决斗；我们姑且假定他曾有过十次决斗——这也就足够了，没法把他看成一个正儿八经的严肃的人。

他是怎么成为赤色共和主义者的，我不知道。他在法国流亡者中并没有起过特别的作用。关于他有各种传闻，说他在比利时时把一名

---

① 中世纪的雇佣兵，源自德文；后来成了赌博和赌徒的代名词。

② 路易·拿破仑·波拿巴秘密来到斯特拉斯堡后，曾于一八三六年十月三十日发动叛乱，企图推翻路易·菲力浦政府。

③ 贝利公爵夫人(1798—1870)：尚博尔伯爵(亨利五世)之母，她儿子曾被宣布为波旁王朝的王位继承人。她曾于一八三〇年企图发动起义，帮助自己的儿子夺取法国王位，未果。

④ 巴黎圣安东区曾多次爆发工人起义。

⑤ 指一八三〇年的法葡冲突，当时法国海军上将卢森的分舰队入侵葡萄牙水域，出现在塔霍河上。

警察揍了一顿(因为这警察想逮捕他)后就撂下他走了,他干的其他勾当大概也属于这一类。他认为他是"法兰西的头号剑客"。

巴尔泰勒米按照他自己的方式充满了不可遏制的自尊心,他那阴暗的勇敢一旦与库尔内目空一切的勇敢相遇,必然会带来灾祸。他们俩互相看不起。但是,因为他们分属不同的圈子和互相敌对的派别,本来可以老死不相往来。可是一些好心肠的人,却因为好心肠做了坏事。

巴尔泰勒米所以对库尔内怀恨在心,是因为人家托库尔内从法国带给他的一些信他始终未收到。很可能,这事也不能怪他;不久,这事之外又加上了一些造谣诽谤。巴尔泰勒米在瑞士认识了一位女演员,是意大利人,并与她发生了关系。"多可惜,"库尔内说,"这个社会主义者中的社会主义者居然要靠女演员来养活。"巴尔泰勒米的朋友们立刻把这事写信告诉了他。巴尔泰勒米收到这封信后,扔下他的枪械设计和那位女演员,匆忙赶到了伦敦。

我们曾经说过,他认识维利希。维利希是个心地纯洁的人,而且是个很善良的普鲁士炮兵军官;他转向革命一边,并且成了一名共产主义者。在黑克尔发动起义①时,他曾在巴登指挥炮兵为人民而战,后来,当一切都被击溃之后,他便离开德国去了英国,他到伦敦来时身无分文,他试图教一点数学课和德语课,聊以谋生——但是他不走运。他只好扔下教科书,忘掉从前军官的肩章,勇敢地当了一名工人。他跟几个同伴合伙办了一个制造刷子的工场;但是他们的工作没有得到朋友们的支持。维利希既没有失去在德国发动起义的希望,也没有放弃改善自己状况的希望;可是他的状况并没有好转,于是他只好带着建立条顿共和国的希望前往纽约,并在那里向当地政府谋得了一份土地测量员的工作。

维利希明白,跟库尔内打交道肯定不会有好结果,因此毛遂自荐当

---

① 黑克尔和古·施特鲁沃曾于一八四八年四月号召把德国各地联合起来,组成一个统一的民主共和国,并为此在巴登组织起义,因为没有群众支持,几天后即被镇压。

了他俩的调停人。巴尔泰勒米完全相信维利希,并把这事托付给了他。维利希便去找库尔内,维利希坚定、沉着的口吻对“头号剑客”发生了作用;他说明了关于信的事;后来,维利希又问他:“您是否肯定巴尔泰勒米是靠那个女演员养活的?”库尔内说:“我只是重复别人的谣言,并为此感到惭愧。”

“这就足够了,”维利希说,“您把您所说的话都写在纸上,然后交给我,那我就可以带着满心欢喜回家了。”

“好吧。”库尔内说,拿起了笔。

“那么说,您将向某个巴尔泰勒米表示道歉啰?”在谈话快结束时进来了另一名流亡者,说。

“怎么道歉？您认为这是道歉?”

维利希说:“这是一个正人君子因为重复了别人的诽谤,对此表示遗憾的举动。”

“不,”库尔内扔下笔,说,“这我做不到。”

“您刚才不就是这么说的吗?”

“不,不,请您原谅,但是我做不到。请您转告巴尔泰勒米,我‘说这话是因为我想这么说。’”

“好极了!”另一个流亡者叫道。

“仁慈的先生,对未来不幸的责任将落在您头上。”维利希说,说罢便走了出去。

这事发生在傍晚。他在没有见到巴尔泰勒米之前先来找我;他闷闷不乐地在屋里走来走去,边走边说道:“现在决斗是阻挡不住了！多么不幸,出现了这个流亡者。”

“现在已无计可施,”我想,“一旦狂热的感情疯狂地燃烧起来,理智也只能沉默,如果再加上法国人好勇斗狠的品性,各党派和政治舞台上各种合唱团的仇恨,那就在所难免了！……”

过了一天,早晨,我走在蓓尔美尔街上;维利希正在快步地走到什么地方去,我叫住了他;他脸色苍白,神色惊惶地向我转过身来:

“怎么样?”

“一枪毙命。”

“谁?”

“库尔内。我急着去找路易·勃朗,向他讨个主意,怎么办?”

“巴尔泰勒米在哪?”

“他和他的决斗证人,以及库尔内的两个决斗证人,都在监狱里;只有其中一个证人没有抓住;按照英国法律,巴尔泰勒米可能被绞死。”

维利希坐上公共马车,走了。我留在街上,站了片刻,然后回过身来,又向家里走去。

过了大约两小时,维利希来了。不用说,路易·勃朗积极干预了此事,他想先和一些著名的律师商量后再说。似乎,最好的办法是把事情安排得不让侦查员知道谁开的枪和谁是目击者。为了做到这点,就必须让双方口供一致。至于英国法庭并不想在这个决斗案中使用警察的狡猾手段——大家还是有把握的。

必须把这点先转告库尔内的朋友们,但是维利希的朋友中谁也不肯去找他们,也不肯去找赖德律-洛兰,——因此,维利希只好派我去找马志尼。

我去找他的时候,他正怒不可遏。

“您大概是为那个凶手的事来找我的吧?”他说。

我看了看他,故意沉默少顷,说道:

“为巴尔泰勒米一案。”

“您跟他认识,您帮他说话,这一切都很好,虽然我不明白……库尔内,不幸的库尔内也有亲朋好友……”

“这些人大概不会管他叫强盗,尽管他参加过二十次决斗,可是在这些决斗中被打死的似乎不是他。”

“现在提这干什么。”

“我在回答您的问话。”

“怎么,现在要把他从绞索里救出来?”

“我认为,把像巴尔泰勒米这样一个在六月街垒中英勇作战的人绞死,任何人都不会感到特别高兴的。话又说回来,现在谈的不是他一个人,问题还牵涉到库内尔的两个决斗证人。”

“他不会被绞死的。”

“不见得。”一个年轻的英国激进派冷冷地说,他的发型是 à la Jésus〔法语:耶稣式的〕,他一直默不作声,只是用点头,雪茄里冒出的烟,以及某些含混不清的复合元音来肯定马志尼说的话,在这些复合元音中常常是五六个元音压扁了,浓缩在一起,组成一个混合音。

“您好像对此丝毫也不反对似的?”

“我们热爱和尊重法律。”

“是不是正因为如此,”我说,尽量使自己的话带上和善的色彩,“各国人民都尊重英国,而不喜欢英国人。”

“哦耶乌呃①?”那个激进派问,也可能是回答。

“怎么回事?”马志尼打断他。

我告诉了他。

“他们也考虑到了这点,并且得出了相同的结论。”

巴尔泰勒米的这个审判案非常有意思。英国人和法国人的性格很少有机会表现得这么鲜明,而且彼此又这么便于比较。

从决斗的地点开始,一切都很荒唐。他们是在温莎附近决斗的。为此必须先坐火车(这条铁路只通到温莎),再走几十英里才能进入王国腹地的边界,当时,人们通常都是在边界上靠近有轮船、小艇的地方决斗。再说,选择温莎,没有比这更糟糕的地方了:那里有女王的行宫,维多利亚女王心爱的官邸,不用说,在警卫方面,处在严密的监视下。我认为,他们之所以选定这地方,道理很简单,因为法国人在伦敦的所

① 即前面说到的含糊其词的复合元音。

有郊区中只知道里士满和温莎①。

为了以防万一，决斗证人带去了两把剑端锋利的花剑，虽然他们知道对立双方将用枪射击。当库尔内倒下之后，除了一名决斗证人单独走了，因而能平安地逃到比利时以外，其他人都是一起走的，而且临走时也没有忘记把两把花剑随身带走。当他们到达伦敦的滑铁卢火车站时，电报局早就通知了警察局。警察局无须寻找："四个留着大胡子和小胡子的人，头戴制帽，说法语，手携包着的花剑，"他们刚走出车厢就被抓住了。

怎么可能出现这一切的呢？看来用不着我们来教法国人，教他们怎么逃脱警察的追捕。世界上没有警察能比法国警察更凶狠，更机灵，更不道德，在忠于职守上更不知疲倦的了。在路易·非力浦时代，搜寻者和被搜寻者出色地玩尽了各自的花招，每走一步都精确计算过（现在就不需要这样了：警察学会了俄国人那一套，早就胜券在握），但是，要知道，路易·非力浦时代还不甚遥远。那么，像巴尔泰勒米这样聪明的人，像库尔内的决斗证人那样久经沙场的人，怎么会这样疏忽大意呢？

原因都一样：他们完全不知道英国和英国的法律。他们听说，没有warrant〔英语：命令，证，此处指逮捕证〕，不得逮捕任何人；他们还听说有什么*Habeas corpus*〔英语：《人身不受侵犯法》〕②，根据该项法律，只要律师提出要求，警察就得放人，因此他们认为，不妨先回家，乔装改扮一番，然后再去比利时，当第二天早晨，被愚弄的警察（一定拿着警棍，就像法国小说描写的那样）前来抓他们时，看到他们已人去楼空，便惊呼："Goddamn！〔英语：他妈的！〕"，尽管英国警察既不带警棍，英国人也根本不说"goddamn！"

被捕者被关进了萨里郡的监狱。有人开始来探监了，来探监的人

---

① 原文为这两个地名的法语读音。

② 原文是该英文法律的法文读音。

有女士们，以及被打死的库尔内的朋友们。警察当然立刻明白到底是怎么回事，以及事情的经过；不过这也不能说是他们的功劳：巴尔泰勒米和库尔内的敌友双方在饭馆和 public-house〔英语：酒店〕里到处嚷嚷这次决斗的一切细节，不用说，还添油加醋，增加了根本不曾有过和完全不可能有的事。但是警察却**不肯**正式承认他们知道这事的原委，因此，当一些探监者请求让他们会见名叫巴罗内的决斗证人，另一些请求让他们会见巴尔泰勒米的决斗证人时，一名警官便拿定主意对他们说：“诸位，我们根本不知道谁是决斗证人，谁是案犯，侦查正在进行，还没有发现本案的全部真相，请诸位指名道姓地说你们要探视的朋友是谁。”这是伦敦警察给他们上的第一堂课！

最后，巡回法庭来到了 Surrey〔英语：萨里郡〕，指定了开庭的日子，并将由 lord-chief-justice 坎贝尔〔英语：最高法官坎贝尔勋爵〕审理此案，即审理不知被何人所杀的法国人库尔内一案，以及他被杀害的涉案人员。

我当时住在 Primrose-Hill〔英语：樱草山〕附近；在二月天的一个阴冷多雾的早晨，我走出家门，进了摄政王公园，准备穿过公园去乘火车。

这天一直十分清晰地留在我的记忆中。从大雾笼罩着的公园和睡眼惺忪地在水面游动的白天鹅，以及水面上笼罩着的红里透黄的烟雾，直到午夜后很久，我与一位 lawyer〔英语：律师〕坐在摄政王街的伟利饭店喝香槟酒，为英国的健康干杯。一切犹历历在目。

从前我没有见过英国人开庭；中世纪 mise en scène〔法语：演出〕般滑稽可笑，使我们不由得想起那些滑稽歌剧，而不是可敬的传统，但是这一天这可以置诸脑后。

十点左右，坎贝尔勋爵下榻的旅馆门前，出现了第一批滑稽角色，带着两名号手的宣示官，宣喻坎贝尔勋爵将于十时整开庭，公开审讯某案。我们闻言便立刻跑到离我们几步远的审判大厅门口；这时坎贝尔勋爵正坐在镀金的马车里缓缓驶过广场，他戴着假发，他的假发仅在大小和美观上略逊于他的车夫，他的车夫的假发上还戴着一顶很小的三角帽。他的马车后面则跟着二十来个安步当车的律师和辩护士，他们提起长袍，光着脑袋，戴着羊毛制的假发，而且这假发还故意做得尽量不像人的头发似的。在法庭门口，我看到的差点不是最高法官要审讯巴尔泰勒米，而是上帝在审讯库尔内。

法院门口挤着一大群人，警察把他们从审判大厅里驱逐出来，可是后面却以一种超人的力量顶住，结果大家都动弹不得，——无法前进，可是后面的人群在不断增加，警察已经不屑于逐个推挤，他们手挽着手，一下子奋力向前猛攻；前排的人把我挤得气都透不过来了……可是围困者的英勇挤压却接连不断——我们突然被推推搡搡地挤了出来，被抛到大街上，离大门十步远。

要不是一位认识的律师帮忙，我们根本就进不去：大厅里已挤得水泄不通；他穿过几扇另外的门把我们带了进去，我们总算坐定了，擦着汗，查看怀表和钱等有没有丢失。

一个引人注目的情况是，任何地方的人都没有伦敦这么多，这么稠密，这么可怕，可是他们偏偏在任何情况下都不肯排队；英国人为了要得到什么东西，常常发挥他们顽强拼搏的民族精神，拼命往前挤，挤两小时，——哪怕把东西挤坏了也在所不惜。进剧场的时候，这种情况曾多次使我十分吃惊：如果排好队鱼贯而入，他们大概花半小时就可以进去了，但是因为他们蜂拥而入，结果前面的人就被挤到大门的左右两边，这时他们就拿出一股不顾死活的蛮劲，也开始从两边向中间挤，挤那些缓缓移动的中间的人流，其实这样做对他们自己毫无好处，但却似乎在别人的腰上为他们的被挤出了口气。

有人敲门。一位也穿着化装舞会服装的先生喝道：“谁？”“开庭，”门外有人回答；于是大门洞开，坎贝尔穿着皮大衣和某种女式长袍走了进来；他向四面八方鞠了一躬，然后宣布开庭。

对于巴尔泰勒米一案，法庭的看法即坎贝尔形成的看法，自始至终都是清楚的，尽管法国人用尽一切伎俩，想把他引入歧途，使他的看法变坏，他还是坚定不移地固执己见，发生了决斗。一人被打死。两人都是法国人，都是流亡者，与我们有着不同的荣誉观；他们中谁对谁错，很难分清。一人是从街垒战中下来的，另一人好勇斗狠。我们不应当对此置之不理，不予惩罚，但是不应当运用英国法律的全部力量打击外国人，更何况他们全都是十分纯洁的人，虽然他们的做法很愚蠢，但还是高尚的。因此——谁是凶手，我们不予追究；很可能，凶手就是他们中那个逃到比利时的人；对于被告，我们要指控的是他们参与了这件事，因此我们要问陪审员，他们在manslaughter〔英语：杀人〕这个问题上是否有罪？陪审员认为有罪的人，他们在我们手中；我们将给他们判一个最轻的刑罚，然后结束此案。如果陪审员宣布他们无罪，那就让上帝完全跟他们在一起，他们爱上哪上哪。

这一切对两派法国人都像一把利剑！

站在库尔内一边的人，想利用这次机会影响法庭，使巴尔泰勒米身败名裂，虽然没有直接指名道姓，但却明里暗里指出他就是杀害库尔内的凶手。

巴尔泰勒米的几个朋友和他本人则竭力想使巴罗内和他的同伙遭到蔑视和蒙受耻辱，因为在警察侦查中发现了一个奇怪的细节。决斗时用的手枪是向一个制枪工匠借来的，决斗后又还给了他。一支手枪装了弹药。当此案开始审理时，那个制造手枪的工匠拿着那支手枪来了，据他供称，在子弹和火药下面塞了一小块破布，因此这枪根本不能射击。

决斗的情形是这样的：库尔内向巴尔泰勒米开了一枪，没有打中。巴尔泰勒米的雷管完好地响了一声，但是子弹没有射出来，又给了他一根雷管——还是照样。于是巴尔泰勒米扔掉手枪，向库尔内建议用花剑决斗。库尔内不同意；大家决定再开一次枪，但是巴尔泰勒米要求换一支枪，对此库尔内立刻同意了。给了他手枪，一声枪响，库尔内应声倒地，死了。

由此可见，那支还给工匠的装了弹药的手枪，就是巴尔泰勒米原来拿的那支。那块破布从哪来的呢？手枪是库尔内的朋友帕尔迪贡给弄来的，帕尔迪贡参加过 *Voix du Peuple*〔法语：《人民之声报》〕的工作，在六月的日子里受重伤致残。①

如果可以证明，塞进这块破布是有目的的，即对方蓄意杀害巴尔泰勒米，那巴尔泰勒米的敌人就将蒙受奇耻大辱，永远见不得人。

如果能够得到这么愉快的结果，巴尔泰勒米即使去服十年苦役或者被流放，他也心甘情愿。

经侦查后发现，从手枪里掏出的这块布头，的确是帕尔迪贡的：是从他擦皮靴的破布上撕下来的。帕尔迪贡说，他把破布绕在铅笔上，用它擦过枪口，也许在转动破布时掉下来了一块；但是巴尔泰勒米的朋友们问，这块布头为什么是整齐的椭圆形，为什么没有折叠的痕迹呢？……

巴尔泰勒米的敌对方也准备了一大批 à décharge〔法语：辩护的证人〕，替巴罗内及其同伙说话。

他们的策略是，由巴罗内一边的代言人询问库尔内及其他人先前的经历。他们便可乘机把这些人捧到天上，而对巴尔泰勒米及其决斗证人保持沉默。他们以为，只要本国人和同一信仰的人一致沉默，那就

---

① 帕尔迪贡在六月的日子里被捕后，关在杜伊勒里的地下室；关在那里的人大约有五千。那里有霍乱病患者、伤者和生命垂危的人。当政府派遣科尔梅宁前往调查他们的情况时，一打开门，就有一股具有传染性的臭气扑鼻而来，把他和医生都熏得倒退了一步。但是却禁止犯人靠近 soupirail〔法语：换气窗〕。帕尔迪贡被闷得筋疲力尽，抬起头，想吸口气；这个动作被国民自卫军的一名哨兵看见了，告诉他，让他走开，否则他就要开枪。帕尔迪贡的动作慢了点儿；于是这个可敬的资产者就枪口朝下，向他开了一枪；子弹打碎了他的一部分面颊和下颌骨，他倒在地上。晚上一部分犯人被转移到要塞，其中也包括受伤的帕尔迪贡，他的两手捆绑着，被带走了。这时，在卡卢塞尔广场出现了那个著名的警报，国民自卫军吓得彼此开枪，自相残杀；帕尔迪贡因为受伤，已经筋疲力尽，倒下了；他被扔进警局的看守所，被扔在地上，于是他就被绑着两手，仰卧在地板上，被自己伤口流出的血呛得喘不过气来。后来，一个技校的学生发现了他，这学生大骂这些野蛮残暴的人，硬让他们把病人送进了医院。记得，我曾在《法意书简》中说过这件事……但是不妨再重复一遍，免得人们忘了文明的巴黎资产阶级究竟是什么玩意儿。——作者原注

科尔梅宁（1788—1868）：法国法学家和政治家，制宪议会副议长。

在《法意书简》中并未提及此事。

可以在坎贝尔和公众眼中大大抬高一些人和极力贬低另一些人。招募证人是需要花钱的，再说，除此以外，巴尔泰勒米也没有一大帮朋友可以向他们发号施令，让他们这样讲或者那样讲。

库尔内的朋友们，在法庭侦查之前，就善于雄辩地保持沉默。

法庭的一位预审员问一名被捕的证人巴罗内，他是否知道是谁打死库尔内的，或者他怀疑是谁打死的，巴罗内回答道，任何威胁和任何惩罚都不能逼他说出要了库尔内的命的人的名字，尽管死者是他的好朋友。"即使要我在令人窒息的监狱里戴上铁链蹲十年，我也不说。"

一名律师冷言冷语地打断了他的话："这是您的权利；不过话又说回来，您刚才说的话表明，您是知道罪犯的。"

在玩过这一套花招后，他们想以此来蒙骗——蒙骗谁呢？——**坎贝尔勋爵**？我想补充一点他的肖像描写，以便说明他们这样做有多么荒唐。坎贝尔勋爵是一名老法官，他是在他的法官交椅上头发变白，脸上起皱纹的，他能用他那带点苏格兰口音的十分平静的声音念最可怕的 evidences〔英语：证言〕，哪怕最复杂的案情，他也能条分缕析地一一解开，——一小撮巴黎俱乐部的常客居然想蒙骗他……蒙骗坎贝尔勋爵，他说话时从来不提高嗓音，从来不生气，从来不笑，即使在可笑或者印象最深刻的时刻，他也仅止于擤擤鼻子……他生有一张爱唠叨的老太婆的脸，您仔细一瞧，就会在这张脸上清楚地看到某种变形，那种使**小红帽**姑娘①非常不愉快地大吃一惊的变形，这根本不是老奶奶，而是一匹狼，一匹戴着假发，穿着女人的筒裙和四边镶有毛皮的短皮袄的狼。

然而勋爵大人也毫不客气地回敬了他们。

对于那块破布的事，进行了长时间的辩论，帕尔迪贡也做了供述之后，巴罗内的辩护人开始传唤证人。

---

① 法国作家佩罗的童话《小红帽》中的主人公。狼吃了小红帽姑娘的奶奶，摇身一变，变成了奶奶，又吃了小红帽。

首先，出来的是一名老流亡者，巴尔贝斯和布朗基的朋友。他起先有点厌恶地接过《圣经》，然后做了个手势——表示“豁出去”了，——宣了誓，伸长了脖子。

“您早就认识库尔内吗？”一名律师问。

“公民们，”这个流亡者用法语说道，“打从我年轻时候起，我就矢忠于一个事业，我把自己的一生都奉献给了自由和平等的神圣事业……”他打算用诸如此类的话一直讲下去。

但是那名律师阻止了他，转过身来对翻译说：“看来，这证人没听懂我向他提的问题，请您把我的问题翻译成法语。”

在他之后又上来了一批证人。五六个法国人，有的长髯垂胸，有的秃头，有的留着一大把胡子、蓄着尼古拉式的头发，最后还有长发垂肩的人，有的还戴着红领巾，一个跟一个地出来了，纷纷就下面相同的话题发表不同的说法：“库尔内是一个优点胜过他的美德的人，可是他的美德又是可与优点媲美，他是流亡者中的佼佼者，是他这一派的荣誉，他的妻子悲痛欲绝，而他的朋友们聊可自慰的是，像巴罗内和他的同志们这样一些人还依然活着。”

“那您认识巴尔泰勒米吗？”

“认识，他是一名法国流亡者……见过面，但是关于他的情况我一无所知。”说到这里，这名证人用法国人的方式咂了咂嘴。

“请某某证人……”律师说。

“对不起，”老奶奶坎贝尔用软软的同情的语调说道，“不用再麻烦他们啦，让很多证人为已故的库尔内和被告巴罗内说话，我们认为是多余的，我们不认为这两人是很坏的坏人，以致他们的高尚品德和品行端正的行为需要用这样锲而不舍的精神一再予以证明。何况库尔内已经死了，我们根本无须了解他的任何情况，我们的使命是审理他被杀一案；对于我们重要的是与该罪有关的一切。至于被告以往的生活经历，我们并不需要知道，虽然我们同样认为他们是一些非常正派的绅士。至于我本人，我对巴罗内先生也没有任何怀疑。”

“那么，老奶奶，你那狡黠而又微笑的眼神又所为何来呢？”

“那是因为我身居要职，不能用嘴来嘲笑你们，可爱的小孙子们，因此只能用眼睛来笑话你们。”

不用说，在这以后，所有的证人，头发朝下梳的和头发朝上梳的，军人模样的以及围着七彩围巾的，没有听他们作证就统统放走了。

随后，案件审理就快了。

一名辩护律师向陪审团提出，被告都是外国人，完全不懂英国法律，应该从宽处理，然后补充道：

“诸位陪审员先生，请你们想象一下，巴罗内先生对英国如此缺乏了解，当有人问他：‘您知道是谁打死库尔内的吗？’他竟回答，他宁可戴上铁链坐十年牢房，也决不会说出这人的姓名。你们看看，巴罗内先生对英国还抱着某种中世纪的观念：他可能以为，由于他的沉默，他可能被戴铁链，关进牢房，蹲十年监狱。我希望，”他忍不住笑着说，“巴罗内先生因为这个不幸事件虽然失去了几个月的人身自由，但同时却使他相信，英国监狱的状况从中世纪以来已略有改善，而且未必比某些其他国家的情况差。我们还将向被告们证明，我们的法庭也同样是人道的和公正的。”等等。

一半由外国人组成的陪审团认为被告“有罪”。

于是，坎贝尔便转向被告，提醒他们英国法律是严厉的，又提醒他们，一个外国人一旦踏上英国领土，便享有英国人的一切权利，为此，他也应当在法律面前承担同样多的责任。然后他又转而谈到习俗的不同，最后说，他不认为对他们依法从严处理是公正的，因此判处他们监禁两个月。

公众、人民、律师，我们都很满意：原以为会受到严厉的惩罚，minimum〔英语：最少〕也得判处三至四年，甚至连这也不敢想。

谁感到不满意呢？

被告们。

我走到巴尔泰勒米跟前；他板着脸握了握我的手，说：

“帕尔迪贡依旧是清白的,巴罗内……”他说罢耸了耸肩。

当我走出审判庭时,我遇见我认识的一位 lawyer〔英语:律师〕;他跟巴罗内站在一起。

巴罗内说:“宁可让我坐一年牢,也不愿跟这个坏蛋巴尔泰勒米搅和在一起。”

庭审是在晚上十时左右结束的。当我们走到火车站,在月台上我们碰到了好几群法国人和英国人,他们正在大声地七嘴八舌地谈论这一案件。大部分法国人对判决很满意,虽然感觉到,胜利也不属于英吉利海峡那一边。在火车上,法国人唱起了《马赛曲》。

“诸位,”我说,“公正先于一切;这一回让我们唱 *Rule, Britannia!*〔英语:统治吧,不列颠!〕。”

于是唱起了 *Rule, Britannia!*!

二　巴尔泰勒米

过去了两年……巴尔泰勒米又站在坎贝尔勋爵面前,这一次这个阴阳怪气的老人戴了一顶尖顶的黑皮帽,他对他作了另一种宣判。

一八五四年,巴尔泰勒米跟大家更加疏远了;他总在忙着做什么事,很少露面,一个人在悄悄地准备着什么;跟他住在一起的人,知道的情况也不比别人多。我很少看见他;他总是对我表现出很大的同情和信任,但是没有说过任何特别的事。

突然风传一件双料的凶杀案:巴尔泰勒米杀死了一个不知名的英国小商人,后来又杀死了一个企图逮捕他的警察局密探①。他不作任何解释,也无线索可寻。巴尔泰勒米在法官面前一直三缄其口,他在新门监狱也始终不肯开口。他从一开始就对杀死警察一事供认不讳;为

① 这两件凶杀案均发生在一八五四年十二月八日的伦敦;被杀死的商人叫乔治·穆尔,是一家汽水厂的老板,被杀死的第二个人是穆尔的邻居,是一家食品杂货店的伙计,暗中受雇于警察局,名叫科拉尔,他想抓住巴尔泰勒米,扭送警局。

此，他可能被判死刑，因此他也就停留在招认这件事上，因为即使只犯后一桩罪行，他也已经有权（可以说吧）被吊死，因此他极力维护他的这一权利，头一件凶杀案也就不必提了。

我们慢慢地才打听到了下面的情况。巴尔泰勒米准备到荷兰去。巴尔泰勒米穿好行装，一只口袋里揣着经过签证的护照，另一只口袋里揣着手枪，与他同去荷兰的是一个与他同居的女人，他于晚上九点去找一个英国人，一个生产苏打水的工厂老板。他敲过门后，一名侍女给他开了门；主人请他们俩到客厅坐，接着他就带巴尔泰勒米走进自己的房间。

那名侍女听见，谈话逐渐变得激烈起来，后来又变成谩骂；紧接着，她的主人就推开门，把巴尔泰勒米推了出来；于是巴尔泰勒米就从兜里掏出手枪，向他开了枪。那商人应声倒地，死了。巴尔泰勒米夺门而出；那个法国女人吓坏了，在他之前就逃之夭夭了。因而比较走运。那名警局密探听到枪声后就在街上拦住了巴尔泰勒米；他用手枪威胁他，可是那名警察不肯放他走。巴尔泰勒米又开了一枪……这一回多半他并不想打死这名密探，不过想吓唬吓唬他而已；但是他把一只手挣脱出来时，另一只手无意中扣了一下扳机，而距离又那么近，他使他受了致命伤。巴尔泰勒米拔腿飞跑，可是警察们已经发现了他，于是他被抓住了。

巴尔泰勒米的敌人幸灾乐祸地说，这无非是一种杀人越货行径，巴尔泰勒米想抢这个英国人的钱。但是这个英国人根本不是有钱的主儿。如果不是完全疯了，很难想象一个人会在伦敦这样一个人口稠密的街区，在晚上九点，还带着一个女人，公然入室抢劫，——而且这一切就为了抢劫区区的一百英镑（在被害人的柜子里似乎就找到这么多钱）。

在发生这事的前几个月，巴尔泰勒米开了一家工场，制造彩色玻璃；用一种特别的方法在玻璃上喷绘图案、阿拉伯花纹和题词等。他为了申请专利花了大约六十英镑钱，还缺十五英镑，他来向我借，而且很快就如期归还了。显然，这事另有隐情，有某种比普通偷盗更重要的原因……巴尔泰勒米的隐蔽思想，他所向往的事，他的偏执狂，依然存在。他到荷兰去的目的只是为了从那里转道巴黎，——这是许多人都知道的。

面对这样一件血案，只有区区几个人肯动脑筋好好想想；其余的人都吓坏了，齐声指责巴尔泰勒米。在英国被绞死，这不是可炫耀的事，与一个被控犯了杀人罪的人有联系——shocking〔英语：那是要出乱子的〕；他的最亲密的朋友都躲之唯恐不及……

我当时住在特威克南。有一天晚上，我回家时，有两个流亡者在等我。

“我们来找您，”他们说，“是为了向您说明，我们与巴尔泰勒米那件可怕的凶杀案毫无关系；我们曾在一起工作，跟人合伙干活，这情况是常有的。现在有人会说……会想……”

“难道二位从伦敦到特威克南来就为了说明这事吗？”我问。

“您的看法对我们很重要。”

“哪能呢，二位；我本人跟巴尔泰勒米也很熟，而且比二位更糟，因为我跟他没有任何工作关系，但是我并没有与他这个朋友断交。我不知道案情，审判和裁决，那是坎贝尔勋爵的事，我要痛哭的是，这么一个年轻而又精力旺盛的人，这么一个在艰苦的斗争和生活环境中成长起来的才华横溢的人，他的生命竟在他年富力强的时候，就要断送在刽子手的手下了。”

他在监狱中的表现使英国人感到震惊：他沉着、镇静、悲伤但不绝望，坚定但不jactance〔法语：自吹自擂〕。他知道，对于他，一切都完了，他以同样的毫不动摇的镇定自若听取了对他的判决，就像从前他在街垒中冒着枪林弹雨视死如归一样。

他给自己的父亲和心爱的姑娘写了信，他给父亲的信我看了，——没有一句空话，非常质朴，他温柔地安慰老人，仿佛不是在谈他自己似的。

一位天主教神父①，ex officio〔拉丁语：因职务所系〕，曾经到监狱去看望他，他是个聪明而且善良的人，他很同情巴尔泰勒米，甚至向帕默斯顿②请求过改刑，帕默斯顿没有答应。他和巴尔泰勒米的谈话，双方

---

① 这位天主教神父姓鲁。

② 帕默斯顿（1784—1865）：英国首相，曾两次发动侵略我国的鸦片战争，并镇压太平天国革命。

都是心平气和的，充满了人道主义。巴尔泰勒米曾写信给他：“对您的好言相劝，对您的安慰，我万分感激。如果我可以皈依成为信徒的话，当然，只有您能够使我皈依；但是有什么办法呢……我没有宗教信仰！”他死后，这位神父曾写信给我认识的一位太太①：“这个不幸的巴尔泰勒米是一个多好的人啊！如果他能活得再长些，也许，他的心是会向天主的恩典敞开的。现在我为他的灵魂祈祷！”

因为《太晤士报》不怀好意地谈到巴尔泰勒米嘲弄英国郡长的事，所以我更有必要谈谈这件事。

在行刑前几小时，一位英国郡长听说，巴尔泰勒米拒绝接受神父的帮助②，认为自己有责任帮他走上救赎之路，开始喋喋不休地把英国街头免费赠送的廉价传道书中刊载的那些应笃信天主的废话讲给他听。巴尔泰勒米烦透了这位英国郡长的规劝。这位挂着金表链的使徒看出了这一点，于是摆出一副俨乎其然的样子，对他说：

“您好好想想，年轻人，再过几小时，您就不是回答我，而是要回答天主了。”

“您以为怎样，”巴尔泰勒米问他，“天主会讲法国话吗？要不然，我没法回答他。”

这位英国郡长气得脸色发白，而且这种气得脸色发白，一直传到所有的郡长、市长和市参议员们的道貌岸然的脸上，连声叹息或者莞尔微笑，——直到刊登在《太晤士报》这样的大报上。

---

① 这位太太是流亡在英国的德国女作家马·冯·迈森布格(1816—1903)，她也是赫尔岑女儿们的老师。在她的回忆录中有许多重要资料，谈到巴尔泰勒米和他的这一案件，也谈到赫尔岑对他的态度，其中还引用了巴尔泰勒米的狱中来信，以及鲁神父谈到巴尔泰勒米的另一封信。根据这些材料可以断定，这整个案件都是法国政府派来的间谍蓄意挑起的。那个与巴尔泰勒米同居的法国女人，也是拿破仑政府派来的女特务。她在逃跑前窃取了保存在巴尔泰勒米处的许多重要文件，并把这些文件交给了法国政府，她的任务是暗杀流亡国外的法国革命家。

尽管当时的英国陪审团曾联名请求赦免巴尔泰勒米，但还是对巴尔泰勒米作了死刑判决。

② 指对神父进行临终忏悔。

但是并不是以使徒自居的郡长一个人妨碍了巴尔泰勒米在他所追求的严肃而又神经亢奋的状态中死去，而这是一个人生命行将终了时的自然追求。

判决已经宣读了。巴尔泰勒米对一个朋友说，就是要死，他也宁可悄无声息地死，在没有目击者在场的情况下瘐死狱中，也不愿大庭广众地，在刑场上，死在刽子手的手下。“没有比这更容易的了：明天或者后天我给您拿些士的宁①来。”一个人还不够——他托了两个人。当时他被关押在死囚牢里，也就是说看管得很严；尽管如此，过了几天，他的朋友们还是弄来了士的宁，夹在内衣里带给了他。现在就看他有没有发现了。终于确信他发现了……

其中一人很可能引起了怀疑，他耽心被当局追究，想暂时离开英国，他向我借了几英镑做盘缠；我同意借给他。似乎，没有比这更简单的了！但是我之所以要讲这件微不足道的事是为了要说明，法国人的所有密谋是怎样败露的，由于他们不管做什么都爱花里胡哨的 Mise en scène〔法语：舞台调度〕，结果把许多不相干的人都牵连了进去。

星期天晚上，我家照例有许多客人，都是流亡者，有波兰人、意大利人和其他国家的人。这天还来了些女士。很晚我们才坐下来吃饭，大约在八点左右。九时许进来了一位很熟的朋友。他常常到我家来，因此他的出现也不可能惹人注目；但是他的整个脸色都似乎在清楚地表示：“我有话要说，但是我不说！”以致客人都面面相觑。

“您不想吃点什么或者喝杯酒吗？”我问。

“不。”他边坐到椅子上边说，似乎心头压着的秘密使他不胜重负似的。

饭后，他当着所有人的面把我叫到另一个房间，他先告诉我，巴尔泰勒米已经弄到了毒药（这新闻我已经听说了），然后转告我有个人要走，想问我借点钱。

“我很乐意。现在？”我问，“我马上拿来。”

---

① 一种很厉害的毒药。

“不,今天我住在特威克南,明天早晨我还会跟您见面的。我无须告诉您,也无需请求您不要让任何人知道……”

我微微一笑。

当我又走进餐厅的时候,一个年轻姑娘问我:“大概,他谈的是巴尔泰勒米吧?”

第二天,早晨八时许,弗朗索瓦①进来告诉我,有一个他从前没有见过的法国人要求一定要见我。

这就是那个想悄悄离开的巴尔泰勒米的朋友。我披上大衣后走进花园,他在那里等我。我在那里遇见的那个黑头发法国人满面病容,瘦骨嶙峋(后来我才知道,他被关在贝尔岛多年,后来在伦敦 à la lettre〔法语:简直〕饥肠辘辘,食不果腹)。他身上穿着一件破旧的大衣,这大衣不会引起任何人注意,可是他却戴着一顶旅行便帽,脖子上围着一条很大的旅行围巾,在莫斯科,在巴黎,在那不勒斯,这就很惹眼了。

“出什么事了?”

“某某人到您这里来过吗?”

“现在他还在这里啊!”

“他提到借钱的事了吗?”

“这都说定了——钱是现成的。”

“我真的十分感谢。”

“您什么时候走?”

“今天……或者明天。”

谈话快结束时,我们共同的朋友也赶了过来。当这个准备旅行的人走后——

“请问,他来干什么?”当剩下我和他单独在一起时,我问他。

“拿钱。”

“您可以交给他嘛。”

---

① 赫尔岑家的用人。

“没错，可是他想跟您认识认识；他曾经问我，您是否乐意见他，——我又能说什么呢？”

“毫无疑问，我很乐意。不过我不知道他挑的这时间是否合适。”

“难道他妨碍您了？”

“不，怕的是警局是否会妨碍他出逃……”

幸好没有发生这种事。他离开后，他的朋友却起了疑心，怀疑他们弄来的这毒药是否真的有效，考虑来考虑去，把剩下的一点毒药扔给狗吃了。过去了一天——狗还活着，过去了两天——狗还活着。于是他吓坏了，急忙赶到新门监狱，好不容易才隔着铁栅栏见到了巴尔泰勒米，然后抓住时机，对他悄声道：

“你拿到了？”

“是啊，是啊！”

“要知道我很怀疑。你最好别吃了：我拿狗做了试验，——一点不起作用！”

巴尔泰勒米低下了头，然后，抬起来时两眼噙满眼泪，说道：

“你们跟我开什么玩笑！”

“我们再另外给您弄些。”

“不必了，”巴尔泰勒米回答，“听天由命吧。”

从这时起，他就开始做死的准备，再不去想服毒自杀的事，他还写了一篇回忆录，可是他死后没有交给他准备留给他的那个朋友（即已经离开英国的那人）。

一月十九日星期六，我们得知神父拜访帕默斯顿并遭到他拒绝的事。这天之后就是那个令人沉重的星期日……一小批客人面色阴沉地各自走了，剩下我一个人。我上床睡觉，刚睡着又立刻惊醒了。就这样，再过七个、六个、五个小时，他这么一个精力充沛、充满青春活力和激情，身强力壮的人，就要被押赴刑场处死了，被无情地处死，既没有人高兴，也没有人愤恨，可是却有人对此怀着法利赛人①的同情！……教

① 典出《新约·福音书》，意为伪善，假仁假义。

堂钟声开始敲七点钟。现在行刑的队列开始出发，于是卡尔克罗夫特①出现了……巴尔泰勒米的坚强的神经还能为不幸的巴尔泰勒米服务吗？我的牙齿在捉对儿厮打。

十一点，多〔芒热〕②走进我的屋子。

“完了吗？”我问。

“完了。”

“您去看了？”

“看了。”

“其余的让 *Times*〔英语：《太晤士报》〕接着说吧！③”

---

① 卡尔克罗夫特：对巴尔泰勒米执行死刑的伦敦刽子手。

② 伦敦的法国流亡者，赫尔岑儿子的家庭教师。

③ 《太晤士报》的详细报道刊载在一八五五年一月二十三日的这家报纸上，题为《处死杀人犯巴尔泰勒米》。针对这篇文章，神父 Roux〔英语：鲁神父〕发表了《杀人犯巴尔泰勒米》：

致《太晤士报》编辑先生

编辑先生：

我刚拜读完贵报今天关于不幸的巴尔泰勒米临终前最后几分钟的报道——对贵报的报道我可以指出大量奇怪的不够正确的地方，也可以补充许多事。但是，编辑先生，您明白，我作为天主教神父和罪犯的忏悔师，却使我不得不做出极大的克制。因此，我决定不再提就这个不幸的人的最后时刻将要发表的一切（各种倾向的报纸曾向我提出各种各样的问题，我也的确拒绝过回答）；但是我不能对诋毁我的指责保持沉默，这指责是巧妙地借可怜的囚徒之口说出来的，似乎他曾经说过：“我很有教养，没有拿宗教问题来打扰他。”

我不知道巴尔泰勒米是否的确讲过这一类话，他这话又是在什么时候讲的。如果说的是我对他的前三次探监，那么他说的是实话。我太了解他这个人了，所以我不想在取得他的信任以前，就跟他冒冒失失地谈论宗教问题；要不然，我就会发生同样的情形，这是在我之前，其他天主教神父探视他时都曾经发生过的。如果是这样，以后他就再也不肯见我了；但是从第四次探监起，宗教就成了我们经常谈论的话题。为了证明这点，我想指出，在一个星期日的傍晚，我曾与他进行过一次非常热烈的谈话，我们谈的是关于永罚的问题——这是我们的教理，或者不如说，也是他的教理，这也是使他最感苦恼的问题。他也同伏尔泰一样不相信“一个对我们一生的日子倾注了那么多恩惠的天主，在这些日子结束以后，会让我们接受永罚”。

我还可以指出他在上绞架前一刻钟向我说过的话；但是因为这些话除了我自己能证明以外，没有其他旁证，所以我想还不如引用一下他下面的一封信（这封信是他在行刑当天的早晨六点钟写的，也就是按照贵报记者的说法，他正在（转下页）

据*Times*〔英语:《太晤士报》〕报道,当一切准备就绪后,他曾索要曾与他通过信的那个姑娘的信,记得,还有她的一绺头发或者别的什么纪念品。当刽子手走到他身边时,他把这些东西握在手里……当刽子手的几

(接上页)酣睡时写的):"亲爱的神父先生:在我的心脏停止跳动以前,我感到必须向您表达我的感激之忱,感谢您在我生命的最后的日子里以福音书所教导的慷慨的爱对我表现出的体贴与关怀,如果我能皈依基督,一定会由您来完成;因为我曾经对您说过:'我什么也不信!'请相信,我的不信上帝根本不是因骄傲而造成的反抗的后果;我接受您的好言相劝,真心诚意地做着我能够做的一切;不幸的是信仰没有来到我的心中,而命中注定的那时刻却已迫近。再过两小时我就可以了解死亡的秘密了。如果我错了,如果等待着我的未来可以证明您说的话是对的,那,尽管已经有了这个人间审判,我仍不怕直接面对天主,而天主以他的无边的仁慈,当然一定会宽恕我在人世间所犯的罪孽的。是的,我但愿能够分享您的宗教信仰,因为我明白,一个能在宗教中找到避难所的人:,就能在死亡的那一刻,从对另一种生的憧憬中汲取力量,可是我却是一个相信永远消失的人,因此在最后一刻我只能从哲学的思考中(很可能,这种思考是错误的)和人的大无畏的精神中汲取力量了。再一次谢谢您!永别了!艾·巴尔泰勒米一八五五年一月二十二日晨六时于新门监狱。又及:请转告克利福德先生我对他的谢意。"

对这封信我还要补充一点的是,可怜的巴尔泰勒米自己走入歧途,或者不如说,他想用那几句话来使我走入歧途,其实,那些话不过是对人的骄傲的最后让步。

如果这封信再晚写一小时,毫无疑问,这些话也就会自行消失了。不,巴尔泰勒米不是作为一个不信上帝的人死去的;他曾经委托我在他去世的那一刻宣布,他宽恕自己的所有的敌人,并且请求我直到他生命终止的那一刻一直都待在他身边。如果说我与他保持着某些距离,——如果说我始终站在绞刑台的最后一级台阶上,那个中原因当局是知道的。说到底,我根据宗教的法规执行了我的不幸的同胞的最后的遗愿。他在与我诀别时,曾以一种我永生难忘的表情对我说道:"请替我祈祷吧,祈祷吧,祈祷吧!"我全心全意地为他热烈祈祷,我希望那个宣称他出生时就是个天主教徒,他也希望成为一个天主教徒的人,在他最后的时刻能够体会到他无法用言语表达的悔罪感,因为这悔罪感能洗净他的灵魂,并为这灵魂打开永生的大门。

编辑先生,请接受我最深刻的敬意。

鲁神父

一月二十四日,Chapel-house,Cadogan-terrace〔英语:卡多甘坡小教堂〕

鲁神父的这封信发表在一八五五年一月二十五日的《太晤士报》(标题显然是该报编辑部加的)。这封信的原文是法文(从略),由赫尔岑译成俄文,但译文不够准确。

永罚:基督教教义,即好人上天堂,享永福,坏人下地狱,受永罪。

另一种生:基督教教义,指人死后他的灵魂不死,并将在世界末日时接受上帝的最后审判,或升天堂,或下地狱。

名助手走过来把他的遗体从绞刑架上卸下来时，发现他那僵硬的手指仍紧紧握着它们。正如《太晤士报》所说："人类的正义感得到了满足！"

我想，——对此，即使魔鬼也可以满足了。

本来写到这里就可以打住了。但是我希望在我的故事中也像在生活中一样，非但会留下巨人的足迹……而且它附近也会留下驴蹄和猪蹄……的脚印。

巴尔泰勒米被捕后，他没钱请律师；而且他也不想请律师。这时出现了一个无名律师赫林，自愿为他辩护，——很明显，他这样做是为了使他自己一举成名。他的辩护很差劲，但是也不要忘记，这任务十分艰巨：巴尔泰勒米始终保持沉默，不愿让赫林谈主要的事。不管怎么说吧，赫林忙活了一阵，花了时间，操了心。判刑后，赫林到牢房去告别。巴尔泰勒米很感动，感谢他，并顺便对他说：

"我身无分文，除了表示感谢外，我没有任何东西可以报答您的劳动。我想，至少也得给您留点什么做个纪念吧。但是我没有任何东西可以给您。除非我的这件大衣？"

"我将会非常，非常感激。我早就想问您要了。"

"我非常乐意，"巴尔泰勒米说，"不过它破了……"

"噢，我不是要穿它……跟您坦白说吧，我已经把它预售给别人了，而且卖了个很好的价钱。"

"怎么预售了？"巴尔泰勒米很诧异，问道。

"是的，预售给杜莎 madame〔法语：夫人〕① 了，给她的……特种陈列馆②。"

巴尔泰勒米毛骨悚然。

把他押赴刑场的时候，他忽然想起了这件事，便对郡长说：

"啊，我完全忘了告诉您：我的大衣请您绝对不要交给赫林！"

---

① 杜莎夫人（1760—1850）：伦敦蜡像与遗物博物馆的创始人。

② 在杜莎的蜡像馆里有一个陈列馆叫"恐怖屋"，其中陈列着被处死犯人的蜡像及涉案凶器。

第五章 “NOT GUILTY”〔英语:无罪〕

“……昨天西蒙·贝尔纳①医生因奥尔西尼一案在自己的寓所被捕了……”

必须在英国住过几年才能明白这一类新闻有多么惊人……真叫人没法立刻相信……使人心中不由得油然升起恍如在大陆的感觉！……

英国常常会出现,而且相当经常地出现周期性的恐怖,在这人心惶惶的日子里,最好不要与任何东西狭路相逢。一般说,恐怖这东西是残酷无情的,但是也有一个好处,它来得快,去得也快。恐怖这东西不爱记仇,它总是极力让人忘记它。

不要以为,英国人的性格就是谨小慎微、明哲保身、胆小如鼠和惶惶乎不可终日。这是因为有钱而变得脑满肠肥和一心一意就想发财的结果。渗入英国人血液的胆怯,是资本家和小市民带进来的;他们又把自己的病态的惶恐不安传染给了官方世界,而这个官方世界在代议制国家里又总是极力讨好有产者的习俗:选票和金钱。由他们组成的统治阶级,一旦遇到猝不及防的偶发事件,就会惊慌失措,就会毫无羞愧之色地表现出一筹莫展、左右为难的怯懦心理,而且不像法国人那样,用一块巧言令色的褪了色的花手帕来遮丑。

必须善于等待时机;一旦资本清醒过来,对于能够获利已经放宽了心,那么一切又会按部就班地前进。

---

① 贝尔纳(1817—1862):法国医生,巴黎一八四八年革命的参加者。他于一八五八年二月十五日在伦敦被捕。

他们想用抓贝尔纳的办法来平息那位皇帝的愤怒，因为奥尔西尼是在英国的领土上策划和制造自己的炸弹的①。懦弱的让步通常只会激怒对方，非但得不到对方的感谢，反而使严厉的调子变得更严厉，法国报纸的战争威胁火药味更浓了。资本吓得脸色发白，两眼直冒金星，它已经看到，已经感觉到装有螺旋桨的战舰、红色的军裤、红色的炮弹、红色的火光，银行变成了巴黎马比尔夜总会②，墙上还钉有历史标牌："lci l' on danse!"〔法语："这里可以跳舞!"〕怎么办呢？——不仅要交出和消灭西蒙·贝尔纳医生，而且，说不定还要挖平圣贝尔纳山③，并把它消灭，只要红裤子和黑胡子这该诅咒的幽灵消失不见，只要能让这个同盟国④息怒，并转怒为喜，格外开恩。英国最好的气象观察器是帕默斯顿，他能十分准确地显示中产阶级的体温，把"诚惶诚恐"变成 Conspiracy Bill〔英语：反阴谋法案〕⑤。如果这个法案获得通过，那根据这个法律，每个大使馆只要肯卖点力气和热心公务的话，就可以把任何一个与本国政府为敌的人关进牢房，而在另一种情况下则可以把他们押上轮船，引渡回国。

但是，幸亏英伦三岛的体温并不是所有阶层都一样的，于是我们就会看到英国的财富分配法极其英明，它使大部分英国人不必为资本而呕心沥血。倘若在英国所有的人无一例外都是资本家，那，Conspiracy Bill 就会被通过，而西蒙·贝尔纳就会被绞死……或者被发配到卡宴。

刚一听说 Conspiracy Bill，以及它几乎毫无疑问会被通过的时候，

---

① 法国政府间谍确认并证实，奥尔西尼于一八五九年一月十四日在巴黎歌剧院旁企图谋害拿破仑三世的炸弹，就是由贝尔纳医生在英国制造的。

② 巴黎的一家带歌舞表演的咖啡馆，有花园，经常在这里举行舞会和化装舞会，很有名。

③ 阿尔卑斯山的两处山隘，一在意瑞边境，一在意法边境。因与贝尔纳医生同名，所以必须挖平和消灭。

④ 指一七五三至一八五六年的克里米亚战争，英法两国曾结成联军打败俄国。为此，拿破仑三世曾两次访问英国，英国维多利亚女王也曾回访法国。

⑤ 反阴谋法案：又称反谋杀阴谋法案（Conspiracy to Morder Bill），由帕默斯顿于一八五八年二月八日提交英国议会审议。

盎格鲁-撒克逊民族古老的独立自主的感情便油然而生;它感到惋惜,因为英国自古以来就是个避难所,它有这个权利,而且谁没有利用过这个权利呢?从胡格诺派到一七九三年的天主教徒①,从伏尔泰和保利②到查理十世③和路易·非力浦④,英国人并不特别喜欢外国人,对被放逐的人则尤甚,他们认为这些人全是穷光蛋,——而这一罪过他是不能原谅的,——但是他对庇护权仍坚持不渝;他不允许有人触犯这一权利而不受到惩罚,就像他不允许有人触犯集会权和图书出版自由一样。

帕默斯顿在提出 Conspiracy Bill 时自以为,而且很有把握地以为,不列颠精神已经衰落;他只想到一个阶级,那个强势群体,而没有想到另一个阶级,那个人数众多的群体。

在法案付诸表决的前几天⑤,伦敦贴满了海报:因反对通过这个新法律而成立的委员会,邀请社会各界下星期日在 Hyde Park〔英语:海德公园〕举行群众大会;会上,委员会想提出一份致女王的请愿书。这封请愿书将要求女王宣布帕默斯顿及其同伙为祖国的叛徒,把他们交付法庭审判,如果该法律获得通过,则请求女王运用授予她的权力,拒绝该法律。因为预料到公园中的人数将会很多,委员会只好宣布不发表演说了;至于请愿书提出的各条,委员会已经作出安排,用电报代码公布,供各界讨论。

谣言蜂起,到处传说,工人和英国各地来的年轻人将在星期六举行集会,又说火车将把义愤填膺的数万名群众运到伦敦来。可望召开一个二十万人的群众大会。警局又能怎么来对付这些群众呢?利用军队

---

① 指一七九三年法国革命时逃亡英国的法国天主教徒。

② 保利(1725—1807):科西嘉的爱国者,曾为科西嘉的独立而斗争,一七六九至一七九〇年流亡英国。

③ 查理十世(1757—1836):法国路易十六之弟,一七八九年革命后流亡国外,直至复辟。一八二四至一八三〇年的法国国王,革命后流亡英国。

④ 法国一八四八年二月革命后,逃亡英国。

⑤ 该法案于一八五五年二月十九日付诸表决。

来驱散合法的、没有武器的群众集会，而且他们集会的目的是向女王请愿，这是不可能的，而且对此还必须使用 Mutiny Bill〔英语：反叛乱法〕①；因此应当不让举行这样的群众集会。于是乎星期五米尔纳-吉布森②便在议会上发表演说，反对帕默斯顿提出的法律。帕默斯顿很自信，自以为胜券在握，因此微笑不语，等着点票。在未来的群众大会的影响下，帕默斯顿的一部分拥护者投票反对他，当米尔纳-吉布森这边的票数超过三十票居多数时③，他以为点票人说错了，又问了一遍，并要求发言，可是他什么也没有说出来，而是惊慌失措地说了几句语无伦次的话，边说还边强作笑颜，然后坐到椅子上，周围则是震耳欲聋的敌对的掌声。

再开群众大会已是不可能了，再没有理由从曼彻斯特、布里斯托尔、泰恩河畔的纽卡斯尔等地赶来了……conspiracy Bill 完蛋了，跟它一起完蛋的……还有帕默斯顿及其同伙。

谈吐高雅和古板守旧的德比④内阁（它既具有迪斯累利⑤的犹太人手法，又具有卡斯尔雷⑥巧妙的外交手腕）取代了他们。

星期日，二时许，我专程去拜访米尔纳-吉布森夫人；我想对她表示祝贺；她就住在海德公园近旁。开会的海报已被取下，一些搬运工在走来走去，背上和胸前别着铅印的通告：鉴于法律已被否决和内阁已经倒台，群众大会将不再举行。尽管如此，既然邀请了二十万客人前来参加大会，公园不可能保持空空如也。仍旧到处人头攒动，发表演说的人

---

① 该法是宣布英国或其部分地区处于紧急状态的法律；只有在这种状态下才可动用武力来维持秩序。

② 米尔纳-吉布森（1806—1884）：英国议会中的曼彻斯特派（一个主张贸易自由的政治派别）的领导人之一，同情欧洲解放运动。

③ 帕默斯顿的反阴谋法于一八五八年二月十九日以 234 票对 215 票的多数被否决。

④ 德比（1799—1869）：英国政治家，保守党领袖，曾三次出任英国首相，这次指他一八五八年第二次组阁。

⑤ 迪斯累利（1804—1881）：英国保守党领袖和思想家，犹太人，曾在德比内阁任财政大臣。

⑥ 卡斯尔雷（1769—1822）：英国政治家，一八一二至一八二二年任英国外交大臣。

站在椅子上和桌子上，在发表演说，群情激昂，几名警察像腼腆的少女似的走来走去，一群群孩子在扯开嗓子高唱："Pop, goes the weasel!"〔英语："砰的一下，黄鼠狼跑了！"〕忽然有人指着一个法国人的干瘦的身影（留着小胡子，戴着破礼帽），叫道："A french spy!..."〔英语："法国奸细！……"〕孩子们立刻跑过去，跟在他身后。那名奸细吓坏了，想要开溜，但是一个大马趴跌倒在地，他已经不是用两条腿在走路：他被孩子们拖着走，边拖边欢呼："French spy，把他抛进蛇形湖①去！"把他拖到岸边后，又把他泡在湖里（这事发生在二月），然后把他提出来，放在岸上，发出一片哄笑声和口哨声。那个法国人像个落汤鸡似的，浑身发抖，在沙地上挣扎，在公园里大喊："马车！马车！"

就这样过了五十年，在海德公园又重演了屠格涅夫笔下"淹死法国佬"那著名的一幕②。

审问贝尔纳一案之前，加了一个 à la Pristnitz〔法语：普里斯尼茨式的〕③的序幕，说明人民的义愤已遍及社会各阶层。英国人民的确很生气，因而从这个污点中拯救了祖国，要不然斯·穆勒说的 conglomerated mediocrity〔英语：抱成团的平庸之道〕肯定会使它遭受奇耻大辱。

英国只有在最充分地保持自己的权利和自由的时候才是伟大的和可以容忍的，但是这些权利和自由不能同唱一个调，都穿上中世纪的服装和清教徒式的大褂，而是允许生活拥有足以自豪的独立性，同时又毫不动摇地坚信自己的所作所为是合法的和有法可依的。

英国人民凭本能理解的东西，德比也像帕默斯顿一样不予重视。德比关心的事是让资本家放心，同时尽最大努力使怒不可遏的同盟国作出让步；他想对这个同盟国证明，即使没有 Conspiracy Bill，他也能创造奇迹。他在过分的巴结中犯了两个错误。

---

① 伦敦海德公园的一个池塘。

② 参见屠格涅夫《猎人笔记·独院地主奥夫相尼科夫》：在一八一二年卫国战争时，斯摩棱斯克的农民差点把一个被俘的法国人莱恩先生丢进冰窟窿里淹死。

③ 普里斯尼茨（1799—1851）：水疗法与水疗机构的创始人。

帕默斯顿内阁要求审判贝尔纳，指控他犯了 misdemeanour〔英语：行为不端罪，轻罪〕，即指控他行为不检，犯了欺诈罪，即不致遭到严厉惩罚的罪行，大不了判三年监禁，因此无论是陪审员，还是律师，还是公众对此案并不特别关心，尽管此案的结果很可能对贝尔纳不利。德比却要求判 felony〔英语：重罪〕，即按刑事罪来审判贝尔纳，这就使法官在对他作出有罪判决时有权判处他绞刑。这样做是不可以的；此外，在罪犯接受审判时扩大他的罪名，也同英国人的法治观念大相径庭。

在奥尔西尼行刺未遂后，帕默斯顿害怕得不得了，竟抓住某个名叫亚当斯的一本无害的小书不放，作者在这本书中探讨了什么时候 tyrannicide〔法语：谋杀暴君〕是可以允许的①，什么时候不行，于是帕默斯顿便将这本书的出版商特鲁洛夫②送交法庭审判。

整个独立的报刊界都对这种迎合大陆③的作风义愤填膺。迫害这样一本小册子是毫无意义的：英国并没有暴君，而在法国没有人会知道这么一本用英文写的小册子，再说诸如此类还不如它的东西每天在英国出版得还少吗？

德比以他的托利党和参加赛马的老习惯总想赶上帕默斯顿，如果可能的话，还想超过他。费利克斯·皮亚用革命公社的名义写了一份宣言，为奥尔西尼辩护；但是这份宣言谁也不肯出版；于是波兰的被放逐者特霍尔热夫斯基④把自己书店的名字印在了皮亚的宣言书上，德比下令没收这本小册子，并将特霍尔热夫斯基移送法庭审判。

整个盎格鲁-撒克逊人的血，只要其中的铁质还没有被黄金所替代，因为这个新的侮辱，都涌向了脑海，苏格兰、爱尔兰，不用说，还有英格兰（除了两三家被豢养的报刊以外），所有的报刊都认为这些压制言

---

① 亚当斯：英国政论家，因奥尔西尼行刺拿破仑三世，出版了一本题为《谋杀暴君是合理合法的》（*Tyrannicide is justifiable*）的小册子。

② 特鲁洛夫：英国社会活动家，曾在伦敦出版过一些内容激进的书籍。

③ 指迎合法国。

④ 特霍尔热夫斯基：波兰流亡者，他在伦敦开了一家书店。

论自由的做法是对图书出版自由的有罪侵犯，它们质问政府这么做理智是否完全健全，或者它发疯了？

正是在政府迫害引起群情激愤的有利气氛中，在 Old Bailey〔英语：老贝利〕①开始了对贝尔纳的审讯。正如我们当时在《钟声》上所说，这是英国“司法界的滑铁卢”②。

我从头至尾密切注视着贝尔纳一案，在 Old Bailey 开庭，我每次必到（只有一次我迟到了大约两小时），而且至今不悔，巴尔泰勒米的第一次审判和现在的贝尔纳诉讼，十分明显地向我证明了，在司法方面，英国比法国要成熟得多。

为了指控贝尔纳，法国政府与英国内阁采取了许多非常措施，为审理此案，两国政府耗资多达三万英镑，即多达七十五万法郎。一大批法国间谍住在伦敦，为了说一句话，为了在必要时做好一切准备，不断往来于巴黎与伦敦之间；还把家属都叫了来，此外还有医生、马夫、典狱长、女人和孩子……而且这些人还都住在收费高昂的旅馆里，每天发一英镑（二十五法郎）的生活费。恺撒吓坏了，迦太基人也吓坏了！③ 而这一切，愁眉不展的、笨拙的英国人无不看在眼里，心里明白，因而在侦讯期间，在干草市场和考文垂街一直用孩子们的起哄、吹哨和掷烂泥来对付法国间谍；英国警察只好不止一次地替他们解围。

埃德温·詹姆斯④便是把自己的辩护词建立在这种对政治间谍和他们无礼侵入伦敦的憎恨上的。很难想象他是怎样对付那些英国密探的。我不知道，Scotland Yard〔英语：苏格兰院子〕⑤或者法国政府找到了

① 此处借指坐落在老贝利监狱内的最高刑事法庭。

② 此案于一八五八年四月十七日在坐落于伦敦老贝利监狱内的最高刑事法庭开审。简讯《一八五八年四月十七日的滑铁卢》，刊登在一八五八年五月一日的《钟声》上，对于审判员宣布贝尔纳无罪，赫尔岑把这事称之为“和平的滑铁卢”。

③ 恺撒指拿破仑三世，迦太基人指英国统治者。

④ 詹姆斯（1812—1882）：英国律师，一八五八年审讯奥尔西尼行刺拿破仑三世一案中贝尔纳的辩护人。

⑤ 伦敦街名，刑事警察厅所在地，后来即以此称刑事警察厅本身。

什么办法，借以弥补詹姆斯迫使他们忍受的那份洋罪。

一个名叫罗杰斯的人证明，贝尔纳曾在莱斯特花园俱乐部说什么什么了，意即拿破仑已离死期不远。

“当时您也在那儿？”埃·詹姆斯问。

“是的。”

“那么说，您也搞政治？”

“不。”

“那您干吗常到政治俱乐部去？”

“因为职务关系。”

“不明白，这算什么职务？”

“我在理查·迈因爵士①手下做事。”

“啊……怎么，给过您什么指示吗？”

“是的。”

“什么指示？”

“要我听大家在说什么，然后向上级禀报。”

“您为此就能拿到薪金？”

“是的。”

“那么，您是密探，a spy〔英语：一个特务〕？您早该告诉我嘛。”

英国王家代理人菲茨罗伊·凯利站起来，请求坎贝尔勋爵（他是奉命审判贝尔纳的四大法官之一）保护证人，使他们不致受到律师的恶语相加（以无礼的称呼称呼他们）。坎贝尔以他一贯的冷静态度劝告埃·詹姆斯，请他不要恶语相加，侮辱证人。詹姆斯提出抗议：他丝毫没有侮辱他的意思；“‘spy’一词，”他说，“plain english word〔英语：完全是个英文词〕，是他担任的职务的名称”；坎贝尔说，还是换种说法为好；律师找来了一部对开本的大词典，读了“密探”这个词。“密探是警察局花钱雇来的用于窃听的人，等等，”接着他又补充道，而罗杰斯刚

① Metropolitan Police〔英语：伦敦警察厅〕厅长。——作者原注。

才说，他从理查·迈因爵士（这时他摆头指了指理查·迈因本人）那里领到了钱，因此他到俱乐部去窃听，然后把那里在做什么报告上级。因此他请求勋爵原谅，他没法对这个人换一种称呼，接着他又转身面向那个大厅里所有的眼睛都在看他的坏蛋，那人则在第二次擦拭他脸上渗出的汗：

“密探罗杰斯，您大概也从法国政府那里领取薪金吧？”

被拷问的罗杰斯大怒，回答道，他从来不替任何专制政府办事。

接着，埃德温·詹姆斯便面向公众，在一片哄笑声中说道：

“我们的 spy Rogers〔英语：密探罗杰斯〕拥护代议制政府。”

在追问拿了贝尔纳信件的间谍时，他问他：他同谁一起去了？（侍女供称，他不是一个人）。

“跟我舅舅。”

“您舅舅是干什么的？”

“他是公共马车的乘务员。”

“他干吗跟您一起去呢？”

“是他请我带他去的，因为他从来没有见过怎么抓人或者搜查文件。”

“您这位舅舅的好奇心还真强啊。再顺便问问，您在贝尔纳医生家找到了一封奥尔西尼的信；这封信是用意大利文写的，可是您拿来的却是这封信的译文；该不是您舅舅翻译的吧？”

“不，这封信是乌比奇尼①翻译的。”

“他是英国人？”

“英国人。”

“我从来没听说过英国人有姓这个姓的呀。怎么，这个乌比奇尼先生是做文字工作的？”

“翻译是他所担任的工作。”

“那么说，您的这位朋友跟罗杰斯密探一样，也在理查·迈因手下

---

① 好像是叫这个名字。——作者原注

做事（他又摆头指了指理查爵士）？”

“没错。”

“您该早告诉我嘛。”

对法国密探他还没有穷追猛打就发展到这个地步，虽然他们也出尽了洋相。

最令我感兴趣的是他让一个证人出庭作证，这人是个饭店老板，是个法国人或者比利时人，他要问他一个并不重要的问题，他忽然打住了，转身向坎贝尔勋爵说：

“我要问这证人的问题是这一类的，他可能当着法国间谍的面难以回答。我请您让他们暂时回避一下。”

“Huissier〔法语：法警，执达吏〕，请法国间谍回避一下。”坎贝尔说。

于是身穿绸袍，手拿警棍的 huissier 把一打蓄着大胡子和怪模怪样的小胡子，挂着金表链，戴着宝石戒指的特务带出了挤得水泄不通的法庭。在整个法庭忍俊不禁，差点没有哄堂大笑的护送下，单是这样的退场就够有意思的了！

诉讼过程大家已耳熟能详，兹不赘述。

当证人询问完毕，公诉人和辩护人都已发表过演说以后，坎贝尔宣读了全部 evidence〔法语：证人的证词〕，并对案情冷冷地做了总结。

坎贝尔宣读了大约两小时。

“他的胸腔和肺活量还真行！……”我对身旁的一名警察说。

那名警察带着一种自豪感看了看我，接着又把鼻烟盒送到我跟前，说：

“这对他又算得了什么！审判帕尔默时①，他宣读了六个半小时，也没什么——他还真行！”

英国人的体质真强。他们怎么会拥有这样的体力，而且能坚持这么

① 帕尔默（1824—1856）：英国医生。曾轰动一时的帕尔默一案的审理过程，发生在一八五六年五月。帕尔默被控毒死了自己的朋友，意在攫取他的文件和其他贵重物品；虽然他是否有罪并未得到完全证实，他还是被判处了死刑，而且斩立决。

长时间——实在令人费解。我们简直无法想象一个人能有这样的活动能力和进行这样长时间的工作，尤其是在上层的三个阶级中。比如说，坎贝尔在十点整到达 Old Bailey，一直到两点，他都在不断地主持庭审。两点，法官们退庭休息一刻钟或二十分钟，然后又一直待到五点或五点半。坎贝尔还亲手记录全部 evidence。当天晚上他还要到上议院开会，照例要发表冗长的演说，其中照例还夹杂着许多不必要的拉丁语引文，可是他的发音怪怪的，恐怕连贺拉斯本人也听不懂他自己的诗句。

格莱斯顿在两次执掌财政大权的间隙，用一年半时间，写出了对荷马的注释①。

而永远年轻的帕默斯顿常常骑着马，出入各种晚会和宴会，到处笑容满面，到处谈笑风生，像有使不完的劲似的，在考试和颁奖的时候卖弄一下他的学识渊博，——在席间致祝酒词的时候则卖弄一下他的自由主义、民族自豪感和高尚的同情心，——这个帕默斯顿除了主持自己的内阁外，还部分操纵着所有其他部门，包括议会！

这种身强力壮和精力旺盛的工作习惯——是英国人的体质、教养和英国气候的一大秘密。英国人学得慢，学得少，学得晚，从小时候起就喝葡萄酒和雪利酒，爱大吃大喝，因此身强力壮，结实得同石头一样；他们不做学校的体操，不做德国式的 Turner-Übungen〔德语：操练〕，他们爱骑着马跳越篱笆和围墙，爱驾驭各种马，爱划各种小船，并善于在拳击中把对方打得鼻青眼肿，十分狼狈。可是与此同时，生活却被纳入人们自古以来就走惯了的康庄大道，从某个出生之日起，便循着一定的林阴道，走到一定的埋葬地；他们生活中很少出现感情的波澜。英国人失去自己的财产甚至比法国人得到自己的财产态度还平静，还不爱声张；他们开枪自杀，甚至比法国人从日内瓦坐车到布鲁塞尔还简单。

---

① 格莱斯顿（1809—1898）：英国首相和自由党领袖。此前，曾两次出任财政大臣（1852—1855，1859—1866）。他终生坚持研究古希腊罗马著作，一八五八年在牛津大学出版他的三大本巨著 *Studies on Homer and the Homeric Age*（《荷马和荷马时代研究》）。

“Vous voyez, vous mangez votre veau froid chaudement〔法语:您瞧,你们是热烈地吃你们的冷牛肉〕,”一个英国老人说,他想向一个法国人说明英国人的性格与法国人的性格有何不同,“et nous mangeons notre beef chaud froidement〔法语:而我们是冷静地吃我们的热牛排〕.”所以他们才能活到八十高龄……

……在我回过头来讲开庭的情况以前,我想说明一下,为什么那名警察要请我闻鼻烟。在开庭的头一天,我坐在速记员席上;当把贝尔纳带上被告席时,他瞥了一眼挤满了人的法庭,——没有一个认识的人;他垂下眼睛,向四周望了一眼,遇见了我的视线,向我微微点了点头,仿佛在问,我是否愿意承认认识他;我站起来,友好地向他鞠了个躬。这是在开庭之初,亦即正值四周鸦雀无声的时候,这时每一个窸窣声都能听见,每一个动作都能看见。桑德斯,英国 detective police〔英语:暗探局〕的头头之一,跟他手下的一个什么人悄声说了一句什么话,命令他监视我,也就是说,他很简单地用手向一个暗探指了指我,这以后,这暗探就须臾不离我的左右。我对这位长官的青眼有加简直有说不出的感激。在法官休息时,我出去了一刻钟,到外面的小酒馆喝了一杯啤酒,回来时竟找不到座位了,那警察就点头招呼我,告诉我哪里可以就座。或者我在门口被另一名警察拦住,这警察便向他略一示意——那警察就放我进来了。最后,还有一次,我把礼帽放在窗台上忘了,后来因为人群拥挤,我就与它完全隔绝了。当我想起来时,已经没有任何可能再挤进去了;我微微踮起脚尖,想张望一下,看有没有什么缝隙可以钻过去,但是那警察却让我尽管放心。

“您大概在找礼帽吧?我替您拿了。”

由此不难理解,为什么他的同事会请我闻红褐色的苏格兰鼻烟了。

跟这名暗探的愉快相识,甚至在以后也给我带来了不少好处。有一回,我在特鲁布南①那里买了几本书,我坐上公共马车就把书忘在马

---

① 特鲁布南(1817—1884):英国出版商,曾出版过赫尔岑的著作。

车上了;半道上我才想起来,可是公共马车已经开走了。我再回到城里的马车站;我那名暗探就过来向我鞠了个躬。

"看见您我很高兴;请问,怎么才能尽快找到我的书?"

"这辆公共马车叫什么?"

"叫什么什么。"

"什么时候?"

"就刚才。"

"小菜一碟,能找到。"果然,一刻钟后,书就回到了我的身边。

菲茨罗伊·凯利夹杂着愤怒,宣读了干巴巴而又 cassant〔法语:生硬的〕起诉书;坎贝尔宣读了 evi dence〔英语:证据〕,之后,于是陪审员退庭。

我走到律师席前,问一位熟悉的 solicitor〔英语:律师〕,问他对本案有何高见。

"不妙,"他说,"我几乎十拿九稳,陪审团的裁决肯定对他不利。"

"糟透了。难道要把他……"

"不,我倒不这么认为,"那位律师说,"可能会被驱逐出境;一切都取决于法官。"

法庭里人声鼎沸,充满了大笑声、说话声和咳嗽声。一位市参议员取下身上戴的金表链,给女士们看;这根粗粗的表链从一双手传到另一双手。"难道没人会把它偷走吗?"我想。过了大约两小时,响起了打铃声;坎贝尔又走了进来,波洛克①也进来了——这是一个老态龙钟的瘦老头,他以前曾当过夏洛特王后②的律师,此外,还进来了两位法官同僚。Huissier〔法语:法警〕向他们报告,陪审团已取得一致意见。

"请陪审团出庭!"坎贝尔说。

法庭里顿时鸦雀无声;我看着四周:人们的脸色都变了,变得更苍

---

① 波洛克(1783—1870):英国司法家。

② 夏洛特王后(1768—1870):英王乔治四世的王后。

白,更严肃了,眼睛像火一般燃烧,女士们在发抖。在这一片寂静中,在这样的人头攒动中,问话和宣誓的仪式也显得异常庄严。贝尔纳两手交叉,抱在胸前,镇静地站着,脸色比平时略显苍白(在整个庭审过程中,他的表现都很从容)。

坎贝尔用低低的,但是听得见的声音问道:“陪审团的意见是否一致?他们有没有推举什么人出来发言?是谁?”

他们推举了城区的一位不很富有的裁缝。

当他宣过誓,坎贝尔站了起来,说法庭正在等候陪审团的决定之后,我的心停止了跳动,呼吸感到困难。

“……面对上帝和被告席上的被告……我们宣告被指控参与一月十二日谋杀拿破仑①犯有杀人罪的西蒙·贝尔纳医生,”他提高了嗓门,大声加了一句:“not guilty〔英语:无罪〕!”

出现了几秒钟的沉默,然后传来一片长吁短叹声,在这之后则是一阵疯狂的大呼小叫,噼噼啪啪的鼓掌声和雷鸣般的欢呼声……女士们挥舞手帕,律师们站到自己的长凳上,男士们则涨红了脸,腮帮上滚动着泪珠,声嘶力竭地欢呼:“乌拉!乌拉!”过了大约两分钟,法官们对这种不敬的表现似有不满,命令 huissiers 立即恢复肃静;两三个可怜的拿警棍的人挥舞着手,嚅动嘴唇作吆喝状;喧哗声并没有停止,也没有减弱。坎贝尔走了出去,他的几位同僚也尾随其后。对此谁也没有理会;喧哗声和喊叫声在继续。陪审团胜利了。

我走到台前祝贺贝尔纳,我想跟他握手,可是,不管他怎么弯下腰,也不管我怎么踮起脚尖,我还是够不着他的手。突然有两位不认识的穿着长袍、戴着假发的律师,对我说道:“请稍候,等等。”接着,也不等我回答,就抓住我,让我挤近些,让我可以够到他的手。

喊叫声刚一开始安静下来,突然,一股像汹涌澎湃的大海般的声浪,猛地冲来,撞在法庭的四堵墙上,接着又发出一片哗啦啦的响声,冲

① 在巴黎行刺拿破仑三世的事,发生在一八五八年一月十四日。

进了所有的窗户和房门;这是楼梯上和过道屋里发出的呼叫声;这呼叫声渐渐退去,又渐渐临近,四处泛滥,越来越大,终于汇集成一片不绝于耳的轰响:这是人民的欢呼。

坎贝尔又走进来宣布,贝尔纳在本案中无罪释放,接着便与自己的"法官同僚们"退庭。我也离开了法庭。这是那罕有的时刻之一,这时一个人会满怀着爱看群众,这时一个人会觉得跟群众在一起十分舒畅……因为这次有陪审团参加的裁决,因为这次欢乐,英国的许多过错都被原谅了!

我走出法庭;街上到处是人。

从一侧的小胡同走出来一个运煤工人,他看了看人群,问道:

"结束了?"

"结束了。"

"什么结果?"

"Not guilty〔英语:无罪〕。"

那个运煤工人放下缰绳,摘下把大帽檐戴在后面的皮帽,把它向上抛去,用发狂般的声音高呼:"乌拉! 乌拉!"于是人群也齐声应和:"乌拉!"

这时从 Old Bailey 的大门里,在警察的掩护下,陪审团走了出来。人们都向他们脱帽致敬,欢迎他们,并不断发出赞许的欢呼声。警察根本无需替他们清道——人群自动让开了道;陪审团向舰队街的小酒馆走去,人们簇拥着他们,他们走过时,人群越聚越多,向他们高呼乌拉和把礼帽抛到空中。

这事发生在五时许;七点钟,曼彻斯特、利物浦等地的工人都手擎火炬,跑上了大街,向居民们报告贝尔纳获释的消息。这消息是他们的朋友打电报告诉他们的;从四点起,人们就在电报局外排起了长队。

英国就这样庆祝本国的自由取得的新胜利!

在帕默斯顿内阁因 Conspiracy Bill〔英语:反阴谋法案〕而倒台,以及德比内阁因贝尔纳一案而受挫之后,由政府策划的针对那两本小册子的诉讼也就变得不能成立了。如果贝尔纳被定了罪,处以绞刑或被驱逐出境二十年,而社会舆论对此表示冷漠的话,那为了使供品周全,将两三名图书出版界的以撒开刀祭献也就轻而易举了。① 法国间谍已经在磨刀霍霍,想对其他小册子下手了,其中也包括马志尼的那封"信"②。

但是贝尔纳被无罪开释这事并没有结束。对陪审团的欢呼,Old Bailey 兴高采烈的大轰大嗡,遍及全英国的欢腾气氛,都预示着不会有好结果。小册子一案被移送 Queen's Bench〔英语:王家刑事法庭〕。

这是想给被告定罪的最后一次尝试。Old Bailey 的陪审团似乎并不可靠,严格主张自己权利的城区居民,在传统上就带有反对派的色彩,自然得不到他们的信任,可是 Queen's Bench 的陪审团却来自伦敦西区——大部分是有钱的商人,严格遵循维护秩序的金科玉律和发财致富的老传统。但是在听了那个裁缝的裁决之后,对这个 jury〔英语:陪审团〕似乎也很难指望。

况且伦敦和全王国的整个报刊界(除了不多几家明显卖身投靠的报纸以外),不分党派,都奋起反对侵犯图书出版自由。他们纷纷召开群众大会,纷纷成立委员会,组织基金会,以防万一政府得手,给出版人判刑,便可以制造借口,课以罚金和支付其他费用;他们还写了各种公开信和请愿书。

案件变得一天天难办和更加荒唐了。法国穿着 couleur garance〔英语:红色〕的大灯笼裤,歪戴着军帽③,从英吉利海峡对岸虎视眈眈地注视着为保卫它的主人而掀起的这场官司将如何结束。释放贝尔纳使它很生气,于是它枪上膛,剑出鞘,骂骂咧咧,像那个军曹④一样。

---

① 典出《旧约·创世记》第二十二章。上帝要试验亚伯拉罕,让他带着他的独生儿子,他所爱的以撒,到他所指定的山上,把以撒献为燔祭。亚伯拉罕为了表示他对上帝的信有多么强烈,同意了,还当真把儿子绑起来,要动手杀他。赫尔岑以此比喻英国政府为了讨好拿破仑三世,决定向出版流亡者著作的出版商提起诉讼,实行政治迫害。

② 赫尔岑大概是指一八五八年马志尼写的《致路易·拿破仑的信》。

③ 法国步兵制服。

④ 指拿破仑一世,军曹是他的诨名。

心变得更麻木，
烦恼加重了……①

资本像银币般脸色苍白地望着政府——政府则像镜子般反映着它的恐惧。但是坎贝拉和超凡脱俗的司法当局却对此毫不理会。他们只知道一点：反对图书出版自由的案件有悖整个民族精神，严厉的判决只会使他们大失人心，激起可怕的抗议。他们只能判处一点微乎其微的惩罚，判处一文钱的罚款，判处一天的监禁……可是歪戴着军帽的法国却会把这样的裁决看成是对它的人身侮辱。

如果陪审团宣判特鲁洛夫和特霍尔热夫斯基无罪，那会更糟；那时候全部罪责就会落到英国政府头上，为什么它不命令伦敦的地方长官或者市长勋爵，从 service de sûreté〔法语：秘密警察〕，起码也应当从秩序的朋友里……指定陪审员。嗯，于是紧接着便是：

Tambourgi！Tambourgi！They larum afar...
〔英语：鼓手们！鼓手们！他们在远处敲起警报……〕

这种走投无路的绝境，女王的内阁大臣及其代言人还是知道得很清楚；如果在英国可以搞英国人称之为“苦迭打”②，法国人称之为 coup d'Etat〔法语：政变〕③的勾当，他们大概也会如法炮制的，何况那位善于随机应变、狡兔三窟而又无懈可击的新老帕默斯顿的前车之鉴记忆犹新呢……

造物主啊，做一个成熟国家的皇帝
有多麻烦啊！④

开庭的日子到了。

---

① 引自奥加略夫的诗《乡村更夫》（1840）。

② 英语 coup d'etat 的音译，意为政变。

③ 指路易·拿破仑一八五一年发动的政变。

④ 典出格里包耶陀夫的《聪明误》（第一幕第十场），略有改动。原话是这样说的：“造物主啊，做一个成年女儿的父亲有多麻烦啊！”

前一天,我们的博〔特金〕到 Queen's Bench 给了一个警察五先令,让他明天带他进去。博〔特金〕笑着,搓了搓手;他相信,我们要么进去后没有座位,要么根本不让我们进门。有一点他没有考虑到,Queen's Bench 的审判庭根本就没有门,只有一个大的拱形通道。我比坎贝尔早到一小时,人还不多,我找到了一个好位子。过了大约二十分钟,我看到博〔特金〕走了进来,东张西望,在心神不定地寻找什么。

"你要干吗?"

"我在找我那位警察,老弟。"

"找他干吗?"

"他不是答应给我留个位子吗?"

"得了吧,这里有一百个位子,你可以随便坐。"

"这警察骗人。"博〔特金〕笑着说。

"他骗你什么啦?不是有位子吗。"

不用说,那名警察没有露面。

特霍尔热夫斯基和特鲁洛夫在进行热烈的谈话,参加一起谈话的还有他们的律师;最后,特霍尔热夫斯基向我转过身来,递给我一封信,说:

"您对这封信有何高见?"

这封信是特鲁洛夫写给他的律师的:他在信中抱怨说不该逮捕他,因为他在出版那本小册子的时候压根儿就没有想到拿破仑,而且他以后也不打算出这类书了;这信下面还有他本人的签名。特鲁洛夫就站在我身旁。

我没什么话要跟特鲁洛夫说,我支支吾吾地说了一句空话搪塞过去,但是特霍尔热夫斯基却对我说:

"他们希望我签字具结,也写一封这样的信,这办不到,我宁可坐牢也不写这样的信。"

"Silence!"〔英语:"安静!"〕huissier〔法语:法警〕叫道;坎贝尔勋爵出庭了。当所有的例行公事都已做完,陪审团也进行过宣誓之后,菲茨罗伊·凯利站起来向坎贝尔宣布,他有事要代表政府告知法庭。他说:“有鉴于特鲁洛夫写了一封信,他在信中作了如此这般的解释,政府作了如此这般的考虑以后,决定对他既往不咎。”

坎贝尔转过身去面向陪审团说,出版那本论述 tyranicide 的小册子的人是有罪的,这毫无疑问,又说英国法律一方面给予人们以尽可能多的出版自由,然而也拥有充分的手段来惩办敢于冒天下之大不韪,挑动这种可怕的罪行的人,以及其他等等。但是因为政府出于某种考虑决定不予追究,因此只要陪审团同意,他也可以停止审讯;然而,如果他们不愿意这样,他将继续依法审理。

陪审团想吃早点和办自己的事,因此没有走出法庭,就回过身去,背对着大家,彼此商量了一下,正如大家预期的那样回答道,他们也同意停止审判。

于是坎贝尔通知特鲁洛夫,他已免于审判和侦讯。这时甚至没有出现鼓掌声,只有哈哈大笑。

庭间休息的时间到了。这时博〔特金〕想起他还没有喝过茶,于是便到附近的一家小酒店去了。我要特别指出,这完全是俄国人的特点。英国人吃得很多,而且富有脂肪,德国人也吃得很多,但吃得很差,法国人吃得不多,但吃得很来劲;英国人喜欢开怀畅饮,大喝啤酒以及其他等等,德国人也喜欢喝啤酒,但是只喝啤酒,不喝其他;但是无论英国人、法国人,还是德国人,都不像俄国人那样服从自己肠胃的习惯。这就束缚了他们的手脚。不吃饭……那怎么成……宁可晚一天,宁可与某某人失之交臂。博〔特金〕付了茶钱,除了付两先令以外,还错过下面一场绝妙好戏。

当轮到特霍尔热夫斯基时,菲茨罗伊·凯利站起来,又宣布道,他代表政府还有个通知。我竖起了耳朵。他究竟想出了什么招呢?特霍尔热夫斯基又没有写信。

“被告,”菲·凯利开始说道,“Stanislas Trouj... Torj... Toush...”〔英语:意为“斯坦尼斯拉夫·特霍尔热夫斯基”,但是凯利读来佶屈聱牙,全念错了。〕,他停顿了一会儿,补充道:“That is impossible! The fo reign gentleman at the bar...〔英语:“真叫人受不了!这位受审的外国先生……”〕,曾出版和销售费·皮亚的小册子,就这点来说,他的确有罪,但是政府考虑到他是外国人,不知道这方面的英国法律,又属初犯,因此决定免于起诉。”

于是上演了一出同样的滑稽剧。坎贝尔询问陪审团。陪审团立刻宣布特霍尔热夫斯基无罪。

法国流亡者对这事也不满意。他们想看到的是绚丽的mise en scène〔法语:舞台调度〕,他们想要声讨暴君和保卫la cause des peuples〔法语:人民的事业〕……也许,顺便,特鲁洛夫和特霍尔热夫斯基会判处罚金和坐牢;但是监狱和十年监禁……比起全民重举义旗,推翻暴君及其余孽又算得了什么呢……——这义旗就是一七八九年的义旗①,即高高举起法国自由的义旗……哪怕流亡海外!

被邻国吓坏了的那个政府,第二次在英国自由的花岗岩峭壁上碰了钉子,老老实实地退却了。还能有比出版自由取得的胜利更大的胜利吗?

① 指一七八九年的法国大革命。

第六章

明年年初，我们想出版《往事与随想》的第四卷和第五卷。[①] 它们能不能像发表在《北极星》上的其中的片段和前三卷那样，得到充满赞许的反应呢？[②] 我们想趁现在还有篇幅，把尚未发表的章节的某些片段在《钟声》上陆续刊载，首先我们选载的是关于伦敦的波兰流亡者的故事。

这一章（第五卷中的第四章）开始写于一八五七年，记得，一直写到一八五八年。这一章写得很贫乏，也写得不太好。我在重读这一章时，作了若干文字上的修正；而回忆录中的实质部分则不宜重写：我记下的那些回忆，也像事件本身一样，都是属于过去的。它与现在之间横亘着一八六三年和一八六四年，其间发生了可怕的不幸，也揭示了可怕的真理。

现在需要的不是在巴黎，在善良老人的坟上献上一束友谊的鲜花，也不是在海格特的坟头痛哭，[③]——现在被埋葬的不是一个人，而是整个民族被推进了坟墓[④]。它的命运只能引起悲痛，也许，就我们而言，也只能贡献一种礼物——沉默的礼物。受到波兰惨案感召的将不只是一个诗人，

---

① 《往事与随想》在赫尔岑生前的一八六一至一八六二年曾出版一至三卷的单行本，分卷成册，共三册。这三卷包括本书的一至四卷。这里所说的第四卷（包括本书第五卷全部章节，《家庭的戏剧》除外），于一八六七年在日内瓦出版。第五卷在赫尔岑生前未出版。

② 这里说的前三卷指《往事与随想》一八六一至一八六二年伦敦版，即本书的一—四卷。而本书第五卷和第六卷的个别章节曾在《北极星》上发表过。

③ 在巴黎的是阿·别尔纳茨基的墓。别尔纳茨基（1778—1855）：一八三〇至一八三一年波兰起义的参加者，死后葬于巴黎。在伦敦海格特墓地则是沃尔采尔的墓。沃尔采尔（1799—1857）：波兰革命者，波兰流亡者民主派的领导人。

④ 指沙皇军队残酷镇压一八六三至一八六四年的波兰起义。

一个艺术家,它将像哈姆雷特父亲的阴魂一样,长久地号召人们去复仇,甚至也不怜惜哈姆雷特本人……我们离那些惨案还太近。我们手上曾经淌过受伤者的血,我们的手还不宜拿笔,拿雕刀,我们的手还抖得太厉害。

当时我曾经给这一章取名为《波兰流亡者》;其实它应该叫《沃尔采尔传奇》才对,但是,从另一方面讲,他的精神面貌,他的生平富有诗意地体现了一个波兰流亡者的一生,可以把他看成是他们的最高典型。这是一个完美纯洁的、狂热的、神圣的性格,充满了完全的忠诚、坚不可摧的激情和极大的偏执狂,对具有这种偏执精神的人来说,离开自己的事业就无所谓牺牲,无所谓工作,无所谓生活。沃尔采尔属于殉道者和使徒,自己事业的宣传者和斗士,哪里有十字架,哪里就有他;哪里有解放运动,他就在哪里出现……

我在卢加诺完全偶然地重读了我写的关于沃尔采尔的故事。那里住着一位意志坚强的老人①,他也是刚才谈到的那个惊人的家族的一员,我跟他一起回忆起了已故的沃尔采尔。他已七十开外,自从我见到他以来,他老多了,但他仍旧是意大利民族解放事业的不知疲倦的工作者,仍旧是我十年前认识的那个马志尼的狂热的朋友。作为阿尔卑斯山那边科西嘉人血亲复仇的象征,他自己也成了意大利解放运动的白发苍苍的山岩,他在斗争中不仅活到了他自己的希望实现了一半②,而且活到了新的风雨如磐的日子,他又准备像过去一样随时投入战斗,甚至慷慨赴死,任何时候决不让步,无论干什么都寸步不让,决不背离自己的 credo〔拉丁语:信条〕。他像沃尔采尔一样穷,也像沃尔采尔一样全不把这事放在心上。这些人的大多数常常死在半道上,赍志而殁,被人杀掉或者寿终正寝,但是无论做什么事,都有他们的份,都是他们干的。我们清扫道路,我们提出问题,我们锯断老的支柱,我们把酵母投进人

① 指夸特里奥(1800—1876):意大利民族解放运动的参加者(从一八二一年皮埃蒙特革命运动开始),政论家,马志尼最亲密的战友。

② 意大利至一八六一年已基本上实现了统一(除威尼斯与罗马以外),但仍旧是一个君主立宪制国家。

的心灵;他们则率领群众冲锋陷阵。他们或者慷慨捐躯,或者取得胜利……加里波第就是这样一个人,他首当其冲,身先士卒:他既不是思想家,也不是政治家,他是爱,是信仰,是希望。

沃尔采尔的命运是所有悲惨命运中最悲惨的。它的第五幕即最后一幕直到他死后还在继续,直至结束;关于他,无法用我们通常用来形容大部分倒在通往梦寐以求的理想道路上的人的那些话来说他:“可惜他没有活到这一天!”他死得正是时候。如果他活到一八六五年,他又会怎样呢?

我很高兴,对于沃尔采尔的回忆,在卢加诺[1]又栩栩如生地复活了:我非常喜欢这个地方,以及它那群山环抱中的温暖的湖泊,和它那似乎永远富有磁性的空气……一八五二年那次可怕的打击后,我一直住在那里……那里有一尊石雕女人像,双手支着。悲痛欲绝地望着自己的前方,永远在哭泣……当维拉[2]用刀和凿子创造这女人像的时候,她是意大利,而现在她不就是波兰吗?

图恩,一八六五年八月十七日

波兰流亡者

阿洛伊修斯·别尔纳茨基——斯坦尼斯拉夫·沃尔采尔——一八五四年至一八五六年的宣传鼓动——沃尔采尔之死

Nuovi tormenti e nuovi tormentati!〔意语:新的苦难和新的受难者!〕

Inferno〔意语:《地狱》〕[3]

① 在瑞士南部,濒临意瑞交界处的卢加诺湖。

② 这是维拉在奇安尼花园创作的非常出色的雕像。希望俄国人,尤其是女人,都去看看它。——作者原注

维拉(1822—1891):意大利石匠,后成为雕塑家,为解放意大利而战的战士。

③ 出自但丁的《神曲》(第六歌第四行)。

其他的不幸,其他的受难者在等待着我们。我们生活在昨天的战场:周围全是卫生所、伤员、俘虏和奄奄一息的人。波兰的流亡者,资格比所有人都老,他们比其他流亡者也更加筋疲力尽,但是他们仍顽强地活着,在跨越国境的时候,波兰人与丹东不同①,他们是把自己的祖国带走的,他们没有低下头,而是骄傲地和忧郁地心怀祖国走遍世界。欧洲在英勇的战士的庄严的队列前满怀敬意地闪开了道②。各国人民都走出来向他们鞠躬致敬,各国帝王也让开道和转过身去,佯装没有看见,让他们过去。欧洲听到他们的脚步声后一时苏醒了,流出了眼泪和同情,并且集资帮助他们,给了他们力量。③波兰流亡者,这个争取民族独立的骑士的悲惨形象,永远留在了人民的记忆中。流落异国的二十年,他们的信仰没有削弱,在为自由而斗争的危险日子里,在任何决定成败的呼唤中,波兰人总是头一个响应:"到!"——正如沃尔采尔和老达拉什在一八四八年向法国临时政

---

① 一七九一年七月十七日马尔斯广场大屠杀后,丹东曾一度避居伦敦,垂头丧气,不想再回法国。

② 一八三〇至一八三一年波兰起义失败后,许多参加起义的人都离开了波兰。他们建立了波兰流亡者的组织,直至一八四八年革命前,主要在法国和比利时活动。一八四八年革命失败后,波兰流亡者中的民主派集中到英国伦敦。

③ 帕·达拉什大夫给我讲了一件他亲身经历的事。他还在医学院读书的时候就参加了一八三一年的起义。华沙被攻陷后,他所在的部队越过边境后便分成一小股一小股地潜入法国。无论城市和乡村,到处都有男女老少跑到大路上来请他们这些逃亡者到他们家,并且把自己的房间腾出来,让他们休息,常常还把自己的床让给他们睡。在一个小镇上,女主人发现他的荷包破了(记得是这样)就拿去修补。第二天走在半道上,达拉什在荷包里摸到了某件不属于自己的东西,竟发现其中仔细缝上了两枚金币。身无分文的达拉什,立刻回转身返回原地,把钱还给了那位女主人。那位女主人先是不肯收,推说她什么也不知道,后来就哭了,央求达拉什无论如何要把钱收下。这里我们应当想想,在德国的一个小镇上,对于一个并不富有的女人来说,两枚金币意味着什么;这也许是成年累月积少成多,把各种克里泽和芬尼,把各种好的和坏的硬币塞进 Sparbüchse〔德语:扑满,贮钱罐〕的成果……再见了,所有关于绸衣服和花斗篷,以及色彩鲜艳的围巾的理想。面对这样的丰功伟绩,我感动得双膝跪下!——作者原注

达拉什(1809—1871):一八三〇至一八三一年波兰起义和一八四八年加利齐亚革命事件的参加者,伦敦的波兰流亡者。

府所说的那样。①

但是由拉马丁主持的政府不需要他们，而且根本没有想到他们。即使是真正的共和主义者提到波兰，也只是为了利用它在一八四八年五月十五日发出举行起义和发动战争的不公开的呼号②。声援波兰是假，这点大家都明白，但是从那时起，法国资产阶级（波兰在它手里只是一张随意玩弄的牌，正如意大利是英国资产阶级手里随意玩弄的一张牌一样）便开始打波兰牌。巴黎已经再没有人像从前那样慷慨激昂地谈论 Varsovie échevelée〔法语：被蹂躏的华沙〕了，不过在民间，与其他关于波拿巴的回忆一起，流传着关于波尼亚图斯基的传说③，在木版画上还可以看到波尼亚托夫斯基骑着马，戴着 chapska〔波兰语：帽子〕④在河里淹死的情景。

从一八四九年起，对波兰流亡者来说，开始了最苦恼的时期。它无精打采地一直延续到克里米亚战争和尼古拉去世。没有一点真正的希望，没有一滴活命的水。克拉辛斯基预言的启示录时代似乎来到了⑤。与祖国切断了联系，流亡者滞留在海峡对岸，就像一棵吸收不到新树汁的树木一样，渐渐凋零、枯萎，他们对于自己的祖国成了异类，而对于他们所居住的国家，过去是异类，现在也仍旧是异类。这些国家虽然在一定程度上同情他们，但是他们不幸的时间持续得太长了，而在一个人的

---

① 沃尔采尔和 B. 达拉什曾是波兰派往一八四八年法国临时政府代表团的成员。波兰代表团希望法国政府能承认波兰的独立，但是这希望落空了。

B. 达拉什是前面提到的帕·达拉什之父，故称之为老达拉什。

② 这一天巴黎发生了反对资产阶级制宪议会的群众游行，后来游行队伍被法国临时政府驱散了；在示威游行时，曾有人高呼声援波兰民族解放运动的口号。

③ 波尼亚图斯基（1762—1813）：即波尼亚托夫斯基，波兰政治家和军事家，一七九四年柯斯丘什科起义的参加者，曾在拿破仑军队中担任华沙公国总司令。一八一二年拿破仑远征俄国，他曾率领波兰军团参战。一八一三年十月莱比锡战役后，法军败退，他在德国埃尔斯特河淹死。

④ 此处指波兰军帽。

⑤ 克拉辛斯基（1812—1859）：波兰浪漫主义诗人。他在他写的《未来的赞美诗》中反对革命运动，并站在宗教神秘主义立场描写了波兰的未来，把波兰的未来看成是“末日审判”和“世界末日”。

心中即使有好的感情，时间长了，也会渐渐淡化。何况波兰问题首先是民族问题，也就是说，只有在反对外国压迫这点上，它才在形式上是革命的。

流亡者与其说在朝前看，不如说在朝后看；他们在追求复兴，似乎过去，除了独立以外，真有什么东西值得复兴似的，——而单单一个独立什么也说明不了：这是一个否定的概念①。难道还有比俄国更独立的吗？波兰对复杂的，难以表述的未来社会制度的看法上并没有提出任何新思想，它提出的只是自己的历史权利，以及它愿意按照互相帮助的合理要求帮助别国人民。为独立而斗争永远能唤起别国的热烈同情，但是它对于别的国家的人民来说毕竟不是他们自己的事业。只有这样的利益，就其本质来说不是民族的利益，比如天主教和新教，革命和反动，经济主义和社会主义等利益，才是人们普遍关心的。

…………

……一八四七年，我结识了波兰民主派领导中心②的人。当时这个中心设在凡尔赛，在我看来，其中最积极的成员是维索茨基③。跟他特别接近，当然也不可能。波兰流亡者想从我这里听到的是我能证实符合他们愿望和符合他们假设的事，而不是我所知道的情况。他们希望知道的是有关某个能够动摇俄国国家大厦的密谋活动的情况，总是问我，叶尔莫洛夫有无参与其事……④但是我能告诉他们的只有当时青年的激进倾向，格拉诺夫斯基的宣传，别林斯基的巨大影响，以及当时在文坛和社会上彼此争论不休的两派——西方派和斯拉夫派在社会

① “独立”一词在原文中的字面意义是“不从属于任何国家”，所以说是否定的概念。

② 波兰民主派协会的领导机构，成立于一八三二年，曾在波兰解放运动中起过重要作用。

③ 维索茨基（1809—1873）：一八三〇至一八三一年波兰起义、一八四八至一八四九年加利齐亚和匈牙利革命运动的参加者，后流亡英国。

④ 叶尔莫洛夫（1772—1861）：俄军统帅和外交家，一八一二年卫国战争的英雄，从一八一六年起主管格鲁吉亚，一八二七年被尼古拉一世削职为民。他曾同情过十二月党人，十二月党人起义也曾指望得到他的支持。

观点上的细微差别。但是他们认为这都不重要。

他们有丰富的阅历，我们却对未来抱着很大的希望。他们的胸口布满伤痕，我们却为了抵御刀枪剑戟锻炼肌肉。他们是老兵，我们在他们面前就像是后备兵。波兰人是神秘主义者，我们是现实主义者。他们向往的是朦朦胧胧的神秘世界，在那里一切都模糊不清，影影绰绰，在那里既可以想象十分深远，又可以想象无限高大，因为一切都看不清楚。他们可以生活在这种半睡半醒的状态中，不需要分析，不需要冷静的研究，不需要寝食难安的怀疑。在他们的心灵深处，就像一个人在军营中一样，看到的只是我们感到陌生的中世纪的反光和苦难（在艰难困苦和疲惫不堪的时候，他们可以向这苦难膜拜）。在克拉辛斯基的诗 *Stabat Mater*〔意语：《圣母悼歌》〕①中，对人民的赞颂被削弱，不是把我们引向生命的胜利，而是引向死亡的胜利，引向末日审判的那一天……我们或者愚昧地信以为真，或者聪明地表示怀疑。

拿破仑时代以后，神秘主义倾向甚嚣尘上。密茨凯维奇、托维扬斯基②，甚至数学家弗龙斯基③——所有的人都在促使本民族的救世论愈演愈烈。从前有天主教徒和百科全书派，但是没有神秘主义者。还在十八世纪受过教育的老人们，完全没有神智学的幻想。古典主义的锤炼给了人们一个伟大的世纪，它就像大马士革钢一样永不磨损。我有幸，曾经见过两三位百科全书派类型的波兰老人。

在巴黎，而且是在 rue de la Chaussée d' Antin〔法语：昂坦大街〕，从一八三一年起就住着阿洛伊修斯·别尔纳茨基，他担任过波兰议会的使节，革命时期还担任过财政大臣，当亚历山大一世一八一四年实行自由主义政策时，他还担任过某省的贵族议员，面对俄国沙皇，代表他自

---

① 十八世纪的天主教赞歌。

② 托维扬斯基（1799—1878）：波兰神秘主义者，教派首脑。

③ 弗龙斯基（1778—1853）：波兰数学家和哲学家，《论斯拉夫民族的救世主作用》一书的作者。

己所属的阶层。①

他因为财产被没收已经一无所有，从一八三一年起，他便定居巴黎，而且是住在我前面已经提到的昂坦大街一个很小的寓所内。每天早晨，他都穿着深棕色的上衣从家里出来散步和读报，而每天晚上，他就穿着金钮扣的蓝色燕尾服，到随便什么人家去度过一个晚上；我就是在那里同他认识的。他住的那座房子很旧了，女房东想把它翻修一下。别尔纳茨基给她写了一封信，这封信深深打动了这个法国女人（当涉及到钱的问题时，这是很不容易的！），以致她跑去同他谈判，请他先暂时搬出去一下。一旦装修完毕，她一定以同样的房租再把它租给别尔纳茨基。他伤心地看到新的漂亮的楼梯，新的壁纸、窗框和家具，但是他只能屈从于自己命运的安排。

这位在各方面都很温和的、绝对纯洁和绝对高尚的老人是华盛顿的崇拜者和奥康内尔②的朋友。他是一名真正的百科全书派，他宣传bien entendu〔法语：合理的〕利己主义，毕生都在自我牺牲中度过，牺牲了一切，从家庭和财富到祖国和社会地位，从来没有表现出特别的遗憾，也从来没有一蹶不振到发起牢骚来。

法国警察没有打扰他，因为知道他曾担任过大臣和使节，甚至还很尊敬他；巴黎警察局非常认真地认为，波兰议会的使节几乎就是教皇的使节。在流亡者中，大家都知道这个，因此同伴们和同胞们常常请他出面帮忙，替他们办一些事。别尔纳茨基从不推三阻四，叫他去他就去，他在那里说一些合乎分寸的恭维话，纠缠不休，弄得警察局的人烦透了，常常，为了躲开他的纠缠，只好让步。二月革命完全平定后，他们的

---

① 一八一五年维也纳会议确认普、奥、俄三次瓜分波兰的事实之后，俄在波兰境内建立作为沙俄附庸国的波兰王国，由俄皇亚历山大一世兼任国王，颁布宪法，规定波兰有权选举议会，成立军队和以沙皇总督为首的独立政府，并宣布实行出版、信仰自由等自由主义政策，以吸引波兰小贵族们的支持，并答应波兰作为俄国的一部分在自己境内实行自治。

② 奥康内尔（1775—1847）：爱尔兰解放运动中的自由派领袖。

腔调变了：无论是满脸堆笑、眼泪汪汪，还是好话说尽，以及他的苍苍白发，都无济于事，而这时候事有凑巧，刚好有一位曾经参加过匈牙利战争的波兰将军的遗孀，来到巴黎，她的境况十分窘迫。别尔纳茨基请求巴黎警察局给予帮助；巴黎警察局虽然对他恭敬有加，称他为"à son excellence monsieur le Nonce"〔法语："使节先生大人"〕，还是断然拒绝了。老人只好亲自去找卡利埃①；卡利埃为了摆脱他的纠缠，同时也为了贬低他，对他说，补助只给予一八三一年到巴黎来的流放者。"这样吧，"他又加了一句，"既然您如此同情这位太太，不妨由您出面提出申请，请求发给您贫困补助；我们可以发给您每月二十法郎，至于您愿意把这钱给谁，随您便！"

卡利埃被他钻了空子。别尔纳茨基非常老实地接受了局长的建议，立刻同意了，而且千恩万谢。从那时起，别尔纳茨基每个月都到警察局，在前厅等候一两个小时，领那二十法郎，然后把钱交给那位寡妇。

别尔纳茨基年龄已经远远超过七十，但是他精神矍铄，喜欢和朋友们一起吃饭，晚上与三五知己促膝谈心，往往要坐到半夜两点，有时候还爱喝上一两杯。有一天，很晚了，在后半夜三点钟左右，我与他一起回家；我们回去的路要经过勒佩勒蒂埃街。歌剧院还灯火通明，一些裹着围巾的丑角和搬运工②，龙骑兵和警察正挨挨挤挤地待在前厅里。我相信别尔纳茨基肯定会拒绝，所以我开玩笑地对他说：

"Quelle chance〔法语：真巧〕，要不要进去看看？"

"太好了，"他回答，"我约莫十五年没有看过化装舞会了。"

"别尔纳茨基，"我对他说，边开玩笑，边走进前厅，"您什么时候开始变老呢？"

"Un homme comme il faut〔法语：一个有良好教养的人〕，"他笑着回答，"acquiert des années，mais ne viellit jamais！〔法语：年龄会大，但永远

---

① 卡利埃（1799—1858）：一八四九至一八五二年的巴黎警察局长。

② 化装狂欢舞会的打扮和装束。

不会老!〕”

他的这个性格一直保持到最后,他作为一个有良好教养的人,平静而又良好地告别了人生:他早上觉得不大舒服,到傍晚就死了。

别尔纳茨基死的时候,我已经在伦敦。我到伦敦后不久就在那里跟一个人互相接近起来,我很珍惜对他的记忆,他的棺木也是我帮忙抬进海格特墓地的,——我说的是沃尔采尔。当时与我交好的所有波兰人中,他是我最喜欢的人,也许,也是与我们最少抱有对立情绪的人。倒不是说他喜欢俄国人,但是他对事物的理解总是将心比心,既不全盘诅咒,也不抱着狭隘的仇视态度。我头一个跟他谈到筹建俄文印刷所的事。当时他正卧病在床,听完我的话后,他猛然精神一振,抓起纸和笔,开始计算费用,开始估算需要多少铅字,等等。他开出了主要的订单,他还给我介绍了切尔涅茨基①,后来我曾跟他长期合作。

“我的上帝,我的上帝,”他拿着第一份校样时说,“伦敦的由私人创办的俄文印刷所成立了!这么一小张沾满荷兰油墨的纸,抚平了我心中多少不好的回忆啊!”②

“我们应当一起前进,”后来他常常对我说,“我们走的是同一条路,从事的是同样的事业……”他说时还把他那瘦削的手勾住我的肩膀。

一八五三年十一月二十九日在波兰起义纪念日③,我在汉诺威公寓发表了演说;沃尔采尔主持了大会。当我结束演说,沃尔采尔在雷鸣般的掌声中拥抱了我,并噙着眼泪亲吻了我。

“沃尔采尔和您,”一个意大利人(纳尼伯爵)走出去时对我说,“刚才你们在台上的演说使我很吃惊;我觉得,这个形容枯槁,但是高尚的、长满白发的老人,拥抱您那健壮、结实的身体,就典型地代表了波兰和

① 切尔涅茨基:波兰流亡者,曾主持伦敦的由私人创办的俄文印刷所(一译“自由俄罗斯印刷所”)。

② 见切尔涅茨基文集《伦敦私人俄文印刷所十周年》,第八页。——作者原注

③ 指一八三〇年十一月波兰反俄起义。

俄罗斯。”

“不过您要补充一点，”我对他说，“沃尔采尔向我伸出手，并把我拥抱在自己怀里，这是他代表波兰宽恕了俄罗斯。”

确实，我们可以一起前进。不过未能实现。

沃尔采尔的同伴不只是一个人……但是先讲他一个人。

当沃尔采尔出生时，他父亲（是一个住在立陶宛的波兰的有钱贵族，是埃斯泰尔哈泽①和波托茨基家族②，以及不知道还有什么家族的亲戚）写信给五个庄园，让那里的村长带着他们年轻的妻子，来参加小斯坦尼斯拉夫伯爵的洗礼，以便他们至死不忘老爷为这样的大喜事所给予的盛大款待。这事发生在一八〇〇年③。伯爵让自己的儿子受到最出色的、多方面的教育；沃尔采尔是数学家和语言学家，通晓五六国文字；他从早年起就具有渊博的知识，而且是个上等人，属于一八一五至一八三〇年波兰上流社会行将夕阳西下前的一个最辉煌的时代的最上层；沃尔采尔很早就结了婚，可是直到爆发一八三一年起义时，才开始过真正的“实际”生活。沃尔采尔抛弃了一切，全身心地投入运动。起义被镇压了，华沙被攻陷。斯坦尼斯拉夫伯爵跟别的人一样跨过边境，把家庭和财产全抛诸身后。

他的妻子非但没有追随他一起出走，反而跟他断绝了一切关系，因而收回了一部分财产。他有两个孩子，一男一女；我们将会看到她是怎么教育孩子的；首先她教育他们把父亲忘了。

这时沃尔采尔却穿过奥地利来到巴黎，而且立刻处在一种终身流放的生活状态中，身无长物，一贫如洗。可是无论什么都动摇不了他的决心。他像别尔纳茨基一样过着粗茶淡饭的隐修士般的生活，忘我地开始了自己使徒般的布道活动，就这样干了二十五年，直到在阴暗的Hunter street〔英语：猎人街〕的一座简陋的公寓的底层的一个潮湿的房

---

① 匈牙利大封建主家族。

② 波兰世家。从十六至十九世纪该家族中曾有多人担任国家要职。

③ 沃尔采尔生在一七九九年。

间里咽气为止。

改组领导运动的波兰政党,加强宣传,把流亡者的力量拧成一股绳,准备新的起义,为此日夜奔走宣传,并为此而生——这就是沃尔采尔毕生的主题,他从没有离开这个主题后退一步,并且使一切都服从于这个主题。他也是抱着这一目的去接近在法国从事革命运动的所有的人的,从戈德弗鲁瓦·卡芬雅克①到赖德律-洛兰;他也是抱着这一目的成了共济会会员,与马志尼的拥护者交好,后来又与马志尼本人成了朋友。沃尔采尔坚定而又公开地祭起波兰的革命旗帜,反对恰尔托雷斯基家族一派②。他坚信,是贵族葬送了起义,他认为波兰的老贵族是他的事业的敌人,因此他要把新波兰,纯粹民主派的波兰联合起来。

沃尔采尔的看法是对的。

矢志忠于自己事业的波兰贵族,在许多方面与我们时代的追求背道而驰;经常在他们眼前晃动的是过去波兰的影子,而不是新波兰的形象,他们想要恢复的是过去的波兰,他们的理想既存在于回忆中,也存在于他们的主观向往中。单是在脚上绑上天主教这块绊脚石就足以使波兰落后了,——再加上骑士的盔甲,就有可能使它完全停滞不前。沃尔采尔与马志尼的联合,是想使波兰的事业与整个欧洲的共和运动和民主运动挂上钩。显然,他必须在波兰非名门显贵的小贵族,在城市居民和工人中寻找自己的根基。起义只有在这些人员中才能发动。贵族可以参加运动,农民也可以吸收,但主动权永远不能让他们掌握。

可以指责沃尔采尔,说他走的仍旧是西方革命走过而又走不通的老路,可是他却认为这条路是唯一救国救民之路;但是,他一旦认定这条路,就会义无反顾地走到底。局势的发展证明他是完全正确的。在

---

① 戈德弗鲁瓦·卡芬雅克(1801—1845):法国共和主义者,一八三〇年革命的参加者,镇压六月起义的刽子手欧仁·卡芬雅克之兄。

② 恰尔托雷斯基(1770—1861):公爵,波兰政治家,一八三〇年革命后任波兰政府首脑,曾领导波兰流亡者中的贵族派。恰尔托雷斯基家族曾在立陶宛大公国和波兰—立陶宛王国中执掌王权,在十七至十八世纪的波兰政治生活中起过很大作用。

波兰，除了沃尔采尔经常向之呼吁的那个阶层，而且在一八三一至六十年代之间终于形成、成长和壮大的那个阶层以外，还能有什么真正革命的力量呢？

不管我们对革命和实行革命的手段在看法上有多么不同，但是，不可否定的是，革命所取得的一切成果都是社会的中间阶层和城市工人取得的。没有城市的爱国力量，马志尼能做什么？加里波第能做什么？要知道，波兰问题是一个纯粹的爱国主义问题；沃尔采尔最关心的是民族独立问题，而不是社会变革问题。

二月革命前的大约一年半中，沉睡的欧洲被几次震动逐渐惊醒了：克拉科夫事件①，梅罗斯拉夫斯基案件②，然后是“宗德班德”战争③和意大利的 risorgimento〔意语：复兴运动〕④。奥地利用帝国的烧杀抢掠来报复起义，尼古拉为此把不隶属于他的克拉科夫送给了它⑤。但是平静并没有恢复。路易·菲力浦在一八四八年二月垮台了，波兰人把他的宝座拉到外面付之一炬。沃尔采尔带领波兰民主派去提醒法国临时政府不要忘记波兰问题。拉马丁冷淡地鼓起如簧之舌，接见了他。共和国不同于帝国，更主张和平。

曾经有一个转瞬即逝的很有希望的机会；可是波兰错过了这个机会，整个西欧也错过了这个机会，这时帕斯克维奇已向尼古拉禀报，匈

---

① 一八四六年波兰的克拉科夫地区爆发起义，口号是“争取波兰独立，无偿地解放农民并分给他们土地”。

② 梅罗斯拉夫斯基(1814—1878)：波兰政治家，一八三〇至一八三一年波兰起义的参加者，波兰流亡者中民族主义小贵族派的代表。一八四五年底，他来到波兹南，准备发动起义，但在起义开始前不久被普鲁士当局逮捕。一八四七年开庭审判梅罗斯拉夫斯基及其他一起被捕的波兰爱国志士。由于爆发了一八四八年革命，他们才从柏林监狱获释。

③ 德语“Sonderbund”的音译，意为分离主义者联盟。一八四五至一八四七年，瑞士七个天主教教权主义邦为反对联邦政府而缔结的联盟，企图保持各邦的分裂割据局面。一八四七年，联邦议会宣布该联盟为非法，派兵镇压，联盟瓦解。

④ 从十九世纪四十年代起，意大利民族解放运动如火如荼，日益发展。

⑤ 克拉科夫原由奥、普、俄共同保护，因奥地利出兵镇压了克拉科夫起义，遂归其所有，并入加利西亚。

牙利已拜倒在他的脚下[1]。

匈牙利被俄军攻陷之后，已没有什么可等待的了，于是沃尔采尔不得不离开巴黎，迁居伦敦。

我是在一八五二年年底在伦敦碰到他的，当时他是欧洲委员会[2]委员[3]。他到处登门求告，写信，在报刊上写文章，他在工作，他怀有希望，他在到处游说和请求，——而除了做这一切以外，他还要吃饭，因此沃尔采尔开始出去给人教课，教数学课，教制图课，甚至教法语；他边咳嗽边喘得上气不接下气地从伦敦的这一头跑到那一头，就为了挣得两个先令，最多也就半个克朗。即使这样，他还要把一部分收入分送给自己的同志。

他的精神并没有因此而沮丧，可是身体却越来越差了。伦敦的空气——潮湿、污浊、阴冷、见不到阳光——不适合他那虚弱的肺。沃尔采尔的身体一天比一天差，但是他仍旧坚持着。他就这样一直活到克里米亚战争；他不能，我甚至想说，也不应该活过这次战争。"如果现在波兰不能有所作为，那一切都完了，长时间都完了，如果不是永远都完了的话，我还不如闭上眼睛的好。"沃尔采尔同科苏特一起到英国各地巡回宣传时对我说。他们在各个主要城市都召集群众大会。人们以雷鸣般的掌声欢迎科苏特和沃尔采尔，并当场进行募捐，当然数目不多——也就仅此而已。英国议会和英国政府很清楚，人民的浪潮什么时候不过是大轰大嗡，什么时候才当真以排山倒海之势压过来。提出Conspiracy Bill〔英语：反阴谋法案〕的立场坚定的内阁，在等候海德公园举行群众大会时垮台了。科苏特和沃尔采尔也召开过群众大会，但是

---

① 帕斯克维奇（1782—1856）：俄国公爵，元帅，一八四八年曾率领十四万俄军，镇压匈牙利要求独立的革命，他曾向沙皇尼古拉一世禀报，匈军总司令盖尔盖伊已于一八四九年八月一日向俄军投降："匈牙利已拜倒在陛下的脚下。"

② 马志尼、科苏特、赖德律-洛兰、阿诺尔德·卢格、布拉蒂阿努和沃尔采尔。——作者原注

③ 代表波兰人参加该委员会的是达拉什，一八五二年秋由沃尔采尔接替。

他们的目的不过是呼吁英国议会和英国政府承认波兰的权利，申明对波兰的民族解放事业给予支持和同情，可是这样的群众大会却没有提出明确的要求，因此没有力量。保守派可怕的回答是驳不倒的："在波兰一切都太平无事呀。"英国政府必须承认的不是已经实现的事实，而是呼吁实现这一事实，得采取革命主动，唤醒波兰。英国的社会舆论还不可能跑得这么远。何况 in petto〔意语：在心中〕大家都希望早点结束刚刚开始的战争，这战争的代价太高了，其实毫无益处。

在到处召开群众大会的间隙，沃尔采尔常常回到伦敦来。他很聪明，不可能不懂得他将一事无成；他明显地变老了，闷闷不乐而且火气很大，他到处狂热地进行活动，就像垂死的病人在惶惶不安地到处寻医问药一样，他一方面对自己的肺病怀着不祥的恐惧，一方面又抱着顽强的希望，到伯明翰或者利物浦去，在讲台上大放悲声，痛哭波兰。我怀着深深的伤感看着他。但是他怎么能想到英国会扶持波兰，拿破仑的法国会号召大家起来革命呢？他怎么能对允许俄罗斯进入匈牙利，允许法国人进入罗马的欧洲抱有希望呢？难道马志尼和科苏特之流亡伦敦，还不足以大声宣告它的堕落吗？

……就在这个时期前后，年轻的流亡者中早就郁积待发的对中央领导的不满，发出了自己的声音。沃尔采尔吓傻了——他没有料到会受到这样的打击，而出现这样的打击是十分自然的。

紧紧围绕在他身边的一小撮人，跟他远不是在同一水平上。沃尔采尔也明白这点，可是因为他习惯了自己的合唱队，而且不自觉地处在这个合唱队的影响下。他自以为他在领导他们，带领他们前进，可是与此同时，站在他身后的合唱队却在随心所欲地左右他，让他去他们想去的地方。沃尔采尔刚一登上他可以自由呼吸，感到心旷神怡的制高点，——可是那个履行小市民亲属职责的合唱队，却把他拼命往下拉，要把他拉进流亡者中姑嫂勃谿、斤斤计较等下流的小圈子里去。这个未老先衰的人在这个环境中憋得喘不过气来，不仅因为身体上的气喘病不断发作，还因为精神上的气喘病憋得他难受。

这些人不明白我提出的那种联合①的深远意义。他们只看到这是一种手段，可以赋予事业以新的色彩；永远重复一些老生常谈，空喊一些爱国口号，公式化的革命回忆——这一切都令人感到索然无味，感到腻烦。同俄国人联合起来，会增加新的兴趣。再加上他们想依靠俄国人的宣传来挽回他们业已支离破碎的事业。

起先，在我与领导中心成员之间并没有达成真正的互相理解。他们对俄国的一切都抱着不信任态度，因此他们希望我写一份类似 profession de foi〔法语：信仰声明〕这样的东西，并予发表。我写了《波兰人宽恕了我们》。他们请我在某些措词上稍作修改。我也照办了，虽然我很不同意他们的意见。作为对我的文章的答复，莱·津科维奇②写了一份给俄国人的呼吁书，并把手稿寄给了我。没有一点新思想；老一套的空话，老一套的回忆，再加上一些天主教的乖张说法。在把它翻译成俄语以前，我向沃尔采尔指出这篇稿子的荒谬之处。沃尔采尔同意我的看法，并邀请我晚上向领导中心其他成员说明一下这事。

于是就出现了特里索坦和瓦迪乌丝之间的永远的争吵③：正是我指出的那些地方，他们却认为，为了使波兰不致灭亡，这是万万少不得的。至于那些天主教的空话，他们说，不管他们本人的信仰如何，但是他们想跟人民在一起，而人民热爱他们受迫害的母亲——拉丁教会④……

沃尔采尔支持我的意见。但是，他一开口，他的同志们便开始大喊大叫。沃尔采尔被烟斗里冒出来的烟熏得不停咳嗽，什么话也说不出来。他答应我以后一定跟他们好好谈谈，一定要坚持主要之点非改不可。一星期后，《波兰民主者》⑤出版了。那份呼吁书毫无改变；我拒绝

① 指波兰的革命者与俄国的革命者联合起来反对沙皇政府。

② 津科维奇（1803—1871）：波兰革命家、政论家，一八五二年被选入“领导中心”。

③ 典出莫里哀的喜剧《女学者》，她俩随着谈话的发展，由一些老生常谈逐渐说到一些具体的意见，她们的关系骤变：相互恭维变成了恶毒的讽刺和相互指责，终于爆发了争吵。

④ 即罗马的天主教会。

⑤ 十九世纪四十年代波兰民主派流亡者的机关报，经过一个小的间断后，又于一八五一年在布鲁塞尔恢复出版，从一八五二年秋天起在伦敦出版。

把它译成俄语。沃尔采尔对我说,他对这种做法感到奇怪。“您感到奇怪,这是不够的,您为什么不阻止它发表呢?”我对他说。

对于我来说,这是显而易见的,对于沃尔采尔,问题迟早会变成这样:或者与当时的领导中心成员决裂,与我继续保持亲密的关系,或者与我决裂,一如既往地跟自己那些标榜革命的半瓶子醋待在一起。沃尔采尔选择了后者——对此我感到难受,但是我从来没有埋怨过他,也没有生他的气。

写到这里,我必须谈谈某些令人痛心的细节。当我开办印刷所的时候,我们是这么讲定的:书报印刷(纸张、排版、房屋租赁、工薪等等)的一切费用,全由我承担。领导中心则负责按照他们从前运送波兰小册子的路线运送俄文报刊和小册子。他们负责运送的一切,都由我免费供应。似乎,我负担这个大头,已经够意思了,可是结果,他们认为这还太少。

为他们自己的事,主要是为了募集资金,领导中心决定派一名密使回波兰去。他们甚至希望他能潜入基辅,如果可能的话,则潜入莫斯科,为了在俄国进行宣传,他们请我写几封信。我拒绝了,怕惹出麻烦。在他出发的前三天,晚上,津科维奇在街上遇见了我,他立刻问我:

“派密使去,您本人想出多少钱?”

我觉得这话问得很奇怪,但是我知道他们手头窘迫,就说,“也许我会出十英镑(二百五十法郎)。”

“您怎么啦,开玩笑,是不是?”津科维奇皱着眉头问,“他至少需要六十英镑,可是我们还少大约四十利夫尔①。这事不能这样听之任之,我跟我们的人先谈谈,再来找您。”

果然,第二天,他跟沃尔采尔和领导中心的另外两名成员来了。这一回,津科维奇干脆指责我不肯为派遣密使提供足够的资金,可是却同意把俄文书刊让他带走。

① 法国旧时银币名,后由法郎取代。因此词源自拉丁文的libra(镑),此处作英镑解。

“对不起，”我回答，“你们决定派遣密使，你们认为这样做是必须的，——那费用就得由你们出。沃尔采尔在这里，可以让他告诉你们当时讲定的条件。”

“说什么废话！难道您不知道我们现在身无分文吗？”

这种腔调我简直厌恶透了。

“您好像没有读过《死魂灵》似的，”我说，“要不我请您好好想想诺兹德廖夫，他在给乞乞科夫看他庄园的地界时说，两边都是他的地。这倒与我们的分工很相似，我们彼此平均分担我们的工作和负担，可是条件却是这两半都落到了我的肩上。”

这个小个子、火气很大的立陶宛人，开始沉不住气了，开始大讲做人的尊严，最后用一个问题结束了他那既荒谬又无知的谈话：

“您到底想干什么？”

“我希望你们既不要把我当作什么 bailleur de fonds〔法语：不公开的股东〕，也不要把我看作什么民主派的银行家，正如一个德国人在他的小册子里称呼我那样。你们对我的钱看得太重了，又似乎对我这个人看得太轻了……你们错了……”

“对不起，对不起……”那个立陶宛人火了，气得脸色煞白。

“我不允许这样的谈话再继续下去！”沃尔采尔一直闷闷不乐地坐在角落里，这时终于站起来说道，“你们再这样谈下去，我就走。Cher Herzen〔法语：亲爱的赫尔岑〕，您做得对，但是也请您想一下我们的状况：必须派密使去，可是又没有钱……”

我拦住了他。

“既然这样，可以先问问我，我能不能从中帮忙做点什么，但是不应该要求，而以这样粗暴的形式提出要求，简直太恶劣了。——钱我可以给；我这样做纯粹是为了您——诸位，老实告诉你们，这是最后一次。”

我把钱交给了沃尔采尔，大家不欢而散。

在我们这帮人里，到底怎么进行财务往来的，我还可以举一个例子来说明。

一八五二年我到伦敦后，跟马志尼谈到意大利同志入不敷出的情况时，我告诉他，我在热那亚曾经向他的朋友们建议在自己人内部征收income-tax〔意语：所得税〕，没有家室的人缴纳百分之十的所得税，有家室的可以少缴些。

“大家都会接受的，”马志尼说，“可是真缴的人恐怕就非常少了。”

“不好意思，就会缴的。我早就想为意大利事业做点自己的贡献；我对它就像对我祖国的事业一样感到亲切——我将缴纳我的收入的百分之十，一次缴清。这大概有二百英镑。这里是一百四十英镑，还有六十英镑留在我这儿。”

一八五三年初，马志尼消失了。他走后不久，有两位器宇轩昂的流亡者来找我——一位穿着带皮领的外套，他十年前到过彼得堡，另一位没有皮领子，但是留着两撇灰白的小胡子，下巴则是军人模样的大胡子，他们前来是受赖德律-洛兰之托：他想知道我是否打算捐一笔钱给欧洲委员会。我老实告诉他们，没有这个打算。

又过了几天，沃尔采尔也向我提出了同样的问题。

“赖德律-洛兰怎么会这样想呢?”

“您不是也给过马志尼吗!”

“这正是我不再给任何其他人的理由。”

“好像，您身边还留有六十英镑?”

“这是答应给马志尼的。”

“反正一样。”

“我可不以为反正一样。”

……又过了一周；我收到马佐莱尼①一封信，他来信通知我，据悉，我不知道把留在身边的六十英镑交给谁，所以他请求我把这钱寄给他，因为他是马志尼在伦敦的代表。

---

① 马佐莱尼：一七五三年米兰起义时期马志尼在伦敦的代表。

这位马佐莱尼的确是马志尼的秘书。这人生性是个官吏和官僚，他那副大臣的派头和外交官的作风令人喷饭。

当报刊上登载一八五三年二月三日在米兰发生起义的电讯时，我跑到马佐莱尼那里打听他有没有什么消息。马佐莱尼请我稍候；后来，他心事重重、雄赳赳气昂昂地走了出来，手里拿着文件，并且跟布拉蒂阿努一起——他刚才跟布拉蒂阿努进行了重要的谈话。

“我来找您，是想打听一下有没有什么消息。”

“没有，我自己也是从《太晤士报》上知道的；我也随时在等候紧急情报。”

这时又过来两个人。马佐莱尼很得意，因此皱着眉头，抱怨实在太忙了。他打开话匣子后开始只言片语地补充了一些新闻，并作了说明。

“您从哪知道的?”我问他。

“这……这自然是我的想象。”马佐莱尼有点慌乱地说。

“明天早晨我再来找您……”

“如果今天有什么消息，我会通知您的。”

“那就太谢谢了；从七点到九点，我在伟利①饭店。”

马佐莱尼没有忘记。七时许，我在伟利饭店吃饭。一个同我见过两次面的意大利人进来；他走到我身边，东张西望了一番，等侍役去拿什么东西了，才对我说，马佐莱尼托他转告他没收到任何电报，说罢他就走了。

……收到这位革命御前大臣的来信之后，我开玩笑地给他写了一封回信，他大可不必把我想象成一个客居伦敦者，处在某种无依无靠的状态中，以致都不知道该把六十英镑交给谁了；又说，如果没有马志尼的信，我是决不会把这钱交给任何人的。

马佐莱尼给我写了一份长长的，其中不乏怒意的照会，这份照会既没有贬低写信者的尊严，又必须是对收信者的一种挖苦，同时又没有越

---

① 伟利：伦敦一家饭馆的老板。

出议会彬彬有礼的界限。

这些尝试之后还没过一星期，一天清早，艾米利雅·霍①来找我，她是一个对马志尼非常忠诚的女人，也是他的一位好友。她告诉我，伦巴第起义没有成功，马志尼还隐蔽在那里，他请求立刻给他弄些钱去，可是她没有钱。

“我可以把那著名的六十英镑给您，”我对她说，“不过您别忘了告诉那位三品文官马佐莱尼，还有赖德律-洛兰，如果您能碰到他们的话，我没有把这一千五百法郎丢进欧洲委员会的无底洞，看来做得不赖。”

为了防止我们俄国人从我的这个叙述中得出富有民族色彩的结论，我应当指出，这样募集的钱，从来没人随意动用过②；如果在我国，肯定会被人盗用，——但是在这里，它们只是消失了，就像有人连号码都没记下，就把钞票放在蜡烛上烧掉了。

那位密使回国了，后来又回来了，什么事也没有办成。战争逐渐临

---

① 指艾米利雅·霍克斯。她是伦敦的一位律师舍尔斯特的女儿，是马志尼的好友、秘书、翻译和与马志尼经常通信的人。

② 意大利流亡者从来都很清白。在法国流亡者中却发生过一件有趣的事。在谈到巴尔泰勒米决斗的事时，我曾提到过巴罗内其人，他受赖德律-洛兰的委托，曾募集过一笔资金，后来把它花光了。这以后，他回伦敦的愿望就大大减少了，于是他提出申请，允许他留在马赛。比约批复道，巴罗内作为一个政治人物并无危险，但是他对自己的党做出这种不义之举，说明他是一个不可靠的人，因此拒绝了他的申请。

在这方面，某种诚实无欺的荣誉也应属于德国人。他们曾在美国和曼彻斯特募集到一批钱，记得，大概有两万法郎。这笔钱是用来进行宣传、鼓动和支持诉讼的，它们存在伦敦的一家银行里，并公推金克尔、卢格和奥尔卡尔·雷亨巴赫为这笔钱的管理人，可是这三个人是势不两立的死对头。他们仨马上明白了，交给他们保管的是一个引起他们彼此不和的很大的祸根，因此急忙在提款合同里写上，除非三人共同签字，无论数目大小，银行概不支付。只要是一个人签字，甚至是两个人签字——第三个不同意都不行。不管德国的流亡者怎么努力，——总是缺乏一个人签字。因此这笔钱至今还存在银行里没动，——恐怕，这要成为未来的条顿共和国的嫁妆了。——作者原注

比约（1805—1863）：一八五四至一八五八年拿破仑三世的内务大臣。

雷亨巴赫（1815—1893）：德国民主派，一八四八年革命的参加者，后流亡英国。

近……终于开战了。流亡者很不满；年轻的流亡者指责沃尔采尔的同伙无能、懒惰，不管波兰的大事，只知道争名夺利、蝇营狗苟，革命热情衰退。他们的不满终于发展成明显的发牢骚；他们七嘴八舌地想要领导中心的成员们向他们做出交代，并且对他们公开表示不信任。他们之所以没有这样做和不敢造次，无非是因为他们热爱和尊敬沃尔采尔。我则通过切尔涅茨基尽可能地劝阻他们不要盲动。但是领导中心接连不断地犯错误，我想，总有一天会使人忍无可忍的。

一八五四年十一月又开大会纪念波兰起义，但与去年相比已经完全是另一种气象了。英国议员乔舒亚·沃尔姆斯莱①被推选为大会主席——波兰人居然为自己的事业寻求英国人庇护②。为了防止出现过于赤化的口号，沃尔采尔给某些人写了信，类似我收到的这一类："您知道，二十九日我们将举行大会；今年我们不能像去年那样邀请您在大会上说几句同情和支持我们的话了：因为战争和必须靠拢英国人迫使我们赋予大会以另一种色彩。将在大会发言的不是赫尔岑，不是赖德律-洛兰，也不是皮安恰尼③，发言的大部分是英国人；我们的人中只有科苏特一人准备讲演，说明一下事情的现状，等等"，我回信道："请我不要在大会上发言的邀请信收到了，我十分乐意接受这一邀请，因为这样做太容易了。"

靠拢英国人并没有能够实现，作出的让步也徒劳无功——甚至募捐也进行得不顺利。乔·沃尔姆斯莱说，他可以捐钱，但是他不愿意签名，作为国会议员，他不愿意正式参加募捐活动，因为募捐的目的没有得到政府的认可。

这一切，顺便说说，还有不让我在大会上发言，使年轻人怒不可遏，

① 沃尔姆斯莱（1794—1871）：英国政治家，国会议员，支持欧洲大陆的自由运动。

② 克里米亚战争爆发后，波兰流亡者把波兰独立的希望寄托在英法两国身上，因此竭力唤起英国舆论支持波兰的解放事业。

③ 皮安恰尼（1810—1890）：意大利政治家和政论家，一八四八年革命的参加者，后流亡英国。

他们手头已在传阅一份起诉书。偏巧这时候我又必须搬家，把俄文印刷所搬到另一个地方去。津科维奇曾以他自己的名义租了一栋房子，作为俄文印刷所和波文印刷所共用的厂房，可是津科维奇欠了一屁股债，法庭执行官已经来过两次——印刷所每天都可能与其他家具一起被没收。我拜托切尔涅茨基负责搬家。津（科维奇）拒不执行，他不愿意交出铅字和其他用具；我给他写了一封措词冷淡的信。

作为对这封信的答复，第二天沃尔采尔抱病到特威克南来看我，他的情绪很低落。

“您给了我们 le coup de grâce〔法语：致命的打击〕；当我们正在内讧的时候，您却要搬印刷所。”

“我向您保证，这里没有任何政治原因，既非争吵，也非示威，很简单：我怕他们会来查封津〔科维奇〕的一切。您能向我保证不会发生这种事吗？我可以相信您的保证，把印刷所留下来不搬。”

“他手里是一笔糊涂帐，这倒不假。”

“您怎么希望我把自己唯一的武器拿来冒险呢？即使我以后能重新购置这一切，单是时间的损失就赔不起呀？您知道，在这里，这事有多难办……”

沃尔采尔不言语。

“为了您，我可以这么做：我写一封信，信中说明，由于业务上的安排，迫使我必须搬迁印刷所，但是这不仅不意味着我们散伙了，而是相反，原来是一个印刷所，现在是两个。只要您愿意，这封信您可以公开发表，或者给任何人看。”

我还果真按照这意思写了一封信，这信是写给扎皮茨基①的，他是领导中心负责总务的一个不经常抛头露面的成员。

沃尔采尔留下来吃饭；饭后，我劝他干脆在特威克南过夜得了，晚

---

① 扎皮茨基（1810—1871）：波兰革命家，流亡伦敦，从一八五一年起任领导中心成员。这封信写于一八五四年十二月初。但是赫尔岑觉得这还不够，又于同年十二月二十二日就同一原因写了一封信给沃尔采尔。

上我跟他坐在壁炉前促膝谈心。他很难过,他清楚地懂得他犯了多大的错误,所有的让步除了内部分崩离析以外,没有带来任何好的结果,最后——还有他与科苏特一起做的宣传鼓动工作,也无声无息地完蛋了;而这整个黑暗画面的背景,则是波兰死一般的沉寂。

彼·泰洛①吩咐公寓的女房东每周都把房租、饭钱和洗衣费的帐单给他寄去——这帐单由他逐周支付,但是却连一个英镑也没有交到“他”手中②。

一八五六年秋,大家劝沃尔采尔到尼斯去,起先,可以在日内瓦湖畔的温暖地带先住一阵。听到这个消息后,我向他提出,这路费可由我支付。他接受了,这使我们俩又亲近起来;我们又开始常常见面了。但他却迟迟没有动身;这时伦敦的冬天开始了,潮湿,大雾弥漫,叫人透不过气来,而且总是湿漉漉的,刮着可怕的东北风。我催他要走就早走,可是他养成了一种本能的恐惧,怕环境变化,怕动,怕感到孤独。我建议他带几个人同去日内瓦;在那里,我再把他托付给卡尔·福黑特。他什么都接受,什么都同意,但是什么事也不做。他住的地方低于 rez-de-chaussée〔法语:一层,底层〕;他那屋子几乎从来没有亮光——他住在那里,患着气喘病,没有空气,只能呼吸煤块冒出来的烟味,变得越来越衰弱了。

他要走实在是太晚了;我建议在 Brompton consumption hospital〔英语:布罗姆普顿肺病疗养院〕给他租一间好一点的房子。

“这样好倒是好……但是不成呀。哪能呢,这么老远。”

“那又怎么样?”

“扎皮茨基住在这儿,我们所有的事也都在这儿办,而且他每天上午都要到我这儿来汇报一天的工作!”

① 泰洛(1819—1891):英国政治家,激进派,马志尼的朋友,英国“意大利之友会”主席。

② 沃尔采尔与泰洛住在一起,朋友们(包括赫尔岑)帮助沃尔采尔的钱都交给了泰洛,由他经手,但一直瞒着沃尔采尔,不让他知道他是靠别人养活的。

这种自我牺牲精神简直与疯狂无异。

……

“您大概听说了吧?”沃尔采尔问我,“有人准备了一份起诉书,准备起诉我们。”

“听说了。”

“我老了老了还摊上这样的事……真混到头了……”他说时悲怆地摇着自己白发苍苍的头。

“您的话也不见得对,沃尔采尔。大家一向爱戴您、敬重您,如果说他们一直都没有这样做,无非是怕您感到伤心。您知道——他们不是对您有意见,让您的同志们走自己的路吧。”

“永远不,永远不!所有的事我们都是一起做的,我们应该共同负责。”

“您这样想也救不了他们……”

“半小时前,您在说到罗塞尔①出卖了自己的同僚时②,您是怎么说的?”

这是在晚上。我站在离壁炉稍远的地方,沃尔采尔则面对壁炉,紧挨着炉火;他那闪烁着红红的反光的病态的脸,在我看来,更加显得筋疲力尽和充满了痛苦。他那消瘦的面颊上老泪纵横……我们俩相对无言,这沉默沉重得叫人受不了,过了几分钟……他站起来,我把他送进他的卧室;花园里有几棵大树在喧哗。沃尔采尔推开了窗户,说:

“我的肺部虽然不幸有病,但是住在这里,我的生命也许能延长一倍。”

我握住他的两只手。

“沃尔采尔,”我对他说,“留在我这儿吧,我可以再给您个房间;谁

---

① 罗塞尔(1792—1878):英国政治家,辉格党首脑,历届内阁成员,一八五五年在阿伯丁内阁倒台前几天辞职。

② 罗塞尔勋爵于一八五五年一月向内阁辞职,违反了内阁应对所执行的政策共同负责的惯例;在罗塞尔辞职不久后,阿伯丁内阁即倒台。

也不会来打扰您,您爱干什么干什么,如果您愿意,您可以一个人吃早点,一个人吃午饭;您可以在这里好好休息一两个月……这样就不会有人来不断麻烦您了,您会精神倍增。我作为您的弟弟,把您当作朋友,请求您!”

“谢谢,全心全意地谢谢您;我倒愿意立刻接受您的建议,但在当前的情况下,这简直不可能……一方面因为在打仗,另一面——我们的人会认为我抛弃了他们。不,每个人都必须背负自己的十字架,一直走到底。”

“好吧,至少现在先安安静静地睡个觉。”我对他说,竭力装出笑容。他是不可救药的了。

……战争结束了,尼古拉死了,新的俄国开始了。我们总算活到了“巴黎和约”①,活到了亲眼看到《北极星》和我们在伦敦印行的一切都销售一空。我们开始出版《钟声》,也很畅销……我和沃尔采尔很少见面,他为我们的成就感到高兴,可是心里却感到压抑,感到剧烈的痛苦,就像一个失去儿子的母亲,在看着别人家的少年成长一样……沃尔采尔在他的“oggi o mai”〔意语:现在或者永不〕中提出的那个命定的非此即彼的时刻,终于到来了,于是他也就渐渐熄灭了……

在他临终前三天,切尔涅茨基派人来找我。沃尔采尔问起了我——他的情况很不好,眼看就要死了。当我去看他时,他正处于神志不清,接近昏迷的状态;脸色苍白、蜡黄,他躺在长沙发上……他的两颊完全塌陷了。在最后几天里,他的这一状况不断发作,他已习惯了半死不活地躺着。一刻钟后,沃尔采尔开始苏醒过来,开始能够有气无力地说话了,他后来认出了我,欠起身子,半坐半躺地斜靠在沙发上。

“您看报了?”他问我。

“看了。”

---

① 一八五三至一八五六年的克里米亚战争结束后,于一八五六年三月在巴黎签订和约,是谓“巴黎和约”。

"给我讲讲纳沙泰尔问题①怎么样了,我什么东西也看不了。"

我给他讲了,他全听进去了,也都听明白了。

"啊,真困。现在您先走开一会儿,您在我身边,我睡不着,而睡一觉,我会感到舒服些。"

第二天他果然好了些。他有话要同我说……他有两次刚开头,又停了下来……直到就剩下我们俩单独在一起的时候,这个奄奄一息的人才把我叫到他身边,虚弱地握住我的手,说道:

"您的意见真对……您不知道您说得多么正确……这话一直压在我心头想要告诉您。"

"咱们先不谈这些。"

"走您自己的路……"他向我抬起他那垂死的,但却是明亮、光辉的目光。他已不能再多说了。我亲吻了他的嘴唇——而且我做得好:以后我们就永别了。晚上,他下了床,走到另一个房间,在女房东那里喝了点掺杜松子酒的温开水;女房东是一个纯朴而又非常好的女人,她非常尊敬沃尔采尔,认为他是一个十分高尚的人;他喝完水后又走回去,睡着了。第二天早晨,扎皮茨基和女房东问他,他还需要什么。他请他们生上火,让他再睡一会儿。火倒是生了。沃尔采尔却没有醒过来。

我再也没有见到他。他的瘦削的脸和遗体盖着一层白床单;我看了看他,跟他道了别,便去找雕塑家的工人替他拓石膏面模。

我跟他最后一次见面,他那庄严的弥留状态,我已经在另一个地方说过了②,对此我只想补充一个可怕的细节。

沃尔采尔从来不谈自己的家庭。有一回他给我找一封信。他在书

① 纳沙泰尔是瑞士的一个邦。一八五六年底,亲普鲁士的一些人想在纳沙泰尔发动政变,差点引发战争。战争的威胁直到一八五七年才解除。

② 见《印刷所文集》第一百六十三至一百六十四页。——作者原注

赫尔岑写的悼念文章《斯坦尼斯夫·沃尔采尔之死》原载《北极星》一八五七年第三辑,后又转载于《伦敦私人俄文印刷所十年》文集(1863)。

桌上翻了半天，打开了抽屉。抽屉里有一张蓄有军官胡髭的、似乎养尊处优的年轻人的照片。

“大概是个波兰爱国者吧？”我说，多半为了开玩笑，而不是询问。

“这……”沃尔采尔说，眼睛望着一边，急忙从我手里把照片抢走，“这是……我儿子。”

后来我才知道，他是一名在华沙的俄国官员。

他的女儿嫁给了一位伯爵，日子过得很阔，她不认识自己的父亲。

临死前两日，他向马志尼口授了自己的遗嘱——向波兰的建议，对波兰的问候，问朋友们好……

“现在完了。”垂死的人说。马志尼仍没有放下笔。

“您再想想，”他说，“此刻，您是否要……”

沃尔采尔不做声。

“还有没有人，您有什么话要对他们说？”

沃尔采尔明白了；他的脸罩上了一层阴云，他回答道：

“我对他们无话可说。”

我不知道还有什么比这句普普通通的话更可怕和更伤心的诅咒了。

随着沃尔采尔的去世，波兰流亡者中的民主派就变得渺不足道了。它是靠他这个儒雅和可敬的人站住脚跟的。一般说，一个激进派分崩离析以后就会变成许多几乎相互敌对的小派别。于是一年一度分别召开的群众大会，人数变少了，兴趣也变窄了：老是开追悼会，列举过去死了什么人，现在死了什么人，就像在追悼会上常见的情形那样，期望死者复活和未来永生，盼望波拿巴二次降临①，盼望波兰共

① 原为基督教名词，指在世界末日前，基督将二次降临人世，直接为王，治理世界。此处暗喻拿破仑一世曾于一八〇七年打败俄、普，进军华沙，成立华沙大公国，因此波兰人一直把拿破仑看作抵抗俄国侵略的“保护神”，现在又寄希望于拿破仑三世（路易・波拿巴），盼望他能“二次降临”华沙。

和国重显圣容①。

只有两三位德高望重的老人留下来作为庄严而又悲哀的纪念像；就像那些长髯飘胸、满头白发的以色列人那样，在耶路撒冷的哭墙旁捶胸顿足地恸哭，他们不是作为领袖指引我们前进，而是作为修道士向我们指着坟墓；他们用他们的呼号"Sta, viator! Herois sepulcrum..."〔拉丁语："站住，过路人！这里是英雄的坟墓……"〕拦住我们。

他们中间最优秀的人②，躯体虽已衰老，却保持着一双眼睛里射出的年轻、仁厚、像孩子般纯洁的、蔚蓝色的目光，——他们的一只脚已经踩进棺材，——他很快就要离我们而去，他的论敌亚当·恰尔托雷斯基③也快了。

莫非这当真是 finis Poloniae〔拉丁语：波兰的末日〕？④

……在我们把沃尔采尔这个令人荡气回肠和十分可爱的人完全留在冰冷的海格特墓地上之前，我还想说几件有关他的小事。就像人们送葬回来，总要暂时收敛起悲痛，讲一点关于死者生平的细节一样。

沃尔采尔在生活琐事上往往很粗心。他走后总是丢三落四，总是把眼镜、眼镜盒、手帕、鼻烟盒给忘了；可是，如果在他身旁放着别人的手帕，他却会把它塞进口袋；有时候他来的时候会带着三只手套，有时候又只剩下一只。

在他搬到 Hunter street〔英语：猎人街〕以前，他就住在附近，离新 Road〔英语：马路〕不远的 Burton crescent, 43〔英语：伯顿新月街43号〕，在

---

① 基督教名词，指耶稣基督降临人世，重显圣容（参见《马太福音》第十七章第二十三节）。波兰共和国（波兰 Rzetzposplita），指一五六九至一七九五年卢布林联合时期，波兰与立陶宛大公国对抗俄国侵略，联合起来，成立的统一国家。

② 指莱莱维尔（1786—1861）：波兰历史学家和政治家，一八三〇年起义时曾领导革命左翼，后来在流亡国外的民主派中起过重要的领导作用。

③ 恰尔托雷斯基（1770—1861）：公爵，波兰政治家，一八三〇年革命后，波兰政府首脑，波兰流亡者中的贵族派领袖。

④ 这是波兰民族解放运动领导人科斯丘斯科（1746—1817）在一七九四年十月十日波兰起义失败，他受伤被俘后说的话。

一排半圆形的不大的房子里，这个半圆形中英国式的所有房子都是一样的。沃尔采尔居住的那幢房子是从头数起的第五栋——因此，他知道自己粗心，每次都要数门。有一回，沃尔采尔从半月形的另一头回来，他敲了敲门，人家给他开门后，他就走进自己的小房间，房间里走出来一位姑娘，大概是主人的女儿。沃尔采尔坐到行将熄灭的壁炉旁，想休息一会儿。他身后有人咳嗽了两次：安乐椅上坐着一个他不认识的人。

“对不起，”沃尔采尔说，“您大概在等我吧？”

“哪儿，”英国人回答，“在我回答您的问题以前，先让我请问您贵姓？”

“敝姓沃尔采尔。”

“素昧平生，您有何贵干？”

这时候沃尔采尔才如梦初醒，大吃一惊，想到他可能走错了门，再打量了一下四周，发现家具和其他一切都不是他的。他向那个英国人说明了自己的不幸，连声道歉，然后向另一头数起的第五栋房子走去。幸好，这个英国人谦恭有礼，这倒是伦敦的不十分寻常的现象。

过了大约三个月，又发生了同样的事。这一回，他敲过门后，一名女仆给他开了门，看到一位可敬的老者，就把他直接领进了客厅；那里一位英国人正在和自己的妻子吃晚饭。他看到走进来的沃尔采尔后，便向他快活地伸出手来，说：

“不是这儿，您住在 43 号。”

尽管粗心大意，可是沃尔采尔直到生命终了都保持着惊人的记忆力；我经常把他当活词典和活的百科全书向他请教。世界上所有的书他都读，所有的学问他都研究：力学和天文学，自然科学和历史。他没有任何天主教的偏见，但是他按照波兰人智力的奇怪 pli〔法语：气质〕，却相信某种模模糊糊的、不需要的、也是不可能存在的，但却是离开物质世界而独立的精神世界。这不是摩西、亚伯拉罕和以撒信仰的宗教，而是让·雅克·卢骚、乔治·桑、皮埃尔·勒鲁、马志尼等信仰的宗教。

但是沃尔采尔比他们所有的人都没有资格信仰这一宗教。

当沃尔采尔的气喘病不这么折磨他，他心中也不十分忧郁的时候，他在人们中间还是非常可爱的。他说故事说得非常生动，尤其是回忆波兰老贵族们的生活习惯：这些故事常常使我听得入迷。塔杜施先生①的世界，墨德利奥②的世界，便跃然呈现在我们眼前，——对它的消灭，你虽然不会感到惋惜，相反，你会感到高兴，但是你也不会不感到它有某种色彩绚烂、狂放不羁的诗意，这完全不是我们俄国那些地主老爷的生活所能望其项背的。说到底，我们与西方贵族大异其趣，关于我国那些大人物的故事，说来说去，无非是穷奢极欲，纸醉金迷，大张筵席，奴仆无数，欺压农民和小门小户的乡邻，对皇帝和廷臣则奴颜婢膝，百般奉承。谢烈美捷夫们，戈里曾们，尽管他们有豪宅大院、良田美地，可是他们与自己的农民毫无不同，除了他们穿着德国式的长袍，读着法文的书报，享受着沙皇的恩典和财富以外。他们所有的人都在不断证实保罗③的那句名言，他身边只有身居高位的仆人——这就是那些他与之打交道的和暂时与之打交道的人……这一切都很好，但是必须知道这个。我所见到的俄国的地主老爷和达官显贵的最后一个代表是谢尔盖·米哈伊洛维奇·戈里曾公爵，难道还有谁比他更可怜 et moins aristocratique〔法语：和更缺少贵族气质〕的吗？难道还有谁比某个名叫伊兹梅洛夫④的人更可憎可厌的吗？

波兰贵族的作风是恶劣的、野蛮的，现在几乎无法理解；但这是人的另一种口径，另一种气派，没有一丁点奴才气。

“您知道，”有一次沃尔采尔问我，“通向罗亚耳宫的通道，为什么叫 Passage Radzivill〔法语：拉济韦尔街〕吗？”

---

① 塔杜施先生是波兰作家密茨凯维奇同名小说的主人公，通过他作家描写了十九世纪初波兰贵族的生活。

② 墨德利奥是波兰作家卡奇科夫斯基（1825—1896）同名小说的主人公。小说描写了老一辈波兰贵族的生活。

③ 指俄国沙皇保罗一世（1754—1801）。

④ 伊兹梅洛夫（1763—1836）：俄国将军、地主，以残暴和胡作非为著称。

“不知道。”

“您记得摄政王①的朋友，著名的拉济韦尔吗？他曾经坐着自己的马车从华沙来到巴黎，一路上每到一个地方过夜就买一幢房子。摄政王对他十分赞赏；拉济韦尔喜欢豪饮，他喝酒之多，彻底征服了那个躯体衰弱的主人；这位奥尔良公爵几乎跟他形影不离，尽管每天见面，每天上午还是要派人送封信去畅叙别后。有一回，拉济韦尔有事要告诉摄政王。他派了一名仆人去给他送信。那小伙子东找西找，就是找不到罗亚耳宫，只好回去向主人请罪。‘傻瓜，’主人对他说，‘你过来。看窗外：看到那座大房子（罗亚耳宫）了吗？’‘看见了。’‘好了，那儿住着本地最大的大老爷，每个人都会指给你看的。’小伙子又去了，找过来找过去，还是找不着。问题在于，许多房子挡住了罗亚耳宫，必须从St. -Honoré〔法语：圣奥诺莱街〕绕过去……‘唉，真烦人！’老爷说，‘吩咐我的代理人把我的公馆与罗亚耳宫之间的房子统统买下来，然后把它建成街道，以便我又要派这傻瓜去给摄政王送信的时候，他不至于晕头转向。’”

① 指奥尔良公爵菲力浦（1674—1723），因法王路易十五年幼，由他摄政，统治法国八年之久（1715—1723）。

第七章　流亡中的德国人

卢格，金克尔——Schwefelbande〔德语：硫磺帮，纵火帮〕[1]——美国人的宴会——*The Leader*〔英语：《领导者》〕——St-Martin's Hall〔英语：圣马丁会堂〕的群众集会——<D-r Müller>〔德语：米勒博士〕

德国流亡者与其他人不同[2]，他们性格孤僻、索然无味，而且爱与人争吵。他们不像意大利流亡者那样对人对事热情洋溢，也不像法国

---

[1] 这原是一八四九至一八五〇年一些年轻的德国流亡者在日内瓦成立的一个小团体，他们原想用自己的醉酒闹事、狂放不羁，吓唬并撩拨日内瓦的小市民。后来则被卡尔·福黑特在《我对〈总汇报〉的控告》(1859)一书中拿来指马克思及其追随者，似乎他“想用鬼来吓唬德国庸人并用燃烧的硫磺来烫他们”。其实马克思与“硫磺帮”没有任何关系，他于一八六〇年在《福黑特先生》一书中对福黑特进行了还击，指出他在政治斗争中无所不用其极，采取了这种张冠李戴的办法。

[2] 一八四八年德国巴登—普法尔茨起义失败后，大批德国人逃亡国外，大部分到瑞士，再由瑞士到英国和美国。从一八五〇年秋天起，伦敦成了德国流亡者聚集的中心，派系斗争十分激烈。

马克思和恩格斯从一八四九年秋天起就迁居英国。因为革命出现低潮，促使他们重新审查共产主义者同盟的斗争策略，从而引起了同盟中央委员会的分裂，同盟内部出现了维利希—沙佩尔冒险主义集团。

德国流亡者中的小资产阶级民主派，从一开始就分裂为各种彼此敌对的集团，为首的则是“流亡者中的伟人”(马克思语)：卢格、金克尔、施特鲁沃和海因岑。

一八六一年后，由于普鲁士实行政治大赦，大批流亡者回到了他们的祖国，许多曾经参加一八四八至一八四九年运动的革命者很快就变成了支持俾斯麦的民族自由派。只有以马克思、恩格斯为首的那一派共产主义者留在国外，继续与欧洲反动势力做斗争。

人那样头脑发热，言辞激烈。

其他国家的流亡者很少与他们接近；由于作风上的差别和 habitus〔拉丁语：外形，外貌〕上的不同，使他们彼此都保持一定距离；法国人的无礼与德国人的粗鲁没有任何共同之处。德国人缺乏公认的温文尔雅，加以很难与之相处的死板与迂阔作风，过分的亲昵和过分的老实，使不习惯的人很难同他们交往。他们自己也不很乐意与别人接近……一方面，他们认为他们在学术水平上比其他国家的人高得多，另一方面，他们又觉得自己在别人面前不愉快和很别扭，就像乡下人走进京城的沙龙，一个小官吏走进贵族圈子一样。

德国流亡者内部，也像他们的祖国一样，一盘散沙。德国人没有共同的纲领，他们的统一是靠相互仇恨和彼此的恶意诋毁支撑的。德国流亡者中的优秀分子感觉到了这一点。那些充满活力的人，纯正的人，聪明的人，诸如卡·舒尔茨①、奥·维利希②和雷亨巴赫，都到美国去了。那些温顺的人则照例钻进了事务堆，躲到伦敦的远郊，如弗莱里格拉特③。其他人，除了两三个领导人，则不知疲倦和十分凶残地互相厮杀，把对方咬成碎片，甚至不惜暴露对方的家庭隐私和进行最严厉的刑事指控。

我到伦敦后不久就到布赖顿拜访阿诺尔德·卢格。卢格是四十年代莫斯科大学小组所十分熟悉的：他曾出版过著名的 *Hallische Jahrbücher*〔德语：《哈雷年鉴》〕④，我们从中汲取了许多激进的哲学思想。我跟他第一次见面是在一八四九年的巴黎，在这个尚未冷却的火山区

---

① 舒尔茨（1829—1906）：德国革命者，一八四八年巴登起义的参加者，一八五二年流亡美国，积极参加美国共和党的政治活动和美国的军事活动，是美国的德裔政治领袖。

② 维利希（1810—1876）：普鲁士军官，“共产主义者同盟”中的极左派领袖，一八四九年巴登—普法尔茨起义的参加者，美国国内战争（站在北方一边）的参加者。

③ 弗莱里格拉特（1810—1876）：德国诗人，一八四八年革命诗歌的代表，一八五一年流亡伦敦。

④ 青年黑格尔派办的杂志，一八三八至一八四一年在德累斯顿出版。

上。当时还顾不上研究单独的个人。他当时到巴黎来是作为巴登起义政府的代表之一来叫不会讲德语的梅罗斯拉夫斯基①去指挥游击队的军队和与法国政府谈判的，可是法国政府却根本无意承认发生革命的巴登。与他同来的还有卡·布林德②。六月十三日以后，他和我都不得不逃离法国。卡·布林德因为晚走了几小时，结果被关进了孔斯耶尔热里监狱。从那时起，我一直没有见过卢格，直到一八五二年秋。

在布赖顿，我发现他成了一个爱唠叨的老人，满腹牢骚，言语刻薄。卢格已被过去的朋友抛弃，他在德国已被人忘却，他对事情已失去影响，而且又跟流亡者们吵遍了，现在他完全沉溺于流言蜚语和说长道短上。经常与他联系的不过是两三个最蹩脚的新闻记者和不值钱的小品文作家这类媒体的小投机商，在战斗正酣时是从来见不到他们的，——直到后来，才能看到这些政界和文化界的五月金龟子，每天晚上津津有味而又十分起劲地在被人们丢弃的白天的残羹剩饭中刨食。卢格就是跟他们一起七拼八凑地写些小文章，撺掇他们，给他们提供素材，在德国和美国的报章杂志上造谣生事、搬弄是非。

我在他那里吃了饭，度过了整个晚上。在这段时间里，他一直在抱怨各国的流亡者，对他们造谣诽谤。

他说："您没有听说我们那个四十五岁的维特与男爵夫人的事进行得怎样了吗?③ 听说，在向她表白爱情的时候，他曾想用贵族和共产主义者结合将会产生化学反应，生下一个天才的儿子来吸引她，有这回事吗？可是男爵对生理实验毫无兴趣，听说，把他拳打脚踢地轰出去了。真有这回事吗?"

---

① 梅罗斯拉夫斯基(1814—1878)：波兰政治家，一八三〇至一八三一年波兰起义的参加者，曾在一八四九年五月在德国西南部指挥过革命军。

② 布林德(1826—1907)：德国政治家、政论家，一八四八年巴登武装起义的积极参加者。

③ 这位德国的男爵夫人名叫布柳宁，赫尔岑认识她，她是俄裔德国人，同情当时的德国民主运动，并帮助过金克尔越狱。维利希曾和她有过一段罗曼史，故卢格讽刺地称他为"四十五岁的维特"。

“您怎么会相信这样荒谬的事呢?”

“说真的,我也不十分相信。我住在这里的穷乡僻壤,只能听到伦敦现在有什么的传闻,而且都是从德国人那里听来的;他们大家,尤其是流亡者,净信口开河,胡说八道,大家都在吵吵嚷嚷,互相造谣诽谤。我想,这是金〔克尔〕散布的谣言,因为男爵夫人把人从监狱里赎了出来,他便以此表示感谢。要知道,他本人也曾经追求过她,可是他胆儿小:他老婆不让他胡来,说什么‘你把我从前夫手里抢了过来,现在,这就够啦……’”

这就是阿诺尔德·卢格哲学谈话的一个小小的样品。

有一回,他改变了自己的谈话口径,开始友好而又同情地谈到巴枯宁,可是说到一半又猛地想起一件事,补充道:

“话又说回来,近来他不知怎么开始堕落了,胡说什么革命的专制主义和泛斯拉夫主义。”

我心情沉重地离开了他,下定决心以后再不去看他了。

一年后,他在伦敦作了几次学术讲演,讲德国的哲学运动。这些讲演都讲得不好,他的带有柏林口音的英语,使人听了觉得很别扭、很刺耳;此外,他把所有的希腊和拉丁人名都按照德国人的方式发音,因此英国人听得莫名其妙,这些伊奥菲斯①、尤诺②……究竟是什么意思呢?第二次讲演来了十个人,第三次只有五个人加上我和沃尔采尔。卢格在空空如也的大厅里走过我们身旁,紧紧地握着我的手,加了一句:

“波兰和俄国来了,可是意大利没有来;在发生新的人民起义,我绝对忘不了马志尼和萨斐欠下的这笔债。”

当他怒气冲冲和作威胁状离开之后,我看了看沃尔采尔嘲讽的微笑,对他说:

---

① 即朱庇特〔拉丁语:Jovis〕。

② 即朱诺〔拉丁语:Juno〕。

“俄国邀请波兰到他家吃饭。”

“C' en est fait de l' Italie〔法语:意大利完蛋了〕。”沃尔采尔摇着头说,说罢我们便走了。

金克尔是伦敦德国流亡者中最杰出的人物。他的行为无可指责,工作兢兢业业,很辛苦,尽管看来十分奇怪,这样的人在流亡者中几乎难得一见。金克尔是卢格的不共戴天的敌人。为什么呢?这同样很难解释,就像无神论的鼓吹者卢格怎么会成为新天主教徒龙格的朋友一样无法解释①。哥特弗里德·金克尔是伦敦众多德国分裂派的首脑之一。

看着他的模样,我常常感到奇怪,一个像宙斯式的大脑袋怎么会长在一个德国教授的肩膀上,而这个德国教授又怎么会先是跑到战场上,然后受了伤又被关进普鲁士的监狱的?也许较之这个更叫人纳闷的是,这一切加上伦敦,都丝毫没能够改变他。而他仍不失为一名德国教授。他个子高高的,满头白发,留着斑白的胡须,仪表堂堂,令人肃然起敬;但他在这之上又加上一种官场的威仪,Salbung〔德语:道貌岸然〕,具有某种法官和大主教的气派,某种庄严的、威武的、既谦逊又自负的架势。这样的仪表,在时尚的牧师、妇科医生,尤其是催眠术家、专门捍卫道德的律师、在英国贵族的大饭店的waiter〔英语:茶房,服务员〕领班身上,也常常会遇到,只是风度不一,表现各异而已。金克尔青年时代就努力研究神学;摆脱神学以后,在举手投足之间仍保持着某种神父的风度。这倒不足为怪:拉梅内②本人,尽管他深深地挖出了天主教的根源,可是到老都保持着天主教神父的仪表。金克尔深思熟虑和从容不

---

① 龙格(1813—1887):德国教会活动家和政治家,“德国天主教”运动的发起人,一八四八年任“左派”法兰克福议会议员,一八四九年流亡伦敦。

龙格于一八四四年曾名噪一时,因为他曾起来反对特里尔天主教主教,并要求改革教会,因而被削去神父教职,他是所谓“德国天主教会”的创始人,三月革命爆发后加入民主党。

② 拉梅内(1782—1854):法国天主教神父、政治家和政论家,“基督教社会主义”的思想家之一。

迫的讲话，四平八稳，字正腔圆，从不说过头的话，侃侃而谈，仿佛在诲人不倦地布道似的；他总是摆出一副虚怀若谷的样子听取别人的意见，其实他最欣赏的还是他自己①。

他曾担任萨姆塞特大厦和几所高等学校的教授，曾在伦敦和曼彻斯特讲授过美学——这是在伦敦忍饥挨饿、在街头流浪的德国三十四个邦的解放者所不能饶恕的。金克尔经常在美国报纸上遭人唾骂，美国报纸成了德国人进行造谣中伤的主要渠道，在每年纪念罗伯特·布罗姆②，纪念在巴登第一次 Schilderhebung〔德语：举起盾牌〕，纪念第一次对奥地利人 Schwertfahrt〔德语：动刀动枪〕③等而举行的空空荡荡的群众大会上，金克尔也总会遭到辱骂。他的所有同胞都在骂他，可是这些人从来不知道吸取教训，从来只知道借钱而不知道还债，如果人家不借钱给他们，他们就骂人家是间谍和卖国贼。金克尔不予理睬……那些蹩脚文人狂吠了一阵，也就像克雷洛夫寓言中的狗那样后退了④；只间或还有一只蓬头散发的、挓挲着毛的杂种狗，从德国民主派的底层蹿出来，在一家谁也不看的报纸上发表一篇小品文，狺狺狂吠，使人不由得想起在各种各样的蒂宾根、达姆斯塔特和不伦斯威克—沃尔芬比特等地方纷纷揭竿而起，举行起义的幸福岁月⑤。

在金克尔家中，在他的讲演中，在他的谈话里，一切都很好，说得很聪明——只是轮子上缺了点机油，因此一切都紧绷绷的，旋转不灵，虽

① 马克思在他所著《流亡中的伟人们》中曾用很多的篇幅来评论金克尔其人，认为他是一个内心十分虚伪的人，善于用装模作样的民主主义和爱好自由的词句来巧妙地掩饰他的资产阶级本质。六十年代初起，金克尔过去的“革命性”连一点影子也没有了：他参加了民族自由派，终其身只是苏黎世的一名普通的大学教授。

② 布罗姆（1807—1848）：一八四八年德国革命时期萨克森民主派的领袖，奥军元帅温迪施格雷茨的军队攻陷维也纳后，被抓获并被枪决。

③ 以上所言“举起盾牌”和“动刀动枪”等指一八四八年四月第一次巴登起义和一八四八年维也纳的三月起义。赫尔岑这样说，意在讽刺德国小资产阶级民主派在革命处在低潮时的盲动主义。

④ 见克雷洛夫的寓言《过客和猎狗》。

⑤ 指一八四八至一八四九年德国各地纷纷发动起义的情景。

然没有发出嘎吱嘎吱的声音,但是走得很重。他总是谈笑风生,十分风趣;他妻子是个有名的钢琴家,常常弹奏一些十分精彩的曲子,可还是觉得十分沉闷。只有孩子们蹦蹦跳跳,带进一点比较活泼的气氛;他们那些明亮的眼睛和清脆的嗓音,虽然不够高雅,但……却给轮子上了点油。

"Ich bin ein Mensch der Möglichkeit."〔德语:"我是一个大有作为的人。"〕,金克尔不止一次地对我说,想借此说明他在各种极端派别间的地位;他认为,他可能会在未来的德国担任未来的部长;我则不以为然,但是他的夫人约翰娜却深信不疑。

正好,顺便谈谈他俩的关系。金克尔总是道貌岸然,她则对之叹赏不已。他们相互之间,哪怕是谈最普通的生活琐事,也都用高雅喜剧(德国上流社会的 haute comédie〔法语:高尚戏剧〕!)和道德小说中的措词。

"Beste Johanna〔德语:最最亲爱的约翰娜〕,"他声音铿锵而从容不迫地说道,"du bist, mein Engel, so gut-schenke mir noch eine Tasse von dem vortrefflichen Thee, den du so gut machst ein!〔德语:我的天使,劳你大驾——请给我再倒一杯你煮得这么好的香喷喷的茶!〕"

"Es ist zu himmlisch, liebster Gottfried, dass er dir geschmeckt hat. Tuhe, mein Bester, für mich-einige Tropfen Schmand binein!〔德语:亲爱的哥特弗里德,这茶正合你的口味;这太好了。最最亲爱的,请给我滴几滴奶油!〕"

于是他给她滴了几滴奶油,感动地看着她,她则不胜感激地望着他。

Johanna〔德语:约翰娜〕对自己的丈夫照顾得无微不至,简直不胜其烦:每逢大雾,她就在一种特制的腰带上别上一支手枪让他随身佩戴,央求他千万保重,不要吹风着凉,要提防坏人,不要吃有害健康的食物,in petto〔法语:内心里,暗自地〕要提防女人的眼睛——这是比所有的风和 pâté de joie gras〔法语:鹅肝馅〕……更有害的东西。总之,她用自己强烈的嫉妒和坚定的、永远处于亢奋状态的爱，毒害了他的生活，使他感到十分扫兴。作为回报，她支持他的想法，认为他是天才，至少决不亚于莱辛，他定将成为德国未来的施泰因①；金克尔心里也认为，这都是实话，可是当有外人在场，约翰娜的吹捧又过于不着边际的时候，就温和地制止她，叫她不要乱说。

“约翰娜，您有没有听说过关于海涅的情况？”有一回，夏洛特②心事重重地跑进来，问她。

“没有呀。”约翰娜回答。

“他死啦……昨天夜里……”

“真的？”

“Zu wahr！”〔德语：“千真万确！”〕

“啊呀，我多高兴呀：我一直耽心他可别写出什么讽刺诗来挖苦哥特弗里德，——他的舌头可刻薄了。您简直使我太吃惊了，”她猛地醒悟过来，又加了一句，“这对德国是多大的损失啊③。”

…………

厌恶，出现了痛苦和嫉妒的感情。④

这种仇恨的根源，一部分在于意识到他们的日耳曼祖国在政治上处于二流地位，可是他们却竭力想起到第一流的作用。法国人的民族自大狂也是可笑的，但是他们毕竟能够说，他们“在某种程度上为人类流过血”……而那时候有学问的德国人只是洒了几点墨水。一方面觊觎某种巨大的民族地位，另一方面又极力鼓吹某种学院式的世界主义，这就显得更可笑了，因为他们提不出别的权利，除了对人家是否尊重自己没有把握，对希望自己 sich geltend machen〔德语：露一手，大显身手〕又

---

① 施泰因（1757—1831）：普鲁士国务活动家。

② 金克尔的女客。

③ 不过我写了这段话后，也感到很遗憾。过后不久，这个可怜的女人就从四层楼的窗口跳下去，摔到石头院子里摔死了；嫉妒和心理障碍竟使她走上这条可怕的自杀之路。——作者原注

④ 在这之前赫尔岑的原稿缺了两页。

心里没底。

“为什么波兰人不喜欢我们呢?”一个德国人在一群学究中间一本正经地问。

这时候出现了一名新闻记者,人很聪明,早就定居英国。

“唔,这是不难理解的,”他回答,“您最好说,谁爱我们? 或者为什么大家都恨我们呢?”

“怎么会大家都恨我们呢?”教授感到奇怪,问道。

“起码与我们有共同边界的国家的人恨我们:意大利人、丹麦人、瑞典人、俄国人、斯拉夫人。”

“对不起,Herr Doctor〔德语:博士先生〕,也有例外。”那个感到不安和有点不好意思的老学究反驳道。

“毫无疑问,而且是怎样的例外啊:法国和英国。”

那位学者开始笑逐颜开了。

“您知道为什么吗? 法国不怕我们,英国则瞧不起我们。”

德国人的处境的确很可悲,但他们的可悲之处提不起人们的兴趣。大家知道他们能够对付国内外的敌人,可是他们却对付不了。比如,为什么与他们同一种族的人民——英国、荷兰、瑞士——都是自由的,而德国人却不自由呢? 无能(比如贵族)也能促使人去做点什么,起码会让人变得谦虚点。德国人感觉到自己无能,却无所不用其极地想要抬高自己:硬把英国和北美合众国当作日耳曼精神在国家Praxis〔德语:实践〕上的代表。埃德加·鲍威尔写了一本论俄国的空洞无物的小册子,书名好像是*Kirche und Staat*〔德语:《教会和国家》〕①,卢格对此大为恼火,怀疑是我授意他写的,于是给我写了一封信(后来他把同样的东西发表在《泽西文集》上),说俄国只是一些粗糙的原材料。野蛮而又杂

① 这本书应是*Russland und das Hermaneuthum*〔德语:《俄国与日耳曼世界》〕之误。作者也不是埃德加·鲍威尔,而是他的哥哥布鲁诺·鲍威尔(1809—1882)。他曾发表过许多书和小册子,表达了他对欧洲文化感到失望,希望利用沙皇俄国的“原始力量”来振兴欧洲。

乱无章，它之所以有力量，以及它的荣耀和美，均来自日耳曼的天才，因为他给了它自己的“形象和样式”①。

每一个出现在舞台上的俄国人，都会遇到德国人的充满愤恨的惊讶。我国的一些想在俄国的大学和俄国的科学院当教授的学者和科学家，不久前就曾发现德国人对此感到十分惊讶和愤愤不平。在那些从国外请来的“同仁们”看来，这简直是胆大妄为、忘恩负义，是在抢别人的饭碗。

马克思对巴枯宁是非常了解的，知道他为德国人差点掉了脑袋，死在萨克森刽子手的利斧下，可是他却把巴枯宁说成是俄国间谍，他在自己的报纸上说了这事的来龙去脉②，说这事是乔治·桑从赖德律-洛兰那里听来的，因为当时赖德律-洛兰担任内务部长，所以看到了一封败坏他名誉的信件。当时巴枯宁正关在狱中等候判决，压根儿没想到会出现这样的诽谤③。这诽谤正在把他推向断头台，从而扯断这位殉道者与暗中同情他的群众之间的最后的爱的联系。巴枯宁的朋友阿·雷海尔④写信给在诺昂的乔治·桑，问她到底是怎么回事。她立刻给雷海尔写了回信，并且给马克思的报纸编辑部寄去了一封信，并在信中非常友好地谈到巴枯宁；她在信中补充道，她从来就没有和赖德律-洛兰

---

① 借用《圣经·创世记》中上帝造人时的说法：“我们要照着我们的形象，按着我们的样式造人。”

② 马克思从来没有说过巴枯宁是俄国间谍。关于巴枯宁是沙皇政府间谍的谣言，是俄国驻巴黎大使馆散布的，一些波兰流亡者便信以为真，后来又在巴黎广泛流传。马克思的《新莱茵报》驻巴黎记者——德国流亡者艾韦尔贝克曾在自己的通讯中报道了这事，并说在乔治·桑手里握有败坏这位俄国革命者声誉的文件。艾韦尔贝克的这篇报道发表在一八四八年七月六日的《新莱茵报》上。巴枯宁见报后立即提出抗议，并写信给乔治·桑，请她辟谣。巴枯宁的抗议和他给乔治·桑的信，立即发表在七月十六日的《新奥德报》上。《新莱茵报》很快（8 月 3 日）予以转载，并且发表了乔治·桑的辟谣声明。巴枯宁对此感到很满意。一八四八年八月底，马克思在柏林遇到巴枯宁时又“恢复了同他的紧密友谊”。

③ 巴枯宁是因参加一八四九年五月德累斯顿起义而被捕的，离《新莱茵报》发表关于他是俄国间谍的通讯，几乎过去了一年。

④ 雷海尔（1817—1897）：德国音乐家和作曲家，巴枯宁和赫尔岑的朋友。

谈到过巴枯宁。因此也不可能向人复述报纸上所说的那件事。马克思很有办法,他在巧妙地照登乔治·桑的信的同时加了个注,说关于巴枯宁的那篇文章是"他不在的时候"发表的。

这结局完全是德国式的,——它不仅不可能发生在法国,因为在法国 point d'honneur〔法语:名誉问题〕是个需要慎重对待的问题,在那里,这份报纸的发行人一定会用一大堆花言巧语、绕脖子的话和道德说教来掩盖这整个肮脏的勾当,说什么 qu'on avait surpris sa religion〔法语:有人滥用了他的信任〕,他感到失望,借此蒙混过关,甚至英国的发行人,尽管他要没有礼貌得多,他也不敢把责任推到其他编辑头上①。

我到伦敦后过了一年,马克思的党又一次对巴枯宁发动了卑劣的诽谤,当时巴枯宁正被囚禁在阿列克谢三角堡②。

英国很早就是受迫害者的祖国,可是在他们中间有个人非常独特,

---

① 尽管他们很放肆,很无礼。为了说明他们的行事作风,我想讲一件发生在路易·勃朗身上的事。《太晤士报》载文说,路易·勃朗在担任法国临时政府成员时,为了在工人中间筹组自己的党,曾盗用"公款一百五十万法郎"。路易·勃朗写信给编辑部,说他们的消息有误,又说,即使他想这样做,他也无法盗用或者花费一百五十万法郎,因为在他支持卢森堡委员会的整个时期,由他掌管的钱也不超过三万法郎。《太晤士报》没有刊载他的回信。路易·勃朗只好亲自到编辑部找他们的总编辑。人家回答他,根本就没有总编辑,《太晤士报》是集体编辑出版的。路易·勃朗又要求会见编辑部的负责人——人家回答他,没有任何人具体地负责任何事。

"那我究竟应该找谁呢?我的信有关我的清白,它未能见报,我该找什么人给予解释呢?"

《太晤士报》的一名官员回答他道:"这里的情况与法国不同。我们这里既没有 gérant responsable〔法语:责任编辑〕,也没有回信照登的法定义务。"

"绝对没有责任编辑吗?"路易·勃朗问。

"没有。"

"非常,非常遗憾,"路易·勃朗苦笑道,"竟没有总编,要不然,我非得给他两记耳光不可。再见,先生们。"

Good day, sir, good day. God bless you!〔英语:再见,先生。愿上帝保佑您〕《太晤士报》的那名官员一再说道,一边彬彬有礼和不慌不忙地拉开了门。——作者原注

② 彼得堡彼得保罗要塞中专门囚禁政治犯的监狱。

这人便是大卫·厄克特[1];他是一位很有才华和精力充沛的人,是保守党中十分古怪的激进派,他耽溺于两个想法:第一,他认为土耳其是一个非常优秀的国家,前途远大,因此他吃土耳其菜,洗土耳其浴,坐土耳其沙发……第二,俄国的外交是全欧洲最狡猾、最灵活的外交,它收买和欺骗了全世界所有国家的所有首脑,尤其是英国的头头脑脑们。厄克特孜孜不倦地工作了多年,想要找到证据来证明帕默斯顿已被彼得堡内阁收买。他为此写了许多文章和小册子,在国会提出建议,在群众大会上大肆宣传。起先大家对他很有意见,反驳他,骂他,后来也就习惯了。被他指控的人和听他讲话的人开始对他一笑置之,不予理睬……最后则发出一片哄堂大笑。

在一个大的中心召开的一次群众大会上,厄克特陶醉于自己的idée fixe〔法语:固执的念头〕,竟大放厥词,说科苏特是一个不可靠的人,又说,如果科苏特还没有被收买,那他也一定处在明显地为俄国效劳的那个人的影响下……而这个人就是马志尼!

厄克特就像但丁笔下的弗兰采斯卡[2]一样,这次没有再继续自己的讲演。他一提到马志尼的名字,就爆发出哄堂大笑,大卫自己也发现,他用自己的投石器不仅没能打倒意大利的歌利亚,而且还扭伤了自己的胳臂[3]。

一个认为并且公开宣称,从基佐和德比到埃斯帕特罗[4]、科布登[5]和马志尼都是俄国间谍的人,对于那帮簇拥在天字第一号怀才不遇的天才——马克思周围的得不到公众承认的德国的栋梁之材来说,自然

---

① 厄克特(1805—1877):英国政治家和政论家。

② 但丁《神曲·地狱篇》中的人物。

③ 大卫和歌利亚均为《圣经》人物,典出《旧约·撒母耳记(上)》第十七章第四十九节:非利士勇士歌利亚被大卫王用投石器甩出的石头打死。

④ 埃斯帕特罗(1793—1879):西班牙国务活动家,一八五四至一八五六年的西班牙首相。

⑤ 科布登(1804—1865):英国政治家,“反谷物法同盟”的倡导者,并通过斗争于一八四六年取消了谷物税。

如获至宝。他们把自己的爱国无门的远大抱负和可怕的野心变成了一所制造诽谤的 Hochschule〔德语：高等学府〕，他们对所有在政治舞台上崭露头角、比他们稍有出息的人，无不百般猜疑。他们缺少的只是清白的名声，现在厄克特给了他们。

当时，厄克特对 *Morning Advertiser*〔英语：《广告晨报》〕①（一份用最奇怪的方式创办的报纸）有很大影响。可是无论在俱乐部，在大的文具报刊店，还是在正派人的书桌上，都没有这份报纸——可是它的发行量却超过 *Daily News*〔英语：《每日新闻》〕②，起到最近一些廉价的报纸，诸如 *Daily Telegraph*、*Morning Star* 和 *Evening Star*〔英语：《每日电讯报》、《明星晨报与晚报》〕，才抢了 *M. Advertiser* 的生意，使它降到次要地位。这是一种纯粹的英国现象：*M. Advertiser* 是一份由酒肆餐饮业办的报纸，没有一家小酒馆没有它。

马克思派和他的朋友们就是随同厄克特和酒店的那帮顾客一起走进 *Morning Advertiser* 的③。“哪儿有啤酒，哪儿就有德国人”。

有一天早晨，*Morning Advertiser* 突然提出了一个问题：“巴枯宁是不是俄国间谍？”④不言而喻，它对此作了肯定的回答。这种做法是如

---

① 一份于一七九四年创办的英文报纸。

② 一八四六至一九二八年在伦敦出版。

③ 其实马克思与《广告晨报》毫无关系，更谈不上有什么亲密关系，相反，马克思还不止一次地尖锐批判过这份报纸的政治面目，以及该报主编和发行人的个人品质，认为它只是一份帕默斯顿的“街头小报”。

马克思开始认识厄克特，也是在《广告晨报》开展关于巴枯宁的辩论好几个月以后的事。马克思和厄克特的政治观点没有任何共同之处。

厄克特曾批评过俄国沙皇在巴尔干的外交阴谋，马克思也批评过沙皇政府在近东的外交活动，但是厄克特分子控制的地方报纸曾转载马克思的文章，也许，赫尔岑因此而产生误解，以为马克思和厄克特以及《广告晨报》之间有某种特殊关系，他们的政治观点是相同的。

④ 一八五三年八月二日的《广告晨报》上发表了一封读者来信，署名是“弗·马”。该信认为巴枯宁是沙皇政府的秘密间谍。赫尔岑怀疑这封信的作者就是马克思或者马克思一派中的什么人，其实这是毫无根据的，因为这人虽然也姓马克思（弗兰西斯·马克思），但他是一个英国地主和反动政论家。

此卑劣，甚至连并不特别同情巴枯宁的人也感到义愤填膺。

对这件事置之不理是不可能的。尽管感到很遗憾，我还是不得不跟戈洛文①（关于此公，将另章详述）一起在一封集体抗议书上签了名，因为别无选择②。我邀请沃尔采尔和马志尼在我们的抗议书上联合签名——他俩立刻同意了。经过波兰民主中心主席以及像马志尼这样的人的证明之后，一切就可以结束了。可是德国人却不肯善罢甘休。他们与戈洛文展开了最无聊的辩论③，而后者之所以参加这样的辩论，无非是为了以自己的长袖善舞来吸引伦敦小酒店的顾客。

我的抗议书，以及我写给沃尔采尔和马志尼的信，可能激起了马克思对我的愤怒。也就在这时候，德国人突然醒悟了过来，开始对我进行粗暴的攻击，就像从前对我粗俗地献媚一样。他们已不像*V*〔*om*〕*andern Ufer*〔德语：《来自彼岸》〕和《意大利书简》刚刚问世时那样给我写颂词了，而是说我像个"无礼的野蛮人，胆敢居高临下地看德国"④。马克思的另一名帮手写了整整一本书来攻击我，并且把这书寄给霍夫曼和卡佩出版社，可是他们不肯出版。于是他把刚才提到的那篇文章发

---

① 戈洛文（1816—1890）：俄国流亡者，政论家。

② 这封抗议信刊载在八月二十九日的《广告晨报》上。信中指出，"对巴枯宁的诽谤并不是什么新鲜事，"因为早在一八四八年一家德国报纸就曾散布过同样的谣言。八月三十一日，恨透了马克思的卢格，也在这家报上载文说，在一八四八年诽谤巴枯宁的不是别人，正是以"马克思博士"为总编的《新莱茵报》，虽然他和其他民主派都坚信这是诽谤，纯属无稽之谈。

③ 马克思见信后立刻愤怒地驳斥了"赫尔岑与戈洛文先生的造谣中伤"，并详细说明了一八四八年《新莱茵报》刊载关于巴枯宁的那篇通讯的情况。马克思说："……在德国的著作家中，我是头一个给予巴枯宁参与我们的运动，尤其是德累斯顿起义以应有评价的人……"戈洛文不服，又进行了反驳，对马克思进行了放肆的攻击。争论进行了一两个月。

④ 这话是一个名叫科拉切克的人就*Du développement des idées révolutionnaires en Russie*〔法语：《俄国革命思想发展史》〕法文版再版，在一张美国报纸上说的。滑稽的是这书的德文本全文过去曾在*Deutsche Jahrbücher*〔德语：《德意志年鉴》〕发表过，而年鉴的出版人……正是那个科拉切克！——作者原注

科拉切克（1821—?）：德国政论家，一八四八年法兰克福议会"左翼"议员。一八五一年移居巴黎，一八五三年又移居美国。

表在《领导者》上（我是很晚才知道的）。他的名字我记不起来了。

很快，马克思分子中又增加了一名放下面具的勇士，他的名字叫卡尔·布林德，当时他是马克思的 famulus〔拉丁语：帮手、下手〕，现在是他的敌人①。因为美国驻伦敦领事为我们举行了一次宴会②，他在给纽约报纸的一篇通讯中写道："这次宴会上有一个俄国人，即自称为社会主义者的亚·赫。赫与马志尼、科苏特和萨斐……过从甚密。就站在运动前列的人来说，他们竟让一个俄国人来跟他们套近乎，这是非常有失检点的。我们希望，他们不至于为此感到后悔，但是已经太晚了。"

这话是不是布林德自己写的，还是他的某位助手代笔，我不知道：我眼前没有原文，但是意思决不会错，这点我敢担保。

在此我要申明，无论就布林德而言，还是就马克思（我根本不认识他）来说，这整个憎恨纯粹是柏拉图式的，也可以说，这憎恨根本不是出于个人恩怨：他们出于他们的爱国主义，把我作为牺牲品献给了他们的祖国。顺便说说，在美国人举行的宴会上没有德国人，也使他们的火不打一处来——为此，他们只好向俄国人兴师问罪③。

这次宴会在大西洋两岸闹得议论纷纷，他们所以要请客是这么回事。皮尔斯总统④爱跟老的欧洲各国耍脾气，因此经常做一些调皮捣蛋的事。这一方面是为了在国内赢得更大的声誉，另一方面也是为了

---

① 马克思与布林德相识于一八四九年。从那时起直至一八五三至一八五四年，布林德与马克思多有来往，但是根本谈不上在思想上有什么接近。从一八五四年起，他俩的关系开始紧张，马克思认为他与卢格是一丘之貉。五十年代末，布林德就彻底投到资产阶级自由主义阵营，成为俾斯麦的公开拥护者和社会主义的敌人。

② 这次美国领事的宴会是在一八五四年二月二十一日举行的。

③ 宴会上没有德国人使我想起了加里波第母亲的葬礼。她是一八五一年在尼斯去世的。她儿子的朋友们邀请各国流亡者去给死者送行；其中，我也被邀请了。当我们在楼道里集合时，我们发现，被邀请的人有：两个罗马人（其中有一位是奥尔西尼），两个伦巴第人，两个那不勒斯人，两个法国人，霍耶茨基是波兰人和我是俄国人。"诸位，"霍耶茨基说，"请注意。L' Europe entière est représentée; même il y manque un Allemand."〔法语：欧洲的代表全到了，甚至没有一个德国人。〕——作者原注

④ 皮尔斯（1804—1869）：一八五三至一八五七年的美国总统。

掩人耳目，让欧洲各国的激进党不去注意他整个政策的主要立足点——不去注意他正在悄悄地巩固和扩大奴隶制度。

这是苏雷[①]任驻西班牙大使，罗·欧文之子[②]任驻那不勒斯代办的时期，在苏雷与杜尔戈决斗后不久[③]，而且他还无视拿破仑的命令，坚决要求通过法国到布鲁塞尔去，对此法国皇帝也不敢遽下决心予以拒绝。“我们派遣大使，”美国人说，“不是给他们的皇帝，而是给他们的人民。”因此产生了举行外交宴会招待各国现存政府的敌人的想法。

对即将举行的宴会我一无所知。我突然收到美国领事桑德斯寄来的请柬；请柬中还附有马志尼的一张不大的便条：他请我不要拒绝赴宴，因为举办这次宴会的目的是为了戏弄一下某些人，并对某些人表示支持。

参加宴会的有马志尼、科苏特、赖德律-洛兰、加里波第、奥尔西尼、沃尔采尔和我，英国人中则有一位激进派议员乔舒亚·沃姆斯莱，最后还有布坎南[④]大使和大使馆的所有官员。

必须指出，由黑色的奴隶制度保卫者举办的这次红色宴会，其目的之一是要使科苏特与赖德律-洛兰有个彼此接近的机会。问题倒不是让他们言归于好，——他们从来就没有争吵过，——而是为了使他们能够正式结识。他们所以彼此不认识，是因为科苏特从土耳其来的时候，赖德律-洛兰已经在伦敦了。这就出现了一个问题，谁先去拜访谁：赖德律-洛兰先去拜访科苏特，还是科苏特先去拜访赖德律-洛兰？这个问题使双方的朋友、战友、他们的部下、卫队和普通群众都犹疑不决。Pro 和 contra〔拉丁语：赞成和反对〕，分歧都很大。一位是匈牙利的全权执政官；另一位虽然不是元首，但他是法国人。一位是英国请来的贵

① 苏雷（1800—1870）：一八二四年侨居美国的法国人，后任美国国会议员，一八五三年任美国驻马德里大使。

② 指罗伯特·达尔·欧文（1801—1877），一八二五年随其父移居美国，一八五三年任美国驻那不勒斯代办，一八五五年任驻意大利公使。

③ 一八五四年一月美国驻西班牙大使苏雷跟法国大使杜尔戈决斗，打伤了杜尔戈，从而引起法美两国的外交纠纷。

④ 布坎南（1791—1868）：曾任美国驻俄和驻英公使，一八五七年当选为美国总统。

宾，叱咤风云、名满天下的雄狮；另一位在英国就像在自己家里一样，新来的人理应先去拜会。总之，这个问题，就像化圆为方和 perpetuum mobile〔拉丁语：永动机〕一样，双方的部下都认为无法解决……于是大家决定，谁也不去拜访谁，把见面的事交由上帝来安排，看机会……赖德律-洛兰和科苏特住在同一座城市里，有着共同的朋友、共同的利益和共同的事业，可是三四年了，彼此都互不理睬，视同陌路，机缘凑巧的见面机会始终没有出现。马志尼决定促成这一机缘。

在宴会正式开始前，在布坎南已经与我们大家一一握手，向每个人都表示能亲自见到阁下非常高兴之后，马志尼挽起赖德律-洛兰的胳臂，与此同时，布坎南也对科苏特作出同样的姿态，亲切地把这两位主角拉到一起，而且差点使他们撞了个满怀，然后互通姓名，彼此作了介绍。两位新朋友也说了许多久仰大名、不胜荣幸等互相恭维的客套话——一边是伟大的马扎尔人①说的具有东方色彩的华丽辞藻，另一边是伟大的高卢人说的具有强烈色彩的国民公会语言……

在演出这一幕的整个期间，我一直与奥尔西尼站在窗口……我看了看他，看到他轻松的笑容，高兴极了——这笑容多半在眼神里，而不是在嘴唇上。

我对他说："听我说，我忽然想起一个十分荒唐的场面：一八四七年，我在巴黎历史剧院看了一出十分无聊的军事剧，剧中的主要场面就是硝烟弥漫和互相射击，其次就是战马、大炮和铜鼓。其中一幕演的是两军统帅从相反方向走出来进行谈判，他们雄赳赳气昂昂地迎面走来，走到跟前，脱下军帽，说：'Souvaroff——Masséna！'〔法语：'苏沃洛夫——马塞纳！'〕对此，另一方也脱帽回答道：'Masséna——Souvaroff！'〔法语：'马塞纳——苏沃洛夫！'〕"②

---

① 匈牙利人自称。

② 苏沃洛夫（1730—1800）：俄军元帅。一七九九年，两人曾在意大利北部对阵，不分胜负，后议和。这是他们在议和开始时争谁的名字在前的问题。马塞纳（1756—1817）：拿破仑一世时的法国元帅。

“我差点没有笑出声来。”奥尔西尼对我说，可是脸上的表情却完全是严肃的。

狡猾的布坎南老头，尽管当时已年近七十，还在幻想过把当总统的瘾，因此他总是大谈平安是福，想解甲归田过田园生活，以及自己已经老朽等等，他对我们谈笑风生地献殷勤，就像当年他在尼古拉皇朝当大使时跟奥尔洛夫和卞肯多尔夫套近乎一样。他从前就跟科苏特和马志尼认识；他对其他人则说一些左右逢源的奉承话，使人觉得他是一个十分老练的外交家，而不是一个民主共和国叱咤风云的公民。他什么话也没有对我说，除了说他在俄国待了很久，离开时，他深信，俄国将有一个伟大的未来。对此我当然未置一词，只告诉他，从尼古拉加冕时起，我就记得他。“当时，我还是个孩子，可是您穿着普通的黑燕尾服，戴着圆筒礼帽，跻身于一群穿着绣花、缀金的御前侍从服的显贵们中间，却十分惹眼。”①

他对加里波第说：“您在美国就跟在欧洲一样，名气很大，不过在美国又给您加了一个新头衔：那里大家都知道您——那里大家都知道您是个优秀的水手。”

用过点心和水果之后，m-me Saunders〔法语：桑德斯夫人〕就先告退了，给我们拿来了雪茄烟和数量更多的酒。布坎南坐在赖德律-洛兰对面，告诉他，他在纽约“有个朋友，曾经说，只要能够跟他认识，他愿意不远万里从美国赶到法国来”。

不巧的是布坎南吐字不清，而赖德律-洛兰又不大听得懂英语。因而出现了十分滑稽的 qui pro quo〔拉丁语：误会〕——赖德律-洛兰以为，布坎南说这话是他个人的看法，于是便以法国人惯有的 effusion de reconnaissance〔法语：感激不尽、千恩万谢的方式〕，对他连声道谢，还隔着桌子向他伸出自己的大手。布坎南接受了他的千恩万谢和伸出的手，然后用在为难的情况下安之若素、不动声色的表情（英国人和美国人

---

① 当时我一句英语也不会说。布坎南又不太听得懂法语。是沃尔采尔把我的话翻译给他听的。——作者原注

即使看到船快要沉了，或者将要失去一半财产的时候，也会镇静自若和不动声色），向他指出："I think—it is a mistake〔英语：我想，您弄错了〕，这样想的不是我，而是我在 New-York〔英语：纽约〕的一个好朋友。"

这次联欢结束时已经是晚上很晚了，布坎南就此告辞，科苏特也认为不能再久留了，于是便和自己的不管部部长走了，美国领事开始邀请我们再一次到他的餐厅里去，因为他想用陈年的肯图基威士忌亲自给我们调制一种美国味的潘趣酒。再说桑德斯觉得意犹未尽，因为他们未能为未来的普世（白色的）共和国用烈性酒频频干杯，他想借此补偿一下，而布坎南一向办事谨慎，想必他不会允许他们为普世共和国干杯。宴会时，他们只为两三个客人和他干了杯，也没有致祝酒词。

当他把酒点着了，又加进各种各样的香精，这时他提议大家合唱《马赛曲》，作为仪式的开始。可是真正会唱这曲子的只有沃尔采尔一个人，可是他的嗓子 extinction〔英语：消失，失去，哑，失音〕了，马志尼又只会一点点，——于是只好把那个美国人桑德斯夫人找了来，让她用吉他演奏《马赛曲》。

这时她丈夫已完成了调酒工作，尝了尝，觉得很满意，于是就给我们每人倒了一大茶杯。我什么酒也不怕，因此喝了一大口，开始的时候都呛得我喘不过气来。当我恢复常态后，我看到赖德律-洛兰也想大口喝酒，我立刻阻止了他，说：

"如果您还想活下去的话，那您对这种叫肯图基的清凉饮料就得留神了；我是俄国人，我的上颚、喉咙和整个食道尚且烧得慌——您喝了又会怎样呢？想必，在肯图基，他们的潘趣酒是用浓硫酸浸过的红辣椒配制的吧。"

这个美国人讥讽地满脸含笑，对欧洲人的不堪一击十分得意。我从年轻时候起就是米特拉达梯①的仿效者，只有我一个人亮出了空杯，而且还要再满上。我与酒精的这种化学亲和力大大提高了我在领事心

---

① 米特拉达梯六世（公元前 132—前 63），黑海南本都王国国王。据传，他能抵御毒药：他因为害怕别人下毒，所以从年轻时候起就使自己逐渐适应毒药的作用。

目中的地位。

“是的，是的，”他说，“只有在美国和俄罗斯，人们才善于喝酒。”

“还有一个更加令人引以为荣的相似之处，”我想，“只有在美国和俄罗斯，人们才善于把农奴鞭打至死。”

这次宴会以七十度的潘趣酒结束，它没有损害赴宴者的胃，却惹恼了为德国报纸舞文弄墨的文人。

在大西洋彼岸的那个国家举办的这次宴会之后，紧接着就是企图成立国际委员会——这是英国宪章派和各国的流亡者企图联合起来，表示自己的存在和团结一致的最后努力。想要成立这个委员会的始作俑者是恩斯特·琼斯①。他想使未老先衰的英国宪章运动振作起来，使英国的工人和法国的社会主义者携起手来。作为这次 entente cordiale〔法语：真诚合作〕的联合行动，决定召开纪念一八四八年二月二十四日的群众大会②。

国际委员会除了推选十个其他人做委员以外，也推选我作为该委员会的委员，并请我在会上讲话，谈谈俄罗斯，——我写信去对他们的邀请表示了感谢，但是我不想在会上讲话；要不是马克思和戈洛文硬逼我故意跟他们过不去，走上 St. -Martin's Hall〔英语：圣马丁会堂〕的讲坛的话，这事恐怕也就这么了了③。

---

① 琼斯(1819—1869)：英国宪章运动左翼领导人、诗人和政论家。

② 指一八四八年的法国二月革命。

③ 一八五五年二月十三日戈洛文在《广告晨报》上发表了一封题为《二月革命》的公开信，反对赫尔岑代表俄国在大会上发言，可是国际委员会却在给英国宪章派的报纸《人民报》的声明中称，赫尔岑完全有权代表俄国的民主派。马克思在收到琼斯请他参加大会的邀请信后，表示他反对开这样的会，认为工人和小资产阶级民主派的代表联合起来，不仅是不必要的，而且是有害的。后来，在琼斯的一再坚持下，马克思参加了大会筹备委员会的一次会议，然而还是拒绝参加大会。马克思之所以不肯参加这次大会是出于政治上的考虑，他认为琼斯把对事业的领导权拱手让给了流亡者中的小资产阶级代表，此外，他之所以不愿意同赫尔岑一道参加这次大会，还因为他不同意赫尔岑的观点，“似乎老欧洲增加了俄罗斯人的血统就会得到振兴似的”(马克思语)。赫尔岑在这次大会上作了讲演，公然捍卫民主和社会主义原则，无疑是进步的，甚至是革命的，可是他却把东方与西方对立起来，在马克思看来，这是绝对有害的。

琼斯起先收到一封某个德国人反对我当选的抗议信。他在信中写道,我是一个著名的泛斯拉夫主义者,说我写过必须占领维也纳,并把维也纳称之为斯拉夫人的首都,又说我鼓吹农奴制度,认为这才是农民的理想。为了给这一切寻找根据,他援引了我给林顿的信 *La Russie et le vieux monde*〔法语:《旧世界与俄国》〕琼斯把这份出于爱国的诽谤扔到一边,不予理睬。

但是这封信不过是打先锋的火力侦察。在委员会下一次开会的时候,马克思申明,他认为推选我当委员会的委员不符合委员会的宗旨,并提议取消我的当选资格。琼斯指出,这事并不像他想的那么容易;既然委员会推选了一个并不想当委员的人当委员,并且把选举结果正式通知了他,就不能凭一个委员的愿望轻易改变委员会的决定;还不如让马克思把自己的指控写成书面材料,那他可以立刻把它提交委员会讨论。

对此,马克思说,他本人并不认识我,他对我并没有任何个人恩怨,但是他认为单凭这一点也就足够了:因为我是俄国人,而且还在我**所写的一切东西中都支持俄国的俄国人**;最后他说,如果委员会不把我开除出委员会,那他马克思和所有他们的人就将退出委员会。

恩斯特·琼斯、法国人、波兰人、意大利人、两三个德国人和英国人,在表决时都支持我。马克思成了极少数。他站了起来,并和他的心腹们离开了委员会,从此再也没有回来。

马克思分子在委员会被打败后就缩进了自己的堡垒——退到 *Morning Advertiser*〔英语:《广告晨报》〕去了。赫斯特与布拉克特出版社出版了《往事与随想》第一卷的英译本,其中收入《监狱与流放》。为了使商品有个动听的名称,他们竟毫不客气地在书面印上了 *My exile in Siberia*〔英语:《我被流放西伯利亚》〕。*Express*〔英语:《快报》〕头一个发现这是吹牛。我写了两封信,一封给出版人,一封给 *Express*。赫斯特与布拉克特立即声明,书名是他们改的,原稿上并没有这个名称,但是霍夫曼和卡贝出版社在德译本上也加上了“西伯利亚”的字样。这一切,*Express* 都登出来了。似乎,这事就这么了了。但是 *Morning Advertiser*

却一周两三次地开始对我百般嘲弄。它说,我之所以要用“西伯利亚”一词,是为了扩大书的销路,又说我是在书出版后过了五天才提出抗议的,目的是为了给这书有个推销的时间。我进行了答辩;他们却开辟了一个专栏:*Case of M. H.*〔英语:《赫(尔岑)先生案》〕,倒像给什么凶杀案或刑事案作后续报道似的——《广告晨报》里的德国人不仅怀疑书商硬加上去的西伯利亚,甚至连我是否当真遭到流放了,也表示怀疑。“在维亚特卡和诺夫哥罗德,赫先生是在给皇上当差,在做官——他于何时何地遭过流放了?”

最后,兴趣消退了……*Morning Advertser* 也把我忘了①。

又过了四年。爆发了意大利战争②。红色的马克思选中了德国最黑最黄的《奥格斯堡报》③,他在该报中谎称(匿名地),卡尔·福黑特是拿破仑亲王的代理人④,至于科苏特、山·泰莱基⑤、普尔斯基等人

---

① 一八五五年十月,《监狱与流放》的英译本问世,可是在作者不知情的情况下更改了书名(如上述)。因此十一月二十九日《广告晨报》发表了一篇匿名短评,对赫尔岑是否流放过表示怀疑。第二天,赫尔岑即写信给该报编辑部,指出这个书名不正确,但不是他改的,而是出版人擅自更改的,并且他已在闻讯后立即在 *The Globe*〔英语:《环球》〕报上对此提出了抗议。可是十二月六日那篇匿名短评的作者还是不依不饶,说赫尔岑在维亚特卡和诺夫哥罗德是在给皇上当差,在做官,因此与实际不符。报纸编辑部为了跟自己的通讯员划清界限,在同一天的报纸上刊载了一篇支持赫尔岑的读者来信,从而宣布结束这场论战。

② 指一八五九年四月二十九日爆发的意大利民族解放战争,撒丁王国的皮埃蒙特,联合法国,驱逐奥地利,反对奥地利对意大利的统治。

③ 《奥格斯堡报》指德国的《奥格斯堡总汇报》。黑色指它反动,黄色指它毫无原则。

④ 福黑特曾出版过一本小册子《欧洲现状研究》,曾公开为拿破仑三世的政策辩护。因此马克思深信福黑特是波拿巴的走狗,后来布林德又告诉他,福黑特领取波拿巴的津贴,马克思对这一说法就更深信不疑了。

《总汇报》上的那篇文章不是马克思写的,而是由布林顿撰写,并由李卜克内西转寄给《总汇报》发表的。该文充分揭露了福黑特作为波拿巴代理人的真面目。赫尔岑从论战一开始就完全站在福黑特一边,为福黑特辩护。稍后,马克思写了《福黑特先生》一文,除了揭露福黑特的嘴脸,也回应了赫尔岑重复福黑特的谎言,说马克思与《奥格斯堡报》勾结等指责。

⑤ 泰莱基(1821—1892):匈牙利政治家,一八四九年曾与匈牙利革命军一起作战,后流亡英国。

则早已卖身投靠波拿巴。接着他又写道:“据最可靠的消息称,赫经常从拿破仑那儿领取巨款。他与 Palais-Royal〔法语:罗亚耳宫〕的密切接触即使在过去也不是什么秘密”……

我没有答复,可是他却几乎兴高采烈,因为他看到那家内容贫乏的伦敦杂志 *Herrman*〔德语:《赫尔曼》〕①发表了一篇小文章,其中说到(尽管我已不止一次地说过,我从来没有写过这话),我“向俄国献策占领维也纳,而且我认为维也纳是斯拉夫世界的首都”。

我们正坐在那里吃饭——大约有十个人;有人讲到报纸上登的乌尔班和他的雇佣兵滂陀尔在科摩湖附近犯下的暴行②。加富尔公布了这些暴行。至于乌尔班,对他产生怀疑都是罪过的。他是雇佣兵队长,出身微贱,无亲无故,出生在某个野营,后来又在某个兵营长大,是个男性的 fille du régiment〔法语:团队之女(意为军妓)〕,从各方面看,par droit de conquête et par droit de naissance〔法语:无论从攻城略地还是从出身看〕,他都是个凶残的大兵、滂陀尔和强盗。

事情发生在马真塔和索尔费里诺战役③前后,当时德国人的爱国主义正处于一种好勇斗狠的时期;对意大利古典艺术的爱和对奥地利出于爱国主义的恨——这一切在日耳曼民族自豪感造成的**自大狂**面前都不翼而飞了,他们只想无论如何要控制别人的“quadrilatère”〔法语:四边形要塞群〕④。巴伐利亚人已经整装待发,虽然谁也没有派他们去,

① 《赫尔曼》:德国小资产阶级流亡者右翼主办的刊物,马克思不仅与它毫无关系,而且尖锐地批评过它。因此赫尔岑对马克思的指责是毫无根据的。

② 乌尔班(1802—1877):奥地利元帅,一八五九年曾在意大利北部指挥奥地利的滂陀尔兵与加里波第的部队作战。滂陀尔兵是奥地利的雇佣兵,由匈牙利人和南部斯拉夫诸民族组成,以残暴著称。

③ 马真塔和索尔费里诺这两个村庄均在意大利北部。这两大战役分别发生在一八五九年六月四日与六月二十四日,奥军均大败于法军与撒丁王国(皮埃蒙特)联军。

④ 指位于意大利北部由四个城市曼图亚、佩斯基耶拉、莱尼亚戈和维罗纳组成的四要塞似的防御区,既可以借此统治北意大利,又拱卫了阿尔卑斯山通向奥地利的布伦纳山口。

谁也没有请他们去，谁也没有让他们去……他们却挥舞着解放战争时期①的生锈的军刀，用啤酒灌醉克罗地亚人和达尔马提亚人，并给他们身上撒满鲜花，让他们为了奥地利和为了自身的被奴役去打意大利人。自由派流亡者布赫尔②，还有某个可能是红胡子③的旁系后裔名叫罗德贝尔图斯的人④，也发出抗议，反对外国人（即意大利人）妄图染指威尼斯的任何意图……

正是在这种不利的态势下，在鱼与肉汤之间，提出了有关乌尔班暴行这个不幸的问题。

"嗯，如果不是真的呢？"米勒-斯特鲁宾格博士⑤面孔有些发白地说，就他的体态来说，他出身于梅克伦堡⑥，就精神来说，则出生于柏林。

"然而，加富尔的照会……"

"这说明不了任何问题。"

"如果是这样的话，"我说，"也许，在马真塔，是奥地利人迎头痛击了法国人：要知道，当时我们谁也没有在那里呀。"

"那是另一回事……那里有千千万万个目击者，可这里只有一些意大利农民。"

"您又何必为奥地利将军辩护呢……难道我们在一八四八年还不知道他们和这些普鲁士将军们、军官们是何许人吗？这些该诅咒的容克地主，一副无礼放肆的面孔和目空一切的样子……"

"诸位，"米勒说，"不应当侮辱普鲁士军官，不要把他们与奥地利

---

① 指一八一三年德国人民反抗拿破仑军队入侵的解放战争。

② 布赫尔（1817—1892）：德国政论家和政治家，普鲁士国民议会议员，激进派，一八五〇至一八六〇年流亡伦敦，从一八六四年起与俾斯麦合作。

③ 神圣罗马帝国皇帝、德意志国王腓特烈一世的诨名，在位时曾六次入侵意大利。

④ 罗德贝尔图斯（1805—1875）：德国经济学家，保守派。

⑤ 米勒-斯特鲁宾格（1810—1893）：一八四八年柏林革命事件的参加者，先流亡巴黎，后流亡伦敦。

⑥ 德意志过去的一个邦，后成为大公国，仍属德意志联邦。

军官看成一丘之貉。”

“我们不知道这些细微差别;他们都很讨厌,都很可恶。我觉得他们所有的人,还有我们的御林军,都是一丘之貉……”

“谁侮辱普鲁士军官,就是侮辱普鲁士人民:他们是分不开的。”这时米勒面孔煞白,生平头一次用发抖的手放下斟满了酒的酒杯。

“我们的朋友米勒是德国最伟大的爱国者,”我仍旧半开玩笑地说,“他不仅把自己的生命,不仅把自己烧伤的手奉献给祖国的祭坛,他还把自己健全的理智作为牺牲。”

“而且他的脚再也不会踏进这个侮辱日耳曼民族的人家了!”说这话时,我的那位哲学博士站了起来,把自己的餐巾作为决裂的物质标志扔到桌上,然后黑着脸走了出去……从那时起,我们再也没有见过面。

要知道,一八四七年我就跟他在柏林 Gendarmenplatz〔德语:宪兵广场〕的斯坦利酒楼喝过酒,以你我相称①,而且他是我所见过的所有德国 Bummler〔德语:游手好闲的人〕中最优秀和最幸运的一个。他虽然没有到过俄罗斯,可是他一辈子都与俄罗斯人生活在一起,而且他的经历对于我们也不无兴趣。

米勒跟所有不用动手动脚干活的德国人一样,长期潜心学习古代语言,对古代语言造诣颇深,知识很渊博。他的教育是纯粹古典式的,以致他从来没有时间去翻阅一下自然科学方面的书,虽然他对自然科学是尊重的,知道洪堡②终生都在研究自然科学。米勒像一切语文学家一样,如果他不知道某本无关紧要的书——中世纪或者古希腊罗马时代某本乱七八糟的东西,他就会羞得无地自容,可是却会直截了当地承认,比如说,他对物理、化学等等一窍不通。米勒是个热情的音乐家,却不懂得 Anschlag〔德语:指法,弹奏法〕,不会唱歌,他是一个研究柏拉图美学的人,却不会拿起铅笔画画,他是在柏林研究绘画和雕塑的,他

---

① 原文是德语 *du*〔《你》〕。

② 指亚历山大·洪堡(1769—1859):德国自然科学家、自然地理学家,近代气候学、植物地理学、地球物理学的创始人之一。

是靠在《斯佩尔日报》[1]上写文章出名的，他常常撰文深刻地评论和分析柏林的一些天才演员的演技，但他们偏偏怀才不遇，得不到人们的赏识。他酷爱戏剧，然而，戏剧并没有妨碍他爱看热闹，从观看动物园里上了岁数的狮子和会洗脸的白熊，看变戏法，到看全景图、敞景图、杂技团、看长着两颗脑袋的小牛、蜡像、受过训练的狗，等等。

我生平从来没有看到过像他这样无事忙的懒汉，像他这样成天忙忙碌碌而又无所事事。他常常被弄得筋疲力尽、汗流满面、浑身是土、无精打采、脏兮兮的，于晚上十时许才回来，坐在沙发上。您以为他回到了自己的房间吗？根本不是——他在斯坦利酒楼的学术与文学酒吧喝起了啤酒……他的酒量大得超过常人，他不停地喝酒，不停地敲打茶缸盖，于是 jungfer〔德语：侍役〕不问也知道，又该上酒了。这里，他被退出舞台的演员们和还未被文学界接纳的作家们所包围，他在这里大谈特谈，而且一谈就是好几个小时，大谈考尔巴赫[2]和科尔内利乌斯[3]，大谈拉博切塔[4]！这天晚上在皇家歌剧院是怎么演唱的，大谈思想怎么扼杀了诗歌，破坏了绘画，损害了他的直观性，说到这里，他会突然跳起来，想到明天早晨八点他还得赶到帕萨拉尼[5]那里去，赶到埃及博物馆去参观一具刚运来的木乃伊，而且一定要在八点钟赶到，因为九点半他的一位朋友答应带他到英国公使的马厩去参观英国人是怎么出色地养马的。一想到这些，米勒便连声道歉，匆匆喝干杯子里的酒，然后丢三落四，不是忘了眼镜，就是忘了手帕，或者忘了小鼻烟壶，跑进斯普勒河对岸的一条小胡同，然后爬上四楼，匆匆地睡上一觉，接着便赶紧起床，以免让那具沉睡了三四千年，既不需要帕萨拉尼，也不需要米勒博士的木乃伊认为他久候不至。

---

① 一七四〇至一七八四年在柏林出版。
② 考尔巴赫（1805—1874）：德国画家。
③ 科尔内利乌斯（1783—1867）：德国画家。
④ 拉博切塔（1823—1896）：歌唱家和大提琴家。
⑤ 帕萨拉尼是米勒的朋友。

米勒身无分文，把最后几文钱又都花在 cerealia 和 circenses〔拉丁语：面包和看戏看热闹〕上了，因此他常常过着食不果腹的日子，心里对山珍海味和美味佳肴怀着不可克制的向往。可是当命运女神向他发出微笑，他那不幸的向往有可能变为现实的时候，他却庄严地证明，他不仅重视质量这一范畴，说句公道话，其实他也同样重视数量这一范畴。

命运难得照顾德国人，尤其是从事语文工作的德国人，却对米勒特别眷顾。他偶然结识了一些像信风般来到欧洲的俄国人，而且都是些年轻而有教养的俄国人。这些人把他卷进自己的圈子，给他吃，给他喝。这是他一生中十分美好和富有诗意的岁月，Genussjahre！〔德语：享乐的岁月！〕人在变换，饮宴在继续，不变的却只有一个米勒。从一八四〇年起，他什么人没有带去参观过博物馆，跟什么人没有介绍过考尔巴赫，什么人没有带去参观过大学呢？那时候是崇拜日耳曼文化如日中天的时代；俄国人满怀景仰地到柏林去参观访问，对于他能踩上当年黑格尔曾经踩过的这片哲学土地深受感动，接着便与米勒一起像多神教里用酒祀神似的对黑格尔及其学生进行追思，同时又大啖斯特拉斯堡馅饼。

这些事便足以动摇任何德国人的整个世界观。德国人是不能单靠“综合”这一法则就能把斯特拉斯堡馅饼和香槟酒同黑格尔研究统一在一起的，尽管这时的黑格尔研究已发展到研究马海内克①、巴德尔②、韦尔德③、沙莱尔④、罗森克兰茨⑤，以及虽然活着，但早已寿终正寝的四十年代所有名流们的小册子。在他们看来，谁吃斯特拉斯堡馅饼，谁就是银行家，谁喝 Champagner〔德语：香槟酒〕，谁就是容克地主。

米勒很满意，因为他找到了把科学与生活津津有味地结合在一起的办法，他疲于奔命——没有一日得闲。一个俄国家庭坐上驿车（后

① 马海内克（1780—1846）：德国哲学家和神学家，右翼黑格尔派领袖。
② 巴德尔（1765—1841）：德国哲学家和神学家。
③ 韦尔德（1806—1893）：德国黑格尔派哲学家，诗人。
④ 沙莱尔（1810—1868）：德国哲学家，哈勒大学教授，右翼黑格尔派。
⑤ 罗森克兰茨（1805—1879）：德国黑格尔派哲学家。

来再坐火车)到巴黎去,把他像扔羽毛球拍似的扔给了从肯尼斯堡或者什捷京来的俄国家庭。他刚送走一批客人,又急忙去迎接另一批客人。告别的苦酒又被同新朋友结识的甜酒赶上。他作为哲学炼狱的导游人维吉尔①,把北方的新信徒领入柏林的生活,并一下子给他们打开了通向 святилище des reinen Denkens und des deutschen Kneipens〔俄语与德语:纯粹思维和德国狂饮的圣殿〕的圣殿。我们那些心地纯洁的同胞们,只好兴冲冲地离开旅馆里收拾好的房间和美酒佳酿,跟着米勒跑进空气污浊的酒店。他们全都十分赞赏德国的学生生活,连德国那种恶浊的烟草味,他们也都感到甜蜜和愉快。

一八四七年,我也曾分享过他们的这些爱好,我觉得,我的社会地位也因此提高了,因为每天晚上我都能在酒店里遇到奥尔巴赫②,他总是夸张而可笑地朗诵席勒的*Bürgschaft*〔德语:《人质》〕,还讲一些可笑的故事,比如说,从前有一名俄国将军,在杜塞尔多夫为俄国宫廷购买一批油画。将军对画的大小不甚满意,认为画家在糊弄他,故意少给他尺寸。“Gut,”他说,“aber klein〔德语:很好,但是太小〕,皇上 liebt grosse Bilder,皇上 sehr Klug; Gott klüger aber 皇上 noch jung”〔德语:“皇上喜欢大画,皇上很聪明;上帝更聪明,但皇上还年轻。”〕等等。除了奥尔巴赫以外,常到那儿去的还有两三位柏林(四十年代的俄国人听到柏林二字时有多大的吸引力啊)教授,其中一位教授穿着军服式的上装,还有一名是变成酒鬼的演员,他对现代的舞台艺术很不满意,认为自己是个怀才不遇的天才。每天晚上大家都要让这个怀才不遇的塔尔马③唱几段《菲埃斯卡行刺路易·非力浦》,以及声音放低些,唱几段《切赫枪击普鲁士国王》④。

---

① 维吉尔(公元前70—前19):古罗马诗人,名著《埃涅阿斯记》的作者。

② 奥尔巴赫(1812—1882):德国作家。

③ 塔尔马(1763—1826):法国演员。

④ 菲埃斯卡行刺路易·非力浦发生在一八三六年,切赫行刺普鲁士国王腓特烈·威廉四世发生在一八四四年。

Hatte keiner je so Pech
Wie der Bürgerrmeister Tschech,
Denn er schoss der Landesmutter,
Durch den Rock ins Unterfutter.

〔德语:任何人在任何时候都受不了像市长切赫这样的失败,他只打穿了一国之母宫装的里子。〕

这就是它,自由的欧罗巴!……这就是它,施普雷河上的雅典城①!我多么可怜来自特维尔林荫道和涅瓦大街②的朋友们啊!

为什么这些天真未凿的感情,这些充满了北国的清新气息和混沌无知,对什么都叹为观止和崇拜的感情都逐渐衰竭了呢……这一切都是视觉上的骗局。这有什么大不了呢……我们到剧场去看戏,难道不是为了寻求视觉上的错觉吗?不过在那里我们是和欺骗者串通一气的,在那里即使在骗你,但是没有欺骗者。然后每个人都会看到自己错了……付之一笑,有点不好意思,硬说,这样的事是永远不会有的……不过,毕竟度过了一段快乐的时光。

为什么非得把这底细一下子看透呢?我真想回到从前的布景中去,从正面看它:"路易丝……你就骗骗我吧——说两句假话吧,路易丝!"③

但是路易丝(她也是米勒)却扭头不理老人,噘起嘴巴,说:"Ach, um Himmelsgnaden, lassen Sie doch ihre Torheiten und gehen Sie mit ihren Weg...〔德语:"啊呀,看在老天爷分上,您就别说傻话啦,快走自己的路吧……"〕",于是你只好在用鹅卵石铺就的马路上,在尘土飞扬,在车辚辚马萧萧中,在没有乐趣的、不需要的、转身即逝的聚会中胡思乱想和胡说八道,既不感到快乐,也不感到惊奇,匆匆地走向出口——干吗呢?

---

① 指柏林。

② 指莫斯科和彼得堡。

③ 参见席勒的悲剧《阴谋与爱情》第五幕第二场。

因为谁也躲不开这下场。

再回过头来谈米勒，我要说，米勒也不总像蝴蝶那样，从王冠花园到菩提树下大街飞来飞去。不，他在青年时代也曾有过自己的英雄乐章。他蹲过整整五年监狱……而且从来没有弄清他究竟犯了什么罪，正像把他关起来的哲学政府①不知道为什么要把他关起来一样；紧接着又出现了对汉巴汗事件②，对学生们的街头演讲、手挽手誓死并肩战斗的祝酒词，对德国大学生联合会的思想，以及对道德同盟③的回忆等所作出的反响。大概米勒也回忆起了什么——因此他就被关了起来。当然，在整个普鲁士，包括维斯特法利亚和莱茵河各州，对于德国政府来说，没有比米勒更不危险的人物了。米勒生来就是一个旁观者，一个傧相，一个看客。在一八四八年柏林革命的时候，他对这次革命的反应也一如既往——他从这条街跑到那条街，一会儿顶着枪林弹雨，一会儿冒着被捕的危险，无非是为了看个热闹，看看那里在干吗，这里在做什么。

革命后，国王兼神学家严父般的管束开始变得更严厉了，米勒虽然还是经常到斯坦利酒楼和帕萨拉尼去，去了半年之久，也开始感到无聊了。可是他福星高照——到处都逢凶化吉。波林娜·加西娅-维娅多④请他到巴黎去。她曾在冰天雪地的俄国戴着荣誉的花冠，备受我们北国的喜爱，因此她有权自称她也是半个俄国人，可见，她也有不可剥夺的权利来享受米勒做她的柏林向导。

维娅多请他到她家作客。在聪明的、风光无限而又有教养的维娅

---

① 这是作者对腓特烈·威廉四世政府的讽刺性称呼，因为后者一直以提倡科学与艺术自诩。

② 一八三二年在巴伐利亚普法尔茨的小城汉巴汗，发生了声势浩大的政治游行，要求实现德国统一和进行自由主义改革。这也是德国对一八三〇年法国七月事件作出的反应。

③ 这是一八〇八至一八一〇年在普鲁士成立的秘密团体，旨在拿破仑一世灭亡普鲁士后复兴德意志的“民族精神”。

④ 加西娅-维娅多（1821—1910）：法国女歌唱家，声乐教师和作曲家，曾于一八四三年到彼得堡演出，名噪俄国京城。

多家作客，意味着一下子跨过了把普通的旅游者与巴黎和伦敦的上流社会隔开、把每个毫无令人注目的特征的德国人与法国人隔开的鸿沟。在她家作客，也就意味着跻身于演员、具有马拉斯特色彩的自由派的文人雅士、乔治·桑等类人士的圈子里。谁会不羡慕米勒和他在巴黎的崭露头角呢？

他到巴黎后的第二天便跑来找我，一副累得和忙得喘不过气来的样子，还没来得及说上两句话就喝光了一瓶酒，打碎了酒杯，拿走了我的望远镜，急急忙忙地跑去看戏了。他在剧场里把我的望远镜弄丢了，在各种警察机关里转悠了一整夜，然后才来找我负荆请罪。我原谅了他丢失望远镜的过错，因为他在巴黎度过了他幸福的蜜月，带给了我不少快活。直到这时他才展示了他的多方面才能，他是在对世上的一切不知餍足中长大的：他对绘画、宫廷、声色犬马、良辰美景、美味佳肴、美酒佳酿无不喜爱。他能一口气吃三四打牡蛎，吃完后还能再来三打，接着还要吃龙虾，然后再吃一整份菜；喝完一瓶香槟酒后，还要津津有味再倒一大杯啤酒；刚走下旺多姆石柱的阶梯，他又朝先贤祠的拱顶走去，他到处都大声而又天真地赞不绝口，活现出一个德国外省的乡巴佬到处都啧啧称奇的天性。在狼与狗之间①，他匆匆跑到我家，喝了一加仑啤酒，随便吃了点什么，而当狼战胜了狗以后②，米勒已经坐在某座剧场楼座的顶层，一面在用喉音发出响亮的大笑声，一面却满脸大汗，挥汗如雨。

当米勒还没来得及把巴黎看够，还没来得及明白过来，他已让人感到讨厌和受不了了，乔治·桑就已经把他带到诺昂她自己的家里去了。对于高雅的维娅多来说，à la longue〔法语：时间一长〕，米勒就成了累赘。他在她的客厅里经常发生各种各样不幸的事。有一回，他一不留神很快就消灭了一整筐精致的小点心，而这本来是预备给十个人吃的，因

---

① 法语成语，意为黄昏时分。

② 意为天黑以后。

此，当维娅多用它们宴客的时候，点心筐里只剩下了一点碎屑，而且这碎屑不仅在点心筐里，还挂在米勒的胡子上。①

维娅多把他转交给了乔治·桑。乔治·桑在巴黎待腻了，想去过过乡下地主们过的清闲日子……乔治·桑在米勒身上创造了奇迹。她好像把他洗干净了，收拾整齐了，中规中矩了；蒙在他淡黄色唇髭上的黑乎乎的鼻烟沫不见了，一部分德国小酒店里唱的小曲被法国小曲所代替，诸如："Pricadier—répontit Pantore."②在诺昂，还用上了双框带柄眼镜，因此变年轻了。当他到巴黎休假时，我差点认不出他了。为什么他在诺昂游泳没有淹死呢？为什么他没有在什么地方被火车轧死呢？那他就可以无忧无虑，在珍宝馆加上小吃部，在盘子、碟子加音乐之中快乐地游逛而了此一生了。

一八四九年六月十三日之后，我离开了巴黎。米勒在Chaussée d'Antin〔法语：昂坦大道〕高呼"Au armes!"③的壮举，我已经在另一个地方谈过了④。我在一八五〇年回到巴黎后没有见到米勒：他在乔治·桑那里。后来我被逐出法国。过了约莫两年，我在伦敦，正穿过特拉法尔加广场。我看到有位先生举起带柄眼镜在仔细观看纳尔逊塑像；他看过正面以后又转过去看右面。

"难道是他吗？好像是他。"

这时，这位先生又去看海军上将的背部。

"米勒！"我向他喊道。

他没有马上回过味来——一个蹩脚的人塑造的一个蹩脚的人像居

---

① 屠格涅夫在谈到米勒时说，每当他坐下来用茶点的时候，就像一个久经沙场的老将一样，先视察一下阵地，如果发现薄弱环节，酒或肉不够，他就立刻对此发动进攻，给自己先拿双份。——作者原注

② 米勒发音不准，应为"Brigadier, répondit Pandore."〔法语："老总，潘多尔回答。"〕

③ 应为"Aux armes!"〔法语："拿起武器！"〕

④ 一八四九年六月十三日巴黎发生了示威游行，米勒参加了这次游行，此事赫尔岑曾在《往事与随想》第五卷第三十六章中讲过。"拿起武器！"是《马赛曲》副歌开头的歌词。

然会这么吸引他;但是接着他发出一声惊呼:“Potz Tausend!”〔德语:见鬼!〕向我扑了过来。他已搬来伦敦居住,——他的幸运之星黯淡了。同时也很难说他为什么偏偏要到伦敦来。一个浪荡子,只要身边有钱,是不会不到伦敦来观光的:否则就会出现空白,留下一点遗憾,愿望没有得到满足;但是,即使有钱,他在伦敦也住不下去,而没有钱,那就更甭想了。

在伦敦必须当真干活,必须像火车头一样不停地工作,必须像机器一样正常地运转。如果一个人离开工作一天,他的位置就会有两个人顶替;如果这个人病了,那他向之求职的人就会统统以为他死了,而向他要钱的所有的人却认为他很健康。米勒呀米勒!……自从您离开柏林的维吉尔这一职务,离开维娅多的沙龙,离开乔治·桑舒适的地主庄园,您到哪儿去了呢!再见了,诺昂的羊肉饼和阉母鸡,再见了,从早上一直吃到晚上的俄国早餐,以及从今天一直吃到明天的俄国午餐;还有,再见了,俄国人:俄国人到伦敦来常常是匆匆而来,匆匆而去,局促不安,心慌意乱,——他们根本顾不上米勒。还有,顺便说说,再见了,太阳,当没有钱买室内取暖的燃料的时候,晒晒太阳多暖和呀,太阳亮堂堂的,多快乐呀……大雾弥漫,满天是烟,永远的工作拼搏和为工作而进行的战斗!

过了约莫三年,米勒开始明显变老了;脸上的皱纹变得越来越深——他落魄了。他已经不教书了(尽管在德国人看来,他还是非常有学问的)。那他干吗不回到德国去呢?这就难说了,但是,一般说来,德国人,甚至像米勒这样的狂热的爱国者,在德国之外住过几年之后,就会产生一种对祖国不可抑制的厌恶感,就好像某种与 Heimweh〔德语:怀念祖国〕适得其反的感情。他在伦敦已经入不敷出。长长的、延续将近十年的谢肉节①结束了,严酷的封斋期抓住了忠厚的浪荡子;

① 一译“狂欢节”或“嘉年华会”,欧洲民间节日。一般在基督教大斋节前三天或前一周举行,人们可以大吃大喝,尽情欢乐。

他心慌意乱，永远为弄几个钱而奔走，负债累累，但欠的都是些小债，显得很可怜，渐渐变成了狄更斯笔下的人物，然而他还在继续写他的《艾里克》，还在幻想，有朝一日把它卖给出版商便可名利双收，——但是这部《艾里克》却十分顽固，怎么也写不完，于是米勒为了振奋一下精神，除了喝啤酒以外，只好让自己奢侈一回——在星期天 plaisirtrain〔法语：搭乘降价的节日火车外出旅行〕。他花了很少的钱却走了很长的路，不过什么也没有看到。

“我买了到 Isle of Wight① 的来回票（记得，才四先令），明天一早就可以回伦敦了。”

“你在那里会看到什么呢？”

“是的，但是只要四先令啊！”

可怜的米勒，可怜的浪荡子！

不过，就让他到轮船停泊场去玩玩吧，尽管看不到泊地；不过也让他不要看到未来：在他的占星图上已没有一个亮点，没有一个机会。他这个可怜虫将会落落寡欢地在伦敦的大雾中消失得无影无踪。

---

① 应为“Island of Wight”〔英语：怀特岛〕。

第八章

这一片段应紧接在描写流亡者的《高山仰止》之后，从他们永远的红岩一直下来到低洼的沼泽地和“硫磺的矿场”①。请读者们不要忘记，在这一章，我们将同他们一起下到海平面以下，专门研究它那满是淤泥的海底，让它恢复原状，恢复二月风暴后的真实面貌。

这里所描写的一切，几乎都变了，都消失了。五十年代的政治渣滓被一层新的沙子和新的污泥覆盖了。这个乱纷纷的互相排挤的低洼世界，终于互相消耗尽了，沉寂了下来，成了死水一潭，它的渣滓沉淀了下来，变成了地层的一部分。剩下来的渐渐成了珍品，我倒很喜欢遇见他们。

我想展示的某些人物，是畸形的，可笑的，又是可悲的，但是他们全是真人的写照——他们不应当消失得无影无踪。

五十年代的伦敦自由流亡者②

普通的不幸和政治不幸——教员和推销员——货郎和流浪汉——耍嘴皮子的和耍笔杆子的——什么也不干的经

① Die Schwefelbande。——作者原注

② 选自《往事与随想》第五卷。——作者原注

指《往事与随想》的第一次单行本；一八六一至一八六四年出版了前四卷。赫尔岑准备出第五卷。描写伦敦流亡者的章节就是准备收到第五卷里去的。后来因作者去世，未能编定。

纪人和永远忙忙碌碌的不劳而获者——俄国人——小偷——密探

写于一八五六至一八五七年

先谈硫磺帮(是德国人自己这么叫马克思那帮人的),再谈下面的渣滓和浑浊的沉淀物,也就十分自然和顺理成章了,这些浑浊的沉淀物是因大陆的冲刷和震动,逐渐在大不列颠岛沿岸沉淀下来的,而在伦敦则尤甚。可以想象,革命和反动的涨潮和退潮,就像间歇性的寒热病一样,消耗着欧洲的机体,它的每次涨潮和退潮必然从大陆挟带许多互相对立的渣滓,留在英国,这些滚滚而来的波涛冲来了一些多么千奇百怪的人啊,他们一层层堆积在伦敦污浊而又满是沼泽的洼地里。我们在各条陋巷,在莱斯特街心公园四周的小酒馆和茶肆酒楼,以及它左近犹如乡间土路般的小胡同中,可以遇到形形色色的思想体系及其变种,可以遇到形形色色的抗议和乌托邦,形形色色的绝望和希望,——这些形形色色的观念和见解该有多么混乱啊!按照《太晤士报》的说法,“那里住着一些可怜的外国居民,他们戴着谁也不戴的礼帽,蓬头垢面,头发长得老长,这是一些穷愁潦倒、走投无路的不幸的人,欧洲所有强大的君主,除了英国女王以外,看到他们都心惊胆战”。是的,那些外国客人的确坐在那里的茶馆、酒楼和小酒店里,坐在那里喝杜松子酒,有的在酒里掺了热水,有的在酒里掺了冷水,有的根本不掺水,杯子里则盛着有苦味的黑啤酒,嘴里则说着更加苦不堪言的话,在等待着他们已无力参加的革命的到来,在等待着他们永远拿不到的亲属们邮来的钱。

在他们中间,什么千奇百怪的人我没有见过啊!这里坐着一个老派的共产主义者,他用博爱的名义憎恨任何一个私有主,在他身旁则坐着一个老卡洛斯派①,他曾以爱祖国的名义,出于对他根本不认识,也

① 西班牙企图恢复专制制度和教会势力的政治派别,因支持唐卡洛斯(1788—1855)及其后裔争夺王位而得名。

一无所知的蒙特莫利诺①或唐胡安②的忠诚，枪击了自己的几个亲兄弟。这里还坐着一个匈牙利人，他正在讲他怎样带着五名匈牙利革命军击溃了奥地利的一个骑兵连，他把匈牙利骑兵式的上衣一直扣到喉咙口，以便使自己更富有军人气派，尽管这件上衣的大小说明，这衣服新的时候根本不是他的；他身旁则坐着一名德国人，他为能喝上他每天必不可少的啤酒，只好出去教书，教音乐，教拉丁文，教所有的文学和所有的艺术；一旁还坐着一名无神论者和世界主义者，根据他究竟出生于黑森民族中的哪个民族：库尔—黑森族呢，还是黑森—卡塞尔族，除了他自己出生的民族以外，他根本不把所有其他民族放在眼里；此外，还有一个以天主教徒的方式热爱独立运动的老派波兰人，以及一个认为独立运动就是仇恨天主教的意大利人。

这里既有革命的流亡者，也有保守的流亡者。这里还有某个在国外做生意的批发商或者公证人，他们往往 sans adieu〔法语：不辞而别〕，逃离祖国，逃离自己的债权人和委托人，他们也认为自己受到了不公正的迫害；这里还有某个诚实的破产者，他相信他很快就能把债务还清，重新获得信贷和拥有资本，坐在他右边的那人则十分有把握地认为，la rouge〔法语：红色政权〕日内就会由“玛力雅娜”出面宣告成立，可是坐在左边的那人则很有把握地认为，奥尔良王族正在克莱蒙特③整装待发，公主们正在缝制上好的服装，准备凯旋回国，隆重开进巴黎。

在保守派中，有一些人，“犯了罪，但因为被告缺席未能最终判刑”，他们只是比那些具有丰富想象力的破产者和公证人更激进些；他们在祖国曾遭到大的不幸，可是他们却千方百计地想把自己的普通不幸说成是政治不幸。这类特殊名称需要说明一下。

---

① 即蒙特卡利诺·卡洛斯伯爵（1818—1861），卡洛斯之子，卡洛斯派的领袖，西班牙王位觊觎者。

② 唐胡安（1823—1887）：卡洛斯的小儿子，西班牙王位觊觎者。

③ 在伦敦郊外的温莎附近。一八四八年革命后，法王路易·非力浦逃亡英国，即住在这里，一八五〇年他死后，他的家属仍住在这里。

我们有一位朋友，开玩笑地走进婚姻介绍所。里面的人向他要了十法郎，便开始问他，他究竟想找一个什么样的姑娘呢，他要多少陪嫁，要浅色头发的呢，还是要找个“黑里俏”，等等；那个胖胖的小老头把一切都记下来之后，又连声道歉，开始问他的出身，当听到他是贵族时，他非常高兴，接着又再三道歉，并说守口如瓶是他们的职业守则和力量所在，问他道：

“您是否有过什么不幸？”

“我是一个流亡国外的波兰人，即没有祖国，没有权利，没有财产。”

“没有财产，这不好，但是请问，您究竟因为什么原因离开您那belle patrie〔法语：美丽的祖国〕的呢？”

“因为最近的起义。”（事情发生在一八四八年）

“这倒没什么，政治不幸我们是不算的；这毋宁说是好事，c’est une attraction〔法语：这更吸引人〕。但是请问，您能向我保证您没有别的不幸吗？”

“那还少得了……比如说，父母双亡。”

“噢，不，不……”

“那么您说的其他不幸指的是什么呢？”

“要知道，如果您离开您美丽的祖国是由于个人原因，而不是因为政治原因。有时候因为年轻莽撞，学坏人的样，因为大城市的诱惑，要知道，比如说吧……冒冒失失地开了张期票，不完全正当地挥霍掉了不属于自己的钱，随随便便地签了个字……”

“我明白，我明白，”霍〔耶茨基〕哈哈大笑道，“不，我向您保证，我既没有因偷盗吃过官司，也没有因伪造什么判过刑。”

一八五五年，一个exilé de sa patrie〔法语：从自己的祖国流亡国外的〕法国人，向自己的难友求告，请他们帮助他出版一部他写的类似巴尔扎克*Comédie du diable*〔法语：《魔鬼喜剧》，即《人间喜剧》〕那样的长诗，其中既有诗体,也有散文体,采用的是新的缀字法和新发明的句法。书里的登场人物有:路易·非力浦、耶稣基督、罗伯斯庇尔、比若元帅①,还有上帝本人。

顺便说说,他还曾向舍〔尔歇〕②这个世人中最正直、最古板的人物求助。

“您早就流亡国外了吗?”这个黑奴的保卫者问他道。

“从一八四七年起。”

“从一八四七年起?您就到这儿来了?”

“从布雷斯特,从苦役营。”

“这是一件什么案子?我完全不记得了。”

“噢,哪能呢,那时候这案子非常有名。当然,这案子多半是私人性质的。”

“竟有这样的案子?……”舍〔尔歇〕有点不安地问。

“Ah bas,si vousy tenez〔法语:啊,如果您坚持要问的话〕,我用自己的方式向私有制提出了抗议,j'ai protesté à ma manière〔法语:我用自己的方式提出了抗议〕。”

“于是您……您就被关在布雷斯特了?”

“Parbleu oui!〔法语:还用说,活见鬼!〕就因为溜门撬锁,犯了盗窃罪(vol avec effraction),判了七年苦役。”

于是舍〔尔歇〕便像贞洁的苏珊娜赶走那两个不知羞耻的老头那样③,声色俱厉地请这个自发的抗议者滚出去。

那些被我们留在被煤烟熏黑的public-house〔英语:小酒店〕和黑黝黝的小饭馆里,坐在没有油漆过的桌子旁,桌上放着掺水的杜松子酒和

---

① 比若(1784—1849):法国元帅。

② 舍尔歇(1804—1893):法国《改革报》创始人之一,一八四八至一八五一年加入山岳派,后被逐出法国。他早年曾游历美国,是个废奴主义者。

③ 《圣经》故事:古时有一女子名苏珊娜,她拒绝了两个担任法官的长老的无耻追求,因而以行为不端罪被判死刑。后经先知但以理重审,宣告苏珊娜无罪。参见《旧约·但以理书》第十三章(外经)。

黑啤酒的人，幸好遭遇的不幸是共同的，进行过的抗议是集体的，可是他们却吃足了苦头，而最痛苦的是，他们根本不知道他们吃这种苦头究竟是为了什么。

时间过得异乎寻常地慢，但还是一天天地在过去；任何地方都看不见要革命的苗头，除了在他们的想象中，而贫穷却是真实的、无情的，它越来越逼近，渐渐地，把身边的饭食都吃光了，而这一大帮人，大部分是好人，却在日益严重地挨饿。他们没有劳动的习惯，——他们关注的是政治舞台，他们不可能集中精力想具体的事。他们抓住一切，但是怨天恨地，满肚子气，很不耐烦，没有长性，因而一事无成。那些有力量和有劳动勇气的人，他们悄悄地从泥潭里拔出脚来，浮了上来，可是其余的人怎么办呢？

而这其余的人又这么多！从那时起，法国的大赦和对死刑罪的赦免，使许多人都走了，但是在五十年代初，我还是赶上了 the great tide〔英语：（流亡的）大潮〕。

德国的流亡者，尤其不是工人的流亡者，生活十分艰苦，不亚于法国人。在事业上，他们很少取得成功。受过良好教育，至少比英国那些所谓 surgeon〔英语：外科医生〕，实际上是理发师的人要强一百倍的德国医生，却无人问津，连最菲薄的收入也得不到。拥有纯洁的、柏拉图式的艺术理想的画家和雕塑家，虽然他们像煞有介事地想为艺术服务，但是没有生产的才能，缺乏一股狠劲，缺乏坚忍不拔的工作精神，缺乏准确的嗅觉，因此只好在一群彼此竞争的竞争者中夭折。在他们那座小城市的普通生活中，在德国低廉的生活水平下，他们本来可以保持对理想的纯真崇拜和对自己艺术祭司使命的信仰，平安而又长久地活下去。他们本来可以留在那里，并被人们认为是天才而寿终正寝。可是法国革命的风暴却把他们从自家房前的花园里吹走了，他们终于消失在伦敦生活的莽莽林海中。

在伦敦要不被压倒和一笔勾销，就必须努力工作，卖力地工作，立刻工作，有什么干什么，要你干什么你就干什么。必须卖大力气，必须厚颜无耻，必须想方设法和千方百计地把分散的注意力集中到群众喜爱的一切东西上来。装饰图案、绣品花样、阿拉伯花边、模型、照片、模塑品、画像、镜框、水彩画、画架、鲜花——不过要快，不过要赶趟，而且数量要多。哈夫洛克在印度打了胜仗①，捷报传来刚过一昼夜，朱利安②，le grand Julien〔法语：伟大的朱利安〕就写出了协奏曲，其中既有非洲的鸟叫和大象的踏步声，又有印度的曲调和大炮的射击声，因此伦敦人不仅一下子从报纸上读到，也从协奏曲中听到了印度的战况报道。因为这支协奏曲，他捞到了一大笔钱，反复演奏了一个月。而莱茵河彼岸的幻想家们，在这场追逐金钱和成功的非人的赛跑中，却中途倒下了；他们累得筋疲力尽，只好绝望地洗手不干，或者更坏，捶胸顿足，以便结束这场力量悬殊、使人感到侮辱的战斗。

顺便谈谈音乐会，——德国人中的乐师们，一般说，日子还是比较好过的，伦敦及其郊区每天需要的乐师数量还是巨大的。剧场，给私人授课，小市民的简陋舞会，以及在阿盖尔音乐厅，克莱莫恩娱乐场，卡西诺俱乐部，咖啡歌舞厅，舞女袒胸露背、穿着紧身内衣裤的咖啡歌舞厅，女王剧场，考文花园，厄克塞特音乐厅，水晶宫，上至圣詹姆斯宫，下至所有大街的拐角处，都在进行盛大的舞会，——这些舞会足可以养活德国两三个公国的全体居民。他们尽可以去幻想未来的音乐和对瓦格纳③佩服得五体投地的罗西尼④，他们尽可以在家里 à livre ouvert〔法语：照谱〕，不用乐器，研读《汤豪舍》⑤，然后再跟着解甲归田的军队鼓手长和手擎象牙棒的小丑，连续演奏四小时的 Mary—Ann〔英语：马利安〕波尔卡舞曲，或者是 Flower and butterfly's redova〔英语：《花与蝴蝶》

① 哈夫洛克（1795—1857）：英国上校，曾参加一八五七年血腥镇压印度军队的哗变。

② 朱利安（1812—1860）：法国作曲家和投机者，许多轻歌剧的作者，曾作乐曲《哈夫洛克的胜利》。

③ 瓦格纳（1813—1883）：德国作曲家。

④ 罗西尼（1792—1878）：意大利歌剧作曲家。此处意为意大利在歌剧中的领导地位将让位于德国。

⑤ 瓦格纳写的歌剧。

的雷多瓦舞曲〕①——于是一晚上就会给这可怜虫从两先令到四个半先令不等，然后他就会在黑夜里冒雨跑到小酒店里（到这种小酒店去的主要是德国人），在那里碰到我过去的朋友克劳特②和米勒，——克劳特一直在雕塑一尊胸像，已经六年了，可是这胸像却变得越来越糟糕；米勒则一直在写他的悲剧《艾里克》，已经写了二十六年了，十年前他曾经把这悲剧念给我听，五年前又念了一遍，要不是我跟他吵架，说不定他现在还会给我再念。

我跟他吵架是因为乌尔班将军的事，不过这事下回再说吧……③

……为了博得英国人的欢心和关心，德国人什么事情都做得出来，但是一切都属徒然。

有些一辈子都抽烟的人，在自己家什么地方都抽，吃饭抽，喝茶抽，在床上抽，工作时也抽，可是现在在伦敦，在自己那熏黑的、被煤烟熏得乌烟瘴气的 drawing-room〔英语：休憩室，起居室〕里却不抽烟了，而且也不许客人吸。有些人在自己的祖国一辈子都爱到酒店里去喝一杯，在那里和三五好友坐在一起，抽抽烟，喝喝酒，现在却目不斜视地走过 public-house〔英语：小酒店〕，过门而不入，如果要喝酒，就打发侍女拿着大杯子或者牛奶壶到那里去买回来喝。

有一回，我当着一位德国流亡者的面，给一位英国夫人发了一封信。

“您干什么？”他十分诧异地叫道。我吓了一跳，不由得扔下信封，满以为起码信封上有一只蝎子。

“在英国，”他说，“信通常是折三折，而不是折四折，何况您还是写给一位太太，一位了不起的太太！”

---

① 该舞曲是一种把华尔兹和马祖卡舞曲结合在一起的舞曲。

② 德国雕塑家，赫尔岑的朋友。

③ 见上一章《流亡中的德国人》。

在我刚到伦敦之初，我曾去找过一位我认识的德国医生。我去时他恰好不在家，我就在放在桌子上的一张纸上写了下面的话："Cher docteur〔英语：亲爱的医生〕，我在伦敦，很希望能看到您；您能否于晚间移驾到某酒店，像从前那样喝一瓶酒，天南地北地随便聊聊？"这位医生没有来，而在第二天我接到他送来的一封短柬，大概是这么写的："Monsieur H.〔法语：赫先生〕，我感到非常抱歉，承蒙邀请，但我未能应邀前来。因为俗事缠身，不克分身。不过我将于日内抽暇造访阁下"，等等。

"怎么，这位医生大概生意太忙？……"我问那位德国的解放者，也就是承蒙不弃告诉我，英国人的信都是折成三折的那主儿。

"什么生意也没有，der Kert hat Pech gehabt in London，es geht ihm zu ominös〔德语：这小子在伦敦不走运，他的日子过得很不好〕。"

"那么他在做什么呢?"我把那封短柬递给他看。

他微微一笑，不过他说，我把一张明信片似的便条留在医生桌子上，未免太唐突了，而且信里还邀请他一道喝酒。

"再说干吗在这家酒店呢，那儿人这么杂？在这里，人家是在家里喝酒的。"

"很遗憾，"我说，"教训总是来得太晚；现在我知道，应该怎么请医生和请他到哪里去了，不过我大概不会再去请他了。"

接着我们再回过头谈谈我们那些盼望人民运动，盼望亲人邮钱来，盼望不费力气地工作的人。

让一个不劳动的人开始劳动，并不像我们想象的那样容易；许多人以为：只要人穷，有工作，又有锤子和凿子——他就会劳动。劳动不仅需要受过某种教育，具有某种技能，还需要某种忘我精神。流亡者大部分是文化界和司法界的一些小人物，报馆里打杂的，初出茅庐的律师，他们靠自己的老本行在英国是无法谋生的，干别的他们又手生，同时也不值得从头干起：他们一直在留神谛听，会不会发出警报。十年过去了，十五年过去了——还是没有警报。

他们在绝望中，在懊恼中，没有衣服穿，又不知道明天何以为生，家中又人口激增，于是只好闭上眼睛，削尖脑袋去投机钻营，想出各种投机取巧的法子。投机钻营失败了，投机取巧落空了，因为他们想到的都是些馊主意，也因为他们投入的不是资本，而是某种束手无策的胡思乱想，满肚子怨气，遇到最简单的状况都无法应付，还有，就是自己无能，既不能坚持不懈地做下去，又不能应付布满荆棘的开头。每次失败，他们就以缺钱来自慰："如果有一两百英镑，一切就会马到成功！"的确，资金不足是个问题，但这是劳动者的共同遭遇。他们什么主意没有想出来啊，先是成立股份公司，从勒阿弗尔贩运鸡蛋到为印制工厂商标而发明一种特制的油墨，以及为了把一些劣质酒变为美酒佳酿而发明的某种香精。但是，在为创造这些奇迹而筹组公司和募集资金时，必须吃饭，必须穿衣，以便抵御寒冷的东北风，以及躲避英格兰少女们投来的羞涩的目光。

为此，他们采取了两种治标的办法。一种办法非常无趣，也非常不划算，另一种办法虽然也不划算，但却很开心。一些老老实实，而且Sitzfleisch〔德语：坐得住〕的人便去教课，虽然他们从前从来没有教过书，同时很可疑，也许他们从前根本就没有正儿八经地上过学。因为竞争，课时费大大地降低了。

下面是一则广告的样本，这是一位七十岁的老人写的，这人，我想，应该归入自发的抗议者之列，而不属于集体的抗议者。

MONSIEUR N. N.

Teacher the French language

on a new and easy system of rapid proficiency,

has attended Members of the British Parliament and many other

persons of respectability, as vouchers certify,

translates and interprets that universal continental

language, and english,

IN A MASTERLY MANNER

TERMS MODERATE:

Namely, three Lessons per Week for Six Shillings

〔"洋泾浜"英语:N. N. 先生教授法语,

使用全新而又简易的速成教学法,

曾教过英国国会议员及许多其他要人,

有证件为证,能用英语出色地翻译并讲解这一世界通用语言。

学费适中,

每周三课时——收费六先令。〕

给英国人上课并不特别愉快:英国人只要给了这人钱,他就对这人毫不客气。

我有一个老朋友,收到一个英国人给他寄来的一封信,请他给他的女儿教法语。他按照约定的时间前去找他,进行商谈。父亲在午睡,是女儿出面接待他的,相当恭敬,后来老人出来了,把博〔克〕①从头到脚仔细打量了一遍,问道:"Vous être le french teacher?"〔蹩脚的法语:"您是法语教师吗?"〕博克说是的。"Vous pas convenir à moa?"〔蹩脚的法语:"您对我不合适。"〕说罢,那头英国蠢驴便趾高气扬地扭头走了。

"您怎么不给他一拳呢?"我问博〔克〕。

"我倒真想给他一拳,可是等这头老牛回过身去,他女儿两眼噙着泪请求我原谅。"

另一种办法比较简单,也不这么枯燥:那就是卖力气地、娴熟地向你推销商品,向你兜售各种东西,而不管你要不要。法国人大部分干的是推销葡萄酒和伏特加。一位律师向自己的朋友和同志推销白兰地,这是他采取非常措施,通过各种关系弄来的,这种关系,在法国当前的情况下,他说不出口,也不应该说,何况还是通过一位船长,而损害他的

① 博克:一八四八年巴黎革命的参加者,后流亡英国。

名誉将成为一场calamité publique〔法语：公众的灾难〕。这白兰地质量一般，可价钱却比商店里贵六便士。这位习惯于用矫揉造作的腔调发表辩护词的律师，除了硬要你买他的酒以外，他还动之以情，诱之以利：他用两只手指捏住酒杯的杯底，在空中慢慢地转了几个圈，让酒杯里的酒洒出几滴，然后在空中闻酒味，而且每次都露出一种这白兰地异香扑鼻、令他啧啧叹赏的模样。

还有一位流亡的难友，他从前曾在外省当过语言教授，现在也热衷于做卖酒生意。他的酒是直接从勃艮第的科多尔省弄来的，由他从前的学生提供，全是上好的佳酿。

“公民，”他在给我的一封信中写道，

> 请问问您博爱的良心(votre cœur fraternel)，它就会告诉您，您应该把向您供应法国葡萄酒的愉快的优先权让给我。这样，您的心就会同时享受到美味和节约：因为您可以用最低廉的价格品尝到最好的美酒，您就会在思想上获得一种享受，您非但买了我的酒，而且可以借此改善一个为了祖国和自由的事业而牺牲了一切的人的命运。
>
> Salut et fraternité！〔法语：问候与博爱〕
>
> 我不揣冒昧随信奉上样酒数瓶——又及。

这些样酒都是小瓶装的，他在瓶上不但亲手写上了酒名，而且对这酒的来历和情况也都作了说明：“Chambertin(Gr. vin et très rare!). Côte rôtie(Comète). Pommard(1823!). Nuits(provision Aguado!)...”〔“尚伯丁(属高级葡萄酒，非常珍贵！)。科特—罗蒂(彗星级)。波马尔(1823年酿制！)。纽伊(来自阿瓜多酒窖！)……”〕

过了两三个星期，这位语文教授又送来了几瓶样酒。通常，拿来样酒后再过一天或者两天，他就会亲自登门，坐上一小时，两小时，三小时，直到我收下几乎全部样酒，并且为它们付了钱。因为他纠缠不清，而且这种事已反复出现过多次，所以到后来，他一推开门，我就对他送来的部分样酒夸奖不已，付了钱，把其余的酒还给他。

“公民，我就不来侵占您的宝贵时间了。”他对我说，并让我消停了一两个星期，不再用他那勃艮第的酸葡萄酒，在彗星下酿制和在阿瓜多窖藏的科特—罗蒂酒来麻烦我了。

德国人和匈牙利人干的则是另一类行当。

有一次我的头痛病剧烈发作，在里士满卧病不起。弗朗索瓦拿着一张名片走进来，说有一位先生有急事要见我，他是匈牙利人，是 adjutante del generale〔匈牙利语：将军的副官〕（所有的匈牙利流亡者，只要他没有任何工作，没有任何正经职业，都自称是科苏特的副官）。我看了一眼名片——这人的姓名我根本不认识，而且赫然冠有大尉军衔。

“您干吗让他进来？我都跟您说过几千遍了？”

“他今天已是第三次登门了。”

“好吧，叫他先进客厅。”我像发怒的狮子一样走了出来，还带了一小瓶消炎止痛的药水。

“先让我自我介绍一下，鄙人是某某大尉。我曾经在俄国人那里当过很长时间的俘虏，在维拉戈什陷落后的里季格尔部队①。俄国人对我们非常好。我曾受到格拉泽纳普将军②的特别照顾，还有一位上校……他叫什么来着……俄国人的姓实在难记……叫什么‘伊奇’……什么‘伊奇’来着。”

“劳驾，别费神啦，我一个上校也不认识……您感到好，我很高兴。您能不能坐下来说呢？”

“很，很好……我每天都跟俄国军官玩这个，什托斯，班克③……都是一些很好的人，而且都讨厌奥地利人。我甚至还记得几个俄语单词：

---

① 里季格尔（1783—1856）：俄国将军，曾参与镇压一八四九年匈牙利革命。维拉戈什是匈牙利革命军的要塞。

② 格拉泽纳普（1784—1862）：俄国将军，曾参加镇压一八三〇至一八三一年波兰起义和一八四八至一八四九年的匈牙利革命。

③ 二者均为某种纸牌游戏。

‘赫列巴’、‘舍韦尔达克’①——une pièce de 25 sous〔法语：一种25苏的硬币〕。”

“请问，您有何指教……”

“您应该原谅我，男爵……我在里士满散步……天气很好，不过可惜，下雨了……我久闻大名，是老头子本人②以及山陀尔伯爵告诉我的——山陀尔·捷列基③，还有捷列莎·普尔斯卡娅伯爵夫人④也经常谈起您……捷列莎伯爵夫人是个多好的女人啊！”

“那还用说，hors de ligne〔法语：很了不起〕。”接着是沉默。

“是啊，是山陀尔……我曾经跟他一起在革命军打过仗……说实在的，我真想给您看看……”于是他就从椅子背后的什么地方拽出手提包，解开，掏出缺少一只胳膊的拉格伦⑤，相貌丑陋的圣阿尔诺⑥，戴非斯卡帽的奥默-帕夏⑦的画像。“像极了，男爵。我自己也到过土耳其，到过库塔依西，在一八四九年，”他又加了一句，仿佛要证明的确很像似的，尽管在一八四九年，无论是拉格伦，也无论是圣阿尔诺都没有到过那里。“您以前见过这套画像吗？”

“怎么没见过，”我回答，一面在头上抹了点消炎止痛的药水。“这些画像到处都挂的是，在切普赛德，在斯特朗德，在西区。”

“是的，您说得对，但是我这一套是全的，而且用的不是中国纸。您到店里去买，得花一个基尼⑧，我可以给让个价，只要十五先令。”

“我真的十分感谢您的好意，但是，大尉，我要圣阿尔诺这帮混蛋

---

① 被歪曲的俄语单词 хлеб（面包）和 четвертак（25戈比铜币）。

② 指匈牙利民族解放运动领袖科苏特。

③ 捷列基（1821—1892）：伯爵，匈牙利政治家，曾在匈牙利革命军中作战，一八四九年流亡英国。

④ 匈牙利作家和革命家普尔斯基的夫人。

⑤ 拉格伦（1788—1855）：英国元帅，在滑铁卢战役中失去一只胳膊，曾在塞伐斯托波尔附近指挥过英军。

⑥ 圣阿尔诺（1798—1854）：法国元帅。

⑦ 奥默-帕夏（1806—1871）：奥地利军官，后为土耳其效劳，升任将军。

⑧ 英国旧金币，等于二十一先令。

的画像有什么用呢?”

“男爵,不瞒您说,我是个军人,而不是梅特涅的外交官。我丢掉捷梅什瓦尔附近的房地产以后,暂时囊中羞涩,因此替人代销一些精美的物品(也卖雪茄,哈瓦那雪茄和土耳其烟丝——在这方面,俄国人和我们都是行家!);这可以让我挣得一些小钱,以此养家糊口,wie der Schiller sagt〔德语:诚如席勒所说〕,用来购买‘流亡生活中的苦涩的面包’。”

“大尉,请您开诚布公地告诉我,这一大沓东西您要卖多少钱?”我问(虽然我怀疑席勒是否说过那句但丁式的诗)。

“半克朗。”

“让咱们俩这样来了结这件事:我给您一个克朗,但是有个条件,别让我买这些画像。”

“说真的,男爵,我感到很不好意思,但是我的状况……不过您都知道了,您都感觉到了……我一向敬重您……普尔斯卡娅伯爵夫人和山陀尔伯爵……山陀尔·捷列基。”

“大尉,请您原谅,我头痛得快坐不住了。”

“我们的总督(即科苏特),我们那位老人家也常常头疼。”那位匈牙利革命军人说,好像在鼓励我和安慰我似的,然后匆匆捆上手提包,把拉格伦及其同伙的非常像的画像连同金币上相当像的维多利亚女王像一起装进了提包。

有两类流亡者,一类是到处兜售便宜货的货郎式的小商贩,另一类流亡者则在街上和街心花园里拦住所有留着大胡子的外国人,向人要钱,说他要到美国去,但是缺少两先令,或者说他的孩子得猩红热死了,要买棺材,缺少六便士,而且这样说,这样做已经十年了。在这两类人中间还有一类爱到处写信的流亡者,有时候利用他认识你,有时候又利用他不认识你,向你倾诉各种各样迫在眉睫的需要,同时又都因为手头拮据,不过他们又常常说,在遥远的将来他们很可能发财,而且这信还写得总是别具一格,十分动人。

这样的信，我手里有一大沓；试举两三封特别典型的，奇文共欣赏。

Herr Graf！〔德语：伯爵阁下！〕我是奥地利的一名中尉，但我是为马扎尔人的自由而战斗的，因此不得不逃亡，旧衣服都穿破了，现在已经衣不蔽体。如果您能找到几条穿旧的裤子的话，鄙人将不胜感激之至。

明日九时，我将拜望阁下的信差。——又及

这一种是比较天真的，还有些信言简意赅，语文古奥，例如：

Domine, ego sum Gallus, ex patria mea profugus pro causa libertatispopuli. Nihil habeo ad manducandum, si aliquid per me facere potes, gaudeo, gaudebit cor meum.

Mercuris dies 1859

〔拉丁语：先生，鄙人是为人民自由事业从自己的祖国流亡至此的高卢人。在下衣食无着；如蒙惠赐，竭诚欢迎，不胜感激之至。

一八五九年(五月十五日)星期三。〕

另一类信件，既不简洁，也缺少古奥的格式，却特别会算帐：

公民，承蒙不弃，去年二月(您也许不记得了，但是我记得)，您寄给我三英镑，本来我早就想还给您了，但是我始终没有收到亲属寄来的钱；我日内定将收到一笔巨款，如果我不是不好意思的话，我倒想请您再寄两英镑来，凑成整数，共五英镑，来日一并奉还。

我倒情愿他只欠我三英镑。然而这位整数爱好者却开始传播闲言碎语，说我和俄国大使馆有联系。

此外还有些是事务性的和演说性的信；如果把二者译成俄文，将逊色不少。

Mon cher Monsieur！〔法语：亲爱的先生〕您想必知道我的发明

吧，它将为我们这个时代带来荣耀，并将给我带来维持生计的蝇头小利。但是因我无法弄到区区二百英镑贷款，因而我无法从事我的事业，只能为了一点微不足道的报酬而 courir le cachet〔法语：到处教课〕，因此我的发明至今不为人知。每当我前面出现持久和有利可图的工作时，命运偏爱嘲弄人，把它一风吹（我逐词翻译），于是它不翼而飞——我追赶它，可是命运的固执和桀骜不驯还是占了上风（son opiniâtre insolence bafoue mes projets）。它一次再次地鞭打着我的希望，可是我仍旧拼命地追赶。现在还在追赶。我能抓住它吗？我几乎是有把握的，如果您信任我的才能，如果您能让您的信任连同我的希望一起，迎着我的命运的变幻莫测的风浪前进（embarquer votre confiance en compagnie de mon esprit et la livrer au soufflepeu aventureux de mon destin）。

接着他解释道，他已经有了八十英镑，甚至有了八十五英镑，至于其余的一百一十五英镑，这位发明人拟向朋友商借，如果此项发明取得成功，他答应给一分三厘，almeno〔意语：至少〕一分一厘的利息。

当全世界的资金动荡不定，而在各国依靠我们敌人的刺刀犹摇摇欲坠的当代，难道还有比这样的投资更好的吗？

我没有借给他这一百一十五英镑。那个发明人也开始认为，我的行为还有许多暧昧之处，il y a du louche〔法语：还有某种可疑〕，因此对我应多加小心为是。

最后，还有一封信在纯粹发表演说：

未来普世共和国的慷慨大度的同胞！您和您的著名朋友路易·勃朗，曾经帮助过我多少次啊，因此我一再写信给您和勃朗公民求助，商借若干先令。我背井离乡，远离祖国，来到这自私自利而又唯利是图的不好客的岛国后，我窘迫的境遇每况愈下。您在您的一部大作（我常常翻阅您的大作）中深刻地说到，“才华没有金钱就像灯没有灯油一样，会逐渐熄灭，”等等。

不言而喻，我从来没有写过这一类鄙俗的话，而这位未来共和国，future et universelle① 共和国同胞也从来没有翻阅过拙作。

在善于耍笔杆子的人之后，则是惯于耍嘴皮子的人，他们“游走于大街小巷”。他们中的大部分人不过是冒牌的流亡者，其实是彻底堕落成酒徒的并非英国人的工人，或者是一些在国内遭到过晦气的人。他们利用伦敦这地方实在大得无边无际，于是出没无常，声东击西，然后又回到 Via saera〔拉丁语：圣路〕②，即回到摄政王大街和干草市场，以及莱斯特街心花园。

约莫五年以前，一个衣冠楚楚、外表怪可怜的年轻人，有好几次在傍晚时分走到我跟前，用带着德国腔的法语问我：

“请问，城里的某某地方在哪？”他说时递给我一个地址，大概离西区还有十俄里，也可能在霍洛威、赫克内那一带。每个人都会像我一样向他作出说明。于是他大惊失色。

“现在已经是晚上九点了，我还没吃饭呢……我什么时候走到呢？要坐公共马车，又身无分文……这，我倒没料到。我不敢冒昧地请求您，但是，如果您肯救我于水火的话……借给我一先令就够了。”

以后我又见过他两次，最后他消失了，因此过了几个月，我又在老地方遇见他，心里还感到很高兴，只是他胡子的样子变了，而且还换了顶帽子。他热情地向我举了举帽子，问我：

“您大概看得懂法语吧？”

“懂，”我回答，“而且我还知道，您有个地址，您要走很远的路，可是时间已晚，没有吃饭，坐公共马车又没有钱，您需要一先令……但是这一回我只能给您六便士，因为不是您告诉我，而是我把这一切告诉您的。”

“有什么办法，”他微笑着，毫无恶意地回答道，“瞧，您可能又不会

---

① 未来的普世（共和国）。

② 古罗马建成时形成的一条大道，此处借指伦敦旧城区。

相信我，我要到美国去，请再加一点做盘缠吧。”

我忍不住又给了他六便士。

在这帮先生们中间还有不少俄国人，比如说，曾在高加索当过军官的斯特列莫乌霍夫，还在一八四七年他就在巴黎以乞讨为生，他一边口若悬河地向人讲述某次决斗和某次逃亡等等的故事，一边又顺手牵羊拿走世上的一切（这使仆人们感到十分恼火）：旧衣服和旧鞋子、夏天穿的汗衫和冬天穿的绒衣、帆布裤子、儿童服装，以及妇女用的零零碎碎。俄国人曾为他募集过一些钱，让他到阿尔及利亚的外国部队去当兵。他在那里干了五年，带回来一本退伍证，又挨家挨户地去讲有关决斗和逃亡的故事，其中还增添了各种阿拉伯奇遇。斯特列莫乌霍夫渐渐地老了——叫人觉得怪可怜的，同时又让人非常讨厌。伦敦传教士中的俄国神父为他进行了募捐，想让他到澳大利亚去。他们给了他去墨尔本的介绍信，把他本人主要是路费都交给了船长。我们把他完全装备好了：我给了他一件皮大衣，豪〔格〕给了他几件衬衫，还有其他东西。斯特列莫乌霍夫临走时哭了，说：

“诸位，你们爱怎么说都可以，但是去这么远的地方，毕竟不是一件轻松愉快的事。要突然间抛弃所有的生活习惯，但是又必须这样做……”

于是他吻了我们，并热烈地连声道谢。

我以为斯特列莫乌霍夫早就在维多利亚河畔住下了，可是我忽然在《太晤士报》上读到一则消息，说有一个 russian officer Stremoouchoff〔英语：俄国军官斯特列乌霍夫〕，由于在小酒店胡闹和打架，起因则是因为互相指责对方偷了他的东西以及其他，等等，被判处三个月的监禁。此后过了约莫四个月，我走过牛津街；下起了大雨，我没有带伞——就跑到一家大门前躲雨。我刚在里面站定，就看到一个长长的人影，用一把破雨伞挡着，匆匆蹭到另一家的大门下。我认出了这人是斯特列莫乌霍夫。

“怎么，您从澳大利亚回来了？”我问他，直视着他的眼睛。

“啊，是您啊，我都没有认出您来。”他用有气无力、奄奄一息的声音回答道，“不，不是从澳大利亚，而是从医院，我住院三个月，差点没病死，也不知道这病怎么又好了。”

“您住在什么医院，是 St. George's Hospital〔英语：圣乔治医院〕吗？”

“不，不是在这里，在南安普敦。”

“您怎么得的这病，也不告诉大家一下？再说您怎么没走呢？”

“误了第一班 train〔法语：火车〕，我是坐第二班去的——船开了。我在岸边站了一会儿，差点没投海自尽。我去找我们的神父介绍我认识的一位 reverend〔英语：牧师大人〕。他说：‘船长走了，让他再等一小时，他不肯。’”

“那钱呢？”

“他把钱留在 reverend 那里了。”

“不用说，您把钱拿回来了？”

“是的，不过一点都没派上用场，我生病的时候，让人从枕头下全偷走了，真是些混蛋！如果您能多少帮我点忙的话……”

“瞧，就在这里，就在您不在的时候，另外一位也叫斯特列乌霍夫的人被关进了监狱，也关了三个月，因为跟一个信差打架。您没听说吗？”

“人都快死了，还能听说什么呀。似乎，雨停了。祝您留下来万事如意。”

“下雨天出门要小心，否则又要进医院了。”

克里米亚战争后，有几个被俘的水兵和陆军留在了伦敦，他们自己也不知道他们为什么留下来。这些人大半喝醉了酒，等他们明白过来已经晚了。他们中有些人曾请求我国大使馆给予保护，替他们请求宽恕，aber was macht es denn dem Herra Baron von Brunnov！〔德语：但是封·布伦诺夫男爵对此事根本不予理睬〕①

① 布伦诺夫（1797—1875）：一八四〇至一八五四年及一八五八至一八七四年俄国驻伦敦大使。

他们的情况非常悲惨。他们面黄肌瘦，衣衫褴褛，他们不是低三下四，就是强凶霸道地向人讨钱（在晚上十点以后的狭窄街道上遇到他们还是相当不愉快的）。

一八五三年，有几名水兵从朴茨茅斯的一艘军舰上逃跑；按照仅仅适用于水兵的混账法律，他们中有一部分人被抓回去了。另有几个人侥幸脱身，从朴茨茅斯港步行到了伦敦。其中有一个二十一二岁的年轻人，生有一副和善和开朗的脸，从前是个鞋匠，据他自己说，他会做"趿拉板儿"。我给他买了工具，给了他一点钱，但是没有生意。

这时候加里波第正要和自己的"Common Wealth"〔意语：共和号〕轮船驶往热那亚，我请他把这个年轻人一起带走。加里波第收下了他，讲定月薪一英镑，还答应，如果表现好，一年后可以给他两英镑。这水兵当然同意，并且向加里波第预支了两英镑，把自己的行李拿上了船。

加里波第离开后的第二天，那名水兵前来找我，满脸通红，睡眼惺忪，脸上还有点肿。

"出什么事了？"我问他。

"倒楣，老爷，我误了船。"

"怎么会误船呢？"

那水兵翻身下跪，不自然地哭了起来。这事是可以挽救的。这船是到 Newcastle-upon-Tyne〔英语：泰恩河畔的纽卡斯尔〕去装煤的。

"我可以让你坐火车到那里去，"我对他说，"但是，这次，如果你又迟到了，记住，你的事我就甩手不管了，哪怕你饿死。可是，因为到 Newcastle 的火车票要一英镑多，而我连一先令都信不过你，因此我得派人去找个朋友来，把你先交给他，让他看住你，整夜都不许你乱跑，然后送你上火车。"

"我一辈子都要为大人您祈求上帝！"

负责把他送走的我那个朋友来向我报告已经把那水兵送走了。

可是过了约莫三天，这水兵却同一个波兰人跑来找我，你们想想，当时我有多么惊奇啊。

“这是怎么回事?”我向他叫道,真的气得浑身发抖。

但是那水兵还没有来得及开口,他那同伴就开始用蹩脚的俄语替他辩护,一边说话,一边喷出满嘴烟味、伏特加味和啤酒味。

“您是什么人?”

“波兰贵族。”

“在波兰,所有的人都是贵族。您为什么把这个骗子带来见我?”

那位贵族摆出一副神气活现的样子。我冷冷地向他指出,我不认识他,他出现在我的房间使我感到惊奇,因此我可以报警,让他滚蛋。

我看了看水兵。与贵族相处的三天中,已使他学到许多东西。他不哭了,醉醺醺而又放肆无礼地望着我。

“生了场大病,老爷。我还以为要去见上帝了;火车开走后,病才好了些。”

“你在哪里得的病?”

“就在火车站。”

“为什么你不坐下班车走呢?”

“我没想到,再说语言也不通呀……”

“车票呢?”

“车票没了。”

“怎么没了?”

“我让给了一个人。”

“好吧,你现在去找别人帮忙吧,不过有一点你可以相信:我是无论如何再不会帮你的忙了。”

“不过,劳您驾……”那位“放肆的波兰小贵族”插嘴道。

“仁慈的先生,我没有任何话要对您说,我也不想听您说任何话。”

他一边嘴里喃喃有声地骂我,一边带着自己的忒勒马科斯①走了,

① 典出荷马的《奥德赛》。此处转义为回到老家去尽其天职的人。

大概一直走到最近一家酒馆。

还得下一个台阶……

也许,许多人会困惑地问,怎么还要下一个台阶呢?……是的,还要下一个相当大的台阶——不过这里很黑暗,走路要当心。我不像舍〔歇尔〕那样 pruderie〔法语:假正经〕,我觉得那部长诗(即描写基督和比若元帅交谈的那部长诗)的作者,在英雄地 pour un vol avec effraction〔法语:扭门撬锁进行盗窃〕之后,反倒显得更加滑稽可笑了。即使他撬过锁,偷过东西,但是他以后吃足了苦头,做了好几年苦工,也许,脚上还戴着脚镣,不仅被偷的人反对他,甚至整个国家和社会,教会,军队,警察,法院,一切不需要偷人家东西的正人君子,以及虽然偷了人家的东西,但是还没有被揭发,被捉拿归案的非正人君子,都反对他。还有另一类窃贼:他们受到政府的嘉奖,上司的表扬,教会的祝福,军队的保护,而且警察也不追捕他们,因为他们本来就沆瀣一气。这些人偷盗的不是几块手帕,而是人们的谈话、信件和观点。流亡者兼特务,是双料的特务……罪恶和道德败坏得到了头就是当特务;再往下,在但丁笔下的卢息弗之后,已经一无所有,——到了那里以后,就只能重新往上爬了①。

法国人是干这种事的行家里手。他们能把文明的形式、热情的话语、一个良心纯洁、对 point d'honneur〔法语:名誉问题〕一丝不苟的人的 aplomb〔法语:沉着,镇定,自信〕与特务这一行当巧妙地结合在一起。你若是怀疑他——他就会与您决斗,他将会搏斗,英勇地搏斗。

德拉霍德、舍纽、舍普②的《回忆录》,是研究这些社会渣滓的宝库,——文明把自己的浪子带进了这片污秽之中。德拉霍德天真地写道,在出卖自己朋友的时候,应当略施小计,“就像猎人巧妙地捕猎野

① 典出但丁的《神曲》。魔王卢息弗处在地狱的最底层,往下已无路可走,只能再往上,走上光明世界,因此卢息弗既是黑暗之王,又是光明之星。

② 他们都是法国七月王朝时期的著名特务、暗探和奸细。他们都写有回忆录。

兽野禽一样”。

德拉霍德——是特务奸细中的亚西比德①。

他年轻时曾受过良好的教育，思想激进，后来从外省来到巴黎，穷得像伊洛斯②，于是到《改革报》③找工作。他们给了他一点活，他干得不错；大家慢慢、慢慢地跟他接近起来。他跨进了政治圈子，知道了许多共和派的内情，后来又继续工作了若干年，跟报社同仁一直保持着友好关系。

二月革命后，科西迪埃尔④查阅警察局的文件档案时发现，德拉霍德一直非常准确地向警察局报告《改革报》编辑部的活动情况。科西迪埃尔叫德拉霍德去谒见阿尔伯⑤，——那里有证人在等他。德拉霍德毫不怀疑地去了，试图狡赖，但是后来看到狡赖也没用，承认他曾经给警察局长打过小报告。产生了一个问题：怎么处置他？有些人认为，想得也完全对，应当把他像狗一样立刻枪毙。阿尔伯反对得最凶，他不愿意在他的屋子里杀人。科西迪埃尔把一把上了膛的手枪递给他，让他开枪自杀。德拉霍德不肯自杀。有人问他，他是否愿意服毒？他也不愿意服毒，而在他进监狱之前，他像个思想开通的人那样要了一大杯啤酒，——这是事实，而且是送他去监狱的巴黎第十二区副区长告诉我的。⑥

当反动势力开始占上风的时候，德拉霍德被从监狱里释放了出来，他去了英国，可是当反动势力取得彻底胜利以后，他又回到巴黎，而且在剧院和其他公共场所抛头露面，就像特殊类别的风流名士一样；而在

---

① 亚细比德（公元前451—前404）：古代雅典的政治家，以狡诈著称。后被控亵渎罪，投奔斯巴达，并站在斯巴达一边反对自己的祖国。

② 《奥德赛》中的叫花子。

③ 共和派左翼办的报纸，一八四三至一八五〇年在巴黎出版。

④ 科西迪埃尔（1809—1861）：法国一八四八年革命的参加者，一八四八年二月至五月任巴黎警察局长。

⑤ 阿尔伯（1815—1895）：真名叫马丁，法国社会主义者，一八四八年二月革命的参加者，法国临时政府成员，曾与路易·勃朗一起领导劳动委员会。

⑥ 这人就是作者在前面曾经提到的流亡伦敦的法国人博克。

这以后他就出版了自己的《回忆录》。

这些奸细特务们经常在各国流亡者中间鬼混；他们常常被认出来，被发现，而且难免挨打，可是他们仍旧一帆风顺地做他们自己的事。在巴黎，警察知道所有发生在伦敦的秘密。德勒克吕泽①秘密到达的日期，后来博肖②回法国的日子，他们都了如指掌，以致他俩刚下轮船，就在加来被抓走了。在科隆审讯共产党人一案③时，普鲁士警察局长曾在法庭上天真地承认，在法庭上宣读的文件和信函都是“在伦敦买的”。

一八四九年，我认识了一位流亡国外的名叫恩格兰德的奥地利记者。这人很聪明，笔下功夫很了得，后来曾在科拉切克的年鉴上发表过一系列文笔生动的文章，论述社会主义的历史发展。这个恩格兰德曾因所谓“记者案”在巴黎入狱。关于他有各种各样的说法；最后他本人也到了伦敦。在这里，另一位奥地利流亡者赫夫纳大夫，他很受本国人的尊敬，他说，恩格兰德在巴黎是拿警察局长的津贴的，而他之所以被关进监狱是因为他背叛了向法国警察局矢志效忠的誓言，他们怀疑他另有外遇，又与奥地利大使馆眉来眼去，拿了这边的津贴，又拿那边的津贴。恩格兰德生活放纵，这就需要花很多钱——单拿警察局长那点钱，看来不够。

德国流亡者议论来议论去，最后决定叫恩格兰德来，让他作出回答。恩格兰德想用开玩笑的方式搪塞过去，但是赫夫纳不肯善罢甘休，硬是抓住他不放。于是那位给两边警察局都做事的大丈夫突然满脸涨得通红地跳了起来，两眼含泪地说：“唔，是的，我尽管有许多不是，但是他没有资格指责我，”于是他把警察局长的一封信甩到桌上，这信说

---

① 德勒克吕泽(1809—1871)：法国革命家，记者，一八四八年革命失败后流亡英国，一八五八年秘密返回法国时被捕。

② 博肖：一八二〇年生，法国革命家，一八四九年六月十三日起义的领导人之一，后流亡英国。

③ 指一八五二年十至十一月间，由普鲁士警察局一手炮制的审讯在此以前被捕的共产主义者同盟成员一案。

得很清楚，赫夫纳也在他那儿领取津贴。

巴黎住着一位名叫尼〔德古贝〕①的人，他也是奥地利流亡者；我是在一八四八年末同他认识的。他的同志们曾讲起他在维也纳革命时期的一件非凡的英勇行为。参加武装起义的人缺少弹药，尼〔德古贝〕自告奋勇由铁路把弹药运来，而且还果真运来了。他有老婆孩子，在巴黎很穷。一八五三年，我在伦敦遇到他，发现他的日子过得十分艰难，他和他全家挤在索荷区的一条最贫穷的小巷的两间不大的屋子里。他无论做什么都不顺利。他先是办了家洗衣房，由他的妻子和另一名流亡者给人家洗衣服，尼〔德古贝〕则负责送衣服，但是后来这个同志到美国去了——洗衣房只好关门歇业。

他想到商行里去谋个差事。他这人并不笨，而且受过教育，是可以挣大钱的，但是——得有人 reference，reference〔英语：介绍，介绍〕，在英国没人 reference 是寸步难行的。我给他作了介绍，因为给他写了这封介绍信，一位德国流亡者奥〔本海姆〕②向我指出，我不应该帮他这个忙，这人的名声不好，似乎他跟法国警察局关系暧昧。

这时，雷〔海尔〕③把我的孩子带到伦敦来了。他很同情尼〔德古贝〕。我告诉了他外面对他的传闻。

雷〔海尔〕哈哈大笑；他保证尼〔德古贝〕没事，就像保证他自己一样，他指出他这么穷就是最好的反证。后一点也多少把我说服了。晚上雷〔海尔〕出去散步，回来已经很晚，而且怔忪不安，脸色苍白。他到我屋里待了一会儿，说他偏头疼，而且疼得很厉害，他想去睡觉。我看了看他，说：

"您好像有心事，heraus damit！〔德语：老实交待！说出来吧！〕"

"是的，您猜对了……但是您先向我保证，您决不告诉任何人。"

---

① 一八四八年革命时期匈牙利国民自卫军军官，后流亡巴黎与伦敦。

② 奥本海姆（1819—1880）：德国政论家，一八四八年曾在柏林与卢格一起出版激进的《改革报》，同年流亡国外。

③ 雷海尔（1823—1916）：德国音乐家和作曲家，巴枯宁和赫尔岑的朋友。

“好吧，不过您也别闹了！您应当相信我的良心。”

“我听了您谈到尼〔德古贝〕的情况后，心里老不踏实，尽管我答应过您，我还是决定去问问他，而且当真去了。他妻子日内就要分娩，日子过得非常艰难……我费了多大劲才开这个口啊！我把他叫到外面，鼓足勇气对他说：‘您知道吗，有人警告赫，要他提防这个提防那个；但是我坚信这是诽谤，请您给我澄清一下事实。’‘谢谢您，’他阴沉着脸回答道，‘但是这是不必要的；我知道这话是从哪来的。在快要饿死的绝望时刻，我曾向巴黎警察局长表示过我愿意为他效力，让他随时知道流亡者的消息。他给我寄来了三百法郎，但是以后我并没有给他写过任何报告。’”

雷〔海尔〕差点没有哭出来。

“听我说，在他妻子没有分娩和没有出月子以前，我向您保证，我将保持沉默；让他到商行去当办事员，从此离开政治圈。但是，如果我听到新的证据，而且他仍与流亡者来往的话，那我就要把他的老底抖出来。让他见鬼去！”

雷〔海尔〕走了。过了约莫十天，在中午时分，尼〔德古贝〕来看我，面色苍白，神情忧郁。

“您可以理解，”他说，“我费了多大力气才迈出这一步；但是，除了您，我不管朝哪儿看，都走投无路。拙妻再过几小时就要分娩了，可是家里既没有煤，也没有茶，也没有一杯牛奶，没有一文钱，没有一个能帮得上忙的女人，也没有钱去请助产士。”

他的确已经筋疲力尽，一屁股坐到椅子上，两手捂住脸，说：

“只有对准脑壳给我一枪，起码可以不再看到这走投无路的绝境。”

我立刻派人去请好心肠的帕维尔·达拉什，给了尼〔德古贝〕一点钱，并且尽可能地安慰他，让他安心。第二天，达拉什专程跑来告诉我，分娩十分顺利。

与此同时，说尼〔德古贝〕与法国警察局关系暧昧的谣言却甚嚣尘上，说这种谣言的人大概是出于个人恩怨，以致最后著名的维也纳俱乐部成员和鼓动家塔〔乌泽瑙〕①，也就是在他讲演之后人民群众把拉图尔②吊死的那主儿，逢人便说，他亲眼看到过警察局长在邮钱时写的那封信。看来，对尼〔德古贝〕的指控，对塔〔乌泽瑙〕很重要：他亲自跑来找我，以便证实此言非虚。

我的处境变得十分为难。豪格住在我家；在这以前，我一句话也没有向他透露过，但是现在这就变得不礼貌，而且有危险了。于是我告诉了他，但是没有提到雷〔海尔〕，因为我不想把他扯进这件事情中去，因为这件事发展下去，很可能，这出戏的第五幕要在警察法庭或老贝利上演。我过去耽心的事还当真发生了。“鸡汤烧开了”③；我好不容易才劝住了豪格，请他不要发火，让他不要侵犯尼〔德古贝〕的阁楼。我知道，尼〔德古贝〕迟早要拿着他誊清的稿子来找我们，因此我劝豪格不如等他来了再说。豪格同意了，可是有一天早晨他跑来找我，气得脸色发白，他向我宣布，尼〔德古贝〕就在楼下。我急忙把正在写的东西扔进抽屉，下了楼。他们已经唇枪舌剑地吵开了。豪格在吼叫，尼〔德古贝〕也在吼叫。两人气势汹汹地你一言我一语吵得越来越厉害了。尼〔德古贝〕的脸被愤怒和羞愧都扭歪了，表情很难看。豪格言词激烈，语无伦次。这样闹下去只会搞得头破血流，而无助于弄清事情真相。

“二位，”我突然在他们你一言我一语中说道，“请允许我打断你们一会儿。”

他俩停了下来。

“我认为你们吵来吵去适足以坏事；在开骂以前，必须先把问题彻底弄清楚。”

---

① 塔乌泽瑙（1808—1873）：一八四八年维也纳革命运动的参加者，后流亡国外。

② 拉图尔（1780—1848）：奥地利陆军部长，一八四八年十月被起义群众吊死在维也纳。

③ 原话出自塔索的长诗《被解放的耶路撒冷》，因俄译者梅尔兹利亚科夫把攻打耶路撒冷的十字军统帅“布留尼”音译成俄语的“зБульон”（意为肉汤或鸡汤），结果，“布留尼大怒并投入战斗”变成了“鸡汤烧开了……”这在俄国文学界一直传为笑谈，每逢有人发怒便说是“鸡汤烧开了！”（按：沸腾、烧开在俄语中也有发怒的意思）。

"必须先弄清楚我是不是特务?"尼〔德古贝〕叫道,"我决不允许任何人提出这样的问题。"

"不,问题不在这里;有个人,而且不止他一个人指控您从巴黎警察局长那里领取津贴。"

"这人是谁?"

"塔〔乌泽瑙〕。"

"混蛋!"

"这并不能解决问题;您有没有拿人家的钱呢?"

"拿了。"尼〔德古贝〕直视着我和豪格的眼睛,佯作镇定地说。豪格抽风似的撇了撇嘴,"哼"了一声,忍不住又想对尼〔德古贝〕破口大骂;我抓住豪格的胳臂,说:

"好,我们要听到的就是这话。"

"不,不仅是这样,"尼〔德古贝〕回答,"你们应该知道,我从来没有写过一个字陷害过任何人。"

"这事只有您向他打小报告的那个皮埃特里①才能解决,可是我们不认识他。"

"那我是你们的什么人——难道是被告?为什么你们以为我必须向你们辩白呢?我非常重视自己的人格尊严,它决不会被什么豪格和您的意见所左右。以后我再也不会到您这里来了!"尼〔德古贝〕又加了一句,高傲地戴上礼帽,推开了门。

"这点您倒说对了。"我冲他的背影说道。

他砰的一声带上了门,走了。豪格想去追他,但是我笑着拦住了他,并套用西哀士的一句话:"Nous sommes aujourd' hui ce que nous avons été hier—déjeunons!"〔法语:"今天的我们与昨天是一样的,——去吃早点吧!"〕②

---

① 皮埃特里(1810—1864),一八五一至一八五八年的巴黎警察局长。

② 西哀士(1748—1836):天主教神父,十八世纪末法国革命活动家。

尼〔德古贝〕直接跑去找塔〔乌泽瑙〕。这位肥胖的、油光锃亮的西勒诺斯①(马志尼曾这样说过他:“我老觉得他似乎在橄榄油里煎过、没有擦干净似的”)还没起床。门忽然打开了,于是在他睡眼惺忪、有点肿的眼睛面前出现了尼〔德古贝〕的身影。

“您告诉赫,说我从警察局长那里拿钱了?”

“是的。”

“为什么?”

“因为你的确拿了。”

“尽管你知道我并没有告密。这就是我对你的回答!”说这话时,尼〔德古贝〕往塔〔乌泽瑙〕的脸上啐了口唾沫,啐罢便扬长而去……西勒诺斯怒不可遏,他也不肯善罢甘休;他跳下床,拿起夜壶,趁尼〔德古贝〕正在下楼,便把里面的储存物统统倒在了他头上,边倒还边说:“给你尝尝这东西的味道。”

这个结尾使我感到说不出的痛快。

“您看,我拦住您没有错吧!”我对豪格说,“嗯,您能对那个给皮埃特里打小报告的人做出这样的事来吗?要知道,他身上在基督二次降临前②是干不了的了。”

似乎,在这件德国人相互间的近亲复仇之后,这事也该结束了,但是在这个收场中还有一个小小的尾声。有位先生,据说很善良,也很老实,他就是文〔特加尔特尔〕③老人,他想为尼〔德古贝〕开脱。他召集一批德国人开会,也邀请了我,因为我也是一个谴责尼〔德古贝〕的人。我写了一封信给他,说这会我就不去了,我所知道的一切仅限于尼〔德古贝〕当着我的面向豪格承认,他曾经拿过警察局长的钱。文〔特加尔特尔〕对这个答复感到不高兴,他写信给我说,尼〔德古贝〕在事实上是

---

① 希腊神话中的精灵。古代人认为他是一个经常喝醉酒的、快乐的、心地善良的秃顶老头,胖得像他须臾不离身的皮酒囊一样。

② 此处意为“永远”。

③ 赫尔岑把老人的名字说错了,应为文特斯伯格(在伦敦的德国流亡者)。

有罪的，但是在道德上是清白的，还附上了一封尼〔德古贝〕给他的信。其中尼〔德古贝〕还请他注意我的行为透着古怪。他说：“关于这钱的事，赫早就从雷〔海尔〕那儿听说了，可是他不仅在塔〔乌泽瑙〕提出谴责以前一直保持沉默，甚至在这以后他还给了我两英镑，在拙荆患病期间，他还自己掏钱给我请来了医生！”

Sehr gut！〔德语：很好〕

第九章　罗伯特·欧文

献给卡(韦林)①

你一切都会明白,你一切都会看清!②

Shut up the world at large, let Bedlam out,
And you will be perhaps surpised to find,
All things pursue exactly the same route,
As now with those of "soi-disant" sound mind,
This I could prove beyond a single doubt
Were there a jot of sense among mankind,
But till that point d' appui is found alas,
Like Archimedes leave earth as't was.

〔英语:关闭全世界,但是打开疯人院,
您可能会觉得奇怪,
发现一切仍按原来的轨道前进,
就像在"Soi-disant"(法语:所谓)正常人统治时期一样;
只要人类还有一点健全的理智,
我就可以无条件地向他们证明这一点,
但是在找到这个point d' appui(法语:支点)以前,

① 卡韦林(1818—1885):俄国历史学家、法学家,自由主义政论家,一八四四至一八四八年在莫斯科大学任教,一八五七至一八六一年在彼得堡大学任教。

② 引自雷列耶夫的长诗《沃伊纳罗夫斯基》。

唉,我只能像阿基米德一样,让地球保持原状。〕①

Byron, *Don Juan* ,C. XⅣ-84

〔英语:拜伦,《唐璜》第一十四章第八十四节〕

一

……我到伦敦后不久,一八五二年,我收到一位太太②的请柬;她请我到 Seven Oaks〔英语:七棵树〕③她家的别墅去住几天。我是一八五〇年在尼斯通过马志尼的介绍认识她的。她到我家来的时候,我家十分开心,她离开的时候也一样。我很想见见她;因此我去了。

我们这次见面觉得很别扭。自从我们分别以来,我经历了太多的黑暗④。如果一个人不愿意夸耀自己的不幸的话,他就会对自己的不幸感到惭愧,因此,我每当与过去的朋友见面时,这种惭愧感便会油然而生。

她也并不感到轻松。她向我伸出手,挽着我走进外面的树林。这是我见到的头一个古老的英国树林,茂盛而又十分典雅。从伊丽莎白时代以来,人手还没有触及过它;它密阴匝地,郁郁葱葱,毫无阻挡地随意生长,逐渐扩大成为一个与世隔绝的贵族隐修地似的世外桃源。这座古老的、纯粹伊丽莎白时代建筑风格的宫殿,显得空荡荡的;尽管里面住着一位孤独的老太太,但看上去阒无一人;只有一个白发苍苍的看门人坐在大门口,带着某种傲慢的神态注视着进出树林的人,免得午饭时分有人路过城堡。树林是那么静,以至扁角鹿成群结队地跑过宽阔的林荫道,安详地跑跑停停,仰起脖子,无忧无虑地嗅着空气。任何地

① 指阿基米德谈到他的杠杆原理时所说的著名的话:只要给我一个支点,我就能把整个地球撬起来。

② 指马蒂尔达·比格斯,死于一八六七年,她是英国政治家詹·斯坦斯菲尔德的女儿;她们全家与在伦敦的民主派流亡者,包括赫尔岑,都很友好。

③ 伦敦附近肯特郡的一个古老的小镇。

④ 指赫尔岑的家庭悲剧以及娜达丽雅·亚历山德洛夫娜的去世。

方都不会发出一点不相干的声音，乌鸦在呱呱叫，就像我们家在瓦西里叶夫斯柯耶庄园中那个古老的花园①一样。我真想在这里躺在什么树下，想象自己才十三岁……我们昨天才刚从莫斯科回来，在这里不远处有一名老园丁正在给我们调制薄荷水……我们这些在密林里长大的居民，常常会感到森林和树木比大海和群山更亲切。

我们谈到意大利，谈到我的芒通之行②，谈到她很熟悉的梅迪契，也谈到奥尔西尼，就是没有谈到我和她当时可能最关心的事。

我在她的眼神里看到她真诚的同情，我默默地感谢她……我又能告诉她什么新闻呢？

开始淅淅沥沥地下起了雨；雨可能会下大，而且可能会下很长时间，——我们回去了。

客厅里坐着一位瘦小和身体衰弱的老人，满头白发，但是面孔非常慈祥，目光清澈、明亮和温顺——这是儿童般的蔚蓝色目光，这种目光在有些人眼里可以一直保持到七老八十的耄耋之年，那是"仁者寿"的一种大善的表现③。

女主人的女儿们一齐奔向那个白发苍苍的老爷爷；显然，他们是朋友。

我停下脚步，站在花园门口。

"您来得真是太巧了，"孩子们的母亲说，一边向老人伸出手去，"今天我可有东西招待您了。让我先给您介绍一下我们的俄国朋友。我想，"她又向我加了一句，"您一定会很高兴同你们的一位老前辈认识认识的。"

"Robert Owen〔英语：罗伯特·欧文〕，"老人和善地微笑着说，"很，很高兴。"

我怀着一个小辈的尊敬感握了握他的手；如果我年轻些，我一定会

---

① 赫尔岑家的庄园在莫斯科近郊，离莫斯科七十公里。

② 赫尔岑曾于一八五一年七月由尼斯前往芒通。

③ 写到这里，我不能不想起莱莱韦尔那双白眉毛下面儿童般的蓝色目光。——作者原注

向他屈膝下跪，请老人家把双手按在我的头顶上，替我祝福。

正因为如此，他的目光才是善良的、明亮的，也正因为如此，孩子们都喜欢他……这是“在世人皆醉中”唯一保持清醒而又敢作敢为的陪审员（正如亚里士多德谈到阿那克萨哥拉①时所说），他敢于对人类说 not guilty〔英语：无罪〕，敢于对罪犯说 not guilty。这是第二个为税吏悲痛，为堕落者表示惋惜的怪人②，如果说他不是在涉海而过时没有被淹死，那也是在涉过英国市侩生活的泥淖时没有被淹死，不仅未被淹死，而且未沾染到一星半点的污浊。

……欧文在待人接物上非常平易近人；但是在他身上也如同在加里波第身上一样，除了仁慈以外还流露出一种力量和一种意识，意识到他拥有的权威。他在谦和之中又流露出一种自我优越感；这也可能是因为常常和劳苦大众打交道的缘故；一般说，他不像一个平民和社会主义者，而更像是一个破落的贵族和大家族中的末代子孙。

当时我还完全不会说英语；欧文也不会说法语，而且明显地耳背。女主人的大女儿自告奋勇，愿意充当我们俩的翻译官：欧文也已经习惯了这样同外国人交谈。

“我期待贵国能有大的建树，”欧文对我说，“比较而言，贵国是一片净土，贵国的教权不这么强大，偏见也不这么僵硬……可是潜力……潜力……如果贵国的皇上能够听取和懂得正在产生的大同世界的新要求，他就会很容易地成为一个最伟大的人物。”

我微笑着请我的翻译官告诉欧文，我对尼古拉将成为他的信徒并不抱太大的希望。

“要知道，他曾经到拉纳克来看过我③。”

---

① 阿那克萨哥拉（公元前约500—前428）：古希腊哲学家，因被指控不信神，逃离雅典。上面的话是亚里士多德在他的《形而上学》一书中对阿那克萨哥拉所作的评价。

② 参见《路加福音》第十八章第十至十四节。第一个怪人指耶稣。

③ 一八一五年尼古拉曾经到新拉纳克去拜访欧文，——欧文在该地开了一家纺织厂。后来欧文在他的自传中说，尼古拉大公曾邀请他到俄国去，开办类似他在新拉纳克办的那些工业公社，沙皇政府可在物质上给予支持。欧文谢绝了。

“大概他什么也没有明白?”

“他那时候还很年轻,而且,”欧文笑了,“他感到很惋惜:我的大儿子长了这么高的个儿,竟不去当兵。不过他曾邀请我到俄国去。”

“现在他老了,不过他仍旧什么也不明白,他看到并不是所有的大高个子都去当兵,心里一定会更感到懊恼。我看到过您写给他的信,说句老实话,我真不明白您为什么要给他写信。难道您当真对他寄予希望吗?”

“当一个人还活着,就不应该对他绝望。说不定有什么事会打开他的心灵的!即使我的信对他不起作用,他把这信扔了,这也没什么大不了,我做了自己应该做的事。他所受的教育和他生活的环境,使他无法理解真理,这不是他的过错。对此不应当生气,而应当惋惜。”

就这样,这位老者把自己的宽恕一切罪恶,不仅扩展到盗贼和罪犯们身上,甚至还扩展到了尼古拉身上!一时间,我真为他感到羞耻。

是不是正因为如此,人们才不能原谅欧文的一切,甚至他临终时的沉思,以及关于灵魂的近乎病态的呓语呢?①

当我遇见欧文的时候,他已经八十二岁了(一七七一年出生)。六十年他都没有走下舞台。

在 Seven Oaks 之后过了约莫三年,我又再次匆匆见了欧文一面。他的身体衰老了,脑子糊涂了,有时还会放任自己在鬼魂的神秘世界中漫游。可是他跟从前一样精神矍铄,还是那种孩子般善良的蔚蓝色的目光,依旧对人们寄予希望!他从来不念旧恶,过去的老帐他都忘了,他仍旧是那个 New Lanark〔英语:新拉纳克〕纺织厂的创办人,那个充满干劲的年轻人,他的听力不好,满头白发,身体衰弱,但依然在宣传废除死刑和建设共同劳动的和谐生活。看到这个老人步履蹒跚地、慢悠悠地走上讲坛,使人不由得不对他产生深深的景仰,——可他从前走上讲

---

① 欧文晚年潜心研究招魂术,开始把自己的社会理想与某些神秘主义观念结合在一起。

坛的时候总是高朋满座，欢迎他的也总是热烈的掌声，可现在他头上的白发已经枯黄，一些人便在底下窃窃私语，冷漠地嘲笑。脑筋迟钝的、脸上已有死亡印记的老人，却站在那里，并不生气，温柔地、充满爱地请求给他一个小时的时间。他六十五年来一直兢兢业业地工作，为此，似乎给他一个小时也是可以的；可是他却被拒绝了，连区区一小时也不给，他让大家讨厌了，他总在重复同样的话，而主要是他深深地得罪了群众：因为他想剥夺他们挂在绞刑架上和观看别人挂在绞刑架上的权利；因为他想免除他们被从后面滚来的卑鄙的车轮轧死的权利，因为他想打开那个类似四面插着象牙的牢笼，那个挂着残酷无情的 mater dolorosa〔拉丁语：悲痛圣母像〕的精神樊篱，即人世的宗教裁判所，以此来代替四周插着刀子的隐修室的精神牢笼①。因为这种渎神行为，群众要用石头来打欧文，但是群众也变得有人情味了些：扔石头已不时兴；有人建议他们泼脏水，用嘘声和在报刊上发表文章来攻击欧文。

另一位老人，也跟欧文一样狂热，但是比欧文幸运，他用他那衰老的、百岁老人的手频频祝福拔摩岛上的大人和孩子②，嘴里只是喃喃自语道："孩子们，你们要彼此相爱！"③普通老百姓和穷人们并没有哈哈大笑，以此来嘲笑他，并没有说他的命令是荒谬的；在这些平民中，并没有那个市侩世界奉行的中庸之道——在那里，虚伪多于无知，狭隘多于愚蠢。欧文被迫离开他在英国的 New Lanark，十次远涉重洋，以为他的学说的种子在新的土壤上将会更好地生根发芽，他忘了，公谊会和清教徒清除了他的学说，他也没有预见到，在他死后五年，第一个宣布人权

① 中世纪的宗教裁判所，曾采用各种刑罚拷问异教徒，其中之一就是把人关进逼仄的隐修室，四壁插着刀子，刀尖向内，壁上还挂着"悲痛圣母像"（即圣母在耶稣尸体旁痛哭的画像）。

② 指耶稣十二门徒中的四大门徒之一使徒约翰。耶稣被钉十字架时，他曾同圣母玛利雅和其他妇女同在十字架旁。传说他曾往以弗所传教，晚年被流放拔摩岛，后重返以弗所，老死于此。相传，《新约》中的《约翰福音》、《约翰书信》和《启示录》等，均为其所著。

③ 典出《约翰福音》第十三章和第十五章："我赐给你们一条新命令，乃是叫你们彼此相爱。""你们要彼此相爱，像我爱你们一样，这就是我的命令。"

的杰弗逊的共和国竟会在是否有权鞭打黑奴问题上分裂了。[①] 欧文在美国也没有取得成功,只好又回到旧大陆来,几百次地用手敲打所有人家的门,访问宫廷和茅屋,开办市场(它们成了罗奇代尔社[②]和各种合作社的雏形),出版书籍,出版报刊,到处写信,召开群众大会,发表演说,利用一切可能利用的机会。各国政府从世界各地纷纷派遣代表来参加“世界博览会”[③]——而欧文则早就来到他们中间,请求他们接受他伸出的橄榄枝,号召他们过理智的生活,彼此和睦相处,——可是他们不听他唠叨,他们一心想的只是未来的十字勋章和鼻烟壶。可是欧文并不气馁。

一八五八年十月一个多雾的日子,布鲁厄姆勋爵[④]明明知道,那艘破旧的社会驳船已经到处漏水,而且越漏越厉害,不过他还是希望竭尽当代之所能,给它补苴罅漏,因此他在利物浦召开的 Social science association〔英语:社会科学协会〕的第二次会议上还在研究补船用的麻刀和柏油问题。

会场上突然出现了骚动:脸色苍白、身患重病的欧文躺在担架上,被人轻轻地抬到了讲坛上。他勉为其难地特意从伦敦赶来,以便再讲一遍他关于如何达到温饱社会以及社会怎样才能没有刽子手的福音。布鲁厄姆勋爵恭恭敬敬地接待了这位老者——他们过去很要好;欧文慢慢地站了起来,他用衰弱的声音谈到另一个时代……新的和谐,new harmony〔英语:新的和谐〕的时代即将来临,说到这里,他的讲演停止了,他虚脱了过去……布鲁厄姆把他没有讲完的这句话讲完了,打了个手势——老人的身体向一边倾斜,他失去了知觉;有人把他轻轻地放上担

---

① 杰弗逊(1743—1826):一八〇一至一八〇九年的美国总统,是美国于一七七六年宣布的《独立宣言》的起草人。一八六一至一八六五年美国发生南北战争。欧文死于这场战争爆发前的一八五八年。

② 由美国罗奇代尔市纺织厂工人于一八四四年创立的第一个消费合作社。

③ 指一八五一年在伦敦举办的第一次世界博览会。

④ 布鲁厄姆(1778—1868):英国国务活动家,十九世纪上半叶英国自由主义的代表,曾任一八六〇至一八六五年的英国社会科学协会会长。

架，在死一般的寂静中被群众抬了起来，这回大家被一种崇敬感震摄住了；大家似乎感到，这时正在开始一场非同寻常的葬礼，某个伟大的、神圣的、没有受到人们足够重视的生命渐渐地黯淡下去。

过了几天，欧文的病好了点，于是一天早晨他对他的朋友和助手里格比说，请他收拾一下行李，他想回去。

"还回伦敦？"里格比问。

"不，您把我送到我的出生地①，我想魂归故里。"

于是里格比把老人送到蒙哥马利郡的纽敦镇，八十八年前，这个怪人，这个工厂主中的使徒，便出生在那里……

"他的呼吸非常轻地停止了，"在欧文去世以前唯一来得及赶到纽敦去的他的长子写道，"因此我当时抓住他的手，才勉强发现他停止了呼吸：没有丝毫挣扎，没有一点痉挛的动作。"无论是英国还是全世界也同样没有发现，这位在刑事诉讼中为人类 à décharge〔法语：辩护〕的见证人是怎么停止呼吸的。

英国牧师不顾前来送殡的不多几个朋友的反对，硬是对他的遗骨做了安魂祈祷；朋友们散了以后，托马斯·艾尔索普②勇敢而又高尚地提出了抗议③——and all was over〔英语：然而一切都完了〕④。

关于他，我本来想在墓前说几句话，但是大家像一阵 Wirbelwind〔德语：旋风〕似的把我席卷而去，我什么事也没有做成。他那悲剧似的阴影渐渐向后退去，越退越远，消失在人头攒动中，消失在急剧变化的事件和夜以继日的尘埃中；最近我突然想起了欧文，我打算写点什么来

---

① 欧文出生在纽敦镇，并死在那里。

② 因奥尔西尼一案而闻名。——作者原注

艾尔索普（1795—1882）：英国政治家和政论家，欧文的朋友。

③ 纽敦教区的神父声称，只有在教堂对死者进行安魂祈祷后才许下葬，并不让欧文的朋友们发表墓前演说。欧文的儿子和欧文的朋友只能对这要求做出让步。只有专程前来参加葬礼的欧文的老朋友托马斯·艾尔索普拒绝参加违反死者意愿的宗教仪式。

④ 这是欧文的长子罗伯特·德尔·欧文于一八五八年十一月十七日发表在某些英国报纸上，告知父亲死讯的公开信开头的一句话："It is all over."

纪念他。

在翻阅一本 *Westminster Review*〔英语:《威斯敏斯特评论》〕时,看到有一篇评论欧文的文章[①],我很用心地把它读完了。这篇文章不是欧文的敌人写的,这人是个稳重和审慎的人,善于对欧文的功绩给予应有的评价,也善于对他的缺点给予恰如其分的批评,然而我放下这本杂志时却有一种奇怪的痛心感、屈辱感和某种窒息感——一种对文章结论类似愤恨的感觉。

也许,我有病,心情不佳,不理解? ……我又拿起这本杂志,这里那里地又读了一遍——感觉依旧。

"欧文后半生的最后二十余年,没有使公众产生任何兴趣。

> "Ein unnütz Leben ist früher Tod.
>
> 〔德语:无益的人生——无异于早死。〕[②]

"他召开群众大会,但是几乎没有人去,因为他老是重复那些早被大家忘记的原则。那些想从他嘴里听到某些对自己有益的话的人,必须从头再听一遍整个社会生活都是建立在错误的基础上的那些老掉牙了的话……很快在这种神经错乱(dotage〔英语:老年痴呆〕)上又添加了对招魂术的信仰……老人又讲起了他跟肯特公爵[③]、拜伦、雪莱等人的谈话。

"采用欧文的学说并付诸实施,没有丝毫危险。这是一条无力的锁链,它不足以拴住整个民族。还在他去世前很久,他鼓吹的那些原则就已经被推翻了,被忘却了,可他仍自以为是人类的恩人,是某个无神论的弥赛亚。

"他的招魂术毫无惊人之处。没有受过教育的人总是非常容易从

---

① 《威斯敏斯特评论》在一八六〇年十月号上刊登了一篇评论欧文的长文,无署名,作者不详。

② 这是歌德的悲剧《伊菲格涅亚在陶里斯》中伊菲格涅亚说的话。

③ 肯特公爵爱德华(1767—1820):英国女王维多利亚的父亲。

极端的怀疑主义变成极端的迷信。他们总希望单凭天生的灵机一动来确定每一个问题。研究、论证和慎重判断,对于他们是陌生的。

“我们在前几页,”作者在文章结尾处又补充道,“主要是研究欧文的生平,而不是研究他的学说;我们想对他所做的实际的善举表示我们的赞许,可与此同时,我们对他的理论却完全不敢苟同。他的生平比他的著作使我们更感兴趣。与此同时,前者可能是有益的和有趣的(amusé),可后者却只能使人走入歧途,使读者生厌,可是即使是这样,我们还是觉得,他似乎活得太长了:对他自己来说活得太长了,对他的朋友来说也活得太长了,对他的传记作者来说,那就活得更长了!”

这位温和的老者的影子,在我眼前掠过;他眼睛里噙着痛苦的眼泪,他伤心地摇着自己那十分苍老的头,似乎想说:“难道这就是我应该得到的评价吗?”——但是他欲说还休,想说又说不出来,他只能嚎啕大哭地跪在地上,似乎布鲁厄姆勋爵急急忙忙地又想用布把他盖上,向里格比打着手势,叫人快点来把他抬走,把他抬回墓地去,以便惊慌失色的人群重又明白过来,重又开始指责他认为非常宝贵和神圣的一切,一切,甚至指责他活得太久,妨碍了别人的生活,在他们的家园旁占据了不应有的位置。确实,欧文毕竟是那个在和平时期颟顸无能的伟人威灵顿的同龄人①。

“尽管他有错误,他很骄傲,后来他又没落了,欧文仍应得到我们的承认。”——除此以外,他还要什么呢?

只是为什么某个牛津的、文切斯特的、奇切斯特的主教对欧文的谩骂,比起这种评功摆好,我们听起来倒还好受些呢?这是因为那里是一种激情,是一种被凌辱的信仰在起作用,而这里只有狭隘的不偏不倚,——这不是一个普通人的不偏不倚,而是一个低级法官的不偏不倚。治安管理所可以对一个游手好闲的二流子作出好的判断,但却不

① 威灵顿(1769—1852):英国统帅和首相。曾因一八一五年在滑铁卢打败拿破仑而闻名于世,可是后来他担任文职时却颟顸无能,很不得人心,十分保守和反动。

能对米拉波①或福克斯②这样的人作出判断。用一把尺子可以非常精确地量出一段粗麻布的尺寸,可是用它来测量星际的距离就欠妥了。

有些事既不归违警法庭管辖,也无法用数学方式测算,为了正确判断这些事,也许,更需要有所偏爱,而不是公正。偏爱不仅会使人对有些事视而不见,而且还可以帮助人更加深入事物的内部,用自己内心的火焰拥抱它。

让一个在学校里死读书的学生,只要这学生天生不具备审美力,——你可以让他分析任何东西——浮士德,哈姆雷特,——你会看到,"胖胖的丹麦王子"一天天瘦下去,给某个死读书的中学生糟蹋得不成样子。他会像挪亚的儿子那样对赤身露体厚颜无耻地指指点点③,认为这两个剧本有许多缺点,尽管人们世世代代对这两个剧本赞不绝口。

世界上没有任何伟大的、富有诗意的事物能够经受住人们既不愚蠢,也不聪明的说三道四——这些看法充满了人生哲理,但又似是而非。还是法国人有本事,用一句谚语一针见血地说明了这层意思:"侍仆眼中无伟人"。

正如民间所说,也正如《威斯特敏斯特评论》的那个评论员鹦鹉学舌般复述的那样:"一个叫花子弄到了一匹马,于是他就骑上这匹马去见魔鬼了……An ex-linen-draper④(这一称谓使用了好几次)⑤突然摇身一变,成了(请注意,这是在经过二十年坚持不懈的劳动和巨大的成功之后)一位要人,跟公爵和大臣们过从甚密,自然,他自以为了不起,又变成了一个可笑的人物,即不知适可而止,也不知有理有节。"Ex-linen-draper居然狂妄到这样的地步,以致他都嫌他那个乡村太小了,

---

① 米拉波(1749—1791):法国著名政治家。

② 福克斯(1749—1806):英国政治家,辉格派领袖在私生活中以酗酒和嗜赌闻名。

③ 典出《旧约·创世记》第九章。据《圣经》传说,挪亚的儿子含,看见父亲赤身露体躺在帐篷里,便笑话父亲,因而受到父亲的诅咒。

④ 一个从前的粗麻布商。

⑤ 傅立叶是在他父亲的呢绒店里当伙计出身的;蒲鲁东则是贝桑松农民的儿子。社会主义的开端多么卑贱啊!这些半神半强盗的主能建立一个王朝吗?——作者原注

他想改造全世界;他抱着这样的野心结果毁了他自己,非但一事无成,还贻笑大方。

然而这还没完。如果欧文只是宣传自己的经济改革,那这种疯狂,念其初犯,在这个正统的疯狂的国家中还可以原谅。对此的证明是,大臣们和主教们,议会的众多委员会和工厂主的众多集会都来向他讨教。New Lanark 的成功吸引了所有的人:没有一个国家要员,没有一个学者能不去拜访欧文就离开英国的;甚至(正如我们所看到的那样)连尼古拉·帕夫洛维奇也去拜访过他,还想引诱他到俄国去,引诱他的儿子去当兵。每逢欧文做报告,就人头攒动,人山人海地挤满了报告大厅的走廊和前厅。但是他那巨大的声望是建立在人们对他所说的话的巨大的不理解基础上的,但是欧文毫不客气地一下子,在一刻钟之内,便葬送了他的巨大声望,因为他看出了这一点,便直言不讳地说明了一切,而且是最危险的一切。

这事发生在一八一七年八月二十一日。欧文对那些假装虔诚的新教徒们,对那些喋喋不休、纠缠不清的伪君子们早就厌恶透了。欧文竭力避免同他们争论,可是他们偏不让他安静。有一名残酷无情的棉纺厂老板非力浦斯,是个宗教狂,他在议会的一个委员会里,正在大家认真讨论的时候,突然无缘无故地缠住欧文,质问他:他信仰什么和不信仰什么?

欧文没有像浮士德回答甘泪卿那样,向那位棉纺厂老板作出深奥精深的说明,这位 ex-linen-draper 宁可站在讲坛上面对浩浩荡荡地汇集在一起的人民大众,在英国,在伦敦,在金融中心,在 London tavern〔英语:伦敦酒店〕的群众大会上做出回答。他在圣堂石门的里侧,在俯瞰旧城的大教堂的拱顶下,在歌革和玛各的近旁,在可以望见白厅和世俗的犹太大教堂(银行)的地方①,直接和明确地,响亮而又非常简单地

---

① 圣堂石门是历史地名,位于伦敦金融中心的边界。大教堂指圣保罗大教堂。歌革和玛各是两尊门神塑像,于一七〇八年树立在伦敦市政厅的大门口。白厅是英国某些政府机关所在地。犹太大教堂指大英帝国的龙头银行——英格兰银行。

宣布，阻挠人们新的社会生活和谐发展的主要障碍是宗教。“荒谬的宗教暴行把人变成了一只软弱的、傻头傻脑的野兽，变成了一个没有理智的狂信者，变成了一个假道学或者伪君子，”欧文最后说道，“以现有的宗教观念，不仅无法建立他们计划建立的公社型乡村，甚至他们向往的天堂也摇摇欲坠，也将不成其为天堂！”①

欧文坚信，他的这个“疯狂”行动，乃是光明正大的、使徒般的行动，乃是他的学说的必然后果，他之所以要把他的观点公之于众，乃是他的纯洁和坦率，他的整个一生促使他这么做的，以至在事隔三十五年之后，他还写道：“这是我一生中最伟大的一天，我履行了我的天职！”

这欧文是个不思悔改的罪人！然而他却为此受到了惩罚！

Westminster Review 说：“之所以没有把欧文碎尸万段，是因为在宗教事务中实行肉体报复的时代已经过去了。但是甚至在现在也没有任何人可以不受惩罚地侮辱我们感到宝贵的信仰！”

英国的教士们的确没有再对人使用外科手术，虽然他们并不反对采取别的手段，主要是精神手段。文章作者说：“从那时起，欧文招致了宗教界对他的无比仇恨，而且从那次群众大会后便开始了他长期的、接二连三的挫折，使他一生中的最后四十年成了人们的笑柄。He was not a martyr, but he was an outlaw！〔英语：他不是一个殉道者，但他是一个受到社会唾弃的人。〕”

我认为够了。可以把 *Westmister Review*〔英语：《威斯特敏斯特评论》〕放到一边去了，我很感谢它，因为它使我栩栩如生地不仅想起了这位圣洁的老人，而且也使我想起了他生活的环境。现在言归正传，让我们来谈谈欧文本人和他的学说。

我同这位铁面无私的评论家和欧文的另一位传记作者②（他也是铁面无私的，但不那么严厉，但也同样道貌岸然）告别之际，我还要补

① 欧文一八一七年八月二十七日讲演的大意。

② 指欧文的传记《罗伯特·欧文及其社会哲学》（1860，伦敦）的作者威廉·萨甘特。

充一点，——虽然我根本不是一个嫉妒心重的人，但我还是打心眼里羡慕他们。我十分羡慕他们那种镇定自若的优越感，那种安之若素、自鸣得意、自以为高明，以及有时候随和，永远公正，而有时候略带讽刺的宽容态度。他们对自己的知识充满自信，以及满有把握地认为他们不但比欧文高明，也比欧文实际，如果他们也有他那么多的精力和钱财，他们一定不会像他那样做那么多蠢事，他们将会像罗思柴尔德那样有钱，像帕默斯顿那样成为内阁大臣。如果能像他们那样，该多么心安理得啊！

二

罗·欧文把一篇他阐述自己体系的文章称为 *An attempt to change this lunatic asylum into a rational world*①。

欧文的一位传记作者②在谈到这句话时讲了一个故事，他说，这就像关在医院里的一个疯子所说："全世界都认为我疯了，而我则认为全世界都疯了；我的不幸在于站在全世界那一边的是多数。"

这句话补充了欧文这一标题的不足，使一切都变得一清二楚。我们相信，这位传记作者没有想到，他的比喻有多么深刻，又多么具有远见。他的本意不过是暗示欧文是疯子，对此我们无意争辩，但是他凭什么认为全世界都是健康人呢——这，我们就不明白了。

欧文如果是疯子，那根本不是因为全世界认为他是疯子，因此他才以同样的话回敬它，而是因为他知道得非常清楚，他非但住在疯人院里，一直与病人为伍，而且六十年来他一直把他们当作健康的人，与他

① 《把一个疯人院般的社会制度改造成合理的社会制度的尝试》。——作者原注

指欧文的文章《世界是一个大疯人院》（载一八五〇年十一月二日在伦敦出自的《罗伯特·欧文杂志》创刊号）。作者在文章结尾说："把这个疯人院改变成一个合理的世界——这就是本刊想要完成的事业。"

② 即前面提到过的威廉·萨甘特。

们交谈。

这里有多少病人,这毫无意义,一个人的思想是否正确,不在于他获得多数票,而在于它是否符合逻辑,是否言之成理,如果整个英国都深信不疑某个 medium〔拉丁语:施行招魂术的巫师〕能够招来死人的亡魂,可是只有法拉第①一个人说,这是胡说八道,那么真理和理智是站在他一边的,而不是站在全体英国人这一边。况且,即使法拉第没有说这话,那么关于这事的真理即使完全没有作为被认识的真理而存在,但是,即使是全民族一致接受的谬误,它毕竟还是谬误。

病人所抱怨的多数人之所以可怕,不是因为他们是聪明还是愚蠢,是对还是错,是荒唐还是正确,而是因为他们的强大,因为疯人院的钥匙掌握在他们手中。

力量并不以意识的清醒作为必要条件;相反,它越疯狂就越难驯服,越无意识就越可怕。对一个疯子,我们可以躲避,可是对于一群发疯的狼,要逃走就比较难了,而在无理智的自发势力面前,人只能束手待毙。

欧文的行为震惊了一八一七年的英国,使它感到毛骨悚然,可是它在一六一七年却未必会使瓦尼尼和乔丹诺·布鲁诺②的祖国感到吃惊,也不会在一七一七年惹恼德国和法国,可是英国过了半个世纪后一提起他还不能不怀恨在心。也许,在西班牙的某个地方,修士们会唆使野蛮的无知群众对他群起而攻之,或者宗教裁判所的警察会把他关进大牢,会生起火堆来把他烧死,但是社会上已经人性化的那部分人却会同情他,拥护他……

难道歌德和费希特,康德和席勒,最后,还有当代的洪堡和一百年前的莱辛,曾经掩盖过自己的思想方式,或者昧着良心,每周有六天在

---

① 法拉第(1791—1867):英国物理学家和化学家。

② 瓦尼尼(1585—1619):意大利哲学家,被宗教裁判所处死。布鲁诺(1548—1600),意大利哲学家、思想家,因反对天主教的地球中心说,在罗马被烧死。

学校和书本上宣传自己的哲学，而在第七天却像法利赛人①那样到教堂里去听布道，用自己虔诚的基督教信仰去愚弄群众，去愚弄 la plèbe〔法语：平民〕吗？

在法国情形亦同：无论是伏尔泰，无论是卢骚，也无论是狄德罗，还是所有的百科全书派，还是比沙②和卡巴尼斯③学派。无论是拉普拉斯④还是孔德⑤，都不会假装是教皇至上主义者，都不会五体投地地向那个“宝贵的信仰”顶礼膜拜，可是这丝毫没有降低和减少他们的意义。

政治上受奴役的欧洲大陆，精神上却比英国自由；彼此交流和传布的许多思想和怀疑，要广泛得多；对此人们已经习以为常，

Wenn er die Kette bricht,

〔德语：当一个人砸断锁链的时候〕⑥

大家在这个自由人面前是不会发抖的，既不会感到恐惧，也不会感到愤怒。

欧洲大陆的人在政治权力面前是无能为力的，他们可以忍受加在他们身上的锁链，但是心里并不买它的帐。英国人的自由主要表现在制度上，而不是体现于自身和他的良心上；他的自由表现在 common law〔英语：习惯法〕，表现在 habeas cor-pus〔拉丁语：人身保护法〕，而不是表现在人权，表现在思想方式上。在社会偏见面前，骄傲的不列颠人，毫无怨言地低下了头，毕恭毕敬。不言而喻，任何地方，只要有人，那里的人就会撒谎，就会弄虚作假，但是他们决不会认为坦率是一种罪过，决不会把思想家勇敢地说出的观点同炫耀自己堕落的荡妇的极不体面的行为混为一谈。但是他们也不会把虚伪认作社会美德，而且是人人

---

① 典出基督教《圣经》，此处意为伪君子。

② 比沙（1771—1802）：法国解剖学家和生理学家。

③ 卡巴尼斯（1757—1808）：法国医生，笛卡尔派哲学家。

④ 拉普拉斯（1749—1827）：法国天文学家、数学家、物理学家。

⑤ 孔德（1798—1857）：法国哲学家和社会学家，哲学中实证主义学派的创始人。

⑥ 引自席勒的诗《一个信仰者的话》，其中讲一个砸断枷锁，为自己挣得自由的奴隶。

必须拥有的美德①。

当然，大卫·休谟②和吉本③并没有用神秘主义的信仰来欺骗自己。但是在一八一七年听到欧洲讲演的英国，在时代和深度上，已经不是原来的英国了。能够理解欧文观点的人群范围扩大了，已不再局限于受过教育的贵族和文人雅士们中的精英了。另一方面，英国已有十五年之久被拿破仑囚禁在这个像监狱般的孤岛上④，于是它一方面脱离了思想的洪流，另一方面，生活又把绝大多数小市民，也就是斯图亚特·穆勒所说的这个 conglomerated mediocrity〔英语：平庸的人群〕推到前台。在新英国，像拜伦和雪莱这样的人，却像外国人那样无所适从；一个在请风把他带走，上哪儿去都可以，就是不要回祖国⑤；另一个则被法官在因宗教狂热而丧失了理智的家人的帮助下，夺走了他的孩子，就因为他不信上帝⑥。

总之，欧文之不见容于社会，并不能说明他的学说是对还是错，它只能说明英国失去理性的程度，只能说明英国在精神上的不自由已达到何等严重的地步，尤其是那个常常去参加群众大会、常常在报刊上发表文章的阶层不自由到了何等地步。

智慧必定在数量上永远自叹弗如，在重量上也永远居于劣势；它像北极光一样，照得很远，但只是依稀存在。智慧是最后的努力，是人的

---

① 今年，调解法官邓普尔，不接受罗奇代尔一位妇女提供的证明，因为她拒绝按规定的形式宣誓，她说，她不相信人死了还会受到惩罚。特里劳尼（科伦和雪莱那个著名朋友的儿子）于二月十二日在议会上质问内务大臣，他准备采取什么措施来消除这种反对宣誓的态度。大臣回答说，他无能为力。因为类似的情况已经发生过多次，比如著名的政论家霍利约克便是这样。假宣誓已成了家常便饭。——作者原注

霍利约克（1817—1906）：英国政治家和政论家，宪章派，年轻时曾宣传反宗教的道德学说（现世主义），一八四一年因犯“亵渎”罪被判六个月监禁。

② 休谟（1711—1776）：英国哲学家，不可知论者、历史学家和经济学家。

③ 吉本（1737—1794）：英国历史学家，《罗马帝国衰亡史》的作者。

④ 一八〇六年拿破仑一世，采取孤立英国的政策，不让英国与欧洲大陆通商。

⑤ 参见拜伦的《恰尔德·哈罗尔德游记》第一章第一十三节。

⑥ 一八一七年经英国大法官裁决，决定剥夺雪莱抚养子女的权利，因为他与梅丽·霍德文“非法同居”，并在作品中宣扬无神论。

发展并非经常能够达到的顶峰；因此智慧是强大的，但却经不住拳头的打击。智慧作为一种意识也许在地球上就不可能有；它与年高德劭的阿尔卑斯山长老，与那些地质变迁的见证者、参加者相比，不过是刚出生的娃娃。在人类产生之前和人类将产生而未产生的自然界，根本就没有智慧，也没有愚蠢，当时必须的只是条件、关系和因果。头一次模糊地流露出智慧的是哺乳动物的目光，它从自己的孩提时代逐渐成长壮大，又经历了人类的群居和家庭生活。从本能出发，进而追求智慧，常常是在求得温饱和安全之后出现的，因此我们无论何时停下来考察人的社会生活，我们都会发现它竭力想摆脱非理性的影响而力求达到理性（智慧）的努力。前进的道路不是上天安排的，它必须开拓；历史就像阿里斯奥托的长诗①一样，任意发展，有二十支插曲，东奔西突，惊惶不安，这种惊惶不安已经无目的地出现在猿猴之中，可是在一些对动物王国心满意足的低等动物中却几乎根本没有这情形。

欧文使用 lunatic asylum〔英语：疯人院〕一词，不言而喻，不过是 Comme une manière de dire〔法语：一种说法，一种“妙人妙语”〕。国家不是丧失理智的人的住所，而是那些还没有获得理智的人的住所。不过，在实践中，使用这一说法也是可以的……并没有错。一个三岁孩子的手里拿着毒药和火，就像拿在一个三十岁的疯子手里一样，同样可怕。他们的区别仅仅在于，一个人的疯狂是病态，另一个人的疯狂则是一个发展阶段，是胚胎发育的一种状态。牡蛎是机体发展的一个阶段，在这个阶段中，动物**还没有**脚，它实际上是**无足动物**，它与没有了脚的动物完全不一样。我们知道（但是牡蛎并不知道），在有利的环境下，机体不断发展，也可能长出脚和长出翅膀来，我们看软体动物发育不全的形态，就像看涨潮时奔腾而来的海浪中的某一个海浪，它随着退潮又以一种扭曲的形态退回到处于自然状态的大海，这就构成了死亡或濒临死亡的偶然现象。

欧文相信，一个机体，如果有脚，有手，有翅膀，比起总是在贝壳中

① 指阿里斯奥托的长诗《疯狂的罗兰》。阿里斯奥托（1447—1533）：意大利诗人。

昏睡要方便得多,他明白,机体中的那些最可怜,但是已经存在的部分,完全有可能发展成为手足和翅膀,他是如此沉醉于自己的这个想法,竟突然向牡蛎宣传开了,让它们钻出自己的贝壳,跟他一起前进。牡蛎们生气了,认为他是一个反对软体动物的人,也就是说,它们认为他是一个有悖贝壳动物生活方式的不道德的人,因而诅咒了他。

"……人的性格本质上是由他周围的环境决定的。但是社会可以很容易地改变这环境,使环境能够促进人的智力和实践能力得到最佳发展,然而考虑到人在体力和智力上的千差万别,又需要保留人的个性的无穷多样性。"

这一切都是可以理解的,除非一个人的脑子特别迟钝,才会不同意欧文的这一说法。对此,请注意,谁也没有持反对意见。多数人持反对意见——这不是回答,而是压服;这反对意见认为这是不道德的或者认为这与某种传统的宗教或者其他宗教不符,这也不是反驳,退一万步说,这样的回答只能证明,在真理与道德之间存在着二重性,谎言有利,真理有害。是否是真理,不应这样来论断,真理的标准不在这里。

欧文的阿喀琉斯之踵①,并不在于他的学说的清楚而又简单的道理,而在于他以为大家会很容易地懂得他的简单的真理。他这样想的时候,也就掉进了一个爱与恨铁不成钢的神圣的错误之中,这也是所有的改革者和改革的先驱者,从耶稣基督到托马斯·闵采尔②、圣西门和傅立叶,走过的路。

这种愚昧之所以久治不愈,就在于,人处于历史的折光和各种精神视差的影响下,最最简单的道理,他们偏偏最不理解,可是他们却相信,而且越来越相信,他们能够懂得非常复杂的道理,甚至完全不可理喻的道理他们也能懂得,但是这些道理必须符合传统,符合习惯,适合他们

---

① 源出希腊神话。阿喀琉斯出生后被母亲抓住脚踵浸在斯堤克斯河的河水中,因而周身刀枪不入(因脚踵未浸到水,是例外)。"阿喀琉斯之踵"意为人的薄弱环节。

② 闵采尔(约1490—1525):德国农民战争领袖,德意志农民和城市平民的宗教改革家。

童年时代的幻想……简单！容易！但是简单的道理就一定容易理解吗？呼吸空气肯定比呼吸水要简单，但是呼吸空气必须有肺；可是鱼类的肺又怎能发展起来呢？它们需要有复杂的呼吸器官，才能从水里呼吸到不多一点氧气。它们生活的环境不允许它们，也不让它们发展肺，水比之空气密度太大，成分也不同。欧文的听众所成长的环境的精神密度和成分，决定了他们必须有一种自己的精神的鳃，用它来呼吸更纯净而又密度较小的空气，反而会给他们带来疼痛和厌恶。

不要以为这只是外部的比较，——这是同一现象在不同年龄段和发展不同层次的真实类比。

容易理解……也容易纠正！得了吧——谁容易理解？谁容易纠正？是那些把水晶宫①的巨大交叉甬道挤得水泄不通，津津有味而又不断鼓掌地听某个平淡无奇的中世纪布道师布道的群众吗？我也不知道这个布道师是怎么跑到我们这个世纪来的，他就像 *Wallenstein's Lager*〔德语：《华伦斯坦的军营》〕②中席勒笔下的那个托钵修士一样，用俚俗的语言向群众许诺上天的惩罚和人间的贫苦。

这对于他们来说是不容易理解的！

人们交出自己的一部分财产和一部分自由，俯首听命于各种各样的政府权力和要求，把一批又一批的寄生虫武装起来，建立法院和监狱，用绞刑架来吓唬群众，建造教堂，用地狱来使群众觳觫不安，总之，他们把一切做成这样，一个人无论转向哪一边，他眼前不是人间的刽子手，就是天上派来的刽子手——一个拿着绳索，准备了结一切，另一个拿着火，准备燃起永恒的火焰。而这一切的目的，就是维护社会安全，防止野蛮的贪欲和犯罪，想方设法把遏制不住的图谋不轨的冲动限制在社会生活所允许的范围内。

---

① 为一八五一年举办世界博览会而兴建的水晶宫，坐落在伦敦海德公园南部，整个建筑全用玻璃和钢筋建造，故名。世博会闭幕后，水晶宫移建至伦敦郊外数公里处的赛邓赫姆，成为举行艺术展览、开会和举办音乐会的地方。

② 席勒的三部曲《华伦斯坦》的第一部。

可这时却出现一个怪人，他带着一副令人可气的天真的神气，直截了当地说，这一切都是无稽之谈，人根本不是 par le droit de naissance〔法语：天生的，根据出生法的〕罪人，他像其他动物一样，不需要为自己的出生负责，他也像其他动物一样，无须接受法庭的审判，他只需要接受教育——非常需要。而这还没有完：他站在法官和牧师面前（他们存在的唯一根据和唯一充足的理由，就是堕落①、惩罚和赦免），当众宣布，人的性格不是他自己造成的，只要把他从他出生的那天起就放在不可能成为骗子的环境下，他就会自然而然地成为一个好人。而现在社会却用许多荒唐的倒行逆施，使人走上犯罪之路，可是人们惩罚的不是这个社会制度，而是人。

欧文认为，这一切都很好懂？

难道他不知道，我们很容易想象一只因犯杀鼠罪而被吊死的猫，以及因卖力地追捕一只躲起来的兔子而被授予荣誉颈圈，以志鼓励的狗，可是却很难想象一个孩子因顽皮淘气而不受惩罚，更不用说一个罪犯了。用全社会的力量对一个罪犯进行报复是卑鄙的、愚蠢的，用整个国家的力量对一个因一时冲动，冒了很大风险的罪犯施行同样的暴行，是可憎的和无益的（而且这样做既无危险，又有恃无恐，十分冷静），——有人这样做，实在令人难以容忍，这不是我们的鳃所能理解的！太荒唐了！

群众之所以心存疑惧，顽固守旧，保守落后，是出于一种愚昧的记忆，他们记得，曾几何时，绞刑架与忏悔，死刑与灵魂不死②，对上帝的敬畏和对权势的畏惧，刑事法庭和最后审判，皇上和祭司——这一切在过去都是很大的进步，很大的提高，是一种伟大的 Errungenschaften〔德语：成就，成绩〕，是人们在筋疲力尽之余，可以借此攀援而上，过上太平生活的脚手架，是人们在不认识路的情况下，可以坐上它到达港口的渡船，到那里以后就可以休息一下，不再需要与自然拼搏，不再需要在土地上流血

---

① 指人类祖先偷吃禁果的原罪。

② 基督教教义：人的灵魂并不会随着自己肉体的死亡而死亡，它必须接受上帝的审判，或上天堂，或下地狱。

流汗地劳动，在那里，可以无忧无虑地优哉游哉，过上神仙般的快乐日子，——而这些都是实现进步、自由，从事艺术和思想活动的首要条件！

为了守住这个来之不易的平安，人们在自己的港口布置了各种各样吓人的东西，他们把棍子交给了自己的皇上，让他负起驱逐敌人和保卫国土之责，而对祭司则授予诅咒和祝福的权力！

征服的民族自然要奴役被征服的民族，并把自己的闲暇即自己的发展建立在对他们的奴役上。其实，国家、文明和人的自由，都来源于奴隶制度。人的自我保护本能产生了凶残的法律，不可遏制的幻想则完成了其余部分。世代沿袭的传说越来越使这个起源蒙上了一层五彩斑斓的迷雾。镇压别人的统治者，像被镇压的奴隶一样，战战兢兢地拜倒在上帝的圣训前，相信这是在雷鸣电闪下由耶和华在西乃山上传授的，或者是寄居在人的头脑里的某个圣灵向他特选的某个人所做的启示。①

国家便是在这些基石上建立的，这些基石形成了形形色色的基础，如果把这些基础归结成一些主要原则，清除掉各种幻想的、幼稚的、属于某个年龄段的东西，我们就会看到，它们常常是相同的，适用于每个教会和每个国家，布景和形式变了，但原则没有变。

非洲的以捕兽为生的酋长，常常手刃罪犯，把他亲手杀死，这种野蛮的惩办方式，与法官委托别人执行死刑的惩办方式相比，根本就没有大的不同。问题在于，无论是穿着皮大衣，戴着白色的假发，耳朵后面夹着一根羽毛笔的法官，还是鼻子上插着羽毛、浑身漆黑、光着身子的非洲酋长，他们都不怀疑他们这样做是为了拯救社会，在某些情况下，他非但有权杀人，而且认为这是他们神圣的天职。

某个在森林中施行巫术的人，念念有词地说的一套莫名其妙的咒语，以及某个主教或者最高祭司所说的那套头头是道的废话，也同样彼此相似。关键不在于谁在念什么咒，招什么魂，而在于他们是不是认为

① 据《旧约·出埃及记》第二十章称，耶和华曾在西乃山上向摩西传授十戒。又据《圣经》传说，由耶稣宣告的基督的圣训，乃是圣灵对人的启示。

存在某个谁也没有见过的彼岸世界，——人在那里活动，却没有躯体；人在那里思考，却没有大脑；人在那里感觉，却没有神经，——可是这世界却能对我们产生影响：不仅在我们进入冥冥之中后，甚至在我们目前所处的能动胳膊动腿的状态下。如果他们认为有这个彼岸世界，那么其余的都是枝节问题：埃及的神长着狗头，希腊的神相貌俊美，亚伯拉罕的神，雅各的神，米泽培・马志尼的神，彼埃尔・勒鲁的神——都是同一个神，正如《古兰经》所明确定位的那样："神就是神。"

一个民族越发达，它的宗教也越发达，同理，宗教离拜物教越远，它就越微妙地深入人心。简陋的天主教和辉煌的拜占庭仪式，倒并不像删除了许多礼仪的新教那样束缚人的思想；至于没有启示，没有教堂，自命为符合逻辑的宗教，几乎很难从思想浅薄的头脑中根除，因为这些人既没有足够的感情来信仰，又没有足够的脑子来判断。①。

---

① 既没有那种符合逻辑的抽象观念，也没有那个集合名词；既没有无人知晓的开端，也没有无人追究的原因，哪怕在一个短时期内成为人们崇拜的对象或者神圣的事物。理性主义的圣像破坏者虽然竭力主张破坏偶像，可是他们却惊奇地看到，他们刚把一些偶像从台座上推倒，可是另一些偶像又在台座上出现了。但是他们大部分人并不感到惊奇，是因为他们根本没有发现呢，还是因为他们自己都把它们当成真神了？

吹嘘自己的唯物主义的自然科学家们，侈谈某个他们事前想好的自然界的布局，它的目的以及它的巧妙的物竞天择；我真不明白，怎么似乎 natura sic voluit〔拉丁文：自然界要这样〕就比 fiat lux〔拉丁文：要有光〕更清楚呢？这是第三阶段的宿命论，是宿命论的三次方。第一阶段是亚努阿里乌斯的血会沸腾，第二阶段是靠求雨来灌溉田野，第三阶段是发现化学反应秘密的行动计划，夸耀为胚胎制造蛋黄的生命力的经济作用，等等。新教徒一方面著文讽刺圣亚努阿里乌斯的血会沸腾，可是另一方面，又在宣扬主教求雨就可得雨，求旱就可得旱，尽管这种说法非常可笑，——似乎对于上帝来说，让天主教瓶子里的血沸腾起来，比让新教徒的田里下雨和干旱更困难似的，——但是这有时候会暴露出一种天真的愚蠢，因此，这与我们经常在生理学或者地质学讲义和论文中看到的那种宣扬宗教的花言巧语相比，实在算不了什么！在这些讲义和论文中，某些自然科学家居然会十分感动地讲到上天的仁慈，让鸟儿长出了翅膀，否则，这些可怜的小鸟肯定会掉下来，粉身碎骨，活活摔死，等等。——作者原注

"要有光"：见《旧约・创世记》："神说，要有光，就有了光。"

亚努阿里乌斯：意大利人，贝尼文托主教，在古罗马皇帝戴克里先在位时殉教而死。据天主教传说，亚努阿里乌斯死后，他的血被保存在那不勒斯城（他被认为是那不勒斯的保护人）的一个特制的容器里，每逢这位圣徒的诞辰或者该城出现非常情况，这血就会沸腾。

在法律的教堂中情形也一样。捕兽人的酋长使用斧钺来执行自己的判决，因为他离罪犯或被告很近，如果后者有一根更长的斧钺，他就能先发制人地杀死对方。此外，鼻子上插羽毛的法官，也可能因为个人好恶而杀错人，群众就会怨声载道，终于公开造反，或者被迫屈从于这一判决，但并不相信这一判决是公正的，就像人屈服于瘟疫或者洪水一样。但是即使在并不徇私偏袒，而是执法如山，忠于自己原则的地方，这原则也完全有可能是不正确的，可是那里的法官却十分坚定，谁也不怀疑他，即使当事人本身也不例外，于是他只好垂头丧气地走向绞刑架，认为这是他罪有应得，他们吊死他是应该的。

除了畏惧自由，——就像孩子学步没人搀着他感到的那种惧怕，除了习惯于老是扶着沾满了汗和血的栏杆，习惯于乘坐已成了他们救命方舟的大船（人们坐着这艘大船已安全度过了不少风雨飘摇的艰难岁月）以外，还有支撑这座古老大厦的坚固的支墙。群众的素质低，不善于理解，这是一方面，另一方面患得患失的恐惧心理，也妨碍了少数人正确理解，这两方面结合在一起，将会长久地支撑着旧秩序。那些受过教育的文明阶层，违背自己的信念，宁可自己战战兢兢地走钢丝，也不让群众挣脱绞索。

这种情况确实不是毫无危险的。

上面和下面挂着两本不同的日历。上面是十九世纪，而下面可能只是十五世纪，而且这还不是最底层，——那里已是各种肤色、各个种族和各种气候下的霍屯督人和卡菲尔人①。

如果认真考虑一下现代文明，这文明在它的底层产生了许多叫花子和伦敦的贱民，这些人走到半道又转回身去，回到狐猴和猿猴的状态，与此同时，在这文明的顶端，作威作福的却是所有王朝的那些无能的墨洛温家族②和所有贵族中那些弱不禁风的病秧子——看到这些，

---

① 这些人都是南非的原始民族。

② 墨洛温王朝是法兰克王国的第一个王朝（486—751），该王朝统治时期犯有许多罪恶和暴行，杀了许多人。

真叫人头晕目眩。试想，如果把这个动物园打开，没有教堂，没有宗教裁判所和法庭，没有牧师、皇帝和刽子手，将是一种怎样的情景！

欧文认为神学和法理学可以成为永远攻不破的堡垒，乃是一种谎言，即过了时的真理，这道理不言自明；但是他却以此作为理由，要它们投降，但是他忘了守卫这座堡垒的英勇的驻防军。世界上没有任何东西比一具尸体更顽固的了：你可以杀它，把它大卸八块，但却不能说服它。再说，端坐在我们的奥林波斯神山上的已不是为人随和的、荒唐不羁的希腊诸神，按照卢奇安①的说法，这时他们正在想办法反对无神论，忽然有人来向他们报告，大事不好，雅典已有人证明他们根本不存在，于是他们脸色发白，溜之大吉，不见了。希腊人，无论是人还是神，都比较单纯。希腊人相信信口开河，他们出于一种幼稚的心灵乖巧的要求，爱玩大理石的玩偶，而我们却从利息，从利润出发支持耶稣会士和那家 old shop〔英语：老店〕②，目的在于控制人民和保证对他们的剥削。这到底是根据什么逻辑呢？

这里的问题不是欧文的说法对还是不对的问题，而是说，理性意识和精神独立与国家的治理方式，在一般情况下是否相容。

历史证明，社会始终在追求理性的自律，可是历史也证明，它们还始终处在精神的奴役中。这些问题能不能够解决，还很难说；这些问题仓促间是解决不了的，尤其不能单凭对人的爱以及其他温馨和高尚的情感。

在生活的各个领域，我们常常会碰到一些无法解决的二律背反现象，常常会碰到这样两条渐近线，这两条线在永远接近自己的双曲线，却又永远无法重合。这是两个极限，生活就在这两个极限之间摇摆、流动和消逝，一忽儿接近此岸，一忽儿又接近彼岸。

抗议社会奴役和信仰奴役的人的出现，并不是新鲜事；他们是作为揭

---

① 卢奇安（约 120—180 之后）：古希腊讽刺作家，无神论者，又译琉善。以下所说见自他的对话式喜剧《演悲剧的宙斯》。

② 赫尔岑在这里指基督教教会。

露者和先知先觉者在多少成熟的文明，尤其是开始衰老的文明下出现的。这是把个人也裹挟进去的最高极限，这是一种特殊现象，罕见现象，就像天才、美和非凡的嗓音一样。经验还没有证实他们的乌托邦能够实现。

我们眼前有一个可怕的例子。自从人类开始记事的时候起，还从来没有遇到过（除了北美洲以外）对于国家体制合理和自由发展如此好的情况都集中到了一起；在贫瘠的文明古国或者在还没有开垦过的土壤上，一切妨碍发展的因素，在这里都不存在。十八世纪思想家和革命家的学说，在排除了法国的黩武主义之后，英国的 common law〔英语：习惯法，不成文法〕，在排除了过去的等级观念之后，成了他们国家治理方式的基础。除此以外，还要什么呢？旧欧洲幻想的一切：共和、民主、联邦、每个地区的自治权，以及把大家都宽松地联合在一起、中间只打了个松松的结子的宽松的政府腰带，都应有尽有。

这一切又产生了什么后果呢？

社会和多数人掌握了专制权和警察权；人民自己行使着尼古拉·帕夫洛维奇、第三厅和刽子手的职能；八十年前曾经宣布过"人权"的人民，由于"鞭打权"而分裂了。南部诸州把奴隶制一词写上了自己的旗帜，就像从前尼古拉把专制一词写在自己的旗帜上一样，他们对思想方式和议论的迫害和压制，其卑鄙程度并不亚于那不勒斯国王和维也纳皇帝的所作所为①。

在北部诸州，"奴隶制"还没有上升为宗教教条；但是在一个丢开帐簿只是为了转动桌子②和招魂的国家，——在一个保存着清教徒和公谊会，容不得异己势力的国家中，他们的教育和信仰自由水平，也就可想而知了！

类似的情况，我们也能在英国和瑞士遇到，只是形式较缓和罢了。

---

① 指一八二一年和一八四六年对那不勒斯和西西里人民起义的血腥镇压，以及在奥地利及其属国用武力扼杀一八四八至一八四九年的革命运动。

② 这是唯灵论者通灵活动的一种形式，一译灵动术，桌子在无任何外力影响下会自行转动。

一个国家越自由,政府的干预越少,它的言论权和信仰独立权越是得到承认,它的群众也就越容不得异己势力,社会舆论也就成了宪兵队的刑讯室;您的邻居,您的肉铺老板,您的裁缝、家庭、俱乐部和教区,都把您置于自己的监视之下,行使着警察的职能。难道只有自身得不到自由的民族,才能建立自由的制度吗?说到底,这一切是否意味着,国家虽然在不断发展自己的要求和理想,那些优秀的才智之士也在奋力促使这些要求和理想得以实现,但是要实现这些要求和理想却是与国家生活不相容的?

我们不知道这个问题到底应当怎么来解决,但是我们也无权认为这个问题已经解决了。直到现在,历史只采取一种方式来解决,但是某些思想家,其中包括欧文,却采取了不同的解决方式。欧文抱着十八世纪(被称为没有宗教信仰的世纪)思想家的坚不可摧的信仰,坚信人类还处在庄严地穿上男性托加①的前夜。而我们觉得,所有的监护人和牧羊人,叔叔和阿姨之所以能够饱食终日,高枕无忧,无非是因为他们还没有成年。不管人民会提出什么荒诞的要求,在当今这个世纪,他们还不至于要求什么成年权。人类还将 à l' enfant〔法语:像儿童一样〕穿着翻领上衣生活很久。

之所以如此,原因很多。要使人明白过来,清醒过来,那他就必须是个巨人;可是说到底,如果社会生活已经像日本和中国一样固若金汤,那任何巨大的力量都不足以冲破这样的牢笼。自从人类像婴儿一样,偎依在母亲的乳房旁,笑嘻嘻地睁开眼睛,直到他顺从上帝的安排,心安理得地闭上眼睛为止,他始终相信,当他睡着的时候,他将被带往一个地方,那里既没有哭泣,也没有叹息,——一切都安排妥帖,他无思,无虑,无须动任何脑筋,无须想任何哪怕最简单的道理。他随着母亲的乳汁吸进了麻醉剂;任何感情都遭到扭曲,都脱离了自然轨道。学校教育只是继续在家庭里学到的东西,它灌输的是乐观的欺骗,并用书

---

① 一种古罗马的男外衣,古罗马人只有在成年后才能穿。

本知识把它巩固起来，在理论上使传统的糟粕合法化，并让孩子们习惯于知其然不知其所以然，把事物的名称当成了事物的定义。

概念上的糊涂，语言上的混乱，使一个人失去了对真理的嗅觉和对自然的趣味。必须具有怎样的思维能力，才能使人怀疑这种精神上的迷茫状态，头晕目眩地冲出去，冲到新鲜的空气里去，可是周围的人却以此来恐吓他，叫他不要贸然行动！对此，欧文的回答恐怕是，正因为如此，他对人的社会改造，并使之再生，不是从法伦斯泰尔开始，也不是从伊加利亚①开始，而是从学校开始，而且他这学校还只收两岁和两岁以下的儿童②。

欧文是对的，不但如此，他还用实际行动证明了他是对的：面对New Lanark，欧文的论敌们都哑口无言。这个该死的New Lanark，使那些经常指责社会主义是乌托邦，根本不可能付诸实践的人，如骨鲠在喉。“孔西德朗和布里斯班做了些什么？西多修道院做了些什么？克利希的裁缝和蒲鲁东的Banque du peuple〔法语：人民银行〕又做了些什么呢？”③但是对New Lanark的辉煌成功，大家都哑口无言。学者们和大使们、大臣们和公爵们、商人们和勋爵们——大家都惊奇和满怀崇敬之情地走出了学校。肯特公爵的医生是个怀疑主义者，他谈到New Lanark时微笑不语。公爵是欧文的朋友，他劝他不妨亲自到New Lanark去看看。晚上医生写信给公爵④：“详细的报告，我准备留到明天

---

① 典出卡贝的乌托邦小说《伊加利亚旅行记》，一种实行共产主义制度的乌托邦。

② 一八一六年，欧文在新拉纳克曾开办的一所工人子弟学校。

③ 孔西德朗（1808—1893）：空想社会主义者傅立叶的学生和追随者。布里斯班（1809—1890）：美国傅立叶运动的创始人。孔西德朗于一八五二年流亡美国，两年后，他在布里斯班的参与下，在德克萨斯州创办了“再联合”移民区。法国科多尔省的西多修道院于一八一四年成立了工人生产联合队。在巴黎不远处的一个小镇，曾于一八四八年三月按照路易·勃朗的计划，并在卢森堡委员会的支持下，成立了一个大的裁缝生产集体。蒲鲁东的“人民银行”是在一八四九年创立的，旨在向劳动人民提供“无息贷款”，以摆脱贫困。但是上述的所有措施和试验都失败了。

④ 这位医生叫亨利·格莱·马克-纳布，他在肯特公爵爱德华的劝说下，在一八一九年参观了新拉纳克后，写了一份满怀善意的详细报告，登载在同年的伦敦报纸上。

再写；我看到的一切，使我太激动，太感动了，激动得我现在还不能写任何东西；好几次我都感动得热泪盈眶。”这位老人兴奋的赞许，也在我的意料之中。总之，欧文在实践中证明了自己的思想——他是对的。我们接着说下去。

New Lanark 曾经处在鼎盛时期。不知疲倦的欧文，无论他在伦敦之行的旅途中，也无论他在群众大会上，无论欧洲的所有名流纷纷去拜访他，甚至也无论我们已经说过的连尼古拉·帕夫洛维奇也亲自登门拜访，他都精力充沛地满怀着爱，关心着他的学校和工厂，关心着工人的福利，关心着他在工人中间实行的公社生活。可是一切都成了泡影！

怎么样，你们以为他破产了？老师们吵架了？孩子们调皮捣蛋了？孩子们的家长变成酒鬼了？哪能呢，工厂办得很好，收入增加了，工人们发财了，学校欣欣向荣。但是有一天上午，这所学校里来了两个居心叵测的小丑，戴着低矮的礼帽，穿着故意缝制得很蹩脚的外衣：这是两个贵格派教徒①，他们也像欧文一样是新拉纳克的所有者。他俩看到孩子们丝毫也不为人类的原罪和堕落难过，不由得皱起了眉头；小男孩们居然不穿长裤，而且要求上他们自己的教义问答课，也把他们吓了一跳。起先，欧文回答得很巧妙：只谈收入增加的数字。对主的热心爱戴得以稍缓，暂时平静了下来：这罪恶的数字太庞大了②。但是，这两个贵格派教徒的宗教信仰又觉醒了，于是他们开始更加坚决地要求，不要教孩子们跳舞，不要教他们唱世俗的歌，务必要教他们学习分裂派的教义问答③。

在欧文的学校中，合唱、正确的体操动作和舞蹈在教育中起着重要作用，因此他不同意。发生了长时间的争论；这两名贵格派教徒这一回

① 这两人一个叫阿兰，一个叫福斯特，两人都是欧文在新拉纳克创办的工厂的合伙人；他俩到新拉纳克去是在一八二二年八月。贵格派亦称“公谊会”或“教友派”，基督教新教的一派。

② 欧文在新拉纳克办的企业，利润十分丰厚，头五年的纯利润即达十六万英镑，以后的年收入也平均有一万五千英镑。

③ 贵格派提出许多有悖基督教正统教义和正统仪规的主张，所以被称为分裂派。

下定决心要在天堂里巩固自己的地位，要求必须让孩子们唱赞美诗，必须穿某种长裤，不许他们穿苏格兰人的服装。欧文懂得，这两名贵格派教徒的十字军远征是决不会就此罢休的。“既然这样，”他对他们说，“你们自己去管吧，我不干了。”因为他除此以外没有别的办法①。

欧文的传记作者说：“那两名贵格派一接管 New Lanark 的领导权，就开始降低工资和增加劳动时间。”

New Lanark 垮了！

不应忘记，欧文的成功再一次揭示了一个伟大的历史新发现，即一个被剥夺了受教育权的贫穷和受压抑的工人，从小就学会了酗酒和欺骗，从小就学会了与社会作对，只是在开始阶段抵制那些新举措，而他之所以这样做是出于不信任；但是当他一旦确信变革对他没有坏处，而且在变革中他的利益也没有被遗忘，他就会顺从地照办，接着便会产生信任和爱。

成为障碍的人不是他们。

梅特涅的奴才和笔杆子根茨②，曾在法兰克福的一次宴会上③对罗伯特·欧文说：

“假定说您成功了，——这会产生什么结果呢？”

“很简单，”欧文回答，“结果是每个人都吃得饱，穿得暖，受到实际而又有用的教育。”

“要知道，这正是我们不希望看到的。”维也纳会议④的西塞罗⑤

---

① 那两名贵格派合伙人是在一八二四年一月提出上述要求的；欧文无奈签字同意了他们提出的条件，同意暂时继续领导这家工厂和学校，直到找到新的管理人为止。欧文与他的合伙人的最终决裂和不得不离开新拉纳克，是在较晚的一八二九年。

② 根茨（1764—1832）：奥地利反动的国家领导人和政论家，神圣同盟会议的策划人之一和秘书长。

③ 这次宴会是一八一八年由于在德国亚亨召开神圣同盟会议，由银行家贝特曼举办的。

④ 一八一四年十月至一八一五年六月在维也纳召开的国际会议，研究拿破仑帝国瓦解后如何重新瓜分欧洲。

⑤ 西塞罗（公元前 106—前 43）：古罗马政治家、演说家和哲学家。

说。这个根茨虽然没有别的能耐,但却快人快语。

牧师们和小店主们终于明白了,这些由工人和学生组成的游戏兵①——是一件应当认真对待的事。从这时起,New Lanark 的灭亡就成为不可避免的了。

这就是为什么苏格兰的一个拥有工厂和学校的不大的小村庄②的覆灭,具有一种历史不幸的意义。欧文的 New Lanark 的废墟使我们感慨系之,不胜唏嘘,决不亚于从前其他废墟在马略③心中所引起的感慨,——其区别仅在于那个罗马流亡者坐在一个老人的棺材上,想到浮生若梦,四大皆空,而我们则是坐在一个具有赤子之心的人的新坟上,想着同样的事情,他曾经给予我们很多希望,可是却被人们的恶意对待和生怕他承前启后,贻害无穷而扼杀了。

三

总之,罗·欧文在理性面前是正确的;他的结论也是符合逻辑的,而且已被实践证明是对的。他的结论缺少的只是他的听众的理解。

"这是一个时间问题,总有一天人们会理解的。"

"我不知道。"

"不能认为,人们永远达不到对自身利益的理解。"

然而直到现在仍是这样;这一不理解的缺憾,还要加上教会和国家这样两个对于进一步发展的最大障碍。这是一个逻辑怪圈,而且很难从里面走出来。欧文以为,只要向人们指出它们的陈腐和荒谬,就足以使人们从中解脱,——然而他错了。它们的荒谬,尤其是教会,是显而

---

① 俄皇彼得大帝曾组建童子军,称为"少年游戏兵团",它是俄国正规军的萌芽。

② 新拉纳克原是苏格兰拉纳克南部的一个小镇,后成为欧文的共产主义试验区,而欧文原是曼彻斯特的一家大纺织厂的经理,后来他说服了其他股东,买下了新拉纳克的这家小厂。

③ 马略(公元前 156—前 86):古罗马政治家和统帅。公元前八八年因与苏拉斗争失败,逃亡非洲。

易见的;但是这对它们并没有丝毫妨碍。他们不可摧毁的牢固性,不是建立在理性的基础上,而是建立在缺乏理性的基础上,因此批判对它们的不起作用,一如批判对群山、森林、岩石不起作用一样。历史发展本身就有许多荒谬之处;人们总在追求自己的非分之想,但得到的总是一些非常实际的后果。他们成天白日做梦,向往天上的彩虹,一会儿寻找天上的乐土,一会儿寻找人间的天堂,一路上唱着自己的永恒的歌,用自己的永恒的雕像装饰神殿,建造罗马和雅典,巴黎和伦敦。一个梦境让位于另一个梦境;梦有时候会做得少些,短些,但永远不会不做梦。人们接受一切,相信一切,服从一切,准备做很多牺牲。但是每当两个宗教之间露出一道缝隙,日光穿过这道缝隙,四周向他们吹来一股清新的理性和批判之风时,他们就会大惊失色地躲到一边。比如说,罗·欧文想要改革英国教会,他肯定会像"一位论派"①、贵格派以及我不知道的其他教派一样取得成功。改革教会,把祭坛用隔板隔开或者不设隔板,把圣像搬出去或者把更多的圣像搬进来——这一切都是可以的,而且会有成千上万的人跟着这位宗教改革家走;可是欧文却想使人们脱离教会——这时就会有人向他一声断喝:"sta, vlator!〔拉丁语:站住,行路人!〕"——这是边界。走到边界是容易的,在任何国家最难的是:越境,尤其是当人民亲自把守关口的时候。

在历史的整个一千零一夜中,当人们刚受到一点教育之后,有些人便出现了这样的企图:有几个人醒了,于是就起而反对那些还沉睡不醒的人,宣称他们已经醒了,可是却没法唤醒其他人。毫无疑问,这些人的出现证明,人是可以逐渐达到理性认识的。但是这并不能解决我们的问题:这种特殊的发展现象能够成为普遍规律吗?过去给予我们的历史概括,并不能促使这个问题彻底解决。除非未来向另外的方向发展,出现我们所不知道的别的力量和别的因素,才会或正或反地改变人类或大部分人类的前途。美洲的发现等于是一次地质大变迁;铁路、电

① 一称"反三一论派",基督教的一个教派,认为上帝不是三位一体而只是一位,故名。

报改变了人的所有关系。我们不知道的东西,我们无权将它纳入我们的估计之中;但是即使考虑到一切最佳的可能性,我们仍旧无法预见到人们会很快感到发展健全理性的必要。人的大脑的发展需要时间。对于大自然是心急不得的;大自然可以千千万万年沉睡不醒,又可以在另一个千千万万年中鸟语啁啾,野兽在林中奔跑,或者鱼翔海底。历史的错乱将是漫长的;大自然在其他领域可能枯竭,可是它的可塑性却极强。

明白这是一场梦的人们认为,苏醒是容易的,因此他对沉睡不醒的人很生气,殊不知他们周围的整个世界都不允许他们苏醒。于是生活便在一系列乐观的骗局,人为的需要和虚假的满足中优哉游哉,聊以卒岁。

您不妨不加挑选地随意拿起一份报纸,看看任何一个家庭。在这里,罗伯特·欧文能帮助怎样的人家呢?因为听了他的那些"胡言乱语",一些人以自我牺牲精神在受苦受难,因为听了他的那些"胡言乱语",一些人慷慨赴死,因为听了他的那些"胡言乱语",一些人在屠杀另一些人。在永恒的操劳、奔忙、贫穷、惊慌、流血流汗、没有休息和没有尽头的劳动中,人甚至都不知道什么是享乐。如果他在工余稍得闲暇,他就急急忙忙编织他的家庭的网,他纯属偶然地编着这网,他自己也落进这网中,把别人也拽了进去,如果说他必须靠无尽无休的苦役劳动才能摆脱冻馁而死的命运的话,那么他就开始对妻子、儿女和亲属进行残酷的迫害,或者自己受到他们的迫害。人们就这样因为父爱,因为嫉妒而互相迫害,把最神圣的关系变成了互相仇恨的关系。人们什么时候才能明白这道理呢?除非家庭已经破碎,家庭已经寿终正寝,除非这个人已经失去了一切,已经筋疲力尽,已经年老昏聩,到了只希望安息的时候。

大家不妨看看整个蚂蚁窝或者单独一只蚂蚁的奔忙和操劳;再仔细想想他毕生的追求和目标,他的苦与乐,他的善恶观,他的荣辱观,——他毕生从早到晚所做的一切;再看看他把自己一生的最后岁月献给了什么,他把自己一生中最美好的光阴又为了什么而牺牲了,——您就会感到您又回到了育儿室,看到屋里装有轮子的木马,闪亮的、星星点点的金属薄片,放在屋角的洋娃娃,以及放在另一个墙角里的树条鞭。在孩子咿咿呀呀的儿语中,有时候会看到一点真实的闪光,但是它在孩子的漫不经心中消失了。停下来,好好想一想是不可能的,——会把事情弄糟,会落后于时代,会被排挤到后面;所有的人都已身败名裂,所有的人都跑得太快了,无法停下来,尤其在那一小部分既无枪炮,又无金钱,又无权势的人们面前停下来,他们只会用理性的名义提出抗议,甚至都没有创造几个奇迹来证实他们信奉的真理。

罗思柴尔德和蒙特菲奥雷①为了把第一百个一百万变成资本,必须一早就到办公室去;巴西在闹瘟疫,意大利在打仗,美国南北分裂②——一切都很好;如果这时有人向他大谈人的不负责任,大谈财富的另一种分配方式——他当然不愿意听。麦克马洪③日思夜想,怎么更有把握,并且在最短时间内,让穿红裤子的人消灭穿白军装的人,而且消灭的数量越多越好④;结果消灭的数量超过了他的预期;大家都向他祝贺,甚至作为教皇主义者的爱尔兰人,也被他打败过,但是他们也祝贺他,——可这时候却有人对他说,战争不仅是可憎的和荒谬的,而且还是犯罪。这样的话,他当然不爱听,非但不听,而且还会得意扬扬地欣赏爱尔兰人献给他的宝剑。

在意大利,我认识一位老人,他是某个有钱的银行世家的一家之主。有天深夜,我睡不着,出去散步,回家时已是凌晨四点多了,走过他家门口。工人们正在把一桶桶橄榄油从地窖里滚出来,准备由海路发

---

① 蒙特菲奥雷(1784—1885):伦敦的银行家。

② 指当时的巴西因为经济落后,瘟疫流行,争取意大利实现统一的战争爆发,以及美国南北方冲突加剧,导致了国内战争。

③ 麦克马洪(1808—1893):法国将军,一八二七至一八五四年在阿尔及利亚服役;在一八五九年的马格塔战役中获胜,封公爵并晋升为元帅。

④ 指麦克马洪曾于一八三〇年参加攻占阿尔及利亚的远征。这里指法国陆军(穿红色军裤)大肆屠杀穿白军服、武装抵抗殖民者的阿拉伯人。

往国外。老银行家穿着皮上衣,手里拿着一张纸在清点每一桶油。早晨凉风习习,他身上感到有点冷。

“您已经起床了?”我问他。

“我站在这里已经一个多小时了。”他笑嘻嘻地回答,向我伸出了手。

“可是您却冻僵了,像在俄罗斯一样。”

“有什么办法呢,人老了,身体弱了。您的那几位朋友(指他的儿子们)大概还在睡觉,——让他们睡吧,趁老头还活着。不亲自监督是不行的。我是老派人,世事沧桑,见多了;我见过五次革命,amico mio〔意语:我的朋友〕,都擦着身子过去了;而我对自己的工作还是老样儿:把油发出去以后再到办公室去。连咖啡我也是在办公室喝的。”他又加了一句。

“就这样一直到中午?”

“一直到中午。”

“您对自己要求很严。”

“话又说回来,不瞒您说,在这里,习惯起很大作用。没事干我会觉得很无聊。”

“他眼看就要死了。谁来发运橄榄油呢?这一大家子人又怎么办呢?”我离开他以后想,“除非那时候他那长子也成了老派人,没事干也会觉得难受,也会在清晨四点钟起床。就这样这一千个金币与另一千个金币叠在一起,直到他的后代子孙中的什么人,说不定还是最优秀的人,玩牌时把它们统统输掉,或者献给某个卖笑的女人。”“真是可怜天下父母心!”好人们会说,“他们省吃俭用,对别人也一样,积铢累寸地都是为了孩子们。而猛地出了个浪荡子!……”

唉,这道理哪能通过这种种荒谬,很快地深入人心呢?

罗·欧文正是对这些忙于功名利禄、投机钻营、家庭纷争、玩牌、勋章和声色犬马的人宣传,应当把精力移作别用,并指出他们生活的荒谬。他说服不了他们,反而使他们对他群起而攻之,对他不理解,忍无可忍。只有理性才有耐心，才会对他慈悲为怀，因为只有理性理解他的苦心。

罗·欧文的传记作者说得对，他摒弃了宗教，因而也破坏了他自己对群众的影响。确实，当他撞到教堂的围墙后，应当就此止步，可是他却翻过围墙，形单影只地留在那边，伴随他的只有笃信宗教者的詈骂。但是我们认为，他迟早会被排斥在另一种甲壳之外——孤身一人，而且是个 outlaw〔英语：不法之徒，丧失公权者〕。

人们之所以没有从一开始就对他十分凶暴，乃是因为国家和法院还没有像教会和祭坛那样深入人心。但是，à la longue〔法语：归根到底〕，惩罚权必须靠有良好修养的人才能维护，而不是靠那些以上帝的名义作威作福的贵格派和要笔杆的伪君子。

关于教会主张的教理和教义问答中阐述的真理，任何一个自尊自重的人都不会提出争议，尽管他们明知道这些东西经不起任何批评。无法认真地去证明童贞女玛利雅因“圣灵感孕”而生耶稣的事，或者让人相信摩西的地质研究与麦奇生①的地质研究相似，民事庭与刑事庭这两个世俗的教堂，以及法律问答中的法理，其基础要牢固得多，而且直到审理之前，都享有业已证实的真理和不可动摇的公理之权。

人们可以推倒祭坛，却不敢触犯守法镜②。阿纳哈尔西斯·克洛茨③，埃贝尔④分子，他们直呼其名，把上帝称之为理性，他们相信所有的 salus populi〔拉丁语：人民利益〕⑤以及其他公民戒律，就像中世纪的牧师坚信教会法和必须把巫师烧死一样。

---

① 麦奇生(1792—1871)：英国地质学家。

② 在顶上饰有俄国国徽双头鹰的三棱镜，旧时高悬于帝俄官厅，并贴有彼得大帝敕令守法的圣谕，作为人人必须守法的象征物。

③ 克洛茨(1755—1794)：十八世纪末的法国革命家、演说家、“普世共和国”思想的鼓吹者。

④ 埃贝尔(1757—1794)：十八世纪末的法国革命家，雅各宾派。

⑤ 一七九三年，在法国曾展开一个运动，用对理性的崇拜以代替基督教的信仰。克洛茨和埃贝尔领导的左翼雅各宾派(埃贝尔分子)是这一运动的最积极的斗士，他们认为对理性的崇拜符合人民的利益。

曾几何时,本世纪最强大、最勇敢的思想家之一①,为了给教会以最后一击,使教会世俗化,把它变为法庭,把准备作为祭品献给上帝的以撒②从祭司手里抢过来,把他交给法庭,作为祭品,交由正义审判。

永恒的争论——长达一千年的关于自由和命由天定的争论,还没有结束。在当代,对人应当对自己的行为负责这一说法,不仅欧文一人提出过怀疑;对此表示怀疑的痕迹,我们在边沁和傅立叶,在康德和叔本华,在自然科学家和医生,而最重要的是,我们在所有从事犯罪统计的人那里都能找到。不管怎么说,反正这争论还没有答案,但是关于惩罚罪犯是应该的,而且应该根据犯罪的轻重量刑,对此并无争议,这一点人人都知道!

那么,lunatic asylum〔英语:疯人院〕到底在哪一边呢?

柏拉图曾亲口说:"惩罚是罪犯不可剥夺的权利。"

遗憾的是,这句俏皮话是他亲口说的,但是我们并无须学艾迪生笔下的卡托的样,什么话都要加上一句:"你说得对,柏拉图,你说得对"③,甚至当他说到"我们的灵魂是不死"的时候,也一样。

如果被鞭笞或者被绞死是一个罪犯的权利,如果这权利被剥夺,那就让他自己提出这个权利。权利是不必强迫人家接受的。

边沁称罪犯是个蹩脚的计算员;很清楚,谁算错了,谁就应当承担算错的后果,但是这并不是他的权利。谁也不会说,因为您的脑门撞了一下墙,您就有权撞出一个青紫块,如果它没有撞出来,决不会有一个特别的官员派一名医生来给您做出一个青紫块来。斯宾诺莎说得更简单,他说,如果有人妨碍别人生活,就有必要把这人处死,"就像杀死一

---

① 指蒲鲁东。

② 见《旧约·创世记》第二十二章:上帝为了试验亚伯拉罕,曾要他把自己的独生子以撒作为燔祭献给他。

③ 艾迪生(1672—1719):英国散文家、诗人和剧作家,他写有十八世纪的著名悲剧《卡托》。卡托是《卡托》一剧中的主人公。他在这部悲剧的最后一幕里,手持柏拉图论灵魂不死的书,念了一段独白,就是以这句话开头的。

只疯狗一样”。这是不言自明的。但是法律学家或者讳莫如深，或者顽固不化到这样的程度，他们根本不肯承认对人施加刑罚乃是一种防卫或者报复，硬说这是一种道德的补偿和“恢复平衡”。还是在战争中直截了当些：士兵在杀死敌人的时候，不必去寻找他的罪行，甚至都不说这样做是正义的，谁能撂倒谁，谁就可以把谁撂倒。

“如果大家都这样看，所有的法庭就只好关门大吉了。”

“何必呢？既然从前能把巴西利卡变成教区的教堂①，现在为什么不能把它们改造成教区的学校呢？”

“如果大家都这么看，都认为不必对罪犯实行惩罚，那就没有一个政府站得住脚了。”

“欧文可以像历史上第一个兄长②那样对此回答：‘难道上天是让我来巩固政府的吗？’”

“他对政府的态度十分随和，他能跟头上有王冠的国王，跟托利党的内阁大臣和美利坚共和国的总统都相处得很好。”

“难道他跟天主教徒或者新教徒的关系就不好吗？”

“怎么，您以为欧文是共和派？”

“我以为罗·欧文更欣赏最符合他所接受的教会的那种政府形式。”

“得了吧，他不接受任何教会。”

“唔，您瞧。”

“话又说回来，没有政府是不成的。”

“毫无疑问……哪怕是一个很糟糕的政府还是需要的。黑格尔说过，有一个好心肠的老太婆，她说：‘哎呀，坏天气又怎么样呢？即使是坏天气，也总比根本没有天气好！’”

---

① 巴西利卡是一种长方形的大厅。在古希腊和古罗马用来作为会堂、审判厅、交易大厅或者其他公共活动的场所，后来被早期基督教徒用来作为举行祈祷仪式的地方；稍后，正式兴建教堂也以此为范式。

② 指耶稣基督。

"好,您笑吧,要知道,没有政府,国家会灭亡的。"

"这关我什么事!"

四

革命时期,有人企图彻底改变国民的生活方式,但是又保留强大的政府权力①。

正在筹备的政府拟发表一系列法令,这些法令保存了下来,它们的标题是:

Egalité　　Liberté

Bonheur Commun,

〔法语:平等　　自由

普遍幸福〕

有时作为说明,还加上一句:"Ou la mort!"〔法语:或者死亡!〕②

可以想见,诸多法令中,是以警察局的法令③开头的。

1)凡是不为祖国做任何事情的人,不得享受任何政治权利,他们是共和国请来的客人,是外国人。

2)不为祖国做任何事情的人,是指不以有益的劳动为祖国服务的人。

3)法律认为有益的劳动是:

农作,畜牧,捕鱼,航海。

机器劳动和手工劳动。

---

① 巴贝夫曾于一七九六年领导所谓"革命共产主义的"、"为平等而进行的"密谋。巴贝夫(1760—1797):法国革命家,空想共产主义者,认为革命应依靠少数人组成的密谋团体以暴力方式发动,革命胜利后则应建立劳动人民的革命专政。

② 意为"不平等,不自由,不能实现普遍的丰衣足食,毋宁死!"

③ 由于赫尔岑反对中央集权制国家,所以他故意把巴贝夫的施政方案简单化和夸大其词。因巴贝夫密谋造反,后被捕处死,这些方案并未正式发表,更未实行。

小买卖(la vente en détail〔法语:零售〕)。

拉脚与赶车。

当兵与从军。

科学与教育。

4)然而,凡是从事科学与教育的人,未能在规定期限内提供按一定形式开具的具有公民意识的证明,那他们从事的科学与教育不能认为是有益劳动。

6)外国人禁止参加公共集会。

7)外国人处在最高行政当局的直接监管下,它有权把他们逐出居留地,并送往改造场所。

关于"劳动"的法令也对一切作了规定和分门别类:什么时候劳动,什么时候做什么,劳动几小时;工头应"以身作则,努力和积极地工作",其他人则应向上级报告工厂里的活动情况。工人可以根据人手和劳动的需要随意调动,从一个地方调到另一个地方(就像我国把农民赶去修路一样)。

11)凡是缺乏公民意识(incivisme〔法语:缺乏公民美德〕)、懒惰、奢侈、行为不端、给社会造成恶劣影响者,不分男女,最高行政当局有权把他们送去从事苦役劳动(travaux forcés〔法语:强迫劳动〕),并由它所指定的公社予以监督。他们的财产则予没收。

14)牲畜的饲养和繁殖,劳动公民的服装、迁移和休息,将由专门的官员予以安排。

关于财产分配的法令。

1)公社的任何社员不得占用任何财物,除了法律规定给他和经由当局授权的官员(magistrat〔法语:行政长官〕)给予他的东西以外。

2)人民公社从一开始就应给予自己的社员住房、衣服、洗涤用具、照明用具、供暖设备,足够数量的面包、肉、鸡、鱼、蛋、油、酒和其他饮料。

3)每个公社在规定的时期内都必须成立公共食堂,公社社员必须在食堂用饭。

5)任何一个领取劳动报酬或者在身边藏匿金钱的社员,都必须受到惩罚。

关于贸易的法令。

1)禁止私人从事国外贸易。商品将予没收,罪犯将予惩处。

贸易将由官员进行。然后货币逐渐消灭。金银不得进口。共和国也不发行货币;国内的私人债务一律废除,外债则予支付;如果有人行骗或者进行伪造,将罚终身劳役(esclavage perpétuel)。

下面,你会以为是"彼得于皇村"或"阿拉克切耶夫伯爵于格鲁吉诺",——可是签署此类法令的不是彼得一世,而是法国第一个社会主义者格拉古·巴贝夫!①

很难抱怨这个方案中缺少政府的作用;一切都在它的保护下,一切都在它的监督下,一切都在它的监护下,一切都由它来安排,一切都由它来管理。甚至动物的繁殖也不能任由它们胡来和彼此调情,而应由最高当局定出实施细则。

您以为,这一切都是为什么呢? 为什么要给这些幸福的农奴,这些划入平等地位的囚犯"吃鸡,吃鱼,喝酒,穿衣和娱乐呢"②? 不是简单地为了他们:法令明文指出,这一切都做得 médiocrement〔法语:普普通通,较差〕③。"只有共和国才应该富有、辉煌和强大。"

这非常像我国的伊威尔圣母像:sie hat Perlen und Diamanten〔德语:她身上缀有珍珠和钻石〕,有马车和马,有伺候她的修士司祭,有脑袋不怕挨冻的车夫,总之,她什么都有——就是没有她自己,她掌握这一切财富只是 in effigie〔拉丁语:在画像中〕。

---

① 因巴贝夫的土地改革纲领与古罗马政治家提比留·格拉古的主张相似而被称格拉古。

② 每个公民都可以从行政当局得到 logé, nourri, habillé et amusé〔法语:居所,吃饱穿暖和娱乐〕。——作者原注

③ 此处意为省吃俭用,十分贫寒,勉强维持生计。

罗伯特·欧文与格拉古·巴贝夫的对立是十分明显的。再过几个世纪，等地球上一切都改变之后，根据这两枚臼齿就可以复原英国和法国已成为化石的骨骼，直到最后一根骨头。何况这两位社会主义的庞然大物实际上属于同一家族，奔向同一目标，彼此的动机也相同，——因而他们的区别也更明显。

一个看到尽管处死了国王，宣布了共和，消灭了联邦主义者①，实行了民主恐怖，可是人民却一无所有。另一个则看到，尽管工业、资本、机器获得了大的发展，生产率大大提高了，“快活的英国”②却变得越来越像个沉闷的英国，贪吃的英国——变得越来越像个饥饿的英国。这一切都促使他们俩得出相同的结论，必须改变国家生活和经济生活的基本环境。为什么他们俩（还有许多别的人）会几乎同时产生这样的想法——这是清楚的。社会生活的矛盾不是变得更多和更坏了，但是它们在十八世纪末却变得更尖锐了。社会生活的各种因素，因为发展的速度不一样，破坏了原先在较不利的情况下它们之间取得的和谐。

他们俩在出发点上十分接近，可是却向彼此相反的方向发展。

欧文认为，社会罪恶能被人们认识，这是艰难而又复杂的历史进程的最新成就和最新胜利；他欢呼新时代的曙光，这样的时代是过去从来不曾有过，也不可能有的，他劝说孩子们赶快扔掉儿时的襁褓和牵带，用自己的脚站起来。他望了一眼未来的大门，就像一个到达目的地的旅客，不再为道路生气，也不再骂驿站长和跑得筋疲力尽的驽马了。

但是一七九三年的宪法却不这么想，跟它一起，格拉古·巴贝夫也不这么想③。它以法令的形式宣布要恢复被遗忘和被丢失的天赋人权。国家的统治方式是篡权的罪恶果实，是暴君和他们的同谋（牧师

① 指在一七八九至一七九四年的法国大革命时期，一些反对雅各宾专政，反对中央集权的革命政权，主张各城市实行自由联盟的人。

② 老英国的传统称呼，在日常生活和文学中颇流行，——old merry England〔英语：老的快活的英国〕。

③ 巴贝夫分子认为于一七九三年六月二十四日由国民公会通过的宪法真正表达了人民的意愿，是他们的行动纲领。

和贵族)实行恶毒密谋产生的后果。他们是祖国的敌人,应该处死,他们的财产应归还给合法的主人,而这主人现在缺吃少穿,因而被称为无套裤党(sans-cullotte)①。应该是恢复他的老的不可剥夺的权利的时候了……这些不可剥夺的权利在哪里呢?为什么无产者是主人,为什么所有被别人掠夺的财产都应属于他们呢?……啊!您怀疑,——您是个多疑的人,新来的主人将把您带去见法官公民,而法官公民将把您带去见刽子手公民,这样您就不会再怀疑了!

外科医生巴贝夫的手术并不会妨碍产科医生欧文的手术。

巴贝夫想用暴力即强权来破坏用暴力建立起来的东西,想消灭用非正义手段得来的财产。因此他进行了密谋;如果他能够占领巴黎,insurrecteur〔法语:起义〕委员会就可以命令法国建立新的体制,就像战无不胜的奥斯曼利斯②命令被他攻占的拜占庭一样;他将会强令法国人接受他的实施普遍幸福的奴隶制度,不用说,他采取的是暴力,而且这暴力将会引起最可怕的反抗,巴贝夫及其委员会将会在与它的斗争中毁灭,徒然给世界留下以荒唐的形式出现的伟大思想,——这思想甚至现在还在灰烬下隐隐燃烧,搅扰着对现状感到满意的人的富足生活。

欧文看到文明国家的人已经逐渐成熟,可以转入新时期了,他根本没想到使用暴力,而是希望减轻发展的阵痛。就他那方面说,他也跟巴贝夫一样是彻底的,从研究胚胎,从研究基层组织的发展开始。他像所有的自然科学家那样,先研究个别现象;他的显微镜,他的实验室就是New Lanark;他的学说随着这个基层组织的成长壮大而成长壮大,正是它使他得出了这样的结论:建立新制度的主要途径是教育。

欧文不需要搞密谋,起义只会损害他的事业。他不仅可以与世界

---

① 十八世纪末法国大革命时期,贵族对激进共和主义者(无产阶级、小资产阶级、手艺人)的蔑称。

② 即穆罕默德二世("征服者")(1430—1481),土耳其苏丹,奥斯曼帝国的创始人,他于一四五三年占领君士坦丁堡,完成了对拜占庭的占领,并将君士坦丁堡改名为伊斯坦布尔,迁都于此。

上最好的政府——英国政府和睦相处，而且还可以与任何其他政府和睦相处。他认为政府不过是一个陈旧的历史事实，是由一些落后和文化水平较低的人支撑的，而不是一帮需要对他们发动突然袭击，把他们逮捕法办的强盗。他既不强求推翻一个政府，也丝毫不强求使它得到改进。要不是那些虔信上帝的店老板从中作梗，英国和美国现在很可能已经出现了几百个 New Lanark 和 New Harmony〔英语：新和谐村〕①了。工人中的新生力量将会源源不断地输送到那里去，它们将把优秀的富有生命的液汁从过时的国家大油罐里吸出来。他又何必去同这个垂死的东西斗争呢？他可以让它们自然而然死亡，因为他知道每一个送到他的学校来的孩子，c' est 对教会，对政府的 autant de pris〔法语：都是对教会，对政府的新胜利〕。

巴贝夫被处决了。在审讯过程中，他变得越来越高大，变成了一个伟人，变成了一个殉道者，变成了一个被处死的先知，在这些伟大的人物面前，人人都会不由得肃然起敬。他已悄然死去，而在他的坟墓上，那吞噬一切的怪兽——中央集权却越来越壮大。在它面前特殊性磨灭了，枯萎了，个性也变得苍白了，消失了。从雅典三十暴君统治②时期到三十年战争③，并从三十年战争到法国革命结束，在欧洲这块土地

---

① 这是欧文于一八二四年在美国印第安纳州成立的一种合作社型的劳动公社，一直存在到一八二九年。

由于欧文的倡导，英国的工人合作社开始发展；总数达到二百个之多。罗奇代尔的合作社，十五年前创建时规模很小，也很穷，仅有资金二十八英镑，可现在却用公共积累的资金建起了一座工厂，拥有两台机器，每台六十马力，工厂的总资产已超过三万英镑。这个合作社还刊印完全由工人出版的杂志 *The Cooperator*〔英语：《合作者》〕。——作者原注

② 亦称“三十僭主统治”。公元前四〇四年伯罗奔尼撒战争结束时在雅典建立的寡头政权。在斯巴达的扶植下，三十名大贵族夺取政权，实行暴虐统治和推行恐怖政策，大肆捕杀和驱逐民主派。

③ 发生于一六一八至一六四八年的欧洲历史上的第一次大规模国际战争，以德意志为主要战场。德意志新教诸侯和丹麦、瑞典、法国为一方，并得到荷兰、英国、俄国的支持；神圣罗马帝国皇帝、德意志天主教诸侯和西班牙为另一方，并得到教皇和波兰的支持。

上,还从来没有见过一个人像在当代法国那样,被政府的蜘蛛网紧紧逮住,被行政机构的网这么紧紧地套住过。

欧文渐渐被淤泥拽下去了。但是只要他能活动,他就活动,只要别人能听到他的声音,他就说个不停。淤泥在耸肩膀和摇头;无法抗拒的小市民的浊流日益高涨,欧文老了,越来越深地陷入泥淖之中,慢慢地、慢慢地,他的努力,他说过的话,他的学说——一切都消失在沼泽中。有时候仿佛有紫红色的火星在跳跃,使自由主义者的胆怯的心感到恐惧,——但也只以自由主义者为限:贵族们根本不把它放在眼里,牧师们对它恨之入骨,老百姓则根本不知道。

“然而未来是他们的!……”

“也不见得。”

“得了吧,如果是这样,那整个历史还要它干吗?”

“那世界上的一切又要它干吗?至于历史,历史不是我创造的,因此也不应由我负责。我就像《蓝胡子》里的‘安娜妹妹’,一直在替你们看着路①,把看到的情况告诉你们:大路上只见尘土飞扬,此外就什么也看不见了……瞧,有人来了……来了,好像是他们;不,这不是我们的哥哥,这是羊!终于走来了两个巨人,从不同的路走来。反正不是这个人便是那个人,肯定会揪住拉乌尔的蓝胡子。完全不是那么回事!拉乌尔不听巴贝夫的威严的命令,也不肯进罗·欧文的学校,——他把一个人送上了断头台,把另一个人淹死在沼泽地。拉乌尔这样做,我毫无夸奖之意,拉乌尔又不是我的亲人;我不过是确认事实而已,岂有他哉!”

---

① 《蓝胡子拉乌尔》是法国作家佩罗(1628—1703)写的童话:拉乌尔杀死了他的六个妻子,他的第七个妻子美丽的伊佐拉得悉死亡也在威胁着她,便派人去找她的两个哥哥来搭救她,安娜妹妹则站在塔上瞭望,因此伊佐拉不断问她,她有没有看到路上有人。

五

就在巴贝夫和多尔特的头颅在旺多姆掉进那个要命的口袋前后①,欧文正与另一个怀才不遇的天才和穷光蛋富尔顿②住在同一个寓所,把自己最后几个先令都给了他,让他制造机器模型,以此来丰富和造福人类。有一天,一名年轻军官③带着几位太太来参观他的炮台。为了巴结,他毫无必要地发射了几发炮弹(这事是他自己告诉别人的),敌人也回敬了他几炮——几个人牺牲了,其他人则遍体鳞伤;那几位太太则对这种使神经受到极大刺激的游戏十分满意。这军官感到有点内疚,他想:"这些人的牺牲丝毫无益"……但这是打仗,这事很快就过去了。Cela promettait〔法语:这预言了许多事〕,后来这年轻人果然使人类流了许多血,比所有的革命加在一起还多,他一次征兵的人数就超过了欧文为了改造全世界所需要的学生数。

他没有任何理论体系,他也不希望任何人好,也不许诺什么。他只希望自己好,而他的所谓好就是权势。现在你们瞧吧,巴贝夫和欧文在他面前是多么微不足道啊!他死了已经三十年了,可是提到他的威名就足以使人们承认他的侄儿是皇帝④。

他成功的秘诀是什么呢?

巴贝夫想用命令的方式给人们幸福和建立共产主义共和国。

欧文则想用教育的方式使人们接受对他们有利得多的另一种经济生活方式。

---

① 巴贝夫和多尔特由旺多姆(法国卢瓦尔-歇尔省)的最高法院判处死刑,并于一七九七年五月二十七日被送上断头台。多尔特(Dorthés)(1769—1797),法国革命家,空想共产主义者,巴贝夫的亲密战友。

② 富尔顿(1765—1815):美国发明家,第一艘轮船的制造者。

③ 指拿破仑一世。拿破仑系炮兵军官出身。

④ 指法兰西第二帝国皇帝拿破仑三世。

可是拿破仑既不想命令，也不想教育；他明白法国人并不真想喝斯巴达人清汤寡水的稀粥，回到老布鲁图倡导的生活方式①，他们也并不满足于每逢重大节日，“公民们就举行集会，讨论法律②，并教给孩子们平民的美德”。至于打仗和夸耀自己的英勇善战，那就是另一回事了，他们喜欢。

拿破仑并不向他们宣传永久和平、拉栖第梦③的伙食、罗马的美德和用香桃编织的木花冠④，以此来搅扰他们的清梦和惹怒他们，他看到，他们非常喜爱流血的荣耀，因而怂恿他们去攻打其他民族，而他也跟他们一起冲锋陷阵。大可不必以此来责难他：法国人没有他也会这么干。但是这种趣味的一致性充分说明了人民为什么喜欢他：他对群众没有什么可责备的，他没有以自己的纯洁，也没有以自己的美德使群众感到难堪，他也没有向他们提出什么改头换面的崇高理想；他既不是一个劝善惩恶的先知，也不是一个劝人为善的天才，他自己就是群众的一分子，并让群众看到了他们自己、他们的缺点和爱好、他们的喜爱和欲望，然后把他们升高到天才的地步，然后把荣耀的光环笼罩在他们头上。这就是他的力量和影响所以如此大的谜底；这就是为什么群众哀悼他，满怀爱戴地把他的棺材运回来，并且到处悬挂他的画像。

他虽然完蛋了，但这根本不是因为群众抛弃了他，看穿了他的狼子野心，才不愿把最后一个儿子交给他，不愿毫无道理地流人类的血，而是因为他惹恼了其他民族，引起他们的坚决反抗，于是他们便为自己的奴隶地位和自己的主人开始殊死搏斗。基督教的道德观得到了满足——不能太忘我地保护自己的敌人！

---

① 古代斯巴达崇尚军事，生活俭朴、饮食粗糙。老布鲁图即琉西乌·尤尼乌斯·布鲁图（卒于公元前509年），是古罗马推翻王政、创建共和的第一人，曾任罗马共和国首任执政官，在道德问题上严于律己，对自己要求十分严格。

② 格拉古·巴贝夫该不是从我们的法律中取得这一消遣吧？每逢委员会无事，各委员就必须诵读法律！——作者原注

③ 斯巴达的古称。

④ 太平与和平的象征。

这一回军事专制被封建专制战败了。

有一幅版画是描写威灵顿与布吕歇尔①在滑铁卢胜利会师的，我每次路过这版画时都不能无动于衷。我每次都久久地凝睇着这幅画，而且每次心里都会觉得冷飕飕的，感觉害怕……这个安定沉着、什么光明前景也不答应给人的英国人——还有这个白发苍苍、既凶残又仁慈的德国雇佣兵元帅。一个是在英国军队中服役的爱尔兰人，他是一个没有祖国的人——另一个则是普鲁士人，他的祖国就是军营，这两人在高兴地互相祝贺；他们怎么能不高兴呢？他们刚把历史从康庄大道上推进污泥，污泥没及了轮毂，——把它从这片污泥中拽出来——半个世纪也休想……事情发生在黎明时分……这时欧洲还沉溺在梦乡，不知道它的前途已经改变了。怎么会改变呢？因为布吕歇尔行军迅速，格鲁希则迟到了一步②！这胜利给各国人民带来了多少不幸和眼泪啊！而敌对方取得了胜利，又会给各国人民带来多少不幸，又要流多少血啊？

……"可是从这一切当中又得出了什么结论呢？"

"您的所谓结论指什么？类似fais se que doit，advienne se que pourra〔法语：做你应该做的事，一切都听天由命〕这样的教训呢，还是类似

从前也是血流成河，
从前也是哀鸿遍野。

这样的劝喻呢？"

理解事情真相——这就是结论，摆脱谎言——这就是教训。

"又有什么好处呢？"

"有些人怎么会这样贪财呢，尤其是现在，当大家都在大声疾呼贪

① 布吕歇尔（1742—1819）：拿破仑战争时期的普鲁士元帅。一八一四年，追击法军，直至巴黎城下。一八一五年又与英军胜利会师，重创法军。

② 一八一五年六月十八日滑铁卢会战中，拿破仑打退了普鲁士军，并把他们逼到马斯河边，他让格鲁希（法军元帅）跟踪追击，他自己则决定在威灵顿的军队尚未与布吕歇尔的军队会师以前（他估计布吕歇尔一昼夜后才能赶到）把它粉碎。可是拿破仑失算了，因而遭到彻底失败。

污不道德的时候？‘真理是一种信仰，’欧文老人说，‘除了它本身以外，不应当向它要求更多的东西。’”

为了得到的这一切教训，为了这一堆堆白骨，为了这颗受蹂躏的心，为了这损失，为了这错误，为了这迷误——起码也应当在这部神秘的天书中破译几个字母，起码也应当弄明白我们周围发生的事到底有什么普遍意义吧……这就很多了！我们丢失的童年时代的垃圾，已不再吸引我们，我们觉得它珍贵只是出于习惯。这有什么可惋惜的呢？惋惜巫婆亚嘎[1]，还是惋惜生命力的衰退？惋惜关于过去的黄金时代，还是惋惜关于未来无限进步的故事，惋惜圣亚努阿里乌斯的能够显灵的瓶子呢，还是惋惜求上天下雨的祈祷呢？惋惜化学巫医的神秘意图呢，还是惋惜 natura sic voluit?〔拉丁语：大自然愿意这样〕

开始的时候是可怕的，但也不过是一分钟而已。周围的一切都在摇曳不定和奔驰；停滞不前或者爱上哪儿就上哪儿；既没有关卡，也没有路，没有任何主管的上级……大概，起先人看到大海里波涛汹涌也感到很害怕，但是当人一旦认识到大海的上下翻腾并无目的，他也就取道海上，钻进一个硬壳，漂洋过海。

无论是自然界，也无论是历史，都没有固定的前进目标，因此让它们到哪儿去都成，只要有这可能，也就是说，只要没有什么东西妨碍它们。它们是由无数个局部相互作用、相互会合、相互制约和相互吸引 à fur et à mesure〔法语：逐渐〕形成的；但是人决不会因此而不知所措，就像山间的沙粒一样，他不再屈服于自然力，不再被必然性紧紧捆住手脚，而会逐渐成长，终于明白自己的处境，变成一个掌舵人，他会骄傲地驾着一叶扁舟，劈波斩浪，让这个无底深渊为他服务，成为他的航道。

历史是一支杂乱无章的即兴曲，它既没有乐谱，也没有给定的标题，也没有不可避免的结局，它可以跟每个人一起前进，每个人也可以把他自己的歌词填进这支曲子，如果它音调铿锵，它就可以成为它的歌

---

① 俄国民间故事中的吃人巫婆。

词，只要这支歌不中断，只要过去流淌在它的血液和记忆里。在历史和自然界里，第一步都存在着无数的可能性、插曲和新发现。只要用科学的办法钻探岩石，就可以从岩石中流出水来，——水又是什么！只要想想压缩的蒸气能做什么事，只要想想，当人而不是朱庇特掌握了电以后，电又能为我们做什么。人的参与是伟大的，充满了诗意，这也是一种创造。自然力、物质都一样，它们可以沉睡数千年，好像压根儿不会苏醒似的，可是人却能驱使它们为自己工作，于是它们就工作了。太阳早就在天空行走：突然人抓住了它的光，留下了它的光影，于是太阳就开始为人制作照片。

大自然从不与人争斗，这是宗教对大自然的鄙俗的诬告；它还没有聪明到能与人争斗，它对一切都无所谓："人了解自然多少，就能掌握它多少。"培根①说，而且说得很对。大自然是不会与人抬杠的，只要人不与大自然的规律抬杠：大自然在继续做自己的事的同时，也在无意识地做着人要它做的事。人是知道这个的，并根据这一点掌握着海洋和陆地。但是面对历史发展的客观性，人却不采取同样的尊重态度——因为他在自己家里，就熟不拘礼了；他在历史中常常被动地被事件的洪流席卷而去，或者拿着刀子冲进这股洪流，大声疾呼："普遍幸福或者死亡！"②，这比观察把他席卷而去的历史浪潮的涨落，研究这些浪潮的摆动规律，从而为自己开辟那不见尽头的航道，自然要容易。

当然，人在历史中的地位比较复杂，他在这里既是一叶扁舟，又是波涛，又是舵手。如果有张地图就好了！

"如果哥伦布有地图，发现美洲的就不是他了。"

"为什么？"

"因为美洲要被画上地图……首先要被发现。只有取消历史发展的任何预定的道路，人和历史才会变成某种严肃、真实、充满深刻兴趣

---

① 培根（1561—1626）：英国唯物主义哲学家。

② 这是十八世纪末法国革命者中的平民派提出的口号，意为"不实现普遍幸福，毋宁死！"

的东西。如果有人暗中捣鬼，事件早就安排好了，如果整个历史只是某种史前密谋顺理成章的发展，那它就会变得只是执行，只是这一密谋的mlse en scène〔法语：排演，导演，搬上舞台〕——至多，我们只要拿起木头剑和用黄铜做的盾牌就行了。难道我们流着真正的血和真正的眼泪就为了演出一场命中注定的莫名其妙的东西吗？如果历史早有预先确定的计划，那就只是把数字填进代数公式，未来在尚未诞生之前就已经处在某种完全受人奴役的地位了。”

有人惊恐地谈到，罗·欧文剥夺了人的自由和精神上的浩然之气，可是这些人却认为命运和定数不仅可以与自由，而且可以与刽子手和平共处！除非以此为根据，即经文上说：“人子将要被交给人，但卖人子的人有祸了。”①

在神秘主义者的观点中，这一切都很正常，而且还有它那富有艺术性的一面，而这在学理主义中就没有。在宗教中则会展开一场大戏；这里有搏斗，有暴乱的平息；有不朽的弥赛亚，有提坦神，有路喀斐耳②，

---

① 参见《新约·马太福音》第二十六章第二节与第二十四节。

一般说，神学家比学理主义者更勇敢；他们直截了当地说，没有上帝的意旨，连一根头发也不会从头上掉下来，但人却必须对自己的每个行为，甚至每个想法负责。宿命论学者断言，他们从不谈论个人，谈论思想的偶然载体……（也就是说，他们从不谈论我们这样的普通人，至于像马其顿国王亚历山大或者彼得一世这样的个人，——我们已经如雷贯耳，因为他们已经得到全世界历史的公认。）学理主义者就像大老爷一样，他们管理历史事务只是 en gros〔法语：大略地〕，成群地……至于群体和个体的界限在哪里，正如我那可爱的雅典诡辩派问的问题那样，在哪里几粒谷子才能变成一堆谷子呢？

不言而喻，我们是永远不会混淆定数论和概率论的。我们有权运用归纳法以过去作为前提推定未来。我们依据某些规律和现象的恒久不变，进行归纳，知道我们在做什么，但是也同样允许有时破坏规律。我们看到一个三十岁的人，我们有充分权利推论，再过三十年，这人应会变得白发苍苍或者秃顶，而且背还会有点驼，等等。但这决不意味着，他的使命就是变得白发苍苍，变得秃顶，变得驼背，说什么这是他命中注定的。假如他三十五岁死了，他的头发就不会变白，而是像哈姆雷特所说的那样，“变成油灰”，——或者变成凉拌菜。——作者原注

“变成油灰”：见莎士比亚的悲剧《哈姆雷特》第五章第一场。

② 撒旦的名字之一（见于但丁的《神曲》）。

有亚巴顿[1]，有被逐的亚当，有被锁住的普罗米修斯，有受到上帝惩罚和被救世主救赎的人们。这是一部震撼人心的故事，但是形而上学却把这故事抛在了一边。宿命论从教堂跑进学校，就失去了自己的全部意义，甚至失去了我们要求在童话中必须具有的那种逼真性的意义。学理主义者把鲜艳、芳香、醉人的奇花异草都烘干了，变成了做标本用的苍白的干草。他们摒弃了富于幻想的形象，独自留在赤裸裸的逻辑错误中，在历史的 arriè-pensée〔法语：秘密构想〕面前显得十分荒谬。须知，这个"秘密构想"体现在形形色色的事物中，并借助于人们和国家、战争和变革来达到自己的目的。既然这个"秘密构想"是存在的，那它为什么还要再一次实现自己的存在呢？如果它压根儿不存在，它只是靠事件来体现和维持其存在，那这种新的贞洁妊娠过程[2]又到底是怎么回事呢？它怎么会临时生出一个过去存在的思想呢？而且这新思想一旦走出历史的母腹，又立刻宣称它早就存在过，而且以后还会存在，这又是怎么回事呢？这种混成的灵魂不死论，向两边发展，它不是指个人的灵魂不死，也不是指某个人的灵魂不死，而是指人类的灵魂不死——整个人类的不死的灵魂……这就好比是死魂灵[3]！难道就没有所有白桦树中不死的白桦树吗？

毫不奇怪，本来是一些最简单、最普通的道理，经他们这么一说，在烦琐哲学的解释下，就变得完全不可理解了。比如说，一个人活得越长就越有机会发财；一个人观察一个事物，时间越长就越能把它看清楚，只要没有东西妨碍他或者他的眼睛不瞎的话，——难道还有比这个道理更容易让人理解的吗？可是有人却从这个事实出发巧妙地制造出一种对进步的偶像崇拜，认为有些东西会不断发展，而且将发展成为一种花不尽用不完的金牛犊[4]。

---

① 见《新约·启示录》：无底洞的魔王。

② 指圣母玛利雅未与丈夫约瑟同房，而从圣灵怀孕，此处为借喻。

③ 参看果戈理的《死魂灵》：指人虽然死了，但名义上还活着。

④ 见《旧约·出埃及记》第三十二章：摩西领着以色列人出埃及，亚伦用以色列人的金耳环铸了一只金牛犊，说这就是他们的神，将领他们出埃及。后来这一典故就演化成对金钱的崇拜。

这不是很简单明了吗，一个人活着不是为了实现命运的安排，不是为了体现某种思想，不是为了进步，而仅仅是因为他出生了，而他之所以出生是为了（不管这话多么难听）……为了现在，当然，这丝毫不妨碍他继承过去的遗产，也不妨碍他为未来留下某些遗物。这在理想主义者看来似乎有点低级和粗俗；他们无论如何不肯注意这样一个事实，就我们的渺小，就我们转瞬即逝的个体生命而言，我们的全部伟大意义就在于我们还活着，我们借以容身的这个肉体还没有分解成自然的元素，我们毕竟还是我们自己，而不是注定要为进步历尽艰辛或者用来体现某种没有根基的思想的玩偶，我们应当感到骄傲的是，我们不是天意手中的针和线，不是用来编织历史这个色彩斑斓的织物……我们知道编织这织物也有我们的一份功劳，但这不是我们的目的，不是我们的使命，不是给我们规定的功课，而是某种复杂的环环相扣造成的后果，它把一切现存事物的首尾和因果都拴在一起了。

不过这还没有完：我们可以改变这地毯的花样。没有主人，没有图样，只有材料，只有孤零零的我们。命运的过去的编织者，所有这些武尔坎①们和涅普顿②们都已作古。遗嘱执行人向我们隐瞒了他们的遗言，而已故者却向我们遗赠了他们的权力。

“但是如果您一方面把人的命运交给他任意支配，而另一方面您又免除了他对自己的命运应当负的责任，根据您的学说，您这不是让他抱着两手，干脆什么也不干么！”

“当人们一旦得知他们吃饭和听音乐，恋爱和享受是为了他们自己，而不是为了完成崇高的使命，也不是为了尽快达到尽善尽美，那人们不就会停止吃喝、恋爱、生养孩子，停止欣赏音乐和女性美吗？”

如果宗教及其令人沮丧的宿命论，学理主义及其令人了无生趣和感到冰冷的教条，并没有促使人们抱起双手，什么也不干，那就不用害

---

① 罗马神话中的火神和锻冶之神。

② 罗马神话中的海神。

怕这个使人摆脱这两块铁板的观点会使人抱起双手，无所事事了。只要人们有一点生活感和对它们的教理有一点前后矛盾的感觉，就足以把欧洲各国人民从宗教要弄的恶作剧诸如禁欲主义和清心寡欲中拯救出来，其实这些东西他们也不过口头上说说而已，从来就没有照办过，——难道理性和人的意识就会比它们差吗？

更何况现实的观点也有自己的诀窍；因为它而袖手不干的人，既不会了解它，也不会接受它；这种人的脑子还处于不发达阶段，它还需要马刺的鞭策：一方面是长黑尾巴的魔鬼[①]，另一方面是拿着白百合花的天使。

人们追求更和谐的生活，这是人之常情，什么也阻挡不住人的这种追求，就像无法阻挡人们感到饥饿和口渴一样。因此我们丝毫不耽心人们会受到什么学说的影响，因而袖手不干。至于人是不是能够得到较好的生活条件，他们能否控制住这些生活条件，或者他在另外一个地方走岔了道，又在另一个地方做了什么荒唐事，——这就是另一个问题了。据说，人的饥饿感从来不会消失，但是我们并不是说每个人都永远能找到食物，而且是健康的食物。

有人稍有所得就心满意足，要求很低，目光短浅，愿望有限，也有的民族视野狭隘，观点古怪，满足于贫困、虚假，有时甚至是鄙陋的生活。中国人和日本人，毫无疑问，就是找到了对自己的生活方式最适合的世俗形式的两个民族。因此他们始终如一，固定不变。

我们觉得，欧洲也已经接近“饱和状态”，它累了，追求的是沉淀下来，能够最后定型，在小市民制度中找到自己稳固的社会状态。阻挠它稳定下来的是封建君主制的残余和侵略性的因素。小市民制度与军事寡头制度相比，是一个很大的进步——这是毫无疑问的，但是对于欧洲，尤其是对盎格鲁-日耳曼的欧洲来说，它不仅是一个巨大进步，而且还是一个长足的进步。荷兰走在前面，它第一个安定了下来，让历史

① 西方的魔鬼都长着一条黑色的尾巴。

中止。成长的中止是成年的开始。大学生的生活与他们父辈清醒忙碌的生活相比，充满了更多的事件，也比他们动荡不安得多。要不是在英国头上像铅板一样压着封建土地所有制，要不是它像乌戈利诺①那样老踩在自己的即将饿死的孩子们身上的话②，要是它能像荷兰那样为所有的人谋得小店主和并不十分富裕的中等人家的幸福生活，它也就会在小市民生活中安定下来了。可是，与此同时，思想水平、视野以及审美趣味就会随之降低，生活风平浪静，只是有时候受到一些外界冲击，生活变成了周而复始的单调的循环，变成了死水微澜的 semper idem〔拉丁语：永远的千篇一律〕。议会照常召开，照常提交预算，照常发表头头是道的演说，形式也可以不断改进……第二年是老样子，十年以后还是老样子；这是成年人走的平静轨道，也是这个成年人忙忙叨叨的日常生活。我们在自然现象中也可能看到，开始的时候光怪陆离，可是稳定下来以后就变得无声无息地缓慢进行：不是像彗星一样拖着一条长尾巴，横空出世，画着自己的一道道不可知的轨迹，而是像一颗静静的行星，带着自己像灯笼一样的卫星，循着老而又老的轨迹缓缓前进；小小的偏离只是更加说明了总体的有条不紊……春天有时候比较潮湿，春天有时候比较干燥，但是每年春天之后都是夏天，但是在每年春天之前都是冬天。

“如此说来，全人类达到小市民社会以后，大概就会裹足不前了？”

“我倒不认为全人类都会这样，而有某些部分是肯定的。‘人类’这个词十分讨厌：它不能表达任何明确的概念，这只会使所有其他概念模糊不清，同时再加上某个被神化的花斑英雄。‘人类’能表示什么样的统一性呢？除非是我们在任何总称下所表示的东西，比如鱼子等等。

---

① 乌戈利诺（1220—1289）：意大利比萨的统治者，教皇党的首脑，于一二八八年被皇帝党推翻。

② 乌戈利诺与他的两个儿子和两个孙子被关在“饥饿塔楼”里活活饿死。但丁在他的《神曲》中曾利用这一传说，描写乌戈利诺眼看着孩子们一个个死去，自己也被饿死。

世界上有谁敢说，有某种制度能同样适用于易洛魁人和爱尔兰人，阿拉伯人和马札尔人，卡菲尔人和斯拉夫人，使他们都感到满意呢？我们可以说的只有一点：有些民族十分讨厌小市民制度，有些民族在小市民制度下却如鱼得水。西班牙人、波兰人，一部分意大利人和俄罗斯人，在自身中很少有小市民因素；他们从中感到自由自在的社会制度，要高于小市民制度所能给予的。但是决不能由此得出结论，他们一定会达到这个高级状态，或者他们就不会走上资产阶级道路。单是追求，什么也保证不了。我们必须着重指出可能和不可避免之间的区别。只是知道我们讨厌某种制度是不够的，我们还必须知道，我们希望实行什么制度，它能否实现。在我们面前有许多可能性：各国的资产阶级可以走完全不同的路，最富有诗意的民族——也可能成为小店主。各种各样的可能性夭折了，各种各样的追求中途流产了，各种各样的发展偏离了方向。最明显不过和一目了然的不仅是可能性的夭折，而是个人的生命、思想和活力刚一开始就在每个儿童身上逐渐死去，夭折了。请注意，儿童们的这种夭折也不是完全不可避免的；如果医生懂得医治，而这医学又真正是科学的话，十分之九的儿童是可以保住生命的。我们特别注意这种人和科学的影响，因为它非常重要。

“还必须注意猿猴（例如黑猩猩）对智力进一步发展的侵犯。这从它们惶惶不安和忧虑的目光，从它们仓皇四顾，对周围发生的一切忧心忡忡的样子，从它们疑虑、慌张、惴惴不安的神态而又好奇中就可以看出，从另一方面看，这种好奇心又不让它们集中思想，而是经常分散它们的注意力。人们世世代代前仆后继地追求着某种观点，老一辈的人死了，新一辈的人又上来了，可是这些新一辈的人没有达到目的又死了——就这样经历了数万年，今后还将前仆后继地经历数万年。

“人比猿猴前进了一大步；他们的追求决不会消失得无影无踪。这些追求将会体现在文字中，体现在形象上，保留在传说中，世代相传。每个人都倚靠在人类起源这棵可怕的大树上，它的根扎得很深，几乎可以追溯到亚当的伊甸园；在我们这个拍岸的浪涛后面，可以感到奔腾而来的整个海洋——全世界历史的压力,世世代代的思想现在都集中在我们的脑海,“离开前者”就没有后者,而有了后者我们就可以叱咤风云,干出一番事业来。

任何人都不是离开他绝对不行;但是每个人都可以成为不可取代的现实;在每个人面前,大门都是敞开的。如果有人有话要说——那就让他说吧,会有人听他说话的。如果他有什么信念不吐不快——那就让他说出来好了。人不可能像自然力那样驯服,但是我们却永远要和当代的群众打交道,——群众不是独立存在的,我们也不能摆脱画面的总和,不能摆脱前人同样的影响;总的联系是有的。现在您明白,人们的未来,各民族的未来依靠谁,依靠谁了吧?”

“依靠谁?”

“什么依靠谁? ……比如说,依靠您和我呀。既然如此,我们怎么还能袖手旁观,无所事事呢!”

第十章　CAMICIA ROSSA〔意语:红衫军〕*

莎士比亚日①变成了加里波第日②。这两个日子的重合是历史造成的;这样的生拉硬拽也只有历史能够做到。

人们聚集到樱草山公园植树以纪念莎翁诞辰 threecentenary〔英语:三百周年〕,植完树以后,他们还留在那里,想谈谈加里波第为什么要提早离开英国的事③。警察驱散了群众。五万人(据警察报告)听从三十名警察的命令,同时出于对法制的深深尊重,把在光天化日之下举行集会的伟大权利毁损了一半,并且在任何情况下都支持当局的非法干预。

……的确,某种莎士比亚式的想象,在英国灰蒙蒙的背景上,在我们的眼前掠过,简直就是纯粹莎士比亚式的对比:伟大与丑恶,撕心裂肺的哭喊和大喇叭的狂叫。既有十分单纯的人,天真朴实的群众,又有

---

* 红衫军,亦称"千人义勇军"。意大利加里波第统率的一支志愿军,因着红衬衫而闻名。一八三六至一八四八年曾为乌拉圭共和国的独立而战,参加过一八四八至一八四九年的革命战斗,一八六〇年又为解放那不勒斯王国,反对波旁王朝的统治而战。此后红衫军就成了加里波第部队的泛称。

原作者注:本文原定在《北极星》发表,但是《北极星》今年出不了了;因为恐怖使我们的大部分通讯员噤若寒蝉,所以《钟声》里空出来许多篇幅,既可以发表本文,还可以发表两三篇其他文章。

① 一八六四年四月二十三日,曾在伦敦纪念莎士比亚诞辰三百周年。

② 指加里波第于一八六四年四月访问伦敦,并在四月二十三日发表《告英国人民书》。

③ 一八六四年四月二十三日在伦敦樱草山公园举行植树仪式,以纪念莎翁诞辰三百周年。就在这天,伦敦各报发表了加里波第的《告英国人民书》,他在信中首先感谢英国人民对他的热情接待,同时又表示遗憾,由于某些他无法左右的原因,他就不能到其他城市去拜访他的英国朋友了,虽然他早先收到了他们的邀请。警察不许群众举行集会来弄清加里波第不得已提早离开英国的原因,并驱散了群众。

墙背后的秘密陷阱、阴谋和欺诈。我们熟悉的影子换成了另一些形象，从哈姆雷特到李尔王，从高纳里尔和考狄利亚到忠诚的伊阿古①。伊阿古——虽然渺不足道，但是数量又何其多也，而且他们又多么道貌岸然啊！

序幕。号声。群众这个偶像登场了，这是一八四八年以来形成的本世纪唯一的、伟大的群体化个人，——他在一片荣誉的光辉中登场了。大家都在他面前弯腰鞠躬，大家都歌颂他，这是卡莱尔的 hero-worship〔英语：英雄崇拜〕②的形象体现。礼炮声、钟声、轮船上飘动的长旒——只是因为英国的客人是星期天来的，所以才没有音乐，在这里，星期天是守斋日……伦敦各界在等候前来访问的客人已经站了大约七小时了；欢呼声与日俱增；一个穿着红衬衫的人在街上刚一出现，就会爆发出热烈的欢呼，人们直到半夜一点都簇拥着他，看着他离开歌剧院，人群在早晨七点就恭候在斯坦福宫③前面，向他欢呼。工人和公爵④，裁缝和高官，银行家和 high church〔英语：高级牧师〕⑤，封建遗老德比⑥和二月革命的孑遗，一八四八年的共和分子，维多利亚女王的长子⑦和生下来就没有父母的、光脚的 sweeper〔英语：清扫烟囱者〕，他们都争先恐后地同他握手，捕捉他的目光，听他说话。苏格兰、泰因河畔的

---

① 高纳里尔和考狄利亚是李尔王的女儿；伊阿古是奥瑟罗的旗官，是个阴险狠毒的伪君子。

② 卡莱尔（1795—1881）：英国作家、历史学家和哲学家。他在他所著《论英雄和英雄崇拜》一书中认为，世界史是伟人们创造的，应该把他们作为不寻常的奇迹加以崇拜。

③ 这是英国萨瑟兰公爵居住的宫殿，在加里波第访问伦敦期间，从一八六四年四月十一日至二十日，他就住在这里。

④ 请允许我把公爵叫做“дюки”，而不是“герцоги”。首先，这更正确；其次，俄语中又可以少一个德国词。Autant de pris sur le Teutschtum.〔法语：毕竟是对日耳曼主义的一个胜利。〕——作者原注

“дюки”源自法语“duc”，“герцоги”源自德语“herzog”，都作“公爵”解。

⑤ 英国教会中的正统保守派。

⑥ 德比（1799—1869）：英国保守派领袖。

⑦ 指英国威尔士亲王艾伯特·爱德华，后来成为大不列颠国王爱德华七世。

纽卡斯尔、格拉斯哥、曼彻斯特都迫不及待地等候他的光临，可是他却在雾霭重重的蓝色的海洋上消失了。

正如哈姆雷特父王的阴魂一样，这位贵宾因为上了内阁的某个黑名单，于是就不见了。他上哪了呢？刚才还好好地在这儿，现在就不见了……只剩下一个黑点，一个准备驶离英国的帆影。

英国人民被愚弄了。正如一位诗人所说："伟大而愚蠢的人民。"善良、坚强、锲而不舍，但是不合群，而且笨拙、迟钝的约翰牛①啊，——让人觉得既可怜又可笑！这头牛摆出一副雄狮的威风，刚抖动了一下头上的鬣毛，舒展了一下躯体，准备迎接贵客，那威风凛凛的架势是它从前无论迎接在位的还是退位的君主所从来不曾有过的，——可是人家却生生地把它的客人弄走了。这头摆出雄狮威风的约翰牛勃然大怒，蹬着自己的偶蹄，刨着泥土……但是它被关在铁笼里，笼子被插上了栓，还上了锁，而看管它的人，深知他用以关闭自由的这具铁锁和铁栓的机关，但是有人对他说了些废话，他把钥匙揣进了口袋……而那像黑点一样的孤帆却逐渐消失在海洋里。

状如狮子的约翰牛啊，去干你的 hard labour〔英语：苦役劳动〕，拽你的犁，举起锤子打你的铁吧。难道三位大臣，一位非大臣，一位公爵，一位外科学教授，一位虔敬派勋爵，不是在贵族院和下议院，在报刊和客厅中，公开说明，你昨天看到的那个健康的人，今天病了，而且病得必须用快艇把他沿着大西洋，穿过地中海，赶快送走吗？……②从前有一则寓言，讲一个磨坊主很生气，因为他的朋友是个怀疑主义者，他听到驴

---

① 英国人的外号。

② 一八六四年四月十九日在英国的上议院，四月二十一日在英国的下议院，有人对加里波第离开英国提出质询。一些人分别在会上发言或在报刊上发表文章，说明加里波第因为健康状况不好，因此必须立刻离开英国进行治疗。这些人是三位大臣：政府成员克拉伦登勋爵，首相帕默斯顿和财政大臣格拉斯顿，一位非大臣，作家兼议员西利，公爵指萨瑟兰公爵，外科学教授指维多利亚女王的御医格森，虔敬派勋爵指舍夫茨伯里。加里波第是萨瑟兰公爵用自己的游艇"温迪娜"号送到马耳他岛的，接着公爵又提议同他一起到东方旅行。加里波第拒绝了，接着他就回了他的老家卡普雷拉岛。

叫，就怀疑磨坊主说他的驴不在家是骗他，因为磨坊主对他说："你更相信谁：相信我的驴，还是相信我？"……

难道他们不是人民的朋友吗？甚至超过朋友：他们还是人民的保护人，人民的父母官……

……伦敦各报详细报道了宴会和美味佳肴，演说和唇枪舌剑，欢迎词和颂词，奇齐克①和市政厅。对芭蕾和布景，这个"春夜之梦"中的舞蹈哑剧演员和喜剧丑角，都作了详尽的描写。我无意同他们竞争，我只想用我的小小的摄像机摄下从我这个微不足道的角落所能看到的几个画面。其中，就像照相中常见的情形那样，抓拍和留下了许多偶然的东西，许多别扭的气质、别扭的姿态、过于突出的细节，以及非人力所能左右的事件花絮和无法美化的面部特征……

我的不在场的孩子们，这篇故事我是赠送给你们的（它一部分也是为你们写的），因为你们不在这儿，不能与我们一起度过这四月十七日，我再一次感到十分惋惜，非常惋惜。

一　在布鲁克公馆②

四月三日傍晚，加里波第到达南安普敦。我想在人们还没把他弄得晕头转向，缠上他，把他弄得筋疲力尽之前先看到他。

我想这样做，原因很多。首先无非是因为我爱他，我没有看到他已将近十年了。从一八四八年起，我就密切注视着他所从事的伟大事业；一八五四年，对于我，他已经完全成了科尔内利·奈波斯③和普卢塔克④

---

① 奇齐克是伦敦一郊区，在那里的德翁希尔公爵别墅举行过欢迎加里波第的招待会。

② 作家兼国会议员罗伯特·西利在怀特岛的公馆，加里波第从一八六四年四月四日到十一日曾住在这里。

③ 科尔内利·奈波斯（约公元前100—前27）：古罗马作家和历史学家，曾写过《西塞罗传》、《加图传》等许多名人传记。

④ 普卢塔克（约46—约120）：古希腊传记作家、散文家。传世名作有《希腊罗马名人传》。

著作中的人物①……从那时起,他又比那些人高大了一半,变成了各国人民的"无冕之王",成了他们的希望和活的传奇,成了他们的圣人,而且从乌克兰和塞尔维亚到安达露西和苏格兰,从南美洲到北美合众国,无不如此。从那时起,他和一小股人战胜了一支军队,解放了整个国家,又被人从那里赶了出来,就像马车夫把人送到站以后就让车夫滚蛋一样②。从那时起,他就受到欺骗和受到打击,就像他胜利了却什么也没有得到一样,他失败了也没有失去任何东西,相反却使他在人民中的威望倍增③。他的本国人给他造成了创伤,却用鲜血把他与人民紧紧地联合在一起。在伟大的英雄头上又加了一顶殉道者的桂冠。我想亲眼看看那个把"Common Wealth"〔英语:"公共财富"号〕从波士顿开进 Indian Docks〔英语:西印度码头〕④的和善的水手(他幻想成立漂浮在海上的流亡所),那个曾请我喝过从美国带回来的尼斯的贝勒酒的水手,是不是还和从前一样。

其次,我想同他谈谈这里的一些阴谋和荒唐事,以及一些仁人君子怎样一手给他树碑立传,另一手却把马志尼绑在耻辱柱上。我想告诉他,他们怎样在钻斯坦斯菲尔德⑤的空子,以及那些缺少理智的自由派

---

① 参见《北极星》第五辑,《往事与随想》。——作者原注
指本书第五卷第三十七章的部分内容。

② 参看本书第六卷第二章。一八六〇年,加里波第的军队粉碎了西班牙波旁王朝的军队,于是那不勒斯王国与皮埃蒙特合并,成立意大利王国,由撒丁王国国王维克多·曼努尔任意大利国王,他先是解除了加里波第军队的武装,然后又把它解散,并将加里波第削职为民。

③ 当加里波第的军队向罗马进军,旨在从教皇和法国人的统治下解放罗马的时候,在一八六二年八月二十九日的阿斯普罗蒙特战役中,加里波第受伤被俘,被维克多·曼努尔二世的军队捉住,从而引起了全意大利人的愤怒,大大提高了加里波第的威望。

④ 赫尔岑于一八五四年二月在伦敦的西印度码头,在"公共财富"上初次遇见加里波第,加里波第是这艘船的船长,他把这艘船从北美合众国一直开到英国。关于这次会见,赫尔岑在本书第五卷第三十七章以及第六卷《高山仰止》一章中都曾谈过。

⑤ 斯坦斯菲尔德(1820—1898):英国政治家,一八五九至一八九五年任下议院议员,倾向自由派中的左派马志尼的朋友。

只会鹦鹉学舌，跟着反动派的鹰犬们狂吠，不明白那些人至少有自己的目的——利用斯坦斯菲尔德的事来推翻那个没有个性的杂色内阁，然后用自己的痛风，自己的破烂货和自己的褪了色的纹章代替它①。

……在南安普敦，我没有碰到加里波第，他刚离开这里到怀特岛去了。街上还可以看到开欢迎会的残迹：旗帜、一群群人和数不清的外国人。

我没有在南安普敦停留，就动身到考斯②去了。轮船上，旅馆里，到处都在谈论加里波第，谈论对他的接待。他们说了些小故事，说他怎样在萨瑟兰公爵的搀扶下，走上甲板，怎样在考斯下了船，当时水手们都出来列队欢送他，加里波第向他们鞠躬致意，正想往前走，但是又突然停了下来，走到水手们跟前，同他们一一握手，而不是赏他们几个酒钱。

我在晚上九时左右到达考斯；听说布鲁克公馆不近，我便订了一辆第二天早晨的马车，然后到海滨去散步。这是一八六四年的第一个温暖的夜晚。大海上风平浪静，海水在懒洋洋地拍溅着，摆动着；有些地方还时隐时现地闪烁着磷火般的光；我心旷神怡地呼吸着海上蒸发的含碘的潮湿空气，我很喜欢这味道，就像我很喜欢闻干草的芳香一样。不时从远处传来某个俱乐部或者其他娱乐场所的舞曲声，一切都那么明朗，充满了节日气氛。

然而到第二天，当我在早晨六点左右打开窗户的时候，英国又恢复了原样：我眼前已不再是大海和天空、陆地和一望无际的原野了，而是一大片云雾氤氲的灰蒙蒙的景色，从灰蒙蒙的天空中正淅淅沥沥而又

---

① 一八六四年二月二十六日至三月十日，法国法院审理了一宗有人诬告四个意大利人准备行刺拿破仑三世的假案，又根据格列科作的伪证，指控马志尼和斯坦斯菲尔德是同谋，而斯坦斯菲尔德是英国议会的议员和帕默斯顿政府的成员。先是法国的半官方报刊大肆鼓噪，接着英国的保守派也在报刊和议会上放肆地攻击马志尼和斯坦斯菲尔德，企图以此引发政府危机，然后用保守派政府代替帕默斯顿的自由派政府。

② 怀特岛上的一个小镇。

密密麻麻地下着雨，而且雨越下越大，有一股英国人锲而不舍的精神，似乎在预先警告你："你以为我会停下来吗，你错了，我是不会停的。"七时整，我就在这样的想法下坐车前往布鲁克公馆。

英国仆人冥顽不灵而又不懂礼貌，我不想同他多啰嗦，于是便写了一张字条给加里波第的秘书古尔卓尼①。古尔卓尼把我领进他自己的房间，然后再去报告加里波第。紧接着我就听到手杖声和说话声："他在哪？他在哪？"我跑出去，走进楼道。加里波第站在我面前，开朗、温厚地直视着我的眼睛，然后伸出两只手，说："很，很高兴！您精力充沛，身强力壮，您还可以再工作很长时间！"说罢就拥抱了我。"您想上哪？这是古尔卓尼的房间：上我那儿去好吗？还是留在这儿？"他问，说罢便坐下来。

现在轮到我打量他了。

他的穿戴一如既往，就像你们在数不清的照片、画像和小塑像上看到的那样：他穿着一件红色羊毛衫，外披一件斗篷，胸前用一种特别的方式扣紧；有一方头巾，然而不是围在脖子上，而是披在肩膀上，就像水手们常戴的那样：在胸前挽了个结。这一切都跟他十分般配，尤其是那件斗篷。

他在这十年中的变化比我预料的要少得多。他的所有画像，所有照片，都跟他不这么像；在所有的画像和照片上，他都显得老了些，黑了些，主要是他的面部表情哪儿也没有抓住。可是正是在这表情里才能看出他的全部秘密，不仅是他的脸，而且是他本人，他的力量的全部秘密，——这是一种既吸引人，又把自己奉献给人的力量，他正是靠了这力量才能经常征服周围的一切……不管这一切是什么，也不管范围有多大：尼斯的一帮渔夫，大海上的一船水手，蒙得维的亚的义勇军 drap-

① 古尔卓尼（1835—1886）：意大利作家，加里波第军事远征的参加者，他的秘书。后来他曾写过一本回忆加里波第的宝贵著作，其中也描写了一八六四年加里波第在英国的情况。

pello〔意语：队伍〕，意大利的志愿部队①，各国的人民群众，还是地球上的大片土地。

他的脸型很不规正，与其说像意大利人，还不如说更像斯拉夫人，但是他脸上的每根线条都很生动，充满了无限的仁慈和爱，以及所谓bienveillance〔法语：好心、善意、仁德〕（我用了一个法文词，因为我国的“благоволение”〔俄语：好意、赏识、垂青〕在前厅和衙署里用得太滥了，它的意义被歪曲和庸俗化了）。而在他的目光和在他说话的声音中也可以看到和听到同样的东西，而且这一切又都那么朴实无华，那么发自内心，因此一个人要不是居心叵测，要不是在某个政府里领取津贴，一般说也无需提防什么，那么这人肯定会爱上他。

无论是他的性格，也无论是他的面部表情，都不是用“善良”二字能概括尽的；除了他的和善和吸引力以外，还可以感到一种不可摧毁的精神坚定，以及某种反躬自省的精神，若有所思而又非常忧郁。他身上的这一忧郁的、伤感的特征，是我从前所没有注意到的。

谈话有时候会中断；他脸上就像海上掠过的一片乌云一样，会出现某种沉思的表情。是不是因为他要对人民的命运负责，感到恐惧，还是因为他无法拒绝人民对他的崇拜，他感到害怕？是不是因为他看到这么多的变节，这么多的堕落，看到这么多人心的弱点之后，他感到怀疑？这是不是伟大对他的一种考验？后者我想是不会的——他的个人早就消失在他的事业中了……

---

① 加里波第出身海员之家，十五岁时在轮船上当见习水手，因此在尼斯的海员和渔民中威信很高。一八五一至一八五四年，加里波第曾漂洋过海，远航利马、秘鲁、中国和新西兰，跟他同行的水手们也对他十分爱戴。蒙得维的亚的义勇军是一八四三至一八四八年加里波第指挥的一支意大利军团，曾为保卫南美乌拉圭共和国的独立而战。意大利的民兵是民族解放运动中的一支志愿部队，曾在加里波第的指挥下，辗转伦巴第（1848）和罗马（1849），后来又到伦巴第（1859），一八六〇年又由加里波第率领远征西西里和那不勒斯。

我相信，面对使命，在奥尔良姑娘①的脸上和莱登约翰②的脸上，一定也有这类痛苦的表情，——因为他们属于人民：自发的感情，或者不如说在我们身上受到压制的预感在人民身上仍比较强烈。在他们的信仰中具有一种宿命论，而宿命论就其本身而言是无限忧伤的。“愿你的旨意得到实现。”西斯廷圣母③脸上的所有表情都在这么说。“愿你的旨意得到实现，”她那个平民儿子和救世主，在橄榄山上忧伤地祈祷时也这么说④。

……加里波第想起了一八五四年他在伦敦时的各种细节，当时他因为时间太晚了，不想回 Indian Docks〔英语：西印度码头〕去，就住在我家；我向他提到，那天他还和我的儿子一起出去散步，在卡尔德西⑤那里拍了张照送给我，我还谈到在美国领事那里举行的宴会⑥，出席作陪的还有布坎南⑦，那次宴会曾经闹得满城风雨，其实没有意思。

“我必须向您表示忏悔，我匆匆忙忙地来找您不是没有目的的，”我终于对他说道，“我耽心包围在您周围的气氛太具有英国特色了，也就是说大雾弥漫，很难看清一出戏的幕后机关，而这出戏现在正在英国议会里大轰大嗡地上演……而且您越往前走，雾也越浓。您愿意听我把话说完吗？”

---

① 指百年战争时期法国民族女英雄贞德（1412—1431）：一译冉·达克。一四三〇年五月，她在与英军及其同盟者勃艮第党人作战时被俘，后被交付教会法庭审判，以异端和女巫罪，判处死刑。一四三一年五月三十日就义于卢昂的火刑柱上。

② 即约翰·伯克尔逊（约1510—1536）：再洗礼派和明斯特公社的领袖。因生于尼德兰的莱登，故名。一五三六年六月二十五日，因明斯特公社失陷，他被俘，次年一月二十三日被处决。

③ “西斯廷圣母”是文艺复兴时期意大利画家拉斐尔的代表作。

④ 指耶稣基督。

⑤ 伦敦的照相师。

⑥ 在《往事与随想》尚未发表的部分谈到了这次宴会。——作者原注

赫尔岑就是在这次宴会上遇见加里波第的，参见第六卷第七章《流亡中的德国人》。

⑦ 布坎南（1791—1868）：一八三二至一八三三年美国驻俄大使，一八五三至一八五六年美国驻英大使，一八五七至一八六一年美国总统。

“说吧，说吧，我们是老朋友嘛。”

我向他谈了议会的辩论、报刊的叫嚣、对马志尼的荒谬攻击，以及对斯坦斯菲尔德的拷问。

“请注意，”我继续道，“在斯坦斯菲尔德这件事中，托利党及其同伙的斗争矛头，不仅是指向他们把马志尼与之混为一谈的革命，也不仅是指向帕默斯顿内阁，除此以外，他们的矛头还指向靠自己的本事，靠自己的努力和智慧，在相当年轻的时候就当上海军部大臣，一个既不是贵族出身，在贵族中也没有关系的人①。目前他们还不敢对您放肆地进行攻击，但是您看，他们谈到您的时候多么没有礼貌啊。我昨天在考斯买了一份最新出版的 *Standard*〔英语：《标准报》〕；到您这儿来的时候，我把它看了一下，请看。‘我们相信，加里波第既然受到英国的热情接待，那他也就应当懂得他所承担的义务，不要再跟他过去的同志来往，应当适可而止，不要到 Thurloe square〔英语：瑟洛广场〕②35 号去。’因此他们把丑话 par anticipation〔法语：说在头里〕，如果您不照办的话。”

“关于这个阴谋，我也听说了些，”加里波第说，“不用说我要拜访的第一批人中就有斯坦斯菲尔德。”

“您应该怎么做，您比我清楚，我只想透过迷雾让您看清这阴谋的丑恶嘴脸。”

加里波第站了起来；我以为他想结束这次会见，便开始告辞。

“不不，现在到我屋里去。”他说，于是我们便走了出去。

他的腿瘸得很厉害，但是一般说，他的身体经过各种精神考验和外科手术取得了胜利。

我要再说一遍，他的衣服跟他非常般配，而且显得非常优雅，他身上没有一点职业军人的习气，也没有一点资产阶级味道，他很朴素，也

① 指斯坦斯菲尔德，时任海军部副大臣。

② 斯坦斯菲尔德的住处。——作者原注

很随便。他穿着这身衣服无拘无束，没有一点做作的样子，使沙龙里的闲言碎语、飞短流长和各种微妙含蓄的嘲笑都蓦地绝响。恐怕还没有一个欧洲人能像他那样穿着红衬衫出入英国的宫廷和豪宅而轻易不受嘲笑的。

然而他的那身服装却非常重要：人民看到红衬衫就像看到了自己和看到了自己人。贵族们以为只要抓住了他的马辔头，他们就可以让他上哪儿他就得上哪儿，主要是他们以为他们就可以让他脱离人民；但是人民看着红衬衫，看到公爵、侯爵和勋爵替他当马夫、侍役前去侍候革命领袖，在这位穿着平民服装的伟大平民身边充当大管事、少年侍从和跟班而感到十分高兴。

保守派报纸发现了这一不幸，为了冲淡加里波第服装的放肆和没规矩，就说他穿的是蒙得维的亚义勇军的军服①。要知道在那以后加里波第曾由国王授予将军衔，而他则把两个王国奉送给了这个国王②；他干吗还要穿蒙得维的亚义勇军的军服呢？

再说，他为什么要穿军服呢？

穿军服就得佩带某种杀人武器，佩戴某种权力标志或者某种血腥回忆的标志③。加里波第从来不带武器，他不怕任何人，也不吓唬任何人；加里波第一点不像军人，就像他没有一点贵族和小市民习气一样。"我不是军人，"他在水晶宫向给他赠送宝剑的意大利人说，"也不喜欢军人这一职业。我看见我的祖屋挤满了强盗，我拿起武器，目的是把他们赶出去。"④"我是一名工人，也出身于工人，我为此而感到自豪。"他

---

① 蒙得维的亚是乌拉圭共和国首都，这里指加里波第及其统率的义勇军曾为维护乌拉圭的独立而战。

② 一八五九年，皮埃蒙特国王维克多·曼努尔二世曾授予加里波第少将军衔。一八六〇年加里波第又远征意大利南部，解放了两西西里王国，使维克多·曼努尔有可能将两西西里与皮埃蒙特合并，成立意大利王国，并由维克多·曼努尔任国王。

③ 指标明军衔的肩章或军功章。

④ 一八六四年四月十六日，伦敦的意大利侨民在水晶宫召开欢迎会，欢迎加里波第访问伦敦。这是加里波第在会上发表的演说词中的话。

在另一个地方说①。

尽管如此,我们不能不指出,加里波第也没一点平民的粗鲁习气,没有一点做作出来的民主作风。他待人接物很温柔,温柔得像女人一样。他作为一个人和意大利人,站在文明世界的顶端,他不仅代表忠于自己原则的平民,而且也代表忠于本民族审美趣味的意大利人。

他的斗篷在胸前打了个结,——与其说像军人的披风,不如说像军队的祭司长,profeta-re〔意语:先知长〕的法衣。当他举起手的时候,人们等候他的不是军事号令,而是祝福和问候。

加里波第谈起了波兰的事②。他十分钦佩波兰人的勇敢。

"没有组织,没有武器,没有人,没有开放的边界,没有任何支持,居然挺身对抗一个军事强国,而且坚持了一年多——这是史无前例的……如果别的民族也能学他们揭竿而起,那就太好了。这么多人前仆后继,英勇奋战,不应该也不可能被消灭;我想加利西亚③正在准备起义吧?"

我没有做声。

"就像匈牙利一样,——您不信?"

"不,我不过是不知道罢了。"

"那么,在俄罗斯是不是有望发生什么运动呢?"

"毫无希望。自从十一月份我给您写了那封信以后④,毫无变化。俄国政府自以为它在波兰的一切暴行都能得到人们的支持,因此一意孤行,根本不把欧洲放在眼里,俄国社会越来越堕落。人民保持沉默。波兰的事与他们无关,我们的敌人是一个,是共同的,可是问题的提法各不相同。何况在我们前面有的是时间,而他们却迫在眉睫。"

---

① 一八六四年四月十一日,加里波第到达伦敦的当天,英国工人委员会在欢迎他的群众大会上宣读了欢迎词,加里波第致答词,这也是答词中的话。

② 指一八六三至一八六四年的波兰起义。

③ 西班牙毗邻大西洋的一个地区。

④ 指一八六三年十一月二十一日赫尔岑从佛罗伦萨写给加里波第的信。

谈话就这样又继续了几分钟。有一些标准英国人的脸在门口探头探脑,女人的衣裙在窸窣作响……我站了起来。

"您急着上哪?"加里波第问。

"我不想再打扰您,再占用英国人的时间了。"

"那么我们在伦敦再见——好吗?"

"我一定去。您是不是在萨瑟兰公爵府上下榻?"

"对。"加里波第说,但是似乎抱歉地又加了一句:"盛情难却。"

"那我一定在头上扑上些粉再去拜访您,让斯坦福宫的仆人以为这人是我的扑了粉的听差。"

这时候桂冠诗人丁尼生①偕夫人来了——这里的桂冠也太多了,于是我冒着濛濛细雨回考斯去了。

布景换了,但还是同一出戏的继续。从考斯开往南安普敦的轮船刚开走,而另一航班必须过三小时才开,因此我走进最近的一家餐馆,给自己要了点饭菜,便开始读《太晤士报》,刚看了头两行,我就大惊失色。② 七十五岁的亚伯拉罕由于与新夏甲眉来眼去地调情,两个月前受到了议员的质询,他终于横下一条心把自己在哈利法克斯出生的儿子以撒拿出来作为燔祭。③ 斯坦斯菲尔德的辞呈被接受了。而这事正

---

① 丁尼生(1809—1892):英国诗人。

② 一八六四年四月五日的《太晤士报》登载了一篇报道,说英国下议院于四月四日开会,讨论了斯坦斯菲尔德第二次提出辞呈,要求辞去他担任的海军部副大臣的职务。他的辞呈已被帕默斯顿接受。

③ 亚伯拉罕、夏甲与以撒均为《圣经》人物,见《旧约·创世记》。亚伯拉罕是希伯来人即今犹太人的始祖,夏甲是亚伯拉罕的妻子撒拉的使女。因撒拉不能生育,便叫夏甲与丈夫同房。后撒拉怀孕,生子以撒。上文中,亚伯拉罕指帕默斯顿,新夏甲指法国拿破仑三世,因为自一八五一年十二月法国发生波拿巴政变以后,帕默斯顿即奉行亲法国的政策,所以说他与新夏甲眉来眼去地调情。帕默斯顿的亲法政策,不止一次在英国下议院受到批评和质询。帕默斯顿为了使议会内的保守派与内阁和解,并讨好拿破仑三世,决定拿斯坦斯菲尔德作牺牲。这里说的哈利法克斯出生的以撒即指斯坦斯菲尔德,因为他出生在英国哈利法克斯。

发生在加里波第开始隆重访问英国的时候。我在同加里波第谈话的时候,根本就没料到会发生这样的事。

斯坦斯菲尔德看到对他的陷害仍在继续,第二次提出辞呈,这是十分自然的。他应当从一开始就挺起腰杆,挂冠求去。① 斯坦斯菲尔德做了自己应该做的事。但是帕默斯顿及其同伙又做了些什么呢?后来他在自己的演说中又吞吞吐吐地胡说了些什么呢?……他卑躬屈膝地对那个宽宏大量的同盟者极尽阿谀之能事,诚惶诚恐地祝愿他万寿无疆和洪福齐天。② 仿佛真有人把 Greco, Trabucco et C°的这出警察闹剧 au serieux 了似的〔法语:把陷害格列科、特拉布科等人的这出警察闹剧当真了似的〕。③

这真是一次马真塔战役④。

我要了一张纸,给古尔卓尼写了封信;我当时正在气头上,我请他把《太晤士报》念给加里波第听;我对他说,一方面把加里波第捧上了天,另一方面又对马志尼肆意侮辱,这太不像话了⑤。

“我五十二岁了,”我说,“但是不瞒您说,一想到这件不公平的事,我两眼就噙满了愤怒的眼泪。”等等。

---

① 斯坦斯菲尔德一八六四年四月四日在下院提出辞呈的同时,坚决驳斥了英国保守派提出的他与格列科一案(即前面提到的有四个意大利人企图行刺拿破仑三世一案)有牵连的指控。同时又着重指出他与马志尼早就认识了,他们的友谊是不变的。

② 赫尔岑在这里转述了帕默斯顿演说的大意。他先表示了遗憾,因为斯坦斯菲尔德的坚持,他不得不接受他的辞呈,然后他又声明,议员们充分意识到拿破仑三世的个人安全以及他的王朝是否稳固的重要性,因为他是英国的忠实朋友和同盟者,是欧洲和平的支柱。

③ 格列科和特拉布科均为意大利民族解放运动的参加者,马志尼的战友,流亡伦敦,一八六三年与另一位意大利人一起以阴谋行刺拿破仑三世罪被捕,他们的幕后黑手则被认为是马志尼和斯坦斯菲尔德。

④ 马真塔战役发生在一八五九年六月四日,奥地利军队被法国和撒丁王国的军队打败。这里用奥地利在马真塔战役后的处境来比喻帕默斯顿在斯坦斯菲尔德一案中的立场,以牺牲斯坦斯菲尔德来讨好拿破仑三世。

⑤ 在一八六四年四月五日的《太晤士报》上既有对英国议会讨论斯坦斯菲尔德和马志尼问题的报道,又有加里波第在南安普敦受到热烈欢迎的详细描写。

在我到这里来的前几天我曾去拜访过马志尼。这人经历过许多生死考验，不怕任何艰难险阻，是个老战士，他累不垮，也打不倒；但是，这一回我碰到他的时候，却看到他很伤心，他伤心的是，有人想拿他做工具，把他的朋友拉下马。当我写信给古尔卓尼的时候，这位目光炯炯有神的、清癯、高尚老人的形象便在我的眼前掠过；

当我写完信，侍役把饭菜端上来以后，我才发现我不是一个人：有个淡黄头发、蓄着唇髭的年轻人坐在壁炉旁，他个子不高，穿着水兵们常穿的蓝上衣，à l' américaine〔法语：像美国人那样〕躬起双腿，与耳朵齐平。他说话很快，像说绕口令似的，带着很重的外省口音，因此我都听不懂他的话，这使我更加相信，这是一个上岸来饮酒作乐的水兵，于是我对他也就不感兴趣了，——他并不在跟我说话，而是跟侍役。我们的相识也许到此也就完了：我把盐瓶向他跟前挪了挪，他点了点头，表示感谢。

很快，一位面孔黑黑的上了岁数的先生走过来，同他坐在一起，此人穿着一身黑衣服，钮扣扣得紧紧的，从下面一直扣到最上面，脸上带着一种神神叨叨的特别的表情，这是经常与上天亲近交谈的人常有的表情，他那种矫饰的宗教狂喜，由于经常使用，都由习惯成自然了。

他似乎同那名见习海军很熟，他来就是为了同他见面的。寒暄了两三句以后，他就闭上了嘴，开始布道。他说，“我看见了马加比和基甸①……他们是上帝手中的工具，他的剑，他的投石器……我越看他就越感动，就越是声泪俱下地念叨：主的剑啊！主的剑啊！他选中了势孤力单的大卫去打死歌利亚②，因此英国人，上帝的选民，才去迎接他，就像迎娶黎巴嫩新娘一样……人民的心都在上帝手中；它告诉他们，他是

---

① 马加比和基甸都是基督教《圣经》中的人物。马加比见于次经《马加比传》和外典《马加比三书》。马加比兄弟三人相继率领犹太人与叙利亚占领者作战。马加比后来成为公元前一、二世纪为争取自由而战的犹太民族领袖的统称，基甸是以色列的士师，曾领导以色列人与米甸人作战，见《旧约·士师记》。

② 大卫与歌利亚均为《圣经》人物，见《旧约·撒日耳记上》。大卫年轻时曾用投石器打死非利士勇士歌利亚，后成为以色列国王。

主的剑,上天的工具,是基甸!”

……这时店门大开,可是进来的不是黎巴嫩新娘,而是一下子进来了十来个英国的要人,其中就有沙夫茨伯里①勋爵和林赛②。他们全都在桌旁坐下,要了点什么东西先垫垫饥,并宣称他们马上要到Brook House〔英语:布鲁克公馆〕去。这是伦敦派来的正式代表团,特地来邀请加里波第去参加他们的欢迎大会③。那位传教士闭上了嘴;但是那位水手却顿时在我心目中提高了地位:他带着一种毫无掩饰的反感瞅着走进来的那个代表团,这使我在想到他的朋友刚才布道时所说的话,不由得心头一动,如果他不认为这些人是魔鬼的剑和匕首,起码也是他的削笔刀和柳叶刀。

我问他,这封寄往Brook House的信的信封应当怎么写:写上公馆名就够了呢,还是必须加上附近的地名。他说什么也不用加。

代表团中的一名成员,一位头发花白的、胖胖的老先生,问我这封寄往Brook House的信是写给谁的。

“给古尔卓尼。”

“他好像是加里波第的秘书吧?”

“对。”

“那您还忙活什么呢?我们马上就到那儿去,我很乐意把这封信替您捎去。”

我掏出我的名片,把它连同信一起交给了他。类似的事可能发生在欧洲大陆吗?试想,如果在法国的旅馆里有人问您,您写信给谁,当他知道这信是写给加里波第的秘书的,他还会替您带信吗?

信带到了,第二天在伦敦我就收到了回信。

Morning Star〔英语:《明星晨报》〕国外版的编辑认出了我。他开始

---

① 沙夫茨伯里(1801—1885):英国保守派。

② 林赛(1816—1877):英国船舶公司老板,下议院议员。

③ 这是英国伦敦郡派来的代表团,他们来邀请加里波第去参加他们将在四月二十日举行的欢迎大会,会上将授予他“伦敦荣誉公民”称号。

问我是怎么找到加里波第的，以及他的健康状况。我跟他交谈了几分钟后，便走进 smoking-room〔英语：吸烟室〕。那里坐着淡黄头发的水手和他的黑皮肤的神学家，他俩在 pale-ale〔英语：喝啤酒〕和抽烟。

“怎么，”他对我说，“您看清这些人的嘴脸了吗？……简直妙极了：沙夫茨伯里勋爵和林赛居然作为代表来邀请加里波第。这算什么滑稽戏！他们知道加里波第是何许人吗？”

“他是上帝的工具，主手中的剑，主手中的投石器……因此主才抬高他的声望，让他具备一种神圣的淳朴……”

“这一切都很好，但是这些先生到这儿来干吗呢？我倒想问问他们中间的什么人，他们在‘亚拉巴马’号上出了多少钱？[①] 还不如让加里波第到泰因河畔的纽卡斯尔和格拉斯哥去，——他在那里可以更接近人民，勋爵们和公爵们也不致去打扰他。”

他不是一名见习海员，而是一名制造舰船的工人。他长久生活在美国，对南北战争知道得很多，他说那里打仗是打不出什么名堂来的，对此，那个好劝慰人的神学家指出：

“如果主把这个国家的人民分成两部分，让他们兄弟间互相残杀，那主自有自己的想法，如果我们不理解主的想法，那我们也应当服从上天的旨意，甚至在上天惩罚我们的时候。”

黑格尔有句名言，叫做“凡是现实的都是合理的”，我在这里又以这样的形式听到了它的最新解释。

我友好地握了握那名水手和他的神父的手，就到南安普敦去了。

我在轮船上遇到了激进派政治家霍利约克；他比我晚见到加里波第；加里波第通过他向马志尼发出了邀请；他已经给他打了电报，请他到南安普敦来，霍利约克打算和梅诺蒂·加里波第兄弟俩[②]在那里等

① “亚拉巴马”号是美国南北战争期间，英国为南方联盟制造的一艘巡洋舰。南军用它袭击北军的商船，在二十二个月内消灭了北军船只六十八艘。直到一八六四年六月，才被美舰“基尔萨季”号击沉于法国瑟堡的海上。

② 指梅诺蒂和里契奥蒂兄弟俩，他们是加里波第的两个儿子。

他。霍利约克还非常想把两封信在当天晚上送到伦敦(如果邮寄,是不可能在早晨前送到的)。我表示愿意帮忙。

我在晚上十一点到了伦敦,我在滑铁卢车站附近的York Hôtel〔法语:约克饭店〕订了个房间后就去送信了,我觉得很奇怪,雨居然还没有停。在午夜一点或一点多一点,我回到旅馆——大门紧闭。我敲门,使劲敲门……一个躺在酒店栅栏旁过夜的醉汉告诉我:"别在这里敲门了,胡同里有night-bell〔英语:夜间门铃〕。"我过去找night-bell,找到了,便开始拉铃。没有开门,只有一个睡眼惺忪的脑袋从什么地下室里钻出来,粗暴地问我干什么。

"住店。"

"没空房。"

"十一点,我亲自订的房间。"

"跟你说没空房!"他说罢就砰的一声关上了地狱的大门,甚至等不及我把他臭骂一顿,可是我还是柏拉图式地这样做了,因为他根本不可能听见。

这事搞得让人很不痛快:半夜两点想在伦敦,尤其是在伦敦的这一地区找到房间,是很不容易的。我想起了一家法国小饭店,就到那里去了。

"有房间吗?"我问饭店老板。

"有,不过不很好。"

"让我看看。"

果然,他说的是实话:这房间不仅不很好,甚至糟透了。别无选择;我只好打开窗户,先到餐厅里待一会儿。那里有几个法国人还在喝酒,大呼小叫,打牌和玩多米诺骨牌。有一个我见过的身材十分高大的德国人,走到我跟前,问我有没有时间,他想跟我单独谈谈,因为他有一件十分重要的事要告诉我。

"当然有;咱们到另一间餐厅去,那里没人。"

德国人坐在我对面,开始伤心地告诉我,他的法国老板骗了他,剥削了他三年，让他一个人干三个人的活，空口许愿地宽慰他，将来他会让他当他的合伙人的，可是突然，二话不说，跑到巴黎去了，并在那里另找了个合伙人。因此这个德国人对他说，他想辞职不干了，可是那老板总不回来……

“那您为什么无条件地相信他呢？”

“Weil ich ein dummer Deutscher bin.”〔德语：“因为我是个愚蠢的德国人。”〕

“哦，那就是另一回事了。”

“我想关上这铺子就走。”

“留神，他会告您的；您知道这里的法律吗？”

德国人摇摇头。

“我想给他个不痛快……您大概去看过加里波第吧？”

“看过。”

“嗯，他这人怎么样？Ein famoser Kerl！〔德语：是个好样的！〕要不是他空口许愿，许了我整整三年，我就不会上他的当了……真没料到会这样，真没料到……他的伤势怎样？”

“好像没事。”

“这混账东西一直瞒着我，直到最后一天才说：已经有合伙人了……我唠唠叨叨，大概让您讨厌了吧？”

“根本不是的，不过我有点累了，想睡觉：我是六点起床的，现在已经两点多了。”

“那么我怎么办呢？您进来的时候，我高兴极了，ich habe so bei mir gedacht，der wird Rat schaffen〔德语：我寻思，这人肯定会给我出个好主意的〕，那么说这铺子不要关门？”

“不要关门。既然他在巴黎乐不思蜀，那您明天就写封信给他：‘店铺关门了，您什么时候来接管？’您会看到效果的，他会撇下老婆和炒股票，马上赶回来，结果……结果看到这铺子并没关门。”

“Sapperlot！Das ist eine ldee-ausgezeichnet〔德语：见鬼！真是个好主

意——太棒了〕;我这就去写信。"

"我则去睡觉。Gute Nacht〔德语:晚安〕."

"Schlafen sie wohl〔德语:祝您睡个好觉〕."

我要了一支蜡烛,老板亲手把它送了来,说他想跟我谈谈。倒像我成了接受忏悔的牧师似的。

"您有什么事?时间不早了,不过,我乐意奉陪。"

"就几句话。我想问您,如果我明天把加里波第的胸像陈列出去,您认为怎样?当然,摆着鲜花,戴着桂冠,这样做岂不是很好吗?我甚至想好了说明词……用三种颜色的字母:'Garibaldi-libérateur!'〔法语:'解放者加里波第!'〕。"

"怎么不行,当然行!不过,法国大使馆会禁止法国人到您的饭馆里来的,而贵店从早到晚都是法国人。"

"这倒是实话……可是,您知道吗,陈列胸像,这会赚多少钱啊……至于以后,会忘掉的……"

"当心,"我说,坚决站起来,想走,"别告诉任何人:否则人家会抢先把您的这个富有诗意的想法剽窃去的。"

"我对谁,我对谁也不说。我们说的话到此为止,我希望,我请求,就我们俩知道。"

"您放心。"说罢,我就向他那个不干净的卧室走去。

一八六四年我和加里波第的第一次会面就这么结束了。

二　斯坦福宫

加里波第到达伦敦的当天,我没见到他,我只看见人的海洋,人的洪流,绵延几俄里的街道上人头攒动,各个大小广场上挤满了人;屋檐下,阳台上,窗户口,到处是人,而这一切,有些地方,足足等了六小时……加里波第是在两点半抵达九榆树车站的,可是直到八点半才到达斯坦福宫,这时萨瑟兰公爵夫妇正在大门口恭候他的光临。

英国的群众是粗野的，凡是人数众多的群众集会没一次不发生打斗，不出现醉鬼，不出现各种各样丑恶现象，尤其是没有一次不发生频繁的有组织的盗窃活动，可是这一次却秩序井然；人们懂得，这是他们的盛会，是他们在欢迎一个自己人，他们不仅是旁观者。你们不妨看看报纸的社会治安栏，在威尔士亲王的新娘到达那天发生了多少起盗窃案，而在夹道欢迎加里波第的时候又有多少起①，而且那天的警察还要少得多。那些扒手们都上哪去了呢？

在议会大厦附近的威斯特敏斯特桥旁，人挤得水泄不通，本来就在一步一步前进的马车停了下来，蜿蜒一俄里长的欢迎队伍，只好以自己的旗帜和乐队等开路，先走在前面。人民高呼乌拉的声音紧紧地包围着马车。所有能挤到前面去的人都争先恐后地与加里波第握手，亲吻加里波第斗篷的边，高呼："Welcome！"〔英语："欢迎！"〕人民如醉如痴地欣赏着这位伟大的平民，恨不得把马卸下，自己来拉马车，可是被劝阻了。谁也不会去注意簇拥在他周围的公爵们和勋爵们——他们已降低到了跟班和侍役的卑微地位。这欢呼声持续了一小时左右。潮水般的人流一浪高过一浪，把嘉宾推着前进，这时马车移动了几步，又停了下来。大陆各国保守派的愤恨和暴怒是完全可以理解的。对加里波第的热烈欢迎，不仅使英国的文武百官和宫廷侍从感到可气，同时作为一个先例也是非常危险的。然而为三个皇帝和一个"imperial"〔法语：皇帝的，保皇的〕托利派效劳的各种报刊②却暴跳如雷，破口大骂，甚至连最起码的礼貌也不讲了。他们气得两眼直冒金星，耳朵里嗡嗡响……皇亲国戚的英国，豪门的英国，居然忘掉了自己的身份，与工厂车间的英国一起去欢迎一个"aventurier"〔法语："冒险家"〕——一个造反派，要不是他解放了西西里，非把他绞死不可。"为什么，"气糊涂了的 *La France*〔法语：《法兰西报》〕居然说，"为什么伦敦就从来不曾这么欢迎过

① 我只记得有一起盗窃案和两三起跟爱尔兰人打斗的事。——作者原注

② 指为奥地利、法兰西、俄罗斯帝国效劳的半官方报刊和为大英帝国效劳的保守派（托利党）的报刊。

佩利西耶元帅[①]? 而他的光荣是圣洁的!”,它甚至不顾这样的事实,忘了补充一点,那个元帅曾烧死数百名阿拉伯人以及他们的妻儿,就像我们烧死蟑螂一样[②]。

遗憾的是,加里波第接受了萨瑟兰公爵的盛情邀请。充当“消防队员”的公爵的不重要地位以及政治上的模棱两可,在某种程度上使斯坦福宫成了加里波第的招待所……但是这环境毕竟不利,因而在他到达伦敦前就已经策划好的阴谋,竟在斯坦福王府的土壤上大行其道。这阴谋的目的是不让加里波第接近人民,即接近工人,切断他与仍然忠于过去旗帜的朋友和熟人的联系,当然,最要紧的是切断他与马志尼的联系。可是加里波第的光明磊落和平易近人把这些屏障掀掉了一半,不过另一半还存在——这就是没法跟他谈话而没有旁听者在场。要不是加里波第每天五点起床,六点接客,这阴谋就完全得逞了。幸亏,那些热心于搞阴谋的人在八点半以前来不了;仅仅在他离开的那一天,太太们才提早一小时闯进他的卧室。有一回,莫尔蒂尼[③]在一小时内都没法跟加里波第说上一句话,他笑着对我说:

“世界上没有比加里波第更容易见到的人了,但是也没有比跟他更难说上话的人了。”

公爵的热情接待,远没有那种足以与贵族的豪华气派相匹配的阔绰场面。他只是给了加里波第和那个给他包扎腿伤的年轻人一个房间,至于其他人,即加里波第的两个儿子,以及古尔卓尼和巴西利奥[④],公爵想在旅馆里给他们包几个房间。他们当然拒绝了,而是自己出钱下榻在 Bath Hôtel〔法语:巴思饭店〕。为了弄清这种怪诞的做法,必须知

---

① 佩利西耶(1794—1864):法国元帅,在他任阿尔及利亚总督期间,曾十分残暴地镇压当地阿拉伯人的反抗,在克里米亚战争中曾指挥法军,一八五八至一八五九年任驻伦敦大使。

② 佩利西耶曾用烟活活熏死躲在山洞里的大批阿拉伯和平居民。

③ 莫尔蒂尼(1819—1902):一八四八至一八四九年意大利革命运动的参加者。

④ 随同加里波第访问英国的他的私人医生。

道斯坦福宫是一座什么样的建筑:里面容得下所有的农民家庭而不会使主人感到丝毫不便——要知道,公爵的父亲曾使他们流离失所,外出乞讨——而这些人是很多的。

英国人都是些蹩脚演员,这还是给他们很大面子。我头一次到斯坦福宫去看加里波第的时候,我就对英国朝廷在他周围耍弄的阴谋一目了然。各种各样的费加罗[①]和被委托人,服务员和监督员不停地来回穿梭。一个意大利人充当了警察局长、典礼官、庶务官、大管家、道具管理员、提台词人[②]。他怎能不引以为荣呢:他每天都跟英国的公爵们和勋爵们平起平坐,跟他们一起商量采取什么措施来防范和阻挠人民与加里波第的彼此接近,而且还和公爵夫人们一起编织蜘蛛网,把这位意大利人的领袖捉进网里,可是这位瘸腿将军却不管不顾地每天都扯掉这张蜘蛛网。

比如,加里波第去拜访马志尼。怎么办呢?怎么隐瞒呢?道具管理员和经纪人会立刻登台——办法找到了。第二天一早,全伦敦人都读到一则新闻:"昨天,在什么时候,加里波第在昂斯洛街拜访了约翰·弗朗斯。"你们以为这名字是杜撰的吗?不,这是马志尼房东的名字。

加里波第并不想与马志尼脱离关系,但他可以走出这个漩涡,不在大庭广众之中同他见面,也不公布此事。只要加里波第住在斯坦福宫,马志尼就不肯去拜访加里波第。他们满可以在人数不多的场合会面,但是谁都没有采取主动。我想了想这情况以后就给马志尼写了一封短信,问他:加里波第肯不肯接受邀请到特丁顿[③]这么远的地方来,如果他不会接受,我就不去请他,那这事就吹了,如果他肯来,那我将很高兴

---

① 典出法国剧作家博马舍的喜剧《费加罗的婚礼》,意为仆役。

② 指一个名叫涅格列蒂的意大利流亡者,他是意大利委员会的驻英代表,名义上是加里波第各种活动的经理人,实际上是监视他,并促使反对加里波第的阴谋得以实现。

③ 一八六三年六月二十八日到一八六四年六月,赫尔岑曾住在伦敦郊区的特丁顿(就在汉普顿宫近旁)。

邀请他们俩到我这儿来做客。第二天，马志尼就写信给我，说加里波第很愿意来，如果没有任何事情使他来不了的话，他们将在星期日中午一时到达。最后马志尼又加了一句：加里波第很希望在我家也能见到赖德律-洛兰。

星期六上午我去拜访加里波第，碰巧他不在家，于是我就与萨斐、古尔卓尼和其他人一起留下来等他。他回来后，一群在前厅和走廊里等他的来访者便向他冲了过去：一个勇敢的英国人夺走了他的手杖，把另一根塞到他手里，态度热烈地一再说：

"将军，这根好一些，请您收下，请赏光，这根好一些。"

"这又何必呢?"加里波第微笑着问，"我对自己的手杖已经习惯了。"

但是他看到不使劲抢那个英国人是不会把手杖还给他的，只好耸耸肩，继续往前走。

客厅里，在我身后，有人正在热烈争论。如果我没有听到一再大声重复的下面的话，我是丝毫也不会注意的。

"Capite〔意语：您要明白〕，特丁顿与汉普顿宫近在咫尺。对不起，这是不可能的，绝对办不到……与汉普顿宫近在咫尺，而这有十六到十八英里呢。"

我回过头，看到一个那么在意特丁顿与伦敦距离的，我完全不认识的人，我对他说：

"十二或者十三英里。"

那个争论的人立刻对我说：

"十三英里就够可怕的了。将军必须在下午三点回到伦敦……反正特丁顿之行必须推迟。"

古尔卓尼反反复复地对他说，加里波第想去，而且也一定会去。

除了这个意大利保护人以外，又增加了一名英国保护人，他认为接受邀请到这么远的地方去将会开创一个要命的先例……为了提醒他们在我面前辩论这样的问题是不礼貌的，我向他们指出：

“二位，请允许我打断你们的争论。”说罢，我立即走到加里波第跟前，对他说：“您的这次来访对我非常宝贵，尤其现在比任何时候都宝贵；在俄国的这个黑暗时期，您的来访具有特别重要的意义：您访问的不是我一个人，而是关在监狱里、被发配去服苦役的我们的朋友们。因为我知道您很忙，所以一直不敢邀请您。但是据一位我们共同的朋友说，您托人转告我，您一定会来的。这对于我就更宝贵了。我相信您是希望去的，但是我并不坚持您非去不可（je n'insiste pas），如果这事困难重重，难以克服，正如这位我不认识的先生所说。”我用手指了指他。

“有什么困难？”加里波第问。

Impressario〔法语：经理人〕立刻跑过来，像连珠炮似的向他列举了一大堆理由，说什么明天十一点去特丁顿，再要在三点以前赶回来是不可能的。

“这很简单嘛，”加里波第说，“这就意味着必须十点动身，而不是十一点；似乎，清楚了吧。”

经理人灰溜溜地走了。

“既然这样，为了不浪费时间，为了避免到处寻找，避免出现新的困难，请允许我十点以前到您这里来，咱们一起去。”

“这太好了，我恭候大驾。”

离开加里波第以后，我就去找赖德律-洛兰。最近两年，我一直没有看到他。这倒不是因为我们之间有什么恩怨，而是因为我们之间缺少共同点。再加伦敦的生活，尤其因为他住在郊区，不知不觉地使大家彼此疏远了。最近这段时期，他一直孤身独处，不事张扬，虽然他仍旧像一八四九年六月十四日那样坚信法国即将爆发革命。我不相信法国会爆发革命几乎也有这么久了，而且至今依旧不信。

赖德律-洛兰非常客气地谢绝了我的邀请。他说，能再次见到加里波第，他感到由衷地高兴，当然，他也很愿意到我家去，但是他作为法兰西共和国的代表和曾经为罗马遭过难的人（一八四九年六月十三日)①,头一次见到加里波第只能在自己家里,而不是在任何别的地方。

他说:“如果加里波第出于政治上的考虑,不便正式对法兰西共和国表示自己的支持(不管以我为代表,还是以路易·勃朗为代表,还是以我们中间的什么人为代表),我决不怪他。反正我不想与他见面,不管在什么地方。作为个人,我是希望见到他的;但是我并没有特别的事要找他;法兰西共和国不是交际花,不需要半遮半掩地给它指定约会的地点。请您暂时忘了您曾经邀请我到府上做客,请您坦白告诉我,您是否同意我的这一看法?”

“我认为您的看法是对的,我希望您不会反对我把我们的谈话转告加里波第吧?”

“完全相反。”

紧接着便转换了话题。二月革命和一八四八年从坟墓里走了出来,又以当时保民官的形象出现在我的面前,不过这位保民官增添了少许皱纹和白发。谈锋依旧,思想如前,说法一样,而主要是仍抱着同样的希望。

“事情进行得非常好。帝国已束手无策。Elle est débordée〔法语:它已经筋疲力尽〕。今天我还得到一个消息:社会舆论取得了难以置信的成功。不过也够了;谁会想到这种荒唐局面会坚持到一八六四年呢。”

我没有反驳,于是我们彼此都很满意地分手了。

第二天,我到伦敦以后,首先雇了一辆马车,加上两匹强壮的马,然后前往斯坦福宫。

当我走进加里波第的房间后,我发现他不在屋里。而那位特别卖

① 这天,在巴黎,赖德律-洛兰领导了法国小资产阶级民主派组织的示威游行,号召人民发动起义,抗议拿破仑·波拿巴派遣远征军,出兵意大利,推翻罗马共和国,恢复教皇的世俗权力。这次示威被驱散了;赖德律-洛兰被问罪,但是他逃亡国外,在英国过起了流亡生活。

力的意大利人,已经在绝望地宣传到特丁顿去是绝对不可能的。

他对古尔卓尼说:“难道您以为公爵的马受得了吗,它们能跑十二或十三英里,还要打个来回吗?再说要跑这么远的路,人家根本就不肯给。”

“不用他的马,我有马车。”

“那用什么马再拉回来呢,还用原来的?”

“您就甭操心了:如果马累了,就换新马。”

古尔卓尼恼怒地对我说:

“这份洋罪什么时候才算到头呢!什么混账东西都来发号施令,搞阴谋。”

“您这该不是说我吧?”气得满脸发白的意大利人叫道,“仁慈的先生,我不允许人家对我就像对一个仆人一样!”他说罢便从桌上抓起一支铅笔,把它一撅两段,摔了,“如果是这样,我不干了,我马上走!”

“求之不得。”

暴怒的意大利人快步向门口走去,但门口出现了加里波第。他镇静地看了看他俩,看了看我,然后说:

“是不是该走啦?我听从您的安排,不过劳驾您在两点半或三点钟以前一定把我送回伦敦,而现在请您允许我接待一下刚到这里来的一位老朋友;您也许认识他——莫尔蒂尼。”

“不仅认识,我们还是老朋友。如果您不反对的话,我也邀请他一起去。”

“带他一起去吧。”

莫尔蒂尼进来了,我和萨斐走到一边,靠近窗口。突然那位经纪人改变了自己的打算,跑到我跟前,勇敢地问我:

“对不起,我什么也不明白。您有马车,可是要走的人,您算算:将军、您、梅诺蒂、古尔卓尼,萨斐和莫尔蒂尼……你们坐得下吗?”

“如果需要,可以再雇一辆车,两辆……”

“可是时间呢,哪有时间雇车呀……”

我看了看他便转过身去对莫尔蒂尼说：

“莫尔蒂尼，我对您和萨斐有一个请求：你们去雇一辆轻便马车，立刻上滑铁卢车站，你们会碰到train〔英语：火车〕的，否则这位先生会耽心我们坐不下，又没有时间去再雇一辆马车。如果昨天我知道有这么多困难，我就会请加里波第坐火车去了；现在再要这样做就不行了，因为我没有把握，是不是在特丁顿车站一定能雇到马车。我总不能让他步行到舍下去吧。”

“很高兴，我们马上动身。”萨斐和莫尔蒂尼说。

“咱们也走吧。”加里波第也站起来说。

我们走了出去；斯坦福宫前面已密密麻麻地站满了人。响亮而又经久不息的“乌拉”声，在欢迎我们，并护送我们的马车离开。

梅诺蒂[①]不能与我们同行：他要同他弟弟到温莎宫去。据说，女王很想见到加里波第，但是在整个大英帝国只有她没有这样做的权利，因此她意外地希望能见见他的儿子。在这种权利分配中，得到最好一份的不是女王。

三　在我们家

这天[②]的天气好极了，这是最近十五年来最光辉灿烂、最碧空如洗、最晴好的一天。这天非常清澈和充实，这天的审美尺度和完美无缺，是难得一遇的。只要推迟一天——我们的盛会就不会具有这样的性质了。再多一个非意大利人——气氛就会变样，起码会耽心气氛可能变坏。这样的日子就像壁立的群峰……仿佛在歌声嘹亮和鲜花盛开中，再没有比这更高、更远、更绚丽多彩的了。

---

① 加里波第的儿子。

② 加里波第到赫尔岑家去，发生在一八六四年四月十七日。加里波第这次出访的主要意义是冲破了英国贵族反对加里波第的密谋，冲破了他们对加里波第的包围和隔离，以致第二天伦敦就出现了加里波第“生病”和他即将离开英国的消息。

自从离开斯坦福宫的大门，自从离开萨瑟兰公爵的那帮经纪人、仆役和门房的那一分钟起，自从群众以自己的“乌拉”声向加里波第欢呼时起，大家的心里就感到特别轻松，顿时松了一口气，一切都有了人情味，心情也好了，这样的情况一直持续到加里波第又被人们重重包围，吻他的肩膀和衣襟，一直到他坐上马车回到伦敦去为止。

一路上大家无话不谈。加里波第感到很奇怪，德国人怎么会不明白，在丹麦得到胜利的不是他们的自由，也不是他们的统一，而是两个专制国家的两支军队①，而且他们以后就很难对付它们了②。

“如果丹麦在它的斗争中得到支持，”他说，“奥地利和普鲁士的军队受到牵制，我们就会在海岸的这一边开辟一条新战线。”

我对他说，德国人是极端民族主义者，因此人们给他们贴上世界主义的标签，因为人们对他们的了解都来自书本。他们的爱国主义并不亚于法国人，但是法国人知道别人怕他们，所以比较安分。德国人知道其他民族对他们没有好感，所以就勃然大怒，以保持自己的威望。

“难道您以为，”我补充道，“有愿意把威尼斯和四要塞防御区拱手相让的德国人吗③？也许，威尼斯还凑合，——这问题太明显了，这事的不合理是显而易见的，他们要顾及贵族的体面，可是您还讲什么特里耶斯特（他们需要这地方做生意），以及加利西亚或者波兹南④（他们

---

① 指一八六四年奥地利和普鲁士进攻丹麦的战争。开战的原因是为了争夺当时属于丹麦的两个公国石勒苏益格和荷尔斯泰因。丹麦战争是普鲁士首相俾斯麦统一德国的第一个行动，因此德国人以为丹麦战争的胜利就是德国自由与统一的胜利。

② 加里波第在如何评价石勒苏益格和荷尔斯泰因问题上居然与卡·福黑特不谋而合，这不是很奇怪吗？——作者原注

卡·福黑特主张德国应在民主与法制的基础上实现统一，而不是靠掠夺别国的土地实行领土扩张，他认为，在现在的欧洲，靠吞并小的独立国家只会形成像奥地利和普鲁士那样强大的军国主义国家。它们的国家统一不是靠法制和自由建立起来的，而是靠暴力和专制。因此在丹麦战争中，福黑特站在丹麦一边。

③ 奥地利军队凭借威尼斯和四要塞组成的联合防御区统治着北意大利和控制着阿尔卑斯山和布伦纳山口。

④ 一八一五年，维也纳会议把特里耶斯特和加利西利亚割给了奥地利，把波兹南割给了普鲁士。

需要这两个地方,据说是为了使它们走上文明之路)。”

我又顺便把我和赖德律-洛兰的谈话告诉了加里波第,然后我又加了一句,依我看,赖德律-洛兰是对的。

“毫无疑问,”加里波第说,“他是完全正确的。我没有想到这一点。明天我就去看他和路易·勃朗。可是能不能现在就去呢?”他又加了一句。

我们正走在旺兹沃思公路上,而赖德律-洛兰住在圣约翰小花园,也就是说有八英里。因此我也不得不 a l' impressario〔法语:学经纪人的样〕说道,这是绝对不可能的。

加里波第又有几分钟陷入沉思,沉默不语,他的面部表情又再度流露出那种我曾经提到过的巨大的忧伤。他眺望远方,好像在地平线上寻找什么东西似的。我没有打断他的思路,而是望着他,想道:“他是否是‘上天手中的剑’呢?”但是他肯定不是一位职业统帅,不是将军。他说他不是军人,他不过是一个武装起来保卫自己被蹂躏的家园的人,他这话说出了一个神圣的真理。他是一个负有使徒使命的军人,他愿意宣传和率领人们进行十字军讨伐,愿意为了自己的人民献出自己的心、自己的孩子,对敌人进行可怕的打击,并接受敌人的可怕打击,把敌人的心挖出来,把敌人焚尸扬灰……然后忘掉已经取得的胜利,把血迹斑斑的剑连同剑鞘一起扔进海底……

这一切,也正是这一切,人民就是这么理解的,群众也是这么理解的,平民百姓也是这么理解的,认为这是一种明察秋毫的预见,一种启示,从前古罗马的奴隶们就是这么理解基督降临这一不可理解的秘密的,于是受苦受难、苦难深重的群众、妇女和老人便一齐向被处死者的十字架下拜和祈祷。理解——对他们来说就是信仰,而信仰就意味着尊崇和祈祷。

正因为如此,特丁顿的全体平民都聚集在我们家的栅栏旁,从一早就在等候加里波第。当我们坐车到达时,群众便发狂似的冲过来欢迎他,同他握手,高呼:“God bless you, Garibaldi!”〔英语:“上帝赐福于您,加里波第！"〕妇女们抓住他的手亲吻，亲吻他斗篷的边——这都是我亲眼看见的，——还有人把自己的孩子向他举起来，哭泣……他就像在自己家里一样，微笑着，跟他们一一握手，频频鞠躬，好不容易才挤到大门口。他进屋后，欢呼声有增无减，似乎增加了一倍；加里波第又走出来，把双手抱在胸前，向四面八方连连鞠躬。群众安静了下来，但是仍旧留下来不走，一直站在那里，直到加里波第离开。

没有见过任何这类场面的人，在衙署、兵营和前厅中长大的人，是很难理解这类现象的：一个"海盗"，一个尼斯海员的儿子，一个水手，一个起来造反的人……居然会受到这种帝王般的接待！他又为英国人民做了什么呢？于是一些正人君子们，在头脑里寻找答案，寻找这个秘密的动因："在英国，那些当官的善于以一种欺骗手法组织群众游行……这欺骗不了我们——Wir wissen, was wir wissen〔德语：我们知道我们知道的东西〕——我们也读过格奈斯特的书！"[1]

那不勒斯的一名船员说[2]，加里波第的像章和圣母的像章一样，都能在发生暴风雨时使人逢凶化吉，保不准，这船员也是被西卡蒂之流和韦诺斯塔掌管的那个部收买了吧！[3]

虽然新闻界的维多克[4]们，尤其是我们莫斯科的维多克们，是否能清楚地看透帕默斯顿、格莱斯顿之流这样的大师所玩的把戏，姑且存疑，但是心有灵犀一点通，一点小的小蜘蛛与硕大无朋的毒蜘蛛具有一种天然的共鸣：有时候他们会很快懂得个中奥妙，不像加里波第受到人

① 格奈斯特（1816—1895）：德国法学家，写过许多有关英国宪政理论和宪政历史的书。他在自己的著作中鼓吹贵族在国家管理上可以发挥自己的占统治地位的影响。俄国反动政论家卡特科夫在《莫斯科新闻》上也援引格奈斯特的话，鼓吹相同的观点。

② 见《钟声》第一一七期（1864）。——作者原注

③ 西卡蒂（1804—1857）：一八五〇年任皮埃蒙特-撒丁王国的司法大臣。韦诺斯塔（1829—1914）：意大利政治家，一八六三至一八六四年任皮埃蒙特外交大臣。赫尔岑举这个例子意在讽刺有些人散布谣言，说加里波第受到人民爱戴是人为的，是被人收买的，而不是人民真实感情的流露。

④ 维多克（1775—1857）：法国间谍。

民群众的热烈欢迎，对于他们始终是个解不开的谜似的。这对他们真是太好了，——如果他们懂得这秘密，他们就只好在就近的山杨树上上吊了，臭虫之所以能够过得很幸福，就因为它们不明白自己身上有一股臭味。如果臭虫也有人的嗅觉，它的日子就不好过了……

……马志尼在加里波第之后立刻就来了，我们都到大门口去欢迎他。老百姓一听说他是谁就大声欢呼；老百姓，一般说，对他毫无反感。只有小店主和小业主等见了秘密活动家和鼓动家才会产生老太婆般的恐惧。

马志尼和加里波第说的某些话①，《钟声》的读者已经知道了，我们就没必要再在这里重复了。

……加里波第讲到马志尼时说的那些话，以及说这些话时的真诚口吻，其中所包含的深情厚意，以及因一连串往事而使这些话具有的郑重性和庄严性，使所有在场的人听了都受到极大震动，以至谁也没有说话，只有马志尼一个人伸出手，重复了两次："您过奖了。"②我没有看到一个人，包括仆人，不露出 recueilli〔法语：全神贯注〕的神态，也没有一个人不激动，因为这时他们意识到，这些伟大的话掷地有声，这一刻将载入史册。

……当加里波第讲到俄国的时候，我拿着酒杯走到他面前，说，他的祝酒词一定会被身陷囹圄和矿井中的我们的朋友听到，我替他们谢谢他。

我们走进一个房间。走廊里挤满了各种各样的人；这时突然挤过来一位意大利老人，他是一名很早就到此地的流亡者，是个穷人，靠做冰棍为生；他抓住加里波第的衣襟，拦住了他，泪眼婆娑地说道：

"好了，现在我可以死了；我看见他了，我看见他了！"

加里波第拥抱和亲吻了老人。于是老人结结巴巴和语无伦次地，

---

① 见发表于一八六四年五月一日第一八四期《钟声》上赫尔岑所撰《一八六四年四月十七日》一文，但赫尔岑稍许夸大了加里波第和马志尼这次会晤的意义，这次会晤没有也不可能消弭两人之间的矛盾。

② 加里波第在演说中盛赞马志尼，说他就是在马志尼的影响下走上革命道路的。

用一种快得可怕的意大利民间语言，开始向加里波第讲述自己的苦难经历，最后他用一种非常华丽的南方语言结束了自己的讲演：

“现在我死也瞑目了，而您——愿上帝赐福于您——祝您长命百岁，为我们的祖国而活着，一直活到我死后复活！”

他抓住加里波第的手，连连亲吻，然后嚎啕大哭着走开了。

虽然加里波第对这一切都已经习以为常，但是显然他也很激动，他坐在一张不大的长沙发上，女士们都围着他，我站在沙发旁——一片愁云降落到他脸上；但是这一回他忍不住把他的想法说了出来。

“我有时候会感到很可怕，很沉重，我怕我会张皇失措……实在是太好了。我记得我作为一个被放逐者从美洲回到尼斯，当我又看到父亲的老屋，又找到自己的家、自己的亲人、自己熟悉的地方、熟悉的人时，我因幸福而感到苦恼……您知道吗，”他转过身来对我补充道，“后来又发生了什么，一连串的不幸。英国人民对我的欢迎超过了我的预期……以后又会怎样呢？今后又会出现什么情况呢？”

我想不出一句安慰他的话，对于“以后会怎样？今后会出现什么情况？”这个问题，我心中也在打鼓。

……是时候了，该走了，加里波第站起来，紧紧地拥抱我，跟大家友好地告别；又是欢呼，又是乌拉，又是两个胖胖的警察和我们，微笑着，请求大家让路，从人缝中穿过去；又是“God bless you, Garibaldi, for ever...”〔英语：“上帝永远赐福于您，加里波第……”〕于是马车便疾驶而去。

大家依旧处在某种亢奋的、内心窃喜的状态。仿佛刚刚做过节日祈祷，刚刚做过洗礼或者新娘刚刚离开，大家的心里都很充实，大家都在回味着一个个细节，同时也在思考着那个可怕的、无法回答的问题：“以后会怎样？”

彼·弗·多尔戈鲁基公爵①头一个想到拿起一张纸，记下了两人

① 多尔戈鲁基公爵（1806—1868）：俄国十九世纪六十年代的政论家，一八五九年流亡国外，在《钟声》编辑部工作。

的祝酒词。他记录得很准确，其他人作了补充。我们再拿给马志尼和其他人过目，凑成了一篇记录稿（作了一些小小的和不重要的修改），它像电火花一样，飞遍全欧洲，引起了一片欢呼和愤怒的叫嚣……

后来马志尼走了，客人们也走了。只剩下了我们和两三个亲近的朋友，薄暮悄悄降临。

我真诚而又深深地感到遗憾，孩子们，那天，你们没有跟我们在一起：这样的日子应该好好记住，永远记住，一想到这些日子就会使人感到神清气爽，即使看到生活的另一面也庶几可以容忍了。可是这样的日子很少。

四　26，PRINCE'S GATE〔英语：亲王门二十六号〕①

“将来会怎样呢？”……最近的将来并没有劳我们久等。

就像在古老的史诗中一样，正当主人公躺在桂冠上高枕无忧，饮宴作乐或者睡大觉的时候，纷争、报复和嫉妒却穿上自己的华丽服装，呼风唤雨，在阴云密布中聚集到一起；报复加上嫉妒在煎毒药，在锻造匕首，而纷争则在煽风点火，磨刀霍霍。现在也一样，只是改头换面，文质彬彬，以适应我们心平气和、温情脉脉的时代风气。不过，在我们这时代，这一切都是真人做的，而不是一种寓意；他们不是在“月黑风高之夜”，也没有披头散发的复仇女神，而是在灯火辉煌的大厅里聚会，有的只是扑了发粉的仆役；古典诗歌和儿童哑剧中的布景和恐怖场面被代之以简单而又不动声色的玩牌做假，巫术代之以普通生意场上的花招，在玩弄这些花招时，诚实无欺的小店主在出售掺了黑糊糊的醋栗汁的伏特加酒时，居然还发誓说，这是“波尔多葡萄酒”，而且是“三星级的陈年佳酿”，他明知道谁也不会相信他的话，但是他也知道吹牛不犯

① 这是英国作家和出版家伯特·西利的住宅。加里波第离开萨瑟兰亲王的斯坦福宫以后就住在这里（1864 年 4 月 20—28 日）。

法，吃不了官司，如果真有人要打官司，这人岂不是自己犯傻，自讨没趣吗？

正当加里波第称马志尼是自己的“朋友和导师”，称他是众人酣睡他独醒、孤独地站在田野里的最早播种者，说他在给觉醒的人民指明道路的同时，也给他这个渴望为祖国而战，后来成为意大利人民领袖的年轻战士指明了道路的时候；正当他在朋友们的包围下，望着一个泪眼婆娑的贫穷的被放逐者在一再重复“现在我死也瞑目了”，自己也差点哭出来的时候；正当他向我们诉说他心中对未来感到恐惧的时候，——一些阴谋家却决定无论如何要甩掉这个不识相的客人，尽管参加这场阴谋的人，都在办外交和搞阴谋中老了，不中用了，他们在捣鬼和虚伪中已经两鬓斑白，都走不动了，可是他们在玩弄他们那套把戏时，却丝毫也不亚于那个对天发誓，以黑糊糊的醋栗汁冒充 old port * * *〔英语：三星级陈年佳酿〕的诚实无欺的小店主。

英国政府从来也没有邀请过加里波第，也没给他发过邀请函；这是大陆上那些老谋深算的新闻记者杜撰出来的一派胡言。邀请加里波第的英国人同英国内阁毫无共同之点。认为这是政府行为同样是荒谬的，就像我们那些蠢货所暗示的那样，好像帕默斯顿之所以安排斯坦斯菲尔德当海军部大臣，就因为他是马志尼的朋友一样。请注意，在对斯坦斯菲尔德和帕默斯顿最疯狂的攻击中，无论在英国议会，也无论在英国报刊，就从来不曾提到过此事。这类庸俗的谣言，就像厄克特指责帕默斯顿拿俄国津贴一样可笑①。钱伯斯②和其他人曾质问帕默斯顿，政府对加里波第的来访是否感到不高兴③。他回答了他应当回答的

① 厄克特曾在自己的文章中一再污蔑帕默斯顿曾被沙皇政府收买，是俄国的雇佣间谍。

② 钱伯斯(1802—1871)：英国作家和出版商。

③ 钱伯斯一直与加里波第保持着友好关系，他曾在卡普雷拉岛上竭力邀请加里波第访问英国，并与他在一八六四年四月三日同坐“Ripon”号轮船到达南安普顿。就加里波第访问英国的事质问帕默斯顿的是英国欢迎加里波第筹备委员会主席理查逊(英国作家)。

话：加里波第将军访问英国，政府不可能感到不高兴；同时，它既没有拒绝他的来访，但是也没有邀请他。

加里波第之所以来访，是想在英国重新提出意大利问题，募集资金，以便在亚得里亚海发动进攻①，然后用既成事实来带动维克多·曼努尔。

这就是全部情况。

至于加里波第将受到欢呼，这是邀请他的人和所有希望他来的人都清楚地知道的。可是这事竟在老百姓中引起了轰动，则是他们始料不及的。

英国人民一听说那个被意大利子弹打伤的②领导“红衫军”的人要到他们这儿来作客，就群情激昂，蓦地鼓起他们那已经不习惯于飞翔、由于不断的沉重劳动已失去灵活性的翅膀。在这展翅飞翔中，不仅流露出了快乐，流露出了爱——其中还流露出了抱怨、牢骚和呻吟：在对某人颂扬的同时，也是对另一些人的谴责。

请回想一下我跟从纽卡斯尔来的船长的会见。请回想一下伦敦工人在致欢迎词的时候，是他们头一个预先想好了要把马志尼的名字与加里波第并列③。

英国贵族目前还丝毫不怕自己这位强大而又受尽摧残的小青年；再说它的心腹大患也根本不是来自欧洲革命。但是事情发展到现在这地步，却使他们感到十分不快，在工人的和平鼓噪中，使这些人民的牧师感到厌恶的主要是，他们使英国工人脱离了应有的轨道，使他们异想

---

① 意大利王国成立后，威尼斯仍在奥地利手中，国王曼努尔二世不敢乘机收复威尼斯，所以加里波第想进军亚得里亚海，在威尼斯发动起义，并发动巴尔干半岛的人民起来反对奥地利统治。

② 加里波第于一八六二年向罗马进军，旨在解放罗马时，一八六二年八月二十九日在阿斯普罗蒙特战役中被维克多·曼努尔的军队打伤并俘虏。

③ 伦敦工人委员会在加里波第到达伦敦的当天（一八六四年四月十一日）就代表英国工人向他致欢迎词，除掉指出加里波第在解放和统一意大利事业中功不可没以外，也指出马志尼在意大利民族复兴运动中作出的卓越贡献。

天开，不肯老实本分、安分守己地为解决自己的生计问题而进行没有出路的操劳，不肯终身 hard labour〔英语：努力干活，努力劳动〕，更何况责令他们这么干的并不是他们这些牧师，而是我们共同的老板，our Maker〔英语：我们的造物主〕，沙夫茨伯里的上帝，德比的上帝，萨瑟兰们和德文希尔①们的上帝——按照他不可思议的大智大慧以及他无边无际的仁慈。

真正的英国贵族，不用说，压根儿没有想到要驱逐加里波第；相反，他们只想拉拢他，用金色的云雾把他与人民隔开，就像大眼睛的赫拉②与宙斯共寝时必须遮遮掩掩，躲开众神的耳目似的。他们只想好好待他，给他吃，给他喝，不让他清醒过来，明白过来，不让他有片刻安宁。加里波第想募集资金，——但是由我们的"老板"，以及沙夫茨伯里、德比和德文希尔等老板的仁慈注定要过安贫乐道生活的人，能给他募集到很多钱吗？我们可以轻而易举地施舍给他五十万、一百万法郎，只消花我们在艾普索姆赛马场③的一半赌注，我们就可以给他买到：

村庄、别墅和房子，
外加十万纯银的银币。

我们可以给他买下卡普雷拉岛的其余部分，我们可以给他买一艘非常好的快艇——他那么喜欢航海；但是为了不使他乱花钱（花在解放意大利上就是乱花钱），我们将实行长子继承制，但是可以让他收租④。

---

① 德文希尔是英国著名贵族世家；此处泛指英国的伯爵们和公爵们。

② 希腊神话中的天后，宙斯的妻子。

③ 艾普索姆在伦敦郊区，那里每年都举行赛马。

④ 倒像加里波第要钱是为了他自己似的。当然，加里波第拒绝了英国贵族给他的嫁妆，因为他们给的条件太荒谬了，这使那些充当警察职能的报刊极其难过，因为他们一直在一文钱一文钱地数着，他可以带多少钱回卡普雷拉岛。——作者原注

卡普雷拉岛是个小岛，在撒丁岛的东北角。从一八五六年起，加里波第在此定居，他有一个小庄园，一八六〇年，他把军权交给意大利王国后就一直住在这里，死后也埋葬在这里。

所有这些计划都以光彩夺目的演出搬上舞台，但收效甚微。加里波第就像阴霾满天之夜的月亮，不管乌云怎么遮天蔽日，来去匆匆，轮番出现，一轮皎洁的明月还是不断冲出云层，照耀着下界的我们。

贵族们开始感到有点尴尬。于是生意人便出来救场。他们太急功近利了，根本顾不上考虑鼓动产生的精神后果，他们只顾眼前的需要——似乎，一位皇帝皱了皱眉头，另一位皇帝也不高兴了，——这情况可别让托利党利用呀……于是便出现了斯坦斯菲尔德事件。

幸好，克拉伦登①必须到杜伊勒里宫去面见圣上②。事情本来不大，所以他很快就回来了。拿破仑同他谈到了加里波第，他说英国人尊敬伟人，他感到高兴。德律安·德·吕③欲言又止，说了等于没说，如果他真要说什么，他可能就会结结巴巴地说道：

> 我在高加索附近出生④，
> Civis romanus sum!
> 〔拉丁语：我是罗马的公民！〕⑤

奥地利大使甚至都不乐意英国接待这位因改朝换代而上台的将军⑥。一切都平安无事。可是心里却焦躁不安……心乱如麻。

内阁睡不着觉；“第一个人”向第二个人耳语，“第二个人”又向加

---

① 克拉伦登（1800—1870）：英国国家领导人，一八六四年为政府成员，从一八六五年起任英国外交大臣。

② 克拉伦登勋爵于一八六四年四月参加英国内阁，为了协调英法关系，也为了消除法国政府因加里波第访英而产生的不满，曾到巴黎去与拿破仑三世密谈。

③ 德律安·德·吕（1805—1881）：一八六二至一八六六年任法国外交大臣。

④ 引自普希金的《巴赫奇萨拉伊的喷泉》。

⑤ 赫尔岑在这里影射英国首相帕默斯顿一八五〇年在英国下院就希腊和英国发生冲突的事发表的讲话，英国拒绝法国的调停，强迫希腊接受他提出的要求。他硬说，在古代，只要是罗马公民，就有权统治世界，而现在，只要是英国的臣民，也同样拥有这一权利。这里的意思是说，不管我出生在哪里，只要我是英国的臣民，我就有权统治世界。

⑥ 奥地利政府对加里波第在英国受到热烈欢迎一事非常不满，因为加里波第从前为解放意大利曾打过奥地利人，而现在他到英国来，也是为了把奥地利人逐出威尼斯。

里波第的朋友耳语，加里波第的朋友又向帕默斯顿的亲戚，又向沙夫茨伯里勋爵，又向他的更好的朋友西利耳语。西利又同替他做手术的医生弗格逊耳语……什么也不怕的弗格逊替别人耽心起来，于是便接二连三地写信谈到加里波第的病。读过这些信后，格莱斯顿竟比外科医生还耽心。谁会想到，在财政大臣的乌纱帽下，有时候还会蕴藏着这么无边的爱和同情呢？……

……在我们欢迎加里波第来访的第二天，我到伦敦去了。我在火车站拿起一份晚报，看到用大字赫然印着："加里波第将军生病"，然后是新闻，说他将于日内返回卡普雷拉岛，哪个城市也不去了。我并不像沙夫茨伯里那样神经过敏，也不像格莱斯顿①那样为朋友的健康耽心，看到报上的消息说，我昨天还看到的十分健康的人忽然病了，我丝毫也不在意，——当然，有人会忽然生病，比如保罗皇帝便一病不起，命归黄泉②，——但是加里波第离突然中风还远着呢，即使他当真出了什么事，我们共同的朋友中一定会有人立刻告诉我的。因此不难猜测，这不过是要的一个花招，un coup monté〔法语：预先设置的一个圈套〕。

这时候再去看加里波第，已经太晚了。我去找马志尼，他不在家，然后又去找一位太太，从她那里我才得知，英国内阁对这位伟人生病关怀备至的主要之点。马志尼也到那位太太那里去了。我还从来没有见过他那样：在他的脸上，在他的声音中都含着悲痛。

在樱草山举行的第二次群众大会，谢恩讲了话③，从他的讲话中可以得知 en gros〔法语：大致〕是怎么回事。他对他指名道姓所说的"阴谋家"以及当时的情况所作的描述都相当真实。沙夫茨伯里去找西利商

① 格莱斯顿(1809—1898)：曾历任英国财政大臣，是英国自由派的代表之一。

② 俄罗斯保罗一世于一八〇一年十二月十二日被人扼死在宫中。

③ 因加里波第被迫离开英国而于一八六四年四月二十三日召开的第一次群众大会，被警察驱散了。第二次群众大会旨在抗议英国政府对加里波第不友好的虚伪态度，由工人委员会组织，并于一八六四年五月七日举行，地点仍在樱草山。谢恩是英国的著名律师，马志尼的朋友，他的讲话刊登在一八六四年五月九日的《太晤士报》上。赫尔岑所讲的英国政府的幕后话，即以此为据。

量；西利是个能干的人，他立刻说必须有弗格逊的信；弗格逊是个彬彬有礼的人，他是不会拒绝写信的。一帮串通好的人便于四月十七日即星期日晚上，拿着这封信来到斯坦福宫，而且就在加里波第的那个房间的隔壁商量应该怎么办。这时加里波第正气定神闲地坐在屋里吃葡萄，既不知道自己重病在身，也不知道自己就要走了。最后，勇敢的格莱斯顿主动担当了这一困难的角色，在沙夫茨伯里和西利的陪同下走进了加里波第的房间。格莱斯顿能说会道，足以让整个议会，整所大学，整个社团和代表团都听烦了——所以要说得让加里波第心烦，也就不足挂齿了，更何况他这话是用意大利语说的，而且安排得很好，因为就他们四个人在场，说了也就说了，没有旁证。加里波第起先回答他说，他很健康；但是那位财政大臣认为，他健康只是一个偶然的事实，不足以说明他根本没病，而且以弗格逊的话为证，因为弗格逊说他病了，而且他手中有他开的诊断书。最后加里波第明白了，在这种温情脉脉的关怀下另有隐情，于是他问格莱斯顿，“这一切是否意味着他们希望他离开？”格莱斯顿倒并不对他隐瞒，加里波第待在英国，在许多方面使英国本来就很困难的处境更加复杂化了。

“既然这样，那我走。”

格莱斯顿刚说几句就大获全胜，这倒使他心软了，害怕了，他建议他再去两三个城市，然后再回卡普雷拉岛。

“在城市之间挑选，我做不到，”受到侮辱的加里波第回答，“但是我可以保证，过两天就走。”

……星期一，有人在议会提出质询。办事轻浮的老头帕默斯顿在一个议院，来去匆匆地面见法国圣上的克拉伦登则在另一个议院①，凭着自己纯洁的良心，一再解释。克拉伦登也向贵族们做证，拿破仑根本没有要求驱逐加里波第。帕默斯顿本人也根本不希望他离开，他只是为他的健康担忧……接着他就开始陈述所有的细节，而这些细节只有

---

① 指英国议会的上议院和下议院。

他的爱妻或者保险公司派来的医生才知道,——如每天睡眠和吃饭的时间,他的腿伤情况,他的饮食、心中的焦虑和年龄。议会开会变成了医生会诊。这位首相一再援引的已不是查塔姆①和坎贝尔②的论断,而是医书和弗格逊的话,后者在这次困难的手术中帮了他大忙。

立法会议决定,加里波第病了。英国的城市和乡村,即郡县和银行都可以在情况紧急时自行裁决和处理公务。政府竭力避免任何干涉的嫌疑,以致对每天都有人饿死都熟视无睹,就怕因此而限制了工人收容所的自治权,他们对整村整村的人在干活中累得筋疲力尽和得了克汀病也听之任之,可是现在他们却突然变成了医院里的护士,变成了照料病人的护工。一些身居要津的国务大臣把伟大航船的船舵弃之不顾,竟嘁嘁喳喳地谈论一个根本就没有请他们来看病的人的健康,硬给他开了他根本没有要他们开的横渡大西洋和乘坐萨瑟兰公爵“温迪娜”号快艇的药方,财政大臣忘记了预算、income-tax,debit 和 credit〔英语:所得税、借方和贷方〕,却去参加会诊。首相向议会作了病理分析报告。难道胃和腿的自治权就不如把人送进墓地的慈善机关的恣意妄为神圣吗?

斯坦斯菲尔德因为不懂得为女王服务就必须与马志尼反目,因此不久前吃足了苦头!而现在即便是位高权重的大臣也可以不写欢迎词,只开处方了,同时竭力为延长像马志尼这样的革命者的寿命而操碎了心。

加里波第对一些过分热心的朋友向他表明的政府的愿望,本来可以存疑,并且留下来不走。难道会有人怀疑首相向英国国会议员所说的话不是真的吗,——所有的朋友都这么劝他。

“帕默斯顿的话并不能解除我做的保证。”加里波第回答道,同时吩咐收拾行装。

---

① 查塔姆伯爵威廉·皮特(老)(1708—1778):英国十八世纪最伟大的政治家和首相,辉格党领袖。

② 坎贝尔(1779—1861):英国法律学家,一八五〇至一八五八年的英国大法官,从一八五九年起任英国上议院议长兼大法官。

这是又一次的索尔费里诺战役①！

别林斯基早就说过，外交官的取胜之道在于他们与我们打交道时把我们也当成了外交官，而我们与外交官打交道时却把他们当成了人。

现在你们该明白，只要晚一天——我们与加里波第的欢叙，加里波第的讲话，以及他说到马志尼时的那些话，就不会有那么大意义了。

……第二天我到斯坦福宫去，到那里后得知加里波第已搬到亲王门二十六号，搬到坐落在肯辛顿花园旁的西利家去了。于是我就去了亲王门；想同加里波第说话简直没有任何可能，时时刻刻都有人盯着他；客厅和书房里有二十多位客人或坐或站，或者走来走去，或者沉默不语，或者在说话。

“您要走了吗？”我抓住他的手，问道。

加里波第握了握我的手，用闷闷不乐的声音回答道：

“我只能屈从必然要发生的事（je me plie aux nécessités）。”

他要到什么地方去；我离开他，跑到楼下；我在那里遇到了萨斐、古尔卓尼、莫尔蒂尼和理查逊；大家都对加里波第要走感到很气愤。西利太太走了进来，她后面跟着一位上了年纪的、瘦瘦的而又十分麻利的法国女人，她伶牙利齿、能说会道，正在向女主人说，她能认识这么一位personne distinguée〔法语：杰出的人〕真乃三生有幸。西利太太请斯坦斯菲尔德翻译一下到底是怎么回事。那位法国女人继续道：

“啊呀，我的上帝，我多么高兴啊！这大概是您的儿子吧？请允许我向他自我介绍一下。”

那个法国女人没有注意到西利太太同斯坦斯菲尔德年龄相仿，于是斯坦斯菲尔德便告诉她：不是的，接着又问她有何贵干。她瞥了我一眼（萨斐等已经走了）说：

---

① 索尔费里诺是意大利北部的一个小村庄。一八五九年六月二十四日，在奥法意三国战争期间，这里曾发生过一场大的战役，奥军被法军和皮埃蒙特军粉碎。此处意为英国首相帕默斯顿在道义上的失败。

“原来还有旁人在场。”

斯坦斯菲尔德告诉了她我姓甚名谁。她立刻就跟我说起话来，请我留下来不要走，但是我宁愿让她与斯坦斯菲尔德 tête-à-tête〔法语：单独〕在一起，又跑上了楼。过了不多一会儿，斯坦斯菲尔德回来了，手里拿着一只钩子或者什么卡子。这是那个法国女人的丈夫发明的，她想得到加里波第的赞许。

最后两天是乱哄哄的和闷闷不乐的。加里波第避免谈他就要走了，而且只字不提自己的健康状况……在所有亲朋好友中，他遇到的都是忧伤的责备。他心里也很难受，但是他闭口不谈。

在他离开的前一天，下午两点左右，当下人跑来通报接待室里已经挤满了人的时候，我正坐在他屋里。这天许多议员及其家属，各种 nobility 和 gentry〔英语：显贵和贵族〕，据《太晤士报》称，多达两千人，都要来看他，——这简直是一次 grande levée〔法语：大的集会〕，皇帝的出行，不仅有符腾堡国王，甚至还包括普鲁士国王，要是没有教授和士官们凑数，恐怕也未必能达到这样盛大的场面。

加里波第站起来问道：

“难道该走了？”

斯坦斯菲尔德也正好在场，他看了看表，说：

“离规定的时间还差五六分钟。”

加里波第松了口气，快活地坐到自己的位子上。但这时经理人跑了进来，开始安排，沙发放哪，从哪个门进，从哪个门出。

“我走了。”我对加里波第说。

“干吗，再等一会儿嘛。”

“那我在这里做什么呢？”

他笑着说：“当我接见这么多不认识的人时，起码在我身边有个熟人呀。”

大门洞开；门口站着一名临时安排的典礼官，拿着一张名单，开始大声宣读某种官职姓名录：The right honourable so and so—honourable—esquire—lady—esquire—lordship—miss—esquire〔英语：最尊敬的某某某与某某某；尊敬的某某某，某某某先生，某某某女士，某某某先生，某某某阁下，某某某、某某某小姐，某某某先生〕—m. p. —m. p. —m. p.〔英语：某某某议员，某某某议员，某某某议员〕没完没了。每念一个名字就有人挤进大门，然后气定神闲地飘然走进屋内：有的年老，有的年少，有的穿着钟式裙，有的鼓鼓囊囊的像只气球，有的白发苍苍，有的都没了头发，有的是不点大的小老头，有的老头则又胖又结实，有的则瘦得像只没长后腿的长颈鹿，脖子伸得老长，还拼命往上伸，好像要用又大又黄的牙齿把上半部脑袋顶起来似的……每个人都带着三四位或五六位女士，这真是太好了，因为她们占了五十个人的位置，这样就救了大家，不致被挤倒。大家都挨个儿向加里波第道别；男人们拼命握他的手，好像这人的手指刚被开水烫伤了似的；有的则在握手的同时寒暄两句；大部分人则说话含糊不清，或者一言不发，便鞠躬告辞。女士们也默然以对，但是却深情和久久地注视着加里波第，以致今年在伦敦一定会出生大量长得像他的孩子，因为，即使现在，孩子们被带出来时也已经穿上了跟他一样的红衬衫，就只缺他披的那件斗篷了。

人们鞠躬告辞后便缓缓地走进对面通向客厅的旁门，然后在那里下楼；比较勇敢的人则不急于离去，而是尽量在屋里再多待一会儿。

加里波第起先是站着，后来便坐下来，后来又站起来，最后就干脆坐下了。他那条腿不允许他站的时间太长，似乎这接见永远没完没了似的……马车接二连三地驶来……典礼官还在没完没了地念名单。

Horse-guards〔英语：近卫骑兵团〕的乐队在轰然作响，我在屋里站了一会儿，起先走进客厅，然后又随着钟式裙的洪流走到瀑布跟前，接着又跟着瀑布来到萨斐和莫尔蒂尼通常休息的房间门口。屋里没有人；我心里感到乱糟糟的，心情很坏；这个镀金的驱逐出境，再加上这出皇上陛见的喜剧，这一切到底玩的什么把戏呢？我累了，跌坐在沙发上；乐队在演奏《路克雷齐亚》①，演奏得很好；我开始听。——是的，是的，

---

① 指意大利作曲家唐尼采蒂（1797—1848）的歌剧《路克雷齐亚·波契亚》。

"Non curiamo l' incerto domani."〔意语:"我们并不为不可知的明天担忧。"〕①

从窗口可以看到排成长龙的马车;这些马车还没有到达;瞧,来了一辆,它后面是第二辆,第三辆;又停下了……我想象着加里波第怎样带着他受伤的胳臂,又累又难过地坐着,他脸上掠过一片乌云,可是谁也没有注意这个,那些钟式裙还一直在飘进来,那些 right honourable〔英语:最可尊敬的〕大人先生们——白发苍苍的、秃顶的、颧骨高耸的、像长颈鹿似的……还在不断地进来。

……音乐在轰鸣,马车在不停地驶来……我也不知道这是怎么搞的,反正我睡着了;有人推门进来,吵醒了我……音乐还在轰鸣,马车还在不停地驶来,简直看不到头了……他们这样真会把他累死的!

我回家去了。

第二天,也就是在他要离开的那天,我早上七点就动身去看望加里波第,我为此还特意在伦敦住了一夜。他面色阴沉,心情焦躁;这时你才可以看出他习惯于带兵打仗,无论在战场上还是在海上,他都是铁一般的领袖。

一位先生逮住了他,这位先生带来了一名靴匠,他为加里波第发明了一种带有铁支架的鞋子。加里波第咬牙坐到扶手椅上,靴匠便汗流满面地替他穿上他发明的足枷,然后又叫他站起来,跺跺脚,走走;一切都似乎很好。

"该给他多少钱?"加里波第问。

"哪能呢,"那位先生回答,"您肯收下,他就三生有幸了。"

他们告退了。

"要不了几天,这就会出现在他的招牌上。"有人说,而加里波第则摆出一副央求的模样,向伺候他的年轻人说道:

"看在上帝分上,别让我穿这劳什子了,受不了,疼。"

---

① 《路克雷齐亚》中的一句歌词。

这事非常可笑。

接着便来了一些贵妇人,较不重要的则聚集在客厅里等候。

我和奥加略夫——我们进去找他。

“别了。”我说。“别了,在卡普雷拉岛再见。”

他拥抱了我,并坐下来,向我们伸出两只手,用一种令人心碎的声音说道:

“请原谅我,请多多原谅;我的头都晕了,请到卡普雷拉岛来。”

他又一次拥抱了我们。

接见完毕后,加里波第要到斯坦福宫去会见威尔士亲王①。

我们出了大门便分手了。奥加略夫去看马志尼,我去找罗思柴尔德。罗思柴尔德的办公室还没有一个人。我走进圣保罗酒店,那儿也没有人……我给自己要了一份炸牛排,独自一人坐在那里,细细品味着这个“春夜之梦”的所有细节……

“走吧,伟大的孩子,伟大的力量,伟大的圣愚和伟大的平凡!穿红衬衫的平民和李尔王,走你的崎岖山路吧!高纳里尔把你赶走,你就离开她,你还有可怜的考狄利娅呢,她不会不爱你的,她也不会死!”②

第四幕完了……

第五幕会演什么呢?

一八六四年五月十五日

---

① 即后来英国国王爱德华七世。

② 高纳里尔和考狄利娅均是莎士比亚悲剧《李尔王》中的人物。高纳里尔是李尔王的大女儿,无情无义,考狄利娅则是他的小女儿,很孝顺,在李尔王被逐出家门以后,救了他,收留了他,给他以安慰,给他以温暖。

第七卷

私人俄文印刷所和《钟声》

臧仲伦 译

第一章　全盛和衰落(1858—1862)

一

……上午十点左右,我听见楼下有一个粗门大嗓的人的不满的声音:①

“Me əut комсаколонель рюс ве вуар.”〔“您就说,一位俄国上校求见。”〕

“Monsieur ne reçoit jamais le matin et...”〔“主人上午不会客,而且……”〕

“Жепарəемен.”〔“我明天要走。”〕

“Et votre nom,monsieur...”〔“先生,您贵姓?”〕

“Mais ву ∂upe колонель рюс.”〔俄国腔的法语和俄语:“您就说俄国上校。”〕上校提高了点嗓门。

朱儿②觉得十分为难。我走到楼梯口,从楼上问:

“Qu’est-ce qu’il y a?”〔法语:“怎么回事?”〕

“Ce ву?”〔法语和俄国腔的法语:“是您吗?”〕上校问。

“Oui,c’est moi.”〔法语:“对,是我。”〕

“先生,请您吩咐他让我进去。尊仆不让我进来。”

---

① 上校说的话,在原文中是用俄语字母拼写的法语。

② 赫尔岑在伦敦的仆人。

“劳驾，请进。”

上校有点生气的面容豁然开朗，他同我一起走进书房，可是又忽然端起架子，说：

“鄙人是某某上校；路过伦敦，认为责无旁贷，理应前来拜会阁下。”

我顿时感到自己成了将军，于是指了指椅子，加了一句：

“请坐。”

上校坐下。

“在这里准备逗留很久吗？”

“就到明天。”

“早来了吗？”

“来三天了。”

“为什么不多住些日子呢？”

“要知道，在这里语言不通，就像到了蛮荒之地，在森林里似的。衷心希望能够亲自见到阁下，以我个人的名义，也代表许多同志谢谢您。您的出版物使我们获益匪浅：其中有许多真理，有时肚子都笑破了。”

“您过奖了，非常感谢，这是身在异国他乡的唯一奖励。你们能收到很多我们的出版物吗？”

“很多……要知道，每一本期刊有多少人读啊：都读破了，读烂了，都读得入了迷；还有些爱好者，甚至抄录下来。有时候我们还聚在一起，边读边议……我希望，一个军人和一个真正尊敬您的人向您敞开心扉，您不会介意吧？”

“请不吝赐教，我们是决不会反对言论自由的。”

“我们相互之间常常说：看了您的揭露，我们得益匪浅；您自己知道，我们能对那个苏霍扎涅特说什么呢？只有三缄其口；再有就是关于那个阿德勒尔贝格①？但是，要知道，您离开俄国太久了，您忘记了它

---

① 苏霍扎涅特(1794—1871)：一八五六至一八六一年任俄国陆军大臣。阿德勒尔贝格(1790—1884)：一八五二年起任大内总管。《钟声》上经常刊载揭露这两人的材料和文章。

的样子，忘记得太多了，因此我们总觉得，您太注重农民问题……农民问题还没有成熟……”

“是吗？”

“没错……我完全同意您的看法；哪能呢，心还是那样好，人还是那样好，像上帝一样……请相信，这一切现在许多人都看到了，但是不能心急，为时尚早。”

“您这么认为？”

“我这么认为……要知道，我国的农民太懒……他们也许心眼不错，但是爱喝酒，人懒惰。把他们猛地解放了——他们就会不干活，不种地，非饿死不可。”

“您又何必瞎操这份心呢？要知道，上校，谁也没让您负责对俄国老百姓的粮食供应……”

在所有可能和不可能的反驳中，上校最没料到的是我会说这种话。

“这当然啰，一方面……”

“您也不用耽心另一方面；要知道，他们决不会因为不给老爷种地，而只给自己种地而当真饿死的，不是吗？”

“请勿见怪，我认为有义务说明……不过，我觉得，您的时间很宝贵，我占用您的时间太多了……请允许我告辞。”

“多谢阁下来访。”

“哪的话，请放心。我的马车呢？您住得够远的。”

“不近。”

我想用这一精彩的插曲做开场白，来叙述我们那个繁荣昌盛的时代。这样的和类似这样的情景曾不断重演；不管我住得离伦敦西区多么远——在普特内，在富拉姆……也不管我们每天上午经常闭门谢客——都无济于事。我们成了红人。

当时，我们什么人没有见过啊！……现在许多人甚至甘愿付出重金，只要能够把自己曾经来访这件事，即使不是从自己，也是从人们的记忆中抹去……但是当时,我再说一遍,我们是红人,在一本旅游指南中,在普特内的众多名胜中,我的大名竟赫然在目。

这情况发生在一八五七至一八六三年,但是在这以前可不是这样。随着一八四八年后欧洲反动势力的日益猖獗和站稳脚跟,而尼古拉的凶残已不再是与日俱增,而是与时俱增之后,俄国人就开始躲避我和怕我……再说,到了一八五一年,大家都知道,我已正式拒绝返回俄国①。当时到国外旅行的人很少。间或来一两个老朋友,谈到一些可怕的、不可思议的事,一谈到要回俄国就充满恐惧,而且还左顾右盼,看有没有什么同胞在场。在尼斯,有一回,阿·伊·萨布罗夫②坐着马车,带了一名临时雇来的随从来看我,我自己也把这看作是一种英勇壮举。一八五二年我秘密路过法国,曾经在巴黎遇见几个俄国人③——这是我见到的最后几个俄国人。此后,在伦敦就再没有见过任何人。就这样过去了一周复一周,一月复一月……

听不到俄国人的声音,也看不到俄国人的脸。④

谁也不给我写信。米·谢·史迁普金是我在伦敦看到的、从家里来的、头一个比较亲近的人。关于我同他的会面,我已经在另一个地方说过⑤。他的到来,对于我,就像是追荐亡魂的星期六;我跟他一起追悼了莫斯科的一切,而我们俩当时的心情就像参加葬礼似的。衔着橄榄枝回到挪亚方舟的真正的鸽子⑥不是他,而是B-斯基

---

① 赫尔岑在一八五一年正式拒绝返回俄国,并加入瑞士国籍。

② 萨布罗夫:俄国少将,赫尔岑同学沙青的姐夫。

③ 一八五二年八月,赫尔岑在去伦敦途中,未经法国政府允许,在巴黎待了八天,遇见了雷赫尔、斯坦克维奇夫妇和梅尔古诺夫。

④ 这句话源出《聪明误》第三幕第二十二场。我在这里说的,自然不包括两三个流亡者。——作者原注

⑤ 《钟声》一八六三年。——作者原注

赫尔岑于一八五三年九月在伦敦看到了史迁普金,关于他俩的这次会面,赫尔岑写了一篇文章,题为《米哈伊尔·谢苗诺维奇·史迁普金》。

⑥ 典出《圣经·创世记》。

医生①。

他是在尼古拉死后第一个到里士满的乔姆勒洛奇来看我们的俄国人，他经常感到奇怪，既然它这么叫，可是为什么要写成 Cholmondeley Lodge 呢？② 史迁普金带来的消息都是阴暗的；他自己也总是愁眉苦脸。B-斯基却露出他那雪白的牙齿，从早笑到晚；他带来的消息充满了希望，充满了英国人所说的“乐观主义”，这种“乐观主义”在尼古拉死后笼罩着俄罗斯，在彼得堡帝国严峻的背景上增添了一道明亮的光带。诚然，他也带来了一些坏消息，说格拉诺夫斯基和奥加略夫的健康堪忧，但是连这也消失在从噩梦中醒来的社会的明朗的画面中，而他自己就是这大梦初醒的社会的一个样板。

我百听不厌地听着他讲的各种故事，不厌其烦地反复询问，知道得越详细越好……我不知道他当时是否知道，或者过后是否充分估计到他对我所做的这件大好事。

三年的伦敦生活使我感到筋疲力尽。在近期看不到实效的情况下进行工作，是沉重的；何况我处在一种与祖国和亲人相隔绝的状态。我和切尔涅茨基一印张一印张地印刷，然后把印好的小册子和书籍成捆成捆地堆在特鲁布南的地下室里，我几乎没有可能把任何东西运过俄国边境。但是撒手不管我又办不到：俄文印刷机对于我来说犹如生命，就像古代日耳曼人迁移时随身携带的老家的族徽一样；跟它在一起，我就好像生活在俄罗斯的氛围中，跟它在一起，我心里就感到踏实，就有了武器。但是尽管如此，这种无效劳动仍旧使我心烦意乱，灰心丧气。

---

① 指皮库林（1822—1885），俄国医生，莫斯科大学教授，格拉诺夫斯基的朋友。B-斯基是赫尔岑为了保密起见给他取的化名，因为他于一八五五年六月初离开俄国到达伦敦以前，曾在维也纳住过一段时间（由 Beha 而 Behckhh），故名。皮库林与赫尔岑的莫斯科朋友都有联系，这次还给他带来了格拉诺夫斯基的信，信中还有克彻尔的附言。

② 可爱的 B-斯基在英语上经常出洋相。有一回他问我儿子：“从地图上看，克夫离这儿不远吧？”“我没听说有这个地方。”“哪能呢，那里有一座很大的植物园和欧洲首屈一指的温室。”“咱们去问花匠吧。”可是问了，他也不知道。B-斯基打开地图。“它不就在里士满旁边吗！”原来他说的是克尤。——作者原注

信心越来越低落，它在寻找转变的征兆，可是不仅看不到转机，甚至都听不到一句从老家传来的表示支持的话。

随着克里米亚战争，随着尼古拉的死，另一个时代来临了；从无边的黑暗里渐渐出现了某种新的隐约可见的辽阔的视野，感觉到某种新的动向；从远处看是很难看清楚的——必须有一个目睹的人。而这个目睹的人就是B-斯基，他肯定地说，这亲眼目睹的一切绝不是海市蜃楼，而是确有其事，大船已经启航，它正在航行中。只要看看他那容光焕发的脸……就会相信他说的话是真的。而近来在俄国根本就看不到这种喜气洋洋的脸色……

我被这种俄国人所不习惯的感情苦恼，想起了康德，他在一七九二年听到宣布成立共和国的消息时，脱下他的丝绒帽子，便像接受上帝之子耶稣的西面那样反复说："如今可以释放我安然去世了。"①是的，能在漫长的阴雨晦冥之夜后……在黎明时分安然入睡，而且在入睡时充满信心，美好的白天就要到来，这多好啊！

而格拉诺夫斯基就是这样去世的……

……的确，我从十三岁起就一心向往的那一天的黎明终于慢慢地到来了，——那时我还是个穿着条纹厚毛料茄克衫的小男孩，与另一个同样"图谋不轨的小男孩"（只比我小一岁）一起坐在"老屋"的小房间里②，坐在大学的课堂里，——周围全是些热血青年；后来又在监狱和流放中；再后来，又经历革命和反动的混战，流落异国他乡；之后，又处在家庭幸福的高峰中，终于心力交瘁，惘然若失地流落在英吉利的海岸边，只能用我的印刷所来进行我的内心独白。夕阳西下，照耀着麻雀山

---

① 参见《新约·路加福音》第二章第二十五至三十节。大意是耶路撒冷有个人，名叫西面，对上帝十分虔诚。他得到圣灵的启示，知道自己未死之前必见到主所立的基督。终于有一天他看见耶稣的父母抱着孩子走进圣殿，西面用手接过他，反复说："主啊，如今可以照你的话，释放仆人安然去世了。"

② 另一个小男孩指尼·普·奥加略夫。"老屋"指赫尔岑的父亲伊·阿·雅科甫列夫在莫斯科弗拉西胡同的祖屋，赫尔岑在这里一直住到一八三〇年。

下的莫斯科①，带走了我少年时代的誓言……经过二十年的漫漫长夜，太阳又慢慢升起了。

现在怎么能高枕无忧地睡大觉呢……快起来干活！我以加倍的努力开始干活。工作已不再是无效劳动，不再消失在荒无人烟的空间了：从俄罗斯传来响亮的鼓掌声和热烈的喝彩声。《北极星》被争先恐后地阅读。俄国人不习惯的耳朵终于适应了自由的言论，在如饥似渴地寻找它那坚定而又勇敢的声音，以及它那直言不讳的无所畏惧的精神。

一八五六年春，奥加略夫来了，又过了一年（一八五七年七月一日），《钟声》第一期出版了。没有相当近的周期性，就没有报纸与读者的真正联系。书籍会留下，报刊却会消失，但是书籍保留在图书馆，而报刊却消失在读者的脑海中，由于反复出现而使他了然于胸，时间长了，就像他自己的思想一样。假如读者开始把它忘了，新的一期报刊又来了，报刊是永远不怕重复的，它会提示旧的，温故而知新。

果然，《钟声》的影响一年之内就远远超过了《北极星》。《钟声》之所以受到欢迎，是因为它满足了广大读者对没有受到被书报检查制度扭曲的报刊的需要。年轻一代热烈欢迎我们；我们收到不少令人热泪盈眶的信……但是支持我们的还不仅是年轻一代……

“《钟声》是一种威力，”horribile dictu〔拉丁语：说出来可怕。〕，这是卡特科夫在伦敦时对我说的②，接着他又补充道，《钟声》就放在罗斯陀甫采夫③的桌子上，作为他处理农民问题的参考……这话过去也有人说过，他们是屠〔格涅夫〕、阿〔克萨科夫〕、萨〔马林〕④、卡〔韦林〕、自由派中的将军们，五品文官中的自由派、渴望进步的宫廷命妇以及爱好文

---

① 见《往事与随想》第一卷。——作者原注

② 这事发生在一八五九年，卡特科夫在国外旅行。

③ 罗斯陀甫采夫（1803—1860）：俄国国务活动家，一八五七至一八五八年曾负责制定俄国废除农奴制的法律草案。参见第371页注③。

④ 萨马林（1819—1876）：俄国政治家、斯拉夫主义者。

学的侍从武官们；甚至瓦·彼①（他就像向日葵似的，在对任何权力的膜拜上，从来都是亦步亦趋的）也馋涎欲滴地望着《钟声》，倒像它里面包着巧克力糖似的……只缺少一个真正的敌人，否则就可大获全胜了。我们受到了审判。而且不久他就出场了。一八五八年还没有过去，就出现了奇〔切林〕的《控诉信》②。他像不屈不挠的学理主义者那样高傲而又冷酷，又像铁面无私的法官那样 roideur〔法语：不屈不挠，百折不回，刚毅，坚强。〕，要我做出回答，他又像比龙一样在十二月的大冷天把一大桶冷水浇在我头上③。这个官僚制度的圣茹斯特所采用的手法，使我吃了一惊。而现在……过了七年④，经过米哈伊尔时期⑤的整肃爱国主义之后，奇〔切林〕的那封信就显得很客气了。何况当时的社会情绪也不一样；"控诉状"犯了众怒，舆论大哗，我们不得不劝慰群情激愤的朋友们。我们收到的读者来信、来稿和抗议不下数十件。控告者本人也收到他过去的朋友充满指责的信，有些是单独写给他的，有些是联名谴责，其中有一封是由我们的共同朋友署名的⑥（他们中间现在已有四分之三的人同奇切林比同我们更接近）；他以一种古希腊罗马的英勇气概把这封信寄给了我们，让我们把它保管在我们的武器陈列馆里。

宫廷中，《钟声》得到大家的公认还要早一些。皇上读过《钟声》的

---

① 指瓦·彼·博特金。

② 奇切林（1828—1904）：俄国作家和政论家，莫斯科大学教授。他的《控诉信》发表在一八五八年十二月一日的《钟声》上。关于赫尔岑和奇切林的论争，详见本书第四卷《克彻尔》一章。

③ 典出俄国作家拉热奇尼科夫的小说《冰屋》。书中描写比龙（1690—1772，俄国公爵）手下的人把乌克兰的犯人关在冰屋里，把大桶大桶的冷水浇在不服看管的犯人头上，让他变成一个冰人。

④ 写于一八六四年。——作者原注

⑤ 指十九世纪六十年代初俄国反动势力甚嚣尘上的时期，一部分自由主义官僚和知识分子倒向民族沙文主义和保皇党，其中有两个代表人物：一个是米哈伊尔·卡特科夫，另一个是米哈伊尔·穆拉维约夫（俄国国家财产大臣，曾参加镇压波兰起义），所以赫尔岑把这一时期戏称为"米哈伊尔时期"。

⑥ 指卡韦林的信，在信上联署的有屠格涅夫、安年科夫、巴布斯特、丘特切夫、加拉霍夫等，该信由奇切林于一八五九年三月转交赫尔岑。

文章以后便吩咐重新审查科丘别伊持枪打伤自己的管家一案①;皇后也曾为读了一封写给她谈她的孩子的教育问题的信哭过②,据说,连最勇敢的御前大臣布〔特科夫〕就曾狂妄之极地一再说,他什么也不怕,“你们可以去向皇上告状,干什么都行;随你们便,哪怕给《钟声》写信——我也不在乎”。有一位军官没有得到提升,一本正经地请我们就此事写一篇文章,以唤起皇上的特别关注。史迁普金与格杰奥诺夫的故事我已在别处讲过③——这样的故事我可以举出十来个……④

……戈尔恰科夫⑤把发表在《钟声》上的关于内阁秘密讨论农民问题的报导⑥惊讶地拿给大家看。他说:“要不是参加会议的人泄露机密,谁能这么准确地把细节都告诉他们呢?”

内阁很不安,于是有一天,在只有“布特科夫和皇上”参与的情况下,私下商讨怎样才能制服《钟声》。大公无私的穆拉维约夫建议收买我;挂安德烈勋章绶带的长颈鹿帕宁⑦,则认为还不如引诱我入朝做官为好。戈尔恰科夫在这些“死魂灵”中扮演着米茹耶夫⑧的角色,则对我是否会卖身投靠表示怀疑,他问帕宁:

---

① 科丘别伊(1810—1890):公爵,波尔塔瓦贵族领袖。他曾于一八五三年持枪打伤自己庄园的管家托尔茨曼,非但无罪,还用贿买法官的办法反过来把这管家关进了监狱。为此,赫尔岑从一八五八至一八五九年在《钟声》上发表了一系列短评,对此事作了揭露,结果此案重审,托尔茨曼获释。

② 赫尔岑的《给玛利雅·亚大山德罗夫娜皇后的信》,发表在一八五八年十一月一日的《钟声》上。据说皇后看过这封信后哭了。这封信对居住在冬宫的其他成员也产生过强烈影响。

③ 见《米哈伊尔·谢苗诺维奇·史迁普金》一文。

④ 留待出全集时再说。——作者原注

⑤ 戈尔恰科夫(1798—1883):一八五六年起任俄国外交大臣,一八六七年起任国务大臣。

⑥ 一八六一年三月一日《钟声》报上曾发表一八六一年一月二十八日俄罗斯内阁召开秘密会议,讨论农民改革方案。

⑦ 帕宁(1801—1874):一八四一至一八六一年任俄国司法大臣,是个穷凶极恶的农奴制度的拥护者、盗窃国库者和大贪污犯。

⑧ 米茹耶夫是果戈理《死魂灵》中诺兹德廖夫的妹夫,他的特点是“他恰巧正是会赞同他曾经反驳过的意见”。(《死魂灵》第一部第四章)

“您让他当什么官呢?”

“当御前大臣的副手呀。”

“得了吧,他是不会当御前大臣的副手的。”戈尔恰科夫回答。于是《钟声》的前途就只好服从上帝的意志,听由上帝来安排了。

而上帝的意志却清楚地表现在从俄国全国各地像倾盆大雨似的落下来的读者来信和读者通讯上。大家想到什么就写什么:有的是为了泄愤,有的是为了表明他是个危险分子……但是也有些信充满了义愤,它们大声疾呼,要揭露每天发生的丑恶现象。这样的信就足以弥补几十封“习作”的不足,因为有时候一次来访就抵得上所有的“俄国上校”。

最基本的来信大致可分成几类:一类信是没有事实,但是写得很有感情,很生动,另一类信是像上司一样给予鼓励或者像上司一样给予训斥,最后一类信才包含着外省的重要信息。

这些重要信息都是用优美的官衙的书法写成的,而且还几乎总有一个更优美的序言,充满了崇高的感情和溢美之词。

> 您开创了俄罗斯语文,可以说,俄罗斯思想的新纪元;您第一个从高高的伦敦讲台上公开谴责骑在我们善良的人民头上作威作福的人,因为我们的人民是善良的,您爱他们是对的。您不知道在我们祖国的十分遥远的地方有多少颗心在跳动着对您的敬爱和感激之情……
>
> 从炎热的科尔西达①到冰天雪地……
>
> ……到偏僻的奥卡河、克利亚济马河,或者到某个省。我们把您看作我们唯一的呵护者。除了您,谁能揭露就其官衔和地位能站在法律之上的这个恶棍,——比如我们的税务局长、刑事庭长、皇室领地管理局长等等(名字、父称、姓以及官衔)这样的恶棍呢?这个人没有受过教育,他从官衙里的下级办事员一直爬到位高权

---

① 古希腊文献中对格鲁吉亚西部的古称。

重的高位，依旧保持着故意刁难的粗暴作风，凡是由霍万斯基公爵签署的感谢信①(正如我们这里老人常说的那样)，他从来照单全收，来者不拒。这名酷吏的恶名，在周围各省，遐迩闻名。下级官员逃避税务局就像逃避鬼门关似的；他放肆已极，不仅对我们，对股长、科长们也一样。他抛弃自己的妻子，公然养了一名寡妇(名字、父称、姓，她已故丈夫的官衔等)作为勾引大家犯罪的诱饵，这名寡妇我们称之为外省的明娜·伊凡诺夫娜②，因为通过她经手在税务局里什么事都能办成。但愿嘹亮的《钟声》能唤醒和震慑一下这名酷吏，让他不要再沉湎于酒色，从四十岁的希罗底③的罪恶怀抱里挣脱出来。如果您能发表关于此人的劣迹，我们就准备源源不断地供给您丰富的材料：我们这里多的是“戴小圆帽的猪”，就像天才的《钦差大臣》的不朽作者所说的那样④。

附言：您善于以您独特的笔法写您的辛辣的讽刺文章，请您别忘了写上几句，有个内卫队的中校，在十二月六日，曾经参加在首席贵族家举办的舞会(他是在市长家喝得醉醺醺地去参加舞会的)，在晚宴快结束时竟喝得酩酊大醉，当着许多显赫的太太及她们的千金们的面满嘴胡吣，这些话只配在澡堂子和市井上讲，而不应该在社会上最文明的阶层首席贵族家的沙龙里说。

除了揭露局长和局长夫人的隐私和中校公然酗酒的丑闻的信件以外，还有些信充满了纯粹的诗意，大公无私，但是毫无意义。其中许多信，我看过就销毁了，或者送给了朋友，但是有些信还是留了下来；在本章末尾我一定披露若干，以飨读者。

其中最好的一封(显然)出自一位年轻军官之手，是他刚解除精神

---

① 指贿赂。因为钞票上印有当时的国家银行行长霍万斯基的签名。

② 明娜·伊凡诺夫娜·布尔科娃是大内总管阿德勒贝格最宠爱的情妇，阿德勒贝格就通过她来卖官鬻爵，收受贿赂，《钟声》常常在报端披露有关这方面的黑幕。

③ 《圣经》人物，犹太王老希律的孙女，据传，施洗约翰就是按照她的要求被处死的。

④ 这是《钦差大臣》中赫列斯塔科夫说过的话(第五幕第八场)。

束缚时写的；信从一般的寒暄开始，一开始称我为“仁慈的先生”，很谦虚，也很客气……接着脉搏就渐渐加快了，先是劝告，接着是训诫……热度在增高。到第四页（大开信纸），我们的友谊竟发展到这种地步，这个陌生人居然称我是“亲爱的和 mon cher〔法语：亲爱的。〕”。“正因为如此，”最后那位勇敢的军官写道，“正因为我由衷地爱你，所以我才这么坦率地给你写信。”我读着这封信，仿佛看到了这个年轻人，吃过晚饭后坐在桌旁写信，旁边还放着一瓶度数不低的烈性酒……渐渐地酒瓶空了，他的心却慢慢地满了，我们的友谊在增长，随着最后一口酒下肚，这位好心肠的军官就爱上了我，想要改造我，爱我而且想吻我……军官呀军官，不过请您擦干净您的嘴，我丝毫也不反对我们这么迅速建立起来的 in contumaciam〔拉丁语：通信〕友谊。

不过话又说回来，在谈到军官的时候，我应该说，在拜访过我们的人中间，最可爱和精神最健全的人是军官。非军人出身的年轻人，大部分不太淳朴，有点神经质，喜欢谈论自己的文学小组的事，而且不能自拔。军人则比较淳朴，比较单纯，他们感到自己在士官学校受的教育不够，仿佛也知道他们在外面的名声不好，所以发奋上进，努力学习。其实他们根本就不比其他人受的教育差，根据精神反抗的伟大规律，在士官学校专制统治的压迫下，反而培养了他们对独立思考和独立行为的强烈的爱。在军官界，自从克里米亚战争之后，便开始出现严肃的地下活动；斯利维茨基、阿恩霍尔德之被枪决，波捷布尼亚之战死沙场，克拉索夫斯基、奥布鲁切夫之被流放服苦役，以及其他等等，都说明了这点。①

当然，从那时起，也有许许多多人掉转车头，服从理性和军法条例的约束，这一切也是寻常事……

顺便谈谈变节者。军官中有一个很热情的年轻人，他曾和非常高

① 斯利维茨基和阿恩霍尔德因参加革命军事组织于一八六二年被枪决。赫尔岑曾称他们被处决的那一天是“黑暗的一天”。波捷布尼亚因参加波兰起义，一八六三年与俄军作战时战死沙场。克拉索夫斯基则因一八六二年在士兵中散发传单被判十二年苦役。奥布鲁切夫也因散发传单《大俄罗斯人》于一八六二年被判服苦役。

尚、非常纯洁的谢拉科夫斯基①以及其他两名同志,在同一时间一道来看我,临别时,他把我领进花园,紧紧地拥抱我,说:

“如果您什么时候,因为什么事,需要一个无条件忠于您的人,请不要忘记我……”

“要洁身自爱,并在自己的胸中保持您现在所充满的感情,希望您永远不要走在反人民的行列中。”

他挺直了腰杆。“这是不可能的!……但是……假如您什么时候听到我竟干出这种卑鄙的事,请对我不要客气,您可以写信给我,向我公开指出我今天晚上说过的话”……

……已经受了伤的谢拉科夫斯基被吊上了绞刑架;当时到过伦敦的年轻人中,有一部分人退伍了,作鸟兽散……我只看到一个人的名字,因为他提升了,——就是那个热情的年轻人。不久前,他在矿泉疗养院遇到了一位早先他认识的人②——他骂波兰,夸政府,可是这位将军看见话不投机,才猛然醒悟,说道:

“您大概还没忘记我们在伦敦时所说的那些愚蠢的幻想吧……您记得我们在 Alpha road〔英语:阿尔法路〕③的谈话吗?多么幼稚!又多么疯狂啊!……”

我没有给他写信。何必呢?

二

…………

……水兵中间也有不少优秀的、非常好的人,不仅是弗,卡普④在

---

① 谢拉科夫斯基(1827—1863):波兰革命者,曾积极参加一八六三年的波兰起义,后被沙皇军队俘虏并处决。

② 指赫尔岑自己。

③ 伦敦的一条街名。赫尔岑于一八六〇年五月至十一月曾住在这里。

④ 卡普(1824—1884):德国政治家和文学家,一八四八年德国革命的参加者,后流亡巴黎,接着又去了美国。

纽约写信给我时说到的那些很好的年轻人①，而且，一般说，在年轻的航海兵和海军准尉中焕发出新生力量的蓬勃朝气。特鲁韦勒就是一个好例子，他最好不过地说明了他们的想法②。

---

① 卡普是在巴黎认识赫尔岑的，后来他去了美国，仍与赫尔岑保持着通信联系。美国南北战争时期，俄国曾有两支分舰队被派往美国，支援美国北方：一支停在纽约，一支停在旧金山。卡普在信中提到的俄国水兵就是这两支舰队中的人。

② 特鲁韦勒的故事值得提一提。一八六一年，有位年轻的水兵来看我们；大约十年前，我在尼斯认识了他的母亲，记得那时他还是个孩子。对他是怎么教育的，从一件小事就可窥见一斑，他八岁或九岁的时候曾经说过，除了上帝或者父母亲，他最爱的是尼古拉·帕夫洛维奇。

"您为什么爱他呢？"我开玩笑似的问他。

"因为他是我的合法皇上……"

教育中的这种精神，大概是在一八四八年之后培养出来的，——过去我们完全不是这样，孩子们所受的教育，既与正教无涉，也与专制制度无关。

生活治愈了这个年轻人的毛病。他到我们家来的时候闷闷不乐，而且心事重重。他的父亲死了，而且是在受法院审讯时死的，他被指控在修筑莫斯科铁路时犯有种种营私舞弊的罪行。他父亲是诺夫哥罗德的一名地主，曾承包过一些工程。儿子深信父亲无罪，因此他拿定主意无论如何要给父亲恢复清白的名声。他在俄罗斯该尝试做的事都做了，但一事无成，他来找我们，带来了一大包文件、契约、枢密院的记录和摘要。要把这些材料理出个头绪来，并为《钟声》写出一份摘要，这事的确非同小可。幸亏发现特鲁韦勒是克利西耶夫的大学同学，因此我们就把写摘要的事交给了他。

特鲁韦勒身上有一种非常坚定的品质，但与此同时又是令人悲哀的、幼稚的。这在他胸中一直强烈地翻腾，使他痛心疾首；他已不再相信那个"合法的皇上"，他常常怀着深深的愤怒谈到水兵们受到的恶劣的待遇。当时我们正在和"海军元帅"号的一部分军官进行有趣的通信。记得，当时的舰长叫安德烈耶夫，他是个 beau parleur〔*法语：爱说漂亮话的人*〕，是康斯坦丁手下的一名自由派人士，当时深得大公宠爱，但是他也像非自由派那样虐待部下，责骂军官。记得，他手下有名中尉施托福勒根，他不仅凶残地惩罚部下，而且还有一套理论（就像后来的维特根施泰因公爵那样），竭力主张在军队管理上必须实行严刑拷打。

有一回我们在《钟声》上就此发表了一篇短评。突然收到从比雷埃夫斯寄来的一封署名大多数军官的回信，声称这不符合事实……署名了，但也等于没有署名。因为这封信没有正式署名，所以我们把信的内容发表了不到十分之一，——而且我们发表的那部分得到十来个其他军官证明是属实的。因此那封集体署名的信我们没有发表。几个月后，特鲁韦勒第二次来找我；我把军官们藏头露尾地替自己舰长辩护的信拿给他看。特鲁韦勒看后大怒——他坚信这是一个阴谋，他还举了几件事作证明。我把他说的那几件事记了下来，并在他下一次来访时读给他听。他皱起眉头……唔，我想，他害怕了。（转下页）

……我同海军部发生过一次大的冲突。一名舰长带着他的几名海军大尉和其他军官到我家来看我，甚至请我到他们船上去喝酒，参加一个人的命名日。在举行生日宴会的前两天，我得知，他们船上有一名水兵因为偷喝酒被打了一百鞭，另一名水兵因为开小差，他们也准备给予严惩。我给舰长写了一封信，经邮寄到船上，信的内容如下：

(接上页)“请把您的记录给我。”

“给您。”

他把它看了一遍，拿起笔，签上了自己的名字。

“您这是干吗呀?”我问。

“为了使我的证词不至于也是无名无姓的。”

他离开伦敦启航时，买了一大捆《人民需要什么?》、《钟声》和其他书刊。我对此一无所知——他向我告辞后便去了俄罗斯。在朴茨茅斯，他因为不知检点，冒冒失失地把他买来的书刊分发给水兵们。有人告发了他，于是他吃了官司，这官司终于把他给害了。

这就是他在预审时的答复和他给母亲的信。这是一个英雄人物，他当然不会说是我们害了他，可是有许多人却这么指责我们。——作者原注

特鲁韦勒在一八六一至一八六二年期间利用他的军舰出国航行的机会，曾数次在伦敦拜访过赫尔岑，并且买了一大批革命书刊，准备在俄国，尤其在水兵中间散发。他在海军准尉季亚科诺夫的帮助下弄到一批铅字，准备在俄国成立地下印刷所。可是，因为随船神父的告密，当军舰于一八六二年六月驶抵喀琅施塔得后，对特鲁韦勒进行了搜查，查出了赫尔岑的书刊。特鲁韦勒因而被捕，被判苦役，后改判为流放西伯利亚，直到一八六五年才因病从流放地回来。

克利西耶夫(1835—1872)：俄国十九世纪六十年代革命运动的参加者，从一八六五年起投靠反动营垒。

与“海军元帅”号军官们的通信，是因《钟声》发表了一篇揭露海军大臣康斯坦丁主张鞭打士兵的文章引起的。以后既有为舰长辩护的信，又有关于鞭打水兵的新材料的信。关于这类材料，《钟声》曾详加报导。

安德烈耶夫是另一艘护航舰“奥列格”号的舰长。不过在“奥列格”号上水兵也经常遭到毒打。“海军元帅”号的舰长叫舍斯塔科夫。

康斯坦丁(1827—1892)：大公，一八五三至一八八一任俄国海军大臣。当时在康斯坦丁大公周围簇拥着一些温和的改革派。

施托福勒根(1817—1873)：在俄国“海军元帅”号服役的海军军官。

维特根施泰因(1824—1878)：在俄国军队中服役的德国军官，曾率兵镇压波兰起义。一八六一年，维特根施泰因曾为在俄国军队中实行体罚进行辩护。

特鲁韦勒的这些材料后来赫尔岑没有列入。《钟声》只发表了有关特鲁韦勒及其案情的介绍，特鲁韦勒在审问时勇敢和坦率地陈述了他的革命观点。

仁慈的先生：

您曾经来看过我，您的来访我认为是您对我们的工作和我们的原则的认可；即使到现在我仍认为是这样，因此我才决定同您坦率地谈谈一个情况，这情况使我们深感忧虑，也使我们怀疑我们是不是真正彼此了解了。

日内，我在与特霍热夫斯基谈话时，从他那里得知，在由您率领的军舰上，水兵们常常遭到毒打。此外我还听到有一个想逃跑，不幸被英国警察抓住的水兵的故事（把水兵当奴隶，这法律也太丑恶了）。

这里不由得产生一个问题——难道法律非要您去执行它那残暴的规定吗？如果您拒不执行天然违反任何人之常情的规定，您就要承担什么责任吗？在我国陆军和海军极端野蛮和荒谬的命令中，我不记得，它们曾将不经审讯便执行体罚规定为长官的职责，否则将予严究；相反，它们还竭力限制长官胡作非为，滥施惩罚，限制鞭打的数目。因此我们只能假定，您毒打士兵是出于一种信念，您认为打人是对的；那么，请您想想，我们与您之间还有什么共同点呢？须知，我们是任何专制、暴力，而且首先是体罚的公开的敌人。

如果是这样，我又应该怎样来解释您的来访呢??

您也许会觉得我这封信很奇怪——我们所代表的精神力量，目前在俄国还鲜为人知，但是必须养成与它打交道的习惯。一切滥用权力的人都将受到我们的公开揭露，如果他们执迷不悟，长时间不肯觉醒，那么我们的《钟声》就是唤醒他们的闹钟。

请您给予我们希望的权利，但愿您不会让我们横下一条心，把我们的这一忠告再次公诸报端，请您相信，奥加略夫和我——我们衷心地乐意再次向您伸出手来，但是在您的手没有扔掉皮鞭之前，我们是不会这样做的。

Park House，Fulham〔英语：园林公寓，富拉姆〕①

---

① 位于伦敦郊区，从一八五八年十一月至一八六〇年五月，赫尔岑和奥加略夫在此居住。

舰长对这封信的答复是这样的①：

仁慈的亚·伊先生：

尊函敬悉，我承认，它对我是不愉快的，倒不是因为我怕我的名字出现在《钟声》上，而是因为我十分尊敬的一个人竟会对我贬损如此，而这是我无论如何不应该得到的。

如果您能知道您在信中那么热烈地谈论的那件事的实质，您大概就不会对我说这么多责备的话了。如果您能给我指定一个时间，在什么时候和在哪里我能够见到您，我将向您解释一切，并提供足以使您信服的证据。

请接受……以及其他等等。

Green Drey Dock〔英语：绿色旱码头〕，布拉克沃尔。②

我的回信是这样的：

仁慈的先生：

请相信，我感到很难受，因为我必须写信给您谈谈您感到不愉快的那件事，但是请您想想，消灭体罚的问题对我们是一个非常重要的问题。

俄国的士兵和俄国的农民只有在不再挨打的时候才能自由地呼吸和充分发挥自己的力量。体罚对于被惩罚者和惩罚者具有同样的腐蚀作用，它使被惩罚者丧失人格尊严，而使惩罚者丧失人的怜悯感。您可以看看地主制度和军警施行体罚产生的后果。我国已逐渐形成一大帮刽子手③、一大帮刽子手的家族——女人们、孩子们、姑娘们都喜欢用树条和木棍，用拳打和脚踢来殴打农奴。

十二月十四日的伟大活动家们④非常懂得这个问题的重要

① 这名俄国军舰的舰长叫拉扎列维奇；信写于一八六〇年二月或三月十五日。

② 布拉克沃尔是太晤士河伦敦船只停泊点的名称。

③ 俄文的“刽子手”又有“严刑拷打者”的意思。

④ 指一八二五年十二月十四日发动起义反对专制和农奴制度的十二月党人。

性，因此规定协会①的成员必须在家中杜绝体罚现象，同时也禁止在他们统率的部队中实行体罚。冯维辛②在佩斯捷利的影响下，曾写信给各团团长，命令他们逐步取消体罚。

这种恶习在我国已根深蒂固，要想取消它，靠一步步慢慢来是不行的，必须像消灭农奴制一样一下子把它消灭。必须像您这样担任长官的人，高尚地首先采取主动。这也许是困难的——那又怎么样呢？只会更光荣。如果我们的通信会有利于达到这样的结果，那我赞成这样的通信，这对我将是一个最高的奖赏——这将是我的安德烈勋章。

还有一句话。您说您可以向我说明事情的原委，也就是说，您可以证明这惩罚是有道理的。这岂非一样吗？我们无权怀疑您在秉公办事。如果您手下的水兵受到惩罚是冤枉的，我们又何必给您写信呢？即使根据鞑靼与日耳曼律法实行体罚是完全有道理的，这体罚也应予消灭。

请允许我相信，您会看到我的这一想法是完全纯正的，因此我才写信给您。我觉得，您可以在那里率先实行这一变革，别人再跟着您干，——这将是一件伟大的事业。您将给俄国人做出榜样，说明具有古老斯拉夫血统的人，比之彼得堡，对人民的苦难具有更大的同情心。

我把我心中想说的话都说了；请给我以希望，让我相信我的话能够多少打动一个人的心，请接受我的最美好的祝愿。

……我没有去参加庆祝生日的宴会。许多人认为我做得很对，尽管舰长和他的海军大尉品质高尚，还是不应当去捅这个马蜂窝。我不相信这事能办成，也从来没有相信过。一八六二年之后，当然，我的脚

① 指由俄国近卫军组成的“北方协会”（即十二月党人的秘密组织）。

② 这个冯维辛（1788—1854）是俄国著名剧作家冯维辛的侄儿，少将，抗击拿破仑战争的参加者，十二月党人。

再也不会踏上俄国军舰，不过那时候穆拉维约夫-卡特科夫时期还没有到来。

庆祝生日的事没有办成。我们的通信把一切都弄糟了。据说，舰长还不是实行体罚的罪魁祸首，而是那个海军大尉。有一天深夜，他在喝醉酒后皱着眉头说："我的命不好：别人鞭打水兵比我还厉害，但是什么事也没有，而我难得采取这一措施而且稍微严厉了点儿，就立刻遇到了这种倒楣事……"

……我们就这样走到了一八六二年年底。

在遥远的地平线上，开始出现了不祥的征兆和乌云……而且在我们身边也出现了一件很大的不幸①，这是我们整个生活中出现的几乎唯一的政治不幸。

三　一八六二

……也是时钟正敲上午十点的时候，我也同样听到一个不相干的人的说话声，但不是军人的低沉的、严厉的声音，而是某个女人的声音，怒气冲冲，有点神经质，带着稍许哭腔："我一定，一定要见他……见不到他，我就不走。"

接着走进来一位年轻的俄国姑娘或者小姐，这人我从前似乎见过两次。

她在我面前停了下来，注视着我的眼睛；她的神态很悲伤，两颊通红；她匆匆表示了歉意，然后说：

"我刚从俄国，从莫斯科回来；您的朋友，爱您的人，托我告诉您，问您……"她欲言又止，声音都变了。

我什么也没听懂。

"难道您，——我们那么热爱的您，您？……"

---

① 指某商行职员韦托什尼科夫从伦敦返回俄国时被捕，从而引发了俄国的大逮捕。

"到底什么事呀?"

"看在上帝分上,请告诉我,是还是不是,——您参与了彼得堡纵火案?①"

"我?"

"是的,是的,您;大家指控您……至少大家都说您知道这个罪恶勾当。"

"真是胡说八道! 您能把他们说的话当真吗?"

"大家都这么说嘛!"

"这大家是谁? 某个尼古拉·菲利波维奇·帕夫洛夫②?(当时我的想象力还没超过他!)"

"不,是您的好友,是热爱您的那些人,为了他们,您也必须出来辟谣;他们感到痛苦,他们在等待……"

"那您自己相信吗?"

"不知道。我来找您就是因为不知道;我等候您的解释……"

"先请您不要激动,先坐下来听我说。如果我秘密地参加了纵火,您为什么以为,您一问,我就会把这事告诉您呢? 您没有相信我的权利,也没有相信我的理由……最好请您告诉我,在我所写的一切东西中有哪个观点,哪句话可以证实这个荒谬的指责呢? 要知道,我们不是疯子,决不会用纵火焚烧旧货市场来使俄国人民认识我们!"

"那您为什么不站出来说话,为什么不公开辟谣呢?"她说,她的眼睛流露出深思与疑惑。"您可以在报纸上对这些坏蛋口诛笔伐,说您对他们的所作所为感到吃惊,说您跟他们毫无瓜葛,或者……"

"或者什么? 好啦,够啦,"我笑着对她说,"不要再扮演夏洛特·

---

① 一八六二年五月二十八日,彼得堡发生了大火,烧了好几天,沙皇政府乘机散布谣言,说这是在赫尔岑和车尔尼雪夫斯基的唆使下,由一些大学生干的,从而煽起广大群众对革命青年及其思想领袖的仇恨,并实行大逮捕。

② 帕夫洛夫(1805—1864):俄国作家和报人,一八五三年被发配彼尔姆,从一八六〇年起投靠反动阵营,由俄国内务部资助在莫斯科出版《我们的时代》报。

科尔台这一角色啦；您没有匕首，我也没有坐在浴缸里[①]。相信这类胡说八道，您应当感到害臊，至于我们那些朋友，更应该感到害臊，而我们甚至都羞于对这事为自己辟谣，更不用说被那些我们完全不认识的人落井下石了，他们现在正处在秘密警察的掌握中，很可能，他们和你我一样与这场大火毫无瓜葛。”

“那么说，您坚决不肯辟谣啰？”

“是的。”

“那我写信回去说什么呢？”

“您可以把我跟您的谈话内容告诉他们。”

她从兜里掏出最近一期《钟声》报，念道：

我们所经历的这场回禄之灾，到底是怎么回事呢？这是一场疯狂的破坏之火，还是一场用火焰来清洗一切的惩罚？究竟是什么促使人们出此下策，这些人又想干什么呢？对于一个不在场的人来说，当他遥望那个包含着他的全部爱，他借以安身立命的地方，他只能看到一片哑默的火光，这时他心中多么沉重呀？

“这些话既可怕而又晦涩难懂，既没有什么对您不利，也没有什么对您有利。请相信我，快辟谣吧——要不就记住我的话：**您的朋友们和您的拥护者们将会离开您。**”

……就这样，正如“俄国上校”是我们成功的鼓手长一样，和平的夏洛特·科尔台却成了我们与社会舆论分道扬镳的宣告者，而且是面向双方的宣告者。正当微微抬起头来的反动分子称我们是恶棍和纵火犯的时候，一部分年轻人也认为我们是半道上的落伍者，要与我们告别。对前者我们报以轻蔑，而对后者我们感到惋惜，并且伤心地等待着，因为严峻的生活浪潮将会吞没游得太远的人，只有一部分人才能游回岸边。

---

① 夏洛特·科尔台是一七九三年用匕首刺杀法国大革命时期革命民主派领导人马拉的凶手。当时马拉因为有病（皮肤病），正坐在浴缸里办公。

诽谤愈演愈烈，很快就上了报，传播到全俄国。于是便开始了我们报刊受围攻的时期。我至今还清楚地记得那些普通、正直、根本不是革命者的人，在看到报刊上造谣诬蔑的文章后大惊失色的表情——这对他们来说完全是新的、前所未见的。那些暴露文学也猛地掉转枪口，立刻弯腰曲背地变成警察搜查和特务告密的文学。

社会本身也发生了大的变化。农民解放使一部分人的头脑清醒了，另一些则对政治鼓动产生了厌倦；他们想过从前的平静生活——费了那么大劲做好的美味佳肴，还没有吃就饱了。

真叫人无话可说，我们只有五分钟热度，我们习惯于忍耐。

搞自由主义才搞了七年，就消耗尽了激进追求的整个老本。从一八二五年起积蓄和压缩在脑海中的一切，一旦欢天喜地，一旦预感到未来的幸福即将到来，就消耗尽了。虎头蛇尾的农民解放之后，一些神经衰弱的人就认为，俄国是不是走得太远了，是不是走得太快了呢。

与此同时，一些激进派，很年轻，而且正因为年轻，局限于理论，开始锋芒毕露，咄咄逼人，使本来就胆战心惊的社会更加惶恐不安。他们给人的印象是虚声恫吓，爱走极端，因此，自由派和主张循序渐进的人，又是画十字，又是啐唾沫，急忙塞紧耳朵，躲到那旧的、肮脏的，但是已经习惯的警察的羽翼下。大学生们的轻举妄动和地主们的不习惯听别人的话，不可能不发展到彼此动武的地步。

社会舆论的力量刚刚有点关注生活，便暴露了它的落后和保守；它宣称它要参加社会事务，可是另一方面却又敦促政府不遗余力地实行恐怖和迫害。

我们的处境变得越来越困难。站在反动势力的污泥浊水中，我们办不到，可是在它之外我们又没有立足之地。我们就像童话中无所适从的勇士一样，只能站在十字路口等待。朝右走——你会失去马，可是自身可以保全；朝左走——你可以保全马，可是自身就得完蛋；朝前走——大家会弃你而去；走回头路——又不可能，往回走的路上已经长满荒草。哪怕出现一个巫师或者隐修士呢，他起码可以帮我卸下疑虑的重担呀……

每逢星期天晚上,朋友们就到我们家聚会,来的主要是俄国人。一八六二年,到我们家来的俄国人,人数激增,——他们都是来参观博览会的①,有商人和旅游者,有新闻记者和各部门(尤其是第三厅)的官员。进行严格挑选是不可能的;于是我们就预先关照比较亲近的朋友,让他们改天再来。然而伦敦的星期天除了上教堂以外实在无聊,因而使人们放松了警惕。

这些星期天也或多或少带来了灾难……但是在我谈这件灾难以前,我必须先交代一下出现在 Orset House〔英语:奥塞特公寓〕②简朴的客厅里的两三个我国特有的动物。这批从俄国运来的珍稀动物,毫无疑问,肯定比 Great Exhibition〔英语:大博览会〕③上的俄国馆更惹人注目和更加有趣。

……一八六〇年,我收到从干草市场一家旅馆里寄来的一封俄文信,信中,有人告诉我,他们都是在尤里·尼古拉耶维奇·戈里曾④公爵手下当差的俄国人,公爵是偷偷离开俄国的:"公爵自己到君士坦丁堡去了,而让我们走另一条路。公爵让我们在这里等他,并且给了我们点钱作为这几天的花销。可是过去两个多星期了——公爵却杳无音信,钱都花光了,旅馆老板很生气。我们不知道怎么办了;而且又没人会说英语。"他们因为实在走投无路,所以才写信给我,求我给予援手,使他们摆脱困境。

我去找了他们,把事情办妥了。旅馆老板认识我,同意再等一星期。

我去看他们后过了约莫五天,一辆套着两匹花斑灰马的豪华马车

---

① 指一八六二年在伦敦举办的世界博览会。

② 伦敦的一家公寓名。赫尔岑于一八六〇年十一月至一八六三年六月曾居住在这里。

③ 指在伦敦举办的世博会。

④ 尤·尼·戈里曾(1823—1872):俄国合唱团指挥和作曲家。

驶抵我家的台阶旁。我已经给我的仆人说过不知多少遍了，不管这人是怎么来的，哪怕是四匹或六匹高头大马拉来的，也不管他自称是什么大人物，哪怕是公爵，反正上午概不接待，——可是我还是无法战胜他对贵族马车和贵族爵位的敬畏之心。这回遇到的是二者并存的诱人局面，因此一分钟后一位胖胖的、像亚述神牛一样相貌堂堂的十分魁梧的男人便冲了进来，拥抱我，对我去看望他的仆人连声道谢。

这位是尤里·尼古拉耶维奇·戈里曾公爵①。这么一块巨大而又典型的旧俄国残片，我们祖国的这么一个活 specimen〔英语：标本〕，我已经好久不曾见过了。

他立刻跟我讲了他的离奇经历，虽然离奇，但又确有其事。他告诉我，他怎样吩咐一名世袭兵把《钟声》上的一篇文章抄下来，他怎样同自己的妻子分了手；那名世袭兵怎样告发了他，而妻子又不肯给他钱；皇上又怎样把他发配到科兹洛夫，不准他离开科兹洛夫，为此他决定逃亡国外，因此他带着一位小姐，一位家庭女教师，一位管家，一位教堂合唱队指挥，一名女仆越过了摩尔达维亚边界。在加拉茨，他又找到了一名能半通不通地讲五种语言的仆人，不过他觉得这人可能是密探……说到这里，他又立刻向我解释，他是一名热爱音乐的作曲家，他准备在伦敦举办音乐会，因此他想认识一下奥加略夫。

“你们这儿的英国海关真会宰人呀！”他结结巴巴地讲完了他的经历以后，说道。

“对进口商品也许是，”我说，“可是对于一般旅客，custom-house〔英语：海关〕还是很客气的。”

“不见得——我为一条鳄——鳄鱼付了十五先令呢。”

“这是什么东西？”

“什么——什么东西？不就是鳄——鳄鱼嘛。”

---

① 尤·尼·戈里曾著有回忆录《过去与现在》，描写他在伦敦的生活片段，同时也曾不指名地谈到他与赫尔岑和奥加略夫的会见。

我目瞪口呆地看着他,问:

“这到底是怎么回事,公爵。一条鳄鱼代替护照——用它来吓唬边境的宪兵?”

“是这么回事。我在亚历山大港散步,那里刚好有一个阿拉伯小孩在卖鳄鱼。我喜欢,就买下了。”

“唔,把那个阿拉伯小孩也买下了?”

“哈哈!那倒没有。”

一星期后,公爵已经住进 Porchester terrace〔英语:波切斯特街〕,这是全城最昂贵的地区,住进了一所大公寓。他先从这样一件事做起,命令下人违背英国人的习惯把大门永远敞开,并且让他那辆由一对花斑灰马拉的马车永远停在门口,随时等候他出门。他就这样在伦敦住了下来,就像他从前住在科兹洛夫和坦波夫一样。

不用说,他并没有钱,也就是说,他只有几千法郎,仅够供他住在伦敦装点门面——而且这点钱他也立刻花光了,但是已经够他迷人耳目,靠了英国人的愚蠢和轻信,衣食无虞地过上几个月了,而且直到如今,整个欧洲大陆的外国人都没法让英国人吸取教训,变得聪明点。

可是公爵却春风得意,一帆风顺……开始举办音乐会。伦敦人看到海报上公爵这一头衔连声赞赏,而举行第二次音乐会时,音乐厅(St. James's Hall,Piccadilly〔英语:皮卡迪利的圣詹姆大厅〕)竟爆满。音乐会成果辉煌。戈里曾是怎么训练出这支合唱队的乐队的——这是他的秘密,但是这音乐会的确办得很出色。俄罗斯歌曲和祈祷文,“喀马林”舞曲和日祷仪式,格林卡①歌剧的片段和福音书里的主祷文(“我们在天上的父”)②——一切都美极了。

女士们对这位满身横肉、器宇轩昂的亚述神牛,这么庄严和优雅地举起和放下他那象牙制的权杖,简直赞不绝口。老太太们想起尼古拉

---

① 格林卡(1804—1857):俄国著名作曲家。

② 见《马太福音》第六章第九—十三节。

皇帝的魁伟英武的身材，想当年，他主要以他那条绷得紧紧的、白得像俄罗斯的积雪一样的、近卫重骑兵的驼鹿皮 collants〔法语：紧腿裤〕，征服了伦敦的名媛淑女们①。

戈里曾想方设法居然使这成功变成了一身亏空。音乐会的第一部分快结束时，他便陶醉于掌声中，派人去买了一篮鲜花（别忘了伦敦的物价），并于第二部分开始前让它出现在舞台上；两名穿着镶金边制服的仆人抬着花篮，公爵为了对担任独唱和合唱的女演员表示感谢，给每人送了一束花。观众以雷鸣般的掌声欢呼这位贵族指挥的优雅风度。我们这位公爵顿时变得高大起来，满面春风，音乐会刚一结束，他便邀请**所有的**乐师和演员去吃夜宵。

这里，除了伦敦的物价，还必须知道伦敦的规矩——如果不是一大早预订，到晚上十一点是哪里也找不到供五十来个人吃夜宵的地方的。

这位亚述首领率领着自己浩浩荡荡的音乐大军，勇敢地迈开双腿，走在 Regent street〔英语：摄政王大街〕上，敲着一家家饭馆的门，终于敲开了一家：店老板明白是怎么回事以后，便以冷肉和热葡萄酒来飨客。

接着他的音乐会又玩出了各种花样，甚至玩出了政治倾向。每次都要大轰大嗡地演奏 *Herzen's Walzer*〔德语：《赫尔岑圆舞曲》〕，演奏 *Ogaref's Quadrille*〔英语：《奥加略夫卡德里尔舞曲》〕，后来还加上了 *Emancipation Symphony*〔法语：《解放交响乐》〕……这些乐曲，即使现在，公爵也可以用它们来迷惑莫斯科人，决不会因为它们来自英格兰而受到丝毫贬损，除了把人名换一换以外：它们可以很容易地改成 *Patapoffs Walzer*〔德语：《波塔波夫圆舞曲》〕，*Mina-Walzer*〔德语：《明娜圆舞曲》〕，以及 *Komissaroffs Partitur*〔德语：《科米萨罗夫组曲》〕。②

尽管他名噪一时，却囊中羞涩；没钱付帐。食品供应商开始抱怨，

---

① 指俄国皇帝尼古拉一世曾于一八四四年访问英国。

② 波塔波夫（1818—1886）：俄国将军，莫斯科警察总监，第三厅厅长。明娜是俄国大内总管阿德勒贝格的宠姬。科米萨罗夫（1838—1892），一八六六年有人行刺沙皇亚历山大二世时，他曾把刺客推开因而救了沙皇的命。

家里也开始渐渐酝酿斯巴达克奴隶起义……

……一天早晨，公爵的 factotum〔拉丁语：左膀右臂〕，他的管家，可是他却自称是他的秘书，带着“摄政王”，不过不是奥尔良公爵腓力的父亲①，而是一名二十二岁的长着一头淡黄鬈发的俄国小伙子，教堂合唱队指挥②，前来找我。

“亚〔历山大〕·伊〔凡诺维奇〕，我们有事找您，先生。”

“什么事？”

“尤里·尼古拉耶维奇太气人了；我们想回俄国去，要求结帐；请您行行好，帮我们说句话吧。”

我一下子感到了祖国的气息——就像俄国蒸气浴室里泼水到石板上冒出的一团水蒸气似的包围了我……

“你们为什么来求我做这事呢？如果你们对公爵有意见，而且有正当理由的话，任何人都可以到法庭上告呀，而且法庭是决不会偏袒公爵或者伯爵的。”

“这，我们也听说过，不过何必闹到上法庭呢。由您来解决不更好吗。”

“我来解决对你们有什么好处呢？公爵会说我多管闲事，让我碰一鼻子灰。你们不愿意上法庭——可以去找大使呀；伦敦的俄国人不是归我管，而是归他管的呀……”

“哪跟哪呀？只要那里坐着俄国老爷，哪还能跟公爵打官司呀；因为您是站在老百姓一边的，所以我们才来求您——还是劳您驾帮帮忙吧。”

“你们也真是的；公爵不会接受我的看法的——你们又能得到什么好处呢？”

---

① 一七一五至一七二三年，因法王路易十五年幼，由奥尔良公爵腓力任第二任摄政，而不是他的父亲(腓力第一)。

② 这是文字游戏，因为俄文“pereht”既有“摄政王”的意思，又有“教堂合唱队指挥”的意思。

“容在下禀报。”秘书热烈反驳道，“他老人家可不敢拿您怎么样，因为他很尊敬您，而且还怕您：他的名字要是上了《钟声》，可不是件开心的事——他这人爱面子。”

“好吧，听我说，为了不浪费时间，——我看这么办好不好：如果公爵同意我居间调停，我就来帮你们处理这事，如果不行——你们就上法庭；可是因为你们语言不通，又不知道这儿办事的规矩，如果公爵当真仗势欺人，我就给你们介绍一个人，这人非但懂行，而且会说俄语。”

“那就劳您大驾……”秘书说。

“不，碍难从命，最最亲爱的。再见。”

在他们去找公爵的时候，我想说几句话，把他们的情况交代一下。教堂合唱队指挥，除了音乐才能以外，别无所长；这是一个吃得白白胖胖、肥头大耳的家奴，是个脑筋迟钝，但长得唇红齿白的小伙子；他那种口齿不清的说话方式，他那双有点惺忪的眼睛，使我不由得想起一长串萨什卡、先卡、阿廖什卡和米洛什卡①，就像占卦时看镜子似的。那名秘书也是纯粹的俄国产物，而且是他那种类型的人的突出代表。他四十开外，下巴不刮，胡子拉碴，面容枯瘦，外衣上油渍麻花，浑身上下，从里到外，都不干不净，邋邋遢遢，生着一双狡猾的小眼睛，嘴里有一种俄国醉鬼的特殊怪味，这怪味是由刺鼻的劣质烧酒味和为了中和它加上的洋葱味与调料丁香味混合而成的。他的整个面容似乎都在鼓励人和怂恿人出坏主意和动歪脑筋：只要是坏事肯定会得到他的默许和赞赏，只要有好处——他肯定会从中帮忙。这是俄国的官吏、土豪劣绅、书吏押司的最初形态。当我问他对正在酝酿中的农民解放是否满意时，他回答我说：

“那当然，这毫无疑问。”他叹了口气，补充道：“不过，主啊，打官司、上衙门的事肯定少不了！可是公爵偏偏在这时候像打哈哈似的把我带到这里来了。”

---

① 这些都是俄国男仆常用的名字。

在戈里曾到来之前，他带着一副推心置腹的表情对我说：

“如果有人告诉您，公爵压迫农民，或者说他释放农民的条件是索取巨额赎金，而且不给他们土地，您千万别相信。这一切都是他的仇人在散布谣言。嗯，没错，他爱摆阔，但是他心好，对农民像父亲一样。”

可是他跟公爵一吵架，就在背后说公爵坏话，诅咒自己的命运，居然“轻信这么一个奸诈小人……要知道，他一辈子不务正业，把农民弄得倾家荡产；要知道，现在，他在您面前才装腔作势，人模人样的，其实是头野兽……强盗……”

“那您什么时候说的是假话呢？现在呢，还是您极口称赞他的时候呢？”我笑着问他。

秘书显得很尴尬，我转过身，走了。如果这人不是生在戈里曾公爵家的下房里，如果他不是某个“乡下人”的儿子，凭他的才能，早就当上大臣了——当上瓦卢耶夫①，当上不知什么大人物了。

过了一小时，教堂合唱队指挥和他的师父带来了戈里曾的条子；他表示歉意，不能前来看我，如果我有空，请我枉驾去找他一趟，以便结束这场无谓的争吵。公爵先放出话风，他可以毫无异议地接受我的仲裁。

没有办法，我只好前去。家里的一切都显得异常不安。那名法国仆人皮科急忙给我推开房门，带着一种既庄严又忙乱的神态，就像陪同医生去给垂死的病人会诊似的，他把我领进了客厅。里面坐着戈里曾的第二任妻子，她惶恐不安而又怒容满面，戈里曾本人则迈着大步在屋里走来走去，没打领带，光着大力士般的胸脯。他正在发火，因此说话更结巴了；从他的整个面部表情可以看出他很痛苦，因为他憋了一肚子火，不能用拳打脚踢和打耳光把它发泄出来，如果在坦波夫省，他非得给这帮谋反的泥腿子们一顿教训不可。

“看在上——上——上帝的分上，请您原谅，因为这些骗——骗——骗子，我冒昧地打扰阁下了。”

---

① 瓦卢耶夫（1814—1890）：一八六一至一八六八年的俄国内务大臣。

“怎么回事？”

“请——请您自己问吧——我只在一旁洗耳恭听。”

他叫来了合唱队指挥，于是我们进行了下面这场对话：

“您有什么不满意吗？”

“我很不满意……因此我非回俄国不可。”

公爵的嗓门本来就大，大得可与拉布拉凯①媲美，他发出一声狮吼——硬在心里压住了五记响亮的耳光。

“您要走，公爵决不强留，不过请问，您到底对什么事不满呢？”

“我对什么都不满意，亚〔历山大〕·伊〔凡诺维奇〕。”

“请您说得具体些。”

“怎么具体法呢？自从我离开俄国到这里来以后，忙得不可开交，可薪金只拿到两英镑，而第三次是公爵昨天晚上给的，只能算是赏钱。”

“那您该拿多少钱呢？”

“这，我就没法说了……”

“那您有固定的薪水吗？”

“就是没有呀。当公爵逃亡国外的时候（这话并无恶意），他对我说：‘只要您愿意跟我出去，我包您衣食无忧，如果碰上好运，我会给您很高的薪水的，否则您就少拿点钱凑合凑合吧。’于是，我就跟他来了。”

这就是他从坦波夫到伦敦来讲好的条件……噢，俄罗斯！

“那么，您看，公爵的运气好不好呢？”

“哪谈得上好呀……当然，本来可以……”

“这是另一个问题。如果他的运气不好，可见您也只能少拿几个钱凑合过算了。”

“可是公爵自己也说，根据我干的活，就是说，凭我的才能，按这里

① 拉布拉凯（1794—1858）：意大利男低音歌唱家。

的钱算，无论如何不会少于每月四英镑。”

“公爵，您愿意每月给他四英镑吗？”

“愿意呀……”

“这就太好了，还要什么呢？”

“公爵答应，如果我愿意回去，他可以赏给我回彼得堡的路费。”

公爵点了点头，又加了一句：

“是的，不过有一个条件，我必须对他感到满意！”

“您对他有什么不满的地方呢？”

现在大坝决口了。公爵一跃而起；他用悲剧般的男低音讲了如下一段话（某些字母发出刺耳的颤抖的声音，再加上辅音之间又常常出现一些短暂的停顿——这就赋予他的声音以更重的分量）：

“这个乳——乳臭未干的浑小子，这个狗崽子，我能对他满——满意吗？！我一想到这强盗卑鄙无耻的忘恩负义，气就不打一处来。这小子出身农民，穷得叮当响，身上满是虱子，光着脚丫子，是我收留了他；我亲自教他，教这浑蛋，我好不容易把他培养成人，把他培养成一个音乐家，一个合唱队指挥；我把这鬼东西的嗓子训练成这样，在俄罗斯一个演出季，每月可以挣一百卢布薪水。”

“这话没错，尤里·尼古拉耶维奇，但是我没法同意您的观点。无论是他，也无论是他家，都没有请您把他培养成龙科尼①，所以您不能要求他对您特别感恩戴德。您训练他，就像人们训练夜莺一样，您做得很好，但这也就完了。再说，这与我们说的那事也没关系呀……”

“您说得对……但是我想说：我哪咽得下这口气呢？要知道，我把他……把这混账东西……”

“那么，您同意给他路费吗？”

“去他的——那就看您的面子……仅仅因为看在您的面子上，我给。”

---

① 龙科尼（1772—1839）：意大利歌唱家。

“好，事情就这么谈妥了；那您知道要多少路费吗？”

“听说是二十英镑。”

“不，这多了。从这里到彼得堡有一百卢布足够了。您同意给吗？”

“给。”

我在纸上算了一下，交给了戈里曾；他瞅了一眼总数——记得是三十英镑多一点。他立刻把钱给了我。

“您自然识字啰？”我问合唱队指挥。

“那还用说……”

我给他写了一张收据，内容大致如下：“兹收到尤·尼·戈里曾公爵应付之薪金及由伦敦到彼得堡的路费共三十余英镑（折合卢布若干）。为此我感到满意，对他再无任何其他要求。”

“您先看一遍，签上名……”

合唱队指挥看了看收据，但是丝毫没有准备签字的意思。

“还有什么事？”

“我不能签。”

“怎么不能签？”

“我不满意……”

公爵克制住了狮子般的怒吼，——我也忍不住想训斥他。

“搞什么鬼名堂！这要求是您自己提出来的。公爵已经一文不差地全给了您——您有什么不满意的呢？”

“对不起——我到这来以后受了多少洋罪……”

显然，这钱来得容易，吊起了他的胃口。

“比如，抄写乐谱也应该给我钱。”

“胡说八道！”戈里曾说道，声音之大恐怕连拉布拉凯也从来没有这么怒吼过……连一旁的几架钢琴也胆怯地发出了回声，皮科的脑袋也吓得面色发白地探进门缝，然后又像被吓着了的蜥蜴似的迅速消失不见了。

“难道抄写乐谱不是你的分内工作吗？再说没有音乐会的时候，你又该干什么呢？”

公爵的话也对，虽然他根本用不着用低音大号般的吼叫把皮科吓了一跳。

合唱队指挥，因为习惯于各种音响，不肯善罢甘休，他把抄写乐谱的事先放在一边，又向我讲了下面的荒唐事：

“还有穿衣服，我的衣服全穿破了。”

“难道每年给您将近五十英镑的薪水，尤〔里〕·尼〔古拉耶维奇〕还要管您穿衣服吗？”

“不，但在过去，有时候公爵什么都给，而现在，说句不好意思的话，我连双袜子都没有。”

“我自己不是也没有袜——袜——袜子吗！……”公爵吼道，把胳臂抱在胸前，傲慢而又鄙夷不屑地望着那个合唱队指挥。我怎么也没料到他会来这一手，我惊讶地望着他的眼睛。但是我看到他并不准备继续哭穷，而那个合唱队指挥肯定会继续缠夹不清，于是我十分严肃地对这个雄赳赳气昂昂的歌唱家说道：

“今天上午请我做中间人，可见，您信得过我，是不是？”

“我们很了解您的为人，对您我们没有丝毫怀疑，您不会让我们吃亏的。”

“那太好了，这事就这么定了：您立刻签收，要不就把钱还给我；我再把钱还给公爵，而且从此再不管你们的事了。”

合唱队指挥不想把钱还给公爵，他签了字，向我道了谢。我就不来说他怎么把钱换算成卢布了；我对他怎么也说不明白，根据汇率，现在的卢布跟他刚离开俄国时的卢布价钱不一样。

“如果您以为我想骗您一个半英镑，那您去找我们的神父，让他给您算算。”他同意了。

看来，一切都了结了，而且戈里曾也不再像以前那样气急败坏了……但是命运偏不作美，让结局与开始一样使我想起了我们的祖国。

合唱队指挥蔫呼了半天，突然，就像他们没有发生任何事情似的，对戈里曾说道：

“大人，因为霍尔来的轮船要过五天才开，请您行行好——让我留您这儿再住两天吧。”

我想：“我这位拉布拉凯大概又要向他吼叫了。”因此我自我牺牲地作好准备，准备再忍受一次他的大喊大叫。

“你还能到什么鬼地方去呢。还用说，留下吧。”

合唱队指挥对公爵千恩万谢后，走了。作为解释，戈里曾告诉我：

“要知道，这是个非常好的小伙子；这是那个骗子，那个贼……那个可恶的讼棍挑唆的……”

这事恐怕只有请教萨维尼①和米特梅耶尔②了，只有他们才能把我们信奉正教的祖国在鞭打农奴的马厩和盘剥农民的老爷书房之间形成的法律观念提炼成条文和归纳成准则。

第二场 cause célèbre〔法语：大战，恶战〕，正是跟那个恶讼师进行的，但是这场恶仗没有打好。戈里曾出去后突然大喊大叫，看样子只有大打出手才能解决问题了，而且公爵非把那个秃顶的刀笔吏打得鼻青眼肿不可。但是这座宅子里的一切都是按照特殊的逻辑规律进行的，结果不是公爵和他的秘书大打出手，而是那秘书和房门进行了一场厮杀。他心里装了一肚子火，又多喝了一杯杜松子酒，来了精神，出门时，对准镶在门上的大玻璃就砰的一拳，把玻璃打得粉碎。而这玻璃往往有一指厚。

“警察！”戈里曾叫道。“抢人啦！警察！”他走进客厅，筋疲力尽地倒在沙发上。他缓过气来后，就有一搭没一搭地向我诉说，这秘书怎样忘恩负义。这人本来是他兄弟的代理人，大概因为营私舞弊，至于怎样营私舞弊，我不记得了，非吃官司不可。戈里曾看他可怜——十分同情

① 萨维尼(1779—1861)：德国法学家，法学历史学派的创始人之一。

② 米特梅耶尔(1787—1867)：德国法学家和犯罪学家。

他，以致把自己最后一块表作抵押，借钱把他赎了出来，替他消祸免灾。后来，他已经有充分证据证明他是骗子，但还是收留他做了自己的管事！

至于他随时随地都在欺骗戈里曾，这是没有疑问的。

我走了；一个能用拳头打破镜子玻璃的人是能够自己找到报仇雪恨的办法的。况且，后来他请我给他弄张护照，让他回俄国去时，曾经告诉我，他曾高傲地把一把手枪递给戈里曾，并让他抽签决定由谁先开枪。

如果真这样，那这手枪肯定没有装上子弹。

公爵的最后一点钱都用在平定斯巴达克起义上了，而且不出所料，他终于因为负债累累进了监狱。换了别人，被关进监狱，事情也就了了，——可是对于戈里曾却不会这么轻而易举地了事。

英国警察每天晚上七时许把他带到Cremorn garden〔英语：克莱蒙花园〕；让他在那里指挥乐队，以取悦全伦敦的卖笑女郎，然后随着他那象牙制的权杖的最后一挥，一名警察就神不知鬼不觉地好像从地底下钻出来似的走到他身边，寸步不离地把他押送回马车，然后由这辆马车把这名穿着黑色燕尾服和戴着白手套的囚徒送回监狱。他在花园中与我告别时，两眼噙满眼泪。可怜的公爵！别人看到这情景也许会哑然失笑，可是他对自己的身陷囹圄却很介意。他的亲人不知怎么把他赎了出来。后来俄国政府允许他返回俄国，——起先，让他住在雅罗斯拉夫尔，他在那里可以和华沙大主教费林斯基[1]一起指挥宗教音乐会。对他来说，俄国政府比他父亲的心肠好：他父亲是个老油条，并不亚于他儿子，他曾劝他儿子**进修道院**……知子莫若父——要知道，他父亲也是一位了不起的音乐家，甚至贝多芬也曾把自己的一首交响乐献给他[2]。

---

① 费林斯基（1822—1895）：一八四八年波兹南解放运动的参加者；一八五五年接受教士的教职；从一八六二年起担任华沙大主教；一八六三年被发配到雅罗斯拉夫尔。

② 指贝多芬于一八二三年作的三支弦乐四重奏。这是尼·戈里曾（尤·戈里曾之父）请贝多芬写的。贝多芬并没有将任何交响乐献给他。

除了这个圆滚滚的亚述神牛，这个阿波罗般的肥硕的犍牛以外，还有许多别的俄国怪物也不应当忘记。

我讲的不是那些像“俄国上校”一样来去匆匆的怪影，但是我倒想讲讲这样一些人，他们由于命运的变化无常，不得不漂洋过海，长久滞留在伦敦，比如有一位军需官，由于某些案件的牵连和负债累累，走投无路，跳进涅瓦河淹死了……可是却在伦敦浮了上来，成了一名流亡者，而且还穿着皮大衣和戴着皮帽子，尽管伦敦的冬天既潮湿又暖和，他还是舍不得把它们丢掉。此外，还有我的朋友伊凡·伊凡诺维奇·萨维奇①（英国人管他叫塞维奇），他整个人，完完全全地，带着他的过去与未来，以及他那不长头发的秃瓢，硬是挤进我的俄国活宝陈列馆。

他是帕夫洛夫御林军的一名退伍军官，他旅居海外，十分清闲自在，一直活到了二月革命②；这时他害怕了，把自己看成了罪犯；倒不是因为他受到了良心的折磨，而是因为他想到了宪兵，宪兵可能在国境线上，在囚室，在三套车上，在冰天雪地里遇到他……因此他决定推迟回国。突然有消息说，他的弟弟因谢甫琴科③案被捕。这倒真有点危险了，于是他决定立即动身回国。我就是在这时候，在尼斯认识他的。萨维奇在动身前买了一小瓶毒药，准备在跨越边境的时候，把它塞在一颗龋齿的空洞里，万一被捕，就把它咬碎。

随着离祖国越来越近，他心中的恐惧也越来越强烈，而到了柏林，这恐惧已成了痛苦，他痛苦得喘不过气来；但是萨维奇还是横下一条心，坐上了火车。……头五站他总算熬过去了，——再往下他就坐不住了。机车停下来加水；他找了一个完全不相干的理由，走出了车厢……机车鸣了一下笛，列车开走了，但是车上没有萨维奇；这正是他求之不得的。他

① 此人从一八四四年起旅居国外，从一八五一年起旅居伦敦，曾做过赫尔岑孩子的俄语老师。

② 指一八四八年的法国二月革命。

③ 谢甫琴科(1814—1861)：乌克兰革命诗人。他因反对俄国沙皇和参加当时的秘密政治团体“基里尔-格福迪兄弟会”被捕。萨维奇的弟弟尼古拉·萨维奇(1808—1892)也因参加这一组织而于一八四七年被捕，流放西伯利亚。

把手提箱丢在车上听天由命，接着就乘上头一趟返程车回到了柏林。回到柏林后，他才为手提箱的事拍了一份电报，然后就去给自己的护照办签证，准备回汉堡。“昨天去俄罗斯，今天又要去汉堡。”警察根本没有拒绝签证，只是随口说说。吓得心惊肉跳的萨维奇对他说：“信——我收到了信。”大概，就他当时一副惊慌失措的样子，那个普鲁士官员当时没有把他逮捕，简直是玩忽职守。接着，萨维奇就像路易·非力浦一样①，尽管谁也没有想抓他，就急急乎如丧家之犬，逃到了伦敦。他在伦敦就像千千万万其他人一样开始了艰难的生活，——多年来，他一直诚实和坚强地与贫穷搏斗。但是命运却给他的所有悲剧经历涂上了一层喜剧色彩。他决定去做家教，教数学、绘图，甚至教法语（教英国人）。他跟一些人商量后发现，不登个广告或者不印个名片是不行的。

“但是，糟糕的是，让俄国政府看到了，怎么办……我左思右想才印了一些匿名的名片。”

我一想到这个伟大发明就乐不可支——我还从来没想到印名片可以不印姓名的。

他拿着他的匿名名片，加上他的勤奋努力和极端的省吃俭用（他往往整天整天以土豆和面包度日），总算把自己的平底船驶离了浅滩，开始做商业营销工作，而且他的买卖做得很好。

正当萨维奇“筚路蓝缕，以启山林”的时候，御林军帕夫洛夫团的另一名军官却日暮途穷，每况愈下。这个帕夫洛夫团的司令②，在被别人打得焦头烂额，劫掠一空，受尽欺骗和愚弄之后，一命呜呼了③。新皇登基后，颁布了恩赏和大赦令。于是萨维奇也想利用一下皇恩浩荡，因此他写了一封信给布鲁诺夫④，询问他是否属于大赦之列。过了一

① 指法王路易·非力浦被法国二月革命推翻后逃往英国。

② 俄国沙皇尼古拉一世应是沙皇御林军伊斯梅洛夫团的名誉司令。

③ 指沙皇尼古拉一世在克里米亚战争中败北，死于一八五五年。

④ 指俄国驻伦敦代表，但当时（1856—1858）俄国驻伦敦代表不是布鲁诺夫，而是赫列布托维奇。布鲁诺夫担任俄国驻英全权代表是在一八四〇至一八五四年和一八五八至一八七四年，从一八六〇年起任驻英大使。

个月,大使馆邀请他去面谈。他想:“事情不这么简单——都考虑了一个月了。”

“我们收到了答复,”一秘对他说,“您无意中给部里出了个难题,您的情况我们一无所知。我们跟内务大臣联系了一下,他也找不到关于您的任何卷宗。请您干脆告诉我们,您从前到底犯了什么事,不可能有什么要紧事吧!……”

“一八四九年我弟弟被捕,后来又被流放。”

“是吗?”

“此外就没什么了。”

“不,”尼古拉①想,“他瞎掰,”于是便对萨维奇说,如果是这样,那就让内务部再重新调查一下。又过去了约莫两个月。我想,在这两个月中一定忙坏了彼得堡……又是公函往返,又是通报情况,又是暗中查询,又是秘密侦查,从内务部到第三厅,从第三厅到内务部,向哈尔科夫总督调查……又是警告,又是申斥……可是关于萨维奇的案由还是遍寻无着。于是内务部只好据实告知驻伦敦大使馆。

布鲁诺夫亲自派人把萨维奇找了来。

他说:“请看内务部的答复:关于您的情况任何地方也找不到。请问,您到底与什么案件有牵连呢?”

“我弟弟……”

“这情况我已经听说了,我是问您自己到底犯了什么案?”

“除此以外就什么也没有了。”

布鲁诺夫是个从来见怪不怪的人,这次他也感到奇怪了。

“既然您什么坏事也没有做,您干吗还要请求赦免呢?”

“我想,这样毕竟好些……”

“如此看来,很简单,您需要的不是大赦,而是护照。”

于是布鲁诺夫吩咐发给他护照。

---

① 尼古拉·帕夫洛维奇(1780—1862):俄国外交家,俄国驻伦敦大使馆参赞。

萨维奇欢天喜地地跑来找我们。

他先详详细细地把他争取特赦的经过告诉了我们，然后他挽着奥加〔略夫〕的胳膊，把他带进了花园。

"看在上帝分上，请您给我出个主意，"他对他说，"亚・伊[1]老是笑话我……他就是这脾气；但是您心好。请您坦白告诉我：您以为我能安全地经由维也纳回国吗？"

奥加略夫并不赞同他的溢美之词，哈哈大笑。非但奥加〔略夫〕，——我想象，当获得大赦的萨维奇走出办公室以后，布鲁诺夫和尼古拉在国事繁忙之余，怎样咧开大嘴，眉开眼笑，大笑了两分钟。

但是尽管萨维奇十分古怪，他却是一个老实巴交的好人。然而还有一些俄国人，也不知从哪儿冒出来的，在伦敦游荡了一两个月之后，又拿着自己开的介绍信跑来找我们，以后又不知去向，这样的俄国人，倒是一些十分危险的人物。

有一件可悲的事，我倒想在这里说说，这事发生在一八六二年夏。当时，反动势力还处在潜伏时期，它还刚刚从内在的、隐蔽的腐败中爬出来。因此谁也不怕来找我们，谁也不怕随身携带《钟声》报和我们的其他出版物。许多人还夸耀他们怎样巧妙地带这些出版物偷越过境。当我们劝他们还是小心为上，他们还笑我们。当时我们几乎从来不往俄国写信：对老朋友，我们无话可说，——我们跟他们的距离已越来越远，而对新的不认识的读者，我们则通过《钟声》同他们联系。

春天，克利西耶夫从莫斯科和彼得堡回来。毫无疑问，他此行是当时最值得注意的插曲之一。这人隐蔽得并不好，可是却能在警察的鼻子底下走来走去。出席分裂派教徒的座谈会和朋友们欢叙畅谈，兜里揣着一本愚不可及的土耳其派司，而且居然能 sain et sauf〔法语：安然无恙〕地回到伦敦，他真有点得意忘形了。他想在克尤镇的一家饭馆里，由大家赞助，举行一次宴会，以庆祝《钟声》创刊五周年。我请他把这

---

① 指亚历山大・伊凡诺维奇・赫尔岑。

个庆祝活动推迟一点，等待另一个更值得欢庆的时候。他不听。这次庆祝活动搞得很不成功：没有 entrain〔法语：热情〕，也不可能有——参加庆祝会的人中，有许多是完全不相干的人。

在推杯换盏、谈天说地中，有人像谈最寻常不过的事情似的谈到克利西耶夫的朋友韦托什尼科夫①，说他要回彼得堡去，如果有什么东西要托他带回去的话，他甘愿效劳。大家分手的时候已经很晚了。许多人说，星期天还要上我家来。那天果然来了一大群人，其中有许多是我们不大认识的人，不幸的是，其中也有这个韦托什尼科夫；他走到我跟前，对我说，他明天一早就走，问我有没有信件或者有什么事要托他办。巴枯宁已经给了他两三封信。奥加略夫也走到楼下去写了几句向谢尔诺-索洛维耶维奇②友好问候的话；我在这封信后也附言向他问好，并请他让车尔尼雪夫斯基（我从来没有直接给他写过信）考虑一下我们在《钟声》上提出的建议："由我们出资在伦敦印刷《现代人》。"一直到十二点左右，客人才逐渐散去；有两三个人留了下来。韦托什尼科夫走进我的书房，拿走了信。很可能，这也不会引起注意。可是却发生了这样的事。为了答谢参加宴会的诸位来宾，我请他们在我们的出版物中随意拿点什么，或者是列维茨基③为我拍的一帧大照片，留作纪念。韦托什尼科夫拿了我的照片；我劝他把边给铰了，把它卷成筒；他不肯，并且说他可以把它压在手提箱的箱底，因此他用一张《太晤士报》把它包起来拿走了。这是不可能不引起人们注意的。

他是最后一个走的，跟他告别后，我就安心地去睡觉了——有时候一个人就会这么糊涂，跟瞎了眼睛似的——当然，我压根儿就没想到，这一分钟会使我付出多么昂贵的代价，而且它会给我带来多少不眠之

---

① 韦托什尼科夫：一八三一年生，俄国某商行的职员，一八六二年由伦敦回俄国时被捕。

② 谢尔诺-索洛维耶维奇(1834—1866)：俄国革命民主主义者，《现代人》杂志编辑，"土地与自由社"的组织者之一，与赫尔岑和奥加略夫一直保持着密切联系。

③ 赫尔岑的堂弟，"枢密官"之子，官员，后来成为著名摄影师。

夜啊。

这一切加在一起实在是太愚蠢,也太不谨慎了……可以把韦托什尼科夫留到星期二再走嘛,或者让他星期六走。为什么他不上午来呢?再说他干吗要自己来呢?

据说,有一名客人①立刻向彼得堡发了电报。

韦托什尼科夫还在轮船上就被抓了起来;其余的事不说诸位也知道②。

在这个可悲的故事行将结束的时候,我要说一说我已经顺便提到过的一个人,对于此公是决不能略而不提的。我说的是克利西耶夫。

一八五九年,我收到他给我写的第一封信。

---

① 赫尔岑的客人中有个人是第三厅的密探佩列茨,他把韦托什尼科夫带了"危险的"文件回国一事向沙皇政府告了密。

② 韦托什尼科夫被捕后,托他转交的所有信件都落入第三厅手中。一八六二年七月,车尔尼雪夫斯基和谢尔诺-索洛维耶维奇被捕。为此专门成立了一个以亚·费·戈里曾为首的侦讯委员会,来负责审讯"被指控与那些伦敦宣传家有来往的人"这一案件,涉案者多达三十二人。而车尔尼雪夫斯基案则被从"三十二人案"中单独提出,独立审讯。

第二章　瓦·伊·克利西耶夫

瓦·克利西耶夫的名字,最近以来已可悲地无人不知:急剧的内心变化和迅速的外表变异,悔过自新的成功,迫不及待地要求公开忏悔①和这个忏悔奇怪地掐头去尾,叙述得没有分寸,不恰当的插科打诨,以及在一个悔罪者和被赦免者身上很不得体的随意放肆——这一切,在我们这个不习惯急剧和公开转变的社会上,引起了我国新闻界优秀分子的强烈反感②。克利西耶夫想方设法地想要引起公众对他的注意;结果却引火烧身,欲盖弥彰,成了众矢之的,每个人都毫不怜惜地向他扔石头。我丝毫不想否定我国昏昏欲睡的文化界在这件事上所表现出的不够宽容的精神。这种义愤填膺证明,尽管我国礼崩乐坏,无耻的言论甚嚣尘上,已酿成一片黑暗,可是没有被败坏的新生力量仍完好无损。倾注到克利西耶夫身上的愤怒,也就是过去因为一首或两首诗而不肯饶恕普希金的愤怒③,以及为了果戈理的《与友人书简选》而与作家断绝来往的那种愤怒。

向克利西耶夫投石头是多余的:一条马路上的碎石本来就都扔到他身上了。我想告诉别人,并且提醒他自己,他到伦敦来找我们的时候他是怎样的人,他第二次去土耳其的时候又是怎样的人。

让他把他当时生活的极端艰难困苦与他现在飞黄腾达的美好日子

① 指克利西耶夫的回忆录《感受与反省》(圣彼得堡,1868)。这部回忆录是克利西耶夫在第三厅的监狱中写的,原名《忏悔书》,是写给沙皇宪兵司令的,经官方审查后公开出版。

② 克利西耶夫的公开忏悔和叛变,曾引起当时俄国许多报刊的强烈反响。

③ 指普希金曾触犯众怒的诗《致俄国的诽谤者》和《波罗丁诺周年纪念》以及《斯坦司》。

比较一下吧。

这些篇章是我在他悔过自新和认罪服罪以前，也是在他的灵魂和外形发生变化以前写的。我对其中的任何东西都没有改动，只是增加了某些书信的片段。在我这篇草草写成的随笔中，我把我记忆中的克利西耶夫作了忠实的描写，即他作为应予没收的违禁商品，坐着一艘小船，驶进斯库勒尼①海关，要求依法行事之前的克利西耶夫。

克利西耶夫的信是从普利茅斯寄来的。他坐北美某公司的轮船到了那里，想从那里再到别的地方，到锡特卡岛或乌纳拉斯卡岛②去工作。他在普利茅斯住了一阵以后，又不想到阿留申群岛去了，于是他给我写了一封信，问我能不能在伦敦给他找个混饭吃的地方。在普利茅斯，他已认识了几位神学家，他告诉我，他们对神示的出色阐释引起了他的兴趣。我警告他千万要提防这些英国僧侣，并叫他到伦敦来，如果他真想工作的话。

过了约莫两星期，他来了。年纪很轻，高个儿，瘦瘦的，有点病态，脑袋呈四方形，头上的头发像顶着顶帽子似的，他使我想起了恩格尔孙（不是头发，那人是秃顶，而是整个人）——真的，他在许多方面与恩格尔孙十分相像。乍一看，就可以看出他身上有许多没有安排好和不稳定的东西，但是一点也不庸俗。看得出来，他刚从禁锢他的监护和约束下获得自由，但是还没有找到自己的事业和团体——没有组织。他比恩格尔孙年轻得多，但是毕竟属于彼得拉舍夫斯基小组③的最年轻的梯队，具有他们的部分优点和所有的缺点：世界上的一切他都学，什么书他都读，什么问题他都钻研，可是钻研来钻研去却一无所获。克利西

① 位于罗马尼亚和俄国边境，一八六七年五月，克利西耶夫便是坐着小船，到这里的俄国边防检查站投诚自首的。

② 锡特卡岛是阿拉斯加亚历山大群岛中的一个小岛，乌纳拉斯卡岛则属于阿拉斯加阿留申群岛中的一个小岛。二者在一八六七年以前都属于俄国，后来与阿拉斯加一起卖给了美国。

③ 一八四四年底至一八四九年初存在于彼得堡的出身于平民知识分子的青年团体，信奉民主主义和空想社会主义。

耶夫由于对公认的一切经常采取批判态度，因而他心中的一切道德观念都摇摆不定，没有建立起任何行为规范①。

特别古怪的是，在克利西耶夫怀疑主义的摸索中夹杂着某种神秘主义幻想：他是一个以宗教姿态出现的虚无主义者，是一个披着助祭法衣的虚无主义者。在他的外形、语言和谈吐中夹杂着一种教会的气派、用语和神态，这就赋予他的整个生活以一种特别的性质，他就好像是由几种性质截然相反的金属焊接在一起的特殊统一体。

克利西耶夫正在经历我们所熟悉的那种反省阶段，这是每一个真正觉醒的俄国人在自己内心几乎随时都在做的那种自我反省，而西方人则因为没有工夫和操劳的事情太多，根本不去想它。我们的师兄们因为自己的专业所限和埋头于其他工作，因为他们从不反省人人习以为常的事，因此他们代代相传，建设和破坏，奖励和惩罚，戴上桂冠和戴上镣铐，——他们都坚信这是理所当然的，他们是在做他们分内应该做的事。相反，克利西耶夫却怀疑一切，从不人云亦云，从不接受善就是善，恶就是恶这个道理。这种反其道而行之的倔强精神，既摈弃向前发展的道德准则，又摈弃现成的真理，在我国尼古拉斋期②的 mi-carême〔法语：封斋期中期〕③曾一度闹得很厉害，而且表现得十分强烈，压制我们头脑的重锤上升一分，它也就上升一分。这种充满活力和勇敢的分析精神，遭到了天知道在保卫什么的保守派文人的攻击，之后又受到政府的围剿。

塞瓦斯托波尔的大炮④唤醒了我们，我国的许多自作聪明的人开始重复别人说过的话，说什么我国的保守主义是从西方学来的，我们匆匆地向西方文明学习，不是为了与它分担传统的痼疾和根深蒂固的偏见，而是为了“与旧的东西作一比较”，为了有可能与他们并驾齐驱……但是

---

① 我国最富有进取精神的年轻人最后压阵的总是彼得舍夫斯基分子——这些人可以称之为我国教育发展史上最低的年级。——作者原注

② 指沙皇尼古拉一世严刑峻法、压制一切的统治时期（1825—1855）。

③ 此处指沙皇尼古拉一世三十年统治的中期，反动势力最猖獗的时期。

④ 指俄国在克里米亚战争中败北。

我们一旦在事实中看到在觉醒的思想中，在发育成熟的言论中，并没有任何固定不变的东西，“没有任何神圣的东西”，有的只是问题和亟待解决的任务，思想在探索，言论在否定，坏的东西与“明知道”是好的东西在一起左右摇摆，试验和怀疑的精神，正在把一切——不加区别的一切——都带进深渊……而这深渊周围的栏杆已荡然无存，——于是从胸腔里发出一片恐怖的狂叫，头等车厢的旅客闭上了眼睛，以免看到火车出轨的惨状……列车员急忙刹车，使火车停止一切运动。

不用说，害怕毫无必要。刚刚产生的力量在物质上还太弱，它还无法把载有六千万人口的列车推离轨道。但是这股力量有自己的纲领，也许还有预言。

克利西耶夫是在我们所讲的这个时代的最初的影响下成长的。他还远远没有定型，他还没有找到自己的某个重心，然而他却完全消灭了自己的全部精神财富。他摒弃了旧的，驱散了坚定不移的，离开了海岸，冒冒失失地驶进辽阔的大海。他以同样怀疑和不信任态度对待信仰和不信仰，对待俄国的制度和西方的制度。只有一点在他心中扎了根，那就是他意识到，热烈而又深刻地意识到现代国家制度在经济上的不平等，因此他恨它，并且产生了他对他从中看到出路的某些社会理论的模糊向往。

他虽然不理解，却意识到不平等，并进而产生对这种不平等的恨，这是他不可剥夺的权利。

他住在伦敦的一个十分边远的地区，住在富勒姆区①的一个偏僻的小巷，——这里住的都是一些面有菜色、脸如死灰的爱尔兰人以及各种各样骨瘦如柴的工人。在这些没有屋顶的、潮湿的石头走廊里，鸦雀无声，静得可怕，几乎没有一点声音，没有一点光，没有一点色彩；人、衣服、房屋——一切都褪了色，形销骨立，烟尘和烟灰又给一切的轮廓涂上了一圈黑色的边框。在这里的小巷既听不到店铺伙计们手推小车运

① 这是伦敦的一个贫民窟，住在这里的大半是爱尔兰工人，他们为英国资本家做牛做马，过着半饥半饱的生活。

送食品的嘎吱声，也看不到出租马车来来往往的身影，既听不到小贩的叫卖声，也听不到狗叫声——因为狗在这里实在没有东西可吃……只间或有一只瘦瘦的、竖着毛和沾满煤灰的猫走出来，爬上屋顶，跑到烟囱旁，靠在烟囱上取暖，弓着身子，这样表明它在屋里冻得实在够呛。

我第一次去看克利西耶夫的时候，他不在家。有一位非常年轻，但又非常丑的女人，瘦瘦的，萎靡不振，眼睛都哭肿了，坐在铺在地上的床垫旁，床垫上躺着一个一岁或者一岁半的孩子，在发高烧，翻来覆去，很痛苦，眼看快要死了。我望了望他的脸，想起了另一个孩子临死前的面容——一样的表情。几天后他死了——另一个却出生了。

简直是赤贫，一无所有。那个年轻的、瘦弱的女人，或者不如说，嫁了人的小女孩，她勇敢而又异常平静地忍受着家徒四壁的贫穷。看着她那憔悴、病弱的外表，简直无法想象在这个瘦弱的身体里居然会蕴含着这么大的力量和忠诚。她对我们那些现炒现卖的小说家倒可以成为一个痛苦的原型。她是，或者想成为一个后来人们称之为女虚无主义者的女人：她的头发梳得怪怪的，穿得随随便便，抽烟很凶，既不怕大胆的思想，也不怕激烈的言论；她对家庭美德无动于衷，从来不讲神圣的天职，也从来不提她对她每天所做的牺牲心里感到如何充实，也从来不说她对她年轻的肩上背负着的十字架并不感到沉重。她从不炫耀自己与贫穷所做的斗争，而是缄默地做着一切：缝缝补补，洗洗涮涮，喂孩子，炖肉和清扫房间。她是她丈夫的坚定的同志，她一直跟着她丈夫到处漂泊，东奔西走，并且一下子失去了她的最后两个孩子，终于作为一个苦命的受难者死于遥远的东方①。

……我起先与克利西耶夫斗争，极力说服他，劝他不要在还没有了解流亡者的生活以前就切断自己的归路。我对他说，应当首先了解生活在异国他乡，生活在英国，尤其在伦敦，有多么艰难；我还对他说，现

① 克利西耶夫的妻子瓦尔瓦拉·季莫费耶夫娜带着自己的儿女追随丈夫于一八六三年八月二十九日到达君士坦丁堡。在儿子和女儿死后，她也于一八六五年十月十五日客死于罗马尼亚的加拉茨。她至死都坚信：她丈夫的革命信念是坚定不移的。

在在俄国，任何力量都是宝贵的。

“您在这里能做什么呢?”我问他。克利西耶夫说他准备学习和写作，什么都学，什么都写；首先他想写妇女问题——写家庭结构。

我对他说：“首先应该写耕者有其田和农民解放问题。这是我们当前的首要问题。”

但是克利西耶夫的兴趣并不在这方面。他还果真给我拿来了一篇论述妇女问题的文章。这篇文章写得很糟糕。因为我不肯发表他的这篇文章，他很生气，直到过了两年，他才为此对我表示了感谢。

他不肯回国。因此无论如何必须给他找份工作。我们也着手这么做了。他的爱好神学的怪脾气帮了我们的忙。这时伦敦圣经公会刚好要出版俄文版《圣经》，于是我们就给他找了一份校对工作。后来我们又把各个时期收到的一沓有关旧礼仪派的材料交给他。为了整理和出版这些材料，克利西耶夫投入了很大热情。他模模糊糊地认识到的和存在于他的幻想中的东西，现在都展现在他面前，成了事实。他在分裂派①中看到了披着福音书外衣的极端幼稚的社会主义。这是克利西耶夫一生中最美好的时期；他对工作很努力，有时候晚上还来找我谈反正教仪式派和莫罗勘派②的某种社会思想，费多谢耶夫派③的某个纯粹共产主义学说；他十分赞赏他们在森林中到处漂泊，他认为自己的人生理想就是在他们中间到处流浪，并成为在贝洛克里采④或者俄罗斯的基督教社会主义分裂派的导师。

的确，克利西耶夫在骨子里是个“漂泊不定的人”，——无论在精神上还是在实践上都漂泊不定：他感到苦闷，各种犹疑不定的想法在折

① 分裂派即旧礼仪派。他们是从俄罗斯正教教会中分裂出来的教派，反对官方教会和宗教旧礼仪，流行于下层群众中，因此具有原始的基督教社会主义思想。

② 分裂派中的一支，主张取消教会和祭司，独立修道，独立解释《圣经》，反对宗教仪式。

③ 俄罗斯正教旧礼仪派中的一个分支。

④ 奥地利布科维纳地区的一个村落，从十九世纪四十年代起成为“奥地利”旧礼仪派中教堂派首脑的驻跸地。

磨着他。他没法总待在一个地方。他可以找到工作，找到职业，找到一个不愁吃穿的饭碗，但是他找不到一个足以使他全身心投入的事业，为了寻找这个事业，他可以抛弃一切，不仅可以为此而跑到天涯海角，甚至可以去当修士，尽管他不信仰上帝，却可以接受神父这一教职。

克利西耶夫是一个真正的俄国人，他每个月都要做一份新的工作大纲，拟定一些新的方案，旧的工作还没有做完，就去做新的工作。他拼命工作，可是又拼命什么事也不做。他可以轻而易举地去做一件事，但立刻就会感到满足，甚至厌烦，他能一下子从所有的东西中抽出筋来，得出最后的结论，而有时候还走得更远。

分裂派文集进行得很顺利；他出版了六卷，而且很快就卖出去了。政府看到这情况后，也同意公布有关旧礼仪派的材料。《圣经》的翻译也进行得很顺利。从希伯来语进行翻译没有成功。克利西耶夫尝试着做 un tour de force〔法语：不可能的事〕，进行“逐字”翻译，尽管闪米特语系的语法形式与斯拉夫语系完全不同。然而出版的各分册却顿时售罄。俄国东正教公会看到国外版的俄文《圣经》后大感恐慌，只好祝福旧约《圣经》俄文版的出版。这些从反面来的胜利，从来没有任何人把它算在我们印刷所的 crédit〔法语：账〕上。

一八六一年底，克利西耶夫到莫斯科去，旨在与俄国分裂派教徒建立牢固的联系。这次莫斯科之行将来他会自己讲的①。这简直不可思议和不可能，可是事实上却当真发生过。在这次莫斯科之行中，他的大胆近于疯狂；他表现出的冒失几乎等于犯罪，但是，当然，为此而应该指责他的不是我。在国外稍不留神，说走了嘴，会造成许多不幸。何况这与事无关，也无关乎对这次旅行的评价。

他回到伦敦后，根据特鲁布南的要求，动手为英国人编写俄语语法，并翻译一本财经方面的书。无论前者还是后者，他都虎头蛇尾，没有做完：这次旅行断送了他的最后一点 sitzfleisch〔德语：坐冷板凳的习

① 见克利西耶夫《忏悔书》的第二部分。

惯，埋头苦干的精神〕。他以工作为苦，变得很忧郁，很沮丧，然而他又必须工作：他又变得身无分文了。再说新的欲望又开始折磨他。这次莫斯科之行的成功，被证实的无可置疑的勇敢，秘密的谈判，战胜危险所取得的胜利，使他心中本来就十分强烈的自尊心燃烧得更旺了；与恺撒、唐·卡尔洛斯和瓦季姆·巴谢克相反，克利西耶夫把手插进自己浓密的头发，摇了摇他那闷闷不乐的头，说：

“我还没有三十岁，就肩负起这么重大的责任。”①

从上述种种不难理解，他肯定编不完俄语语法就会走的。他还果真走了。他抱着更加密切地接近分裂派教徒这一坚定不移的打算到土耳其去了，他打算与他们建立新的联系，如果可能的话就留在那里，开始布道，宣传自由的教会和村社的生活。我曾给他写过一封长信，劝他别走，留下来继续工作。但是他酷爱流浪，希望建功立业，时来运转和平步青云，这比我的话更有力量，于是他走了。

他同马尔季亚诺夫②几乎是同时离开的。一个在经历了一连串的不幸与考验之后，终于埋葬了自己的亲人，消失在雅西与加拉茨③之间，另一个则在苦役劳动中埋葬了自己，他被送去服苦役是因为沙皇极端昏庸，忠言逆耳，出身地主的枢密官们又报复成性，极端凶残。

他们走后，舞台上又出现了另一种气质的人。我们社会的变形，没

---

① 克利西耶夫是个庸才，却自视甚高，做了一点事就自以为了不起，因此赫尔岑才讽刺他自诩为恺撒，因为恺撒在读了马其顿国王亚历山大传以后对自己的朋友说：“……在我这个年纪，亚历山大已经统治着这么多民族，可是我至今还没有做出任何辉煌的建树！”唐·卡尔洛斯在席勒的同名戏剧中感叹道：“我已经二十二岁了！可是我为不朽的事业又做了什么呢？”瓦季姆·巴谢克是赫尔岑的大学同学，也发表过类似的感叹。

② 马尔季亚诺夫（1835—1865）：俄国出身农奴的知识分子。他在伦敦期间曾在《钟声》上发表《致亚历山大二世的信》，并在特鲁布南书店出版了小册子《人民与国家》。在他的观点中充满着离奇的矛盾，他一方面对贵族的官吏充满恨，另一方面又心存幻想，希望出现一个开明的君主，并由沙皇召开全国杜马会，励精图治，锐意改革。一八六三年四月十二日，他自愿回到俄国，随即被捕，并由枢密院判处五年苦役和终身发配西伯利亚。一八六五年九月，他死于伊尔库茨克的监狱医院。

③ 这两地均在罗马尼亚的东部边境。

有大的深度，往往只触及很浅的一层表皮，因此很快就会改变新出现的形态和颜色，显得破烂与陈旧。

在恩格尔孙与克利西耶夫之间，正如我们与恩格尔孙之间一样，已经隔着整整一个发展阶段。恩格尔孙是一个被摧残、被侮辱的人；他周围的整个环境对他的毒害，他从小呼吸的乌烟瘴气，使他整个人变得畸形。在他身上闪过的一线光明，使他在临死前的两三年得到了些许温暖，可是他已经得了不治之症，疾病在侵袭他的胸腔。克利西耶夫虽然也受到环境的蹂躏和戕害，然而他并没有感到绝望和心力交瘁，他留在国外，不是单纯地为了追求平安，也不是单纯地为了逃避艰难困苦——他是有所追求的。追求什么呢——他也不知道（这正是他这一阶层的人表现得最明显的特点），他并没有确定的目标；他正在东张西望地四处寻找，他正在把学校里、书本上和生活中学到的许多思想整理出个头绪，也许越整理越乱也说不定。他内心犹疑不定，很痛苦，这我们已经说过了，而这是对他的一生至关重要的问题，他在等待一个可以使他全身心都投入的事业，或者某个他可以为之献身的思想。

现在我们再回过头来谈克利西耶夫。他在土耳其漂泊了一阵以后，决定在图尔恰定居；他想在那里建立一个在分裂派中进行宣传的中心，为哥萨克的孩子们开办一所学校，同时进行公社生活的试验，那里，盈利和亏损均由大家分担，细活与粗活，轻活与重活，也由大家共担。那里，由于住房和食物都很便宜，使这一试验得以顺利进行。他结识了涅克拉索夫哥萨克①的老首领冈察尔②，先是把他捧到了天上。一八六三年夏，他的弟弟伊凡去看他，他弟弟是个非常好的，而且很有才干的青年③。他因为

---

① 一七〇七至一七〇九年参加布拉文起义，后追随涅克拉索夫到库班去的顿河哥萨克的后裔。

② 冈察尔，即冈察罗夫（1796—1880），居住在土耳其的旧礼仪派领导人之一，曾参加反对俄国的各种活动，后又与俄国政府秘密来往，向后者提供俄国流亡者的情况。

③ 赫尔岑和奥加略夫很器重伊凡·克利西耶夫，认为他是年轻的革命一代的最富有才华的代表人物。他与他哥哥瓦西里·克利西耶夫不同，政治上成熟，具有坚定的革命民主主义信念，积极参加革命活动，而且与人民群众保持密切联系。

参加学潮被从莫斯科遣送到彼尔姆,可他在那里落到一个混蛋省长手里,备受迫害。后来又把他召回莫斯科,因为有些事要问他——他很可能要被发配到比彼尔姆更远的地方。他逃出了警察局,然后经由君士坦丁堡逃到了图尔恰。他哥哥非常欢迎他的到来;他正在寻找帮手,最后又把十分思念他的妻子叫了来,而她一直在我们的照管下住在特丁顿。当我们正为她置办各种东西的时候,冈察尔也到了伦敦。

这个狡猾的老头,闻到了动乱和战争的气味,便从自己的洞穴里爬了出来,想看看苗头,摸摸情况,看看在哪儿有利可图,即他应该跟谁走和反对谁。除了俄语与土耳其语以外,他一句外国话也不懂,可是他却去了马赛,又从马赛去了巴黎。他在巴黎见到了恰尔托雷日斯基①和扎莫伊斯基②,甚至听说,有人还带他去见过拿破仑,——不过并没有听他本人说过此事。谈判没有谈出什么结果来,于是这位白发苍苍的哥萨克摇着头,眯着他那狡猾的眼睛,用他那十七世纪的歪歪扭扭的字体给我写了封信,他在信中称我为"伯爵",问我,他可不可以来看我们,以及他怎样才能找到我们。

当时我们住在特丁顿③;不懂语言是很难找到我们的,因此我特意坐车到伦敦,去火车站接他。从车厢里走出来一位俄国乡下老汉,像个家道殷实的土财主,穿着一件灰色的长大褂,留着俄式的络腮胡子,虽然瘦瘦的,但身板结实,肌肉发达,个子相当高,面孔晒得黑黑的,拎着个花布包袱。

"您是奥西普·谢苗诺维奇?"我问。

"是我,先生,是我……"他向我伸出了手。他身上的大褂敞开着,于是我看见在里面的衣服上挂着一枚很大的星形勋章——不用说,这

---

① 恰尔托雷日斯基(1770—1861):波兰政治家,一八三〇年革命后任波兰政府首脑,波兰贵族流亡者的领导人。

② 扎莫伊斯基:波兰政治家,流亡者,在克里米亚战争期间曾企图在土耳其组织波兰军团反对俄罗斯。

③ 伦敦的一个区,赫尔岑从一八六三年六月起居住在这里,克利西耶夫的妻子在去君士坦丁堡前就住在赫尔岑家。

是土耳其勋章:俄国的星形勋章是不会发给农民的。他里面穿的紧身上衣是蓝色的,四周镶了一道很阔的花边——这种式样的衣服,我在俄国还没有见过。

“我是某某人,我是来接您和陪您到我们家去的。”

“你这是干吗呢,伯爵大人,有劳您费心,亲自……那个?你那个,随便派个人……”

“可见,就因为我不是伯爵大人嘛。奥西普·谢苗诺维奇,您怎么会想到管我叫伯爵呢?”

“你是什么头衔,只有基督知道,——你想必在自己的事业中是个头。嗯,而我那个,是个没有文化的人……因此我才管你叫伯爵,也就是大人,也就是头。”

不仅冈察尔的谈吐,甚至于发音,也都是大俄罗斯的、农民的谈吐和发音。他们住在十分偏僻的地方,周围都是外族人,居然俄语还能说得这么好,——如果没有旧礼仪派的团结一致,是很难想象的。分裂把他们严格地分离出来,任何外来影响都无法越过他们设置的这道樊篱。

冈察尔在我们家住了三天。头两天,除了随身带来的干面包以外,他什么也不吃,只喝水。第三天是星期天——他才开禁喝了一杯牛奶,吃了一点清水煮鱼,如果我没有记错的话,还喝了一杯赫列斯酒。

俄国人的肚子里做文章,东方人的狡猾,猎人般的机警,从小习惯于处在完全无权的地位,以及与强邻,与敌人的周旋因而养成的克制精神,在斗争中,在顽强的劳动中度过的漫长一生,——这一切都在这个白发苍苍的老哥萨克的看似单纯的面容和看似单纯的谈吐中透露出来。他经常吞吞吐吐,欲言又止,说一些模棱两可、支吾搪塞的话,引用一些《圣经》上的词句,在非常有意识地谈到自己的成就时,又故意做出很谦逊的样子,如果说他有时候谈到过去时难免有点忘乎所以,那么对他有意回避的事,大概,他是从来不会说漏嘴的。

在西方,这种气质的人几乎不存在。它不需要这样的人,正像这里的刀锋不需要使用大马士革钢一样……在欧洲,一切都是批量生产的;

单独的个人不需要有这么大的力量和谨小慎微。

他已经不相信波兰的民族解放事业能取得成功了，因此在谈到巴黎谈判时便不住摇头。

“当然，我们哪弄得清呢。我们是小人物，无知无识，可是他们都是些大人物，——大官；只是看事肤浅……说什么冈察尔，你甭怀疑，我们就这么办，比如说，我们可以为你做这做那，肯定办到。你明白吗？你放心，一切都会办妥的，而且包你满意。没错，他们都是些好人，可是谁能保证，他们什么时候能办妥……跟这个巴勒斯坦①的事儿呢？”

他想打听我们跟分裂派到底是什么关系，我们在俄国边区到底得到了什么人的支持；他想摸清，如果旧礼仪派与我们发生联系，能不能得到什么实际的好处。对于他，实际上都一样：他既可以跟波兰和奥地利走，也可以跟我们和希腊人走，跟俄国走或者跟土耳其走，在他都一样，只要对他的涅克拉索夫哥萨克有好处就成。他离开我们时也是摇着头走的。后来他给我写了两三封信，信中对克利西耶夫颇有微词，而且，不顾我们反对，硬要上书皇上②。

一八六四年初，有两个俄国军官到图尔恰去，这两人都是流亡者，一个叫克拉斯诺佩夫采夫③，一个叫瓦〔西里耶夫〕（？）④。这个小小的移民区起先同心协力地做工作。他们教孩子读书，腌黄瓜，给自己缝补

---

① 这里指俄国。

② 克利西耶夫曾经指望俄国革命者可以与旧礼仪派建立巩固的联盟，赫尔岑不同意他的观点。后来冈察罗夫也答应给他们的革命工作以帮助，赫尔岑对此也持怀疑态度。赫尔岑提到的那两三封信，其中，冈察罗夫提到了他与克利西耶夫的冲突，后者想在君士坦丁堡建立俄文印刷所，遭到了旧礼仪派上层的拒绝。冲突的第二个原因是旧礼仪派上书亚历山大二世，请他停止对旧礼仪派的迫害。这封信的草稿曾由冈察罗夫寄往伦敦，遭到赫尔岑和奥加略夫的反对。

③ 克拉斯诺佩夫采夫：死于一八六五年，俄国军官，驻波兰的俄国革命军官小组成员，一八六三年站到波兰革命者一边，起义失败后被捕，逃亡巴黎；一八六四年转移到图尔恰。

④ 瓦西里叶夫：在波兰服役的俄国军官，为了不参加对波兰一八六三年起义的镇压，流亡巴黎。

衣服，种菜园子。克利西耶夫的妻子则做饭，给他们缝衣服。开头，克利西耶夫很满意，对哥萨克和分裂派教徒，对同志们和土耳其人都很满意①。

克利西耶夫还写信告诉我们，他们在那里安置下来以后的一些令人逗乐的故事，可是命运的黑手已经举到图尔恰村社社员这个小团体的头上了。一八六四年六月，也就是在伊凡·克利西耶夫到那里后过了整整一年，他就因患恶性伤寒死在他哥哥的家中，年仅二十三岁。他的死对他哥哥是个可怕的打击；他自己也病了，但总算逐渐好了起来。那一时期，他的来信是可怕的。支持这些隐士的精神垮了……忧郁的苦闷攫住了他们……开始了争论和争吵。冈察尔写信告诉我，克利西耶夫常常酗酒。克拉斯诺佩夫采夫开枪自杀了；瓦〔西里耶夫〕也走了。克利西耶夫再也受不了了；他偕同自己的妻子和自己的孩子（他又生了个孩子），既没有钱，也没有目的地，起先到君士坦丁堡，后来又去了多瑙河畔的两公国，与所有的人都断绝了联系，音讯全无，甚至与我们也暂时断绝了来往，这时他与在土耳其的波兰流亡者也各奔东西，不再来往。他想找个工作聊以糊口，也遍寻无着，他绝望地望着可怜的、饿得面黄肌瘦的妻子和孩子。有时候我们寄些钱给他，但也杯水车薪，无济于事。“常常，我们根本就没有面包。”他妻子在临死前不久在她丈夫写给我们信的附言里说。最后，在经过长久奔走以后，克利西耶夫终于在加拉茨找到了一份“修路监工”的工作。苦闷啮咬着他，使他感到筋疲力尽……他的家境弄得如此狼狈，他不能不责怪自己。野蛮的东方世界的无知，使他感到受了侮辱，他在那里凋萎了，他挣脱了出来。他已经失去了对分裂派的信心，失去了对波兰人的信心……对人、

① 就是这个可怕的“图尔恰代理处”，据说它与世界革命都有联系，从马志尼的金库中领取经费，放火焚烧俄国的乡村，在它终止存在以后两年，据说仍在进行恐怖活动……而且直到现在，在密探们的文件和卡特科夫的《警察局公报》中还不时提及。

卡特科夫曾在一八六五年九月二日的《莫斯科新闻》上载文称图尔恰移民区是“赫尔岑在图尔恰的代理处”。

对科学、对革命的信心，已越来越动摇，不难预言，无需多时，它将会彻底崩溃……他只有一个幻想，就是无论如何要冲出这樊笼，重见光明，回到我们这里来，可是他却惊恐地看到，他要离家出走是不可能的。“如果我独自一人，”他在信中几次提到，“我就可以背起一架照相机或者一架管风琴，飘然远去，浪迹天涯，到处流浪，步行到日内瓦。”

救星就在眼前。

“米卢莎”（大家都这么叫他的长女）躺下睡觉时还好好的……半夜醒来就病了；天亮前就因患霍乱病死了……过了几天，第二个女儿也死了……母亲则被送进医院。发现她得了十分厉害的肺痨病。

“你记得吗，你曾经答应过我，我快要死的时候，你会告诉我，这就是死。这是死吗？”她问他。

“这就是死，我的朋友，这就是死。”

于是她再一次地嫣然一笑，然后陷入昏迷，死了。①

① 在作者这页手稿的下页贴着一则一八六七年六月十一日《莫斯科新闻》的剪报：

本报彼得堡讯：斯库利尼海关关长日内收到一封署名“瓦·克利西耶夫”的信，信中称，一个到该海关并持有土耳其正式护照，姓名为伊凡·热卢德科夫的旅客，此人不是别人，而是他本人克利西耶夫先生，他拟向俄国政府自首投诚，请求逮捕他并将他押送彼得堡。

第三章　年轻的流亡者

克利西耶夫刚跨出门槛，一批被一八六三年那股肃杀的寒流驱赶出来的新人，就已经在我们的门口敲门了。他们并非来自即将到来的革命变革的培训所，而是来自他们已经登台表演过的那个坍塌了的舞台。他们是在躲避外部的暴风雨，而不是想在内部寻找什么；他们需要的只是暂时的栖身之地，他们在等待天气好转，等待重新投入战斗的可能。这些人很年轻，受过教育，有自己的思想；他们对理论问题不感兴趣，一部分是因为他们还没有遇到这些问题，另一部分是因为他们着重应用。他们虽然在厮杀中被打败了，但却证明了他们的英勇无畏。他们之所以收起旗帜，为的是保护它的荣誉。因此他们的声音才显得冷漠，cassant，raide〔法语：高傲，不屈不挠〕，刺耳和有点高门大嗓，因此他们才对长时间的讨论和批评表现出战斗者的不耐烦和憎恶，因此他们才对所有智力活动的奢侈品，尤其是艺术，表现出高雅的不屑一顾……现在还谈什么音乐，还谈什么诗歌！“祖国在危急中，aux armes，citoyens！”〔法语：快拿起武器，公民们！〕①在某些情况下，抽象地说，他们是对的，但是他们没有考虑到理想与现实如何取得平衡的错综复杂的过程，因此不言而喻，他们把他们自己的意见和观点当成了整个俄国的意见和观点。但是因此而责备我国的这些未来风暴中的年轻领航员，也是不公平的。这是年轻人的共同

---

① 一七九二年七月十一日法国立宪会议通过的法令中的一句话：由于外国干涉军的进攻而宣布祖国处于危急中。

特点。一年前,有个法国人①,他是孔德的信徒,硬要我相信,天主教在法国已不存在,而且 a complètement perdu le terrain〔法语:完全失去了根基〕,与此同时,他还援引巴黎大学医学系为例,说什么该系的教授和学生不仅(不)是天主教徒,甚至都(不)是自然神论者②。

“那么,”我说,“法国那些不在医学系讲课和听课的人呢?”

“他们当然都信奉宗教和奉行宗教仪式……但多半是因为习惯和无知。”

“此言极是,但是您拿这一部分人怎么办呢?”

“一七九二年是怎么办的?”

“收效不大:革命(原文不清——俄文版编者)封闭了教堂,可是后来又启封了。您记得当庆祝与罗马教廷的协议③时,奥热罗④回答拿破仑的话吧:‘你对这庆典有何观感?’执政官走出圣母院时问这个雅各宾派将军。‘很好,’他回答,‘只可惜少了那二十万为了消灭这类庆典而战死疆场的人。’‘Ah bah!〔法语:也罢!〕……我们变得聪明些了,因此根本不必打开教堂的门,或者不如说,我们也不必封闭它们,而是把这些迷信的神庙用来办学。’”

“L'infâme sera écrasée.”〔法语:“恶棍和败类必将被消灭。”〕⑤我最后笑着结束道。

“是的,毫无疑问……这是肯定的!”

“但是咱们俩是等不到这天了——这也是肯定的。”

---

① 指俄国自然科学家、实证主义哲学家维鲁博夫(1843—1913),他的许多观点曾受到赫尔岑的尖锐批评。从一八六四年起他住在法国,后来是赫尔岑的遗嘱执行人。因为他完全脱离祖国,所以赫尔岑称他是“法国人”“学理主义者”。

② 原文有误,括号中的“不”字是俄文版编者加进去的。

③ 指法兰西共和国第一执政拿破仑与罗马教廷签订的关于天主教在法国地位的协议。协议废除了此前宣布的反对天主教会的一切法令。为此,一八〇二年八月十二日在巴黎圣母院举行了盛大的祷告,以示庆祝。

④ 奥热罗(1757—1816):法国军事家,一七九二年参加革命军队,由士兵一直当到元帅。

⑤ 这是伏尔泰的一句名言,号召人民与天主教会和反动的神职人员进行坚决斗争。

所有的革命失败，一半均来源于这种透过个人好恶的有色棱镜对周围世界的看法。年轻人的生活，大半局限于某种热闹而又封闭的、离群索居环境，远离因个人利益而进行的日常的总的斗争，他们总是紧紧地抓住普遍真理，可是怎样把它们应用于日常需要，却常常产生错误的理解，因而大出洋相。

……起先，这些新客人的到来，使我们都活跃起来，他们给我们讲了不少关于彼得堡革命运动的情况，也讲了不少反动势力羽翼丰满后的种种暴行，讲他们对革命青年的审讯和迫害，讲到大学和文学界的各种派别斗争……在这种情况下，大家都争先恐后，急于把一切一吐为快，但是当大家把要说的话都说完之后，便开始了停顿和冷场……我们的谈话变得兴味索然和单调乏味……

我想："难道当真因为我们老了，以致两代人都说不到一块儿了吗？因为年龄的差距，因为我们累了，经历太多了，因而产生了冷淡？"

反正不管怎样，我觉得，我们的天地并没有因为新人的出现而变得更宽广了……而是变得更狭窄了，我们谈话的直径缩短了；有时候，我们在一起，常常彼此无话可说。他们感兴趣的是他们那个小圈子里的细节，超出这个圈子，他们什么都不感兴趣。有时候他们感兴趣的事，该说的都说完了，再说下去就只好重复以前说过的话，而且他们也果然重复了。他们对学问和事业的兴趣不大——甚至很少读书，也不大看报。他们只是沉浸于自己的回忆和期待中，不喜欢超出这个范围，更不愿意进入别的领域；而在这种沉闷的气氛中，我们感到窒息。我们曾经呼风唤雨，叱咤风云，现在却感到透不过气来了！

再说，即使他们了解彼得堡的某个阶层，可是对于俄罗斯他们却一无所知，即使说他们真心诚意地想接近人民，也只是在书本上和理论上接近他们而已。

我们之间的共同点太一般了。我们可以一起走路，一起工作，按法国人的说法，我们可以在一起做什么事，但是要什么事也不做地站在一起和生活在一起，那就难了。要对他们产生大的影响，那是想都不用想的。他们那种病态的、放肆的自尊心早就变成肆无忌惮了。① 不错，他们有时候也要求给他们以行动纲领和指挥，尽管他们这样做貌似真诚，但实际上并不是这样。他们只希望我们用自己的话把他们的意见说出来，只有在我们说的话与他们的意见毫无矛盾的情况下，他们才表示赞同。他们把我们看成是些可敬的残疾人，看成是明日黄花，他们看到我们与他们相比还不十分落后，竟天真地感到惊奇。

我一向害怕与门第较低的人联姻，这"胜过所有的不幸"②，我之一向容忍它，一部分是出于人道，一部分是由于我漫不经心，因此，我常常因它而痛苦。

不难预见，我们的新关系决不会维持很久，它迟早会破裂，而且这种破裂，考虑到我们的新朋友的别扭性格，肯定会产生许多不良的后果。

我们的关系本来就不稳定，而导致这种关系摇摇欲坠的正是那个老问题，一些人的交情，本来就是用几根烂线缝合在一起的，一旦碰到那个老问题，就会翻脸不认人。我说的那个老问题就是钱。他们对我的财产和对我所做的牺牲一无所知，可是却对我提出了许多要求，而我认为满足他们这些要求是不对的。如果说我能在凄风苦雨中，在毫无支持的情况下，在长达十五年的时间内，维持对俄国的宣传，我之所以能做到这点，就是因为我对其他开支掌握了分寸和限度。这些新朋友却认为，我做的一切还太少，因此他们对这么一个自命为社会主义者，却不肯把自己的财产拿出来平分，平分给他们那些不劳动，却希望有钱的人的我，就不免要怒目而视了。显然，他们还抱有一种不切实际的观点，主张实行基督般的施舍和自愿的贫困，认为这样做才是付诸实践的

---

① 他们的自尊心还没有大到寻衅闹事、老虎屁股摸不得的程度，主要表现在出言不逊上。他们既无法掩饰他们心中的忌妒，也无法掩饰那种微妙的要求，要求人们对他们已经取得的地位战战兢兢，恭敬如仪。与此同时，他们又藐视一切，经常互相揶揄，因此他们友谊的持续时间永远不会超过一个月。——作者原注

② 典出格里包耶陀夫的《聪明误》的第一幕第二场。这是女仆丽莎在老爷与她调情时说的话。

社会主义。

募集“公共基金”的尝试,并没有产生大的效果①。俄国人不喜欢为公共事业掏腰包,如果不是因为建造教堂,举办宴会,欢叙畅饮,或者因为有最高当局出面表示赞许的话。

正当流亡者囊中羞涩,一筹莫展的时候,竟风传我有一笔钱,是人家交给我做宣传用的。

那些年轻人认为理应把我的这笔钱拿回来。

为了搞清楚这点,必须先谈谈发生在一八五八年的一件怪事②。

一天早上,我收到一封短笺,信写得很短,是一个不认识的俄国人写给我的;他在信中对我说,他有事“必须与我面谈”,请我给他约个时间。这时我正好要到伦敦去,因此我没有给他写任何回信,而是亲自到萨布龙内饭店去找他。他正好在家。这个年轻人一副军官学校学生的样子,神态腼腆而且不高兴,外表很特别,很粗,像是草原地主家的七少爷或八少爷。他很不爱说话,几乎总是沉默不语;看得出来,他有心事,但是他又不想把心里的话说出来。

我走了,临走前,我邀请他再过两三天到舍下便饭。但是,在这以前,我在街上遇到了他。

“可以跟您一起走走吗?”他问。

“当然可以,——不是我跟您在一起危险,而是您跟我。但是伦敦很大……”

“我不怕。”说罢,他突然控制不住自己,急促地说,“我永远不回俄国了……不,不,我坚决不回俄国……”

“哪能呢,您还这么年轻?”

---

① 一八六二年五月十五日《钟声》报曾报道成立“公共基金”的消息,可是收效甚微,捐赠的钱并不多。赫尔岑是这一基金会的发起人和管理人,他曾通过这个基金会直接帮助过许多贫困的年轻流亡者。可是在怎么分配这有限的资金上,个别流亡者却与赫尔岑发生了冲突。因此一八六七年五月十五日的《钟声》报宣布“公共基金会”解散。

② 巴赫梅捷夫到伦敦去看望赫尔岑,应为一八五七年的八月。

"我爱俄国,非常爱;但是那儿有一些人……我在那儿没法活。我想完全按照社会主义原则建立一个移民区;这一切我都想好了,现在我就想直接到那里去。"

"那么您究竟想到哪里去呢?"

"到马克萨斯群岛①。"

我带着无言的惊奇望着他。

"是的……是的。这事已经定了——一有轮船,我就走,因此今天能遇到您,我很高兴。我可以不揣冒昧,向您提一个问题吗?"

"提多少都可以。"

"您办报和出书有利可图吗?"

"有利可图什么呀?现在,能保本就不错了。"

"唔,如果不能保本呢?"

"那就得往里贴钱。"

"这么说,您的宣传不带任何商业目的?"

我大笑。

"唔,怎么能让您一个人往里贴钱呢?而您的宣传是必要的……请您原谅,我不是出于好奇才来问您:我有一个想法——在我永远离开俄国的时候,我想做一件对它有益的事,因此我决定了……不过在这以前我得先向您了解一下情况……是的,先生,因此我决定给您留下一笔为数不多的钱。以防万一,比如,您的印刷所需要,或者一般说在俄国进行宣传有此需要,您就可以使用。"

我又不得不惊奇地看了看他。

"无论是印刷所,无论是宣传,也无论是我——我们都不需要您的钱;相反,我们的事业正在蒸蒸日上,我何必拿您的钱呢?但是,在谢绝这笔钱的同时,请允许我对您的这一好意表示由衷的感谢。"

"不,先生,这事已经决定。我有五万法郎;我带三万到那个群岛

---

① 法属太平洋南部的一个群岛。

去，其余的两万我交给您做宣传。”

“我拿这钱怎么办呢?”

“唔，如果用不着，我回来后您就再还给我；如果我过十年还不回来或者我死了，那就用这笔钱来加强你们的宣传工作。不过，”他想了想又加了一句，“您爱干吗就干吗，不过……不过请您不要给我的继承人任何东西。您明天上午有空吗?”

“大概有空。”

“那就劳您大驾，带我去一趟银行，去见罗思柴尔德；我对英语一窍不通，也不会说英语，而且法语又说得很不好。我想尽快把两万法郎的事给了了，我好走。”

“好吧，钱，我可以收下，但是有个条件：我得给您开张收条……”

“我什么收条也不要……”

“但是我必须给，不开收条我就不收您的钱。听着。第一，收条上必须写明，您的钱不是交给我一个人的，而是交给我和奥加略夫的。第二，因为您在马克萨斯群岛上也许会不由得产生思乡之情，您会怀念祖国(他摇摇头)……一个人怎么知道他不知道的事情呢……因此，收条不必写明您提供这笔资金的目的，我们只说……这笔钱交由我和奥加略夫全权处理；假如说我们不作别的用途，我们将用它来为您全部购买某种由英国政府担保的债券，年息五厘或五厘左右。然后，我们向您保证，不在万不得已的情况下，我们决不动用您的这笔钱用于宣传目的；您在任何情况下都可以认为这笔钱仍旧是您的，除非英国银行倒闭。①”

“既然您不怕麻烦硬要这样做，那听您的……明天我们就去

① 赫尔岑的这段话与实际情况完全相符(见巴赫梅捷夫一八五七年八月三十一日给赫尔岑的信)。巴赫梅捷夫离开伦敦后就再没有回欧洲，下落不明。直到一八六九年七月，赫尔岑才根据奥加略夫的要求把这笔资金的一半交给俄国无政府主义者涅恰耶夫。赫尔岑死后，奥加略夫又将其余的一半交给了涅恰耶夫。赫尔岑耽心的事终于出现了。巴赫梅捷夫的钱花在了对俄国革命运动无益的巴枯宁—涅恰耶夫集团的冒险主义行动上。

拿钱。”

第二天非常可笑，也非常忙乱。先从银行和罗思柴尔德说起。先给的钱是纸币。巴〔赫梅捷夫〕①起初的想法也是好的，他想把钱兑换成西班牙金币或者银币。罗思柴尔德的办事员惊讶地望着他，但是他忽然如梦初醒似的用夹杂着法语和俄语的完全洋泾浜的话说道：“这样吧，那就换成马克萨斯群岛的信用证吧。”闻言，银行办事处的经理凯斯内尔转过头来，向我投来一瞥惊恐和耽心的目光，似乎在无言地问：“他不是个危险分子吧？”何况在罗思柴尔德的银行里还从来没有人要求办理到马克萨斯群岛的信用证。

我们决定把三万法郎兑换成金币后就回去了，路上去了趟咖啡馆，——我写了收条；巴〔赫梅捷夫〕也给我写了张字据，申明把八百英镑交由我和奥加〔略夫〕全权处理。后来他不知道有什么事回了一趟旅馆，我则在一家书店等他；过了一刻钟，他回来了，面白如纸，他向我宣布，他的三万法郎中少了二百五十法郎，即少了十英镑。他变得局促不安，像丢了魂似的。一个人在没有任何正经担保的情况下，可以把两万法郎交给别人，现在才丢了区区二百五十法郎，这个人竟会失魂落魄，急得什么似的，——这倒又是个心理学上的人性之谜。

“您有没有多出一张钞票？”

“我身边没钱，我统统交给了 Rothsch<ild>〔英语：罗思柴〔尔德〕〕，这是收据：兹收到八百英镑整。”

毫无必要地把自己的钞票换成英镑的巴〔赫梅捷夫〕，把三万法郎全部倒在特霍〔热夫斯基〕的帐桌上；数了一遍又一遍，——就是少十英镑。我看到他绝望的样子，便对特霍〔热夫斯基〕说：

“这该死的十英镑算我的好了，否则，他做了好事却没有得到好报。”

“这时候伤心和难过是没有用的，”我接着对他说，“我建议立刻去

---

① 他原是一名俄国地主，一八五七年离开俄国。

找罗思柴尔德。”

我们去了。已经过了四点，银行关门了。我与惊慌失措的巴〔赫梅捷夫〕走了进去。凯斯内尔瞧了瞧他，从桌上拿起一张十英镑的钞票递给我。

“这是怎么回事?”

“您的朋友在换钱的时候把两张十英镑的钞票当作五英镑的给了我，起先我也没有发现。”

巴〔赫梅捷夫〕瞠目结舌地看了看，补充道：

“我真糊涂：十英镑的和五英镑的是一个颜色，——谁料得到呢?您瞧，幸亏我把钱换成了金币。”

他放心了，接着便上我家吃饭，第二天我答应到他那里去给他送行。他已经完全准备好了。一只小小的军校学生或者大学生用的塞得满满的破皮箱，他穿着军大衣，腰里束了根皮带，还有……还有鼓鼓囊囊地包在一块绸手帕里的**三万法郎金币**，倒像包着一磅醋栗或者胡桃似的。

这人就这么去了马克萨斯群岛。

“得了吧，”我对他说，“您还没有离岸就会被人杀死和抢劫一空的。还是把钱藏在箱子里好。”

“箱子满了。”

“我给您弄只背袋来。”

“绝对不要。”

他就这么走了。头几天我总在想：“说不定他会被人杀死的，人家会怀疑到我，说我派人去把他暗杀了。”

从那时起，他就毫无音信。我把他的钱换成了有价证券，并打定主意，除非印刷所或者我们的宣传工作有急需，决不动用。

在俄国，长时间没有一个人知道此事，后来才有一些模模糊糊的谣言……这，我们得归功于我们的两三个朋友，他们保证决不把这事说出去。最后大家才打听到，的确有这么一笔钱，而且就保管在我手里。

这消息成了一只引诱的金苹果①，成了慢性的兴奋剂和催化剂。原来，大家都想得到这笔钱，可是我却不肯把这钱给他们。他们不能原谅我，因为我没有失去自己的全部财产，而现在又给了我一笔用来做宣传用的捐款；可是谁来做宣传呢？当然是他们？很快，这笔钱又涨了，从微不足道的法郎变成了银卢布，使那些想假公济私的人看了更加眼红。他们对巴〔赫梅捷夫〕很恼火，因为他把钱交给了我，而不是交给任何其他人；最勇敢的人甚至说，这是弄错了，他的始初意图不是想把钱交给我，而是交给一个彼得堡的小组，但是他不知道这事应该怎么办，所以只好在伦敦交给了我。这些议论之所以耸人听闻，还因为他们对巴〔赫梅捷夫〕姓甚名谁都不知道，在此以前也不知道有他这个人的存在，而且他在离开伦敦前也没跟任何人谈过自己的意图，而在他离开后也没任何人遇到过他，跟他说过话。

有些人需要这笔钱是为了派遣密使到俄国去，有些人则为了在伏尔加成立活动中心，还有些人则为了出版报章杂志。他们不知道为什么不满意《钟声》，我们请他们到《钟声》来工作，他们又不肯俯就。

我坚决不肯给钱，让那些要钱的人自己说，如果我给了他们，他们把这钱用在什么地方？

我说："巴〔赫梅捷夫〕可能回来时身无分文；在马克萨斯群岛建立社会主义移民区，是很难赚到黑心钱的。"

"他肯定死了。"

"要是他偏偏活着呢？"

"他不是要把钱拿来做宣传工作的吗？"

"我暂时还不需要。"

"可是我们需要。"

"用来做什么呢？"

---

① 典出希腊神话中"引起纷争的金苹果"：司纷争的女神厄里斯把一只金苹果扔到赫拉、雅典娜、阿佛洛狄忒三女神中间，上写"送给最美丽的女神"，从而引起三女神的争执，她们都认为自己最美。

“需要派人到伏尔加去，派人到敖德萨去。”

“我不认为有此必要。”

“那么您不相信有派人回去的必要吗？”

“不相信。”

“人老了，就变得小气了。”最坚决和最不讲理的人用各种各样的声调谈论我。“管他呢——把这钱从他那儿拿来就得了。”更坚决、更不讲理的人补充道。“要是他硬不给，我们就在报刊上狠狠地批他，让他记住，抓住人家的钱死不撒手，是没有好果子吃的。”

钱，我还是没有给。

在报刊上，他们倒是没有骂我。在报刊上骂人要晚得多，不过也是因为钱。

我刚才讲到的那些更不讲理的人，就是那些极端分子，就是那些头上长角、身上长刺的“年轻一代”的代表，这些人可以称之为奉行虚无主义的索巴凯维奇和诺兹德廖夫①。

尽管补充说明是完全多余的，但是我还是要补充说明几句，因为我知道我们这些论敌的一贯逻辑和作风。在我的这些话里丝毫无意诋毁年轻一代和虚无主义。关于虚无主义，我已多次撰文谈到过它。我们信奉虚无主义的索巴凯维奇们，并不是他们的典型代表，而只是代表了他们中间的最极端分子②。谁会根据奥利金③的鞭笞派④教徒来判断

---

① 果戈理《死魂灵》中的两个人物。索巴凯维奇贪婪、粗野，诺兹德廖夫则是个酒鬼，嗜赌成性，爱撒谎打架。

② 当时在彼得堡和莫斯科，甚至在喀山和哈尔科夫，在大学的青年学生中，尤其在医科学生中，成立了一些认真研究科学的小组，他们老老实实地研究学问，也很用功，但是因为并不积极参与当前的社会问题，所以他们并没有被迫离开俄国，因此我们对他们几乎一无所知。——作者原注

③ 奥利金（185—254）：基督教哲学家和神学家。认为性欲是“污秽”和“犯罪”的根源，他为此而自阉。

④ 鞭笞派是天主教会的一个苦行派别，为了达到基督教的理想境界，主张自阉，并以皮鞭自笞以致流血。

基督教，根据九月屠夫①和罗伯斯比尔的织袜女工②来判断革命呢？

我们谈到的这些傲慢的年轻人，是值得好好研究的，因为他们代表着这时代的一种典型，具有很明显的特点，而且这特点经常出现，他们是我们从过去的停滞状态向前发展必然会出现的一种病态的过渡形态。

他们大部分缺乏教育赋予的那种气质，没有长期从事学术研究而养成的那种毅力。他们在获得解放以后的最初的躁狂中，便急急乎抛弃自己身上的一切通行的程式，推开防止冲撞的一切橡皮护垫。这就使得我们与他们最简单的关系也变得困难重重起来。

我们这些 enfants terribles〔法语：爱捣乱的孩子〕，脱得赤条条一丝不挂，像刚出娘胎似的骄傲地出现在我们面前，可是他们又先天不足，根本没有成长为纯朴而又健壮的小伙子，而是成了一些彼得堡下层社会恶劣而又不健康的生活的继承人。我们看到的不是运动员般的肌肉和年轻人的裸体，而是先天性营养不良的可悲痕迹，以及年深日久的溃疡和各种脚镣手铐、颈圈脖套留下的疤痕。他们中出身于平民的人不多。仆人的下房、兵营、神学校、地主的小块庄园的影响，竟反过来渗透进了他们的血液中和脑海里，留下这些东西的抹不去的特点。据我所知，对此还没有引起大家应有的注意。

一方面，对旧的、狭隘的压迫世界的不满，必定会把年轻一代抛向与敌对的环境相对抗和全盘否定的状态——这里既无须寻求分寸，也无须寻求公正。相反，这里起作用只是故意作对，意在报复。“你们是伪君子——我们则玩世不恭；你们满口仁义道德——我们却满口为非作歹；你们对上毕恭毕敬，对下粗鲁无礼——我们则对所有的人都粗鲁无礼；你们可以在心里并不尊敬他，却对这人鞠躬如仪——我们却旁若

① 一七九二年九月二至五日，革命群众冲进法国监狱，组织临时法庭或私设公堂，处死了大批叛徒和反革命，因而被称为“九月屠夫”。

② 指支持雅各宾专政和革命恐怖的普通居民。

无人地大摇大摆而来，昂首阔步而去；你们的自尊心只表现在体面得体和外表的虚荣上——我们却认为我们的荣耀是把所有的体面都踩在脚下，并无视所有的 points d' honneur〔法语：荣誉问题〕。”

但是，从另一方面说，这些摈弃共同生活通行准则的人，却充满了先天性的痼疾和畸形现象。正如我们所说，他们扯下自己身上的覆盖物以后，那些最无所顾忌的人竟炫耀起了果戈理笔下佩图赫的衣衫①，然而却没有保持梅迪契维纳斯的姿态②。他们的赤身露体没有能够掩盖，反而暴露了他们是怎样一些人。它证明了他们一贯不文明的举动，他们粗鲁无礼的言谈，与农民的并不伤人和心地忠厚的粗鲁并没有任何共同之点，倒是与乡下的书吏衙役、店铺掌柜和地主家仆役的做法何其相似乃尔。老百姓也不认为他们是自己人，正如他们并不认为戴了农民卷边皮帽的斯拉夫主义者是他们自己人一样。对于他们来说，这些人仍旧是异己分子，是敌对阵营里的下层阶级，是些瘦骨伶仃的小少爷，是些没有职位的小官吏，是些俄国人中的外国人。

为了得到充分的自由，他们必须忘掉自己的解放，以及他们是从什么当中解放出来的，必须抛弃他们从小生长的环境所养成的习惯。当这事还没有完成以前，我们不由得会从他们的一举一动和一言一行中看出他们从前所受到的仆人的下房、兵营、衙门和神学院的影响。

人家刚有一点不同意见，就照准他的脸上一拳打去，如果不是用拳头打，那也得用一句骂人话把他骂个狗血淋头，骂斯·穆勒是混蛋③，而忘了他所作的全部贡献，——难道这不是老爷作风吗，难道这不是“看到老仆人加夫里拉胸口的带褶花边揉皱了，就朝他脸上一鞭子抽

---

① 见果戈理《死魂灵》第二部第三章。佩图赫是一名地主，乞乞科夫遇到他时，他正光着身子。

② 指存放在罗马梅迪契宫的维纳斯雕像(17 世纪出土)，以婀娜多姿著称。

③ 《俄国言论》杂志经济评论员索科洛夫写了一篇名为《穆勒》的评论，称穆勒的著作有许多出色的诡辩和结论，“这使穆勒的名字无异成了英国话‘Rascal’(混蛋、无赖)的同义语”。为此《现代人》杂志与索科洛夫就这篇文章展开了论战。

过去”①的老爷作风吗？难道在这个和这一类行径中您看不到揪住村长的白胡子的警长、县警察局长、区警察局长的恶劣作风吗？难道在这种粗野无礼的作风和回答中，你们不是可以清楚地看到尼古拉时代军官们的放肆无礼，在那些傲慢和鄙夷不屑地谈到莎士比亚和普希金的人身上，你们不也可以清楚地看到斯卡洛茹布的孙子们吗？这些孙子是在爷爷家受的教育，而爷爷则想“派个上士去当伏尔泰”②。

敲诈勒索，索贿受贿表现为巧取豪夺，强行索取金钱，威胁恫吓，以公共事业为幌子，假公肥私，一旦遭到拒绝就造谣诽谤，借机报复，无所不用其极。

这一切迟早会，迟早总会好转的，但是不能不承认——沙皇的监护和帝国的文明，在我们这个“黑暗王国”中，却造成了一种奇怪的土壤。已经长出了许多前程远大的幼苗，一方面他们可能长成穆拉维约夫和卡拉科夫们的崇拜者，另一方面也可能长成虚无主义和巴扎罗夫式的无所顾忌、恣意妄为、好动手打人的官老爷。

我们的黑土地还需要许多排污系统。

---

① 引自俄国诗人达维多夫的诗《当代之歌》。

② 引自格里鲍耶多夫的喜剧《聪明误》中斯卡洛茹布的话（略有改动）（第四幕第五场）。

第四章　巴枯宁和波兰问题

十一月底，我接到巴枯宁寄来的下面的信：

朋友们，我终于从西伯利亚逃出来了，经过在阿穆尔河①和鞑靼海峡两岸的长时间跋涉，又经由日本，于今天到达旧金山。

朋友们，我全身心地向往到你们那里去，一旦到达，我就立刻开始工作：我要在你们那里研究波兰与斯拉夫问题，这是我从一八四六年就抱定的 idée fixe〔法语：固定观念，定见，固执的想法〕，也是我在一八四八年和一八四九年所从事的实际专业。奥地利帝国的灭亡，它的彻底覆灭，将是我的最终理想；我不敢说，这就是我的事业：这样说未免太沽名钓誉了；为了给这一事业略尽绵薄之力，甘愿当名鼓手，甚至当名警卫，如果我能推动这一事业有一分一厘的进展，我也就心满意足了。而在这之后就会是光荣的自由的斯拉夫联邦，这也是俄罗斯、乌克兰、波兰以及所有斯拉夫民族的唯一出路……

一八六一年十月十五日于旧金山

关于他想逃离西伯利亚，我们在几个月以前就知道了。

临近新年的时候，巴枯宁胖胖的身躯已经拥抱在我们的怀里了。

我们的工作，我们封闭的两人联盟，又参加进了一个新成员，或者不如说是一个老成员，一个死而复生的四十年代尤其是一八四八年的

---

① 即俄罗斯与我国的界河——黑龙江，俄国人称它为阿穆尔河。

鬼魂。巴枯宁还是老样子，仅仅在肉体上显得老了些，他的精神依旧年轻和热情奔放，就像当年在莫斯科时与霍米亚科夫进行"通宵"辩论时那样；他还像从前一样忠于一个思想，还像从前一样热衷和痴迷，把一切都看成是自己愿望和理想的实现，而且还更加奋不顾身，去进行任何试验，去进行任何牺牲，因为他感到他前面留下的生命已经不多了，因此必须赶快，必须不放过每一个机会。他不喜欢进行长时间的研究，权衡 pro 和 contra〔拉丁语：赞成和反对，利弊得失〕，他还像过去一样轻信和痴迷，只想大干一场，只要这事是处在革命的暴风雨中，处在摧枯拉朽和严酷的环境中①。一直到现在他仍像他以米尔·艾吕扎尔为笔名所撰写的文章中写的那样，一再重复说："Die Lust der Zerstörung ist eine schaffende Lust."〔德语："酷爱破坏是一种创造性的激情。"〕一八四九年，他带着他的幻想和理想被关进了克尼施泰因堡②，他把它们珍藏在自己的心里，并于一八六一年把它们经过日本完好地带到了加利福尼亚。甚至他的语言也使人想起他在《改革报》和 *Vraie République*〔法语：《真共和报》〕上发表的优秀文章，以及他在 la Constituante〔法语：立宪会议〕和布朗基俱乐部发表的措辞尖锐的演说。当年的党派精神，这些党派的特殊性，它们的臧否人物，尤其是它们对革命将第二次降临人间③所抱的信心——都赫然在目。

监狱和流放，如果不能立刻致人死命的话，往往能非凡地把那些坚强的人保护下来；他们一旦出狱，就仿佛从昏迷中醒来，又会继续做他们失去知觉前所做的事业。十二月党人从冰天雪地的西伯利亚回来时，甚至比前去欢迎他们的被践踏、被蹂躏的年轻人更意气风发。当现代法国人几经沉浮，有的变红，有的变白，有的随着涨潮而升起，有的随着退潮而沉沦，可是巴尔贝斯和布朗基依旧像灯塔那样傲然屹立，从监狱的铁窗里，从遥远的异国他乡，向人提示着依然保持着全部纯洁的昔

① 关于巴枯宁，见《往事与随想》第四册《沙左诺夫》一章。——作者原注

② 德意志萨克森公国专关政治犯的监狱。

③ 借用基督第二次降临人间的说法。

日理想。

“波兰与斯拉夫问题……奥地利帝国的覆灭……自由的、光荣的斯拉夫联邦……”这一切,在他还没有到达伦敦之前,他一只脚刚刚跨上轮船的时候,就立刻从旧金山写信来了!①

欧洲的反动对于巴枯宁是不存在的,从一八四八年到一八五八年的艰难岁月对于他也是不存在的——他只是从遥远的地方对此略有耳闻。他是在西伯利亚读到这些消息的,就像他在凯达诺夫阅读布匿战争②和罗马帝国的覆灭一样。他就像瘟疫后回来的人那样,听到谁谁谁死了,不免为他们扼腕长叹;但是他没有在临死的人的床头陪护过,没有为他们的痊愈寄予过希望,没有为他们送过葬。完全相反,一八四八年事件就发生在他身边,他感同身受,既详细而又栩栩如生……和科西迪耶尔的交谈,布拉格大会上代表斯拉夫人的演说③,和阿拉戈④与卢格的争论——这一切对于巴枯宁就像发生在昨天一样,还在他的耳边回响,还在他的眼前晃动。

然而,即使他没有坐牢,这也不足为怪。

二月革命后的最初日子,是巴枯宁一生中最好的日子。一八四七年十一月二十九日在巴黎召开了波兰起义十七周年纪念会,他在会上发表了演说⑤,为了这次演说,基佐把他驱逐到比利时,现在,他从比利时回来后,又一头扎进革命大海的惊涛骇浪中。他没有离开山岳派的兵营,跟他们同吃同住……一起宣传……始终在宣传共产主义 et l'

---

① 巴枯宁的信是从美国旧金山写来的。

② 古罗马与迦太基为争夺地中海西部统治权而发动的战争,迦太基彻底覆灭。

③ 一八四八年五月三十一日至六月十二日在布拉格举行斯拉夫人代表大会,巴枯宁参加了这次大会,与一部分激进的左派站在一起。但是大会的领导权却掌握在捷克资产阶级自由派手里,他们提出了在哈布斯堡王朝的庇护下把奥地利帝国改为联邦的主张。

④ 阿拉戈(1803—1892):法国记者和政治家,一八四八年革命的参加者,后流亡国外,一八五九年获大赦后回到巴黎。

⑤ 波兰起义发生在一八三〇至一八三一年。巴枯宁在这次会上发表了演说,揭露了沙皇政府的波兰政策,号召俄国人和波兰人联合起来,推翻沙皇专制制度。

égalité du salaire〔法语：和工资平等〕，宣传为了平等而消灭一切差别，宣传所有斯拉夫人的解放，消灭形形式式的奥地利，en permanence〔法语：不断革命〕，宣传与敌人战斗，直到把敌人消灭干净。来自街垒的、决心“把无序变成有序”的巴黎警察局长科西迪耶尔，不知道怎么才能甩掉这个要命的宣传家，他与弗洛孔①一起想出了一个办法，何不当真把他送到斯拉夫人那里去②，一方面同他兄弟般地拥抱，另一方面又深信，他肯定会在那里碰得头破血流，遭到惨败，免得在这里碍手碍脚。“Quel homme！ Quel homme！”〔法语：“这是怎样的一个人！这是怎样的一个人啊！”〕科西迪耶尔在谈到巴枯宁时说，“在革命的第一天，他简直是个宝，可是在第二天就应该把他枪毙！”③

一八四八年五月初，当我从罗马来到巴黎的时候，巴枯宁已在波希米亚滔滔不绝地发表演说了，他被许多人团团围住，其中有信奉旧教的修士，有捷克人、克罗地亚人，以及民主派人士，他一直高谈阔论到温迪施格雷茨公爵④架起大炮，让他的如簧之舌打住为止（可是公爵没有利用好机会，竟出现意外，无意中打伤了自己的妻子）⑤。巴枯宁从布拉格消失后，成了德累斯顿的军事长官；这位过去的炮兵军官教拿起武器的教授、乐师和药剂师们学习军事……劝他们把拉斐尔的《圣母像》和牟利罗⑥的画挂在城墙上，用它们来防卫普鲁士人的进攻，因为普鲁士

---

① 弗洛孔（1800—1866）：法国《改革报》主编，二月革命后成为临时政府成员。

② 指一八四八年三月底巴枯宁离开巴黎，前往波兹南。但是因为柏林警察局从中作梗，因此他只到了波兰的弗劳兹拉夫，并从那里折回布拉格。

③ “请你们告诉科西迪耶尔，”我曾对他的朋友开玩笑地说，“正是因为这一点巴枯宁与他不同，科西迪耶尔是个很好的人，但最好是在革命发生的前一天把他枪毙。”后来，一八五四年在伦敦，我向他提到了这一点。这位在流亡中的警察局长只是举起他那很大的拳头，像打桩似的使劲打自己的壮实的胸脯，说：“我心中……我心中永远忘不了这个巴枯宁！”——作者原注

④ 温迪施格雷茨（1787—1862）：奥地利陆军元帅，一八四八年曾镇压布拉格和维也纳起义，一八四八至一八四九年又率军与匈牙利革命军作战。

⑤ 温迪施格雷茨曾于一八四八年六月率军镇压布拉格起义。在双方交火中，温迪施格雷茨的妻子走到自家的窗口，不幸被流弹打中，受到致命重伤。

⑥ 牟利罗（1617—1682）：十七世纪西班牙最受欢迎的巴洛克宗教画家。

人 zu klassisch gebildet〔德语：都受过高级的古典主义教育〕，他们是不敢朝拉斐尔开枪的。

炮兵知识帮了他大忙。他从巴黎前往布拉格途中，在德国某地碰到了一群叛乱的农民，——他们在城堡前呐喊和叫嚷，可是又奈何它不得。巴枯宁从大车上下来，也没工夫打听究竟发生了什么事，便让农民排好队，三言两语就教会了他们怎样开炮，因此当他回去上车，以便继续赶路时，那城堡已四面起火，被大火包围了。

巴枯宁总有一天会克服自己的懒惰，履行他早先承诺的事：总有一天他会把从德累斯顿被攻克后开始的他的漫长的殉教史讲出来。我在这里只讲几件主要的事。巴枯宁被判斩立决。萨克森国王把斩立决改成了终身监禁，后来又毫无道理地把他移交给了奥地利。奥地利警方想从他嘴里打听到斯拉夫人到底在密谋干什么。巴枯宁被关到格拉德钦，因为一无所获，又把他发配到奥尔米茨。巴枯宁被戴上脚镣手铐后，在龙骑兵的严密押送下被送走了；跟他一起坐在马车里的军官，甚至当着他的面把手枪上了膛。

"这何必呢？"巴枯宁问，"难道您以为我在这样严密的监视下还能逃跑吗？"

"不，但是您的朋友们可能会劫狱；政府已有这方面的传闻，因此，万一遇到这种情况……"

"怎么样？"

"我有令可以开枪打穿您的脑袋。"

于是，这队人马便疾驰而去。

在奥尔米茨，巴枯宁被铐在墙上，并保持这种姿势熬过了半年。奥地利终于厌烦了，不想白白养活一个外国罪犯；它提出把他交给俄国。尼古拉根本不需要巴枯宁，但是又不好意思拒绝。在俄国边境上，拿下了套在巴枯宁身上的锁链——关于这一仁慈举动，我曾听到过多次；的确，是从他身上拿下了锁链，但是说这事的人却忘了补充，然而，又套上了另一条重得多的锁链。奥地利军官把犯人移交给俄国以后，便要求把锁链还给他们,因为这是奥地利帝国的官方财产。

尼古拉夸奖了巴枯宁在德累斯顿的英勇行为,然后把他关进了阿列克谢三角堡①。他派宪兵司令奥尔洛夫到那里去向他传达皇上的旨意,皇上希望从他那里得到一份有关德国人和斯拉夫人运动的报告(皇上不知道,这方面的一切细节都已经在报上披露了)。他"不是作为皇上,而是作为忏悔神父"提出让巴枯宁写这份材料的。巴枯宁问奥尔洛夫,皇上如何理解"忏悔神父"这个词:是不是意味着,他在忏悔中所说的一切都应当是神圣的秘密,不得泄露?奥尔洛夫不知道怎么回答,——这些人一般只习惯于发问,而不习惯于回答。巴枯宁写了一篇报纸的 leading article〔英语:社论〕②,尼古拉也就满意了。"他是一个聪明人和好人,但也是一个危险人物,应当把他关起来。"于是在圣上的恩准后,巴枯宁在阿列克谢三角堡被埋葬了**整整三年**。那里对犯人的待遇大概很不好,因而这个巨人也被耗得筋疲力尽,甚至想自杀。一八五四年,巴枯宁被转移到施吕瑟尔堡。尼古拉耽心查尔斯·内皮尔③会把他放出来,但是查尔斯·内皮尔及其舰队不是把巴枯宁从三角堡放出来,而是使俄罗斯摆脱了尼古拉的统治④。亚历山大二世尽管有时会格外开恩,慈悲为怀,但他还是把巴枯宁留在要塞,一直到一八五七年,后来又把他发配到东西伯利亚。在伊尔库茨克,他经过九年的监禁之后终于获得了自由。也是他运气好,那里的边区长官是个怪

① 圣彼得堡彼得保罗要塞内专关政治犯的监狱。

② 一八五一年夏,巴枯宁在彼得保罗要塞写了《忏悔书》,呈交沙皇尼古拉一世。说什么"我将把您当作接受我的忏悔的神父来忏悔"。在这份《忏悔书》中,巴枯宁向沙皇认罪服罪,并声称自己所从事的革命活动是疯狂和犯罪,是因为自己的思想不成熟。巴枯宁明白,他的《忏悔书》将使他在革命者心目中身败名裂,因此竭力掩盖。他在一八六〇年十一月八日的信中还向赫尔岑保证:"……我的信(即《忏悔书》)……写得非常坚定和勇敢……"因此赫尔岑才在这里说这是一篇报纸社论。

③ 内皮尔(1784—1860):英国海军将领,一八五四年曾在波罗的海指挥英国舰队,直接威胁到喀琅施塔得和彼得堡。

④ 指尼古拉一世发动的克里米亚战争(1853—1856),屡战屡败,国库空虚,民怨沸腾,他一八五五年暴病身亡。

人，他是一个民主主义者和鞑靼人，既是个自由主义者又是个暴君，他是米哈伊尔·巴枯宁和米哈伊尔·穆拉维约夫的亲戚，他自己也姓穆拉维约夫，不过当时还没当上阿穆尔伯爵①。他让巴枯宁喘了口气，给了他过人的生活的可能性，可以看杂志和看报，甚至还跟他一起幻想……未来的变革和战争。为了感谢穆拉维约夫，巴枯宁甚至在头脑里任命他为未来地方自治军的总司令，而由他规定的这支军队的任务则是为了消灭奥地利和建立斯拉夫联盟。

一八六〇年，巴枯宁的母亲写信给皇上，请求让她的儿子回到俄罗斯；皇上说："只要他仍旧在世，巴枯宁就休想从西伯利亚回来。"但是为了使她得到一点安慰和体现皇恩浩荡，他允许他就地当**一名录事**。

当时巴枯宁考虑到皇帝两颊红润和年方四十，决定逃跑；我认为他这样做是完全正确的。最近几年就是最好的证明，他大可不必再在西伯利亚坐等什么了。九年的单人牢房和几年的流放已经足够了。并不像有些人说的那样，因为他逃跑了，流放的政治犯的处境才变坏了，非也，而是因为时代变坏了，人变坏了。巴枯宁的逃跑，对卑鄙地迫害米哈伊洛夫，以致要了他的命②有什么影响呢？至于有个名叫科尔萨科夫的人，因此而受到申斥③……这是不值得一提的。可惜他没有受到加倍的申斥。

巴枯宁的逃跑之所以引人注目，是因为逃跑经过的地方太大了，这是地理上最长的一次逃跑。他以做生意为借口偷偷地跑到阿穆尔河，然后说服美国的一艘商船的船长把他带到日本。在函馆，另一名美国船长又答应把他带到旧金山。巴枯宁上了他的船后，发现这位海员正

---

① 尼古拉·尼古拉耶维奇·穆拉维约夫(1809—1881)：阿穆尔伯爵，东西伯利亚总督。

② 米哈伊洛夫(1829—1865)：俄国诗人与政论家，车尔尼雪夫斯基的战友。一八六一年被判处六年苦役和终身流放西伯利亚，后被发配到矿坑从事最艰苦的劳动，于一八六五年亡故。

③ 科尔萨科夫(1826—1871)：东西伯利亚总督，一个负有特别任务的官员。一八六一年六月，他批准让巴枯宁去阿穆尔河旅行，巴枯宁因此而逃跑。为此，他受到亚历山大二世最严厉的申斥。

在十分忙碌地准备设宴招待客人;他在等候一位贵宾,并邀请巴枯宁作陪,巴枯宁接受了他的邀请,直到客人来了,他才知道这位贵宾就是俄国的总领事。

这时候要躲避,已为时晚矣,既危险,又可笑……他干脆跟他交谈起来,说他获准出来散散心。记得,有一支俄国海军上将波波夫率领的俄国小舰队,当时停泊在海上,正准备开往尼古拉耶夫①。

“您是不是要同我们的人一起回国?”总领事问。

“我刚到,”巴枯宁回答,“我想在这里再观光观光。”

他们在一起吃过饭后,分手时成了 en bons amis〔法语:好朋友〕。过了一天,他坐在那艘美国轮船上驶过俄国舰队……除了大海以外,现在已经没有危险了。

待巴枯宁在伦敦熟悉了周围的环境,并住下来,也就是说,跟所有在伦敦的波兰人和俄国人一一认识以后,就开始了工作。除了热情地进行宣传、鼓动,甚至蛊惑煽动以外,除了日复一日、不遗余力地发动和组织阴谋和暗杀,或策划于密室,或互相串连,并赋予这类活动以巨大的意义以外,巴枯宁还准备以身作则,首先付诸行动,准备牺牲,并勇敢地承担由此产生的一切后果。这是一种英雄的天性,可惜历史不作美,使英雄无用武之地。有时候他常常无谓地浪费自己的精力,就像一头狮子关在笼子里,无谓地走来走去,总以为迟早能冲出这牢笼。但他不是一个不敢把自己的主张付诸实施,或者回避把自己的总的理论付诸行动的只会空谈的演说家……

巴枯宁有许多缺点。但他的缺点都是些小缺点,而他的优点却是些大优点。不管命运把他抛向何方,他都会立刻抓住周围环境的两三个特点,发现革命的潜流,立刻对它进行引导,而且推波助澜,使之成为人人热情关注的问题,——难道这不是一个很大的优点吗?

据说,屠格涅夫似乎曾想在罗亭身上画出巴枯宁的肖像……但是

---

① 乌克兰濒临黑海边的一个港口。

罗亭只勉强使人想起巴枯宁的某些特点。屠格涅夫热衷于《圣经》上的上帝的做法，按照自己的形象和样式塑造罗亭①；罗亭是屠格涅夫第二，是一个听到过年轻的巴枯宁许多哲学行话的人。

他在伦敦首先开始使《钟声》革命化，一八六二年他说了许多反对我们的话，与一八四七年他说别林斯基的那些话几乎毫无二致。光宣传是不够的，必须立即付诸行动，必须成立行动中心和行动委员会；只有一些或近或远的人是不够的，必须有许许多多“献身和半献身的兄弟”，必须在各地成立组织——斯拉夫人的组织和波兰人的组织。巴枯宁认为我们是温和派，不善于利用当时的形势，不善于当机立断，采取坚决的行动。但是他并不沮丧，他相信他很快就会使我们走上正道。在等待我们改弦易辙的时候，巴枯宁在自己周围聚集起了一大批斯拉夫人。这里有捷克人（从文学家弗里奇②到自称为纳佩尔斯托克③的音乐家），有塞尔维亚人（他们常常用父名相称——约翰诺维奇、丹尼洛维奇、彼得洛维奇），有瓦拉几亚人（他们也自称是斯拉夫人，而且总在姓氏后面加上个“еско”），最后还有一个保加利亚人，一个在土耳其军队服役的军医，此外就是各个派别的波兰人……波拿巴派，梅罗斯拉斯基派，恰尔托雷斯基派……没有社会主义思想，但却有一副军官气派的民主主义者，天主教社会主义者，信奉虚无主义的贵族，以及一些普通士兵，这些士兵愿意在任何地方打仗，在美国北部或在美国南部……尤其在波兰。

巴枯宁经过了九年的沉默和孤独之后，跟他们在一起休息了一会儿。他整天整夜、昼夜不停地争论，宣传，命令，叫嚷，决定，指导，组织和鼓动。在比较空闲的短暂时刻，他就急忙在写字台上抹去灰尘，腾出

① 参见《旧约·创世记》：“我们要照着我们的形象，按着我们的样式造人。”

② 弗里奇（1829—1890）：捷克政治家和作家，一八四八年布拉格起义的参加者。在布拉格斯拉夫人代表大会期间，以及在波希米亚革命运动的准备时期，与巴枯宁站在一起，后流亡伦敦。

③ 纳佩尔斯托克：捷克社会活动家和音乐家。

一小块地方，伏案写信，写五封、十封、十五封，寄往塞米巴拉金斯克和阿拉德，寄往贝尔格莱德和帝都①，寄往比萨拉比亚、摩尔达维亚和别洛克里尼察。信写到一半，他会突然扔下笔，把某个落后的达尔马提亚人修理一番……可是话还没说完，他又会抓起笔来继续写信，不过，对于他来说，写信也非难事，因为他写的和说的都是同样的内容。他的活动能力，他的闲散作风，他的胃口和其他的一切，就像他的魁梧的身材和永远出不完的汗一样，——一切都像他本人一样，都非常人的尺度所能衡量的；而他本人则是一个长着狮子般的脑袋、披着一头鬣毛的巨人。

他到五十岁还完全像个从马罗塞伊卡来的居无定所的大学生，还像个无家可归的从 Rue de Bourgogne 来的 bohème〔法语：布尔戈尼街上来的波希米亚人〕；他从不操心明天的事，视金钱如粪土，有钱的时候挥金如土，没钱的时候就向人借钱，随便什么人，逢人便借，而且十分自然，就像孩子向爹妈要钱似的——而且从不考虑还钱，但是他也同样十分自然地准备把最后一点钱送给任何人，只要留下的钱足够他抽烟喝茶就行。这样的生活方式并没有使他感到窘迫，他生来就是个伟大的流浪者和伟大的无家可归者。如果有人终于问他，他对财产权有何看法，他会像拉朗德②就上帝问题回答拿破仑一样回答道："Sire〔英语：先生〕，在我的工作中，我还没有遇到享有这一权利的任何必要。"

他身上有某种孩子般的与人为善和单纯的气质，这就赋予他以一种非凡的美和吸引力，无论强者和弱者都对他有好感，只有过分拘泥的小市民才对他产生反感。③

他怎么会结婚的，我只能用西伯利亚的孤寂来解释。他神圣不可侵犯地保持着故土的一切风俗习惯，即他在莫斯科读大学时养成的一

---

① 即君士坦丁堡（俄国对拜占庭帝国国都的称呼）。

② 拉朗德（1732—1807）：法国天文学家。

③ 巴枯宁在争论中常常会冲动，对自己的论敌雷电交加，破口大骂，换了是别人，肯定不会原谅他，可是大家都原谅了巴枯宁，我就是头一个。马尔季扬诺夫就常常说："亚历山大·伊凡诺维奇，这是一个长了个大个子的小姑娘，怎么能生他的气呢——他是孩子！"——作者原注

切风俗和习惯，——一堆一堆烟叶就像储存的饲料一样堆放在他桌上，稿纸和没有喝完的茶杯下满是烟灰……从早上起，屋里就烟雾弥漫，一大队烟民好像争先恐后地在他那里吞云吐雾，急急忙忙，上气不接下气，大口大口地吸烟，总之，能这么不要命地吸烟的只有俄国人和斯拉夫人。深夜时分，房东家的使女格蕾丝把第五罐砂糖和热水送进这间斯拉夫解放事业的育种房时，她总不免要露出某种伴随着恐惧和忸怩不安的惊惶神色，——见状，我好几次都忍不住颔首微笑。

巴枯宁离开伦敦后很久——No10 Paddington green〔英语：帕亭顿草坪10号〕还在谈论他的日常生活，它推翻了英国小市民树立的一切牢不可破的观念，以及他们信守不渝地接受的一切规矩和准则。不过，尽管如此，还是请大家注意，那家的使女和女房东还是爱他爱得要命。

“昨天，”他朋友中的一个人告诉巴枯宁，“某某人从俄国来；是一个非常好的人，过去是军官……”

“这人我听说过，关于他有许多溢美之词。”

“可以带他来看您吗？”

“当然可以，干吗带他来！他在哪？我立刻去见他！”

“他似乎是个立宪主义者。”

“可能吧，不过……”

“不过，我知道他像骑士一样勇敢，而且人品高尚。”

“也很忠实？”

“在 Orsett House〔英语：奥塞特公寓（赫尔岑居住的公寓）〕，大家都非常敬重他。”

“走。”

“上哪？要知道，他想来拜访您，我们已经讲好了——我会带他来的。”

巴枯宁又伏案写信；写好后又涂改了一些地方，誊清后又开了一只寄往雅西①去的信封。套上封套，加上封印，便开始在房间里，在不安

① 在罗马尼亚东部边境，与摩尔达维亚的比萨拉比亚毗邻。

的等待中走来走去，脚步是那么重，以致 No10 Parddington green 的整座房子都跟着他一起颤动。

那位军官来了——很谦虚，也很文静。巴枯宁 le met à l' aise〔法语：请他坐好后〕，便作为一个同志，像年轻人一样热烈地说起话来，数落立宪主义，可是他忽然问道：

"您大概不会拒绝为我们的共同事业做点什么吧？……"

"那是没有疑问的……"

"您在这里没有任何事情让您走不开吧？……"

"没有；我刚来……我……"

"明后天您能不能够跑一趟，把这封信送到雅西去呢?"

这军官从来没有遇到过这种事，无论是在战时的作战部队，还是在和平时期的总参谋部，但是他已经习惯了军队里的令行禁止，他沉默片刻后，声音都变了，说：

"噢，遵命!"

"我早知道您会答应的。信写好了，是完全现成的。"

"我哪怕现在去也成啊……不过……"军官有点窘，"我怎么也没料到会让我跑这一趟。"

"什么？没钱？哎呀，您照直说嘛。这是小菜一碟。我可以替您向赫尔岑借——以后您还他好了。这算得了什么……总共……总共区区二十英镑罢了。我立刻给他写张条子。在雅西您会弄到钱的。然后从那里到高加索。在那里我们特别需要忠实可靠的人……"

军官和他的同伴都被他的不拘小节惊呆了，他俩走了。曾经替巴枯宁做过重大外交信使工作的小姑娘，冒着大雨和泥泞，带着他的便条飞也似的跑来找我。我为她特地准备了菱形的巧克力糖，以便使她在她的祖国的这样的气候下得到些许安慰，为此我给了她一大把糖，并加了一句：

"请告诉那个高个子 gentlemen〔英语：先生〕，我会同他面谈的。"

确实，写条子是多余的：吃饭前，也就是过了一小时，巴枯宁自己来了。

“为什么给某某人二十英镑?”

“不是给他,而是为了事业……怎么样,老兄,某某人是个非常好的人!”

“我认识他好几年了——过去他常到伦敦来。”

“这是一次很好的机会……错过这个机会就可惜了,我派他到雅西去。然后让他看看高加索!”

“到雅西去?……再从那里去高加索?”

“你又要说俏皮话了……但是俏皮话什么也说明不了……”

“要知道,你在雅西什么事也没有呀。”

“你怎么知道。”

“我所以知道是因为,第一,在雅西,任何人都没有事要做,第二,即使有事,你一星期前就会向我不断唠叨这事了。你刚好碰到一个人……既年轻又腼腆,想证明他对你的忠诚,——于是你就想把他派到雅西去。他想在这里看世界博览会——而你却硬要人家看摩尔多瓦拉几亚。嗯,请问,你这又何苦呢?”

“你的好奇心也太强了嘛。你并没有跟我参与这些事——你有什么资格问我?”

“这话没错,我甚至认为,你把这个秘密瞒着所有的人……嗯,不过我丝毫无意为你派到雅西和布加勒斯特去的信使掏钱。”

“他会还你的——他会有钱的。”

“那就让他花钱花得聪明些;得了,得了——随你派哪个男性的曼侬·莱斯戈①去送信好了,而现在咱们吃饭去。”

巴枯宁自己也笑了,摇了摇他那毕竟显得太重的脑袋,接着便全神

① 法国作家普雷沃(1697—1763)的小说《德·格里欧骑士和曼侬·莱斯戈的故事》中的主人公。曼侬是一个贪图享乐的女子,格里欧为她荒废正业,赌博、行骗,两次入狱。小说中的中心思想是为了爱情什么原则都可以牺牲,一个人可以同时是纯洁的,也可以是邪恶的,把一切肮脏勾当都披上美丽的感情外衣。

贯注、心无旁骛地开始吃饭,而且他吃罢饭每次都说:"现在幸福的时刻来临了",——接着便点上了一支烟。

巴枯宁对任何人来,而且无论何时何地,都欢迎。常常,他还像奥涅金那样躺在床上或者在床上翻来覆去,弄得床嘎吱乱响的时候,已经有两三个斯拉夫人在他的房间里拼命吸烟了;他好不容易起得床来,一边用冷水浇头,一边开始教训他们;他从来不觉得无聊,有人来看他,他也从来不觉得腻烦;他能够不知疲倦和头脑清醒地跟最聪明的人和最愚蠢的人说话。由于这种不加选择,有时会闹出非常可笑的事情来。

巴枯宁起床很晚——这是没有办法的事,因为他把夜晚都用来谈话和喝茶了。

有一回,十时许,他听见有人在他屋里走动,他的床铺设在一个大的壁龛里,用布幔隔开。

"谁?"巴枯宁醒来时,叫道。

"俄国人。"

"贵姓?"

"某某。"

"欢迎。"

"您为什么这么晚才起床——还算个民主主义者哩……"

……沉默……只听见泼水的……哗啦啦的声音。

"米哈伊尔·亚历山德罗维奇①!"

"什么事?"

"我想问您:您是在教堂举行婚礼的吗?"

"对。"

"这不好。言行不一,这算什么榜样——瞧,屠格涅夫也要嫁闺女了。你们是老一辈的人,应当给我们做出榜样。"

"您胡说什么呀……"

---

① 巴枯宁的名字和父称。

“请问,您结婚是因为爱情吗?”

“这关您什么事?”

“我们听说,您结婚是因为您的未婚妻有钱①。”

“您这是干吗——来审问我?见您的鬼去吧!”

“瞧您先光火了——而我,说真的,是出于一片好意。再见。不过我还会来。”

“好,好——不过您以后要放聪明些。”

……这时波兰的暴风骤雨却越来越近了。一八六二年秋,波捷布尼亚②到伦敦来住了几天。他心情郁闷,但为人坦荡、纯洁,无私地献身于这场暴风雨,他是以他个人的名义,也代表同志们来同我们商谈的——不管怎样,他还是坚持走自己的路。从边区来的波兰人越来越多了:他们的语言变得更明确、更激烈,他们直接和自觉地走向起义的爆发。我恐惧地觉得,他们正在走向不可避免的灭亡。

“波捷布尼亚和他的同志们实在太可惜了,”我对巴枯宁说,“何况他们与波兰人不见得是同路人……”

“同路,同路,”巴枯宁反驳道,“我们也不能老袖手旁观和进行反思吧。我们应该接受既成的历史,否则的话,每次不是落后,就是冒进。”

巴枯宁变年轻了——他如鱼得水。他喜欢的不仅是起义的怒吼和俱乐部的喧闹,不仅是广场和街垒——他还喜欢为起义做有准备的鼓动,喜欢那种既亢奋,同时又克制的秘密活动、密室磋商,通宵不眠,反复商谈,达成一致,修改密码,化学墨水和暗号。凡是参加过排练家庭演出和准备过圣诞节晚会的人,谁不知道这种准备工作也是十分赏心悦目的活动之一。但是,不管他怎样陶醉于圣诞节晚会的准备工作,我心里总好像觉得有猫在抓似的——我经常同他争论,经常不情愿地做

---

① 巴枯宁没有要未婚妻的任何东西。——作者原注

② 波捷布尼亚(1838—1863):俄国革命者,俄军革命小组驻波兰的组织者,一八六三年波兰起义的参加者。

一些违心的事。

写到这里，我不得不停下来谈一个令人感到伤心的问题。我的这种心有怨言而又不得不让步，尽管心存不满并起而反对，但又勉为其难的弱点，是从哪来的呢？一方面，我有十分的把握必须这样做；另一方面，又准备反其道而行之。这种动摇不定，这种不成熟，dieses Zögernde〔德语：不坚定〕，在我一生中造成了无数危害，甚至我意识到犯这种错误是身不由己的，是不自觉的，也不能给我以些许安慰；我是 à contre-cœur〔法语：迫不得已〕而做了错事——尽管整个不利方面我都看到了。我曾经在前面几卷中的某一卷谈到过我参加一八四九年六月十三日游行示威的事①。这是我谈到这一情况的典型例子。当时我一分钟也不曾相信过六月十三日的游行示威能取得胜利，当时我也看到了这一运动的荒唐和它的软弱无力，群众的漠不关心，反动势力的猖獗和革命者的浅薄水平；我曾经撰文谈到过这事，可是一边嘲笑参加游行示威的人，一边自己还是走上了广场。

如果我能有勇气在所有重大场合听从自己内心的呼唤，我这一生中能少遇到多少不幸……能少受到多少打击啊……有人责备我容易冲动……是的，我容易冲动，但这还不是我的主要弱点。我这人很敏感，容易被人打动，但是我也会立刻镇静下来——思考、反思和观察几乎总能占据上风，但只是在理论上，而不是在实践中。事情之难以解决也就在这里，这就是我为什么总是 no-lens-volens〔拉丁语：自觉地或不自觉地〕让人家牵着鼻子走……我之所以好说话，容易被人说动，原因就因为一种虚假的不好意思，而有时动机好一些——是出于爱、友谊和迁就……但是这一切为什么总是战胜理性呢？

……一八五七年二月五日沃尔采尔的葬礼之后，当所有送葬的人都回家了，我也回到了自己的房间，忧伤地坐在写字台旁，这时有一个忧伤的问题进入我的脑海：随着这位爱国志士的下葬，我们是否把与波

---

① 见本书第五卷第三十六章。

兰流亡者的所有联系也都埋葬了呢？

老人是个温和的人，他在不断发生的误解中起到了息事宁人的作用，现在他走了，可是误解却依旧存在。作为个别的人，我们可以喜欢波兰人中的这个人或者那个人，跟他们来往密切，可是总的说来，我们之间却很少有统一的看法，因此我们的关系是紧张的，面和心不和，我们常常彼此做出让步，也就是自己削弱自己，彼此牺牲的几乎总是最好的方面。

通过协商取得一致是不可能的，我们的出发点不同——我们走的路，只是在对彼得堡专制政府的共同憎恨上发生交叉。他们的理想是在他们身后：他们想走回头路，也就是回到他们从前硬被切断的过去，然后再从那里继续自己的路①。他们有无数的圣尸，我们却只有空空的摇篮。在他们的所有行动和诗意般的幻想中既有失望，又有同样多的光辉的信仰。

他们寻求的是死者复活——我们却毋宁说想要埋葬自己的死者。我们的思维方式，我们的期望，与他们不同，我们的全部天才，我们的全部气质，与他们没有任何相同之点。我们与他们联合，在他们看来，若非 mésalliance〔法语：不是门当户对的婚姻〕，就是出于利害考虑的联姻。就我们这方面说，我们更多的是真诚，但却缺乏深度——我们逐渐意识到我们是在间接犯罪，我们敬佩他们的勇敢和尊重他们百折不挠的抗争。可是他们能敬佩我们什么呢？敬重我们什么呢？他们是克服了自己心中的反感使某些俄国人成为可敬的例外才与我们接近的。

在尼古拉统治的黑暗牢狱中，我们是关在一起的难友，我们是彼此同情，而不是彼此了解。可是当铁窗稍稍打开一点之后，我们才明白，我们被押到这里来，经由不同的道路，将来我们分手，也将奔向不同的目标。克里米亚战役之后，我们高兴地松了一口气——可是我们的高兴却使他们感到受了侮辱。俄国出现的新鲜空气，使他们想起他们的

---

① 指波兰民族解放运动只是为了求得民族解放，回到波兰被俄、普、奥瓜分前的过去。

损失，而不是希望。我国的新时期开始于百折不回的斗争，我们奋勇向前，准备摧毁一切……而他们却是从追荐亡魂和安魂祈祷开始的。

但是俄国政府却第二次把我们和他们团结在一起了。对神父们和孩子们的屠杀，对耶稣圣像和孩子们的枪击，对唱赞美诗和做祈祷的人的镇压——在这些枪声面前，一切问题都沉寂了，一切不同都磨灭了……当时我含着眼泪和强忍着哭泣，写了许多文章，这些文章深深打动了波兰人①。

亚当·恰尔托雷斯基从病患的卧榻上让我儿子带回了一封热情洋溢的信，在巴黎，波兰人代表团还给我寄来了一封致敬信，由四百名流亡者签名，参加签名的流亡者来自各个地方，有些甚至是居住在阿尔及利亚和美国的波兰流亡者。看来，我们在许多方面都是一致的，但是再深入一步，便产生了不和，明显的不和。

……有一回，克萨韦里·布兰尼茨基②、霍耶茨基，还有其他一些波兰人来我家做客——他们都是路过伦敦，顺便来看我，为我写的那些文章来向我表示感谢的。我们谈到了枪击康斯坦丁的事③。

我说："这次枪杀会给你们带来很大危害。本来俄国政府也许会做出某些让步——现在它是决不会让步的了，它会变得加倍凶残。"

"我们就希望它这样！"沙·埃④热烈地说，"对于我们，没有比让步更大的不幸了……我们希望的是决裂……公开的斗争。"

"我衷心希望你们不要后悔。"

---

① 一八六一年波兰发生大规模的示威游行，反对俄国沙皇政府奉行的变本加厉的民族压迫；各地的教堂高唱具有民族宗教内容的赞美诗。这些示威游行有些与沙皇军队发生了流血冲突。为此，赫尔岑在《钟声》上发表一系列文章，声援波兰人民的革命斗争，如《波兰万岁》《四月十日与华沙的屠杀》等。

② 布兰尼茨基（1812—1879）：波兰贵族流亡者的领导人之一，与拿破仑亲王（拿破仑一世之侄，哲罗姆·波拿巴之子）很接近，克里米亚战争期间，曾陪同他出访君士坦丁堡。

③ 康斯坦丁·尼古拉耶维奇于一八六二年被任命为波兰王国总督。一八六二年六月，他到华沙后的第一天即遇刺。

④ 指沙尔·埃得蒙：霍耶茨基的笔名。

沙·埃嘲弄地微微一笑,谁也没有再说一句。这事发生在一八六一年夏。而过了一年半,帕德列夫斯基取道彼得堡到波兰去的时候,也说了同样的话①。

骰子已经掷下!……

巴枯宁相信,在俄国可能爆发农民军事起义,我们也多少有点相信——而且政府自己也相信是这样——这从它后来采取的一系列措施,由官方授意写的一系列文章,以及由官方命令进行的一系列惩罚,都看得出来。群情激昂,人心浮动,这是无可争议的,但当时谁也没有料到,这会演变成狂暴的爱国主义。

巴枯宁不喜欢思前想后,考虑到所有的情况,权衡利害得失,他只看到一个远大的目标,把怀孕两个月当成了十月怀胎,即将分娩。他吸引人的不是他的论据,而是他的愿望。他愿意相信,便信以为真,就认为日穆季②和伏尔加,顿河和乌克兰,一听到华沙发生起义,便会万众一心地揭竿而起;他相信,我们的旧教徒一定会利用天主教运动使他们的分裂合法化。

在驻扎于波兰和立陶宛的俄国军队的军官们中间,波捷布尼亚所属的那个团体,正在日益巩固和发展——这是不可能有疑问的;但是波兰人和巴枯宁天真地指望它具有的那种力量,还远远没有达到……

九月底的某一天,巴枯宁心事重重而又有点得意扬扬地前来找我。

他说:"华沙的中央委员会派来了两名中央委员想跟我们谈谈。其中一人你是认识的——他是帕德列夫斯基;另一人叫吉列尔③,是一位经过考验的战士,——他戴着镣铐从波兰到矿井溜达了一回,刚一回来就重新投入工作。今天晚上我就带他来看您,而明天在我家开个

① 帕德列夫斯基(1835—1863):波兰革命民主主义者,一八六三年波兰起义的领导人之一。一八六二年九月,他曾在伦敦参加波兰中央民族委员会的代表与《钟声》发行人的会谈,同年十一月底,又在彼得堡同"土地与自由社"的代表进行会谈。他在一八六三年起义的开始阶段起过重要作用,但很快就被沙皇政府抓获并处死。

② 立陶宛的一个地区。

③ 吉列尔(1831—1887):波兰作家,一八六三年波兰起义的领导人之一。

会——必须把我们的关系彻底确定下来。”

当时，我的《答俄国军官书》①正在排版。

“我的纲领已经写好——我可以向他们宣读我的信。”

“你的信，我是同意的，这你知道……但是我不知道他们是否都赞成；至少，我认为，他们会觉得这不够。”

晚上，巴枯宁来了，不是带来了两个人，而是带来了三个人②。我宣读了我的信。在谈话和念信的时候，巴枯宁坐在那儿，一副心神不定的样子，就像他的亲戚在参加考试，或者像提心吊胆的律师，生怕他们的当事人说错了话，以致破坏整个辩护的游戏，这份辩护本来准备得好好的，即使不完全符合事实，那也可望马到成功，稳操胜券。

我从他们的脸色看得出来，巴枯宁猜对了，我的信并没有受到他们的特别欢迎。

吉列尔说：“先让我们念一下中央委员会给你们的信吧。”

米〔洛维奇〕念了信；这个文献，《钟声》的读者已经知道了，它是用俄文写的——虽然写的语言不完全规范，但意思是清楚的。有人说，是我把它从法文翻译过来的，改变了它原来的意思，——这不对。他们仨的俄语都讲得很好。

这封信的意思是要我告诉俄国人，正在组建的波兰政府同意我们的观点，并把下列原则作为他们行动的基础：“承认耕者有其田，农民（有权）获得土地，承认任何民族都（有）支配自己命运的充分自主权。”米〔洛维奇〕说，根据这一声明，我就应当使我信中的那种疑问和“怀疑”的措词缓和些。我同意可以做某些修改，同时我也向他们建议，是否可以把各省的自行立法再强调一些，意思也说得更明确一些——他

---

① 见一八六二年的《钟声》。——作者原注

指赫尔岑写的《致驻波兰的俄国军官书》，发表在一八六二年十月十五日的《钟声》报上。

② 这第三个人叫米洛维奇，他是波兰民族解放运动的活动家。当时在国外做起义的准备工作。

们也同意了。这些措词上的争论，表明我们对同一些问题的看法并不是一致的。

第二天上午，巴枯宁已经坐在我家了。他对我表示不满，认为我的态度太冷淡，好像我不信任他们似的。

“你还要什么呢？波兰人从来没有做过这么大的让步。——他们是用他们通用的另一种语言，像教义问答似的表达的；他们在举起民族解放大旗的时候，总不能在刚迈出第一步的时候，就损害他们敏感的民族感情吧……”

“我总觉得，其实，他们不大关心农民的土地问题，而对各省的兴趣又太浓了。”

“亲爱的朋友，你手中将会有一份经过你修改，并当着我们大家的面签署的文件，你还要什么呢？”

“反正还有些地方不尽如人意。”

“你这人也太难说话了，每走一步都那么难——你根本不是个实事求是的人。”

“在你之前，沙左诺夫就讲过这话。”

巴枯宁挥了一下手，就到奥加略夫的房间去了。我伤心地望着他的背影；我看到，他已被革命所陶醉，现在同他根本就谈不到一块儿。他正大踏步地跨过山岭和大海，越过漫长的岁月和子孙后代。在华沙起义之后，他已经看到自己日思夜想的“光荣的斯拉夫”联邦，可是波兰人在谈到这联邦的时候不是充满恐惧，就是充满憎恶……他已经看见“土地与自由”社的红旗迎风飘扬在乌拉尔和伏尔加，乌克兰和高加索，也许还飘扬在冬宫和彼得保罗要塞——于是他就急急忙忙地设法减少困难，消除矛盾，他不是想填平峡谷，而是想横跨峡谷架起一座糟糕的桥。

“你就像维也纳会议上的外交官，”后来我们在他家与波兰民族政府①

① 一八六三年波兰起义的集体领导机构。

的代表商谈的时候，巴枯宁恼火地一再对我说，"你在文字和措词上吹毛求疵。这又不是要在报刊上发表的文章，又不是文学作品。"

"就我而言，"吉列尔说，"我是不会为文字争论个不休的，您爱怎么改就怎么改，只要主要的意思不变就成了。"

"好极了，吉列尔！"巴枯宁快乐地叫道。

"哼，"我想，"这人是成竹在胸，有备而来，在实质问题上寸步不让。因此才在文字上这么容易地一再相让。"

文本作了修改，波兰民族政府成员签了字，我把它送交印刷所。

吉列尔和他的同志们相信，我们代表整个组织[①]的驻外中心，该组织听命于我们，并根据我们的命令决定是否与他们联合行动。对他们来说，问题的确不在文字上，不在理论上的协调一致，他们 profession de foi〔法语：宣布的信念〕，永远可以通过解释来予以修正——这样，它的鲜明色彩就会冲淡，就会褪色，就会改变。

俄国正在建立这个组织的第一批支部，这是毫无疑问的——最初的蛛丝马迹连普通人都看得出来；在平静的岁月，这可以织成一张大网——这话没错，但这张网还没有形成，因此每次有力的打击，都会使整整一代人的努力毁于一旦，把刚刚开始编织的蜘蛛网毁掉。

把委员会的信送去付印以后，我就对吉列尔和他的同志们说了这番话，告诉他们，他们的起义不合时宜。帕德列夫斯基非常清楚地了解彼得堡，因此他对我的话并不感到惊奇，虽然他硬要我相信，"土地与自由社"拥有的力量和分支机构，比我们想象的要走得更远，而且要远得多；但是吉列尔却低头深思起来。

我微笑着对他说："您以为我们更强大……是的，吉列尔，您没说错：我们的力量的确很强大，而且方兴未艾，但是这力量靠的完全是舆论的支持，就是说，它也可能立刻化为乌有；我们之所以强大，是因为人们对我们的支持，在于我们同自己人同声相应，同仇敌忾。不要以为我

---

① 指俄国的"土地与自由社"。

们对这个组织说：'向右走或者向左走'，他们就会跟我们走，——这样的组织是没有的。"

"是的，亲爱的朋友……不过话又说回来……"巴枯宁开口道，他激动地在屋里走来走去。

"怎么，难道有？"我问他，说罢便打住了。

"嗯，随你怎么说都可以；当然，仅仅从表面看……这根本不符合俄罗斯性格……不过你瞧……"

"请让我把话说完——我想对吉列尔说明，为什么我要这样字斟句酌。如果在俄国，在我们的旗帜上看不到给农民以份地和给各省以自由，那我们的支持将不会给你们带来任何好处，而只会毁了我们……因此我们的全部力量在于我们的心在同样地跳动；可能，我们的心会跳得更快些，因此比我们的朋友超前了一秒钟，但是他们和我们紧紧地联系在一起，靠的是彼此支持，而不是彼此迁就！"

"您会对我们满意的。"吉列尔和帕德列夫斯基说。

过了一天，他们中的两个人去了华沙，第三个人去了巴黎①。

开始了暴风雨前的寂静。这是一个黑暗的、多灾多难的时期，大家一直以为乌云即将过去，可是却彤云密布，云层越来越低；这时又出现了"偷天换日"的征兵令②——这成了导火索；本来在坚决地、义无反顾地铤而走险面前还犹疑不决的人，这时也勇往直前地投入了战斗。现在连"白党"也开始逐渐转向革命运动一边了③。

帕德列夫斯基又来了。等了一两天。征兵令没有被取消。帕德列夫斯基又去了波兰。

---

① 一八六二年十月下旬，帕德列夫斯基和吉列尔去了华沙，米洛维奇去了巴黎。

② 一八六二年秋，沙皇政府颁布了在波兰王国的征兵令，根据预先拟定的名册征召大批青年人伍，企图以这样的手段来扑灭波兰人民的革命运动，因而于一八六三年一月促使了起义的爆发。

③ 一八六〇年初，波兰民族解放运动中形成了两派："红党"和"白党"。"红党"代表小资产阶级和小贵族的利益，"白党"代表大地主和大资产阶级的利益，后者主张实行温和的改革，反对革命斗争。

巴枯宁准备到斯德哥尔摩去（这与拉平斯基的远征①完全无关，当时谁也没有想到这事）。波捷布尼亚也匆匆地（来了），又紧接在巴枯宁之后不见了②。

与波捷布尼亚到达伦敦的同时，“土地与自由社”的全权代表也经由华沙从彼得堡来了③。他愤愤然说，波兰人请他到华沙去，他去了，可是他们什么事也没有做成。他是第一个亲眼看到起义开始的俄国人。他说到俄国士兵被杀害，一名军官是“土地与自由社”的社员，也受了伤。士兵们认为这是叛乱，便开始狠狠地打波兰人。帕德列夫斯基是科夫诺的主要领导人——他捶胸顿足，十分懊恼，可是又不敢公开站出来反对自己的部下。

全权代表因自己肩负的使命而自以为了不起，他邀请我们做“土地与自由社”的**代理**。我谢绝了他的邀请，这不仅使巴枯宁，也使奥加略夫感到很诧异……我说，我不喜欢这个陈腐的法国头衔。全权代表对我们的态度，就像一七九三年法国国民公会的特派员对待边远地区军队中的将军们一样，这也使我感到不快。

“你们的人很多吗？”我问。

“这很难说……在彼得堡有几百人，在外省大约有三千。”

“你相信吗？”我后来问奥加略夫。

---

① 拉平斯基（1826—1886）：波兰民族解放运动的活动家，一八四八至一八四九年匈牙利革命的参加者，曾在高加索参加当地山民反对俄军的斗争。

巴枯宁于一八六三年二月二十一日离开伦敦，比拉平斯基的远征早了一个月，后来他在瑞典的哈尔辛堡港参加了拉平斯基的远征，目的是取道瑞典到爆发起义的波兰。一八六三年三月底起义失败后，巴枯宁到斯德哥尔摩去，目的是同芬兰和瑞典的革命者建立联系，并在那里一直待到一八六三年底。关于拉平斯基远征，请见下一章。

② 波捷布尼亚于一八六三年二月中旬到达伦敦，与赫尔岑会面后即于二月二十二日前往波兰。

③ 这个全权代表指的是“土地与自由社”的组织者之一斯列普佐夫（1835—1906）。他到伦敦来是为了同赫尔岑和奥加略夫协商，建议把《钟声》改成“土地与自由社”的机关报，被赫尔岑拒绝。

他不做声。

“你相信吗?”我又问巴枯宁。

“当然,他添油加醋了……不过,现在没有这么多,将来会有的!”他说罢便哈哈大笑。

“这是另一回事。”

“正因为该社初创,比较弱,所以才需要支持,如果他们已经站稳脚跟,他们也就不需要我们支持了……”奥加略夫说,在这种情况下,他总是对我的怀疑论感到不满。

“他们就应当这样开诚布公地向我们承认他们还比较弱……希望我们友好地帮助,而不是建议我们做什么愚蠢的代理机构。”

“这是因为年轻……”巴枯宁加了一句,然后就到瑞典去了。

紧随他之后,波捷布尼亚也走了。我苦恼而又难受地同他告了别——我一秒钟也没有怀疑,他这次回去非牺牲不可①。

在巴枯宁离开的前几天,马尔季亚诺夫来了,他的脸色比平时更苍白,神态也比平时更沮丧;他坐在一个角落里,一言不发。他思念祖国,一心想回去。大家在争论关于起义的事。马尔季亚诺夫默默地听着,后来站起来,准备要走了,突然,他在我面前停下来,闷闷不乐地对我说:

“您不要生我的气,亚历山大·伊凡诺维奇,不管这样或那样,您还是把《钟声》给毁了。您干吗要干预波兰问题呢……波兰人也许是对的,但是他们的事是那些波兰小贵族的事——与您无关。您不肯可怜可怜我们,上帝保佑您,亚历山大·伊凡诺维奇。请记住我跟您说过的话。我自己是看不见了——我要回去了。在这里我无事可做。”

“您不应当回俄国,《钟声》也没有毁。”我回答他说。

---

① 波捷布尼亚回华沙后领导一支小部队,直接参加了波兰起义,并于一八六三年三月在一次战斗中牺牲。

他默默地走了，他的第二个预言，以及我模模糊糊地意识到我大概做错了什么，使我处在一种沉重的压抑的心情中。

马尔季亚诺夫还真是说到做到：他于一八六三年春回国了，他被自己的“农民沙皇”发配到苦役营，为了对俄罗斯的爱，为了对沙皇的信仰，渐渐死去。

一八六三年底，《钟声》的发行量，从两千五百份、两千份锐减到五百份，而且从此再也没有超过一千份。

从奥廖尔省来的夏洛特·科尔台和由农民出身的但以理说的话是对的！[①]

一八六五年底写于 Montreux〔蒙特勒（瑞士）〕和洛桑

---

① 关于夏洛特·科尔台，参见本书第七卷第一章第三节描写的那个俄国姑娘，她曾对赫尔岑说：“您的朋友和您的追随者将会离开您。”但以理是《圣经》中的先知，这里指马尔季亚诺夫，他出身农奴，曾预言赫尔岑为波兰起义辩护，将把《钟声》搞垮。

附录　致波兰俄国军官委员会的信

朋友们：

我们怀着深深的爱和深深的忧伤，送别即将回到你们那里去的你们的同志；我们暗中抱着希望，但愿这次起义能够延期，只有这样，才能使我们对你们的命运和整个事业的前途，多少感到放心。

我们明白，不管波兰起义是怎样的起义，你们都不能不参加；你们的舍生忘死是为了替俄罗斯帝国赎罪；此外，听任波兰遭人蹂躏，而俄国军队不表示任何抗议，这也有它坏的一面，这无异于显示俄罗斯人噤若寒蝉、俯首帖耳，因而也是助纣为虐地参加了彼得堡的屠杀。

尽管如此，你们的处境仍旧是可悲的，没有出路的。我们看不出有任何成功的希望。即使华沙能够得到一个月的自由，那也只是表明，你们参加了波兰的民族独立运动，从而还清了欠波兰人民的债，但是波兰并不会因此而高举俄罗斯的土地与自由的社会主义旗帜，再说你们的人数也太少了。

现在，过早地发动起义，波兰显然只有死路一条，而俄国的革命事业也将长期淹没在民族仇恨的感情中，而这种民族仇恨将会与对沙皇的忠诚结合在一起，——它的复兴只有在很久很久以后，直到你们的英勇业绩变成像十二月四日那样的革命传统，并激励着现在还没有出生的那代人的思想，才有可能。

因此应该得出的结论是很清楚的：把起义推迟到各种力量联

合起来的更有利的时机，你们应该施加你们对波兰委员会和对政府本身的一切影响，从而推迟它，——而政府出于恐惧也可能放弃那个不幸的征兵令，总之，你们要用你们力所能及的一切办法来推迟它。

如果你们的努力没有收到应有的效果，那就无计可施，只能听天由命和接受难以避免的苦难了，虽然它造成的后果将是俄国十年的停滞。至少你们应该尽可能保护好自己的人力和物力，以便从这场不幸的、输掉的战斗中，为未来的遥远胜利，保存一些有生力量。

如果你们成功了，起义推迟了，你们应当为自己拟定一条坚定的行动路线，并照此执行，不要偏离。

那时候你们应当注意一点——应当从事俄国的共同事业，而不仅仅是波兰的事业。就应当像在你们“致俄国军官的信”中所说的那样，为了土地与自由以及建立地方自治会，在所有的军队中建立起一条完整的、牢不可破的秘密联系的链条。为此，必须使俄国军官委员会能够独立：因此它的中心应该设在波兰境外。你们应当在你们之外成立一个中心，你们自己则从属于它；这样，你们就能驾驭全局，有条不紊地率领一个能够进行起义的组织，而且这起义不仅是为了波兰的民族解放，而且也是为了土地与自由，而且它之所以进行起义，不是因为一时的需要，而是在考虑到所有的力量，以及有必胜的把握之后，才付诸行动。

对于我们，这计划十分清楚，你们不可能不意识到应该怎样做。

你们应当努力完成这一计划，而不管它有多么困难。

尼·奥加略夫

朋友们和弟兄们：

我们的朋友尼古拉·普拉东诺维奇·奥加略夫的信，充满了对我国人民和全体斯拉夫民族伟大的解放事业的真正的和无限的忠诚。我不能不同意他的观点,在波兰过早和局部地举行起义,只会使斯拉夫尤其是俄国前进运动稳步发展的进程,面临中断的危险。应当承认,在俄国和整个欧洲目前的情绪下,这样的起义要取得胜利,希望实在太渺茫了,而波兰领导运动的党派的失败,带来的必然后果将是沙皇专制制度在俄国的暂时胜利。——然而,从另一方面说,波兰人的处境已经是忍无可忍了,他们决不会长久忍受下去。而沙皇政府则采用卑鄙无耻的手段长期而又残酷地压迫波兰人民,仿佛在向他们进行挑战,迫使他们发动起义,因此推迟起义不仅对波兰是需要的,对俄国也同样是必要的。——推迟起义,推迟到较晚的时候,毫无疑问,不仅对他们,而且对我们也是有百利而无一害的。你们应当竭尽全力做到这点,然而,与此同时,既不要因此而损害他们的神圣权利,也不要因此损害他们的民族自尊心。你们要在形势许可的情况下,尽可能地劝说他们,但与此同时也不要浪费时间,要宣传群众,组织群众,让他们做好准备,以迎接那决战的时刻,——一旦我们不幸的波兰兄弟被逼得走投无路,忍无可忍,终于揭竿而起,你们也不要站起来反对他们,而要支持他们,——你们要为了俄罗斯的光荣,为了斯拉夫人的天职,为了俄罗斯人民的事业,高喊着“土地与自由”,与他们并肩站在一起。——如果你们命中注定要牺牲的话,那你们的牺牲本身也是对我们共同事业的一种贡献。而上帝是知道的!说不定,你们的英雄业绩,与冷漠的理性估计相反,竟会取得意外的胜利呢?……

至于我,不管等待着你们的是什么,是胜利还是牺牲,我希望,我将与你们共命运,——再见。说不定,我们很快就会见面的。

米·巴枯宁

第五章　R. WEATHERLEY & Co 的轮船 “WARD JACKSON”〔英语：韦瑟利公司的轮船“沃德·杰克逊”号〕

一

这事发生在波兰起义前大约两个月左右。一位曾经从巴黎短期到伦敦来办事的波兰人约瑟夫·茨韦尔齐亚克维奇①，在回到巴黎后被抓起来了，与他一起被捕的还有赫梅林斯基②与米洛维奇，关于米洛维奇，我曾在谈到会见波兰起义政府成员时提到过他。

整个逮捕过程，有许多叫人纳闷之处。赫梅林斯基是晚上九点多到达的，他在巴黎谁也不认识，而且一到就前往米洛维奇的住所。十一点左右，警察就来了。

“您的派司。”警官问赫梅林斯基。

“给。”于是赫梅林斯基就把一本使用别人的姓名，并经正规签证的派司递给他。

“没错，没错，”警官说，“我知道您用的是这一姓名。现在，您的公文包呢？”他又问茨韦尔齐亚克维奇。

公文包就放在桌上——他取出文件，看了看，就把一封收信人为E. A. 的短信交给了陪同他一起来的警察，加了一句：

---

① 茨韦尔齐亚克维奇：波兰革命者，一八六三年波兰起义政府驻伦敦代表。

② 赫梅林斯基（约1830—1863）：行刺俄国康斯坦丁大公这一行动的组织者，一八六三年波兰起义政府成员，后被枪决。

"就是这个!"

三个人都被捕了,没收了他们的信件,后来又把他们放出来了。赫梅林斯基被拘押的时间比其他人稍长——为了顾全警察的面子,他们硬要赫梅林斯基供出自己的真实姓名。赫梅林斯基没有满足他们的这一奢望——一星期后,也把他放了。

过了一年或者一年多以后,普鲁士政府制造了一件荒唐至极的波兹南案件①,检察官在他提供的罪证中,提交了一些由俄国警察局寄来的属于茨韦尔齐亚克〔维奇〕的信件。这就产生了一个问题,这些信件是怎么会跑到俄国去的,检察官镇定自若地解释道,茨韦尔齐〔亚克维奇〕被捕后,他的一些信件由法国警察局交给了俄国大使馆。

那些波兰人被放出来后,又被勒令离开法国——于是他们便去了伦敦。在伦敦,茨韦尔齐〔亚克维奇〕亲口告诉了我他被捕的经过,不言而喻,他感到最奇怪的是,那位警官怎么会知道他有一封写给 E. A. 的信的。这封信是马志尼亲手交给他的,让他面交艾蒂安·阿拉戈②。

"关于这信,您告诉过什么人吗?"我问。

"没有告诉过任何人,绝对没有。"茨韦〔尔齐亚克维奇〕回答。

"这就太邪乎了,——这怀疑既不可能落到您头上,也不可能落到马志尼头上。您好好想想。"

茨韦〔尔齐亚克维奇〕想了想。

"我只知道一点,"他说,"我从院子里出去了一会儿,记得公文包就放在抽屉里,抽屉没锁。"

"Clew! Clew!〔英语:有门了!有门了!〕现在请问,当时您在哪?"

---

① 在一八六三年波兰起义期间,普鲁士当局逮捕了波兹南出国的许多活动家,他们的罪名是参加过起义或者与起义有关。被送交法庭审判的有一百余人,并于一八六四年七月在柏林开庭审判。

② 阿拉戈(1803—1892):法国记者与政治活动家,一八四八年法国革命的参加者,后流亡国外,一八五九年获大赦后回巴黎。

“在某某地方，在一套 furnished apartements〔英语：带家具的房间里〕。”

“房东是英国人吗？”

“不，是波兰人。”

“太好了，他叫什么？”

“图尔——他是研究农艺学的。”

“既然他出租带家具的房间，那一定还做许多别的事。这个图尔我有点认识。以前您听说过关于一个名叫米哈伊洛夫斯基的人吗？”

“是的，略有耳闻。”

“好吧，我来把这故事讲给您听。一八五七年秋，我经由布鲁塞尔收到一封彼得堡来信。一个我不认识的女人，十分详细地告诉了我一件事，她说特鲁布内尔书店有一个店员名叫米哈伊洛夫斯基，他想卖身投靠第三厅，当特务，监视我们，为此他索取二百英镑，为了证明他值这么多钱，而且胜任这样的工作，他提供了一份近来经常到我们这里来的人的名单，并答应从印刷所再弄几份手稿的样品给他们。在我还没有想好这事应该怎么办以前，我又收到从罗思柴尔德银行转寄给我的同样内容的第二封信。

“对这个消息的真实性我没有丝毫怀疑。米哈伊洛夫斯基是从加利西亚来的波兰人，卑躬屈膝，相貌猥琐，爱喝酒，办事机灵，能讲四国语言，完全有资格当特务，他等待的只是 pour se faire valoir〔法语：大显身手，出人头地〕的机会。

“我决定同奥加〔略夫〕一起去找特鲁布内尔，揭露这人的真面目，剥下他的伪装，无论如何要把他从特鲁布内尔那儿赶走。为了郑重其事，我还特意邀请皮安恰尼和两个波兰人与我们同去。他卑鄙无耻，恶劣透顶，拼命抵赖，说特务是那个跟他同住一屋的拿破仑·舍斯塔科夫斯基①……我已经有一半准备相信他了，就是说，他的朋友也是特务。

---

① 也是一名波兰侨民。

我告诉特鲁布内尔，我要求把他立刻逐出书店……这坏蛋十分恶劣和非常可恶，他前言不对后语地拼命抵赖，可是又提不出任何站得住脚的理由来为自己辩护。

"'这都是因为眼红，'他说，我们中间，如果有人买了一件好大衣，其他人就立刻嚷嚷：'他是特务！'

"泽诺·斯文托斯拉夫斯基问他：'那为什么你从来不曾有过一件好大衣，大家也管你叫特务呢？'

"大家都哈哈大笑。

"'居然感到委屈。'切尔涅茨基说。

"那个好发议论的人说：'我也不是头一个遭此不白之冤，大家都疯了。'

"'所以您也就习惯了。'切尔涅茨基说。

"那个骗子滚出了书店。

"所有规规矩矩的波兰人都离开了他，除了一些完全堕落成醉鬼的赌徒和一些输得精光的酒鬼以外。跟这个米哈伊洛夫斯基还保持着友好关系的只剩下一个人，而这人就是您的房东图尔。"

"对，这很可疑，我立刻……"

"立刻什么？现在这事已无可挽回，只要加意提防这人就行了。您有什么证据？"

这事过后不久，茨韦尔〔齐亚克维奇〕就被起义政府委派为驻伦敦的外交代表，允许他去巴黎——这时拿破仑忽然对波兰的命运感到非常同情，而这同情是牺牲了整整一代人，也许还有整个下一代人换来的。

这时巴枯宁已经在瑞典了，他与所有的人接触，希望能够经由芬兰打通与"土地与自由社"的联系道路，开拓把《钟声》与其他书刊送往俄国的通道，同时又能与波兰各派的代表见面。瑞典的内阁大臣和国王的兄弟接见了他，他竭力让大家相信俄国的农民起义是不可避免的，而且人心浮动，一触即发。他之所以这样说，因为他自己也**真心相信**——

即使没有这么大的规模，那他也相信力量正在日益增长。关于拉平斯基的远征，当时还没人想到。巴枯宁的目的是，在瑞典把一切都安排好以后，就设法进入波兰和立陶宛，然后率领农民揭竿起义。

茨韦尔〔齐亚克维奇〕同德蒙托维奇①一起从巴黎回来了。在巴黎，他们和他们的朋友们想装备一支远征军，在波罗的海沿岸登陆。他们正在寻找一艘轮船，寻找一位能干的指挥官，为此他们到了伦敦。现在这事还在进行秘密谈判。

……有一回，我收到茨韦尔〔齐亚克维奇〕的一封短笺：他请我到他那里去一下，有要事相商，他得了重感冒，卧床不起，头疼得厉害。我去了。他的确卧病在床。在另一个房间里坐着特霍尔热夫斯基。特霍尔热夫斯基知道他曾写信给我，有事要与我商量，便想走出去，回避一下，可是茨韦尔齐亚克维奇不让他走，我很高兴，这样，我们的谈话就有了一个活的见证。

茨韦尔齐亚克维奇请我先把一切个人关系和私人考虑统统抛开，开诚布公地告诉他，当然，他将严守秘密，他请我谈谈一个波兰流亡者的情况，这人是马志尼和巴枯宁介绍给他的，但是他觉得他对这人不大信得过。

“您不很喜欢他，这我知道，但是现在这事非常重要，我希望您能说实话，告诉我全部真实情况……”

“您是问布列夫斯基②吧？”我问。

“是的。”

我沉吟片刻。我感到，我可能损害一个人的名誉，因为我毕竟不知道他有任何不好的地方，另一方面，我又明白，茨韦尔齐亚克维奇对他的反感是完全有道理的，如果我对此唱反调，将对我们的共同事业带来极大危害。

---

① 德蒙托维奇：波兰民族解放运动的活动家，一八六三年波兰起义前华沙中央委员会的驻外代表。

② 布列夫斯基：波兰流亡者，一八五四年起任波兰流亡者“领导中心”成员。

“好吧，我就开诚布公地把一切原原本本地告诉您吧。至于马志尼和巴枯宁的推荐，我先完全撇开不谈。您知道我非常爱马志尼；但是他习惯于使用任何木材来进行砍削，用任何泥土来塑造他的代理人，并且很善于在意大利民族解放事业上巧妙地利用他们，因此他的意见很难完全信赖。再说，马志尼在信手拈来，利用一切时，他知道利用他们应该利用到什么程度，以及让他们去干什么。巴枯宁的推荐则更糟：他是个大孩子，正如马季亚诺夫称呼他的那样，他是个‘长成大个子的小姑娘’，在他看来，所有的人都是好的。他是一个‘抓人的好手’，他只要碰到一个‘红党’，而且又是斯拉夫人，他就喜欢不尽，其他方面，就一概不管了。您刚才提到我与布〔列夫斯基〕的个人关系，这倒应该谈一谈。列·津〔科维奇〕①和布〔列夫斯基〕曾经想利用我，但是想出这个主意的不是他，而是津〔科维奇〕。这事他们没有搞成，于是他们就火了，这一切我早就忘了，可是他们却在沃尔采尔与我之间横插一杠子，挑拨离间——正是这点，我不能饶恕他们。我很喜欢沃尔采尔，但是他身体不好，因此常常听由他们摆布，直到临死前一天，才如大梦初醒（或者承认，他终于醒悟了）。他临死前握住我的手，在我耳边悄声道：‘是的，您的看法是对的。’（但是没有目击者，而且死无对证）。因此我的意见是这样的：回顾过去的一切，我找不出他的任何行为，甚至也没有听到过任何一件传闻，足以使我对布〔列夫斯基〕政治上的可靠性产生怀疑，但是我决不会让他参与任何重大的秘密。在我看来，他是一个被纵容坏了的空谈家，骄傲自大，自命不凡，削尖脑袋想要露一手，出出风头；如果他不能露一手，不能出风头，他就什么事都做得出来，甚至不惜拆台。”

茨韦尔〔齐亚克维奇〕坐起来了点。他面色苍白，心事重重。

“好，您卸掉了一块压在我胸口的石头……如果现在还不算太晚

① 津科维奇（1803—1871）：波兰革命者，政治家，曾当选为一八五二年波兰流亡者领导中心的委员。

的话……我将尽力而为。”

茨韦尔〔齐亚克维奇〕十分激动，开始在屋里走来走去。我很快就同特霍尔热夫斯基一同走了。

“您听见我们的全部谈话了？”我边走边问他。

“听见了。”

“我很高兴，请您不要忘记这次谈话——也许，有朝一日我会请您作证的。要知道，我觉得，他把什么话都告诉他了，可是后来又想检验一下自己的反感。”

“这是毫无疑问的。”于是我们差点哈哈大笑起来，虽然我们心中认为一点也不可笑。

第一个教训

……过了约莫两星期，茨韦尔齐亚克维奇开始与 Blackwood〔英语：布莱克伍德〕轮船公司商谈，想租一艘轮船，做远征波罗的海之用。

我们问他：“您干吗非找这家公司呢？要知道，它几十年来一直为彼得堡的海军部提供船舶，担任运输。”

“我自己也不喜欢这样做，但是这家公司非常熟悉波罗的海；再说，这与它有切身利害关系，不至于出卖我们，况且这也不符合英国人的一贯作风。”

“倒也对，但是您怎么会偏偏想到去找它呢？”

“这是我们的经纪人干的。”

“谁？”

“图尔。”

“怎么，又是那个图尔？”

“噢，您对他尽管放心。他是布〔列夫斯基〕向我们大力推荐的。”

我一下子全身的血都涌进了脑海。我都给气糊涂了，愤怒、火冒三丈、受到侮辱，是的，是的，个人受到了侮辱，——这些感觉一齐涌上我的心头……可是“共和国”①的代表却视若无睹，继续说道：

“他对英国非常熟悉——既懂得它的语言，又懂得它的法律。”

“我并不怀疑这点。图尔曾为一些不明不白、有猫腻的事在伦敦坐过牢，还曾在法庭上做过陪审团的翻译。”

“那又怎么样呢？”

“您可以去问问布〔列夫斯基〕或者米哈伊洛夫斯基嘛，您不认识他？”

“不认识。”

“图尔是个什么人！以前他搞农业，现在他搞水运。”

但这时远征军队长拉平斯基上校走了进来，大家的注意力立刻转移到了他身上。

二　LAPINSKI-COLONEL. POLLES-AIDE DE CAMP

〔法语：拉平斯基上校。波勒斯副官〕

一八六三年年初，我收到一封信，字写得很小，非常讲究书法，开宗明义，援引《圣经》上的一句话开头：“Sinite venire parvulos.”〔拉丁语：“让小孩子到我这里来。”〕②一个自称 Polles 的 parvulus〔拉丁语：小孩〕，用最文雅、最阿谀奉承、最卑躬屈膝的措词，请求我允许他来拜访我。看到这样的信，我感到很不快。见到他本人，则更甚。他低头哈腰、低声下气、曲意奉承，脸刮得光光的，油头粉面，他告诉我，他曾经在彼得堡的一所戏剧学校上学，得到过一笔助学金，他拿腔拿调地竭力装做波兰人，坐了一刻钟后又告诉我，他从法国来，在巴黎很苦闷，那里是一切不幸的症结，而症结的症结则是拿破仑③。

---

① 指存在于一五六九至一七九五年间的波兰—立陶宛王国（波兰文的正式名称是 Rzeczpospelita，意为“共和国”）。

② 《马太福音》第十九章第十四节。

③ 指法兰西第二帝国皇帝拿破仑三世。

“您知道吗？我脑子里经常出现一个想法，而且我越来越坚信这个想法是对的。必须下定决心，杀死拿破仑。”

“那您为什么不干呢？”

“阁下以为此事可行吗？”parvulus〔拉丁语：小孩〕有点不好意思地问。

“我从来不曾这么想过。要知道，是您在这么想……”

于是我立刻给他讲了一个故事，每逢有人讲到想杀人流血的胡话，并且商量怎么做的时候，我总是给他们讲这个故事。

“您大概知道，有一个少年侍从曾经陪同查理五世参观过罗马的万神庙。他回到家以后，对他父亲说，当时他真想把皇帝从上面的回廊上推下去。他父亲听后勃然大怒。‘你真是个……（这时，我就根据这个in spe〔拉丁语：未来的〕弑君者的特点改变了一下那句骂人话……混蛋，骗子，傻瓜……）混小子！这么罪恶的念头怎么会钻进你的脑子的……即使有人真这么想了，有时候也会这么做，但是从来不会有人把这事说出口的！’”①

波勒斯走后，我就决定再不让他进门。一星期后，他在我家附近遇见我，他说他来了两次，我都不在家。他说了些废话后又加了一句：

“顺便说说，我来找您是想告诉您我的一个新发明，可以通过邮局跟人秘密通信，比如说，跟俄罗斯。您大概经常需要跟人秘密联络吧？”

“完全相反，我从来不需要。我一向不跟任何人秘密通信。再见。”

“再见。请记住，您或者奥加〔略夫〕想要听什么音乐的话——我的大提琴将随时为你们效劳。”

“非常感谢。”

我从此再没有看见过他——我坚信他是个特务，还是个法国特务，

---

① 有一个外表……很像小老虎的年轻的格鲁吉亚人对我说：“我是来向您请教的。我想把斯卡里·京（一个反动的政论家——译者）揍一顿……”“您大概知道查理五世吧……”“知道，知道！看在上帝分上您别说了！”于是这个乳臭未干的小老虎就走了。——作者原注

我不知道，也许国际间谍也说不定，就 *Nord*〔法语：《北方》〕①是国际性杂志一样。

他从未在任何波兰人的圈子里出现过，而且谁也不认识他。

在德蒙托维奇和他的巴黎朋友经过长久物色之后，他们选中了拉平斯基上校，认为他是远征军军事长官的最合适人选。他曾站在切尔克斯人一边在高加索待过很长时间，对山地作战非常熟悉，至于在海上作战，那就更不用说了。不能说这个选择不好。

拉平斯基是个货真价实的雇佣兵队长。他没有任何坚定的政治信念。他既可以跟白党走，也可以跟红党走，他既可以跟圣洁的人走在一起，也可以跟肮脏的恶势力走在一起；就出身来说，他属于加利西亚的小贵族，就受的教育来说，则属于奥地利军人，他十分倾向于维也纳。他对俄国和俄国的一切都恨之入骨，不共戴天。他对自己从事的职业恐怕还是在行的，打过很多仗，而且还写过一本关于高加索的很有意思的书②。

"有一回，在高加索，我碰到这么一回事，"拉平斯基说，"一位俄国少校跟他的一大庄园人住在离我们不远的地方，我也不知道是怎么搞的和因为什么，他抓走了我们的一些人。我得知这事后便对我们的人说：'这是怎么搞的吗？这是奇耻大辱——把你们像抓娘们似的抓走了！快到他的庄园去，见谁抓谁，统统给我带回来。'你们知道，都是些山民，——对他们是用不着多讲的。第二天和第三天，给我把他们全家

---

① 由俄国政府出资在布鲁塞尔办的一份法文刊物。

② 拉平斯基（1826—1886）：曾在一八四九年站在匈牙利的革命军一边，反对过奥地利和俄国的军队。克里米亚战争期间，他又站在土耳其人一边反对俄国。十九世纪五十年代末，他又参加切尔克斯人的远征军，反对俄国对高加索的控制，并在切尔克斯建立军事基地。十九世纪六十年代初，他又跑到英国去，向英国政府建议入侵高加索。在乘坐"沃德·杰克逊"号轮船进行远征失败以后，他先后在法国、意大利及其他西欧国家住过一段时期。七十年代初，他由奥地利政府特赦后，移居加利西亚。赫尔岑在这里提到的他写的关于高加索的回忆录，书名叫《高加索山民和他们反对俄国人的解放战争》。

人都抓来了:用人、老婆和孩子,少校本人不在家。我派人去通知他,只要他把我们的人放回来,再加上一笔赎金,我们就立刻把俘虏交还他。不用说,我们的人放回来了,赎金也付清了,于是我们把那些莫斯科客人也统统放了。第二天,一个切尔克斯人来找我。他说:'出了这么一件事:昨天我们把俄国人都放了,却把一个三四岁的小男孩给忘了:他睡着了……因此就忘了……怎么办呢?''啊呀,你们这帮狗东西……什么事也办不好。小孩呢?''在我家;又哭又闹,我看他怪可怜的,就把他带回去了。''看来,真主保佑你,你有福了,我不想干预……你去通知他们,就说他们把孩子给忘了,而你找到了他;叫他们拿赎金来。'于是我那个切尔克斯人两眼发光,兴高采烈。不用说,他的父母正在耽心——切尔克斯人要什么,他们统统答应,并且如数送到……这事太可笑了。"

"是很可笑。"

萨莫基蒂亚①的未来英雄,由此可见一斑。

拉平斯基在出发之前到我家来看我。他不是一个人来的,他看到我的面部表情后有点尴尬,急忙说:

"让我给您介绍一下我的副官。"

"我已经高兴地遇见过他了。"

这是波勒斯。

"您很了解他吗?"奥加〔略夫〕与拉平斯基单独在一起时,问他。

"我是在我现在住的 Boarding House〔英语:波亭公寓〕里遇见他的;他似乎是个挺机灵的好小伙儿。"

"您对他这人有把握吗?"

"当然。何况他拉大提琴拉得不错,航行时可以给我们开开心……"

据说,他让上校开心的还有别的事。

---

① 即现在立陶宛的日穆季地区,位于涅曼河下游和温塔河上游之间。

我们后来告诉德蒙托维奇，我们认为波勒斯是个非常可疑的人。

德蒙托维奇说：

“我对他们俩都不大信得过，但是他们休想捣乱。”

他说罢便从口袋里掏出手枪。

准备工作在悄悄地进行……可是关于远征军的传闻却越来越多。公司起先提供的那艘轮船，经有经验的航海家萨佩加检查后，发现不合适。必须把辎重重新卸载。当一切都准备就绪，伦敦也有一部分人知道这事以后，又出了下面的事。茨韦尔齐亚克维奇和德蒙托维奇通知所有参加远征的人，让他们在十点钟以前到某铁路的站台集合，乘坐公司向他们提供的专列到赫尔去。于是在十点前那些未来的军人便开始集合了。其中有意大利人，还有几个法国人，都是些贫穷而又勇敢的人……有些人因为厌倦了无家可归、到处流浪的生活，有些人则是出于对波兰的真诚的爱。十点和十一点都过去了，可是那趟专列还是毫无踪影。我们的某些英雄是从家里秘密逃出来的，现在关于他们即将远行的传闻也渐渐传到了他们家里……于是在十二点左右，站台的候车室里便蜂拥而至地挤进了一大群妇女，她们都是来找那些未来的战士的。她们有些是被狠心的郎君抛弃的悲痛欲绝的狄多娜①，有些则是些气势汹汹的女房东，因为他们大概怕这事张扬出去，所以没有付给她们房钱就跑了。她们披头散发，衣履不整地大叫大嚷，扬言要到警察局去告他们……有些妇女还带着孩子……孩子们又哭又叫，所有的母亲也都在呼天抢地地哭叫。英国人在围着他们看热闹，惊奇地欣赏着这幅《出埃及记》②。那些出行人的带队人白费唇舌地询问专列什么时候开，并且拿出自己的车票，给铁路上的人看。铁路上的工作人员根本就没听说有什么专列。于是群情激昂，天下大乱……这时头头们才打发信使快马加鞭地前来告诉还在候车的人，说他们全疯了。火车要到晚

---

① 罗马神话中的一名妇女。特洛伊战争英雄埃涅阿斯曾在她家避难，她爱上了他，但这位英雄要乘船回意大利，于是离开了她。她在绝望中自杀。

② 《圣经·旧约》中的第二卷，叙述以色列人在摩西带领下走出埃及的故事。

上十点才开，而不是在上午……因为这不言自明，所以他们才没有写明。可怜的军人们只好拎着包袱，背起背囊，回到被遗弃的狄多娜和稍稍消了点气的女房东身边。

晚上十点他们走了。英国人甚至向他们欢呼了三次“乌拉”。

第二天清早，一个我认识的海军军官从一艘俄国军舰上跑来找我。晚上他所在的那艘军舰已接到上峰命令，命令他们今天早晨开足马力全速出发，严密监视“Ward Jackson〔英语：沃德·杰克逊〕”。

这时，“Ward Jackson”却在哥本哈根停下来加水，又在马尔默停了几小时，等候巴枯宁，他准备同他们一起去发动立陶宛农民，结果却被瑞典政府下令抓了个正着。

这事以及拉平斯基第二次尝试①的详细经过，他自己曾在报刊上谈过。我要补充的只有一点，船长早在哥本哈根就申明，他不想把船开到俄国沿海去，因为他不想使他的船和他本人遭到危险，还在到马尔默以前，事态就已经发展到德蒙托维奇拔出手枪，已经不是在威胁拉平斯基，而是在威胁船长的地步了。德〔蒙托维奇〕同拉平斯基吵了起来，因此他们去斯德哥尔摩时已成了不共戴天的仇敌，而把那一队不幸的战士留在了马尔默。

茨韦尔齐〔亚克维奇〕或者他的好友中的什么人告诉我：“您知道，当轮船停靠在马尔默的时候，在这整个事件中，图根霍尔德②这人最可疑吗？”

“我根本就不认识这个人。他是谁？”

“哎呀，您怎么会不认识他呢。您在我们这里见过他：一个没留胡子的年轻人——有一回，拉平斯基还曾跟他一起去过您家。”

---

① 一八六三年六月初，拉平斯基进行了第二次海上远征。一艘丹麦帆船载着一群志愿兵，由哥本哈根出发，驶往立陶宛海岸。六月十一日，正准备登陆时，遭遇了暴风雨。一部分人淹死，一部分人获救。他们只好返回瑞典的哥特兰岛，并在那里被瑞典政府扣押。

② 图根霍尔德：即前面提到的那个俄国间谍波勒斯。

"那么您是说波勒斯？"

"这是他的化名——他的真名叫图根霍尔德。"

"您说什么？……"于是我急忙跑到我的写字台旁。

在我搁置一边的特别重要的信函中，我找出一封大约两个月前寄来的信。这封信是从彼得堡寄来的——它警告我，有个叫图根霍尔德的医生与第三厅有联系；说他现在回国了，但是留下了他的弟弟做他的代理人，又说他的弟弟可能会到伦敦去。

波勒斯和他是同一个人——已不可能有任何怀疑了。我感到沮丧。

"在远征军出发以前，您就知道波勒斯是图根霍尔德吗？"

"知道。据说，他把自己的姓名改了，因为这里的人都知道他哥哥是间谍。"

"您为什么对我只字不提呢？"

"不为什么，没有碰到机会嘛。"

乞乞科夫的谢里方明知道马车坏了，可是他却不说①。

抓住把柄以后，我们就立刻打电报到马尔默。这时无论德蒙托维奇还是巴枯宁②都已无能为力——他们吵翻了。波勒斯因为偷钻石被关进了大牢，这些钻石是为波兰人向瑞典的夫人们募捐来的，可是却被他拿去酗酒了。

正当一群武装起来的波兰人、一大批用高价买来的武器以及"Ward Jackson"，作为光荣的战利品被扣押在瑞典海岸的时候，另一支由白党装备起来的远征军却在整装待发，它将穿过直布罗陀海峡。这支远征军由斯贝舍夫斯基伯爵③率领，他也就是那个写过一本非常出

① 典出果戈理的《死魂灵》（第一部第三章）。

② 德蒙托维奇在与巴枯宁经过长久的争论以后说："诸位，也罢，跟俄国政府在一起，不管日子有多么难过，但是我们在它统治下的处境，毕竟比那些狂热的社会主义者为我们准备的处境要好些。"——作者原注

③ 俄国海军军官，波兰人，一八六三年波兰起义之初流亡国外。

色的小册子*La Pologne et la cause de l'ordre*〔法语:《波兰和秩序问题》〕的人的哥哥。他是一个非常好的海军军官,曾在俄国军队里服役,起义一开始,他就离开了俄国军队,而现在他正率领一艘经过秘密武装的轮船驶向黑海。为了进行会谈,他去了一趟都灵,为了在那里秘密会见当时反对派的领导人,也顺便见见莫尔蒂尼。

"在我会见斯贝舍夫斯基以后的第二天,"莫尔蒂尼曾亲口告诉我,"晚上,在议会大厅里,内务大臣把我带到一边,对我说:'请注意,您可要小心了……昨天,波兰特使去看过您,他想率领他的轮船穿过直布罗陀海峡;但愿不要出什么事,可是他们干吗要先讲出来呢?'"

可是,这艘船并没有驶近意大利海岸:它在加的斯便被西班牙政府扣留了,直到扣留的必要性过去以后,两国政府才允许波兰人卖掉武器,然后将轮船放行。

拉平斯基十分伤心,又感到十分遗憾地来到伦敦。

"现在只有一个办法了,"他说,"组织一个暗杀团,把大部分国王和他们的王公大臣统统杀掉……或者重新进军东方,进军土耳其……"

斯贝舍夫斯基也十分伤心、十分遗憾地来了……

"怎么,您也想跟拉平斯基一样去刺杀国王吗?"

"不,我要到美国去……我要为实现共和而奋斗……顺便问问,"他问特霍尔热夫斯基,"这里哪儿在招募人员呀?我身边有好几个同志,全都没有饭吃。"

"找领事呀……"

"不,我们想到南方去①;现在他们那里缺人,而且他们提出的条件也更好些。"

"不可能,你们不会到南方去的!"

……幸好,特霍〔尔热夫斯基〕猜对了。他们没有到南方去!

一八六七年五月三日

---

① 一八六一至一八六五年,美国正在进行南北战争。这里指到美国的南方去。

第六章　PATER V. PETCHERINE

〔拉丁语:弗·佩切林神父〕*

“昨天我看见佩切林了。”

我听到这个名字后打了个哆嗦。

“什么,”我问,“就是那位佩切林吗?他在这里?”

“谁,reverend Petcherine〔英语:佩切林大神父〕?是的,他在这里!”

“他在哪儿?”

“在克拉彭的圣玛利雅耶稣会修道院。”

Reverend Petcherine!……这也是尼古拉造的孽。我本人并不认识佩切林,但是我多次听到列德金、克留科夫和格拉诺夫斯基谈到他。他从国外学成归来,在莫斯科大学任教,担任希腊语副教授,当时他还年轻;这是在一八三五至一八四〇年尼古拉迫害进步人士的一个最艰难的时代。我们已被流放,而那些年轻的教授还没有到来。《电讯》①被查封,《欧罗巴人》②被查封,《望远镜》③被查封,恰达叶夫被宣布为疯子。

不过到了一八四八年之后,俄国的恐怖统治又更进了一步。

---

* 佩切林(1807—1885):俄国诗人和莫斯科大学希腊语教授,一八三六年侨居国外,后皈依天主教。

① 指《莫斯科电讯》,一八二五至一八三四年间俄国的进步杂志,一八三四年因触怒尼古拉一世被查封。

② 一八三二年在莫斯科出版的杂志,仅出两期。

③ 一八三一至一八三六年在莫斯科出版的进步杂志,发表过许多名家的著作和文章。一八三六年因发表了恰达叶夫的《哲学书简》,被查封。

但是尼古拉当政最后几年发狂的专制统治,明显地已经是第五幕了[①]。这时已经看出,不仅有某种力量在捣毁和破坏,而且有某种东西在自行崩溃和毁灭;可以听到地板的坼裂声,——而且,屋顶也在逐渐坍塌。

三十年代的情形则完全相反,反动当局正耀武扬威,得意忘形,处之泰然,把一切都看成天经地义;周围是一片荒凉,噤若寒蝉,一切都惟命是从,没有人性,没有希望,同时又异常平淡、愚蠢和浅薄。寻找同情的目光,遇到的只是奴才式的威胁或者恐惧,见此情景,人们不是感到恶心,就是嗤之以鼻。佩切林在这个奴隶制度的那不勒斯岩洞中[②],都喘不过气来了,他感到说不出的恐惧和忧伤,必须逃走,无论如何要从这个该诅咒的国家逃走。为了逃离这个国家,需要钱。佩切林开始给人家教课,节衣缩食,省吃俭用,过着十分艰苦的生活,很少出门,尽量避免参加同事们的聚会,终于积攒了不多的一点儿钱,走了。

过了一段时间,他给谢·斯特罗戈〔加〕诺夫伯爵写了一封信[③]——他在信中告诉他,他再也不回来了。佩切林一方面感谢他,一方面与他告别,同时又谈到迫使他离开的那种不堪忍受的令人窒息的空气,他还恳求他要爱护那些不幸的年轻教授,他们受到的教育,一定会使他们感到同样的痛苦,他恳求伯爵要保护他们,做他们的盾牌,使他们免受恶势力的打击。

斯特罗戈〔加〕诺夫曾把这封信拿出来给许多教授看过。

在若干年内莫斯科没人再提起他,可是忽然我们以一种无比沉重的心情听到,佩切林当了耶稣会士,现在他正在某修道院苦修[④]。贫

---

① 指已近尾声。

② 那不勒斯附近多火山,多岩洞。

③ 谢·斯特罗戈诺夫在一八三五至一八四七年期间任莫斯科教学区学监,他曾写信给佩切林,劝他回国。这封信就是他给斯特罗戈诺夫的回信(一八三七年三月二十三日,布鲁塞尔)。

④ 佩切林于一八四〇年加入天主教,后来又当了修士,一八四三年任某修会神父。

穷、消沉和孤独把他压垮了;我曾反复读过他的《死之胜利》①,我曾一再问自己——难道这人可能成为一个天主教徒,一个耶稣会士吗?要知道,他已经离开那个在警察棍棒下和在宪兵监视下谱写历史的黑暗王国了呀。那他干吗还要这么迫不及待地需要另一种权力来管束他,需要另一种指示来束缚他的行动呢?

一个俄国人在人分三六九等、人人忙得不可开交的西方社会,会感到十分孤独,无依无靠,举目无亲。当捆绑他的绳索被挣断,当他的命运突然摆脱任何外来的束缚,一切都可以由他自己掌握的时候,他倒不知道应该怎么办才好了。他不知道应该怎么来掌握自己的命运,他滑出了轨道,既没有前进的目标,也没有活动的范围,于是他便落进了耶稣会的修道院!

第二天下午两点,我前往 St. Mary Chapel〔英语:圣玛利雅修道院〕。沉重的橡木门紧闭。我敲了敲门环,敲了三次,门开了,出来一个十八岁上下的瘦瘦的年轻人,穿着修士服,手持祈祷书。

"您找谁?"看门的小师弟用英语问。

"Reverend Father Petcherine."〔英语:"佩切林大神父。"〕

"请问贵姓?"

"这是我的名片和信。"

我在信里附了一份俄文印刷所的启事。

"请进。"年轻人说,并在我身后随手关上了门。"请在这里稍等。"他指了指宽敞的外屋的两三把古老的雕花大椅子。

过了约莫五分钟,那个看门的小师弟又回来了,用带点口音的法语对我说:"le père Pétchérine sera enchanté de me recevoir dans un instant."〔法语:"过一会儿,佩切林神父将会很高兴地接见你。"〕

他说罢便领我穿过一间斋堂,走进一个光线暗淡的高高的小房间,又请我坐下稍等。墙上挂着一块石雕的耶稣受难像以及,如果我没有

---

① 这是佩切林一八三四年在国外写的一部长诗。

记错的话，对面墙上还有一帧圣母像。在一张笨重的大桌子周围，摆着几把大的木头做的圈椅和普通椅子。对面还有一扇门，门外是过道，过道外则是一座大花园，花园里一片世俗的绿荫，树叶在瑟瑟作响，似乎跟这里的气氛不太协调。

看门的小师弟向我指了指墙上的告示；告示说，如有事会见 reverend Fathers，他只能在四点与六点之间接见。现在还不到四点。

“您大概不是英国人，也不是法国人吧？”我仔细听了他的口音后问道。

“不是。”

“Sind Sie ein Deutscher?〔德语：您是德国人？〕”

“O, nein, mein Herr,”他微笑着回答，“ich bin beinah ihr Landsmann, ich bin ein Pole.”〔德语：“噢，不是的，先生，我几乎是您的同胞，我是波兰人。”〕

唔，挑来这么一个小师弟当看门人倒也不坏：他能说四种语言。我坐下后他就走了；我看到自己处在这样的环境下，觉得怪怪的。有些穿黑色修士服的人在花园里走来走去，其中有两个穿半修士服的人从我身旁走过；他们，眼睛望着地面，严肃而又恭敬地向我鞠躬，而我每次都要欠起身子，同样严肃地向他们鞠躬还礼。最后，从里面出来一位身材不高、上了点儿年纪的神父，头戴四角帽，身穿神父们在修道院里穿戴的全套僧袍。他直接走到我跟前，身上的长袍在窸窣作响，他用非常纯正的法语问我：

“是您希望见佩切林吗？”

我回答说，是我。

“非常欢迎您的造访，”他说，向我伸出了手，“劳驾，请坐。”

“对不起。”我说，因为没有认出他来，感到有点慌乱：我没想到，我遇见他时他会是这么一身打扮。“您的衣服……”

他微微一笑，立刻继续道：

“我已经长久没有听到有关我们的故土、我的朋友和我们的母校的任何消息了;您大概认识列德金和克留科夫吧。”

我看着他,他的脸显得很苍老,比实际年龄要老;看得出来,在这些皱纹下蕴藏着许多世事沧桑和刻骨铭心的事,就是说,俱往矣,只在他的面貌上留下了一点儿往事如烟的痕迹。他的谈吐和一举一动已经蒙上了一层人为的、方外人的平静,尤其是修士们,常常用这种平静来掩饰自己内心的骚乱,就像用升汞涂抹在心灵和理性周围似的,封得严严的。天主教神父往往像个寡妇:他也像寡妇一样穿着丧服,孤身独处,他也像寡妇一样死守着某种不存在的东西,用刺激自己的幻想来缓解真正的欲念。

当我告诉他我们共同的一些朋友们的情况,谈到当时我在旁的克留科夫的去世,谈到学生们怎样抬着他的棺材走过全城,送往墓地,接着又谈到格拉诺夫斯基的成功,谈到他的公开课——这时,我们俩都微微地陷入了沉思。在他的戴着四角帽的脑海里到底在想什么——我不知道,但是佩切林却摘下了帽子(仿佛他这时候戴着它感到沉重似的),把它放到桌上。谈话继续不下去了。

“Sortons un peu au jardin,”佩切林说,“le temps est si beau, et c'est si rare à Londres.〔法语:咱们到花园里走走吧,天气这么好,而这在伦敦是少见的。〕”

“Avec le plus grand plaisir.〔法语:非常高兴。〕不过请您告诉我,我们为什么要讲法语呢?”

“倒也是!咱们就讲俄语吧;我以为我已经不会讲了。”

我们走进花园。谈话又转到谈我们的母校和莫斯科。

“噢,”佩切林说,“当我离开俄国的时候,那是什么时代啊,——一想起它就不能不发怵!”

“您想想,它现在在做什么;一八四八年以后,我们的扫罗完全疯了①。”接着我就给他讲了几桩令人发指的事。

① 指俄国沙皇尼古拉一世。扫罗是《圣经》传说中的以色列王(见《撒母耳记(上)》),以专制和暴虐著称,后败于与非利士人的战争中,受重伤后自杀身亡。

“可怜的国家，尤其是对于受到教育不幸恩赐的少数人。可是人民却是多么善良啊。当我在爱尔兰的时候，我常常想起我们的农民，他们非常像。凯尔特的庄稼人，也与我国的农民一样，像个孩子。您不妨到爱尔兰去看看，您会对此深信不疑的。”

就这样，谈话进行了约莫半小时；最后，我准备离开他，要走了，我对他说：

“我对您有个不情之请。”

“什么事？请说吧。”

“我在彼得堡保存着您的几首诗；其中有您的三部曲之《波利克拉特·萨莫斯基①》和《死之胜利》，还有一些别的什么；您有没有这些诗，或者说，您能不能够把它们给我？”

“您怎么会想起这种无聊的东西呢？这都是在另一个时代，另一种心情下写的不成熟的、幼稚的作品。”

我含笑说道：“也许正因为这样我才喜欢它。您手头还有这些东西吗？”

“没有了，哪会有呀！……”

“您能不能口授，由我笔录呢？”

“不行，不行，绝对不行。”

“如果我在俄国的什么地方找到这些东西，您允许重印吗？”

“说真格的，我现在看这些微不足道的作品，就像是别人写的；我与它们毫无关系，就像一个病人痊愈以后不能对病中所说的胡话负责一样。”

“既然与您无关，那么说，我可以把它重印，假如不署名的话？”

“难道这些诗您至今还喜欢？”

“这是我的事；您只要告诉我，您是不是允许我把它重印？”

直到这时，他仍旧不肯给我直接的回答，我也就不再勉强了。

---

① 佩切林的诗作，已亡佚。

临别时，佩切林问："您这次来没有把您出版的作品带一点给我吗？我记得，两三年前，报刊上说，您出版了一本书，好像是用德文写的①。"

我答道："您的衣服可以向您说明，我出于什么考虑没有把它带来给您；请把我这样做看作是我对您尊重和有礼貌的表现。"

"您不大懂得我们的宽容和我们的爱；我们可以为人们的迷误哀悼，可以为人们的改邪归正祈祷，希望他们无论如何要做到爱人。"

我们分手了。

他没有忘记我的书，也没有忘记我的回答，过了三天，他用法文给我写了下面的一封信：

> I. M. I. A. ②
>
> 我无法向您隐瞒自由这个词在我心中激起的共鸣——但愿我的不幸祖国能得到自由！请您一分钟也不要怀疑我真诚地希望俄国能够复兴。尽管如此，我对您的纲领还是不能完全苟同。但是这并不重要。天主教神父的爱，对一切政见和一切党派都是一视同仁的。当您最宝贵的期望欺骗了您，当现世界的恶势力群起反对您的时候，您在天主教神父的心中还可以找到可靠的避难所：您可以从中找到没有伪装的友谊、甜蜜的眼泪和这个世界所不能给予您的平静。请到我这里来吧，亲爱的同胞。在我到根西岛以前，我非常乐意能够再一次见到您。请您不要忘了把您的小册子③带给我。
>
> 弗·佩切林
>
> 一八五三年四月十一日于
>
> St. Mary's, Clapham〔法语：克拉彭，圣玛利雅教堂〕

---

① 大概指赫尔岑的 *Vom anderen Ufer*（德语：《来自彼岸》），一八四〇年在德国汉堡出版，作者未署名。

② 拉丁文缩写：仁慈的耶稣，降福的耶稣！（Iesus Misbricors, Iesus Almus.）

③ 指《来自彼岸》。

我给他送去了我的几本书，四天后又收到了下面的信：

I. M. I. A.

我非常用心地拜读了您的两本书①。有个观点使我感到特别吃惊②：我觉得，您和您的朋友们——你们完全把希望寄托在哲学和文学（belle littérature）上了。难道你们以为，它们的任务就是革新当今的社会吗？请恕我直言，历史却证明与你们的观点恰好相反。还没有一个先例足以说明社会是靠哲学和文学得以革新或改造的。老实说（tranchons le mot〔法语：让我们彼此开诚布公〕），只有宗教才永远是立国之本；哲学和文学，呜呼！这已经是社会之树上开的最后的花朵。每当达到自己的鼎盛状态时，每当哲学家、演说家和诗人处于统治地位，并由他们来解决一切社会问题时，——那时候，社会便走向末日，走向衰落和死亡。希腊和罗马证明了这点，所谓亚历山大时代也证明了这点；哲学从来没有这样洞察幽微，文学也从来没有这样繁荣发达，然而这却是一个社会极端衰败的时代。当哲学想要改革社会秩序的时候，它经常演变成残忍的专制主义，比如腓特烈二世、叶卡捷琳娜二世、约瑟夫二世③，以及在一切失败的革命中，莫非如此。您脱口说出了一句话，幸也，不幸也，随您怎么看，您说："法伦斯泰尔无非是变相的军营，共产主义也可能是尼古拉专制主义的变形。"④总之，我在您和您的莫斯科朋友们身上看到某种忧郁的余绪。甚至你们自己也承认，你们都是些奥涅金⑤，这就是说，您和您那些人——处在否定、怀疑和绝望之中。难道在这基础上能改造社会吗？

---

① 指赫尔岑的《俄国人民和社会主义》以及《论革命思想在俄国的发展》。

② 大概指赫尔岑《论革命思想在俄国的发展》一书中的第五章《1825 年 12 月 14 日后的文学和社会思想》。

③ 约瑟夫二世（1741—1790）：奥地利君主，神圣罗马帝国皇帝（1765—1790）。

④ 引自赫尔岑《论革命思想在俄国的发展》一书的跋，但引文不准确，有断章取义之嫌。

⑤ 见赫尔岑《论革命思想在俄国的发展》第四章《一八一二至一八二五年》。

也许，我说的话都是些老生常谈，您比我知道得更清楚。我写这些话不是为了争论，也不是为了引起论战，但是我认为我有责任向您提出这个意见，因为有时候最优秀的头脑和最高尚的心灵也可能在根本上错了，错了还不自觉。我所以写这些，是为了向您证明我多么用心地拜读了您的大作，以及再一次表明我多么尊敬您和爱您……

弗·佩切林

一八五三年四月十五日于 St Pierre,
Island of Guernsey Chapelle Catholique
〔英语与法语：根西岛圣皮埃尔天主教堂〕

对这封信，我用俄文答复道：

最尊敬的同胞：

来信敬悉，不胜感谢，请允许我就主要的问题 à la hâte〔法语：匆匆〕说几句话。

我完全同意您的观点。文学是秋天的花朵，它的争奇斗艳是在国家灭亡之秋。无论是西塞罗的生花妙笔，还是他淡而无味的道德教诲，无论是卢奇安①的伏尔泰式的讽刺，还是普罗克洛斯②的德国式哲学，都挽救不了古罗马的灭亡。不过，请注意，无论是艾勒夫西斯的神秘圣礼③，还是提亚纳的阿波罗尼奥斯④，还是其他一切想继续和复活多神教的企图，都同样挽救不了古罗马。

这不仅不可能，而且不需要。古代世界根本不需要挽救：它已经寿终正寝，而代替它的是新世界。欧洲也处于同样的情况；文学和哲学的任务不是维护业已衰老的形式，而是把它们推进坟墓，粉

---

① 卢奇安(约 120—180 后)：古希腊讽刺作家。

② 普罗克洛斯(410—485)：古希腊唯心主义哲学家。

③ 公元初年一种对农神得墨忒耳的神秘崇拜。它的任务是复活古希腊的宗教信仰。赫尔岑在这里将艾勒夫西斯的神秘圣礼与十九世纪企图复兴天主教进行类比。

④ 与基督教相对抗的宗教神秘主义哲学派别(新毕达哥拉斯派)的代表人物。

碎它们,摆脱它们。

新世界也像过去一样,正在逐渐临近。请不要以为我把法伦斯泰尔称之为军营是一时失言;不,所有至今出现过的社会主义学说与社会主义流派,从圣西门一直到一味否定的蒲鲁东都很贫乏,这是幼儿的牙牙学语,这是童蒙时代的开蒙识字,这是古代东方的特拉普提派和艾赛尼派①。但是谁会看不到,谁的心里会没有感觉到经过这些片面尝试透露出来的巨大内容呢,或者说,谁会因为孩子们长牙困难,或者因为牙齿长歪了而惩罚他们呢?

现代生活的苦恼,是即将破晓时的苦恼,是过渡时期的苦恼和预感到光明即将来临前的苦恼。是野兽在地震前的不安。

何况一切都已停止。一些人想用暴力打开未来的大门,另一些人则企图用暴力阻挡历史的车轮;一些人看到的是未来的启示,另一些人却沉溺于过去的回忆。他们的**工作**是互相掣肘,以致双方都陷入污泥之中而不能自拔。

而在一旁是另一个世界——俄罗斯。它的基础是具有共产主义耕作方式②的人民,但是他们还在昏昏欲睡,他们上面还覆盖着一层受过教育的人的表皮,可是这些书生却陷入一种奥涅金状态,陷于绝望,陷于流亡,陷于同您我一样的命运。对我们来说,这是痛苦的。我们成了生不逢时的牺牲品;就**事业**而言,这无关痛痒,至少,没有大的意义。

谈到新俄国的革命运动,我早就有言在先,从彼得一世开始,俄国的历史是贵族的历史和政府的历史③。贵族中蕴含着革命的

---

① 古代犹太教的两个宗派。主张苦行、闭门修行,反对私有制、奴隶制和战争,但只是消极等待救主降临,而不采取积极行动。

② 指俄国具有原始共产主义性质的村社。

③ 赫尔岑在他所著的《论革命思想在俄国的发展》一书中就曾与俄国的斯拉夫派发生争论,因为斯拉夫派企图把俄国农民理想化来掩盖他们的保守观点。赫尔岑在指出彼得实行的改革的革命意义时认为,正是因为彼得一世实行了革命,所以才形成了先进的贵族知识分子,也正是在这些知识分子中,集中了“整个思想运动和政治运动”。

催化剂；它在俄国除了文学这个活动舞台以外，没有别的活动舞台，没有那种在广场上有声有色的、流血的活动舞台，因此我才仔细考察了这个舞台。

我曾冒昧地说过（在给米什莱①的信中），俄国的知识分子是最自由的人；我们在否定上大大超过了比如说法国人。否定什么呢？不用说，否定旧世界。

奥涅金带着他无所事事的绝望，现在却走到了一种实际的希望。您大概没有注意到这个。我们在摒弃衰老状态下的欧洲，摒弃彼得堡（其实它还是欧洲，不过是换成我国情调的欧洲罢了）的同时，因为衰弱无能，因为脱离人民，我们也毁灭了。但是慢慢、慢慢地发展起了某种新东西——它在果戈理的笔下显得畸形，但在泛斯拉夫主义者的笔下却被夸大了。这个新因素就是相信人民力量的因素，因为有了它，我们才开始逐渐了解人民。但是我们仍旧离他们很远。我并不想说我们承担着改造俄国的命运；好在我们拥护俄国人民，并且明白俄国人民是属于即将到来的世界的。

还有一句话，我并不想把科学与文学、哲学的发展混为一谈。科学即使改造不了国家，也不会当真与它一同灭亡。它是手段，是人类的记忆，它是人类对自然界的胜利，是解放。愚昧，只有愚昧才是贫穷和奴役的罪魁祸首。群众被自己的教育者置于动物状态。科学，现在只有科学才能改变这个状况，才能使他们有饭吃和有房子住。它不是用宣传，而是用化学、用机械、用技术、用铁路来改变人们的思想，千百年来在物质上和精神上受到压制的思想。

我衷心欢迎……

---

① 米什莱（1798—1874）：法国历史学家。这里指赫尔岑的《俄国人民和社会主义》（它是以给米什莱的信的形式发表的）。

过了两星期,我收到佩切林神父的下面的信:

I. M. I. A.

我用法文给您回信,原因您是知道的。我不能及早给您写信,是因为我在根西岛事务繁忙。当一个人生活在世事纷扰的现实的最中心时,是很少有时间来钻研哲学理论的。当人们推心置腹地向你倾诉自己的不幸,请求你的劝告和帮助时,你也就没工夫来解决有关人类未来命运的思辨性问题。

我要坦率地告诉您,您最近的这次来示使我感到一种恐惧,而且老实告诉您,这是一种自私的恐惧。

如果您受到的教育(votre civilisation à vous)取得了胜利,我们将会怎样呢?对您来说,科学就是一切,就是全部。不是那个广义的,包罗万象的,包括人的一切能力,包括有形和无形的东西的科学——而是这个世界至今所了解的科学,那个受到局限的、狭隘的科学,那个研究物质的科学,那个研究和分解物质,除掉物质以外什么也不知道的科学。化学、机械学、工艺学、蒸汽、电,即研究吃喝的大学问,亦即米歇尔·舍瓦利埃①称之为个人崇拜(le culte de la personne)的东西。如果这种科学获胜,我们就遭殃了。在罗马皇帝大肆迫害基督徒的时候,基督徒起码可以逃到埃及的沙漠里去,暴君们的剑只能在他们无法越过的边界旁止步。可是在你们那种物质文明的暴政下,又能往哪里逃呢?它会推平高山,挖掘运河,敷设铁路,派出轮船,它发行的报刊可以深入到非洲的灼热的沙漠,深入到美洲的人迹罕至的森林。正如从前基督徒被人带进露天剧场,供爱看热闹的人群取笑一样,我们这些保持缄默、一心祈祷的人,现在也会被人带到公众的集市上,当众问我们:"为什么你们要逃离我们的社会?你们应当参加我们的物质生活,参

① 舍瓦利埃(1806—1879):法国经济学家,一八四八年革命期间曾迫害社会主义者,成为拿破仑三世政策的狂热拥护者。

加我们的贸易，与我们一起做生意，参加我们这种奇妙的工业，与我们一起办工厂嘛。你们应当到广场上去发表演说，你们应当去宣传政治经济学，为我们市场行情的涨落服务，你们应当到我们的工厂去工作，输送蒸汽和电力。你们应当去支持我们的盛宴，告诉大家：天堂就在这里的人间——我们敞开地吃喝吧，因为明天我们会死的！”这就是使我感到恐惧的东西，因为物质越来越控制着所有的人，哪儿才能找到逃避物质暴政的避难所呢？

如果我把阴暗的色彩多少夸大了的话，请恕罪。我觉得我只是从您阐明的基本原理出发，得出某种合乎情理的后果罢了。

因为思想上的怪念头（caprice de spiritualité）就离开俄国，这值得吗？俄国正是从您所理解的那个科学起步的，而且它现在还在继续走科学发展的路，它手中掌握着物质威力的巨大杠杆，它号召所有的人才都来为它服务，都来享用它那物质福利的盛宴，它将成为世界上最文明的国家，上苍把命中注定的丰富的物质世界给了它，它将把它变成自己选民的天堂。它所理解的文明与您所理解的完全一致。物质科学从来就是它的力量所在。但是我们是信仰灵魂不死的未来世界的，——这个现实世界的文明跟我们有什么关系呢？俄罗斯永远不会使我成为它的臣民。

我简单明了地说明了我的观点，使我们能够彼此相知。如果我说的话有冒昧唐突之处，请见谅。星期五早上因为我又要到爱尔兰去，所以我不能来看您了。但是我将很欢迎您，如果方便的话，在星期三或者星期四下午枉驾寒舍。

请接受……

弗·佩切林

一八五三年五月三日于

St Mary's, Clapham〔法语：克拉彭，圣玛利雅教堂〕

第二天我给他的回信如下：

最尊敬的同胞：

我之所以来拜访您，因为您是俄国人，因为我久仰大名，也因为您的处境与我相仿……尽管命运和信念使您站到胜利者的凯旋行列，而使我落到战败者的悲惨的阵营，我还是不想来谈我们观点的不同。我只想会见一个俄国人，我只想带给您一些关于祖国的活的消息。出于对您的深深的礼貌，我并没有主动把我的小册子送给您，是您自己要看的。由此而产生了您的来信和我的答复，以及您五月三日的第二封信。您攻击了我和攻击了我的观点（您把我的观点夸大了，我不敢完全苟同），因此我不能不说几句为自己辩护的话。我并没有给予科学这个词以您所说的那种意义。我在信上只是对您说，我把战胜自然界的一切胜利和整个发展的总和都置于文学和抽象哲学之外。

但这是一个大问题，说来话长，如果没有特别的原因非谈不可的话，我不想重复我就这个问题已经谈过多次的一切。您对喜欢内省悟道的人的未来感到恐惧，请放心，您大可不必忧虑。科学不是一种学说或主义，因此它不可能摇身一变成为政府，成为法令，成为一种压制的力量。您大概是想说社会主义思想和自由的胜利。如果是这样的话，不妨以最“物质化”和最自由的国家——英国为例。喜欢内省悟道的人，就像喜欢空想的人一样，完全可以在这里找到一个静思默想的角落和布道的讲坛。再说，英国是一个君主国和一个信奉基督教新教的国家，远不是一个可以为所欲为的国家。

有什么可怕的呢？难道怕车辚辚，马萧萧，给饥寒交迫的群众运送口粮吗？我们还不至于为了避免打扰有些人的抒情雅兴而禁止磨面。

喜欢内省悟道、反躬自省的人，无论何时何地都会有的；他们在静思中会觉得更自在，那就让他们为自己找一个安静的地方吧；谁会去打扰他们，谁会去叫他们，谁会故意让他们厌烦呢？没有人会去迫害他们，也没有人会去支持他们。我认为害怕改善群众生活是不对的,他们害怕的理由是因为生怕进行这种改善,想必会有污什么外部声响也不想听到的人的清听。这里甚至无人会要求他人做出什么自我牺牲,请他们大发慈悲和做出牺牲。如果嫌市场上吵,不是将市场搬走,而是你可以离开闹市。但是报刊却无处不在——可是喜欢内省悟道的人中有谁会听命于 premier-Paris 或 premier-Londres〔法语:巴黎或伦敦报纸的社论〕呢?

您瞧,如果不是自由取得了胜利,而是反物质的和君主制的原则取得了胜利,那就请您给我指出一个地方,那里不仅不会打扰我们,也不会把我们吊死、烧死和枭首示众,可现在这情形在罗马和米兰,在法国和俄国还部分地存在。

谁会感到害怕呢? 当然,sub specie aeternitatis〔拉丁语:从永生的观点看〕,死并不重要,但是,要知道,如果从这个观点看,其他一切不是也不重要吗?

最尊敬的同胞,请原谅我开诚布公地直抒己见,冒犯了,不过也请您想想,我没法不这样回答。

衷心祝愿您圆满完成您的爱尔兰之行。

一八五三年五月四日于

25,Euston Square〔英语:欧斯通广场 25 号〕

我们的通信就到此结束。

过了两年。欧洲的地平线被克里米亚战争的烽火映红了,因此天边的昏暗也就变得更浓了,突然在流血的消息、进军和包围中,我在报上读到了一则消息,在爱尔兰某地,reverend Father Wladimir Petcherine,native a Russian〔英语:俄裔弗拉基米尔·佩切林大神父〕,被送交法庭受审,罪名是在广场上当众焚烧新教《圣经》。[1] 高傲的英国法官考虑

① 此案发生在一八五五年,佩切林被宣告无罪,因为经法庭查明,佩切林下令烧毁的是一些黄色书籍,而不是基督教新教的《圣经》。

到这是一种疯狂行动，罪犯是俄国人，而英国和俄国正在打仗，只限于对他进行慈父般的开导，让他以后在大街上务必规规矩矩，小心行事……

难道这些苦行僧的镣铐对于他容易吗……或者他常常摘下自己的四角帽，疲倦地把它放到桌上？

第七章　伊·郭洛文

在六月交战①时，鄙宅遭到了搜查，拿走了我的一些信件，又过了几天，伊·郭洛文第一次来找我，我对他早有耳闻，一是因为他的平庸的文章，二是因为此人爱寻衅闹事，粗暴无礼，名声非常不好，这都是他自找的。他去找了一趟拉摩里西埃尔②，我根本没有去求他，他却自作主张地为我的信件去斡旋奔走，可是什么事也没有办成，他跑来找我，想收获我的微末的谢忱，并利用这机会跟我套近乎。

“我对拉摩里西埃尔说：‘将军，找俄国共和派的麻烦，却置俄国政府的间谍于不顾，这是可耻的。’‘那您知道他们是谁吗？’拉摩里西埃尔问我。‘谁不知道！’‘Nommez-les, nommez-les〔法语：请说出他们的姓名，请说出他们的姓名〕.’‘比如说，雅科甫·妥尔斯太③和若米尼将军④。’‘我明天就下令对他们进行搜查。’我问他：‘难道若米尼是俄国间谍？’‘哈哈哈，这，我们立刻就会看到的。’”

他就是这么一个人。

跨过第一步后，就挡不住了，不管我对郭洛文的套近乎故示冷淡，尤其不欢迎他的来访，一切都属徒然。他每星期总要来看我们一两次，

---

① 指一八四八年六月二十三日至二十六日巴黎工人起义。

② 拉摩里西埃尔(1806—1865)，法国卡芬雅克内阁的陆军部长。

③ 雅科甫·妥尔斯太(1791—1867)：一八二六年因与十二月党人案有牵连，被沙皇政府立案侦查，这时他刚好在国外，为了求得沙皇政府的宽宥，他成了叛徒，而从一八三七年起还当真成了第三厅的间谍。

④ 若米尼(1779—1869)：法国将军，一八一三年起转而为俄军服务，十九世纪四十年代住在巴黎。没有证据证明他曾充当俄国政府的间谍。

因而使我们这地方的道德水平顿时降低了——开始争吵、造谣和人身攻击。过了约莫五年后，郭洛文想激怒我，同我决斗，故意说我怕他；他说这话的时候，当然，他没有想到，早在伦敦争吵之前我就怕他了。

早在俄国的时候，我就听说，此人在金钱方面无所不用其极，什么坏事都做得出来。舍维廖夫①从巴黎回来时就曾读到过郭洛文与仆人打架，以致对簿公堂的事，而且他把这事算到了我们西方派头上，因为他把郭〔洛文〕也算成了西方派。我对舍维廖夫说，如果西方派应当受到指责的话，那也仅仅是因为打架，如果不是在西方，而是在东方，郭洛文会干脆把那仆人揍一顿，而且谁也不敢对这事说三道四。

现在我已经忘了他关于俄国究竟写了些什么，这就使我对他更加没有好感了。我只记得他那法国式的华丽辞藻，罗特克派②的自由主义论调，pêlemêle〔法语：随处（可见）的〕可见的街谈巷议，道德说教和比比皆是的人身攻击，没有任何逻辑，没有任何观点，而且前言不对后语，没有任何联系。波戈金写的是剁碎了的散文，郭洛文想的则是剁碎了的思想。

我竭力避免同他交往。他与巴枯宁的争吵帮了我的大忙。郭洛文在某报纸上发表了一篇张扬贵族自由主义的短文③；其中提到了巴枯宁。巴枯宁随即声明，他非但与俄国贵族，而且与郭洛文没有任何共同之处。

我们看到，在六月以后的日子，我已经无法迂回曲折地对他保持敬而远之的态度了。

每一天都向我证明，我的做法有多么正确。郭洛文是一个集大成者，其中既有我们深恶痛绝的俄国军官和俄国地主的恶习，又有无数西

---

① 参见第604页注⑤。

② 罗特克（1775—1840）：德国历史学家和政治家，德国自由主义反动派的著名反对人物。

③ 郭洛文于一八四五年一月十八日在巴黎《论坛报》上发表了一封信，信中援引一六一三年由俄国沙皇颁布的《贵族宪章》称，对巴枯宁的缺席审判是非法的，因为贵族享有特权。

方人的小缺点，这里既没有任何调和折衷，也没有任何损有余而补不足，既没有任何标新立异，也没有任何才华和诙谐的成分。他的外表vulgar〔英语：庸俗〕、挑衅、盛气凌人。像一个模子里倒出来似的，跟这帮人惟妙惟肖，这些人带着纸牌和不带纸牌地出没于矿泉疗养地和大都会，永远吃好的和喝好的，这些人大家都知道，大家也都知道他们的一切，不知道的只有两件事：他们何以为生和他们活着干什么。郭洛文是俄国的军官，法国的bretteur〔法语：花花公子〕，hâbleur〔法语：吹牛大王〕，英国的骗子，德国的容克地主和我国国产的诺兹德廖夫和in partibus infidelium〔拉丁语：在异教徒国度里的〕赫列斯塔科夫①。

他为什么要离开俄国，他在西方又做了些什么呢？——他在他所描写的那帮军官弟兄里本来其乐融融，如鱼得水。可是一离开他的故土，他就找不到北了。读完德尔普特大学后，郭洛文就被接纳进涅谢利罗德②的办公厅任职。涅谢利罗德向他指出，他的书法太差，郭洛文一怒之下就去了巴黎。当上峰要求他从那里回国时，他回答说他暂时还回不来，因为他的“书法教育”还没结业。后来他出版了他编纂的*La Russie sous Nicolas*〔法语：《尼古拉统治下的俄国》〕，其中使尼古拉最为恼火的是他说尼古拉爱写错别字。上峰责令他立即返回俄国——他偏不回来。他的弟兄们③利用了这点，让他吃不饱饭——把应该寄给他的钱克扣了许多。整出戏就是这样。

这人没有一点艺术气质，没有一点审美要求，对科学毫无兴趣，对工作毫不认真。他的诗意只是用来美化他自己，他喜欢装腔作势，

---

① 果戈理《钦差大臣》中的假钦差。

② 涅谢利罗德（1780—1862）：一八一六至一八五六年任俄国外交大臣。

③ A propos（法语：关于）他的弟兄们。其中有一位骑兵将军，曾得到尼古拉的特别恩宠，因为他在十二月十四日荣立战功，不愧为一名军官，他跑去找杜别尔特，问他：“一位母亲快死了，她给她的儿子伊凡……那个……不幸的人写了几句告别的话……这就是她写的信……真的，我不知道我应该怎么办？”“送到邮局去呗。”杜别尔特亲切地微笑着说。——作者原注

杜别尔特（1792—1862）：从一八三五年起任俄国宪兵参谋长，掌管第三厅。

“不幸的人”：指当时被流放服苦役的十二月党人。

喜欢保持一种 apparence〔法语:外表的体面〕。他身上一辈子都保留着一种受过恶劣教育的中等地主少爷的恶习,与他那种半流亡者和半流浪文人的放荡不羁、随遇而安、得过且过的生活习气和睦共处,相安于一体。

有一天我在都灵的 Hôtel Feder〔法语:菲德尔饭店〕的大门口遇见郭洛文,看到他手里拿着一根马鞭……他面前站着一个扫烟囱的小男孩,十二三岁,半光着身子,赤着脚。郭洛文在给他扔铜钱,每扔一枚铜钱就用鞭子抽一下他的光脚;那孩子便蹦起来,表示很疼,又请他再抽。郭洛文哈哈大笑,扔着铜钱。我倒不认为他抽得很疼,但毕竟抽了——难道这使他感到很开心?

巴黎以后,我们又遇到了两次,先是在日内瓦,后来又在尼斯。他也是被法国驱逐出境的,他当时的境遇很不好①。尽管当时尼斯的东西便宜得惊人,他还是两手空空,没法活下去……我常常希望,甚至巴不得郭洛文能得到一份遗产,或者娶一位有钱人家的千金……这样就可以给我松绑,把他甩开了。

他离开尼斯后去了比利时,他又从那儿被驱逐出境,于是他又去了伦敦,并在那儿取得英国国籍,而且大胆地在自己的姓氏前加上了**霍夫拉公爵**的封号(他根本没有这资格②)。后来他又以英国臣民的资格回

---

① 法国警察局不能原谅他曾经耍过的一个花招。一八四九年初发生了一次小规模的示威游行。法国总统,也就是拿破仑三世,骑着马,巡视巴黎的各个林阴道……突然,郭洛文向他挤去,高呼:“Vive la Répbliqre!”和“A bas les ministères!”(法语“共和国万岁!”……“打倒内阁!”)“Vive la Répbiique.”拿破仑嘟囔道。“Et les ministères?”“On les changera!”(法语:“那内阁怎么办?”“换人!”)郭洛文向他伸出了手。大概过了五天,内阁依旧,于是郭洛文在*Réforme*(法语:《改革报》)上发表了他与总统会见时的情景,不过加了一句,因为总统没有履行诺言,因此他要收回自己的握手(il retire sa poignée de main)。警察局先是没有理他,可是过了几个月,便利用六月十日事件把他驱逐出境。——作者原注

指一八四九年六月十三日巴黎小资产阶级民主派发动的起义。

② 郭洛文曾将他的某些著作署名为“霍夫拉公爵”。他毫无根据地自认为他属于郭洛文伯爵世家,而这一世家的鼻祖则是希腊人——霍夫拉公爵,他于十四世纪末迁居莫斯科。

到都灵，开始出版一份报纸[1]。他在该报上对内阁嬉笑怒骂，以致又被驱逐出境。郭洛文想得到英国大使馆的庇护。大使拒绝了——于是他只好渡海重返伦敦。他在这里凭借他参加过革命，自封为“工业界的骑士”，毫无成果地妄图跻身于各种政界，他与上流社会所有的人结识，发表了一些令人不可思议的废话。

一八五三年十一月底，沃尔采尔来找我并邀请我在波兰起义周年纪念会[2]上讲话。郭洛文正好进来，明白我们在讲什么，他立刻追问沃尔采尔，他可不可以发表演说。

沃尔采尔感到很不快，我则更甚，然而他还是回答他道：

“我们邀请所有的人参加，并且都很欢迎；但是为了使大会有一个统一的目标，必须对每个人讲什么有个 à peu près〔法语：大致〕的了解。我们将在某日某时开碰头会，欢迎您来先给我们说说。”

不用说，郭洛文接受了这一建议。而沃尔采尔临走时，在前厅里摇着头对我说：

“真是鬼使神差，让他来了！”

我怀着沉重的心情去参加预备会；我预感到这事非出乱子不可。我们开会还没有开满五分钟，我的预感就应验了。在急匆匆地说了两三句大面上的话以后，郭洛文忽然对赖德律-洛兰说，先是提醒他，他们曾在某某地方见过面，说了半天，赖德律-洛兰还是不记得有这么回事，然后他又开始没头没脑地向他证明，经常刺激拿破仑——这是个错误，比较策略的办法是，为了波兰的事业，体谅他一些……赖德律-洛兰陡然变色，但是郭洛文仍旧喋喋不休地继续道，只有拿破仑能够拯救波兰，等等，等等。“这，”他又加了一句，“不仅是我个人的意见；现在马志尼和科苏特也明白这道理，正想方设法竭力与拿破

---

① 郭洛文曾在都灵出版 *Jurnal de Tourin*〔法语：《都灵报》〕，并于该报发表他的小品文，并冠以《俄罗斯肖像及速写》这一总的名称。后根据奥地利大使的要求，该报被封闭，郭洛文被逐出都灵。

② 系一八五三年十一月九日纪念波兰起义二十三周年。

仑接近。”

“您怎么会相信这样荒唐的谬论呢?”赖德律-洛兰激动得按捺不住地问他。

“我听说的……”

“听谁说的?听什么间谍说的吧,——正经人是不会对您说这种话的。诸位,科苏特本人我并不认识,但是我还是坚信,事实决不会是这样;至于说我的朋友马志尼,我敢大胆地替他保证,他从来不曾想过做这样的让步,如果真做这样的让步,乃是可怕的灾难,同时也是对他的整个信仰的背叛。”

“是的……是的……这是不言而喻的。”四面八方响应道。很清楚,郭洛文的话激怒了所有的人。赖德律-洛兰突然转过身来对沃尔采尔说:“您瞧,我的耽心不是没有根据的;参加你们大会的成员太杂了,会上不可能不出现我不能接受甚至听不下去的观点。因此请允许我退出,并且谢绝让我在二十九日发表演说的荣幸。”

他站了起来。但是沃尔采尔拦住了他,说,负责大会工作的委员会,选举他当委员会的主席,因此他以主席的身份请赖德律-洛兰暂时留下,因为他想问一问他的同志们,在说过上述这番话以后,他们是否还允许郭洛文发表演说,从而失去赖德律-洛兰的共同参与,还是相反。

接着,沃尔采尔便征求领导中心成员的意见。结果不言而喻。郭洛文清楚地预见到了这一结果,因此他没有等到这一结果出来,就站起来,高傲地对赖德律-洛兰说:“我给您让位,并把这一荣誉让给您,我主动放弃我想在十一月二十九日发表演说的打算。”

说罢这话以后,他就雄赳赳气昂昂地大踏步走了出去。

为了一下子把事情做完,沃尔采尔建议我念一下自己的讲话稿或者说一下我准备讲什么。

第二天召开群众大会——这是近年来举行的波兰起义纪念会中最出色的大会之一。它开得很成功,与会者无数。我八时左右到达——

已经挤得满满当当,我好不容易才挤上了为大会筹委会准备的主席台。

“我到处找您,”达拉什医生对我说,“赖德律-洛兰在旁边屋里等您,他非要在开会前同您谈谈不可。”

“出什么事了?”

“还是那个下三烂郭〔洛文〕。”

我跑去找赖德律-洛兰。他非常恼火,而且恼火得有理。

“您看,”他对我说,“这混账东西在我到这里来前一刻钟,给我送来了一张条子!”

“这人是什么事都做得出来的。”我一边打开纸条,一边说。

“没错,但是我想让您知道他下作到什么地步。”

这条子写得粗暴而且混账。即使在这时候他也想用吹牛来掩盖他的 fiasco〔意语:失败〕。他在信中对赖德律-洛兰说,如果他没有法国人的谦恭,也应该表现出法国人并不缺少勇气。

“我一向知道他是个既不安分又粗暴无礼的人,但是他会来这一手我却没有料到。”我说,把条子还给了他,“那您打算怎么办呢?”

“我准备教训教训他,让他很久都忘不了。我要在这里的群众大会上当众撕下这个 aventurier〔法语:冒险家〕的假面具,我要把我们的谈话公之于众,并把您作为这事的目击者提出来,而且您又是俄国人,我要当众宣读他的这张条子。然后我们再看……他想用激将法,我咽不下这口气。”

“事情糟透了,”我想,“郭洛文本来就名声不好,这回非彻底毁了不可。他要摆脱这局面,只有一条路——决斗。而这决斗决不能听任它发生,因为赖德律-洛兰根本没有错,也没有做任何得罪人的事。而且就他的地位来说,也不应该随便同人决斗。在纪念波兰起义的大会上,一个俄国流亡者被人踩进烂泥里,另一个俄国人却在一旁帮忙,这也太不像话了。”

“不能以后再说吗?”

“因此而失去这么好的机会?”

我还是竭力息事宁人，认为此事自有公论，不妨由 jury d' honneur〔法语：人格法庭〕来裁决，——一切都收效不大。

……接着我们就走上了主席台，迎接我们的是暴风雨般的掌声。群众的掌声和欢呼声，大家知道，常常会使人陶醉——我忘记了郭洛文，一心想着自己的演说。关于我的演说，我已经在另一个地方说过了①。我出现在主席台上，这事本身就受到了波兰人、法国人和意大利人的热烈欢迎。我讲完话后，大会主席沃尔采尔就走到我跟前拥抱我，用深受感动的声音重复道："谢谢，谢谢！"掌声和欢呼声加强了十倍，变得更热烈了，于是我便在雷鸣般的欢呼声中回到自己的座位……这时，我才陡地想起郭洛文，害怕那一刻即将来临，一八四八年的那位风云人物②定将把这个小丑抓在自己手里活活捏死。我掏出铅笔，在一小张纸片上写道："看在上帝分上，请安排一下，别让郭洛文的那件恶劣的事破坏你们的大会。"

主席台是半圆形的，我把纸条交给坐在我前面的皮安乔尼，请他递给沃尔采尔。沃尔采尔看完后，用铅笔写了几个字，又传到另一边，也就是送给赖德律-洛兰，因为他坐得较高。赖德律-洛兰把手伸过来，够到我的肩膀，快乐地点点头，说：

"因为您的精彩演说，也为了您，我决定把这事留到明天再说。"这使我感到非常满意，会后就同卢格和坎宁汉③一起到 American Store〔英语：美国百货商场〕④去吃晚饭了。

第二天我还没来得及起床，我屋里就挤满了波兰人。他们是来对我表示感谢的，但是，即使来道谢，晚点来也是可以的。主要是他们急不可耐地想结束这场争吵——郭洛文挑起的那事儿。大家都对他义愤填膺。他们拟了一份谴责郭洛文的决议，并致函赖德律-洛兰，坚决不

---

① 见本书第六卷第六章《波兰流亡者》。

② 指赖德律-洛兰。

③ 坎宁汉：英国激进派，曾为波兰民族解放运动做过宣传。

④ 伦敦的一家百货商场，里面有饭馆。

让他去决斗。有十个人愿意与郭洛文一决雌雄。他们要求我也在他们的决议和信上签名。

我看到,一件事可能会引出五六件事,便利用我昨天的成功,也就是利用昨天的成功赋予我的威信,对他们说:

“你们这样做的目的是什么?为了让赖德律-洛兰得到满足,了结此事,让几乎破坏了你们大会的那件不幸的事故从此一笔勾销呢,还是为了无论如何要惩罚一下郭洛文呢?如果是后者,诸位,恕我不能参加,你们爱怎么做就怎么做吧。”

“当然我们的主要目的是了结此事。”

“好,你们信得过我吗?”

“是的,是的……还用说吗……”

“由我一个人去找郭洛文……如果我把这事解决得让赖德律-洛兰感到满意,那这事就算了了。”

“好——可是如果您解决不了呢?”

“那我就在你们的抗议书和信上签名。”

“行。”

我碰到郭洛文的时候,他正灰溜溜的,显得很尴尬;他显然在等待一场暴风雨,他虽然挑起了这场风暴,但是未必感到得意。

我们交谈的时间不长。我对他说,我让他消除了两件不愉快的事,现在我愿意为消除第三件不愉快的事为他效劳——即让他与赖德律-洛兰和好。他倒想了结此事,但是他那傲慢的性格使他意识不到自己的错误,更不用说让他认错了。

“不过看在您的面子上,我同意。”他终于嘟囔道。

看在我的面子上或者是看在别人的面子上——反正事情办妥了。我跑去找赖德律-洛兰,在阴冷的屋子里等了将近两小时,都感冒了;他终于十分亲切和快乐地回来了。我把事情的全过程对他说了一遍,从波兰共和国剑拔弩张的卫士们来访谈起,一直谈到我们那愣头青的故作姿态为止,赖德律-洛兰听罢哈哈大笑,同意既往不咎,愿意接见这个痛改前非的罪人。我跑去找他。

郭洛文正在惶惶不安地等待下文。听到一切都已顺利解决,他的脸红了,不知道把什么纸塞满他大衣的所有口袋,便跟我走了。

赖德律-洛兰像一个真正的 gentleman〔英语:绅士〕那样接见了他,然后就立刻开始谈不相干的事。

郭洛文说:“我来找您是想说,我感到非常遗憾……”

赖德律-洛兰打断他的话道:

“N'en parlons plus〔法语:咱们不说这事了〕……这就是您写的那张条子,给,把它扔进火里……”接着便开始滔滔不绝地继续讲他刚才开始的话题。当我们站起来准备要走时,郭洛文从口袋里掏出一大沓小册子,把它们交给赖德律-洛兰,并说这是他最近出版的一些小册子,请他笑纳,以示对他的深深敬意。赖德律-洛兰连声道谢,恭恭敬敬地把那沓东西放好,大概,再也没有碰过它。

“瞧,这真是个书生时代,”坐上马车时,我对郭洛文说,“我从前听说,聪明人去决斗,带去的是开香槟酒的螺旋起子①,但是用小册子来武装自己——还真新鲜!”

我干吗要把这人从耻辱中救出来呢?说真格的,我也不知道,现在我都感到后悔了。所有这些宽恕、宽宏大量、文过饰非、治病救人之所以都落到我们头上,让我们自讨苦吃;无非是因为我们一直按照别林斯基提出的一条大的规律办事:“坏人做坏事之所以能得心应手,就因为他们把正人君子都当作坏人,而正人君子却把坏人都当做好人。”②报界和政界的强盗之所以危险和令人厌恶,就因为他们两面三刀和难以捉摸。他们不会丢掉什么,却可以赢得一切。挽救这样的人,您只会使他们重新钻进从前的 impasse〔法语:死胡同〕。

我在说这件事的时候丝毫没有夸大其词。你们想想,十年以后,我

① 指双方和解,开香槟酒以示庆祝。

② 参见一八四六年二月六日别林斯基给赫尔岑的信(引文略有改动)。

看到郭洛文在德国出版了一本书,说赖德律-洛兰向他道歉了……①,我当时是多么惊讶啊!虽然他明知道,无论是他是我,谢谢上帝,都还健在。难道这不是天才吗!

一八五三年十一月二十九日举行了纪念波兰起义的群众大会。一八五四年三月,我用“伦敦俄罗斯自由社”的名义发表了一封短短的《告驻波兰的俄国军人书》②。可是这却使郭洛文的气不打一处来,他给我送来了一份抗议书,要我发表:

> 今应郭洛文先生之请,不敢怠慢,特发表他给我的一封信,这封信我是在三月二十六日收到的。
>
> 亚·赫尔岑
>
> 一八五四年三月二十七日

> 我读到了您在报喜节写的“报喜”。
>
> 它的署名是:“伦敦自由俄罗斯公社③”,然而又遇到这样的词句:“我不记得在哪一省”了。
>
> 因此,我感到这是个谜,这公社是由您和恩格尔孙组成的呢,还是只有您一个人?
>
> 我在这里不想分析它的内容,因为原稿没给我看。不过我要提一下我的态度,我不能保证我会对这些人置之不理,尽管他们并没有请我提意见。无论是谦逊,也无论是良心,都不允许我说,我容忍将俄罗斯民族的名字与西方民族混同在一起。
>
> 因此我认为有必要请您在下一期以最快的方式宣布,迄今为

---

① 参见郭洛文一八五九年在莱比锡出版的《回忆录》。

② 赫尔岑指他写的《“伦敦自由俄罗斯公社”告驻波兰俄国军人书》。该呼吁书注明的日期是“一八五四年三月二十五日。报喜节。”

“报喜节”:一译“圣母领报节”,指圣母玛利雅领受上帝的旨意,她将由圣灵感孕而生耶稣。

③ 这里的“公社”一译“村社”或“乡社”。指俄国长期存在于农村的一种村落共同体。

止我从未参加过贵印刷所用俄文印刷的任何呼吁书。

我希望您不会迫使我采取另一种将拙见公之于众的办法。

我始终是您顺从的奴仆。

伊凡·郭洛文

一八五四年三月二十五日于伦敦

(致赫尔岑—伊斯康大先生)

我的信照登不误,还是仅发布它的内容提要,由阁下定夺。——又及

我对这个抗议真有说不出的高兴:我在其中看到我跟这个令人不能容忍、脾气坏透了的人决裂的开始,并把我们的分歧公之于众。欧洲人和波兰人总是从表面上看俄国,尤其在它不攻打邻国,也不兼并亚洲的一个又一个国家的间歇期,因此我必须耐心地做工作,工作十年,才能使他们不再把我同那个臭名昭著的lvan Golovine〔法语:伊凡·郭洛文〕混为一谈。

在这封抗议信之后,紧接着他又给我寄来了一封信,信写得很长,而且东一句西一句的,最后的结束语是:“也许,我们分开,对共同事业会更有益,如果我们不把精力耗费在相互争斗上的话。”

对此,我的答复是:

尊函于昨天收悉,不胜感激之至,我十分赞赏它善良的目的——以免在报上公开论战。

我完全同意,我们分开只会带来更多好处。至于您信中所说的争斗,——我倒从来没有想到过。我没有什么要反对您的,因此我决不会首先发难,尤其是当我们各奔东西之后。

请想想,您现在公开说的话,我早在私底下不知跟您说过多少遍了。我们的习性、观点和好恶——截然不同。请允许我依然保持对您的尊敬,但是把我们的分手看成是fait accompli〔法语:既成事实〕——无论您我——我们只会因此而更自由些。

我这封信就是答复，其中没有提出问题，我请求您不要再继续这样的通信了，我指望您能客客气气，不要使我们的彻底分手，伴随着恶语相加和敌对行动。

祝您万事如意。

三月三十日星期四

郭洛文根本就不想断绝与我的交往——这是显而易见的；他只是想出出气（因为我们发表呼吁书没有找他参加），然后再与我言归于好，但是我已经不想放过这个热切盼望的机会了。

我去信后过了两三个星期，我收到他寄来的一只封套。打开一看——里面有一张加了黑框的纸……再一看——这是半张一八五二年五月二日发出的请他参加葬礼的请柬①。这是他从都灵来信后我作为答复寄给他的，并写了一段附言："尊函使我很感动，我从来没有怀疑过您有一颗善良的心……"就在这张纸上，他写道，他很想见我，并且给了我一个新地址，然后又加了一句："Il ne s'agit pas d'argent."〔法语："不是关于借钱的事。"〕

我回信道，我不能去看他，因为不是我有事要找他，而是他有事要找我，因为我们俩的决裂是他挑起的，而不是我，最后还因为他把这张扬了出去，弄得尽人皆知。但是我可以在舍下接待他，至于何时合适，悉听尊便。

他是第二天上午来的，规规矩矩，老老实实。我一再向他保证，我决不会对他采取任何敌对行动，但是因为我们双方的观点和习性是如此不同，因此我们不必再见面了。

"您怎么直到现在才发现这个呢?"

我没理他。

我们冷冷地，但是有礼貌地分手了。

似乎，再不会节外生枝了！不，第二天郭洛文又赏给了我如下的一

① 指赫尔岑的妻子娜达丽雅·亚历山德洛夫娜的葬礼讣告。

封信①：

（Ad usum proprium〔拉丁语：仅供本人阅读，不得外传〕）

经过今天的谈话以后，我不能不承认您为了报仇雪恨的确可以有一个公社，那就有吧！我无意跟您发生任何争论，因此，也请您极力避免足以引起争论的一切。

当您的新朋友做了对不起您的事情的时候，您会发现只有我是始终忠于您的。

我建议您不妨致信 *M. Adv.*〔英语缩写：《广告晨报》〕，说您之所以不想与他们打笔墨官司，仅仅因为您蔑视这些人的愚昧无知；他们居然不懂得把爱国者和自由之友怎样与间谍区别开来，居然夸奖布鲁诺夫②而诋毁巴枯宁。

我不会再来找您了，我还有许多更重要的事要做，决不会来巴结您。

如果您想来拜访我，我永远欢迎，何况您我之间毕竟有些共同之处，还是有话可说的。

伊·郭

一八五四年四月二十六日

快到夏天的时候，我到里士满去，而且有段时间再没有听到郭洛文的任何消息。突然，他来了一封信。他说，他听人说，但没有说他听什么人说，我在自己家里"取笑他"……因此他要（就像向情人索要什么

---

① *Morning Advertiser*〔英语：《广告晨报》〕正是在那时落进卡·布林德和马克思这一类德国民主主义者手中的，该报发表了一篇十分混账的文章，该文企图证明我宣传的观点与俄国政府是一致的。曾经提出这么好的忠告的郭洛文，后来他自己也采用了同样的手段，而且也是登在 *Morning Advertiser* 上。——作者原注

英语：《广告晨报》。

一八五五年二月十八日 *Morning Advertiser* 报上发表了一篇署名"Democrat"〔英语：民主主义者〕的信，该信猛烈抨击赫尔岑写的《旧世界和俄国》一文，认为这篇文章赞扬了泛斯拉夫主义和俄国沙皇政府的侵略。

② 俄国驻伦敦大使。

东西似的)我归还他在尼斯送给我的照片。不管我怎么翻箱倒柜,翻遍了所有的文件和信函,还是找不到他的照片。

很遗憾……但是不能不转告他,照片丢了。我托一位我们都认识的人萨维奇转告他,我遍寻无着,并两次重申我对他毫无恶意,请他不要再来打扰我。

对此的答复是我收到了下面的信:

A.①

尊敬的亚历山大·伊凡诺维奇:

您对萨维奇说,如果我写信给您,您可能把十个英镑还给我。我原来的计划是倾我所有还给您二十英镑,而且您自己也说过,一百英镑只要我还二十就够了。我本来指望能很快摆脱困境,但事与愿违。不过再过一星期,最多两星期,我就可以把余下的十英镑还您了。您说您不是我的敌人,因此我请您说到做到;这不是看在朋友交情的分上请求帮助,而是我应当受到的公正待遇。如果您对此不以为然,也可以拒绝,不过请您不要对此事在您的崇拜者中间大吹大擂,弄得尽人皆知。

伊·郭

八月十六日

对这封信,我什么也没有答复。我根本就没有托萨维奇谈任何钱的事,这是不消说得的。他故意把两件事混在一起,以便把一个简简单单的请求变成好像在做一桩什么交易似的。至于萨维奇,他是我们祖国流落在异国他乡的一朵非常有意思的野花,关于他,我们在另一个地方还会谈到他②。

紧接着这封信之后,他又来了第二封信。他明白不回信就是拒绝,

---

① A. B. C. D. 是赫尔岑在手稿上对一些信的编号。A 信即郭洛文下面的信。B 信和 C 信是赫尔岑写给郭洛文的。D 信则是郭洛文写给赫尔岑的。

② 关于萨维奇,赫尔岑在本卷第一章《全盛和衰落》(1858—1862)中已经谈过了。

不用说,他权衡轻重,发现他这样做有失谨慎。在害怕之余,他决定以攻为守;他写信给我,骂我是“德国人或犹太佬”,并退回了我的C信①,而且信上还加了一句:“您是胆小鬼。”②

接着他又用伪装的字体写来了两封信,信中也像D信③一样充满了谩骂。

---

① 指赫尔岑一八五四年八月二十三日写给郭洛文的信(B信和C信均见下注)。

② B.

仁慈的先生:

您写信给我说,您要同我绝交,从此形同陌路。可是过了几天,您又想向我借十个英镑。

我对您的第一封信的答复是真诚的,客气的,并没有在乎您信中的语气。

对您的第二封信,我没有答复。

我们之间不可能再继续通信了。我把您的信退给了您,并拒收您以后的信。因为我意识到我在对您的态度上是完全正确的,所以,只要可能,我将坚决保持沉默,并寄希望于任何不偏不倚的人的健全的理智。

亚·赫尔岑

一八五四年八月二十二日

C.

您想迫使我与您决斗,就像人们寻衅闹事,唆使孩子们打架一样。随便您认为我是什么,胆小鬼或者是勇士,小偷或者是假币制造者,我完全无所谓。

现在您为什么要决斗呢?因为您曾经想向您与之粗暴地断绝一切关系的那个人借十个英镑,——因此您觉得于心有愧。如果我当真借给了您,您就太不知reconnaissance(法语:感激)了。

我不会跟您决斗的,因为这样做是愚蠢的,因为我没有做任何对不起您的事,为此我倒应谢谢您要我赔偿的事(指赫尔岑把郭洛文的照片弄丢了,郭示意要赫尔岑赔,归还他还给赫尔岑的十个英镑——译者),还因为我这人是独立的,我有自己的立场,决不会屈服于别人的意志或者有人像疯了似的对我破口大骂。

您不要以为我要把这封信保密,——您可以把它当众宣读,或者不宣读。总之,随您便,不过请您不要再给我写信了。

至于我,不仅不再给您写信,也不再说话了——对此我厌恶透了。

亚·赫尔岑

一八五四年八月二十日——作者原注

③ D.

看也不看就把信退回来,这是只有勇士才会有的唐突无礼。把信退回来自以为信里肯定是向他借钱。其实满不是那么回事,——只有犹太佬才会做这种事。把信退回来,也不知道信中有没有触及他的人格的事,只有对人格有着奇怪观念的人才会这样做。——作者原注遗憾的是，这两封信的有些部分已经佚失，然而那副腔调却万变不离其宗。

他以为我在收到他那封骂我是胆小鬼的信以后，我一定会派副手来向他提出决斗。我对人格的看法的确很奇怪，而且与他的看法迥然不同。杀死一个皮塞特尔①和强制拘留所的候补者，或者被他所杀死，或者被他伤害致残，而且肯定会吃官司，丢下自己的工作做不了，——这一切只是为了证明我不怕他，这不是胡闹吗！……倒像只有疯狗才拥有吓唬他人的特权，而又不致损害被吓唬者的人格似的！

又出现了短暂的停顿。郭洛文没有在我们的地区抛头露面，而是在别人那里蹭吃蹭喝，对别人出言不逊，向别人借钱，于是他的坏名声中最后几个亮点也逐渐暗淡了，老朋友对他敬而远之，新朋友则躲之惟恐不及。路易·勃朗因为朋友们在 Regent street〔英语：摄政王大街〕上碰到他与郭洛文在一起，向这些朋友们致歉，米尔纳-吉布森家终于向他彻底关上了大门。英国的“老实人”是全世界最蠢的人，也开始明白过来，他既不是公爵，也不是政治家，甚至也不是人，只有站在远处的德国人，他们是根据售书目录来了解有些人的，只有他们还认为他是什么了不起的玩意儿，还认为他是什么“名人”。

一八五五年二月，正准备在圣马丁会堂召开一次著名的群众大会②，——会开得很隆重，但是企图把各国流亡者中的社会主义者与宪章运动者联合起来的尝试却失败了。这次大会的详细情形，以及马克思主义者阻止我当选的阴谋，我已经在另一个地方③讲过了。这里只讲郭洛文。

我不想发表演说。委员会正在开会，我去是为了对我荣幸地受到邀请表示感谢，并婉言谢绝演讲。这事发生在晚上，当我出来时，我在

---

① 巴黎的一家疯人院。

② 这是一次纪念法国二月革命的大会。

③ 见本书第六卷第七章《流亡中的德国人》。

楼梯上碰到一位宪章运动者①，他问我有没有看到郭洛文发表在 *Morning Advertiser* 上的一封信？② 我没有看到。楼下有咖啡厅和 public－house〔英语：小酒店〕，所有的小酒店都有 *Morning Advertiser*；我们进去后，芬伦就把郭洛文的那封信指给我看，郭洛文在信中写道，他得悉，国际委员会选举我当委员，而我则要求作为俄国人在大会上发表演说，而他仅仅由于受到热爱真理的驱动，不能不警告大会，我不是俄国人，而是生在俄国的德国犹太佬，——这是一个“受到尼古拉特别庇护的种族”。

看了这则信口雌黄的信以后，我又回到委员会，对主席（厄·琼斯）说，我收回我刚才提出的不在会上发言的请求。同时我把 *Morning Advertiser* 给他和其他委员看，并且说，郭洛文十分清楚我的出身，可是他却“出于对真理的爱在撒谎”。“何况犹太人出身未必能成为一种障碍，”我补充道，“请注意，世界创造出来以后，第一批受到放逐的人就是犹太人——即亚当和夏娃。”

委员们哈哈大笑，于是从主席开始，一致鼓掌通过我的新决定。

“至于你们选举我做委员，我理应表示感谢，但是怎样捍卫你们的选举结果，是你们的事。”

“没错！没错！”四面八方的声音喊道。

第二天琼斯就在他办的 *The People*〔英语：《人民报》〕上发表了一篇短文，并写了一封信寄给 *Daily News*〔英语：《每日新闻》〕。

俄国流亡者亚历山大·赫尔岑③

某个可怜的民主派在 *Morning Advertiser* 上发表了一篇诋毁赫尔岑先生的短文，其目的显然是想（如果可能的话）破坏将于 St.

---

① 指詹·芬伦，英国宪章运动的活动家，“国际委员会”的参加者，当时他是召开这次大会（一八五五年二月二十七日）的金钱出纳。

② 郭洛文在一八五五年二月十八日的《广告晨报》上发表了一封诋毁赫尔岑的信，说赫尔岑没有资格代表俄国革命者参加国际民主大会。

③ 原文是英文（从略）。中文是根据俄编者的俄译文译出的。

Martin's Hall〔英语:圣马丁礼堂〕举行的大会。这种出乖露丑的举动也太幼稚了。这次大会是各民族根据我们共同信奉的原则召开的,它根本与某个个别参加者的个人无关。但是,为了替赫尔岑先生说句公道话,我们必须说,有人可笑地宣称,似乎他不是俄国人,也不是被他自己的国家放逐的流亡者,纯属造谣;至于有人硬说他与约瑟①和约瑟·弗拉维②属于同一种族,这是毫无根据的,虽然,不消说得,属于这个从前十分强大,而且一向坚忍不拔的民族,也就像属于任何其他民族一样,并没有什么不好和可耻的地方。赫尔岑在乌拉尔的流放地待了五年之久,而从那里释放后又被逐出俄罗斯——逐出自己的祖国。赫尔岑站在俄国民主主义文学的前列,他是他的国家的流亡者中最杰出的人物——也是他的国家千千万万无产者的代表。他将参加在 St. Martin's Hall 举行的群众大会,而且我们深信,他受到的接待将会向全世界表明,英国人非但会支持俄国人民,同时也会与俄国暴君斗争到底。

关于赫尔岑先生(致 *The Daily News* 出版人)

仁慈的先生:

贵报某期曾发表一封信,该信不仅否定著名的俄国流亡者赫尔岑先生有权代表俄国民主派参加国际委员会,甚至还否定他属于俄罗斯民族的权利。

对于第二条指责,赫尔岑已经做了答复③。请允许我们代表国际委员会就第一条指责对赫尔岑先生的答复补充几件事实,——这些事实,很可能由于赫尔岑先生的谦虚,不便提出。

赫尔岑先生年仅二十,就因密谋反对沙皇专制统治被判刑,被流放到西伯利亚边境,他在那里以一个流放犯的身份度过了七年。

---

① 犹太人十二列祖之一。见《旧约·圣经》。

② 约瑟·弗拉维(约 35—约 95):犹太历史学家。

③ 指赫尔岑发表在一八五五年二月十五日《广告晨报》上的致郭洛文的信。

他第一次流放被大赦后,很快又遭到第二次流放。

与此同时,他的政治抨击文,他的哲学论文,以及小说作品,又使他在俄国文学界取得了十分突出的地位。

为了说明赫尔岑先生在他祖国的政治生活和文学生活中占有怎样的地位,我们认为最好的办法不如请诸位去看看发表在本月六日的*Athe-naeum*〔英语:《雅典娜神庙》〕①上的一篇文章②,该刊是谁也不会怀疑它存在偏心的。

赫尔岑先生于一八四七年来到欧洲后,便在那些杰出的人士中占有了一个重要位置,而这些人的名字是与一八四八年的革命运动紧密相连的。从那时起,他就在伦敦创立了第一个自由的俄文出版物,该出版物的目的就是反对沙皇尼古拉和俄国的专制制度,对他们进行最有益的战斗。

鉴于以上事实,为了使整个民主派活动能够循着一条统一的轨道前进,我们不指望,也不可能指望找到一个比赫尔岑先生更高尚、更真诚的俄国革命派代表了。

顺致敬意!

国际委员会全权代表

主席

书记处:罗伯特·查普曼

康拉德·多姆布罗夫斯基

阿尔弗雷德·塔拉迪埃③

郭洛文没敢吱声,去了美国。

---

① 一八二八年在伦敦出版的文学评论周刊,一直出到一九二一年。

② 指一八五五年一月六日发表于*The Athenaeum*上的一篇文章。该文高度评价了《往事与随想》已经发表的部分《监狱与流放》。认为赫尔岑的作品是"现有的关于俄罗斯的作品中最有意义的作品"。

③ 查普曼是一八五五年伦敦国际大会筹委会的成员,英国代表。多姆布罗夫斯基是波兰代表。塔拉迪埃是法国代表,律师。

我想："我们终于摆脱了他。他将会消失在各种各样的骗子、淘金者和冒险家的汪洋大海中，在那里成为拓荒者或者淘金者，赌棍或者奴隶主，他在那里既可能发大财，也可能按 Lynch law〔英语：私刑杀人法〕被吊死……——随他去，只要不回来就行。"结果却根本不是那回事——一年后，郭洛文又沉渣泛起，出现在同一个伦敦，而且在街上遇见了奥加略夫。奥加略夫没有同他打招呼，可是他却走过来，问道："怎么，难道有人不让您向我问好？"——说罢便扬长而去。奥加略夫追上他，说："不，我是根据自己的愿望不同您打招呼的。"说罢也扬长而去。不言而喻，这立刻引起了下面的照会：

在我的《鞭子》行将出版之际，我不想与我的敌人言归于好，但是我也不想让他们大放厥词，对我信口雌黄。

我想用三言两语简单地说说我跟赫尔岑之间到底发生了什么。我曾经到他的寓所去登门拜访，请求他不要再争吵了。他说："做不到，我对您毫无好感，让我们争论下去。"我没有同他争论，可是当他把我的信看都不看地退给我的时候，我火了，才骂他是德国佬。就像布里斯康①叫多尔戈鲁基②是德国人，以博士兵们一笑一样。但是赫尔岑偏要小题大做，对此事大肆宣扬，到后来，他不是责怪他自己，而是对我大动肝火。其实这件事对他毫无侮辱之意。就算我对他的态度不好吧，可是您对我的态度很好，你们终究不是孪生兄弟，大可不必剑拔弩张，摆出一副打架的样子。

郭洛文

一八五七年一月十二日

我们决定无条件地保持沉默。对于那些爱大吵大闹的人和 hâbleur〔法语：夸大其词的人，爱吹牛者〕的人来说，再没有比沉默，比装聋

---

① 布里斯康（1794—1872）：俄国官员，一八三〇年代末实际掌管俄国陆军部。

② 多尔戈鲁基（1804—1868）：一八四八至一八五六年任俄国陆军大臣，一八五六至一八六六年任俄国宪兵司令和第三厅厅长。

作哑和冷漠的蔑视更叫他们恼火的惩罚了。郭洛文又对奥加略夫做过两次尝试，给他写过两封带刺而又充满俏皮话的信，就像这里所附的第二封信那样，已经毫无意义，而且有点像真的疯了一样。

我看到了
负责俄国书报检查的上帝，
但是我没有对他保持沉默。①
我跟布德伯格②对骂了两小时；他像牛犊般号啕大哭。

Vous voulez la guerre, vous l'aurez.〔法语：您希望战争——您会得到它的。〕

我跟赫尔岑相互为敌已经有两三年了。由此产生了什么呢？对谁都没有好处！他想决斗！我的箭已经准备好了！③ 但是为了我们共同的利益还是握手言欢的好！

八月二十日于柏林

Victoria Hotel〔法语：维多利亚饭店〕

您准备出版您的全集。其中会不会散发出死人的腐臭，就像在丹麦那样？④

我们不予理睬，没有给予他只言片字的答复。

不过，足以使他发疯的事还真不少。慢慢、慢慢地，他的所有物质力量和精神力量都枯竭了，维持他生计的文字投机也已日暮途穷，借贷无门；他从事着各种半明半暗的勾当——一切都落到他头上，或者说他已一筹莫展。于是他开始不择手段了。

有一天上午，大概郭洛文不知道上哪儿才能白吃白喝，大快朵颐，——而他这人非常爱吃好的和喝好的，于是他写了一封信给帕默斯

---

① 仿俄国诗人维亚泽姆斯基的诗《俄国的上帝》。

② 布德伯格(1817—1881)：一八六一至一八六八年俄国驻巴黎公使。

③ 这是一句语义双关的俏皮话：决斗(стрелятвся)与箭(стрела)。而《箭》是郭洛文办的杂志，一期出版于一八五八年十二月，另一期出版于一八五九年一月。

④ 指莎士比亚的悲剧《哈姆雷特》中所说的丹麦。

顿，毛遂自荐，——这事发生在克里米亚战争行将结束的时候，——愿为英国政府当密探，他说，因为他在彼得堡有许多老关系，而且对俄国的情况又非常熟悉，因此他是可以竭尽绵力，大有作为的。帕默斯顿感到很讨厌，于是他让秘书回答他，就说子爵谢谢郭洛文先生的建议，但是目前尚不需要他的帮助。这封信装在封套里，上面加盖有帕默斯顿的印章，郭洛文一直揣在口袋里，还亲自拿出来给别人看过。

尼古拉死后，他在某家报纸上发表了一篇辱骂新皇后的文章，用的是化名，过了一天，他又在同一家报纸上，用的是真名，对上文进行反驳。我们的朋友考夫曼①是《石印通讯》的编者，揭露了这一偷天换日的伎俩，于是数十家报纸纷纷转载，对他群起而攻之。接着他又向俄国驻伦敦大使馆建议出版一份由政府主办的报纸。但是布鲁诺夫也像帕默斯顿一样暂时还没有感到需要他效劳的迫切要求。

于是他干脆申请特赦，而且立刻就得到了它，条件是必须在政府机关供职。他有点发怵，开始就担任什么职务进行讨价还价，他请求到苏沃洛夫②手下做事，当时苏沃洛夫是俄国波罗的海东部沿岸诸省的总督。苏沃洛夫同意了，可是郭洛文没有去，而是给戈尔恰科夫公爵③写了一封信，说他做了个梦：梦见皇上召见他，召他进内阁会议襄赞政务，而他则热心地为皇上效忠，向他提供了许多好的政见。

但是好梦不一定永远都能应验，我们这个老顽童非但没有能够跨进沙皇的杜马，还差点进了改造犯人的感化院。郭洛文遇到一名商业经纪人，名叫斯特恩，他身上不名一文，却跟这名商人干起了各种投机勾当，他忘记了他的大名早在一八四六年就在巴黎证券交易所公示过，认为他是一名不诚实的玩家。他想欺骗斯特恩——斯特恩却骗了他；

---

① 德国记者，一八五〇年在巴黎，后来又在伦敦出版一种为报纸供稿的通讯稿——《石印通讯》。

② 苏沃洛夫·亚历山大·阿尔卡季耶维奇（1804—1882）：一八四八至一八六一年任波罗的海东部沿岸诸省总督，一八六一至一八六六年任彼得堡总督。

③ 时任俄国外交大臣。

郭洛文于是采取了老办法,他在报纸上发表了一篇关于斯特恩的文章,其中还提到他的家庭隐私。斯特恩勃然大怒,把他告上了法庭。郭洛文惊慌失措,吓破了胆便去找律师,他怕蹲大狱,怕巨额罚款,怕张扬出去。律师建议他在一张和解书上签字,声明他全部收回他说过的话。律师也签了字,证明此事属实,谁知斯特恩却把这份东西用石印复制了好几份,把 facsimil〔拉丁语:复印件〕分发给认识自己和郭洛文的所有的人。我也收到了一份。

仁慈的先生:①

由于我口头和书面说了一些话,玷污了您的名声,因而您以诽谤罪提出上诉,由于我们共同的一些朋友从中调停,您同意撤诉,但是我必须支付诉讼费,收回我说过的那些话,并且对我的所作所为表示歉意,——这些条件我欣然接受,同时请您相信,如果我所说或所写的东西,哪怕在十分微小的程度上有损您的名誉的话,也决非出自我的本意,我对我所做的事深表歉意,并保证今后决不再犯。

您的忠实的奴仆

伊·郭洛文

一八五七年五月二十九日

4,Egremont Place, London〔英语:伦敦埃格蒙特广场 4 号〕

致 E. 斯特恩先生

证人:H. 爱普森律师。

接着,伦敦实在待不下去了……郭洛文离开了伦敦,带走了一大公文包没有还清的帐单——裁缝的、靴匠的、饭馆的和好几家房东的……他到德国去了。而且突然之间结婚了②。结婚当天,他就把这件大喜事用电报告诉了皇帝亚历山大二世。

---

① 原文为英文(从略)。

② 一八五九年,郭洛文与一位中将的女儿亚历山德拉·格斯结婚。

他靠妻子的陪嫁过了两年，两年后，他在一家报纸的小品文里谈到一个天才人物的不幸，他娶了一个平平常常的女子为妻，可是这妻子却不了解他的才华和抱负。

接着，我大概有五年多没有听到他的消息。

波兰起义之初，他又做了一次和解的新尝试。

“波兰和俄国的朋友们要求我这样做，他们等待着！”——我置之不理。

……一八六五年初，我在巴黎遇到了一位驼背老头，面容消瘦，戴着一顶破帽子，穿着一件破大衣……那是一个刮风天，很冷……我到大仲马家参加一个朗诵会……那次朗诵会也似乎在刮风，开得没有生气。老头把领子竖得高高的，遮住了脸；他走过去时没有看我，咕哝道：“散场了！”——接着便走了。我停了一会儿脚步……郭洛文仍迈着沉重的步伐向前走去，没有回头——我也走了。我之所以停下来，还因为在这之前他曾在伦敦街头遇到过我两次；有一回他咕哝道：“真可恶！”另一回他自言自语地嘟囔了一句什么，大概是一句骂人话，我没有听见，而且他也没有冲我说，而我也不想跟他在街上争吵。后来他告诉萨维奇和萨瓦斯凯维奇①说，他遇见了我，把我臭骂了一顿，而我则默不作声。

“郭洛文到底在这里做什么呢？”我问我曾经提到过的那个戈伦斯基②。

“他的境况不好；他在做旧货生意，兑换外币，收购一些蹩脚的画，然后拿它们去骗傻瓜，但是多半是他自己受骗……他老了，爱唠叨，有时候也写些文章，但是没有地方发表，他不能原谅您的成功……一有机会就把您臭骂一顿。”

……从那时起，我们就再没来往。但是多年之后，却完全出乎意外

---

① 先是在巴黎，后是在伦敦的波兰流亡者，再后在伦敦加入波兰流亡者左派。

② 戈伦斯基：一八一六年生，波兰流亡者中的左派，作者曾在《尼·伊·沙左诺夫》一章中提到过他。

地收到了他的一封信……忽儿是应某些波兰人之请建议与我和解,忽儿就对我破口大骂。我们则闭口不予答复。

不管多么无聊,我还是想把我们这几年的奇异经历写下来,为此打开了留存下来的他的一些信。正当我拿起笔来刚写了开头几句话之后,下人把一封郭洛文笔迹的信递给了我。正是这封信成了本文的最好尾声:

亚历山大·伊凡诺维奇:

我难得来打扰阁下,但是风闻您“即将洗手不干”,要从钟楼上下来①。

我认为,没有金刚钻就别揽瓷器活,既然干了,就别打退堂鼓。

您的财力使您可以出版《钟声》,即使亏本也在所不惜。如果可以的话,请发表附在下面的信。

郭洛文

致《莫斯科新闻》主编卡特科夫先生

仁慈的先生:

我既不知道您的名字,也不知道您的父称,祈谅!我只知道您对波兰人的盲目仇恨,您不承认他们是人,也不承认他们是斯拉夫人,此外,我还知道您对欧洲问题的无知。

有人对我说贵报有这样的说法:“德尔普特②的笔杆子因为可怜俄罗斯,所以才变得渺不足道。”或者与此类似的话。我可怜俄罗斯,可怜它的遍布鹰犬、民怨沸腾和动荡不安,可怜它的贵族,他们竟不得不制造假币和假彩票,以致目前竟出现了三张中奖十万卢布的彩票,而且无人能识别哪张是真的,我可怜醉生梦死的农民、贪污受贿的官吏和信口雌黄的神父;但是我知道生活在俄国并

① 指由赫尔岑创办的《钟声》报于一八六七年停刊。

② 爱沙尼亚塔尔土城的旧称,当时爱沙尼亚是俄罗斯帝国的属国。

不美妙。

陛下可以不许我把我在大学得到的无聊头衔写进护照，但是我却把心胸坦荡这一封号写进我的履历表，而且这一封号至今犹在，因为笔写的东西是斧头砍不掉的。

我的祖国被人当作政治资本剥夺了；但是我想到我首先是人，然后才是俄国人，我在为人类服务——这范围比为国家服务要大得多，而为国家服务只是别人强加给我的义务。

在我的心目中，我并没有趴下，而是站得高高的。我听说，如果我回国，我将被关进疯人院；但是要使我的脑力减退①，必须放掉许许多多血②，——而这样的手术在北纬53度的地方③是屡见不鲜的，也只有在那里，人才会发疯。

顺致敬意！

您的驯服的奴仆

伊凡·郭洛文

一八六六年二月于巴黎

① 指发疯。

② 指血腥镇压。

③ 指俄罗斯。

第八卷

断片（1865—1868）

臧仲伦 译

第一章　杂记

一　瑞士风光[①]

大约十年前[②],在暮冬的一个寒冷、潮湿的夜晚,我经过干草市场,碰到一个黑人,年约十七八岁;他赤着脚,光着脊梁,像在热带似的脱得光光的,而不是像在伦敦似的穿上棉衣,戴上棉帽。他的牙齿在作对儿厮打,浑身发抖,他问我讨钱。过了约莫两天,我又遇到他,后来又多次遇见。最后我与他攀谈起来。他说的是夹杂着英语的蹩脚的西班牙语,但是他说的意思还是不难听懂的。

"您还年轻,"我对他说,"而且身强力壮,干吗不找个工作呢?"

"没人给我工作。"

"为什么?"

"我在这里没一个熟人,谁替我担保呀。"

"您打哪来?"

"船上。"

"什么船?"

"西班牙船。船长常常打我,我跑了。"

"您在船上做什么?"

---

① 这一部分的一些不大的片段,曾在《钟声》上发表过。——作者原注

② 关于赫尔岑在一八五八年秋遇到黑人乔治以及他在赫尔岑家干活的情况,可参看图奇科娃-奥加略娃的《回忆录》。

“什么都做：洗衣服，洗碗，打扫船舱。”

“您打算怎么办呢？”

“不知道。”

“这样下去，您会冻死、饿死的，至少您肯定会得病，发烧。”

“那我怎么办呢？”黑人绝望地说，他看着我，冷得浑身发抖。

“得，”我想，“豁出去了，我这一生也不是头一回做傻事。”

“跟我来；我给您地方住和给您衣服穿，您可以给我打扫房间，烧壁炉，您爱待多久，随您便，只要您老老实实，规规矩矩。Se no-no.〔意语：如果您不愿意，那就算了。〕”

这黑人高兴得跳起来。

一周之内，他就胖了，干活干得很开心，一人顶四个人干活。他就这样在我家待了半年；后来，有天晚上，他来到我的房门口，默默地站了一会儿，然后对我说：

“我是来向您告别的。”

“怎么啦？”

“现在够了，我该走了。”

“什么人欺负您了？”

“哪儿的话，我对大家都很满意。”

“那您要上哪？”

“到随便哪艘船上去。”

“干吗？”

“我十分想念大海，受不了；如果留下，我会犯浑的，我需要大海。我去了再回来，而现在够了。”

我试着把他留下，他等了三天，又第三次向我宣布他受不了，他必须走，现在够了。

这是在春天。秋天，他又像在热带似的光着脊梁到我家来找我；我又给他穿上了衣服，但是他很快就做了不少坏事，甚至威胁说要杀死我，于是我不得不把他赶走。

后者与事无关，我要谈的是我完全同意这个黑人的观点。长久生活在一个地方，保持某种常规，我觉得，在一定时间内，这也就够了，必须换换环境，换换面孔，呼吸一点新鲜空气……然后再反躬自省，不管这看上去有多么奇怪。旅途表面的闲散，并不妨碍思索。

有人倾向于内省式的心骛八极；他们会借助于丰富的想象摆脱周围环境的强有力的抽象——要做到这点，必须具有一种近乎天才和疯狂的特殊气质，——有人则借助于鸦片或酒精。比如说，俄国人有时候会拼命喝酒，喝它一两个星期，然后再回家，再开始工作。我就宁可让整个身体活动，而不是仅仅让脑子活动，宁可在世界上东游西荡，而不是仅仅让头脑不停地转悠。

也许是我喝醉了酒，常常觉得不好受的缘故。

一八六六年十月四日，我在内夫沙泰尔湖①畔的一家蹩脚旅馆的一个小房间里作如是想，我在这间小屋里有一种宾至如归的感觉，好像我在这里已经住了一辈子似的。

随着年龄的增长，很奇怪，我渐渐感到需要孤独，主要需要安静……外面相当暖和，我打开窗户……一切都似乎在沉睡：城市，湖泊，停靠在岸边的驳船，这船似乎在轻轻地呼吸，这从桅杆发出的轻微的嘎吱声可以听得出来，从它微微倾斜，一忽儿倒向右面，一忽儿又倒向左面，始终找不到平衡线，也可以看得出来……

……当一个人知道，谁也不在等您，谁也不会来找您，您可以随心所欲地做您想做的一切，哪怕去死……谁也不会来妨碍您，而且跟谁也没有关系……您会忽地感到可怕，又感到很好。我简直开始变得越来越孤僻了，有时候我甚至感到遗憾，我没有勇气接受世俗的苦行戒律。

只有在孤独中，一个人才能发挥自己的最大潜力。他可以自由地支配时间，没人会来打扰，出现不可避免的中断，——而这至关重要。一旦觉得无聊，累了——他可以拿起帽子，出去找人，跟他们一起休息。

① 在瑞士西部。

他只要到街上去，——在那里就可以看到人来人往，川流不息，永无休止，千变万化，而又永远不变，它就像一道璀璨的彩虹，又像是岸边溅起的浪花，汹涌澎湃，涛声不绝。您就像个画家似的注视着这个人流的瀑布。您看着它就像在参观画展似的，其所以如此，就因为您跟它没有实际的利害关系。您觉得一切都不相干，您对任何人都一无所求。

第二天我起得很早，到十一点的时候已经饥肠辘辘，于是我就上一家大饭店去用早餐，这里因为客满，昨晚没有让我进去。餐厅里坐着一对英国夫妇，男的在看《太晤士报》，挡住了他太太，此外，还有一个法国人，三十上下——是个新派人——现在正在形成的那种类型的人：肥胖，臃肿，白白的皮肤，浅浅的头发，皮肤松软，一身肥肉，如果用富有弹性的衣料做的宽松的大衣和裤子，不是阻止他的肉往横里长的话，似乎他是会像放在温暖房间里的肉冻一样逐渐化开似的。这大概是某个股票大王的儿子或者是实行民主制帝国的贵族。他无精打采地、不信任地在寻根究底地吃着自己的早餐；看来，他已经吃了很久，——累了。

这类人过去在法国是不存在的，直到路易·菲力浦时代才逐渐形成，而在最近十五年中盛极一时，已成为时尚。这类人面目可憎，十分讨厌，这也许对法国人倒是个恭维。这种大吃大喝、享乐至上的生活，并没有使英国人和俄国人像法国人的体形那样变得那么丑陋和那么畸形。福克斯①们和谢立丹②们背地里也爱大吃大喝，但体形没有变，仍旧是原来的福克斯和谢立丹。法国人醉心于研究烹饪术，对美味佳肴有着精湛的知识，在点菜时更是如数家珍，滔滔不绝，——法国人精于此道而又不至于自食恶果。没有一个民族能像法国人那样口若悬河地谈论肴馔、调料以及其中的精微之处；但这一切不过是耍花腔，显示才学的高谈阔论罢了。货真价实的贪吃贪喝和开怀畅饮，才把法国人给害苦了，才弄得法国人叫苦不迭……这不符合法国人的风尚。只有在

---

① 福克斯(1749—1806)：英国政治家，辉格党领袖；在私生活上以好吃和嗜赌著称。
② 谢立丹(1751—1816)：英国剧作家和政治家。

花样翻新、五花八门地追逐女人上,法国人才完好无损——这是他们的民族爱好和心爱的弱点,法国人精于此道。

"您要点甜食或水果吗?"侍役问,显然更巴结那个法国人。

这时那位年轻的法国先生正在胃里慢慢消化食物,因此抬起他那懒洋洋的、呆滞的眼神,看了看侍役,慢腾腾地对他说:

"我还不知道,"然后想了想,又加了一句,"Une poire!"〔法语:"一份梨!"〕

英国人在这段时间里一直在用报纸做的那扇屏风后面默默地吃着,这时突然警觉起来,说:

"Et à moà aussi!"〔洋泾浜法语:"我也要!"〕

侍役拿来了两份梨,放在两只盘子里,他把一只盘子给了那英国人;可是那英国人却大声而又热烈地提出了抗议:

"No,no! Aucune chose pour poire!"〔洋泾浜法语:"不,不,我要点喝的!"〕①他只是想喝点什么。他喝完后便站了起来;我这时才发现他身上穿了一件孩子穿的夹克衫,或者是紧身上衣,浅棕色,以及浅色的紧身裤,而皮鞋旁的裤腿,已经皱得不像样子。那位女士也站起来,她的身材越站越高,而且站直以后变得非常高大,然后她靠在她的矮丈夫的胳臂上走了出去。

我不由得面含微笑,目送着他们,但这微笑毫无恶意;在我看来,他们毕竟比我的那位邻座更像是人,甚至十倍于他,——而我的那位邻座,由于女士走了,便解开了他的坎肩上的第三颗钮扣。

巴塞尔

莱茵河是一条天然分界限,但是又什么也没有分开,倒是把巴塞尔分成了两部分②,而这并没有妨碍这两部分同样乏味,难以言表。这里

① 英国人弄错了,把"poire"(梨)混同于"boire"(喝)。

② 巴塞尔在瑞士西北端,临近德国和法国,莱茵河流经市内,把城市分成南北两部。

的一切都笼罩着三重的乏味:德国的、商人的和瑞士的。毫不奇怪,在巴塞尔构思的唯一的一部艺术作品①,就是死者与死神的舞蹈;除了死人以外,这里谁也不快活,虽然这里的德国人非常喜欢音乐,但这音乐也是十分严肃的高级音乐②。

这是一座进行过境运输的城市;大家在这里只是来去匆匆,谁也不会停留,除了商业经纪人和拉货的高级出租马车以外。

如果不是因为特别爱钱,是不会有人在巴塞尔长住的。话又说回来,一般说,在瑞士城市里居住是很乏味的,而且也不仅在瑞士,所有的小城市莫不如此。“佛罗伦萨是一座非常好的城市,”巴枯宁说,“就像一块甜美的糖果……越吃越爱吃,不过过了一星期,我们就会讨厌所有的甜食。”诚哉斯言;既然如此,对瑞士的城市还有什么好说的呢?莱芒湖畔,过去是那么平静和美丽,可是自从在韦维到韦托一带建起了一座座类似莫斯科近郊的地主庄园,里面又住了从俄国搬来的一家家贵族,那些因一八六一年二月九日的不幸③而变得败落的地主家庭之后,那地方也变得对我们这种人不再适宜了。

洛　桑

我在洛桑是路过。④ 在洛桑,除了原有的居民以外,大家都是路过。

与洛桑不相干的人是不会在这里居住的,尽管它周围风景优美,尽管英国人已发现了它三次:一次是在克伦威尔死后,一次是在吉本生前,一次是现在,在这里建起了许多房屋和别墅的时候。来旅行的人只住在日内瓦。

一想到日内瓦,我便会不由得想起那个冷冷的、干巴巴的伟人,以

---

① 指德国画家霍尔拜因(小)(1497—1543)的木刻集《死神之舞》,该画作于巴塞尔。

② 指宗教音乐。

③ 那天俄国颁布废除农奴制法令。

④ 赫尔岑于一八六六年十月十八日到二十八日曾路过瑞士洛桑,后来去了日内瓦。

及那里非常干冷的风——想到加尔文①和朔风凛冽。对这二者我都讨厌。

要知道，在每个日内瓦人身上都残留有某种凛冽的北风和加尔文的影子，从出生之日起，从怀孕成胎之日起，甚至更早，这两股风就向他们吹来，影响着他们的精神和肉体，——一股风从山上，另一股风则从加尔文的祈祷书上吹来。

的确，这两股寒流的痕迹，结合各种边界地区和耕地交错地区的气候特点②——萨伏依的、瓦莱的，尤其是法国的气候特点，——便形成日内瓦人的基本性格——这性格是好的，但并不特别叫人喜欢。

然而，我现在要来描写我的旅途观感了，而我住在日内瓦。关于日内瓦，我要在隔开一段艺术距离后再写……

……我在晚上十点左右到达弗里堡后……便直奔 Zähringhof〔德语：佐林宫（旅馆）〕③。走到公共马车前来迎接我们的仍旧是一八五一年曾经迎接过我们的那位老板，他戴着黑丝绒做的小圆帽，一张既倨傲又恭敬的端正的脸，那派头就像俄国的典礼官或者像英国的司阍，他走上前来欢迎我们光临。

……餐厅还跟从前那样，还是那些折叠式的四边形小沙发，沙发上蒙着红丝绒。

对于弗里堡来说，过去了十四年就像过去了十四天！它引以自豪的还是那架大型管风琴和那座铁索桥。

新时代的思潮，那动荡不定、变化无常、由一八四八年的猛烈风暴掀起的、向四处扩散的新思潮，很少触及在精神和物质上都置身边陲的、像耶稣会的弗里堡和虔诚派的内夫沙泰尔那样的城市。这些城市

---

① 加尔文（1509—1564）：欧洲宗教改革家，基督教新教加尔文宗的创始人。从一五四〇年起，他终身都住在日内瓦。

② 这种北风或东北风寒冷、干燥，常常出现在瑞士、意大利和法国南部，危害农作物。

③ 赫尔岑到弗赖堡（即弗里堡）的时间是一八六六年十月十四日。

也在前进，但是像乌龟爬似的步履缓慢，比过去是好了些，但是在我们看来仍很落后，藏在乌龟壳里，跟不上时代……当然，在过去的生活中也有许多东西并不坏，比较稳固，也比较舒适：不过这样的生活只适合少数选民，正因为如此，它并不符合大多数重新登上历史舞台、远远没有被过去的生活所宠坏、在趣味上也没那么挑剔的人的需要。

当然，在现代的技术条件下，新发明层出不穷，办法也越来越多，可以无拘无束和自由自在地安排新生活。但是西方人一旦有了地位，小有所得，便会满足于现状。一般说，他们受到的诟病，主要是他们自己造成的，——即追求舒适，以及人们所说的养尊处优，这一切也像所有其他事情一样，在他们那里，也不过说来好听，说说空话而已。既然他们拥有没有自由的自由制度，为什么就不能拥有狭隘、粗劣的生活的虚有其表的光辉呢？也有例外。例如，英国的贵族，法国的茶花女，现世界的犹太王，他们养尊处优，生活阔绰……然而这一切都是个别的，暂时的：勋爵们和银行家们朝不保夕，他们是没有未来的，而茶花女们也没有继承者。我们讲的是整个世界，讲的是芸芸众生，讲的是现在在舞台上无忧无虑地唱歌和跳舞的合唱队员和群舞演员，先撇开斯坦利勋爵①这样一个日进两万法郎的老头不说，也不说那个十二岁孩子的父亲，这孩子为了减轻父母的负担，免得供他吃喝，前几天竟跳进太晤士河自杀了。

老的小市民发了财，爱谈怎样生活才舒适；对于他来说，这一切都很新鲜：他成了老爷，qu'il a ses aises〔法语：一切都为他效劳，一切都供他驱使〕，他的财力允许他这样做，这不会使他破产。他对金钱感到惊喜，他知道金钱的价值和金钱的转瞬即逝，而老一辈的财主们却不相信钱是花得光的这道理，也不相信金钱的价值，因此他们破产了。但是他们尽管破产，却破产得很高雅。“资产者”则认为，大肆挥霍他们积累的资本，意思不大。他们依然保持着过去狭隘的、传统的生活习惯，省吃

① 即爱德华·德比（1799—1869），英国保守派领袖。

俭用。也许,他们也会一掷千金,但是用得不是地方。曾经站过柜台的那一代人,还没有养成养尊处优、尽情挥霍的习惯和作风,总也改不了旧的生活方式。他们所做的一切仿佛都是为了做买卖,很自然,他们注意的只是为了获得尽可能大的利益、利润和好处。“房产主”的本能就是减少住房面积和扩大房间数目,莫名其妙地把窗户做得小小的,把天花板做得低低的。他利用每一个角落,以至硬把它从房客或者从自己的家庭的居住面积中抠出来。其实他并不需要这个角落,但是为了防备万一有用,他还是想方设法先从某个人那里抠出来再说。他特别乐意设置两个别别扭扭的厨房,而不愿意搞一个正儿八经的厨房,他也特别乐意让使女们住顶楼,而那里既不能工作,也没法转身,而且还很潮湿。为了改变这种光线不足和节约空间,他把房屋的正面油漆和粉刷一新,让客厅里堆满家具,而且在房前还设置了带喷泉的花坛……这简直是作孽,减少了孩子们、保姆们、狗们和租房者们的活动空间。

悭吝成性没有危害到的地方,由脑子的迟钝完成了。科学技术穿过日常生活的浑浊的池塘,没有给他带来任何好处,而是把科学技术创造的财富抛撒在它的左右两边,小船主们并没有从中得益。所有的利益都落进做大买卖的商人手中,其他人只能分得一些残羹剩饭;做大买卖的商人改变着地球的面貌,可是人们的私生活却只能在他们的蒸汽机车旁,驾着老牛破车,踽踽独行……不冒烟的壁炉始终是个幻想;一位日内瓦的房东安慰我说:“这壁炉只有在刮北风的时候才冒烟,”也就是说,它偏偏在最需要生火的时候冒烟,于是这凛冽的北风好像是个偶然现象或者是谁的新发明,好像在加尔文出生以前它没有刮过,在法齐去世以后它也没有刮过。在整个欧洲,甚至也不排除西班牙和意大利,一到冬天,就应当写自己的遗嘱,就像从前从巴黎到马赛就得写遗嘱,四月中旬就得上伊威尔圣母大堂做祷告一样。

这些人会说,他们顾不上这些尘世琐事,别的事他们还忙不过来呢;冒烟的壁炉,既能一下子开门,也能同时把手弄出血来的门锁,以及过道屋的臭气等等——这些我都可以原谅他们,但是我要问:他们在忙些什么呢？他们的最大兴趣又在哪里呢？统统没有……他们只是以此做幌子，借以掩盖他们内心难以想象的空虚和无聊罢了。

中世纪，人们的生活状况很恶劣，他们的心思全花在毫无必要和并不能增加舒适度的建筑上。但在中世纪，人们也并不追求舒适——相反，他们的生活越不舒适，这生活就越接近他们的理想；他们的奢华表现在建造上帝的殿堂和公共建筑的宏伟壮丽上，他们对此是决不吝啬，决不小气的。当时骑士建造的是要塞，而不是宫殿，他们给它挑选的不是四通八达的康庄大道，而是险峻的悬崖峭壁。现在已无须防御任何人了，也无人再相信把教堂装饰得富丽堂皇就能拯救灵魂了；安分守己的和平公民已远离大会堂和市政厅，反对派和俱乐部；热情与狂热，宗教和英雄主义——这一切都让位于物质福利，而偏偏是物质福利还没有圆满解决。

对于我来说，在这一切之中似乎存在着某种可悲可叹的东西，似乎这世界浑浑噩噩，生活在期待中，它希望脚下的土地会自动张开，可是它想寻找的不是解决困难的办法，而是在混沌中艰难度日。我不仅从人们忧心忡忡的皱纹中看到这点，而且从人们害怕严肃的思想，极力回避分析自己的处境，神经质地忙忙碌碌，以及表面上的满不在乎中也看到了这点。老人们甚至准备玩玩具，“只要能够浑浑噩噩，不想正事就行”。

时髦的止痛膏是世界博览会。止痛膏和病痛并存，就像某种阵发性的寒热病，忽冷忽热，中心也随之变动。① 一切都在移动，在水上走，在陆地跑，在空中飞，花钱，赚钱，参观，疲劳，总之，为了欣赏成功，生活变得更不舒服了——什么成功呢？唔，没什么，成功就是成功。仿佛在三四年时间内在一切方面就能取得这么大的进步似的，仿佛有了铁路就非得把房屋、机器、马厩、大炮，几乎要把花园和菜园……运来运去，

① 指一八五一年在伦敦水晶宫召开首次世界博览会以后，风起云涌，世界各地都在举办展览会和博览会。

从一个地方运到另一个地方去似的。

……好了,开博览会开烦了——又开始打仗,又开始尸横遍野,但愿不要在天上看到什么黑点……

二　旅途上的闲话和餐厅里的俄国同胞

…………

“到安德马特去还有座位吗?”

“大概有吧。”

“是轻便马车吗?”

“也许是吧,十点半您再来看看……”

我看了看表——才两点三刻……于是我恶狠狠地坐到咖啡馆门口的一张长凳上……喧哗声、吆喝声、手提箱被拎过来拎过去,马被不必要地牵过来牵过去;马蹄踩在石头上,蹄声嗒嗒;饭店的侍役在拉客抢生意;女士们则在旅行袋之间寻找什么……嘎吱,嘎吱……一辆四轮驿车驶走了……嘎吱,嘎吱——另一辆又随它之后驶走了……广场上渐渐空了,一切都运走了……骄阳似火,太阳光亮得刺眼,石子路上的石头发着白光;狗躺卧在广场中央,但是忽然怒气冲冲地跳起来,跑到阴影里。胖老板穿着衬衫坐在咖啡馆门口,他不住地打盹。走过来一名卖鱼的女人。“鱼咋卖?”老板带着一种恶狠狠的神气问道。那女人说了价钱。“Carrogna!”〔意语:“混蛋!”〕那老板叫道。“Ladro!”〔意语:“强盗!”〕那女人也嚷道。“走开,老鬼!”“要买吗,强盗?”“好吧,三文提一磅,怎么样?”“让你不得好死!”老板买了鱼,女人收了钱,客客气气地分了手。所有这些骂人话——是一种约定俗成的形式,就像我们使用的礼貌用语一样。

狗仍在睡觉,咖啡馆老板把鱼交给伙计后又继续打盹;阳光火辣辣的,老坐在阳光下叫人受不了。我走进咖啡馆,拿起一张纸,开始写,想写又根本不知道写什么……描写高山和深渊、野花盛开的牧场和山岩——这些在旅行指南里都有了……还不如说些闲言碎语的好。闲言碎语——这是谈天中的休息，谈天后的甜食和调味汁；只有理想主义者和爱好抽象思维的人才不喜欢闲言碎语……但是说谁呢？……说离我们的爱国心最近的对象，——说说我们亲爱的同胞。他们比比皆是，尤其在高档饭店里。

要认出谁是俄国人，还像过去一样，一望便知。尽管旅行者剧增，但是早就被人指出的俄国人极其粗野的特征，还是没有完全磨灭。别人在低声说话的地方，俄国人却大声谈笑，而别人在大声说话的地方，俄国人却一言不发。他们会放声大笑，一讲到什么可笑的事，又会放低声音，哑然窃笑；他们跟饭店里的侍役一混就熟，可是跟邻座却板起脸孔；他们吃东西用刀子，而不用叉子；俄国军人就像德国人，但是又与他们不同，那就是特别放肆的后脑勺，以及后脑勺上怪模怪样翘起的一撮毛；俄国女人在铁路和轮船上的那身打扮令人吃惊，就像英国女人在 table d'hôtel〔法语：饭桌〕上一样。

图恩湖成了个大蓄水罐，我国的高等旅行者均麇集在它的周围。Fremden Liste〔德语：旅客登记簿〕好像是从《备忘手册》①上抄下来似的：大臣和各种要人，各兵种的将军，甚至秘密警察的各种要员也都赫然在目。高官显贵们，mit Weib und Kind〔德语：带着老婆和孩子〕，在饭店的花园里欣赏着自然风光，在它的餐厅里享受着大自然的馈赠。"您是穿过格米或者格里姆塞尔②来的吗？"英国女人问英国女人。"您是住在'Jung-fraublick'〔德语：少女饭店〕或者'维多利亚'吗？"俄国女人问俄国女人。"多美的'Jungfrau〔英语：少女峰〕啊！'"英国女人说。"瞧，赖特恩③（财政大臣）。"俄国女人说……

…………

---

① 这是旧俄出的一种年鉴，上载俄罗斯帝国高级文武官员的姓名。

② 穿越阿尔卑斯山的两条山路。

③ 赖特恩（1820—1890）：一八六二至一八七八年的俄国财政大臣。

Intcinq minutes d'arrêt...

Intcinq minutes d'arrêt...〔法语:停靠二十五分钟,停靠二十五分钟。〕①

车厢里所有的人都纷纷下车,挤进餐厅,抢好座位,在区区二十分钟时间内匆匆吃完饭,因为路段长会从中再剥夺五六分钟,提前用可怕的铃声和喊叫"En voiture"〔法语:"快上车"〕来吓跑你的食欲。

一位穿深色衣服的太太和一位穿浅色衣服的她的丈夫,还有他们的两个孩子,走了进来……又进来一位羞涩、矜持、穿得很寒酸的姑娘,两手拎着一些小袋和小旅行箱。她在门口站了一会儿……然后走到一个角落,坐了下来——几乎就坐在我身旁。侍役的犀利的目光发现了她;他托着盘子,盘子里放着一块烤牛肉,像老鹰一样飞掠而过,落在这位穷姑娘身旁,问她要吃什么。"什么也不要。"她说,这时刚好有一位英国牧师在叫侍应生,这侍役便急忙向他奔去。但是过了不多一会儿,他又飞也似的走到她跟前,挥舞着餐巾,问她道:"您刚才要什么来着?"

那姑娘低声说了一句什么,面孔绯红,站了起来。我的心好像猛地被扎了一下似的。我想帮她,给她点儿什么,但又不敢。

在我还没拿定主意之前,那位穿黑衣服的太太,用她那黑黑的眼睛扫视了一下餐厅,看见了那姑娘,便勾勾手指,叫她过来。她过去了;那位太太向她指了指孩子们没吃完的菜汤,于是那姑娘便站在许多坐着的、惊讶的旅客们中间,不好意思和慌慌张张地吃了两勺汤,便放下了盘子。

"Messieurs les voyageurs pour Ucinnungen Onction et Tontuyx-en voiture!"〔洋泾浜法语:"到乌廷根、蒙特锡昂和东恩图去的各位旅客,请上车!"〕

所有人都急忙向车厢拥去,其实根本用不着这么争先恐后。

---

① 这话说得很快;应为"Vingt cinq minutes d'arrêt"。

我实在憋不住,向一位侍役(不是那只老鹰,而是另一位)说:

“您看见了?”

“怎么看不见——都是俄国人。”

三 在阿尔卑斯山那一边

……意大利诸城市的宏伟建筑与名胜古迹,加上它们的满目荒芜,终于使人厌倦了。现代人到这些城市来观光,总感到生疏,就好像坐在剧院里的不舒适的包厢里,尽管舞台上摆着雄伟的布景。

在这些城市里,生活并不平衡,并不单纯,也不舒适。调门提得很高,一切都好像在进行诗歌朗诵,而且是意大利式的朗诵(谁听过朗诵但丁的作品,谁就知道这朗诵是怎么回事)。一切都显得极不自然,就像莫斯科的哲学家和德国富有学究气的艺术家过去曾经风行一时的做派那样;一切都站在最高点上,vom höhern Standpunkt。——这样高亢的激情排斥 abandon〔法语:自然,从容不迫,无拘无束〕,好像随时都准备反击和进行道德说教似的。连续不断的亢奋常常会使人觉得疲倦和烦躁。

一个人并不总爱赞叹不已,获得精神上的陶冶和拥有高尚的品德,总是被感动,浮想联翩,追思遥远的过去,可是意大利却总不肯让人从某个高亢的音域降下来,总在不断地提醒人,它的街道不是普通的街道,而是名胜古迹,它的众多的广场不仅可供人们徜徉,而且也应对它们进行研究。

与此同时,意大利特别优雅和伟大的一切(也许到处都是),常常与疯狂和荒谬无异,起码使人想起人类的幼年时代……Piazza Signoria〔意语:西格诺里亚广场(在意大利佛罗伦萨)〕——这是佛罗伦萨人的育儿室;米开朗琪罗老爷爷和切利尼①大叔曾经赠予他们许多大理石和青

① 切利尼(1500—1571):意大利雕塑家和金银首饰匠,出生于佛罗伦萨。

铜的玩具,可是他们却把这些东西随意摆放在广场上,而那里曾多次血流成河,决定着他们的命运,而与米开朗琪罗的《大卫》或者切利尼的《珀耳修斯》①……都毫无关系。那里有一座水上城市,因此梅花鲈和河鲈可以在它的大街上游憩……那里有一座石林组成的城市,因此必须变成一只潮虫或者蜥蜴,才能在它的狭窄的谷底和由宫殿组成的悬崖峭壁间爬行和奔跑……这里还有一大片由大理石组成的别洛韦日密林②。怎样的头脑才能够想象出那个被称为米兰大堂的石头森林的平面图,描画出那个由钟乳石堆成的山峰呢?怎样的头脑胆敢把这个疯狂的建筑师的梦想付诸实施呢?……又由谁来出钱,出这笔令人难以置信的巨款呢!

人们只是为一些不必要的事情殚精竭虑,乐善好施。他们最宝贵的是他们的幻想目标。这比一日三餐,比个人的私利更宝贵。利己主义与人道主义一样是需要培养的。可是幻想却不需要培养,不需要理性,它会自然而然地令人神往,令人陶醉。信仰的时代就是出现奇迹的时代。

都灵是一个较新、较少历史性和观赏性的城市。

"它会给人一种平淡如水的感觉。"

是的,可住在这里比较轻松——其所以轻松,正因为它只是一个城市,不是一个靠自己的回忆存在的城市,它是为平平淡淡地过日子,为现实而存在的;这里的街道不是考古博物馆,不是每一步都使我们想起memento mori〔拉丁语:记住死亡〕,而看看居住在这里的工人,看看他们像阿尔卑斯山的空气一样粗犷凛冽的外表——您就会看到这是一些老实敦厚的人,他们比佛罗伦萨人,比威尼斯人更富有生气,也许比热那亚人更坚忍不拔。

不过,我对热那亚人并不了解。对他们很难看清楚:他们总是在眼

① 大理石雕像《大卫》是米开朗琪罗的代表作;铜雕《珀耳修斯》是切利尼的代表作。

② 白俄罗斯的著名原始森林,现为自然保护区。

前一晃而过，跑东跑西，忙忙碌碌，穿梭似的来来去去，匆匆忙忙。在通往大海的各条巷子里行人如织，但是站在那里的人不是热那亚人，而是从五湖四海来的水手们和大小船只的船长们。这里那里到处响着铃声。“Partenza!”“Partenza!”〔意语：“开航!”“开航!”〕——于是一部分芸芸众生开始忙碌起来：有的在装货，有的在卸货。

四　ZU DEUTSCH〔德语：太德国化了〕

……倾盆大雨下了三天，没法出门，又不想工作。书店的橱窗陈列着《海涅通信集》，共两卷①。这救了我——我买了下来，开始阅读，一直到天气放晴。

自从海涅写信给摩泽尔②、伊默尔曼③和瓦恩哈根④以来，光阴荏苒，已经过去了许多年。

说来也怪，从一八四八年起，我们一步步后退，一步步退让，一切都置身事外，龟缩在一边，可是还是办成了一些事，一切都在缓慢地发生变化。我们离地面近了，我们站得低了，也就是说站得更稳了，犁地也犁得更深了，工作看上去似乎不那么辉煌，粗了些——也许，正因为如此，这才是真正的工作。反动势力里的堂吉诃德们捅破了我们的许多气球，气体轻烟缭绕般都飞走了，汽艇坠落了，于是我们也就不再像上帝的使者那样，吹着排箫，唱着预言之歌，盘旋在水面，而是挂在树枝和屋顶上，坠落到大地母亲的怀抱中。

俱往矣，当“青年德意志”⑤“高高地站在美之中”，从理论上解放自己的祖国，并在纯理性和纯艺术的范围内与传统和充满偏见的世界

---

① 指海涅一八二一至一八四二年未曾发表过的通信。

② 摩泽尔(1796—1838)：德国语文学家，海涅的朋友。

③ 伊默尔曼(1794—1840)：德国作家，海涅的朋友。

④ 瓦恩哈根(1785—1858)：德国作家和文学评论家。

⑤ 一八三〇年法国七月革命后开始写作的德国的一批激进青年作家的总称。

决裂的那个时代，已一去不复返矣！海涅厌恶那个光明辉煌的高处，觉得高处不胜寒，尽管歌德晚年曾在那儿危危乎高哉地打过盹，做过《浮士德》第二部中的一些有点杂乱但聪明的梦，然而连海涅也没有能够超出书肆这个范围——他仍旧超不出学校的 aula〔拉丁语：礼堂，大讲堂〕，文人的集会和报刊的园地，以及夹杂在其中的闲言碎语和姑嫂勃谿，以科达或霍夫曼和卡佩①的面貌出现的德国图书出版界的夏洛克②们，格廷根的语文学的高级僧侣们③，哈雷或波恩的法理学主教们。无论是海涅，也无论是他那个圈子的人都不了解人民，人民也不了解他们。那些低洼地的苦难和欢乐，还没有上升到这些山峰，为了使他们了解生活在泥潭中的现代人的呻吟，他们还必须把它拉丁化，并通过格拉古兄弟④和罗马无产者，才能上达他们的圣听。

作为上流世界的文人学士，他们有时候也会走出来，到生活中去，他们也像浮士德一样从小酒店开始，而且也像他一样始终保持着一种书斋里的否定精神，可是这否定精神，由于它的踌躇和动摇，也像浮士德那样，常常使他们不能简单地看问题和看世界。也正因为如此，他们又立刻从生活的源泉回到历史的源泉——在这里，他们才感到得其所哉，尤胜于在自己家里。特别引人注目的是，他们所做的事，不仅不是个事，甚至也不是研究学问，可以说吧，是为学问而学问，为文学而文学。

海涅有时候也反对钻故纸堆和进行考证分析，他想要的是某种别的东西，可是他的书信是纯粹德国式的书信，它属于德国的这样一个时期，它的第一页是儿童时代的贝蒂娜⑤，而它的最后一页则是那个犹太夫人拉埃尔⑥。当我们在他的书信中遇到热情迸发的犹太词语时，我

① 均为当时的德国出版商。
② 莎士比亚喜剧《威尼斯商人》中的放高利贷者。
③ 指格廷根大学的教授们；海涅曾在该校学习法律。
④ 两人都是古罗马政治家和保民官。
⑤ 贝蒂娜（1785—1859）：德国女作家。她曾与歌德通信。
⑥ 拉埃尔（1771—1833）：她是十八世纪初叶德国许多艺术家、文学家、科学家的好友。海涅经常出入她的文学沙龙，她也极力呵护这个年轻诗人。

们会觉得呼吸到一股新鲜空气，可是他自己却立刻对犹太语的热情冷却下来，并且因自己的、远非毫无私心的叛逆，对它十分恼火。

一八三〇年的革命，以及后来海涅的迁居巴黎，对他起了很大的推动作用。“Der Pan ist gestorben！”〔德语：“潘死了！”〕①他兴高采烈地说，于是他便急忙赶到那里，——赶到巴黎，赶到那个我从前曾经病态地热烈向往的地方；他想在那里看到“伟大的法国人民”和“骑在灰色马上四处奔走呼号的满头白发的拉斐德②”。但是很快文学就占了上风，他的书信里里外外都充满了文学界的流言蜚语、人身攻击，其中又不时出现对命运，对健康，对神经，对不好的心情的埋怨，从中流露出受到损害的极其强烈的自尊心。在这里，海涅也表现得不真实。他那种冷冰冰而又夸大其词的波拿巴主义，就像浑身上下梳洗得干干净净的汉堡的犹太佬，不是在书本上，而是在街道和广场上，听到人民的大声疾呼后感到既厌恶又恐惧一样，令人感到厌恶。他受不了不是在书斋和瓦恩哈根的沙龙，他称之为像“瓷器”般精美的瓦恩哈根·冯·恩泽的沙龙的古板的环境中举行的工人集会。

然而，他的自我尊严感，也仅限于两手洗得干干净净和手上没有烟味。不过，为此而责备他也难。这种自我尊严感不是德国人的，也不是犹太人的，然而不幸，也不是俄国人的。

海涅③和普鲁士政府调情，通过它的大使，通过瓦恩哈根巴结它，同时又咒骂它④；他一方面与巴伐利亚国王调情，另一方面又报以辛辣

① 不确切地引自海涅《路德维希·伯尔纳》第二部。潘是希腊神话中的森林之神。

② 拉斐德（1757—1834）：十八世纪法国革命的参加者，一八三〇年法国革命时期任法国国民自卫军司令，曾推翻法王查理十世。

③ 海涅是具有犹太人血统的德国人。

④ 由普鲁士国王豢养的那个天才不也是这样做的呢？他的两面三刀给他自己招来了许多带刺的话。一八四八年以后，那个极端保守的封建主汉诺威国王，来到波茨坦。在王宫的楼梯上欢迎他的有许多御前大臣和穿着宫廷侍从燕尾服的洪堡，不怀好意的国王停下来，微笑着对他说：“Immer derselbe：immer Republikaner und immer im Vorzimmer des Palastes.”〔德语：“依然是同一个人：永远是共和派，又永远在宫廷的前厅里侍奉国王。”〕——作者原注

的讽刺;他一方面羞答答地拿着德国议会的“高额”薪俸,另一方面又用辛辣的嘲笑对自己的恶劣行为自我解嘲。

这一切难道还不足以说明,为什么在德国爆发的学究式革命,在一八四八年会这么快就熄灭吗?这革命只是文学上的昙花一现,它就像克罗尔花园中燃放的焰火,瞬息即逝;它的领袖是教授,它的将军是语文学家,它的战士是脚蹬骑兵长靴、头戴贝雷帽的大学生,一旦革命从形而上学的勇敢和文字上的胆量转到广场上时,他们便会背叛革命。

除了少数几个盲目冒进或者执迷不悟的工人以外,人民是不会跟这些面容苍白的领袖走的,对人民而言,这些人始终是局外人。

当战争①爆发的前一年,俾斯麦伯爵②得心应手地准备狠狠地敲掉格拉博夫③及其同伙们的牙齿时,我问柏林的一个左派议员:“俾斯麦欺人太甚了,你们怎么能容忍他这么胡作非为?”

“我们已经在宪法 innerhalb〔德语:在……范围内〕做了我们所能做的一切。”

“唔,那你们也应当学学你们政府的样,尝试一下 ausserhalb〔德语:越出这个范围〕呀。”

“您要我们干什么?向人民发出号召,让他们抗税吗?这是幻想……没有一个人会拥护我们,没有一个人会支持我们……我们只会以此证明自己的弱点,让俾斯麦又一次旗开得胜。”

“唔,那我也只好像你们的主席那样,在每次挨了人家的耳光之后,说:请三呼‘Es lebe der König!’〔德语:国王万岁!〕之后,就乖乖地回家吧!”

---

① 指一八六六年普鲁士与奥地利的战争。

② 应为公爵。

③ 格拉博夫(1802—1874):德国自由派,一八四八至一八四九年任法兰克福和柏林立宪会议主席,一九六〇年反对俾斯麦的军国主义政策。

五　彼世界和此世界

(一)彼世界

……“Villa Adolphina …… 阿道尔芬? …… 这到底是怎么回事? ……Villa Adolphina, grands et petits appartements, jardin, vue sur la mer...”〔法语:“阿道尔芬别墅,大小房间,花园,面临大海。”〕

我进去一看——一切都很清洁,很好,树木,花草,院子里有一些英国孩子在玩耍,胖胖的,软软的,脸蛋红红的,我衷心希望他们永远碰不到吃人的妖精……出来了一位老太太,她问明了我的来意,开始了谈话,她先申明,她不是女仆,“多半是出于交情”在这里帮帮忙,Adolphine 太太到医院或者养老院去了,她是养老院的施主和保护人。然后她领我去看了那个“非常舒适的套间”,在避暑季节,它还是头一次无人居住,可是今天上午有两位美国人和一位俄国公爵夫人已经来看过房子了,因此那个“多半是出于交情”在这里帮忙的老太太真心诚意地劝我不要错过机会。我先对她的这种突如其来的关心和好意表示感谢,接着我就问她:

“Sie sind eine Deutsche?”〔德语:“您是德国人吗?”〕

“Zu Diensten. Und der gnädige Herr?”〔德语:“愿为您效劳。您呢,先生?”〕

“Ein Russe.”〔德语:“俄国人。”〕

“Das freut mich yu sehr. Ich wohnte so lange, so lange in Petersburg.〔德语:“很,很高兴。我曾经在彼得堡住过很长,很长时间。”〕不瞒您说,这样好的城市现在似乎没有,也不会有了。”

“听到这话很高兴。您早就离开彼得堡了吗?”

“是的,反正不是昨天;我们住在这里至少有二十年了。我从小就跟 Adolphine 太太是好朋友,后来也从来没想过要离开她。她很少管理家务,她家的一切都马马虎虎,无人照看。当 meine Gönnerin〔德语:我的保护人〕买下这个小小的乐园以后,就立刻写信给我,让我从不伦瑞克搬了来……"

"那您住在彼得堡的什么地方呢?"我突然问。

"噢,我住在城里的一个最好的地区,住在那里的 lauter Herrschaften und Generäle〔德语:全是显贵和将军〕。我曾多次见过已故的皇上,他坐着马车和一匹马拉的雪橇走过,so ernst〔德语:那么威严〕……可以说是真正的 potentan〔拉丁语:一国之主〕。"

"您住在涅瓦大街,在海洋街?"

"是的,不过不完全在涅瓦大街,而是在附近,挨着警察桥①。"

"行了……行了,怎么不知道。"我想,于是我就请这位老太太传话,就说我将前来找 Adolphine 太太本人商谈租房事宜。

每逢我碰到旧时代的遗老遗少,加上残破的古迹,无论它是维斯塔②神庙,还是其他神的神庙,都一样……我都免不了感慨万千。那位"凭交情"的老太太,穿过花园,把我送到大门口。

"我们的邻居也曾经在彼得堡住过很久……"她向我指了指一座粉刷得很漂亮的大宅子,不过这一回挂着一块用英文写的招租牌:"Large and small app <artement>(furnished or unfurnished)"〔英语:"大小房间(带家具或不带家具)"〕……"您大概记得弗洛里安尼吧?他曾经是位 Coiffeur de la cour〔法语:宫廷理发师〕,住在米里翁街附近;他碰到了件麻烦事……受到了牵连,差点没去西伯利亚……要知道,因为他太老实了,——当时就这么厉害。"

"哼,"我想,"看来她非把弗洛里安尼说成是我的'难友'不可。"

"是的,是的,现在我模模糊糊地想起了这件事,这事牵涉到主教公会的总检察长,还有一些神学家和近卫军……"

---

① 警察桥附近有警察局,故名。不远处则是第三厅(豌豆街的红桥旁)。

② 古代的灶神和火神。

"瞧,他来了。"

……一位干瘪的、没牙的小老头走出了大门,戴着一顶海员或儿童戴的小草帽,帽子外面箍着一条蓝绶带,穿着一件豌豆绿的短大衣和一条条纹布的短裤……他抬起他那干涩的、没有生气的眼睛,薄薄的嘴唇嚅动了一下,向"凭交情"的老太太点了点头。

"要不要我叫他过来?"

"不要,多谢了……我不是干他这一行的——瞧,我也没有刮胡子……再见。请告诉我,我有没有弄错:monsieur Floriani〔法语:弗洛里安尼先生〕是不是得过红绶带?"

"对,对,他捐过很多钱!"

"他心好。"

在古典主义时代,作家们喜欢把早已死去和不久前死去的人置于彼世界,以便让他们在那里谈天说地。在我们这个现实的时代,一切都在人间,甚至一部分彼世界也搬到了此世界。爱丽舍田园①一望无际,绵延在爱丽舍河两岸,爱丽舍河的入海口则汪洋恣肆,化成一眼眼含有硫磺的温泉,并在山麓汇成一个个湖泊;它们可以论亩出售,开辟成葡萄园……一个人经过动荡不安的一生以后死了,他的一部分便在这里度过灵魂转化的始初阶段,并进入炼狱的预备班。

任何人活了五十年左右以后,便会抛弃整个世界,甚至两个世界;对它的消失,他也习惯了;并且习惯于看到另一幕的新布景;突然,早已死去的那个时代的一些人名和人,会越来越频繁地出现在他正在走的路上,唤起许许多多埋葬在无尽无休的记忆墓道中的鬼魂和画面,一想到这些人名和人,不是使他莞尔微笑,便是使他喟然长叹,有时甚至会使他几乎失声痛哭……

① 一译福地或极乐世界,指人(主要是受到神宠爱的英雄和虔诚的信徒)死后灵魂永远安息的地方。这个神话存在于许多民族中。福地,有的说在世界的尽头,有的说在大洋的彼岸,有的说在高山之外,有的说在荒漠的那一边。后来这一传说又为基督教所接受,成为天堂这一概念的基础。

那些像浮士德一样想看到自己的“母亲”，甚至“父亲”的人，不需要任何梅菲斯特的帮忙，只要买一张火车票，上一趟南方就成，从戛纳和格拉斯①开始，那些早已过去的时代的鬼魂，常常在海滨晒太阳，优哉游哉，聊以卒岁；他们紧靠着大海，安详地驼着背，在等着卡戎②和自己的死期。

在这个 Città 的大门口（还不是十分 dolente〔Città dolente，意语：悲惨之城〕的），有一个看门人，高高的个子，驼着背，仪态庄重，他的名字叫布鲁厄姆勋爵③。他在经过漫长的、正直的、充满了没有成效的劳动的一生以后，他整个人，以及他一边高一边低的白眉毛，都表现出了但丁在地狱大门口的一部分铭文：Voi ch' entrate〔意语：你们走进这里……〕，想用日常的手段来纠正年深月久的、历史的罪恶，lasciate ogni speranza〔意语：必须放下任何希望〕④。布鲁厄姆老人是一位优秀的前辈，是不幸的卡罗琳王后的辩护人⑤，是罗伯特·欧文的朋友，是坎宁⑥和拜伦的同时代人，是麦考利⑦没有写完的最后一卷《英国史》，他把自己的别墅造在格拉斯和戛纳之间，造得非常好。除了他，还有谁能作为和解的招牌树立在临时炼狱的大门口，而不致把活人吓跑呢？

紧接着，我们就 en plein〔法语：完全地，整个地〕进入了一些男高音和一些女舞鞋已经绝响的世界，这些男高音在三十年前曾震撼过我们十八岁的胸膛，这些女舞鞋也曾使我们的心与全场观众的心一起陶醉和几乎停止跳动，——可是现在这些纤足都结束了自己的舞台生涯，穿

---

① 均为法国南方的旅游胜地，许多人在此养病和颐养天年。

② 希腊神话中把鬼魂渡过冥河的艄公。

③ 英国大法官兼上议院议长，他在退出政治舞台后曾在地中海边的戛纳度过自己的最后三十年。

④ 但丁在《神曲》中写在地狱大门上的铭文。

⑤ 卡罗琳王后（1768—1821）：英王乔治四世的妻子，她被控对丈夫不忠，布鲁厄姆担任她的辩护律师，一八二〇年庭审时曾为她发表著名的辩护演说。因而卡罗琳被宣判无罪。

⑥ 坎宁（1770—1827）：英国国务活动家，托利党领袖之一，曾任英国外交大臣和首相。

⑦ 麦考利（1800—1859）：英国历史学家，曾著有《英国史》四卷，未写完而赍志以殁。

上它的女主人亲自用羊毛编织的旧便鞋，出于无谓的勤奋，啪哒啪哒地跟在侍女后面跑东跑西，同时又出于合理的勤俭节约，忙于家务……

……于是这一切便以大小不等的间隔，一直延伸到亚得里亚海，一直延伸到科摩湖畔和某些德国的矿泉地（Flecken〔德语：乡镇〕）。这里是塔利奥尼①的别墅，那里是鲁比尼②的宫殿，这里是芬尼·埃尔丝内③以及其他许多人……du prétérit défini et du plus-que-parfait〔法语：过去的和早就过去的〕人的庄园。

除了从小剧场的舞台上下台的演员以外，还有一些是在世界上最大的舞台上下台的演员，他们早就被从海报上除名，早就被人遗忘，——他们只能像辛辛纳图斯④和哲学家那样违心地在静谧的乡间了此余生。在从前曾经出色地扮演过帝王的演员们中间，也可以遇到一些从前曾经拙劣地扮演过自己角色的帝王。这些帝王就像印第安人死了，总要让自己的妻妾陪葬一样，他们也总要随身带上两三名亲信的大臣，这些大臣曾热心地帮助过他们垮台，因而自己也与他们一起倒了台。在这些人中间既有沐猴而冠的帝王，初次登台便被群众嘘下了台，可是他们还在等待着，群众也许会幡然醒悟，给予他们较公正的评价，让他们重新上台。但是其中也有这样一些人，历史剧场的 impresario〔法语：经理〕还没允许他们登台亮相，——他们就胎死腹中，他们有昨天，但是没有今天——他们的传记在他们还没有出生以前就写完了；他们是早被废弃的王位继承法留下的死婴，是业已灭亡的王朝的生命危浅、朝不保夕的遗老遗少。

此外还有那些以吃败仗著名的将军们，葬送了自己国家的工于心计的外交家们，输光了自己家产的赌徒们，以及那些如今已满脸皱纹、满头白发，想当年，却曾使这些外交家和这些赌徒神魂颠倒的老太太

① 意大利芭蕾舞演员。
② 意大利男高音歌唱家。
③ 奥地利芭蕾舞演员。
④ 辛辛纳图斯（公元前5世纪）：古罗马政治家，平时和晚年均躬耕田间，不问政治。

们。这些国家级的出土文物，还像过去一样在吸鼻烟，就像他们过去在波左·迪·波尔哥[①]，在阿伯丁勋爵[②]和埃斯特哈齐公爵[③]那里吸鼻烟一样，并且和“出土的”M-me Récamier〔法语：雷卡梅夫人〕[④]时代的大美人儿们一起回忆着利文夫人[⑤]的客厅，拉布拉凯[⑥]的青年时代，马利布兰[⑦]的初次登台，以及叹服帕蒂[⑧]在这些人之后还敢公开演唱……与此同时，一些从前在绿呢牌桌旁厮混的人，如今已因中风而半身不遂，两腿水肿，他们哼哼哧哧，步履蹒跚，还在跟一些老太太谈论另一些沙龙和另一些名流，谈大胆的赌注，谈基谢廖娃伯爵夫人[⑨]，谈霍姆堡和巴登[⑩]的轮盘赌，谈已故的苏霍扎涅特[⑪]的豪赌，谈宗法制时代德国矿泉地的王公统治者，怎样与赌场老板坐地分赃，把中世纪对旅客危险的形同抢劫的赌博变成庄家和 rouge ou noir〔法语：红或黑〕[⑫]们的和平竞技场。

……所有这一切现在还在呼吸，还在活动：不过有人的两只脚已经站不住了，而是坐在轮椅里，坐在马车里的毛皮毯子上，有人则在仆人的搀扶下而不用拐杖，有时则因为雇不起仆人而只好用拐杖。那些“外国旅客登记簿”就像古老的官职姓名录，就像“纳瓦利诺战役和征

---

① 波左·迪·波尔哥(1764—1842)：伯爵，出生于科西嘉，俄国外交家，维也纳会议上的俄国代表，波旁王朝复辟时期的俄国驻巴黎公使。

② 阿伯丁(1784—1860)：英国政治家，保守派。

③ 埃斯特哈齐(1786—1866)：奥地利外交家。

④ 雷卡梅夫人(1777—1849)：一位银行家的夫人，以她在巴黎的沙龙而闻名，该沙龙曾是拿破仑帝国及波旁王朝复辟时期的政治和文学中心。

⑤ 利文夫人(1784—1857)：俄国驻英大使利文公爵之妻，以她在彼得堡后来又在伦敦的沙龙而闻名。

⑥ 拉布拉凯(1794—1858)：意大利歌剧男低音歌唱家。

⑦ 马利布兰(1808—1836)：法国女歌唱家。

⑧ 帕蒂(1843—1919)：意大利女歌唱家。

⑨ 俄国驻巴黎大使基谢廖夫的夫人。

⑩ 德国的两个温泉胜地。

⑪ 俄国将军，以豪赌闻名。

⑫ 此处转意为赌客。

服阿尔及利亚时代”撕下的报纸的一角。

除了上述三个高等级的陨落的星星以外，还存留着一些其他彗星和天体，它们利用人们特殊的嗜血冲动，在三十年前吸引着芸芸众生无所事事和爱看热闹的好奇心，人们注视着一个又一个案例，从尸体横陈到绞刑架，从成堆的黄金到服苦役。在这些人中，还有各种因“缺乏证据”而被法院释放的投毒犯和伪币制造者，也有一些在中央监狱或者劳动营完成了精神治疗的犯人，也有不少是缺席判刑的人，等等。

在这些温暖的炼狱中，最少遇到的是在革命风暴和失败的人民起义中浮上岸来的鬼魂。怒眼圆睁的、恶狠狠的雅各宾山岳派分子，则宁可生活在凛冽的寒风中；而神情忧郁的斯巴达勇士则宁可隐姓埋名于伦敦的大雾中……

（二）此世界

1. 鲜花。——最后的莫希干姑娘①

“咱们去参加 bal de l' Opéra〔法语：歌剧院舞会〕吧——现在正是时候：一点半。”我坐在 Café Anglais〔法语：英吉利咖啡馆〕的一个小房间里，从桌旁站起来，对一位俄国画家说，他老是咳嗽，从来也没有完全安静下来过。我需要到外面去，到热闹的地方去，此外，我还害怕同我的这位涅瓦河畔的克洛德·洛兰②长时间的 tête-à-tête〔法语：促膝谈心〕。

“走啊。”说罢，他又给自己倒了一杯白兰地。

这是在一八四九年初，在两场大病之间的虚假康复期，还在希望，或者似乎还在希望有时候能够闹一闹和乐一乐。

我们在歌剧院的舞厅转悠了一会儿，就站下来欣赏一组跳得特别漂亮的卡德里尔舞，那是由脸上搽粉的码头工人和鼻子上涂了白粉的

① 《最后的莫希干人》是美国作家库珀的著名小说。这里是借用，用以指那个硕果仅存的美丽的姑娘列昂京娜。

② 洛兰（1600—1682）：法国风景画家。

小丑，再由四个小姑娘配对儿组成的，这四个小姑娘都很年轻，年约十八九岁，婀娜多姿而又十分可爱，她们跳呀跳呀，跳得非常开心，不知不觉地由卡德里尔舞跳成了康康舞。我们还没来得及大饱眼福，卡德里尔舞蓦地变了样，正如检查制度十分猖獗的时候我国的一些记者们所说，"出现了一种不以跳舞者的意志为转移的情况"。一名舞女，唉，就是那个最漂亮的小妞，那么灵巧或者那么不灵巧地把肩膀一缩，她身上穿的那件衬衫便滑落了下来，露出半个乳房和一部分后背，稍许超过了那些英国女人的惯常表现，尤其是那些徐娘半老的英国女人，她们在最古板的招待晚会上和考文花园①的最显眼的包厢里，除了自己的肩膀外，已经没有任何东西能够吸引别人的眼球了（因此在剧院的二层根本无法正襟危坐，目不斜视，静听 *Casta diva*〔意语：《贞洁的女神》〕或者 *Sub salice*〔意语：《柳树下》〕②）。

我刚对那位得了感冒的画家说："快把米开朗琪罗和提香请来，快快拿起您的画笔，要不然，她拉上了衣服，您就来不及了。"一只巨大的黑手，不是米开朗琪罗的手，也不是提香的手，而是 gardien de Paris〔法语：巴黎警察〕的手，一把抓住她的脖领子，把她拽出了卡德里尔舞，带走了。这姑娘不肯走，就像要给孩子们用冷水洗澡，孩子们死也不肯去那样，但是人间应有的正义和秩序还是占了上风，它们的要求得到了满足。其他几个跳舞女郎和与她们配对的小丑，面面相觑，又重新找了个码头工人，又开始把腿举得高过头顶，又开始彼此跳开，以便更猛烈地再向前进，几乎丝毫也没有在意普洛塞庇娜③的被劫。

"咱们跟过去瞧瞧警察会怎么处理她，"我对我的同伴说，"我看见警察把她带走时进了那扇门。"

我们从一侧的小楼梯下去。谁看到和记得一只青铜狗怎样全神贯

---

① 考文花园是伦敦最有名的和最古老的歌剧院。

② 都是当时流行的浪漫曲。

③ 即希腊神话中的珀耳塞福涅，她是司谷物生长和土地丰收的女神，据说，她曾被冥王哈得斯劫走，带到冥国。

注和略带激动地注视着乌龟的，谁就能够很容易地想象出我们所看到的那个场景。那个不幸的姑娘穿着自己那身单薄的衣裳，坐在楼梯的石级上，面对着穿堂风，在眼泪汪汪地哭；站在她面前的是那个枯瘦、高大的市政当局的警察，一副恶狠狠而又严厉的愚蠢表情，下巴颏上长着一撮毛，唇髭已经有点灰白，穿着全套警服。他抱着双手，俨乎其然地站在那里，注视着这姑娘，看她哭到什么时候算是一段，同时催促道：

"Allons，allons！"〔法语："走吧，走吧！"〕

那姑娘以攻为守，在眼泪汪汪和抽抽搭搭的哭泣中说：

"... Et... et on dit... on dit que... que... nous sommes en République... et... on ne peut danser comme l'on veut!..."〔法语："……而且……而且还说……还说呢……说……我们实行了共和制……可是……却不能爱跳什么舞就跳什么舞！……"〕

这一切是这么可笑，又这么叫人觉得可怜兮兮，于是我决定来搭救这个女俘虏，并在她的心目中挽回共和制政府的名誉。

"Mon brave〔法语：我的好老总〕，"我对那个警察说，尽量表现出既恭敬又曲意奉承的样子，"您准备怎么处理这位 mademoiselle〔法语：小姐〕呢？"

"把她关起来，au violon〔法语：拘留〕到明天。"他板着面孔回答道。

她哭得更厉害了。

"让她学会怎样脱衣服。"这位秩序和社会道德的维护者又加了一句。

"这就太不幸了，brigadier〔法语：老总〕，您就饶了她吧。"

"不行。La consigne〔法语：这是明令禁止的〕。"

"不是赶上过节吗……"

"您操这份心干吗？Etes-vous son réciproque？〔法语：您是她的朋友吗？〕"

"我有生以来第一次看见她，parole d'honneur！〔法语：说实话！〕连她叫什么名字我都不知道，不信您问她。我们是外国人，巴黎竟会这么严厉地对待一个弱女子,avec un être frêle〔法语:对待这么一个弱不禁风的人〕,我们感到奇怪。我们一直以为这里的警察非常善良……为什么一般允许跳康康舞,既然允许了,老总先生,有时就会情不自禁地或者把脚抬得太高了,或者把衣领拉得太低了。”

“也许是这样吧。”那位代表市政当局的警察叹服于我的如簧之舌,而主要是我说的外国人对巴黎警察有这样的溢美之词,使他深受感动,说道。

“再说,”我说道,“您瞧您做的这事。您会让她感冒的,——怎么能把一个半裸体的孩子从闷热的舞厅里拎出来,让她坐在穿堂风里呢?”

“她自己不肯走嘛。好了,就这样吧:如果您能向我保证她今天不再进舞厅,我就放了她。”

“好极了!不过我料想老总先生也一定会高抬贵手的——我打心眼儿里感谢您。”

接着,我不得不与获得解放的这个小可怜儿进行谈判。

“对不起,我与您萍水相逢,尚无缘与您相识,却为您说了几句公道话。”

她向我伸出了热乎乎的、潮湿的小手,并用更加潮湿而又热烈的眼神望着我。

“您听到是怎么回事了吧?如果您不向我保证,或者不如说,如果您不立即离开这里,我就没法替您担保。其实,您的牺牲也不大;我想,现在已经三点半了。”

“我愿意,但是我要去拿一下斗篷。”

“不行,”铁面无私的秩序维护者说,“一步也不能离开这里!”

“您的斗篷和帽子在哪?”

“在某某号包厢,某某排。”

那位画家本来想拔腿去拿,但是又停了下来,问道:“人家怎么肯给我呢?”

“您只要告诉他们发生了什么事，并说是小列昂京娜让您来的……瞧这舞会竟搞成这样！”她又加了一句，那副神态就像人们在墓地上说：“安息吧。”

“要不要我给您叫辆出租马车来呢？”

“我不是一个人。”

“还有谁？”

“还有一个朋友。”

那位画家回来时，感冒得更厉害了，他两手拿着帽子和斗篷，还带来一名年轻的店员或者commisvoyageur〔法语：推销员，伙计〕。

“不胜感激。”他对我说，伸手碰了碰帽檐，接着又对她说：“你总是给我惹事！”他粗暴地挽住她的胳臂，几乎跟警察抓住她的衣领时一样，接着便消失在歌剧院的大过厅里……“可怜的人儿……她非挨揍不可……什么审美趣味呀……她……还有他！”

我们甚至觉得非常懊恼。我建议画家去喝一杯，他没有拒绝。

过了一个月。我们商量好了，共五个人：维也纳的革命鼓动家塔乌泽瑙、豪〔格〕将军、米勒-斯〔特鲁宾〕，此外还有一位先生，决定再一次去光顾一下那个舞会。因为无论是豪〔格〕还是米勒，还从来没有去过那里哩。我们都站在一起。突然，一个戴面具的人挤呀挤呀，总算挤了过来——一直挤到我跟前，差点没扑到我的脖子上，说道：

“那天我都没来得及向您道谢……”

“Ah，mademoiselle Léotine〔法语：啊，列昂京娜小姐……〕……能看到您，我非常，非常高兴；至今，您那眼泪汪汪的小脸蛋，您那噘起的小嘴唇，我还历历在目；您当时太可爱了；不过决不是说您现在不可爱。”

这个小妖精笑吟吟地看着我，因为她知道我说的是真话。

“那天难道您没有着凉吗？”

“一点没有。”

“为了纪念您的被俘，如果您肯赏光，肯赏光的话，您就必须……”

“又怎么啦？Soyez bref〔法语：请说简单点〕。”

“您就应该跟我们去吃夜宵。”

“很高兴，ma parole〔法语：真的〕，不过不是现在。”

“那么我在哪儿能找到您呢？”

“甭耽心，我自己会找到您的，四点整。不过是这么回事，在这里，我不是一个人……”

“又是跟您那位朋友吗？”我不由得倒抽一口冷气。

她大笑。

“这朋友不是非常危险的。”于是她给我领来一位十七岁上下的小姑娘，一头金黄色头发，蓝眼睛。

“她就是我的朋友。”

我也邀请了她。

四点的时候，列昂京娜跑来找我，向我伸出了手，于是我们就一起到 Café Riche〔法语：里歇咖啡馆〕①去了。尽管那儿离歌剧院很近，但是豪〔格〕在到咖啡馆的路上就爱上了安德利亚 · Del Sarto〔意语：德尔 · 沙托〕②的《圣母像》，也就是说他爱上了那位金发女郎。我们刚在餐桌旁坐下，还在吃第一道菜的时候，豪〔格〕就对她的头发和眼睛的丁托列托③式的美作了长篇大论和滑稽可笑的描述，接着便开始了说教，说什么长着一副像圣母一般的脸和具有天使一般纯洁的表情，却去跳康康舞，就显得不太雅观了。

“Armes，holdes Kind！〔德语：可怜而又可爱的孩子！〕”接着他又面向大家补充道。

列昂京娜趴到我的耳朵上说：“为什么您的朋友要讲这样无聊的 fatras〔法语：废话〕呀？再说他干吗来参加歌剧院的舞会呢——他应该到马德兰教堂④去呀。”

---

① 这是巴黎意大利林阴道最时髦的咖啡馆。

② 德尔 · 沙托（1486—1531）：文艺复兴时期的意大利画家，《圣母像》是他的名画。

③ 丁托列托（1518—1594）：意大利文艺复兴时期威尼斯画派的重要画家。

④ 巴黎的一座贵族教堂，以内部装修的豪华和建筑的华丽著称。

“他是**德国人**，他们都有这毛病。”我对她悄声道。

“Mais c’est qu’il est ennyeux votre ami avec son mal de sermonts. Mon petit saint, finiras-tu donc bientôt?”〔法语：“但是，您那朋友，他得了这种说教的毛病，烦死了。我的亲爱的圣徒，你快说完了吗？”〕

听累了的列昂京娜，一边在等候他的说教结束，一边就斜倒在沙发榻上。她对面刚好挂着一面大镜子，她不停地照镜子，不禁自我欣赏起来；她伸出一根手指，向我指了指镜中的自己，说：

“怎么样？我头发蓬乱，衣服皱巴巴的，又是这么一副姿势，我好像长得的确不赖。”

说完这话后，她突然垂下眼帘，脸红了，而且红得很明显，一直红到耳朵根。为了掩饰自己的羞赧，她开始唱一首著名的歌，这首歌曾被海涅翻译成德语，弄得面目全非，而原诗却朴实无华得可怕：

> Et je mourrai dans mon hôtel,
> Ou à l’Hôtel-Dieu.
> 〔法语：我将会死在自己家，或者死在救济院。〕

真是个奇怪的小东西，一个捉摸不定的、活泼的小东西，她是歌德哀歌中的那个“蜥蜴”①，一个处在无意识迷醉状态中的孩子。她的确像只蜥蜴，没有一分钟能够安安静静地坐着，也没有一分钟能够不开口，不说话。当她无话可说时，她就唱歌，她就照镜子，做鬼脸，而且做这一切时像孩子一样无拘无束，像女人一样优雅从容。她的 frivolité〔法语：轻佻〕是天真的。她偶然旋转起来后就不停地转呀……飞呀……还没有一种推动力能使她在悬崖边止步，或者干脆把她推进深渊，她已经走了很长一段路，但是还能回头。她冰雪聪明和优雅的天性，还能够使她回头是岸。

这个典型，这个圈子，这个环境，如今已不复存在。这是昔日大学生的 la petite femme〔法语：可爱的女子，女友，心上人〕，这是从拉丁区跑到

---

① 歌德曾在他的组诗《威尼斯铭语》中称威尼斯的年轻风流女子为“蜥蜴”。

塞纳河这边来的轻佻娘们,既没有成为在街上拉客的不幸的野妓,也没有拥有茶花女那种稳固的社会地位。这一典型已不复存在,正像现在没有炉边的促膝谈心,没有圆桌旁的朗诵和边喝茶边闲聊似的。形式变了,声音变了,人变了,说的话也变了……现在有自己的音阶,自己的crescendo〔意语:渐强,高亢的音调〕。三十年代轻佻的、略显放荡的因素——du leste,de l'espièglerie〔法语:打情骂俏和恶作剧〕——转而成为奢侈摆阔,当然,其中不乏红辣椒,但也保留着火热的、不拘形迹的优雅,保留着某种俏皮和智慧。随着买卖的扩大,商业抛弃了一切多余的东西,把一切内在的东西都牺牲给了商店的招牌和橱窗。列昂京娜这一典型,是巴黎机灵活泼的gamine〔法语:小妞〕的典型,她活泼好动,聪明伶俐,娇憨可爱,光彩照人,自由自在,必要时也很高傲,但是现在这一典型已经不需要了——附庸风雅转而成为卖弄风骚。对于寻花问柳的洛弗拉斯①来说,他需要的只是风骚娘们,尤其是一个名花有主的风骚娘们。这样既省钱,又可超脱利害考虑——他对她可以予取予求,而不必自掏腰包,只需用一点extra〔法语:额外的花销〕就成。一位在路易·非力浦当政之初度过自己美好岁月的老人对我说:"Parbleu,je ne me retrouve plus—où est le fion,le chique, ou est l'esprit?... Tout cela, monsieur... ne parle pas,monsieur,—c'est bon, c'est beau wellbredet, mais... c'est de la charcuterie... c'est du Rubens."〔法语:"说真格的……已经面目全非,我再也认不出来啦……见鬼……那种优雅、优美、妙语连珠,都到哪去了呢?……这一切,先生,再也谈不上啦。这太美啦……这太令人赏心悦目啦,但是现在……却发出一种肉铺(一种人肉买卖——译者)的味道,发出一股鲁本斯的味道。"〕

这使我想起在五十年代,善良而又可爱的塔朗迪埃,他对他的法国情有独钟,但又感到非常遗憾,他以音乐为例说明了它的堕落。他说:"在二月革命后的最初那些日子里,我们是伟大的,到处在唱《马赛

① 英国小说家理查逊(1689—1761)的长篇小说《克拉丽莎》中的男主人公。克拉丽莎爱上了他,可是他只想玩弄她。克拉丽莎终于被他强奸,悲愤而死。

曲》——在咖啡馆，在街头，在游行队伍，——到处都是《马赛曲》。每个剧场都有自己的《马赛曲》，有的在炮声隆隆中唱，有的跟着拉歇尔①唱。到了比较平淡、比较平静的日子……*Mourir pour la patrie*〔法语：《为祖国而死》〕②单调的声音便代替了《马赛曲》。这还没什么，我们堕落得更深……*Un sous-lieutenant accablé de besogne... drin, drin, din, din, din...*〔法语：《干活干得筋疲力尽的少尉，丁零，丁零，丁，丁，丁》〕③这支糟透了的歌，全城(这个世界的首都)，全法国都在传唱。这还没完：紧接着我们又从上到下演奏起和唱起了 *Partant pour la Syrie*〔法语：《到叙利亚去》〕④和 *Qu'aime donc Margot... Margot*〔法语：《然而他却爱玛戈……玛戈》〕⑤——就是说，净唱这些无聊和淫猥的东西。糟得不能再糟了。”

还有更糟糕的呢！塔朗迪埃既没有预见到 *Je suis la femme à barrbe*〔法语：《我是一个长胡子的女人》〕，也没有预见到《沙佩尔》⑥——他还处在附庸风雅的时代，还没有到卖弄风骚的时代。

直截了当地纵情肉欲，这不需要任何装饰。肉体战胜了精神，正如十年前我说的，la fille de marble〔法语：大理石姑娘〕玛戈，排挤了贝朗瑞的丽采特⑦和世界上所有的列昂京娜。丽采特们自有她们自己的人道精神，自己的诗意和自己的贞操观。她们爱热闹和爱看演出胜于爱酒和晚餐，她们之所以爱晚餐也主要由于晚餐上的演出、灯光、糖果和鲜花。没有跳舞和舞厅，没有哈哈大笑和天南地北地闲聊，她们就没法

---

① 拉歇尔(1821—1858)：法国经典悲剧女演员。在法兰西喜剧院的舞台上占统治地位长达十七年之久。她早年曾在里昂和巴黎街头卖唱。

② 这是《马赛曲》的作者鲁日·德·李尔创作的另一首歌曲，加上另一位诗人的歌词，曾在一八四八年革命时期在法国广为传唱，被誉为“第二马赛曲”。

③ 十九世纪五十年代法国咖啡馆里的流行歌曲。

④ 这也是当时法国咖啡馆的流行歌曲。

⑤ 当时法国两个二三流作家写的歌剧《大理石姑娘》中的插曲，当时曾十分流行。

⑥ 以上两首歌都是当时法国咖啡馆中颇为流行的黄色歌曲。

⑦ 贝朗瑞(1780—1857)：法国歌谣诗人。丽采特是他诗歌中讴歌的一个平民少女，是个轻佻的姑娘，见贝朗瑞《丽采特的贞操》等一系列诗歌。

活。在最华丽的后宫中,她们也会在一年内枯萎而死。她们的最高代表就是德雅泽①——在世界的大舞台和演杂耍的 théâtre〔法语:剧场〕。德雅泽就好像是贝朗瑞的欢快的歌曲和伏尔泰的醒世警句,她在四十岁时仍是年轻的②,德雅泽就像不断变换自己的仪仗队一样,不断变换自己的崇拜者,她可以视黄金如粪土,可是她为了救自己的姐妹,让她们脱离苦海,却可以投怀送抱,委身于任何一个男人。

现在一切都简单化了,删繁就简了,一切都靠近了目的,正如旧时地主们说的,他们认为伏特加胜于葡萄酒。别有风味的漂亮女人能引起男人的好奇心,引起男人的兴趣;附庸风雅的时髦女人会给人以刺激,逗人发笑,二者除了花钱以外,还要花时间。狐媚风骚的女人直接投怀送抱,用自己的美色勾引男人,拉住男人,sans phrases〔法语:二话不说〕。这里不必有什么开场白——这里的尾声寓于序幕之中。甚至于,多亏父母官的关怀,现在已经没有了过去那两种危险。警察和医学近年来有了长足的进步。

……那么在卖弄风骚的女人之后又将是什么呢?雨果的 Pieuvre〔法语:章鱼〕③是绝对成不了气候的,也许因为她们太 pleutre〔法语:卑鄙〕了,——男人是不会仅仅满足于寻花问柳的?不过且撇开预言不谈。上苍的意图是不可预测的。

我感兴趣的是另一个问题。

卡珊德拉之歌④预言的两种未来,哪一种会在列昂京娜身上应验呢?她那从前曾经顾盼多姿的小脑袋,枕在自己家中绣有花边的枕头

---

① 德雅泽(1797—1875):法国女演员。

② 德雅泽从一八四五年起在巴黎的瓦里埃剧场演出,一八五八年更是名噪一时。在十九世纪六十年代末赫尔岑撰写本文时,德雅泽已年近古稀,仍继续演出。

③ 雨果在他的小说《海上劳工》中曾鲜明、生动而又可怕地描写过章鱼,以及人怎样在与章鱼的搏斗中死去。因此一些小报便开始把一些爱勾引男人的风骚娘们比之为章鱼,专门吸那些拜倒在她们石榴裙下的男人的血,使他们倾家荡产,身败名裂。

④ 希腊神话中的特洛伊公主。阿波罗爱上了她,赋予她以预言的才能,但公主不肯顺从他,阿波罗又使她的预言不为人们所信。

上呢，还是靠在医院里硬邦邦的轴辊上，以致从此长眠不醒，或者再醒过来仍旧过那种不幸和穷苦的生活呢？也许两种情况都没有发生，她正在忙着嫁闺女，攒钱，给儿子买个去当兵的替身……要知道，她现在已经不年轻了，恐怕早超过三十了吧。

2. 重瓣花

我国的欧洲部分正在重复真正的欧洲所发生的一切，只是其表现形式在数量上减少了，在质量上被放大了或者被歪曲了。在我国，正教徒中有极端的天主教分子，伯爵中有自由主义的资产者，还有拥护帝制的保皇派，官僚主义的民主派，此外还有主显圣容御林军或者骑兵近卫团中的波拿巴分子，毫不奇怪，女士这部分也难免有 chic 和 chien〔法语：附庸风雅和卖弄风骚的女人〕。其区别仅仅在于我国的 demi-monde〔法语：半上流社会〕①是指它加上它另外的四分之一②。

我国的失足者③和茶花女大部分是有头衔的，也就是说有荣誉称谓的，她们与她们的巴黎原型相比，完全是在另一种土壤中生长，完全是在另一种环境里开花结果的。要找她们不是在下面，不是在山谷里，而是在上面，在山峰上。她们不是像迷雾一样袅袅升起，而是像雾珠一样慢慢降落。公爵夫人变成茶花女和拥有坦波夫省和沃罗涅日省的领地的失足者——这是纯粹的俄罗斯现象，因此我并不反对对这种现象予以称道。

至于我国的非欧洲部分，它的风气多半得益于农奴制，可是现在农奴制却受到人们的百般唾弃。彼此相爱在农村是悲惨的，它把自己的亲人称之为“可怜儿”，似乎觉得这爱是从老爷那儿偷来的，老爷随时都可能发现自己的财产被窃而把它收回。农村有义务为老爷家提供劈

---

① 典出小仲马的剧本《半上流社会》。

② 指主要由附属于贵族的交际花和其他风流女子组成的社会。

③ 即茶花女。意大利作曲家威尔第把小仲马的《茶花女》改编成歌剧时改名为《失足者》。

柴、干草、羊和自己的女儿，这是他们的神圣义务，不可违抗的天职，否则他们便犯了违背道德和宗教的罪孽，便会遭到地主的棍棒和整个帝国的鞭笞。这时是谈不到附庸风雅的，而且有时候会招来杀身之祸，而更常见到的是投河自尽，而一些无人知晓的帕拉什卡或者卢什卡①就这样落水身亡了。

农奴解放以后的情形怎样，我们知之甚少，因此我们只能多半谈谈那些太太们。她们的确在国外以非常快的速度和非常灵巧的方式，得心应手地掌握了那些卖笑女郎的全部做派和全部 habitus〔法语：习惯〕。除非细心观察，才能发现似乎还缺少点什么。而缺少的正是最简单的东西——她们并不是名副其实的卖笑女郎。她们就像拿了锤子和凿子在萨尔丹做工的彼得一世②一样，还自以为他在做工。我国有些太太们，由于聪明乖巧和无所事事，也由于时间太多和太无聊，便干上了卖笑女郎这一行当，以解寂寞，正如她们的丈夫闲来无事，做镟床活，借以自娱一样。

这种可做可不做的双重性，改变了事物的性质。从俄国人这方面来说，这是一个美丽的布景，就法国人而言，这却是真实和生活的必需。由此而产生二者的巨大差别。失足者 tout de bon〔法语：的确〕常常使人打心眼里同情，“dame aux perles”〔法语：“珠宝女”〕③却几乎从来不会引起人们的同情；对前者，有时简直想与她同声一哭，后者，却常常被人嘲笑。拥有祖上传下来的两三千名农奴（以前是一无所有，终身为奴，现在则是暂时一无所有的农民），是可以做很多事情的：既可以在设有赌场的矿泉疗养地勾心斗角，一决雌雄，也可以奇装异服地半躺半卧地坐在马车里招摇过市；既可以吹哨、起哄、在饭馆里出乖露丑，使男人也为之脸红，也可以不断更换相好，跟他们去 parties fines〔法语：寻欢作乐〕，去做各种“体育锻炼和谈话”；既可以喝香槟酒和抽哈瓦那雪茄，也可

---

① 常见的俄国女农奴的名字。

② 指一六九七年彼得一世曾在荷兰的造船厂做了四个月木工。

③ 赫尔岑讽刺地套用小仲马的著名小说《茶花女》，指有钱的风骚女人。

以去进行轮盘赌，一掷千金……既可以做梅萨丽娜①，也可以做叶卡捷琳娜——但是，正如我们已经说过的那样，她们却做不成卖笑女郎，尽管卖笑女郎并不像诗人一样是天生的，而是培养出来的。每一个卖笑女郎都有自己的经历，都有为环境所迫不得已卖身的过程。通常，一个穷姑娘由于走上歧途常常会遇到坏人的欺骗和坏人的侮辱。由于破灭的爱情，由于被摧残的羞耻感，这些穷姑娘常常会出现一种 dépit〔法语：怨恨〕和懊恼，会产生一种报复心理，与此同时又会产生一种渴望，渴望酗酒、热闹和穿漂亮衣服……可是她却两手空空……只有一个法子可以弄到钱，因此——vogue la galère！〔法语：豁出去了！〕一个受了骗的、没有受过教育的孩子投入了战斗，胜利使她扬扬得意，忘乎所以（那些没有取得胜利的孩子的情况，我们不知道，她们无声无息地消失了），在她的记忆中自有她自己的马伦戈和阿尔科勒②，控制他人和纸醉金迷的习惯渗入了她的血液。她的一切全靠她自己。她单靠自己的肉体，有时也能赢得别人的心，并且把那些暂时迷恋于她的富翁们弄得倾家荡产，就像我国的地主太太把自己一贫如洗的农民弄得倾家荡产一样。

但是正是在这一点上也同样表现出了就社会地位而言的卖笑女郎和作为业余爱好而言的茶花女之间全部不可逾越的遥远距离。她们之间距离的遥远和对立，明显地表现在这样一件事上：卖笑女郎在 Maison d'or〔法语：黄金屋〕③某个闷热的包间里吃饭时，想的是未来的沙龙，而俄国太太坐在自己的豪华沙龙里想的却是小酒店。

问题的严重性在于，在我国的夫人圈里，那种纵情声色、吃喝玩乐的要求，那种炫耀自己的解放，放肆地、任性地无视社会舆论，从自己脸上扯下一切面纱和假面具的要求，到底是从哪来的呢？与此同时，我国

---

① 梅萨丽娜（15—48）：古罗马皇帝克劳迪的妻子，以淫荡著称。

② 一七九六年和一八〇〇年，拿破仑军队曾在意大利北部的这两个地区战败奥地利人，大获全胜。

③ 指巴黎意大利林阴道上的一家高级酒家。

的那些风流女子的祖母们和母亲们，还是非常贞洁和恪守宗法制闺范的，直到四十岁，听到一句荤话就会脸红，满足于悄悄地、不事声张地与屠格涅夫的食客[1]偷情、吊膀子，如果没有这样的人，——那么马车夫和伺候她们用餐的男仆也行。

请注意，我国的贵族茶花女现象在四十年代初以前还未流行。

整个新的运动，思想、追求、不满和烦恼的整个觉醒，都是从那时起才开始的。

正是从那时候起掀起了贵族茶花女现象的人性和历史的方面。这是对铅一般沉重地压在妇女头上的旧式家庭，对男人不成体统的荒淫无耻的一种半自觉的反抗。一个被欺凌的女人，一个被扔在家中的女人，她们有闲暇读书，可是当她们感到《治家格言》同乔治·桑的小说格格不入的时候[2]，当她们听到许多有关布朗瑟和塞勒斯蒂娜的激动人心的故事以后，她们终于忍无可忍，开始不听驾驭了。她们的反抗是怪异的，但是，要知道，她们所处的地位也是野蛮的。她们的反抗并没有明确的做法，只是感到热血沸腾——她们咽不下这口气。她们感到屈辱，感到压抑，但是除了纵情声色、寻欢作乐和乌烟瘴气以外，她们又不明白还能有什么独立的意志。她们是用行动来抗议的，她们的愤懑充满了随心所欲的坏习惯，充满了任性、放荡、调情，有时候还胡作非为；她们肆无忌惮，但是并没有获得解放。她们心中仍旧感到一种惶悚和缺乏自信，但是她们偏要对着干，偏要过过这另一种生活。她们因为再也忍受不下去了，因而产生一种狭隘的为所欲为，借以对抗她们的压迫者的为所欲为，但是她们没有坚定的指导思想，不过她们自有一种年轻人逞强好胜、百折不回的顽强精神。她们就像礼花一样升到空中，光

---

① 指屠格涅夫的喜剧《食客》中的男主人公库佐夫金。他是一名穷贵族，在地主科林家当食客和充当小丑。而科林的妻子则与库佐夫金私通，作为对丈夫专横暴戾的报复。

② 《治家格言》是俄国十六世纪的一部家训式的书，它规定了宗法制家庭的基本生活准则。而乔治·桑的小说则描写了当时妇女的无权地位，主张男女平等和把妇女从家庭压迫下解放出来。

芒四射，然后发出一阵响声和噼啪声，逐渐坠落，但是升得并不高。你们看，这就是我国那些出身名门的茶花女，我国那些满身珠光宝气的失足者（珠宝女）的兴衰史。

当然，谈到这里，我们也不妨回忆一下那个爱挖苦人的罗斯托普钦①，他在临死前的卧榻上曾谈到十二月十四日②："在我国一切都反其道而行之——在法国，la roture〔法语：平民〕总想往上爬，想当贵族——唔，这是可以理解的；在我国，贵族却想当平民——唔，这就荒唐了！"

但是这一特性我们觉得一点也不荒唐。它一脉相承地来源于两个最基本的起因：第一，来源于我们所受的教育与我们格格不入，我们根本就不应当受到这样的教育，第二，我们自觉或不自觉地努力想要建立的另一种社会制度的基调。

不过，这已经属于我们的基本信念问题了——我怕一谈到这个问题就难免重复，打开了话匣子就收不住了。

在我国的发展史上，我们的失足者是不会不留下自己的足迹就徒然消失的；她们自有自己的意义和地位，她们是一支由志愿者和高歌猛进者组成的先锋队，她们敢闯敢干，豪放不羁，她们吹着口哨，摇着铃鼓，载歌载舞，雄赳赳气昂昂地投入了最早的战斗，她们以自我牺牲精神为一支更严肃的队伍铺平了道路，而后者既不缺乏思想，也不缺乏勇气，也不缺乏带"撞针"的步枪。③

3. 弥涅耳瓦④之花

这支队伍就是革命，一个十七岁的神情严峻的少女……她戴着一副眼镜，眼镜使她眼中喷出的怒火缓和了些，以便让她的智慧之光变得

① 罗斯托普钦（1763—1826）：莫斯科总督，一八一二至一八一四年莫斯科总司令，反动政客和农奴主。

② 指一八二五年的十二月党人起义。

③ 带撞针的火枪在十九世纪中叶是一种新式武器，此处指当时的俄国革命青年已经用先进的思想武装起来。

④ 罗马神话中的智慧女神，她被看成是手工业、医学、雕塑、音乐、诗歌的保护神。

更加耀眼夺目……Sans-crinolines 代替了 sans-culottestes〔法语：不穿钟式裙的女人代替了不穿短裤的男人〕①。

女大学生或大学生小姐同太太中的失足者毫无共同之处。从前那些风骚的荡妇，头发白了，脱落了，人老了，让位了，由还没有成年的女大学生取而代之。沙龙的茶花女和失足者们属于尼古拉时代。她们像当年供人瞻仰的将军们一样——穿上漂亮的礼服，高视阔步，他们是战胜自己士兵的胜利者，熟知军事中的全部化妆术，熟知显赫的仪仗的全部魅力，他们决不让自己的将军服沾上一滴敌人的鲜血。这些供人瞻仰的将军，这些在涅瓦大街上高视阔步，“拉客”的将军，一下子就被克里米亚战争消灭了。而将军夫人们的“灯红酒绿的舞会”，小客厅里的打情骂俏和热闹的酒筵，却仓促地被大学的讲堂和解剖大厅所代替，而在那里，短发的女大学生戴着眼镜正在研究大自然的奥秘。

在这里必须忘记所有的茶花女和木兰女，忘记存在着男女两性。在科学真理面前，im Reiche der Wahrheit〔德语：在真理的王国中〕，两性的差别正在逐渐消除。

我国的茶花女是吉伦特派，因此她们都有点像福布拉斯②。

大学生小姐则是雅各宾派，穿骑马女装的圣茹斯特，——一切都锋芒毕露，纯洁无私，铁面无情。

茶花女戴的是从温暖的威尼斯运来的面具 loup〔意语：黑色的半截面具〕③。

女大学生也戴面具，不过这面具是用涅瓦河的冰做的。前者可以紧贴在脸上，后者却必定会融化……不过这已是将来的事了。

现在是真正的、自觉的抗议，抗议和革命的转折。“Ce n’est pas

① 前者指时髦的女大学生，后者指平民出身的革命者，他们穿上劳动人民穿的长裤，而不穿当时贵族的流行服饰——短裤加长袜。

② 法国吉伦特派作家卢弗·德·库弗雷(1760—1797)写的关于冒险家福布拉斯系列小说的主人公。

③ 指假面舞会上戴的面具。

une émeute, c' est une révolution."〔法语:"这不是暴动,这是革命。"〕①放纵、奢侈、耍笑逗乐、讲究穿戴都被靠后了。爱情和情爱被放到三四等地位。阿佛洛狄忒偕同自己的裸体随从②,生气地走了;接替她的是手持长枪和身随猫头鹰的帕拉斯③。茶花女们从不明确的内心激动,从愤愤不平,从如饥似渴的、焦虑的愿望出发……终于感到了腻烦。而现在她们是从她们信仰的思想出发,是从她们宣告的"女权"出发,履行信仰所赋予她们的应尽的义务。一些人根据原则献身革命,另一些人则尸位素餐,动摇不定。有时候,这些女大学生走得很远,但她们毕竟是孩子,她们倔强,高傲,但毕竟是孩子。她们激进主义的严肃性表明,问题在于头脑,在于必须有正确的理论指导,而不在于感情的好恶。

她们在大的事情上热情有余,可是在个人的遭遇上,却像任何一个列昂京娜一样,决不会有更多的"欢愉"(正如古人所说),也许还更少。列昂京娜们似乎在游戏人间,在玩火,因而常常引火烧身,从头到脚腾起烈焰,因此只好跳进塞纳河借以自救,她们往往随波逐流,而不是先用脑子好好想想,因此她们很难战胜自己随心所欲的感情。可是我们的女大学生却从分析和判断开始;她们也可能出现许多新问题,但决不会出现始料不及的事,也决不会出现意料之外的坠落:她们即使坠落,也有理论做降落伞。她们即使跳进湍急的河流,也有游泳手册做指南,能泅水而上,迎着激流前进。

她们能不能长久地,à livre ouvert〔法语:义无反顾地〕逆流而上,我不知道,但是她们定将合情合理地在历史上占有自己的一席之地。

世界上头脑最迟钝的人也不难明白这道理。

---

① 一七八九年七月十四日起义的巴黎人民攻占巴士底狱时,国王路易十六惊呼:"要知道,这是暴动!"他的一位大臣德·里昂库尔公爵在一旁回答他道:"这不是暴动,这是革命。"

② 希腊神话中的爱神,即我们熟知的罗马神话中的维纳斯。她的裸体随从指她的手执弓箭,百发百中的儿子小爱神厄洛斯。

③ 即希腊神话中的智慧女神雅典娜和罗马神话中的弥涅耳瓦,帕拉斯是她的别称。她的形象常被描画成身穿战袍,手持长枪、盾牌,身随猫头鹰的战士。

我国的老人们，枢密官们和大人们，祖国的父老乡亲们，曾经带着宽容甚至鼓励的微笑，望着那些出身名门的茶花女们（只要她们不是儿子的太太就成）……但是他们却不喜欢这些女大学生……因为她们一点都不像那些“可爱的小淘气儿”（他们有时候也喜欢与这些“小淘气儿”说说笑笑以温暖他们年老的心）。

这些老人对那些严酷的女虚无主义者早就感到很恼火，而且一直在寻找机会压倒她们。

而这时候，好像存心似的，卡拉科佐夫打了那一枪……①于是大家纷纷向皇上密奏：“皇上，这都是不按规定随便穿衣服的缘故……这都是那些眼镜和披头散发惹的祸。”“怎么，不按规定的服饰穿衣？”皇上说。“必须三令五申，予以严办。”“纵容，陛下，太纵容了。我们一直在恭候圣谕，以保证陛下龙体安康。”

这事非同小可——大家齐声响应。内阁、枢密院、主教公会、大臣们、主教们、军事长官们、市长们以及各地的警视厅，纷纷开会讨论，想过来想过去，讨论来讨论去，终于决定，首先，把女大学生逐出学校②。这时，有一位主教害怕出现偷天换日的现象，特意提醒大家牢记，在古时，在假天主教会中曾推选过一名女天主教徒安娜担任教皇③，因此他建议由他治下的修士来担任学监……因为“死人是看不到他的肉体受辱的”④。但是活人却不肯接受他的建议，将军们则从他们的立场出

---

① 卡拉科佐夫（1840—1866）：莫斯科大学学生，革命者，曾于一八六六年开枪行刺亚历山大二世。

② 禁止女生上大学，早在一八六四年就已实行。赫尔岑在这里显然是指俄国于一八六七年五月颁布的《监督学生条例》，该条例规定在高等学校对学生实行警察跟踪和监视。

③ 由于中世纪罗马教廷的淫乱和秽闻不断，因而出现了一个传说：九世纪中叶，曾推选一个名叫安娜的女人担任教皇。她担任罗马教皇达两年之久，直到在一次庄严隆重的教会游行中，她生下了个孩子，才被发现，不过她也当场死了。

④ 源出基辅大公维亚托斯拉夫的名言。公元九七〇年，大敌当前，他决定与敌人决一死战，并动员三军将士抱着必死的决心，战死疆场，因为“死人是看不到他的肉体受辱的”。

发，认为，谁能不能当学监这样的资格鉴定，只能由一位高官来担任，他的地位和因为他受到皇上的恩宠，可以使他不致受到诱惑；军事部门希望把这一职务授予老阿德勒贝格，文官则希望把这一职务授予布特科夫。但是连这也没能办到，据说，因为一些大公们也使尽浑身解数，想谋得这一职位。

接着内阁、主教公会和枢密院下令所有的女大学生必须于二十四小时内把剪短的头发留长，眼镜要去掉，并签字画押，保证有一双健康的眼睛，而且必须穿钟式裙，尽管《教会法汇编》①并未规定要“扩大裙箍”和“加长裙摆”，而且，该书对梳辫子是明令禁止的，我们那些不结婚的僧侣们还是同意照办，遵照执行。起先，皇上的生命似乎有了保障，可以安然无恙地到达极乐世界。可是，谁知道，在巴黎也有个极乐世界②，而且那里还有个“圆点广场”③，——但这并不是他们的错。

这些非常措施带来了巨大的好处，我说这话毫无讽刺之意。但是对谁有利呢？

对我国的女虚无主义者有利。

她们没有做到的只有一点：抛弃她们的制服和她们的形式主义，并以她们有充分权利获得的广泛自由来求得自己的发展。习惯了一种形式，接着又要抛弃它，这是非常困难的。衣服已与人连成一体。主教穿上了燕尾服就不成其为主教了，他也就不能为人们祝福和对神父说话了……

我国的女大学生和女学者也许很久都摆脱不了眼镜和其他花里胡哨的装饰。她们是靠了官方的命令才免除这些东西的，同时又给这份效劳增添了一圈装饰性的受难的光环。

---

① 这是一部教规和国家有关宗教的法令汇编。起源于六世纪的拜占庭，原名《正教教规汇编》。九世纪翻译成斯拉夫语，十一世纪被俄罗斯正教教会接受。

② 即巴黎的香榭丽舍大街（原意为天堂或极乐世界）。

③ 圆点广场（Rond Point）：一译隆普安广场。一八六七年六月，俄国沙皇亚历山大二世在访问巴黎期间，曾在这里遭到波兰流亡者安东·别列佐夫斯基的枪击，但侥幸未被命中。

紧接着,她们的事业就驶向 au large〔法语:广阔的天地〕。

附言:她们中的一部分人已带着医学博士闪闪发光的文凭回国了,光荣属于她们!①

一八六七年夏,尼斯

---

① 俄国的第一名女医生,名叫苏斯洛娃。她是于一八六四年与其他女大学生一起被驱逐出彼得堡医学院的。她于一八六七年毕业于苏黎世大学,获医学博士学位。苏斯洛娃与当时的革命者很接近,曾为《现代人》撰稿,她在国外也与俄国的某些革命流亡者有来往,并与赫尔岑认识。苏斯洛娃的榜样加强了当时先进的俄国女青年对接受高等教育和做一个对社会有益的人的向往。

第二章　VENEZIA LA BELLA

〔意语：美丽的威尼斯〕*（一八六七年二月）

再没有比威尼斯更绚烂壮丽而又更荒唐的了。居然在不能建立城市的地方建立了城市，——这本身就是一种近乎疯狂的行为；而且居然建成了一个最优美、最宏伟的城市——这简直是一种天才的疯狂。水道交叉，濒临大海，波光粼粼，水天一色，这必然会形成一种特别的绚丽色彩。软体动物必须用珍珠贝和珍珠来装饰自己的船舱。

只要对威尼斯浮光掠影地匆匆一瞥，便可看出，这是一个意志坚强、非常聪明的城市，这是一个共和主义的、商业发达的、实行寡头政治的城市，这是一个水陆交汇的中心，是一个在军旗下的商业集散地，是人声嘈杂的市民大会的城市，又是一个进行秘密集会和活动的无声的城市；在它的广场上从早晨到深夜都是人头攒动，熙来攘往，而代替街道的河流则默默地从城市里流出来，奔向大海。当人群在圣马可广场上吵吵嚷嚷，大呼小叫的时候，一艘无人注意的小船在一旁轻轻滑过，转眼就不见了——谁知道在它的黑色帐幔下发生了什么？这里怎能不发生一旁是情人幽会，一旁却有人被淹死的事情呢？

凡是在 Palazzo Ducale〔意语：总督宫〕里感到轻松自在的人，必须有一种特殊的气质。他们毫无顾忌，敢作敢为。没有土地，没有树——又有什么大不了，只要多一些刻成花纹的石头，多一些图案装饰，多一些

* 赫尔岑在威尼斯是在一八六七年的二月，当时在威尼斯有一支歌曲 *La bella Venezia* 十分流行。想必，本章的篇名即由此而来。

金,多一些马赛克、雕塑、图画和壁画就成了。这里有一个空角落——那就把一尊长着湿漉漉的胡须的海神塑像放到这个角落！这里有一个空台阶——那就放一头长着翅膀的石狮和手执福音书的圣马可像！那里光秃秃、空荡荡——那就铺上一层大理石和马赛克的地面！再铺上一圈斑岩镶嵌的花边！无论是战胜土耳其人还是热那亚人,也无论是教皇出访,寻求某个城市的友谊——都一概形诸大理石,把整个墙壁都蒙上一层雕凿而成的帷幕,而主要是,各种油画多多益善。保罗·委罗内塞①、丁托列托、提香,都拿起画笔,登上脚手架,——这位海上大美人儿②在庄严行进中的每一步,都必须用画笔和雕刻刀记录下来,传诸后世。

这些石头所蕴含的精神是如此富有生命力,因此哥伦布和瓦斯科·达·伽马③发现的新航线和新海港,都不足以摧毁威尼斯。为了消灭它,必须在法兰西王权的废墟上建立了一个"统一和不可分割的共和国",然后在这共和国的废墟上再出现一个大兵,让他以科西嘉的方式,用涂了奥地利毒汁的三棱匕首投向这头狮子方成。④ 但是威尼斯消融了它身上的毒汁,在半个世纪后又重新复活了。

但是它真的复活了吗？难说,除了伟大的躯壳以外,它还留下了什么呢？威尼斯能有新的未来吗？再说,整个意大利的未来又究竟是什么呢。对于威尼斯,这未来也许是君士坦丁堡,也许是从东方的迷雾中渐渐露出模模糊糊的轮廓的正在复兴的斯拉夫—希腊诸民族自由联盟的崛起。

---

① 委罗内塞(1528—1588):意大利文艺复兴时期威尼斯画派重要画家之一。

② 指威尼斯。

③ 达·伽马(1469—1524):葡萄牙航海家,由欧洲出发,绕过非洲好望角,到达印度航线的开拓者。

④ 一七九二年九月,法国在推翻波旁王朝后宣布成立共和国。一七九三年法兰西共和国宪法规定,法国为"统一和不可分割的共和国","大兵"指拿破仑,他是科西嘉人。他在一七九六至一七九七年的意大利战役中占领威尼斯(它的城徽是圣马可的狮子像)。根据一七九七年拿破仑与奥地利帝国签订的"坎波福尔米奥和约",威尼斯被转让给奥地利,作为它把莱茵河地区让给法国的补偿。

那么对于意大利呢？……这个问题我们以后再谈。威尼斯现在正在举行狂欢节，这是七十年被奴役后获得自由的第一个狂欢节①。广场变成了巴黎歌剧院的大厅。年老的圣马可②，用他的圣像和镀金装饰，用他的爱国主义旗帜和异教的铜马，欢乐地参加着节日庆典。只有一群群每天两点飞到广场上觅食的鸽子感到困惑，不断从一处屋檐飞到另一处屋檐，以便确信它们的餐厅③是否确实变了样，变得如此杂乱无章。

人群在不断增加，le peuple s'amuse〔法语：人们在欢天喜地地玩耍〕，他们打心眼里打闹耍笑，在尽情地逗乐，在朗诵和说白中，在发音的腔调和手舞足蹈的手势中，他们表现出了巨大的喜剧天才，但是没有巴黎小丑们的黄段子，没有德国人的粗俗玩笑，也没有我国同胞的满嘴脏话。这里任何不登大雅之堂的话，都会使人惊叹，但是它的意思是清楚的。这是全民的戏谑、休息和娱乐，而不是青楼妓院及其花街柳巷的群芳斗艳，那些地方的所谓小姐们，把许多别的东西都脱得精光，却偏偏像俾斯麦的撞针一样，加上一个面具，以便加强火力，百发百中，使对方只有招架之功，而无还手之力。④ 但是这样的人在这里就待得不是地方了，这里的人在自娱自乐，在这里游玩的是他们的姐妹、妻子和女儿——谁想侮辱这里的戴面具的人，这人就要倒楣了。狂欢节时戴上面具，对于妇女的作用，就像驿站长胸前挂上斯坦尼斯拉夫勋章一样。⑤

---

① 威尼斯于一七九七年根据“坎波福尔米奥和约”被割让给奥地利，从而失去自己的独立，直到一八六六年奥普战争后，根据奥意协议，威尼斯并入意大利王国，正好七十年。

② 这里的圣马可指威尼斯的圣马可广场，广场上有四匹铜马，系古希腊雕塑家所作，故称为异教的铜马。

③ 指鸽子前来觅食的圣马可广场。

④ 指在一八六六年的奥普战争中，普鲁士首相俾斯麦发给普鲁士军队普遍使用的带有撞针的步枪，因而使普军取得优势，战胜了奥军。

⑤ 一年后，我又在威尼斯看到了狂欢节。多可怕的差别啊，且不说那里到处是全副武装的士兵，到处是宪兵和挂着三色武装带的警官……且说戴面具的人，他们并不是旅游者，我看了都吃惊。那些喝醉了的戴面具的人，与站在门口的人在互相对骂和打架，对鼻子上涂了白粉的小丑饱以老拳，把他们打倒在地，推进烂泥里。——作者原注

起先,这狂欢节并没有使我心动,但是它越来越热闹,它那天然具有的魅力,肯定会把每个人都吸引过去。

当圣维特广场上的狂舞,攫住了穿着小丑衣服的全体居民时,什么乱七八糟的事情不会发生啊。在饭馆的大厅里坐着数百名(也许更多)头戴淡紫色面具的人;他们坐在一艘牛拉的镀金旱船上走过广场(在威尼斯,一切陆上交通工具和四足动物,都是非常稀罕的奢侈品),他们正在开怀畅饮和大吃大喝。其中有一位客人想给大家看一件稀罕物,并且保证把它弄来,这个稀罕物就是我。

这位先生与我只是点头之交,他跑到 Albergo Danieli〔意语:阿尔贝戈·但尼尔饭店〕来找我,请我跟他一起去看一下那些戴面具的朋友。去不合适,扭捏作态也不合适,只好去了。他们用"evvlva"〔意语:"万岁"〕和斟满的酒杯迎接我。我向大家鞠躬致谢,说了些废话,"evviva"声更响了;一部分人高呼"evviva l' amico di Garibaldi!"〔意语:"加里波第的朋友万岁!"〕,其他人则高呼"Poeta russo!"〔意语:"俄国诗人!"〕,我怕戴淡紫色面具的人会把我当作"pittore slavo, scultore e maestro"〔意语:"斯拉夫画家、雕塑家和艺术大师"〕为我干杯,因此我偷偷地溜到 Piazza St. Marco〔意语:圣马可广场〕去了。

广场上的人像一堵墙似的;我斜靠在一根柱子上,对我获得诗人这一雅号感到很得意;我的引荐者完成了戴淡紫色面具的人的 mandat d' amener〔法语:传见的命令〕后,这时正站在我身旁。"我的上帝,她多么漂亮啊!"我脱口说道,这时正好有一位很年轻的女士挤过人群。我的那位同伴①,二话不说,就抓住我的手,把我一下子领到了她面前。"这就是那个俄国人。"那位波兰伯爵开口道。"听到这话以后,愿意跟我握握手吗?"②我打断了他的话。她微笑着向我伸出手,并用俄语说她早就想认识我了,而且那么友好地瞥了我一眼,因此我情不自禁地又

---

① 指波兰流亡者霍托姆斯基伯爵。

② 这个年轻女士也是波兰流亡者,而波兰人和俄国人是有积怨的,因为波兰曾三次被瓜分,是俄国的属国,俄国人曾长期统治波兰。

握了握她的手，一直目送着她，直到看不见为止。

我望着她的背影，心想："这是一朵被暴风雨吹落的，从立陶宛的土地上被鲜血冲刷过来的鲜花①，不过现在你的美已经不是向自己国家的人民发出光彩了……"我离开了广场，坐船去接加里波第②。水上一切都静悄悄的……狂欢节的喧闹声一阵阵传来。黑压压的、鳞次栉比的房屋，越来越近地向小船挤压过来，灯火点点地窥视着它，船舵在台阶旁拍溅着水面，铁钩在一亮一亮地闪光，艄公会猛一声吆喝："Apri – sia state"〔意语："让道，——停"〕……接着河水又静静地把船领进小胡同，蓦地，——一幢幢房屋又纷纷让开；我们已经在Gran Canal〔意语：大运河〕③里了……"Fejovia，signoie，"〔意语："火车站，先生"〕威尼斯游船的船夫口齿不清地说，就像所有的威尼斯人说话都口齿不清一样。加里波第留在波伦亚，没有来。火车是开往佛罗伦萨的，这时正在喘气，等候启动的哨声。我真想坐上火车离开这里，要不明天那些戴面具的人又会来烦我了，反正明天我也看不见那个美丽的斯拉夫姑娘……

……全威尼斯人都热烈欢迎加里波第。Gran Canal帆樯林立，挤满了船，几乎变成了一座连绵不断的大桥；为了登上我们的小船，就必须跨过几十艘其他小船。政府及其仆从竭尽全力地表示他们对加里波第心中有气。如果阿马戴乌斯亲王④所有那些不礼貌的小小表现，以及整个卑鄙的举动，全出于他父亲的指令⑤的话，那为什么这个儿子（他也是意大利人）的心就无动于衷呢？为什么他就不能调和一下这个城市和国王的矛盾，调和一下他这个王子与自己的心的矛盾呢？要

---

① 一五六四年波兰曾与立陶宛联合组成由波兰贵族统治的王国。

② 一八六七年二月二十六日，加里波第从佛罗伦萨到达威尼斯，准备支持左翼反对派，参加当时的议会选举。加里波第还想利用这次到威尼斯来的机会，加快进军罗马的准备工作，因为没有罗马的解放就不可能有意大利的真正统一。

③ 横穿威尼斯的主要河道。

④ 阿马戴乌斯（1845—1890）：意大利国王维克多·曼努尔的儿子。

⑤ 加里波第到达威尼斯时，阿马戴乌斯也在那里，他示威性地故意无视加里波第的到来，竭力破坏他在群众中的威望。阿马戴乌斯把威尼斯人民对加里波第的欢迎说成是他们对萨沃依王朝表达忠诚，以及他们对王室和他本人的热烈拥戴。

知道，加里波第可是把两个西西里的两顶王冠奉献给他们父子的啊！①

我发现，自从一八六四年我和加里波第在伦敦见面②以后，加里波第既没有变老，也没有病。但是第二天当他与威尼斯人见面时，我发现他神态郁闷，心事重重，不爱说话。他的真正歌队是人民群众；他一到基奥贾就眉开眼笑，因为那里有许多船夫与渔夫在等候他③；他混杂在人群中，对这些普通的穷人说：

"我跟你们在一起感到很快活，就像回到自己家里一样。我深深感到，我是一个工人的孩子，而且我也当过工人；我们祖国的不幸使我不能不离开和平的劳动。我也是在海边长大的，因此我知道你们干的每一种活……"

一片欢呼声淹没了这个老船夫的话，人民争先恐后地向他挤过去……

"给我刚出生的孩子起个名字吧！"有一个女人叫道。

"给我的孩子祝福一下吧！……"

"还有我的！"其他人也喊道。

勇敢的将军拉马尔莫拉和悲痛欲绝的鳏夫里卡索利，以及你们所有的希阿洛亚和德普雷蒂斯们，你们还是死了这条心，不要来破坏这根纽带的好④；这根纽带是由农民和工人的手系上的，而且这绳是这样坚韧，哪怕你们带上你们所有的托斯卡纳和撒丁王国的仆役来帮忙，哪怕带上你们所有的一文不值的马基雅弗利⑤们来一起使劲，也休想把这

---

① 指两西西里王国，参见本书第六卷第十章《红衫军》中的有关注释。

② 见本书第六卷第十章《红衫军》。

③ 基奥贾是威尼斯南面在亚得里亚海上的一座聚居着不少渔民和水手的岛屿城市。一八六七年二月二十八日，加里波第曾到该城访问。

④ 拉马尔莫拉（1804—1878）：曾于一八六六年的对奥战争中指挥意军并败北，故戏称他是"勇敢的将军"；"悲痛欲绝的鳏夫"指意大利王国首相里卡索利（1809—1880），他于一八五二年丧妻，未续弦；希阿洛亚（1817—1878），意大利联合王国财政大臣；德普雷蒂斯（1813—1887），曾历任意大利内阁大臣。这些人都竭力破坏加里波第与意大利人民的联系，阻挠他解放罗马和统一意大利。

⑤ 马基雅弗利（1469—1527）：文艺复兴时期意大利的政治思想家、历史学家。他曾著有《君主论》一书，主张统一意大利，实行君主专制。他把政治当作权术，认为君主为了达到目的，可以不择手段。后人把这种政治理论称之为"马基雅弗利主义"。

根绳子扯断。

现在回到我们提出的问题：意大利向何处去，复兴的、统一的、独立的意大利将会有怎样的前途？是马志尼宣扬的那个前途呢，还是加里波第率领大家为之奋斗的那个前途？……要不，哪怕就是加富尔曾经付诸实施的那个前途呢？①

这个问题把我们一下子抛到了可怕的远处，抛到了最令人痛心和最有争议的难题前。这个问题直接触及构成我们生活和我们进行那个斗争的基础的内在的信念，而这个斗争常常会使我们与我们的朋友们分道扬镳，有时候还会使我们与我们的敌人站到一起。

我怀疑**拉丁民族的未来**，怀疑它们**未来**的创造能力：他们喜欢变革的过程，但是一旦取得了进步又觉得不胜重负。他们喜欢追求进步——但又不愿得到它。

意大利解放运动的理想是贫乏的；它一方面忽略本质的、富有生气的因素，另一方面又保留着旧的、腐朽的、奄奄一息的和致人于死地的因素。意大利的革命至今仍是一场争取独立的战斗。

当然，如果地球不出现裂纹，或者彗星不致横空出世，离我们太近，使我们周边的空气灼热难耐，那意大利在将来还是意大利，还是那个蓝天、碧海，既有优美的自然风光，又有优秀的、富于同情心的人种的国家，这个国家的人民都是一些富有音乐天赋的人，而且生来都是画家。当然，这整个军事的和非军事的 remue-ménage〔法语：骚动，骚乱〕，光荣和耻辱，边境的陷落和议会的兴起，——这一切都会反映在它的生活中，它将会从一个教权主义的、专制独裁的国家变成（而且正在变成）一个资产阶级议会制国家，从贫贱的国家变成富贵的国家，从不舒服的国家变成舒服的国家，等等，等等。但是这还不够，仅有这些是走不远

① 马志尼曾号召意大利人民建立一个统一的民主共和国。加里波第则领导武装斗争，团结人民，为建立统一的意大利国家而奋斗。为了统一意大利，他可以牺牲民主原则，与意大利的君主派达成妥协，以促成在意大利建成一个统一的君主国。加富尔则代表有产阶级的利益，主张依靠王朝战争和外交手腕以实现意大利的统一。

的。但是在大海的那一边也不坏，它周围也是蓝天碧海，而且住在比利牛斯山那一边的人也不坏，它也是一个英勇豪迈、愁眉苦脸和饱经忧患的人民；他们没有外敌，而且有议会，也有表面的统一……唔，尽管有了这一切，西班牙又能怎样呢？

各国民族是富有生命力的，它们可以好几个世纪地被埋在休耕地下，一旦处在有利的环境下又会萌生，发芽，充满了力量和生气。但是它们的重新崛起还会像从前那样吗？

希腊民族作为一个国家，已从地面上消失了许多世纪，我几乎要说已经消失了数千年，但是它仍旧活着，当整个欧洲在闹复辟闹得乌烟瘴气的时候，希腊却从梦中醒了过来，引起了全世界的惊慌。但是卡波季斯蒂亚斯①时代的希腊人是否与伯里克利时代的希腊人或者拜占庭时代的希腊人一样呢？只是名称相同，加上一段牵强的回忆而已。意大利也可能复兴，不过它必须重新开创自己的另一段历史。它的解放只是取得了生存权。

希腊就是一个很好的例子；它离我们那么远，它已引不起我们强烈的兴趣；雅典时代的希腊，马其顿时代的希腊，罗马使它失去了独立的希腊，直到拜占庭时期，才又成为一个独立国家。它在这一时期又做了什么呢？什么也没有做，或者更糟糕，只是进行了神学争论和早期的伊斯兰贵族的妻妾改革。土耳其人帮助了停滞的大自然，给它的横死投下一片熊熊烈火。当罗马统治覆盖到古希腊的领土上，古希腊实际上已寿终正寝，是罗马的统治保全了它，就像熔岩和火山灰保全了庞贝和赫库拉努姆②一样，拜占庭时期掀开了棺材盖，但是死人仍旧是死人，他们就像所有的坟墓一样，归神父和修士管辖，他们被一些失去生育能

---

① 卡波季斯蒂亚斯（1776—1831）：希腊国务活动家，从一八〇九年起到俄国工作，一八一五至一八二二年，与涅先尔罗德（俄国外交大臣）一起领导俄国外交工作。一八二七年希腊独立之后任希腊共和国总统。

② 意大利南部的两个古城，因维苏威火山爆发，被熔岩和火山灰埋于地下，直至十八世纪才发现，被发掘出土，保存完好。

力的代表——太监所支配，真是物尽其用。谁不知道十字军在拜占庭的故事：从所受的教育上，从风俗习惯的文明程度上，二者是没法比的，但是这些野蛮的军人、粗鲁的武夫却充满活力，英勇善战，奋勇当前，他们在前进，与他们一起前进的是历史之神。对于掌管历史的神祇来说，他喜欢的不是唇红齿白的书生，而是膂力过人的武士，而且他们的 propos〔法语：意图，打算〕又符合时代要求。所以，我们在读枯燥的编年史时，当我们看到瓦兰吉亚人①从冰天雪地的北方疾驰而来，或者斯拉夫人驾着什么乱七八糟的小船顺流而下，举着自己的盾牌，使拜占庭骄傲的城墙蒙受耻辱时，我们就感到高兴。我还是个小学生时，当我读到那个穿着一件衬衫的野人，独自划着自己的树皮船，耳朵上戴着金耳环，前去会见那个娇生惯养、服饰华丽、饱读诗书和颇有神学造诣的拜占庭皇帝齐米斯西斯时，我简直高兴极了②。

请想想拜占庭；当我国的斯拉夫主义者还没有把绘有圣像的编年史问世，和政府还没有批准它出版以前，拜占庭是可以向我们说明许多我们说不清道不明的问题的。

拜占庭可以生存下去，但是它不能有所作为；一般说，只有当一个民族在舞台上大显身手的时候，也就是说，当它有所作为的时候，它才会引起历史的注目。

……记得，我提到过，当我向托马斯·卡莱尔谈到严厉的巴黎书报审查制度时，他对我的回答。

“您为什么对它这么恼火呢？”他说，“拿破仑迫使法国人沉默，这是他对法国人的极大恩惠：他们本来就没什么可说的，可是又想说……拿破仑给了他们一个表面上为自己辩护的理由……”

我说不上我在多大程度上同意卡莱尔的意见或者不同意他的意

① 古俄国人和拜占庭人对北欧诺尔曼人的称呼，他们曾在九至十世纪进军东欧和西欧，旨在劫掠或者做生意，也指诺尔曼人在俄国和拜占庭当兵的雇佣军。

② 指基辅大公斯维亚托斯拉夫和拜占庭皇帝约翰一世·齐米斯西斯的会见（九七一年为签订两国和约在多瑙河的会见）。

见，但是我试问自己：在占领罗马以后的第二天，意大利有什么话要说和有什么事要做的吗？不过，有时候因为找不到答案，我就开始希望，还是让罗马在长时间内作为鼓舞意大利人心的一个 desideratum〔拉丁语：追求〕吧。

在攻占罗马前，一切都搞得不错，大家精力充沛，有使不完的力气，只是缺少点钱而已……在得到罗马以前，意大利许多事都能忍受：捐税，皮埃蒙特的地方主义，掠夺成性的执法部门，吵吵闹闹、令人生厌的官僚衙门；在等待罗马回归意大利的时候，一切都似乎并不重要；为了能够重新拥有罗马，可以克制一下自己，但是必须齐心协力、和衷共济。罗马是一个界限，是一面旗帜，它就在眼前，它使人寝食难安，不让人安心做买卖，它使人十五个吊桶打水——七上八下。到了罗马，一切就会发生变化，一切就会猝然中止……到那里以后，一切就会结束，圆满收场。完全不对——到那里后还只是开头。

经过艰苦奋斗好不容易获得独立的民族，从来都不知道（不知道也好），独立本身并不会给予他们任何东西，除了自己这个民族的成年权，除了可以与贵族平起平坐，除了承认可以自由行动的公民权以外，别无其他。

从卡波托利和奎里纳尔山丘的顶上又会宣布怎样的法令呢？在罗马的集会广场和在教皇经常向“普天下和罗马城”祝福的那个阳台上又会向全世界宣告什么呢？①

宣布“独立”，sans phrases〔法语：没有多余的话，别无其他〕，是不够的。而此外就没有任何别的东西了……我有时候觉得，在加里波第丢下自己再不需要的宝剑，给意大利肩上披上 virilis〔拉丁语：成年〕服的那一天，他剩下来要做的就是在台北河上与自己的 maestro〔意语：导师〕马

① 罗马城建立的七个山丘上，这是其中的两个，卡波托利山是古罗马的宗教和政治中心；十四至十八世纪又在奎里纳尔山建立教皇宫；罗马的集会广场则经常举行人民大会，由演说家向人民发表演说；在梵蒂冈的教皇宫内有一个阳台，教皇经常在那里接见人民，给人民和整个天主教世界祝福。

志尼当众拥抱,并跟他一起说:“如今我们被释放了!”①

这话我是替他们说的,而不是反对他们。

他们的未来是有保障的,他们两人的名字将永垂史册,高高地、光芒四射地照耀整个意大利,从阜姆一直到墨西拿,而且他们的名字,在整个悲惨的欧洲,将随着欧洲人在历史上的愈来愈卑下和愈来愈渺小而越升越高。

但是意大利未必会按照伟大的烧炭党和伟大的战士纲领前进;他们的信念完成了奇迹,它唤醒了思想,它举起了剑,它是唤醒熟睡者的号角,它是意大利重新获得独立的旗帜……马志尼的理想实现了一半,其所以如此,正因为它的另一半大大超过了可能。至于说马志尼现在变弱了——这正是他的成功和伟大之处;他之所以变得贫乏,是因为他的已经变成现实的那一半理想的贫乏,这是分娩之后的虚弱。看到海岸以后,哥伦布只要把船向前驶去就成,根本用不着动用他那全部不屈不挠的精神力量。我们在我们自己的斗争中也遇到过类似的情形……反对农奴制,反对不经任何审讯就仓促定罪,以及缺乏任何公开性而进行的斗争,曾经赋予我们说的话以力量,可是现在这力量又跑到哪里去了呢?

罗马是马志尼的美洲……在他的纲领中缺乏进一步的、viables〔法语:富有生命力的〕胚胎——它只是寄希望于实现统一和解放罗马的斗争。

“那么实现民主的共和制呢?”

这是对人死后的伟大奖赏,人们正是带着这样的憧憬去建功立业的,而那些传道者和殉道者也热烈和真诚地相信这点……

直到现在,还有一部分坚定的老人——马志尼久经考验的老战友,还在朝着这个目标前进,他们百折不回、决不投降、不可收买、不知疲倦,他们就是那些为新意大利奠定基础的泥瓦匠,每当缺乏水泥的时

① 参见《路加福音》第二章第二十九节。原话是:“主啊,如今可以照你的话释放你的仆人安然去世了!”

候，他们就用自己的鲜血来浇铸这基础。但是他们有多少人呢？在他们之后，又有谁来继承他们的事业呢？

当德国人、波旁王朝、教皇等三重桎梏还压在意大利脖子上的时候，圣马志尼修会的这些意志刚强的能征惯战的修士，到处都能得到人们的支持和同情。王公贵族和大学生们，珠宝商人们和医生们，演员们和牧师们，画家们和律师们，小市民中的一切受过教育的人，工人中一切抬起头来的人，军官们和士兵们——所有的人都或明或暗地跟他们站在一起，帮助他们，为他们工作。希望共和的人并不多，但是大家都希望独立和统一。他们争取到了独立，但是他们却厌恶法国式的统一，他们并不希望共和。当前的社会制度，在许多方面是意大利人能够接受的，他们正是想以这样“强大而又雄伟”的形象跻身于欧洲各国民族之林，而且他们在维克多·曼努尔身上找到了这种 bella e grande figura〔意语：雄赳赳气昂昂的形象〕，因此他们抓住他不放。①

如果头脑里没有任何明确的主张，或者实际上又没有任何可行的办法时，代议制在欧洲大陆的发展中的确是最为可行的。这是一个伟大的应急措施，它可以磨光双方的棱角，消弭极端，把它们磨成粉末，赢得时间。一部分欧洲已通过了这磨盘，另一部分也将通过，而我们这些凡夫俗子也将忝列其中。埃及的情况又怎样呢——埃及也骑着骆驼，在鞭子的驱赶下，走进代议制的磨坊。②

---

① 一个非常可爱的匈牙利人，山（陀尔）·泰（莱基）伯爵，后来他曾在意大利当过骑兵上校，有一次他在嘲笑佛罗伦萨那些花花公子们金玉其外的华丽服饰时对我说：“记得莫斯科的赛马或郊游吗？……做得很蠢，但是有性格：马车夫灌饱了酒，歪戴着帽子，驾的马值几千卢布，老爷穿着貂皮大衣在怡然自得地闭目养神。而这里则是某个瘦骨嶙峋的伯爵驾着几匹病弱的驽马，四条腿还在抽搐，歪着脑袋，而坐在驾车座上的还是那个笨手笨脚的、瘦瘦的贾科波（他也是他家的花匠和厨子），拽着缰绳，穿着不合身的号衣，而那位伯爵则一再求他：‘贾科波，贾科波，fate una grande e bella figura’（意语：您要摆出一副雄赳赳气昂昂的样子来）。”我恳请泰（莱基）伯爵把这句话借给我用一下。——作者原注

② 指埃及总督穆罕默德·阿里（1769—1849）于十九世纪上半叶在埃及推行的改革，其实这改革不过是既保留封建制度的生产关系，又施行了一些资产阶级的治国形式。

我无意责备大多数，他们准备不足，筋疲力尽，胆儿又小，我更无意责备广大群众，因为他们长期受到教权派分子的教育而不能自拔，我甚至也无意责备政府——再说，怎能责备他目光短浅，颟顸无能，缺乏激情、诗意和分寸呢？它诞生于卡里尼亚诺宫①，周围只有生锈的哥特式宝剑，扑了发粉的老式假发，以及志大才疏的小朝廷的僵硬的礼节。

它没有得到人民的爱戴，恰恰相反，但是，它并没有因此而变得更软弱。一八六三年，我曾为那不勒斯人对政府的普遍不满感到惊奇，一八六七年，我看到威尼斯才解放三个月，人们便对政府十分不满，这就不足为奇了。但是，这时我却更清楚地看到，只要它自己没有做太混账的事，而且是接二连三地做（虽然，即便做了，也没什么大不了，是很容易对付过去的），**它就不用害怕什么**。

这两方面的例子，我都有，而且近在眼前，让我三言两语地先举个例子。

各国政府有时候喜欢应用一些语义模糊的俏皮话来转移人民的视线，例如路易·菲力浦的“Prisonniers de la paix”〔法语：“和平的俘虏”〕，路易·拿破仑的“帝国就是和平”②，里卡索利也加上他自己的俏皮话——他把用以巩固神职人员大部分财产的法律，称之为“自由国家之教会自由（或自主）”法③。自由派中之一切不学无术的公子哥儿们，以及所有只看标题、不计其余的人，都兴高采烈。内阁则心中窃喜，欢庆胜利；这个不正当的法案显然有利于神职人员。来了一位比利时

---

① 指当时统治意大利的萨沃依王朝。意大利统一后的第一个国王，名叫维克多·曼努尔二世，他于一八二〇年三月十四日生于意大利都灵的卡里尼亚诺亲王卡尔洛·阿尔伯特的王府卡里尼亚诺宫。

② 这个口号是路易·拿破仑在一八五二年十月十日，在宣告成立法兰西第二帝国前夕提出的，旨在蛊惑民众，赢得多数，拥戴他称帝。

③ 该法案由意大利里卡索利政府于一八六七年一月十七日提交意大利议会讨论。该法案旨在以最优惠的条件由意大利神职人员赎买教会的土地，并完全归其所有，但表面上却以自由为幌子，谎称它旨在消灭教会财产。

的罪人和税吏，一些耶稣会神父则躲在他身后。① 他运来了大批黄金（意大利已经很久都没有见到黄金的颜色了），给政府提供了巨额贷款，借以保障神职人员在忏悔时骗来的，在临死的罪人和一切精神贫乏的人那儿掠夺来的田产的合法占有权。

政府看到的只有一样——钱；傻瓜们看到的却是另一样东西：教会在自由国家中的**美国式**自由。现在时兴用美国的尺度来衡量欧洲的规章制度。佩尔西尼公爵②认为法兰西第二帝国与我们这时代的第一共和国之间有着无限的相似之处③。

然而无论里卡索利和希阿洛亚如何狡猾，议会（尽管它的组成五光十色，而又十分平庸）终于明白，这局牌有人在捣鬼，而且这捣鬼是背着它干的。④ 那个银行家竟佯装是剧院经理，极力想收买意大利的选票，但是这一回——事情发生在二月——议会却噤若寒蝉。那不勒斯出现了抱怨声，威尼斯在马利布兰剧院举行了抗议集会。毫无疑问，在一切可能发生的失策中，没有比这更愚蠢的失策了。刚获得解放的威尼斯想行使一下自己的反对权，却遭到了警察的阉割。大家集合起来欢迎国王，给 gran comandatore〔意语：伟大的指挥官〕拉马尔莫拉献花，

① 罪人与税吏，典出《新约·马太福音》第九章第十节。因为意大利政府亟需钱用，未经议会通过就同意由比利时银行家拉格兰·狄蒙索提供贷款，由他分四年交付意大利政府，作为赎买教会土地的赎金，以后再由教会偿还给银行家。这是一举三得的工于心计的骗局：教会保留了土地，政府得了钱，银行家得了利。而吃亏的是老百姓，教会将大肆掠夺人民的钱，来偿还欠银行的贷款。

② 佩尔西尼公爵（1808—1872）：一八五二至一八五四年任法国内务部长，后任法国驻伦敦大使；是拿破仑三世的走狗和亲信。

③ 佩尔西尼公爵于一八六三年退休后，曾在自己的许多次讲话中，盛赞波拿巴制度，认为它是当代所有政体中最民主的政体，就像美利坚合众国的共和制一样，最好地保证了人民的自由。

④ 意大利议会在讨论上述法案时曾提出异议，不予批准。意大利各省也提出抗议。一八六七年二月二日，里卡索利命令威尼斯地区长官严禁任何集会，因而引起议会的质询。议会提出对政府的不信任案。可是里卡索利却于一八六七年二月十三日经国王同意，解散了议会，并决定改选。

这都毫无意义。① 即使威尼斯人想为奥地利大公开欢迎会,他们也一定会被允许。而在马利布兰剧院开个会,那是毫无危险可言的。

议会警觉了,要求作出解释。里卡索利回答得十分粗暴和傲慢,他的口气就像蓝胡子拉乌尔的最新代表,就像中世纪的伯爵和封建主似的。议会本来“相信内阁并不想限制集会权”,想转而进行例行的讨论。拉乌尔看到他毫不怀疑的“教会自由法”,居然在委员会可能遭到否决,于是勃然大怒,声称他不能接受 ordre du jour motivé〔法语:经过论证的议事日程〕。议会一听就来气,投票否决了他的意见。这种鲁莽的行动使他在第二天决定将议会延期,第三天就解散了议会,第四天又想采取某种更严厉的措施,但是,据传,恰尔第尼②对国王说,指靠军队进行弹压是困难的。

不乏先例,有些政府常常信口开河,寻找适用的借口,来为它所做的坏事辩护,或者掩盖它做的错事,可是这些大人先生找到的却是最荒谬的借口,它只能证明他们的失败。如果政府硬要沿着这条路继续走下去,很可能会摔断自己的脖子;可以指望和预见到的只有多少符合理性的东西;疯狂的威力是没有止境的,虽然身旁几乎总有恰尔第尼这样的人,会在危险的时刻给你当头泼上一瓢冷水。

如果意大利习惯于这样的办事方式,见怪不怪,安之若素,那它是不会不受到惩罚的。这种由谎话、空话和没有内容的话组成的虚幻世界,对于一个不如法国人那样见过世面的民族来说,是很难适应的。在法国,一切都不是真的,但一切又无不具备,哪怕是为了做做样子和装装门面;它就像是一些返老还童的老人,痴迷于玩具;虽然有时它也明白,它的马不过是木马,但是它仍旧愿意自欺欺人。意大利却受不了这

① 一八六六年十一月七日,意大利国王维克多·曼努尔二世驾幸威尼斯,该城曾组织盛大的欢迎会。威尼斯市政府曾写信给拉马尔莫拉将军,代表威尼斯人对他把威尼斯从奥地利统治下解放出来表示感谢。

② 恰尔第尼(1811—1892):意大利将军,一八六二年曾指挥撒丁军队阻止了加里波第向罗马的进军。

种中国式的皮影戏，这种月光般的独立（它是被杜伊勒里宫的太阳照亮的，但光线只有后者的四分之三），它也受不了它瞧不起和深恶痛绝的教会，它把它当作一个疯老太婆，表面上在侍候她，可是却巴不得她快死。代议制的土豆泥和议会的花言巧语，是不会给意大利带来健康的。这种虚有其表的食物和不真实的斗争，只会使他变傻和变得神志不清。可是除此以外又一无所有。怎么办？出路在哪儿？我不知道，除非是这样，在罗马，宣布了意大利的统一后，接着又宣布它已经四分五裂，分裂成各个独立的、各自为政的、彼此仅有微弱联系的部分。除非化整为零，形成十来个生机蓬勃的中心，也许这样倒能够更有所作为，何况这也完全符合意大利精神。

……我正在作如是想的时候，忽然看到基内①的一本小册子《法国和德国》；我看到它后十分高兴；倒不是我特别欣赏这位著名的历史学家和思想家的观点，虽然我对他本人十分尊敬，不过我之所以高兴，倒不是为我自己。

旧时，在彼得堡，有一位以幽默著称的朋友，在我的书桌上发现了一本柏林米什莱②写的书《论灵魂不死》，给我留下了一张下述内容的便条：

> 亲爱的朋友，你读完这本书后，请劳驾简短地告诉我，是否有灵魂不死。我倒无所谓，但是为了安慰我的亲属，我倒想知道。

而我遇到基内之所以感到高兴，正是为了我的亲属们。我们朋友中的许多人，尽管直到今天对欧洲权威还采取一种傲慢的态度，可是对他们说的话还是比对我们自己人多一份信任。因此我总是极力尽可能地把自己的想法置于欧洲保姆的庇护下。我抓住蒲鲁东的话说，兵临

---

① 基内（1803—1875）：法国历史学家和政论家，一八四八至一八五一年任法国制宪会议和立法会议成员，一八五一年十二月二日政变后逃往国外。

② 米什莱（1801—1893）：德国哲学家，柏林大学教授。

法国国门的不是喀提林①,而是死神;我抓住斯图亚特·穆勒的衣襟,又一再说到英国的中国化问题②,现在我又很得意,因为我又可以拉着基内的手说:“瞧,连我尊敬的朋友基内也在一八六七年讲到拉丁欧洲时说过这样的话,而这些话我早在一八四七年和以后各年讲到整个欧洲时就说过了。”

基内恐惧而又伤心地看到法国的衰落,它的头脑的软化和庸俗化。他不了解所以如此的原因,只好在法国背离一七八九年的原则③中去寻找,在失去政治自由中去寻找,因此在他的话中,因为伤心,依稀流露出一种隐蔽的希望,希望能回到严肃的代议制,回到伟大的革命原则,借以恢复健全的政治生活。

基内没有发觉,他所说的伟大原则,以及拉丁世界的一般政治思想,已经失去了自己的意义,它们的发条已经上到头了,差点就要拧断了。Les principes de 1789〔法语:1789 年原则〕本来不是一句空话,现在却变成了一句空话,就像宗教仪式和祷告词一样。它们的功劳是巨大的:正是**靠了它们和通过它们**,法国才完成了自己的革命,它掀起了未来的帷幕,又大惊失色地后退了。

出现了两难的处境:或者是自由制度重新触及那宝贵的帷幕,或者是依靠政府的监护,外表上秩序井然,骨子里依旧是奴役。

如果在欧洲的人民生活中有一个统一的目标,有一个统一的追求,那么这一方或那一方早就跑到了前头。但是正如西方历史形成的局面

---

① 喀提林(公元前 108—前 62):古罗马政治家,阴谋反对罗马共和制的主要策划人。赫尔岑在《来自彼岸》一书中讲到一八四八至一八四九年革命失败后,法国反动势力取得胜利和民主制遭遇危机的时候,曾援引蒲鲁东的话:“ce n' est pas Catiline... qui es tà vos portes; c' est la mort.”这是一句法国成语,源出拉丁成语“Hannibal ad portas”,意谓汉尼拔兵临城下,罗马已处于危险中。这里把汉尼拔的名字改换成了喀提林的名字。

② 所谓“英国的中国化”,指英国的发展像中国一样停滞不前。穆勒这话是在《论自由》一书中说的,赫尔岑曾在《伦敦的流亡者》一章的补遗中引用。

③ 指一七八九年法国大革命提出的自由、平等、博爱三原则。

那样,它却导致了争斗不休。它的文明具有双重性,在这个基本的生活事实中,就包含着妨碍持续不断发展的内在成分。生活在两种文明中,生活在两个层面上,生活在两个世界和两个年龄段,不是整个机体在生活,而是它的一部分在生活,同时又利用另一部分作为自己的燃料和食物,再要侈谈自由和平等,就变得越来越难了。

想要建立更和谐、更平衡的制度所作的种种努力,没有取得成功。但是如果说它们在这里没有取得成功,那就更加证明这里还无力做到这点,而不是说这个原则错了。

这就是事情的整个实质。

北美合众国具有自己统一的文明,它很容易就能超过欧洲,它的情况比较简单。它的文明程度低于西欧,但它是统一的,人人都能达到这一水平,这就是它的威力所在。

二十年前,法国以巨人的步伐奔向另一种生活,它在黑暗中奋斗,无意义地奋斗,没有计划,除了感到无法忍受的痛苦以外,一无所知;它被“秩序和文明”打败了①,可是胜利者却后退了。资产阶级不得不为自己可悲的胜利付出一切,它连续几个世纪,经过不懈的努力、牺牲、战争与革命所赢得的一切,它的文明的所有成果,都不得不付诸东流。

力量的中心,发展的道路——一切都变了;隐蔽的活动,被压制的社会改造工作,都迅速地转移到了别的部分,越出了法国的边界。

德国人一旦确信,法国的海岸下沉了,它的可怕的革命思想老旧了,法国没什么可怕的,——莱茵河畔要塞的城墙后面就出现了普鲁士的钢盔。

法兰西步步后退,钢盔不断前进。俾斯麦从来不把自己的国人放在眼里,他向法兰西竖起了耳朵,他在嗅从那儿吹来的风,终于确信这个国家已一蹶不振,他明白,普鲁士的时代到来了。他明白这点以后,就立刻让毛奇②制定作战计划,命令军械师制造撞针,并以德国人蛮横

---

① 指路易·拿破仑·波拿巴发动的政变。

② 毛奇(老)(1800—1891):普鲁士帝国元帅和参谋长。

无理的粗暴态度，有条不紊地把一只只成熟的德国梨摘下来，倒进可笑的腓特烈·威廉的围裙，并且硬要他相信，他是路德的上帝特别显灵创造的英雄。

我不相信，世界的前途会长久掌握在德国人和霍亨索伦家族①手里。这是不可能的，这违反人类的理性，违反历史的美学。我要说的正好与肯特对李尔王说的话相反："普鲁士，我在你身上看不到任何足以让我称你为王的东西。"②但是普鲁士毕竟把法国推到了次要地位，自己跃居首位。但是它在把德意志祖国这块色彩斑斓的碎布头染成统一的颜色后，毕竟要给欧洲制定法律，只要它的法律可以靠刺刀来制定，可以靠霰弹来执行，它便会一直这么做，原因十分简单：因为它的刺刀多，它的霰弹多。

在普鲁士浪潮之后又掀起了另一股浪潮，它并不十分在意那些思想正统的老人是否喜欢它。

英国狡猾地保持着自己强大的外表，作壁上观，仿佛对它自己虚假的中立感到骄傲似的……它在一八四八年曾靠警棍十分轻易地治愈了它的社会阵痛，可是现在它又在内脏深处感到了同样的阵痛……但是内脏却收缩得更厉害了……于是它只好把自己伸得远远的触须缩回来，探索发生在家里的争斗。③

法国惊讶于自己地位的变化，感到很尴尬，它不是用战争威胁普鲁士，而是用战争威胁意大利，如果它胆敢触及永恒之父的暂时的领地的话④，并募集经费建造伏尔泰纪念像。

---

① 德意志的统治家族，获选帝侯封号，世代为王，直到一九一八年才被推翻。

② 参见莎士比亚的悲剧《李尔王》（第一幕第四场）。肯特伯爵的原话是这样的："我在你的前额上看到某种使我必须称你为王的东西。"

③ 一八六〇年代，由于马克思第一国际的推动，英国工人运动有逐渐加强之势，于是英国政府才不得已扩大人民的选举权（一八六七年改革），并改善有关工人的立法。

④ 指教皇统治下的罗马城。

拿破仑三世的法国政府，极力阻挠出现强大的意大利国家，希望保持法国在意大利的势力范围，因此极力阻挠罗马与意大利王国合并，并用武力支持教皇在罗马地区的世俗权力。一八六七年，法兰西第二帝国政府就曾发表过含有上述精神的声明。

普鲁士最后军事审判的喇叭正在震耳欲聋地大吹特吹，它能使拉丁欧洲死而复活吗？它的临近能唤醒有学问的野蛮人吗？

Chi lo sa？〔意语：谁知道呢？〕

……我跟一些刚刚漂洋过海的美国人来到热那亚。热那亚使他们叹为观止。他们亲眼看到了他们在书本上讲到的关于旧世界的一切，他们看不够那沿山势而建的狭窄的、黑暗的中世纪街道，那高大的房屋，那半已坍塌的通道、防御工事，等等。

我们走进一座前厅。一位美国人兴奋得失声叫道："这些人生活得多舒服呀，"他一再说，"他们生活得多舒服呀！多宽敞，多雅致呀！真的，这样的气派您在我们那里是无论如何找不到的。"他简直为自己的美国感到脸红。我们走进去参观，里面是一座座大厅。挂着它们过去的主人的画像，到处都挂着画，画，四面是褪色的墙壁，老式的家具，古老的纹章，古色古香，空无一人，只有一个看门的老头，戴着黑色的用毛线编织的小圆帽，穿着黑色的旧上衣，拎着一串钥匙……这一切都说明，这不是一座房屋，而是一件古董，一套石椁，过去生活的华丽痕迹。

"是的，"我走出去时对美国人说，"你们说得完全对：这些人从前生活得很好。"

一八六七年三月

第三章　LA BELLE FRANCE〔法语：美丽的法兰西〕

Ah! que j'ai douce souvenance

De ce beau pays de France!

〔法语：啊！这美丽的国家法兰西，

给我留下了多么甜蜜的回忆啊！〕①

一　ANTE PORTAS〔拉丁语：在城门前〕

法兰西对我是大门紧闭的。我到达尼斯后过了一年，一八五一年夏，我写了一封信给当时法国的内务部长莱昂·福适，请求他允许我到巴黎逗留数日。“在巴黎，我有一所房子，我必须去处理一些与它有关的事。”他是一个名副其实的经济学家，对我提出这样的理由，不得不表示让步，我得到了他的批准，允许我到巴黎去作“最短暂”的停留。

一八五二年，我请求经由法国到英国去——遭到了拒绝。一八五六年，我想从英国回瑞士，再度申请签证——又遭到了拒绝。我写信给弗里堡的 Conseil d'Etat〔法语：州内阁，州委员会〕②，说我被切断了与瑞士的联系，只能秘密前来，或者经由直布罗陀海峡，或者，最后，通过德

---

① 引自法国作家夏多布里昂的小说《阿邦塞拉奇末代王孙的奇遇》中洛特雷克的情歌。

② 因为俄国枢密院剥夺了赫尔岑的一切公权，并不许他回国，因此赫尔岑于一八五一年在瑞士弗里堡州加入了瑞士国籍。

国,如果走这条路的话,很可能,会使我走到彼得保罗要塞①,而不是来到弗里堡。因此我请求 Conseil d'Etat 与法国外交部取得联系,要求他们允许我借道法国回到瑞士。弗里堡州内阁于一八五六年十月十九日回复了我下面的一封信。

亲爱的先生:

鉴于您的请求,我们委托瑞士某部长在巴黎进行必要的斡旋,以取得您经由法国返回瑞士的许可。现将瑞士某部长收到的答复原文抄录如下:“瓦莱夫斯基先生必须就此问题与他的内务部同僚进行磋商;内务大臣告知他说,由于考虑到此事的特殊重要性,被迫他于去年八月曾拒绝赫尔岑先生要求在法国过境的权利,因此他不能改变自己的决定,云云。”

除了一般相识以外,我与法国人没有任何共同之处;我既没有参与他们的任何秘密活动,也没有参加他们的任何团体,当时,我一心从事的仅仅是对俄国的宣传。法国警察是唯一无所不知,唯一囊括全国,因而也是无限强大的警察,因此他们对这一切了如指掌。他们所以对我恼怒,是因为我的文章和人际交往。

关于他们对我的愤怒,不能不说的是,他们对我愤怒得过了头。一八五九年,我曾同我的儿子到布鲁塞尔去逗留了几天。无论在奥斯坦德还是在布鲁塞尔,都没有要我出示过护照。过了大约六天,有一天晚上,我回到旅馆,侍役给我送蜡烛的时候告诉我,警察局来人要查验我的护照。“总算想起来了。”我说。侍役把我送到房间后拿走了护照。我刚躺下,十二时许,有人来敲门;来的又是那个侍役,手里拿着一只很大的信封。“司法大臣恭请某人于明日上午十一时到 la sûreté publique〔法语:国家安全司〕去一趟。”

“您就为了这点事跑来把人家叫醒吗?”

---

① 指被德国出卖给俄国,关进彼得保罗要塞。

“他们在等候答复。”

“谁?”

“警察局的人。”

“那您去告诉他,我一准去,不过再加上一句:半夜以后送请柬是愚蠢的。”

接着我就像努林一样“吹灭了蜡烛”①。

第二天早晨八点钟,又出现了敲门声。不难猜到,又是比利时司法当局在胡闹。

“Entrez!”〔法语:“请进!”〕

进来了一位先生,衣冠楚楚,但过分整洁,戴着崭新的礼帽,挂着一根又长又粗的表链,看样子是金表链,穿了一件崭新的黑上衣,等等。

我才勉强披了件衣服,衣履不整,与那位先生形成十分奇怪的对照,他从早晨七时起就必须精心打扮,以便人家把他当作正人君子,即使误以为他是正人君子也行啊。优势显然在他那方面。

“请问,您是 M. Herzen-père〔法语:父亲赫尔岑先生〕吗?”

“C'est selon〔法语:这得看情况〕,我们对这事怎么看的。一方面,我是父亲,另一方面,我又是儿子。”

这话让那个特工听了很开心。

“我来找您……”

“请问,您是来告诉我司法大臣叫我在十一点到司里去吗?”

“没错。”

“大臣何必打扰您,让您这么早就来呢?其实,他昨天半夜派人送来这信,这么晚还来打扰我,也就够了。”

“那么您会去?”

“一定去。”

“您认识路吗?”

---

① 典出普希金的长诗《努林伯爵》。

"怎么,让您给我带路?"

"哪能呢,quelle idée〔法语:您想哪去了〕!"

"那么……"

"祝您日安。"

"再见。"

十一时,我坐在比利时国家安全司司长的办公室。

他手里拿着一本笔记本和我的护照。

"我们打扰您了,请原谅,但是要知道,这里有两个小小的情况:首先,您的护照是瑞士护照,而……"他以警察的洞察力审视着我,把自己的目光停留在我身上。

"而我是俄国人。"我补充道。

"是的,不瞒您说,这使我们感到很奇怪。"

"为什么? 难道比利时没有加入贵国国籍的法律吗?"

"可您? ……"

"十年前,我在弗里堡州莫拉特乡的沙特尔村就加入了瑞士国籍。"

"当然,如果是这样,既然如此,我就不敢再怀疑了……现在我们再谈第二个为难之处。大约三年前,您曾申请到布鲁塞尔来,遭到了拒绝……"

"Mille pardons〔法语:一千个对不起〕,没有这样的事,也不可能有这样的事。我从来没有被比利时驱逐过,如果我怀疑我是否有权到布鲁塞尔来,那我对自由的比利时会有怎样的看法呢?"

国家安全司司长有点尴尬。

"不过,您看这里……"他说时打开了他的笔记本。

"看来,其中并非一切无误。比如说,您就不知道我加入了瑞士国籍。"

"可不吗。德尔皮埃尔领事阁下……"

"甭费心了,其余的事我来告诉您。我曾请教过贵国驻伦敦领事,我能不能把我的俄文印刷所搬到布鲁塞尔来,也就是说,如果我不干预比利时内政的话，因为我从来无意染指比利时内政，这，您是很容易相信的，那贵国能否让这个印刷所平安无事地开下去呢？德尔皮埃尔先生请示了贵国的内务大臣。大臣请他让我断了搬迁印刷所的念头。贵国领事不好意思把大臣的答复用书面形式通知我，于是他请一个我们俩都认识的熟人路易·勃朗把这一消息转告我。我向路易·勃朗表示了感谢，并请他让德尔皮埃尔放心，并请他告诉他，当我得知这个印刷所不让搬往布鲁塞尔以后，我满不在乎；接着我又补充道：‘如果领事通知我的是相反的消息，即，通知我，我和我的印刷所将永远不许离开布鲁塞尔，说不定，我就不会这么雄赳赳气昂昂了。’您瞧，所有的情况我都记得一清二楚。”

那位国家安全的保卫者微微清了清嗓子，看着他那本子，说道：

“没错，关于印刷所的事我没注意。不过，我认为，您还是必须得到大臣的批准；要不然，不管这对我们有多么不愉快，我们还是不得不请您……”

“我明天就走。”

“那又何苦呢，谁也没有要求您这么匆忙呀；您不妨再留一星期、两星期嘛。我们讲的是定居……我几乎有充分把握，大臣肯定会批准的。”

“我也许会请他将来对我多多关照，但是现在我毫无继续留在布鲁塞尔的打算。”

这件事就这么了了。

“我忘记了一件事，”小心翼翼的国家治安保卫者，语无伦次地对我解释道，“我们是小国，我们是小国，吃亏也就吃亏在小国上；il y a des égards...〔法语：有种种顾虑……〕”他觉得很不好意思。

两年后，我住在巴黎的小女儿病了。① 我又要求签证，佩尔西尼②

① 赫尔岑的小女儿，名叫奥尔迦·亚历山德洛夫娜（1850—1953），她那次生病是在一八六一年五月。

② 佩尔西尼（1808—1872）：法国内务大臣，拿破仑三世的走狗和亲信。

又拒绝了。这时克沙韦里·布拉尼茨基正好在伦敦。我在他家吃饭时谈到了我申请签证遭到拒绝的事。

“您可以写一封信给拿破仑亲王①，”布拉尼茨基说，“我来交给他。”

“凭什么我要写信给亲王呢？”

“这也对；干脆写信给皇帝。我明天就走，他后天就能收到您的信了。”

“这样倒快些；让我想想。”

我回到家后写了下面的一封信：

Sire〔法语：皇上〕：

十多年前，由于贵国政府的指令，我被迫离开法国，从那以后，我曾两次获准前来巴黎②。后来我进入法国的权利便经常遭到否定，然而我有一个女儿在巴黎受教育，而且我在巴黎还有一幢私房。

现在我冒昧地直接上书陛下，恳请陛下恩准我进入法国，并允许我在巴黎稍作停留，需要几日视情况而定，我将怀着信任与恭敬等候您的答复。

Sire，至少，我敢向您保证，我之希望获准前来法国，决无任何政治目的。

今后仍将是陛下您的最忠顺的奴仆，并对您怀着深深的敬意。

亚·赫

一八六一年五月三十一日

于伦敦西伯恩街奥尔塞特公寓

---

① 指拿破仑一世的侄儿，哲罗姆·波拿巴的儿子。

② 我第二次获准到巴黎来是在一八五三年，那是因为马·卡·雷海尔病了。这次的通行证，我是通过罗思柴尔德的请求弄到的。后来马·卡的病好了，因此我没有使用这份通行证。大约两年后，法国领事馆向我宣布，因为我当时没有成行，这份通行证已经没有意义。——作者原注

布拉尼茨基认为这封信写得干巴巴的，因此，很可能，达不到目的。我对他说，换一种写法，我写不出来，如果他想帮助我，那就把这封信交给他，如果他改主意了——那就把信扔进壁炉。这话是在火车站上说的。接着他就走了。

四天后，我接到法国大使馆送来的下面的信：

亲爱的先生：

奉皇上御旨，我有幸通知阁下，陛下已恩准您五月三十一日来信提出的请求，准许您在任何时候，当您的事情需要这样做时，进入法国，并在巴黎停留。

因此，您可以在整个帝国自由旅行，但必须履行公认的手续。

亲爱的先生，请接受我的……等等，等等。

警察局长×××

警察局长办公室。一局。

巴黎，一八六一年六月三日

紧接在警察局长之后，是一个古里古怪、歪歪斜斜的签名，简直看不清写的是什么，什么都像，惟独不像局长的姓 Boittelle。

当天又来了布拉尼茨基的信。拿破仑亲王附上了皇帝的短函："亲爱的拿破仑，我刚才已批准赫尔岑先生①进入法国，并下令给他发放护照。"

在这之后——便是一声"升！"，放下了十一年之久的拦路杆便升起了，我也于一个月之后前往巴黎②。

---

① 我看重标出了先生二字，因为在我被逐出境时，警察局经常写的是"Sieur"（法语：该人），而拿破仑却在这封短笺上用所有的字母写了"monsieur"（法语：先生）。——作者原注

即不用缩略词"m."。

② 赫尔岑是于一八六一年六月二十一日离开伦敦，前往巴黎的。

二 INTRA MUROS〔拉丁语:在城墙里〕

“Maame Erstin!〔法语:艾尔斯汀太太〕”在加来,一个留着大胡子的宪兵,站在路障旁喊道。所有从多佛尔的轮船上下来,然后上岸的旅客,都要被海关和其他检查人员赶到一个用石头搭建的棚子里,然后再从那里出来,一个个经过路障进入法国。旅客们逐一通过,宪兵则逐一发还派司,一名警官则用眼睛逐一审视,如果他发现有可疑之处,便张嘴审问,被认可和被认为对帝国无害的人,便逐一通过路障,准予放行。

这一回,对宪兵的喊声,旅客中并无人应声向前。

“Mame Ogle Erstin!”〔法语:“奥格尔·艾尔斯汀太太!”〕”宪兵挥动护照提高了嗓门,喊道。仍旧无人答应。

“怎么,难道没有人叫这个名字吗?!”宪兵叫道,接着看了看护照,补充道:“Mamselle Ogle Erstin〔法语:奥格尔·艾尔斯汀小姐〕。”

直到这时一个十岁左右的女孩,即我的女儿奥丽迦,才明白过来,那名秩序保卫者在这么发狂地喊叫的便是她。

“Avancez donc, prenez vos papiers!”〔法语:“过来,把您的护照拿去!”〕宪兵恶狠狠地下令道。

奥丽迦接过派司,偎依在梅森布格太太身旁,悄声问:

“Est-ce que c’est l’empereur?”〔法语:“这是皇帝吗?”〕

这是她在一八六〇年的遭遇,而一年后我的遭遇则更坏,而且不是发生在加来的路障(现在它已经不存在了)旁,而是在任何地方:在火车上,在街上,在巴黎,在外省,在家里,在梦中,在清醒的时候——那个留着长胡子,胡子上抹了蜡,捻成一根线,有眼睛但对人视而不见,有嘴巴但对人默然不语的皇帝,到处都赫然站在我面前。我似乎觉得,像拿破仑的人,不仅有就其地位有点像皇帝的宪兵们,甚至那些士兵、商店伙计、侍役,尤其是那些铁路和公共马车上的乘务员,一个个看去也都像拿破仑①。我正是在这里,在一八六一年的巴黎,面对同一个 Hôtel de Ville〔法语:市政厅〕(一八四七年我曾满怀敬意地站在巴黎市政厅对面),面对同一座 Notre-Dame〔法语:圣母院〕,在香榭丽舍大街和巴黎的林阴道上,我才真正懂得《诗篇》中所说的话,其中刊有大卫王怀着既敬畏又绝望的心情向耶和华诉说,他已走投无路,无处可逃,总也躲不开他:“我钻进水中——你在那里,我钻到地里——你在那里,我上天——那就更不用说了。”②我进 Maison d'Or〔法语:黄金酒家〕用餐,一个拿破仑的化身,就肯定会坐在你的餐桌对面,围着餐巾在要蘑菇;我到剧院看戏,他肯定会跟你坐在同一排,也许另一个拿破仑还会漫步在舞台上。我躲开他,躲到城外去,他就会跟踪越过布洛涅森林,上衣的扣子扣得紧紧的,蓄着小胡子,胡子上抹了油膏,胡子尖往上翘。哪儿没有他呀?在马比尔咖啡馆的舞会上?在马德兰教堂做弥撒的时候?——无论这里或者那里,肯定有他。

La révolution s'est faite homme——“革命体现在人身上”——这是梯也尔时期和路易·非力浦时期的自由主义历史学家们经常爱用的一句教条和术语。而现在则更妙不可言:“革命与反动”,秩序与骚乱,前进与后退都体现在一个人身上,而这个人又反过来摇身一变,成了各级官员,从各部大臣到乡勇民兵,从参议员到农村的一村之长……像步兵一样分布在四面八方,像舰队一样远涉重洋。

这人不是诗人,不是先知,不是胜利者,不是异乎寻常的怪物,不是天才,不是一个才华横溢的人,而是一个冷冰冰的、沉默寡言的、阴阳怪气的、丑陋的、工于心计的、不达目的誓不罢休的、枯燥乏味的、“既不胖也不瘦的中年”绅士③,法国资产阶级中的 le bourgeois〔法语:资产者〕,l'homme du destin,le neveu du grand homme——平民〔法语:一个受到命运眷顾的人,一个伟人(平民)的侄儿〕。他消灭和在自身中融解了民

① 以上均指拿破仑三世(路易·波拿巴)。

② 参见《旧约圣经·诗篇》第一百三十九篇,与原话不尽相同。

③ 参见果戈理在《死魂灵》中对乞乞科夫的描写。

族性格的一切突出方面和本民族的一切追求，就像高山之巅或金字塔的尖顶一样，以一无所有来结束整个高山和高高耸立的庞然大物。

一八四九年和一八五〇年，我还没有看透拿破仑三世这个人。当时我还被他侈谈民主的花言巧语所迷惑，曾对他作过不准确的评价。[①]一八六一年是法兰西帝国最美好的一年：一切都平安无事，一切都取得了平衡与和解，一切都服从于新秩序。对立的政见和大胆的思想虽然有，但恰到好处，可以增加一些阴影和稍许辛辣的香味。拉布雷[②]做得很巧妙，借赞扬纽约来挖苦巴黎，普雷沃-帕拉多尔[③]则借赞扬奥地利来抨击法国。[④] 对米赖斯一案则进行含沙射影的匿名攻击。[⑤] 慢慢地允许骂教皇了，对波兰民族解放运动，也可以稍许表示点同情了。还出现了一些经常开会、进行反抗的小组，就像我们在四十年代，在莫斯科，在某个老朋友家经常开会一样。甚至还出现了一些心怀不满的法国自己的名流，诸如我国解甲归田的将军叶尔莫洛夫们，或者像法国的基佐[⑥]。其余的一切都被冰雹打得倒伏在地。可是谁也没有抱怨；就像谢肉节经过七天的大鱼大肉和大吃大喝之后，在大斋节的第一周吃到洋姜和大白菜时，还很喜欢这样的休息。谁觉得素食不合口味，就很难领会个中乐趣：只有当他“失踪”了一个或长或短的时期以后，从朗贝萨或者从马扎斯[⑦]回来，他的口味才会得到纠正。取代 la grande armée

---

① 参见赫尔岑的《法意书简》中的第十四封信。当时作者曾对路易·拿破仑·波拿巴其人作过极其轻蔑的评述。

② 拉布雷（1811—1883）：法国政论家，十九世纪五十至六十年代属于法国温和的反对派。

③ 普雷沃-帕拉多尔（1829—1870）：法国记者，法兰西学院院士，自由主义者，后来成为拿破仑帝国（第二帝国）的拥护者。

④ 拉布雷在他的三卷本《美利坚合众国史》、随笔《法国与合众国》与讽刺小说《巴黎与美国》中，用美国的资产阶级民主作对比，反对法兰西帝国的专制制度。普雷沃-帕拉多尔则在报上撰文谈普奥战争，赞扬奥地利，指出普鲁士已成为德国的霸主，正在威胁欧洲和平。

⑤ 米赖斯是法国的金融巨头和投机家，一八六一年曾因诈骗罪被判五年监禁，但他并未真正服刑。

⑥ 基佐是波拿巴主义的反对者。

⑦ 朗贝萨和马扎斯均为法国流放地和苦役地的名称，一在法属几内亚，一在法属阿尔及利亚。

〔法语:伟大的军队〕的是警察,la grande police〔法语:伟大的警察〕,它无处不在,也无时不在。著作界——风平浪静;过去波涛汹涌的大海上,只剩下几名蹩脚的船夫在不慌不忙地摇着几只蹩脚的小船。在大大小小的舞台上演出的都是些庸俗的剧本,使人看了回到家后头昏脑涨,昏昏欲睡,第二天早上又由一些无聊的报刊继续使人作三日呕。过去意义上的报刊已不复存在。重要的报刊代表的已不是社会感兴趣的问题,而是公司的利益。伦敦报纸的 leading article〔英语:社论〕是用洗练、精湛的文字写就的,正如法国人所说,是有"神经"和"肌肉"的,在这之后再看 premiers-Paris〔法语:巴黎报纸的社论〕,简直不堪卒读。陈腐的、老掉牙了的华丽辞藻,代替了有血有肉的内容,千篇一律的革命高调,不仅显得可笑,更因为它们明显违背事实,令人觉得卑劣。有人经常劝受苦受难的民族仍旧要像过去一样把希望寄托在法国身上:似乎它仍旧在"领导伟大的运动",似乎它仍旧在给世界带来革命、自由和一七八九年的伟大原则。反对派只是在波拿巴主义的旗帜下行动。这只是同一种颜色的不同色调,但是它们也可以用水手们表示中间风向的符号来表示:N. N. W. ,N. W. N. ,N. W. W. ,W. N. W. . . 波拿巴主义可以分为极端的,疯狂的,温和的,保皇派的波拿巴主义,共和派的波拿巴主义,民主的和官僚主义的波拿巴主义;波拿巴主义还可分为和平的,主战的,革命的,保守的,最后,还有罗亚耳宫的波拿巴主义和杜伊勒里宫的波拿巴主义①……每到深夜,总有一些先生奔赴各个编辑部,如果他们发现报纸的风信标过于偏向 N 偏 W,或偏 E②,他们便去把针拨正。他们是根据警察局的时针来校正时间的,涂涂改改,修修补补,然后又急忙赶往下一个编辑部。

……我在 café〔法语:咖啡馆〕看晚报,报上写道,米雷斯的律师拒绝披露某笔资金的用途,并说这牵涉到一些"身居要津的人",看罢,我对

---

① 罗亚耳宫是被宣布为皇位继承人的前国王哲罗姆(拿破仑一世的小弟弟)的官邸,杜伊勒里宫则是拿破仑三世的官邸。

② 英语:N——北,W——西,E——东。

一位熟悉的朋友说：

“检察官怎么就不让他说出这些人的姓名，各家报纸也不要求这么做呢？”

那位朋友扯了扯我的大衣，环顾四周，并用眼睛、手和手杖向我示意。我不枉在彼得堡待过：明白了他的意思，于是便谈起了用泽尔查矿泉水调制苦艾酒的方法。

从咖啡馆出来，我看见一个不点大的小矮个儿，张开不点大的两只胳臂，向我跑过来。直到距离很近了，我才看清这是达里蒙①。

“您该多幸福呀，”这个左派议员说道，“又回到了巴黎！Ah！je m'imagine！〔法语：啊！我想一定是这样的！〕”

“也不特别高兴！”

达里蒙大惑不解。

“嗯，madame Darimon〔法语：达里蒙太太〕和您那小不点怎么样？大概他现在已经长成大高个儿了吧，尤其是如果他在身材上不学他父亲的样的话？”

“Toujours le même，哈哈哈，très bien.”〔法语：还是老样儿……很好嘛〕说罢，我们就分手了。

我在巴黎的日子过得很难受，直到一个月后，当我透过雨和雾，重新看见英国那脏兮兮的白垩质海岸时，我才自由地松了口气。路易·非力浦在位的时候，一切就像一双窄小的鞋子总使你感到夹脚，而现在则像戴上了足枷，每走一步，都步履艰难。我没有看到新秩序借以巩固和建立的那些中间现象，我是在十年后才看到的，这时它已完全定型和建立起来了……何况这巴黎我已认不出来了，对它那些改建过的街道和尚未完工的宫殿②，尤其是遇见的人，我都感到陌生。它已不是我过

---

① 达里蒙（1819—1902）：法国政论家，年轻时接近蒲鲁东。一八五二年政变后成为拿破仑三世专制体制的拥护者。

② 在法兰西第二帝国时代，巴黎进行了重新规划，进行了大规模的改建和扩建，目的在于把贫穷的劳动人民赶出市区，使人民发动起义时，街道上不适宜建立街垒，便于调动军队，镇压起义者。

去爱过和恨过的巴黎。已不是我从小向往的巴黎,已不是我嘴上带着诅咒离开时的巴黎①。这是一个失去自己个性的巴黎,冷漠的,不再沸腾的巴黎。一只强有力的手在到处摁着它,随时准备拉紧缰绳,但这是不必要的。巴黎 tout de bon〔法语:全心全意地〕接受了第二帝国,旧时的表面习惯已所剩无几。“心怀不满者”已没有任何像样的、强有力的手段,足以与帝国抗衡。塔西佗共和主义者的回忆,以及社会主义者模糊不清的理想,已无法撼动独裁者的宝座。对付“幻想”,警察局的监督机构并没有认真与之斗争,它们之所以使它恼怒,并不是因为它们危险,而是因为它们破坏秩序。“回忆”比“希望”更令人恼火,他们对奥尔良派的态度要严厉些。有时候,专制独裁的警察会忽然大打出手,不讲道理,而且粗暴,威严地使人想起他们的存在;他们故意在两个街区制造恐怖,达两个月之久,然后又龟缩进警察局的避弹壕和各部大楼的走廊。

其实一切都平安无事。两次最厉害的抗议并不是法国人干的。皮亚诺利和奥尔西尼的行刺拿破仑三世,是意大利在复仇,罗马在复仇②。奥尔西尼一案把拿破仑吓坏了,这使他有了充足的借口,进行最后的打击——coup de grâce〔法语:慈悲的打击〕③。他成功了。国家制定了埃斯皮纳斯关于可疑人物的法律④,作出了自己的保障。它必须有一种威慑力量,让大家明白,警察是无所不用其极的,它必须摧毁任何关于人权,关于人的尊严的概念,它必须用非正义来压倒人心,让人们学会在非正义面前屈服,并用它来证明自己的权力。埃斯皮纳斯清洗完巴黎的可疑分子后,命令各省的警察局长必须在每个省发现一件阴谋,而且被宣布为帝国敌人的涉案人员不得少于十人,对这些人应予

---

① 赫尔岑是在一八五〇年六月离开巴黎的。他当时的感受可参见他写的《法意书简》第十二封信。

② 皮亚诺利行刺拿破仑三世,发生在一八五五年,奥尔西尼的行刺则发生在一八五八年。

③ 指使受伤者免受痛苦,再补上一枪,一枪毙命。

④ 这部法律的正式名称是《社会治安法》,由拿破仑三世委派埃斯皮纳斯付诸实施。埃斯皮纳斯(1815—1859):法国将军,从一八五八年起任第二帝国内务大臣。

逮捕，交由内务大臣处理。内务大臣有权将这些人流放卡宴和朗贝萨，无须侦查，无须提出报告，也无须承担任何责任。被流放的人，一经流放，即告完蛋，既无权提出上诉，也无权提出抗议；他未经法院审理——他能期待的唯有帝王的恩赦。

“我收到了这道命令，”警察局长 H 对我国诗人费·丘①说，“有什么办法呢？我挖空心思地左思右想……这事让我很为难，也很麻烦；最后我想出了一个摆脱困境的好办法。我派人去把警官找来，对他说：您能不能够在最短期限内给我找到十个亡命之徒呢？只要是没有被法办的随便什么坏蛋和小偷就成。警官说，没有比这更容易的事了。那好，那您现在就开个名单来吧；今天夜里，我们就把他们抓起来，然后把他们作为暴徒交给大臣。”

“那，后来怎么样呢？”丘问。

“我们把他们交了出去，大臣把他们发配到卡宴，全省的人都很满意，感谢我这么容易地就肃清了这些宵小之徒。”善良的警察局长笑着又加了一句。

政府在恐怖和暴力的道路上走累之前，公众和社会舆论先就累了。太平、安逸、la sécurite〔法语：安全〕的盛世便逐渐到来了，而且到来的速度不是以日计，而是以小时计。警察头上的皱纹也慢慢、慢慢地舒展开了；特务那种蛮横、挑衅的目光，sergent de ville〔法语：巡警〕强凶霸道的样子也开始缓和了；皇帝则在幻想各种既聪明而又温顺的自由措施和地方分权制度。恪尽厥职的大臣们则极力劝阻他的自由主义热情。

……从一八六一年起，城门打开了，我曾经好几次路过巴黎。起先，我总是匆匆而过，尽快离开，后来这情况也没有了，我已经习惯了这个新巴黎。它已经较少使我生气了。这是另一个城市，巨大而又陌生。

---

① 指俄国诗人费奥多尔·丘特切夫（1803—1873）。

赫尔岑于一八六五年三月与丘特切夫在巴黎相遇，大概就在那时候丘特切夫给他讲了这故事。

学术活动和科学，已经退到塞纳河对岸①，这里已经看不到了；政治活动也悄无声息。拿破仑赐予了他那“扩大了的自由权”；老掉牙了的反对派也抬起自己的秃头，重又唱起四十年代的陈词滥调；工人们不相信他们，噤若寒蝉，只是为工人间的联合和合作做一些微弱的尝试。巴黎已越来越成为欧洲的共同市场，世界上的一切都熙熙攘攘地汇集到这里：所有国家的商人、歌唱家、银行家、外交家、贵族和演员，还有从前看不到的大批德国人。口味、情调和说话的习惯都变了。珠光宝气，奢靡成风——金银珠宝、贵重的奢侈品代替了从前的审美感；就首饰和服装而言，夸耀的已不是自己的审美趣味和做工精细，而是夸耀它们的高昂价值和自己的一掷千金，人们不断谈论的是如何发财，如何玩牌，如何升官，以及资金等等。妓女的做派就像是贵妇人。女子教育跌到了从前意大利教育的水平。

“L' empire, l' empire...〔法语：帝国，帝国……〕这是万恶之源，这是灾难之所由来……”

不，其原因更深。

“Sire, vous avez un cancer rentré.”〔法语：“皇上，您体内有癌。”〕安托马尔基②说。

“Un Waterloo rentré.”〔法语：“我体内不是癌，而是滑铁卢。”〕拿破仑回答。

而这时有两三次革命 rentrées avortées〔法语：又回去了，流产了〕，又缩回去了，不足月就小产了。

法国革命之所以不足月就小产，因为它过早，过于匆忙地进入了妊娠期，它想用剖腹产来结束怀孕呢，还是因为他们有足够的勇气去砍头颅洒热血，却没有足够的勇气抛弃自己的想法呢？是因为他们把革命

① 指巴黎的拉丁区，也指巴黎大学本部（索邦）、法兰西学院、许多高校和科研机构的所在地，它坐落在塞纳河左岸，而当时巴黎的政治和商业中心则在右岸。

② 安托马尔基（1780—1838）：佛罗伦萨医生，从一八一八年起，曾在圣赫勒拿岛担任拿破仑一世的私人医生。

变成了军队,却把人权洒上了圣水呢?还是因为群众愚昧无知,干革命也不是为了农民呢?

三 ALPENDRÜCKEN〔德语:大山压顶,意为噩梦〕

光明万岁!

理性万岁![1]

俄国人因为附近没有山,所以只会说:“家神掐住了我的脖子。”这样说也许比较正确。确实,似乎有人掐住了我的脖子,似乎在做梦,模模糊糊,但非常可怕,呼吸困难,可是却需要加倍地吸气,脉搏加快,心脏跳得很重,很快……有人在追你,可是紧追在你身后的不知是人呢,还是鬼,在你面前闪来闪去的都是些早就遗忘的人影,他们使人不由得想起往昔的岁月和逝去的年华……这里有许多深渊和悬崖峭壁,脚一滑就没救了,你就会飞向黑暗的虚空世界,不由得发出一声惊叫——你惊醒了……一觉醒来,浑身发烧,满头大汗,呼吸急促——你急忙跑到窗口……外面曙光明媚,一派清新,风把浓雾吹到一边,鸟语花香,绿草如茵,树木苍翠……一切都是我们的,人间的……于是你安心了,用整个肺部深深呼吸着早晨的空气。

……前几天,我也似乎被家神掐住了脖子,但不是在梦中,而是在清醒的时候,不是在床上,而是在书本中,当我从书本中挣脱出来,回到现实世界,我差点没有高呼:“理性万岁!我们普普通通的、人间的理性万岁!”

彼埃尔·勒鲁(三十年来我一直习惯于爱戴他和尊敬他[2])给我带

---

① 引自普希金的诗《酒神之歌》。

② 赫尔岑高度评价彼埃尔·勒鲁的政治活动(参见《法意书简》),然而赫尔岑又对作为思想家的他持批判态度:勒鲁企图把社会主义与某种提倡人性和平等的宗教结合在一起。

来一本近作，请我务必看看（哪怕读一下正文，至于注解，可以以后再读，随便什么时候都成）。

《约伯记》，五幕悲剧，以赛亚著，彼埃尔·勒鲁译①。不仅翻译，而且还把它应用于当代问题。

我读了这本书的全文，一种悲哀和恐惧感压迫着我，我四处寻找窗口。

这到底是怎么回事呢？

究竟怎样的经历能够培养出这样的头脑，编成这样的一本书呢？这人的祖国在哪里？这个国家和这个人又经历了怎样的命运呢？这样，即使是一个大智大慧的人也会疯的；这是一个长期受到摧残的人的发展结果。

这部《约伯记》是一个诗人兼梦游病患者的呓语，纵然在这人的记忆中还残留着事实和体系，期望和形象，但是已经失去了意义；纵然他还保留着感情、回忆和形式，但是理性并没有保留下来或者即使它还完好无损，那也只是为了后退，分解成自己的各个元素，把思想变成了幻想，把真理变成了神秘剧，把结论变成了神话，把知识变成了宗教启示。

再往前走就无路可通了，接着就将出现强直性的昏厥状态，皮蒂亚②和萨满教巫师的跳大神，伊斯教托钵僧的满地打滚和旋转着的桌子③等闹剧……

革命和施行巫术，社会主义和《塔木德书》④，约伯和乔治·桑，以赛亚和圣西门⑤，纪元前的一七八九年和纪元后的一七八九年——一

---

① 彼埃尔·勒鲁把《圣经》中的故事《约伯记》，硬说是古犹太先知以赛亚的著作，尽管这个传说的作者，甚至创作年代，在学术界都未有定论。

② 古代阿波罗神庙的女祭司和女巫，常以阿波罗附体预言吉凶。

③ 西方唯灵论者的一种通灵活动，有点类似我国的扶乩。

④ 即犹太教的圣法经传。

⑤ 彼·勒鲁年轻时曾是圣西门的信徒，并于一八二四年创办 *Le Globe*（法语：《地球仪》）杂志，成为圣西门主义者的机关刊物，后来，他抛弃圣西门主义后又建立起自己的社会主义理论，并从一八四一年起与乔治·桑一起出版 *Revue indépendante*（法语：《独立》）杂志。

切都白白地丢进希伯来神秘主义哲学①的熔炉里了。从这些牵强附会、互相敌对的融合中又能产生什么呢？这是一种难以消化的食物，人吃了这种东西只会生病，他会丧失健康的真理感，丧失对理性的爱和尊重。这位老人从前曾经站在社会主义运动领导者的行列，精神饱满，充满了爱，他的演说曾充满了愤懑和对弱小兄弟的同情，震撼过许多人的心，可是现在却被远远地抛出了轨道，这原因何在呢？我还清楚地记得那个时代。“红头发的彼得——我们在四十年代曾这样称呼他——现在成了我的基督。”容易冲动的别林斯基常常给我这样写道②。就是这位导师，这位生气勃勃、唤醒人们起来奋斗的人，在泽西岛度过十五年之后，却带着 *Grève de Samarez* 和《约伯记》回来了③。他极力宣扬灵魂的往生，在另一个世界寻求解脱，他已经对现世界失去了信心。法国和革命都欺骗了他；他想在另一个世界开辟自己的祈神所，在那个世界里没有欺骗，而且一无所有，因此才能为幻想提供巨大的空间。

也许，这是一种个人的病态，一种特异反应？牛顿有他自己的《约伯记》，奥古斯特、孔德也有他自己的精神错乱症。④

也许……但是，当你拿起第二本，第三本法国书，——也都是《约伯记》，也都是使人思想混乱，使人胸口感到压抑，也都是迫使人寻找光明和空气，一切也都带有使人心慌意乱和精神错乱的痕迹，似乎是某种歪门邪道的东西，这又该怎么说呢？在这种情况下，很多东西就未必能用个人的疯狂来解释了；相反，个别现象的反常必须在普遍的混乱中

---

① 指对《圣经》作神秘主义解释的哲学。

② 别林斯基给赫尔岑的这封信，可能写于一八四五年，已佚。“红头发”系“勒鲁”这个法国姓的意译，彼得则是彼埃尔这个名字的俄文读法。

③ 一八四一至一八五九年，彼·勒鲁流亡国外，住在泽西岛和格恩济岛，*La grbve de Samarez*（《萨马勒茨海滩》）是他在格恩济岛写的一部神秘主义倾向的社会哲理著作，出版于一八六三年。

④ 牛顿晚年曾对《圣经》中的《启示录》作注解，赫尔岑在这里指的就是牛顿所作的《启示录注》充满了宗教神秘主义。孔德在他生命的最后阶段也陷入神秘主义的幻想中，开始崇拜土地和少女的未婚妊娠，妄图建立一种新的人道的宗教。

寻找原因。我正是在法国天才最杰出的代表身上看到了疾病的痕迹。

这些巨人张皇失措，开始陷入沉重的梦乡；他们在狂热的期待中，他们由于白天的痛苦和焦灼的迫不及待已经十分困倦，在半睡半醒中说着胡话，他们想使我们，也使他们自己相信，他们看到的幻象就是现实，而现在的生活不过是一场噩梦，这噩梦很快就会消失，尤其对于法国。

他们悠久的文明的取之不尽的财富，在他们头脑中闪烁的蕴藏量异常丰富的词汇和形象，就像海上的磷光，尽管闪烁不定，却没有照亮任何东西。在正在开始的剧变面前，一阵旋风吹来，沉渣泛起，把两三个世界的残余卷进了这些巨人的脑瓜，但是没有用水泥把它们黏合在一起，彼此没有联系，没有科学。他们的思想发展过程，对于我们是不可理解的：他们从空谈走向空谈，从二律背反走向二律背反，从反题走向合题，但是却解决不了任何问题；文字被当成了正事，愿望被当成了事实。尽管有规模宏大的追求和理想，但却没有切实可行的手段和明确的目标，都是些未完成的蓝图，思虑尚未周全的思想，暗示，近似数，预言，装饰图案，壁画，阿拉伯花纹……从前的法国曾经夸耀过的彼此间的明确联系，他们却没有，他们也无意探求真理；因为在现实中真理是那么可怕，他们背转身子，不敢正视。虚假和牵强的浪漫主义，华而不实的美丽辞藻，使他们的趣味脱离了一切普通的和健康的事物……

失去了尺寸，前景是虚假的……

当事情还只是谈到灵魂的星际旅行，还只是谈到让·勒诺[1]的天使村庄，还只是谈到约伯和蒲鲁东，蒲鲁东和死去的女人的谈话[2]，那倒还好说；当他把人类的整个一千零一夜变成一则童话，出于对莎士比亚的爱和尊敬，把许许多多的金字塔和方尖碑，把奥林波斯圣山和《圣经》，把亚述和尼尼微都堆在他身上，那还好说。可是让这一切闯进生

① 十七世纪的法国诗人。

② 彼·勒鲁在《约伯记》中发挥了他的灵魂往生论，企图利用这一理论来做社会主义的道德准则。

活，转移人们的视线，把牌弄乱，以便人们在深渊和耻辱的边缘上用这些东西来测算“即将到来的幸福和即将实现的希望”，那我们又能说什么呢？当他们用过去的光荣的余光来粉饰腐烂的伤口，把下垂的面颊上的梅毒斑点硬说是年轻人的红润的面色时，我们又能说什么呢？

在蜕化的巴黎面前，在它蜕化的最不值得可怜的时刻，当它穿上华丽的号衣和为外来的地主的慷慨解囊沾沾自喜，志得意满，在世界博览会上纵酒作乐时，一个老诗人却拜倒在它的脚下。他欢呼巴黎成了人类的指路明星，是世界的心脏，是历史的大脑，他要它相信，在Champ de Mars〔法语：马尔斯广场〕上举行的世博会，乃是各民族友好和普天下和解的开端①。

让庸俗、卑微、自满、自高自大、喜欢奉承的娇生惯养的一代，陶醉在一片赞美声中，纵容空虚而又蜕化的儿孙们的骄傲情绪，用一位天才②对此的赞许来掩盖他们可怜而又无意义的存在——罪莫大焉。

把现代的巴黎说成是救世主和世界的解放者，让它相信它虽然蜕化了，还是伟大的，其实，它根本就没有蜕化，而是演化成了神圣的暴君形象，变成了神圣的尼禄，神圣的卡利古拉或卡拉卡拉③。

区别仅仅在于，塞内加们和乌尔比安们身居高位，大权在握④，而雨果则在流放中。

除了谄媚奉承以外，概念的模糊，追求的混乱，理想的不成熟，都会使你感到吃惊。领导别人走在前面的人，自己却待在半明半暗中，并不向往光明。侈谈人类的变化，现存秩序的改造……但是怎么变化，又改造成什么呢？

这一切，无论在彼·勒鲁的他世界，也无论在维克多·雨果的此世

---

① 一八六七年巴黎曾在马尔斯广场举办世界博览会。为举办博览会而编印的导游手册上曾刊有雨果的特写《巴黎》。

② 指雨果。

③ 尼禄（37—68），卡利古拉（12—41），卡拉卡拉（186—217），均为古罗马的暴君。

④ 塞内加（约公元前4—65），罗马哲学家，尼禄的老师。乌尔比安（170—228），罗马法的创始人之一，罗马皇帝亚历山大·塞韦尔的监护人，身居高位，执掌国家大权。

界,都一样不清楚。

它在二十世纪将成为一个非比寻常的国家。它将是伟大的,但是又不妨碍它是自由的。它将名扬四海,十分富足,思想深刻,爱好和平,热忱对待整个其余的人类。它将像大姐姐一样既亲切温顺又英勇无畏。

这个位居中央的光芒四射的国家,这个世界各国都视为楷模的人类的模范农场,有自己的心脏,自己的大脑,它的名字就叫巴黎。

这个城市只有一个令人作难之处——谁掌管了它,世界就属于他。整个人类就会跟他走。巴黎是为普天下服务的。不管你是什么人,巴黎都是你的主人……它有时也会犯错误,看不清问题,辨不出好坏……就全世界的意义说,这就更坏:世界失去了指南针,进步只能摸索前进。

但是现在的巴黎似乎不是这样的。我不相信那个巴黎——它只是一种幻影,然而,转瞬即逝的不大的阴影是不能算数的,因为我们现在正处在满天朝霞的光明世界。

在日食的时候,只有野蛮人才会替太阳耽心。

巴黎是点燃了的火炬;点燃了的火炬是有意志的……巴黎正从自身中清除一切污秽。它在它意志所及的范围内消灭了死刑,把断头台搬进了 la Roquette〔法语:拉罗凯特监狱〕①。伦敦可以处绞刑,可以把人送上断头台,在巴黎,现在就不行了;如果有人想在市政厅前重新竖起断头台,必将被群起而攻之。在这样的环境下想杀人是不可能的。剩下的只有把在该城已经废除的事再在法律中予以废除。

一八六六年是几个民族发生冲突的一年②,一八六七年则是各民族大聚会的一年。巴黎博览会是世界性的大集会,进步车轮

① 巴黎关押死囚的单人牢房,建于一八三〇年。

② 指发生在一八六六年的奥普战争,法国要求普鲁士割让美因茨和莱茵河左岸,以及意大利为威尼斯反对奥地利的战争。

上的一切障碍、制动器和其他捣乱行为,都被击成了碎块,变成齑粉了……战争是不可能的……干吗要展出可怕的大炮和其他军事装备呢?……难道我们不知道战争已经死了吗?当耶稣说:“你们要彼此相爱!”①的那一天,它就已经死了,它只是像鬼魂一样到处游荡;伏尔泰和革命又再一次杀死了它。我们不相信会再发生战争。各国人民都在博览会上亲如一家,各国人民汇集到巴黎后又到法国各地去观光(ils viennent d' etre France);他们得知,有一个太阳城……必须爱它,祝愿它,使它鹤立鸡群!②

民族一词被博爱一词蒸发了,民族的自由证明人类已经跨入了成年期,雨果在民族的这一新概念前感动不已,他欢呼道:

啊,法国!再见了!你太伟大了,你不再仅仅是祖国;因此必须与已成为女神的祖国母亲分手。在时间上再前进一步,你就会消失,你将改头换面,变成另一个法国;因为你太伟大了,因此你很快就会化为乌有。你将不再是法国,你将成为全人类。你将不再是个国家,你将成为无所不在的世界。你的使命就是光芒四射……下定决心挑起你的无限的重担吧,就像雅典变成了希腊,罗马变成了基督教王国一样,法国,你要努力,变成全世界!

当我读到这几段奇文时,我面前放着一张报纸,有一位心地忠厚的通讯员在报上写了下面的话③:

如今在巴黎发生的事,不仅对于当代人,甚至对于未来的几代人,都是异常引人入胜的。前来参观博览会的人群,在饮宴作乐……人们跨越了所有的国界,到处在狂饮,在饭馆和私宅,尤其在博览会上。各国君主的驾临,使大家如醉似狂。巴黎成了某种

---

① 参见《约翰福音》。

② 以上各段以及下面的引文,均由赫尔岑摘自雨果的《巴黎》一文并译成俄文。

③ 这段文字的作者和发表的报纸,不详。

规模巨大的 descente de la courtille〔法语：酒神节的街头狂欢〕。

昨天(六月十日),这种如醉似痴的状态达到了它的最高峰。当头戴王冠的君主们在饱经沧桑的宫殿里饮宴作乐时,群众挤满了周围的街道和其他地方。在滨河大道,在瑞华利、卡斯蒂利翁、圣奥诺莱等各条大街上,按照各自的方式欢饮作乐的群众达三十万之众。从马德莱教堂到 théâtre des Variétés〔法语：杂耍剧院〕,正在进行着最狂乱、最不讲究礼节的纵酒狂饮:大型的敞篷马车,临时准备的公共马车和搭客马车,套着筋疲力尽、受尽折磨的驽马,在万头攒动、人山人海的各条林阴道上,勉强地移动着。那些敞篷马车上也被挤得水泄不通,男男女女以各种姿态,手里拿着酒瓶,有的站着,有的坐着,但大半是躺着;他们用哈哈大笑和歌声与步行的人群互相对答和应和;向他传来的则是也挤得满满当当的咖啡馆和饭馆里发出的吵闹声和大呼小叫声;有时候,喊叫声和歌声被出租马车夫的破口大骂或者被喝醉酒的人的友好的争吵所替代……在街头的犄角旮旯里,在各条胡同里横七竖八地躺着烂醉如泥的醉汉;连警察也因为无所作为而退避三舍。

那位通讯员接着写道:

我在巴黎已经住了二十来年,可是还从来没见过巴黎出现这样的情形。

这是在街上,或者按照法国人的说法,“在阴沟里”,至于在被数万支蜡烛照亮的宫廷内部……在那些各自耗资成百万法郎的欢庆中,情况又怎样呢?

“在 Hôtel de Ville〔法语：市政厅〕由市政府举办的舞会上,各国君主直到凌晨两点左右才离开,”帝国欢庆活动的官方记事人这样写道,“马车无法准时到达,无法把八千人送走。一小时接着一小时地过去,嘉宾们都累坏了,太太小姐们都坐到楼梯的台阶上,其他人则干脆躺在舞厅的地毯上,在仆人和 huissiers〔法语：警卫们〕的脚旁睡着了，男舞伴们为保护她们在一旁踱着方步，靴子钩住了她们衣服的花边和其他装饰品。后来，地方慢慢地腾空了，已看不到地毯，满地狼藉，到处是枯萎的花朵、压坏了的项链、丝绸花边和普通花边、透花纱和薄纱的碎片，这都是男舞伴的剑柄、军刀、衣服上的绣花①蹭到太太小姐们的肩膀上扯下来的。”

等等，等等，不一而足。

而在幕后，暗探们则饱以老拳，大打出手，把高呼“Vive la Pologne!”〔法语：“波兰万岁！”〕的人当作小偷抓起来，两级法院则判处他们监禁，因为他们妨碍暗探们执行公务，不让他们用拳打脚踢非法地和毫无道理地逮捕他们。

我故意只提一些小事——用显微镜分析，比割下一块尸体做研究，更易说明机体的腐烂程度……

四　但以理们②

在一八四八年六月的日子里，在战败者的第一次恐怖和战胜者的第一阵惊愕之后，出现了一位神态忧郁、面容消瘦的老人，他以受到良心谴责的代表者的面目出现。他用阴森森的语言痛斥和诅咒了“秩序”保卫者，因为他们不问姓名就枪杀了数以百计的人，不经审讯就流放了成千上万的人，宣布巴黎处于戒严状态。他结束他的诅咒之后，又转向人民，对他们说：“你闭嘴吧，因为你太穷，所以你没有发言权！”③

---

① 指军服上的肩章、袖章等。

② 但以理是《圣经》中的先知，他曾揭露当时统治者的倒行逆施。赫尔岑在这里把第二帝国的揭露者比做《圣经》中的但以理（参见《圣经·但以理书》）。

③ 在一八四八年六月的日子里，起义遭到了镇压，拉梅内在他办的报纸 *Le Peuple constituant*（《人民立宪报》）上撰文批判了巴黎当局对人民运动的血腥镇压，并在当局恢复期刊的保证金制度后，立即宣布 *La Peuple constituant* 停刊，并在一八四八年七月十日该报的停刊号上发表编辑部文章，说：“现在需要的是黄金，许多黄金，才能享有发言权；可我们还不够有钱，穷人，你闭嘴吧！”

这就是拉梅内。他差点没被抓起来，但是他们怕他的苍苍白发，怕他的满脸皱纹，怕他那老泪纵横的眼睛，因为很快这双眼睛就将无泪可流了①。

拉梅内的话消失得无影无踪，没有留下任何痕迹。

二十年后，另一些面容忧郁的老人又带着他们严峻的话语出现了，但是他们的声音却葬送在荒漠中。

他们不相信他们的话真能起什么作用，但是他们的心却忍不住要一吐为快。这些在流放和放逐中，彼此并没有商量的秘密法官们和但以理们作出了自己的一致判决，虽然明知道这一判决不可能得到执行。

不幸的是，他们心里也明白，这个“阻碍辉煌的曙光到来的微不足道的乌云”②，并不这么微不足道；这个历史的偏头痛，这个革命后的醉酒状态，并不会很快消失，可是他们还是把这话说了出来。

“在古代专制独裁的最坏的时期，”埃德加·基内在日内瓦会议③上说，“当时，除了一小撮统治者外，万马齐喑，可是却有这么一些人离开自己居住的荒漠的不毛之地，就为了向蜕化了的各国人民说几句真话。”

“我在一片荒漠中生活了十六年，我也想打破这死一般的沉默，可是在我们这时代，大家对这种沉默却已经习以为常。”

他从他所居住的荒山野岭带来了什么消息呢？他又为什么要仗义执言，大声疾呼呢？他之所以要大声疾呼，就为了要向自己的同胞们（法国人无论说什么，说的永远是法国）说：“你们没有良心……你们的良心死了，它被强者的脚跟踩死了，它抛弃了自己。我寻找它的足迹十六年了，可是没有找到！”

在古代的专制独裁统治下，情况也是这样。人的灵魂消失了。各

① 指他不久后就死了。

② 这是拿破仑三世在谈到第二帝国外交政策失败时讲过的话。

③ 指一八六七年九月在日内瓦召开的和平与自由同盟成立大会，这话是基内在九月九日发表的演说中说的。

国人民的助纣为虐，反过来促使了自己的奴化，还向它拍手叫好，既不表示惋惜，也不表示后悔。人在失去自己良心的同时，也留下了某种空虚，它在所有方面都可以感觉得出来，就像现在这样，而为了填补这空虚，就需要新的上帝。

“在我们当代，究竟由谁来填平由新的专制独裁挖出的这条鸿沟呢？

“代替被磨损的、变成空虚的良心的是黑夜；我们在黑暗中徘徊，不知道向谁求救，不知道向谁求援。一切都是促使我们蜕化的同谋犯：教会和法庭，人民和社会……大地聋了，人民的耳朵也聋了；法与良心一起都死了；只有强权在肆虐……

“……你们为什么到这里来，你们在这片废墟中要寻找什么呢？你们回答说：你们来是为了寻找和平，你们从哪里来？你们在坍塌的法制大厦的瓦砾堆中迷失了方向。你们在寻找和平——你们找错了地方，这里没有和平，这里只有战争。在这没有黎明的漫漫长夜中，不同的民族和种族必然会发生冲突，无谓地彼此厮杀，你消灭我，我消灭你，执行捆绑他们头脑与手脚的统治者的意志。

“各国人民只有深刻地认识到自己的蜕化，才能继续前进！”

老人抛给孩子们几朵鲜花，以便减少这画面的恐怖。大家向他鼓掌。即使这时，他们也不明白他们在做什么。几天以后，他们就抛弃了他们为之鼓掌的内容。

在日内瓦会议上发出这些阴森可怖的话语前两个月，在瑞士的另一座城市，旧时的另一位被放逐者写下了下面的话①：

> “我对法国已经失去了信心。
>
> “如果有朝一日它能死而复生，开始新的生活，摆脱对自身的

---

① 下面的话引自马·丢弗莱斯一八六四年在苏黎世写的 *Histoire du droit de guerre et de paix de* 1789 *à* 1815（法语：《1789—1815 年战争与和平权利史》）（巴黎，1867）的引言。丢弗莱斯（1811—1876），法国政论家和政治活动家，接近蒲鲁东，一八五一年十二月二日被法国驱逐出境。

恐惧，霍然痊愈，这将是个奇迹；任何一个大的民族，是很难以从这么深的蜕化中重新站起来的。我并不指望出现奇迹。被忘却的制度可能复兴，可是已经熄灭的民族精神却不可能再复生了。不公正的天意也没给我这样的安慰，因为，代替贫穷，它常常慷慨赐予所有的被放逐者以这样的安慰：永远抱着希望，永远抱有信心，永远幻想。我所经历的一切，留给我的只是经验和教训，痛苦的失望和无法治愈的疲劳（énervement）。我的心都冷了。我不再相信法制，不再相信人类的公道和正义，也不再相信健全的理智。我的心已经麻木，就像掉进坟墓里一样。”

吉伦特派的梅尔西厄，一只脚已经踏进了棺材，在第一帝国灭亡时说：“我还活下去仅仅是为了看看这事的结局！”①“我甚至连这话也不想说，”马克·丢弗莱斯补充道②，“对于这部帝国史将如何结局，我并没有特别的好奇心。”

于是老人转而面向过去，带着深深的悲痛把它指给形容枯槁的后人看。现实的东西他不熟悉，感到陌生和憎恶。他的隐修室里散发着坟墓的气息，不相干的人听了他的话后会不由得毛骨悚然。

一个人说的话和另一个人写的文章——一切都已随风飘散，了无踪迹。法国人听了他的话，读了他的文章，并没有感到“胸口发冷”。许多人还公开表示气愤：“这些人使我们失去力量，使我们产生绝望……在他们的话中，哪里有出路？哪里有安慰？”

法庭的任务不是安慰；它应当检举和揭发。哪里有人不认罪服罪，不改过自新，就揭露它。它的任务是唤起良心。法庭不是先知，它手中并不握有为未来提供安慰的神圣使命。它也像被告一样属于旧宗教。

① 梅尔西厄（1740—1814）：法国作家。他在拿破仑一世的整个统治时期都持强烈的反对立场，希望拿破仑的专制独裁早日垮台。他死于一八一四年，终于看到了拿破仑帝国的覆灭。

② 这话是丢弗莱斯在上述《权利史》的引言中说的，梅尔西厄的话也是他在书中引用的。

法庭代表它纯洁的、理想的一面，而群众则代表它实际的、偏离正道的、虚弱的应用。审判他人的人不由得充当了对理想的实际控诉人；他在捍卫理想的同时，也指出了理想的片面性。

无论是埃德加·基内，也无论是马克·丢弗莱斯，他们确实都不知道出路，他们是在召唤人们走回头路，他们看不到出路，这并不奇怪：因为他们背对着它。他们属于过去。他们对自己那个世界的不光彩的结局感到愤慨，于是便抓起拐棍，以不速之客的身份出现在自命不凡、扬扬得意的人民的狂欢盛筵上，对他们说："你们已经失去了一切，出卖了一切，你们什么都不在乎，惟独不愿意见到真理，你们既没有过去的智慧，也没有过去的尊严，你们没有良心，你们已经落到了最底层，不仅没有感觉到自己的奴隶地位，甚至还大言不惭，你们还妄图解放别的民族和别国的人民，你们戴的是战争的桂冠，可是却想给自己头上插上和平的橄榄枝。你们快点醒醒吧。快点悔改吧，如果你们能够做到的话。我们都是要死的人了，我们是来叫你们悔改的，如果你们不思悔改，我们就要用我们的手杖狠狠地敲你们。"

他们看到自己的部队在步步退却，逃离自己的旗帜，他们想用自己的话来惩罚他们，迫令他们回到从前的阵营中来，可是却无能为力。为了把他们重新集合起来，需要一面新的旗帜，可是他们没有。他们就像异教的高级僧侣一样，为了保卫自己摇摇欲坠的圣地，不惜扯破自己的法衣，举起来当作旗帜。不是他们，而是受迫害的拿撒勒人宣告了新世纪的复活和新生。①

基内和马克·丢弗莱斯哀悼自己的神庙——人民代议制的神庙受到了亵渎。他们哀悼的不仅仅是在法国失去了自由，失去了做人的尊严，他们哀悼的是法国失去了先进的地位，他们不能容忍的是法兰西帝

① 基督教《圣经》称耶稣基督为拿撒勒人耶稣，因为耶稣最早在拿撒勒传道，因此最早的基督徒也被称为拿撒勒人。赫尔岑在这里把社会主义者称之为当代的"拿撒勒人"，因为他们宣告了社会主义的未来，而把资产阶级共和主义者称为"异教的高级僧侣"。

国没有能防止德国的统一，他们感到恐怖的是法国居然降到了二等国的地位。

问题是，他们也不相信的法国干吗非当头等强国不可呢，而这个问题他们一次也没有想过。

马克·丢弗莱斯既愤怒而又谦逊地说，他不理解那个新问题，即经济问题，而基内则在寻找将从天上下来，以便填补因良心丢失而留下虚空的那个上帝……可是这上帝与他们擦肩而过，他们没有看见他，却让人家把他钉上了十字架。

附　言

勒南那本谈“当代问题”的怪书①，恰好可以作为我们这篇随笔的注解。当代的现实也使他感到害怕。他明白，情况很糟糕。但是，多么可怜的治疗方案啊！他看到病人的梅毒已病入膏肓，却劝他要好好学习，而且应当学习古典文献。他看到除了物质利益以外，病人的内心已对一切无动于衷，为了拯救这颗冷漠的心，他用自己的唯理主义炮制了一个新的宗教——没有真正的基督，也没有教皇，但却提倡禁欲的天主教。他给病人的头脑筑起一道戒律森严的，或者不如说，有益于健康的屏障。

也许，他的书中最重要的和最大胆的一点是——他对革命的反应：“法国革命是一次伟大的试验，但却是一次不成功的试验。”

接着他又描绘了一幅推翻过去一切陈规陋习的画面，这些陈规陋习一方面具有压迫性，另一方面又足以对抗吞噬一切的中央集权，而代替这些陈规陋习的则是软弱的、孤立无援的人，站在实行高压的、无所不能的国家和完好无损的教会面前。

不由得让人满怀恐惧地想到这个国家与教会的结盟。国家与教会的结盟正在惹人注目地进行，以致教会都开始压迫医学，从唯物主义者

---

① 勒南(1823—1892)：法国基督教历史学家。赫尔岑在一八六〇年四月十五日给梅森堡的信中，曾十分尖锐地批判了勒南于一八五八年出版的书 *Les questions contemporaines*〔法语：《当代问题》〕。

手中夺走他们的医生文凭，竭力想用参议院的决定来解决理性和启示的问题，就像罗伯斯比尔使 I'Etre suprême〔法语：最高的神〕①法令化一样，他们也将 libre arbitre〔法语：意志的自由〕法令化。

不是今天就是明天，教会也会攫取教育的领导权——那时，我们怎么办呢？

在反动势力的镇压下幸存下来的法国人，看到了这一点，他们在外国人面前的地位，对他们越来越不利了。他们从来没有像现在这样委曲求全，他们在忍受什么人施加于他们的委屈呢？

主要是德国人一点不给面子。不久前，我看到一个德国人和一个法国人发生了争执，那个德国人是 ex-réfugié〔法语：从前的流亡者〕，那个法国人则是一位出色的文学家。那个德国人一点不讲情面。从前似乎有一个秘密达成的协议，德国人对英国人和法国人特别宽容。对英国人是出于尊敬，同时相信他们的脑子有病，因为不论他们说的话有多荒唐，总是不予计较；对法国人则是出于对他们的爱，也是出于对革命的感激。现在这种优惠待遇只留给英国人了——现在法国人已处在一个大美人人老珠黄不值钱的状态，这个大美人长久没有发现她那迷人的魅力已经减少了，要想再用自己的美貌来迷惑人，已经毫无希望了。

从前，他们对于法国边界以外的一切一无所知，满嘴的陈词滥调，虚有其表的华丽装饰，哭哭啼啼的感伤情调，刺耳的、盛气凌人的语调，以及 les grands mots〔法语：豪言壮语〕，——凡此种种，都可以原谅，——这一切都失去了。

德国人扶了扶眼镜，拍拍法国人的肩膀，说：

“Mais, mon cher et très-cher ami〔法语：但是，我的亲爱的，非常亲爱的朋友〕，这些代替对事物的分析、观察和理解的老生常谈，我们早就背熟了；这些话你们已对我们翻来覆去地讲了三十年；正是这些老生常谈妨

① 崇拜“最高的神”，在法国是由国民公会以一七九四年五月七日法令的形式规定实行的。

碍你们看清事物的现状。”

“但是,不管怎么说吧,毕竟,”文学家说,显然想结束谈话,“话又说回来,我的亲爱的哲学家,你们毕竟向普鲁士的专制制度低下了你们的头;我很清楚,对于你们,这不过是手段,普鲁士的统治不过是一个阶段……”

“正是在这点上,我们与你们不同,”德国人打断他的话道,“我们走的是一条艰难的路,我们一面恨它,一面又顺从这一必然性,可是眼前又有自己的奋斗目标,而你们却似乎已经走到了这样的境地,似乎已经走进了得救的港湾;对你们来说,这不是一个阶段,而是最终的结局,——更何况大多数人都喜欢这一结局。”

“C'est une impasse,une impass〔法语:这是死胡同,死胡同〕.”文学家悲怆地说,接着便改变了话题。

不幸,他谈到了朱尔·法夫尔在法兰西学院的演说①。这时另一个德国人唁唁然大怒道:

“得了吧,难道您能够喜欢这种空洞的玩弄辞藻,这种无病呻吟和废话连篇吗?伪善,在学术上弄虚作假,在所有问题上招摇撞骗;居然向脸色苍白的库申大唱赞歌,而且一唱就是一两个小时,这是不行的。捍卫官方的唯灵论,这关他什么事?您以为,采取这样的反对派立场,救得了你们吗?这都是些演说家和诡辩家,再说,演说和致答词这整个程序有多么可笑,好像必须对先行者歌功颂德似的——这全是中世纪的那套废话连篇和大吹大擂。”

“Ah bah! Vous oubliez les traditions,les coutumes〔法语:您怎么啦!您忘记了传统和习惯〕...”

我可怜那个文学家……

---

① 一八六八年四月二十三日,朱尔·法夫尔因他当选为法兰西学院院士,发表演说,颂扬法国折衷主义哲学家库申,这篇讲学,就实质而言,是反对唯物主义和社会主义的。

法夫尔(1809—1880),法国律师,政治活动家,法兰西第二帝国时期曾领导主张实行资产阶级共和制的反对派,是社会主义和工人运动的敌人。库申(1792—1867),法国哲学家、折衷主义学派的创始人。

五　亮点

但是，在但以理们身后，仍可以看到不少亮点，虽然光线微弱，距离较远，但仍在同一个巴黎。我们说的是拉丁区，说的是学生和他们的老师退守的阿文蒂尼山①，即这些人仍忠于一七八九年的伟大传统，仍忠于百科全书派、山岳派和社会主义运动。那里还保存着第一次革命的福音书，那里的人还在阅读它的使徒行传和十八世纪教父们的书信；那里的人都知道马克·丢弗莱斯所不知道的许多伟大问题；那里的人还在幻想未来的"人类乐园"，就像世纪初的修士们在幻想"上帝之国"那样。

一些志士仁人们，常常从这个拉丁区的小胡同和那些丑陋的房屋的四层楼上下来，投入战斗和宣传，然后慷慨捐躯（大部分是精神上死亡，有时也有在肉体上死亡的），in partibus infidelium〔拉丁语：死在那个信奉异教的地区〕，即塞纳河对岸。

客观真理在他们这一边，任何正义和符合实际情况的理解，也都在他们这一边——但也仅此而已。"真理迟早都会取得胜利，而且永远取得胜利。"我们则认为，很晚，而且十分少见。自古以来，对于大多数人来说，真理都是高不可攀的，或者是令人厌恶的。为了使理性能够被人们喜欢，阿纳卡尔西斯·克洛茨②就必须给它梳妆打扮，变成一个漂亮的女演员，并且让她脱得精光③。要对人们的思想发生作用，就必须看到他们的梦想，并且比他们自己梦见的看得更清楚，而不是像人们证

① 公元前五世纪，与贵族作斗争的古罗马平民，常常躲进阿文蒂尼山，继续进行不屈不挠的斗争。

② 克洛茨（1755—1794）：十八世纪末法国革命的活动家、演说家，"普世共和国"思想的宣传家。

③ 共和国二年雾月二十日（1793年11月10日）巴黎公社决议，在巴黎圣母院举行庆祝理性取得胜利的节日狂欢。而克洛茨就是这个庆祝活动的创议人之一。在庆祝活动中，由一名法国歌剧女演员泰蕾莎·奥布里扮演"理性女神"，身上穿着代表法国国旗的三种颜色：白衣、蓝色披风和红帽子。

明几何定理那样，把自己的思想证明给他们看。

拉丁区就像中世纪的夏特勒修会和本笃会的修士们，他们避开尘世的喧嚣，退居深山，但是带着自己对博爱、仁慈，而主要是对上帝之国即将到来的信仰。而这正是发生在他们墙外，骑士们和雇佣兵们在烧杀抢掠，血流成河，鞭打农奴，强奸他们的女儿……的时候。然后另一些时代又来到了，同样没有博爱和耶稣的二次降临，连这也过去了——可是夏特勒修会和本笃会的修士们依然保持自己的信仰不变。风尚又软化了些，抢掠的方式也变了，强奸也开始付钱了，巧取豪夺——也按照通行的规章办事了；可是上帝之国仍没有到来，而其余的一切却不可避免地到来了（夏特勒修士就是这么认为的），征兆已变得越来越明显，越来越直接了；信仰救了这些修士，使他们不致绝望。

每面临一次打击，残缺不全的最后一点自由，就逐渐化为灰烬，每逢社会的进一步蜕化，每逢社会无耻地后退一步，拉丁区都要微微抬起头，在自己家里 a mezza voce〔意语：低声〕歌唱《马赛曲》，同时把帽子戴正，说"这是势所必然的。它们定将走到自己的绝路……而且越快越好"。拉丁区相信自己的航向，并且大胆地制定自己的航行计划，绘制"真理之国"的蓝图，与"现实之国"背道而驰的蓝图。

可是彼埃尔·勒鲁却相信约伯！

可是维·雨果却相信博爱博览会！

六　出兵以后①

"教父，现在是您的事了！"②

《唐·卡洛斯》

（腓力二世对宗教大法官语）

---

① 指一八六七年十月底，拿破仑三世出兵攻打加里波第的部队（一个月前，加里波第的部队曾攻入教皇的领土，旨在解放罗马，将罗马并入意大利的版图）。

② 席勒的剧本《唐·卡洛斯》最后一场的不确切引文。

这句话我也很想对俾斯麦说①。梨子熟了,没有这位大人插手,事情就办不了。伯爵,请别客气!

对现在所做的事,我并不感到奇怪,我也无权感到奇怪——我早就大声疾呼:“当心,当心!……”我这样做是情有可原的,但这也是令人难受的。这既不矛盾,也不是弱点。一个人可能知道得很清楚,如果他的痛风一旦发作,可能会很疼;此外,他可能早就预感到这痛风就要发作了,而且它已经无法制止;尽管如此,痛风一旦发作,他还是感到很疼。

我可怜那些我爱的人。

我可怜那个国家,我曾亲眼看到它的第一次觉醒,现在我又看到它被人奸污,玷污了它的清白。

我可怜那个马泽帕,他刚从一个帝国的尾巴上被解下来,又绑到了另一个帝国的尾巴上②。

我可怜我自己,因为不幸而被我言中,因为我预见到它的总的轮廓,倒像我曾经参与其事似的。我在生自己的气,就像一个孩子在生晴雨表的气,因为这晴雨表预报了暴风雨,因而破坏了他出去玩耍。

意大利就像一个家庭,不久前刚发生了一件肮脏的罪恶,某种可怕的不幸突然降临到这个家庭头上,揭露了罪恶的秘密,——这家庭,刽子手的手曾血染每个家庭成员,其中还有人被押送到战船上服苦役,当划手……大家义愤填膺,无辜的老百姓感到羞愧,他们准备奋起反抗,与敌人作殊死战。所有的人都被无能为力的复仇愿望折磨着,痛苦的仇恨毒化着他们的心情,减弱着他们的力量。

也许,路近在咫尺,但是他们的理性看不到;这些出路存在于偶然性之中,取决于外部的环境,它们存在于国境之外。意大利的命运不在

① 指拿破仑三世出兵罗马,阻挠意大利实现统一,无异为普鲁士崛起帮了大忙。

② 指意大利刚从奥地利的压迫下解放出来,又落进了依附拿破仑三世的魔爪。传说中的马泽帕原为乌克兰的哥萨克,他年轻时曾被绑在一匹狂奔的野马的马背上。这一传说曾分别被拜伦和雨果写成诗,题目就叫《马泽帕》。

它自身。这本身就是一种令人最难以忍受的侮辱;它非常像不久前的亡国恨,以及现在正在开始磨灭的自己的无能为力感和虚弱感。

还仅仅是二十年!

二十年前的十二月底,我在罗马写《来自彼岸》的第一篇文章,行将结束的时候,我背离了这篇文章的精神,卷进了一八四八年的浪潮。我那时候精力充沛,身强力壮,我贪婪地注视着当时正在风起云涌的各种事件。我一生中还没有发生过给我留下严重的、令我痛定思痛的创伤,还没有发生过一件令我问心有愧的事,也没有听到过任何来自外界的诟病。我张满了所有的风帆,乘风破浪地前进,微微地拍打着波浪,带着发疯似的轻狂,带着无边的自信。结果是所有的风帆,一个接一个地,不得不一一收拢!……

…………

在加里波第头一次被捕的时候,我在巴黎①。法国人不相信他们的军队会入侵意大利。我曾有机会遇到过法国社会各阶层的人。势不两立的反动分子和教权主义者主张出兵干涉,他们在大叫大嚷,但是又心存疑虑。在火车上,一位著名的法国学者②,在同我告别时,对我说:"亲爱的北国的哈姆雷特,你们的幻想是这样构筑的,你们只看到黑暗面,因此你们才看不到同意大利打仗是根本不可能的;我们的政府知道得太清楚了,为教皇而战,将使所有有思想的人起来反对它,要知道,我们毕竟是一七八九年的法国。"最早的消息,我不是读到的,而是看到的,那就是从土伦派往契维塔的舰队③。"这是军事游戏。"另一个法国人对我说。"On ne viendra jamais aux maine〔法语:事情永远不会发展到

① 一八六七年九月,当加里波第的红衫军逼近教皇统治的疆域时,意大利政府根据拿破仑三世的要求,下令用暴力把加里波第带到卡普雷拉岛,并对他采取了最严密的监视措施。

② 这次谈话发生在一八六七年九月二十六日赫尔岑离开巴黎的时候。陪同他一起旅行的这位法国学者的姓名不详。

③ 在此以前数星期,法国军队一直集中在土伦,然后根据拿破仑三世的命令,由军舰运送到意大利的契维塔-韦基亚港,并于一八六七年十月三十日开进罗马。

打仗〕，再说，我们也不需要用意大利人的血来玷污我们自己。”

结果却是需要。拉丁区的几位年轻人提出了抗议，他们被关进了拘留所，就法国方面说，事情也就这么了了。

由于国王的优柔寡断和内阁的骗人花招，惊恐万状、血流成河的意大利一再做出让步。但是杀气腾腾的法国人陶醉于每个胜利中，是无法阻挡的——除了血洗罗马，除了行动以外，他们又加上了强硬的语言。

这种强硬的语言，博得了法兰西帝国的一片掌声，连它的不共戴天之敌——以波旁王朝老辩护士贝里耶①的形式出现的正统主义者，以及路易·非力浦时代的老费加罗②梯也尔的形式出现的奥尔良分子，都向他伸出了手③。

我认为鲁埃的发言是历史的启示④。谁要是听了他的发言以后还不了解法国，谁就是天生的瞎子。

俾斯麦伯爵，现在是您的事了！

而你们，马志尼们，加里波第们，上帝的最后的侍者们，最后的莫希干人们，你们就少安毋躁，赶快罢手吧。现在不需要你们了。你们已经做了自己该做的事。现在你们快让位给疯狂的血腥屠杀吧，或者欧洲在这场屠杀中自杀，或者是反动派。你们还剩下百把个共和主义者，还剩下一些义勇军，还剩下两三箱走私来的武器，你们又能干什么呢？现在这里去了一百万，那里来了一百万，而且都带着撞针和弹簧⑤。现在将会血流成河，血流成海，尸横遍野，堆积成山……而那里将是伤寒、饥

---

① 贝里耶（1790—1868）：法国律师和政治活动家，正统主义者。

② 此处转义为“狡猾的奴仆”。典出博马舍的戏剧《费加罗的婚姻》。

③ 一八六七年十二月五日，在立法议会讨论意大利问题时，贝里耶和梯也尔均发言反对意大利的统一运动，要求拿破仑三世不得把法国军队撤出罗马。

④ 当时任法国外交大臣的鲁埃（1814—1884），在立法议会回答持反对立场的民主派要求法国军队撤出罗马时说：“……我们代表法国政府声明，决不允许意大利占有罗马。法国任何时候都不允许这种对自己的荣誉和天主教的蓄意侵犯。”

⑤ 指当时的新式武器——法国的萨斯波型步枪和普鲁士利用撞针发射的步枪。

饿、大火和一片荒漠。

啊！保守派先生们，你们甚至不想要像二月共和国那样苍白的共和制度，你们也不想要糖果店老板拉马丁用托盘端给你们的甜蜜的民主制度①。你们既不喜欢马志尼坚忍不拔的禁欲主义，也不喜欢英雄般的加里波第。你们希望秩序。

因此你们将得到战争，七年战争，三十年战争……

你们害怕社会改革——那么就给你们芬尼亚人，加上他们的火药桶和点着了的导火索②吧。

谁被愚弄了呢？

一八六七年十二月三十一日于热那亚

---

① 法兰西第二共和国临时政府首脑拉马丁，曾用自己的甜言蜜语解除了法国人的警惕性，抑制了他们的革命激情，从而促使资产阶级共和国的建立。拉马丁的政治活动有其两面性，但它的本质是反动的，赫尔岑在他的《法意书简》中称拉马丁是“法国革命的马尼洛夫”。

果戈理《死魂灵》中一个说话甜得发腻的地主。

② “芬尼亚人”，即“爱尔兰共和兄弟会”，他们为争取祖国独立，反对英国压迫而斗争。他们在斗争中曾使用过各种阴谋和恐怖手段，而无视爱尔兰劳动人民的社会要求，以及组织大规模的群众运动。他们在一八六七年的起义，以失败而告终。

旧信选编(《往事与随想》补*)

Oh, combien de marins, combien de capitaines,
Qui sont partis joyeux pour des courses lointaines,
Dans ce noir horizon, se sont évanouis...
Combien ont disparu...
V. Hugo

〔法语:噢,多少水手和船长消失在这个忧郁的地平线以外,
他们开开心心地奔赴那遥远的航程!
有多少人一去便杳无音信……
维·雨果。〕①

我常常怀着一颗猛跳的心,带着某种病态的快乐,神经质的,悲伤的,也许,还是近乎恐惧的快乐,看着这些人的信,——这些人,我在年轻时见过,这些人,我虽然从未谋面,但是因为久闻大名,听人传说,再加上读了他们的作品,我曾经爱过他们——但是现在这些人已驾鹤西去。

不久前,我在《雅典娜》上读到卡拉姆津的信,在《图书论丛》上读到普希金的信,②又再一次体验到这种感情。接连好几天,这些信一直在我眼前晃动,不仅是信,而且还有当时那个时代,写这些信时所处的

---

* 最初发表于《北极星》,一八五八年,第五辑。

① 引自雨果的诗《海洋之夜》。

② 这些信分别发表在一八五八年出版的俄国《雅典娜》杂志与《图书论丛》上。卡拉姆津的信是写给他的兄弟瓦西里的;普希金的信则是写给他的兄弟列夫的。

整个环境，当我一想起这环境，当我一读到它，这整个环境就与这些信，与一八一二年和一八二五年一起复活了——亚历山大皇帝，一本本书和一件件服装。

这些信就像在积雪覆盖下过冬的枯枝败叶一样使人想起另一个夏天，它的暑热，它的温暖的夜，以及俱往矣，一去不复返了，从这些信上，你仿佛看到那枝繁叶茂的橡树，风起处，把树叶吹落在地，尽管现在这橡树并不在你头上喧闹，它也不像在杂志上那样以它的全部力量使你感到压抑。信中偶然谈及的内容，信中轻松自然的语气，信中谈及的日常琐事，都使我们与写信人接近起来。

可惜，我保存的信不多。我坎坷的一生，使我到处漂泊，接近过不同阶层的人，而且我与许多人都有过交往，但是三次警察袭击，一次在莫斯科，两次在巴黎①，使人学会了不再保留任何信件。一八五二年，我离开意大利的时候，我曾经想穿越那个强权的帝国②，我销毁了许多我感到宝贵的东西，可是作为补偿，我在伦敦却收到了好几包我从前留在莫斯科的信。

从一八二五年起，历史迅速发展，世事沧桑，变化无常，它牵涉到的人和事越来越多，最后终于席卷一切，把一切都汇集到共同利益的洪流中，与此同时，由于要吸收新的信徒，以及热烈的友谊，又促使彼此通信；通信越来越频繁，逐渐成为一种不断发展的、推心置腹的内心自白……在这些信中一切都固定了下来，一切都记载了下来，而且都是匆匆写就的，既没有搽粉点胭脂，没有言过其实，而且一切都留了下来，沉淀了下来，保留了下来，就像一个变成了化石的软体动物，仿佛想有朝一日在上帝进行最后审判时站出来作证似的，或者埋怨命运对自己的不公。难道我风华正茂时是这样的吗?③ ——好像人会老是人的过错似的。

---

① 指一八三四年七月警察在莫斯科对赫尔岑的搜查。警察在巴黎对赫尔岑的搜查，则分别发生在一八四八年六月和一八四九年六月。

② 指法国。

③ 典出普希金的《叶甫盖尼·奥涅金》(《叶甫盖尼·奥涅金的旅行》)。引文不完全确切。

但是这一回我想发表的几封信，并不是取自一生中这个年轻的、抒情的时代。这些信且留待以后再说。现在，作为开头，我想先发表十来封信，写信人大部分是大家认识的，受到我的爱戴或者尊敬的。

伊-大①

一八五九年三月一日

尼古拉·阿列克谢耶维奇·波列伏伊②的信

您知道我一向十分爱您和尊敬您，因此当我收到足下来信时感到由衷的高兴时，您一定会相信我说这话是真诚的。您的好消息无疑是赠送给我的一件礼品；谢谢上帝，您安然无恙，您没有气馁，您在继续做您的工作，有时候还能与您彼此谈谈心。最亲爱的亚历山大·伊凡诺维奇，您要振作精神，再接再厉！时间就是医治一切的最宝贵的药物。让我们重新在一起，让我们重新像从前那样怀着对人类的无私的爱一起讨论哲学，一起忧国忧民，讨论国家大事。首先请您原谅我，不要怪罪我收到您报平安的信后没有立即答复，而是拖延了很长时间。原因半在意料之中和半在意料之外的我的彼得堡之行，这几乎占去了我一个月的时间，后来又俗事缠身，回来后身体又感不适；您简直没法相信，自从我们分别以来，我经历了多少各种各样的令人懊恼和不愉快的事啊，既有精神上的，也有身体上的。莫斯科使我厌烦透了，也许我会终于下定决心完全离开它；至少今年夏天，从六月份起，我要在彼得堡过。如果有此必要，事出无奈，我将继续干我原来干的事，那也得换个地方，到彼得堡去做，彼得堡就像一个年轻的美男子，它正在发育成长，变得更加壮丽，以取代在各方面都日益衰老和老态龙钟的莫斯科。

① 赫尔岑的笔名伊斯康大的缩写。

② 波列伏伊（1796—1846）：俄国作家，老报人和历史学家。

至于将来如何，只有上帝知道，现在我还住在莫斯科，不管您什么时候想到和想到什么，请您写信告诉我。如果您想在报刊和读者之间建立某种联系，我很乐意做您和他们之间的中介人。您那篇论霍夫曼[①]的文章，我收到了。我觉得，您对他的评论很好，很正确，但是如果您想公开发表此文，那请您接受我的友好的忠告，这篇文章在行文和措词上还要改一改，措词随便了点，起码在送审前有些说法应予删除。此外，如果不进行这些修改的话，这篇文章可能会给您招来麻烦，比如说，哪怕只是给杂志社招来麻烦，请问：您说这些话干吗呢？问题在于实质，而不在于怎么说。如果您信得过我，我很乐意代劳，为大作把把关，做一些政治上和文字上的校订，然后把它送交随便哪个杂志社[②]。未经您的许可，我决不敢贸然行事，说真的，未作修改前，拙见认为不宜把它寄给别人。请相信我，我是把您当作自己的亲人，希望您好，希望您万事如意，而且我相信，您当前的处境不会持续很久，只要您在各方面尽可能小心些即可。我相信，您也许正处在一种蒙受屈辱和心烦意乱的状态，但是我们中间又有谁在跨越人生之路时没有遭遇不幸和痛苦呢？谢谢上帝，如果我们遭受这些沉重的不幸和痛苦，只是在我们的青年时期。而后来我们对我们周围的一切的看法和态度，又发生了怎样的变化啊！伟大的上帝啊！而这一切都是我亲自体验过和现在还在体验的，而我才四十岁。一个二十岁和一个四十岁的人，他们之间的观点和对事物的理解，横着一条鸿沟，有很大差别。——令兄[③]告诉我，您正在研究地理学和统计学[④]，这是好事。可惜，在历史方面，您那个地方还完全是个空白。关于它，能说的只有一点：有人在这里生活过，至于谁在这里生活，干吗要在这里生活，只有天

① 霍夫曼(1776—1822)：德国作家。

② 赫尔岑的文章《霍夫曼》刊载于《望远镜》杂志一八三六年第十期。

③ 指赫尔岑的哥哥叶·伊·赫尔岑。

④ 一八三五年，赫尔岑在维亚特卡流放时，曾参加过维亚特卡省统计委员会的工作。

知道；然而，如果发现了什么值得关注的事，请告诉我。研究俄国历史成了我的一个癖好。我非常乐意把许多历史掌故讲给您听，只要您愿意听。现在历史正好派得上用场。我看，整个文化界都在倒退。我现在的地址是：莫斯科，诺文斯基镇，库德林乡，九受难者教区，萨福诺夫公寓。盼来信，而在恭候回音时，我将永远保持对您的无限尊敬和忠诚之情，过去如此，现在如此，将来也永远如此。

您的热心和忠诚的

尼·波列伏伊①

一八三六年二月二十五日于莫斯科

选自维萨里昂·格里戈里耶维奇·别林斯基的信②

一

我亲爱的赫尔岑，我早就非常想同你谈谈，谈谈这，谈谈那，谈

---

① 上面谈到的那篇文章，刊载在最近出版的《望远镜》杂志的某一期上，从而使我与波列伏伊发生了争吵。克〔彻尔〕根本不知道我把这篇文章寄给了波列伏伊，因而把它登在了《望远镜》杂志上，同时认为，在这篇文章下署上我的姓名，似嫌冒失和不够慎重，于是署上了“伊斯康大”这个名字，这是我在一篇不准备发表的文章中开玩笑地使用过的署名，那时我还在维亚卡特。

波列伏伊对我很生气，也不了解情况就写了一封短信给我，他在信中说，处事严肃的人是不会一稿两投的。对此，我给他的答复是，处事严肃的人还应有另一种习惯，比如说，应先了解情况，然后再骂人。我们彼此的通信就这样中断了。一八四〇年在彼得堡，他吩咐瓦季姆·帕谢克转告我，为这点小事“生气是可耻的”。但是，当时我根本不是因为《霍夫曼》而生气。这已是《帕拉莎·西比里亚奇卡》以及其他等等的时期了。——作者原注

赫尔岑在一八三六年九月二日给波列伏伊的信中并没有这句话，可能，这话是他在这以前让他哥哥转告的。

《帕拉莎·西比里亚奇卡》是波列伏伊写的一个剧本，于一八四〇年初在彼得堡上演，赢得了官方的赞誉，却遭到民主派的批评。这一时期，波列伏伊也明显地转向反动和保守的立场。

② 我必须预先声明，我认为别林斯基和格拉诺夫斯基的信中有很大一部分不应发表。——作者原注

谈你的系列文章《自然研究通信》①，谈谈你的短文《论偏爱》②，也谈谈你的那篇非常好的中篇小说③，这篇小说显示了你的新才华，这才华，在我看来，比你所有原来的才华（除了写小品文——关于哥白尼、雅罗波尔克-沃江斯基④等等的才华以外），更优秀，更高，我还想谈谈你的才华的真正的方向和意义，还有其他许许多多事，但是一直没有机会，一直没有时间。后来我就一直在等你，有一回我还空欢喜了一场，神经受到极大震动，因为有人告诉我赫尔茨先生要来，可是他们却把赫尔茨先生说成了赫尔岑先生⑤。最后，我听说，你准备出门，不知是明年春天，还是明年秋天。现在我只能把其他一切先撇在一边，先给你写封信，不是谈你，而是谈我自己，谈谈我这个人。首先，请你伸出手来，同时向我保证，这里所写的一切，未经允许，必须在你和你的朋友之间严格保密。

是这么回事。现在我已下定决心离开《祖国纪事》。这一愿望早就是我的 idee fixe〔**法语：固定观念，固执的念头。**〕；但是我一直希望能够十分巧妙地予以实现，因为我有一个幻想，这幻想并不见得比马尼洛夫先生⑥的幻想高明，同时我还寄希望于人间的富翁。现在我已清楚地看到，这一切都是瞎掰，必须采取更普通和更困难的，但却是切实可行的办法。但是必须先谈谈原因，然后才能谈到方法……杂志社工作的紧迫性，就像吸血鬼吸血一样，从我身上吮吸着生命力。通常，一个月中大约有两星期，我必须像抽风似的拼

① 赫尔岑《关于自然研究通信》一一六封，已在1845年《祖国纪事》四、七、八和十一期上发表。

② 指赫尔岑当时写的系列文章《任性与沉思》，其中有一篇随笔，名叫《老调的新变奏曲》。其第四章就是本文。

③ 指赫尔岑的小说《谁之罪？》。

④ 指赫尔岑的小品文《“莫斯科人”谈哥白尼》和《“莫斯科人”与宇宙》，后者署名用的是笔名雅罗波尔克-沃江斯基（即赫尔岑）。

⑤ 赫尔茨（1820—1883）：莫斯科大学教授。

⑥ 果戈理小说《死魂灵》中的一名地主，性好幻想。

命地，而又十分紧张地工作，直到手指发麻，笔都拿不住了；至于其余的两星期，我就像经过两周的酒神节狂饮之后，无所事事地到处游荡甚至读小说也提不起精神来。我的才能在逐渐衰退，尤其是记忆力，似乎被俄国文学的污泥浊水和一大堆垃圾可怕地埋在底下了。我的健康状况在明显下降。但是这工作我并不讨厌。那篇长文《谈柯里佐夫的生平和作品》，就是我在病中写的，而且我工作时感到很开心；有时候我三周就几乎能够写完一大部书，并且可以立刻付印，而且这工作使我感到很甜蜜，使我开心、满意，并且精力充沛。由此可见，我感到受不了和对我有害的仅仅是紧迫的杂志工作；它使我的头脑迟钝，破坏我的健康，扭曲我的性格，何况我本来就爱唠叨，动辄为一些小事生气，但是，如果这个工作不是 ex officio〔**拉丁语：例行公事，非做不可。**〕，我是喜欢的，也是对我有益的。这就是我的第一个和主要的原因……

复活节前，我将出版一本大型丛刊①。陀思妥耶夫斯基给了我一篇中篇小说，屠格涅夫给了我一篇中篇小说和一部长诗，涅〔克拉索夫〕给了我一篇诗体幽默作品（《家》，他在写这类东西上是行家），帕纳耶夫给了我一篇中篇小说；你瞧，已经有了五篇作品，第六篇由我自己写；我还希望向迈科夫索要一部长诗②。现在我要向你约稿了：一个中篇或者一篇真人真事！③ 此外，如果你还能给点什么轻松的、适合在杂志上发表的、幽默的作品，谈谈生活

---

① 别林斯基原准备出版一种不定期的大型丛刊，以便为他离开《祖国纪事》后奠定物质基础。这部丛刊定名为《列维坦》。别林斯基的所有朋友闻讯后都大力支持，认为只有这样才能使别林斯基免受克拉耶夫斯基的剥削。但是这部丛刊最后未能问世。1846 年底，别林斯基把他所征集到的作品都让给由涅克拉索夫和帕纳耶夫重行组建的《现代人》杂志。

② 陀思妥耶夫斯基答应给的尚在构思中的中篇，名叫《剃掉的络腮胡子》；屠格涅夫给的大概是《彼得·彼得罗维奇-卡拉塔耶夫》；迈科夫（1821—1897，诗人）给的是长诗《小姐》；帕纳耶夫给的是中篇小说《亲戚》；涅克拉索夫的作品是《陌生人的家》。

③ 赫尔岑为别林斯基的丛刊写了中篇小说《偷东西的喜鹊》，同时还准备把他写的《克鲁波夫医生》也给这部丛刊发表。

或者俄国文学，或者二者兼而有之，——我都无任欢迎！但是我想要的不仅是轻松的文章和作品，因此我也请格拉诺夫斯基能不能马上写点历史文章——只要大家都感兴趣，文笔优美就行。无论如何，请你告诉那位青年教授卡〔韦林〕，我们能不能也从他那里捞点诸如此类的好处。他曾把他的讲稿的开头部分寄给我（为此，我对他感激不尽），简直好极了；讲稿的基本观点是俄国历史的种族性与民族性，与西方历史的个体性截然相反——这是个天才的思想，而且他把他的这一想法发挥得淋漓尽致。如果他能给我一篇文章，其中既阐明了这一思想，同时又能将他的讲稿适当压缩，那我就真不知道该怎么感谢他了①。我自己也想写一篇论诗歌当代意义的文章②。这样一来，既有中篇小说、幽默作品、诗歌又有其他内容严肃的文章，这样的丛刊一旦问世，一定十分可观。现在谈谈你的小说。你在写《谁之罪?》的第二部分吗？如果第二部分能像第一部分那样好，那它就很了不起了。如果你写了另一部新作，而且更好，那我还是情愿要《谁之罪?》的第二部分。安〔年科夫〕③将于一月八日动身。他在柏林将会遇到库德里亚夫采夫④，说不定，我也能从这主儿那里弄到一部小说⑤。安〔年科夫〕也会寄一篇类似旅途观感之类的东西给我⑥。我想同奥利兴一起出版柯里佐夫的诗集⑦；他负责印刷出版，利润对半：这还只是对

---

① 卡韦林寄来的文章，名为《古俄国司法生活一瞥》。

② 这篇文章没有写成，他把他当时的想法写进了他的述评《一八四六年俄国文学一瞥》。

③ 安年科夫（1812—1887）：俄国批评家和回忆录作者。

④ 库德里亚夫采夫（1816—1858）：莫斯科大学教授，格拉诺夫斯基的朋友和继承人，也写小说。

⑤ 库德里亚夫采夫从柏林街给别林斯基的小说是中篇《没有黎明》。

⑥ 从一八四七年起，安年科夫即从国外定时定期地寄给《现代人》杂志他写的《巴黎书简》。

⑦ 奥利兴：彼得堡的书商和出版商。别林斯基负责《柯里佐夫诗集》的编辑工作，并为《谈谈柯里佐夫的生平和作品》作序。

未来的展望，到夏天再说。复活节前，我将写完我的俄国文学史第一部分①。这仅仅是为了在开头摆脱困境的一个方法，而以后，我知道，一切就会比从前有所好转；我的工作将会轻松些和愉快些，我得到的报酬也决不会比从前少，如果不是更多的话。握你的手并焦急地等待你的复信。

维·别

一八四六年一月二日于圣彼得堡

二

亲爱的赫尔岑，我一直像抽风似的焦急地等待着你的回信，承蒙立即赐复，不胜感激之至。悉听尊便，你看着办吧。不过对你的新著②我恐怕指望不上了。丛刊必须在复活节前出版；时间不多了。现在已经是集稿和送审的时候了。我们的审查官很少，可是他们的工作却多得要命，因此他们审稿拖得很厉害；要让你有足够的时间来写一部新小说，那是不可思议的，甚至是不可能的。而且，把旧的扔下不管，不去把它完成③，硬要写一部新的，你会把二者都搞坏的。

关于博〔特金〕报导西班牙的来信④，没什么好说的；当然，您寄来好了。安〔年科夫〕八号走了，也带走了我最后的快乐，因此我现在的生活毫无快乐可言……

啊，老伙计们，我现在的健康状况欠佳，——糟透了！要知道，有时候脑子里会胡思乱想，比如说，撇下妻子和女儿，缺吃少穿，等

---

① 一八四〇年底至一八四一年初，别林斯基曾想写一部《俄国文学批评史》，写成的章节后来作为单独的文章收入作者文集（如《艺术思想》、《诗歌的分类》、《文学一词的普遍意义》、《对民间诗歌的总的看法及其意义》）。克彻尔称，别林斯基直到生命垂危都在写这部书。

② 大概指赫尔岑的《偷东西的喜鹊》。

③ 指赫尔岑的《谁之罪?》。

④ 博特金报导西班牙的第一组来信，刊载在《现代人》杂志一八四七年第三期上。

等，这多可怕呀。去年秋天，在我生病前，与我现在比较起来，真可算是壮士。我坐在椅子上想转个身，都累得我上气不接下气。

半年，甚至四个月，如果能到国外去治病，我也许能多活五六年，就像没事人似的①。贫非罪，可是更甚于罪恶。穷人是无耻小人，他自己就应当看不起他自己，他就像贱民，甚至没有权利享受阳光。杂志社的工作和彼得堡的气候要了我的命。

一八四六年一月十四日于圣彼得堡

三

我真有说不出的高兴，我没有理由再担心丛刊得不到你的任何作品了，因为《偷东西的喜鹊》将如期完成，并及时寄给我。然而我毕竟感到难过和痛心，《谁之罪?》从我手里溜走了。这样的小说（如果第二部分和第三部分不亚于第一部分的话）是难得一遇的，它将在我的丛刊中成为压卷之作，并与陀思妥耶夫斯基的小说《剃掉的络腮胡子》一起分享广大读者的赞赏，这将大大超出丛刊的出版者不仅在清醒的时候，甚至在梦中所能有的莫大期望。好像有鬼似的，它老在用这篇小说逗引我，尽管我与它分开了，还是念念不忘地总想依靠它来制定我假想的出版计划，比如说，重印它的第一部分，并与它的其余部分同时刊出，并以此作为这部丛刊的创刊号……那丛刊赢得的喝彩声肯定会超过（一）小偷，（二）傻瓜，（三）骗子②……

至于卡〔韦林〕的文章将会很好——对此我有充分把握。这篇文章的主题思想（一部分也包括卡阐述这一思想的风格），我是知道的，仅此一点就足以让我认为这篇文章是某种非同寻常的

① 一八四六年别林斯基曾想出国治疗，但他的这一打算未能实现。一八四七年夏，在他的萨尔茨堡之行以后，他的病情加重了，于一八四八年五月二十六日去世。

② 在别林斯基信的原稿上写有："波戈金——小偷，舍维尔科——傻瓜，阿克萨科夫则是小丑。"

作品。

话又说回来，你千万不要以为我不重视你的《偷东西的喜鹊》；我深信，它肯定是一篇非常优美而俏皮，而且根据你的习惯，它还肯定是一篇妙趣横生的作品。但是在《谁之罪?》之后，不管你写什么小说，只要成色不一样，你就永远是无辜的罪人。如果我不是同样重视你的为人，甚至超过你之作为作家的话，我就会像波将金看过《旅长》演出后那样对冯维辛说的那样对你说："你可以死了，赫尔岑！"①但是波将金错了，冯维辛没有死，所以他又写了《纨绔少年》。我不想犯错误，而且相信，在《谁之罪?》之后，你一定会写出这样的作品，让所有的人都说："他是对的，他早就该写小说了！"这是对你的最大恭维，虽然是句调侃的话，但说得恰如其分。你在信中写道："格拉诺夫斯基本来可以把他的讲稿寄一点来"②；既然可以，为什么不寄来呢？为什么要加上个本来呢？收到索洛维约夫③的文章，我有说不出的高兴，请你替我谢谢他，谢谢他的大作。

一八四六年二月六日于圣彼得堡

四

你说我脱离了这家杂志社，你不知道你是不是应该觉得高兴。我对你的回答是肯定的：应当高兴。问题不仅仅在于它影响我的健康，影响我的生活，而且还有损我的头脑。要知道，我的脑子一天比一天迟钝。什么都记不住，脑子里被一些俄国书稿搞得乱糟糟的，而手里都是些现成的老生常谈，以及评论一切的官样文章。

---

① 波将金(1739—1791)：俄国陆军元帅。丹尼斯·冯维辛(1745—1792)，俄国剧作家：《旅长》和《纨绔少年》的作者。据传，波将金看过《纨绔少年》初演后，对冯维辛说："你可以死了，丹尼斯！你写不出更好的作品了！"

② 格拉诺夫斯基在一八四五至一八四六年，曾在莫斯科大学第二次讲授中世纪史。

③ 索洛维约夫(1820—1879)：俄国历史学家。那篇文章的题目是《加里茨王达尼尔·罗曼诺维奇》。

涅〔克拉索夫〕的《在路上》①写得好极了；他还写了许多这样的诗，而且还会写更多；但是他说——这盖由于他不在杂志社工作的缘故。这，我理解。休息和自由并不能教会我写诗，但是它们能让我很好地写作，一如上苍赋予我的写作才能那样。你不了解这种处境。至于脱离了《祖国纪事》，我也能活下去，也许还能活得更好，这似乎是明明白白的道理。我脑海里有许多行之有效的计划和打算，如果我忙于做别的事，那这些设想就永远无法实现，况且现在我已经有了点名气，也就足够了。

你的《偷东西的喜鹊》像则趣闻，但是你的叙事手法高明，给人留下深刻的印象。对话——棒极了，真是妙语连珠。我只怕一点：全部查禁。我将上下奔走，虽然心里很少有把握。那个医生回忆录②的构思好极了，而且我坚信，你一定会非常出色地利用这一构思。《加里茨王达尼尔》，是一篇有实用价值和引人入胜的专论。至于卡〔韦林〕的文章，那无话可说，那是一篇杰作。因此，你们这些懒懒散散、吊儿郎当的莫斯科人，竟比我们这些彼得堡的快手还要勤快。谢谢你们！

至于我的丛刊究竟是大象，还是列维坦③，那是这样的。像《在路上》这样的短篇根本决定不了丛刊的成败得失。至于《穷人》④，那是另一回事。而且那也是因为关于《穷人》早就议论开了。书是先买后读的；先读后买的人，在我国毕竟少见，即使这样，他们买的也不是丛刊。请相信我，在购买《彼得堡文集》的读者中，很多人只是因为喜欢看《关于巴黎的娱乐活动》那篇文章⑤。

---

① 涅克拉索夫的诗《在路上》，原载一八四六年的《彼得堡文集》。

② 指赫尔岑的中篇小说《克鲁波夫医生》。

③ 典出《圣经》中的海怪或飞龙（此处意为庞然大物）。

④ 指陀思妥耶夫斯基的《穷人》。它与涅克拉索夫的诗《在路上》一起，均发表在一八四六年的《彼得馒文集》上。

⑤ 指帕纳耶夫写的随笔《关于巴黎的娱乐活动》，它与上述陀思妥耶夫斯基的《穷人》一起被收进涅克拉索失主编的《彼得堡文集》。

我不能冒险,我需要的是成功的把握,很快就能取得成功;我需要的是把所谓庄家的钱一扫而光。一部丛刊卖光了,再紧接着出第二本,买者就会对它不信任,就会对它起疑心。必须给他们看新的东西,他们不喜欢重复,我这里都是些老名字,除了你和米〔哈伊尔〕·谢〔妙诺维奇〕①以外。只有当丛刊的销路打开了,那时候卡〔韦林〕的文章才能起促销作用,而在开头的时候,它的题目就会使所有的人退避三舍,他们会说:"学术性太浓,枯燥乏味!"这样,我就只有指望其中有许多小说,以及丛刊出奇的厚度了。请相信我:我是不会看错的——你们莫斯科人都有点理想主义,你们善于写好书或者编好书,但是卖书你们就是外行了,在这个问题上,你们只能向我们脱帽致敬了。

我只知道一本书甚至不需要向两大京城②做广告:这就是《死魂灵》第二部。但是,要知道,这样的书在俄国只有一本。

可怜的亚〔济科夫〕③遭到了可怕的不幸——他的沙夏这个好孩子死了。可怜的母亲几乎要发疯,乳汁差点冲进脑袋,她已经语无伦次。一个两岁的孩子死了,想想都可怕! 我的女儿才八个月,可我已经在想:"如果你注定要死,为什么你不在半年以前死呢!"母亲生个孩子要受多大痛苦啊,要把他拉扯大,又要花费多少心血,孩子要出牙齿,要得喉炎、麻疹、猩红热、百日咳、泻肚、便秘等,要渡过这些难关又多么不容易,——死亡与生命为了争夺他在不断搏斗,如果生命取得了胜利,这孩子就会逐渐成为一个官员或者军官,成为小姐和太太。要忙活的事实在太多了,既可笑又可怕! 生命充满了可怕的幽默。可怜的亚〔济科夫〕!

如果我不能去国外,那不去也罢。我早已没有了强烈的愿望,

---

① 即史迁普金。他给别林斯基的丛刊写了自己的童年回忆录《摘自一个演员的回忆录》。

② 指彼得堡和莫斯科新旧两大京城。

③ 亚济科夫(1803—1846):俄国诗人。

因此我很容易放弃一切办不到的事。我真想同米·谢一起到克里米亚和敖德萨去;但是我不忍心将全家人撇在彼得堡度夏,可是让他们去加普萨尔——就要花双倍的开支。

不过,以后再说吧。你将于四月来此,非常欢迎。

一八四六年二月十九日于圣彼得堡

五

我收到了卡〔韦林〕文章的结尾、《克鲁波夫医生的回忆录》、米·谢的回忆录片断,以及梅利古诺夫的文章①——一切都很好,一切都好极了②。卡〔韦林〕的文章,是俄国史学史上划时代的论文,由此开始了对我国历史的哲学研究。我十分欣赏他对伊万雷帝的看法。出于某种本能,我一直对伊万雷帝的看法很好,但是我的知识不够,不足以论证我的观点③。

《克鲁波夫医生的回忆录》,好极了,除此以外,我暂时就不想说什么了。见面后,关于你的才能,我自有许多话要说;你的才能——可是一件非同小可的事,如果你一年不能写一卷书,那你因为懒得动手就该被绞死。米·谢的回忆录片断,——好极了。我在读他的回忆录时,就像听作者在娓娓动听地讲故事,非但才华横溢,而且十分可爱。我很喜欢梅利古诺夫的文章,我也非常感谢他的这篇稿子。我尤其喜欢这篇文章的前半篇,以及那个胖胖的红光满面的老将军,他居然把苏沃洛夫、拿破仑、威灵顿和库图佐夫都称之为小鬼、小东西。一般说,在这篇文章中有许多回忆录的趣味的东西;读着读着,就不由得回到那美好的古代,陷入某种静静

① 梅利古诺夫(1804—1867):俄国文学家。他的文章名为《伊万·菲利波维奇·韦尔奈特,出生瑞士的俄国作家。摘自一个普通人的回忆录》。

② 引自杰尔查文的诗《早晨》。

③ 在卡韦林的文章《对古代俄国司法生活之我见》中,伊万雷帝被视为一名反对世袭贵族的斗士,以及出身微贱的人的保卫者。

的思索。你在信上曾提到鲁利耶的文章①,倒也不坏;不妨请格拉诺夫斯基也写点什么。纯文学的文章,现在我已经足够了,不想再要了,因此再来两篇学术性的东西,倒也很不赖。我的丛刊的刊名,准备叫《列维坦》。它将于秋天出版,但是稿子必须于日内送审,并且立刻付梓。

关于同米·谢一道出去旅行的事,我大概会去的。已经答应给我钱了,一旦拿到钱,我就立刻写信告诉你我动身的日子。我将把家眷送到加普萨尔去,那里既有别墅,气候又好,可以对妻子进行一个疗程的治疗,这对她是大有好处的。我日日夜夜都似乎梦见停在米·谢院子里的旅行马车一样,这与索洛古布小说中的旅行马车,又慢又不舒服,好得老了去了。我们将像高级僧侣一样! 往南疾行四千俄里,一路上吃、喝、睡觉,向两旁张望,什么也不用操心:不用写作,甚至也不用为写书刊简介而读俄文书——这对于我甚至胜过穆罕默德的天堂,甚至连仙女也不要,让她们见鬼去吧!

我一定要弄清楚,米·谢到底想什么时候走,那样我才能做准备。丛刊必须趁我在这里的时候印出十五个印张,其余的我不在也成(我将把它交给一个可靠的人),而等我回来的时候丛刊已经印好,十月即可发出②。你好,尼古拉·普拉东诺维奇,你的回国不再是神话了③。我对你很生气,而且狠狠地骂过你,至于为什么,你可以问赫尔岑。至于现在,我希望快点看见你的英武的外表,并因为能看见你的飒爽英姿,心里痛快,而痛饮洛耶地列尔香槟酒④——这是多好的酒啊,我的小老弟! 紧握沙〔青〕和你们所

① 鲁利耶(1814—1858):莫斯科大学动物学教授。一八四七年,他大概受到赫尔岑的怂恿,曾参加《现代人》的编辑工作。

② 这部丛刊始终没有出版。别林斯基用它的稿件支持了《现代人》的出版。——作者原注

③ 指一八四六年三月初尼古拉·普拉东诺维奇·奥加略夫从国外回来。

④ 一种法国香槟酒。

有人的手。

一八四六年三月二十日于圣彼得堡

六

昨天我就差点写好了给你的信，今天想结束它，而现在我只好把它撇在一边，重新写，因为我收到我盼望已久的你的来信。不瞒你说，我心中有点忐忑不安，我想，我的南方之行（甚至做梦都梦见）又要被魔鬼的尾巴一扫而空了。你说这次旅行对我多么重要，对我又多么有益，这是不消说得的！我自己也非常明白这点，我这次去，非但为了健康，也为了保命。旅途、空气、气候、懒散、合法的无所事事、无忧无虑，以及新的事物，而且这一切再加上米·谢这样的旅伴，我一想到这点就感到精神倍增。我的医生（很好的医生，虽然不是克鲁波夫）对我说，按照我的病情，这样的旅行比任何药物和任何治疗都好，总之，米·谢很坚决，非走不可，我现在也知道我什么时候能够收拾行装，准备动身了。除非发生什么无法预料和非同寻常的事，才能迫使我放弃这一计划；但是无论如何我将于日内去买一张驿车票。昨天我写信给你也就是谈这事，让你尽快通知我，米·谢到底去不去，以及他究竟什么时候动身。这也就是为什么我今天收到你的信后高兴极了，高兴得一扫通常的懒惰，立刻坐下来给你回信，尽管图〔奇科夫〕星期二要走。再者，你在信中提到你已经拿到给我的五百银卢布，听到这消息，我也高兴极了。不过这钱不必给我寄来，等我到莫斯科后你再给我，这点钱足够我和我全家一夏天用的；也许，还够我们回到彼得堡后再用一个月，至于到那时候怎么办，那就到那时候再说吧，voguela galare！〔法语：听其自然，随它去！〕吾辈穷人是贱货，不过不是骗子，因为有时候寄希望于机会，靠碰运气，甚至是有益的。此外毫无办法，如果这样做适足以害人，但有时也能够救人。

好了，我的好兄弟，谢谢你寄来的《谁之罪?》的幕间曲①。我从中彻底信服了你是我国文学界的巨人，而不是一支游击队，不是一个因无事可做而浅尝辄止的人，你不是一个诗人：要说明这点是可笑的；但是，要知道，伏尔泰也不是诗人，不仅在《亨利亚德》中，而且在《老实人》中，也莫非如此——但是他的《老实人》足以与许多伟大的艺术作品一起名垂千古，至于许多并不伟大的作品，它已经超过了它们，而且还将继续超过他们，万古流芳。一些有艺术天赋的人，智慧会化成一种才华，化成一种创作幻想——因此在自己的创作中，作为诗人，他们非常聪明，聪明极了，可是作为普通人，他们并不聪明，几乎是愚钝的(例如普希金和果戈理)。至于你，你的天分主要是思维型的，认识型的，你的情况相反——才华和幻想化成了智慧，活跃和热烈的智慧，以人道主义倾向为核心的智慧，这种倾向不是旁人嫁接的，不是读书读来的，而是你的天性所固有的。你的智慧十分丰富，丰富得我都不知道为什么一个人要有这么多智慧了；你也有许多才华和幻想，但不是那种纯粹的、独立的才华，那种独自成长、生生不灭，并利用智慧当作低等的、从属于它的因素的才华，——不，你的才华(鬼知道它是什么玩意儿)，对你的天分来说，就像智慧之于艺术天分，就像是个杂交的品种或者是螟蛉子。反正我说不清，但是我相信，你会懂得我的意思的，而且这道理你比我懂得透(如果你还没有想过这个问题的话)，而且你会一针见血地告诉我到底是怎么回事，使我不禁高呼：“对，就这么回事！就这么回事！”有些智慧是纯粹思辨型的，对于它来说，思维几乎就是纯粹的数学，如果这样的人来写诗歌，他们写成的往往是寓意作品，越写得聪明，越显得愚蠢。把干枯的，甚至潮湿的、温暖的智慧与无能结合在一起，只会生出石头和劈柴，就像

① 指赫尔岑的小说《谁之罪?》中的片断《弗拉基米尔·别尔托夫》(后来成为《谁之罪?》第五章至第七章，原载《祖国纪事》一八四六年第四期)。别林斯基曾在《一八四七年俄国文学一瞥》中高度评价了这一片段。

瑞亚来冒充孩子塞给克洛诺斯的东西一样①。但是,你既有活跃和专注的智慧,又有一种自成一格的才华;它是由什么组成的,我说不清,但是问题在于我比你笨,比你笨许多倍,可是艺术(如果我没有弄错的话)与我的关系,比起你来,却更为密切;我的幻想胜于智慧,由此可见,我似乎应该有某种独特的才华,这,你就不如我了(从一件事即可看出,你读康德,读黑格尔的《现象学》和《逻辑学》——简直算不了什么,可是有时候我读你的哲学论文,头都要裂开了),要知道,我自有一种独特的才华,不多也不少,正好够用,用来理解、正确评价和爱你的才华。而这样的才华,并不亚于艺术才华,它们也是必需的和有益的。如果你在十年中写出三四本有分量和篇幅较大的书,你就会在我国文学界闻名遐迩,载诸俄国文学史册,甚至被写进卡拉姆津的历史书②,你会对当代社会产生强大的、有益的影响。你有自己的独特风格,要模仿它是危险的,就像模仿真正的艺术作品一样。你就像果戈理小说中的鼻子一样,你可以说:“我就是我自己!”切合实际的思想以及这些思想的天才的生动体现,——这是很了不起的事,但是只有当这一切与作者的个性不可分割地联系在一起,它们之间的关系就像火漆上的封印与压出来的印之间的关系一样彼此不可分时,才是一件了不起的事。正是靠了这点,你才无往而不胜。你的一切都是独特的,一切都是自己的——甚至包括缺点,但是正因为如此,你的缺点也常常变成优点。比如说,你的个人缺点是酷爱说俏皮话和挖苦话,但是在你的小说中,这类表现就非常出色,令人拍案叫绝。写吧,老伙计,写吧,尽可能多多地写,不是为了自己,而是为了事业;你才华横溢,使它湮没无闻,你就完全应该受到诅咒了。

---

① 克洛诺斯是西方古代神话中的天神,瑞亚是他的妻子。有预言说,他们的一个儿子将推翻他,夺取他的王位。克洛诺斯担心这预言当真应验,遂把他新生下来的所有儿子全部吃掉。瑞亚为救宙斯,便用孩子的襁褓包了一块石头,塞给克洛诺斯吃。

② 卡拉姆津(1766—1826):俄国历史学家,曾著有《俄罗斯国家史》十二卷。

在这封信即将结束时，告诉你一个消息，我已与涅〔克拉索夫一起〕买了四月二十六日的驿车票。

维·别

一八四六年四月六日于圣彼得堡

七

亲爱的赫尔岑，昨天收到了你的信，非常感谢，关于第一点①，我就完全指望你了，只有一点你别忘了——万一我们失之交臂，请你安排一下怎么办。

我的旅途观感②，其实根本算不上是旅途观感，正如你的《自然研究通信》，谈的根本不是对自然的研究一样。你自己也知道，你在旅途中看到和有所感的，在我国又能写多少和又有多少可以形诸笔墨。因此，我的旅途观感只是我的文章的一个框架，或者不如说是借题发挥。这样的旅途观感能谈的多半只是恶劣的天气和更加恶劣的道路。

我要写的是这样一些内容：一，关于俄国的戏剧，造成它的恶劣的现状的原因，以及俄国舞台艺术迅速和彻底衰败的原因。这里有许多话要说，虽然这些话别人和我都说过了，但是这问题还是应该 a fond〔法语：详细地，详尽地〕研究。米·谢曾经在卡卢加和哈尔科夫演出过，现在又在敖德萨演出，也许还将在尼古拉耶夫、塞瓦斯托波尔、辛菲罗波尔和鬼知道还将在什么地方演出。我看过不少戏，既看过彩排，也看过正式演出，在演员中挤来挤去。此外，米·谢还十分热心地替我讲解，并向我提供事实，所以一切将会很新鲜和感触很强烈。

二，我在哈尔科夫读了《莫斯科文集》。萨〔马林〕的文章，写

---

① 指赫尔岑为别林斯基一八四六年的南方之行对别林斯基的资助。

② 别林斯基本来打算著文谈谈他的这次南方之行，但未能实现。

得很聪明，很尖刻，甚至很有道理，尽管作者从温良恭顺这个非常不体面的原则出发，而且从《祖国纪事》开刀，横扫了我一笔①。他是多么聪明和多么尖刻地惩戒了索〔洛古布〕的贵族气派啊！这使我相信，一个身为斯拉夫派的人，也可以成为一个聪明的、有才能的和实事求是的人。至于霍〔米亚科夫〕……我倒想让他来抓我的辫子——我会让他知道我是浑身都带刺的！②

三，我还没有读到森科夫斯基的谩骂③；但是我欢迎他为我的文章提供新的素材。

由此可见，我的文章不过是篇报刊上的小品，天南地北地乱扯一通，只是加了点论战热情而已。

我在卡卢加碰到了阿〔克萨科夫〕，真是个好青年！身为斯拉夫派——竟会这么好，好像他从来没有当过斯拉夫派似的。一般说，我常常会陷入可怕的歪门邪道，常常会想，在斯拉夫派中也当真会有一些正派人。我这样想的时候感到很难过，但是真理先于一切！

我的健康状况好些了。精神了些，身体也明显地结实了，但仍旧咳嗽不止，它不想离开我。从六月二十五日起，敖德萨开始变热，但是从三十日起天又转凉；不过，仍旧很暖和，因此夜里披上夏天穿的风衣还会出汗。我本来已开始读但丁的诗，就是说洗海水澡④，可是血却流进了胸腔，整个早晨都在咯血；医生吩咐我暂时停止洗澡。

有一件事很糟糕。我妻子的最后两封信，我是在哈尔科夫收到

① 萨马林在文章开头对评论索洛古布《旅行马车》一书作了一个总的述评，并与别林斯基刊载在《祖国纪事》上的未署名文章展开论战。

② 霍米亚科夫曾在发表于《莫斯科文集》上的《俄国人看外国人》一文中，对别林斯基在《亚历山大·普希金作品集》中对《鲍里斯·戈都诺夫》的评价提出反对意见。

③ 森科夫斯基曾在《读者文库》(1846)上不怀好意地批评了别林斯基的小册子《尼古拉·阿列克谢耶维奇·波列伏伊》。

④ 舍维廖夫的诗："在海水中洗澡，就像在读但丁的诗。"——作者原注

的，日期分别是五月二十二日和二十七日。她在两封信中都说她心里难过和身体发烧，可是从那时候起，直到此时此刻，我既没有收到她的片言只字，也不知道她现在的近况，——愁死了！要是没有这件事，我的心情是快乐的——far niente〔意语：什么事也不做〕。

索〔科洛夫〕是个好小伙，但却陷入外省人的心地单纯之中，因为你在给我的信中没有提到他，他差点没有难过得痛哭流涕。噢，外省呀，真是个可怕的地方！敖德萨比所有的省城都好，这简直是俄罗斯的第三京城，是个迷人的城市，不过这是对过路人而言①。留在这个城市里长住，非闷死不可。

请替我向娜达丽雅·亚历山德洛夫娜问好。你为什么不在信中告诉我，奥〔加略夫〕在哪儿喝酒？沙〔青〕在哪儿向女人献殷勤？紧握所有我们的人的手。你为什么不告诉我科〔尔什〕说了些什么俏皮话，一句也没说？替我向他的家属问好，并且不要告诉玛〔利雅〕·费〔多罗夫娜〕②……因为我家的情况不明，我心中很不安；她说不定会认为我是个有罪的③丈夫，如果她发表这样的意见，那就比科〔尔什〕最尖刻的俏皮话更尖刻了。再见。如果你不想偷懒，那就给我随便写点什么吧。

维·别

一八四六年七月四日于敖德萨

八

你好，亲爱的赫尔岑，我从天涯海角极为遥远的地方给你写信，让你知道我们还活在明媚的人世间，虽然我们觉得它黑暗极了。我们进入克里米亚草原后，我们看到三个我们觉得新奇的民族④：克

① 引自德米特利耶夫的寓言《过路人》。
② 科尔什的姐姐。
③ 信的原稿上写的是模范的！
④ 原文如此。

里米亚山羊、克里米亚骆驼和克里米亚鞑靼人。我认为,这是同一种族的不同类别,同一亲属的不同支系:他们在相貌上有许多共同之处。虽然他们说的不是同一种语言,可是他们却能彼此理解。他们的样子就像是坚定的斯拉夫主义者。但是,呜呼!即使以鞑靼人为代表,他们身上那种真正的、根深蒂固的、东方宗法制的斯拉夫主义的特点,在狡猾的西方影响下,也有点摇摇欲坠了。鞑靼人大部分留长发,可是却剃须①!只有山羊和骆驼,顽固地遵循着科托希欣②时代祖先的神圣习俗——它们没有自己的意见,它们就像害怕瘟疫一样害怕强烈的意志和强大的理性,它们无限尊敬同种人中的长者,即鞑靼人,允许他把自己往任何地方赶,而不许自己问一声为什么,其实他在任何方面都不见得比它们聪明,可是却把它们赶来赶去,从一个地方赶到另一个地方。总之——温良恭顺的原则,它们已经精通,在这方面,它们满可以咩咩叫得十分动听,甚至比舍〔维廖夫〕和全体斯拉夫派兄弟叫得更有趣。

尽管辛菲罗波尔就自己的地理位置而言,是个很可爱的小城市;它不在山区,但山却是从它开始的,从这里可以遥望查特尔峰。经过新俄罗斯③被太阳烧焦的、尘土蔽日的、光秃秃的、寸草不生的草原之后,现在我真想看到自己置身于一片新天地中,要不是我的痔疮可怕地发作(现在已经好转),从上月二十四日起又开始折磨我的话。

写这封信的真正目的——是提醒你们关于《布基尼翁》或《布基利翁》④的事,——这是一个剧本,沙〔青〕在巴黎见过,他还跟米·谢谈过,他认为这剧本有个角色,很适合他演。而他早就想举

① 彼得改革前的俄国男人都蓄须。

② 科托希欣(约1630—1667),莫斯科罗斯时代外交部门的小官吏,后逃亡国外,在斯德哥尔摩著有《谈谈在阿列克谢·米哈伊洛维奇治下的俄罗斯》。

③ 指旧俄黑海和亚速海沿岸地区。

④ 指法国剧作家巴亚尔与杜马努亚尔合写的轻松喜剧《布基龙寻父记》。

办自己的纪念演出了，所以他想及时知道，你们在这件事上能给予他多少帮助，他又在多大程度上能指望你们的帮助。

不！我不是一个旅行家，尤其不是一个草原旅行家。写封家信——要过一个半月才能收到回信：要跑到像澳大利亚这么远的地方，鄙人碍难从命！

你读到这封信的时候，我恐怕已经在途中了。可是八月份的《祖国纪事》和《读者文库》直到现在还没送到辛菲罗波尔。再见，向所有我们的人问候，渴望能够尽快见到他们。

维·别

一八四六年九月六日于辛菲罗波尔

不知道我能否带回一个健康的身体；但是带回来一大把胡子倒是肯定的——老伙计，我竟长出了一把非常不坏的胡子。——又及

选自季莫费·尼古拉耶维奇·格拉诺夫斯基的信

一

“又是浪漫主义，”你读了这封信后也许会这么说。你爱这么说，随你，赫尔岑。我仍将是一个不可救药的浪漫主义者。今天我有话要同你谈谈。夜是那么美；丽莎①给我弹奏莫扎特的乐曲，一直弹到两点，心里觉得暖洋洋的，已经好久没有这样了。然后就开始读你的《克鲁波夫》②！以前我也曾听你读过它，但是它留给我的印象不深，也不知道为什么。它在《现代人》上发表时进行了大量删节，可是我却百读不厌。你知道吗，这简直是一部天才作品。

① 即伊丽莎白·格拉诺夫斯卡娅（1824—1857），格拉诺夫斯基的妻子。

② 指赫尔岑的小说《克鲁波夫医生的回忆录》。

我很久都没有体验到它给予我的这样的乐趣了。想当年，伏尔泰曾这样嬉笑怒骂，其中含有多少温馨和诗意啊；我从他身上看到了你，似乎浮想联翩，想起了在波克罗夫斯柯耶村和在那座木屋里度过的日日夜夜①；克鲁波夫似乎从我心头扫除了某种使我感到不悦的东西，从前，我总觉得跟你在一起，心里有某种别扭。我觉得，我似乎又听到了你的笑声，似乎又看到了你的天性的全部美和所具有的青春活力。干吗要给自己脸上戴上资产阶级的假面具呢，这不是你在法国的时候痛加鞭笞的吗？② 我对你的大部分来信没有答复，因为它们在我心中产生了不好的反应。其中有一种隐蔽的责备，有一种令人不快的arrièrepensée〔法语：隐蔽想法〕，常常暴露出来，科〔尔什〕似乎也感觉到了这点，虽然我们并没有同他谈及此事。从前，你常常嘲笑同你亲近的人，但这并不会使人生气，因为其中是带善意的俏皮话；但是你信中的揶揄却伤害了别人的自尊心，以及，更有甚者，伤害了别人活生生的、高尚的感情。如果你对我们不满，你不好直截了当地写信给我们吗，哪怕措词生硬也行啊，可是你却在给塔〔季亚娜〕·阿〔列克谢耶夫娜〕③等等的信中指桑骂槐，极尽揶揄之能事，这不好。最近这些日子，我在许多方面也可以向你证明，在索科洛夫斯柯耶村的争论并没有留下任何阴影，而且你走后，大家又多么爱你和对你忠诚啊。科〔尔什〕的孩子生病的时候，他还会开玩笑和说俏皮话，可是他送你走的时候却哭了，难道你不珍惜这些并不是廉价的眼泪吗？为什么要一

① 格拉诺夫斯基说的是我们直到父亲去世都住在那里的那座木屋。——作者原注

② 我对这个指责始终无法理解。认为这属于我们出国前太太们发生的龃龉，对此我曾捎带地提了一下，请参看一八五八年《北极星》上的《往事与随想》。——作者原注

指娜·亚·赫尔岑与赫尔岑朋友的妻子和姐妹间，因莫斯科小组在一八四六年产生的思想理论分歧而引发的龃龉。一八五八年《北极星》第四辑发表的《往事与随想》第三十二章中，曾简略提到"太太们之间"的不和。

③ 指塔·阿·阿斯特拉科娃(1814—1892)，俄国女作家，赫尔岑的朋友。

再提出可笑的指责，说什么别人对你缺乏真正的爱，对你冷漠等等呢？① 我们没有给你写信，但是难道你从巴黎的来信让我们复信了吗？我才不乐意同你争论有关 bourgeoisie〔法语：布尔乔亚，资产阶级〕的真正意义呢，这个问题我在讲台上已经讲得够多了。我是一个非常重视个人的人，就是说我非常重视自己的个人关系，可是最近以来对你的这种关系却变得并不很轻松。伸出手来吧，carissime〔意语：亲爱的〕！《克鲁波夫医生的回忆录》万岁！它对于我来说既是艺术作品，也是你的来信。我从中既听到了你的声音，也看到了你的面孔。

我焦急地等待着 Avenue Marigny 来信②，也等待着你的来信。

请替我紧握娜塔里雅·亚历山德罗芙娜的双手。我的朋友们，我什么时候才能见到你们呢？现在先祝福你们幸福，再见！而克鲁波夫简直好极了！紧握玛〔丽亚〕. 费〔奥多罗芙娜〕的手。

一八四七年③于莫斯科

二

X④ 答应把这些信捎给你们，我的朋友们，因此我就可以多说几句话，不用担心邮局检查了。我们的处境已变得一天比一天难以忍受。西方不管发生什么运动，都会在我们这里引起反响，从而采取新的限制措施。告密成风，动辄上千。三个月中已对我进行了两次调查。可是与痛苦和压迫相比，这点个人安危又算得了什么。大学可能要关闭，现在暂时还仅限于业已付诸实施的下列措施：提高学生的学费，减少法定的学生数，根据这条法律，任何一所

① 赫尔岑在一八四七年八月三日从巴黎寄给奥加略夫的信中，对莫斯科的朋友们不给他写信表示不满，并指责他们对他冷漠和不关心。

② 赫尔岑的《马利尼街来信》，刊载在《现代人》杂志一八四七年第十与第十一期上。

③ 较准确的日期应为一八四七年九月初。

④ 原信上写的是科舍廖夫（1806—1883），俄国政论家和社会活动家。

俄国大学的自费生都不得超过三百名。大学招生必须暂停两年。我校可能要等到一八五二年才能招生,因为莫斯科大学现有学生一千四百名,因此必须等到一千二百人毕业以后才有权招收一百名新生。甚至那些完全不懂教育的人也大声疾呼,反对采取这样的措施,因为它剥夺了他们孩子的受教育权,使他们在若干年内拿不到大学文凭。贵族学院已被关闭,其余的学校也受到同样命运的威胁,比如皇村学堂和法律学校,大学恐怕也坚持不下去了。专制制度大声宣布,它是不能与教育和睦共处的。它已为武备学堂制定了新的教学大纲。耶稣会士也将羡慕这个军事教育家,这个新教育大纲的制定者。它规定神父必须向武备学堂的学生灌输,基督的伟大主要就在于服从当局。他是服从的模范,遵守纪律的模范。历史教员应揭露古代世界金玉其外的美德,展示历史学家都搞不懂的罗马帝国的伟大,它的唯一缺点是缺乏遗传性。甚至舞蹈教师也被规定要进行道德宣传。与此同时,在彼得堡却一下子发现了三个秘密团体,其中就有许多武备学堂毕业的军官。至于文学界,那就更不用说了。

不少事叫人气得发疯。幸亏别林斯基死得早,死得及时。许多正派人都陷入了绝望,佯作镇静地望着所发生的一切。这个世界什么时候才会坍塌呢!我已拿定主意决不主动辞职,我要待在自己的岗位上静候命运的安排。一个高尚的人还是可以有所作为的,让他们自己来把我撵走吧……

你不明白我为什么写到钱的事,这并不是具体地谈某个人,而是谈我们大家,谈还能做点什么的可能性。我们大家都处在千钧一发的危险中,每个人都面临或者被辞退,或者到维亚特卡去,也可能到更远的地方去的命运。杂志在苟延残喘。必须给读者提供书籍,给他们好书;这些书应当是比较容易通过审查的,我们这里读书的人很多,此外就无事可做了——可是给他们读什么呢?对这一切 eventualites〔法语:可能办到的事〕,都必须有一笔我们能够动用的资金,而且随时做好准备,有备无患,这既是我们大家的事,又是我们个人的事……这笔资金是不会弄丢的,因为它由我们大家作保,并由它的使用方式做保证。现在可以把它存在银行里,如果谁有什么要紧事,就可以立刻取出来给他,这样也就有了出书的钱。此外,弗罗洛夫①和我还打算写一部通史。

戈洛赫瓦斯托夫看到事态的发展,由于害怕,提出辞职,没人敢接替他的职务。以后怎样,不知道。斯特罗戈〔加〕诺夫已经完全失宠。对他们来说,这些人都是自由派,连戈洛赫瓦斯夫也一样。彼得堡大概会首先受到惩罚。农奴解放问题已被弃置一边;已经采取了措施,来对付工厂工人,对他们实行严格的监视。可以听到低沉的怨声载道,但是能够与之对抗的力量又在哪里呢?难受啊,赫尔岑;而活人简直没有出路!

季·格

一八四九年②于莫斯科

三

昨天有人给我们送来了关于伊-帕·加拉霍夫③的死讯。又少了一个高尚的人。近来,莫斯科又传说你死了。当有人告诉我这事的时候,我真想由衷地哈哈大笑。竟有这样荒唐的事,不过,话又说回来,你为什么就不能死呢?要知道,这并不比其他的事更混账。不过你现在还活着,这就很好。总算有个人我可以带着爱来思念思念。风传你已经死了,诱因是因为你写给叶〔戈尔〕·伊〔凡诺维奇〕④的信,你在信中谈到伊·屠得了霍乱病⑤,他们把你

① 弗罗洛夫(1828—1867):俄国文学家,《祖国纪事》的撰稿人。

② 较准确的日期应为一八四九年六月。

③ 加拉霍夫(1809—1849):赫尔岑的朋友,为四十年代赫尔岑-奥加略夫小组的成员。

④ 即赫尔岑的哥哥。

⑤ 伊·屠指屠格涅夫。屠格涅夫得了霍乱病的事,是赫尔岑在一八四九年六月十日的信中告诉奥加略夫的。

们俩弄混了。加拉霍夫临死前给你写了很多信,你能不能设法把最有趣的信带几封给弗罗洛夫呢?他请你费心了。

紧握你们两位的手,拥抱你们的孩子。我不想再教他们历史了,不值得。让他们知道这是一件愚蠢的、毫无用处的东西,也就够了。夏天过得很好,我为冬天选定了许多工作。我要少想问题,少动脑筋①,我身体很健康,但心灵恐怕就很难说什么时候恢复健康了。再一次紧握你们的手。

你们的格拉诺夫斯基

一八四九年②于离莫斯科二十俄里的伊利英村

四

我的朋友们,我想利用这机会,匆匆地给你们说几句话。有一位好心的德国人愿意替我捎信给你们。他再过几小时就要动身了。

除了梅〔利古诺夫〕告诉我们的一星半点消息以外,我们对你们的情况几乎一无所知,你们从西班牙回来了吗?今年你们打算住哪里呢?……

……如果你在这里的朋友可以去 en palerinage〔法语:拜访〕你的话,他们一定会去的,并且会给你带去许多你不认识的人。不仅是我们这些与你亲近的人,对你留下了充满爱的回忆。我不得不把你留在我这里的所有照片(除了一张巴黎的以外)都送给了各种各样的年轻人。也有一些坏蛋在骂你,但是他们都是些不用脑子和心地卑劣的人。

你的书在我们这里也有卖了③。我高兴而又苦涩地拜读了大作,你有多么大的才华啊,可是你却不得不离我们而去,而且不得

① 原文为德语(grübeln)。

② 比较准确的日期是一八四九年七月。

③ 赫尔岑的《来自彼岸》和《法意书简》于一八五〇年第一次以德文版出版。

不说外国话，对于俄国是多么可怕的损失啊，但是，另一方面，我又不能同意你对历史和对人的某些观点。也许，你可以为海瑙①和 tutti quanti〔意语：所有其他人〕开脱罪责。对于你在自己的文章中展示的这样的人，对于这种贫乏和毫无成果的发展，是不需要伟大和高尚的活动家的。任何政府都可以采用你的观点来惩办革命者，因为他们发动枉然的、毫无用处的骚乱。你至今所写的一切，都非常聪明，但是他们又流露出某种倦怠，与活的事件和运动相脱离。你孤独地站着。我毫不夸大地说，你是一个了不起的作家，你有条件成为一个伟大的作家，但是，在你的才华中，曾经在俄国活跃过，足以引起大家赞同的东西，在异国的土地上却似乎消失了。你现在是为少数人写作，是为那些能够理解你的思想，并不会因为它而感到屈辱的少数人写作的。——很快，我的几个熟人要去国外，他们会给你捎去一封长信②，信中我会比较详细地说到我们大家，也许还会谈谈你的两本书③。

我曾经有可能去参观伦敦博览会，但是这种可能性只是一晃而过。

我们的人都向你们问好。丽莎病得很重，紧握你们二位的手。

你们的季·格

于一八五一年春④

五

当我们最后一次听到你的生动的谈话至今，又过去了几年。写回信是不可能的。在这里，你的所有朋友的头上都曾笼罩着乌

---

① 海瑙（1786—1853）：奥地利元帅，曾残酷镇压匈牙利革命和意大利民族解放运动。

② 一八五一年底，格拉诺夫斯基给我写了一封长信；这封信在巴黎交给了我母亲，并于十一月十六日与她一起遇难。——作者原注

③ 即前面提到的赫尔岑的《来自彼岸》与《法意书简》。

④ 较准确的日期应为一八五一年五六月间。

云，而这乌云才刚刚散开一点。但是，展望未来，足以告慰人的东西仍旧很少，虽然生活状况略有好转。

你的某些著作，很困难，也很秘密地传到了我们这里。你的朋友们满怀着爱和忧伤，如饥似渴地读了它们。书中散发着我们过去的、共同的青年时代和我们未能实现的希望的气息。我们曾经有过很多抱负——可是命运又让我们忍受了什么呢？这里的人最不喜欢的是《尤里节》。你干吗要向彼得扔石头呢①，他根本不应受到你的谴责，因为你引用的事实不准确。我们活得越久，彼得的形象就会在我们眼前越高大，你脱离了俄国，跟它疏远了，因此，他的形象你不可能感到很亲切，很理解；你看到西方的罪恶，因此你就倾向于斯拉夫派，准备向他们伸出手来②。如果你在这里住一阵，你要说的话就不同了。必须在自己的心中多一些信仰和爱，你才可能对斯拉夫民族中这个最强有力和最坚强的民族的未来保持希望。我们的水兵和步兵在克里米亚慷慨捐躯；可是谁都不知道在这里应该怎么生活。

关于你的著作还有一个意见。如果你想影响我们的观点，那就不要发表像索科洛夫斯基之歌③那样的东西。它使许多人感到受了侮辱，否则的话，他们也许会对这本书感到满意，并同意书中的观点的。总之，请多注意自己的读者，对不准确的事实要倍加小心，因为你常犯举证不确的错误。

但是我们公事谈够了，现在来谈谈私事吧。什么时候能与足下见面，兄弟般地紧握你的手这一希望，又在我们的心中苏醒了。也许，一年以后。自从我们分手那天起，世事变幻，有多少不幸，多

---

① 格拉诺夫斯基弄错了：赫尔岑写到彼得一世不是在《尤里节》这本小册子里，而是在同年（1853年）出版的另一本小册子《受过洗礼的私有财产》（指农奴）。

② 原信手稿上写的是：“……准备向霍米亚科夫和阿克萨科夫伸出手来。”

③ 指《监狱与流放》。——作者原注

“索科洛夫斯基之歌”指索科洛夫斯基写的歌《俄国皇帝晏驾……》，曾在一八五四年伦敦出版的《监狱与流放》的单行本中被引用。

少损失啊……

……跟你说什么呢？在你的朋友圈里仍旧保留着对你的新鲜记忆，当时机到来，现在分散的我们重又聚首时，我们之间，你的名字将是被最多提到的一个。我们能在哪里见到你呢？……但愿不要在这里！

你的格

于一八五四年①

彼得·雅科夫列维奇·恰达叶夫的信

听说，您还记得我，并且爱我②。谢谢您。我也常常想起您，无论在内心里还是在理智上，我都感到惋惜，世界形势的变化把我们俩分开了，也许，还永远不会再见面了。如果您能与欧洲的某个民族亲密无间，并习惯于用他们的语言来说出您心里想说的一切，那就太好了。我以为最好是您能够掌握法语。此外，做到这点相当容易，在阅读好的范本的时候，用任何其他语言来说明当代事物，都没有像法语那样流畅和称心如意。然而遗憾的是您与母语分手了，而您的母语又说得那么生动，那么好。不管怎么说吧，我相信，您不会无所事事，闭上嘴，混日子的，而这是主要的事。一个俄国人，生在当代，却不如科托希欣，那是可耻的。

谢谢您在书中对我的溢美之词。说不定，关于这同一个人，您又要补充说几句话了，当然，老生常谈您不会说，可是却会说出大家共同的想、法：这个人似乎注定要成为一个榜样，但不是人们奋起反抗的受压迫的榜样，——而是他们委曲求全、逆来忍受的榜样，如果我没有弄错的话，仅此一端，它就比前者的危害更大。N'

---

① 比较准确的日期应是一八五五年五月底到六月初。

② 指赫尔岑在《论俄国革命思想的发展》一文中提到了恰达叶夫，并给予他正确的评价。

allez pas prendre cela pour un lieu com-mun〔法语：请不要把这当做老生常谈〕。也许，我说话欠妥。

我可能不久于人世，不能亲见人类事业的发展了；但是我真心诚意地信仰死后的世界，我坚信，我从那里也可以爱您，就像我现在爱您一样，我也将像现在一样满怀着爱看您。再见。

一八五一年七月二十日于莫斯科

选自彼·约·蒲鲁东的信①

一

您遭到不幸的消息，也传到了我们这里②，闻讯，我们深感悲痛。我们的所有朋友都让我代表他们向您表示真挚的同情，热烈的关切和对您的始终不渝的爱。

由此可见，我们作为有思想的人，要为我们的观点承受痛苦，同时作为一个人，一个公民，也要忍受良心的痛苦……这还不够，还必须看到，不幸在一个接一个地跟踪我们，使我们作为儿子，作为父亲的爱，受到摧残……祸，另一方面是福，它们都一样，是彼此连结在一起的，再走近些，你就会看到，它们的联系是明显的，再仔细观察一下，那同样的压迫，那把我们关进监狱，送去流放的同样的压迫，另一方面，也使我们备受饥饿和疾病之苦。

二十年前，我的哥哥，一个年轻的士兵，自杀了；队长是个贼，他不想与他沆瀣一气，为虎作伥，他就给他穿小鞋，终于将他逼得自杀

---

① 选自蒲鲁东的头两封信，一封写于一八四九年八月二十三日，另一封写于一八四九年九月十五日，寄自孔斯斯耶尔日里监狱，它的总的内容已收入《往事与随想》的正文。——作者原注

参见《往事与随想》第五卷第四十一章。

② 指一八五一年十一月十六日轮船沉没的消息。——作者原注

了。我的父母早死，他们的生活充满了痛苦，他们为生活所迫，被弄得十分衰老，筋疲力尽，备受税吏、法院和所谓当局的欺压。

一个农民，儿子被抓去当兵，苛捐杂税等使他的家业濒临破产，他生活在水深火热之中，没有出路，而您则注定要到处漂泊，从一个国家漂泊到另一个国家，颠沛流离，什么事情都可能发生，终于使一部分人葬身海底，——这农民与您又有什么区别呢？

我出生在一个农民家庭，我很清楚，我们家有多少口人（包括父亲那方面和母亲那方面的亲人），家破人亡，陷于绝望之中，一辈子受到所有这些新老奴隶制度的剥削和压迫。请相信，这些痛定思痛、隐隐约约的回忆，当我投入斗争的时候，都曾发生过大的作用。您遭到的不幸触痛我的创伤，而且比任何时候都痛，这样的安慰虽然徒增伤感和毫无价值，但是这新的仇恨（grief〔法语：损害〕），在我受苦受难的全记录中是忘不掉的。

让我们更紧密地站在一起，更好地度过这些苦难，与我们的敌人作斗争，用我们的努力，用我们的言词，扩大与加强愤怒的一代，对于他们，我们单凭爱和家庭生活是不能有所作为的。

我也是做父亲的人，很快我又要当第二个孩子的父亲了。我妻子用自己的乳汁喂养孩子，在我眼前把他抚养大。我知道，父爱是怎样一种难以割舍的感情，而且这种感情每分钟都在增长，它受到我们内心情愫不断的、周而复始的培育。经过两年，我感到，把我们与这些小家伙铆接在一起的锁链，开始变得十分牢固，不可分割，这小家伙似乎把我们生命的开始和终结，生命的原因和目的，都凝聚于一身。由此您可以理解，您的不幸在我心头引起了什么反应。

我还没有来得及为我们的巴枯宁痛哭完①，就突然传来这轮船沉没的消息。我怎么也没有料到，前几天给夏·埃②写信时还

① 关于巴枯宁死于施吕瑟尔堡监狱的谣言，当时传遍了整个欧洲。——作者原注
② 即夏尔·埃德蒙（波兰文学家和政论家霍耶茨基的笔名）。

写到了你，还用我一贯的讽刺开了几句玩笑。今天噩耗传来，使我悲痛万分；噢，多少血泪啊，单凭这些血泪，我就有权同压迫我们的势力算账……可是我们流的血和泪那么多，我都绝望了，我生前都算不清这笔账了，只能像赞美诗的作者那样，一再奔走呼号：Beatus qui retribuit tibi retributionem tuam，quamretribuisti nobis！〔拉丁语：谁能像你给予我们的那样，给你所应分得的，这人有福了！〕

是的，赫尔岑，巴枯宁，我爱你们，你们在这里，在我这个许多人认为心如铁石的人的胸膛里。在俄国人，在哥萨克（请恕冒昧）（?!）那里，我找到了更多的良心、决心和毅力。而我们这些退化的爱夸夸其谈的人（tapageurs）今天在强权面前低三下四，一旦身居高位，明天就会成为残暴地压迫他人的人。

然而一切都在分崩离析。逐渐沉淀，一切都在发抖和准备战斗，巨浪高高地升起，眼看就要淹没反动势力的最后一些避难所。在农村，在田野，到处都出现可怕的复仇，看不见的敌人在焚烧谷仓，在森林中砍伐树木，乱捕野物，有时他们还会在步兵的刺刀和骑兵的马刀下逞凶肆虐，实行这种威胁。

噢，我的朋友们！赶快哀悼你们个人的不幸吧，时间正在到来，如果促使和解的理性的最后条件不是把它取消，它不能把平静带到人间的话，它一旦到来，你们将会见到这样的情景，它会使你们的心肠硬如铁石，你们也将变得对自己身受的灾难毫无感觉！①握您的手。

彼·约·蒲鲁东

一八五一年十一月二十七日于 S-te Pelagie〔法语：圣佩拉吉〕②

就在我打算给我的信打上封印的时候，米什莱来拜访我。他

① 一八五一年十二月二十六日，赫尔岑在波拿巴政变后写给蒲鲁东的回信中，引用了这句话，并称这些话是带有预见性的话。

② 巴黎的一所监狱名。蒲鲁东因著文抨击波拿巴总统，于一八四九年被判三年监禁。

已经知道您遭受的不幸，于是我们又一道悲伤了一会儿。我跟他谈了许多关于俄罗斯，关于波兰，关于耶稣会士，关于革命和关于您的小册子的事①。一切有良心的人都能够互相理解，从欧洲的这一头到那一头……但是要提防那些特殊的小团体（conciliabules〔法语：阴谋集团〕）和假预言家……——又及。

二

十四日期惠示，直到十八日才转交给我，那时我正忙得不可开交。要早点给您回信是不可能的。

利用这个不大的空闲，衷心地谢谢您，因为您在着手编您的《俄国评论》②时没有忘记我。我认为，我们的观点是相似的；我们环环相扣地联系在一起，我们有共同的希望和相同的憧憬。在欧洲，从南到北，从东到西，同样的思想就像闪电一样照耀着一切自由的心灵。我们不需要交谈，也不需要通信，我们要什么和不要什么也都相同，——我们彼此是同志。现在我不能给您写文章，但今天不能，明天就能呢，无论怎样，无论我活着还是死了，我都想成为《俄国之星》③的荣誉（bonoraires）编者之一④。

我们的处境非常好困难！您现在关注的还是政府，而我则相反，我关注的是被统治者。我们在抨击压迫者的专制独裁以前，是不是应当先抨击一下解放者的专制独裁呢？您看见过什么比人民的代言人更倾向于实行暴政的吗？您是不是觉得受难者的偏执和不容异见，有时候与迫害他们的人的疯狂同样讨厌吗？专制独裁

---

① *La Russie et le socialism*, Lettre à J. Michelet.〔法语：《俄国和社会主义》，给米什莱的信〕——作者原注

② 指赫尔岑的《北极星》丛刊。

③ 指由赫尔岑主编的《北极星》丛刊。

④ 赫尔岑在一八五五年七月（二十五至三十一）日给蒲鲁东的复信中，再次坚持让蒲鲁东为《北极星》撰稿，但是蒲鲁东还是没有写。本信的这一片段曾发表在《北极星》第一辑上。——作者原注

之所以难以根除，正是因为它依靠的是自己的对立面，我应该说是自己的竞争者的内在感情，因此真正热爱自由的著作者，革命的真正朋友，常常不知道，他们的打击应该指向何方，指向一大帮压迫者呢，还是指向被压迫者的不正当的举措。

比如说，您是否相信，俄国的专制政体是仅靠暴力和皇朝的阴谋诡计才得以维持的？……您瞧，它在俄罗斯民族的心灵深处是不是有一种深藏不露的基础，秘密的根源？① 您是我认识的人中最坦率的一个，我倒要请问，当您看到这样或那样地为欧洲的民主制度所承认，并被他们推举为自己领袖的人在弄虚作假，装腔作势，搞马基雅弗利主义的时候，难道您就不感到愤怒，不感到绝望吗？您会说，不要在敌人面前搞分裂嘛；但是，亲爱的赫尔岑，对自由来说，什么更可怕呢——分裂还是叛变？

我在西方看到的情况，使我有权假定，在我所不知道的东方将会发生什么；无论在什么子午线上，所有的人都一样。我观察了四年，紧接在毁灭性的事例之后，疯狂的专制独裁就会抓住所有人的心；群众昨天还被大权独揽，几乎被敬若神明，今天，对群众的蔑视却成了普遍观念；昨天还视自由为座右铭的人，今天却对自由破口大骂；从社会主义革命诞生之日起便对它顶礼膜拜的伪君子们，现在却对它大肆嘲讽，将它送给死神。最后，您可知道，昨天的战败者，想在谁身上发泄自己失败的怨愤呢？——向暴政向特权，向迷信？——不，向人民（la plèbe），向哲学，向革命……

Speramini，populе meus！〔拉丁语：希望吧，我的人民！〕我们与他

① 这封信中的许多观点，例如蒲鲁东所说俄国专制政体的民族根源，沙皇的进步作用，对俄国特殊性的夸大说法，隐含着一种倾向，使俄罗斯脱离欧洲总的革命运动——这都是赫尔岑完全不能接受的。但在赫尔岑在一八五五年七月（二十五至三十一）日给蒲鲁东的复信中，并没有与他进行论战，而是简要地说明了自己的观点。赫尔岑回信的态度是友好的，充满了对蒲鲁东的同情和尊敬，但是也证明他们在登岸许多问题的看法上存在着尖锐的分歧，因此《北极星》没有全文发表蒲鲁东的信，而只发表了其中的片段。

们能有怎样的交往呢？让我们像贝特朗·杜·盖斯克林和奥利维埃·德，克利松一样结成联盟①，为了自由，quand meme〔**法语：甘冒天下之大不韪**〕，起而反对一切活人与死人。我们将支持解放事业，而不管它来自何方，也不管它以什么方式出现，我们将无情地反对成见，哪怕这些成见是我们在我们的同志和弟兄们那里遇到的也罢。如果报纸上讲的是真话，那么亚历山大二世正准备把波兰的一部分权利归还波兰②，他似乎在执行您的纲领，亲爱的赫尔岑，而且这是在西方联合起来为了土耳其而反对他，反对革命的时候。应当把棕榈枝给谁呢？给予高高站在自由的讲台上、公然轻蔑地谈到匈牙利和波兰的英国贵族呢，还是给予在开始复兴波兰的俄国沙皇呢？给予诅咒波兰起义的在位的罗马教皇呢，还是给予号召波兰复兴的异端的俄国沙皇呢？

仿佛从东方，从这个野蛮的东方又升起了自由，从这个奴隶之国，游牧的野蛮人之国向我们发射出了它的精神生活之光，而这生活正是在西方被小市民的利己主义和雅各宾派的荒谬行为所扼杀了的：而它发射到我们身上来的时候，正是粗暴的唯物主义比瘟疫和霰弹更凶恶地吞噬我们的时候；我们不幸的军队和俄国人民却在人民性和宗教这些崇高感情的吸引下，在对野蛮行为的憎恨，也许还在由沙皇许诺的自由的吸引下，投身于战斗。

历史充满了这些矛盾。

我们那些临危不惧、视死如归的士兵们，他们会给我们带来高尚感情和广阔意念的影响吗？不知道。纪律的作用已把他们与西方割断，军营的精神与可怜的幻想建功立业的热情，充满了他们的

---

① 杜·盖斯克林（约1320—1380），法国统帅，曾与英军作战，他利用布列塔尼统帅与克利松不和，遂与后者联合，打败英军。克利松系布列塔尼贵族，因与布列塔尼军事领袖约翰四世不和，遂倒戈投向法王查理五世，并与杜·盖斯克林联合作战，反对英军。

② 当时的谣言。——作者原注

头脑——也许，他们回来的时候会像走的时候那样，仍是教皇和皇帝的士兵，——罗马的教皇和十二月二日①的法兰西皇帝。

但是“炮灰”未能完成的事，将由作家的笔来完成。从黑河、第聂伯河、维斯拉河两岸——关于争取自由的思想将来羞辱从前的革命之乡，它将会唤起七月十四日、八月十日、五月三十一日、一八三〇年和一八四八年的回忆②。那时候全世界就将知道，那个在克里米亚无往而不胜的法兰西（这个假定，为了我的空虚的同胞们，我不得不做），还能不能执掌教育与进步的人权。

再见，亲爱的朋友。请多加保重，洁身自好，不要卷入我们的纠纷，这是我对您的唯一要求，但愿这能成为您成功的保证。

彼·约·蒲鲁东

一八五五年七月二十三日于巴黎

Rue d'Enfer，83〔法语：戴弗路83号〕

托马斯·卡莱尔的信

Dear Sir〔英语：亲爱的先生〕，

足下关于俄国革命基本问题的演讲稿③，业已拜读；其中有许多豪迈的精神和强有力的才华，尤其令人惊叹的是它那悲壮的语调，这是每个读者不能不看到和不能等闲视之的，不管这位读者对您的纲领持什么观点，以及他怎么看您对俄国和全世界的预言。

至于鄙人，不瞒您说，我从来不认为，现在（如果这是可能的话）则比从前更少认为，我寄希望于普选，以及它的各种变种。如

① 指一八五二年十二月二日路易·波拿巴发动政变，自立为皇的日子。

② 这都是发生在巴黎的人民起义的日子，标志着法国资产阶级革命的各个阶段：一七八九年七月十四日——攻陷巴士底狱，标志着革命的开始；一七九二年八月十日——推翻君主制度；一七九三年五月三十一日——确立雅各宾专政；一八三〇年——七月革命；一八四八年——二月革命。

③ 一八五五年二月二十六日在圣马丁会堂宣读。——作者原注

果说它能带来什么好的结果,那也只是某些不治之症中出现的炎症。比起纯粹的无政府状态(不幸,我就是这么认为的,它是由议会上的花言巧语、出版自由和计算票数发展起来的),我倒更倾向于沙皇制度,或者甚至于是大土耳其主义(grand turkism)。“Ach, mein lieber Sultzer, er kennt nicht diese verdam-mte Rasse.”〔德语:“啊,我亲爱的苏尔泽,他不知道这个该死的民族。”〕有一回,腓特烈二世说,而在这点上,他说出了可悲的真理。在您的幅员辽阔的祖国,我一贯尊重它,把它看成是上天生下来的一个大孩子,一个猜不透、摸不透的大孩子,它的内在意义还无人知晓,但是在当代,它显然还实现不了;贵国具有一种堪称翘楚的天赋,正是这一天赋给了它强大的力量,使它远远超过其他国家,——这天赋是所有民族,所有的人都必须具备的,并且是在他们担心受到惩罚的情况下无情地要求他们必须具备的,——这便是服从的天赋,这一天赋在其他地方已经不再时兴了,尤其是现在。我毫不怀疑,缺少这种天赋,迟早要受到报复,而且毫厘不爽,带来可怕的完蛋。这就是我对这些革命时代的阴暗信念。尽管我们的见解不同,如果您进城时能顺道来访,我将不胜欢迎之至;我也希望在外出游玩时能拐到您的乔姆利大院,跟您天南地北地促膝闲谈。

怀着真诚的尊敬之情祝您万事如意……

托·卡莱尔①

一八五五年四月十三日子切尔西恰纳路五号

---

① 下面是我给托马斯·卡莱尔写的复信:

因为您在尊函中触及到我所关切的问题,请允许我对您说几句话。

我从来不是普选的热烈拥护者。它就像任何形式一样,并不是与必须的内容联系在一起的,它可以是好,也可以是坏,它产生的结果可以是好的,也可以是荒唐的。社会主义超过算学上的加减法´不在于票数的多寡,票数只能说明法律上的数字优势。社会主义竭力揭示创建最自然的社会制度的规律,并且竭力使之符合当前的历史条件。(转下页)

(接上页)“无政府状态”,“服从的天赋”——这一切都很模糊,需要有更大的确定性。如果无政府状态指没有秩序,恣意妄为,破坏相互制约,破坏理性,那社会主义比之君主制更是当仁不让,必须与它作斗争……

在与我们的良心相一致的情况下,服从这一天赋是美德。但是斗争的天赋却要求我们不做不服从违背我们良心的事,——这也是美德!

大自然在我们看来乃是一个最大的、和谐的无政府状态,正因为如此,在自然界,一切都处在有序的状态中自行运转。不用说,在这个意义上的所谓无政府状态,并不意味着 tohu-bohu〔法语:无序〕,胡来,乱来,无所不用其极。承认思想上的无政府状态,并不是说思想可以随心所欲,违背逻辑,但是问题在于,当二二得四的时候并不是出于服从。宗教却完全相反,它像君主制一样,不仅要求理解的天赋,而且要求听从和信仰的天赋。

没有斗争和对抗的天赋,世界就会还站在日本的观点上,既没有历史,也没有发展……

“一切权柄都来自上帝。”使徒保罗说,可他自己却是罗马的一名反叛的公民,曾经亵渎过女神——以弗所的狄安娜,踯躅于 Via Appia〔意语:阿皮阿大道〕上的蛊惑家和公产论者(partageux),后来他被罗马皇帝处死,正因为他认为他的服从天赋没有得到足够的发展。

您是一个思想家,您应当原谅我,因为我坚持自己的观点而反对您的看法,尽管我知道得很清楚,我的力量比较弱。

只要我到伦敦来,我一定会带着我的敬意来拜望卡莱尔夫人,我也很欢迎在我的里士满的蛮荒之地能够见到您,以便 viva voce〔拉丁语:在个人的谈心中〕继续我们的争论。

一八五五年四月十三日于里士满乔姆林大院

附　录

巴金　译、撰

巴金译后记

赫尔岑日记摘录(四则)

一　一八六三年二月二日

近来我很少想到在这本书里记下什么——新的痛苦,不幸,烦忧。这本书可以叫做悲叹之书吧。

波兰的起义,俄国军官的命运,我遇到的病痛、争执、误会——还有分离,我又想起了那句老话:“一个人受苦的能力会大得无限,享乐的能力却小得可怜!”

幸福、和谐——这一切全飞走了,不过一瞬便逝,难得留一点儿痕迹,——而悲伤、病痛、等待灾难来临——这一切却继续下去,一直继续下去,而且割得更深,像犁一样,还留下不少深沟。

二　一八六三年九月二十四日,在热那亚,费得尔旅馆

Cari luoghi io vi ritrovi〔意语:亲爱的地方我又要见到你们了。〕——我经过我在一八四七年走过的那条路到了意大利。然后在一个非常好的秋天的日子,我从埃斯特勒山下来到戛纳,再到尼斯。一八五一年,我得到我母亲、我儿子和斯皮曼遇难的消息二十四小时以后到叶耳去,又经过这里。这已经是十二年前的事情了。我很想再看一次这些地方,然而我害怕又置身在那同样的环境里面。不容易衰老的自然界还是从

前那样,可是人改变了。第一次我到这里的时候,我正在追求背景光辉灿烂的丰富的生活。

阿尔卑斯山在我们前面,我们头上没有一片阴云,我身心愉快,充满勇气,奔向前程。

第二次我挑着悲痛的担子。在我前面是遭难船,在我后面是我的遭难的生活。

现在我到我的孩子们那里去,为着我个人我没有别的指望,只求:脑子得到休息,无忧无虑,让我有一个和谐与安静的环境,疲劳与衰老中的 noli me tangere〔拉丁语:安静〕。

我们在土伦与尼斯间离开了铁路,坐马车到叶耳去。十二年中间一切旧的痕迹都给擦掉了。我连从前住过的旅馆也找不到了。拿破仑①的那种"修建狂"连这里也没有放过。……那个时候我找不到尸首,找不到遗物,现在我找不到房屋,找不到地方。

再没有更彻底的损失了。

我们堂皇地进了尼斯。铁路还没有修好;我们坐在公共马车车顶上,天黑了,月亮升起来,好像是一个夏天的日子!靠近早晨的时候,吹起了西北风,带来一阵急雨,我们听见了海水的凄凉的私语。

那个声音一直使我不舒服,在十二年以后我第一次回来给她上坟,听到这样的声音,我觉得在这个时候它是最可恨的了。

然而这个墓地多么好!她的遗体并不落在地底下的黑暗里,却是高高地放在山上,……远远地横着阿尔卑斯山,下面就是海……一根断弦把整个曲子毁了……可是这样的一根弦——它割断了将一切系在一块儿的结,把网打开了。

我在墓地上跟自己生气,地很凉,石头也很凉……只有在这个时候我才了解,没有墓碑会产生怎样痛苦的印象。没有形式,没有标记,没有一行文字,没有一样实体的象征,事实上,人就什么也抓不住了。

---

① 指拿破仑三世,当时的法国皇帝。

意大利的雪檐①！我又在它旁边过去了。它看见我们怀着新生的希望，一八五一年从土伦同车回家。那些美丽的 Cari luoghi〔意语：亲爱的地方〕比墓地更鲜明地唤起了我的过去的回忆，她的光辉的形象在深蓝色海水和群山的背景上浮现出来——我带着这个形象睡着了，一下子所有过去的可怕的事情全忘记了。

在尼斯我又去看我们那两所住宅②。两所房屋都空着，我可以在那些屋子里穿来走去。宅子里面的一切都跟过去一样，……百叶窗关着，屋子里垫起了很厚的灰色尘土，而且使人感到气闷。看起来好像我们不过离开了几天似的。我望着这些看够了可怕事情的不会说话的见证，就想：我为什么召唤它们来做过去的见证呢？我很想离开它们逃走，走开，我虽然不怕证据，不怕控告——我却害怕回忆。

我在她死亡的那间屋子里拉开了百叶窗。我看到了熟悉的海、岸和教堂的景象……她曾经几次描绘过它们。床架还放在原处——垫子已经拿下来，堆在床前地板上，——丧事也许就发生在昨天。以前在我们家的厨子来了，修氏住宅的园丁也来了，我还遇见当时在我们家里的女仆。我在他们的脸上看到了真诚和好心的喜悦。他们在我们家里的时候我们遇到的两次灾难，把他们跟我更贴近地系在一起了。在他们对我的好意里含有同情和怜悯的成分。面貌没有大的改变，只是稍微老了一点儿。

是的，都是在这里发生过的事情！

三　一八六三年九月二十七日

在欧尼斯轮船上，Civita Vecchia〔意语：其威塔·维基亚〕③

我们停在一座要塞的围墙前面。……除了天空以外，一切都很丑

---

① 雪檐：冻结在岩石边缘的雪块。

② 两所住宅：指“修氏家”和“杜以斯家”，赫尔岑一家在尼斯这两所房屋里住了两年多（1850—1852）。

③ 罗马的轮船码头，美丽的港口。

陋,而且叫人看了不舒服。……法国兵在岸上踱来踱去——一个裸着全身的孩子游水到轮船跟前来,他坐在一只小船上,使我想起弗郎德南①画中的小孩。我不能够到教皇的岸上去,——我就待在甲板上。快到夜间我们驶进了拿波里;我到我的孩子们那里去,好像去过冬节一样。其实离我的除夕也不会久了。但愿那个不在了的人活在他们的身上,但愿他们年轻生命的花朵再一次围绕在我的身边。再到工作上去,再到那条每天变得更坚实的路上去,这条路我们一块儿走着②,就像我们三十年前在一八三三年出发的时候走过那样!亚门!

四　一八六八年十一月二十七日在苏黎世

两年……再两年……还是一样混乱……苏黎世……在这里开始了那个以五月二日的葬礼为结束的悲剧。在这里我写了最初那些充满疑惑、充满恐怖、充满隐藏的希望的信函。在这里他③住了好几年。

我望着这个城市就像尤利栖斯④望着他在上面洒了自己的血、留下自己给撕掉的肉的石岩。说起来奇怪,我喜欢见到这些染着血的石岩。我记起那种连续不断的痛苦——短时间的激情和一个孩子⑤的和平的面容,——在悲哀和紊乱中间他那无忧无虑的眼光,我怀着爱心望

---

① 弗郎德南:法国画家。——柏林版原本注

② 柏林版原本注:"跟奥加略夫一起。"奥加略夫是赫尔岑一生的好友。一八二五年十二月党人革命失败后,他们两个孩子站在莫斯科郊外麻雀山上庄严地宣誓,要继承十二月党人的革命事业。一八三三年他们在莫斯科大学毕业,继续参加进步青年的团体活动。一八三四年,奥加略夫和赫尔岑先后被捕。一八三八年他到赫尔岑的流放地弗拉基米尔,访问赫尔岑夫妇,住了一个短时期。一八四二年他到诺夫戈罗德去看赫尔岑。一八五六年他离开俄国,到伦敦以后又参加赫尔岑的刊物编辑工作。

③ 指黑尔威格。

④ 尤利栖斯:希腊人叫做阿突修斯,是古希腊传说中特洛伊战争里一个主要的希腊英雄。他留下妻子在家,自己去参加特洛伊战争,去了二十年才回到家里,看见妻子还在等他。他在回家的路上遇见荒岛上的一只眼睛的怪物波吕贝摩斯,同伴们给怪物先后撕裂支解吃掉了好几个,他设法和其他四个同伴逃了出来。

⑤ 指作者的遭难死去的八岁小儿子尼古拉(科利亚),他在苏黎世聋哑学校学习。

着花园，望着我平日同他一块儿在那里散步的林阴路。

为什么没有人猜到我心上还剩得有多少爱，在我身上耗费了多少、多少爱？连她[1]当时也忘了它，只有在后来才完全了解它。娜（达丽）呢，真可怜她永不会了解那一面了！

只有坚强的人才承认自己的错，只有坚强的人才谦虚，只有坚强的人才宽恕——而且的确只有坚强的人才大笑，不过他的笑声常常近似眼泪。

后记（一）

《往事与随想》是亚历山大·赫尔岑的回忆录。中译本将分五册陆续出版。现在先出第一册。第一册包含最初两卷，即《育儿室和大学》和《监狱与流放》。第二册尚在译述中，将收三、四两卷（《克利亚兹玛河上的弗拉基米尔》和《莫斯科、彼得堡和诺夫哥罗德》）。作者的俄罗斯生活的回忆到第四卷为止，一八四七年初他就远离祖国一去不返了。

回忆录的作者亚历山大·伊凡诺维奇·赫尔岑（1812—1870）是俄国革命民主主义者、政论家和作家。他的后半生是在国外，在西欧度过的。他在伦敦创办了"自由的俄语刊物"，成立了第一家"自由俄语印刷所"。他编印的《北极星》（丛刊，1855—1869）和《钟声》（报纸，1857—1867）在国内产生了很大的影响。他死在巴黎，葬在尼斯。他的著作，除了《往事与随想》外，还有《论自然研究的信》（1846）、《克鲁波夫医生》（中篇小说，1847）、《偷东西的喜鹊》（中篇小说，1848）、《谁之罪？》（长篇小说，1846—1847）、《法意书简》（1850）、《来自彼岸》（1850）、《俄国革命思想的发展》（1851）和《俄国的人民与社会主义》（1855）等书。《赫尔岑全集》共有三十卷。

① 她：大概是指娜达丽雅·奥加略娃（即土奇科娃）。

关于赫尔岑，列宁在一九一二年赫尔岑诞生一百周年纪念日，写了《纪念赫尔岑》这篇光辉的著作，对他作了全面的评价。列宁写道：

> 我们纪念赫尔岑时，清楚地看到先后在俄国革命中活动的三代人物、三个阶级。起初是贵族和地主，十二月党人和赫尔岑。这些革命者的圈子是狭小的。他们同人民的距离非常远。但是，他们的事业没有落空。十二月党人唤醒了赫尔岑。赫尔岑展开了革命鼓动。
>
> 响应、扩大、巩固和加强了这种革命鼓动的，是平民知识分子革命家，从车尔尼雪夫斯基到“民意党”的英雄。战士的圈子扩大了，他们同人民的联系密切起来了。赫尔岑称他们是“未来风暴中的年轻舵手”。但是，这还不是风暴本身。
>
> 风暴是群众自身的运动。无产阶级这个唯一彻底革命的阶级，起来领导群众了……无产阶级，一定会给自己开拓一条与全世界社会主义工人自由联合的道路，打死沙皇君主制度这个蟊贼，而赫尔岑就是通过向群众发表*自由的俄罗斯言论*，举起伟大的斗争旗帜来反对这个蟊贼的第一人。①

列宁称赫尔岑为“在俄国革命的准备上起了伟大作用的作家”。

《往事与随想》是赫尔岑花了十五年以上的辛勤劳动写成的极其重要的文艺作品。它是一部包含着日记、书信、散文、随笔、政论和杂感的长篇回忆录。它也是从十九世纪二十年代一直到巴黎公社前夕俄罗斯和西欧社会生活和革命斗争的艺术记录。还有人说，它“是时代的艺术性概括”。作者自己说这是“历史在偶然出现在它道路上的一个人身上的反映”。在本书中作者把他个人的生活事项和具有社会历史意义的一些现象有机地结合起来了。

《往事与随想》的内容非常丰富。在它的前四卷中展开了十九世

---

① 《列宁选集》，第二卷第四二二页，一九七二年，人民出版社。

纪上半叶俄罗斯政治、社会、文化生活的景象。在这样一幅宽广的历史画面上活动着各式各样的人,从高官显贵、各级官员、大小知识分子、各种艺术家到仆婢、农奴。作者善于用寥寥几笔勾出一个人物,更擅长用尖锐的讽刺揭露现实生活中的怪人怪事,从各方面来反映以镇压十二月党人起家的尼古拉一世统治的黑暗、恐怖的时代。他以坚定的信心和革命的热情说明沙皇君主制度和农奴制度是俄国人民的死敌,它们必然走向死亡。

作者在后面四卷(即《巴黎—意大利—巴黎。革命前后》、《英国》、《自由俄语印刷所与〈钟声〉》和《断片》)中描写了西欧资产阶级社会各种生活景象和各个阶层的人物。家庭日常生活、大规模的历史事件和鲜血淋淋的革命斗争……十分鲜明地出现在这样一幅巨大的历史画卷上。把一八四七年后的二十多年间的人物和事件连在一起的仍然是作者这一根线。每一行文字都流露出作者的爱憎。书中散发着淡淡的哀愁,有时也发出怀疑的嘲笑和悲观的叹息,但横贯全书的始终是作者对未来的坚强信心。

赫尔岑是出色的文体家。他善于表达他那极其鲜明的爱与憎的感情。他的语言是生动活泼、富于感情、有声有色的。他的文章能够打动人心。和他同时代的俄国诗人涅克拉索夫说:“它紧紧地抓住了人的灵魂。”

有一次俄国小说家屠格涅夫读完了《往事与随想》第五卷中叙述作者的家庭悲剧的那一部分手稿,他感动地说:“这一切全是用血和泪写成的:它像一团火似的燃烧着,也使别人燃烧……俄罗斯人中间只有他能够这样写作……”

《往事与随想》可以说是我的老师。我第一次读它是在一九二八年二月五日,那天我刚刚买到英国康·加尔纳特夫人(Mrs. C. Garnett)翻译的英文本。当时我的第一本小说《灭亡》还没有写成。我的经历虽然简单,但是我心里也有一团火,它也在燃烧。我有感情需要发泄,有爱憎需要倾吐。我也有血有泪,它们要通过纸笔化成一行、一段的文字。我不知不觉间受到了赫尔岑的影响。以后我几次翻译《往事与随想》的一些章节，都有这样一个意图：学习，学习作者怎样把感情化成文字。现在我翻译《往事与随想》全书，也不能说就没有这样的意图，我要学习到生命的最后一息。当然学习是多方面的，不过我至今还在学习作者如何遣词造句，用自己的感情打动别人的心，用自己对未来的坚定信心鼓舞读者。

我最初把书名译作《往事与深思》，曾经用这译名发表过三四万字的“选译”。现在我根据一位朋友的建议将“深思”改译为“随想”，这样可能更恰当些。我们翻看全书，作者在叙述往事的时候常常夹杂了一些感想，这些感想与其说是“深思”或者“沉思”，倒不如说是“杂感”。作者随时随处发表的这一类议论，就在当时看，也不见得都正确。作者学识渊博，但他的思想是有局限性，甚至也有错误的。赫尔岑是和马克思、恩格斯同时代的人。马克思和恩格斯在著作中几次直接或者间接地提到赫尔岑，指出他的一些错误观点。① 列宁也批判过赫尔岑“在民主主义和自由主义之间动摇不定”的立场。② 我并不向读者推荐这些“随想”，我颇想删去它们，但为了保持全书的完整，我还是把它们译出来了。我曾经对一位朋友讲过我想作一些删节，朋友不赞成，他说：“应当相信读者，读者不是小学生，他们是知道怎样取舍的。”

一九七四年九月我抄完《处女地》重译稿以后，便开始翻译《往事与随想》。到一九七七年四月第一、第二两卷的译稿就完成了。我翻译这部被称为“史诗”的巨著的时候，并没有想到出版的事，我只是把它当作我这一生最后的一件工作，而这工作又只能偷偷地完成，因为“四人帮”要使我“自行消亡”，他们放在上海的那条无恶不作的看家狗

---

① 例如，恩格斯说：“身为俄国地主的赫尔岑……把俄国农民描绘成为真正的社会主义体现者、天生的共产主义者，把他们同衰老腐朽的西欧的那些只得绞尽脑汁想出社会主义的工人对立起来。”（《马克思恩格斯选集》，第二卷第六二三页，一九七二年，人民出版社。）

② 列宁还说：“赫尔岑已经走到辩证唯物主义跟前，可是在历史唯物主义前面停住了。”（《列宁选集》，第二卷第四一七页，一九七二年，人民出版社。）

一直瞪着两眼向我狂吠。“四人帮”给粉碎以后，我在一九七七年五月发表的《一封信》里说：“我每天翻译几百字，我仿佛同赫尔岑一起在十九世纪俄罗斯的暗夜里行路，我像赫尔岑诅咒尼古拉一世的统治那样咒骂‘四人帮’的法西斯专政，我相信他们横行霸道的日子不会太久……”有人认为拿尼古拉一世的统治来比“四害”横行的日子并不妥当，因为封建已在我国绝迹。我不想替自己辩解。反正书在这里，请某些人自己看看书中有没有他们的画像。我特别请读者注意皇位继承人扔在窗台上的一颗桃核，这难道只是一百四十年前的笑话吗？

我的译文是根据苏联科学院出版的三十卷本《赫尔岑全集》第八卷（1956）和康·加尔纳特夫人的英译本第一册（1924）翻译的，主要是依靠英译本。书中的注释除了注明“作者原注”或者“英译者注”的以外，都是译者增加的。

我以前做翻译工作，都是一个人单干。去年五月《文汇报》发表了我的《一封信》以后，特别是在新华社发了我翻译赫尔岑回忆录的消息以后，不少的读者来信表示愿意给我帮助。福建师范大学的项星耀同志把他译好的四卷译稿全部寄来供我参考。① 我曾经请外国文学研究所的高莽同志根据原书替我校阅了第一册中的序文和第三、第六两章的大部分。今年北京大学的臧仲伦同志主动地替我校阅了第一册的全稿并且提出不少好的意见。最后，上海译文出版社的周朴之同志不仅校阅了我的全部译文，而且还做了技术性的工作。靠了这几位新、老朋友无私心的帮助，我才可以把这部十九世纪的名著照目前这个样子献给读者。我的译本还不能算是定稿，但是我相信，靠着大家的努力，这个译本一定可以修改得比较完善。这样的事只能发生在新中国，在今天的新社会！这是值得我们自豪的事情。我真诚地感谢给了我帮助的和来信给我以鼓励的一切见过面和未见面的朋友。

一九七八年九月十七日

---

① 辽宁新民县的刘文孝同志也寄给我他翻译的第二卷的译文。

后记(二)

今年四月出版社把《往事与随想》中译本第一册的校样送到我这里,过两天我就动身去北京,作赴法访问的准备。五月我在巴黎旅馆里两次会见赫尔岑的外曾孙,在巴斯德学院工作的诺艾尔·利斯特博士和他的夫人(五月二日和九日),第二次他还介绍我认识他的兄弟莱翁纳尔。

我重访巴黎的时候,脑子里并没有诺·利斯特这个人。可是他在报上看见我到达巴黎的消息,就主动地跟我联系,到旅馆来看我。他第一次看见我仿佛看见亲人一样。我也有一见如故的感觉。我们谈得很融洽,主要谈赫尔岑的事情。他送了我一些有关的资料和书籍,还送给我一九六八年在伦敦重印的《往事与随想》英译本新版改订本四大册。他又介绍《往事与随想》的法译者达丽雅·奥立维叶同我会见,并让她带来她的法译本前两册(一九七四——一九七六年在瑞士出版)。他知道我去尼斯扫赫尔岑墓,便打电话通知他的亲戚安·昂孚大夫在公墓等候我,要他向我说明赫尔岑夫妇葬在尼斯的一些情况。

在我返国的前一天中午,我有别的活动,刚刚走出旅馆,诺·利斯特先生在后面追了上来,交给我一封信和赫尔岑的彩色画像的照片。像是赫尔岑的大女儿娜达丽雅绘的,现在在他的家里。他特地为我把画像拍摄下来。信上还说,画像的黑白照片取到后就直接寄往上海,我可以在我的译本中采用。……

我和这位和善的老人分别不过三个星期,他的亲切的笑容还在我的眼前,我刚刚根据他给我的资料校改了《往事与随想》中译本第一册的校样,我每看完一章抬起头来,好像这位老人就在旁边偏着头对我微笑,甚至在凉风吹进窗来的深夜,我也感觉到他的微笑带给我的暖意。我感谢他的深情厚谊。我和他同样热爱的赫尔岑的著作、同样珍贵的赫尔岑的纪念把我们紧密地联结在一起,中法两国人民的友谊把我们紧密地联结在一起。

《往事与随想》中译本第一册出版了。这只是一件巨大工作的五分之一，要做完全部工作，还需要付出更辛勤的劳动。我有困难，但是我有决心，也有信心。敬爱的远方的朋友，您的微笑永远是对我的工作的鼓励。我常常想起您的帮助，我绝不放下我的笔。让我再一次紧紧地握着您的手。

一九七九年五月三十日

译后记

亚历山大·赫尔岑是十九世纪俄国革命民主主义者、思想家和作家(1812—1870)。我正在翻译他的主要著作《往事与随想》，这是他的回忆录，作者自己说它是“历史在偶然出现在它道路上的一个人身上的反映”。在这部书中作者把他个人的生活事项同具有社会历史意义的一些现象有机地结合起来了。本书内容很丰富。在前四卷中展开了十九世纪上半叶俄国政治、社会、文化生活的景象。在这样一幅宽广的历史画面上活动着各式各样的人物，从达官显贵、各级官员、大小知识分子、各种艺术家到听差、仆婢、农奴。作者善于用寥寥几笔勾出一个人物，更擅长用尖锐无情的讽刺揭露腐败的官僚机构和现实生活中的怪人怪事，从各方面来反映以镇压十二月党人起家的尼古拉一世统治的黑暗恐怖的时代。他以坚定的信心和革命的热情说明沙皇君主制度和农奴制度是俄国人民的死敌，它们必然走向灭亡。

本书第一卷《育儿室和大学》和第二卷《监狱与流放》已由我译出，编为《往事与随想》第一册，即将由上海译文出版社刊行。在这里发表的是本书第三卷《克利亚兹玛河上的弗拉基米尔》的前两章。

我的译文是根据苏联科学院出版的三十卷本《赫尔岑全集》第八卷(一九五六年)和康·加尔纳特夫人的英译本第二册翻译的，主要是依靠英译本。这次发表前，我又根据汉弗莱·希金斯修订过的英译本

(一九六八年伦敦版)第一册和达丽雅·奥立维叶翻译的法译本(一九七四年瑞士洛桑版)第一册校改了译文。译文中的注释除了注明"作者原注"者外,都是中译者增加的。

一九七九年九月十六日

关于《家庭的戏剧》

《家庭的戏剧》(*A Family Drama* 或*Семейная драма* 或*Рассказ о семейной драме*)是亚历山大·赫尔岑的回忆录《往事与随想》的一部分。伊凡·屠格涅夫生前见过这一部分的原稿,他后来对人说:"这是用血和泪写成的。"加内特(C. Garnett)的英文译本(六卷本)是根据一九二一年柏林版的俄文原本译出的。在这个唯一的"特许翻译"的英文译本中,《家庭的戏剧》是第五部的第三章,一共有四章。在一九四六年列宁格勒国家文艺出版社版《往事与随想》①中,这却是第五部的最后一部分,一共有八篇,还有一篇附录:《豪格》。两种本子在内容上并没有大的差异。英译本是以年代分章的,英译本的第一章就是列宁格勒版的第四十三章和四十四章,第二章就是第四十五章《心的迷乱》,第三章就是第四十六章、四十七章和四十八章,第四章就是第四十九章和附录。英译本中没有一八六三年写的《出发之前》和《到达以后》两小节文章(《追记》排在第四章的最后,但在第三篇篇末却刊出了内容跟那两小节差不多的四则日记作为"Addenda"(补充或追加)。一九四六年版俄文原本中没有这四则日记,只有编者的一个小注:"赫尔岑各年的日记中还有几节在内容上跟家庭戏剧的故事有关。如一八六三年九月二十四日的日记在内容上就跟故事的最后两小节相似(全集

① 在一九五六年莫斯科科学院出版社版《赫尔岑全集》(三十卷本)第十卷,《往事与随想》第五部中,《家庭的戏剧》的标题改作《关于家庭戏剧的故事》。但内容并没有大的变动。

第十六卷,第五〇二页以下);还有一八六八年十一月二十七日的日记——也是讲那件事情的(第二十一卷,第一五一页以下)。”

小注中提到的“最后两小节”是《出发之前》和《到达以后》。这里所谓“全集”指的是一九一九年到一九二五年在列宁格勒和莫斯科出版的米·康·列门克编辑的二十二卷本《赫尔岑全集》,其中第十三卷到第十五卷便是《往事与随想》。

前面提到的英译本的“特许翻译权”大概是从赫尔岑的大女儿娜达丽雅(即达达)那里得来的。娜达丽雅活了九十二岁,一九三六年死在瑞士罗散她的住宅内。英译本所根据的一九二一年柏林版俄文原本也应该是在她的许可下刊行的。这个本子和一九四六年版俄文原本在分章上的不同,以及在用字上的一些小的差异,似乎都可以归在“变文”里面。《家庭的戏剧》早在一八五八年就全部写好了(其中大部分是在一八五二年到一八五五年写成的)。但一八五九年在《北极星》上发表的却只有《海洋之夜》中叙述作者的母亲和幼子乘船遇难的一节。关于《家庭的戏剧》,作者不愿意在他生前发表一行文字。我们在一九〇五年圣彼得堡版《往事与随想》第五部(见七卷本《赫尔岑文集》第三卷)中看到的《海洋之夜》也只有三节,可是与乔治·黑尔威格有关的文字全删去了,这是作者自己删改的(既然有删节,因此也有一些改动。作者生前没有编好一个定本,“变文”的出现更是可能的了)。一九〇八年版波兰 A. 布吕克勒尔教授的《俄国文学史》(英译本)中有过这样的疑问:“难道作者的家属永远不让我们见到娜达丽雅的历史的这一部分吗?”

这个疑问终于得到了答复:娜达丽雅历史的这一部分在一九一九年由苏联国家出版局印出来了。接着柏林版的《往事与随想》俄文原本又在一九二一年出版,英文译本也在一九二四年到一九二七年中间出齐。到了这个时候,乔治·黑尔威格的儿子马塞尔·黑尔威格也不得不把他们家里保存的娜达丽雅写给黑尔威格的信拿出来,希望替他的亡故的父母辩护。他把这些信和其他许多有关的文件全部捐赠给伦敦不列颠博物馆了。

娜达丽雅写给黑尔威格的信大约有一百五十封。她不断地要求他烧毁这些信。她写过:“要是你不讨厌我,你就烧掉,烧掉我写给你的一切。”她也写过:“特别要烧掉这封信,我不愿意让别一个人的手挨到它。”可是黑尔威格始终不曾照她的意思做过。他把信慎重地藏起来,而且在娜达丽雅本人忘记写明日期的那些信上用铅笔记下收到的日期。一八七〇年八月二十七日赫尔岑逝世后七个月,曾经在赫尔岑家作过家庭教师的玛尔维达·冯·梅森堡[1]由作曲家瓦格纳尔介绍,写信给黑尔威格,代表赫尔岑家属,要求他退回娜达丽雅的信件,并且表示愿意交还他从前写给赫尔岑的信,作为交换条件。黑尔威格回信拒绝,他不愿意“放弃这个防御将来可能有的诽谤的好武器”。他还说:“无论如何,孩子们跟他们母亲的情书不相干。”

一九七九年

代　跋

树基[2]:

关于赫尔岑的回忆录,我本来有不少的话可说,可是已经没有太多的时间让我夸夸其谈了。好在我写过两篇后记,最近又找出几位友人的信,它们可以告诉读者一些事情。我自己也许没有想到我完成不了这部书的翻译,一九二八年我第一次读到回忆录的英译本,我充满信心要把这部巨著译出来。一九三六年我开始选译回忆录的片段,我还向鲁迅先生说过,我要全部翻译这部“大书”。一九四〇年我在上海翻译了《家庭的戏剧》;“文革”后期我开始翻译回忆录的第一卷,我把它当

① 玛·冯·梅森堡(1816—1903):德国女作家,赫尔岑女儿的教师,著有《一个理想主义者的回忆录》等书。

② 树基即王仰晨。

成我这一生最后的一件工作，我在散文《一封信》中也表示了做完这件工作的决心。你可以想到当我告诉项星耀同志我无法完成这件工作时我心里是多么难过！项星耀同志当时已经翻译了四卷，他把译稿送给我，支持我翻译出版。我很感激他，但我把他的译稿送还给他，让他继续翻译下去，现在他的译文已经全部出版，这是一件令人高兴的事，正如我在给他的信中说的："再高的黄金潮也冲不垮崇高的理想"。我谢谢他替我偿还了一笔欠了几十年的债。

我和臧仲伦同志的友谊同样是建立在赫尔岑回忆录的基础上的。仲伦同志在北大教书，没有见过我，他也是一位赫尔岑的爱好者，他知道我翻译赫尔岑回忆录就主动与我联系，他愿意替我的译文校对。他读过我译的《家庭的戏剧》，曾提出宝贵意见。他为我校阅了第一册的译稿，回忆录的书名《往事与沉思》，我便是根据他的建议改为《往事与随想》。从这里我得到启发，我为我晚年的主要著作《随想录》找到了名字。因为这些，我衷心感谢他。我记得，后来我因病住院，他还到华东医院探望过我，他为我不能译完全书感到惋惜。我希望他继续把赫尔岑介绍过来，中国读者需要这类的著作。

附录中还收了我给周朴之同志的信。他是《往事与随想》（第一册）的责任编辑。他抱病工作，为我的译文花费了很多精力。他早已离开了我们，最近重读我给他的信的复印件，想到一些事情，抑止不住思念之情。

我常说，我是一个充满矛盾的人，为什么我反复讲我要译完全书，因为我耽心自己完成不了这件工作。人说我很有毅力、很坚强，其实我很软弱，我写了许多文章，翻译过不少作品，这都是与自己斗争的结果。我也有失败的时候，那就失信于读者，欠下了还不清的债。除了这部书之外，还有妃格念尔的回忆录《俄罗斯的暗夜》、克鲁泡特金的《俄法狱中记》，前者只留下一章《我的幼年》，而后者译好的一章也已不知散失在哪里了。这十年来，我经常在回答朋友的书信中抱怨杂事的干扰，我也不断地与杂事斗争，我想抓住有限的时间，可是我的身体越来越虚弱，许多想做的事情都无法完成了。我没有精力校阅全部译文，这第二个“全集”能够出版，全靠你的支持和帮助，你了解我，我用不着在这里表示感谢了。

九五年十月十六日

致臧仲伦信

一　一九七八年三月二十五日

仲伦同志：

本月十九日我回到上海，才读到您月初的来信。谢谢您的信，也谢谢您那些意见。我回来后患感冒在家里休息，精神不好，一时也不能一一查对。我翻看了两三处，如“战斗”一共继续了四天四夜，“哥哥们”的血，都是照英译本译的。但有一处“创伤既然相同，伤口便长合得快”，一看就明白是我弄错了。不能怪英译者。我当时就感到不对，但自己也不理解这一句的原意，还是译错了。像这样的例子还不少。我接受您的意见，将来重译《家庭戏剧》时，一定参考您的意见修改译文。因此我希望您把您的全部意见寄给我看看。此外我还有一个请求，您愿意不愿意，有没有时间替我校一遍《往事与深思》的新译文。这部书的第一卷、第二卷我已译完，准备看一遍后送到出版社去。倘使您愿意校阅它，我就把底稿寄上。我翻译这部书，也感到吃力，是边译边学习，翻译也是为了学习，我写第一部小说时正在读这部书，从我的文笔上也看得出赫尔岑的影响。我还是要慢慢地译下去，译完它，也希望得到更多人的帮助。对您的意见我再一次表示感谢。祝

好！

巴金　廿五日

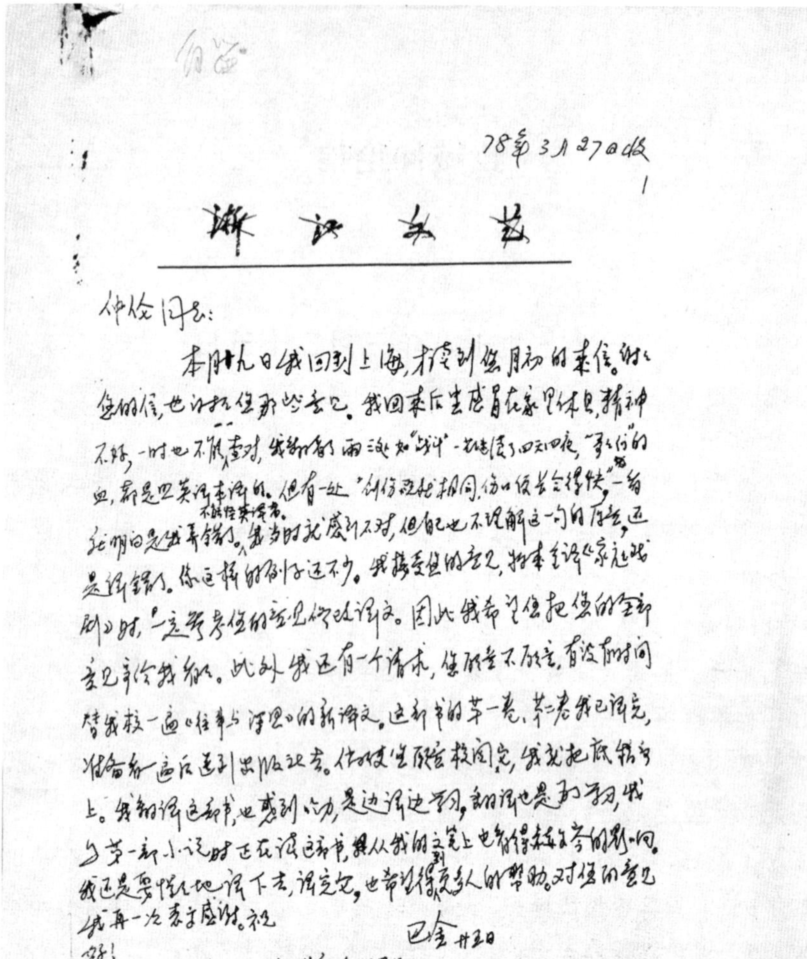
78年3月27日收

1

浙江文艺

仲伦同志：

本月廿九日我回到上海，才读到您月初的来信。谢谢您的信，也谢谢您那些意见。我回来后生病有在家里休息，精神不好，一时也不能一一查对，我翻译的两处如"战斗一直继续了四天四夜"、"我们的血"，都是照英译本译的。但有一处"创伤就把相同，伤口很快会愈合"，一看就明白是我弄错了，不能怪英译者。我当时就感到不对，但自己也不理解这一句的原意，还是译错了。像这样的例子还不少。我接受您的意见，将来重印《家庭戏剧》时，一定参考您的意见修改译文。因此我希望您把您的全部意见寄给我看。此外我还有一个请求，您愿意不愿意，有没有时间替我校一遍《往事与随想》的新译文。这部书的第一卷、第二卷我已译完，准备看一遍后送到出版社去。你如果愿意校阅它，我就把底稿寄上。我翻译这部书，也感到吃力，是边译边学习，翻译也是一种学习，我写第一部小说时正在读这部书，我从我的文笔上也看得出来这本书的影响。我还是要慢慢地译下去，译完它，也希望得到更多人的帮助。对您的意见我再一次表示感谢。祝好！

巴金 廿五日

通信处：上海武康路113号

78.4.29日收　2

仲伦同志：

25日来信收到，谢谢您的好意。您上次的回信我早收到了，我最近一直不舒服，杂事又多，经常生活很忙乱，无法早写信，一天拖一天，拖到现在。您肯花时间校读我的译稿，我很感谢。我准备过两天就把《往事与随想》第一卷的底稿寄上，请您不客气地提意见。我译书也是在学习，我希望得到各方面的帮助，把这个工作做得更好。您肯为这个工作出力，让我再次地表示感谢。

祝

好！

巴金廿七日

78年7月8日收

3

仲伦同志：

来信和原稿都收到了，谢谢您。感谢您热情的信和那些很好的意见。您为这部译稿花了不少功夫。我要好好地研究您的意见，它们对我很有帮助。我上次对您讲过，我早已把译稿的一、二卷交给译文出版社了。这部书在出版社由周朴之同志担任责任编辑，他已看完第一卷，也给我提了一些意见，我要把它们同您的意见一起解决。

我要办的事情还是不少，天气热，工作进行得很慢。一时也无法给您写长信，请原谅。这信只是让您知道我已收到您寄回的原稿，而且开始在研究您提的意见。第二卷的原稿也已经在昨天挂号寄上了，还要花费您的时间，很不安。您慢慢地看吧。

别的话下次再谈。祝

好！

芾甘 七月六日

二　一九七八年七月三十日

仲伦同志：

七月九日来信早收到。我的生活还是十分忙乱，因此没有能早写回信，很抱歉。您的意见很好。我这十几天在校改《往事…》，您的意见我已看到第六章，百分之九十我都采纳了。我觉得您不仅相当熟悉这部书，而且您的确是“肯花时间，肯下功夫”。您的意见对我有大的帮助。我已把前五章修改过的译稿和您的意见交给译文出版社编辑（也是我这部译稿的责任编辑）周朴之同志了。您的意见以后会保存起来，因为您也为这部书花了不少功夫。最近周朴之同志通知我希望能在八月内发稿，我答应九月中旬改完交稿。他提的意见我在八月中旬可以解决。因此写这信问您，是否可以把您的意见分批地提前寄来，以便我能够在九月初校改完毕，按期发稿。请您考虑。我只是讲我的希望，如来不及，迟一点交稿也不要紧，请不必介意。祝

好！

巴金　七月卅日

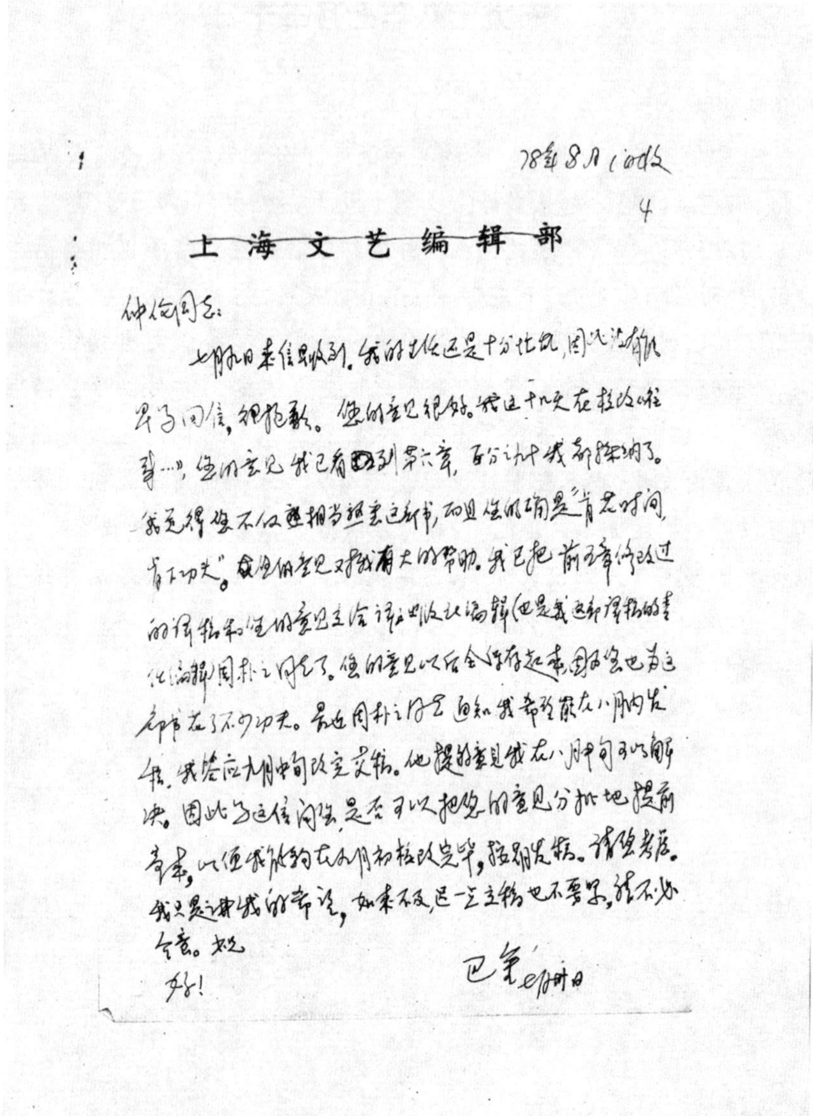

78年8月10日收

4

上海文艺编辑部

仲伦同志：

七月九日来信早收到。我的工作还是十分忙乱，因此没有很早写回信，很抱歉。您的意见很好。我这十几天在核改《往事……》，您的意见我已看到第六章，百分之八十我都采纳了。我觉得您不仅相当细致认真，而且您的确是"肯花时间，肯下功夫"。您的意见对我有大的帮助。我已把前五章修改过的译稿和您的意见交给译文出版社编辑（也是我这部译稿的责任编辑）周朴之同志了。您的意见以后会保存起来，因为您也为这部书花了不少功夫。最近周朴之同志通知我希望我在八月内发稿，我答应九月中旬改完交稿。他提的意见我在八月中旬可以解决。因此写这信问您是否可以把您的意见分批地提前寄来，以便我能够在九月初核改完毕，按期发稿。请您考虑。我只是讲我的希望，如来不及，迟一些交稿也不要紧，请不必介意。祝

好！

巴金 七月卅日

三　一九七八年八月八日

仲伦同志：

两信和校稿都收到，谢谢。我最近又忙起来了，因此工作不但搞得慢，而且草率，幸好得到您和周朴之同志的帮助，否则我不敢把译文拿出去了。关于书名您提的意见有道理，我正在考虑，下个月发稿的时候会决定的。英译本作“my past & thoughts”，thoughts用得很对，那就是“随想”之类吧。

您第二函中提到的更正的地方，我会照您的意思改正。您看得仔细，认真，这是值得学习的。有时候我没有接受您的意见，我保留着我原来的译文，可能我还想保留我写文章的“风格”(?)。我常常把翻译当作“再创作”，一面学习，一面也把自己的感受和体会放进去。但我现在也只能说是试译而已。

别的话下次再谈。祝

好！

芾甘　八月八日

78年8月10日收

5

上海文艺编辑部

仲伦同志：

两信和校样都收到，谢谢。我最近又忙起来了，因此工作不但搞得慢，而且草率，幸好得到你和同行同志的帮助，否则我不敢把译文拿出去了。关于书名你提的意见有道理，我正在考虑，下个月出单行本时候会决定的。英译本作"My Past & Thoughts"，thoughts 用得很对，那就是"随想"之意吧。

你在第二函中提到的可疑的地方，我会照你的意思改正。你看得仔细、认真，这是值得学习的。有时候我没有接受你的意见，我仍保留着我原来的译文，可能我还想保留我自己文章的风格(?)。我常常把翻译当作"再创作"，一面学习，一面也把自己的感受和体会放进去。但我认为这也只能说是试验罢了。

别的话下次再谈。祝

好！

芾甘 八月八日

四　一九七八年九月二日

仲伦同志：

信和稿早收到，谢谢。没有早写回信，只是因为我为发稿事花去我所能支配的时间（这中间我还去过北京一趟，住了三天，开完会就回来了）。昨天校完了全稿，交给周朴之同志，他还得做些技术上的工作，九月内发稿，不会有问题。

对您的工作，我没有话说，您很认真，也很细心。您提出的校改意见我大部分都采用了。我没有采用的大都是“妙趣横生”、“我行我素”、“凡夫俗子”一类的我国习惯语，或者北京的土话。这样改，虽然文章流畅些，但和全书不大协调。我把您的意见也交给周朴之同志了，他整理全文时，还可以参考。总之，这部书不大好译，我总希望能搞得好一点。

书名决定改为《往事与随想》。感谢您提醒我。我一直不满意“思考”、“沉思”、“深思”这类的译法，而且也不满意赫尔岑在书中的一些议论。却始终没有想到改变书名。用“随想”二字，适当得多。明明是随时的感想。

第三、四卷还是要请您校改，但估计最快也在一年以后了。

还有一件事得在这里讲一下，请您不要介意。我知道您是不在乎的。过去出书不付稿费，用不着提。今后有稿费了，明年出书时我要出版社付两成校对费。届时请您不要客气。

祝

好！

巴金　九月二日

78年9月4日收
6

仲伦同志：

信和稿早收到，谢谢。没有早点回信，只是因为我为出版社审定书稿我的解放初的时间（……这中间我还去过北京一趟，住了三天，开完会就回来了）。昨天校完了全稿，交给周朴之同志，他还得做些技术上的工作，明年出书不会有问题。

对您的工作，我没有话说，您很认真，也很细心。您提出的修改意见我大部分都采用了。我没有采用的大都是"妙趣横生"、"我行我素"、"吐出了一口气"一类的我国的成语，或者北京的土话。虽然这样改，会使文字流畅些，但和全书不大协调。我把您的意见也交给周朴之同志了，他整理全文时还可以参考。总之，这部书不太好译，我只希望能搞得好一点。

书名决定改为《往事与随想》。感谢您提醒我。我一直不满意"思索"、"沉思"、"深思"这类的译法，而且也不满意赫尔岑在书中的一些议论。却始终没有想到改变书名。用"随想"二字适当得多。那只是随时的感想。

第四卷还是要请您校改，但估计最快也在一年以后了。

还有一件事得在这里讲一下。我们不要钱。我知道您是不在乎的。过去出书不付稿费，用不着隐瞒。今后有稿费了，明年出书时我要出版社付两成校对费。届时请您不要客气。

附上另外一张纸上有两个问题（已经划了红线），周朴之同志要我核查，我查不到（我当时是照英译本翻译的），现在寄给您看看，请您代查一下。（第二个问题中原文三个词英译本只译作"两者"。）

祝

好！

巴金
九月二日

五　一九七八年九月二十五日

仲伦同志：

信早收到，我最近还是很忙乱，写了《往事》的《后记》，又写了些文章，因此没有早写回信。现在我已把《往事》第一册的稿子交给译文社的周朴之同志了。我还要看一次校样。这样第一册的工作就可以告个段落了。

校对费的事要到明年才会办好。您也不必客气，到时再说吧。本来出版社是不发稿费的，我也不愿拿稿酬。但现在照制度办事，明年出书要给稿费，我也不能拒绝。那么您也不便谢绝了。

我在《后记》中提了您的名字，是表示感谢的意思。不止您一个人，我还提了另外几位朋友的名字，他们对我这个工作都帮过忙。这篇后记可能在《吉林文艺》上发表，发表时人名都用××代替，因为我来不及事先征求大家的同意。但在书上印出真名是不要紧的，因为这是真实情况。

感谢您查出“四贼醋”的意思。现在还有一个问题要请您帮忙解决。原书107页末段：

“不管是农奴，还是尚未被所属村社释放的农民，只要通过了入学考试，每个人都可以进大学。”

我的原意是：

“除了农奴或者被所属农村公社开除出来的农民……”

我是根据英译文翻译的。（Its doors were open to everyone who could pass the examination, who was neither a serf, a peasant, nor a man excluded from his commune.）后来在《世界文学》发表时一位朋友替我改成现在那个样子。最近发稿，我和周朴之同志考虑一阵，还不能解决。还是请您帮忙，您看怎样翻译好。希望您出个主意。

别的话下次谈。祝

好！

李芾甘　九月廿五日

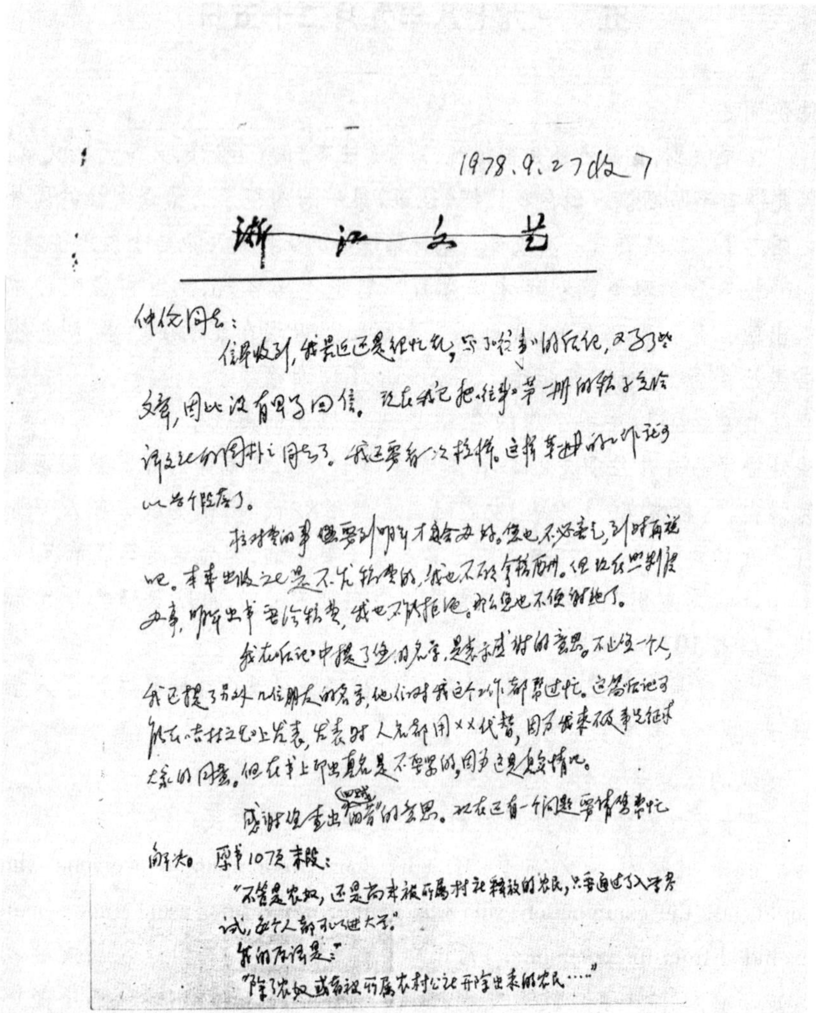

1978.9.27收

浙江文艺

仲伦同志：

信早收到，我最近还是很忙，写了《往事》的后记，又写了些文章，因此没有早写回信。现在我已把《往事》第一册的校样交给译文社的同志了。我还要看二次校样。这样第一册的工作就可以告个段落了。

稿费的事总要到明年才会安排。您也不必着急，到时再说吧。本来出版社是不发稿费的，我也不好争稿酬。但现在照制度办事，明年出书要给稿费，我也不能拒绝。那么您也不便谢绝了。

我在后记中提了您的名字，是表示感谢的意思。不止您一个人，我还提了另外几位朋友的名字，他们对我这个工作都帮过忙。这篇后记可能在《吉林文艺》上发表，发表时人名都用××代替，因为我未能事先征求大家的同意。但在书上印出真名是不要紧的，因为这是真实情况。

感谢您查出"面首"的意思。现在还有一个问题要请您帮忙解决。原书10页末段：

"不管是农奴，还是尚未被所属村社释放的农民，只要通过了入学考试，每个人都可以进大学。"

我的译法是：

"除了农奴或者被所属农村公社开除出来的农民……"

浙江文艺

我是根据英译文翻译的。(Its doors were open to everyone who could pass the examination, who was neither a serf, a peasant, nor a man excluded from his commune.) 后来在世界文学发表时一位朋友替我改成这个样子。黄源先生,周学彬同朴之同志考虑一阵,还不能解决。还是请您帮忙,您看怎样翻译好。希望您出个主意。

别的话下次谈。祝

好!

李霁野 九月廿三日

六　一九七八年十一月十五日

仲伦同志:

来信早收到。最近我身体不大好,来找的人又不少,因此抽不出写信的时间,请谅。您要我介绍点可译的书,据我看可译的书很多,十九世纪俄罗斯文学名著还有不少没有译成中文,高尔基的作品也还有些需要重译。您如果直接写信跟人民文学出版社外文部联系,他们可能推荐一些选题。我只知道这两个出版社要出一种西方文学名著丛书。听说最近在开会讨论,详情我也不知,也未看到书目。我看,只要是名著,只要是好书,您译出来总有出版的机会,我也可以向出版社推荐。

别话下次再谈。

祝

好!

巴金 十五日

78.10.21.收

8

上海文艺.编辑部

仲伦同志：

信收到。我最近病了好些天，因此没有早写回信。

第一部译稿已全部送到译文出版社，也许他们可能先到印刷所。校样倒不必看（让别人看的好些）。我打算看一次二校样，倘使发现问题，还是要麻烦您，找您帮忙。

我这里还是有不少杂事，对第二部的翻译工作进行得很慢。但我总要做完它。

别的后谈。

祝

好！

巴金 十月十八日

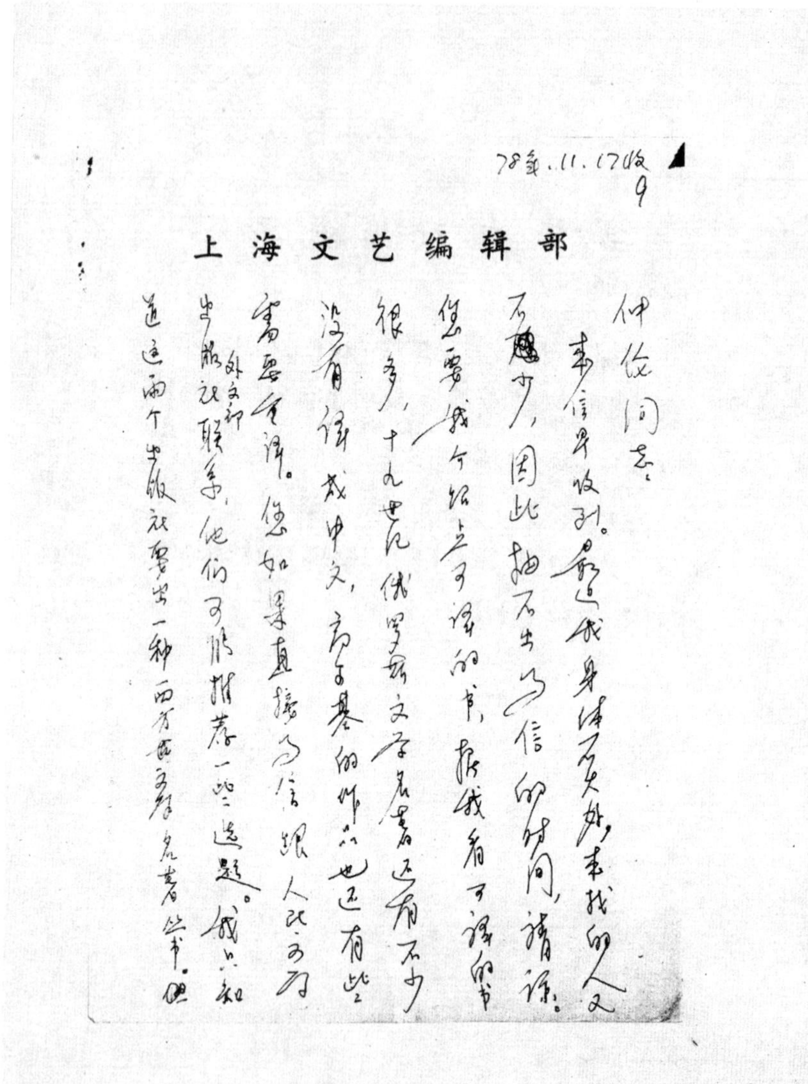

上海文艺编辑部

78年.11.17收
9

仲俭同志：

来信早收到。最近我身体更不好，来找的人又不少，因此抽不出时间给你回信，请谅。

您要我介绍点可译的书，据我看可译的书很多，十九世纪俄罗斯文学名著还有不少没有译成中文，高尔基的作品也还有些需要重译。您如果直接写信跟人民文学出版社外文部联系，他们可能推荐一些选题。我只知道这两个出版社要出一种西方古典文学名著丛书。但

西
79.1.29收　10

仲侬同志：

来信早收到。我一直忙，要写文章、杂事多，来找的人不少，会议等，总有人来打岔，因此没有能早些回信。关于外国的作品，上海出版社大概不会要，因为听说文艺出版社约了草婴同志翻译托氏选集。我的意思是这样：您最好翻译其他作家的作品，如柯罗连科、[illegible]斯基，像您谈到的《神曲》已经译成，不妨写信给人文外编室问问。要是人文不收，我可以把它介绍给四川人民出版社或别的省市的出版社。《神曲》五十年代上海出过一种由英文译出的本子。《伊凡·伊利奇之死》方敬译过。[illegible]的确如您所说那样，在选集出版之前，另出一种译本，也是可以的。回信迟了，请原谅。信今天寄出，可能在春节期间到你手里。祝您春节愉快！

敬礼！

西彦
廿七日

收获社

79.3.5收 11

仲伦同志：我上月在北京开会，回来就生病，睡了几天，至今还不大舒服。最近才看到您的信。我马上又要去了，准备四月初去法国访问，许多事情待料理，无法细看您的译稿了，请原谅。这里译文社需要译的稿子太多，经常来，不过一两年内恐怕出不了。我想把您的译稿介绍给四川人民出版社，我估计不会有问题，他们会跟您联系。

《往事与随想》的译者周朴之同志看过初校，后来周生病住医院，由一位郭同志看二校。我本想看看校样，但现在来不及，只好等回来再说了。

祝

好！

巴金

三月三日

收穫社

79.7.9.收

仲伦同志：

我在家住了一个月，今天回京看到您的信。《往事与随想》第一部我六月初看完二校样，退给外国科的同志了。我想今年总可以出版吧。第二部译得不多，翻译工作也进行得很慢，我还有别的事情，你们明白不会见怪。附寄一则剪报，请您看看，我忙，不多写了。

祝

好！

巴金 七日

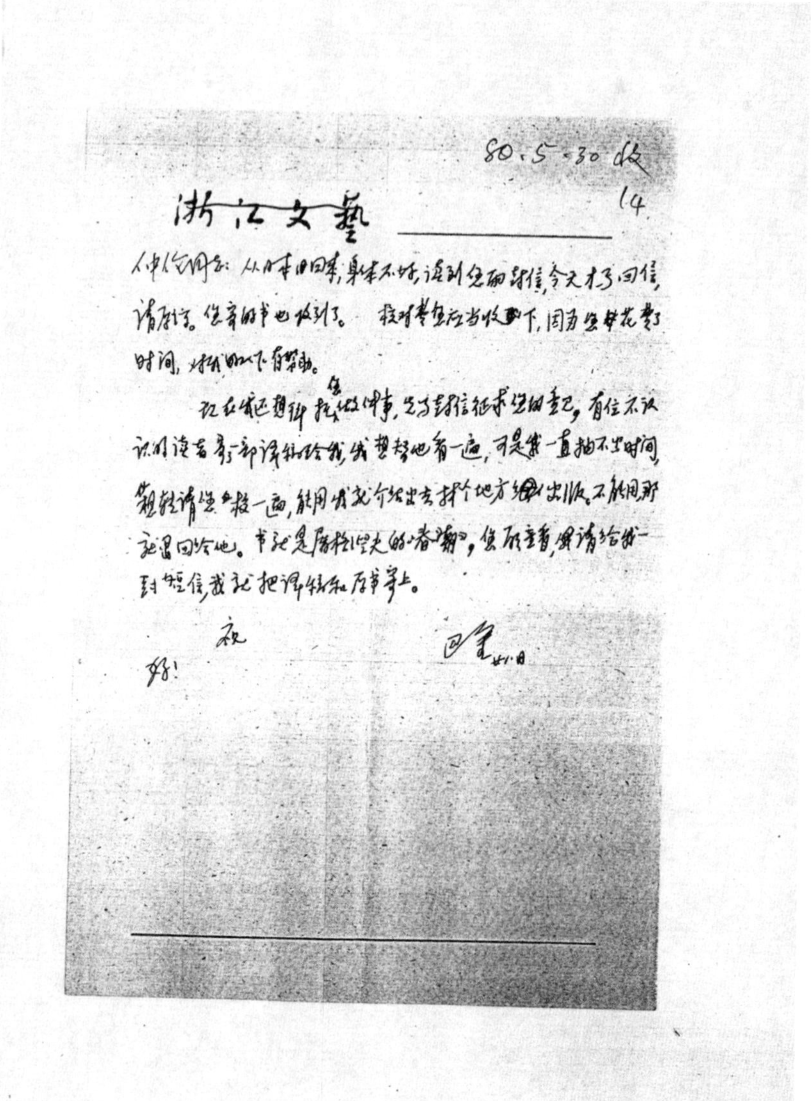

80.5.30 收

14

浙江文艺

仲伦同志：从日本回来，身体不好，读到您两封信，今天才写回信，请原谅。您寄的书也收到了。校对样稿应当收下，因为您花费了时间，对我们也有帮助。

现在我还想拜托您做件事，先写封信征求您的意见，有位不认识的读者寄了一部译稿给我，我想替他看一遍，可是我一直抽不出时间，想请您看一遍，能用我就介绍出去找个地方出版。不能用，那就退回给他。书就是屠格涅夫的《春潮》，您愿意看，请给我一封短信，我就把译稿和原书寄上。

祝

好！

巴金 廿八日

80.6.21 dk
15

浙江文藝

仲倫同志：

信收到。鱼译稿您能代校一遍，太好了。我並不认识译者。不过能对他有所帮助也是好事。谢谢您。

祝

好！

巴金 六月十四日

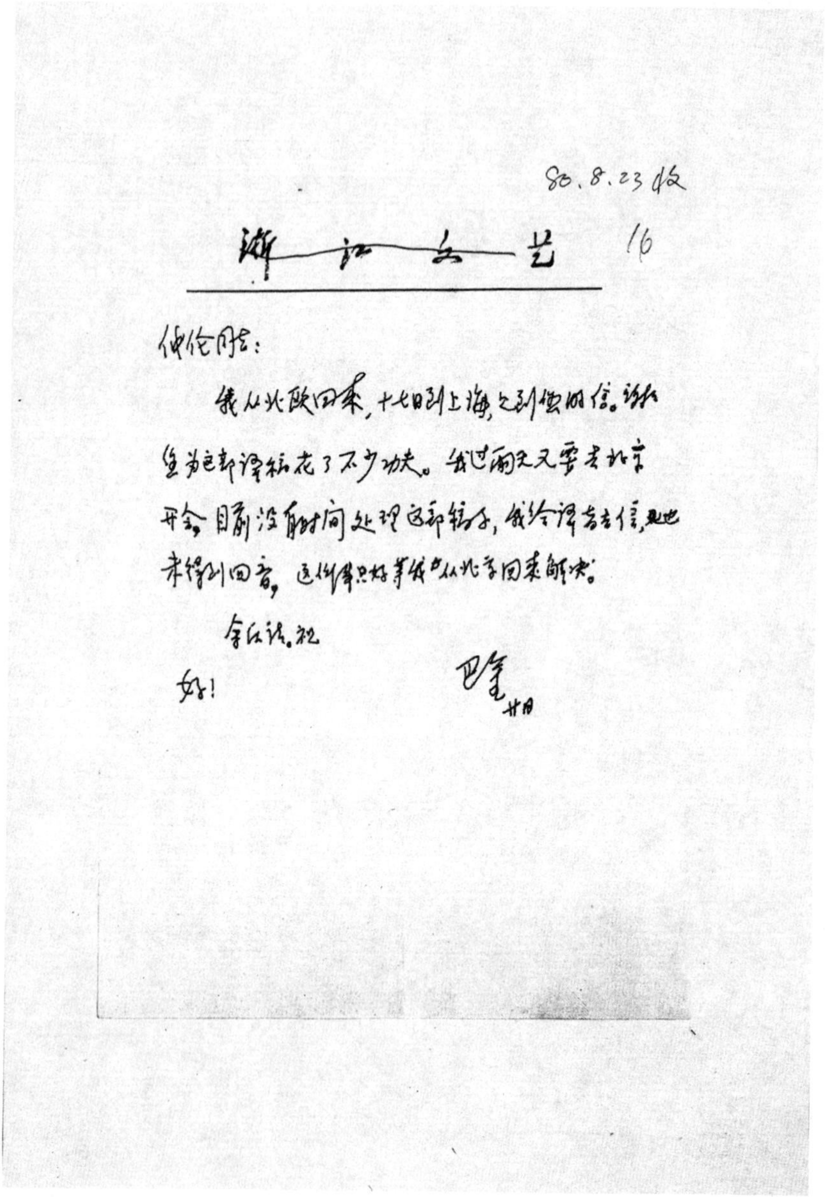

80.8.23收

浙江文艺 16

仲伦同志：

我从北欧回来，十七日到上海，见到你的信。谢谢你为这部译稿花了不少功夫。我过两天又要去北京开会，目前没有时间处理这部稿子，我给译者去信，也未得到回音。这件事只好等我从北京回来解决。

余后谈。祝

好！

巴金

廿日

82.11.4收　17

仲伦同志：

二十七日来信读悉，所赠《一江春水》早已收到。最近我身体不好，又去北京开了几个会，返沪后疲乏不堪，写字仍感困难，因此好久没有写信给您，请原谅。《往事与随想》三、四卷将来译成后还要请您校阅，但我目前工作时间不多，完成这两卷，八二年内恐怕办不到，您不必为它考虑了。我本还想介绍您校阅一部友人的书，但目前还未征求译者的意见，如果得到译者的同意，我会跟您联系，不过大概要等到春节以后了。

匆复，祝

好！

巴金　二日

25×12＝300　收穫社　第　頁

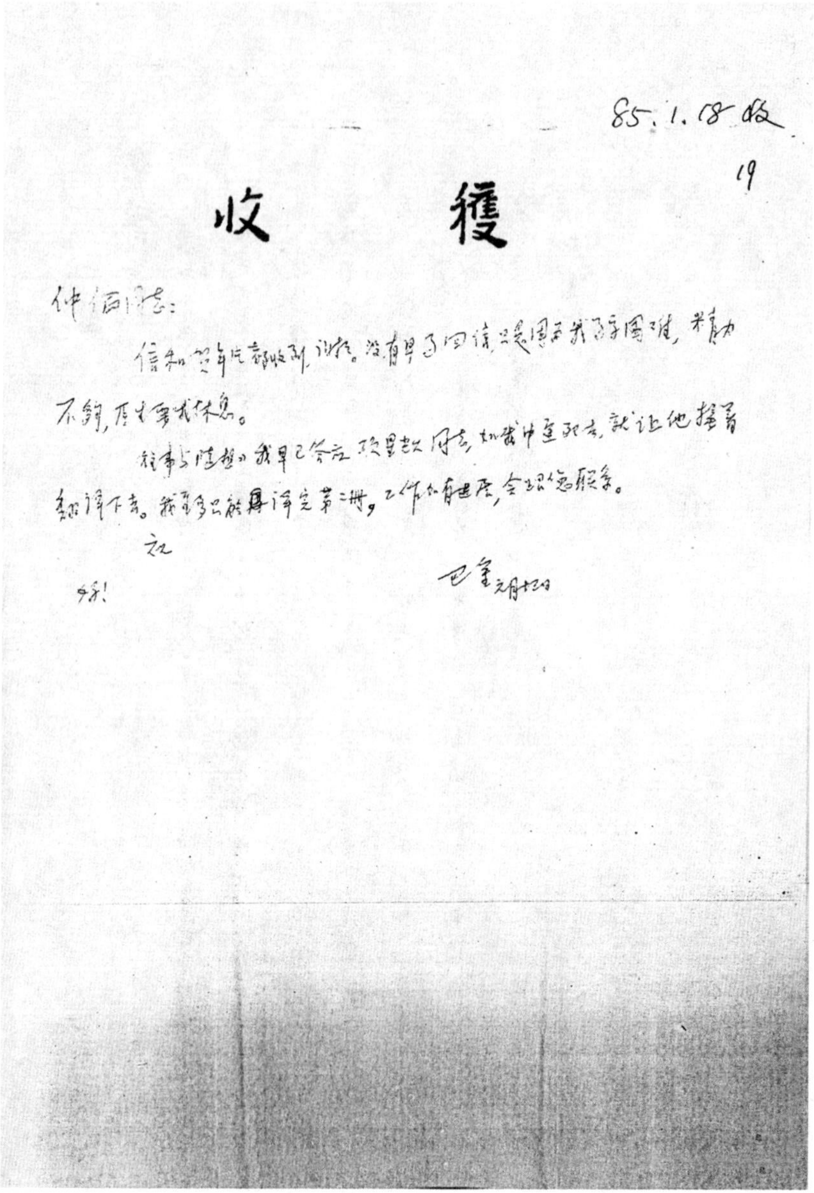

85.1.18收
19

收　穫

仲伟同志：

信和贺年片都收到，谢谢。没有早日回信只是因为我写字困难，精力不够，医生要我休息。

《往事与随想》我早已答应项星耀同志，如我中途死去，就让他接着翻译下去。我看多只能再译完第二册。工作如有进展，会跟您联系。

祝

好！

巴金　元月十四

七　一九八八年七月九日

仲伦同志:

来信收到。您要《随想录》合订本,我这里还有,已经挂号寄上了,请查收。项星耀同志的全译稿一次在人文出齐,对读者来说是件好事,他这样做是得到我同意的,而且我把英译本借了给他。我已经没有精力、也没有时间翻译下去了。我喜欢赫尔岑的回忆录,自己不译,就不应当阻碍别人翻译。让读者早日读到全书,才是我的心愿。现在条件差,出书不易。但过三五年情况会有改变,赫尔岑的书出版几种译本是有销路的。您有兴趣,您可以译下去,也可以从头译起。您会译得很好。好的书不妨有几种译本,但目前还有困难。那么就让星耀同志的译本早日问世吧。我的生命是靠药物来延续的,我耽心自己等不到那一天了。

祝

好!

巴金 八八年七月九日

八　一九九四年八月二日

仲伦同志:

来信收到。好久没有和您通信了,我写信一直很困难。最近刘麟同志协助王仰晨同志编辑《全集·书信集补遗》,我曾托他代我向朋友们索回一些旧信,希望能得到您的帮助。

《十月》杂志打算发表我的旧信,只要您同意,当然可以。不过希望能给我看看(复印件),有无不妥的地方,我耽心伤害别人。

项星耀同志翻译的《随想》已经出版了,书店宣传不够,因此您也不知道。《随想》全书一次出齐,是一件值得高兴的事。您我都曾为这部书尽过力,应当多宣传、介绍。

祝

好!

巴金 九四年八月二日

荣誉证书

巴金、臧仲伦的译著“【俄】赫尔岑著《往事与随想》”获得北京大学第十二届人文社会科学研究优秀成果奖一等奖

北京大学

2014年6月18日

巴金、臧仲伦译本获奖证书

《往事与随想》代跋

译完《往事与随想》，完成了我此生的最大心愿，我已心力交瘁，再加上人已垂垂老矣，患有青光眼，视力较差，本来，我已不想再说什么和写什么了。但是，在交稿之前，我还想谈谈我翻译《往事与随想》的缘起、经过，以及巴金先生与我的相识和对我的提携。

一九七七年岁末，即文化大革命已经结束和粉碎“四人帮”以后的第二年，当时，我国知识界和社会上已经一扫“万马齐喑”的沉闷空气，有些话敢说了，有些事敢做了。我也心潮起伏，充满幻想，也许，终于可以做点事了。但是，政治上乃至社会上的成见和条条框框还在，门槛很多。我虽然从二十年的重压和凄苦下挣扎出来，稍稍舒了口气，但是仍旧没有感到“科学的春天”和“艺术的春天”即将到来。许多事还是老样，并不见松动。这一时期，我处在一种跃跃欲试而又彷徨和无所适从的境地：一方面有一种欲罢不能的执著追求，不甘蹉跎岁月，虚度此生；另一方面，我曾经说过一句遭到“革命群众”批判的话——“天生我材必有用”，但是怎样用和用到哪里去呢？又不得其门而入。

我是二十世纪五十年代慕我国著名翻译家曹靖华先生之名，报考北京大学俄罗斯语言文学系的，希望将来也同曹先生一样能成为一名文学翻译家。我在读研究生的时候，买到和读到了苏联文艺出版社出版的赫尔岑的长篇回忆录《往事与随想》。它是作者所处的那个时代的历史实录。俄国的黑暗使我感到震惊，无数爱国志士前仆后继的斗争使我感到钦佩。书中对活跃于十九世纪历史舞台的正反两方面的人物，都作了深刻的描绘和耐人寻味的分析，不啻是一面时代的镜子。我在许多方面与作者产生了共鸣,他说出了许多我想说而不知道怎么说的话。我喜欢《往事与随想》,我想把它翻译出来。但在当时这是不可能的:一方面,因为我很快就被错划成“右派”,被剥夺了写作、翻译和出版的权利;另一方面,像我这样一个初出茅庐、刚开始学步的无名小卒,哪能叩开国家出版社的大门呢!

经过长达二十年的凄苦岁月,我已变得心如死灰,只想做个享有公民权的普通人,娶妻生子,了此余生。

但是,我的“右派”帽子摘了(1972),“四人帮”被打倒了,政治气氛松动了,能稍许喘口气了,又使我萌生了一线希望,但这希望仍十分渺茫,甚至连画饼充饥也说不上。

就在这时候,我在报上看到巴金先生正在翻译《往事与随想》的报道。对巴金先生的这个工作我很感兴趣,对他的译文我也一直很喜欢,很欣赏,认为由巴金先生来翻译《往事与随想》,那是最好不过了。我等着巴老这一译作的问世。

当时,我住在北大筒子楼一间十四平方米的陋室里。晚上,挑灯夜读。我想借此学一点前辈翻译家的翻译技巧和翻译方法,就从北大图书馆借来了巴老在二十世纪五十年代翻译的《家庭的戏剧》,中俄对照,逐字逐句地仔细研读。《家庭的戏剧》是《往事与随想》第五卷的一部分。读时,我做了笔记,记下了许多精彩的译例,同时也发现了一些问题,有的似是误译,有的似乎欠妥。

发现这些疑问后,我倒无所适从起来:写信给巴老给他指出来,供他参考?巴老是我国著名的文学大师和文学翻译家,我不过是一个名不见经传的无名小卒。以巴金先生的庙堂之高,我实在无此胆量。同时,晚辈向前辈提意见,也似欠礼貌。为难之际,闲谈中,我与妻讲了。妻鼓励我说:“知无不言,试试看嘛,大不了碰个钉子。”我听了妻的话,写了一封言词恳切的信,目的只是供巴老在翻译全书、校订旧译时聊作参考。

信发出后(一九七八年三月初,因为我不知道巴老的住址,是请

《文汇报》编辑部转交的），我心里一直在打鼓，深感自己没事找事，自讨没趣。

但是，完全出乎我的意料，我很快就收到了巴老的回信。一看到信封上俊美的笔迹“上海武康路金缄”，我的心就猛跳起来：一方面感到欣慰，巴老终于回信了，另一方面又不知道信里说些什么。打开信一看，我顿时感动得热泪盈眶。信中写道：“仲伦同志：本月十九日我回到上海，才读到您月初的来信。谢谢您的信，也谢谢您那些意见……”巴老接着说，有些错误，他“都是照英译本译的”，有些则是“弄错了。不能怪英译者”。接着，巴老又诚恳地说：“我接受您的意见，将来重译《家庭的戏剧》时，一定参考您的意见修改译文。”

一位高居于中国艺术殿堂的最高层、声名显赫、蜚声中外的文学大师，居然虚心接受一个解放后才上大学、当时甚至不够资格当一名大学助教的人（由于众所周知的原因，当时，我不过是北大俄语系的一名小资料员，或曰教辅人员）提的一些极不成熟的意见，真是旷古未闻！唐皇纳谏，千古传为美谈，但魏徵是朝廷重臣，时任谏议大夫。巴老，说句不恰当的比喻，就好比中国文坛的皇帝，而我不过是一名白丁，一介布衣，一个庶民。巴老居然能虚怀若谷，倾听我的意见，而且这些意见还不见得全对，——巴老的人品、文品，由此可见一斑。难道这不应传为千古美谈吗？！至少，也应当是一段值得载诸史册的文坛佳话吧。不是不才有什么了不起，而是巴老太伟大了。高山仰止，景行行止！

足以说明这点的还有，这位蜚声中外的老作家，居然让我这个比他小二十七岁、当时尚无像样的译作问世的小资料员，替他校订他翻译的《往事与随想》这样一部皇皇巨著。

他在信中问我：“此外我还有一个请求，您愿意不愿意，有没有时间替我校一遍《往事与深思》的新译文……倘使您愿意校阅它，我就把底稿寄上。”（以上均见一九七八年三月二十五日巴金先生给我的信。）

对此，我很感动，内心很惶悚，同时也感到十分荣幸和幸福。我诚惶诚恐地接受了巴老交给我的这一光荣任务。我对巴老说："我才疏学浅，不克当此重任，但我将勉为其难，将这一工作做好。"

我兢兢业业、夜以继日地对照原文，逐字逐句地校读巴老翻译的《往事与随想》（第一册，即原书的一、二两卷）。巴老看了我的校改，很满意。他给我写信道："您的意见很好。我这十几天在校改《往事……》，您的意见我已看到第六章，百分之九十我都采纳了。我觉得您不仅相当熟悉这部书，而且您的确是'肯花时间，肯下功夫'。您的意见对我有大的帮助。"（见一九七八年七月三十日巴金先生给我的信。）

类似的话，巴老在以后给我的信中，在《往事与随想》第一册后记中，以及在《巴金译文全集·第四卷代跋》中，又多次提到，并向我表示感谢。这使我备感羞愧和汗颜。我为巴老做了一点事，其实是不值得一提的小事，他就唯恐抹杀了别人的成绩、别人的"功劳"，因而利用各种机会，一再提到我，奖掖、提携之心溢于言表，——此恩，此德，我没齿难忘。

再说说我与巴老对《往事与随想》（*Былое и думы*）这一书名的推敲和酌定。

过去，有人把它译成《往事与回忆》，欠妥。巴老曾把它改译为《往事与沉思》、《往事与深思》、《往事与思想》等等。我觉得，这样翻译也对也不对，但似与作者的本意不甚契合，似译成"随想"、"随感"、"杂感"更妥当些。我把我的这一想法告诉了巴老，巴老回信说："书名决定改为《往事与随想》。感谢您提醒我。我一直不满意'思考'、'沉思'、'深思'这类的译法……用'随想'二字，适当得多。明明是随时的感想。"（见一九七八年九月二日巴金先生给我的信。）

巴老在《往事与随想·第一册后记（一）》中也提到此事。他说："我最初把书名译作《往事与深思》，曾经用这译名发表过三四万字的'选译'。现在我根据一位朋友的建议将'深思'改译成'随想'，这样可能更恰当些。”巴老在《巴金译文全集·第四卷代跋》中又说：“我和臧仲伦同志的友谊同样是建立在赫尔岑回忆录的基础上的……回忆录的书名《往事与沉思》，我便是根据他的建议改为《往事与随想》。从这里我得到启发，我为我晚年的主要著作《随想录》找到了名字。因为这些，我衷心感谢他。”

现在到处（包括《中国大百科全书》）都采用《往事与随想》这一译名，这里面也有我的一份微薄的贡献，我为此感到高兴、幸福，甚至比我有幸校阅巴老的译稿更高兴。巴老的译文是不朽的，这书名也是不朽的，我也随之分享到了一点小小的不朽。巴老在自己的文章中称我是他的朋友，真是愧煞我也，我哪有资格做巴老的朋友呢？他的朋友都是大作家、大诗人、大剧作家。我一直自称是巴老的学生，向他谦恭地执弟子之礼。如果我恬不知耻，硬着头皮接受“朋友”这个称号的话，那也至多只能算是（正如李小林称陈丹晨那样）巴老的“小朋友”，在陈丹晨先生之后忝居相知之列。

《随想录》是巴老晚年呕心沥血之作，是一部讲真话的大书，是巴老创作的又一高峰。可是这书名居然是受了我的“启发”（巴金语）。我哪怕一事无成，一本书也没有译过，也没有在北大教过书，仅此一点，我就足以含笑九泉了。

一九七八年九月一日，巴老校完《往事与随想》第一册全稿，交给了上海译文出版社。第二天，巴老写信给我，谈了许多事，其中还谈道：“第三、四卷（即《往事与随想》第二册——笔者）还是要请您校改……”（见一九七八年九月二日巴金先生给我的信。）①

我怀着感激的心情接受了巴老的这一盛情邀请。

一九七九年十月，《往事与随想（一）》中译本问世。巴老亲笔题词，送给了我一本样书。此外，还给我写了一封信：“《往事》已出版，

---

① 一九八二年一月二日，巴老来信又提到此事：“《往事与随想》三、四卷将来译成后还要请您校阅。”

我想寄给您精装本,但等了两个多星期,听说精装本还未装出来,打算一两天内先寄上一册平装本,让您看看,补装本以后补寄。”(见一九八〇年二月二十七日巴金先生给我的信。)此外,巴老还让出版社付给我他的稿费的两成,作为校订费。我一再辞让,他坚持要给,后来还是给了。

一九八三年春,我趁到上海外国语学院开会之便,到上海华东医院看望了病中的巴老。我以前没有见过巴老,这是初次见面(也是唯一的一次),但我与巴老神交已久。巴老给我第一眼的印象是,岁月洗净的苍苍白发和一张清癯的、略显疲惫的脸,一副深色的眼镜架在鼻梁上。我原以为像巴金先生这样有身份的人,又住在上海顶级的高干医院,病房一定很宽敞,很舒适,可是,大谬不然,它很小,甚至略嫌逼仄,陈设也很简陋,毫无豪华之气。当时,病房里还有两个人,大概是来陪护或是来看望病人的,一位是巴老的弟弟,姓李,在上海文艺出版社工作,一位大概是巴老的女儿李小林。我与大家寒暄和问候巴老的病情后,就谈到《往事与随想》。巴老乡音未改,四川口音,我听不大懂,交谈时,就由巴老的弟弟李先生权充翻译。在谈话中,巴老提到福建师范学院的项星耀先生,也就是巴老在《往事与随想》后记中提到的把他译好的四卷译稿寄给巴老作参考的那位先生。巴老说:“我写信给项星耀同志,‘不要因为我翻译《往事与随想》,您就不译了。您译您的,我译我的。如果您没有地方出版,我可以介绍您到四川去,我侄子在那里当社长(指出版社社长——笔者)。’但是他不同意,非要等我死了以后,他再接着译。”当时,这话我都没有听懂,巴老的弟弟李先生还用普通话给我重复了一遍。当年,巴老七十九岁,——我觉得,这样说有欠恭敬,也不礼貌,当即回答:“我相信,巴老有生之年一定能把这部大书译完。”直到一九八五年一月十五日巴老在给我的信中还说:“《往事与随想》我早已答应项星耀同志,如我中途死去,就让他接着翻译下去。”

当时巴老似有足疾,正在用一种中草药熬制的汤剂泡脚。我就站在他身后,由他弟弟李先生拍了一张合影。这是我唯一的一次与巴老见面,也是我与巴老的唯一的合影。

随后,巴老又亲笔题词,送给我一本由香港三联书店刚出版的《随想录》第三集《真话集》。

一九八七年或者一九八八年,我在报上看到,巴老公开宣布,《往事与随想》,他“已经没有精力,也没有时间翻译下去了”。这时我才萌生重译或续译《往事与随想》的念头。我先与人民文学出版社主管外国文学编辑室的原副总编孙绳武(孙玮)先生谈及此事。他说:“您说晚了。”他曾与时任副总编的秦顺新先生到上海组稿,秦已接受项星耀的译稿。他问我有没有兴趣担任项稿的社外责编,我考虑后辞谢了。于是我就写信给巴老,征求巴老的意见,能不能由我接着翻译下去,以完成他的未竟之业。巴老回信道:

“项星耀同志的全译稿一次在人文出齐,对读者来说是件好事,他这样做是得到我同意的……我喜欢赫尔岑的回忆录,自己不译,就不应当阻碍别人翻译。……您有兴趣,您可以译下去,也可以从头译起。您会译得很好。……”①(见一九八八年七月九日巴金先生给我的信。)

我遂与上海译文出版社联系。因为巴老译的《往事与随想(一)》是在“译文”出的,要续译就必须在那里出。我怕碰钉子,就请我的老师魏荒弩先生代为询问,还附去了巴老希望我把此书续译下去的信。“译文”的回信是由冯春写的。果不其然,我的建议遭到了拒绝。回信的大意是,巴老还健在,不便约请其他人继续翻译。我见此,只得作罢。

因为叩不开“译文”的大门,我只好放下《往事与随想》,而且一放就是十五年。在这十五年中,我专攻陀思妥耶夫斯基,几乎译了陀翁的全部长篇小说(除《少年》②)。

---

① 巴老一九九五年十月十六日在《巴金译文全集·第四卷代跋》中也说:“我记得,后来我因病住院,他(指我——笔者)还到华东医院探望过我,他为我不能译完全书感到惋惜,我希望他继续把赫尔岑介绍过来。”

② 后来臧仲伦翻译了《少年》。——编者注

二〇〇三年，南京译林出版社的责任编辑陈肇芬同志来信，请我介绍几本值得翻译的俄文著作。当时正值全国筹备庆贺巴老一百岁华诞，国内掀起了一股巴金热。我也陡地想起我长达十五年的未了心愿，以及我与巴老相识、相知和愉快合作的前前后后。我向陈肇芬同志推荐了《往事与随想》，并附上巴老给我的信，说明巴老处将由我负责联系。“译林”总编章祖德同志立刻同意了。我写信给巴老与巴老的女儿李小林同志，说明了我的打算，并表示我愿意在巴老已经翻译出版的《往事与随想》一、二卷之后继续翻译，把全书译完。很快，李小林同志就给我回了电话，表示首肯，并说：“我爸爸还留着给您的信，我查到了。他本来就希望你们继续译下去。”

巴老在一九七八年三月二十五日给我的信中说：“我翻译这部书，也感到吃力，是边译边学习，翻译也是为了学习……”巴老尚且如此虚怀若谷，后学如我，能不颤栗觳觫，诚惶诚恐，把我一生最后一件大事做好，以慰先生在天之灵乎！本来我想多花些时间，勤以补拙，一字一句，慢慢推敲，精雕细琢，但是出版社频频催稿，有些地方来不及细细琢磨，再加我已年逾古稀，患有青光眼，视力不好，在翻译过程中，难免有误读、疏漏和粗糙之处。为此，我愧对巴老，也请热爱巴老、喜欢赫尔岑回忆录的广大读者见谅。

最后，在结束这篇《代跋》之前，我还要衷心感谢三个人。

第一位是我的爱妻胡明霞。她是我整个翻译生涯中的重要顾问和左右手。给巴金先生写信，是她鼓励和极力促成的。我在翻译《往事与随想》时，她为我做了大量辅助性工作。所谓贤内助，不仅在生活上，主要是在事业上。家有仙妻，此之谓乎？一笑。第二位是译林出版社的资深编辑陈肇芬同志。她是我在译林出版的所有书的责编。她知识渊博，文学素养高，中俄文修养都极好。十余年来，她认真、负责、细致地审读我的每一句译文，以至校定每一个标点符号。劳苦功高，对我有大的帮助。第三位是我的同事和朋友彭甄博士。他为本书写了很好的译序。他高屋建瓴，谈古论今，博采众说，对赫尔岑的哲学和社会政治思想，对他的文学观和美学观，以及对《往事与随想》本身的思想价值和艺术价值、艺术建构和文体特色进行了全面、深入的分析、综合和评述。为喜爱本书的广大读者登堂入室做了很好的铺垫与向导。

臧仲伦

二〇〇六年十一月二十八日